2025 정보직 9급/7급

이동훈

국가정보학 이기론

기본서

이동훈 하이클래스군무원

국가정보학 이기론 기본서

3판 1쇄 2024년 9월 10일

편저자_ 이동훈
발행인_ 원석주
발행처_ 하이앤북
주소_ 서울시 영등포구 영등포로 347 베스트타워 11층
고객센터_ 02-6332-6700
팩스_ 02-841-6897
출판등록_ 2018년 4월 30일 제2018-000066호
홈페이지_ army.daebanggosi.com

ISBN_ 979-11-6533-502-1

정가_ 47,000원

Preface
머리말

「이동훈 국가정보학 이기론(理基論) 기본서」를 출간하면서 가졌던 목표는 행정법이나 행정학처럼 제대로 된 국가정보학 기본서를 만들어 보자는 것이었다. 최근 국가정보학 시험에서 전웅 박사님이나 한희원 교수님 교과서를 읽은 수험생들의 점수가 그렇지 않은 수험생들보다 압도적인 현실을 고려한 것이다. 만족할 만한 수준에 도달했다고 할 수는 없지만 어느 정도의 성과는 있었다고 자부한다. 「이동훈 국가정보학 이기론(理基論) 기본서」는 시중의 국가정보학 기본서들 중에서 유일하게 수험서의 기본을 갖춘 제대로 된 기본서이다. 「이동훈 국가정보학 이기론(理基論) 기본서」의 모든 문장들은 학계의 저명한 교수님들의 주옥 같은 문장을 참고하여 정리하였기 때문에 문장이 유려하여 잘 읽히고, 개념 및 이론 설명이 정확하고 풍부하여 회독수가 늘어날수록 실력을 늘려줄 수 있는 유일한 국가정보학 기본서이다.

본 교재의 특징 및 장점

1. 이동훈 국가정보학 기본서의 도서명을 「이동훈 국가정보학 이기론(理基論) 기본서」라고 정한 이유는 기본 이(理)론, 국가정보학의 체계를 이루는 정확하고 풍부한 기(基)본 개념 설명 그리고 최신 논(論)문들을 망라한 기본서라는 의미이다. 한자는 다르지만 원래 이기론(理氣論)은 이(理)와 기(氣)의 원리를 통해 자연 · 인간 · 사회의 존재와 운동을 설명하는 성리학의 이론체계를 일컫는 말이다. 「이동훈 국가정보학 이기론(理基論) 기본서」도 이기론(理氣論)처럼 기본 이론, 기본 개념, 최신 논문을 바탕으로 국가정보학 시험에 출제되는 문제들의 존재 이유와 본질을 꿰뚫고 출제 원리를 밝힐 수 있는 기본서를 목표로 하고 있음을 분명히 한 것이다.

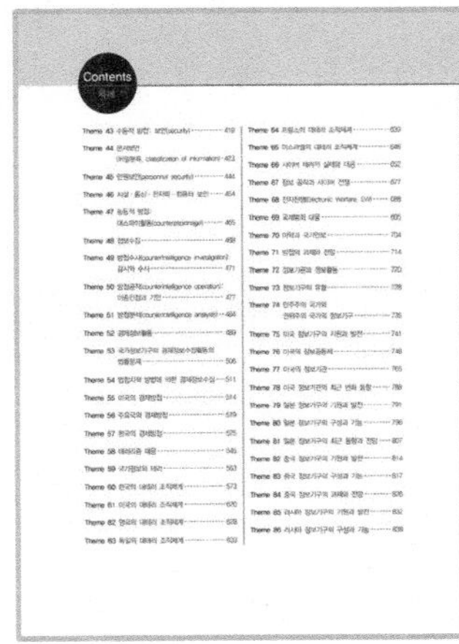
Contents
목차

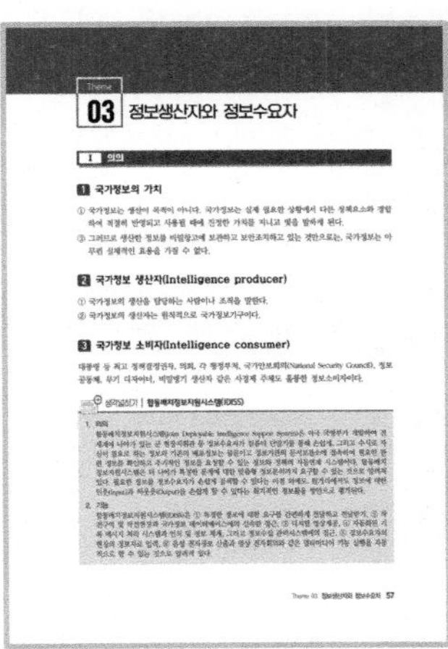
Theme 03 정보생산자와 정보수요자

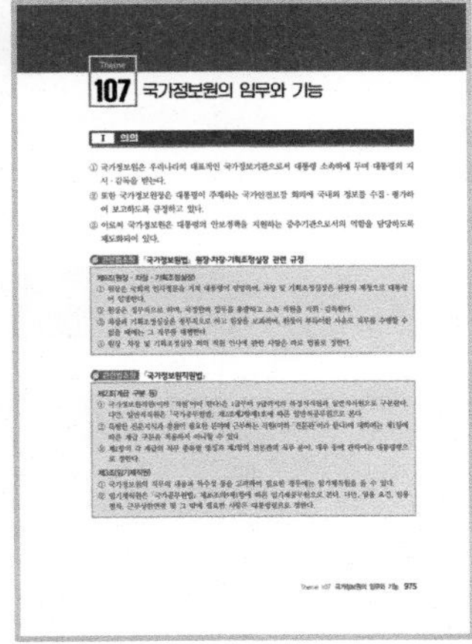
Theme 107 국가정보원의 임무와 기능

2. 「이동훈 국가정보학 이기론(理基論) 기본서」의 거의 모든 문장은 저명한 교수님들의 주옥 같은 문장을 참고하여 쓰여 있다. 어떤 기본서들보다 개념 및 이론 설명이 정확하고 풍부하다. 또한 교수님들의 문장과 의도를 최대한 활용하여 설명하고 있기 때문에 「이동훈 국가정보학 이기론(理基論) 기본서」를 구성하고 있는 문장들이 실제 시험에서 제시문이나 선지로 그대로 활용될 가능성이 높다.

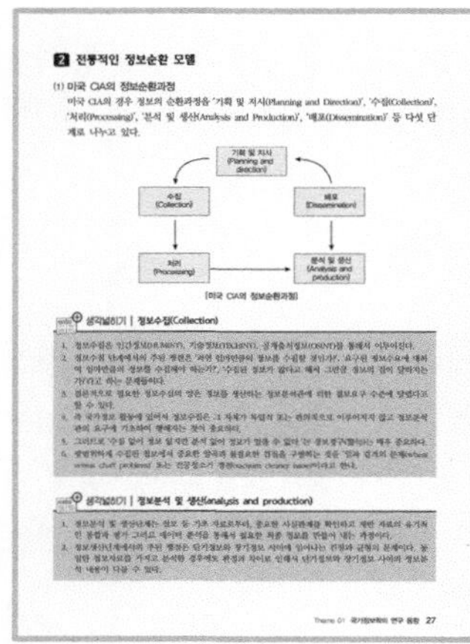
2 전통적인 정보순환 모델

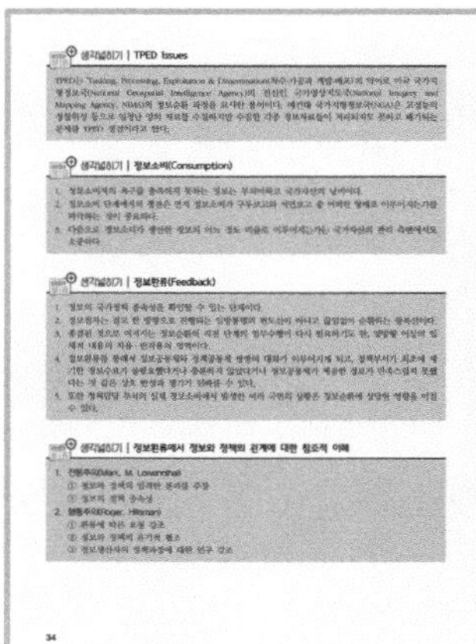
생각넓히기 | TPED Issues

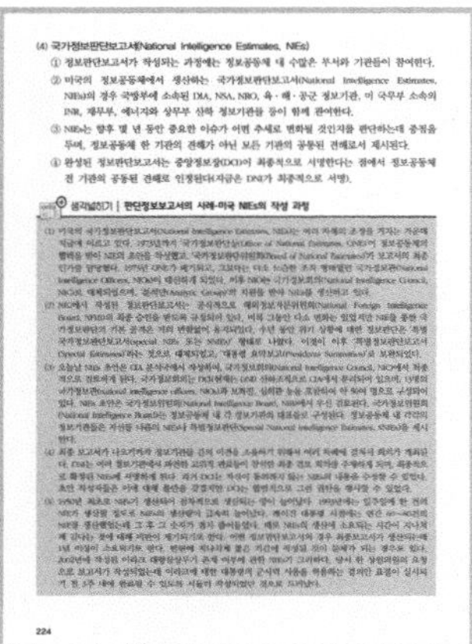
(4) 국가정보판단보고서(National Intelligence Estimates, NIEs)

3. 「이동훈 국가정보학 이기론(理基論) 기본서」는 출제 가능한 주제들을 무리하게 단원별로 묶는 대신 단원에 상관없이 테마별로 정리하였다. 학계의 통설적 견해는 물론이고 소수설이라고 하더라도 학계의 유력한 견해들은 모두 소개하였다. 그리고 학자들 사이에 견해가 대립하는 경우에는 관련 쟁점들을 빠짐없이 정리하여 어떤 문제가 출제된다고 하더라도 완벽히 대비할 수 있도록 하였다.

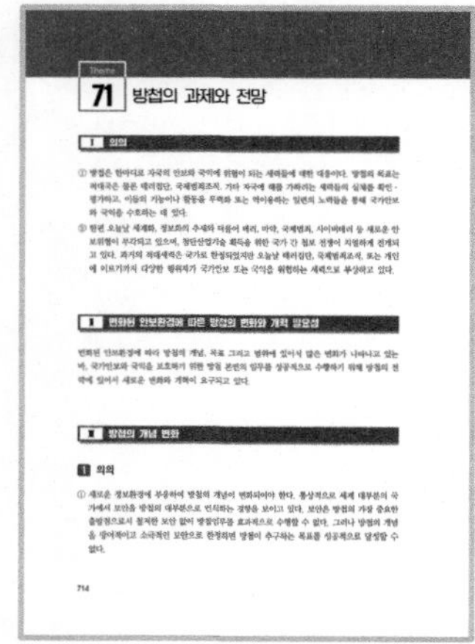
Theme 71 방첩의 과제와 전망

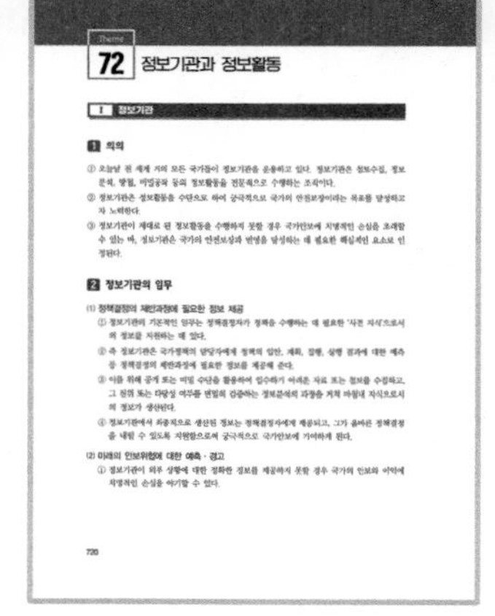
Theme 72 정보기관과 정보활동

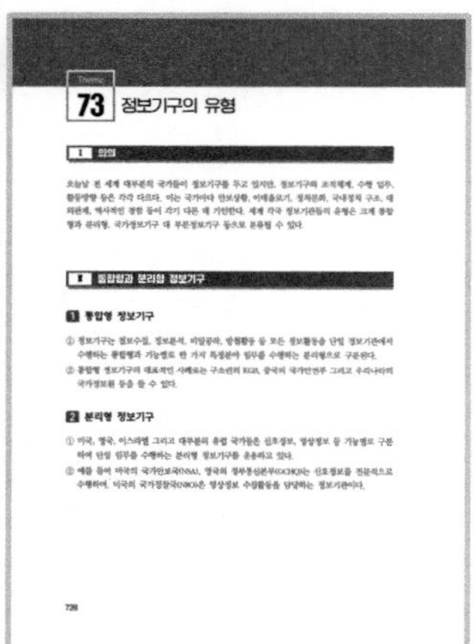
Theme 73 정보기구의 유형

4. 「이동훈 국가정보학 이기론(理基論) 기본서」는 디자인부터 군더더기는 모두 제거하여 가독성을 높였다. 가독성은 단순히 디자인만으로는 확보할 수 없는 것이다. 학계의 저명한 교수님들의 주옥 같은 문장을 기반으로 필자가 세부 목차의 제목을 직접 달아 개념이나 이론이 체계적으로 정리되어 있다. 대한민국의 그 어떤 국가정보학 기본서들보다 가독성이 높다고 자부한다.

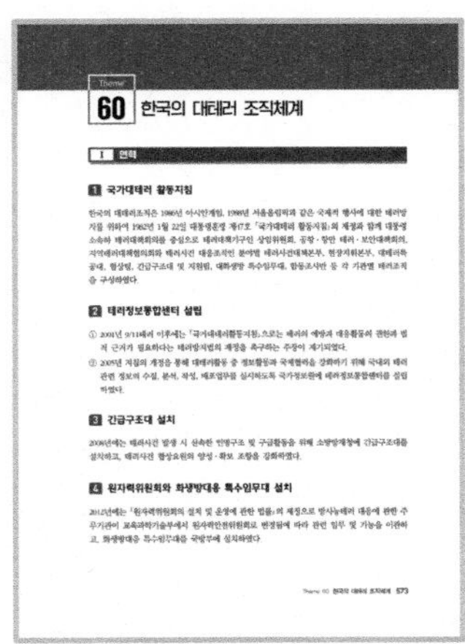
60 한국의 대테러 조직체계

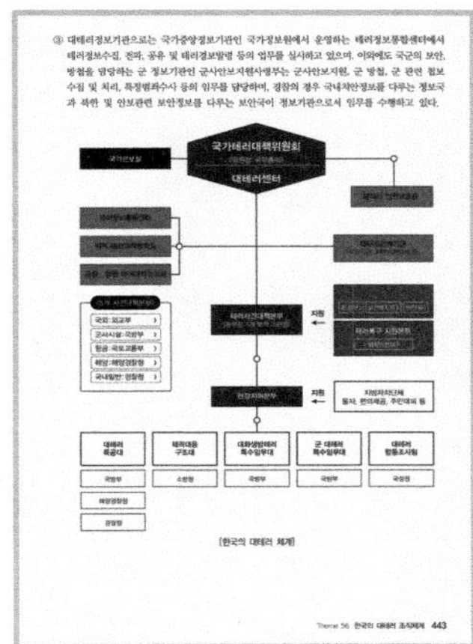
[한국의 대테러 체계]

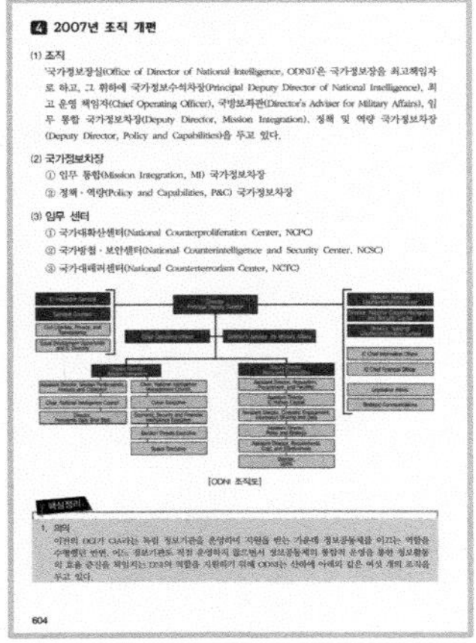
4 2007년 조직 개편

[ODNI 조직도]

5. 「이동훈 국가정보학 이기론(理基論) 기본서」는 저명한 교수님들이 출간하신 단행본들이 다루는 주제들을 참고하였다. 일부 기본서들을 읽다 보면 교수님들이 저술하신 논문이나 단행본의 문장들을 무리하게 요약하여 도저히 의미를 파악할 수 없는 문장들이 난무하는 경우가 종종 있다. 이런 사태가 발생하지 않도록, 「이동훈 국가정보학 이기론(理基論) 기본서」는 요약의 대상이 된 단행본이나 논문들의 설명을 최대한 정확하게 전달할 수 있도록 하였다.

감사의 말

책을 출간함에 있어 이루 열거할 수 없을 만큼 많은 분들이 조언과 도움을 주셨다. 이 자리를 빌려 진심으로 감사를 드린다. 특히 한국교육학술정보원의 바쁜 일정 속에서도 최윤정 선임 연구원이 꼼꼼하게 교정을 보아 준 것은 정말 큰 힘이 되었다. 최윤정 선임 연구원은 필자의 아내이다. 그럼에도 불구하고 남은 오류는 전적으로 필자의 몫이다. 책을 구성하는 단계에서부터 출간하기에 이르기까지 필요한 모든 일을 맡아 필자가 생각했던 것보다 훨씬 더 훌륭한 책을 만들어 준 하이앤북 편집팀과, 언제나 변함없는 마음으로 아낌없는 지원을 해 주시고 독려해 주신 대방고시 원석주 대표님에게 큰 감사의 인사를 드린다.

이동훈 씀

군무원이란?

군무원은 군에서 일하는 비전투 공무원입니다.
군이라는 조직에서 근무할 뿐 대우는 공무원과 같거나 거의 유사합니다.
급여는 공무원 봉급표를 기준으로 하며 호봉이 올라갈수록 연봉도 계속 늘어납니다.
이러한 이유로 군무원의 인기는 계속 높아지고 있습니다.

일반 공무원과 동일한 대우! 동일한 혜택과 복지!
☞ 공무원 봉급표 기준, 호봉에 따른 연봉 상승, 60세까지 근무 시 평생 연금 지급
☞ 공무원 복지+군인 혜택

일반적으로 공무원에 비해 경쟁률이 낮고 문제의 난이도가 쉬운 편이어서
최근 가장 관심이 몰리는 분야이기도 합니다.
군무원은 영어, 한국사 시험은 공인성적으로 대체하고 9급의 경우 총 3과목(국어+직렬2과목)만
시험을 치르기 때문에 일반 공무원에 비하여 투자시간도 적은 편입니다.

적은 과목! 쉬운 시험! 일반 공무원과 병행 가능!
☞ 영어, 한국사의 부담 없이 단 3과목 응시
☞ 행정법, 행정학 등 군무원 행정직은 9급 행정직과 비슷한 시험과목

또한 군대라는 특성상 남성이 많이 지원할 것이라는 편견과는 달리 군무원을 준비하는 여성도
많고 실제로 성별구분 없이 인재중심으로 채용하고 있습니다.

누구나 응시 가능한 폭넓은 기회!
☞ 성별구분 없는 동등한 인재채용
☞ 행정직, 군수직은 면허, 자격 등의 조건 없이 응시 가능

군무원의 오해와 진실

오해? 선천적으로 체력이 약한데, 군무원 시험을 통과할 수 있을까요?

진실!! 군무원은 군인이 아닙니다. 장교, 부사관처럼 체력검정시험을 보지 않습니다. 체력이 약하다는 이유로 떨어지진 않지만 면접 시 소극적인 태도나 힘없는 말투는 감점요인이 될 수 있으니 주의하세요.

오해? 전투 훈련에 참여하고 체력적으로 힘든 일이 많은가요?

진실!! 무기를 직접 다루는 훈련에 군무원 참여하지는 않지만 훈련이나 전시에 직렬에 맞는 지원이나 행정 업무를 수행할 수 있습니다. 군무원은 규모가 큰 상급부대에 근무하기 때문에 직접적인 전투훈련보다는 행정 및 지원업무가 우선입니다.

오해? 군대라는 특성상 채용 시 남성을 선호하는 것 아닌가요?

진실!! 성별 구분 없이 인재중심의 채용이 이루어집니다. 최근에는 군무원에 관심을 가지고 실제로 준비하는 여성의 비율도 상당히 높아지고 있습니다. 군대는 이미 금녀의 구역이 아닙니다.

오해? 군복을 입고 근무하나요?

진실!! 단정한 사복 착용이 원칙이며 군복을 지급하지 않습니다. 직렬에 따라 작업복을 착용할 수는 있습니다.

오해? 전방이나 산속 같은 오지에서 근무하나요?

진실!! 군부대의 특성상 도심에서 떨어진 곳에서 근무하게 될 수도 있습니다. 또한 순환근무를 하므로 근무지가 계속 변경될 수 있습니다. 근무예정지는 채용공고에 함께 공지되므로 이 부분을 꼭 확인하세요.

Guide

시험안내

정보직 시험안내

1. 주관/시행

국방부	육군	해군	공군
국방부 정책과	인사사령부	인사참모부	인사참모부

2. 응시자격

8급 이하 18세 이상, 7급 이상 20세 이상 응시가능

3. 응시요강

(1) 시험과목

① 계급별 시험과목

9급	7급
국어, 국가정보학, 정보사회론	국어, 국가정보학, 정보사회론, 심리학

② 한국사능력검정시험 성적 필요

9급	7급
4급 이상	3급 이상

③ 영어공인인증시험 성적 필요

시험 종류	9급 응시	7급 응시
지텔프(G-TELP)	Level 2 (32점 이상)	Level 2 (47점 이상)
토익(TOEIC)	470점 이상	570점 이상
토플(TOEFL)	PBT 440점 이상 CBT 123점 이상 IBT 41점 이상	PBT 480점 이상 CBT 157점 이상 IBT 54점 이상
펠트(PELT)	PELT main 171점 이상	PELT main 224점 이상
탭스(TEPS)	400점 이상	500점 이상
플렉스(FLEX)	400점 이상	500점 이상

(2) 시험전형

1차			2차
필기시험	유형	객관식 4지선다	면접 시험
	문항수	과목당 25문항	
	시험 시간	과목당 25분(9급 75분, 7급 100분)	

4. 선발인원

매년 필요한 인원만큼 상대평가 방식으로 선발(필기합격자: 선발예정인원의 130% 범위 내로 선발)

5. 합격 후 근무처

국방부 직할부대(정보사, 기무사, 국통사, 의무사 등), 육군 · 해군 · 공군본부 및 예하부대

Contents
차례

Contents

차례

Contents

차례

Theme

01 국가정보학의 연구 동향

I 정보(Intelligence)

1 'information'과 'intelligence'

(1) 의의

정보는 그것을 필요로 하는 분야에 따라서 여러 가지 의미를 내포하고 있어 이에 대한 정의 또한 다양하다. 우리 사회에서 종종 정보의 의미에 대해 혼란을 가져오는 경우가 많은데, 이 이유는 'information'과 'intelligence'라는 용어를 구분 없이 '정보'라는 명칭으로 통용하여 사용하는 데서 비롯된다. 그래서 여기서 'information'과 'intelligence'를 명백히 구분하여 정의할 필요가 있다.

(2) Information

일반 사회에서 사용되고 있는 '정보(information)'는 정보학계에서 통용되고 있는 '정보(intelligence)'에 비하여 보다 포괄적인 개념으로서, 의미를 부여할 수 없는 상태로 존재하는 자료(data)와 그 의미의 타당성이 검증되지 않은 상태의 '첩보(information)' 그리고 그 현상의 의미가 분석 및 평가과정을 거쳐 일반적으로 인정된 내용으로 통용되는 지식(knowledge) 등을 모두 포함한다.

(3) Intelligence

① 'intelligence'는 대체로 가공된 지식, 즉 어떤 현상의 의미가 분석 및 평가과정을 거쳐 타당성이 검증된 지식(knowledge)이라고 할 수 있다.

② 그렇다고 모든 지식이 'intelligence'라고 할 수는 없고, 주로 국가정책이나 국가안전보장에 관련하여 정부기관이나 군대에서 한정적으로 사용되는 특수용어로서, 통상 군사상의 첩보나 비밀 내용을 담은 지식을 'intelligence'로 칭한다.

③ 또한 일반적인 지식 또는 학문적인 정보(information)와는 달리 'intelligence'는 '비밀성(secrecy)'을 포함하고 있는 지식이라는 점에서도 명백히 구분되는 용어이다.

2 학설

(1) 웹스터 사전

웹스터 사전에서는 'intelligence'를 "군사적인 목적을 위해 '비밀첩보(secret information)'를 수집하는 것"으로 정의하고 있다.

(2) 로웬탈(Lowenthal)

① 정보란 비밀을 그 속성으로 하는 것으로 국가안보와 관련하여 그 소요가 제기되고, 수집, 분석을 통해 국가안보정책에 유용하게 반영될 수 있는 하나의 투입변수이다.

② 정보활동은 단순히 정보의 산출에 그치지 않고 생산된 정보를 방첩활동을 통해 보호하는 동시에 합법적 기관에 의해 요청된 공작활동의 수행까지를 포함한다.

③ 정보란 첩보의 수집, 분석, 배포의 과정과 그 결과물, 이와 관련된 일련의 방첩 및 공작활동, 그리고 이러한 업무에 관련되어 있는 조직을 통칭하는 것이다.

(3) 리첼슨(Jeffrey T. Richelson)

리첼슨(Jeffrey T. Richelson)은 정보를 "현재 또는 잠재적으로 국가안보에 중요한 영향을 미칠 수 있는 국가들이나 작전지역에 대한 첩보자료들을 수집, 평가, 분석, 종합, 판단하는 일련의 과정을 거쳐서 생산된 결과물"로 정의하고 있다.

(4) 심스(Jennifer Sims)

심스(Jennifer Sims)는 정보를 "행위자 또는 정책결정자를 위해 수집, 정리, 분석된 첩보(information)"라고 정의하였다. 심스는 정책결정자의 요구에 부응하여 수집된 자료라면 공개적이든 비밀적인 것이든 상관없이 모두 'intelligence'가 될 수 있다는 입장을 취한다.

(5) 슐스키(Shulsky)

① 정보란 국가 안보이익을 증진시키고, 실제 또는 잠재적인 적의 위협에 대처하기 위한 정부의 정책 입안 및 시행에 관한 지식(information)이다.

② 슐스키는 심스가 정보(intelligence)를 지나치게 광의의 개념으로 정의하고 있다고 비판하고, 비밀성이 포함된 것만으로 제한해야 한다고 주장했다.

③ 슐스키(Abram Shulsky)는 정보를 "근본적으로 외부 집단이 숨기려고 노력하는 첩보자료에 접근하고자 하는 것"이라고 기술했다.

(6) 'Murphy위원회(US Murphy Commission)'

1970년대 미 의회 'Murphy위원회(US Murphy Commission)'의 보고서에서는 intelligence의 개념을 "(신문이나 잡지와는 달리) 일상생활 속에서 흔히 접하기 어려운 자료"로 제한하였다.

(7) 데이비스(Jack Davis)

데이비스(Jack Davis)는 정보는 'intelligence'가 다른 첩보(information)나 조언(advice)보다는 '비교우위'를 가질 경우 관심을 얻게 된다고 설명했다. 즉 intelligence는 다른 어떤 첩보나 조언보다 질적으로 우수해야만 한다는 것이다.

(8) 허만(Michael Heiman)

허만(Michael Heiman)은 정보는 정보활동과 목표의 비밀보호 노력 간의 경쟁 사이에 위치한다고 주장하면서, "정보(intelligence)는 모든 종류의 첩보자료를 활용하지만 기본적으로 끝없는 은폐와 기만으로 가득 찬 부분을 꿰뚫고자 하는 노력"이라고 정의했다.

(9) 로버트슨

① 정보를 제대로 정의하자면 위협(threats), 국가, 비밀, 수집, 분석, 의도(purpose) 등의 용어들을 포함시켜야 한다.

② 이 중에서 가장 중요한 것은 위협이다. 왜냐하면 위협이 없다면 정보기관이 존재할 이유가 없기 때문이다.

③ 위협이란 단순히 어떤 사람의 이익에 영향을 미치는 미지의 요소라기보다는 (실제로) 심각한 손실이나 부상을 야기할 수 있는 것이다.

④ 정보(intelligence)는 타인의 비밀을 비밀리에 수집하는 것, 즉 비밀성을 내포한다.

(10) 정리

대부분의 학자들이 intelligence의 개념을 좁은 범위로 제한하는 경향을 보인다. 요컨대 슐스키, 갓슨(Roy Godson), 맥카시(Shaun P. McCarthy), 로웬탈(Mark M. Lowenthal), 허만 등 정보학 분야의 저명학자들은 대체로 'intelligence'의 개념을 국제관계, 국방, 국가안보, 비밀성에 관련되는 것으로 정의하고 있다.

핵심정리 **정보(intelligence)와 첩보(information)의 구분**

1. 의의

정보(intelligence)와 첩보(information)를 구분할 필요가 있다. 오늘날 정보라는 용어는 지식의 총칭이라고 볼 수 있으나, 정보공동체나 정보학에서는 정보라는 용어를 엄격하게 정의하고 일반 분야의 정보와는 구별되는 개념으로 사용하며, 자료(data), 첩보, 정보라는 용어를 구분하여 사용하고 있다.

2. 자료

자료는 생자료라고도 하는데, 특정한 목적에 의해 평가되어 있지 않는 단순한 사실이나 기호를 의미한다. 자료는 사용하는 사람에 따라 그 가치가 달라지며, 일반적으로 언론자료, 인터넷자료 등 모든 공개자료와 기상관측 통계, 농산물 생산량, 국민소득 등이 여기에 속한다.

3. 첩보

첩보는 목적성을 가지고 의도적으로 수집한 자료를 말한다. 즉 그 의미의 타당성이 검증되지는 않았지만, 분석 및 평가과정을 거치면 목적에 맞게 이용될 수 있을 것이라고 믿고 수집된 자료이므로 잠재적으로 필요한 자료 또는 지식으로 볼 수 있다. 아무리 정교한 내용이라도 일단 전문 정보기관에서 정제되지 않으면 첩보로 간주한다. 첩보라는 용어는 필요한 지식이기는 하지만 가공처리되지 않았고 타당성이 검증되지 않았다는 점에서 정보와 구분된다. 사회에서 통용되는 정보라 하더라도 정보기관에서 검증되지 않은 자료로 취급하여 수집하면 첩보인 것이다.

4. 정보

정보는 특정 목적을 달성하기 위해 첩보를 수집, 평가, 분석한 후 그 타당성을 검증한 것을 말한다. 수집된 첩보를 정보기관에서 정책결정자의 수요에 맞게 요약되고 검증한 내용이어야 비로소 정보가 된다. 온갖 첩보를 전문 정보기관 요원이 전문성을 발휘하여 정확하고 신뢰성 있는 내용으로 정리해 정책결정자에게 이해가 되고 도움이 될 때, 비로소 확실한 정보로서 진가를 발휘하게 된다.

구분	내용
생자료	• 생데이터(raw data) 또는 원시자료(源始資料) • 가공되지 않고 처리나 집계하기 전의 자료
첩보(information)	• 어떻게 알게 되었는지를 불문하고 획득되어 알려진 사실 그 자체 • 생자료(raw material) 자체 또는 생자료의 단순한 집적
정보(intelligence)	• 수요자의 의도와 목적에 맞추어 좁혀진 분석생산물 • 다양한 첩보를 바탕으로 수요자의 요청에 의해서 생산된 결과물 • 최종수요자인 정책담당자를 위하여 생산된 지적 산출물(knowledge)
정보성 첩보 (intelligence information)	• 생자료 자체가 정보(intelligence)인 자료 • 별다른 분석 없이 정보로 사용될 수 있는 수준의 첩보정보 • 생생한 영상첩보(IMINT)는 분석 없이 그 자체가 정제된 정보임
첩보와 정보의 관계	로웬탈은 모든 정보는 첩보이지만 모든 첩보가 정보인 것은 아니라고 보았다.

생각넓히기 | **미국 「국가안보법」(National Security Act of 1947)과 「국가정보원법」**

(1) 미국 「국가안보법」 제3조

① 정보는 해외정보와 방첩정보를 포함한다.

② 해외정보는 외국정부 또는 외국조직이나 단체, 외국인 개인 또는 국제테러 활동조직들의 능력과 의도 또는 그 활동과 관련된 첩보이다.

③ 방첩정보는 자국을 보호하기 위해서 해외조직이나 외국인 또는 국제테러활동과 연관된 해외세력들의 간첩활동, 사보타주, 암살활동 기타 정보활동에 대항하여 수행되는 제반활동이나 수집된 첩보이다.

※ 그러나 미국 「국가안보법」이 정보를 해외정보와 방첩정보로 한정한 것은 결코 아니다. 국가안보와 관련된 국내정보도 미국 「국가안보법」의 정보개념에 포함된다.

(2) 「국가정보원법」은 "정보"를 개념 정의하고 있지 않다.

3 정보(Intelligence)와 국가정보(national intelligence)

(1) 의의

① '정보(intelligence)'의 개념은 정보의 사용자가 개인이나 집단인지 아니면 정부의 일부 부처 또는 국가인지 분명하지 않고 이들을 모두 포괄하는 의미로 사용된다.

② 그런데 '국가정보'는 국가적인 차원에서 활용되며, 그 사용자가 주로 국가의 최고정책결정권자라는 점에서 구별된다.

(2) Sherman Kent

① 켄트(Sherman Kent)는 '국가정보'는 '전략정보(strategic intelligence)'가 되어야 한다고 강조하면서, 이를 '작전 또는 전술정보(operational or tactical intelligence)'와 구분하였다.

② '적극적 고차원의 외교정보'가 아닌 정보행위들은 국가의 안보를 지키는 데 있어서 필수적인 것이 아니므로 '국가정보'가 될 수 없다고 주장했다.

(3) 정리

국가정보는 군대 조직이나 정부 조직 내 일부 부처의 업무 차원을 넘어서서 보다 고차원적인 국가 차원에서 생산되고 활용되는 '지식'을 의미하며, 국가적 차원의 안전보장이나 이익을 실현하는 목표를 달성하기 위한 활동이라고 볼 수 있다.

생각넓히기 | 국가정보체계와 국가정보

엄격히 말하자면, '국가정보(national intelligence)'라는 것은 지식만을 의미하고, 활동은 국가정보 활동, 조직은 국가 정보기관으로 구분하여야 할 것이다. 그리고 지식, 활동, 조직 등을 모두 포괄하는 것은 '국가정보체계'라고 칭하는 것이 타당할 것이다. 그러나 '국가정보'의 용어 속에 지식, 활동, 조직 등 3가지 요소를 포함하는 것으로 해석해 볼 수 있다. 켄트(Sherman Kent)는 그의 저서에서 국가정보를 3가지 요소로 나누어 각각의 장을 구성하고 있다.

Ⅱ 국가정보(national intelligence)

1 의의

① 정보(Intelligence)는 주로 '지식'이나 '활동'에 국한된 의미를 가지는 데 반해 국가정보는 그러한 '지식'과 그러한 '활동'을 수행하기 위한 국가적 '조직'까지 포괄한다는 점에서 차이가 있다.

② 켄트는 "정보(intelligence)란 지식 또는 첩보(information), 활동(activities) 및 조직(organizations)을 포괄하는 개념"이라고 정의하였는데, 이것이 오늘날까지 국가정보(national intelligence)의 개념을 가장 권위적으로 해석한 것으로 인정되고 있다.

③ 다시 말해서 국가정보라(national intelligence)는 용어는 일종의 지식이며 그러한 지식을 입수하는 행위(또는 상대방의 입수행위를 저지하는 것) 그리고 입수 또는 저지 기능을 수행하는 조직 등을 포괄한다.

2 지식으로서의 정보(intelligence)

(1) 첩보

① 지식으로서의 정보(intelligence)는 슐스키(Abram N. Shulsky)가 그의 저서, 「소리 없는 전쟁(Silent Warfare)」에서 언급한 바와 같이 "국가안보적 이익을 증진시키고, 외부로부터의 위협에 대처하는 정부의 정책 입안 및 시행에 관련된 첩보(information)"를 지칭하는 것이라고 볼 수 있다.

② 여기에는 비교적 획득이 어려운 비공개 첩보와 일반인에게 공개되어 입수하기 쉬운 공개 자료로서의 첩보가 있다. 일반적으로 비공개 자료로서는 관련국들의 군사첩보 및 외교활동에 관한 내용들이 포함된다. 공개 자료로서는 관련국의 국내정치, 경제 및 사회 문제와 자원 환경, 인구통계학적 수치 등이 있는데, 대체로 민주주의 체제의 경우는 이러한 자료들이 공개되어 쉽게 입수될 수 있지만, 전체주의 정부의 경우는 그렇지 못하다.

③ 공개 자료든 비공개 자료든 최초 수집된 첩보는 '생자료(raw data)'라고 하며, 이것이 분석 및 평가과정을 거쳐서 '정보(intelligence)'가 되는 것이다.

(2) 정보순환과정(intelligence cycle)

① 여기서 '첩보(information)'가 정보화되는 일련의 과정을 '정보순환과정(intelligence cycle)'이라고 한다.

② 첫 단계는 정보소비자(즉 최고정책결정권자 또는 관련 정보조직)의 정보 및 첩보수집 요청에 따라서 수집목표 및 과제가 설정되고, 둘째 단계는 첩보수집이며, 마지막으로 분석단계를 거치게 된다.

③ 정책 입안자가 필요로 하는 것은 바로 이와 같은 분석과정을 거쳐 생산된 정보이며, 지식으로서 얼마나 유용한 정보를 생산해 내는가가 곧 정보기관의 역량을 평가하는 기준이 될 만큼 중요하다.

3 활동으로서의 정보

(1) 의의

활동으로서의 정보에는 첩보수집과 정부의 국가안보정책의 입안 및 시행과 관련된 정보의 분석 등을 포함한 정보자료의 생산활동 그리고 비밀공작과 방첩(counter intelligence) 등이 포함된다.

(2) 첩보수집

① 첩보수집은 인간 또는 기술을 통한 생자료(raw data) 또는 첩보(information)의 입수를 지칭하는 것으로서 일반대중이 흔히 생각하는 정보활동의 개념이다.

② 첩보를 수집하는 방법은 크게 2가지로 구분되는 바, 공개수집(overt collection)과 비밀수집(clandestine collection)이 있다. 공개적인 수단을 활용하여 수집 · 생산된 정보는 공개출처정보(open source intelligence, OSINT)라고 한다.

③ 비밀수집을 통해서 생산된 정보로는 기술정보(technical intelligence, TECHINT)와 인간정보(human intelligence, HUMINT)가 있다.

④ 공개 수집은 라디오와 TV 방송, 신문, 잡지, 학술서적 등과 같은 공공 전파 또는 출판물을 통해 수집하는 활동으로 사실상 첩보수집의 주종을 이룬다.

⑤ 기술정보는 영상 장비와 전자 장비를 활용하여 수집 · 생산되는 것으로서 영상정보(imagery intelligence, IMINT)와 신호정보(signal intelligence, SIGINT)가 있다.

⑥ 인간정보는 공작원이나 탈출자, 망명자 같은 인간출처로부터 첩보자료를 수집하여 생산되는 정보를 뜻한다.

(3) 정보자료의 생산활동

수집된 자료가 아무리 좋다고 해도 그 자체만으로 가치 있는 것은 아니다. 대부분의 경우 수집된 정보는 단편적이고 모호한 데다 여러 가지 다른 해석이 있을 수 있기 때문에 외교정책이나 군사행동의 입안이나 수행 시 수집자료가 유용하게 쓰이기 위해서는 반드시 분석과정을 거쳐야 한다. 정보자료의 분석에는 사회과학적 방법과 암호판독기술이 사용되며, 이와 같은 방법을 통해 상대방의 능력, 의도, 행동방책 등에 대한 종합적인 평가가 곧 정보 생산물이 되는 것이다.

(4) 비밀공작(covert action)

① 비밀공작(covert action)은 일반적으로 자국의 대외정책을 지원할 목적으로 수행되며, 외국의 정부, 정치, 경제, 군사, 사회 등 여러 분야에 은밀히 개입하여 자국에게 유리한 여건을 조성하기 위한 행위라고 정의할 수 있다.

② 비밀공작은 비밀리에 수행된다는 점에서 첩보수집활동과 유사한 면이 있지만, 그 목적에서 차이가 있다. 즉 수집활동은 지식(knowledge)으로서 정보를 생산함에 목적이 있지만 비밀공작은 국가의 외교정책을 지원할 목적으로 수행된다는 점에서 분명히 차이가 있다.

③ 원칙적으로 비밀공작은 외국을 대상으로 하는 활동이지만 독재국가나 권위주의 정부의 경우처럼 정보기관이 자국민을 대상으로 흑색선전, 정치공작, 정적 암살 등의 공작을 수행하기도 한다.

④ 비밀공작은 미국의 창조물이라고 칭할 만큼 주로 미국에서 많이 수행되었던 것으로 나타난다. 비밀공작에는 선전공작(propaganda), 정치공작, 경제공작, 기만공작, 전복공작, 암살 및 테러, 준군사공작(paramilitary action) 등 다양한 유형이 있다.

(5) 방첩

① 방첩이란 일반적인 의미로서 상대국 정보기관의 첩보수집, 전복, 테러 및 파괴행위 등의 각종 공작에 대응하는 국가적 노력을 의미한다.

② 방첩활동은 크게 안보 위해 요소로부터 비밀을 유지하는 '보안(security)'과 적대국의 정보기관 요원을 무력화시키는 '대간첩활동(counterespionage)' 등 두 가지로 구분될 수 있다.

③ 이러한 방첩활동은 수집된 첩보에 대한 올바른 분석을 가능하게 하고, 첩보수집관이나 분석관들에게 적의 기만이나 역정보에 빠질 위험성을 감소시켜 주기 때문에 국가의 효과적인 정보활동을 유지하는 기반이 된다.

4 조직으로서의 정보

① 마지막으로 정보에는 이러한 모든 활동을 수행하는 조직으로서 정보기관이 포함된다. 정보기관의 가장 중요한 임무는 가용한 모든 수단을 동원하여 공개 및 비공개 자료를 획득하고, 수집된 자료들을 과학적이고 체계적으로 분석하여 타당성 있는 정보를 생산하는 데 있다고 본다.

② 정보기관은 이러한 정보생산활동 외에도 방첩활동과 국가의 외교 · 안보적 목표를 달성하기 위한 비밀공작(covert action) 등을 수행한다. 대표적인 정보기관으로서는 미국의 CIA와 FBI, 러시아의 FSB와 SVR, 영국의 SIS(일명 MI-6)와 SS(일명 MI-5), 프랑스의 DGSE, 독일의 BND, 이스라엘의 Mossad와 Shin Beth, 중국의 국가안전부 등을 들 수 있다.

③ 우리나라의 경우 국가정보기관으로서 국가정보원이 있고, 행정 각 부처에는 특정 부처에서 필요에 따라서 부문정보(departmental intelligence)를 생산하는 부문정보기관들이 있다. 국가정보기관은 국방, 외무, 통일, 경제, 환경 · 자원 등 다양한 분야에 관련된 각 부처의 부문정보들을 통괄 · 조정하여 '국가적 차원'의 종합된 정보를 생산하는 기능을 수행한다고 볼 수 있다.

5 정리

요컨대 국가정보란 단순한 지식의 차원을 넘어 활동과 조직을 포괄하는 개념으로 이해되어야 할 것이다. 이러한 세 가지 분야(지식, 활동, 조직)는 상호 유기적으로 관련되는 바 대체로 정보의 기본적인 목표는 지식의 생산에 있고, 활동 및 조직은 지식을 생산하기 위한 수단으로서의 의미를 가진다고 볼 수 있다.

Ⅲ 국가정보의 범위와 유형

1 의의

국가정보는 사용자의 수준, 대상지역, 요소(subject), 분석의 형태 등 여러 가지 기준에 따라 다양한 방식으로 분류될 수 있다.

2 사용자의 수준에 따른 구분

① 우선 국가정보는 사용자의 수준에 따라서 '국가정보(national intelligence)'와 '부문정보(departmental intelligence)'로 분류될 수 있으며, 그러한 정보를 생산하는 조직을 각각 '국가정보기관(national intelligence organization)'과 '부문정보기관(departmental intelligence organization)'으로 통칭한다.

② 국가정보란 외교, 국방, 경제 등 국가정책의 수립과 집행에 필요하거나 국내외로부터 국가의 안보와 이익을 수호하는 데 요구되는 정보이다. 또한 국가정보는 국가의 최고정책결정권자의 필요나 요구에 따라 제공되는 정보로서 어느 특정부처의 권한이나 필요를 넘어선 높은 수준의 종합적 정보라고 할 수 있다. 이에 반해 부문정보는 통일, 외교, 국방, 경제, 환경 등 어느 특정 부처의 필요와 요구에 따라서 생산되는 정보를 의미한다.

③ 미국의 경우 대표적인 국가정보기관으로서 CIA, NSA, NRO 등을 들 수 있고, FBI, DIA, 육·해·공군 및 해병대 정보기관, 국무부의 정보조사국(Bureau of Intelligence and research, INR) 등은 부문정보기관이다.

④ 이 밖에 영국의 SIS, 프랑스의 DGSE, 독일의 BND, 러시아의 SVR과 FSB, 이스라엘의 Mossad, 중국의 국가안전부 등은 국가정보기관으로 널리 알려져 있다.

생각넓히기 | 셔먼 켄트의 사용수준에 의한 분류

1. 장기(Long-Range) 정보
   국가 전체적인 수준에서 필요한 정보
2. 중기(Medium-Range) 정보
   개별 행정부처 수준에서 필요한 정보
3. 단기(Short-Range) 정보
   현안문제 해결을 위해 담당 공무원 수준에서 필요한 정보

3 대상지역에 따른 구분

(1) 의의

대상지역에 따라서 정보활동은 '국내정보(domestic intelligence)'와 '국외정보(foreign intelligence)'로 구분된다.

(2) 국외정보

국외정보는 '국외보안정보'와 '국외정책정보'로 구분될 수 있다. 국외보안정보는 자국의 안전에 위협을 야기하는 간첩, 테러, 선동 활동에 관한 정보뿐만 아니라 상대국 정보기관의 조직, 활동방법, 활동목표 등을 탐지하는 것도 포함된다. 국외정책정보는 타국의 정치, 경제, 사회, 군사, 과학 등에 관한 정보를 의미한다.

(3) 국내정보

국내정보 역시 국외정보와 유사하게 '국내보안정보'와 '국내정책정보'로 구분된다. 국내보안정보는 국내에 침투한 간첩이나 반국가 세력의 안보위협으로부터 국가의 안전을 유지하는 데 필요한 정보를 의미한다. 국내정책정보는 국내 경제, 사회, 과학기술 등 국가내부의 정책결정에 필요한 정보를 의미한다.

핵심정리 사용목적에 따른 분류

1. 의의
   국가정보는 그 사용목적에 따라 정책정보(policy intelligence)와 보안정보(security intelligence)로 구분된다.
2. 정책정보
   정책정보는 국가이익의 증대와 국가안전보장을 위한 정책의 수립과 집행을 지원하는 정보를 말한다. 국가의 외교, 국방, 경제, 과학, 환경, 보건복지 등 국정 전반에 걸쳐 정책결정과 집행에 지원되는 정보로서 정책정보의 생산은 국가정보기관의 중요한 기능이라 할 수 있다.
3. 보안정보
   보안정보는 방첩정보라고도 하는데, 국가의 안전보장에 위해가 되는 간첩, 기타 반국가활동세력과 그 추종세력의 행위에 대한 정보로서 국가경찰기능을 위한 정보이다. 보안정보는 자국에 관계되거나 영향을 미칠 국내외의 안보사항을 총망라하는 것이라 할 수 있다. 외국정보기관의 조종을 받는 세력이나 그 추종세력들의 자국 상대 첩보수집, 전복, 테러, 태업 등 반국가행위를 방지하기 위한 정보를 말한다. 다시 말하면, 외국정보요원을 찾아내기 위한 조사 및 감시, 그리고 상대방 정보기관에 관한 정보를 의미한다. 통상 방첩활동은 국내에서 이루어지는 것으로서 국내정보기구의 중요한 업무가 된다. 정보 실무에서 사용하는 외사정보나 대공정보 등도 보안정보에 속하는 것이다.

(4) 학설

① 그런데 국내와 국외 중 어떤 대상에 중점을 두어 정보활동을 수행하는 것이 바람직한 것인가를 두고 학자들 간에 다소 상반된 논의가 있다.

② 켄트(Sherman Kent), 허만(Michael Herman), 리첼슨(Jefrey Richelson) 등 대부분의 학자들은 국가정보의 활동 범위를 국내보다는 해외에 중점을 둔다.

③ 특히 허만은 정보활동은 기본적으로 국내가 아닌 외국을 대상으로 수행되어야 한다는 것을 강조한다. 그는 국내보안정보(security intelligence)도 엄밀히 따지고 보면 국내에 있는 외국인들을 감시하는 활동을 중점적으로 수행한다는 점에서 그 주요 대상이 '외국'이라고 주장한다. 허만이 주장하는 바에 따르면 정보활동은 원칙적으로 '우리들'에 대한 것을 대상으로 하는 것이 아니고, '그들', 즉 외국을 대상으로 수행하는 것으로서 자국민에 대한 감시는 순수한 의미의 정보활동이 아니다.

④ 그러나 슐스키는 오늘날 국내와 국외 부문과의 밀접한 연계로 인해 외교와 국내정치를 구분하기 어려워져 국외정보만을 국가정보로 한정하기 곤란하다는 입장을 취한다. 특히 테러, 국제범죄조직, 마약 문제 등 초국가적 안보위협은 국내와 국외가 밀접히 연계되어 전개되고 있기 때문에 국내보안정보 역시 국가정보의 중요한 요소로 고려된다.

4 요소별 기준에 따른 구분

(1) 의의

국가정보는 요소별 기준에 따라 '정치정보(political intelligence)', '경제정보(economic intelligence)', '군사정보(military intelligence)', '과학기술정보(scientific and technical intelligence)', '사회정보(sociological intelligence)' 등 다섯 가지로 분류된다.

생각넓히기 | 리첼슨(Richelson)의 요소별 기준에 따른 분류

리첼슨(Richelson)은 국가정보는 요소별 기준에 따라 대체로 정치정보, 경제정보, 군사정보, 과학기술정보, 사회정보의 다섯 가지로 분류하였다. 그런데 탈냉전 이후 환경 · 생태문제와 사이버 문제가 부각되면서 환경정보, 사이버정보도 새로운 정보요소로 추가되는 경향이 있다.

(2) 정치정보

정치정보는 정치권력구조, 국민들의 정치적 태도, 정치 지도자들의 성향, 정당, 선거, 쿠데타, 분쟁 등 국내정치 동향은 물론 외교정책, 주요국과의 관계, 외교 행태 등 대외정책을 포함한다.

핵심정리 정치정보와 정치화된 정보

(1) **정치정보(Political Intelligence)** – 정치정보 수집과 분석활동의 결과물
(2) **정치화된 정보(Politicized Intelligence)** – 정보정치 또는 정보통치의 수단

(3) 경제정보

경제정보는 탈냉전과 더불어 중요한 안보 이슈로 부각되고 있는 바, 국내외 경제정책, 전략자원의 수급 실태, 국제경쟁력 확보 등에 관한 정보를 의미하며 국내 중요 산업기밀을 보호하기 위한 산업보안활동도 넓은 의미로 여기에 포함된다.

(4) 군사정보와 과학기술정보

군사정보는 대상국의 군부 동향, 군사적인 능력, 취약점, 의도 등을 포함한다. 과학기술정보는 주로 대상국의 군사력에 영향을 줄 수 있는 요소에 중점을 두고 있는 바, 군사분야 첨단무기 체계의 개발 동향에 관한 정보뿐만 아니라 컴퓨터 공학, 생명공학, 과학, 레이저, 원자력, 우주 항공 등 민간분야의 과학기술 발전에 관한 정보수집 및 분석활동도 포함한다.

(5) 사회정보

사회정보는 대상국 내부의 사회 구조, 문화와 제도, 사회변동, 사회집단들의 성격과 활동 등에 관한 내용을 포함한다.

(6) 사이버정보(cyber intelligence)

한편 정보화 시대에 들어서서 컴퓨터와 네트워크에 관련된 비밀첩보를 수집하고 이에 대한 보안 대책을 강구하는 것을 내용으로 하는 '사이버정보(cyber intelligence)'도 새로운 정보 요소로서 주목받고 있다.

(7) 기타

① 이 밖에 국가안보의 범위가 환경, 인구, 자원, 식량 등으로 확대됨에 따라 이 분야에 관한 첩보수집 및 정보분석활동이 보다 활발하게 수행되고 있다.

② 또한 테러, 마약, 조직범죄 등은 행위자가 국가가 아닌 집단이라는 점에서 전통적인 안보와 구별되는 초국가적인 안보이슈이며, 오늘날 정보활동의 새로운 요소로 부각되고 있다.

③ 특히 미국의 경우 2001년 9월 11일 발생한 테러 사건 이후 국제테러리즘을 국가정보목표의 최우선 순위로 설정하고 있으며, 이를 위해 예산과 인원을 대폭 증강시켜 대응활동을 강화하고 있다.

(8) 고려사항

① 사실 국가정보는 정치, 경제, 군사 등 요소별로 엄격히 분류하여 수집되기 어려운 점이 있다. 한 가지 수집수단으로 여러 가지 정보 요소들을 동시에 수집할 수도 있다. 예를 들어 위성정보는 군사, 경제, 정치 등 여러 가지 정보요소들을 동시에 수집하는 임무를 수행하게 되는 바, 이 경우 요소별 분류가 무의미하다.

② 신호정보 역시 상대국의 군사정보는 물론 국내 정치, 경제, 사회 등 다양한 요소를 포괄적으로 수집할 수 있다. 그리고 정치정보라는 용어는 타국의 국내정치와 더불어 대외관계까지 포함하기 때문에 이를 엄격히 정치정보로 분류하기 어렵다.

③ 참고로 미국 처치위원회의 보고서에 따르면 1970년대 미국 정보목표의 54%는 군사정보, 15%는 과학기술정보(거의 대부분 소련의 군사력에 관한 정보였음), 3%는 정치정보, 3%는 경제 그리고 나머지 25%는 어떤 요소라고 할 수 없는 일반적인 요소들에 관한 정보였던 것으로 나타난다.

④ 냉전이 종식된 이후 정보요소의 비중이 기존의 군사정보 중심에서 경제정보의 중요성이 증가하는 등 대폭적인 변화가 있었다. 그럼에도 불구하고 여러 가지 요소 정보 중에서 가장 커다란 비중을 차지하는 것은 군사정보이다. 냉전이 종식된 이후 그 비중이 점차 줄어들기는 하였지만 앞으로도 군사정보는 요소별 정보의 가장 큰 비중을 차지할 것이다.

5 시계열적 특성에 따른 구분

(1) 의의

마지막으로 국가정보는 분석대상의 시계열적 특성에 따라 '기본정보', '현용정보', '판단정보' 등으로 구분될 수 있다. 이는 원래 켄트가 정보분석의 최종 결과물로서 정보분석보고서의 형태를 '기본정보'(basic-descriptive)', '현용정보(current-reportorial)', '판단정보(speculative-evaluative)' 등 세 가지 유형으로 분류한 데 기인한다.

(2) 기본정보

기본정보는 각국의 인구, 지리, 과학기술, 군사력, 경제력 등과 같이 비교적 변화가 적은 고정적인 상황에 관한 내용을 포함한다. 대표적인 기본정보로서 CIA에서 정기적으로 발행하는 「세계각국총람」(Country Factbook)을 들 수 있다.

생각넓히기 | 기본정보 구성 원리(BEST MAPS)

B: biographic intelligence(개인신상정보)
E: economic intelligence(경제정보)
S: sociological Intelligence(사회문제정보)
T: transportation & telecommunications intelligence(운송 · 통신정보)
M: military geographical intelligence(군사지리정보)
A: armed forces intelligence(군사력정보)
P: political Intelligence(정치정보)
S: scientific and technical intelligence(과학 · 기술정보)

(3) 현용정보

현용정보는 최근에 무슨 일이 일어났고 현재 어떤 일이 진행되고 있는가에 관한 내용을 포함하는 것으로서 대부분의 정보분석보고서가 여기에 속한다. 현용정보보고서는 최근 소식들로 꽉 찬 일종의 '정제된 신문(a quality newspaper)'이라고 볼 수도 있다.

핵심정리 현용정보

(1) 해외세력과 세계 각 지역에 대한 매일 매일의 현상에 대한 현재정보이다.
(2) 현재성과 보고성이 기본 요소(current reportorial element)이다.
(3) 속성적으로 단기 · 구체성을 지향하는 전술정보와 연결된다.
(4) 대통령 일일 브리핑(PDB), 국가일일정보(NID), 군사정보 다이제스트(MID), 국방 테러 정보요약(DITSUM), 신호정보 다이제스트(SIGINT Digest) 등이 현용정보의 대표적인 사례이다.

(4) 판단정보

① 판단정보는 대체로 사용자에게 제공된 첩보자료의 의미를 평가해주고, 장래 발생할 일에 대한 판단을 제시하는 내용들을 포함하고 있다.

② 판단정보보고서는 기본정보보고서나 현용정보보고서에 비해 그 숫자나 분량이 매우 적지만 국가의 안보와 이익에 결정적인 영향을 줄 수 있는 정책판단을 포함하고 있기 때문에 최고 중요한 보고서로 간주된다.

③ 판단정보보고서는 사용자의 특별한 요구에 따라 작성되며 종종 예측하는 내용이 포함된다.

핵심정리 판단정보

(1) 평가정보 또는 예측정보(Speculative-estimative intelligence)라고도 한다.
(2) 사회과학적인 예측으로 미래에 대한 현재의 판단을 제시한다.
(3) 미국 국가정보장(DNI) 산하의 국가정보회의(NIC)가 매 5년마다 15년 후의 지구 미래에 대해 생산하는 "Global Trends"가 대표적이다.

생각넓히기 | 국가정보 대상(Intelligence Targets)의 실제

(1) **초국가적 표적(Transnational targets)**
① 지구상의 특정지역, 특정 국가를 넘나들고 뛰어넘는 문제이다.
② 위협이 궁극적으로 세계평화와 안전 및 인류 인권을 위태롭게 하는 내용이다.

(2) **지역표적(Regional targets)**
① 한 나라를 넘어서지만, 어느 정도 특정되어 있는 지역에 대한 정보대상이다.
② 발칸반도에서의 전쟁, 중동지역의 불안증폭, 한반도에서의 긴장관계처럼 특정지역의 내용이 다른 나라의 국가안보에 위협으로 작용될 수 있는 내용이다.
③ 군사적 긴장 이외에 경제적 문제도 지역표적이 된다.

(3) **국가표적(National targets)**
① 특정 국가를 상대로 한 국가정보활동으로 전통적인 정보대상이다.
② 그러므로 국가표적은 현재에도 가장 중요한 정보의 대상이고 목표이다.
③ 냉전시대와의 차이는 현대사회에서는 우방국가든 적성국가든 특정국가의 정책 변화는 다른 나라에 영향을 미치기 때문에 국가표적의 숫자는 오히려 증대되었다는 점이다.
④ 냉전 이후에도 사회주의 이념의 러시아와 중국은 미국에게 중요한 국가표적이다.

생각넓히기 | 현대사회의 대표적인 초국가적 정보표적

대량살상무기(Weapons of mass destruction: WMD) 밀매, 국제테러, 금수무기거래, 국제조직범죄 및 대형화된 마약밀매, 금지 오염물질의 해양 투기 같은 국제 환경문제, 특정지역의 인구 증가문제, AIDS나 신종플루 같은 치명적 질병의 확산이 초국가적 정보표적이다.

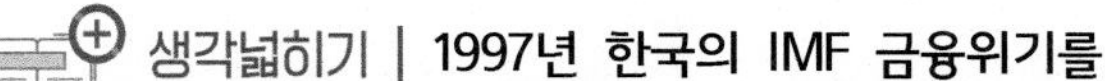

생각넓히기 | 1997년 한국의 IMF 금융위기를 비롯한 아시아 금융위기

경제문제가 국내의 정치상황이나 무역에 미치는 영향 등에 대해, 미국 정보기관들은 지역표적의 문제로 다각도의 관심을 가졌다. 왜냐하면 아시아의 금융위기가 미국 경제를 비롯하여 전 세계 경제에 직·간접적인 영향을 미치고, 그 파장은 미국의 국가안보와도 연결되었던 것처럼 세계경제는 상호 연결되어있기 때문이다.

Ⅳ 국방정보(national defense intelligence)

1 의의

(1) 국방(國防)

① 국방은 내·외의 제반 위협으로부터 주권국가의 안전을 보장하기 위한 수단과 체제이다.

② 국가를 위협하는 외부의 위협에는 전쟁, 해외세력 테러, 자연재해 등이 있고, 내부의 위협에는 반란, 폭동, 자생테러 등이 있다.

(2) 국방정보

국방정보는 단적으로 국방을 위한 정보로, 전투, 전쟁터, 전쟁 준비와 전쟁실행과 관련된 적대세력의 의도와 전략을 포함한 군사능력에 대한 정보이다.

2 국가정보와 국방정보

① 국방정보는 국가정보의 하위분류에 속하는 (행정)부문정보이다.

② 군사안보가 국가안보 자체인 시대에는 국방정보가 바로 국가정보를 의미한다.

③ 냉전시대의 국가정보는 국가의 총체적 역량을 의미하는 국방정보였다.

3 국방 전략정보(戰略情報)

① 목전의 개별적인 전투에서가 아니라 궁극적인 전쟁 그 자체에서 승리를 달성하기 위해 필요하고 준비해야 하는 예측정보를 말한다.

② 국방전략정보 역시 BEST MAPS로 작성함이 효율적이다.

4 국방 전술정보(戰術情報)

(1) 의의

목전의 개별적인 전투에서 승리함에 즉시적으로 필요한 국방정보로, 전투정보(戰鬪情報) 또는 작전정보라고도 한다. 국방 전술정보에는 전투서열정보와 군사능력분석 정보가 있다.

(2) 전투서열정보

전투서열정보는 군부대의 구성(composition), 배치(disposition), 병력(strength)에 대한 정보이다.

(3) 군사능력분석정보

① 전략분석정보는 상대세력의 총체적 전략, 군통수권자의 목표와 실행의지를 분석한 정보이다.

② 작전능력분석정보는 상대세력 부대 사이의 유기적인 협조 등 상대세력의 실제 군사전력을 분석한 정보이다.

③ 전술능력분석정보는 구체적인 전장(battlefield)에서의 상대세력의 작전전개를 포함한 전투능력 정보로 전장지역 정보와 상대세력의 지휘 · 통제 · 통신 · 전산 · 정보체계, 즉 C4I에 대한 정보를 포함한다.

핵심정리 전투정보

1. 의의

전투정보는 대개의 경우 전투서열정보와 군사능력정보가 주축이 되며, 기후 · 지형 등과 같은 단기 지리정보가 추가적으로 포함될 수 있다.

2. 전투서열정보

전투정보의 핵심은 전투서열에 관한 정보와 군사능력에 관한 정보이다. 전투서열은 구성(composition), 배치(disposition), 병력(strength)의 3개 분야로 구분된다. 구성은 군 조직에 관한 모든 요소를 의미하는데, 통상적으로 군이 가지고 있는 전차, 야포, 함정, 항공기 등과 같은 군이 보유하고 있는 장비와 무기의 종류를 말한다. 배치는 평시에 각각의 부대가 어디에 배치되어 있는가에 대한 위치정보를 말한다. 병력은 대형(military formation)을 의미하는 것으로 각각의 단위부대에 배치된 장비와 배치된 장비를 운용하는 배정된 인원의 수를 대상으로 한다.

3. 군사능력분석

(1) 구성

① 군사능력분석은 전쟁 혹은 전투에서의 승리나 목표물 파괴 등과 같은 특정한 목표를 달성하는 능력을 의미하는 것으로 전력구조, 현대화(modernization), 전비 태세(readiness) 그리고 지속성(sustainability)의 4개로 구성된다.

② 전력구조(force structure)는 사단, 여단, 함대, 비행단 등과 같은 각각의 부대 구성단위의 병력, 규모, 구성을 의미하며, 현대화는 전반적인 전력, 단위부대, 무기체계와 장비의 첨단화 정도를 의미한다.

③ 전비 태세는 전력, 단위부대, 무기체계와 장비가 이미 설정된 목표나 결과물을 차질 없이 달성할 수 있는 능력을 의미하고, 지속성은 군사적 목표달성을 위해 작전을 일정한 수준과 기간 동안 지속할 수 있는 능력을 의미한다.

(2) 분류

① 군사능력분석은 군사전략, 작전 그리고 전술로 구분된다.

② 군사전략분석정보는 상대세력의 총체적 전략, 군통수권자의 목표와 실행의지를 분석한 정보이다.

③ 작전능력분석정보는 상대세력 부대 사이의 유기적인 협조 등 상대세력의 실제 군사전력을 분석한 정보이다.

④ 전술능력분석정보는 구체적인 전장(battlefield)에서의 상대세력의 작전전개를 포함한 전투능력 정보로 전장지역 정보와 상대세력의 지휘 · 통제 · 통신 · 전산 · 정보체계, 즉 C4I에 대한 정보를 포함한다.

핵심정리 **C4I**

Command(지휘), Control(통제), Communication(통신), Computer(전산), Intelligence(정보)

V 전술정보와 전략정보

1 전술정보(Tactical intelligence)

① 목전에 있거나 머지않은 장래에 도래가 예상되는 구체적인 전술활동 전개를 계획하고 수행하기 위한 정보이다. 단기적인 현재의 전투수행을 위한 정보로서 작전정보(Operational Intelligence)라고도 한다.

② 현재의 긴박한 상황에 대한 것으로서 사용에 대한 시간의 민감성이라는 특성이 있다.

③ 적진의 배치상황, 병력 수, 화력, 예상 공격루트, 패퇴시의 도주루트 등 현재의 전투상황에서 자국의 작전을 구체적으로 수립하는 데 필요한 병력 운용정보이다.

2 전략정보(Strategic intelligence)

(1) 의의

① 전략정보는 국가수준이나 국제수준에서 필요한 정보로, 비교적 장기적인 국가정책이나 군사계획을 작성함에 있어서 필요한 정보로서 STRATINT라고도 한다.

② 구체적인 현안이 없는 경우에도 국가운영을 위하여 지속적으로 생산하는 장기적이고 포괄적 관점에서의 정보이다.

(2) 주의할 점

① 전략정보 개념에 대한 대표적인 오해는 전략정보를 무조건 장기정보로 생각한다는 것이다.

② 그러나 전략정보가 반드시 장기전망에 대한 것은 아니다. 전략정보는 적대세력에 대해 그 효과가 오래 지속될 수 있는 전략(strategy)을 담고 있을 것이 요체이다.

③ 마이클 허만과 셔먼 켄트의 경험적 설명처럼 전략정보의 대부분은 공개출처정보에서 획득할 수 있다.

[전술정보와 전략정보의 구분]

구분	현안과 목적	정보출처	정보 가치	기구 성격	상징용어
전술정보	현재 상황/ 목전의 전투/ 개별 전투에서의 승리	비밀 첩보	일일신문 (daily newspaper)	현안 해결 태스크포스	특정한 부분/ 목전의 이슈/ 속도/ 현재의 이벤트/ 현안문제/ 단편적 스냅샷
전략정보	중장기 미래/ 전쟁에서의 궁극적 승리	공개출처자료/ 전문서적/ 무역잡지/ 통계수치/ 각종 연감/ 사기업체 자료	학술연구서/ 장기청사진 (blueprint)	국책연구소/ 싱크탱크 (Think Tank)	장기보고서/ 질(質)/ 분석적 생산물/ 추론적 생산물/ 셔먼 켄트/ 조사분석실(R&A)

Ⅵ 국가정보의 순환(Intelligence Cycle)

1 의의

① 국가정보는 일련의 과정을 거쳐서 생산·배포되는데 이를 흔히 '정보순환(intelligence cycle)'이라고 일컫는다.

② 즉 정보기관은 정보소비자의 정보 요구에 부응하여 필요한 첩보(information)를 수집하고 이를 종합하여 분석보고서를 생산·배포하게 되며, 이러한 과정이 한 차례에 그치는 것이 아니고 환류(feedback)를 거쳐 순환하게 된다.

③ 이러한 정보의 순환과정은 보다 효율적이고 정확한 정보자료의 생산과 밀접하게 관련되기 때문에 그 중요성이 강조된다.

핵심정리 협의의 정보순환

정보순환을 단일한 순환과정으로 이해하고 환류는 제외하는 개념으로 정보순환문제를 국가정보기구의 내적인 범위로 한정한다. 국가정보기구가 정보를 수집하고 생산하여 배포하기까지의 과정만을 순수한 의미의 정보순환이라고 한다.

2 전통적인 정보순환 모델

(1) 미국 CIA의 정보순환과정

미국 CIA의 경우 정보의 순환과정을 '기획 및 지시(Planning and Direction)', '수집(Collection)', '처리(Processing)', '분석 및 생산(Analysis and Production)', '배포(Dissemination)' 등 다섯 단계로 나누고 있다.

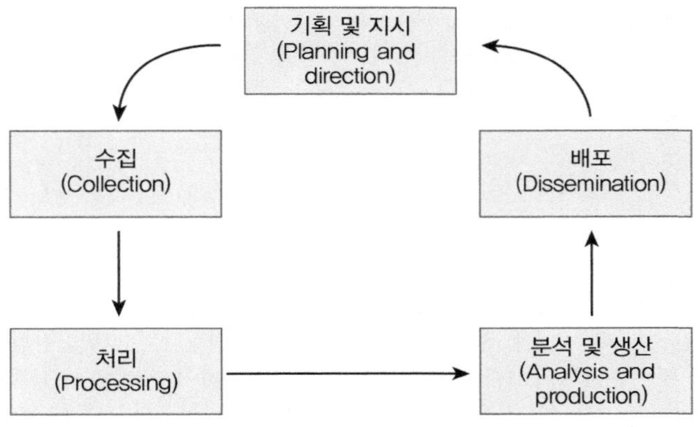

[미국 CIA의 정보순환과정]

핵심정리 ODNI의 정보순환과정

1. 의의

① 국가정보장실(ODNI)은 현재의 정보순환을 여섯 단계의 과정으로 구분한다. 이 여섯 단계는 계획과 지시, 수집, 처리와 개발, 분석과 생산, 배포, 평가이다. 지금의 모델에는 과거의 것보다 단계가 많은 것은 분명하다. 그러나 정보과정이 정책결정자들을 지원하기 위해 설계된 순환이라는 조직의 원칙은 그대로 유지되고 있다. 미국 정보공동체의 「소비자 가이드(Consumer's Guide)」는 정보의 순환과정에 대해 "매우 역동적이고, 지속적이고, 끝나지 않는다."라고 표현한 바 있다.

② 한편 마크 로웬탈(Mark Lowenthal)은 정보의 순환단계를 정보요구, 첩보수집, 처리와 개발, 분석과 생산, 배포와 소비, 환류의 여섯 단계로 분류하였다. 환류는 정보배포 이후 최고정책결정권자의 수정·추가요청 등 소통 부분을 의미한다. 여기에서 국가정보장실(ODNI)과 로웬탈(Mark Lowenthal)이 정보의 순환과정에서 '처리와 개발'과 '분석과 생산'을 나누어서 설명하고 있지만, 실제로는 분석 및 생산과정에서 처리 및 개발업무도 함께하고 있다.

③ 그러나 정보순환모델에 대해서는 정보순환과정이 비밀공작과 방첩을 설명할 수 없고, 정보생산의 많은 과정이 동시에 일어나고, 정보순환이 연결되는 과정을 제대로 묘사하지 못한다는 비판이 있다.

2. 요구단계

① 정보요구단계는 정책결정권자 등 정보수요자가 정보기관에 필요 정보를 요구하거나 요청하는 단계로, 이에 따라 구체적인 첩보수집 부서를 결정한 다음 적절한 수립 지도와 조정을 실시하는 등 전체적인 정보생산 계획을 수립하는 단계이다.

② 일반적으로 정보요구는 정보의 최종소비자인 최고정책결정권자(대통령, 수상 등)의 요청, 횡적 관계에 있는 국내외 정보기관 및 부문정보기관의 요청, 정보기관 자체 분석관의 요청 등이 있다.

③ 정보요구 방법은 자체의 은밀성으로 인하여 구두 또는 서면 모두 가능하다. 구두에 의한 정보요구는 대화, 전화, 브리핑 등이 있으며, 서면에 의한 정보요구는 공문서, 명령, 지시, 메모 등이 있다.

④ 국가정보기구는 모든 정보요구를 충족할 수 없으므로 정보요구의 우선순위를 정하고 있다. 정보요구의 우선순위를 정하는 방법으로 통상 국가정보기구가 주도하여 정책의 중요성과 긴급성에 따라 국가정보목표 우선순위(PNIO)를 작성한다.

⑤ 우리나라는 국가정보원장이 PNIO를 작성하여 부문정보기관인 국방정보본부, 정보사령부, 777사령부(별칭 SEC 연구소), 국군방첩사령부, 경찰정보국, 검찰 공안부 등으로 하달하며, 미국의 경우 국가정보장(DNI)이 PNIO를 작성한다.

⑥ 이외 정보의 요구방법으로 PNIO을 바탕으로 각 부문정보기관이 정책수립이나 군의 작전계획 등을 고려하여 연간 첩보수집 계획을 작성하는데 이것을 첩보기본요소(EEI)라 부른다. 그리고 PNIO 및 EEI와 별개로 새로운 돌발적인 정보수요가 발생할 경우 하달되는 특별첩보요구(SRI), 우선순위가 낮은 새로운 정보수요가 제기되거나 정책수정으로 새로운 첩보수집 요구를 하는 기타정보요구(OIR) 등이 있다.

3. 수집단계

① 정책결정권자 또는 분석관은 현재 보유하고 있는 정보가 문제를 해결하는 데 만족스럽지 않다면 새로운 첩보를 수집해야 하며 이것이 수집 과정의 시작점이다.

② 첩보수집단계는 정보생산에 필요한 첩보나 자료를 입수하여 정보분석 부서에 전달하는 과정이다. 정보순환과정에서 가장 민감한 단계로 첩보수집은 정보를 생산하는 기초자료가 된다. 첩보수집은 공개정보뿐만 아니라 비공개 출처를 개척하고 첩보를 입수하는 비밀공작활동 등이 포함된다.

③ 따라서 수집 부서는 정보수요자나 분석관의 요구에 부응하여 어떤 출처를 사용할 것인지를 결정하여야 하며 신뢰성, 접근성, 경제성, 신속성, 정확성 등을 신중히 검토하여야 한다.

④ 통상 첩보수집은 시급한 문제부터 먼저 착수하여야 하지만, 사안에 따라서는 시급한 문제 때문에 중요한 문제가 뒤로 미루어지거나 정상적으로 다루어지지 못할 경우도 있다. 이는 어떤 수집요구가 충족되게 되면 다른 수집요구가 충족되지 못하는 '제로섬(zero－sum)'의 결과를 초래할 수도 있다.

⑤ 수집방법은 공개출처수집과 비밀출처수집 방법이 있으며, 수집수단은 인적수단(HUMINT)과 기술적 수단(TECHINT)으로 분류된다.

4. 분석 및 생산단계

① 정보의 분석 및 생산단계는 정보의 순환단계에서 가장 핵심적인 과정으로 첩보 등 기초 자료로부터 중요한 사실관계를 확인하고 제반 자료의 유기적인 통합과 평가 그리고 데이터 처리 · 분석을 통해서 필요한 최종 정보를 만들어 내는 과정이다.

② 생자료는 보편적으로 단일 출처의 첩보이며 대부분의 분석관은 최적의 정보생산물을 위해서 모든 출처의 첩보를 분석하고 종합하려고 시도한다. 정보생산은 다양한 출처로부터 입수된 첩보를 근거로 정보요구권자 또는 최고정책결정권자의 정보요구를 해결하기 위한 가설들을 논리적으로 검증하는 일련의 과정이다.

③ 광의의 정보생산은 정보기관이 날마다 산출해 내는 방대한 양의 첩보를 검토하고 분석하여 국가정책에 활용할 수 있도록 가공하는 일련의 과정이며, 협의의 정보생산은 공개 또는 비공개 출처로부터 입수된 첩보에 정책적 의미를 부여하고 정책 의제 해결을 위한 가설들을 논리적으로 검증하는 일련의 과정이다.

④ 특히 이 과정에서 정책결정자의 정보목표 달성을 위해 적시성, 정확성, 완전성, 적합성, 객관성, 결과 지향성 등 필요한 요건을 갖추어 생산하여야 한다.

4. 배포단계

(1) 의의

배포단계는 정보요구자나 정보수요자에게 적시에 제공하는 과정을 말한다. 배포는 수집관 및 분석관과 정책결정자의 효율적인 소통이며 교류이다. 효율적으로 소통과 교류할 수 있는 능력의 부족은 대체로 첩보가 전혀 없는 것과 마찬가지이다.

(2) 배포의 원칙

① 적당성의 원칙

어느 정도 양의 정보를 배포해야 할지 결정해야 한다. 사용자에게 너무 많은 정보를 전달하여 오히려 정책결정에 혼란을 주어서는 안 된다.

② 적시성의 원칙

정보는 너무 늦게 배포하거나 너무 빨리 배포해서는 안 되며 사용자의 사용 시기에 맞게 배포해야 한다. 정보의 배포는 중요성과 긴급성에 따라 결정되지만, 정보사용자가 최종적인 정책결정에 필요한 계획을 수립하는 데 소요되는 시간을 감안하여야 한다.

③ 필요성의 원칙

정보요구자나 사용자가 건전한 정책결정을 하도록 그 능력과 상황에 맞게 필요한 양만큼의 정보를 배포해야 한다.

④ 보안성의 원칙

정보는 꼭 필요한 사용자에게 전달해야 한다. 또한 정보의 유출을 방지하기 위해 비밀등급 부여, 관리방법과 열람자격 등 일련의 조치를 취해야 한다.

⑤ 계속성의 원칙

특정한 분야의 정보를 사용자에게 배포하였다면, 그 정보의 본질이나 내용 등 상황이 변화되거나 추가 첩보가 입수되었을 경우 계속적으로 배포해야 한다. 또한 배포된 정보는 정보의 사용자가 정책결정을 하는 과정에서 정책의 결정이라는 결과를 낳거나 추가적인 정보의 수요를 발생시키게 되는데 후자의 경우는 물론 전자의 경우에도 정보는 환류를 계속해야 한다.

(3) 배포의 방법

구체적인 정보배포 방법으로 구두보고(브리핑), 메모(신속성을 요구하는 보고), 일일 정보보고서(주로 현용정보 보고서), 특별 보고서(지극히 보안이 요구되는 부정기적 보고), 정기간행물, 연구과제 보고서, 전문(電文) 등이 있다.

5. 환류단계(feedback)

① 환류는 어떤 과정이 한 번에 끝나는 것이 아니라 처음으로 되돌아가서 다시 계속 되는 것을 말한다. 환류단계는 정보순환과정을 발전시키는 데 매우 중요한 단계이다. 즉 환류단계를 통해서 정책공동체와 정보공동체 간 쌍방의 대화가 이루어진다. 만약 정책결정권자들에게 배포된 최종 생산물이 그들의 요구를 충족시키지 못하면, 부족한 점을 보충하기 위해서 정보순환과정은 다시 시작되어야 한다.

② 환류는 분석한 정보가 배포되었을 때 최고정책결정권자의 반응을 획득하는 과정이다. 이런 점에서 분석결과를 배포할 경우 구두로 브리핑하는 것이 문서로 작성된 분석결과물을 제공하는 것보다 훨씬 유리하다. 정책결정권자들과 대화로 소통하는 브리핑은 대면이기 때문에 정책결정권자는 분석관에게 질문하거나 평가 또는 피드백 성격의 코멘트를 할 수 있다. 또한 분석관은 브리핑하는 동안 비언어적 의사소통을 통해 평가와 피드백을 획득할 수 있다.

생각넓히기 | 정보수집(Collection)

1. 정보수집은 인간정보(HUMINT), 기술정보(TECHINT), 공개출처정보(OSINT)를 통해서 이루어진다.
2. 정보수집 단계에서의 주된 쟁점은 '과연 얼마만큼의 정보를 수집할 것인가?', '요구된 정보수요에 대하여 얼마만큼의 정보를 수집해야 하는가?', '수집된 정보가 많다고 해서 그만큼 정보의 질이 달라지는가?'라고 하는 문제들이다.
3. 결론적으로 필요한 정보수집의 양은 정보를 생산하는 정보분석관에 의한 첩보요구 수준에 달렸다고 할 수 있다.
4. 즉 국가정보 활동에 있어서 정보수집은 그 자체가 독립적 또는 편의적으로 이루어지지 않고 정보분석관의 요구에 기초하여 행해지는 것이 중요하다.
5. 그러므로 '수집 없이 정보 없지만 분석 없이 정보가 있을 수 없다.'는 정보경구(警句)는 매우 중요하다.
6. 광범위하게 수집된 첩보에서 중요한 알곡과 불필요한 껍질을 구별하는 것을 '밀과 겉겨의 문제(wheat versus chaff problem)' 또는 진공청소기 쟁점(vacuum cleaner issue)이라고 한다.

생각넓히기 | 정보분석 및 생산(analysis and production)

1. 정보분석 및 생산단계는 첩보 등 기초 자료로부터, 중요한 사실관계를 확인하고 제반 자료의 유기적인 통합과 평가 그리고 데이터 분석을 통해서 필요한 최종 정보를 만들어 내는 과정이다.
2. 정보생산단계에서의 주된 쟁점은 단기정보와 장기정보 사이에 일어나는 긴장과 균형의 문제이다. 동일한 첩보자료를 가지고 분석한 경우에도 관점의 차이로 인해서 단기정보와 장기정보 사이의 정보분석 내용이 다를 수 있다.
3. 장기정보는 현재로서는 급박하지 않지만 그 중요성에 비추어, 언젠가는 전면에 부각될 가능성이 있는 분야에 대해 전체적인 추세와 문제점을 다루는 것이다.
4. 통상 장기분석 정보와 단기분석 정보의 비율은 50 : 50이 이상적으로 간주된다.
5. 한편 정보분석은 정보수집의 우선순위 결정에도 큰 영향을 끼친다. '수집 없이 정보 없지만 분석 없이 정보가 있을 수 없다.'는 금언처럼 정보분석 업무에 추동된 정보수집이 이상적이다.

생각넓히기 | 정보배포(dissemination)

1. 의의
   ① 정보배포는 최종적으로 생산정보를 정보수요자에게 전달하는 과정이다.
   ② 정보배포 단계는 정보순환의 다른 단계에 비해서 비교적 정형화되어 있다.
   ③ 정형화된 정보배포체계는 '국가정보는 생산 그 자체가 목적이 아니다.'라는 점을 분명히 말해 준다.
   ④ 아무리 정교한 절차를 거쳐 생산된 훌륭한 정보라고 하더라도 배포되고 소비되지 않는다면 수집되지 않은 정보나 마찬가지인 것이다.
   ⑤ 1941년 미국정보당국은 일본이 진주만을 공격하기 하루 전에 공습 정보를 입수했다. 하지만 그 정보를 신속하게 하와이 주둔 사령부에 전달하지 못했다. 미국은 기습을 당했다.
2. 정보배포 단계에서의 5대 쟁점
   ① 가치성: 방대한 정보 가운데 무엇이 가장 중요하고 보고가치가 있는가?
   ② 필요성: 어떤 정책담당자에게 배포할 것인가?
   ③ 시의성: 얼마나 신속히 배포할 것인가?
   ④ 정밀성: 얼마나 상세한 내용을 담을 것인가?
   ⑤ 타당성: 정보배포를 위한 적당한 방식은 무엇인가?

생각넓히기 | 구체적인 정보배포방법

1. 보고서
   서류형태의 보고서이다. 현용정보 보고서, 경고정보 보고서, 평가 및 분석정보 보고서, 결과보고서처럼 내용에 따라 다양한 제목을 가진다.
2. 브리핑
   구두설명으로 하는 정보보고이다. 많은 사람에게 보고하거나 또는 긴급 사안에 애용된다.
3. 정기간행물
   광범위하고 주기적인 정보보고를 위해 사용되는 정보배포 방법이다. 주간, 월간, 연간 간행물이 있다.
4. 연구과제 보고서
   장기간의 전략정보 등 심층적이고 학술적인 분석이 필요한 경우에 작성되는 연구논문 형태의 정보보고서이다. 미래예측 판단정보를 다루는 경우에 주로 사용한다.
5. 메모(memorandum)
   짧은 내용의 정보를 긴급히 배포할 때 이용한다.
6. 전문(電文)
   전보문의 약어이다. 해외공관에서 본국에 정보를 전달하는 경우에 활용된다.

(2) 버코위즈와 굿맨의 정보순환과정

버코위즈와 굿맨(Bluce D. Berkowitz and Allan E. Goodman)은 '정보요구(Requirements for Information)', '수집 목표 및 과제설정(Generation of Requirements and Tasking)', '수집(Collection)', '분석(Analysis)', '배포(Dissemination of Production)' 등 다섯 단계로 구분했다.

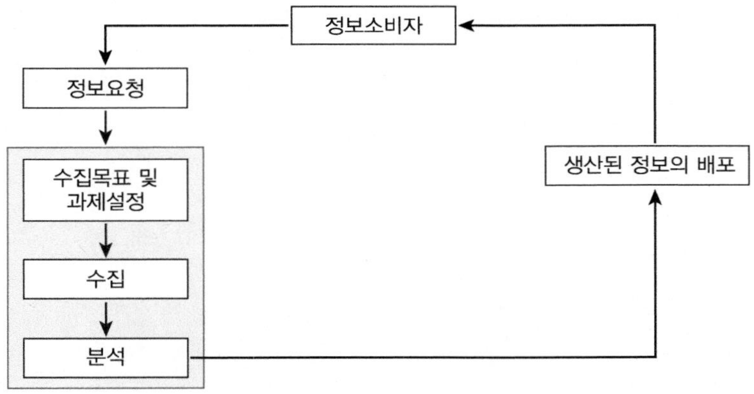

[버코위즈와 굿맨의 정보순환과정]

생각넓히기 | 정보요구

1. 정보요구는 정보수요를 정보기구가 확인(identifying)하는 과정이다.
2. 정보요구에는 국가정책담당자로부터의 요구, 횡적인 정보기구 상호간의 요구 그리고 정보생산자 자체 판단에 의한 요구의 3가지 형태가 있다.
3. 정보 민주화가 된 국가일수록 정책담당자에 의한 정보요구가 많다.
4. 국가정보기구의 정보수집과 분석 능력은 정보자산을 고정변수로 하고, 국내외적 환경을 가변변수로 하는 여러 가지 이유들로 제약을 받는다.
5. 이러한 이유로 모든 정보요구를 충족하지 못하기 때문에 국가정보기구는 필연적으로 정보요구의 우선순위를 획정해야 한다.
6. 정보요구의 획정단계에서의 가장 커다란 쟁점은 '누가 정보수요와 우선순위를 획정하고 정보공동체에 전달하는가?'라는 문제이다.

생각넓히기 | 정보의 우선순위 결정

1. 정보 우선순위 결정은 정보자원, 즉 인적자산과 물적자산의 한계에서 오는 문제이다.
2. 유능한 국가정보기구는 정책담당자의 정보신청이나 요구와 무관하게, 국가정보계획에 따라서 정책담당자들이 필요로 할 만한 사항을 제도화하여 통상임무로 수행한다.
3. 복수 이상의 국가정보기구가 있는 경우에 정보활동 목표의 우선순위를 정한 국가정보목표 우선순위(Priority of National Intelligence Objective, PNIO)를 수립한다.
4. 부문 정보기관들은 국가정보목표 우선순위(PNIO) 아래에서 정보활동 순위와 방향을 정한 첩보활동 기본요소(Essential Elements of Information, EEI)를 수립한다.
5. 현실세계의 급격한 정보환경의 변화에 의거해서, 정책담당자들에 의한 국가정보목표 우선순위(PNIO)와 첩보활동 기본요소(EEI)에 대한 우선 처리를 포함한 새로운 정보요구를 기타정보요청(Other Intelligence Requirements, OIR)이라고 한다.
6. 기타정보요청(OIR)에 따른 것이든 해당 정보부서의 자체 수요에 의한 것이든 국가정보목표 우선순위(PNIO)와 첩보활동 기본요소(EEI)에 없는 특별한 첩보수집 요구를 특별 첩보요청(Special Requirements for Information, SRI)이라고 한다.

생각넓히기 | 정보수집 단계의 주요 쟁점

1. Zero-Sum Game
   수집수단의 제한으로 다양한 현안 문제를 가지고 있는 정책결정자가 특정 이슈에 수집수단을 동원하게 되면 다른 이슈에 대해서는 첩보수집이 제한되는 현상이다.
2. Swarm Ball
   여러 정보기관이 본래의 임무와 우선순위를 무시하면서 정책결정자의 주요 관심 분야나 선호하는 정책에 필요한 정보를 제공하기 위하여 경쟁적으로 첩보수집수단을 집중하는 현상이다.
3. Vacuum Cleaner Issue
   신호와 잡음을 구별하지 않고 공개정보, 신호정보, 영상정보 등을 무차별적으로 수집하는 것을 진공청소기에 비유한 것으로 정보기관이 방대한 자료를 수집하지만, 엄청난 양의 자료를 적절하게 처리할 수 있는 시스템이나 인원이 부족하여 수집과 처리의 균형이 맞지 않는 현상이다. 대량으로 수집된 수많은 자료가 처리되지 않고 사장(死藏)되는 경우가 많다.

4. Wheat versus Chaff Problem
밀이 알곡처럼 유용한 첩보라면 겉겨는 쓸모없는 첩보라는 의미이다. 정보분석 및 생산과정에서 겉겨와 같은 쓸모없는 첩보는 처리하기도 곤란한 문제가 발생한다.

핵심정리 **국가정보목표 우선순위(PNIO)의 작성**

미국의 경우 국가정보목표 우선순위(PNIO)는 국가정보장(DNI)이 작성하여, 18개 정보공동체 구성원들에게 배포하고, 한국은 국가정보원장이 작성한다.

생각넓히기 | **선취권 잠식(Priority Creep)**

1. 정보활동의 우선권이 영향력 있는 정책담당자나 정보분석관에 의해서 박탈당하고 다른 부문이 우선권을 확보하게 되는 현상을 선취권의 잠식이라고 한다.
2. 선취권의 잠식은 국가정보활동에 여러 가지 악영향을 끼친다.
3. 먼저 국가정보 활동의 전체적인 균형을 잃게 할 수 있다.
4. 애써 획정된 순위에 따라 확보되었던 정보활동 우선순위가 영원히 행사되지 못하는 경우도 발생할 수 있다.
5. 극심한 경우에는 정보 권력의 암투를 유발할 수도 있다.

생각넓히기 | **정보활동의 임시 특별권(ad hocs)**

1. 정보활동의 임시 특별권은 특별과제가 발생했을 때, 정보활동의 우선권이 재조정되어 갑자기 발생한 특별과제가 정보활동의 우선순위가 되는 것을 말한다.
2. 정보활동의 임시 특별권 문제는 정당하고 옹호되어야 한다는 점에서 선취권 잠식(Priority Creep)과 법적 성질을 달리한다.
3. 임시 특별권은 원칙적으로 정당한 사유라고 할 수 있지만 Lowenthal은 그것을 '특별권의 독재(tyranny of ad hocs)'라고 표현했다.
4. 왜냐하면 정당한 임시 특별권도 자주 반복되면 정상적인 국가정보 운영 체계에 적지 않은 동요를 초래할 수도 있기 때문이다.

3 새로운 정보순환 모델

(1) 의의

① 일부 학자들은 이러한 유형의 정보순환 과정은 실질적인 정보순환의 과정을 제대로 묘사하지 못하고 있다고 지적하고, 기존의 모델과는 다른 새로운 정보순환 모델들을 제시하고 있다.

② 우선 전통적인 정보순환 모델에서는 정보소비자 또는 사용자가 필요한 정보를 요구하고 이에 따라 정보기관이 정보를 생산·배포하는 것으로 묘사된다. 그러나 실제로는 정보생산자인 정보기관들이 각자 자기들 스스로 정보요구 사항을 만드는 경향을 보인다.

(2) 미국 '처치위원회(the Church Committee)'의 보고서

① 미국 '처치위원회(the Church Committee)'의 보고서에서는 정보순환과정이 실제와는 다르게 운용되고 있다고 본다.

② 미국 '처치위원회(the Church Committee)'는 "현실적으로 정보순환(intelligence cycle)은 의미가 없다. 정보요구사항(intelligence requirements)은 정보생산의 책임자가 생각하기에 정보소비자가 필요로 하는 것을 반영한다."고 주장했다.

③ 여기서 중요한 것은 정보생산의 책임자는 소비자가 필요로 하는 것과 더불어 자신의 정보기관이 제공할 수 있는 것을 정보요구 사항에 그대로 반영한다는 것이다.

④ 이와 유사하게 카터 대통령도 "내가 대통령이 되었을 때 나는 정보공동체가 정보의 생산자이면서 스스로 정보생산의 우선순위를 설정해 두고 있다는 점을 의아하게 생각했다."고 술회했다.

(3) 허만(Michael Herman)의 정보순환 모델

① 허만(Michael Herman)은 새로운 정보 순환의 모델로서 '사용자의 반응을 고려한 정보수집 목표설정(study user reactions and adjust collection accordingly)', '수집 및 분석(collection and analysis)', '배포 및 사용자 반응 탐색(disseminate product and seek user reaction)', '사용자 수령 및 반응(users receive and react)' 등을 제시했다.

② 허만이 제시하는 정보순환 모델은 정보가 생산되어 배포되는 과정에서 정보생산자와 사용자 또는 소비자들 간에 긴밀한 교류와 접촉이 이루어지고 있는 점을 강조하고 있다는 점에서 현실성이 다소 제고된 것으로 인정된다.

③ 그러나 정보순환 과정을 정보 생산자보다는 정보사용자 중심으로 지나치게 단순화시켜서 묘사하고 있다는 점은 문제로 남는다.

(4) 로웬탈(Mark M. Lowenthal)의 정보순환 모델

① 허만의 모델에서 지적된 단순화 문제는 로웬탈(Mark M. Lowenthal)의 모델에서 보완된다.

② 로웬탈은 CIA를 포함하여 기존의 학자들이 제시한 전통적인 정보순환 모델이 일차원적이고 지나치게 단순화되어 정보순환과정에서 발생하는 많은 변형들을 제대로 반영하지 못하고 있다고 지적하고, 보다 복잡한 형태의 모델을 제시했다.

③ 로웬탈은 '정보요구(Requirements)', '첩보수집(Collection)', '처리와 개발(Processing and Exploitation)', '분석과 생산(Analysis and Production)', '배포와 소비(Dissemination and Consumption)', '환류(Feedback)' 등 여섯 단계로 나누었다.

④ 로웬탈이 제시한 모델의 기본 골격은 CIA에서 제시한 모델과 거의 유사하다. 다만 그가 제시하는 모델에서는 정보순환과정의 어느 단계에서든 이전의 단계로 되돌아가는 것이 가능하고 때때로 필수적이라는 점을 강조한다.

⑤ 예를 들어 초기 수집된 첩보가 만족스럽지 않을 경우 새로운 첩보를 요구할 수 있고, 처리와 개발, 분석과 생산 등 어떤 과정에서든 미흡하거나 문제가 발생할 경우에도 첩보수집을 재차 요구하게 된다. 로웬탈이 제시하는 모델은 각각의 정보과정에서 발생하는 복잡다양한 상황을 반영하고 있다는 점에서 가장 현실적인 정보순환의 모델로 평가된다.

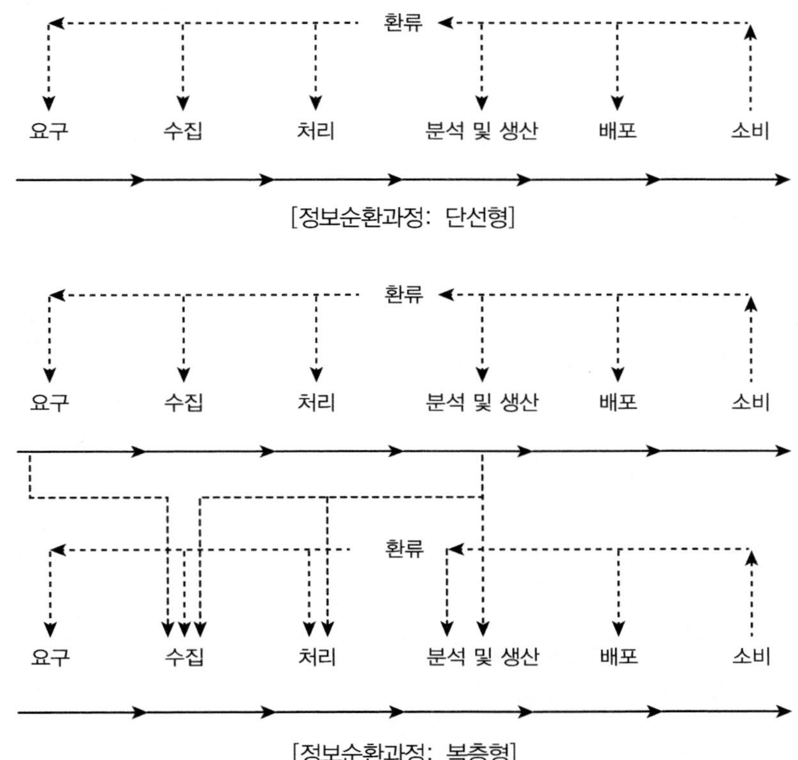

[정보순환과정: 복층형]

생각넓히기 | 정보가공 및 개발(processing and exploitation)

1. 실무적으로 영상과 신호의 측정이나 언어번역, 암호해독, 주제별 분류, 데이터 정리, 방대하고 복잡한 디지털 신호를 영상신호로 전환하거나 외국어로 된 문서와 녹음테이프를 해석과정을 거쳐 판독 가능한 1차 정보로 전환한다.
2. 1차적으로 수집된 방대한 첩보에서 필요한 정보를 얻기 위해 최종 생산할 정보를 만드는 데 적합한 상태로 변환하는 작업을 정보의 가공과 개발이라고 한다.
3. 예컨대 암호문은 해독과정이라는 처리와 가공의 과정을 거쳐야 무슨 대화인지 알 수 있다. 또한 외국어는 먼저 자국어로 번역되어야 한다.
4. 오늘날 각국은 정보수집과 정보분석 간에 상당한 불균형이 있다. 게다가 계속 쌓이는 정보수집의 양과 수집정보의 가공과 개발의 불균형 문제로 인해서, 수집된 정보의 상당량이 전혀 활용되지 못하고 사장되는 사례가 빈번한 것으로 알려졌다.
5. 오늘날 첩보수집에 뒤따르는 정보 가공과 개발 절차도, 상당부분 과학기술에 의존한다. 이것은 예산담당자들이 정보수집을 위한 과학 장비의 구입 시에, 그에 상응한 정보 가공과 개발을 위한 신장비의 구입도 염두에 두어야 한다는 것을 뜻한다.

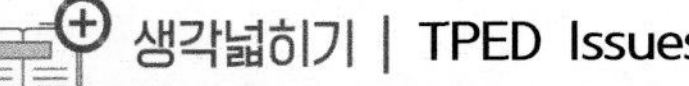

생각넓히기 | TPED Issues

TPED는 'Tasking, Processing, Exploitation & Dissemination(착수-가공과 개발-배포)'의 약어로 미국 국가지형정보국(National Geospatial Intelligence Agency)의 전신인 국가영상지도국(National Imagery and Mapping Agency, NIMA)의 정보순환 과정을 묘사한 용어이다. 예컨대 국가지형정보국(NGA)은 고성능의 정찰위성 등으로 엄청난 양의 자료를 수집하지만 수집한 각종 정보자료들이 처리되지도 못하고 폐기되는 문제를 TPED 쟁점이라고 한다.

생각넓히기 | 정보소비(Consumption)

1. 정보소비자의 욕구를 충족하지 못하는 정보는 무의미하고 국가자산의 낭비이다.
2. 정보소비 단계에서의 쟁점은 먼저 정보소비가 구두보고와 서면보고 중 어떠한 형태로 이루어지는가를 파악하는 것이 중요하다.
3. 다음으로 정보소비가 생산한 정보의 어느 정도 비율로 이루어지는가는 국가자산의 관리 측면에서도 소중하다.

생각넓히기 | 정보환류(Feedback)

1. 정보의 국가정책 종속성을 확인할 수 있는 단계이다.
2. 정보절차는 결코 한 방향으로 진행되는 일방통행의 편도선이 아니고 끊임없이 순환하는 왕복선이다.
3. 종결된 것으로 여겨지는 정보순환의 직전 단계의 업무수행이 다시 필요하기도 한, 양방향 이상의 입체적 내용의 작용·반작용의 영역이다.
4. 정보환류를 통해서 정보공동체와 정책공동체 쌍방의 대화가 이루어지게 되고, 정책부서가 최초에 제기한 정보수요가 불필요했다거나 충분하지 않았다거나 정보공동체가 제공한 정보가 만족스럽지 못했다는 것 같은 상호 반성과 평가가 뒤따를 수 있다.
5. 또한 정책담당 부서의 실제 정보소비에서 발생한 여러 국면의 상황은 정보순환에 상당한 영향을 미칠 수 있다.

생각넓히기 | 정보환류에서 정보와 정책의 관계에 대한 참조적 이해

1. 전통주의(Mark. M. Lowennthal)
   ① 정보와 정책의 엄격한 분리를 주장
   ② 정보의 정책 종속성
2. 행동주의(Roger. Hillsman)
   ① 환류에 따른 요청 강조
   ② 정보와 정책의 유기적 협조
   ③ 정보생산자의 정책과정에 대한 연구 강조

(5) 버코위즈와 굿맨의 새로운 정보순환 모델

① 버코위즈와 굿맨은 최신 저서에서 기존의 정보순환 모델이 정보화시대의 변화된 현실을 제대로 반영하지 못하는 전통적 모델이라고 지적하고, 이를 대체할 새로운 모델을 제시했다.

② 버코위즈와 굿맨이 제시하는 새로운 대안모델은 허만이 제시한 모델과 유사하게 정보생산자와 소비자 간에 긴밀한 접촉이 유지되는 모습을 보여주고 있다. 그들의 대안 모델은 정보화시대의 추세를 반영하여 공개출처의 비중을 대폭 확대하고 정보생산 과정에서 분석관과 수집관 그리고 분석관과 정보소비자 간에 직접적인 접촉이 빈번하게 이루어질 것을 강조하고 있다.

③ 새로운 대안 모델은 공개출처자료 활용의 확대, 조직체 내부 자료의 원활한 흐름, 분석관과 정보소비자 간의 빈번한 접촉 등을 통해 정보소비자의 변화된 욕구를 적시에 반영할 수 있다는 장점을 가진다.

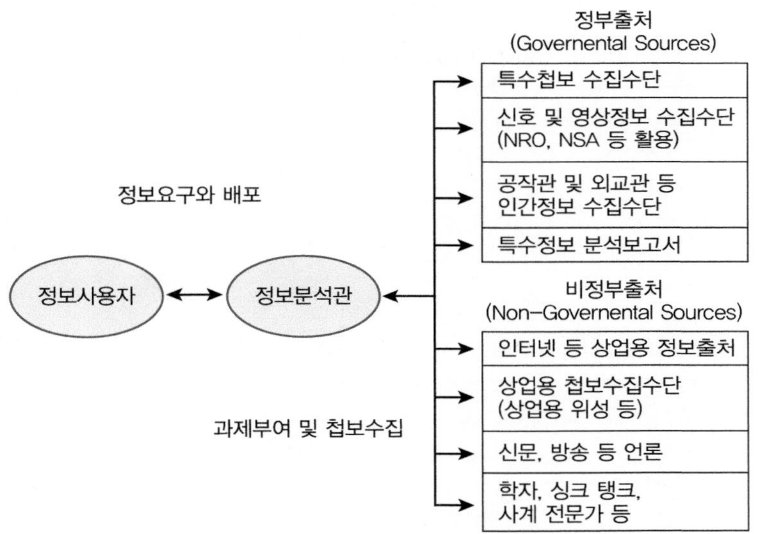

[정보순환과정: 대안모델]

4 결론

① 전통적 모델에서 제시하는 정보의 순환과정처럼 모든 정보기관이 일정한 패턴의 정보순환 체계를 유지하는 것은 아니다.

② 세계 각국의 정보기관들마다 각기 다른 조직문화 또는 운영체계를 갖고 있기 때문에 정보를 생산하고 배포하는 과정 역시 다양할 것으로 예상된다.

③ 다만 전통적인 정보순환 모델은 수직적인 관료조직 구조와 단선적이며 외부와의 고립된 상태에서 이루어지는 정보생산 및 순환과정을 묘사하고 있다. 이처럼 단선적이고 획일적인 형태의 전통적인 정보순환과정은 정보화시대의 복잡 다양한 현실을 반영하지 못한다는 점에서 보완 또는 수정될 필요가 있다.

④ 요컨대 정보의 순환 모델은 국가의 체제, 문화적 특성, 정보기관의 조직구조와 운영체계 등 다양한 요인을 반영하여 각기 다양한 형태로 구축될 수 있을 것이다.

생각넓히기 | 북대서양 조약기구(NATO)의 정보순환 모델

북대서양 조약기구(NATO)는 정보순환과정을 지시(Direction), 수집(Collection), 가공(Processing), 배포(Dissemination)의 4단계로 단순 분류한다. 그리고 NATO는 가공(Processing)의 과정을 다시 5단계로 분류한다. 그 5단계에는 연관된 첩보를 그룹화 하는 대조(Collation), 첩보의 신뢰성과 상호 의존성에 대한 평가(Evaluation), 중요성과 함축성을 파악하는 분석(Analysis), 일정한 패턴과 부가되는 첩보를 인식하기 위한 종합 또는 집적(Integration), 중요성을 평가하고 사정(査定)하는 해석(Interpretation)의 과정이 포함된다.

생각넓히기 | 미국 정보공동체의 정보순환과정

(1) 정보소비자가 필요한 첩보(information)를 정보공동체에 요구하게 되고, 이들 요구 사항을 종합하여 '정보공동체 사무처(Community Management Staff, CMS)'에서 첩보수집 우선순위를 설정한다.

(2) CMS는 영상정보, 신호정보, 인간정보 등을 기획하는 임무를 수행하는데, 첩보수집 요구와 첩보수집 우선순위 목록을 참고하여 NRO, NSA, CIA 공작국 등 각 정보기관에 합당한 첩보수집 임무를 부여하게 된다. 이들 각 정보기관은 부여된 임무에 따라 첩보를 수집하게 된다.

(3) 수집된 '첩보성 정보(intelligence information)'는 처리과정을 거치게 된다. 분석관은 단편보고서, 연구보고서, 브리핑 자료 등 여러 가지 형태로 분석보고서를 생산한다.

(4) 정보공동체는 여러 기관에서 생산된 보고서를 종합하여 통합된 형태의 보고서를 생산하게 된다. 만일 보고서의 내용에 이의가 있을 시 각주를 삽입한다.

(5) 완성된 정보보고서는 정보소비자에게 배포되고, 배포된 정보에 대해서 정보소비자가 읽어 본 다음 다시 필요한 첩보를 요구함으로써 정보순환이 이루어지게 된다.

Theme

02 국방정보

I 의의

① 국방정보는 전통적으로 군사정보를 의미해 왔으나, 제2차 세계대전 이후 그 개념 정의와 범위는 단순한 군사정보 이상으로 확대되었다. 제2차 세계대전까지만 하더라도 국방정보는 현재의 작전정보, 전술정보를 의미하는 것으로서 군사작전의 수립과 시행에 필요한 군사요소들에 대한 정보를 의미하였다.

② 클라우제비츠(Carl von Clausewitz)는 작전정보를 '자신의 계획과 작전에 기초가 되는 적과 적국에 관한 모든 종류의 정보'라고 정의하였으며, 웰링톤 공작은 '언덕 너머에 있는 것을 아는 것'이라고 규정하였다. 이러한 정의를 토대로 할 때, 전통적 개념의 국방정보는 전투(戰歸), 전장(戰場)이나 나아가 전쟁(戰爭)의 시행과 결과에 직접적으로 영향을 미치는 敵國의 의도, 전략 그리고 군사력에 대한 정보를 의미하며, 그 기능은 전쟁과 전장에서의 불확실성을 감소시키고 군사적전의 성공과 전략적 목표달성을 지원하는 것이다.

II 제2차 세계대전 이후 개념의 확대

1 의의

제2차 세계대전 이후 단순히 전쟁이나 전투에서의 승리를 보장하기 위한 단기적이고 즉각적인 정보요구의 수준을 넘어서 장기적 차원에서 전략적 목표를 달성하고 위기상황을 예측하고 이에 대한 대응력을 확보하고 대비계획을 수립하기 위한 장기적이고 포괄적인 정보에 대한 요구가 증가하기 시작하였다. 즉 국가가 국방정책을 수립하고 군사력을 운용하기 위한 전략을 수립하기 위해서는 보다 장기적이고, 포괄적이며, 차원 높은 수준의 정보가 필요하게 되었다.

2 유형

(1) 합동정보

① 이러한 상황의 변화에 따라 정보의 폭과 수준도 변화하여 오늘날에 와서는 전략정보, 작전정보 그리고 전술정보라는 3가지로 구분하게 되었으며, 이를 통합하여 '합동정보'라는 포괄적인 개념으로 발전하게 되었다. 합동정보는 전략 · 작전 · 전술정보를 포괄하는 개념으로서 부대규모나 성격과는 무관하게 지휘관이 합동작전을 원활하게 수행할 수 있도록 지원하는 정보활동을 말한다.

(2) 전략정보와 작전정보

전략정보는 국가급 또는 전구(戰區) 수준의 전략 · 정책 · 군사적 계획 및 작전의 수립에 요구되는 정보이며, 작전정보는 전구 및 작전지역 범위 안에서 전략적 목표를 달성하기 위하여 군사행동이나 주요 작전을 계획하고 수행하는 데 요구되는 정보이다.

(3) 전술정보

전술정보(tactical intelligence)는 전술작전을 계획하고 수행하는 데 요구되는 정보를 말한다. 전략정보와 기타 정보와는 확연히 구분되나, 작전정보와 전술정보 간에는 모호함이 있는 것이 사실이다. 일반적으로 작전정보와 전술정보를 통합하여 전투정보라고 하며 해당 정보가 작전이냐 전술이냐 하는 것은 사용자의 편의에 따라 결정된다고 하겠다.

3 특징

① 전략정보의 경우 그 범위가 군사영역에 국한되는 것이 아니라 정치 · 외교, 경제, 사회, 문화 등 비군사분야를 포함하고 있으며, 대상기간 역시 중 · 장기간에 걸쳐 있다고 하겠다. 이에 비해 작전정보나 전술정보는 군사적인 영역에 국한되는 경향이 있고, 기간 역시 단기간으로 설정되어 있으며 군사작전의 수립과 실행에 직접적으로 영향을 주는 요인들에 대한 정보이다.

② 전략정보의 경우 전쟁이나 전투에 직접적인 영향을 주는 부분을 포함하여 보다 광범위한 국가능력과 의도를 파악하기 위하여 활용되는 것이며, 장기적 측면에서 실패하거나 오판하였을 경우 이로 인한 파급효과는 치명적이고 이를 회복하는 데 소요되는 시간 역시 상당하다고 하겠다.

③ 국방정보 혹은 군사정보가 적의 군사력에 관한 정보만을 의미하던 것에서 적은 물론 우방, 동맹국 및 자신의 군사력까지를 포함하는 범위로 확장되어 총체적이고 포괄적인 틀을 갖추게 된 점에도 주목하여야 한다. 이는 효과적인 군사작전의 시행과 전략적 목표달성을 위해서는 적에 관한 정보뿐만 아니라 자국을 지원하거나, 지원할 가능성이 있는 우방과 동맹국의 군사정보도 필요하며, 자신의 능력과 전략, 전술에 대한 정보도 필요하며 이러한 정보를 적으로부터 보호하는 한편, 역정보를 확산시켜 적을 기만하는 것도 요구되기 때문이다.

④ 이상과 같은 특성을 고려할 때, 국방정보는 '전략 · 작전 · 전술 목표 달성에 영향을 미치는 적, 적의 동맹국이나 지원세력, 자신의 우방 및 동맹국과 자국의 군사력을 포함한 제반요소에 대한 정보'라고 정의할 수 있다.

Ⅲ 국방정보와 국가정보

1 의의

① 국방정보를 정의할 때, 특히 전략정보를 고려할 때, 국방정보와 국가정보 간의 차이가 매우 모호해지는 경향이 있다.

② 그러나 국가정보는 국방정보보다 상위의 개념이며 보다 정치, 군사, 경제, 사회, 문화, 인물 등과 같은 국가의 전반적인 부분을 포괄하는 총체적인 정보인 반면, 국방정보는 적의 군사력, 의도 및 방책 등과 같은 군사적 차원의 정보를 중심으로 하고 있으며, 국방정보는 정치, 경제, 사회 등과 같은 비군사분야에서 수집된 제반 첩보를 군사적 차원에서 해석하여 생산한 군사정보라고 할 수 있다.

③ 국방정보는 다른 분야의 정보와 완전히 배타적인 입장에 있는 것은 아니며 어느 부분에 있어서는 중첩되는 부분이 있고 상호 보완적인 관계에 있다고 하겠다. 정부의 각 부처는 해당분야의 정보를 수집하고 분석하여 생산하는 기능을 수행하고 있고, 이러한 분야별 정보를 전반적인 국가이익 그리고 국가전략차원에서 종합하고 통합하는 기능은 최고의사결정기구를 보좌하는 기관에서 수행하거나, 정보수집과 분석 · 평가 · 생산만을 전담하는 부서에서 담당한다.

2 국방정보의 생산

(1) 의의

① 이러한 기구나 국가정책결정자는 정책수립이나 대안을 선택하고 시행하는 데 필요한 정보나 첩보를 해당부처나 기관에 요구하게 되며, 이러한 요청을 수령한 기구나 기관은 요구된 정보를 생산하기 위한 임무를 수행하게 된다.

② 전시가 아닌 평시일 경우, 전략정보는 다른 분야의 정보와 중첩되는 부분이 많이 나타난다. 물론 국방정보는 적의 군사력, 의도, 방책 등을 중점으로 분석하고 평가하는 것이지만, 정치, 경제, 사회 분야가 군사분야에 미치는 영향이 증가하고, 전략적 의도를 판단하고 군사력의 변화를 포함한 전략 상황 변화와 위협 평가를 보다 정확히 하고 국가차원의 중장기차원의 전략을 수립하기 위해 이러한 비군사분야에 대한 정보활동이 보강된 것이 사실이다.

(2) 위기징후목록

① 조기경보와 위기상황을 예측하기 위해 평시에 운용되고 있는 '위기징후목록'(crisis indicator list)의 경우, 정치, 경제, 군사, 사회 등 각 분야에서 이상한 징후를 포착하기 위해 다양한 목록을 지정하고 이러한 목록들에 대해 지속적으로 첩보를 수집하고 있다.

② 상황이 변화하여 전쟁이 진행되는 상황인 경우, 전략정보보다는 단기간의 작전정보나 전술정보에 치중하는 경향이 나타나는 것이 사실이며, 이러한 정보는 다른 분야의 정보와 통합되어 총체적인 전장 상황을 파악하고 대책을 강구하는 데 그 역할을 하게 된다.

(3) 국가정보판단보고서와 특별국가정보판단보고서

① 각 분야의 정보는 분야별 정보담당자들이 참여하는 회의나 기구에 전달되고 종합적 분석과 평가를 통해 하나의 총체적인 국가 차원의 정보로 생산되게 된다.

② 이렇게 여러 정보기관에 의해 수집되고 종합적으로 구성된 정보를 '국가정보판단'(National Intelligence Estimates, NIEs)이라고 하며, 국가정보판단은 단순히 군사사항만이 포함되는 것이 아니라 정치, 경제, 사회 등 목표가 되는 국가나 집단에 대한 종합적인 사항들이 포함된다.

③ 또한 경우에 따라 시간이 촉박한 상황하에서 특정문제에 대한 정보요구자의 요청을 충족하기 위해 전체적인 상황 파악을 위한 '특별국가정보판단'(Special National Intelligence Estimates, SNIEs)을 실시하는 경우도 있다. 물론 각각의 독립정보기관은 자체적으로 '국가정보판단'을 하는 경우도 있으나, 대개의 경우 독립된 정보기관 담당자들 간의 협의를 통하여 하나의 정보로 통합되게 된다.

3 정보순환 절차에서의 국방정보

(1) 의의

정보순환이라는 절차 측면에서 볼 때, 국가차원의 정보 수집과 분석은 국가이익(National Interest)과 이를 달성하기 위한 국가의 정책과 전략에 근거하여 실시하게 되며, 이러한 과정에서 국방정보는 국가정보의 일부분으로 포함된다.

(2) 정보요구

① 정보순환의 절차는 정보요구 혹은 징후분석으로부터 시작된다. 일단 정보요구가 제기되면, 제기된 정보요구를 종합적으로 분석하여 정보요구 간의 우선순위를 설정하여 우선 정보요구(Priority Information Request, PIR)와 첩보요구(Information Request, IR)로 구분하고 이에 따라 '첩보수집 계획'(planning and direction)이 수립되게 된다.

② 첩보수집계획이 수립되면 국가중앙정보기관이 설정한 국가정보목표 우선순위(Priority of National Intelligence Objective, PNIO)와 첩보요청(Request for Information, RFI)에 의거하여 부서별 정보기관에 대하여 정보수집을 요구하게 된다. 즉 국가차원의 정보요구가 제기되면 국가정보목표 우선순위와 첩보요청에 따라서 군사분야 정보수집의 계획이 수립되고 정보활동이 시작된다.

③ 이러한 정보수집은 평시와 전시를 구분하여 시행되는 것이 일반적인데, 평시의 경우에는 전략정보가 주대상이 되고, 전시에는 작전 및 전술정보가 주를 이룬다. 평시 군사정보 수집요구는 국가중앙정보기관의 국가정보목표 우선순위를 기초로 하여 국방부 장관이나 합참의장 등과 같은 군 수뇌부의 '우선정보요구' 및 첩보요구와 모든 군사정보 소요기관의 군사정보 요구를 종합하여 '군사전략 정보요구'(Military Strategic Intelligence Requirement, MSIR)를 작성하게 된다.

④ 군사전략 정보요구는 분기별 첩보수집 중점, 첩보요청 그리고 야전예규 부록에 의해서 군사정보 수집기관에 요청된다. 전시 군사정보 수집요구는 국방부장관과 의장의 작전단계별 '우선정보요구'(PIR) 및 '첩보요구'(IR)와 모든 군사정보 소요기관의 군사정보 요구를 종합하여 전시 첩보수집계획을 작성한다. 전시 군사첩보 수집은 작전계획 부록, 야전예규 부록 그리고 첩보요청에 의해서 국방부 산하의 모든 수집기관에 대하여 요구한다. 일반적으로 이러한 첩보수집계획은 군 정보기관에서 수립하며 한국의 경우는 국방정보본부, 미국은 국방정보국(DIA)이 이러한 임무를 수행한다.

⑤ 정보 · 첩보수집요구가 수집활동기관 · 부서에 시달되면 각 정보기관은 가용한 각종 정보수집자산을 동원하여 첩보수집활동을 전개하게 된다. 각 기관이 수집한 첩보는 최초 수립계획을 작성하고 명령을 시달한 군 정보기관에 보고되어 다음 단계인 '첩보처리 및 정보융합 단계'에서 '기록(첩보요약/첩보종합), 평가(적합성/신뢰성/정확성), 해석(분석/종합/결론)'을 거쳐 정보로 생산되게 되며, 최종적으로 중앙정보기관, 상부정보기관 혹은 유관기관으로 전파되어 다른 분야의 정보와 통합되어 국가정보로 생성되게 된다.

Ⅳ 전략정보

1 의의

전략정보는 보다 장기적이고 포괄적인 정보로서 단순히 군사력에 관한 정보 이상의 정보를 의미한다. 전략정보는 개인신상정보(biographic intelligence), 경제정보(economic intelligence), 사회정보(sociological intelligence), 운송 · 통신정보(transportation and telecommunication intelligence), 군사지리정보(military geographic intelligence), 군사정보(armed forces intelligence), 정치정보(political intelligence), 과학 · 기술정보(scientific and technical intelligence) 등 8개 분야로 구분되어 있는데 영문 첫 자를 따서 'BESTMAPS'라고 한다.

2 개인신상정보

① 개인신상정보(biographic intelligence)는 현재 혹은 미래의 외국 주요인사, 인물들에 대한 정보를 의미하는 것으로 개인적 성향이나 행동상의 특성 등을 파악하여 특정한 상황하에서 대상인물이 어떻게 생각하고 반응을 보일 것인가를 예측하고 판단하는 데 사용된다.

② 대개의 경우 이러한 개인신상정보는 외국 지도자 특히, 혁명가, 무기밀매업자, 마약거래자, 테러지도자들을 분석하고 대응하는 데 이용되고 있다.

3 경제정보

① 경제정보(economic intelligence)는 자연 · 인적 자원의 사용에 초점이 맞추어져 있으며, 특히 국가경제의 상황과 국가 간 경제관계가 특별한 관심의 대상이다. 대상국가의 총체적 전략능력을 평가하고 군사력 증강과 현대화에 얼마만한 자원을 투입할 수 있는지를 판단하는 데 각종 경제지표에 관한 정보가 매우 중요한 역할을 하기 때문이다.

② 구체적으로 경제정보는 우선 중장기 위협판단을 위해 사용되어진다. 즉 대상국가의 인적 동원능력을 평가하고 얼마만한 물적 자원을 국방력 건설과 전쟁수행에 투입할 수 있는지를 평가하여 자국이나 자국의 동맹국에 대한 군사 혹은 기타 위협을 판단하기 위해 경제정보를 사용한다.

③ 어떠한 잠재적 적의 의도에 대한 경고나 징후를 포착하기 위해 경제정보를 필요로 한다. 전쟁을 수행하기 위해서는 전략물자나 전시물자를 비축하고 군의 훈련과 교육을 강화하는 등 전비태세를 격상하여야 한다. 전비태세를 격상하는 것은 일상적인 경제활동에서의 변화를 초래하고 인적 · 물적 자원 분배상의 변화를 유발하게 된다. 따라서 일상적인 경제활동과는 다른 형태의 경제활동이 발생할 경우 이를 근거로 하여 상대방의 의도를 파악할 수 있다.

④ 대상국가의 일반적 경제상황을 평가하는 데 경제정보를 이용하게 된다. 경제정보는 단순히 상황을 예측하고 대비하기 위한 목적을 위해서 사용될 뿐만 아니라 경제제재와 같은 경제전쟁(economic warfare)을 수행하는 데 이용되기도 한다. 즉 대상국의 경제적 취약성을 파악하고 이를 전략적으로 이용하기 위해 다양한 경제조치를 강구할 수 있다. 또한, 최근에 들어서는 전략물자나 이중 용도기술의 확산 그리고 대량살상무기의 확산을 차단하기 위한 목적으로 경제정보를 이용하기도 한다.

4 사회정보

① 사회 정보(sociological intelligence)는 사회 내 사람들이나 그룹의 일상생활의 형태, 구성, 조직, 목적, 습관 그리고 사회 내에서의 개인의 역할과 개인과 사회 간의 관계에 대한 연구이다.

② 사회정보는 위치, 성장률, 연령 및 성비, 노동력, 병력, 이민 등을 포함한 인구조사자료, 사회적 특성, 여론, 교육, 종교, 복지 및 보건 등으로 구성되어 있다.

③ 이러한 정보는 사회적 안정도를 평가하고 체제유지의 가능성을 전망하는 데 도움이 되며, 군의 입장에서 볼 때 선무작전이나 민사심리전을 수행하는 데 있어서 아주 중요한 역할을 한다고 볼 수 있다.

5 운송 · 통신정보

① 운송 · 통신정보(transportation and telecommunication intelligence)는 철도, 도로, 내수로, 원유 및 가스 파이프라인, 항만, 공항을 포함한 상대방 국가의 운송관련 운용현황 및 시설에 관한 운송정보와, 라디오, 텔레비전, 전보, 해저 케이블 및 기타 관련 언론 · 통신을 포함한 민간 및 고정군용 통신시스템의 시설과 운용에 관한 통신정보로 구분된다.

② 군사작전 측면에서 볼 때 운송 · 통신 정보는 군사작전을 수립할 때 타격표적을 선정하는 데 필요한 정보이다. 즉 운송 · 통신 시설의 위치, 시설운영의 목적과 운영절차에 대한 정보를 가지고 있다면 유사시 이런 시설에 대한 성공적인 타격을 가할 수 있다. 그리고 운송 · 통신 시설에 대한 성공적인 타격은 상대방의 동원능력과 전쟁지속능력을 저하시키고 아울러 사회적 혼란이 불안감을 조성하여 자국에 유리한 상황을 만들어 낼 수 있다.

6 군사지리정보

① 군사지리정보(military geographic intelligence)는 군사작전시행에 영향을 줄 수 있는 물리적 · 문화적 환경의 모든 측면에 대한 평가를 의미하는 것으로 자연지리와 인문지리로 구분이 된다.

② 자연지리 정보에는 단지 위치, 규모, 형태, 경계, 기상 및 일기, 지형, 강수 및 배수, 식물의 분포, 지표면의 형태 등에 관한 정보가 포함되며 인문지리에는 주요 시설물의 위치와 특성, 교통 · 물류 요충지, 경제요충지에 관한 정보, 인구분포 등이 포함된다.

③ 군사지리정보는 전략목표를 설정하고 이를 달성하기 위한 경로를 결정하는 데 필요하다. 군사지리정보에 포함되는 것은 교통요지, 공장지, 광산, 저장 및 비축시설 등과 같은 경제중심지, 의사결정의 요체인 정치중심지, 인구 밀집지역 등과 같은 사회적 지리분포, 군사기지와 관련시설 그리고 주요 교통 요지 및 이동지역 등이다.

④ 이러한 주요 전략목표의 방어수준을 지리적 요소에 가미하여 취약성 및 방어가능성을 평가하게 된다. 평가의 기준이 되는 지리적 요소에는 위치 · 규모 · 형태 · 제약요인, 해안 및 해변, 기상 및 일기, 지형, 도시지역, 군 요충지, 전략적 지역 및 이에 대한 접근경로 등이다. 전략적 목표를 설정하고 이를 달성하는 데 제약을 주거나 촉진할 수 있는 제반 여건을 평가하고 군사작전의 한계를 설정하는 데 지리정보가 유용하게 사용된다.

7 군사정보

(1) 의의

① 군사정보(armed forces intelligence)는 대상국가의 육 · 해 · 공군에 대한 조직화된 통합연구를 의미하는 것으로 현재의 군사력뿐만 아니라 특정한 기간 내에 현실화될 수 있는 잠재적 군사력도 포함된다.

② 군사정보는 조직 및 행정, 군 인력, 전투서열, 물자, 군수, 전략 및 방어 등으로 세분화 된다. '조직과 행정'은 군 구조와 군의 일상적 기능의 제반 분야를 포함하는 정보이다.

(2) 조직에 관한 정보

① 조직에 관한 정보는 지휘 및 통제체제에 관한 정보와 군의 배치에 관한 정보로 구분된다. 가장 중요한 정보관심분야는 사령관으로부터 병사에까지 이르는 지휘 및 통제체제이다. 즉 의사결정체계, 권한 위임의 방식과 형태, 각 지휘관의 자율적 의사결정의 정도가 주요 정보수집대상이 된다. 또한 통신시설, 운영 및 보안절차를 포함한 통신체계에 대한 정보도 아울러 수집되어야 한다.

② 지휘체계에 대한 정보뿐만 아니라 군의 배치에 대한 정보를 파악하는 것도 중요하다. 군사작전을 수행하기 위해서는 적국의 군 배치 현황을 파악하는 것이 중요하기 때문이다. 상세 정보관심분야는 적 각급제대의 배치와 각 지휘본부의 위치, 훈련장 및 군수기지와 기타 군사시설의 위치 등이다.

(3) 행정통제에 관한 정보

① 행정통제는 재정, 시설물관리, 충원 및 동원을 포함한 인적 자원관리, 군 기강 및 사기 진작활동, 군사 간행물과 기타 기록보전 등이 포함된다.

② 인력에 관한 정보는 육체적 · 정신적으로 가용한 인적 자원이 얼마인가를 평가하는 정보이다. 단순히 수적인 인적 자원만을 파악하는 것이 아니라 징집제도(모병제 혹은 징병제), 신체적 조건, 복무기간, 예비역제도 주요 정보관심 대상이다.

(4) 전투서열

① 전투서열에 관한 정보는 군사정보에서 가장 기초적이고 중요한 부분을 차지하고 있으며, 전장 · 전투의 결과에 중요한 영향을 미치는 정보이다.

② 전투서열분석은 적국의 군사태세를 평가하는 데 있어서 제일 먼저 수행되어, 군사작전, 전력현대화, 정책결정, 목표설정 그리고 기타 대비계획 분석과 같은 분야의 정보를 생산하고 분석하는 데 이용되어 진다.

③ 또한 전투서열정보는 단순히 적국의 병력, 무기, 장비의 규모나 숫자만을 파악하는 것에 그치는 것이 아니라, 이러한 수가 조합되어 나타날 수 있는 영향이나 전략적 의미와 변화를 분석하고, 향후 상황변화를 예측하여 이에 대비한 작전계획이나 대책을 수립하는 데 기여한다.

(5) 군수

① 군수는 병력과 물자의 이동 · 철수와 보급을 의미한다. 전쟁에서 군수의 역할은 매우 중요하고, 특히 현대전에서는 그 중요성이 커지고 있다. 따라서 유효한 군수정보의 수집여부는 전쟁의 향배에 따른 영향을 미친다고 할 수 있다.

② 군수정보는 적국이 군사작전을 수립하는 과정에서 어떠한 군수문제에 직면하고 이를 극복하기 위한 어떤 대책을 가지고 있는가를 분석하고 판단하는 것이다. 이러한 정보판단을 통해 다양한 조건하에서의 적 군사력의 효율성과 취약성을 평가할 수 있는 것이다.

③ 군수정보의 기초자료는 경제정보, 운송 · 통신정보, 지리정보에 의해 제공되며, 이렇게 제공된 정보를 기초로 하여 군수정보를 생산하게 된다. 특히 관심을 가져야 할 부분은 군사작전의 시행을 위해 사전 배치된 물자나 인원에 대한 정보를 확보하는 것이다.

(6) 군수 물자

① 군수물자정보는 적국의 군수물자의 질, 내구성 및 효과에 관한 정보를 의미한다. 군수물자에 관한 정보를 수집하고 분석하는 데에는 상당한 기술적 전문성이 요구된다.

② 또한 군수물자 정보는 단순히 해당물자에 대한 정보뿐만 아니라 이러한 물자들이 어떻게 유지되고, 운용되며, 어떠한 지원을 받는가도 포함된다.

③ 군수물자가 첨단화되고 다른 국가들에서 생산된 다양한 부품들로 구성됨에 따라 대상국가뿐만 아니라 해당 군수물자 생산에 직 · 간접적으로 참여하거나 연관된 국가들의 방위산업의 동향을 파악하는 것도 필요하게 되었다.

(7) 전략 및 방어정보

전략 및 방어정보는 적국의 국가차원의 의도, 목표와 능력과 방어대책을 평가하는 정보이다. 즉 적국이 가진 의도와 목표를 판단하고 이러한 의도와 목표를 달성하기 위한 적국이 발휘할 수 있는 능력과 전략 등에 정보판단을 하는 동시에 적의 방어대책에 대한 정보를 수집하는 것이 전략 및 방어정보라고 할 수 있다. 전략 및 방어정보는 제반 정보들을 종합하여 그 결과물로서 제시된다고 하겠다.

8 정치정보

① 정치정보(political intelligence)는 적국의 정치체제나 정치현황에 대한 정보를 의미하는 것이다. 정치정보는 적국이 전략목표를 달성할 수 있는 국내적 기반이나 국제적 기반을 확보하고 있으며, 확보할 수 있는가를 판단하는 데 필요하다.

② 정치정보는 일반적 상황과 특정한 상황에서 적국의 정책방향을 예상하고 이에 대응책을 마련하는 데 매우 중요한 역할을 한다.

③ 정치정보는 공식적인 정치구조와 체제 그리고 절차와 같은 정부의 기초원칙 과정, 정부의 운용방식, 대외정책, 정당, 이익집단, 선거절차, 그리고 반국가단체의 활동으로 세분화되어 구성된다.

9 과학 · 기술정보

① 과학기술정보(scientific and technical intelligence)는 모든 국가들을 대상으로 하여 국가들의 과학 및 기술 능력과 활동을 파악하는 것이다. 최근 무기체계가 첨단화하고 대량살상무기의 확산 위험이 증가하고 있기 때문에 전반적인 과학 · 기술에 관한 정보수집과 분석의 필요성이 나날이 증가하고 있다.

② 특히 군사적 측면에서는 대상국가들이 어떠한 무기체계 개발을 위해 과학과 기술자원을 활용하고 있고, 개발계획을 추진하고 있는지를 평가하는 것이 중요한 임무이다. 이러한 정보를 확보하기 위해 연구개발 기관 · 조직, 연구 · 개발 활동, 정부의 지원 및 규모 등을 파악하여 데이터화하여 향후 전망이나 상황예측을 생산하게 된다.

③ 또한 추가적으로 특정한 과학 혹은 기술연구와 관련된 물자나 장비의 수입 여부, 특정한 과학탐구를 위한 시설의 건설이나 확충, 특정시설물에 대한 보안 강화, 특정분야의 과학자나 인력에 대한 과도한 급여지급 등도 과학 · 기술 정보판단에 필요한 요인들로 고려된다.

10 결론

① 이상에서 논의한 8개 분야의 정보가 통합되어 전략정보를 구성하게 되며, 이는 사실상 국방정보의 수준을 넘어선 국가정보와 유사하다.

② 그리고 이러한 전략정보는 단기대책보다는 중장기대책을 수립하는 데 유용하게 이용된다. 전략정보의 8개 분야 중 군 정보기관이 주임무를 부여받아 수집하고 분석하여 평가를 제시하는 분야는 개인신상정보, 운송 · 통신 정보, 군사지리정보, 군사정보, 과학 · 기술 정보 등이며, 기타 분야는 해당분야 기관이나 부처에서 담당하고 있다.

③ 그러나 다른 정보 담당기관에서 수집하여 제시한 정보를 군사적 측면에서 재구성하고 분석과 평가를 통해 군사적 의미를 부여하는 것은 군 정보기관에서 수행하게 된다. 따라서 군 정보기관은 유관정보기관이나 정보를 담당하고 있는 부서와의 긴밀한 협조관계를 유지하여 정보공유를 활성화하여야 한다.

V 전투정보

1 의의

전투정보는 대개의 경우 전투서열정보와 군사능력정보가 주축이 되며, 기후 · 지형 등과 같은 단기 지리정보가 추가적으로 포함될 수 있다. 위에서 언급한 대로 전투정보가 작전정보냐 전술정보냐 하는 것은 사용자의 편의에 따라 결정된다고 하겠다.

2 전투서열정보

(1) 의의

전투정보의 핵심은 전투서열에 관한 정보와 군사능력에 관한 정보이다. 전투서열은 구성, 배치, 병력의 3개 분야로 구분된다.

(2) 구분

① 구성

구성은 군 조직에 관한 모든 요소를 의미하는데, 통상적으로 군이 가지고 있는 전차, 야포, 함정, 항공기 등과 같은 군이 보유하고 있는 장비와 무기의 종류를 말한다.

② 배치

배치는 평시에 각각의 부대가 어디에 배치되어 있는가에 대한 위치정보를 말한다.

③ 병력

병력은 대형을 의미하는 것으로 각각의 단위부대에 배치된 장비와 배치된 장비를 운용하는 배정된 인원의 수를 대상으로 한다.

④ 기타

상기와 같은 정보에 추가하여 전투서열 정보에는 훈련, 전술, 군수, 전투 효율성 등도 포함되며, 때로는 각각의 부대의 역사, 제복, 계급장 그리고 부대 지휘관의 개인신상정보도 포함되는 경우가 있다.

(3) Modernized Integrated Data Base

전투서열에 관한 정보를 생산하고 유지하기 위해서 자료를 지속적으로 축적하고 새로운 자료를 첨부하여 통합하게 되는데, 이를 위해서 'Modernized Integrated Data Base'를 사용하고 있으며 이를 통해 데이터를 표준화하는 작업도 수행한다.

(4) 활용

① 전투서열 정보는 각 군별로 3개의 분야에 따라 추적하게 되며, 국가차원에서 이를 통합하여 운용하거나 각 군별 혹은 지역별로도 활용될 수 있다.

② 또한 이를 각 군별로 지상군 전투서열, 해군전투서열, 공군전투서열, 방어 미사일 및 방공전투서열, 전략미사일전투서열(Strategic Missile Order of Battle, SMOB) 등으로 구분한다. 이 중 전자전투서열, 우주전투서열 그리고 전략미사일전투서열 등은 무기체계가 현대화됨에 따라 추가된 분야로서 이러한 능력을 보유하고 있는 몇몇의 국가에만 적용되고 있다.

③ 각 분야별로 확인, 구성, 배치, 강점 그리고 지휘구조 등에 관해 정보를 수집하게 된다.

3 군사능력분석

(1) 의의

군사능력분석은 전쟁 혹은 전투에서의 승리나 목표물 파괴 등과 같은 특정한 목표를 달성하는 능력을 의미하는 것으로 전력구조, 현대화, 전비태세 그리고 지속성의 4개로 구성된다.

(2) 구성

① 전력구조

전력구조는 사단, 여단, 함대, 비행단 등과 같은 각각의 부대 구성단위의 병력, 규모, 구성을 의미한다.

② 현대화

현대화는 전반적인 전력, 단위부대, 무기체계와 장비의 첨단화 정도를 의미한다.

③ 전비태세

전비태세는 전력, 단위부대, 무기체계와 장비가 이미 설정된 목표나 결과물을 차질 없이 달성할 수 있는 능력을 의미한다.

④ 지속성

지속성은 군사적 목표달성을 위해 작전을 일정한 수준과 기간 동안 지속할 수 있는 능력을 의미한다.

(3) 구분

① 의의

군사능력분석은 군사전략, 작전 그리고 전술로 구분된다.

② 전략적 군사능력분석

전략적 군사능력분석은 적국의 군사능력에 기초한 징후와 조기경보와 적국의 지도자가 목표에 대해 보유하고 있는 실행의지를 파악하는 데 중점을 둔다. 전투정보에서는 현재 대치하고 있는 적 부대의 작전능력분석과 전술능력분석을 위주로 정보를 구성한다.

③ 작전능력분석과 전술능력분석

작전능력분석은 적 단위 부대 간 관계, 활동, 능력 등의 파악에 초점을 맞추고 있고, 전술능력분석(tactical milcap)은 현재 위치와 이동에 관한 정보를 확보하는 것이 특성이다. 작전능력분석과 전술능력분석은 기상, 지형, 적 전술 등에 관한 정보와 통합되어 하나의 전장지역정보로서 활용되어 작전을 수립하고 시행하는 데 기여한다.

(4) 전장지역과 작전지역

① 전장지역

전장지역이 설정됨에 따라 정보의 수준과 범위가 결정되는데 전장지역은 임무, 능력, 부대의 가용성, 시간에 따라 작전지역과 관심지역으로 구분한다.

② 작전지역

㉠ 작전지역은 현행 작전임무를 수행하는 지역으로서 전투책임과 권한이 수반되며, 이는 작전계획 혹은 작전명령상에 구체화되어 명시된다.

㉡ 또한 작전지역은 적지종심 작전지역, 근접 작전지역, 후방 작전지역으로 세분되며, 각 지역별로 정보의 운용에서 차이를 나타낸다.

㉢ 적지종심 작전지역에서의 정보 운용은 주로 적의 증원능력과 기도를 조기에 탐지하고 식별하여 전파하는 데 초점이 맞추어져 있다.

(5) 적의 C4I체계와 무기체계에 대한 정보

적의 C4I(command, control, communication, computer and Intelligence)체계와 무기체계의 운용을 방해하거나 무력화시키며, 자국의 종심작전부대에 대한 적시적인 정보를 제공하도록 운용된다.

(6) 작전보안과 기만작전 등의 대정보활동

① 작전보안과 기만작전 등의 대정보활동도 병행하여 실시한다. 근접 작전지역에서는 적 투입부대의 규모와 기도를 탐지하여 전파하는 것을 위주로 정보가 운용되며, 후방작전지역에서는 침투부대의 위치와 활동을 탐지하고 이를 전파하도록 운용된다.

② 관심지역의 범위는 적 부대가 작전지역으로 이동하여 운용될 경우 아군의 임무수행을 위협하는 적 부대가 위치하고 있을 것으로 예상되는 지역 또는 아군의 향후 작전에 영향을 미칠 수 있는 상대방의 군사력이 있을 것으로 추정되는 지역으로서 항공정찰, 영상정보, 통신정보를 통하여 정보를 수집하게 된다. 이는 주로 작전지역에 인접하고 있는 지역에서의 적군의 위치와 이동을 파악하는 것에 치중한다.

③ 이러한 전장정보분석은 전장지역에 대한 평가, 기상 및 지형분석, 적 능력 평가, 적 방책분석의 4단계로 구분하여 실시되며, 이에 대응하기 위한 대책을 강구하는 데 사용된다. 즉 전장정보분석은 전술적 결심수립절차와 연계되어 지휘관과 정보참모와 작전참모에게 필요한 정보를 제공하게 된다. 또한 이를 기초로 하여 다음 단계의 첩보수집요구를 작성하게 된다.

4 작전의 형태

① 전투정보의 경우, 군사작전지역에 따라 운용을 달리할 수도 있고, 작전의 형태에 따라 운용과 체계를 달리하기도 한다.

② 예를 들어 일반적인 지상전이냐, 상륙작전이냐, 적의 후방에서 실시되는 합동공정작전이냐, 특수전이냐, 방공작전 등에 따라 운용체계 · 구성과 정보의 중점이 달라진다. 적의 후방에 종심지역을 대상으로 하는 공정작전의 수행을 위해서는 정치단체나 준군사집단과 같은 조직체로부터 예상되는 지원이나 저항의 강도에 대한 정보, 작전지원을 위한 현지의 자원 가용성에 관한 정보, 지역주민의 태도, 적의 전자전 운용능력, 적의 방어 및 증원능력, 공중기동작전의 수행능력 등에 관한 정보가 중점적으로 요구된다.

③ 또한 특수전의 경우에는 적의 대비정규전 부대의 편성 · 장비 · 훈련 정도와 활동사항에 관한 정보, 주민의 생활태도 및 저항 세력 규모 가능성에 대한 정보 등이 정보의 핵심이 된다.

④ 방공작전을 위해서는 방공망에 대한 정보와 전자전 능력에 관한 정보가 필요하다. 즉 이미 보유하고 있는 정보를 작전의 성격에 맞게 조합하거나 추가로 요구되는 정보를 확보하여 작전수행을 지원하도록 정보요구가 이루어지게 된다.

Theme

03 정보생산자와 정보수요자

I 의의

1 국가정보의 가치

① 국가정보는 생산이 목적이 아니다. 국가정보는 실제 필요한 상황에서 다른 정책요소와 경합하여 적절히 반영되고 사용될 때에 진정한 가치를 지니고 빛을 발하게 된다.

② 그러므로 생산한 정보를 비밀창고에 보관하고 보안조치하고 있는 것만으로는, 국가정보는 아무런 실제적인 효용을 가질 수 없다.

2 국가정보 생산자(Intelligence producer)

① 국가정보의 생산을 담당하는 사람이나 조직을 말한다.

② 국가정보의 생산자는 원칙적으로 국가정보기구이다.

3 국가정보 소비자(Intelligence consumer)

대통령 등 최고 정책결정권자, 의회, 각 행정부처, 국가안보회의(National Security Council), 정보공동체, 무기 디자이너, 비밀병기 생산자 같은 사경제 주체도 훌륭한 정보소비자이다.

생각넓히기 | 합동배치정보지원시스템(JDISS)

1. 의의

합동배치정보지원시스템(Joint Deployable Intelligence Support System)은 미국 국방부가 개발하여 전 세계에 나아가 있는 군 현장지휘관 등 정보수요자가 컴퓨터 단말기를 통해 손쉽게, 그리고 수시로 자신이 필요로 하는 정보와 기존의 배포정보는 물론이고 정보기관의 문서보관소에 접속하여 필요한 관련 정보를 확인하고 추가적인 정보를 요청할 수 있는 정보와 정책의 자동연계 시스템이다. 합동배치정보지원시스템은 더 나아가 특정한 문제에 대한 맞춤형 정보분석까지 요구할 수 있는 것으로 알려져 있다. 필요한 정보를 정보수요자가 손쉽게 검색할 수 있다는 이점 외에도, 원거리에서도 정보에 대한 인풋(Input)과 아웃풋(Output)을 손쉽게 할 수 있다는 획기적인 정보활용 방안으로 평가된다.

2. 기능

합동배치정보지원시스템(JDISS)은 ① 특정한 정보에 대한 요구를 간편하게 전달하고 전달받기, ② 작전구역 및 작전현장과 국가정보 데이터베이스에의 신속한 접근, ③ 디지털 영상제공, ④ 자동화된 기록 메시지 처리 시스템과 인식 및 경보 체계, 그리고 정보수집 관리시스템에의 접근, ⑤ 정보수요자의 현장의 정보자료 입력, ⑥ 음성 전자정보 산출과 영상 전자회의와 같은 멀티미디어 기능 실행을 자동적으로 할 수 있는 것으로 알려져 있다.

생각넓히기 | 인텔링크(INTELINK)

1. 의의

① 인텔링크는 미국 정보공동체에서 사용하고 있는 것으로 알려진 최고의 안전도를 갖춘 정보와 정책 공동체의 내부 인트라넷이다. 정보망 연결(INTELligence Link)의 철자약어로 비밀 분류되어 있다. 인텔링크는 결국 인터넷 시스템을 활용하여 컴퓨터상으로 구성한 프레임 워크로 정보생산자와 정보수요자를 직접 연결해 정보기구가 생산한 정보를 배포하고, 필요한 정보를 교환하는 통합 정보 보급망이라고 할 수 있다.

② 인텔링크는 1994년에 인터넷의 유용성을 정보공유와 신속한 정보활용을 도모하기 위하여 구축되었다. 1994년 8월 당시 울시(Woolsey) 국장은 이것을 "모든 정보 공급을 위한 전략적 방향"이라고 선언했던 것으로 정보수요 부처와 정보생산자 간의 정보거래에 대한 절차적인 부담을 제거하고, 정보처리와 활용, 그리고 상호협조를 강화하며 정보생산과 배포체계를 현대화하려는 미국 정보 공동체의 총체적인 노력의 산물이었다. 이러한 목적을 위해 구축된 인텔링크는 극도의 보안성을 갖춘 정보와 정책 공동체 내부의 전자네트워크인 것이다. 미국의 경우 정보공동체를 중심으로 구축된 인텔링크는 행정부처 등 정책부서, 그리고 군부대 등과 연결된 것으로 알려져 있다. 인텔링크는 계속하여 진화하고 있다고 한다.

③ 인텔링크는 미국 정보공동체의 개별 정보기구가 생산한 정보를 개별 정보기구 상호간에는 물론이고 정책부서와도 손쉽게 공유하고 의사소통을 촉진함으로써 업무의 유기적인 협력관계를 구축하기 위해 1차적으로는 정보공동체의 비밀 분류된 다양한 정보 데이터베이스를 연결했다. 1999년 마틴(Fredrick Thomas Martin)은 전 세계에서 가장 방대하고 가장 안전한 네트워크라는 부제를 가진 「I 급 비밀 인트라넷: 어떻게 미국 정보공동체는 INTELINK를 구축했는가?」라는 책을 출판하여 인트라넷에 대해 알 수 없었던 비밀 정보를 소개했다. 그러나 이 책은 더 이상 출판되지 않고 있다.

2. 인텔링크의 종류

① Intelink－U(Intelink－Unclassified Net): 주로 공개정보를 다루는 인텔링크

② Intelink－S(Intelink－Secret Net): 비밀정보를 취급하는 인텔링크

③ Intelink－TS(Intelink－SCI): 최고의 극비 비밀정보를 취급하는 인텔링크

④ Intelink－P(Intelink－Policy Net): CIA가 별도로 운용하는 것으로 백악관과 몇몇 최고위층의 정보수요자와 연결된 인텔링크

⑤ Intelink－C(Intelink－Commonwealth): 영국, 캐나다, 호주와 연결된 인텔링크

3. 평가

정보의 생산은 정보의 소비를 전제로 한 일국의 국력이 농축된 역동적인 활동이다. 그러한 역동적 활동의 결과물은 정책에 반영됨으로써 진정한 빛을 발휘하게 된다. 그러므로 정보의 정책에의 반영 시스템 구축은 맹목적인 정보의 수집활동보다 더욱 중요하다. 독대보고나 면전보고 그리고 서면보고서 같은 기존의 정보제공 방식 이외에 각국의 현실에 맞는 실시간 정보활용 체계와 정보공유체계의 구축은 아무리 강조해도 지나치지 않을 것이다.

Ⅱ 정보수요 부재 시의 정보활동

1 쟁점

정책담당자들이 정보수요를 제기하지 않는 경우의 정보활동의 문제이다.

2 정보와 정책의 레드라인(Red Line)

① 정책은 정보 영역에 수시로 침투 가능하지만 정보는 정책영역에 침투해서는 안 된다. 이를 반투성(半透性) 차단(遮斷)의 원칙이라고도 한다.

② 하지만 정보기구는 정보의 자동생산기구(automatic machine)는 아니다.

3 정보요청이 없을 경우의 현실적 해결방안

(1) 의의

정책부서에서 정보요청이 없는 경우 정보기관이 선택할 수 있는 방안이다.

(2) 정보수요를 자의적으로 전제하고 정보활동을 수행

① 정보가 정책의 영역을 침범하여 정보수요를 자의적으로 전제하고 정보활동을 하는 것이다.

② 그러나 정보가 정책의 영역을 무단히 침입했다는 비판이 따를 수 있다.

(3) 요청 없는 활동은 하지 않음

① 요청 없는 활동은 하지 않고 정보기구의 일상 업무만을 수행하는 것이다.

② 그러나 정보기구가 국가운영의 한 축으로서의 임무를 포기했다는 비판이 따를 수 있다.

(4) 미국의 경우

미국의 경우에는 국가안보위원회(NSC)가 정책공동체와 정보공동체를 가교하여 정보수요의 괴리를 메운다.

Ⅲ 정보요구가 경합할 때의 해결 방법

1 최고 정책결정권자의 요구

통상적으로는 정보공동체가 누구와 가장 긴밀한 연관관계를 갖는가에 따라서 정보우선권이 결정된다. 결국 최고 정책결정권자의 요구가 최우선순위가 된다.

2 국가안보위원회(NSC)와 국가정보장(DNI)

미국에서는 정보수요의 우선순위는 국가안보위원회(NSC)가 결정한다. 하지만 정보공동체에서의 정보우선순위의 최종 재정권자(裁定權者)는 국가정보장(DNI)이다.

3 발생가능성과 중요성

① 일반론적 기준은 발생가능성과 중요성이다. 발생가능성과 중요성이 가장 높은 정책 사안이 최우선적인 정보대상이 된다.

② 발생가능성과 중요성이 반비례하는 경우에는 '중요성 우선의 원칙'에 입각한다.

생각넓히기 | 정보요구 경합의 해결 기준으로의 발생가능성과 중요성

냉전시대 때 서방세계에 대한 소련의 핵무기 공격문제는 대단히 중요한 문제였지만 정보기구의 판단으로는 발생가능성이 높지 않았다. 반면에 비슷한 시기에 이탈리아 정부의 전복 가능성은 상당히 높았지만 미국 안보에의 중요성은 그다지 높지 않았다. 결론적으로 발발 가능성은 낮지만 중요성이 앞서는 소련의 핵무기 운용에 대한 정보업무가 CIA 등 미국 정보기구에게는 우선적으로 취급되었다.

Theme

04 정보의 효용

Ⅰ 의의

① 정보의 효용(Utility of intelligence)이란 "최종적으로 생산된 정보가 국가안보에 대한 정책결정권자들의 정책수립과 집행에 어떻게 반영되어 국가안보와 국가이익에 얼마만큼 도움을 줄 수 있는가?"하는 정보의 실용적인 가치를 의미한다.

② 원래 정보는 그 자체가 목적이 아니다. 정보는 사용되고 활용됨으로써 빛을 발하고, 사용을 통해서 국가정보 기구의 참된 역할이 인식되고 국가정보 기구의 저력이 평가되는 것이다.

③ 그리하여 정보의 효용판단의 제1의 기준은 "정보가 정책에 어떤 방법으로 도움을 주었고, 어떤 내용으로 얼마만큼 기여하였는가?"라고 하는 것이다. 이 조건을 충족하지 못하는 정보는 국가정보로서는 무의미한 것이다. 그러므로 이와 같은 조건과 효용을 충족하는 정보를 생산하지 못하는 국가정보 기구는 올바른 기능을 하지 못하고 있다는 것을 의미하게 된다.

Ⅱ 종류

1 통제효용

정보는 정보를 필요로 하는 사람들에게 필요한 만큼 제공되도록 통제되어야 한다는 것으로 이는 차단의 원칙과 유사하다.

2 형식효용

정보는 정보사용자의 요구에 맞는 형식에 부합될 때 형식효용이 높다는 평가를 받게 된다. 예컨대 전략정보는 정책결정자가 다루는 만큼 중요한 요소만을 축약해 놓은 형태가 보편적이고 전술정보는 상대적으로 낮은 수준의 정책결정자나 실무자에게 제공되므로 전략정보에 비해 상세하고 구체적인 형태가 바람직하다.

3 소유효용

정보는 상대적으로 많이 소유할수록 집적의 효과를 발휘할 수 있다. 즉 글자 그대로 소유에 초점이 있다. 예컨대 정보를 많이 소유한 나라가 상대적으로 그렇지 못한 나라보다 힘 있는 나라라고 여겨지는데, 이는 정보화시대에 더욱 강조되고 있다.

4 접근효용

정보는 정보사용자가 쉽게 접근할 수 있어야 한다.

5 시간효용

이는 정보사용자가 정보를 필요로 하는 시점에 제공될 때 시간효용이 높다는 것으로 적시성과 유사한 개념이다.

Ⅲ 정책수립 및 집행과정에의 효용

1 의의

통상적으로 정보는 정책수립 및 집행과정에 맞추어 5가지의 단계별로 도움을 주게 된다. 정책수립 계획에의 기여, 구체적 정책운용에서의 기여, 분쟁상태의 경우 협상과 극단적인 전쟁대처에서의 기여, 경고기능 달성으로서의 기여 그리고 조약이행의 점검에서의 효용 등이 그것이다.

2 정책수립 단계에서의 효용

(1) 의의

① 국가정보는 국가 정책수립 단계에서부터 효용을 발휘할 수 있어야 한다. 정보의 효용에 대한 록펠러 위원회 보고서는 "정보는 정책입안자를 위해 수집된 지식으로 정책입안자들에게 선택의 범위를 알려주고, 정책입안자들이 적절히 판단할 수 있게 도와주어야 한다."라고 정보 제1의 효용가치를 명확하게 설명했다.

② 물론 양질의 정보라고 하여 반드시 훌륭한 정책을 보장하는 것은 아니지만 불확실성이 난무하는 오늘날 정확한 정보 없이 국가이익을 확보하고 국가를 방위하는 등으로 실제 상황에 적용될 수 있는 국가안보 정책을 수립하기는 힘들다.

(2) 신무기 개발과 배치

① 의의

㉠ 정보의 정책수립 단계에서의 효용은 신무기 개발과 배치분야에서 확연히 드러난다. 정보 역사는 적시의 정확하고 상세한 정보가 군사 무기개발과 배치에 결정적 요소로 작용했던 많은 사례를 보여 준다.

㉡ 1968년 일단의 소련 잠수함을 모니터링 하던 미 해군 정보당국은 어느 날 나타난 소련의 잠수함이 통상의 핵잠수함보다 훨씬 속도가 빠른, 매시간 34마일의 속도로 진행하고 있음을 확인하였다. 그 속도는 기왕에 CIA가 파악하고 있던 소련 잠수함의 속도를 훨씬 초과하는 것이었다. 이에 미국 정보당국은 영상정보 등 다른 추가 정보와 종합하여 소련이 고속의 신형잠수함을 진수했다는 결론에 도달했다.

㉢ 당시 미국 국방부는 핵잠수함 추가 건조계획을 수립하고 있었다. 그러나 원래 계획에 따른 핵잠수함은 소련의 신형 핵잠수함의 속도에는 미치지 못했던 것이었다. 결국 국방부는 해군 잠수정의 속도체계를 전면적으로 수정하고 소련의 신형 잠수함 제원에 대한 추가 내용을 획득하여 면밀히 파악한 후에 잠수함 건조 계획을 새로 수립하였다. 그것이 바로 미국의 최신형 SSN-688 잠수함 군단 진수로 소련의 추적을 확연하게 따돌려 소련이 더 이상 경쟁할 수 없도록 했던, 미 해군 역사상 가장 방대한 잠수함 건조 계획이었다. 만약 정보당국의 신속하고 정확한 정보제공이 없었다면 소련 잠수함에 미치지 못할 잠수함을 신병기라고 진수하고, 다시 새 잠수함을 건조하는 손해를 겪었을 것이다.

② 군비 개발과 무기 배치

CIA의 소련 내 첩자였던 톨카초프(Tolkachev)와 드미트리 폴야코브(Dmitri Polyakov) 등의 이중스파이를 통해서 소련의 군사무기 개발 상황과 병력배치 등에 대한 정보를 입수하여 천문학적 규모의 군비 개발비용과 무기 배치비용을 절감했다.

③ 핵무기 개발 계획

㉠ 영상정보(IMINT)의 성공사례로는, 미국의 정찰위성 계획인 암호명 코로나(CORONA)에 의해 소련의 핵미사일 등 배치 규모와 수준을 파악하여 그에 대응하는 정도로 핵무기 개발 계획을 수정하고 대응수위를 하향 조정하여, 막대한 국방예산을 절감할 수 있었던 것이 좋은 예이다.

㉡ 구체적으로 보면 1940년부터 1995년까지 미국은 핵무기 개발비용으로 총 3조 5천억 달러를 사용하였고 2001년을 기준으로 하여 핵무기를 유지하는 데에만 매년 270억 달러가 소요되었다. 핵무기를 단순히 배치하거나 관리하는 데에만 연간 10억 달러가 소요되며, 실전상황에 대비한 실전운용 체계를 위해서는 별도의 의사소통 체계와 조기경보를 위한 인공위성과 레이더에의 연결 그리고 별도의 정보수집과 정탐 활동이 필요한 바, 이를 위해 또한 매년 78억 달러가 소요된다. 핵무기 발사가 동체제의 유지와 관리에는 엄청난 비용이 소모되는 것이다.

㉢ 그러므로 소련의 핵무기 배치에 대한 정확한 정보 파악에 의해 실전 운용 핵무기를 상당히 줄이고, 필요한 한도로 국방정책 계획을 수립할 수 있게 함으로써 방대한 규모의 국방예산을 절감할 수 있었던 것이다.

(3) 사막의 폭풍 작전(Operation of Desert Storm)

1990년 이라크의 쿠웨이트 침공으로 이라크 격퇴를 위해 전개된 1991년 미국의 '사막의 폭풍작전(Operation of Desert Storm)'에서도 국가정보는 국방 정책 수립에 결정적으로 기여하였다. 미국 정보공동체는 자체 정보와 이스라엘 그리고 독일 정보기관과의 정보공조를 통해서 이라크의 핵무기, 화학무기 · 생물학 무기 계획 및 사용가능성, 전자 감시망, 미사일 기지, 육군 · 공군의 전투력에 대한 면밀한 정보수집과 분석을 다하여 이라크의 공격망을 손쉽게 무력화시킬 수 있는 정보를 정책당국에 제공했다. 물론 국방부 당국은 효율적인 전투계획을 수립하고 시행함으로써 피해를 최소화하며 최단시간 내에 성공적으로 작전을 완수하였다.

(4) 독수리 발톱작전(Operating Eagle Claw)

한편 카터 행정부 시절 많은 논란 끝에 실행했던, 이란 내 테러조직에 의해 대사관에 억류되었던 미국민들을 위한 비밀공작 '독수리 발톱작전'은 사막지대의 기후조건 등에 대한 그릇된 정보판단으로, 출동한 헬리콥터가 모래바람으로 추락하는 등으로 실패하고 말았다. 정보의 빈곤과 잘못된 정보 판단이 정책 수립 단계에서 당시 국무부장관이 반발하고 사직하는 등 많은 문제를 야기하고 결국 작전의 실패로 귀결되었던 것으로, 정책수립 단계에서의 정보실패도 적지 않다. 국가정보는 이처럼 정책수립 단계에서 정책의 향방을 결정할 수 있는 매우 중요한 요소가 된다.

3 수립된 정책의 운용에서의 효용

(1) 의의

정보는 일단 수립된 국가정책의 실제운용에서도 그 효용을 발휘한다. 예컨대, 적절한 정보에 의해 경제제재국에 대한 유예된 경제 지원을 재개한다거나 제재 중단을 연장하는 결정을 할 수도 있고, 핵무기나 대량살상무기 확보의 일환으로 판단되는 경제거래를 중단시킬 수도 있다.

(2) 이란의 핵무기 개발

① 예컨대 1992년 미국은 이란이 지속적으로 의심스러운 물자 구매를 하는 행태를 관찰하여 최종적으로 이란이 비밀리에 핵무기 개발을 진행 중인 것으로 결론지었다. 이에 미국은 이란의 핵무기 개발에 필요한 물자들의 이동 경로를 추적하여 아르헨티나에 대해 핵무기 개발에 연결될 수 있는 우라늄 원석의 이란에의 수출을 금지해 줄 것을 요구하여 관철시켰다.

② 또한 국가안보국(NSA)은 이란 책임자와 중국의 간부 사이의 핵무기 개발에 필요한 화학물질의 장기공급에 대한 통화를 도청한 후에 이를 중국 당국에 제시하여, 중국에 대해서도 이란에 대한 핵반응기와 화학물질의 판매 금지를 요청했다. 결국 이란의 1차 핵무기 개발 계획이 좌절되었음은 물론이다. 정책운용에서의 정보가 빛을 발한 좋은 사례이다

4 분쟁대처에 대한 정보의 효용

① 정확하고 시의적절한 국가정보는 각종 분쟁에 대한 대처와 해결을 위해서도 효용을 발휘한다. 전통적으로 전쟁을 지원하는 업무는 국가정보의 가장 중요한 임무이다.

② 전쟁 상황에서는 적국의 총전투력을 비롯해 병력이동 상황, 작전계획 등 전술정보의 수요는 간단치 않다. 전면전이 아닌 부분전의 경우에도 정보의 필요성은 말할 나위가 없다. 또한 분쟁이 예상될 수 있는 다른 나라의 군축협상이나 무역협상 그리고 국제회의 개최에 대해서도 사전 정보파악은 매우 중요하다. 그에 맞추어 유용한 대책을 강구함으로써 분쟁 발발 시에 정보가 적시에 효용을 발휘할 수 있다.

5 국가 경고기능에 대한 정보효용

(1) 의의

① 정보는 군사작전과 테러활동 그리고 다른 적대적인 행동을 포함한 각종 위협에 대한 경고기능을 수행한다. 그러므로 국가적 경고가 발동될 위기상황에 대한 신속하고 정확하며 효율적인 정보파악은 매우 중요하다.

② 정확한 관련 정보를 정책당국에 제공하고 사전에 철저한 준비와 대비를 다하게 하여 국가충격을 방지하며, 더불어 공식적·비공식적 외교경로 등을 통해서 위협 조치를 사전에 차단할 수 있게 하는 것은 정보가 국가 비상사태에 대비하여 효용을 발휘해야 할 영역이다.

(2) 선제공격이론

그러한 외교효과가 발휘되지 않을 경우에는 소위 적극적 자위책이라는 이름으로 선제공격을 한 사례도 있다. 현재까지도 법률논쟁이 제기되고 있지만, 2003년 부시 행정부에 의한 이라크 침공 시에 법 이론적인 근거로 제시되었던 선제공격이론(preemption theory)이 좋은 사례이다.

(3) 사례

① 한편 1980년 CIA는 소련의 폴란드 침공계획 정보를 입수하였고, 이에 지미 카터 대통령은 소련 브레즈네프 공산당 서기장에게 강력히 경고하여 폴란드 침공을 예방하였다.

② 1991년 미국 정보당국이 이라크가 반군에게 독가스를 사용할 것이라는 정보를 입수하고, 그것이 국제법적으로 용인되지 않을 것임을 강력히 경고하여 독가스 사용을 방지한 바도 있다. 이러한 사례는 국가경고기능 발동에 대한 정보효용의 좋은 예이다.

6 국제조약의 이행 감시에 대한 정보효용

① 국가정보는 준수의무가 부과된 국제조약에 있어서 관련 상대국의 협약 이행을 감시하고 평가하며, 위배사항을 적발하고 이를 다시 공론화하여 국제제재의 기초로 삼는 등의 방법으로 국제조약의 준수를 도모하여 규범성을 높이는 데에도 커다란 효용성이 있다.

② 강제 집행력이 결여된 국제조약의 경우에는 사실 국제기구나 국제 NGO에 의한 한정적인 모니터링 활동 이외에 마땅한 통제와 감시 수단이 없다. 그러나 각국의 정보기구는 상대방의 조약이행을 감시하고 평가하는 임무를 수행하고 그를 통해 체결된 국제조약이 차질 없이 이행될 수 있도록 해줄 수 있다.

③ 냉전시대에 미국으로서는 특히 중국과 러시아가 무기 금수조약을 철저히 준수하고 있는지가 항상 관심사로, 조약이행에 대한 철저한 감시를 다하였다. 한편 조약위배사항을 적발한 국가는 개별국가에 의한 경제제재를 포함한 자체적인 제재 이외에 당해 조약이 정한 절차에 의해 국제법적으로 이의신청을 하거나 정치적으로 UN 총회에 공식 안건으로 상정하여 위배국가에 대한 국제사회의 제재를 촉구하는 등의 방안을 강구하게 된다.

핵심정리 국가정보의 기능

1. 조기경보 기능

   정보는 사전에 잠재적국의 움직임을 탐지하여 국가존립에 위협을 줄 수 있는 위협상황을 추적하여 경보기능을 수행한다. 가상 또는 실질적국의 전략, 전술, 전쟁계획, 전력구조, 군사배치, 그리고 무기체계 등에 대한 정보를 사전에 획득하여 비상시에 대비케 하는 것도 국가정보의 역할이다. 잠재적 적대국의 군사적 동향뿐만 아니라, 국제적 규모에서 발생하는 금융위기, 환경재난, 전염병, 국제범죄 등도 조기 경보의 대상이 된다.

2. 국가정책 지원

   (1) 정책 환경 진단

   ① 국익 증대를 위한 국내외 여건 진단

   정보는 국익증대를 위한 국내외 의 다양한 여건을 진단한다. 오늘날 국가는 국익증대를 위해 국내외의 정치 · 경제 · 군사 · 과학기술 · 사회 등 광범위한 분야의 정보가 필요하다. 정보는 제반정책분야에 대한 진단을 통해 정책결정자로 하여금 현재의 상황을 인식하게 한다.

   ② 자국에 대한 잠재적국의 위협 평가

   정보는 자국에 대한 잠재적국의 위협을 평가하여 안보유지에 필요한 정책을 수립하는 데 기여한다. 잠재적국의 군사적 위협에 대한 정확한 진단은 대응정책을 수립하는 데 필요한 판단자료가 된다는 측면에서 중요한 기능이라고 할 수 있다.

   ③ 자국의 국익 및 안보적 취약성 진단

   정보는 자국의 국 익 및 안보적 취약성을 진단하는 데 기여한다. 국익적 취약성에 대한 진단이란 산업기술 · 외환 · 금융 · 통상 · 과학기술 등 국가의 전략적 분야에서 타국과의 경쟁에서 낙후되고 있는 원인과 배경에 대한 진단을 하는 데 정보가 중요한 역할을 한다는 것을 의미한다. 또한 정보는 외교 · 군사적 측면에서 자국의 안보적 취약 요소를 진단하는 데에도 기여한다. 그리고 방첩분야에서도 타국정보기관의 정보활동으로부터 취약한 부분을 진단하는 데도 정보는 중요한 역할을 한다.

(2) 정책의 수립 및 조정

① 정책 수립 및 조정에 유용한 지식 제공

㉠ 정보는 정책을 수립하고 조정하는 데 유용한 지식을 제공한다.

㉡ 정보는 관련 대상국가에 대한 다양한 국익확대 요소와 안보위협 요소 등에 대한 지식을 생산하고 제공함으로써 자국의 외교안보정책 수립에 기여한다.

㉢ 정책수립을 검토하는 과정에서 중요한 것은 정책의 성공여부와 정책 추진 시 제기되는 문제점 등을 검토하는 것이다.

㉣ 정책의 수립 및 조정은 정확한 정책환경에 대한 진단을 바탕으로 이루어지며, 정보는 정책환경의 변화로 국익증대 여건과 안보 연건이 변화되면서 발생한 현 정책의 문제점을 파악하도록 해준다.

㉤ 정보는 변화된 정책환경에 대응하기 위한 새로운 정책수립과 시행되고 있는 정책의 조정방향에 대한 필요한 판단을 제공하기도 한다.

② 정책 추진에 필요한 제약 요인 검토

㉠ 정보는 정책수립과 조정과정에서 정책 추진에 필요한 제약 요인을 검토하는 데 요구되는 판단을 제공한다.

㉡ 대외정책은 외교적, 군사적, 경제적, 심리적, 문화적 수단 등 다양한 수단의 동원을 통해 이루어진다. 이때 정보는 이러한 수단을 활용하는 데 따르는 제약요인을 평가하는 데 필요한 판단을 제공한다.

㉢ 제약요인에 대한 검토는 예산, 인력, 조직 등 내부적인 자체능력에 대한 검토를 통해 이루어지며, 주진하려는 정책에 대한 국제여론, 국민여론 등에 대해서도 검토가 필요한데 정보는 이러한 검토에 필요한 자료를 제공한다.

(3) 정책 선택

① 유용한 정책대안의 범위 획정에 기여

㉠ 정보는 정책담당자들에게 유용한 정책대안의 범위를 밝혀 주고 판단을 내릴 수 있도록 해준다.

㉡ 정책의 수단이 다양한 만큼 정책대안은 매우 다양할 수 있는데 정책선택의 범위가 클수록 당연히 정책을 선택하는 데는 많은 어려움이 따른다.

㉢ 정보는 국익과 안보를 위해 가장 효용성이 큰 다양한 정책 대안들을 검토하여 정책을 선택하는 데 필요한 판단을 제공하기도 하고 각 대안들의 장단점, 향후 파급영향 및 결과를 분석하여 비교 검토하는 데 필요한 판단을 제공한다.

㉣ 정책의 선택에 있어서 정보의 역할이 중요한 까닭에 대부분의 국가들이 수준 높은 정보를 얻기 위해 노력하는 것은 당연하다. 그러나 훌륭한 정보가 반드시 훌륭한 정책선택의 결과로 나타나는 것을 의미하는 것은 아니며, 이는 종종 중요한 정보가 정책결정자의 의지나 판단에 의해 활용 되지 않는 경우가 있기 때문이다.

② 국력의 효과적 사용에 기여

㉠ 정보는 국력을 효과적으로 사용하는 데 기여한다.

㉡ 국가가 정책을 결정한다는 것은 결국 모든 분야에 있어서 국가가 갖고 있는 능력을 가장 효과적으로 사용하여 국가의 발전을 도모하는 것을 말하는데, 정보는 이와 같이 국력을 효율적, 경제적, 집중적으로 사용하는 데 필요한 판단을 제공하는 역할을 한다.

㉢ 정보는 국력을 사용해야 할 상황을 정확하게 분석함으로써 가장 적절한 시기에 국력의 사용이 수행되도록 한다.

㉣ 모든 조건이 동일한 상태에 있을 때 불확실하고 불충분한 정보는 국력 의 낭비와 소모를 초래하여 국력의 분산 요인으로 작용될 수 있기 때문이다.

③ 미래에 전개될 새로운 상황 예측

㉠ 정보는 현재의 정책환경을 바탕으로 미래에 전개될 새로운 상황을 예측하는 데 필요한 판단을 제공한다.

㉡ 미래의 정책환경은 불확실하고 가변적인데, 정책의 선택은 이런 상황을 예측하면서 이루어지는 것으로, 미래의 변화상황에 대한 정확한 예측은 쉽지 않은 것이 사실이다.

㉢ 그러나 국익추구라는 목표와 불확실한 안보적 상황이 라는 관점에 최선의 정책을 선택하기 위해서는 정확한 미래상황 예측이 필수적이다. 이는 상황변화에 따라 정책적 대응방안과 전략수립의 목표가 달라질 수 있기 때문이다.

㉣ 정보는 향후 전개될 수 있는 가능한 시나리오를 분석하고 개연성이 가장 큰 순서대로 분류한 후 전개상황에 대한 분석을 통해 미래예측에 대한 판단을 제공함으로써 합리적 정책의 선택이 이루어지는 데 기여한다.

(4) 정책집행 및 평가

① 정책의 집행시기 판단에 기여

㉠ 정보는 정책의 집행시기를 판단하는 데 기여한다.

㉡ 정책을 집행하는 데에는 적절한 시기에 대한 판단이 요구되는데 아무리 훌륭한 정책이라 할지라도 집행시기에 따라 그 결과가 달라지기 때문이다.

㉢ 정책의 집행이 정확한 시기에 이루어지지 않고 지연됨으로써 정책의 효과가 반감될 수도 있으며, 경우에 따라서는 실패를 초래할 수도 있다.

㉣ 특히 급박한 상황하에서 정책집행 시기를 잘못 판단하는 경우 엄청난 국익과 안보적 손실이 초래되기도 한다. 시의적절한 정보는 올바른 정책집행의 가장 정확한 시 기를 결정하는 데 중요한 역할을 한다.

② 정책 평가에 대한 판단 제공

㉠ 정보는 정책 평가에 대한 판단을 제공한다. 정보는 현재 진행되고 있는 정 책의 문제점 , 효과, 그리고 반응 등을 판단하는 데 기여한다.

㉡ 이 세상의 어느 국가나 정부도 완벽한 정책을 수립할 수는 없다. 어떤 정책이든 장점과 단점이 있기 마련이며, 그 효과 또한 긍정적 혹은 부정적 측면을 포함하고 있다.

㉢ 정보는 현재 시행되고 있는 정책이 국익과 안보에 어느 정도 기여를 하고 있는가를 평가하는 데 기여한다는 측면에서 중요하다고 하겠다.

3. 협상체결 및 국제조약 검증

(1) 협상 상대국에 대한 정보 제공

① 협상은 국가 간에 매우 중요한 외교적 수단이며 협상력의 정도는 바로 정확한 상대국에 대한 정보가 좌우한다.

② 국가 간의 군축협상, 무역협상, 국제회의 등에서 이익이 상충할 때 정보는 상대국의 양보여지, 입장수정 및 수용정도 등에 대해 알려 줄 수 있다. 협상대상국에 대한 충분한 정보는 협상을 유리하게 이끌어 국익에 도움을 줄 수 있다.

(2) 분쟁국에 대한 개입과 중재에 기여

① 국제안전도모를 위해 행해지는 분쟁국에 대한 개입과 중재 등에 있어 정보가 중요한 역할을 한다. 미국의 개입과 중재능력은 강력한 정보력에 바탕을 두고 있다.

② 미국은 분쟁중인 이집트와 이스라엘 양측에 U-2기의 영상정보를 제공함으로써 1979년 이집트와 이스라엘 간에 평화조약을 체결하는 데 기여한 바 있다.

(3) 상대국의 조약 이행 감시

① 국가정보는 국제조약에 있어서 준수의무가 부과된 관련 상대국의 조약 이행을 감시하고 평가하는 데 기여한다.

② 미국은 군축협정에 대한 구소련의 준수 여부, 핵무기확산금지조약에 대한 세계 각국의 준수 여부, 반도체협약에 대한 일본의 준수 여부 등을 검증하기 위해 정보를 사용하였다.

③ 강제 집행력이 결여된 국제조약의 경우에는 사실 국제기구나 국제 NGO에 의한 한정적인 모니터링 활동 이외에 마땅한 통제와 감시 수단이 없다. 그러나 각국의 정보기구는 상대방의 조약 이행을 감시하고 평가하는 임무를 수행하고 이를 통해 체결된 국제조약이 차질 없이 이행될 수 있도록 해줄 수 있다.

④ 1960년 말 동서간의 핵무기 감축 협정 시 구소련에 의해 현장검증이 받아들여지지 않아 원거리에서의 검증을 위한 정보능력이 당시 가장 중요한 문제였다.

⑤ 결국 미국의 구소련 군사력에 대한 정보수집능력에 대한 확신으로 1960년대 말과 1970년대 초 전략무기감축협상을 시작하게 되었다. 정보수집능력은 감축의 기준을 제시하였으며, 군 감축의 형태를 결정하였다.

핵심정리 정책결정과정에서의 정보의 기능

1. 정책 환경의 진단
   ① 조기경보
   ② 국익 증대를 위한 국내외 여건 진단
   ③ 자국에 대한 잠재적국의 위협 평가
   ④ 자국의 국익 및 안보적 취약성 진단
2. 정책의 수립 및 조정
   ① 정책 수립 및 조정에 유용한 지식 제공
   ② 정책 추진에 필요한 제약 요인 검토
3. 정책의 선택
   ① 유용한 정책대안의 범위 획정에 기여
   ② 국력의 효과적 사용에 기여
   ③ 미래에 전개될 새로운 상황 예측
4. 정책의 집행 및 평가
   ① 정책의 집행시기 판단에 기여
   ② 협상 상대국에 대한 정보 제공
   ③ 상대국의 조약 이행 감시
   ④ 정책 평가에 대한 판단 제공

Ⅳ 정보효용의 극대화를 위한 정보의 일반적인 요건

① 정보의 실질적 가치는 이처럼 국가안보와 관련된 정책계획에서부터 조약이행의 점검이라는 각 영역에서 정보가 무엇을 어떻게 어느 정도 기여하였는가의 문제이다. 그러나 현실적으로 시간적 · 인적 · 물적의 다양한 요소가 혼합되고 복합작용을 거쳐 이루어지는 국가정책의 운용에 있어서 정보의 기여도만을 단독으로 분리하여 평가하기는 어렵다.

② 한편 정보효용의 극대화를 위한 정보의 일반적인 요건으로는, 정보는 현안에 대해 적합성(Relevance)과 적시성(Timeliness), 정확성(Accuracy) 그리고 객관성(Objectivity)을 갖출 것이 요구된다. 국가정책의 운용에 있어서 사안에 적합한 정보가 객관적이고 정확한 내용을 담아 적시에 제공되어야 정보의 효용을 극대화할 수 있는 것이다.

③ 정책당국자들은 정보담당자들이 제공하는, 상황에 적합하며 적시의 정확하고 객관적이며 상세한 내용을 담은 정보를 바탕으로 상대세력이 실제 행동을 취하기 전에 외교적 · 군사적 내용을 포함한 사전 경고를 하여 예방하거나, 실제 행해진 내용에 대해서는 무효화할 것을 요구하거나 국제사회의 제제를 요청하는 등으로 국가안보를 공고히 해 나갈 수 있는 것이다.

Theme

05 정보와 정치

I 정치정보와 정치정보 활동

① 정치정보는 국가안보와 직결된 제반 정치관련 문제에 대한 정보이다. 정보기구 정보활동에는 정치영역을 포함하여 제한이 없다.

② 국내정치정보와 해외정치정보를 포함한다. 정치적 관점에서 동떨어진 정보는 평면적으로 단순 합산한 나열물일 뿐이다(CIA).

③ 정보기구가 파악해야 하는 상대세력의 의도와 능력은 정치는 물론이고 경제 · 군사 · 문화 · 사회 심지어는 종교적인 측면까지 고려한 총체적인 역량이어야 한다.

Ⅱ 합법적 정치정보 활동을 통한 정치안보의 확보

1 현대적 안보(총체적 안보)

① 정치가 불안한 나라의 국가안보가 온전할 리가 없다. 정치안보는 국가안보 수호의 출발점이다. 사실 정치인은 상대세력의 관점에서는 가장 매력적인 대상이 된다.

② 따라서 정치인은 자신들의 의도나 의사와 무관하게 국가안보적 관점에서는 가장 취약한 국가안보계층이다(상대세력의 매수 대상).

2 정치안보의 이념

정치안보의 이념은 정부가 자유민주주의의 원리에 따라서, 국민의 정치참여를 보장하고 기본권 보장을 철저히 하게 되면 자연스럽게 정치적 안정을 이루어, 천부인권을 가장 잘 보호할 수 있고 국가안보가 수호된다는 역사적 경험에 바탕을 둔 것이다.

Ⅲ 정치화된 정보(Politicized Intelligence)와 정보정치(情報政治)

1 정보기구 정치개입 금지의 본질적 이념

① 정보기구는 많은 정보를 가지고 따라서 탈법적 정치공작의 위험성은 상존한다.

② 따라서 정치공작 차단이 정보의 정치화의 본질이다.

2 정치개입 정의론

① 하지만 정치개입 금지론 때문에 국가안보 수호의 노력을 중단할 수는 없다.

② FBI는 오히려 국회, 정당, 언론, 종교계 출입에 대한 내부지침을 마련했다.

3 국가정보 정치화의 유형

(1) 정보기구 내적 문제로 인한 정치화의 위험성

이것은 정보기구에 의한 의도적 지원이나 방해 목적의 자발적 정치화이다.

(2) 정보기구 외적요인으로 인한 정치화의 위험성

정보기구에 대한 정치권의 회유와 유혹 그리고 순수하지 않은 whistler-blower 또는 Deep Throat에 의한 정보의 정치오염화이다.

Ⅳ 정보의 정치화의 유형

1 제1유형: 정보기구의 자발적 협조형

① 정보기구가 정책담당자에게 부응하기 위해 의도적으로 정보를 조작하는 유형이다.

② 자발적 정치화의 중요한 동기는 경력관리, 자리보존, 기구팽창, 신임확보 등이다.

③ 정보기구 상호간 또는 다른 국가기구와의 충성경쟁으로 인한 정보의 정치화이다.

2 제2유형: 정책담당자 주도형

정책담당자는 정보관계자에게 특정한 주제에 대한 그들의 개인적 관심을 제시하면서 그 방향에 따른 정보결과를 제시할 것을 암시할 수 있다.

3 제3유형: 선거승리를 위해 국가정보를 정치에 직접 활용하는 경우

① 독재국가에서는 정보기구를 통치수단으로 직접 사용한다.

② 냉전시대 CIA도 소련과의 군비 불균형을 부풀린 거짓정보로 선거승리에 기여했다.

V 결론

① 국가정보의 정치화는 경계해야 하지만 정보가 국가정책에 초연해서는 안 된다.

생각넓히기 | 리처드 하스(Richard Hass)

정보공동체는 소설을 만들어서는 안 된다. 결과를 도출해야 한다. 결과를 도출하기 위해서는 정책(정치)과 더 가까워져야 한다.

② 정보의 정치화 위험보다는 정보가 정책 과정에 초연한 자세를 견지하며 상호 협조가 잘되지 않는 데서 많은 문제가 발생한다.

생각넓히기 | 잭 데이비스(Jack Davis)

정보가 어느 정도의 정치화의 위험성을 감내하지 않는다면, 정보기구는 자신의 임무를 제대로 수행하고 있는 것이 아니다.

Theme

06 정보활동의 기원과 발전

I 정보활동의 기원

1 의의

정보활동은 인류의 탄생과 더불어 시작되었다. 인간은 집단을 이루어 살아가는 가운데 타 집단으로부터 자신과 가족 또는 씨족의 생명과 재산을 위협받았다. 이러한 위협으로부터 자신들의 안전을 지키기 위해 타 집단의 동향을 지속적으로 감시해야 했으며, 때로 정탐꾼을 보내 정찰활동을 수행하기도 하였다. 국가의 생성과 함께 정보활동이 보다 본격적으로 전개된다. 대내적으로는 통치권자가 자신의 권력을 유지 · 강화하기 위해서, 대외적으로는 타 국가 또는 세력으로부터 국가의 생존을 유지하기 위해서 정보활동이 필요했던 것이다.

2 부족국가의 정보활동

① 부족국가 시대에 들어서면서부터 군소 국가들 간에 첩보활동이 빈번히 활용되었을 것으로 추정된다. 파라오의 명을 받아 순찰 중이던 '바눔'이라는 장군이 적정을 탐지한 내용의 기록이 고대 이집트의 신성문자(神聖文字)인 '히에로글리프(hieroglyph)'로 남아 있다. 이것은 지금으로부터 약 4,000년 전에 써진 것으로서 아마도 세계에서 가장 오래된 첩보활동 기록으로 생각된다.

② 구약성서 민수기 13장에 보면 기원전 1,400년경 모세가 이스라엘 백성을 이집트에서 탈출 시킨 다음 가나안 땅을 정복하기 위해 12명의 정탐꾼을 보내는 내용이 있다.

③ 사실 여부를 떠나서 오랜 옛날부터 사람들이 정보활동을 생존과 번영을 위한 수단으로 활용해 왔음을 알 수 있다.

3 고대의 정보활동

(1) 손자병법

① 기원전 600년경 중국의 손자는 손자병법에서 적에 관한 정보를 아는 것이 전투에서 승리할 수 있는 가장 결정적인 요인이라면서 일찍부터 정보의 중요성을 강조하였다.

② 특히 용간(用間)편에서는 첩자를 향간(鄕間), 내간(內間), 반간(反間), 사간(死間), 생간(生間) 등 다섯 가지 유형으로 분류하고 각각을 어떤 종류의 첩보활동에 활용할 것인가에 대해 구체적으로 기술하고 있다.

③ 지금으로부터 2,600여 년 전인 그 시대에 이미 첩자를 활용한 정보활동이 활발하게 이루어졌던 것으로 추측된다.

생각넓히기 | 손자병법의 첩자

향간은 그 지방에 거주하는 자를 첩자로 이용하는 것을 말하며, 내간은 적국의 관료를 첩자로 포섭하는 것을, 반간은 적의 첩자를 포섭하여 역이용하는 것을, 사간은 자기 측 첩자에게 허위 정보를 주어 적에게 보내는 것으로서 허위로 진술한 사실이 밝혀지면 죽게 되는 것을, 생간은 적정을 탐지한 후 살아 돌아와 정보를 보고하게 하는 것을 의미한다.

(2) 고대의 암호체계

① 중요한 정보가 적의 수중에 들어가게 될 경우 군사적으로 치명적인 결과를 초래할 수 있다. 그래서 첩보수집과 더불어 수집된 첩보를 안전하게 전달하기 위한 방법으로서 암호체계가 발전되었다.

② 기원전 5세기경 그리스의 스파르타에서 원시적인 형태의 군사용 암호통신 수단으로서 '스키테일(skytale)'이라는 것을 고안했다는 기록이 있다. 원통형의 막대기에 양피지나 파피루스 천 조각을 감은 다음 그 위에 비밀전문을 쓴다. 그리고 비밀전문이 적힌 천 조각을 풀어서 보내게 되는데 똑같은 크기의 원통형 막대에 되감기 전까지는 그 내용을 파악할 수가 없다.

③ 기원전 4세기경 그리스의 극작가 폴리비우스(Polybius)는 아라비아 숫자와 로마자를 조합하는 방법을 활용하여 획기적인 암호체계를 고안했는데, 이후 그것이 수천 년에 걸쳐 활용되었던 것으로 나타난다.

④ 기원전 1세기경 로마시대에도 간첩과 비밀암호체계를 활용했던 것으로 나타난다. 시저(Julius Caesar)는 키케로(Cicero) 또는 그의 친구들에게 원문의 문자를 알파벳 배열 순서에 따라서 두 글자 건너 세 번째에 위치하는 문자로 바꾸는 방식으로 - 예를 들어 A를 D로, K는 N으로 교체 - 암호화하여 편지를 보냈다고 한다.

4 중세의 정보활동

(1) 의의

① 중세시대에 이르기까지 국가들 간의 전쟁에서 스파이 또는 정탐꾼들이 적정을 탐지하거나 허위정보를 유포하고 때로는 적국의 중요문서를 가로채는 등 초보적이나마 다양한 유형의 첩보활동이 수행되었던 것으로 기록되어 있다.

② 중요한 문서를 안전하게 전달하기 위한 수단으로서 암호체계가 지속적으로 발전되었으며, 아랍 지역에서는 언어구조의 특성을 활용한 암호 해독술이 보다 심층적으로 연구되기도 하였다.

③ 그러나 아직까지 정보활동이 국가적 차원에서 조직적으로 전개된 것은 아니었고, 단지 그때그때 필요에 따라 간헐적으로 수행되었던 것으로 추정된다.

(2) 칭기즈칸의 정보활동

① 13세기경 칭기즈칸이 아시아는 물론 유럽지역에 이르는 광대한 지역에 걸쳐 정복 활동을 성공적으로 전개할 수 있었던 결정적인 요인은 효과적인 비밀정보활동에서 찾을 수 있다. 칭기즈칸은 어떤 지역을 정복하기에 앞서 첩자를 장사꾼으로 가장시켜 원정군 본부의 선발대로 출발시킨 다음 이들을 두 가지 용도로 활용하였다.

② 첫째, 첩자들은 상거래를 하면서 적의 능력, 취약점, 동향 등에 관한 정보를 수집하여 보고하였고, 둘째, 유언비어를 퍼뜨려 지역 내 공포 분위기를 조성하여 전투가 개시되기도 전에 상대국의 전의를 상실하도록 만들었다. 그들은 칭기즈칸의 군대가 곧 공격해 올 예정인데 만일 저항하게 되면 남자 성인은 물론 부녀자와 어린아이까지 완전히 몰살시킬 것이고, 자진해서 항복하면 관대한 처분을 받게 되리라는 소문을 퍼뜨렸다. 대부분의 경우 공포에 질려 성문을 순순히 열고 항복하게 되었다.

Ⅱ 르네상스 시대의 정보활동

1 의의

르네상스 시대에 이르러 유럽지역에서 정보활동이 보다 활발하게 전개되기 시작한다. 정보활동은 당시 국가들의 시대적 필요를 반영하면서 외교, 국방, 왕권유지(또는 내부치안) 등 대체로 세 가지 분야와 연계되어 발전되었다.

2 외교 분야

① 유럽지역에서 상주대사 제도가 시행되면서 외교관들이 주재국에 상주하여 공식적인 외교활동과 더불어 비공식적인 정보활동을 수행하기 시작했다.

② 베네치아 공화국은 13세기경부터 상주대사 제도를 시행했으며, 15세기경에는 피렌체를 비롯한 이탈리아의 주요 국가들로 확산되었던 것으로 보인다.

③ 상주대사 제도의 시행과 더불어 외교활동은 협상을 위해서뿐만 아니라 정보수집 활동을 위해 활용되었다.

④ 이탈리아 지역에서 피렌체는 금융과 모직 산업이 발전했고 베네치아는 해양국가로 알려졌는데, 두 국가는 각각 상대국에 첩보원을 파견하여 치열한 첩보전을 전개했던 것으로 나타난다.

⑤ 16세기와 17세기에 들어서서 유럽지역에서 이러한 종류의 외교 관례가 정착됨에 따라 외교와 정보활동이 밀접하게 연계되어 수행되었다. 그 무렵 대부분의 대사관에는 비밀정보요원이 상주했으며, 그 당시 대사는 허가받은 스파이로 여겨졌다고 한다.

3 왕권유지(또는 내부치안) 분야

(1) 의의

유럽지역에서 르네상스 이후 등장한 절대주의 국가들은 왕권을 보호하고 내부 치안을 유지하기 위해서 비밀조직을 설립하여 다양한 유형의 국내정보활동을 수행하게 된다.

(2) 영국

① 16세기 후반 영국 엘리자베스 1세 당시 월싱햄 공작(Fransis Walsingham, 1537～1590)이 설립한 비밀조직은 국내외로부터 여왕 암살음모를 적발하여 왕권을 보호하고 주요국에 관한 정보를 수집하는 등의 임무를 수행했다.

② 특히 월싱햄은 비밀공작활동을 효과적으로 전개하여 1588년 스페인 왕 펠리페 2세의 무적함대를 격파하는 데 결정적인 역할을 수행했던 것으로 평가된다.

(3) 프랑스

① 프랑스에서도 루이 13세 당시인 1620년경 리슐리외 추기경이 '샹브르 누아(Chambre Noir)'라는 비밀정보기관을 창설하였다.

② 샹브르 누아는 국외 정보활동을 통해 국력신장에 기여한 바도 있지만 국내 귀족들의 동향을 감시하면서 비밀리에 서신검열까지 하는 등 주로 왕권 수호 임무에 치중했던 것으로 알려졌다.

(4) 러시아

① 러시아에서도 1565년 폭군으로 알려진 이반 황제(Tsar Ivan IV)가 '오프리치니나(Oprichnina)'라는 비밀경찰조직을 설립하였다.

② 약 6,000여 명의 요원들로 구성된 이 조직은 무소불위의 권력을 행사했으며 무고한 사람을 반역자로 몰아 집단 살상하는 등 악명을 떨쳤다.

③ 이들이 조직체를 갖추고 비밀첩보수집활동을 수행했다는 점에서 오늘날의 정보기관과 유사한 면이 없지 않다.

④ 그러나 그 규모나 활동이 아직은 초보적이었고 주로 국내정치적 목적에서 설립되어 정권안보적 차원의 왕권수호에 치중했다는 점에서 국가적 차원의 안보목표 달성에 목적을 둔 오늘날의 국가정보기관과는 많은 차이가 있다고 본다.

4 국방 분야

① 르네상스 이후 절대주의 국가들 간에 전쟁이 빈번하게 발발하였고, 그러한 군사적 위협에 대응하기 위해 군사정보활동이 활발히 전개된다.

② 전투상황에서 적대국의 병력 및 무기 배치 현황, 작전계획 등에 관한 정보는 전투의 승패에 결정적인 영향을 미칠 수 있는 요소로 고려되었다.

③ 16세기나 17세기 무렵부터 영국군은 야전에서 첩보활동을 수행하는 정찰대를 두었던 것으로 나타난다.

④ 18세기 영국의 말보로(1st Duke of Marlborough, 1650~1722) 장군은 전투 임무를 수행하는 데 정보를 매우 효과적으로 활용했던 인물로 알려졌다.

⑤ 또한 프로이센의 프리드리히 대제는 간첩을 일반 간첩, 이중 간첩 등의 유형으로 분류하기도 하였다.

⑥ 나폴레옹 전쟁(1789~1815)은 정보가 전투에 본격적으로 활용되는 계기가 되었다. 당시 프랑스와 영국군에 정찰대가 편성되어 적정에 관한 첩보수집활동을 활발하게 전개했던 것으로 나타난다.

5 근대적 정보기구의 태동

① 르네상스 이후 점차적으로 정보활동은 유럽 각국의 외교, 국방, 내부치안 분야에서 절대적으로 필요한 요소가 되었으며, 그러한 필요에 부응하고자 근대적 형태의 정보기구가 태동하게 되었다.

② 18세기경 영국을 비롯하여 대부분의 유럽 강대국들은 불법적으로 몰래 우편물을 개봉하고 암호를 해독하는 행위를 자행했다. 해외 우편물이나 소포의 내용물을 몰래 보려면 특수기관이 필요했고, 이것이 근대적인 보안정보기관으로 발전되는 계기가 되었다.

③ 프로이센에서는 1736~1752년까지 '블랙 캐비닛(Black Cabinet)'이라는 기관을 설립하여 우편물을 몰래 개봉해서 복사하고 다시 봉인하는 작업을 수행했던 것으로 알려졌다. 영국에서도 우편물을 중간에 가로채 복사하여 가짜 봉인을 찍고, 암호를 해독하여 왕이나 신료들에게 결과물을 보고하는 등 비밀보안활동을 하는 기관이 있었다.

④ 그러나 아직까지 정보의 수집이나 처리를 위한 상설기구가 없이 그때그때 상황을 처리하기 위해 특별히 설립된 임시기구로 운영되었기 때문에 오늘날의 보안정보기관과는 다소 거리가 있었다. 사실 우편검열은 해외 정보수집 목적보다는 주로 민중 봉기나 내란 등 내부 통치를 위해 활용되었다.

⑤ 1844년 영국에서 우편검열을 수행했던 기구가 해체되었고, 오스트리아와 프랑스에서도 1848년에 그러한 임무를 수행했던 조직이 해체되었다. 요컨대 18세기경 유럽 국가들이 소규모 비밀조직을 설립하여 첩보를 중간에서 가로채는 일이나 암호해독 등의 활동을 수행하기도 했지만, 아직까지 독립적인 형태의 정보기관을 설립하여 보안정보활동을 본격적으로 수행했던 것은 아니었다.

Ⅲ 근대적 정보기관의 등장

1 최초의 정보기구 설립

(1) 의의

① 근대적인 형태의 정보기관이 최초로 등장한 것은 대략 19세기 후반으로 추정된다. 당시 군사기술의 획기적인 발전과 더불어 전투 양상에 많은 변화가 나타났고, 그러한 변화에 대응하고자 군사분야에서 최초로 정보기구들이 설립되기에 이른다.

② 19세기 후반 무렵 육·해군에서 무기체계의 획기적인 발전이 있었다. 육군에서는 사정거리와 파괴력이 센 무기들이 개발되었고 철도를 이용해서 무기를 이동시켰으며, 무선통신이 도입되기 시작했다.

③ 해군에서도 증기기관을 장착한 군함이 건조되어 전투에 활용되었다. 예전보다 대규모 병력이 광범위한 지역에서 전투를 수행하게 됨으로써 기동성과 집중력을 동원한 전격적인 기습작전이 보다 빈번하게 전개되었고, 그것이 성공하게 될 가능성도 증가되었다. 이로 인해 전투 지휘 및 통제가 보다 복잡해졌다.

④ 이러한 변화에 대처하기 위해서는 전투를 지휘하는 야전사령관에게 부대의 이동, 전쟁 계획 등을 지원해주는 참모 조직이 필요했다. 그 대표적인 사례가 프로이센의 참모 조직인데 이 조직은 1815년 무렵부터 점진적으로 도입되기 시작했고, 1866년과 1870년 프로이센이 오스트리아와 프랑스와의 전쟁에서 승리를 거두면서 그 명성을 얻게 되었다. 적정에 대한 정보를 수집하는 일이 프로이센 참모조직의 중요한 임무였으며, 그것이 정보기구로 발전되는 중요한 전기를 이루었다.

(2) 영국

① 영국의 경우 크림전쟁 이후 전쟁성 산하 '지형통계국(War Office Topographical and Statical Department)'이 창설되었지만 활동은 미약했다.

② 영국에서 정보활동이 본격화된 것은 1873년 전쟁성의 '정보국(War Office Intelligence Branch)'이 창설되면서부터이다.

③ 1878년에 창설된 전쟁성 정보국의 '인도지부(Indian Intelligence Branch)'와 1882년 해군에 설립된 '대외정보위원회(Foreign Intelligence Committee)' 등 군사정보활동을 수행하기 위한 기구들이 등장하기 시작했다.

④ 1887년 전쟁성 해군정보국장(the First War Office and Admiralty Director of Intelligence, DMI and DNI)이 최초로 임명되었다.

(3) 미국

① 미국에서도 1882년과 1885년 각각 해군과 육군 정보국이 창설되었다.

② 초기 정보는 단지 참모기능에 제한되었으며 아직 외국 군대를 연구 · 분석하는 수준은 아니었다. 그래서 독립적인 조직 형태로 발전되지는 않았다.

③ 그러나 점차 정보부서에서 외국 군대에 대해 집중적으로 탐구하기 시작하였다. 이전까지 야전사령관은 즉흥적이고 주관적인 판단에 의거 중요한 결정을 내렸지만, 이제는 전투를 수행함에 있어서 적국의 병참, 철도 운행시간, 무선통신 등에 관한 정보가 매우 중요하게 활용되었다.

④ 그러한 필요에 부응하여 1914년경 미국 군대의 육 · 해 · 공군에 초보적인 수준의 정보조직이 설립되기 시작했다.

2 국내 정보활동의 필요성 증가

(1) 의의

군사정보의 필요성이 부각되는 시기에 국내 정보활동의 필요성도 증가되었다. 19세기 초 유럽 대륙의 지배세력들은 프랑스 혁명과 유사한 사태가 재발하게 될 것을 우려하여 '비밀경찰'의 필요성을 실감하게 되었다. 이에 따라 유럽지역에서 자국의 내부 국민들에 대한 감시, 첩보수집, 우편 검색 등의 활동을 수행하기 위한 비밀경찰 조직이 생겨나게 되었다.

(2) 비밀경찰 조직

① 1826년 러시아에 설립된 러시아 재판소 '제3분과(the Russian Third Section of the Imperial Chancery)'가 아마도 최초의 비밀경찰 조직으로 생각된다. 이 조직은 이후 '오흐라나(Okhrana)'로 발전했다.

② 19세기 중엽 이후 유럽지역에서 민중혁명이 발생하게 될 우려는 다소 감소했지만 공산주의와 무정부주의가 당시 국가체제를 유지하는 데 심각한 위협이 되었다.

③ 한편 범죄가 빈번하게 발생하는 지역과 범죄를 저지를 가능성이 있는 사람들에 대한 정보를 수집하고 감시하기 위한 전문적인 기술이 필요하게 되었고, 그것이 경찰 업무의 전문화를 촉진시켰다. 비밀경찰 조직은 점차 제도화되었으며, 국제적인 활동을 전개하였다.

④ 1870년경 프랑스 군대는 60여 명의 전문 정보요원을 해외에 파견했으며, 1883년 파리에 오흐라나의 해외지국이 설립되었다. 1914년 이전부터 러시아의 오흐라나와 프랑스의 '수레떼(Surete)'가 각각 상대국의 수도에 외교부를 설치했고, 여기서 암호해독 등 비밀정보활동을 전개했다.

⑤ 영국은 1829년까지 국가적인 차원의 비밀경찰 조직을 두지 않았다. 영국은 1844년경 외교문서의 불법적인 검색을 금지하는 조치를 취했다. 그러나 개인 우편에 대한 검색은 계속 수행했다.

⑥ 1883년 영국에서 아일랜드 결사조직의 폭탄테러(Fenian bombings) 사건이 발생하고 나서 '경찰국 특수분과(the Metropolitan Police's Special [Irish] Branch)'가 생겨났다.

⑦ 한편 19세기 말 영국은 자국 내부에 암약하여 활동하고 있는 외국의 간첩들에 대해 대응해야 할 필요성이 점차 증가하고 있었으며, 그러한 필요를 반영하여 1909년 마침내 '비밀정보국(Secret Service Bureau)'이 설립되었다. 당시 '비밀정보국'은 해외 공작활동도 전개했다.

3 대간첩활동과 사보타주에 대한 대응활동의 필요성 증가

(1) 의의

① 제1차 세계대전의 발발과 함께 유럽에서 대간첩활동과 사보타주에 대한 대응활동의 필요성이 증가되었다.

② 그리고 1917년 소련에서의 볼셰비키 혁명이 발발함에 따라 유럽 내 사회주의 세력에 의한 체제전복의 위협이 증대하게 되었다. 당시 유럽 국가들은 소련 스파이들에 대한 대간첩활동을 효과적으로 전개하는 데 많은 노력을 기울였다.

③ 또한 식민지 국가들이 독립운동의 일환으로 테러활동을 전개함에 따라 이에 대한 대응 노력을 기울여야 했다.

④ 이처럼 유럽 국가들은 단순히 내부 체제유지 필요성뿐만 아니라 대간첩활동 또는 식민지 국가들의 테러 위협에 대응하고자 국내 보안정보기구를 설립하게 되었던 것이다.

(2) 국내 비밀보안정부기구

① 국내 비밀보안기구의 예로서 영국의 '보안부(Security Service, SS, 일명 MI5)', 캐나다의 '캐나다 보안정보부(Canadian Security Intelligence Service, CSIS)', 독일의 '헌법보호청(Bundesamt fur Verfassungsschutz, BfV)', 프랑스의 '국토감시청(Direction de la Surveillance du Temtoire, DST)', 이스라엘의 '신베트(Shin Beth)' 등이 있다.

② 캐나다의 '경찰청(Royal Canadian Mounted Police)'은 1984년 CSIS가 설립되기 이전에 국내 보안정보활동을 수행했던 기구이다.

③ 유럽지역에서 비밀보안활동을 담당하는 정보기구(security intelligence)는 대체로 군사정보기구(military intelligence)와는 별도의 분리된 조직으로 설립되어 활동했다.

Theme

07 현대 정보활동

I 의의

① 20세기 초 유럽에서 기술혁신이 일어나면서 기술정보의 필요성이 증가하게 되었다. 이 시기 유럽국가들 간에 무선을 이용한 외교전문(diplomatic telegrams)이 활발하게 이용되면서 무선 통신 내용을 암호화하고 이를 중간에 가로채서 그 내용을 해독하려는 노력이 활발하게 전개되었다.

② 1880년경 프랑스에 암호분석기구가 부활되었고, 1914년까지는 영국은 본토에서는 암호해독 활동을 하지 않았지만 인도에서 러시아 등 다른 나라의 무선통신에 대한 암호해독활동을 전개했던 것으로 나타난다.

Ⅱ 정보활동의 변화

1 의의

① 제1차 세계대전 동안 정보활동에 있어서 크게 두 가지 변화가 나타난다. 첫째, 무선감청 기술의 발달이고, 둘째, 항공사진 기술의 발달이다.

② 제2차 세계대전 동안 위의 두 가지 변화가 더욱 발전하게 된다. 제2차 세계대전 당시에는 무선감청을 잘해서 적의 동향을 잘 파악하는 사람이 가장 유능한 장군으로 평가되었다. 또한 독일 전 지역에 대한 정찰 사진이 연합군의 전쟁 수행에 중요한 역할을 담당했다.

③ 한편 1945년 냉전시대 이후에는 소련 지역에 대한 공개정보 수집이 어려웠기 때문에 기술수단을 통한 정보수집 활동이 더욱 중요하게 부각되었다.

2 국가적 차원의 정보기구 등장

(1) 제1차, 제2차 세계대전

① 제1차 세계대전을 겪으면서 유럽 국가들은 상대국에 대한 군사정보 수집활동을 국가적 차원에서 보다 조직적으로 수행할 필요성을 느끼게 되었다.

② 이에 영국은 1921년 'Secret Intelligence Service(SIS, 일명 MI-6)'를 설립하였고, 프랑스에서는 1909년에 설립된 군 첩보기구인 '제2부'에서 'French Service de Renseignments(이하 첩보국)'이 분리되어 나왔다. 독일은 1937년 중앙군사정보기구로서 '압베르(Abwehr)'를 설립하였다. 압베르는 소련, 프랑스, 미국 등 해외에 광범위한 공작망을 조직하여 적대국에 관한 군사정보를 수집했으며, 방첩활동도 전개하였다.

(2) 1945년 이후

① 1945년 이후 미국, 프랑스, 이스라엘, 오스트레일리아 등에서는 군 정보기구에서 분리되어 인간정보 수집활동과 비밀공작을 전담하는 기구들을 설립하기 시작했다.

② 드골이 제2차 세계대전 중에 창설한 '총특무국(Direction Generale des Services Speciaux, DGSS)'은 군사정보활동을 수행했는데, 1944년 파리로 귀환하면서 '연구조사총국(DGER)'으로 개칭되었고 나중에 '해외정보 및 방첩국(SDECE)'으로 재차 개칭되어 인간정보 수집활동에 중점을 두는 기관으로 변모하였다.

③ 미국은 제2차 세계대전 중 군사 정보기구인 'OSS(Office of Strategic Services)'를 설립하여 전쟁 임무 수행에 필요한 비밀공작활동을 활발하게 수행했으며, 이후 CIA의 '공작국(Operations Directorate)'으로 발전했다.

3 신호정보기구의 설립

① 제1차 세계대전 당시 유럽에서 무선감청은 주로 육군이나 해군에서 수행되었다. 제2차 세계대전 동안 무선통신 감청이 중요한 수단으로 부각되면서 영국에서는 1945년 '영국 신호정보국(British Sigint)'을 계승하여 '정부통신본부(Government Communications Headquarters, GCHQ)'이라는 별도의 독립기구가 설립되었다.

② 제2차 세계대전 당시 미국에서 신호정보(SIGINT)는 주로 육군이나 해군에서 수행했는데, 전쟁이 종결된 이후 영국을 본떠서 1952년 신호정보 임무를 전담하는 NSA가 설립되었다. 캐나다, 호주 등 여타 영연방 국가들도 영국과 유사한 형태의 신호정보기구를 설립하게 되었다.

4 영상정보기구의 설립

① 한편 제2차 세계대전 동안 항공사진의 중요성이 부각됨에 따라 영국은 '항공정찰국(Joint Air Reconnaissance Interpretation Centre, JARIC)'을 설립하였다.

② 미국에서는 '국가정찰국(National Reconnaissance Office, NRO)'이 설립되어 위성사진 수집활동 임무를 수행했고, 항공사진 해석을 위해 '영상판독국(Central Imagery Office, CIO)'을 설립하게 되었다.

Ⅲ 국가적 차원의 정보분석 기능 강조

1 제1차, 제2차 세계대전

(1) 의의

① 제1차 세계대전과 제2차 세계대전 사이 기간 동안 영국에 몇 개의 정보기구들이 활동하고 있었지만, 타국에 대한 정보분석 업무를 국가적인 차원에서 수행하지는 않았다.

② 그러나 제1차 세계대전의 경험을 통해 유럽 국가들은 전면 전쟁을 수행함에 있어서 국가적 차원의 정보분석 기능이 필요하다는 인식이 생기게 되었다.

③ 한 국가의 군사력은 산업능력, 인구통계, 군기, 사기 등 여러 가지 군사 및 군사외적 요소가 통합되어 발휘되는 것으로서 이를 제대로 분석하기 위해서는 군사정보만으로는 미흡하고 별도의 통합된 정보기구를 설립하여 이러한 문제에 대처하고자 하였던 것이다.

(2) 영국

① 영국의 경우 1930년대부터 독일의 군사력이나 전쟁 계획 등에 대한 종합적인 분석의 필요성을 실감하게 되었다. 당시 부문정보기구들이 있었지만 이들의 능력으로는 이러한 임무를 적절히 수행할 수 없다고 판단했다.

② 그래서 영국에서는 합참의장(the Chiefs of Staffs Committee) 산하에 통합된 군사계획기구를 설립했다. 이 기구를 통해 영국은 제2차 세계대전 동안 적의 육·해·공군, 정치, 경제 등 모든 요소들을 종합적으로 분석하는 '국가평가(national assessment)'가 가능했다. 영국의 이러한 방식은 독일, 이탈리아, 일본의 경우와 비교하여 보았을 때 매우 대조적이다.

③ 예를 들어 독일의 경우 히틀러 개인 또는 정권적 차원에서 정보기구가 이용되었던 반면에 영국은 국가적인 차원에서 적극적인 정보활동이 수행되었다. 아마도 그것이 영국이 독일과의 전쟁에서 승리할 수 있었던 중요한 요인이 되었을 것으로 생각된다. 당시 일본의 정보활동 역시 비효율적이고 체계적이지 못했던 것으로 평가되었는데, 그것이 일본이 미국과의 전쟁에서 패배하게 된 중요한 요인이 되었을 것으로 추정된다.

2 1945년 이후

(1) 의의

① 1945년 냉전과 함께 국가차원의 종합적인 정보기구의 설립 필요성이 더욱 증대되었다.

② 공산주의 운동이 정치, 군사, 경제 등 사회 모든 부문에 걸쳐 자유주의 진영에 위협을 가해 옴에 따라 이에 대응하기 위한 수단으로서 정보활동의 중요성이 부각되었다.

③ 특히 냉전시대 동안 소련과 중국 사회는 철저히 비밀에 싸여 있었기 때문에 비밀정보 수집활동의 필요성이 더욱 증대되었다. 또한 소련이나 중국에 대한 단편적인 첩보들을 종합하여 정보를 생산해 내는 작업이 요구되었다.

(2) 영국과 미국

① 영국에서는 1939년 '영국합동정보위원회(British Joint Intelligence Committee, JIC)'라는 기구를 설립하여 부문정보기관에서 제공되는 단편적인 정보를 종합하는 기능을 수행했다. JIC는 제2차 세계대전 중 전쟁 임무를 효과적으로 수행하여 명성을 얻었다.

② 미국은 진주만 기습을 겪고 나서 부문정보기관들의 첩보들을 종합하여 분석하는 기구가 필요하다는 판단에서 1947년 CIA를 창설하게 되었다.

③ 국가 차원의 종합적인 정보분석기구는 영국과 미국의 독창적인 조직 형태로서 매우 효과적인 역할을 수행했던 것으로 인정된다.

④ 물론 영국과 미국 외에 다른 나라들도 유사한 형태의 정보기구들을 설립했다. 그러나 영국이나 미국만큼 그다지 괄목할 만한 성과를 이루지는 못했던 것으로 평가된다.

Ⅳ 냉전시대 정보활동의 변화

1 비밀공작의 수행

① 냉전시대 동안 미국과 소련 간에는 치열한 첩보전이 전개되었다. 비밀에 싸인 사회주의 국가들에 대해 다양한 수단을 동원하여 첩보를 수집하고자 노력했으며, 상대방 체제를 와해시키기 위한 비밀공작도 적극적으로 전개되었다.

② 예를 들어 1950년대 비밀공작 활동이 미 CIA 예산의 절반을 차지했던 것으로 나타난다. 미국 상원 '처치위원회(the Church Committee)'의 조사결과에 따르면 미국 정부는 1961년부터 1975년 간 900여 건의 비밀공작을 수행했던 것으로 알려졌다.

2 신호정보의 중요성 증가

또한 전자장비가 발전하면서 신호정보의 중요성이 더욱 증가하게 되었다. 미국이나 소련은 각기 상대방 국가의 국경 부근에 수백 개의 신호감청 기지를 건설하여 신호정보활동을 적극적으로 전개했다.

3 영상정보의 중요성 증가

(1) 의의

1945년 이후 영상정보는 군사정보에의 활용도가 더욱 증가되어 신호정보만큼 중요하게 이용되었다.

(2) 항공정찰활동

냉전이 시작되고 나서 10년 동안 미국은 소련 영공에 대해 비밀 항공정찰활동을 전개했다. 당시 미국은 고공에서 운행하는 U-2기를 특별 제작하여 1956년부터 1960년 5월 1대가 격추될 때까지 소련 영공에 대해 비밀리에 항공정찰 임무를 수행했다.

(3) 위성을 통한 첩보수집활동

① 그러나 불법적인 영공 침범 문제로 인해 항공기를 통한 정찰활동이 어려워짐에 따라 1960년대부터 미국과 소련은 저궤도 위성(대략 200～1,000km 고도 운행)을 쏘아 올려 상대국에 대한 첩보수집활동을 보완했다.

② 냉전시대 동안 신호정보보다는 위성을 활용한 영상정보(IMINT)분야에 있어서 괄목할 만한 발전을 이루었으며, 이는 세계첩보사에 있어서 하나의 획기적인 진전으로 기록된다.

③ 오늘날 미국과 러시아는 신호정보와 영상정보를 동시에 수집할 수 있는 위성을 개발하여 이 분야에 있어서 독보적인 위치를 점하고 있다.

V 냉전체제의 종식 이후 정보활동의 변화

① 1980년대 말 베를린 장벽이 붕괴되고 소련체제가 와해되면서 냉전이 종식되기에 이르렀다. 냉전체제의 종식은 정보환경에 있어서도 엄청난 변화를 야기했다. 냉전시대의 적대국이 와해됨에 따라 적대국에 대한 군사정보의 중요성이 감소했고, 경제정보가 보다 중요한 요소로 부각되었다.

② 또한 범세계적으로 민주화가 이행되면서 정보활동의 공개성과 책임성이 보다 강조되었다. 이처럼 정보환경의 변화에 부응하여 냉전시대 악명을 떨쳤던 소련의 KGB가 해체되었고, 국내와 해외를 담당하는 FSB와 SVR로 각각 재탄생하게 되었다.

③ 미국의 CIA를 비롯하여 프랑스의 DGSE, 독일 BND 등 서방 정보기관들도 탈냉전기 안보환경의 변화와 민주화 추세에 부응하여 조직, 기능, 활동을 대폭적으로 개혁하는 노력을 기울이고 있다.

④ 특히 미국은 2001년 9/11 테러를 경험하고 나서 '국토안보부(Department of Homeland Security, DHS)'를 창설하여 대테러활동을 보다 강화하게 된다. 또한 정부 부처의 장관급에 해당되는 '국가정보장(Director of National Intelligence, DNI)'이라는 직제를 신설하여 정보공동체 내 정보기관들 간의 정보협력 체제를 강화하려는 노력을 기울이고 있다.

Theme

08 국가정보학의 연구 동향

I 국가정보학 연구의 의의

1 의의

① 정보활동은 인류의 역사와 더불어 시작될 만큼 오래되었지만, 정보활동에 대한 학문적 차원의 연구가 시작된 것은 불과 50여 년 전이다. 20세기 들어서서 두 차례의 세계대전이 발발했고, 여기서 영국과 미국의 효과적인 정보활동은 전쟁에 승리하는 데 결정적인 요인이 되었던 것으로 인정된다.

② 그럼에도 불구하고 정보활동에 관한 자료는 비밀로 분류되어 일반인들의 접근이 어려웠기 때문에 학자들의 연구가 매우 미흡한 분야로 남아 있었다. 그런데 냉전의 종식과 더불어 정부 기록물들이 공개되면서 비밀정보활동에 대한 학계의 연구가 보다 활성화되었다. 또한 9/11 테러 사건과 이라크 전쟁을 계기로 국가정보는 국가의 안보에 핵심적인 요인으로 부각되었으며, 이에 따라 정보활동에 대한 학계의 관심과 연구가 보다 증가되는 경향을 보이고 있다.

핵심정리 **국가정보학 연구의 한계**

1. 사실적 권력 활동의 장
   먼저 국가정보활동은 사실상의 국가권력이 행사되는 영역으로, 독립된 학문 분야로 생각하지 못했다. 즉 국가정보활동은 일반국민을 위하여 봉사하는 분야가 아니라, 국가최고 정책결정권자를 향하여 국가권력이 은밀하게 작동하는 사실적인 활동의 영역으로, 어떠한 정형이 있는 것이 아니었다. 또한 국가정보활동을 위한 조직에 대해서도 법정 형식이 정해진 것도 아니고, 통치 스타일과 규모에 따라서 천차만별이었다. 그러므로 국가정보활동은 학문적 연구를 위한 기본적 요소인 보편성이 존재하기 어려웠다. 결국 사실적인 활동의 영역이라는 인식으로 인하여 학문적 연구의 대상이 되기 어렵고, 필요성도 느끼지 못했던 것이다.
2. 독립성의 결여
   역사적으로 국가정보활동의 태동과 전개는 개인이나 단체나 조직 그리고 국가가 생존을 위한 투쟁, 즉 전쟁에서 승리하기 위한 무정형의 보조적 행동으로 시작되고 나타났다. 국가정보활동은 또한 국가 내부의 변란과 혁명 같은 사태에서 통치권을 확립하고 실행하는 등 일국의 통치자에 의한 통치의 부속수단 내지 통치수단으로 이용되어 왔다. 그러므로 학문적 연구가 필요한 경우에도 통치자나 통치 스타일에 대한 연구로 족한 것이지 국가정보활동만을 별도로 분리하여 학문적 연구대상으로 분류할 이유는 없다고 생각되었던 것이다.

2 미국과 영국

① 미국과 영국에서는 일찍부터 학문의 한 분야로서 국가정보학을 연구하고 발전시켜 왔다.

② 미국에서는 1950년대 이후 주로 국제관계학을 전공하는 학자들을 중심으로 국가정보학을 연구했고, 영국에서는 국제관계사 또는 외교사를 연구하는 역사학자들이 이 분야에 대한 연구를 활발히 수행했다. 학계의 연구뿐만 아니라 미국과 영국에서는 일반 대학에서도 강좌를 개설하여 국가정보학을 강의하고 있다.

③ 그러나 영국과 미국을 제외한 대부분의 국가에서는 국가정보학에 대한 학계의 관심이나 연구가 매우 미흡한 실정이다.

3 한국

(1) 의의

특히 한국은 그동안 정보기관이나 활동에 대해 언급하는 것조차 금기시할 정도로 비밀보안을 유지하면서 일반인들의 자료 접근조차 엄격히 제한했기 때문에 이 분야에 대한 학자들의 연구가 제대로 수행될 수 없었다. 이로 인해 정보활동에 대해 일반인들은 물론 학계에서조차 음모론적 시각에서 왜곡되게 인식하는 경향이 있다.

(2) 탈냉전 · 정보화의 시대

① 탈냉전 · 정보화의 시대적 조류에 따라 정보활동은 더 이상 비밀의 베일에 싸인 금기의 영역이 아니다. 탈냉전과 더불어 비밀로 분류되었던 많은 정부 기록물들이 공개되고 있고, 정보화의 흐름 속에서 정보활동의 공개성이 확대되고 있다. 이러한 상황에서 국내 학계에서도 국가정보학 연구를 보다 활성화하고자 하는 모습을 보이고 있다.

② 국가정보학 연구의 활성화는 국제관계사, 외교사, 정책결정과정 등에서 생략된 영역이었던 첩보활동에 대한 부분을 보완함으로써 학문적 완성도를 높이는 데 기여할 수 있다. 또한 학계의 연구가 활성화됨으로써 정보기관의 존재 의의와 정보활동의 필요성에 대해 학계는 물론 일반인들의 인식이 올바로 정립될 수 있는 계기가 마련될 수 있다.

Ⅱ 국가정보학의 연구범위

1 의의

국가정보를 지식, 활동, 조직을 포괄하는 것으로 정의했을 때, 국가정보학은 바로 지식으로서의 정보, 활동으로서의 정보활동 그리고 조직으로서의 정보기관 등 크게 세 가지 요소들을 연구 대상으로 한다.

2 지식

① 지식으로서의 정보와 관련하여 국가정보학에서는 첩보 수집과 분석과정을 거쳐서 생산된 정보가 국가의 정책결정에 어떤 영향을 미치는가를 중점적으로 연구한다.

② 최고 정책결정권자에게 적시에 정확한 내용으로 제공된 정보는 국가안보를 유지함에 있어서 결정적인 요소로 작용한다. 그러나 때로 적시에 필요한 정보가 제공되지 않거나 왜곡된 내용의 정보는 국가안보에 치명적인 결과를 초래할 수 있다.

③ 예컨대 진주만 기습을 막지 못한 결정적인 요인은 제때에 필요한 정보가 제공되지 못한 데서 비롯되었던 것으로 나타난다. 또한 미국 CIA는 2002년 말 발간된 보고서에서 이라크가 유엔 결의와 기타 규제를 위반하면서 대량살상무기 프로그램을 은밀히 추진하고 있다고 잘못된 판단을 내렸다. 이처럼 왜곡된 정보판단으로 인해 미국은 하지 않아도 되었을 전쟁에 빠져드는 실수를 저지르게 되었던 것이다.

3 정보활동

① 정보활동에는 정보자료의 생산을 위한 활동으로서 첩보수집 및 분석이 있고, 상대국 정보기관의 첩보수집, 전복, 테러 및 파괴행위 등의 각종 공작에 대응하는 노력으로서 방첩활동 그리고 자국의 대외정책을 지원할 목적으로 외국의 정부, 정치, 경제, 군사, 사회 등 여러 분야에 은밀히 개입하여 자국에게 유리한 여건을 조성하기 위한 행위로서의 비밀공작 등이 있다.

② 국가정보학에서는 주로 사례연구를 통해서 그러한 정보활동이 전개되는 배경, 과정 그리고 그 결과에 대해서 연구한다. 예를 들어 제2차 세계대전 당시 영국 정보기관이 독일군 암호체계를 해독하고자 추진했던 '울트라 계획(Ultra Project)'은 연합군이 승리하는 데 결정적으로 기여했던 것으로 알려졌는데 이에 대한 학계의 연구는 여전히 미흡한 상황이다.

③ 또한 방첩활동과 관련된 저술로서 최근에 나온 「슈타지 문서의 비밀」이라는 책은 동독 정보기관이었던 슈타지의 정보활동에 대해서 매우 상세하게 기술하였으며, 동독의 정보활동이 서독의 정치, 경제, 사회에 깊숙이 침투하여 엄청난 영향을 미쳤던 것으로 나타난다.

④ 비밀공작은 원칙적으로 외국을 대상으로 하는 활동이지만 독재국가나 권위주의 정부의 경우처럼 정보기관이 자국민을 대상으로 흑색선전, 정치공작, 요인 암살 등의 공작을 수행하기도 한다. 그런데 상당수의 학자들이 비밀공작(covert action)을 국가정보의 개념에 포함시키지 않으려 하며, 이 때문에 이 분야에 대한 정보학계의 연구가 부진한 실정이다.

4 정보활동을 수행하는 정보기관의 조직구조 및 조직문화

① 국가정보학에서는 정보활동을 수행하는 정보기관의 조직구조 및 조직문화에 대해서도 관심을 갖고 연구를 수행한다.

② 예를 들어 9/11 이후 미국 정보공동체의 조직에 어떤 문제점이 있고, 앞으로 어떻게 변화되는 것이 바람직한가에 대해 많은 연구들이 발표되었다. 이러한 연구를 통해 미국의 중점적인 정보활동방향을 추정해 보기도 하고, 정보공동체의 조직 개편을 통해 정보활동의 효율성이 얼마나 개선되었는지를 평가하기도 한다.

③ 영국과 미국 정보공동체 조직 문화의 특성을 비교하고, 조직 문화적 상이성에서 정보활동의 양상이 어떻게 다르게 나타나는가를 분석하는 내용의 연구도 있다.

Ⅲ 국가정보학의 접근방법

1 토마스(Stafford Thomas)

국가정보를 연구함에 있어서 다양한 분야의 학자들이 각기 다른 유형의 접근방법을 활용하고 있으며, 이에 대한 최초의 논의는 토마스(Stafford Thomas)의 논문에서 나타난다. 토마스는 국가정보 연구에 활용된 접근방법을 크게 네 가지로 분류하여 설명했다.

① 첫째, 역사적/전기적 접근방법(historical/biographical approach)으로서 특정 시기의 역사적 사례를 중심으로 연구하며, 이들은 주로 회고록이나 정부 공식문서 자료를 1차 자료로 활용한다.

② 둘째, 기능적 접근방법(functional approach)으로서 정보활동이나 정보가 생산되는 과정에 초점을 두고 이루어진 연구를 의미한다. 여기에서는 특정한 역사 사례를 탐구하기보다는 다소 추상적인 문제를 보다 심층적으로 다루려는 경향이 있다.

③ 셋째, 구조적 접근방법(structural approach)으로서 정보기구의 조직 구조와 문화 등을 중점적으로 분석하는 경향을 보인다.

④ 마지막으로 정치적 접근방법(political approach)은 정보와 정책 간의 관계에 초점을 둔 연구로서 정보의 정치적 의미를 평가 또는 분석하는 내용이 주류를 이룬다.

생각넓히기 | 토마스(Stafford Thomas)와 루드너(Martin Rudner)의 분류

국가정보학에서 다루고 있는 연구대상은 매우 다양하기 때문에 연구방법도 다양하게 적용될 수 있다. 국가정보학 연구에 활용되는 연구방법은 학자들에 따라 다양하게 제시되고 있다. 토마스(Stafford Thomas)는 국가정보학 연구에 활용되는 연구방법을 역사적 접근, 기능적 접근, 구조적 접근, 정치적 접근 등 네 가지로 분류했다. 루드너(Martin Rudner)는 역사적 · 사례 연구적 접근, 기능적 과정적 접근, 구조적 · 조직적 접근, 정치적 · 정책 결정적 접근으로 분류하고 이들 연구방법 중 대표적인 것이 기능적 · 과정적 접근이라고 설명했다.

생각넓히기 | 법률적 접근

국가정보학 연구에 있어서 국가정보활동에 대한 법률적 접근방법(legal approach)은 필수적이라고 할 수 있다. 대부분 국가들은 정보활동과 관련된 법을 제정해 왔으며, 정보기구의 설립은 법적 근거를 통해서 합법성을 인정받고 있다. 정보기구의 다양한 활동과 임무, 기능 등은 법에 의해 구체적으로 규정되어 있다. 그러나 국가정보활동 중 비밀공작을 수행하는 과정에서 때로는 합법성의 문제가 제기되고 국민의 기본권이 제한받게 되는 경우가 있다. 또한 정보의 통제메커니즘은 주로 국회에 의해 이루어지고 있으며, 국회의 정보활동에 대한 감시기능은 법에 의해 규정되어 있다. 따라서 국가정보에 대한 연구는 정보기구와 정보활동과 관련된 법률적 연구가 매우 중요하다.

2 와크(Wesley Wark)

와크(Wesley Wark)는 토마스가 네 가지 유형으로 제시한 국가정보학의 접근방법들을 여덟 가지 유형으로 보다 세분화하여 설명하였다.

① 첫째, 문헌조사적 연구(research project)는 정부 간행 공식문서에 기초하여 사실관계를 입증하는 데 중점을 둔다.

② 둘째, 역사학적 연구(historical project)는 역사적 사실이 일어나게 된 배경과 경위 등을 중점적으로 기술한다.

③ 셋째, 개념화 연구(definitional project)는 정보의 개념을 정의하고 정보가 생산되는 과정에 관해 모델을 구축하려는 시도라고 볼 수 있다.

④ 넷째, 방법론적 연구(methodological project)는 사회과학적 이론에 기초하여 개념적 모델을 구축하고 이를 정보활동 사례들에 적용하여 검증하려는 시도로 볼 수 있다.

⑤ 다섯째, 공공정책적 연구(public policy project)에서는 정보활동 관련 책임성, 리더십, 효율성, 윤리성 등을 중점적으로 논의한다.

⑥ 여섯째, 기본권 연구(civil liberty project)에서는 FBI, NSA 등 정보기관의 불법적인 도 · 감청과 그로 인한 개인 사생활 침해 문제들을 중점적으로 논의한다.

⑦ 일곱째, 저널리즘적 연구(investigative journalism project)에서는 저널리즘적 시각에서 정보기관이나 정보활동에 대해 기술된 글을 의미한다.

⑧ 마지막으로 대중문화적 연구(popular culture project)는 소설 또는 영화처럼 대중문화 속에서 스파이활동의 역할과 의미에 대해서 묘사한 글들을 의미한다.

3 스캇(Len Scott)과 잭슨(Peter Jackson)

스캇(Len Scott)과 잭슨(Peter Jackson)은 국가정보 연구의 접근방법으로서 세 가지 유형을 제시하였다.

① 첫 번째 접근방법은 일종의 사례연구로서 와크가 제시했던 문헌 조사적 연구, 역사학적 연구, 개념화 연구, 저널리즘적 연구 등 네 가지 유형을 통합한 것과 유사하다. 이 접근방법은 국제관계사를 연구하는 학자들 간에 주로 활용되고 있는 문헌조사적 연구 또는 역사학적 연구의 형태로 나타나기도 한다. 때로는 첩보가 수집되는 과정, 정보의 출처와 특징, 정책 결정에 정보가 어떻게 활용되었는지 등에 대해 초점을 둔 연구도 여기에 해당된다. 정보요원의 회고록이나 첩보활동 사례들에 대한 저널리즘적인 기사나 저술활동도 여기에 속한다고 본다.

② 두 번째 접근방법은 정보순환 과정(intelligence process)에서 발생하는 성공과 실패를 설명하기 위한 모델을 구축하는 데 관점을 두고 이루어지는 연구들이다. 여기서는 주로 정치학적 접근방법이 활용되며, 정책결정과 분석의 수준에 관심을 둔다. 연구자들은 정책결정과정에서 정보의 효과적인 활용에 장애가 되는 구조적 또는 인지적 오류들 찾아내고 분석하는 데 중점을 둔다. 이들은 정보실패를 야기하는 요인으로써 분석관의 편견이나 선입관 등 인지적 오류, 정보의 정치화, 관료주의적 병폐 등에 대해서 논의한다.

③ 세 번째 접근방법은 국가의 통제 수단으로서 정보의 국내 정치적 기능에 관점을 두고 연구한다는 점에서 특징이 있다. 과거에 정치학 또는 역사학에서 이런 종류의 연구들이 많이 수행되었다. 예를 들어 최근 소련 및 동구권 국가들에서 비밀 해제된 문서들이 공개됨에 따라 1945년 이후 국가보안기구들이 이들 나라의 정치 또는 사회생활에 어떤 역할을 수행했는가에 대한 연구들이 시도되고 있다. 역사학자들은 영국과 프랑스의 정보기관들이 과거 식민지 국가들에 대해서 어떤 역할을 수행했는지, 또는 MI5와 FBI 같은 국내보안기관들의 활동과 그것이 미국과 영국의 정치문화에 미친 영향 등 광범위한 주제에 걸쳐서 많은 연구들이 수행되고 있다.

4 각각의 접근방법 비교

① 토마스의 분류는 정보학 연구의 접근방법을 지나치게 단순화한 면이 없지 않지만 학계의 대표적인 연구 성향을 4개의 접근방법들로 집약하고 있다는 점에서 의미를 가진다.

② 와크의 분류는 학계의 연구물들을 세분화함으로써 연구물의 학문적 기법이나 성향을 보다 구체적으로 반영하고 있다는 장점이 있는 반면에 세분화된 만큼 중첩성이 심하다는 단점이 있다. 예를 들어 제2차 세계대전 당시 진주만 기습의 과정과 원인을 규명한 월스테터(R-Wolhstter)의 「진주만 기습: 경고와 정책결정」은 문헌조사적 연구와 역사적 연구가 혼재된 형태의 저술로서 어느 한 가지로 분류될 수 없다. 또한 정보학분야의 연구들을 보면 개념화 연구와 방법론적 연구가 혼합된 형태로 된 저술들이 많다. 예를 들어 헨델(Michael Handel), 베츠(Betts)의 연구는 정보실패에 관한 저술로서 정보의 개념에서부터 시작하여 정보실패의 원인과 결과에 관한 이론적 모형을 만들고 이를 검증하는 과정을 제시하고 있다.

③ 스캇과 잭슨의 분류에서 제시된 두 번째와 세 번째 접근방법은 최근 정보학의 연구 동향을 잘 반영하고 있다는 장점이 있는 반면에 학계의 대표적인 연구 성향을 제대로 반영하지 못하고 있는 것으로 평가된다. 특히 첫 번째 접근방법은 와크가 제시한 네 가지 접근방법을 통합하여 단순화했지만 대표적인 특징이 없다는 점에서 단일화된 하나의 접근방법으로 인정되기 어렵다.

④ 세 가지 분류들의 장단점을 균형 있게 평가해 보았을 때 토마스가 제시한 분류가 가장 적절한 것으로 판단된다. 와크의 분류는 지나치게 세분화되어 중첩성이 많은 단점이 있고, 스캇과 잭슨의 분류는 대표성이 떨어진다. 이에 비해 토마스의 분류는 학계의 연구들을 네 가지 유형의 접근방법으로 단순화함으로써 연구물의 특성을 구체적으로 반영하지 못한다는 단점이 있지만, 지나친 세분화로 인한 중첩성을 피하면서 학계 연구의 대표적인 특성을 매우 적절히 반영하고 있다는 점에서 가장 적합한 분류로 인정된다.

5 국가정보학의 성격

(1) 의의

사실 국가정보 연구의 접근방법은 국가정보에 대한 연구자들의 인식에 달려 있다고 본다. 즉 국가정보의 성격을 연구자들이 어떻게 인식하고 있는가에 따라서 접근방법의 유형이 각기 다르게 나타나는 경향이 있다. 그런 점에서 국가정보의 성격을 어떻게 규명해야 할 것인지, 즉 '기술(craft)'로 보아야 할 것인지 아니면 '과학(science)'으로 보아야 할 것인지에 대한 논의가 필요하다.

(2) 기술(craft) 또는 과학(science)으로서의 국가정보학

① 일반적으로 정보활동 업무를 실제로 수행하는 정보요원들은 실용주의적 관점에서 국가정보를 국가안보와 관련되는 정책결정을 지원하기 위한 하나의 수단(tool), 즉 기술(craft)로 인식한다. 한편 1950년대 말에서 1960년대 행태주의(behavioralism) 운동이 사회과학자들 간에 확산되면서 정보공동체에서도 정보활동에 대해 단순한 기술 이상의 정교한 이론적 기초를 구축해보자는 시각이 대두되었다.

② 일반적으로 학계에서는 이러한 시각을 행태주의적 접근방법으로 규정하고 있으며, 행태주의자들은 행태주의 이전의 접근방법을 전통주의적 접근방법으로 칭하고 있다. 이처럼 행태주의 접근방법을 활용한 연구들은 국가정보를 단순한 '기술'을 넘어서 '과학'의 차원에서 다루고자 시도하였다는 점에서 의미를 가진다.

③ 반드시 그러한 것은 아니지만 정보활동을 기술(craft)로 인식하는 사람들은 대체로 전통주의적 입장을 취하는 것으로 생각된다. 와크가 분류한 문헌조사적 · 역사학적 · 저널리즘적 · 대중문화적 연구 등은 모두 전통주의적인 접근방법으로 간주된다. 반면에 개념화 · 방법론적 연구는 행태주의적 접근방법의 일종으로 생각된다.

④ 정치학이나 국제 관계학 분야에서는 1960년대 이후 통계와 계량분석을 집중적으로 활용하는 연구들이 많이 발표되었고 오늘날 학계 연구의 주류를 이루고 있다. CIA를 비롯한 미국의 정보공동체에서도 1960년대 이후 정보분석에 계량화 기법을 도입하여 활용하고 있다. 그러나 일반적으로 국가정보분야에 관한 학계의 연구는 아직도 전통주의적 접근방법이 주류를 이루고 있고, 통계 또는 계량분석에 중점을 두는 행태주의 접근방법의 연구는 많지 않은 것으로 나타난다.

Theme

09 국가정보학의 학문적 기원과 발전

I 고대에서 냉전시대까지

1 의의

정보(intelligence)는 오랫동안 정치철학이나 국제관계를 연구하는 학자들에게 별다른 관심을 끌지 못했다. 근대에 이르기까지 손자병법을 제외하고 정보에 관한 체계적인 연구가 거의 없었던 것으로 보인다.

2 고대에서 근대

(1) 손자병법

기원전 600년경에 써진 손자병법은 군사정보의 중요성에 대해서 기술했고, 지금도 많은 학자들이 그 내용을 인용하고 있다. 손자는 "총명한 군주와 현명한 장수가 움직이기만 하면 적을 이기고 출중하게 공을 세우는 것은 먼저 적정을 알고 있기 때문이다."라고 하여 일찍부터 정보활동의 중요성을 강조했다.

(2) 클라우제비츠(yon Clausewitz)

클라우제비츠(yon Clausewitz)는 "적대국의 군대와 국가 동향을 파악하는 것은 우리의 대응방향을 설정하는 기초"가 된다면서 정보의 중요성을 인정하였지만, "전쟁 중 적에 관한 대부분의 정보보고서는 거짓이거나 신뢰성이 떨어진다."고 주장하면서 정보에 대해 부정적인 입장을 취했다. 사실 전쟁에서 거짓정보는 대체로 적의 기만이나 허위정보 유포에서 비롯된 것인데 클라우제비츠는 그에 대한 대응책에 대해서는 언급하지 않았다.

(3) 마키아벨리(Machiavelli)

근대에 들어서서 현실주의자로 분류되는 국제정치학자들 역시 클라우제비츠처럼 정보의 획득이나 분석의 중요성에 대해서 별로 관심을 두지 않았던 것으로 나타난다. 예를 들어 마키아벨리(Machiavelli)는 20세기에 들어서서 많이 활용되었던 전략적 기만에 대해 잘 알고 있었으며, 그 중요성을 강조했다. 마키아벨리는 "기만행위는 혐오스럽기는 하지만 전쟁에서는 매우 영광스럽고 칭찬할 만한 일이다."라고 언급하고, "힘으로 적을 제압하는 것만큼 기만책으로 적을 물리치는 것도 훌륭한 것으로 인정된다."고 기술했다. 그러나 그는 음모나 모반 문제를 다루면서도 첩자나 이중첩자의 활용에 대해서는 전혀 언급하지 않았다. 즉 마키아벨리 역시 정보 판단이나 출처의 신뢰성이 중요하다는 점을 제대로 인식하지 못했던 것으로 보인다.

(4) 홉스(Thomas Hobbes)

이와 대조적으로 어스킨(Toni Erskine)에 따르면 홉스(Thomas Hobbes)는 17세기에 쓴 저서에서 첩자의 가치와 중요성에 대해서 충분히 이해하고 있었던 것으로 나타난다.

(5) 정리

정보활동은 인류의 역사와 더불어 시작될 만큼 오래되었지만, 그에 관한 본격적인 연구는 20세기 말경에 들어서서 비로소 시작되었다. 20세기에 들어서서 두 차례의 세계대전이 벌어졌고 여기서 정보활동이 전쟁의 승패를 좌우할 만큼 중요하게 기여했던 것으로 인정되었지만, 이에 대한 학계의 관심은 여전히 부족했던 것으로 보인다. 이러한 가운데 셔먼 켄트(Sherman Kent)가 1949년 「미국 외교정책을 위한 전략정보(Strategic Intelligence for American Foreign Policy)」라는 책을 출간하였는데 이것이 오늘날 국가정보학의 학문적 효시로 인정받고 있다.

3 1950년대~1960년대 초반

(1) 셔먼 켄트(Sherman Kent)

① 켄트는 제2차 세계대전 중 CIA의 전신인 전략정보국(Office of Strategic Services, OSS)에서 근무하면서 정보업무를 직접 수행했고, 이를 바탕으로 정보활동을 학문적인 차원에서 체계적으로 정리했다.

② 켄트는 국가정보를 지식, 활동, 조직을 포괄하는 개념으로 정의했는데, 지금까지도 그것이 정보학 분야 학계에서 가장 권위 있는 해석으로 인정되고 있다. 켄트의 저서가 출간된 이후 상당한 기간이 지나도록 국제정치 분야를 비롯한 국내외 학계에서 국가정보에 관한 체계적인 연구가 거의 없었다.

③ 캐도간(Alexander Cadogan) 경이 "정보는 국제문제의 생략된 영역으로 남아 있었다."고 지적할 만큼 국제정치학계의 관심과 연구가 매우 부진했던 것으로 나타난다.

④ 미국에서 국가정보의 학문적 체계 수립과 발전을 이루게 된 데는 켄트의 역할이 매우 컸던 것으로 인정된다. 그는 "보안과 지식의 발전은 근본적으로 충돌한다."고 지적하면서 국가정보의 학문적 발전을 위해서 보안의 범위를 축소하고 보다 공개화할 것을 주장했다. 그러한 그의 노력에 힘입어 실제로 미국에서는 국가 정보의 공개성이 보다 확대되었으며 일반 학문의 한 분야로서 연구되는 전통이 수립될 수 있었다.

(2) Studies in Intelligence

① 비록 학문적 체계는 아직 미흡했지만 1950년대 중반부터 미국에서는 국가정보 관련 연구를 꾸준히 진행시켜 왔던 것으로 나타난다.

② 1955년 CIA는 켄트의 제안을 받아들여 「Studies in Intelligence」라는 학술지를 창간하였고, 여기에 전직 CIA 요원들이 중심이 되어 50년이 지난 현재까지 총 1,200편의 글들이 게재되었다.

③ 주로 전/현직 CIA 요원들이 글들을 기고하였는데, 정보활동 관련 경험담 또는 사례연구가 주류를 이루었고 정보실패 또는 성공의 요인, 정보분석기법 등 학술적인 내용의 논문들도 많이 게재되었다.

④ 요컨대 「Studies in Intelligence」는 정보활동 기법을 발전시키고 국가정보를 학문적 차원에서 체계적으로 연구하는 토대를 마련하는 데 중요한 역할을 담당했던 것으로 평가된다.

(3) 도론도(P.J. Dorondo)

① 미국에서는 국가정보학에 대한 연구가 활성화되었을 뿐만 아니라 1960년경부터 일반 대학에 국가정보 관련 강좌가 개설되기 시작하였다.

② 도론도(P.J. Dorondo)는 1960년 「Studies in Intelligence」에 대학에서 정보학이 강의되어야 할 필요성과 무엇을 강의해야 할 것인지를 구체적으로 기술한 논문을 발표했다.

③ 그는 "정부기관의 관료들은 국가 정보의 역할과 중요성을 잘 인식하고 있지만 학계나 일반 국민들은 그렇지 못하므로 대학에서 국가정보를 연구하고 강의하는 것이 필요하다."고 강조하고, 이를 통해 정보활동을 보다 효과적으로 수행할 기술이나 이론이 발전할 수 있다고 주장했다.

④ 어쨌든 도론도의 논문이 발표되면서 일반대학에 국가정보학 강좌가 본격적으로 개설되기 시작했고, 국가정보에 대한 학계의 연구가 보다 더 활발해졌던 것으로 보인다. 현재 미국에서는 100여 개가 넘는 대학에서 학부생들을 대상으로 국가정보학 강좌를 개설하고 있으며, 조지타운대학(Georgetown University) 등 일부 대학에서는 석사과정도 개설하여 학위를 수여하고 있다.

(4) 영국

① 그러나 영국에서는 국가정보분야에 대한 학문적 연구와 대학에서의 강좌 개설 등이 미국만큼 활성화되지는 못했던 것으로 나타난다.

② 영국에서는 1911년에 제정되어 1989년 개정된 '공문서 비밀보호법(Officials Secrets Act)'에 따라 정부의 비밀자료의 공개를 엄격히 제한해 왔다. 이에 따라 일반인은 물론 신문기자들조차 정부의 비밀자료를 허가 없이 공개할 경우 엄중한 처벌을 받게 된다.

③ 이러한 규제 때문에 영국에서는 정보활동에 대해 엄격한 비밀성이 유지되었고, 학계의 연구도 미국만큼 활발하게 진행되지 못했던 것으로 나타난다.

④ 물론 이안 플러밍의 007시리즈처럼 첩보활동을 소재로 다룬 대중소설이나 영화, 신문 기사들이 많이 발표되었지만 학계의 연구자료로 활용되기에는 신뢰성이 부족했으며 대부분 국가정보의 실상을 왜곡하는 결과만을 초래했던 것으로 평가된다.

생각넓히기 | 1950년대

정보활동의 역사는 오래되었지만, 그에 대한 본격적인 연구는 20세기 후반에 들어서서 비로소 시작되었다. 제2차 세계대전 중 CIA의 전신인 OSS에서 근무한 경험을 바탕으로 셔먼 켄트(Sherman Kent)가 1949년에 「미국 외교정책을 위한 전략정보(Strategic Intelligence for American World Policy)」라는 책을 저술하였는데 이것이 정보 관련 최초의 체계적인 저서로 평가되고 있다. 그 후 힐스만(Roger Hilsman)의 「전략정보와 정책결정(Strategic Intelligence and Decision Making, 1956)」, 덜레스의 「정보의 기술(Craft of Intelligence, 1963)」 등 책자가 발간되면서 국가정보에 대한 학문적 연구가 발전되었다. 한편 CIA는 1955년부터 켄트의 주도하에 「정보연구(Studies in Intelligence)」라는 내부 저널을 발간하기 시작하였다. 여기에는 주로 CIA 요원들의 정보활동 사례연구가 주류를 이루었고 학술적인 내용의 논문들도 다수 게재되었는데 이것은 그 후 정보관련 연구들이 발전할 수 있는 토대가 되었다. 이 시기는 냉전시기로 정보기관 내부에서의 연구는 비교적 활발히 진행되었으나 학계의 연구는 상대적으로 저조했다고 볼 수 있다.

4 1960년대 중반~1970년대 중반

① 1960년대와 1970년대에 걸쳐서 영 · 미 학계를 중심으로 정보활동에 관한 몇 권의 단행본들이 출간되었지만 대부분 자료의 신뢰성이나 논리적 체계가 매우 미흡하여 학술적 가치는 그다지 높지 않은 것으로 평가된다.

② 그러한 가운데 미국 역사상 대표적인 정보실패 사례로 지목되고 있는 진주만 기습의 과정과 원인을 규명한 월스테터(R Wolhstter)의 「진주만 기습 경고와 정책 결정(Pearl Harbor; Warning and Decision)」은 당시 학계의 주목을 받았으며, 지금까지도 널리 읽히고 있을 만큼 탁월한 연구로 평가되고 있다.

③ 또한 CIA 국장을 역임했던 덜레스(Allen Dullas)가 1963년에 저술한 「정보활동 기법(The Craft of Intelligence)」은 정보요구, 수집, 분석 등 일련의 과정을 거쳐 정보가 생산되고 그것이 실제로 어떻게 활용되고 있는지 그 실상을 보여주는 내용들을 수록하고 있다. 비록 일부 내용에 오류가 발견되지만 당시 정보활동의 실상에 관하여 귀중한 경험적 자료를 제공해 주었다는 점에서 이 분야 연구를 선도하는 고전적 자료로 인정되고 있다.

④ CIA에서 1947년부터 1965년까지 근무하면서 감사관(General and Executive Director)을 역임했던 커크패트릭(Layman B. Karkpatrick)이 저술한 「미국의 정보공동체: 외교정책과 국내활동(The U.S. Intelligence Community: Foreign Policy and Domestic Activities)」 역시 그 당시 미국의 정보공동체의 정보활동 실상을 이해하는 데 도움이 될 수 있는 유용한 자료로 평가된다.

5 1970년대 중반

① 한편 1970년대 중반 무렵 영미 학계에서 정보학 분야에 대한 연구가 보다 활발해지기 시작했다.

② 영국에서는 제2차 세계대전 당시 연합국의 암호해독 사례로서 '울트라 계획(Ultra Project)'이 공개되었고, 미국에서는 워터게이트 사건과 더불어 CIA 비밀공작활동의 윤리성 문제를 두고 의회와 대중매체에서 신랄한 비판이 제기되었다. 이러한 일련의 사건들로 인해 정보활동에 관한 학계의 관심이 증가하게 되었던 것이다.

③ 영국에서는 마스터맨(J.C. Masterman)이 제2차 세계대전 중 영국으로 침투한 독일 간첩을 일망타진하게 된 '더블크로스 작전(Double Cross System)'에 관한 저술을 발표했고, 윈터보담(F.C. Winterbotham)은 제2차 세계대전 당시 영국이 독일의 에니그마 암호체계를 해독하여 연합군의 승리에 결정적인 기여를 하였던 울트라 계획의 전모를 상세히 기술한 저서 「울트라 계획의 비밀(The Ultra Secret)」을 출간하였다.

④ 미국에서는 1970년대 정보기관에 대한 국민들의 비판과 더불어 불신감이 고조되는 가운데 정보기관의 불법성과 윤리성에 대한 학계의 논의가 활발히 전개되었다. 이러한 문제를 다룬 대표적인 자료로서 리피버(Ernest W. Lefever)와 갓슨(Roy Godson)의 「The CIA and the American Ethic: An Unfinished Debate」가 있다.

⑤ 한편 향후 정보기관의 역할이나 활동을 개선할 수 있는 방안을 마련한다는 데 목적을 두고 1979년 4월 '국가정보연구협의회(Consortium for the Study of Intelligence)'가 설립되었다. 동 협의회는 국제 관계와 외교정책 전공의 정치학자, 역사학자, 사회학자, 법학자 등 다양한 학문 배경을 가진 학자들을 구성원으로 하여 연구활동을 활발하게 수행했다. 동 협의회가 단행본 형태로 출판한 연구결과보고서는 당시 미국 정보활동의 분야별 실태와 문제점들을 도출하고 개선책들을 제시함으로써 국가정보학의 학문적 발전에 기여했을 뿐만 아니라 미국의 정보활동방향을 실질적으로 개선하는 데에도 많은 참고가 되었던 것으로 평가된다.

생각넓히기 | 1970년대

1970년대 들어서면서 영미 학계에서 국가정보학에 대한 연구가 활발해지기 시작했다. 이 시기에 미국 정보기관의 활동이 공개되고 정보기관에 대한 국민들의 비판과 불신감이 고조되는 가운데 정보기관의 불법성과 윤리성에 대한 논의가 활발히 전개되었다. 이와 더불어 1979년 국가안보 문제에 관심을 가진 다양한 학문적 배경을 가진 학자들로 구성된 국가정보연구협의회(Consortium for the Study of Intelligence)가 설립되었다. 동 협의회는 「1980년대를 위한 정보요구(Intelligence Requirements for the 1980s)」를 편찬하여 국가정보학의 학문적 발전에 기여했을 뿐만 아니라 미국의 정보활동 방향을 실질적으로 개선하는 데 크게 기여하였다. 이 시기에 영국에서도 정보기관의 업무에 대한 저술이 발간되기 시작했다. 마스터맨(J. C. Masterman)은 1972년에 제2차 세계대전 당시 영국의 첩보활동을 다룬 「더블크로스시스템(Double Cross System)」을 저술했고, 윈터보담(F. C. Winterbotham)은 1974년 「울트라 공작의 비밀(The Ultra Secref)」을 출간하였다.

생각넓히기 | **1970년대까지 국가정보학 교육현황**

1970년대까지 미국의 대학에서 국가정보 관련 교과목이 개설된 곳은 극소수에 불과하였으나 1970년대 중반 베트남전쟁과 워터게이트 사건 등으로 정보기관의 활동에 대한 일반인들의 관심이 높아지고 학계의 정보관련 연구가 활발해지게 됨에 따라 대폭 증가하게 되었다.

6 1980년대

① 1980년대 동안 영미 학계를 중심으로 국가정보학 분야의 연구가 꾸준한 진전을 보였다. 영국에서는 앤드류(Christopher Andrew)가 이 분야 연구에서 가히 독보적이라고 불릴 만큼 많은 논문과 저서를 발표했다. 특히 1985년 발간된 「Her Majesty's Secret Service」는 MI5와 MI6를 중심으로 1980년에 이르기까지 영국 정보기관의 기원, 형성, 발전과정을 상세하게 기술하고 있어 국가정보분야의 연구자들에게 매우 유용한 정보와 자료들을 제공해주었다.

② 이 시기 세계 각국 정보기관의 조직과 활동 양상 그리고 이를 비교하는 연구들이 갓슨(Roy Godson), 웨스트(Nigel West), 리첼슨(Jeffrey T. Richelson), 보즈맨(Adda B. Bozeman) 등 여러 학자들에 의해 수행되었다. 이들 연구는 한 국가에 대한 사례를 중심으로 한 기존의 연구방식에서 벗어나 세계 각국의 정보기관들에 대해 포괄적으로 비교해 보고자 시도했다는 점에서 의미 있는 연구로 인정되지만 대체로 비교연구의 기준이나 방법이 다소 미흡한 것으로 평가된다.

③ 이 밖에도 리첼슨의 「The U.S. Intelligence Community」, 존슨(Loch K. Johnson)의 「America's Secret Power」, 제프리 존스(Rhodri Jeffreys-Jones)의 「The CIA and American Democracy」 등은 CIA를 비롯하여 미국 정보공동체의 형성과 발전에 대해서 상세히 기술하고 있어 미국 정보공동체를 연구하는 데 유용한 자료로 활용되고 있다.

④ 또한 리첼슨과 밸(Desmond Ball)이 공동으로 저술한 「The Ties That Bind: Intelligence Cooperation Between the UKUSA Countries」는 제2차 세계대전부터 1980년대에 이르기까지 미국과 영국의 신호정보분야와 관련한 정보협력 실태를 기술한 내용으로써 국가 간 정보협력을 연구하는 학자에게 많은 참고가 될 수 있을 것이다.

생각넓히기 | **1980년대**

1980년대에 발간된 주요 저서로는 CIA부장을 역임한 터너(Stansfield Turner)의 자서전 「비밀과 민주주의(Secret and Democracy, 1985)」, 버코위즈와 굿맨(Bruce D. Berkowitz and Allan E. Goodman)의 「미국 국가안보를 위한 전략정보(Stategic Intelligence for American National Security, 1989)」 등이 있다. 1980년대 영국에서는 역사학자인 앤드류(Christopher Andrew)가 이 분야 연구를 주도했으며, 그는 1986년 국가정보에 관한 학술지 「정보와 국가안보(Intelligence and National Security)」를 창간하였다. 1970년대에서 1980년대에는 미국에서 국가정보관련 연구가 폭발적으로 증가했다. 특히 1980년대에는 1970년대에 대폭 공개된 정보기관 관련 문서를 토대로 학술적 연구가 활발하게 이루어짐으로써 국가정보관련 연구가 점차 하나의 학문적 영역으로 정착되기 시작했다고 볼 수 있다.

Ⅱ 탈냉전기

1 의의

① 냉전이 종식되고 나서 CIA는 냉전시대 동안 비밀로 분류하여 일반에게 공개하지 않았던 상당한 양의 자료들을 일반에게 과감하게 공개하였다.

② 대부분 냉전이 한창 심화되었던 당시의 정보활동이 어떻게 전개되었는지를 연구하는 데 참고가 될 수 있는 내용들이 담겨 있는 귀중한 자료들이다.

③ 정보활동 관련 자료들이 풍부하게 공개되면서 학계의 연구가 보다 활성화되었다. 특히 영미 학계를 중심으로 국가정보학 연구의 필요성과 중요성이 부각되었고, 이 분야에 대한 연구가 활성화되면서 많은 이론서들이 출간되었다.

④ 1980년대 말부터 현재에 이르기까지 버코위즈(Bruce D. Berkowitz)와 굿맨(Allan E. Goodman), 슐스키(Abram Shulsky), 홀트(Pat M. Holt), 허만(Michael Herman), 로웬탈(Mark M. Lowenthal) 등 영미 학자들이 교과서 형태의 저술을 발표함으로써 국가정보학이 학문적인 수준으로 발전하는 데 상당한 정도로 기여했던 것으로 평가된다.

2 1980년대

(1) 버코위즈와 굿맨

버코위즈와 굿맨의 「Strategic Intelligence for American National Security」는 정치학적 체계이론을 활용하여 수집, 분석, 정보 활용 등의 과정을 분석한 내용으로서 방법론적으로 매우 정교하다는 평가를 받았다.

(2) 슐스키

슐스키가 저술한 「Silent Warfare」는 정보학의 개념, 정보활동 그리고 정보조직의 운영 등 국가정보 전반에 걸쳐서 풍부한 사례와 함께 매우 체계적으로 정리되었으며, 오랫동안 미국 대학에서 국가정보학 교과서로 가장 많이 활용되고 있는 것으로 알려져 있다.

(3) 홀트

홀트의 「Secret Intelligence and Public Policy」는 미국 정보기관의 조직과 정보활동에 대해서 이해하기 쉽게 써진 교과서 형태의 저술이며, 정보활동에 대한 의회의 감독 기능에 관한 부분이 특히 잘 정리되었다.

(4) 허만

허만의 「Intelligence Power in Peace and war」는 국가정보학 연구의 수준을 한 단계 발전시켰다는 평가를 받을 정도로 수집, 분석 등 정보활동은 물론 정보기관의 조직구조와 문화적 특성들에 대해 매우 논리적이고 심층적인 분석을 제공하고 있다.

(5) 로웬탈

① 로웬탈의 「Intelligence: From Secrets to Policy」는 정보활동에 대해서 독자들이 이해하기 쉽도록 써진 책으로써 미국에서 오랫동안 국가정보학 분야 교과서로서 최고의 베스트셀러였으며 일반 대학 학부생들을 위한 교재로 많이 활용되고 있다.

② 2000년 이후에도 기존에 발간된 저서의 일부 내용을 수정 · 보완한 개정판 또는 새로운 이론서들이 꾸준히 출간되어 정보의 개념, 정보활동, 정보조직의 구조 및 운영실태 등 광범위한 주제들에 대한 학계의 논의가 지속되고 있다.

3 1990년대 이후

(1) 의의

1990년대 이후 정보활동을 이론적으로 체계화하기 위한 시도가 활발하게 전개되는 한편 기존의 전통적인 연구방법으로서 회고록 형태의 저술이나 역사적 · 문헌적 연구도 꾸준히 지속되었다. 미국 정보활동의 기원과 발전과정을 역사적인 접근방법에 기초하여 저술한 연구로서 오툴(George J. A. O'Toole), 리첼슨(Jeffrey T. Richelson), 앤드류(Christopher Andrew), 노트(Stephen F. Knott) 등의 저서들을 들 수 있다.

(2) 오툴

오툴의 저서는 미국 독립전쟁부터 1962년에 이르기까지 미국 정보공동체가 형성되고 발전해온 과정을 역사적인 접근방법으로 기술하고 있어 건국 초기 정보활동에 관한 연구에 참고가 될 수 있다.

(3) 리첼슨

리첼슨은 20세기 동안에 전개되었던 수많은 종류의 인간정보와 기술정보 활동에 대해서 백과사전식으로 소개하였으며, 그러한 스파이활동이 정치, 외교, 역사에 어떤 영향을 미쳤는지에 대한 분석을 제공하고 있다.

(4) 앤드류

① 앤드류의 저서 「For the President's Eyes Only」는 미국 건국 초기 워싱턴 대통령에서부터 부시 대통령에 이르기까지 대통령들이 정치, 외교, 군사 등의 정책결정에서 정보기관을 어떻게 활용해 왔는가에 대해 매우 심층적인 분석을 제공하고 있어 정치지도자와 정보기관 간의 관계를 연구하는 데 유용한 참고자료가 될 수 있을 것이다.

② 이 책에 따르면 CIA가 '광포한 코끼리(Rogue Elephant)'라는 별명이 무색할 정도로 대통령의 지시에 충실했던 것으로 나타난다.

(5) 노트

노트는 그의 저서에서 1776년부터 1882년까지 100여 년 동안 미국 대통령들이 외교정책에 비밀공작을 어떻게 활용해 왔는가를 중점적으로 분석하였다. 이 책에서 저자는 미국 정보기관의 비밀공작활동이 건국 초기부터 활용되었다는 주장을 제시하고 있는 바, 비밀공작이 냉전시대에 창안되었다는 기존의 주장과 상반되는 점이 주목된다.

(6) 오웬(David Owen)

비교적 최근에 발간된 자료로서 오웬(David Owen)의 저서, 「Hidden Secrets」는 고대로부터 현재에 이르기까지 첩보활동의 역사를 일목요연하게 조명하면서 첩보활동에 활용되는 각종 수단과 기법들을 자세히 소개하고 있어 첩보사 관련 연구에 유용하게 활용될 수 있을 것이다.

(7) 키간(John Keegan)

① 키간(John Keegan)의 「Intelligence in War: Knowledge of the Enemy from Napoleon to al-Qaeda」는 정보가 전쟁에서 수행하는 역할에 초점을 두고 나폴레옹 전쟁에서부터 현재에 이르기까지 역사적으로 알려진 중요한 전투 사례들에 대한 분석을 제공하고 있다.

② 그가 내린 중요한 결론 중의 하나는 정보가 전쟁에서 승리하는 데 중요한 역할을 수행하기는 하지만 결정적인 요인은 아니라는 것이다. 그는 전투에서 승리하는 결정적인 요인은 잔혹성과 운이라고 보았다. 예를 들어 미드웨이 해전에서 미국이 승리한 것은 정보의 역할 때문이 아니고 운이 좋았기 때문이라고 분석했는데 이는 필자의 주관적인 판단이 다소 개입된 것으로서 수긍하기 어렵다.

(8) 냉전시대 전개되었던 첩보활동, 비밀공작, 위기상황, 전쟁 등에 관한 사례연구

① 사실 1990년대 냉전시대의 정보활동 관련 자료들이 공개되면서 가장 활발하게 수행된 연구분야는 냉전시대 전개되었던 첩보활동, 비밀공작, 위기상황, 전쟁 등 역사적 사건에 관한 사례연구들이다.

② 냉전시대 동안에 전개된 정보기관의 비밀첩보활동에 대한 대표적인 연구자료로서 CIA에서 발간된 벤슨(Robert Louis Benson)의 「VENONA」를 들 수 있다. 벤슨의 「VENONA」는 영국과 미국이 1939~1948년의 기간 동안 약 3,000여 개의 소련의 신호정보 또는 암호전문을 성공적으로 감청하고(나중에 이를 코드명 VENONA라고 명명했다) 이를 해독하는 내용으로 구성되어 있는데 당시 암호로 쓰인 소련의 전문을 해독했다는 사실은 미소관계는 물론 미국 정치사에 중요한 의미를 가지는 것으로 평가된다.

③ 이 밖에 스트리(Donale P. Steury)의 저서, 「Intentions and Capabilities」는 냉전 당시 CIA가 소련의 전략무기체계의 능력과 의도에 대해서 어떻게 판단했는지를 알 수 있는 매우 가치 있는 자료로 인정된다.

④ 한편 1954년 과테말라 정치공작, 1953년 이란 팔레비 정권 옹립 공작, 1961년 피그만 침공사건, 1973년의 칠레 아옌데 정권 전복공작, 1986년 이란-콘트라 사건 등 1950년대 이후 CIA 주도로 수행된 비밀공작의 배경, 진행경과 그리고 정치적 의미 등을 분석하는 내용의 논문 및 저서들이 많이 발표되었다.

⑤ 이 밖에 1950년의 한국전쟁, 1960년의 베트남 전쟁, 1956년 수에즈 운하 위기, 1962년의 쿠바 미사일 위기, 1968년의 푸에블로 납치사건, 1980년 이란 인질사건, 1983년의 대한항공 폭파사건 등 전쟁이나 위기상황에서 정보기관의 활동을 다룬 연구들도 많이 발표되었다.

(9) 회고록

한편 학술적인 가치는 다소 부족하지만 회고록 형태의 저술은 정보기관의 조직문화와 운영 실태 그리고 정보활동의 실상을 연구하는 데 유용한 참고 자료가 될 수 있다.

(10) 정보기관과 정보활동 관련 용어사전, 백과사전, 연감 등

① 1990년대 들어서서 정보기관과 정보활동 관련 용어사전, 백과사전, 연감 등도 많이 출판되었다. 용어사전들은 학자들 간에 정보관련 용어들의 개념적 혼란을 해소하는 데 중요한 역할을 수행했다. 국가정보 관련 용어는 물론 첩보사에 알려진 유명한 스파이들, 첩보활동 관련사건, 첩보활동 기법 등 정보기관이나 활동에 관한 모든 내용을 수록하고 있는 백과사전도 많이 편찬되었다.

② 이러한 것들 중에서 일부는 저자의 주관적 해석 또는 자료의 신뢰성이 떨어지는 것으로 지적되는 반면 멜톤(Keith H. Melton)의 「The Ultimate Spy Book」, 오툴의 「The Encyclopedia of American Intelligence and Espionage」, 포머와 엘렌(Norman Polmar and Thomas B. Allen)의 「Spy Book: The Encyclopedia of Espionage」등은 자료의 신뢰성은 물론 체계적인 구성과 풍부한 내용을 갖추고 있어 이 분야 연구에 유용한 자료로 활용되고 있다.

③ 이 밖에 영국 정보기관의 기원과 발전에 대해서 체계적으로 정리한 웨스트(Nigel West)의 「Historical Dictionary of British Intelligence」 그리고 세계 60여국 정보기관들의 조직 구조, 인원, 활동 양상 등을 체계적으로 요약 정리한 헨더슨(Robert D. A. Henderson)의 「Brassey's International Intelligence Yearbook」도 국가정보학 연구를 위한 참고자료로 많이 활용되고 있다.

생각넓히기 | 1990년대

1990년대는 냉전이 종식되어 국가정보의 중요성에 대한 인식이 약화되었으나 냉전시기 비밀로 분류하여 일반에게 공개하지 않았던 자료들이 대폭 공개되면서 국가 정보에 대한 연구가 활성화되고 다양화된 시기라고 볼 수 있다. 이 시기에 영 · 미 학계를 중심으로 국가정보학 연구가 활성화되면서 많은 이론서들이 출간되었다. 이 시기에 출판된 대표적 서적으로는 슐스키(Abraham Shulsky)의 「소리없는 전쟁(Silent Warfare, 1993)」, 홀트(Pat M. Holt)의 「비밀정보와 공공정책(Secret Intelligence and Public Policy: A Dilemma of Democracy, 1996)」, 로웬탈(Mark Lowenthal)의 「국가정보: 비밀에서 정책까지(Intelligence: From Secret to

Policy, 2000)」 등이 있다. 이 시기에는 정보개혁 문제가 이슈화되어 학계의 연구도 정보기관의 규모와 역할에 관한 문제를 다루었으며, 동시에 냉전종식 이후 새로운 안보위협으로 등장한 테러, 대량살상무기의 확산, 산업스파이, 조직범죄 등에 대해서도 연구하는 등 연구의 내용이 훨씬 다양화되었다. 또한 이 시기 냉전시대의 정보활동 관련 자료들이 공개되면서 냉전시대 전개되었던 첩보활동, 비밀공작, 전쟁 지원 등 역사적 사건에 관한 사례가 활발하게 연구되었다. 한편, 이 시기에 영국에서도 정보연구가 활발해지기 시작했다. 그간 영국에서는 정보업무에 대한 논의는 금기시되어 왔으나, 1994년 정보관련 법률이 제정되면서 정보기관의 존재가 공개되어 정보연구에 대한 인식도 바뀌게 되었고, 정보연구에 대한 관심도 증가되었다. 그 결과 영국에서는 처음으로 정보기관의 업무를 종합적으로 소개한 책자인 허만(Michael Herman)의 「평화와 전쟁시기의 정보력(Intelligence Power in Peace and War, 1996)」이 발간되었다. 한편 1980년대 말 및 1990년대 초 캐나다에서도 정보연구가 활발해지기 시작하였다.

Ⅲ 정보기관의 조직구조 및 운영체계에 관한 연구

① 토마스가 제시했던 구조적 접근방법은 정보기관의 조직구조 및 운영체계에 관한 연구를 의미한다. 구조적 접근방법으로 분류되는 연구는 문헌적 · 역사적 접근방법이나 기능적 접근방법의 연구에 비해 그다지 활발하게 수행되지 못했던 것으로 나타난다.

② 정보기관 조직의 내부 구조 또는 운영 실태는 극도의 보안을 유지하고 있기 때문에 자료의 접근성이 거의 불가능하다. 전직 정보요원들의 회고록에서도 이에 대해서는 거의 언급하지 않는 경향이다. 따라서 이에 대한 학자들의 연구가 쉽지 않았을 것으로 판단된다.

③ 물론 미국의 경우 비교적 정보자료들을 많이 공개하고 있어 CIA나 미국 정보공동체의 조직구조나 운영에 대해서 많은 논문 및 저서들이 나와 있다. 미국 정보기관 외에 일부 소수의 학자들이 영국, 소련, 이스라엘 정보기관에 대한 연구를 수행했다.

④ 그러나 그 외 국가들의 정보기관의 조직구조 및 운영 실태, 정보활동 등에 관한 연구는 손꼽을 정도로 많지 않다. 이러한 상황에서 세계 각국 정보기관의 조직구조와 운영체계를 비교하는 연구도 거의 수행되지 않고 있다. 불과 몇 편 안되는 비교연구 유형의 저술 중에서 갓슨이 편 · 저술한 「Comparing Foreign Intelligence: The U.S., the USSR, the U.K. & the Third Worlds」에는 영국, 미국, 독일, 오스트레일리아 등 주요 국가들의 국가정보 분석체계를 소개 및 비교하는 내용이 수록되어 있다.

⑤ 그러나 비교연구라는 제목에도 불구하고 비교의 기준조차 제대로 제시되지 않았으며, 단순히 국가별 국가정보 분석체계를 소개하는 내용에 불과하다. 따라서 갓슨의 저술도 엄밀한 의미에서 비교연구로 인정되지 않는다.

Ⅳ 정보실패에 관한 연구

1 의의

① 정보실패에 관한 연구도 꾸준히 수행되었다. 정보실패란 "국가이익이나 안보에 치명적인 영향을 끼칠 수 있는 현상을 제대로 예측하거나 판단하지 못함으로써 국가적으로 상당한 손실이 발생하게 되는 상황을 의미하는 것"이라고 할 수 있다.

② 역사적으로 수많은 정보실패들이 있었으며, 그 사례로서 1941년의 진주만 기습, 1950년의 한국 전쟁, 1982년 아르헨티나의 포클랜드(Falklands) 침공, 1990년 이라크의 쿠웨이트 침공 등과 같이 정보기관이 적의 기습을 사전에 예측하지 못한 것을 들 수 있다.

③ 또한 1973~1974년 동안 OPEC가 석유를 무기화할 것에 대해 예측하지 못한 것, 1978~1979년 이란에서 샤(Shah) 정권의 몰락을 예측하지 못한 것, 소련의 전략적 능력에 대한 왜곡된 판단 등 대상국의 정치 · 군사적인 동향이나 의도, 능력을 오판하는 것도 정보실패에 속한다. 이러한 정보실패에 대한 학계의 연구는 대부분 문헌적 · 역사적 접근방법에 기초하여 수행되었다.

④ 그런데 일부 학자들의 연구는 정보실패에 관한 일종의 이론적 분석틀을 구축하고 실패하게 된 원인을 규명하려는 시도를 보이기도 한다. 이 경우 첩보수집 단계에서부터 분석, 배포, 정책결정권자와의 관계 등 정보활동의 기능적 측면을 분석하는 데 초점을 둔 연구라는 관점에서 토마스가 제시한 '기능적 접근방법'으로 분류될 수 있다.

⑤ 정보실패에 관한 대부분의 연구는 역사적 사례 중심의 문헌적 · 역사적 접근방법에 기초하여 수행되었고, 개념화나 이론 구축에 중점을 두는 '기능적 접근방법'으로 인정될 수 있는 연구물은 많지 않은 것으로 나타난다.

2 기능적 접근방법'에 기초한 정보실패의 원인과 결과에 대한 연구

① 그런데 1990년대 이후 '기능적 접근방법'에 기초하여 정보실패의 원인과 결과에 대한 이론적 틀을 구축하려는 연구가 나오기 시작했다.

② 대표적인 연구물로서 코드빌라의 「Informing Statecraft」와 맥카시의 「The Function of Intelligence in Crisis Management」를 들 수 있다.

③ 특히 맥카시는 정보생산자와 사용자 간의 관계에 관한 분석틀을 구축하고, 이를 세 가지 위기상황(국제테러사건)에 적용하여 정책결정과정에서 국가정보가 어떤 역할을 수행했는지를 검토하였다. 맥카시는 정보사용자와 생산자 간에 대화와 접촉의 부재, 관료주의적 병폐, 정보의 정치화 등 여러 가지 요인으로 인해 위기 상황에 적절히 대처하지 못하거나 또는 정보실패를 야기하는 것으로 결론지었다.

3 정보기관 개혁에 대한 주장

(1) 의의

정보실패가 발생할 때마다 정보기관을 개혁해야 한다는 주장이 제기되어 왔다. 특히 냉전이 종식된 이후 미국 의회에서 미국의 정보기관들이 변화된 환경에 제대로 적응하지 못하고 있다는 지적과 함께 미국 정보공동체에 대한 다양한 개혁 방안들이 제시되었다.

(2) 2001년 9/11 테러 사건 이전 미국 내 학계

① 미국 내 학계에서도 2001년 9/11 테러 사건 이전부터 미국 정보공동체의 개혁방안에 대해서 다양한 견해들을 제시하였다. 예를 들어 아이젠드레드(Crag Eisendrath)가 편 · 저술한 「National Insecurity」에서는 10명의 전문가들이 인간정보활동, 기술정보수집, 비밀공작, 조직운영 방식, 정보기관에 대한 감독활동 등 미국 정보공동체의 제반 문제점과 이를 개선하기 위한 방안을 논의하는 내용이 수록되어 있다.

② 존슨(Loch K. Johnson)은 미국 정보공동체의 문제점들을 분석하고 개선책을 제시하는 가운데 결론적으로 기술정보활동보다는 인간정보활동에 중점을 두어야 할 필요성을 강조하였다.

③ 이와는 상반되게 오담(William E. Odom)은 인간정보활동을 지나치게 강조하고 기술정보를 적절히 활용하지 못하는 것이 정보실패의 중요한 요인이 되고 있음을 지적하였다.

(3) 2001년 9/11 테러사건 이후 미 의회의 보고서

① 2001년 9/11 테러사건이 발생함에 따라 미 의회를 중심으로 미국 정보공동체의 문제점과 개혁방향을 제시하는 내용의 보고서가 발표되었다. 2001년 9/11 이후 미 의회 상 · 하원 합동조사위원회가 구성되었으며, 수년간의 방대한 자료수집 및 조사를 거쳐 최종 결과보고서 형태로 '상하원 합동조사위원회 보고서(The National Commission on Terrorist Attacks Upon the United States, 이하 9/11 Report)'가 발표되었다.

② 그리고 '미국 정보공동체의 대량살상무기에 관한 정보 능력 평가위원회(The Commission on the Intelligence Capabilities of the United States Regarding Weapons of Mass Destruction, 이하 WMD Commission)'에서 2005년 3월 31일 최종 결과보고서를 발표하였다. 2개의 보고서는 각각 미국 정보공동체의 조직, 운영체계, 예산 등에 대해 상세히 소개하고, 향후 미국 정보공동체의 개혁의 방향에 대해 심도 있게 논의하고 있어 이 분야 연구에 필요한 귀중한 참고자료가 될 수 있다.

(4) 2001년 9/11 테러사건 이후 학계

① 또한 2001년 9/11 테러사건과 함께 정보실패에 관한 학계의 관심이 증폭되었고, 이에 대해 전직 정보요원, 신문기자, 정치가, 정치학자, 역사학자 등 많은 사람들이 9/11 테러와 관련하여 정보기관의 문제점과 정보활동 실태를 비판하는 내용의 저술들을 발표하였다. 예를 들어 거츠(Gertz)는 그의 저서에서 9/11 테러 발생을 막지 못한 정보기관들(DIA, CIA, FBI 등)의 문제점들을 적나라하게 비판하는 내용을 담고 있다.

② 또한 터너(Turner)는 전직 CIA 요원으로서 자신의 경험을 토대로 정보실패의 원인을 분석하고, 정보실패의 주요 요인을 수집, 분석 등 정보가 순환되는 단계별 과정에 초점을 두어 설명하였다.

③ 제가트(Amy B. Zegart)는 조직이론에 기초하여 미국 정보공동체의 실패 요인을 미국 정보기관들이 변화된 환경에 신속하게 적응하지 못한 데서 비롯된 것으로 결론을 맺고 있다.

④ 테일러와 골드먼(Stan A. Taylor and David Goldman)은 미국의 정보공동체가 거듭된 정보실패에도 불구하고 인원과 예산만 증액하고 정작 효율성 개선을 위한 노력을 기울이지 않음으로써 2001년의 9/11 테러 사태를 막는 데 실패했다고 주장했다.

생각넓히기 | 2000년대 이후

2000년대 초부터 9/11 테러와 이라크 대량살상무기에 대한 정보조작 문제가 중요한 정치적 쟁점으로 부각되면서 특히 정보실패 문제가 중요한 학문적 이슈로 대두되기 시작했다. 이 시기에 출판된 정보실패 관련 주요 저술로는 터너(Michael Turner)의 「정보실패의 원인(Why Secret Intelligence Fails, 2005)」이 있다. 한편 이 시기는 정보화라는 변화된 정보환경에 부응하여 정보기관의 개혁 필요성을 제기하는 논의도 활발히 전개되었다. 스틸(Robert Steele)은 「국가정보: 개방사회에서의 첩보원과 비밀성(On Intelligence: Spies and Secrecy in an Open World, 2000)」에서 정보화시대에 공개정보의 중요성을 강조하였고, 버코위즈와 굿맨(Bmce Berkowitz and Allen Goodman)은 그의 저서 「최고의 진실(Truth: Intelligence in the Information Age, 2000)」에서 정보기구를 기존의 비효율적이고 경직된 수직 · 계층적 조직구조를 탈피하여 보다 융통성 있게 변화를 수용하는 수평적 · 네트워크 형태의 조직 구조로 변화할 것을 제안하였다. 이 시기는 국가정보관련 연구가 더욱 세분화, 전문화되는 경향을 보이고 있다. 비밀공작 문제를 다룬 도거티(William Daugherty)의 「극비활동(Executive Secrets, 2004)」, 정보분석 기법에 관한 클라크(Robert Clark)의 「정보분석: 목표중심 접근방법(Intelligence Analysis: A Target-Centric Approach, 2004)」, 정보활동의 윤리문제를 다룬 골드만(Jan Goldman)의 「첩보의 윤리(Ethics of spying)」 등이 대표적 저술이다. 이 시기에 영국에서도 지하철 테러, 이라크 대량살상무기 관련 정보의 조작 등을 계기로 정보의 중요성에 대한 관심이 높아졌으며 영국정부도 정보업무의 원활한 수행을 위해서는 국민의 지지가 중요하다는 것을 인식하기 시작했다. 이러한 인식변화를 계기로 정보공개 문제에 소극적이던 영국정부와 정보기관들은 정보공개에 적극적인 자세를 보이게 되었다.

V 정보화시대 정보기관의 개혁 필요성을 제기하는 학계의 논의

1 의의

① 정보화시대의 변화된 정보환경에 부응하여 정보기관의 조직구조와 활동방향의 전면적인 개혁 필요성을 제기하는 학계의 논의도 활발히 전개되었다.

② 스틸(Robert David Steele)은 정보화시대에 들어서서 공개정보활동의 중요성을 강조하면서 비밀정보 활동보다는 공개정보 활용을 통해 정보활동의 효율성을 제고하고 정보활동 비용을 획기적으로 절감할 수 있다고 주장하였다. 그는 미국 정보공동체가 공개정보활동에 중점을 두는 방향으로 개혁하게 되면 연간 116억 달러의 경비를 절감할 수 있다고 강조하였다.

2 버코위즈와 굿맨

① 유사한 관점에서 버코위즈와 굿맨은 「Best Truths」에서 정보화시대의 도래와 함께 기존의 정보활동 기법으로는 정보소비자의 수요를 충족시킬 수 없다고 지적하고, 변화된 정보환경에 부응토록 미 정보공동체의 첩보수집, 분석기법, 비밀공작 등 정보활동 전반에 걸쳐 새로운 패러다임으로 전환될 필요성을 제기하였다.

② 그리고 기존의 비효율적이고 경직된 수직 · 계층적 조직구조를 탈피하여 보다 융통성 있게 변화를 수용하는 수평적 · 네트워크 형태의 조직구조로 변화될 것을 제안하였다.

③ 또한 공개정보의 활용 비중이 증가하는 현실을 감안 정보수집이나 분석업무에 민간 업체의 참여를 적극 유도하고 민간 업체의 경영기법을 적용하는 등 획기적인 방안도 제시하였다.

④ 버코위즈와 굿맨이 제시하는 대안들 중의 일부는 비밀성을 생명으로 하는 정보기관의 특성을 감안하지 않아 현실적으로 실행이 어려운 점이 있지만, 관료주의적 타성에 젖어 개혁을 거부하는 미 정보공동체의 만연된 비효율성을 개선하기 위한 의미 있는 시도라고 볼 수 있다.

Ⅵ 정보활동의 불법성과 윤리성에 관한 문제

1 의의

① 정보활동의 불법성과 윤리성에 관한 문제는 1970년대 워터게이트 사건과 CIA 비밀공작의 불법성과 비윤리성에 대한 논란이 제기되면서 학계에서 지속적인 관심을 보여 왔다.

② 정보활동의 윤리성에 관해 논의한 최초의 학술 논문은 갓프레이(E. Drexel Godfrey, Jr.)가 1978년 「Foreign Affairs」에 게재한 "Ethics and Intelligence"로 알려져 있다.

③ 이후 한동안 이 분야에 대한 학계의 관심이 미흡하여 그다지 많은 연구가 이루어지지 않았던 것으로 보인다. 2000년대 이후 정보활동의 윤리성에 관해 몇 권의 단행본이 출간되어 이 분야에 대한 학계의 논의가 보다 본격적이고 체계적으로 이루어지기 시작했다.

2 거디스(Louise I. Gerdes)

① 거디스(Louise I. Gerdes) 편저, 「Espionage and Intelligence Gathering」은 첩보수집 활동의 윤리적 정당성, 기본권(civil liberty)과의 관계, 법적인 개선 필요성 등에 대해 찬성하는 학자와 반대하는 학자 등 2개의 그룹으로 대비하여 각각의 주장들을 소개하고 있다.

② 거디스의 저술은 주로 첩보수집활동에 제한하여 윤리성 문제를 다루고 있는 반면, 골드만(Jan Goldman) 편저, 「Ethics of Spying: A Reader for the Intelligence Professional」은 첩보수집은 물론 정보분석, 방첩 그리고 비밀공작에 이르기까지 모든 영역에 걸쳐 정보활동의 윤리성 문제를 포괄적으로 다루고 있어 이 분야를 연구하는 데 필요한 기본서로서 매우 유용하게 활용될 수 있다.

③ 이 밖에 '세계정보윤리학회(International Intelligence Ethics Association)'의 홈페이지에 들어가 보면 정보활동의 윤리성 문제를 다루고 있는 다수의 학술논문과 저서들을 접할 수 있다.

3 미 의회의 특별위원회

① 1970년대 중반 미국 국내 언론에 CIA와 FBI 정보활동의 불법과 비윤리성에 대해 집중적으로 보도되면서 미 의회에서는 몇 개의 특별위원회가 설립되어 CIA 정보활동의 윤리성, 불법성 그리고 감독 및 통제 활동에 대한 대안을 마련하고자 노력하였다.

② 이와 함께 학계에서도 이러한 주제에 대한 논의가 시작되었으며, 주로 영·미 학계에서 이 분야에 대한 연구가 보다 본격적으로 전개되었다.

4 리피버(Ernest W. Lefever)와 갓슨(Roy Godson)

① CIA를 중심으로 미국 정보공동체의 비윤리성과 불법성에 대한 최초의 체계적인 연구는 아마도 1979년에 리피버(Ernest W. Lefever)와 갓슨(Roy Godson)이 공동 저자로 발간한 「The CIA and the American Ethic: An Unfinished Debate」에서 찾아볼 수 있다. 저자들은 정보활동의 윤리성에 대해서 소개하고, CIA 등 정보기관을 감독하기 위한 의회, 언론, 압력단체의 역할에 대해서 논의하였다.

② 이후 이 분야의 연구를 체계적으로 종합 · 정리한 저술로서 1991년에 출판된 해스테드(Glenn Hastedt)의 편저, 「Controlling Intelligence」가 있다.

③ 오늘날 정보기관에 대한 민주적 통제와 감독에 대해서는 1980년대 말 이후 출간된 대부분의 국가정보학 교과서에 한 개의 장으로 수록될 정도로 중요한 이슈가 되었다.

Ⅶ 국가정보학의 학문적 위상과 한계

1 의의

① 앞 절에서 언급했듯이 국가정보학은 주로 영미 학자들을 중심으로 연구되어 왔다. 영국에서 정보학 연구는 국제관계사를 연구하는 역사학자들을 중심으로 이루어졌다. 이들은 주로 정부의 기록물들을 분석하는 문헌적 접근방법을 활용하였으며, 공통의 접근방법을 활용하는 영미 역사학자들 간에 학문적 교류가 활발하게 이루어졌다.

② 미국에서는 역사학자들뿐만 아니라 국제정치학을 전공하는 정치학자들이 관심을 갖고 활발하게 연구를 수행했다. 이들은 정보의 개념과 특성에 대해서 이론화 작업을 수행했을 뿐만 아니라 정책결정과정에서 정보의 역할에 대해서 많은 연구를 진행했다. 그러나 아쉽게도 영미 정치학계에서 국가정보학 연구는 주로 정책결정을 연구하는 학자들 간에 제한적으로 이루어졌다.

③ 사실 국가정보학은 국제관계 연구에서 거의 주목을 받지 못했으며, 현실주의자, 자유주의적 제도주의자, 구성주의자 그리고 탈근대주의(postmodernism) 이론가들 등 국제관계학의 주류 논쟁에서 제외되었다.

④ 요컨대 국가정보학은 1990년대에 들어서서 학계에서 일종의 학문공동체(intellectual community)를 구성할 정도로 발전했던 것으로 인정되지만, 그렇다고 국제관계 연구의 주류에 합류될 수준으로까지 성장하지는 못했던 것으로 평가된다. 더욱이 국가정보학은 영미 학계를 제외하고 여타 국가에서는 학계의 관심이나 연구가 거의 없는 실정이다. 이처럼 영미 학계에 편중된 연구가 지속될 경우 영미 학계중심의 사고 또는 패러다임만을 고집하는 학문적 편협성이 심화될 위험성이 있다.

2 '학제 간 연구(interdisciplinary research)'의 필요성

(1) 의의

일반적으로 국가정보는 국제관계학과 밀접하게 관련되는 것으로 여겨지지만 정치학, 행정학, 정책학, 역사학, 외교사, 전쟁사, 군사학, 전략론, 협상론 등 다양한 학문 분야들과 연계를 가진다.

(2) 행정학, 정책학, 정치학

우선 정보기관은 행정부처에 소속된 조직이므로 행정학의 연구 대상이 될 수 있으며, 정보는 정부의 정책결정과정의 중요한 요소로서 참여하면서 때로 권위주의 독재정권에서처럼 정치권력의 핵심적인 수단으로 활용될 수 있다는 관점에서 정책학 또는 정치학 분야에서도 중요하게 다루어질 수 있다.

(3) 역사학, 국제정치학

① 또한 정보활동은 국가 간에 전개되는 전쟁, 외교, 협상 등에 중요한 영향을 미칠 수 있다. 예를 들어 제1차 세계대전 당시 '짐머만의 전보', 제2차 세계대전 당시 영국 신호정보국에서 수행했던 '울트라 계획(Ultra Project)'의 사례에서 드러났던 것처럼 정보활동은 전쟁의 승패에 결정적인 영향을 미쳤다.

생각넓히기 | 짐머만 통신감청 사건

1. 짐머만 전신 · 전보(Zimmermann Telegram) 사건은 신호정보 활동의 대표적인 사례의 하나이다. 그것은 영국 당국이 독일군의 신호정보를 획득하여 미국에 건네준 사건으로, 짐머만의 전신 · 전보(Zimmermann Telegram)를 대상으로 한 통신정보 감청사건이었다. 이 사건은 궁극적으로 미국이 제1차 세계대전에 참가하게 된 계기가 되었다. 짐머만 전신은 독일제국 외무부가 제1차 세계대전이 최고조에 달한 1917년 1월 16일 멕시코 주재 독일 대사관에 전송한 암호 전신문(coded-telegram)이었다. 당시 독일제국 외무상이 짐머만(Arthur Zimmermann, 1864～1940) 이었다.
2. 영국 정보당국이 획득한 전신 내용의 요지는 독일 외무상 짐머만이 멕시코 주재 독일 대사에게 지시한 것으로, 멕시코 당국과 접촉해 멕시코와 군사동맹을 체결하라는 내용이었다. 이를 감청하여 해독한 영국당국은 그 내용을 미국에 건네주었다. 영국이 해독한 전신 내용은 멕시코가 미국 남서부 지역을 공격해 주면 독일제국이 즉각 지원하겠다는 제안 내용을 담고 있었다. 미국 본토에서 멕시코가 독일을 대리하여 후방전쟁을 일으키게 해, 미국이 제1차 세계 대전에 뛰어드는 것을 막고 미국을 국내 전쟁에 잡아두겠다는 전략이었다. 또한 짐머만 전신은 필요시 일본도 미국 내의 가상전쟁에 멕시코의 동맹국으로 개입할 것이라는 암시를 담고 있었다. 독일은 멕시코가 협조해 주는 대가로, 멕시코-미국 전쟁 (Mexican-American war) 때 멕시코가 미국에 빼앗긴 텍사스 주, 뉴멕시코, 애리조나, 캘리포니아, 네바다, 유타, 콜로라도 주 일부를 되찾아 주고 복구를 위한 재정적 지원을 할 것을 약속했다.
3. 장군 출신인 멕시코 대통령 카랜자(Carranza)는 멕시코 주재 독일 대사로부터 전신 내용을 접수하고 독일의 제안 내용을 면밀히 검토했다. 그러나 그 제안은 궁극적으로 불가능하다고 결론지었다. 카랜자 대통령은 멕시코의 영토회복은 미국과의 전면전을 의미하는 것이고, 현재도 전쟁의 중심에 있는 독일의 군사적 지원 능력은 충분치 않다고 판단했다. 그리고 멕시코가 영토를 다시 회복한다고 해도 그 광범위한 영어 사용 지역을 통제한다는 것은 불가능하다고 결론지었다. 마침내 멕시코 카랜자 대통령은 짐머만 전신 제안을 약 3개월 후인 그해 4월 14일 거절했다. 영국으로부터 이러한 감청내용을 전달받고 대단히 화가 난 미국은 결국 독일에 대해 선전포고를 하고 제1차 세계대전에 뛰어 들어 독일 등 동맹국은 패망했다.

② 냉전시대 미국과 소련은 각기 상대국에 대한 신호정보(SIGINT)활동을 활발하게 전개했으며, 이를 통해 상대국의 외교전문은 물론 각종 비밀 자료들을 입수하여 외교 협상에 적극 활용하였던 것으로 나타난다.

③ 이처럼 정보활동이 여러 분야의 학문과 연계된다는 점에서 정보학 연구는 일종의 '학제간 연구(interdisciplinary research)'를 통해 보다 좋은 연구 성과를 도출해 낼 수 있을 것으로 생각된다.

④ 그러나 실제로 정보활동에 대한 연구는 주로 외교사에 관심을 갖고 연구하는 역사학자와 국제 정치학자들을 중심으로 수행되었고, 여타 학문분야에서는 관심은 물론 연구물도 거의 없는 것으로 나타난다.

(4) 국제관계학

① 사실 국제관계학 분야에서조차 정보학은 충분한 연구가 이루어지지 않고 있다. 이와 관련하여 데리안(James Der Derian)은 국제관계학에서 정보학은 "최소로 이해되고 가장 이론화가 이루어지지 않고 있다."고 지적했다.

② 정보학 분야의 저명학자로 알려진 칸(David Kahn)도 "정보에 대한 개념조차 제대로 정립되어 있지 않다."고 개탄한 바 있다. 이처럼 정보활동이 국가 간의 전쟁, 외교, 협상 등 국제관계에 중요한 영향을 미치고 있음에도 불구하고 국제관계학을 비롯하여 여타 학문분야에서 연구가 미흡하게 된 데는 크게 두 가지 요인에서 비롯된다.

③ 첫째, 정보활동과 관련된 공식 기록문서들에의 접근성이 제한되기 때문이다. 둘째, 정보활동 사례에 대한 학자들의 편견 또는 고정관념으로 인해 발생되는 것으로서 일종의 '인식론적 부조화'로 표현된다. 즉 학자들이 전통적인 국제관계나 정치사적 관점을 고집하면서 정보기관의 역할이나 활동에 관해 기록된 자료들을 쉽게 수용하지 않으려 한다는 것이다.

(5) 영국의 ULTRA 계획에 관한 연구

① 자료 접근성의 제한과 역사학자들의 편견으로 인해 연구가 활성화되지 못한 대표적인 사례로서 영국의 ULTRA 계획에 관한 연구를 들 수 있다. ULTRA 계획은 제2차 세계대전 당시 영국의 정부통신본부(GCHQ)이 주도하여 독일 암호를 해독한 사건으로서 연합군이 승리하는 데 결정적인 요인이 되었던 것으로 평가되지만, 영국의 '국가비밀유지법(Official Secret Act)' 때문에 한동안 학계에서 이에 대해 공개적으로 논의조차 할 수 없었다.

② 더욱 기이한 것은 1973년 ULTRA 계획의 전모가 공개된 이후에도 역사학자들이나 국제관계 분야의 학자들 공히 ULTRA 계획이나 신호정보(SIGINT)의 중요성에 대해 여전히 관심을 보이지 않았다는 것이다. 아마도 ULTRA 계획을 포함시켜서 제2차 세계대전의 역사를 재구성하는 작업은 기존의 고정관념이나 인식 틀을 수정해야 하기 때문에 학자들에게 상당한 부담이 되었을 것이다.

생각넓히기 | 울트라(Ultra) 프로젝트

울트라 프로젝트는 제2차 세계대전 중 영국의 정보당국이 독일군의 암호체계인 에니그마(Enigma)를 해독한 작전이다. 영국 정보당국의 울트라(Ultra) 작전은 미국이 일본을 상대로 전개한 암호해독작전인 매직작전과 함께 연합군 기술정보(TECHINT)의 대표적인 개가로 손꼽힌다. 그러나 사실 독일의 에니그마 체계는 일본의 퍼플 체계와는 비교가 되지 않을 정도로 복잡해서 독일은 절대로 해독되지 않을 것이라고 자신했다고 한다. 독일군은 가로와 세로 각 30cm, 높이 15cm, 무게 30kg의 겉보기에는 둔탁한 타자기처럼 보이는 에니그마(ENIGMA)라는 암호기로, 육군과 공군 그리고 해군용으로 세 가지 키워드를 사용해 암호문을 생성했다. 영국 해군은 에니그마 암호기를 대서양 바다 한가운데에 침몰한 독일 해군의 U보트에서 목숨을 건 작전을 전개하여 획득했다. 암호해독은 철저한 수학공식의 분석으로, 영국 블리칠리 파크라는 곳에서 다수의 수학자들이 수행했다. 그중에 대표적인 수학자가 폴란드 출신의 튜링(Alan Mathison Turing)이었다. 동성애자였던 튜링은 수학에 대한 천재성으로 수학의 신 또는 수학의 모차르트라고 불렸다. 실패만 거듭하던 영국 정보당국은 튜링의 천재적 노력으로 마침내 해독에 성공하였다. 더 나아가 에니그마의 암호화 과정을 자동적으로 역추적하는 암호해독기 '폭탄(Bomb)'을 개발했다. 폭탄(Bomb)은 에니그마의 암호조립 방식을 엄청난 속도로 역추적하는 고성능의 계산기였다. 그러나 자신들의 에니그마를 철저히 신뢰한 독일 최고사령부는 전쟁이 끝날 때까지도 에니그마가 침투되었다고 믿지 않았다. 연합군 스파이에 의해 개별적인 작전 정보가 유출된 것으로만 생각했다. 울트라 작전은 극도의 보안을 유지하다가 1980년대가 되어서야 비밀해제되어 일반에 공개되었다.

(6) 냉전기의 역사 왜곡

① 냉전시대 동안 미 · 소 간에 신호정보 활동이 매우 활발하게 전개되었고, 그것이 외교정책에 중요한 요소로 작용했음에도 불구하고 학계에서 그러한 사실을 배제함으로써 냉전기의 역사가 심각하게 왜곡된 것으로 지적된다.

② VENONA는 대표적인 신호정보(SIGINT) 성공사례로서 영국과 미국은 1939~1948년의 기간 동안 약 3,000여 개의 소련 정보 또는 전문을 성공적으로 감청했고, 1940년대 말부터 1950년대 초 영국과 미국 암호해독가들이 이를 해독했던 것으로 알려졌다. 당시 암호로 쓰인 소련의 전문을 해독했다는 사실은 미소관계는 물론 미국 정치사에 중요한 의미를 가지는 것으로 평가된다.

③ 미국의 많은 진보주의자들은 미국의 핵개발 비밀을 소련에 팔아넘긴 혐의로 체포되었던 히스(Alger Hiss)와 로젠버그(Rosenberg) 부부가 냉전의 희생양으로서 무죄라고 주장해왔다. 그러나 VENONA 자료에 따르면 그들이 유죄라는 증거를 설득력 있게 제시해주고 있다.

④ 또한 VENONA 자료를 보면 제2차 세계대전 동안 루즈벨트 행정부의 모든 부처가 소련 정보활동에 침투당했다는 사실을 알 수 있다. VENONA 자료에 대해 비밀해제하도록 압력을 행사했던 모이니한(Patrick Moynihan)은 VENONA에서 드러난 자료를 무시하게 되면 10년간 미국의 역사적 사실을 왜곡하는 것이라고 주장했다.

⑤ 이처럼 냉전시대 정보활동 사례들이 국제정치사에서 중요한 의미를 가지고 있음에도 불구하고 국제정치학자들이나 역사학자들이 자료 접근의 제약성 때문에 또는 선입관 또는 편견에 빠져 기존에 수립된 역사를 바꾸지 않으려는 속성 때문에 학문적으로 체계적인 연구가 수행되지 않았던 것으로 생각된다.

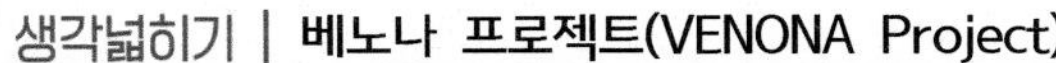

생각넓히기 | 베노나 프로젝트(VENONA Project)

베노나 프로젝트는 1940년대와 1950년대 미국과 영국 정보당국이 소련 정보기구의 암호문을 체계적으로 해독한 장기 비밀사업이었다. 베노나 프로젝트는 소련 정보에 대해 가장 중요한 가치를 지녔던 것으로 평가되었다. 기밀을 유지하기 위해 심지어 루스벨트 대통령과 트루먼 대통령에게도 베노나 프로젝트의 존재를 보고하지 않았다고 한다. 베노나 프로젝트의 대표적인 기술정보 성공사례는 핵무기 정보를 소련으로 누설한 로젠버그(Rosenberg) 스파이 사건의 적발과 케임브리지 5인방인 맥클린과 가이 버기스 사건의 전모 파악이다. 베노나 프로젝트에 의해 기술적으로 수집된 1941년과 1945년 사이의 주로 소련에 대한 방대한 양의 첩보 자료 중 약 3,000여 개 정도만이 전부 또는 부분적으로 해독된 것으로 알려졌다. 그 해독률은 1942년 1.8%, 1943년 15.0%, 1944년 49.0%, 1945년 1.5%라고 한다. 기술정보수집의 방대성과 정보분석의 불균형을 잘 보여 준다. 또한 소련 암호체계의 지독한 복잡성을 엿볼 수 있게 해 주는 단면이다. 그 방대한 양 때문에 1942년부터 1945년 사이에 획득된 정보는 베노나 계획이 취소된 후에도 계속 이어져 1980년까지 해독작업이 진행되었다.

(7) 역사연구의 신뢰성 문제

① 사실 국가정보학은 여타 분야와는 달리 자료의 접근성이 제한됨으로 인해 연구를 수행함에 있어서 많은 어려움이 있다. 어렵게 구한 자료라 할지라도 그 신뢰성에 유의하여 활용해야 하는 문제가 있다. 정보활동 관련 자료는 공식문서라 할지라도 신뢰성이 보장된 것은 아니다.

② 이에 관해 알드리히(Richard Aldrich)는 정보기록보관소(Public Record Office)의 공식문서들을 '사실과 유사한 것'으로 해석하지 말 것을 당부했다. 그는 영국의 공식문서들은 역사학자들을 위해 고도로 조작된 자료들이라고 주장했다. 실제로 영국 정부는 제2차 세계대전 동안 신호정보와 전략적인 기만책에 관한 내용을 주도면밀하게 통제했던 것으로 나타난다. 따라서 이에 기초한 역사연구는 신뢰성이 떨어지는 것으로 평가된다. 또한 알드리히에 따르면 소련 공식문서에 부분적으로 또는 통제된 접근에 기초하여 수행된 소련 정보 및 보안기관들에 대한 연구 역시 신뢰성을 인정하기 어렵다는 것이다.

③ 마지막으로 국가정보학 분야의 연구자는 연구 작업을 수행함에 있어서 때로 정보가 조작되었을 가능성도 고려해야 한다. 대통령이나 수상 등 중요한 정보를 손아귀에 쥐고 통제하고 있는 사람들은 국민들에게 알리고 싶은 내용만을 공개하는 경향이 있다.

④ 이와 관련하여 스미스(Michael Smith)는 중요한 정보를 손아귀에 장악한 사람들이 정보를 선택적으로 공개하고 그로 인해 자료의 신빙성이 저하되는 문제를 논의했다. 어쨌든 이러한 문제는 정보연구를 수행하는 데 있어서 매우 중요한 장애요소로 작용하며, 연구자들의 각별한 주의가 요구되는 부분이다.

핵심정리 2000년대 이후 국가정보학 교육현황

1. 의의

2000년대 들어서서 9/11 위원회(National Commission on Terrorist Attacts upon the United States)와 WMD위원회(Commission on the Prevention of Weapons of Mass Destruction)는 정보교육을 위한 예산 증액을 건의하였다. 이에 따라 CIA대학에는 2005년 정보관련 강좌가 300여 개까지 개설되었으며, 군 정보교육기관에는 1,417개까지 개설되었다고 한다. 그리고 100여 개 대학에서 840여 개의 정보관련 강좌가 개설되었다.

2. 미국 내 정보학 교육의 세 가지 유형

(1) 의의

9/11 사건 이후 미국 내 정보학 교육은 세 가지 유형으로 나타난다.

(2) 정보 분야에 필요한 요원양성

정보 분야에 필요한 요원양성을 위한 대학 내 정보학과의 개설이다.

(3) 인터넷을 활용한 교육 프로그램의 개발

시간과 장소를 초월한 정보교육을 위해 원격교육과정의 개설 등 인터넷을 활용한 교육 프로그램의 개발이다.

(4) 정보학 교육과정의 표준화

정보학 교육과정의 표준화이다. 2006년 미국은 국가정보장(DNI) 산하에 국가정보대학교(National Intelligence University)를 창설하여 정보공동체에 소속된 정보기관 간 정보교육의 표준화 및 정보기관 간 인적 네트워크의 형성을 도모하고 있다.

3. 임용 전 교육

(1) 의의

의사나 법조인은 임용 전 전문교육이 필수적이나, 정보요원은 언론인처럼 임용 전 교육이 선택적이다.

(2) 군 정보요원과 일반적인 정보요원

군 정보요원들은 통상 임용 전 교육을 받고 임용 후 보다 심화된 교육을 이수한다. 그러나 일반적인 정보요원은 채용 전 주로 사회과학이나 인문학 등을 전공하고 선택적으로 정보학을 이수하며, 채용 후 직무교육을 받게 된다.

4. 학문적 수요와 교수요원

미국의 경우 정보학관련 학문적 수요는 높으나 교수요원은 부족한 실정이다. 정보관련 연구, 저술을 하거나 정보업무와 직접 관련된 강의를 담당하는 교수요원들은 대부분 CIA 등 국가정보기관과 정부 및 군 기관 등에서 정보업무를 담당했던 경력을 가진 사람들이다. 미국 내 정보학 교육기관은 주로 워싱턴 지역에 집중되어 있다. 그러나 CIA가 1985년부터 객원교수 파견 프로그램(Officers in Residence Program)을 운영함으로써 미국 내 전 지역으로 정보학 강좌가 확산되었다.

5. 정보요원들에게 필요한 전문적인 지식

(1) 의의

정보요원들에게 필요한 전문적인 지식은 외국의 역사 · 언어 · 문화, 정확한 분석을 위한 심리학적 소양 및 분석기법, 그리고 과학적이고 기술적인 전문지식 등이다.

(2) 학문 분야

이러한 지식들을 위해 필요한 학문분야는 사회과학, 인문학, 자연과학 및 공학 등이다. 사회과학과 인문학 분야는 일반적인 정보업무에 필요한 보다 넓은 시각과 관점을 제공해 주며, 자연과학과 공학은 특수한 정보업무 분야에 필요한 지식을 제공해 준다.

6. 미국과 영국의 지배적 접근 방법

① 정치학자들은 정보의 실패와 성공, 기습공격에 대한 사전 예방의 어려움, 정보의 정치화 등을 설명하기 위한 개념적 모델을 구축하려고 시도하였다. 이것은 미국에서의 정보학 연구의 지배적인 접근방법이었다.

② 한편 역사학자들은 전시와 평시에 정책결정자들의 정책결정에 정보가 어떤 영향을 미쳤는가를 설명하려고 노력했다. 이러한 접근방법은 문헌연구에 중점을 두고 역사적 사례연구에 중점을 두었는데, 이는 주로 영국에서의 지배적인 접근방법이었다.

7. 미국과 영국의 대표적 학술지

① 미국과 영국에서의 정보학 연구방법의 이러한 차이는 대표적인 정보학 학술지에서 찾아볼 수 있다. 대학에서 널리 사용되는 교재로는 로웬탈(Mark Lowenthal)이 저술한 「국가정보: 비밀에서 정책까지(Intelligence: From Secret to Policy, 2000)」가 있으며, 정보학관련 대표적 학술지로는 「정보와 방첩(International Journal of Intelligence and Counterintelligence)」, 「정보와 국가안보(Intelligence and National Security)」, 그리고 CIA에서 발간되는 「정보연구(Studies in Intelligence)」 등이 있다.

② 그리고 대테러분야의 학술지로는 「테러리즘과 정치적 폭력(Terrorism and Political Violence)」과 「갈등과 테러리즘 연구(Studies in Conflict and Terrorism)」 등이 있다. 정보학 연구자들은 비밀이 해제되었거나 정보공개법에 따라 공개가 승인된 정부문서, 개인의 회고록 및 저술, 주요 인물과의 인터뷰, 언론보도내용 등을 주로 연구 자료로 활용한다.

핵심정리 국가정보학 연구와 정보기관

1. 「정보연구(Studies in Intelligence)」

CIA는 1955년 9월 셔먼 켄트(Sherman Kent)의 주도하에 「정보연구(Studies in Intelligence)」라는 학술지를 창간하였는데, 창간 후 50여 년간 총 1,200건을 상회하는 정보관련 논문을 게재하여 정보활동 기법을 발전시키고 국가정보를 학문적 차원에서 체계적으로 연구하는 토대를 마련하는 데 중요한 역할을 담당하였다. 한편 1990년대 중반 이후 비밀 해제된 많은 논문들을 CIA의 홈페이지를 통해 일반에게 공개함으로써 학계의 연구와 정보업무에 대한 일반인들의 이해 촉진에 크게 기여하였다.

2. 국가정보학연구센터(Center for the Study of Intelligence, CSI)

① 1974년 CIA는 국가정보학연구센터(CSI: Center for the Study of Intelligence)를 설립하여 관 · 학 교류협력을 통한 국가정보학 연구 활성화를 추진하였다. 이를 통해 대학 내 국가정보학 강좌관련 프로그램을 지원하고 국가정보학 연구 프로젝트도 추진하며 외부 학자들과 공동 학술세미나도 정례적으로 개최하였다.

② 또한 CIA는 학계의 정보연구와 교육 지원을 위해 1985년 이후 대학에 객원교수 파견 프로그램을 마련하여 매년 8명 내지 12명의 간부 요원을 2년 기한으로 대학에 파견하는 제도를 운영해 오고 있다. 이들은 객원교수 신분이며 보수는 CIA 본부에서 지급받고 대학 측에서는 사무실을 제공받는데 그들은 정보학관련 강의나 연구를 수행한다. 이들은 현재 하버드대, 프린스턴대, 조지타운대, 오레곤대 등 전국 50여 개 대학에 100여 명이 파견되어 대학의 정보교육과 연구 활동을 지원하는 한편, CIA와 학계 간의 유대를 강화하는 데도 기여해 오고 있다.

③ 또한 국가정보학연구센터(CSI)는 전직 정보요원들의 모임인 전직정보관협회(Association of Former Intelligence Officers, AFIO)와 협력하여 대학에 학술교류 프로그램을 지원하기도 한다.

3. CIA와 대학의 합동 연구

또한 CIA는 대학과 합동으로 연구를 수행하거나 CIA 요원에 대한 교육을 대학에 의뢰하기도 한다. 1987년의 경우 CIA는 하버드대 케네디 스쿨(Kennedy School)에 40만 달러를 지원하고 3년간 정보분석에 관한 연구와 교육을 담당해 주도록 의뢰했으며, 이에 따른 모든 연구결과는 하버드대에 의해 일반에도 공개되었다. 그 외 주요대학에 정보학 강좌와 관련 프로그램을 개설하도록 권유하고 실적이 우수한 대학을 선발하여 기금을 지원해 주기도 한다.

Theme

10 국가정보활동

I 국가정보활동의 4대 분야

1 의의

① 국가정보활동은 국가 전 영역에서 다양한 방법으로 전개된다. 또한 정보자산의 특성과 조직 구조상 사실 어떠한 행정업무도 수행할 수 있는 역량을 가지고 있다.

② 그러나 오늘날 민주적인 국가정보기구의 주요한 임무 영역에는 4가지 분야가 있다. 이를 국가정보활동의 4대 분야라고 한다. 정보의 수집, 수집 정보의 분석, 비밀공작 그리고 방첩공작 활동이 국가정보기구의 4대 영역이다.

2 정보수집(Intelligence Collection)

(1) 의의

국가정보기관의 제1의 임무는 국가안전보장과 국가이익을 달성하기 위해 필요한 국가정보를 인적 · 물적 정보자산을 활용하여 체계적으로 수집하는 것에 있다.

(2) 개별행정부처의 자체 수요에 의한 자료수집과의 구별

① 지속성과 체계성은 국가정보기구의 정보수집과 개별행정부처의 자체 수요에 의한 자료수집과 구별되게 하는 요소이다.

② 국가의 안전보장과 국가이익을 위한 정보수집은 개별부서가 부서 업무추진의 필요성에서 개별적으로 추진하는 경우도 있지만, 그것은 정보수집 그 자체가 목적이 아니라 업무추진 과정에서 돌출된 특별한 필요성에 의해 단편적으로 이루어지는 것으로서, 지속성과 체계성에 있어서 국가정보기구의 그것과 차이가 있는 것이다.

(3) 정보수집에 양적 증대와 정보자료의 신뢰성 저감

① 오늘날 과학 · 기술발전은 정보수집에 현기증을 느끼게 할 만큼의 획기적인 발전을 가져왔다.

② 전 세계 24시 방송채널, 인터넷의 획기적 발달, 빈번한 각종 학술회의 · 국제회의의 개최, 비정부 국제기구 등 정보수집 자료 원천이 놀랄 만큼 확충되었다.

③ 정보수집의 양적 증대는 상대적으로 정보자료의 신뢰성 저감이라는 부작용을 동반하는 것도 사실이다.

3 정보분석(Intelligence Analysis)

(1) 의의

국가정보기구가 수행하는 정보분석은 수집된 정보자료, 즉 첩보(Information)에 대한 체계적인 종합과 검증 등 다양한 분석기법을 동원하여 국가안보와 국가이익을 달성하기 위한 국가정책의 수립과 집행에 필요한 정보를 도출해 내는 과정 및 도출된 생산물을 말한다.

(2) 민주적이고 체계화된 국가정보기구의 정보수집 활동

① 민주적이고 체계화된 국가정보기구의 정보수집 활동은 정보의 분석을 전제로 한다. 정보분석을 생략한 정보수집 활동은 국가정보기구의 본연의 임무라고 할 수 없다.

② 간혹 수집된 생자료(raw material), 즉 첩보가 가공이나 분석과정 없이 그 자체로 국가정보로 활용되는 경우도 있으나 그것은 극히 이례적인 일이어야 하고 대개의 경우는 그 신빙성 판단과 체계적인 이해를 위해 정보의 분석과정은 거의 필수적이다.

4 비밀공작(Covert action)

(1) 의의

① 정보활동의 또 다른 저편에는 극단적인 정보활동의 일환으로 수행되는 비밀준군사활동(Covert Paramilitary Operation)이 존재한다.

② 비밀준군사활동은 비밀공작의 일환으로, 그러한 활동이 어떤 특정국가의 활동인지 인식할 수 없는 은밀한 방법으로 마치 군사작전을 방불케 하는 방법으로 사용되어 특정 국가에게 강력한 영향을 끼치는 국가정보기구의 전투적 임무이다.

③ 물론 비밀공작은 이외에도 선전공작을 포함하여 다양하게 전개된다. 비밀공작을 통한 정보의 세계에 대한 근본적인 질문으로, '정보활동은 어디까지 어떤 모습으로 나타나는가?', '정보활동은 어떤 형태를 취하는가?'라는 질문이 있다.

(2) 일반적인 정탐 · 간첩활동(espionage)과의 구별

① 국가정보기구의 비밀공작은 일반적인 정탐 · 간첩활동(espionage)과 대응한다. 양쪽이 모두 외국과 비밀스럽게 연결된다는 점에서는 공통되지만 정탐 · 간첩활동은 공작관(case officers)이 직접 또는 현지 정보제공자로부터 정보가 전달될 때까지 인내심을 가지고 수동적으로 그리고 조용히 기다리는 정보활동이다.

② 반면에 비밀공작은 정보의 유입을 기다림이 없이 상대세력에 단기간에 강력한 영향을 미칠 것을 전제로 한 구체적 행동으로 실현된다. 그러므로 비밀공작 사건담당자는 대외연결망에게 한정된 시간 내에 임무를 종료할 것을 요구한다.

③ 일반적인 스파이활동(Espionage)과 비밀공작(Covert action)은 이처럼 적극성 대 소극성, 단기목적 달성 대 장기간 목표 추구성의 차이로 인해, 같은 정보활동이지만 그 문화에 근본적인 차이가 있다. 그와 관련해, '비밀공작이 과연 국가정보기구의 본연의 임무일까?'에 대한 논란이 있다.

5 방첩활동(Counterespionage)

① 방첩활동은 어떤 정보를 얻으려고 하거나 영향력을 미칠 목적으로 행해지는 것이 아니다. 방첩공작 활동은 자국이 해외세력에 침투하는 것에 대비하여 분명 자국에도 해외세력 또는 그에 동조하는 세력에 의한 침투가 있을 수 있다고 보고, 자국 정보체계의 건전성이나 순수성을 점검하는 것이다.

② 그래서 적대세력의 침투를 어렵게 하거나 정보기구, 넓게는 정부조직에 침투해 있는 비밀정보 제공자나 이중간첩 등 적대세력에 의한 첩보활동을 색출하는 활동이다. 그러므로 방첩공작 활동은 그 성격과 대상에 있어서 전통적인 스파이활동(espionage), 즉 일반 정보 수집 활동과 차이가 있다.

Ⅱ 정책과 정보

1 의의

국가정보기구의 전반적인 활동을 이해하는 데 불가피하게 필요한 정보와 정책 그리고 국가안보 문제는 매우 중요하다. 사실 정보와 정책의 문제 그리고 정보의 활동 근거가 되는 국가안보 문제는 매우 어렵다.

2 정책

(1) 의의

정책은 정부 또는 정치단체가 취하는 방향을 의미한다. 국가의 정책은 국책(國策)이라고도 부른다.

(2) 정책의 주체

국가정책은 국가의 권력을 현실적으로 담당하는 정부의 정책인 것이며, 정부의 정책은 의회정치하에서는 그 통치권을 뒷받침하는 집권정당의 정책이다.

(3) 정책의 수립과 그 이행의 결과

국가안보의 확립과 국가이익의 수호는 합리적인 국가정책 수립과 그 이행의 결과라고 할 수 있다.

3 정보활동

(1) 의의

① 오늘날 민주국가에서 국가정보활동은 원칙적으로는 국가정책에의 반영을 통하여 정보활동의 목표가 달성됨이 원칙이다.

② 다른 말로 표현하면, 국가정보활동은 정보활동 그 자체가 국가의지의 실현이거나 국가정책인 것은 아닌 것이다.

③ 국가정보는 어디까지나 국가정책에 반영됨으로써 비로소 정보목적이 실현되는 것이다.

(2) 정보활동 그 자체가 국가정책이거나 정책의 구체적인 실현 방법인 경우

① 물론 국가정보활동이 국가정책 그 자체를 실현하기 위하여 이루어지는 경우도 있다.

② 비밀공작(Covert Action)과 소위 기타조항에 근거하는 등으로 최고 정책결정권자의 명을 받아 외교 · 국방 분야에서의 특정한 임무를 직접 수행하는 경우에는 정보활동 그 자체가 국가정책이거나 또는 정책의 구체적인 실현 방법이 되기도 한다.

③ 그러나 그러한 일들은 국가정보활동의 극히 이례적인 일들로 간주되고, 법적 근거도 확실하여야 한다는 것이 오늘날의 중론이다. 특별히 미국 정보공동체는 정보와 정책을 그 어느 나라보다 엄밀히 구별하는 전통을 가지고 있다.

생각넓히기 | 국가정보와 법집행

1. 전체주의 국가나 공산국가의 경우에는 정보와 법집행을 의도적으로 결합한다. 그 결과 국가정보기구가 비밀경찰과 통치수단으로 사용된다. 그러나 대부분의 민주적 정보기구는 법집행과 국가정보 영역을 의도적으로 분리한다.
2. 하지만 오늘날 국가안보의 다원적 구조로 인한 관리요소의 확장이나 세계화의 진전과 국가 사이의 경계의 불투명성, 다양한 비국가행위자의 등장 등은 정보와 법집행을 확연히 구분하는 것에서, 결합하는 방향으로 선회하는 추세이다.
3. 이 경우에 국가정보기구의 수사권을 확대하거나 신설하는 것이 아니라, 기존 방첩 수사기구와 국가정보 전담기구의 정보공유의 강화가 추세이다.

4 정보와 정책의 기능 차이

(1) 의의

통상 정보와 정책은 기능적 측면에서 별개로 분리된다. 행정부는 어디까지나 정책에 의해 운용되며, 정보는 정책지원 기능은 있지만 정책 선택에 있어서 어느 한쪽을 옹호하는 방향으로 작동되어서는 안 된다는 한계가 있다.

(2) 정보담당자들의 정책에 대한 선호의 중립성

① 따라서 정책담당자들을 상대하는 정보담당자들은 엄정한 객관성을 견지해야 하고, 그들이 제공하는 정보를 통해, 특별한 정책에 대한 지지나 선호를 부추겨서는 안 된다.

② 만약 정보담당자들이 어떤 정책에 대한 각별한 선호를 가지게 되면, 그들의 정보분석은 틀림없이 선입견에 의해 이루어질 것이기 때문이다.

(3) 정치화된 정보(politicized intelligence)

① 정보담당자들이 특별한 정책에 대한 지지나 선호를 가지게 되면 '정치화된 정보(politicized intelligence)', 간략히 표현하면 '정보정치'가 될 수 있는 위험성 있다.

② 미국 정보공동체에서는 정치 정보는 해당 국가정보에 대한 가장 치욕스러운 표현으로 간주된다.

Ⅲ 국가정보활동과 국가안보(National security)

1 의의

① 국가안보는 국가안전보장의 줄임말이다. 국가안보에 대한 개념 정의는 매우 어렵다. 다만 한 가지 확실한 것은 국가안보의 개념은 시대와 국가의 상황에 따라 가변적이라는 것이다.

② 그러므로 국가안보에 대한 직접적인 개념 정의보다 서술적으로 그 내용을 파악하는 것이 오히려 이해가 쉬울 수 있다.

2 국가안보

(1) 국가안전보장의 달성

일반적으로 "국가안전보장이 달성되었다."라고 하는 것은 어느 나라가 군사 · 비군사 부문에 걸친 국내외 적대세력의 제반 위협으로부터 국가의 역량을 효과적으로 활용하여 위협을 미연에 방지하고, 발생한 위협사태에 대해서는 적절히 대처하여 국가목표 달성을 위한 여러 가지 가치를 안정적으로 보전하고 향상시키기 위한 상태를 달성한 것이라고 말할 수 있다.

(2) 국가의 생존과 국가이익의 확보

① 따라서 국가안보란 국가의 생존과 국가이익의 확보를 위한 전술과 전략으로서, 국가 간의 치열한 경쟁에서 국가의 계속성을 유지하기 위해 필요한 조건을 확보한 것을 의미한다.

② 그런데 국가안보는 경제적 또는 군사적 방법을 통하거나 외교적 활동을 통해 달성되기도 한다. 즉 외교적 활동으로 위협세력을 고립시킬 수도 있고 우호국과 동맹관계를 맺거나 국방력을 공고히 다지고, 시민방위 체제를 구축하며 국가비상사태에 대한 대비책을 강구하고 국가기간시설망에 대한 확고한 안전성을 확보함으로써 외부의 위협에 대처할 수도 있다.

3 국가정보활동과 국가안보

그러나 국가안보는 국가정보활동에 의해서도 직접적으로 확보된다. 국가보안체계를 구축하여 국가의 비밀정보를 지키고 국가정보활동으로 적대세력의 위협과 간첩활동을 적발하고 물리치거나 무용하게 만들며, 국내적으로도 외부 적대세력에 연결되어 있거나 정부를 전복하려는 내부위협세력에 대하여 방첩공작활동을 전개하는 등의 총체적인 국가정보활동으로 국가안보는 달성된다.

Theme

11 국가정보기구

I 의의

국가정보기구는 국가안보를 위하여 첩보를 수집하고, 수집한 첩보를 효과적으로 분석하여 필요한 국가정보를 생산하며, 법적 근거에 따라서 특별한 활동을 하는 정부조직이다.

II 임무

1 첩보수집

국가정보기구가 첩보를 수집하는 방법에는 간첩활동 · 통신감청 · 암호해독 · 개인이나 다른 조직이나 기구들과의 협조 그리고 누구나 이용할 수 있는 공개자료에 대한 체계적인 평가와 같은, 실로 정형이 없는 다양한 방법으로 이루어진다.

2 정보분석

이러한 국가정보기구는 전문성과 체계적인 시스템을 바탕으로 국가안보와 관련한 제반 정보를 분석하고 외부 위협세력에 대하여 조기경고를 발령해 준다. 국가적으로 위기상황이 발생한 경우에는 위기의 의도와 추세에 대해, 다른 국가기관은 파악하기 어려운 판단정보에 근거하여 국가적 · 국제적인 위기관리능력을 발휘하기도 한다.

3 방첩공작과 비밀공작

① 또한 국가정보기구는 국가의 핵심적인 비밀을 지켜낸다. 더불어 국가정보기구는 변화하는 정보환경에 대해서도 국가기구 중 가장 신속하게 변모하기에 적합한 실용적인 조직으로서, 정식 선전포고 없는 '평화 시의 전투'라고 할 수 있는 테러조직이나 마약조직, 국제범죄조직과의 전쟁을 수행하기도 한다. 경우에 따라서는 국가의 이익을 달성하기 위해 현재 진행 중인 어떤 사태에 대하여, 국가이익이 되는 방향으로 사태가 진행되거나 극대화시키는 방향으로 영향을 미칠 은밀한 활동을 하기도 한다.

② 그러한 비밀활동의 내용에 따라서는 암살이나 무기 거래, 쿠데타 유도, 정치적 · 경제적 선전 공작 같은 활동이 수반되기도 한다. 국가정보기구는 이처럼 국가안보와 국가이익을 도모하기 위해 다양한 비정형적 활동을 할 수 있도록 체계화된 국가조직이다.

Ⅲ 국가정보기구의 기능

1 의의

① 국가정보기구의 궁극적 목적이 개념적으로는 국가안보를 수호하고 국가이익을 도모하기 위한 것이다.

② 통상 정보기구의 존재 이유로는 4가지가 거론된다. 국가정보기구는 일국의 전략적 충격을 방지하고, 국가에 장기적 전문지식을 공급하며, 정책과정을 보좌하고 정보 그 자체와 정보 방법 및 원천에 대한 비밀성을 유지하는 기능을 수행한다.

2 전략적 충격 방지

(1) 의의

① 국가정보기구 최고의 목적은 국가의 존립을 위태롭게 할 수 있는 외부세력으로부터의 위협이나 무력도발 그리고 사건과 사태의 전개를 추적하여 불측의 충격을 미연에 방지하여 국가안보를 공고히 함에 있다.

② 예컨대 1904년 일본에 의한 러시아 공격, 1941년의 독일 · 일본 등에 의한 러시아와 미국에 대한 공격, 1973년 이집트와 시리아의 이스라엘에 대한 공격은 해당 국가에 대한 불측의 전면적 선제공격이었다.

③ 그런 경우는 모두 국가정보기구가 경고기능을 제대로 수행하지 못한 것이다. 냉전시대가 종료되고 국가 간의 평화와 안정에 대한 공감대가 형성된 현대에 이르러, 개별 국가 간의 불측의 일방적 선제공격의 위험은 과거에 비해 현저히 줄어들었다. 그러나 국가 이외에 국경을 넘어 이념적으로 무장된 조직이나 단체의 빈번한 출현으로 불측의 충격에 대한 위험성은 오늘날 오히려 더욱 많아졌다.

핵심정리 **국가위기의 4가지 구성요소**

1. 시간적 절박성 2. 위협의 크기 3. 기습성 4. 파급성

(2) 전술적 충격(tactical surprise)과 전략적 충격(strategic surprise)

① 통상 외부 적대세력으로부터의 충격에는 전술적 충격(tactical surprise)과 전략적 충격(strategic surprise)의 2가지가 있다. 양자의 근본적 차이는 사전에 충격을 인지하였는지 여부에 의해 구분된다.

② 전술적 충격은 내용을 이미 인지하였으나 다만 예방하지 못한 경우의 충격이다. 반면에 전략적 충격은 전혀 예상을 하지 못한 충격이다.

[전술적 충격(tactical surprise)과 전략적 충격(strategic surprise)]

구분	기준	내용	국가정보기구의 목표
전술적 충격	사전에 충격 인지	예방하지 못한 것	전략적 충격보다 후순위
전략적 충격	사전에 충격 불인지	전혀 예상하지 못했던 것으로 예방과 대처가 원초적 불가능	가장 중요

생각넓히기 | Richard Betts가 제시한 사례

스미스와 존은 업무 파트너로 고객에 대한 점심접대를 함께 했다. 식사대금은 존이 대고 스미스는 사업내용을 설명했다. 그런데 존은 회사금고의 돈을 유용하여 대접 비용을 충당해 왔다. 어느 금요일, 보통 때보다 점심을 일찍 끝내고 돌아온 스미스는 때마침 존이 회사 금고에서 돈을 훔치는 것을 목격했다. 양자는 동시에 "아! 깜짝이야." 라고 비명을 질렀다.

1. 존의 충격은 전술적(tactical) 충격
   왜냐하면 존은 자신의 행동이 범죄라는 것은 이미 알고 있었기 때문이다. 다만 목격되리라고는 생각하지 못한 것뿐으로, 목격되었다는 것 때문에 놀란 것이다(사전에 충격인지).
2. 스미스의 충격은 전략적(strategic) 충격
   스미스는 고객 접대에 범죄가 개입되었으리라고는 꿈에도 생각하지 못했다(사전에 충격 불인지).

(3) 예상하지 못한 전략적 충격의 최소화

① 불측의 충격 방지라는 국가정보의 기능 중에서 중요한 것은 전혀 예상하지 못한 전략적 충격을 최소화하고, 어떻게든 전략적 충격을 사전에 인지하려는 노력에 집중하는 것이다. 즉 국가정보기구는 이미 발생하고 있는 전술적 충격에 대한 활동도 필요하지만 전략적 충격을 방지하기 위한 노력에 그 역량을 더욱 집중하여야 한다.

② 전략적 충격의 방지야말로 국가안보를 확립함에 있어서 국가정보기구만이 본연의 업무로 수행할 수 있는 가장 중요한 기능이다. 그러므로 반복된 전략적 충격은 일국의 정보구조 체계에 문제점이 있음을 나타내는 것으로, 개선을 요구하는 신호로 받아들여야 한다.

3 장기 전문지식의 전달

(1) 의의

① 국가정보기구는 장기적인 관점에서 국가안보 문제에 대한 고도의 전문지식을 축적하고 이 전문지식을 국가경영에 지속적으로 전달하기 위해 필요하다.

② 국가안보는 한두 개의 전략적 충격이 방지되었다고 하여 국가적 위협이 모두 제거되어 지켜지는 것은 아니다. 국가안보 문제에 대한 체계적인 장기전문지식을 확보한다는 것은 국가의 영속적 존속을 위하여 대단히 중요한 일이다.

(2) 정책담당자들의 짧은 임기

① 원래 국가의 관료조직 자체는 영원하지만 정책담당자들은 잠시 그곳을 거쳐 간다. 대통령의 임기는 한정되어 있고 각부 장관은 말할 것도 없으며, 상급 고위 공무원들의 임기도 수년을 채우기가 어려운 것이 각국의 현실이다. 정권교체기에 이르러서는 더 말할 나위도 없다.

② 그러므로 아무리 해당 정책 분야에 해박한 지식과 경험을 갖추었다고 하여도 책임자로 임명된 사람들이 그 짧은 시간에 해당 부서의 모든 정책들을 통달하고 효율적으로 집행하며 문제점에 대해 대처한다는 것은 물리적으로 불가능하다.

(3) 국가정보기구의 전문가적 기간요원의 장기 근무

① 그러한 까닭에 국가안보에 관련된 업무에 대한 전문적인 지식은 상대적으로 전문가적 기간요원이 안정적으로 근무하는 국가정보기구에 있다. 이것이 또한 국가정보기구가 전략기관화 되어야 하는 이유이기도 하다.

② 통상 어느 나라건 정보기관 책임자들은 외교정책 담당자들이나 국방 분야 책임자들에 비해 장기적으로 근무한다. 이것은 환원하면 정보분야에는 상대적으로 비정치적 인물을 배치하여 장기근속을 가능하게 해주어야 한다는 것을 의미한다.

③ 그러므로 국가정보기구의 최고 운영권자는 정보기구의 두 번째 존재기능, 즉 장기 전문지식의 전달이라는 문제를 신중히 고려하여 국가정보기구의 운영 및 인사에 유념하여야 할 것이다.

4 정책 과정의 지원

(1) 의의

① 국가정책에의 지원은 국가정보기구의 순수한 본연의 기능이다. 이것을 "정보의 정책 종속성'이라고 한다.

② 정책을 입안하고 시행하는 정책담당자들이 필요한 정책의 배경에 대한 정확한 이해와 정책운용에 필요한 제반 지식 및 정책의 집행과정에서의 위험성 그리고 정책수행 결과의 이점 및 예상되는 결과를 미리 예견할 수 있다면 매우 효율적으로 국가정책을 운용하여 국가목표를 달성하게 될 것이다. 이것은 유용한 국가정보 없이는 불가능하다.

(2) 정보의 정책 종속성

① 책임 있는 정책담당자들에게 정책수립과 집행과정에서 잘 재단되고 시의적절한 정보가 제공되는 것은 매우 긴요하다.

② 정보와 정책의 관계가 잘 형성된, 효율적이며 민주적인 정부에서는 정책담당자들의 이러한 요구는 정보공동체에 의해 철저하게 뒷받침될 것이다.

③ 정책 결정권자는 정보 존립의 속성의 하나인 정보의 정책 종속성을 충분히 인지하여 자신의 역할을 단순한 정보 수령자에 한정하여서는 안 되고 필요 정보에 대한 적극성을 부여해야 한다.

5 정보 자체와 정보방법 그리고 정보원천에 대한 비밀성 유지

(1) 의의

① 국가의 최고비밀을 지키고 정보를 획득하는 방법과 원천에 대한 보안을 유지하는 것은 지속적인 국가정보 업무수행을 위하여 대단히 중요한 일이다.

② 정보의 세계는 치열한 경쟁의 세계로, 정보기구들은 중요한 비밀정보를 상대방으로부터 획득하기를 계속적으로 갈구한다.

(2) 정보획득 방법과 정보원천에 대한 비밀 유지와 방첩

① 정보획득 방법과 정보원천에 대하여는 비밀을 유지하고, 적대세력에 의한 정보탐지 활동에 대해서는 적절히 대응하는 방첩활동이 매우 중요하다.

② 이러한 정보탐지와 방첩의 반복 순환 고리는 국가가 존속하고 국가발전을 위한 경쟁이 전개되는 한 지속되는 경쟁적 순환활동이다.

③ 국가정보기구는 자국 정보의 비밀의 순수성과 정보방법 및 원천에 대한 비밀성을 보호하고, 반면에 적대세력의 자국에 대한 정보 탐지활동은 적발하고 방지하는 임무를 체계적이고 효율적으로 수행하는 역할을 담당한다.

Theme

12 첩보수집(Collection)

I 의의

① 첩보수집은 정보활동의 한 가지 수단이지만 정보의 생산, 방첩, 비밀공작 등 모든 정보활동에 필요한 핵심적인 요소이다. 정책결정에 필요한 정보를 생산하기 위해 우선적으로 관련된 첩보자료의 수집이 요구된다. 방첩활동을 효과적으로 수행하기 위해서는 외국의 간첩행위, 전복, 테러 행위 등에 관한 정확한 첩보가 수집되어야 한다. 또한 비밀공작 목표를 성공적으로 달성하자면 대상 국가의 정치, 경제, 사회 상황 등에 관한 정보가 반드시 필요하다.

② 첩보자료의 정확성이나 신빙성이 결여되면 올바른 정보가 생산될 수 없고, 방첩활동이나 비밀공작을 수행함에 있어서도 성공을 기대하기 어렵다. 미국이 2001년 9/11 테러를 제때에 막지 못한 것은 그에 관한 정확한 첩보가 적시에 제공되지 못했기 때문이다. 미국은 이라크 정부가 핵무기를 포함한 대량살상무기를 보유하고 있다는 왜곡된 첩보에 기초하여 2003년 이라크를 공격하게 되는 잘못된 정책결정을 내리게 되었다.

③ 미국이 수행했던 비밀공작 중에서 가장 참담한 실패로 지적되는 1961년의 피그만 침공도 현지 상황에 대한 첩보가 왜곡되거나 부정확했기 때문에 애초부터 성공을 기대할 수가 없었다. 이처럼 첩보수집은 정보분석, 방첩, 비밀공작 등 모든 정보활동의 성패를 좌우한다. 그런 점에서 첩보수집은 기초적이면서도 가장 중요한 정보활동의 수단이라고 볼 수 있다.

II 첩보수집 방법

1 의의

첩보수집 방법은 크게 비밀 첩보수집(clandestine collection)과 공개 첩보수집(open-source collection)으로 분류될 수 있다.

2 비밀 첩보수집

(1) 의의

비밀 첩보수집은 활용되는 수집수단에 따라서 인간정보(human intelligence, HUMINT) 수집과 기술정보(technical intelligence, TECHINT) 수집으로 나뉠 수 있다.

(2) 인간정보(HUMINT)

인간정보(HUMINT)는 일반적으로 널리 알려진 '스파이활동(espionage)'과 유사한 의미로 인식되고 있으며, 대체로 사람을 활용하여 첩보를 수집하는 방법 또는 활동을 의미한다.

(3) 기술정보(TECHINT)

기술정보(TECHINT)는 사람이 아닌 다양한 유형의 과학 기술 장비들을 활용하여 첩보를 수집하는 방법 또는 활동을 의미한다.

3 공개 첩보수집

공개 첩보수집은 공식적인 외교활동이나 신문, 라디오, TV, 인터넷 등 공개적인 자료를 통한 수집 방법 또는 활동을 의미한다.

핵심정리 첩보의 출처와 첩보수집방법의 종류

1. 의의

첩보의 출처는 공개 출처(overt source)와 비밀출처(covert source)로 나누어진다. 일반적으로 정보작성에 사용되는 정보의 85~90%는 공개출처에서 획득되나 정보기관에서 특히 관심을 갖는 분야는 비밀출처로부터의 첩보수집이다. 또한 모든 첩보는 수집방법에 따라 인간정보(human intelligence, HUMINT)와 기술정보(technical intelligence, TECHINT)로 대별되며, 기술정보를 좀더 세분하여 인간정보, 신호정보(signal intelligence, SIGINT) 및 영상정보 (imagery intelligence, IMINT) 등 세 가지로 분류하기도 한다.

2. 인간정보

인간정보는 인적수단을 사용하여 수집한 첩보를 말한다. 인간정보는 정보관(intelligence officer)이나 주재관(attache)이 직접 수집하는 경우도 있고, 공작원(agent)이나 협조자(source)를 활용하는 경우도 있으며, 여행자 · 포로 · 망명자 등으로부터 유출해 내는 경우 등 다양한 수집방법이 있다. 또한 국가 간의 정보협력도 인간정보 수집의 중요한 수단이 된다. 우방국의 정보기관 간에는 협력관계가 구성되어 있는 경우가 많으며, 정보기관 간에 서로 공통관심사에 대한 정보를 교환하는 것은 일상적인 업무로 간주되고 있다. 대부분의 정보기관들은 상대국에 연락관(liaison officer)을 주재시켜 상호 협력하고 있다.

3. 신호정보

(1) 의의

신호정보는 더욱 다양한 방법으로 수집되며 이를 보다 상세히 설명하면 다음과 같다.

(2) 통신정보(communication intelligence, COMINT)

인간의 통신수단, 즉 음성, 모르스 부호(Morse), 전화회선, 공중파, 팩스밀리, 이메일 등을 감청 혹은 도청하여 수집한 정보를 말한다. 수집된 정보가 암호화되어 있을 경우에는 암호해독(cryptology)과정이 필요하다. 암호해독 정보는 가장 고전적이고 대표적인 통신정보 가운데 하나이다. 또한 1999년 11월 세계적으로 관심의 대상이 되었던 미국의 에셜론(Echelon) 시스템도 통신정보 수집수단의 하나이다.

(3) 전자정보(electronic intelligence, ELINT)

레이더 신호 등 비통신용 전파를 탐지하여 수집하는 정보를 말한다. 예를 들어 화재 통제용 레이더 신호를 분석하면 레이더와 연결된 총기나 미사일의 능력을 파악할 수 있다.

(4) **외국장비신호정보(foreign instrumentation signals intelligence, FISINT)**

외국의 각종 장비에서 방출되는 신호를 포착하여 수집하는 정보를 말한다. 예를 들어 항공기나 미사일의 원격조정신호를 포착하여 유도장비 내용, 연료소모량, 로켓의 스테이징(로켓이 분리된 후 다음 점화까지의 일련의 작업) 및 기타 계측기 신호 등을 분석하면 항공기나 미사일의 특징과 운용상태의 파악이 가능 하다.

(5) **레이저 정보(laser intelligence, LASINT)**

레이저 등 유도에너지 빔을 분석하여 수집하는 정보를 말한다. 이들 정보를 분석하면 상대방의 각종 무기나 장비의 위치, 운용상태 등을 파악할 수 있다.

(6) **레이더 정보(radar intelligence, RADINT)**

레이더로 적의 항공기 등 각종 장비를 추적하여 수집하는 정보를 말한다. 레이더 정보를 통하여 항로를 분석, 항공기 등 비행물체의 운용상태를 파악하며 반사레이더 신호를 분석하여 비행물체의 물리적 특성에 관한 정보를 얻을 수 있다.

(7) **적외선 정보(infrared emissions intelligence, IRINT)**

적외선 방사현상을 수집하여 얻어진 정보를 말한다. 이는 적외선을 이용하여 야간 등에 영상정보를 획득하는 것과는 다르며(그것은 영상정보에 해당), 미사일 발사 후 나타나는 버섯구름을 추적하여 미사일 발사사실을 알아내는 방법 등 조기경보 위성에서 주로 사용하는 방법이다.

(8) **핵정보(nuclear intelligence, NUCINT)**

방사능 물질과 방사현상(emissions) 및 파편(debris) 등을 수집하여 얻어지는 정보를 말한다. 이런 정보들을 이용하면 핵무기의 설계 및 핵 출력 중의 추정이 가능하다.

(9) **기타의 정보**

엄격한 의미에서의 신호정보에는 해당되지 않으나 지진계를 이용하여 지하 핵실험의 관찰이 가능하며, 방사능 및 방사능 낙진감지 장치나 섬광감지 장치를 통해 지상 핵실험 내용을 파악할 수 있고, 수중파 탐지 장치를 통해 잠수함의 이동상황을 관찰할 수 있다.

4. 영상정보

영상정보(imagery intelligence, IMINT)는 항공기, 인공위성 및 기타 수단을 이용하여 촬영한 사진을 의미한다. 영상정보는 위성전자사진(satellite electronic photography, SATINT), 레이더 영상사진(radar imagery, RADINT), 전통적인 항공사진(conventional aerial photograph, PHOTINT) 등으로 대별되며, 정찰용 항공기나 인공위성을 통해 수집한 영상자료들이 대표적인 영상 정보이다. 영상정보는 필름으로 촬영되는 경우도 있고 전자영상 시스템에 의해 촬영되는 경우 등 다양하며 영상정보를 통해 곡물 작황이나 생산량을 추정할 수도 있다.

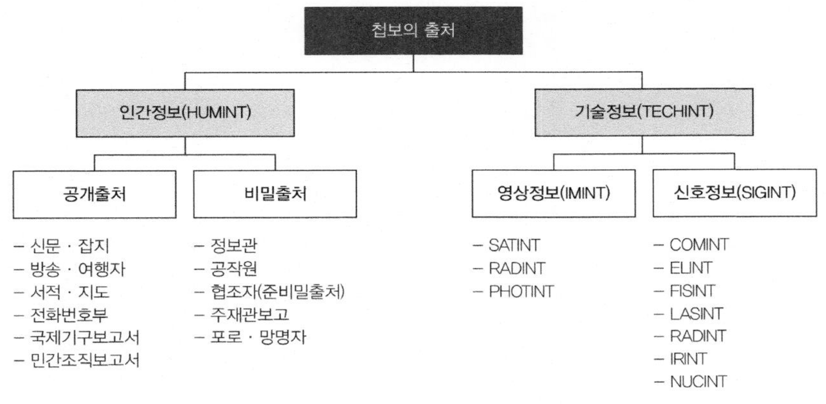

[첩보의 출처]

수집방법	출처 및 대상	사례
인간정보 (HUMINT)	공개출처	신문 · 잡지, 방송 · 여행자, 서적 · 지도, 전화번호부, 국제기구보고서, 민간조직보고서
	비밀출처	정보관, 공작원, 협조자
	준비밀출처	주재관 보고, 포로 · 망명자
기술정보 (TECHIINT)	영상정보	SATINT, RADINT, PHOTINT
	신호정보	COMINT, ELINT, FISINT, LASINT, RADINT, IRINT, NUCINT

Theme

13 인간정보(Human Intelligence, HUMINT)

I 의의

① 첩보의 세계에서 HUMINT라고 부르는 인간정보는 여러 가지 의미를 가진다. 일반적으로 HUMINT는 비밀리에 첩보활동을 수행하는 사람, 즉 스파이를 의미한다.

② 그러나 때로는 사람을 활용하여 첩보를 수집하는 활동 자체를 뜻하기도 하고, 또는 그러한 활동을 통해서 생산된 지식을 의미하기도 한다.

③ 요컨대 인간정보란 사람을 활용하여 첩보를 수집하는 활동 또는 그러한 활동을 수행하는 사람 그리고 그러한 활동을 통해서 획득된 지식 등을 포함하는 복합적인 의미를 가진다.

④ 물론 사람이 수집한다고 해서 모두 HUMINT라고 칭하지는 않는다. 공개정보 수집 활동은 사람을 활용했다고 할지라도 HUMINT로 인정되지 않는다. 따라서 HUMINT는 인간을 활용하여 비밀리에 수행된 첩보수집활동만을 뜻하는 것으로 한정된다.

⑤ 한편 첩보수집을 위한 하나의 수단으로서 HUMINT는 적에게 스파이 행위의 사실이 노출될 위험이 있고, 첩보활동을 수행한 자가 적에게 붙잡혀서 생명을 잃게 될 수 있다.

⑥ 이처럼 HUMINT는 위험 부담이 크기 때문에 공개정보 수집이나 기술정보 수집활동으로는 원하는 정보를 획득할 수 없는 특별한 경우로 제한하여 가급적 최후의 수단으로 활용되어야 할 것이다.

Ⅱ 고전적인 유형의 첩보활동

1 의의

① 인간정보활동은 가장 고전적인 유형의 첩보활동으로서 인류의 탄생과 더불어 시작되었다. 인간은 자신과 자신이 속한 가족이나 집단의 안전을 위협하는 타 집단의 동향을 파악하기 위해 첩자를 활용한 첩보수집활동을 전개했던 것이다. 국가의 생성과 더불어 타 국가 또는 세력으로부터 자국의 생존을 유지하기 위해 첩보활동이 더욱 본격적으로 전개되었다.

② 동서양 모두 약 4천 년 전부터 첩자를 활용하여 정탐활동을 수행했던 기록이 남아 있다. 앞 장에서 기술했듯이, 지금으로부터 약 4천 년 전 고대 이집트에서 적정을 탐지한 내용이 '히에로글리프(hieroglyph)'에 기록되어 전해지고 있다. 아마도 이것이 세계에서 가장 오래된 첩보수집활동에 관한 기록으로 생각된다.

③ 동양에서도 「좌전(左傳)」에 약 4천 년 전 하(夏)나라 첩자 여애(女艾)의 행적이 짤막하게 남아 있고, 이후 중국의 춘추전국시대 들어서서 첩자들의 활동에 관해 많은 기록들이 남아 있다.

2 손자병법

춘추시대 말인 기원전 600년경에 저술된 「손자병법」은 역사상 최고의 병법서로 평가받고 있는데 첩자의 종류와 역할에 대해서 타의 추종을 불허할 정도로 정교하고 체계적인 이론을 전개하고 있다.

생각넓히기 | 첩자를 활용한 첩보수집의 의미와 중요성

총명한 군주와 현명한 장수가 움직이기만 하면 적을 이기고 출중하게 공을 세우는 것은 먼저 적정을 알고 있기 때문이다. 먼저 적정을 안다는 것은 귀신에게 물어서 알 수 있는 것도 아니고 유사한 사례에 비추어서도 알 수 없고 일정한 법칙에 의해 파악되는 것도 아니다. 반드시 사람, 즉 첩자를 통해 적정을 알아야 한다.

3 스파이(또는 첩자)

(1) 의의

① 사람들의 머릿속에 정보활동이라 하면 스파이(또는 첩자)들을 떠올리게 된다. 그만큼 스파이들의 활동은 정보활동의 핵심적인 요소이다. 손자는 첩자를 효과적으로 활용하게 되면 매우 적은 비용으로 전쟁에서 승리할 수 있다고 주장했다. 이처럼 첩자는 전쟁의 승패는 물론 국가의 생존과 번영에 결정적인 영향을 미칠 수 있는 중요한 존재로 인식된다.

② 실제로 동서양의 역사 속에서 무수한 첩자들의 활약상을 엿볼 수 있다. 우리나라에서도 고구려의 첩자 도림이 백제에 암약하여 개로왕을 파탄지경에 빠뜨리는 이야기가 삼국사기에 전해져 온다.

③ 알렉산더 대왕, 시저, 나폴레옹, 칭기즈칸 등 역사적으로 뛰어난 정복자들은 거의 예외 없이 첩자들을 활용한 첩보활동을 효과적으로 전개하여 수많은 전투에서 승승장구할 수 있었다.

④ 군주론의 저자로서 유명한 미키아벨리, 로빈슨 크루소의 저자인 다니엘 디포우, 영국의 소설가 서머싯 몸, 미국의 소설가 헤밍웨이 등 우리에게 알려진 인물들 중에 첩자로 활동한 경력이 있다.

(2) 첩자(諜者)의 의미

① 본래 첩자(諜者)라는 단어에서 첩(諜)은 동사로서 '몰래 엿본다', '살핀다'라는 뜻을 갖고 있어 '몰래 엿보는 자'라는 의미로 해석된다.

② 손자는 이를 '틈새'라는 의미로서 '간(間)'이라고 불렀으며, 첩(諜)과 합쳐서 간첩(間諜)이라는 단어가 파생된 것으로 보인다. 그러므로 '간첩'을 글자 그대로 해석하면 '틈새를 엿보는 사람'이라는 의미를 가진다.

③ 나라마다 시대마다 첩자를 각기 다양한 용어로 표현하고 있다. 첩자를 의미하는 용어로서 영어권에서는 spy, espionage, agent, source, the Fifth Column(제5열), fraktsiya(프락치) 등이 있다.

④ 순 우리말에서 첩자를 '발쇠꾼' 또는 '샛꾼'이라 하는데, 남의 비밀을 살펴다가 다른 사람에게 넌지시 알려주는 행위를 '발쇠'라 하며, 그런 일을 하는 사람을 '발쇠꾼'이라 한다.

⑤ 이 밖에 중국과 한국의 역사 속에서 첩자는 간인(間人), 향도(嚮導), 세작(細作), 행인(行人), 반간(反間), 밀정(密貞) 등 다양한 용어로 불렸다.

Ⅲ 정보관(intelligence officer, 또는 handler)

1 의의

① 첩보활동을 수행하는 사람들은 역할에 따라 크게 두 종류, 즉 정보관(intelligence officer, 또는 handler)과 첩보원(source)으로 나뉠 수 있다. 정보관은 정보기관에 소속된 정보요원이고, 첩보원은 정보관에게 첩보를 제공하는 사람을 뜻한다.

② 정보관은 첩보원과 접촉을 유지하면서 본부로부터 받은 지령(instructions)을 전달해 주고, 필요한 접촉 수단을 제공해 주는 등 첩보원과의 교류가 원활하게 이루어지도록 여건을 조성하는 책임을 맡고 있다.

③ 인간정보에 활용되는 첩보원으로는 주로 외국인 관료들이 많이 활용된다. 이들은 자신의 직위를 이용하여 중요한 정보자료에 접근할 수 있기 때문이다. 이 밖에 망명객, 이주민, 포로, 여행객, 유학생, 신문기자, 상사 주재원 등 다양한 유형의 일반인들이 첩보원으로 활용된다.

2 정보관의 유형: 공직 가장과 비공직 가장

(1) 의의

① 정보관은 주재국 정부로부터 주목을 받지 않도록 여러 가지 형태로 자신의 신분이나 행동을 '가장(cover)'한다.

② 예를 들어 주재국에 입국하게 된 동기, 재정적으로 자금을 어떻게 조달하고 있는지 그리고 대상 목표를 만나는 구실 등을 적절히 가장한다. 가장은 '공직 가장(official cover)'과 '비공직 가장(nonofficial cover)'으로 구분된다.

③ 공직 가장은 외교관이나 해외에 공직 직함을 가진 정부 관료로 신분을 위장하는 것을 말한다. 비공직 가장은 상사주재원, 신문기자, 여행자 등으로 신분을 위장하는 것으로서 때로 국적까지 다르게 할 정도로 철저히 신분을 가장한다.

④ 러시아에서는 이들을 각각 '합법적 정보관(legal officers)'과 '비합법적 정보관(illegal officers)'으로 칭하는데 그 의미는 다소 차이가 있다. 흔히 정보기관에서는 이들을 은어로 각각 '백색정보관(White officer)'과 '흑색정보관(Black officer)'으로 부르기도 하지만 공식적인 용어는 아니다.

(2) 공직 가장 정보관

① 공직 가장 정보관은 주재국의 대사관에서 외교관 신분으로 근무하기 때문에 국제법적으로 면책특권을 가지고 있다.

② 공식적인 외교관계가 수립되면 첩보활동도 국제법에 의해 보호된다. 따라서 스파이행위를 수행했던 사실이 드러나더라도 국제법 규정에 따라서 주재국에서 PNG 또는 국외추방 등의 조치를 취하는 것으로 해결된다.

③ 공직 가장 정보관은 공직 외교관으로서 의심받지 않고 주재국의 요인들을 자유롭게 접촉할 수 있으며, 주재국에서 활동하는 타국 외교관들과의 교류를 통해서 자연스럽게 첩보를 수집할 수 있는 등의 장점이 있다.

④ 또한 공직 가장 정보관은 외교 행낭(파우치)을 통해 본부와 공식적인 연락체계를 유지할 수 있으며, 급여 이체 등 행정적인 편의도 얻을 수 있다.

⑤ 그러나 외국 대사관에는 소수의 인원이 근무하기 때문에 주재국 방첩기관에 정보관의 신분이 쉽게 노출될 수 있다. 그가 정보관인지 여부는 미행감시, 통화감청, 아파트 도청 등 다양한 방법을 활용하여 파악할 수 있다.

⑥ 외교관으로 가장하게 될 경우 주재국의 외교관이나 안보 관련 분야에 근무하는 관료들과 접촉하는 것이 용이하지만, 외국 관료와의 접촉을 꺼리는 일부 내국인 요인들과의 접촉은 더욱 어려워질 수 있다.

⑦ 만일 주재국과의 전쟁이나 위기 상황이 발생하여 외교관계가 단절되면 외교관 신분으로 가장한 정보관들도 주재국을 떠나야 하기 때문에 가장 정보가 필요한 시기에 정보를 얻을 수 없게 되는 낭패를 보게 될 뿐만 아니라 그동안 애써 구축해 놓은 첩보망이 일거에 소멸될 수도 있다.

(3) 비공직 가장 정보관(nonofficial-cover officials, NOCs)

① 비공직 가장은 공직 가장과 비교하여 정반대의 장단점을 가진다. 비공직 가장 정보관(nonofficial-cover officials, NOCs)은 사회의 다양한 계층이나 전문가로 가장할 수 있기 때문에 다양한 종류의 첩보원들(sources)을 접할 수 있다는 장점이 있다.

② 이들은 자국 국적의 지위를 유지하거나 또는 제3국 국적으로 가장하여 활동한다. 이들은 자신이 일하고 있는 정부와 관련이 없는 듯 가장함으로써 첩보원들(sources)과 밀접한 관계를 유지하는 가운데 유용한 첩보를 얻을 수 있다.

③ 주재국과의 전쟁이나 위기 상황이 발생하여 외교관계가 단절되는 상황에서도 이들은 여전히 주재국에 체류하면서 첩보활동을 지속할 수 있다는 장점이 있다. 또한 주재국 방첩기관에서도 이러한 비공직 가장 정보관의 존재를 여간해서 색출하기 어렵다.

④ 그렇지만 비공직 가장은 공직 가장에 비해 여러 가지 행정적인 어려움과 많은 비용을 수반한다. 우선 기업체나 사설기관에게 정보관을 자신의 임원으로 채용하도록 설득하는 일이 쉽지 않다. 그래서 보다 쉬운 방법으로써 정보관이 직접 기업체를 설립하든가 또는 대상 국가에 자신들이 체류하는 동기를 설득력 있게 제시할 수 있는 업무나 활동에 종사하기도 한다. 여기서 문제는 이렇게 가장하는 데 너무 많은 비용이 지출될 뿐만 아니라 가장이 그럴듯하게 보이기 위해서는 많은 시간과 노력이 소요된다는 점이다. 이처럼 가장하는 데 너무 많은 시간과 노력을 소비하다 보니 정작 본연의 임무인 첩보활동에 충분한 시간과 노력을 투여할 수 없는 상황이 발생한다.

⑤ 또한 비공직 가장 정보관은 의심스러운 행동으로 인한 신분 노출을 회피하기 위해 주재국 대사관의 통신수단을 활용할 수 없다. 이 때문에 본부와의 상호 연락이 매우 어렵다는 단점이 있다. 무엇보다도 비공직 가장 정보관은 외교관 신분이 아니기 때문에 스파이 행위가 발각되어 대상국 방첩기관에 체포되면 재판에 회부되어 그에 상응한 형벌을 받거나 때로 사형을 선고받고 목숨을 잃게 될 수 있기 때문에 위험부담이 매우 크다.

생각넓히기 | 냉전시대 미국과 소련의 가장 방식 비교

CIA와 KGB 공히 언론매체 등 각종 사회단체 종사자들로 신분을 가장하여 스파이활동을 수행했다. CIA에 비해 KGB가 상대적으로 신분가장을 더 많이 활용했던 것으로 알려졌다. 미국 CIA의 경우 공작원이나 협조자를 언론사, 종교단체, 외교관, 상사 주재원 등을 가장했었는데 종종 소속단체의 구성원이 정보활동과 무관한 인물임에도 불구하고 KGB의 의심을 받아 생명의 위협을 감수해야 하는 등 여러 가지 문제가 발생하였다. 예를 들어 CIA 요원이 언론사 해외특파원으로 가장하여 활동하는 경우가 많았기 때문에 신문기자들이 스파이로 오인되어 살해되거나 불이익을 당하는 사례가 종종 발생했다. 이에 따라 미국의 언론사에서 CIA측에 신문기자로 신분가장하지 말 것을 공식적으로 요청하는 일도 있었다. CIA와 유사하게 KGB도 요원의 신분을 가장하는 수단으로 공직 외교관은 물론 에어로플롯(Aeroflot)과 같은 민간기업체 또는 TASS 통신 등의 언론사를 활용하였다. 신분가장 수단을 활용함에 있어서 CIA와 KGB의 차이점은 기만공작과 망명자 활용에서 드러난다. 냉전시대 소련으로부터 미국으로 망명하는 대부분의 사람들은 합법적이고 정상적인 망명객이다. 그러나 그들 중에는 CIA에 기만정보를 유포할 목적으로 KGB가 보낸 이중간첩도 있었다. 대표적인 인물로 1960년대 노센코(Yuri Nosenko), 1980년대에는 유첸코(Vitaly Yrachenko)가 있다. 이처럼 KGB는 망명객으로 위장하여 기만공작을 전개했는데, 이와 대조적으로 CIA는 그러한 방식은 전혀 활용하지 않았던 것으로 알려졌다.

3 냉전시대 미국이나 서방국가들의 정보관

(1) 의의

① 냉전시대 동안 미국이나 서방국가들은 소련 지도자의 의도, 소련의 군사력 수준, 서방에 대한 소련 정보기관의 활동 등을 파악하기 위해 스파이들을 활용했다.

② 그러나 소련 방첩기관들이 소련 내 거주하는 외국인들에 대해 집중적으로 감시활동을 전개했기 때문에 미국이나 서방 정보기관들은 비공직 가장보다는 주로 공직 가장을 통한 첩보수집활동을 전개했던 것으로 나타난다.

③ 미국의 경우 대사관 내 CIA 요원과 국방부 무관이 공직 가장 정보관으로 활동하고, 육·해·공 첩보부대가 한국, 일본, 독일 등 해외에 주둔하면서 첩보원 또는 협조자를 모집하여 첩보수집활동을 전개했다.

④ 미국이 운용하는 첩보부대로는 '육군정보단(Army Intelligence and Security Command)', '168 특수기동대(Task Force 168)', '공군정보단(Air Force Special Activities Center)' 등이 있다.

(2) CIA

① CIA의 경우 해외에 '거점(station)'을 두고 최고책임자를 '거점장(the Chief of Station, COS)'이라고 칭했다.

② 해외 거점은 국가마다 규모가 다양했는데, 작은 거점에는 CIA 요원이 수 명에 불과한 반면 필리핀처럼 150명이 근무하는 큰 거점도 있었다.

③ 이들은 모두 대사관에서 근무하는 공직 가장 정보관이지만 직위나 직책은 각기 다양했다. 이들은 주로 공식적이고 합법적으로 활동하지만 때로 비밀리에 불법적으로 첩보수집활동을 수행하다가 발각되어 주재국 방첩기관에 체포되거나 PNG를 당하기도 하며, 그러한 사례들이 종종 언론에 보도되곤 한다.

4 소련의 정보관

(1) 의의

① 한편 미국이나 서방세계에서는 거주나 생활환경이 공산권 국가들에 비해 훨씬 자유롭기 때문에 첩보활동 여건이 양호하다.

② 따라서 소련은 공직 가장은 물론 비공직 가장 정보관들을 활용하여 활발하게 첩보활동을 전개했다.

③ 세계 첩보사에 널리 알려진 소련 스파이들로서 조르게(Richard Sorge), 라이바 돔(Leiba Domb), 코논 트리피모비치 몰로디(Konon Trifimovich Molody) 등은 모두 비공직 가장 정보관이다.

(2) 조르게(Richard Sorge)

① 세계 첩보사에서 최고의 스파이로 불릴 만큼 명성을 날렸던 조르게(Richard Sorge)는 소련 군 정보기관인 GRU의 첩보원으로서 독일 주요 신문의 특파원으로 가장하여 1930년대부터 1941년 가을 일본 경찰에 체포될 때까지 중국과 일본에서 첩보활동을 활발히 전개했다.

② 그는 일본 도쿄 주재 독일 대사관의 대사를 비롯한 관료들과의 친밀한 관계를 활용하여 독일과 일본의 전쟁계획에 관한 극비 정보를 입수할 수 있었다. 체포되기 직전 조르게는 모스크바에 "소련의 극동지역은 일본의 공격으로부터 안전할 것"이라고 보고했다.

③ 조르게의 보고서에 따르면, 일본은 소련을 공격하지 않기로 결정했으며, 그 대신 미국 태평양 남부와 동부 지역 그리고 동남아시아 지역의 영국과 네덜란드령 식민지를 공격할 것으로 예상했다. 조르게의 보고서를 받고 나서 스탈린은 극동 지역에 배치된 수만 명의 소련군을 모스크바로 외곽 지역으로 이동시켜 1941～1942년 겨울 독일의 공격을 막을 수 있었다.

④ 돌이켜 보건대, 소련이 모스크바 외곽 지역에서 독일군의 공격을 격퇴시킨 것이 전쟁의 승패를 가르는 중요한 분수령이 되었다. 그런 점에서 그가 제공한 정보는 소련이 독일군에게 승리하는 데 결정적으로 기여한 요인이 되었던 것으로 평가된다.

(3) 라이바 돔(Leiba Domb)

① 폴란드 태생 유태인이었던 돔(Leiba Domb)은 나중에 소련 GRU의 요원이 되었는데 1939년부터 유럽에서 유령 민간업체를 설립하여 유럽 전역에 걸쳐 광범위한 첩보활동을 전개하였다.

② 돔은 캐나다 출신 사업가 진 길버트(Jean Gilbert)로 위장하여 시멕스코(Simex Company)라는 유령 무역회사를 세웠고, 1년 후에는 파리에 시멕스 컴퍼니(Simex Company)라는 또 다른 유령회사를 설립하여 200여 명에 가까운 첩보원을 거느렸다.

③ 돔은 유럽 지역에서 독일군의 동향을 파악하는 데 중점을 두고 첩보수집활동을 전개했는데 히틀러의 독일 침공 계획인 '바바로사 작전(Operation Barbarossa)의 정확한 개요를 소련에 제공하였다. 그러나 실망스럽게도 스탈린은 돔이 보내온 정보를 믿지 않았다.

④ 1941년 6월 22일 마침내 독일이 소련을 침공하는 사건이 발생하자 그의 정보가 정확했던 것으로 인정되었다. 이후 독일군의 병력 배치와 작전계획에 대한 많은 정보들을 무전기를 통해 모스크바로 송신했고, 그러한 과정에서 그를 추적하던 독일 방첩기관 압베르에게 체포되었다.

(4) 코논 트리피모비치 몰로디(Konon Trifimovich Molody)

① 1950년대 KGB의 가장 대표적인 스파이망은 '포틀랜드 스파이 링(Portland Spy Ring)'이다. 이 조직의 우두머리는 고든 론즈데일(Gordon Lonsdale)로 알려졌는데 그의 본명은 코논 트리피모비치 몰로디(Konon Trifimovich Molody)이다.

② 그는 1922년 모스크바에서 과학자의 아들로 태어났다. 소년 시절에는 숙모가 살고 있었던 캘리포니아 버클리에서 공부했고, 1938년 다시 소련으로 귀국했다. 그 후 소련 해군에 입대했다가 정보부에 채용되어 1945년 캐나다에 잠입했다. 그는 사망한 가짜 고든 론즈데일의 여권을 손에 넣었고, 그때부터 고든 론즈데일 행세를 했다.

③ 1955년 그는 캐나다에서 미국을 거쳐 영국으로 들어갔다. 영국에서 KGB의 공작금으로 슬롯머신 임대회사를 차렸는데 그가 술회한 바에 따르면 사업이 번창하여 KGB에 많은 이익을 남겨주었다고 한다.

④ 1955년부터 1961년까지 6년 동안 런던에 있으면서 론즈데일은 크로거 부부(Helen and Peter Krogers)라는 가명으로 런던에서 스파이활동을 활발하게 전개했던 코헨 부부(Lona and Morris Cohen), 헤리 호튼(Harry Houghton), 에델 지(Ethel Gee) 등 여러 명으로 구성된 스파이 조직을 거느렸다. 그런데 1961년 CIA의 첩자로서 폴란드 UB(보안경찰)에 근무하고 있었던 미하일의 제보를 받고 영국 보안기관인 MI5가 이들의 행적을 추적하여 마침내 체포하게 되었다.

5 이스라엘, 동독, 중국의 정보관

(1) 엘리 코헨

① 엘리 코헨이라는 이스라엘 정보관은 국적을 위장하여 스파이활동을 효과적으로 전개한 대표적인 사례로 알려졌다.

② 이집트 태생의 유태인으로서 코헨은 그의 나이 32세 되던 해인 1956년 이스라엘로 이주하여 이스라엘 정보기관에 자원하여 근무했다.

③ 1961년 모사드는 그를 아르헨티나로 보내 카말 아민 타벳(Kamal Amin Taabet)이라는 가명의 아랍 사업가로 신분을 세탁시켰다. 그는 아르헨티나에 거주하는 시리아 출신 국외추방자 집단들과 친밀한 관계를 맺은 다음 1962년 초 시리아의 다마스커스로 진출했다. 아르헨티나의 부에노스 아이레스에서 새로 사귄 시리아 친구의 소개장을 활용하여 코헨은 운 좋게도 시리아의 최고위 지배 권력층에 끼어들 수 있었다.

④ 코헨은 한때 새로 들어선 바티스트(Ba'athist) 정부와 추방당한 전직 시리아 대통령 간의 밀사 노릇을 하기도 했으며, 시리아 정부 내각에서 관료로 지명될 정도의 위치까지 올라갔다. 이후 3년간에 걸쳐 시리아의 정치, 군사, 외교 문제들에 대한 스파이활동을 전개하다가 시리아 방첩기관에 체포되어 1965년 5월 교수형을 당했다.

(2) 귄터 기욤(Gunter Guillaume)

① 일반적으로 많은 비공직 가장 정보관들이 이민자로 가장하여 주재국에 잠입한 다음 스파이활동을 전개하기도 한다. 이민자와 방문객들을 많이 받아들이는 국가에서 스파이들은 보다 쉽게 신분을 가장하여 첩보활동을 수행할 수 있다. 그러나 국경 경비를 엄중하게 하고 방문객들에 대해 철저한 경계를 유지하면서 이민자를 많이 수용하지 않는 국가에서는 비공직 가장 정보관의 신분 가장이나 스파이활동 여건이 어렵다.

② 이민자로 가장하여 스파이활동을 전개했던 대표적인 사례로서 슈타지 역사상 최고의 스파이라는 명성을 얻었던 귄터 기욤(Gunter Guillaume)을 들 수 있다. 귄터 기욤은 1927년 베를린에서 태어났다. 그의 아버지는 1948년에 자살했는데 아내의 배신 때문이었다고 한다. 이후 그는 슈타지의 해외담당 기관인 HVA 소속 정보관인 파울 라우퍼(Paul Lauper)에게 발탁되어 스파이 교육을 받고 서독으로 보내졌다.

③ 기욤은 같은 슈타지 요원인 크리스텔과 결혼한 후 슈타지 요원이라는 사실을 숨기고 망명자로 가장하여 1956년 서독으로 이주했다. 이후 서독 사회민주당에 입당하였고, 얼마 지나지 않아 당내 중책을 맡게 되었다. 1969년 서독 의원선거에서 사회민주당과 자유민주당의 연합 정권이 승리하여 빌리 브란트가 수상이 되었고, 기욤은 그의 최측근 비서로 근무하게 되었다.

④ 기욤은 유능하고 사교성이 있어서 수상 관저에서 중요한 일을 맡아 처리했고, 기밀문서에 접근이 용이한 점을 이용하여 동독에 중요한 정보들을 제공하였다. 특히 그는 브란트 수상이 무슨 생각 또는 계획을 갖고 있는지를 동독에 수시로 전달하는 임무를 수행했다. 그는 빌리 브란트 서독 수상의 최측근 비서로 근무하면서 중요한 국가기밀을 동독으로 빼돌린 행위로 1974년 4월 체포되었다. 브란트 수상은 기욤이 스파이였다는 사실에 충격을 받았고 곧바로 사임했다.

(3) 중국의 정보관

① 최근 중국은 주로 비공직 가장 방법을 활용하여 미국에서 첩보활동을 효과적으로 수행하고 있는 것으로 알려졌다.

② 중국은 기업체 주재원, 교환학생 프로그램, 과학자 파견 등 다양한 종류의 비공직 가장 기법을 활용하고 있다. 중국 정보기관은 중국에서 미국으로 이민해 온 후 첩보활동을 수행하기 오래 전에 영주권을 취득한 자를 일종의 '잠복공작원(sleeper agents)으로 활용해 왔다. 중국은 이처럼 광범위한 비공직 가장 정보관을 활용하여 미국의 첨단 과학기술에 관한 정보를 수집하고 있다.

③ 미국은 민간부문의 상업활동이 매우 공개적이고 미국 내 중국계 사회의 규모가 워낙 크기 때문에 그 속에 공작원이 정착하여 첩보활동을 수행하기에 좋은 여건을 갖추고 있다.

생각넓히기 | 케임브리지 5인방(The Cambridge Five) 사건

1. 의의

① 케임브리지 5인방은 제2차 세계대전 때부터 1950년대 중반까지 영국 정보 요원으로 소련을 위해 일한 소련의 인간정보요원들이다. 그들은 독일을 위해 일하는 것처럼 가장하며 소련의 역정보를 독일 나치에 흘리는 역할도 했다. 5인방은 킴 필비(Kim Philby), 맥클린(Donald Duart Maclean), 가이 버기스(Guy Burgess), 앤서니 블런트(Anthony Blunt), 존 카이른크로스(John Cairncross)로 알려져 있다. 그들 외에도 적지 않은 동조자가 더 있었던 것으로 알려졌다. 5인방의 휴민트 활동은 정보역사상 미국과 영국 정보당국을 경악시켰고, KGB가 지휘한 서방세계 인간정보 침투의 대표적인 사건이었다.

② 그중에서도 킴 필비는 다수의 미국과 영국 비밀 요원들의 명단을 KGB에 넘겨줘 그들이 처형되게 함으로써 미국과 영국의 정보체계에 커다란 타격을 안겨주었다. 케임브리지 5인방은 케임브리지 스파이 링(Cambridge Spy Ring)으로도 알려져 있다. 그들은 모두 영국의 최고 명문인 케임브리지 대학 출신들로서, 1930년대 대학 재학 중에 KGB에 장학생으로 포섭되었다. 그들은 대학을 졸업한 후에 영국 보안부(MI5) 등 정보기구에 진출해 성공적인 진급을 보장받았던 인물들이다.

③ 그들은 제 각각 포섭되어 장기간의 인간정보(HUMINT) 활동 계획에 따라 치밀하게 움직였다. 그들은 케임브리지 대학의 동아리 모임으로, 1820년에 창설된 비밀모임인 '케임브리지 사도(Cambridge Apostles)'의 회원이었다.

2. 맥클린(Donald Duart Maclean) 사례

① 맥클린은 케임브리지 대학 졸업 후 영국 외교관으로 진출했다. 그 후 외교관 신분으로 영국 비밀정보부(MI6), 그리고 보안부(MI5)의 외교라인에 근무했다. 그는 영국 자유당의 당수였던 도널드 맥클린(Donald Mclean)의 아들로 KGB 요원 월터 크리비츠키(Walter Krivitsky)에게 포섭되었다. 맥클린은 영국 비밀정보부에서 일하면서 미국 트루먼 대통령과 영국 처칠 수상의 비밀 대화를 감청하여 영국과 미국의 전후 독일처리 구상을 KGB에 넘겼다.

② 스탈린은 맥클린의 뛰어난 인간정보 활동으로 서방세계 중심의 전후 구상을 사전에 알아차렸다. 덕분에 스탈린은 제2차 세계대전 중 테헤란 회담(Tehran Conferences), 전후 처리 문제를 위한 얄타 정상회담(Yalta Conference), 포츠담 선언(Potsdam)에서 치밀하게 대비할 수 있었다. 결국 소련은 미국과 영국의 일방적인 전후 구상을 배제시킴으로써 역사의 나침반을 상당 부분 후퇴시켰다.

③ 또한 맥클린은 전후 미국에 의한 서방경제복구 계획인 마셜 플랜(Marshall Plan)도 입수해서 KGB에 넘겨줬다. 마셜 플랜, 즉 유럽부흥계획(European Recovery Program, ERP)은 독일의 전쟁 배상금을 유예하고 미국의 자본주도하에 서방국가의 경제 부흥을 도모하자는 것이었다. 그러나 무역수지가 거의 없었던 소련은 독일에게 받을 전쟁 배상금이 전쟁으로 황폐화된 소련을 복구할 수 있는 유일한 재정이었다. 그래서 소련은 패전국 독일의 직접 배상을 강력히 주장했다. 소련은 결국 독일로부터 5년 동안 제조물자, 자동차, 실물 건축 등 현물로 배상한다는 약속을 받아 내 전후 급격히 경제회복을 할 수 있는 초석을 마련했다.

④ 일련의 국가안보계획의 사전 누출을 의심한 미국 정보당국은 조사에 착수했다. 1949년 연방수사국(FBI) 특별수사관 램피어(Robert Lamphere)는 간첩용의자 색출 임무를 부여받았다. 그는 1944년부터 1946년 사이에 미국 내 영국 대사관 직원들이 KGB에 많은 메시지를 전송한 사실을 발견했다.

⑤ FBI의 수사착수 직후 당시 CIA의 방첩공작 총책임자였던 앤젤톤과 각별한 사이였던 영국 MI6의 킴 필비(Kim Philby)가 CIA와 FBI 그리고 국가안보국(NSA)의 리에종, 즉 연락 총책임자로 부임했다. 그런데 케임브리지 5인방이었던 킴 필비는 리에종 활동으로 미국 정보수사당국의 움직임을 사전에 정확히 꿰뚫고 방첩활동에 대처했다.

⑥ 영국 비밀보안부(MI6)의 고위책임자였던 킴 필비는 KGB를 위해 암약한 이중간첩으로, 그가 연락관에 자원한 것도 KGB의 지령에 따른 것이라고 한다. 한편 맥클린은 FBI의 수사망이 좁혀 오자 자신의 38번째 생일날 프랑스를 통해 러시아로 도주했다. 이 같은 맥클린의 인간정보 활동은 제2차 세계대전 중 소련을 위한 결정적인 내용의 스파이활동으로 평가된다. 그의 간첩 활약으로 소련은 1948년 성공적으로 베를린 장벽을 완성할 수 있었고, 한국전을 개시할 수 있었다. 그는 활약에 대한 공헌으로 KGB에 의해 소련군 대령으로 추서되었다.

생각넓히기 | 로젠버그 스파이 사건(Rosenberg spying)

1. 로젠버그 스파이 사건은 미국 정보역사에서 오랫동안 많은 논란을 가져왔던 소련의 인간정보 사건이다. 1950년 연방수사국 FBI는 미 육군 신호정보부대의 로젠버그(1918~1953)와 그의 부인 에텔(1916~1953)을 간첩혐의로 체포했다. 로젠버그(Julius Rosenberg)와 에텔(Ethel)은 미국의 핵무기 정보자료를 소련에 넘겨줘 소련이 핵무기 개발을 성공하게 한 혐의를 받았다. 1918년 5월 2일 뉴욕 유대계 가정에서 태어난 로젠버그는 1939년 에텔과 결혼했다. 뉴욕 대학에서 전기공학을 전공한 로젠버그는 대학시절부터 젊은 공산주의 연맹(Young Communist League)의 지도자로 활약했다. 그리고 1940년부터 육군 신호정보회사(Army Signal Corps)의 레이더 장비 분야에 근무했다. 뉴욕에서 태어난 부인 에텔도 유대계 출신으로 선박회사 비서로 근무했다. 그때 노사분쟁에 연루되면서 젊은 공산주의 연맹에 가입하고 거기에서 로젠버그를 만났다. 로젠버그 부부는 1942년 노동절에 KGB에 포섭되었다. 그때부터 국가항공자문위원회에서 획득한 각종 자료와 핵무기에 대한 정보를 KGB에 제공했다.
2. 제2차 세계대전 중 미국과 소련은 동맹국이었지만 미국은 스탈린의 의도에 대해 상당한 의구심을 가졌다. 미국은 전쟁 중 핵무기 개발계획인 맨해튼 프로젝트(Manhattan Project)에 소련을 배제시키고 영국, 캐나다와 함께했다. 그러나 KGB는 서방세계에 진출해 있던 다양한 인간정보 활동으로 서구의 핵무기 개발계획을 이미 알고 있었다. 그래서 KGB는 캘리포니아 버클리 대학 등지에서 맨해튼 프로젝트에 침투하려고 수많은 시도를 했다. 그 당시 맨해튼 프로젝트 참가자 중에는 새로운 사상인 공산주의와 세계대전 중 소련의 역할에 대해 감사하는 마음을 가진 젊은이가 적지 않았다. 그들은 간첩활동이라는 개념도 없이 핵개발에 대한 부분적인 정보를 KGB에 알려 주었다.
3. 미국은 맨해튼 프로젝트에 고도의 보안조치를 했었다. 그러나 소련은 철저한 인간정보(HUMINT) 활동으로 맨해튼 프로젝트에 따라서 1945년 7월 16일 뉴멕시코주 알라모골드(Alamogold) 사막에서 인류최초로 핵실험에 성공한지 채 4년이 되지 않은 1949년 핵무기 개발에 성공했다. 미국은 핵무기를 개발하는 데 지극히 어려운 실험과정을 거쳤기 때문에, 소련의 경우 상당기간 핵무기 개발이 어려울 것이라고 판단했었다. 그런데 소련이 핵무기 개발을 조기에 성공시키자, 미국과 영국의 정보당국은 적지 않게 당황했다. 미국과 영국은 결국 소련의 핵실험 성공은 자체 개발이 아니고 국가정보 유출로 결론짓고 본격적인 수사에 착수했다. 수사결과 소련에게 맨해튼 프로젝트의 핵무기 정보를 넘겨 준 사람이 여럿 있었다.
4. 1950년 미국과 영국의 정보당국은 먼저 독일 출신 난민으로 영국을 대표해 참가한 물리학자 클라우스 푹스(Klaus Fuchs)가 핵심 자료를 소련에 제공한 혐의를 포착했다. 푹스의 자백을 통해 정보당국은 1950년 5월 23일 푹스를 소련에 연결해 준 해리골드(Harry Gold)를 체포했다. 해리 골드는 핵실험 정보를 소련에 전달하는 통로로 활동했다. 맨해튼 프로젝트 실험실 화학자로 일한 해리 골드는 스웨덴에서 태어난 유대계 러시아 인으로 사회주의에 심취해 공산주의 활동에 자주 참가했다. 최고급 기밀부서였던 알모스 실험실(Los Alamos laboratory)의 기계기사 데이비드 그린글래스(David Greenglass) 역시 핵실험 정보를 소련에 넘겨준 혐의로 체포되었다. 데이비드가 바로 에텔의 친오빠였다. 에텔은 오빠로부터 남편인 로젠버그를 포섭하라는 요구를 받았고, 남편을 설득하여 성사시켰던 것이다.

5. 로젠버그 부부는 국가방위와 관련된 정보유출을 금하는 간첩법(Espionage Act) 위반으로 1951년 3월 29일 기소되었다. 같은 해 4월 5일 사형선고를 받고 1953년 6월 19일 전기의자로 사형이 집행되었다. 핵무기를 소련에 안겨 준 로젠버그 휴민트 사건은 제2차 세계대전 후 세계를 미국과 소련의 양극체제로 재편시켰고, 인류를 핵 공포의 3차 세계전쟁의 위험에 떨게 한 직접적 계기가 되었다. 인간정보의 성공이 세계의 역사를 운명지은 결정적 계기로 작동했던 것이다. 당시 재판관 카프만(Kaufman)은 이들 부부의 인간정보 활동행위는 인류에 대한 죄악이라고 선언했다. 국가안보에 대한 간첩행위뿐만 아니라 이후 소련에 의해 야기되고 지원된 한국전쟁에서 수많은 사망자들을 낳았고, 세계에 공포를 불러일으킨 책임이 있다면서 다음과 같이 판시했다.
"피고인들의 범죄는 살인 이상으로 나쁜 범죄이다. 최고의 과학적 업적이었던 핵무기기술 자료를 유출함으로써 피고인들이 저지른 반역의 대가를 치르게 되어, 소련 공산주의가 한국을 침공해 무고한 수백만의 사람들을 죽게 만들었다. 피고인들의 반역(간첩)이 세계 역사가 미국에 불리하도록 작용하게 한 사실을 의심할 여지가 없다. 또한 우리 모두로 하여금 긴장의 연속에서 살게 만들었다."

Ⅳ 첩보원(source)

1 의의

정보관에게 정보를 제공하는 사람을 일반적으로 첩보원 또는 출처(source)라고 칭한다. 정보 가치가 비교적 높은 외국의 관리들이 첩보원으로 많이 활용되지만 상황에 따라 일반인들도 첩보원으로 이용된다.

2 첩보원의 종류

(1) '협조자'와 '공작원'

① 첩보원은 때로 '협조자'와 '공작원'으로 분류하기도 하지만 사실상 그 구분이 모호하여 서로 혼용되게 용어가 사용되기도 한다. 용어를 구태여 구분하자면 협조자는 협조하는 데 필요한 경비를 지원받아 정보수집에 협조하는 사람을 의미하고, 공작원은 협조자 중에서 정보기관에 공식적으로 채용되어 일정 보수를 받고 비밀정보활동을 수행하는 사람을 뜻한다.

② 공작원은 대체로 정보관의 통제를 받지만 협조자는 정보관의 통제하에 있지 않다. 때로 유능한 협조자는 공작원보다도 더 좋은 양질의 정보를 제공해 주기도 한다. 공작원의 경우 본인이 정보기관으로부터 보수를 받는 만큼 의식적으로 협조하게 되나 협조자의 경우 자신이 정보기관을 위해 일한다는 것을 알지 못한 채 무의식적으로 협조하는 경우도 많다.

핵심정리 정보관의 5단계 첩보 운용 과정

정보관은 첩보원의 물색, 평가, 모집, 관리 해고의 5단계 과정을 거쳐 첩보를 운용한다.

핵심정리 비정보요원(첩보원과 협조자)

1. 의의
   국가정보기구의 공식 직원이 아닌 비정보요원에는 정보대리인 또는 첩보원(Agent)과 협조자(Collaborator 또는 Walk-ins)가 있다. 정보의 세계에서 첩보원 또는 협조자는 다양한 용어로 불린다. 인적자산, 스파이, 간첩, 첩자, 정보요원, 정보자산, 두더지, 밀정, 제5열(第五列, Fifth column) 그리고 일본의 대가관계 첩자를 말하는 닌자(忍者) 등이 그것이다. 이들은 현지에서 자국에 대한 정보제공자로 정보관에게 발굴되어 채용됨으로써 일정한 계약 관계가 형성되어 정보활동을 하는 인간정보요원이다.
2. 첩보원
   이 경우에 정보관과 지속적인 관계를 맺는 첩보원의 입장에서는 정보관이 자신에 대한 조종관 또는 공작관이 된다. 첩보원은 자신의 지휘·통제자인 조종관에게 정보수집 활동을 지휘·감독 받게 된다.
3. 협조자
   반면에 협조자(Walk-ins)는 이념 등의 문제에서 전적으로 자유로운 신분이기 때문에 자발적으로 정보관의 정보수집 활동을 도와주는 사람이다. 그러므로 협조자는 언제라도 협조를 일방적으로 단절할 수 있다. 여하튼 첩보원과 협조자는 주로 현지인으로 모두 비공식적인 정보요원이다.
4. 결론
   첩보원이나 협조자는 정보관의 정보수집 활동을 지원하기 위해 필요한 존재들이다. 그래서 자발적이든 비자발적이든 간에 정보수집 목표에 접근할 위치와 능력이 있는 사람들 중에서 선정되어야 한다. 민간인인 경우도 적지 않지만 주재국 정부의 핵심적 지위에 근무하고 있어서 중요한 정보원천(source)에 접근할 수 있다면 매우 훌륭한 인적자산이 될 것이다.

(2) 포섭된 첩보원과 자발적 첩보원(walk-ins)

① 의의

채용되는 과정에서 첩보원은 크게 두 종류로 구분될 수 있다. 첫째, 정보관이 여러 가지 수단을 활용하여 포섭한 자가 있고, 둘째, 외국 정보기관에 자발적으로 협조하겠다고 자원한 자, 즉 '자발적 첩보원(walk-ins)'으로 분류될 수 있다. 자발적 첩보원 중에는 문자 그대로 외국 대사관으로 스스로 걸어 들어오는 경우도 있다.

② 포섭된 첩보원

정보관은 중요 정보에의 접근성을 우선적으로 고려하여 첩보원을 포섭하게 된다. 일반적으로 첩보원을 포섭하는 데 엄청나게 많은 시간과 노력이 요구되며, 갖은 노력에도 불구하고 포섭하는 데 실패하게 되는 경우도 많다. 포섭된 첩보원은 정보관이 사전에 그의 성격이나 동기를 충분히 관찰한 다음 포섭하기 때문에 대체로 신뢰도가 높다.

③ 자발적 첩보원

㉠ 자발적 첩보원은 포섭된 첩보원에 비해 신뢰성이 떨어진다. 자발적 첩보원은 자국에 관한 허위 또는 기만 정보를 유포할 목적으로 주재국의 정보기관에서 은밀히 보낸 자

일 수도 있다. 주재국 정보기관에서 상대국 정보기관의 정보활동 기법을 탐색할 목적으로 은밀히 침투시키는 경우도 있다. 또는 상대국의 정보관을 체포 또는 추방시키려는 목적에서 그를 함정에 빠뜨리기 위한 미끼로서 활용되는 자일 수도 있다.

㉡ 그렇다고 자발적 첩보원에 대해서 지나치게 의심하게 되면 손쉽게 얻을 수 있는 중요한 정보를 놓칠 수 있다. 세계 첩보사에서 드러나는 바, 자발적인 첩보원이 제공한 첩보를 전혀 신뢰하지 않고 무시하였는데 나중에 그것이 매우 가치 있는 정보였던 것으로 드러나는 일이 종종 있었다.

㉢ 첩보사에 알려진 대표적인 자발적 첩보원으로는 미국 CIA의 첩자로 암약한 펜코프스키(Olge Penkovskiy)와 필라토프(Anatoli Nikolaevich Filatov)가 있으며, 반대로 미국 정보기관에 근무하면서 구소련 KGB의 첩자로 암약한 에임즈(Aldrich Ames), 워커(John Anthony Walker, Jr), 한센(Robert P. Hanssen) 그리고 미국인이면서 이스라엘의 첩자로 활동한 폴라드(Jonathan Pollad) 등을 들 수 있다.

생각넓히기 | 로버트 한센(Robert Hanssen) 사건

1. 로버트 한센은 FBI 요원으로 소비에트 공화국과 러시아를 위해 미국 스파이 역사상 최장기간인 21년 동안 이중 스파이활동을 한 인물이다. 그는 2001년 2월 18일 체포되었고, 본인도 유죄를 인정해 가석방 없는 무기징역형을 선고 받았다. 그의 스파이 활동은 미국 정보공동체 역사상 가장 최악의 재앙으로 일컬어진다.
2. 한센은 일리노이 주 시카고에서 경찰관의 아들로 태어나 일리노이 주 크녹스 대학에서 화학과 러시아를 전공했다. 추후 경영학으로 전공을 바꿔 MBA도 취득했다. 졸업 후 회계사무실에 취직했다가 시카고 경찰국의 감찰부서에 특채되었고 1976년 FBI로 전직했다. 한센은 1981년부터 소비에트 공화국을 위해 이중 스파이 활동을 한 것으로 밝혀졌다. 한편 전술한 에임즈(Aldrich Ames)는 1985년부터 1994년까지 약 10년간 이중 스파이 활동을 해서 상당 기간 한센의 활약기간과 중복되었다.

(3) 망명자나 체제 이탈자

① 망명자나 체제 이탈자들도 중요한 첩보 출처가 될 수 있다. 냉전시대 동안 구소련에 관한 정보수집 활동은 상당 부분 망명자 또는 체제 이탈자들에 의존하였다.

② 1950년대 초 서방 정보기관에서는 소련인 첩보원을 거의 포섭하지 못하여 첩보수집에 어려움이 많았다. 그런데 1954년에 5명의 소련 정보요원들이 서방으로 귀순해옴으로써 제2차 세계대전 이후 소련의 정보활동 기법에 관한 귀중한 정보를 얻을 수 있었다. 이들 체제 이탈자들을 통해서 KGB의 보안활동, 스파이 기법, 암호해독 기도, 서방 정부에의 간첩 침투 실태, 요인 암살 행위 등에 관한 정보를 얻을 수 있었다.

③ 이와 유사하게 알 카말(Hussein al-Kamal, 사담 후세인의 조카)이 1995년 8월 이라크를 탈출해 옴으로써 UN 사찰팀이 4년간 사찰을 시행했으면서도 찾아내지 못했던 비밀 생물무기 개발계획에 관한 정보를 확인할 수 있었다.

④ 망명객 또는 체제 이탈자들은 '자발적 첩보원(walk-ins)'과 유사한 문제가 있다. 이들은 상대국 정보기관을 기만할 목적에서 체제 이탈자로 가장하여 밀파된 자일 수도 있기 때문에 주의해야 한다. 이들이 순수한 체제 이탈자인지 아니면 기만책으로 밀파된 자인지를 구분하는 것이 사실상 쉽지 않다.

3 첩보원이 되는 동기

(1) 의의

① 첩보활동은 매우 힘들고 위험하다. 그럼에도 불구하고 많은 사람들이 다양한 이유로 첩보원이 된다. 사람들이 첩보원이 되는 동기는 무엇일까? 멜톤(H. Keith Melton)은 그의 저서 「The Ultimate Spy Book」에서 첩보원이 되는 동기를 네 가지 요인으로 설명하는데, 이 네 가지 요인의 첫 글자를 모으면 'MICE(생쥐들)'가 된다.

② 여기서 M은 'money(돈)', I는 'ideology(이념)', C는 'compromise(타협)', E는 'ego(자존심)'를 의미한다. 즉 금전적인 탐욕(money)에 눈이 멀어서, 또는 이념(ideology)이나 종교에 사로잡혀서 첩보원이 되기도 한다. 또는 미인계로 인한 섹스 스캔들이나 기타 사생활 추문을 약점으로 잡고 협박하면 이에 굴복(compromise)하여 첩보를 제공하게 되기도 한다. 때로는 상대방이 자신의 자존심(ego)을 부추겨서 첩보를 제공하게 만들기도 한다.

③ 네 가지 요인은 모두 사람의 마음을 교묘히 이용하는 것으로서 이를 적절히 구사하면 대부분의 사람을 포섭할 수 있다.

(2) 공산주의 이념

소련의 첩보활동 사례를 보면 1930년대까지는 공산주의 이념이 영국이나 미국인 첩보원을 포섭하는 데 매우 호소력이 있었던 것으로 나타난다. 세계 첩보사에서 '케임브리지 코민테른'으로 널리 알려진 버기스(Guy Burgess), 맥클린(Donald Maclean), 필비(Kim Philby), 블런트(Anthony Blunt), 카이른크로스(John Caimcross) 등은 1930년대 영국 케임브리지 대학 출신의 학생이었는데 공산주의 이념에 빠져 KGB의 첩자로 암약했던 인물들이다.

(3) 시오니즘

미 해군 정보부(US Naval Investigative Service)에서 분석관으로 근무했었던 폴라드(Jonathan Pollad)는 1985년 미국의 원자력 관련 비밀과 군사기밀을 훔쳐 이스라엘에 제공한 혐의로 FBI에 체포되었다. 폴라드(Jonathan Pollad)가 이스라엘을 위해 스파이 행위를 하게 된 것은 유태인 출신으로서 시오니즘에 사로잡혀 있었기 때문이었다.

(4) 애국심

대부분의 스파이들은 애국심에서 자신의 조국을 위해 첩보활동을 수행한다. 예를 들어 영국의 유명한 소설가 서머싯 몸은 제1차 세계대전 당시 스위스와 러시아에서 영국 정보국을 위해 첩보활동을 수행했다. 몸은 나라를 위해 한 일이라며 그에 대한 대가로 돈을 받지 않았다고 한다.

(5) 금전적 이익

① 첩보사에 알려진 악명 높은 스파이들 중에는 첩보활동에 대한 대가로 받는 상당한 액수의 돈에 현혹되어 스파이가 된 경우가 많다.

② 정보기관에서는 높은 지위에 있는 정치가, 군인 장교, 외국 정보기관 요원들을 뒷조사한 뒤 경제적인 어려움을 겪는 사람에게 접근한다. 물론 자발적으로 첩보활동을 하고 자신이 입수한 정보를 직접 상대국 정보기관에 파는 행위를 하는 스파이도 있다.

③ 1985년 금전적인 압박 때문에 고생하던 CIA 고위 관리인 에임즈(Aldrich Ames)는 돈을 받고 첩보활동을 해주겠다는 쪽지를 소련 대사관에 보냈다. 1994년 체포될 때까지 에임즈는 KGB로부터 약 270만 달러 이상의 금전을 받았다. 그 대가로 90건이 넘는 CIA 비밀공작 관련 정보를 KGB에 넘겼고, 소련에서 활동하던 CIA 정예요원 11명이 KGB에 체포되어 사형되었다.

④ 미 해군에서 근무했던 워커(John Anthony Walker, Jr)는 그의 형과 아들과 함께 1967년부터 1985년 체포될 때까지 18년 동안 돈을 받고 KGB의 첩보원으로 활약하면서 미국의 극비 군사정보를 소련 측에 제공했다.

⑤ 레이건 대통령 당시 미국의 공격으로 체포된 파나마의 노리에가(Manuel Antonio Noriega) 전 대통령도 금전적 보상을 받고 CIA와 DIA의 첩보원으로 활동했던 경력이 있다.

(6) 과거 비밀

① 정보관은 첩보원으로 포섭할 후보자의 성장 배경, 성품, 생활방식, 친분 관계를 철저히 조사한다. 이 조사에서 드러난 후보자의 과거 비밀은 나중에 협박 목적으로 사용되기도 한다.

② 서독 국회의원이었던 알프레드 프렌젤(Alfred Frenzel)은 체코 정보기관인 StB의 협박에 굴복하여 스파이행위를 자행하게 되었다. 1956년 StB는 프렌젤이 한 때 체코의 공산당원으로 일했던 과거와 전과 기록을 세상에 알리겠다고 협박했다. 이런 사실이 밝혀지면 프렌젤은 정치가로서의 생명이 끝날 수 있었다. 결국 StB의 협박에 굴복하여 국회 국방위원회 소속 위원이었던 그는 국방 예산의 복사본과 서독에서 쓰게 될 새 군용기의 설계도 등 수많은 일급비밀 문서를 체코에 넘겨주었다.

(7) 섹스 스캔들

① 세계 첩보사에서 정보기관들이 미인계(honey trap)를 수단으로 활용하여 비밀첩보를 수집하거나 대상자에게 섹스 스캔들을 폭로하겠다고 협박하여 첩보를 제공하게 되는 사례들도 빈번히 발생한다.

② 미인계를 수단으로 활용하여 첩보활동을 벌인 대표적인 사례로 '마타 하리(Mata Hari)'가 지목된다. 마타 하리는 네덜란드 태생으로 본명은 마가레테 젤레(Margaretha Zelle)였다. 그녀는 제1차 세계대전 당시 영국, 프랑스, 독일 등을 오가면서 섹스를 미끼로 첩보활동을 벌인 세기의 여간첩으로 유명하지만, 그녀의 간첩활동에 대한 혐의는 대부분 과장되었던 것으로 지적된다.

③ 미인계로 첩보수집활동을 수행한 또 다른 유명한 사례로 베티 팩(Betty Pack) 사건을 들 수 있다. 미국 태생의 팩은 영국 외교관과 결혼하여 미국과 영국 정보기관을 위해 일했다. 그녀는 외국 요인들과 육체적인 관계를 갖고 이를 통해 중요한 정보를 수집하였다. 그녀는 제2차 세계대전 이전 폴란드 외교부 관료로부터 폴란드가 독일 암호를 해독하기 위해 수행했던 작업에 관한 중요한 자료들을 입수했다. 또한 워싱턴 내 프랑스 대사관 내부의 정보를 완벽하게 수집했으며, 프랑스와 이탈리아 해군 암호문을 입수하는 등 첩보사에 기록될 중요한 활동을 수행했다.

④ 냉전시대 구소련의 KGB는 젊고 잘생긴 남녀를 물색하여 갖가지 성적인 기교를 훈련시킨 다음 소위 '섹스공작(Sexpionage)'에 활용했던 것으로 널리 알려졌다. 중요한 자료나 정보에 접근이 가능한 관료에게 미인계를 써서 함정에 빠뜨리고 이를 미끼로 첩보를 제공하도록 협박하는 등 KGB의 전형적인 섹스공작 사례들이 종종 드러나곤 했다. 섹스공작의 포섭 대상은 주로 고위직 관료 또는 군인들이지만 때로 유학생, 관광객, 과학자 등 일반인들도 표적이 되었다.

⑤ 구소련의 여자 섹스공작원 출신의 리디아는 1950년대 초 KGB의 지원하에 서독 프랑크푸르트시 중심가에 호화스러운 마사지 점포를 열었다. 개점한지 얼마 되지 않아 재계 요인, 외교관, 고급장교, 정부 고관들이 단골손님이 되었다. 리디아는 손님들 몰래 비밀스러운 장면들을 녹화하여 동독으로 보냈다. 이 자료는 희생이 될 인물을 협박하여 기밀을 입수하기 위해 즉시 이용되거나 혹은 이 인물이 장차 높은 지위에 올랐을 때 협박 재료로 사용하기 위해 보관되었다. 이 자료에 희생된 대표적인 인물이 미군 상사 출신의 그렌로라였다. 그렌로라는 서독 소재 캠프 데이비드에서 거짓말탐지기 담당 기사로 근무하고 있었다. 1960년 초 그렌로라는 리디아의 점포를 찾아왔다가 육체적인 정사 장면을 은밀히 촬영 당했고, KGB는 이를 그에게 보여주면서 그가 알고 있는 서방 첩보요원들의 신상을 제공하도록 협박했다. 그는 1965년까지 KGB에게 각양각색의 인물들에 관한 성명과 주소를 알려주었다. 그의 제보로 인해 수백 명의 서방 첩보요원들이 체포되었고, 미국 정보기관은 20여 년 간에 걸쳐 구축해온 공작망이 일거에 와해되는 등 엄청난 손실을 입게 되었다.

⑥ 1950년대와 1960년대에 걸쳐서 모스크바 주재 프랑스 대사로 재직하고 있던 마우리스 데진(Maurice Dejean)은 미인계 협박에 빠져 소련의 첩자 노릇을 하게 된 대표적인 사례로 알려졌다. 프랑스인 전자공학 기술자로서 미사일 유도체계를 개발하는 기업에 근무하고 있었던 휘립 라톨은 1969년 2주간의 소련 여행중 KGB의 미인계 섹스 공작에 걸려들어 미사일 자동유도장치에 관한 비밀정보를 소련에 제공했다.

⑦ 소련 KGB는 1960년대 말 쿠바의 게릴라 지도자 체 게바라가 세계 젊은 혁명가들의 우상으로 급부상하자 그를 제거하기로 마음먹고 주도면밀한 미인계를 써서 그를 죽음의 함정에 빠뜨렸던 것으로 전해지는데 그 진위 여부는 분명치 않다.

⑧ 1960년 서독 외무부 비서로 재직하고 있던 노처녀 레오노레 하인츠는 KGB 소속의 남자 섹스공작원의 유혹에 포섭되어 6년 동안 NATO와 서독의 방어계획 등 수천 건의 기밀문서를 KGB에 전달했다.

⑨ 영국 해군 정보국에 근무하고 있던 존 밧살(John Vassal)은 1955년 KGB의 호모섹스 공작의 함정에 빠져 1962년 체포될 때까지 7년 동안 영국 잠수함 전술, 수중 음파탐지 기술 등 비밀정보를 KGB에 제공하였다.

(8) 포섭 대상자의 자존심(ego)

① 포섭 대상자의 자존심(ego)을 부추겨서 첩보원으로 활용하는 경우도 있다. 예를 들어 공작관이 포섭 대상자에게 접근하여 학술지에 발표할 논문이나 기사를 작성해 달라고 부탁한다.

② 공작관은 처음에는 비밀이 아닌 공개적인 내용의 글을 요청하다가 점차적으로 민감한 비밀 내용을 작성해 주도록 요구하게 된다. 포섭된 자는 공작관의 칭찬에 현혹되어 또는 돈의 유혹에 빠져서 결국 민감한 비밀 내용을 제공하게 된다.

③ 그 대표적인 사례가 휴즈 햄블턴(Hugh Hambleton)이다. KGB는 1947년 햄블턴에게 접근하여 그의 지적 자존심을 부추겨 주어 그를 공작원으로 포섭했다. 그는 1956년부터 1961년까지 NATO에서 근무하면서 군사기밀을 KGB에 제공했다.

(9) 복수심

때로 복수심에서 첩자가 되는 경우도 있다. 하워드(Edward Lee Howard)는 전직 CIA 요원이었는데 CIA가 소련에서 수행하고 있는 비밀공작활동에 관한 상세한 정보를 소련에 제공했다. 그는 CIA가 그를 해고한 것에 대해 복수하기 위해 그런 행동을 취했다고 고백했다.

V 스파이 기술(Tradecraft)

1 의의

① 오랜 옛날 스파이들은 오로지 눈과 기억력을 이용해서 정보를 수집했다. 그러나 시간이 지나면서 변장, 암호기술, 감시와 같은 여러 가지 스파이 기술이 개발되었고, 이와 더불어 자물쇠 따기와 신분 위조 등에 꼭 필요한 스파이 도구들도 발달했다.

② 20세기 들어서서 첩보활동과 관련된 도구와 기술들은 엄청난 발전을 보였다. 여기에는 카메라 사진, 항공과 위성 감시 장비, 무선 통신과 컴퓨터의 등장도 중요한 요인으로 작용했다. 오늘날 '스파이 기술(tradecraft)'은 암호통신(cryptography), 비밀연락(dead drop), 도감청(eavesdropping), 미행감시(surveillance), 위장 및 변장, 은폐(concealment), 협조자 관리(agent handling), 신문(interrogation), 미인계(honey trap) 등 첩보활동에 활용되는 다양한 기법들을 통칭한다. 이처럼 첩보활동을 성공적으로 수행하기 위해 첩보요원들은 다양한 도구와 수단들을 갖추고 이를 적절히 활용할 수 있어야 한다.

2 첩보활동

(1) 의의

첩보활동을 위해서 첩보원은 때로 복합단지, 건물, 차량 등에 몰래 숨어들어가야 한다. 적절하게 변장해서 경비원을 속이기도 하고 경비견이 보이면 마취시키거나 죽인다. 도난 경보기가 작동되지 못하게 만들어야 하며 필요하면 암호도 해독해야 한다. 자물쇠를 따고 금고를 부수는 기술도 필요하며, 일이 끝나면 들키지 않게 탈출해야 한다. 또한 숨겨 놓은 카메라, 전자 도청기, 음성 녹음기 등 감시도구를 활용하여 목표 대상을 계획적으로 관찰하고, 직접 또는 차량으로 목표 대상의 뒤를 밟는 '미행감시(surveillance)' 활동도 수행한다.

(2) 가장(假裝)

① 또한 첩보요원은 적에게 들키지 않고 주변 사람들이 자신의 정체를 알아채지 못하도록 국적은 물론 남녀의 성까지 바꿀 정도로 자신의 신분이나 외모를 철저히 가장해야 한다. 예를 들어 미국 남북전쟁 당시 백인 여성인 엠마 에드먼즈(Emma Edmonds)는 피부를 물들이고 가발을 써서 흑인 남성 노예로 변장하여 북군을 돕는 첩보활동을 성공적으로 수행했다.

② 첩보요원은 감시 임무 중이거나 감시당할 위험에 처하게 되었을 때 목소리, 몸짓, 언어, 태도를 변장하여 목표 대상이나 보호지역에 은밀히 접근하고, 또한 들키지 않고 몰래 탈출할 수 있어야 한다. 특히 위험 지역에서 활동하는 첩보요원은 가명이나 가짜 신분증으로 자신을 철저히 위장해야 하며, 때로 자신의 신분을 의심받지 않도록 사람들에게 가장된 신념과 행동을 보여주기도 한다. 예를 들어 미 해군에 근무하면서 15년간 KGB의 첩자로 활동했던 워커(John Anthony Walker, Jr.)는 공산주의에 반대하는 사람처럼 행동하면서 여러 우익 단체에서 적극적으로 활동하는 모습을 보였다.

(3) 스테가노그라피(steganography)

① 첩보요원이 일급 비밀문서나 중요한 자료를 확보했다고 임무가 종결된 것은 아니다. 첩보원이 획득한 정보는 정보관(또는 조정관) 또는 본부에 전달되어야 한다. 오늘날 카메라, 무선통신, 컴퓨터의 발달과 함께 팩스, 이메일, 휴대전화 메시지 등 비밀 메시지와 정보들을 전달할 수 있는 방법이 다양해졌다.

② 그러나 오늘날처럼 유무선 통신이 발전되기 이전의 과거에는 밀사를 통해서 중요한 정보와 메시지를 전달했다. 밀사는 적에게 들키지 않도록 전달할 메시지와 정보를 철저히 은폐 또는 위장하였다. 이처럼 메시지와 정보를 숨기는 것을 '스테가노그라피(steganography)'라고 한다.

③ 예를 들어 약 2,500년 전 그리스가 페르시아와 전쟁을 벌이는 동안에 밀사의 머리카락을 몽땅 밀어서 그 위에 비밀 메시지를 쓴 다음 다시 머리를 기르는 방법을 썼다는 기록이 전해져 오는데, 바로 스테가노그라피의 한 사례이다.

(4) '비밀문서작성(secret writing)'과 '축소화(microdots)'

① 이 밖에도 첩보요원들을 암호, 눈에 보이지 않는 은현잉크 등 여러 가지 방법을 이용해 비밀정보와 메시지를 전달해왔다. 밀사를 보내는 등 직접 사람이 접촉하지 않고 연락을 취하는 기타 고전적인 방법으로서 '비밀문서작성(secret writing)'과 '축소화(microdots)'가 있다. 이 방법은 문서 교환이 반드시 필요한데 다른 사람이 가로채서 볼 가능성이 있을 때 사용된다.

② 비밀문서작성의 한 사례로서 첩보요원은 전달할 편지지에 우선 겉으로 보기에는 무미건조한 내용의 글을 쓴다. 그런 다음 특별히 처리된 흑지(carbon paper)로 편지 윗부분에 비밀 메모를 적어 보낸다. 메모는 육안으로는 보이지 않고 정보관과 첩보원만 아는 화학물질을 처리해야만 읽을 수 있다.

③ 은현잉크(invisible ink) 역시 비밀 메시지를 전달하는 수단으로 오래 전부터 활용되었다. 20세기 들어서서 특수한 화학약품에 담그면 비밀 메시지가 보이는 은현잉크와 특수종이들이 발명되어 활용되었다.

④ 축소화(Microdots)는 현미경으로 봐야 알 수 있는 크기로 전달할 메시지를 축소시켜 글자들 가운데 끼워 넣는 방법이다. 때로 우표 밑이나 봉투 이음매 혹은 타이핑한 글자의 구두점 꼭대기 위 등에 비밀 메시지가 삽입되기도 한다. 때로 카메라를 활용하여 전달하고자 하는 사진을 현미경으로 보아야 볼 수 있도록 축소시킨 다음 일상용품으로 보이는 각종 용기에 은폐(concealment)시켜서 전달하기도 한다.

(5) '드보크' 또는 'dead drops(수수소)'

① 첩보요원들 간에 직접 만나지 않고 메시지나 정보를 전달하는 수단으로써 미리 약속한 장소에 비밀 메시지를 놓고 가는 '드보크' 또는 'dead drops(수수소)'는 고전적 방법이면서도 오늘날까지 활용되고 있다.

② 예를 들어 정보관이 공원 내 속이 비어 있는 나무 등 약속한 장소에 메모를 남기고, 몇 시간 후 첩보원이 그것을 수거해 가는 방법이 있다. 이때 어리석은 미행감시자는 이미 정보관이 첩보원과의 접촉 임무를 마쳤음에도 불구하고 그것을 알아채지 못하고 그에 대한 미행감시 활동을 계속 수행하게 된다.

③ 로버트 한센(Robert P. Hanssen)은 FBI 방첩부서 전문요원으로 근무하면서 15년 동안 소련과 러시아의 첩자로 활동하다 2001년에 체포되었는데, 그가 주로 활용한 교류 수단은 바로 'dead drop'이었다. 그는 FBI 방첩활동 기법을 잘 알고 있었기 때문에 가장 안전하게 교류하는 비밀연락 수단으로서 'dead drop'을 활용하였던 것이다.

핵심정리 첩보원의 비밀문서 수발방식

1. Brush Pass
   사람이 붐비는 공공장소에서 마주보고 지나치면서 물건을 전달한다.
2. Letter Box
   공공장소의 화물보관함을 활용해 정보가 담긴 문서나 물건을 구조 받는다.
3. Dvoke
   Dead Drop의 한 가지 방법으로 제2차 세계대전 당시 시베리아 지방에서 큰 참나무를 표식으로 하여 편지나 물건을 갖다 놓았던 사실에서 유래하였다.
4. Dead Drop
   특정 장소에 중요한 서류·물건을 보관해 두면 수령자가 차후에 가져간다.
5. Safe House
   안전가옥 또는 안가라고도 불리며 첩보원이나 범죄자가 은밀하게 사용하는 비밀스러운 장소에 있는 집으로 첩보전달 목적으로 사용된다.

(6) 무선통신

오늘날 카메라, 무선통신, 컴퓨터의 발달과 함께 비밀 메시지와 정보들을 전달할 수 있는 방법이 다양해졌다. 그중에서 무선통신은 오늘날 가장 빈번하게 활용되는 연락수단인데 대부분 암호화되어 교신된다.

(7) 직접적인 접선

① 의의

㉠ 최근 컴퓨터와 통신망의 발달로 인터넷이 첩보요원들 간에 비밀 메시지와 정보를 전달하는 가장 중요하고도 편리한 수단으로 활용되고 있다. 이처럼 첨단 통신기기들을 활용하여 첩보요원들이 직접적인 접선이 없이도 얼마든지 필요한 시간에 중요한 메시지와 정보를 교환할 수 있게 되었다.

㉡ 그런데 중요한 문서나 물건을 전달해야 하는 등 첩보요원들 간에 불가피하게 직접적으로 접선해야 할 경우가 있다. 첩보요원들이 직접 접선하게 될 경우 주재국 방첩기관의 감시망에 노출될 수 있어 상당한 정도의 위험을 수반한다. 따라서 가급적 직접적인 접선은 삼가야 하지만 부득이 접선해야 할 경우 주재국 방첩기관의 감시망에 노출되지 않도록 각별한 주의와 함께 특별한 방책이 요구된다.

② 공직 가장 정보관의 경우

㉠ 특히 주재국의 대사관에서 활동하는 공직 가장 정보관의 경우 주재국 방첩기관은 그가 사람들을 만나고 활동하는 모습을 지속적으로 감시한다. 따라서 정보관은 그가 주재국 방첩기관으로부터 미행감시를 받고 있는지를 알아채고, 첩보원과 접선하기 전에 이를 철저히 따돌려야 한다.

㉡ 한편 외국 대사관에 근무하는 직원과 외교관들에 대한 주재국 방첩기관의 미행감시활동이 워낙 빈틈없고 치밀하여 주재국 내 첩보원과 접촉이 거의 불가능한 상황에 처해 있을 때 정보관이 아예 '공개적인' 방식으로 첩보원과 접선하는 것이 오히려 안전할 수도 있다.

㉢ 예를 들어 소련 군사정보기관 GRU에서 대령으로 재직하고 있으면서 1960년대 초 미국과 영국 정보기관에 협조했던 펜코프스키(Oleg Penkovsky)의 경우 그가 과학 기술 분야의 업무를 수행하고 있었기 때문에 영국과 미국 외교관들과 공식적으로 접촉할 기회가 많다는 점을 이용하여 비교적 안전하게 접선할 수 있었다고 한다.

㉣ 대부분의 경우 주재국 방첩기관의 감시망을 피하기가 매우 어렵다. 따라서 첩보 활동을 수행하고 있는 주재국에서 정보관이 첩보원과 접선하는 것은 가급적 삼가야 한다. 첩보원은 미행감시가 소홀하거나 없는 제3국에서 만나는 것이 안전하다. 예를 들어 워커(John Anthony Walker)는 미국 해군에 근무하면서 미국 해군 통신장비 및 운용에 대해 많은 정보를 소련에 제공하는 등 소련의 특급 첩보원으로 활동했었는데, 소련은 주로 오스트리아에서 그와 접촉했다. 오스트리아는 서방식 자유민주주의 국가이면서도 냉전시대 동안 중립국으로서 미국의 미행감시활동이 적었기 때문이다. 미국에서 첩보활동을 수행하는 정보관의 경우 첩보원을 종종 캐나다나 멕시코에서 접선한다. 캐나다나 멕시코는 워낙 많은 미국인들이 여행하는 곳이라서 별로 사람들의 주의를 끌지 않기 때문이다.

(8) 신문(interrogation) 등

① 이 밖에 정보관은 전쟁 포로, 망명자, 이주민 등을 신문(interrogation)하여 중요한 첩보를 획득할 수 있다. 출처로부터 첩보를 유출해내기 위해서는 속임수(deception), 고문(torture), 최면술, 심리적 변화를 유도하는 약물사용 등 다양한 신문기법을 활용할 수 있어야 한다.

② 때로 수면장애, 소음, 극도로 춥거나 더운 곳에 가둬 두기, 오랜 시간 동안 심리적 스트레스를 주는 것 등 강압적인 신문기법도 종종 사용된다. 이 경우 정도를 넘어서면 신문이라기보다는 악질적인 고문이 되어 첩보 유출을 위해 불가피했다는 주장이 정당화될 수 없다.

(9) 미인계(honey pot or honey trap) 수법

① 또한 포섭 대상에게 성적으로 매력적인 여자 또는 남자를 접근시켜 유혹한 다음 그것을 미끼로 비밀첩보를 수집하는 미인계(honey pot or honey trap) 수법이 활용되기도 한다.

② 대부분의 경우 미인계의 유혹에 빠져 자발적으로 정보를 제공하게 된다. 그러나 때로는 동성연애를 비롯한 불법적인 정사 장면을 사진으로 찍어 그 사실을 폭로하겠다고 협박하여 첩보를 획득하기도 한다.

③ 냉전시대 구소련의 KGB가 남녀 섹스공작원을 양성하고 다양한 유형의 미인계 수법을 활용하여 첩보수집활동을 전개했던 것으로 전해진다.

Theme

14 기술정보(Technical Intelligence, TECHINT)

I 의의

① 기술정보(TECHINT)란 사람이 아닌 기술 장비를 활용하여 첩보를 수집하는 활동 또는 그러한 활동을 통해서 생산된 지식을 의미한다.

② 기술정보는 영상정보(Imagery Intelligence, IMINT), 신호정보(Signals Intelligence, SIGINT), 징후계측정보(Measurement and Signature Intelligence, MASINT) 등으로 분류된다.

③ 기술정보 수집에 광학렌즈, 레이더, 감청장비, 음파탐지기, 지진계 등 각종 첨단 장비들이 활용되고 있으며, 이러한 장비를 장착하여 첩보수집활동을 수행하는 기지(platform)로서 인공위성, 항공기, 선박, 잠수함, 지상기지 등이 있다.

Ⅱ 영상정보

1 장점

① 영상정보는 여러 가지 장점들을 가지고 있으며, 특히 위성을 통한 영상정보는 20세기 첩보사의 혁명적인 사건이라고 칭할 만큼 탁월한 첩보수집 능력을 과시한다.

② 영상정보가 제공하는 자료는 전문가의 도움 없이도 쉽게 이해될 수 있다는 장점이 있다. 일반적으로 신호정보는 전문가의 손을 거쳐 암호를 해독하거나 내용이 정리 · 분석되어야만 이해될 수 있다. 이에 비해 영상정보는 전문가가 아니라도 쉽게 이해할 수 있도록 대상 목표에 대해 흥미롭고도 생생한 장면을 제공해 준다. 정책결정권자에게 천 마디 말보다도 단 한 장의 영상사진이 효과적으로 의미를 전달해 줄 수 있다.

③ 또한 첩보위성은 항공정찰보다 더 광범위한 지역에 걸쳐 보다 많은 대상 목표에 대한 감시 및 관찰이 가능하다. 특히 정찰위성은 고정궤도를 돌고 있기 때문에 관찰범위가 다소 제한되기는 하지만 평시에도 광범위한 지역에 걸쳐 적대국의 수많은 목표들에 대해 지속적으로 관찰할 수 있다는 장점이 있다.

④ 영상정보는 적의 능력에 관한 정보를 획득하는 데 유용할 뿐만 아니라 적의 의도를 파악하는 데도 활용될 수 있다. 배치된 병력의 위치, 이동상황 그리고 그들의 능력을 보여주는 영상사진들은 적의 의도를 추정할 수 있는 중요한 단서를 제공해 줄 수 있다. 예를 들어 전투기가 공군기지 전방으로 이동하게 되는 모습은 적이 곧 공격할 가능성이 있다는 강력한 징후로 인정된다. 이와 반대로 해군 전함이 바다로 진수하는 데 실패하는 모습을 보여주는 영상자료는 앞으로 당분간 적이 공격할 계획이 없다는 것으로 해석된다.

⑤ 또한 적대국 지역 내 새로운 시설을 건설하는 모습, 건물의 형태, 군사물자 지원 등에 관한 영상자료를 통해 적의 의도나 계획을 추정해 볼 수도 있다. 예를 들어 미국 첩보위성은 2006년 10월 9일 북한의 핵실험이 있기 전 몇 주 동안 길주군 평계리 부근에서 대형 케이블이 트럭에서 하역되는 장면을 발견하고 북한의 핵실험이 임박했음을 포착했다.

2 단점

(1) 적의 의도 파악

① 영상정보는 보이는 것에 대한 정보만을 제공한다. 숨기거나 외형적으로 존재하지 않는 것은 전혀 알려주지 못한다. 물론 영상자료를 통해 어떤 단서를 찾아낼 수는 있지만 그것으로 적의 의도를 정확히 파악할 수는 없다.

② 냉전시대 동안 영상정보는 소련의 ICBM 기지처럼 노출된 물체를 탐색하는 데는 탁월한 효과를 자랑했지만 소련의 미사일 계획처럼 눈으로 볼 수 없는 것에 대해서는 전혀 능력을 발휘하지 못했다.

③ 이처럼 영상정보 능력의 한계로 인해 미국은 1960년대 동안 소련의 미사일 무기체계 증강상황을 과소평가하는 실수를 범하게 되었던 것이다.

④ 오늘날 군사무기가 소형화되어 은닉이 용이해지고 있으며 무기체계의 외형보다는 내부의 기술적 성능향상을 위한 노력이 지속되고 있다. 이러한 상황을 감안해 볼 때 영상정보처럼 가시적인 탐색 방식만으로는 적대국의 군사무기 개발상황을 탐지하는 데 한계가 있다고 본다.

(2) 전후 상황의 변화 동향 파악

① 영상물은 특정한 시간과 장소에서 촬영된 정지된 장면을 보여주기 때문에 전후 상황의 변화 동향을 추적하는 데 미흡하다.

② 전후 상황변화를 추정하기 위해서 분석관들은 과거 촬영된 영상과 대조하여 활동이 언제 시작되었는지를 검증하는 '반증기법(negation search)'이나 컴퓨터를 활용하여 영상물의 변화를 분석하는 '자동변화추적기법(automatic change extraction)'을 활용하기도 한다. 한 개의 정지된 영상으로는 대상 목표의 변화 동향을 추적할 수 없고 여러 번의 촬영이 필요하다.

③ 위성으로 특정 대상지역의 변화 상황에 대해 보다 선명한 영상을 획득하기 위해서는 저궤도 위성을 활용하여 가급적 자주 대상 지역을 지나가야 한다. 그러나 위성은 일정한 궤도를 돌기 때문에 보통 하루에 1회 정도 대상 지역을 지나면서 관찰할 수 있다. 따라서 대상지역을 지속적으로 관찰하려면 여러 개의 위성이 동시에 동원되어야 한다.

(3) 전문 판독관의 해석이 필요한 경우

① 때로 영상물은 그 자체로는 의미를 알 수 없고 전문 판독관의 해석이 필요할 수 있다. 이로 인해 필요한 정보가 적시에 제공되지 못하거나 또는 정책결정권자가 이를 수용하지 않아 정책결정에 반영되지 못할 수도 있다.

② 영상사진은 5개의 S(size - 크기, shape - 형태, shadow - 그림자, shade - 명암 and surrounding object - 주변 물체)를 기준으로 사람이 판독한다. 오늘날 컴퓨터 프로그램을 활용하여 영상물을 확대하고 목표물을 식별하는 작업이 잘 수행되지만 영상정보 분석에 있어서 인간의 직감이나 판단이 여전히 중요하게 작용한다.

③ 이처럼 전문 판독관의 분석과정을 거쳐야 되기 때문에 영상자료에 대한 최종 분석이 나오기까지 상당한 시간이 소요될 수 있다. 때로 대상 목표에 대한 영상이 너무도 생생하고 깊은 인상을 주기 때문에 정책결정권자가 경험 있는 전문 판독관의 의견을 무시한 채 지나치게 성급하고도 독단적인 정책결정을 내리게 될 위험도 있다.

(4) 상대의 기만책

① 상대의 기만책으로 인해 영상정보 수집활동을 효과적으로 수행하기가 어려우며, 그로 인해 왜곡된 판단을 내리게 될 수 있다. 많은 국가들이 첩보 위성이나 항공정찰의 특성을 잘 알고 있기 때문에 위장이나 은폐 등 기만책을 써서 영상정보 수집활동을 무력화시키려 한다.

② 예를 들어 인도는 미국 정찰 위성이 인도 지역을 통과하면서 감시하는 시간을 정확히 파악하고 이 시간을 피해서 핵실험 준비 작업을 진행했다. 그래서 미국은 최첨단 첩보 위성을 보유하고도 사전에 인도의 핵실험 진행 상황을 전혀 알 수 없었던 것이다.

③ 2006년 10월 9일 북한이 1차 핵실험을 실시한 이후 미국의 첩보 위성은 북한이 추가 핵실험을 실시하려는 여러 가지 징후들을 포착했다. 그러나 그러한 징후들이 실제 핵실험을 하기 위한 행동이라기보다는 첩보 위성에 포착되도록 의도적으로 노출시킨 기만행위로 밝혀졌다.

④ 1998년 북한 금창리 지하 핵시설 의혹도 첩보위성이 찍은 영상자료에 근거하여 제기되었으나 이후 미국 조사팀이 방문해본 결과 핵시설이라는 결정적인 증거를 찾아내지 못했다. 북한은 금창리 지하시설 방문을 허용해 준 대가로 미국으로부터 60만 톤의 식량을 얻어낼 수 있었다.

⑤ 어쨌든 최첨단 첩보 위성이라 할지라도 관찰 및 감시 능력에 한계가 있으며, 상대국은 위성의 감시를 피할 수 있는 방책 또는 기만책을 구사할 수 있다. 그리고 상대국의 기만책을 제대로 파악하지 못하게 될 경우 국가적으로 엄청난 손실이 야기될 것이다.

Ⅲ 신호정보

1 신호정보의 장점

① 영상정보는 가시적인 것, 즉 관찰 가능한 것만을 알 수 있고, 숨기거나 외형적으로 존재하지 않는 것은 알 수 없다. 그러나 신호정보는 레이더나 미사일 기지, 지휘본부 등 군사시설의 위치, 시험 발사하는 무기체계의 성능 및 가동상태 등 외형적으로 관찰 가능한 내용을 탐지·추적할 수 있을 뿐만 아니라, 눈으로 보이지 않는 적의 의도나 계획을 파악하는 데도 도움이 된다.

② 즉 상대국의 통신을 감청하게 되면 상대가 무슨 말을 했고, 무엇을 계획하고 있는지를 알 수 있다. 통화 내용뿐만 아니라 목소리의 고저, 사용된 단어, 액센트 등 전반적인 통화 분위기나 기조를 파악함으로써 적에 관해 많은 정보를 유출해낼 수도 있다. 예를 들어 통화하는 사람이 사용한 액센트에 따라서 그가 프랑스인인지 아랍인인지를 구분할 수 있다. 그리고 사용된 단어를 통해 그의 지식수준을 알 수 있고, 목소리 고저에 따라서 그의 심리상태를 파악할 수 있을 것이다.

2 신호정보의 단점

(1) 의의

그러나 신호정보는 장점 이상으로 몇 가지 단점들을 갖고 있다. 여기에는 통신정보, 전자정보, 원격측정정보 등 수집수단에 따라 나타나는 단점이 있는 한편 수집 대상 목표에 따른 단점도 드러난다. 또한 법률적 문제도 신호정보활동을 수행하는 데 중요한 장애요소로 작용하기도 한다.

(2) 수집수단에 따른 단점

① 통신정보

㉠ 첫째, 통신정보의 경우 목표가 침묵하고 있거나 감청이 어려운 광케이블을 통해 통신이 이루어질 경우 아무런 정보도 얻을 수 없다. 또한 대상 목표가 통신 내용을 암호화할 경우 해독하는 데 시간이 걸리거나 끝내 해독하지 못할 수도 있다. 목표가 감청되고 있다는 것을 알고 허위정보를 유포할 수도 있고, 별로 의미 없는 대화를 지속하다가 중간에 중요한 내용을 이야기하는 등의 기만책에 속수무책으로 당하게 될 수도 있다.

㉡ 무엇보다도 전화, 팩스, 전자우편 등 통신량이 워낙 많아서 처리하기가 어려울 수 있다. 2002년 동안 280억 대의 휴대폰과 120억 대의 일반전화를 사용하여 총 1,800억 분간의 국제전화 통화량을 기록했다. 최근에 나온 기술인 메시지 전송은 매일 5,300억 건이나 발송되고 있다. 이처럼 엄청나게 많은 양의 통화 중에서 옥석을 가려낸다는 것

은 결코 쉽지 않은 일이다. 또한 통신정보 임무수행을 위해 외국어 해독 능력이 매우 중요하나 단기간에 필요한 외국어 전문 인력을 양성 또는 채용하는 데 어려움이 있다.

② TELINT와 ELINT

㉠ TELINT와 ELINT의 경우 목표에서 보안조치를 강화하면 정보를 얻기가 매우 어렵다. 예를 들어 구소련은 무기 시험발사 시 교신되는 내용을 암호화함으로써 미국이 파악하지 못하도록 조치하였다. 또는 무기체계에 캡슐을 장착하여 시험한 내용을 기록하도록 한 다음 이를 회수하는 방식으로 미국의 TELINT 수집활동을 무력화시키기도 하였다.

㉡ 일반적으로 시험 발사되는 무기체계는 지속적으로 신호를 보내게 되지만, 감청을 막기 위해 의도적으로 시험 발사되는 무기체계에서 발송되는 모든 신호를 한꺼번에 모아 단 한번만 전송하도록 하기도 한다. 또는 불규칙하게 신호를 전송함으로써 감청하기 어렵게 만들기도 한다. 이처럼 상대국의 보안조치에 따라 정보수집 여건이 언제든 악화될 수 있다.

(3) 수집 대상 목표에 따른 단점

① SIGINT는 주로 냉전시대 구소련에 관한 정보를 수집하는 데 중점을 두고 발전되었기 때문에 테러집단에 대한 정보수집에는 그다지 효과적이지 못한 것으로 평가된다.

② 예컨대 테러집단은 미국의 SIGINT 능력을 잘 알고 있어 이를 무력화시키는 방법을 활용하는 등 효과적으로 대응하고 있다.

③ 또한 테러집단은 신호교신의 범위가 매우 협소하여 원거리 신호감청으로는 이들의 존재나 활동을 거의 탐지할 수 없다. 이러한 상황에서 테러집단에 대한 첩보를 효과적으로 수집하려면 첩보요원이 직접 목표에 근접하여 감청하는 방법이 효과적이다.

④ 그래서 테러집단의 경우 SIGINT만으로는 불충분하고 HUMINT와의 결합을 통해서 비로소 첩보수집 임무를 효과적으로 수행 할 수 있을 것이다.

(4) 법률적 문제

① SIGINT 활동을 수행함에 있어서 법률적 문제도 장애요소로 작용할 수 있다. 만일 SIGINT의 목표가 테러 집단인 경우 그들이 미국 내에서 활동하고 있다면 대응할 책임 소재가 NSA가 아닌 FBI에 있다.

② 미국 내에서 유선 감청을 실시하기 위해서 FBI는 영장이 있어야 한다. 외국인을 대상으로 유선 감청활동을 수행하려면 1978년에 제정된 「해외정보감시법(Foreign Intelligence Surveillance Act, FISA)」에 따라 설립된 FISA 법원에 영장을 청구하여 허가받아야 한다.

③ 물론 이것이 감청활동을 수행하는 데 큰 장애 요소로 작용하지는 않는다. 1978년 법원이 설립된 이래 FISA 법원은 13,164건의 영장을 허가했고, 단 4건만 거부했다. 그럼에도 불구하고 영장청구 등 번거로운 절차 때문에 신호정보 수집에 다소 부담이 되고 있다.

Theme

15 영상정보(Imagery Intelligence, IMINT)

I 영상 정보의 기원과 발전

1 영상 정보의 의의

① 영상정보(Imagery Intelligence, IMINT)란 지상 또는 공중에서 영상획득 감지기(센서)를 사용하여 획득된 첩보를 분석하여 생산된 정보를 말하며, 통상 종이에 인쇄된 것(hard-copy)과 모니터(monitor)에 나타난 것(soft-copy)으로 구분된다.

② 영상정보를 획득하기 위한 수집수단으로서 주로 정찰위성과 항공기가 활용되고 있다. 영상정보는 적 시설, 장비의 위치, 적 지형의 특징, 적의 활동사항 등에 대하여 정확한 정보를 제공하지만 기상에 따라 수집활동이 제한되며, 분석을 위해 장시간이 소요되는 단점이 있다.

2 영상정보의 기원

① 1794년 4월 프랑스 혁명전쟁이 한창 전개되던 당시 프랑스의 한 부대에서 열기구를 만들어 약 9시간 동안 공중에 떠 있으면서 벨기에에서 벌어진 플뢰뤼스(Fleurus) 전투 상황을 관찰하였는데 이것이 지상 위 영공에서 수행된 최초의 정찰활동으로 알려졌다.

② 남북전쟁 당시 미국에서도 열기구를 활용하여 정찰활동을 수행했던 기록이 있지만 성과는 별로 없었던 것으로 여겨진다. 19세기 후반 영국에서 영상사진을 취득하기 위해 시험적으로 열기구를 활용했던 것으로 알려졌다.

3 영상정보의 발전

(1) 제1차 세계대전

그러나 본격적인 영상정보 수집활동은 20세기에 들어서서 시작되었다. 1914년 8월 제1차 세계대전 초 영국 공군(British Royal Flying Corps)이 항공기로 벨기에 영공 위를 비행하면서 독일군 공격방향에 대한 정찰임무를 수행했는데 이것이 아마도 최초의 실질적인 영상정보 수집활동으로 여겨진다. 비행기를 활용하면 적의 움직임을 한 눈에 간파할 수 있었기 때문에 항공정찰은 기존의 기병대를 활용한 정찰활동보다 매우 효과적인 수단으로 인정되었다. 이후 얼마 지나지 않아 항공기에 사진기를 장착하여 정찰임무를 수행하도록 영상정보 수집용 정찰기가 개발되었다.

(2) 제2차 세계대전

항공기술과 사진영상 체계가 급속히 발전되면서 제2차 세계대전 동안 항공사진은 첩보수집에 매우 중요한 수단으로 활용되었다. 제2차 세계대전 동안 미국은 B-17, B-24 등을 개조한 정찰기를 활용하여 항공사진을 취득했다. 그리고 전쟁이 종결된 직후 적대국으로 부상한 소련에 대해 미국은 소련 영토 주변을 비행하면서 항공정찰 활동을 수행했다.

(3) 항공정찰 장비의 발전

① 초기의 항공정찰 장비는 주로 광학렌즈 카메라가 사용되었으나, 이후 적외선 정찰 장비, 레이더 영상장비 등이 개발됨에 따라 보다 융통성 있고 신뢰성 있는 정찰 임무 수행이 가능하게 되었다. 그러나 센서들마다 각기 성능의 한계가 있어 한 가지 센서로는 완벽한 정보획득이 제한된다.

② 따라서 최근에는 광학(Optics), 전자광학(EO), 적외선(IR), 합성개구레이더(Synthetic Aperture Radar, SAR) 등 다중센서를 복합적으로 운용함으로써 상호 취약점을 보완하고 있고, 광역/정밀감시 및 주·야간 전천후 감시능력을 동시에 갖추는 추세로 발전하고 있다.

③ 해상도는 과거 미터 급에서 현재 센티미터 급에 이를 만큼 획기적으로 향상되었으며, 컴퓨터 기술을 이용한 디지털 영상처리 방식을 도입하여 실시간 영상전송체계까지 구비하는 추세이다. 향후 전자광학 및 영상 판독 능력의 지속적인 향상과 소프트웨어 개발 등으로 무인항공기를 활용한 영상정찰 임무가 점차 확대될 것으로 예상된다.

(4) 정찰위성의 발전

① 의의

㉠ 한편 평화 시 항공정찰은 상대국의 영공을 침범함으로써 정치적 문제를 야기했다. 또한 카메라를 탑재한 항공기로 관찰할 수 있는 최대 범위는 상대국의 영토 주변 불과 몇 마일에 한정되었다.

㉡ 미국은 냉전시대 비밀에 싸인 구소련의 영토 주변 또는 영공 위로 비행하면서 필요한 영상정보를 수집할 수 있는 수단을 개발하고자 많은 노력을 기울이게 되었다.

㉢ 보다 넓은 지역에 대해 위험 부담 없이 보다 정확한 영상자료가 필요했고, 이에 부응하여 첨단 장치를 갖춘 정찰위성이 개발되기에 이른다.

㉣ 위성정찰은 1957년 구소련에서 세계 최초의 인공위성 '스푸트니크 1호'가 발사되면서 시작되었다. 이후 미국과 구소련 간에 위성개발 경쟁이 본격적으로 전개된다.

② 초창기 정찰 위성

㉠ 초창기 정찰위성은 발사된 후 궤도에서 체류하며 정찰임무를 수행하는 기간이 1~2주에서 많아야 3개월에 불과할 정도로 수명이 매우 짧았는데 이후 위성의 엔진을 재시동하도록 설계해 수명을 2~3년으로 연장시켰다.

㉡ 또한 초창기 정찰위성은 위성에 장착된 고화질 카메라를 활용하여 캡슐 속 필름에 영상이 찍히고, 이를 지상으로 직접 내려 보내는 방식으로 전송이 이루어졌다. 이 경우 영상사진이 촬영되고 나서 이것이 전송되어 최종 분석이 이루어지기까지 상당한 시간이 지체되는 것이 문제였다.

㉢ 고정된 군사시설이나 목표를 탐색하는 것은 문제가 없었지만 움직이고 빠르게 변화되는 사건을 추적하는 데 시간이 지체되면 적의 갑작스러운 공격을 사전에 탐지할 수 없어 낭패를 보게 될 수 있다.

③ 정찰위성 기술의 발전

㉠ 이처럼 촬영된 영상물의 전송과 분석이 지체되었던 것이 이제 획기적으로 개선되었다. 필름 대신 CCD(charge-coupled device)로 알려진 광센서 반도체가 활용되어 영상물의 전송속도가 획기적으로 빨라졌다. 오늘날 촬영된 영상은 전자파로 변환시켜 우주에서 지상으로 전송되기 때문에 거의 '실시간'으로 영상물을 얻을 수 있다.

㉡ 이처럼 영상정보 수집능력이 획기적으로 발전되었지만 야간이나 구름이 많이 낀 날은 제대로 된 영상을 얻기가 어려웠다. 그런데 이러한 문제도 획기적으로 개선되어 이제는 야간이나 구름이 많이 낀 날에도 레이더나 적외선을 활용하여 영상물을 얻을 수 있게 되었다.

Ⅱ 항공정찰

1 의의

① 항공정찰은 전시에 특히 유용하게 활용된다. 왜냐하면 전시 상황에서 항공정찰 활동은 군사적인 활용도가 높은 반면에 정치적인 문제를 야기하지 않기 때문이다.

② 전시에는 신문기자, 여행자, 외교관, 무관 등이 제공하는 정보로는 불충분하며, 언론이 통제되고 국경이 폐쇄되며 여행 제한이 시행된다. 때문에 적대국의 동향을 관찰하는 데 항공정찰이 유용하게 활용될 수 있다.

③ 평시에는 국제법 규정에 따라 타국 영토 위로 정찰하는 것이 금지되고 정치적으로 문제가 될 수 있지만 전시에는 그것이 문제가 되지 않는다.

2 미국의 소련에 대한 항공정찰

(1) 의의

① 한편 미국은 소련의 동향을 관찰할 수 있는 뾰족한 수단이 없었기 때문에 제2차 세계대전이 끝난 직후인 평화 시에도 소련에 대한 항공정찰 활동을 수행했다. 특히 미국은 1950년 북한이 남한을 침공하는 사태를 경험하고 나서 소련이 서구 유럽을 기습적으로 침공할 위험성에 대해 매우 우려했다.

② 당시 소련에 대한 인간정보 수집 역량이 매우 미흡한 상태였기 때문에 소련의 기습침공을 조기에 탐지할 필요성이 증대되었다. 소련 군사력의 규모나 구성에 대한 정보가 부족했고, 소련의 군사비 지출 실태도 제대로 파악할 수 없었다.

(2) RB-29

무엇보다도 미국은 소련에 대한 지도 제작 작업을 위해 항공정찰 활동을 절실히 필요로 했다. 소련에서 제작된 지도는 마을, 도시, 물리적 장애물 등을 실제와 다르게 그려 놓았기 때문에 필요시 소련에 대한 전략폭격 임무를 효과적으로 수행할 수 없었다. 그래서 미국은 보다 정확한 소련 지도 제작을 위해 제2차 세계대전 중에 사용했던 B-17과 B-29 폭격기에 많은 카메라를 탑재하도록 개조한 RB-29를 개발하여 활용하였다.

(3) 모비 딕(Moby Dick)

① 이 밖에도 미국은 소련에 대한 군사정보 수집을 위해 여러 가지 방안을 시도하였다. 예를 들어 미국은 서부 유럽지역에서 암호명 '모비 딕(Moby Dick)'이라고 하여 카메라를 장착한 풍선을 띄워 소련 영공을 관찰하는 작전을 은밀히 시행한 바 있다.

② 풍선은 서풍을 맞아 소련 영토 위를 넘어가서 일본을 거쳐 태평양으로 떠다닐 것으로 예상했다. 풍선이 일정 지점에 도달하면 무선 신호음에 반응하여 카메라 장비가 회수되고 영상 사진을 획득할 수 있을 것으로 기대했다.

③ 그러나 실상은 대부분의 풍선이 소련 영토에 떨어져 버렸다. 덕분에 소련은 미국의 카메라 장비 기술을 습득할 수 있게 되었다. 풍선에 장착된 카메라는 광범위한 소련 영토를 떠다니면서 대부분 쓸데없는 지역에 대한 영상을 촬영함으로써 미국이 애초 의도했던 정보수집에는 별 도움이 되지 못했던 것으로 알려졌다.

(4) RB-36

이후에도 미국은 항공정찰용 첩보수집수단을 개선하기 위해 많은 노력을 기울였다. 이러한 노력의 일환으로 1950년대 당시 혁명적인 항공기였던 RB-36이 전략정찰기의 주력으로 부상되었는데 이것이 1959년부터 전술정찰기로 사용되었다.

3 U-2기

(1) 의의

① 그리고 1955년 신형 항공정찰기 U-2기가 등장했다. U-2기의 최초 항속거리는 3,500킬로미터였지만 나중에 성능이 개선되어 6,000킬로미터 이상으로 늘어났다. 무엇보다도 U-2기는 소련 지대지 미사일과 전투기 공격 범위를 벗어난 2만 2천 미터 고공에서 정찰활동을 수행할 수 있었다.

② 1956년 6월 21일 아이젠하워 대통령은 비밀리에 소련 영공을 침범하여 항공정찰활동을 전개하는 U-2기의 첫 번째 임무 수행을 승인해 주었다. 이후 4년간 U-2기는 소련 영공에서 항공정찰활동을 수행하여 소련 군사시설이나 기지에 관해 많은 정보를 수집할 수 있었다.

③ 소련은 미국이 U-2기로 소련 영공을 불법적으로 침범하여 스파이활동을 벌이고 있다는 사실을 알고 있었으나 마땅히 대응할 방법을 찾지 못했다. U-2기는 워낙 고공에서 빠른 속도로 비행하기 때문에 당시 소련 대공 미사일로 격추시킬 수가 없었다. 소련은 미국에게 외교적으로 항의해 보기도 하였으나 미국이 극구 부인하는 바람에 더 이상 어쩔 도리가 없었다.

(2) U-2기 격추 사건

① 그러한 가운데 1960년 5월 1일 소련 영공을 침범하여 불법 정찰활동을 수행하고 있던 U-2기가 소련 미사일의 공격으로 기체 일부가 파손되고 조종사 게리파워즈(Francis Gary Powers)가 체포되었다.

② U-2기 격추 사건으로 인해 소련의 흐루시초프는 아이젠하워 대통령과 예정되었던 정상회담을 결렬시켰고 스파이 비행의 전모를 세계에 발표하여 미국을 궁지에 몰아넣었다.

③ 미 국무부는 소련 영공에 대한 U-2기의 불법 침입행위를 시인하면서도 그 근본적인 원인이 소련의 지나친 비밀주의 정책에 있다고 주장했다. 즉 소련이 철의 장막에 가려 있기 때문에 갑작스러운 군사공격에 대비하기 위해 소련에 대한 정보수집이 필요했고, U-2기의 소련 영공 비행은 그러한 목적에서 수행되었다고 주장했다. 이어서 미 국무부는 1955년 소련에게 상호 영공 개방(Open Skies)을 제안했는데 소련이 이를 수용했더라면 구태여 U-2기로 스파이 비행을 할 필요도 없었을 것이라고 주장했다. 어쨌든 이 사건 이후 소련 영공에 대한 U-2기의 스파이 비행이 중단되었다.

(3) 쿠바 미사일 위기

① 소련 영공에 대한 정찰활동은 중단되었지만 U-2기는 이후 여타 지역에서 중요한 임무를 수행했다. U-2기는 1962년 8월 29일 쿠바에 지대공 미사일 기지가 건설되고 있는 사진을 찍어 보냈다.

② 이어 1962년 10월 14일 미국 공군의 리차드 헤이서 소령(Mag. Richard Heyser)이 조종하는 CIA 소속의 U-2기는 쿠바 부근의 산 크리스토빌 상공을 6분 동안 비행하면서 928장의 사진을 찍었다.

③ 이 사진을 분석한 결과 소련이 쿠바에 핵탄두가 장착된 SS-4 미사일 관련 장비와 시설을 집중적으로 배치하고 있다는 증거를 확보했다. 이 사진 자료를 근거로 미국은 쿠바 미사일 위기 상황에 적절히 대응할 수 있었다.

(4) 걸프전과 코소보 사태

이후 U-2기는 1990~1991년도의 걸프전과 1990년대 코소보 사태 당시 미국을 주축으로 한 나토 연합군의 군사작전을 효과적으로 지원하는 성과를 올리기도 하였다. U-2기는 1955년 이래로 그 외관은 거의 변경 없이 유지되고 있으나 첨단 센서와 카메라를 탑재하여 소위 '예술적 경지에 이르렀다.'는 평가를 받을 정도로 정찰 시스템을 꾸준히 향상시켜 왔다.

4 SR-71

(1) 의의

1965년 U-2기의 후속기이면서 RB-36기의 임무를 계승한 전략정찰기로 SR-71이 개발되었다. 블랙버드(Black Bird)라고 불리는 SR-71은 마하 3(시속 3,360km)의 속력, 2만 4천 미터 이상의 고공 상승능력, 5,500킬로미터 이상의 항속거리 그리고 최고 비행고도에서 한 시간에 25만 9천 평방미터의 지역을 촬영할 수 있는 능력을 갖추었다.

(2) 1973년 제4차 중동전쟁

① SR-71은 첩보수집용 정찰기로서 중요한 임무를 수행했었는데, 특히 중동전에서 그 진가를 유감없이 발휘했다. 1973년 제4차 중동전쟁에서 이스라엘이 아랍국가와의 전쟁에서 곤경에 처하게 되자 제리코(Jericho) 미사일에 핵탄두를 장착, 카이로와 다마스커스를 공격하려 준비하고 있었다.

② 이러한 상황이 미국의 정찰위성에 포착되었고, 플로리다를 발진하여 한 번의 기착도 없이 이스라엘 상공을 정찰하고 귀환한 SR-71 정찰기가 촬영한 사진을 통해서도 확인되었다. 미국은 이 사실을 곧바로 소련에 통보함으로써 사태를 더 이상 악화시키지 않고 적절한 선에서 수습할 수 있었다.

5 무인정찰기

(1) 의의

① 항공정찰기로서 최고의 성능을 자랑했던 SR-71은 1990년 전략무기감축협정에 의해 폐기되었지만, U-2기는 성능이 떨어지는 덕분에 오래 동안 활용되었다. 그러나 정찰위성의 발달과 무인정찰기 글로벌 호크의 개발로 과거 U-2기가 담당했던 영역이 점차 줄어들고 있다.

② 「연합뉴스」에 따르면 미 국방부의 '예산 결정 프로그램 720'에 따라 U-2 드래곤 레이디(Dragon Lady) 전술정찰기를 2007년 3대, 2008년 6대, 2009년 7대, 2011년 10대 순으로 퇴역시킬 계획이라고 한다. 광학기술의 발달로 정찰위성의 해상도가 점점 높아지고 있고, 보다 작은 동체에 오랜 체공시간이 가능한 무인항공기의 발달로 이제 U-2기와 같은 유인 정찰기는 사라지게 될 것으로 보인다.

(2) 무인정찰기의 장점

① 한편 무인정찰기(unmanned aerial vehicle, UAV)는 두 가지 측면에서 위성이나 유인 정찰기에 비해 장점을 가진다.

② 첫째, 지구 멀리 고고도에서 운항하는 위성에 비해 무인 정찰기는 목표지역에 근접하여 정찰활동을 수행할 수 있다.

③ 둘째, 유인 항공기는 대공 미사일 요격으로 조종사가 생명을 잃게 될 수 있지만 무인 항공기는 그런 위험이 없다. 최근 무인 정찰기에 각종 첨단 장비가 장착되어 실시간으로 매우 선명한 영상물을 제공해 주고 있어 전투에 매우 유용하게 활용되고 있다.

④ 현재 미국, 이스라엘, 남아프리카공화국 등 많은 나라에서 무인 정찰기를 개발하여 실전에 운용하고 있다. 미국에서 개발한 대표적인 무인 정찰기로서 고고도 제트추진 비행기인 RQ-4 글로벌 호크(Global Hawk)와 중고도의 RQ-1 프레데터(Predator)가 있으며, 이스라엘에서 개발하여 운용중인 헤론(Heron)도 중고도 장시간 체공 무인 정찰기로서 탁월한 성능을 인정받고 있다.

(3) 프레데터

① 프레데터는 시속 134~224km, 고공 상승능력 7,600m 이상, 전투반경 720km 그리고 16~24시간의 비행능력을 갖추고 있다.

② 프레데터는 실시간 영상을 보내줄 수 있으며, 공대지 미사일을 장착하고 있어 공격목표가 발견되면 즉시 공격할 수 있다. 특히 프레데터는 헬파이어(Hellfire) 미사일을 장착하고 즉각적인 공습이 가능하여 대테러 전쟁에 효과적으로 활용되고 있으며, 실제로 예멘을 비롯한 여러 지역에서 알카에다 집단에 대한 공습에 활용되었다.

생각넓히기 | MQ-9 Reaper

1. MQ-9 Reaper는 MQ-1 프레데터의 공격형 모델을 재차 개량하여 만든 무인 공격기이다. 제식명칭이 MQ-9, 별칭은 '사신(死神)', '수확자'라는 뜻의 '리퍼(Reaper)'이며, 때로는 MQ-1 프레데터의 개량형이라는 의미에서 '프레데터 B(Predator B)'라고 불리기도 한다.
2. 프레데터가 정찰 기능을 주임무로 하는 기종에 간단한 무장을 장착한 반면, 리퍼는 기체 규모의 대폭적인 확충을 통해 프레데터보다 무장 기능이 양적, 질적으로 크게 높아졌다. AGM-114 헬파이어 대전차미사일뿐만 아니라 GBU-12 페이브 웨이 레이저 유도 폭탄도 장착가능하다. 미국은 리퍼를 이용하여 ISIL의 지하디 존, 이란의 장군 카셈 솔레이마니 등을 암살했다.

(4) 글로벌 호크

① 글로벌 호크는 그 역할과 성능이 U-2기와 유사하여 U-2기를 대체할 수 있을 것으로 평가된다. 글로벌 호크는 시속 640km, 고공 상승능력 19.8km 이상, 전투반경 4,800km 그리고 24시간의 비행 능력을 갖추고 있어 목표지점에서 오랫동안 체공하면서 넓은 지역을 관찰할 수 있다.

② 또한 고해상도의 합성개구레이더(合成開口레이더, Synthetic Aperture Radar, SAR)를 장착하고 있어 구름층이나 폭풍우에서도 전자・광학/적외선(EO/IR) 영상을 제공할 수 있다. 무엇보다도 글로벌 호크는 ELINT와 COMINT 수집용 장비를 장착하고 있어 영상정보는 물론 신호정보도 동시에 수집할 수 있도록 설계되어 있다.

③ 글로벌 호크는 대규모 전쟁이나 지역분쟁, 위기 상황 등 다양한 범위에 걸쳐 첩보수집을 할 수 있으며, 테러 집단처럼 신속히 이동하는 목표를 감시하는 데에도 효과적으로 활용될 수 있다.

④ 최근 세계 각국에서는 2kg 이하의 소형 무인 정찰기를 대량으로 개발하고 있다. 소형 무인 정찰기는 작전 반경이나 비행시간이 짧아 전술정보 수집용으로 매우 유용하게 활용될 수 있을 것이다.

Ⅲ 위성정찰

1 의의

① 1957년 10월 4일 카자흐스탄의 사막에서 최초의 인공위성 '스푸트니크(Sputnik) 1호'가 발사됐다. 농구공 크기에 무게가 83kg 정도인 이 위성은 이듬해인 1958년 1월 4일까지 3개월 동안 지구 위 9백km 상공에서 타원궤도를 돌면서 96분마다 일정한 신호음을 지구로 보냈다.

② 구소련의 스푸트니크 발사 소식에 '과학기술 최강국'임을 자부했던 미국의 위신이 돌연 추락했다. 또한 위성을 쏘아 올릴 수 있는 기술력이라면 핵폭탄을 실은 대륙간 탄도미사일도 발사할 수 있다는 예상과 함께 구소련의 미사일 개발 수준이 미국을 훨씬 앞질렀다는 주장이 제기되면서 미국 내 '미사일 갭(missile gap)' 논쟁이 시작되었다.

③ 사실 스푸트니크 발사 당시 미국도 위성 발사를 추진하고 있었다. 1955년 9월 미 해군 연구소에서 태양활동과 지구에 대한 관측을 실시하고 지구표면 지도를 작성하기 위한 '뱅가드(Vanguard) 프로젝트'가 추진되어 위성개발을 시작했다. 그런데 소련의 스푸트니크 발사에 자극받아 계획을 앞당겨 1957년 12월 6일 첫 위성 발사를 시도했으나 실패하고 말았다.

2 미국

(1) 의의

① 이에 미국은 독일 출신의 저명한 로켓 과학자인 폰 브라운을 중심으로 '익스플로러(Explorer) 프로젝트'를 결성해 1958년 1월 31일 마침내 '익스플로러 1호' 위성 발사에 성공했다. 같은 해 미국은 '미항공우주국(NASA)'을 설립하고 인간의 우주탐사를 첫 번째 과업으로 추진하게 되었다. 이후 미국과 구소련 간의 우주 개발 경쟁이 본격화되었다.

② 미국의 영상정찰위성은 코로나/디스커버러(KH-1～KH-4) 시리즈로 시작됐다. 이후 지역조사(area survey)를 목적으로 하는 KH-9과 정밀관측(close look)을 목적으로 하는 KH-11로 발전했으며, 현재는 정밀성과 운용수명이 더욱 향상된 KH-12가 활용되고 있다.

(2) 코로나/디스커버러(KH-1)

① 1958년 2월 아이젠하워 대통령은 CIA에 필름회수용 정찰위성 시스템을 개발하도록 지시했다. 그리고 1960년 5월 1일 중앙정보국의 U-2기가 구소련에 의해 격추되자, 미국은 구소련의 전략무기시스템과 군사기지를 감시할 필요성이 더욱 증가했다.

② 그래서 그해 8월 31일 CIA 주도로 최초의 정찰위성인 코로나/디스커버러(KH-1)를 발사했다. 이것은 U-2기를 사용했을 때보다 훨씬 더 많은 영상데이터를 제공했다. 코로나/디스커버러는 길이 1천 82m의 필름(무게 9.1kg)을 탑재했으며, 427만km를 15m 해상도로 정찰했다. 코로나/디스커버러는 1962년 초 30회 발사를 마지막으로 사라졌다.

(3) 위성 기술의 발전

① 그 뒤를 이은 코로나(KH-4)는 1972년까지 활약하면서 주로 구소련의 대륙간탄도탄기지에 대한 영상을 확보했다.

② '빅버드(Big Bird)'라는 별명으로 유명한 KH-9는 미 공군의 주 정찰위성으로서 지역조사와 특정지역을 정밀 관측하는 데 활용되었으며, 1971년부터 1986년까지 운용되었다. 이 위성은 태양궤도를 돌면서 새로운 미사일 기지의 건설 여부, 장착된 미사일의 숫자와 형태 등에 관한 변화를 살폈다.

③ '켄난(Kennan)' 또는 크리스털(Crystal)이라는 암호명으로 불리는 KH-11부터는 반도체 소자로 널리 알려진 CCD를 이용한 전자광학 카메라가 동원돼 더 이상 필름을 회수할 필요가 없어졌다.

④ KH-12는 암호명 '아이콘(Ikon)' 또는 KH-11보다 성능이 개선되었다는 의미로 '개량된 크리스털(Improved Crystal)'이라고 불리는데 1989년 8월 1호기가 발사되어 현재도 운용되고 있는 세계 최고 성능의 정찰위성이다. KH-12는 KH-11보다 수명이 길고 궤도변환 능력이 우수해 분쟁이 발생할 경우 즉각 그 지역 상공의 궤도로 이동해 정찰활동을 수행할 수 있다.

(4) 래크로스(Lacrosse)

① 과거의 첩보위성들은 악천후 때나 밤에는 영상촬영을 하지 못했다. 그러나 이 문제는 1988년 미국이 발사한 레이더 영상위성인 '래크로스(Lacrosse)'로 해결됐다.

② 래크로스는 일정 지역에 전파를 쏘아 그 반사파를 읽어내는 합성개구레이더(SAR)를 사용해 구름이나 어둠 속에서도 영상을 얻을 수 있다고 한다.

③ 이 위성은 러시아의 군사 시설 및 동향을 1m의 고해상도 영상으로 기후상태나 밤낮의 구분 없이 관측할 수 있다.

(5) 극소형 위성

또한 미국에서는 길이 50cm에 직경 41인치의 극소형 위성(microsatellites) 개발을 계획하고 있다. 극소형 위성은 일반 위성보다 수명이 길고 가벼운 만큼 변경된 목표를 감시하기 위해 각도를 변경하기가 쉽도록 설계될 것으로 알려졌다.

생각넓히기 | 다분광영상과 초분광영상

광학위성을 통해 수집하는 영상이 다분광영상과 초분광영상이다. 다분광영상은 동일한 장면의 여러 파장대역의 단색 영상을 모아 놓은 것으로, 서로 다른 센서로 찍은 것으로 각기 다른 파장에 민감한 센서로 촬영된다. 이러한 스펙트럼 영상화는 인간의 눈이 적색, 녹색 및 청색에 대한 수용체로 포획하지 못하는 추가 정보를 추출한다. 이에 반해 초분광영상은 입사되는 빛을 분광시켜 영상의 각 화소에 해당하는 지표물의 연속적이고 좁은 파장역으로 수십에서 수백 개의 분광 정보를 취득하므로 물질마다 존재하는 고유의 광학적 성질 및 물질의 흡수와 반사 특징을 분석할 수 있다.

3 러시아

(1) 의의

① 러시아는 구소련 당시인 1957년 세계 최초의 인공위성인 '스푸트니크 1호'를 발사하여 우주시대를 열었다.

② 1996년 말까지 러시아는 영상정찰위성을 무려 8백 4회(34회 실패)나 발사했다. 1~3세대를 유지해 온 러시아의 제니트(Zenit) 정찰위성은 1962년 4월 코스모스 4호로부터 시작됐다.

③ 4세대 정밀탐사위성인 얀타르(Yantar) 위성은 1974년 12월에 처음 발사됐으며, 주기적으로 두 개의 필름 캡슐을 보내 왔는데 당시 수명은 6~8주에 불과했다. '코메타(Kometa)'라고 불리는 또 다른 4세대 위성은 1981년 2월부터 발사되기 시작했으며, 주로 지도제작 임무를 수행했다.

④ 5세대 위성에 대한 공식적인 이름은 아직 알려지지 않았다. 1995년 파리 에어쇼에서 디지털 영상시스템을 탑재한 모델이 선보인 후 1995년 9월에 발사해 1년 동안 사용됐지만 1997년 중반까지 더 이상 발사되지 않았다.

⑤ 이 밖에도 6~7세대 위성과 세계 전역의 해군시설 등을 탐지하는 원자력 '로사트(RORSAT)' 프로그램이 있다.

(2) 영상사진을 취득하는 방법

① 러시아는 지금까지 영상사진을 취득하는 방법으로 필름 방식과 디지털 방식을 동시에 운용하고 있다.

② 즉 위성이 촬영한 필름 캡슐을 특정지역 지상까지 낙하시켜 필름을 회수한다. 회수한 영상은 다시 디지털화 과정을 거쳐 디지털 영상으로 만들어진다. 현재 운용중인 러시아 위성의 해상도는 최대 20cm로 알려져 있다.

③ 러시아가 이런 방식을 고수하는 것은 기술적인 한계도 있지만 해상도 면에서 디지털 방식보다 우수하며 생산가격도 상대적으로 저렴하기 때문이다.

④ 물론 필름 방식은 필름이 회수된 다음에 비로소 상황을 파악할 수 있어 실시간 확인이 불가능하다는 단점이 있다. 이를 보완하기 위해 디지털 방식으로 영상을 송신하는 아락스(Araks) 위성을 운용하고 있으나 해상도는 2~5m급으로 높지 않은 편이다.

4 중국, 인도, 프랑스, 일본 등

① 위성정찰은 오랫동안 미국과 소련이 독점해 왔다. 여타 국가들은 기술도 미흡하고 비용을 감당하기 어려웠기 때문에 투자하기를 꺼렸다. 그러나 이제 중국, 인도, 프랑스, 일본 등 많은 국가들의 기술이 향상되고 경제력이 증가하면서 이들도 위성 개발에 많은 노력을 기울이고 있다.

② 중국은 매년 6~8기의 소형 위성을 만들어 2020년까지 약 100기를 쏘아 올리겠다고 발표했다. 독일도 독자적으로 위성을 보유할 계획을 갖고 있으며, 이스라엘은 인도, 대만, 터키와 위성 개발에 관해 협력하고 있다. 프랑스는 벨기에, 이탈리아, 스페인과 위성 개발에 관해 협력관계를 유지하고 있으며, 브라질과 중국도 위성 개발에 적극 협력하고 있다.

5 상업용 위성

(1) 의의

① 군사부문이 위성의 발달을 주도해 온 것이 사실이지만 냉전의 해체와 과학기술의 민간화에 따라 상업용 위성 역시 획기적으로 발전하고 있다.

② 구소련이 붕괴된 이후 첩보위성에서 얻은 고해상도 영상자료들이 점차 상용화되고 있다. 지금까지 1m 이하 급의 지구관측은 기술도 어렵고 국가안보에 미치는 영향도 컸기 때문에 몇 나라에서만 활용되어 왔다.

③ 그런데 프랑스는 1986년 스팟(Satellite pour 1'Observation de la Terre, SPOT) 위성을 쏘아 올려 10m급 흑백 해상도를 가진 사진을 일반인들에게 판매해 왔다. 미국은 1994년 대통령령 제23호에 따라 1m급 위성기술의 상용화를 허용했고, 1995년 미 CIA는 1960년부터 1972년까지 수집한 80만 장의 영상을 대중에게 공개한 바 있다.

④ 미국 스페이스 이미징(Space Imaging Company)은 1999년 '이코노스(Ikonos)' 위성을 운용하여 획득한 1m급 해상도의 영상사진을 일반인들에게 판매하고 있다. 미국 정부는 2006년과 2007년에 해상도 50cm 및 40cm급 상업용 위성 발사를 허용했던바 앞으로 50cm 해상도의 상업용 영상사진이 제공될 것이다. 이 밖에 러시아, 남아공화국, 캐나다, 인도, 호주, 이스라엘, 중국, 브라질, 한국 등의 민간 회사 또는 정부 산하 기구에서도 상업용 위성사진을 제공하고 있거나 앞으로 그럴 계획이 있는 것으로 알려졌다.

(2) 상업용 위성을 활용한 첩보수집

① 상업용 위성의 성능이 개선되고 활동이 증가하면서 이제 상업용 위성이 정보기관의 첩보 수집에 적극 활용되고 있다. 2001년 10월 미국 NGA(구 National Imagery and Mapping Agency, NIMA)는 이코노스 위성이 아프가니스탄 지역을 촬영한 영상물에 대한 독점적 사용권을 구매하여 활용했다.

② 2002년 6월 조지 테닛(George Tenet) 중앙정보장은 정부의 지도작성 작업은 상업용 저해상도 영상물로도 충분히 가능하므로 여기에는 상업용 위성을 우선적으로 활용하고, 국가에서 운용하는 위성은 극히 예외적인 경우가 아니면 지도 제작에 활용하지 말 것을 지시했다. 테닛의 지시는 국가적인 차원에서 운용하는 정찰위성을 고해상도 영상물이 필요한 대상 목표를 관찰·감시하는 데 활용하여 그 효용성을 높여보자는 의미로 해석된다.

③ 2003년 4월 부시 대통령은 군사, 첩보수집, 외교정책, 본토안보, 민간 업무 등 다양한 분야에 상업용 영상물의 활용을 지시하는 대통령령에 서명하였다. 따라서 향후 미국에서 상업용 위성의 활용 범위가 보다 확대될 것으로 예상된다.

④ 한편 상업용 위성에서 제공하는 영상물이 무제한 배포될 경우 미국의 국가안보를 저해할 수도 있다는 판단에서 미국 정부는 상업용 영상물이라 할지라도 국가안보상의 이유를 들어 통제권을 행사하고 있다.

⑤ 미국은 적대적인 국가나 미국이 수행하고 있는 전쟁의 상황이나 실태를 평가하는 데 활용할 가능성이 있는 대중매체에게는 상업용 영상정보 자료의 제공을 금지하고 있다. 물론 이에 대해 인권단체나 언론매체에서 헌법 정신에 위배된다면서 소송을 제기하고 있는데 아직 결론이 나오지 않은 상태이다.

6 한국

(1) 의의

한국은 1999년 아리랑 1호에 이어 2006년 7월 28일 두 번째 다목적실용위성(KOMPSATI)인 아리랑 2호를 성공적으로 발사했다.

(2) 아리랑 2호

① 아리랑 2호의 성공으로 한국은 미국, 러시아, 프랑스, 독일, 이스라엘, 일본에 이어 세계 7번째 1m급 해상도 관측 위성 보유국이 되었다.

② 아리랑 2호는 685km 상공에서 하루에 지구를 14바퀴 반씩 돌며 1회전마다 20분간 사진을 찍어 지구로 전송하는데 한반도 상공은 평균 세 차례가량 통과한다.

③ 아리랑 2호는 레이더 위성이 없고 광학카메라만 장착하고 있기 때문에 밤 시간대 또는 구름이 끼어 있으면 촬영이 불가능하다는 약점을 안고 있다.

(3) 아리랑 3호

아리랑 3호는 해상도 70cm의 관측위성으로서 아리랑 2호(1m급)보다 2배 정밀 관측이 가능하다.

(4) 아리랑 5호

① 한국은 2012년 5월 18일 아리랑 3호에 이어 2013년 8월 22일 아리랑 5호 발사에 성공했다.

② 아리랑 5호는 국산 위성 가운데 처음으로 밤이나 궂은 날씨에도 1m급 물체를 구분할 수 있는 합성영상레이더(SAR)가 장착되어 있다.

③ 기존 아리랑 3호는 광학위성으로서 낮에만 지상을 관측할 수 있지만 아리랑 5호는 밤이나 구름이 낀 날에도 지상을 선명하게 볼 수 있다.

④ 아리랑 5호 발사 성공으로 2013년 8월 현재 우리나라가 운용중인 위성은 모두 7기로 늘었다.

(5) 아리랑 3A호

2014년에 발사되는 아리랑 3A호는 다목적 실용위성으로서 적외선 카메라를 장착하여 야간에도 지상의 열을 측정할 수 있는 적외선 관측까지 가능한 것으로 알려져 있다.

(6) 위성 발사 계획 등

① 한국은 조만간 인공위성 자력발사 체제를 갖추어 2015년까지 과학위성 5회, 다목적 실용위성 4회, 예비발사 26회 등 모두 35회에 걸쳐 위성을 발사할 계획이다.

② 한국은 2005년 7월 국내와 미국·중동 일부 지역 촬영 영상은 한국항공우주산업과, 나머지 국외 지역 촬영 영상은 프랑스의 스팟 이미지와 판매대행 계약을 맺었다.

③ 2006년 현재 1m급 해상도로 가로·세로 15km 지역을 찍은 위성영상의 국제가격은 한 장에 약 1만 달러에 이른다. 이에 따라 항공우주연구소는 아리랑 2호가 설계 수명인 3년 동안 5,400만 달러의 영상판매 수입을 올려줄 것으로 기대하고 있다.

[세계 각국의 초정밀 민간관측위성]

위성 이름	국가	해상도(m)	발사시기
에로스-B(EROS-B)	이스라엘	0.87	2003년
지오아이(GeoEye-1)	미국	0.41	2008년
월드뷰(World View-2)	미국	0.46	2009년
플레이아데스(Pleiades)	유럽	0.5	2011년

Theme

16 신호정보(Signals Intelligence, SIGINT)

I 신호정보의 기원과 발전

1 신호정보의 의의

① 신호정보는 각종 통신장비 및 전자장비에서 방출되는 전자기파(이를 보통 신호라고 칭한다)를 감청하여 취득되는 지식 또는 그것을 생산하기 위한 수집, 처리, 분석 등의 제반 활동을 통칭한다.

② 신호정보는 전자기파의 종류에 따라 통신정보(Communication Intelligence, COMINT), 전자정보(Electronic Intelligence, ELINT), 원격측정정보(Telemetry Intelligence, TELINT) 등으로 분류된다.

③ 신호정보는 20세기 들어서서 가장 널리 활용되는 수집수단이다. 제2차 세계대전 이래 신호정보는 암호해독과 조합을 이루어 상대방에 관한 정보를 취득하는 가장 중요한 수단으로 활용되었다.

2 19세기

① 과거 신호정보는 통신수단에 물리적으로 접근해서 획득했다. 예를 들어 19세기 말 이후 전화선에 몰래 접속하여 타국의 외교 전문(telegram)을 감청하는 행위가 성행했던 것으로 알려졌던바 이것도 일종의 신호정보에 해당된다.

② 미국의 경우 남북전쟁 동안 상대편의 전화선에 접속하여 통화를 감청(line-tapping)하는 행위가 수행되었던 것으로 알려졌다.

3 제1차 세계대전

최초의 본격적인 신호정보 수집활동은 무선통신이 군에 도입된 제1차 세계대전 중에 수행되었다. 제1차 세계대전 초기 영국 해군은 북해 지역으로 진입하려는 독일 해군의 움직임을 조기에 탐지하기 위해 독일에서 미국, 아프리카, 스페인 등지로 연결된 해저 케이블(telegraph cable)을 절단했다. 그 결과 독일은 유선 대신 무선을 활용하여 통신해야 했고, 이로 인해 영국 신호정보 수집기지에서 독일의 무선 통신을 손쉽게 감청할 수 있었다.

4 제2차 세계대전

(1) 의의

① 제2차 세계대전 발발과 함께 무선통신이 보다 활발하게 활용되면서 신호정보 수집의 중요성이 더욱 증가했다.

② 영국과 미국은 각각 '울트라(Ultra)'와 '매직(Magic)' 작전을 통해 독일과 일본의 무선 통신을 감청하고 암호를 해독하여 전쟁의 승패에 영향을 줄 수 있는 귀중한 정보를 취득할 수 있었다.

생각넓히기 | 매직 암호해독(Magic cryptography) 작전

매직 암호해독 작전은 제2차 세계대전 중 미국 정보당국이 일본의 암호체계인 퍼플(Purple)을 해독한 것으로 미국 정보당국의 암호 해독프로그램이었다. 매직 작전의 대상인 퍼플(Purple)은 일본이 1940년부터 사용하기 시작해 제2차 세계대전 중 외국에서 수집한 정보의 전달과 본국 지시를 전달하는 데 사용한 일본의 중추적인 암호 생성 전동기 장치였다. 처음 일본군의 움직임에 대한 암호해독 보고를 받은 루스벨트 대통령이 '마술(magic)'이라고 경탄한 것에서 매직이라는 이름이 유래되었다.

매직 암호해독 작전의 성과는 태평양 전쟁 초기인 1942년 6월 5일~6월 7일 중부 태평양 미드웨이 섬(Midway Island) 주변 해역에서 벌어진, 역사적으로 가장 강력한 해군력을 동원한 미국과 일본의 해전에서 나타났다. 1941년 12월 8일의 진주만 공격으로 엄청난 피해를 입었던 미국은 결과적으로 멋진 보복을 한 셈이었다. 미 해군당국은 매직 작전이 해독한 메시지로 일본군이 실제 목표물인 미드웨이 섬을 확보하기 위해 거짓으로 알류산 열도를 공격하는 것처럼 위장한다는 작전계획을 소상하게 파악했다. 원래 일본 연합함대 사령관 야마모토 이소로쿠 대장은 미국 항공모함을 격멸시킴과 동시에 미드웨이 섬을 초계기지로 삼아서 미국의 일본 본토에 대한 공격을 방어하려는 계획을 수립했다.

해전 참가병력은 미국이 항공모함 3척을 포함한 함정 35척, 비행기 233기 그리고 일본이 항공모함 4척을 포함한 함정 47척, 비행기 285기로 엄청난 화력이었다. 미드웨이 해전에서 미국 해군은 항공모함 1척만 침몰되었을 뿐 피해가 적었으나, 일본은 항공모함 4척과 중급순양함 1척이 침몰하고 항공모함 탑재비행기 전부를 소실했다. 이후 태평양에서 전쟁의 흐름이 변하여 미국으로 주도권이 옮겨졌다. 또한 미군은 1943년 매직 암호해독 작전으로 야마모토 제독의 솔로몬 제도 방문 일정을 정확히 파악해 그가 탄 비행기를 격추시켜 미국을 괴롭혔던 장애물을 제거했다. 매직 작전의 암호해독 성과는 미국 본토에서 FBI에 의한 1940년대 미국 서해안 지역 일본 야쿠자(Yakuza) 조직범죄에 대한 소통에도 활용되었다.

(2) 대서양에서의 해전

① 특히 제2차 세계대전 당시 대서양에서의 해전은 암호해독가들 간의 전쟁이었다고 칭할 만큼 암호해독이 전쟁의 승패에 중요하게 작용했던 것으로 평가된다.

② 영국의 저명한 역사학자인 힌슬리(EH. Hinsley) 교수는 연합군이 암호해독에 성공함으로써 제2차 세계대전을 3~4년 정도 앞당겼다고 주장했다. 또한 레윈(R. Lewin)도 독일과의 전쟁에서뿐만 아니라 태평양 지역에서도 연합군이 암호해독에 성공함으로써 전쟁을 빨리 끝낼 수 있었으며, 수천 명의 인명 희생을 막을 수 있었다고 주장했다.

(3) 미드웨이(Midway) 해전

① 미국 해군은 제2차 세계대전 중 신호정보활동을 효과적으로 수행함으로써 미드웨이(Midway) 해전에서 일본을 상대로 결정적인 승리를 얻을 수 있었다.

② 일본은 1941년 2월 진주만에서의 성공을 십분 활용하여 전략적 요충지인 미드웨이의 섬들을 장악하고 남아 있는 미국의 해군을 격파하려고 했다.

③ 일본의 계획이 성공했더라면 하와이가 점령되고 미국은 일본에게 불리한 입장에서 평화협정을 맺어야 했을 것이다. 일본인들에게 있어서 미국처럼 막강한 국력을 가진 국가와 장기전을 치르게 되면 불리하므로 미국에게 속전속결로 승리하는 것이 매우 중요했다.

④ 일본인들은 잘 몰랐지만 하와이에 있었던 미 해군 암호해독가들은 일본 해군이 암호로 통신하는 내용을 감청하여 해독하였다. 그 결과 미국은 일본이 미드웨이로 공격해 올 것을 사전에 알고 있었다. 1942년 6월 4일 니밋츠(Chester Nimitz) 제독은 미드웨이 섬 북쪽에서 일본 무적함대를 매복 공격하여 4척의 전투함을 파괴하였다.

⑤ 이로써 미국은 태평양에서 대규모 공격작전을 수행할 수 있는 일본의 능력을 제거했다. 미드웨이 해전은 전쟁의 승패에 분수령이 될 만큼 일본에게 결정적인 타격을 주었다.

5 냉전시대

(1) 의의

1945년 동서 진영 간에 냉전이 시작되고 전자장비가 비약적으로 발전하면서 신호 정보 수집의 중요성이 더욱 증가하게 되었다. 미국과 소련은 각기 상대방에 대한 통신 감청을 위해 많은 노력을 기울였다. 미국은 신호정보 수집을 위해 소련 영토 주변에 상당수의 지상기지들을 설치했고, 소련 역시 미국의 신호정보 수집 기지 부근에 유사한 수준의 수집 기지들을 설치했다.

(2) 코드명 'VENONA'

① 한편 미국과 영국은 1942년부터 1945년까지 소련이 암호화하여 교신했던 약 3,000여 개의 전문을 감청했고, 1946년부터 1980년까지 이에 대한 암호해독 작업을 성공적으로 수행했다.

② 코드명 'VENONA'로 알려진 소련 전문에 대한 암호해독 작업을 통해 미국은 미·소 관계는 물론 미국 정치사에 중요한 의미를 가지는 여러 가지 정보를 획득할 수 있었다.

③ 미국 내 많은 진보주의자들은 미국의 핵개발 비밀을 소련에 팔아넘긴 혐의로 체포된 히스(Alger Hiss)와 로젠버그(Rosenberg) 부부가 냉전의 희생양으로서 무죄라고 주장했었다.

④ 그러나 VENONA 자료에 따르면 그들이 유죄라는 증거를 설득력 있게 제시해 주고 있다. 또한 VENONA 자료를 면밀히 검토해 본 결과 제2차 세계대전 동안 루즈벨트 행정부의 모든 부처가 소련의 첩보원들에게 무차별 침투당했다는 사실을 알 수 있었다.

(3) 소련의 신호 정보 수집활동

① 볼(D. Ball)의 연구에 따르면 소련 역시 냉전시대 동안 신호정보 수집활동에 엄청난 노력을 기울였던 것으로 나타난다.

② 당시 소련은 본토와 해외에 약 500개의 신호정보 수집 기지를 설치했는데 이는 미국의 5배에 해당되는 것으로서 규모 면에서 세계 최대였던 것으로 알려졌다. 소련은 냉전시대 동안 외교관계를 맺고 있었던 국가들 중 약 62개국에 대해 신호수집활동을 전개했던 것으로 드러났다.

③ 신호정보 수집활동을 수행하기 위해 소련은 63기의 신호정보 수집용 선박들, 20기의 유인 또는 무인 항공기들, 수 개의 신호정보 수집용 위성들, 기타 신호정보 수집활동을 수행하기 위해 개조된 트럭이나 차량 등을 운영했다고 한다. 이러한 연구에 따르면 냉전시대 동안 소련이 인간 정보에 중점을 두고 첩보활동을 수행했다는 기존의 주장들이 틀렸다는 것을 알 수 있다.

Ⅱ 통신정보(Communication Intelligence, COMINT)

1 의의

① 통신정보는 각종 통신장비를 운용하여 송수신되는 내용 중 의미 있는 문구를 수집, 분석, 처리하여 생산된 정보를 의미한다.

② 통신수단으로는 음성, 모스 부호, 무선텔렉스(radioteletype), 팩스 등 다양한 방법이 활용될 수 있다.

③ 일반적으로 민감한 통화내용은 암호화하지만 비용이나 기술적인 문제로 인해 암호화하지 않은 평문 통화도 있다. 예를 들어 항공기와 지상 관제소 간의 통화는 내용이 명확하게 전달되어야 하기 때문에 암호화하지 않는다.

2 COMINT의 수집 목표

① COMINT의 수집 목표는 다양하다. 전통적으로 외교통신(diplomatic communications)과 군사통신이 가장 중요한 감청 목표로 설정된다.

② 과거 미국은 여러 나라의 외교 통신을 감청했다. 1956년 수에즈 운하 위기 당시 영국의 외교 통신을 감청했고, 1985년 서베를린에서 발생한 나이트클럽 폭파사건이 발생하기 수 시간 전에 이루어졌던 리비아와 동베를린 인민국(People's Bureau) 간의 통화 내용을 성공적으로 감청했으며, 1970년 일본 주재 이라크 대사관의 통신을 감청했던 것으로 알려졌다.

③ 제2차 세계대전 당시 영국은 '울트라 작전(Ultra Project)'을 통해 독일 히틀러가 야전 사령관들에게 보내는 전문을 감청하고 암호화된 내용을 해독하여 전쟁을 승리로 이끌 수 있었다.

3 무선 통신과 유선 통신의 감청

① 대부분의 경우 COMINT는 무선 통신을 감청하지만 때로 유선으로 통신하는 내용을 감청하기도 한다. 유선 감청의 경우 사람이 직접 유선에 접속하는 작업을 수행해야 하기 때문에 발각될 위험이 있어 꼭 필요한 경우가 아니면 시도되지 않는다.

② 1950년대 초와 중엽에 영국과 미국의 정보기관은 당시 미국과 소련 관할로 나뉘어 있던 비엔나와 베를린 지역에서 소련 군사당국이 사용하고 있었던 유선전화 케이블에 도청장치를 설치하는 데 성공했다. 미국은 베를린의 미국 관할 지역에서부터 소련 관할 지역의 유선 전화 케이블이 매설된 지역까지 비밀리에 터널을 뚫었고, 마침내 소련의 유선 전화 케이블에 도청장치를 설치하는 데 성공했다.

③ 때로 적대국의 해저 케이블을 도청하는 경우도 있다. 예를 들어 1971년 10월 미국은 헬리부(Halibut)라는 잠수함을 이용하여 오호츠크해에 설치된 소련의 군용 해저 케이블을 감청했다. 미국은 1979년부터 1992년까지 베링해 무르만스크 연안에 설치된 소련의 해저 케이블을 도청하기도 하였다.

④ 미국은 냉전 이후에도 중동, 지중해, 동아시아, 남미 등 광범위한 지역의 해저에 설치된 케이블에 대해 도청활동을 전개하고 있는 것으로 추정된다.

4 에셜론(ECHELON)

(1) 의의

① 특히, 미국은 NSA 주도하에 영국, 캐나다, 호주, 뉴질랜드 등 영연방 국가들과 함께 '에셜론(ECHELON)'이라는 비밀감청 조직을 결성하여 전 세계의 무선 통신, 위성 통신, 전화, 팩스, 이메일 등을 감청하고 있는 것으로 알려져 있다.

② 에셜론 시스템은 120여 개의 첩보위성을 기반으로 모든 종류의 통신을 하루 120만 건까지 도청할 수 있다는 주장이 있지만 그 능력과 실상에 대해 아직도 정확히 파악되지 않고 있다.

③ 한편 미국은 1945년부터 거의 30년 동안 미국의 주요 케이블 회사 사무실에 특수 장비를 설치하여 조직적으로 감청을 통한 수집활동을 수행했던 것으로 드러났다. 암호명 '샴록(SHAMROCK)'으로 알려진 NSA의 도청 행위는 워터게이트 사건에 관한 청문회를 진행 하는 가운데 폭로되었다.

④ 1975년 8월 8일 당시 NSA 국장으로 재직중이었던 엘렌(Lew Allen) 중장은 하원 파이크위원회(Pike Committee)에서 "NSA는 음성 통화와 유선 케이블 등 국제통신에 대해 체계적인 감청활동을 수행했다."고 시인했다.

생각넓히기 | 프렌첼론(Frenchelon) 감청망

프렌체론(Frenchelon)은 프랑스가 앵글로-색슨의 에셜론 체계에 대한 대응으로 운용하는, 프랑스의 독자적인 신호정보(French Signal Intelligence) 감시체계이다. 주무부서는 프랑스 국방부 산하의 해외 정보기구인 해외안보총국(DGSE)이다. 실제 운용은 해외안보총국의 기술국이 관장한다. 프렌체론은 에셜론 체계처럼 외교적, 군사적 그리고 산업통신을 광범위하게 감청하여 자동적으로 데이터베이스를 구축한다고 한다. 프랑스의 기술정보 능력을 보여주는 것으로 프랑스는 앵글로 색슨계의 에셜론 체제를 좌시하지 않겠다는 자세를 보여주고 있다고 할 수 있다. 프렌첼론은 그 존재가 공식적으로 인정되지는 않았지만, 수많은 언론인들에 의해 각종 군사정보에 기초하여 감지되어 왔다.

(2) 스노든의 폭로

① 이후 여러 차례에 걸쳐 NSA의 도·감청 활동에 대한 의혹이 제기되었음에도 불구하고 NSA는 비밀 도·감청 활동을 지속해 왔던 것으로 드러났다.

② 2013년 6월 10일 CIA와 NSA에서 컴퓨터 기술자로 일했던 스노든(Edward Joseph Snowden)이 영국 일간지 「가디언」과 「워싱턴 포스트」를 통해 미국 NSA를 필두로 하는 서방 정보기관들이 전 세계 일반인들의 통화기록과 인터넷 사용정보 등의 개인정보를 무차별적으로 수집·사찰해 온 사실을 폭로했다.

③ 스노든이 폭로한 바에 따르면 NSA를 중심으로 구축된 에셜론의 역량이 과거에 비해 대폭 강화된 것으로 보인다. 에셜론은 첩보위성, 지상 기지, 고성능 신호인식 컴퓨터를 연결해 전화, 팩스, 이메일, 문자메시지, 금융거래 등 지구상의 거의 모든 통신 내용을 매일 30억 건씩 감청할 수 있는 것으로 알려졌다.

④ 특히 에셜론의 IT버전이라 할 수 있는 '프리즘(PRISM)'은 가공할 수준의 정보수집 역량을 가진 프로그램으로 드러났다. 2007년에 설치된 프리즘은 인터넷과 통신회사의 중앙 서버에 접속해 사용자 정보를 수집하는 프로그램이다. NSA는 프리즘을 이용해 구글, 페이스북, 야후 등 유명 IT 기업의 서버에 접근한 뒤 일반인 사용자의 이메일 및 메신저 주소록 등을 무차별적으로 수집했다고 한다.

⑤ 또한 스노든은 NSA가 브뤼셀 EU 본부는 물론 미국 주재 38개국의 대사관을 도·감청한 사실도 폭로했다. 이어서 NSA가 메르켈 독일 총리를 비롯한 외국 정상 35명의 전화를 감청했다는 주장도 제기됐다.

⑥ 스노든의 폭로로 미국 정부는 에셜론의 실체를 지목하지는 않았지만 사실상 도청했다는 사실을 인정하기에 이르렀다. 제임스 클래퍼 미국 국가정보장(DNI)은 2013년 10월 29일 하원 청문회에 참석해 "외국 지도자들에 대한 감시는 전혀 새로운 것이 아니며, 이들에 대한 감시활동은 첩보의 기본"이라면서 "미국 동맹국들 역시 미국을 상대로 첩보활동을 한다."고 주장했다.

⑦ NSA의 도청 파문으로 국내외적으로 비난 여론이 고조되자 오바마 대통령은 미국 대통령으로서는 최초로 외국 정상들에 대한 도청 사실을 인정하고, NSA 첩보수집활동에 대한 재검토 작업에 착수했다고 밝혔다.

5 통신기술의 발전에 따른 COMINT 수집의 어려움

① 한편 오늘날 통신기술의 발전과 함께 COMINT 수집에 있어서 어려움이 생기고 있다. 과거 무선 통신은 적당한 장소에 안테나를 설치하여 감청할 수 있었고, 유선 통신은 사람이 직접 감청장치를 설치하면 되었다.

② 그런데 새로운 통신수단이 등장하면서 감청이 점점 더 어려워지고 있다. 예를 들어 시간당 엄청난 전송속도를 가진 광케이블(optical fiber cable)은 일반 전화선보다 도청이 어렵다. 2006년 현재 전 세계 장거리 전화와 데이터 송수신의 99%가 광케이블을 통해 이루어지고 있다고 한다. 에셜론에 대한 유럽의회의 조사보고서에 따르면 유럽의 경우 2001년 현재 위성을 활용한 국제통신의 비율이 0.4%~5% 수준으로 감소했다고 한다.

③ 과거에는 전 세계 인터넷 통신이 영국과 미국 지역을 거쳐야 했지만 지금은 그렇지 않기 때문에 과거처럼 인터넷 도청도 쉽지 않은 것이 실정이다. 휴대폰도 공중으로 발송되는 전파를 이용한 통신수단이지만 복잡한 연산으로 인해 도청이 쉽지 않은 것으로 알려졌다.

Ⅲ 전자정보(Electronics Intelligence, ELINT)

1 의의

① 전자정보는 레이더와 같은 적의 군사장비로부터 방출되는 전자파를 추적, 분석해서 취득되는 정보를 의미한다.

② 전자정보를 활용하여 적대국의 방공 레이더, 지휘통제센터 등 주요 군사시설에 대해 지속적인 감시 및 추적활동을 전개할 수 있다.

③ 특히 전자정보는 스텔스 작전을 지원하는 데 매우 유용하게 활용된다. 즉 스텔스 항공기라 할지라도 적의 추적을 완전히 피할 수는 없기 때문에 전자정보를 활용하여 어떤 지역이 적에게 노출될 위험이 있는지를 알아낼 수 있다.

④ 전자정보의 수집기지로는 지상 기지, 선박, 항공기, 위성 등이 활용된다.

2 초기 ELINT의 주요 대상 목표

① 최초의 전자정보 활동은 제2차 세계대전부터 시작되었다. 당시 ELINT 주요 대상 목표는 적국의 방공 레이더 기지들이었다. 적국 방공 레이더의 위치와 성능을 파악함으로써 전투기 폭격 시 적국의 레이더 기지를 우회하거나 무력화시킬 수 있었다.

② 1950년 대 초 미국 ELINT 체계의 주요 목표는 중국을 포함하여 소련 사회주의 국가들의 레이더 기지였다. 대표적인 ELINT 체계로서 구소련이나 현 러시아가 운용하고 있는 EORSAT(Elint Ocean Reconnaissance Satellite, 전자정보 수집용 해양정찰위성)를 들 수 있다. 러시아는 수년 동안 EORSAT를 활용하여 깊은 바다에서 발사하는 레이더 등 전자신호를 추적했고, 이를 통해 미국 전투함의 위치를 감시해 왔다.

③ ELINT 수집활동은 단순히 전자파를 방출하는 물체를 탐지하는 것으로 끝나는 것이 아니다. 적대국의 레이더 신호를 탐색해서 한 번에 탐지할 수 있는 공간의 폭, 운용범위 등 레이더의 성능과 제원을 파악할 수도 있다. 예를 들어 무선파의 진동수가 반복되는 상태를 분석하여 레이더의 범위를 파악할 수 있다.

④ 제2차 세계대전 중 영국 '과학정보국(British Scientific Intelligence)'은 독일의 프레야(Freya) 방공 레이더가 초당 500회의 진동을 반복하는 방식으로 작동되고 있다는 사실을 추적하여 레이더의 최대 운용범위가 300km라는 것을 알아낼 수 있었다고 한다.

3 ELINT의 활용

(1) 통화량분석(traffic analysis)

① ELINT는 '통화량 분석(traffic analysis)'에 활용되어 유용한 정보가 취득될 수 있도록 지원하는 기능도 수행한다.

② 통화량 분석은 암호를 풀지 못해 통신 내용을 파악할 수 없는 상황에서 쌍방 간 교신의 패턴(pattern)을 분석하여 유용한 정보를 생산하는 기법이다. 예를 들어 지휘본부와 예하부대 간 통화량이 갑자기 증가하면 중요한 작전이 진행되고 있을 것으로 추정할 수 있다.

(2) 무선신호발신지 추적기법

① 또는 위치추적기법의 일종으로서 '무선신호발신지 추적기법'을 활용하여 배, 비행기, 부대 등의 위치를 탐지할 수도 있다.

② 예를 들어 제2차 세계대전 중 심해에서 활동하는 독일의 U보트 잠수함은 지상의 해군기지와의 교신 또는 잠수함들 간의 교신에서 상호 간에 무선을 활용했다.

③ 연합군 호위 함대를 공격하는 방법으로서 독일 해군이 '잠수함대(wolfpacks)' 작전을 전개할 경우 공격을 조율하고 화력을 집중하기 위해 지휘본부와 잠수함 간 그리고 잠수함들 상호 간에 통화량이 엄청나게 증가했다. 영국과 미국 신호감청 기지에서는 이를 이용하여 잠수함의 위치를 추적할 수 있었다.

④ 연합국은 비록 통화내용을 알 수는 없었지만 잠수함 위치 추적을 통해 대서양 해전을 수행하는 데 활용될 수 있는 유용한 정보를 얻을 수 있었다. 연합군은 잠수함 위치 추적기법과 암호해독을 활용하여 독일 잠수함대의 공격을 피할 수 있었다. 이후 영국과 미국은 이러한 기법을 더욱 발전시켜 독일 U-boat를 탐지 · 격파하는 데 매우 유용하게 활용하였다.

(3) 방첩활동에의 활용

① 통화량 분석은 방첩활동에도 유용하게 활용될 수 있다. 전 MI5 요원으로 근무했던 라이트(Peter Wright)는 회고록에서 소련 정보기관이 통화량 분석 기법을 활용하여 런던 주변에서 수행되고 있던 소련의 첩보활동에 대한 영국 정보기관의 미행감시활동을 무력화시키곤 했다고 증언했다.

② 소련은 런던 주재 소련 대사관 내에서 영국 미행감시반이 교신하고 있는 상황을 계속 주시하고 있었다. 영국 미행감시반은 암호화하여 교신했기 때문에 내용을 파악할 수는 없었다. 그러나 교신량이 많아지면 영국 보안기관의 미행감시활동이 강화되고 있음을 알 수 있었다. 라이트는 "러시아 정보요원들은 통신 내용보다는 통화량 분석을 통해 정보를 취득했다."고 회고했다.

Ⅳ 원격측정정보(Telemetry Intelligence, TELINT)

1 의의

① 원격측정정보(TELINT)는 외국장비신호정보(Foreign Instrument Signals Intelligence, FISINT)의 일종이다. FISINT는 외국의 각종 장비에서 방출되는 신호를 포착하여 수집하는 정보를 뜻한다.

② Telemetry는 '원격측정', 즉 먼 거리에 떨어져 있는 정보를 읽는다는 의미를 가지는 것으로서 시험 발사된 미사일이나 항공기에서 지상 기지로 보내오는 일련의 신호들을 포함한다.

③ TELINT는 COMINT와 거의 유사하지만 감청 대상이 사람들 간의 대화가 아니고 미사일 등 시험 중인 무기체계와 지상 통제소 간의 교신이라는 점이 다르다.

④ 즉 TELINT의 임무는 대화로 된 교신이 아니고 감지장치(센서)와 기타 무기체계에 내장된 장비에 관한 정보를 읽는 것이다.

2 TELINT의 주요 목적

① 무기체계의 추진속도, 무기체계 내부 장치들의 온도, 연료소모량, 유도장치의 성능 등 여러 가지 변수들을 종합하여 지상관측소의 기술자는 시험 발사된 무기에서 어떤 일이 일어나고 있는지를 판단할 수 있다.

② 무기체계를 시험하는 국가에서는 시험 발사 중의 기록들을 분석하여 무기체계의 결함을 찾아 내고 성능을 개선할 수 있는 매우 가치 있는 정보들을 얻을 수 있다. 만일 이러한 첩보를 감청하여 제대로 해석해 낸다면 적이 현재 개발 중에 있는 새로운 무기체계의 성능을 파악할 수 있을 것이다.

3 Telemetry 자료 분석의 어려움

① 냉전시대 동안 미국은 소련 대륙간탄도미사일에 관한 원격측정정보를 취득하여 소련 미사일의 성능을 지속적으로 파악해 왔던 것으로 알려졌다.

② 그러나 Telemetry 자료분석은 암호해독만큼이나 매우 어려운 과정이다. 무기체계를 시험하는 국가는 시험 발사된 무기와 지상관측소와의 교신을 암호화하여 적이 알아볼 수 없게 만드는 경향이 있다.

③ 또한 시험 발사된 미사일의 성능에 관련된 정보가 적에게 노출되지 않도록 하기 위해 때로 Telemetry 교신자료를 무기에 탑재된 장치에 기록하여 두었다가 나중에 꺼내서 내용을 분석하는 방법을 활용하기도 한다.

V 신호정보 수집 기지

1 위성

(1) 그랩(GRAB)

① 미국은 첫 번째 신호정보 위성 시리즈를 1960년과 1961년 두 기의 그랩(GRAB) 위성을 발사함으로써 시작하였다.

② 그랩 위성은 솔래드(SOLRAD)라는 태양을 관측하는 장비를 탑재한 과학 실험 위성으로 알려졌지만, 실제로는 공개되지 않은 장비를 함께 탑재하여 구 소련의 대공 레이더의 위치를 탐지하는 목적도 있었다.

(2) 팝피(POPPY)

① 2005년 9월 NRO가 비밀 해제한 보고서에 따르면 미국은 NRO 주도하에 1962년부터 1971년까지 암호명 '팝피(POPPY)'라는 이름으로 총 7기의 전자정보(ELINT) 위성을 발사했던 것으로 드러났다.

② 팝피 위성은 소련 지역에 설치된 레이더를 대상 목표로 하여 전자정보(ELINT) 수집활동에 중점을 두고 운용되었는데 자세한 내용은 아직도 비밀로 분류되어 밝혀지지 않고 있다.

(3) 캐년(CANYON)

① 미국은 1968년 8월 '캐년(CANYON)'이라는 이름의 통신정보(COMINT) 수집용 위성을 최초로 발사했다. 이 위성은 독일 '바드 아이블링(Bad Aibling)'에 있는 지상 통제소에서 관리되었다.

② 캐년 위성은 소련 지역에 대한 감청활동을 지속적으로 수행하기 위해 정지궤도에 근접하여 운행되었다. 미국은 1977년까지 총 7기의 캐년 위성을 발사하여 통신정보 감청활동을 수행했다.

③ 소련 시베리아 지역은 지하에 케이블 매설이 어려웠기 때문에 소련은 주로 무선 통화를 활용했고, 이를 캐년 위성으로 감청할 수 있었다.

(4) 샬레(Chalet)

① 캐년 위성이 감청활동을 매우 성공적으로 수행하게 되자 미국은 1978년 6월과 1979년 10월 2기의 '샬레(Chalet)'라는 새로운 유형의 통신정보 위성을 발사했다.

② 샬레 위성은 NSA가 주도하여 운용했으며 영국 '멘위드 힐(Menwith Hill)'에 지상 통제소를 두었다.

③ 샬레 위성의 이름이 신문에 알려지면서 '보텍스(Vortex)'로 개명했고, 1987년 '보텍스'라는 이름이 세상에 알려지자 다시 '머큐리(MERCURY)'라는 이름으로 바꾸었다.

④ 1985년 이후 머큐리 위성은 중동지역까지 감청 범위를 넓혔으며, 1987년부터 1988년까지 걸프만에서 수행했던 미 해군 작전을 효과적으로 지원하여 그 명성을 높였다. 그리고 1991년 걸프전 당시 '사막의 폭풍' 작전과 '사막의 방패' 작전을 성공적으로 수행하는 데 중요한 역할을 담당했던 것으로 알려졌다.

(5) 리욜리트(Rhyolite)

① 한편 1970년대 동안 미국은 암호명 '리욜리트(Rhyolite)'로 알려진 5기의 원격측정 정보(TELINT) 수집용 위성을 운용했다.

② 리욜리트 위성의 주요 목표는 소련의 미사일 시험발사를 감시하는 것이었지만, 아프리카, 유럽, 아시아, 중동 등 전 세계의 광범위한 지역을 대상으로 원격측정정보(TELINT)와 통신정보(COMINT) 수집활동도 수행했다.

③ 특히 리욜리트 위성은 주로 소련과 중국 지역의 VHF, UHF 및 단파 주파수를 이용하는 전화와 무선통신을 감청했고, 나아가 베트남, 인도네시아, 파키스탄, 레바논 지역에 대한 통신 감청활동도 수행했다.

④ 1975년 리욜리트 위성에 관한 기밀사항이 소련 KGB에 알려지게 되면서 NRO는 암호명을 '아쿠아케이드(AQUACADE)'로 바꿨다.

(6) 매그넘(MAGNUM)

① 신호정보 위성의 성능은 상당 부분 안테나 크기에 좌우된다. 리욜리트 위성은 우주에서 10m 길이의 안테나를 펼쳐서 운용되었다.

② 1985년 1월 25일 미국은 디스커버리 우주선(space shuttle)에서 암호명 '매그넘(MAGNUM)'으로 불리는 위성을 쏘아 올렸다. 이 위성은 나중에 암호명을 '오리온(ORION)'으로 바꾸었는데 직경 약 100m까지 펼쳐진 안테나로 원격측정신호(telemetry), VHF, 휴대폰 호출신호, 무선자료송신(mobile data links) 등을 감청했다. 안테나의 크기가 클수록 낮은 출력의 신호까지 감청할 수 있는데 미국은 현재 직경 100m가 넘는 대규모 안테나가 장착된 위성을 개발하고 있는 것으로 추측된다. 매그넘 위성은 스텔스와 교란(spoof) 대응 장치까지 갖추고 있어 소련에서 탐지하거나 전파교란(jamming)으로 방해하기도 어렵다고 한다.

(7) 점프싯(JUMPSEAT)

미국은 최초 '점프싯(JUMPSEAT)'으로 알려졌고 나중에 '트럼펫(TRUMPET)'으로 개명한 위성을 1985년과 1987년에 각각 발사하여 1980년대 말까지 운용했다. 이 위성은 타원형의 고 궤도를 돌면서 소련 북쪽 지역을 대상 목표로 하여 '머큐리'나 '오리온' 위성이 수집하지 못하는 신호정보를 감청하는 활동을 수행했다. 또한 동일 궤도를 돌고 있는 러시아 통신 위성으로 송신되는 신호를 감청하기도 하였다.

(8) 1990년 이후 미국의 신호정보 위성

① 1990년 이후 미국의 신호정보 위성 발사 현황은 정확히 알려지지 않고 있다. 다만 지상통제센터를 비롯하여 미국의 신호정보 위성 수집활동은 축소되지 않았으며 오히려 지속적으로 확대되었던 것으로 추정된다.

② 미국의 신호정보 위성에 대한 지상통제소는 콜로라도 주 소재 버클리 필드, 호주 파인 캡, 영국 맨위드 힐, 독일 바드 아이블링 등에 있다. 신호정보 위성과 수신 시설은 1기당 약 10억 달러 정도의 엄청난 비용이 소요된다.

③ 1998년 미 NRO는 비용을 절감하고 신호정보활동을 보다 효과적으로 수행하기 위해 3가지 유형의 신호정보 위성을 통합한 새로운 통합형 신호정보 위성을 개발하겠다는 계획을 발표했었는데 구체적인 추진 상황은 아직 잘 알려져 있지 않다.

(9) 구소련과 유럽의 신호정보 위성

① 미국은 위성을 활용하여 세계에서 가장 성공적으로 신호정보 감청활동을 전개하고 있다. 구소련이나 유럽도 신호정보 위성을 보유하고 있었지만 미국만큼 효과적으로 신호정보 수집활동을 전개하지는 못했던 것으로 보인다.

② 러시아 최초의 신호정보 위성은 구소련 당시인 1967년에 쏘아 올린 코스모스(Cosmos) 189호 전자정보 위성이다. 구소련은 이후 24년 동안 200기의 신호정보 위성을 우주 궤도에 진입시켜 운용하였다.

③ 러시아는 1994년과 1995년 각각 48기와 45기의 위성을 쏘아 올렸는데 그중 50%는 군사용인 것으로 추정된다. 러시아는 GRU에서 전자정보 위성을 운용하고 있는데 통신 정보 위성의 존재 여부와 운용 주체는 확실하게 알려져 있지 않다.

④ 영국의 '지르콘(ZIRCON)' 계획과 프랑스의 '제논(ZENON)' 계획은 독자적인 신호정보 수집을 위해 추진되었지만 지속되지는 못했던 것으로 보인다. 1988년 이후 영국은 미국 보텍스 위성(현재 머큐리)의 도움을 받아 신호정보 수집활동을 수행하고 있다.

2 정찰기

(1) RC-135

① 현재까지 미국에서 신호정보 수집용으로 탁월한 능력을 가지고 있으며 가장 널리 활용되어 온 정찰기는 RC-135이다. 1963~1964년에 RC-135B 10기가 발주된 이래 12개의 RC-135 기종이 개발되어 거의 40여 년 동안 활용되어 왔다.

② RC-135는 미국이 수행했던 베트남 전쟁, 그라나다 침공, 파나마 침공, 걸프전 등 많은 전투에 활용되어 뛰어난 능력을 보여주었다. '리벳 조인트(Rivet Joint)'라는 별명의 RC-135V/W는 고도 12,375m 고도까지 상승할 수 있고, 시속 736km의 항속으로 급유 없이 10시간 동안 최대 9,100km를 비행할 수 있으며, 최대 32명의 승무원을 태우고 신호정보를 수집하는 임무를 수행한다.

③ 이 정찰기는 알래스카, 파나마, 영국, 그리스, 일본 등지에 기지를 두고 서부 유럽과 극동 지역에서는 월 평균 70회, 중앙아메리카 지역에서는 월 평균 12회의 정찰비행을 실시했었는데 현재 14기가 운용되고 있다.

④ RC-135의 일부 기종은 신호 정보 수집 능력뿐만 아니라 전자정보 또는 영상정보 수집 능력도 갖추고 있는 것으로 알려졌다. 예를 들어 '컴뱃 센트(Combat Sent)'라고 불리는 RC-135U는 적외선 영상장비를 갖추고 있으며, '코브라 볼(Cobra Ball)'이라고 불리는 RC-135S는 소련 ICBM에 관한 정보수집을 목적으로 활용되는 특수한 전자/광학정찰기로서 공해상에서 소련 ICBM 탄두의 대기권 재돌입 상황을 관측하고 동시에 미사일에서 나오는 원격측정신호(telemetry signals)를 수집한다.

(2) EC-135N

미국 NSA와 공군은 구소련 미사일 시험발사를 감시할 정찰기로 RC-135S와 더불어 EC-135N을 1985년까지 운용했으며, 이후 EC-18B가 그 임무를 계승하였다. 이 밖에 주로 영상정보 수집에 활용되는 SR-71, U-2, TR-1 등이 종종 신호정보 수집용 장비를 갖추어 영상정보와 동시에 신호정보활동을 수행했다. 글로벌 호크 등 최근 개발된 무인 정찰기들도 영상정보와 신호정보를 동시에 수집할 수 있도록 설계되어 있다.

(3) 러시아와 중국의 정찰기

① 아시아 지역에서 미국 외에 러시아, 중국, 일본, 대만, 싱가포르, 한국, 태국, 호주 등 많은 나라들이 정찰기를 활용하여 신호정보 수집활동을 전개하고 있는 것으로 알려졌다.

② 러시아의 GRU 제6국(Sixth Directorate)은 20여 종류의 항공기를 활용하여 신호정보를 수집하고 있는 것으로 알려졌다. 중국은 러시아제 Antanov An-12를 비롯하여 PS-5s, HZ-5s, Tu-154Ms 등 신호정보 수집 능력을 갖춘 여러 종류의 항공기를 보유하고 있으며, 지상기지, 선박, 잠수함, 트럭, 위성 등을 활용하여 아시아 · 태평양 지역에서 신호정보 수집활동을 적극적으로 전개하고 있는 것으로 알려졌다.

(4) 군사작전 외의 활용

① 오늘날 신호정보 수집용 정찰기는 군사작전 외에 테러, 마약 등 새로운 안보위협에도 유용하게 활용된다. 예를 들어 미군의 P-3 정찰기는 1990년대 초 컬럼비아 마약 밀매 두목 파블로 에스코바(Pablo Escobar)를 추적하는 데 많은 도움이 되었던 것으로 보도되었다.

② 미국 관세청(Customs Service)은 마약범 소탕에 4기의 P-3 항공기를 운용하고 있다. 또한 신호정보 수집용 정찰기는 위성이나 지상기지보다 기동성이 있어 첩보 수집에 유리한 점이 있다. 선박보다는 원거리의 광범위한 지역에서 고주파 신호를 수집할 수 있고, 위성보다 긴급하게 필요한 지역에 대한 정찰활동을 수행할 수 있다는 장점이 있다.

3 지상기지

(1) 의의

① 1940년대 말부터 미국은 소련과 동유럽 지역에 대한 신호정보 감청활동을 수행했으며, 그 범위가 중국, 베트남, 북한, 중동, 중앙아메리카 등으로 확대되었다.

② 1980년대 말까지 미국은 NSA 주도하에 20개 국가에 걸쳐 약 60개의 지상기지를 운용했다.

③ 구소련이 붕괴되고 냉전이 종식되면서 미국이 해외에 설치한 지상기지는 급격히 감소했다. 이탈리아, 독일, 영국, 터키에 설치되었던 지상기지들의 일부가 문을 닫았다. 그렇지만 미국은 여전히 알래스카, 일본, 영국, 독일, 태국, 한국 등에 신호정보 수집 지상기지를 운용하고 있다.

(2) 미국의 지상기지

① 대표적인 지상 수집기지로서 알래스카의 세미야(Shemya) 섬 소재 '코브라 데인(Cobra Dane)' 레이더 시스템은 1977년에 최초로 배치되어 구소련 캄차카 반도와 태평양 부근에서 소련의 ICBM과 SLBM 미사일의 시험 발사를 감시하는 임무를 수행해 왔다.

② 일본 혼슈 섬 북쪽 끝에 소재한 미자와(Misawa) 기지는 소련 극동 지역을 목표로 신호정보 수집활동을 전개했는데 1980년대 말경 미 육 · 해 · 공군에서 각기 파견한 암호해독 요원만 1,880명에 이를 정도였다.

③ 미국은 현재 유럽, 중남미, 아프리카, 아시아 등 전 세계에 걸쳐서 신호정보 수집을 위한 지상기지를 운용 하고 있다.

(3) 러시아의 지상기지

① 러시아는 주로 CIS 영토 내에 신호정보 수집용 지상기지를 운용하고 있으며, 베트남의 캄랭크 베이(Cam Rank Bay), 쿠바의 로우르데스(Lourdes) 등에도 대규모 지상기지를 두고 신호정보를 수집하고 있다.

② 쿠바의 로우르데스에 있는 지상기지는 세계에서 가장 규모가 크고 최첨단 장비를 갖추고 신호정보를 수집하고 있으며, GRU, FAPSI, 쿠바 정보부가 합동으로 운용하고 있다.

③ 특히 이 기지는 미국 플로리다 주의 키 웨스트(Key West)에서 불과 100마일이 되지 않는 곳에 위치하고 있어 미국 남동부 지역에서 미국과 유럽 국가들 간에 교신되는 민간 또는 정부의 통신을 감청하고 있는 것으로 추정된다.

4 기타

(1) 의의

이 밖에 신호정보 수집용 플랫폼으로 선박과 잠수함이 활용되기도 하며, 종종 대사관의 밀실에서 은밀하게 주재국의 중요 인물들이 대화하는 내용을 도청하기도 한다.

(2) 대사관, 영사관 등

① 냉전시대 동안 구소련은 60여 국의 해외주재 대사관, 영사관, 무역대표부 등의 밀실에서 주재국의 신호정보를 수집했다.

② 미국의 CIA와 NSA는 합동으로 45개 해외 주재 미국 대사관과 영사관을 활용하여 통신정보 수집활동을 적극적으로 전개했던 것으로 드러났다.

③ 모스크바 주재 미국 대사관에서는 1960년대 말부터 1970년대 초까지 브레즈네프 공산당 서기장, 우크라이나 공산당 서기장 포드고르니(Nikolai Podgomy), 코시긴 수상 등 정치국 위원들의 무선전화 내용을 도청했다.

④ 당시 소련은 미국이 도청하는 것을 몰랐기 때문에 암호화하지 않은 채 통화했고, 그래서 모스크바에서 도청한 내용이 곧바로 CIA 본부로 전달되었다. 미국은 SALT I 조약이 조인되기 바로 직전 브레즈네프 소련 공산당 서기장과 그레츠코(Grechko) 군사령관과의 대화를 감청하고 암호를 풀어서 내용을 해독해냈다.

(3) 선박

① 구축함을 개조한 선박이 신호정보 수집에 활용되기도 하였다. 미 국방부의 추정에 따르면 소련은 1959년부터 시작하여 냉전시대 동안 61척의 신호정보 수집용 선박을 운용했던 것으로 알려졌다. 미국이 1961년에 배치했던 '비전투 기술연구용 선박(Auxiliary General Technical Research, AGTR)'과 1965년에 운용된 '비전투 환경 연구용 선박(Auxiliary General Environmental Research, AGER)'은 모두 구축함을 개조한 것으로서 신호정보 수집용으로 활용되었다.

② 이 밖에도 미국은 냉전시대 동안 데요(Deyo), 카론(Caron), 요크타운(Yorktown), 블레이클리(Blakely), 휴레이(Furei), 줄리어스(Julius), 코브라 쥬디(Cobra Judy) 등 여러 종류의 선박을 활용하여 신호정보활동을 활발하게 전개했다.

③ 이들의 주요 목표는 구소련의 미사일 시험발사 시 교신되는 원격측정정보(TELINT)를 수집하는 데 있었지만, 선박의 항로, 선박의 수하물 종류, 선박들 간의 교신 내용 등 다양한 유형의 신호정보들을 수집했다.

(4) 잠수함

① 잠수함에 특수 장비를 갖추고 전자정보와 영상정보를 수집하기도 한다. 피너클(PENNACLR), 볼라드(BOLLARD), 또는 버너클(BARNACLE)이라는 암호명으로 알려진 미국의 홀리스톤(HOLYSTONE) 잠수함은 1959년부터 구소련을 목표로 전자정보와 영상 정보를 수집하는 활동을 전개했으며, 때로 지역을 넓혀 베트남이나 중국을 대상으로 신호정보를 수집하기도 하였다.

② 홀리스톤 잠수함은 1975년까지 구소련 잠수함의 제원, 성능, 소음 형태, 미사일 발사 능력 등을 탐지하는 데 활용되었으며 잠망경을 통해 영상정보를 획득하기도 하였다. 암호명 '아이비 벨(IVY BELLS)' 계획은 해군과 NSA의 합동작전으로 1981년까지 수행되었는데 잠수함을 활용하여 구소련이 오호츠크 해에 부설한 해저 케이블에 도청장치를 설치하고 통신정보를 획득하였다.

③ 미국과 같이 소련도 잠수함을 이용하여 신호정보활동을 활발히 전개했던 것으로 추정되는 반면 그 구체적인 사실은 잘 알려지지 않고 있다.

(5) 차량

이 밖에 밴이나 트럭 등 차량으로 목표물 근처에 주차하여 비밀리에 적의 군사, 외교, 과학 장비의 신호 또는 통화내용을 감청하는 활동을 수행할 수 있다. 냉전시대 동안 구소련은 NATO 국가에서 밴이나 트럭을 이용하여 매년 7,000여 건에 이르는 비밀수집활동을 전개했던 것으로 알려졌다.

Ⅵ 징후계측정보(Measurement and Signature Intelligence, MASINT)

1 의의

① 징후계측정보(MASINT)는 기술정보의 일종이면서 신호정보나 영상정보와 다른 유형의 정보를 말한다. MASINT는 감지장치로부터 나오는 자료에 대한 양적 및 질적 분석을 통해 획득되는 정보로서 적국 무기체계를 탐지하고 그 특징과 성능 등을 파악하는 데 활용된다.

② MASINT는 신호정보나 영상정보와 비교하여 종류는 매우 많지만 아직은 덜 발전된 정보체계로 평가된다. 과거에는 탐지 · 분류 · 추적 기능이 미흡하여 MASINT의 역할은 매우 제한적이었다. 그런데 오늘날 MASINT는 적의 공격징후 감시, 전략미사일 발사 조기 경보, 핵폭발 실험 감시 등 다양한 활동을 수행한다.

③ MASINT에 속하는 대표적인 첩보수집수단으로서 레이더정보(Radar Intelligence, RADINT), 해저정보(Acoustic Intelligence, ACOUSTINT), 핵정보(Nuclear Intelligence, NUCINT), 레이저정보(Laser Intelligence, LASINT), 적외선정보(Infrared Intelligence, IRINT) 등이 있다. 미국의 경우 DIA(Defense Intelligence Agency)가 이 분야의 활동을 주도한다.

2 레이저정보(Laser Intelligence, LASINT)

레이저나 유도에너지 빔(directed-energy beams)을 분석하여 획득되는 정보를 말한다. LASINT가 실제 어떻게 취득되고 활용되는지 그 구체적인 사례는 별로 알려져 있지 않다. 다만 레이저정보가 레이저 통신체계를 감시하고 우주에 레이저 무기를 개발 · 배치하는 것을 금지하는 조약 위반 여부를 검증하는 데 활용되고 있을 것으로 추정된다.

3 레이더정보(Radar Intelligence, RADINT)

레이더로 주로 적국의 항공기를 추적하여 획득되는 정보를 의미한다. RADINT는 반사되는 레이더 신호를 분석하여 차량의 종류 및 특성을 식별해낼 수 있으며, 항공기의 비행 항로를 추적하여 항공기의 성능을 판단할 수 있다. 예를 들어 알류산 열도 지역에서 미국이 운용하고 있는 코브라 데인(Cobra Dane) 레이더 장비는 캄차카 반도에서 시험 발사되는 소련 미사일의 종류 및 성능을 분석하는 데 활용되었다.

4 적외선정보(Infrared Intelligence, IRINT)

IRINT(Infrared Intelligence)는 가시광선보다 파장이 긴 전자기파 현상으로서 적외선을 수집하여 획득되는 정보를 말한다. 이는 적외선을 이용하여 야간에 영상정보를 수집하는 것과는 다르다. 대표적인 사례로는 소련의 대륙간탄도미사일 발사를 탐지하기 위해서 미국이 활용하는 조기경보 위성을 들 수 있다. 미사일이 대기권을 통과하게 될 때 위성에 장착된 적외선 감지장치가 미사일 발사 시 나타나는 버섯구름을 탐지하는 데 활용된다.

5 핵정보(Nuclear Intelligence, NUCINT)

(1) 의의

① 핵폭발 시 방출되는 방사선과 낙진을 수집하여 획득되는 정보를 의미한다. 대표적인 사례로서 미국의 핵폭발 감시기구는 1949년 소련이 미국에 이어 세계에서 두 번째로 핵실험을 실시했을 때 소련 본토에서 사라졌다가 태평양 부근에 생긴 버섯구름을 탐지하였다.

② 핵폭발 시 발생되는 잔여물들을 분석해보면 핵무기의 특성과 파괴력을 추정해 볼 수 있다. 예를 들어 베라(Vela) 핵폭발 감시 장비는 핵폭발 시 발산되는 섬광의 특성 등을 분석하여 핵확산금지조약(NPT)과 부분핵실험금지조약 등의 이행 여부에 대한 감시활동을 수행한다.

(2) WC-135

① '불멸의 불사조(Constant Phoenix)'라는 별명의 WC-135는 대기 표본 수집을 통해 핵실험 여부를 확인할 수 있는 유일한 항공기로서 미 공군에서 단 2대만을 보유하고 있다.

② WC-135는 2006년 10월 3일 북한의 핵실험 실시 계획 발표 이후 연일 동해상으로 출동해 북한의 핵실험 여부를 감시해 왔다. 이 항공기는 원래 미국 플로리다 주 패트릭 공군기지에 배치되어 있지만 북한 핵실험 위기 이후 오키나와 가데나 기지로 이동 후 배치되었다.

③ 최대 33명의 승무원과 전문분석요원이 탑승하며 이들을 방사능 등으로부터 보호할 수 있는 특수여과장치가 비행기에 설치되어 있다. 1963년 제한핵실험금지조약 이행 감시를 지원하기 위해 C-135 수송기를 개조해 만들었는데 구소련의 체르노빌 원전 사고 때 방사능 유출을 추적 · 감시하기도 했다.

핵심정리 **매신트(MASINT)의 구성 정보인자**

(1) 레딘트(Radar Intelligence, RADINT): 레이더 정보
(2) 어코스틴트(Acoustic Intelligence, ACOUSTINT): 음향정보
(3) 뉴씬트(Nuclear Intelligence, NUCINT): 핵 정보
(4) RF/EMPINT(Radio Frequency/Electromagnetic Pulse Intelligence): 라디오주파/전자기파 정보
(5) 일렉트로-옵틴트(Electro-optical Intelligence, ELECTRO-OPTINT): 전기광학정보
(6) 라신트(Laser Intelligence, LASINT): 레이저 정보
(7) 린트(Unintentional Radiation Intelligence, RINT): 우연한 방사정보
(8) 시빈트(Chemical and Biological Intelligence, CBINT): 화학과 생체정보
(9) 스핀트(Spectroscopic Intelligence, SPINT): 스펙트럼 분석정보
(10) 이린트(Infrared Intelligence, IRINT): 적외선 정보

Theme

17 인간정보와 기술정보의 비교

I 의의

① 미국에서는 오랫동안 인간정보(HUMINT)와 기술정보(TECHINT)의 상대적 중요성을 놓고 논쟁이 지속되어 왔다.

② 일찍부터 정보활동은 주로 인간정보 중심으로 이루어졌고, 기술정보가 본격적으로 활용되기 시작된 것은 20세기 이후의 일이다. 제1차 세계대전 당시 군에서 무선 통신을 사용하게 되었고, 이를 감청하기 위한 신호정보활동이 전개되었다.

③ 신호정보활동을 통해 적의 병력 배치 상황, 작전계획, 무기체계 등에 관해 유용한 정보를 획득하게 되면서 비로소 기술정보의 중요성이 인정되기 시작했다. 제2차 세계대전 동안 신호정보는 암호해독과 조합을 이루어 상대방에 관한 정보를 취득하는 가장 중요한 수단으로 활용되었다. 그리고 냉전시대에 들어서서 구소련을 비롯한 사회주의 체제에 대한 인간정보활동이 어려워지면서 기술정보의 중요성이 한층 부각되었다.

Ⅱ 기술정보

1 장점

(1) 원거리 임무 수행

① 기술정보는 인간정보처럼 목표에 근접할 필요 없이 원거리에서 임무를 수행할 수 있기 때문에 인간정보에 비해 위험부담이 적다는 장점이 있다.

② 유인 항공기 정찰의 경우 적의 영공을 침범하여 스파이행위를 했던 사실이 발각되면 정치적인 문제가 야기될 수 있고, 상대국의 미사일 공격으로 조종사가 생명을 잃게 될 수 있다. 그러나 오늘날 무인 항공기로 대체되면서 그러한 위험이 사라졌다.

③ 예를 들어 1999년 코소보 사태 당시 NATO 측에서 무인 정찰기를 동원한 정찰활동이 매우 성공적이었던 것으로 드러났다. 당시 미국의 코헨(William Cohen) 국방장관과 셀톤(Henry H. Shelton) 합참의장은 상원 국방위원회에 제출한 공동 진술서에서 “당시 상당수의 무인 정찰기가 격추되었지만 유인 정찰기와 달리 조종사의 생명 위협에 대한 우려가 없었기 때문에 적들이 포진해 있는 위험지역을 마음대로 휘젓고 다니면서 첩보수집활동을 전개할 수 있었다.”고 회고했다.

④ 또한 위성을 활용한 첩보활동은 이제 국제적으로 합법화되었다. 1972년 ABM 조약 체결 당시 '국가기술수단(National Technical Means, NTM)'이라고 하여 조약의 이행 여부를 검증하는 수단으로서 위성정보활동을 공식적으로 인정하게 되었다. 오늘날 첩보 위성은 지구 위 수십 킬로미터 원거리 상공을 돌면서 고해상도의 영상 및 신호를 수집할 수 있으며, 대상 목표 지역의 무기실험 발사, 핵실험 징후 등을 포착해 낼 수 있다.

(2) 인간정보 수집이 어려운 상황에서 효과적인 첩보수집수단

① 기술정보는 상대국의 방첩 및 보안활동이 강화되어 인간정보 수집이 매우 어려운 상황에서 효과적인 첩보수집수단으로 활용될 수 있다.

② 냉전시대에는 적대국의 영공을 침범할 수 없었기 때문에 국경 부근을 정찰하면서 찍은 영상사진과 신호정보를 수집하는 것이 주요한 정보활동 수단이었다. 위성이 도입되면서 적대국에 대한 첩보수집활동이 보다 용이해졌다. 미국의 존슨 대통령은 1967년 "위성사진이 없을 때는 우리의 추측이 종종 빗나갔다. 그러나 위성이 도입되면서 나는 적이 얼마나 많은 미사일을 갖고 있는지 알게 되었다."라고 회고했다.

③ 어쨌든, 냉전시대 동안 기술정보는 미국이 구소련에 관한 첩보수집활동을 수행하는 데 있어서 필수불가결한 수단이었다. 물론 미국이 소련에 대해서 수집한 기술정보의 일부는 구소련이 아닌 여타 국가의 경우에 있어서는 공개정보를 통해서 얼마든지 취득할 수 있는 내용이었다.

④ 예를 들어 신무기 체계의 개발현황과 군대의 규모 및 구성 등에 관한 정보는 대부분의 나라에서는 예산처나 의회의 문서를 통해서 얼마든지 공개적으로 입수할 수 있었다. 그러나 구소련처럼 철의 장막을 치고 철통 같은 비밀보안을 유지하는 나라에 대해서는 정찰위성, 항공기 등에 탑재된 첨단 과학기술 장비를 동원해야만 첩보수집이 가능하다. 이처럼 기술정보는 적의 철통 같은 비밀보안 조치에도 불구하고 첩보수집 임무를 효과적으로 수행할 수 있다는 장점을 가진다.

(3) 광범위한 지역

① 기술정보는 인간정보에 비해 광범위한 지역에 걸쳐 수많은 대상 목표에 대해 한꺼번에 엄청나게 많은 정보를 수집할 수 있다.

② 인간정보는 인간이 직접 수행하는 만큼 첩보수집의 활동범위와 목표가 한정된다. 이에 반해 첨단 과학기술 장비를 탑재한 정찰위성이나 항공기를 동원하면 광범위한 지역에 걸쳐 다양한 목표에 대한 영상, 신호, 징후계측 정보를 수집할 수 있다.

③ 글로벌 호크는 4,800km에 이르는 광범위한 지역을 비행하면서 합성개구레이더(SAR), '지상이동목표 탐지기(Ground Moving Target Indicator)', 전자광학 및 적외선 감지기 등 첨단 장비들을 탑재하고 있어 영상정보(IMINT)는 물론 전자정보(ELINT)와 통신정보(COMINT) 등 신호정보(SIGINT)도 한꺼번에 수집할 수 있다.

④ 또한 첩보 위성은 국경을 넘어서 세계 어느 지역이든 자유롭게 관측 및 감시할 수 있어 항공 정찰보다 더 광범위한 지역과 목표에 대해 첩보수집활동을 수행할 수 있다는 장점이 있다. 오늘날 첩보 위성은 광학렌즈, 적외선 감지기, 열감지기, 레이더 등 첨단 과학기술 장비를 탑재하여 보다 광범위한 지역에 걸쳐 영상정보와 신호정보를 동시에 수집할 수 있다.

⑤ 이러한 기술정보의 장점을 강조하는 대표적인 인물로는 카터 대통령 당시 중앙정보장(Director of Central Intelligence, DCI)을 역임했던 터너 제독(Adm. Stansfield Turner)을 들 수 있는데, 그는 회고록에서 기술정보의 역할을 극찬했다.

생각넓히기 | 터너 제독(Adm. Stansfield Turner)의 회고록

우리는 아주 먼 거리에서 정밀사진을 얻을 수 있고, 적외선 장비를 통해 열을 추적할 수 있다. 자성 탐지기로 금속을 찾아낼 수 있으며, 도플러(Doppler) 레이더를 활용하여 조금이라도 움직이는 물체와 정지된 물체를 구분해 낼 수 있다. 또한 레이더를 활용하여 어둠 속에서도 물체를 탐지할 수 있고, 인간의 목소리에서부터 전자파에 이르기까지 모든 신호를 감청할 수 있다. 그리고 게이저 감지기(Geiger counters)로 핵물질 방사능을 탐지할 수 있으며, 지진탐지기로 원거리에서 지하 핵실험 징후를 포착해낼 수 있다. 우리가 감시 하고 싶은 대부분의 활동은 여러 가지 종류의 신호를 방출한다. 전투 시 탱크는 엔진에서 방출하는 열, 장갑차량에 부착된 자성체, 또는 사진 촬영 등을 통해 탐지될 수 있다. 핵무기 시설은 방사선을 방출하고 특별한 형태의 외형을 갖추고 있으며, 특수한 종류의 자재 공급을 필요로 하기 때문에 외부에 쉽게 노출된다. 여러 가지 기술정보 수집수단을 활용하여 우리는 주간이든 야간이든 기상 조건에 관계없이 지구상에서 일어나는 모든 활동을 추적할 능력이 있다.

2 단점

(1) 의의

① 1970년대 동안 기술정보의 중요성이 지나칠 정도로 강조되었으나 최근 인간정보의 중요성이 다시 부각되고 있다.

② 특히 소련과 동구권 사회주의체제가 붕괴하면서 수집 활동이 어려운 경성목표(hard target)의 숫자가 줄어들면서 기술정보의 필요성도 감소하였다. 물론 북한처럼 폐쇄적 사회가 아직도 있기 때문에 기술정보는 여전히 필요하다.

③ 그러나 지나치게 기술정보에 편중되어 첩보수집활동이 전개될 경우 9/11 테러 또는 이라크 대량살상무기 정보판단의 왜곡 등과 같은 정보실패를 초래할 수 있다. 그런 점에서 기술정보의 미흡한 점이 무엇인지 정확히 알아볼 필요가 있다. 인간정보와 비교하여 기술정보는 대체로 다음과 같은 단점 또는 문제점을 갖고 있는 것으로 생각된다.

(2) 정보의 홍수(embarrassment of riches)로 인한 어려움

① 기술정보는 광범위한 지역에 걸쳐 수많은 목표를 대상으로 한꺼번에 엄청난 양의 첩보들을 수집할 수 있는 장점이 있는 반면에 그것이 오히려 단점으로 작용하여 지나치게 많은 첩보 즉 '정보의 홍수(embarrassment of riches)'로 인한 어려움이 있다.

② 광범위한 지역에 걸쳐 첩보수집 목표가 너무 많아서 어떤 목표가 중요하고 어떤 목표는 생략해도 되는지를 선별하기가 매우 어렵다. 그리고 수집된 첩보의 양이 워낙 많아서 그 중에서 가치 있는 첩보를 찾아내는 일도 쉽지 않다.

③ 기술정보를 통해 획득한 첩보자료는 분류, 요약, 번역, 암호해독 등 여러 단계의 처리과정을 거치고 최종 분석을 마쳐야 비로소 정보보고서가 생산되는 것이다. 기술정보를 통해 수집이 필요한 목표의 설정 그리고 수집된 첩보자료의 처리 및 분석 작업은 결국 사람이 하는 것이다. 따라서 첩보자료가 너무 많으면 첩보자료의 처리 및 분석 작업을 효과적으로 수행하기가 어려워 적시에 필요한 정보가 생산되지 못할 수도 있다.

(3) 기술정보만으로 수집하기 어려운 목표들

① 터너 제독은 기술정보 수집활동을 통해 지구상에서 일어나고 있는 모든 일들 다 알 수 있다고 주장했지만, 기술정보만으로는 수집하기 어려운 목표들이 많다. 오늘날 가장 중요한 수집 목표로 고려되는 테러집단의 경우 고정된 시설이 아닌 광범위 한 지역에서 이동하면서 활동하기 때문에 은거지가 노출되지 않고 첩보 위성으로도 이들을 탐지하기가 어렵다.

② 또한 구성원들 간 신호 교신의 범위가 매우 협소하여 원거리 신호감청만으로 이들의 존재나 활동을 탐지하기 어렵다. 따라서 테러 집단의 경우 직접 목표에 근접하여 감청 또는 관찰하거나 조직 속으로 요원을 침투시키는 인간정보 수집이 보다 효과적일 것이다.

③ 또한 오늘날 무기체계 등 관찰 대상 목표가 점차 소형화되고 기동성 있게 움직이며 지하에 설치되기 때문에 기술정보만으로 이들에 대한 첩보 수집이 더욱 어려워지고 있다.

④ 통신정보(COMINT)의 경우 무선에서 광케이블로 교체되고 있어 감청이 더욱 어려워지고 있다. 또한 암호화하여 교신하게 될 경우 해독하는 데 시간이 걸리거나 끝내 해독이 불가능하여 내용을 파악하지 못하게 될 수도 있다.

(4) 상대의 기만책

① 상대가 기만책을 쓰거나 보안대책을 강화하게 되면 기술정보활동이 무력화되거나 또는 상황을 오판하게 될 위험도 있다. 통신정보의 경우 상대방이 감청되고 있음을 알고 일부러 허위정보를 흘릴 수도 있고, 의미 없는 대화를 지속하다가 중간에 중요한 내용을 슬쩍 언급하는 방식으로 감청 노력을 무력화시킬 수도 있다.

② 원격측정정보(TELINT)의 경우 상대방이 시험 발사한 무기체계와의 교신을 암호화하거나 아예 교신하지 않고 캡슐에 기록했다가 나중에 회수하는 방식을 쓰게 되면 필요한 첩보를 수집하기가 어려울 것이다.

③ 영상정보의 경우에도 많은 국가들이 첩보 위성이나 항공정찰의 특성을 잘 알고 있기 때문에 감시가 없는 시간을 활용하여 비밀 작업을 진행하거나 감시에 노출되지 않도록 적절히 위장 또는 은폐시키는 방법을 구사하면 필요한 첩보를 수집하는 것이 결코 용이하지 않다.

(5) 과다한 예산과 시간의 소요

① 기술정보는 인간정보에 비해 훨씬 더 많은 예산과 시간이 소요된다. 참고로 미국의 경우 1970년대 전체 정보예산의 90%가 수집활동에 지출되는데, 그중에서 87%는 기술정보에 투입되었고, 나머지 13%가 인간정보에 지출되었던 것으로 알려졌다.

② 비공식 통계에 따르면 1996년 당시 미 정보공동체 총 예산이 280억 달러였는데, NSA가 신호정보(SIGINT)에 36억 달러, NRO가 첩보위성 운용에 62억 달러를 지출하는 데 비해 인간정보를 주로 하는 CIA는 31억 달러를 지출했던 것으로 추정되었다.

③ 항공정찰기로 유명한 SR-71은 대당 가격이 약 3,400만 달러였으며, 영상정보와 신호정보를 동시에 수집할 능력을 갖고 있는 글로벌 호크(Global Hawk)는 2007년 당시 개발비를 포함하여 대당 7,000만 달러로 알려졌다. 최첨단 영상 및 신호정보 수집 장비를 갖춘 미국의 첩보위성 KH-12는 대당 가격이 무려 10억 달러에 이르며, 개발하는 데 약 18개월 이상이 소요되는 것으로 알려졌다.

④ 장비의 가격뿐만 아니라 운용 경비도 엄청나서 U-2기를 한번 이륙시켜 작전에 투입하는 데 무려 10만 달러가 소요된다고 한다. 이처럼 기술정보 장비는 첨단 과학기술이 요구될 뿐만 아니라 엄청난 예산이 소요되기 때문에 최근까지 미국과 소련(현재 러시아)이 거의 독점적으로 운용해 왔다. 중국, 일본, 이스라엘, EU 등의 여러 국가들이 최근 첩보위성을 쏘아 올려 운용하고 있지만 이 분야에 있어서만큼은 여전히 미국과 러시아가 타의 추종을 불허할 정도로 월등한 능력을 갖고 있는 것으로 추정된다. 이처럼 기술정보 수집용 시설 및 장비는 개발비용 및 운용에 엄청난 경비가 소요되기 때문에 경제력이 뒷받침되지 않고는 운용하기 어렵다.

Ⅲ 인간정보

1 장점

(1) 의의

인간정보는 인류의 탄생과 더불어 시작된 고전적인 유형의 첩보활동이지만 오늘날에도 여전히 유용한 수단으로 활용될 만큼 장점들이 많다. 특히 인간정보는 기술정보의 단점들을 보완할 수 있다는 점에서 그 중요성이 강조된다.

(2) 적의 의도나 계획을 파악하는 데 유용

① 인간정보는 영상정보나 신호정보에 비해 매우 적은 양의 정보를 수집한다. 그러나 인간정보는 신호정보활동처럼 적의 의도나 계획을 파악하는 데 유용하게 활용될 수 있다는 장점이 있다.

② 대부분의 국가에서 정치, 군사적인 의도나 계획 등 국익이나 국가안보에 중요한 사안에 대해서는 엄격히 비밀을 유지하고 있다. 과학기술의 발전에도 불구하고 적대국 지도자의 정치적 행동, 의도, 전략적 방향 등에 관한 정보를 수집하려면 전통적인 인간정보 수집활동이 필요하다. 물론 적의 정치 지도자나 군부 수뇌 간의 대화를 감청하게 되면 인간정보 활동을 통해서 얻는 것과 유사한 수준의 정보를 얻을 수 있다. 그러나 적은 민감한 대화는 암호로 교신하기 때문에 내용을 파악하기가 쉽지 않다.

③ 또한 오늘날 많은 국가들이 공중파가 아닌 광케이블을 사용하여 통신하기 때문에 감청 이 어렵다. 이처럼 인간정보는 영상정보는 물론 신호정보를 통해서도 수집이 어려운 적의 의도, 전략 그리고 상황에 대한 인식 등을 파악하는 데 적절한 수단으로 활용된다.

(3) 수집목표 설정에서 중요한 역할 수행

① 인간정보는 어떤 대상을 수집해야 하는지, 즉 수집목표 설정에 중요한 역할을 수행한다. 대부분의 기술정보 수집활동은 '정보의 홍수(embarrassment of riches)'로 인한 어려움이 있다.

② 광범위한 지역에 걸쳐서 첩보가 수집되는 한편 어떤 대상을 관찰하고 어떤 대상은 생략해도 되는지를 판단하기가 어렵다. 이러한 상황에서 인간정보는 어떤 목표를 관찰해야 하는지 또는 집중적인 관찰이 필요한 지역을 지정하는 데 있어서 결정적인 역할을 수행할 수 있다. 예를 들어 폴란드 육군 대령으로서 미국 정보기관을 위해 첩자로 활동했던 쿠크린스키 대령(Col. Ryszard J. Kuklinski)은 "미국이 위성으로 관측하고 있는 수집 목표들 중의 상당수가 소련이 기만책으로 위장한 가짜"라고 지적하고, 군사시설이나 무기가 배치되어 있는 실제 목표들을 알려주었다.

(4) 기술정보를 통해 수집된 자료를 해석하는 데 필요한 결정적 단서 제공

① 인간정보는 기술정보를 통해 수집된 자료를 해석하는 데 필요한 결정적인 단서를 제공해주는 역할도 수행한다. 선명하게 찍힌 건물의 영상사진이 있더라도 그 자체만으로는 건물의 용도를 알 수 없다. 그러나 경험 있는 분석관이나 첩보원은 영상 사진을 보고 그 건물의 용도 및 중요성을 구체적으로 판단할 수 있을 것이다. 1962년 쿠바 미사일 위기 당시 펜코프스키 대령이 제공해 준 정보 덕분에 쿠바에 배치된 미사일이 소련제 MRBM이라는 것을 확신할 수 있었다.

② 또한 기술정보를 통해 획득한 영상사진만으로는 적의 의도나 활동방향을 정확히 파악하기 어렵다. 예를 들어 화학, 생물 무기의 연구개발과 의약품이나 살충제 생산활동은 사실상 구분하기 어렵다. 이러한 점을 이용하여 적은 중요한 군사시설을 산업시설로 위장하거나 의도적으로 증거자료를 없애 버리는 등의 기만책을 쓸 수 있다. 이 경우 기술정보로는 자칫 상황을 오판할 위험이 있는 반면, 목표 대상에 직접 접근하거나 핵심 관련자들로부터 정보를 수집하는 등의 인간정보활동을 통해서 그것이 정확히 어떤 시설인지를 판단할 수 있을 것이다.

(5) 기술적인 장비로 추적이 불가능한 집단들에 대한 정보를 수집하는 데 활용

① 인간정보는 테러, 마약, 국제범죄 등과 같이 기술적인 장비로 추적이 불가능한 집단들에 대한 정보를 수집하는 데 활용될 수 있는 유일한 수단이다.

② 이러한 목표들은 고정된 시설이나 통신수단을 갖고 있지 않으며 점조직 형태로 활동하기 때문에 기술정보로는 탐지하기 어렵고 인간정보를 활용하여 관찰 및 감시가 가능하다. 이 경우 누군가 이러한 조직 내부로 깊숙이 침투하거나 조직의 구성원을 협조자로 포섭하는 등 인간정보가 유용한 수단으로 활용될 수 있다.

(6) 허위정보를 유포하는 등 기만책으로 활용

① 인간정보활동은 단순히 첩보수집으로 끝나는 것이 아니고, 때로 상대국가에 공작원을 비밀스럽게 침투시켜 허위정보를 유포하는 등 기만책으로 활용될 수도 있다.

② 그 대표적인 사례로 '더블크로스 작전(Double Cross System)'을 들 수 있다. 제2차 세계대전 당시 영국 보안부(MI5)는 독일에서 보내 영국으로 침투한 간첩 138명과 영국을 상대로 첩보활동을 벌이기 위해 독일이 포섭한 20명의 스파이를 모조리 체포했다. 영국 보안국은 이들 중에서 약 40명을 이중간첩으로 활용하여 독일에 허위정보를 보내는 작전을 성공적으로 수행했다. 이 작전을 통해서 영국은 노르망디 상륙작전 당시 상륙 시기 및 장소에 대해 독일을 철저히 기만할 수 있었던 것이다. 노르망디 상륙작전의 D-day가 3일이나 지난 1944년 6월 9일 영국은 더블크로스 작전을 통해 연합군이 다른 지역으로 상륙한다는 허위정보를 칼레(Calais) 지역에 주둔하고 있던 독일 기갑사단에게 전달하였다. 이들은 연합군이 상륙하지 않을 지역에서 대기하느라 노르망디 상륙작전을 저지하는 데 전혀 활용되지 못했다.

(7) 기술정보에 비해 저렴한 비용

① 인간정보는 기술정보에 비해 그 비용이 저렴하다. 1970년대 당시 미국에서 첩보수집 비용의 87%는 기술정보 운용에 투입되었고, 불과 13%가 인간정보활동에 지출되었던 것으로 나타난다. 미국과 러시아 등 몇몇 선진국들을 제외한 대부분의 국가들은 사실상 기술력도 부족하고 장비 개발 및 운용에 지출되는 비용을 감당할 수 없어 기술정보를 활용하기가 어렵다.

② 비용을 감당할 수 있다고 하더라도 비용 대 효과를 고려하여 어디에 지출하는 것이 바람직한가를 두고 신중한 선택이 요구된다. 테러, 마약, 조직범죄 집단 등과 같이 대상 목표에 대한 첩보수집 활동을 수행하는 데 위험부담이 그다지 크지 않으면서 기술정보로는 효과적인 수집이 어렵다면 구태여 값비싼 기술정보 수집용 장비를 투입할 필요가 없을 것이다. 어쨌든, 인간정보는 저렴한 비용으로 최대의 효과를 거둘 수 있는 첩보수집수단으로서 의미를 가진다.

2 단점

(1) 의의

인간정보는 기술정보와 비교해 보았을 때 위험부담이 크다는 점, 첩보원의 신뢰성이 의심되는 점, 수집 대상 목표에 침투하기 어려운 점 등 여러 가지 단점들이 있다.

(2) 높은 위험 부담

① 인간정보의 가장 큰 단점은 기술정보활동과 비교해 볼 때 위험 부담이 크다는 것이다. 기술정보를 활용하면 원거리에서 합법적으로 수집이 가능하지만 인간정보 활동은 목표에 근접하지 않고는 수집이 불가능하다.

② 이 과정에서 불법적인 스파이 행위 사실이 발각되어 정치적인 문제가 야기될 수 있고, 때로 상대국 방첩기관에 첩보요원이 체포되어 생명을 잃게 되는 위험이 수반된다. 테러집단이나 국제범죄 조직의 경우 첩보원을 침투시키기도 어렵지만, 어렵게 침투시킨 첩보원의 생명이 위험에 처할 수 있다.

③ 예를 들어 정보기관에서 첩보원이 제공한 정보를 활용하여 테러에 대한 경계조치를 취하거나 테러 계획이 실패하게 되는 사태가 발생하게 되면 종종 침투시킨 첩보원이 테러집단의 내부 '밀고자(informant)'로 지목되어 생명을 잃게 될 수 있다.

(3) 첩보의 신뢰성 저하

① 무엇보다도 출처로부터 제공되는 첩보의 신뢰성이 의심된다는 점이다. 출처가 제공하는 첩보의 진실에 대해서 일단 의문이 제기될 수 있고, 그 의문이 끝내 풀리지 않은 채 미궁에 빠질 수도 있다. 첩보원은 금전, 이념, 복수심 등 여러 가지 동기에서 첩보를 제공하는데 그 진의가 무엇인지를 파악하기가 사실상 쉽지 않다.

② 그렇다고 첩보원의 진의를 무작정 의심할 수도 없다. 때로 첩보원을 지나치게 의심하여 귀중한 정보를 얻을 수 있는 기회가 무산될 수도 있다. 예를 들어 구소련의 GRU에서 대령으로 재직했던 펜코프스키는 최초 미국 측에 중요한 첩보를 제공했는데 미국 정보기관은 이를 의심하여 수용하지 않았다. 이에 펜코프스키는 영국 측에 첩보를 제공했고 이를 영국이 수용하였다. 나중에서야 미국은 그가 정보적 가치가 높은 첩보원임을 알게 되었던 것이다. 콜비(Fritz Kolbe)의 경우는 이와 반대로 영국 측은 그가 제공한 첩보를 수용하지 않았으나 미국 측에서 보다 적극적으로 그가 제공한 첩보를 활용하였고, 그것이 제2차 세계대전 당시 미국이 전쟁을 승리로 이끄는 데 큰 도움이 되었던 것으로 평가된다.

③ 첩보원은 금전적인 동기 때문에 정보를 억지로 짜 맞추거나 자신이 상상하여 만들어 내기도 한다. 때로는 공개적으로 얻을 수 있는 자료를 마치 최고위층으로부터 입수한 극비자료인 양 꾸며 대기도 한다. 이를 정보요원들 간에 쓰는 은어로 '정보위조(paper mill)'라고 불린다. 첩보사에서 이처럼 정보를 위조하여 정보관으로부터 거액의 돈을 받고 도망쳐 버린 사건들이 종종 발생했던 것으로 나타난다. 특히 이러한 정보위조는 1940년대 말부터 1950년대 초에 이르는 기간 동안에 많이 발생했는데, 대부분 서방 정보기관이 동구권 공산주의 국가에서 첩보활동을 수행하기 어려운 점을 악용하여 시도되었다. 이들은 대체로 교육 수준이 높고 정치적인 안목도 꽤 있는 편이라서 공개적으로 얻을 수 있는 정보를 조작하여 마치 최고급 극비정보인 것처럼 그럴듯하게 포장하여 제공했기 때문에 정보관이 속아 넘어가지 않을 수 없었다고 한다.

④ 정보위조보다 더욱 심각한 문제는 애써 포섭한 첩보원이 '이중간첩(double agent)' 행위를 하게 되어 낭패를 보게 되는 경우도 있다. 이중간첩은 첩보원이 체포되어 처벌받을 것이 두려워 상대국 정보기관에 협조하게 되는 경우도 있고, 자발적 첩보원처럼 주재국의 정보기관에서 은밀히 보낸 자일 수도 있다. 첩보사에 널리 알려진 이중간첩 사례로서 제2차 세계대전 당시 영국의 '더블크로스 작전(double-cross system)'이 유명하다. 제2차 세계대전 당시 영국 보안국(MI5)은 '더블 크로스 작전'을 통해 체포한 40명의 독일군 첩자들을 이중스파이로 활용하여 독일에 허위정보를 보냈다. 독일 정보 당국은 허위정보에 속아 노르망디 상륙작전에 제대로 대응하지 못했고, 결국 제2차 세계대전에서 패하게 되었던 것이다. 미국이 시행했던 비밀공작 중에서 첩보사에서 참담한 실패로 평가되고 있는 '피그만 공작'이 실패한 결정적인 요인은 CIA가 애써 포섭한 쿠바인 첩보원들이 모두 카스트로의 비밀정보기관에 소속된 이중첩자였기 때문이다.

⑤ 한편 스파이 행위가 드러나게 될 경우 정보관이나 첩보원의 생명은 물론 그 가족들마저 목숨을 잃게 될 수 있다. 그래서 정보관은 출처를 보호하고자 하는 목적에서 분석관에게 제공하는 보고서에 출처를 구체적으로 명시하지 않는다. 이로 인해 분석관은 출처의 신뢰성을 의심하여 중요한 첩보를 무시 또는 평가 절하할 수 있다. 이와 반대로 출처의 신뢰성이 의심되는 데도 불구하고 이를 여과 없이 수용하여 낭패를 보게 될 수도 있다. 이라크 WMD 정보판단이 왜곡된 주요 요인은 이라크 망명객들이 제공한 첩보를 분석관들이 여과 없이 그대로 수용하여 보고서를 작성했기 때문이다. 이라크 망명객들은 미국이 이라크를 공격하여 사담 후세인을 제거해 주기를 바랐기 때문에 대량살상무기가 이라크에 존재한다고 제보했던 것이다. 이처럼 출처 보호의 필요성과 출처의 신뢰성은 서로 상충되며, 그로 인해 이라크 대량살상무기 정보판단의 왜곡과 같은 엄청난 정보실패가 야기될 수 있다.

(4) 상대국의 방첩활동이 효과적으로 수행될 경우

① 상대국의 방첩활동이 효과적으로 수행될 경우 인간정보 수집활동이 어려워질 수 있다. 상대국에서 사람들의 이동, 교류, 경제활동은 물론 해외여행을 엄격히 통제하게 되면 정보관이 비공직 가장이나 불법적인 수단을 활용하여 첩보수집활동을 수행하기가 매우 어렵다.

② 공직 가장을 통해 첩보활동을 하게 되면 상대국 정보기관으로부터 집중적인 감시를 받게 되어 주재국의 시민들조차 자유롭게 만날 수 없다. 이런 나라에서 정보활동은 공직 가장을 통해서만 수행되기 때문에 정보관이 활동하는 데 많은 어려움이 있다. 이러한 목표를 미국 정보요원들은 은어로 '경성목표(hard target)' 또는 '거부 지역(denied area)'이라고 칭한다.

③ '경성 목표' 또는 '거부 지역'의 대표적인 사례로 테러집단이나 조직범죄집단을 들 수 있다. 이들 집단은 대체로 규모가 작고 극도의 보안을 유지하며 엄격히 통제되고 있기 때문에 첩보원을 침투시키기가 매우 어렵다. 이들 집단에 첩보원이 '침투(penetrate)'해 들어가기 위해서는 집단의 구성원들과 오랜 기간에 걸쳐 친분관계를 유지해 왔거나 그들과 친족관계가 있든지 또는 과거 범죄활동 경력이 있어야 한다. 이들 집단구성원들은 엄격한 규율과 더불어 충성심이 워낙 강해서 소속 구성원으로 하여금 자신의 조직을 배반하도록 회유하는 것이 거의 불가능하다.

(5) 윤리적 문제의 야기

① 인간정보 수집활동을 수행하는 과정에서 용납하기 어려운 윤리적 문제가 야기될 수 있다. 테러집단이나 국제범죄 조직에 첩보원 또는 공작원이 성공적으로 침투했더라도 조직의 구성원들에게 인정받기 위해 그는 테러 또는 범죄행위에 필요한 자금을 지원하든지 또는 테러 행위에 직접 가담해야 한다. 이러한 행동의 불법성과 비윤리성이 차후 알려지게 될 경우 그에 대한 책임을 모면하기 어렵다. 그러나 첩보활동의 윤리성만을 지나치게 강조하게 되면 인간정보활동을 효과적으로 수행하기 어렵다.

② 9/11 테러를 사전에 막지 못한 중요한 요인으로 많은 전문가들은 인간정보활동이 미흡했다고 지적하면서 이와 관련하여 소위 '도이치 규칙(Deutch rules)'의 문제점을 비판했다. 도이치(John M. Deutch)는 1995년 CIA 국장으로 재직하던 중 과거에 중대 범죄활동에 가담한 경력이 있거나 반인륜적 행위(human rights violations)를 저질렀던 공작원(assets)을 전원 해고 조치하도록 지시했다. 관련 규정이 선포됨에 따라 그러한 자를 채용하게 될 경우 본부로부터 사전 승인을 받도록 하였다. 9/11 테러 발생 이전 이 규칙 때문에 테러집단을 목표로 한 CIA의 침투 공작활동이 위축되었고 그로 인해 9/11 테러에 관한 정보를 사전에 수집하는 데 실패했다는 비난이 제기되었다.

③ 물론 CIA는 공식적으로 도이치 규칙이 공작활동을 약화시켰다는 주장은 전혀 근거 없는 논리라고 반박했다. 그러나 정보관 입장에서는 규칙 위반에 따른 불이익을 꺼려하여 유능한 공작원을 포섭하는 데 적극적인 행동을 취할 수가 없었을 것이다. 어쨌든, 2001년 말부터 도이치 규칙은 더 이상 공작원 포섭 시 고려요소로 적용되지 않게 되었고, 2002년 7월 공식적으로 폐기되었다. 인간정보 수집활동을 수행하는 과정에서 발생하는 윤리성과 첩보활동의 효율성은 서로 상충되며, 적정 수준에서 조화를 이루기가 어려운 문제로 남아 있다.

(6) 불법적인 스파이 행위 노출 시 국가적 손실 초래

① 불법적인 스파이 행위가 노출될 경우 국가적으로 엄청난 손실을 각오해야 한다. 아마도 스파이활동을 통해 어렵게 얻은 이득보다는 스파이 행위가 발각됨으로 인해 파생되는 손실이 더욱 클 수도 있다.

② 예를 들어 전 서독 수상 빌리 브란트(Willy Brandt)의 비서로 있으면서 장기간 동독의 스파이로 암약했던 기욤(Gunter Guillaume)의 경우 1974년 체포되기 전까지 매우 성공적으로 첩보활동을 수행했지만 그가 스파이였다는 사실이 발각됨으로 인해 동독은 엄청난 손실을 감수해야 했다. 우선 그로 인해 브란트 수상이 사임하게 되었고, 동독에 막대한 이익을 가져다 줄 것으로 기대되었던 동방정책(Ostpolitik)도 돌연 중단되고 말았다. 기욤이 수년간에 걸쳐 스파이 행위를 통해 얻을 수 있었던 이득보다 동독에게 훨씬 더 큰 정치 · 경제적 손실을 야기했을 것으로 추정된다.

③ 이와 유사하게 폴라드(Jonathan Pollad)가 제공해 준 비밀정보가 이스라엘에게 얼마간 이득이 되었겠지만 그의 스파이 행위가 발각됨으로 인해 미국과 이스라엘 간의 우호관계가 한동안 악화됨으로써 이스라엘은 엄청난 타격을 입게 되었다.

④ 요컨대 스파이 행위가 발각됨으로 인해 생명을 잃게 되거나 국가적 손실을 감수하면서까지 스파이 행위를 해야 하는지 그 필요성과 가치에 대해서 재고해 볼 필요가 있다. 즉 스파이 행위가 발각됨으로 인해 받게 될 손실을 감수할 만큼 스파이활동을 통해 얻을 수 있는 이익이 얼마나 큰 것인지 이해득실을 정확히 계산해 보아야 할 것이다. 그리고 생명을 담보로 한 위험한 스파이 게임은 상대에게 노출되지 않도록 빈틈없이 준비되어야 하며, 그것을 통해 국가적으로 충분한 이득이 보장된다는 전제하에서 수행되어야 할 것이다.

Ⅳ 소결론

① 미국에서는 인간정보와 기술정보의 상대적 중요성을 두고 수년 동안에 걸쳐 논쟁이 있었다. 한쪽에서는 기술 발전과 더불어 기술정보의 중요성이 증가하고 있다고 주장하는 반면, 다른 쪽에서는 기술정보 능력이 지나치게 과장되었다면서 인간정보의 역할도 중요하다는 점을 강조한다. 특히 1979년 이란 사하 정권의 붕괴, 1998년 인도의 핵실험, 2001년 9/11 테러 등과 같은 정보실패가 발생할 때마다 인간정보의 필요성이 강조되었다.

② 카터 대통령 당시 DCI로 재직했던 터너 제독의 주장과는 달리 최첨단 기술정보 장비를 동원하여 첩보수집활동을 전개해도 지구상에서 일어나고 있는 모든 일들을 다 알 수는 없다. 반대로 구소련의 사례를 보면 인간정보의 가치가 지나치게 과장되었다는 측면이 없지 않다. 소련은 냉전시대 동안 인간정보활동을 매우 성공적으로 수행했던 것으로 평가된다. 구소련에 이어서 러시아는 워커, 에임즈, 한센 등 미국 정보기관에 재직 중인 자들을 KGB 첩자로 활용하여 미국의 첩보 역량, 군사력 및 전략 동향 등에 관한 매우 가치 있는 정보를 얻을 수 있었다. 그럼에도 불구하고 소련제국은 냉전에서 참패를 당했고 결국은 소멸되고 말았다. 그런 점에서 소련의 인간정보활동이 소련체제를 유지하는 데 별로 기여하지 못했다는 평가가 나온다. 물론 아무리 성공적인 인간정보를 전개했더라도 내부 모순으로 인해 붕괴되는 소련체제를 소생시킬 수는 없었을 것이다.

③ 인간정보나 기술정보 공히 장점 이상으로 단점들이 많기 때문에 한 가지 수단에 지나치게 의존하여 첩보수집활동을 전개하게 되면 실패할 위험이 크다. 냉전시대 구소련을 비롯한 사회주의 체제에 대한 인간정보활동이 어려운 상황에서 기술정보는 매우 효과적인 수집수단이었다. 오늘날 소련 제국이 붕괴되고 철의 장막이 걷히면서 기술정보의 필요성이 감소했다. 그러나 세계 도처에서 아직도 비밀리에 대량살상무기들을 개발하고 있는 국가들이 있으며, 이들의 활동을 감시하는 수단으로서 기술정보는 여전히 유용하게 활용되고 있다.

④ 한편 인간정보는 기술정보로는 불가능하거나 효과적으로 수행할 수 없는 수집활동을 적절히 보완해 줄 수 있다. 인간정보는 적의 전략적 의도나 계획을 파악하는 데 효과적이며, 광범위한 지역에서 기술정보로 탐지하기 어려운 수집 목표를 선별해 낼 수 있다. 인간정보는 기술정보를 통해 수집된 자료를 해석하는 데 필요한 결정적인 단서를 제공해 주기도 한다. 또한 인간정보는 테러, 마약, 국제범죄 등과 같이 기술적인 장비로 추적이 불가능한 집단들에 대한 정보를 수집하는 데 활용될 수 있는 유일한 수단이다. 이처럼 인간정보는 기술정보가 가진 단점들을 보완해 줄 수 있다는 장점이 있다. 그런 점에서 인간정보나 기술정보 중 어느 한 가지 수단만을 고집할 것이 아니라 수집 대상 목표의 특성을 감안하여 상호 보완적으로 활용되어야 할 것이다.

Theme

18 공개출처정보(Open Source Intelligence, OSINT)

I 의의

① 흔히 모든 정보활동은 비밀리에 수행되는 것으로 알려져 있다. 첩보수집, 분석, 방첩, 비밀공작 등 정보기관에서 수행하는 정보활동의 대부분은 철저하게 비밀을 유지하는 가운데 전개된다. 그러나 실제로 모든 정보활동이 비밀리에 수행되는 것은 아니다. 특히 첩보수집의 경우 공개적이고 합법적인 방법으로 자료를 수집하는 공개첩보수집(open-source collection)의 비중이 매우 높다.

② 첩보수집 방법은 크게 비밀첩보수집(clandestine collection)과 공개첩보수집(open-source collection)으로 분류될 수 있다. 비밀첩보수집은 사람이나 기술 장비를 활용하여 비밀리에 첩보를 수집하는 것을 의미한다. 이에 비해 공개첩보수집은 공식적인 외교활동이나 신문, 라디오, TV, 인터넷 등 공개적인 자료를 통한 수집방법 또는 활동을 의미한다. 공개적이고 합법적인 방법으로 획득된 자료를 일반적으로 '공개출처정보(open source intelligence, OSINT)'라고 칭한다.

③ 전문가들에 따르면 사안에 따라 다소 차이가 있지만 OSINT는 정보기관에서 생산되는 정보의 35~90% 이상을 차지할 정도로 그 비중이 높다. 냉전의 종식과 함께 공개출처 자료가 획기적으로 증가하게 되었다. 러시아의 경우 공개출처 대 비밀자료의 비율이 냉전시대 동안에는 20:80이었는데, 이것이 오늘날 완전히 역전되었다. 동구권 사회주의 체제가 붕괴한 이후 북한, 쿠바 등 몇몇 국가들을 제외하고 국제사회에서 폐쇄적인 사회 또는 '거부지역(denied areas)'은 거의 사라졌다. 국제사회가 보다 개방화되면서 비밀첩보 수집활동의 필요성이 감소되었다.

④ 그렇다고 비밀첩보 수집활동이 더 이상 불필요해졌다는 것은 결코 아니다. 개방화된 사회라 할지라도 대부분의 국가들이 정치, 군사적인 의도나 계획 등 국익이나 국가안보에 영향을 미치는 중요한 사안에 대해서는 엄격히 비밀을 유지하고 있다. 따라서 공개출처를 통해 수집된 자료만으로는 파악할 수 없는 사안들이 많이 있으며, 이를 위해 비밀첩보 수집 활동이 필요한 것이다. 다만, 탈냉전과 함께 공개출처 자료가 획기적으로 증가한 만큼 이를 국가정보의 생산에 적절히 활용할 수 있는 방안이 강구되어야 할 것이다.

Ⅱ 공개출처정보(OSINT)의 유형

1 의의

① 공개출처정보(open source intelligence, OSINT)는 공개적이고 합법적인 방법으로 수집된 자료들로서 외국의 정치, 경제, 군사 활동에 대해 공개적인 관찰을 통해 얻은 정보, 라디오와 TV에서 취득된 정보 등을 포함한다.

② 공개출처정보의 중요한 특징은 그것을 수집하는 데 어떤 종류의 비밀수집수단도 활용하지 않고 단지 저작권료를 지불하거나 일상적인 상거래를 통해 취득된다는 것이다.

③ 공개출처는 크게 대중 매체, 공개자료, 전문 학술자료 등 세 가지 유형으로 구분될 수 있다. 대중 매체에는 신문, 잡지, 라디오, TV, 인터넷 등이 있고, 공개자료(public data)에는 정부보고서, 예산과 인구 문제를 다룬 공식적인 자료, 청문회 자료, 법률적 문제를 토의한 자료, 기자회견, 연설 등이 있으며, 전문 학술자료로는 학술회의 자료, 심포지엄 자료, 전문가 협회에서 편찬한 자료, 학술 연구논문 등이 있다.

2 '정보(Intelligence)'와 공개출처정보(OSINT)

(1) 의의

① '정보(Intelligence)'를 "타당성이 검증된 지식" 그리고 "비밀성이 내포된 지식"을 의미하는 것으로 해석했을 때 공개출처정보(OSINT)는 엄밀한 의미에서 '정보(intelligence)'로 인정되기 어렵다.

② 아마도 '공개출처첩보(open source information)' 또는 '공개출처자료(open source material)'라는 용어가 공개출처정보(OSINT)의 의미를 보다 정확하게 표현하고 있는 것으로 생각된다. 그래서 혹자는 '공개출처정보(OSINT)'를 '공개출처첩보(open source information)' 또는 '공개출처자료(open source material)'와 엄격히 구분하여 정의하기도 한다.

(2) 로웬탈

로웬탈은 공개출처정보(OSINT)의 개념을 수많은 '공개출처자료(open source material)'들 중에서 선별하여 정책결정권자에게 제공되는 것으로서 그 유용성과 타당성을 충분히 검토하여 작성된 지식을 의미하는 것으로 해석하기도 한다.

(3) 비판

① 그러나 이는 지나치게 협소한 해석으로 생각되며 설득력이 미흡하다. 우선 공개출처정보는 정책결정권자에게만 제공되는 것이 아니라 정보분석관을 포함하여 누구에게나 접근 가능한 자료들로서 보다 광범위한 의미로 해석된다.

② 그리고 입수된 자료들은 선별, 분류, 번역 등의 처리 및 분석과정을 거쳐서 비로소 타당성이 검증된 지식이 생산되는 것이다. 분석관이 타당성을 검증하기 위해서는 공개출처자료는 물론 비밀첩보자료와 비교하는 등의 과정을 거치게 된다. 이처럼 전문적인 정보 분석의 과정을 거쳐서 작성된 자료는 이미 비밀자료와 융합된 정보로서 순수한 의미의 공개출처자료라고 볼 수가 없고 오히려 비밀출처정보에 가깝다고 본다.

③ 그런 점에서 공개출처정보(OSINT)를 공개출처자료와 엄격히 구분하여 정의하는 것은 합당하지 않다고 본다. 요컨대 공개출처정보(OSINT)는 비밀첩보활동 수단을 통해 입수된 자료와 대비되는 개념으로써 공개적이고 합법적인 수단을 통해 획득된 모든 자료들을 통칭하는 것으로 정의할 수 있다.

Ⅲ 공개출처정보(OSINT) 수집

1 개방화된 사회

① 개방화된 사회에서는 신문, 잡지, 학술지, 정부 간행물 등을 통해 정치, 군사, 경제적인 문제들에 관해 충분한 자료들을 수집할 수 있다.

② 구소련처럼 철통 같은 비밀을 유지하는 국가들을 제외하고 대부분의 국가들은 도로망, 철도노선, 신문, 잡지, 정부 간행 경제 및 통계 보고서, 여행 안내책자에 이르기까지 많은 것들을 공개하고 있다.

③ 1948년 DCI로 재직했던 힐렌쾨터(Roscoe Hillenkoeter)는 "80%의 정보자료는 외국의 단행본, 잡지, 과학기술 연구, 사진, 민간연구소의 분석, 신문, 라디오, 국제문제에 대해 전문 지식을 가진 사람들과의 대화 등을 통해 얻을 수 있다."고 언급했는데, 이는 오늘날에도 마찬가지로 적용된다.

2 폐쇄적인 사회

① 폐쇄적인 사회라 할지라도 합법적으로 취득할 수 있는 자료들이 많이 있다. 냉전시대 구소련의 경우 「Communist of the Armed Forces」, 「Military-Historical Journal」, 「Soviet Military Review」, 「Military Herald」 등을 포함하여 11개의 군사 분야 잡지와 신문들을 발간했다. 이 밖에도 부수는 적지만 다양한 분야의 전문 잡지들을 발간했으며, 매년 500권의 군사분야 단행본들을 출판했다. Krasnaya Zvezda(Red Star)는 소련 육군 및 공군 정치국(Main Political Administration, MPA)에서 발간되었는데 군사 분야에서 가장 유용한 자료로 생각되었다.

② 민간 신문이나 연설문도 많은 정보를 제공해 줄 수 있다. 콜러(F.D. Kolhler)에 따르면 "소련 정치체제의 경우 획일성(uniformity)을 중요시하기 때문에 지도층은 한 목소리를 내고 모든 관료들이 일사불란하게 동일한 입장을 취한다."고 한다. 따라서 지도층의 공식적인 발언을 분석해보면 그들이 무슨 일을 계획하고 어떤 전략적인 의도를 가지고 있는지를 판단해 볼 수 있다는 것이다.

③ 소련 사회의 폐쇄성에도 불구하고 소련에서 발표되는 공식 보고서를 통해 정치 엘리트의 권력 서열을 파악할 수 있다. 예를 들어 안드로포프(Yuri Andropov)가 브레즈네프(Leonid Brezhnev)의 장례식 주관자로 임명되었다는 공식적인 발표가 나온 것으로 미루어 그가 브레즈네프의 뒤를 이어 차기 공산당 서기장으로 취임하게 될 것을 알 수 있었다.

④ 단순한 관찰로도 정보적 가치가 있는 자료를 얻을 수 있다. 소련 고위급 지도자들이 공식 행사에 모습을 드러내는 것을 잘 관찰해 보면 권력자가 살아 있는지 또는 그들의 권력 서열을 추정해 볼 수 있다. 예를 들어 1984년 2월 9일 안드로포프가 사망했을 것으로 추정되는 여러 가지 조짐들이 나타났다. 우선, 국영 라디오와 TV 프로그램이 재즈에서 클래식 음악으로 바뀌었다. KGB 본부, 소련 내각, 국방부가 있는 사무실의 창문이 불빛이 켜져 있는 숫자가 보통 때보다 훨씬 많아졌다. KGB 건물 6층과 8층은 반 이상 창문에서 불빛이 새어 나오고 있었고, 국방부는 3개 층이 환하게 불을 밝히고 있었다. 그리고 KGB의 차량 통행이 비정상적으로 많았다. 이러한 모든 상황들은 공개출처정보이며 이들을 종합적으로 면밀히 분석해보면 안드로포프가 사망했으리라는 판단을 내릴 수 있을 것이다.

Ⅳ 공개출처정보의 효용성

① 전통적으로 정보기관은 공개출처정보의 효용성이나 가치를 인정하지 않으려는 태도를 보여왔다. 정보공동체의 일부 관료들이나 정보사용자들 중에는 수집하는 데 어려움이 많을수록 보다 가치 있는 정보라고 생각하는 편견을 가지고 있다. 그래서 누구나 쉽게 접근하여 수집할 수 있는 공개출처정보는 비밀출처정보에 비해 효용성이나 가치가 떨어진다고 생각하는 경향이 있다. 예를 들어 암호체계, 첨단무기 개발 계획 등 적국이 극비사항으로 분류하여 철통같이 보안을 유지하는 자료는 수집하기가 매우 어렵지만, 일단 수집하면 엄청나게 중요한 정보적 가치를 가질 수 있다.

② 그러나 수집하기 어려울수록 가치 있는 정보라는 등식은 성립될 수 없다. 공개출처자료들을 잘 활용하면 저렴한 비용으로 얼마든지 가치 있는 정보를 생산해 낼 수 있다. 공개출처정보의 효용성을 강조하는 스틸(Robert David Steele)은 "학생이 갈 수 있는 곳에 스파이를 보내지 말라(Do not send a spy where a school boy can go)."라고 주장했다. 사안에 따라 다르겠지만 공개출처자료로 충분할 경우 굳이 위험부담이 크고 많은 비용과 노력이 소요되는 비밀첩보 수집활동을 수행할 필요가 없다는 것이다.

Ⅴ 탈냉전, 정보화 그리고 공개출처정보

1 의의

① 탈냉전기에 들어서서 오늘날 안보위협은 국내외 구분이 없으며 경제, 자원, 환경 등 다차원적인 요소들을 포함하고 있다. 또한 테러, 마약, 국제조직범죄 등은 전통적인 국가의 영역을 벗어난 초국가적 집단들로부터 발생되는 안보위협 요인들이다.

② 이처럼 복합적인 안보상황에서 미래의 안보위협을 분석하고 그것에 대응할 효과적인 방안을 모색함에 있어서 가용한 모든 자료들을 포괄적으로 활용하여야 할 것이다. 기존의 비밀 첩보 수집활동만으로는 이처럼 복잡하고 다차원적인 안보위협 요소들에 대해서 적절히 대응할 수 없다. 이와 관련하여 아스핀-브라운 위원회(Aspin-Brown Commission)의 보고서에서도 "정보공동체 밖의 전문가들을 보다 많이 활용해야 하며, 가급적 많은 양의 공개출처정보를 이용해야 한다."고 권고했다.

2 공개출처자료 범위의 확대

(1) 의의

탈냉전과 함께 정보화시대에 들어서서 획득할 수 있는 공개출처자료의 범위가 획기적으로 확대되었다.

(2) 사회주의 국가들의 개방

우선 탈냉전과 함께 폐쇄적이었던 사회주의 국가들이 개방화되면서 냉전시대 동안 엄격히 통제되어 비밀에 싸였던 많은 자료들이 대거 공개되었다.

(3) 정보통신혁명을 통한 공개출처자료의 접근성과 신속성 증대

① 여기에 컴퓨터와 통신 네트워크의 혁명적인 발전에 따른 정보통신혁명은 공개출처자료의 접근성과 신속성을 획기적으로 증대시켰다. 정보혁명에 따라 정보를 저장하고 전달하는 수단, 정보를 사용하고 획득하고 배포하는 속도 및 규모가 과거에 비해 폭발적으로 증가했다.

② 특히 인터넷의 등장으로 국경을 초월하여 정보의 유통량과 속도에 있어서 비약적인 발전을 보이고 있다. 이러한 인터넷과 정보혁명의 발전상을 나이(Joseph S. Nye, Jr.)는 다음과 같이 묘사했다. 지난 몇 년 동안 인터넷 활용 빈도는 100일마다 2배씩 계속 늘어났다. 1993년에는 전 세계에 웹사이트가 약 50개에 불과했다. 그러나 21세기로 접어들기 직전까지 웹사이트 숫자는 500만 개를 웃돌았다.

③ 1980년대 말 동선을 이용하는 전화로 초당 한 페이지 정도의 정보를 전송했는데 오늘날 광섬유를 통해 초당 무려 9만권에 해당하는 정보를 전송할 수 있다. 1990년 현재 달러 불변가격으로 환산할 경우 1930년의 미국과 유럽의 3분 통화료는 250달러였지만 20세기 말에는 1달러 이하로 떨어졌다. 1980년에는 기가바이트의 저장면적이 어지간한 방 하나 크기가 되었지만 오늘날에는 신용카드 크기 정도면 충분하다.

④ 인터넷은 인류가 개발한 정보매체 중 가장 방대한 정보를 보유하고 있으며, 가장 편리하고 값싼 정보접근 수단이 되었다. 세계 거의 대부분의 국가들은 물론 폐쇄적인 국가나 단체들조차 인터넷에 많은 자료들을 공개하고 있다. 예를 들어 러시아 정부는 서방의 투자유치를 위해 한때 국가기밀로 취급했던 농작물 수확량이나 방위산업체 생산량을 인터넷에 정기적으로 공개하고 있다. 인터넷 세계에서 일종의 '블랙홀(black hole)'로 여겨지던 북한도 1999년 10월 '범태평양 조선민족 경제개발촉진협회' 명의로 중국 북경에 '조선 인포뱅크(www.dprkorea.com)'라는 사이트를 열고, 북한의 정치, 경제, 문화, 지리, 역사, 관광 등에 관한 자료들을 제공하고 있다.

(4) 민간 방송매체의 영상 전송시스템 발전

① 불과 몇 년 전까지 르완다나 타지키스탄과 같은 세계의 오지에서 일어난 사건을 화상으로 받아 보려면 외교관이나 정보관을 통하지 않고서는 불가능했었다.

② 그런데 이제는 세계 오지 어느 곳에서든 발생한 사건들을 실시간으로 TV 화면을 통해 볼 수 있을 정도로 민간 방송매체의 영상 전송시스템이 발전했다.

③ 때로 민간 영상매체를 활용한 공개출처정보가 비밀정보활동보다 더 효과적인 역할을 수행할 수도 있다.

생각넓히기 | 알제리 주재 대사를 역임했던 존스톤(L. Craig Jotaistone)의 회고록

위성 안테나를 구입했던 첫째 주에 알제리에서 아랍연맹 정상회담이 개최되고 있었다. 미국 국무부는 이유를 막론하고 PLO 의장이었던 아라파트(Yasser Arafat)의 참석 여부를 알고자 했다. 그렇지만 그것을 아무도 알 수가 없었다. 정상회담이 개최되는 당일 국무부는 더욱 안달이 났다. 미 대사관 직원들은 정상회담이 개최되는 곳에 입장할 수 없었기 때문에 아라파트가 참석했는지 알 방법이 전혀 없었다. 나는 12시경 집에서 점심을 먹으면서 CNN을 시청하고 있었다. 국무부의 한 직원이 아라파트의 참석 여부에 대해서 국무장관에게 전할 소식이 있으면 연락해달라는 전화를 받았다. 바로 그때 나는 CNN 뉴스에서 아라파트가 정상회의에 등장한 것을 보았다. 나는 "그가 분명히 정상회의에 참석했다."고 보고했다. 국무부 직원은 매우 기뻐하면서 이를 국무장관에게 보고했다. 다음 날 나는 그 일을 잘 처리한 것에 대해서 축하 전화를 받았다. 그들은 내게 어떻게 그것을 알아냈냐고 물었다. 나는 그것을 나만 아는 비밀이라면서 말하지 않았다. 그렇지만 나는 그때 외교 업무환경이 변화되었다는 것을 실감했으며, 앞으로 어떻게 외교 업무를 추진해야 할 것인지를 깨닫게 되었다.

(5) 상업용 위성의 활용

① 21세기 과학정보의 상징인 비밀첩보위성은 이제 더 이상 국가정보기관의 전유물이 아니다. 구소련이 붕괴된 이후 첩보 위성에서 얻은 고해상도 영상자료들은 점차 상용화되고 있다.

② 지금까지 1m 이하 급의 지구관측은 기술도 어렵고 국가안보에 미치는 영향도 컸기 때문에 몇 나라에서만 활용돼 왔다. 그런데 미국 스페이스 이미징(Space Imaging Company)은 1999년 '이코노스(Ikonos)' 위성을 운용하여 획득한 1m급 해상도의 영상사진을 일반인들에게 판매하고 있다.

③ 미국 정부는 2006년과 2007년에 해상도 50cm 및 40cm급 상업용 위성 발사를 허용했다. 앞으로는 50cm 해상도의 상업용 영상사진이 제공될 것이다.

④ 이 밖에 러시아, 남아공화국, 캐나다, 인도, 호주, 이스라엘, 중국, 브라질, 한국 등의 민간 회사 또는 정부산하 기구도 상업용 위성사진을 제공하고 있거나 앞으로 그럴 계획이 있는 것으로 알려졌다. 요컨대 상업용 위성의 성능이 개선되고 활동이 증가하면서 이제 상업용 위성이 정보기관의 첩보수집에 적극 활용되고 있다.

(6) 정보분석분야에 있어서 민간 부문의 발전

① 정보분석분야에 있어서도 민간 부문의 발전이 두드러지게 나타나고 있다. 과거에는 CIA와 몇 개의 연구기관이 세계 각국의 경제 상황을 분석하는 임무를 수행했었는데, 오늘날에는 다우 존스(Dow Jones), 맥그로 힐(McGraw-Hill), 던 앤드 브레드스트리트(Dun & Bradstreet) 등 수많은 민간 기관들이 그러한 임무를 매우 전문적으로 수행하고 있다.

② 이에 따라 이제 민간 기관들의 경제정보분석 수준이 CIA를 능가한다는 평가를 받기도 한다. 또한 인터넷에서 상용으로 정보분석 서비스(commercial intelligence service)를 제공하는 사이트도 많이 있다. 예를 들어 '스트렛포(www.stratfor.com)'에서는 분야별로 공인된 세계적 전문가들이 각국의 외교, 정치, 경제, 산업, 과학기술, 군사, 무기 등의 분야에 대한 심층 분석정보와 주요 국제적 이슈에 대한 예측 및 판단 정보를 제공하고 있다.

(7) 정보소비자의 행태와 문화의 변화

① 정보혁명은 정보기술 분야의 하드웨어와 소프트웨어 상의 발전뿐만 아니라 정보소비자의 행태와 문화에도 상당한 변화를 초래하게 되었다.

② 과거에는 일반인들이 중요한 정보를 주로 정부 기관으로부터 얻었고, 정보를 획득하는 데 지출되는 비용이 비쌌다. 그러나 이제 사람들은 인터넷, 케이블 채널 등 미디어의 홍수 속에서 다양한 출처로부터 정보를 획득할 수 있게 되었다.

③ 이에 따라 사람들은 어떤 수단 또는 과정을 거쳐 첩보가 수집되었는지, 수집된 첩보가 정확한지 또는 신뢰성이 있는지를 스스로 평가할 수 있게 되었다. 사람들은 개인적으로 정보를 얻기가 쉬워졌기 때문에 정부 기관에서 생산된 정보에 대한 신뢰성을 과거에 비해 낮게 평가하는 경향이 있다.

④ 또한 정책결정권자들이 첩보를 직접 얻고 스스로 분석관의 역할까지 수행하거나 자체적으로 자료를 평가·분석하는 성향을 갖게 되었다.

⑤ 과거 정보요원들은 자신들이 바깥세계에 비해 기술이나 정보력이 우세하다고 생각했다. 그러나 정보화시대에 들어서서 그러한 생각을 버려야 한다. 이제 민간 상업부문이 정부부문보다 정보(information)분야에 있어서 기술적으로 앞서게 되었으며, 사용자들의 입맛에 맞는 상품과 서비스를 신속히 개발하여 보급하고 있다.

⑥ 때로 상업부문이 정부보다 더 좋은 고급정보를 갖고 있기도 하다. 이처럼 새로운 환경에서 정보 관료들은 상업 부문의 발전을 따라잡기 위해 보다 많은 노력을 기울여야 할 것이다. 기존의 전통적인 패러다임에 기초한 수집과 분석활동만을 고집하게 되면 변화된 정보환경에 적절히 부응할 수 없다.

⑦ 인간정보와 기술정보 등 비밀첩보 수집활동에 기반을 둔 전통적 정보활동은 윤리성, 고비용, 출처 개발의 어려움, 위험 부담 등 많은 문제를 드러냈다. 정보화시대 정보소비자들의 요구에 맞추어 정확하고 세밀한 정보를 보다 신속하게 제공해 주어야 한다. 이를 위해 공개출처정보를 보다 효과적으로 활용할 수 있는 방안을 모색해 보아야 할 것이다. 이제 공개출처정보의 활용은 선택이 아닌 정보화 시대에 부응하기 위한 필수적인 요소가 되었다.

Theme 19

공개출처정보(OSINT)와 비밀출처정보의 관계

I 의의

① 한편 공개출처정보의 중요성에 대해서는 각기 상반된 주장이 제기되고 있으며, 이것이 정보의 본질에 관한 논쟁으로 확대될 수 있다.

② 공개출처정보의 중요성을 강조했던 켄트(Sherman Kent)는 "최고급 외교 관련 정보는 공개적인 관찰이나 연구를 통해서 취득될 수 있다."고 주장했다.

③ 이에 반해 대부분의 학자들은 공개적으로 획득될 수 있는 첩보(information)가 어떻게 정보(intelligence)가 될 수 있는지 의문을 제기한다. 이들은 공개출처정보를 통해 적의 행동이나 동향에 관한 개략적인 윤곽이나 배경을 추적할 수 있지만, 적의 의도를 알아내기 위해서는 HUNINT나 TECHINT 등 비밀첩보 수집활동이 필요하다고 주장한다.

Ⅱ 공개정보와 비밀정보

1 의의

① 사실 정보의 세계에서 공개와 비밀의 명확한 구분이란 있을 수 없다. 공개와 비밀은 종종 구분이 없으며 복잡하게 얽혀 있기도 하다.

② 비밀 보고서라는 것이 언론 보도 자료를 종합한 것에 불과한 내용일 수도 있다. 신문 사설의 일부 내용은 비밀 자료에서 나온 경우도 있다.

2 제2차 세계대전 당시 B-29 폭격기에 관한 정보

① 예를 들어 제2차 세계대전 당시 B-29 폭격기에 관한 정보는 분명히 비밀로 분류되었지만 이미 공개된 정보였던 것으로 드러났다. 전략정보국(Office of Strategic Services, OSS)에서 장교로 근무했던 헬펀(Samuel Halpem)은 해군 제독에게 브리핑을 하던 중 B-29 폭격기에 대해 언급했는데 해군 제독이 깜짝 놀라는 모습을 보았다.

② 해군제독은 헬펀에게 B-29 폭격기에 관한 내용은 일급비밀인데 어떻게 그것을 알았냐고 물었다. 이에 헬펀은 일본 라디오 방송을 듣고 알았다고 대답했다고 한다.

③ 요컨대 어떤 사람에게 비밀이지만 다른 사람에게는 비밀이 아닌 경우가 있다. 외국인들이 자국의 방송을 통해 미국의 비밀공작에 관한 상세한 정보를 알고 있는데 미국 시민들과 정보공동체는 그러한 비밀이 노출된 것을 전혀 알지 못하고 있는 우스꽝스러운 상황이 발생하기도 한다. 이 경우 비밀로 분류된 자료는 엄격히 말하자면 누구에게나 비밀이 아니고 한쪽에게만 비밀인 '반쪽 비밀(unilateral secret)'이라고 표현하는 것이 정확할 것이다.

3 외교관과 무관의 보고서

① 비밀과 공개의 구분이 모호함을 보여주는 또 다른 사례로서 외교관과 무관의 보고서를 들 수 있다.

② 외교관과 무관의 보고서는 비밀출처로서의 인간정보와 공개출처정보(OSINT)가 합쳐진 성격을 가진다. 사실 외교관과 정보관의 구분은 명확하지가 않다. 외교사를 연구하는 어떤 역사학자는 "대사는 때때로 합법적인 수단과 불법적인 수단의 경계를 넘나들면서 첩보수집활동을 수행한다."고 언급했다.

③ 이와 유사하게 무관들도 주재국의 군 수뇌들과 접촉할 수 있기 때문에 군대의 요직에 있는 인사들의 성격, 능력, 민간 지도자와의 관계, 주재국의 군사전략 등에 관한 세밀한 정보들을 수집할 수 있다.

④ 또한 무관들은 주재국에서 실시하는 새로운 무기체계 시연이나 군사훈련에 합법적으로 참관할 수 있고, 공군기지, 항만, 주요 군사 및 민간 시설 등에 자유로이 접근하여 관찰할 수 있기 때문에 주재국에 관해 군사적으로 필요한 정보들을 취득할 수 있다. 이들은 대부분의 경우 공식적이고 합법적인 방법으로 첩보를 수집하지만 필요에 따라서 첩자나 불법적인 방법을 활용하기도 한다.

Ⅲ 공개출처정보의 가치

1 의의

① 공개와 비밀의 구분이 모호한 가운데 대체로 정책결정권자나 정보관들은 비밀리에 획득한 첩보가 공개적으로 취득한 정보보다 우월하다고 생각하는 경향이 있다. 이에 따라 비밀 첩보 수집활동에 많은 관심과 노력을 기울이는 반면 공개출처정보에는 지나칠 정도로 미흡한 수준의 인력과 예산이 투입되고 있다.

② 예를 들어 미국의 정보공동체는 신호정보(SIGINT), 영상정보(IMINT) 그리고 인간정보(HUMINT) 활동을 수행하는 기구들로 구성되어 있으며, 여기에 많은 예산을 투입해 왔다. 정보공동체 예산의 거의 대부분이 첩보위성을 개발하고, 신호정보를 수집하는 등 IMINT와 SIGINT 활동에 지출되어 왔다.

2 미국의 정보공동체의 OSINT 업무를 담당하는 기구

① 그러나 미국의 정보공동체에는 몇 년 전까지 OSINT를 전담하는 기구조차 설립되어 있지 않았었다. '외국방송정보서비스(Foreign Broadcast Information Service, FBIS)'는 정보공동체에서 OSINT 업무를 담당하는 가장 큰 기구인데 CIA 소속으로 되어 있었다.

② 이 밖에 다른 OSINT 조직은 국방부, 국무부 등 여러 부처에 흩어져 있다. OSINT 임무를 수행하는 조직에는 거의 인력도 없고 예산도 편성되어 있지 않았었다. 전문가들의 연구에 따르면 OSINT는 미국 정부에서 활용되고 있는 정보(intelligence)의 35~95% 정도 기여하고 있는 것으로 인정되고 있다. 그럼에도 불구하고 그동안 OSINT에 투입되는 예산은 미국 정보공동체 예산의 1%도 되지 않았던 것으로 추정된다.

3 적은 비용으로 효과를 극대화할 수 있는 정보

① 사실 OSINT는 적은 비용으로 효과를 극대화할 수 있으며, 때로 비밀첩보수집을 통해 획득한 자료보다 더 우수한 정보를 제공해 줄 수도 있다. 버긴(Anthony Bergin)은 국가정보기관에서 OSINT 분야에 1%의 예산을 증가시키면 정보활동의 효율을 10% 이상 향상시킬 수 있다고 주장했다.

② 오늘날 인터넷 상에서 특정 주제에 대해 서로의 의견과 지식을 교환하는 유즈넷이나 네이버의 '지식 iN' 등을 통해 전 세계의 수많은 전문가들로부터 필요한 정보를 매우 신속하게 수집할 수 있다.

③ 예를 들어 한 정보기관에서 뉴스 그룹에 '스텔스 전투기 은폐기술'에 대해 질문을 요청하자 전 세계의 공학자, 과학자, 심지어 공군 장교 등 수십 명의 전문가들이 '스텔스'기에 사용된 소재, 설계자료, 레이더 등에 포착될 수 있는 결함 등을 상세히 온라인으로 제공했다. 그런데 그들이 제공한 자료는 정보기관에서 필요로 했던 것보다 훨씬 가치 있는 정보였던 것으로 평가되었다.

4 공개출처정보와 정보기관의 관계

① 이처럼 공개출처정보로 얼마든지 적의 동향을 파악하고 국가안보에 적절히 대비할 수 있다면 굳이 정보기관이 존재할 필요가 없을 것이다.

② 정보기관을 설립하게 된 취지 또는 존재 이유는 비밀첩보 수집활동에 있다. 그런 점에서 공개출처정보와 정보기관은 서로 양립하기 어려울 것으로 생각되지만 반드시 그러한 것은 아니다.

③ 정보기관은 국가안보를 유지하기 위해 반드시 필요하지만 언론 매체나 민간 기업체가 제공하지 않거나 제공할 수 없는 정보(information)를 찾아내고 해석하는 일을 수행할 수 있다.

④ 예를 들어 정보기관은 비밀첩보 수집활동을 통해 상업적으로 별로 이익이 없기 때문에 민간부문에서 다루지 않는 주제, 기술적으로 어려워서 민간부문에서 수집하지 않으려 하거나 수집할 수 없는 정보(information) 그리고 법적인 제약이나 위험성 때문에 민간 부문에서 수집할 수 없거나 수집하지 않으려 하는 정보(information) 등을 수집할 수 있다.

⑤ 어쨌든 정보기관의 비밀첩보 수집활동은 국가안보를 위해 반드시 필요하며, 이를 공개출처정보로 대체할 수는 없을 것이다.

5 "21세기를 위한 준비 - 미국 정보활동 평가"

① 한편 미국 대통령과 상하원 의장에게 보고된 "21세기를 위한 준비 - 미국 정보활동 평가"에서 공개출처정보와 정보기관에서 수집한 비밀첩보자료들을 비교 평가하는 내용이 나온다.

② 위 보고서의 평가에 따르면 공개출처로부터 얻은 첩보가 매우 현실감이 있었고 어떤 측면에서는 정보공동체에서 제공하는 비밀첩보보다 더 구체적이었다는 매우 흥미로운 내용을 기술하였다.

③ 그런데 공개출처정보는 사실 여부에 대한 확인 작업이 요구되었으며, 분석관 또는 정보사용자에게 꼭 필요한 정보들을 포함하지 못하는 단점이 있다고 지적했다. 공개출처정보의 핵심적인 장단점을 매우 적절하게 평가한 것으로 보인다.

④ 어쨌든 공개출처정보는 저렴한 비용으로 쉽게 얻을 수 있으면서 비밀첩보수집을 보완해 줄 수 있다. 그러한 관점에서 비밀첩보와 공개출처정보가 적절히 융합됨으로써 보다 신속하고도 정확한 정보를 생산해 낼 수 있을 것으로 기대된다.

⑤ 공개출처정보는 비밀수집수단으로 획득할 수 없는 정보를 보충하고, 의미를 보다 명확하게 해 준다. 또한 공개출처정보는 비밀첩보 수집활동의 목표와 방향을 설정하는 데 도움을 줄 수 있다. 합법적인 방법으로 자료를 입수할 수 있는 분야의 경우 구태여 비용과 위험 부담이 많은 비밀수집 활동을 전개할 필요가 없다. 따라서 비밀첩보 수집활동의 목표와 방향을 공개출처정보가 없는 분야로 집중함으로써 한정된 예산을 효율적으로 사용할 수 있을 것이다.

생각넓히기 | **국가정보위원회 위원장 나이(Joseph Nye)**

공개출처정보는 조각그림 맞추기의 바깥 부분에 있는 조각들이라고 볼 수 있다. 그것이 없다면 조각그림 맞추기를 시작할 수도 그리고 조각그림을 완성할 수도 없다. 공개출처정보는 종합판단정보를 작성하는 데 절대로 생략될 수 없는 핵심적인 요소이다.

Ⅳ 공개정보센터(Open Source Center)

① 최근 OSINT가 여러 가지 측면에서 장점들이 많고 효용성이 매우 높은 것으로 인정됨에 따라 세계 각국의 정보기관들이 OSINT를 적극적으로 활용하기 위한 노력을 기울이고 있다.

② 미국은 1992년 DCI 산하에 정보공동체 '공개출처정보담당처(Community Open Source Program Office)'를 설립하였으나 활동은 미미한 수준이었다.

③ 그런데 2001년 9/11 테러 이후 미국에서는 OSINT의 역할을 새롭게 인정하기 시작했다. 9/11 진상 조사위원회는 2004년 7월의 보고서에서 '공개출처정보국(open-source intelligence agency)'의 설립을 권고했지만, 이에 대한 구체적인 계획은 언급하지 않았다.

④ 이후 WMD 진상조사위원회(WMD Commission, known as the Robb-Silberman Commission)에서 2005년 3월 CIA에 '공개정보국(Open Source Center)'을 설립토록 제안했다. 이에 2005년 11월 마침내 DNI 산하에 '공개정보센터(Open Source Center)'가 설립되었다.

⑤ 이로써 미국 정보공동체가 공식적으로 공개출처정보의 역할과 중요성을 인정하게 되었으며, 나아가 보다 적극적으로 이를 활용하기 위한 노력을 기울이기 시작했다. 앞으로 미국을 비롯한 정보기관에서 공개출처정보를 보다 적극적으로 활용하게 될 것으로 예상된다.

생각넓히기 | **미국의 정보공동체의 OSINT 업무를 담당하는 기구**

1. 미국의 정보공동체에는 몇 년 전까지 OSINT를 전담하는 기구조차 설립되어 있지 않았었다. '외국방송정보서비스(Foreign Broadcast Information Service, FBIS)'는 정보공동체에서 OSINT 업무를 담당하는 가장 큰 기구인데 CIA 소속으로 되어 있었다.
2. 이후 WMD 진상조사위원회(WMD Commission, known as the Robb−Silberman Commission)에서 2005년 3월 CIA에 '공개정보국(Open Source Center)'을 설립토록 제안했다. 이에 2005년 11월 마침내 DNI 산하에 '공개정보센터(Open Source Center)'가 설립되었다.
3. 2015년에 공개정보센터(Open Source Center)는 CIA의 디지털혁신국(DDI)에 통합되면서 the Open Source Enterprise(OSE)로 명칭을 변경하였다.

V 공개출처정보(OSINT)의 장점

1 의의

① 실제로 공개출처정보는 비밀정보 수집활동이나 그것을 통해 획득된 자료와 비교하여 여러 가지 장점들을 갖고 있다.

② 공개출처정보의 가치를 신속성, 분량(quantity), 명료성, 편이성(ease of use), 비용부담, 윤리성 등의 기준에 따라서 평가해 보기로 한다.

2 자료 접근의 신속성

① 공개출처정보는 비교적 신속하게 획득할 수 있다. 지구 저편 먼 곳에서 위기가 발생하게 될 때 그곳에는 첩보원이 없는 경우가 대부분이다. 이 경우 정보분석관이나 정책결정권자는 우선적으로 TV 방송을 청취하거나 인터넷 자료를 검색하는 등 공개출처정보에 의존하게 된다. 이처럼 공개출처정보는 자료 접근의 신속성이 보장된다는 장점이 있다.

② 몇 년 전 이라크 주재 UN 사찰반에 근무하고 있던 한 미국인 사찰 담당자는 다음 날로 예정된 신문(interrogation)을 위해 이라크의 미사일 개발계획에 관해 보다 상세한 정보가 필요했다. 시간이 워낙 촉박하여 정보기관을 통해서는 적시에 필요한 자료를 얻기 어렵다는 것을 깨닫고 그는 몬터레이 국제문제연구소(Monterey Institute of International Studies)의 비확산문제 연구센터에서 근무하고 있으면서 그와 친분관계가 있는 한 연구원에게 필요한 자료를 검색하여 보내주도록 요청했다. 불과 몇 시간 만에 그가 필요로 하는 자료를 입수할 수 있었고, 다음날 신문(interrogation)을 매우 효과적으로 수행할 수 있었다고 한다.

3 충분한 분량의 자료 확보 용이성

① 공개출처정보는 비밀첩보자료에 비해 보다 많은 분량의 자료들을 확보할 수 있다. 정보관(또는 수집관)은 기껏해야 몇몇 소수에 불과하지만, 세계 도처에 수많은 인터넷 블로거, 신문기자, TV 리포터, 전문연구자, 학자 등이 있다.

② 정보관(또는 수집관)들 중에서 몇몇은 유능한 첩보원으로부터 공개출처정보를 능가할 정도로 많은 양의 비밀정보를 제공받을 수도 있다. 그러나 양적으로 풍부한 공개 자료들을 잘 취합하면 소수의 정보관(또는 수집관)이 제공하는 비밀 자료보다 우수한 보고서를 생산해 낼 수 있다.

③ 때로 소수의 정보관(수집관)이 제공하는 비밀 자료만을 근거로 판단을 내리게 될 경우 상황을 심각하게 오판할 위험이 있다. 예를 들어 1998년 미국이 수단의 알 시파(al-Shifa) 제약공장을 폭격한 것은 명백한 실수로 드러났다. 그러한 실수를 야기한 결정적인 요인은 그 화학공장에 관해 풍부한 양의 공개출처 자료들이 있었음에도 불구하고 이를 전혀 참고하지 않고 오로지 제한된 분량의 비밀첩보자료만을 기초로 하여 정보판단을 내렸기 때문인 것으로 지적된다.

④ 공개출처정보를 통해서 시파 공장이 수단에서 실제로 의약품을 생산하는 공장이라는 것, UN 주재 미국 관료의 공식적인 허가를 받고 이라크에 가축용 의약품을 수출하고 있었다는 것, 그곳이 군사보호시설이 아니고 수단인은 물론 외국인도 자유롭게 방문할 수 있는 곳이었다는 것 등을 충분히 파악할 수 있었다. 만일 미국 정보공동체가 시파 공장을 폭파하기 전에 관련된 공개출처 자료들을 충분히 수집하여 참고했더라면 그와 같이 어처구니없는 실수를 범하지 않았을 것이다.

4 출처의 명료성

① 공개출처정보는 출처의 명료성이 보장된다. 출처와 수집방법에 대해 정보관(수집관)이 철저히 비밀을 유지하기 때문에 정보분석관은 항시 첩보출처의 신뢰성에 대해 의문을 제기한다. 이처럼 출처가 불분명하기 때문에 2002~2003년 이라크 WMD 정보판단의 왜곡과 같은 문제가 발생하게 된 것이다.

② 특히 CIA의 공작국은 한 개의 출처를 여러 가지 다른 방식으로 표현하는 경향이 있다. 그래서 CIA 분석국의 분석관은 이라크 대량살상무기 존재에 대해 여러 출처에서 확보된 강력한 증거가 있는 것으로 오판하게 되었던 것이다. 어쨌든 비밀정보에 비해 공개출처정보는 출처의 명료성이 보장되는 만큼 신뢰성을 높이 인정받는다.

5 비밀 자료의 출처 보호

① 공개출처정보는 합법적인 방법으로 첩보를 수집하기 때문에 출처를 공개할 수 있고, 그래서 비밀 자료의 출처를 보호하는 수단으로 유용하게 활용될 수 있다.

② 때로 부득이하게 출처를 밝혀야 하는 곤란한 상황에 처하게 될 수 있다. 예를 들어 이란이나 이라크의 WMD 개발 상황에 대해 첩보원을 통해 비밀리에 알아낸 사실은 외부에 공개하기 어렵다. 그러나 이를 상업용 위성사진을 판독하여 알아낸 것처럼 가장함으로써 출처와 수단을 보호할 수 있을 것이다.

③ 과거 미국 관료들이 구소련, 이란, 이라크 등에서 비밀출처를 밝히지 않는 대신 공개출처정보를 근거로 제시하여 자신의 임무를 성공적으로 수행했던 사례가 많이 있었다.

6 편이성

① 공개출처정보는 누구나 쉽게 접근하여 편리하게 활용할 수 있다는 장점이 있다. 비밀 자료들은 비밀 분류 및 차단 등으로 인해 정책결정권자나 정보관들조차도 자료 접근이 제한되어 있다.

② 자료 접근이 제한되는 만큼 적시에 필요한 정보를 생산하기 어려우며, 이로 인해 적시에 필요한 조치를 취하지 못함으로써 낭패를 볼 수 있다. 제2차 세계대전 당시 미국이 일본의 암호를 해독하고도 진주만 기습을 사전에 예방하지 못한 것은 암호해독에 관한 정보가 극히 소수의 사람들로 제한되어 해독된 내용의 의미를 파악하는 데 너무 많은 시간을 지체했고 그로 인해 즉각적인 대응조치를 취하지 못했기 때문이다.

③ 9/11 테러 당시 한 FBI 수사관이 2명의 테러 용의자에 대한 신상자료 열람을 CIA 측에 요청했으나 CIA가 이를 거부하여 테러범을 잡을 수 있는 결정적인 기회가 무산된 바 있다. 이에 비해 공개된 자료는 누구나 쉽게 접근하여 편리하게 활용될 수 있는 만큼 중요한 정책결정에 신속히 반영될 수 있다는 장점을 가진다.

7 저렴한 비용

① 공개출처정보는 저렴한 비용으로 획득될 수 있다. 첩보 위성의 경우 개발, 발사 그리고 유지하는 데 수십억 달러를 지출한다.

② 최첨단 영상 및 신호정보 수집 장비를 갖춘 미국의 첩보위성 KH-12는 대당 가격이 무려 10억 달러에 이르며, 개발하는 데 약 18개월이 소요되었던 것으로 알려졌다.

③ 장비의 가격뿐만 아니라 운용 경비도 엄청나서 U-2기를 한번 이륙시켜 작전에 투입하는 데 무려 10만 달러가 소요된다고 한다. 이처럼 기술정보 장비는 개발비용 및 운용에 엄청난 경비가 소요되기 때문에 경제력이 뒷받침되지 않고는 운용하기 어렵다. 그런데 투자된 비용과 노력에 비해 그 효과는 기대에 못 미칠 수 있다. 첩보 위성으로 기껏해야 적의 무기 공장 지붕이나 잠수함 외형만 보이는 영상을 얻을 수 있을 것이다.

④ 이에 비해 연 구독료 100달러로 구입한 외국 잡지에서 무기 공장 마룻바닥이나 잠수함의 내부 사진까지 볼 수도 있다. 그런 점에서 공개출처정보는 최소의 비용으로 효용을 극대화할 수 있다는 장점이 있다.

8 위험부담이 없으며 윤리적인 문제를 야기하지 않음

① 마지막으로 공개출처정보는 합법적인 방법으로 첩보를 수집하기 때문에 위험부담이 없으며 윤리적인 문제를 야기하지도 않는다.

② 비밀첩보수집을 위해 평양이나 테헤란 등 거부지역에서 통신 감청 장치를 설치하는 등의 첩보활동은 많은 위험을 수반한다.

③ 비밀첩보 수집활동이 노출될 경우 언론, 국회, NGO 등에서 윤리성 및 합법성에 대한 비판을 제기한다.

④ 1970년대 미국에서는 워터게이트 사건과 더불어 CIA 비밀공작활동의 비윤리성을 두고 언론과 의회에서 많은 비판이 제기되었다.

⑤ 미국 NSA 주도로 영국, 호주, 캐나다, 뉴질랜드 등이 함께 참여하여 전개되고 있는 에셜론(ECHELON) 계획은 타국의 인터넷, 전자우편, 팩스 등을 감청하는 활동을 수행하고 있는 것으로 알려졌는데 프랑스를 비롯하여 여러 국가에서 이에 대한 불만을 제기하고 있다.

Ⅵ 공개출처정보(OSINT)의 단점

1 의의

한편 OSINT가 장점들만 있는 것은 아니고 효과적인 활용을 저해하거나 활용에 앞서 고려해야 할 요소들이 많이 있다. 대표적인 문제점으로서 지나치게 많은 분량의 자료들, 정보공동체의 조직문화적 편견, 보안문제 및 기술적인 제약 등을 들 수 있다.

2 지나치게 많은 분량의 자료들

① 정보의 양이 지나치게 많아 옥석을 가리기가 힘들다는 것이다. 오늘날 정보 혁명으로 유통되는 정보의 양은 엄청나게 증가했다. 그런데 정보의 양이 많을수록 활용 가치가 있는 신뢰성 있는 정보를 골라내는 일이 쉽지 않다는 것이다.

② '메아리 효과(echo effect)'라고 하여 한 매체에서 만들어진 정보가 사실 여부를 확인하지 않은 채 다른 매체에서 확대 재생산되어 순식간에 여기저기로 유포될 수 있다. 비록 최초에는 그것이 허위정보가 아니었을지라도 그 내용이 전파되는 가운데 허위정보가 추가될 수 있고, 최초 허위정보가 더욱 확대 재생산되어 사실과 전혀 다른 내용이 유포될 수도 있다.

③ 자료의 양이 워낙 많기 때문에 그중에서 허위정보를 색출하고 신뢰성 있는 자료를 선별하는 일조차 많은 시간과 노력이 요구된다. 그 분야의 전문가가 아니라면 적시에 필요한 자료를 효과적으로 선별할 수도 없다.

④ 또한 대부분의 자료들은 정보분석관이나 정책결정권자의 요구와는 무관하게 작성된 것이다. 그래서 분석관은 자료의 출처 확인은 물론 왜 그러한 자료들이 생산되었는지, 왜곡된 내용이 없는지 등을 보다 꼼꼼하게 검토해 보아야 한다. 그리고 정보분석관이나 정책결정권자의 요구에 부응하도록 자료들을 선별, 분류, 요약, 정리, 번역하는 등의 처리과정에서 많은 시간과 노력을 허비하게 된다.

3 정보기관의 조직문화적 편견

① OSINT에 대한 정보기관의 조직문화적 편견이 OSINT의 효과적인 활용을 저해하는 중요한 요소로 작용한다. 정보기관의 조직문화는 기본적으로 OSINT의 가치를 낮게 평가하려는 성향을 보이며, 그러한 편견으로 인해 정보기관의 수집요원이나 분석관은 공개출처 자료를 불신하고 이에 대해 주의를 기울이지 않는 태도를 보인다.

② 일반인들을 포함하여 누구나 접근할 수 있다는 점에서 공개출처 자료는 정보분석관들에게 특별한 매력을 끌지 못한다. 그러나 누구나 쉽게 접할 수 있었던 공개출처 자료들의 가치를 낮게 평가하고 무시함으로 인해 미국은 1998년 인도핵실험을 미리 예상하지 못하는 치명적인 실수를 저질렀다.

③ 인도 바라티야 자나타(Bharatiya Janata)당은 선거운동 기간 중에 분명히 핵무기 개발 공약을 선언했다. 이후 바라티야 자나타당이 선거에서 승리했음에도 불구하고 미국의 정보공동체에서는 인도의 핵실험 예상 지역에 대한 첩보수집 활동을 수행하지 않았다. 당시 언론인과 학자들을 포함한 많은 외부 전문가들은 인도가 곧 핵실험을 실시할 것으로 예측했으나 미국의 정보공동체에서는 이에 대해 전혀 관심을 기울이지 않았다.

④ 메타(Ved Mehta)는 “인도를 방문하는 일반 관광객들조차도 바라티야 자나타당이 호전적인 핵정책을 추구하고 있다는 사실을 잘 알고 있었다.”고 언급했다. 게다가 파키스탄 수상 샤리프(Mohammed Nawaz Sharif)는 클린턴 대통령에게 그해 4월 3일 인도가 핵실험을 강행할 것이라는 경고를 보냈다.

⑤ 그러나 미국 정보공동체의 정보분석관들은 그러한 주장들을 무시했으며, 바라티야 자나타당이 선거공약으로 내세웠던 것을 실제로 관철하리라고 믿지 않았다. 어쨌든 누구든 쉽게 접근할 수 있었던 공개출처 자료들에 대해 미국의 정보공동체에서 조금이라도 주의를 기울였더라면 아마도 냉전 이후 가장 치명적인 정보실패라는 사태를 막을 수 있었을 것이다.

4 보안문제 및 기술적인 제약으로 인한 효과적 활용 제한

① 보안문제 및 기술적인 제약으로 인해 정보기관에서 공개출처정보의 효과적인 활용이 제한될 수 있다. 정보기관들은 보안문제로 인해 조직체 내부 전산망으로서 인트라넷을 채택하고 있으며, 이는 일반인들이 사용하는 상용망과 별도로 분리되어 있다. 이처럼 분리된 전산망 체계로 인해 인터넷을 활용한 공개출처 자료의 활용이 제한될 수밖에 없다.

② 인터넷에서 필요한 자료를 발견했더라도 이를 곧바로 자신의 컴퓨터 파일에 삽입하여 활용할 수가 없다. 이로 인해 정보기관의 분석관들은 공개출처 자료의 활용에 소극적인 태도를 보인다. 컴퓨터 보안 전문가들은 보안문제를 해결하면서 공개출처 자료를 자유로이 활용할 수 있는 방안을 마련하고자 노력하고 있으나, 아직까지 기술적인 문제가 해결되지 않아 만족할 만한 결과를 보여주지 못하고 있다.

③ 한 때 미국의 정보공동체에서 내부 전산망에서 외부로 통하는 소위 '비밀창구(sneaker net)'라는 프로그램을 만들어 인터넷을 일부 활용토록 하였다. 그러나 내부 전산망과 외부 상용망 간에는 보안을 위한 차단벽이 설치되어 외부 공개 자료의 자유로운 활용은 여전히 제한되었다.

④ 더욱이 1999년 내부 전산망의 핵기술 관련 기밀문서를 외부 전산망으로 유출시켰던 리(Wen Ho Lee)사건이 발생한 다음부터 '비밀창구'가 더 이상 활용되지 못하게 되었다. 어쨌든 이러한 기술적 제약이 해결되지 않는 한 정보기관의 OSINT 활용도를 일반인들의 수준까지 높이기는 어려울 것으로 보인다.

핵심정리 **공개출처정보(OSINT)의 장점과 단점**

(1) **장점**

① 접근이 편리하고, 출처가 다양하여 기만과 조작이 어렵다.
② 인간정보와 기술정보의 수집 방향을 제시한다.
③ 비밀첩보의 해석과 평가에 유용하다.

(2) **단점**

정보의 양이 지나치게 많아 옥석을 가리는 데 과다한 시간과 비용을 필요로 한다.

Ⅶ 공개출처정보와 비밀첩보자료의 관계

1 의의

① 정보화시대에 들어서서 모든 것은 빠르게 움직이고 변화한다. 사람들은 많은 양의 정보를 신속하게 획득할 수 있게 되었다. 컴퓨터를 활용한 분석기법의 발전 덕분에 정보분석관들이 보다 효율적으로 분석업무를 수행할 수 있게 되었다.

② 더불어 정보분석에 대한 정보사용자들의 요구가 증가하였다. 그들은 보다 구체적이고 신속하게 정보를 제공해 주도록 요구할 뿐만 아니라 그들 스스로 정보를 수집·분석 및 평가하는 능력까지 갖추고 있다. 따라서 정확하고 신속하게 정보가 제공되어야 하며, 이를 위해 정보기관은 공개출처정보를 효과적으로 활용할 수 있는 방안을 모색해야 한다.

③ 단순히 비용이 저렴하다든지 위험부담이 없기 때문에 공개출처정보가 활용할 가치가 있다는 것은 아니다. 정보화시대에 들어서서 이제 공개출처정보는 비밀첩보수집을 보완하는 수준을 넘어서서 반드시 활용해야 하는 필수적인 요소로 부각되었다. 공개출처정보를 활용하지 않고는 정보화시대의 요구에 적절히 부응할 수 없다.

2 공개출처정보와 비밀첩보자료가 상호 보완하는 경우

공개출처정보와 비밀첩보자료는 상호 모순되거나 대립적인 관계가 아니다. 공개 출처정보는 비밀첩보자료를 보완하여 보다 정확하고 신뢰성 있는 정보를 생산하기 위해 반드시 필요하다. 공개출처 자료와 비밀첩보를 적절히 융합하게 되면 유용한 정보가 생산될 수 있다.

생각넓히기 | **소련 문제 전문가 파이프스(Richard Pipes)**

공개출처 자료는 워낙 양이 많아 다소 어려움이 있지만 전문가라면 신속하게 필요한 자료들을 선별할 수 있다. 훈련된 분석관이라면 자료의 양이 아무리 많아도 중요한 자료들을 신속하게 선별할 수 있을 것이다. 풍부한 양의 정치 분야 관련 자료들을 공개적으로 획득할 수 있으며 이를 정보 생산에 활용하면 소련의 의도에 대해서 파악할 수 있는 아이디어가 도출될 수 있다. 그리고 이것을 비밀첩보자료를 통해 획득한 군사정보와 융합하면 소련이 무엇을 계획하고 있는지에 대해 보다 분명하게 추정해 볼 수 있을 것이다.

3 공개출처정보와 비밀첩보자료 간 상호 보완이 이루어지지 않는 경우

(1) 불필요한 비용과 시간의 낭비

① 공개출처정보와 비밀첩보자료의 장단점을 적절히 활용하면 첩보수집 및 분석 업무를 보다 효과적으로 수행할 수 있다. 반대로 양자 간의 상호 보완이 제대로 이루어지지 않으면 불필요한 비용과 시간을 낭비하면서 결과적으로 생산된 정보도 미흡한 수준에 그칠 것이다.

② 예를 들어 인터넷 상에 존재하는 공개출처정보임에도 불구하고 분석관이 이를 몰라 수집관에게 관련된 첩보를 수집하도록 요구함으로써 불필요하게 많은 시간과 노력을 낭비하게 되는 경우도 있다.

③ 따라서 비밀첩보 수집활동을 전개하기에 앞서 수집 목표에 대한 공개출처자료가 있는지를 우선적으로 파악해 보아야 한다. 공개출처정보로 대체할 수 있다면 구태여 시간과 비용뿐만 아니라 위험 부담을 감수하면서까지 비밀첩보 수집활동을 전개할 필요가 없다.

④ 비밀 스파이나 첩보위성은 공개출처정보로 불가능한 경성목표(hard targets)에만 집중하는 것이 바람직할 것이다. 요컨대 공개출처정보를 적절히 활용하면 비밀첩보 수집활동의 목표를 정확히 설정할 수 있고, 나아가 첩보수집 예산과 노력을 어디에 투입하는 것이 효율적인지를 정확히 파악할 수 있다.

(2) 정보의 홍수

① 한편 정보의 홍수, 즉 지나치게 많은 양의 첩보 속에서 옥석을 가려내는 일은 쉽지 않을 것이다. 그러나 이를 해결하는 방법이 전혀 없는 것은 아니다. 우선 정보기관은 엄청나게 많은 양의 정보를 신속하게 검색, 분석, 평가할 수 있는 분석적 도구를 개발해야 한다.

② 또한 이와 같은 기술적인 차원의 노력뿐만 아니라 많은 양의 자료들을 선별, 검색, 분석, 평가하는 데 필요한 전문성을 가진 인력을 양성시키는 노력도 요구된다. 정보의 양이 많을수록 그것을 검색, 분석, 평가할 수 있는 전문 인력도 많이 필요할 것이다. 전문 인력들은 주제와 관련하여 어떤 종류의 공개출처 자료가 어디에 있는지를 잘 알고 있어 이를 신속히 찾아낼 수 있을 것이다. 또한 필요한 자료를 수집하기 위해서 어떤 종류의 검색 엔진 또는 자료검색 프로그램을 활용해야 할 것인지를 잘 알고 있어 필요한 자료를 적시에 수집할 수 있을 것이다.

③ 유능한 분석관이라면 많은 양의 공개출처정보를 효과적으로 활용할 수 있을 것이다. 예를 들어 관련 분야 저명 학자가 학술지에 게재한 과학기술분야의 학술 논문들을 지속적으로 추적해 보면 해당 국가의 첨단 군사 무기체계의 개발 동향을 파악할 수 있다.

④ 첨단무기 개발을 주도해 왔던 러시아의 저명한 과학자가 한동안 학술논문을 발표하지 않고 있으면 그가 새로운 무기체계 개발을 시작했을 것으로 추정해 볼 수 있다. 그가 어디에서 교육을 받았고, 어떤 분야를 연구해 왔으며, 어떤 내용의 연구들이 발표되었는지 그리고 그가 어떤 학회에 참가하고 있고 어떤 연구소를 방문했는지 등 그의 연구 경력과 동향을 지속적으로 추적해 보면 그가 어떤 무기체계를 연구하고 있고 앞으로 어떤 성능의 무기체계를 개발해 낼 것인지도 추정해 볼 수 있을 것이다.

⑤ 정보기관은 산업화시대의 산물로서 탄생되어 오늘날에 이르기까지 탁월한 능력을 보여주었다. 과거 정보조직은 수직적 계층구조를 갖추고 비밀보안을 생명처럼 중요하게 여겼다. 그러나 정보화시대에 들어서서 정보기관은 수직적 계층구조보다는 수평적 네트워크 형태의 조직구조로 변화될 것을 요구받고 있다. 또한 정보기관에게 비밀보안이 필요하지만 그것만을 고수해서는 시대적 요구에 부응할 수 없게 되었다. 오늘날 정보기관은 정보화시대의 요구에 부응하기 위해서 공개된 정보 자료들을 신속하고 효과적으로 검색하고 활용할 수 있는 기술을 개발하고 관련된 인력을 양성해야 할 것이다. 또한 수직적 계층구조에서 탈피하여 보다 수평적인 네트워크 형태의 조직구조로 변화하는 노력도 필요하다고 본다.

Theme

20 기능별 정보수집 활동 및 법적 문제점

I Project MK-ULTRA

1 의의

① MK 울트라 계획(Project MK-ULTRA)은 냉전기였던 1960년대 미국 중앙 정보국(CIA) 등이 민간인을 대상으로 시도한 불법 세뇌 실험이다.

② 비슷한 성격의 실험 계획인 'MK 나오미(MK-NAOMI)'와 'MK 델타(MK-DELTA)'의 후속 계획으로서, 코드명 '울트라(ULTRA)'는 제2차 세계 대전 당시 '최고 등급의 기밀 정보'를 뜻하던 코드명이기도 했다.

2 인간에 대한 세뇌·조종 실험

① 당대 미국 사회에서 돌아다니던 도시전설 가운데 하나가 미국 CIA가 인간의 정신을 조종하여 사람을 맘대로 움직이는 실험을 극비리에 진행하고 있다는 것이었다.

② LSD를 이용하면 환각상태인 사람을 맘대로 조종할 수 있고, 이 프로젝트에서 손을 떼려던 연구원 프랭크 올슨(Frank Olson) 박사에게 투신자살 하도록 강요하였다는 소문도 이어졌다. 즉 당시까지는 영화나 소설에 나올법한 음모론이었다.

③ 그런데 이런 뜬소문이나 다름없던 이야기가 1974년 뉴욕 타임스에 의해 단순 유언비어가 아니라는 사실이 폭로되었고, 이듬해 미 의회를 통해 실제로 행해진 세뇌 실험의 실체가 확인되었다. 실제로 LSD 및 다른 마약류를 사용해 인간에 대한 세뇌, 조종을 실험을 통해 시도했음이 만천하에 밝혀졌다. 그 후 1990년대에 빌 클린턴 대통령 시절, 대통령의 대국민 사과와 함께 의회 청문회에서 조사가 이뤄지기도 했다.

Ⅱ 전자감시 활동

1 의의

감시를 의미하는 'Surveillance'는 무엇인가를 '지켜보는 것(watching over)'을 의미한다. 보통 특정인의 행동을 모니터링 하는 것이다. 그러므로 정보활동을 위한 국가적 감시체계는 일반인 등 대상 객체의 활동이 국가안보와 사회치안 유지를 위해 만들어진 제반 규범에 적합한지를 체계적으로 감시하는 활동이라고 할 수 있다.

2 종류

크게는 하늘에서의 감시의 눈인 정찰위성과 정찰항공에 의한 감시는 물론이고, 땅에서의 폐쇄회로 TV(closed－circuit TV)에 의한 감시, 통신 도청과 감청, 소형 녹음기를 이용한 녹음도청(bug), 범지구 위성항법시스템(Global Positioning System, GPS) 추적, 인터넷과 컴퓨터 검색, 도난차량을 추적하는 데 사용하는 미끼차량(Bait car 또는 decoy car)을 이용하는 방법 등 실로 다양하다. 또한 정보활동으로서 펜－레지스터 사용, 데이터 마이닝도 감시의 일종에 속한다. 그중에서도 전자적 장비를 사용하는 감시활동을 특히 전자감시라고 한다. 도청과 감청, 인터넷 역추적 그리고 GPS 추적이 대표적인 전자감시 활동이라고 할 수 있다. 그 가운데에서도 통상 정보기관이 많이 사용하는 전자적 감시활동은 통신제한조치, 즉 통신감청이다.

3 물리적 수색과의 구별

(1) 쟁점

① 미국 본토에서 해외로 연결되는 하루 수십억 통을 대상으로, 미국 국가안보국이 자동적으로 통화를 감청하는 것은 유명하다. 사무실, 주거지, 자동차, 비행기 좌석 등 비밀장소에 미리 도청장치를 설치하고 대화를 엿듣는 방법도 많이 사용된다.

② 미국에서는 법관의 영장 없는 전자감시 활동은 '부당한 압수수색을 금지한 제4차 수정헌법상의 기본적 인권보장에 위배되는 것은 아닌지?'하는 문제와 국정의 최고책임자로서 국가안보를 수호할 책임이 있는 대통령의 헌법 내재적 권한과의 조화의 문제로 논의되어 왔다.

(2) 전자감시의 무정형적 광범위성

① 전자감시가 물리적 수색과 다른 별도의 중요성을 가지는 이유는 물리적 감시는 특정한 개별적인 사안에 한정해 실행되지만, 전자감시는 대상물에 대한 시각적 · 청각적 제반 요소를 제한 없이 총괄적으로 파악할 수 있다는 것과 대상의 무정형적 광범위성에 있다.

② 미국은 해외정보수집 활동의 경우를 대상으로 「해외정보감시법(FISA)」을 제정했다. 그러나 우리나라를 비롯한 대부분의 국가는 일반 「형사소송법」 규정을 제외하고, 해외정보수집 활동의 경우뿐만 아니라 국내정보수집의 경우에도 전자감시 활동에 대한 특별한 내용을 담은 법은 존재하지 않는다.

Ⅲ 펜-레지스터(Pen Registers & Trap and Trace)

1 의의

① 펜-레지스터(Pen Registers)는 통화 내용을 파악하기 위한 것이 아니라 통화의 외형적이고 형식적인 사실을 인식하는 통신과 통화에 대한 감지장치를 말한다.

② 오늘날 약간의 비용을 지불하고 부가 서비스 신청으로 걸려온 전화번호를 확인할 수 있는 '번호확인 장치(Trap and Trace Devices)'도 기계적으로 성능을 달리 하지만, 내용 파악 없이 통신과 통화의 형식적인 사실을 지득하기 위한 장치라는 점에서 펜-레지스터와 공통점이 있다. 통상 이들을 일괄해 펜-레지스터라고 지칭한다.

2 전자감시와의 구별

① 미국 연방법은 펜-레지스터를 '유·무선의 전자 통화 장치나 시설물에서 방출되는 신호정보에서 내용을 포함하지 않고 방출사실을 알려주고, 경로설정을 위해 접속하는 장치나 과정'이라고 정의했다.

② 이처럼 펜-레지스터는 내용까지 지득하는 도청(wiretapping)이나 감청과는 달리 통화 내용에 대한 지득 없이 외형적인 사실, 즉 통화횟수, 통화시간, 송·수신자의 전화번호 그리고 위치 같은 외형적 통계자료만을 인식하는 것이다. 실제로 통화가 연결되었는지도 알 수 없다는 점에서 전자감시와는 다른 법 이론이 형성되었다.

Ⅳ 데이터 마이닝의 한계와 법률문제

1 의의

① 데이터 마이닝은 엄청난 양의 데이터를 확보해서 이를 슈퍼컴퓨터 등을 이용하여 수행하는 기계적이고 자동적인 정보분석기법이다. 그러므로 데이터 마이닝의 원천적 한계는 가용한 충분한 데이터의 확보이다. 즉 광범위한 데이터의 수집에 데이터 마이닝의 성패가 달려 있다.

② 이처럼 데이터 마이닝은 자료에 의존하여 현상을 해석하고 가치 있는 일정한 패턴(양상)을 추출하는 것이기 때문에 질적으로도 자료가 현실을 충분히 반영해야 하지만 우선 양적으로 풍부한 자료 확보가 필요하다. 충분하지 않은 자료를 가지고 정보를 추출한 모형을 개발할 경우 잘못된 모형을 구축하는 오류를 범할 수 있다.

2 쟁점

그런데 문제는 '당사자의 동의 없는 데이터 자료 확보가 헌법상 규정된 사생활의 비밀과 보호를 위반하는 것은 아닌가?'하는 문제가 제기된다. 또한 처음부터의 오류자료 확보나 누군가에 의한 악의적인 데이터 자료 조작에 의해 특정인이 불필요하게 감시를 받을 우려의 문제, 그리고 추출된 분석정보의 남용의 문제가 지적된다.

3 시너지 효과(synergic effect)

① 근본적으로는 당사자가 설령 임의적이나 자발적으로 신상 자료를 제공한 경우에도, 일반인 당사자는 그러한 자료들이 데이터 마이닝이라는 가공할 만한 방법을 통해서, 전혀 생각하지도 못한 정보가 생산되고 이용될 것이라고는 상상하지 못할 것이라는 점이다. 그러므로 이때 '프라이버시에 대한 합리적인 기대 가능성(reasonable expectation of privacy)'이 있는가 하는 문제가 제기될 수 있다.

② 데이터 마이닝을 통해서는 파편 조각 같은 사소하고 미세한 데이터가 집적되어 한 사람에 대한 전혀 새로운 초상화를 그릴 수 있는 것이 현실이다. 그런데 데이터 마이닝으로 형성된 새로운 전체의 모습은 분리된 개별적 요소들의 단순한 합산보다 어떤 경우에는 상상할 수 없게 그 의미나 내용이 커질 수 있다. 그것이 소위 시너지 효과(synergic effect)이다.

③ 이처럼 어떤 사람에 대한 개별적인 데이터가 분류되고 분석되어 통합되면 최초의 데이터 자료로는 전혀 예상하지 못하고, 알 수도 없었던 새로운 내용을 가진 사람을 창조할 수 있는 위험성을 민주주의 사회에서는 경시할 수 없다. 경우에 따라서는 남자를 여자로 창출하지 말라는 보장도 없다. 심하게 말하면 선량한 보통사람을 국가 데이터 자료는 불성실한 전과자로 오인 관리할 수도 있는 것이다.

4 위양성(僞陽性, false positives)

① 데이터 마이닝의 또 다른 위험성은 소위 거짓양성 또는 위양성(僞陽性, false positives)의 문제이다. 거짓양성은 기계의 한계에서 오는 문제이다.

② 예를 들어 어느 신용카드 사용자가 반복적인 기망적 거래를 계속함으로써 자료가 반복해서 축적되면 데이터 마이닝은 그러한 거래를 위험한 거래로 파악하지 못하고 유용한 거래라고 인식하는 것이다. 강심장의 반복적 불량행동을 하는 사람을 기계는 오히려 선한 사람으로 인식할 수 있는 것이다.

V 물리적 수색(Physical searches)

1 의의

① 정보활동에서의 물리적 수색은 포착할 대상물과 정보대상자에 대한 필요한 정보수집을 목적으로 주거, 물건, 기타 장소에 대해 살펴보고 조사하는 것이다.

② 미국의 「해외정보감시법(FISA)」은 제반 통신에 대한 감청 등 전자감시 활동 외에 해외세력이 사용하는 것으로 추정되는 미국 내의 건물, 어떤 물체, 재산 등에 대한 수색을 화이자 특별법원의 허가하에 광범위하게 허용하고 있다.

2 특징

① 지하에서 동면하다가 필요시 점조직으로 활동을 개시하는 테러범들의 특성에 맞춰 장기간 동안 끈질기고 주기적인 감시와 수색이 필요하다는 점을 고려한 것이다.

② 통상 수색이유를 고지하고 출입해야 하는 일반 형사법상의 압수수색 절차와 달리, 출입을 위해 사전 통지할 필요도 없고, 언제든지 그리고 비밀리에 출입하여 수색할 수 있다. 그리고 수색의 대상을 특정할 필요도 없으며 압수수색 목록을 작성할 필요도 없다.

③ 해외정보수집을 위한 물리적 수색의 성패는 은밀성에 달려 있기 때문이다. 왜냐하면 만약 대상자가 자신이 목표가 되어 있음을 알게 되면 활동을 바꾸고, 정보기관이 지득하였을 것으로 판단되는 정보가치를 무력화하기 위해 역공조치를 행할 것이기 때문이다.

④ 이러한 특성에 비추어 정보기관을 위한 별도의 수색기법을 인정할 현실적인 필요가 있다. 또한 정보기관의 국내정보 활동에 대해 일반 법집행기관의 사법적 심사와는 별도의 사법심사 방법, 즉 특별법원의 필요성 문제도 제기된다.

Ⅵ 제3자 거래기록(Third party records)

1 의의

① 제3자 거래기록 또는 영업기록은 사회생활을 위한 다양한 활동에서 은행이나 보험회사 등 일방당사자가 계약에 기하였든지, 아니면 단독행위에 의한 사실상의 기록과 관리에 의해 가지고 있는 특정인 등에 대한 거래내용과 어떤 사실이 표시되어 있는 서류나 장부 등을 의미한다.

② 그러한 거래정보는 거래의 실질적인 내용은 배제되어 있다고 하더라도 재정적 또는 통신적인 객관적인 거래상황을 광범위하게 나타내고 있는 것이 보통이다.

2 종류

① 은행이나 전화회사, 인터넷 서비스 공급자, 신용카드회사, 보험회사, 여행사, 도서관 등은 고객의 이름, 성별, 주민등록번호, 전화번호, 주소를 가지고 있다. 그리고 사용한 일시, 장소, 이용한 여객기 종류, 도서명이나 대여기간, 차종, 이동 거리, 여행지, 여행기간, 동반자, 이용금액이나 횟수 등 실로 많은 사실적 요소들에 대한 기록도 가지게 된다.

② 그러나 이러한 외형적인 개별적인 사실 자료들만으로는 그 돈이 어디서 생겼는지, 무엇 때문에 여행을 가려는 것인지, 왜 그 책을 빌려보는지, 전화를 건 이유는 무엇인지 등등의 이면의 내용을 알 수는 없다.

3 점의 연결(connecting the dots)의 실패

① 정보학에서는 개별적으로 별다른 가치가 없는 미세한 이런 요소들을 점(dot)이라고 한다. 그러나 이러한 자료들, 즉 점이라고 하는 미세한 징후만 잘 활용하면 테러 분자들의 활동파악에도 결정적으로 유용한 것으로 나타났다.

② 그러나 이렇게 산만한 자료에서 정확하게 족적을 파악하는 것은 매우 어렵다. 미국 정보당국이 2001년 9/11 테러공격을 막지 못한 중요한 원인 중의 하나를 소위 '점의 연결(connecting the dots)의 실패'라고 하는 것은 이런 의미이다.

4 국가안보서신(National Security Letters, NSLs)

① 제3자 거래기록 확보는 정보활동과 관련하여 대단히 중요한 의미가 있다. 물론 이러한 제3자 거래기록을 적법한 압수 · 수색절차에 의하면 아무런 문제가 없다.

② 그러나 법집행기관과 달리 정보기관의 경우는 범죄수사를 위해 자료를 파악하는 것이 아니다. 그리고 고도의 비밀유지가 성패의 관건인 정보업무의 속성상 현실적으로 법집행기관이 이용하는 것과 같은 적법한 압수 · 수색 절차를 따라서 하기는 어렵다. 그래서 미국 FBI가 애용하는 방법이 국가안보서신(National Security Letters, NSLs)이다.

5 학문의 자유와 사상의 자유 침해 가능성

① 그러나 국가안보 확보를 위해 중요할 수 있는 제3자 거래기록은 해당 당사자의 본질적인 프라이버시 권리가 개재된 영역으로 심각한 법률논쟁이 있다. 특히 학문의 자유와 사상의 자유를 국가발전의 원동력으로 생각하는 미국 사회는 제3자 거래기록 가운데에서도 도서관 기록은 각별한 의미를 가진 것으로 생각했다.

② 예를 들어 어느 도서관 이용자가 어떤 도서를 이용했다는 것을 파악 하면 관심분야와 취미를 쉽게 추정할 수 있다. 더 나아가서 만약 범죄추리소설, 테러관련 그리고 무기관련 서적 등을 많이 애용하는 사실을 알게 된다면 수사 · 정보기관은 그 사람에 대해 별도의 혐의 판단을 가질 수도 있을 것이다.

③ 거래기록에 대한 제3자의 개입은, 미국 민주사회에서는 사회적 동물인 인간 활동의 가장 자연스러운 영역에 대한 공권력의 부당한 침해로 간주되어 왔다. "당신이 도서관에서 빌려가는 책에 대해 도서관 사서가 정부에 그 사실을 알린다면, 당신은 그것이 과연 합리적이라고 기대하는가?"라는 질문을 생각해 보면 그 충격의 일단을 이해할 수 있을 것이다. 그것은 학문의 자유 그리고 사상의 자유는 물론이고 사생활의 자유를 본질적으로 위협할 수 있는 문제로 생각될 수도 있기 때문이다.

Ⅶ 검문검색(檢問檢索)

1 의의

① 오늘날 각국은 일반 대중이 이용하는 국가안보시설에 대해 검문검색을 실시하고 있다. 사전적 의미의 검문검색(檢問檢索)은 검사하기 위해 따져 묻고 검사하여 찾아내는 것을 말한다. 이러한 검문검색을 위해서 특정한 지역에 필요한 시설을 갖추고 실제의 검문검색을 실시하는 지점을 체크 포인트, 즉 검문검색소라고 일컫는다. 대표적인 것이 공항 검문검색소이다.

② 또한 각국은 자국으로 들어오는 외국인 등에 대해서도 입국심사를 위해 국경 검문검색소를 운용한다. 영장없는 포괄적인 국경 검문검색은 일국이 자국 보호를 위해 실행할 수 있는 자위권의 일환으로 인정된다. 미국 의회는 거의 모든 강제적 요소가 포함되는 공권력 행사에는 영장주의에 따르도록 한다. 그러나 일찍이 국경에서의 입국심사를 위한 검문검색은 주권절대의 원칙상 영장주의의 대원칙인 '상당한 이유라는 요구'가 필요 없이 실시할 수 있다는 전제하에 세관관련 다수 입법을 통과시켰다. 국경을 포함한 국가 주요 안보 시설에 대한 검문검색은 국가안보를 위한 방첩활동, 즉 국가정보활동의 일환으로 이해한 것이다.

③ 그런데 '기소중지자를 검거하기 위한 것 등 개별적인 검문검색이 아닌 일반적인 국가적 차원의 검문검색활동이 범죄인 적발을 위한 수사목적으로 일반적으로 할 수 있는 것인가?'에 대해서는 논란이 있다. 이러한 법적 논쟁의 이해는 법치행정에 터 잡은 적법절차의 준수가 무엇인지를 이해할 수 있게 해 주는 것으로서, 그 정확한 법적 이해의 필요성에 대한 충분한 가치를 가진다.

2 합리성의 균형이론

① 합리성의 균형이론이란 당국은 검문검색을 위한 선택대상이 항공기에 그대로 탑승하게 되면 초래될지도 모를 위험성에 대한 가능성(probability)을 적절히 합리적으로 고려하여 검색 선별대상을 균형 있게 선별하여 짧은 시간의 정지와 수색 (brief stop－and－risk)을 할 수 있다는 것을 말한다.

② 즉 승객의 안전성을 확보하기 위한 검문검색이 합리적인 방법으로 승객의 불편을 최소화하는 방법으로 이루어진다면, 승객에 대한 서비스와 안전과의 균형을 이룬 것으로 온당하다는 것이다. 그러나 이러한 법리는 1973년 '모든' 탑승객들에게 금속검색대를 통과하게 하고 소지품에 대한 x－ray검색을 하게 함으로써 그대로 유지될 수 없게 되었다.

3 행정 · 규제목적 이론

이에 법원은 선별적이 아닌 모든 탑승객에 대한 검문검색 실시의 법리를 기존의 합리성의 균형 이론 대신에 '행정 · 규제목적 이론'으로 설명했다. 즉 항공 탑승자들 전체에 대한 영상검색은 행정목적을 위한 일반적인 규제계획(regulatory scheme)에 의한 것이라고 판결했다.

4 평가

① 오늘날 집단적 · 대량적으로 이루어지는 검문검색소의 법리는 행정규제목적의 법리가 타당하다고 여겨진다. 여기에서 행정목적을 위한 규제계획 이론이라고 하는 것은 대단히 중요한 의미를 가진다. 그러므로 일선 수사나 정보당국자들에게는 필히 정확한 이해가 필요한 부분이다. 그것은 이어지는 판결의 설명을 보면 명백해진다.

② 법원은 일반인을 대상으로 한 전반적인 검문검색 계획의 본질은 "무기와 폭발물 또는 그것을 소지한 사람, 즉 범죄인을 적발하거나 체포하려는 목적이 아니다."라고 했다. 즉 예방적인 검문검색소의 설치 운용은 범죄 적발목적이 아니라는 것이다. 그러면서 "그것은 단지 그러한 위험한 물건을 소지한 사람의 탑승을 제지하는 것에 있다."라고 설명했다.

③ 이러한 논리구조에는 다음과 같은 고려가 담겨 있다. 검문검색이 범죄인이나 범죄활동 적발목적으로 실시하는 것이라면, 검문검색의 대상자가 되는 전체 승객을 용의자로 보는 데서 출발하는 것으로서, 국민이 주인인 민주국가에서는 용납될 수 없는 사고인 것이다. 그러므로 검문검색 프로그램은 철저히 행정적(行政的) 필요성에 따른 것이어야 한다.

④ 뉴욕 경찰은 지하철 탑승객들이 어떤 잘못된 일에 개재되었을 것이라는 의심이 없어도 대상자를 무작위로 선정해서 지갑부터 배낭까지 소지품 등에 대한 검색을 실시했다. 경찰은 수색장소에 무작위 선정 수색을 한다는 경고문을 부착했고, 특별한 몇몇 승강장에서는 그에 대한 사전 방송 고지도 했다. 그리고 임의로 선정된 대상자가 지하철 이용을 포기하고 돌아서면 수색을 거부하는 권한을 인정했다.

Theme

21 정보분석(Intelligence Analysis)

I 정보분석의 개념과 의미

1 개념

① 첩보활동을 통해 수집된 자료는 대부분 단편적이며 정확성이나 신뢰성을 확신할 수 없다. 따라서 수집된 첩보에 대해 전문가의 평가와 분석의 작업이 반드시 필요하다.

② 미국 정보공동체의 공식적인 개념 정의에 따르면 정보분석은 정보생산과정(intelligence cycle)의 한 부분으로서 수집된 첩보로부터 의미 있는 사실이나 결정적인 결론을 도출해 내기 위해서 체계적으로 검토하는 과정이다.

③ 정보분석은 현재 또는 장래 국가적인 위협은 물론 이익과 관련된 문제들에 대해 관료들이 보다 잘 이해하고 효과적으로 대처할 수 있도록 도와줌으로써 국가의 정책결정과정을 지원하는 데 활용된다.

2 학설

① 이와 유사하게 슐스키와 슈미트는 여러 가지 수단으로 수집된 단편첩보들을 처리하여 정책결정권자나 군 지휘관이 정책결정에 활용할 수 있도록 가공하는 과정과 관련되는 것이라고 설명했다.

② 스틸(Robert Steele)은 문서 또는 구두로 된 판단(assessments)을 생산하는 과정이라고 간단하게 정의했다.

3 중요성

(1) 의의

① 미국의 전 DCI 헬름스(Richard Helms, 1966~1973)는 재직 당시 정보활동의 관심이 주로 수집과 비밀공작에 집중되었음에도 불구하고 국가정보의 핵심적인 요소로서 분석의 중요성을 강조했다.

② 비밀공작 및 첩보수집의 과정을 거쳐서 정보기관에서 최종적으로 생산하는 결과물은 정보분석보고서이며, 정책결정권자는 이에 기초하여 정책 결정을 내리게 된다. 또한 첩보수집에서 오류가 있었다 할지라도 정보실패에 따른 최종적인 책임은 분석관에게 부과되는 경향이 있다.

(2) 이라크 대량살상무기 존재 여부에 대한 정보실패의 경우

① 정보학분야의 저명 학자로 알려진 포커(Robert Folker)는 "정보실패의 결정적인 요인은 분석의 실패에 기인한다."고 지적한 바 있다.

② 예를 들어 이라크 망명객의 진술에만 의존해서 작성된 부정확한 첩보보고서의 내용이 이라크 대량살상무기 존재 여부에 관해 잘못된 정보판단을 내리게 된 결정적인 요인으로 작용했지만, 정보분석의 과정에서 첩보자료의 정확성과 신뢰성에 대한 최종 판단을 내리기 때문에 결국 첩보수집보다는 정보분석의 실패로 간주하는 경향이 있다.

③ 미국은 이라크 대량살상무기 존재 여부에 대한 잘못된 정보판단으로 인해 불필요한 전쟁에 개입하여 엄청난 인명의 희생과 비용을 지불하는 대가를 치렀다. 이처럼 정보분석은 국가안보와 이익에 엄청난 파급효과를 초래할 수 있다는 점에서 그 중요성이 강조된다.

생각넓히기 | **분석관의 오판에 따른 책임**

한 이스라엘 정보요원은 분석관의 오판에 따른 책임에 관해서 다음과 같이 회고했다. 신문기자들은 실수해도 큰 문제가 아니다. 다음날 헤드라인 뉴스가 나오고 나면 실수는 다 잊힌다. 그러나 정보분석관의 경우는 다르다. 만일 그가 핵심적인 현안에 대해 잘못 판단한 것으로 드러나면 어떤 나라에서는 교수형에 처하게 될 것이다. 이스라엘에서는 다행히도 해고되는 것으로 끝난다.

Ⅱ 정보분석의 목적

1 의의

① 정보분석의 목적(objective)은 현재 또는 장래 국가 안보적인 위협은 물론 이익과 관련된 문제들에 대해 정보소비자들이 보다 잘 이해하고 효과적으로 대처할 수 있도록 도와주는 데 있다고 볼 수 있다.

② 여기서 정보소비자는 수집과 분석의 과정을 거쳐서 생산된 정보보고서를 활용하는 고객들로서 과거에는 주로 대통령이나 총리 등 국가의 최고정책결정권자를 의미했다. 그러나 오늘날 정보소비자는 대통령이나 총리는 물론 정부 부처 장관, 의회의 여야 의원, 언론기관, 기업체, 일반 국민에 이르기까지 그 범위가 크게 확대되었다.

③ 물론 정보기관의 가장 중요한 고객은 여전히 대통령과 총리 등 최고정책결정권자들이며, 정보분석은 주로 최고정책결정권자를 수반으로 하여 수행되는 국가의 정책결정과정을 지원하는 데 활용된다.

2 정보분석의 대상

(1) 의의

① 비록 정보기관이 정보생산자라고 할지라도 정보분석의 대상(또는 목표)을 임의로 설정할 수 있는 것은 아니다.

② 정보기관의 가장 중요한 고객은 대통령과 총리 등 최고정책결정권자이며 정보분석은 이들의 정책결정을 지원하는 데 활용된다.

③ 따라서 정보분석의 대상은 기본적으로 정책결정권자의 정보요구(intelligence requirements)에 기초하여 설정된다.

④ 물론 정보생산자로서 분석관들 스스로의 판단에 따라 국가 안보적인 위협이나 이익에 영향을 미칠 수 있는 중요한 문제들을 정보분석의 대상으로 설정하고 이에 대한 분석 작업을 수행하기도 한다.

(2) 정보분석 목표와 정보분석 대상

① 그런 점에서 때로 정보생산자와 정보소비자가 설정한 정보분석의 대상이 각기 상이할 수도 있다. 그리고 정보소비자와 생산자가 공히 동일한 주제를 정보분석의 대상으로 설정했다고 할지라도 중요도 또는 우선순위가 각기 다를 수 있다.

② 예컨대 부시 행정부 초기 부시 대통령의 관심사는 미사일 방어체제(MD) 구축에 있었기 때문에 9/11 테러 발생 직전까지 미국 정보공동체가 대통령에게 알카에다 등 국제테러리즘의 위협에 대해 수차례 경고했음에도 불구하고 이를 경시했던 것으로 나타난다.

③ 또한 정보분석 목표의 우선순위는 국가별로 또는 시기별로 각기 다르게 나타날 수 있다. 냉전시대 동안 미국 정보공동체의 가장 중요한 정보목표는 소련 군사동향에 관한 정보였지만 냉전 종식과 함께 소련체제가 사라짐에 따라 정보분석 대상으로서 러시아의 비중이나 중요도는 획기적으로 감소되었다.

④ 그리고 정보분석의 대상에 따라서 시의성이 각기 다를 수 있다. 즉 어떤 대상에 대해서는 매우 촉박한 시일 내 결과물을 생산해야 하는 반면 어떤 문제는 장기적인 관찰과 세밀한 분석의 과정을 거쳐서 작성될 수 있도록 충분한 시간이 주어지기도 한다.

3 정보분석 대상의 분류 기준

① 정보분석은 대상 지역, 요소, 시계열적 특성 등 여러 가지 기준에 따라 다양하게 분류될 수 있다.

② 정보분석은 대상 지역에 따라 국내정보와 국외정보로 나누어 볼 수 있겠으며, 각각 보안정보와 정책정보로 구분하여 국내보안정보, 국내정책정보, 국외보안정보, 국외정책정보 등으로 세분될 수 있다.

③ 또한 전통적인 분류방식으로서 요소별 기준에 따라 정치정보(political intelligence), 경제정보(economic intelligence), 사회정보(sociological intelligence), 군사정보(military intelligence), 과학기술정보(scientific and technical intelligence) 등으로 분류될 수 있다.

④ 마지막으로 분석대상의 시계열적 특성에 따라 기본정보, 현용정보, 판단정보로 구분될 수 있다.

4 사이버정보(cyber intelligence), 신안보위협, 초국가적 안보위협

(1) 사이버정보(cyber intelligence)

한편 정보화시대에 들어서서 컴퓨터와 네트워크에 관련된 비밀첩보를 수집하고 이에 대한 보안대책을 강구하는 것을 내용으로 하는 사이버정보(cyber intelligence)도 정보분석의 새로운 대상으로 주목받고 있다.

(2) 신안보위협

이 밖에 환경, 자원, 에너지, 전염병의 확산 등이 신안보위협으로 부각됨에 따라 이에 대한 정보분석이 활발하게 수행되고 있다.

(3) 초국가적인 안보위협

① 또한 테러리즘, 마약, 국제조직범죄 등은 행위자가 국가가 아니고 집단이라는 점에서 기존의 전통적인 안보 개념을 벗어났으며, 행위자들이 국가의 영토를 초월하여 활동하고 있다는 특징에서 초국가적인 안보위협으로 불리고 있는데 탈냉전기에 들어서서 정보분석의 주요 대상으로 그 중요성이 점차 강조되고 있다.

② 특히 미국은 2001년에 발생한 9/11 테러사건 이후 국제테러리즘을 가장 심각한 안보위협 요인으로 고려하고 있다. 이에 따라 국토안보부를 신설하고, DNI 산하에 반테러센터(National Counterterrorism Center, NCTC)를 설립하여 국제테러리즘의 징후를 분석하는 데 적극적인 노력을 기울이고 있다.

Ⅲ 정보분석 대상의 범위

1 의의

① 정보분석 대상의 범위는 시기와 상황에 따라서 달라질 수 있다. 대체로 냉전의 종식과 더불어 정보분석 대상의 범위가 보다 넓어졌다.

② 게이츠(Robert Gates) 전 CIA 국장은 1987년 Foreign Affairs지에 기고한 글에서 정보기관에서 관심을 갖고 분석하는 대상의 범위가 넓다는 점을 기술했다.

생각넓히기 | 게이츠(Robert Gates) 전 CIA 국장

정보분석 대상의 범위는 전략무기 개발, 화학 및 생물 무기 확산, 소련의 레이저 무기 개발, 우주 공간의 활용, 제3세계 정치 불안정 등 전략적인 문제로부터 수자원, 광물자원, 식량, 에너지 안보 등 새로운 이슈로 확대되었고, 심지어 전염병, 기후, 미개 부족의 인구통계, 생필품 공급 등 지엽적인 문제들에 이르기까지 광범위한 주제들을 포함하고 있다.

2 우호국이나 동맹국에 대한 정보

(1) 의의

① 이와 관련하여 카버(G.A. Carver)는 1990년경 미국 정보활동은 이제 서유럽지역에 초점을 맞추어야 한다고 주장하고, 경제정보의 중요성을 강조했다.

② 전 CIA 국장 터너(Stansfield M. Turner, 1977~1981)도 과거에는 적대국에 대한 군사정보가 중요시 되었지만 이제는 적이든 우방이든 관계없이 – 오히려 일본과 유럽 국가 등 우방국가들에 대해 – 경제정보활동을 적극적으로 수행해야 할 것을 강조했다.

③ 그 이후 미국 정보공동체의 정보분석 대상의 범위가 기술정보와 경제정보를 넘어서서 더욱 광범위한 주제로 확대되었다.

(2) 문제점

① 여기서 문제는 이처럼 정보분석의 대상 범위가 확대되면서 권위 있는 정보분석보고서가 생산되지 못한다는 점이다. 예를 들어 미국의 경우 국제무역, 금융 등에 관한 정책 결정 시 재무성, 중앙은행, 대통령 경제담당 보좌관 등 전문성 있는 기관이나 인물의 판단이 주로 반영되는 반면 이 분야에 대한 정보기관의 분석은 별로 인정받지 못하고 있다.

② 정보기관에서 생산된 정보분석보고서는 우방국과의 관계에 대해서보다는 잠재적 적국이나 분쟁지역에 대한 분야에서 보다 신뢰성 있는 내용을 제공해 주고 있는 것으로 인정받고 있다. 정보분석의 주요 목표는 우호국이나 동맹국이 아니기 때문에 이에 대해서는 권위 있는 보고서가 생산되기 어렵다.

③ 실례로 미국의 CIA가 영국에 대한 정보분석보고서를 작성하지만 미국이 영국에 대한 정책결정 시 CIA에서 생산된 정보분석보고서는 거의 참고자료로 활용되지 않고 있는 것으로 알려졌다. 사실 영국을 분석하는 전문가들이 워낙 많기 때문에 정보기관에서 생산된 보고서는 영국에 대한 정책결정에 활용되지 않는다. 또한 영국이나 미국의 군부 지도자들은 상대방 국가의 군사 동향을 파악하기 위해 첩보수집활동을 포함한 정보활동을 적극적으로 수행하지 않는다. 이들은 우방국이기 때문에 상호 대화를 통해서 얼마든지 상대방의 정책이나 계획을 충분히 파악할 수 있기 때문이다.

④ 정보기관은 대체로 타국의 군사 평가라든가 국제사회에서 분쟁지역 동향 등 정부의 일반 부처에서 잘 수행하지 못하는 분야에 대해서 전문성을 갖는다. 반면에 경제, 사회문화, 외교 등 정부 일반 부처에서 전문성을 가지고 수행하는 분야에 대해서는 정보기관의 전문성이 떨어지는 것으로 평가된다.

3 부처 간 의견을 조정하는 역할

때로 정보기관은 부처 간 의견을 조정하는 역할을 수행하기도 한다. 영국에서 장관들은 부처 이기주의를 초월한 정보기관의 의견을 신뢰하는 경향이 있다. 미국에서도 정보기관은 국무부와 백악관과의 의견을 조율하는 역할을 수행하는 것으로 알려져 있다. 실제로 영국의 JIC와 미국 정보공동체의 국가정보판단보고서(National Intelligence Estimates, NIE)는 부처를 초월하여 의견을 조율하는 데 핵심적인 역할을 수행하는 것으로 인정받고 있다.

Theme

22 정보분석 이론

I 정보분석의 개념

1 의의

① 정보분석이란 정보기관이 매일 산출해내는 방대한 양의 첩보를 검토, 정선하여 국가안보정책에 활용할 수 있도록 하는 작업이라 정의 내릴 수 있다.

② 따라서 정보분석이란 정보와 정책이 만나는 하나의 수렴점이라 할 수 있다. 바꾸어 말하면, 정보분석은 정책결정자들로 하여금 변화하는 상황을 보다 정확하게 숙지토록 해주는 동시에, 문제상황의 파악과 정책선택을 보다 명료히 해 줌으로써 궁극적으로는 이를 통해 국가안보에 공헌하는 데 그 목적이 있다.

③ 수집된 첩보의 대부분은 단편적일 뿐 아니라 검증을 요한다. 때문에 수집된 첩보에 대한 전문가의 통합, 평가, 분석 작업은 필수 불가결하다. 이러한 과정을 통해 생자료(raw data) 또는 첩보를 국가안보에 실제 활용할 수 있는 완제된 정보로 변환시킬 수 있는 것이다.

2 정보분석의 단계

① 첫째는 수집첩보의 분류, 기록단계(collation)이고, 둘째는 수집첩보원의 신빙성(reliability)과 첩보의 신뢰성(credibility)을 평가(evaluation)하는 단계이다. 세 번째는 수집된 첩보에 의미를 부여하고 이미 알려진 사실과의 대조를 통하여 일련의 결론을 도출해내는 분석(analysis)단계이다.

② 일반적으로 분석된 첩보들은 하나의 큰 그림으로 통합(integration)되고 마지막으로 이를 근거로 미래에 대한 예측판단을 하는 해석(analysis)단계를 들 수 있다. 엄격한 의미에서 정보분석은 이 다섯 단계를 통하여 미래의 개연성을 예측할 수 있어야 그 유용성이 높아진다고 할 수 있다.

3 정보생산물의 구분

(1) 의의

정보분석의 결과로 얻어지는 정보생산물은 크게 기초서술정보, 현용정보, 경보정보, 평가 · 판단정보로 구분할 수 있다.

(2) 기초서술(basic descriptive) 정보

기초서술정보(basic descriptive)는 대상국가 또는 조직의 역사, 지리, 경제력, 군사력과 같은 고정된 기초적 사실들을 기록해 놓은 정보이다.

(3) 현용정보(current – reportorial)

현용정보(current – reportorial)는 최근 또는 현재 발생하고 있는 상황에 대해 보고하는 정보이다.

(4) 경보정보(warning and indication)

경보정보(warning and indication)는 주요 적국의 군사 동향 등을 사전에 탐지하여 그 기습공격을 예방하거나 대비할 수 있도록 해주는 정보이다.

(5) 평가 · 판단정보(speculative evaluative)

평가 · 판단정보(speculative evaluative)는 미래 발생할 수 있는 개연성을 예측 · 판단해 주는 정보이다.

4 정보의 질을 판단할 수 있는 근거

(1) 적실성(relevancy)

국가안보정책 수립에 적실성(relevancy)이 있어야 한다. 정보분석은 학문과 다르다. 학문은 진실, 그 자체의 추구를 목적으로 하나 정보분석에 얻어내는 사실이나 진실은 올바른 국가안보정책을 수립하기 위한 도구에 지나지 않는다.

(2) 적시성(timeliness)

좋은 정보란 적시성(timeliness)이 있어야 한다. 아무리 정확하고 핵심을 찌르는 정보라 하더라도 정책수립의 시의성을 놓치게 되면 정보로서의 의미를 상실하게 된다. 따라서 정보분석은 항상 시간적 제약을 전제로 한다는 것을 유념해야 한다.

(3) 정보소비자의 소요 요청에 부합

정보소비자의 소요 요청에 잘 부합되는(tailored) 정보분석을 할 수 있어야 한다. 아무리 생산된 정보가 깊고 광범위하다 할지라도 정보소비자의 정책수립에 도움이 되지 않는다면 정보분석의 의미는 없다. 그러나 여기서 유의할 점은 정보소비자의 요구에 부응은 하지만 분석관 스스로가 정치화하여 분석의 객관성을 상실해서는 안 된다.

(4) 간결성(digestible)과 명료성(clarity)

정보보고에서 주목해야 할 또 다른 사항은 정보보고가 간결하고 명료해야 한다는 것이다. 여기서 간결(digestible)해야 한다는 것은 복잡한 현상을 왜곡 없이 단순화 시켜 정보소비자의 이해를 도와주는 것을 의미하는 반면, 명료성(clarity)이란 알려진 사항과 알려지지 않은 사항을 명확히 하여 분석된 정보보고의 한계를 분명히 해주는 것을 의미한다.

핵심정리 **정보분석의 단계별 요건**

(1) 정보분석 시 문제제기 요건: 정확성, 적합성, 적시성
(2) 정보분석 시 자료 평가 기준: 정확성, 적합성, 신뢰성
(3) 정보분석의 조건: 정확성, 적합성, 적시성
(4) 정보의 질적 가치: 정확성, 적합성, 적시성, 객관성
(5) 로웬탈의 좋은 정보의 요건: 적합성, 적시성, 간결성, 명료성
(6) 정보보고서의 기본적 요건: 적합성, 적시성, 간결성, 명료성, 객관성, 정확성
(7) 입법부의 정보기관 통제 기준: 적절성, 효율성, 합법성

생각넓히기 | **로웬탈의 좋은 정보의 요건**

좋은 정보란 적시성(timeliness)이 있어야 한다. 아무리 정확하고 핵심을 찌르는 정보라 하더라도 정책수립의 시이성을 놓치게 되면 정보로서의 의미를 상실하게 된다. 따라서 정보분석은 항상 시간적 제약을 전제로 한다는 것을 유념해야 한다. 이와 더불어 정보소비자의 소요 요청에 잘 부합되는(tailored) 정보분석을 할 수 있어야 한다. 아무리 생산된 정보가 깊고 광범위하다 할지라도 정보소비자의 정책수립에 도움이 되지 않는다면 정보분석의 의미는 없다. 그러나 여기서 유의할 점은 정보소비자의 요구에 부응은 하지만 분석관 스스로가 정치화하여 분석의 객관성을 상실해서는 안 된다. 정보보고에서 주목해야 할 또 다른 사항은 정보보고가 간결하고 명료해야 한다는 것이다. 여기서 간결(digestible)해야 한다는 것은 복잡한 현상을 왜곡 없이 단순화 시켜 정보소비자의 이해를 도와주는 것을 의미하는 반면, 명료성(clarity)이란 알려진 사항과 알려지지 않은 사항을 명확히 하여 분석된 정보보고의 한계를 분명히 해주는 것을 의미한다.

Ⅱ 정보분석의 이론적 시각

1 의의

정보분석에 대한 이론적 접근은 크게 기술학파, 과학적 예측학파, 기회분석학파로 구분해 볼 수 있다.

2 기술학파

① 기술학파의 시각에 따르면 정보분석의 기능이란 비밀리 수집된 첩보에 대한 전문가의 견해를 정책결정자들에게 전달하는 데 있다는 것이다.

② 따라서 분석관의 역할은 영상첩보나 암호첩보를 기술적으로 해석해 주고 그 의미를 정보소비자들에 전달해 주는 데 그친다는 것이다.

③ 안보정책 수립과 관련된 분석은 정책결정자들의 고유 영역에 속하며 분석가들은 단순히 기술적 조언자에 지나지 않는다. 과거 소련에서는 정보분석이 이러한 기술적 시각에서 이해되어져 왔다.

3 과학적 예측학파

① 과학적 예측학파의 원조는 미 CIA 분석부서를 만드는 데 큰 공헌을 한 Sherman Kent이다. Kent에 따르면 정보분석은 과거와 같이 사실들의 단순한 서술을 넘어서 사회과학적인 방법을 통해 이미 발생한 사건들의 인과관계를 규명해 내고 이를 근거로 미래에 대한 예측판단을 하는 데 그 주요 기능이 있다는 것이다.

② 또한 분석의 대상은 단순히 비밀 첩보만이 아니라 공개 자료까지도 포함해야 한다는 것이다. 특히 Kent가 강조하는 것은 정보분석관들이 정책결정자들의 요구에 주목할 필요가 있지만 너무 지나치게 그들의 요구에 부합하여, 연구결과가 정치화되고 객관성이 상실되는 일이 있어서는 안 된다는 점이다.

③ 정보분석에 대한 사회과학적 접근은 William Colby가 CIA 국장 재직 기간 중에 더욱 강조된 바 있다. Colby 국장은 모든 정보기관들이 사회화학적 방법론과 기술들을 보다 적극적으로 수용하여 미래에 대한 예측, 판단능력을 고양해야 한다고 주장해 왔다. 사실 오늘날 CIA를 포함한 미국의 정보기관들은 대부분 이와 같은 사회과학적 방법론을 정보분석에 광범위하게 적용하고 있다.

4 기회분석학파(opportunity-oriented analysis)

① 기회분석학파(opportunity-oriented analysis)는 일반적으로 Kendall 분석학파로도 통용된다. Kendall에 따르면 정보분석에 있어 중립성이란 있을 수 없다고 본다.

② 정보분석은 정책결정자들의 목표를 달성하기 위한 수단이기 때문에, 주요 적대국 지도자들의 위협과 취약점을 파악하고 이를 자국 정책결정자들의 정책목표를 달성하기 위한 기회로 활용해야 한다는 것이다.

③ 따라서 정보분석관은 정책결정자들과 멀리해서는 안 되며 오히려 이들의 선호성을 파악하고 이를 정보분석의 준거로 삼아야 한다고 주장한다.

5 미국과 한국의 정보분석의 시각

① 비교론적으로 평가할 때 미국은 일반적으로 Kent 유형의 과학적 분석 유형을 강조해 왔다. 이는 2000년 5월 CIA에 새롭게 설립된 Sherman Kent 정보분석학교의 교육지침에서도 분명히 나타나고 있다.

② 반면에 한국은 기회 분석학파 유형에 가깝다고 평가할 수 있다. 그 이유는 일차적으로 미국에 비해 한국 국가정보기관의 분석부서의 상대적 영세성과 낙후성에 기인한다 하겠다. 그러나 위협환경과 정보기관의 역사성도 크게 작용하고 있다. 한국 국가정보기관은 북한으로부터의 군사위협에 대한 조기경보체계를 확고히 하고 대통령이란 최고 지도자에 대한 보좌를 최우선적인 목적으로 하고 있기 때문에 수집뿐만 아니라 분석분야에 있어서도 정책결정자들의 선호성을 크게 반영하는 경향이 있다.

Ⅲ 분석 대상의 분류

1 의의

정보분석의 대상은 크게 세 가지로 나누어 살펴볼 수 있다. 첫째는 분석 대상을 개념적으로 분류하는 것이고, 둘째는 분석 대상의 기능적 분류이며, 마지막으로 분석 대상을 지역별로 분류하는 것이다.

2 개념적 분류

(1) 의의

일반적으로 분석 대상의 개념적 분류는 공개된 사실, 비밀, 역정보, 미스터리로 나누어 볼 수 있다.

(2) 공개된 사실(known facts)

① 공개된 사실(known facts)이란 공개출처를 통해 얻어진 첩보 또는 시각적으로 확실성을 갖고 확인할 수 있는 일련의 첩보를 총괄한다.

② 전통적으로 국가정보기관은 공개출처 첩보보다는 비밀리에 수집된 첩보의 분석에 더 큰 관심을 기울여 왔다. 그러나 정보혁명과 민주화, 각 국가기관의 투명성, 그리고 민간단체의 연구수집 능력의 강화 등은 공개출처 자료 및 첩보의 중요성을 과거 어느 때보다 증대시키고 있다.

③ 한 예로 대부분의 국가정보기관들은 영국 국제전략연구소(IISS)의 「Military Balance」, 「스웨덴 평화연구소(SPRI)연감」, 그리고 「Jane's Weekly」 같은 공개출처를 통해 주요 국가에 대한 군사첩보를 수집하고 있다. 더구나 인터넷 혁명에 따른 공개정보의 확산은 거의 모든 분야에 있어서 공개정보의 중요성을 절감케 해 주고 있다. 특히, CNN, FOX NEWS와 같은 TV매체의 역할이나 New York Times 등 현안 문제에 대한 언론매체들의 심층보도는 종종 현지 파견관(intelligence officer)을 통한 첩보수집보다 그 유용성이 클 수도 있다.

④ 따라서 과거 어느 때보다 공개정보가 정보분석의 주요 대상으로 등장하고 있다. 그러나 분석관들은 공개출처 첩보를 다루는 데 있어서 신뢰성의 문제, 역정보의 위험, 그리고 주요 첩보의 선택에 각별히 신경을 써야 한다.

(3) 비밀(secret)

① 엄격히 말해 국가정보기관의 역할은 바로 비밀(secret)을 수집하고 분석하여, 이를 국가안보정책에 긴요하게 활용하는 데 있다. 비밀이라 함은 통상 외국정부가 외부에 대한 공개를 회피하고 은닉하려는 일련의 현안 문제, 상황, 그리고 정책과정을 의미한다.

② 비밀은 다분히 인위적인 성격을 띤다. 왜냐하면 국가마다 비밀분류에 관한 규정이나 법령이 있고, 이에 따라 비밀을 생산해 내기 때문이다. 북한의 경우처럼 극도로 폐쇄된 국가에 있어서는 거의 모든 것이 비밀로 분류될 수 있다. 반면에 개방된 국가일수록 비밀의 범주는 줄어들기 마련이다.

③ 그러나 일반적으로 주요 인사의 신상정보, 주요 첨단 병기의 성능 및 재원, 그리고 정보·보안기구의 구성, 인원, 예산 등은 비밀로 분류된다. 비밀분석에 있어서 가장 큰 애로사항은 확인상의 제약과 그에 따른 불확실성이다. 특히 폐쇄된 적대국의 경우, 수집된 첩보에 대한 체계적 검증이 지극히 제한되기 때문에 현실과의 괴리와 모호성을 염두에 두고 분석에 임해야 한다. 바로 여기서 비밀을 대상으로 하는 정보분석은 수집된 첩보를 근거로 이론과 가설을 설정하고, 연역적 또는 귀납적 유추의 과정을 거친 후 확률적인 예측, 판단을 목적으로 한다.

(4) 역정보(disinformation)

① 역정보(disinformation)도 주요한 분석 대상이 된다. 역정보란 적대국이 상대국 분석관들을 기만하고 오판케 하기 위해 의도적으로 틀린 왜곡된 정보를 지칭한다. 역정보에 관한 사례들은 호머의 일리아드에 나오는 트로이의 목마에서 제2차 세계대전의 가짜 패튼 장군, 그리고 냉전 시 유리 노센코 사건에 이르기까지 다양하다.

② 역정보를 이용한 기만 공작에 대한 예방 및 탐지실패는 매우 심각한 정보분석의 실패를 가져올 수 있다. 왜냐하면 수집첩보의 오류에 대한 분석의 오류를 가져올 수 있을 뿐 아니라 분석부서에 대한 정책결정자들의 불신을 조장하여 한 국가의 국가안보를 크게 위태롭게 할 수 있다. 따라서 첩보출처에 대한 철저한 검증과 분석 평가의 정확성과 엄정성을 통해 기만공작과 역정보의 가능성을 철저히 가려내야 할 필요가 있다.

(5) 미스터리(mysteries)

① 일반적으로 미스터리(mysteries)라 함은 비밀정보의 수집, 분석만으로는 규명해 낼 수 없는 의문사항이나 현안을 의미한다. 미스터리가 발생하는 이유는 국가안보와 관련된 일련의 결정이나 사건들은 불확실성을 특징으로 하고 있기 때문이다. 여기서 불확실성은 바로 인간행동의 의도, 선호성, 그리고 심리구조와 밀접한 관계를 가진다. 그리고 의도, 선호성,

심리상태는 수시로 변할 수 있는 것이다. 이것은 정보분석에 있어 구조와 행위자 간의 역동적 관계를 규명해내는 것이 얼마나 어려운 것인가를 보여주는 대목이다.

② 가령 예를 들어 '대포동 2호 실험발사와 관련된 북한의 의도는 무엇인가?'라는 분석과제를 생각해보자. 현실적으로 이러한 과제에 분석관들이 정답을 줄 수는 없다. 왜냐하면 대포동 2호의 실험발사와 관련된 수많은 변수들이 복합적으로 연동되어 있고 이들을 규명한다는 것은 쉬운 일이 아니기 때문이다. 북한의 의도를 알기 위해서는 김정일의 의도, 선호성, 그리고 심리 상태를 규명해야 한다. 그러기 위해서는 미국의 정책결정자들의 의도와 선호성, 그리고 그에 대한 김정일 및 북한 지도부의 인지구조와 결정성향을 추적해야 한다. 이러한 가변적 심리변수들 간의 인과관계를 규명하여 주어진 분석 과제에 대한 정답을 제공하기란 사실상 불가능하다.

③ 그러나 분석관들은 제한적이나마 개연성의 구조와 범주를 밝혀냄으로써 돌발 사건에 효과적으로 대응하게 할 수 있다. 이런 점에서 미스터리 역시 정보분석의 주요 대상이 된다.

3 기능적 분류

(1) 의의

정보분석의 대상은 정치, 군사, 경제, 사회, 문화, 그리고 과학기술 등 광범위한 영역을 포함하고 있다. 일반적으로 수집 대상에 따라 분석 대상이 결정된다고 보면 무방할 것이다. 그러나 각 기능분야에 대해 망라형으로 정보분석이 이루어지는 것은 아니다. 나라마다 수집과 분석의 우선순위가 다를 수 있다.

생각넓히기 | 21세기 미국 국가정보의 주요 임무

1996년에 발간된 브라운 보고서는 21세기 미국 국가정보의 주요 임무를 다음과 같이 규정하고 있다.

(1) 미국 외교정책 수행의 지원(패권국으로서의 미국 위상 유지 지원/여타 관심 국가에서의 주요 사태에 대한 조기경보/주요 정보제공)
(2) 주요 조약 및 협약의 준수여부 감시(SALT Ⅰ · Ⅱ, 제네바 협약, NPT 등 주요 협약에 대한 이행여부 감시)
(3) 군사작전과 국방기획의 지원(1991년 걸프전 등 해외에서의 주요 군사행동에 대한 전략 및 전술정보 제공/주요 국가의 군사력 평가 및 무기체계 관련 정보 제공)
(4) 경제정보(공개출처정보의 중요성 증대에 따라 그 역할이 저하되고 있으나 주요 무역협상 등에 대한 비밀정보 제공)
(5) 초국가적 위협에 대한 대응(국제테러리즘, 마약사범, 대량살상무기 확산, 그리고 국제조직범죄 등에 대한 색출, 감시, 대응 관련 정보)
(6) 환경관련 정보수집, 분석(방사능 물질의 공해상 처리, 주요 원자로 사고, 산성비, 자원 분쟁 등에 대한 정보수집, 분석)
(7) 세계 보건문제 관련 정보수집, 분석(AIDS와 같은 전염병을 포함하여 미국의 국가이익에 위협이 되는 보건관련 사항의 수집 · 분석)
(8) 정보전(미 정부 또는 민간단체의 정보통신체계의 보호를 위한 공세적, 또는 방어적 정보전의 준비)

(2) 미국 주요 정보분석 대상의 변화

① 기능적 측면에서 미국의 주요 정보분석 대상은 급격히 변화되고 있다. 특히 2001년 '9/11' 이후 이 같은 변화는 보다 가시화되고 있다. 과거 소련이나 중국의 핵무기에 역점을 두던 것과는 대조적으로 국제 테러리즘과 대량살상무기 확산 방지 및 억지에 최우선적 수집 및 분석의 초점을 맞추고 있다. 특히 국제 테러리스트들의 대량 살상무기와 정보전에 대한 접근이 보다 용이해지면서 보이지 않은 적들에 대한 분석을 통해 경계, 경보 정보를 생산해내는 것이 더욱 어려워지고 있다.

② 또한 과거에는 SALT Ⅰ과 Ⅱ에 역점을 두어 왔지만 최근에는 NPT나 CW · BW의 안전수칙 준수여부에 더 큰 정보수집 및 분석의 역점을 두고 있다. 이와 더불어 정치분석에 있어서도 민주화 추세가 확산되면서 권력 엘리트나 집권세력보다는 NGO와 같은 시민 단체들에 대한 분석의 필요성이 증대되고 있고, 경제분석에 있어서도 거시, 미시 분석보다는 산업첩보나 부정, 국제통상에 있어서 위법적 행위, 핵심기술의 전이, 그리고 국제 금융시장의 구조적 불안정에 더 큰 관심을 기울이고 있다.

③ 탈냉전시대의 안보위협에 대한 정보분석은 점차 어려워지고 있다. 재래식 전쟁의 경우는 대규모 군대의 이동과 무기배치를 특징으로 하기 때문에 상대방의 군사행동에 대한 감지(detection), 국지화(localization), 식별(identification), 그리고 분석(analysis)이 비교적 용이하다. 그리고 전통적 테러공격의 경우도 공격자체에 대한 감지나 그 피해를 특정지역에 제한하기는 그리 어렵지 않다. 그러나 범인들을 식별, 체포하고 테러동향을 분석하는 것은 매우 어려운 과제이다. 2001년 9월 28일 앤트랙스(탄저균)에 의한 대미 테러행위에서 나타나고 있듯이 생물무기(BW) 테러공격은 정보분석 면에서 아주 다루기 어려운 사안이다. 테러행위 자체에 대한 감지나 그 피해의 국지화가 어려울 뿐 아니라 테러조직의 식별이나 향후 테러행위에 대한 정보분석이 거의 불가능하다 해도 과언이 아닐 것이다.

(3) 한국 주요 정보분석 대상의 변화

① 미국과 대조적으로 한국은 아직도 전통적인 국가안보 사안에 그 분석상 우선순위를 두고 있다. 북한의 군사동향, 정치구조 및 동향, 그리고 경제상황 등이 주요 분석대상으로 자리잡고 있다.

② 이와 더불어 미국, 일본, 중국, 러시아 등 주변 4강의 정치, 군사, 외교 분야에 대한 수집 및 분석도 크게 중요시되고 있다. 여기서 한 가지 유념할 것은 과거 북한과의 첨예한 외교경합을 전개할 당시에는 비적성 중립국 또는 적성중립국에 대한 분석적 관심이 높았으나 최근에는 북한과 주변 4강의 군사, 정치, 외교 분야에 대한 분석에 우선적 역점을 두고 있다.

③ 과거와 대별되는 또 다른 차이점은 미국과 유사하게 국제조직범죄, 마약밀매, 그리고 테러리즘 등에 수집 및 분석상의 우선순위를 두고 있다는 사실이다. 그 뿐만 아니라 경제방첩 사안 등을 포함하여 경제 분야에 대한 분석도 1997년 경제위기 이후 중요한 비중을 차지하고 있다.

4 지역별 분류

① 대부분의 국가정보기관들은 정보분석을 기능과 지역으로 나누어 이원화하고 있다. 따라서 정보분석의 대상도 지역별로 구분될 수 있다. 그러나 지역별 분석 대상에 대한 우선순위는 국가마다 크게 다르다.

② 미국과 같이 전 세계에 걸쳐 국가이익을 관리하는 패권국에 있어서는 전 세계 모든 국가가 주요 분석의 대상이 된다. 그러나 시대적 상황에 따라 지역별 분석 대상의 우선순위도 재편성된다. 냉전 시에는 소련과 중국 등 공산권 국가들이 주요 분석 대상이 되어 왔으나 9/11 이후는 부시 대통령이 '악의 축'으로 규정한 북한, 이라크, 이란과 대량살상무기 확산에 주요 위협으로 등장하고 있는 중국, 리비아, 시리아, 러시아 등이 새롭게 추가되고 있다.

③ 한국도 지역별 역점이 탈냉전의 대두와 더불어 재구성되고 있다. 아직도 북한이 제1차적 분석 대상이지만 미국을 포함한 주변 4강의 동향이 중요한 분석 대상으로 자리 잡아 왔다.

Ⅳ 정보분석의 원칙 및 문제

1 창조적 정보분석의 6대 원칙

(1) 지연판단의 원칙(Principle of deferred judgment)

생성단계의 아이디어 판단과 생산된 아이디어에 대한 가치판단을 구별하여, 정보에 대한 최종판단은 가능한 모든 아이디어 도출이 끝난 연후에 실행해야 양질의 정보분석을 할 수 있다는 원칙이다. 지연판단의 원칙은 통상적으로 아이디어를 생각하고 동시적으로 평가하는 절차와 반대되는 것으로 정보분석에서 가장 중요하다고 간주된다.

(2) 다량 양질의 원칙(Principle of quantity leads to quality)

양이 많으면 그 속에 질이 좋은 것도 있다는 것으로, 많은 아이디어 속에 최적의 아이디어가 창출될 수 있다는 원칙이다. 바꿔 말하면 정보분석에서는 최초의 아이디어가 오히려 가장 무용할 수도 있다는 것을 의미한다.

(3) 타가수정(他家受精, Principle of cross-fertilization of ideas)의 원칙

자신의 아이디어만을 고집하지 말고 다른 아이디어와 융합 결합해 보면 필연적으로 더 좋은 아이디어가 도출된다는 아이디어 교류의 원칙이다. 창조적 판단을 위해서는 다양성이 균질성보다 유리하다는 것은 사회과학적으로 증명되어 있다.

(4) 업무 안정감 비례의 원칙(Sense of Security)

업무의 창조성은 정보분석관이 업무에 대한 안정감, 자기만족감, 직접 밀착 감독으로부터의 해방 등에서 이루어진다는 것이다. 통상적으로 조직의 생산성은 직업 만족도(Job security)에 비례하는 것과 같은 이치이다. 따라서 정보분석관이 업무 안정감을 이룰 수 있도록 도모하는 것은 정보 관리자가 유념해야 할 문제이다.

(5) 경쟁분석의 원칙(Principle of Competitive Analysis)

정보분석의 창조성은 경쟁분석 속에서 더 높이 확보될 수 있다는 원칙이다. 그러므로 때로 모든 정보에 대해 동일한 접근권을 가진 별개의 정보분석 기구를 중첩적으로 운용하여, 분석 결과를 상호 대비 평가하는 방식은 정보분석 업무의 창조성을 고양하는 좋은 방법이 된다.

(6) 악역 활용(Devil's Advocate)의 원칙

특정한 주제에 대해 고의로 반대 의견을 개진하는 팀을 배치해서 상호간에 경쟁을 유발함으로써 정보분석의 창조성을 고양할 수 있다는 원칙이다. 이 경우에 소위 심술쟁이나 악역 담당자는 끊임없이 경쟁적 · 비판적인 관점에서 상대방의 결론에 대해 부정적인 의견을 개진한다. 그러한 과정을 통해서 미진한 점이나 부족한 점을 발견하고 보완의 과정을 거쳐 최상의 정보를 생산할 수 있다.

2 정보분석 관련 문제

(1) 정보요구 관련 문제

정보판단을 정책요구 우선순위에 맞추는 것은 대단히 중요하다. 우선순위를 못 맞춘 정보분석은 아무리 훌륭해도 적절히 활용될 수 없을 뿐 아니라, 전혀 다른 분석 결과가 도출될 위험성도 있을 수 있기 때문이다. 우선순위 요구는 정보절차의 첫 단추인 계획과 지시단계에서 정책부서의 공식적인 요구로 명확하게 이루어지는 것이 제일 바람직하다.

(2) 단기 전술정보와 장기 대책정보 생산의 문제

① 단기 전술정보 생산과 전략적인 장기대책 정보의 생산문제는 정보분석 업무에서 계속적인 긴장관계를 유발한다. 실시간적으로 변화하는 현상을 중요시하는 첩보 수집파트의 근무자와 달리, 사실 대다수의 정보분석관들은 해당 분야의 전문성과 기술을 장기대책 정보를 생산하는 방향으로 숙련되어 있다.

② 현재 미국 정보공동체는 지나치다 싶을 정도로 다양한 현용정보 분석보고서를 생산하여, 현용정보 분석을 위해 너무 많은 시간과 노력을 들이고 그로 인해 사안을 보다 깊이 있게 장기적으로 분석하는 능력이 저해받고 있다는 비판이 있다.

③ 예를 들어 CIA 정보분석국(Directorate of Intelligence, DI)을 담당한 상원 처치 위원회(Church Committee)의 어느 보고서는, CIA가 현용정보 분석 업무에 너무 집중하는 것을 현행사건 증후군(Current Events Syndrome)이라고 말하며 문제의 심각성을 지적했다. 이러한 현행사건 증후군은 국가정보기구가 국가 위기경보를 발하는 업무와 장기적인 추세를 인지하는 능력에 대해서는 질적으로 부정적인 영향을 미쳤다고 한다. 현행사건 증후군에 매몰된 정보관계자들은 속성적으로 가장 최신의 단편적인 첩보에만 집착해서 정책담당자들의 관심을 끌만한 정보생산에만 매진하고 정책입안자들의 관심을 크게 끌지 못하는 장기예측 정보 생산을 소홀히 할 수 있다.

(3) 비상요구 정보와 통상적 정보활동의 균형 문제

수립되고 예정되어 있는 국가정보활동 계획에도 불구하고 비상상황에 기인한 정보수요가 정보분석의 최우선 대상이 된다. 그 경우 정보수집과 분석을 위한 자원이 한정되어 있으므로 부득불 어떤 문제는 장기간 또는 전혀 정보분석의 대상이 되지 못할 위험이 있다. 속성상 정보기구는 각광을 받고 싶은 유혹 때문에 계속 비상주제로만 관심과 노력을 집중하려고 할 수 있다. 그러므로 비상요구 정보의 비상성은 그 사안이 아무리 급박하더라도 우선순위와 중요성을 비롯한 비상성(非常性) 부여를 위한 정상성, 즉 합리성을 갖춰야 한다.

(4) 수집정보 홍수의 문제－밀과 겉겨의 문제(Wheat V. Chaff Problem)

수집되는 첩보와 실제로 분석되는 정보의 불균형은 정보기관 내부적으로 가장 주의하고 경계해야 할 문제이다. 수집첩보의 100%를 정보분석하는 것이 이상적이고 바람직하겠지만, 현실적으로는 불가능하며 과연 어느 정도의 수집·분석 비율이 이상적인지에 대한 기준은 없다. 그러나 첩보수집과 정보분석의 지나친 불균형은 정보수집 활동을 무의미하게 할 뿐 아니라 정보가치의 신빙성에도 의문을 제기할 수 있다.

(5) 개별적 분석창고·분석통의 문제

복수 이상의 정보기구들로 정보공동체가 형성되어 있는 경우에 각 정보기관들은 독특한 정보시각과 분석기법 등 고유한 정보문화를 형성한다. 그리고 다른 기관들이 넘보기 불가능하거나 힘들게 자신들만의 독자적 정보 보관통을 가지고 있을 수 있다. 각 정보기관이 특정분야에 관심과 우선순위를 가지고 있고, 기관 특유의 분석자원과 분석기법이 있기 때문에 나타나는 현상이다. 정보분석은 이러한 개별 정보기구의 특성을 유지 발전시키면서 전체적인 정보분석의 조화를 도모해야 한다는 과제가 있다.

(6) 암시와 경고의 문제

① 정책담당자에게 중대한 사태의 발생가능성에 대해 사전적 경고를 건네주는 것은, 전략적 충격을 회피하기 위해 존재하는 국가정보기구의 가장 중요한 임무중의 하나이다. 원래 정보기구에게 암시와 경보 기능은 정보기구가 정책 전면에 부각될 수 있는, 즉 주체가 될 수 있는 좋은 기회로 여겨졌다. 그러나 암시와 경고는 기회가 아니라 무덤이 될 수도 있

음을 알아야 한다. 정보기구의 암시와 경고의 실패는 정보분석관의 잘못으로 귀결되기 때문이다. 문제는 이와 같은 암시와 경고(I&W)의 중요성을 잘 인지하면서도 실제 상황에서 기준 시점을 잘못 선택해서 정작 중요한 적시경고 기회를 놓칠 수도 있다는 것이다.

② 역으로 책임회피성에 기인해 기준시점을 낮추고 가능한 거의 모두에 대해 경고를 발하는 경향도 있을 수 있다. 암시와 경고를 남발하는 심리적 저변에는 책임회피를 하기 위한 것으로서 관료주의적 병폐 중의 하나로 밑져야 본전이라는 관념이 깔려 있는 것이기도 하다. 그러나 상시적인 경고는 정작 중요한 사태에 대한 국민들의 경각심을 마비시키고 정책 당국자들에게는 물론 국민들에게도 정보기구 역할에 대한 불신을 초래할 수 있다. 늑대소년의 예가 아니라고 하더라도 잦은 경고는 정작 중요한 시점의 경각심을 무디게 할 수 있는 위험성을 심각하게 고려해야 한다.

(7) 수집정보의 한계와 관련된 문제

상대방이 있는 정보업무의 특성상 현안인 어떤 주제에 대해 한정된 시간 내에 모든 관련정보를 수집하는 것은 불가능하다. 따라서 해당주제에 대해 수집 자료가 충분치 않은 경우가 많고, 경우에 따라서는 자료가 거의 없는 경우도 있다. 정보자료가 부족할 경우 일부 견해는 정보분석 업무는 사실 확정이 반드시 증거를 기초로 해야 하는 법적 과정은 아니므로 정보분석관 고유 판단에 맡겨야 한다는 의견을 제시한다. 반면에 또 다른 의견은 부족한 자료에 기초하여 상상으로 작성한 정보분석 보고서는 설득력을 가질 수 없고, 진정한 의미의 정보분석은 아닌 것으로서 정보실패로 귀결될 가능성도 높을 뿐 아니라, 그러한 관행의 축적은 결국 정보판단의 정치화로 연결될 가능성이 있으므로 지양되어야 한다고 주장한다. 이런 경우에 책임회피책으로 정보분석관들은 문제의 핵심을 가로지르지 않고 주위를 맴도는 간접의견을 제시하거나, 그 간극을 자신들의 기존 경험 그리고 기교로 채운 독자적인 분석보고서를 생산할 수 있다. 그러나 이때 정보분석관의 해결방안은 명백하게 단 한 가지이다. 즉 있는 사실 그대로를 정책담당자에게 진솔하게 전달함으로써 최종 정보소비자인 정책 담당자도 진상을 알게 하는 것이다. 정보관계자가 정책담당자에게 알고 있는 사실을 전달하는 것만큼이나 모르는 사실을 모른다고 전달하는 것도 똑같이 중요하다는 점은 실상 파악을 위해 매우 중요한 태도이다. 그러나 그것은 결코 쉽지 않는 용기라고 할 수 있다. 정보기구가 만능이 아님을 인정하는 것이 되기 때문이다. 일찍이 콜린 파월(Colin Powell) 미 국무부장관이 자신에게 보고하는 정보기관에 대해, "당신이 아는 것을 말해 달라, 당신이 모르는 바도 말해 달라, 당신의 생각을 말해 달라."라고 한 언급은 시사하는 바가 매우 크다. 그러면서 그는 첫 번째와 두 번째만 정보관계자들에게 책임이 있고, 세 번째, 즉 정보관계자의 생각을 듣고 판단해 최종적으로 결정한 정책에 대해서는 정책담당자인 자신에게 책임이 있음을 확실히 했던 것이다.

V 정보분석기구와 분석관

1 정보분석기구

(1) 의의

국가마다 정보분석을 담당하는 조직의 성격은 다르다.

(2) 미국

CIA 내에 분석부서(directorate of intelligence)는 수집/공작부서와 별도로 독자적인 영역을 갖는다. 뿐만 아니라 부문별 정보기관의 분석기능, CIA의 분석기능, 그리고 이를 총괄하여 전체 정보기관의 합의로서 나타나는 국가정보 예측판단(National Intelligence Estimates, NIE)을 작성하는 국가정보위원회(National Intelligence Council) 등 중층적 분석기구를 가지고 있다.

(3) 영국

영국도 그 규모는 작으나 수상실 직속으로 분석평가팀(Assessment Staff)을 두고 있다. 그러나 미국과는 대조적으로 단일 부서로 구성되어 있다.

(4) 한국

① 한국은 분석기능이 대부분 국가정보원에 집중되어 있다. 그러나 미국의 CIA와는 대조적으로 국정원 내의 분석기능은 분산되어 있다. 해외정보 분석국, 대북정보 분석국, 그리고 국내 판단기획국 등 해외, 대북, 그리고 국내부서로 구획되어져 있고 이들 간의 수평적 업무협의는 다소 저조한 것으로 알려져 있다.

② 국정원과는 별도로 국방정보본부와 국군정보사령부가 부문별 정보기구로서 분석활동에 임하고 있으나 분석 범주는 국방부문에 한정되어 있다. 또한 미 국무성과는 대조적으로 외교통상부의 정보분석기능은 예산, 인원 면에서 지극히 제한되어 있는 실정이다.

2 정보분석기구의 유형

(1) 의의

정보분석기구는 중앙집중형, 분산형, 절충형의 세 가지 유형으로 대별될 수 있다.

(2) 분산형(confederal)

① 분산형(confederal)은 제2차 세계대전 이전 미국에서 통용되는 모델로 미국의 국무성, 육군, 그리고 해군이 각자의 수집 및 분석 기능을 가지고 부서 간 교류 없이 해당 부서의 활동에 활용되는 것이 이 모델에 속한다.

② 이 모델은 각 부처의 정책소요에 필요한 정보분석을 즉각적으로 그리고 전문적으로 제공할 수 있는 장점이 있으나 정보분석의 중복, 그리고 소요자원의 분산투자에 따른 조기경보 실패 등의 기본적 한계를 노정시킨 바 있다.

(3) 중앙집중형(centralized)

① 중앙집중형(centralized)은 분산형의 약점을 보완하기 위해 착안된 것으로 제2차 세계대전 이후 미국의 가장 중심적인 분석 모형으로 자리 잡아 왔다.

② 각 개별 정보기관의 분석보고서 대신에 국가안보정책과 관련 주요 분석 사안을 설정하고 각 부문별 정보기관의 대표들이 합의형 정보예측 · 판단보고서를 작성하는 방식이 중앙집중형의 핵심을 이룬다. 이러한 방식은 수집, 분석에 대한 중복 투자를 방지할 수 있을 뿐 아니라 모든 정보기관이 중요하다고 생각하는 사안들을 포괄적으로 다루는 강점이 있다.

③ 그러나 중앙집중형 정보분석은 이들의 정보생산물인 즉 국가정보 예측 판단서(NIE)가 정책결정자의 소요와는 유리된, 분석을 위한 분석으로 치중하는 경향이 있을 뿐 아니라 이들의 유용성 역시 크게 비판받아 왔다. 이러한 취약점은 합의에 의한 정보분석이란 본질적 제약에서 유래하는 것이었다. 왜냐하면 분석관들 간의 차이점은 부각되지 않고 오로지 합의 사항만 부각되는 경향을 보이기 때문이다.

(4) 절충형

① 중앙집중형의 약점을 보완키 위해 제안된 것이 경쟁적 분석(Competitive Analysis)을 특징으로 하는 절충형 모델이다.

② 절충형 모델은 집중형 분석의 합의적 성격이 지니는 단점을 보완하여, 국가정보기관 및 부문별 정보기관들로부터 분석관들을 충원하고, A팀과 B팀으로 나누어 동일 사안에 대해 경쟁적으로 분석케 하는 방식이다.

③ 이 모델은 냉전기간 중 소련 군사력 평가에 대한 오류를 수정하기 위해 1975년 당시 CIA 국장이던 George Bush 때부터 미 정보 공동체에서 주로 활용하던 방식이다. A팀에서 소련의 군사력 관련 정보예측판단서(NIE)를 작성하면 B팀에서 이에 대한 반대 의견을 각주(footnote)로 처리하여 부각시키거나 아니면 본문에 대립되는 견해를 직접 표시함으로써 정보 소비자가 보다 객관적으로 판단을 할 수 있는 장점이 있다.

(5) 평가

① 이 세 가지 유형 중 어느 모델이 더욱 유용한가에 대해서는 판단하기 어렵다. 그러나 이러한 고민은 미국 같은 정보강대국에 한정된다고 하겠다. 한국을 포함한 대부분의 국가들에 있어서 정보분석 부서들은 극히 제한된 인원으로 다량의 정보분석에 임해야 하기 때문에 합의를 거친 중앙집중형이 아니라 국가정보기관이 중심이 되는 단일 정보분석 판단에 의존하는 경향이 크다. 그러나 경쟁적 분석의 이점을 배제할 수는 없다.

② 따라서 제한적이지만 국가정보기관과 부문별 정보기관 간에 동일 사안에 대한 각기 다른 정보분석보고서를 작성토록하고 이를 비교하여 국가안보정책에 적실성 있게 이용하는 것이 바람직할 것이다. 가령 한국의 경우, 북한 군사력에 대한 평가에 있어 국정원의 북한 분석국과 국방정보본부 간의 경쟁적 분석은 국정원의 독점적 정보생산보다는 국가이익에 보다 유익할 것으로 판단된다.

3 정보분석관

(1) 의의

정보분석의 핵심은 분석관의 자질에 달려 있다. 아무리 수집공작을 통해서나 기술첩보를 통해 양질의 첩보를 수집한다 해도 이에 상응하는 정보분석 능력이 없을 경우, 수집된 첩보는 사장되거나 오판될 수 있다. 우수한 분석관의 충원과 지속적인 훈련은 정보분석의 필수 요소라 할 수 있다.

(2) 정보분석관 충원의 유형

① 의의

정보분석관의 충원과 훈련은 국가마다 각기 다르다. 그 대표적인 유형으로는 미국과 같은 전문형과 영국과 같은 일반형으로 구분할 수 있다. 한국 같은 경우는 전문과 일반을 포괄하는 절충형으로 분류될 수 있을 것이다.

② 미국

㉠ 미국의 경우, CIA 출범 시부터 정보분석관의 충원은 특정 학연을 중심으로 이루어졌다. 일차적으로는 CIA 전신인 OSS의 연구 · 분석 책임자로 있던 William L. Langler의 계보를 들 수 있다.

㉡ 하버드에서 외교사를 가르쳤던 Langler는 하버드 중심으로 분석관들을 충원했었다. 그러나 CIA 분석국의 핵심인사들은 주로 예일대학 출신들로 충원되었다. 왜냐하면 CIA 분석국을 현대화시킨 장본인인 Sherman Kent가 예일대 학사, 석사, 박사를 받았을 뿐 아니라 1950년대 말 CIA 산하의 국가정보판단국(Office of National Estimates) 부책임자로 돌아올 때까지 예일대학에서 역사학 교수로 재직했기 때문이다.

㉢ 이렇듯 미 CIA 분석국은 하버드대와 예일대 출신을 중심으로 그 출범부터 구성되었다. 그러나 1970년대 후반 이후 미 CIA는 점차 지역이나 기능적 전문성을 가진 고급 인력들을 선택적으로 충원하기 시작했다. 이와 더불어 CIA 소속 분석관들에 대한 전문분석교육을 집중적으로 실시해 왔다. 또한 이들 분석관들은 해외거점 파견 없이 분석관으로서의 전문적 보직관리를 유지케 되어 있다. 지난 2000년 5월에는 분석관들에 대한 전문적 분석교육을 전담키 위해 미 CIA 산하에 Sherman Kent School for Intelligence Analysis를 신설하기에 이르렀다. 아마 정보분석의 전문적 교육을 위해 별도의 학교가

설립된 것은 이것이 처음이라 할 수 있다. 미국은 이와 같이 분석부서가 거의 독자적 영역을 유지하며 전문성을 보유한 분석요원들을 충원하여 훈련하고 있는 것이다.

③ 영국

㉠ 미국과 대조적으로 영국은 별도의 정보분석관들을 충원하지 않는다. 주로 외교 분야에 종사하는 외교관들을 보직 변경하여 평가국(Assessment Staff) 소속 분석관으로 임명하는데 이들은 주로 외국의 제한된 정치첩보에 대한 분석에 치중하는 경향이 있다.

㉡ 그리고 이들은 특정지역이나 기능적 사안에 대한 전문성을 갖는다기보다는 기초가 튼튼한 generalist로 분류할 수가 있다. 따라서 영국의 분석관들은 군사부문이나 비밀첩보 수집공작과 같은 정보기관 고유 사안에 대해서는 비교적 생소하다 하겠다. Michael Herman은 바로 이런 이유 때문에 영국의 정보분석기관은 군사부문을 과소평가하고 정치 부문을 과대평가하는 조기경보실패(warning failure)의 오류를 자주 범하게 된다고 지적하고 있다.

㉢ 그러나 미국과 마찬가지로 영국의 분석관들도 옥스포드나 캠브리지 등 유수 대학 출신들이 주종을 이루고 있다. 이 점에서 영국의 분석관들이 비록 generalist로서의 한계는 있으나 정보분석과 예측에 있어서는 아주 탁월한 업적을 내고 있다고 평가할 수 있다.

④ 한국

㉠ 한국의 경우는 절충형이라 할 수 있다. 국가정보원은 국내판단기획, 해외정보분석, 대북분석의 세 가지 주요 분석기능을 담당하고 있다. 최근 여기에 과학기술 첩보분석기능이 강화되고 있는 실정이다. 기술분석의 경우는 대부분 특별 채용의 경로를 택한다.

㉡ 국내, 해외, 대북 분석 부서는 특별한 경우를 제외하고는 정규과정 출신으로 충원된다. 국가정보원의 정규과정은 기본적으로 generalist의 양성을 목표로 할 만큼 그 교과과정이 포괄적으로 짜여 있는 것으로 알려져 있다. 그러나 교육과정에 있어서는 정보, 보안, 수사 등으로 구분되고 정규과정에서의 전공 선정이 추후 국정원에서의 보직 관리를 결정하게 된다.

㉢ 대북 및 해외분석 요원들은 주로 정보 특기자들 중에서 충원되는데 미국과 같은 별도의 정보분석 훈련을 시키지는 않는 것으로 알려져 있다. 그러나 분석관의 경우, 동일 부서에 장기간 종사함으로서 상당한 수준의 전문성을 확보하고 있다. 김영삼 정부하에서 해외 및 대북 분석부서에 국내외에서 박사학위를 취득한 전문가를 특별 채용한 사례는 있으나 미국에서처럼 이 제도가 상례화되어 있지는 않는 것 같다. 미국이나 영국과 유사하게 최근 국정원 정규과정 합격생의 출신대학별 분포를 보면 서울의 유수 대학 출신들이 압도적 대다수를 차지하고 있는 것으로 집계되고 있다.

Theme

23 정보분석방법

I 분석방법의 이론적 논의

1 의의

수집된 첩보를 국가안보정책에 활용할 수 있는 정보로 전환시키는 데 가장 중요한 것은 정보분석방법이다. 정보분석방법은 인식론적 요소와 방법론적 요소로 구성되어 있다.

2 인식론적 요소

① 인식론적 요소라 함은 분석의 이론적 시각을 지칭한다. 바꾸어 말하면 지식을 추려내어 하나의 정선된 정보를 도출해내는 이론적 기반을 의미한다.

② 보다 구체적으로 통상 정보분석의 대상이 되는 정치변동, 정책선택, 군사행동, 경제 동향 등에 대한 이론 영역을 인식론이라 규정할 수 있는 것이다.

3 방법론적 요소

(1) 의의

① 방법론이라 함은 인식론 또는 이론에 기초하여 도출된 명제나 가설을 경험적 사실에 비추어 검증(verification) 또는 위증(falsification)하는 방법을 뜻한다.

② 방법론은 탐구의 논리라고도 부르는데 전통적으로 연역적, 귀납적, 변증법적 방법이 있다.

(2) 연역법과 귀납법

연역적 방법이란 하나의 보편적 명제를 도출하고 이를 경험적 사례에 비추어 검증하는 것을 뜻하고, 귀납적 방법은 개별적 관찰을 통해 보편적 일반화를 도출해내는 방법을 의미한다.

(3) 변증법

이와 대조적으로 변증법적 방법은 마르크스주의 사회과학 방법론에서 주로 활용하는 방법으로 역사, 구조적 분석을 통해 사회변동의 흐름을 질적으로 규명해내는 방법이다.

Ⅱ 정보분석방법과 사회과학적 분석방법

1 의의

정보분석방법은 사회과학적 분석방법과 크게 다를 바 없다. 일반적으로 사회과학적 분석은 사물과 현상의 서술(description), 설명(explanation), 예측(prediction), 그리고 통제(control)를 목적으로 한다.

2 정보분석방법과 사회과학적 분석방법의 차이점

① 정보분석에 있어서도 서술은 기초정보와 현용정보의 근간을 이루는 것이며 인과관계의 규명을 목표로 하는 설명, 그 결과로 얻어지는 예측, 그리고 예측에 근거한 통제와 예방은 현용, 경보, 그리고 예측, 판단정보의 핵심을 이룬다고 할 수 있다.

② 그러나 차이점도 있다. 정보분석은 국가이익의 증대라는 도구적이고 당위론적 성격이 강할 뿐 아니라, 비공개부문의 첩보를 주요 투입자료로 활용하며 시간적 제약을 그 기본 속성으로 한다는 점에서 순수 학문연구와 크게 구분된다고 할 수 있다.

3 정보분석방법의 다양성

(1) 의의

① 시공간에 관계없이 보편적으로 통용될 수 있는 정보분석방법은 없다는 사실이다.

② 정보분석의 방법은 분석대상, 최종 분석보고서의 유형에 따라 크게 달라진다. 예를 들어 주요적대국의 군사태세나 전쟁도발 가능성을 분석하기 위해 개발된 이론이나 방법을 해당 국가의 정치 변동을 분석하기 위한 방법으로 전용할 수는 없는 일이다.

(2) 분석대상

마찬가지로 정치동향 분석기법을 경제동향 분석방법으로 활용할 수는 없다. 주어진 분석 대상마다 그에 상응하는 분석이론과 방법론을 개발해야 하는 것이다.

(3) 최종 분석보고서의 형태

① 또한 최종 분석보고서의 형태에 따라 분석기법 역시 크게 달라질 수 있다. 기초정보의 경우, 핵심 사실의 단순한 서술로 만족할 수 있다. 그러나 현용, 경보, 예측 · 판단 정보 보고의 경우에는 각기 다른 분석이론과 기법을 요하기 마련이다.

② 따라서 한두 가지의 분석기법을 보편적으로 적용하는 데는 큰 무리가 있다. 그러나 분석기법의 큰 흐름은 다음과 같이 정리해 볼 수 있다.

Ⅲ 자료형과 개념형 분석기법

1 의의

정보분석방법과 관련하여 우선적으로 제기되어온 논쟁은 자료형과 개념형 분석 간의 경합이다.

2 자료형

(1) 의의

① 전통적인 정보분석은 자료형 모자이크 이론에 기초해 왔다. 즉 소요가 제기된 현안문제에 대해 가능한 모든 첩보를 수집하고 수집된 첩보를 바탕으로 모자이크를 하듯 큰 그림을 그려내는 것이 바로 자료형 분석방법이다.

② 이 시각에서 볼 때, 정확한 정보판단은 정확하고 완벽한 첩보를 수집했을 때만 가능하다고 보고 수집에 우선순위를 두는 경향이 있다.

③ 그 대표적인 예로는 기술첩보 옹호론자들을 들 수 있다. 영상정보, 신호정보, 그리고 징후계측정보 등 유형에 관계없이 가급적 많은 첩보를 수집해야 정확한 정보분석이 가능하다는 것이다.

(2) 환원주의 위험

① 자료형 분석의 문제점은 환원주의의 우를 범할 수 있다는 것이다. 바꾸어 말하면 주어진 현안문제에 대한 모든 첩보를 확보하기는 어렵다. 따라서 부분적 첩보를 가지고 전체 그림을 그려내야 하는 단순화의 우려가 있는 것이다.

② 그뿐만 아니라 완전한 그림을 그려내기 위해서는 끝까지 관련첩보를 수집해야 하는 무한회귀의 오류를 범할 수도 있다. 더구나 기술정보의 경우처럼, 수집첩보가 대량으로 유입될 때 이를 정보분석과 관련하여 정선, 선택하는 작업은 쉬운 일이 아니다.

3 개념형

(1) 의의

① 전통적인 자료형 분석방법에 대안으로 등장한 것이 개념형 방법이다. 여기서 개념형이란 분석관이 자료수집에 들어가기 전에 하나의 큰 그림을 그리고 그 그림을 근거로 세부적인 첩보수집과 분석에 임한다는 것이다.

② 이 모델의 기본가정은 어떤 사안에 있어서도 완벽한 정보란 있을 수 없기 때문에 이러한 미지수를 해결하기 위해서는 하나의 이론적 모델을 설정해야 한다는 것이다. 이와 같은 이론 모델이 설정되었을 경우, 필요 첩보수집에 한계가 있더라도 이론에 의거 추정, 예측

을 할 수 있기 때문이다. 특히 여러 가지 경합이론들을 제시하고 이들을 단계적으로 검증해 나갈 때 정보분석의 정확도가 높아질 수 있다는 것이다. 최근 대부분의 정보분석기관들은 자료형 분석에서 개념형 분석으로 전이하는 경향을 보이고 있다.

(2) 개념형 분석기법의 유형

① 의의

개념형 분석기법으로는 크게 내재적 접근, 보편 이론적 접근, 비교역사 모델의 세 가지로 나누어 볼 수 있다.

② 내재적 접근

㉠ 상황논리에 기초한 내재적 접근이란 분석 현안에 대해 보편적 이론을 기계적으로 적용하기보다는 분석 현안의 맥락에서 분석의 방향을 잡는 것을 의미한다.

㉡ 바꾸어 말하면 특정 지역의 주요 현안을 분석함에 있어서 지역적 특수성을 감안하여 간주관적으로 접근해야 한다는 것이다.

㉢ 과거 냉전기간 중 미 정보분석기관들이 소련을 분석함에 있어서 크레믈린 전문가들에게 크게 의존했던 것이 그 대표적 사례이다. 한국에서도 북한 분석과 관련, 내재적 시각이 크게 대두되어 왔다. 즉 북한을 분석함에 있어서 북한의 시각에서 북한을 분석해야 북한의 정치, 경제, 사회, 군사 등 전 분야에 대한 보다 정확하고 객관적 인식을 할 수 있다는 것이다. 정보분석 부서 내에서도 지역 전문가들이 이러한 시각을 강력히 주장하는 경향이 있다.

③ 보편 이론적 접근

㉠ 보편 이론적 접근은 분석 현안에 대한 특수성을 지나치게 강조하다 보면 보편적 경향을 간과할 수 있다고 본다. 그뿐만 아니라 정치변동, 전쟁, 경제 동향 등은 일반화된 인과관계의 양상을 보이기 때문에 보편 이론의 적용이 얼마든지 가능하다는 것이다.

㉡ 한 예로 1979년 이란의 팔레비 국왕 실각과 이슬람 혁명은 내재적 접근의 기본적 한계를 노정하고 있다. 당시 미국 정보기관의 이란 전문가들은 이란 군부의 힘을 과대평가하고 이슬람 세력을 포함한 중산층의 정치세력을 간과한데서 샤의 실각을 예측하지 못했던 것이다. 당시 이란 상황을 혁명이란 정치변동 이론에 적용했더라면 이슬람 혁명의 대두를 쉽게 예측할 수 있었을 것이다.

㉢ 최근 북한 붕괴론에 관해서도 두 가지 대립되는 시각이 있다. 그 하나는 내재적 시각으로 북한의 체제 내구성을 강조하는 것이고, 다른 하나는 사회주의 이행국가의 전환기 이론을 적용하여 북한의 조기 붕괴를 예측하는 시각이다. 일반적으로 1989년 탈냉전 이후 북한 사회주의 체제의 상대적 지속성을 감안할 때 내재적 접근이 더 큰 설득력을 보이는 듯하나 사회주의 국가 전환 이론의 보편적 틀을 무시할 수는 없을 것이다. 따라서 분석 사안별로 보편 적 이론을 검토하고 이를 적용하는 것이 바람직하다는 것이다.

㉣ 특히 보편 이론은 단순한 서술을 넘어서 변수 간의 인과관계를 규명해 주고 궁극적으로는 미래 예측을 가능케 해주기 때문이다. 통상 사회과학적 연구방법론을 강조하는 분석관들이 이 모델을 선호한다.

④ 비교역사 모델

㉠ 비교역사 모델은 분석 현안에 대한 심층적 분석을 하고, 그와 유사한 사건들을 역사적 맥락에서 추적하는 동시에 과거의 역사적 사례가 오늘의 분석 현안에 어떠한 함의를 주는가를 추적하는 방법이다. "역사는 반복한다(History repeats itself)."는 명제가 이 역사비교 모델의 기본가정을 구성한다고 보면 무방할 것이다.

㉡ 가령 제2차 세계대전 이후 미국의 경보정보는 일본의 진주만 기습공격이라는 역사적 사건을 반면교사로 삼아 발전되어 왔다. 최근 한국이나 일본에서 21세기 동북아 안보 환경을 예측하는 데 있어서도 역사적 비교 유추방법을 많이 활용하고 있다. 즉 미국이 동북아에서 철수했을 경우, 19세기말과 같은 상황이 재현될 수 있다는 비교 유추하에 위협 평가, 전략, 전술, 전력 구조 등을 구상하는 경향이 있다.

㉢ 비교역사 모델은 미 CIA 분석 부서의 오랜 전통이 되어 왔다. 그 이유는 CIA 분석국이 초기에 하버드와 예일대 역사학과 출신 중심으로 충원되었기 때문이다.

Ⅳ 질적분석과 계량분석

1 의의

일단 분석의 틀이 설정되면 그에 따른 가설이나 명제를 검증하게 된다. 그 검증방법은 크게 두 가지로 대별된다. 그 하나는 질적분석방법이고, 다른 하나는 계량분석방법이다.

2 질적분석방법

① 가장 일반적인 분석방법은 질적분석방법이다. 주어진 이론에 따라 가설을 설정하지만 계량적 방법을 통하지 않고 사례연구나 역사분석, 또는 역사구조적 방법론을 통해 분석 사안에 대한 서술을 하고 변수 간의 인과관계를 규명하고 예측하는 방법론적 경로를 질적분석방법이라 정의할 수 있다.

② 이 방법에 따르면 정치, 사회현상의 규칙성, 반복성, 보편성보다는 분석관의 직관과 분석 대상에 대한 전문적 지식을 바탕으로 맥락적 특수성을 설명하는 데 역점을 둔다.

3 계량적분석방법

(1) 의의

① 반면에 계량분석은 실증주의 전통에 기초하고 있다. 즉 정치 · 사회현상이란 규칙성을 보이기 때문에 이를 계량화 할 수 있고, 일단 계량화가 되면 자연 과학적 방법을 통해 변수와 변수 간의 관계를 설명, 예측할 수 있다는 것이다.

② 계량분석은 크게 귀납적 통계분석, 경제학적 방법론, 시뮬레이션 방법론의 세 가지 모델로 구분할 수 있다.

(2) 계량분석의 유형

① 귀납적 통계분석

㉠ 사회학적 방법론을 특징으로 하는 귀납적 통계분석은 가설을 설정하고 총량자료(aggregate data)분석을 통해 변수 간의 개연적 관계를 통계적 상관관계로 나타내는 것을 특징으로 한다.

㉡ 이 방법론은 변수 간의 인과관계를 설명하는 데는 취약하지만 많은 사례들에 대한 통계적 연구를 하는 데는 매우 적절하다 하겠다.

② 연역적 방법

경제학적 방법론을 특징으로 하는 연역적 방법은 게임이론이 그 대표적 분석도구이다. 이 방법론은 하나의 공리(예를 들어, 모든 인간은 합리적 동물이다)를 설정하고 그 공리를 개별적 사례에 적용하여 진위여부를 규명하는 것을 특징으로 한다. 이 방법론은 변수 간의 통계적 상관관계보다는 논리적 일관성을 중요시한다.

③ 시뮬레이션 방법

시뮬레이션(simulation) 방법은 통계적 개연성이나 논리적 일관성, 그리고 인과관계를 규명하기보다는 주요 분석 대상의 결정과정을 인공지능 등 통계기법을 통해 재현함으로써 자기학습적 효과가 크다 할 수 있다.

(3) 베이지안 방법(Bayesian method)

① 아마 미국의 정보기관처럼 계량적 방법론을 광범위하게 활용하고 있는 조직은 드물 것이다. 그중 대표적인 것은 베이지안 방법(Bayesian method)을 경보정보(warning intelligence)에 적용하는 사례이다.

② 베이지안 방법은 사건 발생의 개연성을 확률적인 방법을 통해 도출해내는 것인데, R(한 가설이 다른 가설보다 더 정확할 수 있는 확률에 대한 수정치)＝P(그 이전 첩보에 따른 사건 발생의 개연성 확률치)×L(분석관이 설정하는 개연성의 수치)로 공식화된다.

③ 이 방법이 종래의 방법과 다른 점은 과거 직관에 의존하는 분석관의 판단을 수치화할 뿐 아니라, 주어진 시간에 가용한 첩보만을 가지고 결론을 내리지 않고 시간의 흐름에 따라 새롭게 전개되는 상황들에 대한 첩보를 수집하고 그에 의거하여 보다 역동적으로 주요 사태발생의 개연성을 계산해 내기 때문에 그 예측정확도 높다고 할 수 있다.

④ 특히 베이지안 방법은 특정 분석관 1명을 대상으로 개연성 계산을 하는 것이 아니고 여러 명의 분석관들의 개연성 수치를 비교, 취합하기 때문에 종래와 같이 소수의 분석관들의 직관적 분석에 의존하는 것보다 그 설득력이 높다.

(4) Policon과 FACTION

① 베이지안 방법이 전쟁이나 군사행동에 대한 경보정보에 유익한 계량 모델인 반면 Policon과 FACTION은 보다 광범위한 영역에 유용하게 활용되는 계량 모델이라 할 수 있다.

② 이 두 모델은 모두 유사한 것으로 Policon은 Bruce de Mesquito라는 정치학자를 중심으로 개발된 정치예측 및 분석 기법이라 한다면 FACTION는 CIA 과학기술국이 자체 개발한 분석 모델이다.

③ 이 두 모델 모두 합리적 선택이론에 기초한다. 보다 구체적으로 사회적 선택(social choice) 이론과 기대효용(expected utility) 모델에 기초하고 있다. 이 모델에 따르면 정보분석의 주요과제는 분석 대상국의 주요정책이다. 어떤 조건하에서 어떤 과정을 통해 어떠한 정책을 선택하게 되는가 하는 것이 이 모델의 주요 분석 대상인 것이다.

④ 여기서 정책이란 지도자의 선택이다. 지도자의 선택은 자의적으로 이루어지는 것이 아니다. 해당 국가에 있어서 사회 세력들의 선호도, 그리고 그에 따른 정치연합의 구도에 의해 결정된다. 그러나 정치연합과 그에 관련된 정치적 지지는 단순히 선호도에 의해서만 결정되지 않는다.

⑤ 지지했을 당시의 해당 현안의 중요성, 보유자원, 그리고 기대되는 효용 등이 복합적으로 작용하며 정치적 지지가 형성되는 것이다. 따라서 해당 사안별로 찬반세력을 구분하고 이들 찬반세력이 어떠한 정치연합을 구성하게 되며 궁극적으로는 어떤 정책 선택을 취하게 되는가를 규명해 주는 데 이 모델의 강점이 있다. 사실 1980년대 중반 이후 미 CIA는 이 모델을 광범위하게 활용해 오고 있는데 그 예측력은 매우 높은 것으로 나타나고 있다.

V 정보분석단계(표준 매뉴얼)

1 의의

휴어스(Richards J. Heuers)는 정보분석을 분석유형에 관계없이 문제설정, 가설 설정, 첩보 수집, 가설 평가, 가설 선택, 지속적인 모니터링의 여섯 단계로 구분한다.

2 문제 설정

① 정보분석에서 제일 먼저 고려해야 할 사항은 정확한 문제설정이다.

② 분석관 스스로가 문제를 제기할 경우는 해당되지 않지만 정책결정자가 소요를 제기할 시, 그 소요에 대해 정확히 파악, 편견이나 왜곡 없이 분석과제를 설정할 수 있어야 한다. 잘못된 문제설정은 정보분석의 전 과정을 무효화시켜 버릴 수 있다.

③ 이와 더불어 분석관들이 유의해야 할 사항은 마감시간 내에 분석보고서를 제출해야 하는 점이다. 시간 제약 없는 정보분석보고서의 제출이란 현실적으로 존재하지 않는다.

3 가설 설정

① 제기된 문제에 대한 가설을 설정할 때 가급적 제기된 문제와 관련된 문헌들을 철저히 탐색하여 가용한 모든 가설들을 제시해야 한다.

② 이와 더불어 동료는 물론이거니와 외부전문가들과의 상의를 통해 모든 아이디어를 검색할 때까지 성급한 결론을 내려서는 안 된다.

③ 이렇게 모든 아이디어와 이론들을 동원하여 다양한 가설들을 설정한 후 이를 하나씩 위증화(falsification) 과정을 통해 줄여나가야 한다.

④ 여기서 유념해야 할 점은 상대방이 기만(deception)전술을 쓸 수도 있기 때문에 당장 증거가 없다고 해서 특정 가설을 포기해서는 안 된다. 오히려 검증자료를 찾지 못할수록 그 가설이 맞아 들어갈 가능성이 크다고 할 수 있다.

4 첩보수집

① 설정된 가설들을 검증하기 위해 관련 첩보를 수집해야 한다. 이미 수집된 첩보만을 가지고 경합 가설들을 검증할 경우, 오류를 피하기 어렵다.

② 따라서 공작 부서의 수집관, 해외거점 요원, 전문가 및 학자, 그리고 외국 저널 또는 특수 저널 등을 총망라하여 경험적 기반을 확충해야 한다.

③ 여기서 주의해야 할 사항은 분석관 스스로가 심증이 가는 가설의 검증을 위한 첩보수집은 가급적 배제해야 할 것이다.

④ 반대로 분석관이 선호하는 가설부터 하나씩 위증해 나갈 때 정보분석의 정확도가 높아지는 것이다. 그러기 위해서는 대안적 가설들을 개발해야 한다. 대안적 가설은 소수설에서 도출될 수 있기 때문에 소수설을 간과해서는 안 된다. 바꾸어 말하면 형사가 범죄사건을 수사하듯이 모든 정황을 검토하면서 사태 해결의 실마리를 찾아야 한다.

5 가설 평가

① 경합 가설을 평가하는 데 있어서 가장 중요한 것은 어떠한 가설도 기정사실로 받아들여서는 안 된다는 것이다.

② 가급적이면 최선을 다해 위증의 노력을 해야 한다. 또한 가설마다의 기본가정을 각기 다른 각도에서 검토해 보고 가정 설정의 변화에 따른 대안적 가설 평가 작업에 임해야 한다. 특히 평가과정에 있어서 선입견이나 분석관 자신의 기준을 분석 대상에 일방적으로 적용하는 자기반사 이미지(mirror image), 그리고 집단 사고(group thinking)에 의한 획일적 인지양태는 가급적 피해야 한다.

③ 이와 더불어 주목해야 할 것은 분석 대상국의 주요 정책결정자들의 의도, 동기, 이해관계 등에 대한 심층적 파악이 선행되어야 한다는 점이다. 특히 정책결정은 합리적 사고에 의해 일사불란하게 이루어지는 것이 아니다. 분석 대상국 내의 관료정치, 국내 정치의 역동성에 의해 의도치 않은 결과를 야기시킬 수 있으며 정책 결정의 상당 부분은 오리무중일 수도 있다.

④ 따라서 분석관의 인지구조 못지않게 중요한 것은 분석 대상국 내부의 정치적 역동성에 대한 심층적 이해가 있어야만 경합 가설을 보다 효과적으로 평가할 수 있는 것이다.

6 가설 선택

(1) 의의

경합 가설 중 하나의 가설을 선택하는 데는 여러 가지 방법이 있다.

(2) Alexander George

① Alexander George는 경합 가설 중 하나의 가설을 선택하는 방법으로, 대안 중 최선의 가설보다 차선이지만 충분히 만족할 만한(satisfying) 가설을 채택하는 방법, 기존의 입장에서 크게 변하지 않는 좁은 범주 내의 대안적 가설을 채택하는 점진주의(incrementalism) 방법, 분석관들 간에 최대의 지지와 합의를 구하는 합의형 모델, 과거의 성공과 실패 사례에 대비하여 가설을 선택하는 유추 방법(reasoning by analogy), 마지막으로 좋은 대안과 나쁜 대안을 구분할 수 있는 일련의 기준과 원칙을 정하고 이를 바탕으로 가설을 선택하는 방법의 5가지를 제시한다.

② 이와 같은 5가지 가설 선택방법 중 정책과 관련된 가설 선택은 궁극적으로 정책결정자가 하기 마련이다. 엄격한 의미에서 분석관들은 판단을 피하고 가급적 현황 설명과 다양한 대안의 제시를 통해 정보소비자가 현명한 판단을 할 수 있도록 도와 주는 것이 바람직하다.

③ 그러나 이 과정에 있어서 분석관은 가설 선택의 과정을 명시적으로 보여 줄 필요가 있다. 즉 여러 가지 경합 가설들을 하나씩 위증해 나가고 그 과정에서 왜 어떤 가설이 선택되고 다른 가설들은 배제되었는가를 경험적 증거로서 설명해 줄 수 있어야 한다. 여기서 분석

관들은 하나의 딜레마에 봉착할 수도 있다. 즉 선택된 가설(또는 배제되지 않는 가설)의 경우, 그를 검증할 수 있는 경험적 증거가 적을 수도 있다. 따라서 이러한 가설 선택에 대해서는 설득력 있는 정당화가 필요하다. 여기서 한 가지 유의해야 할 점은 선택된 가설과 관련하여 모호성을 피하기 위해 개연성의 범위를 확률로 표현해 주어야 한다는 것이다.

(3) Sherman Kent

이와 관련하여 Sherman Kent는 '거의 확실한(almost certain, 93%)', '대체로 가능한(probable 75%)', '반반의 가능성이 있는(chance almost even, 50%)', '대체로 가능하지 않은(probably not, 30%)', '거의 확실하지 않는(certainly not, 7%)'의 5가지로 확률 단계를 제안하였다. 따라서 선택된 가설은 이러한 개연성에 기초하여 확률적으로 표현하는 것이 바람직하다.

7 지속적 모니터링의 필요성

가설이 선택되었다 하더라도 그 가설에서 도출된 결론이 절대적이고 최종적인 것이 될 수는 없다. 왜냐하면 국가안보관련 현실은 부단히 변화하기 때문이다. 따라서 분석 현안에 대해 지속적으로 감시하고 그에 따른 변화를 분석의 대상으로 삼아야 할 필요가 있다. 이 과정이 없이는 정보실패 확률이 높아질 수밖에 없다.

Ⅵ Sherman Kent의 정보분석 9계명

(1) 의의

과학적 정보분석의 효시라 할 수 있는 미국의 Sherman Kent는 효과적인 정보분석을 위해서 다음 아홉 가지의 분석 시 유의사항을 제시한 바 있다.

(2) 지적으로 엄밀해야 한다.

정보판단은 사실과 신빙성 있는 제보에 근거해야 하며 모든 정보원(source)은 일관성과 신빙성에 기초하여 검토 및 평가되어야 한다. 또한 수집 첩보상의 불확실성이나 괴리를 명백히 해야 한다.

(3) 분석의 가정과 거기에서 파생된 결론을 명백히 기술하라.

설정 가정과 도출된 결론에 안주하지 말아야 한다. 어떠한 조건하에서 이들이 오류를 범하게 될 것인가를 집요하게 추적하고 불확실성이나 오류를 범할 소지가 높다면, 대안적 결과들을 식별하고 어떤 상황하에서 이들이 발생할 것인가를 규명해 내야 한다.

(4) 다른 정보판단을 고려할 수 있어야 한다.

분석관 자신의 전문성의 한계를 인정하고 자신의 견해에 대한 집착을 피해야 한다. 정보분석 과정에서 자신의 결함을 보강할 수 있는 조언을 모색해야 한다. 그리고 다른 분석관들과 아주 강한 견해 차이가 있을 경우, 이를 분명히 해야 한다.

(5) 정보판단에 대해 집단적 책임을 져야 한다.

자신의 정보분석에 대한 내부적 조정이 이루어질 수 있도록 충분한 시간을 허용해야 한다. 또한 CIA와 분석국(DI)의 모든 견해를 대변하고 옹호해야 한다. 개인적인 견해를 분명히 할 필요가 있지만 상부에서 요구할 때만 제시해야 한다.

(6) 언어구사를 정확히 하라.

자신의 독특하거나 새로운 식견 또는 사실을 가급적 빠르게 전달해야 한다. 활력 있는 구두 보고를 하고 가급적 짧은 문구를 사용해야 한다. 지나친 세부 묘사를 피하고 기술용어의 사용을 최소화해야 한다. 분석국(DI)의 보고서 작성 지침을 항상 참고해야 한다. 그리고 짧은 보고서가 언제나 낫다는 것을 유념해야 한다.

(7) 내부의 맹점을 대조하기 위해 외부 전문가들을 활용하라.

자신의 분석과제와 관련하여 새로운 외부 연구와 전문가들을 찾아 지속적으로 자문을 구해야 한다. 자신의 분석과 관련된 언론매체의 보도경향에 주목하고 이들로부터 얻을 것이 있는가를 고찰해야 한다. 핵심적 이슈에 관해서 외부의 반응이 자신의 생각과 일치하는지를 대조해야 한다.

(8) 분석적 과오를 인정하고 실수를 통해 배워라.

정보분석은 아주 풀기 어려운 과제들과 불확실성에 초점을 맞추기 때문에 오류를 범할 소지가 크다는 것을 인정해야 한다. 과거의 정보판단이나 해석을 주기적으로 검토하고, 그 성공과 실패의 원인과 성격이 어떠했는가를 규명해야 한다. 그리고 이전의 정보분석 라인이 적절치 못했다는 것을 발견했을 경우 즉시 정책 입안자에게 알려주고 그 사유와 함의를 설명해야 한다.

(9) 정책 입안자의 관심사항에 주목하라.

정책 입안자의 현안 문제에 적실성과 시의성이 있는 정보를 전달해야 한다. 자신의 정보분석이 미국의 정책에 어떤 함의를 가지는가를 분명히 해야 한다. 특히 정책 입안자가 위협을 다루고, 결단을 내리는 동시에 정책목적을 달성할 수 있는 실행 가능한 정보를 제공해야 한다.

(10) 분석관 자신의 정책 의제를 추구해서는 안 된다.

개인적인 정책 선호도가 정보분석의 성격을 좌우해서는 안 된다. 정책 입안자들이 정책 대안을 요청할 때, 가급적 정중하게 그러나 단호하게 이를 거부해야 한다. 정보는 정책 선택에 있어서 불확실성과 위험도를 감소시켜 주고 그 실행에 있어서 이상적 기회를 식별함으로써 정책 입안자들을 도와주는 데 있지, 그를 대신하여 정책을 선택해 주는 것은 아니다.

Theme

24 정보분석 기법과 기술적 분석

I 의의

① 정보분석 기법은 크게 기술적인 분석(technical analysis)과 사회과학적인 분석으로 구분될 수 있다.

② 기술적인 분석(technical analysis)은 암호해독 및 분석, 원격측정정보 분석(telemetry analysis), 항공사진 판독(photo interpretation) 등 기술수단을 통해 수집된 첩보자료의 의미를 분석하는 방법을 뜻한다.

③ 그런데 기술적 분석은 전문가가 아니면 이해하기가 어려우며 엄밀한 의미에서 분석이라기보다는 처리(processing)에 가깝기 때문에 여기서는 다루지 않기로 한다. 다만 기술적 분석 중에서 암호분석은 전문가뿐만 아니라 때로 일반인들도 활용하고 있기 때문에 그 기본원리를 간략히 소개하기로 한다.

④ 사회과학적인 분석기법은 가설을 세우고 자료를 검증하여 현재 일어난 사건을 설명하고 앞으로 발생할 사건의 전개방향을 예측하는 등 일반 사회과학에서 수행하는 분석 방법을 의미한다. 오늘날 일반 사회과학에서 개발된 다양한 종류의 질적분석 기법(qualitative analysis)과 계량분석 기법(quantitative analysis)이 정보기관의 정보분석 기법으로 도입되어 활용되고 있다.

Ⅱ 기술적 분석: 암호분석(cryptanalysis)

1 의의

① 암호분석이란 적의 코드(code, 음어)나 암호(cipher)를 해독하여 일반인들이 알아볼 수 있도록 전환시키는 작업이다. 코드나 암호를 사용하여 메시지를 전달하면 중간에 누군가 가로채어 보게 되더라도 그 의미를 해석할 수 없다. 그래서 코드와 암호는 안전하게 메시지를 보낼 수 있는 방법으로 오랜 옛날부터 활용되어 왔다.

② 코드와 암호를 만드는 체계는 워낙 다양하고 그 수법도 발전해서 이를 해독하기가 점점 어려워지고 있다. 코드집에 일회용 암호표(one-time pad)와 같은 무작위 숫자들을 첨가시키게 되면 해독이 거의 불가능하다. 암호에는 좀 더 다양한 수법들이 동원된다. 예를 들어 암호키를 지속적으로 바꾸는 방법, 철자를 재배열하는 '치환' 그리고 평문에 쓰인 철자를 다른 철자로 바꾸는 '대입' 등을 통해 해독하기가 보다 어렵도록 만들 수 있다.

2 코드와 암호

(1) 코드

① 코드와 암호는 곧잘 혼용되어 쓰이고 있지만 실제로는 다소 차이가 있다. 코드는 암호화하지 않은 평문을 코드 집을 이용해 바꾸어 놓은 것으로서 같은 코드 집을 가진 사람만이 해독이 가능하다.

② 제2차 세계대전 동안 영국으로 침투한 138명의 독일 스파이와 그 밖에 영국을 상대로 첩보활동을 벌이기 위해 독일이 포섭했던 20여 명의 스파이가 한 사람도 남김없이 영국 보안국(MI5)에 발각되어 체포되었다. 당시 영국 정보부서에서 도청한 독일 정보기관의 무선교신 내용을 연구한 결과 독일이 당시 인기소설이었던 「우리 마음은 젊고도 활기찼다」라는 책을 '북 코드(took code)'로 활용하고 있다는 사실을 알아냈다. 예를 들어 '141011'이라는 조합은 메시지에 들어가는 단어가 14쪽 10행 11열에 있다는 뜻이다. 영국은 북 코드를 활용하여 독일의 무선교신 내용을 해독해냈고, 독일 스파이들이 언제 어느 지역으로 침투할 것인지를 미리 알고 적시에 이들을 체포할 수 있었다.

(2) 암호

반면에 암호는 코드의 일종으로서 평문으로 작성된 메시지를 일정한 알고리즘에 따라 숫자나 글자로 대체시킨 것이다. 메시지를 받는 사람은 암호키를 알기 때문에 메시지를 해독해 읽을 수 있다.

생각넓히기 | 암호체계

	1	2	3	4	5	6	7	8	9	0
1	ㄱ	ㄴ	ㄷ	ㄹ	ㅁ	ㅂ	ㅅ	ㅇ	ㅈ	ㅊ
2	ㅌ	ㅍ	ㅎ	ㅏ	ㅑ	ㅓ	ㅕ	ㅗ	ㅛ	ㅜ
3	ㅠ	ㅡ	ㅣ	ㅐ	ㅔ	ㅒ	ㅖ	ㅃ	ㅉ	ㅢ

메시지를 암호화 하려면 원하는 철자에 해당하는 왼쪽 숫자와 오른쪽 숫자를 읽으면 된다. 가령 "서울역 매표구 앞"이라는 문장을 암호화하자면 1726 1802014 182711 1536 2229 1120 182422가 된다. 암호문은 보통 숫자 5개를 한 묶음으로 사용하기 때문에 전송되는 메시지는 다음과 같다.

17261 80201 41827 11153 62229 11201 82422

이 같은 메시지를 해독하려면 0에서 9까지의 암호키를 알아야 한다. 또한 암호키는 간단한 조작으로 언제든지 바꿀 수 있지만 이를 해독하려면 몇 배의 노력이 요구된다. 예를 들어 아래와 같이 암호키를 무작위로 변경하면 해독하는 데 많은 시간과 노력이 필요할 것이다.

	3	5	1	4	3	9	0	8	6	7
1	ㄱ	ㄴ	ㄷ	ㄹ	ㅁ	ㅂ	ㅅ	ㅇ	ㅈ	ㅊ
2	ㅌ	ㅍ	ㅎ	ㅏ	ㅑ	ㅓ	ㅕ	ㅗ	ㅛ	ㅜ
3	ㅠ	ㅡ	ㅣ	ㅐ	ㅔ	ㅒ	ㅖ	ㅃ	ㅉ	ㅢ

(3) 울트라 계획(Ultra Project)

① 제2차 세계대전 중 영국 정보기관은 울트라 계획(Ultra Project)을 통해 독일 에니그마 암호기를 해독하는 데 성공했다. 그러나 독일이 에니그마 암호기의 키를 수시로 바꾸어 메시지를 보냈기 때문에 이를 해독하는 데 어려움이 있었다.

② 당시 오늘날과 같은 복잡한 연산능력을 갖춘 컴퓨터가 없었기 때문에 약 1만여 명의 인원을 상시 대기시켜 암호키를 풀기 위한 연산 작업을 수행했던 것으로 알려졌다.

3 암호분석 작업

(1) 의의

오늘날 상대가 점점 복잡하고도 난해한 암호체계를 활용하기 때문에 암호분석 작업은 고도의 전문화된 기술과 더불어 엄청난 노력을 요한다.

(2) 울트라 계획(Ultra Project)

그런데 암호체계를 해독했다는 사실이 상대방에게 발각되면 어렵게 해독한 암호분석 작업이 모두 물거품이 되어버리고 만다. 영국의 울트라 작전은 단순히 암호해독에 성공했다는 사실 이상으로 1만여 명 이상의 인원이 전쟁이 끝날 때까지 암호해독에 관해 철통보안을 유지했기 때문에 효과를 극대화할 수 있었다.

(3) 미국의 리비아 폭격

① 이와 반대로 암호해독에 관한 보안이 누설될 경우 엄청난 손실이 발생할 수 있다. 1986년 레이건 대통령은 리비아 폭격을 정당화하기 위해서 미국의 첨단 암호해독 능력을 공개했고, 그로 인해 암호화된 메시지를 통한 정보획득 기회가 완전히 상실되는 결과를 초래했다.

생각넓히기 | 워싱턴 포스트 기사

레이건 대통령과 그의 최고위 참모들은 리비아가 서베를린 나이트클럽 폭파에 직접적인 책임이 있다는 강력한 증거를 갖고 있다는 사실을 보여주기 위해 미국 정보기관이 비밀리에 취득한 민감한 정보를 이례적으로 공개했다. 정보 소식통에 따르면 대통령이 인용한 세부사항들은 미국이 리비아의 민감한 외교 통신을 가로채서 해독할 능력이 있음을 분명히 보여주었다고 밝혔다.

② 정책결정자가 자신의 정책을 정당화하기 위해 또는 사소한 실수로 인해 비밀이 누설될 경우 많은 시간과 노력을 들여서 어렵게 획득한 암호분석 능력을 하루아침에 잃어버리는 낭패를 보게 될 수 있다.

Theme

25 사회과학적 기법

I 학문적 기법과의 비교

1 의의

① 정보분석은 여러 가지 관점에서 일반 사회과학과 유사하다. 그래서 혹자는 미국 CIA 분석부서 구성원들과 대학의 '지역연구(area studies)'를 전공하는 교수진들 간의 유사한 점을 비교하여 묘사하기도 한다.

생각넓히기 | 터너(Stanfield M. Turner) 전 CIA 국장

CIA의 분석부서 요원들의 대부분은 대학에서 연구하는 사람들처럼 지적 능력을 갖춘 전문가들로 구성되어 있다. 여기에는 일반대학이나 정부 어떤 부처보다도 더 많은 Ph.D 보유자들이 근무하고 있으며, 이들의 전공은 고고학에서부터 인류학에 이르기까지 다양하다.

② 실제로 미국 CIA의 분석국은 주로 공개정보 자료를 활용하여 외국 문제에 대해 연구하며, 지역문제 전문가들로서 외부로 공개될 수 있는 일반보고서들을 다량으로 생산해낸다. 미국 정보공동체의 기타 부서들 역시 광범위한 분야에 걸쳐서 연구를 수행한다.

③ 그렇다고 정보기관이 대학과 똑같을 수는 없다. 정보기관은 일반 대학과는 달리 비밀 자료를 수집하고 이를 활용한다. 또한 정보기관은 군사정보나 테러리즘 등과 같이 국가안보에 위협을 야기하는 문제들을 중점적으로 연구한다는 점에서도 일반 대학과 차이가 있다.

2 궁극적 목표의 차이

① 정보분석에서 활용되는 기법은 기본적으로 사회과학적인 방법과 다르지 않다.

② 그렇지만 그러한 기법을 활용하여 얻고자 하는 궁극적인 목표는 다소 차이가 있다. 흔히 학문이 추구하는 목표는 진리 탐구라고 한다. 이는 곧 어떤 현상의 원인을 규명하는 데 중점을 둔다는 것이다. 자연과학은 자연현상을 사회과학은 사회현상을 분석하여 그 원인을 설명하고자 한다. 물론 자연현상이든 사회현상이든 그 원인을 규명해 냄으로써 앞으로 일어날 사건을 예측해 낼 수도 있다.

③ 그러나 학문의 목표는 예측보다는 설명에 둔다. 일반 사회과학과 마찬가지로 정보분석도 국가안보와 관련된 사회 현상을 설명하고 예측하고자 노력한다. 그러나 정보분석에서는 설명보다는 예측 또는 판단에 보다 많은 비중을 둔다는 점에서 일반 사회과학과 차이가 있다.

④ 또한 일반 학문과 유사하게 정보분석도 객관성(objectivity)을 중요시한다. 그러나 정보분석은 기본적으로 정책을 지원하는 데 활용되기 때문에 정책 지향적인(policy oriented) 성격을 갖게 된다. 즉 정보분석은 한편으로는 객관성을 유지하면서 동시에 정책결정권자의 요구에 순응해야 하는 양면성을 지닌다. 이로 인해 때로 분석관이 지나치게 정보사용자의 요구에 순응하느라 객관성을 상실하고 왜곡된 정보가 생산되는 '정보의 정치화 현상'이 발생하기도 한다.

3 정보분석의 어려움

① 어떤 학자에 따르면 정보분석은 첩보자료들을 충분히 획득하지 못한 채 분석을 해야 하는 시간적 제약성, 분석 대상 변수를 통제할 수 없는 한계, 불완전한 자료수집 과정과 적의 기만책으로 인해 자료의 신뢰도가 떨어지는 점, 불확실한 예측에 비중을 두어야 하는 점 등 여러 가지 복잡한 요소들 때문에 사회과학적 연구보다 더 어렵다고 주장한다.

② 일반 학문분야의 학자들은 이론을 만드는 데 중점을 두지만 정보분석관들은 왜곡되거나 적의 기만일 수도 있는 사실들을 매우 제한된 시간 내에 해석해내야 한다. 따라서 대부분의 정보판단은 상당한 정도의 불확실성을 내포하고 있으며, 그로 인해 상황을 오판하게 될 위험이 상존한다.

생각넓히기 | 존슨(Loch K. Johnson)의 분석의 어려움

제도적 차원에서 볼 때 불완전한 첩보에 바탕을 두고 있어 혼란스럽기 그지없는 일이다. 불확실성, 모호성, 논쟁, 혼란스럽게 얽혀 있는 문제에 대한 부분적 해답 등은 분석과정에서 항시 존재하는 조건들이다.

Ⅱ 사회과학적 기법의 활용

1 의의

① 한편 사회과학적 기법은 정보분석에 유용하게 활용된다. 복잡한 정보환경 속에서 사회과학적 기법을 알지 못하거나 그것을 제대로 적용하지 못하면 분석적 오류가 발생할 수 있다.

② 사회과학적인 기준과 절차를 엄격하게 적용하지 않을 경우 분석적 오류가 야기될 수 있다. 그러므로 분석관들이 사실, 이론 또는 분석기법에 대해 보다 많은 지식을 갖추고, 더 나아가 정보분석에 학문적 방법론을 올바로 적용하게 될 때 분석적 정확성이 향상될 수 있을 것이다.

생각넓히기 | 저비스(Robert Jervis)의 정보의 세 가지 조건

첫째, 분석관은 주어진 상황에서 각기 다른 설명들을 제시하고, 둘째, 각각의 설명에 대한 증거를 찾아낸 다음, 셋째, 현상에 대해 가장 타당성이 있는 것으로 보이는 주장을 보고하게 된다. 물론 이러한 조건이 충족되었다고 분석의 결과가 항시 정확하다는 것을 의미하는 것은 아니며, 다만 세 가지 조건이 생략되면 질적으로 우수한 분석 결과물이 생산될 가능성이 감소될 것이다.

③ 분석관은 다양한 종류의 사회과학적인 분석기법을 활용하여 첩보자료들을 정보보고서로 전환시키는 임무를 수행하게 된다.

④ 콜비(William Colby) 전 CIA 국장은 분석관의 위상에 대해 "정보시스템의 중심에 분석관이 위치하고 있으며, 모든 첩보자료들이 그에게 보내져 그것을 검토하고 그것이 무슨 의미인지를 평가하게 된다."고 기술했다.

⑤ 분석관은 여러 가지 사회과학적 방법을 활용하여 복잡한 문제를 구조화하고 분석하여 국내외적인 안보현안을 해석하게 된다. 사회과학적 방법의 기본적인 양상에 대해서는 다양한 견해가 제시되고 있는 가운데 대체로 자료수집, 가설 정립, 가설 검증 그리고 믿을 만한 예측의 근거자료로 활용될 수 있도록 미래에 대해 결론을 도출하는 것 등을 포함하고 있다.

2 가설 검증

① 분석관은 수집된 자료를 바탕으로 가설을 정립하고 그 진위를 검증하는 작업을 진행하게 된다.

② 가설 검증은 정보분석의 과정에서 가장 중요하면서도 어려운 단계이다. '합동군사정보대학(the Joint Military Intelligence College, JMIC)'에서 발행한 자료에 따르면 "분석관이 정보현안 분석과정에서 체계적인 가설검증 기법을 적용하게 되면 직관에 의존하여 분석하는 사람보다 훨씬 나은 결과를 도출할 수 있을 것이다."라고 기술했다.

③ 사회과학의 기초는 설정된 가설들(hypotheses)의 정확성과 신뢰성에 대한 가설 반증과 수정을 통해 구축되었다고 볼 수 있다. 이와 마찬가지로 정보현안에 대한 정확하고 신뢰성 있는 분석 또는 판단은 결국 체계적인 가설 검증에 달려 있다고 볼 수 있다.

3 질적 분석과 계량분석

① 정보분석과정의 가설 검증에 활용되는 분석기법으로서 '질적 분석'과 '계량분석'이 있다. 물론 이는 정보분석에서 독자적으로 개발한 것이 아니고 일반 사회과학에서 활용되는 방법을 도입한 것이다.

② 정보현상에 대한 분석 작업을 수행함에 있어서 전적으로 하나의 분석기법만에 의존하여 검증하고 판단을 내리는 것은 아니다. 한 가지 분석기법에만 의존하는 것보다는 다양한 종류의 질적 분석기법과 계량분석기법들을 경쟁적으로 또는 상호보완적으로 적용하여 검증해 봄으로써 검증 결과의 정확성과 신뢰성이 증가될 수 있을 것이다.

생각넓히기 | 질적 분석과 계량분석

질적 분석과 양적 분석은 연구조사방법의 두 가지 접근방법으로서, 질적 분석은 어떤 현상의 인과관계를 중시하면서 내부로부터 이해하는 접근방법이고, 양적 분석은 어떤 현상의 경험적 · 객관적인 법칙을 중시하면서 외부로부터 설명하는 접근방법이다. 양적 분석은 자료를 계량화 · 객관화하여 법칙을 발견하는 것을 중시하여 사회제도적 연구 또는 구조적 이해에 적합하고, 질적 분석은 어떤 현상의 배경과 인과관계를 중시하여 행위자의 주관적 의도를 파악하는 데 유용하다. 정보분석에 활용되는 질적 분석기법에는 브레인스토밍, 핵심판단기법, 경쟁가설 기법, 인과고리기법, 역할연기기법, 분기분석기법, 목표지도작성법, 계층분석기법, 사례연구기법 등이 있고, 양적 분석기법에는 베이지안 기법, 폴리콘(Policon)과 팩션즈(Factions), 의사결정나무 기법, 통계분석기법, 기타 각종 OR기법 등이 있다.

Ⅲ 질적 분석기법(Qualitative Analytic Techniques)

1 의의

① 질적 분석기법(Qualitative Analytic Techniques)은 대체로 어떤 현상에 대해 수립된 가설이나 명제를 검증하는 데 필요한 자료의 양이나 사례가 충분하지 않거나 변수들을 계량화하기 어려운 경우에 적절히 활용될 수 있다.

② 질적 분석기법은 논리적 사고를 통해 결론을 도출하는 방법으로서 계량화가 불가능한 추상적인 이슈들 또는 행위자의 주관적 의도를 판단하는 데 적합하다.

③ 예들 들어, 우파, 좌파, 중도, 중도우파, 중도좌파 등 국가 지도자의 정치적 이념을 평가하는 경우 계량화가 사실상 매우 어려울 것이다. 또는 새로 등장한 정부의 개혁 성향을 규정하게 될 경우 이상주의, 현실주의, 급진, 진보, 보수, 극보수 등 대체로 주관적인 판단에 의존하게 될 것이다.

④ 이 밖에 국가의 외교력, 경쟁력, 동맹관계 등 매우 복잡하고 불확실한 현상에 대한 분석은 계량화보다는 논리적인 사고를 통해 추론하는 방법이 보다 적절할 것으로 생각된다.

2 질적 분석기법

(1) 의의

정보분석에서 많이 활용하고 있는 질적 분석기법으로서 브레인스토밍(Brain Storming), 핵심판단(Key Judgement), 경쟁가설(Competing Hypotheses), 인과고리(Causal Loop Diagram), 역할연기(Role Playing), 분기분석(Divergent Analysis), 목표지도작성(Objectives Mapping) 등이 있다.

(2) 브레인스토밍(Brain Storming)

브레인스토밍은 가설 검증에도 유용한 방법이지만 어떤 상황에 대한 문제 파악으로부터 대안 강구에 이르기까지 광범위하게 활용된다.

(3) 핵심판단(Key Judgement)

핵심판단기법은 분석대상에 대해 다수의 가설을 설정하고 각각의 가설을 뒷받침할 수 있는 증거를 평가하여 몇 개의 중요한 가설로 압축한 후 이를 중심으로 핵심적인 판단을 추출해 내는 방법이다.

(4) 경쟁가설(Competing Hypotheses)

경쟁가설 기법은 서로 모순되는 가설들에 대해 증거가 될 수 있는 첩보자료들을 대조시켜 가장 유력한 가설을 선택하는 것이다.

(5) 인과고리(Causal Loop Diagram)

인과고리 기법은 분석의 대상이 되는 어떤 현상에 영향을 미쳤을 것으로 예상되는 변수들 간의 인과관계를 도식화함으로써 사태 발생의 원인을 규명하고 향후 추세를 전망하는 방법이다.

(6) 역할연기(Role Playing)

역할연기 기법은 다자간 회의나 협상 결과를 예측하는 데 매우 유용하게 활용될 수 있는데 전문가들에게 협상 당사자의 역할을 수행하도록 한 다음 그 과정과 결과를 관찰하여 분석에 활용하는 방법이다.

(7) 분기분석(Divergent Analysis)

분기분석은 시간적 여유가 있는 경우 분석결과를 수차례에 걸쳐 재분석하여 최종 분석결과를 도출하는 방법이다.

(8) 목표지도작성(Objectives Mapping)

목표지도작성은 도식화가 가능한 분석 주제에 대해 분석도표를 작성하여 궁극적으로 목표지도를 생성하는 분석방법이다.

생각넓히기 | **램프기법(Lockwood Analytical Method for Prediction, LAMP)**

Lockwood가 창안한 기법이다. Lockwood는 미래란 국가행위자의 개인적 또는 국제적 규모의 자유의지(free will)의 유기적 총합이라고 본다. 그러므로 분석가는 국가 행위자(national actors)를 잘 인식하는 바탕 위에서 주어진 현재시점에서 미래가 어떻게 전개될 것인지에 대한 예측을 할 수 있다. 예를 들어 미국의 사이버 위협, 알카에다 공격 가능성 등 광범위한 정보 문제의 특정 연구 질문에 대한 가장 가능성 있는 결과를 예측할 수 있다. 램프기법은 특히 공개출처정보의 분석에 용이하고, 단기적이고 독특한 행동을 예측하기 위해 주로 질적 데이터를 사용한다.

Ⅳ 계량분석(Quantitative Analytic Teclmiques)

1 의의

① 계량분석(Quantitative Analytic Teclmiques)은 가설이나 명제를 검증하는 데 필요한 증거자료가 충분하고 계량화가 가능할 경우에 활용된다.

② 질적 분석은 계량화가 어려운 추상적인 이슈 또는 주관적 의도를 판단하는 데 적합한 반면, 계량분석은 사실이나 현상에 대한 가설을 검증함에 있어서 계량화된 자료를 활용하기 때문에 보다 객관성을 가지는 것으로 여겨진다.

③ 그러나 모든 사물이나 현상을 계량화하는 데는 한계가 있으며, 그러한 분석을 통해 산출된 결과가 반드시 객관적이고 정확한 것은 아니다.

④ 예를 들어 베트남 전쟁 당시 병력이나 무기체계 등 물리적 차원의 군사력을 단순 계량적으로 비교했을 경우 미국이 베트남에 비해 압도적인 능력을 보유했던 것으로 평가되지만 결과는 베트남의 승리로 나타났다.

⑤ 전쟁에 승리하는 데는 물리적인 군비 이외에 군대의 사기, 군기, 전략, 지휘관의 통솔력 등 계량화가 불가능한 요인들이 중요하게 작용한다. 따라서 단순히 양적인 방법만으로는 불충분하고, 질적인 판단이 보완됨으로써 보다 객관적이고 정확한 판단이 내려질 수 있을 것이다.

2 계량분석 기법

(1) 의의

① CIA의 분석국을 포함한 미국의 정보공동체에서는 1950년대부터 수학이나 통계학에서 개발된 다양한 종류의 계량분석 기법들을 활용해 왔다. 정보분석에 도입되어 빈번히 활용되고 있는 대표적인 계량분석 기법들로서 베이지안 기법(Bayesian Method), 게임 이론과 합리적 선택이론에 기초한 Policon-Factions, 델파이 기법(Delphi Method)등을 들 수 있다.

② 베이지안 기법과 Policon-Factions는 OR(Operation Research)의 일종이다. 이외에도 OR 기법에는 행렬(Matrix) 분석방법, 시뮬레이션(Simulation), 게임이론 등이 있다. 또한 정보분석에는 빈도분석(Frequency), 분산분석(ANOVA), 상관관계분석(Correlation), 회귀 분석(Regression), 요인분석(Factor Analysis) 등 다양한 통계기법들이 활용되고 있다.

③ 이 밖에 최적의 정책 대안을 찾아내는 방법으로서 의사결정나무(Decision Tree) 기법, 미래 예측에 초점을 두고 개발된 델파이(Delphi) 기법, 계량적 내용분석(Content Analysis) 등이 정보분석에 활용되고 있다.

생각넓히기 | **운용과학(Operations research, OR)**

수학적, 통계적 모형 등을 활용하여 효율적인 의사결정을 돕는 기법이다. 수학적 기술을 많이 사용하기 때문에 수학의 하위분야로 분류되기도 하며, 문맥에 따라 종종 경영 과학이나 의사결정 과학으로 불리기도 한다. 주로 수학적 모델링이나 통계 분석, 최적화 기법 등을 이용하여 복잡한 의사결정 문제에서 최적해 혹은 근사 최적해를 찾아내며, 이익, 성능, 수익 등을 최대화하거나 손실, 위험, 비용 등을 최소화하는 현실적인 문제를 해결하는 데 사용된다.

(2) 베이지안 기법

베이지안 기법은 새로운 정보를 입수함으로써 의사결정을 바꾸어 나가는 방법이다. 즉 어떤 주제에 대해 복수의 가설을 설정하여 일단 각 가설의 실현 가능성에 대해 확률판단을 내린 다음 새로운 사건들이 발생하여 추가 정보가 입수되면 이를 베이지안 공식에 적용하여 각 가설의 확률변화 추이를 통계학적으로 추론하는 방법이다.

(3) 정세전망분석(Policon-Factions)

① Policon은 '정치적 갈등(political conflict)'의 약자로서 Policon이라는 회사가 개발한 정치전망 분석기법이다.

② 미국 CIA는 1982년부터 1986년까지 이를 도입하여 정보분석에 활용했고, 그 후 자체 분석 환경에 맞도록 수정하여 Factions라는 프로그램으로 발전시켰다.

③ Factions는 정치적 사건의 결과 예측, 정치지도자의 행동 패턴 분석, 국가 위기 수준 및 권력구조 등을 파악하는 데 빈번히 활용되었다.

(4) 의사결정 나무기법(Decision Tree)

① 의사결정 나무기법은 의사결정규칙을 나무구조로 도표화하여 분류(classification)와 예측(prediction)하는 분석방법이다.

② 이것은 어느 집단의 의사결정에 영향을 미치는 요인들을 나뭇가지가 갈라지는 것처럼 분류해 봄으로써 어떤 요인이 중요한 역할을 하는지를 순서대로 골라내는 방법이다.

③ 분류 또는 예측의 과정이 나무구조에 의한 추론 규칙에 의해서 표현되기 때문에 분석자가 그 과정을 쉽게 이해하고 설명할 수 있다는 장점이 있다.

(5) 델파이 기법(Delphi Method)

① 의의

㉠ 예측하려는 문제에 관하여 전문가의 견해를 유도하고 종합하여 집단적 판단으로 정리하는 일련의 절차이다.

㉡ 일반적인 설문조사 방법과 전문가 협의 방법을 결합하여 그 장점을 극대화하도록 설계되었다.

② 절차

㉠ 조사하고자 하는 영역의 전문가로 델파이 패널(Delphi panel)을 선정하고, 이들을 대상으로 관련 쟁점이나 예측하려는 문제에 대해 개방형 설문조사를 진행한다.

㉡ 개방형 설문조사 결과를 구조화하여 설문문항을 만들고, 이에 대한 패널의 의견을 수렴한다.

㉢ 구조화된 설문조사 결과가 나오면, 그 결과와 동일한 구조화된 설문 문항을 다시 패널에게 보내, 응답 분포와 다른 전문가의 의견을 통해 자신의 의견을 수정할 기회를 부여한다.

㉣ 이런 과정이 반복되는 동안 패널은 자기 판단을 수정보완하며, 연구자는 패널 의견이 어느 정도로 수렴되는지 확인하고 이를 해석한다.

③ 특징

㉠ 익명성을 보장한다. 이는 면대면 토의에서 명성이 높거나 독점적으로 의사 표현을 하는 특정 개인에 영향받지 않고, 자신의 의견을 충분히 개진할 수 있게 해 준다.

㉡ 수정 기회를 제공한다. 면대면 토의에서는 논의 과정 중에 다른 전문가의 의견을 통해 자기 생각이 틀렸음을 인식해도, 과정 중에 자기 생각을 수정 발표하기는 쉽지 않을 수 있다. 전문가 의견 분포와 이유를 충분히 접하고, 자기 생각을 돌아보아 얼마든지 다른 사람을 의식하지 않고 수정할 기회를 제공해, 본래 목적인 타당한 합의 도출을 가능하게 해 준다.

㉢ 쟁점에 대해 합의 도출된 결론만 보이는 것이 아니라, 전반적인 인식 분포와 소수 의견까지 파악할 수 있다. 모든 전문가에게 의견을 묻고 이를 분포로 나타내기 때문에 결론뿐만 아니라, 쟁점에 대한 전반적인 인식 성향을 파악할 수 있다. 또한 수차례 조정 과정을 거치며 발생하는 전문가의 인식 변화 흐름도 감지할 수 있다. 무엇보다 전반적인 응답과 동떨어진 소수 의견에 대해서도 그 응답 이유를 볼 수 있어, 소수 의견이 탁견인지 아니면 이해가 부족해서 생긴 오해인지 판단할 기회가 주어지게 된다.

생각넓히기 | 델파이 기법(policy delphi)의 유형

1. 수량적 델파이(numeric delphi)는 어떤 문제에 대한 수량적 예측을 최소한의 범위까지 구체화하는 목적으로 가장 빈번하게 사용되는 방법이다.
2. 역사적 델파이(historical delphi)는 정치, 경제, 문화 등 각 분야에서 과거에 특정한 문제가 발생했을 경우 어떻게 반응하고 대처하였겠는가를 추정하여 과거의 특정 정책결정을 재조명하거나, 그것과 다른 가능한 대안을 추구하였을까를 추정하는 방법이다 이는 특정 상황에서의 결정에 대한 새로운 조명이라는 의미로 불확실한 상황에서 정책결정자들에게 특히 의미가 크다고 할 수 있다.
3. 정책 델파이(policy delphi)는 델파이의 기본논리를 이용하여 정책문제 해결을 위해 정책대안을 개발하고 정책대안의 결과를 예측하기 위해서 전문가나 정책결정자가 심각하게 생각하지 못했거나 전혀 생각하지 못한 것들을 주관적인 입장에 있는 정책관련자에게 서로 대립되는 의견을 표출케 하고 수렴하고자 하는 방법이다. 그리고 정책 델파이는 정책이나 의사결정을 위한 메카니즘이 아니라 정책이슈를 분석하기 위한 도구이며 의견개진을 위한 장이다. 이에 따라 정책델파이는 개인의 이해관계나 가치판단과는 관계없이 객관적인 입장에서 지혜를 모으려는 일반적인 델파이의 목적과는 다르다.

Theme

26 대안분석기법

I 개발 배경

1 의의

정보실패는 부정확한 첩보, 불충분한 자료, 분석관의 오류 등 여러 가지 요인에서 비롯된다. 이 중에서 분석관이나 정책결정권자들의 인식론적 편견(cognitive bias) 또는 고정관념(mindset)은 정확한 상황판단을 저해하는 결정적인 요소로 작용한다. CIA에서는 1990년대 말부터 분석관들의 고정관념을 타파하기 위해 대안분석기법(alternative analysis)을 도입하여 활용해 왔다.

2 CIA

CIA에서는 구소련이 붕괴된 이후 CIA 분석기법의 문제점들을 전반적으로 재검토하기 시작했다. 1995년경 CIA 분석국에서는 '분석기법 2000(Tradecraft 2000)'이라는 이름의 연수회(workshop)를 만들어 약 2주 동안 운영하였다. 일종의 분석기법 연구토론 과정으로서 중견 분석관들(junior analysts)을 이 과정에 의무적으로 참석하도록 하여 대안분석기법에 대한 연구 및 토론을 활성화하였다.

3 미국의 정보공동체

(1) 대안분석 연구회(Alternative Analysis Workshops)

① 한편 미국의 정보공동체는 1998년 인도의 핵실험을 사전에 전혀 파악하지 못함으로써 엄청난 비판을 받았다. 이에 당시 중앙정보장(Director of Central Intelligence, DCI)이었던 조지 테닛의 지시로 진상조사위원회(The Jeremiah Commission)가 구성되어 인도 핵실험 관련 CIA의 정보분석실 내 요인을 심층적으로 검토하였다. 이어서 1998년 럼스펠드 위원회(Rumsfeld Commission)에서도 CIA 정보분석의 문제점을 평가했다.

② 두 위원회 보고서는 분석관의 정보판단 오류를 벗어날 수 있는 방법으로서 대안분석기법의 도입 필요성을 강력히 권고하였다. 이에 CIA에서는 1999년 '대안분석 연구회(Alternative Analysis Workshops)'를 구성하여 대안분석기법을 연구 · 개발하는 동시에 CIA 분석관들을 대상으로 대안분석기법을 교육하였다.

(2) 셔먼 켄트 정보분석학교(Sherman Kent School of Intelligence Analysis)

그리고 분석관의 분석능력을 향상시키기 위한 방안으로 2000년 5월에 설립된 셔먼 켄트 정보분석학교(Sherman Kent School of Intelligence Analysis)에서도 새로운 분석기법 교육과정에 '대안분석기법(Alternative Analysis Techniques, 나중에 Advanced Analytical Techniques로 명칭 변경)'을 포함시켜서 교육하고 있다.

Ⅱ 대안 분석기법

1 의의

대안분석기법이란 정보분석과정에서 무의식적으로 사용된 분석적 가정들(assumptions)의 색출, 미흡한 증거나 논리에 대한 반박, 확실한 증거가 불충분한 상황에서 대안적인 가설 제시 등 여러 가지 특별한 기법을 활용하여 기존의 분석이나 판단을 스스로 재검토해 보는 방법이라고 볼 수 있다.

2 대표적인 분석기법

① 대안 분석기법에서는 정보분석관들에게 결론에 이르게 된 기본 전제들(assumptions)에 대해 철저히 의문을 제기하고, 기존의 상식이나 고정관념에서 벗어날 것을 요구한다.

② 대표적인 대안분석기법으로서 Key Assumption Checks(핵심 전제 점검), Devil's Advocacy(악마의 변론), Team A/Team B(A팀 대 B팀), Red Cell Exercises(붉은 세포 역할), Contingency What If Analysis(돌발적인 사건의 출현을 가정한 분석), High-Impact/Low-Probability Analysis (가능성은 적지만 발생하면 충격이 큰 이슈 분석), Scenario Development(시나리오 전개기법) 등이 있다.

③ 일곱 가지 대안분석기법들은 유사한 점이 많으며 서로 중복되기도 한다. 이들은 정보분석의 불확실성을 인식시켜 주고, 정보수집상의 미흡한 부분을 밝혀낼 수 있게 한다.

Ⅲ 분석기법의 유형

1 의의

① 분석기법은 진단기법, 검증기법, 아이디어 창출기법으로 구분할 수 있지만 이러한 분류는 단순히 설명의 편의를 위한 것이다.

② 예를 들면, 아이디어 창출기법인 브레인스토밍 기법을 진단과 검증에 활용하는 것도 가능하고 실제로도 많이 이용되고 있다.

2 진단기법

각종 첩보와 가정을 평가하고 가장 유력한 가설을 추출하기 위한 기법이다.

3 검증기법

가장 유력한 것으로 생각되는 가설이나 잠정결론을 반박하고 재검토하기 위한 기법이다.

4 아이디어 창출기법

정보분석관의 인지적 한계를 극복하여 새로운 시각과 관점을 발전시킬 수 있는 기법을 말한다.

Ⅳ 진단기법

1 핵심 가정 점검(Key Assumption Checks)

(1) 의의

이 기법은 중요한 결론을 포함하는 정보분석을 수행하는 과정에서 분석관들은 그러한 결론에 이르게 된 기본 전제들(assumption)과 그렇게 가정하게 된 중요한 요인이 무엇인지 밝혀주는 것을 의미한다. 기본 전제들(assumptions)이나 추진요소(drivers)를 명확히 보여줌으로써 분석관들은 두 변수들 간의 관계가 타당한지를 검증해 볼 수 있다.

(2) 사례

예를 들어 어떤 외국 정부가 사회적인 불안정을 야기하지 않으면서 경제개혁을 단행할 것으로 판단한 분석을 생각해보자. 이 경우에 분석관은 친위대(security forces)가 정권에 충성스러운 태도를 유지해야 한다는 핵심적인 전제조건을 밝혀주어야 한다. 이러한 전제조건들(assumptions)이 성립될 수 없거나 친위대 내부에 불만이 나타난다면 경제개혁이 성공적으로 단행될 수 있으리라는 분석관의 판단을 신뢰할 수 없을 것이다.

(3) 효과

이처럼 핵심적인 전제들이나 추진요소(drivers)들을 확실히 밝혀줌으로써 분석관은 분석보고서를 읽는 정책결정권자를 포함한 정보소비자들로 하여금 첫째, 결론으로 귀결된 추진력이 무엇이고 어떤 논리로 그러한 결론을 도출하게 되었는지를 알 수 있도록 하고, 둘째, 결론을 내리는 데 전제가 된 조건들(assumptions)이 타당한 것인지를 판단할 수 있게 하며, 셋째, 그러한 판단을 바꿀 수 있는 증거가 있는지를 파악할 수 있게 해준다.

2 Indicators of Change(변화징후 검토)

(1) 의의

변화의 징후를 사전에 파악하여 지속 관찰하고 모니터링 함으로써 새로운 상황 변화를 신속하게 파악하는 방법이다.

(2) 징후

① 징후란 장차 나타나게 될 변화를 미리 포착할 수 있는 관찰 가능한 현상이나 사건 등을 의미한다. 징후는 대상국의 정치적 불안정 사태, 인권위기 상황, 임박한 군사공격과 같은 바람직하지 않은 상황 도래를 미리 파악하는 데에도 활용할 수 있고, 경제상황 개선이나 민주화 진전과 같이 바람직한 상황을 미리 파악하는 데에도 활용할 수 있다.

② 이러한 징후를 파악하고 관심을 가지고 관찰하면 자칫 간과할 수 있는 의미 있는 변화를 조기에 포착하는 것이 가능하다. 어떤 상황판단에 대해 서로 의견대립이 있는 경우 징후 목록을 공유하고 함께 추적하게 되면 자연스럽게 이견을 해소할 수 있는 경우도 있다.

(3) 사례

예를 들어 어떤 국가의 정치적 불안정성 평가를 위해 행정부 운영능력, 통치체제의 정당성, 반정부활동 동향, 경제상황, 체제변화 촉발사건 등으로 항목을 나누어 나타날 수 있는 징후를 정리하고 분기별 점검표를 작성할 수 있다.

[특정 국가의 정치적 불안정성 평가 징후목록]

분야	징후	2012				2013			
		Ⅰ	Ⅱ	Ⅲ	Ⅳ	Ⅰ	Ⅱ	Ⅲ	Ⅳ
행정부 운영능력	통치능력, 정부조직 운영상태	◎	◎	◎	●	⊙	◎		
	공공수요 대응능력	◎	◎	⊙	◎	◎	○		
	기초 생필품 조달능력								
	조직보안 능력								
통치체제 정당성	사법 · 경찰 시스템 가동력								
	정치참여의 폭과 깊이	○	○	○	◎	◎	◎		
	부패 정도	◎	○	○	○	◎	◎		
	인권침해 정도	○	○	○	○	○	○		
	시민사회 건전성								
	국제범죄조직 침투정도								
	정부에 대한 외국 지지도								
……	……								

△ 무시 가능 ○ 낮은 관심 ◎ 보통 관심 ⊙ 높은 관심 ● 심각(우려)

3 경쟁가설분석(Analysis of Competing Hypothesis, ACH)

(1) 의의

① 경쟁가설분석은 분석사안에 대해 최대한 많은 가설을 도출하고 가설과 모든 증거 자료의 일치 여부를 검토하는 방법으로서, 가장 그럴듯한 가설을 입증하는 데 중점을 두는 것이 아니라 각종 증거와의 배치가 적은 가설을 중심으로 결론을 도출하는 방법이다.

② 경쟁가설분석은 1980년대 중반 CIA 분석관 교육을 위해 개발된 이래 현재는 미국의 모든 정보공동체 교육기관에서 교육되고 있으며, 2006년에는 컴퓨터 소프트웨어로 개발되어 보급되었다.

③ 해군정보실 등의 지원을 받아 팔로알토 연구소(Palo Alto Research Center)에 의해 개발된 소프트웨어는 현재 비밀이 해제되어 장차 정보공동체 또는 법집행기관에서 근무하기를 희망하는 사람들을 위해 대학교육에서도 사용되고 있다.

(2) 특징

① 경쟁가설분석은 많은 자료가 있으면서도 불확실한 상황이 지속되는 복잡한 사안을 판단하는 데 유용하며, 오판 가능성을 줄여주는 기법이다.

② 경쟁가설분석은 대안적 가설을 설정하여 기만가능성을 검증하는 데 유익하며, 정보분석관 또는 정보 분석 조직 간 의견이 대립할 때 경쟁가설 행렬표를 이용하여 견해차이의 원인을 객관적으로 파악할 수 있게 함으로써 주장의 비인격화와 원활한 의사소통을 가능하게 한다.

(3) 경쟁가설분석의 절차

① 1단계

정보분석관은 브레인스토밍 등을 활용하여 다양한 관점의 가설을 최대한 많이 도출한다.

② 2단계

분석사안과 관련된 모든 증거와 주장의 목록을 작성한다.

③ 3단계

가장 위쪽에 가로 방향으로 가설을 기록하고 가장 왼쪽에 세로 방향으로 증거를 기록한 행렬표(matrix)를 작성하고, 각각의 증거와 가설이 서로 일치하는가, 배치되는가, 상관관계가 없는가를 판단하여 표시한다.

④ 4단계

추가되어야 할 새로운 가설은 없는지, 추가로 입수되어야 할 증거는 없는지를 검토하여 행렬표를 수정한다.

⑤ 5단계

㉠ 각각의 가설과 일치하는 증거와 배치되는 증거의 숫자를 계산한다.

㉡ 이 경우에 많은 증거와 일치하는 가설보다 증거와의 배치가 가장 적은 가설에 유의하면서 분석사안에 대한 가장 설득력 있는 가설을 판단한다.

⑥ 6단계

㉠ 분석결과에 가장 큰 영향을 미치는 중요한 증거가 무엇인가를 파악하고, 만약 이 증거가 잘못되었다든지, 잘못 해석되었다든지, 적대세력의 기만결과라고 할 경우에 어떤 영향을 미칠 것인가를 분석한다.

㉡ 특히 유력할 것으로 예상되었던 가설을 뒷받침하는 증거가 입수되지 않았다면 적대세력의 부인과 기만에 의해 증거가 은폐되었을 가능성이 있는지 판단한다.

⑦ 7단계

㉠ 추가 첩보수집에 의해 확인이 필요한 가설을 포함하여 가능성이 있는 모든 가설을 기초로 하여 결론을 도출한다.

㉡ 이 경우 가능성이 있는 모든 가설에 대해 실현될 가능성의 정도를 평가하는 것이 필요하다.

⑧ 8단계

㉠ 결론에 포함된 모든 가설이 장차 시간 경과에 따라 사실로 판명되거나 거짓으로 판명될 수 있는 징후를 결정하여 두고 이를 지속적으로 점검한다.

㉡ 이 경우 어떤 가설과 일치하지 않는 자료가 입수될 경우 그 의미가 무엇인가에 대해 탐구한다.

(4) 사례

① 2003년 미국이 이라크 공격을 앞두고 이라크 핵 프로그램에 대해 경쟁가설분석을 진행하였다면 다음과 같이 될 것이다.

② 이라크 핵 프로그램에 관한 가설은 세 가지이다. 첫째 가설은 이라크 핵무기 개발 프로그램은 1991년 걸프전 이후 중단된 상태가 지속되고 있다. 둘째 가설은 이라크가 핵 프로그램을 재건하기 위한 비밀활동을 재개하였으나 핵무기 제조기술을 거의 확보하지 못하였다. 셋째 가설은 이라크 핵 프로그램이 비밀리에 진행되어 3년 이내에 핵무기를 보유할 것이다.

③ 이와 같은 세 가지 가설과 각종 증거자료를 행렬표로 작성할 수 있다.

[이라크 핵 프로그램에 대한 경쟁가설분석 행렬표]

증거	출처	신뢰도	관련성	중단폐기 (H1)	개발재개 (H2)	보유임박 (H3)
후세인의 UN사찰단 협력거부 및 미국 정보활동에 대한 거부 · 기만 프로그램은 무엇인가 숨기고 있다.	추론	H	H	I	C	C
후세인이 1991년 걸프전 이전 핵무기 개발을 시도한 것으로 볼 때 재개 가능성이 있다.	가정	M	H	I	C	C
비밀 수입한 고강도 알루미늄관은 핵과 비핵에 모두 사용할 수 있는 이중용도 물품이다.	정보보고	H	H	C	C	C
니제르에서 옐로우케익(우라늄정광)을 수입하려는 시도가 보고되었다.	인간정보	L	M	I	C	C
UN사찰단은 핵무기 프로그램 재건에 관한 물증을 찾지 못했다.	정보협조	M	H	C	C	I
미국 정보기관은 핵무기 프로그램 재건에 관한 물증을 찾지 못했다.	정보부재	H	H	C	I	I
정통한 고위 이라크 망명자가 후세인이 WMD 프로그램 폐기를 명령했다고 보고했다.	인간정보	M	H	C	I	I
핵 프로그램 재개를 위해서는 다수의 수입금지품목을 비밀리에 입수할 필요가 있을 것인데 현재 확인된 것은 알루미늄관과 옐로우케익뿐이다.	추론	M	H	C	C	I
이라크의 은폐공작은 핵개발 은폐가 목적이 아니라 쿠르드족, 시아파, 이란, 이스라엘에 대해 핵무기 포기를 숨기기 위한 목적이다.	검증가설	L	H	C	I	I

H: 상, M: 중, L: 하, C: 일치, I: 불일치

V 검증기법(Contrarian Techniques)

1 악마의 변론(Devil's Advocacy)

(1) 의의

① 중요한 판단이면서도 워낙 신뢰도가 높아 사람들의 사고에 깊이 고착된 견해를 쉽게 뒤집을 수 없는 경우에 이 기법을 활용하면 매우 효과적일 수 있다. 이 기법에서는 사람들에게 상식처럼 인정받고 있는 주장이나 논리에 도전하기 위해 의도적으로 증거 자료를 자신에게 유리한 내용만 취사선택하여 활용하기도 한다.

② 이 기법의 핵심은 사람들의 사고 속에 뿌리 깊이 박혀 있는 핵심 가정이나 추진요소(drivers)들을 바꾸거나 반박하는 것이다.

생각넓히기 | 악마의 변론

악마의 변론은 중요한 정보사안과 관련하여 분석방향 또는 핵심전제가 거의 결정되었으나, 간과한 검토사항이 있는지 확인하고 중요한 분석전제가 잘못되지는 않았는지 점검하기 위해 활용되는 기법이다. 전쟁 또는 군사적 공격여부를 결정하는 것과 같은 중요한 사안에 대해 이미 상당기간 동안 정보분석이 진행되어서 주류를 형성하고 있는 분석팀의 분석방향이 결정되어 있다면, 개인적 의견제시를 통해 새로운 관점을 도입하거나 분석방향을 수정하는 것은 어려운 경우가 많다. 이 경우 정보관리자가 악마의 변론기법을 도입하여 어떤 분석관 또는 분석팀에게 문제점과 새로운 관점을 발굴하도록 임무를 부여하면 생각하지 못했던 분석의 약점을 보완하고 기존 분석팀의 고정관념을 재검토할 수 있는 기회가 된다.

(2) 절차

① 첫째, 기존 분석팀의 중요한 판단 내용과 핵심적 가정을 파악하고 이러한 분석판단에 도달하게 된 증거자료를 확인한다.

② 둘째, 기존의 분석판단과 배치되는 결과를 도출할 수 있는 한 개 이상의 가정을 수립한다. 이 가정은 기존의 분석과정에서 검토된 것일 수도 있고 검토되지 않았던 것일 수도 있다.

③ 셋째, 첩보를 재검토하여 타당성이 의심스러운 것, 기만첩보의 가능성이 있는 것, 중요한 첩보 중 입수되지 않은 것이 있는지 등을 확인하고, 기존의 분석판단과 배치되거나 대안가설을 지지할 수 있는 증거를 집중 발굴한다.

④ 넷째, 기존 분석팀에게 잘못된 가정과 부실한 증거자료 또는 기만자료 등을 제시한다.

⑤ 다섯째, 기존 분석팀이 중요한 분석결함을 수정하지 않을 경우에는 별도의 검증 보고서를 제출한다. 별도의 검증 보고서를 제출할 경우에는 기존 분석판단의 핵심을 분명히 제시하고 악마의 변론기법에 입각하여 도달하게 된 결론임을 밝히면서 새로운 문제를 제기하여야 한다. 그렇지 않으면 분석보고를 받는 사람에게 혼란을 야기할 수도 있기 때문이다.

(3) 인도 바라티야 자나타당(Bharatiya Janata Party)의 핵실험

① 1998년 당시 미국 정보공동체의 지배적인 견해는 인도의 바라티야 자나타당(Bharatiya Janata Party)이 핵실험을 실시하면 연정체제를 약화시킬 위험이 있기 때문에 무리하게 핵실험을 단행하지는 않을 것이라는 판단이었다.

② 이와 반대로 '악마의 변론(devil's advocacy)' 기법에 따르면 느슨한 연정 체제를 안정화시키는 핵심적인 요인은 새로 선출된 정부가 인도인들의 민족주의를 자극하는 극적인 조치를 취하는 것이라고 주장할 수 있다. 물론 1998년 5월 당시 인도는 미국 측에 공식적으로 그러한 주장을 부인하는 발언을 했기 때문에 그러한 주장이 인정되기 어려웠다.

③ 그러나 회고해 보면 이러한 모순된 견해는 적어도 미국의 정책결정자들에게 새로 선출된 인도 정부가 국가이익을 어떻게 인식하고 있는지 전혀 알 수 없는 불확실한 상황임을 인식시켜 주었을 수도 있었을 것이다. 그럼으로써 자신들의 판단이 반드시 옳다는 고착된 견해를 깰 수 있었을 것이다.

(4) 이스라엘의 군 정보기관과 미국의 DIA

① 1973년 이후 이스라엘의 군 정보기관은 이웃 나라의 군사 기동훈련이 단순히 전쟁 준비를 가장하는 것이 아니라는 것을 밝혀내기 위해서 이러한 기법을 활용했었다.

② 미국의 DIA도 군사 전략적인 문제에 관한 고정관념(conventional views)을 타파하기 위해 이 기법을 활용해 왔다. 대부분의 경우 이 기법에 따른 견해는 설득력이 부족하다.

(5) 장점 및 단점

① 그러나 이 기법을 활용해 봄으로써 기존의 견해가 얼마나 신뢰성이 있는지를 재고해 볼 수 있으며, 지배적인 견해의 논리성이나 설득력을 강화시킬 수 있다는 장점이 있다.

② 그러나 문제는 정보기관의 고위급 관료나 정책결정권자들이 이 기법을 전혀 신뢰하지 않고 쉽게 무시해버릴 수 있다는 점이다.

생각넓히기 | 악마의 변론의 장점과 단점

악마의 변론을 활용하면 기존 분석팀이 특별한 환경에서 전개될 수 있는 상황을 고려하지 못하여 핵심가정을 잘못 설정하는 것을 수정할 수 있고, 중요한 분석판단을 도출한 첩보나 논리의 오류를 확인하여 대안가설을 제시할 수 있는 장점이 있다. 그러나 악마의 변론에 의한 의견 제시는 대부분의 경우 전통적 분석에 의한 분석결론보다 설득력이 부족한 경우가 많고, 정보기관 고위급 간부 또는 정책결정자에 의해 채택되기 쉽지 않은 측면이 있다.

2 Team A/Team B(A팀 대 B팀)

(1) 의의

미국 정보공동체는 동일한 이슈에 대해서 여러 정보기관들이 각기 다른 견해를 피력하는 경쟁분석 개념을 긍정적으로 평가한다. 이러한 경쟁분석을 통해서 분석 결과물의 정확성과 신뢰성이 증진될 수 있을 것으로 기대한다.

생각넓히기 | 악마의 변론과 A팀·B팀 분석

A팀 · B팀 분석은 중요한 분석사안에 대해 처음부터 두 가지 견해가 비슷한 비중을 가지고 대립할 경우에 유익하게 활용할 수 있다. 악마의 변론은 유력한 가설이 하나만 있을 때 이것을 검증하기 위한 방법인데 비해, A팀 · B팀 분석은 유력한 가설이 두 개로 나뉘어서 서로 대립할 때 이를 검증하기 위한 방법이다. 이 기법은 정책결정자에게 서로 다른 전문적 분석시각을 보여줄 수 있고, 정보기관 고위간부에게 정보분석관들 사이에 이견이 없는 최소한의 공통 분모적 의견만을 보고하는 대신 설득력 있는 상반된 주장을 보고할 수 있는 기회를 제공해 준다. 정책결정자는 두 개 팀의 핵심 가정과 이를 뒷받침하는 첩보의 차이점을 분명하게 파악하고, 스스로 장단점을 판단하거나, 정보분석관에게 추가질문을 하여 판단을 내릴 수도 있다.

(2) 절차

① 의의

A팀 · B팀 분석은 1단계인 분석단계와 2단계인 토의단계로 이루어진다.

② 분석 단계

㉠ 1단계인 분석단계는 A팀과 B팀이 각자 정보 분석을 진행하는 것이다.

㉡ 우선 비슷한 설득력을 가진 서로 다른 가설이나 관점을 발전시킬 두 개의 팀 또는 분석관을 임명한다.

㉢ 각 팀은 각자의 입장과 관련된 기존 첩보를 검토하고 가설을 입증하는 데 필요한 첩보를 수집한다. 핵심가정과 증거 그리고 뒷받침하는 논리를 분명하게 제시하여 각자의 주장을 구조화한다.

③ 토의단계

㉠ 2단계인 토의단계는 각 팀이 각자의 주장을 프레젠테이션하면서 상대팀의 반박에 대해 방어하는 것이다.

㉡ 토의를 진행할 때에는 브레인스토밍 효과가 날 수 있도록 충분한 시간을 주고, 발표내용에 대해 질문하는 독립적인 평가단을 참석시켜서 어느 쪽 주장이 더 설득력이 있고 추가로 조사할 사항 및 수집할 자료 등에 대해 의견을 청취한다.

(3) 소련 전략 군사력에 대한 정보판단

① 실제로 시행되어 널리 알려진 대표적인 경쟁분석으로서 1976년 소련 전략 군사력에 대한 정보판단을 위해 A팀과 B팀을 구성한 일이 있다. 당시 A팀은 정보공동체 분석관으로 구성되었고, B팀은 강경한 입장을 가진 외부 전문가들로 구성되었다.

② 소련이 구축하고 있는 전략 군사력 체계에 대해서는 양 팀 모두 일치된 견해를 보였지만, 소련의 핵전략과 전략적인 의도에 관해서는 상반된 입장을 드러냈다. B팀은 A팀에 비해 소련의 의도를 보다 위협적인 것으로 평가했다.

(4) 럼스펠드 위원회(Rumsfeld Commission)

1998년 럼스펠드 위원회(Rumsfeld Commission)의 경우도 외국의 탄도미사일 개발에 관해 CIA의 분석에서 제시된 기본 전제들(assumptions)에 도전하기 위해 B팀을 도입한 것이라고 볼 수 있다.

(5) 장점 및 단점

① 이 기법은 국가적인 사활이 걸린 정책적 이슈들에 대해 서로 대립되는 견해가 제기될 경우 언제든지 유용하게 활용될 수 있다.

② 각 팀에서 주장하는 논리나 내용은 주어진 이슈에 대해서 상호 간에 각기 다른 대안적인 사고(alternative way of thinking)를 나타내 준다. 이 기법은 관료사회에서 분석관이 자신의 경력에 치명적인 손실을 입지 않으면서 조직 내 우세한 견해에 대해 합법적으로 반대 논리를 제시할 수 있는 통로(dissent channels)로 활용될 수도 있다.

③ 또한 단순히 각 팀이 분석을 통해 도출한 주요 결론에 초점을 두기보다는 그러한 결론에 이르는 데 적용된 분석적 가정이나 논리에 대해 터놓고 논의해 볼 수 있다는 장점이 있다.

3 고위험 · 저확률 분석(High-Impact/Low-Probability Analysis, HI/LP)

(1) 의의

'What if analysis'와 유사한 기법으로써 발생할 가능성이 적은 사건에 초점을 맞추지만, 사건이 발발하게 될 경우 그 파장이 'What If analysis'보다 엄청나다는 점에서 다소 차이가 있다.

생각넓히기 | 고위험·저확률 분석

고위험 · 저확률 분석은 실현될 가능성은 낮지만 만일 실현될 경우에는 중대한 파급영향을 초래할 가능성이 있을 때 이를 검증하는 기법이다. 이 기법은 실현가능성이 낮기 때문에 평소에는 그 파급영향에 대해 거의 검토하지 않는 사안에 대해 정책결정자에게 경고할 수 있는 기회를 제공한다. 예를 들면, 이란 팔레비 왕정몰락, 소련 붕괴, 독일 통일 등은 많은 사람들이 실현 가능성이 낮다고 생각하여 분석주제로 삼지 않았지만, 실현될 경우에 어떤 파급영향을 미치고 어떤 과정을 거쳐 실현될 것인가를 분석하였다면 많은 의미가 있는 결과를 도출할 수 있었을 것이다.

(2) 특징

① 고위험 · 저확률 분석은 실현될 경우 초래될 위험한 결과를 밝히는 것이 중요하다. 이것이 바로 실현가능성이 낮은 데도 불구하고 분석을 실시하는 이유이다.

② 이러한 사태가 발생할 경우에 거치게 될 경로(pathways) 또는 변화의 전체모습을 설명할 수 있는 모델을 검토하고, 변화를 촉발시킬 사건이나 계기를 상정한다. 역사적인 대규모 사건의 예를 보면 변화 촉발의 계기는 자연재해, 핵심적 지도자의 건강문제, 새로운 정치·경제적 사건발생 등이 있다.

③ 급격한 변화를 촉발시킬 수 있는 계기를 찾아낼 때 다양한 경험을 가진 정보분석관들과 브레인스토밍을 하는 것이 유용하다. 사태가 전개될 수 있는 경로를 시나리오로 작성하고, 시나리오별 징후 또는 관측가능한 현상을 규정하여 두면 실제로 사태가 발생되었을 때 어떤 시나리오에 해당되는지 확인할 수 있다. 또한 바람직한 방향으로 사태가 발전되도록 촉진시키는 요소와 악화시키는 요소를 구분해 두는 것도 바람직하다.

(3) 사례

① 예를 들어 분석관들은 인도가 핵실험을 하게 될 경우 그것이 미국에게 엄청난 파장을 일으킬 수 있을 것으로 예상하고, 인도 정부가 핵실험을 강행할 가능성들을 검토해 본다.

② 분석관들은 인도가 핵실험을 강행하게 될 국내적 변수와 국제적인 변수들을 조사해본다. 그리고 인도가 핵실험을 강행하지 않을 것이라는 정보공동체의 판단을 뒤집을 수 있는 핵심 가정들이나 주요 추진변수들(drivers)의 변화에 주목하여 분석해본다.

Ⅵ 아이디어 창출기법(Imaginative Thinking Techniques)

1 브레인스토밍(Brainstorming)

(1) 의의

브레인스토밍은 광범위하게 활용되고 있는 아이디어 창출기법이다. 브레인스토밍은 정보분석을 시작할 때 분석과제와 관련하여 다양한 가설을 도출하는 데 사용되며 다른 분석기법을 적용하는 과정에서 보조적으로 사용되기도 한다.

(2) 특징

① 브레인스토밍은 정보분석팀 및 관련 그룹이 함께 참석하는 것이 바람직하다. 정보분석 프로젝트를 시작할 때 또는 중요한 분석 포인트에 대해 브레인스토밍을 하게 되면 많은 시간이 필요하지만, 다양한 의견을 참고하여 분석주제를 구조화하는 데 많은 도움이 된다.

② 브레인스토밍은 정보분석관의 고정관념을 완화시켜 주고 습관적인 업무관행을 재검토하게 하는 데 특히 유용하다. 또한 새로운 아이디어를 도출해내고, 분석과제에 대해 종합적인 시각을 갖도록 하며, 불분명한 부분들이 무엇인지 가려내고, 어떤 가설에 대해 성급하게 판단하는 것을 방지할 수 있다.

(3) 기본원칙

① 다다익선

질보다는 양을 우선한다.

② 비판금지

제안되는 의견에 대한 판단을 유보한다.

③ 자유분방

비록 엉뚱한 생각이라도 받아들이도록 노력한다.

④ 아이디어의 조합과 개선

타인의 사고를 수용하고 자신의 의견을 개진한다.

(4) 절차

① 의의

정보분석을 위한 브레인스토밍은 2단계로 나누어 진행하는 것이 효과적이다. 1단계는 새로운 아이디어와 시각을 창출하는 확산적 사고단계(divergent thinking phase)이고, 2단계는 도출된 아이디어를 핵심개념 중심으로 그룹화하고 조직화하는 수렴적 사고단계(convergent thinking phase)이다.

② 확산적 사고단계

㉠ 분석의 핵심과제를 문장으로 표현하여 제시하고, 참석자들에게 메모지와 펜을 지급한다.

㉡ 그리고 한 장의 메모지에 해결방안을 한 개씩 기록하여 모두가 볼 수 있도록 벽이나 보드에 부착한다.

㉢ 참석자의 아이디어가 더 이상 나오지 않더라도 추가 아이디어가 나올 수 있도록 시간을 부여한다. 모든 아이디어가 제출되었다고 생각되면 수렴적 사고단계로 넘어간다.

③ 수렴적 사고단계

㉠ 우선 참석자들에게 공통점이 있거나 유사한 내용의 메모지를 그룹화하도록 한다. 이 경우에 한 장의 메모지 내용이 두 개 그룹에 해당될 때에는 복사하여 사용하도록 한다.

㉡ 그룹화가 마무리되면 각 그룹의 특징을 고려하여 이름을 붙인다. 어느 그룹에도 속하지 않는 아이디어가 있을 경우에는 주제와 무관한 것인지 아니면 새로운 그룹화가 필요한 내용인지를 판단한다.

㉢ 브레인스토밍 결과 도출된 새로운 아이디어가 무엇인지 확인하고 추가로 브레인스토밍이 필요한 부분이 있는지 확인한다. 참석자들에게 가장 주목하여야 할 그룹의 아이디어가 어느 것인지 질문하고 그룹별 순위를 부여한다.

2 Red Cell exercises(붉은 세포 역할)

(1) 의의

① 붉은 세포(Red Cell)는 외국 정부의 고위관료 역할을 대행하기 위해 구성된 분석관들을 의미한다. 자국의 외교안보정책적 목표 실현을 어렵게 만들 수 있는 여러 가지 행동방식들이 제시되고 Red Cell은 그에 따른 역할을 수행하게 된다.

② 이러한 분석기법을 활용하여 분석관들은 자국의 전략적인 사고방식에서 벗어나 적의 입장에서 그들이 어떻게 생각하고 행동을 취할 것인지를 반영하여 분석해 볼 수 있다.

③ 이 기법을 보다 효과적으로 활용하기 위해서 Red Cell 집단은 적국의 정치체제는 물론 문화를 잘 알고 있는 지역 전문가들로 구성하는 것이 바람직하다.

생각넓히기 | 홍팀 분석(Red Team Analysis)

홍팀 분석은 외국의 지도자나 의사결정 그룹이 결정한 내용을 파악할 때 거울 이미지(mirror image)에 의한 왜곡현상을 줄이고 최대한 실제에 가깝게 파악하기 위한 기법이다. 정보분석관들은 어떤 이슈에 대해 외국의 행위자들도 자신들과 유사하게 이해하고 같은 동기와 가치관으로 행동할 것이라고 생각하는 경향이 있다. 전통적 사고에 의하면 위협과 기회가 있을 때 외국의 지도자들도 자신과 같이 합리적으로 생각할 것이라는 전제에서 분석하였다. 그러나 역사적으로 볼 때 외국의 지도자들은 문화적, 조직적, 개인적 경험이 상이하기 때문에 정보분석관의 판단과는 다르게 반응한 경우가 많았다. 홍팀 분석은 분석대상인 개인 또는 그룹과 유사한 문화적, 조직적, 개인적 요소를 의식적으로 설정하고, 유사한 환경하에서 판단을 이끌어내는 방법이다.

(2) 절차

① 정보분석관은 분석을 위한 홍팀을 구성함에 있어 분석대상 정보환경에 대한 깊은 지식이 있고, 분석대상이 되는 인물이나 집단의 개성을 잘 파악하고 있으며, 이들의 평소 사고방식에 익숙한 사람들로 구성하여야 한다.

② 홍팀 구성원들은 단순히 해당 외국어를 할 수 있는 사람이 아니라 그 문화를 체험한 사람들이어야 하고 인종적 배경을 공유하거나 비슷한 정보환경에서 활동한 사람들이어야 한다.

③ 홍팀은 분석대상이 처해 있는 것과 같은 환경하에 있다는 것을 전제로 의사결정을 한다고 생각하여야 한다. 분석대상이 자신에게 할 것으로 예상되는 일인칭 질문을 발굴하여야 한다. 예를 들면, "새로 들어온 정보에 대해 나는 어떻게 생각해야 하는가?", "내가 개인적으로 관심이 있는 것은 무엇인가?", "나는 누구에게 의견을 물어보아야 하는가?"와 같은 것이다.

④ 그리고 분석대상인 외국이나 적대세력의 지도자가 할 것으로 예상되는 특별한 결정이나 권고사항 또는 조치사항을 구체적으로 표현하는 정책결정서를 작성한다. 정책결정서에 분석대상에 대한 문화적 · 개인적 특성이 정확하게 반영될수록 분석과제에 더 많은 유익한 시사점을 제시해 줄 수 있다

(3) 장점

① Red Cell의 보고서는 의견 일치에 목적이 있는 것이 아니고 정책결정권자나 전략가들의 상상력을 자극하는 데 있다.

② 미국의 여러 정보기관들은 외국 지도자의 외교전략, 협상 행태, 비대칭전쟁을 개시할 가능성 등에 관한 모델을 구축하는 데 Red Cell 분석기법을 활용하고 있다.

③ 1998년의 제레미아위원회(Jeremiah Commission) 보고서에서는 미국 정보공동체가 인도 핵실험을 사전에 예측하지 못한 원인을 면밀히 조사한 다음 외국 정부의 행동을 분석하는 데 Red Cell 접근법을 보다 빈번하게 활용하여 적국에 대해서 거울 이미지로 판단하려는 경향을 피해야 한다고 지적했다.

> **생각넓히기 | 비대칭전력**
>
> 1. 의의
>
> 일반적으로 전쟁에 사용되는 무기는 대칭전력과 비대칭전력으로 구분한다. 비대칭 전력이란 핵무기나 생화학무기 · 탄도미사일 등 대량살상과 기습공격이 가능한 무기를 가리킨다. 적의 강점을 회피하면서 취약점을 최대한 공격하여 효과를 극대화하기 위한 전력을 말한다. 이에 반해 대칭전력이란 전통적으로 사용되어온 재래식 무기로, 탱크 · 전차 · 군함 · 전투기 · 포 · 총 등 실제 전투에서 사용할 수 있는 무기를 의미한다. 이지스함은 대칭전력이다.
>
> 2. 종류
>
> ① IED(Improvised Explosive Device)는 급조폭발물 또는 사제폭탄을 의미하는 용어이다. 자살폭탄테러에 흔히 이용되는 조끼 · 차량, 기존 폭발물을 개량한 고성능 폭약 등이 모두 IED 범주에 속한다.
>
> ② RPG－7은 1950년대 말에 구소련에서 개발한 대전차 로켓 발사기이다. 전쟁에서 전통적으로 사용되어온 무기라는 의미에서 재래식전력 또는 재래식 무기이기 때문에 RPG－7은 대칭전력이라고 볼 수 있지만 상대의 강점을 피하면서 취약점을 최대한 공격할 수 있고, 대칭전력에 비하여 비교적 싼 비용으로 효과를 극대화시킬 수 있다는 점, 그리고 게릴라전이 가능하다는 점에서 비대칭전력이라고도 볼 수 있다.

④ Red Cell 분석은 정책결정권자들의 관심과 호응을 얻을 수 있으며, 보다 독창적인 전략계획을 수립하는 데 기여할 수 있을 것이다.

3 Contingency What If Analysis(돌발적인 사건의 출현을 가정한 분석)

(1) 의의

일반적으로 분석관은 발생할 가능성이 가장 높은 사건이나 결과를 분석하게 되지만, Contingency What If Analysis는 별로 발생할 가능성이 없는 사건의 원인과 결과를 분석하는 데 초점을 둔다.

(2) 인도 바라티야 자나타당(Bharatiya Janata Party)의 핵실험

① 1998년 당시 미국의 정보분석관들은 대부분 인도가 핵실험을 강행하지 않을 것으로 확신

했다. 이러한 상황에서 Contingency What If Analysis에서는 "만일 인도가 핵실험을 단행하기로 결정하고 미국을 기만하려 한다면?"이라는 질문으로 시작한다.

② 분석관들은 그러한 행동을 하게 될 동기나 배경이 무엇인가를 검토해 본다. 그리고 그러한 행동을 예상할 수 있는 어떤 징후를 추정해 본다. 또는 인도 당국이 그러한 행동을 미국이 사전에 알지 못하도록 만들기 위해 어떤 기만조치를 취할 것인지를 분석해 본다.

③ 그리고 미국의 불만이나 이의제기에도 불구하고 인도 정부가 어떤 구실을 내세워 자신들의 핵실험 강행을 정당화하려 할 것인지에 대해서도 의문을 제기해 보고 이를 분석해 본다.

(3) 장점

① 이처럼 다양한 시각에서 의문을 제기해 봄으로써 분석관이나 정책결정권자들 스스로 자신이 알고 있는 것만큼 실제로 모르는 부분이 많다는 점을 인식하게 된다.

② What If 분석기법의 장점은 분석관이 기존의 사고방식이나 고정관념에서 벗어날 수 있다는 것이다.

③ 'Devil's advocacy'는 상대의 논리가 장점을 갖고 있더라도 무조건 반박하는 데 중점을 두지만, What If 분석기법에서는 다소 엉뚱한(akward) 의문으로 시작하여 추가적으로 필요한 의문사항들을 제기하도록 유도하는 데 중점을 둔다.

④ 예를 들어 당시에는 거의 가능성이 없는 인도의 핵실험 가능성을 제기하는 것으로 시작하여 미흡한 첩보수집 능력, 기만의 가능성, 현재의 판단을 내리게 된 핵심적인 가정 등에 대해 의문을 제기하는 것이다.

4 Scenario Development(시나리오 전개기법)

(1) 의의

① 이 기법은 분석관이 '비밀(secrets, discoverable 나중에 밝혀낼 수 있는 것)'이라기보다는 '수수께끼(mysteries, unknowable 전혀 알 수 없는 것)'에 부닥치게 되는 상황에 처했을 때 적용될 수 있다.

② 이 기법은 장차 발생할 수 있는 다양한 시나리오를 구상해 보는 방법으로서 정보적 차원에서 다양한 의문점을 도출해 보는 데 유용하게 활용될 수 있다. 즉 단일 사건과 관련하여 불확실성이나 알 수 없는 변수가 너무 많은 가운데 장래 사건이 어떤 방향으로 전개될 것인지를 추정해 보는 데 활용된다.

생각넓히기 | 대안 미래분석(Alternative Future Analysis)

대안 미래분석은 현재 전개되고 있는 상황이 매우 복잡하고 유동적이어서 미래에 출현할 것으로 예상되는 모습이 대단히 불투명할 때 활용되는 기법으로 미래 시나리오 분석(Future Scenarios Analysis)이라고도 한다. 대안 미래분석은 복잡하게 전개되는 사건이나 상황에 대해 합리적인 결과를 예측 가능하게 함으로써 정보분석관이나 정책결정자가 대책을 검토할 수 있도록 해 준다. 대안 미래분석은 불확실한 미래상황을 예측하기 위해 핵심 행위자들 사이에 존재하는 요소, 추동력, 촉진제 등이 서로 어떻게 영향을 미치고 작용하는지를 파악하는 구조화된 모델화 방안을 모색한다. 미국 정보공동체의 경험에 의하면 정책결정자들은 불확실한 미래상황을 판단한 대안 미래분석의 결과를 비교적 원만하게 수용하였으며 핵심적 사항을 파악하지 못할 경우에 초래될 위험에 대해서도 수월하게 이해하였다고 한다.

(2) 시나리오 전개

① 이 분석기법에서는 먼저 전문가 집단이 브레인스토밍을 통해서 사건에 영향을 미칠 수 있는 변수들을 도출해 본다. 그리고 전문가 집단은 일단 상식적인 판단이나 일반적인 가정에 기초하여 사건의 전개 방향을 추정해본다. 예컨대 인도나 파키스탄은 국제적인 비난과 미국으로부터 제재조치를 우려하여 핵실험을 단행하지 않을 것으로 판단한다.

② 다음으로 전문가 집단의 브레인스토밍을 통해 비교적 확실한 요소들과 불확실한 요소들을 도출해본다. 인도의 핵실험과 관련하여 비교적 확실한 요소로서 미국에 대한 인도의 경제 및 정치적 의존도, 핵실험을 수행할 기술적인 능력, 핵물질에 대한 정부의 통제실태, 정책결정과정 등을 도출해 볼 수 있다. 그리고 불확실한 요소로서 집권당 연정체제의 안정성, 여론의 역할, 인도의 위협에 대한 인식 등을 도출해 볼 수 있다.

③ 이러한 불확실한 요소들 중에서 분석관은 2개 이상의 핵심적인 불확실 요소를 선택하여 이것을 추진요소(drivers)로 설정하고 대안적 시나리오 행렬(matrix)을 작성해 본다. 예를 들어 행렬의 한 축은 인도 집권 연정체제의 상대적 안정성을(매우 안정에서 매우 불안정) 그리고 다른 한 축은 인도의 위협에 대한 인식 정도(매우 편안함에서 심각하게 위협을 느낌)를 나타내도록 한다.

④ 이러한 행렬을 조합하면 네 가지 유형의 조건(conditions)－안정적 연정체제/위협에 무관심, 안정된 연정체제/심각한 위협인식, 불안정한 연정체제/위협에 무관심, 불안정한 연정체제/심각한 위협인식 등－이 만들어진다. 분석관은 이처럼 각기 다른 조건에서 인도 정부가 어떤 행동을 취할 것인지를 판단해 볼 수 있다. 또한 좀 더 깊이 행렬을 분석해 보면 일반 상식에서 가장 벗어난 시나리오, 또는 자국의 이익에 가장 심각한 위협이 될 수 있는 시나리오 등을 밝혀낼 수 있다.

⑤ 그리고 분석관들은 특별한 시나리오와 연관되는 상황변수 또는 징조(signposts)를 찾아낼 수 있다. 이러한 상황변수나 징조(signpost)가 어느 순간 나타나게 된다면 자국의 정치적 목표에 장애가 되는 방향으로 사건이 전개될 것으로 추정해 볼 수 있다.

(3) 장점

① 시나리오 분석기법의 장점은 정책결정권자로 하여금 상식적인 판단으로 장차 어떤 일이 발생할 수 있는가를 예상해 볼 수 있게 해 주며, 그러한 사건이 발생하게 될 경우 입게 될 피해를 최소화시킬 방책에 대해서 생각해 보도록 유도한다는 것이다.

② 1998년 당시 상황을 고려해 보았을 때 상식적인 판단으로 가장 가능성이 높은 시나리오는 인도가 핵실험을 단행하지 않는다는 것이었다. 그러나 분석관은 정책결정권자에게 잘못된 가정이나 불완전한 정보로 인해 현재의 분석에 오류가 있을 수 있다고 전제하고 대안적인 시나리오를 제시해야 한다.

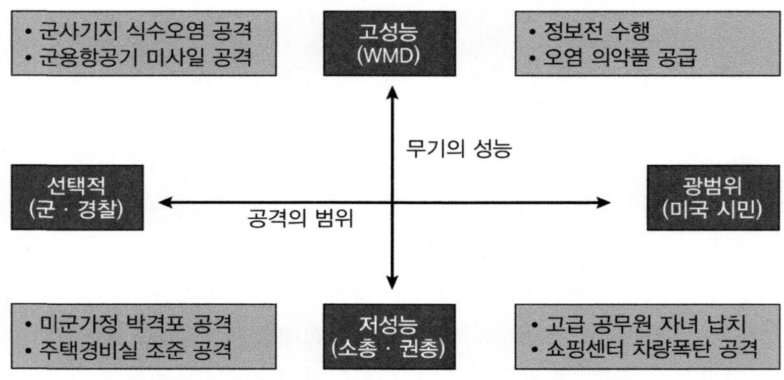

[미국에 대한 테러공격 가능성 대안 미래분석]

Ⅶ 대안분석기법의 한계

1 고위정책결정권자의 분석기법에 대한 전문성 부족

① 대안분석기법은 방법론적으로 모호하여 정책결정권자가 제대로 이해하지 못할 수 있다는 점이다.

② 예를 들어 '핵심 전제 점검(key assumption check)'은 보고서를 읽을 사용자가 사안을 상세히 파악하고 있다는 것을 전제로 한다. 그러나 어떤 고위정책결정권자는 분석기법에 대한 전문성이 부족하고 관련된 이슈에 대해 잘 알지 못할 수 있다. 그래서 왜 CIA가 스스로 분석해 놓은 것에 대해 의문을 제기하는지 의아하게 생각할 수도 있다.

③ 또한 대부분의 정책결정권자들은 시나리오 분석기법을 잘 알지 못하며, 어떠한 과정을 거쳐서 시나리오가 구축되었는지를 이해하지 못한다. 그 결과 정책결정권자들이 대안분석기법에 따라 작성된 내용을 간단히 무시해 버릴 위험성이 있다.

2 보고서에는 거의 반영되지 못하게 되는 문제

① 몇 가지 대안분석기법들은 그것을 활용하는 사람들에게 매우 유용했던 것으로 인정되지만 보고서 작성에는 실질적인 도움이 되지 못한다는 비판이 제기된다.

② '시나리오 구상 연구회(scenario development workshops)'에 참석했던 분석관이나 정책결정권자들은 브레인스토밍 훈련이 매우 유용했다고 평가하면서도 보고서에서는 그것이 별로 도움이 되지 않는다고 지적했다.

③ 대부분의 대안적 분석은 나중에 틀린 것으로 판명되어 상식적인 판단을 뒤집기보다는 최초 작성된 보고서가 결국 옳았다는 것을 재확인해 주는 데 그치기 때문에 보고서에 포함될 만한 가치가 없다. 결국 대안적 분석 기법은 교육훈련에서만 활용되고 보고서에는 거의 반영되지 못하게 되는 문제가 있다.

3 분석관들 간의 분열 조장

① 대안적 분석기법이 때로 분석관들 간에 분열을 조장할 수 있다. 대안적 분석에 따라 현재의 분석과 모순되는 내용을 주장하게 됨으로써 팀워크를 해칠 수도 있다. 또는 개인적인 승진 욕심에서 현재의 분석과 대립되는 내용을 주장하게 될 수도 있다.

② 분석관들 상호 간에 충분한 이해가 없는 가운데 한 분석팀에서 제시한 내용과 대립되거나 그것을 정면으로 반박하는 대안적인 분석을 주장하게 되면 공개적인 적대감은 아닐지라도 상당한 정도의 반발을 불러일으킬 수 있다.

③ 실제로 제레미아 제독이나 럼스펠드를 위원장으로 하여 구성된 조사위원회에 대해서도 정보공동체 내부로부터 적대적인 분위기가 표출된 바 있다.

4 희소한 분석자원의 낭비

① 대안적 분석기법은 '자원집약적인(resource-intensive)' 특성을 갖고 있어 지나치게 많이 활용될 경우 희소한 분석자원을 낭비하는 결과를 초래한다.

② 많은 정보 관리관들은 대안분석기법은 아무 때나 쓰는 것이 아니고 되도록 아껴서 가장 중요한 이슈에만 활용되어야 한다고 믿는다. 대부분의 정보분석관들은 정책결정권자들과 부딪혀 가면서 별로 중요하지도 않은 이슈에 대안분석기법을 활용하려 하지 않는다. 이라크, 이란, 북한, 중국 그리고 대테러 등과 관련된 사안들처럼 CIA 분석국에서 많은 노력을 투자하는 경우에 이러한 대안분석기법이 유용하게 활용될 수 있다.

② 그러나 일상적이고 별로 중요하지 않은 사소한 이슈에 대안분석기법을 적용시켜 희소한 분석자원을 낭비하는 것은 어리석은 짓이다. 대체로 정보관리자들은 잘못 판단하게 될 경우 정보공동체에 엄청난 파장을 야기할 수 있는 가장 중요한 이슈에 한하여 대안분석기법을 활용하는 것이 바람직하다고 생각한다. 이러한 분석기법을 활용함으로써 정책결정권자가 관련된 이슈를 보다 잘 이해하고 이슈를 판단함에 수반되는 불확실한 요소가 많다는 점을 깨닫도록 유도할 수 있을 것이다.

Theme

27 정보분석보고서: 생산과정, 유형, 특징

I 정보분석보고서의 생산과정

1 NATO의 '정보전략(intelligence doctrine)'

(1) 의의

NATO가 편찬한 '정보전략(intelligence doctrine)'에 따르면 최종 정보분석보고서는 대체로 대조(collation), 평가(evaluation), 분석(analysis), 종합(integration), 해석(interpretation) 등 5단계를 거쳐서 생산된다고 기술하고 있다.

(2) 대조(collation)

대조(collation)는 분석관이 새로이 입수된 첩보자료를 기존의 첩보자료와 비교해보고 그것이 첩보적 가치가 있는 자료인지를 개략적으로 평가해보는 과정을 의미한다. 만일 첩보적 가치가 있는 자료로 판단되면 서류철 또는 컴퓨터에 분류하여 정리 · 보관하게 된다.

(3) 평가(evaluation)

① 평가(evaluation) 단계에서는 분석관이 첩보자료 출처의 신뢰성을 판단하고, 첩보자료의 내용이 정확한지 그리고 활용할 가치가 있는지 등을 평가해 보게 된다.

② 대체로 수집부서는 출처보호를 위해 첩보자료의 출처를 밝히지 않는다. 비록 분석관이 출처의 신원을 알 수는 없지만 분석관으로서의 전문성과 경험을 바탕으로 출처의 신뢰성에 대해서 판단할 수 있어야 한다.

③ 무엇보다도 분석관은 입수된 첩보자료가 적국 또는 적대세력이 아군 측을 교란 또는 기만할 목적으로 유포한 기만정보(disinformation)일 가능성에 대해서 세심하고 주의 깊게 검토해 보아야 할 것이다.

(4) 분석(analysis)

분석(analysis) 단계에서는 첩보자료로부터 국가안보 또는 국가이익에 영향을 미칠 수 있는 중요한 사실을 찾아내고 이를 기존의 사실과 비교하여 결론을 도출해 보는 작업이 수행된다.

(5) 종합(integration)

① 종합(integration) 단계는 분석된 모든 첩보들을 종합하여 사안의 윤곽을 그려 보는 작업이 수행된다. 즉 신호정보(SIGINT), 영상정보(IMINT), 인간정보(HUMINT) 등 첩보자료들을 서로 대조하여 비판적으로 평가한 다음 상황에 대한 복합적인 윤곽을 그려보게 된다.

② 특히 이 단계에서는 정보기관이 아닌 여타 정부 부처에서 수집된 공개 자료를 포함하여 모든 자료들을 참고한다. 외교전문, 방송 뉴스 보도 자료, 전시 작전 중 적과 접촉을 통해 얻어진 첩보 등 정보기관이 아닌 곳에서 수집된 모든 공개 및 비공개 자료들이 종합분석을 위한 참고자료로 활용된다.

(6) 해석(interpretation)

마지막으로, 해석(interpretation) 단계에서는 분석과 첩보종합의 단계를 거쳐서 파악된 사실관계가 국가안보 또는 국가이익에 어떤 의미를 갖게 되는지를 해석해 보고 그것이 장래 어떤 파급영향을 가져올지를 판단해 보게 된다.

2 정보분석 과정과 정보분석보고서

① 물론 정보분석의 과정이 이처럼 일정한 방향과 순서대로 진행되는 것은 아니다. 때로 단계별로 진행되다가 어떤 단계에서 거꾸로 되돌아가서 재검토하게 되는 경우도 있다.

② 분석작업을 거쳐 가시적으로 나오는 결과물은 대부분 문서 형태의 정보보고서이지만, 때로 장래 예측이나 판단 등 정보적인 활용을 위해 축적된 지식의 형태(데이터베이스, 분석관의 기억들 등)로 보관되기도 한다. 그리고 이러한 분석과정을 거쳐서 다시 첩보수집 단계로 환류된다.

③ 첩보수집 단계와는 달리 정보분석의 단계에서는 사실상 비밀적인 것이 없다. 단기 현안문제를 두고 즉각적으로 보고하는 일은 일간신문이나 방송뉴스에서 하는 것과 매우 유사하며, 장기 정책보고서는 일반 학계의 연구보고서와 유사하다. 그런 점에서 국외정보분야의 분석관들은 정보기관이 아닌 여타 기관의 연구원들과 매우 유사하다. 이들은 다양한 직업에 종사했던 경력을 가진 그 분야의 전문가들이다.

Ⅱ 첩보유형에 따른 분석보고서 생산방법

1 의의

① 정보 분석은 가공되지 않은 다양한 유형의 생자료 및 첩보(information)들에 대해 진위 여부와 타당성을 검증하는 방식으로 전개된다. 분석관은 사안에 따라 다양한 종류의 첩보들을 제공받게 된다.

② 버코위즈와 굿맨(Bmce Berkowitz and Allan E. Goodman)에 따르면 분석관이 다루게 될 첩보들은 '알려진 사실(known facts)', '비밀(secrets)', '기만정보(disinformation)', '불가사의(mysteries)' 등 크게 네 가지 유형으로 구분될 수 있다.

③ 분석관은 첩보의 유형에 따라 각기 다른 방식의 분석기법들을 적용하여 검토하고 적절한 조치를 취하게 된다. 분석관은 정보사용자에게 이미 알려진 사실 그리고 비밀이었지만 분석을 통해 밝혀진 사실들을 제공해 준다. 또한 기만정보를 찾아내고 진위 여부를 면밀히 검토하여 파악된 내용들을 전달해 준다. 분석을 통해서 도저히 밝혀낼 수 없는 문제에 대해서는 정보사용자에게 주의하도록 경고 메시지를 전하게 된다.

2 알려진 사실(known facts)

① 알려진 사실은 말 그대로 확실한 사실로 인정되거나 타당성이 검증된 지식을 의미한다. 예를 들어 UN이나 OECD에서 발표한 지리, 인구, 경제 등에 관한 기초통계 자료들이 여기에 속한다. 또는 영국 전략문제연구소(International Institute of Strategic Studies), International Security, Jane's Defense Review 등 저명 연구소나 학술지에서 발표한 내용, 라디오나 TV를 통해 발표된 외국 지도자의 연설 내용 등을 들 수 있다.

② 비록 알려진 사실이지만 일부 정보사용자들은 자신이 필요로 하는 자료가 어디에 있는지 또는 그러한 자료를 얻을 수 있는 출처에 접근할 방법을 알지 못한다. 특히 정보의 홍수 속에서 신뢰성 있는 자료를 찾아내기 어렵다. 따라서 정보사용자는 정보기관에 자신의 필요를 충족시킬 수 있는 신뢰성 있는 자료를 제공해 주도록 요청하게 되는 것이다.

③ 이 경우 분석관이 제공할 자료들은 어느 정도 타당성이 검증된 지식이기 때문에 굳이 분석과정을 거칠 필요가 없다. 다만 정보사용자에게 가급적 신속히 그리고 사용자가 요구하는 양식(formats)에 맞추어서 자료가 제공되어야 할 것이다.

3 비밀(secrets)

(1) 의의

비밀첩보는 외국 정부나 집단이 자신들 외에 누구에게도 알려지지 않도록 보안을 유지하고 있는 사건이나 상황 그리고 과정에 관한 것이다. 여기에는 테러집단의 명부, 외국 전투기의 성능에 관한 기록 등 극도의 보안을 유지하고 있는 내용도 있고 그다지 중요하지 않은 자료들도 있다.

(2) 비밀첩보를 분석하는 과정

① 이러한 종류의 비밀첩보는 스파이활동, 기술정보 수집 활동, 공개출처 자료 등 다양한 출처로부터 획득되는데, 대체로 내용이 모호하거나 신뢰성이 미흡한 경우가 많다. 이러한 비밀첩보를 분석하는 과정은 2단계로 구분될 수 있다.

② 첫째, 가장 신뢰성이 높은 판단(estimate)을 찾아내는 것이다. 둘째, 그러한 판단과 관련하여 불확실성의 범위를 찾아내고 그 범위를 좁히는 것이다. 이러한 분석의 과정을 통해서 비밀첩보의 사실 여부가 규명되거나 신뢰도가 증가될 수 있을 것이다.

4 기만정보(disinformation)

(1) 의의

① 기만정보는 적이 의도적으로 사실을 은폐하거나 분석관을 속이기 위해 노력한 결과로서 제공된 첩보를 의미한다.

② 대표적인 사례로 '더블크로스 작전(Double Cross System)'을 들 수 있다. 제2차 세계대전 당시 영국 보안국(MI5)은 이중간첩을 활용하여 독일에 허위정보를 보내는 작전을 성공적으로 수행했다.

③ 이 작전을 통해서 영국은 노르망디 상륙작전 당시 연합군의 상륙시기 및 장소에 대해 독일을 철저히 기만할 수 있었던 것이다. 기만정보는 관련된 문제에 대해서 왜곡된 정보판단을 야기한다.

(2) 문제점

① 여기서 더욱 심각한 문제는 관련된 사안에만 국한되는 것이 아니고 모든 정보판단에 대해 의심하고 신뢰할 수 없게 된다는 점이다.

② 분석관은 때로 사실을 거짓정보로, 또는 그 반대로 거짓정보를 사실로 받아들이는 등 혼란 상태에 빠지게 될 수 있다. 기만정보를 분석하여 그 진위를 파악하기 위해서 우선 기만행위가 언제 시도되었는지를 밝혀내야 한다. 기만행위가 시도된 이후의 첩보는 일단 의심의 대상이 된다.

③ 그리고 출처의 신뢰성에 대해 정확한 판단을 유지해야 한다. 그래서 믿을 만한 새로운 출처를 획득하게 되면 기존의 첩보가 기만정보였다는 사실이 밝혀질 수 있다. 또는 일상 패턴에서 벗어난 첩보가 지속적으로 제공될 경우 이를 주의 깊게 분석해 봄으로써 기만정보를 규명해 낼 수 있을 것이다.

5 불가사의(mysteries)

① 불가사의(mysteries)란 정보수집과 분석 등 모든 수단을 동원하여 노력했음에도 불구하고 도저히 해결되지 않는 문제를 의미한다.

② 한 가지 이상의 결과가 나타날 것으로 예상되는데 발생할 확률이 거의 비슷하여 최종적으로 어떤 결과가 발생할지 전혀 확신할 수 없을 경우도 불가사의한 문제로 인정된다.

③ 예를 들어 동전을 던졌을 때 앞면이 나올 확률과 뒷면이 나올 확률은 거의 50%로서 동전의 화학적 성분을 분석한다든지 동전을 던지고 난 이후의 궤적을 고성능 카메라로 촬영하여 분석하는 등 모든 수단을 동원할지라도 그 결과를 확신할 수 없다. 또는 외국 지도자가 마음속에 은밀히 품고 있는 의도나 생각도 전혀 알 수 없는 불가사의한 문제라고 볼 수 있다.

④ 여기서 문제는 분석관이 확신을 갖고 답변할 수 없는 문제임에도 불구하고 정책결정권자는 그것을 기대한다는 점이다. 정보분석으로는 도저히 밝혀낼 수 없기 때문에 분석관의 역할은 더 이상 기대할 수 없으며, 이 문제에 대해서는 결국 정책결정권자의 정치적인 판단에 맡길 수밖에 없다.

Ⅲ 정보분석보고서의 유형과 특징

1 의의

① 분석의 과정을 거쳐서 생산된 결과물은 여러 가지 형태를 띠게 되는데, 통상 시계열(time series)에 따라 분류된다. 일반화된 정보분석보고서의 양식은 없지만 켄트(Sherman Kent)는 정보분석보고서의 유형을 기본정보보고서(basic descriptive form of intelligence), 현용(現用) 정보보고서(current reportorial form of intelligence), 판단정보보고서(speculative evaluative form of intelligence) 등으로 분류하여 제시했는데, 각각은 과거, 현재, 미래와 관련되어 있다고 설명하였다.

② 기본정보보고서는 각국의 인구, 지리, 역사, 사회문화, 정치, 경제, 군사, 과학기술 등과 같이 비교적 변화가 적은 고정적인 상황을 기술하는 데 초점을 둔다. 현용정보보고서는 최근에 무슨 일이 일어났고 현재 어떤 일이 진행되고 있는가를 기술한다. 판단정보보고서는 대체로 사용자에게 제공된 첩보자료의 의미를 평가해 주고, 장래 발생할 일에 대한 판단을 제시하는 내용들로 구성된다.

③ 세 가지 유형의 정보보고서는 유기적으로 연계되며 상호 보완적인 특성을 가진다. 기본정보는 현용정보와 판단정보의 기초자료가 되며, 현용정보는 기본정보의 내용을 최신 자료로 개정하여 새로운 지식을 축적시킨다. 그리고 판단정보는 어떤 현상이나 국가에 관한 기본정보 또는 현용정보에 대해 새로운 해석을 제공해 준다. 대표적인 기본정보보고서로는 CIA가 발간하는 The World Factbook, 현용정보보고서로는 미국 대통령에게 매일 보고되는 대통령 일일 정세브리핑(The President's Daily Brief) 그리고 판단정보보고서에는 미국 정보공동체 명의로 생산되는 국가정보판단보고서(National Intelligence Estimates)를 들 수 있다. 다음에서 세 가지 유형의 분류를 현대적인 의미로 넓혀서 해석해 본다.

2 기본정보보고서

(1) 의의

① 기본정보보고서는 장기간에 걸쳐서 고정적이고 변화하지 않는 현상을 다루며, 공개 또는 비공개 자료를 기초로 작성된 방대한 양의 배경지식들(background data)을 포함하고 있다.

② 정보공동체의 공식적인 개념 정의에 따르면 기본정보란 "외국의 정치, 경제, 지리, 군사력 구조, 자원, 국가의 능력과 취약점 등에 관한 백과사전적 정보를 수집하여 작성된 것으로서 사실로 인정된 참고 자료들"이라고 기술하였다.

(2) NATO의 바르샤바(Warsaw Pact, WTO)의 군사력에 대한 평가보고서

예를 들어 냉전시대 NATO에서 연례적으로 수행했던바 「바르샤바(Warsaw Pact, WTO)의 군사력에 대한 평가보고서」가 여기에 속한다고 본다. 이 보고서는 NATO의 능력을 어떤 수준으로 유지시킬 것인가를 정치적으로 결정함에 있어서 기초 자료로 활용되었다.

(3) 영국의 합동정보위원회의 소련의 정책결정과정에 대한 기본 자료

냉전시대 동안 영국의 '합동정보위원회(Joint Intelligence Committee, JIC)'는 정기적으로 「소련의 정책결정과정에 대한 기본 자료」를 편찬했는데, 이를 작성함에 있어서 특정 부처의 필요 또는 정책결정에 활용될 것을 염두에 두지 않고 일반적인 참고 자료로 활용될 수 있도록 기술하였다.

(4) 미국 CIA의 「The World Factbook」

① CIA에서 매년 갱신하여 발행하는 The World Factbook의 내용을 살펴보면 지리(geography), 인구통계(people), 정부조직(government), 경제(economy), 통신(communications), 군사(military), 교통(transportation), 초국가적 문제(transnational issues) 등 여덟 가지 대주제로 구분하고 다시 각 주제별로 세부적인 사항들을 소개하고 있다.

② 예를 들어 정부조직과 관련하여 국가명칭과 유래, 정치체제 유형, 입법 · 행정 · 사법부의 조직구조, 법률제도, 선거제도, 정당과 지도자, 압력단체, 외교관계 등 광범위한 내용을 포함하고 있다. 이처럼 전 세계 모든 국가들에 관한 기초 자료들이 체계적이면서도 매우 구체적으로 정리되어 있어 정부 부처는 물론 학계에서도 참고 자료로서 유용하게 활용되고 있다.

(5) 국가정보원의 「세계각국편람」과 「국제기구편람」

우리나라의 국가정보원에서도 매년 「세계각국편람」과 「국제기구편람」이라는 자료를 발행하여 정부 부처는 물론 민간에도 배포하고 있다.

3 현용정보보고서

(1) 의의

① 현용정보보고서는 현재 진행 중이거나 1주 또는 2주 후에 일어날 문제에 대해 분석한 것으로서 정보공동체가 생산하는 보고서의 주종을 이룬다.

② 정보공동체의 공식적인 개념 정의에 따르면 현용정보는 사용자가 즉각적으로 필요로 하는 정보들이며, 시간적인 제약 때문에 평가, 해석, 분석, 종합 등 완벽한 검증 과정을 거치지 않은 채 사용자들에게 배포될 수도 있다.

③ 현용정보보고서는 현재 발생하고 있는 사건이나 단기 예측과 관련된 내용들을 포함하고 있어 일종의 '정제된 신문(a quality newspaper)'이라고 불리기도 한다.

④ 여기에는 전쟁이나 국가비상사태 등이 발발할 것을 사전에 예상하고 경고해 주는 경고정보(warning intelligence)도 포함된다.

(2) 특징

① 현용 정보보고서는 정보사용자가 가장 빈번하게 요구하고 정보기관에서 정보사용자에게 가장 많이 제공하는 보고서이다.

② 전쟁이나 위기 시에는 전술적 차원의 정책결정이 필요하기 때문에 현용정보보고서가 특히 많이 요구된다.

③ 그런데 분석관들은 자신이 담당하고 있는 분야의 전문가로서 현용정보보다는 기간이 긴 중장기 정책판단보고서를 작성하고 싶어 한다. 그러한 중장기 정책판단보고서는 대체로 분량이 많다. 그런데 정책결정권자는 시간이나 관심이 부족하여 그것을 읽으려 하지 않는 경향이 있다.

④ 현용 정보보고서는 분량이 적어 분석관이 전문성을 발휘하여 자신의 견해를 충분히 피력할 수 없다. 그래서 정책결정권자가 읽고 싶어 하는 것과 분석관들이 제공하고 싶어 하는 것 간에 괴리가 발생하게 된다.

(3) 미국 대통령 일일정세 브리핑과 국가정보일일보고

① 대표적인 현용정보보고서로서 미국의 대통령 일일정세브리핑(President's Daily Brief)과 국가정보일일보고(National Intelligence Daily)를 들 수 있다.

② 대통령 일일정세 브리핑은 대통령이 국가안보와 관련된 임무를 수행하기 위해 꼭 알아야 할 가장 중요한 정보들이 포함되어 있으며, 대통령, 부통령 그리고 대통령이 지명한 행정부 내 소수의 고위급 관료들에게만 배포되고 있다.

③ 국가정보일일보고는 현재 '최고관리자 정보 브리핑(Senior Executive Intelligence Brief, SEIB)'으로 명칭이 변경되어 생산되고 있다. SEIB는 하루 이틀 전에 발생했거나 또는 며칠 후 발생하게 될 국가 중대 현안들이 포함된 약 6~8건의 단문보고서로 구성되어 있다.

(4) 미 국방부와 국무부의 보고서들, 영국 JIC의 주간 'Red Book' 등

또한 미 국방부와 국무부의 보고서들, 영국 JIC의 주간 'Red Book' 등은 국제적인 주요 사건들을 일간 또는 주간 단위로 요약한 내용들로 구성되어 있다.

4 판단정보보고서

(1) 의의

① 켄트(Sherman Kent)가 언급한 바와 같이 판단정보보고서는 전체적으로 숫자는 가장 적지만 가장 중요한 보고서로 간주된다.

② 판단정보보고서는 사용자의 특별한 요구에 따라 작성되며 종종 예측하는 내용이 포함된다.

③ 국가적 차원의 정보판단은 주제에 대한 폭넓은 지식과 견해를 수용하는 한편 정부 특정 부처의 차원을 넘어 보다 광범위한 시각에서 논의될 것을 요한다.

(2) 정보 판단의 어려움

켄트는 정보판단에 있어서 증거 자료가 중요하기는 하지만 쉽게 획득할 수 없기 때문에 오직 현명한 판단에 의존하는 수밖에 없다고 주장했다.

생각넓히기 | 클라인(Cline)

정보판단은 어떤 일이 장래에 발생할 것에 대해 조심스럽게 묘사하는 것이다. 국가정보판단은 우리의 대외정책이나 국가안보에 변화를 야기할 수 있는 상황이나 사건에 대해 나름대로 예측하는 보고서라고 볼 수 있다. 장래 어떤 일이 발생할는지 그 답이 명확하다면 정보판단이 필요 없을 것이다. 정보판단은 장래 불확실성을 최소화하고자 노력한다. 명확한 증거와 논리, 객관성을 유지하면서 정책결정에 관련이 있는 정보판단을 제공하는 일이 쉽지는 않을 것이다.

(3) 특징

① 정보판단보고서는 장래를 예측(predictions)하는 것이 아니고, 국가의 중대사가 앞으로 어떻게 전개될 것인지를 판단하는 데 중점을 둔다.

② 때로 판단정보보고서들이 사용자의 요구로 작성된 것이 아니고, 향후 정책결정에 필요할 것이라는 자체판단에 따라 분석관이 임의로 작성한 것도 있다. 즉 분석관은 곧 군사공격이 임박했다는 경고를 내려야 할 상황 또는 국가이익이나 국가안보에 직접적인 위협이 되는 사태 등을 미리 예상하고 이에 대한 정보판단보고서를 준비한다.

③ 예를 들어 북한의 핵실험에 대해 미국의 강경대응이 예상되는 가운데 미국이 구체적으로 어떤 조치를 취할 것이고 이에 대해 북한이 어떻게 행동할 것인지를 평가하는 내용은 정책결정에 유용하게 활용될 수 있다. 따라서 사용자의 직접적인 요구가 없더라도 분석관이 임의로 판단하여 정보판단보고서를 작성하고 이를 정책결정자에게 제공할 수 있다.

(4) 국가정보판단보고서(National Intelligence Estimates, NIEs)

① 정보판단보고서가 작성되는 과정에는 정보공동체 내 수많은 부서와 기관들이 참여한다.

② 미국의 정보공동체에서 생산하는 국가정보판단보고서(National Intelligence Estimates, NIEs)의 경우 국방부에 소속된 DIA, NSA, NRO, 육 · 해 · 공군 정보기관, 미 국무부 소속의 INR, 재무부, 에너지와 상무부 산하 정보기관들 등이 함께 관여한다.

③ NIEs는 향후 몇 년 동안 중요한 이슈가 어떤 추세로 변화될 것인지를 판단하는 데 중점을 두며, 정보공동체 한 기관의 견해가 아닌 모든 기관의 공통된 견해로서 제시된다.

④ 완성된 정보판단보고서는 중앙정보장(DCI)이 최종적으로 서명한다는 점에서 정보공동체 전 기관의 공동의 견해로 인정된다(지금은 DNI가 최종적으로 서명).

생각넓히기 | 판단정보보고서의 사례-미국 NIEs의 작성 과정

(1) 미국의 국가정보판단보고서(National Intelligence Estimates, NIEs)는 여러 차례의 조정을 거치는 가운데 지금에 이르고 있다. 1973년까지 '국가정보판단실(Office of National Estimates, ONE)'이 정보공동체의 협력을 받아 NIE의 초안을 작성했고, '국가정보판단위원회(Board of National Estimates)'가 보고서의 최종 인가를 담당했다. 1973년 ONE가 폐기되고, 그보다는 다소 느슨한 조직 형태였던 국가정보관(National Intelligence Officers, NIOs)이 대신하게 되었다. 이후 NIO는 국가정보회의(National Intelligence Council, NIC)로 대체되었으며, '분석단(Analytic Group)'의 지원을 받아 NIEs를 생산하고 있다.

(2) NIC에서 작성된 정보판단보고서는 공식적으로 해외정보자문위원회(National Foreign Intelligence Board, NFIB)의 최종 승인을 받도록 규정되어 있다. 비록 그동안 다소 변화는 있었지만 NIE를 통한 국가정보판단의 기본 골격은 거의 변함없이 유지되었다. 수년 동안 위기 상황에 대한 정보판단은 '특별 국가정보판단보고서(special NIEs 또는 SNIEs)' 형태로 나왔다. 이것이 이후 '특별정보판단보고서(Special Estimates)'라는 것으로 대체되었고, '대통령 요약보고(Presidents Summaries)'로 보완되었다.

(3) 오늘날 NIEs 초안은 CIA 분석국에서 작성하며, 국가정보회의(National Intelligence Council, NIC)에서 최종적으로 검토하게 된다. 국가정보회의는 DCI(현재는 DNI) 산하조직으로 CIA에서 분리되어 있으며, 13명의 국가정보관(national intelligence officers, NIOs)과 보좌진, 심의관 등을 포함하여 약 50여 명으로 구성되어 있다. NIEs 초안은 국가정보위원회(National Intelligence Board, NIB)에서 우선 검토된다. 국가정보위원회(National Intelligence Board)는 정보공동체 내 각 정보기관의 대표들로 구성된다. 정보공동체 내 각각의 정보기관들은 자신들 나름의 NIEs나 특별정보판단(Special National Intelligence Estimates, SNIEs)을 제시한다.

(4) 최종 보고서가 나오기까지 정보기관들 간의 이견을 조율하기 위해서 여러 차례에 걸쳐서 회의가 개최된다. DNI는 여러 정보기관에서 파견한 고위직 관료들이 참석한 최종 검토 회의를 주재하게 되며, 최종적으로 확정된 NIEs에 서명하게 된다. 과거 DCI는 자신이 동의하지 않는 NIEs의 내용을 수정할 수 있었다. 초안 작성자들은 이에 대해 불만을 갖겠지만 DCI는 합법적으로 그런 권한을 행사할 수 있었다.

(5) 1950년 최초로 NIEs가 생산되어 점차적으로 생산되는 양이 늘어났다. 1993년에는 일주일에 한 건의 NIE가 생산될 정도로 NIEs의 생산량이 급속히 늘어났다. 레이건 대통령 시절에는 연간 60~80건의 NIE를 생산했었는데 그 후 그 숫자가 점차 줄어들었다. 때로 NIEs의 생산에 소요되는 시간이 지나치게 길다는 것에 대해 비판이 제기되기도 한다. 어떤 정보판단보고서의 경우 최종보고서가 생산되는 데 1년 이상이 소요되기도 한다. 반면에 지나치게 짧은 기간에 작성된 것이 문제가 되는 경우도 있다. 2002년에 작성된 이라크 대량살상무기 존재 여부에 관한 NIEs가 그러하다. 당시 한 상원의원의 요청으로 보고서가 작성되었는데 이라크에 대한 대통령의 군사력 사용을 허용하는 결의안 표결이 실시되기 전 3주 내에 완료될 수 있도록 서둘러 작성되었던 것으로 드러났다.

(6) 한 CIA 분석관에 따르면 여러 정보기관들이 공통으로 제시하는 최소 합의사항만을 반영하기 때문에 NIE 내용은 별로 가치가 없다고 주장한다. 그런 점에서 CIA에서 자체적으로 생산된 정보보고서가 NIEs에 비해 질적으로 우수하다고 평가하기도 한다. 그의 주장에 따르면 대부분의 정책결정권자들이 NIEs 보고서에 대해서 그다지 높은 평가를 주지 않으려는 경향을 보인다. 미국 상원 정보위원회에서 정보 소비자들을 대상으로 실시한 여론조사에서도 정보공동체에서 생산된 분석보고서에 대해서 실망스러운 입장을 표출하는 것으로 나타났다. 물론 다소 지나친 평가로 생각될 수도 있지만, 이러한 상황은 미국의 뿌리 깊은 부처 간 관료주의적 경쟁 실태에서 비롯된 것으로 지적된다. 핼버스탬(David Halberstam)에 따르면 NIEs의 작성 또는 검토를 위해 각급 정보기관에서 대표로 파견된 정보관들은 비록 그것이 잘못된 내용임을 알고 있으면서도 자신이 속한 기관의 견해와 반대되는 내용을 언급하지 않으려는 성향을 보였다고 한다. 왜냐하면 자신의 소속기관과 다른 견해를 제시했을 경우 평생 동안 몸담았던 기관으로부터 배신자라는 낙인이 찍혀 향후 승진이나 인사상의 불이익을 당할 수 있기 때문이다.

5 브리핑(Briefing)

(1) 의의

① 브리핑은 현용정보의 일종으로서 대체로 아침 시간에 가장 먼저 제공된다. 브리핑의 한 가지 장점은 정보관이 정책결정권자와 직접적으로 접촉하기 때문에 브리핑과 관련하여 정책결정권자의 선호와 반응을 즉각적으로 알 수 있다는 점이다.

② 특히 브리핑은 일주에 5~6회에 걸쳐 실시되기 때문에 고위정책결정자가 정보공동체와 가장 빈번하게 교류할 수 있는 기회가 되며, 이를 통해 정책결정자가 가장 관심을 갖고 있는 문제가 무엇인지를 쉽게 파악할 수 있다.

③ 브리핑 담당자는 정보를 정책결정권자에게 제공해 주고 정책결정권자의 정보요구나 반응을 정보기관에 알려주는 등 두 가지 역할을 동시에 수행함으로써 정보와 정책결정 간 밀접한 연계를 유지하는 데 기여한다.

(2) 단점

① 이처럼 브리핑은 정책결정권자와 분석관이 보다 밀접한 관계를 갖게 되는 여건을 제공하는 장점이 있지만 이로 인해 문제가 야기될 수 있다. 예컨대 브리핑을 통해 분석관이 정책결정권자에게 지나치게 밀착되어 정책결정권자를 무조건적으로 지지하는 입장을 취하게 될 경우 분석의 객관성이 훼손되는 상황이 발생할 수 있다.

② 그리고 브리핑이라는 단어가 의미하는 바와 같이 아침 바쁜 시간에 수행되기 때문에 시간이 짧아서 정책결정권자에게 어떤 주제와 관련하여 구체적이고 깊이 있는 내용을 전달하기가 어렵다는 문제도 있다.

③ 또한 '대통령 일일정세보고(president's daily brief, PDB)' 준비에 너무 많은 시간과 노력이 소요됨으로써 분석업무에 장애가 야기될 수 있다는 지적도 있다. 이에 따라 분석부서에서는 PDB업무에 집중하는 것과 보다 광범위하고 깊이 있는 분석보고서를 생산해 내는 것 중에서 어디에 중점을 둘 것인지 선택을 내려야 할 것이다.

④ 한편 9/11 직후 대통령과 고위직 참모들을 대상으로 실시되었던 CIA 브리핑에 대해 비판이 제기되었다. 브리핑은 주로 CIA에서 생산한 대통령 일일정세보고(president's daily brief, PDB)를 중심으로 실시되었기 때문에 다른 정보기관은 전혀 관여하지 못하고 전적으로 CIA가 주도하였다.

⑤ 행정부나 정보공동체에도 PDB가 배포되었지만 극소수의 고위관료들로 배포선이 제한되었다. 그래서 CIA를 제외한 정보기관은 대통령이 어떤 정보를 제공받고 있는지 전혀 알 수 없었다. 그래서 여타 정보기관들이 이에 대해 시기심을 갖게 되었을 뿐만 아니라 그로 인해 정보공동체 각급 정보기관의 분석 부서들 간 협력이 이루어지지 못하고 엇박자로 운용되는 상황에 처하게 되었던 것으로 지적되었다.

⑥ 이러한 문제점을 개선하기 위한 구체적인 조치가 「2004년 정보개혁법」을 통해 제시되었고, 그에 따라 PDB의 운용방식에 변화가 있었다. 즉 '국가정보장실(Office of the Director of National Intelligence)'에서 PDB를 담당하게 되었으며, 국가정보분석차장(deputy director of national intelligence for analysis)의 지휘를 받게 되었다. 이처럼 PDB 수행 책임이 CIA에서 DNI에게로 이관됨에 따라 정보공동체 내 CIA의 영향력이 약화된 것으로 여겨진다.

생각넓히기 | 미국 정보기관의 보고서 종류

구분	기관	보고서	내용
현용 정보	DNI	대통령일일요약	DNI가 주 6회 발행하는 보고서로 대통령 등 미국 백악관의 핵심 부서 32곳에만 배포되는 것으로 알려짐
	CIA	고위정책정보요약	CIA가 주관하고, NSA 등이 주 6회 발행하며, 수백 명의 고위관리들에게 제공되는 조간 정보신문이다. 내용 분량이 한 페이지 또는 그 이상인 요약(Briefs), 한 두 단락으로 된 단신(Notes), 4행 미만인 눈송이(Snowflakes)S 구성된다. PDB와 형식이 유사하고 수백 명의 정책결정자, 의회 정보위원회에 배포함.
		일일경제정보요약	NSA가 운용하는 에셜론을 통해 수집한 경제정보를 CIA가 주 5회 발행하며, 백악관을 포함하여 정부기 관 내 국장 · 차관급 등 사본을 포함하여 100여 부만 배포됨.
	INR	국무장관조간요약	국무부 내 정보조사국(INR)이 주 7회 발행함.
	NGA	세계영상보고	세계 각지에서 수집된 영상정보를 비디오 형태로 생산하여 배포함.
	NSA	신호정보요약	매일 매일의 주요 신호정보를 수록해 발행하고 있음.

현용 정보	DIA	군사정보요약	1993년부터 국방부의 국방정보국(DIA)에서 잡지형태로 주 5회 발행하고 있음.
		국방정보요약항목	NSA 등 다른 정보기관이 협력, 1일 수회 발간, 국방부 내부와 전세계 군사 지휘관에게 배포
		국방정보요약	NSA와 협력, 군사와 군사와 관련된 주제에 관한 정보를 국가차원의 정책결정자에게 보고
		군사정보요약	군사에 관련된 Senior Executive Intelliqence Brief(SEIB)라고 볼 수 있으며, 1~2일 전과 향후 며칠 내에 발생할 사건에 초점을 맞춘 정보보고서로 국방부 정책결정자와 의회 정보위원회에 보고
		상황변화보고	국방부의 주요 경보시스템의 변화에 관련된 지표에 관한 보고서
경보 정보	CIA	경고경계목록	주간으로 작성되며 향후 6개월 내 미국의 안전과 정책에 위협 가능성을 추정함.
		주간경고전망	국가이익에 특별히 중대한 영향을 줄 수 있는 잠재적 위협을 경고하는 내용
		경고메모	향후 2주간의 잠재적 위협에 대한 내용을 바탕으로 보고서 생산
	DIA	주간정보전망	
		주간경고전망보고	향후 2주간의 잠재적 위협에 대한 경고
		분기경고전망	
판단 정보	NIC	국가정보판단	미래의 추세를 판단하기 위해 생산하는 보고서로 NIE의 초안은 몇 개월이 걸릴 수도 있고 그 이상이 걸릴 수도 있다. 이 보고서는 정보공동체(Intelligence Community)의 견해를 대변하고, 완성되어 합의를 거친 후 대통령과 고위직에 제출된다. National Intelligence Council에서 생산
		특별국가정보판단	특정국가 정책관련 압축 요약보고서, National Intelligence Council에서 생산
	CIA	특별정보보고	CIA가 생산하고 특정이슈에 관한 요약보고서
		정보메모	CIA가 생산하는 특정이슈에 관한 상세한 분석보고서
	DIA	국방정보평가	군사적으로 중요하거나 영향을 끼칠 수 있는 이슈에 대한 분석, DIA(Defense Intelligence Agency)가 생산
연합 보고 시스템 (Joint Reporting System)	DIA	국방부정보요약	정부 기관과 전투 사령관에게 배포하는 보고서로 대개 1개의 주제에 관한 보고서
		현장정보보고	중요 보고를 확인 즉시 1시간 이내에 정책결정자에게 전달하는 보고서
		일일정보요약	국가군사정보센터(DIN)의 의장에게 보고, 전날 24시간 동안 발생한 중요한 정보에 관한 보고서
		DIA 정보상황요약	미국 정보의 정책 수립과 운영에 즉각적인 영향을 미칠 해외 위기 상황과 위기를 초래할 훈련에 관한 보고

Ⅳ 정보분석보고서의 평가

1 의의

정보보고서를 평가할 수 있는 명백한 기준은 없다. 다만 정보사용자의 수요에 부응하는 제대로 된 정보보고서가 일반적으로 갖추어야 할 기본적인 요건으로서 적시성(timely), 적합성(tailored), 간결성(digestible), 명료성(clear), 객관성(objectivity), 정확성(accuracy) 등을 들 수 있다.

2 적시성(timely)

① 정보보고서는 적시성(timely)을 가져야 한다. 더 좋은 수집 자료가 입수되기를 기다리거나 보고서를 양식에 맞춰서 산뜻하게 보이도록 만드느라 시간을 늦추는 것보다는 정책결정자에게 적시에 필요한 정보를 제공해 주는 것은 매우 중요하다.

② 시간이 지나면 사건의 중요성이나 관점이 바뀔 수 있기 때문이다. 예를 들어 북한이 핵실험을 이미 실시했는데 뒤늦게 제공된 북한 핵실험의 전망에 관한 보고서는 사용자의 정책결정에 전혀 도움이 되지 않는 불필요한 것이다.

3 적합성(tailored)

정보보고서는 사용자의 필요에 맞게(tailored) 작성되어야 한다. 정책결정자가 상대국 정부의 군사용 신무기 개발 동향에 촉각을 곤두세우고 있는 상황에서 정치나 경제 동향에 관한 보고서는 정책결정자의 필요에 전혀 부응하지 못하게 된다. 물론 지나치게 사용자의 선호에 맞춘다고 객관성을 잃거나 정치화된 정보를 제공하라는 것은 아니다.

4 간결성(digestible)

정보보고서는 간결해야(digestible) 한다. 정책결정자는 매우 바빠서 시간을 갖고 보고서를 읽을 여유가 충분치 않다. 따라서 짧은 시간 내 내용을 빨리 파악할 수 있도록 적절한 양식이나 분량으로 작성되어야 한다. 보고서가 짧다고 다 좋은 것은 아니고, 정책결정자에게 전달하고자 하는 메시지가 분명하게 드러나도록 일목요연하게 작성되어야 한다는 것이다.

5 명료성(clear)

정보보고서의 내용은 모호하지 않고 명료해야(clear) 한다. 사실로 밝혀진 것과 밝혀지지 않은 것을 명백히 구분해 주어야 한다. 제대로 된 보고서는 독자들에게 사실여부가 규명된 것(known),

규명되지 않은(unknown) 것, 분석관이 보완한 것, 자료의 신뢰성을 구분하여 밝혀준다. 특히 제공된 자료의 신뢰도를 밝혀주는 것은 매우 중요하다. 왜냐하면 정책결정자는 분석관이 정책결정자에게 제공하는 정보의 상대적인 신뢰도를 감안하여 정책에 활용하게 되기 때문이다.

6 객관성(objectivity)

정보보고서는 객관성(objectivity)을 갖추어야 한다. 객관성을 갖출 필요성은 너무도 중요해서 당연한 것으로 받아들여진다. 정보보고서가 객관성을 갖추지 못했다면 적시성, 간결성, 명료성 등의 조건들은 아무런 의미가 없다고 본다. 그만큼 객관성은 양질의 보고서가 되기 위한 필수조건이라는 본다.

7 정확성(accuracy)

① 정보보고서는 정확성(accuracy)을 갖추어야 한다. 그런데 정확성은 정보보고서를 평가하기 위한 기준으로서 모호한 측면이 있다. 분명히 어떤 정보분석관도 정보보고서에 오류가 생기는 것을 원치 않는다.

② 그렇지만 오류가 전혀 없도록 작성하는 것은 불가능하다는 점을 알고 있다. 사실 정확성의 기준을 어떤 정도로 잡아야 할지 결정하기 어렵다. 100% 정확하게 작성하는 것은 너무 높은 기준이고, 0%로 하는 것은 너무 낮다. 정확성의 수준을 대략 50～100% 사이로 결정하는 것이 합리적 기준이 아닐까 생각된다.

핵심정리 **미국 CIA가 준수하는 정보보고서 작성 원칙**

(1) 의의

미국 CIA는 정보보고서를 작성할 때 다음과 같은 10가지 원칙을 준수하도록 하고 있다.

(2) 작성 원칙

① 전체 구도를 결정한다(Determine the big picture).
② 결론을 먼저 제시한다(Put conclusions first).
③ 논리적으로 구성한다(Organize logically).
④ 보고서 형태를 구분하여 이해한다(Understand different format).
⑤ 적합한 용어를 사용한다(Use specific language).
⑥ 단순하고 간결하게 생각한다(Think simple and concise).
⑦ 명료하게 생각한다(Strive for clarity of thought)
⑧ 능동태를 사용한다(Use the active voice).
⑨ 스스로 검토한다(Self－edit).
⑩ 정보수요를 파악한다(Know the reader's needs).

Theme

28 정보분석기구

I 정보분석기구의 유형

1 의의

국가정보기구에서 정보분석 부문의 존재는 필수적이다. 분석 없는 정보활동은 있을 수 없기 때문이다. 정보분석기구 유형은 3가지로 나누어 볼 수 있다.

2 분산형

① 각 정보기구가 교류 없이 자체적으로 분석부서를 운용하면서 필요한 정보를 생산하는 방식이다.

② 제2차 세계대전의 긴박한 전쟁 상황에서 미국의 국무부, 육군과 해군이 각자 별도의 정보수집 및 분석기능을 가지고 원칙적으로 자체 부서의 정보수요에 한정하여 정보분석업무를 수행했던 것이 대표적이다.

③ 소속 부처의 정책소요에 신속히 대처할 수 있다는 장점이 있으나 국가 전체적인 정보, 즉 국가정보를 생산하는 데는 한계가 있는 분석모형이다.

3 중앙 집중형

① 첩보의 수집과 정보의 분석을 철저히 이원화함에 따라 이루어지는 분석모형으로 최종적인 정보분석은 개별 정보기구의 첩보자료를 모두 취합하는 중앙 집중형의 별도 분석부서에서 이루어지도록 하는 방식이다.

② 국가의 모든 정보 자료를 활용할 수 있다는 장점이 있으나, 중앙 분석부서의 독점적인 정보분석에 오류가 발생하는 경우에도 시정할 기회를 갖지 못한다는 한계가 있다.

4 혼합형 또는 경쟁적 분산형

분산형과 중앙 집중형의 절충형으로 개별 정보기구의 부문적 정보분석 기능도 장려하고 유지하면서, 국가장기예측 정보분석처럼 국가정보 전체를 망라해야 하는 사안에 대해서는 특별한 정보분석 부서가 그 임무를 맡도록 하는 방식이다. 정보분석의 정확성을 도모할 수 있는 반면에 낭비적 요소가 많다는 비판이 있을 수 있다.

Ⅱ 수집기구와 분석기구의 관계

1 의의

① 미국을 비롯한 대부분의 정보기관들은 수집과 분석 부서를 분리시켜서 운용하고 있다. 미국 정보공동체에 소속된 18개 정보기관들 중에서 분석업무에 중점을 두는 기관으로서 CIA, DIA, 국무부의 정보조사국(INR) 등이 있고 나머지 정보기관들은 첩보수집에 보다 많은 비중을 두어 임무를 수행한다.

② 예컨대 NSA는 신호정보수집, NRO는 영상정보 수집활동을 중점적으로 수행한다. 미국의 경우 별도의 독립적인 영상·정보 수집과 분석 기구를 가지고 있는데 이는 미국만의 독특한 조직 형태로서 다른 나라에서는 찾아보기 어렵다.

2 수집과 분석 부서 분리

(1) CIA

① CIA의 경우 분석을 담당하는 분석국과 첩보수집 및 비밀공작을 담당하는 비밀공작국으로 분리되어 있다. 그러나 정보기관의 조직 편제상 수집과 분석 부서 간에 완전히 분리되기는 어렵다.

② 미국 CIA의 경우 수집과 분석이 마치 별도의 조직 단위로 운용되는 것처럼 보이지만 사실은 그렇지 않다.

③ 일반적으로 수집과 분석활동은 밀접하게 연계되며, 수집부서라도 때로 분석을 하고, 분석부서가 첩보수집활동을 수행하는 경우도 있다.

(2) '해외정보' 분야와 '보안정보' 분야

① 수집과 분석 부서의 분리는 '해외정보' 분야에만 국한되고 '보안정보' 분야에는 해당되지 않는다.

② 미국의 FBI, 영국의 MI-5 등 보안정보기관들의 경우 보고서의 생산이나 배포보다는 간첩활동 탐지 및 색출에 목표를 두고 있기 때문에 분석보다는 목표달성에 필요한 첩보를 수집하는 활동에 중점을 두고 있다. 보안정보기관은 미행감시 기법, 대인접촉, 우편물 검색, 전화도청 등 다양한 수집수단을 활용한다.

③ 요컨대 보안정보기관은 간첩을 탐지·색출하는 데 목표를 두고 필요한 첩보를 수집 및 분석하는 활동을 수행하는데, 대부분의 경우 별도의 분석 부서를 두지 않고 있어 첩보수집과 분석의 구분이 없다.

3 수집과 분석 부서의 통합

(1) 의의

① 정보의 가장 중요한 사용자는 최고정책결정권자들이다. 종합판단정보는 정책에 직접적으로 반영된다. 그런 점에서 최고 수준의 정보는 객관적이고 정확해야 한다.

② 그런데 대체로 첩보수집과 분석의 구분이 없을 경우 종합적이고 객관적인 분석이 수행되기 어렵다.

(2) KGB

① 특히 냉전시대 구소련 KGB의 경우 수집과 분석의 구분이 명확하지 않았다. 그래서 소련 KGB는 종종 획득된 비밀첩보를 분석과정을 거치지 않고 직접 정보사용자에게 전달하는 경우가 있었다.

② 이러한 첩보의 경우 종합적인 분석과정을 거쳐 검증된 정보가 아니기 때문에 정확성이나 신뢰성이나 떨어질 뿐만 아니라 정보사용자의 구미에 맞는 첩보만을 선별적으로 제공하게 됨으로써 객관성에도 심각한 문제가 있었던 것으로 드러났다.

③ 이처럼 수집과 분석 부서의 구분이 모호한 가운데 KGB는 정보사용자에게 객관적이고 정확한 정보를 제공하지 못했던 것으로 지적된다. 정보사용자로서 소련의 최고정책결정권자가 제대로 된 정보를 제공받지 못했고, 그로 인해 올바른 정보판단을 내릴 것으로 기대하기 어려웠을 것이다.

(3) 장 · 단점

① 냉전시대 구소련의 KGB의 경우와는 달리 미국이나 영국의 정보기관들은 수집 부서와 분석 부서가 분리된 형태를 보였다. 이처럼 수집과 분석 조직이 분리되어 있을 경우 몇 가지 단점들이 있다.

② 수집 부서는 단순히 자료를 전달하는 것이 아니고 그들 나름대로 해석할 수 있는 능력이 있다. 그런 점에서 수집 부서와 분석 부서가 통합되어 있으면 보다 신속하게 종합적인 정보판단을 내릴 수 있을 것이다.

③ 또한 분석 부서가 분리되어 있기 때문에 기계적으로 자료를 대조하는 과정에서 중요한 자료들을 빠뜨리는 실수를 저지를 수 있다. 이 경우에도 분석 부서와 수집 부서가 통합되어 있으면 보다 쉽게 중요한 자료를 골라낼 수 있을 것이다.

④ 종합적인 분석 없이 수집 자료는 그 의미를 가질 수 없다. 정보분석에는 첩보자료뿐만 아니라 공개정보, 일반정보 등 모든 자료들이 종합되어야 한다. 그런 점에서 수집과 분석 부서가 통합된 형태를 유지하면 종합적이고 객관적인 정보를 보다 신속하게 생산할 수 있다는 장점이 있다.

Ⅲ 최고 정보판단기구

1 최고 수준의 정보

① 국가정보의 가장 중요한 사용자(고객)는 대통령, 수상, 장관 등 국가의 최고정책결정권자들이다. 정보기관에서 생산된 종합판단정보는 최고정책결정권자들에게 제공되어 국가정책에 직접적으로 반영된다.

② 그런 점에서 최고 수준의 정보는 두 가지 요건을 갖추어야 한다. 첫째, 정보판단의 객관성을 유지해야 한다. 즉 정부 내 어떤 특정부처의 이익을 반영하거나 선입관에 사로잡히지 말아야 한다. 둘째, 최고정책결정권자에게 제공되는 정보는 부서 간에 합의된 내용이 되어야 한다. 국가정책을 추진함에 있어서 정부 부처 간에 갈등을 조장하거나 정보기관들 간에 의견이 불일치하는 경우 반드시 이를 조정하여 합의된 정보판단을 제공토록 해야 한다.

2 부문정보기관들 간의 정보판단 조율

① 대부분의 국가들은 부문정보기관들 간에 정보판단을 조율하는 일에 대해 별로 관심이 없거나 그 일이 너무 어렵다고 여긴다.

② 정보판단을 조율하는 데 있어서 두 가지 모델이 있다. 그 하나는 부문 정보기관들 간에 협력이 용이하게 이루어질 수 있도록 제도적 장치를 구축하는 것이고, 다른 한 가지는 중앙정보기구를 만드는 것이다. 전자의 대표적인 사례로 영국 합동정보위원회(Joint Intelligence Committee, JIC)가 있고, 후자의 대표적인 사례는 미국의 DCI(현재 DNI)와 CIA의 분석 부서가 있다.

③ 그러나 영국이나 미국의 정보시스템은 사실상 부서 간 협력과 중앙집권화라는 두 가지 요소를 모두 포괄하여 운영되고 있다.

Ⅳ 영국

1 의의

① 영국은 제2차 세계대전 이전부터 군사적인 요소뿐만 아니라 경제, 자원 등 적에 관한 정보를 종합적으로 파악하기 위한 새로운 방안으로써 부처 차원을 넘어선 국가적인 차원의 중앙집권적 정보분석기구를 만들고자 시도하였다.

② 그러나 부처 차원을 초월하는 중앙집권적 정보분석기구를 설립하는 것에 대해 여러 부처에서 반대하여 결국 합동정보위원회(Joint Intelligence Committee, JIC) 형태의 기구로 발전하게 되었다.

2 합동정보위원회(Joint Intelligence Committee, JIC)

(1) 의의

① JIC는 부문정보기구를 유지하면서 부처 간의 협력을 강화하는 데 중점을 두고 설립되었다. JIC는 1936년 3개의 부문정보기구들의 협력체로서 출발하여 한동안 활동이 미흡했으나, 1939년 JIC의 대외처(Foreign Office)가 정치, 군사, 경제 분야를 종합하는 임무를 수행하면서 매우 효과적인 분석기구로 발전했다.

② 이후 JIC는 제2차 세계대전 동안 해외에서 입수되는 정보를 객관적으로 평가하고 부문정보기구들 간의 협력을 이끌어냈으며, 이를 통해 모든 정보를 종합하여 정부의 정책결정이 합리적으로 내려지는 데 최종적인 책임을 가지는 임무를 수행했다. 여기에 1941년 부문정보기관의 대표들로 구성된 합동정보사무처(Joint Intelligence Staff, JIS)가 설립되어 JIC의 활동을 효과적으로 지원하게 되었다.

(2) 포클랜드위원회(Falklands Committee)에 제출된 보고서

① 1983년 프랭크 경(Lord Franks)을 의장으로 하여 구성되었던 포클랜드위원회(Falklands Committee)에 제출된 보고서에서 전후 영국 JIC 시스템의 공식적인 활동이 최초로 공개되었다.

② 동 보고서에 따르면 JIC는 부문정보기관들을 관리하는 역할뿐만 아니라 장관들과 고위관료들에게 광범위한 분야에 걸쳐 외국의 상황들과 동향을 판단하는 보고서를 제공해 준다.

(3) 현용정보단(Current Intelligence Groups, CIGs)

① 외국의 상황과 동향을 판단하는 일은 주로 JIC 내 '현용정보단(Current Intelligence Groups, CIGs)'에서 수행하는데, CIG는 여러 부문정보기관에서 차출된 사람들로서 각각 해당 지역 문제 전문가들로 구성되어 있다.

② CIG의 핵심 조직은 '정보평가처(Assessments Staff)'인데, 여기에는 외교부와 국방부 출신의 민간인과 군인들로 구성된 약 20여 명 정도의 소규모 인원이 재직하고 있다. CIG는 JIC에 정보판단보고서 초안을 제출하며, JIC에서 각 부처의 의견을 종합하여 최종보고서를 생산하게 된다.

(4) 합동정보위원회(Joint Intelligence Committee, JIC)의 구성

① JIC는 정보 및 보안기관의 수장, 국방부, 재무부를 비롯한 여러 부처의 장관들로 구성되어 있다.

② JIC 의장은 관례상 외교부 소속의 고위관료가 맡아 왔는데 1983년 프랭크위원회의 권고안에 따라 수상에 의해 임명된 내각 사무처(Cabinet Office)의 관료가 맡게 되었다.

V 미국

1 의의

① 1941년 이전까지 미국에는 육군, 해군, FBI 등의 부분정보기관들이 독자적으로 활동하고 있었다. 그런데 진주만 기습사건 이후 부문정보기관들 간의 협력을 강화시킬 수 있는 새로운 정보체계의 설립 필요성이 제기되었다.

② 우선 미국은 부문정보기관들 간의 협력을 강화하는 영국식 JIC 모델을 채택했고, 이에 바탕을 두고 합동참모위원회(Combined Chiefs of Staffs Committee)를 설립하여 정보협력을 추진하였다.

③ 그러나 냉전시대에 들어서면서 영국식 JIC 모델보다는 중앙집권적 정보기관을 설립할 필요성에 대한 공감대가 형성됨에 따라 1947년 「국가안보법(National Security Act)」에 근거하여 마침내 CIA가 창설되었다.

2 CIA와 DCI

(1) 의의

① 1947년에 창설된 CIA는 정보분석의 이정표가 되었다. CIA는 정부기관의 일부로써 설립되었으며, 외국에 대한 정보분석을 목표로 창설된 최초의 전문적인 종합정보분석기구였다.

② 제2차 세계대전 이후 해체되었던 전략정보국(OSS)의 산하조직인 Research and Analysis Branch(R&A)가 CIA의 분석기구(Directorate of Intelligence)로 발전하면서 CIA는 중앙정보기관의 면모를 갖추게 되었다.

(2) 중앙정보장(Director of Central Intelligence, DCI)

① 1947년 CIA의 설립과 함께 CIA 국장이 중앙정보장(Director of Central Intelligence, DCI) 직위를 겸임하게 되었다. DCI는 여러 정보기관들로 구성된 정보공동체의 수장으로서 대통령과 국가안전보장회의(NSC)에 정보 업무를 조언하는 조언자(advisor)로서의 역할을 수행하게 되었다.

② 물론 CIA와 DCI가 미국의 정보체계에서 결코 유일한 정보판단자는 아니다. 국방정보국(DIA)과 국무부의 정보조사국(INR)도 CIA의 일일정보(Daily Brief)와 유사한 형태의 정보보고서를 자체적으로 생산하고 있다. 부문정보기관이 부처 차원의 정보판단을 내리는 데 반해 CIA와 DCI는 부문정보기관들 간의 합의를 통해 국가적 차원의 국가정보판단보고서(National Intelligence Estimates, NIEs)를 생산하는 임무를 수행한다.

③ 1947년 「국가안보법」은 CIA와 DCI가 NIEs 생산을 위해 부문정보기관들 간의 정보 업무를 조정하고, 정보공동체의 공동이익을 추구하는 임무를 수행하도록 규정하고 있다. 1950년 이후 DCI(현재는 DNI)는 영국의 JIC와 유사한 과정을 통해 생산된 정보공동체의 종합판단 보고서로서 NIEs를 제출하고 있다.

Ⅵ 영국과 미국의 국가정보판단체계 비교

1 의의

영국과 미국의 정보체계는 뿌리는 같지만 다소 차이가 있다. 영국은 부문정보기관들과의 협력과 합의를 중요시하지만, 미국은 CIA와 DCI(현재 DNI)의 중앙집권화를 특징으로 하고 있다.

2 이견의 허용 여부

(1) 미국

① 미국 정보체계는 규모가 크고 사용자의 범위도 워낙 넓어 그만큼 정보의 흐름이 다양하다.

② 영국과 비교하여 미국의 정보체계는 규모면에서 차이뿐만 아니라 부문정보기관의 다양성을 용인하고 장려하는 점에서도 차이가 있다.

③ NIEs를 생산하는 과정에 참여하는 분석요원들은 의견이 다를 경우 주석(footnote)을 달아서 다른 견해를 표현할 수 있으며, 그러한 전통을 오랫동안 유지해 왔다.

(2) 영국

① 그러나 영국에서는 부문정보기관들 간의 의견 불일치는 정보시스템 전체가 실패한 것으로 간주하기 때문에, 의견불일치를 공식적으로 표현하는 일은 거의 없다.

② 어쨌든 영국은 CIA처럼 중앙집권식기구가 없는 부처 간 협력체계로서 부처 간 합의를 반드시 필요로 하며 이견을 허용하지 않는다.

3 정보공동체의 지리적 여건과 구조적 특성

(1) 의의

① 영국의 경우 정보공동체의 규모가 작기 때문에 여러 정책 부서들과 부문정보기관들이 정보판단 과정에서 서로 협력하기가 용이하다. 그리고 그것이 바로 영국식 정보공동체의 장점이다.

② 그러나 미국의 경우 정보공동체 내 정보기관들의 규모가 워낙 크고 거리적으로도 여러 지역에 멀리 산재해 있기 때문에 영국과는 달리 정보판단 과정에 서로 모여서 합의를 이루는 등의 협력이 쉽지 않다.

③ 미국에서도 정보판단을 생산하는 과정에 모든 정보와 자료, 견해들을 반영해야 한다는 입장을 취하지만 실제로 이를 행동에 옮기는 일이 쉽지는 않은 듯하다. 아마도 미국은 이처럼 부문정보기관들 간의 협력이 어렵기 때문에 중앙집권적인 정보판단 체계를 선호했을 것으로 보인다.

④ 이처럼 정보공동체의 지리적 여건과 구조적 특성에서 비롯된 차이점을 반영하여 미국과 영국은 각기 다른 형태의 정보판단 체계를 설립하게 된 것으로 보인다.

(2) 정보판단 과정에 참여하는 구성원의 차이

① 무엇보다도 미국식과 영국식 정보판단 구조의 차이점은 정보판단 과정에 참여하는 구성원이 각기 다른 데서 비롯된다.

② 미국의 경우 공식적으로 각 정보기관들 중 정보 판단을 전문으로 하는 국무부 등 여러 정부 부처의 정보기구들이 포함되지만 여기에 정보사용자로서 정책결정권자는 제외된다.

③ 그러나 영국의 경우 JIC와 산하기구로서 국가정보판단보고서의 초안을 작성하는 CIG의 구성원에는 여러 부문정보기관들은 물론 외무부, 재무부 등 관련 정부 부처 소속의 일반 공무원들도 포함된다.

④ 이에 따라 미국의 NIEs 회의에는 정보기관의 요원들만 참석하는 데 반해 영국의 JIC와 CIG 회의에는 정보기관의 요원들뿐만 아니라 정책결정자들도 참여한다.

⑤ 요컨대 미국의 정보시스템은 정보가 정책에 투입되는 독립변수로서 작용할 것을 요구하면서 정보와 정책의 엄격한 분리를 강조하는 반면, 영국의 경우 정보판단의 생산과정에 정보기관의 요원과 정책결정권자들이 함께 참여하게 된다.

(3) 영국 정보판단 과정에서 발생하는 모순

① 특히 영국 외교부의 관료들은 CIG나 JIC 회의에 참석하여 주도적인 역할을 수행한다. 외교관들은 풍부한 경험과 지식을 갖추고 있기 때문에 정보판단 과정에서 막중한 영향력을 발휘한다. 이들은 정보판단보고서 작성에 직접적으로 관여한 다음 자기 사무실로 돌아가서 정책결정을 내리는 역할로 바뀌게 되는데 여기서 우스꽝스러운 점은 자신들의 정책결정에 필요한 '객관적'인 투입변수로서의 정보판단보고서가 도착하기를 기다리고 있다는 것이다. 자신들이 정보판단 과정에 영향력을 행사해 놓고 객관적인 정보판단보고서를 생산되기를 기대하는 모순을 이해하기 어려울 것이다.

② 이러한 모순 때문에 영국에서는 정보판단 과정에 정보요원만 참여하는 것이 바람직한가 아니면 참여의 폭을 넓혀 정책결정권자들의 참여까지 허용하는 것이 바람직한가를 두고 논란이 있었다. 물론 정보판단에 정책결정자들의 선입견이 반영됨으로써 부정적인 결과를 초래할 위험이 없지 않다. 그러나 영국에서는 정보판단 과정에 정책결정권자들의 경험과 지식이 충분히 반영됨으로써 보다 나은 정보판단을 제공해 줄 수 있다는 점을 좀 더 중요하게 고려하는 듯하다.

Ⅶ 기타 국가들

1 구영연방제국의 국가들

(1) 의의

1945년 이후 구영연방제국 국가들은 대체로 영국의 JIC를 모델로 하여 국가정보판단 시스템을 설립하였지만, 각 국가의 고유한 특성을 반영하여 다양한 형태로 발전시켰다.

(2) 캐나다

캐나다는 부문정보기관들이 협력하여 정보판단보고서를 생산하는 시스템을 유지했었으나 나중에 중앙 집권적인 정보분석기구를 설립하였다.

(3) 오스트레일리아

① 오스트레일리아는 미국적인 모델을 받아들여서 보다 중앙집권적인 정보판단 유형을 발전시켰다.

② 오스트레일리아는 국가적 차원의 정보판단 기구로서 '국가정보위원회(National Intelligence Committee)'를 두었으나 1977년 이를 대체한 기구로 '국가정보평가실(Office of National Assessments, ONA)'을 설립했고, 이후 '국가정보평가실(Office of National Estimates, ONE)'이 되었다.

(4) 뉴질랜드

① 뉴질랜드의 국가정보판단 시스템은 미국식과 영국식의 중간 유형의 형태를 보이는 것으로 나타난다.

② 이들 모두 육 · 해 · 공군별로 각기 독립된 부문정보기관들을 갖고 있으며, 부문정보기관들을 포함한 정보공동체의 협력을 통해 국가정보판단을 생산한다는 개념을 유지하고 있다.

2 제2차 세계대전 직후 유럽 국가들

(1) 의의

① 제2차 세계대전 직후 유럽 국가들의 국가정보판단 시스템은 대부분 이전과 별로 다를 바가 없었다.

② 즉 부문정보기관들을 포함한 정보공동체의 협력을 통해 국가정보판단을 생산한다는 개념조차 없었다. 물론 중앙집권적인 통합된 정보판단 기구가 설립되지도 않았다.

③ 그래서 대부분의 유럽 지도자들은 서로 상반되는 내용의 보고서들을 보고 스스로 판단해야 했다.

(2) 소련

① 그런데 놀랍게도 소련의 스탈린은 새로 설립된 미국의 CIA를 모델로 하여 1947년 '종합정보판단기구(the Committee of Information)'를 창설했다.

② 그 기구는 1958년까지 존속했는데 결코 종합적인 정보판단을 제공하지는 못했다. 지도자의 구미에 맞는 정보만을 선별적으로 제공했기 때문에 지도자가 모든 첩보에 접근할 수 있는 것이 아니었다. 그래서 종합적인 정보판단 기구로서의 기능을 제대로 수행하지 못했던 것으로 평가된다.

(3) 서독

한편 제2차 세계대전 이후 서독에서는 히틀러 치하에서 정보기구들이 분산된 것을 통합시키는 데 목적으로 두고 겔렌(Gehlen) 장군의 주도 하에 중앙집권화된 정보기구로서 BND (Bundesnachrichtendienst)가 설립되었지만, 최고 정보판단에 대해 부처 간의 이견을 조정하는 시스템이 효과적으로 구축되지는 못했던 것으로 평가된다.

(4) 평가

① 영국과 미국의 국가정보판단 시스템은 형태는 다르지만 궁극적으로 부서들 간의 이견을 조정하여 합의 또는 통합된 정보판단을 제공함에 있어 효과적인 것으로 인정되었다.

② 그래서 유럽 국가들은 미국 또는 영국식 시스템을 모델로 하여 자국의 특성에 맞는 국가정보판단 시스템을 구축하고자 시도했다.

③ 그러나 대부분의 경우 정보분석기구들 간의 상호교류가 미흡했고 통합적인 국가정보판단이 생산되는 시스템을 갖추지도 못했던 것으로 보인다. 그런 점에서 미국이나 영국식 모델을 완벽하게 모방하지는 못했던 것으로 평가된다.

Theme 29
분석과 정책의 관계: 분석관과 정보사용자

I 분석관의 자질과 역할

1 의의

① 정보분석관은 외교정책 과정에서 자신들의 역할이 무엇인가를 이해하고 있어야 하며, 복잡한 문제를 구조화하고 분석할 수 있는 기법들(tools), 정치 또는 경제 분석처럼 특수한 학문분야의 시각을 적용하여 특정 이슈를 분석할 수 있는 이론적 틀 그리고 바쁜 정책결정자를 위해 정책결정에 적절히 활용할 수 있도록 설득하고 이해시키는 발표력 등이 요구된다.

② 올바른 정보보고서를 생산하기 위해 정보분석관은 목표(상대방)의 입장에서 생각해 보고 목표(상대방)가 내면적으로 무엇을 계획하고 있는지를 찾아낼 수 있는 능력을 가져야 한다. 카아(E.H. Carr)에 따르면 역사가는 자신이 속한 사회와 역사를 초월하여 현상을 이해(파악)할 수 있는 혜안을 갖추어야 한다고 언급한 바 있다. 정보관 역시 단기 또는 장기 정보판단보고서를 작성함에 있어서 자신의 선입관을 넘어서서 현상을 객관적으로 파악할 수 있는 능력을 갖추어야 한다.

2 분석관이 가져야 할 목표

(1) 의의

셔먼 켄트는 모든 분석관은 세 가지 목표를 가지고 있어야 한다고 본다. 첫째 모든 것을 알아야 하고, 둘째 신뢰받아야 하고, 셋째 선한 일을 위해 정책에 영향을 행사하는 것 등이다. 켄트가 제시하는 세 가지 소망은 곧 분석관이 어떠한 태도 또는 역할을 수행해야 하는지를 보여준다.

(2) 모든 일을 아는 것

① 분석관이라고 모든 것을 알 수는 없다. 만약 모든 것을 알 수 있다면 알아볼 필요가 없으니 정보활동은 불필요하게 될 것이다.

② 켄트의 첫 번째 목표는 어떤 이슈에 관한 분석보고서를 요청받기에 앞서 분석관은 그 이슈에 대해서 가능한 한 많이 알고 있어야 한다는 의미로 해석된다. 획득할 수 있는 정보의 양은 이슈별로 그리고 때에 따라 다양하다.

③ 분석관은 정보의 양이 부족한 상황에서도 획득된 첩보로부터 숨겨진 의미를 찾아 낼 수 있는 깊은 안목, 통찰력 그리고 지적인 능력을 발휘할 수 있도록 훈련받아야 할 것이다.

(3) 신뢰받는 것

분석관이 신뢰받는 것은 정보와 정책 간 긍정적인 관계를 유지하는 데 필요한 핵심적인 요소로 생각된다. 정보관이 정책결정자에게 객관적이고 신뢰성 있는 정보를 지속적으로 제공해 주면 정책결정자가 그의 견해를 수용하게 될 것이다.

(4) 정책에 영향을 행사하는 것

분석관은 자신이 정책결정자에게 제공해 주는 정보가 국가를 재앙으로부터 구하고 국익증진에 기여하는 등 정책에 긍정적인 영향을 미치기를 소망하며, 자신이 그러한 역할을 수행할 수 있다는 점을 정책결정자가 인정해주기를 바란다.

Ⅱ 정보사용자와 분석관의 관계

1 의의

① 분석은 정보와 정책이 만나는 곳에 위치한다. 분석관은 정보사용자와 정례 브리핑 또는 분석보고서를 주고받는 등 직간접적으로 빈번한 접촉을 유지한다.

② 분석관이 생산한 정보를 제공받는 정보사용자는 주로 행정부의 정책결정권자들로서 대통령과 각 부처 장관을 포함한 고위급 관료들이지만, 최근 의회도 중요한 고객으로 부각되고 있다.

③ 정보사용자가 누구인지를 막론하고 정보생산자로서 분석관은 사용자에게 신뢰를 주고 설득력이 있어야 한다. 분석관은 사용자를 고객으로서 간주하고 그들과 밀접한 관계를 유지하는 가운데 그들이 원하는 것이 무엇인지를 찾아내고 그들의 요구를 만족시켜 줌으로써 그들로부터 신뢰감을 얻도록 노력해야 한다.

2 정보사용자의 불신

① 때로 정책결정자들은 자신들이 정보분석관보다 더 많은 정보를 알고 있다고 생각하여 정보분석관을 불신하는 경우도 있다.

② 예를 들어 대통령이나 외교부 장관은 때로 외국인 지도자와 개인적으로 나눈 대화 내용에 대해 누구에게도 말하지 않고 혼자만의 비밀로 남겨둔다. 그리고 그러한 내용을 정보분석관이 알지 못하고 있기 때문에 자신이 분석관보다 더 많은 정보를 알고 있다고 생각한다.

③ 미국의 경우 정무직 고위관료들은 CIA 분석관의 정치적 중립성을 의심하고 분석능력에 대해서도 과소평가하는 성향을 보인다. 반면에 일반직 고위관료들은 CIA 분석관의 객관성과 전문성을 충분히 인정하는 태도를 보인다.

④ 중요한 점은 정보사용자가 분석관을 불신하게 되면 엄청난 시간과 노력을 들여 어렵게 생산된 정보가 무용지물이 될 수 있다는 것이다.

3 정보사용자와의 거리

① 사실 정보사용자와 생산자 간에는 친밀성과 소원관계가 혼재된 복잡한 관계이다. 정보는 정부의 정책에 대한 조언자로서의 역할을 수행해야 하지만, 정책결정의 중심에서 좀 떨어져 있어야 한다.

② CIA의 경우 정보분석관은 대통령, 국무장관, 국방장관 등으로부터 영향력이나 간섭을 받지 않고 독립적이고 객관적인 분석보고서를 제시하고자 노력한다. 물론 그로 인해 정책적인 고려가 무시되고 현실과 괴리된 보고서를 생산하게 될 위험도 있다.

③ 정보분석관과 정책결정자가 지나치게 밀착되는 것도 문제지만 너무 소원하면 현실감이 떨어지는 보고서가 제시될 수 있다. 그런 점에서 정보사용자와 생산자 간에 적정한 거리를 유지하는 것이 바람직하다고 생각된다.

4 정보의 정치화(politicized intelligence)

(1) 의의

한편 정보기관이 정부 또는 정권과 지나치게 밀접한 관계를 유지할수록 의식적이든 무의식적이든 간에 정보보고서의 내용이 정권의 요구에 맞게 왜곡되는 '정보의 정치화(politicized intelligence)' 위험성이 증가한다.

(2) 원인

① 정보의 정치화는 분석관이 정보를 정책결정자의 선호에 맞게 정책의 노선(options)이나 결과를 의도적으로 조작할 때 발생하게 된다.

② 물론 분석관이 그러한 행동을 취하는 데는 취급하고 있는 이슈에 대한 객관성의 상실, 특별히 선호하는 정책노선의 지지, 자신의 경력에 유리하게 활용하는 의도 등 다양한 동기가 작용한다.

(3) 정보와 정치의 관계

그런데 정보와 정치의 관계는 마치 '반투과성막(semipermeable membrane)'과 같다. 즉 정책결정자는 정보분석관에게 의견을 제시할 수 있지만, 반대로 정보분석관은 그들의 정보 분석에 기초한 정책 대안을 권고할 수 없다. 그런 점에서 '정보의 정치화'의 결정적인 책임은 분석관보다는 정책결정자에게 있다고 보아야 할 것이다.

5 국가체제 또는 국가 내부의 조직구조

(1) 의의

정보분석관과 사용자 간의 관계는 국가체제 또는 국가 내부의 조직구조에 따라 다양하게 나타난다. 미국의 경우 정책결정권자와 정보생산자 간의 관계가 너무 소원하다는 지적이 나오기도 한다. 반면에 영국의 경우 정보생산자와 사용자 간의 관계가 지나치게 밀착되는 것을 경계하는 성향이 있다.

(2) 미국

① 미국의 정보공동체에서는 정보와 정책 간에 긴밀한 관계 유지를 매우 중요한 목표로 강조해 왔다.

② 게이츠(Robert M. Gates) 전 CIA 국장은 CIA 국장이 되기 전 정보분석관들에게 정책결정권자의 입장에서 분석 · 판단할 것을 요구하면서 정책결정권자와 보다 밀접한 관계를 유지하도록 노력하라고 당부했던 바 있다.

③ 미국의 '기회분석(opportunity analysis)'은 바로 정보생산자와 사용자 간에 밀접한 관계를 유지하도록 요구하고 있으며, 그러한 관계를 유지하는 구체적인 방법은 CIA에서 편찬한 "Bridging the Intelligence-Policy Divide"라는 논문 속에 잘 정리되어 있다.

④ 허만(Michael Herman)은 정보사용자와 밀접한 관계 유지를 위해 정보분석관이 대상(목표)은 물론 사용자와 감정 이입을 갖도록 노력해야 한다고 강조한다. 물론 두 가지를 동시에 달성하는 것은 다소 어려움이 있다. 때로 이런 일로 인해서 많은 시간이 낭비될 수 있다. 즉 사용자와의 관계를 유지하는 데 소요되는 시간만큼 분석에 투입되어야 할 시간이 희생될 수 있다.

(3) 영국

① 미국의 경우와는 상반되게 영국에서는 정보생산자와 사용자 간에 다소 소원한 관계가 유지되는 것을 선호하는 성향이 있다.

② 미국의 경우 수많은 정보기관과 정부 부처가 워싱턴 지역에 광범위하게 흩어져 있기 때문에 정보사용자와 생산자 간에 밀접 한 관계를 유지하기가 현실적으로 어렵다. 이러한 지리적인 특성 때문에 정보기관과 정부 부처 간에 밀접한 관계유지를 강조하는 듯하다.

③ 그러나 영국의 경우 정보기관이나 정부 부처의 규모도 작고 지리적으로 가깝게 있기 때문에 정보사용자와 생산자 간에 소원한 것보다는 오히려 너무 밀착하게 되는 것을 경계하는 경향이다.

6 정책결정자의 정보요구와 분석관의 정보요구의 괴리

(1) 의의

① 한편 정책결정자의 정보요구와 분석관의 정보요구가 다를 수 있다. 분석 부서의 정보요구는 장기적이고 전략적인 이슈를 선호하는 반면, 정책결정자의 정보요구는 단기적이고 전술적인 현용정보를 선호하는 특성이 있다.

② 예를 들어 한국의 경우 북한 군사위협이나 북핵문제는 중장기적으로 중요한 정보현안으로 고려된다. 그러나 대통령이 해외순방을 계획하고 있을 경우 상대국의 정치 또는 외교현황에 관한 정보를 우선적으로 요구하게 될 것이다. 이처럼 정책결정권자로서는 당장 눈앞의 문제 해결에 치중해야 하기 때문에 현용정보를 선호하는 경향이 있다.

(2) 장문의 정보보고서와 짧은 현용정보보고서

① 미국 CIA 분석국의 경우 1980년대는 장문의 정보보고서 생산을 강조했다. 그러나 장문의 정보보고서가 분량이 많고 적시성이 떨어져서 정책결정자의 관심을 끌지 못한다는 주장이 제기된 이후 1990년대 중반부터 CIA 분석국에서 생산되는 보고서들의 대부분이 그래프와 그림을 포함 하여 3~7쪽으로 축소되었다.

② 그러나 분석관에게 짧은 현용정보보고서 작성만을 요구하게 될 경우 분석에 유용하게 활용될 수 있는 학문적 이론이나 기발한 정보분석기법을 적용할 기회가 주어지지 않기 때문에 분석관의 전문성이 약화될 수 있다.

(3) 정책결정자의 과도한 기대

① 정책결정자는 정보기관이 모든 문제에 대해 정보를 제공해 줄 수 있을 것으로 기대하지만 실제로는 불가능하다. 정보기관이 모든 문제에 전문성을 갖고 있는 것은 아니기 때문이다.

② 그러나 사용자가 정보기관에게 전문성이 미흡한 분야에 대해 정보를 요구하게 될 경우에도 정보기관은 사용자의 요구를 충족시킬 수 있도록 최선을 다해야 한다. 정보기관으로서는 사용자에게 전문성이 없다거나 지적인 능력이 없다고 변명할 수 없다.

(4) 정책결정자 또는 정보사용자의 갑작스러운 정보 요구

① 때로 정책결정자 또는 정보사용자가 갑작스럽게 정보를 요구하더라도 정보분석 부서는 이에 신속히 부응해야 한다.

② 이러한 사태에 대비하여 정보분석 부서의 기획관(manager)은 누가 어떤 분야의 문제에 전문성을 갖고 있는지를 파악하고 있어야 한다. 이를 위해 분석관의 경력이나 전문성에 관한 일종의 데이터베이스를 구축하고 있어야 한다.

③ 미국의 경우 2003년 DCI 산하 정보분석 및 생산담당 차관보가 '분석 자료 목록(analytic resources catalog, ARC)'이라는 것을 만들었다. ARC는 정보공동체 내 전문 분석관들의 전문성과 과거 경력에 관한 데이터베이스로서 해마다 그 내용이 갱신된다.

(5) 의회의 태도 변화

① 최근 미국의 의회는 행정부 정책결정자들을 위해 생산된 브리핑이나 분석보고서를 받아 보았던 과거의 수동적인 태도에서 벗어나 정보소비자로서 정보기관에 필요한 정보를 요구하는 등 보다 적극적인 태도를 보이고 있다.

② 이러한 의회의 태도로 인해 정보기관은 다소 곤란한 입장에 처하게 될 수 있다. 분석 부서의 기획관(manager)은 정치적인 측면에서 뿐만 아니라 예산을 승인받는 문제와 관련하여 의회의 영향력이 크다는 것을 잘 알고 있기 때문에 의회의 정보요구에 적절히 부응해야 한다.

③ 그럼에도 불구하고 정보기관은 행정부의 일부로서 정책결정자를 지원하는 임무를 부여받았기 때문에 의회보다는 행정부의 정보 요구에 우선적으로 부응해야 한다. 따라서 정보기관 이 행정부와 의회로부터 동일한 문제에 대해 정보 요구를 받게 되었을 경우 의회로부터 질책을 받게 될 것을 감수하더라도 행정부에 우선적으로 정보를 지원해야 할 것이다.

Ⅲ 분석관과 정보사용자 간 의사소통의 방법들

1 의의

① 분석관이 불확실한 내용을 정책결정자에게 전달하는 것은 매우 부담스러운 일이다. 종종 분석관은 불확실한 내용을 전달하는 방법으로서 '한편으로는', '다른 한편으로는', '반면에', '아마도' 등 애매모호한 표현을 쓰기도 한다.

② 수년 전 한 고위급 분석관이 단어와 숫자를 조합하여 사건이 발생할 가능성을 표현하는 방법을 제시한 일이 있다. 즉 10번 중 1번 또는 10번 중 7번 등 사건이 일어날 확률을 숫자로 설명한다는 것이다. 물론 말보다는 숫자를 활용하는 것이 명료하기는 하다. 그러나 이는 고객인 정책결정자들에게 정확하지도 않은 것을 정확한 것처럼 위장하는 것으로 지적받을 소지가 있다.

2 불확실한 내용의 구분

① 불확실한 내용을 전달하는 한 가지 좋은 방법은 불확실한 이슈와 현재는 알 수 없지만 곧 밝혀낼 수 있는 정보를 구분하여 도출해내는 것이다.

② 그리고 "알지 못하고 있다는 것을 알고 있는 것(the known unknowns)"과 "자신이 알지 못하고 있는 것조차 알지 못하는 것(the unknown unknowns)"을 구분하여 전달해야 할 것이다. 후자의 경우 아무리 노력해도 알 수 없지만, 전자의 경우 분석관은 모든 수단을 강구하여 문제를 해결할 수 있도록 부단한 노력을 기울여야 할 것이다.

3 적절한 단어를 사용

(1) 의의

① 불확실한 내용을 전달하는 다른 방법으로서 적절한 단어를 사용하는 것도 필요하다. 분석관들은 '믿는다(believe)', '평가한다(assess)', '판단한다(judge)' 등과 같은 단어를 활용하여 자신의 견해를 표현하는 경향이 있다.

② 어떤 분석관은 특정한 단어가 자신의 견해를 정확히 표현하는 것으로 생각하기도 하지만 정보공동체에서 어떤 특정 단어가 가지는 의미에 대해서 합의된 것은 없다. 사전을 만들어서 의미를 정확히 정의하려는 노력이 있지만 정책결정자가 이를 인정하지 않으면 아무 소용이 없다. 따라서 분석관은 자신이 전달하고자 하는 내용을 정보사용자가 명확히 이해할 수 있도록 적절한 단어를 활용해야 한다.

(2) 분석관과 정보사용자가 용어의 의미를 각기 다르게 해석하는 경우

① 한편 분석관과 정보사용자가 보고서에 사용된 용어의 의미를 각기 다르게 해석하여 상황을 오판하게 될 수 있다. 예를 들어 'possible', 'conceivable', 'probable', 'likely', 'unlikely', 'improbable', 'highly probable' 등의 의미는 사람마다 각기 다르게 인식된다.

② 그래서 CIA의 '국가정보판단실(Office of National Estimates, 이후 National Intelligence Council로 개편)'은 이러한 용어의 의미를 수치를 사용하여 표준화하려 시도했다. 국가정보판단실은 직원들을 대상으로 용어의 의미에 관한 설문조사를 실시한 다음 'certain(확실)'은 100%; 'almost certain(거의 확실)'은 90%; 'probable(가능성이 있는)'은 75%; 'about even(대략 반반)'은 50%; 'improbable(가능성이 별로 없는)'은 25%' 'almost certainly not(아닌 것이 거의 확실한)'은 10%, 'impossibility(불가능)'는 0%의 확률을 의미하는 것으로 결정했다. 물론 이와 같이 표준화된 용어 정의가 공식적으로 채택되지는 않았다. 그러나 당시 'likelihood(가능성)'을 의미하는 용어로 'possible(아마도)'이나 'possibility(가능성)' 등은 가급적 사용하지 못하도록 권고했었다.

③ 이러한 모든 시도들에도 불구하고 분석관과 정보사용자 간에 사용되는 용어의 의미를 일치시킬 수는 없을 것이다. 기본적으로 분석관과 정보사용자는 각기 다른 사고 체계를 갖고 있기 때문에 동일한 용어를 각기 다른 의미로 해석하게 될 개연성을 피할 수 없다.

④ 때로 정보판단에 대한 정보사용자의 불신이 클 경우 분석관이 정보사용자를 설득할 목적으로 실제보다 상황을 의도적으로 과장시켜서 표현할 수도 있다. 예를 들어 이라크에 대량살상무기가 존재하는지 여부에 대해 조지 테닛 국장은 부시 대통령에게 그것은 마치 '슬럼덩크'와 같이 확실하다고 표현했는데 이는 분명히 과장된 용어라고 볼 수 있다. 정보사용자는 그러한 상황까지 고려해서 정보판단을 내려야 할 것이다. 결국 정보보고서에 사용된 용어의 부정확성을 충분히 감안하여 정보사용자 스스로 현명하게 정보판단을 내리도록 노력하는 것이 요구된다.

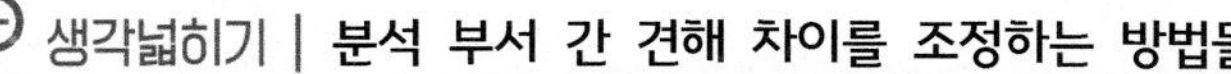

생각넓히기 | 분석 부서 간 견해 차이를 조정하는 방법들

1. Backscratching(서로 등 긁어주기) and Logrollhig(협력해서 통나무 굴리기, 정치적 결탁)

   일반적으로 입법 용어로 쓰이지만 정보분석에서도 많이 통용된다. 이견이 있는 양측이 서로 결탁하여 "내가 15 페이지에 있는 네 주장을 수용할 터이니, 너는 38 페이지에 있는 내 견해를 인정해주라."는 식이다.

2. False Hostages(허위로 인질 삼기)

   정보기관 A는 자기들이 관철시키고자 하는 이슈가 아닌 다른 이슈(정보기관 B가 주장)에 대해서 거짓으로 강력히 반대하는 듯하는 태도를 취한다. 정보기관 A는 정보기관 B가 주장하는 이슈를 수용하는 대가로 정보기관 A가 지지하는 다른 이슈를 수용하도록 상호 교환하여 합의를 이룬다.

3. Lowest-common-denominator(최소의 공통분모)

   한 정보기관은 어떤 사건이 발생할 확률이 매우 높다고 판단했고, 다른 정보기관은 확률이 낮다고 평가했다. 한쪽에서 강력하게 주장하지 않으면 서로 적정선에서 타협점을 찾는다. 이처럼 모든 구성원이 수용하기 위해서는 최소의 공통분모를 채택하게 된다.

4. Footnote wars(주석 달기 경쟁)

   정보공동체 구성원들 간에 어떤 이슈를 두고 도저히 이견을 조정할 수 없는 상황에 처하게 될 수도 있다. 이 경우 각각의 정보기관이 주석을 달아 이견을 제시한다. 때로 어떤 이슈에 대해서는 여러 정보기관이 주석을 달아 이견을 표출하기도 한다. 어떤 기관의 견해가 본문에 들어가고 어떤 기관의 주장은 주석을 달아서 이견을 표출하게 될 것인지를 두고도 정보기관들 간에 치열하게 경쟁한다.

Theme

30 비밀공작의 기원과 발전

I 의의

① 일반적으로 비밀공작은 주로 강대국들 간에 또는 강대국이 약소국을 대상으로 은밀하게 영향력을 행사할 목적으로 취하는 행위로 알려졌다. 실제로 냉전시대 미국과 소련 간에 무수히 많은 비밀공작활동이 전개되었다.

② 특히 미국은 소련은 물론 반미 성향의 제3세계 국가들을 대상으로 각종 비밀공작을 활발하게 전개했었다. 그러나 사실 비밀공작은 강대국의 전유물이 아니었다. 역사 속에서 보면 강대국이든 약소국이든 다양한 유형의 비밀공작활동을 전개했던 것으로 나타난다.

③ 어쨌든 비밀공작은 정보활동의 일부로서 오랜 옛날부터 수행되어 왔다. 적대국에 은밀히 잠입한 첩자가 전쟁 승리를 위해 또는 자국의 외교적인 목적을 달성하기 위해 허위정보를 유포하는 행위는 오늘날 개념으로 비밀공작의 일종인 선전공작에 해당되는 것으로서 오랜 세월동안 국가들 간에 빈번히 수행되었던 것으로 드러난다.

II 세계대전 이전의 비밀공작

1 칭기즈칸의 비밀공작

13세기경 칭기즈칸이 어떤 지역을 정복하기에 앞서 첩자를 장사꾼으로 가장시켜 적국에 유언비어를 퍼뜨려 지역 내 공포분위기를 조성하고 전투가 개시되기도 전에 적들로 하여금 전의를 상실하도록 만든 행위는 일종의 심리전으로서 오늘날 개념으로 보았을 때 비밀공작의 일종인 선전공작에 해당된다.

2 16세기 후반기 영국

① 16세기 후반기 영국의 엘리자베스 1세 여왕은 비밀공작을 효과적으로 활용하여 외교 및 군사적 목적을 달성할 수 있었다.

② 엘리자베스 여왕은 월싱햄 경(Sir Fransis Walsingham, 1537~1590)에게 비밀정보조직의 창설을 지시했다. 월싱햄의 비밀정보조직은 스페인 무적함대의 공격을 지연시키고자 스페인이 군자금 마련을 위해 요구한 은행 대출을 최대한 유예시키는 비밀공작을 효과적으로 수행하여 스페인의 무적함대를 격파하는 데 결정적으로 기여했던 것으로 평가된다.

3 미국 독립전쟁

(1) 의의

미국 독립전쟁 당시 프랑스와 스페인이 영국의 세력을 약화시키기 위해 자국의 소행임을 드러내지 않으면서 미국의 독립운동을 은밀히 지원한 행위도 일종의 비밀공작이라고 볼 수 있다.

(2) 프랑스

① 프랑스의 루이 15세와 루이 16세는 영국 식민지였던 미국의 독립운동을 은밀히 지원하는 비밀공작을 효과적으로 수행하여 외교적으로 성공적인 결과를 얻었던 것으로 나타난다.

② 프랑스는 미국의 독립운동이 시작되기 이전부터 미국 지역에서 반(反) 영국 선전공작을 비밀리에 전개했다. 그리고 1776년 미국의 식민지 독립전쟁이 발발하자 미국인들에게 무기, 군수물자, 군자금 등을 비밀리에 지원했다.

(3) 스페인

① 당시 스페인도 영국의 세력을 약화시킬 목적으로 미국인들의 식민지 독립운동을 비밀리에 지원했던 것으로 나타난다.

② 스페인은 화약과 군수물자를 지원했을 뿐만 아니라 1777년부터 1778년 동안 약 40만 달러를 미국인들에게 무상으로 지원했던 것으로 나타난다.

(4) 평가

① 여러 학자들에 따르면 프랑스와 스페인의 은밀한 지원은 일종의 비밀공작 범주에 속하는 행위로서 미국이 독립운동을 전개하기 시작했던 초창기 전투에서 승리하는 데 결정적으로 기여했던 것으로 평가한다.

② 요컨대 프랑스와 스페인은 비밀공작을 효과적으로 전개하여 영국과의 전쟁을 치르지 않고도 영국의 세력을 약화시키는 결과를 얻음으로써 최소의 희생과 비용으로 외교적인 성과를 극대화할 수 있었다.

Ⅲ 제1차 세계대전

1 의의

제1차 세계대전 초기 독일과 영국은 서로 미국을 자기편으로 끌어들이고자 은밀하게 비밀공작을 전개했다.

2 독일

① 독일은 아일랜드인과 독일 출신 미국인들을 비밀리에 포섭하여 반영 감정(anti-British sentiments)을 부추기는 공작을 전개했다.

② 그리고 미국에서 유럽 지역으로 보내는 무기 선적을 막기 위해 사보타주를 재정적으로 후원하거나 배후 조종하는 활동도 전개했다. 독일은 미국의 탄약제조 공장을 폭발시키고 전투함을 파괴시켰을 뿐만 아니라 멕시코를 부추겨서 미국을 공격하도록 유도했다.

③ 그런데 독일의 엉성한 비밀공작은 그 실체가 드러남으로써 결국 미국 내 반독일 감정(anti-German hysteria)을 고조시키는 등 역효과를 내고 말았다.

3 영국

이에 반해 영국은 미국 윌슨 대통령의 측근에게 공작원을 침투시켜 윌슨 대통령에 대한 영향공작을 효과적으로 전개하여 제1차 세계대전에 미국의 참전 결정을 유도하는 데 성공했다.

Ⅳ 냉전시대

1 의의

① 1945년 전후 서유럽은 경제적으로 황폐해 있었고 정치적으로도 취약한 상태에 놓여 있었다. 미국, 영국, 프랑스 등의 연합국들은 전쟁수행으로 국력이 약화되어 있었다.

② 이러한 상황에서 소련은 동유럽에서 공산주의 세력을 확장시키기 시작했고, 서유럽까지 위협하기에 이르렀다.

③ 특히 소련은 1947년 9월 코민포름(Communist Information Bureau, Cominform)을 창설하여 공산당의 국제적 유대를 강화하는 활동을 전개하여 사회주의 팽창을 주도했다. 1950년대 초까지 소련의 코민포름은 유럽에 중점을 두되 전 세계국가들을 대상으로 비밀공작을 활용한 정치적 개입을 시도했다.

2 소련

① 그러나 1950년대와 1960년대에 들어서서 소련도 CIA와 유사하게 비밀공작의 목표를 제3세계국가로 바꾸었다.

② 소련에서 CIA로 망명했던 골리친(Anatoli Golitsyn)의 진술에 따르면 1959년부터 소련은 기존의 전통적인 정보활동 방식에서 한 걸음 나아가 타국의 정치에 개입하는 등 본격적인 비밀공작을 전개하기 시작했던 것으로 추정된다.

③ 소련의 비밀공작은 소련 공산당이 추구하는 전 세계 공산주의 운동의 일환으로 추진되었으며, KGB 제1총국의 D처에서 그 임무를 수행했던 것으로 알려졌다.

3 미국

① 한편 미국은 1947년 가을부터 서유럽 지역의 경제 부흥을 지원하기 위한 마샬 플랜(Marshall Plan)을 실행하고, 더불어 1949년 NATO(북대서양 조약기구)를 결성하여 군사적 지원을 강화하려는 노력을 기울이기 시작했다.

② 물론 이에 대해 코민포름을 중심으로 한 소련의 방해공작이 주도면밀하게 전개되었다. 그럼에도 불구하고 미국은 서유럽 국가들에 대해 정치적 지원과 선전공작을 포함한 비밀공작을 효과적으로 전개함으로써 마침내 서유럽 지역에서 마샬 플랜을 성공적으로 추진할 수 있었으며, 나아가 NATO를 통한 군사적 결속을 강화할 수 있었다.

③ 물론 미국의 비밀공작이 서유럽 국가들이 소련의 세력하에 공산화되는 것을 막을 수 있었던 유일한 요인은 아니다. 다만 전후 서유럽 지역에 대한 미국의 비밀공작이 적어도 서유럽 지역의 경제적 부흥과 민주주의 체제 유지에 결정적으로 기여한 여러 가지 요인들 중의 하나로 작용했음은 누구도 부인하지 않을 것이다.

4 미국과 소련의 제3세계 국가들을 대상으로 한 비밀공작

(1) 의의

① 냉전시대에 들어서서 미국과 소련 간에 제3세계 국가들을 대상으로 비밀공작이 치열하게 전개되었다.

② CIA의 비밀공작은 제3세계 국가들 중에 친소 사회주의 정책을 추구하는 정권을 전복시키고 친미 성향의 정당이나 정권을 지원하는 등 정치적인 개입에 중점을 두었다.

③ 이에 비해 KGB는 정치적인 개입보다는 세계 공산화를 목표로 제3세계 인민해방전쟁을 지원하는 방식으로 비밀공작 활동을 전개했다.

(2) 비밀공작의 성과

① 그런데 KGB나 CIA 공히 일종의 비밀공작인 제3세계에 대한 정치적인 개입을 통해 그다지 좋은 결과를 얻지는 못했던 것으로 보인다.

② 요컨대 과거의 역사를 통해 많은 국가들이 비밀공작을 빈번히 활용했던 것으로 드러난다. 이는 군사적인 수단에 비해 실질적으로 적은 비용과 노력으로 자국의 외교정책적 목적을 달성할 수 있는 매우 효과적인 수단으로 고려되었기 때문이다.

③ 물론 당시의 비밀공작은 정보기관 내 전담하는 부서를 두고 수행된 것이 아니었다는 점에서 오늘날의 비밀공작과는 다소 차이가 있다. 오늘날 미국의 CIA, 러시아의 SVR, 영국의 MI6, 이스라엘의 모사드 등 국가마다 비밀공작을 전담하는 조직을 두고 다양한 유형의 비밀공작활동을 전개해 오고 있다.

Theme

31 비밀공작의 이해

I 의의

① 비밀공작을 의미하는 용어로는 'covert action', 'special operation', 'special activities', 'disruptive action', 'active measures', 'dirty tricks' 등이 있다. 물론 각각의 용어가 뜻하는 의미는 상황에 따라 다소 차이가 있다. 이 중에서 가장 많이 사용되는 용어는 'covert action'이다.

② 'special operation'이나 'special activities'는 주로 군의 특수 작전을 의미하는 용어로 많이 사용되지만 비밀공작을 의미하는 용어로도 빈번히 사용된다. 'active measures(activinyye meropriatia, 적극적인 방책)'는 주로 러시아에서 많이 사용되는 용어로서 외국에 영향력을 행사하는 행동을 뜻하는데 비밀리에 수행되는 공작뿐만 아니라 공개적인 행동까지 포함하고 있어 보다 포괄적인 의미를 가진다.

③ 그리고 'disruptive action(파괴공작)'이나 'dirty tricks(비겁한 수법)'이라는 용어는 비밀공작에 비판적인 입장을 취하는 사람들이 주로 사용한다.

Ⅱ 비밀공작에 대한 정의

1 의의

① 냉전 당시 소련을 비롯하여 대부분의 나라에서 유사한 활동을 수행했지만 미국은 어느 나라보다도 가장 활발하게 비밀공작활동을 전개했던 것으로 나타난다.

② 그런 점에서 비밀공작은 본질적으로 미국적인 발상이라는 갓슨(Roy Godson)의 주장이 어느 정도 설득력 있게 수용된다.

③ 현대적 의미의 비밀공작은 1940년대 후반 냉전이 시작되면서 미국에서 최초로 전개된 것으로 인정된다. 당시 미국의 행위는 정보기관이 본격적으로 주도했다는 사실뿐만 아니라 법적인 승인하에 공식적으로 추진되었다는 점에서 이전의 비밀공작과는 차이가 있다.

2 법적 정의

(1) NSC 지침 10/2

① 미국 국가안전보장회의(National Security Council, NSC)는 1947년 12월 'NSC 지침 4'와 1948년 6월 'NSC 지침 10/2'를 통해 이탈리아 선거에 비밀리에 개입하여 공산당 세력을 저지하는 임무를 수행하는 CIA의 활동을 공식적으로 승인해 주었다.

② 특히 NSC 지침 10/2는 CIA 내부에 '미국의 안보와 세계평화를 위하여' 비밀공작을 담당하는 '새로운 부서(new covert operational branch)'를 창설하도록 지시하였다. 그리고 새로이 창설되는 부서가 추진하는 비밀공작의 내용을 열거하고 있는 바, 이를 통해 당시 미국의 정책결정자들이 비밀공작의 개념을 어떻게 정의하고 있는지를 알 수 있다.

③ NSC 지침 10/2에 기술된 비밀공작(covert operations)의 의미는 "미국 정부에게 가해지는 책임 추궁을 회피할 수 있는 유형의 행위들로서 '공개된 군사력을 동원한 무력충돌'은 아니지만, "선전; 경제전; 사보타주, 반사보타주, 파괴 그리고 소개(evacuation) 등 다양한 종류의 예방적 행동조치들; 지하 저항운동, 게릴라, 난민해방단체 지원 등을 포함한 적대국 전복공작; 그리고 자유세계를 위협하는 국가 내부에서 자생적으로 등장한 토착 반공세력에 대한 지원 등을 포함한다."고 정의했다. 이러한 개념 정의는 문체나 언어적인 표현상의 차이점을 제외하고 핵심적인 의미에 있어서는 오늘날의 비밀공작 개념과 별다른 차이가 없는 것으로 보인다.

(2) 중앙정보법(Central Intelligence Act of 1949)

① 미국 CIA는 1949년에 신설된 '중앙정보법(Central Intelligence Act of 1949)'에 따라 비밀공작을 본격적으로 전개하게 된다.

② CIA는 비밀공작의 불법성과 비윤리성에 대해 미국 의회와 여론의 비판이 일기 시작한 1970년대 초반에 이르기까지 비밀공작활동을 활발하게 전개하게 된다.

③ 그러나 비밀공작에 대한 기본 개념은 NSC 지침 10/2에서 크게 벗어나지 않았다. 예를 들어 1955년 3월 12일에 하달된 NSC 지침 5412/1은 이전의 NSC 지침 10/2에 비교해 보았을 때 학술적인 용어를 줄이고 기만공작(deception plans and operations)을 추가하는 등 좀 더 구체적으로 기술했다는 점에서 다소 차이가 있지만 핵심적인 내용은 동일하다.

(3) 휴즈-라이언 수정법(the Hughes-Ryan Amendment)

① 1970년대 들어서서 워터게이트 사건과 함께 남미지역에서 칠레 아옌데(Salvador Allende) 대통령을 암살한 배후로 CIA가 지목되는 등 CIA의 비윤리적이고 불법적인 비밀공작활동 사례들이 잇따라 드러나면서 미국 의회와 여론의 비판이 제기되었고, 이에 따라 CIA 비밀공작의 범위와 내용을 규제하려는 노력이 시도되었다.

② 1974년에 제정된 휴즈-라이언 수정법(the Hughes-Ryan Amendment)은 도를 넘어선 CIA의 비밀공작을 통제하기 위해 미 의회가 취한 최초의 조치였다. 휴즈-라이언 수정법에서는 첩보수집 등 일반적인 정보활동을 제외하고 CIA가 외국을 대상으로 수행하는 모든 '공작활동(operations)'에 대해 대통령의 공식적인 허가가 있어야 하며 그 내용을 의회에 보고하도록 규정했다.

③ 혹자는 휴즈-라이언 수정법이 비밀공작의 개념을 최초로 정의하였다고 주장하지만, 휴즈-라이언 수정법의 초점은 비밀공작을 통제하려는 데 있었지 비밀공작의 개념과 범위를 규정하는 데 두지 않았기 때문에 비밀공작의 개념을 일반화하여 정의한 것은 아니었다.

④ 1980년대 말까지 미국에서 비밀공작의 개념을 일반화하여 정의한 것은 없고 단지 대통령령이나 의회 정보감독위원회(oversight committees)의 지침을 해석하여 개별적으로 정의되곤 했다.

(4) 정보수권법(Intelligence Authorization Act of 1991)

① 비밀공작에 대한 최초의 일반화된 개념 정의는 1991년에 개정된 미국의 '정보수권법(Intelligence Authorization Act of 1991)'에서 시도된 것으로 나타난다.

② 이에 따르면 비밀공작은 "행위 주체가 사람들에게 드러나지 않으면서 타국의 정치 · 경제 · 군사적 상황에 영향을 주기 위해서 미국 정부에서 취하는 행위나 활동"을 의미한다.

③ 1991년 정보수권법에서는 비밀공작에 속하지 않는 것을 매우 세부적으로 명시하여 비밀공작의 범주를 명확히 하고자 한 점이 특히 흥미롭다. 그에 따르면 일반적인 첩보수집, 전통적인 개념의 보안과 방첩활동, 일반적인 외교 및 군사 활동, 법집행 활동, 공개적인 활동을 지원하는 행위, 국내정치 개입 등은 비밀공작의 범주에서 제외되는 것으로 기술하고 있다. 그리고 행위 주체가 미국 정부인 것으로 드러나도록 수행된 활동은 비밀공작의 범주에 속하지 않는 것으로 규정하고 있다.

④ 정보수권법에서 비밀공작의 개념을 이처럼 엄격하게 정의하려고 시도한 이유는 비밀공작으로 인정되면 시행하기 전에 반드시 대통령의 승인을 받고 의회에 보고하도록 규정하고 있기 때문이다.

3 학자들의 정의

(1) 의의

① 비록 1991년 미국 정보수권법에서 비밀공작의 개념을 정의하고 있지만, 비밀공작의 개념이 모든 국가 또는 학자들 간에 일반화된 것은 아니다.

② 미국에서조차 비밀공작의 개념에 대해 정보공동체를 비롯한 국가기관들마다 그리고 학자들마다 각기 다른 정의를 내린다.

③ '비밀공작(covert action)'의 의미를 "일반적으로 정보기관의 주도하에 자국의 대외정책을 지원할 목적으로 수행되며, 외국의 정치 · 경제 · 군사 · 사회 등 여러 분야에 은밀히 개입하여 자국에게 유리한 조건을 조성하기 위한 비밀정보활동"으로 정의하기로 한다.

(2) 알드리히(Richard Aldrich)

① 이와 유사하게 알드리히(Richard Aldrich)는 비밀공작의 의미를 정보기관에서 수행하는 비밀정보활동의 일부로서 "보이지 않는 손(the hidden hand)을 활용하여 세계를 변화시키는 영향력을 행사하는 공작(operation)"이라고 칭하였다.

② 이를 해석해 보면 비밀공작은 정보기관이 주도하여 비밀리에 수행한다는 점에서 첩보수집활동과 유사한 점이 있지만 행위의 목적에서 차이가 있다. 즉 수집활동은 지식으로서 정보를 생산할 목적으로 수행되지만, 비밀공작은 국가의 외교정책을 지원하는 데 목적을 둔다는 점에서 분명한 차이가 있다.

(3) 갓슨(Godson)

① 갓슨은 비밀공작의 행위 주체 범위를 보다 넓혀서 국가뿐만 아니라 다국적 기업, 노조, 종교집단, 범죄단체 등 비정부기구들도 유사한 형태의 비밀공작을 수행한다고 주장한다.

② 그러나 이는 비밀공작의 범위를 지나치게 확장한 개념으로서 그다지 받아들여지지 않으며 학계의 일반적인 견해에 따르면 국가의 정보기관이 주도하는 행위만을 비밀공작으로 인정된다.

4 비밀공작의 범위에 대한 문제

(1) 미국의 정보수권법

① 한편 1991년 미국의 정보수권법에서는 비밀공작을 "미국의 대외 정책을 지원할 목적으로 수행되는 행위로서 외국의 정부, 사건, 조직 또는 사람들에게 영향을 미치기 위해 계획된 활동이며, 정부가 개입한 사실이 드러나지 않는다는 점에서 방첩활동이나 군사행동 또는 사법경찰의 활동과는 명백히 구분된다."고 정의하고 있다.

② 그러나 외교활동, 방첩활동, 군사행동도 필요에 따라 비밀리에 수행되기 때문에 비밀공작과의 구분이 모호한 측면이 없지 않다. 특히 우호적인 정부를 은밀하게 지원하는 비밀공작은 외교활동과 거의 구분이 되지 않는다. 이와 관련하여 정보기관이 비밀외교활동을 수행하게 될 경우 비밀공작으로 인정될 수 있는지 판단이 다소 모호하다.

③ 정보기관이 개입하는 비밀협상은 적에게 영향력을 행사하려는 목적에서 수행된다는 점에서 비밀공작의 특성을 가진다. 그러나 대부분의 학자들은 적과 타협하고 협상에 참여한 관리들의 신분이 노출된다는 점에서 비밀공작의 범주에 포함될 수 없다는 입장을 취한다.

(2) 특수부대에서 수행하는 특수작전(special operation)

① 미국 육군의 그린베레, 해군의 네이비실, 공군의 델타포스 등 특수부대에서 수행하는 특수작전(special operation)은 소수의 인원으로 비밀리에 수행된다는 점에서 정보기관이 수행하는 비밀공작과 매우 유사하다.

② 그러나 정보요원이 아닌 제복을 입은 군인이 주도한다는 점에서 정보기관이 주도하는 비밀공작과는 분명한 차이가 있다.

(3) 비밀공작의 주도권 논쟁

① 한편 미국에서는 CIA와 국방부 중에서 어디서 비밀공작의 주도권을 가져야 할지를 두고 논쟁이 지속되어 왔다.

② 9/11 보고서에서는 CIA의 비밀공작을 국방부가 수행하는 것이 바람직하다는 견해를 제시했었다.

③ 그런데 논란이 지속된 끝에 2005년 6월 부시 대통령은 CIA에 '국가비밀공작처(National Clandestine Service)'를 신설하고 여기서 비밀공작 임무를 총괄하도록 권한을 부여하는 것으로 최종 결론을 지었다.

(4) 비밀공작이 전통적인 개념의 정보활동 범위에 포함되는지에 관한 논쟁

① 일부 학자들은 비밀공작이 전통적인 개념의 정보활동 범위를 벗어난 행위로 간주하기도 한다. 물론 국가정보의 개념을 정책을 실행하는 수단이 아니고 단순히 정책결정에의 '투입수단(input)'으로 정의하게 될 경우 비밀공작은 정보활동에 포함될 수 없을 것이다.

② 이와 유사한 관점에서 어떤 학자는 방첩도 정책을 실행하는 수단으로 활용되기 때문에 전통적인 개념의 정보활동에 포함될 수 없다고 주장한다. 물론 이는 소수 학자들의 견해이며, 학계의 지배적인 견해는 비밀공작과 방첩 모두 정보활동의 범주에 포함 한다.

5 비밀공작과 방첩

① 비밀공작은 간단하게 정의할 수 없는 어려운 개념이다. 특히 비밀공작과 방첩을 명확히 구분하는 것이 쉽지 않다. 이중간첩을 색출해내고 외국 정보기관의 활동을 무력화시키는 행동은 전통적인 개념의 방첩으로 인정된다.

② 그러나 이중간첩을 활용하여 적대국에 기만정보를 제공하는 행위는 일종의 비밀공작이라고 볼 수 있다. 물론 그러한 기만책을 효과적으로 전개하여 적의 정보활동을 무력화시키는 행위는 방첩의 범주에 속한다.

③ 그 실례로 제2차 세계대전 당시 독일에서 보낸 간첩들을 체포하고 이들 중의 일부를 이중간첩으로 활용하여 독일에 기만정보를 보냈던 영국의 더블크로스 작전(Double Cross system)은 방첩과 비밀공작의 성격을 동시에 포괄하는 개념의 작전이라고 볼 수 있다.

④ 즉 독일에 기만정보를 유포하는 행위는 분명히 비밀공작의 범주에 속한다. 그런데 독일에 대해 기만책을 효과적으로 구사하여 그들의 인식이나 행동방식을 잘못된 방향으로 유도하는 행위는 적의 정보활동을 무력화시키는 것으로서 방첩의 범주에 속하는 것으로 인정된다. 그런 점에서 정보기관이 수행하는 비밀활동 중에는 비밀공작과 방첩의 개념이나 범주가 명확하지 않고 중첩되기도 한다.

Ⅲ 비밀공작의 특성

1 의의

① 비밀공작(covert action)은 정보활동의 일부로서 수행되고 있지만 암살, 테러, 파괴 등 불법적이고 비윤리적인 행위를 수반하고 있어 정보기관들이 수행하는 활동 중에서 가장 비난을 많이 받고 있는 영역이다.

② 정보기관이 비밀리에 첩보를 수집하고 분석하여 정보를 생산하고 적대국 정보기관의 정보활동을 무력화시키기 위한 방첩활동 등을 수행하는 것은 국익증진과 국가안보를 수호하기 위해 반드시 필요한 부분으로 인정된다. 그러나 불법적이고 비윤리적인 행위를 저지르면서까지 비밀공작을 수행하는 것이 과연 바람직한 행위인가를 두고 회의적인 시각이 많다.

③ 합법적인 활동이라면 외교부, 국방부 등 일반 정부 부처에서 수행할 수 있으며, 굳이 정보기관이 나설 필요가 없다. 그러나 때로 국가안보와 국익을 보호하기 위해 비밀공작이 필요하며 그러한 일을 수행하는 가운데 불법과 비윤리적인 행위가 수반됨으로써 비난의 표적이 되고 있다. 어쨌든 비밀공작은 불법과 비윤리성을 수반하기 때문에 정보기관만이 수행할 수 있는 활동이라고 볼 수 있다. 그래서 비밀공작은 정보기관 고유의 활동이라고 주장하기도 한다.

생각넓히기 | 비밀공작의 특징

(1) 정보기구의 활동
먼저 비밀공작은 국가정보기구에 의한 활동이다. 행정부의 공식경로를 통해서 수행되는 정책집행은 설사 비밀스럽게 진행되는 것이라도 비밀공작은 아니다. 미국은 비밀공작, 즉 '특별활동(special activities)'을 규율하고 있는 많은 법에서 '전통적', '외교적' 또는 '군사적' 활동과 '방첩활동' 및 '법 집행 활동'을 비밀공작의 범주에서 제외하고 있다.

(2) 국가정책 집행업무
비밀공작은 대상국가에 대한 지식의 습득(첩보수집)에 머무르는 것이 아니라 국가의 외교 · 국방정책상의 목적을 직접적으로 달성하는 데에 초점이 모아져 있다는 점에서 가장 큰 특징이 있다.

(3) 정보기구 본연의 고유의 임무는 아니다
비밀공작 업무도 예외적인 사항에서 비상시적인 임무로 국가정보기구에 할당된 것이지, 결코 국가정보기구만이 할 수 있는 고유한 업무는 아니다.

(4) 비밀공작 활동은 원칙적으로 정당성을 가진다.
비밀공작에 따른 형식적인 불법 활동에도 그 내면에는 실질적인 위법성조각사유나 국가안보와 국가이익을 도모한다는 정당화 사유가 있어서, 결과적으로 적법행위라는 논리구조 위에서 비밀공작이 전개되는 것이다.

(5) 비밀공작의 보안은 일반적 정보보안과는 차이가 있다.
국가정보기구의 일반적인 정보보안이 '활동 그 자체의 비밀성 유지'에 목적이 있는 데 비해 비밀공작에서의 보안의 중점은 공작의 배후세력(sponsor), 즉 행위주체가 누구인지를 모르게 은폐하는 데 중점이 있는 비밀활동이라는 점에서 차이가 크다.

(6) 비밀공작은 외국을 대상으로 한 국가정책의 대집행(代執行)이다.
비밀공작은 정보기구에 의한 대외적인 국가정책의 집행이다. 그러므로 비밀 공작은 결코 자국민을 대상으로 실행되어서는 안 된다.

(7) 민주법치국가정보기구가 비밀공작 임무를 수행하기 위해서는 법에 근거규정이 있어야 한다.
비밀공작의 본질은 기본적으로는 국가 행정부의 집행업무이다. 이러한 연유로 국가정보기구가 비밀공작 업무를 수행하기 위해서는 법치행정의 당연한 원칙에 의해서 법의 근거를 가져야 한다. 그렇지 않은 경우에도 대통령이 명령을 발동할 기타 근거조항은 최소한 갖춰야 한다.

2 정보기관에서 비밀공작을 수행해야 하는 이유

(1) 의의
비밀공작은 정부 일반 부처보다는 정보기관에서 수행해야 효과를 극대화할 수 있다.

(2) 행정적 편이성과 비용절감
① 비밀공작은 첩보수집활동이나 방첩활동과 유사하며 업무적으로 중복된 부분이 많다. 실제로 동일한 시설(secret offices)이나 연락수단(communication systems)을 사용하며, 공작금(fonds), 첩보원 그리고 공작원의 포섭과 조종 등과 관련하여 거의 동일한 방법으로 업무를 수행하게 된다.
② 이처럼 비밀공작의 임무를 수행함에 있어서 기존의 첩보수집이나 방첩활동 시 운용했던 방법과 동일한 시설들을 활용할 수 있기 때문에 비용과 노력을 대폭 절감할 수 있다.

(3) 비밀공작의 정보활동과의 연계성
① 비밀공작과 첩보수집, 분석, 방첩 등 여타 정보활동은 유기적으로 밀접하게 연계될 때 효과를 극대화할 수 있다.
② 대상국에 대해 비밀공작을 수행할 여건을 파악하기 위해서는 수집과 분석 부서의 지원이 필요하다. 비밀공작을 수행하는 데 수반되는 위험을 막기 위해서는 방첩 부서의 지원도 필요하다. 역으로 비밀공작을 수행하는 가운데 특수첩보를 획득할 수 있고, 그것이 상황을 종합적으로 분석하는 데 또는 방첩임무를 수행하는 데 유용하게 활용될 수 있다.

3 CIA의 비밀공작

(1) 의의

CIA의 경우 내부에 분석국과 공작국을 보유하고 있기 때문에 비밀공작을 계획하고 추진할 때 분석국으로부터 도움을 받을 수 있다. 특히 CIA 분석국은 현지 상황과 진행과정에 대해서 정확하고도 객관적인 분석보고서를 제시해 줌으로써 준군사공작 등 비밀공작을 수행하는 공작국에 많은 도움이 될 수 있다.

(2) 덜레스(Allen Dulles) 전 CIA 국장

덜레스(Allen Dulles) 전 CIA 국장은 인도네시아 공작(1957～1958)과 피그만 침공작전(1961)을 수행할 당시 분석국에는 비밀로 하여 개입하지 않도록 하였다. 그 결과 현지 상황에 대한 명확한 정보를 얻지 못해 참담한 실패를 경험하게 되었다. 만일 분석국에 사실을 알리고 도움을 받았더라면 아마도 그러한 실패를 막을 수도 있었을 것이다.

4 정부 일반 부처의 비밀공작을 수행 시 문제점

① 정보기관이 아닌 정부 일반 부처에서 비밀공작을 수행하다가 낭패를 본 경우도 있다. 대표적인 사례로서 레이건 행정부 당시 수행되었던 '이란-콘트라 공작(Iran-Contra operation)'을 들 수 있겠다.

② 당시 공작을 주도했던 NSC는 임무수행에 필요한 정보를 CIA로부터 지원받았다. 그런데 불행하게도 비밀공작 임무를 수행하는 데 반드시 필요한 방첩 관련 지원을 거의 받지 못해 공작 임무를 효과적으로 수행할 수 없었던 것으로 드러났다. 요컨대 비밀공작은 정보기관이 수행해야 비용과 노력을 최소화하면서 효과를 극대화할 수 있다.

5 여타 정보활동과 구분되는 비밀공작의 특징

(1) 의의

비밀공작은 비밀첩보수집(clandestine collection), 방첩 등 정보기관이 수행하는 여러 가지 비밀활동들(clandestine activities) 중의 하나이다.

(2) 배후세력의 은폐

① 그런데 비밀공작은 활동 자체보다는 배후세력이 누구인지를 은폐하는 데 중점을 둔다는 점에서 활동 사실을 은폐하는 데 중점을 두는 비밀첩보수집, 방첩 등과는 차이를 보인다.

② 예를 들어 비밀첩보 수집 활동은 누가, 언제, 어떻게 첩보를 수집했는지 그 사실을 대상자가 전혀 모르게 수행되어야 한다. 방첩 목표로 지목된 인물에 대한 미행감시활동의 경우도 목표로 하여금 자신이 미행 감시받고 있다는 사실을 전혀 눈치를 채지 못하게 하여야만 성공적으로 임무를 완수할 수 있을 것이다.

③ 그런데 타국에 대한 선전공작, 정치공작 등의 비밀공작은 행위는 분명히 드러나지만 대부분 배후를 드러내지 않고 제3의 인물 또는 조직을 내세워 수행된다. 대부분의 비밀공작은 타국의 내정에 간섭하는 불법행위로서 배후가 드러나면 외교적으로 심각한 문제를 야기할 수 있다. 그러므로 비밀공작은 어차피 드러날 사실 자체에 대한 은폐보다는 배후를 숨기는 데 더욱 중점을 둔다.

6 비밀공작의 대상

(1) 의의

비밀공작은 원칙적으로 외국을 대상으로 하는 활동으로 제한된다. 그러나 자국민을 대상으로 비밀공작활동을 전개하는 경우도 빈번하다. 실제로 권위주의 정부나 독재국가들의 경우 자국민들 대상으로 흑색선전을 유포하거나 정적을 암살 또는 테러하는 행위를 빈번히 자행한다.

(2) 소련과 러시아

① 냉전시대 구소련의 KGB는 반체제 인물을 색출하여 암살 또는 테러하는 행위를 자행했던 것으로 악명이 높다. 구소련을 계승한 러시아에서도 자국의 반체제 인물에 대한 암살, 테러 등 비밀공작 행위가 자행되고 있는 것으로 드러났다.

② 2008년 7월 7일 영국 BBC 방송 보도에 따르면 2006년 전직 러시아 FSB(연방 보안국) 요원 알렉산데르 리트비넨코의 독살사건에 러시아 정보기관이 개입했던 것으로 추정된다고 밝혔다.

③ 이어서 BBC는 MI5 관계자들이 2008년 런던에서 또 다른 푸틴 비판자 보리스 베레조프스키를 암살하려는 러시아 정보기관의 계획을 저지했다고 폭로한 내용을 소개했다.

(3) 미국

① 민주주의가 발전한 미국에서조차 자국민을 대상으로 비밀공작을 전개했던 사례가 있다. 냉전 초기 CIA는 선전공작의 일환으로 미국 내 '전국학생연합(National Student Association)'에 기부금을 전달했다.

② CIA는 미국 대학생들이 참여하는 국제회의에 소련 측 공작원이 침투하여 학생들에게 사회주의 사고를 전파하려는 기도를 간파했다. CIA는 미국 학생들을 국제회의에 보내 소련의 기도에 대응하도록 유도했고, 그들의 해외여행에 필요한 자금을 지원하고자 기부금을 제공했던 것이다. 그러나 미국의 「국가안보법」에 따르면 CIA의 정보활동은 국외에서만 수행될 수 있다. CIA가 미국 내 학생단체에 기부금을 전달하는 행위는 명백한 위법으로 지적되어 많은 비난을 받았다.

③ 또한 CIA는 소련 망명자와 미국인 학자들이 공동으로 저술한 반공 성향의 서적 출판을 지원해 주기로 하였다. 이 밖에도 CIA는 미국 내 36명의 언론인들을 협조자로 포섭하여 활용했음을 시인했는데, 조사한 바에 따르면 그보다 훨씬 많은 400여 명을 협조자로 활용했을

것으로 추정된다. 더욱이 CIA는 언론계 협조자를 활용하여 CIA에 대해 비판적인 입장을 취하는 학자들이 저술한 책에 대해 부정적인 서평을 게재하도록 사주했던 것으로 드러났다.

④ 요컨대 비밀공작뿐만 아니라 정보기관의 모든 활동목표는 원칙적으로 외국을 대상으로 하지만 불행하게도 정보기관이 정권안보를 위한 도구로 악용되어 자국민들 대상으로 첩보수집 및 비밀공작을 수행하는 경우가 없지 않다.

Ⅳ 비밀공작의 필요성

1 의의

① 종종 비밀공작은 불법적이고 비겁한 수법을 동원하여 수행된다. 비밀공작은 국가의 주권을 침해하는 행위로서 UN 헌장에 위배된다. 더욱이 비밀공작은 뇌물공여, 절도, 납치, 살해 등 범죄행위를 수반하기도 한다.

② 그리고 외국의 내정에 개입한 사실이 노출될 경우 국제적인 비난 여론은 물론 대상국가와의 외교관계가 단절되는 등 심각한 갈등을 야기할 수 있어 정치적 부담도 크다. 그래서 비밀공작이 수행될 필요가 있는지를 두고 끊임없이 논란이 제기되어 왔다.

2 미국의 침체기와 확장기

(1) 의의

특히 미국에서 비밀공작의 필요성을 두고 많은 논란이 있었고, 그 때문에 1947년 이래 미국의 비밀공작활동은 침체기와 확장기를 거듭 경험하는 등 부침을 겪어왔다.

(2) 1950년대와 1960년대

① 1950년대 동안 미국 CIA는 전체 예산의 50% 이상을 비밀공작 임무를 수행하는 데 지출했던 것으로 알려졌다.

② 그리고 처치위원회에 따르면 1961년부터 1975년까지 대규모 비밀공작이 무려 900여 건이나 전개되었던 것으로 드러났다.

(3) 1970년대

그러나 1975년부터 CIA 비밀공작에 대한 국내외의 비난이 고조되면서 전반적으로 비밀공작 활동이 위축되기 시작했고, 1977년부터 1981년에 이르는 카터 행정부 당시에는 국제사회의 인권과 윤리성에 대한 강조와 함께 비밀공작이 완전히 침체기에 빠졌다.

(4) 1980년대

그러나 레이건 행정부 시절(1981~1989)에는 비밀공작이 다시 확대되었다. 특히 케이시(William Casey) 국장이 재임중이던 1981년부터 1986년 기간 동안 비밀공작활동이 왕성하게 추진되었다. 그러나 이후 비밀공작은 다시 위축되었다.

3 비밀공작의 필요성에 대한 입장

(1) 의의

비밀공작의 필요성에 대해서는 대체로 두 가지 상반된 입장이 있다. 전통적으로 미국인들은 비밀공작을 외교정책을 지원하기 위한 마지막 방책(last resort) 또는 예외적인 수단(exceptional tool)으로 고려했다.

(2) 예외주의자

① 갓슨은 이러한 입장을 취하는 사람들을 통틀어 '예외주의자(exceptionalists)'로 칭한다. 이들은 비밀공작을 공개적이고 민주적인 사회에서는 용납하기 어려운 '비겁한 수법(dirty tricks)' 또는 '더러운 전쟁(dirty wars)'으로 간주한다.

② 일부 예외주의자는 외교적인 방법으로도 효과를 볼 수 없고 군사적인 행동을 취하기에는 위험이 따르는 특수한 상황에서 활용될 수 있는 하나의 정책 대안으로 고려하기도 한다.

(3) 일반적인 국가정책의 수단으로 간주하는 입장

① 이와 상반된 견해로서 코드빌라(Angelo Codevilla)처럼 비밀공작을 국가안보 목표를 달성하거나 그것을 지원하기 위해 수행되는 일반적인 국가정책의 수단으로 간주하는 입장을 취하는 사람들도 있다.

② 이들은 비밀공작은 정책을 추진하는 여러 가지 수단들 중의 하나로서 예외적인 것이 아니고, 일반적인 정책대안으로 활용될 수 있다는 입장을 취한다.

(4) 비밀공작에 반대하는 입장

한편 비밀공작에 반대하는 입장을 취하는 사람들은 그 목적이 합법적이라면 구태여 비밀공작을 추진할 필요 없이 다른 방법으로 목적을 달성할 수 있으리라는 것이다. 그들은 목적이 합법적이지 않다면 아예 그런 행동을 하지 말아야 한다는 입장을 취한다.

생각넓히기 | 비밀공작은 '제3의 선택(a third option)'

정책결정자들이 비밀공작을 합리화하기 위한 명분으로 종종 '제3의 선택(a third option)'이라는 용어를 사용한다. 국가안보와 국익에 심각한 위협을 야기하고 있는 상황에서 '제1의 선택(the first option)'은 아무런 조치도 취하지 않는 것이고, '제2의 선택(the second option)'은 군대를 동원하는 것이다. '제1의 선택'은 정부의 무능력한 모습으로 인해 국민 여론의 비난을 받을 수 있고, '제2의 선택'은 국제사회의 규범인 주권을 침해하는 행위로서 세계 여론의 비난과 함께 외교적으로 곤란한 처지에 몰릴 수 있다. 이러한 상황에서 정책결정자들은 자신이 선택할 수 있는 유일한 대안으로 비밀공작을 정당화한다.

Theme

32 비밀공작의 계획과 실행: 미국의 사례

I 비밀공작의 결정과정

1 의의

① 미국의 경우 비밀공작 계획은 대체로 CIA, 국무부, 국방부, 또는 NSC 등 행정부처 관료집단에서 요청하게 된다. 비밀공작 역시 행정부의 일반적인 정책결정과정의 일환으로 추진되기 때문에 정확히 어느 부처에서 누가 먼저 요청했는지는 알 수 없다.

② 어떤 나라에서 친미 정권이 실각할 위험이 있거나 또는 새로 선출된 정권이 민족주의 정책노선에 따라 미국의 이익을 침해하는 행동을 취하는 등 미국의 이익 또는 외교정책에 부정적인 영향을 미칠 것으로 예상되는 사태가 발생하게 되면 비밀공작 추진을 고려하게 된다. 일단 비밀공작이 가능한 대안으로서 제시되면 구체적인 실행계획은 CIA가 작성한다.

③ CIA에서 수립한 비밀공작 계획 초안은 국무부, 국방부, CIA, NSC의 고위직 관료들로 구성된 일종의 '합동위원회(interagency committee)'에서 우선적으로 검토하게 된다. 때로 동 위원회에 백악관, 정보공동체, 법무부의 고위직 관료가 구성원으로 포함되기도 한다. 합동위원회는 비밀공작 계획을 추진하는 과정에서 결정적인 역할을 수행한다. 동 위원회의 승인을 거쳐야만 비밀공작을 추진할 수 있으며, 반대할 경우 비밀공작 계획이 철회된다.

2 합동위원회(interagency committee)가 검토하는 위험요소

① 국무부, 국방부, CIA, NSC의 고위직 관료들로 구성된 일종의 '합동위원회(interagency committee)'는 비밀공작 계획을 승인하기에 앞서 두 가지 위험요소를 신중하게 검토하게 된다.

② 첫째, 비밀공작이 일반에 노출될 위험성이다. 비밀공작은 수행하는 도중, 종료된 직후, 또는 종료된 지 수년이 지난 후 등 여러 가지 시점에서 노출될 수 있고, 그로 인한 파장이 각기 다를 수 있다. 분명한 것은 어떤 시점에 노출되든지 일단 노출되면 외교적인 문제를 야기할 뿐만 아니라 관여된 사람들은 매우 곤란한 입장에 처하게 된다.

③ 둘째, 비밀공작이 실패할 위험성이다. 비밀공작이 실패할 경우 비밀공작을 수행했던 대상국가에 정치적인 위기가 조장되고 비밀공작에 협조한 사람들이 정치적으로 궁지에 몰리게 되거나 생명이 위태롭게 될 수 있다. 따라서 그 밖의 다른 대안이 없거나 실패로 인해 발생할 수 있는 손실을 감수할 정도로 충분한 이익을 얻을 수 있다고 판단될 때 비로소 비밀공작 계획을 승인하게 된다.

3 합동위원회와 NSC

(1) 의의

① 한편 합동위원회는 NSC로부터 권한을 위임받아 NSC를 대신하여 결정을 내리게 되지만, 때로 NSC조차 위원회에서 결정한 사항을 잘 모르는 경우도 있다. 이는 NSC가 위원회에 결정을 위임하기 때문에 그럴 수도 있고, 또는 비밀공작을 추진하는 과정에서 문제가 발생하게 될 경우 위원회에 모든 책임을 전가시켜 대통령의 부담을 덜어주기 위한 방편으로 활용되기도 한다.

② 합동위원회의 의사결정이나 권한은 누가 의장이 되고 그가 행정부처에서 어떤 비중을 차지하고 있는가에 따라서 각기 다양하게 나타난다. 닉슨과 포드 행정부에서 키신저는 국가안보보좌관과 국무장관을 역임하면서 합동위원회의 의장으로서 막강한 권한을 휘둘렀던 것으로 알려졌다. 그가 위원장으로 있던 1972년 4월부터 1974년 12월까지 40건의 비밀공작이 추진되었는데 단 한 차례의 위원회도 개최되지 않았고, 단순히 전화통화만으로 비밀공작 추진이 결정되었다고 한다.

Ⅱ 미국의 비밀공작 통제 제도

1 의의

1970년대에 들어서서 CIA가 칠레 아옌데 대통령 암살을 비롯하여 남미 지역에서 각종 불법행위를 저질렀던 것으로 드러나면서 미국은 물론 국제사회의 비난이 증폭되었다. 이에 따라 미국에서 비밀공작을 통제하기 위한 제도적인 장치가 마련되기 시작했다.

2 1974년 휴즈-라이언 수정법(Hughes-Ryan Amendment)

① 비밀공작에 관여한 고위직 관료들이 책임을 회피하는 방편으로 종종 활용되었던 '그럴듯한 부인(plausible deniability)'은 대통령이 직접 책임을 지는 것으로 개선되었다.

② 1974년 휴즈-라이언 수정법(Hughes-Ryan Amendment)에 따라 대통령은 비밀공작 계획이 국가안보에 중요한 것인지를 '평가(find)'하고 적절한 시기에 비밀공작 관련 내용을 의회에 보고할 것을 의무화했다(여기서 적절한 시기가 언제인가를 두고 다소의 논란이 있다). 이란·콘트라 사건을 계기로 의회와 행정부에서 그러한 절차가 보다 엄격하게 이행되었다.

3 「비밀공작 실행 절차에 관한 법」

(1) 의의

① 「비밀공작 실행 절차에 관한 법」은 1987년 레이건 행정부에서 최초로 제정되었고, 1991년 개정되어 지금까지 적용되고 있는 바 비밀공작을 실행하기 전에 대통령이 '문서 형태의 평가보고서(written Finding)'에 서명할 것을 의무화했다. 예외적으로 긴급 상황에서 '구두 평가보고서(oral Finding)'를 허용하지만 가급적 빠른 시일 내 문서로 작성되어야 한다.

② 소요 예산, 공작자산, 주변 여건, 외국의 협조 상황, 수반되는 위험의 수준 등 비밀공작 계획의 주요 사항들이 중간에 변경될 경우 대통령의 서명을 받은 '통고각서(Memorandum of Notification, MON)'가 작성되어야 한다.

(2) 공작평가서(Finding)와 통고각서(MON)

① 공작평가서(Finding)와 통고각서(MON)에는 공작의 목적, 승인받은 행동의 범위, 소요 예산, 국내외 참여 집단, 위험의 정도 등에 대한 사항들이 자세히 기술되어야 한다.

② 공작평가서(Finding)와 통고각서(MON)는 NSC 최고위원회(senior committee), NSC 법률보좌관(Legal Advisor)과 대통령 법률고문변호사(Counsel) 등의 심의를 거쳐야 한다. 공작평가서(Finding)와 통고각서(MON) 부본은 극비사항인 경우를 제외하고 통고 마감일 이전까지 의회에 전달되어야 한다.

③ 이와 같은 개혁조치가 이행됨으로써 비밀공작 결정에 관련하여 전문가들로부터 광범위한 자문을 얻을 수 있으며, 법률적인 검토를 받을 수 있고, 대통령의 책임 소재가 분명해지며, 의회의 참여를 유도하는 등 여러 가지 긍정적인 효과를 얻을 수 있었다.

4 행정부에서 작성된 비밀공작 계획에 대한 의회의 심사 과정

(1) 의의

① 행정부에서 작성된 비밀공작 계획은 의회의 심사 과정을 거치게 된다. 대통령은 의회에 비밀공작 계획이 미국의 외교정책 목표를 달성하기 위해 반드시 필요하고 미국의 국가안보에 중요하다는 내용의 '공작평가서(finding)'를 첨부하여 의회의 검토를 요청하게 된다.

② 공작 계획서는 시급을 다투는 긴급한 상황을 제외하고 반드시 문서 형태로 제출되어야 한다. 워낙 상황이 긴박하여 문서 형태로 제출하는 절차를 생략하고 일단 구두로 통보했더라도 48시간 이내 문서 형태로 작성된 공작평가서가 제출되어야 한다. 공작 계획서에는 CIA 외에 어떤 부처에게 임무를 부여했는지 그리고 미국 정부의 통제를 받지 않는 제3자가 개입할 것인지를 명시해 주어야 한다. 그리고 비밀공작 계획 추진 과정에서 미국의 헌법이나 법률을 위반하는 행위가 없다는 점을 밝혀야 한다.

(2) 의회 정보위원회

① 비밀공작 계획을 실행하기에 앞서 대통령은 가능한 한 빨리 공작평가서를 의회 정보위원회에 제출해야 한다. 만일 비밀공작 계획이 노출될 경우 미국의 안보에 심각한 위협이 야기될 것으로 판단되면 대통령은 상·하원 정보위원장, 하원의장, 상원의장, 상원과 하원의 야당 대표들 등 극소수의 인원에게만 접근이 허용되도록 공작평가서의 배포선을 제한할 수 있다.

② 공작평가서가 미리 제출되지 못한 채 비밀공작이 추진될 경우 대통령은 추후 적절한 시기에 정보위원회에 비밀공작 계획에 대해서 설명하고 사전 승인을 받지 못한 이유를 해명해 주어야 한다. 또한 대통령은 의회 정보위원회에 공작평가서 배포를 제한했던 이유에 대해서도 충분히 설명해 주어야 한다.

③ 만일 미국 상·하원 정보위원회 위원들과 의회 지도자들이 비밀공작 계획에 대해 반대하지 않으면 비밀공작이 계획대로 추진된다. 그러나 의회의 반대에도 불구하고 대통령이 비밀공작 추진을 강행할 경우도 있다. 물론 의회 정보위원회는 여러 가지 방법으로 반대 의견을 관철하고자 시도할 수 있다. 예를 들어 의회 정보위원회가 국가정보장에게 반대하는 입장을 매우 강력하게 전달하여 그로 하여금 대통령에게 비밀공작을 취소하도록 유도할 수도 있다.

5 DNI의 통제

(1) 의의

① 많은 전문가들은 비밀공작을 수행할 수 있는 역량은 유지하되 가급적 꼭 필요한 경우로 제한하여 신중하게 추진할 것을 권고한다. 그러나 문제는 역량이 있으면 그것을 활용하고 싶은 유혹이 생긴다는 것이다.

② 여기서 공작담당자 또는 정책결정자 중에서 누가 주도적으로 비밀공작을 추진하려 하는지 의문이 생긴다. 즉 공작담당자가 정책결정자에게 권고하고 비밀공작을 추진하든지 혹은 정책결정자가 문제를 쉽게 해결할 수 있는 방법으로 비밀공작 추진을 지시할 수 있을 것이다.

③ 그동안의 사례를 보면 카터 대통령과 포드 대통령 당시에는 비밀공작이 별로 추진되지 않았다. 그런 점에서 정책결정자가 비밀공작의 실행에 결정적인 영향력을 행사하는 것으로 판단된다.

(2) 「정보개혁법」

① 2004년 「정보개혁법」에 따라 DNI 직위가 신설되면서 누가 비밀공작을 지휘·통제할 것인지를 두고 의문이 제기되고 있다. DNI는 비밀공작을 포함하여 모든 정보활동에 대해 대통령을 보좌하는 최고위직의 지위를 부여받았다. 그런데 CIA는 비밀공작을 직접 수행하는 부서로 남아 있다.

② 2004년의 「정보개혁법」에 따르면 CIA 국장은 DNI에게 지휘보고 하도록 되어 있지만 그 구체적인 범위와 내용은 규정하지 않고 있다. 「정보개혁법」 어디에도 DNI가 CIA가 추진하는 비밀공작을 직접 지휘통제하도록 규정하지는 않고 있다.

③ 법적으로는 DNI가 CIA의 비밀공작에 대해 직접적으로 개입할 여지가 없기 때문에 DNI가 CIA의 비밀공작을 지휘통제하기 위해서는 다른 제도적인 장치를 마련해야 할 것이다. 앞으로 비밀공작 추진과 관련하여 DNI와 CIA 국장이 서로 상반된 입장을 취하면서 갈등하는 상황이 발생할 수도 있다.

Ⅲ 비밀공작의 예산

1 의의

① 세계 어떤 정보기관이라도 예산에 관한 사항은 엄격히 비밀보안을 유지한다. 특히 비밀공작 예산은 더욱 철저히 보안을 유지하기 때문에 얼마나 많은 예산이 투입되었는지를 정확히 알기가 어렵다. 다만 당시의 국가적 상황, 정치지도자의 성향, 또는 추진하고 있는 비밀공작들의 유형 등에 기초하여 개략적으로 짐작할 수 있을 것이다.

② CIA의 비밀공작 활동은 1949년에 「중앙정보법(Central Intelligence Act of 1949)」이 제정되면서 적극적으로 추진되기 시작했다. CIA에 '정책조정실(Office of Policy Coordination)'이 신설되어 비밀공작을 전담하게 되었으며, 비밀공작활동이 활발해지면서 이 조직의 인력과 예산이 대폭적으로 늘어났다.

③ 1949년 302명이었던 CIA 정책조정실의 인력이 1952년에는 거의 10배나 늘어난 2,812명이 되었으며, 예산도 1949년 407만 달러에서 1952년에는 무려 20배 이상 증가한 8,200만 달러가 되었다.

2 시기별 예산의 증가와 감축

(1) 의의

이후 CIA 비밀공작 예산은 국가적 위기 상황, 대통령의 정책방향, 의회의 통제 수준 등에 따라 증가와 감축이 반복되는 양상을 보여준다.

(2) 카터 행정부

베트남 전쟁 당시에는 CIA 전체 예산의 50% 이상이 비밀공작에 지출되었던 것으로 알려졌다. 그러나 카터 대통령이 임기를 시작하면서 CIA 비밀공작 예산은 5% 미만으로 대폭 감축되었다. 카터 대통령은 한동안 비밀공작 예산을 5% 미만으로 유지했었는데 1979년 소련의 아프가니스탄 침공 사건이 발생하자 이에 대응하기 위해 비밀공작 예산을 30% 이상 수준으로 대폭 증액했다.

(3) 레이건 행정부

1981년 레이건 대통령이 집권하면서 CIA의 비밀공작활동이 보다 적극적으로 전개되었으며 그에 따라 예산도 대폭 증액되었던 것으로 짐작된다. 그러나 1987년 이란-콘트라 사건이 발생하면서 CIA의 비밀공작활동에 대한 불신이 심화되었다. 이란-콘트라 사건의 여파로 CIA 비밀공작 예산은 냉전이 시작된 이래 최저 수준인 1% 미만으로 대폭 축소되었다.

(4) 1차 부시 행정부와 클린턴 행정부

CIA 비밀공작 예산은 1차 부시 행정부에도 대략 1% 수준을 유지했었다. 이후 클린턴 정부가 들어서면서 아이티(Haiti), 아프리카, 발칸 지역에서의 외교정책 지원을 위한 비밀공작이 활발하게 추진됨에 따라 비밀공작 예산이 다소 증가되었을 것으로 추정된다.

(5) 2001년 9월 11일 테러 이후

① 2001년 9월 11일 테러가 발생하고 나서 CIA 비밀공작 예산은 대폭 증액되었을 것으로 추정된다.

② 특히 아프가니스탄 탈레반 정권 전복을 위한 CIA의 준군사공작이 활발히 전개되면서 CIA 비밀공작이 다시금 활성화되기에 이른다. CIA의 준군사공작이 활발하게 전개되었던 만큼 비밀공작 예산도 대폭 증액되었을 것으로 짐작된다.

Ⅳ 비밀공작의 결정 및 수행

1 비밀공작의 계획수립

(1) 의의

비밀공작은 추진하기에 앞서 계획수립 단계에서 신중한 사전 검토가 요구된다. 즉 비밀공작의 정당성과 공작수행능력을 검토하고 비밀공작의 위험도를 점검하고 과거에 수행되었던 유사 공작 등을 검토해야 한다.

(2) 정당성 검토

① 비밀공작의 계획을 수립하는 데 있어 가장 중요한 것은 비밀공작에 대한 정당성을 검토하는 것이다. 비밀공작의 계획은 정책결정자가 외교나 군사적 수단 등 다른 수단으로는 성취할 수 없는 특별한 정책적 목적을 완수하기 위해 선택될 때 정당성을 인정받는다. 비밀공작이 외교나 군사적 수단보다 유리한 것은 대상국의 외교적 반발이나 국제적인 비난여론을 촉발하지 않으면서 자국에 필요한 결과를 얻을 수 있기 때문이다. 그러나 현재의 국가적 위기를 비슷한 비용으로 유사한 결과를 달성할 수 있는 공개적 대안이 있다면 비밀공작은 지양되고 공개적 대안이 사용되어야 한다.

② 국가 간의 상호 의존도가 더 높아지고 있고 국제 규범이 일층 강화되고 있는 상황에서 비밀공작은 때로 득보다 실이 더 많을 수도 있다. 비밀공작이 정책적 목적과 밀접하게 일치하지 않으면 정책공동체(Policy Community)로부터 심각한 저항을 받게 된다. 공작계획관은 정책입안자들과 공작계획을 밀접하게 사전 조율해야 한다. 비밀공작을 계획하는 과정은 국가안보 이익과 목표가 위험에 처해 있음을 명백하게 규명하고, 또한 비밀공작이 특정 목표를 달성하는 데 최선의 수단이자 실행 가능한 수단이라는 점을 확신할 때 시작되어야 한다.

(3) 공작수행능력 검토

비밀공작을 추진하기 위해서는 정당성 검토와 함께 공작수행능력을 점검해야 한다. 아무리 정당성이 인정되어도 이를 실현할 수 있는 토대가 없다면 현실성이 없기 때문이다. 공작수행능력은 공작기획능력, 공작여건개척능력, 공작원 확보능력, 예산의 확보능력, 공작지원능력 등이 포함된다. 비밀공작을 수행하기 위해서는 인적 · 물적 자원이 확보되어야 한다. 즉 유능한 공작원과 협조자를 확보하여야 하며, 휴대장비, 이동수단, 위조문서, 기타 지원 물품 등이 항상 구비되어야 한다. 또한 연락공작원과 감시공작원, 무인 수수소(dead drop), 안가, 장비 및 기술지원 등 공작지원체계도 구축되어야 한다. 이러한 준비 역량을 만들고 유지하는 데에는 많은 시간과 비용이 필요하다. 수개월 또는 더 긴 시간이 걸릴지도 모르는 비밀공작을 고려할 때, 금전적 비용에 대한 고려는 매우 중요하다. 공작 추진상의 미비점과 제약요인을 사전에 철저히 파악 하는 것은 무엇보다 중요하다.

(4) 비밀공작의 위험도 점검

① 정책결정자들과 정보관들은 비밀공작을 실시하기 전에 최소한 두 가지 위험성을 점검해야 한다.

② 첫째는 노출에 따른 위험도 점검이다. 비밀공작은 언젠가는 노출된다는 사실을 깨달아야 한다. 공작 수행 중에 노출되거나 활동이 종료된 직후 노출되는 비밀공작과 수년 뒤에 밝혀지는 비밀공작 간에는 명백한 차이가 있다. 하지만 오랜 기간 알려지지 않았던 비밀공작 활동이 노출되는 경우에도, 정치적으로 큰 손실이 야기되는 곤란한 상황이 발생할 수 있다.

③ 둘째는 비밀공작의 실패에 따른 위험도 점검이다. 비밀공작이 실패했을 경우, 공작수행 국가와 대상국과의 외교적 문제와 국제적 비난뿐 아니라 직접적인 인명손실과 국내 정치적 위험부담도 따른다. 따라서 정책결정자들은 당면한 자국의 이익을 고려하면서 비밀공작 수행의 상대적 위험성을 평가할 수 있어야 한다. 만약 당면한 자국의 이익이 매우 중대하고 다른 대안이 없을 때에는 위험성이 수반된다하더라도 비밀공작 을 수행한다.

(5) 유사 공작 검토

새로 제안된 비밀공작을 평가하는 데 있어서 정책결정자들은 과거에 수행되었던 유사한 공작들을 검토해야 한다. 과거의 사례는 현재에 대해 많은 교훈과 지침을 주기 때문에 과거의 유사사례 연구를 통해 성공과 실패의 요인을 분석함으로써 현재 계획 중인 공작의 취약점을 보완할 수 있다. 사례연구를 통해 얻어진 지침들은 현재 계획 중이거나 추진 중인 공작의 점검 리스트로 활용할 수 있고 성공적인 지침들은 보다 발전적인 방향으로 응용할 수도 있다. 과거 공작과 비교할 때 사용될 수 있는 점검 리스트로는 동일한 국가 혹은 동일한 지역에서 시도되었던 유사 공작이 있었는가? 그들의 결과는 어떠했는가? 공작 수행에 따르는 위험요소들은 그 전과 다른가? 착수하려는 비밀공작 유형과 유사한 공작이 다른 곳에서 시도된 적은 없었는가? 만약 있었다면, 그 결과는 어떠했는가? 등이 있을 수 있다. 이와 같이 과거 유사 공작과 비교 및 평가해 봄으로써 계획 중인 비밀공작에 대한 교훈을 얻을 수 있다.

2 비밀공작의 결정

(1) 의의

비밀공작이 최종적으로 어떻게 결정되는지는 국가마다 다르다. 여기서는 미국의 절차를 중심으로 살펴보고자 한다.

(2) 대통령의 승인

비밀공작은 공식적인 승인을 필요로 한다. 대통령은 제안된 공작이 국가의 구체적인 외교정책 목적을 지원하는 데 필수적이고 국가이익에 중요하다는 확신에 기초하여 승인명령에 서명한다. 미국의 경우 대통령의 승인은 법률적 의무사항이며, 반드시 서면으로 승인되어야 한다. 그러나 비상시에는 예외이나 서면기록이 보관되어야 하며, 48시간 내에 승인서가 만들어 져야 한다.

(3) 의회의 예산승인 및 통제

① 대통령 승인서는 공작수행기관에 전달되며, 의회의 상·하원 정보위원회에 통지서(memo of notification)를 통해 전달된다. 정보공동체는 의회에 예산을 요청할 때 1년간의 비밀공작 활동계획을 함께 제출해야 하기 때문에 의회는 일반적으로 예산심의를 통해 공작의 내용을 알게 된다. 의회는 예산지원을 거부하는 방법으로 공작추진에 제동을 걸 수는 있으나 비밀공작에 대한 승인권한은 없다. 의회는 또한 반군과 테러 지원국에 대한 무기나 훈련지원을 금지하는 법이나 암살을 금지하는 대통령 명령에 위반한 비밀공작 등에 대해서는 법적으로 승인을 거부할 수 있다.

② 만약 위원회 소속의 의원들이나 참모들이 심각한 문제를 제기하면, 비밀공작 브리핑 팀은 이러한 사실을 집행부에 보고한다. 이 경우 집행부는 공작을 그대로 계속 진행시키는 결정을 하거나 의회의 우려를 고려하여 공작계획을 변경할 수 있다. 미국에서의 비밀공작에 대한 감독은 점차 강화되어 가고 있다. 1947～1974년에 이루어진 비밀공작은 느슨한 감독하에 수행되었으나, 1974년 12월 휴즈－라이언법(Hughes－Ryan Act)의 제정으로 비밀공작의 인가와 모니터링 과정에서 새로운 인원을 포함시켜 결정과정이 보다 공식화되었다. 그리고 1975～1980년간 의회와 행정부가 비밀공작에 대한 통제를 하였는데, 이는 1980년 정보감독법(Intelligence Oversight Act)이 제정되면서 더욱 강화되었다. 또한 최근 행정부의 비밀공작이 물의를 일으키면서 비밀공작에 대한 감독이 더욱 강화되고 있다.

3 비밀공작의 수행

(1) 의의

비밀공작 수행은 정보기관이 주도하고 일반적으로 담당 공작관이 공작원(agent)을 활용하여 추진한다. 공작원은 공작기관 또는 공작관과의 비밀관계에 동의하고, 공작관의 지시와 통제를 받을 수 있어야 한다. 비밀공작부서에서 공작지령이 하달되면 공작담당관은 공작 수행계획을 수립하고 공작을 수행하기 위한 공작원을 획득하여 이를 조종함으로써 비밀공작을 수행하게 된다. 따라서 비밀공작의 성공을 위해서는 우수한 공작원을 획득하는 것이 무엇보다도 중요하다. 그러나 새로운 공작원을 모집할 때는 항상 위험이 따른다. 상황에 따라 모집을 시도하는 공작담당관을 난처하게 만들기도 하고 정부가 난처한 입장에 처하기도 하고 당사국을 비롯한 관계국가들 간의 관계까지도 악화시킬 수 있다. 공작원 획득의 성공률을 높이고 실패했을 경우 정부에 끼치는 피해 가능성을 최소화시키기 위해 공작원을 포섭할 때는 다음과 같은 여섯 단계의 절차를 거치게 된다.

(2) 공작원 포섭의 6단계

첫째, 목표분석(target analysis) 단계로서 공작목표인 외국의 조직이나 시설물에 관한 자료를 수집하고 평가한다. 둘째, 물색(spotting) 단계로서 공작원 후보자(agent candidate)가 될 수 있는 특정 인물들을 파악한다. 셋째, 조사(investigation) 단계로서 공작원 후보자 개인에 관한 배경첩보를 수집하고 분석한다. 넷째, 평가(assessment) 단계로서 공작원으로서 적성과 자격을 구비하고 있는지, 공작원으로서의 모집제의를 받아들이도록 설득할 수 있는지 등을 평가한다. 다섯째, 여건조성(development) 단계이다. 공작원 후보자와의 지속적 접촉을 통해 모집제의를 받아들이도록 하는 상황을 만드는 동시에 제의가 실패했을 경우 일어날지도 모를 피해를 감소시키기 위한 조치를 취한다. 끝으로, 모집(recruitment) 단계로서 공작원 후보자를 비밀조직에 가담시키고 공작 임무를 수행하도록 설득한다.

(3) 공작원 포섭 방법

공작원으로 포섭하기 위해서는 설득, 매수, 약점조성을 통한 협박 등 다양한 방법이 동원된다. 먼저 설득은 공작원 대상자와의 잦은 접촉을 통해 공작 수행국가나 공작 수행 정보기관과 협력하는 것이 대상국이나 공작원 대상자를 위해서도 유리하다는 점을 인식시켜 포섭제의를 받아들이도록 하는 것이다. 설득을 통해 이념이나 가치관을 공유함으로써 향후 배반이나 부작용을 줄일 수 있기 때문에 설득은 포섭을 위해 가장 좋은 방법이라 할 수 있다. 공작담당관은 설득에 필요한 친화력이 있어야 하며 광범위한 지식이 요구된다. 둘째, 매수는 정치적, 경제적, 사회적으로 어려운 처지에 있는 대상자를 포섭하기 위해 주로 사용되는 방법이다. 정치적으로 어려운 처지에 있는 자에게 해외망명을 주선하거나 경제적으로 어려운 대상자를 돈으로 매수하거나, 사회적으로 어려운 처지에 있는 대상자를 취업이나 승진 또는 해외 유학을 주선해 줌으로써 포섭하는 것이다. 셋째, 약점조성을 통한 협박도 효과적인 수단이 될 수 있다. 이 방법은 공작원 대상자가 설득이나 매수를 통해 포섭될 가능성이 희박한 경우에 주로 사용 하는 방법이다. 각종 불법행위나 미인계를 활용한 성적 관계를 폭로하겠다고 협박하거나 신변에 위협을 주는 방법을 통해 협조를 유도하기도 한다. 특히 공작원을 포섭하여 활용하는 경우, 대상자가 상대국가의 정보기관에 이미 포섭된 이중공작원(double agent) 여부를 철저히 확인해야 하며, 배신할 경우에 대비한 대책 등을 철저히 강구하고 수시로 점검하여야 한다.

(4) 공작원의 교육훈련

① 공작원으로 포섭이 되면 공작임무 수행에 필요한 교육훈련을 철저히 시켜야 하며, 임무가 종료되면 공작원을 해고하게 된다. 공작원을 해고할 때는 포섭할 때와 마찬가지로 세밀한 데까지 주의와 관심을 가져야 한다. 해고 시에는 공작원에게 행한 모든 약속을 지켜야 하며 가능하다면 우호적인 방식으로 이루어지도록 노력해야 한다.

② 공작 추진에 소요되는 시간은 공작수행능력을 갖추는 데 소요되는 시간에 달려 있다. 경우에 따라서는 공작원을 훈련시키는 데 많은 시간을 투자해야 한다. 또한 가장 신분의 확보, 가장업체의 설립 등 공작을 지원하는 체제를 갖추는 데도 공작여건에 따라 소요되는 시간이 달라진다. 공작여건이 양호할 경우에는 지원에 필요한 시간이 적게 소요되나, 여건이 불량할 경우에는 공작여건을 만들기 위해 많은 시간을 투자해야 한다.

(5) 비밀유지

또한 비밀공작의 수행과정에서 중요한 것은 비밀유지이다. 공작의 계획과 수행과정에서 비밀이 노출되면 이미 공작은 실패한 것이다. 비밀의 노출은 공작에 참여하고 있는 관련자들의 인명에 손상을 줄 수 있다. 따라서 비밀공작에 참여하는 관련자들에 대한 보안성 검토가 매우 중요하다. 자국 공작원의 변절이나 상대국 공작원의 침투 등에 의해 공작이 노출될 수 있기 때문에 각종 테스트 등을 통해서 공작원에 대한 점검이 이루어져야 한다. 비밀유지의 방법으로 비밀 연락기술을 사용하고, 차단의 원칙에 따라 연락망을 점조직 형태로 운영하기도 한다. 또한 공작보안을 위해 관여 인원을 최소화하고 어떠한 증거물도 남기지 않는 것이 이상적이다. 그러나 민주주의 국가들의 경우, 국가정보기관의 권력남용이나 인권침해 등을 방지하기 위해 공작내용을 문서상으로 기록을 남기는 것을 의무화하고, 의회의 사후조사를 받게 하고 있는 관계로 공작 보안 유지가 어려운 것이 사실이다.

Theme

33 비밀공작의 유형

I 의의

① '비밀공작(covert action)'은 "일반적으로 정보기관의 주도하에 자국의 대외정책을 지원할 목적으로 수행되며, 외국의 정치·경제·군사·사회 등 여러 분야에 은밀히 개입하여 자국에게 유리한 조건을 조성하기 위한 비밀정보활동"이라고 정의된다.

② 비밀공작은 정보기관이 주도하여 비밀리에 수행한다는 점에서 첩보수집활동과 유사한 점이 있지만 행위의 목적에서 차이가 있다. 즉 수집활동은 지식으로서의 정보를 생산할 목적으로 수행되지만, 비밀공작은 국가의 외교정책을 지원하는 데 목적을 둔다는 점에서 분명한 차이가 있다.

II 1948년 NSC 지침 10/2

국가의 외교정책을 지원하기 위해 활용되는 비밀공작의 기법과 수단들은 다양하게 동원될 수 있으며, 이에 관해 학계에서도 여러 가지 견해가 제시된다. 1948년 NSC 지침 10/2에서는 비밀공작(covert operations)의 유형으로써 ① 선전공작(propaganda), ② 경제전(economic warfare), ③ 사보타주, 반사보타주, 파괴 그리고 소개(evacuation) 등 다양한 종류의 예방적 행동조치들, ④ 저항운동, 게릴라, 난민해방 단체 지원 등을 포함한 적대국 전복공작, ⑤ 국가 내부에서 자생적으로 등장한 토착 반공세력에 대한 지원 등을 들고 있다.

III 홀트(Holt)

홀트는 선전공작, 외국의 단체에 대한 지원, 영향공작, 준군사공작 등으로 구분하고 각각의 유형들에 대한 사례들을 들어 구체적인 설명을 제시하였다.

Ⅳ 슐스키(Shulsky)

슐스키가 범주화(categorization)하여 제시하는 비밀공작의 유형은 다소 독특하다. 슐스키는 비밀공작의 범주를 ① 우호 정부에 대한 비밀지원, ② 외국 정부의 인식에 대한 영향공작, ③ 외국 사회의 인식에 대한 영향공작, ④ 우호적인 정치세력에 대한 지원, ⑤ 정치적 사태에 대해 폭력적 수단을 통한 영향력 행사 등 다섯 가지 유형으로 분류하고 각각의 유형에 부합되는 사례들을 들어 세부적으로 설명하였다.

Ⅴ 로웬탈(Lowenthal)

1 의의

① 이처럼 비밀공작의 기법과 유형에 대해 각기 다양한 견해들이 제시되고 있지만 아직까지 학계에서 이에 대한 포괄적 목록이 제시되지 않았으며 표준 유형도 정립되어 있지 않은 상황이다.

② 이러한 가운데 로웬탈은 비밀공작의 유형을 두 가지 기준 즉 '폭력성'과 '그럴듯한 부인(plausible deniability)' 가능성에 따라 단계별로 구분하여 선전공작, 정치공작, 경제공작, 쿠데타, 준군사공작 등으로 제시하였다.

2 폭력성 정도와 그럴듯한 부인

① 즉 폭력성 정도를 기준으로 선전공작은 폭력성이 가장 낮은 반면 정치공작, 경제공작, 쿠데타 등의 순으로 폭력성이 강화되고, 준군사공작을 가장 폭력적인 행위로 규정하였다.

② 거꾸로 준군사공작은 공작의 배후가 노출될 가능성이 높아 그럴듯한 부인 가능성이 가장 낮고, 쿠데타, 경제공작, 정치공작 등의 순으로 그럴듯한 부인 가능성이 점차 높아지다가 선전공작의 경우에는 공작의 배후를 색출하기가 매우 어려우므로 그럴듯한 부인 가능성이 가장 높은 유형의 비밀공작으로 기술하고 있다.

3 평가

① 로웬탈이 제시하는 비밀공작의 형태는 영미 학계에서 비교적 일반화된 유형으로 인정받고 있다. 여기서 한 가지 유의할 점은 로웬탈은 비밀공작의 유형을 단계별로 분류하고 있지만 실제 비밀공작에서는 그러한 단계 또는 구분이 명확하지 않다. 대부분의 경우 여러 가지 유형의 비밀공작이 동시에 복합적으로 추진된다.

② 예를 들어 1964년과 1970년대 CIA는 칠레에서 친소 사회주의 성향의 아옌데 정권을 전복시키는 쿠데타공작을 지원하는 데 흑색선전, 금품살포, 사보타주 등 여러 가지 수단을 동시에 다발적으로 동원했던 것으로 드러났다. 이처럼 비밀공작의 유형을 단계별로 구분하는 것은 단순히 분류상의 편이를 위한 것으로서 실제 상황과는 차이가 있다.

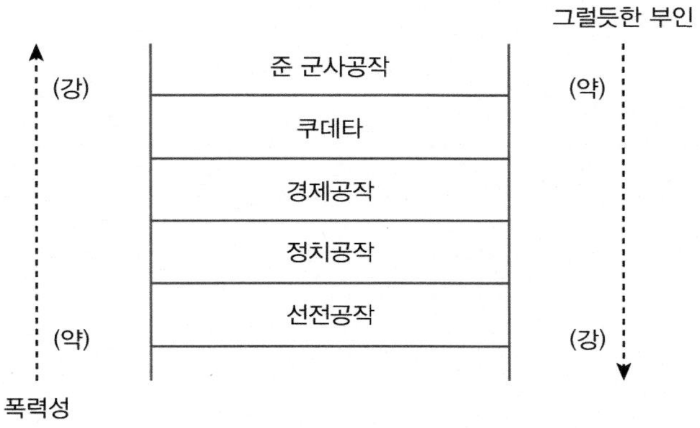

[비밀공작 유형별 폭력성과 그럴듯한 부인의 정도]

생각넓히기 | 비밀공작의 유형

(1) 슐스키(Shulsky)

슐스키는 비밀공작을, ① 우호 정부에 대한 비밀지원, ② 외국정부의 인식에 대한 영향, ③ 외국의 사회인식에 대한 영향, ④ 우호적 정치세력에 대한 지원, ⑤ 정치적 사태에 폭력수단을 통한 영향력 행사 등과 같이 구체적인 목표위주로 분류한 후에 다양한 행위방법을 설명하기도 한다.

(2) 다이쿠스(Dycus)와 트레버턴(Treverton)

다이쿠스(Dycus)와 트레버턴(Treverton)은 비밀 공작을 가장 단순하게 ① 선전공작, ② 준군사 비밀공작 그리고 ③ 정치공작의 세 가지로 분류한다.

(3) 로웬탈(Mark M. Lowenthal)

로웬탈(Mark M. Lowenthal)은 위장부인의 정도와 폭력수준을 기준으로 비밀공작의 사다리(Covert Action Ladder)로 도식화된 비밀공작 분류를 시도하여 ① 선전공작, ② 정치공작, ③ 경제공작, ④ 쿠데타 그리고 ⑤ 준군사공작의 5단계로 대별했다.

Theme

34 선전공작

Ⅰ 의의

① 선전공작은 종종 심리전(psychological warfare)으로 불리기도 하는데 주로 자국에 적대적인 개인이나 집단을 대상으로 특별한 정치적인 목적을 관철시키기 위해 정보를 유포하는 행위이다.

② 때로 자국에게 협조적인 개인이나 집단을 지원하기 위해서 활용되기도 한다. 자국에게 적대적인 개인이나 집단을 대상으로 정치 불안이나 경제난에 대한 거짓 소문을 퍼뜨리는 행위도 여기에 해당된다.

생각넓히기 | 선전공작

라디오, TV, 신문, 전단, 인터넷 등 각종 언론매체를 이용해 특별한 정치적 목적을 위해 만들어진 조작된 정보를 공작 대상국가에 유포하여 대상국가의 여론을 공작활동국가에 유리하게 조정하려는 공작활동이다. 선전공작은 비 밀 공작의 유형 중에서 가장 오래된 정치적 기술이다. 선전공작은 모든 비밀공작의 기본이 되는 활동으로서 정치공작, 준군사공작 등 다른 비밀공작을 효과적으로 전개할 수 있는 기반이 된다. 사회학적으로 선전은 지지자와 동조자 또는 동맹자를 획득한다는 뚜렷한 목적을 가지고 자기의 사상이나 교리, 원리를 전 수하기 위한 계획적이고 조직적인 활동이다. 그리고 일반대중에게 자기의 주장은 정당하며 합리적이지만 상대방의 주장은 부당하고 오류를 범하고 있는 것으로 믿도록 하는 노력이며, 따라서 자기편에는 유리하지만 적에게는 불리 한 행동을 하도록 유도하는 노력이다. 선전공작의 내용물인 기사는 일반적인 의견이거나 아직까지 그 나라에는 통제되어 잘 알려지지 않는 사실정보일 수도 있고 역정보일 수도 있다. 출처가 분명하지 않은 상태로 사실정보를 유포시키는 것도 선전공작의 내용이 된다.

Ⅱ 특징

① 가장 일반적이며 많이 활용되는 기법으로서 신문이나 방송 등 언론매체에 의견이나 정보 또는 역정보를 유포하는 행위가 있다.

② 선전공작은 정치공작, 경제공작, 쿠데타 등 모든 비밀공작을 전개하는 데 기본적으로 활용되는 수단이라는 점에서 중요하다.

③ 선전공작은 폭력성이 가장 낮고 그럴듯한 부인이 상대적으로 용이하기 때문에 비밀공작 기법들 중에서 가장 많이 활용되는 것으로 나타난다.

Ⅲ 유형

1 의의

선전공작의 목적을 효과적으로 달성하기 위한 수단으로서 다양한 종류의 기법들이 활용된다. 선전공작은 행위의 주체 또는 배후를 밝히는 문제와 관련하여 백색선전(white propaganda), 회색선전(gray propaganda), 흑색선전(black propaganda) 등 세 가지 유형으로 분류될 수 있다.

생각넓히기 | Propaganda

1. Propaganda의 어원은 라틴어에서 비롯되는데, 로마 교황 그레고리 15세가 1622년에 제정한 "Congregato de Propaganda Fide"(Congregation for the Propaganda of Faith)에 나오는 말이다. 이 기구는 쉽게 풀이하면 신앙보급위원회라 할 수 있다. 이 위원회를 만든 이유는 마틴 루터의 종교개혁 운동으로 시작된 개신교의 확장과 그 비판에 대항해서 카톨릭 포교를 확산하려는 데에 있었다. 당시 독일에는 15세기 중반에 구텐베르그가 발명한 인쇄술로 대량 인쇄라는 뉴미디어가 있었으므로 위원회의 활동을 위한 간행물을 제작, 배포할 수 있었다.
2. 그런데 프로파간다가 활발해진 것은 20세기에 들어선 뒤였다. 정치적인 목적으로 프로파간다를 이용한 효시는 러시아 혁명가 레닌이 1902년에 쓴 "무엇을 할 것인가"라는 책자였다. 물론 공산주의 혁명을 위한 책자였다. 정부가 대량으로 선전을 이용하게 된 것은 1914년의 1차 세계대전이었다.
3. 1917년 미국의 제1차 세계대전 참가로 대대적인 선전활동이 필요했다. 이 때 윌슨 대통령 지시로 창설된 공보위원회(Committee on Public Information)가 대대적인 활동을 시작했는데, 홍보라기보다 프로파간다에 가까웠다. 그리고 적국인 독일도 대대적인 프로파간다를 시작했다. 1930년대 초 히틀러가 집권한 뒤에는 역사상 최고의 프로파간다 전문가로 괴벨스가 이름을 날렸다.

2 백색선전

(1) 의의

백색선전은 주체나 배후를 명백히 밝히고 선전활동을 수행하는 행위이다.

(2) 사례

백색선전에 해당되는 대표적인 사례로서 냉전시대 동안 미국 정부가 United States Information Agency(USIA)라는 조직을 활용하여 공개적으로 선전공작을 전개했던 활동을 들 수 있다. USIA는 세계 각국에 주재하고 있는 미국 대사관을 통해 정보를 제공했다. 러시아의 Radio Moscow도 여기에 해당된다.

(3) 특징 및 장점

① 백색선전은 출처를 공개하기 때문에 대체로 정확한 정보를 제공하게 되지만 때로 과장 또는 허위 정보를 유포하기도 한다. 출처를 명백히 밝히는 만큼 자국의 입장을 공개적으로 주장할 수 있다는 장점이 있다.

② 정부 내 홍보를 담당하는 부처 또는 외교부, 국방부 등 정부의 일반 부처에서 정부의 입장이나 견해를 홍보하는 행위도 여기에 해당될 수 있다. 백색선전은 공개적이며 합법적인 행위이고 정부 일반 부처에서도 수행하기 때문에 선전공작으로 인정되기 어려운 측면이 있다.

3 흑색선전

(1) 의의

① 정보기관에서 주로 수행하는 선전공작은 대부분 출처를 밝히지 않고 수행한다. 미국의 USIA가 공개적으로 선전공작을 전개했던 반면, CIA는 주로 출처를 속이면서 비밀리에 선전공작을 전개했다.

② 출처를 밝히지 않는다고 제공되는 정보가 모두 허위는 아니다. 냉전시대 CIA가 출처를 밝히지 않은 채 선전공작을 통해 제공되는 정보는 거의 사실이었으며(98%), 나머지 2%만 거짓이었던 것으로 알려졌다.

③ 출처를 철저히 은폐하면서 선전활동을 수행하는 기법으로 흑색선전이 있다. 흑색선전은 특정 의견이나 사실의 출처를 완전히 은폐한 채 유포하는 행위를 말하며, 주로 허위 또는 폭로 정보 등을 제공할 때 사용한다.

(2) 사례

① 한때 소련이 아프리카인들을 대상으로 미국이 AIDS를 퍼뜨렸다는 소문을 유포했는데 일종의 흑색선전에 속한다.

② 흑색선전에 활용되는 언론매체는 정부가 소유 또는 통제하고 있는 경우가 많다. 일반인들에게는 독립적인 언론매체로 알려져 있지만 실제로는 정부에 의해 통제되고 있는 전위단체(front group)가 여기에 해당된다.

③ 슐스키는 그 대표적인 사례로 제2차 세계대전 전 영국이 미국 내에서 고립주의를 주창하는 대표적인 보수단체인 'American First'에 대응하기 위해 다수의 전위단체를 설립했다고 기술했다.

④ '국제민주변호사협회(International Association of Democratic Lawyer)'라는 단체는 1988년 중반 무렵 미국 정보기관 요원이 남미 지역의 어린아이들을 살해하여 장기이식에 활용하고 있다는 날조된 거짓말을 유포하기도 했는데, 사실 이 단체는 KGB의 전위단체였다.

⑤ 때로 언론매체에 원하는 기사를 게재하든지 정보기관들과 연관이 없는 것처럼 철저히 위장하여 작가나 출판사에 필요한 내용을 게재 또는 출판하도록 하는 기법도 흑색선전의 일환으로 빈번히 활용된다.

4 회색선전

(1) 의의

① 출처를 은폐하는 것은 같지만 얼마나 철저히 은폐하는가에 따라서 흑색선전과 회색선전으로 구분될 수 있다.

② 흑색선전은 출처를 철저히 은폐하지만 회색선전은 출처를 완전히 은폐하지 않으면서 선전활동을 수행한다. 즉 출처가 어느 정도 노출되지만 공개적으로 인지되지는 않는 상태를 의미한다.

(2) '자유 유럽 라디오(Radio Free Europe)'와 '자유 라디오(Radio Liberty)'

① 미국이 동유럽과 소련 주민들을 대상으로 1949년과 1951년에 각각 설립한 '자유 유럽 라디오(Radio Free Europe)'와 '자유 라디오(Radio Liberty)'는 CIA가 배후 조종하고 있었으면서도 마치 민간 기업체에서 운영하는 것처럼 가장하여 방송했는데 이는 일종의 회색선전 공작으로 간주된다.

② 두 방송국에 대해 사람들은 막연하게 미국이 지원하고 있다는 것은 알고 있었지만 CIA가 배후였다는 사실은 공식적으로 밝혀지지 않았다.

③ 방송국은 뮌헨에 본부를 두고 1970년 정체가 드러날 때까지 운용되었는데, 공산권 사회 주민들의 이념과 사고방식을 변화시키는 데 결정적인 역할을 수행했던 것으로 평가된다.

5 CIA의 선전공작

(1) 비밀공작 대상국의 신문기자, 방송인 등을 협조자 또는 공작원으로 포섭

① 냉전시대 동안 CIA는 비밀공작 대상국의 신문기자, 방송인, 잡지 기자, 저술가 등을 공작원으로 포섭하여 목표 국가에 대한 선전공작을 활발히 전개했다. 이들은 방송이나 언론에 CIA가 작성해 준 원고 내용을 마치 자신의 견해인 것처럼 발표했다.

② 대부분의 국민들은 그들이 CIA 협조자라는 사실을 전혀 알지 못하기 때문에 그들이 제공하는 정보를 신뢰하게 된다.

(2) 풍선을 통한 선전공작

① 사회 통제가 철통같이 강화된 전체주의 독재국가의 경우 그곳의 언론인들을 CIA의 협조자로 포섭하는 것이 매우 어려웠다.

② 그래서 CIA는 연설문, 잡지, 책, 라디오 등을 풍선에 띄워 소련과 동구권 사회주의체제 국가들의 영토로 날려 보내는 방법으로 선전공작을 전개했다. 풍선에 실린 자료들을 통해 주민들은 바깥세상의 일을 알 수 있었다.

③ 풍선을 통한 선전공작은 대부분 소련을 대상으로 전개되었다. 엄청나게 많은 풍선을 날려 보냈음에도 불구하고 소련 영토가 워낙 넓은데다가 엉뚱한 곳에 불시착하는 경우가 많아서 그 효과는 미미했을 것으로 추정된다.

(3) CIA의 신문과 방송국 운용

① 냉전이 한창이던 시절 미국은 세계 도처의 외국 방송국에 매일 70~80건의 선전물을 방송토록 하였던 것으로 드러났다.

② 번스타인(Carl Bernstein)은 1952년부터 1976년의 기간 동안 미국 내 400여 명이 넘는 언론인들이 CIA의 선전공작에 협조자로 활동했다고 주장했다.

③ CIA의 선전공작이 최고조에 달했을 때 800개의 신문과 방송국을 CIA가 운용했던 것으로 알려졌다. 대표적인 사례로서 동유럽 공산국가 주민을 대상으로 공산주의체제의 모순을 비판하고 자유민주주의 체제를 선전하는 활동을 전개했던 '라디오 자유유럽(Radio Free Europe)'과 '자유 라디오(Radio Liberty)' 등을 들 수 있다.

④ 아시아 지역에서는 1951년에 설립되어 필리핀 마닐라에 본부를 두고 중국 본토 주민을 대상으로 선전공작을 전개했던 '자유 아시아 방송(Radio Free Asia)'이 있었다.

(4) 신문사, 잡지사, 서적 출판사 등에 대한 비밀자금을 지원

① 냉전시대 동안 CIA는 신문사, 잡지사, 서적 출판사 등에 비밀자금을 지원하여 선전공작을 전개했다.

② CIA가 비밀리에 자금을 지원했던 것으로 드러난 Der Monat(서독), Encounter(영국), the Daily American(이탈리아) 등은 반소주의 성향의 대중매체였다.

③ 그리고 El Mercurio(칠레), Elimo(앙골라), Salongo(앙골라) 등은 CIA가 특정지역에서 미국의 이익을 위한 선전공작에 활용되었다.

④ 베트남 전쟁 기간 동안 Economist지에 전쟁에 관해 자세하게 기술한 내용의 기사를 게재했던 것도 CIA의 선전공작의 일환이었던 것으로 밝혀졌다.

(5) 기타

① CIA는 체제선전에 유리한 내용을 기술하도록 작가들에게 비밀자금을 지원하기도 했다.

② 그리고 The Penkovskiy Papers라는 단행본의 경우처럼 사실은 CIA가 작성했지만 다른 사람의 이름을 빌려서 출판한 서적도 많다.

③ 1970년 말까지 CIA가 직접 출판하거나 또는 CIA의 보조금을 받고 출판된 서적이 무려 1,000여 권이나 되는 것으로 알려졌다.

생각넓히기 | KGB의 선전공작

CIA는 선전 및 기만공작에 방송과 활자 매체 두 가지를 모두 적극 활용했던 반면, KGB 는 방송매체는 거의 활용하지 않고 주로 신문, 출판사 등 활자 매체를 활용했다. 예를 들어 KGB는 1960년대 말 경 인도차이나 지역에서 미국이 생물무기를 사용했다고 주장하는 내용을 중도 성향의 Bombay Free Press Journal에 게재했다. 1968년 런던 타임지와 서방 신문들이 이를 보도했다. 1982년 11월 당시 UN 주재 미국대사였던 커크패트릭(Jeane Kirkpatrick)이 남아공화국의 군 정보기관인 BOSS와 연계가 있다는 내용이 런던 New Statesman에서 보도되었는데 이는 KGB의 선전공작이었다. 때로 소련은 자국 지도자에 대해 좋은 이미지를 서방국가들에게 선전할 목적으로 활자 매체를 활용하기도 했다. 예를 들어 안드로포프(Yuri Andropov)가 KGB 의장으로 재직하던 시절 Time과 Newsweek에 그가 온건한 성향에다 영어를 유창하게 구사하며 사적으로 자유분방한 인물이라는 점을 부각시키는 내용이 게재되었는데 이것도 KGB 공작에 따른 것으로 알려졌다. KGB는 종종 신문이나 출판사에 KGB 요원을 기자로 위장 취업시켜서 첩보를 수집하고 비밀공작을 추진하는 데 활용했다. 대표적인 사례로 Novosti Press를 들 수 있다. Novosti Press에는 상당수의 KGB 요원들이 기자로 가장하여 근무했으며, 30여 명의 해외 특파원들이 사실상 KGB 요원이었다. 또한 KGB는 덴마크 신문기자였던 페터슨(Ame Petersen)을 포섭하여 1973년부터 1981년까지 영국 보수당의 대처 수상과 반소주의 성향의 인사들에 대해 비판적인 기사를 게재하고 팜플렛을 유포했다. 기사는 페터슨 본인 스스로 작성하기도 하고, 때로는 KGB가 작성하여 페터슨 명의로 발표했다. 바론(John Barron) 의 진술에 따르면 해외에서 활동하는 500여 명의 소련 기자들 중의 대부분은 정보요원이었으며, KGB의 지시나 허가를 얻지 않고도 소련 영토 밖에서 자유롭게 여행할 수 있는 기자는 극소수에 불과했다고 진술했다.

5 출처를 밝히지 않을 때의 이점

(1) 의의

흑색선전이든 회색선전이든 출처를 밝히지 않을 경우 두 가지 이점이 있다.

(2) 신뢰성 상승과 선전 효과가 극대화

① 선전활동의 대상이 되는 사람들에게 출처가 밝혀지지 않고 출처의 숨은 의도가 드러나지 않을 때 선전 내용에 대한 신뢰성을 높일 수 있고 선전 효과가 극대화될 수 있다.

② 영국 정보기관은 제1 · 2차 세계대전 당시 미국의 참전을 유도하기 위해 출처를 밝히지 않은 채 미국 내에서 영국에 대해 우호적이고 고립주의에 반대하는 의견을 유포하는 등 다양한 유형의 흑색선전 활동을 전개했던 것으로 드러났다.

③ 영국 정부가 개입했다는 사실이 드러날 경우보다는 출처를 숨기고 은밀히 참전 여론을 유도 하는 것이 보다 더 효과적이었기 때문에 그러한 방식을 활용했던 것이다.

(3) 외교적 문제의 회피

① 출처를 밝히지 않을 경우 외교적으로 곤란한 상황을 피하면서 의도한 목적을 달성할 수 있다.

② 1979년부터 1981년 사이에 발생한 이란 인질사태 당시 소련 정부는 이란 인질 사건과 관련하여 공식적으로는 UN에서 미국의 입장을 지지하는 태도를 취했지만 흑색방송을 활용하여 반미 여론을 선동하는 이중적인 행동을 취했던 것으로 드러났다.

③ 소련으로서는 외교적인 문제를 피하면서 출처를 숨기고 반미 여론을 선동함으로써 원하는 바 외교적인 목적을 효과적으로 달성할 수 있었던 것이다.

Theme

35 정치공작

I 의의

① 정치공작은 선전공작보다 한 단계 더 강력한 수단으로 활용되지만 때로 선전공작과 병행하여 전개되기도 한다.

② 정치공작은 대상국가의 정치과정에 개입하여 자국에게 유리한 정치적 상황을 조성하기 위한 행위이다. 대상국가의 정당, 시민단체, 노조, 언론 등과 같은 정치세력 중 자국에 협조적인 세력을 지원하고 반대로 자국에 대해 적대적인 세력이 정권을 장악하지 못하도록 방해하는 활동을 수행한다.

③ 때로 대상 국가의 선거에서 개입하여 특정후보의 당선을 지원하기도 한다. 집권자의 장기집권을 돕거나 축출하기 위해 특정 정당 또는 특정 후보를 다양한 방법으로 은밀하게 지원하는 행위도 여기에 해당된다.

④ 이와 같은 정치공작은 상대국의 정치과정에 개입하는 행위로서 국내문제에 외국이 간섭하지 말아야 한다는 내정불간섭 원칙에 위배되기 때문에 노출될 경우 외교적으로 치명적인 비난을 받을 수 있다.

생각넓히기 | 정치공작

정치공작은 상대국의 정치에 비밀리에 개입하여 자국에 유리한 정치적 상황을 조성하기 위해 실행되는 비밀공작이다. 정치지도자의 매수, 특정집단이나 NGO에 대한 자금지원 등으로 유리한 정치적 환경을 조성해 대상국의 정책방향에 영향을 미친다. 자국에 우호적인 세력에게 비밀리에 재정지원을 하고, 대상국 내에서 진행되는 선거에서 특정후보의 당선을 지원하거나 또는 정권 담당자의 장기집권을 돕거나 축출하기 위해 특정정당 또는 특정후보를 은밀하게 재정지원하기도 한다. 정보기관이 현재의 적대국과의 관계 개선을 위한 비밀접촉 통로로 이용되는 것도 정치공작활동의 하나이다. 정치공작은 지속적인 효과를 유지하기 위해 공작국가의 개입사실을 숨기는 것이 매우 긴요하다. 이를 위해 공작관(Case officer)과 최종 대상 공작원(agent) 간의 직접접촉을 차단하는 것이 보통이다. 이를 중간차단(cut－out)이라고 하며 지원 등 연결고리를 단절함으로써 개입사실을 감출 수 있다.

생각넓히기 | **냉전시대 미국과 소련의 정치공작 사례**

CIA는 정치공작의 일환으로 외국의 정치인이나 고위관료에게 비밀리에 자금을 지원해 주기도 했다. 이에 대해 비평가들은 CIA가 미국의 이익을 위한다는 명분으로 정당화하지만 뇌물증여나 다름이 없다고 지적한다. 냉전시대 동안 CIA는 이탈리아, 요르단, 이란, 에콰도르, 앙골라, 칠레, 서독, 그리스, 이집트, 수단, 수리남, 마우리티우스, 필리핀 등 세계 도처에서 여러 국가들을 대상으로 정당이나 정치인들에게 비밀리에 자금을 지원해 주었던 것으로 드러났다. CIA는 공산주의 세력에 대응하기 위해 반공 성향의 정당이나 정권을 육성 · 지원해 주는 등 다양한 방법을 동원했다. 소련도 여러 국가들을 대상으로 정치공작을 전개했다. 소련은 1948년 체코에서 그리고 1978년 아프가니스탄에서 친소 정치세력을 지원하고 쿠데타를 일으키도록 배후 조종했던 것으로 알려졌다. 이 밖에도 소련은 쿠바, 앙골라, 이라크, 모잠비크 등 여러 국가들을 대상으로 정치적인 지원과 함께 쿠데타를 배후 조종하는 정치공작을 수행했다.

Ⅱ 유형

1 의의

① 정치공작은 크게 지원공작과 영향공작으로 구분될 수 있다.

② 지원공작은 대상국가의 정부, 정당, 노동조합, 시민단체, 언론기관, 개인 등 자국에게 우호적인 세력들을 지원하는 행위를 말한다.

③ 영향공작은 외국정부의 정책에 직접적으로 영향을 미치는 임무를 띠고 있는 공작원들(agents of influence)을 활용하여 수행되는 정치공작을 말한다.

④ 지원공작이 우호적인 세력을 직접 지원하는 데 초점을 두는 반면, 영향공작은 대상국가의 정책에 영향을 미칠 수 있는 인사를 공작원으로 활용하여 필요한 목적을 수행한다는 점에서 간접적이라고 볼 수 있다.

2 지원공작

(1) 의의

① 지원공작은 우호적인 정부를 지원하는 데 초점을 두고 임무를 수행한다. 그런데 우호적인 정부를 지원하는 일은 공식적인 외교를 통해서도 수행될 수도 있다.

② 예를 들어 미국이 제3세계 국가들에게 군사원조를 제공하는 것은 공식적인 외교활동의 일환으로 수행되었다. 그런 점에서 우호적인 정부를 지원하는 데 목적을 두고 수행되는 정치공작은 공식적인 외교활동과 유사하다.

③ 그러나 정치공작은 비밀리에 수행된다는 점에서 차이가 있다. 그렇다고 비밀리에 수행되는 모든 외교활동이 비밀공작으로 인정되는 것은 아니다. 비밀공작은 정보기관 고유의 활동이다. 따라서 비밀리에 수행되더라도 정보기관이 아닌 외교관이나 군인들에 의해 수행되었을 경우 비밀공작으로 인정되지 않는다.

(2) 금전적인 지원

① 지원공작에는 주로 금전적인 지원이 가장 많이 활용된다. 미국 처치위원회의 보고서에 따르면 1940년대 말 미국 CIA는 "서유럽에서 소련의 정치적 영향력을 확대하려는 공산주의자들의 노력을 무산시킬 계획을 수립하도록 지시를 받았다."

② 이 계획에는 "유럽에서 공산당에 대항하는 전선을 형성하고 있는 노동단체 및 정치단체에게 보조금을 지급하는 것"이 포함되어 있었다.

③ 이러한 계획이 실행되어 1940년대 말에는 주로 노조, 언론, 선거와 관련된 단체들을 지원했고, 1950년대와 1960년대에는 학생, 노동, 문화 활동분야에서 공산당에 대해 "대항전선 역할을 하는" 단체들을 적극적으로 지원했던 것으로 드러났다.

④ 전 세계 청소년들을 대상으로 소련이 공산주의 운동을 전개하자 이에 대응하여 CIA는 1952년부터 1967년 기간 동안 전국학생연합(the National Students Association) 예산의 80%를 지원했던 것으로 밝혀졌다.

⑤ 250명이 넘는 미국 학생들이 CIA 기금을 지원받아 모스크바, 헬싱키, 비엔나 등에서 개최되었던 청년 축제에 참가했다. 이들에게는 소련과 제3세계 요인들의 동향과 소련의 보안활동 상황 등에 대해 보고할 임무가 부여되었다.

(3) 선거에 직접 개입

① 때로 정보기관이 대상국의 선거에 직접 개입하여 상대방 후보를 비방하는 흑색선전을 전개하기도 하고, 선거 관련 중요한 정보, 전략, 자금 등을 제공하기도 한다.

② 미국 CIA는 1960년대부터 오랫동안 일본 자민당에 선거자금을 제공했으며, 1947년 말 이탈리아 선거에 깊숙이 개입하여 공산당이 집권하는 것을 저지하는 데 성공했던 것으로 알려졌다.

③ 미 상원 '처치위원회'의 보고서에 따르면 미국은 1964년 칠레 선거에 개입하여 유권자 1인당 1달러에 해당하는 300만 달러를 지원했던 것으로 드러났다. 당시 CIA는 대통령에 출마한 아옌데 후보가 승리하는 것을 막기 위해 기독사회민주당에 260만 달러를 지원했는데, 이는 당시 기독사회민주당 선거운동 자금의 절반이 넘는 엄청난 금액이었던 것으로 알려졌다.

④ 그리고 미국은 1970년부터 1973년 9월 칠레에서 군사 쿠데타가 발발하기까지 약 3년 동안 800만 달러를 은밀히 지원했으며, 1972년 회계연도 한 해에만 300만 달러 이상을 제공했던 것으로 알려졌다.

3 영향공작

(1) 의의

영향공작은 외국 정부의 정책에 영향을 미칠 수 있는 공작원을 활용하여 자국에 유리한 정책이 수립되고 실행되도록 유도하는 기법이다.

(2) 영향공작원

① 그러한 임무를 수행하는 자를 영향공작원(agents of influence)이라고 칭하며, 그 대상으로는 대상국의 고위직 관료, 저명학자 또는 언론인 등 여론 지도자, 정계의 요인 등이다.

② 이들은 정책에 영향력을 행사하는 것뿐만 아니라 중요한 비밀첩보를 수집할 수 있는 능력도 갖고 있어 두 가지 임무를 따로 구분하기보다는 병행하여 수행하는 경향을 보인다.

생각넓히기 | **영향공작원 파떼(Pierre-Charles Pathe)**

첩보사에 널리 알려진 영향공작원으로 프랑스인 파떼(Pierre-Charles Pathe)를 들 수 있다. 그는 1976년 KGB로부터 자금을 지원받아 정치적 이슈를 다루는 「신세시스」(Synthesis)라는 잡지를 발행했다. 동 잡지는 한때 프랑스 하원의원의 70%가 구독할 정도로 프랑스 내 정치엘리트 층으로부터 많은 인기를 얻었었다. 동 잡지는 서방의 정책에 대해 매우 비판적이었던 반면 소련과 사회주의 국가의 정책을 지지하는 입장을 취함으로써 프랑스의 정책결정에 상당한 영향력을 미쳤던 것으로 평가된다.

(3) 로비활동(lobbying)

① 세계 각국의 정보기관들은 미국으로부터 군사원조 획득과 자국에게 유리한 정책을 유도하기 위해 미국 행정부, 의회, 언론기관 등을 대상으로 로비활동(lobbying)을 끊임없이 전개한다. 이처럼 정보기관이 배후에서 은밀히 로비활동을 전개하는 것도 일종의 영향공작이라고 볼 수 있다.

② 물론 정보기관이 아닌 개인이나 단체가 로비활동을 전개하는 것은 영향공작이 아니다. 2004년 8월 27일 CBS 특종보도에 따르면 이스라엘은 미국 내 친 이스라엘 로비단체로 활동하는 AIPAC(America Israel Public Affairs Committee, 미국 이스라엘 공공문제위원회)를 활용하여 미국의 대이란 정책이 자국에 유리한 방향으로 결정되도록 영향력을 행사하고자 시도했을 것으로 의심을 받았다. 만일 AIPAC의 로비활동에 이스라엘 정보기관이 어떤 방식으로든 개입했다면 일종의 영향공작으로 볼 수 있겠다.

(4) 외국의 해외 망명 지도자에 대한 생계비나 활동 자금 지원

① 이 밖에 외국의 해외 망명 지도자에게 생계비나 활동 자금을 지원하는 것도 영향공작의 일환으로 볼 수 있다.

② 이러한 지원을 통해 대상국에 체류하고 있는 망명 지도자의 추종세력으로부터 협조를 얻을 수 있고, 장래 망명 지도자가 본국에 복귀하여 중요한 직책을 담당하게 될 경우 자국에게 호의적인 정책을 기대할 수 있을 것이다.

(5) 외국의 주요 지도급 인사에 대한 신변경호(physical security) 제공

① 외국의 주요 지도급 인사에 대한 신변경호(physical security)를 제공하는 것도 영향공작의 일환으로 수행된다.

② 국내정치적으로 불안정한 상황이 발생할 경우 이들은 신체상의 위협을 느끼면서 활동하게 된다. 이들을 위한 경호요원 제공, 훈련 및 장비의 지원, 경호 관련 정보의 제공 등은 우호적인 외국 지도자의 안전을 지키고, 이들 정부 및 지도자 개인과 우호관계를 증진시킬 수 있는 좋은 기회가 될 수 있다.

③ 미국은 외국 주요 인사에 대한 경호 지원을 계속해 왔고, 소련도 쿠바의 카스트로, 리비아의 가다피, 이라크의 사담 후세인 등 친공산주의자들에 대한 경호 지원을 제공했던 것으로 알려졌다.

Theme

36 경제공작

I 의의

① 민주주의 체제든 독재체제든 각국의 정치지도자들은 공통적으로 자국의 경제문제에 대해 민감한 입장이다.

② 식량난, 생필품 부족, 물가 폭등 등 경제적인 불안정은 국민들의 불만을 촉발시켜 정치적인 불안을 야기하고, 상황이 더욱 악화되면 정권이 와해될 수 있기 때문이다.

③ 냉전시대 동안 미국과 소련의 정보기관은 각각 자국에 대해 적대적인 국가의 경제체계를 약화 또는 붕괴시키는 데 초점을 두고 다양한 유형의 경제공작 활동을 전개하였다.

생각넓히기 | 경제공작

경제공작은 외국의 경제정책을 자국에게 유리하게 변경시키는 공작이다. 경제공작은 기존의 경제정책에 변화를 초래하지 않게 하거나 자국에 더욱 유리한 방향으로 경제정책을 변경하려고 하는 경우에 사용된다. 전통적으로 강대국들이 외국의 토지개혁, 석유 등 천연자원과 국가 기간산업의 국유화를 추진하거나 세제, 무역거래, 투자 관련법 등을 자국에게 불리하게 변경하려고 하는 경우에 은밀히 개입하는 공작을 펼쳤다. 통상 민주국가나 전체주의 국가든 어느 체제의 정치지도자도 자국의 경제 상태는 정권에 대한 커다란 중심 목표점으로 항상 우려할 수밖에 없다. 한 나라의 일일 경제문제는 국민들의 일상생활에 직접적인 영향을 미치고, 바로 정치안정과 직결되기 때문이다. 식품, 의류, 연료 등 기초적인 생활필수품의 확보와 가격안정, 충분한 양의 안정적인 공급문제는 책임 있는 정부의 기본적인 의무로서 대단히 중요한 1차적 경제요소이다. 경제 불안이 정치 불안으로 이어 지는 것은 자연스러운 경과이다. 경제공작은 궁극적으로 적대적 집권세력에 대한 정권교체 등 정부전복의 목적으로도 활용되는 공작활동이다. 경제공작의 극단적인 예는 대상국의 경제기 반을 붕괴시켜 경제혼란을 야기하는 목적으로 활용하는 것이다. 경제기반을 붕괴시킴으로써 경제적 혼란과 사회불안을 극대화하고 궁극적으로 정치적 불만과 폭동을 유발하여 정권교체나 체제 변화를 도모한 사례는 적지 않다. 파업을 부추기거나 전기 공급망, 유류창고를 폭파하거나 위조지폐를 발행해 경제교란을 시도하는 것 등이 대표적인 경제공작 수법이다.

Ⅱ 유형

① 위조지폐를 유통시켜 경제체제를 혼란시킨다든지 대상국가의 주요 수출품에 대한 국제가격을 고의로 폭락시켜 대상국의 교역조건을 악화시키는 행위도 여기에 포함된다.

② 노동단체의 태업 또는 사보타주를 유도하여 기업체의 산업활동을 장기간 마비시키는 행위도 여기에 해당된다.

③ 때로 대상국가에게 경제적 이익이 될 수 있는 계약이 성사되지 못하도록 정보기관이 은밀히 개입하는 경우도 있다. 극단적인 경우 적대적인 국가를 대상으로 경제봉쇄 조치를 취하여 경제체제를 와해시키는 행위도 경제공작의 일환으로 수행된다.

Ⅲ 경제공작의 구체적 사례

1 쿠바 카스트로 정권에 대한 경제공작

① 미국은 1962년부터 수십 년 동안 친소 사회주의 성향의 카스트로 정권을 와해시키고자 쿠바에 경제봉쇄 조치를 취함으로써 쿠바 경제를 지속적으로 악화시켰다.

② 쿠바에 카스트로 정권이 출범한 직후 미국 CIA는 사탕수수의 국제거래 가격을 의도적으로 떨어뜨려 쿠바에 경제적으로 막대한 손실을 입게 만들었다.

③ 이어서 쿠바의 국제 금융기구 가입 배제, 전략물자 수출통제, 미 달러화의 쿠바 유입 규제, 미국인의 쿠바 방문 허가제, 미국 거주 쿠바인들의 본국 방문 횟수 및 송금액 제한, 미국 기업의 대쿠바 수출 규제 등 다양한 유형의 경제봉쇄 조치가 취해졌다. 이로 인해 쿠바 경제가 극심한 어려움에 처했지만 카스트로 정권을 붕괴시키는 데는 실패했다.

2 칠레 아옌데 행정부에 대한 경제공작

(1) 의의

경제를 혼란시키는 공작은 쿠바와 같은 독재체제보다는 칠레와 같은 민주주의 체제에 보다 효과적인 영향을 미칠 수 있을 것이다. 독재체제의 경우 국민들이 경제적으로 궁핍해지거나 생필품이 부족해도 폭동을 일으키거나 민감하게 반응할 수 없기 때문이다.

(2) 군사 쿠데타가 일어날 수 있는 환경 조성

① CIA는 칠레의 아옌데 대통령 집권 기간 동안 사회를 혼란시켜 아옌데 정권에 대한 군사 쿠데타가 일어날 수 있도록 환경을 조성하기 위해 다양한 유형의 경제공작 활동을 전개했다.

② 아옌데 대통령의 취임 직후인 1970년 12월 4일자 미국 국무부 보고서에 따르면 당시 키신저 국무장관의 지시로 여러 기관이 참여하는 특별대책반이 구성되어 아옌데 정권을 외교적으로 고립시키고, 세계은행 · 국제개발은행 · 수출입은행 등을 통한 모든 대출 및 여신 제공을 막아 경제적 압박을 가하는 방안을 수립했던 것으로 드러났다.

③ 이어서 실제로 미국은 칠레 사회를 혼란에 빠뜨리기 위해 경제원조 중단, 국제 차관 제공 금지 등의 금융제재 조치를 취했다.

④ 그리고 노동자들 속에 CIA 요원들을 침투시켜 불법파업과 시위를 배후 조종하는 활동도 전개했다. 1972년 10월 CIA로부터 비밀자금을 지원받은 트럭 운송업자들이 대규모 파업을 일으켰다. 칠레의 지정학적 구조상 트럭 운송업자들의 파업은 곧 국가 경제를 마비시킬 정도로 심각한 상황을 초래했다.

⑤ 경제위기에 직면한 데다 우익의 교묘한 선전에 이끌린 칠레의 중산층은 점차 아옌데 정권을 반대하는 세력으로 바뀌었던 것으로 드러났다.

3 서독 정부와 소련 간의 천연가스 구매와 파이프라인 건설계약에 대한 경제공작

(1) 의의

1981년 서독 정부는 당시 소련과 천연가스 구매와 파이프라인 건설계약을 체결했다. 소련으로부터 가스를 수입하고 가스관 건설 공사에 서독, 영국 등 유럽의 기업들이 참여하는 내용이었다.

(2) 레이건 행정부의 경제공작

① 당시 미국의 레이건 대통령은 이에 반대하는 입장을 취했으며, 영국이나 서독에 있는 미국 기업의 자회사들조차 이 파이프라인 건설공사에 참여하지 못하게 했다.

② 소련에 전략자원인 가스를 너무 의존하면 국가안보에 위험하다는 이유를 내세웠다. 서독이나 영국 정부는 이런 조치가 기업의 영업활동을 방해하는 위법적인 조치라며 강력 반발했고, 당시 몇 년 간 미국과 유럽 국가들 간에 상당한 갈등이 있었다.

③ 그런데 이 과정에 미국 CIA가 개입하여 결국 가스 파이프라인 공사계약이 철회되도록 방해공작을 전개했던 것으로 알려졌다. 만일 가스 파이프라인 공사가 계획대로 추진되었다면 아마도 소련은 유럽 국가들에게 천연가스를 수출하여 얻은 막대한 재원으로 경제파탄을 막을 수 있었을 것이다.

④ 결국 CIA의 소련에 대한 경제공작이 소련 경제를 파탄지경에 빠뜨렸고 소련체제의 붕괴를 앞당기는 데 결정적인 역할을 수행했을 것으로 추정된다.

4 베트남과 니카라과에 대한 경제공작

① 한편 존슨 행정부와 닉슨 행정부 당시 베트남에 대해서 그리고 레이건 대통령 당시 니카라과의 사회주의 정권에 대해 취했던 것처럼 항구에 기뢰를 설치하여 민간 선박의 수송을 방해하는 행위도 경제공작의 유형에 속한다.

② 또한 CIA가 북베트남과 니카라과에서 변전소와 석유 저장 탱크를 다이너마이트로 폭파시켜 경제적으로 손실을 입힌 것도 경제공작으로 간주된다.

5 적대국 컴퓨터망 교란을 통한 경제공작

① 오늘날 경제적인 혼란을 야기하는 경제공작의 새로운 방법으로 정보기관이 은밀해 개입하여 적대국의 컴퓨터 망을 교란시키는 행위가 활용되기도 한다.

② 전력, 통신, 금융, 철도, 항공, 군사장비 시스템 등 국가 중요 기반구조에 정보기관에서 은밀히 배후 조종하는 해커들이 침투하여 대상국의 전산망을 마비 또는 교란시킬 경우 경제적으로 막대한 혼란과 손실을 야기할 수 있다.

Theme

37 쿠데타

I 의의

① 정부의 전복을 목적으로 하는 쿠데타 기도는 정치공작, 경제공작보다는 한 단계 더 강력한 유형의 비밀공작이라고 본다.

② 선전공작, 정치공작, 경제공작 등은 적대적인 국가는 물론 우호적인 국가에 대해서도 수행될 수 있지만 쿠데타공작은 대체로 적대적인 국가만을 대상으로 수행된다는 점에서 차이가 있다.

③ 선전공작, 정치공작, 경제공작, 준군사공작은 대체로 목표라기보다는 수단이라고 볼 수 있는 반면, 쿠데타는 그러한 수단을 활용하여 달성하고자 하는 최종목표라고 볼 수 있다.

④ 어떤 유형의 비밀공작을 수단으로 활용할지는 상황에 따라 각기 다르겠지만 쿠데타에 성공하기까지 둘 또는 셋 이상의 다양한 수단 또는 기법들이 동원된다. 때로 쿠데타를 수행하는 과정에서 암살, 테러, 준군사공작 등 극단적인 폭력이 동원되기도 한다.

생각넓히기 | 쿠데타 공작

쿠데타는 비밀공작을 수행하는 국가정보기구가 직접 또는 대상국가의 반군 등 대리인을 통해 대상국가의 현 정부를 전복하려는 목적에서 전개되는 비밀공작 활동이다. 쿠데타 공작은 정치체제를 불문하고 적대 관계에 있는 현 집권 세력을 무력화시키고 궁극적으로 우호적인 정권으로의 교체를 위해 실행되는 공작 활동으로, 명백하게 정부전복을 목적으로 수행되는 비밀공작 활동이다. 쿠데타 공작은 전복공작 또는 모략 및 와해공작으로 소개되기도 한다.

Ⅱ 준공사공작과의 구별

1 의의

쿠데타공작과 준군사공작은 서로 밀접하게 연계되며 때로 용어상의 혼란으로 인해 구분이 모호하게 사용되기도 한다. 그럼에서 불구하고 두 용어 간에는 몇 가지 분명한 차이가 있다.

2 목적과 수단

① 대체로 준군사공작은 수단으로 활용되는 반면 쿠데타는 선전공작, 정치공작, 경제공작 등 여러 가지 유형의 비밀공작을 통해 달성하고자 하는 최종 목표라고 볼 수 있다. 준군사공작의 궁극적인 목표는 정권교체, 즉 쿠데타인 경우가 많다.

② 예를 들어 1961년 미국의 피그만 침공은 무력을 동원한 준군사공작이라고 볼 수 있는데 그 궁극적인 목표는 쿠바의 카스트로 정권을 교체하는 데 두었다는 점에서 쿠데타 기도라고 볼 수도 있다.

3 가담 정도

① 준군사공작은 대상국가에 비정규군을 직접 투입하여 수행되지만 쿠데타는 대상국가 내부에 있는 기존단체를 지원하거나 꼭두각시(puppet) 단체를 만들어서 지원하는 등 간접적인 방법을 활용한다는 점에서도 차이가 있다.

② 또한 준군사공작은 암살, 테러, 전투행위 등 폭력적인 수단을 직접 동원하여 수행되지만 쿠데타 공작은 폭력행위에 직접 가담하기보다는 쿠데타를 기도하는 개인이나 집단을 간접적으로 지원하든가 또는 적대적인 집단에 대해 선전공작, 정치공작, 경제공작 등 덜 폭력적인 수단을 활용한다는 점에서 차이가 있다.

4 노출 위험성

마지막으로 준군사공작은 대규모 병력을 동원하기 때문에 배후가 쉽게 노출되기 쉽지만 쿠데타는 매우 은밀하게 진행되기 때문에 준군사공작에 비해 노출될 위험이 덜 하다는 특징이 있다.

Ⅲ 성공 사례

1 의의

① 1953년의 팔레비 정권을 옹립한 이란 쿠데타, 1954년의 과테말라 쿠데타, 1963년 도미니카 쿠데타 등은 미국 CIA가 주도하여 성공했던 쿠데타공작의 대표적인 사례로 알려져 있다.

② CIA는 1964년 칠레에 아옌데가 대통령으로 당선되는 것을 성공적으로 저지했으며, 1973년 아옌데 대통령 암살과 정권교체에 결정적인 역할을 수행했던 것으로 알려졌다.

③ 반면에 1958년 인도네시아 수카르노 정권을 전복시키려던 CIA의 쿠데타 기도는 실패로 끝난 대표적인 비밀공작의 사례로 알려졌다. 또한 CIA는 쿠바의 카스트로 정권을 전복시키고자 1961년 피그만 침공에 이어 갖은 수단을 동원했으나 결국 실패하고 말았다.

2 1953년의 이란 쿠데타

1953년의 이란 쿠데타는 영국과 미국이 협력하여 수행된 비밀공작으로서 선전공작과 정치공작을 적절히 활용하여 성공한 것으로 분석된다. CIA와 MI6는 친서방 이란인과 군인, 종교지도자들을 선전선동으로 포섭하고, 이란 정부의 관료, 언론인, 기업인들을 뇌물로 매수하는 영향공작을 효과적으로 전개하여 모하메드 모사데그(Mohammed Mossadegh)가 이끄는 민족주의 정권을 쿠데타로 전복시키고, 모하메드 레자 팔레비(Mohammed Reza Pahlevi)를 국왕으로 삼아 독재정권을 옹립하는 데 성공했다.

3 1954년 과테말라 쿠데타

(1) 의의

① 1954년 6월 미국 CIA가 배후에서 주도한 과테말라 쿠데타는 군사작전적인 요소보다는 90% 이상 선전공작과 심리전을 효과적으로 전개하여 성공했던 것으로 나타난다.

② 당시 미국 CIA는 군부 쿠데타를 계획하고 있던 카를로스 카스티요-아마스 대령을 지원했다. 카스티요-아마스는 미국 캔자스 주의 육군지휘참모학교에서 훈련을 받은 경력이 있는 인물이었다. 그는 온두라스에서 700명의 반란군을 훈련시켜 이들을 쿠데타에 동원했다.

(2) CIA의 쿠데타공작

① CIA는 과테말라 내 '자유의 소리'라는 방송국을 활용하여 반란군을 지원했다. 당시 '자유의 소리' 방송국은 정부 공영 방송국과 인접한 지역에서 공영 방송 아나운서의 목소리를 모방해서 방송했다.

② 대부분의 청취자들은 반란군의 선전 방송을 정부 공영방송으로 착각했다. 수많은 반란군이 막강한 공세를 취해오고, 있지도 않은 전투에서 반란군이 승리하고 있는 것처럼 전투 상황을 거짓으로 보도했다.

③ 과테말라 정부군은 이에 속아 제대로 대응조차 하지 못하고 반란군에게 항복하고 말았다. 결국 과테말라 쿠데타는 군사작전보다는 심리전과 선전공작을 통한 기만책을 효과적으로 전개하여 쉽게 성공할 수 있었던 것이다.

4 도미니카 공화국 쿠데타

(1) 1961년 트루히요

① 도미니카 공화국의 트루히요는 1930년 대통령 선거에 승리한 이후 국민들을 잔혹하게 고문하고 탄압했으며 온갖 부정부패를 저질렀다. 그럼에도 불구하고 미국은 친미 노선을 유지하는 그를 방관했다.

② 그런데 쿠바에서 카스트로가 부패한 바티스타 정권을 무너뜨리는 혁명에 성공하자 미국의 정책결정자들은 도미니카에서도 유사한 상황이 발생할 것으로 우려했다. 이에 CIA는 그를 제거할 음모를 꾸민다.

③ 1961년 5월 30일 수도 외곽에서 트루히요가 타고 있던 차량에 총기가 난사되었고 그는 곧바로 숨졌다. 이후 케네디 대통령은 1961년 11월 1,800명의 해병대 병력을 도미니카에 파병하여 친미주의자로 알려진 발라구어(Joachim Balaguer)가 정권을 장악하도록 지원했다.

(2) 1963년 보쉬

그러나 1963년 2월 총선에서 승리한 보쉬(Juan Bosch)는 미국의 기대와는 달리 보다 강력한 사회주의 정책을 추진했다. 이에 미국 CIA는 1963년 9월 도미니카 군부의 쿠데타를 지원하여 보쉬 정권을 퇴진시켰다.

5 1973년 칠레 쿠데타

(1) 의의

1973년 칠레 아옌데 정권이 전복되기까지 CIA는 선전공작, 정치공작, 경제공작 등 모든 유형의 비밀공작 기법을 다양하게 동원했던 것으로 드러났다.

(2) 전개 과정

① CIA는 1970년 선거를 전후하여 공산주의자들에 대한 흑색 선전공작, 정당 등 단체에 대한 자금 지원, 중요 인물에 대한 영향공작, 군사 쿠데타 배후 조종 등 다양한 유형의 비밀공작을 전개했다.

② 특히 CIA는 당시 ITT(International Telephone and Telegraph Corporation)회사에 35만 달러를 제공하고 이를 칠레 대통령 후보로서 아옌데의 강력한 경쟁자였던 알레산드리(Jorge Alessandri)에게 전달시켰던 것으로 드러났다.

③ 그리고 1970년부터 시작하여 3년간에 걸친 미국의 집요한 비밀공작 끝에 마침내 1973년 9월 13일 군사 쿠데타로 인해 아옌데 정권이 몰락하게 된다.

Ⅳ 실패 사례

1 1958년 인도네시아

(1) 의의

1958년 인도네시아 수카르노 정권을 전복시키려던 CIA의 기도는 실패로 끝난 대표적인 비밀공작의 사례로 알려졌는데 정치공작과 준군사공작이 활용되었다.

(2) 전개 과정

① CIA의 인도네시아 개입은 정치공작으로 시작되었다. 1955년 9월 29일 CIA는 공산당에 대항하는 회교정당(Muslim Masyumi Party)을 지원하는 정치공작에 400만 달러를 투입했다. 그러나 선거 결과 공산당은 3,450만 표 중 600만 표를 획득하여 회교 정당을 물리쳤다.

② 1957년 인도네시아 대사를 역임하고 미국 국무부 정보조사국(INR) 국장이 된 휴 커밍의 건의로 반 수카르노 공작이 추진되었고, 여기에 국무부, 국방부, CIA가 가담했다. 1957년 말 CIA는 수카르노 정권에 대항하는 군부 반란군에게 무기를 제공하고 준군사공작 전문가를 지원해 주었다.

③ 그리고 CIA는 조종사를 파견해 수마트라 섬의 반란부대 공군을 지원했는데, 1958년 5월 18일 CIA 조종사가 교회를 폭격하여 대부분의 회중을 죽이고 피격당해 추락했다. 이로써 CIA가 반군세력을 지원하고 있다는 사실이 백일하에 드러나게 되었고, 결국 덜레스 CIA 국장은 반군 지원 작전을 중단시켰다.

2 1961년 쿠바

(1) 피그만 침공

① 쿠바의 카스트로 정권을 전복시키기 위한 CIA의 공작은 흑색선전, 정치공작, 경제공작, 준군사공작 등 모든 수단이 동원되었으나 결국 실패하고 말았다.

② 1961년 CIA로부터 훈련받은 1,511명의 반(反)카스트로 쿠바 망명객들을 동원하여 쿠바의 피그만을 침공하는 준군사공작을 감행했으나 처참한 실패를 경험하게 되었다.

(2) 몽구스 작전(Operation MONGOOSE)

① 피그만 침공이 실패로 끝난 뒤 케네디 정부는 '몽구스 작전(Operation MONGOOSE)'을 전개하게 된다.

② 이 비밀공작은 사보타주, 파괴, 심리전 등을 전개하여 쿠바 사회를 교란시켜 카스트로 정권을 전복시키고, 최종적으로 카스트로를 암살하는 데 초점을 두고 추진되었다.

③ 이 작전은 1963년 1월 종결되었고, 1963년 6월 CIA를 중심으로 새로운 비밀공작이 추진되어 쿠바의 정유공장, 철도, 고속도로, 발전소 등 기간산업 시설을 대상으로 사보타주 활동을 보다 적극적으로 전개하였다.

④ 당시 CIA는 600여 명의 정보관들과 3,000여 명의 협조자들을 동원해 카스트로 정권을 붕괴시키기 위해 모든 수단을 동원했으나 결국 실패하고 말았다.

Theme

38 준군사공작(paramilitary operation)

I 의의

① 준군사공작은 정보기관의 주도하에 대규모의 인원을 동원하여 적대국에 대해 직접적인 군사 공격을 단행하는 행위로서 가장 폭력적이고 위험이 수반되는 비밀공작의 유형이다.

② 종종 암살, 테러, 파괴 등 폭력적인 수단이 동원되며, 대부분 자국에 대해 적대적인 정권을 교체할 목적으로 수행된다.

③ 정보기관이 대상국가의 반란군이나 비정규부대에 무기, 군수물자, 전략, 작전계획, 군사훈련 등을 지원하는 행위도 준군사공작에 포함된다.

④ 준군사공작은 전투행위를 지원할 뿐만 아니라 때로 전투행위에 실제로 참여한다는 점에서 일반적인 군사행동과의 경계가 모호할 수 있다. 그러나 행위의 배후가 정규군이 아닌 정보기관이라는 점에서 정규부대가 전투 병력을 동원하여 수행하는 전쟁이나 전투 행위와는 명백히 구분된다.

생각넓히기 | 준군사공작

준군사공작은 폭력의 정도에서 비밀공작과 정규 군사행동, 즉 전쟁과의 경계선상에 있는 정보기구에 의한 군사적 수준의 공작활동이다. 적대적인 정부의 전복도 준군사공작의 목적 중의 하나가 될 수 있지만 목적이 반드시 정부전복에만 있지는 않다. 오히려 현행 체제를 옹립하기 위해서도 특별 기동대가 파견되기도 한다. 또한 억류된 자국민을 구출하기 위해 외교협상으로는 도저히 해결 전망이 보이지 않을 때, 평화적인 외교협상을 병행하면서 비밀리에 양동 작전으로 준군사 구출작전을 전개해 성공한 예는 다수 있다. 군사작전을 방불케 하면서 전개되어 성공한 대표적인 구출작전은, 1976년 7월 3일 이스라엘 모사드의 특공대가 감행한 엔테베 작전이 있었고, 실패한 구출작전으로는 독수리 발톱공작(Operation Eagle Claw)이 대표적이다. 비밀공작에서 말하는 준군사공작을 정확히 개념 정의한다면, 국가정보기구가 주어진 국가정책 목표를 달성하기 위해서 정식 전쟁이 아닌 방법으로 수행하는 전쟁에 준하는 비밀공작 활동이다. 자국의 자원자를 포함한 비정규군 단독으로 또는 공작 대상국가의 지원세력 등으로 구성된 군대 등과 연합하여 정규전에 준하는 화력이 동원된다. 심리전 또는 정치 · 경제적 압박이나 내부 쿠데타 작전은 우회적인 방법으로 정책목표를 달성하려는 것이다. 그에 비해 준군사공작은 직접 화력을 동원해 상대 국가를 일시적으로 또는 영구히 무력화시켜 정책목적을 수행하는 것으로 정보기구에 의한 물리적인 비밀전쟁이라고 할 수 있다.

Ⅱ 특수작전(direct action)과의 구별

1 의의

① 군에서 수행하는 '특수작전부대(special operations forces)'의 활동은 일반 군인들이 수행하는 전투와 다른 특수한 임무를 띤 작전을 비밀리에 전개한다는 점에서 준군사공작과 유사한 면이 있다.

② 미국 국방부의 군사용어사전에 따르면 군의 '특수작전(direct action)'은 "특수부대 또는 특수임무 수행 능력을 갖춘 부대가 특별히 설정한 요인이나 물자를 포획, 파괴, 원상회복 또는 손실을 야기하기 위해 수행되는 단기 공습과 기타 소규모 공격행위"라고 정의하고 있다.

③ 그런데 이러한 특수작전은 엄밀한 기준을 적용할 경우 준군사공작으로 인정되지 않는다. 무엇보다도 특수작전은 제복을 입은 군인들이 수행한다는 점에서 정보요원이 주도하는 준군사공작과는 분명히 다르다.

④ 또한 비밀공작은 미국 정부가 공격행위 배후임을 은폐하려고 하는 반면, 특수작전은 미국 정부가 책임을 지고 공개적으로 공격행위를 취한다는 점에서도 차이가 있다. 특수 작전은 공개적인 행위로서 '그럴듯한 부인'이 어렵기 때문에 대통령이 행위의 결과에 대해 명확히 책임을 갖는다.

⑤ 따라서 행위의 배후를 은폐하는 비밀공작에 비해 윤리적인 문제가 발생할 소지가 매우 적다는 점에서도 차이가 있다. 대표적인 특수작전으로서 1980년에 이란 인질 구출작전을 들 수 있다. 당시 특수부대가 공개적으로 작전 임무를 수행했기 때문에 카터 행정부는 행위의 결과에 대해 책임추궁을 당했다.

2 특수작전사령부와 특수활동반

(1) 의의

① 미국에는 '특수작전사령부(Special Operations Command, SOCOM)'라는 명칭의 특수 작전 임무를 수행하는 부대가 있다. 이와 유사한 유형의 부대로서 영국에도 'Special Air(SAS)'와 'Special Boat Services(SBS)' 등이 있다.

② 아프가니스탄에서 활동하고 있는 CIA의 준군사공작 부대는 CIA 공작국 소속의 '특수활동반(Special Activities Division)'에서 관장하고 있다.

③ 보도에 따르면 CIA 준군사공작 요원들은 아프가니스탄에 가장 먼저 도착하여 아프가니스탄 전투가 본격적으로 시작되기 전에 북부동맹(Northern Alliance)의 요원들과 교섭을 벌이고 탈레반에 대항하는 반군을 규합하여 공격 태세를 준비시키는 등의 활동을 전개했다.

(2) 준군사공작의 신속성

① 당시 CIA 요원을 투입시킨 이유는 비밀공작을 추진하기 위해서가 아니고, CIA가 공작관이나 협조자, 또는 외국 정부와의 협력을 얻어 신속히 필요한 활동을 전개할 수 있는 능력을 갖추었기 때문이다.

② 특수작전에 투입되는 부대의 기동성이 과거에 비해 많이 향상되었음에도 불구하고 작전지역에 투입하기까지는 몇 주가 소요된다. 그래서 아프가니스탄에 국방부의 특수부대를 작전지역에 배치하기에 앞서 CIA 요원을 우선적으로 투입시켰던 것이다.

생각넓히기 | 미국의 준군사공작 수행 관련 부처 간 주도권 경쟁

미국 내 CIA와 국방부 중 어느 부처에서 준군사공작을 주관하는 것이 바람직한 것인지를 두고 오랫동안 논란이 있었다. 미국 국방부는 준군사공작이 자신들의 영역이 아니라고 판단해서 소극적인 태도를 취했기 때문에 전통적으로 CIA가 준군사공작을 주도해 왔다. 그런데 아프가니스탄 전쟁과 대테러 전쟁이 시작되면서 비밀공작의 주도권을 차지하기 위해 CIA와 국방부 간에 갈등이 전개되었다. 럼스펠드(Donald H. Rumsfeld) 국방장관은 적국의 군대 내부에 첩자를 부식하는 등 '특수작전사령부(Special Operations Command, SOCOM)'의 역할을 보다 확대할 것을 주장했다. CIA도 '공작국(Directorate of Operations)'의 인원과 조직을 확대 개편하는 등 여러 가지 조치를 취하여 준군사공작 수행 능력을 강화하고자 노력했다. 2004년 '9/11 진상조사위원회(National Commission on Terrorist Attacks Upon the United States, 일명 the 9/11 Commission)'에서 작성한 보고서에서는 CIA 공작국과 SOCOM의 임무와 역할이 중복된다는 견해를 제시하고, SOCOM이 CIA 공작국으로부터 준군사공작 임무를 이양받도록 권고하였다. 그런데 2005년 부시 대통령의 요청으로 수행된 연구에서는 CIA가 준군사공작의 임무를 수행해야 한다고 주장하여 9/11 진상조사위원회의 권고안과는 다른 의견이 제시되었다. 마침내 2005년 6월 부시 대통령은 CIA에 비밀공작임무를 전담하여 수행하도록 권한을 부여했다.

Ⅲ 준군사공작의 특징

1 '그럴듯한 부인'의 어려움

① 준군사공작은 대규모 인원이 동원되기 때문에 행위 자체는 물론 그 배후도 쉽게 노출될 수 있어 비밀공작의 여러 유형 중에서 '그럴듯한 부인'이 가장 어렵다.

② 비밀공작의 생명인 보안유지가 어려운 만큼 이러한 유형의 활동은 비밀공작의 범주에서 배제되어야 한다는 주장도 제기된다.

③ 그럼에도 불구하고 정보기관만이 은밀하고도 신속하게 그러한 임무를 수행할 수 있다는 점에서 여전히 비밀공작의 범주에 남아 있다.

2 정치적 부담의 증가

준군사공작은 배후가 노출됨으로 인한 정치적인 부담이 매우 크다. 따라서 대부분의 경우 처음부터 준군사공작에 착수하기보다는 선전공작, 정치공작, 경제공작 등 덜 폭력적이고 배후를 숨기기 용이한 수단을 우선 동원하고 나서 별다른 성과가 없을 경우 마지막 수단으로 활용하게 된다.

Ⅳ 미국 CIA의 준공사공작

1 냉전시대

(1) 의의

① 냉전시대 미국 CIA는 세계 도처에서 수많은 국가를 대상으로 준군사공작을 수행했다. 공식 발표된 자료에 드러난 사실로서 CIA는 냉전시대 동안 우크라이나, 폴란드, 알바니아, 헝가리, 인도네시아, 중국, 오만, 말레이시아, 이라크, 도미니카 공화국, 베네수엘라, 북한, 볼리비아, 태국, 아이티, 과테말라, 쿠바, 그리스, 터키, 베트남, 아프가니스탄, 앙골라, 니카라과, 엘살바도르 등에서 친서방 세력에게 군사 자문과 무기를 지원했다.

② 냉전 초기 제3세계 국가에서 반공투쟁을 전개하는 단체에게 CIA는 필요한 자금과 무기를 지원해 주었다. 당시 CIA가 제공해 준 무기는 소총, 폭약, 실탄, 수류탄, 각종 기관총류, 대전차 로켓포 등으로 알려졌다.

(2) 소련의 아프가니스탄 철수 성공

① 레이건 대통령 당시 CIA를 통해 아프가니스탄의 반소 무장투쟁 조직인 무자헤딘(mujahideen)에게 30억 달러 상당의 무기를 제공해 주었던 것으로 밝혀졌다.

② 당시 미국이 제공했던 무기 중에서는 소련 전투기 요격용으로 탁월한 성능을 자랑했던 스팅어 미사일(Stinger and Blowpipe missile)도 포함되어 있다.

③ 미국이 제공한 스팅어 미사일은 소련이 아프가니스탄에서 군사작전을 전개하는 데 심각한 위협이 되었으며, 소련은 제2의 베트남 전쟁이라는 함정에 빠질 것을 우려했다.

④ 결국 스팅어 미사일이 소련이 아프가니스탄에서 철수하기로 결심한 결정적인 요인이었던 것으로 분석된다.

(3) 피그만 침공의 실패

① 1980년대 아프가니스탄에서 전개된 CIA의 준군사공작은 소련군을 철수시키는 데 결정적인 역할을 수행함으로써 성공적이었던 것으로 평가된다. 그러나 CIA의 준군사공작은 성공 이상으로 많은 실패를 경험했던 것으로 알려졌다. 특히 1961년의 피그만 공격은 실패한 준군사공작의 대표적인 사례로 알려져 있다.

② 피그만(Bay of Pigs) 공격은 1959년 쿠바 혁명으로 집권한 카스트로가 친소 사회주의 정책을 추진하자 위기감을 느낀 미국 정부가 카스트로 정권을 전복시킬 목적으로 추진되었다.

③ 1961년 4월 17일 새벽 무렵 CIA로부터 훈련받은 1,511명의 반카스트로 쿠바 망명객들이 8척의 상륙용 함정에 승선하여 쿠바의 남쪽 해안에 있는 피그만(Bay of Pigs)을 공격하기 위해 출발했다.

④ 그런데 함정은 피그만에 도착하기 전 암초에 걸려 200여 명의 사상자가 발생했다. 살아남은 1,209명은 침공 사실을 알고 미리 대기하고 있던 20만 명의 쿠바 정규군과 민병대에 의해 전원 생포되었다. 피그만 침공사건은 세계첩보사에서 '가장 우스꽝스러운 실패'로 그리고 미국 역사상 가장 쓰라린 패배로 혹평될 만큼 참으로 어처구니없는 실책으로 기록되고 있다.

2 냉전 종식 이후

① 냉전이 종식된 이후에도 CIA는 코소보, 아프가니스탄, 이라크 등 제3세계권 국가들 내부에서 결성된 친미성향의 세력들에게 무기와 재정적인 지원을 제공했다.

② 특히 2002년부터 2003년의 기간 동안 CIA는 아프가니스탄 지역에서 알카에다 세력을 소탕하기 위해 카메라와 미사일로 무장된 프레데터(Predator)라는 무인정찰기(UAVs)를 활용하기 시작했다. 이는 CIA가 시도한 새로운 방식의 준군사공작으로서 신속히 적을 식별하여 제거하는 데 매우 효과적이라는 평을 얻었다.

3 CIA의 친미 성향의 무장단체에 대한 군사훈련

때로 준군사공작의 일환으로 CIA는 친미 성향의 무장단체에게 게릴라전과 반테러활동에 필요한 군사훈련을 시키기도 한다. 이러한 군사훈련을 담당할 교관요원은 CIA 요청에 따라 국방부에서 제공해 준다. 그리고 CIA가 국방부에서 수행하는 특수작전(Special Operation)을 지원해 주는 것도 일종의 준군사공작으로 간주된다.

4 경호원이나 민간 경찰들의 훈련 지원

① 군인들을 훈련시키는 일뿐만 아니라 때로 CIA는 친미 성향의 제3세계 국가 지도자를 보호하기 위해 경호원이나 민간 경찰들을 훈련시키는 일도 수행한다.

② 버지니아 소재 CIA 훈련장으로 알려진 캠프 페리(Camp Perry)에서 도청을 막는 방법, 테러집단의 공격을 피해 안전하게 자동차를 운전하는 경호용 운전기법 등을 교육하기도 한다.

③ CIA는 USAID(the U.S. Agency for International Development)라는 위장단체를 설립하고, 2,500만 달러의 예산을 투입하여 미시간 주립대에서 남부 베트남 정부군의 경찰들을 훈련시켰다. USAID는 1952년부터 외국 경찰을 훈련시키는 프로그램을 운용했으며, 1955년부터 1962년 기간 동안 38개 국가에 요원을 파견하여 주재국 경찰들을 훈련시켰다.

④ 1973년까지 73,000명의 외국 경찰요원들이 훈련을 받았는데, 그해 미 의회에서 공식적으로 그러한 활동을 금지시키는 조치를 취했음에도 불구하고 CIA는 비밀리에 훈련 프로그램 운용을 지속했던 것으로 알려졌다. 이란의 비밀경찰로 악명 높은 사바크(SAVAK)는 CIA 주도로 창설되었으며 CIA에서 요원들을 직접 훈련시켰다고 한다. CIA는 샤(Shah) 정권에 대항하는 반정부 단체를 진압하는 방법을 전수시켰고, 이에 대한 보답으로 사바크는 CIA에게 소련에 관한 정보를 제공해 주었다.

생각넓히기 | 이란의 정보기구

1. 사바마(SAVAMA)

① SAVAMA는 국내정보와 해외정보를 모두 담당하는 통합형 정보기구이다. 이전에는 VEVAK 또는 MOIS라고 불렸다. 이 기관의 전신(前身)은 1957년 팔레비 왕정시절에 창설된 사바크(SAVAK)이다. 미국 중앙정보국(CIA)의 지원을 받았던 사바크는 체제유지를 위해 반정부 인사와 단체들을 탄압했으며, 소련을 견제하기 위한 활동을 해 왔다. 이후 이란은 1984년 사바크를 베바크로 개칭하고 요원들을 완전히 물갈이했다.

② 사바마는 모사드와 마찬가지로 외국에서 암살과 테러를 벌여 왔지만 정확한 활동 내용은 알려지지 않고 있다. 사바마의 소행으로 추정되는 대표적인 사건은 1994년 7월 18일 아르헨티나 수도 부에노스아이레스의 이스라엘–아르헨티나 친선협회(AMIA) 건물에서 발생한 폭탄테러로, 당시 85명이 사망하고 300여 명이 부상했다. 이 사건은 지금까지 중남미 최악의 폭탄테러 사건으로 기록돼 있다.

2. 알 쿠드스(Al Quds)

① 이란의 최정예 군사조직인 혁명수비대의 해외공작을 전담하는 '알 쿠드스(Al Quds)'라는 조직을 두고 있다. 알 쿠드스는 아랍어로 '예루살렘'을 뜻한다. 알 쿠드스 부대는 세계에서 가장 비밀스러운 특수부대 중 하나이다. 이 부대의 활동은 매우 은밀하게 이루어지고 있기 때문에 한 번도 대외적으로 제대로 알려진 적이 없다.

② 미국 정보기관에 따르면 이 부대는 1992년 보스니아 전쟁 때 무슬림에게 무기와 자금을 지원했다. 또 수단 정부가 반군인 기독교민병대를 진압하는 데 필요한 무기를 지원하고 병사들을 훈련시킬 수 있는 교관들을 파견했다. 특히 이 부대는 헤즈볼라와 밀접한 관계를 맺어 왔다. 헤즈볼라는 1982년 이스라엘의 레바논 침공 과정에서 이란의 지원으로 창설되었다. 당시 호메이니는 헤즈볼라 대원의 군사훈련을 위해서 혁명수비대 교관 1500명을 레바논에 파견하는 등 지원을 아끼지 않았다. 혁명수비대는 이후 모두 철수했지만 알 쿠드스 부대는 아직도 레바논에서 암약하고 있다.

③ 이 부대는 또 팔레스타인의 하마스와 이슬람 지하드, 아프가니스탄의 탈레반과도 밀접한 관계를 유지하고 있다. 이 부대의 병력은 장교 800명을 포함해 2000여 명으로 구성됐다는 설이 있는가 하면, 5만 명이라는 말도 있다. 현재 이 부대의 해외 조직이 있는 곳은 이라크는 물론 레바논, 팔레스타인, 요르단, 아프가니스탄, 파키스탄, 인도, 터키 등과 수단 등 북부 아프리카, 중앙아시아 및 유럽 지역이다.

5 암살, 테러, 파괴 행위 등 과격하고 폭력적인 수단

(1) 의의

① 과격하고 폭력적인 수단을 동원하는 암살, 테러, 파괴 행위 등도 준군사공작에 포함된다. 냉전시대 동안 CIA는 반미 또는 친소 성향을 띠고 사회주의 정책을 추진하는 남미, 아시아, 아프리카 지역의 정치지도자들을 대상으로 무차별 테러와 암살 행위를 자행했던 것으로 드러났다.

② 1975년 구성되어 CIA의 위법행위를 조사했던 처치위원회(Senate Select Committee to Study Governmental Operations with Respect to Intelligence Activities, the Church Committee)는 CIA가 1960년대와 1970년대 동안 세계 도처에서 수차례의 암살 행위를 저질렀다고 보고했다.

(2) CIA의 쿠바 카스트로(Fidel Castro)에 대한 암살 시도

① CIA가 쿠바의 카스트로(Fidel Castro)를 암살하려 시도했던 것은 널리 알려진 일이다. 1961년 피그만 공격이 실패하고 나서 쿠바에 대한 침공작전은 포기했지만, 케네디 정부는 이후에도 카스트로 정권을 붕괴시키기 위한 비밀공작을 끈질기게 수행했다. 무엇보다도 케네디 정부는 독극물을 사용하고 마피아 요원을 협조자로 매수하는 등 온갖 방법을 동원하여 카스트로 암살을 시도했던 것으로 드러났다.

② 1975년 미 상원 처치위원회가 밝혀낸 바에 따르면 1960년부터 1965년 기간 동안 CIA는 적어도 8번에 걸쳐 카스트로 암살을 시도했다. 이러한 카스트로 암살계획의 전모는 2007년 6월 26일 CIA가 '가족 보석(Family Jewel)'이라는 명칭으로 보관하고 있던 기밀문서를 공개하면서 밝혀졌다.

③ 이 문서에 따르면 CIA는 FBI에서 악명 높은 지명수배자 10명의 명단에 들어 있는 인물 중 두 명의 마피아 조직 거물을 매수하여 카스트로를 암살하도록 제안했던 것으로 드러났다.

(3) CIA의 콩고 패트리스 루뭄바(Patrice Lumumba) 수상에 대한 암살 공작

① CIA의 외국 지도자에 대한 암살공작은 카스트로만이 아니었다. CIA는 1960년 8월 군부 쿠데타로 물러난 콩고의 반식민주의 지도자 패트리스 루뭄바(Patrice Lumumba) 수상을 암살하려 했던 것으로 드러났다.

② 미국은 루뭄바 수상을 중심으로 한 민족주의 세력이 확장되면서 향후 콩고에 친소 공산주의 정권이 등장할 것을 우려했다. 이에 아이젠하워 대통령은 루뭄바 수상을 암살시키는 것을 포함한 비밀공작을 승인하였다. 결국 루뭄바 수상은 반대파였던 조셉 모부투(Joseph Mobutu)의 군대에 체포되어 살해되었다.

(4) 기타 암살 공작

이 밖에 CIA는 1958년 10월 이라크의 카심(Abd al-Karim Qassim) 장군에 대해서도 암살을 시도했다. CIA는 1961년 5월 도미니카 공화국의 독재자 라파엘 트루히요(Rafael Trujillo)를 암살하려는 일단의 반란 집단을 배후에서 은밀히 지원했던 것으로 알려졌다.

6 암살 금지 규정에 대한 논란

(1) 의의

① 1976년 이후 미국은 미국이 직접 수행하든지 또는 제3자를 동원하여 수행하든지 간에 암살행위를 공식적으로 금지했다.

② 암살금지 규정은 문서로 된 3개의 행정명령으로 하달되었으며, 1981년 레이건 대통령이 서명한 것을 가장 마지막으로 지금까지 그 효력이 유지되고 있다.

(2) 찬반 논란

① 암살행위에 대해서는 아직도 미국에서 찬반 논란이 지속되고 있다.

② 암살을 반대하는 사람들은 특정인을 대상으로 국가가 암살행위를 저지르는 일은 윤리적으로 잘못된 것이라고 주장한다.

③ 이와 반대로 윤리적으로 정당화될 수 있는 특수한 상황이 있다면서 암살행위를 옹호하는 주장도 존재한다.

④ 2001년 9/11 테러가 발생하면서 미국에서 암살행위를 금지하는 규정을 두고 다시 논란이 일었다. 미국은 암살을 금지하는 규정을 재해석하여 오사마 빈 라덴과 그의 추종자들에 대한 암살은 테러와의 전쟁을 수행하는 데 필요한 합법적인 행위로 인정하게 되었다.

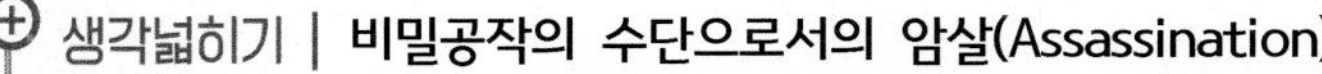

1. 암살에 대한 법적 규제 문제도 주로 미국을 중심으로 전개되었다. 1976년의 포드 대통령 행정명령 제11905호, 1978년의 카터 대통령 행정명령 제12036호, 그리고 1981년의 레이건 대통령 행정명령 제12333호 등이 암살을 금지하는 대통령 명령이고, 법률적 차원에서는 1978년 'National Intelligence Reorganization and Reform Act'가 제안되었으나 부결되었다.
2. 1975년 미국 정보공동체의 정보업무의 총체적인 오 · 남용 사례를 조사하기 위해 구성된 의회 처치 위원회(Church Committee)는 정보공동체가 1960년대부터 1970년대 사이에 피델 카스트로 쿠바 대통령에 대한 암살시도 등 다수의 암살시도에 개입했다는 사실을 확인했다. 이에 따라 처치 위원회는 1976년부터 미국은 공식적으로 미국 당국이 직접 행하는 것이든, 외국인 등 제3자를 통한 방법이든 평화시에 암살방법 사용을 공식적으로 금지할 것을 권고했고, 그 결과 미국은 1981년 레이건 대통령이 대통령 명령 제12,333호를 발령하여 암살을 국가정책 실행의 한 방법으로 사용하는 것을 명백히 금지하여 어느 누구도 미국정부를 위해 암살 모의나 실행에 가담되지 않을 것임을 명시해, 암살을 금지했고, 간접적 암살 참가도 금지하고 있다.
3. 한편 위의 대통령 명령에 대한 보충의견을 발표한 국방부 법률 자문 변호사 팍스(Hays Parks)는 암살 금지의 범위를 다음과 같이 명백히 했다. 전쟁 시의 공개적 무력 폭격이나 은밀한 방법에 의한 암살, 미국의 국가안보에 급박한 위협을 초래할 위험이 있는 인물에 대한 저격은 대통령 명령 제12,333호가 규제하고 금지하는 암살이 아니라고 했다.
4. 한편 미국은 대통령 명령으로 평시 암살을 금지하고 있지만, 테러와의 전쟁을 선포하기 전인 1998년 아프가니스탄에서 알카에다(Al Qaeda) 지도자 오사마 빈 라덴(Osama bin Laden) 암살을 위한 미사일 공격을 감행했다. 클린턴 행정부는 미사일 공격의 목적은 오사마 빈라덴과 그의 경호원을 살해하기 위한 것, 즉 암살시도라는 사실을 명백히 했다. 그럼에도 행정부 당국자는 오 사마 빈 라덴을 특정 목표로 한 암살시도는 암살을 금지하는 오랜 행정부 입장에 반하는 것은 아니라고 주장했다. 국가안보회의 자문 변호사에 의해 작성된 의견서는 미국은 합법적으로 테러 조직의 인프라를 공격할 수 있는 당연한 권리를 가지고 있는데, 특정한 영토개념이 없이 이동을 주요 요소로 하는 테러조직의 특성상 오사마 빈 라덴은 테러 조직 인프라의 정점이라는 것이다. 한편 테러와의 전쟁 중인 오늘날은 반대해석의 결과로 테러분자들에 대한 암살이 적법화되어 있다고 할 수 있다.

Theme

39 비밀공작의 쟁점과 과제

I 정당성

1 의의

① 비밀공작은 여러 가지 논란을 야기한다. 가장 근본적인 의문은 비밀공작이 정당화될 수 있는가하는 점이다. 이에 대해서 이상주의자(idealists)와 현실주의자Realists)로 대표되는 2개의 상반된 입장이 있다.

② 이상주의자들은 타국의 국내 문제에 개입하는 것은 국제적인 규범으로써 주권을 침해하는 불법적인 행위라고 주장한다.

③ 현실주의자들은 이상주의자들의 주장을 일부 수용하면서도 국익을 위해 어쩔 수 없는 선택이라는 입장을 취한다. 현실주의자들은 수십 세기의 역사 속에서 비밀공작이 국익을 위한 최선의 선택이었음을 경험적으로 보여 주고 있다고 주장한다.

2 미국

(1) 의의

① 미국은 19세기와 20세기 동안 타국의 국내정치에 개입하는 행위를 빈번히 자행했다. 그런데 대부분의 경우 군대를 동원하여 공개적으로 개입하였다. 냉전시대에 들어서서 미국은 군대를 동원한 공개적인 개입보다는 비밀공작을 적극적으로 전개했다.

② 냉전시대 소련의 위협이 미국의 비밀공작을 정당화시킬 수 있는 충분한 구실이 될 수 있었다. 실제로 트루만 정부(1945~1953)와 아이젠하워 정부(1953~1961) 당시에는 소련의 위협을 심각하게 느꼈기 때문에 비밀공작의 정당성에 대해 전혀 의문을 제기하지 않았다.

③ 무엇보다도 냉전시대 유럽이나 아시아 지역에서 소련과의 치열한 체제경쟁으로 인해 자칫 전쟁 상황으로까지 확대되는 사태를 막는 데 기여할 수 있는 대체 수단으로서 비밀공작의 정당성을 인정받을 수 있었다.

(2) 냉전시대

① 1954년 아이젠하워 대통령은 외교정책의 수단으로서 비밀정치공작 수행에 관한 자문을 얻고자 위원회를 구성했다.

생각넓히기 | 두리틀(Jimmy Doolittle) 장군을 위원장으로 구성된 위원회의 보고서

우리는 현재 모든 수단과 희생을 치르고도 세계를 지배하겠다는 야심을 가진 무자비한 적들로부터 위협을 받고 있다. 이 게임에는 규칙이 없다. 최소한의 인간적인 도리나 규범도 무시된다. 이 게임에서 미국이 살아남으려면 미국적인 '공정한 행위(fair play)' 개념을 재고해 보아야 한다. 우리는 효과적인 간첩활동과 대간첩활동을 개발해야 하며, 적들이 우리에게 사용했던 방법보다 더 영리하고 정교한 수단을 활용하여 그들을 무력화시키고 괴멸시켜야 한다. 미국인들은 이처럼 기본적으로 모순되고 '비위에 거슬리는 철학(repugnant philosophy)'을 이해해야 하며, 그러한 행위에 익숙해져야 한다.

② 어쨌든, 냉전시대에는 소련이 전 세계 공산화를 목표로 선전선동을 포함한 공세적인 활동을 강화했기 때문에 이에 대응하기 위한 방편으로서 미국의 비밀공작이 정당화될 수 있었다.

(3) 냉전 종식 이후

① 그러나 냉전이 종식되고 소련이라는 적대국이 사라진 상황에서 비밀공작은 더 이상 그 정당성을 상실했다. 특히 이상주의자들이 주장하는 바 비밀공작은 본질적으로 주권국가에 대한 내정간섭으로서 국제법적으로 불법행위로 규정된다. 그런 점에서 과거와 같이 무분별한 비밀공작은 용인되기 어려울 것이다.

② 물론 비밀공작은 군사력의 사용이나 공식적인 외교채널을 통해 달성하기 어려운 외교 정책적 목표를 효과적으로 달성할 수 있는 수단이 될 수 있다는 점에서 그 필요성 자체는 인정된다.

③ 특히 냉전이 종식되었음에도 불구하고 오늘날 테러리즘, 마약밀매, 대량살상무기 확산 등 새로운 안보위협에 대응할 필요성에서 다시금 비밀공작의 정당성을 주장하기도 한다.

④ 그러나 비밀공작은 기본적으로 대상국가의 주권을 침범하는 행위로서 국제법적으로 용인되지 않는다. 더욱이 암살, 테러, 파괴 행위로 인한 물리적인 피해를 야기할 뿐만 아니라 선전선동, 정치공작, 경제공작 등으로 인해 대상국가의 국민들에게 공포와 불안 등 심리적 피해를 야기하기도 한다.

⑤ 그러므로 비밀공작은 군사력이나 외교적인 수단으로 해결이 곤란한 상황에서 최후의 수단으로 활용되어야 하며, 그로 인한 피해(물질적, 경제적, 심리적)를 최소화하고자 하는 노력을 보임으로써 그 정당성을 인정받을 수 있겠다.

생각넓히기 | 제임스 베리(James A. Barry)의 5가지 비밀공작 정당화 요건

1. 사전 승인의 원칙
   비밀공작은 행정부의 관련 정책부처의 사전 심의를 거치고 의회 관계자들이 완전히 인지한 가운데 대통령에 의해 명백히 승인되어야 한다.
2. 정당성의 원칙
   비밀공작의 의도와 목표가 정확히 나타나야 하고, 합리적이고 정당해야 한다.
3. 보충성의 원칙
   비밀공작은 목표달성을 위한 다른 효과적인 수단이 없을 때만 추진해야 한다.
4. 타당성의 원칙
   비밀공작은 성공할 수 있다는 적절한 근거가 있어야 한다.
5. 수단과 목적의 비례의 원칙
   비밀공작은 선택된 수단과 방법들이 공작목표에 부합되어야 한다.

Ⅱ 그럴듯한 부인(plausible deniability)

1 의의

① 비밀공작의 또 다른 문제점은 '그럴듯한 부인(plausible deniability)'에 관한 것이다.

② 대부분의 비밀공작은 대상국가의 내정에 간섭하는 행위로서 명백히 국제법에 위반되기 때문에 사실이 노출될 경우 대통령을 비롯한 최고정책결정권자가 곤란한 상황에 처하게 될 수 있다.

③ 따라서 대통령을 비롯한 최고정책결정권자는 자신이 그러한 공작을 승인했다거나 알고 있었다는 점조차 부인할 수 있어야 한다. 그는 비밀공작이 그가 알지 못했거나 승인하지 않은 상황에서 수행되었다는 점을 그럴듯하게 주장할 수 있어야 한다.

2 성공 요건

(1) 비밀 유지

① 그럴듯한 부인이 성공하기 위해서는 무엇보다도 비밀공작에 관한 사항에 대해 엄격히 비밀이 유지되어야 한다.

② 비밀이 노출되면 아무리 그럴듯하게 부인해도 믿어주지 않게 된다. 비밀이 노출되지 않으려면 가능한 최소한의 정부 관료들만 참석하도록 범위를 좁힌다. 비밀공작의 규모가 커지면 비밀공작에 관한 사항이 노출되어 그럴듯하게 부인하기가 어렵다.

③ 예를 들어 피그만 공격이 시작된 직후 케네디 대통령은 아이젠하워 전 대통령에게 자문을 구했다. 케네디는 미국이 개입한 사실을 숨기기 위해 지상 전투 작전에 대해 공군 지원을 하지 않기로 한 자신의 결정이 옳았다면서 스스로를 변호했다. 이에 대해 아이젠하워는 피그만 작전의 성격과 규모를 감안했을 때 어떻게 미국이 개입했다는 사실을 은폐할 수 있느냐고 질의하면서 케네디의 결정을 비웃었다고 한다.

(2) 공식적인 절차나 승인이 기록된 문서의 부존재

① 비밀공작을 승인하는 공식적인 절차나 그러한 승인이 기록된 문서가 존재하지 않아야 한다.

② 문서화된 기록이 없다면 비밀공작을 누가 계획하고 승인했는지를 밝혀내기가 어렵다. 미국의 경우 1950년대와 1960년대 동안에는 비밀공작 사항에 관해 문서로 남겨두지 않았기 때문에 비밀공작을 누가 계획하고 승인했는지를 알 수 없었다.

③ 그래서 얼마든지 비밀공작의 책임을 회피하거나 그럴듯하게 부인할 수 있었다. 그러나 이후 대통령이 비밀공작을 명령하기 위해 각각의 공작평가서(finding)에 서명하도록 의무화하면서 이제는 그럴듯하게 부인하는 것이 매우 어렵게 되었다.

3 「비밀공작 실행 절차에 관한 법」

① 「비밀공작 실행 절차에 관한 법」은 1987년 레이건 행정부 당시 최초로 제정되었고, 1991년에 개정되어 지금까지 적용되고 있다.

② 동법(同法)에 따라 대통령은 비밀공작을 실행하기 전에 문서 형태의 평가보고서(written Finding)에 반드시 서명해야 한다. 이에 따라 대통령은 비밀공작에 관해 더 이상 책임을 회피할 수 없게 되었으며, '그럴듯한 부인'이 사실상 거의 불가능하게 되었다.

③ 이와 관련하여 헬름스(Richard Helms, 1966～1973) 전 중앙정보장(DCI)은 그럴듯한 부인은 비밀공작에서 절대적으로 요구되는 사항이지만 의회의 통제와 감독이 강화되면서 더 이상 유지하기 어려워졌고, 이제는 시대에 뒤떨어진 개념이 되어버리고 말았다고 술회했다.

Ⅲ 역류(blowback)

1 의의

① 비밀공작의 또 다른 문제로서 역류(blowback) 현상을 들 수 있다.

② 원래 CIA 내부에서 사용되었던 용어로서 비밀공작이 잘못되어 자국이나 우호국의 국민들에게 의도하지 않게 부정적인 결과를 야기하는 현상을 의미한다.

2 '역류'라는 용어의 유래

① 역류라는 용어는 1954년 3월에 작성되었는데 최근 비밀이 해제되어 공개된 CIA 보고서에서 최초로 사용되었다.

② 동 보고서에서 CIA는 1953년의 이란의 모사데그(Mohammed Mossadegh) 정권 전복공작의 결과가 잘못되어 역류 즉 부정적인 결과를 야기할 것을 우려했다. 그러한 우려는 현실로 나타났다.

③ 모사데그 정권 전복에 따른 쿠데타로 옹립된 팔레비 왕정은 25년간 독재와 폭정으로 이란 국민들을 탄압했다. 그리고 그 결과 1979년 호메이니(Ruhollah Khomeini)를 수반으로 하는 이란 혁명이 발발했다. 그해 미국은 이란 주재 미국 대사관에 50여 명의 미국인이 1년이 넘는 기간 동안 억류되는 사태를 겪기도 하였다.

④ 더욱이 미국 CIA가 1953년의 쿠데타에 개입했던 사실이 알려지면서 아랍권의 국민들 간에 반미감정이 증폭되는 계기가 되었던 것이다. 이처럼 일시적으로 성공한 비밀공작이라 할지라도 역류로 인해 오히려 자국이나 우호국에 부정적인 결과를 야기하게 되는 사례들이 빈번하다.

3 역류(blowback)의 의미 변화

(1) 일반적 의미의 역류

① 일반적으로 알려진 역류의 의미는 비밀공작의 한 유형인 선전공작과 관련된다. 즉 해외에서 유포된 선전공작이 국내로 역류(blowback)되어 문제를 야기하는 경우를 들 수 있다.

② CIA는 미국 국내에서 정보활동을 수행할 수 없도록 규제되어 있다. 그런데 경우에 따라서 CIA가 해외에서 선전공작의 일환으로 유포한 내용이 미국으로 유입되는 일이 생길 수 있다.

③ 오늘날 정보화·세계화의 흐름과 함께 지구촌 저 멀리서 일어난 사건이 실시간으로 보도되고 있는 상황을 감안했을 때 냉전시대에 비해 그러한 사례가 보다 빈번하게 발생할 수 있다.

④ 이처럼 CIA가 해외에 선전공작의 일환으로 유포한 내용이 미국 내 언론에 보도되었을 경우 CIA가 책임을 져야 할 것인가? 특히 CIA가 해외에 선전공작의 일환으로 유포했던 왜곡된 정보가 미국의 국내 정치에 중대한 영향을 미쳤을 경우 그 책임 소재를 두고 논란이 제기될 수 있을 것이다.

(2) 역류의 의미 확대

① 오늘날 역류의 의미는 선전공작에만 한정하지 않고, 정치공작, 경제공작, 쿠데타, 준군사공작 등 모든 유형의 비밀공작으로 인해 야기되는 부정적인 결과를 의미하는 것으로 확대 해석되고 있다. 미국은 냉전시대 동안 전 세계 도처에서 비밀공작을 수행했는데, 그로 인해 미국 국민들이 직접적으로 피해를 입는 사태를 겪게 되었다.

② 예를 들어 파나마의 군부 독재자 노리에가(Manuel Noriega) 전 대통령, 이라크의 사담 후세인(Saddam Hussein) 전 대통령 그리고 9/11 테러의 주범으로 지목되고 있는 오사마 빈 라덴(Osama bin Laden) 등은 사실 미국 CIA의 협조자 또는 공작자산(assets)으로 활용되었었다. 한때 미국의 협조자로 활용되었던 이들이 미국에 등을 돌리면서 미국 국민들이 직접적인 피해를 입게 되었던 것이다.

4 사례

(1) 파나마의 노리에가

① 파나마의 독재자로 악명이 높았던 노리에가는 CIA로부터 공작금을 받아 첩보를 제공하는 협조자 역할을 수행했었다.

② 노리에가는 파나마 운하 지역 내에 위치한 미국 남부군사령부의 자금 지원을 받고 니카라과의 산디니스타 정권과 중남미 마약 조직의 움직임에 관한 상세한 정보를 제공해 주었다.

③ 노리에가가 체포된 후 「월스트리트」의 폭로에 따르면 부시 전 대통령이 CIA 국장으로 재직하고 있던 1976～1977년의 기간 동안 노리에가에게 매년 11만 달러의 공작금을 제공했으며, 남부군사령부에서 제공한 것을 포함하여 노리에가가 미국에 협조한 대가로 받은 자금은 총 1,100만 달러에 달하는 것으로 알려졌다. 노리에가는 레이건 대통령 당시 추진되었던 이란-콘트라 사건에서 미국과 긴밀한 협조체제를 유지했었다.

④ 그러나 그는 파나마 국민들을 혹독하게 탄압한 독재자였고 국제 마약밀매에도 깊숙이 개입한 것으로 알려졌다. 이로 인해 그에 대한 미국 내 여론이 극도로 악화되었으며, 레이건 대통령은 1989년 12월 20일 파나마를 침공하여 노리에가를 전격적으로 체포하였다.

(2) 이라크의 사담 후세인

① 이라크의 사담 후세인은 1979년 대통령이 되어 권력을 장악하기까지 미국 CIA와 긴밀한 협조체제를 유지했던 것으로 알려졌다.

② 미국은 이란의 호메이니 정권에 대항하는 이라크의 사담 후세인에게 첨단무기를 제공해 주고 군사훈련을 지원해 주었다.

③ 미국의 지원하에 1988년 이란과의 전쟁이 끝날 무렵 이라크는 세계 4위의 군사대국으로 성장했다. 그러나 그는 1990년 8월 쿠웨이트를 침공함으로써 미국과의 관계가 극도로 악화되었으며, 마침내 1991년 미국과 걸프전쟁을 치르게 되었다.

④ 미국의 부시 대통령은 사담 후세인이 핵, 생화학 무기 등 대량살상무기를 제조하여 비축하고 있다는 것을 구실로 2003년 이라크를 공격하게 된다. 사담 후세인은 2003년 12월 13일 미군에 의해 체포되었으며, 1982년 이라크 두자일 마을에서 시아파 주민 148명의 학살을 주도한 혐의가 인정돼 사형선고를 받은 뒤 2006년 12월 30일 전격적으로 사형이 집행됐다.

(3) 오사마 빈 라덴

① 1979년 소련이 아프가니스탄을 침공하자 미국은 중앙아시아에서 소련의 세력 확장을 막기 위해 아프가니스탄 내 이슬람 반군들을 은밀히 지원했다.

② 미국 레이건 행정부 당시 빈 라덴은 사우디아라비아의 정보국장이었던 투르키 왕자의 주선으로 윌리엄 케이시 CIA 국장과 만났던 것으로 알려졌다. 당시 빈 라덴은 아프가니스탄 무자헤딘(이슬람 전사)들에게 돈을 대고, 미국은 스팅어 미사일 등 무기를 지원하는 식으로 협조가 잘 이루어졌던 것으로 알려졌다.

③ 그러나 1989년 소련군이 물러나고 아프가니스탄이 혼돈상태에 접어들면서 양측의 관계는 깨지기 시작했다. 빈 라덴은 소련이 무너진 뒤 세계의 단일 패권인 미국을 제국주의자로 규정하고 적대적인 태도를 취하게 된다.

④ 빈 라덴은 1993년 미국 뉴욕 세계무역센터(WTC) 폭탄테러사건에 자금을 지원한 배후세력으로 알려졌으며, 이후 1998년 케냐와 탄자니아 연쇄폭탄테러 그리고 2001년 9/11 테러의 주범으로 지목되었다.

⑤ CIA의 아프가니스탄 공작은 오사마 빈 라덴과의 긴밀한 협조관계를 통해 소련을 물리침으로써 성공적이었다는 평가를 받았다. 그러나 그로 인한 역풍이 너무 컸다. 빈 라덴이 이끄는 알카에다 조직은 9/11 테러를 일으켜 미국에 상상을 초월할 정도로 엄청난 재산과 인명피해를 야기했다.

Ⅳ 손익평가

1 의의

① 비밀공작을 실행함에 따라 손실과 이익이 발생하는 바 이에 대한 손익 분석이 필요하다.

② 대규모 군사 또는 준군사공작을 실행하게 되는 경우를 제외하고 비밀공작을 추진함에 있어서 경제적인 비용은 그다지 많지 않다. 1964년 칠레에서 실행한 CIA의 정치 공작은 비교적 큰 규모로 전개되었는데 지출된 비용은 수백만 달러에 불과했다.

③ 경제적인 손실이 적은만큼 비밀공작의 결과로 얻게 되는 경제적인 이익도 그다지 크지 않다. 사실 비밀공작은 경제적인 목적보다는 주로 정치적인 목적을 위해 활용되는 경향을 보이기 때문이다.

2 경제적인 손익

(1) 의의

예외적으로 경제적인 목적이 주된 동기였던 비밀공작 사례로 이란에서 시행되었던 반모사데그(Mossadegh) 쿠데타를 들 수 있다.

(2) 전개 과정

① 이란에서 발생한 반모사데그 쿠데타는 모사데그가 앵글로-이란 석유회사(Anglo-Iranian Oil Company)를 국유화하려 하자 이를 막기 위해 시도되었다.

② 미국은 직접적인 관계는 없었지만, 이란의 국유화 정책이 중동 지역의 다른 산유국으로 파급될 경우 미국계 석유회사가 타격을 입을 수 있을 것을 우려하여 영국이 주도하는 비밀공작에 협조했던 것이다.

③ 영국에게는 경제적으로 직접적인 이익이 되었지만, 미국은 단지 간접적인 이익을 기대했을 뿐이다.

④ 이란의 쿠데타가 성공함으로써 1973년까지 중동지역 산유국들의 국유화 시도가 억제되는 효과를 가져왔다.

⑤ 어쨌든, 미국은 이란 쿠데타를 추진한 영국 정보기관에 협조함으로써 간접적으로나마 다소의 경제적인 이득을 챙긴 것으로 평가된다.

3 정치적인 손익

(1) 의의

① 비밀공작의 효과에 대한 경제적인 손익 계산은 어느 정도 분석이 가능하지만, 정치적인 손익을 정확히 평가하는 일은 쉽지 않다.

② 다만 비밀공작이 성공하게 될 경우 비록 정확히 계산할 수는 없을지라도 상당한 정도의 정치적인 이득을 얻을 것으로 예상된다.

(2) CIA의 이탈리아 선거 개입

① 1948년 미국 CIA는 이탈리아 선거에 개입하여 공산당이 패배하도록 비밀공작을 전개했다.

② 혹자는 CIA가 개입하지 않았더라도 공산당이 선거에서 패배했을 것이라고 주장하지만, 사실은 아무도 예측할 수 없는 불확실한 상황이었다.

③ 미국으로서는 1948년 이탈리아의 선거에 효과적으로 개입하여 유럽지역에서 공산당 세력의 팽창을 저지할 수 있었다. 그런 점에서 미국은 적은 비용으로 상당한 정도의 정치적인 성과를 얻었던 것으로 평가된다.

4 성공과 실패의 평가 기준

(1) 의의

① 대체로 CIA 비밀공작은 사례별로 성공과 실패가 혼재된 결과를 보여준다.

② 제2차 세계대전 직후 CIA는 그리스와 이탈리아 선거에 은밀히 개입하여 공산주의 정권 등장을 성공적으로 저지했다.

③ 이어서 CIA는 1953년 이란, 1954년 과테말라, 1950년대 중남미 지역 국가들에서 친소 사회주의 성향의 정권을 전복시키는 비밀공작을 성공적으로 수행했다.

④ 또한 라오스(1963~1973), 아프가니스탄(1982~1988), 파나마(1989), 아프가니스탄과 이라크(2001~2003) 등지에서 수행된 CIA의 비밀공작활동도 성공적이었다는 평가를 받았다.

⑤ 물론 쿠바 피그만 침공과 카스트로 암살공작, 1956년 헝가리 의거, 1958년 인도네시아 수카르노 전복공작 등 실패한 사례도 많다.

(2) 평가 기준

사실 동일한 비밀공작의 사례에 대해서 어떤 기준을 적용하는가에 따라 엇갈린 평가가 내려질 수 있다. 단기적으로는 성공한 것으로 평가되지만 장기적인 관점에서는 실패로 귀결되는 사례들이 많다.

(3) 이란 쿠데타

① 미국 CIA의 지원을 받아 쿠데타에 성공한 팔레비 국왕은 비록 친미노선을 유지했지만 26년 간 독재자로 군림했다.

② 1979년의 이란혁명으로 부정부패와 독재정치로 악명 높았던 팔레비 정권이 실각하고 나서 호메이니가 이끄는 완고한 반미정권이 들어섰다.

③ 1953년 당시 상황에서 CIA의 대이란 비밀공작은 친미정권을 옹립했다는 점에서 매우 성공적이었던 것으로 평가되지만, 이후 반미정권이 들어서게 됨으로써 장기적인 관점에서 미국의 대외정책에 부정적인 결과를 초래하게 되었다.

(4) 과테말라와 파나마에서의 정권 교체

① 냉전 초기 과테말라와 파나마에서 미국은 비밀공작을 통해 반미 성향의 정권을 교체하는데 성공했지만, 새로 등장한 정권의 악랄한 독재와 부패로 인해 국민들은 혹독한 시련을 받아야 했다.

② 이로 인해 미국의 비밀공작이 독재정권을 옹립하는 데 악용되었다는 비난을 면키 어렵다.

(5) 아프가니스탄에서의 테러조직 지원

① 1979년 소련의 아프가니스탄 침공에 대응하여 미국은 반소 무장세력을 지원했고 결국 소련군을 축출하는 데 성공했다. 그러나 새로 등장한 탈레반 정권은 알카에다 테러조직을 지원했고, 그로 인해 9/11 테러 사건이 발생하게 되었다.

② 이와 관련하여, 한때 CIA 공작국장을 역임했던 비셀(Richard Bissell)은 "비밀공작은 단기적이고 전술적인 차원에서 성공적인 결과를 얻을 수 있지만, 그러한 성공적인 결과를 오랫동안 유지하기 어렵다."고 술회했다.

생각넓히기 | 처치위원회 사무국장 밀러(William G. Miller)의 진술

비밀공작에 대한 위원회의 평가도 비셀의 견해와 동일하다. 비밀공작 계획이 미국이 대외적으로 표방하는 외교정책 노선에 부합되고 의회와 국민들의 지지를 받게 되면 성공할 가능성이 많다. 그러나 미국의 정책결정자들이 겉으로는 선한 정책을 표방하면서 비윤리적이고 불법적인 비밀공작을 추진하게 되면 결국은 실패할 가능성이 높고 미국의 이익에 부정적인 결과를 초래하게 된다.

(6) 결론

① 요컨대 비밀공작이 장기적으로 성공적인 결과를 얻기 위해서는 국가의 외교정책 노선에 부합되어야 하고, 윤리적인 정당성이 보장되어야 한다.

② 부정부패와 악랄한 폭정으로 신음하는 국민들을 위해 독재자를 암살하는 행위는 국제법적으로 불법이지만 적어도 인도적인 차원에서는 정당성을 인정받을 수 있다.

③ 반대로 이란, 과테말라, 칠레, 인도네시아에서 전개된 CIA의 쿠데타공작은 비록 단기적으로 성공했지만 그 결과 독재정권이 등장함으로써 윤리적으로 비난을 받아 마땅하다.

④ 마지막으로, 비밀공작의 핵심적인 관건은 철저한 보안과 비밀유지에 있다. 아무리 성공한 비밀공작이라 할지라도 배후가 노출되면 외교적으로 곤란한 입장에 처하게 된다. 따라서 어떤 경우에서든 비밀공작은 배후가 노출되지 않도록 수행되어야 한다.

생각넓히기 | 비밀공작의 성패: 미국과 소련

미국의 비밀공작은 성공과 실패가 혼재된 결과를 보여준다. CIA와 비교하여 KGB의 비밀공작이 다소 성공적이었다는 평가가 있다. 대부분의 경우 KGB가 먼저 공세를 취하고 이에 CIA가 한발 늦게 대응하는 방식으로 비밀공작을 통한 공방전이 전개되었다. 이처럼 KGB가 전반적으로 상황을 주도했다는 관점에서 CIA보다 다소 성공적으로 비밀공작을 전개했다는 평가를 받는다. 무엇보다도 KGB가 비밀공작에 활용했던 단체들 중의 상당수가 UN, UNESCO, United Council of Churches 등 국제기구로부터 공식적인 인가를 받고 활동했다. 그런 점에서 KGB의 비밀공작이 CIA보다 주도면밀했다는 평가를 얻기도 한다.

Theme

40 방첩의 이해

I 의의

① 방첩(counterintelligence)은 효과적인 정보활동을 수행하는 데 필요한 핵심적인 요소이지만 여타 정보활동 중에서 가장 잘 알려지지 않은 분야이다. 방첩분야는 워낙 비밀의 베일에 싸여 있어 정보요원들 간에도 신비의 영역으로 생각될 정도이다.

② 일반인들에게 방첩은 단순히 자국의 행정부, 군, 정보기관 등으로 침투하는 스파이 색출활동을 수행하는 기능으로 인식되고 있다. 이러한 가운데 방첩의 개념조차 한마디로 정의하기가 쉽지 않다.

③ 기본적으로 방첩은 외국 정보기관으로부터 오는 위협을 탐지하고 무력화시키는 것으로 정의될 수 있다. 그런데 혹자는 방첩의 범위를 국가안보의 모든 영역으로 확대시키고 적대국의 정보기관뿐만 아니라 테러조직, 국제범죄조직 등 비국가행위자들로부터 오는 위협에 대응하는 것까지 포함시키기도 한다. 이처럼 방첩은 개념상의 혼란에서 비롯되어 기본목적, 활동범위, 임무와 기능 등에 관해서도 학계 전문가들 간에 제시되는 견해들이 각기 다르다.

Ⅱ 미국의 「국가안보법(National Security Act of 1947)」상의 정의

① 1947년에 제정된 미국의 「국가안보법(National Security Act of 1947)」에 따르면 정보(intelligence)는 기본적으로 '국외정보(foreign intelligence)'와 '방첩'을 포함하는 개념으로 정의하고 있다.

② 이러한 개념 정의를 분석해보면 방첩은 국외정보와 구분되는 것으로서 정보의 절반을 구성하는 것으로 해석될 수 있다. 어쨌든 방첩은 정보활동의 일환으로 수행되며, 첩보수집, 분석, 비밀공작 등 여타 정보활동과 밀접하게 연계된다.

③ 방첩활동이 제대로 수행되지 않으면 신뢰성 있는 첩보수집이나 정보분석의 결과를 생산할 수 없으며, 비밀공작을 성공적으로 수행하기 어렵다. 그런 점에서 방첩은 첩보수집, 정보분석, 비밀공작 등 여타 정보활동과 밀접하게 연계되며, 그러한 정보활동을 효과적으로 수행하는 데 필요한 핵심적인 요소로 인식된다.

생각넓히기 | 「국가안보법(National Security Act of 1947)」의 정의

'정보'라 함은 '국외정보'와 '방첩업무'를 포함한다. '방첩업무'라 함은 외국 정부, 외국기관, 외국인 또는 국제적 테러리스트들의 활동에 의하거나, 이들을 대신하여 행해지는 간첩활동, 기타 정보활동, 파괴활동, 암살 등을 막기 위하여 수집한 정보 및 행해지는 활동 등을 의미한다.

Ⅲ 좁은 의미의 방첩

1 의의

① 적대 세력의 위협으로부터 국가를 보호하는 활동을 수행한다는 관점에서 방첩은 일반적으로 '방어적' 성격을 띠는 것으로 인식되었다.

② 그러나 이는 방첩의 개념을 좁은 의미로 해석한 것이고, 실제로 방첩은 그보다 훨씬 광범위한 활동을 수행한다. 방첩은 적대 세력의 위협에 단지 수동적으로만 반응하는 것이 아니고, 보다 적극적이고 공격적으로 대응하는 활동도 수행하고 있다.

③ 그럼에도 불구하고 대부분의 전문가들이 방첩의 개념을 수동적이고 방어적인 활동으로 간주하는 등 왜곡된 인식을 보여주고 있다.

2 학설

(1) 켄트(Sherman Kent)

① 켄트(Sherman Kent)는 정보활동을 보안정보(security intelligence)와 능동적 정보(positive intelligence)로 분류하고, 방첩은 경찰 기능을 배후에서 지원하고 있다는 점에서 보안정보 분야로 규정했다.

② 또한 켄트는 "방첩은 우리에게 피해를 끼치는 사악한 무리들로부터 국가와 국민들을 보호하는 임무를 수행한다."라고 기술하고, "보안정보(security intelligence)는 방어적인 임무를 띤 경찰이 국가와 국민에게 피해를 끼치거나 그럴 의도를 갖고 있는 자에 대해 특별 행동을 취하기에 앞서 사전에 갖고 있어야 할 지식이며 활동이다."라고 설명했다.

③ 이어서 켄트는 외국에서 보낸 간첩을 색출하는 일은 가장 극적인 형태의 보안정보활동이라고 기술했다.

(2) 랜섬(Harry Howe Ransome)

① 켄트의 견해와 유사하게 랜섬(Harry Howe Ransome)도 방첩이 기본적으로 방어적인 보안 기능을 수행한다는 입장을 피력했다. 그는 좁은 의미에서 방첩을 "적대적인 외국의 정보활동에 대응하는 활동"으로 정의했다.

② 랜섬에 따르면 방첩은 "사보타주로부터 시설물을 안전하게 보호하고, 외국 정보기관의 첩보수집활동을 차단하는 등의 임무를 수행한다는 관점에서 '기본적으로 경찰 기능'이라고 주장했다.

③ 또한 그는 방첩은 기본적으로 거부적(negative)이고 방어적인 기능을 수행하지만, 그것을 바탕으로 적의 의도와 능력은 물론 적에 대해 알지 못했던 정보를 찾아내는 능동적 정보(positive intelligence)를 생산하는 데 결정적으로 기여할 수 있는 요소라고 기술했다.

④ 랜섬은 방첩을 적에 관한 정보를 생산하는 데 활용될 수 있는 중요한 요소로 인정했다는 점에서 방첩을 단순히 수동적이고 방어적인 기능으로 정의하는 켄트의 견해와는 다소 차이를 보인다.

Ⅳ 넓은 의미의 방첩

1 의의

① 오늘날 방첩은 방어적 보안 기능에서 나아가 보다 적극적이고 공격적인 활동을 수행하는 차원으로 이해되고 있다.

② 갓슨(Roy Godson), 리첼슨(Jeffrey T. Richelson), 슐스키(Abram N. Shulsky), 홀트(Pat M. Holt) 등 많은 학자들이 이러한 입장을 피력했다.

2 학설

(1) 갓슨(Roy Godson)

갓슨은 방첩을 "상대 정보활동을 규명하고, 무력화시키고, 활용하는 것이다."라고 하였다.

(2) 리첼슨(Jeffrey T. Richelson)

이와 유사하게 리첼슨은 방첩은 "외국 정보활동의 모든 국면을 이해하고 가능하다면 이를 무력화시키는 것과 관련이 있다."라고 하여 단순히 외국 정부의 불법적인 비밀 획득을 방지하는 임무를 수행하는 데 중점을 둔 대스파이활동(counterespionage)보다 넓은 의미임을 강조했다.

(3) 슐스키(Abram N. Shulsky)

슐스키도 방첩은 방어적인 보안뿐만 아니라 대스파이활동, 기만 · 대기만, 방첩분석 등 적극적인 활동까지 모두 포함된다고 기술했다.

(4) 홀트(Pat M. Holt)

홀트도 방첩을 "적대적인 외국 정보활동을 탐지하고 그들의 활동을 무력화시키는 행위"라고 정의하고, 여기에 적대적인 정보기관으로 침투하는 노력을 의미하는 대스파이활동(counterespionage), 대사보타주(countersabotage) 그리고 대전복(countersubversion) 등을 포함시켰다.

(5) 검토

어쨌든, 방첩을 단순히 보안 기능으로 제한하는 것은 지나치게 좁은 의미의 해석이며, 보다 광범위한 차원에서 적의 정보활동 노력을 무력화시키는 능동적인 정보활동(positive intelligence)을 전개하는 것까지 포함하는 것이 타당하다고 본다.

V 활동으로서의 방첩과 정보나 지식으로서의 방첩

1 의의

① 한편 방첩을 '활동'으로 보아야 할지 또는 그러한 활동을 통해 획득된 '정보나 지식'으로 보아야 할지를 두고 논란이 있다.

② 미국 「국가안보법」에서는 방첩을 지식으로서의 '정보'와 수행하는 '활동'을 모두 포괄하는 것으로 기술하고 있다.

③ 그런데 일반인들은 물론 학자들, 심지어 방첩업무를 실질적으로 수행하는 전문 방첩관들조차 방첩을 주로 '활동'만을 의미하는 것으로 인식하는 경향을 보인다.

2 학설

(1) 덜레스(Allen Dulles)

① 덜레스(Allen Dulles)는 방첩을 '활동'이 아닌 '정보 또는 지식'으로 인식했다. 그는 방첩을 적대국 정보기관의 활동목표, 방법, 대간첩 분야에 소속된 인물들 등을 파악하는 방어적인 활동(protective operation)과 관련되는 것으로 기술하고, 그러한 활동을 통해서 획득된 정보를 방첩이라고 정의했다.

② 그러한 관점에서 덜레스는 대간첩활동을 수행하는 미국 정보기관들에게 가급적 신속히 방첩정보가 전파될 필요가 있음을 강조했다.

(2) 켄트(Sherman Kent)

켄트는 보안정보(security intelligence)를 '지식과 활동(the knowledge and the activity)'으로 구분하여 분류하였던바 일찍부터 활동(activity)뿐만 아니라 '지식'으로서 방첩의 기능을 중요하게 인식했던 것으로 보인다.

(3) 슐스키(Abram N. Shulsky)

슐스키도 방첩을 "적대적인 정보기구들의 활동으로부터 보호하기 위해서 취해지는 조치들과 그러한 목적을 위해 수집되고 분석되는 첩보를 일컫는 용어"라고 정의하여 방첩을 '활동'과 '지식'을 포괄하는 것으로 정의하였다.

(4) 검토

① 비록 방첩 목표를 달성함에 있어서 '활동'이 중요한 역할을 수행하지만, '정보' 또는 '지식'의 요소를 결코 경시할 수 없다.

② '방첩정보(counterintelligence information)'는 방첩 분야에서 별로 주목을 받지 않고 있지만 사실은 방첩활동을 성공적으로 수행하는 데 필요한 핵심적인 요소이다.

③ 그런 점에서 방첩은 '지식(knowledge)'과 '활동(activities)'이라는 두 가지 요소를 모두 포괄하는 것으로 보아야 한다.

Theme

41 방첩의 기원과 중요성

I 의의

① 정보활동이 인류의 탄생과 더불어 시작되었듯이 방첩도 정보활동의 일환으로서 오랜 옛날부터 수행되었다.

② 자신과 가족 또는 씨족의 안전과 번영을 위해 타 집단의 동향을 지속적으로 감시하는 정탐활동이 필요했다. 국가의 생성과 함께 정보활동이 보다 본격화된다. 자국의 생존과 번영을 추구하는 과정에서 국가 간 정보활동이 치열하게 전개되었고, 그에 비례하여 방첩활동도 활발하게 전개되었다.

③ 타 국가 또는 적대세력의 정보활동 또는 제반 위협에 제대로 대응하지 않으면 국가적으로 엄청난 손실이 초래될 수 있기 때문이다. 때로 방첩의 실패로 인해 국가가 패망하는 참담한 상황이 발생할 수도 있다.

II 트로이 전쟁

1 의의

① 세계 문학사의 고전으로 널리 알려진 호머의 '일리아드'는 트로이 전쟁에 관한 장편 서사시로서 정보활동과 그것에 대한 적절한 대응이 국가의 생존과 번영에 어떤 결과를 초래하게 되는지를 잘 묘사하고 있다.

② 고고학자들에 따르면 트로이 전쟁은 실제 있었던 일로서 기원전 1,200년경 스파르타를 포함한 그리스 도시국가 연합군이 오늘날 터키 동북부 지역에 위치한 트로이 성을 공격하여 수년간에 걸쳐 치열한 전투가 전개 되었던 것으로 알려졌다.

③ 실제 전투가 어떤 양상으로 전개되었는지 구체적인 기록은 전해지지 않고 있다. 다만 트로이 성이 워낙 견고하고 방어태세가 완강하여 쉽게 함락되지 않았으며, 전투가 장기간에 걸쳐서 전개되는 가운데 엄청난 사상자가 발생했을 것으로 추측된다.

2 '트로이의 목마' 작전

(1) 의의

① '일리아드'에서 묘사된 트로이 전쟁의 극적인 장면은 그리스 연합군의 최고전략가 오디세우스가 '트로이의 목마' 작전을 전개하여 전쟁을 승리로 이끈다는 부분이다.

② 특히 '일리아드'에서는 그리스 연합군 측이 '시논'이라는 간첩을 적의 성에 침투시켜 허위정보를 유포하는 기만책을 활용함으로써 '트로이의 목마' 작전을 성공시켰던 것으로 서술되어 있다.

③ 물론 '트로이의 목마' 작전은 호머가 그리스 연합군의 승리를 극적으로 묘사하기 위해 꾸며낸 이야기에 불과하다. 그러나 지금으로부터 3천여 년 전에도 간첩을 활용하고 기만책을 구사하는 등 오늘날과 유사한 형태의 정보활동이 전개되었다는 점에서 놀라움을 금할 수 없다.

④ 무엇보다도 그리스 연합국들은 트로이 전쟁에서의 승리를 바탕으로 부족국가 형태를 벗어나 본격적인 고대국가의 기틀을 갖추게 되었으며, 고대 서양사의 주역으로 발돋움하여 오늘날 서양문화의 원조를 이루는 찬란한 문화를 꽃피우게 되었던 것이다. 트로이 전쟁에서 보았듯이 정보활동은 전쟁의 승패를 좌우할 뿐만 아니라 세계의 역사를 바꾸는 결정적인 요인이 될 수 있다는 것이다.

(2) 트로이군의 방첩실패

① 한편 그리스 연합군의 성공적인 정보활동은 역으로 트로이군의 실패를 의미한다. 트로이군의 결정적인 실책은 오늘날의 관점에서 보면 방첩실패를 의미한다.

② 그리스 연합군이 바닷가에 두고 간 거대한 목마를 트로이 성 안으로 끌어오도록 만든 것은 바로 시논이었다. 그는 거대한 목마는 그리스 연합군이 신을 위한 제물로 바친 것으로서 목마를 트로이 성안으로 들여놓으면 신의 가호로 트로이 성이 난공불락이 될 것이라는 허위정보를 유포했다. 이때 신관이었던 라오콘이 시논이 거짓말을 하고 있다고 경고했지만 분별력을 잃은 트로이 사람들은 시논의 말에 속아 목마를 성안으로 끌어왔다.

③ 시논이라는 스파이를 식별하지 못하고 그의 속임수를 알아채지 못한 것은 곧 방첩의 실패라고 볼 수 있는데, 그로 인한 결과는 참담했다. 그리스 병사들은 트로이 성을 약탈하고 불태웠다. 트로이 성벽과 건물은 한순간에 잿더미로 변했다. 대다수 트로이 남자들은 살해당하거나 노예로 팔려갔고, 여자들은 그리스의 장수 또는 병사들의 노예가 되었다.

Ⅲ 손자병법

1 의의

① 기원전 600년경 중국의 손자는 그가 저술한 손자병법의 용간편(用間篇)에서 첩자를 향간(鄕間), 내간(內間), 반간(反間), 사간(死間), 생간(生間) 등 다섯 가지 유형으로 분류하고 각각을 어떤 종류의 정보활동에 활용할 것인가에 대해 구체적으로 기술하였다.

② 손자는 다섯 가지 유형의 첩자들 중에서 반간은 나머지 네 가지 유형의 첩자들을 활용하는 근간이 되기 때문에 가장 중요하다고 보았다. 반간의 활용은 오늘날 이중간첩을 활용한 방첩활동 기법과 비교해도 거의 손색이 없을 정도로서 매우 치밀하면서 대단한 통찰력을 보여주고 있다. 지금으로부터 2,600여 년 전인 그 시대에 이중간첩을 활용하여 적정을 탐색하고 방첩활동을 수행하는 방법을 제시하는 손자의 전략이 참으로 놀랍다.

생각넓히기 | 손자병법의 적을 제압하기 위한 4가지 계책

1. 의의
   손자는 전쟁에서 가장 좋은 방법은 싸우지 않고 이기는 것(不戰而屈)이라고 했다. 그 최상책이 "적의 전의(戰意)를 꺾어버리는 벌모(伐謨)"이고 그 다음이 "적의 세력을 내편으로 끌어오는 벌교(伐交)"이며, 전쟁을 벌이는 "벌병(伐兵)"은 하책, 방어만 하는 적을 공격하는 공성(攻城)은 하지하책이라고 했다. 그러면서 간첩을 활용하는 용간(用間)으로 벌모(伐謨)와 벌교(伐交)의 비책을 제시한다. 즉 스파이 활동, 첩보전으로 인한 무혈승리를 말하는 것이다.
2. 벌모(伐謨)
   벌모(伐謨)는 직접적인 싸움이 아닌, 적의 계획, 전략, 정보 등을 파괴하거나 방해하여 적의 판단력과 의지력을 약화시키는 전략이다. 예를 들어, 적의 군사 계획이나 전략을 미리 알아내어 해당 계획을 방해하거나, 적의 정보 통신망을 파괴하여 적군 간의 정보 교류를 방해하는 것 등이 벌모에 해당한다.
3. 벌병(伐兵)
   벌병(伐兵)은 직접 적의 병력을 공격하여 승리를 얻는 것을 목적으로 한다.
4. 벌교(伐交)
   벌교(伐交)는 자신의 적들이 협력하여 적군에 대항하는 것을 방해하고, 자신의 적들이 동맹 혹은 협력자들과의 관계가 끊어져 동맹이나 협력자들을 격리시켜서, 자신의 적들과 적군을 더욱 분열시키는 전략이다.
5. 정리
   벌모와 벌교는 자국의 대외정책을 지원할 목적으로 수행되는 오늘날의 비밀공작에 해당하고 전쟁을 벌이는 벌병(伐兵)과 방어만 하는 적을 공격하는 공성(攻城)은 군사적 대응에 해당한다.

생각넓히기 | 「삼십육계(三十六計)」

1. 의의

병법에 관한 36가지 계책을 가리킨다. 계책의 예시가 되는 36가지 일화의 한자성어로 구성되어 있는데, 총 6가지의 상황 분류에 각각 6가지의 계책을 제시하고 있기 때문에 36계이다. 저자는 흔히 남조 송(宋)의 명장인 단도제(檀道濟)로 알려져 있다. 때문에 흔히 단공삼십육계(檀公三十六計)라고 부르기도 한다. 정사인 남제서(南齊書)에 "단공(檀公: 단도제)의 서른여섯 가지 계책 가운데 달아나는 것이 제일이다."라는 구절이 있기 때문에 단도제가 삼십육계라는 병법으로 유명했던 것은 사실이지만 과연 현존하는 삼십육계가 진짜 단도제가 말했던 그 삼십육계인지 그리고 진짜 저자가 단도제인지는 확실치 않다.

2. 승전계(勝戰計) – 싸우면 반드시 이겨라

① 만천과해(瞞天過海): 하늘을 속여 바다를 건넌다는 뜻으로 적이 전혀 예상하지 못한 방법을 동원해 승리를 거두는 계책이다.
② 위위구조(圍魏救趙): 조나라를 구하기 위해 위나라를 포위한다는 뜻으로 적의 예봉을 피해 급소를 찌름으로써 작전을 무력화시키는 계책이다.
③ 차도살인(借刀殺人): 남의 칼을 빌려 적을 제거한다는 뜻으로 명분과 실리를 모두 챙기는 계책이다.
④ 이일대로(以逸待勞): 적이 지칠 때까지 편안하게 기다린다는 뜻으로 강한 적을 상대할 때 사용하는 계책이다.
⑤ 진화타겁(趁火打劫): 불난 집을 약탈한다는 뜻으로 강한 무력을 배경으로 약한 적을 정복할 때 사용하는 계책이다.
⑥ 성동격서(聲東擊西): 동쪽을 공격한다고 떠든 뒤 서쪽을 친다는 뜻으로 궤사(詭詐)로 적을 헷갈리게 만들고 허를 찌르는 계책이다.

3. 적전계(敵戰計) – 적을 철저히 기만하라

① 무중생유(無中生有): 무에서 유를 만들어낸다는 뜻으로 진실과 거짓을 뒤섞어 적의 실책을 유도하는 계책이다. 거짓으로 적을 미혹하게 만드는 것이다.
② 암도진창(暗渡陳倉): 몰래 진창을 건넌다는 뜻으로 정면에서 공격하는 척하다 우회한 뒤 적의 배후를 치는 계책이다.
③ 격안관화(隔岸觀火): 강 건너 불난 것을 구경한다는 뜻으로 적의 내부에 분란이 일어났을 때 지켜보다가 적이 자멸하면 어부지리를 취하는 계책이다.
④ 소리장도(笑裏藏刀): 웃음 속에 비수를 감춘다는 뜻으로 적의 경계심을 늦춘 후 함정에 빠뜨리는 계책이다.
⑤ 이대도강(李代桃畺): 자두나무가 복숭아를 대신해 희생한다는 뜻으로 궁극적인 승리를 거두기 위한 고육책의 일환이다.
⑥ 순수견양(順手牽羊): 가는 길에 슬쩍 양을 끌고 간다는 뜻으로 적의 허점을 노려 승리를 거두는 계책이다.

4. 공전계(攻戰計) – 미끼를 내걸어 유인하라

① 타초경사(打草驚蛇): 막대기로 풀을 두드려 뱀을 놀라게 한다는 뜻으로 적의 속셈을 미리 알아내고자 할 때 사용하는 계책이다.
② 차시환혼(借尸還魂): 죽은 시체를 살려낸다는 뜻으로 국면을 전환시켜 주도권을 쥐는 계책이다.
③ 조호리산(調虎離山): 호랑이가 산을 떠나도록 만든다는 뜻으로 적을 현재의 유리한 상황에서 불리한 상황으로 이끌어낸 뒤 급습을 가하는 계책이다.
④ 욕금고종(欲擒故縱): 큰 적을 붙잡기 위해 짐짓 적을 풀어준다는 뜻으로 적을 크게 공략하고자 할 때 사용하는 계책이다.

⑤ 포전인옥(抛塼引玉): 옥을 얻기 위해 벽돌을 던진다는 뜻으로 작은 대가로 큰 이익을 얻는 계책이다.
⑥ 금적금왕(擒賊擒王): 적을 칠 때 적장부터 사로잡는 계책이다.

5. 혼전계(混戰計) – 상황을 좇아 진퇴하라
① 부저추신(釜低抽薪): 솥 밑의 장작을 꺼낸다는 뜻으로 문제를 근원적으로 해결하고자 할 때 사용하는 계책이다.
② 혼수모어(混水摸魚): 물이 혼탁할 때 손을 뻗어 물고기를 잡는다는 뜻으로 혼란 중에 승리를 얻는 계책이다.
③ 금선탈각(金蟬脫殼): 매미가 허물을 벗듯 달아난다는 뜻으로 은밀히 퇴각하고자 할 때 사용하는 계책이다.
④ 관문착적(關門捉賊): 문을 모두 걸어 잠가 집 안으로 들어온 도적을 잡는 계책이다.
⑤ 원교근공(遠交近攻): 멀리 떨어진 나라와 동맹을 맺고 이웃한 나라를 치는 계책이다.
⑥ 가도멸괵(假途滅虢): 우(虞)나라의 길을 빌려 괵(虢)나라를 친다는 뜻으로 속셈을 감춘 채 적을 기습하는 계책이다.

6. 병전계(并戰計) – 적의 세력을 약화시켜라
① 투량환주(偸梁換柱): 대들보를 빼내 기둥으로 사용한다는 뜻으로 적의 급소를 가격해 승리를 거두는 계책이다.
② 지상매괴(指桑罵槐): 뽕나무를 가리키며 홰나무를 꾸짖는다는 뜻으로 약소한 적을 제압할 때 사용하는 계책이다.
③ 가치부전(假痴不癲): 어리석은 체하면서 미친 척하지는 않는다는 뜻으로 국면을 전환시킬 때 사용하는 계책이다.
④ 상옥추제(上屋抽梯): 지붕 위로 올려놓은 뒤 사다리를 치운다는 뜻으로 적을 함정에 빠뜨리는 계책이다.
⑤ 수상개화(樹上開花): 나무 위에 꽃이 피었다는 뜻으로 적을 혼란에 빠뜨려 시비를 판정하지 못하게 만드는 계책이다.
⑥ 반객위주(反客爲主): 주인이 손님을 접대하지 못해 오히려 손님의 접대를 받는다는 뜻으로 국면을 전환시켜 주도권을 장악하는 계책이다.

7. 패전계(敗戰計) – 전화위복의 계기를 만들라
① 미인계(美人計): 미인을 미끼로 삼아 적을 유인하는 계책이다.
② 공성계(空城計): 군사가 없는 빈 성의 문을 열어젖혀 적을 커다란 의혹에 빠뜨려 결국 퇴각하게 만드는 계책이다.
③ 반간계(反間計): 적의 첩보망을 역이용하는 계책이다.
④ 고육계(苦肉計): 적의 신임을 얻기 위해 스스로를 해치는 계책이다. 통상 사람들은 스스로를 해치지 않는다.
⑤ 연환계(蓮環計): 적이 스스로 운신을 제한하도록 만드는 계책이다.
⑥ 주위상계(走爲上計): 막강한 적을 만났을 때 곧바로 달아나는 것을 최상의 방안으로 간주하는 계책이다.

생각넓히기 | **손자병법의 첩자**

향간은 그 지방에 거주하는 자를 첩자로 이용하는 것을 말하며, 내간은 적국의 관료를 첩자로 포섭하는 것을, 반간은 적의 첩자를 포섭하여 역이용하는 것을, 사간은 자기 측 첩자에게 허위 정보를 주어 적에게 보내는 것으로서 허위로 진술한 사실이 밝혀지면 죽게 되는 것을, 생간은 적정을 탐지한 후 살아 돌아와 정보를 보고하게 하는 것을 의미한다.

생각넓히기 | **반간의 중요성**

적의 간첩이 들어와서 아군의 정세를 탐색하려 할 때는 이를 찾아내어 여러 가지 이익을 주어 매수한 다음 다시 적지로 보낸다. 이렇게 해서 반간(反間)을 이용할 수 있는 것이다. 이 반간을 통해 적국의 주민들과 관리들의 인적사항을 알 수 있으므로 향간(鄕間)이나 내간(內間)을 얻어서 부릴 수 있는 것이다. 이 반간을 통해 적정을 알 수 있으므로 능히 사간(死間)을 통해서 허위정보를 적에게 유포시킬 수 있다. 또 반간을 통해 적정을 알 수 있으므로 능히 생간(生間)을 적국 내에서 활동시켜 기일 내에 돌아와 보고하게 할 수 있다. 오간(五間)의 활동은 군주가 반드시 알고 있어야 하며, 그 일은 반드시 반간(反間)을 통해서 하니 반간은 후히 대접해 주어야 한다.

Ⅳ 장수왕과 개로왕

1 의의

① 삼국시대 고구려의 장수왕은 즉위 63년째인 475년 9월 3만 명의 병력으로 백제를 기습하여 개로왕을 사로잡아 처형하고 수도 한산을 점령했다. 백제가 이처럼 치욕스러운 패배를 하게 된 것을 오늘날 의미로 해석하면 방첩 실패라고 볼 수 있다.

② 백제 개로왕은 고구려 장수왕이 보낸 도림이라는 첩자의 속임수에 철저히 당한 것이다. 승려 신분의 도림은 죄를 짓고 고구려에서 도망 나온 것처럼 꾸미고 백제로 침투한다. 도림은 백제를 떠돌아다니면서 바둑을 두었는데 얼마 지나지 않아 바둑을 잘 두는 것으로 소문이 자자했다.

③ 바둑을 좋아했던 개로왕은 도림을 궁으로 불러들인다. 도림은 바둑을 미끼로 개로왕에게 접근하는 데 성공한 것이다. 그는 개로왕의 신임을 얻은 다음 현란한 말솜씨로 각종 대형 토목 사업을 시행하도록 부추겨 백제의 국력을 소모시켰다.

④ 개로왕은 도림의 꼬임에 빠져 장엄하고 화려한 궁실, 성, 누각 등을 짓고, 선왕의 무덤도 거창하게 보수했다. 이로써 백제는 "창고가 텅 비고 백성들이 곤궁해져 나라가 누란의 위기보다 더 심각한 위기에 직면하기에 이르렀다." 이때를 틈타 장수왕이 백제를 공격했다.

2 백제 개로왕

(1) 「삼국사기」 '백제본기'

개로왕은 성이 함락되기 직전 탈출했으나 결국 고구려 군대에 사로잡혀 목이 잘렸다.

생각넓히기 |

왕이 도망 나왔는데 고구려의 장수 재증걸루 등이 왕을 발견하고는 말에서 내려 절을 한 다음 얼굴에 침을 세 번 뱉었다. 왕의 죄를 나열하고 꾸짖으면서 왕을 묶어 아단성(아차 산성) 밑으로 끌고 가서 목을 베었다. 제증걸루와 고이만년은 백제 사람이었는데 죄를 짓고 고구려로 도망간 자들이었다.

3 「일본서기」 '백제기'

「일본서기」 '백제기' 기록에 따르면 백제는 왕성인 한산이 점령당했을 뿐만 아니라 대후(大房, 왕비 또는 태후), 왕자 등이 모두 적의 손에 몰살당했다고 한다.

4 「삼국사기」 '고구려본기'

「삼국사기」 '고구려본기'에 따르면 남녀 8천 명이 고구려로 끌려갔다.

5 방첩실패의 결과

이처럼 백제가 받은 충격과 치욕은 도림이라는 한 사람의 간첩에 제대로 대응하지 못한 데서 비롯된다. 그런 점에서 방첩은 국가의 존립과 번영에 직결되는 핵심적인 요소로 인식된다.

V 방첩의 중요성

① 요컨대 방첩은 정보활동의 일환으로 오랜 옛날부터 수행되었다. 한 명의 첩자가 국가의 생존을 좌우할 만큼 엄청난 능력을 발휘할 수 있다.

② 트로이 전쟁과 백제 개로왕의 사례를 소개했던바, 그 밖에도 동서양의 역사 속에서 첩자들의 활약상은 무수히 많다. 역으로 그러한 첩자들에 대해 제대로 대응하지 못하면 한순간에 국가가 멸망의 위기에 처할 수 있다.

③ 그런 점에서 적대세력의 첩보활동에 대한 대응으로서 방첩의 중요성이 새삼 강조된다.

Theme

42 방첩의 목적과 유형

I 방첩의 목적

1 의의

홀트(Holt)는 방첩의 목적을 우리가 그들에게 하려는 것을 그들은 하지 못하게 만드는 것이라고 정의하기도 한다.

2 외국 정부 또는 집단의 정보활동

① 우리가 외국 정부나 집단을 대상으로 다양한 유형의 정보활동을 전개하듯이 외국 정부 또는 집단도 우리나라를 목표로 정보활동을 전개한다.

② 적국의 정보기관은 자국에 관한 중요 비밀을 취득하고자 기도하며, 자국이 수집한 정보를 조작함으로써 또는 중요 인물에 대해 비밀리에 영향공작을 전개함으로써 자국의 정책결정자에게 제공될 자료나 사실을 조작 또는 왜곡한다.

③ 또한 첩보수집활동이나 비밀공작 등 자국이 국가안보 목표 달성을 위해 수행하는 제반 활동을 탐지, 분쇄(disrupt) 그리고 대응하는 활동을 전개한다.

④ 때로 자국의 군사력이나 경제적인 이익을 증진시킬 목적으로 자국의 첨단과학기술 및 기타 관련 정보를 취득하고자 시도하기도 한다.

3 외국이나 외국인 집단의 정보활동에 대한 적극적 대응

외국이나 외국인 집단의 모든 정보활동과 그로 인한 위협을 파악하고 무력화시키는 것에 적극적으로 대응할 필요성이 있으며, 방첩은 그러한 필요성에 부응하기 위한 모든 활동을 포함한다. 즉 방첩은 수동적인 대응과 능동적인 대응을 모두 포괄하는 광범위한 활동을 수행한다.

Ⅱ 방첩의 범위와 목표의 확대

1 의의

① 과거 방첩이라는 용어가 오로지 대스파이활동(counterespionge)의 의미로만 해석되던 시절이 있었다. 당시 외국 정보기관의 목표는 오로지 타국의 비밀을 몰래 훔쳐오는 데 있었기 때문이다.

② 이처럼 방첩의 의미를 매우 협소하게 해석하는 전통적 방첩의 개념에 따르면 방첩의 목표와 범위가 외국 정보기관의 첩보수집활동에 대응(counter) 또는 방어(protect)하는 노력으로 제한된다.

③ 그런데 세월이 지나면서 외국의 정보기관들은 각자 비밀활동의 목표를 확대하여 첩보수집이라는 기본적인 임무 외에 암살, 테러, 정부전복, 기만, 위폐제조 등 다양한 활동을 전개해 왔다. 이에 따라 방첩의 범위와 목표도 확대되기에 이르렀다.

2 외국 정보기관의 테러 등 다양한 안보위협에 대응

① 오늘날 방첩은 외국 정보기관의 첩보수집 행위와 테러 등 비밀리에 조직적으로 가해지는 다양한 안보위협에 대응하는 기능으로 이해된다.

② 레이건 대통령 「행정명령 제12333호」에 따르면 방첩은 "외국 정부, 집단 또는 특정 인물 등에 의해 수행된 스파이 행위, 사보타주 또는 암살 등의 공작활동 그리고 국제테러리즘 등으로부터 보호하기 위해 수집된 첩보(information) 그리고 수행된 활동(activities)을 의미한다."

③ 이러한 정의에 따르면 전통적인 방첩의 영역을 넘어서 다양한 유형의 활동을 포괄한다. 행정명령의 개념 정의는 '대응(counter)'을 특별히 강조하고 있으며, '정보(intelligence)'의 범위를 외국 정보기관이 개입했든 안했든지 간에 군사적인 차원보다는 한 단계 낮은 차원의 테러 행위, 사보타주까지도 포함하고 있다.

3 적의 불법적 기술이전에 대한 대응

2005년 3월에 발표된 「미국의 국가방첩전략목표」에서는 방첩활동의 범주에 적의 불법적 기술이전에 대한 대응 행위까지도 포함시켰다. 요컨대 광의의 방첩은 전통적인 유형의 방첩뿐만 아니라 적이 취하는 모든 유형의 적대행위에 대해 대응할 목적으로 수행되는 능동적인 정보활동(positive intelligence)도 포함한다.

4 외국의 조직이나 외국인의 안보위협에 대응

① 과거 방첩의 주요 목표는 외국의 정보기관이었다. 그런데 오늘날 외국 정보기관은 방첩의 주요 목표이지만 유일한 목표는 아니다. 미국 「행정명령 제12036호」에서 방첩은 "외국 정부나 조직 또는 개인에 의해 수행된 간첩, 기타 비밀정보활동, 사보타주, 국제 테러 또는 암살 등의 행위로부터 보호하는 것"으로 정의하고 있다.

② 이에 따라서 방첩의 범위가 외국 정보기관의 정보활동에 대한 대응으로 제한되는 것이 아니고, 외국 정부, 조직, 개인 등 다양한 종류의 적대세력을 대상으로 하며 그들로부터 야기되는 기만, 파괴, 전복 등 다양한 위협 행위들에 대응하기 위한 제반 노력들을 포괄하는 것으로 확대되었다.

③ 예를 들어 2001년 9월 11일 미국에서 발생한 테러는 국가가 아닌 오사마 빈라덴이라는 개인 그리고 알카에다 조직이 주도했다. 이처럼 외국 정보기관뿐만 아니라 외국의 조직이나 외국인도 국가의 안보에 심각한 위협을 야기할 수 있다. 그런 점에서 오늘날 방첩의 목표도 외국의 정보기관은 물론 외국의 조직, 외국인 등을 모두 포함되기에 이르렀다.

5 우호국의 첩보수집 활동에 대한 대응

① 일반적으로 방첩의 주요 목표는 적대국이나 적대세력이다. 그러나 적대국은 물론 때로 우호적인 관계를 유지하는 국가들도 방첩활동의 목표가 될 수 있다.

② 예를 들어 영국이나 캐나다는 미국의 정보공동체와 밀접한 관계를 유지하고 있지만 미국의 CIA와 방첩기관들은 이들 국가의 정보활동 동향을 수집 및 분석한다. 비록 우호적인 관계를 유지하는 국가라 할지라도 그들에 관한 기본 지식과 동향을 파악해 둘 필요가 있기 때문이다.

③ 물론 우호국에 대한 첩보수집 활동은 우호적인 관계 유지를 감안하여 지나친 수단은 자제되어야 할 것이다.

6 산업스파이활동에 대한 대응

(1) 의의

① 오늘날 적과 우호국의 구분을 떠나 세계 각국의 정보기관들과 기타 조직 또는 개인들이 무차별적으로 산업스파이활동을 전개하고 있다.

② 예를 들어 프랑스의 DGSE는 미국 IBM, Texas Instruments, Bell Textron 등 미국 회사에 침투하여 산업정보를 수집했던 것으로 드러났다.

(2) 미국 기업에 대한 산업정보 수집

① CIA는 프랑스 정부가 작성한 문건을 입수했는데 여기에 보면 프랑스 정보기관이 미국 항공산업에 관한 비밀을 취득하기 위해 적극적인 활동을 전개했던 것으로 밝혀졌다.

② 독일, 일본, 이스라엘, 한국 등도 미국 기업을 대상으로 산업스파이활동을 전개했던 것으로 알려졌다.

(3) 산업보안이 방첩의 범위에 포함되는지 여부

① 이러한 산업스파이활동에 대한 대응도 국가방첩의 범위에 포함되어야 하는가에 대해서는 논란이 있다.

② 테러리즘이나 국제조직범죄는 국가안보 차원의 위협으로 인식되어 이에 대한 대응활동은 방첩의 범위에 포함된다. 오늘날 국가안보의 범위를 경제, 자원, 환경 등 신안보위협요소까지 확대된 개념으로 이해하면 경제안보 차원에서 산업스파이활동에 대한 대응활동, 즉 산업보안도 국가방첩의 범주에 포함될 수도 있겠다.

7 결론

① 코프랜드(Miles Copeland)는 방첩에 대해 학자들마다 다양한 정의들을 제시하고 있는 반면 방첩의 개념은 여전히 명확하지 않고 모호한 상태로 남아 있다고 지적했다.

② 사실 방첩은 적대국 정보기관에 침투하는 능동적 방첩과 물리적 보안을 유지하는 수동적 방첩을 포함하는 광범위한 의미로 해석된다.

③ 방첩은 한편으로는 외국 정보기관에 침투하여 교란 및 조정하는 임무를 수행하는 '대스파이활동(counterespionage)'의 의미로 간주되는 반면, 다른 한편으로는 오로지 수동적이고 방어적인 '보안(security)' 기능만을 수행하는 것으로 제한시켜 해석하기도 한다.

④ 또는 방첩을 간첩에 대한 '수사활동(investigative activity)'을 의미하는 것으로 매우 좁게 해석하는 경우도 있다.

⑤ 다만 오늘날 국가안보의 개념이 전통적인 안보를 넘어서 초국가안보 또는 신안보 등을 포괄하도록 확대됨에 따라 정보활동의 영역도 확대되는 양상으로 전개되고 있으며, 이에 대한 대응노력으로서 방첩의 활동범위도 수동적 보안은 물론 능동적 방첩을 포괄하도록 확대되는 추세를 보이고 있다.

Ⅲ 방첩의 유형

1 의의

① 방첩은 범위 또는 영역에 기초하여 전통적 방첩과 광의의 방첩으로 구분될 수 있겠다.

② 전통적 방첩은 타국의 정보기관들에 의해 오랫동안 수행되어 왔던 기존의 전통적인 정보활동과 안보위협들에 대한 대응을 의미한다.

③ 광의의 방첩은 산업스파이활동, 테러, 조직범죄, 사이버테러 등 적대국 정보기관이나 기타 범죄조직, 또는 개인들에 의해 야기되는 새로운 안보위협들에 대한 대응들을 포괄한다.

2 전통적 방첩

(1) 의의

전통적 방첩은 대응방식에 따라서 수동적 방첩과 능동적 방첩으로 분류될 수 있다.

(2) 수동적 방첩

수동적 방첩으로서의 보안은 외국 또는 적대세력의 정보수집 기도를 차단 또는 제한하기 위해 취해지는 제반 조치로서 대체로 방어적이고 소극적인 대응으로 제한된다.

(3) 능동적 방첩

① 이에 반해 능동적 방첩으로서의 대스파이활동은 외국 또는 적대세력의 정보활동과 안보위협에 대해 적극적이고 때로 공격적으로 대응하는 제반 노력을 포함한다.

② 이를 위해 외국 또는 적대세력의 전략 또는 동향을 파악하는 데 중점을 두며, 첩보수집, 방첩 수사, 방첩분석 그리고 방첩공작 등 다양한 활동을 수행하게 된다.

3 수동적 방첩

① 수동적 방첩은 적대세력이 중요한 정보나 지식에 접근하는 것을 제한 또는 차단하는 데 목적을 두고 수행되는 활동 또는 그와 관련된 정보를 의미하며, 대체로 '보안'과 유사하다.

② 보안의 의미는 학자들마다 각기 다르게 해석되고 있으며, 때로 방첩에 포함되지 않기도 한다. 그러나 보안은 방첩과 동일한 기능을 수행하기 때문에 방첩의 일부로 고려되어야 한다는 슐스키의 견해를 수용하여 이 책에서는 보안의 의미를 '수동적 방첩'으로 해석한다.

③ 수동적 방첩으로서의 보안은 보호할 목표 또는 대상에 따라 인원보안, 문서 보안, 시설보안, 자재보안, 통신보안, 컴퓨터보안 등으로 분류될 수 있다.

4 능동적 방첩

(1) 의의

능동적 방첩은 적대세력의 위협적인 활동에 적극적 · 공격적으로 대응한다는 점에서 소극적 방어에 그치는 수동적 방첩과 차이가 있다.

(2) 즐키(Arthur A. Zuehlke, Jr)

① 즐키(Arthur A. Zuehlke, Jr)는 능동적인 방첩을 '수사활동(investigative activity)'과 '대응활동(countering activity)'으로 분류했다.

② '수사활동'은 적대행위와 그러한 행위를 수행하는 사람을 탐지하는 데 목표를 두는 활동이다.

③ '대응활동'은 대스파이활동(counterespionage), 대사보타주(countersabotage), 대테러(counter-terrorism) 등 적의 행동에 직접적으로 대응하는 공격적 방첩활동을 의미한다고 기술했다.

(3) 검토

그런데 '수사활동'은 사실 '대스파이활동'을 수행하는 데 필요한 요소로서 사실상 '대스파이활동'에 포함된다. 그리고 대사보타주, 대테러, 국제범죄 대응, 산업보안 등의 활동은 전통적인 방첩의 범위를 벗어난 활동으로 보는 것이 타당하다.

[방첩의 분류]

분류		내용
대분류	소분류	
전통적 방첩	보안 (security)	• 문서보안 또는 기밀분류(classification of information) • 인원보안(personnel security) • 시설보안(physical security) • 자재보안(equipment security) • 통신보안(communication security) • 컴퓨터보안(computer security) • 기타(네트워크 보안, 암호보안 등)
	대스파이활동 (counterespionage)	• 첩보수집(collection) • 방첩수사(counterintelligence investigation) • 방첩분석(counterintelligence analysis) • 방첩공작: 이중간첩, 기만과 역기만(counterdeception)
광의의 방첩	보안	산업보안(industrial security)
	기타	• 대테러(counterterrorism) • 대사보타주(countersabotage) • 국제범죄 대응 • 사이버테러 대응

Theme

43 수동적 방첩: 보안(security)

I 의의

① 방첩의 수동적 유형으로 분류되는 보안(security)은 외국 또는 적대세력의 정보수집 기도를 차단 또는 제한하기 위해서 취해지는 제반 조치를 의미한다.

② 외국 또는 적대세력은 정보 획득을 위해 자국의 문서, 인원, 자재, 시설, 통신 등 다양한 목표에 대해 접근을 시도한다. 보안은 적대세력이 이러한 목표에 접근하거나 침해하는 행위로부터 보호하기 위한 예방대책이라고 정의할 수 있다.

Ⅱ 국가별 보안에 대한 정의와 학설

1 의의

보안의 용어나 개념에 대해서는 국가마다 또는 전문가들 간에 각기 상이하다.

2 미국

미국은 보안을 "기밀에 속하는 모든 기관, 인물, 물자, 시설, 지역 등에 관한 일체의 사항을 허가되지 않은 자로부터 보호하는 것"으로 정의하고 있다.

3 중국

중국에서는 "비밀유지 및 안전업무"라고 칭하면서 "적의 간첩활동을 차단·예방하기 위하여 취하는 방어적 조치"로 정의하고 있다.

4 슐스키

슐스키는 방첩을 소극적 활동과 적극적인 활동으로 구분하고, 소극적인 유형의 방첩활동을 통상 '보안'으로 칭한다고 기술했다.

5 검토

(1) 의의

요컨대 보안의 개념 또는 의미에 있어서 다소간 차이가 있지만, 보안은 대체로 소극적, 방어적, 수동적인 유형의 방첩활동으로 인식되고 있다는 데 공통점을 보인다.

(2) 국가정보의 핵심적인 요소로서의 보안

① 슐스키는 보안은 방첩의 가장 중요한 출발점이라고 주장했다.

② 정보기관은 보안을 생명처럼 중요시한다. 철저한 비밀보안이 유지되지 않으면 정보활동을 효과적으로 수행할 수 없기 때문이다.

③ 그런 점에서 보안은 국가정보의 핵심적인 요소로 간주된다. 통상 보안은 보호해야 할 비밀이 많은 정보기관이나 군대에서 중요하게 취급된다.

Ⅲ 정보(intelligence)와 보안(information security)의 관계

1 의의

① 보안이 정보기관이나 군대만의 기능이나 임무라고 볼 수 없다.

② 오늘날 보안은 정보기관이나 군대 조직만이 아니고 일반 행정부처, 민간 기업체, 심지어 개인들조차 중요 하게 고려하고 있다. 왜냐하면, 보안은 어느 개인이나 조직 또는 국가가 존립을 확보하고 경쟁에서 승리하는 데 필요한 핵심적인 요소이기 때문이다.

③ 보안이 노출될 경우 그 자체 존립이 위험해질 뿐만 아니라 금전적인 손실과 함께 경쟁에서도 매우 불리한 입장에 처하게 될 수 있다. 어쨌든, 보안은 효과적인 정보활동을 수행하는 데 필요한 핵심적인 요소이지만, 정보기관만의 고유 기능이나 활동이라고 볼 수 없다.

2 레이건 대통령 「행정명령 제12333호」

(1) 의의

① 보안이 정보기관 고유의 활동이 아니라는 관점에서 보안을 방첩에 포함시키는 것에 대해 논란이 있다.

② 레이건 대통령 「행정명령 제12333호」에서 방첩의 개념을 정의한 다음, 방첩의 범주에 "인원, 자재, 문서, 통신 보안 등은 포함되지 않는다."고 기술했다.

③ 1947년 「국가안보법」에서는 명시하지 않았는데 왜 레이건 대통령의 행정명령에서 네 가지 유형의 활동을 방첩의 범주에서 제외시켰는지 유의해볼 필요가 있다.

(2) 학설

① 슐스키는 보안업무는 CIA, FBI 등 정보기관이 아닌 미국의 일반 행정부처에서도 수행하고 있기 때문이라고 설명했다.

② 허만(Michael Heiman)도 보안(security)은 정보보안(information security)의 줄임말로서 주로 'information'을 보호하는 기능을 수행한다는 점에서 'intelligence'로 볼 수 없다는 입장을 취했다.

3 NATO

(1) 의의

① NATO에서도 보안을 'information security'라고 칭하면서 정보(intelligence)의 범주에 포함시키지 않는다.

생각넓히기 | NATO의 정보(intelligence)와 보안(information security)의 관계

보안(information security)의 중요한 목표는 적의 정보(intelligence) 취득을 막는 것이고, 정보(intelligence)의 중요한 목표는 적의 보안(information security)을 뚫는 것이다. 그러므로 정보업무를 효과적으로 수행하기 위해서 잠재적국의 보안시스템을 파악하는 것이 필요하고, 비슷하게 보안업무를 효과적으로 수행하기 위해서는 잠재적국의 정보수집수단들에 대해 꿰뚫고 있어야 한다.

② NATO에서 보안은 정보(intelligence)와 밀접히 연계되지만 정보(intelligence)의 범주에 포함되지 않는 별도의 기능을 수행하는 것으로 기술하고 있다.

③ 사실 보안(security)은 일반 행정부처뿐만 아니라 민간 기업체에서도 수행하고 있기 때문에 정보기관 고유의 업무로 볼 수 없다는 주장이 설득력 있는 견해로 인정된다.

Ⅳ 방첩과 보안(information security)의 관계

1 의의

한편 보안을 방첩의 범주에 포함시킬 것인가에 대해서는 여전히 논란이 있다.

2 학설

① 숖스키는 방첩을 적극적 대스파이활동과 수동적 보안으로 구분했다. 그런데 그는 보안과 방첩은 동일한 기능을 수행하기 때문에 보안은 방첩의 일부로 고려되어야 한다는 견해를 피력했다.

② 허만을 제외하고 홀트, 리첼슨, 즐키(Arthur A. Zuehlke, Jr.) 등 대부분의 학자들도 숖스키와 유사한 관점에서 보안을 방첩의 범주에 포함시킨다.

3 검토

① 실제로 보안과 방첩은 분리될 수 없는 불가분의 관계이며 밀접히 연계된다. 철저한 보안유지 없이 방첩임무를 성공적으로 달성할 수 없다.

② 학계의 일반적인 견해를 수용하여 보안을 방첩의 범위에 포함하여 논의하는 것이 타당하다.

V 보안의 분류

1 의의

보안은 여러 가지 기준에 따라 다양하게 분류될 수 있다.

2 업무를 수행하는 주체에 따른 구분

보안은 업무를 수행하는 주체에 따라 개인보안(personal security), 기업 보안(corporation security), 국가보안(national security) 등으로 구분될 수 있다.

3 업무분야에 따른 구분

업무분야에 따라서 군사에 관한 것이면 군사보안(military security), 공작에 관한 것이면 공작보안(operation security), 산업분야에 관한 것이면 산업보안(industrial security) 등으로 칭한다.

4 보호해야 할 대상에 따른 구분

일반적으로 보안은 보호해야 할 대상에 따라 문서, 인원, 시설, 전산, 통신 보안 등으로 분류된다.

Theme

44 문서보안(비밀분류, classification of information)

I 비밀분류

1 의의

정부는 보호할 가치가 있는 자료를 분류하여 보관하는데, 이를 '비밀분류(classification)'라 칭한다.

2 분류 대상

일반적으로 문서에는 사문서와 공문서가 있지만, 공문서만이 국가보안에 따른 비밀분류의 대상이 된다. 이러한 공문서에는 국가기관이나 국가로부터 위임받은 공공단체 등이 작성하였거나 접수한 모든 문서, 도화(圖畫), 전자 기록 등을 포함한다.

3 분류 기준

문서들은 정보의 민감도(sensitivity), 즉 정보가 적대세력에게 알려질 경우 초래될 수 있는 피해의 정도 그리고 그에 따라 얼마만큼 정보를 보호해야 할 중요성이 있는가를 기준으로 하여 분류된다.

4 비밀분류체계의 도입

미국의 경우 1912년 전쟁성(War Department)에서 최초로 비밀분류체계를 설정하여 공표했고, 모든 정부 부처에 비밀분류체계가 도입된 것은 1951년 트루먼(Hany Truman) 행정부 시절부터였다.

5 비밀 등급

(1) 의의

① 비밀이 승인받지 않고 무단으로 유출될 경우 국가안보에 야기될 수 있는 손실의 정도에 따라 비밀등급이 설정된다.

② 보다 민감하다고 분류되는 정보일수록 더욱 엄격히 보호되어야 하며 극소수의 사람들에게만 접근이 허용된다.

(2) 미국

미국의 경우 국가보안정보는 승인받지 않고 무단 유출될 경우 국가안보에 야기될 것으로 예상되는 피해정도에 따라 3등급으로 분류된다.

생각넓히기 | **미국의 비밀 등급**

- 1급 비밀(top secret): "매우 중대한 피해(exceptionally grave damage)"
- 2급 비밀(secret): "심각한 피해(serious damage)"
- 3급 비밀(confidential): "일반적인 피해(damage)"

(3) 우리나라의 보안업무규정

우리나라에서도 보안업무규정 제4조에서 비밀을 Ⅰ, Ⅱ, Ⅲ급 비밀로 구분하고 있다.

생각넓히기 | **보안업무규정**

- Ⅰ급 비밀: 누설되는 경우 대한민국과 외교관계가 단절되고 전쟁을 유발하며, 국가의 방위계획 · 정보활동 및 국가방위상 필요 불가결한 과학과 기술의 개발을 위태롭게 하는 등의 우려가 있는 비밀
- Ⅱ급 비밀: 누설되는 경우 국가안전보장에 막대한 지장을 초래할 우려가 있는 비밀
- Ⅲ급 비밀: 누설되는 경우 국가안전보장에 손해를 끼칠 우려가 있는 비밀

(4) 대외비

① 비밀분류와 별도로 '대외비'라는 것이 있다.

② 대외비란 그것이 누설되는 경우 국가안보에 손해를 끼치거나 악영향을 미치는 내용이 아니라 공정한 직무를 수행하고 이해관계자들에게 공정한 기회를 보장하기 위해 "직무수행상 특별히 보호를 요하는 사항"을 말한다.

③ 그러한 사례로서 중요 정책의 추진계획에 관한 사항, 암행성 단속계획, 또는 특별지역 개발계획 등을 들 수 있다.

Ⅱ 보안조치

① 산더미 같이 쌓인 많은 양의 비밀문서를 보호하는 데 매우 세밀한 보안조치가 요구된다. 비밀보안 등급이 높을수록 세밀하고 강화된 보안조치가 취해진다.

② 비밀문서를 열람하는 누구에게든 일일이 서명을 받아야 하며, 사무실 문단속을 더욱 철저히 해야 한다.

③ 그리고 파일이 담긴 캐비닛은 2중 또는 3중의 잠금장치가 설치된다.

④ 비밀문서들은 쓰레기통에 무단으로 버리는 것이 아니고 무장 경비원의 감독하에 불에 태우거나 파쇄기로 파기한다.

⑤ 비밀문서들이 절취되거나 부주의하게 분실되는 것을 막기 위해 부득이 이와 같은 절차가 수행되지만 사실상 매우 비효율적이며 까다롭고 성가신 일이다.

⑥ 때로 문서가 분실되는 사태가 발생하는데 대부분의 경우 외국인 스파이가 절취하기보다는 비밀문서 관리 담당자의 부주의로 인한 것으로 드러난다.

Ⅲ 비밀 분류의 유의점

1 의의

① 위에서 소개한 바와 같이 비밀분류의 기준이 설정되어 있지만, 무엇을 어떤 등급의 비밀로 분류해야 할지 모호한 경우가 많다.

② 비밀은 국가안보에 끼치는 손실의 정도에 따라 '일반적인 피해', '심각한 피해', '매우 심각한 피해' 등으로 구분하고 있지만 그 개념이나 의미가 명확하지 않다.

③ 이에 따라 비밀분류에 상당부분 주관성이 개입된다. 실제로 미국의 「대통령 행정명령 제13292호」에서 보면 누가 비밀을 분류하고 어떤 등급으로 분류하는 것이 타당한지에 대해서는 아무런 언급이 없다.

④ 이에 따라 비밀을 불필요하게 과도분류(overclassification)하거나 그와 반대로 국가안보에 중요한 사항임에도 불구하고 비밀로 분류하지 않는 과소분류(underclassification)의 문제가 종종 발생할 수 있다.

2 비밀의 과도분류

(1) 의의

① 비밀의 과도분류는 지나치게 많은 양의 정보를 높은 등급으로 분류하는 경우를 말한다. 이는 기본적으로 무엇을 비밀로 분류해야 할지 또는 어떤 등급으로 분류하는 것이 적절한지에 관한 기준이 명확하지 않은 데서 발생한다.

② 더욱이 비밀을 생산하는 기관마다 비밀분류의 기준이 다르기 때문에 비밀등급의 일관성조차 유지되기 어렵다.

③ 과도하게 많은 양의 정보를 비밀로 분류하고 있다고 믿는 사람들은 정부 관리들이 곤란한 상황이나 질책을 모면하기 위해 비밀이 아닌 자료조차 의도적으로 비밀로 묶어 두려는 관행이 있다고 주장한다. 이들은 비밀분류가 정부 관리들의 책임회피 수단으로 활용되고 있다고 비난하기도 한다.

(2) 문제점

① 국민들이 알 필요가 있는 정보를 공개하지 않음으로써 국민들이 국가안보정책 관련 문제를 이해하고 토론할 기회가 상실될 수 있다. 이로 인해 건전한 여론형성을 통한 올바른 국가안보정책을 수립하는 데 장애요인으로 작용할 위험이 있다.

② 또한 비밀분류의 엄격성이나 신뢰성이 떨어짐으로 인해 비밀분류를 무시하고 함부로 비밀을 누설하는 행동을 저지를 수 있다. 비밀을 과도하게 분류할수록 비밀보호의 필요성이나 중요성이 감소되는 반면, 비밀누설의 위험성은 증가하게 될 것이다.

③ 비밀유지의 필요성이 존중되고 가장 중요한 비밀이 보호될 수 있는 최상의 방법은 비밀을 최소로 분류하는 것이다. 비밀로 여겨지는 것들이 최소화될 때 비밀은 보다 효과적으로 보호될 수 있을 것이다.

3 비밀의 과소분류

(1) 의의

① 비밀의 분류에 관련하여 주로 과도분류가 지적되고 있지만, 때로 국가안보에 중요한 사항이 비밀로 보호되지 않은 채 방치되는 과소분류(underclassification)의 문제점에 대해서도 관심이 요구된다.

② 주로 정부 외부에서 생산되거나 전개되고 있는 상황에 관한 정보들이 과소분류되는 경향을 보인다.

(2) 인터넷을 통한 유출

① 오늘날 정보화시대의 도래와 함께 정보의 공개성이 확대되고 엄청나게 많은 정보들이 인터넷을 통해 유통되고 있다.

② 이에 따라 국가 안보에 상당한 영향을 미칠 수 있는 만큼 비밀로 분류되어 보호가 필요함에도 불구하고 비밀로 보호되지 않고 인터넷 등을 통해 유출되는 정보가 점차 증가하는 추세를 보이고 있다.

(3) 기술정보에 관한 연구 결과 발표

① 이와 관련하여, 1982년 CIA 부국장으로 재임 중이었던 인맨(Bobby Ray Inman) 제독은 '미국과학발전협회(American Association of the Advancement of Science)'에서 행한 연설에서 비밀의 과소분류 문제를 지적했다.

② 이론 및 응용 암호학 연구에 관해 언급하면서 그는 "이러한 연구 결과들을 아무런 제한 없이 발표하는 경우 외국 정부나 단체의 주목을 받게 될 것이고, 그로 인해 미국의 국가안보에 돌이킬 수 없는 손해를 야기할 수도 있을 것이다."라고 우려를 표명했다.

③ 인맨은 기술정보에 관한 발표 활동으로 인해 국가안보에 손해가 야기될 수 있는 분야로서 컴퓨터 하드웨어와 소프트웨어, 전자장치와 기술, 레이저, 작황 예상 등을 예로 들었다.

4 검토

① 요컨대 비밀은 과도하거나 과소하지 않게 적절히 분류되고 철저히 관리되어야 한다. 비밀의 양이 많으면 많을수록 누설이나 분실의 위험성이 증가한다.

② 따라서 비밀은 사전계획에 의하여 현재 필요한 최소한의 양만 생산해야 한다. 장래 소요가 증가할 것에 대비하거나 미리 예비용으로 여유 있는 부수로 생산하지 말아야 한다.

③ 비밀누설의 가능성을 최소화하기 위해 배포선을 제한해야 한다. 배포처에 따라 비밀의 내용을 제한함으로써 비밀을 보다 효과적으로 보호할 수 있을 것이다.

관련법조항 「국가정보원호법」

제4조(직무)

① 국정원은 다음 각 호의 직무를 수행한다.

2. 국가 기밀(국가의 안전에 대한 중대한 불이익을 피하기 위하여 한정된 인원만이 알 수 있도록 허용되고 다른 국가 또는 집단에 대하여 비밀로 할 사실 · 물건 또는 지식으로서 국가 기밀로 분류된 사항만을 말한다. 이하 같다)에 속하는 문서 · 자재 · 시설 · 지역 및 국가안전보장에 한정된 국가 기밀을 취급하는 인원에 대한 보안 업무. 다만, 각급 기관에 대한 보안감사는 제외한다.

관련법조항 「보안업무규정」

제1장 총칙

제1조(목적)

이 영은 「국가정보원법」 제4조에 따라 국가정보원의 직무 중 보안 업무 수행에 필요한 사항을 규정함을 목적으로 한다.

제2조(정의)

이 영에서 사용하는 용어의 뜻은 다음과 같다.

1. "비밀"이란 「국가정보원법」(이하 "법"이라 한다) 제4조제1항제2호에 따른 국가 기밀(이하 "국가 기밀"이라 한다)로서 이 영에 따라 비밀로 분류된 것을 말한다.
2. "각급기관"이란 「대한민국헌법」, 「정부조직법」 또는 그 밖의 법령에 따라 설치된 국가기관(군기관 및 교육기관을 포함한다)과 지방자치단체 및 「공공기록물 관리에 관한 법률 시행령」 제3조에 따른 공공기관을 말한다.
3. "중앙행정기관등"이란 「정부조직법」 제2조제2항에 따른 부 · 처 · 청(이에 준하는 위원회를 포함한다)과 대통령 소속 · 보좌 · 경호기관, 국무총리 보좌기관 및 고위공직자범죄수사처를 말한다.
4. "암호자재"란 비밀의 보호 및 정보통신 보안을 위하여 암호기술이 적용된 장치나 수단으로서 Ⅰ급, Ⅱ급 및 Ⅲ급비밀 소통용 암호자재로 구분되는 장치나 수단을 말한다.

제3조(보안책임)

다음 각 호의 어느 하나에 해당하는 사항을 관리하는 사람 및 관계 기관(각급기관과 제33조제3항에 따른 관리기관을 말한다. 이하 같다)의 장은 해당 관리 대상에 대하여 보안책임을 진다.

1. 국가 기밀에 속하는 문서 · 자재 · 시설 · 지역
2. 국가안전보장에 한정된 국가 기밀을 취급하는 인원

제3조의2(보안 기본정책 수립 등)

국가정보원장은 보안 업무와 관련하여 다음 각 호의 업무를 수행한다.

1. 보안 업무와 관련된 기본정책의 수립 및 제도의 개선
2. 보안 업무 수행 기법의 연구 · 보급 및 표준화
3. 전자적 방법에 의한 보안 업무 관련 기술개발 및 보급
4. 각급기관의 보안 업무가 제1호부터 제3호까지의 사항에 따라 적절하게 수행되는지 여부의 확인 및 그 결과의 분석 · 평가
5. 제38조 각 호의 어느 하나에 해당하는 사고(이하 "보안사고"라 한다)의 예방 등을 위한 다음 각 목의 업무
   가. 제35조제1항에 따른 보안측정
   나. 제36조제1항에 따른 신원조사
   다. 제38조에 따른 보안사고 조사
   라. 그 밖에 대도청(對盜聽) 점검, 보안교육, 컨설팅 등 각급기관의 보안 업무 지원

제3조의3(보안심사위원회)

① 중앙행정기관등에 비밀의 공개 등 해당 기관의 보안 업무 수행에 관한 중요 사항을 심의하기 위하여 보안심사위원회를 둔다.

② 제1항에 따른 보안심사위원회의 구성 · 운영 등에 필요한 세부사항은 국가정보원장이 정한다.

제2장 비밀보호

제4조(비밀의 구분)

비밀은 그 중요성과 가치의 정도에 따라 다음 각 호와 같이 구분한다.

1. Ⅰ급비밀: 누설될 경우 대한민국과 외교관계가 단절되고 전쟁을 일으키며, 국가의 방위계획·정보활동 및 국가방위에 반드시 필요한 과학과 기술의 개발을 위태롭게 하는 등의 우려가 있는 비밀
2. Ⅱ급비밀: 누설될 경우 국가안전보장에 막대한 지장을 끼칠 우려가 있는 비밀
3. Ⅲ급비밀: 누설될 경우 국가안전보장에 해를 끼칠 우려가 있는 비밀

제5조(비밀의 보호와 관리 원칙)

각급기관의 장은 비밀의 작성·분류·취급·유통 및 이관 등의 모든 과정에서 비밀이 누설되거나 유출되지 아니하도록 보안대책을 수립하여 시행하여야 한다. 이 경우 비밀의 제목 등 해당 비밀의 내용을 유추할 수 있는 정보가 포함된 자료는 공개하지 않는다.

제7조(암호자재 제작·공급 및 반납)

① 국가정보원장은 암호자재를 제작하여 필요한 기관에 공급한다. 다만, 국가정보원장이 필요하다고 인정하는 암호자재의 경우 그 암호자재를 사용하는 기관은 국가정보원장이 인가하는 암호체계의 범위에서 암호자재를 제작할 수 있다.

② 암호자재를 사용하는 기관의 장은 사용기간이 끝난 암호자재를 지체 없이 그 제작기관의 장에게 반납하여야 한다.

③ 국가정보원장은 암호자재 제작 등 암호자재와 관련된 기술을 확보하기 위하여 「과학기술분야 정부출연연구기관 등의 설립·운영 및 육성에 관한 법률」 제8조제1항에 따라 설립된 정부출연연구기관으로 하여금 관련 연구개발 및 기술지원을 수행하게 할 수 있다.

제8조(비밀·암호자재의 취급)

비밀은 해당 등급의 비밀취급 인가를 받은 사람만 취급할 수 있으며, 암호자재는 해당 등급의 비밀 소통용 암호자재취급 인가를 받은 사람만 취급할 수 있다.

제11조(비밀의 분류)

① 비밀취급 인가를 받은 사람은 인가받은 비밀 및 그 이하 등급 비밀의 분류권을 가진다.

② 같은 등급 이상의 비밀취급 인가를 받은 사람 중 직속 상급직위에 있는 사람은 그 하급직위에 있는 사람이 분류한 비밀등급을 조정할 수 있다.

③ 비밀을 생산하거나 관리하는 사람은 비밀의 작성을 완료하거나 비밀을 접수하는 즉시 그 비밀을 분류하거나 재분류할 책임이 있다.

제12조(분류원칙)

① 비밀은 적절히 보호할 수 있는 최저등급으로 분류하되, 과도하거나 과소하게 분류해서는 아니 된다.

② 비밀은 그 자체의 내용과 가치의 정도에 따라 분류하여야 하며, 다른 비밀과 관련하여 분류해서는 아니 된다.

③ 외국 정부나 국제기구로부터 접수한 비밀은 그 생산기관이 필요로 하는 정도로 보호할 수 있도록 분류하여야 한다.

제13조(분류지침)

각급기관의 장은 비밀 분류를 통일성 있고 적절하게 하기 위하여 세부 분류지침을 작성하여 시행하여야 한다. 이 경우 세부 분류지침은 공개하지 않는다.

제14조(예고문)

제12조에 따라 분류된 비밀에는 「공공기록물 관리에 관한 법률」 제33조제1항에 따른 비밀 보호기간 및 보존기간을 명시하기 위하여 예고문을 기재하여야 한다.

제15조(재분류 등)

① 비밀을 효율적으로 보호하기 위하여 비밀등급 또는 예고문 변경 등의 재분류를 한다.

② 비밀의 재분류는 그 비밀의 예고문에 따르거나 생산자의 직권으로 한다. 다만, 다음 각 호의 어느 하나에 해당하는 경우에는 예고문의 비밀 보호기간 및 보존기간과 관계없이 비밀을 파기할 수 있다.

1. 전시·천재지변 등 긴급하고 부득이한 사정으로 비밀을 계속 보관할 수 없거나 안전하게 반출할 수 없는 경우
2. 국가정보원장의 요청이 있는 경우
3. 비밀 재분류를 통하여 예고문에 따른 파기 시기까지 계속 보관할 필요가 없게 된 경우로서 해당 비밀취급 인가권자의 사전 승인을 받은 경우

③ 외국 정부나 국제기구로부터 접수된 비밀 중 예고문이 없거나 기재된 예고문이 비밀 관리에 적당하지 아니하다고 인정되는 경우에는 접수한 기관의 장이 그 비밀을 최대한 보호할 수 있는 범위에서 재분류할 수 있다.

제16조(표시)

비밀은 그 취급자 또는 관리자에게 경고하고 비밀취급 인가를 받지 아니한 사람의 접근을 방지하기 위하여 분류(재분류를 포함한다. 이하 같다)와 동시에 등급에 따라 구분된 표시를 하여야 한다.

제17조(비밀의 접수 · 발송)

① 비밀을 접수하거나 발송할 때에는 그 비밀을 최대한 보호할 수 있는 방법을 이용하여야 한다.

② 비밀은 암호화되지 아니한 상태로 정보통신 수단을 이용하여 접수하거나 발송해서는 아니 된다.

③ 모든 비밀을 접수하거나 발송할 때에는 그 사실을 확인하기 위하여 접수증을 사용한다.

제18조(보관)

비밀은 도난·유출·화재 또는 파괴로부터 보호하고 비밀취급인가를 받지 아니한 사람의 접근을 방지할 수 있는 적절한 시설에 보관하여야 한다.

제19조(출장 중의 비밀 보관)

비밀을 휴대하고 출장 중인 사람은 비밀을 안전하게 보호하기 위하여 국내 경찰기관 또는 재외공관에 보관을 위탁할 수 있으며, 위탁받은 기관은 그 비밀을 보관하여야 한다.

제20조(보관책임자)

각급기관의 장은 소속 직원 중에서 이 영에 따른 비밀 보관 업무를 수행할 보관책임자를 임명하여야 한다.

제21조(비밀의 전자적 관리)

① 각급기관의 장은 전자적 방법을 사용하여 비밀을 관리할 수 있으며, 이를 위하여 전자적 비밀관리시스템을 구축·운영할 수 있다.

② 각급기관의 장은 제1항에 따라 비밀을 관리할 경우 국가정보원장이 안전성을 확인한 암호자재를 사용하여 비밀의 위조·변조·훼손 및 유출 등을 방지하기 위한 보안대책을 마련하여 시행하여야 한다.

③ 국가정보원장은 관리하는 비밀이 적은 각급기관이 공동으로 활용할 수 있도록 통합 비밀관리시스템을 구축·운영할 수 있다.

제22조(비밀관리기록부)

① 각급기관의 장은 비밀의 작성·분류·접수·발송 및 취급 등에 필요한 모든 관리사항을 기록하기 위하여 비밀관리기록부를 작성하여 갖추어 두어야 한다. 다만, Ⅰ급비밀관리기록부는 따로 작성하여 갖추어 두어야 하며, 암호자재는 암호자재 관리기록부로 관리한다.

② 비밀관리기록부와 암호자재 관리기록부에는 모든 비밀과 암호자재에 대한 보안책임 및 보안관리 사항이 정확히 기록·보존되어야 한다.

제23조(비밀의 복제 · 복사 제한)

① 비밀의 일부 또는 전부나 암호자재에 대해서는 모사(模寫) · 타자(打字) · 인쇄 · 조각 · 녹음 · 촬영 · 인화(印畵) · 확대 등 그 원형을 재현(再現)하는 행위를 할 수 없다. 다만, 다음 각 호의 구분에 따른 비밀의 경우에는 그러하지 아니하다.

1. Ⅰ급비밀: 그 생산자의 허가를 받은 경우
2. Ⅱ급비밀 및 Ⅲ급비밀: 그 생산자가 특정한 제한을 하지 아니한 것으로서 해당 등급의 비밀취급 인가를 받은 사람이 공용(共用)으로 사용하는 경우
3. 전자적 방법으로 관리되는 비밀: 해당 비밀을 보관하기 위한 용도인 경우

② 각급기관의 장은 보안 업무의 효율적인 수행을 위하여 필요하다고 인정되는 경우에는 해당 비밀의 보존기간 내에서 제1항 단서에 따라 그 사본을 제작하여 보관할 수 있다.

③ 제2항에 따라 비밀의 사본을 보관할 때에는 그 예고문이나 비밀등급을 변경해서는 아니 된다. 다만, 「공공기록물 관리에 관한 법률 시행령」 제68조제6항에 따라 비밀을 재분류하는 경우에는 그러하지 아니하다.

④ 비밀을 복제하거나 복사한 경우에는 그 원본과 동일한 비밀등급과 예고문을 기재하고, 사본 번호를 매겨야 한다.

⑤ 제4항에 따른 예고문에 재분류 구분이 "파기"로 되어 있을 때에는 파기 시기를 원본의 보호기간보다 앞당길 수 있다.

제24조(비밀의 열람)

① 비밀은 해당 등급의 비밀취급 인가를 받은 사람 중 그 비밀과 업무상 직접 관계가 있는 사람만 열람할 수 있다.

② 비밀취급 인가를 받지 아니한 사람에게 비밀을 열람하거나 취급하게 할 때에는 국가정보원장이 정하는 바에 따라 소속 기관의 장(비밀이 군사와 관련된 사항인 경우에는 국방부장관)이 미리 열람자의 인적사항과 열람하려는 비밀의 내용 등을 확인하고 열람 시 비밀 보호에 필요한 자체 보안대책을 마련하는 등의 보안조치를 하여야 한다. 다만, Ⅰ급비밀의 보안조치에 관하여는 국가정보원장과 미리 협의하여야 한다.

제25조(비밀의 공개)

① 중앙행정기관등의 장은 다음 각 호의 어느 하나에 해당하는 사유가 있을 때에는 그가 생산한 비밀을 제3조의3에 따른 보안심사위원회의 심의를 거쳐 공개할 수 있다. 다만, Ⅰ급비밀의 공개에 관하여는 국가정보원장과 미리 협의해야 한다.

1. 국가안전보장을 위하여 국민에게 긴급히 알려야 할 필요가 있다고 판단될 때
2. 공개함으로써 국가안전보장 또는 국가이익에 현저한 도움이 된다고 판단될 때

② 공무원 또는 공무원이었던 사람은 법률에서 정하는 경우를 제외하고는 소속 기관의 장이나 소속되었던 기관의 장의 승인 없이 비밀을 공개해서는 아니 된다.

제27조(비밀의 반출)

비밀은 보관하고 있는 시설 밖으로 반출해서는 아니 된다. 다만, 공무상 반출이 필요할 때에는 소속 기관의 장의 승인을 받아야 한다.

제28조(안전 반출 및 파기 계획)

관계 기관의 장은 비상시에 대비하여 비밀을 안전하게 반출하거나 파기할 수 있는 계획을 수립하고, 소속 직원에게 주지(周知)시켜야 한다.

제29조(비밀문서의 통제)

각급기관의 장은 비밀문서의 접수 · 발송 · 복제 · 열람 및 반출 등의 통제에 필요한 규정을 따로 작성 · 운영할 수 있다.

제30조(비밀의 이관)

비밀은 일반문서보관소로 이관해서는 아니 된다. 다만, 「공공기록물 관리에 관한 법률」 제33조제2항 및 같은 법 시행령 제68조에 따라 기록물관리기관으로 이관하는 경우에는 그러하지 아니하다.

제31조(비밀 소유 현황 통보)

① 각급기관의 장은 연 2회 비밀 소유 현황을 조사하여 국가정보원장에게 통보하여야 한다.

② 제1항에 따라 조사 및 통보된 비밀 소유 현황은 공개하지 않는다.

제70조(비밀 및 암호자재 관련 자료의 보관)

① 다음 각 호의 자료는 비밀과 함께 철하여 보관·활용하고, 비밀의 보호기간이 만료되면 비밀에서 분리한 후 각각 편철하여 5년간 보관해야 한다.

1. 비밀접수증
2. 비밀열람기록전
3. 배부처

② 다음 각 호의 자료는 새로운 관리부철로 옮겨서 관리할 경우 기존 관리부철을 5년간 보관해야 한다.

1. 비밀관리기록부
2. 비밀 접수 및 발송대장
3. 비밀대출부
4. 암호자재 관리기록부

③ 서약서는 서약서를 작성한 비밀취급인가자의 인사기록카드와 함께 철하여 인가 해제 시까지 보관하되, 인사기록카드와 함께 철할 수 없는 경우에는 별도로 편철하여 보관해야 한다.

④ 암호자재 증명서는 해당 암호자재를 반납하거나 파기한 후 5년간 보관해야 한다.

⑤ 암호자재 점검기록부는 최근 5년간의 점검기록을 보관해야 한다.

⑥ 제1항부터 제5항까지의 규정에 따른 보관기간이 지나면 해당 자료는 「공공기록물 관리에 관한 법률」에 따른 기록물관리기관으로 이관해야 한다.

제71조(시행세칙)

① 중앙행정기관등의 장은 국가정보원장과 미리 협의하여 이 훈령 운용에 필요한 보안 업무 시행세칙을 작성·시행해야 한다.

② 국방부장관은 이 훈령에서 정한 사항 외에 국방부본부, 합동참모본부, 국방부 직할부대 및 직할기관, 각 군, 「방위사업법」에 따른 방위산업체 및 연구기관의 보안에 관하여 필요한 세부 사항을 국가정보원장과 협의를 거쳐 따로 정한다.

관련법조항 「보안업무규정 시행규칙」

제1조(목적)
이 훈령은 「보안업무규정」의 시행에 필요한 사항을 규정함을 목적으로 한다. 〈개정 2020.3.17〉

제2조(보안 업무에 관한 각급기관의 장의 역할)
각급기관의 장은 「보안업무규정」(이하 "영"이라 한다) 제3조의2제1호에 따라 국가정보원장이 수립하는 기본정책에 맞추어 다음 각 호의 사항이 포함된 각급기관의 보안 기본정책을 수립 · 시행해야 한다.

1. 보안 업무 수행에 필요한 기본계획
2. 보안 업무 수행을 위한 전담조직 또는 인원의 지정 · 운영
3. 보안 업무 수행 실태에 대한 감사 및 점검
4. 비밀소유현황 및 비밀취급인가자 현황의 기록 · 유지 실태조사
5. 비밀 및 암호자재 보호를 위한 출입통제대책 마련
6. 그 밖에 보안 업무 수행에 필요한 사항

제2조의2(보안 업무 수행실태 확인에 관한 국가정보원장의 역할)
① 국가정보원장은 영 제3조의2제4호에 따른 보안 업무 수행의 적절성 확인을 위하여 각급기관의 장이 비밀관리실태 등에 관하여 자체점검할 수 있도록 점검지표 및 지침을 작성 · 배부해야 한다.
② 국가정보원장은 제1항의 자체점검 결과를 바탕으로 각급기관의 보안 업무가 적절하게 수행되는지 여부를 확인할 수 있다.

제2조의3(보안심사위원회의 구성 · 운영)
① 영 제3조의3제2항에 따른 보안심사위원회는 위원장 1명을 포함하여 3명 이상의 위원으로 구성하며, 위원장은 부기관장이 되고, 위원은 실 · 국장 중에서 기관의 장이 임명한다.
② 위원장은 위원회를 대표하고, 위원회의 업무를 총괄한다.
③ 위원장이 부득이한 사유로 직무를 수행할 수 없는 때에는 기관장이 미리 지명한 위원이 그 직무를 대행한다.
④ 위원회의 회의는 위원장이 필요하다고 인정할 때 위원장이 소집하고, 위원장이 그 의장이 된다.
⑤ 위원회는 재적위원 과반수의 출석으로 개의하고, 출석 위원 과반수의 찬성으로 의결한다.

제2장 비밀보호

제1절 암호자재

제3조(암호자재의 제작)
① 각급기관에서 공통으로 사용할 암호자재나 각급기관의 장이 요청하는 암호자재는 국가정보원장이 개발 · 제작 · 변경 · 배부한다.
② 제1항에도 불구하고 각급기관에서 사용하는 Ⅲ급비밀 소통용 암호자재는 국가정보원장이 인가하는 암호체계에 따라 그 기관의 장이 개발 · 제작 · 변경 · 배부할 수 있다.
③ 각급기관의 장은 제2항에 따라 Ⅲ급비밀 소통용 암호자재를 개발 · 제작하거나 변경한 때에는 국가정보원장에게 해당 암호자재 및 관련 자료를 제출하여 안전성을 확인받아야 한다.

제4조(암호자재의 배부 · 반납 등)
① 암호자재는 그 취급자가 암호자재를 배부하는 기관에 직접 접촉하여 배부받거나 반납하되, 부득이한 경우에는 외교행낭 등 국가정보원장과 사전에 협의한 방법으로 배부받거나 반납할 수 있다.
② 암호자재를 배부하는 기관의 장은 암호자재를 배부받거나 반납하는 직원이 해당 등급의 비밀 소통용 암호자재취급 인가를 받았는지 여부를 확인해야 한다.

③ 각급기관은 예비용 암호자재를 최하단위 사용기관까지 즉시 배부할 수 있도록 미리 절차를 마련하여야 한다.
④ 암호자재의 배부, 반납, 파기 또는 오인 소각이나 분실 및 그 밖의 사고의 증명은 별지 제2호서식의 암호자재 증명서에 따른다.

제5조(암호자재의 관리)
① 암호자재를 사용하는 기관의 장은 암호자재의 관리에 관하여 책임을 진다.
② 암호자재를 보유하고 있는 기관은 별지 제3호서식의 암호자재 관리기록부를 비치하고 기록 · 유지하여야 한다.
③ 암호자재를 보유하고 있는 기관은 사용 중인 암호자재를 제외하고는 따로 봉인하여 보관하여야 한다.
④ 암호자재를 보유하는 기관의 장은 암호자재를 잠금장치가 있는 비밀보관 용기에 보관하는 등 별도의 보안대책을 수립 · 시행하여야 한다.
⑤ 암호자재를 보유하고 있는 기관은 주 1회 이상 암호자재를 점검하여 그 결과를 별지 제4호서식의 암호자재 점검기록부에 기록 · 유지하여야 하며, 보안담당관은 월 1회 점검사항을 확인하여야 한다.

제6조(암호자재의 운용)
① 비밀은 해당 등급의 비밀 소통용 암호자재를 사용하여 접수 · 발송해야 하며, 비밀이 아니라도 누설될 경우 국가이익을 해할 우려가 있는 내용은 암호자재를 사용하여 접수 · 발송해야 한다.
② 암호자재는 암호자재를 배부하는 기관이 지정한 용도 외의 목적으로 사용해서는 안 된다.
③ 암호문을 작성 또는 해독하기 위하여 사용한 작업용지는 그 유효성이 종료된 때에 파기하여야 한다.
④ 암호자재를 사용하여 암호화한 통신문은 그 여백에 암호자재의 사용근거를 표시하여야 한다.
⑤ 통신문을 암호화할 때에는 암호화되지 아니한 문장과 혼합하여 사용하여서는 아니 된다.

제7조(암호자재의 긴급 파기)
① 암호자재를 관리 · 운용하는 사람은 긴급사태 발생으로 암호자재를 안전하게 보호할 수 없는 경우에는 파기할 수 있다.
② 암호자재의 긴급 파기계획은 평상시에 수립하여야 하며, 파기는 다음 각 호의 순서에 따라 하여야 한다.
   1. 긴급사태가 발생하였다고 인정될 때에는 사용 기간이 끝난 암호자재, 예비용 암호자재 및 사용 중인 암호자재 순으로 파기할 것
   2. 사용 중인 암호자재를 계속 보유할 수 없을 때에는 배부처가 많은 공통용, 단독용 순으로 파기할 것
③ 각급기관의 장은 암호자재를 긴급 파기하였을 때에는 다음 각 호의 사항을 소속 중앙행정기관등의 장을 거쳐 국가정보원장에게 통보하여야 하며, 중앙행정기관등의 장은 소속기관 및 산하기관에 그 사실을 통보하여야 한다.
   1. 파기일시 및 장소
   2. 암호자재의 명칭 · 수량 및 등록번호
   3. 파기 이유 및 방법
   4. 보유 중인 암호자재의 명칭
   5. 파기자 및 참여자의 직위(직급) · 성명

제8조(암호자재의 사고)
① 각급기관의 장은 암호자재를 오인 소각 · 소실 · 분실 또는 누설하였을 때에는 지체 없이 통신망을 통하여 소속 중앙행정기관등의 장을 거쳐 국가정보원장에게 알리고, 다음 각 호의 사항을 서면으로 제출하여야 한다.
   1. 사고일시 및 장소
   2. 암호자재의 명칭 · 수량 및 등록번호
   3. 사고경위

4. 사고자 및 관계자의 인적사항
5. 사고자 및 관계자에 대한 조치 결과

② 국가정보원장은 암호자재가 분실 또는 누설되었을 때에는 해당 암호자재의 사용을 즉시 중지하거나 해당 암호자재의 회수 또는 파기 등 보안대책을 시행할 수 있도록 관련기관을 지원하며, 분실 또는 누설의 경위를 조사하여야 한다.

③ 암호자재의 분실 또는 누설의 통보를 받은 각 기관의 보안담당관은 그 암호자재가 사용된 비밀을 검토하고, 암호자재의 분실 또는 누설이 현재 또는 미래의 업무 추진에 미칠 수 있는 영향을 분석한 자료를 소속기관의 장에게 제출하여 필요한 조치를 할 수 있도록 하여야 한다.

제9조(암호자재의 인계인수)

암호자재 취급인가자가 교체될 때에는 암호자재 관리기록부에 그 내용을 기록하여야 하며 보안담당관의 확인을 받아야 한다.

제3절 비밀의 분류

제16조(분류 금지와 대외비)

① 누구든지 행정상 과오, 업무상 과실 또는 법령 위반 사실을 감추거나 보호가치가 없는 정보의 공개를 제한할 목적으로 비밀이 아닌 사항을 비밀로 분류하여서는 아니 된다.

② 비밀의 제목을 표시할 때에는 비밀의 내용을 포함하여서는 아니 된다.

③ 영 제4조에 따른 비밀 외에 「공공기관의 정보공개에 관한 법률」 제9조제1항제3호부터 제8호까지의 비공개 대상 정보 중 직무 수행상 특별히 보호가 필요한 사항은 이를 "대외비"로 한다.

④ 각급기관의 장은 제3항에 따른 대외비를 업무와 관계되지 아니한 사람이 열람, 복제·복사, 배부할 수 없도록 보안대책을 수립·시행하여야 한다.

⑤ 대외비는 그 문서의 표면 중앙 상단에 다음과 같은 예고문을 붉은색으로 기재하여야 한다.

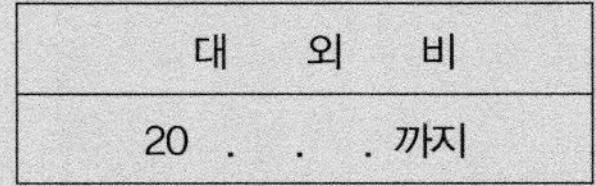

대 외 비
20 . . . 까지

⑥ 보호기간이 만료된 대외비는 일반문서로 재분류한다. 이 경우 대외비에서 일반문서로 재분류된 기록물의 관리 등에 관하여는 「공공기록물 관리에 관한 법률」에 따른다.

제17조(비밀세부분류지침)

① 국가정보원장은 별표 1의 기본분류지침표에 따라 중앙행정기관등의 장이 제출하는 자료를 바탕으로 비밀세부분류지침을 작성하여 각급기관에 배부한다. 다만, 군사비밀 세부분류지침은 별표 1의 기본분류지침표에 따라 국방부장관이 따로 작성하여 배부한다.

② 중앙행정기관등의 장은 비밀세부분류지침을 새로 작성하거나 변경할 필요가 있다고 인정할 때에는 그 자료를 국가정보원장에게 제출하여야 한다.

기본분류지침표

Ⅰ급비밀	Ⅱ급비밀	Ⅲ급비밀
1. 국가방위 및 외교에 결정적인 영향을 주는 사항 2. 국가차원의 전쟁전략 및 정책 가. 전략제대급의 전쟁수행 계획 나. 극히 보안이 필요한 특수정보활동 계획 다. 비밀군사동맹 또는 비밀협정·합의내용 라. 전략무기 개발·운용 계획 및 전략물자 비축 자료 마. 국가차원의 매우 중요한 과학기술 발전 계획 3. 국가정보작전 및 특수적인 국내정보활동에 필요한 사항 가. 국가 정보기관의 능력과 획득된 성과를 판단할 수 있을 정도로 완성된 정보계획 나. 국가의 중요한 정보수집활동 사항 다. 전반적이고 종합적인 특수한 치안활동(특수정보) 4. 국가정책의 전환으로 외국 또는 국민 전체에 직접적인 영향이 있는 사항 가. 계획단계에 있는 종합적이고 중대한 경제정책의 급격한 전환 나. 국가관계 관련 극히 비밀로 하여야 하는 군사 원조 정책 다. Ⅰ급비밀 보호용 암호자재 동작원리 등 보호체계 핵심자료	1. 국가방위에 중요한 손해를 초래할 우려가 있는 것으로서 조약, 회의 등의 부분적인 사항 등 국제 관계에 중대한 영향을 미치는 비밀활동 2. 국가방위계획 및 그 효과를 매우 위태롭게 하는 사항 가. 사단·여단부터 군사령부급 또는 특수부대의 전쟁계획 나. 국가차원의 동원계획 다. 장비의 성능·수량 등을 포함하는 주요 무기체계 개발·운용 계획 라. 종합적이고 중장기적인 전력정비 및 운용·유지 계획 3. 국가의 중요한 정보활동 계획 및 특수치안활동에 필요한 부분적인 사항 가. 국가가 보유하고 있는 사실을 대외에 알리지 아니하여야 국가안보에 도움이 되는 정보 및 자재 나. 국가 안전보장을 위하여 필요한 부분적인 특수 치안 활동에 관한 사항 다. 국가안전보장에 중요한 첩보를 포함하는 통신 수단 및 암호자재 4. 국가정책의 전환으로 외국 또는 국민에게 직접적인 영향이 있는 부분적인 사항 가. Ⅰ급비밀에 속하는 계획을 폭로하지 아니하는 범위에서의 부분적인 경제정책의 급격한 변화의 일환을 이루고 있는 계획 나. 국방관계와 관련하여 비밀로 하여야 하는전반적 군사 원조 계획의 세부적 부분 다. Ⅱ·Ⅲ급비밀 보호용 암호자재 동작원리 등 보호체계 핵심자료	1. 국가외교상황 중 공개됨으로써 적 또는 가상의 적국에게 유리하게 악용될 우려가 있는 사항 가. 발표되기 전의 부분적인 비밀외교 사항 나. Ⅰ급비밀 및 Ⅱ급비밀에 속하지 아니하는 일시적인 보호가 필요한 외사 관계사항 2. 각 군의 중요한 활동장비 및 그의 연구발전 등과 관련된 사항 가. 국지적인 전투준비 계획 및 연대급 이하의 작전계획 나. Ⅰ급비밀 및 Ⅱ급비밀에 속하지 아니하는 군부대의 임무·특별활동 및 무기체계 운용현황 다. 작전상 특히 보호하여야 할 군사령부급 이상 전력소요 및 전장기능별 종합발전 계획 라. 방산업체의 생산 또는 수리능력 등 종합자료 마. 연대급 이상 증편계획 포함 부분적 동원계획 바. 사단·여단급 이상 통신 운용 지시 3. 국가 안전보장에 필요한 특수정보활동 계획의 일부분으로서 실시되는 국부적인 관련 사항 가. 정보보고 나. 필요한 존안 다. 조직 및 배치 4. 계획단계에서 공개되거나 누설됨으로써 실적 또는 시책면에 차질을 가져올 우려가 있는 계획 및 방침 가. 국가시책의 부분적인 변동 관련 사항 나. 해외공관의 설치계획 다. 국가안보와 직결된 국가 핵심기술·정책 연구자료 5. 외교·국방 중요자료 보호기술 운용에 관한 사항 가. Ⅱ·Ⅲ급비밀 보호용 암호자재 보유현황 나. Ⅱ·Ⅲ급비밀 보호용 암호자재 사용, 파기, 국외반출 승인 등 운용관리와 관련된 사항

제4절 예고문 및 재분류

제18조(예고문)

① 모든 비밀에는 다음과 같은 예고문을 기재해야 한다.

원본	보호기간: (일자/경우) 이관 / 일반문서로 재분류	보존기간: 년
사본	보호기간: (일자/경우) 파기 / 일반문서로 재분류	

② 비밀의 보호기간은 보호되어야 할 필요가 있는 적정한 기간으로 정하여야 하고, 보존기간이 시작되는 일자는 비밀원본을 생산한 날이 속하는 해의 다음 해 1월 1일로 한다. 이 경우 보존기간은 보호기간 이상으로 정하여야 한다.

③ 예고문 중 보호기간의 "일자" 또는 "경우"는 도래가 명확한 것이어야 하며, "처리 후", "불필요 시" 또는 "참고 후"와 같이 불확실하게 기재해서는 안 된다.

④ 재분류 시기를 예측할 수 없는 비밀은 통상 생산일부터 1년 이내의 일자를 예고문의 보호기간에 기재한다.

⑤ 보호기간 만료 시 비밀의 외부유출을 차단할 필요가 있는 경우 비밀의 원본은 "이관"하도록, 비밀의 사본은 "파기"하도록 예고문에 기재하고, 보호기간 만료 시 비밀로 보호해야 할 가치를 상실하여 일반문서로 활용할 필요가 있는 경우에는 "일반문서로 재분류"하도록 예고문에 기재한다.

⑥ 예고문은 비밀이 문서 형태(책자를 포함한다. 이하 같다)인 때에는 본문 끝 부분 여백에 기입한다. 다만, 예고문을 비밀 자체에 기입할 수 없는 때에는 비밀관리기록부에 기록하고, 그 비밀을 발송할 때에는 별지 제12호서식에 따른 접수증의 발송기록 부분 또는 비밀통보서 끝 부분에 기입한다.

제19조(재분류 검토)

① 비밀을 취급하는 사람은 계속적으로 소관 비밀의 예고문에 따라 재분류 검토를 하여야 한다.

② 비밀원본에 대해서는 재분류 일자가 도래하기 전에도 연 2회(6월과 12월을 포함한다) 이상 그 내용에 따른 재분류 검토를 하여야 한다.

제20조(재분류 요청 등)

① 비밀을 접수한 기관의 장이 그 비밀을 검토한 결과 그 비밀이 과도하게 분류되었다고 인정되는 때에는 그 사유를 명시하여 생산기관의 장에게 재분류를 요청한다.

② 비밀이 과소하게 분류되었다고 인정되는 때에는 적절한 상위 비밀등급으로 취급 · 보호한 후 제1항과 같이 재분류를 요청한다. 비밀로 분류되어야 할 사항이 분류되지 아니한 때에도 또한 같다.

③ 비밀의 생산기관이 불분명하여 제1항 또는 제2항에 따른 요청을 할 수 없을 때에는 접수기관의 장이 직권으로 재분류한다. 다만, Ⅰ급비밀의 재분류는 국가정보원장에게 요청하여야 한다.

④ 다른 기관으로부터 인수한 비밀원본의 재분류 권한은 인수한 기관의 장에게 있다.

제21조(예고문의 변경요청)

비밀을 접수한 기관의 장이 비밀의 예고문에 따른 재분류가 업무수행에 지장을 준다고 인정할 때에는 그 사유를 명시하여 생산기관의 장에게 예고문의 변경을 요청할 수 있다.

제22조(재분류 통보)

① 비밀을 생산한 기관의 장이 그 비밀의 예고문에 명시한 일자 또는 경우에 이르기 전에 생산자의 직권으로 재분류하였거나 예고문을 변경하였을 때에는 그 비밀이 배부된 모든 기관에 이를 통보하여야 한다.

② 동일한 계통의 상급기관 또는 조정 · 감독기관은 하급기관 또는 조정 · 감독을 받는 기관으로부터 접수한 비밀이 과도 또는 과소하게 분류되었다고 인정되는 때에는 생산기관의 의사에도 불구하고 재분류할 수 있다. 다만, 재분류하였을 때에는 그 사실을 생산기관에 통보하여야 한다.

③ 제2항에 따라 재분류 통보를 받은 생산기관의 장은 그 비밀을 재분류하고 그 비밀이 배부된 모든 기관에 재분류 통보를 하여야 한다.

제5절 비밀의 표시

제23조(문서 등의 비밀 표시)

① 비밀문서에는 맨 앞면과 맨 뒷면의 표지(表紙)와 각 면 위 · 아래의 중앙에 별지 제7호서식에 따른 비밀등급표를 등급에 따라 붉은색으로 표시한다.

② 제1항에도 불구하고 비밀문서를 복제 또는 복사하는 때에는 복제 또는 복사물과 동일한 색으로 비밀등급표를 표시할 수 있다. 이 경우 비밀 표시는 복제 또는 복사물의 글자보다 크고 뚜렷하게 하여야 한다.

③ 단일문서로서 면마다 비밀등급이 다를 때에는 면별로 해당 등급의 비밀 표시를 한다. 이 경우 맨 앞면과 맨 뒷면의 표지에는 면별로 표시된 비밀등급 중 최고의 비밀등급을 표시한다.

④ 비밀등급이 다른 여러 개의 문서를 하나의 문서로 철한 경우 그 문서 맨 앞면과 맨 뒷면의 표지에는 각 문서에 표시된 비밀등급 중 최고의 비밀등급을 표시한다.

⑤ 비밀문서는 철하여져 있거나 보관되어 있을 때를 제외하고 별지 제8호서식부터 별지 제10호서식까지의 비밀표지를 해당 등급에 따라 첨부하고 취급한다.

⑥ 외장형 하드디스크 등 보조기억매체는 앞면 중앙에 관리번호, 건명, 비밀등급, 사본번호 등이 표시된 스티커를 부착하여 비밀의 표시를 하여야 한다.

제24조(필름 및 사진의 표시)

① 1장으로 된 필름은 비밀 표시가 되어있는 봉투나 이에 준하는 용기에 넣어 보관한다.

② 연결되어 있는 영사필름은 처음과 끝에 해당 비밀등급을 각각 표시하고 제1항에 따라 보관한다.

③ 인화한 사진은 각 표면의 위 · 아래 및 뒷면의 중앙에 적절한 크기의 비밀등급을 표시하고 제1항에 따라 보관한다.

제25조(지도 · 괘도 등의 표시)

지도 · 항공사진 · 괘도 및 그 밖의 도안은 각 면의 위 · 아래의 중앙에 적절한 크기의 비밀등급을 표시하고, 접거나 말았을 때에도 비밀임을 알 수 있도록 그 뒷면의 적절한 부위에 비밀등급을 표시한다.

제26조(상황판 등의 표시)

① 고착식 상황판 또는 접거나 말 수 없는 현황판 등은 제25조에 따라 비밀등급을 표시하고 비밀표시를 한 가림막을 쳐야 한다. 다만, 가림막에 비밀표시를 하는 것이 오히려 비밀을 보호하는데 해를 끼치거나 가림막이 없어도 충분히 위장된 때에는 비밀 표시를 하지 아니할 수 있다.

② 제23조부터 제25조까지 및 제1항 외의 비밀인 자재 · 생산품과 그 밖의 물질은 식별이 용이하도록 적절한 크기로 비밀등급을 표시한다. 다만, 비밀등급을 표시할 수 없을 때에는 문서로 그 비밀등급을 통보한다.

제27조(증거물 등의 표시)

수사상의 증거물 등과 같이 그 원형을 그대로 보전할 필요가 있는 때에는 그 자체에 비밀등급을 표시하지 아니하고, 표면에 별지 제8호서식부터 별지 제10호서식까지의 비밀표지를 등급에 따라 반영구적으로 첨부하고 취급한다.

제28조(비밀의 녹음 등)

비밀을 녹음할 때(비밀을 구두로 설명하거나 전달하는 경우를 포함한다)에는 처음과 끝에 그 비밀등급과 허가되지 아니한 사람에게 전달 또는 누설하는 때에는 관계 법령에 따라 처벌한다는 경고를 포함하며, 제24조제1항에 따라 보관한다.

제29조(재분류 표시)

① 재분류한 비밀은 기존의 비밀 표시를 대각선으로 줄을 쳐서 삭제하고, 그 측면이나 위 · 아래의 적당한 여백에 변경된 비밀등급을 다시 한 번 표시한다.

② 비밀을 재분류한 때에는 재분류 근거를 다음 서식에 따라 그 비밀의 첫면 적당한 여백에 기입하고 날인한다.

(발행처)

직권으로 재분류(　.　.　) 직위　　　　　성명	인

(접수처)

에 따라 재분류(　.　.　) 직위　　　　　성명	인

③ 책자, 팸플릿 및 그 밖에 영구적으로 철하여져 있는 비밀문서를 재분류한 때에는 양면표지의 비밀표시만을 제1항과 같이 삭제하고 표시한다. 다만, 면별로 재분류한 때에는 그 면마다 제1항 및 제2항에 따라 다시 한번 표시를 하여야 한다.

제30조(면 표시)

비밀문서가 두 장 이상으로 이루어진 때에는 문서의 중앙 하부에 총(總)면수와 그 면의 일련번호를 표시(예: 3-1, 3-2, 3-3)하여야 하며, 붙임문서에도 같은 방법으로 따로 면 표시를 한다.

제6절 비밀의 접수 · 발송

제31조(비밀의 접수 · 발송)

① 비밀의 접수·발송은 다음 각 호에 따른다. 다만, Ⅰ급비밀은 제1호 또는 제2호에 따라서만 접수·발송할 수 있다.

1. 암호화하여 정보통신망으로 접수·발송할 것
2. 취급자가 직접 접촉하여 접수·발송할 것
3. 외교행낭 등 각급기관의 문서수발 계통을 통하여 접수·발송할 것
4. 등기우편으로 접수·발송할 것

② 비밀을 발송할 때에는 별지 제11호서식의 이중 봉투로 포장하여야 한다.

③ 문서 형태 외의 비밀은 내용이 노출되지 아니하도록 완전히 포장하여야 한다.

④ 동일 기관 내에서의 비밀의 접수·발송 또는 전파절차(傳播節次)는 그 기관의 장이 정하되, 비밀이 충분히 보호될 수 있도록 정하여야 한다.

⑤ 다른 기관으로부터 접수한 비밀은 생산기관의 장의 승인 없이 다시 다른 기관으로 발송할 수 없다. 다만, 비밀을 이첩·시달하는 경우는 그러하지 아니하다.

⑥ 비밀의 접수·발송 업무에 종사하는 사람은 Ⅱ급 이상의 비밀취급 인가를 받은 사람이어야 한다.

제32조(접수증)

① 영 제17조제3항에 따른 접수증은 별지 제12호서식에 따른다. 〈개정 2020.3.17〉

② 비밀을 발송할 때에는 접수증의 발송기록 부분 전체와 접수기록 부분 중 "수신", "참조", "건명", "사본번호" 및 "수량"을 작성한 후 하단의 접수기록 부분을 잘라내어 발송문서의 내부봉투와 외부봉투 사이에 삽입하여 발송한다. 다만, 취급자가 직접 접촉하는 경우에는 직접 교부한다.

③ 접수기관은 비밀을 접수한 즉시 접수증의 접수기록 부분 중 작성되지 않은 내용을 작성하여 생산기관에 반송해야 한다.

④ 제3항에 따라 접수증의 접수기록 부분을 반송받은 비밀 생산기관은 그 접수증의 접수기록 부분과 발송기록 부분을 함께 보관한다.

제7절 비밀의 보관 및 보안

제33조(보관기준)

① 비밀은 일반문서나 암호자재와 혼합하여 보관하여서는 아니 된다.

② Ⅰ급비밀은 반드시 금고에 보관하여야 하며, 다른 비밀과 혼합하여 보관하여서는 아니 된다.

③ Ⅱ급비밀 및 Ⅲ급비밀은 금고 또는 이중 철제캐비닛 등 잠금장치가 있는 안전한 용기에 보관하여야 하며, 보관책임자가 Ⅱ급비밀 취급 인가를 받은 때에는 Ⅱ급비밀과 Ⅲ급비밀을 같은 용기에 혼합하여 보관할 수 있다.

④ 보관용기에 넣을 수 없는 비밀은 제한구역 또는 통제구역에 보관하는 등 그 내용이 노출되지 아니하도록 특별한 보호대책을 마련하여야 한다.

제34조(보관용기)

① 비밀의 보관용기 외부에는 비밀의 보관을 알리거나 나타내는 어떠한 표시도 해서는 아니 된다.

② 보관용기의 잠금장치의 종류 및 사용방법은 보관책임자 외의 사람이 알지 못하도록 특별한 통제를 하여야 하며, 다른 사람이 알았을 때에는 즉시 이를 변경하여야 한다.

제35조(보관책임자)

① 보관책임자는 비밀취급인가를 받은 사람 중에서 비밀등급별로 임명한다. 다만, 제33조제3항에 해당하는 경우에는 Ⅲ급비밀 보관책임자를 따로 임명하지 아니한다.

② 보관책임자는 보관부서 단위로 정책임자 1명을 두고 보관용기의 수 또는 보관장소에 따라 다수의 부책임자를 둘 수 있다.

③ 보관책임자는 다음 각 호의 임무를 수행한다.

1. 비밀을 최선의 상태로 보관할 것
2. 비밀의 누설 · 도난 · 분실 및 그 밖의 손괴 등의 방지를 위한 감독을 이행할 것
3. 비밀관리기록부를 비치하고 기록을 유지하며 제45조에 따른 비밀대출부 및 비밀열람기록전(철)의 기록을 확인 · 유지할 것

제36조(보관책임자의 교체)

① 비밀보관 정책임자를 교체하는 때에는 소속 보안담당관의 확인을 받아 인계인수를 하여야 한다.

② 제1항에 따른 인계인수는 인계인수서를 작성하지 아니하고 비밀관리기록부에 의할 수 있다.

제37조(전자적 수단에 의한 비밀의 관리)

① 각급기관의 장은 비밀을 전자적 수단으로 생산하는 경우 해당 비밀등급 및 예고문을 입력하여 열람 또는 인쇄 시 비밀등급이 자동적으로 표시되도록 하여야 한다.

② 각급기관의 장은 비밀을 전자적 수단으로 생산 · 보관 · 열람 · 인쇄 · 송수신 또는 이관하는 경우 그 기록이 유지되도록 하여야 하며, 송수신 또는 이관하는 경우에는 전자적으로 생성된 접수증을 사용하여야 한다.

③ 각급기관의 장은 전자적 수단으로 비밀을 생산한 경우 컴퓨터에 입력된 비밀내용을 삭제하여야 한다. 다만, 업무수행을 위하여 필요한 경우에는 비밀저장용 보조기억매체를 지정 · 사용하거나 암호자재로 암호화한 후 보관하여야 한다.

제38조(비밀의 전자적 처리규격)

국가정보원장은 비밀을 전자적으로 안전하게 보호 · 관리하기 위하여 필요한 사항을 수록한 전자적 비밀처리규격을 정하여 각급기관의 장에게 배부하여야 한다. 〈개정 2017.2.22〉

제39조(비밀관리기록부의 사용방법)

① 비밀관리기록은 별지 제13호서식의 비밀관리기록부에 따르며, 문서 접수 · 발송 담당부서에서 행하는 비밀의 접수 · 발송 기록은 별지 제14호서식의 비밀접수 및 발송 대장에 따른다.

② 비밀을 재분류하였거나 다른 곳으로 이송하였을 때에는 비밀관리기록부의 해당란을 2개의 붉은색 선으로 삭제한 후 그 사유를 처리방법란에 명시한다. 다만, 삭제한 부분은 그 내용을 확인할 수 있도록 남겨 두어야 한다.

제40조(관리번호)
① 모든 비밀에는 생산 및 접수되는 순서에 따라 관리번호를 부여하여야 한다.
② 각급기관에서 생산하는 비밀의 관리번호는 최종 결재권자가 결재하여 그 내용이 확정된 후에 부여한다.
③ 관리번호는 다음 규격에 따라 문서 형태의 비밀인 경우에는 표지의 왼쪽 위에 기입하고, 문서 형태 외의 비밀인 경우에는 알아보기 쉽도록 적절한 부위에 기입한다.

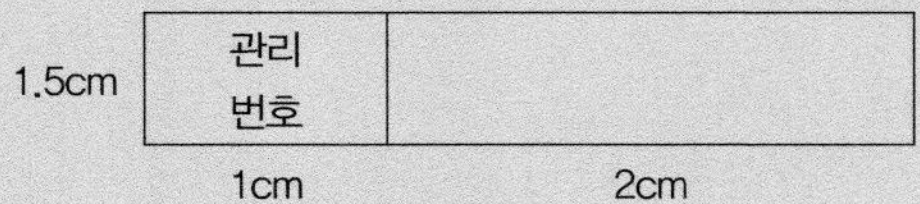

제41조(복제·복사의 제한 표시)
Ⅱ급비밀 및 Ⅲ급비밀의 복제·복사를 제한하려는 때에는 그 비밀의 표지 뒷면 또는 예고문 위에 다음과 같이 붉은색으로 기입한다.

이 비밀의 는 생산기관장의 허가없이 복제·복사할 수 없음

제42조(사본번호)
비밀의 사본을 제작하였을 경우에는 모든 사본에 대하여 각각 일련번호를 부여하며, 다음 규격에 따라 그 비밀의 표면 오른쪽 위에 기입한다.

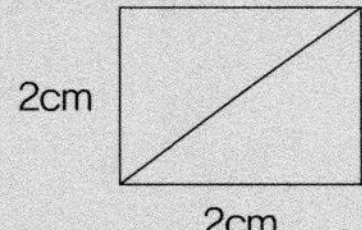

제43조(사본근거 표시)
① 비밀의 사본을 제작한 경우에는 각 사본의 사본번호 및 배부처를 작성하여 사본의 제작에 사용된 비밀에 첨부해야 한다.
② 비밀을 접수한 기관이 접수비밀을 복제 또는 복사한 때에는 그 비밀의 첫 면 또는 끝 부분 중 적절한 여백에 사본근거를 다음과 같이 기입하여야 한다.

사본일자	. . .	성명	(인)
사본부수	면부터 면까지 매		부
사본의 처리			

제44조(비밀문서의 분리)
단일문서로 된 비밀은 이를 분리할 수 없다. 다만, Ⅲ급비밀인 첩보 및 정보문서는 신속한 처리를 위하여 관계 취급자에게 분리·취급시킬 수 있으며 업무처리가 끝난 후에는 반드시 그 예고문에 따라 처리하여야 한다.

제45조(비밀의 대출 및 열람)
① 비밀보관책임자는 보관비밀을 대출하는 때에는 별지 제15호서식의 비밀대출부에 관련 사항을 기록·유지한다.
② 개별 비밀에 대한 열람자 범위를 파악하기 위하여 각각의 비밀문서 끝 부분에 별지 제16호서식의 비밀열람기록전을 첨부한다. 이 경우 문서 형태 외의 비밀에 대한 열람기록은 따로 비밀열람기록전(철)을 비치하고 기록·유지한다.

③ 제2항에 따른 비밀열람기록전은 그 비밀의 생산기관이 첨부하며, 비밀을 파기하는 때에는 비밀에서 분리하여 따로 철하여 보관하여야 한다.
④ 비밀열람자는 비밀을 열람하기에 앞서 비밀열람기록전에 정해진 사항을 기재하고 서명 또는 날인한 후 비밀을 열람하여야 한다.
⑤ 비밀의 발간업무에 종사하는 사람은 작업일지에 작업에 관한 사항을 기록·보관해야 한다. 이 경우 작업일지는 비밀열람기록전을 갈음하는 것으로 본다.

제46조(보안조치)

① 영 제24조제2항에 따라 비인가자에게 비밀을 열람하거나 취급하게 할 때에는 열람하거나 취급하려는 날부터 20일 전(긴급한 사항인 경우에는 3일 전)에 소속 기관의 장(비밀이 군사관련 사항인 경우에는 국방부장관)이 다음 각 호의 사항을 확인해야 한다.
  1. 열람하거나 취급하려는 사람에 관한 다음 각 목의 인적사항
     가. 성명
     나. 등록기준지(외국인인 경우에는 국적) 및 주소
     다. 생년월일 및 성별
     라. 직업
  2. 열람하거나 취급하려는 비밀의 내용(개요)
  3. 비밀을 열람하거나 취급하려는 이유
  4. 비밀을 열람하거나 취급하려는 기간
  5. 비밀을 열람하거나 취급하려는 장소
  6. 자체 보안대책
  7. 그 밖의 참고사항

② 민간시설을 이용하여 비밀을 인쇄, 발간 또는 제작하거나 복제, 복사하고자 할 때에는 다음 각 호의 사항을 소속기관의 장(비밀이 군사관련 사항인 경우에는 국방부장관)이 확인하여야 한다.
  1. 비밀의 인쇄 등을 위하여 이용하는 민간시설의 명칭, 위치 및 대표자 성명
  2. 민간시설을 이용하여 인쇄 등을 하려는 비밀의 내용(개요)
  3. 민간시설을 이용하여 비밀의 인쇄 등을 하려는 이유
  4. 민간시설을 이용하여 비밀의 인쇄 등을 하려는 기간
  5. 자체 보안대책
  6. 그 밖의 참고사항

③ 민간시설을 이용하여 비밀 또는 대외비 문서를 발간했을 때에는 그 문서의 끝 부분 또는 뒷면 표지의 안쪽에 가로 10센티미터, 세로 6센티미터 크기로 다음과 같은 표시를 해야 한다. 이 경우 인가근거는 해당 민간시설에 비밀취급인가를 한 기관 및 그 인가 일자를 기재한다.

년 월 일 부 발간	
발간업체명 전화( )	
대 표 자	
인가근거	
참여자	소속 성명

제48조(비밀의 반출)

① 영 제27조 단서에 따라 비밀을 반출하려는 때에는 별지 제17호서식의 비밀반출승인서를 그 비밀의 보관책임자에게 제출해야 한다.
② 각급기관의 장은 비밀의 반출을 승인할 때에는 보안대책을 확인하여야 한다.

제49조(안전 반출 및 파기 계획)

안전 반출 및 파기 계획은 각급기관이 소재한 지역의 특성에 따라 상황에 부합하도록 작성하여야 하며 다음 각 호의 사항이 포함되어야 한다.

1. 목적
2. 적용범위
3. 반출 또는 파기의 시기
4. 시행책임(일과 중 또는 일과 후로 구분)
5. 반출 또는 파기의 절차 및 장소
6. 최종 확인 및 보고
7. 행정사항(일과 후 비밀보관 장소 및 열쇠관리, 반출 및 파기의 우선 순위, 계획서의 비치 등)

제50조(파기)

① 비밀을 파기할 때에는 파쇄, 용해 그 밖의 방법으로 원형을 완전히 소멸시켜야 한다.

② 비밀을 파기할 때에는 보관책임자 또는 그가 지정하는 비밀취급 인가자가 참여한 가운데 그 비밀의 처리담당자가 행하며, 비밀관리기록부의 확인란에 참여자의 파기 확인을 받아야 한다.

③ 비밀을 저장 · 관리하였던 USB 등 보조기억매체는 보관책임자가 그 비밀의 내용을 복구할 수 없도록 완전 삭제한 후 파기하여야 한다. 다만, 보조기억매체를 비밀보관용으로 재활용할 경우에는 보안담당관의 승인을 받은 후 사용하여야 한다.

제51조(비밀의 인계)

① 비밀을 보관하는 기관이 해체되는 때에는 그 기관이 보유한 비밀을 인수기관에 인계하여야 한다.

② 제1항에도 불구하고 비밀의 인수기관이 없거나 불분명한 때에는 다른 기관이 생산한 비밀은 생산기관에 반납하고, 자체 생산한 비밀은 「공공기록물 관리에 관한 법률」 제3조에 따른 기록물관리기관에 이관하여야 한다.

제52조(비밀 소유 현황 및 비밀취급 인가자 현황 조사의 절차 및 통보)

① 각급기관의 장은 매년 6월 30일과 12월 31일을 기준으로 하여 비밀의 재분류 검토를 실시한 후 비밀 소유 현황 및 비밀취급 인가자 현황을 조사하여야 한다. 이 경우 비밀 소유 현황 조사는 별지 제18호 서식, 비밀취급 인가자 현황 조사는 별지 제18호의2서식에 따른다.

② 각급기관의 장은 제1항 전단에 따른 비밀취급 인가자 현황 조사시 비밀취급 필요성 및 보안상 위해요인 여부를 확인하여 불필요 · 부적격자의 인가 여부를 재검토하여야 한다.

③ 중앙행정기관등의 장은 소속 기관의 비밀 소유 현황 및 비밀취급 인가자 현황을 종합하여 조사기준 다음 달 25일까지 국가정보원장에게 통보하여야 한다.

Theme

45 인원보안(personnel security)

Ⅰ 의의

1 의미

① 인원보안이란 국가의 중요한 비밀에 대한 보안이 잘 유지되도록 관련된 사람을 관리하는 것을 의미한다.

② 즉 국가의 중요한 비밀에 대한 접근 권한을 취득할 사람의 보안의식을 심사하고, 그들이 그러한 자세를 견지하도록 지도 및 감독하는 행위를 말한다.

2 중요성

① 문서보안이나 물리적 보안은 사물이나 기계를 대상으로 하기 때문에 효과적인 관리 체계의 구축을 통해 어느 정도 보안이 유지될 수 있다. 그러나 인원보안은 사람을 대상으로 하기 때문에 관리하기가 매우 어렵다.

② 사람은 비밀을 직접 취급하고 관리한다. 그런데 때로 실수나 부주의로 인해 보안을 누설하기도 한다. 또한 사람은 자유의지를 갖고 있기 때문에 신념이나 가치관의 변화로 인해 또는 이기적인 욕망으로 인해 자신이 속한 단체나 국가를 배신하는 행위를 자행하기도 한다.

③ 국가비밀을 취급하는 내부 구성원이 배신행위를 하게 되면 아무리 강화된 물리적 보안조치도 무용지물이 되고 만다. 그런 점에서 인원보안이 가장 중요하다고 본다.

④ 인원보안에 활용되는 수단으로서 신원조사, 동향파악, 보안교육, 서약 등 네 가지를 들 수 있으며, 이에 대해서 다음에서 구체적으로 살펴본다.

Ⅱ 신원조사

1 의의

① 신원조사는 개개인들에게 '비밀취급인가권(security clearance)', 즉 비밀로 분류된 정보에 접근할 수 있는 자격이 부여될 수 있는지 그 여부를 판단하기 위해 수행되는 조사활동이라고 볼 수 있다.

② 신원조사는 주로 정보에 접근할 권한을 갖는 직위에 사람을 고용하기 전에 수행되며, 그가 비밀을 유지할 의사와 능력이 있는지를 판단하는 데 중점을 둔다. 그러한 판단을 내리는 데 있어서 고용될 사람의 성격, 정서적 안정성, 충성심, 의지력 등 다양한 요소를 고려하게 된다.

③ 이미 고용된 사람이라 할지라도 민감한 정보에의 접근을 계속 허용할지 여부를 결정하기 위하여 주기적으로 신원 재조사를 실시한다.

④ 철저한 신원조사(investigation) 과정을 거쳐 보안유지에 신뢰성이 있다고 판단되는 개인에게 '비밀취급인가권(security clearance)'이 부여된다. 비밀등급이 높을수록 신원조사 과정이 보다 까다롭다.

2 미국의 신원조사 과정

(1) 행정부

① 미국의 경우 1급 비밀취급인가권에 대한 신원조사는 FBI에서 담당하는데, 적게 잡아도 몇 주가 걸리며 길면 수개월에 걸쳐서 개인 신상에 대해 철저한 조사가 진행된다.

② 학교시절 담임선생, 친구, 이웃, 고용주, 피고용인, 친척, 소속 종교 교직자, 전 배우자(여자 또는 남자 친구) 등 주변 인물들과의 면담조사가 이루어지고, 학교 기록, 전과, 신용 등을 조회한다.

③ 개인의 성격, 태도, 습관 등 신상에 관해 작성한 신원조사 결과를 보고한다. 개인을 고용할 해당 기관은 신원조사 결과보고서를 검토하여 개인의 보안성 수준을 평가하며, 이에 따라 비밀취급인가권을 허가 또는 거부하게 된다.

(2) 의회

① 일반적으로 의회의 의원들은 당선과 함께 비밀취급인가권을 받은 것으로 간주된다. 그러므로 이들에 대해서는 굳이 신원조사를 시행할 필요가 없다.

② 그러나 의회 보좌관들(staff members)에 대해서는 행정부 관료와 유사하게 신원조사를 실시한다.

③ 미국의 경우 의회 보좌관들에 대한 비밀취급인가권은 FBI가 작성한 신원조사결과보고서에 기초하여 해당 위원회에서 허가 또는 거부하게 된다.

④ 미 상원 정보위원회의 경우 FBI 보고서를 중앙정보장(DCI, 현재는 DNI)에게 보내는데 그는 이의를 제기할 수는 있지만 거부권을 행사할 수는 없다.

생각넓히기 | 비밀취급인가권(security clearance)과 차단(compartment)

아무리 개개인에 대한 신원조사가 철저하게 이루어졌다고 하더라도 그가 비밀을 확실히 유지한다는 보장은 없다. 비밀을 알고 있는 사람들의 숫자가 증가하는 데 비례하여 비밀이 누설될 위험이 증가한다. 전 마피아 조직원이었던 자가 말하기를 "3명 중에서 2명이 죽으면 비밀이 유지될 수 있다."고 말한 바 있다. 따라서 가급적 필요한 사람에게만 제한하여 비밀취급인가권을 주는 것이 바람직하다. 비밀취급인가권을 제한하는 방법으로서 차단(compartment)의 원칙이 적용된다. 즉 비밀취급인가권을 획득한 직원이라 할지라도 '알 필요(need to know)'가 있을 경우에만 출입이나 접근이 승인된다. 이처럼 정보요원들 간에 수행하는 업무를 차단(compartment)하면 비밀누설의 가능성을 감소시킬 수 있다. 주어진 사실을 알 수 있는 사람들의 숫자가 적을수록 비밀이 알려질 가능성이 감소된다는 것이다. 이러한 차단의 원칙이 지나치면 업무 효율성이 저하될 수 있다. 즉 업무들 간의 상호 연계성이 차단되기 때문에 분석관들은 전체적인 그림을 볼 수 없다. 그래서 업무 효율성과 보안 간의 적절한 조화와 균형이 요구된다.

관련법조항 「보안업무규정」

제2장 비밀보호

제9조(비밀 · 암호자재취급 인가권자)

① Ⅰ급비밀 취급 인가권자와 Ⅰ급 및 Ⅱ급비밀 소통용 암호자재 취급 인가권자는 다음 각 호와 같다.

1. 대통령
2. 국무총리
3. 감사원장
4. 국가인권위원회 위원장

4의2. 고위공직자범죄수사처장

5. 각 부 · 처의 장
6. 국무조정실장, 방송통신위원회 위원장, 공정거래위원회 위원장, 금융위원회 위원장, 국민권익위원회 위원장, 개인정보 보호위원회 위원장 및 원자력안전위원회 위원장
7. 대통령 비서실장
8. 국가안보실장
9. 대통령경호처장
10. 국가정보원장
11. 검찰총장
12. 합동참모의장, 각군 참모총장, 지상작전사령관 및 육군제2작전사령관
13. 국방부장관이 지정하는 각군 부대장

② Ⅱ급 및 Ⅲ급비밀 취급 인가권자와 Ⅲ급비밀 소통용 암호자재 취급 인가권자는 다음 각 호와 같다.

1. 제1항 각 호의 사람
2. 중앙행정기관등인 청의 장
3. 지방자치단체의 장
4. 특별시 · 광역시 · 도 및 특별자치시 · 특별자치도의 교육감
5. 제1호부터 제4호까지의 사람이 지정한 기관의 장

제10조(비밀 · 암호자재취급의 인가 및 인가해제)

① 비밀취급 인가권자는 비밀을 취급하거나 비밀에 접근할 사람에게 해당 등급의 비밀취급을 인가하고, 필요한 경우에는 인가 등급을 변경한다.

② 비밀취급 인가는 인가 대상자의 직책에 따라 필요한 최소한의 인원으로 제한하여야 한다.

③ 비밀취급 인가를 받은 사람이 다음 각 호의 어느 하나에 해당하는 경우에는 그 인가를 해제해야 한다.

1. 고의 또는 중대한 과실로 보안사고를 저질렀거나 이 영을 위반하여 보안업무에 지장을 주는 경우
2. 비밀취급이 불필요하게 되었을 경우

④ 암호자재취급 인가권자는 비밀취급 인가를 받은 사람 중에서 암호자재취급이 필요한 사람에게 해당 등급의 비밀 소통용 암호자재취급을 인가하고, 필요한 경우에는 인가 등급을 변경한다. 이 경우 암호자재취급 인가 등급은 비밀취급 인가 등급보다 높을 수 없다.

⑤ 암호자재취급 인가를 받은 사람이 다음 각 호의 어느 하나에 해당하는 경우에는 그 인가를 해제해야 한다.

1. 비밀취급 인가가 해제되었을 경우
2. 암호자재와 관련하여 보안사고를 저질렀거나 이 영을 위반하여 보안 업무에 지장을 주는 경우
3. 암호자재의 취급이 불필요하게 되었을 경우

⑥ 비밀취급 및 암호자재취급의 인가와 인가 등급의 변경 및 인가 해제는 문서로 하여야 하며, 직원의 인사기록사항에 그 사실을 포함하여야 한다.

제4장 신원조사

제36조(신원조사)

① 국가정보원장은 제3조제2호에 해당하는 사람의 충성심 · 신뢰성 등을 확인하기 위하여 신원조사를 한다.

③ 관계 기관의 장은 다음 각 호에 해당하는 사람에 대하여 국가정보원장에게 신원조사를 요청해야 한다.

1. 공무원 임용 예정자(국가안전보장에 한정된 국가 기밀을 취급하는 직위에 임용될 예정인 사람으로 한정한다)
2. 비밀취급 인가 예정자
4. 국가보안시설 · 보호장비를 관리하는 기관 등의 장(해당 국가보안시설 등의 관리 업무를 수행하는 소속 직원을 포함한다)
6. 그 밖에 다른 법령에서 정하는 사람이나 각급기관의 장이 국가안전보장을 위하여 필요하다고 인정하는 사람

제37조(신원조사 결과의 처리)

① 국가정보원장은 신원조사 결과 국가안전보장에 해를 끼칠 정보가 있음이 확인된 사람에 대해서는 관계 기관의 장에게 그 사실을 통보하여야 한다.

② 제1항에 따라 통보를 받은 관계 기관의 장은 신원조사 결과에 따라 필요한 보안대책을 마련하여야 한다.

관련법조항 「보안업무규정 시행규칙」

제2절 비밀취급

제10조(비밀의 취급)

비밀취급인가권이 있는 직위에 임명된 사람은 임명됨과 동시에 비밀을 수집 · 작성 · 관리 · 분류(재분류를 포함한다. 이하 같다) 및 접수 · 발송하는 행위(이하 "비밀취급"이라 한다)를 할 수 있다.

제11조(비밀취급의 한계)

① 비밀취급 인가를 받은 사람이 취급할 수 있는 비밀의 범위는 그 사람이 수행하는 관계 업무로 한정한다.
② 비밀취급 인가를 받지 아니한 사람(이하 "비인가자"라 한다)이 비밀을 취득하였을 때에는 지체 없이 해당 비밀취급 인가를 받은 사람에게 그 비밀을 인도하여야 한다.

제12조(비밀취급 인가의 제한)

① 비밀취급 인가권자는 임무 및 직책상 해당 등급의 비밀을 항상 취급하는 사람에 한정하여 비밀취급을 인가하여야 한다.
② 비밀취급 인가권자는 소속 직원의 인사기록 카드에 기록된 비밀취급의 인가 및 인가해제 사유와 임용 시의 신원조사회보서에 따라 새로 신원조사를 하지 아니하고 비밀취급을 인가할 수 있다. 다만, Ⅰ급 비밀 취급을 인가할 때에는 새로 신원조사를 하여야 한다.
③ 신원조사 결과 국가안전보장에 유해한 정보가 있음이 확인된 사람은 비밀취급 인가를 받을 수 없다.
④ 비밀취급 인가가 해제된 사람은 비밀을 취급하는 직책으로부터 해임되어야 한다.

제13조(비밀취급 인가의 특례)

① 비밀취급 인가권자는 업무 상 조정 · 감독을 받는 기업체나 단체에 소속된 사람에 대하여 소관 비밀을 계속적으로 취급하게 하여야 할 필요가 있을 때에는 미리 국가정보원장과의 협의를 거쳐 해당하는 사람에게 Ⅱ급 이하의 비밀취급을 인가할 수 있다.
② 비밀취급 인가권자는 제1항에 따라 비밀취급을 인가하는 경우 그 비밀을 최대한 보호할 수 있는 보안대책을 마련하여야 한다.
③ 제1항에 따라 비밀취급 인가를 받은 사람은 영 및 이 훈령이 정하는 바에 따라 비밀을 취급해야 한다.

제15조(비밀 · 암호자재취급 인가증)

① 비밀취급 인가 또는 암호자재취급 인가를 받은 사람에게는 별지 제6호서식의 비밀 · 암호자재취급 인가증을 교부해야 한다.
② 비밀취급 인가 또는 암호자재취급 인가를 해제한 때에는 제1항에 따라 교부한 비밀 · 암호자재취급 인가증을 회수해야 한다.
③ 제1항 및 제2항에도 불구하고 기관 특성상 비밀 · 암호자재취급 인가증 교부가 불필요한 경우에는 인사명령으로 비밀 · 암호자재취급 인가증 교부 및 회수를 갈음할 수 있다.

제4장 신원조사

제56조(조사기관 및 조사대상)

① 국가정보원장은 다음 각 호의 사람 중 영 제36조제3항에 해당하는 사람에 대해 신원조사를 한다.
   1. 중앙행정기관등(군기관을 포함한다) 및 그 소속기관의 3급 이상의 공무원(정무직공무원과 고위공무원단 및 고위감사공무원단에 속하는 공무원을 포함한다. 이하 이 호 및 제57조제1항제1호 · 제2호에서 같다) 임용예정자와 「공무원보수규정」에 따라 인사혁신처장이 정하는 공무원경력의 상당계급 기준에 따라 3급에 상당하는 계급(군인의 경우에는 중장으로 한다) 이상의 공무원 임용예정자
   2. 특별시 · 광역시 · 특별자치시의 행정부시장 및 도 · 특별자치도의 행정부지사 임용예정자
   3. 판사 신규 임용예정자

4. 검사 신규 임용예정자
5. 국·공립대학교 총장 및 학장 임용예정자
6. 공무원 임용예정자인 외국인
7. 그 밖에 제1호부터 제6호까지 외의 사람으로서 각급기관의 장이 국가안전보장에 필요하다고 인정하여 요청하는 사람

② 국가정보원장은 제1항에 따른 신원조사의 대상인 사람을 제외한 군인, 군무원, 「방위사업법」에 따른 방위산업체 및 연구기관의 종사자와 그 밖의 군사보안에 관련된 사람에 대한 신원조사를 국방부장관에게 위탁한다.

③ 국가정보원장은 제1항 및 제2항에 따른 신원조사의 대상인 사람을 제외한 사람에 대한 신원조사를 경찰청장에게 위탁한다.

④ 국방부장관 및 경찰청장은 신원조사를 실시한 경우 그 신원조사의 월별통계를 국가정보원장에게 통보해야 한다.

⑤ 국가정보원장은 국방부장관 및 경찰청장이 위탁받은 신원조사에 관한 업무처리와 관련하여 그 기준·방법 및 절차 등의 조정이 필요하다고 인정하는 경우에는 관련 협의 또는 조치를 할 수 있다.

⑥ 관계 기관의 장은 소속 공무원 또는 임직원 등이 영 제36조제3항에 따른 신원조사 대상에 해당하는지 여부를 판단하기 위해 필요한 경우 국가정보원장에게 관련 협의를 요청할 수 있다.

제57조(요청절차)

① 관계 기관의 장은 영 제36조제3항에 따라 관할 신원조사기관에 신원조사를 요청해야 한다. 이 경우 대통령은 다음 각 호의 사람 중 본인이 임명하는 사람에 대한 효율적 신원조사를 위해 필요하다고 인정하는 경우 대통령비서실장으로 하여금 국가정보원장에게 신원조사를 요청하게 할 수 있다.
1. 제56조제1항제1호에 해당하는 사람 중 2급 이상의 공무원 임용예정자와 「공무원보수규정」에 따라 인사혁신처장이 정하는 공무원경력의 상당계급 기준에 따라 2급에 상당하는 계급(군인의 경우에는 중장으로 한다) 이상의 공무원 임용예정자
2. 제56조제1항제7호에 따라 각급기관의 장이 신원조사가 필요하다고 인정하는 사람

② 신원조사는 다음 각 호의 사항을 첨부하여 공문으로 요청해야 한다.
1. 대상자 명단(별지 제19호서식)
2. 신원진술서 1부(공무원 또는 공무원 임용예정자는 별지 제20호서식, 그 밖의 사람은 별지 제21호서식)
3. 최근 6개월 내에 촬영한 상반신 반명함판 사진 또는 여권용 사진 1장(신원진술서에 붙인다)
4. 「가족관계의 등록 등에 관한 법률」 제15조제1항 각 호의 증명서에 대한 상세증명서 각 1부(사실혼 배우자가 있거나 친자관계 없는 배우자의 직계비속과 생계를 같이 하는 경우에는 그 배우자 또는 직계비속의 기본증명서에 대한 상세증명서 각 1부를 포함한다)
5. 외국인의 경우 자기소개서(별지 제22호서식), 여권사본, 자국 공안기관이 발행한 범죄기록증명원(한글로 작성되지 않은 경우에는 공증된 한글 번역본을 첨부한다. 이하 이 조에서 같다), 외국인등록사실증명원(국내등록시) 각 1부 및 최근 6개월 내에 촬영한 상반신 반명함판 사진 또는 여권용 사진 1장(자기소개서에 붙인다)
6. 귀화자의 경우 귀화 전 국가의 공안기관이 발행한 범죄기록증명원 1부
7. 영주권자의 경우 영주권증명서 및 영주국가의 공안기관이 발행한 범죄기록증명원 각 1부
8. 해외 장기 체류자의 경우 해당 국가의 공안기관이 발행한 범죄기록증명원 1부

제58조(신원조사 사항)

신원조사사항에는 다음 각 호의 사항이 포함되어야 한다. 다만, 임용분야 및 취급업무에 따라 신원조사 사항을 생략할 수 있다.

1. 이름 및 주민등록번호
2. 등록기준지 및 주소
3. 친교 인물
4. 정당 및 사회단체 관련 사항
5. 국적 변동 내역
6. 학력 및 경력
7. 가족관계
8. 재산(「공직자윤리법」 제4조에 따른 등록대상재산을 포함한다)
9. 범죄경력 및 상벌 내역
10. 인품 및 소행
11. 병역사항(「공직자 등의 병역사항 신고 및 공개에 관한 법률」 제3조에 따른 병역사항을 포함한다)
12. 해외 거주 사실
13. 국가기밀 누설 등 보안 관련 사항
14. 그 밖의 참고사항

제59조(신원조사결과의 처리)

① 국가정보원장(영 제45조제1항에 따라 국가정보원장의 권한을 위탁받은 자를 포함한다. 이하 이 장에서 같다)은 특별한 사유가 없는 한 신원조사의 요청을 받은 날부터 30일 내에 별지 제23호서식 또는 별지 제24호서식의 신원조사회보서의 양식에 따라 조사결과를 작성하여 요청기관에 통보해야 한다.

② 제1항에 따라 통보를 받은 요청기관의 장은 신원조사 결과 국가안보상 유해한 사항이 발견된 사람을 중요 보직에 임용하려는 경우에는 필요한 보안대책을 미리 마련해야 한다.

제60조(조회 및 협조)

① 국가정보원장은 신원조사를 위하여 필요한 범위에서 국가기관이나 그 밖의 관련 기관·단체에 특정한 사실의 조회·확인 및 자료의 제출을 요청할 수 있다.

② 제1항의 요청을 받은 관계기관의 장은 정당한 사유없이 이를 거부할 수 없다.

③ 신원조사 담당 공무원은 신원조사의 효율적 수행을 위해 필요하다고 인정하는 경우 당사자 또는 관계인에게 관련 진술을 요청할 수 있다.

Ⅲ 동향파악

1 의의

① 신원조사 과정이나 절차가 아무리 까다롭다고 할지라도 보안유지에 문제가 있는 사람을 완벽히 선별해 내는 것은 불가능하다. 따라서 신원상의 결격사유가 있음에도 불구하고 신원조사를 무사히 통과하여 비밀로 분류된 정보에 대한 접근이 허용되는 경우가 발생할 수 있다.

② 또한 고용될 당시에는 신원상의 결격사유가 없었지만 주변 환경의 변화 또는 신념과 사상의 변화로 인해 중요한 국가비밀을 유출시키는 행위를 하는 등 자신이 속한 기관이나 국가를 배신하게 될 수 있다.

③ 따라서 이미 고용되어 근무하고 있는 사람에 대해서도 그 사람의 주변 환경변화 또는 파악하지 못한 신원정보에 대해서 지속적인 관찰과 더불어 관련되는 사항들을 수집하게 되는데 이를 동향파악이라고 한다.

2 거짓말탐지기(polygraph) 테스트

(1) 의의

① 내부 구성원에 대한 동향파악을 위해 배우자와의 불화, 음주 증가, 마약복용 의혹, 재력 이상의 과소비, 채무 증가 등 사적 행동이나 생활방식의 변화에 대해 면밀한 관찰이 진행된다.

② 이러한 동향을 파악하는 데 주변인물에 대한 탐문, 금융조회 등 여러 가지 방법이 동원되는 가운데 최근 거짓말탐지기(polygraph) 테스트가 빈번히 활용되고 있다.

(2) 미국

① 미국의 경우 CIA가 거짓말탐지기를 가장 많이 활용했던 것으로 알려졌다. CIA의 경우 고용을 원하는 사람들은 누구나 거짓말탐지기 테스트를 받아야 하며, 모든 현직 요원들도 주기적으로 거짓말탐지기 테스트를 받는 것이 의무화되어 있다.

② 현재 미국 정보공동체의 경우 CIA 외에 DIA, NRO, NSA 등이 조직의 구성원들을 대상으로 거짓말탐지기 테스트를 활용하고 있으며, FBI도 2001년 KGB의 첩자로 활동했던 한센(Robert Hanssen) 사건 이후부터 거짓말탐지기 테스트를 활용하고 있다.

③ 물론 거짓말탐지기 테스트가 인원보안을 유지하는 데 있어서 효과적인 수단이 될 수 있는가에 대해서는 의문이 제기된다. 실제로 CIA 요원으로 근무하면서 이중스파이로 암약했던 우타이 친(Lany Wu-tai Chin)과 에임즈(Aldrich Ames)라는 두 사람 모두 거짓말탐지기 테스트를 무사히 통과했다.

④ 그럼에도 불구하고 거짓말탐지기 사용을 옹호하는 사람들은 이 테스트가 적어도 보안누설이나 이중스파이 행위를 억제(deterrence)하는 효과가 있다고 주장한다. 즉 거짓말탐지기 테스트를 받아야 한다는 심리적 부담감 때문에 그러한 배신행위를 삼가게 된다는 것이다. 비록 거짓말탐지기가 배신행위를 탐지하고 억제하는 데 효과적인 수단으로 활용되고 있지만, 정확성이나 신뢰도에 대해서는 여전히 논란의 여지가 있다.

Ⅳ 보안교육

① 때로 보안의 중요성에 대해 잘 알고 있으면서도 무의식중에 부주의로 인해 보안을 누설하게 될 수 있다. 이러한 보안 사고를 사전에 예방하기 위해 반복적이고 지속적인 보안교육이 요구된다.

② 보안교육은 보안에 대한 기본지식과 이해를 증진시키는 데 중점을 두고 시행되며, 보안누설에 대한 경각심을 일깨우고 국가를 위한 충성심을 제고시키는 데 매우 효과적이다.

관련법조항 **「보안업무규정 시행규칙」**

제7장 보칙

제68조(보안담당관의 임무)

영 제43조에 따른 보안담당관은 다음 각 호의 업무를 수행한다.

1. 보안 업무 계획조정 및 보안 업무 감독 총괄
2. 보안 업무 수행실태 평가 및 그 결과에 대한 보고
3. 보안교육
4. 비밀소유현황조사
5. 비밀취급 인가자 관리 및 현황 조사
6. 비밀취급 인가를 받은 사람의 서약 관련 업무
7. 국가보안시설 및 국가보호장비 관리·감독 업무
8. 정보통신보안 업무
9. 그 밖에 보안 업무 수행에 관하여 각급기관의 장이 지시하는 사항

제69조(보안교육)

① 다음 각 호에 해당하는 사람에 대해서는 관계기관의 장이 사전에 충분한 보안교육 등 보안조치를 하여야 한다.

1. 신규 채용직원
2. 비밀취급인가 예정자
3. 공무, 학술, 체육, 문화, 시찰, 유학 또는 국제기구·민간기업 파견 또는 취업 등을 목적으로 하는 해외여행자

② 중앙행정기관등의 장은 소속 직원을 대상으로 반기별 1회 이상 보안교육을 실시해야 한다.

③ 관계 각급 교육기관의 장은 비밀교재 및 비밀교육 내용을 기록한 피교육자의 필기장 등에 대한 보안대책을 마련·이행하여야 한다.

V 서약

① 서약은 지득한 비밀을 누설하지 않겠다는 다짐을 받는 것으로서 문서 또는 구두 형식으로 이루어진다.

② 서약은 심리적 압박을 주어 비밀을 보호하고자 하는 취지로 시행되며, 단체로 여러 사람이 함께 하는 것보다는 개별적으로 그리고 구두보다는 근거가 남는 문서로 하는 것이 보다 효과적이다.

관련법조항 **「보안업무규정 시행규칙」**

제14조(서약)
① 비밀취급 인가를 받은 사람은 인가와 동시에 소관 업무의 수행에 있어 보안 관련 규정을 준수하고, 직무상 알게 된 비밀을 재직 중 및 퇴직 후에도 누설하거나 유출하지 않으며, 이를 위반할 경우 처벌을 감수할 것을 서약해야 한다.
② 각급기관의 장은 해당 기관 또는 소관 업무의 특성에 따라 제1항에 따른 서약의 내용에 필요한 사항을 추가할 수 있다.

Theme

46 시설 · 통신 · 전자파 · 컴퓨터 보안

I 시설보안(physical security, 물리적 보안)

1 의미

① 시설보안이란 국가안보와 국가이익에 중요한 기능을 수행하는 시설들을 각종 위해 행위로부터 보호하기 위한 제반 대책과 그 이행을 의미한다.

② 시설보안은 노출되거나 파괴될 경우 국가안보와 국가이익에 상당한 피해가 초래될 것으로 예상되는 시설을 보호대상으로 한다.

③ 시설보안은 물리적 보안(physical security)과 매우 유사하다. 다만 물리적 보안의 대상은 시설뿐만 아니라 컴퓨터, 통신시설 등 각종 장비들까지 포함하고 있어 보다 포괄적이다.

2 보안방벽

(1) 의의

① 시설보안이 효과적으로 유지되기 위해서 적절한 대책이 강구되어야 한다. 우선 시설을 건설하기로 계획하는 단계부터 시설보안 대책이 검토되어야 한다.

② 해당 시설이 기능에 장애가 되지 않는 범위에서 보안방벽(보안시설물, 장비 등)을 선택해야 할 것이다. 그러한 방벽에는 자연방벽, 인공방벽, 동물방벽, 전자전기방벽 등이 있다.

(2) 자연방벽

자연방벽은 암벽, 호수 등 시설에 대한 접근을 거부 또는 방해할 수 있는 요건을 구비한 자연적인 지형물을 말한다.

(3) 인공방벽

인공방벽은 시설물에 대한 접근을 방해하기 위하여 인공적으로 설치된 울타리, 출입구, 보관용기, 자물쇠 장치 등을 말한다.

(4) 동물방벽

동물방벽은 훈련된 경비견 등 동물의 기민성, 공격성, 후각 등을 활용하여 경비수단을 담당하는 것을 말한다.

(5) 전자전기방벽

전자전기방벽은 주로 전기나 전자장비로 설치된 보안방벽을 말하며, 경보장치, 전기벽, 감시 카메라(CCTV) 등이 활용된다.

3 보호지역

(1) 의의

보호지역이란 국가안보에 중요한 시설, 장비, 자재 등에 관한 비밀을 유지하고 외부로부터 오는 각종 위해 행위로부터 보호하기 위하여 필요한 장소에 일정한 범위를 정하여 출입자를 통제하는 구역을 말한다.

(2) 분류

① 보호지역은 크게 제한지역, 제한구역, 통제구역 등으로 분류된다.

② 제한지역은 비밀 또는 재산의 보호를 위하여 울타리 또는 경비원에 의하여 일반인의 출입에 감시가 요구되는 지역을 말한다.

③ 제한구역이란 비밀 또는 주요 시설 및 자재에 대한 비인가자의 접근을 방지하기 위하여 출입 시 안내가 요구되는 지역을 말한다.

④ 통제구역은 비인가자의 출입이 금지되는 보안상 극히 중요한 구역을 말한다.

관련법조항 「보안업무규정」

제3장 국가보안시설 및 국가보호장비 보호

제32조(국가보안시설 및 국가보호장비 지정)

① 국가정보원장은 파괴 또는 기능이 침해되거나 비밀이 누설될 경우 전략적 · 군사적으로 막대한 손해가 발생하거나 국가안전보장에 연쇄적 혼란을 일으킬 우려가 있는 시설 및 항공기 · 선박 등 중요 장비를 각각 국가보안시설 및 국가보호장비로 지정할 수 있다.

② 국가정보원장은 관계 중앙행정기관등 및 지방자치단체의 장과 협의하여 제1항에 따라 국가보안시설 및 국가보호장비를 지정하는 데 필요한 기준(이하 "지정기준"이라 한다)을 마련해야 한다.

③ 전력시설 및 항공기 등 국가정보원장이 정하는 국가안전보장에 중요한 시설 또는 장비의 보안관리상태를 감독하는 기관의 장은 해당 시설 또는 장비가 지정기준에 부합한다고 판단할 경우 국가정보원장에게 해당 시설 또는 장비를 제1항에 따라 국가보안시설 또는 국가보호장비로 지정해줄 것을 요청해야 한다.

④ 국가정보원장은 제3항에 따른 지정 요청을 받은 경우 지정기준에 부합하는지를 심사하여 해당 시설 또는 장비의 국가보안시설 또는 국가보호장비 지정 여부를 결정하고, 그 결과를 요청 기관의 장에게 통보해야 한다.

⑤ 국가정보원장은 제1항부터 제4항까지의 규정에 따라 지정된 국가보안시설 또는 국가보호장비의 보안관리상태를 감독하는 기관(이하 "감독기관"이라 한다)의 장과 협의하여 지정기준을 수정 · 보완할 수 있다.

제33조(국가보안시설 및 국가보호장비 보호대책의 수립)

① 국가정보원장은 국가보안시설 및 국가보호장비를 보호하기 위하여 국가보안시설 및 국가보호장비 보호대책(이하 "기본 보호대책"이라 한다)을 수립해야 한다.

② 감독기관의 장은 기본 보호대책에 따라 소관 분야의 국가보안시설 및 국가보호장비에 대한 보호대책(이하 "분야별 보호대책"이라 한다)을 수립·시행해야 한다.

③ 국가보안시설 또는 국가보호장비를 관리하는 기관(이하 "관리기관"이라 한다)의 장은 감독기관의 장이 수립한 분야별 보호대책에 따라 해당 시설 및 장비에 대한 세부 보호대책(이하 "세부 보호대책"이라 한다)을 수립·시행해야 한다.

④ 국가정보원장과 감독기관의 장은 관리기관의 장이 기본 보호대책 및 분야별 보호대책을 이행하고 있는지 확인하고, 필요한 조치를 요청할 수 있다.

⑤ 국가정보원장은 기본 보호대책의 수립을 위하여 관리기관의 장에게 필요한 자료의 제공을 요청할 수 있다.

⑥ 분야별 보호대책 및 세부 보호대책의 수립 및 시행에 필요한 세부사항은 국가정보원장이 정한다.

제34조(보호지역)

① 각급기관의 장과 관리기관 등의 장은 국가안전보장에 관련되는 인원·문서·자재·시설의 보호를 위하여 필요한 장소에 일정한 범위의 보호지역을 설정할 수 있다.

② 제1항에 따라 설정된 보호지역은 그 중요도에 따라 제한지역, 제한구역 및 통제구역으로 나눈다.

③ 보호지역에 접근하거나 출입하려는 사람은 각급기관의 장 또는 관리기관 등의 장의 승인을 받아야 한다.

④ 보호지역을 관리하는 사람은 제3항에 따른 승인을 받지 않은 사람의 보호지역 접근이나 출입을 제한하거나 금지할 수 있다.

제35조(보안측정)

① 국가정보원장은 보안사고를 예방하기 위하여 국가보안시설, 국가보호장비 및 보호지역에 대하여 보안측정을 한다.

② 제1항에 따른 보안측정은 국가정보원장이 직권으로 하거나 관계 기관의 장의 요청에 따라 한다.

③ 국가정보원장은 보안측정을 위하여 관계 기관에 필요한 협조를 요구할 수 있다.

④ 보안측정의 절차 및 내용 등에 관하여 필요한 세부 사항은 국가정보원장이 정한다.

제35조의2(보안측정 결과의 처리)

① 국가정보원장은 보안측정 결과 및 개선대책을 해당 관계 기관의 장에게 통보한다.

② 제1항에 따라 보안측정 결과 및 개선대책을 통보받은 관계 기관의 장은 이를 성실히 이행해야 한다.

③ 국가정보원장과 각급기관의 장은 관리기관의 장이 제1항에 따른 개선대책을 이행하고 있는지 확인하고, 필요한 조치를 요청할 수 있다.

제5장 보안조사

제38조(보안사고 조사)

국가정보원장은 다음 각 호의 어느 하나에 해당하는 사고가 발생한 경우 사고원인 규명 및 재발 방지 대책마련을 위하여 보안사고 조사를 한다.

1. 비밀의 누설 또는 분실
2. 국가보안시설·국가보호장비의 파괴 또는 기능 침해
3. 제34조제3항에 따른 승인을 받지 않은 보호지역 접근 또는 출입
4. 그 밖에 제1호부터 제3호까지에 준하는 사고로서 국가정보원장이 정하는 사고

제38조의2(보안사고 조사 결과의 처리)

① 국가정보원장은 제38조에 따른 보안사고 조사의 결과를 해당 기관의 장에게 통보한다.

② 제1항에 따라 보안사고 조사결과를 통보받은 기관의 장은 조사결과와 관련하여 필요한 조치를 하고, 조치결과를 국가정보원장에게 통보해야 한다.

제6장 중앙행정기관등의 보안감사

제39조(보안감사)

중앙행정기관등의 장은 이 영에서 정한 인원 · 문서 · 자재 · 시설 · 지역 및 장비 등의 보안관리상태와 그 적정 여부를 조사하기 위하여 보안감사를 한다.

제40조(정보통신보안감사)

중앙행정기관등의 장은 정보통신수단에 의한 비밀의 누설방지와 정보통신시설의 보안상태를 조사하기 위하여 정보통신보안감사를 한다.

제41조(감사의 실시)

① 제39조에 따른 보안감사와 제40조에 따른 정보통신보안감사는 정기감사와 수시감사로 구분하여 한다.

② 정기감사는 연 1회, 수시감사는 필요에 따라 수시로 한다.

③ 보안감사와 정보통신보안감사를 할 때에는 보안상의 취약점이나 개선 필요 사항의 발굴에 중점을 둔다.

제42조(보안감사 결과의 처리)

① 중앙행정기관등의 장은 제39조에 따른 보안감사 및 제40조에 따른 정보통신보안감사의 결과를 국가정보원장에게 통보해야 한다.

② 중앙행정기관등의 장은 제39조에 따른 보안감사 및 제40조에 따른 정보통신보안감사의 결과와 관련하여 보안상의 취약점이나 개선 필요 사항을 확인한 경우에는 재발 방지 및 개선을 위하여 필요한 조치를 하고, 그 조치결과를 국가정보원장에게 통보해야 한다.

제7장 보칙

제43조(보안담당관)

각급기관의 장은 소속 직원 중에서 이 영에 따른 보안업무를 수행할 보안담당관을 임명하여야 한다.

제44조(계엄지역의 보안)

① 계엄이 선포된 지역의 보안을 위하여 계엄사령관은 이 영에도 불구하고 특별한 보안조치를 할 수 있다.

② 계엄사령관이 제1항에 따라 특별한 보안조치를 하려는 경우 평상시 보안업무와의 연계성을 고려하여 필요하다고 인정할 때에는 미리 국가정보원장과 협의하여야 한다.

제45조(권한의 위탁)

① 국가정보원장은 제36조에 따른 신원조사와 관련한 권한의 일부를 국방부장관과 경찰청장에게 위탁할 수 있다.

② 국가정보원장은 필요하다고 인정할 때에는 각급기관의 장에게 제35조에 따른 보안측정 및 제38조에 따른 보안사고 조사와 관련한 권한의 일부를 위탁할 수 있다. 다만, 국방부장관에 대한 위탁은 국방부 본부를 제외한 합동참모본부, 국방부 직할부대 및 직할기관, 각군, 「방위사업법」에 따른 방위산업체, 연구기관 및 그 밖의 군사보안대상의 보안측정 및 보안사고 조사로 한정한다.

③ 국가정보원장은 필요하다고 인정할 때에는 제2항에 따라 권한을 위탁받은 각급기관의 장에게 보안측정 및 보안사고 조사 결과의 통보를 요구할 수 있다.

④ 국가정보원장은 제21조제3항에 따른 통합 비밀관리시스템의 구축 · 운영을 관계 중앙행정기관등의 장에게 위탁할 수 있다.

제46조(고유식별정보의 처리)

① 국가정보원장은 법 제5조제2항에 따라 보안 업무에 필요한 조사 업무를 수행하기 위하여 불가피한 경우「개인정보 보호법 시행령」제19조제1호 또는 제4호에 따른 주민등록번호 또는 외국인등록번호가 포함된 자료를 처리할 수 있다.

② 관계 기관의 장은 다음 각 호의 사무를 수행하기 위하여 불가피한 경우「개인정보 보호법 시행령」제19조제1호 또는 제4호에 따른 주민등록번호 또는 외국인등록번호가 포함된 자료를 처리할 수 있다.

1. 제34조제3항에 따른 보호지역 접근·출입 승인에 관한 사무
2. 제36조에 따른 신원조사에 관한 사무

관련법조항 「보안업무규정 시행규칙」

제3장 국가보안시설 및 국가보호장비 보호

제52조의2(국가안전보장에 중요한 시설 또는 장비)

영 제32조제3항에 따라 국가안전보장에 중요한 시설 또는 장비로 지정할 수 있는 대상은 다음 각 호와 같다.

1. 정부·금융기관 청사
2. 전력시설
3. 정보통신시설
4. 주요 교통시설
5. 공항·항만 시설
6. 수원(水源)시설
7. 방송시설
8. 과학시설
9. 방위산업시설
10. 산업시설
11. 교정·정착지원 시설
12. 공동구(共同溝)
13. 항공기 및 선박
14. 그 밖에 국가안전보장에 중요한 시설 및 장비

제52조의3(국가보안시설 및 국가보호장비 지정 및 해제 절차)

① 영 제32조제3항에 따라 국가안전보장에 중요한 시설 또는 장비의 보안관리상태를 감독하는 기관의 장이 국가정보원장에게 국가보안시설 또는 국가보호장비로 지정해줄 것을 요청하는 경우에는 해당 시설 또는 장비와 관련하여 다음 각 호의 사항을 적은 자료를 제출해야 한다.

1. 시설 또는 장비의 현황
2. 국가 안보상 중요도
3. 관련 분야에서 차지하는 비중 또는 가치의 정도
4. 파괴 또는 기능이 침해되거나 비밀이 누설될 경우 국가 안전보장과 국민경제에 미치는 영향
5. 피해 시 복구에 소요되는 기간 및 대체시설 유무
6. 국가보안시설 또는 국가보호장비로 지정될 필요성에 관한 사항

② 국가정보원장은 효율적인 보안관리를 위하여 필요하다고 인정되는 경우에는 여러 개의 시설을 하나의 국가보안시설로 지정할 수 있다.

③ 영 제32조제5항에 따른 감독기관의 장은 해당 국가보안시설 또는 국가보호장비가 영 제32조제2항에 따른 지정기준에 부합하지 않는다고 판단할 경우에는 국가정보원장에게 해당 국가보안시설 또는 국가보호장비의 지정을 해제해 줄 것을 요청할 수 있다.

④ 국가정보원장이 국가보안시설 또는 국가보호장비로 지정하거나 지정을 해제한 경우에는 각각 그 결과를 감독기관의 장에게 통보한 날부터 국가보안시설 또는 국가보호장비로 지정되거나 지정이 해제된 것으로 본다.

제52조의4(국가보안시설의 보호대책)

① 국가정보원장은 영 제33조제1항에 따른 기본 보호대책을 수립하여 감독기관의 장에게 제공해야 한다.

② 감독기관의 장은 기본 보호대책을 제공받은 날부터 2개월 내에 국가정보원장과 협의하여 영 제33조제2항에 따른 분야별 보호대책을 수립하고, 같은 조 제3항에 따른 관리기관의 장에게 제공해야 한다.

③ 관리기관의 장은 감독기관의 장으로부터 분야별 보호대책을 제공받은 날부터 1개월 내에 영 제33조제3항에 따른 세부 보호대책을 수립하여 시행해야 한다.

제52조의5(보안측정의 유형)

① 보안측정은 측정 시기에 따라 다음 각 호의 유형으로 구분한다.

1. 정기 측정: 국가보안시설로 지정된 후 5년(각급기관의 장과 국가정보원장이 해당 국가보안시설의 특성에 따라 별도로 협의한 경우에는 그 협의에 따른 측정 주기로 한다)마다 측정
2. 지정 측정: 국가보안시설 및 국가보호장비로 지정할 때 측정
3. 특별 측정
   가. 국가보안시설을 신축, 증축 또는 개축한 경우 측정
   나. 보안사고가 빈번하게 발생하여 새로운 보안대책이 요구되는 경우 측정
   다. 그 밖에 국가정보원장 또는 각급기관의 장이 필요하다고 인정하는 경우 측정

② 영 제35조제2항에 따라 보안측정을 요청할 경우에는 다음 각 호의 사항을 첨부해야 한다.

1. 명칭 및 소재지
2. 연혁, 임무 · 기능 및 능력
3. 감독기관, 책임자 및 보안담당관
4. 비밀소유현황
5. 시설의 평면도(폐쇄회로 텔레비전 시스템 등 과학보안장비 배치도 포함)
6. 정보통신망 구성도
7. 자체 보안대책(경비인력 운용 현황 포함)
8. 보안사고 발생 현황
9. 보안측정 요청 사유
10. 시설 소재지의 주변 환경 등 지리적 여건
11. 그 밖의 참고사항

제53조(보호지역의 설정 대상)

영 제34조제1항에 따라 보호지역으로 설정할 수 있는 일반적 대상은 다음 각 호와 같다.

1. 통합비밀보관실
2. 암호실
3. 중앙통제실
5. 종합상황실
6. 통신실
7. 전산실

8. 군사시설
9. 무기고
10. 그 밖에 보안상 특별한 통제가 요구되는 지역 또는 시설

제54조(보호지역의 구분)

① 영 제34조제2항에 따른 제한지역, 제한구역 및 통제구역이란 각각 다음 각 호의 지역 또는 구역을 말한다.

1. 제한지역: 비밀 또는 국·공유재산의 보호를 위하여 울타리 또는 방호·경비인력에 의하여 영 제34조제3항에 따른 승인을 받지 않은 사람의 접근이나 출입에 대한 감시가 필요한 지역
2. 제한구역: 비인가자가 비밀, 주요시설 및 Ⅲ급 비밀 소통용 암호자재에 접근하는 것을 방지하기 위하여 안내를 받아 출입하여야 하는 구역
3. 통제구역: 보안상 매우 중요한 구역으로서 비인가자의 출입이 금지되는 구역

② 보호지역에 대해서는 영 제34조제3항에 따른 승인을 받지 않은 사람의 접근이나 출입을 제한하거나 금지할 수 있는 보안대책을 수립·시행해야 하며, 제한구역 및 통제구역에는 그 구역의 기능 및 구조에 따라 다음 각 호의 대책이 마련되어야 한다.

1. 출입할 수 있는 사람의 지정과 비인가자에 대한 출입 통제대책
2. 주야간 경계대책
3. 외부로부터의 투시, 도청 및 파괴물질의 투척 방지 대책
4. 방화대책
5. 경보대책
6. 그 밖에 필요한 보안대책

제55조(보호지역의 설정 방침)

제한구역 및 통제구역의 설정은 필요한 최소한의 범위로 제한되어야 한다.

제5장 보안조사

제64조(보안사고의 통보)

① 보안사고가 발생한 기관의 장 또는 사고를 저질렀거나 이를 인지한 사람은 지체 없이 사고의 일시·장소·사고내용 및 조치사항을 다음 각 호의 기관에 통보하여야 하며, 제2호의 기관이 보안사고의 통보를 받았을 때에는 그 사실을 즉시 국가정보원장에게 통보하여야 한다.

1. 국가정보원
2. 인근 경찰기관 또는 군 보안기관
3. 비밀생산기관 및 배부처

② 보안사고는 이에 대한 보안사고 조사가 종결될 때까지 공개하여서는 아니 된다.

제65조(조치)

국가정보원장은 보안사고 조사 결과에 따라 비밀의 효력 정지 또는 취소 등 필요한 조치를 한다.

제65조의2(보안사고 조사)

영 제38조제4호에 따라 국가정보원장은 비밀 세부 분류지침에 따라 비밀로 보호할 필요성이 있는 내용의 누설 또는 분실이 발생한 경우 보안사고 조사를 한다.

제66조(정보통신보안 규정 위반)

① 정보통신보안 규정 위반 사항은 별표 2와 같다.

② 정보통신보안기관의 장은 정보통신보안 규정 위반 사항을 적발한 때에는 정보통신운용기관의 장에게 통보하여야 한다.

③ 정보통신운용기관의 장은 제2항에 따른 통보를 받은 때에는 지체 없이 위반 사항의 시정에 필요한 조치를 하고, 그 결과를 관계 정보통신보안기관의 장에게 알려야 한다.

제6장 중앙행정기관등의 보안감사

제67조(감사의 실시)

① 중앙행정기관등의 장은 영 제39조에 따른 보안감사 및 영 제40조에 따른 정보통신보안감사를 하고자 하는 경우에는 미리 그 계획을 대상기관에 통보해야 한다. 다만, 수시감사는 계획의 통보없이 실시할 수 있다.

② 제1항에 따라 감사를 하는 공무원은 감사에 필요한 관계기관의 증언 또는 필요한 서류의 제시를 요구할 수 있다.

③ 제1항에 따라 감사를 실시하는 공무원은 직무와 관련하여 알게 된 정보를 정당한 사유 없이 누설하거나 감사 외의 목적으로 사용해서는 안 된다.

Ⅱ 통신보안(communication security)

1 의의

(1) 의미

① 20세기 들어서서 정보통신의 급속한 발달과 함께 유무선 전화기를 비롯한 각종 통신기기들이 다량의 정보를 신속히 유통시킬 수 있는 편리한 수단으로 활용되고 있다.

② 그런데 통신수단을 활용하여 정보가 유통되는 과정에서 도청 또는 감청을 통해 적대세력에게 중요한 정보가 유출될 위험이 커졌다.

③ 통신보안은 국가의 중요한 비밀이 통신수단을 이용하여 전달되는 과정에서 직접 또는 간접으로 누설되는 것을 미연에 방지하거나 지연시키기 위한 제반 방책을 말한다.

(2) 유형

정보를 유통하는 데 활용되는 통신수단의 종류에는 믿을 수 있는 사람(잘 훈련된 동물을 이용하는 경우도 있음)으로 하여금 통신문을 직접 휴대하게 하여 전달하는 전령통신, 우편통신, 전등 · 수기 · 신호탄 · 연기 등 상호 간에 약정된 부호나 신호로 의사를 소통하는 신호통신, 음향통신, 유 · 무선 전기통신 등이 있다. 이 중에서 오늘날 정보의 유통수단으로서 가장 많이 사용되고 있는 유 · 무선 전기통신은 보안상 대단히 취약하다.

2 유선전기통신

① 유선을 활용한 전기통신은 전선에 흐르고 있는 소량의 전류를 유도하여 또는 전선을 통해 흐르는 전류에 의해 만들어지는 전선 주위의 자장파동을 감지함으로써 도청이 가능하다.

② 이러한 유선통신에 대한 도청을 방지하기 위해 전선을 지하에 매설하고, 단자판이나 맨홀에 대해서는 견고한 보호장치를 설치하며, 중요한 통신망에 대해서는 선로에 대해 주기적으로 순찰하는 등 여러 가지 보안대책이 강구된다.

③ 그러나 최근 각종 첨단 도청장비가 개발되어 유선통신이라도 마음만 먹으면 도청이 가능하기 때문에 보안상 중요한 내용은 음어화하거나 암호장비를 사용해야 한다.

3 무선전기통신

(1) 의의

① 오늘날 전선을 광케이블로 교체하면서 유선 통신에 대한 보안이 보다 강화된 반면, 무선통신은 도청에 거의 무방비 상태라고 볼 수 있다. 전파가 도달할 수 있는 범위 내에 수신장비를 설치하면 전파신호를 충분히 탐지할 수 있기 때문이다.

② 예를 들어 장거리 전화 송신에 주로 사용되는 극초단파 송신은 전파가 특정한 방향으로만 지향 발사되고 있기 때문에 송신지점과 수신지점을 일직선으로 연결한 중간지점에 수신장비를 설치하면 도청이 가능한 것으로 알려져 있다.

③ 요컨대 지상에 설치된 안테나를 통해 전송되는 지상 극초단파(terrestrial microwave)와 기지국과 인공위성들 간에 전송되는 극초단파를 사용하는 장거리 전화통신은 대부분 도청에 취약하다.

(2) 보안

① 이처럼 무선통신은 도청에 취약하기 때문에 보안유지를 위해 송신되는 내용에 대한 암호화 작업이 선행된다. 과거 음성 메시지를 아날로그 신호로 변환하여 송신했던 아날로그 전화기의 경우 '보안전화(secure phones)' 또는 '비화기(scrambler)'를 사용하여 복잡한 방식으로 음성 메시지를 변환시켰다.

② 보안전화나 비화기를 통해 송신된 메시지는 암호화 작업을 통해 의미를 알 수 없는 신호로 변환되었기 때문에 도청할 경우 단지 의미 없는 소리를 수신하게 된다. 아날로그 전화기의 경우 암호화 이전의 음성 메시지를 복원하는 것이 원칙적으로 어렵지만 전혀 불가능한 것은 아니었다.

③ 그런데 아날로그 대신 디지털 전화기가 사용되면서 이제 도청이 더욱 어려워졌다. 음성 메시지가 디지털 신호로 변환되어 전달되는 디지털 전화기의 경우 암호화 방법이 보다 복잡하여 도청이 거의 불가능한 것으로 알려져 있다.

④ 오늘날 인터넷, 휴대전화 등 통신기기의 보안대책을 강화하여 신속하고도 보다 안전하게 정보가 유통된다. 그러나 통신기기 도청에 활용되는 장비도 계속 발전하고 있어 완벽하게 보안을 유지하면서 정보를 유통시킬 수 있는 통신수단은 없다. 따라서 중요한 정보가 외부 또는 적대세력의 통신감청을 통해 유출되지 않도록 철저한 통신보안 노력이 요구된다.

Ⅲ 전자파 보안(emanations security)

① 모든 전자장비들은 전자파를 방출한다. 전자파들은 각각 고유의 파장을 갖는다. 따라서 전자파를 도청함으로써 이러한 전자파를 일으킨 전기적 신호의 특성을 알아낼 수 있다.

② 전동타자기로 문서를 작성하게 될 때 각각의 알파벳이 고유의 전자파를 방출하게 된다. 따라서 전동타자기에서 방출되는 전자파를 도청하게 되면 어떤 내용이 작성되었는지를 알 수 있다고 한다. 컴퓨터에서 프린터로 문서가 전송되는 과정에서 방출되는 전자파를 도청하여 문서의 본문 내용이 재구성될 수도 있다.

③ 이러한 전자파를 통한 정보 유출을 막기 위한 제반 조치를 전자파 보안이라고 하며, 전자장비에 차단막을 설치하여 전자파의 방출을 억제하거나 전자파 수집을 방해・교란하는 전자파를 발사하는 등 다양한 방법이 활용된다.

Ⅳ 컴퓨터 보안(computer security)

1 의의

① 오늘날 컴퓨터와 인터넷의 획기적인 발전과 함께 정보환경에 있어서 혁명적인 변화가 일어나고 있다.

② 광케이블을 이용한 초고속정보통신망의 구축과 함께 정보의 생성, 저장, 처리, 가공, 검색이 보다 편리해졌으며, 정보의 유통속도도 과거에 비해 엄청나게 빨라졌다. 이러한 편리성과 유익성이 있는 반면 정보가 파괴, 유출, 변조될 수 있는 위험성도 증대하고 있다.

③ 이처럼 컴퓨터와 인터넷을 활용한 전산망의 보안 취약요소를 사전에 발굴하여 대책을 마련하면 중요한 정보가 파괴 또는 유출되는 것을 방지하고, 필요한 정보가 신속하고도 안전하게 유통될 수 있다. 이와 같이 전산망의 안전성과 신뢰성을 확보하기 위한 제반 노력을 컴퓨터 보안이라고 한다.

2 분류

(1) 의의

컴퓨터 보안은 엄밀히 구분하자면 컴퓨터 보안(computer security, COMSEC)과 네트워크 보안(network security, NETSEC)으로 분류된다.

(2) 컴퓨터 보안

① 컴퓨터 보안은 컴퓨터 기기 자체 즉 컴퓨터의 하드웨어가 파괴되거나 소프트웨어 프로그램 및 저장된 자료들이 무단으로 유출 또는 훼손되는 것을 방지하기 위한 제반 조치들을 말한다.

② 이를 위해 주요 컴퓨터 장비는 보호지역으로 설정하여 비인가자가 접근할 수 없는 장소에 설치하고, 인가된 취급자만 접근이 가능하도록 패스워드 · 지문 등 접근체제에 대한 보안대책이 강구된다.

(3) 네트워크 보안

① 네트워크 보안은 인터넷 등 전산망을 통해 정보가 유통되는 과정에서 중요한 정보가 무단으로 유출, 변조, 또는 파괴되는 행위를 방지하기 위한 제반 조치를 포함한다. 사실 컴퓨터는 인터넷을 통해 밀접하게 연계되어 있기 때문에 컴퓨터 보안과 네트워크 보안이 명확히 구분되지 않는다.

② 특히 해커들이 인터넷을 통해 개인이나 기관의 컴퓨터에 불법 침입하여 컴퓨터에 저장된 자료를 무단으로 유출, 변조 또는 파괴할 뿐만 아니라 국가의 주요 전산망을 마비시키거나 이를 조종하여 공항, 항만, 철도 등 국가기반시설을 파괴 또는 훼손하는 행위를 저지르기도 한다.

③ 이와 같이 컴퓨터에 관련된 모든 것을 안전하게 보호하기 위한 제반 조치들을 정보보호(information security)라고 하며, 이를 위해 컴퓨터 시스템에 외부 침입을 막는 방화벽 설치, 침입탐지 시스템의 구축, 안티 바이러스 프로그램 설치, 암호인증제도의 시행 등 다양한 보안대책이 시행되고 있다.

Theme

47 능동적 방첩: 대스파이활동(counterespionage)

I 의의

① 일반인들은 물론 방첩 임무를 직접 수행하는 일부 전문 방첩관들조차 방첩을 '대스파이활동(counterespionage)'과 동일한 개념으로 인식하는 경향을 보인다.

② 또한 일반인들 가운데 '보안(security)'과 '방첩(counterintelligence)'의 의미를 혼동하는 경우도 있다.

③ 그리고 '대스파이활동(counterespionage)'과 '보안(security)'이라는 용어도 각각 그 의미의 차이를 구분하기가 어려울 만큼 불명확하게 사용된다.

Ⅱ 대스파이활동(counterespionage)과 보안(security)의 구별

1 펠릭스(Christopher Felix)

① 펠릭스(Christopher Felix)는 '대스파이활동'과 '보안'의 의미를 대조시켜서 구분해 보고자 시도했다. 그에 따르면 '보안'의 가장 중요한 목적은 적의 간첩을 체포하는 것이지만, '대스파이활동'은 "적의 공작을 역용하여 적에 관한 정보를 획득하는 수단으로서 공격적인 활동"을 의미한다.

② 대스파이활동이 성공하기 위해서는 적 정보기관과의 관계를 유지하는 가운데 내부 동향을 지속적으로 파악하고 있어야 한다. 현실적으로 매우 어렵지만 가장 이상적인 대스파이활동은 적의 정보기관 내부로 깊숙이 침투해 들어가 동향 파악은 물론 통제력까지 행사하는 경우이다.

2 슐스키(Abram N. Shulsky)

① 펠릭스와 유사한 관점에서 슐스키도 대스파이활동을 공격적인 정보활동으로 정의했던 반면 보안은 "적대적인 정보기구가 정보를 수집하는 것을 막기 위해서 취하는 조치"로서 방어적이고 소극적인 정보활동을 의미하는 것으로 해석했다.

② '보안'의 차원에서는 적의 간첩활동을 간파하게 될 경우 적의 간첩을 색출하여 제거하는 것으로 그 임무를 제한한다. 반면에 '대스파이활동'의 차원에서는 적의 간첩을 색출 · 제거하는 데 그치지 않고 적의 공세적인 활동을 역용하여 가치 있는 정보를 획득하는 데 관심을 둔다. 그런 점에서 보안과 비교하여 대스파이활동이 보다 공격적이고 적극적인 기능을 수행하는 것으로 여겨진다.

3 소련 정보기관

① 사실 방첩을 대스파이활동과 보안 기능으로 구분하는 펠릭스의 분류는 세계 모든 정보기관에서 일반화되어 통용되는 것은 아니다. 예를 들어 소련 정보기관의 경우 방첩과 관련하여 그러한 구분이 없다. KGB의 가장 중요한 임무는 반혁명분자들로부터 사회주의 정권을 보호 · 유지하는 데 두었다.

② KGB의 핵심적인 활동목표는 소련 공산당의 권력을 보호하고, 국내 또는 해외에서 당의 노선을 지원하는 데 두었다. 그래서 KGB는 CPSU(소련공산당)의 "창과 방패"라는 명성을 얻었던 것이다. '창과 방패'라는 용어에서 나타나듯이 KGB는 방첩에 관련하여 공격과 방어 임무를 구분하지 않고 동시에 수행하는 것으로 알려졌다. 적어도 소련의 경우 방첩은 공격과 방어를 모두 포괄하는 개념으로 인식된다.

4 미국 육군

① 펠릭스의 주장처럼 '대스파이활동'이라는 용어는 대체로 공격적인 활동으로 인식되지만, 때로 보다 포괄적인 의미로 해석하는 경우도 있다.

② 미국 육군에서 펴낸 군사용어 사전(Dictionary of Military and Associated Terms, JCS Pub.1)에서 대스파이활동은 넓은 의미에서 방첩의 한 유형이라고 기술하고 있다.

생각넓히기 | 미국 육군 군사용어 사전의 대스파이활동에 대한 정의

스파이 행위를 수행하거나 수행하고 있는 것으로 의심되는 개인, 집단, 조직을 색출, 침투, 조정, 기만, 통제 등을 통해 적의 간첩활동을 탐지, 파괴, 무력화, 이용, 혹은 방어하는 활동

③ 대스파이활동에 대한 미국 육군의 개념 정의는 펠릭스가 언급한 보안 차원의 방어적인 활동과 적극적이고 공격적인 활동을 모두 포괄하고 있다. 이러한 개념 정의는 보안과 대스파이활동을 명백히 구분하고 있는 펠릭스의 개념 정의와는 분명한 차이를 보인다.

5 대스파이활동을 '대인간정보(counter-HUMINT)'에 한정하는 견해

(1) 의의

① 미국 육군이 '대스파이활동'을 매우 포괄적으로 정의하고 있는 반면, '대스파이활동'의 의미를 매우 좁게 해석하여 '대인간정보(counter-HUMINT)'로 인식하는 경우도 있다.

② 이는 오랜 옛날부터 주로 인간을 주요 수단으로 활용하여 스파이활동을 수행해왔기 때문이다. 이에 따르면 방첩의 의미가 단순히 간첩을 색출, 포섭, 활용하는 것으로 제한된다.

(2) 비판

① 그런데 20세기에 들어서서 과학기술의 급속한 발달과 함께 신호정보, 영상정보 등 과학기술정보(TECHINT)가 스파이활동을 수행하는 중요 수단으로 활용되기에 이르렀다.

② 이에 따라 대스파이활동은 대인간정보(counter-HUMINT)와 더불어 대기술정보(counter-TECHINT)도 포괄하는 의미로 해석되어야 할 것이다.

③ 오늘날 간첩을 활용한 첩보활동의 위협뿐만 아니라 과학기술을 활용한 첩보활동이 더욱 심각한 위협으로 작용하고 있다. 이처럼 신호, 영상 등 다양한 수단을 활용한 위협에 효과적으로 대응하기 위해 대스파이활동의 범위가 보다 확대되어야 할 것이다.

6 검토

① 일반인은 물론 학계 전문가, 또는 방첩업무를 직접 수행하는 방첩관들조차 방첩의 의미를 각기 다르게 해석하는 경향을 보인다.

② 혹자는 방첩을 공격적인 성향의 대스파이활동을 의미하는 것으로 해석한다. 또는 방첩을 단순히 방어적인 임무를 수행하는 것으로 제한하는 보안으로 인식하기도 한다. 이처럼 대스파이활동 또는 보안의 의미를 두고 학자마다 엇갈린 해석이 제시된다.

③ 그럼에도 불구하고 일단 방첩을 대스파이활동과 보안을 모두 포괄하는 보다 광범위한 개념으로 해석되어야 한다는 데는 그다지 이견이 없는 듯하다. 그리고 대스파이활동이 공격적인 방첩을 의미하는 반면, 보안은 소극적이고 수동적인 기능을 수행한다는 데 대해서도 학자들 간에 어느 정도 일치된 견해를 보인다.

④ 방첩활동을 대스파이활동과 보안으로 애매하게 구분하여 설명하는 것보다는 "수동적/능동적"으로 구분하는 것이 보다 유용한 의미를 가지는 것으로 생각된다. 수동적 방첩은 보안을 뜻하는 것으로, 능동적 방첩으로서 대스파이활동은 첩보수집, 방첩수사, 방첩공작, 방첩분석 등을 포함하는 것으로 해석된다.

Theme

48 첩보수집

I 의의

① 대스파이활동의 첫 번째 단계는 첩보수집이다. 이는 흔히 탐지(detection)활동이라고도 불린다.

② 적대세력이 어떤 목표를 대상으로 어떤 수단을 활용하여 첩보수집 또는 비밀공작활동을 전개하고 있는지 그리고 누가 그러한 활동을 직접 지휘하고 있는지 등 적대세력의 정보활동에 대응하는 데 필요한 모든 정보를 수집하는 것이다.

③ 방첩임무를 달성하기 위한 목적에서 수행되는 첩보수집은 수집 대상이 다르다는 점 외에 일반적인 첩보수집활동과 거의 유사하다. 즉 일반적인 첩보수집은 적국의 정보기관은 물론 군대 또는 정부 부처의 고위관료 등 광범위한 목표를 대상으로 수집활동을 전개하지만 방첩활동은 주로 적국의 정보기관을 목표로 한다는 점에서 차이가 있다.

II 출처의 분류

1 의의

① 적의 적대적인 활동을 무력화시키기 위한 방첩활동의 일환으로 다양한 출처를 통해 외국 정보 및 보안기관의 시설, 지도체제, 주요 인물, 통신수단, 공작기법 등을 수집한다.

② 공개출처로서 정부 공식문서(전화번호부, 안내책자, 연감, 의회 청문회 기록, 위원회 보고서 등), 단행본, 잡지 기사, 신문 등이 활용되기도 한다.

2 비밀출처의 유형

① 일반적인 첩보수집과 유사하게 방첩에 활용되는 비밀출처도 인간정보와 기술정보로 구분된다.

② 인간정보(HUMINT) 출처로서 망명객이나 이중스파이를 활용하여 적대국의 정보기관이나 정보활동에 관한 중요한 정보를 얻을 수 있다.

③ 신호정보(SIGINT)와 영상정보(IMINT) 등 기술 정보도 방첩에 활용될 수 있는 유용한 정보를 제공해 준다.

Ⅲ 인간정보(HUMINT) 출처

1 망명객

(1) 롬바드 소령(Maj. Florentino Aspillaga Lombard)

① 망명객들은 정보기관의 조직구조, 운용기법, 지도체제 등에 관한 정보를 제공해 준다. 1987년 6월 쿠바 정보기관 DGI(General Directorate of Intelligence)의 요원이었던 롬바드 소령(Maj. Florentino Aspillaga Lombard)이 미국으로 망명했다.

② 그는 쿠바에서 활동하고 있는 CIA 협조자들(assets) 중 거의 대부분이 쿠바 정부에 충성하고 있는 이중간첩이라는 사실을 알려주었다.

(2) 중국 국가안전부의 국외담당 국장을 역임했던 젠산(Yu Zhensan)

① 1986년 중국 국가안전부의 국외담당 국장을 역임했던 젠산(Yu Zhensan)이 미국으로 망명하여 중국인 스파이 명단을 포함하여 중국의 해외정보활동 실태에 관한 자세한 정보를 제공해 주었다.

② 그는 망명하기 전 친(Larry Wu-Tai Chin)이 CIA의 FBIS(Foreign Broadcast Information Service)에 소속되어 근무하면서 오랫동안 중국의 첩자로 암약해 왔던 인물임을 알려주었다.

(3) 벨기에 주재 KGB 지부장이었던 체르핀스키(Igor Cherepinsky)

① 고르바초프 시대 소련체제가 붕괴하면서 KGB 요원들이 대거 미국으로 망명했다. 1990년 벨기에 주재 KGB 지부장이었던 체르핀스키(Igor Cherepinsky), 1991년 KGB 요원이면서 이탈리아 제노아(Genoa) 주재 소련 대사관에서 근무하고 있던 일라리오노프(Sergei Illarionov) 대령이 망명하였다. 이들은 유럽 내 KGB 스파이망에 관한 정보를 서방 정보기관에 제공해 주었다.

② 미국 CIA는 러시아인 협조자에게 100~150만 달러를 제공하여 동독 국가보안부(Mostly of State Security, STASI)에 관한 문서를 입수했다. 그 문서에는 세계 도처에서 암약하는 수천 명의 동독 STASI 요원들의 명단이 수록되어 있었다.

2 망명자들이 제공하는 정보의 신뢰성

(1) 의의

① 망명자들이 제공하는 정보는 종종 신뢰성이 떨어질 수 있다. 때로 적대세력이 망명객을 가장하여 의도적으로 침투시킨 이중스파이일 수도 있다.

② 따라서 이들로부터 디브리핑을 받는 사람은 그가 제공해주는 정보의 신뢰성과 이중스파이 여부에 대해 의심해보아야 한다.

(2) 신뢰성 평가와 판단

① 망명하기 전 정보기관에서 활동한 경력을 가진 망명객들에게는 그가 소속된 정보기관의 조직구조, 운영실태, 주요 업무, 공작상황, 지휘부 명단 등에 관한 질문을 통해 그에 대한 신뢰성을 평가해 볼 수 있을 것이다.

② 망명자로부터 디브리핑을 받는 담당자는 망명자가 어떤 분야에 관해 얼마나 많은 정보를 알고 있는지, 정보를 과장하여 진술하는지, 또는 정보가 부족한 상황에서 조작하여 보고하는지 등을 평가하여 그가 제공하는 정보의 신뢰성과 그가 이중스파이인지 여부를 정확히 판단해야 한다.

Ⅳ 기술정보

1 의의

기술정보수집을 통해서도 방첩에 활용될 수 있는 유용한 정보를 얻을 수 있다.

2 신호정보

① 신호정보수집을 통해 획득한 정보가 방첩에 유용하게 활용되었던 대표적인 사례로서 1940년대와 1950년대 미국에서 수행되었던 코드명 'VENONA 작전'을 들 수 있다.

② 'VENONA 작전'을 통해 영국과 미국은 1939~1948년의 기간 동안 소련이 암호로 교신했던 약 3,000여 개의 신호정보를 감청하고 이를 성공적으로 해독하여 당시 미국 내에서 암약했던 소련 스파이들의 활동 실태를 자세히 파악할 수 있었다.

3 위성영상

① 위성영상은 공개 출처, 인간정보, 신호정보 등에 비해 방첩에의 활용가치가 다소 미흡한 것으로 간주된다.

② 그럼에도 불구하고 정보기관의 소재지에 관한 정확한 위치 정보를 제공해 줌으로써 방첩에 유용하게 활용될 수 있다.

③ 예를 들어 2003년 3월 미국이 이라크를 공격할 당시 미국 정찰위성이 제공해 준 영상사진을 통해 이라크 정보기관 및 보안기관(Special Security Organization)의 본부 건물이 이라크 공습을 전후하여 파괴되었는지를 파악할 수 있었다.

Theme

49 방첩수사(counterintelligence investigation): 감시와 수사

I 의의

① 첩보수집의 다음 단계로 수행되는 방첩수사는 엄격히 구분되지는 않지만 굳이 나누자면 감시활동과 수사활동으로 구분될 수 있다.

② 첩보수집을 통해 스파이 행위를 수행할 것으로 예상되는 목표가 발견되면 그에 대한 집중적인 감시활동(surveillance)이 전개된다. 그리고 감시활동을 통해 스파이 행위가 의심되면 용의자를 대상으로 수사하여 사실 여부를 밝혀낸다. 감시활동과 수사를 통해 획득된 자료는 방첩공작 및 방첩분석에 유용하게 활용된다.

Ⅱ 감시활동

1 의의

① 옥스퍼드 사전에 따르면 감시활동은 "범죄 용의자(a suspected person)를 밀착 관찰하는 것"을 의미한다.

② 방첩에서 감시활동은 스파이 행위를 수행할 것으로 예상되는 목표에 대해 집중적으로 관찰하는 활동을 의미한다.

2 대상

① 여기서 감시활동의 목표는 스파이 용의자로서 사람뿐만 아니라 대사관, 영사관, 또는 외국의 상사 등 주재국에 상주하면서 스파이활동을 수행할 것으로 예상되는 시설이나 장소까지도 포함된다.

② 첩보위성, 지상 감청기지, 차량 · 항공기, 선박, 잠수함 등 기술정보수집에 활용되는 장치나 시설도 감시활동의 대상이 된다.

③ 오늘날 정보통신 시스템의 발달과 함께 인터넷을 포함한 전산망, 유무선 전화 등 스파이활동을 수행하는 공간으로 활용되는 네트워크나 시스템도 감시활동의 대상에 포함된다.

④ 한편 과거의 감시활동은 주로 사람에 의해 수행되는 것을 의미했지만 오늘날의 감시활동은 감시카메라, 감청장비, 컴퓨터, 항공정찰기, 첩보 위성 등 다양한 종류의 첨단과학기술 장비들이 활용되고 있다.

3 중요성

감시활동은 방첩의 근간을 이룬다는 점에서 중요하다.

생각넓히기 | CIA 방첩국장을 역임한 올슨(James M. Olson)

방첩이란 길거리를 장악하는 것이다. 외국 정보요원은 반드시 우리의 감시하에 있어야 한다. 그들이 접선하는 곳을 감시해야 하고, 시간이 촉박하여 미처 사람이 직접 감시하지 못하더라도 은밀히 감시 장비를 설치하여 감시상태를 유지해야 한다. 그러한 감시 역량을 갖추기 위해 자격 있는 요원을 선발하고 이들에 대한 교육훈련이 필요하다. 차량, 채증 장비, 통신장비, 안가, 감시거점 등 많은 장비와 시설을 갖추어야 한다. 이러한 요건을 충족하는 데 엄청난 비용이 소요된다. 이러한 감시 역량을 갖지 못하면 우리는 2류 방첩기관으로 전락할 수 있고, 가시적인 성과도 이룰 수 없다.

4 목적

(1) 정보 입수

감시활동은 스파이 용의자의 신원을 파악하고 그가 속한 조직의 인원구성, 성격, 임무, 회합장소, 협조자 등에 관한 정보를 입수하기 위해 수행된다.

(2) 증거 자료 확보

스파이 용의자를 감시함으로써 범죄현장을 포착하여 검거하고, 가족 등 주변 인물들에 대한 감시를 통해 범인을 추적할 수 있는 단서를 입수할 수 있으며, 나아가 사건의 전모를 규명할 수 있는 증거 자료들을 확보할 수 있다.

(3) 스파이 행위 사전 차단

① 때로 스파이 용의자의 스파이 행위를 사전에 차단할 목적으로 감시활동이 수행되기도 한다.

② 이 경우 비노출 간접활동을 기본원칙으로 하는 일반적인 감시활동과는 달리 예외적으로 근접 또는 노출 감시의 방법을 활용하게 된다.

③ 실제로 주재국의 방첩기관이 상대국의 정보활동을 억제시킬 목적으로 감시활동을 의도적으로 강화시키는 조치를 취하기도 한다.

④ 예를 들어 주재국에서 활동하는 정보요원이 첩보수집 등 임무를 수행하는 과정에서 자신을 감시한다고 의심되는 인물이나 차량을 발견하게 될 경우 심리적인 압박을 받게 되어 진행하던 정보활동을 중단하거나 소극적으로 수행할 수밖에 없다.

⑤ 이처럼 방첩기관의 감시활동이 강화되면 정보활동이 위축될 수밖에 없다. 그런 점에서 감시활동은 적대세력의 정보활동을 억제 또는 무력화시킬 수 있는 매우 효과적인 수단으로 간주된다.

5 속성

(1) 수동적이며 반복적으로 수행되는 지루한 활동

감시활동은 방첩 목표를 달성하는 데 있어서 중요하고도 핵심적인 수단으로 인정되는 반면, 수동적이며 반복적으로 수행되는 지루한 활동이다.

(2) 기술적 어려움과 높은 비용 소요

① 또한 기술적으로 매우 어려우며 비용도 많이 소요된다. 움직이는 목표를 대상으로 미행감시를 수행하게 될 경우 많은 인력이 필요하다.

② 단 1명의 방첩 용의자를 공개적으로 하루 24시간 감시하는 데 최소 6명의 인원과 3대의 차량이 소요된다고 한다. 노출시키지 않고 은밀한 방법으로 1명의 용의자를 감시하는 데는 최소 24명의 인원과 12대의 차량이 필요하다고 한다.

(3) 프라이버시와 감시활동

① 개인의 프라이버시를 법으로 엄격히 존중하는 사회의 경우 감시활동을 수행하는 데 어려움이 있다.

② 예를 들어 미국의 '공정 신용거래법(Fair Credit Reporting Act)'에서는 FBI가 당사자에게 통보하지 않고 무단으로 개인에 대한 신용거래 내역의 조회를 하지 못하도록 규정하고 있다.

(4) 가시적인 성과를 이루기까지 소요되는 시간과 노력

① 이처럼 감시활동은 수행하기에 매우 어려운 임무로 간주되지만 단기간에 그 성과가 부각되기는 어려우며 가시적인 성과를 이루기까지 많은 시간과 노력이 소요된다.

② 때로 긴 시간에 걸쳐 상당한 노력을 기울였음에도 불구하고 기대했던 성과를 얻지 못할 수도 있다.

(5) 성과 판단의 어려움

① 더욱이 적대세력에 대한 방첩활동을 강화하여 그들의 정보활동을 크게 위축 또는 무력화시키는 성과를 거양했다고 하더라도 그것을 가시적으로 증명할 방법이 없다. 적대세력 내부에 침투하여 그들의 내부 동향을 파악할 수 있는 보고서 등 관련 정보를 입수하기 전까지는 방첩의 가시적인 성과를 판단할 수가 없기 때문이다. 그런 점에서 로웬탈은 방첩이 매력적이라기보다는 힘들고 고통스러운 업무라고 기술했다.

② 이와 유사한 입장에서 갓슨도 방첩은 상대 정보기관을 교란 또는 무력화시키는 것을 본연의 임무로 삼고 있는 바, 결코 대중의 갈채를 받을 수도 짧은 순간의 만족감도 느낄 수 없는 활동이라고 소개했다. 어쨌든, 방첩은 힘들고 고통스러운 반면에 그 대가나 보상이 충분치 않은 분야로 인식된다.

Ⅲ 방첩수사

1 의의

① 감시활동을 통해 스파이 행위가 의심되면 용의자를 대상으로 수사하여 사실 여부를 밝혀낸다.

② 감시활동을 통해 입수된 첩보의 내용만으로는 범죄 혐의를 인정하기에 충분하지 못할 때에는 그 진위 여부를 규명하기 위해 관련 증거자료를 수집하는 등의 조사활동이 요구된다.

③ 방첩수사는 외국의 정부, 단체 또는 개인이 저지른 스파이 행위에 대한 진위 여부를 판단하기 위해 수행된다. 방첩수사는 범죄사실을 기소하거나 행정조치를 취하는 데 필요한 증거자료로 제시될 수 있으며, 방첩공작을 수행하는 데 또는 비밀취급인가권을 부여하는 데 필요한 기초자료로도 활용될 수 있다.

2 일반적인 범죄 수사와 방첩수사의 차이

(1) 의의

① 방첩수사는 경찰 등 법 집행기관에서 일반적인 범죄자를 수사하는 것과 유사한 절차와 과정을 거쳐서 수행되지만, 그 동기나 목적에서 분명한 차이를 보인다.

② 맥나마라(Frederick McNamara)는 "모든 정보기관의 기본적인 임무는 국가의 정책결정자를 위해 국가안보 관련 정보를 수집하는 것이지 범죄자를 추적하는 것이 아니다."라고 주장했다. 정보기관은 법을 위반했든지 아니든지 간에 국가의 안보에 위협이 되는 것에 관심을 집중한다.

③ 방첩과 관련하여 정보기관의 관심사는 단순히 스파이 행위자를 체포하는 데 있지 않다. 방첩수사는 그 이상의 목표, 즉 적대세력의 정보활동으로 인해 국가 안보에 위협을 야기하는 요소를 차단 또는 무력화시키는 데 중점을 두고 임무를 수행한다는 점에서 일반적인 범죄수사와 명백히 차이를 보인다.

(2) 첩보수집 방식에서의 차이

① 방첩수사는 첩보수집 방식에 있어서도 일반적인 범죄수사와 차이가 있다. 일반적인 범죄수사는 이미 저질러진 범죄행위 또는 곧 범죄행위를 하게 될 것으로 예상되는 상황에 관한 첩보를 수집하는 것으로 제한된다.

② 그러나 방첩수사는 국가안보에 심각한 위협을 야기할 수 있지만 엄밀한 의미에서 범죄 요건을 구성하지 않는 상황에 대해서도 첩보를 수집한다. 예를 들어 외국인이 과학기술 박람회 또는 학술대회에서 공개 자료를 수집하게 될 경우, 이는 불법이나 범죄행위가 아니다.

③ 그러나 그러한 행위를 주의 깊게 관찰해 보면 그가 비밀리에 첩보수집활동을 수행하고 있다는 사실을 발견할 수 있다. 비록 그는 범법자는 아니지만 차후 방첩이나 정보의 차원에서 중요한 의미를 가질 수 있는 인물로서 예의 주시해야 할 감시 대상이다.

(3) 수집된 자료의 처리 또는 활용에 있어서의 차이

① 방첩수사는 수집된 자료의 처리 또는 활용에 있어서도 일반적인 범죄수사와 차이가 있다. 법 집행기관이 범죄를 수사할 경우 단순한 의심 이상으로 명백한 증거를 찾고자 노력한다. 수집된 자료는 법원에 제시된다.

② 반면에 정보기관은 많은 양의 첩보를 필요로 하며, 그중의 일부는 법정에서는 결코 증거자료로 채택될 수 없는 소문이나 잡담(gossip)이다. 그러한 첩보는 잠재적 위협에 대한 경고 또는 징후를 제공하거나 그러한 문제를 보다 잘 파악하기 위해 수집되며, 대부분은 정보기관 내부 자료로 활용될 뿐 밖으로 유출되지 않는다.

③ 법 집행기관은 사례별로 문제 해결을 시도하기 때문에 일단 재판이 종료되고 상고를 포기하게 되면 수사과정에서 수집된 정보는 더 이상 아무런 가치가 없다. 반대로 정보기관은 잠재적 적에 관한 정보를 지속적으로 필요로 하기 때문에 수집된 자료를 계속 축적하여 관리한다.

3 범죄수사와 보안정보활동의 차이

(1) 의의

① 연방법원 판사이며 국가정보분야의 전문가로 널리 알려진 포스너(Richard A. Posner)는 FBI와 같은 범죄수사기관이 국내정보 기능을 가지는 것에 대해 비판적인 입장을 취했다. 그는 범죄수사 기능은 보안정보활동과 양립하기 어렵다고 주장했다.

② 법집행기관의 수사관은 불법행위를 예방하는 것보다는 법정에서 채택될 수 있는 증거 자료를 수집하는 데 더 많은 관심과 노력을 집중한다.

③ 방첩수사관은 "곧 닥칠 위험을 예고하는 징후를 찾아내고자 발생할 동기나 확률이 거의 없어 보이는 가설에 기초하여 얼핏 관련성이 별로 없어 보이는 수많은 첩보들을 끈질기게 종합하는 한편 의심스러운 용의자를 색출 및 감시하는 데 보다 많은 관심과 노력을 기울인다."

생각넓히기 | 포스너(Richard A. Posner)

범죄수사는 사례 중심적(case oriented)이고, 사후 조치(backward looking)에 중점을 두며, 기소 요건을 충족시키기 위해 매우 까다로운 조건을 요구하는 경향을 보인다. 이에 반해 정보는 전향적(forward looking)이고, 사례보다는 위협 중심적(threat oriented)이며, 자유분방한 성향(free wheeling)을 보인다.

(2) 사후행동으로서의 범죄수사와 예방으로서의 보안정보활동

① 일반적인 범죄수사는 사후행동, 즉 범법행위가 드러난 이후에 필요한 조치를 취한다. 반면에 방첩은 사전행동을 요한다. 방첩은 범죄행위가 자행되기 전에 그것을 미리 예방하는 적극적인 활동을 수행해야 한다.

② 방첩기관은 스파이를 바로 체포하지 않고 그를 제소할 충분한 증거를 찾을 때까지는 단순히 감시하기만 한다. 그러나 용의자가 스파이 행위를 저지르는 등 기소하는 데 필요한 증거를 찾을 때까지 감시하는 임무만을 수행하는 것은 문제가 있다. 왜냐하면 스파이 행위로 인해 발생하게 될 국가안보적 손실이 막대하기 때문이다.

③ 따라서 방첩은 그가 범법행위, 즉 스파이 임무를 수행하기 전에 그를 체포함으로써 그의 스파이 행위로 인해 야기될 수 있는 국가안보 위해요소를 사전에 차단 또는 무력화시키는 임무를 수행한다.

Theme

50 방첩공작(counterintelligence operation): 이중간첩과 기만

I 의의

① 방첩공작은 외국인 또는 이들과 연계된 내국인 등에 의해 자국의 국익이 침해되는 활동을 색출 · 차단 · 역용하기 위하여 주어진 목표에 대해 계획적으로 수행하는 비노출 활동이라고 할 수 있다.

② 첩보수집과 방첩수사가 주로 적의 정보활동을 탐지(detection)하는 것을 목적으로 한 다소 소극적인 방첩활동이라면 적의 정보활동을 무력화 또는 조종(manipulation)하는 데 중점을 두는 방첩공작은 보다 적극적인 유형의 방첩활동이라고 볼 수 있다.

③ 물론 첩보수집과 방첩수사는 방첩공작과 밀접히 연계된다. 무엇보다도 첩보수집과 방첩수사를 통해 축적된 정보에 기초하여 상대측은 물론 우리 측의 방첩 취약 분야에 대해 정확히 파악하고 어떤 수준의 대응, 즉 방첩공작이 필요한지를 결정할 수 있다.

④ 요컨대 첩보수집과 방첩수사는 방첩공작 목표를 효과적으로 그리고 성공적으로 달성하는 데 필요한 핵심적인 요소이다.

생각넓히기 | 제임스 올슨(James Olson)의 방첩공작 활동의 10계명

1. 공격적이 되라(Be Offensive).
   수동적이고 방어적인 방첩공작은 반드시 실패한다. 상대방 저 너머를 가야 한다. 적극적인 이중 스파이 공작은 필수적이다. 침투공작은 방첩공작 성공의 열쇠이다. 우방은 있지만 우호적 정보활동은 없다. 모든 외국 정보기구 활동은 잠재적으로 상대방이 된다.
2. 자부심을 가져라(Honor Your Professionals).
   방첩공작 활동은 대중적 인기를 끌 수도 없고, 성공은 또한 실패로 평가받을 수 있다. 끊임없이 나쁜 소식만 들려오는 업무로, 스파이를 잡으면 왜 그리 늦게 잡았느냐고 말하고, 못 잡으면 무능력으로 비판받지만 사명감으로 업무에 자부심을 가져야 한다.
3. 거리를 누벼라(Own the Street).
   현장의 중요성을 강조한 것으로 방첩공작 활동에서 가장 기본적인 중요성을 가졌으나 실제는 잘 따르지 않는다. 미국 방첩부서도 세계 각국의 수도 및 주요 지점을 외면했다는 반성을 해야 한다. 다른 정보기관들과의 맞부딪칠 현장을 스스로 포기하고 편한 방법으로 가려 해서는 안 된다.
4. 역사를 이해하라(Know Your History).
   유능한 방첩공작관들은 과거의 성공과 실패 사례를 면밀히 검토하고 연구하면서 간접경험을 쌓을 수 있다. 그리고 그것만으로도 방첩공작 활동에서 유발될 수많은 어려움의 상당부분에 대체할 대비를 할 수 있다. 특히 과거의 성공 사례보다 실패사례에 대한 공부는 실수를 반복하지 않게 가르쳐 주는 산 스승이다. 많은 사례를 공부하는 것은 방첩공작부서 근무자의 의무라고 할 것이다.

5. 철저히 분석하라(Do Not Ignore Analysis).

현장 활동을 중시하는 방첩공작 활동에서는 자칫 분석을 이단아로 취급하는 경향이 있다. 그러나 미국의 경우에 한때 현장 활동자에게 분석기법을 교육해 자체 분석에 따라 행동을 하게 한 경험도 있었다. 그러나 좋은 성공을 거두지 못하고 도리어 방첩공작 분야의 체계적인 분석능력을 약화시켰다는 비난이 있었다는 점을 잊지 말아야 한다.

6. 편협하지 말라(Do Not Be Parochial).

정보기관 상호간의 존중과 협조는 대단히 중요하다. 우월성을 앞세운 일방성은 편협성에 다름 아니다. 한때 CIA와 FBI는 대화 자체가 없었다고 한다. 동료 기관들의 업무도 똑같이 헌신적이고 전문적으로 심혈을 다해 애국심에 기초해 행해진다는 사실을 인식하고 존중하고 협조해야 한다.

7. 끊임없이 학습하라(Train Your People).

방첩공작은 단순히 논리와 상식으로 자동적으로 행할 수 있는 업무가 아니다. 특별한 관점과 분석을 끊임없이 요구한다. 방첩공작 특별 분야에 대한 끝없는 학습이 필요한 것이다.

8. 밀리지 말라(Do Not Be Shoved Aside).

방첩공작 활동에 대해서는 평가가 엇갈린다. 성공은 드러나지 않고 실패는 널리 알려진다. 많은 시기도 뒤따른다. 스스로 골칫거리를 조직에 만들어주기도 한다. 업무의 성격상 자신의 것은 극도로 노출을 꺼리면서 남의 것만을 많이 알아내려는 의도와 자세에서 다른 사람, 다른 기관의 적극적이고 긍정적인 협조를 기대하기 어렵다. 이런 경우 조직 내의 상사, 방첩공작(CI)에 좋지 않은 감정으로 협조하지 않은 사람들에 의해 장애가 오더라도, 어떻게든 그들을 설득하거나 최악으로는 그들의 상사와 직접 접촉하거나 하는 등의 방법으로라도 나서야 한다. 결코 소외되어 업무를 중단해서는 안 된다. 더불어 접근이 거부된 사례, 협조거부 등의 장애는 잘 기록해 두어, 사태가 발생했을 때 대비해야 한다. 이러한 적극적인 노력 없는 방첩공작활동은 결국 자신의 잘못으로 비난받게 되고, 어떠한 변명도 통할 수 없다.

9. 한 곳에 오래 머무르지 말라(Do Not Stay Too Long).

① 방첩공작 활동은 생명까지 걸린 대단히 위험한 일이다. 분별 있고 생산적인 방첩공작 성공을 위해 환기와 신선한 사고의 전환이 필요하다. 비 방첩공작부서 공작관도 주기적으로 방첩공작 활동에 투입되어야 한다. 더불어 약 2~3년간의 국내와 외국의 순환 근무는 절대적으로 필요하다.

② 해외 필드에서의 실전경험은 요원들을 새롭게 충전시키고 세련되고 무엇보다 세계 방첩공작 활동의 조류에서 뒤떨어지지 않게 해 줄 것이다. 그러나 이것이 물론 보직을 수시로 변경하라는 취지는 아니다. 방첩공작 활동에 50년이 걸릴 수도 있는 것이다. 한 사람의 방첩공작 전문가는 결코 한 순간에 만들어 지는 것은 아니다.

10. 절대로 포기하지 말라(Never Give Up).

① 방첩공작 10계명 중 가장 중요한 계명이다. 올슨은 다음과 같은 예를 든다. 검거하는 데 10년이 걸린 KGB 이중 스파이 에임즈에 대해, 만약에 9년째 되는 해에 조사를 포기했다면, 상대국에 대한 감시활동의 결과 6개월째에 이르러 비로소 단서가 포착되기 시작했는데 감시활동을 5개월 만에 멈췄다면, 상대세력도 자국의 동태를 살펴보며 지루하게 기다린다.

② 중국 정보기구는 기다림에 단련되어 있고, 상대세력이 움직일 때까지 일정하게 기다리는 것은 의무라고 한다. 또한 FBI와 미 국방부 산하 정보기관들은 1960년과 1970년대의 방첩공작 사건을 지금도 계속 추적 중이다. 올슨은 방첩 공작 게임의 다른 이름은 '고집'이라고 말했다.

Ⅱ 이중간첩

1 의의

① 적대국의 스파이활동을 무력화시키기 위해 적대국 공작원이나 협조자에 대해 체포, 기소, 또는 국외추방 등 다양한 조치가 취해질 수 있다. 그런데 적대국이 다양한 수단을 동원하여 첩보수집활동을 전개하기 때문에 이에 효과적으로 대응하기가 매우 어렵다.

② 이러한 상황에서 적대국의 첩보수집을 무력화시키는 효과적인 수단으로서 기만전략을 활용하기도 한다. 즉 보호할 필요가 있는 중요한 활동, 시설, 기술, 무기체계 등의 능력이나 의도에 관해 허위정보를 은밀히 유출시켜 적대국의 정보기관을 기만시키는 방법이 활용될 수 있다.

③ 적의 정보활동을 무력화시키는 것도 어렵지만 적의 정보활동을 자국이 의도하는 방향으로 조종하는 것은 더욱 어려운 임무이다. 그러한 임무를 효과적으로 수행할 수 있는 주요 수단으로서 이중간첩(double agent)이 활용된다. 이중간첩이란 적대국 정보기관을 위해 스파이활동을 하고 있는 것으로 가장하고 있지만 실제로는 그들이 스파이활동을 수행하도록 되어 있는 나라로부터 통제를 받고 있는 사람을 말한다.

2 이중간첩을 활용한 공작의 유형

(1) 의의

즐키는 이중간첩을 활용한 공작은 방첩활동을 효과적으로 수행할 수 있는 가장 이상적인 방책이라면서 침투(penetration), 이중간첩(double agent) 그리고 유도된 이중간첩 공작(induced double agent operations) 등 세 가지 유형으로 구분하여 소개했다.

(2) 침투 공작

① 침투 공작은 적대국 정보기관의 내부 조직으로 침투하는 것으로서 적대국 정보기관의 구성원을 포섭하여 이중간첩으로 활용하는 것을 의미한다.

② 그는 적대국 정보기관의 요원으로 근무하면서 자국 방첩기관의 통제하에 임무를 수행하게 된다. 이중간첩 공작은 침투공작과 다소 차이가 있다.

(3) 이중간첩 공작

① 이중간첩 공작의 경우 적대국 정보요원이 포섭을 목적으로 어떤 개인에게 접근해오고, 그가 자국 방첩기관에 그 사실을 보고한다. 방첩기관은 그가 적대국의 정보요원에게 포섭된 것처럼 가장하여 행동하도록 권고한다.

② 적대국 정보기관은 그를 포섭한 것으로 생각하지만 사실 그는 자국 방첩기관의 지시를 받고 이중간첩 임무를 수행하게 된다.

(4) 유도된 이중간첩 공작

① 유도된 이중간첩 공작은 일종의 미끼처럼 어떤 개인에게 적대국이 접근하여 포섭하도록 만드는 것을 의미한다.

② 일반적인 이중간첩 공작과 다른 점은 적대국이 그를 포섭하도록 유혹하는 보다 적극적인 방법을 사용한다는 것이다. 그런데 일단 적대국이 그를 포섭하게 되면 일반적인 이중간첩 공작과 동일한 절차와 방법을 적용하여 임무를 수행하게 된다.

3 이중간첩 공작의 수행

(1) 의의

이중간첩 공작은 사실 수행하기가 매우 어렵다. 이중간첩 임무를 수행하는 자가 적대국 정보기관으로부터 신뢰감을 유지하려면 지속적으로 적절한 정보를 제공해 주어야 한다. 그렇지 않을 경우 적대국 정보기관에서 그를 의심하게 되고, 때로 그의 목숨이 위태롭게 될 수 있다.

(2) 닭모이(chicken feed)

① 이중간첩이 적대국 정보기관에 제공해 주는 정보를 흔히 '닭모이(chicken feed)'라고 불리는데, 겉으로 보기에는 비밀로 분류된 민감한 정보이지만 실제로는 그다지 중요한 것이 아니어야 한다.

② 이 경우 방첩공작을 수행하는 기관에서는 이중간첩이 신뢰를 유지하는 데 따른 이익이 신뢰 유지를 위해 제공되는 정보로 인해 초래될 피해보다 훨씬 커야 할 것이다. 이를 위해 적대국 정보기관의 의심을 불러일으키지 않는 범위 내에서 가능한 한 중요하지 않은 정보를 제공해야 한다.

③ '닭모이'를 적절히 활용할 경우 방첩공작 목표를 매우 효과적으로 달성할 수 있다. 즉 적대국이 잘못된 행동을 취하도록 유도하기 위해서 고안된 거짓정보를 실제 정보와 적절하게 섞어서 제공함으로써 적국의 정보수집활동은 물론 분석능력까지도 조정 또는 통제할 수 있다. 그 대표적인 사례로서 제2차 세계대전 당시 영국이 수행했던 암호명 '더블크로스 시스템(Double Cross System)'을 들 수 있다.

(3) 더블크로스 시스템(Double Cross System)

① 제2차 세계대전 당시 영국은 독일 정보기관 압베르가 사용하고 있는 암호를 해독하여 독일 측에서 영국으로 침투시킨 138명의 독일 스파이와 그 밖에 영국을 상대로 첩보활동을 벌이기 위해 독일이 포섭한 20여 명의 스파이를 모조리 체포했다.

② 영국은 이들 중 약 40여 명을 포섭하여 이중간첩으로 활용하는 암호명 '더블크로스 시스템(Double Cross System)'을 전개했다. 영국은 포섭된 이중간첩을 이용하여 거짓 정보와 실제 정보를 적절히 섞은 혼합 정보를 독일에 전달시켰다.

생각넓히기 | 더블크로스 시스템의 일곱 가지 목표

당시 영국 MI5에서 공작을 직접 담당했던 매스터맨(John Masterman)은 더블크로스 시스템을 통해 영국은 다음과 같은 일곱 가지 목표를 달성했다고 술회했다.

- 독일의 간첩망에 대한 통제
- 영국에 침투하는 간첩 체포
- 독일 정보기관의 인물정보 및 활동방식에 관한 지식 습득
- 독일 정보기관이 사용하는 음어(codes)와 암호(ciphers)에 관한 첩보 획득
- 독일이 이중간첩에게 확인하도록 요청한 질문들로부터 독일의 계획과 의도 파악
- 독일에 거짓정보를 전달함으로써 독일의 계획에 영향
- 영국의 계획과 의도에 대해 독일을 기만

(4) 울트라 계획(Ultra Project)

① 제2차 세계대전이 막바지에 달하던 1944년경 영국은 암호명 '울트라 계획(Ultra Project)'을 통해 독일의 암호를 성공적으로 해독했다. 영국은 포섭한 이중간첩을 이용하여 연합군이 노르망디가 아닌 파드 칼레(Pas de Calais)로 상륙한다는 거짓 정보를 독일 측에 지속적으로 흘려보냈다.

② 울트라 계획을 통해 영국은 허위로 전달한 정보에 대해 독일이 어떤 반응을 보이는지 파악할 수 있었다. 영국이 제공한 허위정보에 속아 독일은 연합군이 파드 칼레로 상륙할 것으로 예상하여 방어 병력을 노르망디가 아닌 파드 칼레 지역에 집중시켰다.

③ 이처럼 울트라 계획과 더블크로스 시스템을 적절히 활용하여 연합군은 독일을 철저히 기만하였고, 마침내 제2차 세계대전 승리의 결정적인 분수령이 되었던 노르망디 상륙작전을 성공시켰다.

4 이중간첩 공작의 효과

(1) 의의

이중간첩 공작을 통해 두 가지 효과를 얻을 수 있다.

(2) 적대국 정보기관의 정보관 파악 · 색출

① 적대국 정보기관의 정보관들을 파악 · 색출함으로써 적대국 정보기관의 정보활동을 무력화시킬 수 있다. 즉 이중간첩 공작은 적대국 정보기관의 정보관들을 파악하여 추방시키고 그들이 구축한 공작망을 와해시키는 데 매우 긴요하게 활용될 수 있다.

② 또한 이중간첩 공작은 적대국 정보관을 PNG하거나 체포, 구금, 공소하는 데 필요한 증거를 제공해 줄 수 있다.

(3) 적대국 정보활동 기술 파악

적대국의 정보활동 기술을 파악할 수 있기 때문에 적대국의 정보활동에 대해 보다 잘 대응할 수 있다. 즉 적대국의 정보활동으로 인해 야기되는 위협을 감소시키는 효과를 기대할 수 있다.

5 적대국의 이중간첩 공작

(1) 의의

① 적대국에서 이중간첩 공작을 성공적으로 전개하게 될 경우 자국의 방첩공작이 적대국 정보기관에게 역용되는 결과를 초래하게 된다.

② 예들 들어, 적대국 정보기관이 자신의 조직에 소속된 정보관이 상대국 정보기관에 포섭되거나 이중간첩으로 활동하고 있다는 사실을 알게 되면 그를 다시 포섭하여 이중간첩으로 역용하게 될 수 있다.

③ 이 경우 적대국 정보기관은 자국의 방첩 활동으로 인해 노출될 것을 우려할 필요 없이 마음 놓고 자국에 대해 정보활동을 수행할 수 있게 될 것이다.

(2) 피그만 공격

① 미국이 시행했던 비밀공작 중에서 첩보사에서 참담한 실패로 평가되고 있는 '피그만 공격'이 실패한 결정적인 요인은 CIA가 애써 포섭한 쿠바인 첩보원들이 모두 카스트로의 비밀정보기관에 소속된 이중간첩이었기 때문이다.

② 이처럼 방첩공작은 단 한 순간의 방심과 자만도 용납되지 않으며, 치밀하고 주도면밀한 계획과 철저한 보안을 유지함으로써 원하는 바 목적을 성공시킬 수 있는 고도의 두뇌싸움 양상으로 전개된다.

생각넓히기 | 기만과 역기만

불특정의 광범위한 내용을 포괄하는 기만과 역기만을 방첩공작활동의 한 가지 작용으로 포함시킬 것인가에 대해서는 논란이 있었다. 기만은 일견 상대세력의 정보 '정책'을 대상으로 한 것이라는 점에서 방첩공작의 영역으로 간주하지 않는 학자도 있다. 저명한 정보학자 리첼슨(Richelson)은 방첩활동을 공개 또는 은밀한 방법에 의한 상대세력 정보활동과 방첩공작활동에 대한 파악, 변절평가, 상대세력의 정보기구와 방첩조직에 대한 연구와 조사, 현재 구체적으로 진행 중인 상대세력 정보활동과 방첩공작활동에 대한 저지 및 무력화를 위한 활동의 4가지의 경우로 한정해, 기만공작을 방첩공작활동으로 간주하지 않는다.

생각넓히기 | GUNNERSIDE 작전

제2차 세계 대전 중 나치 독일이 핵 개발을 위해서 노르웨이산 중수를 획득하는 것을 방해하기 위한 일련의 사건이다. 1934년 노르웨이 베모르크에 노르스크 하이드로가 지은 수력 발전소에서는 비료 생산의 부산물로 중수가 생산되었고, 연간 12톤이 생산되었다. 제2차 세계 대전 기간 동안 연합군 측에서는 중수 공급을 중단시키기로 결정하고 독일의 핵폭탄 개발을 방해하기 위해 중수 생산 시설을 파괴하기로 하였다. 노르웨이 텔레마르크의 류칸 폭포에 있는 60MW급 베모르크 수력 발전소에 공습이 행해졌다.

생각넓히기 | MINCE MEAT 작전

제2차 세계 대전 중 1943년에 영국군이 실행하여 매우 성공을 거둔 첩보 기만 작전이다. 나치 독일의 상층부에게 연합군의 침공 예정지는 그리스와 사르데냐를 계획하고 있다고 생각하게 만든 것으로, 실제 계획지가 시칠리아인 것을 은닉하는 데 성공했다. 이는 독일 측에 그들이 완전히 우연으로 연합군 측의 전쟁 계획에 관한 극비 서류를 입수했다고 믿게 함으로 이루어 졌다. 사실 극비서류는 이 작전을 위해 준비된 시체에 있던 것으로, 이 시체는 스페인 해안에 닿도록 고의로 투기된 것이었다.

생각넓히기 | 앤젤톤(James Angelton) 사건

1. 기만공작, 역기만 공작은 단순하게 상대세력의 정보활동을 저지하는 등의 방첩공작 활동을 위해서만 활용되지 않는다. 속고 있는지, 속이고 있는지 자체를 판단하기 어려운 그 혼란스러운 상황을 십분 활용해 상대세력 방첩공작 기구 내의 내분을 유발하기 위한 소리 없는 폭탄을 내부에 투하할 수도 있다. 소위 '혼란스러운 다수의 영상들(Wilderness of mirrors)'을 유발하고 상대세력 정보기구 자체에 일대 혼란을 초래하는 것이다.
2. 예를 들어 일단 상대세력 정보기구로부터 한 명의 변절자를 확보한 후에 매파와 비둘기파의 논쟁을 유발할 수 있는 쟁점이 있는 주제에 대한 그럴듯한 거짓정보를 제공한다. 그 후 양자에 대한 일정한 보완정보를 주기적으로 제공하면 필경 정보기구 내에는 대처방안에 대한 의견이 양분되게 된다. 물론 목적은 정보기구 지휘부 간의 강 · 온 대처방안에 대한 치열한 의견대립을 이끌어 내분을 만드는 데 있다.
3. KGB가 구사한 이러한 혼란전술은 냉전시대 CIA에 최대의 분란을 초래했다. CIA 방첩국장 앤젤톤 사건이 그것이다. 1960년부터 1970년 초반까지 냉전의 와중에 CIA 내부에는 소련을 상대로 한 일반 정보수집활동, 비밀공작활동, 방첩공작활동에 있어서 끊임없는 강 · 온 의견대립이 치열하게 전개되었다. 강경파의 한 축에는 CIA 창설의 실질적인 공로자이자 미국 정보공동체의 방첩공작의 총책임자로, KGB가 최대의 장애로 여겼던 전설적인 인물이었던 제임스 앤젤톤(James Angelton)이 선봉에 있었다. 1941년 예일대학을 졸업하고 하버드 법과대학을 수료한 앤젤톤은 1943년 그의 아버지가 근무했던 미군 정보기관인 해군 전략첩보국(OSS)에 특채되어 정보기구 근무를 시작했다. 당시 전략국 책임자는 후일 CIA 창설의 일등 공신인 도너반(William Joseph Donovan)이었는데, 그의 강력한 후원으로 앤젤톤은 방첩공작에 대한 교육을 받기 위해 영국 비밀정보부(M16)에 파견되었다. 앤젤톤은 영국 비밀정보부에서 이미 KGB의 이중간첩으로 암약하고 있던 킴 필비의 훈육을 받게 되었다.
4. 당시 영국 비밀정보부는 울트라(ULTER)라는 이름의 독일 암호체계 해독 프로그램을 운영해 제2차 세계대전에서 독일을 상대로 엄청난 성공을 거두었는데, 앤젤톤은 그곳에서 암호해독 기법을 체득했다. 울트라 체험을 포함한 영국 비밀정보부에서의 다양한 공작경험으로 앤젤톤은 1947년 창설된 CIA의 초대 방첩국 총책임자로 임명되었고, 그의 CIA 경력 전부를 방첩공작 책임자로 활동하면서 냉전시대 KGB에게는 가장 두려운 전설적인 인물로 여겨졌다. 그러나 앤젤톤은 그를 정보의 세계로 안내해 주었던 영국 비밀정보부 킴 필비가 후일 소위 케임브리지 스파이 링의 일원으로 희대의 KGB 이중 스파이였다는 사실이 밝혀지자 엄청난 정신적 타격을 받았다. 앤젤톤은 그 후 더욱 주변을 의심하며 공산주의를 매우 혐오하게 되었다. 이에 KGB는 앤젤톤을 축으로 하는 강경파와의 의견대립을 유발해 내분을 일으키기 위한 고도의 기만공작에 돌입한 것으로 여겨졌다.
5. 서로 다른 정보를 제공하는 KGB 요원으로 CIA로 전향한 이중 스파이 골리친(Golitsyn)과 노젠코(Nosenko)의 동시적 등장이 그것이었다. 모두 비중 있는 이중 스파이인 이들을 취급하는 데 앤젤톤은 항상 소련을 더욱 의심하는 내용의 골리친의 정보를 보다 더 신뢰하는 입장이었다. 그리고 모든 사안을 부정적인 측면에서 바라보는 의견 때문에 앤젤톤은 CIA는 물론이고 행정부와 의회에서도 고립되어 가는 형편이 되었다. 앤젤톤은 심지어 키신저 국무장관도 KGB와 연결되었다고 주장했다. 그러나 그는 결국 1974년 12월 온건파의 견제에 밀려 콜비(William Colby) CIA 국장으로부터 퇴직을 권유 받고 CIA를 떠나게 되었다. 당시의 CIA 내부의 치열한 논쟁은 거울도 정확히 그 영상을 표시해 주지 못할 정도로 어렵다는 취지에서, 데이비드 마틴은 '혼란스러운 다수의 영상들(wilderness of mirrors)'이라는 용어를 사용하고 그 제목을 단 책을 출간했다. 결국 방첩공작 활동의 최고수였던 앤젤톤 그 자신이 KGB 기만작전의 직접 피해 당사자가 되었던 것이다.

Theme

51 방첩분석(counterintelligence analysis)

I 의의

① 일반인들은 물론 방첩활동을 전문적으로 수행하는 방첩요원들조차 방첩의 핵심은 수사활동(investigation)이라고 믿는다. 즉 우리 사회에 침투하여 암약하고 있는 스파이를 색출하기 위해 필요한 첩보를 수집하는 일이 가장 핵심적인 관건이라고 생각한다.

② 그런데 이에 대해 갓슨은 방첩의 핵심 요소는 방첩분석에 있다면서 방첩분석의 중요성을 강조했다. 어쨌든, 방첩임무를 성공적으로 수행함에 있어서 방첩분석의 역할도 절대로 과소평가될 수 없다.

③ 방첩분석이란 방첩에 관련하여 수집된 단편첩보들을 처리 및 종합하여 의미 있는 사실이나 결정적인 결론을 도출하는 과정을 뜻한다. 첩보활동을 통해 수집된 자료는 대부분 단편적이며 정확성이나 신뢰성을 확신할 수 없다.

④ 따라서 수집된 첩보에 대해 방첩분야 전문가의 평가와 분석의 작업이 반드시 필요하다. 분석의 과정을 거쳐 생산된 정보, 즉 방첩정보는 방첩공작이나 방첩수사 등 방첩임무를 수행하는 데 필요한 핵심적인 요소로 활용된다.

II 방첩분석 결과물의 활용

1 의의

① 분석의 과정을 통해 생산된 정보는 해외정보를 담당하는 부서에만 필요한 것이 아니다. 그것은 방첩임무를 수행함에 있어서도 없어서는 안 될 긴요한 요소이다.

② 해외정보의 수집이 정보분석에 필요한 생자료를 제공해 주듯이 방첩활동을 통해서도 정보분석에 필요한 가치 있는 정보가 획득될 수 있다.

③ 첩보수집이나 방첩활동이나 공통적으로 기존의 정보나 지식에 기초하여 임무를 수행하게 된다. 즉 적대국 정보기관의 정보활동에 따른 위협에 관한 사전지식을 충분히 참고하여 첩보수집과 방첩활동의 목표설정, 계획수립, 실행, 평가 등의 임무를 수행하게 된다.

④ 요컨대 방첩정보는 정보기관의 정보활동을 수행하는 데 필요한 유용한 정보를 제공해준다. 그런 점에서 방첩활동과 정보기관의 정보활동은 밀접하게 연계된다.

2 위협평가(threat assessment)

① 방첩분석에서 제공되는 핵심적인 결과물로서 위협평가(threat assessment)를 들 수 있다. 방첩분석에서 제공하는 위협평가는 외국 정보기관, 국제테러단체 등 적대 세력의 위협 수준에 대해 분석 및 평가하는 내용을 포함하고 있다.

② 이러한 위협평가는 방첩기관이나 해외 정보기관뿐만 아니라 여타 기관에서도 필요로 한다. 예를 들어 군의 작전 수행에 필요한 보안조치를 계획할 경우에도 위협평가가 유용하게 활용될 수 있다.

③ 위협 평가를 통해 제시된 자료는 보안 취약 요소를 색출하고 보안대책을 강화하는 방안을 수립하는 등 다양한 용도(예를 들어 현재 연구개발 중인 최신무기체계를 어디에서 어떻게 시험하는 것이 바람직한지, 또는 야전 기동 훈련을 수행할 수 있는 적절한 장소, 시설보안을 개선할 수 있는 최적의 방법 등)에 활용될 수 있다.

3 방첩활동 수행의 핵심 요소

① 방첩분석은 방첩활동을 효과적으로 수행하는 데 필요한 핵심적인 요소로 활용된다. 과거 적대국 또는 우호국을 대상으로 수행되었던 방첩공작에 대한 사후 검토를 통해 현재의 방첩공작이 적대 세력의 정보위협에 얼마나 효과적으로 대응하고 있는지를 평가해 볼 수 있다.

② 적대 세력의 신분위장, 포섭기법, 자금출처, 연락수단, 위험인물, 훈련방법 등에 관해 축적된 자료와 경험들은 방첩공작을 효과적으로 추진하는 데 활용될 수 있을 것이다. 예를 들어 방첩분석을 통해 적대국 공작관과 협조자가 하루 중 어느 시간에 접선하는지, 어떤 종류의 수수소(dead drop)를 운용하는지, 외교관과 정보관은 어떤 차이점을 나타내 보이는지 등에 관해 일정한 패턴을 찾아낼 수 있을 것이다. 이러한 패턴을 적절히 활용하면 스파이 용의자에 대한 감시활동을 언제, 어디에 집중하는 것이 효과적인지를 알아낼 수 있을 것이다.

4 정보활동 수행의 투입요소

① 방첩정보는 정보활동을 수행하는 데 중요한 투입요소가 될 수 있다. 적대국 정보기관과의 지속적인 접촉을 통해 방첩요원은 적대국 정보활동의 수준을 평가하고, 나아가 앞으로 그들이 어떤 의도를 갖고 어떤 행동을 취할 것인지를 추정해볼 수 있다.

② 예를 들어 적대국이 정보활동을 보다 활발하게 수행하게 될 경우 조만간에 군사적인 행동을 취할 위험이 있다는 신호로 유추해 볼 수 있다.

5 외국 정보기관들에 대한 백과사전적 지식 제공

① 방첩정보는 외국 정보기관들에 대한 백과사전적 지식을 제공해 줌으로써 적극적 정보활동을 수행하는 데 기여할 수 있다.

② 보고서, 연구, 평가 등의 형태로 제공되는 백과사전적 지식은 성격상 분석적이라기보다는 단순히 기술적인(descriptive) 자료로서 전 세계 정보기관 및 보안기관의 조직 구조, 기능, 인력, 예산, 교육훈련, 위치 등에 관해 매우 포괄적이면서도 구체적으로 소개하는 내용으로 구성되어 있다. 이러한 지식을 적절히 활용하면 적대국 정보기관의 정보활동을 파악하는 데 도움이 될 수 있다.

Ⅲ 적국의 기만

1 의의

방첩분석에서 가장 중요하게 고려해야 할 문제로서 적국의 기만(deception)을 들 수 있다. 기만이란 적국이 당면한 정치, 군사 또는 경제 상황에 대해 잘못된 정보분석을 하도록 유도하는 것을 말한다.

2 적국의 기만과 정보실패(intelligence failure)

① 적의 기만에 속아 상황을 잘못 파악함으로써 정보실패(intelligence failure)를 초래하기도 한다.

② 물론 적이 기만을 시도하지 않더라도 정보기관 스스로 잘못된 정보분석으로 인해 상황을 오판함으로써 정보실패를 초래하기도 하지만, 정보실패 사례들 가운데 상당 부분은 적의 기만에 효과적으로 대응하지 못한 데서 비롯된 것으로 나타난다.

③ 따라서 방첩분석을 통해 적국의 기만 의도를 철저히 파악하고 이에 적절히 대응함으로써 정보실패로 인한 피해를 막을 수 있을 것이다.

④ 사실 기만과 정보실패는 서로 연관된 개념이다. 한 쪽에서 상대방을 기만하는 데 성공하면 다른 쪽에서는 정보실패를 의미하기 때문이다. 방첩공작을 통해 적을 효과적으로 기만할 수 있는 반면, 역으로 상대국의 기만행위에 제대로 대응하지 못하면 자국에게 심각한 위협이 야기될 수 있다.

3 방첩 공작에 대한 적국의 역용

① 어떻게 기만이 방첩 차원에서 위협이 될 수 있을까? 간혹 자국에서 수행한 방첩공작이 적의 기만전략에 역용되는 연결고리가 되기도 한다.

② 자국이 방첩공작을 통해 침투시킨 공작원 또는 이중스파이를 적대국이 탐지하게 될 경우, 적대국은 그를 '이중'스파이 또는 기만전략을 수행하는 데 필요한 연결 고리로 역용할 수도 있다.

③ 자국이 계획한 기만전략에 활용된 적대국 정보기관 출신의 협조자가 역으로 적대국 정보기관에 협조하게 될 경우 심각한 방첩 실패가 야기될 수 있다.

4 적국의 기만에 대한 최종 판단으로서의 방첩분석

(1) 의의

① 감시활동, 방첩수사, 방첩공작 등 방첩에서 활용하고 있는 여러 가지 활동들은 적의 기만에 대응하는 데 활용될 수 있다.

② 무엇보다도 방첩분석은 방첩 관련 다양한 첩보들을 종합하여 적의 기만에 대해 최종적인 판단을 내려준다는 점에서 방첩의 성패에 결정적인 요인으로 작용할 수 있다.

(2) 방첩분석과 정보분석

① 한편 방첩부서에서 적의 기만에 대해 독자적으로 판단을 내리게 될 경우 수집 또는 분석 부서와 마찰을 빚게 될 수 있다.

② 그러나 방첩부서가 적의 기만에 대해 수집 또는 분석 부서에게 제기하는 의혹이나 경고는 적의 기만으로 인해 발생될 심각한 손실을 예방할 수 있다는 점에서 반드시 필요하다고 본다.

③ 방첩 부서는 그러한 역할을 수행하는 경험과 전문성을 갖추고 있다. 방첩 요원들은 적의 기만을 식별할 수 있는 탁월한 분석 능력을 갖추고 있다. 그들은 음모적이고 은밀하게 행동하는 적들과 오랫동안 거래하는 가운데 축적된 경험을 바탕으로 적의 기만에 민감하게 대처할 수 있는 전문성을 배양해 왔다. 그런 점에서 수집관이나 분석관에 비해 방첩요원이 적의 기만에 대해 효과적으로 대응할 수 있는 잠재력을 갖춘 것으로 인정된다.

Ⅳ 방첩분석 절차

1 의의

방첩분석은 다음 네 가지 단계를 거쳐서 체계적으로 수행되어야 한다.

2 방첩 분석의 대상이 선정

① 방첩 분석의 대상이 선정되어야 한다. 방첩임무 수행에 필요한 자원과 인력이 제한되어 있다는 점을 고려하여 우선 보호해야 할 목표 또는 대상을 선별하는 작업이 요구된다.

② 가장 중요한 보호 목표로서 국가의 전략적 지휘통제시스템, 전략무기의 위치와 성능, 그러한 무기의 사용계획, 방어계획, 보복공격계획 등을 들 수 있다.

3 보호 목표의 취약성 분석

비밀유지를 위해 보호해야 할 목표 또는 대상이 선정된 다음 그러한 목표 또는 대상이 비밀을 보호 또는 유지함에 있어서 어떤 취약성이 있는지를 분석하는 것이다.

4 적대국 정보기관의 정보목표와 능력 분석

적대국 정보기관의 정보목표가 무엇이고 그것을 달성하기 위해 어떤 능력을 갖고 있는지를 분석하는 것도 방첩분석의 중요한 과제이다.

5 대기만(counterdeception) 분석

① 외국 정부가 자국의 인식(perception)이나 행동을 조종하기 위해서 어떤 비밀수단을 활용하는지를 파악해 보아야 한다.

② 만일 적대국이 자국의 국외정보 수집과 분석을 조작하여 자국에게 왜곡된 판단을 획책할 경우 방첩분석관은 대기만(counterdeception) 분석으로 대응할 수 있을 것이다.

③ 대기만 분석관은 자국의 인식을 조작하려는 행위를 수행하고 있는 자가 누구인지, 어디에 소속되어 있는지 그리고 그들의 목적이 무엇인지 등을 알아내야 한다.

④ 적이 자국의 정보를 어떻게 조작하고 있는지를 상세히 파악한 다음 역으로 이에 대응하는 조치를 취할 수 있을 것이다.

Theme

52 경제정보활동

I 경제정보활동에 대한 두 가지 접근

1 유럽의 접근방법

(1) 의의

유럽은 전통적으로 산업기술 습득노력을 국가적 차원에서 지원하고 적극적으로 장려했다. 따라서 국가가 적극적으로 지원하는 오늘날과 유사한 산업간첩활동은 오래 전부터 알게 모르게 전개되었다.

(2) 「베네치아 공화국 법」

① 산업간첩활동을 국가차원에서 지원한 최초의 증거로는 1474년의 베네치아 공화국의 법이 있다. 베네치아 공화국은 그러한 스파이활동을 촉진시키기 위해 수단을 불문하고 확보한 기술에 대하여는 그 사람에게 독점권을 부여하는 법을 제정했다.

② 이것이 베네치아 상인들에 의해 개발된 오늘날 특허권과 저작권의 기원으로 알려진 것인데, 최초로 국가차원에서 법률로 보호했지만 권리의 성격 자체, 즉 궁극적인 소유주체가 국가인지 훔쳐온 개인인지에 대해서는 여전히 명확하지 않았다.

(3) 지적재산권에 대한 프랑스의 입장

① 국가가 타국에서의 산업기술의 절취를 적극적으로 지원하고 장려한다는 점에 있어서는 차이가 없었다. 다만 전제 군주정의 프랑스는 개인의 발명품이라고 하더라도 그에 대한 특허와 저작권은 왕이 허여하는 특전(royal favors)으로 간주하여 언제라도 국가가 몰수할 수 있었다.

② 프랑스는 18세기 프랑스 혁명을 거쳐 시민의식이 고무됨으로써 비로소 지적재산권은 창조적인 혁신과 창작을 장려하기 위한 것으로, 국가는 다만 인증을 해 주는 것일 뿐이므로, 발명자의 자연권(natural rights)이라는 주장이 나타났다.

(4) 지적재산권에 대한 영국의 입장

17세기 초반에 이미 특허권과 저작권을 발명과 표현 그리고 창작을 고무하기 위해 국가가 보호하는 적극적인 법적 권리로 인정했다.

(5) 결론

① 영국을 제외한 유럽 국가들은 기술개발과 창작물에 대한 권리는 원래부터 왕권 또는 국권에 복종하는 것이지만, 기술개발을 촉진하기 위해서 법이라는 수단을 통해 은혜적으로 일반 시민들에게 일정기간 허여되는 시혜적 특권으로 간주하는 경향이 강했다고 할 수 있다.

② 이것은 바꾸어 말하면 기술개발에 대하여 어떠한 방향에서건 국가의 개입가능성이 높다는 것을 의미한다.

2 미국의 접근방법

① 미국의 제정헌법 창설자들은 지적 재산권이 왕의 소유라거나 또는 국가가 관리하는 것이라는 프랑스식의 관념을 배격하고, 영국식 접근을 선호했지만 한걸음 더 나아갔다.

② 헌법제정의회에서 이미 권리자 서로 간의 충돌을 막고자 특허권과 저작권에 대한 입법을 했고, 최초로 노아 웹스터(Noah Webster)의 출판물에 대한 저작권을 법에 의해 절대적으로 보호했다.

③ 쉽게 말하면 지적 재산권에 대한 미국의 접근은, 그것은 국가를 위한 권리가 아니라, 일반 시민을 위한 권리라는 것으로 그 생각의 끝에는 지적재산권이 전적으로 사유 재산권임을 전제하고 있는 것이라 할 수 있다.

④ 그러므로 자유로운 무한 경쟁을 원칙으로 하는 사적 영역에서의 기술개발에 국가가 지원하고 획득활동에 개입할 여지는 생각할 수 없는 일이었다.

Ⅱ 경제정보와 산업정보

1 경제정보

(1) 의의

① 경제, 경제체제 그리고 생산성이라는 다의적인 내용을 가지는 '경제'에 대한 제반 지식이 바로 경제정보(Economic Intelligence)이다.

② 그러므로 경제정보(EI)는 일국의 산업기술 정보를 포함하여 경제정책과 경제정책의 수행과 관리, 부존자원을 포함한 환경 지리적 정보와 그 계획정보 그리고 경제체제에 대한 정보와 생산성에 대한 정보 등 한 나라의 경제활동과 관련한 제반 지식을 의미한다.

(2) 미국 중앙정보국(CIA)의 경제정보에 대한 이해

CIA는 1995년 발간한 「정보에 대한 길라잡이(A Consumer's Guide to Intelligence)」라는 안내서에서 경제정보를, "외국의 경제자원, 경제활동, 재화와 용역의 생산 · 분배와 소비를 포함한 경제정책, 노동력, 금융, 조세, 상거래 활동 그리고 대외 경제체제 등에 대한 제반 정보"라고 정의했다.

(3) 미국 대외관계위원회의 경제정보에 대한 정의

미국 대외관계위원회(The Council on Foreign Relation)는 「정보의 세련화(Making Intelligence Smarter)」라는 연구 보고서에서 경제정보를, "무역정책, 외환보유고, 천연부존자원과 농업 생산품의 가용 정도 그리고 경제정책과 실제 활동의 제반 측면에 대한 정보"라고 정의했다.

(4) 포티우스의 경제정보에 대한 정의

캐나다 보안정보부(Canadian Security Intelligence Service, CSIS) 소속으로 경제문제 전략 분석가인 포티우스(Samuel Porteous)는 경제정보를 "정책 또는 기술적 데이터를 포함하는 상업적 경제첩보, 재정정보, 독점적인 상업 및 정부 첩보 등으로, 외국기관이 입수할 경우 그 국가의 생산성이나 경쟁력을 직접 또는 간접적으로 도울 수 있는 정보"라고 정의했다.

(5) 결론

결국 경제정보라 함은 산업 기술적 자료, 과학기술 연구자료, 국가의 금융과 재정에 대한 정보, 사기업 또는 국가의 경제활동 정보들을 포함한 경제정책이나 상업적 연관 경제자료 그리고 경제체제 및 일국의 부존자원 등 경제재에 관한 지식으로, 그러한 정보를 획득한 국가가 대상국가에 대해 상대적으로 생산성과 경쟁성을 제고하는 데 기여할 수 있는 경제문제에 관한 제반 정보를 말한다고 할 수 있다. 그러므로 경제정보는 일국이 경쟁국가와의 관계에서 경제적 안정을 확보하는 데 기본적 요소가 된다.

2 산업정보

(1) 산업

① 산업(産業, industry)은 인간이 생계를 유지하기 위해 일상적으로 종사하는 생산적(生産的) 활동을 말한다. 산업은 물적 재화의 생산과 더불어 서비스를 생산하는 활동을 포함한다.

② 모든 종류의 산업을 체계적으로 분류한 산업 3단계 분류법에 따르면, 농림어업 부문에 속하는 업종의 산업은 1차 산업, 광공업 부문에 속하는 것은 2차 산업, 기타 서비스 부문에 속하는 업종은 3차 산업에 속한다.

(2) 산업정보

산업정보는 일국의 산업에 대한 제반 정보이다. 각국의 1차 산업, 2차 산업, 3차 산업의 내용, 분포와 구조, 생산성, 기술력, 향후 전망, 산업의 경영계획과 실적 등이 모두 중요한 산업정보이다. 결국은 해당 산업을 영위하는 기업비밀(corporation secrets)이 모두 산업정보가 된다.

3 경제정보와 산업정보의 비교

(1) 의의

경제정보는 산업정보를 포함한다.

(2) 경제체제 변동에 대한 정보

경제체제의 변동에 대한 정보는 '경제정보'는 되지만 원칙적으로 산업 자체에 대한 '산업정보'는 아니다.

(3) 국가 주도의 경제 발전 전략에 대한 정보

국가 주도의 경제 발전 전략에 대한 정보는 산업 구조의 변화와 경제 체제에 대한 정보가 혼재되어 있다. 이처럼 산업정보와 경제정보가 혼재되어 있는 경우에는 '새로운 경제정보'라고 부르는 것이 타당하다(한희원).

Ⅲ 경제간첩(Economic espionage)과 산업간첩(Industrial espionage)

1 경제간첩

(1) 의의

경제간첩 또는 경제스파이는 해외세력이 해당 국가의 경제적 이익을 지원하기 위하여 상대 국가의 제반 '경제정보'를 은밀하고 불법적인 방법으로 수집하는 활동을 말한다.

(2) 1995년 일본과 미국의 자동차 협상

① 1995년 일본은 CIA가 일본과 미국의 자동차 협상에 대한 경제회담 내용을 도청했다고 항의했다.

② 추후 밝혀진 바에 따르면 CIA는 일본의 고급 승용차에 대한 관세율에 대하여 무역협상을 하면서 일본의 자동차회사 중역과 정부 관료들을 상대로 도청을 했다.

③ CIA는 도청 정보를 당시 미국 측 협상대표였던 무역대표부의 미키 칸토(Mickey Kantor)에게 건네주어 협상을 유리하게 이끌어 갈 수 있도록 했다는 것이다.

(3) CIA의 경제정보 활동

① 경제간첩활동은 미국이 외국과의 무역, 금융, 환경 등 중요한 경제 협상을 함에 있어서 CIA가 전개하는 전형적인 경제정보 활동이다.

② 경제간첩활동은 자동차 회사와 같은 미국의 사경제 주체를 위한 것이 아니라 무역협상에서 유리한 고지를 점하기 위한 미국의 국가이익을 도모하기 위한 것이다.

(4) 경제정보의 활용

① 오늘날에도 미국은 신호전문 정보기구인 국가안보국(NSA)이 외국의 경제 통신과 관련하여 획득한 경제정보나 CIA가 인간정보(HUMINT) 활동으로 수집한 경제정보는 미국이 외국과 양자 또는 다자협상을 할 때나 외국에 대한 경제정책을 수립하고 집행할 때 경제정책 결정권자에게 제공되어 중요한 정책 자료로 사용되고 있다.

② 분명히 이러한 추세는 세계화의 추세와 경제안보가 국가안보에서 차지하는 비중이 증대됨에 따라서 더욱 빈번해지고 강화될 것이다. 국가정보기구는 이처럼 외국에 대해 필요한 경제정보를 비밀스럽게 그리고 대상국가의 입장에서는 불법적인 방법으로 수집한다.

2 산업간첩

(1) 의의

① 산업간첩은 기업간첩(Corporate Espionage)이라고도 한다. 쉽게 말해 산업간첩은 국가안보 목적(National Security Purpose)이 아니라 상업적 목적(Commercial Purpose)으로 수행되는 국가나 사경제 주체의 경제간첩 행위를 말한다.

② 산업간첩은 원칙적으로 사경제 주체들이 자신들의 경쟁적 우위를 확보하기 위해 불법적이거나 은밀한 방법으로 정보를 수집하는 활동이다. 여기에서 원칙적이라는 의미는 국가에 따라서는 산업간첩활동에 국가가 적극적으로 나서기도 한다는 점을 고려한 것이다.

(2) 공개출처정보에 의존하는 스파이활동

① 정보의 세계에서 국제적으로 사용되는 의미로서의 산업간첩은 합법적인 방법인 공개출처정보에 의존하는 스파이활동은 전적으로 제외된다.

② 예컨대 일단의 청년 학생 과학도들이 각종 학술지와 인터넷상의 공개자료를 이용해 원자폭탄의 시제품 제작원리를 터득한 것과 같이 공개출처정보에 의해 고도의 첨단 기술을 개발한 것은 일종의 창작으로 산업간첩활동이 아니다.

(3) 합법적 방법에 의한 자료 수집

① 산업간첩은 기업비밀을 절취한다거나 뇌물을 공여하거나, 또는 관련자를 협박해 경제정보를 획득하거나, 또는 불법적인 영상촬영이나 도청 등 기술적 방법에 의해 경제정보를 획득하는 경제정보수집활동을 의미한다.

② 그러므로 산업간첩은 정의적으로 합법적 방법에 의한 관련자료 수집은 제외된다. 법적으로는 국가안보 목적은 불법적인 활동의 경우에도 위법성을 조각할 정당사유가 될 수 있지만, 상업적 목적은 위법성을 조각할 정당한 근거가 될 수 없기 때문이다.

(4) 국가를 상대로 하는 자료 수집

산업간첩활동이 국가를 상대로 하여 이루어질 수 있음도 물론이다. 예컨대 해외 대형 건설사업에 국가가 참여하는 경우에 상대국가나 경쟁업체는 대상 국가의 입찰서에 대해 산업간첩 활동을 할 수 있다.

(5) 산업간첩활동으로 획득하는 정보

① 산업간첩활동으로 획득하는 정보에는 고객 명단, 공급자의 조건, 연구자료, 시제품 계획 등 상대 기업의 중요한 비밀이 포함된다.

② 그러나 산업간첩의 대상이 단순하게 산업정보만을 한정한 것은 아니다. 경제정보도 산업간첩의 대상이 된다. 경제정보에는 산업정보가 포함되어 있을 뿐만 아니라 산업 기술이 그 나라의 경제계획에서 차지하는 비중이나 향후의 경제계획을 명백하게 인지할 수 있기 때문이다.

(6) 산업간첩 개념의 확장

① 한편 산업간첩에 관여하는 기업은 자국의 정보기관과 협조하거나 또는 해외에서 자국 정부를 대신하여 활동하기도 한다.

② 오늘날 정보의 세계에서 산업간첩 또는 기업간첩의 개념은 더욱 확장되었다. 즉 단순하게 경쟁기업의 거래비밀을 불법적인 방법을 동원하여 빼 오는 것을 넘어서서 경쟁기업에 대하여 파업이나 생산파괴 활동을 유도하는 것 그리고 컴퓨터 조작 등을 통한 바이러스 감염이나 오·작동 프로그램의 실행 등으로 경쟁기업의 산업활동에 심각한 타격을 초래하는 것이 모두 산업간첩의 개념에 포함된다.

3 경제간첩활동에 의한 상업적 이득의 성격

(1) 의의

① 대외적인 미국 정보정책의 기본은 국가 정보기구가 사경제 주체의 이익을 위해 정보활동을 하지 못한다는 것이다.

② 미국은 국가정보기구에 의한 경제스파이활동으로 인한 사경제 주체들의 이득 획득을 두 가지 측면에서 설명한다. 하나는 부차적 또는 간접적 이득론이고, 두 번째는 기회균등론이다.

(2) 부차적 이득론

국가안보 목적으로 국가정보기구가 수행한 경제간첩활동으로 인해 사적 영역에 이득이 돌아간다고 해도 그러한 이득은 국가안보 확보에 따른 반사적 이득일 뿐이라는 것이다.

(3) 기회균등론

① 기회균등론은 주로 사경제 주체가 국가정보기구의 경제간첩활동에 의해 직접적으로 이득을 취하게 되는 경우에 그것을 정당화하기 위해 사용되는 논리로 "경제활동에서의 페어플레이" 확보라고 할 수 있다.

② 즉 경쟁하는 경제주체 사이에도 최소한 참가권을 비롯하여 기회는 서로 공평하게 가져야 하는 것으로, 그를 위해 상업적 이득이 해당 사기업에 돌아가는 경우에도, 공평성 확보를 위해 국가정보기구는 일정한 경제간첩활동을 할 수 있다는 것을 말한다.

③ 그러므로 국가정보기구는 기회의 균등이 위태롭게 될 때는 정당하게 경제간첩활동을 할 수 있다는 논리이다.

4 경제간첩과 산업간첩의 비교

① 경제간첩과 산업간첩은 획득한 정보를 사용하는 목적과 주체에 차이가 있는 것이지, 수집활동의 객체에 차이가 있는 것은 아니다. 경제간첩이나 산업간첩은 모두 경제정보를 대상으로 한다고 할 수 있다.

② 경제간첩은 국가정보기구가 수행하는 경제정보수집활동으로 그것은 국가안보 목적을 위한 것인 반면에, 산업간첩활동은 국가정보기구나 사경제 주체 모두가 할 수 있는 간첩활동으로, 상업적 용도(commercial purpose)를 목적으로 한다.

생각넓히기 | 경제간첩(EE)과 산업간첩(IE)의 구별

미국 하원의원 빌 리처드슨(Bill Richardson)은 앞서 일본과의 무역협상에서의 문제에 대해 1995년 11월 4일 CNN과 가진 인터뷰에서, 경제간첩(EE)과 산업간첩(IE)을 다음과 같이 명쾌하게 설명했다.
"세심한 주의가 필요하지만(EE와 IE 양자의 구별에) 별로 어려운 문제는 없다. 무역협상에서 일본의 입장이 무엇인지를 알아내는 것(경제간첩활동)은 우리에게는 정당한 일로서 우리의 정보기구들은 그러한 일에 매우 유능하다. 그러나 예컨대 미국 국민들의 세금을 사용하여 국가가 일본 자동차회사로부터 획득한 국가 비밀정보를 제너럴 모터스에게 줄 것인지(산업간첩활동)에 대해서는 한계를 잘 설정하여야 한다."

5 경쟁정보활동

(1) 의의

① 경쟁정보(競爭情報)는 기업 등 조직의 운용자가 조직의 안정적인 경영과 운영을 위하여 장 · 단기적인 관점에서 소비자와 경쟁자에 대한 생산품, 국내 점유율, 영업계획과 활동 등을 파악하는 활동임과 동시에 그렇게 하여 획득한 정보를 말한다.

② 오늘날의 정보화 시대에서 영리를 목적으로 하는 기업이나 비영리를 목적으로 하는 단체를 막론하고 경쟁관계에 있는 상대가 존재하는 경우에, 생존과 번영을 위해 경쟁 상대방에 대한 정보파악은 필연적이라고 할 수 있다.

(2) 경제간첩 또는 산업간첩과의 구별 필요성

① 경쟁정보는 경쟁적 관계에 있는 상대방에 대한 영업비밀을 포함한 다수의 관련 정보일 수밖에 없다.

② 그런데 미국은 산업과 과학기술을 포함하여 거래비밀(trade secrets)에 대한 절취를 포함한 간첩활동, 즉 산업간첩활동을 형사처벌 대상으로 하고 있다.

③ 정도의 차이는 있지만, 적지 않은 국가가 거래 비밀을 보호하는 민 · 형사 법규를 가지고 있다. 여기에 경쟁정보 활동과 경제간첩 또는 산업간첩과의 구별 필요성이 있다.

(3) 기업에 보장된 정당한 윤리적 법적 활동

① 결론적으로 경쟁정보는 위법적인 활동이 아니다. 경쟁정보는 기업에 보장된 정당한 윤리적 법적 활동이다. 기업이 기업을 경영하기 위해 정당한 활동의 일환으로 전개할 수 있다.

② 경쟁정보(CI)가 기업이 생존과 번영에 대한 불측의 충격을 회피하기 위한 중대한 요소가 됨에 따라 산업간첩에서 사용되는 수법으로도 전개된다. 게다가 글로벌 경제경쟁이 가속화됨에 따라서 기업들은 시장에서의 위치를 확고히 하고 시장 점유율을 높이기 위해 경쟁정보에 더욱 의존하게 된다.

(4) 경쟁정보와 산업간첩의 구별

① 경쟁기업의 민감한 정보나 기업의 노하우(knowhow)를 획득함에 있어서 경쟁정보는 합법적이며 윤리적인 반면에 산업간첩은 비윤리적이며 불법적이라는 점에는 이견이 없다.

② 이론적으로 경쟁정보와 산업간첩활동을 구별할 수 있는 가장 확실한 기준은 직접적인 영리목적, 즉 상업적 활용 목적이냐 아니냐에 달려 있다고 할 수 있다.

Ⅳ 경제정보활동의 특징

1 경제간첩의 대상

① 통상 경제스파이들이 목표로 하는 민감한 기업의 거래비밀정보는 재정정보, 조직정보, 시장정보, 기술정보 그리고 과학정보의 5가지로 분류된다.

② 미국 경제간첩법은 거래비밀(trade secret)을 실질적 · 잠재적으로 경제적 가치를 가진 것으로서 영업주가 그것을 보호하기 위해 합리적인 조치를 다한 것으로 규정하고 거래비밀(trade secrets)에 대한 절취를 포함한 간첩활동, 즉 산업간첩활동을 형사처벌 대상으로 하고 있다.

생각넓히기 | **미국 「경제간첩법」의 '국가가 보호해야 할 거래비밀'**

모든 형식과 형태의 재정, 사업, 과학, 기술, 경제 또는 공학 정보로, 패턴, 계획, 편찬물, 프로그램 장치, 공정, 디자인, 시제품, 방법, 기술, 전 과정과 개별 절차, 프로그램, 규약들로 이들이 유형물이건 무형물이건, 저장되거나 편집되거나 또는 물리적, 전자적, 도표화, 사진의 방법 또는 필기의 방법으로 기억된 것을 모두 포함한다.

2 경제정보 활동 주체

(1) 의의

경제정보 활동의 주체는 크게 개별기업과 국가의 2가지로 구별할 수 있다.

(2) 개별기업

① 미국의 재판에서 나타난 자료를 보면 2003년 현재까지 재판 완료된 약 49개 사안 중 2개의 사안만이 국가개입이 있었고, 나머지는 개별기업에 의한 산업스파이 사건으로 드러났다.

② 법원 기록에 나타난 내용에 따르면 대개의 산업스파이 사안에서 거래비밀을 획득한 기업은 획득한 거래비밀정보를 곧바로 자사의 경영에 반영해 활용했다.

(3) 국가

개별 기업의 산업스파이활동은 절취한 거래비밀을 즉각 경영에 반영하는 데 비해 각국 정보기구에 의한 경제간첩활동은 국가정책에 반영되거나 국가의 경쟁력으로 서서히 나타난다.

V 냉전 전후 시기의 산업정보활동의 변화추세와 특징

1 냉전시기의 산업정보활동

(1) 의의

국가별로 다소 차이가 있기는 하지만 국가 간의 동맹관계가 무엇보다도 중요시되고, 안보관련 업무가 국가정보기관의 업무 가운데 대부분을 차지하고 있던 냉전시기에도 산업정보를 수집하려는 각국 정보기관들의 노력은 끊임없이 계속되어 왔다. 왜냐하면 산업정보활동은 가장 저렴한 비용으로 손쉽게 산업의 경쟁력을 강화할 수 있는 수단인데다 안보업무와 관련된 경제정보 수집과정에서 부수적으로 추진할 수 있는 분야이기 때문이다.

(2) 특징

① 대부분의 국가의 경우 산업정보활동은 정보기관의 부수적인 업무에 불과했다는 점이다. 냉전시기의 국가정보기관의 주목표는 국가안보를 위한 정보수집이었기 때문에 산업정보활동은 국가안보 업무에 버금가는 중요성을 가지지 않았다. 따라서 정보기관의 산업정보활동도 군사기술이나 방위산업과 같은 국가안보와 직결된 분야에 국한되는 것이 일반적이었다.

② 산업정보활동의 수행방법에 있어서도 비교적 온건한 방법들이 주로 사용되었다는 점이다. 안보관련 정보활동의 경우 매수, 절취, 도청, 테러, 암살 등 비합법적, 비도덕적 방법들이 자주 사용되었으나, 산업정보활동의 경우에는 경제적 이익보다는 동맹관계가 훨씬 더 중요시되었기 때문에 이러한 자극적이고 비합법적인 방법의 사용은 자제하는 경향이 많았다.

③ 민간분야의 경쟁력 강화를 지원하기 위한 의도적 활동은 비교적 적었다는 점이다. 소련 등 공산국가들의 경우 국영기업과 민간기업간의 구분이 없었기 때문에 기업체에 대한 정보기관의 지원이 당연한 것으로 받아들여졌으나, 서방국가의 경우 정보기관이 민간 기업에 대한 지원을 목적으로 의도적인 산업정보 수집활동을 추진하는 경우는 적었다. 따라서 민간 기업에 대한 정보지원은 방위산업이나 주요 국책사업에 대해 선별적으로 지원하거나 안보관련 활동 추진과정에서 입수된 정보를 선별적으로 지원하는 데 국한하는 경우가 많았다. 특히 미국의 경우, 민간 기업에 대한 정보기관의 지원은 법률로 금지되어 있기 때문에 민간 기업에 대한 정보지원은 경제부처 등을 경유하는 간접적인 방법으로, 그리고 선별적으로 지원하는 데 그쳤다.

④ 각국 정보기관이 산업정보활동을 수행하고 있다는 사실을 가급적 공개하거나 시인하지 않는 태도를 보여 왔다는 점이다. 이것은 동맹관계가 매우 중요시되던 시기에 자국의 이익에만 집착한다는 인상을 주는 것이 대외관계에 장애가 된다고 생각했기 때문이다.

⑤ 산업스파이에 대처하기 위한 각국의 보안대책이 비교적 미약했다는 점이다. 각국 정보기관들은 군사장비나 군수산업을 대상으로 한 외국의 스파이 활동에 대해서는 매우 적극적으로 대응해 왔으나, 그 외의 민간 기업을 대상으로 한 산업스파이 활동에 대해서는 주로 절도죄나 부정경쟁방지법 등의 규정을 적용해 왔기 때문에 벌칙이 비교적 미약했다. 또 각국 정보기관들은 민간 기업의 산업보안 문제에 큰 관심을 두지 않는 것이 일반적인 경향이었으며, 각국 정보기관의 산업정보활동이 국가 간에 긴장을 야기하는 경우도 적었다.

2 냉전 종식 이후 시기의 산업정보활동

(1) 의의

냉전의 종식 이후 각국 정보기관들은 산업정보활동을 대폭 강화하기 시작했다. 미국의 경우 기존의 안보관련 정보활동에 버금가는 중요성을 부여하여 산업보안활동을 대폭 강화하였다.

(2) 특징

① 산업정보활동에 대해 기존의 안보관련 정보활동과 유사한 수준의 중요성을 부여하고 있다는 점이다. 냉전시기에는 대부분의 국가들이 산업정보활동을 부차적 임무로 간주해 왔으나, 냉전 종식 이후에는 산업정보활동을 국가 안보정책의 중요한 일부분 혹은 안보에 버금가는 중요성을 가진 국가정보기관의 임무로 간주하고 있다.

② 국가정보기관의 산업정보활동의 내용과 범위가 대폭 확대되고 있다는 점이다. 냉전시기의 국가정보기관의 산업정보활동은 군사장비 및 군사 기술과 관련된 분야, 군수 및 민수겸용(dual use) 분야, 주요 국책사업에 속하는 첨단기술 분야, 대 공산권 수출통제 위원회(COCOM) 규정 이행 여부 확인을 위해 필요한 정보, 국가 경제정책 및 대외 협상전략 수립을 지원하기 위한 분야, 군수산업 및 주요 국책사업에 대한 산업보안활동 등에 국한하는 것이 일반적 경향이었다. 그러나 냉전 종식 이후에는 WTO 등 국제협정 및 국제규범의 이행 여부에 관한 정보, 민간 기업의 경쟁력 강화를 지원하기 위한 경제 및 기술 정보, 민간 기업의 산업보안활동 지원 등 분야로도 대폭 확대 강화되는 경향을 보이고 있다.

③ 산업정보활동을 국가정보기관의 공식적인 임무의 하나로 설정하는 경향이 보편화되고 있다는 점이다. 냉전시기에는 각국 정보기관들이 산업 정보활동을 공식적인 임무로 설정하는 경우가 적었으며 산업정보활동을 하고 있다는 사실 자체를 부인하는 경우도 대부분이었다는 점에 비추어 이러한 경향은 앞으로 국가정보기관의 산업정보활동이 일층 적극화될 것임을 시사한다.

④ 산업정보활동의 수단과 기법들이 매우 적극화, 다양화되고 있다는 점이다. 과거의 산업정보활동은 합법적인 방법으로 수행하거나 기존의 안보관련 활동의 연장선상에서 추진되는 것이 일반적 경향이었으나, 냉전 종식 후에는 비합법적인 수단들을 포함한 비밀수집활동(covert collection) 수단들이 흔히 사용되고 있으며 과거 안보관련 정보활동에만 사용되던 인원, 조직 및 시설들을 산업정보활동에 적극 활용하는 사례가 증가하고 있다. 또한 과거에는 공직가장(official cover) 요원들이 비합법적 산업정보활동에 개입하는 경우가 적었으나 최근에는 이러한 사례가 대폭 증가하고 있다.

⑤ 산업정보활동으로 인해 야기된 분쟁을 공개적으로 문제시하는 경향이 많아지고 있다는 점이다. 과거에는 이러한 분쟁은 외교 채널이나 정보기 관간의 협력 채널을 통해 조용히 해결하는 것이 일반적 관례였으나 최근에는 이를 공개하거나 공식적으로 항의하는 등의 방법을 사용하는 경향이 더욱 많아지고 있다. 이것은 각국이 산업스파이에 의한 피해가 더욱 확산됨에 따라 산업스파이 활동에 대해 보다 엄격히 대처하려는 의도로 해석된다.

⑥ 각국 정보기관의 산업보안 대책이 대폭 강화되고 있다는 점이다. 이제까지는 민간인에 의한 산업스파이 행위에 대해서는 절도죄나 부정경쟁방지법을 적용했기 때문에 벌칙이 낮았으나, 미국 등에서는 일반적인 스파이 행위에 버금가는 수준으로 벌칙을 대폭 강화하고 있으며, 산업스파이에 대한 방첩활동도 안보관련 스파이 행위와 유사한 비중으로 강화하고 있다.

⑦ 과거에는 국가정보기관들이 외국 정부나 정보기관에 의한 산업스파이 행위와 군수산업을 대상으로 한 스파이 행위에 대해서만 주로 관심을 가졌으나, 최근에는 외국 민간인이나 민간 기업에 의한 산업스파이 행위에 대해서도 적극 개입하여 보안활동을 강화하고 있다. 이러한 경향은 산업경쟁력의 강화문제를 안보문제와 동등하게 중시하고 있다는 사실과 산업스파이에 의한 피해가 더욱 심각해지고 있다는 사실을 반영하는 것으로 볼 수 있다.

V 국가정보기관의 산업활동의 필요성과 적정범위

1 국가정보기관의 산업정보활동의 필요성

냉전의 종식 이후 산업정보활동이 각국 정보기관의 주요한 임무 가운데 하나로 정착되고 있는 것은 안보개념의 변화, 국제경제환경의 변화, 과학기술의 급속한 발전 등이 정당성의 근거로 제시되고 있다. 그러나 이러한 주장은 정보기관의 산업정보활동을 정당화시키기 위한 논거에 불과할 뿐, 냉전기간 중 비대해질 대로 비대해진 각국 정보기관들이 스스로의 존재의미를 정당화시키기 위한 논거로 제시되고 있다는 주장이 제기되고 있다.

2 국가정보기관의 산업정보활동의 정당화 요건

① 경제개발 및 국제경쟁력의 강화와 관련된 정부의 역할에 대해 의문이 제기될 수 있다. 일반적으로 국가경쟁력의 강화문제와 관련해서는 두 가지 상반되는 주장들이 있다. 국가중심주의자들(statists)은 국가경쟁력의 문제는 일률적으로 시장기능에만 맡겨서는 안 되며, 특히 후발공업국이나 개도국들이 압축 성장을 달성하기 위해서는 국가의 역할이 절대 필요하다고 주장한다.

② 시장의 역할을 중시하는 자유주의자들(liberalists)은 국제경쟁력의 주체는 근본적으로 기업이고 기업의 창의성과 자율성이 국제경쟁력 강화의 원동력이므로 국제경쟁력 강화문제는 시장기능에 맡기고 정부의 역할은 시장 의 실패(market failure)를 치유하기 위한 최소한의 경우에 국한시켜야 한다고 주장한다. 특히 자유주의자들은 정부의 개입이 민간부문의 자유로운 의사결정을 교란시켜 자원의 효율적 배분을 저해할 뿐 아니라 시장기능에 맡길 때보다 더 나쁜 결과인 정부의 실패를 야기 할 수도 있다는 점을 우려 하고 있다. 따라서 국가정보기관의 산업 정보활동이 정당화되기 위해서는 국가의 역할이 반드시 필요하다는 점이 입증될 수 있어야 한다.

③ 국제경쟁력의 강화를 위해 정부의 역할이 필요하다 하더라도 이 역할을 반드시 국가정보기관이 담당할 필요가 있는지에 대한 의문이 제기될 수 있다. 국제환경의 변화나 '시장의 실패'로 인해 정부의 개입이 불가피할 경우 정부가 선택할 수 있는 정책대안은 여러 가지가 있다. 예를 들어 첨단기술 개발이 필요할 경우 민간 기업에 보조금을 지급하여 개발을 촉진하는 방안, 정부 산하 연구소로 하여금 개발토록 하는 방안, 외국과의 과학기술 협정이나 합작 투자 유치로 선진기술을 도입하는 방안과 정보기관이 비밀활동을 통해 핵심기술을 입수하는 방안 등이 고려될 수 있다. 또 외국의 경제 및 산업동향에 관한 정보가 필요할 경우 외교부, 산업통상자원부 혹은 민간경제단체를 활용하는 방법 등이 있을 수 있다. 따라서 정보기관의 산업정보활동은 이 업무를 시장의 기능이나 정부 내 타부처가 담당하는 것보다 정보기관이 담당하는 것이 더욱 효율적이라는 것이 명백한 경우에만 정당성을 가질 수 있다.

④ 정보기관의 산업정보활동이 원칙적으로 정당화될 수 있는 경우라도 정보기관의 모든 산업정보활동이 정당화될 수 있는 것은 아니다. 정보기관의 활동이 민간 기업으로 하여금 연구개발이나 국제경쟁력 강화노력을 등한히 하게 만드는 요인이 될 수도 있고, 극단적으로는 우방국들과의 안보, 경제 및 기술협력 관계를 손상시켜 국가적으로 더 큰 손실을 초래할 수도 있기 때문이다. 따라서 정보기관의 산업정보활동은 이를 통해 얻게 되는 편익이 그 비용을 능가할 경우에만 정당성을 가질 수 있다.

3 정보기관의 산업정보활동의 필요성

(1) 의의

국가정보기관의 산업정보활동이 정당화되기 위해서는 특히 정보기관의 산업정보활동이 민간 기업이나 정부 내 타부처의 활동보다 더욱 효율적이라는 점이 입증되지 않으면 안 된다.

(2) 비밀활동 능력

① 국가정보기관의 산업정보활동이 민간 기업이나 정부 내 타조직의 활동보다 더욱 효율적일 수 있는 가장 중요한 근거는 비밀활동 능력을 가졌다는 점이다. 일반적으로 정보판단에 사용되는 정보의 대부분은 공개정보에 의존하지만 비밀정보는 정보분석과 기술개발에 결정적으로 중요하며, 비밀활동을 활용할 경우 일반적인 상거래방식 등에 비해 훨씬 저렴한 비용으로 정보수집이 가능하다.

② 비밀활동 수행에 필요한 인적 · 물적 자원과 기술을 갖고 있다는 점이다. 정보기관은 비밀활동을 전문으로 하는 조직이기 때문에 이 분야에서는 어느 다른 조직보다 우월한 능력을 갖고 있다.

③ 정보기관은 해외에서 비합법적인 활동(illegal activity)을 할 수 있도록 공식적으로 인정받고 있는 유일한 조직이다. 따라서 다양한 비밀활동을 할 수 있다.

④ 정보기관은 비밀활동의 수행에 적합한 규범을 갖고 있다. 비밀활동 수행을 위해서는 조직의 결정에 대한 적극적인 순응과 보안유지가 필수적이며, 정보기관은 이러한 규범이 비교적 제대로 지켜질 수 있는 유일한 조직이다.

(3) 정보수집 및 처리 능력

산업정보를 효율적으로 생산, 지원하기 위해서는 효율적인 수집 및 정보처리 능력이 필요하다. 일반적으로 민간 기업이나 정부 내 타조직의 경우와는 달리 정보기관은 다양한 수집수단과 숙련된 인적자원을 갖고 있어 산업정보의 수집 및 처리에 있어 상대적인 효율성을 가질 수 있다.

(4) 기존 자원의 활용

① 국가정보기관은 정보의 수집 및 처리를 위해 필요한 인력, 시설 및 오랫동안 축적된 자료를 갖고 있어 추가 비용의 투입 없이도 산업정보활동을 수행할 수 있다. 국가정보기관의 비밀공작 요원들과, 기술정보(TECHINT) 수집 및 처리를 위한 시설과 인력, 국가안보 업무를 위해 수집한 정보나 자료들은 모두 산업정보활동을 위해서도 활용될 수 있기 때문이다.

② 특히 어느 나라든 국가안보를 위해 일정수준의 정보능력은 항시 보유하고 있어야하므로 정보기관의 인원, 시설, 정보를 산업정보활동에 활용하는 것은 '범위의 경제'(economy of scope)의 이점을 가질 수 있다. 냉전의 종식 이후 선진국의 정보기관들이 산업정보활동을 적극화하게 된 배경에는 국가안보 및 군사정보활동의 중요성이 감소됨에 따라, 어차피 유지해야 하는 인력과 시설들을 보다 유용하게 활용하려는 데도 목적이 있는 것으로 볼 수 있다.

(5) 중복의 필요성

산업정보의 수집은 원칙적으로 민간 기업이나 정부 내 경제부처 등에서 담당해야 할 업무이므로 국가정보기관이 이에 개입하는 것은 낭비와 혼선을 초래할 가능성이 있다. 그러나 일반적으로 중복(redundancy or overlapping)은 오류발생가능성을 줄여 정책의 신뢰성을 높일 뿐 아니라 조직 간의 경쟁을 유발하여 업무의 효율성을 증진시키는 데 기여할 수 있다. 따라서 정보기관이 산업정보 업무를 담당할 경우 정책의 오류가능성을 줄일 수 있을 뿐 아니라 경제분야와 안보분야가 서로 조화되는 가운데 국가정책 이 추진될 수 있도록 하는데도 기여할 수 있다.

4 국가정보기관의 산업정보활동 시 고려 사항

(1) 의의

① 국가정보기관의 산업정보활동이 민간 기업이나 정부 내 타조직의 활동보다 상대적 효율성을 갖는다 하더라도 정보기관의 모든 산업정보활동이 무조건 정당성을 가지는 것은 아니다.

(2) 실현가능성

정보기관이 산업정보활동을 효율적으로 추진하기 위해서는 정부 내 경제부처나 민간기업의 정보요구(intelligence require ments)를 제대로 파악하고 필요한 정보를 적기에 수집할 수 있는 능력이 있어야 하며, 입수한 정보를 출처를 노출하지 않는 가운데 사용자에게 적기에 전달할 수 있어야 한다.

(3) 효과성 및 효율성

국가정보기관은 안보관련 정보의 수집에는 익숙해 있으나 산업정보활동 능력은 경제부처나 민간 기업에 비해 열등할 수도 있다. 특히 국가안보를 위해 헌신해 온 정보기관 요원들이 경제나 기업을 위해서도 그만큼 헌신할 것인지 여부도 자주 지적되는 문제점이다.

(4) 공평성

안보관련 정보와는 달리 산업정보는 정보의 사용자(customer)가 매우 다양하다. 따라서 산업정보 서비스가 어느 특정 업종이나 업체에만 이득을 주지 않도록 공평하게 업무를 배분할 수 있어야 한다.

(5) 윤리성

정보기관의 활동은 비합법적인 활동일 경우가 많다. 흔히 안보관련 활동의 경우에는 비합법적인 활동이 일반적으로 용인되어 왔으나 산업정보활동의 경우에는 아직 국제적으로 이러한 공감대가 형성되어 있지 않다. 따라서 국내외에서 공감할 수 있는 활동수단들만을 선택해야 한다.

(6) 부작용 가능성

정보기관의 산업정보활동이 노출될 경우 국가위신의 실추, 외국과의 안보 및 경제 관련 협력 관계의 손상 등이 예상되며, 정보기관이 산업정보활동을 추진할 경우 안보관련 정보활동이 소홀해 질 가능성도 있다. 또한 최악의 경우 타국의 보복적인 산업정보활동을 유발하거나 국제적인 손해배상 소송에 직면할 수도 있다. 따라서 이러한 부작용을 유발하지 않는 범위 내에서 활동하는 것이 바람직하다.

5 국가정보기관의 산업정보활동의 적정범위

(1) 비밀정보의 수집

국가정보기관은 비밀정보의 수집에 중점을 두어야 한다. 비밀활동 수단들을 사용하지 않고 일반적인 접촉이나 공개자료를 통해 수집할 수 있는 정보들은 민간 기업이나 정부 내 경제부처가 더 잘 수집할 수 있기 때문이다.

(2) 순수공공재에 가까운 활동에 집중

① 가급적 순수공공재(pure public goods)에 가까운 활동에 중점을 두어야 한다. 일반적으로 정부의 경제정책 및 대외 협상전략 수립에 필요한 정보의 수집과 분석, 산업보안 활동, 국책연구 개발사업과 군수산업에 필요한 과학 · 기술 정보의 수집, 비기술 분야의 국제경쟁력 강화노력 지원 등이 공공재적 성격이 높은 산업정보활동으로 간주된다.

② 정부의 경제정책 및 대외 협상전략 수립에 필요한 정보의 수집과 분석에 가장 중점을 두어야 한다. 주요 국제경제 및 외환시장 동향, 주요 국가의 경제상황과 경제 · 통상정책 내용, 외국의 신기술 개발정책 및 개발동향, 통상 교섭전략, 국제협정 위반 사례 등이 이에 해당한다. 이런 정보들 가운데서도 특히 국가전체의 전략판단이나 대외교섭에 필요한 사항에 중점을 두되 1개 부처의 관심사항에 속하는 분야는 가급적 정보기관의 역할에서 제외하는 것이 바람직하다. 이를 위해서는 정부 내 경제관련 부처와의 긴밀한 협조하에 수집 및 분석활동이 이루어져야 한다.

③ 산업보안 활동에 중점을 두어야 한다. 국제적인 산업스파이 활동은 외국과 연계되어 있어 일반 경찰이나 검찰 등의 노력만으로는 효과적으로 대처할 수 없기 때문이다.

④ 국책연구개발 사업과 군수산업에 필요한 과학 · 기술 정보의 지원도 정보기관의 중요한 업무분야의 하나가 될 수 있다. 특히 보안상의 문제 때문에 시장에서의 자유로운 경쟁이 제한될 수밖에 없는 군수산업 분야와 다른 산업에의 파급효과가 큰 주요 국책사업에 필요한 기술정보가 이에 해당된다. 원칙적으로 기술개발은 연구개발활동을 통해 이루어지는 것이 바람직하지만, 국가주도하에 압축 성장을 달성하려는 개발도상국가의 경우, 국가정보기관이 기술정보를 수집할 수 있다면 그 필요성을 굳이 부인할 필요는 없을 것으로 생각된다.

⑤ 비기술 분야의 국제경쟁력 강화 노력에 대한 지원도 필요하다. 외국기업의 뇌물수수 등 불공정 경쟁행위에 관한 정보, 중요한 국제입찰에 관한 사항, 국제경제에 중요한 영향을 미칠 수 있는 외국 민간기업의 동향 등이 이에 해당한다.

(3) 기술정보(TECHINT) 수집수단의 적극 활용

가급적 기술정보(TECHINT) 수집수단을 적극 활용할 필요가 있다. 일반적으로 인간정보 수집에 비해 노출이나 부작용 야기 가능성이 적고 '범위의 경제'의 이점을 살릴 수 있기 때문이다.

(4) 개별기업에 대한 지원이나 보복적 산업정보활동을 유발할 가능성이 있는 활동의 자제

개별기업에 대한 지원이나 외국의 보복적 산업정보활동을 유발할 가능성이 있는 활동은 자제할 필요가 있다. 개별기업을 지원할 경우 형평성의 원칙에 위배될 뿐 아니라 상호 보복적 산업정보활동이 성행할 경우 건전한 국제경제 협력관계를 손상할 수 있기 때문이다.

Theme

53 국가정보기구의 경제정보수집활동의 법률문제

I 쟁점

① 국가정보기구에 의한 경제정보수집활동과 관련해서는 주목해야 할 법률논쟁이 있다. 국가가 경제정보를 수집하여 이를 직접 사기업체에 제공하는 것이 국가기구인 정보기구의 역할로 정당한 것인지에 대한 문제가 그것이다.

② 다만 주의하여야 할 점은 이러한 논의는 결코 경제정보 일반에 대한 문제는 아니고, 다른 나라와 해외 다른 기업의 최첨단 과학·산업기술 비밀을 획득하여 이를 자국의 사경제 주체에게 제공하는 경우로 한정된다.

③ 즉 국가가 수집한 경제정보를 사적 영역에 제공하는 것이 타당한가의 문제이다. 이에 대하여 랜달 포트(Randall M. Fort)는 그의 논문 "경제간첩(Economic Espionage)"에서 미국의 정보공동체로 하여금 미국 기업들을 대신하여 산업스파이활동을 하게 하는 것은 결단코 가장 나쁜 아이디어라고 단언한 바가 있다.

Ⅱ 부정론

1 의의

정보공동체가 외국의 사기업을 상대로 경제정보를 수집하고 수집한 경제정보를 기업, 즉 사경제 주체에게 제공하는 것과 같은 일은 하지 말아야 한다는 입장이다.

2 위협이 아닌 도전의 문제

(1) 의의

그것은 먼저 설령 다른 나라의 경제간첩 행위로 인해서 사기업체의 기업 경쟁력이 약화된다고 하더라도 일국의 경제체제에 있어서 사경제 주체의 경쟁력 약화는 국가안보에 대한 '위협'은 아닌 것이며, 따라서 국가안보 문제를 취급해야 하는 국가정보기구의 임무는 아니라는 것이다.

(2) 국가안보에 대한 '위협'과 개별 기업에 대한 '도전(challenge)'

① 부정론자들은 국가안보에 대한 '위협'이라고 함은 소련의 핵무기 위협처럼, 전쟁 관련 당사국 누구도 승자가 될 수 없는 소위 제로섬 게임에 이르게 되는 국가에 대한 어떤 물리적 형태의 파괴적인 위협을 말한다고 정의한다.

② 그러나 그에 반해 기업체의 경쟁력 상실은 경영혁신을 통해 회복될 수 있는 해당 기업에 대한 어떤 '도전(challenge)'의 문제이지 제로섬을 유발하여 국가가 파멸의 길로 가게 되는 '위협'의 문제는 아니라는 것이다.

③ 즉 해당 피해기업은 살아남거나 더 많은 이윤을 남기기 위해서는 다시 최첨단 기술을 개발하여 경쟁력을 확보해야 하는 새로운 기회의 출발점이라는 것이다.

(3) 부정론의 확장

① 부정론자들의 견해는 더 확장되어 경제 경쟁력은 국가 간의 문제에 있어서도 양 국가를 함께 파멸의 길로 이끄는 제로섬 게임도 아니라는 것이다.

② 물론 거기에도 승자와 패자는 있지만 승리의 효과를 어느 한 측만 독점하는 것이 아니고 그 효과는 국가가 서로 양분할 수 있다고 본다.

③ 예컨대 가격인하와 새로운 혁신제품 개발로 국경을 넘어 결국 양측이 성공을 공유하게 된다는 것에 경제 경쟁력 전쟁의 특성이 있다는 것이다.

3 다국적 기업으로 인한 '자국 기업'이라는 개념의 모호

(1) 의의

① 부정론자들은 또한 국가정보기구가 획득한 경제정보를 사경제 주체에 직접 제공하는 데에는 또 다른 실질적으로 곤란한 문제가 뒤따르기 때문에 국가 도덕적으로도 국가정보기구가 상업적 목적의 산업간첩활동을 해서는 안 된다고 주장한다.

② 오늘날 다국적 기업의 시대와 광범위하고 다양한 국제거래 그리고 이득을 따라 무수히 변동 투자가 이루어지는 국제자본의 흐름에서 국영기업이나 준국영기업을 제외하고 순수한 혈통의 자국기업을 분별한다는 것은 간단한 일이 아니다.

(2) 미국 상무부의 미국 기업에 대한 정의

미국 상무부는 대부분의 자산이 미국 내에 있고 주식의 상당부분을 미국 시민이 보유한 기업을 미국기업이라고 정의한다.

4 경제정보 분배 기준의 불명확

① 타국기업의 구분 곤란은 결국 어느 기업을 대상으로 국가가 수집한 경제정보를 제공할 것인지의 문제에 있어서도 명백한 기준설정을 곤란하게 한다.

② 어느 기업에게 줄 것인지 하는 '누구에게의 문제'에 더 하여 또한 '어떤 정보'를 '어디까지' 그리고 '언제까지' 제공해야 하는가의 문제도 있다.

5 효용성의 한계

① 국가정보를 사경제 주체에게 제공하지 말아야 하는 또 다른 이유는 효용성과 남용의 문제가 발생하기 때문이다. 손쉬운 산업간첩 행위는 기업의 혁신과 창의력을 저감할 수 있는 너무나 큰 위험성이 있는 것이다.

② 국가 정보공동체가 사경제 주체와 경제정보를 공유하는 것은 국가가 특정한 대기업들에게 불공정한 특혜를 주는 것으로 필연적으로 외국과의 외교관계에는 오히려 악영향을 줄 수 있다.

6 법률규정의 불비

(1) 의의

① 현행법상 어디에도 국가정보공동체가 비정부 단체에 국가의 자산인 국가정보를 제공할 법적 근거가 없다.

② 정보공동체가 수집하는 그러한 경제정보는 필연코 거래비밀(trade secret)일 것인데 미국의 경우는 경제간첩법으로 영업비밀의 취득을 범죄로 규정하고 있으므로 결국 국가가 위법을 하지 않는 한 법률적으로 불가능하다.

③ 미국 정부를 상대로 하는 세계 각지의 기업 그리고 국가들에 의한 수많은 법적 쟁송이 예상될 것으로 이것은 법 정책적으로도 바람직하지 않음을 보여 주는 결론이 될 것이다.

(2) WTO 체제의 이념에 반하는 문제

① 부정론자들은 국가 공권력의 사경제 영역에의 직접 개입은 자유경쟁을 근간으로 하는 WTO 체제의 이념에도 반하는 것으로 결국 적은 이득을 바라다가 큰 손실을 자초할 것이라는 입장을 취하고 있다.

② 그리하여 일찍이 전 CIA 로버트 게이츠(Robert Gates)국장은 "우리 요원들은 조국을 위해 목숨을 바칠 준비는 되어 있지만, 포드 회사를 위해 생명을 바치려고 하지는 않는다."라고 말했던 것이다.

Ⅲ 긍정론

국가정보기구의 산업간첩활동, 즉 상업적 목적의 경제정보수집활동이 가능하고도 필요하다는 견해이다. 긍정론자들은 국가 경제정보의 사경제 영역에의 배포는 법적인 문제가 아니라 그야말로 경제적인 문제일 뿐이라는 것이다. 부정론자들이 제기하는 여러 가지 문제들은 일단 고려할 가치는 있는 기준과 내용들이지만 그러한 장애 때문에 국가안보의 초석이 될 경제정보를 사경제 주체에게 양도할 수 없다는 것은 본말이 전도된 주장이라는 것이다. 한편 어느 나라도 이와 같은 긍정론적인 입장을 공개적으로 드러내 놓지는 않지만 현실적으로 대부분 국가정보기구들이 사실상 취하는 입장으로 다수설적 견해라고 할 수 있다.

Ⅳ 절충론

1 의의

① 국가의 자산인 국가정보를 전적으로 사경제 주체에게 제공하는 것은 문제가 있을 수 있으므로 국가가 사경제 주체와 정보를 공유하여 경제활동을 하는 방법, 즉 회사를 직접 운영하는 방법을 택하는 것이 바람직하다는 견해이다.

② 즉 부정론자들의 견해에도 일리가 있지만 국가정보기구가 획득한 최첨단의 과학·산업기술들을 사장시킨다는 것은 바람직하지 않고 더욱 큰 문제이기 때문에 어떻게든 그러한 경제정보를 활용하여 국가경쟁력을 제고해야 한다는 현실적인 입장에서 제기되는 주장이다.

2 비판

① 그러나 국가가 어떤 사경제 주체와 어떤 종류의 경제정보를 공유하여 경제 활동을 할 것인가의 문제는 더욱 간단치 않다. 이 경우에는 국민의 세금으로 운영되는 국가기관이 직접 경제운영 주체가 되기 때문에 지속적인 발전을 위해 해당 사경제 주체와 경쟁관계에 있는 특정기업의 기술적 자료와 특별한 사업계획이나 계약서 등 영업적으로 가치가 있는 경제정보를 입수하여 제공해야 하는 문제도 발생하게 된다. 그러므로 일회적인 정보제공도 문제인데 지속적으로 특정 기업에만 정보를 제공한다는 것은 더욱 큰 문제라고 할 수 있다.

② 한편 정보기구의 속성상 정보원천과 정보방법의 비밀성 유지는 정보 조직의 생명과 같은 것인바, 사경제 주체에게 특정한 구체적 정보를 제공하고 영업을 함께 할 경우에는 정보 원천에 대한 비밀성 유지에 어려움을 겪게 되고, 반면에 추상적인 내용의 정보는 효용성이 문제될 것이라는 피할 수 없는 현실적 어려움이 있다. 또한 어떠한 형태로든지 국가와 사경제 주체의 연결은 필연적으로 기업체들이 정보기관의 감시대상으로 전락할 위험성도 있다.

V 결론

1 의의

① 오늘날 다양한 형태로 나타나는 경제 위협요소는 결국 국가안보와 직결되는 문제로 국가는 결코 간과할 수 없다.

② 정보공동체가 수집한 자료를 바탕으로 국가의 경제정책이 수립되는 것은 지극히 당연하고, 일국의 경제정책은 결국 사경제 주체를 그 전제로 한다. 오늘날 국가안보에 있어서 비중 있는 사경제 주체의 영향력은 단순한 기업 하나의 문제로 그치는 것은 아니다.

2 필요성

(1) 의의

① 국가정보공동체의 수입, 경제정보 등과 같이 현실적으로도 여러 가지 국가정보가 다양한 형태로 사경제 주체와 연결되는 것은 경제계의 현실에서는 이미 적지 않게 발생하는 일이다.

② 국가가 국책적 관점에서 사경제 주체에게 국가의 경제정보를 직접 제공하는 것은 필요하고 당연한 일이다. 이미 일본과 프랑스는 냉전시대부터 국가가 앞장서서 사경제 주체 보호 프로그램을 작동했음은 주지의 사실이다.

(2) 국가안보에 치명적인 위협

부정설의 제반 근거는 이론적으로 하나하나가 설득력이 있어 보이나, 국가경쟁력 약화는 국가안보에 치명적인 위협을 가져오는 것으로 사경제 주체의 경제 경쟁력 약화는 결과적으로 국가 경쟁력을 약화시키는 가장 커다란 요소라는 사실을 간과한 것으로 판단된다.

Theme

54 법합치적 방법에 의한 경제정보수집

I 의의

경제정보 수집활동을 내용적인 측면에서 보면 불법적인 방법이 주로 동원되지만 법을 적극적으로 활용하거나 오히려 법적인 장치를 가장하는 등의 법합치적 방법에 의해서도 많이 전개된다.

Ⅱ 유령면접(phantom interview)

1 의의

기업체 직원 채용을 위한 면접기회를 경제정보 획득에 활용하는 방법이다.

2 방법

(1) 공식적인 면접담당자를 포섭

경쟁회사의 공식적인 면접담당자를 포섭하는 것은 불법적인 방법이다. 예컨대 경쟁회사의 영업비밀 획득을 바라는 어느 회사(A)가 경쟁회사(B)의 전문직 채용 시 외부 면접위원을 포섭하여 경쟁회사(B)의 고용의도를 파악한 후에 이를 상대방 회사에 전달한다. 더 나아가 매수된 면접위원은 고의로 충분히 합격할 자질과 능력이 되는 유능한 지원자를 탈락시키고 탈락자를 추후 경쟁회사인 A사에 취직되게 하여 경쟁적 우수 인력을 빼가기기도 한다.

(2) 고임금의 허위 구직광고를 제시

고임금의 허위 구직광고를 제시하여 그에 관심을 보이고 찾아온 경쟁 회사 전문기술자 등에 대한 심층면접을 통해 경쟁회사의 영업비밀을 캐내는 방법도 사용된다. 유령면접에 의한 경제정보 획득은 밝혀지기 어렵지만 지속되고 있다.

Ⅲ 기업합작과 인수합병

1 의의

① 상법상의 인수합병 등의 방법을 통하여 기업결합을 경제정보 수집을 위한 방편으로 사용하는 것이다.

② 대부분 자사보다 한 차원 높은 기술을 가진 상대기업의 기술력을 획득하기 위한 목적으로 하는 상행위이다.

2 방법

① 실제로는 기업합작을 할 의도는 애당초부터 없으면서 기업합작을 전제로 자산평가의 단계에서 영업비밀에 대한 가치평가 등의 과정을 통해서도 상당한 영업비밀을 알아낼 수 있는 기업합작 시나리오가 활용된다.

② 기업 합작을 진행하다가 중도에 포기된 경우의 적지 않은 케이스가 애당초부터 거래비밀만을 파악하려는 의도에서 계획된 것이 적지 않다고 할 수 있다. 물론 경쟁기업의 뛰어난 거래비밀을 획득하기 위해 실제로 경쟁기업을 인수·합병하는 등의 방법도 많이 활용되는 방법이다.

Ⅳ NGO 단체, 간판회사(Front Companies) 이용방법

① 국가정보기구나 사기업체가 NGO 단체나 적법한 기업을 전위 기업으로 설립하여 경제정보를 수집하는 방법이다. 주지하다시피 에어로 플롯은 러시아의 전위 기업체였고, 에어 프랑스는 프랑스 국가정보기구에 적극적으로 협조했다. 신화사 통신은 직접 중국의 정보기구로 분류되어 다양한 경제정보를 수집한다.

② 정보기구의 전위기업은 경직된 국가 공조직에 비해 유연성을 가지고 용이하게 필요한 정보를 수집할 수 있을 뿐 아니라, 만약의 경우에도 전적으로 사적 단체임을 주장하기가 용이하므로 특히 정부 관련성을 부인하기 위해 전통적으로 중국, 러시아, 일본, 프랑스 등이 애용한 방법이다.

V 자료공개소송

1 의의

① 미국은 일반 시민들의 알 권리를 보장하기 위해 정보자유법(Freedom of Information Act, FOIA)을 제정하여 시행하고 있다.

② 정보자유법은 민주주의의 원칙하에 공개주의에 투철하여 국가의 활동에 대한 일반시민들의 건전한 감시를 통해서 투명성을 확보하려는 노력이다.

③ 그런데 일본과 프랑스의 국가정보기구들은 매우 적극적으로 미국의 정보자유법을 악용하여 수많은 정보공개 소송을 제기했다. 그래서 재판과정을 통해 적지 않은 기술 정보와 거래비밀 정보 등 중요한 정보를 획득할 수 있었다.

2 방법

① 민주적 공개성을 지향하여 미국 시민의 알 권리를 신장하려고 했던 법의 취지에서 벗어나 산업간첩 수단으로 악용되는 이러한 폐단을 뒤늦게 깨달은 미국은, 유타 주 출신의 상원의원 해치(Orrin Hatch)의 제안에 의해 "미국의 국내 산업에 대한 정보를 획득하기 위하여 FOIA를 이용하는 외국의 요청"은 산업간첩의 일종으로 보고 외국인은 원칙적으로 동법을 활용할 수 없도록 했다.

② 그러나 외국 정보기구나 외국회사가 미국인을 내세워 공개청구를 하는 것은 여전히 가능하고 사실상 그것을 분별하는 것은 어렵기 때문에 정보자유법을 활용한 산업간첩활동은 현재도 각광을 받는 방법이라고 할 수 있다.

③ 미국 이외에도 지역 경제공동체 예컨대 유럽연합 같은 경우에도 독점금지를 원칙으로 하는 개별법들이 있다. 그러한 법을 합법적으로 이용해서 시장에서 독점적 지위를 누리는 기업들에 대한 소송을 제기하여 경제정보를 수집할 수 있음도 물론이다.

④ 한편 이상에서 알 수 있듯이 경쟁기업을 상대로 한 소송의 제기는 실체적인 청구원인이 있는 경우도 있지만 다만 소송절차를 통해 경쟁기업의 영업비밀을 확보하기 위해 활용되기도 함을 이해해야 한다. 국가정보기구에 제반 국제관계법에 정통한 법률가가 다수 포진해야 하는 이유이다.

Theme

55 미국의 경제방첩

I 경제방첩 법률

1 경제간첩법

(1) 의의

미국은 1979년 「통일영업비밀법」을 제정하여 시행해 왔다. 그리고 통일영업비밀법이 영업비밀 침해 행위에 대한 민사구제 수단만 규정하고 영업비밀의 불법적인 취득행위에 관한 형사처벌 규정이 없는 것을 보완하기 위해 영업비밀 불법 취득 행위를 처벌할 목적으로 1996년 미국정부는 경제간첩법(Economic Espionage Act, EEA)을 제정하였다.

(2) 2012년 「외국경제스파이 처벌 강화법」

2013년 1월 14일 미국 오바마(Barack Obama) 대통령은 하원이 발의해 2012년 8월 통과시킨 「외국경제스파이 처벌 강화법(Foreign and Economic Espionage Penalty Enhancement Act of 2012)」에 서명하였다. 동법은 기존 「경제간첩법(Economic Espionage Act)」의 일부조항을 개정한 것으로서 미국의 경제혁신과 일자리를 보호하고자 경제스파이에 대한 형사처벌을 강화하는 것을 주요 내용으로 한다.

2 「외국대리인등록법」

미국은 연방법상 「경제간첩법(Economic Espionage Act)」과는 별도로 「외국대리인 등록법(Foreign Agents Registration Act, FARA)」을 통해 외국을 위해 활동하는 사람과 활동내역을 사전에 등록하도록 규정하고, 위반할 경우 처벌하고 있다. 동법은 간첩죄의 범죄 구성요건에 해당되지 않는 "다양한 형태의 이적 행위"를 처벌하기 위한 것이며, 사전 예방적인 기능과 사후처벌의 편의성을 보유하고 있다.

3 「엑슨-프로리오법」

(1) 의의

1988년 미 상원 민주당 엑슨(Exon)의원과 하원의 공화당 프로리오(Florio) 의원 주도로 제안된 「엑슨-프로리오법(Exon-Florio Amendment)」은 1950년 제정된 「국방전략물품법」을 개정하여 미국 내 외국인 투자를 정부가 점검할 수 있는 권한을 부여하기 위해 제정되었다. 일반적으로 「엑슨-프로리오법」은 '엑슨-프로리오 수정 조항'을 의미한다.

(2) 주요 내용

「엑슨-프로리오법」 중 가장 중요한 내용은 대통령 또는 대통령이 지명하는 자에 대하여 일정한 합병, 인수 및 취득을 조사, 국가안보에 미치는 영향력을 결정할 수 있는 권한을 부여한 것이다.

4 「영업비밀방어법」

(1) 의의

미국의회는 2016년 4월 27일 「영업비밀방어법(Defend Trade Secrets Act, DTSA)」을 통과하였고, 2016년 5월 11일부터 발효되었다. 동법은 영업비밀에 대한 민사적 구제절차를 연방법에 최초로 근거조항을 마련하였다는 데 큰 의미가 있다. 각 주법에 의한 구제 절차와 병존하는 것이다.

(2) 주요 내용

동법의 구제 수단 중 가장 중요하고 특징적인 사항은 영업비밀을 공개하거나 전파하는 것을 막기 위해 컴퓨터, 휴대폰 등과 같은 통신장비 등 개인과 기업의 재산을 가압류할 수 있도록 한 점이다.

Ⅱ 경제방첩 조직·활동

1 의의

① 미국의 방첩조직은 크게 국가방첩정책위원회, 국가방첩관, 국가방첩관실, 연방수사국(FBI)으로 볼 수 있다.

② 국가방첩관실은 매년 해외 경제정보수집과 외국 전문 정보기관들에 의한 경제스파이활동 사례에 대한 연례보고서를 의회에 제출해야 한다.

2 국가방첩정책위원회

① 1991년 소련의 붕괴로 방첩의 비중이 약화되던 시점에 CIA 방첩관인 핵심 요원 에임즈(Aldrich Ames)가 1985년부터 체포되던 1994년까지 9년간 KGB를 위해 간첩활동을 해왔음이 밝혀졌다.

② 1994년 클린턴 대통령은 체계적이고 효율적인 방첩활동을 확보하기 위해 행정 명령에 의해 국가방첩정책위원회(National Counterintelligence Policy Board, NCIPB)가 설치하였다.

③ 동 위원회는 정책부처와 정보기관 고위 간부들로 구성되어 국가방첩관실이 수립한 연간 미국방첩활동 전략계획을 심의하고 의결한다.

3 국가방첩관

(1) 의의

① 미국은 다른 나라들과 달리 방첩공작 활동에 대한 확실한 근거법인 방첩공작증진법을 가지고 있다.

② 동법은 국가정보장(DNI) 아래에 미국 국가방첩 활동의 총책임자로 볼 수 있는 국가방첩관(National Counter intelligence Executive, NCIX) 직위를 창설했다.

(2) 기능

① 미국은 중앙정보국(CIA), 연방수사국(FBI)를 위시한 17개의 개별 방첩정보기관들이 모두 각자의 고유의 방첩기능을 가지고 있다.

② 미국 국가방첩관(NCIX)은 미국 정보공동체에 산재되어 독자적으로 방첩활동이 전개됨으로써 발생되었던 문제점을 해결하기 위해 의회의 요청에 의해 신설되었고 조직체계상 방첩을 담당하고 있는 기관을 실무적으로 총괄하고 있다.

(3) 조직

① 국가방첩관은 법무부장관, 국방부장관, 중앙정보국(CIA) 국장의 의견을 청취하여 국가정보장(DNI)이 임명한다.

② 국가방첩관은 개별 17개 방첩정보기구의 방첩활동을 조정 · 감독하며 방첩업무 전반에 대한 평가와 기획업무를 담당한다.

(4) 업무

국가방첩관(NCIX)은 방첩활동전략에 기초한 예산배정, 중요한 스파이활동에 대한 손실평가, 방첩공작 활동을 위한 우선순위, 방첩활동의 인식과 예견, 방첩교육에 대한 기본정책 개발, 방첩업무의 조정 · 통제 등의 업무를 수행하고 매년 방첩 활동 전략계획을 수립한다.

(5) 평가

국가방첩관이나 국가방첩관실이 내부적으로 갈등 관계이며 상호 경쟁관계에 있는 미국 17개 개별 방첩정보기관들의 통합을 촉진하고 방첩의 국가차원의 전략적 방첩을 통합조정할 수 있는 것은 이들 두 기관이 직접적으로 외국정보 기관 접촉이나 독자적인 활동을 금지하며 방첩조사나 방첩공작을 실행하지 않기 때문에 가능했다는 평가이다.

4 국가방첩관실

(1) 의의

① 미국 경제방첩 국가조직으로 연방수사국(FBI)와 함께 클린턴 대통령이 서명한 '21세기 방첩활동전략'에 의거 2001년 5월 신설된 국가방첩관실(ONCIX, Office of the National Counterintelligence Executive)이 있다.

② 국가방첩관 산하에 FBI, CIA 등 17개 정보공동체 고위 방첩간부들과 전문가들로 구성되었다.

(2) 조직

국가방첩관실은 국가방첩관(NCIX) 아래 2명의 부국장 중 전략역량담당 부국장 산하에 3개 위원회와 전략적 파트너십 그룹 1개가 있으며 신종위협 담당 부국장 아래 4개 위원회(안보평가센터, 인수리스크, 수출 통제 개혁, 기술방첩 · 사이버)와 국가 내부자 위협 대응 T/F 1개가 운영되고 있다.

(3) 업무

① 국가방첩관실은 2009년부터 2011년까지 사이버상에서 발생한 미국의 경제스파이 및 산업기밀 유출사건을 심층연구 분석하고 앞으로 미국을 대상으로 한 외국 경제스파이활동을 전망한 「2011년 경제방첩 연례보고서」에서 중국이 전 세계 불법경제 정보수집 활동의 주역이며 산업기술유출 기도를 위한 사이버 네트워크 침입의 대부분이 중국 정보기관과 이와 연계된 민간기관 및 연구원 등으로부터 발생하고 있음을 적시하고 있다.

② 2016년에는 오바마(Obama) 대통령이 국가 방첩전략(NCIS)을 발표했는데 오바마 대통령은 이 전략의 서문에서 방첩활동과 사이버안보 활동의 통합을 요구하면서, 스파이 위협의 증가와 상호연관성은 "국가 안보와 경제정보를 보호"하기 위한 정부 차원의 대응을 요구하고 있다고 강조했다.

③ 국가방첩관실은 매년 미국 경제에 대한 외국의 경제스파이활동 관련 보고서를 의회에 제출하는 등 활동의 폭을 넓히고 있다.

5 연방수사국(FBI)

(1) 의의

미국 연방방첩수사 기구이자 국내 정보를 담당하는 주요 기관인 연방수사국(Federal Bureau of Investigation, FBI)은 경제 업무를 담당하는 경제방첩 수사의 제1차 책임기관으로 미국 각 행정부처와 민간에 각국 경제스파이를 분석한 정보를 제공한다.

(2) 업무

① FBI의 구체적 업무 영역으로 방첩(Counterespionage), 확산저지(Counterproliferation), 경제스파이(Economic Espionage) 대응이 있다.

② FBI 조직의 방첩직무는 대간첩활동에서부터 WMD(대량살상무기)의 확산방지와 전략물자 수출 통제 등 확산저지 활동으로 확대되어 왔으며, 경제스파이에 대응하는 경제방첩 활동까지 그 주요 임무 범위가 확장되어 온 것이다.

(3) FBI 경제스파이팀

FBI 경제스파이팀은 1994년 경제방첩프로그램(Economic Counter intelligence Program)을 개발 후, 이 계획에 따라 중요 영업비밀 보호를 위한 외사방첩 및 범죄수사 관할권을 확대하고 전문 인력 및 수사역량을 보완하는 등 현안 위협요소에 외국의 경제스파이를 포함시켜 활동목표로 설정했다.

(4) 데카(DECA) 프로그램

① FBI는 간첩 · 방첩 · 대테러 인식 개발 시스템인 데카(DECA, Development of Espionage Counterintelligence and Counter terrorism Awareness) 프로그램을 운용한다. 동 데카(DECA) 프로그램은 각국의 경제스파이에 대한 실제의 대응 활동이다.

② 외국 정보기관에 의한 경제 스파이를 국가안보를 심각하게 저해하는 요인으로 단정하고 경제스파이를 7가지 국가안보위협 목록(National Security Threat List issues)에 포함시키고 예산사용에 우선순위를 부여했다.

(5) 국가안보처(National Security Branch)

연방수사국(FBI) 내 방첩 담당 부처인 국가안보처(National Security Branch)를 신설하여 테러문제를 중심으로 외국정보기관의 경제스파이활동, 사이버 범죄로부터 미국을 보호하기 위한 활동을 강화해 나가고 있다.

Theme

56 주요국의 경제방첩

I 일본의 경제 방첩

1 의의

2008년 4월 내각정보조사실에 내각정보관을 센터장으로 하는 국가방첩센터를 설치하여 방첩기능을 강화하였다.

2 내각정보조사실

(1) 의의

① 일본의 중앙정보기관인 내각정보조사실(Cabinet Intelligence and Research Office, CIRO)은 1952년 일본 최초의 국가적 차원의 방첩정보기관으로 총리부 산하에 설치된 내각총리대신 관방조사실에 연원을 두고 있고 있다.

② 일본은 CIA와 같은 중앙정보기구를 두지 않고 대신 내각 정보조사실을 중심으로 각성·청별 방첩정보기관을 두고 있다. 정보조직 강화의 일환으로 1986년 내각 조사실이 내각정보조사실로 확대 개편되었다.

(2) 국가방첩센터

① 2001년부터 시행된 정부 행정개혁에 의해 내각정보조사실장이 내각정보관으로 승격한 후 내각부 관방장관 예하의 내각정보관에 의해 국가 방첩정보기관의 중앙 조정·통제기능이 강화되고 있다.

② 국가방첩센터(Counter-Intelligence Center)는 2008년 내각 정보관을 센터장으로 하여 내각정보조사실에 설치되었으며, 방첩 기능의 강화에 관한 기본방침의 시행에 관한 연락은 물론 조정역할을 하고 있다.

(3) 조직

내조실은 '내각정보관'을 수장으로 하여 차장, 총무부문, 국내부문, 국제부문, 경제부문, 내각정보집약센터, 내각정보분석관, 내각위성 정보센터, 국가방첩센터 등으로 구성되어 있다.

(4) 주요 임무

① 일본 내각정보조사실은 내각의 중요정책에 관한 정보의 수집·분석과 기타 조사 업무를 담당한다.

② 내각정보조사실은 일본 국가정보체계의 중추적인 기구로서 총리 직속의 공안위원회와 경찰청, 법무성 산하의 공안조사청 그리고 방위성 정보본부 등과 긴밀히 협의하여 정보조정 임무를 담당한다.

③ 내각정보 분석관은 특정지역이나 특정분야에 관한 업무 중 특히 고도의 분석이 요구되는 업무를 수행하고, 내각 위성정보센터는 국가 안전의 확보, 대규모 재해에 대응하기 위한 영상정보 수집의 임무를 담당하고 있다.

3 공안조사청

(1) 의의

① 일본의 공안조사청(Public Security Investigation Agency, PSIA)은 법무성 소속 정보기구로 해외정보와 국내 보안업무를 담당한다.

② 내각조사실이 정보의 분석 · 평가 · 조정의 기능을 관장하는 국가정보기관이라면 공안조사청은 일선 현장에서 직접 손과 발로 뛰는 활동기관이다.

(2) 임무

① 법무성 외청으로, 일본정보기구로는 특이하게 인간정보(HUMINT)를 수집한다. 미국의 FBI나 영국의 MI5와 유사한 기관으로 국내에서 방첩업무를 담당한다.

② 공안조사청은 경찰과 같은 사법행정 기관은 아니므로 조사 대상 조직이나 단체에 대한 강제수사권이 없다. 공안조사청이 처분 청구를 실시한 후에 그 처분을 심사 · 결정하는 기관으로서 공안심사 위원회가 설치되어 있다.

③ 조사 대상 조직이나 대상국가 내부에 협력자(스파이)를 만들어, 이것을 통해서 관련 정보를 입수하는 것을 목표로 하여 공작활동을 실시한다.

4 경찰청 경비국

(1) 의의

경찰청 경비국은 국가공안위원회의 특별기관인 경찰청 내부 부국의 하나로서 공안경찰의 사령탑 역할을 수행한다.

(2) 경비국 외사과

① 경비국 내에서도 특히 외사정보부 외사과가 방첩업무 부서로서 외국정보 기관의 첩보 활동, 국제 테러, 전략물자 부정수출 등에 대한 수사를 담당하고 있다.

② 외사과는 외사기술조사실, 납치문제대책실, 외사조정지도관, 국제테러리즘 대책과 국제테러리즘 정보관 등이 있다.

③ 경비국 외사과는 경시청 및 각 도부현 경찰 본부의 외사과를 통솔하면서 외국정보기관의 대일 유해활동 수사를 주요임무로 하고 있으며 세계 각국의 방첩기관에 가까운 성질을 가진다.

Ⅱ 독일의 경제 방첩

1 의의

독일은 자국 내 첨단기업을 대상으로 한 외국 경제스파이들의 공세가 증대됨에 따라 경제스파이 관련 법제를 강화하는 한편 헌법보호청(BfV)을 통해 기업과의 긴밀한 협조체제를 구축하여 산업보안을 강화하는 정책을 펴고 있다.

2 연방헌법보호청(BfV)

(1) 의의

① 독일의 주요 방첩정보기관으로 볼 수 있는 국가 최고 기관은 해외 정보기관인 연방정보부(BND), 군 정보부(MAD) 등이 있으나 경제방첩 관련 가장 중요한 기관은 연방헌법보호청(BfV)이다.

② 연방헌법보호청(BfV)은 경제방첩, 즉 외국정보기관의 경제스파이 행위에 대응하는 활동과 경제정보 활동 탐지를 전개하고 있어 경제방첩에 대한 제도적 개념규정은 연방 헌법보호청(BfV)의 직무를 통해 살펴볼 수 있다.

(2) 직무 분야

① 독일은 반헌법 활동 감시를 목적으로 하는 최고 보안방첩기구로 1950년 11월 7일 연방헌법보호청(BfV)을 창설했다.

② 극좌 공산주의자, 신나치주의 극우파들, 이슬람 극단주의자들, 테러단체, 조직범죄 등의 동향을 파악하고 그들의 헌법질서 파괴 행동에 대응하는 데 많은 노력을 기울이고 있다.

(3) 경제 방첩

① 외국 방첩정보 기관의 경제정보 활동과 경제스파이 행위에 대응하고, 주요 방산업체에 대한 주기적인 보안측정을 실시한다.

② 방위산업 종사자들의 관련기밀 누설 시 관련 배경을 조사한다.

(4) 연방산업보안협회(ASW)

① 헌법보호청(BfV)은 1993년 독일 산업연맹 등 중앙 경제단체들과 9개의 주 산업보안협회를 회원으로 하는 연방산업보안협회(ASW)를 구성하여 산업보안 관련 경제계의 입장을 연방정부에 전달하고 관련정보를 교류하고 있다.

② 또한 각 부처가 수집한 산업보안 관련정보를 연방총리실이 종합하여 연방산업보안협회(ASW)를 통해 기업에 지원하는 한편 기업체와 정부 간 간담회를 개최하여 기업체의 기술유출 등 산업보안 관련 의견을 수시로 수렴하는 등 협조 체계를 강화하고 있다.

3 연방범죄수사청

(1) 의의

독일정부는 1951년 3월 연방내무부 산하 외청으로 연방범죄수사청(Bundeskriminalamt, BKA)을 설치하였다.

(2) 임무

① 연방범죄수사청의 주요 임무는 각 주 수사기관과 협력하에 범죄인이 주를 넘나들면서 또는 초국가적으로 활동하는 범죄의 진압 및 형사소추 업무를 조정하는 역할을 담당하며 국제조직에 의한 불법 무기 · 위조 화폐·마약의 밀매 등의 특정범죄에 대해 수사 임무를 수행한다.

② 독일 연방 중앙수사기관으로서 범죄관련 정보를 수집 · 분석하고, 중앙과학수사기관으로서 DNA · 지문분석 정보를 관리하며, 외국경찰과의 관계에서 인터폴 중앙사무국으로 유로폴(Europol) 파트너이자 셍겐 조약에 의한 셍겐정보시스템의 국가 중앙기관으로 국제경찰 협력 임무를 담당한다.

(3) 주 범죄수사청

① 주 내무부 산하에는 주 경찰청과 별도의 경찰조직으로 주 범죄수사청이 있고 주 범죄수사청에는 제1부(조직범죄, 경제·지능범죄), 제2부(공안사범), 제3부(범죄 분석, 지명수배, 청소년범죄), 제4부(범죄 진압 지원), 5부(범죄 연구소), 제6부(폭발물 제거, 정보통신 지원) 등 6개 부서가 있다.

② 경제방첩 업무를 담당하는 제1부는 조직범죄, 경제사범, 기타 사이버 범죄, 공무원 범죄, 환경사범, 내무부가 지정한 사건, 법원 또는 검찰의 촉탁사건 등의 수사를 담당한다.

Ⅲ 프랑스의 경제방첩

1 의의

① 프랑스의 정보기구로는 국내정보를 담당하는 내무부 아래 국내안보총국(DGSI)과 해외 정보를 담당하는 국방부 소속의 해외안보총국(DGSE) 그리고 군사정보부(DRM)와 국방보안국(DPSD) 등으로 구성된다.

② 해외 정보 업무를 담당하는 해외안보총국(DGSE)은 1982년 설립되었는데 전략국, 첩보국, 공작국, 기술국, 행정국 등으로 조직되어 있고, 국내정보를 담당하는 국내안보총국(DGSI)은 정보활동국과 기술국, 일반 행정국 등으로 구성되어 있다.

2 국내안보총국

(1) 의의

국내안보총국(DGSI)은 2008년에 설립되었던 국내중앙정보국(Direction centrale du Renseignement intérieur, DCRI)이 폐지되면서 2014년 5월 2일 신설되었는데, 기존 국내중앙정보국(DCRI)의 업무를 승계하여 주로 대스파이, 대테러, 대량살상무기 확산방지, 경제주권 수호 등 각종 위협에 대응한 정보활동 등을 수행한다.

(2) 연혁

프랑스에서 국내정보를 담당하고 있는 국내안보총국(DGSI)은 기존 국내중앙정보국(DCRI)이 2008년 7월 1일자로 경찰청 소속의 기존 중앙정보총국(RG)과 국토감시국(DST)을 통합하여 내무부 아래 신설되었다가 2014년 5월 2일 경찰청 소속에서 내무부 소속으로 이전 · 재편되었다.

(3) 임무

국내안보총국의 전신인 국내중앙정보국은 우리나라의 경찰청 정보국과 매우 유사하여 경찰청 내에 소속되어 있었는데, 대테러국, 대스파이국, 폭력 및 파괴행위 전담국, 경제보호국, 기술국, 국제문제국, 행정국 등으로 구성되어 “프랑스 영토 내에서 국가 이익 침해를 야기할 수 있는 모든 활동들에 대한 대응”을 기본으로 하여 테러 및 국가의 권위와 안전에 대한 비밀 또는 국가이익에 대한 침해 활동의 예방과 처벌, 국가의 안위에 대한 침해를 야기할 수 있는 전자통신의 감시 및 전자통신기술과 관련된 범죄에 대응하는 활동을 주된 임무로 하였다. 여기에는 극단적 성격, 동기, 행동 방식에 의해 국가안전의 침해를 야기할 수 있는 개인, 단체 및 조직에 대한 감시와 사회현상 분석업무까지를 포함된다.

(4) 경제방첩

국내안보총국(DGSI)은 경제보호국 중심으로 외국 방첩정보 기관의 경제정보 활동에 대응한다.

Ⅳ 이스라엘의 경제방첩기구

1 의의

① 이스라엘의 FBI로 불리는 신베트(Shin Bet)가 방첩공작 임무를 수행하는 이스라엘의 국내 보안기구이다.

② 신베트(Shin Bet)는 원래 1948년 이스라엘 방위군의 일부로 창설되었지만 현재는 모사드와 함께 총리실 산하에 있다.

2 임무

(1) 의의

① 신베트(Shin Bet)는 외국 정보기구의 활동에 대한 정보수집, 극우-극좌 등 내부세력과 외부세력에 의한 정부 전복활동과 사보타주 그리고 대테러활동을 담당한다.

② 이스라엘을 주기적으로 방문하는 요주의 방문객과, 그들과 접촉하는 내·외국인들은 지역과 국적을 불문하고 조사를 받을 수 있다.

③ 국내보안, 테러조직의 적발, 테러 용의자 심문, 웨스트 뱅크와 가자 지구에서의 방첩공작활동, 행정부 고위 간부들에 대한 경호, 정부시설과 중요 시설물에 대한 보호 그리고 이스라엘 항공기와 해외 대사관에 대한 안전 확보를 주된 임무로 한다.

Theme

57 한국의 경제방첩

I 경제방첩 법률

1 「국가정보원법」

① 「정부조직법」 제17조 제1항에 국가정보원은 "국가안전보장에 관련되는 정보 및 보안에 관한 사무를 담당하기 위하여 대통령 소속으로 국가정보원을 둔다."라고 규정되어 있고, 「국가정보원법」 제4조 제1항 제1호 나목은 "방첩(산업경제정보 유출, 해외연계 경제질서 교란 및 방위산업침해에 대한 방첩을 포함한다), 대테러, 국제범죄조직에 관한 정보"를 국가정보원의 직무로 규정하고 있다.

② 이 조문들은 수사를 제외한 정보 및 보안 업무 중 하나의 영역으로만 상정하고 있어서 국제화된 경제스파이활동에 적극적으로 대처하기에는 부족하여 국가정보원 경제방첩 요원들의 적극적인 업무수행에 어려움과 제한이 많은 것이 현실이다.

2 「부정경쟁방지 및 영업비밀보호에 관한 법률」

(1) 의의

선진국인 미국, 일본, 유럽 등은 국내 첨단 산업을 보호하기 위한 정책을 일찍부터 수립하여 집행해 온 반면 우리나라는 「부정경쟁방지법」을 1961년 제정하였고, 1991년 개정을 통하여 영업 비밀보호에 대한 규정이 추가되었다.

(2) 주요 규정

① 국내에 널리 알려진 타인의 상표 · 상호 등을 부정하게 사용하는 등의 부정경쟁행위와 타인의 영업비밀을 침해하는 행위를 방지하여 건전한 거래질서를 유지함을 목적으로 한다(제1조).

② 부정한 이익을 얻거나 영업비밀 보유자에게 손해를 입힐 목적으로 그 영업비밀을 외국에서 사용하거나 외국에서 사용될 것임을 알면서 취득 · 사용 또는 제3자에게 누설한 자는 15년 이하의 징역 또는 15억 원 이하의 벌금에 처한다(제18조).

3 「산업기술 유출방지 및 보호에 관한 법률」

(1) 의의

「부정경쟁방지 및 영업비밀보호에 관한 법률」만으로는 부정한 기술유출행위를 효과적으로 규제할 수 없어서 2006년 10월 산업기술의 부정한 유출을 방지하고 산업기술을 보호함으로써 국내산업의 경쟁력을 강화하고 국가의 안전 보장과 국민경제의 발전에 이바지함을 목적으로 「산업기술 유출방지 및 보호에 관한 법률」을 제정하였다.

(2) 특징

① 「산업기술 유출방지 및 보호에 관한 법률」은 「부정경쟁방지 및 영업비밀보호에 관한 법률」의 특별법으로 국가안전보장에 이바지함을 목적으로 한다.

② '부정이익의 취득 또는 기업에 손해를 줄 목적'이라는 주관적 요건을 구성요건에서 제외하였다.

③ 국가가 보호하여야 할 산업기술을 지정하고 승인하는 등 사기업체의 중요 산업기밀을 보호하기 위해서 국가가 직접 관여할 수 있는 장치를 마련하였다.

④ 국가핵심기술을 외국에서 사용하거나 사용되게 할 목적으로 산업기술의 유출 및 침해 행위에 대해 처벌 규정을 둔 점은 그간 「형법」상 간첩죄가 적국을 위한 '국가기밀'의 탐지 · 수집 행위만을 처벌 대상으로 하고 있어서 경제간첩을 규제하기 어려웠다는 점을 고려한 것이다.

(3) 주요 내용

① 「산업기술 유출방지 및 보호에 관한 법률」은 산업기술의 유출방지 및 보호에 관하여는 일반법(법 제4조)이지만 「부정경쟁방지 및 영업비밀 보호에 관한 법률」과의 관계에서는 특별법이다.

② 일반산업기술과 국가핵심기술의 2가지로 구분한다. 국가 핵심기술은 기술적 · 경제적 가치나 성장 잠재력이 높아서, 해외로 유출될 경우 국가안전 보장 및 국민경제의 발전에 중대한 악영향을 줄 우려가 있어서 지정한 산업기술이다(법 제2조 제2호).

③ 누구든지 산업기술의 유출 및 침해행위를 금지하고(법 제14조), 외국에서 사용하거나 사용되게 할 목적의 산업기술 침해 행위에 대하여 15년 이하의 징역 또는 15억 원 이하의 벌금에 처한다(제36조 제1항)고 규정하고 있어서 외국 정보기관이 국내 산업기술 또는 국내핵심기술을 부정 취득하거나 수출하는 경우 처벌할 수 있다.

관련법조항 「산업기술의 유출방지 및 보호에 관한 법률」

제1장 총칙

제1조(목적)

이 법은 산업기술의 부정한 유출을 방지하고 산업기술을 보호함으로써 국내산업의 경쟁력을 강화하고 국가의 안전보장과 국민경제의 발전에 이바지함을 목적으로 한다.

제2조(정의)

이 법에서 사용하는 용어의 정의는 다음과 같다.

1. "산업기술"이라 함은 제품 또는 용역의 개발·생산·보급 및 사용에 필요한 제반 방법 내지 기술상의 정보 중에서 행정기관의 장(해당 업무가 위임 또는 위탁된 경우에는 그 위임 또는 위탁받은 기관이나 법인·단체의 장을 말한다)이 산업경쟁력 제고나 유출방지 등을 위하여 이 법 또는 다른 법률이나 이 법 또는 다른 법률에서 위임한 명령(대통령령·총리령·부령에 한정한다. 이하 이 조에서 같다)에 따라 지정·고시·공고·인증하는 다음 각 목의 어느 하나에 해당하는 기술을 말한다.
   가. 제9조에 따라 고시된 국가핵심기술
   나. 「산업발전법」 제5조에 따라 고시된 첨단기술의 범위에 속하는 기술
   다. 「산업기술혁신 촉진법」 제15조의2에 따라 인증된 신기술
   라. 「전력기술관리법」 제6조의2에 따라 지정·고시된 새로운 전력기술
   마. 「환경기술 및 환경산업 지원법」 제7조에 따라 인증된 신기술
   바. 「건설기술 진흥법」 제14조에 따라 지정·고시된 새로운 건설기술
   사. 「보건의료기술 진흥법」 제8조에 따라 인증된 보건신기술
   아. 「뿌리산업 진흥과 첨단화에 관한 법률」 제14조에 따라 지정된 핵심 뿌리기술
   자. 그 밖의 법률 또는 해당 법률에서 위임한 명령에 따라 지정·고시·공고·인증하는 기술 중 산업통상자원부장관이 관보에 고시하는 기술
2. "국가핵심기술"이라 함은 국내외 시장에서 차지하는 기술적·경제적 가치가 높거나 관련 산업의 성장잠재력이 높아 해외로 유출될 경우에 국가의 안전보장 및 국민경제의 발전에 중대한 악영향을 줄 우려가 있는 기술로서 제9조의 규정에 따라 지정된 것을 말한다.
3. "국가연구개발사업"이라 함은 「과학기술기본법」 제11조의 규정에 따라 관계중앙행정기관의 장이 추진하는 연구개발사업을 말한다.
4. "대상기관"이란 산업기술을 보유한 기업·연구기관·전문기관·대학 등을 말한다.

제3조(국가 등의 책무)

① 국가는 산업기술의 유출방지와 보호에 필요한 종합적인 시책을 수립·추진하여야 한다.
② 국가·기업·연구기관 및 대학 등 산업기술의 개발·보급 및 활용에 관련된 모든 기관은 이 법의 적용에 있어 산업기술의 연구개발자 등 관련 종사자들이 부당한 처우와 선의의 피해를 받지 아니하도록 하고, 산업기술 및 지식의 확산과 활용이 제약되지 아니하도록 노력하여야 한다.
③ 모든 국민은 산업기술의 유출방지에 대한 관심과 인식을 높이고, 각자의 직업윤리의식을 배양하기 위하여 노력하여야 한다.

제4조(다른 법률과의 관계)

산업기술의 유출방지 및 보호에 관하여는 다른 법률에 특별한 규정이 있는 경우를 제외하고는 이 법이 정하는 바에 따른다.

제2장 산업기술의 유출방지 및 보호 정책의 수립 · 추진

제5조(종합계획의 수립 · 시행)

① 산업통상자원부장관은 산업기술의 유출방지 및 보호에 관한 종합계획(이하 "종합계획"이라 한다)을 수립 · 시행하여야 한다.

② 산업통상자원부장관은 종합계획을 수립함에 있어서 미리 관계중앙행정기관의 장과 협의한 후 제7조의 규정에 따른 산업기술보호위원회의 심의를 거쳐야 한다.

③ 종합계획에는 다음 각 호의 사항이 포함되어야 한다.

1. 산업기술의 유출방지 및 보호에 관한 기본목표와 추진방향
2. 산업기술의 유출방지 및 보호에 관한 단계별 목표와 추진방안
3. 산업기술의 유출방지 및 보호에 대한 홍보와 교육에 관한 사항
4. 산업기술의 유출방지 및 보호의 기반구축에 관한 사항
5. 산업기술의 유출방지 및 보호를 위한 기술의 연구개발에 관한 사항
6. 산업기술의 유출방지 및 보호에 관한 정보의 수집 · 분석 · 가공과 보급에 관한 사항
7. 산업기술의 유출방지 및 보호를 위한 국제협력에 관한 사항
8. 그 밖에 산업기술의 유출방지 및 보호를 위하여 필요한 사항

④ 산업통상자원부장관은 종합계획의 수립을 위하여 관계중앙행정기관의 장에게 필요한 자료의 제출을 요청할 수 있다. 이 경우 자료제출을 요청받은 기관의 장은 특별한 사유가 없는 한 이에 협조하여야 한다.

제6조(시행계획의 수립 · 시행)

① 관계중앙행정기관의 장은 종합계획에 따라 매년 산업기술의 유출방지 및 보호에 관한 시행계획(이하 "시행계획"이라 한다)을 수립 · 시행하여야 한다.

② 시행계획의 수립 · 시행에 관하여 필요한 사항은 대통령령으로 정한다.

제7조(산업기술보호위원회의 설치 등)

① 산업기술의 유출방지 및 보호에 관한 다음 각 호의 사항을 심의하기 위하여 산업통상자원부장관 소속으로 산업기술보호위원회(이하 "위원회"라 한다)를 둔다.

1. 종합계획의 수립 및 시행에 관한 사항
2. 제9조의 규정에 따른 국가핵심기술의 지정 · 변경 및 해제에 관한 사항
3. 제11조의 규정에 따른 국가핵심기술의 수출 등에 관한 사항
4. 제11조의2에 따른 국가핵심기술을 보유하는 대상기관의 해외인수 · 합병등에 관한 사항
5. 그 밖에 산업기술의 유출방지 및 보호를 위하여 필요한 것으로서 대통령령으로 정하는 사항

② 위원회는 위원장 1인을 포함한 25인 이내의 위원으로 구성한다. 이 경우 위원 중에는 제3항제3호의 규정에 해당하는 자가 5인 이상 포함되어야 한다.

③ 위원장은 산업통상자원부장관이 되고, 위원은 다음 각 호의 자가 된다.

1. 관계중앙행정기관의 차관 · 차장 또는 이에 상당하는 공무원 중 대통령령으로 정하는 자
2. 산업기술의 유출방지업무를 수행하는 정보수사기관의 장이 지명하는 자
3. 산업기술의 유출방지 및 보호에 관한 학식과 경험이 풍부한 자로서 위원장이 성별을 고려하여 위촉하는 자

④ 위원회에 간사 1명을 두되, 간사는 산업통상자원부 소속 공무원 중에서 위원장이 지명하는 자가 된다.

⑤ 산업기술의 유출방지 및 보호에 관한 다음 각 호의 사항을 사전에 전문적으로 검토하기 위하여 위원회에 분야별 전문위원회를 둔다.

1. 위원회의 심의사항에 대한 사전검토
2. 대통령령으로 정하는 바에 따라 위원회로부터 위임받은 사항

3. 그 밖에 산업기술의 유출방지 및 보호를 위하여 필요한 실무적 사항으로서 대통령령으로 정하는 사항

⑥ 제1항부터 제5항까지에서 규정한 사항 외에 위원회 및 분야별 전문위원회의 구성 · 운영 등에 관하여 필요한 사항은 대통령령으로 정한다.

제3장 산업기술의 유출방지 및 관리

제8조(보호지침의 제정 등)

① 산업통상자원부장관은 산업기술의 유출을 방지하고 산업기술을 보호하기 위하여 필요한 방법 · 절차 등에 관한 지침(이하 “보호지침”이라 한다)을 관계 중앙행정기관의 장과 협의하여 제정하고 이를 대상기관이 활용할 수 있도록 하여야 한다.

② 산업통상자원부장관은 산업기술의 발전추세 및 국내외 시장환경 등을 감안하여 관계 중앙행정기관의 장과 협의하여 보호지침을 수정 또는 보완할 수 있다.

제9조(국가핵심기술의 지정 · 변경 및 해제 등)

① 산업통상자원부장관은 국가핵심기술로 지정되어야 할 대상기술(이하 이 조에서 “지정대상기술”이라 한다)을 선정하거나 관계 중앙행정기관의 장으로부터 그 소관의 지정대상기술을 선정 · 통보받은 경우에는 위원회의 심의를 거쳐 국가핵심기술로 지정할 수 있다. 이 경우 산업통상자원부장관이 선정한 지정대상기술이 다른 중앙행정기관의 장의 소관인 경우에는 위원회 심의 전에 해당 중앙행정기관의 장과 협의를 거쳐야 한다.

② 산업통상자원부장관 및 관계 중앙행정기관의 장은 지정대상기술을 선정함에 있어서 해당기술이 국가안보 및 국민경제에 미치는 파급효과, 관련 제품의 국내외 시장점유율, 해당 분야의 연구동향 및 기술 확산과의 조화 등을 종합적으로 고려하여 필요최소한의 범위 안에서 선정하여야 한다.

③ 산업통상자원부장관은 국가핵심기술의 범위 또는 내용의 변경이나 지정의 해제가 필요하다고 인정되는 기술을 선정하거나 관계 중앙행정기관의 장으로부터 그 소관의 국가핵심기술의 범위 또는 내용의 변경이나 지정의 해제를 요청받은 경우에는 위원회의 심의를 거쳐 변경 또는 해제할 수 있다. 이 경우 산업통상자원부장관이 선정한 기술이 다른 중앙행정기관의 장의 소관인 경우에는 위원회 심의 전에 해당 중앙행정기관의 장과 협의를 거쳐야 한다.

④ 산업통상자원부장관은 제1항의 규정에 따라 국가핵심기술을 지정하거나 제3항의 규정에 따라 국가핵심기술의 범위 또는 내용을 변경 또는 지정을 해제한 경우에는 이를 고시하여야 한다.

⑤ 위원회는 제1항 및 제3항의 규정에 따라 국가핵심기술의 지정 · 변경 또는 해제에 대한 심의를 함에 있어서 지정대상기술을 보유 · 관리하는 기업 등 이해관계인의 요청이 있는 경우에는 대통령령이 정하는 바에 따라 의견을 진술할 기회를 주어야 한다.

⑥ 대상기관은 해당 기관이 보유하고 있는 기술이 국가핵심기술에 해당하는지에 대한 판정을 대통령령으로 정하는 바에 따라 산업통상자원부장관에게 신청할 수 있다.

⑦ 제1항 및 제3항의 규정에 따른 국가핵심기술의 지정 · 변경 및 해제의 기준 · 절차 그 밖에 필요한 사항은 대통령령으로 정한다.

제9조의2(국가핵심기술의 정보 비공개)

① 국가기관, 지방자치단체, 「공공기관의 운영에 관한 법률」 제2조에 따른 공공기관 및 그 밖에 대통령령으로 정하는 기관은 국가핵심기술에 관한 정보를 공개해서는 아니 된다. 다만, 국가의 안전보장 및 국민경제의 발전에 악영향을 줄 우려가 없는 경우에는 공개할 수 있다.

② 제1항 단서에 따라 국가핵심기술에 관한 정보를 공개하려는 경우에는 정보공개의 신청을 받은 날부터 20일 이내에 서면 또는 전자문서로 이해관계인의 의견을 듣고 산업통상자원부장관 및 관계 부처의 장의 동의를 받은 후 위원회의 심의를 거쳐야 한다.

제10조(국가핵심기술의 보호조치)

① 국가핵심기술을 보유·관리하고 있는 대상기관의 장은 국가핵심기술의 유출을 방지하기 위하여 다음 각 호에 따른 조치를 하여야 한다.

1. 보호구역의 설정·출입허가 또는 출입 시 휴대품 검사
2. 국가핵심기술을 취급하는 전문인력의 이직 관리 및 비밀유지 등에 관한 계약 체결
3. 그 밖에 국가핵심기술 유출 방지를 위하여 대통령령으로 정하는 사항

② 제1항의 규정에 따른 조치에 관하여 필요한 사항은 대통령령으로 정한다.

③ 누구든지 정당한 사유 없이 제1항의 보호조치를 거부·방해 또는 기피하여서는 아니 된다.

제11조(국가핵심기술의 수출 등)

① 국가로부터 연구개발비를 지원받아 개발한 국가핵심기술을 보유한 대상기관이 해당국가핵심기술을 외국기업 등에 매각 또는 이전 등의 방법으로 수출(이하 "국가핵심기술의 수출"이라 한다)하고자 하는 경우에는 산업통상자원부장관의 승인을 얻어야 한다.

② 산업통상자원부장관은 제1항의 규정에 따른 승인신청에 대하여 국가핵심기술의 수출에 따른 국가안보 및 국민경제적 파급효과 등을 검토하여 관계중앙행정기관의 장과 협의한 후 위원회의 심의를 거쳐 승인할 수 있다.

③ 제1항의 규정에 따라 승인을 얻은 국가핵심기술이 「대외무역법」 제19조의 기술인 경우에는 같은 법 제19조의2에 따라 허가를 받은 것으로 보며, 「국방과학기술혁신 촉진법」 제2조제2호에 따른 국방과학기술 및 「방위사업법」 제34조에 따른 방산물자인 경우에는 「방위사업법」 제57조제2항에 따라 허가를 받은 것으로 본다. 이 경우 산업통상자원부장관은 사전에 관계중앙행정기관의 장과 협의를 하여야 한다.

④ 제1항의 규정에 따른 승인대상 외의 국가핵심기술을 보유·관리하고 있는 대상기관이 국가핵심기술의 수출을 하고자 하는 경우에는 산업통상자원부장관에게 사전에 신고를 하여야 한다.

⑤ 산업통상자원부장관은 제4항의 신고대상인 국가핵심기술의 수출이 국가안보에 심각한 영향을 줄 수 있다고 판단하는 경우에는 관계중앙행정기관의 장과 협의한 후 위원회의 심의를 거쳐 국가핵심기술의 수출중지·수출금지·원상회복 등의 조치를 명할 수 있다.

⑥ 제4항의 신고대상 국가핵심기술의 수출을 하고자 하는 자는 해당국가핵심기술이 국가안보와 관련되는지 여부에 대하여 산업통상자원부장관에게 사전검토를 신청할 수 있다.

⑦ 산업통상자원부장관은 국가핵심기술을 보유한 대상기관이 제1항의 규정에 따른 승인을 얻지 아니하거나 부정한 방법으로 승인을 얻어 국가핵심기술의 수출을 한 경우 또는 제4항의 규정에 따른 신고대상 국가핵심기술을 신고하지 아니하거나 허위로 신고하고 국가핵심기술의 수출을 한 경우에는 정보수사기관의 장에게 조사를 의뢰하고, 조사결과를 위원회에 보고한 후 위원회의 심의를 거쳐 해당국가핵심기술의 수출중지·수출금지·원상회복 등의 조치를 명령할 수 있다.

⑧ 위원회는 다음 각 호의 어느 하나에 해당하는 경우에는 대상기관의 의견을 청취할 수 있다.

1. 제2항의 규정에 따른 승인신청에 대한 심의
2. 제5항의 규정에 따른 국가안보에 심각한 영향을 주는 국가핵심기술의 수출중지·수출금지·원상회복 심의
3. 제7항의 규정에 따른 미승인 또는 부정승인 및 미신고 또는 허위신고 등에 대한 국가핵심기술의 수출중지·수출금지·원상회복 심의

⑨ 산업통상자원부장관은 제1항의 규정에 따른 승인 또는 제4항의 규정에 따른 신고와 관련하여 분야별 전문위원회로 하여금 검토하게 할 수 있으며 관계중앙행정기관의 장 또는 대상기관의 장에게 자료제출 등의 필요한 협조를 요청할 수 있다. 이 경우 관계 중앙행정기관의 장 및 대상기관의 장은 특별한 사유가 없는 한 이에 협조하여야 한다.

⑩ 제1항의 승인, 제4항의 신고, 제5항 및 제7항의 수출중지 · 수출금지 · 원상회복 등의 조치 및 절차 등에 관하여 세부적인 사항은 대통령령으로 정한다.
⑪ 제6항의 규정에 따른 국가핵심기술이 국가안보와 관련되는지 여부에 대한 사전검토의 신청에 관하여 필요한 사항은 대통령령으로 정한다.

제11조의2(국가핵심기술을 보유하는 대상기관의 해외인수 · 합병등)

① 국가로부터 연구개발비를 지원받아 개발한 국가핵심기술을 보유한 대상기관이 대통령령으로 정하는 해외 인수 · 합병, 합작투자 등 외국인투자(이하 "해외인수 · 합병등"이라 한다)를 진행하려는 경우에는 미리 산업통상자원부장관의 승인을 받아야 한다.
② 제1항의 대상기관은 대통령령으로 정하는 외국인(이하 이 조에서 "외국인"이라 한다)에 의하여 해외인수 · 합병등이 진행되는 것을 알게 된 경우 지체 없이 산업통상자원부장관에게 신고하여야 한다.
③ 산업통상자원부장관은 제2항에 따라 대상기관으로부터 신고를 받은 경우 해외인수 · 합병등을 진행하려는 외국인에게 제1항에 따른 승인 절차에 협조하여 줄 것을 요청할 수 있다. 이 경우 요청을 받은 외국인은 특별한 사유가 없으면 이에 따라야 한다.
④ 산업통상자원부장관은 제1항에 따른 승인신청을 받은 경우 해외인수 · 합병등이 국가안보에 미치는 영향을 검토하여 관계중앙행정기관의 장과 협의한 후 위원회의 심의를 거쳐 승인할 수 있다. 이 경우 산업통상자원부장관은 승인을 할 때 필요하다고 인정되는 조건을 달 수 있다.
⑤ 제1항에 따른 승인대상 외의 국가핵심기술을 보유 · 관리하고 있는 대상기관은 해외인수 · 합병등을 진행하려는 경우에는 산업통상자원부장관에게 미리 신고를 하여야 한다.
⑥ 제5항의 대상기관은 외국인에 의하여 해외인수 · 합병등이 진행되는 것을 알게 된 경우에는 지체 없이 산업통상자원부장관에게 신고하여야 한다.
⑦ 산업통상자원부장관은 제1항, 제5항 및 제6항에 따른 국가핵심기술의 유출이 국가안보에 심각한 영향을 줄 수 있다고 판단하는 경우에는 관계 중앙행정기관의 장과 협의한 후 위원회의 심의를 거쳐 해외인수 · 합병등에 대하여 중지 · 금지 · 원상회복 등의 조치를 명할 수 있다.
⑧ 제1항, 제5항 및 제6항에 따라 해외인수 · 합병등을 진행하려는 자는 해당 해외인수 · 합병등과 관련하여 다음 각 호의 사항에 관하여 의문이 있는 때에는 대통령령으로 정하는 바에 따라 산업통상자원부장관에게 미리 검토하여 줄 것을 신청할 수 있다.
   1. 해당 국가핵심기술이 국가안보와 관련되는지 여부
   2. 해당 해외인수 · 합병등이 제1항의 승인대상인지 여부 및 제5항 · 제6항의 신고대상인지 여부
   3. 그 밖에 해당 해외인수 · 합병등과 관련하여 의문이 있는 사항
⑨ 산업통상자원부장관은 국가핵심기술을 보유한 대상기관이 제1항에 따른 승인을 받지 아니하거나 거짓이나 그 밖의 부정한 방법으로 승인을 받아 해외인수 · 합병등을 진행한 경우 또는 제5항 및 제6항에 따른 신고를 하지 아니하거나 거짓이나 그 밖의 부정한 방법으로 신고를 하고서 해외인수 · 합병등을 한 경우에는 정보수사기관의 장에게 조사를 의뢰하고, 조사결과를 위원회에 보고한 후 위원회의 심의를 거쳐 해당 해외인수 · 합병등에 대하여 중지 · 금지 · 원상회복 등 필요한 조치를 명할 수 있다.
⑩ 위원회는 다음 각 호의 어느 하나에 해당하는 경우에는 대상기관의 의견을 청취할 수 있다.
   1. 제1항에 따른 승인신청에 대한 심의
   1의2. 제5항 및 제6항에 따른 신고에 대한 심의
   2. 제7항에 따른 국가안보에 심각한 영향을 주는 해외인수 · 합병등에 대한 중지 · 금지 · 원상회복 등 심의
   3. 제7항의 조치에 따른 대상기관의 손해에 대한 심의
   4. 제9항에 따른 미승인, 부정승인, 미신고 또는 거짓신고 등에 대한 해외인수 · 합병등의 중지 · 금지 · 원상회복 등 심의

⑪ 산업통상자원부장관은 제1항에 따른 승인신청 또는 제5항 및 제6항에 따른 신고와 관련하여 분야별 전문위원회로 하여금 검토하게 할 수 있으며 관계 중앙행정기관의 장 또는 대상기관의 장에게 자료제출 등의 필요한 협조를 요청할 수 있다. 이 경우 관계 중앙행정기관의 장 및 대상기관의 장은 특별한 사유가 없는 한 이에 협조하여야 한다.

⑫ 제1항의 승인, 제2항 · 제5항 및 제6항의 신고, 제7항 및 제9항의 중지 · 금지 · 원상회복 등의 조치 및 절차 등에 관하여 세부적인 사항은 대통령령으로 정한다.

제12조(국가연구개발사업의 보호관리)

대상기관의 장은 산업기술과 관련된 국가연구개발사업을 수행하는 과정에서 개발성과물이 외부로 유출되지 아니하도록 필요한 대책을 수립 · 시행하여야 한다.

제13조(개선권고)

① 산업통상자원부장관은 제10조의 규정에 따른 국가핵심기술의 보호조치 및 제12조의 규정에 따른 국가연구개발사업의 보호관리와 관련하여 필요하다고 인정되는 경우 대상기관의 장에 대하여 개선을 권고할 수 있다.

② 제1항의 규정에 따라 개선권고를 받은 대상기관의 장은 개선대책을 수립 · 시행하고 그 결과를 산업통상자원부장관에게 통보하여야 한다.

③ 산업통상자원부장관은 제1항에 따라 대상기관의 장에게 개선권고를 한 경우 해당 개선권고의 주요 내용 및 이유, 대상기관의 조치결과 등을 위원회에 보고하여야 한다.

④ 제1항 및 제2항에 따른 개선권고 및 개선대책의 수립 · 시행 및 제3항에 따라 위원회에 보고하기 위하여 필요한 사항은 대통령령으로 정한다.

제14조(산업기술의 유출 및 침해행위 금지)

누구든지 다음 각 호의 어느 하나에 해당하는 행위를 하여서는 아니 된다.

1. 절취 · 기망 · 협박 그 밖의 부정한 방법으로 대상기관의 산업기술을 취득하는 행위 또는 그 취득한 산업기술을 사용하거나 공개(비밀을 유지하면서 특정인에게 알리는 것을 포함한다. 이하 같다)하는 행위
2. 제34조의 규정 또는 대상기관과의 계약 등에 따라 산업기술에 대한 비밀유지의무가 있는 자가 부정한 이익을 얻거나 그 대상기관에게 손해가 발생하는 것을 알면서도 유출하거나 그 유출한 산업기술을 사용 또는 공개하거나 제3자가 사용하게 하는 행위
3. 제1호 또는 제2호의 규정에 해당하는 행위가 개입된 사실을 알고 그 산업기술을 취득 · 사용 및 공개하거나 산업기술을 취득한 후에 그 산업기술에 대하여 제1호 또는 제2호의 규정에 해당하는 행위가 개입된 사실을 알고 그 산업기술을 사용하거나 공개하는 행위
4. 제1호 또는 제2호의 규정에 해당하는 행위가 개입된 사실을 중대한 과실로 알지 못하고 그 산업기술을 취득 · 사용 및 공개하거나 산업기술을 취득한 후에 그 산업기술에 대하여 제1호 또는 제2호의 규정에 해당하는 행위가 개입된 사실을 중대한 과실로 알지 못하고 그 산업기술을 사용하거나 공개하는 행위
5. 제11조제1항의 규정에 따른 승인을 얻지 아니하거나 부정한 방법으로 승인을 얻어 국가핵심기술을 수출하는 행위
6. 국가핵심기술을 외국에서 사용하거나 외국에서 사용될 것임을 알면서도 제11조의2제1항에 따른 승인을 받지 아니하거나 거짓이나 그 밖의 부정한 방법으로 승인을 받아 해외인수 · 합병등을 하는 행위

6의2. 국가핵심기술을 외국에서 사용하거나 외국에서 사용될 것임을 알면서도 제11조의2제5항 및 제6항에 따른 신고를 하지 아니하거나 거짓이나 그 밖의 부정한 방법으로 신고를 하고서 해외인수 · 합병등을 하는 행위

6의3. 제34조 또는 대상기관과의 계약 등에 따라 산업기술에 대한 비밀유지의무가 있는 자가 산업기술에 대한 보유 또는 사용 권한이 소멸됨에 따라 대상기관으로부터 산업기술에 관한 문서, 도화(圖畵), 전자기록 등 특수매체기록의 반환이나 산업기술의 삭제를 요구받고도 부정한 이익을 얻거나 그 대상기관에 손해를 가할 목적으로 이를 거부 또는 기피하거나 그 사본을 보유하는 행위

7. 제11조제5항 · 제7항 및 제11조의2제7항 · 제9항에 따른 산업통상자원부장관의 명령을 이행하지 아니하는 행위

8. 산업기술 관련 소송 등 대통령령으로 정하는 적법한 경로를 통하여 산업기술이 포함된 정보를 제공받은 자가 정보를 제공받은 목적 외의 다른 용도로 그 정보를 사용하거나 공개하는 행위

제14조의2(산업기술 침해행위에 대한 금지청구권 등)

① 대상기관은 산업기술 침해행위를 하거나 하려는 자에 대하여 그 행위에 의하여 영업상의 이익이 침해되거나 침해될 우려가 있는 경우에는 법원에 그 행위의 금지 또는 예방을 청구할 수 있다.

② 대상기관이 제1항에 따른 청구를 할 때에는 침해행위를 조성한 물건의 폐기, 침해행위에 제공된 설비의 제거, 그 밖에 침해행위의 금지 또는 예방을 위하여 필요한 조치를 함께 청구할 수 있다.

③ 제1항에 따라 산업기술 침해행위의 금지 또는 예방을 청구할 수 있는 권리는 산업기술 침해행위가 계속되는 경우에 대상기관이 그 침해행위에 의하여 영업상의 이익이 침해되거나 침해될 우려가 있다는 사실 및 침해행위자를 안 날부터 3년간 행사하지 아니하면 시효의 완성으로 소멸한다. 그 침해행위가 시작된 날부터 10년이 지난 때에도 또한 같다.

제14조의3(산업기술 해당 여부 확인)

① 대상기관은 보유하고 있는 기술이 산업기술에 해당하는지에 대하여 산업통상자원부장관에게 확인을 신청할 수 있다.

② 제1항에 따른 확인의 절차 · 방법 등에 관한 사항은 대통령령으로 정한다.

제15조(산업기술 침해신고 등)

① 국가핵심기술 및 국가연구개발사업으로 개발한 산업기술을 보유한 대상기관의 장은 제14조 각 호의 어느 하나에 해당하는 행위가 발생할 우려가 있거나 발생한 때에는 즉시 산업통상자원부장관 및 정보수사기관의 장에게 그 사실을 신고하여야 하고, 필요한 조사 및 조치를 요청할 수 있다.

② 산업통상자원부장관 및 정보수사기관의 장은 제1항의 규정에 따른 요청을 받은 경우 또는 제14조에 따른 금지행위를 인지한 경우에는 필요한 조사 및 조치를 하여야 한다.

제4장 산업기술보호의 기반구축 및 산업보안기술의 개발 · 지원 등

제16조(산업기술보호협회의 설립 등)

① 대상기관은 산업기술의 유출방지 및 보호에 관한 시책을 효율적으로 추진하기 위하여 산업통상자원부장관의 인가를 받아 산업기술보호협회(이하 "협회"라 한다)를 설립할 수 있다.

② 협회는 법인으로 하고, 그 주된 사무소의 소재지에서 설립등기를 함으로써 성립한다.

③ 설립등기 외의 등기를 필요로 하는 사항은 그 등기 후가 아니면 제3자에게 대항하지 못한다.

④ 협회는 다음 각 호의 업무를 행한다.

1. 산업기술보호를 위한 정책의 개발 및 협력
2. 산업기술의 해외유출 관련 정보 전파
3. 산업기술의 유출방지를 위한 상담 · 홍보 · 교육 · 실태조사
4. 국내외 산업기술보호 관련 자료 수집 · 분석 및 발간

4의2. 국가핵심기술의 보호 · 관리 등에 관한 지원 업무

5. 제22조제1항에 따른 산업기술의 보호를 위한 지원업무

6. 제23조의 규정에 따른 산업기술분쟁조정위원회의 업무지원
7. 그 밖에 산업통상자원부장관이 필요하다고 인정하여 위탁하거나 협회의 정관이 정한 사업

⑤ 정부는 대상기관의 산업기술의 보호를 위하여 필요한 경우에는 예산의 범위 안에서 협회의 사업수행에 필요한 자금을 지원할 수 있다.

⑥ 협회의 사업 및 감독 등에 관하여 필요한 사항은 대통령령으로 정한다.

⑦ 협회에 관하여 이 법에 규정된 사항을 제외하고는 「민법」 중 사단법인에 관한 규정을 준용한다.

제17조(산업기술보호를 위한 실태조사)

① 산업통상자원부장관은 필요한 경우 대상기관의 산업기술의 보호 및 관리 현황에 대한 실태조사를 실시할 수 있다.

② 산업통상자원부장관은 제1항의 규정에 따른 실태조사를 위하여 산업기술을 보유하고 있는 대상기관 및 관련 단체에 대하여 관련 자료의 제출이나 조사업무의 수행에 필요한 협조를 요청할 수 있다. 이 경우 그 요청을 받은 자는 특별한 사유가 없는 한 이에 응하여야 한다.

③ 제2항의 규정에 따른 실태조사의 대상·범위·방법 등에 관하여 필요한 사항은 대통령령으로 정한다.

제18조(국제협력)

① 정부는 산업기술의 보호에 관한 국제협력을 촉진하기 위하여 관련 산업보안기술 및 전문인력의 국제교류, 산업보안기술의 국제표준화 및 국제공동연구개발 등에 관하여 필요한 국제협력사업을 추진할 수 있다.

② 정부는 다음 각 호의 사업을 지원할 수 있다.

1. 산업보안기술 및 보안산업의 국제적 차원의 조사·연구
2. 산업보안기술 및 보안산업에 관한 국제적 차원의 인력·정보의 교류
3. 산업보안기술 및 보안산업에 관한 국제적 전시회·학술회의 등의 개최
4. 그 밖에 국제적 차원의 대책을 수립하고 추진하기 위하여 필요하다고 인정하여 대통령령이 정하는 사업

제19조(산업기술보호교육)

① 산업통상자원부장관은 산업기술의 유출방지 및 보호를 위하여 대상기관의 임·직원을 대상으로 교육을 실시할 수 있다.

② 제1항의 규정에 따른 교육의 내용·기간·주기 등에 관하여 필요한 사항은 대통령령으로 정한다.

제20조(산업보안기술의 개발지원 등)

① 정부는 산업기술을 보호하기 위하여 산업보안기술의 개발 및 전문인력의 양성에 관한 시책을 수립하여 추진할 수 있다.

② 정부는 산업기술보호에 필요한 기술개발을 효율적으로 추진하기 위하여 대상기관으로 하여금 제1항의 규정에 따른 산업보안기술의 개발 등을 실시하게 할 수 있다.

③ 정부는 제2항의 규정에 따라 산업보안기술 개발사업 등을 실시하는 자에게 그 사업에 소요되는 비용을 출연 또는 보조할 수 있다.

④ 제3항의 규정에 따른 출연금의 지급·사용 및 관리 등에 관하여 필요한 사항은 대통령령으로 정한다.

제21조(산업기술보호 포상 및 보호 등)

① 정부는 산업보안기술의 개발 등 산업기술의 유출방지 및 보호에 기여한 공이 큰 자 또는 이 법의 규정을 위반하여 산업기술을 해외로 유출한 사실을 신고한 자 등에 대하여 예산의 범위 내에서 포상 및 포상금을 지급할 수 있다.

② 정부는 이 법의 규정을 위반하여 산업기술을 해외로 유출한 사실을 신고한 자로부터 요청이 있는 경우 그에 대하여 신변보호 등 필요한 조치를 취하여야 한다.

③ 정부는 산업보안기술의 개발 등 산업기술의 유출방지 및 보호에 기여한 공이 큰 외국인에 대하여 국내정착 및 국적취득을 지원할 수 있다.

④ 제1항 내지 제3항의 규정에 따른 포상 · 포상금 지급, 신변보호 등의 기준 · 방법 및 절차에 관하여 필요한 사항은 대통령령으로 정한다.

제22조(산업기술의 보호를 위한 지원)

① 정부는 산업기술의 보호를 촉진하기 위하여 필요하다고 인정하면 다음 각 호의 사항을 대상기관 등에게 지원할 수 있다.

1. 산업기술 보안에 대한 자문
2. 산업기술의 보안시설을 설치 · 운영하는 기술지원
3. 산업기술보호를 위한 교육 및 인력양성을 위한 지원
4. 그 밖에 산업기술보호를 위하여 필요한 사항

② 제1항의 규정에 따른 지원에 관하여 필요한 사항은 대통령령으로 정한다.

제5장 보칙

제22조의2(산업기술의 유출 및 침해행위에 대한 손해배상책임)

① 제14조에 따른 산업기술의 유출 및 침해행위(이하 이 조에서 "산업기술침해행위"라 한다)를 함으로써 대상기관에 손해를 입힌 자는 그 손해를 배상할 책임을 진다.

② 법원은 산업기술침해행위가 고의적인 것으로 인정되는 경우에는 다음 각 호의 사항을 고려하여 손해로 인정되는 금액의 3배를 넘지 아니하는 범위에서 배상액을 정할 수 있다.

1. 산업기술침해행위를 한 자의 우월적 지위 여부
2. 고의 또는 손해 발생의 우려를 인식한 정도
3. 산업기술침해행위로 인하여 대상기관이 입은 피해 규모
4. 산업기술침해행위를 한 자가 해당 침해행위로 인하여 취득한 경제적 이익
5. 산업기술침해행위의 기간 · 횟수 등
6. 산업기술침해행위에 따른 벌금
7. 산업기술침해행위를 한 자의 재산상태
8. 산업기술침해행위를 한 자의 피해구제 노력의 정도

제22조의3(자료의 제출)

법원은 산업기술의 유출 및 침해에 관한 소송에서 당사자의 신청에 의하여 상대방 당사자에게 해당 침해의 증명 또는 침해로 인한 손해액의 산정에 필요한 자료의 제출을 명할 수 있다. 다만, 그 자료의 소지자가 그 자료의 제출을 거절할 정당한 이유가 있으면 그러하지 아니하다.

제22조의4(비밀유지명령)

① 법원은 산업기술의 유출 및 침해에 관한 소송에서 그 당사자가 보유한 산업기술에 대하여 다음 각 호의 사유를 모두 소명한 경우에는 그 당사자의 신청에 따라 결정으로 다른 당사자(법인인 경우에는 그 대표자를 말한다), 당사자를 위하여 소송을 대리하는 자, 그 밖에 해당 소송으로 인하여 산업기술을 알게 된 자에게 그 산업기술을 해당 소송의 계속적인 수행 외의 목적으로 사용하거나 그 산업기술에 관계된 이 항에 따른 명령을 받은 자 외의 자에게 공개하지 아니할 것을 명할 수 있다. 다만, 그 신청 시점까지 다른 당사자(법인인 경우에는 그 대표자를 말한다), 당사자를 위하여 소송을 대리하는 자, 그 밖에 해당 소송으로 인하여 산업기술을 알게 된 자가 제1호에 규정된 준비서면의 열람이나 증거 조사 외의 방법으로 그 산업기술을 이미 취득하고 있는 경우에는 그러하지 아니하다.

1. 이미 제출하였거나 제출하여야 할 준비서면 또는 이미 조사하였거나 조사하여야 할 증거에 산업기술이 포함되어 있다는 것

2. 제1호의 산업기술이 해당 소송 수행 외의 목적으로 사용되거나 공개되면 당사자의 경영에 지장을 줄 우려가 있어 이를 방지하기 위하여 산업기술의 사용 또는 공개를 제한할 필요가 있다는 것

② 제1항에 따른 명령(이하 "비밀유지명령"이라 한다)의 신청은 다음 각 호의 사항을 적은 서면으로 하여야 한다.

1. 비밀유지명령을 받을 자
2. 비밀유지명령의 대상이 될 산업기술을 특정하기에 충분한 사실
3. 제1항 각 호의 사유에 해당하는 사실

③ 법원은 비밀유지명령이 결정된 경우에는 그 결정서를 비밀유지명령을 받은 자에게 송달하여야 한다.

④ 비밀유지명령은 제3항의 결정서가 비밀유지명령을 받은 자에게 송달된 때부터 효력이 발생한다.

⑤ 비밀유지명령의 신청을 기각 또는 각하한 재판에 대하여는 즉시항고를 할 수 있다.

제22조의5(비밀유지명령의 취소)

① 비밀유지명령을 신청한 자 또는 비밀유지명령을 받은 자는 제22조의4제1항에 따른 요건을 갖추지 못하였거나 갖추지 못하게 된 경우 소송기록을 보관하고 있는 법원(소송기록을 보관하고 있는 법원이 없는 경우에는 비밀유지명령을 내린 법원을 말한다)에 비밀유지명령의 취소를 신청할 수 있다.

② 법원은 비밀유지명령의 취소 신청에 대한 재판이 있는 경우에는 그 결정서를 그 신청을 한 자 및 상대방에게 송달하여야 한다.

③ 비밀유지명령의 취소 신청에 대한 재판에 대하여는 즉시항고를 할 수 있다.

④ 비밀유지명령을 취소하는 재판은 확정되어야 그 효력이 발생한다.

⑤ 비밀유지명령을 취소하는 재판을 한 법원은 비밀유지명령의 취소 신청을 한 자 또는 상대방 외에 해당 산업기술에 관한 비밀유지명령을 받은 자가 있는 경우에는 그 자에게 즉시 비밀유지명령의 취소 재판을 한 사실을 알려야 한다.

제22조의6(소송기록 열람 등의 청구 통지 등)

① 비밀유지명령이 내려진 소송(모든 비밀유지명령이 취소된 소송은 제외한다)에 관한 소송기록에 대하여 「민사소송법」 제163조제1항의 결정이 있었던 경우, 당사자가 같은 항에서 규정하는 비밀 기재부분의 열람 등의 청구를 하였으나 그 청구절차를 해당 소송에서 비밀유지명령을 받지 아니한 자가 밟은 경우에는 법원서기관, 법원사무관, 법원주사 또는 법원주사보(이하 이 조에서 "법원사무관등"이라 한다)는 「민사소송법」 제163조제1항의 신청을 한 당사자(그 열람 등의 청구를 한 자는 제외한다. 이하 제3항에서 같다)에게 그 청구 직후에 그 열람 등의 청구가 있었다는 사실을 알려야 한다.

② 제1항의 경우에 법원사무관등은 제1항의 청구가 있었던 날부터 2주일이 지날 때까지(그 청구절차를 행한 자에 대한 비밀유지명령신청이 그 기간 내에 행하여진 경우에는 그 신청에 대한 재판이 확정되는 시점까지를 말한다) 그 청구절차를 행한 자에게 제1항의 비밀 기재부분의 열람 등을 하게 하여서는 아니 된다.

③ 제2항은 제1항의 열람 등의 청구를 한 자에게 제1항의 비밀 기재부분의 열람 등을 하게 하는 것에 대하여 「민사소송법」 제163조제1항의 신청을 한 당사자 모두의 동의가 있는 경우에는 적용되지 아니한다.

제23조(산업기술분쟁조정위원회)

① 산업기술의 유출에 대한 분쟁을 신속하게 조정하기 위하여 산업통상자원부장관 소속하에 산업기술분쟁조정위원회(이하 "조정위원회"라 한다)를 둔다.

② 조정위원회는 위원장 1인을 포함한 15인 이내의 위원으로 구성한다.

③ 조정위원회의 위원은 다음 각 호의 어느 하나에 해당하는 자 중에서 대통령령이 정하는 바에 따라 산업통상자원부장관이 전문분야와 성별을 고려하여 임명하거나 위촉한다.

1. 대학이나 공인된 연구기관에서 부교수 이상 또는 이에 상당하는 직에 있거나 있었던 자로서 기술 또는 정보의 보호 관련 분야를 전공한 자

2. 4급 또는 4급 상당 이상의 공무원 또는 이에 상당하는 공공기관의 직에 있거나 있었던 자로서 산업기술유출의 방지업무에 관한 경험이 있는 자
3. 산업기술의 보호사업을 영위하고 있는 기업 또는 산업기술의 보호업무를 수행하는 단체의 임원직에 있는 자
4. 판사 · 검사 또는 변호사의 자격이 있는 자

④ 위원의 임기는 3년으로 하되, 연임할 수 있다.
⑤ 위원장은 위원 중에서 산업통상자원부장관이 임명한다.
⑥ 조정위원회의 회의는 재적위원 과반수의 출석으로 개의하고, 출석위원 과반수의 찬성으로 의결한다.
⑦ 조정위원회의 업무를 지원하기 위하여 협회에 사무국을 둔다.
⑧ 그 밖에 조정위원회의 구성 · 운영 등에 필요한 사항은 대통령령으로 정한다.

제24조(조정부)

① 분쟁의 조정을 효율적으로 수행하기 위하여 조정위원회에 5인 이내의 위원으로 구성되는 조정부를 두되, 그 중 1인은 변호사의 자격이 있는 자로 한다.
② 조정위원회는 필요한 경우 일부 분쟁에 대하여 제1항의 규정에 따른 조정부에 일임하여 조정하게 할 수 있다.
③ 제1항의 규정에 따른 조정부의 구성 및 운영에 관하여 필요한 사항은 대통령령으로 정한다.

제25조(위원의 제척 · 기피 · 회피)

① 위원은 다음 각 호의 어느 하나에 해당하는 경우에는 해당 분쟁조정청구사건(이하 "사건"이라 한다)의 심의 · 의결에서 제척된다.
1. 위원 또는 그 배우자나 배우자이었던 자가 해당 사건의 당사자가 되거나 해당 사건에 관하여 공동권리자 또는 의무자의 관계에 있는 경우
2. 위원이 해당 사건의 당사자와 친족관계에 있거나 있었던 경우
3. 위원이 해당 사건에 관하여 증언이나 감정을 한 경우
4. 위원이 해당 사건에 관하여 당사자의 대리인 또는 임 · 직원으로서 관여하거나 관여하였던 경우

② 당사자는 위원에게 심의 · 의결의 공정성을 기대하기 어려운 사정이 있는 경우에는 조정위원회에 기피신청을 할 수 있다. 이 경우 조정위원회는 기피신청이 타당하다고 인정하는 때에는 기피의 결정을 하여야 한다.
③ 위원이 제1항 또는 제2항의 사유에 해당하는 경우에는 스스로 그 사건의 심의 · 의결을 회피할 수 있다.

제26조(분쟁의 조정)

① 산업기술유출과 관련한 분쟁의 조정을 원하는 자는 신청취지와 원인을 기재한 조정신청서를 조정위원회에 제출하여 분쟁의 조정을 신청할 수 있다.
② 제1항의 규정에 따른 분쟁의 조정신청을 받은 조정위원회는 신청을 받은 날부터 3월 이내에 이를 심사하여 조정안을 작성하여야 한다. 다만, 정당한 사유가 있는 경우에는 조정위원회의 의결로 1개월 단위로 3회에 한정하여 조정기간을 연장할 수 있고, 이 경우 사건의 당사자에게 연장 기간 및 사유를 통지하여야 한다.
③ 제2항의 규정에 따른 기간이 경과하는 경우에는 조정이 성립되지 아니한 것으로 본다.
④ 조정이 신청된 경우 피신청인은 이에 성실하게 응하여야 한다.

제27조(자료요청 등)

① 조정위원회는 분쟁조정을 위하여 필요한 자료를 분쟁당사자에게 요청할 수 있다. 이 경우 해당분쟁당사자는 정당한 사유가 없는 한 이에 응하여야 한다.
② 조정위원회는 필요하다고 인정하는 경우에는 분쟁당사자 또는 참고인으로 하여금 조정위원회에 출석하게 하여 그 의견을 들을 수 있다.

③ 조정위원회는 제1항의 규정에 따른 자료요구와 제2항의 규정에 따라 의견진술을 청취할 경우 비공개로 하여야 하며, 제출된 자료 및 청취된 의견에 대해서는 비밀을 유지하여야 한다.

제28조(조정의 효력)

① 조정위원회는 제26조제2항의 규정에 따라 조정안을 작성한 때에는 지체 없이 이를 각 당사자에게 제시하여야 한다.

② 제1항의 규정에 따라 조정안을 제시받은 당사자는 그 제시를 받은 날부터 15일 이내에 그 수락 여부를 조정위원회에 통보하여야 한다.

③ 당사자가 조정안을 수락한 때에는 조정위원회는 즉시 조정조서를 작성하여야 하며, 위원장 및 각 당사자는 이에 기명날인하거나 서명하여야 한다.

④ 당사자가 제3항의 규정에 따라 조정안을 수락하고 조정조서에 기명날인하거나 서명한 경우에는 해당 조정조서는 재판상 화해와 동일한 효력을 갖는다.

제29조(조정의 거부 및 중지)

① 조정위원회는 분쟁의 성질상 조정위원회에서 조정하는 것이 적합하지 아니하다고 인정하거나 당사자가 부정한 목적으로 조정을 신청한 것으로 인정되는 경우에는 해당조정을 거부할 수 있다. 이 경우 그 사유 등을 신청인에게 통보하여야 한다.

② 조정위원회는 신청된 조정사건에 대한 처리절차를 진행 중에 일방 당사자가 법원에 소를 제기한 경우에는 그 조정의 처리를 중지하고 이를 당사자에게 통지하여야 한다.

제30조(조정의 절차 등)

분쟁의 조정방법 · 조정절차 및 조정업무의 처리 등에 관하여 필요한 사항은 대통령령으로 정한다.

제31조(준용법률)

산업기술유출에 관한 분쟁조정에 관하여 이 법에 규정이 있는 경우를 제외하고는 그 성질에 반하지 않는 한 「민사조정법」의 규정을 준용한다.

제32조(수수료)

① 26조제1항의 규정에 따라 조정위원회에 산업기술유출과 관련한 분쟁의 조정을 신청하는 자는 대통령령이 정하는 바에 따라 수수료를 납부하여야 한다.

② 제1항의 규정에 따른 수수료의 금액 · 징수방법 · 징수절차 등에 관하여 필요한 사항은 산업통상자원부령으로 정한다.

제33조(권한의 위임 · 위탁)

산업통상자원부장관은 이 법에 의한 권한의 일부를 대통령령이 정하는 바에 따라 보조기관 · 소속기관의 장이나 관계중앙행정기관의 장 또는 관계전문기관의 장에게 위임 또는 위탁할 수 있다.

제34조(비밀유지의무)

다음 각 호의 어느 하나에 해당하거나 해당하였던 자는 그 직무상 알게 된 비밀을 누설하거나 도용하여서는 아니 된다.

1. 대상기관의 임 · 직원(교수 · 연구원 · 학생을 포함한다)
2. 제9조의 규정에 따라 국가핵심기술의 지정 · 변경 및 해제 업무를 수행하는 자 또는 제16조에 따라 국가핵심기술의 보호 · 관리 등에 관한 지원 업무를 수행하는 자
3. 제11조 및 제11조의2에 따라 국가핵심기술의 수출 및 해외인수 · 합병등에 관한 사항을 검토하거나 사전검토, 조사업무를 수행하는 자

3의2. 제11조의2제3항 및 제6항에 따른 해외인수 · 합병등을 진행하려는 외국인 및 외국인의 임 · 직원

4. 제15조의 규정에 따라 침해행위의 접수 및 방지 등의 업무를 수행하는 자
5. 제16조제4항제3호의 규정에 따라 상담업무 또는 실태조사에 종사하는 자

6. 제17조제1항의 규정에 따라 산업기술의 보호 및 관리 현황에 대한 실태조사업무를 수행하는 자
7. 제20조제2항의 규정에 따라 산업보안기술 개발사업자에게 고용되어 산업보안기술 연구개발업무를 수행하는 자
8. 제23조의 규정에 따라 산업기술 분쟁조정업무를 수행하는 자
9. 제33조의 규정에 따라 산업통상자원부장관의 권한의 일부를 위임 · 위탁받아 업무를 수행하는 자
10. 「공공기관의 정보공개에 관한 법률」에 따른 정보공개 청구, 산업기술 관련 소송 업무 등 대통령령으로 정하는 업무를 수행하면서 산업기술에 관한 정보를 알게 된 자

제35조(벌칙 적용에서의 공무원 의제)

다음 각 호의 업무를 행하는 자는 「형법」 제129조 내지 제132조를 적용함에 있어서는 이를 공무원으로 본다.

1. 제9조의 규정에 따라 국가핵심기술의 지정 · 변경 및 해제 업무를 수행하는 자 또는 제16조에 따라 국가핵심기술의 보호 · 관리 등에 관한 지원 업무를 수행하는 자
2. 제11조 및 제11조의2에 따라 국가핵심기술의 수출 및 해외인수 · 합병등에 관한 사항을 검토하거나 조사업무를 수행하는 자
3. 제15조의 규정에 따라 침해행위의 접수 및 방지 등의 업무를 수행하는 자
4. 제17조의 규정에 따라 산업기술의 보호 및 관리 현황에 대한 실태조사업무를 수행하는 자
5. 제23조의 규정에 따라 산업기술 분쟁조정업무를 수행하는 자
6. 제33조의 규정에 따라 산업통상자원부장관의 권한의 일부를 위임 · 위탁받아 업무를 수행하는 자

제6장 벌칙

제36조(벌칙)

① 국가핵심기술을 외국에서 사용하거나 사용되게 할 목적으로 제14조제1호부터 제3호까지의 어느 하나에 해당하는 행위를 한 자는 3년 이상의 유기징역에 처한다. 이 경우 15억원 이하의 벌금을 병과한다.

② 산업기술을 외국에서 사용하거나 사용되게 할 목적으로 제14조 각 호(제4호를 제외한다)의 어느 하나에 해당하는 행위를 한 자(제1항에 해당하는 행위를 한 자는 제외한다)는 15년 이하의 징역 또는 15억원 이하의 벌금에 처한다.

③ 제14조 각 호(제4호 · 제6호 · 제6호의2 및 제8호는 제외한다)의 어느 하나에 해당하는 행위를 한 자는 10년 이하의 징역 또는 10억원 이하의 벌금에 처한다.

④ 제14조제4호 및 제8호의 어느 하나에 해당하는 행위를 한 자는 3년 이하의 징역 또는 3억원 이하의 벌금에 처한다.

⑤ 제1항부터 제4항까지의 죄를 범한 자가 그 범죄행위로 인하여 얻은 재산은 이를 몰수한다. 다만, 그 전부 또는 일부를 몰수할 수 없는 때에는 그 가액을 추징한다.

⑥ 제34조의 규정을 위반하여 비밀을 누설하거나 도용한 자는 5년 이하의 징역이나 10년 이하의 자격정지 또는 5천만원 이하의 벌금에 처한다.

⑦ 제1항부터 제3항까지의 미수범은 처벌한다.

⑧ 제2항부터 제4항까지의 규정에 따른 징역형과 벌금형은 이를 병과할 수 있다.

제36조의2(비밀유지명령 위반죄)

① 국내외에서 정당한 사유 없이 비밀유지명령을 위반한 자는 5년 이하의 징역 또는 5천만원 이하의 벌금에 처한다.

② 제1항의 죄는 비밀유지명령을 신청한 자의 고소가 없으면 공소를 제기할 수 없다.

제37조(예비 · 음모)
① 제36조제1항 또는 제2항의 죄를 범할 목적으로 예비 또는 음모한 자는 3년 이하의 징역 또는 3천만원 이하의 벌금에 처한다.
② 제36조제3항의 죄를 범할 목적으로 예비 또는 음모한 자는 2년 이하의 징역 또는 2천만원 이하의 벌금에 처한다.

제38조(양벌규정)
법인의 대표자나 법인 또는 개인의 대리인, 사용인, 그 밖의 종업원이 그 법인 또는 개인의 업무에 관하여 제36조제1항부터 제4항까지의 어느 하나에 해당하는 위반행위를 하면 그 행위자를 벌하는 외에 그 법인 또는 개인에게도 해당 조문의 벌금형을 과(科)한다. 다만, 법인 또는 개인이 그 위반행위를 방지하기 위하여 해당 업무에 관하여 상당한 주의와 감독을 게을리하지 아니한 경우에는 그러하지 아니하다.

제39조(과태료)
① 다음 각 호의 어느 하나에 해당하는 자는 1천만원 이하의 과태료에 처한다.
  1. 제10조제3항을 위반하여 국가핵심기술의 보호조치를 거부 · 방해 또는 기피한 자
  2. 제15조제1항의 규정에 따른 산업기술 침해신고를 하지 아니한 자
  3. 제17조제2항의 규정을 위반하여 관련 자료를 제출하지 아니하거나 허위로 제출한 자
② 제1항의 규정에 따른 과태료는 대통령령이 정하는 바에 따라 산업통상자원부장관이 부과 · 징수한다.

4 「대외무역법」

(1) 의의

「대외무역법」은 대외무역을 진흥하고 공정한 거래질서를 확립하여 국제수지의 균형과 통상의 확대를 도모함으로써 국민경제의 발전에 이바지함을 목적으로 1986년 12월에 제정되어 2016년 1월 일부 개정된 법이다.

(2) 주요 내용

① 산업통상자원부장관은 관계 행정기관의 장과 협의하여 대통령령으로 정하는 국제수출통제체제의 원칙에 따라 국제평화 및 안전유지와 국가안보를 위하여 수출허가 등 제한이 필요한 물품 등을 지정하여 고시하여야 한다(법 제19조 제1항).

② 산업통산자원부장관이 지정 · 고시한 전략물자를 수출하려는 자는 대통령령으로 정하는 바에 따라 산업통상자원부장관이나 관계 행정기관의 장의 허가를 받아야 한다(법 제19조 제2항).

③ 전략물자 등의 국제적 확산을 꾀할 목적으로 수출, 경유, 환적, 중개에 해당하는 위반행위를 한 자는 7년 이하의 징역 또는 수출 · 경유 · 환적 · 중개하는 물품 등의 가격의 5배에 해당하는 금액 이하의 벌금에 처한다(법 제53조 제1항).

생각넓히기 | 전략물자

전략물자란 재래식 무기, 대량살상무기 그 운반수단의 제조·개발·사용 등에 이용 가능한 물품, 소프트웨어, 기술로 국제평화 및 안전유지와 국가 안보를 위하여 수출허가 등 제한이 필요한 물품 중 지정고시한 것이다. 「대외무역법」상 전략 물자 수출통제제도는 전략물자수출 허가에 관한 사항 및 전략물자수출입 관리정보시스템의 구축·운영에 관한 사항 등의 근거 규정만을 두고 있을 뿐, 전략물자의 수출허가에 대한 구체적 내용은 전략물자 수출입고시에 위임하고 있다. 전략물자 수출관리제도의 중요성 및 전략물자 수출통제제도가 관련 기업인들의 직업의 자유 등 기본권을 제한하는 측면을 고려할 때 고시에 지나치게 의존하고 있다. 대량 살상무기(Weapons of Mass Destruction, WMD) 등 전략물자의 수출 통제는 국가안보에 직접 관련된 군사방첩 또는 대테러 방첩분야에 속하는 것이지만, 군수용과 민수용으로 모두 이용이 가능한 이중용도(dual use)의 전략물자 거래는 대부분 대외무역 등 경제활동에 기초하여 이루어지고 있고, 또한 수출 통제를 위한 실행조치에는 국제 물류보안이 관련되어 있기 때문에 넓은 의미의 경제방첩으로 볼 수 있다. 에너지·자원의 경우 군사안보뿐만 아니라, 국가경제의 발전과 국민경제의 안정에 중요한 영역이므로 광의의 경제방첩에 포함될 수 있다.

5 「형법」

(1) 의의

「형법」상 국가기밀이나 개인비밀은 간첩죄, 외교상 비밀누설죄, 공무상 기밀 누설죄, 비밀침해죄 등에 의해서 보호되고 있으나 영업비밀이나 산업기술 유출 등 경제스파이 행위를 직접적으로 처벌하는 「형법」 규정은 존재하지 않고 부정한 유출행위에 대해 간접적으로 규제하고 있다.

(2) 경제방첩 관련 주요 범죄

① 경제 간첩 관련 주요 범죄로는 업무상 배임·횡령죄(제355조), 증거인멸죄(제155조), 비밀누설죄(제316조), 주거침입죄(제319조), 절도죄(제329조), 장물 취득죄(제362조) 등이 있다.

② 공무원이 직무상 취득하게 된 기업체의 중요 영업비밀 등을 침해하는 경우 공무상 비밀침해죄가 성립되며 특별한 업무에 종사하는 자에 대하여는 업무상 비밀누설죄가 성립된다.

(3) 문제점

① 영업비밀 절취에 대해서는 영업비밀은 유체물이나 관리 가능한 재물이라고 할 수 없어서 형법상 절도죄의 적용이 불가능하며, 산업스파이 행위로 인하여 발생하는 기업의 손해가 매우 추상적이고 특정하기가 곤란하여 업무상 배임죄의 적용도 용이하지 않다

② 특히 간첩죄(제98조)는 '적국을 위하여 간첩하거나 적국의 간첩을 방조한 자는 사형, 무기 또는 7년 이상의 징역에 처한다.'고 규정하고 있어서 적국이 아닌 외국을 위한 간첩활동에 대해서는 처벌할 수 없다.

6 「방첩업무규정」

(1) 의의

「방첩업무규정」은 「국가정보원법」 제4조에 따라 국가정보원의 직무 중 방첩에 관한 업무의 수행과 이를 위한 기관 간 협조 등에 관한 사항을 규정하여 국가안보에 이바지함을 목적으로 한다.

(2) 주요 내용

① 방첩이란 국가안보와 국익에 반하는 북한, 외국 및 외국인 · 외국단체 · 초국가행위자 또는 이와 연계된 내국인(이하 외국 등)의 정보활동을 찾아내고 그 정보활동을 확인 · 견제 · 차단하기 위하여 하는 정보의 수집 · 작성 및 배포 등을 포함한 모든 대응활동을 말한다(제2조 제1호).

② 외국 등의 정보활동이란 외국 등의 정보 수집활동과 그 밖의 활동으로서 대한민국의 국가안보와 국익에 영향을 미칠 수 있는 모든 활동을 말한다(제2조 제2호).

③ 방첩기관이란 방첩에 관한 업무를 수행하는 국가정보원, 법무부, 관세청, 경찰청, 해양경찰청, 국군방첩사령부를 말한다(제2조 제3호).

④ 방첩기관 간, 방첩기관과 관계기관 간 방첩 관련 정보의 원활한 공유와 방첩업무의 효율적인 수행을 위하여 국가정보원장 소속으로 방첩정보공유센터를 두고(제4조 제1항), 국가정보원장은 방첩정보공유센터의 운영을 위하여 필요한 경우 방첩기관 및 관계기관의 장에게 소속 공무원의 파견 등 인력 지원, 외국 등의 정보활동에 관여된 인물 · 단체에 대한 정보 공유에 대한 협조를 요청할 수 있다(제4조 제3항).

⑤ 방첩기관 등의 구성원이 법령에 따른 직무 수행 외의 목적으로 외국 정보기관의 구성원을 접촉하려는 경우 소속 방첩기관 등의 장에게 미리 보고하여야 하며, 해당 방첩기관 등의 장은 그 내용을 국가정보원장에게 통보하여야 한다(제9조).

Ⅱ 경제방첩 조직 및 활동

1 의의

우리나라 경제방첩 조직 활동은 국정원, 검찰청, 경찰청, 국군방첩사령부 등 4개 기관이 주로 수행하여 왔다.

2 국가정보원

(1) 방첩 업무

① 외국 스파이 색출 및 견제, 차단

② 경제안보 수호

③ 국가방첩체계 구축 및 국제 방첩협력 강화

④ 방첩업무 관련 대국민 협조

(2) 산업보안

① 첨단기술 해외유출 차단활동

② 국가연구개발사업 성과물 및 연구데이터 보호 활동

③ 산업보안 교육/컨설팅 및 설명회 개최

④ 지식재산권 침해 관련 대응 활동

⑤ 외국의 경제질서 교란 차단활동

⑥ 산업스파이 신고상담소 운영

(3) 방첩정보공유센터

국가정보원장은 방첩 관련 정보의 원활한 공유와 방첩업무의 효율적인 수행을 위하여 방첩정보공유센터를 운영한다.

(4) 국가방첩전략회의 및 실무회의

국가정보원장은 국가방첩전략 수립 등 국가 방첩업무에 관한 중요 사항을 심의하기 위하여 국가방첩전략회의와 국가방첩전략실무회의를 운영한다.

3 경찰청

(1) 의의

「경찰청과 그 소속기관 직제」 제15조와 시행규칙 제12조에 따르면, 경찰청은 외사국 중심으로 방첩업무를 수행하고 있다.

(2) 외사국

외사국은 외국경찰기관과의 교류협력, 국제형사 경찰기구에 관련되는 업무, 외사정보의 수집·분석 및 관리, 외국인 또는 외국인과 관련된 스파이 검거 및 범죄의 수사지도 기타 외사보안업무를 수행한다.

(3) 산업기술 유출 전담수사대

① 경찰청은 2010년 7월 국가 핵심기술의 보호를 위해 산업기술 유출 전담수사대를 설치하였다.

② 2018년에는 전국 모든 지방경찰청에 산업기술유출 전담수사대가 2개 이상 설치되어 활동중이다.

4 국군방첩사령부

(1) 의의

국군방첩사령부는 「국군조직법」 제2조 제3항에 따라 군사보안, 군 방첩 및 군에 관한 정보의 수집처리 등에 관한 업무를 수행한다.

(2) 「국군방첩사령부령」

① 「방첩업무규정」 중 군 관련 방첩 업무

② 군 및 「방위사업법」에 따른 방위산업체 등을 대상으로 한 외국·북한의 정보활동 대응 및 군사기밀 유출 방지

③ 군 방첩대책 및 군 관련 방첩대책의 수립·개선

(3) 방위산업보안

① 방위산업보안 지원

국내·외 방산 스파이들로부터 핵심 방산기밀을 보호한다.

② 방위산업 비리 예방 지원

무기체계 획득 및 군납물품·군 관련 시설 공사의 투명성을 제고하기 위한 방산비리 예방업무를 수행한다.

③ 방위산업 육성 지원

글로벌 방산경쟁 심화에 대비 국내 방위산업 육성 및 방산수출 활성화를 지원한다.

Theme

58 테러리즘 대응

I 9/11과 뉴테러리즘

1 의의

① 2001년 9월 11일 알 카에다에 의해 자행된 미국의 뉴욕과 워싱턴에 대한 동시다발적 테러는 '자살공격'과 '대량살상'이라는 테러의 새로운 양상을 극적으로 보여주면서 전 세계에 뉴테러리즘의 공포를 확산시켰다.

② 9/11 테러는 2001년 9월 11일 알 카에다 소속 19명의 테러범들이 민간항공기 4대를 납치하여 뉴욕의 세계무역센터, 국방부 건물 등에 자살 충돌하는 사상 초유의 사건이었다. 이 테러 사건은 납치된 민간항공기가 테러무기로 사용되었다는 전대미문의 특이성 때문에 우리의 주의를 끈다. 이 사건으로 사망자 2,749명(최종집계), 부상자 3,600명, 피해액 2,000억 달러라는 천문학적 인명 및 재산 피해를 초래했다.

생각넓히기 | **펜트봄(PENTTBOM)**

FBI는 암호명 펜트봄(Pentagon/Twin Towers Bombing Investigation, PENTTBOM)이라는 이름으로 FBI 전체 11,000명의 특별수사요원 중 7,000명을 동원한 미국 범죄수사 역사상 가장 방대하고 복잡한 수사에 착수했다. 한편 2001년 9월 16일 알자지라 아랍 방송에 나타난 오사마 빈라덴은 9/11 테러공격은 자신이 지휘하는 알카에다 조직에 의한 것이 아니라고 부인했다. 그러나 FBI가 거듭 증거를 제시하자 12월 13일 처음으로 테러사실을 시인했다.

2 뉴테러리즘

(1) 의의

9/11 테러로 대표되는 뉴테러리즘은 여러 가지 측면에서 과거의 전통적 테러리즘과 비교된다.

(2) 불명확한 요구조건이나 공격 주체

① 과거의 테러가 뚜렷한 목적을 내세웠던 것과는 달리 뉴테러리즘은 통상 테러 목적이 추상적이며 공격 주체를 밝히지 않는다.

② 통상 테러범들은 요인 암살, 항공 테러 및 납치 등을 저지르고 나서 자신의 신분을 밝히고 정치적 요구사항을 제시했다.

③ 주로 민족주의자와 분리주의자들의 열망이나 혁명적이고 이상적인 야망에서 비롯되는 등 테러 동기가 비교적 직접적이고 명확했다.

④ 이에 비해 21세기 뉴테러리즘은 요구조건이나 공격 주체가 불분명하여 추적이 불가능한 경우가 대부분이다.

(3) 조직의 다원화

전통적인 테러조직은 위계적이고 단일화된 형태로 비교적 실체 파악이 용이하지만 뉴테러리즘의 조직은 다원화되어 있기 때문에 그 실체를 파악하기가 매우 어렵다.

(4) 전쟁 수준의 무차별 공격

비교적 피해규모가 적었던 전통적 테러리즘에 비해 뉴테러리즘은 전쟁 수준의 무차별 공격으로 인해 그 피해가 상상을 초월한다. 특히 뉴테러리즘은 핵, 화학, 생물학, 방사능 등 대량살상무기로 무차별적인 대량살상과 파괴를 시도하는 경향을 보인다.

(5) 새로운 유형의 테러 수단

사이버 공간을 이용한 사이버 테러리즘과 극단적 자살테러 등 새로운 유형의 테러 수단을 동원하고 있다는 점에서도 과거의 테러리즘과 구별된다.

(6) 테러 대상의 무차별적 확산

이슬람 과격단체에 의한 테러는 9/11 테러사건 이전까지는 주로 미국을 표적으로 했지만, 최근 그 대상이 무차별적으로 확산되는 양상으로 전개되고 있다.

핵심정리 **뉴테러리즘(New-terrorism)**

① 99년 당시 미 국방부가 후원하는 민간연구소인 '랜드(RAND) 연구소'에서 처음 사용한 용어로 최근의 테러가 종래의 테러 양상과 달리 무차별화 · 대형화되는 현상을 지칭한다.

② 95년 일본 '옴 진리교'의 동경 지하철 사린가스 살포, 미국 9/11 항공기 자살충돌 테러가 대표적인 사례이다.

Ⅱ 한국인에 대한 테러

1 의의

① 그동안 한국은 테러의 안전지대로 생각되어 국제테러의 위협에 대해 비교적 무관심했다. 그런데 2004년 말 한국인 김선일씨 납치 피살 사건을 계기로 한국인도 국제테러리즘의 표적이 될 수 있음을 깨우치게 되었다.

② 이어서 2007년 7월 탈레반의 한국인 납치 사건이 발생함으로써 국제테러리즘의 심각성을 다시금 인식하게 되었다.

2 한국인에 대한 테러 공격의 원인과 사례

(1) 국제사회에서 한국의 역할

① 사실 한국은 미국의 동맹국으로서 이라크와 아프가니스탄에 군대를 파병하고 있기 때문에 이슬람 테러조직에 의해 표적이 될 가능성이 많다.

② 또한 한국은 세계 12위의 경제대국으로서 경제적으로는 물론 사회문화적으로 국제사회에서 인적 교류가 활발한 편이다.

③ 따라서 한국은 여러 가지 측면에서 테러 대상으로 지목되어 피해를 입게 될 가능성이 있다고 보아야 할 것이다.

(2) 한국인에 대한 폭탄 테러

① 실제로 2009년 3월 15일 예멘을 여행하던 한국 국적의 관광객 18명이 세이윤 지역에서 테러 공격을 당해 4명이 사망하고 3명이 부상당하는 사건이 발생하였다.

② 이는 알 카에다 소속의 10대 조직원에 의한 자살 폭탄 테러로 밝혀졌는데, 이로써 한국인들이 해외에서의 테러 공격에 더 이상 예외가 아니라는 점을 다시 한 번 주지시켰다.

Ⅲ 테러조직의 특성

1 의의

① 정보활동은 테러리즘을 막을 수 있는 핵심적인 요소이다. 이를 위해 정보기관은 테러조직의 지도자, 조직원, 은행계좌, 기타 자금출처, 도피처, 무기 저장소, 지원세력, 조직원 포섭 장소 등에 관한 정보를 수집해야 한다. 또한 테러리스트들이 언제 어떤 방식의 테러를 계획하고 있는지를 사전에 파악해야 한다.

② 그러나 테러리즘에 관한 정보활동은 현실적으로 매우 어렵다. 무엇보다도 테러조직은 기습적으로 테러공격을 감행하기 위해 자신들의 신분이나 활동을 노출시키지 않는 등 비밀보안을 철저히 유지하는 특성을 가졌기 때문이다.

2 알 카에다

(1) 의의

① 알 카에다의 경우 세포조직, 포섭된 조직원에 대한 심사, 암호사용 등에 관해서 비밀보안을 철저히 유지하고 있다.

② 9/11 테러사건의 경우에서 보았듯이 대규모 조직을 동원해서 오랜 기간에 걸쳐 공격작전을 진행하고 있었음에도 불구하고 그 내용이 외부로 거의 노출되지 않았을 정도로 알 카에다의 비밀보안은 철저했다.

③ 2002년 발리 테러사건, 2004년 마드리드 테러사건, 2005년 런던 테러사건의 경우처럼 소규모 조직을 동원하여 테러공격을 감행하게 될 경우에는 테러 계획에 관한 정보를 사전에 취득하기가 더욱 어렵다. 소규모 테러공격의 경우 적은 규모의 조직, 인원 그리고 자원이 동원된다. 소수의 인원이 테러공격에 동원되기 때문에 지역주민들 속에 숨어있는 용의자를 색출하기가 매우 어렵다.

(2) 60개 이상의 국가에 세포조직과 협력자들을 두고 있는 초국가적 테러조직

① 테러공격을 막기 위해 정보기관이 취해야 할 핵심적인 임무는 테러조직에서 활동하고 있는 조직원의 신분과 소재지를 알아내는 것이다. 그런데 오늘날 테러조직들은 초국가적으로 활동하기 때문에 조직원의 신분이나 소재지를 파악하는 것이 매우 어렵다.

② 알 카에다의 경우 60개 이상의 국가에 세포조직과 협력자들을 두고 있는 초국가적 테러조직이다. 이들은 전 세계에 걸쳐 분산되어 활동하고 있는 이민자들을 조직원으로 채용하고 있다.

③ 때로는 불법 이민자를 조직원으로 활용하기 때문에 그들이 거주하고 있는 국가에 서류상으로 그들의 이름조차 아예 없는 경우가 많다. 또한 이들은 한 국가에만 소속되어 활동하는 것이 아니고 여러 국가에서 초국가적으로 활동하기 때문에 이들을 색출하여 제거하는 일이 매우 어렵다.

3 테러조직들의 인터넷 활용

① 오늘날 테러조직들은 인터넷을 활용하여 과거보다 용이하게 테러를 계획, 협력, 실행할 수 있게 되었다.

② 예를 들어 테러조직들은 인터넷을 통해 필요한 조직원을 신속히 충원할 수 있게 되었으며, 조직원들 간 의사소통이 원활하게 이루어짐으로써 조직의 융통성 또는 상황 대처 능력이 획기적으로 증대되었다.

③ 이들은 인터넷을 활용하여 테러 기법에 관한 선전, 지령 등을 전파하고, 테러공격을 수행하는 데 필요한 무기를 생산·습득할 수 있는 방법을 소개해 주기도 한다. 또한 인터넷을 활용하여 테러공격에 참여할 조직원을 모집하기도 한다.

④ 그 결과 무슬림의 급진화가 점점 가속화되고 테러에 가담하는 인원이 더욱 늘어나는 경향을 보인다. 익명의 조직과 조직원이 기습적으로 테러를 감행하고 테러공격에 가담했던 조직이 전격적으로 해산됨으로써 테러공격의 배후 또는 용의자를 색출하는 것이 더욱 어렵게 되었다.

Ⅳ 대테러 정보수집수단들

1 의의

① 테러 관련 정보를 수집하는 데 있어서 공개출처정보를 비롯하여 기술정보(TECHINT), 인간정보(HUMINT) 등 다양한 수단이 활용된다. 때로 테러공격의 배후를 추적하는 데 공개출처정보가 활용되기도 한다. 예를 들어 알 자지라 등 공개된 대중매체를 통해 테러조직이 자신들의 입장을 선전하기도 하고 혹은 테러행위를 자행하고 나서 그것이 자신들의 소행임을 주장하기도 한다.

② 그러나 테러조직이 신문이나 잡지, 또는 대중매체를 통해 테러활동을 공개하는 일은 거의 없다. 따라서 공개출처정보는 테러 관련 정보수집에 그다지 효용성이 없다. 위성이나 항공기를 통해 얻을 수 있는 영상정보(IMINT)는 테러조직의 경우 조직의 규모가 작고 특정한 건물이나 시설을 근거지로 활용하지 않기 때문에 활용도가 떨어진다. 그리고 대부분의 테러조직이 공식적인 통신 네트워크를 갖추지 않고 활용하지도 않기 때문에 통신정보(COMINT)를 통한 통신 감청 역시 활용도가 떨어진다.

핵심정리 **대테러/반테러**

1. 대테러(Counter–terrorism)
   대테러(Counter-terrorism)는 현재 진행 중이거나 발생된 테러에 대한 응징 차원의 대응활동 또는 발생 가능한 테러를 방지하기 위한 전술적 · 방어적 · 현장중심의 대응을 의미
2. 반테러(Anti–terrorism)
   반테러(Anti-terrorism)는 테러에 반대한다는 입장하에서 테러 행위를 미연에 방지하고 원천적으로 근절하기 위한 국가차원의 전략적 · 공격적 · 예방적인 의미로 사용.

2 인간정보

(1) 의의

테러조직에 관한 정보를 취득하는 데 가장 유용한 수단은 결국 인간정보가 될 것이며, 다음과 같은 세 가지 방법들이 활용된다.

(2) 테러조직의 내부 요원 포섭

테러조직의 내부에서 활동하는 인물을 포섭하여 협조자 또는 공작원으로 활용하는 방법이 있다. 이 경우 정보요원이 직접 자신의 신분을 밝히고 포섭하기보다는 다른 테러조직의 요원인 것처럼 신분을 위장하여 목표에 접근한 다음 포섭하는 방법이 좋다.

(3) 테러조직 내부로의 공작원 침투

테러조직 내부 요원을 포섭하는 일이 쉽지 않을 경우 테러조직 내부로 공작원을 침투시킨다. 이 공작원이 테러조직 내부에서 높은 지위를 취득하게 되면 중요한 정보를 제공해 줄 수 있을 것이다.

(4) 체포한 테러리스트에 대한 심문

테러조직에 관한 첩보를 수집하는 데 있어서 가장 저렴하면서도 쉬운 방법은 체포한 테러리스트를 철저히 심문하는 것이다. 조지 테닛 전 미국 중앙정보장에 따르면 체포된 알 카에다 지도자들로부터 알 카에다의 조직원, 사고방식, 전략 등에 관해 매우 유용한 정보를 얻을 수 있었다고 한다.

생각넓히기 | **변칙인도**

1. 변칙인도(irregular rendition) 또는 비상인도(extraordinary rendition)는 테러용의자 조사를 위한 기법이다. 세계 도처에서 체포된 테러 용의자 등을 헌법상 고문 등이 금지된 국내로 바로 이송하지 않고, 고문이 허용되는 국가로 일단 인도하여, 고문을 통해 테러에 대한 정보를 획득하는 방편이다.
2. 전직 CIA 요원이었던 로버트 바이어(Robert Baer)는 "테러용의자에 대하여 중요한 심문을 원하면 요르단으로, 고문을 원하면 시리아로, 다시 보고 싶지 않으면 이집트로 보내라.'라고 변칙인도의 실상을 묘사했다.
3. 휴먼 라이츠워치는 변칙인도는 고문의 외주발주, 즉 "아웃소싱(outsourcing of torture)"이라고 지적했다. 국제사면위원회(Amnesty International)도 변칙인도는 국제법과 미국 국내법 규정에 위배된 불법행위라고 금지를 요청했다.

V 대테러 국제협력

1 의의

① 테러 관련 정보를 수집하는 데 인간정보가 기술정보에 비해 상대적으로 효과적인 수단으로 인정되지만, 사실 인간정보 역량도 매우 제한적이다.

② 특히 미국의 경우 CIA가 인간정보를 담당하고 있지만 미국의 인간정보 능력은 매우 미흡한 수준으로 평가된다. 더욱이 테러조직이 전 세계에 분산되어 초국가적으로 활동하고 있기 때문에 미국 단독으로 테러조직을 추적하는 것이 불가능하다.

③ 따라서 관련 국가들과의 정보협력이 절실히 요구된다. 9/11 테러사건 이후 CIA의 주요 활동 목표는 미국 주도의 대테러 국제 정보협력 체제를 구축하는 것이었다.

핵심정리 국내테러/국제테러/초국적 테러

1. 국내테러(Domestic terrorism)
   테러사건의 준비 · 실행 · 효과 등이 한 국가 내에서만 이루어지고 영향을 미치는 테러사건
2. 국제테러(International terrorism)
   테러사건의 준비 · 실행 · 효과 등 전 과정 중 한가지만이라도 2개국 이상이 관련되었거나 영향을 미칠 수 있는 테러 사건
3. 초국적테러(Transnational terrorism)
   2개국 이상이 관련되어 있다는 점에서 국제테러와 유사하나 무차별화 · 초대형화 되고 있는 현대 테러의 특징을 강조하는 표현으로 최근 널리 사용되는 추세

2 대테러정보센터(Counterterrorist Intelligence Centers, CTICs)

(1) 의의

① 유럽, 중동, 아시아의 24개국 이상이 회원으로 참여하는 대테러정보센터(CTICs)가 구성되었다.

② CTICs는 미국과 외국 정보기관의 요원들로 구성되어 상호 정보교환 및 협력을 유지하고 있다.

(2) 미국의 지원

① 미국은 심지어 NSA가 감청한 비밀정보를 회원국들에게 제공해 주기도 한다. 통신정보(COMINT)는 미국이 테러조직에 관해 수집한 정보의 80~90%를 점할 정도로 매우 비중이 크다.

② 이는 미국 정보공동체의 과거 관행에서는 결코 상상조차 할 수 없는 매우 혁명적인 변화라고 본다.

(3) CTICs의 활동

① CTICs는 테러 용의자를 체포하여 심문하고, 그들의 자금 출처 봉쇄, 군수지원 차단 등의 활동을 수행한다. 테러용의자를 직접 체포하는 일은 주로 지역 경찰이 맡고 있다.

② 이와 같은 정보협력을 통해 2001년 9/11 테러 이후 수많은 테러범들을 체포하여 색출하는 성과를 거두었다. 초국가적 적대 세력이 나타나면서 미국 정보공동체가 주도하는 초국가적 정보협력이 이루어지게 된 것이다.

3 CIA 정보활동의 변화

① 오늘날 CIA는 공작원 포섭보다는 외국 정보기관들과의 협력에 중점을 두는 방향으로 정보활동을 변화시켰다.

② 이들 외국 정보기관들은 인간정보 수단을 활용하여 자국 영토 내에서 활동하고 있는 이슬람 테러범들에 관한 정보를 수집하게 된다. 이에 따라 국제 대테러활동은 외국 정보기관의 인간정보활동에 상당부분 의존하게 되었다.

③ 요컨대 미국의 통신정보(COMINT) 및 첨단장비를 통해 취득된 정보와 외국 정보기관의 인간정보(HUNINT)가 상호 교환되어 국제적인 정보협력이 이루어지고 있는 것이다.

핵심정리 「대량살상무기확산안전조치(Proliferation Security Initiatives)」

1. 의의

2003년 5월 31일 부시대통령은 대량살상무기확산안전조치(PSI, 이하 안전 조치)를 선포했다. 안전조치는 11개 선진국이 합의하여 국제거래가 금지된 무기와 기술을 선적한 것으로 의심되는 선박을 비롯하여 항공, 육상교통에 대하여 회원국이 임의로 정선을 명하고 수색할 수 있는 국제협력체제를 말한다.

2. 국제협약의 내용과 칸 네트워크의 적발

국제협약인 대량살상무기확산 안전조치는 회원 국가들에게 의심받는 수송수단의 정지를 명하고, 운송수단에 탑승하여 운송물을 검색하고 불법 운송물을 압수할 수 있는 광범위한 권한을 부여하고 있다. 칸－네트워크를 적발하게 된 2003년 가을, 리비아로 향하던 원심분리기 등이 선적된 BBC China호에 대한 정보를 미국으로부터 제공받은 이탈리아 당국이 운항을 정지시키고 수색하여, 선적물을 압수한 것은 위 안전조치(PSI)에 의한 결과였다.

3. PSI 체결에 대한 국가정보기구의 역할

부시 대통령의 대량살상무기확산안전조치(PSI) 정책은 정보공동체의 정확한 정보판단에 따라서 정보공동체가 국제협약의 필요성을 제기하고, 그것이 국제적 협약으로 성립된 것으로서 정보가 정책에 기여한 대표적인 사례이다. 미국은 칸－네트워크에 대한 정보활동을 전개하며 동시에 국제적으로 칸－네트워크를 저지할 수 있는 국제협력체계를 구축했던 것이다.

Theme

59 국가정보와 테러

I 테러와 테러리즘

1 테러

(1) 사전적 의미

불특정 다수인에게 공포심을 유발한다는 의미의 테러는 인류의 역사와 함께한 오랜 것이기는 하다. BC 1세기경의 고대 지중해를 중심으로 한 세계 공용어로 통했던 라틴어에 이미 공포, 두려움, 임박한 위험에 대한 전율을 뜻하는 말인 테러(terror)가 있었던 것이 이를 잘 말해준다.

(2) 어원

라틴어의 테러는 원래 인도-유럽어족에 근원을 둔 것으로 '끔찍한', '단념하게 하는' 그리고 '대혼란'이라는 의미를 지닌 "테르(TER)"에서 유래한 말이었다. 그것은 또한 발생한 사건 이외에 다음 단계에서는 무엇이 일어날지 모르는 것에 기인하는 점증하는 불안과 공포를 뜻한다. 이처럼 테러는 급박한 위험에 압도당한 공포 상태, 무언가 끔찍하고 소름끼치는 것 또는 그러한 상태를 유발하는 행위 자체를 의미한다.

(3) 성격

정치적 · 종교적 · 사상적 목적을 달성하려고 한다는 의미에서 사실 테러도 국제관계에서 무력적 분쟁해결의 한 가지 수단으로 간주된다. 그래서 무력적으로 자신들의 의도를 관철하려는 방향으로 분쟁을 해결하려는 테러는 냉전시대부터 꾸준히 전개되었다.

2 테러리즘

(1) 의의

테러리즘(terrorism)은 테러라는 용어가 가지고 있는 커다란 공포 또는 경악감이라는 심리적인 상태를 이용하여 정치, 종교, 사상적 목적을 위해 다양한 폭력적 수단을 통해서, 공격의 대상이 된 조직이나 국가들에게 어떤 행동을 강요하거나 혹은 어떤 행동을 중단하게끔 하는 행위 자체 또는 그러한 주의나 주장을 말한다.

(2) 테러분자(Terrorists)

어떤 정치적 목적을 달성하기 위해 직접적인 공포 수단을 이용하는 주의나 정책을 테러리즘이라고 한다. 이런 테러행위를 하는 사람을 테러분자(Terrorists)라고 한다. 테러분자들은 자신들이 믿는 이념의 큰 뜻을 이루기 위해서 관련되지 않은 사람들의 희생도 어쩔 수 없다는 가치판단을 내리며, 자신 혹은 자신들의 동조자들의 생명 또한 희생되어도 좋다고 생각한다.

(3) 어원

현재 사용하는 테러리즘이라는 용어는 1789년과 1799년의 프랑스 혁명 중에 격한 정치적 집단이었던 자코뱅당(Jacobin Club)이 한 달 사이에 약 1,800명을 처형하는 등 약 4만 명의 목숨을 앗아갔던 소위 공포정치(Reign of Terror, 1793~1794)를 묘사하는 용어에 기인한다.

Ⅱ 테러 개념의 역사적 전개

1 구분

(1) 방법 기준

테러의 형태는 방법을 기준으로, 농산물 등 식품을 이용한 아그로 테러리즘, 즉 농·수산물 테러(Agro terrorism), 박테리아, 바이러스 등과 같은 세균을 이용한 바이오 테러리즘, 즉 생·화학 테러(Bioterrorism), 핵무기나 방사선 무기를 이용 한 뉴클리어 테러리즘 또는 핵무기 테러(Nuclear terrorism)가 있다.

(2) 이념적 기초와 사상

테러의 이념적 기초와 사상을 기준으로는, 기독교 테러(Christian terrorism), 공산주의 테러(Communist terrorism), 환경결정론자들에 의한 환경 테러(eco terrorism), 이슬람 테러(Islamist terrorism, 또는 Islamic terrorism), 일국의 마약 정책을 바꾸려는 의도를 가진 마약단체 등에 의한 마약 테러(Narcoterrorism)도 있다.

핵심정리 **마약테러**

1. 최근 테러조직들이 테러자금 확보를 위해 마약조직과 연계, 마약 밀매를 통해 자금을 조달하면서 생겨난 합성어
2. 중남미 좌익 게릴라 조직들이 활동자금을 위해 코카인을 판매한 데서 유래된 것으로 국제범죄의 성격이 강하나 각국이 테러와 연계된 마약 문제를 '마약테러'라 하여 대테러 차원에서 대응하는 추세

2 전위조직과 자발적 협력자

(1) 의의

테러조직의 운영 및 구성과 관련하여 테러조직의 전위 조직과 자생 테러원의 문제도 중요하다.

(2) 전위조직

① 테러조직들은 자신들의 활동을 뒷받침하기 위하여 합법적인 조직을 갖추는 경우가 적지 않다. 그것이 테러단체의 전위조직이다.

② 테러의 전위조직은 실제로는 테러 단체를 지원하기 위한 것이라는 목적을 숨기면서 테러 활동에 대한 합리적인 논리를 제공하거나 테러자금을 지원하는 역할을 한다.

③ 통상 수입 · 수출의 무역회사가 가장 애용되는 형태의 전위조직이다. 예컨대 1986년 소말리아에 세워진 회사인 전화 인터넷 서비스를 포함하여 연간 매출이 약 1억4천만 달러에 달했던 알 바라카트(Al Barakaat)사와 사우디아라비아에 있는 국제자선기금(Benevolence International Foundation)은 알카에다 테러 조직에 자금을 송금하는 창구였다.

(3) 외로운 늑대

① 의의

㉠ 한편 오늘날 테러의 적발과 추적을 더욱 어렵게 하는 교란 요인 중의 하나가 소위 테러조직에 대한 자발적 협력자들의 문제이다.

㉡ 미국 관련법상 '외로운 늑대(lone-wolf)'로 알려진 이들 자생 테러원은 테러단체의 활동을 동경하여 편무적으로 테러조직의 활동을 지원하기 위해 자발적으로 협조하는 자들을 일컫는다.

② 특징

㉠ 테러조직의 지휘체계와 무관하게 그들을 외곽에서 지원하는 이들 자생 테러분자들을 외로운 늑대, 유령 조직원(phantom cell), 무(無)지도자 저항자(Leaderless resistance) 또는 비밀조직 요원(covert cell) 등으로 호칭한다. 이들 자발적 테러동조자들은 수사기관에 검거되었을 때 "할 말이 없다(I have nothing to say)."라는, 오직 5단어만을 말한다고 한다.

㉡ 미국의 정보 · 수사당국은 족적을 추적하기가 난감한 이러한 자생 테러 동조세력들인 외로운 늑대들을 기존의 정규 테러조직원들보다 더 심각한 위협요소로 보고 있다. 미국은 현재 애국법에 의해 자생 테러원들도 테러분자에 준하여 처벌할 수 있도록 입법 조치를 했다.

③ 제임스 맥베이(Timothy James McVeigh)

168명의 목숨을 앗아가고 약 80명의 부상자를 만들었던 1995년 4월 19일의 오클라호마 폭탄 테러를 실행한 제임스 맥베이(Timothy James McVeigh)가 대표적인 외로운 늑대였다.

핵심정리 자생테러 관련 용어

1. 외로운 늑대

전문 테러 단체 조직원이 아닌 자생적 테러리스트를 이르는 말. 배후 세력 없이 특정 조직이나 정부에 대한 반감으로 스스로 행동에 나서는 것이 특징이며 '은둔형 외톨이' 등 사회에 적응하지 못하는 경향. 외로운 늑대에 의한 테러는 테러 감행 시점이나 방식에 대한 정보 수집이 쉽지 않아 조직에 의한 테러보다 예방이 더욱 어려움. 본래 1996년 러시아 남부 다게스탄 공화국 키즐랴르를 기습한 체천 반군을 일컫는 말이었으나 1990년대 중반 미국 극우 인종주의자 앨릭스 커티스가 백인 우월자들의 행동을 선동하면서 '자생적 테러리스트' 의미로 외로운 늑대를 처음 사용.

2. 자생테러

자국 국민 또는 자국 국민들이 조직한 테러집단이 자국정부와 국민을 상대로 자행하는 테러 유형. 자생테러 용어는 미국에서 처음 등장(homegrown terrorism) 하였는데, "미국이나 미국의 어떤 소유물 내에서 태어나거나 성장하거나 기반을 갖고 활동하는 어떤 집단이나 개인이 정치적, 사회적 목적들을 위해 미국정부, 미국시민 또는 그것의 어떤 부분을 위협하거나 강요하기 위해 무력이나 폭력을 사용하거나 계획하는 것"을 의미. 전통적으로 한 국가 안에서 발생하는 테러를 지칭하기 위해 국내테러(domestic terrorism)라는 용어를 사용하였으나 최근에는 이러한 용어와 뚜렷이 구분되는 현상을 지칭하기 위해 자생테러라는 용어를 사용.

3. 반문명 · 반기술 테러

① 일체의 문명과 과학기술을 부정하는 자들에 의해 행해지는 폭력

② 미국에서 20년간 은밀하게 문명과 첨단 과학기술의 상징인 대학 · 항공사를 대상으로 우편폭탄 테러를 자행하다 체포(96년)된 "카진스키"가 대표적 인물로 일명 유너바머(UNA Bomber)라고 호칭

③ 유너(UNA)는 University와 Airline을 합성하여 언론에서 붙인 명칭

4. 게릴라 조직

① '게릴라'의 어원은 영국의 이베리아 해방전쟁(1809~1813) 시 영국의 웰링턴 장군을 지원하여 프랑스군 축출에 공을 세운 스페인 · 포르투갈의 비정규군을 '게리예로스(Guerrilleros)'라고 부른 데서 기원

② 게릴라 조직은 주로 군사적 승리에 중점을 두며, 주민들의 협조나 지원과 상관없이 독자적으로 활동하는 테러조직과는 달리 주민들과 연계하여 활동

5. 감염이론

이미 발생한 테러행위에 대한 TV 등 매스미디어의 무절제한 보도 또는 특종 위주의 보도로 인해 이와 유사한 모방테러를 증가시킬 수 있다는 이론

3 역사적 유형

(1) 적색테러(Red Terror)

① 적색테러는 일반적으로 극렬 공산주의자들에 의한 테러를 말한다. 역사적으로 1918년에서 1922년 사이에 소비에트 러시아의 혁명 공산주의 세력인 볼셰비키 공산혁명 세력에 의해 행해졌던 정적들에 대한 대규모 체포, 국외추방 그리고 처형 등을 일컫는다.

② 그러한 억압은 사법적 절차 없이 KGB의 전신인 비밀경찰 체카에 의하여 무자비하게 행해졌다. 일부에서는 적색테러를 프랑스 혁명 자코뱅당에 의한 마지막 6주 동안의 "공포의 정치(Reign of Terror)"를 지칭하는 용어로도 사용한다.

(2) 대(大)테러 또는 공포의 테러(Great Terror)

① 대테러 또는 공포의 테러는 1930년대 소비에트 공화국의 독재자 스탈린(Joseph Stalin)에 의해 자행된 정적들에 대한 무자비한 대규모 숙청과 처형 등 스탈린의 피의 억압통치기간 중에 자행된 테러를 지칭하는 말이다.

② 1937년과 1938년 사이에 비밀경찰조직 내무인민위원부(NKVD)에 의해 유치된 사람은 1,548,367명이었고 그중 681,692명이 처형당했다. 수감자들이 사법절차 없이 갇혀 있던 비밀 수용소가 바로 굴락(Gulag)으로, 구 소비에트 공화국의 정치적 비밀수용소는 1973~76년 파리에서 출판된 솔제니친의 저서 "수용소 군도(Arkhipelag Gulag)"를 통해 서방에 널리 알려졌다.

(3) 백색테러(White Terror)

① 백색테러는 행위주체가 극우 또는 우익으로, 좌익에 의한 테러인 "적색테러"에 대항하는 테러를 말한다. 백색테러는 또한 혁명 그룹에 대한 역테러의 형태로 급진 혁명세력 등의 억압에 대한 보수주의자들의 반발과 대응으로 행해지는 테러를 말하기도 한다. 프랑스 혁명 중인 1795년 급진 혁명파에 대한 왕당파의 대대적인 보복이 백색테러의 역사적 기원이다.

② 한편 20세기에 세계 도처에서는 공산세력의 발호를 방지하려고 사회주의자들과 공산주의자들에 대한 백색테러가 적지 않았다. 역사적으로 유명한 사건이 1927년 4월에 시작된 중국 내전 중 장개석이 이끄는 국민당 정부에 의한 공산주의자들과 그들의 동조세력 등에 대한 중국의 백색테러였다. 그중에 "피의 이중십자가(Bloody Double Cross)" 또는 "상하이 대학살"로 불리는 상하이의 백색테러가 대표적이다.

(4) 흑색테러(Black Terror)

나치의 유대인 학살을 지칭한다. 무정부주의 테러를 의미하기도 한다.

핵심정리 테러의 종류

1. 극우테러/극좌테러
   ① 극우테러는 반공을 주장하거나 특정 민족 · 인종의 우월성을 주장하기 위해 다른 민족이나 정부를 공격하는 테러를 의미(독일 · 러시아 '스킨헤드族', 미국 'KKK' 등)
   ② 극좌테러는 공산주의 또는 사회주의 국가 건설이라는 투쟁 목표를 달성하기 위해 자행하는 테러를 의미(일본 · 독일 '적군파', 페루 '빛나는 길' 등)
2. 백색테러
   ① 지배계급이나 보수세력들이 반체제 또는 혁명세력의 반정부 활동이나 혁명운동을 탄압키 위해 자행하는 폭력
   ② 프랑스 혁명 당시인 1795년경 왕당파가 혁명파에게 가한 보복탄압에서 시작된 것으로 '백색'은 프랑스 왕권 상징인 '흰백합'에서 유래.
3. 민족주의 테러
   민족의 분리독립이나 자치권 확립과 같은 민족 자결권을 주장하며 이를 성취하기 위해 자행하는 테러(스페인 '바스크 조국해방', 영국 '아일랜드 공화군' 등)

생각넓히기 | **정치사상으로서의 허무주의**

니힐리스트들은 유물론자로서 모든 종교, 미신, 형이상학 등 물질적 현실에 기반하지 않은 무언가, 과학으로 분석되지 않은 것, 실질적인 유용성을 가지지 않은 것을 부정했다. 한편으로 개인주의자로서 그들은 완전한 개인의 자유를 위하여 모든 족쇄, 의무, 그리고 가족, 사회, 관습, 규범, 신앙 등의 개인에게 부과된 전통을 부정했다. 이런 입장들이 니힐리즘의 가장 근본적인 사상이었고, 이 니힐리즘은 개인의 완전한 자유라는 신성한 권리와 불가침한 사생활을 옹호했다. 네차예프는 새로운 세계를 창조하기 위해서는 구체제를 완전히 말소해야 한다고 주장했다.

Ⅲ 국제사회의 테러에 대한 정의

1 유럽연합(EU)의 테러에 대한 정의

(1) 의의

유럽연합위원회 회원국들은 일치된 의견으로 2002년 6월 13일 테러에 대한 개념을 정의하고 유럽연합의 합동적 차원에서 테러에 효과적으로 대응하기 위한 기구를 창설할 것을 결의했다.

(2) Framework Decision on Combating Terrorism(2002)

① 유럽연합위원회는 Framework Decision on Combating Terrorism(2002) 제1조에서 테러를, "일반인에게 공포심을 조성하여 어느 나라나 국제기구로 하여금 부당하게 어떤 행동을 하게 하거나 또는 어떤 행동을 못하게 하려는 의도에서 본질적으로 폭발물, 수류탄, 로켓, 자동화력 그리고 폭탄 우편물 등을 사용하여 사람과 재산에 위해를 가하는 제반행위"라고 정의했다.

② 테러에 대한 개념정의를 정치적 동기 등의 문제는 거론하지 않고 대상(민간인)과 사용된 폭력적 방법에 중점을 두어 실용적으로 개념정의했음을 알 수 있다.

2 이슬람 세계의 견해

(1) 의의

테러문제에 대하여 서구사회와 첨예한 대립을 하고 있는 이슬람 세계의 테러에 대한 견해를 이해하는 것도 상당히 중요하다. 주지하다시피 이스라엘과 팔레스타인은 서로를 테러주의자들이라고 비난하고 있다.

(2) 테러금지를 위한 아랍국제회의

① 1998년 4월 22일 아랍 국가들은 카이로에서 테러금지를 위한 아랍국제회의(Arab Convention on the Suppression of Terrorism)를 개최했다. 동 회의에 참석한 아랍 국가들은 테러 그 자체는 비난하면서도, "아랍 국가의 이익에 반하는 행위가 바로 테러행위이고, 아랍지역 이외 그리고 아랍인들 이외의 사람들에 대한 것은 테러가 아니다."라는 견해를 피력했다.

② 동 국제회의는 더 나아가 아랍국가의 영토의 순수성을 보존하려는 노력이면 무장투쟁을 포함한 어떤 행위라도 테러행위가 아니라고도 선언했다. 그러므로 이러한 아랍 국가들의 견해에 따르면 약 3000명의 목숨을 앗아간 2001년 9월 11일의 미국에 대한 알카에다의 공격도 미국과 이스라엘이 원인을 제공하고 있는 팔레스타인의 영토정책에 저항하여 행한 것으로서 테러행위는 아니라는 결론에 도달하게 된다.

(3) 이슬람 국제회의

① 그 후 이슬람 국가들은 2002년 4월 말레이시아 수도 쿠알라룸푸르에서 이슬람 국제회의를 개최했다. 회의를 주재한 말레이시아 마하티르(Mahathir Mohamad) 수상은 회의 마지막 선언에서 테러를 단순히, "민간인에 대한 모든 공격(all attacks on civilians)"으로 하자고 제안했다.

② 그러나 일부 참석 국가들이 팔레스타인이 국제사회에서 독립국가를 이루기 위하여 자신의 고귀한 영토를 회복하려는 양도할 수 없는 권리에 따른 노력을 훼손하여서는 안 된다면서 "팔레스타인 사람들에 의한 공격은 – 민간인에 대한 것이라고 해도 – 제외해야 한다." 고 주장하여 결국 통일적인 개념정의에 도달하지 못했다.

핵심정리 **테러 관련 이슬람 용어**

1. 이슬람 원리주의(Islamic fundamentalism)
   ① 이슬람 사회가 서양사회에 예속된 원인이 이슬람교의 타락에 있다고 주장하며 코란에 충실했던 이슬람교 초창기의 순결하고 엄격한 도덕으로 되돌아 갈 것을 주장하는 순수 종교운동
   ② 1920년대 이집트 '무슬림 형제단'이라는 과격단체가 영국의 식민통치에서 탈피, 코란에 근거한 순수 이슬람 국가 건설을 주장하며 폭력적 수단을 가미하기 시작
   ③ 70년대 들어 아랍국가들이 장기집권으로 세속화되고, 서양 기독교 문화가 본격 유입되면서 테러단체들이 이슬람 원리주의 이름하에 극단적 폭력을 정당화한 이후 이슬람 테러리즘을 지칭하는 말로 의미가 변질
   ④ 수니파와 시아파는 이슬람교의 대표적인 양대 종파로 수니파와 시아파는 대립관계인 것으로 알려져 있음
2. 수니파
   ① 수니파란 '수나'(모하메드의 언행)를 이상으로 삼는 사람들이란 뜻
   ② 수니파는 모하메드의 정통을 계승했다고 자처하는 파벌로 사우디아라비아를 종주국으로 요르단 · 시리아 · 리비아 · 파키스탄 · 아프가니스탄 등 대부분의 이슬람 국가에서 우세한 교세를 보유

3. 시아파

① 시아파란 '시아트 알리'(알리의 黨)의 약칭으로 10억 이슬람 교도 중 10% 미만의 교세를 보유. 칼리프란 예언자 모하메드의 후계자

② 시아파는 모하메드의 종제이자 사위인 '알리'(4대 칼리프)의 혈통을 이어받은 인물을 모하메드의 진정한 후계자로 신봉, 이란을 종주국으로 이라크(60%)에서만 우세한 교세를 보유

4. 무자헤딘(Mujahedin)

① 이슬람 교도들 간에 '神의 戰士'를 뜻하는 말

② 아프간 戰爭(79~89년) 당시에는 舊소련군에 맞서 항전했던 이슬람 참전용사를 지칭하는 말로 사용된 바 있고 아프간 終戰 후 이슬람 테러조직에 가담·활동하면서 테러분자들이 자신들을 '무자헤딘'이라고 호칭.

5. 지하드(Jihad)

① 원래 '알라의 뜻에 복종하는 삶을 살기 위해 투쟁한다.'는 종교적 색채가 짙은 의미

② 1920년대 이집트 '무슬림 형제단'이라는 과격단체가 反英 무장독립 투쟁을 '지하드'라고 주장하면서 폭력적 성향을 정당화한 이후 이슬람 과격세력들이 자신들의 테러활동을 '지하드'(聖戰)라고 주장.

6. 인티파타(Intifada)

원래 '민중봉기, 반란, 각성' 등의 뜻을 가진 아랍어로 이스라엘에 대한 팔레스타인人들의 대규모 시위·테러 등 집단적인 저항운동을 의미

7. 이슬람/무슬림

이슬람은 아랍어로 '알라에 대한 굴복·순종·평화'라는 뜻으로 '이슬람 종교'(回敎)를 일컫는 말

무슬림은 아랍어로 '전적으로 순종하는 사람, 神께 복종하는 사람'이라는 뜻으로 '이슬람 교도'를 일컫는 말

8. 이슬람 분리주의

① 비이슬람 국가로부터 분리되어 이슬람 원리주의에 근거한 독립국가 건설을 추구하는 이념

② 필리핀의 '모로 이슬람해방전선'(MILF), 인도령 카슈미르 지역의 분리독립을 주장하는 '자무-카슈미르 해방전선'(JKLF) 등이 대표적인 이슬람 분리주의 테러단체

9. 라마단(Ramadan)

(1) 의의

① 아랍어로 '더운 달'을 의미하며 이슬람력인 9월 한 달간 라마단(금식) 기간으로 설정

② 이슬람력은 홀수 달은 30일, 짝수 달은 29까지 있음

(2) 기간

① 이슬람력 9월은 알라 신이 '코란'을 내린 신성한 달로 무슬림들은 한 달 동안 일출부터 일몰까지 의무적으로 금식하게 되어 있는데, 이는 빈자들의 고통을 간접 체험하기 위한 것이라 함

② 여행자·임산부·환자 등은 이 의무가 면제되는 대신 후에 수일간 이 의무를 이행

(3) 유래

① 원래 유태교의 단식일(1.10)을 본뜬 것이나 모하메드의 '바르드의 전승'을 기념하기 위해 정한 것이며, 현재는 라마단이란 용어 자체가 단식을 의미하는 말로도 사용

② '바드르 전승'은 624년 모하메드가 사우디 바드르에서 지배부족인 쿠라이쉬 부족과 전투를 벌여 대승함으로써 박해를 벗어나 교세를 확장하는 계기가 된 사건.

10. 하왈라

① 하왈라는 '신뢰'라는 뜻으로, 채권·채무관계자들이 은행을 통하지 않고 신용으로 거래하는 이슬람의 전통적인 송금 시스템

② 하왈라는 원래 실크로드 교역을 하던 이슬람 대상들의 재산을 사막의 도적들로부터 보호할 목적으로 고안된 것으로, 약간의 수수료만으로 세계 어느 곳으로든 송금이 가능

③ 송금자는 전세계에 걸쳐 수천 개 이상 산재해 있는 하왈라 점포에서 송금 금액과 약간의 수수료를 내고 비밀번호를 부여받아 수취인에게 알려주면 수취인은 가까운 하왈라 점포에서 비밀번호를 대고 약속된 자금을 수령
④ 이 과정에서 담보를 설정하거나 일체의 서류도 만들지 않으며. 거래 완료가 확인되는 즉시 비밀번호를 비롯한 기본 기록마저 모두 폐기처분하므로, 거래자 신분 · 금액 등 증거 확보가 곤란
⑤ 이 방법은 이슬람 형제라는 믿음 아래 행해지는 신용거래로서 거래가 이행되지 않았을 경우에는 책임자가 목숨을 잃는 등 강력한 보복이 뒤따라 증거서류 이상의 강제성을 보유
⑥ 하왈라는 자금이 거의 100% 전달되는 안정성이 특징으로, 파키스탄에서만 연간 50억 달러 이상이 거래되고 있으며 이슬람권에서 음성 자금 이동의 중요한 수단으로 사용되고 있음

11. 우산조직
① 단일 지도체계 없이 강 · 온 · 중도파 등 많은 조직들이 느슨한 형태의 통제로 묶여 있으며, 때로는 각 조직들이 독자적인 의사결정으로도 테러를 감행하는 테러조직
② 도표로 그렸을 때 우산처럼 보인다 하여 붙여진 이름이며, PLO를 비롯하여 헤즈볼라 · 팔레스타인 이슬람 지하드(PIJ)등이 대표적인 우산 조직

3 미국의 견해

(1) 의의

오늘날 전 세계 테러조직의 가장 커다란 목표가 되어 있는 미국은 여러 개별법에 테러에 대한 정의가 산재되어 있다.

(2) 「연방 형법(Federal Criminal Code)」

대표적으로 「연방 형법(Federal Criminal Code)」은 "일반시민들을 협박하거나 강요할 의도로 행해지고 그러한 협박과 강요로 정부정책에 영향을 미치려고 하고, 대량 파괴, 암살, 또는 납치 등의 방법으로 정부의 활동에 영향을 끼치려는 행동으로 미국의 영토관할 내 · 외에서 행해진 어떤 폭력을 포함하는 활동 또는 미국 연방 또는 주 형법을 위반하는 생명을 위협하는 제반 행동"이라고 규정하고 있다.

(3) 「애국법(USA PATRIOT Act)」

「애국법(USA PATRIOT Act)」도 「연방 형법」의 테러 개념정의에 기초하여 미국 내의 테러에 대한 개념정의를 하고 있다. 「애국법」은 테러를 미국 연방 또는 주(州) 형사법을 위반한 인간의 생명에 대한 위험한 행동을 포함하고, 미국의 영토관할권 내에서 이루어진 것으로 일반 시민들을 협박하거나 강요하고 그를 통해 정부의 정책에 영향을 미치려고 하거나, 대량살상, 암살 또는 납치 등으로 정부의 활동에 영향을 끼치려는 의도하에 행해진 어떤 활동이라고 정의하고 있다.

(4) 국가테러대응센터(National Counter Terrorism Center)

「연방 형법」과 「애국법」 모두 행위요소 즉 대량살상 등 행위방법에 따른 객관적 구성요건요소와 정부정책 변경의도라는 주관적 구성요건요소를 포함하여 테러를 정의하고 있음을 알 수

있다. 한편 미국의 테러문제에 대하여 총책임을 부여 받고 있는, 국가테러대응센터(National Counter Terrorism Center)는 테러를, "미리 계획되고, 준국가 또는 비밀 조직에 의하여 행해지고, 상당 부분 종교, 철학 또는 문화적으로서의 상징적 동기를 포함하여 정치적 동기로서 비전투원들을 대상으로 행해지는 폭력행사"라고 정의하고 있다.

Ⅳ 테러의 개념 요소

1 피해자(victims)

① 테러의 피해자는 민간인이나 비전투원이다. 테러의 가장 큰 특징 중의 하나가 고의적으로 일반시민들을 직접대상으로 자행된다는 것이다.

② 일반 범죄는 피해자 그 자체가 목적이다. 하지만 테러의 경우 무고한 일반시민들은 테러조직에 대한 위해가 되기 때문이 아니라 단지 상징물 또는 더러운 존재(corrupt being)'로서 테러 목적을 위한 수단에 지나지 않는다.

③ 이처럼 테러는 고귀한 인간 그 자체를 수단으로 삼는다는 점에서 전 인류의 공통된 이념인 세계인권선언의 정신을 무색하게 하는 용납될 수 없는 범죄라는 공통된 비판을 받게 된다.

핵심정리 인질사건에서의 심리동화 현상

1. 리마증후군(Lima Syndrome)
   ① 인질범이 피인질자에게 정신적으로 동화되는 현상이다.
   ② 인질범은 시간이 지날수록 인질에게 호의를 가지게 된다.
   ③ 96년 12월 17일 페루 좌익단체인 '투팍 아마루 혁명운동'(MRTA) 소속 테러분자 14명이 일본 천황 생일 축하리셉션이 개최되던 페루 주재 일본 대사관에 무단 진입하여 97년 4월 23일까지 126일간 각국 주요인사 400여명을 인질로 억류하고 함께 생활하면서 테러범들이 인질들의 어려움을 이해하고, 우호적인 관계를 형성한데서 유래하였다.
2. 스톡홀름 증후군(Stockholm Syndrome)
   ① 피인질자들이 인질범의 정서에 감화되는 현상이다.
   ② 시간이 지날수록 인질들이 테러리스트들을 이해하고 옹호하게 된다.
   ③ 73년 8월 23일 스웨덴 스톡홀름의 한 은행에서 인질범이 여자 은행원을 인질로 잡고 5일간 경찰과 대치하는 동안 인질범과 인질이 서로 사랑하는 관계로 전환, 인질이 오히려 인질범을 보호하는 현상이 발생한 데서 유래하였다.
3. 런던 증후군(London Syndrome)
   통역가나 협상가가 인질범이나 인질의 생존을 자신의 직접적인 문제와 동일시하면서 협상단계에 문제를 일으키는 현상이다.

2 목표물(target)

형식적인 직접 목표물은 피해자들이지만 테러에 있어 무고한 피해자들은 단지 위협적 메시지를 전달하기 위한 통로에 불과하고, 궁극적인 목표물은 정부 지도자들이다.

핵심정리 목표물 관련 테러 용어

1. 소프트 타깃
   백화점 · 나이트클럽 · 지하철역 · 교통수단 등 경비수준이 상대적으로 높지 않아 외부의 테러공격에 취약한 민간시설을 지칭
2. 하드 타깃
   정부시설 · 외교공관 · 군 시설 등 경비수준이 상대적으로 높아 테러 공격이 쉽지 않은 정부 관련 시설을 지칭

3 의도(intent)

① 테러는 어떤 명백한 의도를 가지고 있다. 그 의도는 1차적으로 일반시민들을 협박하거나 위협하여 엄청난 공포를 확산시키는 것이다.

② 이런 이유로 테러 공격은 가급적 일반 대중에게 엄청난 심리적 공포감을 주고 국가의 근본을 파괴할 수 있는 힘을 과시하기 위해 국가의 상징물 등에 집중된다.

4 수단(means)

(1) 의의

① 테러는 그 수단으로서 인간폭탄 등 다양한 방법의 극렬한 폭력 사용과 그러한 폭력을 사용하겠다는 협박을 요소로 한다.

② 테러는 공포를 최대한으로 조장하고 자신들의 행위를 가급적 널리 알리려 한다. 따라서 폭발물, 독가스, 인간 자살폭탄 등 상상을 초월한 비전통적 군사무기를 사용한다.

③ 테러 조직은 가장 극적인 효과를 달성하기 위해 다양한 방법으로의 폭력적 방법을 동원하는데, 공중 비행기 납치, 차량돌진 폭파, 자살테러 공격, 폭발물 우편송부, 유도된 비행기 미사일, 유도된 기차 폭탄, 유도된 쾌속정 돌진 등의 방법이 그것이다.

(2) 자살 폭탄 테러

① 한편 일반적인 자살테러 폭탄은 테러조직의 충성스러운 멤버에 의해 투사의 이름으로 자발적으로 행해짐에 반하여, 1990년대 폭력적 아이리시 공화국군에 의하여 사용되었던, 강요된 대리 폭탄도 그 경악스러움에 간과할 수 없는 테러 공격 방법의 하나이다.

② 대리폭탄은 무고한 일반시민을 강요하여 몸에 제거할 수 없는 폭탄을 장착하거나 폭탄이 장착된 차량에 탈출할 수 없이 고정시킨 후에 목표물에 돌진하도록 협박함으로써 일반인에 의한 대규모 폭발을 유발하는 또 다른 인간 자살폭탄을 말한다.

(3) 대량살상무기(weapons of mass destruction, WMD)

① 그러나 테러조직이 점점 더 국제화됨에 따라 오늘날 가장 커다란 문제는 테러조직에 의한 대량살상무기(weapons of mass destruction, WMD)의 사용위험성이다.

② 미국이 대량살상무기의 테러조직에의 유입 또는 테러원조 가능 국가에서의 대량살상무기의 보유와 개발을 저지하는 등 대량살상무기확산 금지를 최우선적인 대외정책의 하나로 추구하는 근본적인 이유이기도 하다.

핵심정리 **자살폭탄테러**

1. 테러분자가 대상목표물에 대해 폭탄과 함께 자폭하여 공격하는 극렬테러
2. 폭탄을 차량 등에 싣고 돌진하거나 몸에 둘러 공격하는 게 가장 흔한 수법이며, 9/11 테러처럼 민간 항공기 자체를 목표물에 충돌시킨 것도 자폭테러에 해당
3. 또한 자살폭탄테러는 특별한 훈련이 필요 없이 스위치를 누를 용기만 있으면 가능하며, 테러공격 즉시 불특정 다수에게 막대한 심리적 공포를 확산시킬 수 있어 80년대 이후 급속히 확산.

핵심정리 **대량살상무기(Weapon of Mass Destruction, WMD)**

1. 의의
   핵무기·화학무기·생물학무기·환경무기를 비롯하여 이들을 운반할 수 있는 장거리 유도무기와 향후 개발 가능성이 있는 방사능 무기를 모두 포함하여 지칭
2. 화생방 테러
   ① 화생방 테러(Chemical, Biological and Nuclear Terrorism)는 테러조직이 계획적으로 미생물이나 화학 및 방사능을 이용하여 치명적인 살상을 가하는 행위
   ② 화생방 테러는 간단한 운반수단을 통해 확산이 가능하며 소량으로도 대량의 살상력을 보유
3. 더러운 폭탄
   ① 방사성 물질을 다이너마이트 등 재래식 폭탄으로 폭발시켜 핵테러 효과를 내기 위해 조잡하게 만들어진 폭탄
   ② 동 폭탄은 핵분열이 일어나지 않아 핵무기와 같은 효과는 없으나 방사성 물질을 병원이나 산업현장 등에서 쉽게 획득할 수 있고 상당한 심리적 효과를 거둘 수 있어 테러조직에 의한 사용이 우려되는 상황
3. 생물무기
   ① 세균·바이러스·리케치아·곰팡이 등의 미생물이나 보툴리늄·라이신 등의 독소를 이용하여 인간·동식물의 생체기능이나 수명에 영향을 주기 위해 만든 무기
   ② 핵무기에 비해 상대적으로 제조비용이 저렴하고 기술적으로 생산이 용이하여 다수의 제3세계 국가들이 보유하고 있는 것으로 추정
4. 화학무기(Chemical weapon)
   ① 유독성 화학약품을 연소 또는 발연 효과를 이용하여 인명을 살상하거나 초목을 고사시키기 위해 제조된 무기

② 광의로는 화염방사제 · 연막 · 소이제 · 독가스 · 조명용 약품 등 화학반응을 일으키는 모든 군용기재를 포함하나 협의로는 애덤자이트 · 머스터드(겨자)가스 · 포스겐 등과 같은 독가스만을 지칭

5. 파빙이론(Broken ice theory)

지금까지 생화학 테러가 발생하지 않은 이유는 테러조직들이 생화학 테러의 효과를 제대로 인식하지 못한 데서 기인하고 있다고 보고 일단 생화학 테러의 효과가 인식되면 걷잡을 수 없이 테러가 증가될 것이라는 이론

핵심정리 독가스

1. 사린가스(Sarin gas)
   ① 제2차 세계대전 당시 독일군이 개발한 휘발성이 매우 높고 무색 · 무취의 액체 형태의 신경가스로 호흡기 또는 피부로도 흡수되며 일단 중독되면 동공이 수축되고 근육마비로 질식사
   ② 독성이 청산가리의 5백배에 달할 정도로 매우 강하며, 이란-이라크 전쟁(80~88년) 당시 이라크군이 사용한 바 있고, 95년 일본 옴진리교가 지하철 독가스 테러에 사용
2. 라이신(Ricin)
   ① 치명적인 독을 함유하고 있는 '피마자'(학명:Ricinus Communis) 기름을 유출하는 과정에서 생기는 잔여물에서 추출
   ② 청산가리 6,000여배의 독성을 가진 물질로 흡입 · 혈액 침투시 위/폐출혈로 72시간 내 사망
   ③ 전세계에 분포되어 입수가 수월하고, 고체 · 액체 · 기체 등 다양한 형태로 변형 가능, 일명 '리신'이라고도 함
   ④ 78년 불가리아 반체제 인사가 런던에서 '라이신'에 의해 살해

핵심정리 폭발물 관련 테러 용어

1. 폭발물
   (1) 의의
      ① 외부적인 열이나 충격 등 기계적인 작용에 의해 급격한 반응을 일으켜 많은 양의 가스와 열을 방출하면서 분해 또는 재배열하는 화합물 또는 혼합물
      ② 폭발시 반응속도에 따라 저성능과 고성능 폭발물로 구분 가능
   (2) 저성능 폭발물
      ① 폭파속도가 400m/s 정도로 일반적으로 화약이라고 하며, 흑색화약 · 무연화학 등이 대표적
      ② 실탄이나 물체를 일정한 거리까지 이동시키는 추진제로서의 역할을 하나 파이프와 같이 밀폐된 공간에서는 고성능 폭발물과 유사한 정도의 폭발력을 발휘
   (3) 고성능 폭발물
      ① 폭파속도가 1,000m/s~8,000m/s 정도로 일반적으로 폭약이라고 하며, 다이나마이트 · TNT · 컴포지션류 등이 대표적
      ② 순간적인 폭발력이 강해 물체를 파괴하거나 분해시키는 역할
2. 뇌관
   ① 폭발물을 기폭시키기 위해 사용하는 폭파 부수기재로 전기식 뇌관과 비전기식 뇌관으로 구분
   ② 뇌관속에는 가벼운 충격에도 폭발하는 매우 민감한 고성능 폭발물(PETN · RDX등)이 내장

3. 도화선/도폭선

① 도화선은 폭발물로 분류되지 않으며 비전기식 뇌관을 기폭시키는 촉매역할을 하는 것으로 굵기는 0.5cm 정도로 모든 제조사가 동일한 규격으로 제조하며 내부에는 흑색화약이 내장

② 도폭선은 도화선과 형태는 유사하나 폭파속도가 8,000m/s에 달하는 고성능 폭발물

4. 폭발물처리반(Explosive Ordnance Disposal, EOD)

폭발물 또는 폭발물로 의심되는 물건 발견시 즉각 출동하여 수거 · 해체 처리 등 임무 수행

5. 플라스틱 폭발물(가소성 폭발물)

① 폭발물중 변형이 가능한 것을 지칭하는 말로 C-4 · 산업용 다이너마이트 · 에멀젼 폭약 · 셈택스 등이 대표적인 유형

② 이러한 폭발물은 테러범의 의도에 따라 원하는 모양을 제조할 수 있고 은닉이 용이하여 항공기 폭파테러 등에 주로 많이 사용되는데, 대표적 사례로 KAL 858기 폭파사건에 C-4가 사용.

핵심정리 **5대 생물테러 가능 병원체**

1. 의의

생물테러에 이용될 만큼 치사율이 높은 탄저균 · 천연두 · 페스트 · 보툴리늄 · 에볼라 병원체를 지칭

2. 탄저균(Anthrax)

① 의도적으로 공기 중에 배출시킬 수 있고, 폐로 흡입되면 심각한 호흡기 질병을 유발하는 균

② 사람의 경우 피부의 상처부위나 구강을 통해서도 감염되며, 복통 · 구토 · 설사를 유발하고 동물에게 감염될 경우 심한 패혈증을 일으켜 2~3일 내 사망

3. 천연두(두창, Smallpox)

고열 · 발진을 유발하는 바이러스 질환으로 치사율이 가장 높고 감염자가 타인에게 쉽게 전염시킬 수 있어 생물테러에 이용될 가능성이 가장 높은 것으로 평가

4. 페스트(Pest)

① 공기 중에 폐로 흡입됨으로써 심각한 폐렴을 유발하는 균

② 감염된 사람의 기침을 통해 공기 중으로 배출되어 근거리에 있는 사람에게 쉽게 전파가 가능

4. 보툴리늄(Botulinus)

① 근육을 마비시키는 강력한 독소를 분비하며 주로 토양과 해수 등에서 발견되고 비위생적인 음식이나 잘못 저장된 음식물의 섭취로도 중독 가능

② 고의적으로 독소가 공기 중에 살포되었을 경우 피부나 폐로 흡수되어 음식물을 섭취했을 경우와 동일한 증상을 유발

5. 에볼라(Ebola)

① 아프리카 콩고민주공화국의 에볼라 강에서 발견되어 붙여진 명칭

② 감염되면 유행성 출혈열 증세를 보이며 혈관을 통해 모든 장기로 이동, 심한 출혈과 함께 사망하게 되는데 일주일내 90%의 치사율을 나타내고 있음

5 동기(motivation)

테러는 테러조직의 정치적 목적을 관철하기 위한 행위로 고도의 정치적 전략이다. 테러는 일반적인 폭력과 달리 분명한 어떤 동기를 요소로 한다. 그 동기가 이념적, 종교적 그리고 민족적 이유를 내포한 정치적 동기인 것이다.

V 국가가 테러의 주체가 될 수 있는지에 대한 논의

1 의의

한편 일부 국가에서는 테러의 개념구성 요소의 하나로 불법 또는 위법을 필요로 한다고 주장한다.

2 합법적·정통적 국가의 테러 주체성을 부인하는 견해

① 국제법적으로 국가가 인정하는 합법적인(테러)행위는 개인 또는 단체에 의한 폭력사용과 달리 "합법적 위법"이 되어 실정법적으로는 법 위반이지만 자연법적으로는 합법인 행위가 된다.

② 이러한 견해에 의하면 합법성을 가진 정통적 국가는 테러의 주체가 될 수 없어서 국가테러의 개념을 인정할 수 없게 된다. 이는 결국 방어권의 문제로 귀결되어 영토침해 등 선제공격에 대한 보복으로서의 공격은 위법적인 방법이 동원될 수 있을지라도 자위권의 행사로 용인되는 권리행사로서 테러는 아니라는 것이다.

3 비판

① 그러나 오늘날 국가도 테러의 주체가 된다는 것이 다수 학설의 입장이다. 또한 국가는 테러행위를 직접적으로 수행할 수 있을 뿐만 아니라 테러조직에 대한 자금지원, 장소제공, 전문요원 등 인력제공 등으로 공범적 차원에서 주체적 역할을 수행하는 경우가 적지 않았다.

② 또한 합법적·정통적 국가의 테러 주체성을 부인하는 견해에 있어서의 합법성, 정통성은 어떤 이념을 전제로 한 주관적 견해가 되기 쉽다.

4 결론

① 테러는 무고한 일반 시민을 도구나 수단으로 사용한다는 점에서 그 자체가 바로 인륜에 반하는 범죄행위라는 점을 경시한 견해라고 할 수 있다.

② 그러므로 정치적·이념적 문제를 떠나 기본적 천부인권의 관점에서 테러는 인간의 고귀한 생명을 그들의 정치적인 목적달성을 위해 공포를 전달하기 위한 수단으로 사용하는 반인륜적 행위로 생명권, 자유권 등 기본적 인권에 대한 중대한 위협이다.

Ⅵ 예방적 선제공격이론(Preemptive doctrine)

1 의의

부시 독트린으로 2003년 이라크와의 전쟁에 대한 이론적 근거이다. 부시대통령은 2001년 9월 11일 테러 공격 이후, '미국은 향후 테러공격을 직접 자행한 테러조직과 테러조직을 지원한 국가들을 구별하지 않고 동등하게 취급하겠다. 지구상 모든 나라들은 테러조직들과 함께할 것인지, 미국과 함께 갈 것인지를 결정해야 한다.'라고 강력한 대응을 공표했다. 이처럼 선제공격은 적대세력의 공격이 임박했음을 나타내는 부인할 수 없는 증거나, 예상에 근거하여 그 공격을 사전에 봉쇄하기 위한 한발 앞선 선제적인 공격을 의미한다.

2 예방공격과 선제공격

예방공격은 적대세력의 침공이 임박하지는 않지만 침공을 당했을 경우에는 심대한 타격이 예상된다는 판단에 의해 예방적인 차원에서 미리 공격을 하는 것을 말한다. 임박한 상대의 공격에 대한 선제공격은 일반적인 예방공격과는 구분된다. 그러나 국제 정치학적으로는 선제공격과 예방공격이 모두 일방주의(unilateralism) 또는 제국주의적 과잉대응이라는 비난이 있다. 선제공격의 국제법적 인정여부에 대하여는 논란이 있고 미국 부시행정부는 국제법적인 정당성을 주장하고 실천한 것이다.

3 판례

① 2003년 2월 일단의 군인들과 의회의원들은 부시 대통령을 상대로 부시행정부가 선제공격 이론에 기초하여 이라크와의 전쟁을 수행하려고 하는 것을 금지하는 소송을 제기했다. 원고들은 부시 행정부의 이라크 전쟁 준비는 침략전쟁(offensive war)으로 위헌이라고 주장했다.

② 법원은 이라크와의 전쟁이 아직 시작되지도 않았고, 전쟁이 다른 해결방법으로 진전될 수도 있으며, UN의 무력사용 결의 등도 있을 수 있다는 점 등 다른 정황을 근거로 하여, 현 상황에서 법적 판단을 할 정도로 사안이 성숙하지 않았다면서, 사건의 성숙이론(ripeness groimds)을 이유로 원고들의 청구를 배척했다.

Ⅶ 테러단체 지정

1 의의

① 미국 국무부는 애국법(현재는 자유법)에 근거하여 이민법의 목적 달성 등을 위하여 법무부 장관과의 협의 또는 요청에 의해 테러단체를 지정할 권한을 가지고 있다. 이에 의거하여 국무부는 현재 테러추방 목록(Terrorist Exclusion List, TEL)을 작성하여 관리한다.

② 국무부의 테러추방 목록에 따라서 국토안보부는 특별한 형사처벌 문제가 개재되어 있지 않다고 하는 경우에도 테러 단체로 지정된 단체들과 교류가 있는 사람들에 대하여는 그 사실만으로도 입국을 거부하거나 사후 적발자에 대한 추방을 할 수 있는 권한을 가지고 있다.

2 테러단체 지정 기준

미국 국무부는 어떤 조직이 ① 죽음 또는 심각한 신체적인 상해를 초래하는 의도를 나타내는 상황 아래에서의 폭력적 테러행동을 실제로 행하거나, 또는 그를 선동하거나 ② 테러활동을 준비 또는 계획하거나 ③ 테러활동의 잠재적 목표물에 대한 정보를 수집하거나 ④ 테러활동을 용이하게 하기 위해 물질적 지원을 한 사실이 인정되면 테러단체로 지정할 수 있다.

3 테러단체 지정 절차

① 국무부 장관은 법무부 장관과 협의하여, 또는 법무부 장관의 요청을 받아 테러단체를 지정한다.

② 그래서 테러단체를 지정할 필요성이 발생하면, 국무부는 법무부 그리고 정보공동체와 긴밀하게 협력하여 공개 또는 비공개된 모든 정보를 활용하여 법적 요건에 맞춘 상세한 행정기록을 작성한다.

③ 완성된 행정기록은 국무부 장관에게 보고되고 국무부 장관의 결정에 의해 테러단체로 지정된다. 지정 사실은 연방관보에 고지된다.

핵심정리 **테러지원국(State Sponsors of Terrorism)**

1. 의의
   미 국무부는 79년부터 수출통제법(Export Administration Act of 1979)에 의거 매년 정기 또는 수시로, 테러를 사주 · 지원 · 방조하거나 은신처 · 병참 · 정보 제공 등의 행위를 하는 국가를 테러지원국으로 지정한다.
2. 테러지원국으로 지정될 경우
   ① 수출통제법 · 적성국교역법 · 대외원조법 · 종합테러방지법 등의 적용을 받는다.

② 武器 · 二重用度 품목 수출금지, 경제원조 · 美 수출입은행 보증 · 최혜국 대우 · 일반특혜관세 부여 · 국제 금융기관의 차관제공 금지 등 군사 · 경제 · 외교분야의 각종 制裁를 부과받게 된다.

③ 테러지원국 해제는 대통령이 하도록 되어있으며 최근 6개월간 국제테러 개입 · 지원 사실이 없었다는 점을 입증할 경우 규제해제를 검토한다.

④ 현재 테러지원국으로 지정된 국가는 시리아, 이란, 북한, 쿠바이다. 특히 시리아는 1979년 12월 29일 최초로 지정되고 단 한 번도 제명된 적이 없다.

핵심정리 대테러 비협조국

1. 미국은 자국의 대테러 노력에 협조하지 않는 국가를 대테러 비협조국(non-cooperative countries with US anti-terrorism efforts)으로 지정, 매년 5월 15일까지 의회에 통보토록 종합테러방지법에 규정하고 있다.
2. 「종합테러방지법(Anti-terrorism and Effective Death Penalty Act of 1996)」은 대테러 비협조국으로 지정될 경우에는 이중용도 품목 등 군수품 및 군수서비스에 대한 수출만 제한되나 대통령이 국익을 위해 필요하다고 판단하면 수출제재 면제가 가능하다고 규정하고 있다.

4 테러단체 지정의 효과

① 애국법(현재는 자유법)에 의한 테러단체 지정의 효과는 무시무시(dire)하다는 평가를 받는다. 미국 내의 자산동결은 기본적이고 지정된 테러 단체를 지원했거나 또는 그 일원으로 활동한 개인에 대해서는 기한 없이 미국 입국이 거부되고, 이미 입국한 사람은 추방된다. 그러한 조치에 대하여는 난민신청은 물론이고 사법적인 구제도 제한된다.

② 미국 시민은 어떠한 명목으로라도 국무부가 지정한 테러단체에 기부금 또는 기여금을 제공할 수 없다. 테러단체로 지정된 단체에 대해서는 수사 · 정보기구가 특별하게 강화된 감시를 행할 수 있고 다른 국가기관에도 테러지정 사실을 통보하게 되며, 테러지정 단체를 고립화하는 조치를 행할 수 있다.

핵심정리 자금 규제 관련 테러 용어

1. 테러자금 규제

① 테러자금이란 유 · 무형 또는 동산 · 부동산을 불문하고 테러목적에 이용된 모든 자산을 의미

② 테러무기구입 · 테러범 훈련 · 테러분자의 이동 등에 막대한 자금이 소요되므로 테러자금 조성을 차단하는 것은 테러조직의 활동을 위축시키는 핵심적인 테러예방책임

③ 98년 8월 케냐 · 탄자니아 주재 미대사관 테러사건에 "빈라덴"의 자금이 지원된 사실이 밝혀진 이후 테러자금 규제 필요성이 제기되어 99년 12월 UN총회에서 테러자금 조달 억제를 위한 협약을 채택함에 따라 UN안보리는 2001년 9월 28일 결의안 1373호를 통해 테러자금 색출 · 테러자금 조성 · 지원행위를 범죄화할 것을 의무화

④ '자금세탁방지 국제기구'(FATF)에서도 테러자금을 자금세탁 방지대상에 필수적으로 포함시킬 것을 국제적 기준(Global Standard)으로 제시

핵심정리 주요 테러 단체

1. 아부 니달(ANO)
   1974년 팔레스타인해방기구(PLO)에서 분리되었으며, 1985년 로마 비엔나공항 테러사건 등을 수행하였다.

2. 옴진리교
   1987년 일본인 아사하라 쇼코가 창설한 종교단체이며, 1995년 일본 동경 지하철에 신경가스의 일종인 사린가스를 살포하여였다.

3. 자유조국바스크(ETA)
   1959년 결성된, 스페인 북부 바스크지방 분리 독립을 목표로 한 무장단체로 스페인 내에서 정부를 상대로 각종 테러활동을 하고 있다.

4. 하마스(HAMAS)
   1987년 결성된 팔레스타인 무장단체로서, 하마스란 '이슬람저항운동'이라는 아랍어의 첫 머리글자에서 따 온 것이다. 2006년 1월 팔레스타인 총선에서 다수당이 되어 팔레스타인 자치정부의 집권당이 되면서 합법적인 정당으로 탈바꿈하고 있다.

5. 헤즈볼라(Hezbollah)
   1980년 레바논에서 조직된 시아파 과격단체로 이스라엘의 점령지인 가자 등에서 무장활동을 하고 있다. 시리아와 이란이 무기 공급, 군사훈련, 공작금 등 배후지원을 하고 있는 것으로 파악되고 있다. 헤즈볼라가 이스라엘 병사 2명을 납치한 것에 대한 보복으로, 2006년 7월 13일 이스라엘 육군이 탱크를 이용하여 레바논의 도시를 공격하였다.

6. 팔레스타인 인민해방전선
   1967년 하반기에 아랍 민족주의자들을 중심으로 건립된 팔레스타인 해방 인민 전선은 1970년대에 들어서 마르크스-레닌주의를 표방하였고, 세속주의적, 탈이슬람적 색깔로 바뀌었다.

7. 적군파(Japanese Red Army)
   1969년 일본에서 공산주의를 신봉하는 젊은 지식인들로 결성된 단체로 1970년 하네다 공항을 출발, 일본 후쿠오카로 향하던 일본항공(JAL) 여객기를 납치하여 북한으로 간 '요도호 사건'으로 세상에 알려졌다. 1972년부터 팔레스타인 인민해방전선(PEEP)과 유대를 맺고, 1972년 이스라엘 텔아비브공항 습격사건, 1974년 쿠웨이트 일본대사관 점거사건, 헤이그 프랑스대사관 습격사건 등을 일으켰다. 2001년 5월 결성 30년 만에 조직을 공식적으로 해체하고 합법단체로 거듭날 것을 선언했다.

8. 쿠르드 노동자당(PKK, Partiya Karkeren Kurdistan)
   1978년 터키의 소수민족인 쿠르드족에 의해 구성된 좌익단체로 쿠르드 자치정부 설립을 목표로 터키와 이란, 이라크에서 무장투쟁을 하고 있다.

9. 타밀엘람해방 타이거스(LTTE, Liberation Tigers of Tamil Eelan)
   1976년 스리랑카에서 설립된 타밀 무장단체로는 제일 규모가 큰 것으로 알려져 있다. 스리랑카 북부 타밀족의 자치정부 설립과 독립을 위하여 각종 폭탄테러 및 주민살해 등의 테러활동을 하였다. 그러나 2009년 5월 반군지도자가 피살되었고 반군은 모두 항복하여 내전이 종식되었다.

10. 알카에다(Al-Qaeda)
    1988년 사우디아라비아 왕족 출신인 오사마 빈 라덴이 설립한 이슬람 무장단체로, 미국과의 성전이라는 이름으로 중동과 세계 각지에서 폭탄테러를 감행하고 있다. 2001년 9/11테러를 주도한 배후세력으로 알려졌다. 대테러전으로 수행된 같은 해의 영국의 아프가니스탄 침공으로 그 때까지 자신들이 비호하던 아프가니스탄의 탈레반 정권이 타도되어 크게 타격을 입었다. 테러요원 양성캠프가 있다는 이유로 아프간 탈레반정부에 대한 미군의 공격으로 탈레반 정부가 붕괴되기도 하였다.

11. 이슬람국가(Islamic State)

2006년 급진 수니파 무장단체로 아부 바크로 알바그다디가 지도자이다. 2014년부터 이라크와 시리아를 중심으로 세력을 확장했지만, 미군의 대대적인 토벌작전으로 수도였던 2017년 10월 시리아의 락까가 함락된 이후 괴멸됐다. 하지만 여전히 추종세력들이 유럽과 중동 지역에서 테러행위를 자행하고 있다.

12. 보코하람(Boko Haram)

나이지리아에서 생겨난 이슬람 극단주의 테러 조직이자 이슬람계 사이비 종교이다. 소말리아에 있는 알샤바브와 더불어 아프리카의 '탈레반'이라고 불린다. 실제로 탈레반 및 알카에다와도 우호적으로 서로 교류를 나누고 있다고 한다. 보코하람은 "서양식 교육은 죄악"이라는 뜻이 된다. 이름에서부터 알 수 있듯이 서양 및 다른 대륙의 교육과 비이슬람 교육, 타 종교 문화들은 철저히 거부한다. 또한 이들은 서구 교육뿐만 아니라 거의 모든 근대 과학이나 기술도 반대한다.

13. 약속의 날 여단

약속의 날 여단 또는 무카위문은 시아파 무장단체로 이라크에서 활동하던 반군이었다.

14. 알샤바브

소말리아와 케냐의 이슬람계 사이비 종교이자 이슬람 극단주의 성향의 무장단체이다. 2006년 이슬람 법정 연맹(ICU)이 붕괴되자 이 중에서도 극단적인 세력이 떨어져 나와 세워졌으며, 소말리아 남부를 점령하고 샤리아 법에 근거한 극단적인 통치를 하고 있다.

15. 탈레반

파슈토어로 '학생들'이라는 의미로 탈레반 조직은 파키스탄 북부 및 아프가니스탄 남부 파슈툰족 거주 지역에 산재한 이슬람 신학교의 교육 체계를 이수한 신학생들이 아프가니스탄의 내전을 무력으로 종식시키고 자신들의 단체 이름을 '학생들'이라는 의미인 '탈레반'으로 명명했기 때문이다.

Theme

60 한국의 대테러 조직체계

I 연혁

1 국가대테러 활동지침

한국의 대테러조직은 1986년 아시안게임, 1988년 서울올림픽과 같은 국제적 행사에 대한 테러방지를 위하여 1982년 1월 22일 대통령훈령 제47호 「국가대테러 활동지침」의 제정과 함께 대통령 소속하 테러대책회의를 중심으로 테러대책기구인 상임위원회, 공항 · 항만 테러 · 보안대책회의, 지역테러대책협의회와 테러사건 대응조직인 분야별 테러사건대책본부, 현장지휘본부, 대테러특공대, 협상팀, 긴급구조대 및 지원팀, 대화생방 특수임무대, 합동조사반 등 각 기관별 테러조직을 구성하였다.

2 테러정보통합센터 설립

① 2001년 9/11테러 이후에는 「국가대테러활동지침」으로는 테러의 예방과 대응활동의 권한과 법적 근거가 필요하다는 테러방지법의 제정을 촉구하는 주장이 제기되었다.

② 2005년 지침의 개정을 통해 대테러활동 중 정보활동과 국제협력을 강화하기 위해 국내외 테러 관련 정보의 수집, 분석, 작성, 배포업무를 실시하도록 국가정보원에 테러정보통합센터를 설립하였다.

3 긴급구조대 설치

2008년에는 테러사건 발생 시 신속한 인명구조 및 구급활동을 위해 소방방재청에 긴급구조대를 설치하고, 테러사건 협상요원의 양성 · 확보 조항을 강화하였다.

4 원자력위원회와 화생방대응 특수임무대 설치

2012년에는 「원자력위원회의 설치 및 운영에 관한 법률」의 제정으로 방사능테러 대응에 관한 주무기관이 교육과학기술부에서 원자력안전위원회로 변경됨에 따라 관련 임무 및 기능을 이관하고, 화생방대응 특수임무대를 국방부에 설치하였다.

5 해양수산부 신설

2013년 해양수산부 신설에 따라 국토교통부의 임무 · 기능 중 일부를 해양수산부로 이관하였다.

6 국민안전처 설치

2015년에는 국가재난관리체계에서 드러난 구조적 문제점으로 인해 소방방재청 및 해양경찰청을 개편하고, 인명 구조 및 해양에서의 대테러 예방 등에 관한 임무를 국민안전처가 담당하도록 하였다.

7 테러방지법 제정

2016년 3월 「국민보호와 공공안전을 위한 테러방지법」을 제정, 국가대테러활동지침을 폐지하고 테러방지법 시행령 제11조(전담조직)에 따라 대테러 전담조직을 명시하여 법적 근거에 따라 기관별 대테러예방과 대응활동을 실시하고 있다.

8 국민안전처 폐지

2017년 문재인 정부가 들어서면서 국민안전처가 담당하던 해양과 소방 기능이 다시 각각 해양경찰청과 소방청으로 분리 · 독립되면서 해양테러의 대응은 해양경찰이, 소방 및 구조기능은 소방청이 담당하도록 임무가 변경되었다.

Ⅱ 한국의 대테러 조직

1 의의

① 한국의 대테러 조직의 경우 대테러활동의 컨트롤타워 역할을 실시하는 회의기구인 국무총리를 위원장으로 한 국가테러대책위원회는 국가 대테러활동 기본계획 수립과 국가 대테러조직 중 가장 상위에서 결정권을 가지고 있는 조직이다.

② 실무위원회, 대테러활동에 관한 전반적인 업무와 권한을 가지고 있는 대테러센터와 테러정보 수집과 전파 등 업무를 담당하는 테러정보통합센터, 공항 · 항만의 다양한 관계기관과의 대테러업무를 조정하기 위한 공항 · 항만테러대책협의회와 지자체의 대테러업무 지원과 협조를 위한 지역 테러대책협의회가 있다.

③ 대테러정보기관으로는 국가중앙정보기관인 국가정보원에서 운영하는 테러정보통합센터에서 테러정보수집, 전파, 공유 등의 업무를 실시하고 있으며, 이외에도 국군의 보안, 방첩을 담당하는 군 정보기관인 국군방첩사령부는 군사안보지원, 군 방첩, 군 관련 첩보 수집 및 처리, 특정범죄수사 등의 임무를 담당하며, 경찰의 경우 국내치안정보를 다루는 정보국과 북한 및 안보관련 보안정보를 다루는 보안국이 정보기관으로서 임무를 수행하고 있다.

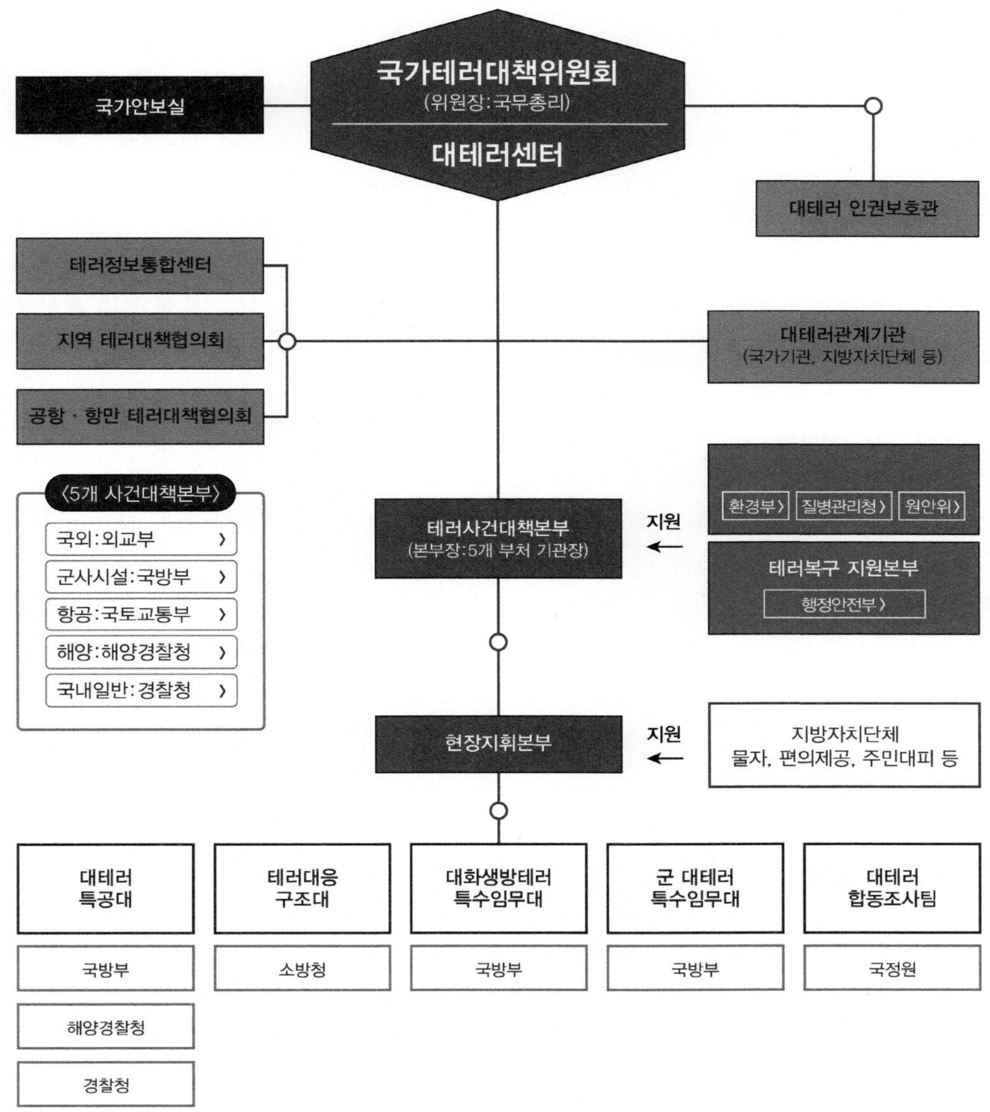

[한국의 대테러 체계]

2 국가테러대책위원회

(1) 구성

위원장은 국무총리이며, 위원은 20개 중앙부처(기획재정부, 외교부, 통일부, 법무부, 국방부, 행정안전부, 산업통상자원부, 질병관리청, 환경부, 국토교통부, 해양수산부, 금융위원회, 국가정보원, 대통령경호처, 국무조정실, 원자력안전위원회, 관세청, 경찰청, 소방청, 해양경찰청)의 장이며, 간사는 대테러센터장으로 구성되어 있다.

(2) 역할

대테러활동에 관한 정책의 중요사항을 심의 · 의결하며, 그 대상은 대테러활동에 관한 국가의 정책 수립 및 평가, 국가 대테러 기본계획 등 중요 중장기 대책 추진사항, 관계기관의 대테러활동 역할 분담 · 조정이 필요한 사항, 국가테러대책위원회 및 테러대책실무위원회 운영에 관한 사항, 대화생방테러 특수임무대, 대테러특공대, 군 대테러특수임무대 설치 · 지정, 테러경보 발령과 관련한 사항, 국가 중요행사 대테러 · 안전대책 기구 편성 · 운영, 신고포상금, 테러피해 지원금, 특별위로금 지급기준 결정 등이다.

3 대테러 인권보호관

국가테러대책위원회에 상정되는 관계기관의 대테러정책과 제도에 있어서 인권보호 사항에 관하여 자문하고 개선사항을 권고하고, 대테러활동에 따라 발생할 수 있는 인권침해와 관련된 민원사건을 처리하고, 대테러활동을 수행하는 관계기관의 공직자를 대상으로 인권교육 등 인권보호를 위한 활동을 수행하고, 대테러활동을 수행하는 과정에서 인권침해 사항을 발견할 경우에는 이를 국가테러대책 위원회 위원장에게 보고한 후 관계기관의 장에게 시정을 권고할 수 있다. 대테러 인권보호관이 직무를 효율적으로 수행할 수 있도록 행정, 재정적 지원을 위하여 대테러 인권보호관 지원반을 설치한다.

4 대테러센터

국가 대테러 활동 관련 법령 제 · 개정, 국가테러대책위원회 운영, 테러경보 발령, 테러상황 관리 및 분석, 장단기 국가대테러활동 지침(표준 매뉴얼) 작성 · 배포, 관계기관 테러 대비태세 확인 · 점검 및 평가, 국가 중요 행사 대테러 안전대책 수립 · 점검 및 국제협력 등이다.

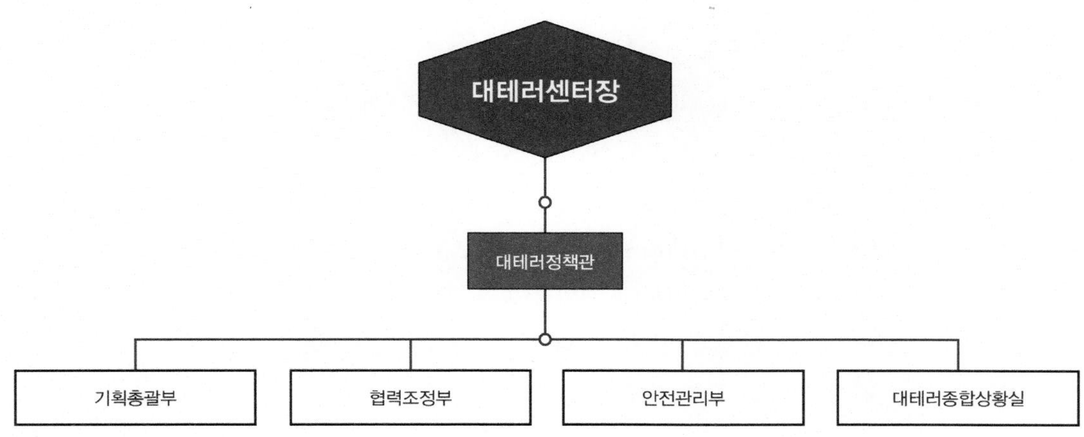

[대테러센터 조직]

핵심정리 **테러 경보 단계**

등급	발령기준	조치사항
관심	실제 테러발생 가능성이 낮은 상태 • 우리나라 대상 테러첩보 입수 • 국제테러 빈발 • 동맹 · 우호국 대형테러 발생 • 해외 국제경기 · 행사 이국인 다수 참가	테러징후 감시활동 강화 • 관계기관 비상연락체계 유지 • 테러대상시설 등 대테러 점검 • 테러위험인물 감시 강화 • 공항 · 항만 보안 검색률 10% 상향
주의	실제 테러로 발전할 수 있는 상태 • 우리나라 대상 테러첩보 구체화 • 국제테러조직 · 연계자 잠입기도 • 재외국민 · 공관 대상 테러징후 포착 • 국가중요행사 개최 D-7	관계기관 협조체계 가동 • 관계기관별 자체 대비태세 점검 • 지역 등 테러대책협의회 개최 • 공항 · 항만 보안 검색률 15% 상향 • 국가중요행사 안전점검
경계	테러발생 가능성이 농후한 상태 • 테러조직이 우리나라 직접 지목 · 위협 • 국제테러조직 · 분자 잠입활동 포착 • 대규모 테러이용수단 적발 • 국가중요행사 개최 D-3	대테러 실전대응 준비 • 관계기관별 대테러상황실 가동 • 테러이용수단의 유통 통제 • 테러사건대책본부 등 가동 준비 • 공항 · 항만 보안 검색률 20% 상향
심각	테러사건 발생이 확실시되는 상태 • 우리나라 대상 명백한 테러첩보 입수 • 테러이용수단 도난 · 강탈 사건 발생 • 국내에서 테러기도 및 사건 발생 • 국가중요행사 대상 테러첩보 입수	테러상황에 총력 대응 • 테러사건대책본부 등 설치 • 테러대응 인력 · 장비 현장 배치 • 테러대상시설 잠정 폐쇄 • 테러이용수단 유통 일시중지

5 관련 주요기관의 역할

(1) 외교부(국외테러 분야)

① 국외테러에 대한 종합적 예방대책 수립 및 시행

② 국제적 대테러 협력을 위한 국제조약 체결 및 양·다자 협의체 참여

③ 우리 공관 및 재외국민 안전대책 추진

④ 사태 악화 시 유관부처와 협의하에 재외국민 비상수송대책 수립

⑤ 국외테러 발생 시 각국 정부 및 주한 외국공관 협조체계 구축

⑥ 여행금지국 지정 및 여행경보 발령

(2) 국방부(군사시설테러 분야)

① 군사시설 내에 테러사건 발생시 군 책임하 작전 수행

② 대테러 특공대 및 폭발물 처리팀 편성 지원

③ 군사시설 및 방위산업에 대한 테러 예방활동 및 지도·점검

④ 대테러 전술의 연구개발 및 필요장비 확보

⑤ 대테러 전문 교육훈련 지원

⑥ 대테러특공대, 화생방테러 특수임무대, 군 대테러 특수임무대 운영

(3) 국토교통부(항공테러 분야)

① 국토교통분야 국가중요행사 안전관리대책 수립

② 항공테러발생시 폭발물처리 등 초동조치를 위한 전문요원 양성

③ 항공기 안전운항관리를 위한 국제조약체결 및 항공관련 국제기구 가입·지원

④ 테러 등 비상시 국내공항 운항 조정 및 우회계획 수립·시행

⑤ 다중이용시설 중 운수시설에 대한 테러예방대책

(4) 환경부(화학테러 분야)

① 화학테러 대응 기능보강 및 관계기관 협조체제 강화

② 원인물질 탐지활동 및 기술 지원

③ 오염물질 물성 정보 및 방제 정보 제공

④ 화학테러 이용가능 사고대비물질 선정 및 취급시설 관리

⑤ 사고대비물질의 유통·취급실태, 저장량 관련 정보망 구축

⑥ 관계기관 대상 화학테러 대응 교육

(5) 질병관리청(생물테러 분야)

① 감염전문가 네트워크 등 이중 감시체계 운용

② 생물테러 조기진단용 실험실 설치 · 운용

③ 생물테러대비 지자체 대응태세 점검 및 비축물자 관리

④ 공항 · 항만 출 · 입국자에 대한 검역 · 감시활동 강화

⑤ 군 · 경구급대 등 대상 생물테러 대응 및 비상진료교육 실시

⑥ 생물테러 이용가능 주요 병원체 관리 및 안전대책 수립 · 점검

(6) 원자력안전위원회(방사능테러 분야)

① 국가 환경방사능 감시체계 유지

② 핵물질 및 원자력시설의 물리적 방호체계 수립

③ 방사성물질 및 원자력시설에 대한 통제 및 경계

④ 군 · 경구급대 등 대상 방사능 방재 및 비상진료교육 실시

⑤ 원자력안전기술원 · 원자력통제기술원 · 원자력의학원 현장 기술 지원

(7) 국가정보원 테러정보통합센터(테러정보 분야)

① 국내외 테러 관련 정보의 수집 · 분석 · 작성 및 배포

② 국내외 테러 관련 정보 통합관리 24시간 상황 처리체제의 유지

③ 국내침투 테러분자 · 조직 및 국제테러조직 색출

④ 대테러센터, 군 · 경 특공대 등 대테러 관계기관 협력 · 지원

⑤ 외국 정보수사기관과의 정보협력

⑥ 주요 국제행사 대테러 · 안전대책 수립 지원

(8) 경찰청(국내 일반테러 분야)

① 국내 일반테러에 대한 예방 · 저지 대응책 수립 및 시행

② 국가 중요 다중이용시설 경비 강화

③ 대테러특공대 출동태세 확립 및 전문성 향상

④ 테러범 수사역량 강화

⑤ 국제경찰기구 등과의 대테러 협력체제 유지

(9) 해양경찰청(해양테러 분야)

① 해양테러 대응

② 해양테러 예방대책 수립 · 시행

③ 임해 중요시설 인근해역 예방순찰 및 보호활동

⑽ 소방청(테러 대응 구조대)

① 테러발생 시 초기단계에서의 조치 및 인명의 구조·구급
② 화생방테러 발생 시 초기단계에서의 오염확산 방지 및 제독
③ 국가 중요행사의 안전한 진행 지원
④ 테러취약요인의 사전 예방·점검 지원

Ⅲ 대테러부대

1 대테러특공대

(1) 경찰특공대

국내에서의 전반적인 대테러 임무를 담당하며, 2022년 현재 18개 중 15개 시도경찰청에 편성되어 있으며, 아직 경찰특공대가 편성되지 않은 시·도경찰청은 인근 시·도경찰청 소속 경찰특공대의 지원을 받는다.

(2) 해양경찰특공대

국내에서의 해상 대테러 임무를 담당하며, 각 지방해양경찰청에 편성되어 있다.

(3) 육군 특수전사령부 예하 제707특수임무단

군사시설 또는 국외에서의 전반적인 대테러 임무를 담당한다.

(4) 해군 특수전전단(UDT/SEAL) 특수임무대대

군사시설 또는 국외에서의 해상 대테러 임무를 담당한다. 소말리아 해역 호송전대(청해부대)의 아덴만 여명 작전이 대표적인 실전 사례이다.

2 대화생방테러 특수임무대

국군화생방방호사령부 예하 제24화생방특수임무대대는 대화생방 테러를 담당하며 테러방지법 시행령에 의해 대테러특공대가 아닌 대화생방테러 특수임무대로 따로 분류된다.

3 군 대테러특수임무대

① 대테러특공대의 신속한 대응이 제한되는 상황에 대비하기 위하여 군 대테러특수임무대가 지역 단위로 편성·운영되고 있다.

② 육군 공수특전여단 특수임무대, 해군 특수전전단(UDT/SEAL) 특전대대, 해병대 특수수색대대, 공군 특수임무대(CCT) 그리고 일부 육군 특공대 및 육군 군사경찰 특수임무대(SDT) 등이 이에 해당한다.

③ 다만 국내외 전 지역을 관할하는 대테러특공대가 평시 주임무로서 대테러 작전을 맡으며, 고강도 대테러 작전의 독자적인 종결까지 가능한 것과는 다르게, 군 대테러특수임무대는 대테러 작전이 주임무가 아니거나 대테러 작전에서 대테러특공대보다 후순위 부대이다.

4 대테러 초동조치부대

대테러특공대나 군 대테러특수임무대보다 먼저 출동하여 주변 세력차단 및 원점보존을 하는 군사경찰 특수임무대(SDT), 육군 특공대 및 육군 기동대대 등이 대테러 초동조치부대로 분류된다.

관련법조항 「항공안전법」

제2조(정의)
이 법에서 사용하는 용어의 뜻은 다음과 같다.
1. "항공기"란 공기의 반작용(지표면 또는 수면에 대한 공기의 반작용은 제외한다. 이하 같다)으로 뜰 수 있는 기기로서 최대이륙중량, 좌석 수 등 국토교통부령으로 정하는 기준에 해당하는 다음 각 목의 기기와 그 밖에 대통령령으로 정하는 기기를 말한다.
   가. 비행기
   나. 헬리콥터
   다. 비행선
   라. 활공기(滑空機)

관련법조항 「항공보안법」

제2조(정의)
이 법에서 사용하는 용어의 뜻은 다음과 같다. 다만, 이 법에 특별한 규정이 있는 것을 제외하고는 「항공사업법」·「항공안전법」·「공항시설법」에서 정하는 바에 따른다.
1. "운항중"이란 승객이 탑승한 후 항공기의 모든 문이 닫힌 때부터 내리기 위하여 문을 열 때까지를 말한다.

관련법조항 「선박 및 해상구조물에 대한 위해행위의 처벌 등에 관한 법률」

제2조(정의)
이 법에서 사용하는 용어의 뜻은 다음과 같다.
1. "선박"이란 기선(機船), 범선(帆船), 부선(艀船) 및 잠수선(潛水船) 등 해저(海底)에 항상 고착되어 있지 아니한 모든 형태의 배를 말한다. 다만, 군함, 국가가 소유하거나 운영하는 해군보조함 및 세관·경찰용 선박은 제외한다.
2. "운항"이란 항해, 정박(碇泊), 계류(繫留), 대기(待機) 등 해양에서의 선박의 모든 사용 상태를 말한다.

관련법조항 「국민보호와 공공안전을 위한 테러방지법」

제1조(목적)

이 법은 테러의 예방 및 대응 활동 등에 관하여 필요한 사항과 테러로 인한 피해보전 등을 규정함으로써 테러로부터 국민의 생명과 재산을 보호하고 국가 및 공공의 안전을 확보하는 것을 목적으로 한다.

제2조(정의)

이 법에서 사용하는 용어의 뜻은 다음과 같다.

1. "테러"란 국가 · 지방자치단체 또는 외국 정부(외국 지방자치단체와 조약 또는 그 밖의 국제적인 협약에 따라 설립된 국제기구를 포함한다)의 권한행사를 방해하거나 의무 없는 일을 하게 할 목적 또는 공중을 협박할 목적으로 하는 다음 각 목의 행위를 말한다.

가. 사람을 살해하거나 사람의 신체를 상해하여 생명에 대한 위험을 발생하게 하는 행위 또는 사람을 체포 · 감금 · 약취 · 유인하거나 인질로 삼는 행위

나. 항공기(「항공안전법」 제2조제1호의 항공기를 말한다. 이하 이 목에서 같다)와 관련된 다음 각각의 어느 하나에 해당하는 행위

1) 운항중(「항공보안법」 제2조제1호의 운항중을 말한다. 이하 이 목에서 같다)인 항공기를 추락시키거나 전복 · 파괴하는 행위, 그 밖에 운항중인 항공기의 안전을 해칠 만한 손괴를 가하는 행위

2) 폭행이나 협박, 그 밖의 방법으로 운항중인 항공기를 강탈하거나 항공기의 운항을 강제하는 행위

3) 항공기의 운항과 관련된 항공시설을 손괴하거나 조작을 방해하여 항공기의 안전운항에 위해를 가하는 행위

다. 선박(「선박 및 해상구조물에 대한 위해행위의 처벌 등에 관한 법률」 제2조제1호 본문의 선박을 말한다. 이하 이 목에서 같다) 또는 해상구조물(같은 법 제2조제5호의 해상구조물을 말한다. 이하 이 목에서 같다)과 관련된 다음 각각의 어느 하나에 해당하는 행위

1) 운항(같은 법 제2조제2호의 운항을 말한다. 이하 이 목에서 같다) 중인 선박 또는 해상구조물을 파괴하거나, 그 안전을 위태롭게 할 만한 정도의 손상을 가하는 행위(운항 중인 선박이나 해상구조물에 실려 있는 화물에 손상을 가하는 행위를 포함한다)

2) 폭행이나 협박, 그 밖의 방법으로 운항 중인 선박 또는 해상구조물을 강탈하거나 선박의 운항을 강제하는 행위

3) 운항 중인 선박의 안전을 위태롭게 하기 위하여 그 선박 운항과 관련된 기기 · 시설을 파괴하거나 중대한 손상을 가하거나 기능장애 상태를 일으키는 행위

라. 사망 · 중상해 또는 중대한 물적 손상을 유발하도록 제작되거나 그러한 위력을 가진 생화학 · 폭발성 · 소이성(燒夷性) 무기나 장치를 다음 각각의 어느 하나에 해당하는 차량 또는 시설에 배치하거나 폭발시키거나 그 밖의 방법으로 이를 사용하는 행위

1) 기차 · 전차 · 자동차 등 사람 또는 물건의 운송에 이용되는 차량으로서 공중이 이용하는 차량

2) 1)에 해당하는 차량의 운행을 위하여 이용되는 시설 또는 도로, 공원, 역, 그 밖에 공중이 이용하는 시설

3) 전기나 가스를 공급하기 위한 시설, 공중이 먹는 물을 공급하는 수도, 전기통신을 이용하기 위한 시설 및 그 밖의 시설로서 공용으로 제공되거나 공중이 이용하는 시설

4) 석유, 가연성 가스, 석탄, 그 밖의 연료 등의 원료가 되는 물질을 제조 또는 정제하거나 연료로 만들기 위하여 처리 · 수송 또는 저장하는 시설

5) 공중이 출입할 수 있는 건조물 · 항공기 · 선박으로서 1)부터 4)까지에 해당하는 것을 제외한 시설

마. 핵물질(「원자력시설 등의 방호 및 방사능 방재 대책법」 제2조제1호의 핵물질을 말한다. 이하 이 목에서 같다), 방사성물질(「원자력안전법」 제2조제5호의 방사성물질을 말한다. 이하 이 목에서 같다) 또는 원자력시설(「원자력시설 등의 방호 및 방사능 방재 대책법」 제2조제2호의 원자력시설을 말한다. 이하 이 목에서 같다)과 관련된 다음 각각의 어느 하나에 해당하는 행위

1) 원자로를 파괴하여 사람의 생명 · 신체 또는 재산을 해하거나 그 밖에 공공의 안전을 위태롭게 하는 행위

2) 방사성물질 등과 원자로 및 관계 시설, 핵연료주기시설 또는 방사선발생장치를 부당하게 조작하여 사람의 생명이나 신체에 위험을 가하는 행위

3) 핵물질을 수수(授受) · 소지 · 소유 · 보관 · 사용 · 운반 · 개조 · 처분 또는 분산하는 행위

4) 핵물질이나 원자력시설을 파괴 · 손상 또는 그 원인을 제공하거나 원자력시설의 정상적인 운전을 방해하여 방사성물질을 배출하거나 방사선을 노출하는 행위

2. "테러단체"란 국제연합(UN)이 지정한 테러단체를 말한다.
3. "테러위험인물"이란 테러단체의 조직원이거나 테러단체 선전, 테러자금 모금 · 기부, 그 밖에 테러 예비 · 음모 · 선전 · 선동을 하였거나 하였다고 의심할 상당한 이유가 있는 사람을 말한다.
4. "외국인테러전투원"이란 테러를 실행 · 계획 · 준비하거나 테러에 참가할 목적으로 국적국이 아닌 국가의 테러단체에 가입하거나 가입하기 위하여 이동 또는 이동을 시도하는 내국인 · 외국인을 말한다.
5. "테러자금"이란 「공중 등 협박목적 및 대량살상무기확산을 위한 자금조달행위의 금지에 관한 법률」 제2조제1호에 따른 공중 등 협박목적을 위한 자금을 말한다.
6. "대테러활동"이란 제1호의 테러 관련 정보의 수집, 테러위험인물의 관리, 테러에 이용될 수 있는 위험물질 등 테러수단의 안전관리, 인원 · 시설 · 장비의 보호, 국제행사의 안전확보, 테러위협에의 대응 및 무력진압 등 테러 예방과 대응에 관한 제반 활동을 말한다.
7. "관계기관"이란 대테러활동을 수행하는 국가기관, 지방자치단체, 그 밖에 대통령령으로 정하는 기관을 말한다.
8. "대테러조사"란 대테러활동에 필요한 정보나 자료를 수집하기 위하여 현장조사 · 문서열람 · 시료채취 등을 하거나 조사대상자에게 자료제출 및 진술을 요구하는 활동을 말한다.

제3조(국가 및 지방자치단체의 책무)

① 국가 및 지방자치단체는 테러로부터 국민의 생명 · 신체 및 재산을 보호하기 위하여 테러의 예방과 대응에 필요한 제도와 여건을 조성하고 대책을 수립하여 이를 시행하여야 한다.

② 국가 및 지방자치단체는 제1항의 대책을 강구할 때 국민의 기본적 인권이 침해당하지 아니하도록 최선의 노력을 하여야 한다.

③ 이 법을 집행하는 공무원은 헌법상 기본권을 존중하여 이 법을 집행하여야 하며 헌법과 법률에서 정한 적법절차를 준수할 의무가 있다.

제4조(다른 법률과의 관계)

이 법은 대테러활동에 관하여 다른 법률에 우선하여 적용한다.

제5조(국가테러대책위원회)

① 대테러활동에 관한 정책의 중요사항을 심의 · 의결하기 위하여 국가테러대책위원회(이하 "대책위원회"라 한다)를 둔다.

② 대책위원회는 국무총리 및 관계기관의 장 중 대통령령으로 정하는 사람으로 구성하고 위원장은 국무총리로 한다.

③ 대책위원회는 다음 각 호의 사항을 심의 · 의결한다.

1. 대테러활동에 관한 국가의 정책 수립 및 평가
2. 국가 대테러 기본계획 등 중요 중장기 대책 추진사항

3. 관계기관의 대테러활동 역할 분담 · 조정이 필요한 사항
4. 그 밖에 위원장 또는 위원이 대책위원회에서 심의 · 의결할 필요가 있다고 제의하는 사항

④ 그 밖에 대책위원회의 구성 · 운영 등에 필요한 사항은 대통령령으로 정한다.

제6조(대테러센터)

① 대테러활동과 관련하여 다음 각 호의 사항을 수행하기 위하여 국무총리 소속으로 관계기관 공무원으로 구성되는 대테러센터를 둔다.
1. 국가 대테러활동 관련 임무분담 및 협조사항 실무 조정
2. 장단기 국가대테러활동 지침 작성 · 배포
3. 테러경보 발령
4. 국가 중요행사 대테러안전대책 수립
5. 대책위원회의 회의 및 운영에 필요한 사무의 처리
6. 그 밖에 대책위원회에서 심의 · 의결한 사항

② 대테러센터의 조직 · 정원 및 운영에 관한 사항은 대통령령으로 정한다.

③ 대테러센터 소속 직원의 인적사항은 공개하지 아니할 수 있다.

제7조(대테러 인권보호관)

① 관계기관의 대테러활동으로 인한 국민의 기본권 침해 방지를 위하여 대책위원회 소속으로 대테러 인권보호관(이하 "인권보호관"이라 한다) 1명을 둔다.

② 인권보호관의 자격, 임기 등 운영에 관한 사항은 대통령령으로 정한다.

제8조(전담조직의 설치)

① 관계기관의 장은 테러 예방 및 대응을 위하여 필요한 전담조직을 둘 수 있다.

② 관계기관의 전담조직의 구성 및 운영과 효율적 테러대응을 위하여 필요한 사항은 대통령령으로 정한다.

제9조(테러위험인물에 대한 정보 수집 등)

① 국가정보원장은 테러위험인물에 대하여 출입국 · 금융거래 및 통신이용 등 관련 정보를 수집할 수 있다. 이 경우 출입국 · 금융거래 및 통신이용 등 관련 정보의 수집은 「출입국관리법」, 「관세법」, 「특정 금융거래정보의 보고 및 이용 등에 관한 법률」, 「통신비밀보호법」의 절차에 따른다.

② 국가정보원장은 제1항에 따른 정보 수집 및 분석의 결과 테러에 이용되었거나 이용될 가능성이 있는 금융거래에 대하여 지급정지 등의 조치를 취하도록 금융위원회 위원장에게 요청할 수 있다.

③ 국가정보원장은 테러위험인물에 대한 개인정보(「개인정보 보호법」상 민감정보를 포함한다)와 위치정보를 「개인정보 보호법」 제2조의 개인정보처리자와 「위치정보의 보호 및 이용 등에 관한 법률」 제5조 제7항에 따른 개인위치정보사업자 및 같은 법 제5조의2제3항에 따른 사물위치정보사업자에게 요구할 수 있다.

④ 국가정보원장은 대테러활동에 필요한 정보나 자료를 수집하기 위하여 대테러조사 및 테러위험인물에 대한 추적을 할 수 있다. 이 경우 사전 또는 사후에 대책위원회 위원장에게 보고하여야 한다.

제10조(테러예방을 위한 안전관리대책의 수립)

① 관계기관의 장은 대통령령으로 정하는 국가중요시설과 많은 사람이 이용하는 시설 및 장비(이하 "테러대상시설"이라 한다)에 대한 테러예방대책과 테러의 수단으로 이용될 수 있는 폭발물 · 총기류 · 화생방물질(이하 "테러이용수단"이라 한다), 국가 중요행사에 대한 안전관리대책을 수립하여야 한다.

② 제1항에 따른 안전관리대책의 수립 · 시행에 필요한 사항은 대통령령으로 정한다.

제11조(테러취약요인 사전제거)

① 테러대상시설 및 테러이용수단의 소유자 또는 관리자는 보안장비를 설치하는 등 테러취약요인 제거를 위하여 노력하여야 한다.

② 국가는 제1항의 테러대상시설 및 테러이용수단의 소유자 또는 관리자에게 필요한 경우 그 비용의 전부 또는 일부를 지원할 수 있다.
③ 제2항에 따른 비용의 지원 대상·기준·방법 및 절차 등에 필요한 사항은 대통령령으로 정한다.

제12조(테러선동 · 선전물 긴급 삭제 등 요청)
① 관계기관의 장은 테러를 선동·선전하는 글 또는 그림, 상징적 표현물, 테러에 이용될 수 있는 폭발물 등 위험물 제조법 등이 인터넷이나 방송·신문, 게시판 등을 통해 유포될 경우 해당 기관의 장에게 긴급 삭제 또는 중단, 감독 등의 협조를 요청할 수 있다.
② 제1항의 협조를 요청받은 해당 기관의 장은 필요한 조치를 취하고 그 결과를 관계기관의 장에게 통보하여야 한다.

제13조(외국인테러전투원에 대한 규제)
① 관계기관의 장은 외국인테러전투원으로 출국하려 한다고 의심할 만한 상당한 이유가 있는 내국인·외국인에 대하여 일시 출국금지를 법무부장관에게 요청할 수 있다.
② 제1항에 따른 일시 출국금지 기간은 90일로 한다. 다만, 출국금지를 계속할 필요가 있다고 판단할 상당한 이유가 있는 경우에 관계기관의 장은 그 사유를 명시하여 연장을 요청할 수 있다.
③ 관계기관의 장은 외국인테러전투원으로 가담한 사람에 대하여 「여권법」 제13조에 따른 여권의 효력정지 및 같은 법 제12조의2에 따른 재발급 제한을 외교부장관에게 요청할 수 있다.

제14조(신고자 보호 및 포상금)
① 국가는 「특정범죄신고자 등 보호법」에 따라 테러에 관한 신고자, 범인검거를 위하여 제보하거나 검거활동을 한 사람 또는 그 친족 등을 보호하여야 한다.
② 관계기관의 장은 테러의 계획 또는 실행에 관한 사실을 관계기관에 신고하여 테러를 사전에 예방할 수 있게 하였거나, 테러에 가담 또는 지원한 사람을 신고하거나 체포한 사람에 대하여 대통령령으로 정하는 바에 따라 포상금을 지급할 수 있다.

제15조(테러피해의 지원)
① 테러로 인하여 신체 또는 재산의 피해를 입은 국민은 관계기관에 즉시 신고하여야 한다. 다만, 인질 등 부득이한 사유로 신고할 수 없을 때에는 법률관계 또는 계약관계에 의하여 보호의무가 있는 사람이 이를 알게 된 때에 즉시 신고하여야 한다.
② 국가 또는 지방자치단체는 제1항의 피해를 입은 사람에 대하여 대통령령으로 정하는 바에 따라 치료 및 복구에 필요한 비용의 전부 또는 일부를 지원할 수 있다. 다만, 「여권법」 제17조제1항 단서에 따른 외교부장관의 허가를 받지 아니하고 방문 및 체류가 금지된 국가 또는 지역을 방문·체류한 사람에 대해서는 그러하지 아니하다.
③ 제2항에 따른 비용의 지원 기준·절차·금액 및 방법 등에 관하여 필요한 사항은 대통령령으로 정한다.

제16조(특별위로금)
① 테러로 인하여 생명의 피해를 입은 사람의 유족 또는 신체상의 장애 및 장기치료가 필요한 피해를 입은 사람에 대해서는 그 피해의 정도에 따라 등급을 정하여 특별위로금을 지급할 수 있다. 다만, 「여권법」 제17조제1항 단서에 따른 외교부장관의 허가를 받지 아니하고 방문 및 체류가 금지된 국가 또는 지역을 방문·체류한 사람에 대해서는 그러하지 아니하다.
② 제1항에 따른 특별위로금의 지급 기준·절차·금액 및 방법 등에 관하여 필요한 사항은 대통령령으로 정한다.

제17조(테러단체 구성죄 등)
① 테러단체를 구성하거나 구성원으로 가입한 사람은 다음 각 호의 구분에 따라 처벌한다.
1. 수괴(首魁)는 사형·무기 또는 10년 이상의 징역
2. 테러를 기획 또는 지휘하는 등 중요한 역할을 맡은 사람은 무기 또는 7년 이상의 징역

3. 타국의 외국인테러전투원으로 가입한 사람은 5년 이상의 징역
4. 그 밖의 사람은 3년 이상의 징역

② 테러자금임을 알면서도 자금을 조달 · 알선 · 보관하거나 그 취득 및 발생원인에 관한 사실을 가장하는 등 테러단체를 지원한 사람은 10년 이하의 징역 또는 1억원 이하의 벌금에 처한다.

③ 테러단체 가입을 지원하거나 타인에게 가입을 권유 또는 선동한 사람은 5년 이하의 징역에 처한다.

④ 제1항 및 제2항의 미수범은 처벌한다.

⑤ 제1항 및 제2항에서 정한 죄를 저지를 목적으로 예비 또는 음모한 사람은 3년 이하의 징역에 처한다.

⑥ 「형법」 등 국내법에 죄로 규정된 행위가 제2조의 테러에 해당하는 경우 해당 법률에서 정한 형에 따라 처벌한다.

제18조(무고, 날조)

① 타인으로 하여금 형사처분을 받게 할 목적으로 제17조의 죄에 대하여 무고 또는 위증을 하거나 증거를 날조 · 인멸 · 은닉한 사람은 「형법」 제152조부터 제157조까지에서 정한 형에 2분의 1을 가중하여 처벌한다.

② 범죄수사 또는 정보의 직무에 종사하는 공무원이나 이를 보조하는 사람 또는 이를 지휘하는 사람이 직권을 남용하여 제1항의 행위를 한 때에도 제1항의 형과 같다. 다만, 그 법정형의 최저가 2년 미만일 때에는 이를 2년으로 한다.

제19조(세계주의)

제17조의 죄는 대한민국 영역 밖에서 저지른 외국인에게도 국내법을 적용한다.

관련법조항 「국민보호와 공공안전을 위한 테러방지법 시행령」

제1장 총칙 및 국가테러대책기구

제1조(목적)

이 영은 「국민보호와 공공안전을 위한 테러방지법」에서 위임된 사항과 그 시행에 필요한 사항을 규정함을 목적으로 한다.

제2조(관계기관의 범위)

「국민보호와 공공안전을 위한 테러방지법」(이하 "법"이라 한다) 제2조제7호에서 "대통령령으로 정하는 기관"이란 다음 각 호의 기관 또는 단체를 말한다.

1. 「공공기관의 운영에 관한 법률」 제4조에 따른 공공기관
2. 「지방공기업법」 제2조제1항제1호부터 제4호까지의 사업을 수행하는 지방직영기업, 지방공사 및 지방공단

제3조(국가테러대책위원회 구성)

① 법 제5조제2항에서 "대통령령으로 정하는 사람"이란 기획재정부장관, 외교부장관, 통일부장관, 법무부장관, 국방부장관, 행정안전부장관, 산업통상자원부장관, 환경부장관, 국토교통부장관, 해양수산부장관, 국가정보원장, 국무조정실장, 금융위원회 위원장, 원자력안전위원회 위원장, 대통령경호처장, 관세청장, 경찰청장, 소방청장, 질병관리청장 및 해양경찰청장을 말한다.

② 법 제5조에 따른 국가테러대책위원회(이하 "대책위원회"라 한다)의 위원장(이하 "위원장"이라 한다)은 안건 심의에 필요한 경우에는 제1항에서 정한 위원 외에 관계기관의 장 또는 그 밖의 관계자에게 회의 참석을 요청할 수 있다.

③ 대책위원회의 사무를 처리하기 위하여 간사를 두되, 간사는 법 제6조에 따른 대테러센터(이하 "대테러센터"라 한다)의 장(이하 "대테러센터장"이라 한다)이 된다.

제4조(대책위원회의 운영)

① 대책위원회 회의는 위원장이 필요하다고 인정하거나 대책위원회 위원(이하 "위원"이라고 한다) 과반수의 요청이 있는 경우에 위원장이 소집한다.

② 대책위원회는 재적위원 과반수의 출석으로 개의(開議)하고, 출석위원 과반수의 찬성으로 의결한다.

③ 대책위원회의 회의는 공개하지 아니한다. 다만, 공개가 필요한 경우 대책위원회의 의결로 공개할 수 있다.

④ 제1항부터 제3항까지에서 규정한 사항 외에 대책위원회 운영에 관한 사항은 대책위원회의 의결을 거쳐 위원장이 정한다.

제5조(테러대책 실무위원회의 구성 등)

① 대책위원회를 효율적으로 운영하고 대책위원회에 상정할 안건에 관한 전문적인 검토 및 사전 조정을 위하여 대책위원회에 테러대책 실무위원회(이하 "실무위원회"라 한다)를 둔다.

② 실무위원회에 위원장 1명을 두며, 실무위원회의 위원장은 대테러센터장이 된다.

③ 실무위원회 위원은 제3조제1항의 위원이 소속된 관계기관 및 그 소속기관의 고위공무원단에 속하는 일반직공무원(이에 상당하는 특정직 · 별정직 공무원을 포함한다) 중 관계기관의 장이 지명하는 사람으로 한다.

④ 제1항부터 제3항까지에서 규정한 사항 외에 실무위원회 운영에 관한 사항은 대책위원회의 의결을 거쳐 위원장이 정한다.

제6조(대테러센터)

① 대테러센터는 국가 대테러활동을 원활히 수행하기 위하여 필요한 사항과 대책위원회의 회의 및 운영에 필요한 사무 등을 처리한다.

② 대테러센터장은 관계기관의 장에게 직무 수행에 필요한 협조와 지원을 요청할 수 있다.

제2장 대테러 인권보호관

제7조(대테러 인권보호관의 자격 및 임기)

① 법 제7조제1항에 따른 대테러 인권보호관(이하 "인권보호관"이라 한다)은 다음 각 호의 어느 하나에 해당하는 대한민국 국민 중에서 위원장이 위촉한다.

1. 변호사 자격이 있는 사람으로서 10년 이상의 실무경력이 있는 사람
2. 인권 분야에 전문지식이 있고 「고등교육법」 제2조제1호에 따른 학교에서 부교수 이상으로 10년 이상 재직하고 있거나 재직하였던 사람
3. 국가기관 또는 지방자치단체에서 3급 상당 이상의 공무원으로 재직하였던 사람 중 인권 관련 업무 경험이 있는 사람
4. 인권분야 비영리 민간단체 · 법인 · 국제기구에서 근무하는 등 인권 관련 활동에 10년 이상 종사한 경력이 있는 사람

② 인권보호관의 임기는 2년으로 하고, 연임할 수 있다.

③ 인권보호관은 다음 각 호의 경우를 제외하고는 그 의사에 반하여 해촉되지 아니한다.

1. 「국가공무원법」 제33조 각 호의 결격사유에 해당하는 경우
2. 직무와 관련한 형사사건으로 기소된 경우
3. 직무상 알게 된 비밀을 누설한 경우
4. 그 밖에 장기간의 심신쇠약으로 인권보호관의 직무를 계속 수행할 수 없는 특별한 사유가 발생한 경우

제8조(인권보호관의 직무 등)

① 인권보호관은 다음 각 호의 직무를 수행한다.

1. 대책위원회에 상정되는 관계기관의 대테러정책 · 제도 관련 안건의 인권 보호에 관한 자문 및 개선 권고
2. 대테러활동에 따른 인권침해 관련 민원의 처리
3. 그 밖에 관계기관 대상 인권 교육 등 인권 보호를 위한 활동

② 인권보호관은 제1항제2호에 따른 민원을 접수한 날부터 2개월 내에 처리하여야 한다. 다만, 부득이한 사유로 정해진 기간 내에 처리하기 어려운 경우에는 그 사유와 처리 계획을 민원인에게 통지하여야 한다.

③ 위원장은 인권보호관이 직무를 효율적으로 수행할 수 있도록 필요한 행정적 · 재정적 지원을 할 수 있다.

④ 대책위원회는 인권보호관의 직무 수행을 지원하기 위하여 지원조직을 둘 수 있으며, 필요한 경우에는 관계 중앙행정기관 소속 공무원의 파견을 요청할 수 있다.

제9조(시정 권고)

① 인권보호관은 제8조제1항에 따른 직무수행 중 인권침해 행위가 있다고 인정할 만한 상당한 이유가 있는 경우에는 위원장에게 보고한 후 관계기관의 장에게 시정을 권고할 수 있다.

② 제1항에 따른 권고를 받은 관계기관의 장은 그 처리 결과를 인권보호관에게 통지하여야 한다.

제10조(비밀의 엄수)

① 인권보호관은 재직 중 및 퇴직 후에 직무상 알게 된 비밀을 엄수하여야 한다.

② 인권보호관은 법령에 따른 증인, 참고인, 감정인 또는 사건 당사자로서 직무상의 비밀에 관한 사항을 증언하거나 진술하려는 경우에는 미리 위원장의 승인을 받아야 한다.

제3장 전담조직

제11조(전담조직)

① 법 제8조에 따른 전담조직(이하 "전담조직"이라 한다)은 제12조부터 제21조까지의 규정에 따라 테러 예방 및 대응을 위하여 관계기관 합동으로 구성하거나 관계기관의 장이 설치하는 다음 각 호의 전문조직(협의체를 포함한다)으로 한다.

1. 지역 테러대책협의회
2. 공항 · 항만 테러대책협의회
3. 테러사건대책본부
4. 현장지휘본부
5. 화생방테러대응지원본부
6. 테러복구지원본부
7. 대테러특공대
8. 테러대응구조대
9. 테러정보통합센터
10. 대테러합동조사팀

② 관계기관의 장은 제1항 각 호에 따른 전담조직 외에 테러 예방 및 대응을 위하여 필요한 경우에는 대테러업무를 수행하는 하부조직을 전담조직으로 지정 · 운영할 수 있다.

제12조(지역 테러대책협의회)

① 특별시 · 광역시 · 특별자치시 · 도 · 특별자치도(이하 "시 · 도"라 한다)에 해당 지역에 있는 관계기관 간 테러예방활동에 관한 협의를 위하여 지역 테러대책협의회를 둔다.

② 지역 테러대책협의회의 의장은 국가정보원의 해당 지역 관할지부의 장(특별시의 경우 대테러센터장을 말한다. 이하 같다)이 되며, 위원은 다음 각 호의 사람이 된다.

1. 시·도에서 대테러업무를 담당하는 고위공무원단 나급 상당 공무원 또는 3급 상당 공무원 중 특별시장·광역시장·특별자치시장·도지사·특별자치도지사(이하 "시·도지사"라 한다)가 지명하는 사람
2. 법무부·환경부·국토교통부·해양수산부·국가정보원·식품의약품안전처·관세청·검찰청·경찰청 및 해양경찰청의 지역기관에서 대테러업무를 담당하는 고위공무원단 나급 상당 공무원 또는 3급 상당 공무원 중 해당 관계기관의 장이 지명하는 사람
3. 지역 관할 군부대 및 국군방첩부대의 장
4. 지역 테러대책협의회 의장이 필요하다고 인정하는 관계기관의 지역기관에서 대테러업무를 담당하는 공무원 중 해당 관계기관의 장이 지명하는 사람 및 국가중요시설의 관리자나 경비·보안 책임자

③ 지역 테러대책협의회는 다음 각 호의 사항을 심의·의결한다.

1. 대책위원회의 심의·의결 사항 시행 방안
2. 해당 지역 테러사건의 사전예방 및 대응·사후처리 지원 대책
3. 해당 지역 대테러업무 수행 실태의 분석·평가 및 발전 방안
4. 해당 지역의 대테러 관련 훈련·점검 등 관계기관 간 협조에 관한 사항
5. 그 밖에 해당 지역 대테러활동에 필요한 사항

④ 관계기관의 장은 제3항의 심의·의결 사항에 대하여 그 이행 결과를 지역 테러대책협의회에 통보하고, 지역 테러대책협의회 의장은 그 결과를 종합하여 대책위원회에 보고하여야 한다.

⑤ 지역 테러대책협의회의 회의와 운영에 관한 세부사항은 지역 실정을 고려하여 지역 테러대책협의회의 의결을 거쳐 의장이 정한다.

제13조(공항 · 항만 테러대책협의회)

① 공항 또는 항만(「항만법」 제3조제1항제1호에 따른 무역항을 말한다. 이하 같다) 내에서의 관계기관 간 대테러활동에 관한 사항을 협의하기 위하여 공항·항만별로 테러대책협의회를 둔다.

② 공항·항만 테러대책협의회의 의장은 해당 공항·항만에서 대테러업무를 담당하는 국가정보원 소속 공무원 중 국가정보원장이 지명하는 사람이 되며, 위원은 다음 각 호의 사람이 된다.

1. 해당 공항 또는 항만에 상주하는 법무부·농림축산식품부·국토교통부·해양수산부·관세청·경찰청·소방청·질병관리청·해양경찰청 및 국군방첩사령부 소속기관의 장
2. 공항 또는 항만의 시설 소유자 및 경비·보안 책임자
3. 그 밖에 공항·항만 테러대책협의회의 의장이 필요하다고 인정하는 관계기관에 소속된 기관의 장

③ 공항·항만 테러대책협의회는 해당 공항 또는 항만 내의 대테러활동에 관하여 다음 각 호의 사항을 심의·의결한다.

1. 대책위원회의 심의·의결 사항 시행 방안
2. 공항 또는 항만 내 시설 및 장비의 보호 대책
3. 항공기·선박의 테러예방을 위한 탑승자와 휴대화물 검사 대책
4. 테러 첩보의 입수·전파 및 긴급대응 체계 구축 방안
5. 공항 또는 항만 내 테러사건 발생 시 비상대응 및 사후처리 대책
6. 그 밖에 공항 또는 항만 내의 테러대책

④ 관계기관의 장은 제3항의 심의·의결 사항에 대하여 그 이행 결과를 공항·항만 테러대책협의회에 통보하고, 공항·항만 테러대책협의회 의장은 그 결과를 종합하여 대책위원회에 보고하여야 한다.

⑤ 공항·항만 테러대책협의회의 운영에 관한 세부사항은 공항·항만별로 테러대책협의회의 의결을 거쳐 의장이 정한다.

제14조(테러사건대책본부)

① 외교부장관, 국방부장관, 국토교통부장관, 경찰청장 및 해양경찰청장은 테러가 발생하거나 발생할 우려가 현저한 경우(국외테러의 경우는 대한민국 국민에게 중대한 피해가 발생하거나 발생할 우려가 있어 긴급한 조치가 필요한 경우에 한한다)에는 다음 각 호의 구분에 따라 테러사건대책본부(이하 "대책본부"라 한다)를 설치 · 운영하여야 한다.

1. 외교부장관: 국외테러사건대책본부
2. 국방부장관: 군사시설테러사건대책본부
3. 국토교통부장관: 항공테러사건대책본부
5. 경찰청장: 국내일반 테러사건대책본부
6. 해양경찰청장: 해양테러사건대책본부

② 제1항에 따라 대책본부를 설치한 관계기관의 장은 그 사실을 즉시 위원장에게 보고하여야 하며, 같은 사건에 2개 이상의 대책본부가 관련되는 경우에는 위원장이 테러사건의 성질 · 중요성 등을 고려하여 대책본부를 설치할 기관을 지정할 수 있다.

③ 대책본부의 장은 대책본부를 설치하는 관계기관의 장(군사시설테러사건대책본부의 경우에는 합동참모의장을 말한다. 이하 같다)이 되며, 제15조에 따른 현장지휘본부의 사건 대응 활동을 지휘 · 통제한다.

④ 대책본부의 편성 · 운영에 관한 세부사항은 대책본부의 장이 정한다.

제15조(현장지휘본부)

① 대책본부의 장은 테러사건이 발생한 경우 사건 현장의 대응 활동을 총괄하기 위하여 현장지휘본부를 설치할 수 있다.

② 현장지휘본부의 장은 대책본부의 장이 지명한다.

③ 현장지휘본부의 장은 테러의 양상 · 규모 · 현장상황 등을 고려하여 협상 · 진압 · 구조 · 구급 · 소방 등에 필요한 전문조직을 직접 구성하거나 관계기관의 장에게 지원을 요청할 수 있다. 이 경우 관계기관의 장은 특별한 사정이 없으면 현장지휘본부의 장이 요청한 사항을 지원하여야 한다.

④ 현장지휘본부의 장은 현장에 출동한 관계기관의 조직(대테러특공대, 테러대응구조대, 대화생방테러 특수임무대 및 대테러합동조사팀을 포함한다)을 지휘 · 통제한다.

⑤ 현장지휘본부의 장은 현장에 출동한 관계기관과 합동으로 통합상황실을 설치 · 운영할 수 있다.

제16조(화생방테러대응지원본부 등)

① 환경부장관, 원자력안전위원회 위원장 및 질병관리청장은 화생방테러사건 발생 시 대책본부를 지원하기 위하여 다음 각 호의 구분에 따른 분야별로 화생방테러대응지원본부를 설치 · 운영한다.

1. 환경부장관: 화학테러 대응 분야
2. 원자력안전위원회 위원장: 방사능테러 대응 분야
3. 질병관리청장: 생물테러 대응 분야

② 화생방테러대응지원본부는 다음 각 호의 임무를 수행한다.

1. 화생방테러 사건 발생 시 오염 확산 방지 및 독성제거(除毒) 방안 마련
2. 화생방 전문 인력 및 자원의 동원 · 배치
3. 그 밖에 화생방테러 대응 지원에 필요한 사항의 시행

③ 국방부장관은 관계기관의 화생방테러 대응을 지원하기 위하여 대책위원회의 심의 · 의결을 거쳐 오염 확산 방지 및 독성제거 임무 등을 수행하는 대화생방테러 특수임무대를 설치하거나 지정할 수 있다.

④ 화생방테러대응지원본부 및 대화생방테러 특수임무대의 설치 · 운영 등에 필요한 사항은 해당 관계기관의 장이 정한다.

제17조(테러복구지원본부)

① 행정안전부장관은 테러사건 발생 시 구조 · 구급 · 수습 · 복구활동 등에 관하여 대책본부를 지원하기 위하여 테러복구지원본부를 설치 · 운영할 수 있다.

② 테러복구지원본부는 다음 각 호의 임무를 수행한다.

1. 테러사건 발생 시 수습 · 복구 등 지원을 위한 자원의 동원 및 배치 등에 관한 사항
2. 대책본부의 협조 요청에 따른 지원에 관한 사항
3. 그 밖에 테러복구 등 지원에 필요한 사항의 시행

제18조(대테러특공대 등)

① 국방부장관, 경찰청장 및 해양경찰청장은 테러사건에 신속히 대응하기 위하여 대테러특공대를 설치 · 운영한다.

② 국방부장관, 경찰청장 및 해양경찰청장은 제1항에 따른 대테러특공대를 설치 · 운영하려는 경우에는 대책위원회의 심의 · 의결을 거쳐야 한다.

③ 대테러특공대는 다음 각 호의 임무를 수행한다.

1. 대한민국 또는 국민과 관련된 국내외 테러사건 진압
2. 테러사건과 관련된 폭발물의 탐색 및 처리
3. 주요 요인 경호 및 국가 중요행사의 안전한 진행 지원
4. 그 밖에 테러사건의 예방 및 저지활동

④ 국방부 소속 대테러특공대의 출동 및 진압작전은 군사시설 안에서 발생한 테러사건에 대하여 수행한다. 다만, 경찰력의 한계로 긴급한 지원이 필요하여 대책본부의 장이 요청하는 경우에는 군사시설 밖에서도 경찰의 대테러 작전을 지원할 수 있다.

⑤ 국방부장관은 군 대테러특공대의 신속한 대응이 제한되는 상황에 대비하기 위하여 군 대테러특수임무대를 지역 단위로 편성 · 운영할 수 있다. 이 경우 군 대테러특수임무대의 편성 · 운영 · 임무에 관하여는 제2항부터 제4항까지의 규정을 준용한다.

제19조(테러대응구조대)

① 소방청장과 시 · 도지사는 테러사건 발생 시 신속히 인명을 구조 · 구급하기 위하여 중앙 및 지방자치단체 소방본부에 테러대응구조대를 설치 · 운영한다.

② 테러대응구조대는 다음 각 호의 임무를 수행한다.

1. 테러발생 시 초기단계에서의 조치 및 인명의 구조 · 구급
2. 화생방테러 발생 시 초기단계에서의 오염 확산 방지 및 독성제거
3. 국가 중요행사의 안전한 진행 지원
4. 테러취약요인의 사전 예방 · 점검 지원

제20조(테러정보통합센터)

① 국가정보원장은 테러 관련 정보를 통합관리하기 위하여 관계기관 공무원으로 구성되는 테러정보통합센터를 설치 · 운영한다.

② 테러정보통합센터는 다음 각 호의 임무를 수행한다.

1. 국내외 테러 관련 정보의 통합관리 · 분석 및 관계기관에의 배포
2. 24시간 테러 관련 상황 전파체계 유지
3. 테러 위험 징후 평가
4. 그 밖에 테러 관련 정보의 통합관리에 필요한 사항

③ 국가정보원장은 관계기관의 장에게 소속 공무원의 파견과 테러정보의 통합관리 등 업무 수행에 필요한 협조를 요청할 수 있다.

제21조(대테러합동조사팀)

① 국가정보원장은 국내외에서 테러사건이 발생하거나 발생할 우려가 현저할 때 또는 테러 첩보가 입수되거나 테러 관련 신고가 접수되었을 때에는 예방조치, 사건 분석 및 사후처리방안 마련 등을 위하여 관계기관 합동으로 대테러합동조사팀(이하 "합동조사팀"이라 한다)을 편성 · 운영할 수 있다.

② 국가정보원장은 합동조사팀이 현장에 출동하여 조사한 경우 그 결과를 대테러센터장에게 통보하여야 한다.

③ 제1항에도 불구하고 군사시설에 대해서는 국방부장관이 자체 조사팀을 편성 · 운영할 수 있다. 이 경우 국방부장관은 자체 조사팀이 조사한 결과를 대테러센터장에게 통보하여야 한다.

제4장 테러 대응 절차

제22조(테러경보의 발령)

① 대테러센터장은 테러 위험 징후를 포착한 경우 테러경보 발령의 필요성, 발령 단계, 발령 범위 및 기간 등에 관하여 실무위원회의 심의를 거쳐 테러경보를 발령한다. 다만, 긴급한 경우 또는 제2항에 따른 주의 이하의 테러경보 발령 시에는 실무위원회의 심의 절차를 생략할 수 있다.

② 테러경보는 테러위협의 정도에 따라 관심 · 주의 · 경계 · 심각의 4단계로 구분한다.

③ 대테러센터장은 테러경보를 발령하였을 때에는 즉시 위원장에게 보고하고, 관계기관에 전파하여야 한다.

④ 제1항부터 제3항까지에서 규정한 사항 외에 테러경보 발령 및 테러경보에 따른 관계기관의 조치사항에 관하여는 대책위원회 의결을 거쳐 위원장이 정한다.

제23조(상황 전파 및 초동 조치)

① 관계기관의 장은 테러사건이 발생하거나 테러 위협 등 그 징후를 인지한 경우에는 관련 상황 및 조치사항을 관련기관의 장과 대테러센터장에게 즉시 통보하여야 한다.

② 관계기관의 장은 테러사건이 발생한 경우 사건의 확산 방지를 위하여 신속히 다음 각 호의 초동 조치를 하여야 한다.

1. 사건 현장의 통제 · 보존 및 경비 강화
2. 긴급대피 및 구조 · 구급
3. 관계기관에 대한 지원 요청
4. 그 밖에 사건 확산 방지를 위하여 필요한 사항

③ 국내 일반테러사건의 경우에는 대책본부가 설치되기 전까지 테러사건 발생 지역 관할 경찰관서의 장이 제2항에 따른 초동 조치를 지휘 · 통제한다.

제24조(테러사건 대응)

① 대책본부의 장은 테러사건에 대한 대응을 위하여 필요한 경우 현장지휘본부를 설치하여 상황 전파 및 대응 체계를 유지하고, 조치사항을 체계적으로 시행한다.

② 대책본부의 장은 테러사건에 신속히 대응하기 위하여 필요한 경우에 관계기관의 장에게 인력 · 장비 등의 지원을 요청할 수 있다. 이 경우 요청을 받은 관계기관의 장은 특별한 사유가 없으면 요청에 따라야 한다.

③ 외교부장관은 해외에서 테러가 발생하여 정부 차원의 현장 대응이 필요한 경우에는 관계기관 합동으로 정부 현지대책반을 구성하여 파견할 수 있다.

④ 지방자치단체의 장은 테러사건 대응 활동을 지원하기 위한 물자 및 편의 제공과 지역주민의 긴급대피 방안 등을 마련하여야 한다.

제5장 테러예방을 위한 안전관리대책

제25조(테러대상시설 및 테러이용수단 안전대책 수립)

① 법 제10조제1항에서 "대통령령으로 정하는 국가중요시설과 많은 사람이 이용하는 시설 및 장비"(이하 "테러대상시설"이라 한다)란 다음 각 호의 시설을 말한다.

1. 국가중요시설: 「통합방위법」 제21조제4항에 따라 지정된 국가중요시설 및 「보안업무규정」 제32조에 따른 국가보안시설
2. 많은 사람이 이용하는 시설 및 장비(이하 "다중이용시설"이라 한다): 다음 각 목의 시설과 장비 중 관계기관의 장이 소관업무와 관련하여 대테러센터장과 협의하여 지정하는 시설
   가. 「도시철도법」 제2조제2호에 따른 도시철도
   나. 「선박안전법」 제2조제10호에 따른 여객선
   다. 「재난 및 안전관리 기본법 시행령」 제43조의8제1호 · 제2호에 따른 건축물 또는 시설
   라. 「철도산업발전기본법」 제3조제4호에 따른 철도차량
   마. 「항공안전법」 제2조제1호에 따른 항공기

② 관계기관의 장은 법 제10조제1항에 따른 테러대상시설에 대한 테러예방대책과 법 제10조제1항에 따른 테러이용수단(이하 "테러이용수단"이라 한다)의 제조 · 취급 · 저장 시설에 대한 안전관리대책 수립 시 다음 각 호의 사항을 포함하여야 한다.

1. 인원 · 차량에 대한 출입 통제 및 자체 방호계획
2. 테러 첩보의 입수 · 전파 및 긴급대응 체계 구축 방안
3. 테러사건 발생 시 비상대피 및 사후처리 대책

③ 관계기관의 장은 테러대상시설 및 테러이용수단의 제조 · 취급 · 저장 시설에 대하여 다음 각 호의 업무를 수행하여야 한다.

1. 테러예방대책 및 안전관리대책의 적정성 평가와 그 이행 실태 확인
2. 소관 분야 테러이용수단의 종류 지정 및 해당 테러이용수단의 생산 · 유통 · 판매에 관한 정보 통합관리

제26조(국가 중요행사 안전관리대책 수립)

① 법 제10조제1항에 따라 안전관리대책을 수립하여야 하는 국가 중요행사는 국내외에서 개최되는 행사 중 관계기관의 장이 소관 업무와 관련하여 주관기관, 개최근거, 중요도 등을 기준으로 대테러센터장과 협의하여 정한다.

② 관계기관의 장은 대테러센터장과 협의하여 국가 중요행사의 특성에 맞는 분야별 안전관리대책을 수립 · 시행하여야 한다.

③ 관계기관의 장은 국가 중요행사에 대한 안전관리대책을 협의 · 조정하기 위하여 필요한 경우에는 대책위원회의 심의 · 의결을 거쳐 관계기관 합동으로 대테러 · 안전대책기구를 편성 · 운영할 수 있다.

④ 제2항에 따른 안전관리대책의 수립 · 시행 및 제3항에 따른 대테러 · 안전대책기구의 편성 · 운영에 관한 사항 중 대통령과 국가원수에 준하는 국빈 등의 경호 및 안전관리에 관한 사항은 대통령경호처장이 정한다.

제27조(테러취약요인의 사전제거 지원)

① 테러대상시설 및 테러이용수단의 소유자 또는 관리자(이하 "시설소유자등"이라 한다)는 관계기관의 장을 거쳐 대테러센터장에게 테러예방 및 안전관리에 관하여 적정성 평가, 현장지도 등 지원을 요청할 수 있다.

② 대테러센터장은 제1항에 따른 요청을 받은 경우 관계기관과 합동으로 테러예방활동을 지원할 수 있다.

제28조(테러취약요인의 사전제거 비용 지원)

① 국가기관의 장은 법 제11조제2항에 따라 테러취약요인을 제거한 시설소유자등에 대하여 비용을 지원하려는 경우에는 다음 각 호의 사항을 종합적으로 고려하여 비용의 지원 여부 및 지원 금액을 결정할 수 있다.

1. 테러사건이 발생할 가능성
2. 해당 시설 및 주변 환경 등 지역 특성
3. 시설 · 장비의 설치 · 교체 · 정비에 필요한 비용의 정도 및 시설소유자등의 부담 능력
4. 제25조제3항제1호에 따른 적정성 평가와 그 이행 실태 확인 결과
5. 제27조제1항 · 제2항에 따른 적정성 평가, 현장지도 결과
6. 그 밖에 제1호부터 제5호까지의 사항에 준하는 것으로서 국가기관의 장이 대테러센터장과 협의하여 정하는 사항

② 제1항에 따라 지원되는 비용의 한도, 세부기준, 지급 방법 및 절차 등에 관하여 필요한 사항은 대책위원회의 심의 · 의결을 거쳐 국가기관의 장이 정한다.

제6장 포상금 및 테러피해의 지원

제29조(포상금의 지급)

① 법 제14조제2항에 따른 포상금(이하 "포상금"이라 한다)은 제30조에 따른 포상금심사위원회의 심의 · 의결을 거쳐 관계기관의 장이 지급할 수 있다.

② 법 제14조제2항에 따른 신고를 받거나 체포된 범인을 인도받은 관계기관의 장은 지체 없이 관할 지방검찰청 검사장이나 지청장 또는 국방부검찰단장이나 각 군 검찰단장에게 그 사실을 통보하여야 하며, 검사 또는 군검사는 신고를 한 사람이나 범인을 체포하여 관계기관의 장에게 인도한 사람(이하 "신고자등"이라 한다)에게 신고 또는 인도를 증명하는 서류를 발급하여야 한다. 〈개정 2022. 6. 30.〉

③ 관계기관의 장은 테러예방에 기여하였다고 인정되는 신고자등을 포상금 지급 대상자로 추천할 수 있다. 이 경우 그 대상자에게 추천 사실을 통지하여야 한다.

제30조(포상금심사위원회의 구성 및 운영)

① 포상금의 지급에 관한 사항을 심의하기 위하여 대테러센터장 소속으로 포상금심사위원회(이하 "심사위원회"라 한다)를 둔다.

② 심사위원회는 위원장 1명과 위원 8명으로 구성한다.

③ 심사위원회의 위원장은 대테러센터 소속의 고위공무원단에 속하는 일반직공무원(이에 상당하는 특정직 · 별정직 공무원을 포함한다)이 되며, 심사위원회 위원은 총리령으로 정하는 관계기관 소속 4급 상당 공무원 중 관계기관의 장이 지명하는 사람이 된다.

④ 심사위원회의 위원장은 포상금 지급에 관한 사항을 심의할 필요가 있을 때 회의를 소집한다.

⑤ 심사위원회는 다음 각 호의 사항을 심의 · 의결한다.

1. 포상금 지급 여부와 그 지급금액
2. 포상금 지급 취소 및 반환 여부
3. 그 밖에 포상금에 관한 사항

⑥ 심사위원회는 심의를 위하여 필요하다고 인정될 때에는 포상금 지급 대상자 또는 참고인의 출석을 요청하여 그 의견을 들을 수 있으며, 관계기관에 대하여 필요한 자료의 제출을 요청할 수 있다.

⑦ 제1항부터 제6항까지에서 규정한 사항 외에 심사위원회 운영에 관한 세부사항은 총리령으로 정한다.

제31조(포상금 지급기준)

① 법 제14조제2항에 따른 포상금은 다음 각 호의 사항을 고려하여 1억원의 범위에서 차등 지급한다.

1. 신고 내용의 정확성이나 증거자료의 신빙성
2. 신고자등이 테러 신고와 관련하여 불법행위를 하였는지 여부
3. 신고자등이 테러예방 등에 이바지한 정도
4. 신고자등이 관계기관 등에 신고·체포할 의무가 있는지 또는 직무와 관련하여 신고·체포를 하였는지 여부

② 포상금의 세부적인 지급기준은 대책위원회의 의결을 거쳐 위원장이 정한다.

③ 관계기관의 장은 하나의 테러사건에 대한 신고자등이 2명 이상인 경우에는 제2항에 따른 지급기준의 범위에서 그 공로를 고려하여 배분·지급한다.

④ 관계기관의 장은 제3항의 경우 포상금을 받을 사람이 배분방법에 관하여 미리 합의하여 포상금 지급을 신청하는 경우에는 그 합의한 내용에 따라 지급한다. 다만, 합의된 비율이 현저하게 부당한 경우에는 심사위원회의 심의·의결을 거쳐 관계기관의 장이 이를 변경할 수 있다.

제32조(포상금 신청 절차)

① 포상금은 그 사건이 공소제기·기소유예 또는 공소보류되거나 관계기관의 장이 제29조제3항에 따라 추천한 경우에 신청할 수 있다.

② 검사 또는 군검사는 법에 따른 포상금 지급대상이 되는 사건에 관하여 공소를 제기하거나 제기하지 아니하는 결정을 하였을 때에는 지체 없이 신고자등에게 서면으로 그 사실을 통지하여야 한다.

③ 포상금을 받으려는 사람은 총리령으로 정하는 신청서에 다음 각 호의 서류를 첨부하여 관계기관의 장에게 신청하여야 한다.

1. 제29조제2항에 따른 증명서
2. 제2항 또는 제29조제3항 후단에 따른 통지서
3. 공적 자술서

④ 제3항에 따른 신청은 제2항 또는 제29조제3항 후단에 따른 통지를 받은 날부터 60일 이내에 하여야 한다.

⑤ 포상금을 신청하려는 사람이 2명 이상인 경우에는 신청자 전원의 연서(連署)로써 청구하여야 한다.

제33조(포상금 지급 절차)

① 관계기관의 장은 심사위원회가 심의·의결한 사항을 기초로 포상금 지급 여부와 지급금액을 결정한다.

② 관계기관의 장은 포상금 지급대상자에게 결정 통지서를 보내고 포상금을 지급한다.

③ 제1항 및 제2항에서 규정한 사항 외에 포상금 지급 등에 관하여 필요한 사항은 총리령으로 정한다.

제34조(포상금 지급 취소 및 반환)

① 관계기관의 장은 포상금을 지급한 후 다음 각 호의 어느 하나에 해당하는 경우에는 심사위원회의 심의·의결을 거쳐 그 포상금 지급 결정을 취소한다.

1. 포상금 수령자가 신고자등이 아닌 경우
2. 포상금 수령자가 테러사건에 가담하는 등 불법행위를 한 사실이 사후에 밝혀진 경우
3. 그 밖에 포상금 지급을 취소할 사유가 발생한 경우

② 관계기관의 장은 제1항에 따라 포상금의 지급 결정을 취소하였을 때에는 해당 신고자등에게 그 취소 사실과 포상금의 반환 기한, 반환하여야 하는 금액을 통지하여야 한다.

③ 제1항 및 제2항에서 규정한 사항 외에 포상금 반환에 관하여 필요한 사항은 총리령으로 정한다.

제35조(테러피해의 지원)

① 법 제15조제2항에 따라 국가 또는 지방자치단체가 지원할 수 있는 비용(이하 "피해지원금"이라 한다)은 신체 피해에 대한 치료비 및 재산 피해에 대한 복구비로 한다.

② 테러로 인한 신체 피해에 대한 치료비는 다음 각 호와 같고, 치료비 산정에 필요한 사항은 총리령으로 정한다.

1. 신체적 부상 및 후유증에 대한 치료비
2. 정신적 · 심리적 피해에 대한 치료비

③ 테러로 인한 재산 피해에 대한 복구비는 「재난 및 안전관리 기본법」 제66조에 따른 사회재난 피해 지원의 기준과 금액을 고려하여 대책위원회가 정한다.

④ 제2항에 따른 치료비와 제3항에 따른 복구비는 대책위원회의 심의 · 의결을 거쳐 일시금으로 지급한다.

⑤ 제2항부터 제4항까지에서 규정한 사항 외에 피해지원금의 한도 · 세부기준과 지급 방법 및 절차 등에 관하여 필요한 사항은 대책위원회가 정한다.

제36조(특별위로금의 종류)

① 법 제16조제1항에 따른 특별위로금은 다음 각 호의 구분에 따라 지급한다.

1. 유족특별위로금: 테러로 인하여 사망한 경우
2. 장해특별위로금: 테러로 인하여 신체상의 장애를 입은 경우. 이 경우 신체상 장애의 기준은 「범죄피해자 보호법」 제3조제5호, 같은 법 시행령 제2조, 별표 1 및 별표 2에 따른 장해의 기준을 따른다.
3. 중상해특별위로금: 테러로 인하여 장기치료가 필요한 피해를 입은 경우. 이 경우 장기치료가 필요한 피해의 기준은 「범죄피해자 보호법」 제3조제6호 및 같은 법 시행령 제3조에서 정한 중상해의 기준을 따른다.

② 대책본부를 설치한 관계기관의 장은 제1항에 따른 특별위로금을 대책위원회의 심의 · 의결을 거쳐 일시금으로 지급한다.

③ 제1항제1호에 따른 유족특별위로금(이하 "유족특별위로금"이라 한다)은 피해자가 사망하였을 때 총리령으로 정하는 바에 따라 맨 앞 순위인 유족에게 지급한다. 다만, 순위가 같은 유족이 2명 이상이면 똑같이 나누어 지급한다.

④ 제1항제2호에 따른 장해특별위로금(이하 "장해특별위로금"이라 한다) 및 제1항제3호에 따른 중상해특별위로금(이하 "중상해특별위로금"이라 한다)은 해당 피해자에게 지급한다.

제37조(특별위로금의 지급기준)

① 유족특별위로금은 피해자의 사망 당시(신체에 손상을 입고 그로 인하여 사망한 경우에는 신체에 손상을 입은 당시를 말한다)의 월급액이나 월실수입액 또는 평균임금에 24개월 이상 48개월 이하의 범위에서 유족의 수와 연령 및 생계유지 상황 등을 고려하여 총리령으로 정하는 개월 수를 곱한 금액으로 한다.

② 장해특별위로금과 중상해특별위로금은 피해자가 신체에 손상을 입은 당시의 월급액이나 월실수입액 또는 평균임금에 2개월 이상 48개월 이하의 범위에서 피해자의 장해 또는 중상해의 정도와 부양가족의 수 및 생계유지 상황 등을 고려하여 총리령으로 정한 개월 수를 곱한 금액으로 한다.

③ 제1항 및 제2항에 따른 피해자의 월급액이나 월실수입액 또는 평균임금 등은 피해자의 주소지를 관할하는 세무서장, 시장 · 군수 · 구청장(자치구의 구청장을 말한다) 또는 피해자의 근무기관의 장의 증명이나 그 밖에 총리령으로 정하는 공신력 있는 증명에 따른다.

④ 제1항 및 제2항에서 피해자의 월급액이나 월실수입액이 평균임금의 2배를 넘는 경우에는 평균임금의 2배에 해당하는 금액을 피해자의 월급액이나 월실수입액으로 본다.

⑤ 제1항부터 제4항까지에서 규정한 사항 외에 특별위로금의 세부기준 · 지급 방법 및 절차 등에 관하여 필요한 사항은 대책위원회가 정한다.

제38조(특별위로금 지급에 대한 특례)

① 장해특별위로금을 받은 사람이 해당 테러행위로 인하여 사망한 경우에는 유족특별위로금을 지급하되, 그 금액은 제37조제1항에 따라 산정한 유족특별위로금에서 이미 지급한 장해특별위로금을 공제한 금액으로 한다.

② 중상해특별위로금을 받은 사람이 해당 테러행위로 인하여 사망하거나 신체상의 장애를 입은 경우에는 유족특별위로금 또는 장해특별위로금을 지급하되, 그 금액은 제37조제1항에 따라 산정한 유족특별위로금 또는 같은 조 제2항에 따라 산정한 장해특별위로금에서 이미 지급한 중상해특별위로금을 공제한 금액으로 한다.

제39조(피해지원금 및 특별위로금 지급 신청)

① 법 제15조 또는 제16조에 따라 피해지원금 또는 특별위로금의 지급을 신청하려는 사람은 테러사건으로 피해를 입은 날부터 6개월 이내에 총리령으로 정하는 바에 따라 지급신청서에 관련 증명서류를 첨부하여 대책본부를 설치한 관계기관의 장에게 제출하여야 한다.

② 법 제15조 또는 제16조에 따른 피해지원금 또는 특별위로금의 지급을 신청하려는 사람이 둘 이상인 경우에는 다음 각 호의 구분에 따라 신청인 대표자를 선정할 수 있다. 이 경우 같은 순위의 사람이 둘 이상이면 같은 순위의 사람이 합의하여 신청인 대표자를 정하되, 합의가 이루어지지 아니하는 경우나 그 밖의 부득이한 사유가 있으면 신청인 대표자를 선정하지 아니할 수 있다.

1. 사망한 피해자에 대한 피해지원금 및 특별위로금: 총리령에서 정하는 바에 따라 맨 앞 순위인 유족 1명
2. 생존한 피해자에 대한 피해지원금 및 특별위로금: 생존한 피해자(생존한 피해자의 법정대리인을 포함한다)

③ 피해지원금 및 특별위로금의 지급 신청, 지급 결정에 대한 동의, 지급 청구 또는 수령 등을 직접 하기 어려운 사정이 있으면 다른 사람을 대리인으로 선임할 수 있다.

④ 대책본부를 설치한 관계기관의 장은 제1항에 따라 피해지원금 또는 특별위로금의 지급신청을 받으면 그 관련 서류 등을 검토하고 서류 등이 누락되거나 보완이 필요한 경우 기간을 정하여 신청인(제2항에 따른 신청인 대표자, 제3항에 따른 대리인을 포함한다. 이하 같다)에게 보완을 요청할 수 있다.

제40조(피해지원금 및 특별위로금 지급 결정)

① 대책본부를 설치한 관계기관의 장은 대책위원회의 심의 · 의결을 거쳐 피해지원금 및 특별위로금의 지급 신청을 받은 날부터 120일 이내에 그 지급 여부 및 금액을 결정하여 신청인에게 결정 통지서를 송부하여야 한다. 이 경우 해당 관계기관의 장은 대책위원회가 피해지원금 또는 특별위로금의 지급에 관하여 심의 · 의결한 날부터 30일 이내에 지급 여부 등을 결정하여야 한다.

② 제1항에 따른 결정에 관하여 이의가 있는 신청인은 결정 통지서를 받은 날부터 30일 이내에 총리령으로 정하는 바에 따라 이의 신청서에 그 사유를 증명할 수 있는 자료를 첨부하여 대책본부를 설치한 관계기관의 장에게 제출하여야 한다.

③ 제2항에 따른 이의 신청에 관하여는 제1항을 준용한다. 이 경우 제1항 중 "120일"은 "60일"로 본다.

제41조(피해지원금 및 특별위로금 지급 제한)

대책본부를 설치한 관계기관의 장은 테러사건으로 피해를 입은 사람에게 과실이 있다고 판단되는 경우 대책위원회의 심의 · 의결을 거쳐 그 과실의 정도에 따라 피해지원금 및 특별위로금을 지급하지 아니하거나 금액을 줄여 지급할 수 있다.

제42조(피해지원금 및 특별위로금 지급)

① 제40조제1항에 따라 결정 통지서를 받은 신청인이 피해지원금 또는 특별위로금을 받으려는 경우에는 다음 각 호의 서류를 첨부하여 총리령으로 정하는 바에 따라 대책본부를 설치한 관계기관의 장에게 지급을 신청하여야 한다.

1. 지급 결정에 대한 동의 및 신청서
2. 인감증명서(서명을 한 경우에는 본인서명사실확인서를 말한다)
3. 입금계좌 통장 사본

② 피해지원금 및 특별위로금은 대책본부를 설치한 관계기관의 장이 지급하되, 그 실무는 국고(국고대리점을 포함한다)에 위탁하여 처리하게 할 수 있다.

③ 대책본부를 설치한 관계기관의 장은 제1항에 따른 동의 및 신청서를 받은 날부터 90일 이내에 피해지원금 및 특별위로금을 지급하여야 한다. 다만, 90일 이내에 지급할 수 없는 특별한 사유가 있는 경우에는 지급 기간을 연장할 수 있으며, 그 사유를 신청인에게 통지하여야 한다.

제43조(피해지원금 및 특별위로금 환수)

대책본부를 설치한 관계기관의 장은 피해지원금 및 특별위로금을 받은 사람이 다음 각 호의 어느 하나에 해당하는 경우에는 받은 금액의 전부 또는 일부를 환수하여야 한다.

1. 테러사건에 가담하는 등 불법행위를 한 사실이 사후에 밝혀진 경우
2. 거짓이나 그 밖의 부정한 방법으로 받은 경우
3. 잘못 지급된 경우

제44조(다른 법령에 따른 급여 등과의 관계)

테러로 인하여 신체 또는 재산의 피해를 입은 사람과 피해를 입은 사람의 유족 또는 신체상의 장애 및 장기치료가 필요한 피해를 입은 사람이 해당 테러 행위를 원인으로 하여 다른 법령에 따라 신체 또는 재산의 피해에 대한 치료비, 복구비, 특별위로금 또는 이에 상당하는 지원을 받을 수 있을 때에는 그 받을 금액의 범위에서 법 제15조제2항에 따른 치료비 · 복구비 또는 법 제16조제1항에 따른 특별위로금을 지급하지 아니한다.

제7장 보칙

제45조(고유식별정보의 처리)

관계기관의 장은 다음 각 호의 사무를 수행하기 위하여 불가피한 경우 「개인정보 보호법 시행령」 제19조에 따른 주민등록번호, 여권번호, 운전면허의 면허번호 또는 외국인등록번호가 포함된 자료를 처리할 수 있다.

1. 법 제9조에 따른 테러위험인물에 대한 정보 수집, 대테러조사 및 테러위험인물에 대한 추적 등에 관한 사무
2. 법 제12조에 따른 테러선동 · 선전물 긴급 삭제 등 요청에 관한 사무
3. 법 제13조에 따른 외국인테러전투원에 대한 규제 등에 관한 사무
4. 법 제14조에 따른 신고자 보호 및 포상금 지급 등에 관한 사무
5. 법 제15조에 따른 테러피해의 지원 등에 관한 사무
6. 법 제16조에 따른 특별위로금 지급 등에 관한 사무

관련법조항 「통신비밀보호법」

제1조(목적)
이 법은 통신 및 대화의 비밀과 자유에 대한 제한은 그 대상을 한정하고 엄격한 법적 절차를 거치도록 함으로써 통신비밀을 보호하고 통신의 자유를 신장함을 목적으로 한다.

제2조(정의)
이 법에서 사용하는 용어의 정의는 다음과 같다.

1. "통신"이라 함은 우편물 및 전기통신을 말한다.
2. "우편물"이라 함은 우편법에 의한 통상우편물과 소포우편물을 말한다.
3. "전기통신"이라 함은 전화 · 전자우편 · 회원제정보서비스 · 모사전송 · 무선호출 등과 같이 유선 · 무선 · 광선 및 기타의 전자적 방식에 의하여 모든 종류의 음향 · 문언 · 부호 또는 영상을 송신하거나 수신하는 것을 말한다.
4. "당사자"라 함은 우편물의 발송인과 수취인, 전기통신의 송신인과 수신인을 말한다.
5. "내국인"이라 함은 대한민국의 통치권이 사실상 행사되고 있는 지역에 주소 또는 거소를 두고 있는 대한민국 국민을 말한다.
6. "검열"이라 함은 우편물에 대하여 당사자의 동의없이 이를 개봉하거나 기타의 방법으로 그 내용을 지득 또는 채록하거나 유치하는 것을 말한다.
7. "감청"이라 함은 전기통신에 대하여 당사자의 동의없이 전자장치 · 기계장치등을 사용하여 통신의 음향 · 문언 · 부호 · 영상을 청취 · 공독하여 그 내용을 지득 또는 채록하거나 전기통신의 송 · 수신을 방해하는 것을 말한다.
8. "감청설비"라 함은 대화 또는 전기통신의 감청에 사용될 수 있는 전자장치 · 기계장치 기타 설비를 말한다. 다만, 전기통신 기기 · 기구 또는 그 부품으로서 일반적으로 사용되는 것 및 청각교정을 위한 보청기 또는 이와 유사한 용도로 일반적으로 사용되는 것중에서, 대통령령이 정하는 것은 제외한다.

8의2. "불법감청설비탐지"라 함은 이 법의 규정에 의하지 아니하고 행하는 감청 또는 대화의 청취에 사용되는 설비를 탐지하는 것을 말한다.

9. "전자우편"이라 함은 컴퓨터 통신망을 통해서 메시지를 전송하는 것 또는 전송된 메시지를 말한다.
10. "회원제정보서비스"라 함은 특정의 회원이나 계약자에게 제공하는 정보서비스 또는 그와 같은 네트워크의 방식을 말한다.
11. "통신사실확인자료"라 함은 다음 각목의 어느 하나에 해당하는 전기통신사실에 관한 자료를 말한다.
    가. 가입자의 전기통신일시
    나. 전기통신개시 · 종료시간
    다. 발 · 착신 통신번호 등 상대방의 가입자번호
    라. 사용도수
    마. 컴퓨터통신 또는 인터넷의 사용자가 전기통신역무를 이용한 사실에 관한 컴퓨터통신 또는 인터넷의 로그기록자료
    바. 정보통신망에 접속된 정보통신기기의 위치를 확인할 수 있는 발신기지국의 위치추적자료
    사. 컴퓨터통신 또는 인터넷의 사용자가 정보통신망에 접속하기 위하여 사용하는 정보통신기기의 위치를 확인할 수 있는 접속지의 추적자료
12. "단말기기 고유번호"라 함은 이동통신사업자와 이용계약이 체결된 개인의 이동전화 단말기기에 부여된 전자적 고유번호를 말한다.

제3조(통신 및 대화비밀의 보호)

① 누구든지 이 법과 「형사소송법」 또는 「군사법원법」의 규정에 의하지 아니하고는 우편물의 검열 · 전기통신의 감청 또는 통신사실확인자료의 제공을 하거나 공개되지 아니한 타인간의 대화를 녹음 또는 청취하지 못한다. 다만, 다음 각호의 경우에는 당해 법률이 정하는 바에 의한다.

1. 환부우편물등의 처리: 「우편법」 제28조 · 제32조 · 제35조 · 제36조등의 규정에 의하여 폭발물등 우편금제품이 들어 있다고 의심되는 소포우편물(이와 유사한 郵便物을 포함한다)을 개피하는 경우, 수취인에게 배달할 수 없거나 수취인이 수령을 거부한 우편물을 발송인에게 환부하는 경우, 발송인의 주소 · 성명이 누락된 우편물로서 수취인이 수취를 거부하여 환부하는 때에 그 주소 · 성명을 알기 위하여 개피하는 경우 또는 유가물이 든 환부불능우편물을 처리하는 경우
2. 수출입우편물에 대한 검사: 「관세법」 제256조 · 제257조 등의 규정에 의한 신서외의 우편물에 대한 통관검사절차
3. 구속 또는 복역중인 사람에 대한 통신: 「형사소송법」 제91조, 「군사법원법」 제131조, 「형의 집행 및 수용자의 처우에 관한 법률」 제41조 · 제43조 · 제44조 및 「군에서의 형의 집행 및 군수용자의 처우에 관한 법률」 제42조 · 제44조 및 제45조에 따른 구속 또는 복역중인 사람에 대한 통신의 관리
4. 파산선고를 받은 자에 대한 통신: 「채무자 회생 및 파산에 관한 법률」 제484조의 규정에 의하여 파산선고를 받은 자에게 보내온 통신을 파산관재인이 수령하는 경우
5. 혼신제거등을 위한 전파감시: 「전파법」 제49조 내지 제51조의 규정에 의한 혼신제거등 전파질서유지를 위한 전파감시의 경우

② 우편물의 검열 또는 전기통신의 감청(이하 "통신제한조치"라 한다)은 범죄수사 또는 국가안전보장을 위하여 보충적인 수단으로 이용되어야 하며, 국민의 통신비밀에 대한 침해가 최소한에 그치도록 노력하여야 한다.

③ 누구든지 단말기기 고유번호를 제공하거나 제공받아서는 아니된다. 다만, 이동전화단말기 제조업체 또는 이동통신사업자가 단말기의 개통처리 및 수리 등 정당한 업무의 이행을 위하여 제공하거나 제공받는 경우에는 그러하지 아니하다.

제4조(불법검열에 의한 우편물의 내용과 불법감청에 의한 전기통신내용의 증거사용 금지)

제3조의 규정에 위반하여, 불법검열에 의하여 취득한 우편물이나 그 내용 및 불법감청에 의하여 지득 또는 채록된 전기통신의 내용은 재판 또는 징계절차에서 증거로 사용할 수 없다.

제5조(범죄수사를 위한 통신제한조치의 허가요건)

① 통신제한조치는 다음 각호의 범죄를 계획 또는 실행하고 있거나 실행하였다고 의심할만한 충분한 이유가 있고 다른 방법으로는 그 범죄의 실행을 저지하거나 범인의 체포 또는 증거의 수집이 어려운 경우에 한하여 허가할 수 있다.

1. 「형법」 제2편중 제1장 내란의 죄, 제2장 외환의 죄중 제92조 내지 제101조의 죄, 제4장 국교에 관한 죄중 제107조, 제108조, 제111조 내지 제113조의 죄, 제5장 공안을 해하는 죄중 제114조, 제115조의 죄, 제6장 폭발물에 관한 죄, 제7장 공무원의 직무에 관한 죄중 제127조, 제129조 내지 제133조의 죄, 제9장 도주와 범인은닉의 죄, 제13장 방화와 실화의 죄중 제164조 내지 제167조 · 제172조 내지 제173조 · 제174조 및 제175조의 죄, 제17장 아편에 관한 죄, 제18장 통화에 관한 죄, 제19장 유가증권, 우표와 인지에 관한 죄중 제214조 내지 제217조, 제223조(제214조 내지 제217조의 미수범에 한한다) 및 제224조(제214조 및 제215조의 예비 · 음모에 한한다), 제24장 살인의 죄, 제29장 체포와 감금의 죄, 제30장 협박의 죄중 제283조제1항, 제284조, 제285조(제283조제1항, 제284조의 상습범에 한한다), 제286조[제283조제1항, 제284조, 제285조(제283조제1항, 제284조의 상습범에 한한다)의 미수범에 한한다]의 죄, 제31장 약취(略取), 유인(誘引) 및 인신매매의 죄, 제32장 강간과 추행의 죄중 제297조 내지 제301조의2, 제305조의 죄, 제34장 신용, 업무와 경매에 관한 죄중 제315조의 죄, 제37장 권리행사를 방해하는 죄중 제324조의2 내지 제324조의4 · 제324조의5(제324조의2

내지 제324조의4의 미수범에 한한다)의 죄, 제38장 절도와 강도의 죄중 제329조 내지 제331조, 제332조(제329조 내지 제331조의 상습범에 한한다), 제333조 내지 제341조, 제342조[제329조 내지 제331조, 제332조(제329조 내지 제331조의 상습범에 한한다), 제333조 내지 제341조의 미수범에 한한다]의 죄, 제39장 사기와 공갈의 죄 중 제350조, 제350조의2, 제351조(제350조, 제350조의2의 상습범에 한정한다), 제352조(제350조, 제350조의2의 미수범에 한정한다)의 죄, 제41장 장물에 관한 죄 중 제363조의 죄

2. 「군형법」 제2편중 제1장 반란의 죄, 제2장 이적의 죄, 제3장 지휘권 남용의 죄, 제4장 지휘관의 항복과 도피의 죄, 제5장 수소이탈의 죄, 제7장 군무태만의 죄중 제42조의 죄, 제8장 항명의 죄, 제9장 폭행 · 협박 · 상해와 살인의 죄, 제11장 군용물에 관한 죄, 제12장 위령의 죄중 제78조 · 제80조 · 제81조의 죄
3. 「국가보안법」에 규정된 범죄
4. 「군사기밀보호법」에 규정된 범죄
5. 「군사기지 및 군사시설 보호법」에 규정된 범죄
6. 「마약류 관리에 관한 법률」에 규정된 범죄중 제58조 내지 제62조의 죄
7. 「폭력행위 등 처벌에 관한 법률」에 규정된 범죄중 제4조 및 제5조의 죄
8. 「총포 · 도검 · 화약류 등의 안전관리에 관한 법률」에 규정된 범죄중 제70조 및 제71조제1호 내지 제3호의 죄
9. 「특정범죄 가중처벌 등에 관한 법률」에 규정된 범죄중 제2조 내지 제8조, 제11조, 제12조의 죄
10. 「특정경제범죄 가중처벌 등에 관한 법률」에 규정된 범죄중 제3조 내지 제9조의 죄
11. 제1호와 제2호의 죄에 대한 가중처벌을 규정하는 법률에 위반하는 범죄
12. 「국제상거래에 있어서 외국공무원에 대한 뇌물방지법」에 규정된 범죄 중 제3조 및 제4조의 죄

② 통신제한조치는 제1항의 요건에 해당하는 자가 발송 · 수취하거나 송 · 수신하는 특정한 우편물이나 전기통신 또는 그 해당자가 일정한 기간에 걸쳐 발송 · 수취하거나 송 · 수신하는 우편물이나 전기통신을 대상으로 허가될 수 있다.

제6조(범죄수사를 위한 통신제한조치의 허가절차)

① 검사(군검사를 포함한다. 이하 같다) 는 제5조제1항의 요건이 구비된 경우에는 법원(軍事法院을 포함한다. 이하 같다)에 대하여 각 피의자별 또는 각 피내사자별로 통신제한조치를 허가하여 줄 것을 청구할 수 있다.

② 사법경찰관(軍司法警察官을 포함한다. 이하 같다)은 제5조제1항의 요건이 구비된 경우에는 검사에 대하여 각 피의자별 또는 각 피내사자별로 통신제한조치에 대한 허가를 신청하고, 검사는 법원에 대하여 그 허가를 청구할 수 있다.

③ 제1항 및 제2항의 통신제한조치 청구사건의 관할법원은 그 통신제한조치를 받을 통신당사자의 쌍방 또는 일방의 주소지 · 소재지, 범죄지 또는 통신당사자와 공범관계에 있는 자의 주소지 · 소재지를 관할하는 지방법원 또는 지원(군사법원을 포함한다)으로 한다.

④ 제1항 및 제2항의 통신제한조치청구는 필요한 통신제한조치의 종류 · 그 목적 · 대상 · 범위 · 기간 · 집행장소 · 방법 및 당해 통신제한조치가 제5조제1항의 허가요건을 충족하는 사유등의 청구이유를 기재한 서면(이하 "請求書"라 한다)으로 하여야 하며, 청구이유에 대한 소명자료를 첨부하여야 한다. 이 경우 동일한 범죄사실에 대하여 그 피의자 또는 피내사자에 대하여 통신제한조치의 허가를 청구하였거나 허가받은 사실이 있는 때에는 다시 통신제한조치를 청구하는 취지 및 이유를 기재하여야 한다.

⑤ 법원은 청구가 이유 있다고 인정하는 경우에는 각 피의자별 또는 각 피내사자별로 통신제한조치를 허가하고, 이를 증명하는 서류(이하 "허가서"라 한다)를 청구인에게 발부한다.

⑥ 제5항의 허가서에는 통신제한조치의 종류 · 그 목적 · 대상 · 범위 · 기간 및 집행장소와 방법을 특정하여 기재하여야 한다.

⑦ 통신제한조치의 기간은 2개월을 초과하지 못하고, 그 기간 중 통신제한조치의 목적이 달성되었을 경우에는 즉시 종료하여야 한다. 다만, 제5조제1항의 허가요건이 존속하는 경우에는 소명자료를 첨부하여 제1항 또는 제2항에 따라 2개월의 범위에서 통신제한조치기간의 연장을 청구할 수 있다.

⑧ 검사 또는 사법경찰관이 제7항 단서에 따라 통신제한조치의 연장을 청구하는 경우에 통신제한조치의 총 연장기간은 1년을 초과할 수 없다. 다만, 다음 각 호의 어느 하나에 해당하는 범죄의 경우에는 통신제한조치의 총 연장기간이 3년을 초과할 수 없다.

1. 「형법」 제2편 중 제1장 내란의 죄, 제2장 외환의 죄 중 제92조부터 제101조까지의 죄, 제4장 국교에 관한 죄 중 제107조, 제108조, 제111조부터 제113조까지의 죄, 제5장 공안을 해하는 죄 중 제114조, 제115조의 죄 및 제6장 폭발물에 관한 죄
2. 「군형법」 제2편 중 제1장 반란의 죄, 제2장 이적의 죄, 제11장 군용물에 관한 죄 및 제12장 위령의 죄 중 제78조 · 제80조 · 제81조의 죄
3. 「국가보안법」에 규정된 죄
4. 「군사기밀보호법」에 규정된 죄
5. 「군사기지 및 군사시설보호법」에 규정된 죄

⑨ 법원은 제1항 · 제2항 및 제7항 단서에 따른 청구가 이유없다고 인정하는 경우에는 청구를 기각하고 이를 청구인에게 통지한다.

제7조(국가안보를 위한 통신제한조치)

① 대통령령이 정하는 정보수사기관의 장(이하 "情報搜査機關의 長"이라 한다)은 국가안전보장에 상당한 위험이 예상되는 경우 또는 「국민보호와 공공안전을 위한 테러방지법」 제2조제6호의 대테러활동에 필요한 경우에 한하여 그 위해를 방지하기 위하여 이에 관한 정보수집이 특히 필요한 때에는 다음 각호의 구분에 따라 통신제한조치를 할 수 있다.

1. 통신의 일방 또는 쌍방당사자가 내국인인 때에는 고등법원 수석판사의 허가를 받아야 한다. 다만, 군용전기통신법 제2조의 규정에 의한 군용전기통신(작전수행을 위한 전기통신에 한한다)에 대하여는 그러하지 아니하다.
2. 대한민국에 적대하는 국가, 반국가활동의 혐의가 있는 외국의 기관 · 단체와 외국인, 대한민국의 통치권이 사실상 미치지 아니하는 한반도내의 집단이나 외국에 소재하는 그 산하단체의 구성원의 통신인 때 및 제1항제1호 단서의 경우에는 서면으로 대통령의 승인을 얻어야 한다.

② 제1항의 규정에 의한 통신제한조치의 기간은 4월을 초과하지 못하고, 그 기간중 통신제한조치의 목적이 달성되었을 경우에는 즉시 종료하여야 하되, 제1항의 요건이 존속하는 경우에는 소명자료를 첨부하여 고등법원 수석판사의 허가 또는 대통령의 승인을 얻어 4월의 범위 이내에서 통신제한조치의 기간을 연장할 수 있다. 다만, 제1항제1호 단서의 규정에 의한 통신제한조치는 전시 · 사변 또는 이에 준하는 국가비상사태에 있어서 적과 교전상태에 있는 때에는 작전이 종료될 때까지 대통령의 승인을 얻지 아니하고 기간을 연장할 수 있다.

③ 제1항제1호에 따른 허가에 관하여는 제6조제2항, 제4항부터 제6항까지 및 제9항을 준용한다. 이 경우 "사법경찰관(군사법경찰관을 포함한다. 이하 같다)"은 "정보수사기관의 장"으로, "법원"은 "고등법원 수석판사"로, "제5조제1항"은 "제7조제1항제1호 본문"으로, 제6조제2항 및 제5항 중 "각 피의자별 또는 각 피내사자별로 통신제한조치"는 각각 "통신제한조치"로 본다.

④ 제1항제2호의 규정에 의한 대통령의 승인에 관한 절차등 필요한 사항은 대통령령으로 정한다.

제8조(긴급통신제한조치)

① 검사, 사법경찰관 또는 정보수사기관의 장은 국가안보를 위협하는 음모행위, 직접적인 사망이나 심각한 상해의 위험을 야기할 수 있는 범죄 또는 조직범죄등 중대한 범죄의 계획이나 실행 등 긴박한 상황에 있고 제5조제1항 또는 제7조제1항제1호의 규정에 의한 요건을 구비한 자에 대하여 제6조 또는 제7조제1항 및 제3항의 규정에 의한 절차를 거칠 수 없는 긴급한 사유가 있는 때에는 법원의 허가없이 통신제한조치를 할 수 있다.

② 검사, 사법경찰관 또는 정보수사기관의 장은 제1항에 따른 통신제한조치(이하 "긴급통신제한조치"라 한다)의 집행에 착수한 후 지체 없이 제6조(제7조제3항에서 준용하는 경우를 포함한다)에 따라 법원에 허가청구를 하여야 한다.

③ 사법경찰관이 긴급통신제한조치를 할 경우에는 미리 검사의 지휘를 받아야 한다. 다만, 특히 급속을 요하여 미리 지휘를 받을 수 없는 사유가 있는 경우에는 긴급통신제한조치의 집행착수후 지체없이 검사의 승인을 얻어야 한다.

④ 검사, 사법경찰관 또는 정보수사기관의 장이 긴급통신제한조치를 하고자 하는 경우에는 반드시 긴급검열서 또는 긴급감청서(이하 "긴급감청서등"이라 한다)에 의하여야 하며 소속기관에 긴급통신제한조치대장을 비치하여야 한다.

⑤ 검사, 사법경찰관 또는 정보수사기관의 장은 긴급통신제한조치의 집행에 착수한 때부터 36시간 이내에 법원의 허가를 받지 못한 경우에는 해당 조치를 즉시 중지하고 해당 조치로 취득한 자료를 폐기하여야 한다.

⑥ 검사, 사법경찰관 또는 정보수사기관의 장은 제5항에 따라 긴급통신제한조치로 취득한 자료를 폐기한 경우 폐기이유 · 폐기범위 · 폐기일시 등을 기재한 자료폐기결과보고서를 작성하여 폐기일부터 7일 이내에 제2항에 따라 허가청구를 한 법원에 송부하고, 그 부본(副本)을 피의자의 수사기록 또는 피내사자의 내사사건기록에 첨부하여야 한다.

⑧ 정보수사기관의 장은 국가안보를 위협하는 음모행위, 직접적인 사망이나 심각한 상해의 위험을 야기할 수 있는 범죄 또는 조직범죄등 중대한 범죄의 계획이나 실행 등 긴박한 상황에 있고 제7조제1항제2호에 해당하는 자에 대하여 대통령의 승인을 얻을 시간적 여유가 없거나 통신제한조치를 긴급히 실시하지 아니하면 국가안전보장에 대한 위해를 초래할 수 있다고 판단되는 때에는 소속 장관(국가정보원장을 포함한다)의 승인을 얻어 통신제한조치를 할 수 있다.

⑨ 정보수사기관의 장은 제8항에 따른 통신제한조치의 집행에 착수한 후 지체 없이 제7조에 따라 대통령의 승인을 얻어야 한다.

⑩ 정보수사기관의 장은 제8항에 따른 통신제한조치의 집행에 착수한 때부터 36시간 이내에 대통령의 승인을 얻지 못한 경우에는 해당 조치를 즉시 중지하고 해당 조치로 취득한 자료를 폐기하여야 한다.

제9조(통신제한조치의 집행)

① 제6조 내지 제8조의 통신제한조치는 이를 청구 또는 신청한 검사 · 사법경찰관 또는 정보수사기관의 장이 집행한다. 이 경우 체신관서 기타 관련기관등(이하 "통신기관등"이라 한다)에 그 집행을 위탁하거나 집행에 관한 협조를 요청할 수 있다.

② 통신제한조치의 집행을 위탁하거나 집행에 관한 협조를 요청하는 자는 통신기관등에 통신제한조치허가서(제7조제1항제2호의 경우에는 대통령의 승인서를 말한다. 이하 이 조, 제16조제2항제1호 및 제17조제1항제1호 · 제3호에서 같다) 또는 긴급감청서등의 표지의 사본을 교부하여야 하며, 이를 위탁받거나 이에 관한 협조요청을 받은 자는 통신제한조치허가서 또는 긴급감청서등의 표지 사본을 대통령령이 정하는 기간동안 보존하여야 한다.

③ 통신제한조치를 집행하는 자와 이를 위탁받거나 이에 관한 협조요청을 받은 자는 당해 통신제한조치를 청구한 목적과 그 집행 또는 협조일시 및 대상을 기재한 대장을 대통령령이 정하는 기간동안 비치하여야 한다.

④ 통신기관등은 통신제한조치허가서 또는 긴급감청서등에 기재된 통신제한조치 대상자의 전화번호 등이 사실과 일치하지 않을 경우에는 그 집행을 거부할 수 있으며, 어떠한 경우에도 전기통신에 사용되는 비밀번호를 누설할 수 없다.

제9조의2(통신제한조치의 집행에 관한 통지)

① 검사는 제6조제1항 및 제8조제1항에 따라 통신제한조치를 집행한 사건에 관하여 공소를 제기하거나, 공소의 제기 또는 입건을 하지 아니하는 처분(기소중지결정, 참고인중지결정을 제외한다)을 한 때에는 그 처분을 한 날부터 30일 이내에 우편물 검열의 경우에는 그 대상자에게, 감청의 경우에는 그 대상이 된 전기통신의 가입자에게 통신제한조치를 집행한 사실과 집행기관 및 그 기간 등을 서면으로 통지하여야 한다. 다만, 고위공직자범죄수사처(이하 "수사처"라 한다)검사는 「고위공직자범죄수사처 설치 및 운영에 관한 법률」 제26조제1항에 따라 서울중앙지방검찰청 소속 검사에게 관계 서류와 증거물을 송부한 사건에 관하여 이를 처리하는 검사로부터 공소를 제기하거나 제기하지 아니하는 처분(기소중지결정, 참고인중지결정은 제외한다)의 통보를 받은 경우에도 그 통보를 받은 날부터 30일 이내에 서면으로 통지하여야 한다.

② 사법경찰관은 제6조제1항 및 제8조제1항에 따라 통신제한조치를 집행한 사건에 관하여 검사로부터 공소를 제기하거나 제기하지 아니하는 처분(기소중지 또는 참고인중지 결정은 제외한다)의 통보를 받거나 검찰송치를 하지 아니하는 처분(수사중지 결정은 제외한다) 또는 내사사건에 관하여 입건하지 아니하는 처분을 한 때에는 그 날부터 30일 이내에 우편물 검열의 경우에는 그 대상자에게, 감청의 경우에는 그 대상이 된 전기통신의 가입자에게 통신제한조치를 집행한 사실과 집행기관 및 그 기간 등을 서면으로 통지하여야 한다.

③ 정보수사기관의 장은 제7조제1항제1호 본문 및 제8조제1항의 규정에 의한 통신제한조치를 종료한 날부터 30일 이내에 우편물 검열의 경우에는 그 대상자에게, 감청의 경우에는 그 대상이 된 전기통신의 가입자에게 통신제한조치를 집행한 사실과 집행기관 및 그 기간 등을 서면으로 통지하여야 한다.

④ 제1항 내지 제3항의 규정에 불구하고 다음 각호의 1에 해당하는 사유가 있는 때에는 그 사유가 해소될 때까지 통지를 유예할 수 있다.

1. 통신제한조치를 통지할 경우 국가의 안전보장·공공의 안녕질서를 위태롭게 할 현저한 우려가 있는 때
2. 통신제한조치를 통지할 경우 사람의 생명·신체에 중대한 위험을 초래할 염려가 현저한 때

⑤ 검사 또는 사법경찰관은 제4항에 따라 통지를 유예하려는 경우에는 소명자료를 첨부하여 미리 관할지방검찰청검사장의 승인을 받아야 한다. 다만, 수사처검사가 제4항에 따라 통지를 유예하려는 경우에는 소명자료를 첨부하여 미리 수사처장의 승인을 받아야 하고, 군검사 및 군사법경찰관이 제4항에 따라 통지를 유예하려는 경우에는 소명자료를 첨부하여 미리 관할 보통검찰부장의 승인을 받아야 한다.

⑥ 검사, 사법경찰관 또는 정보수사기관의 장은 제4항 각호의 사유가 해소된 때에는 그 사유가 해소된 날부터 30일 이내에 제1항 내지 제3항의 규정에 의한 통지를 하여야 한다.

제9조의3(압수·수색·검증의 집행에 관한 통지)

① 검사는 송·수신이 완료된 전기통신에 대하여 압수·수색·검증을 집행한 경우 그 사건에 관하여 공소를 제기하거나 공소의 제기 또는 입건을 하지 아니하는 처분(기소중지결정, 참고인중지결정을 제외한다)을 한 때에는 그 처분을 한 날부터 30일 이내에 수사대상이 된 가입자에게 압수·수색·검증을 집행한 사실을 서면으로 통지하여야 한다. 다만, 수사처검사는 「고위공직자범죄수사처 설치 및 운영에 관한 법률」 제26조제1항에 따라 서울중앙지방검찰청 소속 검사에게 관계 서류와 증거물을 송부한 사건에 관하여 이를 처리하는 검사로부터 공소를 제기하거나 제기하지 아니하는 처분(기소중지결정, 참고인중지결정은 제외한다)의 통보를 받은 경우에도 그 통보를 받은 날부터 30일 이내에 서면으로 통지하여야 한다.

② 사법경찰관은 송·수신이 완료된 전기통신에 대하여 압수·수색·검증을 집행한 경우 그 사건에 관하여 검사로부터 공소를 제기하거나 제기하지 아니하는 처분(기소중지 또는 참고인중지 결정은 제외한다)의 통보를 받거나 검찰송치를 하지 아니하는 처분(수사중지 결정은 제외한다) 또는 내사사건에 관하여 입건하지 아니하는 처분을 한 때에는 그 날부터 30일 이내에 수사대상이 된 가입자에게 압수·수색·검증을 집행한 사실을 서면으로 통지하여야 한다.

제10조(감청설비에 대한 인가기관과 인가절차)

① 감청설비를 제조 · 수입 · 판매 · 배포 · 소지 · 사용하거나 이를 위한 광고를 하고자 하는 자는 과학기술정보통신부장관의 인가를 받아야 한다. 다만, 국가기관의 경우에는 그러하지 아니하다.

③ 과학기술정보통신부장관은 제1항의 인가를 하는 경우에는 인가신청자, 인가연월일, 인가된 감청설비의 종류와 수량등 필요한 사항을 대장에 기재하여 비치하여야 한다.

④ 제1항의 인가를 받아 감청설비를 제조 · 수입 · 판매 · 배포 · 소지 또는 사용하는 자는 인가연월일, 인가된 감청설비의 종류와 수량, 비치장소등 필요한 사항을 대장에 기재하여 비치하여야 한다. 다만, 지방자치단체의 비품으로서 그 직무수행에 제공되는 감청설비는 해당 기관의 비품대장에 기재한다.

⑤ 제1항의 인가에 관하여 기타 필요한 사항은 대통령령으로 정한다.

제10조의2(국가기관 감청설비의 신고)

① 국가기관(정보수사기관은 제외한다)이 감청설비를 도입하는 때에는 매 반기별로 그 제원 및 성능 등 대통령령으로 정하는 사항을 과학기술정보통신부장관에게 신고하여야 한다.

② 정보수사기관이 감청설비를 도입하는 때에는 매 반기별로 그 제원 및 성능 등 대통령령으로 정하는 사항을 국회 정보위원회에 통보하여야 한다.

제10조의3(불법감청설비탐지업의 등록 등)

① 영리를 목적으로 불법감청설비탐지업을 하고자 하는 자는 대통령령으로 정하는 바에 의하여 과학기술정보통신부장관에게 등록을 하여야 한다.

② 제1항에 따른 등록은 법인만이 할 수 있다.

③ 제1항에 따른 등록을 하고자 하는 자는 대통령령으로 정하는 이용자보호계획 · 사업계획 · 기술 · 재정능력 · 탐지장비 그 밖에 필요한 사항을 갖추어야 한다.

④ 제1항에 따른 등록의 변경요건 및 절차, 등록한 사업의 양도 · 양수 · 승계 · 휴업 · 폐업 및 그 신고, 등록업무의 위임 등에 관하여 필요한 사항은 대통령령으로 정한다.

제10조의4(불법감청설비탐지업자의 결격사유)

법인의 대표자가 다음 각 호의 어느 하나에 해당하는 경우에는 제10조의3에 따른 등록을 할 수 없다.

1. 피성년후견인 또는 피한정후견인
2. 파산선고를 받은 자로서 복권되지 아니한 자
3. 금고 이상의 실형을 선고받고 그 집행이 종료(집행이 종료된 것으로 보는 경우를 포함한다)되거나 집행이 면제된 날부터 3년이 지나지 아니한 자
4. 금고 이상의 형의 집행유예를 선고받고 그 유예기간중에 있는 자
5. 법원의 판결 또는 다른 법률에 의하여 자격이 상실 또는 정지된 자
6. 제10조의5에 따라 등록이 취소(제10조의4제1호 또는 제2호에 해당하여 등록이 취소된 경우는 제외한다)된 법인의 취소 당시 대표자로서 그 등록이 취소된 날부터 2년이 지나지 아니한 자

제10조의5(등록의 취소)

과학기술정보통신부장관은 불법감청설비탐지업을 등록한 자가 다음 각 호의 어느 하나에 해당하는 경우에는 그 등록을 취소하거나 6개월 이내의 기간을 정하여 그 영업의 정지를 명할 수 있다. 다만, 제1호 또는 제2호에 해당하는 경우에는 그 등록을 취소하여야 한다.

1. 거짓이나 그 밖의 부정한 방법으로 등록 또는 변경등록을 한 경우
2. 제10조의4에 따른 결격사유에 해당하게 된 경우
3. 영업행위와 관련하여 알게된 비밀을 다른 사람에게 누설한 경우
4. 불법감청설비탐지업 등록증을 다른 사람에게 대여한 경우
5. 영업행위와 관련하여 고의 또는 중대한 과실로 다른 사람에게 중대한 손해를 입힌 경우
6. 다른 법률의 규정에 의하여 국가 또는 지방자치단체로부터 등록취소의 요구가 있는 경우

제11조(비밀준수의 의무)

① 통신제한조치의 허가 · 집행 · 통보 및 각종 서류작성 등에 관여한 공무원 또는 그 직에 있었던 자는 직무상 알게 된 통신제한조치에 관한 사항을 외부에 공개하거나 누설하여서는 아니된다.

② 통신제한조치에 관여한 통신기관의 직원 또는 그 직에 있었던 자는 통신제한조치에 관한 사항을 외부에 공개하거나 누설하여서는 아니된다.

③ 제1항 및 제2항에 규정된 자 외에 누구든지 이 법에 따른 통신제한조치로 알게 된 내용을 이 법에 따라 사용하는 경우 외에는 이를 외부에 공개하거나 누설하여서는 아니 된다. 〈개정 2018. 3. 20.〉

④ 법원에서의 통신제한조치의 허가절차 · 허가여부 · 허가내용 등의 비밀유지에 관하여 필요한 사항은 대법원규칙으로 정한다.

제12조(통신제한조치로 취득한 자료의 사용제한)

제9조의 규정에 의한 통신제한조치의 집행으로 인하여 취득된 우편물 또는 그 내용과 전기통신의 내용은 다음 각호의 경우외에는 사용할 수 없다.

1. 통신제한조치의 목적이 된 제5조제1항에 규정된 범죄나 이와 관련되는 범죄를 수사 · 소추하거나 그 범죄를 예방하기 위하여 사용하는 경우
2. 제1호의 범죄로 인한 징계절차에 사용하는 경우
3. 통신의 당사자가 제기하는 손해배상소송에서 사용하는 경우
4. 기타 다른 법률의 규정에 의하여 사용하는 경우

제12조의2(범죄수사를 위하여 인터넷 회선에 대한 통신제한조치로 취득한 자료의 관리)

① 검사는 인터넷 회선을 통하여 송신 · 수신하는 전기통신을 대상으로 제6조 또는 제8조(제5조제1항의 요건에 해당하는 사람에 대한 긴급통신제한조치에 한정한다)에 따른 통신제한조치를 집행한 경우 그 전기통신을 제12조제1호에 따라 사용하거나 사용을 위하여 보관(이하 이 조에서 "보관등"이라 한다)하고자 하는 때에는 집행종료일부터 14일 이내에 보관등이 필요한 전기통신을 선별하여 통신제한조치를 허가한 법원에 보관등의 승인을 청구하여야 한다.

② 사법경찰관은 인터넷 회선을 통하여 송신 · 수신하는 전기통신을 대상으로 제6조 또는 제8조(제5조제1항의 요건에 해당하는 사람에 대한 긴급통신제한조치에 한정한다)에 따른 통신제한조치를 집행한 경우 그 전기통신의 보관등을 하고자 하는 때에는 집행종료일부터 14일 이내에 보관등이 필요한 전기통신을 선별하여 검사에게 보관등의 승인을 신청하고, 검사는 신청일부터 7일 이내에 통신제한조치를 허가한 법원에 그 승인을 청구할 수 있다.

③ 제1항 및 제2항에 따른 승인청구는 통신제한조치의 집행 경위, 취득한 결과의 요지, 보관등이 필요한 이유를 기재한 서면으로 하여야 하며, 다음 각 호의 서류를 첨부하여야 한다.

1. 청구이유에 대한 소명자료
2. 보관등이 필요한 전기통신의 목록
3. 보관등이 필요한 전기통신. 다만, 일정 용량의 파일 단위로 분할하는 등 적절한 방법으로 정보저장매체에 저장 · 봉인하여 제출하여야 한다.

④ 법원은 청구가 이유 있다고 인정하는 경우에는 보관등을 승인하고 이를 증명하는 서류(이하 이 조에서 "승인서"라 한다)를 발부하며, 청구가 이유 없다고 인정하는 경우에는 청구를 기각하고 이를 청구인에게 통지한다.

⑤ 검사 또는 사법경찰관은 제1항에 따른 청구나 제2항에 따른 신청을 하지 아니하는 경우에는 집행종료일부터 14일(검사가 사법경찰관의 신청을 기각한 경우에는 그 날부터 7일) 이내에 통신제한조치로 취득한 전기통신을 폐기하여야 하고, 법원에 승인청구를 한 경우(취득한 전기통신의 일부에 대해서만 청구한 경우를 포함한다)에는 제4항에 따라 법원으로부터 승인서를 발부받거나 청구기각의 통지를 받은 날부터 7일 이내에 승인을 받지 못한 전기통신을 폐기하여야 한다.

⑥ 검사 또는 사법경찰관은 제5항에 따라 통신제한조치로 취득한 전기통신을 폐기한 때에는 폐기의 이유와 범위 및 일시 등을 기재한 폐기결과보고서를 작성하여 피의자의 수사기록 또는 피내사자의 내사사건기록에 첨부하고, 폐기일부터 7일 이내에 통신제한조치를 허가한 법원에 송부하여야 한다.

제13조(범죄수사를 위한 통신사실 확인자료제공의 절차)

① 검사 또는 사법경찰관은 수사 또는 형의 집행을 위하여 필요한 경우 전기통신사업법에 의한 전기통신사업자(이하 "전기통신사업자"라 한다)에게 통신사실 확인자료의 열람이나 제출(이하 "통신사실 확인자료제공"이라 한다)을 요청할 수 있다.

② 검사 또는 사법경찰관은 제1항에도 불구하고 수사를 위하여 통신사실확인자료 중 다음 각 호의 어느 하나에 해당하는 자료가 필요한 경우에는 다른 방법으로는 범죄의 실행을 저지하기 어렵거나 범인의 발견 · 확보 또는 증거의 수집 · 보전이 어려운 경우에만 전기통신사업자에게 해당 자료의 열람이나 제출을 요청할 수 있다. 다만, 제5조제1항 각 호의 어느 하나에 해당하는 범죄 또는 전기통신을 수단으로 하는 범죄에 대한 통신사실확인자료가 필요한 경우에는 제1항에 따라 열람이나 제출을 요청할 수 있다.

1. 제2조제11호바목 · 사목 중 실시간 추적자료
2. 특정한 기지국에 대한 통신사실확인자료

③ 1항 및 제2항에 따라 통신사실 확인자료제공을 요청하는 경우에는 요청사유, 해당 가입자와의 연관성 및 필요한 자료의 범위를 기록한 서면으로 관할 지방법원(군사법원을 포함한다. 이하 같다) 또는 지원의 허가를 받아야 한다. 다만, 관할 지방법원 또는 지원의 허가를 받을 수 없는 긴급한 사유가 있는 때에는 통신사실 확인자료제공을 요청한 후 지체 없이 그 허가를 받아 전기통신사업자에게 송부하여야 한다.

④ 제3항 단서에 따라 긴급한 사유로 통신사실확인자료를 제공받았으나 지방법원 또는 지원의 허가를 받지 못한 경우에는 지체 없이 제공받은 통신사실확인자료를 폐기하여야 한다.

⑤ 검사 또는 사법경찰관은 제3항에 따라 통신사실 확인자료제공을 받은 때에는 해당 통신사실 확인자료제공요청사실 등 필요한 사항을 기재한 대장과 통신사실 확인자료제공요청서 등 관련자료를 소속기관에 비치하여야 한다.

⑥ 지방법원 또는 지원은 제3항에 따라 통신사실 확인자료제공 요청허가청구를 받은 현황, 이를 허가한 현황 및 관련된 자료를 보존하여야 한다.

⑦ 전기통신사업자는 검사, 사법경찰관 또는 정보수사기관의 장에게 통신사실 확인자료를 제공한 때에는 자료제공현황 등을 연 2회 과학기술정보통신부장관에게 보고하고, 해당 통신사실 확인자료 제공사실 등 필요한 사항을 기재한 대장과 통신사실 확인자료제공요청서등 관련자료를 통신사실확인자료를 제공한 날부터 7년간 비치하여야 한다.

⑧ 과학기술정보통신부장관은 전기통신사업자가 제7항에 따라 보고한 내용의 사실여부 및 비치하여야 하는 대장등 관련자료의 관리실태를 점검할 수 있다.

⑨ 이 조에서 규정된 사항 외에 범죄수사를 위한 통신사실 확인자료제공과 관련된 사항에 관하여는 제6조(제7항 및 제8항은 제외한다)를 준용한다.

제13조의2(법원에의 통신사실확인자료제공)

법원은 재판상 필요한 경우에는 민사소송법 제294조 또는 형사소송법 제272조의 규정에 의하여 전기통신사업자에게 통신사실확인자료제공을 요청할 수 있다.

제13조의3(범죄수사를 위한 통신사실 확인자료제공의 통지)

① 검사 또는 사법경찰관은 제13조에 따라 통신사실 확인자료제공을 받은 사건에 관하여 다음 각 호의 구분에 따라 정한 기간 내에 통신사실 확인자료제공을 받은 사실과 제공요청기관 및 그 기간 등을 통신사실 확인자료제공의 대상이 된 당사자에게 서면으로 통지하여야 한다.

1. 공소를 제기하거나, 공소제기 · 검찰송치를 하지 아니하는 처분(기소중지 · 참고인중지 또는 수사중지 결정은 제외한다) 또는 입건을 하지 아니하는 처분을 한 경우: 그 처분을 한 날부터 30일 이내. 다만, 다음 각 목의 어느 하나에 해당하는 경우 그 통보를 받은 날부터 30일 이내

   가. 수사처검사가 「고위공직자범죄수사처 설치 및 운영에 관한 법률」 제26조제1항에 따라 서울중앙지방검찰청 소속 검사에게 관계 서류와 증거물을 송부한 사건에 관하여 이를 처리하는 검사로부터 공소를 제기하거나 제기하지 아니하는 처분(기소중지 또는 참고인중지 결정은 제외한다)의 통보를 받은 경우

   나. 사법경찰관이 「형사소송법」 제245조의5제1호에 따라 검사에게 송치한 사건으로서 검사로부터 공소를 제기하거나 제기하지 아니하는 처분(기소중지 또는 참고인중지 결정은 제외한다)의 통보를 받은 경우

2. 기소중지 · 참고인중지 또는 수사중지 결정을 한 경우: 그 결정을 한 날부터 1년(제6조제8항 각 호의 어느 하나에 해당하는 범죄인 경우에는 3년)이 경과한 때부터 30일 이내. 다만, 다음 각 목의 어느 하나에 해당하는 경우 그 통보를 받은 날로부터 1년(제6조제8항 각 호의 어느 하나에 해당하는 범죄인 경우에는 3년)이 경과한 때부터 30일 이내

   가. 수사처검사가 「고위공직자범죄수사처 설치 및 운영에 관한 법률」 제26조제1항에 따라 서울중앙지방검찰청 소속 검사에게 관계 서류와 증거물을 송부한 사건에 관하여 이를 처리하는 검사로부터 기소중지 또는 참고인중지 결정의 통보를 받은 경우

   나. 사법경찰관이 「형사소송법」 제245조의5제1호에 따라 검사에게 송치한 사건으로서 검사로부터 기소중지 또는 참고인중지 결정의 통보를 받은 경우

3. 수사가 진행 중인 경우: 통신사실 확인자료제공을 받은 날부터 1년(제6조제8항 각 호의 어느 하나에 해당하는 범죄인 경우에는 3년)이 경과한 때부터 30일 이내

② 제1항제2호 및 제3호에도 불구하고 다음 각 호의 어느 하나에 해당하는 사유가 있는 경우에는 그 사유가 해소될 때까지 같은 항에 따른 통지를 유예할 수 있다.

1. 국가의 안전보장, 공공의 안녕질서를 위태롭게 할 우려가 있는 경우
2. 피해자 또는 그 밖의 사건관계인의 생명이나 신체의 안전을 위협할 우려가 있는 경우
3. 증거인멸, 도주, 증인 위협 등 공정한 사법절차의 진행을 방해할 우려가 있는 경우
4. 피의자, 피해자 또는 그 밖의 사건관계인의 명예나 사생활을 침해할 우려가 있는 경우

③ 검사 또는 사법경찰관은 제2항에 따라 통지를 유예하려는 경우에는 소명자료를 첨부하여 미리 관할 지방검찰청 검사장의 승인을 받아야 한다. 다만, 수사처검사가 제2항에 따라 통지를 유예하려는 경우에는 소명자료를 첨부하여 미리 수사처장의 승인을 받아야 한다.

④ 검사 또는 사법경찰관은 제2항 각 호의 사유가 해소된 때에는 그 날부터 30일 이내에 제1항에 따른 통지를 하여야 한다.

⑤ 제1항 또는 제4항에 따라 검사 또는 사법경찰관으로부터 통신사실 확인자료제공을 받은 사실 등을 통지받은 당사자는 해당 통신사실 확인자료제공을 요청한 사유를 알려주도록 서면으로 신청할 수 있다.

⑥ 제5항에 따른 신청을 받은 검사 또는 사법경찰관은 제2항 각 호의 어느 하나에 해당하는 경우를 제외하고는 그 신청을 받은 날부터 30일 이내에 해당 통신사실 확인자료제공 요청의 사유를 서면으로 통지하여야 한다.

⑦ 제1항부터 제5항까지에서 규정한 사항 외에 통신사실 확인자료제공을 받은 사실 등에 관하여는 제9조의2(제3항은 제외한다)를 준용한다.

제13조의4(국가안보를 위한 통신사실 확인자료제공의 절차 등)

① 정보수사기관의 장은 국가안전보장에 대한 위해를 방지하기 위하여 정보수집이 필요한 경우 전기통신사업자에게 통신사실 확인자료제공을 요청할 수 있다.

② 제7조 내지 제9조 및 제9조의2제3항 · 제4항 · 제6항의 규정은 제1항의 규정에 의한 통신사실 확인자료제공의 절차 등에 관하여 이를 준용한다. 이 경우 "통신제한조치"는 "통신사실 확인자료제공 요청"으로 본다.

③ 통신사실확인자료의 폐기 및 관련 자료의 비치에 관하여는 제13조제4항 및 제5항을 준용한다.

제13조의5(비밀준수의무 및 자료의 사용 제한)

제11조 및 제12조의 규정은 제13조의 규정에 의한 통신사실 확인자료제공 및 제13조의4의 규정에 의한 통신사실 확인자료제공에 따른 비밀준수의무 및 통신사실확인자료의 사용제한에 관하여 이를 각각 준용한다.

제14조(타인의 대화비밀 침해금지)

① 누구든지 공개되지 아니한 타인간의 대화를 녹음하거나 전자장치 또는 기계적 수단을 이용하여 청취할 수 없다.

② 제4조 내지 제8조, 제9조제1항 전단 및 제3항, 제9조의2, 제11조제1항 · 제3항 · 제4항 및 제12조의 규정은 제1항의 규정에 의한 녹음 또는 청취에 관하여 이를 적용한다.

제15조(국회의 통제)

① 국회의 상임위원회와 국정감사 및 조사를 위한 위원회는 필요한 경우 특정한 통신제한조치 등에 대하여는 법원행정처장, 통신제한조치를 청구하거나 신청한 기관의 장 또는 이를 집행한 기관의 장에 대하여, 감청설비에 대한 인가 또는 신고내역에 관하여는 과학기술정보통신부장관에게 보고를 요구할 수 있다.

② 국회의 상임위원회와 국정감사 및 조사를 위한 위원회는 그 의결로 수사관서의 감청장비보유현황, 감청집행기관 또는 감청협조기관의 교환실 등 필요한 장소에 대하여 현장검증이나 조사를 실시할 수 있다. 이 경우 현장검증이나 조사에 참여한 자는 그로 인하여 알게 된 비밀을 정당한 사유없이 누설하여서는 아니된다.

③ 제2항의 규정에 의한 현장검증이나 조사는 개인의 사생활을 침해하거나 계속중인 재판 또는 수사중인 사건의 소추에 관여할 목적으로 행사되어서는 아니된다.

④ 통신제한조치를 집행하거나 위탁받은 기관 또는 이에 협조한 기관의 중앙행정기관의 장은 국회의 상임위원회와 국정감사 및 조사를 위한 위원회의 요구가 있는 경우 대통령령이 정하는 바에 따라 제5조 내지 제10조와 관련한 통신제한조치보고서를 국회에 제출하여야 한다. 다만, 정보수사기관의 장은 국회정보위원회에 제출하여야 한다.

제15조의2(전기통신사업자의 협조의무)

① 전기통신사업자는 검사 · 사법경찰관 또는 정보수사기관의 장이 이 법에 따라 집행하는 통신제한조치 및 통신사실 확인자료제공의 요청에 협조하여야 한다.

② 제1항의 규정에 따라 통신제한조치의 집행을 위하여 전기통신사업자가 협조할 사항, 통신사실확인자료의 보관기간 그 밖에 전기통신사업자의 협조에 관하여 필요한 사항은 대통령령으로 정한다.

제15조의3(시정명령)

과학기술정보통신부장관은 제13조제7항을 위반하여 통신사실확인자료제공 현황등을 과학기술정보통신부장관에게 보고하지 아니하였거나 관련자료를 비치하지 아니한 자에게는 기간을 정하여 그 시정을 명할 수 있다.

제15조의4(이행강제금)

① 과학기술정보통신부장관은 제15조의3에 따라 시정명령을 받은 후 그 정한 기간 이내에 명령을 이행하지 아니하는 자에게는 1천만원 이하의 이행강제금을 부과할 수 있다.

② 제1항에 따른 이행강제금의 납부기한은 특별한 사유가 있는 경우를 제외하고는 시정명령에서 정한 이행기간 종료일 다음 날부터 30일 이내로 한다.

③ 과학기술정보통신부장관은 제1항에 따른 이행강제금을 부과하기 전에 이행강제금을 부과 · 징수한다는 것을 미리 문서로 알려 주어야 한다.

④ 과학기술정보통신부장관은 제1항에 따른 이행강제금을 부과하는 경우 이행강제금의 금액, 부과사유, 납부기한, 수납기관, 이의제기 방법 등을 밝힌 문서로 하여야 한다.

⑤ 과학기술정보통신부장관은 제1항에 따른 이행강제금을 최초의 시정명령이 있었던 날을 기준으로 하여 1년에 2회 이내의 범위에서 그 시정명령이 이행될 때까지 반복하여 부과 · 징수할 수 있다.

⑥ 과학기술정보통신부장관은 제15조의3에 따라 시정명령을 받은 자가 이를 이행하면 새로운 이행강제금의 부과를 즉시 중지하되, 이미 부과된 이행강제금은 징수하여야 한다.

⑦ 과학기술정보통신부장관은 제1항에 따라 이행강제금 부과처분을 받은 자가 이행강제금을 기한까지 납부하지 아니하면 국세강제징수의 예에 따라 징수한다.

⑧ 제1항에 따른 이행강제금의 부과 및 징수절차 등 필요한 사항은 대통령령으로 정한다.

제16조(벌칙)

① 다음 각 호의 어느 하나에 해당하는 자는 1년 이상 10년 이하의 징역과 5년 이하의 자격정지에 처한다.
  1. 제3조의 규정에 위반하여 우편물의 검열 또는 전기통신의 감청을 하거나 공개되지 아니한 타인간의 대화를 녹음 또는 청취한 자
  2. 제1호에 따라 알게 된 통신 또는 대화의 내용을 공개하거나 누설한 자

② 다음 각호의 1에 해당하는 자는 10년 이하의 징역에 처한다.
  1. 제9조제2항의 규정에 위반하여 통신제한조치허가서 또는 긴급감청서등의 표지의 사본을 교부하지 아니하고 통신제한조치의 집행을 위탁하거나 집행에 관한 협조를 요청한 자 또는 통신제한조치허가서 또는 긴급감청서등의 표지의 사본을 교부받지 아니하고 위탁받은 통신제한조치를 집행하거나 통신제한조치의 집행에 관하여 협조한 자
  2. 제11조제1항(제14조제2항의 규정에 의하여 적용하는 경우 및 제13조의5의 규정에 의하여 준용되는 경우를 포함한다)의 규정에 위반한 자

③ 제11조제2항(제13조의5의 규정에 의하여 준용되는 경우를 포함한다)의 규정에 위반한 자는 7년 이하의 징역에 처한다.

④ 제11조제3항(제14조제2항의 규정에 의하여 적용하는 경우 및 제13조의5의 규정에 의하여 준용되는 경우를 포함한다)의 규정에 위반한 자는 5년 이하의 징역에 처한다.

제17조(벌칙)

① 다음 각 호의 어느 하나에 해당하는 자는 5년 이하의 징역 또는 3천만원 이하의 벌금에 처한다.
  1. 제9조제2항의 규정에 위반하여 통신제한조치허가서 또는 긴급감청서등의 표지의 사본을 보존하지 아니한 자
  2. 제9조제3항(제14조제2항의 규정에 의하여 적용하는 경우를 포함한다)의 규정에 위반하여 대장을 비치하지 아니한 자
  3. 제9조제4항의 규정에 위반하여 통신제한조치허가서 또는 긴급감청서등에 기재된 통신제한조치 대상자의 전화번호 등을 확인하지 아니하거나 전기통신에 사용되는 비밀번호를 누설한 자
  4. 제10조제1항의 규정에 위반하여 인가를 받지 아니하고 감청설비를 제조 · 수입 · 판매 · 배포 · 소지 · 사용하거나 이를 위한 광고를 한 자

5의2. 제10조의3제1항의 규정에 의한 등록을 하지 아니하거나 거짓으로 등록하여 불법감청설비탐지업을 한 자

② 다음 각 호의 어느 하나에 해당하는 자는 3년 이하의 징역 또는 1천만원 이하의 벌금에 처한다.

1. 제3조제3항의 규정을 위반하여 단말기기 고유번호를 제공하거나 제공받은 자
2. 제8조제5항을 위반하여 긴급통신제한조치를 즉시 중지하지 아니한 자

2의2. 제8조제10항을 위반하여 같은 조 제8항에 따른 통신제한조치를 즉시 중지하지 아니한 자

3. 제9조의2(제14조제2항의 규정에 의하여 적용하는 경우를 포함한다)의 규정에 위반하여 통신제한조치의 집행에 관한 통지를 하지 아니한 자
4. 제15조의3을 위반하여 정해진 기간 내 시정명령을 이행하지 아니한 자
5. 제10조제3항 또는 제4항을 위반하여 감청설비의 인가대장을 작성 또는 비치하지 아니한 자

제18조(미수범)

제16조 및 제17조에 규정된 죄의 미수범은 처벌한다.

관련법조항 「통신비밀보호법 시행령」

제1조(목적)

이 영은「통신비밀보호법」에서 위임된 사항과 그 시행에 관하여 필요한 사항을 규정함을 목적으로 한다.

제2조(법 적용의 기본원칙)

검사(군검사를 포함한다. 이하 같다), 사법경찰관(군사법경찰관을 포함한다. 이하 같다) 또는 정보수사기관의 장은 범죄수사나 국가안보를 위하여 우편물의 검열이나 전기통신의 감청(이하 "통신제한조치"라 한다)을 하는 경우 또는 공개되지 아니한 타인간의 대화를 녹음 · 청취함에 있어서 통신제한조치 또는 대화의 녹음 · 청취가 특히 필요하고「통신비밀보호법」(이하 "법"이라 한다)에서 정한 요건을 모두 갖춘 경우에만 통신제한조치나 대화의 녹음 · 청취를 하여야 하며, 법에 따른 허가를 받거나 승인을 얻어 통신제한조치를 하거나 대화를 녹음 · 청취한 경우에도 이를 계속할 필요성이 없다고 판단되는 경우에는 즉시 이를 중단함으로써 국민의 통신비밀에 대한 침해가 최소한에 그치도록 하여야 한다.

제3조(감청설비 제외대상)

법 제2조제8호 단서에 따라 감청설비에서 제외되는 것은 감청목적으로 제조된 기기 · 기구가 아닌 것으로서 다음 각 호의 어느 하나에 해당하는 것을 말한다.

1. 「전기통신사업법」 제2조제4호에 따른 사업용전기통신설비
2. 「전기통신사업법」 제64조에 따라 설치한 자가전기통신설비
4. 「전파법」 제19조에 따라 개설한 무선국의 무선설비
5. 「전파법」 제58조의2에 따라 적합성평가를 받은 방송통신기자재등
6. 「전파법」 제49조 및 같은 법 제50조에 따른 전파감시업무에 사용되는 무선설비
7. 「전파법」 제58조에 따라 허가받은 통신용 전파응용설비
8. 「전기용품 및 생활용품 안전관리법」 제2조제1호에 따른 전기용품 중 오디오 · 비디오 응용기기(직류전류를 사용하는 것을 포함한다)
9. 보청기 또는 이와 유사한 기기 · 기구
10. 그 밖에 전기통신 및 전파관리에 일반적으로 사용되는 기기 · 기구

제4조(범죄수사를 위한 통신제한조치의 허가청구서)

① 법 제6조제4항에 따른 범죄수사를 위한 통신제한조치의 허가청구서에는 법 제6조제4항에 따른 사항 외에 다음 각 호의 사항을 적어야 한다.

1. 혐의사실의 요지
2. 여러 통의 허가서를 동시에 청구하는 경우에는 그 취지 및 사유

② 제1항에 따른 허가청구서에는 그 허가를 청구하는 검사가 서명날인하여야 한다.

제5조(통신제한조치기간 연장의 절차)

① 법 제6조제7항 및 법 제7조제2항에 따라 통신제한조치기간 연장의 허가를 청구하거나 승인을 신청하는 경우에는 이를 서면으로 하여야 한다.

② 제1항의 서면에는 기간연장이 필요한 이유와 연장할 기간을 적고 소명자료를 첨부하여야 한다.

제6조(정보수사기관의 범위 등)

① 법 제7조제1항에서 "대통령령이 정하는 정보수사기관"이란 「정보 및 보안 업무 기획 · 조정 규정」 제2조제6호에 따른 기관을 말한다.

② 국가정보원장(이하 "국정원장"이라 한다)은 정보수사기관의 장이 법 제7조에 따른 통신제한조치를 하는 경우 및 사법경찰관이 법 제5조제1항 각 호의 범죄 중 「정보 및 보안 업무 기획 · 조정 규정」 제2조제5호의 정보사범 등의 수사를 위한 통신제한조치를 하는 경우에는 정보수사기관간의 통신제한조치 대상의 중복 등 그 남용을 방지하기 위하여 필요한 경우에 한하여 통신제한조치 대상의 선정 등에 관하여 해당 정보수사기관의 장과 협의 · 조정할 수 있다.

제7조(국가안보를 위한 통신제한조치에 관한 법원의 허가)

① 법 제7조제1항제1호의 고등법원은 통신제한조치를 받을 내국인의 쌍방 또는 일방의 주소지 또는 소재지를 관할하는 고등법원으로 한다.

② 제1항에 따른 고등법원의 수석부장판사가 질병 · 해외여행 · 장기출장 등의 사유로 직무를 수행하기 어려운 경우에는 해당 고등법원장이 허가업무를 대리할 부장판사를 지명할 수 있다.

③ 정보수사기관의 장은 법 제7조제1항제1호에 따라 통신제한조치를 하려는 경우에는 제1항에 따른 고등법원에 대응하는 고등검찰청의 검사에게 허가의 청구를 서면으로 신청하여야 한다.

④ 제3항에 따른 신청을 받은 고등검찰청 검사가 통신제한조치의 허가를 청구하는 경우에는 제4조를 준용한다.

제8조(국가안보를 위한 통신제한조치에 관한 대통령의 승인)

① 정보수사기관의 장이 법 제7조제1항제2호에 따라 통신제한조치를 하려는 경우에는 그에 관한 계획서를 국정원장에게 제출하여야 한다.

② 국정원장은 제1항에 따른 정보수사기관의 장이 제출한 계획서에 대하여 그 타당성 여부에 관한 심사를 하고, 심사 결과 타당성이 없다고 판단되는 경우에는 계획의 철회를 해당 정보수사기관의 장에게 요구할 수 있다.

③ 정보수사기관의 장이 제1항에 따른 계획서를 작성하는 경우에는 법 제6조제4항 및 이 영 제4조를 준용한다.

④ 국정원장은 제1항에 따라 정보수사기관의 장이 제출한 계획서를 종합하여 대통령에게 승인을 신청하며 그 결과를 해당 정보수사기관의 장에게 서면으로 통보한다.

제9조(국가안보를 위한 통신제한조치에 있어서의 통신당사자)

① 법 제7조를 적용함에 있어서 통신의 당사자의 명의가 가명 · 차명 등으로 표시되는 등 실제당사자의 명의와 다르게 표시된 경우에는 그에 불구하고 실제의 당사자를 기준으로 한다.

② 통신의 일방의 당사자가 법 제7조제1항제2호에 규정된 자이고, 그 상대방이 특정되지 아니하거나 불분명한 경우에는 이를 법 제7조제1항제2호의 통신으로 본다.

제10조(긴급통신제한조치의 절차)
정보수사기관의 장이 국가안보를 위한 법 제8조에 따른 통신제한조치(이하 "긴급통신제한조치"라 한다)를 하는 경우 및 사법경찰관이 「정보 및 보안 업무 기획 · 조정 규정」 제2조제5호에 따른 정보사범 등의 수사를 위하여 긴급통신제한조치를 하려는 경우에는 미리 국정원장의 조정을 받아야 한다. 다만, 미리 조정을 받을 수 없는 특별한 사유가 있는 경우에는 사후에 즉시 승인을 얻어야 한다.

제11조(통신제한조치 집행 시의 주의사항)
① 법 제9조에 따라 통신제한조치를 집행하는 자(법 제9조제1항 후단에 따라 집행의 위탁을 받은 자를 포함한다. 이하 이 조에서 같다)는 그 집행으로 인하여 우편 및 전기통신의 정상적인 소통 및 그 유지 · 보수 등에 지장을 초래하지 아니하도록 하여야 한다.
② 통신제한조치를 집행하는 자는 그 집행으로 인하여 알게 된 타인의 비밀을 누설하거나 통신제한조치를 받는 자의 명예를 해하지 아니하도록 하여야 한다.

제12조(통신제한조치 집행의 협조)
검사, 사법경찰관 또는 정보수사기관의 장(그 위임을 받은 소속 공무원을 포함한다)이 체신관서 그 밖의 관련기관 등에 통신제한조치의 집행에 관한 협조를 요청하는 경우에는 법 제9조제2항에 따른 통신제한조치허가서(법 제7조제1항제2호의 경우에는 대통령의 승인서를 말한다. 이하 제13조제2항, 제16조제1항 · 제2항 및 제17조제1항부터 제3항까지의 규정에서 같다) 또는 긴급감청서등의 표지의 사본을 발급하고 자신의 신분을 표시할 수 있는 증표를 체신관서, 그 밖의 관련기관의 장에게 제시하여야 한다.

제13조(통신제한조치의 집행위탁)
① 검사, 사법경찰관 또는 정보수사기관의 장은 법 제9조제1항에 따라 통신제한조치를 받을 당사자의 쌍방 또는 일방의 주소지 · 소재지, 범죄지 또는 통신당사자와 공범관계에 있는 자의 주소지 · 소재지를 관할하는 다음 각 호의 기관에 대하여 통신제한조치의 집행을 위탁할 수 있다.
   1. 5급 이상인 공무원을 장으로 하는 우체국
   2. 「전기통신사업법」에 따른 전기통신사업자
② 검사, 사법경찰관 또는 정보수사기관의 장(그 위임을 받은 공무원을 포함한다)이 제1항 각 호에 따른 기관(이하 "체신관서등"이라 한다)에 통신제한조치의 집행을 위탁하려는 경우에는 체신관서등에 대하여 소속기관의 장이 발행한 위탁의뢰서와 함께 통신제한조치허가서 또는 긴급감청서등(긴급검열서 또는 긴급감청서를 말한다. 이하 같다)의 표지의 사본을 교부하고 자신의 신분을 표시할 수 있는 증표를 제시하여야 한다.
③ 제1항 및 제2항 외에 수탁업무의 범위 등 위탁에 필요한 사항에 대하여는 과학기술정보통신부장관 또는 전기통신사업자의 장과 집행을 위탁한 기관의 장이 협의하여 정한다.

제14조(우편 및 전기통신의 원활한 소통을 위한 조치)
① 체신관서등의 장은 제12조에 따라 통신제한조치의 집행에 협조하거나 제13조제1항에 따라 위탁받은 통신제한조치를 집행함에 있어서 우편 및 전기통신의 정상적인 소통에 지장을 초래하는 경우에는 그 협조를 요청하거나 위탁을 한 검사, 사법경찰관 또는 정보수사기관의 장에게 이의 시정을 요구할 수 있다. 이 경우 그 시정을 요구받은 자는 즉시 이를 시정하여야 한다.
② 「전기통신사업법」에 따른 전기통신사업자(이하 "전기통신사업자"라 한다)는 법 제13조에 따라 통신사실확인자료를 제공함에 있어서 업무에 상당한 지장을 초래한다고 판단되는 경우에는 그 지장이 최소화될 수 있도록 이를 요청한 검사, 사법경찰관 또는 정보수사기관의 장과 협의 · 조정하여 통신사실 확인자료를 제공할 수 있다.

제15조(우편물 인수 · 인계 사실의 기록 및 서명)
검사, 사법경찰관 또는 정보수사기관의 장이 우편물을 검열함에 있어서 우체국으로부터 우편물을 인계받은 경우 및 인계받은 우편물을 반환하는 경우에는 해당 우편물의 인수자와 인계자는 통신제한조치집행협조대장에 그 사실을 기록하고 서명하여야 한다.

제16조(수탁업무의 집행중지 등)

① 검사, 사법경찰관 또는 정보수사기관의 장은 긴급통신제한조치에 관한 집행을 위탁한 경우에는 이를 위탁하여 통신제한조치를 집행한 때부터 36시간 이내에 통신제한조치허가서 표지의 사본을 체신관서등에 제출하여야 한다.

② 체신관서등은 검사, 사법경찰관 또는 정보수사기관의 장이 제1항에 따른 시간 내에 통신제한조치허가서 표지의 사본을 제출하지 아니한 경우에는 수탁업무의 집행을 즉시 중지하여야 한다.

③ 제2항에 따라 체신관서등이 수탁업무의 집행을 중지한 경우 검사, 사법경찰관 또는 정보수사기관의 장은 체신관서등으로부터 인계받은 우편물이 있는 경우에는 이를 즉시 반환하여야 한다.

제17조(통신제한조치허가서 등의 표지 사본의 보존기간 등)

① 제12조 · 제13조 및 제16조에 따라 체신관서등에 제출하는 통신제한조치허가서 또는 긴급감청서등의 표지 사본에는 통신제한조치의 종류 · 대상 · 범위 · 기간 · 집행장소 및 방법 등을 표시하여야 한다.

② 통신제한조치허가서 또는 긴급감청서등의 표지 사본의 보존기간 및 법 제9조제3항에 따른 대장의 비치기간은 3년으로 한다. 다만, 「보안업무규정」에 따라 비밀로 분류된 경우에는 그 보존 또는 비치기간은 그 비밀의 보호기간으로 한다.

③ 제12조부터 제16조까지의 규정에 따라 통신제한조치의 집행을 위탁받거나 집행에 협조한 자는 통신제한조치허가서 또는 긴급감청서등의 표지 사본과 대장에 대한 비밀의 보호 및 훼손 · 조작의 방지를 위하여 열람제한 등의 적절한 보존조치를 하여야 한다.

제18조(통신제한조치 집행 후의 조치)

① 통신제한조치를 집행한 검사, 사법경찰관 또는 정보수사기관의 장은 그 집행의 경위 및 이로 인하여 취득한 결과의 요지를 조서로 작성하고, 그 통신제한조치의 집행으로 취득한 결과와 함께 이에 대한 비밀보호 및 훼손 · 조작의 방지를 위하여 봉인 · 열람제한 등의 적절한 보존조치를 하여야 한다.

② 사법경찰관은 통신제한조치를 집행하여 수사 또는 내사한 사건을 종결할 경우 그 결과를 검사에게 보고하여야 한다. 다만, 그 사건을 송치하는 경우에는 그러하지 아니하다.

③ 정보수사기관의 장이 법 제7조에 따른 통신제한조치를 집행하여 정보를 수집한 경우 및 사법경찰관이 「정보 및 보안 업무 기획 · 조정 규정」 제2조제5호에 따른 정보사범 등에 대하여 통신제한조치를 집행하여 수사 또는 내사한 사건을 종결한 경우에는 그 집행의 경위 및 이로 인하여 취득한 결과의 요지를 서면으로 작성하여 국정원장에게 제출하여야 한다.

④ 제1항에 따른 보존조치를 함에 있어서의 보존기간은 범죄수사를 위한 통신제한조치로 취득한 결과의 경우에는 그와 관련된 범죄의 사건기록 보존기간과 같은 기간으로 하고, 국가안보를 위한 통신제한조치로 취득한 결과의 경우에는 「보안업무규정」에 따라 분류된 비밀의 보호기간으로 한다.

제19조(통신제한조치 집행에 관한 통지의 유예)

① 검사 또는 사법경찰관이 법 제9조의2제5항에 따라 통신제한조치의 집행에 관한 통지를 유예하기 위하여 관할 지방검찰청검사장(관할 보통검찰부장을 포함한다)의 승인을 얻으려는 경우에는 집행한 통신제한조치의 종류 · 대상 · 범위 · 기간, 통신제한조치를 집행한 사건의 처리일자 · 처리결과, 통지를 유예하려는 사유 등을 적은 서면으로 신청하여야 한다. 이 경우 사법경찰관은 관할 지방검찰청검사장의 승인을 신청하는 서면을 관할 지방검찰청 또는 지청(관할 보통검찰부를 포함한다)에 제출하여야 한다.

② 제1항에 따른 신청을 받은 관할 지방검찰청검사장은 통지를 유예하려는 사유 등을 심사한 후 그 결과를 검사 또는 사법경찰관에게 통지하여야 한다.

제20조(수탁업무 취급담당자의 지정)

① 체신관서등의 장은 통신제한조치의 집행을 위탁받은 경우에는 그 수탁업무의 취급담당자를 지정하여야 한다.

② 제1항에 따른 수탁업무 취급담당자 중 법 제7조에 따른 국가안보를 위한 통신제한조치의 수탁업무 취급담당자는 Ⅱ급 비밀취급인가자에 한하며, 필요한 최소한의 인원으로 지정하여야 한다.

제21조(업무위탁 등에 따른 비용의 부담 및 설비의 제공)

① 통신제한조치의 집행을 위탁받거나 집행협조를 요청받은 체신관서등의 장과 통신사실 확인자료제공 요청의 집행협조를 요청받은 체신관서등의 장은 집행을 위탁하거나 그 자료제공을 요청한 검사·사법경찰관이 소속된 기관의 장 또는 정보수사기관의 장(이하 이 조에서 "위탁기관의 장"이라 한다)에게 그 업무의 수행에 드는 비용의 지급을 요청할 수 있다.

② 제1항에 따른 비용의 산정 및 그 지급방법 등은 위탁기관의 장과 수탁기관의 장이 협의하여 정한다.

③ 통신제한조치의 집행을 위탁한 검사, 사법경찰관 또는 정보수사기관의 장은 체신관서등의 장에게 그 집행에 필요한 설비를 제공하여야 한다.

제22조(감청설비 제조 등의 인가)

① 법 제10조에 따라 감청설비의 제조·수입·판매·배포·소지·사용·광고에 관한 인가(이하 "감청설비인가"라 한다)를 받으려는 자는 인가신청목적, 그 설비의 제원 및 성능에 관한 자료를 첨부하여 감청설비 인가신청서와 해당 감청설비 계통도를 과학기술정보통신부장관에게 제출하여야 한다.

② 제1항에 따른 인가신청서를 받은 과학기술정보통신부장관은 이를 심사하여 그 목적이 타당하고, 감청설비가 다른 전기통신설비에 위해를 미치지 아니한다고 인정되는 경우에 한하여 이를 인가한다. 이 경우 과학기술정보통신부장관은 그 인가의 종류 및 목적 등을 참작하여 인가의 유효기간을 정할 수 있다.

③ 과학기술정보통신부장관은 제2항에 따른 감청설비인가를 한 경우에는 신청인에게 감청설비 인가서를 발급하여야 한다.

④ 과학기술정보통신부장관은 제1항에 따른 인가신청에 대하여 인가를 하지 아니한 경우에는 그 사유를 구체적으로 밝힌 문서를 신청인에게 내주어야 한다.

제23조(감청설비 관리대장)

제22조제2항에 따라 감청설비인가를 받은 자는 법 제10조제4항에 따라 감청설비 관리대장을 비치하고 그 관리상황을 적어야 한다.

제24조(인가의 취소 등)

① 과학기술정보통신부장관은 제22조에 따른 인가를 받은 자가 다음 각 호의 어느 하나에 해당하게 된 경우에는 그 인가를 취소하고, 그 뜻을 서면으로 알려야 한다.

1. 허위 그 밖에 부정한 방법으로 인가받은 것이 판명된 경우
2. 법 제10조제4항을 위반한 경우

② 제1항에 따라 인가가 취소된 자는 인가서를 지체 없이 과학기술정보통신부장관에게 반납하여야 한다.

제25조(불법감청설비의 폐기)

감청설비인가를 받은 자는 제24조에 따라 감청설비인가가 취소되거나 제22조제2항 후단에 따른 인가유효기간이 지난 경우에는 지체없이 그 감청설비의 제조·판매·사용 등의 중지, 폐기, 그 밖의 적절한 조치를 하고, 그 결과를 과학기술정보통신부장관에게 보고하여야 한다.

제26조(청문)

과학기술정보통신부장관은 제24조제1항에 따라 인가를 취소하거나 법 제10조의5에 따라 불법감청설비탐지업의 등록을 취소하려는 경우에는 청문을 실시하여야 한다. 〈개정 2013. 3. 23., 2017. 7. 26.〉

제27조(국가기관 감청설비의 신고 등)

① 법 제10조의2제1항 및 제2항에서 "대통령령이 정하는 사항"이란 다음 각 호의 사항을 말한다.

1. 감청설비의 종류 및 명칭
2. 수량
3. 사용전원
4. 사용방법

5. 감청수용능력

6. 도입시기

② 국가기관(정보수사기관은 제외한다)은 감청설비를 도입하는 경우 제1항 각 호의 사항을 매 반기 종료 후 15일 이내에 과학기술정보통신부장관에게 신고하여야 한다.

③ 제2항에 따른 신고를 하는 경우에는 감청설비의 명칭별로 제1항 각 호의 사항을 적은 서류를 첨부하여야 한다.

④ 정보수사기관은 감청설비를 도입하는 경우에는 제1항 각 호의 사항을 매 반기 종료 후 15일 이내에 국회정보위원회에 통보하여야 한다.

제28조(불법감청설비탐지업등록의 신청)

① 법 제10조의3제1항에 따른 불법감청설비탐지업(이하 "불법감청설비탐지업"이라 한다)의 등록을 하려는 자는 불법감청설비탐지업등록신청서(전자문서를 포함한다)에 다음 각 호의 서류(전자문서를 포함한다)를 첨부하여 과학기술정보통신부장관에게 제출하여야 한다.

1. 이용자보호계획서 및 사업계획서

2. 기술인력 현황 및 해당 기술인력의 경력증명서(「국가기술자격법」에 따른 국가기술자격이 없는 기술인력인 경우에만 첨부한다)

3. 탐지장비 보유현황

② 제1항에 따라 등록신청을 받은 과학기술정보통신부장관은 「전자정부법」 제36조제1항에 따른 행정정보의 공동이용을 통하여 법인 등기사항증명서와 해당 기술인력의 국가기술자격증을 확인하여야 한다. 다만, 해당 기술인력이 국가기술자격증의 확인에 동의하지 아니하는 경우에는 해당 국가기술자격증 사본을 첨부하도록 하여야 한다.

제29조(등록증의 발급 등)

① 제28조에 따라 등록신청을 받은 과학기술정보통신부장관은 제30조의 등록요건에 적합하다고 인정되는 경우에는 다음 각 호의 사항을 불법감청설비탐지업등록대장에 적고, 신청을 받은 날부터 20일 이내에 불법감청설비탐지업등록증(이하 "등록증"이라 한다)을 신청인에게 발급하여야 한다.

1. 등록번호 및 등록연월일

2. 법인의 명칭

3. 대표자

4. 주된 사무소의 소재지

5. 자본금

② 과학기술정보통신부장관은 제28조에 따른 등록신청에 대하여 보정이 필요하다고 인정되는 경우에는 7일 이내의 기간을 정하여 그 보정을 요구할 수 있다. 이 경우 보정에 드는 기간은 제1항의 처리기간에 산입하지 아니한다.

③ 불법감청설비탐지업의 등록을 한 자(이하 "불법감청설비탐지업자"라 한다)는 제1항에 따라 발급받은 등록증을 잃어버렸거나 등록증이 헐어 못쓰게 된 경우에는 과학기술정보통신부장관에게 등록증의 재발급을 신청할 수 있다.

제30조(불법감청설비탐지업의 등록요건)

법 제10조의3제3항에 따른 불법감청설비탐지업의 등록요건은 별표 1과 같다.

제31조(불법감청설비탐지업의 변경등록)

① 불법감청설비탐지업자가 다음 각 호의 사항을 변경하려는 경우에는 과학기술정보통신부장관에게 변경등록을 하여야 한다.

1. 명칭

2. 대표자

3. 주된 사무소의 소재지
4. 이용자보호계획
5. 사업계획
6. 자본금
7. 기술인력

② 제1항에 따라 불법감청설비탐지업의 변경등록을 하려는 자는 불법감청설비탐지업 변경등록신청서(전자문서로 된 신청서를 포함한다)에 다음 각 호의 구분에 따른 서류(전자문서를 포함한다)를 첨부하여 과학기술정보통신부장관에게 제출하여야 한다.
1. 법인의 명칭, 대표자 또는 주된 사무소 소재지를 변경하려는 경우: 등록증
2. 이용자보호계획 또는 사업계획을 변경하려는 경우: 변경되는 이용약관 또는 관계 서류
3. 기술인력을 변경하려는 경우: 변경되는 기술인력의 경력증명서(「국가기술자격법」에 따른 국가기술자격이 없는 기술인력인 경우에만 첨부한다)

③ 제2항에 따라 법인의 명칭, 대표자, 주된 사무소 소재지 또는 자본금에 대한 변경등록신청을 받은 과학기술정보통신부장관은 「전자정부법」 제36조제1항에 따른 행정정보의 공동이용을 통하여 법인 등기사항증명서와 해당 기술인력의 국가기술자격증을 확인하여야 한다. 다만, 해당 기술인력이 국가기술자격증의 확인에 동의하지 아니하는 경우에는 해당 국가기술자격증 사본을 첨부하도록 하여야 한다.

④ 과학기술정보통신부장관은 변경등록을 한 경우(제1항제1호부터 제3호까지의 변경등록만 해당한다)에는 변경사항을 등록증에 적어 신청인에게 내주어야 한다.

제32조(불법감청설비탐지업의 양도 등)

불법감청설비탐지업자가 불법감청설비탐지업을 양도하거나 법인을 합병(불법감청설비탐지업자인 법인이 불법감청설비탐지업자가 아닌 법인을 흡수합병하는 경우를 제외한다)하려는 경우에는 불법감청설비탐지업 양도 · 합병신고서(전자문서로 된 신고서를 포함한다)에 다음 각 호의 서류(전자문서를 포함한다)를 첨부하여 과학기술정보통신부장관에게 제출하여야 한다.
1. 양도계약서 또는 합병계약서의 사본
2. 등록증

제33조(불법감청설비탐지업의 승계)

제32조에 따른 양도 또는 합병신고를 한 경우 불법감청설비탐지업을 양수한 자는 불법감청설비탐지업을 양도한 자의 불법감청설비탐지업자로서의 지위를 승계하며, 법인의 합병에 의하여 설립되거나 존속하는 법인은 합병에 의하여 소멸되는 법인의 불법감청설비탐지업자로서의 지위를 승계한다.

제34조(불법감청설비탐지업의 휴지 · 폐지)

① 불법감청설비탐지업자가 불법감청설비탐지업을 1개월 이상 휴지하거나 폐지하려는 경우에는 불법감청설비탐비업 휴지 · 폐지신고서에 등록증을 첨부(불법감청설비탐비업을 폐지하는 경우에만 첨부한다)하여 과학기술정보통신부장관에게 신고하여야 한다.

② 불법감청설비탐지업의 휴지기간은 1년을 초과할 수 없다.

제35조(권한의 위임)

과학기술정보통신부장관은 법 제10조의3제4항에 따라 다음 각 호의 사항에 관한 권한을 중앙전파관리소장에게 위임한다.
1. 법 제10조의3 및 이 영 제31조에 따른 불법감청설비탐지업의 등록 및 변경등록
2. 법 제10조의5에 따른 불법감청설비탐지업의 등록취소 및 영업정지
3. 제26조에 따른 불법감청설비탐지업의 등록취소에 대한 청문
4. 제32조에 따른 불법감청설비탐지업의 양도 · 합병신고
5. 제34조에 따른 불법감청설비탐지업의 휴지 · 폐지신고

제36조(행정처분기준)
법 제10조의5에 따른 불법감청설비탐지업의 등록취소 및 영업정지의 처분기준은 별표 2와 같다.

제37조(통신사실 확인자료제공의 요청 등)
① 법 제13조제2항 본문 및 단서에서 "관할 지방법원 또는 지원"이란 피의자 또는 피내사자의 주소지·소재지, 범죄지 또는 해당 가입자의 주소지·소재지를 관할하는 지방법원 또는 지원을 말한다.
② 동일한 범죄의 수사 또는 동일인에 대한 형의 집행을 위하여 피의자 또는 피내사자가 아닌 다수의 가입자에 대하여 통신사실 확인자료제공의 요청이 필요한 경우에는 1건의 허가청구서에 의할 수 있다.
③ 범죄수사 또는 내사를 위한 통신사실 확인자료제공 요청 및 그 통지 등에 관하여는 제11조부터 제13조까지, 제17조부터 제21조까지의 규정을 준용한다. 다만, 제17조제2항 본문의 규정은 그러하지 아니하다.
④ 국가안보를 위한 통신사실 확인자료제공 요청 및 그 통지 등에 관하여는 제5조부터 제13조까지, 제16조부터 제18조까지, 제20조 및 제21조를 준용한다. 다만, 제17조제2항 본문의 규정은 그러하지 아니하다.
⑤ 검사, 사법경찰관 또는 정보수사기관의 장(그 위임을 받은 소속 공무원을 포함한다)은 제3항 및 제4항에서 준용하는 제12조에 따라 전기통신사업자에게 통신사실 확인자료제공 요청허가서 또는 긴급 통신사실 확인자료제공 요청서 표지의 사본을 발급하거나 신분을 표시하는 증표를 제시하는 경우에는 모사전송의 방법에 의할 수 있다.

제38조(통신사실확인자료의 제공에 관한 대장)
전기통신사업자는 법 제13조제1항, 법 제13조의2 및 법 제13조의4제1항에 따라 통신사실확인자료를 제공한 경우에는 통신사실확인자료 제공대장에 그 제공사실을 기록하여야 한다.

제39조(통신사실확인자료제공의 현황보고)
전기통신사업자는 법 제13조제7항에 따라 자료제공현황 등을 매 반기 종료 후 30일 이내에 과학기술정보통신부장관에게 보고하여야 한다. 〈개정 2013. 3. 23., 2017. 7. 26.〉

제40조(통신제한조치보고서 기재사항 등)
① 법 제15조제4항에 따라 통신제한조치를 집행한 기관의 중앙행정기관의 장이 국회에 제출하는 통신제한조치보고서에는 통신제한조치 허가 및 승인 받은 건수, 통신제한조치 집행건수, 통신제한조치의 집행에 관한 통지건수 등 통계현황이 포함되어야 한다.
② 법 제15조제4항에 따라 통신제한조치의 집행을 위탁받거나 집행에 협조한 기관의 중앙행정기관의 장이 국회에 제출하는 통신제한조치보고서에는 통신제한 조치의 집행을 위탁받은 건수 또는 집행에 협조한 건수 등 통계현황이 포함되어야 한다.
③ 과학기술정보통신부장관은 법 제15조제4항에 따른 통신제한조치보고서를 작성하기 위하여 필요하다고 인정되는 경우에는 통신제한조치의 집행을 위탁받거나 집행에 협조한 기관의 장에게 반기마다 제2항에 따른 통계현황의 제출을 요청할 수 있다. 이 경우 제출을 요청받은 기관의 장은 특별한 사유가 없는 한 이에 응하여야 한다.

제41조(전기통신사업자의 협조의무 등)
① 법 제15조의2에 따라 전기통신사업자는 살인·인질강도 등 개인의 생명·신체에 급박한 위험이 현존하는 경우에는 통신제한조치 또는 통신사실 확인자료제공 요청이 지체없이 이루어질 수 있도록 협조하여야 한다.
② 법 제15조의2제2항에 따른 전기통신사업자의 통신사실확인자료 보관기간은 다음 각 호의 구분에 따른 기간 이상으로 한다.
1. 법 제2조제11호가목부터 라목까지 및 바목에 따른 통신사실확인자료: 12개월. 다만, 시외·시내전화역무와 관련된 자료인 경우에는 6개월로 한다.
2. 법 제2조제11호마목 및 사목에 따른 통신사실확인자료: 3개월

제41조의2(고유식별정보의 처리)
과학기술정보통신부장관(제35조에 따라 과학기술정보통신부장관의 권한을 위임받은 자를 포함한다)은 법 제10조의4에 따른 불법감청설비탐지업자의 결격사유 확인에 관한 사무를 수행하기 위하여 불가피한 경우 「개인정보 보호법 시행령」 제19조제1호에 따른 주민등록번호가 포함된 자료를 처리할 수 있다.

제41조의3(규제의 재검토)
과학기술정보통신부장관은 제36조 및 별표 2에 따른 불법감청설비탐지업의 등록취소 및 영업정지의 처분기준에 대하여 2023년 1월 1일을 기준으로 3년마다(매 3년이 되는 해의 기준일과 같은 날 전까지를 말한다) 그 타당성을 검토하여 개선 등의 조치를 해야 한다.

제42조(「형사소송법」 등의 준용)
법 및 이 영에 특별한 규정이 있는 경우를 제외하고는 범죄수사를 위한 통신제한조치 및 통신사실 확인자료제공의 요청에 대하여는 그 성질에 반하지 아니하는 범위에서 「형사소송법」 또는 「형사소송규칙」의 압수·수색에 관한 규정을 준용한다.

Theme

61 미국의 대테러 조직체계

I 테러대응 관련법제

1 의의

미국 정부는 ISIS 및 알 카에다 등 국제테러단체의 대미 테러경고가 계속되고 있는 상황에서 정부의 대테러 정책을 강화하고 관련 법령을 정비하는 등 테러 예방을 위한 노력을 경주하여 왔다.

2 「USA PATRIOT Act 2001(애국법)」과 「USA Freedom Act 2015(자유법)」

① 9/11 테러를 계기로 2001년 10월 25일 부로 「USA PATRIOT Act 2001(애국법)」을 제정하여 강력한 대테러정책을 추진하였다. 테러위험인물에 대한 추적을 강화하기 위해 테러혐의자로 의심되는 불특정 다수 인물에 대한 무차별적 통신정보를 수집 가능하도록 하였으나 점차 미국 시민의 사생활 보호를 위해 제한해야 한다는 여론이 제기되면서 「애국법」의 시효가 2015년 6월 1일부로 만료되자 「USA Freedom Act 2015(자유법)」을 제정하여 2015년 6월 2일부로 통과시켰다.

② 국가안보국(National Security Agency, NSA)의 광범위한 통화내역 수집활동을 제한하여 미국 시민의 사생활 보호를 강화하고자 하였는데, 테러와 연계된 외로운 늑대형 테러범에 대한 감청이나 휴대전화번호를 수시로 이동하는 테러범에 대한 도청 권한은 그대로 유지시켰다. 「USA Freedom Act 2015」에 따라 미국인들의 통신기록은 통신회사만 보유하고 정부는 개별 통신기록에 한하여 법원의 영장을 발급받아 수집할 수 있도록 하였다.

II 미국의 2001년 9/11 테러 이후 조직체계 정비

1 의의

① 미국은 2001년 9/11 테러 이후 대테러 조직 체계를 국가안전보장회의(The National Security Council, NSC), 국토안보부(DHS), 국가정보장실(Office of the Director of National Intelligence, ODNI) 산하 국가대테러센터(National Counter-Terrorism Center, NCTC), 연방수사국(FBI), 중앙정보국(CIA), 주(州)경찰로 정비하였다.

② 또한 대통령 직속 위원회로서 2001년 10월 국토안보위원회(HSC)를 설립하여 테러 억제 및 국토안보에 대한 조언을 담당하도록 하였다.

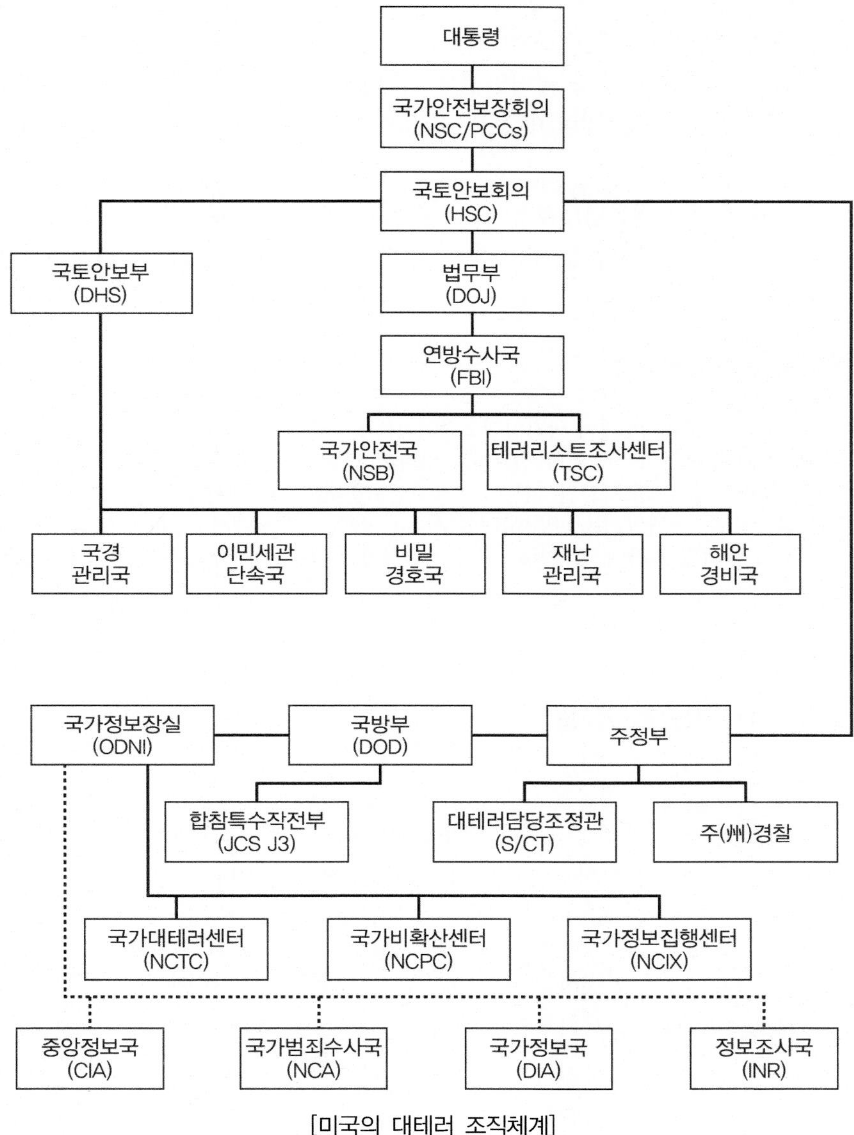

[미국의 대테러 조직체계]

2 국가안전보장회의

① 국가안전보장회의는 고위직의 보좌관들과 각료들이 함께 국가 안보 및 외교 문제를 상의 혹은 고려하기 위한 대통령의 주요 포럼이다.

② 트루먼 대통령이 창립한 이래로 국가안전보장회의 역할은 국가 안보와 외교정책에 관하여 대통령에게 자문을 제공하는 것이며, 다양한 정부부처들 사이에서 관련 정책을 조정하기 위한 역할을 한다.

③ 상시참석 대상자는 의장(대통령), 부통령, 국무장관, 국방장관, 재무장관, 국가 안보문제 담당 보좌관이며, 합참의장은 국가안전보장회의의 법정 군사 고문이며, 국가정보장은 정보 고문의 역할을 담당한다.

핵심정리 국가안전보장회의

대통령을 의장으로 하는 회의체로서의 국가안전보장회의는 국가최고 정책결정권자의 국가안보 정책에 대한 의중을 정책부서와 정보부서에 정확히 전달하고 양자의 업무가 조화롭게 진행될 수 있게 하는 매개체로서 역할하며, 원칙적으로는 정보가 반영된 해당 국가안보정책이 현장에서 제대로 집행되도록 한다. 국가 안전보장회의는 정보공동체의 정보판단에도 불구하고 정책담당부서에서 그에 따른 정책이 제대로 결정되지 않을 경우에 논의를 통하여 국가안보 정책을 결정하고 그를 집행하도록 하는 조종과 제어장치로서 의미가 있다.

3 국토안보부(DHS)를 창설

(1) 의의

미국 국토에서 발생하는 테러를 예방 · 대응하기 위해 2002년 「국토안보법」을 근거로 하여 2003년 22개 정부기관을 통합한 국토안보부(DHS)를 창설하였다.

(2) 조직 및 운영

① 국토안보부는 대통령이 임명하는 국토안보부 장관을 중심으로 이를 보좌하는 국토안보부 차관과 참모인 비서관, 군사고문으로 구성된 장관실이 있다.

② 상원의 동의와 검토를 통해 최종적으로 임명하는 정보 분석 및 기반시설 보호차관, 과학기술차관, 국경 · 교통차관, 비상대비대응 차관, 시민권 이민서비스 국장, 운영차관이 있고 12명 이하의 차관보를 둘 수 있다.

③ 법률위원회에 차관급 총괄법률고문을 임명하고, 감사관, 해안경비사령관, 비밀경호국장, 정보책임관, 재무담당관, 인적자원책임관, 인권자유담당관이 각각 해당 부서의 장으로 업무를 수행하고 있다.

④ 국토안보부는 연방-지방 연락본부, 국토위협 · 위험분석본부, 감시 · 경고본부, 국경 및 화학 · 생물 · 방사능 · 핵 · 폭약 · 병기의 위협분석 본부, 국토환경위협 분석본부 등 5개 본부 체제로 운영된다.

(3) 임무

① 국토안보부는 정보 수집과 경고, 국경 및 수송 안전, 국내의 테러 방지 활동, 주요 시설 보호, 테러로 인한 대형 참사 억제, 위급 상황에 대한 대비 등 6개 담당 업무가 있다.

② 주(州)에는 국토안전보장실(OHS)을 설치하고 운영하며 테러예방을 위해 연방-주정부-지방정부기관들과 업무 협의 및 조정을 위해 정보 공유 네트워크 설치, 주(州) 및 주요 도시에 융합센터를 운영(수평적, 수직적 차원의 정보공유)하고 있다.

4 국가정보장실(ODNI) 설립

(1) 의의

국가정보장실(ODNI)은 9/11 이후 미국의 정보공동체(IC)의 전면적인 변화가 요구되었고 그 결과 2004년 의회는 「정보개혁 및 테러방지법(the Intelligence Reform and Terrorism Prevention Act, IRTPA)」을 통과시켜 미국의 핵심적인 15개의 정보기관을 통솔하기 위하여 창설되었다.

(2) 권한

① 국가정보장실은 국가안보와 관련된 정보공유와 전략증진, 재량권 통합 그리고 국가정보관리에 대해 전반적인 개혁을 추진하여 정보공동체에서 대테러 정보활동을 위한 컨트롤 타워로서 새롭게 태어났으며, 상당한 권한을 부여받게 되었다.

② 국가정보장(DNI)은 미국 정보공동체의 수장으로서 대통령, NSC(국가안전보장회의) 그리고 HSC(국토안보회의)에 국가안보와 관련된 조언 및 보좌를 해주는 등의 일정한 책무와 권한을 가지고 있다. 또한 국가정보프로그램을 실행하고 이와 관련된 예산을 집행하며 정보공동체 영역내에서 효과적인 정보수집과 생산을 위한 통합 및 협조를 주도할 수 있다.

③ 국가정보장(DNI)은 상원의 동의하에 대통령이 임명하며, 국가안보와 관련된 정보의 수집 · 분석 · 생산 · 배분에 대한 우선결정권을 보유하고 있으며 정보획득의 절차와 협조, 법적 · 행정적 지원에 대한 권한을 보유하는 등의 정보공동체에 대한 전반적인 책임을 지고 있다.

5 국가대테러센터(NCTC)

(1) 의의

국가정보장실(ODNI) 산하 국가대테러센터는 테러 정보 통합 기구로서 미국의 정보공동체, 법집행기관, 군, 국토안보부 등 30개 이상의 기관에서 수집한 테러 정보를 취합하여 관련 정보를 공유하는 역할을 담당한다.

(2) 주요 임무

① 대통령과 국가정보장에게 테러정보를 보고하고, 민간 · 군사 대테러 활동 전략 계획을 제공하며, 행정부와 의회에 테러관련 정보를 전파한다.

② 국토안보부와 법무부의 테러 정보를 지원하고, 테러 위험도를 평가하며, 연방수사국(FBI)의 합동테러리즘대책팀의 활동을 지원한다.

6 연방수사국(FBI)과 주(州)경찰

연방수사국(FBI)과 주(州)경찰은 수사 및 법집행기관이다. 주(州)경찰 자체에 대테러 진압 부대를 운영하여 테러 사건을 수사한다. 연방수사국이 자체적으로 처리하기 어려운 테러 사건에 대해서는 경찰과 협업할 수 있다.

7 연방수사국(FBI)과 중앙정보국(CIA)

연방수사국(FBI)과 중앙정보국(CIA)은 정보 수집 기관이다. 연방수사국은 미국 법무부 산하의 수사기관으로 국내의 정보 수집 업무를 담당한다. 중앙정보국은 해외의 정보를 수집하고, 산하에 4개의 지역 분석그룹, 6개의 초국가적 그룹, 2개의 지원부서 등을 운영한다.

Ⅲ 테러대응체계

1 의의

미국 연방정부의 법집행기관은 연방수사국(FBI), 관세 · 국경보호청(U.S. Custom and Border Protection), 주류 · 담배 · 화기 및 폭발물 단속국(Bureau of Alcohol, Tobacco, Firearms and Explosives, ATF), 마약단속국(Drug Enforcement Agency, DEA), 비밀경호국(U. S. Secret Service) 등이 있다.

2 미국의 경찰 조직

① 미국의 주는 관할 범위가 커서 주-카운티-도시 순으로 행정 단위를 구분한다. 따라서 미국의 경찰 조직은 주-카운티-도시경찰로 조직이 구성된다.

② 주(州)경찰은 주(州) 전체의 치안 담당과 대테러 임무, 범죄 수사 등을 담당한다. 주(州) 경찰은 자체적으로 대테러 진압 부대를 독자적으로 운영하며, 주(州) 차원의 테러사건을 수사한다. 그러나 주(州)에서 발생한 테러 사건의 범위가 확대되면, 연방수사국(FBI)의 지원 및 협조를 받는다.

③ 카운티 보안관 혹은 경찰은 도시 경찰보다 큰 지역의 치안을 담당하며 도시 경찰은 중소도시의 치안 업무를 담당한다.

3 단계별 대응기관 간의 역할체계

(1) 의의

① 미국은 테러 발생 시 단계별 대응기관 간의 역할체계를 정립하고 있다. 테러와 관련해서 경찰은 국가, 정부 또는 민간영역을 내부 위협으로부터 보호하는 역할을 담당하여야 하며, 이러한 경찰활동을 'High Policing'이라 부른다.

② High Policing은 거시-범죄(macro-crime)에 대응하는 활동으로 정보수집(intelligence gathering), 감시(surveillance) 등의 활동을 기반으로 주요 목표를 대상으로 전술적으로 접근하는 활동이다.

(2) 미국의 대도시의 테러 대응

① 미국의 대도시에서는 테러방지를 위해 자체적으로 테러전담조직을 설치 · 운영하고 있다. 대표적으로 뉴욕경찰(NYPD)은 테러방지를 위해 연방정부와는 별도로 '대테러국(Counterterrorism Bureau)'을 창설하여 테러예방활동 및 계획수립, '합동테러전담반(Joint Terrorism Task Force, JTTF)'을 설치 · 운영한다.

② LA경찰은 대테러 담당부서로 '대테러특수작전국(Counter-Terrorism and Special Operation Bureau : CTSOB)'을 설치하여 테러활동에 가담할 가능성이 높은 개인이나 집단에 대한 조사, 테러정보의 제공, 기타 유관기관과의 공조체계를 구축하고 있다.

③ 그 외의 시카고경찰(CPD)는 '범죄예방과 정보센터(Crime Prevention and Information)'와 '합동테러진압팀(Joint Terrorism Task Force, JTTF)'를 두고 있으며, 샌프란시스코 경찰(SFPD)은 '특수작전국(Special Operation Bureau)'을 운영한다.

④ 라스베가스 경찰(LVMPD)은 '국토안보국(Homeland Security Division)'과 '남(南)네바다 대테러센터(South Nevada Counter Terrorism Center)'를 두고 있다. 라스베가스의 국토안보국은 긴급작전, 조직범죄, 특수 무기 및 전술부서로 구성되어 있다.

Ⅳ 대테러부대

1 의의

① 미국은 민병대 소집법에 의거 미 육군과 공군을 영토 내 치안 방위에 투입할 수 없어서 군(국방부) 소속 부대들은 대부분 국외 대테러 작전을 담당한다.

② 국내 대테러 작전은 각 지역/주 경찰국 또는 법무부, 국토안보부 산하 사법집행기관들에 편제된 대테러 부대가 담당한다.

2 국방부

(1) 육군

① 제1특전단 델타작전분견대

제1특전단 델타작전분견대(1st Special Forces Operational Detachment-Delta, 1SFOD-Delta)는 합동특수작전사령부(JSOC)의 지휘를 직접 받고 일명 '델타 포스(Delta Force)'로 불린다.

② 제1특전사령부

제1특전사령부(1st Special Forces Command, Airborne)는 미국 통합특수작전사령부(United States Special Operations Command) 예하의 육군 특수작전사령부(Army Special Operations Command)소속으로, 일명 '그린베레(Green Berets)'라로 불린다.

(2) 해군

① 해군특수전개발단

해군특수전개발단(Naval Special Warfare DEVelopment GRoUp, DEVGRU)은 합동특수작전사령부(JSOC)의 지휘를 직접 받는다.

② 해군특전단(Naval Special Warfare Group)

해군특전단(Naval Special Warfare Group)은 합동특수작전사령부(JSOC)의 지휘를 직접 받고 일명 '네이비 씰(Navy SEALs)'로 불린다.

(3) 공군의 제24특수전술대대

제24특수전술대대(24th Special Tactics Squadron, 24STS)는 합동특수작전사령부(JSOC)의 지휘를 직접 받는다.

(4) 해병대의 해병레이더연대

해병레이더연대(Marine Raider Regiment)는 해병특수전사령부(MARSOC) 산하의 특수전 연대로 일명 '레이더스(Raiders)'로 불린다.

(5) 기타

각 군 헌병 SRT(Special Reaction Team)을 운영한다.

3 각 지역/주 경찰국

① SWAT(Special Weapons And Tactics)는 각 지역/주 수준에서 강력 범죄에 대응하는 특수임무팀이다.

② 특히 경찰 대테러 부대의 효시가 바로 로스앤젤레스 경찰국(LAPD)의 SWAT이며, 총기 소유가 합법인 미국 특성상 압도적으로 풍부한 실전 경험을 바탕으로 국내외 대테러 부대에 큰 영향을 미치고 있다.

4 중앙정보국(CIA)

CIA SAD/SOG(CIA Special Activities Center/Special Operation Group)은 이름 그대로 CIA의 특수활동부 특수작전그룹이다.

Theme

62 영국의 대테러 조직체계

I 테러대응 관련법제

1 의의

① 영국은 9/11 이전에도 북아일랜드 'IRA 소탕'을 빌미로 무려 7개의 '테러방지법'을 만드는 등 가장 많은 테러관련법을 제정한 나라이다.

② 테러관련법으로 「북아일랜드법(Northern Ireland Act, 1973)」, 「테러방지법(The Prevention of Terrorism Act, 1974)」, 「정보국법(The Intelligence Service Act, 1994)」, 「신테러방지법(The Prevention of Terrorism Act, 1996)」, 「경찰법(Police Act, 1997)」, 「형사정의법(Criminal Justice Act, 1998)」, 「반테러법(Anti Terrorism Act, 2000)」 등이 있다.

③ 이와 같은 법률을 통해서 영국은 자의적으로 북아일랜드 '테러'와 관련돼 있다고 볼만한 사회단체들의 활동을 금지하는 막강한 권한을 경찰에 부여했다. 그 권한으로 경찰은 주거지 수색과 통신의 자유 제한이라는 무소불위의 힘을 가질 수 있게 되었다. 배심원에 의한 재판 제한, 특정금지단체 가입 처벌 등의 조치들은 북아일랜드에만 효력을 인정했다가 영국 본토로 점차 확대되었다.

2 「반테러리즘과 범죄 및 보안법」

9/11 테러 이후에는 새로운 반테러법이 제정되었다. 2001년 「반테러리즘과 범죄 및 보안법(Anti-Terrorism, Crime and Security Act 2001)」 제정으로 더욱 강력한 제재와 출입국관리 등을 시행할 수 있게 되었다.

3 「테러리즘법」과 「수사권 강화법」

(1) 「테러리즘법(Terrorism Act 2006)」

2006년에는 2005년에 발생한 7.7 런던 지하철 테러를 계기로 보다 강화된 「테러리즘법(Terrorism Act 2006)」을 제정하였다.

(2) 「수사권 강화법(The Investigatory Powers Act 2016)」

① 최근에는 영국정부가 발의한 일명 「스파이 헌장(Snoopers Charter)」이라 불리던 「수사권 강화법(The Investigatory Powers Act 2016)」과 「사이버테러방지법」이 영국하원 표결에서 압도적인 표차로 통과되었다.

② 동법은 테러 예방 활동을 하는 경찰, 정보기관들이 테러 조직원이나 용의자들이 테러를 저지르기 전부터 감시할 수 있도록 권한을 준다는 것이 핵심이다.

③ 영국 정부가 이 같은 법안을 만든 것은 2014년과 2015년 계속된 유럽 전역에서의 무차별 테러와 수백만 명이 넘는 난민들 가운데 테러조직원이 있을 수 있다는 국민들의 우려 때문이다.

Ⅱ 영국의 정보기관

1 의의

영국의 대테러리즘, 정보 및 안보관련 대응은 전통적으로 국내 및 국외 위협으로 구분하고 있다.

2 비밀정보부(SIS, MI6)와 보안부(SS, MI5)

영국의 정보기구는 국외 위협에 대처하는 '비밀정보부(Secret Intelligence Service, SIS, MI6)'와 국내 테러리즘에 대처하는 '보안부(Security Service, SS, MI5)'를 중심으로 운영되고 있다.

3 정부통신본부(GCHQ)와 국방정보부(DI)

(1) 정부통신본부(GCHQ)

정부통신본부(GCHQ)는 영국 외무부 소속으로서 합동정보위원회(JIC)의 지휘 · 감독하에 영국 정부 부처와 군에 신호정보와 정보보호(information assurance)를 제공해하고 국가 안보 사항, 테러 정보 수집 및 검증 임무를 수행한다.

(2) 국방정보부(DI)

① 국방정보부(DI)는 영국 정보공동체의 구성원이지만 SIS, SS, GCHQ 등 독립성을 갖춘 정보기관과는 달리 국방부의 한 부서로서 존속한다.

② 군 관련 각종 공개 또는 비공개첩보를 수집하고, 국방정책의 수립 또는 군사 작전의 수행 시 요구되는 군사정보를 종합적으로 분석하여 필요한 부처에 배포한다.

③ 그 밖에 테러관련 정보, 대량 살상 무기관련 정보 수집, 생산한 정보 평가와 결과물을 정보공동체에 제공한다.

4 합동정보위원회(Joint Intelligence Committee, JIC)

① 1936년 '대영제국 국방위원회(Committee of Imperial Defense)'의 분과로 출범했으며, 1939년 영국 '합동정보위원회(JIC)'라는 명칭으로 개편되었고, 1957년 '내각사무처' 소속으로 이전되어 현재까지 존속되고 있다.

② 국방, 테러, 주요 국제범죄행위, 과학기술 및 국제 경제문제 및 기타 초국적 문제와 관련된 사건 및 상황 평가, 비밀정보 수집 등과 같은 국가목표를 지원하기 위한 정보를 수집 · 분석하여, 정보의 우선순위를 총리와 각료에게 자문을 제공한다.

③ 정보공동체의 조정기구로서 영국 내 정보기관들의 첩보수집과 정보 분석활동을 총괄 · 조정 · 지휘 · 감독하는 기능을 수행하고 외국 정보기관과의 연락을 적절하게 유지하여 관련 정보를 공유한다.

Ⅲ 테러대응체계

1 의의

2003년에 16개 정부부처와 기관의 대표로 구성된 합동테러리즘분석센터(Joint Terrorism Analysis Centre, JTAC)와 2007년에 대테러안보실(The Office for Security and Counter-Terrorism, OSCT)을 창설하였고 포괄적이고 체계적인 대테러리즘 전략을 발전시키고 있다.

2 합동테러리즘분석센터(JTAC)

① 보안부(SS, MI5) 국제대테러국과 국내외 테러정보를 공유하고 협력하여 테러 위협에 관한 중요한 정보를 정부와 기업에 조언을 제공하는 정보통합기구로서, 정부부서, 주요 회사 및 기관, 운송 · 금융 서비스, 전기통신 사업자에게 정기적인 평가를 제공한다.

② 합동테러리즘분석센터장은 보안부(SS, MI5) 부장에게 안보와 관련된 정보, 비밀정보부(SIS), 정부통신본부(GCHQ), 국방정보부(DI) 등과 관련된 정보를 보고하고 보안부(SS, MI5) 부장은 합동정보위원회(JIC)에 보고한다.

3 대테러안보실(OSCT)

① 대테러안보실(The Office for Security and Counter-Terrorism, OSCT)은 국가 대테러리즘 보안국(The National Counter Terrorism Security Office, NaCTSO) 및 국가기반시설보호센터(Centre for the Protection of National Infrastructure, CPNI)와 긴밀히 협력하여 대테러 및 조직화된 범죄 대응 전략을 수립한다.

② 내부부 소속으로 내무부 장관과 안보 및 대테러 장관에게 보고한다.

4 국가 대테러리즘 보안국(NaCTSO)

2002년 경찰에 창설된 '국가 대테러리즘 보안국(The National Counter Terrorism Security Office)'은 다중밀집지역 보호와 테러리스트 공격에 대한 복구능력 향상 업무를 수행하고 있다.

5 국가기반시설보호센터(CPNI)

2007년 2월에 설립된 '국가기반시설보호센터(Centre for the Protection of National Infrastructure, CPNI)'는 국가핵심기반 시설에 대한 정책 조언과 테러 및 기타 위협으로부터 취약성을 감소를 위해 노력하고 있다.

6 경찰

(1) 의의

일상의 대테러리즘 활동은 경찰이 국가대테러리즘 네트워크를 구축하여 수행하고 있다. 수도경찰청은 런던 광역지역 내의 대테러리즘 활동을 책임지고 있을 뿐만 아니라 대테러리즘 활동에 있어 국가적 차원에서의 조정과 지도적 역할을 수행한다.

(2) 특수작전국(Specialist Operation)

① 의의

대테러 담당부서는 특수작전국(Specialist Operation)으로 대테러리즘본부(Counter Terrorism Command)와 경비본부, 경호보안본부로 구성되어 있다.

② 대테러리즘본부(Counter Terrorism Command)

㉠ 대테러리즘본부는 2006년 10월 반테러지부(The Anti-Terrorist Branch, SO13)와 특수지부(Special Branch, SO12)두 개의 조직(unit)이 합병한 것으로 이 조직은 정보 분석과 수사, 활동지원을 병행한다.

㉡ 테러리스트나 국내 극단주의자, 전쟁범죄 및 인류에 대한 중대 범죄조직 또는 이와 관련된 공격에 대한 처벌과 테러활동에 대한 예방 및 저지, 선제적 대응조치, 테러 및 극단주의자들과 관련된 정보를 수집하고 활용하여 대테러활동을 위한 정보의 평가와 분석을 수행한다.

㉢ 자치구, 지역 사회, 국가 및 국제 파트너와의 업무 관계를 강화 · 구축 · 유지하여 테러위협을 공동으로 해결하기 위해 조언과 지원을 제공하며, 유관 기관과 협력하여 문제를 해결한다.

(3) 대테러리즘처(CTU)

4개의 광역 경찰청에 '대테러리즘처(Counter Terrorism Unit, CTU)'가 설치되어 대테러 조사 및 수사 활동을 수행하고 있다.

(4) '대테러리즘정보처(CTIU)'

5개의 주 경찰청에 '대테러리즘정보처(Counter Terrorism Intelligence UNIT, CTIU)'가 설치되어 대테러 정보활동을 하고 있다.

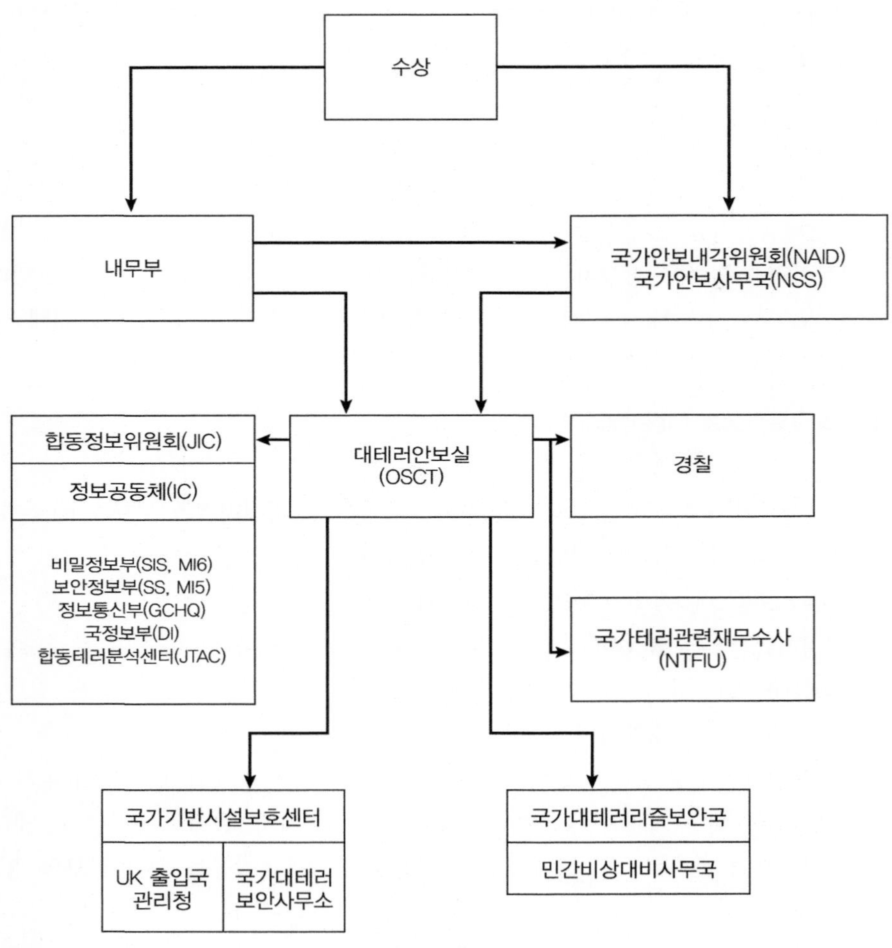

[영국의 대테러 체계도]

Theme

63 독일의 대테러 조직체계

I 테러대응 관련 법제

1 「대테러법(TGB)」

① 독일은 9/11 테러 이후인 2002년 1월 9일 「대테러법(Terrorismusbekämpfungsgesetz, TGB)」을 제정하였는데 이는 테러와 관련된 각종 법의 조문 개정을 위한 '조항법(Artikelgesetz)'이다.

② 이 법은 「연방헌법보호청법(BfVG)」, 「연방군사정보부법(MADG)」, 「연방정보부법(BNDG)」, 「기본법 제10조법(Artikel 10-Gesetz)」, 「연방국경수비대법」, 「여권법」, 「연방범죄수사청법(BKAG)」, 「외국인법」, 「난민절차법」, 「항공교통법」 등 총 20여개의 법 개정을 내용으로 하고 있다. 이 법을 통해 특히 정보기관의 정보 수집 권한이 확대되었으며, 그 결과 우편 및 통신비밀의 자유가 광범위하게 제한되었다.

2 「대테러정보법(ATDG)」

(1) 의의

2006년 12월 발효한 「대테러정보법(Antiterrordateigestz, ATDG)」을 통해 연방범죄수사청(BKA), 연방경찰, 연방헌법보호청(BfV), 군사정보부(MAD), 연방정보부(BND) 등 대테러 유관기관들 간의 공동 대테러 정보 체계를 구축할 법적 근거를 마련하였다.

(2) 대테러 유관 기관들의 정보 교류

① 「대테러정보법」의 주요 목적은 국제 테러 대응과 관련된 각 기관들의 임무 수행을 원활히 지원하는 것에 있다(제1조 제1항). 이러한 시스템을 통해 참여기관들은 효과적으로 정보 교류를 할 수 있게 된다.

② 즉 대테러정보 시스템상의 검색 기능을 통해 각 기관은 자신들이 필요한 정보를 어떤 기관이 가지고 있는지를 확인할 수 있고, 해당 기관에 필요한 정보를 요청할 수 있게 된다.

(3) 테러 관련 정보 저장 의무

① 각 기관들은 테러와 관련된 개인의 인적 사항, 단체 활동, 주소, 이메일 주소, 홈페이지 등을 대테러정보 시스템에 저장할 의무가 있다(제2조).

② 정보 저장 대상은 테러단체에 속해 있거나 이러한 단체를 지원하는 자, 혹은 폭력을 통해 국제 정치·종교적 이익을 추구하는 자 등이 해당한다. 이 법의 특징적인 점은 테러와 관

련된 활동을 하는 당사자뿐만 아니라(테러 규명에 필요한 정보를 얻을 수 있다면) 그 주변 인물(Kontatkperson) 정보까지 저장의 대상이 된다는 점이다(제2항 제1문 제3호).

3 「연방범죄수사청법(BKAG)」

① 테러 대응은 이미 발생한 테러 관련 범죄에 대한 수사(형사소추)와 아직 발생하지 않은 테러 위험에 대한 방지(위험 방지)를 중심으로 이루어진다.

② 독일 연방범죄수사청(BKA)는 그 명칭에서 알 수 있듯이 행정법 · 경찰법적인 위험방지 임무가 아닌 범죄수사를 주된 임무로 맡고 있는 기관이다. 하지만 2008년 관련법 개정을 통해 연방범죄수사청은 '국제테러위험방지'와 관련된 영역에서 처음으로 예방적 권한들을 갖게 되었다.

③ 즉 2008년 이전까지는 수사가 아닌 위험 방지와 관련된 활동은 주(州) 경찰의 독자적인 권한이었지만, 「연방범죄수사청법(Bundeskriminalamtgesetz, BKAG)」의 개정을 통해 테러 영역에 한해서는 연방범죄수사청도 위험방지 활동을 할 수 있게 된 것이다.

4 독일 「형법」 제129a조

(1) 의의

독일 「형법」 제129a조는 테러단체조직죄(Bildung terroristischer Vereinigungen)에 대해 규정하고 있다. 본 조항은 1970년대 적군파(RAF)에 의한 테러 대응을 위해 1976년 8월 신설되었다.

(2) 테러 단체 구성 · 가입죄

① 이 규정은 살인, 모살, 인종학살, 납치 · 인질 등의 범죄를 목적으로 하는 단체를 설립한 자 및 가입한 자를 처벌하고 있다(「형법」 제129a조 제1항).

② 이 외에도 타인에게 중대한 신체적 · 정신적 손해를 가하거나, 건물, 댐, 철도, 도로, 산업시설 등의 파괴, 방화 혹은 폭발물 관련 범죄, 철도 · 도로 · 항공 교통에의 위험한 침해 등의 범죄를 통해 국민들에게 중대한 위협을 주거나, 관청 혹은 국제기구 등을 강요하거나, 국가 혹은 국제기구의 정치적, 헌법적, 경제적 혹은 사회적 근간을 파괴하는 것을 목적으로 단체를 설립하거나, 이러한 단체에 가입한 자를 처벌하고 있다(「형법」 제129a조 제2항).

③ 또한 이러한 조직을 지원한 자, 조직원 및 지원자를 모집한 자를 처벌하고 있다(「형법」 제129a조 제5항). 즉 이 조항은 테러공격의 주요 유형, 즉 살인, 상해, 폭발물 공격, 방화, 주요시설물 파괴 등에 대해 규정하고 있으며, 이러한 테러 공격의 목적, 즉 국민에 대한 공포심 유발, 국가기관 · 국제기구에 대한 협박 · 강요 등을 규정하고 있고, 이러한 범죄단체를 설립하거나 가입한 자를 처벌하고 있는 것이다.

④ 2001년 9/11 테러 이후 「형법」 제129b조의 신설을 통해 외국에 존재하는 테러단체를 조직하거나 가입한 자도 처벌하고 있다.

Ⅱ 테러대응체계

1 의의

독일은 경찰과 정보기관의 활동영역이 비교적 엄격하게 구분되어 있는 연방제 국가이다

2 경찰과 정보기관의 활동영역에 대한 엄격한 구분

① 경찰과 정보기관의 활동영역이 비교적 엄격하게 구분되어 있고, 정보기관의 활동영역은 경찰에 비해 넓다.

② 정보기관은 구체적 위험이 존재하는 단계에서부터 활동하는 경찰과 달리 그러한 위험의 존재 이전부터 활동할 수 있다.

③ 그러나 정보기관은 집행권한을 보유하고 있지 않아 전진 배치된 상태에서 수집된 정보로 범죄의 징후를 포착했다면 이에 대해 경찰이 수사할 수 있도록 경찰에 통보해야 한다.

3 연방제하에서 경찰권

① 독일은 16개 주로 구성된 연방제 국가이다. 연방제하에서 경찰권은 원칙적으로 각 주의 고유한 권한에 속한다.

② 따라서 각 주에서는 독자적으로 경찰법을 제정하여 시행하고, 각 주의 실정에 맞는 고유한 경찰조직을 두고 있다. 각 주의 경찰은 주 내무부 산하에 주경찰청을 중심으로 조직되어 있으며, 각 주 내무부장관의 지휘감독을 받고 있다.

③ 연방정부도 제한된 범위, 즉 국경경비, 관세, 연방차원의 범죄수사 및 국제범죄의 진압 등의 분야에서 연방차원의 효율적 대응을 위하여 경찰권을 행사하고 있다.

Ⅲ 대테러 기관

1 연방범죄수사청(BKA)

(1) 의의

연방범죄수사청(Bundeskriminalamt, BKA)은 연방내무부(Bundesministerium des Innern) 산하의 외청으로 비스바덴에 본부를 두고 있다.

(2) 조직

① 연방범죄수사청은 연방 내무부장관의 추천에 의하여 연방내각에서 임명되는 정무직 공무원인 청장 1인과 부청장 2인을 두고 있다.

② 연방범죄수사청은 총 9개의 조직, 즉 국가안보국(ST), 중범죄 및 조직범죄국(SO), 경호국(SG), 중앙정보관리국(ZI), 전략적 투입 · 수사지원국(OE), 국제협력, 교육 · 연구센터(IZ), 범죄수사연구소(KT), 정보기술국(IT), 중앙행정국(ZV)으로 이루어져 있다.

(3) 임무

① 연방범죄수사청은 독일 경찰의 중앙기구로서 여러 주에 걸쳐 발생한 범죄, 국제범죄, 중대한 의미를 가지고 있는 범죄와 관련하여 연방 및 주(州) 경찰을 지원하는 임무를 가지고 있다(「연방범죄수사청법」 제2조).

② 이외에도 국제범죄, 중대범죄 등 특정 범죄 영역에서는 독자적으로 수사를 진행할 수 있다(「연방범죄수사청법」 제4조). 예를 들면 국제테러범죄, 무기, 폭발물, 의약품, 위조화폐 등의 국제적 · 조직적 거래, 자금 세탁 등의 범죄에 대해 독자적인 수사 권한을 가지고 있다.

③ 이러한 주요범죄 외에도 연방범죄수사청은 주(州) 경찰이 요청한 경우, 혹은 사건의 중대성으로 인해 연방내무부 혹은 검찰청이 위임한 경우에도 수사를 할 수 있다. 연방범죄수사청은 국제 테러에 한정하여 위험방지 임무 또한 수행한다(「연방범죄수사청법」 제4a조).

④ 국제 테러 위험 방지와 관련하여 특히 테러 관련자에 대한 다양한 정보 수집 권한을 가지고 있다.

2 연방경찰청(BPOL)

(1) 의의

연방경찰(Bundespolizei)은 2005년 6월까지는 연방국경수비대(Bundesgrenzschutz)라는 명칭으로 불렸으나, 법 개정을 통해 연방경찰로 명칭을 변경하였다.

(2) 조직

연방경찰청은 포츠담에 본부를 두고 있으며, 독일 전역에 9개의 지방경찰본부를 두고 있어 사실상의 독일 전 지역에 경찰을 투입할 수 있는 집행력을 갖추고 있는 연방경찰로서 기능하고 있다.

(3) 임무 및 권한

① 「연방경찰법(Bundespolizeigesetz)」에 규정된 연방경찰의 주요 임무는 국경경비, 철도경찰, 항공안전, 연방기관의 보호, 해상경비 등과 더불어 자연재해, 집회시위 등 대규모 상황발생 시 각 주의 경찰에 대한 지원업무 등을 맡고 있다.

② 또한 특수임무를 수행하는 대테러 특수부대인 GSG9을 산하에 두어 항공기 납치 등 테러 발생시 직접 현장에 투입되어 작전을 수행할 능력을 갖추고 있다.

3 연방헌법보호청(BfV)

① 연방헌법보호청은 연방내무부 산하의 국내정보기관으로서 쾰른에 본부를 두고 있으며 독일의 헌정질서를 파괴하는 행위에 대한 정보수집업무를 담당하고 있다.

② 정보의 수집은 극우테러, 군대 내의 극좌테러분자, 연방헌법의 기본질서를 파괴할 위험성을 갖고 있는 이념단체, 정당, 이들과 연계된 국제조직, 극우세력, 신나치 추종세력 및 그 조직원, 이들과 연계된 단체, 출판물, 국내안보를 위협하는 극단적인 외국인 관련사항, 외국 첩보기관의 침투에 대한 방첩업무 등을 대상으로 한다.

4 합동대테러센터(GTAZ)

(1) 의의

9/11 테러를 계기로 2004년 12월 베를린에 합동대테러센터(GTAZ)가 만들어졌다. GTAZ는 테러관련 정보를 실시간으로 교환하고, 현실적 위험징후를 신속하고 목적지향적으로 분석하고, 현장 대테러활동의 조정을 목적으로 설립되었다. 이를 통해 국제테러리즘에 대한 대응의 질적 향상을 도모하기 위함이다.

(2) 조직

GTAZ는 연방범죄수사청(BKA), 연방헌법보호청(BfV), 연방정보부(BND), 군정보부(MAD), 세관, 연방이민청, 16개 주(州) 범죄수사청(LKA) 및 헌법보호청 등 40여개 기관이 참여, 각 기관에서 파견된 약 230여명이 근무하고 있다.

(3) 임무

① 합동대테러센터(GTAZ)는 독자적인 관청이 아닌 테대러 유관 기관 간의 정보 교류 협력체(Netzwerk)로서 참여기관의 권한상의 변동은 없으며 각 기관의 독자성이 유지된다.

② GTAZ에는 두 개의 정보분석 및 평가센터, 즉 정보기관 측면의 정보분석 및 평가센터와 경찰측면의 정보분석 및 평가센터로 구성되어 있으며 총 9개 실무팀을 두고 있다.

5 GETZ

(1) 의의

GETZ(Gemeinsames Extremismus-und Terrorismusabwehrzentrum)는 극우주의자들을 대응하기 위한 공동체인 GAR(Gemeinsames Abwehrzentrums gegen Rechtsextremismus)에서 확대 발전되어 2012년 11월에 업무를 시작했다.

(2) 임무

GAR은 2011년 지하 나치주의자들의 색출 이후 극우주의자들에 관한 정보 수집 · 분석 및 그에 따른 관련조치의 조정업무 등의 수행을 위하여 설치되었다가 그 영역을 극좌주의, 외국인 극단주의자, 스파이 영역으로 확대하여 GETZ로 개편되었다.

(3) 조직

① GETZ는 GTAZ와 마찬가지로 독자적인 기관이 아닌 정보 교류를 위한 협력체로, 연방범죄수사청(BKA), 연방경찰(BPol), 연방헌법보호청(BfV), 연방정보부(BND), 군정보부(MAD), 연방이민난민청(BAMF), 주범죄수사청(LK), 주헌법보호청(LfV), 유로폴, 연방검찰청, 세관 등 40여개 기관이 참여한다.

② 이를 통해 경찰과 정보기관, 연방정부와 주정부간의 정보 교류를 원활히 할 수 있게 되었다.

6 GIZ

(1) 의의

① 이슬람극단주의 세력 등 정치적 극단주의자들은 인터넷을 그들의 이념을 전파하는 중요한 수단으로 활용하고 있다.

② 왜냐하면 테러단체는 인터넷을 통해 적은 인력과 자금을 활용하여 광범위한 대상에게 접근할 수 있기 때문이다. 최근 ISIL의 경우에도 인터넷을 통해 그들의 이념을 전 세계에 전파하고 추종자들을 모집하고 있다.

③ 이러한 추세에 따라 독일 정부도 2007년 초 합동인터넷센터(Gemeinsames Internetzentrum, GIZ)를 베를린에 설립, 극단주의자들의 인터넷 활동을 감시, 분석하고 있다.

(2) 참여 기관

① 참여 기관으로는 연방범죄수사청(BKA), 연방헌법보호청(BfV), 연방정보부(BND), 군정보부(MAD), 연방검찰청 등 5개 기관이다.

② 합동인터넷센터(GIZ)에서는 이슬람 극단주의 세력들의 인터넷 게시물을 감시, 평가, 분석하며 극단주의 및 테러단체 및 그들의 활동을 조기에 밝혀내는 것을 목적으로 하고 있다.

③ 여타 정보 교류를 위한 협력체와 마찬가지로 각 기관들은 기존의 법적 근거하에 대등한 지위에서 자발적으로 협력한다.

Theme

64 프랑스의 대테러 조직체계

I 테러대응 관련 법제

1 의의

① 프랑스가 테러관련법을 처음 제정한 것은 1893년으로 이 당시는 무정부주의자들의 활동을 척결하기 위함이었다. 하지만 프랑스의 대테러관련법이 본격적으로 정비된 것은 알제리 독립전쟁과 가장 직접적인 관련이 있다.

② 알제리 독립전쟁(1954~1962) 시기에 프랑스는 국가안보를 위협하는 테러에 대해서 강경한 방식으로 대처하였다. 국가치안유지라는 명분 아래 군인에 의해 자행된 폭력이 용인되기도 했으며 보호유치가 96시간으로 연장되기도 했다.

2 국가보안법원

① 국가 안보를 위협하는 테러 및 "국가 권력기관을 불법 조직으로 대체하려는 시도를 목적으로 하는 그 외의 행위"는 1960년도의 법령에 의거하여 국가보안법원에서 관장했다. 국가보안법원은 주로 알제리 독립을 반대하는 장성들을 중심으로 형성된 비밀군사조직(OAS)과 같은 테러단체를 재판하는 역할을 담당했다.

② 알제리 전쟁 중에 설립된 국가보안법원은 세 명의 판사(magistrat)뿐만 아니라 두 명의 군 고위장교가 참여하는데 수사과정과 재판과정이 비밀리에 진행되며 항소할 수 없다는 점에서 프랑스의 통상적 사법제도의 틀 밖에서 진행된다는 비난을 면치 못했다. 따라서 국가보안법원은 공정성을 기반으로 하는 사법기구라기보다는 정치적 반대파 숙청을 용이하게 하는 정치적 기구로 기능하는 측면도 있었다.

3 「테러리즘과 국가안보 침해에 관한 법(1986년)」

(1) 의의

① 현재 프랑스의 대테러정책에 영향을 미친 대테러법은 미테랑(Mitterrand) 대통령 집권시절인 1986년 9월 9일에 제정된 법으로 이를 통해 테러전담 기구를 설립하고 기구간의 효율적 협력을 통해 효과적인 대테러 대응방식을 마련할 수 있었다.

② 1986년 법이 제정된 더 직접적인 배경은 1986년 2월 3일부터 9월 17일까지 적어도 14회에 걸쳐 발생된 테러에 있다. 1986년 법은 국내외 테러에 대한 실제 대응력을 갖추기 위해 법무부와 내무부에 강력한 권한을 부여했다.

(2) UCLAT의 권한 강화 및 SCLAT의 신설

① 이미 1984년도에 내무부 산하에 대테러조정부(Unit de coordination de la lutte antiterroriste, UCLAT)를 설립하여 정부 내 대테러 관련부서들의 활동을 조정하고 테러정보를 통합하는 역할을 담당하게 하였지만 1986년 법은 UCLAT의 역할을 한층 더 강화하였다. 이처럼 테러관련 정보를 장악할 수 있는 기구인 UCLAT는 테러 대응책을 강구하는 대테러부처간위원회(CILAT) 사무국의 역할을 담당하였다.

생각넓히기 | 대테러조정부(UCLAT)

UCLAT는 1984년 DST 산하에 설치되어 정부 내 대테러 관련부서들의 활동을 조정하고 테러정보를 통합하는 역할을 담당하다 2019년에 폐지되고 그 기능은 DGSI에 통합되었다.

② 한편 법무부 산하에는 테러 사건에 특화된 대테러 검찰청(Division of the Paris Prosecution Service specialised on Counter-Terrorism, SCLAT)이 설립되었다.

③ UCLAT와 SCLAT의 설립을 통해 프랑스는 테러를 전문적으로 담당하는 기구를 갖추게 된 것이다.

(3) 테러범죄의 억지와 처벌을 위한 조치를 강화

① 그 외 1986년 법은 테러 혐의자에 대한 신상정보 수집 강화 및 요주의 인물에게는 혐의가 없어도 4일간 억류할 수 있도록 하는 등 테러범죄의 억지와 처벌을 위한 조치를 강화하였다.

② 통상 48시간의 보호유치시간의 예외적 조치로 48시간을 더 연장하여 보호유치시간을 96시간으로 하고, 변호인 접견이 72시간 후에나 가능하도록 변경했다. 또한 형법 개정을 통해(1994년 3월 1일 발효) 일반 형사 사건보다 테러관련 범죄는 중하게 처벌할 수 있도록 했다. 특히 테러조직의 재정지원 등과 같은 경우가 이에 해당된다.

4 「대테러법」 개정

(1) 테러리즘과 공무원 등에 대한 침해 억제 및 사법경찰 관련 조치들(1996년)

① 한편 1996년 7월 22일 법은 알제리 무장 이슬람 그룹(Groupe Islamic Arm, GIA)이 프랑스인에 대해 자행한 일련의 테러(1993~1996)가 그 배경이 되었다.

② 1996년 법은 1986년도 법을 대폭 수정하지는 않았지만 GIA 테러를 경험하면서 테러 대응책을 강화하게 되었다.

③ 테러 음모를 모의했다는 것만으로, 즉 테러범죄 실행이전이라도 테러죄로 처벌할 수 있도록 형법 구문에 421-2-1조항을 삽입하였다. 이 조항으로 테러라고 규정할 수 있는 죄의 범위가 넓어졌을 뿐 아니라 '테러 참여죄'라고 하는 항목이 정립될 수 있었다.

④ 2001년 9/11 테러 이후 프랑스 형법 421-2-1 조항은 다른 많은 나라에서도 도입, 적용되기도 하였다.

(2) 「테러방지 및 치안과 국경통제에 관련된 여러 규정에 관한 법률(2006년)」

① 의의

㉠ 2006년 법은 프랑스내의 테러발생에 대한 대응책을 강구하고 스페인과 영국 그리고 유럽역내 국가와의 대테러 협력을 강화하기 위한 것이었다.

㉡ 2006년 법으로 테러 방지를 위한 예방적 차원의 성격이 추가됨과 동시에 수사권 및 처벌도 강화하여 테러방지 사전조치 강화에 중점을 두었다.

② 주요 내용

㉠ 공공장소에 비디오 감시 강화(대테러 공무원이 중요시설에 비디오 설치 권한 부여)

㉡ 테러 연루 의혹이 있는 사람의 발신자 번호 및 위치 등 통신내역과 인터넷 주소 관련 정보제공을 관련기관에 요청할 수 있는 권한 부여

㉢ 필요한 경우 주민등록시스템, 운전면허증 관리 시스템, 체류외국인 관리시스템 등 해외에서 프랑스로 망명하여 체류 중인 사람의 개인정보에 대한 열람권 부여

㉣ 이라크, 파키스탄, 시리아, 이란 등 위험 국가로 분류되는 곳으로 이동한 사람에 대한 개인 정보 열람권 부여. 또한 항공사, 철도청, 항공사가 위험국으로 이동한 사람에 대한 개인정보제공의 의무 부여

㉤ 혐의가 없이도 4일간 억류할 수 있도록 한 1986년도 법을 6일로 연장하여 강화

㉥ 테러범과 직접 또는 간접적으로 관련이 있는 기금 등의 재원에 대해 경제부 장관 재량으로 테러 자산을 6개월간 동결

㉦ 폭발물 등으로 사람을 살해하거나 테러를 예비, 음모를 의도하는 자는 최고 10년형에서 20년형으로 가중처벌하고 테러 계획의 주동자인 경우는 20년형에서 30년형으로 가중처벌

(3) 개정 「테러리즘과 국가안보 침해에 관한 법(2015년)」

2015년 「대테러법」은 공공장소 비디오 감시, 인터넷 휴대폰 전화기록 조회권 강화, 테러용의자 구금 기한(6일) 연장, 이슬람 극단주의로 의심되는 자국민 대상 6개월간 외국여행 제한, 여권 임시 압수 및 무효를 가능하게 하였다.

(4) 「정보법(2015년)」

2015년 「정보법」은 사를리 엡도 언론사 테러를 계기로 정보활동에 법적 근거를 마련하여, 정보기관의 테러선동 인터넷 사이트 접근 차단 등 국민의 온·오프라인 활동 감시권한을 허용하고 있다.

(5) 「공화국 원칙 준수 강화법(2021년)」

① 의의

'이슬람'이라는 용어가 등장하지는 않지만 사실상 무슬림의 생활문화인 가정교육, 여성의 역할, 예배당에서의 모임 등을 통제하는 내용을 포함하고 있다.

② 주요 내용

㉠ 법의 내용으로는 공무원 및 공공서비스 종사자에 대한 라이시테(정교분리원칙) 의무화

㉡ 온라인상 개인정보 유포를 통해 타인의 생명을 위태롭게 하는 행위 차단

㉢ 국가보조금을 받는 단체의 공화국 기본원칙 준수 강화와 외부자금 지원 통제

㉣ 아동교육을 위한 홈스쿨링 및 사립교육기관 관리 강화

㉤ 문화단체 및 예배장소 통제

㉥ 일부다처제와 강제결혼 및 처녀증명서 발급 금지

Ⅱ 국내안보총국(DGSI)과 예심수사판사의 긴밀한 협력

(1) 의의

① 「테러방지법」으로 프랑스는 1998년 월드컵, 2000년 스트라스부르 대성당 주변의 크리스마스 마켓, 2001년 파리 미대사관 등에 대한 테러 위협에 대해서 사전에 효과적으로 대처할 수 있었다.

② 이처럼 프랑스가 테러 음모를 사전에 막을 수 있었던 성공요인은 프랑스 국내 정보를 담당하는 내무부 산하기관인 DGSI(Direction Generale de la Securite Interieure)와 전문성을 갖춘 예심수사판사의 협력관계에서 찾을 수 있다.

생각넓히기 |

정보기관과 예심수사판사의 협력은 DST(Direction de la Securite du Territoire)가 DGSI에 통합되기 전부터 이루어지고 있었다.

(2) 예심수사판사

① 1986년 법에 따르면 테러리즘 척결을 위해 필요한 모든 예비조치에 대해서 일곱 명의 예심수사판사가 전담하도록 되어있다. 파리에 집결되어 있는 테러전담 판사는 파리 14조사국 소속으로 지명도가 높은 인사로 구성되는 등 특별 전문가 집단의 성격을 띤다.

② 경찰과의 협력도 활발하며 수사권과 재판권을 동시에 갖는 예심수사판사의 권한은 막강하다.

(3) 예심수사판사와 DGSI의 공조

① 한편 예심수사판사가 이슬람 극단주의 조직과 관련된 테러사건을 다룰 때에 특히 DGSI와 긴밀하게 공조하게 된다.

② 정보담당기구인 DGSI는 공식적으로 예심수사판사의 권한하에 정보기관과 사법경찰의 이중적 역할을 수행한다.

(4) 테러 범죄 수사 절차

① DGSI 요원들이 사법적 수사가 필요하다고 판단되는 정보를 얻을 경우 예심수사판사와 검사에게 보고하고 예심수사판사들은 수집된 정보를 통해 범죄행위가 있었거나 가능성이 있다고 판단할 경우 정보 조사를 사법수사로 전환할 수 있는 권한을 가지고 있다.

② 사법수사 개시 전에 획득된 정보는 프랑스 법정에서 증거로 사용할 수 없다. 하지만 정보기관의 요원들이 영장, 소환장 발부, 감청을 할 수 있는 예심수사판사의 권한을 이용할 수 있게 되면 법정에서 증거로 사용할 수 있는 정보를 수집할 수 있다.

Ⅲ 테러대응체계

1 의의

① 프랑스는 대테러정보통합기구로서 국가대테러센터(National Counter-Terrorism Centre, CNCT)를 설치 · 운영하고 있다.

② 프랑스의 테러 대응체계는 국가정보 및 대테러 조정관(the National Intelligence and Counter-Terrorism Coordinator)과 주무기관인 내무부 산하 DGSI에서 테러방지에 노력하고 있으며, 국가대테러센터(CNCT)에서 대테러 활동을 위해 정보공동체의 정보 공유와 협력을 촉진하고 있다.

2 특징

① 중앙집권형의 국가경찰제도를 채택하고 있는 프랑스 경찰은 기능적으로 한국과 유사한 대테러 조직구성과 역할을 담당하고 있으나, 국립 경찰 및 군경찰이 독자적 권한과 임무를 수행하면서도 서로 협력관계를 유지하고 있다.

② 내무부 산하 국토감시청(DST)과 경찰청 중앙정보총국(RG)의 통합조직인 국내안보총국(DGSI) 중심으로 대테러 대응능력을 강화하고 있다. 과거 내무부의 국토감시국(DST)은 방첩 · 국제테러리즘 대응업무, 경찰청 중앙정보총국(RG)은 체제전복 · 자생테러 대응업무를 각각 수행한 바 있다.

③ 국립경찰의 주도로 테러사건 수사 및 정보기관 수사지원 활동을 지원하고 있다.

Ⅳ 대테러 기관

1 국가정보조정관

(1) 의의

법령에 의해 각료 회의에서 임명된 국가정보조정관은 정보와 테러와의 전쟁(the Fight against Terrorism) 분야에 대해 대통령의 자문에 응한다.

(2) 국방 및 국가안전보장회의(CSDN)와 국가정보위원회(CNR)에 보고

국가정보조정관(the National Intelligence Coordinator)은 국방 및 안보 보좌관(the Secretary General of Defense and National Security)과 협의하여 국방 및 국가안전보장회에서 결정한 사항의 이행을 준비하고 이행상황을 점검하여 국방 및 국가안전보장회의와 국가정보위원회에 보고한다.

(3) 국가정보위원회(CNR) 회의 준비

국가정보조정관은 국가정보위원회의 의안의 상정 및 심의에 관한 사항 등 회의 소집에 필요한 제반 사항을 준비한다.

(4) 정보기관들의 업무 조정

국가정보조정관은 정보기관들의 업무를 조정하고, 정보공동체의 공동이익을 추구하는 임무를 수행한다. 다만 필요한 경우 정보 및 테러와의 전쟁의 유일 목적으로 정보기관들의 업무를 조정할 수 있다.

(5) 대통령의 지시 사항 전달 등

국가정보조정관은 정보기관의 장들에게 대통령의 지시를 전달하고 정보기관의 장들은 대통령과 총리가 관심을 가질 수 있는 정보와 활동 상황에 대해 국가정보보조정관에게 전달한다.

(6) 의회 정보 대표단의 의견 청취

국가정보조정관은 의회 정보 대표단의 의견을 들을 수 있다.

2 국가대테러센터(CNCT)

(1) 의의

① 국가대테러센터(National Counter-Terrorism Centre, CNCT)는 테러 위협 분석 및 대테러 전략을 담당하고, 국가정보 및 대테러 조정권(CNRLT)에 근거하여 설립되었다.

② 국가정보 및 대테러 조정권은 국가정보 및 대테러 조정관(the National Intelligence and Counter-Terrorism Coordinator)의 권한이다.

③ 국가대테러센터의 책임자는 국가정보조정관이다.

(2) 임무

① 국가대테러센터(CNCT)는 대테러 활동을 위해 정보공동체의 정보 공유와 협력을 촉진한다.

② 국가정보 및 대테러 조정관은 정보기관 내부 정보의 효과적인 교환과 조정을 위한 절차를 확립하고, 이를 위해 조직되는 회의에 참석한다.

③ 대테러 활동에서 각 정보기관이 보유하는 내부 보안 코드 등 정보자산 통합 및 공동 사용을 촉진하고 그러한 방법을 모색하여 대통령과 총리에게 보고한다.

(3) 대테러 전문기관의 장의 임무

① 대테러 전문기관의 장과 필요한 경우 다른 정보기관의 장은 대통령과 총리가 관심을 가질 수 있는 정보와 활동 상황에 대해 국가정보 및 대테러 조정관에게 보고하여야 한다.

② 위협의 국제 안보, 국제 정치 경제에 미치는 영향을 분석하고, 정보와 대테러 활동의 방향, 대테러 활동을 위한 조정된 활동의 우선순위에 대해 대통령에게 제안한다.

③ 관련 부처와 함께 정보와 대테러 활동에 관한 유럽과 국제협력 분야에서 프랑스가 주도할 수 있는 계획을 조정하고 발전된 방안을 모색한다.

3 국내안보총국(DGSI)

국내안보총국(Direction Generale de la Securite Interieure, DGSI)의 조직은 경제보호국, 대테러국, 정보기술국, 대전복국, 대간첩국, 국제국 등 8개 국으로 구성되어 있으며, 대간첩, 대테러, 사이버테러 대응 등의 임무를 수행하고 있다.

4 대테러 검찰청(SCLAT)

대테러 검찰청(Service central de lutte anti-terroriste Anti-Terrorism Fight Central Service, SCLAT)은 테러 사건에 특화된 대테러 검찰청(Division of the Paris Prosecution Service specialised on Counter-Terrorism)이다.

Theme

65 이스라엘의 대테러 조직체계

I 테러대응 관련 법제

1 「테러방지법」

이스라엘은 1948년 국가설립 이후부터 전쟁과 테러가 끊이지 않고 일상적으로 일어나는 환경에 따라 효과적인 대테러를 위하여 이스라엘 의회는 1948년 「테러방지법」을 제정하였다.

2 「비상권한법」과 「구금법」

1979년 「비상권한법(Legislating the Emergency Power Law 1979)」과 「구금법(Detention Law 1979)」을 통해 테러범에 대한 구금과 체포 등 대응권한을 강화했다.

3 「테러자금 금지법」

9/11 테러 이후에는 테러자금을 방지하고 국제협력을 강화하기 위하여 「테러자금 금지법(Prohibition on Terror Financing Law 2005)」을 제정하였다.

4 「테러와의 전쟁법」

2016년 테러관련법을 통합하고 테러단체, 테러리스트에 대한 직접적이고 효과적인 제압을 위한 「테러와의 전쟁법(Combating terrorism Law 2016)」을 통해 국가적인 역량을 동원하여 대테러활동을 수행하고 있다.

Ⅱ 테러대응체계

1 의의

이스라엘은 총리를 기반으로 하는 내각제 국가이며, 이스라엘 대테러 조직의 핵심 조직은 총리가 주관하는 국가안전보장회의(National security council, NSC)와 NSC내에서 대테러의 컨트롤 타워 역할을 담당하고 있는 대테러국(Counter terrorism bureau, CTB)이다.

2 국가안전보장회의(NSC)

(1) 의의

NSC는 2008년 「국가안전보장회의법」에 따라 총리, 정부, 및 내각의 행동과 의사결정과정을 효과적으로 실시하기 위해 설치되었다.

(2) 「국가안전보장회의법」

「국가안전보장회의법」은 의장과 부의장, 다른 법률과의 관계, 전략개발 및 조직, 정보 · 통합 각료위원회, 총리의 외국 방문 및 대외관계, 외교정책, 국내정책, 보안정책, 국경수비 및 대테러에 대해 규정하고 있다.

3 국가안보보좌관(National Security Adviser)

(1) 소속

총리실 소속으로 총리에게 직접 보고하고 국가안보실장(Head of the National Security Council)을 겸직한다.

(2) 임무

① 국가위기관리센터를 운영하여 해외테러 및 국가위기상황에 대응한다.

② 총리와 내각에 대해 국가 안보 정책에 대한 자문의 임무를 수행한다.

③ 국가안보, 외교정책, 국방, 대테러 등에 관한 관계 기관의 업무를 조정한다.

4 대테러국(Counter terrorism bureau, CTB)

(1) 의의

텔아비브와 국경에 대한 대테러 임무(The CTU Division of the Tel Aviv And Home Front)를 수행하는 대테러조직(Counter Terror Unit, CTU)으로 정보공동체가 수집한 테러 정보를 취합하여 관련 정보를 공유하고 관계기관의 업무를 조정한다.

(2) 임무

① 국가안전보장회의 소속으로 총리 · 각부 장관으로 구성되는 테러대책위원회의 결정 사항에 대한 실행 기구이다.

② 대테러 및 경제의 기능적 연속성을 유지하기 위한 정책을 개발하고 국가위기관리센터 운영을 통해 국가비상사태에 대비하고 대응한다.

③ 국내 및 해외테러정보를 통합 관리하여 테러위협을 분석하고 해외여행에 대한 경고를 발령한다.

④ 대테러를 위한 육 · 해 · 공군의 국경이동, 테러리스트의 국내출입방지활동, 관계기관의 협력 및 조정 활동을 수행한다.

Ⅲ 대테러 기관

1 의의

이스라엘은 아만(Aman), 신베트(Shin Beth), 모사드(Mossad)의 3개 정보기관이 대테러 정보활동을 실시하고 있으며, 국내 대테러정보활동은 경찰 정보기관인 신베트가, 군사 대테러정보활동은 군 정보기관인 아만이, 국외 대테러정보활동은 이스라엘 정보기관인 모사드가 각각 임무를 담당하고 있다.

2 신베트(Shin Beth)

신베트(Shin Beth)는 샤박(Shabak) 또는 ISA(Israel security agency)라는 이름으로 알려져 있으며, 총리에게 직접적으로 보고하는 총리 직속정보기관으로, 이스라엘의 국내 대테러와 용의자심문, 공안업무, 내부보안과 정보, 첩보, 경호, 전략자산, 교통수단, 보안허가, 전략자산의 보안을 담당한다.

3 모사드(Mossad)

모사드(Mossad)는 유대인과 이스라엘을 대상으로 한 테러예방과 적 정보획득, 비밀활동, 대테러, 인간정보의 수집을 담당하고 정보수집부, 정치활동부, 통신부, 특수작전부, 심리전부, 연구부, 기술부서로 조직되어 있다.

4 아만(Aman)

(1) 의의

① 군사정보국인 아만은 군 정보기관으로 인력, 자산, 능력에 있어 이스라엘 내 가장 큰 규모의 정보기관으로 8200부대, 9900부대, 504부대를 운영한다.

② 군과 정부 간 업무 협력을 담당하고 있으며, 민간 정보기관과 군 정보기관들 간 정보의 흐름을 조정하는 역할도 수행한다.

(2) 조직

① 8200부대

㉠ 공중정찰기 등의 첨단장비를 운용하여 신호정보(SIGINT)를 수집한다

㉡ 이스라엘 최고의 정보 수집부대로서 군사정보는 물론 정치정보 등 민간 정보기관들이 담당하는 영역까지 정보업무를 수행한다.

㉢ 전시 중에는 신속한 정보처리와 공유를 위해 전장에 합류하여 임무를 수행하고, 현장정보를 수집하는 군대테러 특수부대인 Sayeret Maktal(504부대)의 지휘권한을 가지고 있다.

② 9900부대

㉠ 9900부대는 지형 분석과 정확한 지도화(mapping), 시각정보 수집과 분석을 담당한다.

㉡ 9900부대는 드론과 위성이 보내는 엄청난 양의 이미지에서 유용한 군사정보를 추출하여 지리 공간 데이터, 위성 이미지, 고고도 감시 이미지를 분석한다.

(3) 임무

① 인간정보(HUMINT)는 물론 공중정찰기 등의 첨단장비를 운용하여 신호정보(SIGINT)를 수집한다.

② 수상과 내각에는 국가정보판단보고서를 이스라엘 방위군(Israel Defense Forces, IDF)에는 일일정보보고서와 전쟁위험평가보고서를 제공한다.

5 국가경찰, 이스라엘 방위군, 국경 경찰

(1) 의의

대테러 대응기관으로는 크게 국가경찰(Israel National Police, INP), 이스라엘 방위군(Israel Defense Forces, IDF), 국경경찰(Border Police)이 지역적으로 구분되어 임무를 수행하고 있다.

(2) 협조체제

① 국내의 일반적인 대테러사항은 경찰이 담당하나 대규모 테러가 발생할 경우 군의 보조를 받는 등 대테러 대응기관들이 긴밀하게 협조하고 있다.

② 자발적 참여를 통해 구성되는 민간조직인 '시빌가드'가 경찰과 함께 국내안보활동을 수행하고 있다.

(3) 공공안전부(MPS)

① 공공안전부(Minister of Public Security, MPS)는 경찰, 교정본부, 소방구조청의 상급기관으로 재난, 화재, 범죄, 폭력, 마약방지, 화재, 구조, 수사 및 조사 등의 임무를 수행하고 있다.

② 국가경찰, 국경경찰, 소방구조청 모두 공공안전부(MPS) 소속으로 재난, 테러, 사고 등의 상황에서 소방, 구조, 응급치료 서비스와 위험물질유출 방지활동을 실시하고 있다.

6 국가경찰(INP)

(1) 의의

① 이스라엘 국가경찰(Israel National Police, INP)은 1948년 건국과 동시에 이스라엘 군 여단으로 설립되어, 영토 전역을 중부, 남부, 북부, 웨스트뱅크, 텔아비브, 예루살렘, 해안까지 7개 관구로 분할하여, 이스라엘 각 지역 전체를 관할하는 지역본부를 두고 있다.

② 각 지역은 두 개에서 네 개의 하부지역으로 구분되며, 지역경찰은 테러 및 범죄예방, 범죄조사, 범인추적 및 검거, 교통통제 및 감독, 감옥운영관리, 공공안전 등 광범위한 국토안보 임무를 담당하고 있다.

(2) 국가경찰의 대테러 활동

① 국가경찰은 대테러 지휘 기능을 위임받아 초동조치, 차단 및 테러원인 처리, 최초공격시도에 대한 대응, 최초공격발생에 대한 대응 등의 대테러활동을 실시하고 있다.

② 국가경찰은 Blue Police라고 불리는 일반경찰과 국경경찰로 구분되며, 민간조직인 시빌가드(Civil Guards)와 특수부대를 지휘한다.

7 국경경찰

(1) 의의

① 국경경찰은 1948년 이스라엘의 독립 이후 제기되었던 국경보안의 이슈에 대해 이스라엘 방위군(IDF)의 헌병대(Book Crops) 창설 후 1950년 경찰로 이양되어 설립되었다.

② 이러한 특징에 따라 국경경찰은 군의 보조역할을 통해 국경지역의 보안임무를 담당하게 되었다.

③ 국가경찰의 지휘통제를 받아 임무를 수행하며, 규모는 국가경찰의 약 1/3을 차지하고 임무의 특성상 일부는 군으로 보충되기도 한다.

(2) 대테러 특수부대 운영

국경경찰은 대테러 및 인질구출 특수부대인 야맘(Yamam)과 대테러 수사부대인 야마스(Yamas), 기동순찰대인 야삼(Yasam), 대테러 전술협상팀인 사막(Samag) 그리고 정보수집 및 요격부대인 메틸란(Matilan) 등 대테러 특수부대를 운영하고 있으며, 유대, 사마리아, 가자 지구의 지역본부 국경경찰 지휘관은 군기관인 IDF명령에 따라 지휘·통제를 받는다.

8 시빌가드

(1) 의의

시빌가드는 이스라엘의 가장 큰 민간보안조직으로, 테러와 범죄에 대응하기 위하여 1974년 창설되어 일반경찰업무, 전문분야(구조, 재해복구, 다이버, 사이버 등), 경찰정보 및 행정, 국경경찰, 교통, 수사 및 정보수집(마약, 재산침해, 청소년범죄 등), 순찰 등 치안 유지 전 분야에서 국가경찰을 지원하고 있다.

(2) 권한

① 시빌가드는 국가경찰의 지휘·통제를 받으며, 국가조직에 속하지는 않으나 경찰의 보조적인 조직으로서 활동하며, 무기, 장비, 훈련은 국가경찰에서 지원하고, 경찰에서 실시하는 훈련을 이수한 이후에는 필요시 의심 인물에 대한 체포 등 일부 경찰의 권한을 행사할 수 있다는 특징을 가지고 있다.

② 이스라엘 경찰통계에 의하면 2017년 기준 29,950명의 시빌가드가 있으며, 이 중 8,985명이 보안관련 직종의 업무를 수행하고 있으며, 경찰이 사건현장에 도착하기 이전까지 초기대응활동과 순찰 등 1차적인 보안활동을 담당하고 있다.

Theme

66 사이버 테러의 실태와 대응

I 사이버 공간

1 의의

① 인터넷이 전 세계적으로 보급되어 있는 지금, 개인이나 기업은 물론 공공기관에 이르기까지 거의 모든 컴퓨터가 네트워크 시스템으로 연결되어 있다. 이러한 전자적 공간은 일반적으로 사이버 공간(cyber space)이라 불리고 있다.

② 사이버 공간은 "컴퓨터의 네트워크화를 통해 형성된 세계로서 정보화 사회를 상징하며, 물질적인 실체와 떨어진 가상공간"이다. 간단히 말하자면 "인터넷으로 통칭되는 네트워크 공간"을 의미한다.

2 사이버 공간의 양면성

(1) 의의

① 이러한 사이버 공간에서는 어떠한 정보도 간단히 국경을 넘을 수 있으며, 군사기밀에서부터 기업 데이터, 개인 정보에 이르기까지 다양한 정보가 세계를 무대로 자유롭게 돌아다니고 있다.

② 이러한 사이버 공간은 인류생활의 편의를 확대시키는 반면 각종 범죄의 온상이 됨으로써 부작용을 초래하기도 하는 이중성을 보여주고 있다.

(2) 사회 · 경제 활동의 기본 인프라로 정착

① 오늘날 항공 · 철도 · 전력 · 가스 · 행정 서비스 등 다양한 정보시스템에서 인터넷이 사회 · 경제 활동의 기본 인프라로 정착됨에 따라 그 활용도가 점차 높아지고 있다.

② 정보통신기술의 발전과 함께 유비쿼터스 환경이 현실화되면서 언제 어디에서나 편리하게 정보통신기기를 사용할 수 있게 되었다. 이처럼 일상생활 전반에 걸쳐 정보통신기술이 활용되어 삶의 질을 높여주는 등 정보통신기술의 활용 범위는 지속적으로 확장될 것이다.

③ 정보통신기술은 경제성장의 원천이 되고 있으며, 사회시스템의 효율성을 높이고 기업의 역량을 효과적으로 발휘할 수 있게 해준다. 이제 정보통신기술은 우리에게 보다 나은 미래를 제공해 주는 원동력이자 현대사회에 없어서는 안될 필수불가결한 사회기반이 되었다.

(3) 사이버 공간의 역기능

① 이렇게 정보화가 진전되는 반면 이에 대한 역기능 또한 다양해져 지능화된 해킹, 사이버 테러, 사이버 사기 등이 날로 심화되고 있는 실정이다. 이전에 존재하지 않았던 신종 사기 기법들이 사이버 공간을 통해 매년 새롭게 대두되고 있다.

② 해킹기술을 사용하여 개인과 기업에 금전적인 피해를 입히고 있으며, 이러한 추세는 멈추지 않을 것으로 예측되고 있다. 더구나 이러한 해킹기술은 개인과 기업에 대한 사이버 공격 시도에 머물지 않고, 국가를 대상으로 하는 공격 형태로 진행되어 그 피해 및 파급효과도 증가하고 있다.

③ 실제로 일부 국가의 해커가 타국의 기본 인프라를 마비시키고 정부기관의 시스템에 침입하는 사건이 빈번하게 보도되는 실정이며, 이러한 사건은 국제적인 외교마찰로도 이어지고 있다.

핵심정리 사이버 범죄

1. 의의

① 사이버 공간은 컴퓨터 네트워크를 통해 접할 수 있는 공간으로 시간적 · 공간적 제약 없이 접속의 기회가 무한하다. 경계 없이 어떠한 정보에 접근할 수 있는 자유로운 공간, 가상세계로 구성되어 사이버 공간에서 발생하는 범죄를 총칭하여 사이버 범죄라고 한다.

② 사이버 범죄는 원인의 규명이 비교적 어렵고 그 피해범위가 넓고 피해 정도가 크다는 면에서 일반 범죄와 다른 특성을 지닌다.

③ 국경을 초월하는 인터넷을 통해 확산되기 때문에 그 전파속도가 빠르고 광범위하다. 컴퓨터 시스템에 무단 침입하여 비행을 저지르는 온라인 불량배나 해커 등 하이테크 지혜와 기지(機智)를 발휘하여 인터넷을 휘젓고 다니는 사람들을 사이버 펑크(cyberpunk)라고 한다. 이는 사이버 공간과 비행 청소년 또는 불량배를 뜻하는 펑크의 합성어로 윌리엄 깁슨(William Gibson)의 소설 「뉴로맨서」(Newromance)에서 유래하였다.

2. 사이버 범죄의 특성

비대면성 · 익명성, 가치규범의 부재, 용이성, 광역성, 국제성, 전문기술성 등

3. 사이버 범죄의 유형

(1) 제1유형

컴퓨터시스템이나 정보통신기반을 침해하는 범죄군으로 '사이버 테러'형으로 해킹, 폭탄메일, 바이러스 유포 등

(2) 제2유형

사이버 공간을 이용한 전통적 범죄군으로 온라인사기, 인터넷 게임 관련 사기(사용자 도용, 아이템 사기), 불법복제물 제작판매(음란물, 상용프로그램), 불법사이트 운영(음란사이트, 사이버 도박), 개인정보 침해 및 명예훼손(개인, 기업체), 인터넷 사기 공모, 전자기록 등 정보 조작 행위 등

(3) 제3유형

사이버 공간에서만 존재하는 신종 범죄군으로 게임 아이템 절도, 아바타 인격권 침해 등

핵심정리 「정보통신기반 보호법」상의 전자적 침해행위

「정보통신기반 보호법」은 전자적 침해행위를 해킹, 컴퓨터바이러스, 논리 · 메일폭탄, 서비스거부 또는 고출력 전자기파 등의 방법으로 정의한다.

		전통적 범죄 유형	새로운 범죄 유형
해킹과의 관련성	유	개인신용정보의 도용	사이버절도(게임아이템 등), 전자문서의 도용 · 변조 · 파괴
	무	전자상거래범죄 · 인터넷 사기, 사이버 성희롱 · 성폭행, 사이버스토킹, 허위사실유포 · 명예훼손, 사생활 유포, 인신공격 · 언어폭력 · 협박	컴퓨터바이러스, 스팸메일

3 사이버 테러의 사례

① 2007년 중국인민해방군 산하 해커부대가 미 펜타곤을 해킹하여 부시 대통령이 후진타오 중국 국가주석에게 유감을 표명한 바 있다. 그리고 2010년 1월 구글을 비롯한 30여 개의 미국 인터넷 기업이 중국에 위치한 해커들로부터 공격을 받았던 일로 미국과 중국 간 외교적 갈등이 있었으며, 2011년 6월에도 미국의 G-mail 계정 정보가 유출되었는데 구글 측에서는 해킹 발원지가 중국인민해방군 보안부라고 밝혀서 미국과 중국 간 또다시 외교적인 문제로 부각되었다.

② 이 밖에도 2008년 8월 러시아와 그루지아 간 사이버 전쟁으로 인하여 그루지아의 정부 · 언론 · 금융 · 교통 전산망이 마비되는 사건, 2012년 9월 중국이 일본의 센카쿠 열도 국유화 항의 차원에서 일본 총무성을 분산 서비스거부(DDos)로 공격한 사건, 2012년 10월과 11월 이란이 미국의 금융회사와 이스라엘 정부를 해킹한 사건, 2013년 3월 인도가 파키스탄 정보국을 해킹한 사건 등 세계 도처에서 국가 간 사이버전이 점차 심화되는 양상으로 전개되고 있다.

③ 우리나라에서도 2009년 7월 7일 북한에 의한 DDoS 공격으로 청와대와 국회, 네이버의 전산망이 마비되었으며, 2011년 3월 4일 청와대와 국가정보원, 국민은행 등 주요 사이트가 마비되는 사건도 북한의 소행으로 드러났다. 2011년 4월 12일 농협전산망 장애 발생으로 인터넷 뱅킹이 중단되었고, 이어서 2012년 6월 9일, 2013년 3월 20일과 6월 25일 등 여러 차례에 걸쳐 언론사, 은행, 정부기관 등에 전산망 장애가 발생했는데 모두 북한의 소행으로 밝혀졌다.

4 한국의 사이버 공간

(1) 의의

① 우리나라의 경우 인터넷과 컴퓨터 등 정보통신기술 활용도가 매우 높기 때문에 편이성이 큰 만큼 그 부작용도 많이 나타나고 있다.

② 우리나라는 2012년 7월 현재 인터넷 이용자가 3,812만 명(인터넷 이용률 78.4%), 초고속인터넷 가입자가 1,861만 명에 이르는 등 세계 최고 수준의 정보통신 인프라를 확충하고 본격적인 지식정보사회로 도약하고 있다.

③ 인터넷 뱅킹을 통한 조회, 자금이체 및 대출서비스 이용 건수는 2008년 당시 하루 평균 2,243만 건에서 5,285만 건(2013년 3월 현재)으로 2배 이상 증가하였다.

(2) 정보화의 역기능

① 그러나 인터넷 이용을 통한 편이성이 증가하는 만큼 그에 따른 역기능도 커지고 있다. 특히 네트워크 확대 보급에 따른 정보교환 및 공유로 인하여 정보의 불법적인 접근이 가능하고 이에 따라 주요 기밀의 유출 가능성도 높아지고 있다.

② 또한 악성 댓글, 스팸메일, 개인정보 유출, 금전적인 목적의 피싱(Phishing)이나 파밍(Pharming)에 따른 개인적 피해가 증가하고 있으며, 불건전 정보의 유통, 개인 사생활 침해 등과 같은 부작용들이 심각한 사회문제로 대두되고 있다.

③ 정보통신 윤리관의 결여, 전자 금융·전자상거래로 인한 다양한 범행 기회, 산업스파이에 의한 국부 유출, 범죄에 대한 명확한 처벌 규정 미비와 맞물려 정보화의 역기능은 더욱 가속화될 것으로 예상된다. 이에 따라 정부와 기업 그리고 개인 모두가 정보보호에 대한 인식을 공고히 하고 사이버공간의 안전을 유지하는 데 최선을 다해야 할 것이다.

Ⅱ 사이버테러의 개념과 특징

1 정보통신 네트워크의 구축

① 오늘날 철도, 항공, 발전소 등 국가의 주요 기반시설이 정보통신 네트워크에 의해 관리·통제되고 있다.

② 국방과 같은 전통적인 군사적 목적 이외에 정보통신시스템, 전력·가스·석유 등의 에너지시스템, 금융시스템, 육상·해상·항공 교통을 관리하는 운송시스템, 급수체계, 전자정부, 응급서비스 등을 포함하는 정부 서비스 등 국가 기능 유지를 위해 모든 영역에 걸쳐 광범위하게 정보통신 네트워크가 구축되어 있다.

2 정보통신 인프라의 위협

① 이에 따라 정보통신 인프라의 위협이 주요 기반시설의 위협으로까지 확장되고 있어 국가 안보적 측면에서도 심각한 위협이 될 수 있다.

② 예를 들어 군 지휘통신망의 두절로 인한 군 작전 수행 불능, 원자력발전소 통제시스템의 오작동으로 인한 방사능 유출, 가스제어시스템의 마비로 인한 가스폭발 사고 유발, 교통관리시스템의 오류로 인한 열차 충돌 사고 유발, 항공관제시스템 마비로 인한 항공기 충돌 사고 유발 등 다양한 유형의 사고가 발생할 수 있다.

3 사이버 테러

(1) 의의

① 사이버상에서 개인, 기업체, 더 나아가 국가의 전산망을 교란 또는 마비시키고 저장된 정보자료를 절취, 훼손 또는 왜곡함으로써 사회경제적 피해는 물론 국가안보까지 위협하는 일체의 공격행위를 '사이버테러'라고 칭할 수 있다.

② 국가적 차원에서 발생한 사이버테러의 경우 미사일이나 핵무기 또는 생화학무기 등에 의한 대량살상 이상으로 엄청난 피해를 야기할 수도 있다.

(2) 사이버 테러의 특징

① 전통적인 테러리즘의 경우 정치적, 이념적 목적이 테러리즘 여부를 판단할 수 있는 중요한 요건을 구성하지만 사이버테러의 경우는 피해 범위와 정도에 관점을 둔다는 점에서 차이가 있다.

② 예를 들어 우리나라에서 2003년 발생한 '1.25 인터넷 대란'은 사이버 공격에 악의가 있었는지 여부를 판단할 수는 없지만 피해 범위와 정도가 심각했다는 점에서 사이버테러로 간주한다.

③ 유비쿼터스 시대의 도래와 함께 사이버테러로 인한 개인, 기업, 정부의 피해가 더욱 증가할 것으로 보인다. 이러한 피해를 최소화하기 위해 국가차원에서 사이버테러에 대한 징후를 조기에 탐지하여 신속히 대응해야 할 것이며, 이를 위해 관련 분야의 기술개발 등 국가적 역량을 구축해야 할 것이다.

4 사이버 테러가 전통적인 테러와 구별되는 특징

(1) 의의

사이버테러는 전통적인 테러와는 여러 가지 면에서 다르다.

(2) 국가의 정보시스템을 마비 또는 교란

과거의 테러가 소총, 포탄 등 물리적 수단을 활용하여 건물이나 교량 파괴 및 인구를 살상하는 방식으로 전개되는 데 반해, 사이버테러는 컴퓨터 바이러스, 해킹, 전자우편 폭탄, 고출력 전자파 공격, 논리폭탄 등 새로운 무기를 활용하여 국가의 정보시스템을 마비 또는 교란시키는 데 중점을 둔다.

(3) 국가 기능의 총체적 마비

전통적인 테러의 경우 적과 우군의 구별이 확실하고 특정지역의 주민이나 건물에 피해를 일으키는 반면 사이버테러는 침해 시 국가 기능이 총체적으로 마비되는 등 엄청난 피해가 발생되는 데도 불구하고 적군 또는 침입자를 확인하기 곤란하고 심지어 침해된 사실조차 모르는 경우가 허다하다.

(4) 사이버공간에서 발생

전통적인 테러는 일정 지역 즉 물리적 공간에서 이루어지는 반면, 사이버테러는 컴퓨터와 네트워크로 구성된 사이버공간에서 이루어진다는 점이다. 특별한 공간이 정해진 것이 아니고 통신망이 설치된 곳이면 지구촌 어디에서나 공격이 가능하며 통신망 전체를 차단하지 않는 한 예방이 어렵기 때문에 전투공간이 무한정하다고 볼 수 있다.

(5) 공격 주체의 규모 · 특징 등의 확인 곤란

전통적인 테러는 사전에 모의하여 공격을 준비하는 과정에서 어느 정도 징후를 포착할 수 있지만 사이버테러는 은밀한 공간에서 단순히 컴퓨터 조작만으로 공격이 가능하기 때문에 사전 예측이 거의 불가능하다. 또한 사이버테러 행위자는 일면 안식이 없어도 이념과 생각이 같으면 사이버상으로 담합하여 공격을 감행하기 때문에 공격 주체의 규모 · 특징 등을 확인하기가 매우 어렵다.

(6) 최소의 노력과 금전적 투자로 테러 효과 극대화

사이버테러는 컴퓨터 단말기 조작으로 간단하게 공격할 수 있기 때문에 최소의 노력과 금전적 투자로 테러 효과를 극대화할 수 있다. 예컨대 해커의 침투로 인해 전력, 통신, 금융망 마비, 컴퓨터 망을 이용한 전자상거래의 혼란, 철도, 항공, 군사장비시스템 파괴 등이 발생할 경우 사회적으로 엄청난 혼란과 경제적으로 막대한 손실을 초래할 수 있다.

(7) 소결

요컨대 사이버테러는 선전포고도 총성도 전선도 따로 없는 새로운 유형의 테러 행위라고 볼 수 있다. 전쟁지역의 광역화, 사전예측 불가, 피해규모의 대형화 등의 특성을 가진 사이버테러는 전통적 테러리즘과는 판이하게 다른 형태로 전개되기 때문에 새로운 방식으로의 대응이 요구된다.

[전통적 전쟁과 사이버전 특성 비교]

구분	전통적 전쟁	사이버 전쟁
공격무기	소총, 포탄 등 물리적 수단	컴퓨터 바이러스, 해킹, 전자우편 폭탄, 고출력 전자파 공격, 논리폭탄 등
공격목표	건물 · 교량 파괴 및 인구 살상	국가 정보시스템의 마비 또는 교란
피아식별	적/우군 구별 명확	적/우군 식별 불가, 침투 사실 불명확
전쟁영역	물리적 공간에서 전투 수행	컴퓨터와 네트워크로 구성된 무한정한 사이버 공간
사전예측	사전 징후 포착 가능	은밀한 공간 전투 수행으로 사전예측 곤란
비용/효율	고비용, 제한적 효율	최소의 노력과 금전적 투자로 테러효과 극대화

Ⅲ 사이버테러 공격의 유형 및 사용무기

1 의의

사이버테러 공격에는 다양한 종류의 무기가 활용되는데, 크게 두 종류－ 컴퓨터 하드웨어 공격과 소프트웨어 공격－로 분류된다.

2 컴퓨터 하드웨어 공격

(1) 의의

① 컴퓨터 하드웨어가 가진 약점을 노리는 대표적인 방법으로는 TEMPEST(누설전자파), EMI(전자기 간섭), EMC(전자기 호환) 등이 있다.

② 이러한 무기들은 주로 컴퓨터 시스템이 내는 전자파를 수집해 컴퓨터가 수행하는 작업의 내용을 유출해 내는 방법을 활용한다.

(2) 작동 원리

① 컴퓨터가 배출하는 전자파는 일정한 규칙을 갖고 있어 컴퓨터시스템이 입력하거나 출력할 때 내는 주파수와 파장을 분석하면 컴퓨터 파일의 내용을 복구할 수 있다고 한다.

② 이 무기는 전산망을 파괴하지 않고 적국의 비밀정보를 몰래 수집하는 스파이활동에 많이 동원된다. 또한 전파방해(electronic jamming)는 오래 전부터 사용되어 온 방법이다. 적국의 시스템에서 송/수신하는 전파의 흐름을 방해해서 전달하고자 하는 정보를 없애거나 가짜 정보를 중간에 삽입하여 통신망을 교란하는 행위이다.

③ 치핑(chipping)은 시스템 하드웨어를 설계할 때 칩 속에 고의로 특정코드를 삽입시켰다가 필요시 시스템을 공격할 때 사용하는 방법이다.

(3) 사용 무기

고에너지를 가지는 전자기파를 이용하여 정보시스템 및 정보통신망의 기능을 마비시키는 무기로서 '고출력 전자파 공격무기(Electro-Magnetic Pulse Bomb, 일명 'EMP'탄)', 정보시스템을 구성하는 특정부품(전자회로기판 등)을 찾아 파괴함으로써 기능을 마비시키는 초미세형 로봇(Nano Machine), 정보시스템을 구성하는 특정성분(실리콘 등)을 인지하여 부식 · 파괴함으로써 기능을 마비시키는 전자적 미생물(Microbes) 등 다양한 무기들이 활용되고 있다.

3 컴퓨터 소프트웨어 공격

(1) 의의

① 컴퓨터 소프트웨어가 가진 취약점을 공격하는 것으로서 일반적으로 알려진 컴퓨터 해킹(hacking)이 있다.

② 해킹은 컴퓨터와 통신 관련 지식을 가진 해커가 전산망에 침투해 컴퓨터 바이러스를 삽입하거나 데이터베이스를 파괴하는 방법이다.

(2) 논리폭탄

컴퓨터 바이러스와 유사한 종류로 '논리폭탄'이라는 것이 있다. 논리폭탄은 컴퓨터시스템에 일시적으로 오류가 발생하도록 시스템 내부 코드를 바꾸는 것이다.

(3) 트랩도어(Trap Door 혹은 Back Door)

① 그리고 전 세계 컴퓨터 프로그램의 70~80%를 생산하는 미국이 쉽게 이용할 수 있는 방법으로 '트랩도어(Trap Door 혹은 Back Door)'라는 것이 있다.

② 트랩도어는 시스템 내부를 설계할 때부터 프로그램에 실수나 고의로 장치된 침입로를 일컫는다. 개발자만 알 수 있는 이 트랩도어를 이용하면 언제든지 쉽게 시스템 내부에 침투해 전산망을 마비시킬 수 있다고 한다.

(4) 트로이목마(Trojan House)와 스니퍼(Sniffer)

시스템 관리자 권한을 취득할 목적으로 작성한 불법 프로그램으로서 '트로이목마(Trojan House)'라는 것이 있고, 정보통신망에 전송되는 중요 정보를 획득할 목적으로 작성한 불법 프로그램으로서 '스니퍼(Sniffer)'라는 것도 있다.

(5) 객체이동가상무기(AMCW)

① 컴퓨터 바이러스 중 가장 강력한 파괴력을 가진 무기로 알려진 '객체이동가상무기(Autonomous Mobile Cyber Weapon, AMCW)'라는 것이 있다.

② AMCW는 공격 목표지점에 정확하게 도달해 적국의 기간 통신망이나 방공망 같은 중요 전산망을 파괴하거나 교란시키는 무기로 알려져 있다. 이 무기는 마치 스마트 탄처럼 정해진 공격목표에 정확하게 도달하는 순항 능력을 갖고 있다고 한다.

③ 이 무기는 전산망에 침입하면 복제 과정을 통해 무한대로 성장하며 생물처럼 변이를 일으켜 제거하기도 힘들다고 한다. 또한 침투 흔적이 전혀 없어 전산망이 거의 완전히 파괴될 때까지 침투된 사실조차 모르는 경우가 대부분이라고 한다.

④ 문제는 이 무기를 합법 또는 비합법적인 방법으로 누구든지 구입할 수 있다는 것이다. 그래서 범죄단체나 테러리스트들이 AMCW를 활용하게 되면 국가의 정보기반구조를 일시에 파괴시켜 엄청난 피해를 야기하게 될 것이다. 예를 들어 AMCW가 국내 방공망 통제시스템에 침투되면 전투기 한 대도 띄우지 못한 채 국내 상공은 적의 공습에 무방비 상태가 되고 전국이 불바다가 될 수 있다.

(6) 서비스거부(DoS)

① 최근 전 세계적으로 빈번히 발생하여 상당한 피해를 야기해 온 서비스거부(denial of service, DoS)라는 것이 있다. 이는 네트워크 또는 전산시스템에 과도한 부하를 유발하여 정상적인 정보통신 서비스를 중단시키거나 성능을 떨어지게 하는 행위이다.

② 이에 해당되는 전형적인 수법으로서 분산 서비스거부(distributed denial-of-service, DDoS) 공격이 있는데, 공격자가 인터넷으로 원격조종이 가능한 컴퓨터들을 수백 또는 수천 대 규모로 미리 확보한 후에 특정 기관에 동시에 접속하도록 명령하여 대상 기관의 정보통신 서비스를 마비시키는 행위를 말한다.

③ 2000년 2월 세계적인 인터넷 서비스 업체인 야후(Yahoo), 온라인 쇼핑몰 이베이 등이 서비스거부 공격으로 인해 피해를 입은 바 있다. 한국에서도 2009년 7월 7일 분산서비스거부(DDoS) 공격으로 엄청난 피해를 입은 데 이어서 2011년 3월 4일 또다시 DDoS 공격을 당했다.

(7) 스턱스넷(Stuxnet)

① 역사상 최초로 발견된 악성 코드 무기로서 이란의 원심분리기 1000여 기를 파괴해서 이란의 핵프로그램을 연기시켰다.

② 웜이지만, 동시에 트로이목마이자 바이러스이기도 한 악성코드 복합체이다.

(8) APT(Advanced Persistent Threat)

① 특정 목표대상에 대해 취약점을 파악하고 지속적으로 다양한 방법을 이용하여 공격하는 방법이다.

② 일률적인 공격법이 아니라 대상과 상황에 따라 적절한 공격을 시도하므로 탐지 및 차단이 어렵다. 공격 기술이 아닌 공격 절차이기에 단편적인 기술로 대응할 수 없다.

핵심정리 해커

1. 의의

① 컴퓨터 또는 컴퓨터 프로그래밍에 뛰어난 기술자로 네트워크의 보안을 지키는 사람으로 1950년대 말 미국 매사추세츠공과대학(MIT)의 동아리 모임에서 유래하였다.

② 컴퓨터 시스템 내부구조와 동작 따위에 심취하여 이를 알고자 노력하는 사람으로서 대부분 뛰어난 컴퓨터 및 통신 실력을 가진 사람들이다.

2. 해커의 종류
   ① 순수하게 공부와 학업을 목적으로 해킹하는 사람으로 정보보안전문가
   ② 서버의 취약점을 연구해 해킹 방어 전략을 구상하는 화이트(White) 해커
   ③ 악의적인 해커로 다른 컴퓨터에 불법으로 침입해 자료의 불법 열람, 변조, 파괴 등 행위를 하는 공격자로 블랙(Black) 해커 혹은 크래커(Cracker)

핵심정리 해킹 방법

1. DDoS(Distribute Denial of Service)
   분산 서비스 거부 또는 분산 서비스 거부 공격으로, 여러 대의 공격자를 분산 배치하여 동시에 동작하게 함으로써 특정 사이트를 공격하는 해킹방식이다.
2. 스니핑(Sniffing)
   네트워크상의 한 호스트에서 그 주위를 지나다니는 패킷들을 엿보는 것으로 다른 사람의 계정과 패스워드를 알아내기 위해 자주 쓰이는 방법이다.
3. 스누핑(Snooping)
   네트워크상에서 남의 정보를 염탐하여 불법으로 가로채는 행위. 소프트웨어 프로그램(스누퍼)을 이용하여 원격으로 개인적인 메신저 내용, 로그인 정보, 전자우편 등 정보를 몰래 획득하거나 네트워크 트래픽을 분석한다. 스니핑(sniffing)과 유사어로 사용된다.
4. 백도어(back door)
   프로그램 개발이나 유지 · 보수, 유사시 문제해결 등을 위해 시스템 관리자나 개발자가 정상적인 절차를 우회하여 시스템에 출 입할 수 있도록 임시로 만들어둔 비밀출입문으로 트랩도어(trap door)라고도 한다.
5. 트로이 목마(Trojan Vundo)
   정상적인 프로그램으로 가장하여 프로그램 내에 숨어서 의도하지 않은 기능을 수행하는 것으로 바이러스나 웹에서 주로 사용하는 메커니즘이다.
6. 스푸핑(Spoofing)
   속이는 방법을 통해서 해킹을 하는 것으로 마치 로그인 화면 같은 프로그램을 통해 패스워드 · 계정을 입력하게 하는 패스워드 해킹방법이다.
7. 버퍼 오버플로(Buffer Overflow)
   실행 프로그램에서 메모리버퍼를 넘치게 해 프로그램을 이상 작동하도록 함으로써 프로그램 내의 보호되지 않는 영역을 활용해 원래의 목적을 벗어난 이상 동작을 유발한다.
8. 봇넷(botnet)
   악성 프로그램에 감염되어 나중에 악의적인 의도로 사용될 수 있는 다수의 컴퓨터들이 네트워크로 연결된 형태로 해킹 또는 악성 프로그램에 감염된 컴퓨터를 네트워크로 연결하고, 해커는 봇넷에 연결된 컴퓨터를 원격 조정해 개인정보 유출, 스팸 메일 발송, 다른 시스템에 대한 공격 등 악성행위를 하는 방법이다.
9. 엑스플로잇(Exploits)
   시스템 취약점을 이용하여 IT 시스템의 보안을 위협하는 방법으로 서비스 거부 공격, 원격 명령어 실행, 버퍼 오버플로 공격 등이 이에 해당된다.
10. 기타 취약성을 이용한 공격
    기타 취약성을 이용한 공격으로 프로그램에 존재하는 버그를 이용하는 방법 등이 있다.

Ⅳ 주요국의 사이버테러 대응실태

1 의의

① 리비키(Martin Libicki)는 해커전이나 사이버전이 가까운 미래에 발생할 수 있는 잠재적인 전쟁이라고 했다.

② 이미 해커전이 현실로 일어나고 있다. 2001년 4월 미국 해군 정찰기가 중국 전투기와 충돌한 사건이 발생한 후 미국과 중국 간에 본격적인 해커전이 전개되었다. 2001년 4월 한 달 동안 친미 해커들이 파손한 중국 웹사이트는 최소한 350개였고, 친중 해커들의 목표가 된 미국 웹사이트는 37개였다고 알려졌다.

③ 특히, 이러한 해커전이 양국의 묵인하에 전개되었다는 점에서 일종의 국가 간 사이버전쟁이 본격적으로 전개될 가능성이 머지않았음을 예고한다. 어쨌든, 국제사회에서 사이버전쟁은 더 이상 가상이 아닌 현실이 되고 있다. 이러한 추세에 부응하여 세계 각국은 사이버전쟁 또는 사이버테러 대응체계를 구축하는 데 심혈을 기울이고 있다.

2 미국

① 미국은 「컴퓨터 보안법(Computer Security Act of 1987)」, 「문서작업 감축법(Paperwork Reduction Act of 1995)」, 「통신법(Telecommunication Act of 1996)」, 「국가정보기반보호법(National Information Infrastructure Protection Act of 1996)」 등 사이버테러 대비 관련법을 꾸준히 정비 중에 있다.

② 2001년의 9/11 테러 이후 미국은 테러 관련 22개 부처를 통합하여 국토안보부를 설립하였으며, 국토안보부의 5개 부문 중 하나로 '정보분석정보보호(IAIPP)' 차관실을 두고, 그 산하에 사이버테러 대응을 총괄하는 사이버안보국(NCSD)을 설치하였다.

③ 현재 사이버안보국은 산하에 민 · 관 분야의 사이버위협 예방 및 대응을 위한 정부침해 대응기구인 US-CERT를 구성, 2006년 초부터 국가 차원의 사이버위협 예 · 경보 체계를 운영하고 있다.

④ 2009년 1월 오바마 대통령 취임 이후 사이버안보에 대한 강한 의지를 표명하면서 백악관에 사이버안보보좌관을 신설했다. 이어서 2010년 5월 메릴랜드 주 포트 미드(Fort Meade)에 근거지를 둔 사이버사령부를 출범시켰다.

3 중국

① 중국 인민해방군(PLA)의 중앙군사위원회는 "컴퓨터 바이러스 침투가 원자탄보다 효율적이다."라는 개념 아래 1997년 6월 100명 규모의 컴퓨터 바이러스 부대를 창설하였고, 유사시 미국을 비롯한 서방국가들에 대해 사이버 공격을 감행하겠다는 계획을 밝혔다고 한다.

② 또한 1999년 중국 인민군 대령으로 재직하고 있는 퀴아오 량(Qiao Liang)과 왕샹수이(Wang Xiangsui)가 저술한 「무한 전쟁」(Unrestircted Warfare)에서 '비대칭 전쟁(Asymmetric Warfare)의 개념이 언급되었던 바, 이와 관련하여 미 태평양사령부(USPACOM)의 한 고위층은 중국 인민해방군이 이미 레이저 기반 위성공격무기(Anti-Satellite Weaponry), 전략 및 전술용 미사일, 특히 사이버전 기술 개발에 심혈을 기울이고 있다고 증언했다.

③ 인민해방군은 매년 약 5만여 명의 전문해커를 양성하는 것으로 추정되고 있다. 사이버전 관련 인원은 정부, 민간 IT 산업, 학계 등을 포함하여 약 40만 명으로 추산된다.

4 일본

① 일본에서도 경찰청을 중심으로 관련 부서들이 사이버 테러에 대처하기 위해 제반 노력을 기울이고 있다.

② 정부 전산망 및 산업시설에 대한 사이버 테러리즘의 위협이 증가함에 따라 일본 경찰청에서는 다른 국가의 사례 및 테러조직의 동향, 대응체제 및 각종 보호대책의 조사·분석 등을 통해 사이버 테러에 대한 대책을 강구하고 있다.

③ 일본 방위성은 2000년 10월 시험용 바이러스와 해킹 기술을 독자적으로 개발한다는 방침을 발표하고 육·해·공 자위대를 통합하여 조직된 '사이버 부대'를 창설하고, 2001년도부터 방위예산에 사이버테러 공격을 방어하기 위한 첨단 전자장비 및 관련 기술 개발 비용을 포함시켰다.

④ 또한 2005년 4월에는 일본정보보호센터(NISC)를 설립하여 중장기 정보보호 기본전략을 수립하고 종합적인 대응책을 추진하고 있다.

5 러시아

① 러시아도 걸프전 이후 사이버전의 중요성을 인식하고 이에 대한 연구를 본격적으로 수행하고 있는 것으로 알려졌다. 러시아는 KGB 후신인 FSB 내에 사이버전 전담부대를 설치하고 컴퓨터 바이러스 등 사이버 무기를 개발하여 실전에 배치하고 있는 것으로 알려졌다.

② 러시아는 2002년에 세계 최초로 해커부대를 창설하였으며, 이들이 2007년 에스토니아에 대한 사이버 공격의 배후로 지목되었다. 2008년 사이버부대 예산으로 1,524억 원을 배정하는 등 사이버전력 강화에도 많은 노력을 기울이고 있는 것으로 알려졌다.

6 북한

① 「연합뉴스」 보도에 따르면 미국 국방부는 "북한과 중국의 컴퓨터 해킹 능력이 미 중앙정보국(CIA) 수준에 도달한 것으로 평가하고 있다."면서, "특히 북한은 장거리 탄도 미사일인 대포

동 1호의 제어기술을 자체 개발하는 등 이와 관련된 소프트웨어 분야에서 세계적인 수준을 유지하고 있다."고 했다.

② 2010년 6월 8일 개최된 '제8회 국방정보보호 컨퍼런스'에서 국군기무사령관(현 국군방첩사령관)은 "북한은 인민학교에서부터 영재를 선발하여 해커 군관으로 양성하는 등 사이버부대를 전략적 차원에서 육성 중에 있다."고 언급한 바 있다.

③ 북한은 김일성 종합대학, 김책공업종합대학, 평양컴퓨터기술대학 등에 IT 관련 학과를 개설하고 연간 약 7,600여 명의 전문 인력을 양성해오고 있는 것으로 알려졌다. 또한 국무위원회 직속 정찰총국, 조선인민군 총참모부, 통일전선부, 문화교류국 등에 사이버 전담 부서를 두고 해킹, 사이버테러, 대남 사이버심리전 등을 전개하고 있다.

④ 국가정보원에 따르면 북한은 '우리민족끼리' 등 400여 개의 SNS를 활용하여 사이버심리전을 전개하고 있다고 한다. 특히, 북한은 종북·이적단체를 통한 퍼 나르기로 정부 정책 비방, 남남갈등 조장, 총선 및 대선 개입 선동 등의 글을 유포·확산시키고 있는 것으로 드러났다.

7 국가 간 공동 노력

(1) 의의

① 가상공간은 국경 없는 공간이기 때문에 외국 해커들의 침입에 무방비한 상태로 노출되어 있으며, 특히 음란·폭력물이 난무하고 있다.

② 그럼에도 불구하고 대부분의 국가들이 사이버 범죄에 관한 관련법을 갖추고 있지 않기 때문에 범죄자를 색출하더라도 처벌이 거의 불가능한 상황이다.

③ 또한 사이버 공간에서의 범죄행위에 대해 국가마다 법률 또는 규제 방식이 각기 다르기 때문에 국가 간 공동 노력의 필요성이 대두되었다.

(2) 국제 침해 사고 대응팀 협의회

① 이와 관련하여 컴퓨터 해킹 범죄행위에 대응하기 위해 미국의 주도로 1988년 「국제 침해 사고 대응팀 협의회(Forum of Incident Response Security Team, FIRST)」라는 기구가 조직되어 현재 국제적인 협의체로 발전되었다.

② 동 기구는 1998년 현재 북미 48개국, 유럽 26개국, 아태 4개국 등 78개 국가들이 회원으로 가입되어 있으며, 한국정보보호센터(현 한국인터넷진흥원)는 1998년에, 국정원은 2006년에 가입하였다.

③ 또한 G-8 국가들을 중심으로 2005년부터 「메리디안(MERIDIAN) 회의」를 개최하여 국가정보통신 기반 보호정책을 포함하여 대테러 정책, 사이버 범죄 예방 등에 대해 논의해오고 있다.

V 우리나라의 사이버테러에 대한 대응 노력

1 의의

① 우리나라에서도 일찍부터 사이버테러에 대응하기 위해 다양한 노력을 기울여왔다. 우선, 컴퓨터 범죄 및 해킹에 대한 피해에 대응하기 위해 정부의 관련 부처에서 각각 정보보호 담당 기관을 설립하여 운영하고 있다.

② 국가정보원의 '국가사이버안보센터', 과학기술정보통신부 산하의 '사이버침해대응본부', 국방부의 '사이버작전사령부', 대검찰청의 '인터넷범죄수사센터', 경찰청의 '사이버테러대응과' 등이 있다.

2 국가사이버안보센터(NCSC)

① '국가사이버안보센터'는 2003년 1.25 인터넷대란을 계기로 사이버 공격에 대한 국가차원의 종합적 · 체계적인 예방 및 대응을 위해 2004년 2월 국가정보원 산하에 설치되었다가 2021년 국가사이버안보센터로 기관 명칭이 변경되었다.

② NCSC는 국가 사이버안전 정책 수립, 국가사이버안전 전략회의 및 대책회의 운영, 사이버위기 경보 발령, 사고 조사 · 분석 및 대응 복구 등 사이버안전 총괄기관으로서의 역할을 담당하고 있다.

③ 또한 공공 · 민간 등 분야별 정보공유 활성화와 공조체제 강화를 위해 NCSC 내 유관기관이 참여하는 '민 · 관 · 군 사이버위협 합동대응팀'을 운영하고 있으며, 종합판단 · 정보공유 · 합동분석 · 합동조사 등 4개 분야에 대한 합동업무를 수행 하고 있다.

④ 요컨대 국가정보원은 국가 전반의 사이버안전 업무를 총괄 조정하는 임무를 수행하며, 대규모 사이버공격 발생 등 위기상황 발생 시 민 · 관 · 군을 총괄하여 관계 기관과 함께 대응하는 체계를 갖추고 있다.

핵심정리 국가사이버안보센터

1. 국가사이버안전 정책 총괄
   ① 국가사이버안전 정책기획 · 조율
   ② 국가사이버안전 관련 제도 · 지침 수립
   ③ 국가사이버안전 대책회의 운영
   ④ 民 · 官 · 軍 정보공유체계 구축 · 운영

2. 사이버위기 예방활동
   ① 각급기관 전산망 보안컨설팅 및 안전측정
   ② 보안적합성 · 암호모듈 검증
   ③ 사이버위기 대응훈련
   ④ 정보보안 관리실태 평가
   ⑤ 정보보안 공공분야 주요정보통신 기반시설 보안관리

3. 사이버공격 탐지활동
   ① 24시간 365일 각급기관 보안관제
   ② 단계별 사이버위기 경보발령
   ③ 각급기관 보안관제센터 운영 및 교육 지원
   ④ 신종 해킹 탐지기술 개발 · 지원

4. 사고조사 및 위협정보 분석
   ① 해킹사고 발생 시 사고조사 및 원인규명
   ② 사이버위협정보 및 취약점 분석
   ③ 국내외 유관기관과 협력체계 구축
   ④ 유가치 사이버위협 신고 포상 및 보안권고문 배포

핵심정리 **사이버 위기 경보 단계**

등급	내용
관심	• 웜 · 바이러스, 해킹기법 등에 의한 피해발생 가능성 증가 • 해외 사이버공격 피해확산, 국내유입 우려 • 정보유출 등 사이버공격 시도 탐지 • 국내외 정치 · 군사적 위기상황조성 등 사이버안보 위해 가능성 증가 • 상기 유형과 유사한 수준의 사이버위기
주의	• 다수기관의 정보통신망 및 정보시스템 장애 발생 • 다수기관의 정보유출 등 침해사고 확산 가능성 증가 • 국내외 정치 · 군사적 위기발생 등 사이버안보 위해 가능성 고조 • 상기 유형과 유사한 수준의 사이버위기
경계	• 복수 ISP망 또는 기간망에 피해 발생 • 대규모 피해 확산 가능성 증대 • 정보유출 등 대규모 침해사고 발생 • 복수분야에서 광범위한 피해가 발생하는 등 대규모 피해로 확대될 가능성이 높아 다수기관의 공조대응이 필요한 경우 • 상기 유형과 유사한 수준의 사이버위기
심각	• 전국적인 네트워크 및 정보시스템 사용 불가능 • 주요 핵심기반시설의 피해로 국민혼란 발생 • 정보유출 등 대규모 침해사고가 전국적으로 발생 • 국가적 차원의 평가와 조치가 필요하다고 판단되는 사고 발생

관련법조항 「사이버안보 업무규정」

제1조(목적)
이 영은 「국가정보원법」 제4조제1항에 따른 국가정보원의 직무 중 사이버안보 업무의 수행에 필요한 사항을 규정함을 목적으로 한다.

제2조(정의)
이 영에서 사용하는 용어의 뜻은 다음과 같다.
1. "정보통신망"이란 「전기통신사업법」 제2조제2호에 따른 전기통신설비를 이용하거나 전기통신설비와 컴퓨터 및 컴퓨터의 이용기술을 활용하여 정보를 수집·가공·저장·검색·송신 또는 수신하는 정보통신체제를 말한다.
2. "사이버공격·위협"이란 해킹, 컴퓨터 바이러스, 서비스거부(DDoS: Distributed Denial of Service), 전자기파 등 전자적 수단에 의하여 정보통신기기, 정보통신망 또는 이와 관련된 정보시스템을 침입·교란·마비·파괴하거나 정보를 위조·변조·훼손·절취하는 행위 및 그와 관련된 위협을 말한다.

제3조(사이버안보 업무의 수행)
국가정보원은 사이버안보를 위하여 다음 각 호의 업무(이하 "사이버안보 업무"라 한다)를 수행한다.
1. 사이버안보정보 업무
   가. 「국가정보원법」(이하 "법"이라 한다) 제4조제1항제1호마목에 따라 국제 및 국가배후 해킹조직 등 사이버안보 관련 정보를 수집·작성·배포하는 업무
   나. 법 제4조제1항제3호에 따라 사이버안보 관련 정보의 수집·작성·배포 업무 수행에 관련된 조치로서 국가안보와 국익에 반하는 북한, 외국 및 외국인·외국단체·초국가행위자 또는 이와 연계된 내국인의 활동을 확인·견제·차단하고 국민의 안전을 보호하기 위하여 취하는 대응조치
   다. 법 제4조제1항제5호에 따라 수행하는 가목 및 나목에 따른 업무의 기획·조정 업무
2. 사이버보안 업무
   가. 법 제4조제1항제4호 각 목의 기관(이하 "중앙행정기관등"이라 한다)을 대상으로 하는 사이버공격·위협에 대한 예방 및 대응 업무
   나. 법 제4조제1항제5호에 따라 수행하는 사이버공격·위협에 대한 예방 및 대응 관련 기획·조정 업무

제3조의2(사이버안보 업무의 기획·조정)
① 국가정보원장은 제3조제1호에 따른 사이버안보정보 업무(이하 "사이버안보정보 업무"라 한다) 및 같은 조 제2호에 따른 사이버보안 업무(이하 "사이버보안 업무"라 한다)에 관한 정책의 수립 등 기획업무를 수행하고, 사이버안보정보 업무 및 사이버보안 업무를 효율적·체계적으로 수행하기 위하여 다음 각 호의 지침 등을 수립·시행해야 한다.
  1. 사이버안보정보 업무에 관한 기본지침
  2. 사이버보안 업무에 관한 기본지침
  3. 새로운 유형의 사이버공격·위협에 대응하기 위한 수시 보안대책
② 국가정보원장은 사이버안보정보 업무 및 사이버보안 업무에 대한 조정이 필요한 경우 국가안보에 중대한 영향을 미치는 긴급사안에 대해서는 직접 조정하고, 그 밖의 사안에 대해서는 제1항제1호 및 제2호에 따른 기본지침으로 정하는 바에 따라 조정한다.

제4조(국가사이버안보센터)
① 국가정보원장은 사이버안보 업무를 효율적으로 수행하기 위하여 국가사이버안보센터를 둘 수 있다.
② 제1항에 따른 국가사이버안보센터에는 제6조의2제4항에 따른 민관합동 통합대응체계를 구축·운영하기 위한 전담조직을 둘 수 있다.

③ 제1항에 따른 국가사이버안보센터에 사이버안보에 관한 사항을 전문적으로 검토하기 위하여 관계 전문가로 구성된 자문단을 설치ㆍ운영할 수 있다.

④ 국가정보원장은 제1항에 따른 국가사이버안보센터의 운영을 위하여 필요한 경우 법 제5조제1항에 따른 국가기관이나 그 밖의 관계 기관 또는 단체(이하 "국가기관 등"이라 한다)의 장에게 소속 공무원 또는 임직원의 파견 등 협조를 요청할 수 있다.

제5조(기관 간 협력체계 구축)

국가정보원장은 사이버안보정보 업무의 수행을 위하여 필요한 경우 국가기관 등, 외국의 정보ㆍ보안기관이나 그 밖의 관계 기관과 정보협력체계를 구축할 수 있다.

제5조의2(사이버안보정보의 임의제출)

국가정보원장이 법 제5조제2항에 따라 사이버안보 관련 정보의 수집을 위해 필요한 조사를 실시하는 경우, 사이버안보 관련 정보가 수록ㆍ기재된 디지털자료 등의 소유자ㆍ소지자 또는 보관자는 조사에 응하여 그 디지털자료 등을 임의로 국가정보원장에게 제출할 수 있다. 다만, 그 디지털자료 등이 「통신비밀보호법」 제2조제11호에 따른 통신사실확인자료에 해당하는 경우에는 같은 법 제2조제4호에 따른 당사자의 동의를 받아야 한다.

제5조의3(사이버안보정보의 작성)

국가정보원장은 사이버안보정보 업무를 통해 수집한 국내외 정보를 종합ㆍ분석ㆍ평가하여 위해(危害) 행위의 수준, 국가안전보장에 미치는 영향 및 국민의 안전을 보호하기 위한 대응조치 등이 포함된 사이버안보정보를 작성해야 한다.

제6조(정보공유시스템 구축)

① 국가정보원장은 사이버안보 관련 정보를 배포ㆍ공유하기 위하여 정보공유시스템을 구축ㆍ운영할 수 있다.

② 제1항에 따른 정보공유시스템의 활용 대상 및 범위 등 운영에 필요한 사항은 국가정보원장이 관계 중앙행정기관등과 협의하여 정한다.

제6조의2(사이버안보정보 업무 수행 관련 대응조치 등)

① 국가정보원장은 국가안보와 국익에 반하는 활동에 악용되거나 악용될 만한 상당한 개연성이 있는 정보통신기기ㆍ소프트웨어의 안전성을 확인하기 위하여 정보통신기기ㆍ소프트웨어에 대한 기술적인 시험ㆍ분석을 할 수 있다.

② 국가정보원장은 제1항에 따른 시험ㆍ분석 결과에 따라 국가기관 등에 위험을 최소화할 수 있는 필요한 조치를 취하도록 요청할 수 있고, 그 요청을 받은 국가기관 등은 필요한 조치의 이행을 위하여 국가정보원장에게 지원을 요청할 수 있다.

③ 국가정보원장은 국가안보와 국익에 반하는 국제 및 국가배후 해킹조직 등의 활동을 선제적으로 확인ㆍ견제ㆍ차단하기 위하여 국외 및 북한 소재 거점을 대상으로 추적, 무력화 등 필요한 조치를 할 수 있다.

④ 국가정보원장은 국가안보나 국익에 반하는 활동으로부터 국민의 안전을 보호하기 위한 대응조치로서 국가안보실장과 협의하여 위기상황을 관리하기 위한 민관합동 통합대응체계를 구축ㆍ운영할 수 있다.

제7조(사이버보안 업무 대상 공공기관의 범위)

법 제4조제1항제4호다목에서 "대통령령으로 정하는 공공기관"이란 다음 각 호의 기관을 말한다.

1. 「공공기관의 운영에 관한 법률」 제4조에 따른 공공기관
2. 「지방공기업법」에 따른 지방공사 및 지방공단

2의2. 「지방자치단체 출자ㆍ출연 기관의 운영에 관한 법률」 제2조제1항에 따른 출자ㆍ출연 기관 중 해당 지방자치단체의 조례로 정하는 기관

3. 특별법에 따라 설립된 법인. 다만, 「지방문화원진흥법」에 따른 지방문화원 및 특별법에 따라 설립된 조합ㆍ협회는 제외한다.

4. 「초 · 중등교육법」, 「고등교육법」 및 그 밖의 다른 법률에 따라 설치된 국립 · 공립 학교
5. 「정부출연연구기관 등의 설립 · 운영 및 육성에 관한 법률」 제8조제1항 및 「과학기술분야 정부출연연구기관 등의 설립 · 운영 및 육성에 관한 법률」 제8조제1항에 따른 연구기관

제8조(사이버보안 세부지침의 수립 · 시행)

중앙행정기관등의 장은 제3조의2제1항제2호에 따른 기본지침에 따라 해당 기관의 특성 및 보안수준 등을 반영하여 해당 기관을 대상으로 한 사이버보안 세부지침을 수립 · 시행해야 한다.

제9조(사이버보안 예방 조치 등)

① 국가정보원장은 중앙행정기관등에 대한 사이버공격 · 위협을 예방하기 위하여 중앙행정기관등의 장이 시행하는 정보화사업(「지능정보화 기본법」 제11조제1항에 따른 지능정보화계획에 따른 사업을 포함한다)에 대하여 보안성 검토를 실시하고, 그 보안성 검토 결과의 이행 여부를 확인할 수 있다.

② 국가정보원장은 중앙행정기관등의 정보보호시스템, 암호장치, 암호모듈 및 보안기능이 있는 정보통신기기(이하 "정보보호시스템등"이라 한다)의 도입 · 운영 및 「클라우드컴퓨팅 발전 및 이용자 보호에 관한 법률」 제2조제3호에 따른 클라우드컴퓨팅서비스(이하 이 조에서 "클라우드컴퓨팅서비스"라 한다)의 이용에 관한 보안대책을 수립할 수 있다.

③ 국가정보원장은 중앙행정기관등이 도입 · 운영하거나 이용하는 정보보호시스템등 및 클라우드컴퓨팅서비스가 제2항에 따른 보안대책에 적합한지 검증할 수 있다.

④ 국가정보원장은 정보보호시스템등을 직접 개발하여 중앙행정기관등에 보급할 수 있다.

⑤ 국가정보원장은 중앙행정기관등의 정보통신기기, 정보통신망 또는 이와 관련된 정보시스템의 취약요소를 발굴 · 개선하기 위해 보안관리 수준을 측정할 수 있다. 이 경우 그 항목 · 절차 · 시기 등을 해당 중앙행정기관등의 장에게 미리 통보해야 한다.

⑥ 제5항에도 불구하고 제7조 각 호에 따른 기관 중 국가정보원장과 국방부장관이 협의하여 정하는 기관에 대해서는 국방부장관이 보안관리 수준을 측정한다. 이 경우 국가안보에 필요하다고 판단되거나 국가정보원장의 요청이 있는 경우에는 관련 내용을 국가정보원장에게 통보해야 한다.

제10조(사이버보안 교육)

① 중앙행정기관등의 장은 소속 공무원 및 임직원의 사이버보안에 대한 인식과 사이버보안 업무를 수행하는 소속 공무원 및 임직원의 직무역량을 높이기 위하여 필요한 교육을 실시해야 한다.

② 국가정보원장은 제1항에 따른 사이버보안 교육을 위하여 필요한 경우 관련 교육과정을 직접 운영하거나 다른 기관 · 단체가 운영하는 교육과정을 사이버보안 교육과정으로 지정할 수 있다.

③ 중앙행정기관등의 장은 국가정보원장에게 제1항에 따른 사이버보안 교육을 위하여 필요한 지원을 요청할 수 있다.

제11조(사이버보안 훈련)

① 중앙행정기관등의 장은 매년 해당 기관에 대한 사이버공격 · 위협에 대응하기 위한 훈련을 실시해야 한다.

② 국가정보원장은 국가안보실장과 협의하여 중앙행정기관등에 대한 사이버공격 · 위협에 대비한 통합 훈련을 실시할 수 있다.

③ 국가정보원장은 제2항에 따른 통합 훈련을 실시하려는 경우 특별한 사유가 없으면 사전에 훈련 일정 등을 해당 중앙행정기관등의 장에게 통보해야 한다.

④ 국가정보원장은 제2항에 따른 통합 훈련 결과 필요하다고 판단하는 경우에는 해당 중앙행정기관등의 장에게 시정조치를 요청할 수 있다.

⑤ 제1항에 따른 훈련 및 제2항에 따른 통합 훈련의 범위와 세부 내용에 관하여 필요한 사항은 국가정보원장이 정한다.

제12조(사이버보안 자체 진단 · 점검)

① 중앙행정기관등의 장은 해당 기관에 대한 사이버공격 · 위협에 대한 예방 및 대응에 필요한 자체 진단 · 점검을 연 1회 이상 실시해야 한다.

② 제1항에도 불구하고 중앙행정기관등의 장이 다음 각 호의 어느 하나에 해당하는 조치를 한 경우에는 제1항에 따른 자체 진단 · 점검을 실시한 것으로 본다.

2. 「정보통신기반 보호법」 제9조에 따른 취약점 분석 · 평가
3. 제9조제5항에 따른 보안관리 수준 측정
4. 「전자금융거래법」 제21조의3에 따른 전자금융기반시설의 취약점 분석 · 평가

③ 중앙행정기관등의 장은 제1항에 따른 진단 · 점검 결과 취약요소가 발견된 경우 이를 시정하는 등 필요한 조치를 해야 한다.

④ 국가정보원장은 사이버공격 · 위협이 발생하거나 발생할 우려가 있는 중앙행정기관등의 장에게 제1항에 따른 자체 진단 · 점검 결과 및 제3항에 따른 조치 결과를 제출할 것을 요청할 수 있다. 이 경우 요청을 받은 중앙행정기관등의 장은 정당한 사유가 없으면 그 요청에 따라야 한다.

제13조(사이버보안 실태 평가)

① 국가정보원장은 중앙행정기관등의 사이버보안 업무 수행을 위한 조직, 인력, 예산, 직무교육 및 사이버보안에 대한 자체 진단 · 점검 등 사이버보안 실태를 평가할 수 있다.

② 국가정보원장은 제1항에 따른 평가를 하려는 경우 평가의 항목 · 절차 · 시기 등을 해당 중앙행정기관등의 장에게 미리 통보해야 한다.

③ 국가정보원장은 제1항에 따른 평가의 결과를 해당 중앙행정기관등의 장에게 통보해야 한다.

④ 제3항에 따라 평가 결과를 통보받은 해당 중앙행정기관등의 장은 평가의 결과에 따라 문제점이 발견된 경우에는 그 결과를 통보받은 날부터 3개월 이내에 개선대책을 마련하고 국가정보원장에게 통보해야 한다.

⑤ 국가정보원장은 중앙행정기관등의 장이 제4항에 따라 통보한 개선대책에 대한 이행 여부를 확인할 수 있다.

⑥ 국가정보원장은 국가안전보장에 지장이 없는 범위에서 제1항에 따른 실태 평가 결과를 공개할 수 있다.

⑦ 국가정보원장은 제1항에 따른 평가의 효율적 수행, 평가에 관한 전문적 · 기술적인 연구 등을 위하여 필요한 경우 관계 전문가를 활용할 수 있다.

제14조(통합보안관제)

① 국가정보원장은 중앙행정기관등에 대한 사이버공격 · 위협을 즉시 탐지 · 대응[이하 "보안관제(保安管制)"라 한다]하기 위하여 통합보안관제체계를 구축 · 운영해야 한다.

② 중앙행정기관등의 장은 해당 기관의 보안관제를 위하여 제1항에 따른 통합보안관제체계와 연계된 보안관제센터를 설치 · 운영해야 한다. 다만, 다른 기관이 운영하는 보안관제센터를 활용하는 것이 더 효율적인 경우에는 직접 설치하지 않고 다른 기관의 보안관제센터를 활용할 수 있다.

③ 국가정보원장은 제1항에 따른 통합보안관제체계를 활용하여 각 중앙행정기관등의 장과 합동으로 해당 중앙행정기관등에 대한 보안관제를 실시할 수 있다.

④ 국가정보원장은 제3항에 따른 보안관제를 위하여 법 제5조제1항에 따라 「클라우드컴퓨팅 발전 및 이용자 보호에 관한 법률」 제2조제4호에 따른 클라우드컴퓨팅서비스 제공자에게 필요한 협조 또는 지원을 요청할 수 있다.

⑤ 제1항부터 제4항까지에서 규정한 사항 외에 보안관제센터의 설치 · 운영 및 그 밖에 필요한 사항은 국가정보원장이 관계 중앙행정기관의 장과 협의하여 정한다.

제15조(경보 발령)

① 국가정보원장은 중앙행정기관등에 대한 사이버공격 · 위협에 체계적으로 대응 및 대비하기 위하여 파급영향 및 피해규모 등을 고려하여 단계별로 경보를 발령할 수 있다. 이 경우 국가안보실장과 미리 협의해야 한다.

② 제1항에도 불구하고 제7조 각 호에 따른 기관 중 국가정보원장과 국방부장관이 협의하여 정하는 기관에 대해서는 국방부장관이 경보를 발령한다. 이 경우 국가안보에 필요하다고 판단되거나 국가정보원장의 요청이 있는 경우에는 관련 내용을 국가정보원장에게 통보해야 한다.

③ 국가정보원장, 국방부장관 및 다른 법령에 따라 사이버공격 · 위협에 대응 및 대비하기 위한 경보를 발령하는 중앙행정기관의 장은 국가 차원에서의 효율적인 경보 업무를 수행하기 위하여 경보 관련 정보를 경보 발령 전에 상호 교환해야 한다.

제16조(사고 조사)

① 국가정보원장은 중앙행정기관등에 대한 사이버공격 · 위협으로 사고가 발생한 경우 공격 주체 규명, 원인 분석 및 피해 내역 확인 등을 위한 조사를 실시할 수 있다. 다만, 제7조 각 호에 따른 기관 중 국가정보원장과 국방부장관이 협의하여 정하는 기관에 대해서는 국방부장관이 조사를 실시할 수 있다.

② 제1항에도 불구하고 국가정보원장 또는 국방부장관은 중앙행정기관등에 대한 사이버공격 · 위협으로 인한 사고가 국제 및 국가배후 해킹조직 등의 위해 행위에 해당되지 않거나, 그 밖의 경미한 사고라고 판단될 경우 해당 중앙행정기관등의 장이 자체적으로 조사하게 할 수 있다.

③ 국가정보원장은 제1항 및 제2항에 따른 조사 결과 해당 사고로 유출된 것으로 판단되는 자료에 대하여 해당 중앙행정기관등의 장과 합동으로 국가안보, 국익 및 정부 정책에 미치는 영향을 평가할 수 있다.

④ 국가정보원장은 해당 중앙행정기관등의 장에게 제3항에 따른 국가안보, 국익 및 정부 정책에 미치는 영향을 최소화하기 위하여 필요한 조치를 할 것을 요청할 수 있다.

⑤ 국가정보원장은 사이버보안 업무의 수행과 관련하여 필요한 경우 중앙행정기관등의 장에게 제1항 단서 및 제2항에 따른 조사 결과, 제4항에 따른 조치 결과의 제출을 요청할 수 있다. 이 경우 요청을 받은 중앙행정기관등의 장은 정당한 사유가 없으면 그 요청에 따라야 한다.

제17조(사이버안보 업무 관련 전략 등의 연구 · 개발)

① 국가정보원장은 사이버안보 업무의 수행에 필요한 전략 · 정책 및 기술을 연구 · 개발할 수 있다.

② 국가정보원장은 제1항에 따른 연구 · 개발을 위하여 다음 각 호의 어느 하나에 해당하는 기관을 전문기관으로 지정할 수 있다.

1. 「과학기술분야 정부출연연구기관 등의 설립 · 운영 및 육성에 관한 법률」 제8조제1항에 따라 설립된 연구기관
2. 「민법」 제32조에 따라 설립된 비영리법인으로서 사이버안보 관련 학회 또는 학술단체

③ 제2항에 따른 전문기관을 지정하기 위하여 필요한 지정기준 · 절차 및 지정방법 등 세부 사항은 국가정보원장이 정한다.

④ 국가정보원장은 제2항에 따라 지정된 전문기관의 업무 수행을 위하여 그 필요한 경비의 전부 또는 일부를 예산의 범위에서 지원할 수 있다.

제18조(고유식별정보의 처리)

국가정보원장 및 중앙행정기관등의 장은 다음 각 호의 업무를 수행하기 위하여 불가피한 경우 「개인정보 보호법 시행령」 제19조제1호 또는 제4호에 따른 주민등록번호 또는 외국인등록번호가 포함된 자료를 처리할 수 있다.

1. 법 제5조제2항에 따른 사이버안보정보 업무의 수행을 위한 조사 업무
2. 제16조에 따른 사고 조사 업무

3 정보보호에 관한 기술 및 정책을 연구하고 개발하는 전문기관

① 이 밖에 정보보호에 관한 기술 및 정책을 연구하고 개발하는 전문기관으로 국가보안기술연구소(NSR), 한국인터넷진흥원(KISA), 한국전자통신 연구원(ETRI) 등이 있다.

② 그리고 국방관련 정보전에 대비하여 국방과학연구소, 한국국방연구원 등에서 대응방안 및 공격무기에 관한 연구를 수행 중에 있는 것으로 알려졌다.

생각넓히기 | **국가보안기술연구소(NSR)**

1. 목적
   ① 국가 사이버안전 대응기술 등
   ② 국가차원의 정보보안기술 개발
2. 연혁
   2000년 1월 1일 설립
3. 기능
   ① 국가보안시스템 연구개발
   ② 국가사이버안전기술 연구개발
   ③ 국가보안 기반기술 연구
   ④ 국가보안업무 기술지원 등
   ⑤ 기타 기술정책 수립의 지원, 인력양성, 기술사업화 등 정부, 민간, 법인, 단체 등이 위탁하는 사업 및 연구소의 임무 달성을 위하여 필요한 사업의 수행

생각넓히기 | **보안적합성 검증 절차**

1. 국가·공공기관은 검증 대상 제품 도입 즉시, 국가정보원에 보안적합성 검증을 신청하여야 한다.
2. 국가정보원은 신청을 접수한 후 검증대상 제품의 국가용 보안요구사항 만족 여부 확인을 위해 국가보안기술연구소에 시험을 의뢰하고 국가보안기술연구소는 시험결과를 국가정보원에 제출한다.
3. 국가정보원은 시험결과 및 보안대책을 검토하여 신청 기관에 보안적합성 검증 결과를 통보한다.
4. 국가·공공기관은 보안적합성 검증결과에 따라 발견된 보안 취약점을 제거한 후, 정보보호시스템·네트워크 장비를 운용하여야 한다.

관련법조항 「정보통신망 이용촉진 및 정보보호 등에 관한 법률」

제11조(정보통신망 응용서비스의 개발 촉진 등)

① 정부는 국가기관·지방자치단체 및 공공기관이 정보통신망을 활용하여 업무를 효율화·자동화·고도화하는 응용서비스(이하 "정보통신망 응용서비스"라 한다)를 개발·운영하는 경우 그 기관에 재정 및 기술 등 필요한 지원을 할 수 있다.

② 정부는 민간부문에 의한 정보통신망 응용서비스의 개발을 촉진하기 위하여 재정 및 기술 등 필요한 지원을 할 수 있으며, 정보통신망 응용서비스의 개발에 필요한 기술인력을 양성하기 위하여 다음 각 호의 시책을 마련하여야 한다.

1. 각급 학교나 그 밖의 교육기관에서 시행하는 인터넷 교육에 대한 지원
2. 국민에 대한 인터넷 교육의 확대
3. 정보통신망 기술인력 양성사업에 대한 지원
4. 정보통신망 전문기술인력 양성기관의 설립·지원
5. 정보통신망 이용 교육프로그램의 개발 및 보급 지원
6. 정보통신망 관련 기술자격제도의 정착 및 전문기술인력 수급 지원
7. 그 밖에 정보통신망 관련 기술인력의 양성에 필요한 사항

제52조(한국인터넷진흥원)

① 정부는 정보통신망의 고도화(정보통신망의 구축·개선 및 관리에 관한 사항은 제외한다)와 안전한 이용 촉진 및 방송통신과 관련한 국제협력·국외진출 지원을 효율적으로 추진하기 위하여 한국인터넷진흥원(이하 "인터넷진흥원"이라 한다)을 설립한다.

② 인터넷진흥원은 법인으로 한다.

③ 인터넷진흥원은 다음 각 호의 사업을 한다.

1. 정보통신망의 이용 및 보호, 방송통신과 관련한 국제협력·국외진출 등을 위한 법·정책 및 제도의 조사·연구
2. 정보통신망의 이용 및 보호와 관련한 통계의 조사·분석
3. 정보통신망의 이용에 따른 역기능 분석 및 대책 연구
4. 정보통신망의 이용 및 보호를 위한 홍보 및 교육·훈련
5. 정보통신망의 정보보호 및 인터넷주소자원 관련 기술 개발 및 표준화
6. 정보보호산업 정책 지원 및 관련 기술 개발과 인력양성
7. 정보보호 관리체계의 인증, 정보보호시스템 평가·인증, 정보통신망연결기기등의 정보보호인증, 소프트웨어 개발보안 진단 등 정보보호 인증·평가 등의 실시 및 지원
8. 「개인정보 보호법」에 따른 개인정보 보호를 위한 대책의 연구 및 보호기술의 개발·보급 지원
9. 「개인정보 보호법」에 따른 개인정보침해 신고센터의 운영
10. 광고성 정보 전송 및 인터넷광고와 관련한 고충의 상담·처리
11. 정보통신망 침해사고의 처리·원인분석·대응체계 운영 및 정보보호 최고책임자를 통한 예방·대응·협력 활동
12. 「전자서명법」 제21조에 따른 전자서명인증 정책의 지원
13. 인터넷의 효율적 운영과 이용활성화를 위한 지원
14. 인터넷 이용자의 저장 정보 보호 지원
15. 인터넷 관련 서비스정책 지원
16. 인터넷상에서의 이용자 보호 및 건전 정보 유통 확산 지원
17. 「인터넷주소자원에 관한 법률」에 따른 인터넷주소자원의 관리에 관한 업무
18. 「인터넷주소자원에 관한 법률」 제16조에 따른 인터넷주소분쟁조정위원회의 운영 지원

19. 「정보보호산업의 진흥에 관한 법률」 제25조제7항에 따른 조정위원회의 운영지원
20. 방송통신과 관련한 국제협력 · 국외진출 및 국외홍보 지원
21. 제1호부터 제20호까지의 사업에 부수되는 사업
22. 그 밖에 이 법 또는 다른 법령에 따라 인터넷진흥원의 업무로 정하거나 위탁한 사업이나 과학기술정보통신부장관 · 행정안전부장관 · 방송통신위원회 또는 다른 행정기관의 장으로부터 위탁받은 사업

④ 인터넷진흥원이 사업을 수행하는 데 필요한 경비는 다음 각 호의 재원으로 충당한다.
1. 정부의 출연금
2. 제3항 각 호의 사업수행에 따른 수입금
3. 그 밖에 인터넷진흥원의 운영에 따른 수입금

⑤ 인터넷진흥원에 관하여 이 법에서 정하지 아니한 사항에 대하여는 「민법」의 재단법인에 관한 규정을 준용한다.

⑥ 인터넷진흥원이 아닌 자는 한국인터넷진흥원의 명칭을 사용하지 못한다.

⑦ 인터넷진흥원의 운영 및 업무수행에 필요한 사항은 대통령령으로 정한다.

4 사이버테러에 대응하기 위한 관련법과 제도

① 사이버테러에 대응하기 위해 관련법과 제도도 꾸준히 마련해 왔다. 2001년 사이버 테러로부터 국가 주요 정보통신기반 시설을 보호하기 위한 「정보통신기반 보호법」이 제정 · 공포되었다.

② 2001년 7월 10일 「정보통신기반 보호법 시행령」이 국무회의에서 의결되어 정보통신부와 국가정보원을 중심으로 해킹, 컴퓨터 바이러스 등 전자적 침해행위로부터 통신, 금융, 교통, 전력 등 주요 사회기반 시설과 관련된 정보시스템을 보호하기 위한 업무가 본격적으로 추진되었다.

③ 2005년 국가안보를 위협하는 해킹, 컴퓨터 바이러스 등 사이버 공격으로부터 국가정보 통신망을 보호하기 위하여 사이버 안전에 관한 조직 및 운영에 관한 사항을 체계적으로 정립한 「국가사이버안전관리규정」이 대통령 훈령으로 발령되었다.

관련법조항 **「정보통신기반 보호법」**

제1조(목적)
이 법은 전자적 침해행위에 대비하여 주요정보통신기반시설의 보호에 관한 대책을 수립 · 시행함으로써 동 시설을 안정적으로 운용하도록 하여 국가의 안전과 국민생활의 안정을 보장하는 것을 목적으로 한다.

제2조(정의)
이 법에서 사용하는 용어의 정의는 다음과 같다.
1. "정보통신기반시설"이라 함은 국가안전보장 · 행정 · 국방 · 치안 · 금융 · 통신 · 운송 · 에너지 등의 업무와 관련된 전자적 제어 · 관리시스템 및 「정보통신망 이용촉진 및 정보보호 등에 관한 법률」 제2조제1항제1호에 따른 정보통신망을 말한다.
2. "전자적 침해행위"란 다음 각 목의 방법으로 정보통신기반시설을 공격하는 행위를 말한다.
   가. 해킹, 컴퓨터바이러스, 논리 · 메일폭탄, 서비스거부 또는 고출력 전자기파 등의 방법

나. 정상적인 보호 · 인증 절차를 우회하여 정보통신기반시설에 접근할 수 있도록 하는 프로그램이나 기술적 장치 등을 정보통신기반시설에 설치하는 방법

3. "침해사고"란 전자적 침해행위로 인하여 발생한 사태를 말한다.

제3조(정보통신기반보호위원회)

① 제8조에 따라 지정된 주요정보통신기반시설(이하 "주요정보통신기반시설"이라 한다)의 보호에 관한 사항을 심의하기 위하여 국무총리 소속하에 정보통신기반보호위원회(이하 "위원회"라 한다)를 둔다.

② 위원회의 위원은 위원장 1인을 포함한 25인 이내의 위원으로 구성한다.

③ 위원회의 위원장은 국무조정실장이 되고, 위원회의 위원은 대통령령으로 정하는 중앙행정기관의 차관급 공무원과 위원장이 위촉하는 사람으로 한다.

④ 위원회의 효율적인 운영을 위하여 위원회에 공공분야와 민간분야를 각각 담당하는 실무위원회를 둔다.

⑤ 위원회 및 실무위원회의 구성 · 운영 등에 관하여 필요한 사항은 대통령령으로 정한다.

제6조(주요정보통신기반시설보호계획의 수립 등)

① 관계중앙행정기관의 장은 제5조제2항에 따라 제출받은 주요정보통신기반시설보호대책을 종합 · 조정하여 소관분야에 대한 주요정보통신기반시설에 관한 보호계획(이하 "주요정보통신기반시설보호계획"이라 한다)을 수립 · 시행하여야 한다.

② 관계중앙행정기관의 장은 전년도 주요정보통신기반시설보호계획의 추진실적과 다음 연도의 주요정보통신기반시설보호계획을 위원회에 제출하여 그 심의를 받아야 한다. 다만, 위원회의 위원장이 보안이 요구된다고 인정하는 사항에 대하여는 그러하지 아니하다.

③ 주요정보통신기반시설보호계획에는 다음 각호의 사항이 포함되어야 한다.

1. 주요정보통신기반시설의 취약점 분석 · 평가에 관한 사항
2. 주요정보통신기반시설 및 관리 정보의 침해사고에 대한 예방, 백업, 복구대책에 관한 사항
3. 그 밖에 주요정보통신기반시설의 보호에 관하여 필요한 사항

④ 과학기술정보통신부장관과 국가정보원장은 협의하여 주요정보통신기반시설보호대책 및 주요정보통신기반시설보호계획의 수립지침을 정하여 이를 관계중앙행정기관의 장에게 통보할 수 있다.

⑤ 관계중앙행정기관의 장은 소관분야의 주요정보통신기반시설의 보호에 관한 업무를 총괄하는 자(이하 "정보보호책임관"이라 한다)를 지정하여야 한다.

⑥ 주요정보통신기반시설보호계획의 수립 · 시행에 관한 사항과 정보보호책임관의 지정 및 업무 등에 관하여 필요한 사항은 대통령령으로 정한다.

제7조(주요정보통신기반시설의 보호지원)

① 관리기관의 장이 필요하다고 인정하거나 위원회의 위원장이 특정 관리기관의 주요정보통신기반시설보호대책의 미흡으로 국가안전보장이나 경제사회전반에 피해가 우려된다고 판단하여 그 보완을 명하는 경우 해당 관리기관의 장은 과학기술정보통신부장관과 국가정보원장등 또는 필요한 경우 대통령령으로 정하는 전문기관의 장에게 다음 각 호의 업무에 대한 기술적 지원을 요청할 수 있다.

1. 주요정보통신기반시설보호대책의 수립
2. 주요정보통신기반시설의 침해사고 예방 및 복구
3. 제11조에 따른 보호조치 명령 · 권고의 이행

② 국가안전보장에 중대한 영향을 미치는 다음 각 호의 주요정보통신기반시설에 대한 관리기관의 장이 제1항에 따라 기술적 지원을 요청하는 경우 국가정보원장에게 우선적으로 그 지원을 요청하여야 한다. 다만, 국가안전보장에 현저하고 급박한 위험이 있고, 관리기관의 장이 요청할 때까지 기다릴 경우 그 피해를 회복할 수 없을 때에는 국가정보원장은 관계중앙행정기관의 장과 협의하여 그 지원을 할 수 있다.

1. 도로 · 철도 · 지하철 · 공항 · 항만 등 주요 교통시설
2. 전력, 가스, 석유 등 에너지 · 수자원 시설

3. 방송중계 · 국가지도통신망 시설
4. 원자력 · 국방과학 · 첨단방위산업관련 정부출연연구기관의 연구시설

③ 국가정보원장은 제1항 및 제2항에도 불구하고 금융 정보통신기반시설 등 개인정보가 저장된 모든 정보통신기반시설에 대하여 기술적 지원을 수행하여서는 아니된다.

5 국가사이버안보 종합대책

① 한편 2013년도에는 '3.20 사이버테러', '6.25 사이버공격' 등 북한의 대규모 사이버공격이 연이어 발생했다.

② 국가안보를 위협하는 사이버공격이 현실화됨에 따라 기존의 사이버안보업무 수행체계의 보완 등 범국가 차원의 종합적인 대책방안 마련을 위해 유관부처 합동으로 '국가사이버안보 종합대책'을 수립하였다.

③ 동 종합대책은 '선진 사이버안보 강국 실현'을 목표로 사이버위협 대응체계 즉응성 강화, 유관기관 스마트 협력체계 구축, 사이버공간 보호대책 견고성 보강, 사이버안보 창조적 기반조성 등 4대 전략을 담고 있다.

④ 오늘날 정보통신 기술의 발전과 함께 빠르게 변화하는 정보화의 속도만큼 그에 따른 역작용도 빠르게 확산되는 추세에 부응하여 관련 법제를 신속히 정비 및 보완하는 노력이 필요하다.

생각넓히기 | 국방사이버방호태세(Cyberspace Protection Conditions, CPCON)

이 작전개념은 한반도에서 위기가 발생할 경우 한미 연합사령관이 발령하는 전투준비태세인 '데프콘'에서 따온 개념으로, '인포콘(INFOCON)'이라고 불리며, 2001년 4월 1일부터 시행되었다. 정보전 징후가 감지되면 합동참모본부 의장이 단계적으로 인포콘을 발령하게 된다. 인포콘은 ▲정상(통상적 활동) ▲알파(증가된 위험) ▲브라보(특정한 공격위험) ▲찰리(제한적 공격) ▲델타(전면적인 공격) 등 5단계로 구분돼 단계적으로 조치된다. 인포콘이 발령되면 국방부 및 각군 본부, 군단급 부대에 편성된 정보전대응팀(CERT)이 비상 전투준비태세에 돌입, 방호벽을 설치하고 경우에 따라서는 적의 사이버 공격 행위에 대응하게 된다. 2021년 CPCON으로 변경되었다.

Theme

67 정보 공작과 사이버 전쟁

I 사이버 테러와 사이버 전쟁

1 의의

① 정치적 의도를 관철하기 위해 공포와 혼란을 초래하려는 사이버 테러의 범위를 넘어서서 실제로 정부를 전복하려고 하거나 한 국가를 궤멸시키려는 의도 아래에 시도되는 사이버 전쟁과 전자전쟁은 그 심각성이 사이버 테러와 또 다르다고 할 수 있다.

② 그러므로 그러한 사이버 전쟁에 대응하기 위한 사이버 정보활동은 단순한 공개출처자료에서의 정보를 수집하는 공개출처정보수집활동(OSINT)의 문제가 아니라 사이버 전쟁에 대비한 실전적인 정보활동이라는 점에서 차이가 있다. 따라서 미국 국방부는 그것을 정보공작과 사이버 전쟁(Information Operation and Cyberwar)이라고 불가분적으로 호칭하기도 한다.

핵심정리 **사이버 정보**

사이버 정보(Cyber Information)는 인터넷 등 전자혁명에 의해 탄생된 가상 공간(cyber space)에서 생성되고 수집되는 정보를 말한다. Information은 가공과 분석 평가를 하기 전의 생(raw)자료를 의미한다. 이러한 생자료가 가공·분석되어 종합적인 가치를 부여 받아 최종정보(intelligence)가 되는 것으로, Information은 통상 가공·분석 전의 첩보라고 일컬어진다. 그러나 실시간적으로 무수한 변동이 일어나는 사이버 공간상에서는 Information은 그 자체가 최종적인 분석정보(Intelligence)의 가치를 가진다고 할 수 있기 때문에 이를 사이버 정보라고 별도로 호칭한다.

핵심정리 **사이버 공격의 유형**

1. 사이버 테러(Cyberterrorism)
   정책변경을 목적으로 하는 사이버 공간에서의 테러공격이다.
2. 사이버 전쟁(Cyberwar)
   사이버 진주만 공습, 사이버 제3차 세계대전 등 국가소멸을 목적으로 사이버 공간에서 실전적 형태로 전개하는 전쟁을 말한다. 사이버 전쟁은 필연적으로 전쟁 수행에 필요한 정보활동을 요구하게 되는 바, 그것이 사이버 정보공작(Information Operation)이다.
3. 전자전쟁(Electronic Warfare, EW)
   사이버 공간은 물론이고, 현실의 물리적인 세계에서 전자장치를 사용하여 전자기장이 형성되는 전자기기를 대상으로 수행되는 공격이다.

2 사이버전 수행 능력의 중요성

(1) 의의

사이버 무기나 사이버 공격의 수법은 사이버 테러와 사이버 전쟁에서 혼용되어 사용될 수 있으나, 사이버 전쟁은 직접적으로 국가 전복을 목적으로 한 전쟁수행이라는 관점에서 그에 대한 명백한 개념정립과 전쟁수행 능력에 대한 체계적인 이해는 21세기 사이버 전쟁을 대비하는 국가입장에서는 순수한 사이버 치안의 역량만으로는 달성할 수 없는 새로운 과제를 제시하는 것이다.

(2) 군사 작전에 있어 사이버 정보통제의 중요성

① 사이버 전쟁은 사이버 공간에서 사이버 정보의 응용과 조작을 포함하여 컴퓨터와 인터넷을 이용하여 벌이는 일련의 전쟁을 말한다.

② 지난날 각국은 사이버 정보통제 등 소극적인 정보 보안에 주안을 두었다. 하지만 사이버 전쟁의 가공할 위험성이 부각됨에 따라 근자에 이르러서는 상대방 컴퓨터를 조종하거나 궤멸하기 위한, 전자장 에너지 등을 이용한 역사이버 공격이나 사이버 심리전 등 공세적인 사이버 작전에 주안이 주어지고 있다.

③ 그러므로 오늘날 군사 작전에 있어 사이버 정보통제는 군사적 승리를 위해서도 대단히 중요한 것은 말할 나위도 없다.

(3) 재래적 군사작전 수행에 있어서의 중요성

① 한편 컴퓨터 통신망과 컴퓨터 그 자체는 화력 위주의 재래적 군사작전 수행에 있어서도 결정적인 중요성을 가지고 있기 때문에 기존의 물리적 전투에서도 사이버 정보의 지배는 전장을 우월적으로 지배하기 위한 필수요건이 된다.

② 한편 사이버 전쟁은 재래식 무기에 의한 전쟁이나 테러에 비해 매우 저렴한 비용으로 큰 효과를 거둘 수 있다. 현재 이란, 이라크, 북한, 중국, 러시아 등은 상당한 수준의 사이버 전쟁 부대를 운용 중인 것으로 알려지고 있다.

(4) 미국의 사이버전 수행

① 미국의 경우에는 세계 최강의 신호정보 전담기구인 국가안보국(NSA) 등 각종 기술정보 수집 정보기구를 병유하고 있는 국방부가 사이버 전쟁에 대한 책임을 담당하고 있다. 기술정보수집 정보기구들이 모두 국방부에 집중되어 있는 측면과, 사이버 전쟁은 실제의 물리적 전쟁과 병행하여 수행될 수 있다는 점을 고려한 것이다.

② 그에 따라 미 국방부는 현재 소위 "글로벌 네트워크 공작을 위한 합동특별대책본부(Joint Task Force-Global Network Operations, JTF-GNO)"를 운용하고 있다.

Ⅱ 사이버 전쟁의 이해

1 의의

① 사이버 전쟁은 정보전쟁(Information warfare), 정보 공작(Information Operations, IO), 네트전(net war) 등으로 불린다. 이것은 결국 사이버 영역에서의 상대세력에 대한 정보적 우위를 확보하는 것이라고 할 수 있다.

② 그리하여 정보(information) 자체가 파괴하거나 정복할 가치가 있는 전략적 자산으로 전개되는 전쟁양상이 되어 적의 정보, 정보처리 과정, 정보체계 그리고 컴퓨터 네트워크를 교란시킴으로써 정보의 우위를 확보하는 것이 필수 요소가 된다.

2 범위

(1) 의의

이러한 사이버 정보전은 물리적 혹은 전자적 방식으로 적의 지휘 통제 체계를 파괴하거나 레이더망의 교란, 감지장치 우회 그리고 적의 컴퓨터 망에 불법으로 침입하는 것을 모두 포함한다. 이러한 정보공작을 바로 사이버 전쟁이라고 할 수도 있지만 엄밀하게 보면 정보공작(Information Operations, IO)은 사이버 전쟁을 주도하기 위한 공작활동을 포함한 정보활동으로 사이버 전쟁의 수행에 핵심적인 수단이라고 할 수 있다.

(2) 상대방의 정보 네트워크에 대한 공격

① 그러므로 사이버 정보공작은 사이버 전쟁과 관련하여 자국의 네트워크 정보 시스템의 순수성은 확보하고 유지하면서, 상대세력의 정보 네트워크와 정보의 순수성에 심대함 타격을 가하는 활동으로 전개된다.

② 그 중점은 물론 상대방의 네트워크 정보운용을 붕괴시키거나 정책결정에 결정적 영향을 끼치려는 데에 있다. 상대방의 정보 네트워크에 대한 공격은 다양한 방법이 있을 수 있다.

③ 예를 들면, 바이러스 침투나 전자무기를 사용하여 상대방의 컴퓨터 속도를 저감시키는 것, 반도체 등을 이용한 상대방의 복잡한 현대적 무기의 회로소자 등에 과부하가 걸리게 하여 군사무기를 사용하지 못하게 하는 것, 강력한 신호정보를 방출해 허위영상을 불러일으켜 반도체와 컴퓨터 회로를 사용하는 상대방의 레이더를 오작동시키는 방법은 대표적인 방법이다.

(3) 상대방의 선전활동의 무력화

그 이외에도 TV와 라디오를 이용한 선전활동에서 상대방의 선전활동을 전자적 방법 등으로 왜곡하거나 무력화시켜 상대방의 일반 여론을 자국이 원하는 방향으로 형성해 가는 방법이 동원될 수도 있다.

(4) 상대세력 지휘부의 통신시설 장악

또한 상대세력 지휘부의 통신시설을 장악하여 작전 명령 지휘체계를 불가능하게 하는 것 등이 모두 네트워크 정보공작이다.

3 특징

(1) 의의

정보공작은 재래식 군사력을 동원하거나 핵무기를 쓰는 전쟁에 비해 훨씬 저렴하기 때문에 현대의 군지휘관들에게는 전면전에 대한 효과적인 대안이 되고 있으며, 역설적으로 그 치명적 피해에도 불구하고 오히려 전쟁에 대한 도덕 불감증을 초래해 전쟁을 손쉽게 생각할 위험성도 있다.

(2) 정보보안의 필요성

① 첨단 정보네트워크의 구축에 앞선 나라일수록 외부세력이 전자적으로 침입할 경우에는 일시에 국가정보네트워크가 붕괴될 수도 있기 때문에 정보보안의 문제는 정보화 시대의 국가안보에 있어서는 매우 중요한 의미를 지닌다.

② 현재 세계에서 첨단 과학기술과 정보력에 있어서 압도적 우위를 차지하고 있는 미국이 오히려 각종 테러집단 및 적대적 해커들로부터의 침입 가능성에 촉각을 곤두세우고 있는 것은 바로 이러한 이유에서이다.

4 정보혁명과 사이버전

(1) 의의

① 현재의 정보혁명의 추세는 국제관계의 역학 결정이 어느 나라가 정보의 우위를 점하느냐에 따라 좌우될 것이라고 함에 이론이 없다. 즉 정보혁명은 정보 그 자체를 새로운 왕국으로 만들어 국제관계의 중요한 상품이자 무기가 되게 한 것이다.

② 이는 마치 과거에 군사력의 사용과 위협이 국제체제에서 중심적인 힘의 원천이었던 것과 마찬가지이다. 단지 미래에는 정보가 군사력의 역할을 대신할 개연성이 그만큼 크다는 것을 의미한다.

(2) 정보작전 수행능력의 중요성

① 정보혁명의 또 다른 결과 중 하나는 전통적으로 군사력의 비교 기준이었던 병력 수와, 화력의 크기와 양의 비교가 무의미해진다는 점이다. 즉 정보화에 힘입은 군사분야 혁명은 단순한 미사일 수의 비교보다는 어느 누가 우수한 전자적인 정보작전 수행능력을 가졌는가가 더 중요해졌다는 점을 의미하는 것이다.

② 고도의 사이버 공작 기술과 능력만 갖춘다면 미래의 전쟁은 더 이상 화력이 우세한 현재 강대국들의 전유물이 절대로 아니라는 것을 뜻한다. 곧 기술적으로 우위를 갖춘 나라가 얼마든지 세계 역학질서의 중심역할을 할 수 있다는 것을 의미하는 것이다.

(3) 평상시의 정보공작

① 오늘날 실제의 정보공작은 평시에도 사이버 공간에서 다양하게 일어나고 있다. 국가 간의 해킹과 사이버 테러에 의해 일어나기도 하고, 틀린 정보를 사이버 공간에 흘리기도 함으로써 혼란을 유도하기도 하며 지독한 사이버 심리전을 전개하기도 한다.

② 이러한 정보공작의 파괴력은 엄청나서 한 나라가 거의 파괴되기도 한다. 또 개인이 온 세계를 상대로 컴퓨터 바이러스를 퍼뜨리는 일도 정보공작에 속한다. 한 개인에 의해 수억 인구가 피해를 입을 수도 있게 된다는 것이다.

Ⅲ 사이버 전쟁의 핵심 능력

1 의의

① 사이버 전쟁을 수행함에 있어서 갖추어야 할 역량으로 강조되는 분야에는 크게 5가지가 있다. 사이버 심리공작(Psychological Operations), 군사 기망 작전(Military Deception), 작전 보안(Operational Security), 컴퓨터 네트워크 공작(Computer Network Operations) 그리고 전자전쟁(Electronic Warfare)이 그것이다.

② 전자전쟁은 전자기장을 지배하는 문제이기는 하지만 사이버 영역에서의 문제라기보다는 현실적인 물리공간에서도 전개되는 것이 특징이다.

2 사이버 심리공작(PSYOP)

(1) 의의

사이버 심리공작(Psychological Operations, PSYOP)은 상대방 국민들의 감정 등 여론과 궁극적으로는 상대방 정부, 조직 그리고 개인의 행동에 영향을 끼칠 목적으로 의도된 정보를, 사이버 공간을 통해 다양한 방법으로 상대방에 전달하는 것을 말한다.

(2) 사례

예를 들면 미국은 2003년 이라크 전쟁에서 공군과 걸프만에 정박 중이던 해군 함정에서 이메일, 팩스, 휴대전화 등을 통해 이라크 정치 · 종교 지도자 · 군 지휘관을 포함한 이라크의 수많은 정책결정자들과 오피니언 리더들에게, 더 이상 정상적이지 아니한 사담 후세인 대통령을 지지하지 말라는 정치 메시지를 지속적으로 대량 발송하여 이라크 정부 내에 심각한 내부 동요를 야기했다.

(3) 일반적인 정보활동과의 관계

① 물론 이러한 심리선전 활동에는 상대국가의 정치상황과 종교, 문화, 행정조직 등에 대한 전반적인 깊은 지식과 수준 높은 사전 정보를 필요로 하기 때문에 평상시의 정보기구들의 일반적인 정보활동이 매우 긴요함도 물론이다.

② 이렇게 철저히 준비된 사전정보를, 필요시에 신속하게 상대방에게 살포함으로써 단기간에 집중적인 효과를 거둘 수 있다.

(4) 사이버 심리전의 대상

① 의의

㉠ 사이버 심리전은 원칙적으로 주된 대상이 상대방이 된다. 여기에서 원칙적이라는 의미는, 사이버 심리전은 일단 방송을 함과 동시에 전파적 통제가 불가능하기 때문에 정보 소비자를 제한할 방법이 없다는 의미에서이다.

㉡ 정보 세계의 윤리적 문제의 하나로 거론되는 것이지만 자국민에 대한 사이버 심리전은 소위 선동정치에 다름 아닌 것으로 민주주의에 역행하는 것이다. 왜냐하면 오늘날 민주주의 국가는 건전한 시민의식을 갖춘 민주시민의 육성과 보호가 국가적인 책무이므로, 자국민을 상대로 한 선동은 개인의 창의와 자주성을 주축으로 하는 민주주의의 근간을 해치는 것이 되기 때문이다.

② 역류 현상의 발생 가능성

사이버 심리전에서도 역류 현상이 발생할 수 있다. 역류라 함은 상대방에게 살포한 조작된 정보가 본국에 거꾸로 흘러 들어오게 되는 것을 말하는 바, 그에 대해 당국이 진실을 해명해야 하는지의 문제가 제기되는 현상을 말한다.

(5) 사이버 심리전의 주체

① 미래의 전쟁은 정부 등 공식적인 조직의 의지가 아니라 대중의 심리에 의해 좌우될 것이다. 이러한 관점에서 사이버 심리전은 더욱 활용될 것이 명백하다.

② 사이버 심리전 능력은 사이버 전쟁 역량 중에서 해외 정보를 직접 취급함으로써 현지 사정에 능통한 국가정보기구가 직접 수행해야 할 부분이다.

3 군사기망작전(MILDEC)

(1) 의의

① 군사기망작전(Military Deception, MILDEC)은 의도적으로 상대세력으로 하여금 그들의 군사능력과 의도를 포함하여 군 정책을 수행함에 있어서 오판을 하게 해, 특정한 행동을 하

거나 또는 필요한 대책을 강구하지 못하게 함으로써 자국의 군사작전을 성공적으로 수행하기 위한 제반 행위를 말한다.

② 이것은 잘못된 정보와 허위 영상 그리고 허위 · 과장연설 등 사이버 영역에서의 가상적인 기망작전으로 적국으로 하여금 결정적인 오판을 유도해 군사작전을 성공적으로 수행하는 것이다.

(2) 사례

예를 들면 2003년 이라크 전쟁에서 미국은 실제 전투현장에 대한 이라크의 방어와 공격을 방해하기 위해 이라크의 레이더에 포착되게 가상의 비행공격편대 공습을 만들어, 즉 허위영상을 유도하여 이라크 군이 그곳에 집중하도록, 즉 오판 · 공격하게 만듦으로써 실제 미국의 전투 현장에는 아무런 피해 없이 성공적으로 작전을 수행할 수 있었다.

4 작전보안(OPSEC)

(1) 의의

① 작전보안(Operational Security, OPSEC)은 평시에는 통상적으로는 비밀 분류된 정보는 아니지만 상대방으로 하여금 자국의 작전상 취약점을 유추할 수 있는 좋은 자료가 될 사이버상에서의 공개정보를 유사시에는 이용하지 못하도록 삭제하는 등의 통제를 말한다.

② 그러므로 역으로 작전보안은 상대세력이 평소 무엇에 관심을 가지고 있는지에 대한 평상시의 끊임없는 정보파악 활동이 긴요함을 일깨워 주는 것이다.

(2) 사례

예를 들면, 2003년 이라크 전쟁에서 미군은 이라크 군 당국의 군사적 사용을 방지하기 위해 국방부 웹사이트의 정보자료 중에서 평상시에는 공개되어 누구나 일반적으로 이용하던 민감한 내용의 정보를 모두 삭제했다. 이라크 정보당국 등이 실제 전투에서 활용하면 미군 측에 타격을 줄 수 있는 것으로 판단한 내용들이었다.

(3) 절차

이러한 사이버 전쟁에서의 정보통제는 정보에 대한 물리적인 비밀분류를 하여 정보에 대한 접근을 체계적으로 차단하는 일반적인 정보보안과 달리 평시에는 공개되어 비밀분류되지 않았지만, 비상시에는 군사작전과 활동에 응용될 수 있는 국가와 사적 영역에서의 민감한 국가 사이버 정보를 확인하여 그를 통제하고 보호하는 조치와 허용하는 제반 절차로, 사이버 전쟁 수행에 있어서 중요한 의미를 가진다.

5 컴퓨터 네트워크 공작(CNO)

(1) 의의

① 컴퓨터 네트워크 공작((Computer Network Operations, CNO)은 상대방의 컴퓨터 네트워크를 공격하거나 붕괴하는 것, 자국의 군사정보 시스템을 보호하는 것, 일반적 정보수집 활동을 포함한 제반 정보수집 기법을 동원하여 상대방 컴퓨터 네트워크를 역이용하는 것을 모두 포함한다.

② 컴퓨터 네트워크 공작은 컴퓨터 네트워크 방위(Computer Network Defense, CND), 컴퓨터 네트워크 착취(Computer Network Exploitation, CNE), 컴퓨터 네트워크 공격(Computer Network Attack, CNA)의 3가지로 나뉜다. 따라서 그것은 보호, 착취 또는 활용, 공격 파괴의 3분야로 이루어진다.

(2) 미국의 네트워크 전쟁을 위한 기능적 합동부대(JFCCNW)

① 미 국방부 보고에 따르면 미국은 21세기 최첨단 특수부대로 "네트워크 전쟁을 위한 기능적 합동부대(Joint Functional Component Command for Network Warfare, JFCCNW)"를 창설해 운용 중이라고 한다.

② 동 부대는 정규군 조직으로 사이버 전쟁을 목적으로 창설되었지만, 구체적인 임무는 철저히 비밀 분류되어 있다. 군 관계자들에 따르면 막강한 사이버 전쟁을 수행할 능력을 갖추고 있음은 틀림없지만 어떠한 경우에도 선제적 사이버 공격을 시도하지는 않는다고 한다.

③ 많은 컴퓨터 보안 전문가들도 미국의 네트워크 전쟁을 위한 기능적 합동부대는 상대세력의 네트워크를 궤멸할 수도 있고 적국의 컴퓨터와 네트워크에 침입해 정보를 절취하거나 조작해 정보를 새롭게 임의적으로 배치하거나 지휘 통제 시스템을 붕괴시킬 수 있는 역량이 있다고 판단한다. 한편 동 특수 사이버 전쟁부대에는 CIA, NSA, FBI 전문 요원을 비롯해 우방국의 민간인과 군 대표자도 일부 참가하고 있다고 알려졌다.

핵심정리 네트전(Netwar)

1. 의의

① 오늘날 네트워크 전쟁의 주체인 인종주의자, 테러리스트, 범죄자, 혹은 사회적 네트워크 전쟁 주창자들은 네트워크를 구축함으로써 네트워크 전쟁을 수행하려는 데 관심을 두고 있다. 이들은 서로 조정하고 구성원들을 충원함으로써 자신들의 정체성을 확립하고자 하며, 자신들의 의도를 일반인들에게 전달하고자 한다. 이들은 자신들의 적에 관한 정보를 수집하고자 하며, 이를 위해 인터넷과 그 밖의 최신 통신서비스(휴대폰, 문자메시지 등)를 사용한다(Arquilla and Ronfeldt).

② 알카에다와 같은 테러조직은 전 세계에 산재한 테러조직이나 같은 뿌리의 종교적 신념을 바탕으로 하는 개인 및 조직을 네트워크화 하여 새로운 형태의 테러리즘을 자행하고 있다. 이것이 바로 네트워크 전쟁을 수단으로 하여 이루어지는 새로운 수법의 뉴테러리즘인 것이다

2. 특징

(1) 의의

네트워크 전쟁은 네트워크 조직 등장의 결과이다. 그리고 네트워크 조직은 부분적으로 정보혁명의 소산이다. 그러나 네트워크 전쟁은 정보통신의 기술이 반드시 전제되는 것이 아니다. 아날로그 시대에도 네트워크 전쟁은 존재해 왔다. 그 시대의 네트워크 전쟁은 매우 지엽적이고 전쟁 행위자의 행동반경이 넓지 못했다. 그러나 유비쿼터스시대의 오늘날 다양하게 분포되어있는 잠재적 전쟁 행위자들이 인터넷과 각종의 정보통신의 기술을 매개로하여 전쟁행위의 결정사항을 명령받고 시행한다. 따라서 전장의 범위가 전세계화 될 수 있다.

(2) 전술적 특징

① 네트워크 전쟁에서 전술적 특징은 스와밍(Swarming) 능력이 매우 중요하다. 스와밍(Swarming)은 인터넷을 통하여 많은 무리를 모아 On Line 혹은 Off line에서 국가나 특정단체에 저항하는 수법을 의미한다.

② 공격과 수비 영역의 구분이 모호하다는 것이다. 네트워크 전쟁을 시도하는 네트워크화된 조직은 공격 및 수비 모두에서 특별한 장점을 지닌다. 공격 측면에서 네트워크는 기회와 도전을 통해 적응, 유연성, 변신이 쉽다. 이것은 특히 일련의 행위자들이 스와밍할 때 나타난다.

(3) 컴퓨터 네트워크 방위(CND)

① 의의

㉠ 컴퓨터 네트워크방위(Computer Network Defense, CND)는 자국의 사이버 정보, 컴퓨터 그리고 컴퓨터 네트워크를 상대방의 공격으로 인한 붕괴와 괴멸로부터 보호하는 제반 조치를 말한다.

㉡ 컴퓨터 네트워크 방위에는 권한 없는, 또는 권한을 초과한 컴퓨터와 네트워크상의 활동을 모니터하고 적발하며 또한 적절한 응전을 하는 것이 포함된다.

㉢ 컴퓨터 보안의 전통적인 수동적 방법인 방호벽 설치 또는 데이터 암호화 장치설정 등은 물론이고, 상대방 공격의 진정성 여부를 결정하기 위한 적극적인 감시활동도 포함된다.

② 평시의 네트워크방위 활동에 대한 법적 · 제도적 문제

㉠ 유럽연합 이사회의 논의결과도 사이버 범죄협약을 체결해 각국이 일정한 내용의 컴퓨터 활동을 범죄로 규정해 처벌할 것이 필요하다는 데에 의견이 모아져 있다.

㉡ 그러나 문제는 정상적인 보안활동과 사이버 범죄 활동의 구별이 쉽지 않고, 이러한 새로운 영역에 대한 국제법적 · 국내법적 규율에 대해 그 필요성과 한계에 대해 각 국가마다 이해관계가 다르기 때문에 일률적으로 논의 · 결정하기가 여의치 않다는 데에 있다.

㉢ 예를 들어 어느 정도의 데이터 조작 수준을 정당한 방위수단으로 보고 언제부터 응전을 가능케 하는 컴퓨터 공격으로 볼 것인지에 대해서도 기준설정이 간단치 않고 의견이 통일되어 있지 않다.

③ 미 국방부의 CRS 보고서

㉠ 그리하여 미 국방부는 CRS(Congressional Research Service) 보고서를 제출하여 컴퓨터 공작활동에 있어서 국외활동과 국내활동의 차별성을 인정해 주고 정당성의 한계에 대한 기준설정과 필요한 입법조치를 포함한 법률검토를 의회 등 관련부서에 요청하고 있다.

㉡ 이러한 논의는 현실적으로 컴퓨터 공격으로 볼 것인지, 정상적인 자료수집 활동 즉 공개출처정보에 대한 수집활동으로 볼 것인지에 따라 방위권 발동에 차이가 있는 것으로 법적으로는 커다란 차이가 있다.

(4) 컴퓨터 네트워크 착취(CNE)

① 의의

㉠ 컴퓨터 네트워크 활용 또는 더 나아가 상대방의 입장에서 보면 착취에 해당하는 CNE에 대해서도 보편적인 정의기준이 설정되어 있지는 않다.

㉡ 컴퓨터 네트워크 착취(Computer Network Exploitation, CNE)는 컴퓨터 네트워크 군사작전에서는 매우 중요한 부분으로 상대방의 컴퓨터와 네트워크의 취약부분으로 침투해 중요한 파일을 복사하는 등 필요한 정보를 획득하는 것을 말한다.

② 수단

㉠ 컴퓨터 네트워크 착취(CNE)에 사용되는 수단은 컴퓨터 네트워크 공격(CNA)에 사용되는 기법과 유사하다.

㉡ 다만 컴퓨터 네트워크 착취(CNE)는 네트워크 자체를 파괴함이 없이 필요한 정보만을 추출해내는 데에 차이가 있다.

㉢ 그것은 또한 상대국의 컴퓨터 네트워크를 계속적으로 이용하는 것을 가능케 하는 접근이 된다.

㉣ 그러나 현실에서는 이러한 컴퓨터 네트워크 착취와 전자 감시활동, 정찰위성 그리고 휴민트 등 정보수집기법과 병행하여 상대방의 공격의도와 능력, 작전내용 등을 파악하여 예방과 응전을 결정하게 된다.

(5) 컴퓨터 네트워크 공격(CNA)

① 의의

㉠ 컴퓨터 네트워크 공격(Computer Network Attack, CNA)은 컴퓨터 네트워크 자체 또는 내장된 정보를 붕괴하거나 괴멸하는 행위를 말한다.

㉡ 컴퓨터 네트워크 공격은 정상적인 데이터 흐름 장치를 이용하여, 즉 네트워크를 통하여 상대방의 컴퓨터와 네트워크를 파괴할 목적으로 공격하는 것을 말한다.

㉢ 전자전쟁과 유사할 수 있지만 전자전쟁(Electronic Warfare)은 외형적인 전자무기를 사용하거나 상대방의 전력선에 갑자기 고압전류를 흐르게 하여 상대방의 컴퓨터와 네트워크를 붕괴시키는 것으로 전자적으로 접근하는 컴퓨터 네트워크 공격과는 차이가 있다.

② 이라크 전쟁의 사례

㉠ 일반인의 상식과는 달리 미국은 2003년 이라크 전쟁 당시 국방 담당자들은 이라크를 상대로 한 컴퓨터 네트워크 공격을 충분히 준비했지만 실제로는 최종 정책결정 과정에서 이라크에 대한 컴퓨터 네트워크 공격은 승인되지 않았다. 그래서 이라크 컴퓨터 네트워크를 상대로 네트워크 공격은 감행되지 않았던 것이다.

㉡ 미국 정책당국자들은 이라크 컴퓨터 네트워크는 유럽의 은행을 비롯한 제반 네트워크와 연결되어 있는데, 이라크 컴퓨터 네트워크에 대한 미국의 공격은 결과적으로 유럽지역의 은행과 ATM 활용 그리고 각종 전자거래에 직접적인 영향을 끼치는 것은 물론이고, 따라서 그것은 간접적으로는 미국의 경제에도 영향을 미칠 수 있고 또한 세계인들에게 미국이 야기한 전쟁에 대한 반감을 불러일으킬 정치적 위험성도 있다고 보고, 더 충분한 대비책과 효율적인 공격방법이 개발될 때까지 네트워크 공격을 유보했다는 것이다. 글로벌 네트워크의 연계성이 오늘날 얼마나 복잡하게 여러 방면에 영향을 끼치는지와 정책 결정과 행위수단 개발의 어려움을 단적으로 보여 주는 사례라고 할 수 있다.

생각넓히기 | 국가안보 대통령 명령 제16호

2003년 부시 행정부는 의회의 정식 입법조치 전에 국가안보 대통령 명령 제16호(National Security Presidential Directive 16)를 발령했다. 동 대통령 명령은 미국이 언제, 그리고 어떻게 상대국의 컴퓨터와 네트워크에 공격을 할 수 있는지의 기준을 제시한 국가차원의 가이드라인이라고 할 수 있다. 그 내용이 비밀분류되어 있지만 상대국의 사이버 공간에서의 어떠한 행위를 사이버 전쟁에 따른 공격으로 간주하고, 따라서 어떠한 조건에서 상대방에 대해 정당한 대응 공격을 할 수 있는지와, 그것을 누가 결정할 것인지 법적인 기준을 제시하고 있다고 한다. 쉽게 말하면 촌각을 다투는 사이버 전쟁의 선포 가이드라인을 준비한 것이라고 할 수 있다.

생각넓히기 | 탈린 매뉴얼

탈린 매뉴얼(Tallinn Manual on the International Law Applicable to Cyber Warfare)은 사이버 전쟁에서 적용되는 국제법을 담은 지침서를 말한다. NATO 협동사이버방위센터(CCDCOE)에서 발간하였고 에스토니아 수도 탈린에서 기초되어 탈린 매뉴얼이라고 불린다. 주요 내용을 사이버 공격을 받았을 경우 주변 피해를 최소화할 것을 요구하고 있으며 해킹시 디지털 공격을 통한 보복은 가능하나 실제의 공격은 사이버 공격으로 실제의 사망 부상자가 있을 경우에만 허용하도록 하고 있다. 이 매뉴얼은 구속력은 없고 지침서의 형식을 취하고 있다.

생각넓히기 | 사이버 무력 공격

「유엔헌장」 제2조 제4항은 무력사용의 금지를 규정하고 있고, 제51조는 무력사용이 심각하여 가장 중대한 유형인 무력공격에 이른 경우 자위권 차원에서 무력을 행사할 수 있다고 한다. 사이버 공격으로 인하여 신체적 혹은 재산적 손해가 발생하거나 발생이 예상되고, 그 손해가 무력 공격의 결과로 발생하는 피해와 일치하거나 일치할 것으로 예측되는 경우 해당 사이버 공격은 무력공격과 동가치성을 갖는 것으로 볼 수 있다.

Theme

68 전자전쟁(Electronic Warfare, EW)

I 의의

1 사이버 전쟁과의 구별

① 전자전쟁은 상대방의 컴퓨터와 컴퓨터 네트워크 그리고 반도체 등의 전자 부품에 대해 전자기장 에너지(electromagnetic spectrum energy)를 방출하는 전자폭탄과 전자총 등의 전자무기를 사용하여 전개하는 군사작전이라고 할 수 있다.

② 통상 광의의 사이버 전쟁의 일환으로 일컬어지기도 하지만, 사이버 전쟁이 사이버 공간에서의 전쟁을 말한다면 전자전쟁은 사이버 공간 이외의 실제 사회생활 공간에서도 전개된다는 점에서 차이가 있다.

핵심정리 **네트워크 중심전(Network Centric Warfare)**

1. 의의

전장에서의 빠른 상황 파악과 전파, 정보의 질 향상, 인식공유를 통한 정보우위를 달성하고, 나아가 흔히 플랫폼이라 불리는 탱크나 함정, 전투기 등 하나하나의 단위 무기체계의 효과보다 이들 간에 네트워크 연결을 통한 시너지 효과로 효과성을 극대화할 수 있다는 기본적인 사고하에 이 효과를 극대화하기 위한 다양한 전투요소의 구조와 운용 그리고 시스템을 새롭게 설계하여 네트워크화된 전력의 건설과 운용으로 전장승리에 기여할 수 있다는 속성을 가지고 있다. 이러한 이론의 포용력과 확장성으로 인해 이제 NCW 이론은 미국이 최근 지속적으로 발전시키고 있는 합동작전의 대표적인 전쟁 수행철학과 수행개념들, 즉 전장에서 핵심적인 효과에 중점을 두고 작전을 수행한다는 속성을 가지고 있는 효과기반작전(Effect Based Operations, EBO)이나, 실제 합동 작전 수행을 위한 통합개념으로서 신속결정작전(Rapid Decisive Operations) 개념, 그리고 부속 개념들로서 정보작전 등과 같은 개념들의 핵심적인 이론적 토대로 작동되고 있다.

2. 구별 개념

(1) 정보작전

정보작전은 "정보우위 달성을 목적으로 가용 활동과 능력을 통합, 동시화하여 아군의 정보 및 정보체계는 방어하거나 보호하면서 적의 정보 및 정보체계를 공격하거나 영향을 주기 위한 전·평시 군사 및 군사관련 작전 활동"이다.

(2) 사이버전

사이버공간에서 일어나는 새로운 형태의 전쟁수단으로서 컴퓨터시스템 및 데이터통신망 등을 교란 마비 및 무력화함으로써 적의 사이버체계를 파괴하고 아군의 사이버체계를 보호하는 것이다.

(3) 컴퓨터네트워크작전(CNO)

컴퓨터 및 네트워크와 관련된 기반장비를 토대로 한 컴퓨터 네트워크상의 공간에서 적의 컴퓨터 및 네트워크와 내재해 있는 정보를 공격하여 붕괴시키는 한편, 아군의 컴퓨터 및 네트워크와 정보를 보호하고 정보활동을 통해 적의 네트워크를 이용하는 군사 및 군사 관련 영역에서의 무형적(non-kinetic) 정보작전 활동이다.

2 신개념의 전쟁

전자전쟁은 전자기기를 사용하는 모든 물체를 상대로 전자무기를 사용해 전자회로에 오작동을 초래함으로써 재래식 전쟁과 같은 대량 살상은 피하면서도 국가의 기능마비 등 더욱 커다란 손해를 초래하는 신개념의 전쟁이라고 할 수 있다. 예컨대 고준위 전자기 에너지를 사용하여 상대국가의 컴퓨터, 라디오, 전화 등 통신장치 그리고 트랜지스터나 반도체 등을 사용하는 각종 전자장치에 과부하가 걸리게 하거나 회로장치에 고장을 유발시켜 작동불능 또는 오류를 야기함으로써 통신, 교통, 발전, 수도, 군사지휘 통제 등에 결정적 타격을 가하는 방법이 동원될 수 있다.

3 카다피에 대한 선택적 보복작전과 걸프전쟁

미국은 1986년 2시간 동안의 리비아 지도자 카다피에 대한 선택적 보복작전과 1991년의 걸프전쟁에서 이미 새로운 패러다임의 전쟁양상을 선보였고, 단 3주 만에 종료된 2003년의 이라크 전쟁은 전자전쟁의 서막으로 전개되었다. 전 · 후방이 따로 없이 상대방의 전쟁지휘부로부터 말단 전투부대에 이르기까지 중요한 목표물을 동시에 타격하여 무력화시키는 "동시 병렬전쟁(Parallel War)"을 수행하여 그 막강하다던 이라크 혁명수비대는 제대로 힘 한번 써보지도 못하고 초토화되고 말았다.

4 이라크 전쟁

(1) 의의

① 이라크 전쟁의 초전 단계에 미군이 사용한 전자무기는 목표물을 물리적으로 파괴한 전술적 공격무기로 사용되었지만 모든 통신 · 전자기기 · 컴퓨터들을 무력화시켰다는 점에서는 사이버 전자무기로 기능했던 것이다.

② 전자기장을 지배하여 전자회로에 마비를 초래하는 이러한 전자폭탄 등 사이버 무기를 실제 전장에서 본격적으로 사용하면 최첨단 전력도 일순간에 무력화된다. 전자적으로 무력화된다는 것은 토마호크 미사일, 스텔스 전폭기, 항공모함, 최첨단 전차들이 아무런 기능을 발휘할 수 없는 고철이 된다는 것을 의미한다.

(2) 전자전의 효과

① 한편 3주일 동안의 이라크 전쟁에 동원된 미 · 영국군 연 35만여 명 중 전사자는 불과 136명이었다.

② 이처럼 현대적 전자전쟁은 전자무기를 포함한 최첨단 무기를 전략표적과 전술표적들에 대해 동시, 다량, 집중적으로 사용하여 정확한 목표 타격을 함으로써 민간피해와 전투원의 손실을 최소화하며, 필요한 표적만 무력화시킴으로써 단기간 내에 전쟁을 종료해 인명살상을 최소화하고 전쟁비용도 경감하며, 전후 복구도 손쉽게 처리할 수 있는, 부수적이지만 중요한 효과도 있다.

③ 오늘날 미국은 전 세계에서 유일하게 실전적 전자전쟁을 경험한 국가이다. 미국은 시리아에 대한 공격을 시발로 2차례에 걸친 걸프전쟁과 2003년의 이라크 전쟁 그리고 아프가니스탄 전쟁 등지에서 전자전쟁의 능력을 유감없이 발휘하고 또한 실험해 보고 있다고 할 수 있다.

Ⅱ 전자전쟁 능력

1 전자기장의 지배 (Domination of the Electromagnetic Spectrum)

(1) 의의

전자전쟁은 전자기장의 우월적 지배에 성패가 달려 있다. 각종 전자적 도구를 사용하여 자국의 전자기장은 정상상태를 유지하고 상대방의 전자기장에는 타격을 가하고 변형을 유발해, 통신과 원격 조종장치 및 각종 무기에 장착되어 있는 전자적 회로에 장애를 유발하는 것이 전자전쟁의 요체가 되기 때문이다.

(2) 미국이 설정한 전자전쟁의 목표

① 현재 미국이 전자전쟁을 목표로 설정한 영역은 상상을 초월한다. 미 국방부는 현대전쟁에 있어서 전자전쟁의 중요성을 어느 나라보다 심각하고 중대하게 고려하여 전자기장의 전 영역을 전자전쟁의 대상으로 설정하고 있다고 한다.

② 이것은 상대방의 인공위성의 붕괴를 포함하는 소위 "항법전쟁(navigation warfare)"을 비롯해 라디오 등 상대방의 언론에 대한 전자적 장악으로, 예컨대 상대방의 정상방송 중에서 자국에 불리한 내용은 방송되지 않게 하는 등으로 방송내용이 자동적으로 변형되게 전자적으로 여론의 우위를 점하는 것 그리고 상대방의 레이더 시스템, 전자전쟁 무기, 무인 정찰 장비나 로봇 등을 파괴하거나 오작동을 유발하는 내용을 모두 포함하고 있다.

(3) 현대 전자전쟁 전략

현대 전자전쟁 전략에 의하면 전자적 통신, 각종 센서 그리고 전자적 장치를 사용한 기계설비 및 무기 등이 모두 전자전쟁의 대상으로, 오늘날 반도체 등 전자부품이 거의 모든 일상 제품에 사용되고 있음을 감안하면 전자 전쟁을 감행한다는 것은 전자부품을 사용한 전화, 라디오, TV, 컴퓨터, 자동차, 기차, 항공기, 선박, 무선통신기기, 레이더장치, 탱크, 미사일 등 전쟁무기는 물론 생활필수품도 모두 사용이 불가능하게 만든다는 것을 의미한다.

Ⅲ 전자전쟁의 전개

1 의의

전자전쟁은 인명 살상 없이 전자적 · 기계적 장치에 장애를 초래하여 기계장치를 고철화함으로써 그 기능을 마비시키는 것으로 전쟁의 성격을 극적으로 변환시키는 것이라고 할 수 있고, 방위와 자위의 개념에 대하여 근본적인 수정을 요구하는 것이라고 할 수 있다.

2 컴퓨터 네트워크 이용(CNE)을 통한 전자전쟁

(1) 의의

전자전쟁은 사이버 영역에서 컴퓨터 네트워크 이용(CNE)을 통하여도 전개될 수도 있다. 최근의 사이버상의 군사정보작전 결과를 보면 상대방의 컴퓨터 네트워크에 비밀리에 침투하여 그들의 레이더망이 과연 무엇을 탐지하고 있는지를 모니터링할 수도 있다고 한다.

(2) 현재 미국의 전자전 수행 능력

① 실험은 더 진행되어 현재 미국은 상대방의 컴퓨터와 네트워크를 상대방이 인지하지 못하도록 한 채 비밀리에 접수하여 상대방의 레이더가 오히려 상대방에게 허위의 영상을 제공하도록 외부에서 조종할 수 있는 능력도 갖추었다. 이것은 상대방이 허상을 보고 자국의 시설이나 자국민을 대상으로, 또는 동맹국을 향해 미사일 발사 등 오류 공격을 하게 만들 수도 있음을 뜻하는 것이다.

② 이처럼 전자전쟁에 있어서는 전자전 무기를 직접 사용하는 것보다 전반적인 전자기장을 제압하고 전자기장에서 우위를 확보하는 것이 상상을 초월한 위력을 가지는 것으로, 궁극적으로 전자전쟁의 성패를 가져 오는 중요한 관건이 된다.

Ⅳ 전자전쟁의 무기

1 전자무기의 중요성과 위력

(1) 의의

① 사이버 전쟁에 활용되는 무기, 즉 전자무기를 통상 "비역학성(non-kinetic)" 무기라고 부른다.

② 전자무기에는 극초단파(high power microwave, HPM)나 강력한 단파 전자기장(Electromagnetic Pulses, EMP)을 가진 전자폭탄과 전자총이 있다.

(2) 운동역학 에너지 무기(KEW)

① 원래 운동역학 에너지 무기(kinetic energy weapon, KEW)는 탄두가 충돌할 때 방출하는 운동 에너지에 의해 목표물을 파괴하는 무기로서 재래식 폭탄에 비해 획기적인 신개념의 무기였다.

② 운동역학 에너지 무기는 1980년대 초 미국 레이건 대통령 때 새로운 방위개념으로 발족한 미국의 전략 방위구상(Strategic Defense Initiative, SDI)에서 미국 본토를 향하는 탄도 미사일의 요격을 위해 무기로 개발되었던 것이다.

③ 이러한 운동역학 에너지 무기는 탄두의 속도를 극대화함으로써 목표물에 충격 시 강력한 운동 에너지를 얻고, 그로 인해 발생한 운동에너지로 목표물이 파괴되도록 하는 에너지 지향적 무기이다.

(3) 비역학성 무기(Non-Kinetic Weapons)

① 비역학성 무기(Non-Kinetic Weapons)는 비폭발성 무기라고도 묘사되는 더욱 최신개념의 무기로 목표물에 대한 외형상의 타격을 가함이 없이, 따라서 인명살상이나 물체의 외형적 손상 없이 전자파장에 대한 강력한 충격을 가해 목표물의 회로장치 등에 손상을 초래함으로써 전자 기계를 사용 불가능하게 하거나 오작동되게 하는 전자무기이다.

② 전자무기로는 극초단파의 전자기장 에너지를 방출해 컴퓨터 회로장치나 반도체 회로장치에 손상을 초래하는 것이 대표적이다. 이러한 비역학성 무기는 전자 회로장치를 연소시킬 수 있는 고출력의 마이크로웨이브(HPM)를 상대방의 지휘부에 집중시켜 지휘체계를 무력화시키거나, 직접적으로는 발사한 미사일에 집중되게 하여 미사일 공격을 좌절시키거나, 또는 허위의 영상을 전송해 목표를 오인하게 만들어 결국 오폭하게 유도할 수도 있다.

(4) 이라크 전쟁

① 예를 들어 2003년 이라크와의 전쟁에서 이라크 지휘부 벙커는 재래식 무기로는 도저히 폭파할 수 없는 지하 깊숙한 곳에 위치했다.

② 그러나 미국은 지휘부 벙커와 연결된 전자장치의 통신망을 통해 고출력의 마이크로웨이브를 집중시켜, 즉 전자전쟁 병기를 사용하여 벙커 내부의 컴퓨터와 네트워크를 간단히 붕괴시켰고 결국 이라크 사령탑을 무용지물화했다. 이러한 비역학성 무기는 무기의 개념을 획기적으로 바꾸었다는 평가를 받는다.

2 비역학성 무기의 종류

(1) 의의

비역학성 무기에는 기본적으로 3가지 종류가 있다.

(2) 잼머(jammers)

잼머(jammers)는 방해전파 발신기로 목표물에 전자파 등 방해전파를 발신해 상대방의 통신을 방해하는 무기이다.

(3) 디스에이블러(disablers)

디스에이블러(disablers)는 목표물인 공간 유형체를 무력화할 수 있는 레이저 또는 고출력의 마이크로웨이브(HPM)를 활용한 병기이다.

(4) 전자기장 무기(EMP)

① 의의

㉠ 전자기장 무기(electromagnetic pulse, EMP)는 전자폭탄으로 목표물을 직접 대상으로 하는 파괴병기이다.

㉡ 예를 들어 전자파를 발사해 전자기장 등 전자 시스템을 파괴하는 것으로서 사정권에 있는 인공위성도 파괴할 수 있는 초강력 전자무기이다.

㉢ 이처럼 소리 없는 무기인 전자폭탄은 원자력 발전소 10여 개의 전략생산량에 해당하는 100억 볼트의 에너지를 한꺼번에 발생시켜 제반 전자기기 전자장치의 전기회로를 파괴한다.

② 최후의 무기(last resort)

전자기장 무기(EMP)는 핵무기 이상의 폭발력을 가진 것으로 평가되고 전자전을 수행할 수 있는 능력을 갖춘 국가들에게 있어서도 이것은 더 이상의 자위수단이 없을 경우 마지막으로 사용해야 할 최후의 무기(last resort)로 간주되고, 만약 동 전자기장 무기(EMP)를 사용한다면 핵무기에 의한 반격을 예상해야 한다고 군사전문가들은 말하고 있다.

③ 전자기장 무기(EMP)에 대한 국제법적 통제

㉠ 기존의 핵무기에 대하여는 각종의 핵확산 금지조약과 핵무기 사용에 대한 사법적 판단인 국제사법재판소(ICJ)의 1996년 결정이 있어 각국이 그 위험성을 인지하며 핵확산과 억지력 효과 이외에 핵무기를 사용하지 않는다고 하는 것에 대한 어느 정도의 국제적 공감대는 형성되어 있는 등으로 국제법 질서 속에서 최소한의 사법통제에 놓여 있다.

㉡ 그러나 이러한 신개념의 전자전쟁 무기는 핵무기 못지않은 위력을 가졌음에도 아직 그에 대한 논의는 이루어지고 있지 않는 실정이다.

3 전자전쟁 무기와 정보활동

(1) 의의

① 현재 전자전쟁 무기에 대한 미국과 중국, 러시아 그리고 일본의 능력이 어느 정도인지에 대하여는 누구도 알지 못한다.

② 혹자는 오늘날 전자전쟁 무기를 논하는 것은, 전투 비행기 등을 상상하기 힘들었던 1900년대 초에 마치 초음속 공중폭격기를 생각하는 것과 같다고 말하지만, 전자적 기술진보의 속도는 상상을 초월하고 있어 상상 속의 신병기들이 강력화되고 실용화될 날도 멀지 않았다고 할 수 있다.

(2) 전자장비에 대한 각국의 기술진보를 파악하는 정보기구의 역할

① 전자전쟁 무기에 대한 대책과 개발은 절대 게을리할 수 없는 영역으로, 1990년대 중국 정보기관이 피나는 노력으로 미국의 핵무기 개발 비밀을 알아내었듯이 전자장비에 대한 자체 기술개발과 함께 각국의 기술진보를 파악하는 정보기구의 역할은 가상적인 미래 전쟁을 대비해 두말할 나위 없이 중요하다고 할 것이다.

② 왜냐하면 전술한 바와 같이 현대의 사이버 전쟁에서는 전자기장에서 우위를 지배하는 것이 전쟁의 승패를 좌우하게 되는데, 아무리 신병기라고 하여 전자전 무기를 개발했다고 하더라도 상대방이 그 무기보다 더욱 강력하고 우위의 전자기장을 확보하는 무기를 가지고 있다면 그것 또한 상대방에 의해 간단히 제압되는 무용지물의 고철에 지나지 않게 될 것이기 때문이다.

③ 사실 전자전쟁과 사이버 전쟁은 그 성격과 전쟁 수행 방법에 비추어 보면, 기존의 재래식 전쟁처럼 고조된 긴장을 전혀 감지하지 못하고, 또한 선전포고에 의한 상대방의 의도를 파악할 기회를 갖지 못하고 바로 교전상태로 진입할 수도 있는 비정형적인 전쟁양상을 띨 수 있다. 그러므로 어떠한 징후를 전쟁 도발적인 예후로 판단할 것인지 그 기준을 설정하는 것도, 정당성을 확보하면서 긴장 어린 예방활동을 하는 데 중요한 요체라고 할 것이다.

Theme

69 국제범죄 대응

I 세계화 현상

1 의의

① 교통 및 통신의 급속한 발달로 지구상의 거리가 소멸되는 세계화(globalization)현상이 보다 가시적으로 나타나고 있다. 세계화는 대체로 지구 전체를 하나의 단위로 하여 국가의 경계에 의해 정의되어 온 전통적 공간을 넘어서 국가 간 상호작용이 점진적으로 확대되는 공간적 현상으로 이해할 수 있다.

② 일반적으로 세계화는 상품과 투자의 교류 공간인 시장이 전 지구적으로 확대되는 것을 의미하지만, 인간과 사고의 교류 및 상호 침투 등 비시장적인 요소들이 국경을 넘어 파급되는 것까지도 포함한다. 그래서 세계화는 지구 한 부분에서의 결정이 모든 사람들의 일상생활에 지구적 영향을 미치게 됨을 의미하기도 한다.

2 세계화의 양면성

(1) 긍정적 측면

① 세계화는 긍정과 부정의 양면성을 가진다. 세계화는 국가 간, 지역 간, 계층 간의 경쟁을 통해 효율의 극대화를 이루도록 유도한다. 즉 경쟁과 특화를 통해 자본, 노동 등 자원을 최적으로 배분하는 효과를 산출한다.

② 또한 세계시장의 단일적 통합과 시장 광역화를 통해 규모의 경제에 따른 이익의 극대화를 가능케 하는 등 긍정적인 효과를 초래한다.

(2) 부정적 측면

① 반면에 세계화는 자본수출, 경쟁력의 우위 등을 통해 세계경제에 대한 일부 선진국들의 패권적 지배를 강화시키는 부작용을 야기하기도 한다.

② 또한 국가들의 대외의존도를 심화시키고 나아가 주권의 영역이 침해되는 결과를 초래하기도 한다.

③ 그리고 세계화는 국가 간, 계층 간 소득의 양극화를 확대시키는 데도 한 몫을 하고 있다.

④ 그 결과 세계화는 대량 실업, 생활수준의 하락, 빈부격차의 확대, 외국 자본의 횡포, 외국에 대한 종속성의 심화, 국가 주권의 위축 등 여러 가지 부정적인 현상을 초래하는 것으로 비판되고 있다.

3 안보적 차원에서 세계화

(1) 의의

안보적 차원에서 세계화는 대량살상무기, 사이버 범죄, 종족분규, 마약밀매, 환경 파괴, 전염병 확산 등 초국가적 위협의 범위와 유형을 확대시키고 나아가 심화시키고 있다는 점이 지적된다.

(2) 범죄현상의 광역화 · 세계화

① 무엇보다도 국가의 영토에 국한되었던 개인이나 집단이 국경을 초월하여 범죄를 저지르게 됨으로써 범죄현상의 광역화, 세계화를 초래하게 되었다.

② 컴퓨터와 통신 네트워크가 전 세계적으로 확산됨에 따라 컴퓨터 해킹, 바이러스 유포, 금전적 목적의 피싱(Phishing)이나 파밍(Pharming) 등 시공을 초월한 다양한 종류의 범죄가 사이버 공간에서 횡행하고 있다.

(3) 국제적 범죄 네트워크

① 오늘날 사이버 공간을 통한 범죄는 마피아 · 삼합회 · 야쿠자 등 기존의 국제범죄 조직에 국한되지 않고, 개인, 우범자 집단, 범죄 프리랜서 등으로 확대되고 있다.

② 이들은 사이버 공간을 활용하여 국제적 범죄 네트워크를 형성하여 보다 지능적이고 조직적으로 범죄를 저지르고 있다.

③ 이들은 때로 국가를 능가하는 수준의 무력을 갖추고 엄청난 피해를 야기하기 때문에 국제사회에서 국가 이상의 심각한 안보위협 요인으로 부각되고 있다.

생각넓히기 | 칸 네트워크(Khan network)

1. 파키스탄 핵 개발의 대부로 불리는 압둘 칸 박사는 2003년 2월 4일 이미 칸 네트워크(Khan network)라고 불리는 국제조직을 통하여 핵무기 개발에 필요한 원심분리기와 부품 그리고 육불화 우라늄을 북한에 제공하였다.
2. 칸 네트워크는 파키스탄이 보유하고 있는 우라늄을 농축하는 원심분리기 설계도면으로부터 핵무기 디자인과 부품 및 원심 분리기 등 핵무기 제조기술을 핵무기 개발을 원하는 국가 등에게 비밀리에 제공하기 위하여 압둘라 칸 박사의 주도하에 1970년대에 만든 국제 핵무기 밀거래 조직을 말한다.
3. 미국 CIA는 2003년 10월 리비아로 향하는 독일 국적의 BBC China호에서 우라늄 농축 원심분리기와 각종 부품을 압수함으로써 칸 네트워크의 전모를 밝힐 수 있었다.

Ⅱ 국제범죄의 개념

1 의의

① 국제범죄라는 용어는 광범위한 의미를 가진다. 우리말의 '국제범죄'라는 용어는 크게 두 가지 의미를 가지는 것으로 해석될 수 있다.

② 첫째, 'international crime'에 해당되는 것으로서 간단히 말하자면 "국제사회의 일반적인 법익(法益)을 침해한 위법 행위"를 뜻한다. 여기에는 일반적인 국제법 위반 행위(crime against international law)뿐만 아니라 노예 거래와 같은 반인륜적 범죄행위(crime against humanity), 침략전쟁(crime against peace), 전쟁범죄(war crime), 집단살상(genocide) 등 국제사회에서 발생하는 다양한 유형의 범죄행위들이 포함된다.

③ 둘째, 'transnational crime'을 지칭하는 용어로서 엄격히 번역하면 '초국가적 범죄'로 해석되며, 마약거래, 무기밀매, 자금세탁, 문화재 밀수 등 국경을 넘나들며 자행되는 범죄행위를 일컫는다.

2 초국가적 범죄

① 두 가지 유형의 국제범죄 중에서 정보기관이 주로 관심을 갖고 활동하는 분야의 업무는 후자 즉 초국가적 범죄라고 본다.

② 전통적으로 초국가적 범죄에 해당되는 국제범죄로서 마약밀조 및 밀거래, 통화 · 여권 위변조, 밀수, 국제인신 매매, 밀입국 알선, 자금세탁, 국제무역사기, 무기제조 및 밀거래(핵물질 포함), 위장결혼, 납치 등을 들 수 있다.

③ 이 밖에 새로운 유형의 국제범죄로서 보이스 피싱 등 국제금융 범죄, 국제사이버 범죄, 전략물자 범죄 등이 국제사회의 안보를 위협하는 요인으로 부각되고 있다.

3 국제범죄조직

(1) 의의

① 국제범죄는 드물게 개인이 독자적으로 저지르는 경우도 있지만 주로 3명 이상의 사람들로 구성된 그룹, 즉 국제범죄조직이 주축이 되어 자행한다.

② 유엔협약에 따르면 국제범죄조직은 "재정적 또는 기타 물질적 이익을 직 · 간접으로 획득하기 위해 한 가지 이상의 중대한 범죄 또는 이 협약에 상응하는 규정위반을 자행할 의도를 갖고 동일 기간에 연계하여 활동한 3명 또는 그 이상의 사람들로 구성된 집단"으로 정의한다.

③ 인터폴에서는 국제범죄조직을 “영리추구를 목적으로 국경을 초월하여 불법활동을 지속적으로 자행하는 인적 집단이나 기업”을 지칭한다. 간단히 말해서 초국가적 범죄조직은 2개국 이상에 걸쳐서 범죄행위를 자행하는 집단을 의미한다.

(2) 「국가정보원법」

① 우리나라의 경우 「국가정보원법」에서 국제범죄조직은 대공 · 대정부전복 · 방첩 · 대테러와 함께 국내 보안정보의 한 분야로 명기하고, 이에 대한 정보를 수집 · 작성 · 배포할 수 있도록 규정하고 있다.

② 「국가정보원법」에 따르면 국제범죄조직은 삼합회, 마피아 등 국제적 규모의 범죄조직에 국한된 의미라기보다는 “조직 규모와는 관계없이 2개 국가 이상이 연계되어 마약류 밀매 · 위폐 · 밀수 · 밀입국 · 국제인신매매 · 국제사기 등 국가안보 및 국제질서에 해악을 끼치는 범죄를 자행하는 조직”이라고 폭넓게 해석하고 있다.

③ 즉 야쿠자, 마피아 등 국제적으로 악명 높은 범죄조직뿐만 아니라 개인, 기업체, 군소 집단 등도 국제범죄 행위자의 범주에 포함된다.

Ⅲ 국제범죄조직의 실태

1 의의

① 오늘날 국제범죄조직은 연간 3조 달러 규모의 지하경제를 장악하고 있는 것으로 알려져 있는데 이는 세계 500대 기업 총 자산의 60%에 해당된다.

② 이들은 국제경제 질서를 문란하고 불법자금을 동원하여 자국의 정치권을 비호 또는 세력화하는 등 해당 국가는 물론 국제사회에 심각한 해악을 끼치고 있다.

2 특징

① 이들 국제범죄조직은 테러조직과는 달리 이념보다는 경제적 이익만을 추구하며, 수직적 권력구조에 따른 엄격한 위계질서를 갖추고 있다.

② 또한 이들은 첨단 과학장비로 무장하고, 위장 및 증거 인멸 등 매우 지능적이고 전문적으로 범죄활동을 전개한다.

③ 특히 이들은 2개국 이상 국제적으로 연계하여 정보기관에 버금가는 비노출활동을 전개한다. 따라서 그들의 신원, 소재지 그리고 활동 실태를 파악하는 것이 결코 용이하지 않다.

④ 일반인들에게 흔히 알려져 있는 주요 국제범죄조직으로서 일본의 야쿠자, 중국의 삼합회, 러시아 마피아 등이 있으며, 그 밖에도 세계 도처에 수많은 범죄조직들이 활동하고 있는 것으로 알려져 있다.

3 일본 야쿠자

① 일본 야쿠자는 18세기 중반 보부상 집단과 전문 도박집단을 모체로 출현하였다. 20세기 초 일본의 극우 군국주의자들과 결탁하여 급성장했으며, 제2차 세계대전을 전후하여 일본 내 불량청년 집단을 흡수하여 세력을 확대했다.

② 야쿠자는 현재 약 3,300여 개의 조직에 8만 5천여 명이 활동 중이다. 이들은 주로 기업 M&A, 건설업, 카지노 운영, 운수업 등 합법적인 사업체를 운영하기도 하고, 마약밀매, 매춘, 도박 등 불법활동에 개입하기도 한다. 연간 수입이 약 1조 엔 규모에 이를 정도로 막강한 경제력을 과시한다.

4 중국 삼합회(Triad)

① 중국 삼합회(Triad)는 청나라 시대인 17세기 말 중국 소림사 승려 5명이 주축이 되어 '반청복명(反晴復明)' 즉 명나라 복원을 명분으로 조직된 비밀결사체인 천지회(天地會)에 뿌리를 두고 있는 것으로 알려져 있다. 19세기 말 가로회(哥老會), 삼합회 등으로 이어지다가 20세기 들어 청방(靑幇), 선방(線幇), 홍방(紅幇) 등 조합 형태의 범죄 조직으로 변모해 왔다.

② 1949년 중국 본토에 공산정권이 수립되자 본거지를 홍콩과 대만 등으로 이동하여 암약하다가 1978년 중국 정부의 개방정책 실시 이후 본토로 진출하여 세력을 확대해 왔다. 현재 삼합회 조직의 규모는 중국 본토의 흑사회(黑社會 또는 黑幇) 15만 명, 홍콩 신의안(新義安, Sun Yee On) 5~6만 명, 대만의 죽련방(竹聯幇) 2만 명 등 4천여 개 조직에 100만여 명이 활동하고 있는 것으로 알려져 있다.

③ 최근 삼합회는 중국, 대만 정부의 강력한 단속을 피해 활동 거점을 주변국(태국, 미얀마), 북미(미국, 캐나다), 중남미(파라과이, 파나마, 볼리비아, 페루, 브라질 등)는 물론 유럽의 벨기에, 네덜란드, 체코 등지로까지 진출을 확대하고 있다.

5 마피아(Mafia)

(1) 의의

① 마피아(Mafia)는 13~19세기에 걸쳐 이탈리아 시칠리아 섬 서부지역의 대지주들이 강도로부터 농지 보호를 위해 만든 소규모 사병조직인 마피에(MAFIE)에 뿌리를 두고 있다.

② 마피아는 '복종과 침묵의 규칙'(오메르타), CAPO(두목)를 정점으로 하는 피라미드 조직, '고세'라는 패밀리 단위로 운영되며, 이탈리아 혈통이 아니면 정식 조직원이 될 수 없는 매우 폐쇄적인 성향의 조직이다.

(2) 이탈리아 마피아

이탈리아 마피아는 4대 조직에 1만 8천여 명이 활동하며, 마약밀매, 공공사업, 강도, 절도, 기업체에 대한 공갈 사기, 도박, 밀수 등을 통해 연간 30조 리라(약 1억 3천만 달러)의 불법 수입을 취득하고 있는 것으로 알려져 있다.

(3) 미국 마피아

미국 마피아는 19세기 말 미국 동부로 이주한 시칠리아 출신 범죄자와 그 후예들이 조직한 '흑수회(Black Hand Societies)'에 기원을 두고 있으며, 현재 24개 패밀리와 10만여 명의 조직원을 거느린 대규모 연합 범죄조직이다. 이들은 마약밀매, 도박, 무기밀매, 매춘, 고리대금업 등을 통해 막대한 규모의 불법 수입을 취득하고 있는 것으로 알려져 있다.

(4) 러시아 마피아

① 러시아 마피아는 1980년대 말 구소련 공산체제가 무너지면서 공권력이 이완되고 경제 질서가 문란해지는 과정에서 등장한 범죄단체이다.

② 이들은 정부 재산의 민영화 과정에서 각종 이권에 개입하여 경제적 부를 축적함으로써 세력을 확장하였다. 이들은 주로 군수물자, 수산물 밀거래 등 경제적 이득을 취하는 데 몰두하는 성향을 보여 '경제 마피아'라고 불리기도 한다.

③ 러시아 전 지역을 장악하는 통일된 조직은 없고, 도시별 또는 민족별로 조직을 이루어 상호 독립성을 유지하고 있다. 현재 약 8천여 개 조직에 12만여 명이 조직원으로 활동 중이며, 이들 중에는 전 KGB 요원, 공산당 간부, 전직 관료, 군인, 지역 유지 등도 있다.

④ 1980년대 중반부터 마약밀매, 위폐유통, 무기밀매, 자금세탁 등의 활동을 통해 엄청난 규모의 불법이득을 취하고 있다. 러시아 내무부 통계에 따르면 부패 공직자들과 결탁하여 러시아 전체의 30%에 해당되는 4만여 개의 기업 및 은행을 운영하고 있으며, 러시아 총생산의 약 40~42%에 이르는 규모의 지하경제를 장악하고 있는 것으로 알려져 있다.

6 남미 마약 카르텔

① 남미 마약 카르텔은 콜롬비아 및 멕시코를 근거지로 약 1천여 개 조직에 2만 5천여 명이 활동하고 있는 것으로 알려져 있다.

② 최근 메데인, 칼리카르텔 등 거대 마약 카르텔이 와해되면서 군소 마약조직들이 마약사업에 개입하는 양상을 보이고 있다.

7 아프리카 범죄조직

아프리카 범죄조직들은 나이지리아, 가나, 남아공화국 등 국가들을 중심으로 1만 5천여 명이 활동하고 있으며, 중남부 지역에서 생산된 대마 등 마약류를 유럽이나 미국, 일본 등지로 공급하는 불법행위를 자행하고 있다. 특히 나이지리아 범죄조직들은 전 세계를 대상으로 금융사기를 일으키는 주범으로 유명하다.

Ⅳ 대응책과 한계

1 의의

① 세계화, 정보화의 추세는 인류사회의 발전이라는 긍정적인 측면이 있는 반면 국제범죄의 급격한 증가라는 부정적 측면을 야기하기도 한다.

② 특히 교통 · 통신의 발달, 국제 교류의 급속한 증가 등 세계화의 진전과 함께 국지적 범죄현상이 국가와 영토를 초월하여 광역화되는 양상을 보여주고 있다.

③ 컴퓨터와 인터넷의 보급이 전 세계적으로 확대되면서 컴퓨터 해킹 등 사이버 공간에서 각종 범죄가 날로 증가하고 있다.

2 국제범죄의 특징

오늘날 국제범죄는 보다 지능적이고 기업적인 특성을 보이고 있으며, 국제적 범죄 네트워크를 형성하여 전 세계에 걸쳐 마약밀매, 위폐유통, 무기밀매, 금융사기, 자금세탁, 인신매매 등 각종 범죄행위를 자행하고 있다. 따라서 이들 국제범죄조직을 색출 · 와해시키고 그들의 불법적인 활동을 통제하지 못하면 국제사회의 평화와 안전을 유지할 수 없다.

3 UN을 중심의 국제범죄 대응 조약

(1) 의의

① 세계 각국에서는 자국 내 범죄조직의 폐해에 대한 우려와 함께 국가마다 자체적으로 대응 노력을 기울여왔다.

② 그러나 세계화의 진전과 함께 범죄조직들은 점차 국제적 네트워크를 형성하여 마약, 밀입국, 인신매매, 총기밀매 등 불법적인 활동을 전개하게 되었다. 이러한 상황에서 각각의 국가들은 국제범죄에 효과적으로 대처하기 위해 국제적 공조의 필요성을 공감하게 되었다.

③ 마침내 UN을 중심으로 국제범죄에 대응하기 위한 몇 개의 국제협약이 체결되었다. 예를 들어 마약에 대해서는 UN이 주축이 되어 1961년 '마약에 대한 단일협약', 1971년 '정신성물질에 관한 협약', 1988년 '마약 및 향정신성물질 불법거래 방지에 관한 유엔협약' 등 3개의 국제협약이 체결되어 마약조직에 대응하기 위한 국제공조체제가 구축되었다.

4 국제범죄에 대한 국제적 공조와 협력

(1) 의의

국제범죄의 폐해가 갈수록 심각해지는 가운데 마약뿐만 아니라 여러 가지 유형의 초국가적 국제범죄들에 보다 광범위하고 종합적으로 대응할 필요성이 제기되었다.

(2) 마약 및 국제범죄 대응기구(UNODC)

이에 따라 1997년 UN 산하에 '마약 및 국제범죄 대응기구(United Nations Office on Drugs and Crime, UNODC)'가 설립되어 국제범죄에 대한 국제적 공조와 협력을 위한 노력이 전개되었다.

(3) 「초국가적 범죄에 대한 유엔협약」과 「범죄예방 및 형사재판위원회」

① 2000년 11월 15일 제55차 유엔총회에서 「초국가적 범죄에 대한 유엔협약」이 체결되었다.

② 그리고 매년 4월 UNODC 주관으로 오스트리아 비엔나에서 「범죄예방 및 형사재판위원회(Commission on Crime Prevention and Criminal Justice)」 총회를 개최하여 세계 각국의 정보 및 수사 기관이 참석한 가운데 국제범죄 문제 해결을 위한 방안을 논의하고 있다.

③ 그러나 각국의 법체계가 다르고 국제범죄에 대한 국제적 공조 노력이 미흡하여 아직은 범죄의 국제화 추세를 따라잡지 못하고 있는 것으로 판단된다.

5 국제범죄와 정보기관

(1) 의의

① 한편 마약, 국제조직범죄 등은 국외조직과 연계하여 수행되는 점을 감안 자국의 국내부문과 국외부문과의 연계부문에 대한 정보활동이 보다 강화되어야 한다.

② 사실 이런 문제들은 얼핏 보기에 경찰 등 국내 사법기관들이 간여할 문제 같지만, 슐스키가 언급했듯이 정보기관이 수행해야만 효과적인 결과를 얻을 수 있다.

(2) 국내 사법기관들의 관할권 부재와 역량 부족

① 오늘날 국제범죄는 국경을 초월하여 초국가적으로 전개된다. 국외에서 벌어진 국제범죄에 대해 국내 사법기관들은 관할권도 없고 필요한 정보를 얻을 수도 없다.

② 그리고 국제범죄조직에 관한 정보를 얻기 위해 첩보수집활동은 물론 때로 조직 내부로 협조자를 침투시키는 활동도 전개해야 한다.

③ 국내 사법기관은 그러한 역량을 갖추지 못했기 때문에 그러한 활동을 효과적으로 수행할 수 없다.

(3) 예방의 필요성

① 그리고 마약밀매, 무기거래, 밀수, 도박, 자금세탁, 인신매매 등 국제범죄는 그 폐해가 크기 때문에 개별 사건의 해결보다는 사전 예방이 보다 중요하다. 그런 점에서 사전에 정보를 입수하고 사건 발생을 차단 또는 예방하는 조치를 취하는 것이 필요하다.

② 따라서 국내 사법기관보다는 정보기관이 그러한 활동을 보다 효과적으로 수행할 수 있을 것으로 판단된다.

Theme

70 마약과 국가안보

I 의의

1 마약 문제의 핵심은 개개인의 치료 · 교정

마약 문제의 핵심은 일반 국민을 마약의 위험성에서 차단하여 보호하고, 마약에 노출된 개개인을 마약으로부터 치료하는 것이다. 그러므로 마약 문제는 궁극적으로는 개개인에 대한 보호와 마약에 노출된 사람에 대한 치료를 목적으로 함에 있다. 형사처벌, 교화 또는 치료감호 등 공권력이 작용한다고 하여 개개인에 대한 보호와 치료문제라는 본질이 달라지는 것은 아니다. 물론 마약에 오염된 개인이 널려 있고 그리하여 마약의 오염이 만연한 사회는 불건전한 사회이자 국가이다. 치안 유지가 위태롭게 되면 국가의 존립도 위협을 받을 수 있을 것은 분명하다. 그러나 현재까지 마약 문제로 국가가 소멸한 예는 없다는 것이, 마약 문제가 국가적 쟁점은 될 수 있을지언정 당연히 국가안보 쟁점이 되는 것은 아니라는 것을 알려 준다.

2 마약 문제는 기본적으로 국가소멸이 아닌 착취의 문제

① 마약 문제란 일반 국민의 마약으로부터의 보호와 마약에 노출된 개인을 치료 교정하는 것이 주안이다. 그래서 원래 법집행 및 정보 전문가들은 마약 문제는 원칙적으로 국내문제이지 해외문제는 아니라고 본다.

② 오늘날 마약 문제는 초기 단계부터 확실하게 제압하여 우위를 확보하지 않으면 남미와 아시아의 여러 국가에서 경험하듯이 국가공권력이 오히려 통제당하게 되는 지극히 위험한 형태로 전개될 위험성이 농후하다. 그러한 연유 등으로 국가안보 문제가 되었는지와 무관하게 마약을 잠재적 국가안보 문제로 취급하는 것이 대다수 국가의 정책 방향이라고 할 수 있다.

③ 국가안보의 문제가 될 수 있음을 부인하지 않으면서도 국제마약 조직들은 본질적으로 대상 국가를 영원한 마약 시장으로 착취하는 데 주안을 두고 있는 것이지, 이득의 원천이 되는 대상 국가 자체를 소멸시키려는 것에 그 근본적인 목적이 있지는 않다.

④ 마약에 노출된 개인의 생명을 앗아가려는 것도 아니다. 다만 중독된 그들을 지속해서 마약 소비자로 착취하는 것이 목적이다. 이 같은 점에서도 마약 문제는 기본적으로 국내문제로 전통적인 군사안보와 국가전복의 위험을 초래할 수 있는 경제안보 · 환경안보 그리고 개개인에 대한 무차별적인 살상을 목적으로 하는 테러문제 등과도 상이한 특성이 있다.

Ⅱ 마약 문제와 국가정보기구

1 입법 정책적 결정

미국과 남미처럼 마약 문제가 국가안보 문제로까지 승화된 나라도 적지 않다. 그러나 국가안보 쟁점인지에 대하여는 국가별로 그 사정이 일률적이지는 않다. 대다수 국가에서는 마약 문제를 법집행기구의 법적 처벌의 문제만으로 한정하지는 않는다. 신속한 정보의 확보와 외국과의 정보 교류 때문에 해외정보망이 있는 국가정보기구의 역할은 중요하다. 그러므로 오늘날 마약이 국가안보 문제가 되었는지와 무관하게, 오히려 입법정책에 입각한 통치적 결정에 따라 국가정보기구가 마약 문제에 관여하게 되었다고 볼 수 있다.

2 국가정보기구가 담당하는 이유

① 마약이 초국가적 쟁점의 하나로 부상하고 국가정보기구의 역할로 주목받는 것에는 실제적인 이유가 있다. 이것은 마약이 국가안보 문제가 되었는지와는 무관한 실질적인 이유이다.

② 오늘날 마약은 해외에서 비밀리에 국내로 반입되는 것이 대부분이다. 그러한 비밀 루트를 파악하고 유입을 차단하기 위해서는 해외정보가 필수적이다. 그에 더하여 마약 거래로 형성되는 막대한 자금은 대개 국제 테러조직 등 다른 국제 조직범죄의 주요한 자금원으로 유입된다.

③ 따라서 마약은 또 다른 국가안보 쟁점과 불가분하게 연결되어 있다. 이러한 안보위협 상관고리의 문제 때문에 마약 문제가 본질적으로 개인의 보호와 치료문제임에도 불구하고 국가정보기구의 주요한 영역으로 간주되고 있는 것이다.

④ 한편 국가정보기구는 잘 발달한 해외정보 수집망을 갖추고 있고 외국 정보기구와의 정보협조·공유체제도 이룰 수 있으므로 마약의 국제적인 불법 거래에 대한 정보를 수집하고 분석할 수 있는 위치에 있다. 즉 국가정보기구는 처벌 위주의 임무를 수행하는 법 집행기구와 달리 마약 거래자의 의도를 사전에 파악해 적절한 예방대책을 강구할 수 있는 능력을 갖추고 있으므로 마약 문제에 대한 국가정보기구의 역할은 중요하고 필수적이다.

Ⅲ 마약의 종류

1 코카인(Cocaine)

① 코카인은 가장 오래된 대표적인 마약으로 직접 두뇌에 영향을 미치는 강력한 흥분 물질이다. 속칭 블로우(Blow), 노우즈 캔디(nose candy), 스노볼(snowball), 토네이도(tornado) 등으로도 불린다. 코카인 마약의 원료물질인 코카나무 잎사귀는 수천 년 전부터 인류가 섭취했고, 코카인 화학물질도 100년 전부터 애용되었다. 코카나무 잎사귀는 19세기 중반부터 페루와 볼리비아 등지에서 대량 재배되었다. 코카인은 원래 피로 회복제로 쓰였던 것인데, 그 강력한 습관성 중독증으로 복용자에게는 강렬한 행복을 가져다주는 약이다.

② 자연 재배에 의한 순수한 작황 증대, 이용하기 쉬운 다양한 형태의 출현 그리고 거리에서 손쉽게 이용할 수 있는 편의성 때문에 법집행기관과 보건의료 정책당국 양자에게 커다란 부담을 주는 마약이다. 분말형태의 코카인은 수용성으로 물에 타서 먹을 수도 있고 주사도 가능하다. 코카인은 중독성이 강한 마약으로, 필연적으로 반복적으로 그리고 점점 과다 복용하게 만들고 그 결과 의학적으로는 안절부절못하는 감정과 경솔함, 게다가 망상증을 유발하고 편집증적 정신병을 유발한다고 보고되어 있다.

2 헤로인(Hemin)

① 헤로인은 양귀비 씨앗 꼬투리에서 추출한 아편으로부터 가공된 것으로 전형적으로 하얗거나 갈색의 파우더 또는 검은색의 끈적끈적한 형태로 팔린다. 풍미, 향기를 뜻하는 스맥(Smack), 천둥(thunder), 지옥의 분말(hell dust), 점비약(nose drops) 그리고 대문자 'H' 등으로 불린다. 기도로 흡입될 수 있지만 주사바늘 등으로 투여함으로써 주사도구들을 공유하게 되어 후천성 면역결핍증의 전파와 같은 부차적인 문제를 불러일으키기도 한다.

② 원래 헤로인은 1874년도 모르핀으로부터 처음으로 합성되어 새로운 통증완화 의약품으로서 1898년부터 상업적으로 생산되기 시작하였다. 처음에는 의료인들도 그 중독 가능성에 대해 잘 알지 못해 특별한 규제 없이 광범위하게 허용되었으나, 오늘날 헤로인은 의료분야에서 쓰이지 않는 불법적인 물질이다. 헤로인 주사는 정맥주사나 근육주사 모두 가능하고 정맥주사를 이용하면 주사 후 7~8초 안에 마약의 쾌감을 바로 경험할 수 있으며 코로 흡입하면 10~15분 안에 최고조에 달한다. 현재 헤로인의 국제적 주산지는 남미의 콜롬비아와 멕시코, 동남아시아의 미얀마, 서남아시아의 아프가니스탄 등지로 알려져 있다. 남미와 멕시코산 헤로인은 대부분 미국에 공급된다. 멕시코산 헤로인은 일명 블랙 타르(black tar)라고 불리며 미국 서부에서 주로 밀거래된다.

3 엑스터시(MDMA – Ecstasy)

① 엑스터시는 화학적 약품의 마약으로 정신활성합성약이다. 소위 "파티용 마약(party drug)"으로 불리며 사춘기 청소년들과 젊은이들이 도취감, 친밀감, 공감, 성욕을 높이고 억압을 줄이기 위해 애용한다. 1980년대부터 통제물질로 분류되어 MDMA, XTC, 콩(Beans), 아담스(Adams), 포옹 마약(Hug Drug), 디스코 비스켓(Disco Biscuit), 고(Go) 등 다양한 이름으로 불린다.

② 동물 실험 연구결과 엑스터시는 노출과 감정, 생각, 판단과 관련된 신경조직 손상으로 연결된다. 영장류에 대한 실험결과 단 4일간의 엑스터시에의 노출이 6~7년 후에 혈액 · 뇌 속에 있는 혈관수축 물질인 세로토닌(serotonin)에 명백한 신경 말단 손상을 보여 주었다. 현재 엑스터시의 대표적인 소비국가인 미국에서 압류된 엑스터시는 대개 네덜란드와 벨기에의 비밀 연구실에서 생산되고 있다.

4 마리화나(Marijuana)

① 마리화나는 인도 산 대마초인 캐너비스(Cannabis)라는 식물의 꽃, 줄기, 씨앗과 잎의 건조한 녹색 · 갈색의 파편 혼합물로 미국에서 가장 흔하게 남용되는 불법적인 약물이다. 대마초로 더 잘 알려진 마약이다. 대마, 마, 또는 삼이라고 하는 식물의 잎과 꽃을 말려서 담배처럼 피울 수 있게 만든 것이다. 더욱 농축시켜 해쉬시(hashish)라고 불리는 끈적거리는 검은 액체형태의 수지식품화 시키기도 한다. 마리화나는 약물 중독성이 높고 안전성이 전혀 보장되지 않아, 현재 미국에서는 치료 목적으로도 허용되지 않는다. 밀거래자들 사이에서는 목초(Grass), 항아리(pot), 잡초(weed), 꽃봉오리(bud), 메리(Mary), 제인(Jane), 하이드로(hydro)라는 속칭으로 불린다.

② 마리화나를 정기적으로 피우는 사람은 흡연자처럼 반복되는 기침과 가래, 잦은 급성 흉통, 폐 감염에의 높은 위험, 호흡기의 폐쇄성 경향과 똑같은 호흡기 문제들을 가질 수 있고, 담배보다 50~70% 더 많은 발암성 탄화수소를 함유하고 있어서 폐를 비롯한 호흡기계의 암 발생이 크게 증가될 수 있다.

5 옥시콘틴(Oxycontin)

옥시콘틴은 중한 상해, 활막염, 탈구, 골절, 신경통, 관절염과 하부통증, 암과 관련된 중중의 통증을 경감하기 위해 사용되는 진통제로 원래 임상적으로 널리 사용된 약물이다. 옥시콘틴의 가장 심각한 위험은 죽음에까지 이르게 할 수 있는 호흡저하 문제이다. 옥시콘틴은 정상적인 약품구입을 가장한 다양한 경로로 구매된다. 가장 흔한 형태는 처방이 필요한 합법적인 질병을 가지고 있는 것으로 위장하여 의사를 찾는 "의료구매(doctor shopping)"방식이다.

6 메스암페타민(Methanwhetamine)

메스암페타민은 오늘날 가장 사용 증가율이 높은 마약물질로 높은 중독성의 약물이다. 한때 비만 치료제로도 남용되는 등 현재까지 주된 남용약물이다. 메스암페타민은 각국의 비밀실험실에서 불법 생산되고 있다. 속칭 스피드(speed), 메쓰(meth) 아이스(Ice), 크리스탈(Crystal), 초크(Chalk), 가난한 사람의 코카인(Poor man's cocaine), 닭 모이(Chicken feed), 쓰레기(Trash) 그리고 황금 각성제를 뜻하는 옐로우 뱀(Yellow Bam) 등으로 불린다. 메스암페타민은 매우 작은 양으로도 강력한 자극을 주어 각성과 육체활동을 증가시키고, 동물 실험결과 독성 효과를 가지고 있어서 신경말단을 파괴시킨다.

7 인헤일런트(Inhalant)

① 인헤일런트는 제반 중독성 흡입물질을 총칭하며 오늘날 청소년들에게는 가장 위험한 마약으로 간주된다. 각종 흡입제는 생활용품점에서 간단히 구입할 수 있으며 평상시에 안전하게 쓰이는 가정 용품들도, 호기심을 갖고 있는 청소년들에게는 강력한 환각제로 사용된다는 데에 그 위험성이 있다. 현재까지 알려진 흡입제로 간단하게 이용 가능한 용품에는 본드, 가정용 세제, 매직펜, 페인트 시너, 드라이클리닝 액, 고무풀 접착제, 매니큐어 액, 페인트, 부탄가스 라이터, 각종 스프레이 제품, 프로판가스, 에어컨 냉각제, 자동차 가솔린, 공기청정제, 방향제 등 일상생활 주위에 무수히 널려 있다.

② 이러한 흡입제 남용은 법으로 엄격히 규제되는 통제물질인 코카인, 헤로인 등과 달라서 법적으로는 마약으로 구분되지 않기 때문에 소위 감춰진 비밀의 마약 문제로 여겨지고 있다. 더불어 대다수의 부모들은 주위에 널려 있는 단순한 가정용품이 자녀들이 처음으로 접하는 마약이 될 수도 있다는 것을 인식하지 못하는 것도 그 위험성을 가중시키고 있다. 한편 어린 시절에 각종 흡입제를 경험한 아동들의 다수가 성장해서는 불법 마약에 노출되는 자연스러운 악순환의 고리에 빠져들게 된다.

③ 많은 청소년들이 흡입제를 사용하는 이유는 이러한 제품이 저렴하면서도 주위에서 합법적으로 쉽게 구할 수 있으며 또한 취한 듯한 기분 좋은 환각 상태를 유발하고 적당한 음주 효과도 낼 수 있어서 음주를 하지 않았다는 정당성을 가지게 하여 오히려 그다지 나쁜 일이 아니라고 생각하기 때문이기도 하다.

④ 2005년 조사통계에 의하면 미국의 8학년 학생들의 17.1%, 10학년 학생들의 13.1%, 12학년 학생들의 11.4%가 각종 흡입물질 경험이 있었다고 하여 그 심각성을 보여 주고 있다.

8 스테로이드(Steroids)

① 미국 가정의학회(American Academy of Family Physicians)지에서는 "미국의 12세에서 17세 사이의 청소년 약 100만 명이 위험의 소지가 있는 체력 증강 보조제와 약물을 오용해 왔다."고 보고했다. 현재까지 100여 종이 넘는 스테로이드 제제가 개발되어 있다. 스테로이드는 동화작용으로 알려진 것처럼 원래 체력 증강 약물로 골격근의 성장과 남성적 특징의 발달을 촉진한다. 합성 스테로이드는 이러한 남성호르몬이 자연적으로 충분히 생성되지 않는 남성들을 치료할 목적으로 1930년대에 최초로 개발되었다.

② 1950년대부터는 암시장에서 스테로이드를 구할 수 있게 되었으며 야심을 품은 운동선수들이 경기력 향상을 목적으로 스테로이드를 복용하기 시작하였다. 1990년대부터 여성의 스테로이드 오용이 상당히 증가했으며, 일부 여성들은 더 강하고 더 빠른 운동선수가 되기 위해서 스테로이드를 사용하기도 하지만, 대다수의 여성들은 그러한 약물 덕분에 자신도 모델들과 영화배우들이 과시하는 날씬하고 탄력 있는 몸매를 갖게 될 거라는 희망을 품고 스테로이드 약물을 사용해 왔다.

③ 그러나 스테로이드 남용의 위험성은 적지 않아 심장 마비, 간 기능 부전, 신장 기능 부전 및 심각한 정신 질환을 겪을 가능성이 높다는 것이 실험결과로 나타났다. 또한 스테로이드를 사용하는 여성은 월경 불순, 체모 성장 증대, 남성형 탈모증, 목소리가 영구적으로 굵어지는 현상이 나타나며, 남성의 경우에는 고환 수축이 나타날 수 있고 남녀 모두 공격적인 성향을 분출하게 될 수 있다고 한다. 역설적이게도 스테로이드를 청소년기에 사용하면 성장이 저해될 수 있다. 현재 스테로이드는 멕시코와 유럽 등지의 국제 암거래 시장에서 다량으로 밀거래되고, 일부는 합법 처방을 위조하여 구매되기도 하는 바 각국의 비밀 실험실에서 자체 제조된다고 미국정보당국은 파악하고 있다.

9 엘에스디(LSD)

LSD는 1938년 스위스 산토스 실험실에서 일하던 화학자 알버트 호프만(Chemist Albert Hofmann)이 합성에 성공한 약물이다. 현재 시중에서 타블릿, 정제 등 알약 또는 캡슐 그리고 물약 형태로 판매된다. 산(Acid), 창유리(window pane) 등으로 불려진다. 내성이나 심리적 의존현상은 있지만 신체적 금단증상은 일으키지 않는다고 알려져 있다. LSD의 특별한 효과 중 플래시백 효과라는 것이 있는데, 이것은 일부 남용자들의 경우 LSD를 사용하지 않는데도 환각을 반복 경험하게 되는 것을 말한다.

관련법조항 「마약류 관리에 관한 법률」

제1조(목적)

이 법은 마약 · 향정신성의약품(向精神性醫藥品) · 대마(大麻) 및 원료물질의 취급 · 관리를 적정하게 함으로써 그 오용 또는 남용으로 인한 보건상의 위해(危害)를 방지하여 국민보건 향상에 이바지함을 목적으로 한다.

제2조(정의)

이 법에서 사용하는 용어의 뜻은 다음과 같다.

1. "마약류"란 마약 · 향정신성의약품 및 대마를 말한다.
2. "마약"이란 다음 각 목의 어느 하나에 해당하는 것을 말한다.
   가. 양귀비: 양귀비과(科)의 파파베르 솜니페룸 엘(Papaver somniferum L.), 파파베르 세티게룸 디시(Papaver setigerum DC.) 또는 파파베르 브락테아툼(Papaver bracteatum)
   나. 아편: 양귀비의 액즙(液汁)이 응결(凝結)된 것과 이를 가공한 것. 다만, 의약품으로 가공한 것은 제외한다.
   다. 코카 잎[엽]: 코카 관목(灌木): 에리드록시론속(屬)의 모든 식물을 말한다]의 잎. 다만, 엑고닌 · 코카인 및 엑고닌 알칼로이드 성분이 모두 제거된 잎은 제외한다.
   라. 양귀비, 아편 또는 코카 잎에서 추출되는 모든 알카로이드 및 그와 동일한 화학적 합성품으로서 대통령령으로 정하는 것
   마. 가목부터 라목까지에 규정된 것 외에 그와 동일하게 남용되거나 해독(害毒) 작용을 일으킬 우려가 있는 화학적 합성품으로서 대통령령으로 정하는 것
   바. 가목부터 마목까지에 열거된 것을 함유하는 혼합물질 또는 혼합제제. 다만, 다른 약물이나 물질과 혼합되어 가목부터 마목까지에 열거된 것으로 다시 제조하거나 제제(製劑)할 수 없고, 그것에 의하여 신체적 또는 정신적 의존성을 일으키지 아니하는 것으로서 총리령으로 정하는 것[이하 "한외마약"(限外麻藥)이라 한다]은 제외한다.
3. "향정신성의약품"이란 인간의 중추신경계에 작용하는 것으로서 이를 오용하거나 남용할 경우 인체에 심각한 위해가 있다고 인정되는 다음 각 목의 어느 하나에 해당하는 것으로서 대통령령으로 정하는 것을 말한다.
   가. 오용하거나 남용할 우려가 심하고 의료용으로 쓰이지 아니하며 안전성이 결여되어 있는 것으로서 이를 오용하거나 남용할 경우 심한 신체적 또는 정신적 의존성을 일으키는 약물 또는 이를 함유하는 물질
   나. 오용하거나 남용할 우려가 심하고 매우 제한된 의료용으로만 쓰이는 것으로서 이를 오용하거나 남용할 경우 심한 신체적 또는 정신적 의존성을 일으키는 약물 또는 이를 함유하는 물질
   다. 가목과 나목에 규정된 것보다 오용하거나 남용할 우려가 상대적으로 적고 의료용으로 쓰이는 것으로서 이를 오용하거나 남용할 경우 그리 심하지 아니한 신체적 의존성을 일으키거나 심한 정신적 의존성을 일으키는 약물 또는 이를 함유하는 물질
   라. 다목에 규정된 것보다 오용하거나 남용할 우려가 상대적으로 적고 의료용으로 쓰이는 것으로서 이를 오용하거나 남용할 경우 다목에 규정된 것보다 신체적 또는 정신적 의존성을 일으킬 우려가 적은 약물 또는 이를 함유하는 물질
   마. 가목부터 라목까지에 열거된 것을 함유하는 혼합물질 또는 혼합제제. 다만, 다른 약물 또는 물질과 혼합되어 가목부터 라목까지에 열거된 것으로 다시 제조하거나 제제할 수 없고, 그것에 의하여 신체적 또는 정신적 의존성을 일으키지 아니하는 것으로서 총리령으로 정하는 것은 제외한다.

4. "대마"란 다음 각 목의 어느 하나에 해당하는 것을 말한다. 다만, 대마초[칸나비스 사티바 엘(Cannabis sativa L)을 말한다. 이하 같다]의 종자(種子)·뿌리 및 성숙한 대마초의 줄기와 그 제품은 제외한다.
가. 대마초와 그 수지(樹脂)
나. 대마초 또는 그 수지를 원료로 하여 제조된 모든 제품
다. 가목 또는 나목에 규정된 것과 동일한 화학적 합성품으로서 대통령령으로 정하는 것
라. 가목부터 다목까지에 규정된 것을 함유하는 혼합물질 또는 혼합제제

핵심정리 마약류의 분류

마약류	분류	종류: 성분	비고
마약	천연 마약	양귀비, 아편: 모르핀, 코데인	일부 의약품으로 사용
		코카엽: 코카인	
	반합성 마약	헤로인	
	합성 마약	페치딘, 메사돈, 펜타닐, 옥시코돈	일부 의약품으로 사용
향정신성의약품	가목	LSD, 메스케치논, JWH-018 등	
	나목	메탐페타민, 암페타민, MDMA 등	제한적 의약품 사용
	다목	바르비탈산류	일부 의약품으로 사용
	라목	벤조디아제핀류, 졸피뎀, 펜터민	
대마	가목	대마초와 수지: 테트라하이드로칸나비놀	
	나목	가목을 원료로 제조한 모든 물질	

핵심정리 마약의 구분

구분	종류		특성	작용	주산지
천연 마약	아편계	양귀비	• 키 1~1.5m 식물 • 백색, 적색, 자색 꽃		황금삼각지대(미얀마, 태국, 라오스), 황금초생달지역(이란, 파키스탄, 아프간) 중심 온대, 아열대 등 거의 세계전역
		아편	• 설익은 꽃봉우리에 생채기를 내어 우유빛 즙을 담아두면 암갈색 타르화(생아편) • 응고하면 딱딱한 왁스형 • 달콤하고 톡쏘는 향, 건초향	• 고통완화, 졸린 듯한 상태에서 편안, 황홀 • 의존성, 내성, 변비, 얼굴 창백, 신경질적, 식욕·성욕상실, 구토, 동공수축, 호흡장애	
		몰핀	• 아편으로 몰핀 제조(10 : 1), 무취, 쓴맛 • 백색, 갈색, 커피색 분말, 캡슐, 주사약	• 의약용으로 사용 • 진통 강력, 도취, 수면 • 아편보다 강한 중독성, 호흡억제, 구토, 발한, 변비	
		헤로인	• 몰핀량 1/2로 동일효과 • 백색, 황백색, 회색, 연갈색 설탕형태 미세결정 • 무취, 쓴맛, 몰핀에 무수초산을 가한 제조로 밀조품은 강한 식초냄새	• 쾌감 쇄도 후 졸음, 도취 • 몰핀보다 강한 중독성, 변비, 동공수축, 호흡감소, 무감각, 내분비계통 퇴화, 자아 통제불능	황금삼각지대, 황금초생달지역, 중미(멕시코,콜롬비아)
		코데인	• 몰핀으로부터 분리 • 주사, 캡슐, 정제	• 의약용으로 사용 • 진통, 진해 특효	
	코카계	코카인	• 코카엽에서 추출 • 솜털같은 백색결정분말 • 코흡입, 주사, 구강투여	• 효과 신속 일시적, 대뇌 흥분, 동공확장, 심박증가 • 심장장애, 호흡곤란, 경련, 공격적, 과대망상, 정신착란	남미(콜롬비아, 볼리비아, 페루)
		크랙	• 코카인에 베이킹소다, 물 넣고 가열하여 제조 • 작은 돌과 같은 결정체 • 워터파이프로 흡연	• 효과 신속 강렬, 황홀 • 코카인보다 중독위험 심각, 투약간편, 저렴 • 부작용 코카인 유사	
합성 마약	페티딘계		• 몰핀 대용, 3~6시간 지속, 주사, 정제, 캡슐(중국명: 도냉정)	• 진통, 진정 • 졸립고 멍청, 호흡감소, 경련, 내성, 의존성	
	메타돈계		• 몰핀 대용, 24시간 지속, 주사, 정제, 캡슐	• 아편계 중독치료 • 내성, 의존성	

<table>
<tr><th>구분</th><th colspan="2">종류</th><th>특성</th><th>작용</th><th>주산지</th></tr>
<tr><td rowspan="7">향정신성의약품</td><td rowspan="3">환각제</td><td>LSD</td><td>• 무색, 무미, 무취 결정분말
• 투명액, 정제, 각설탕, 캡슐형, 이쑤시개 · 아스피린 · 종이 · 사탕·빵 등에 흡착
• 소량(1회 0.1mg)으로 6~12시간 환각상태</td><td>• 환각, 자기모습 제3자 입장 관찰, 음악의 색 · 맛 감상, 광범위한 감정체험, 감지 · 판단력 감소, 자기통제력 상실
• 동공확대, 홍조, 체온저하, 발한, 현기증, 혈압상승, 재발성 환각질환</td><td>북미, 유럽
동남아</td></tr>
<tr><td>MDMA
(엑스터시)</td><td>• 암페타민류 합성마약
• 로고 각인 정제, 캡슐</td><td>• 도취, 식욕상실
• 변비, 혼수, 자아통제 불능</td><td>유럽, 미국</td></tr>
<tr><td>메스칼린</td><td>• 멕시코 선인장 페이오트(Peyote)에서 추출
• 분말, 캡슐, 용액</td><td>• 환상, 환각</td><td></td></tr>
<tr><td rowspan="2">각성제</td><td>암페타민류</td><td>• 원료: 염산에페드린
• 백색, 회색, 황색 분말 또는 크리스탈 덩어리
• 약간의 신맛, 물에 잘 녹음
• 주사, 코 흡입, 술이나 음료에 타서 남용</td><td>• 기관지확장, 혈압상승, 심박증가, 동공확대, 혈당증가, 근력증가
• 황홀, 공복감상실, 상쾌, 자신감, 식욕억제, 피로억제, 정신적의존성, 내성
• 불안, 흥분, 환각, 망상, 불면, 정신착란, 플래시백</td><td>중국, 필리핀,
대만, 홍콩, 태국,
미국(히로뽕),
유럽(암페타민)</td></tr>
<tr><td>YABA</td><td>• 암페타민류 25% 함유
• 작은 정제(1알: 0.2g)</td><td>• 도취, 흥분, 환각, 공격성
• 우울증, 정신착란, 공포</td><td>태국, 미얀마</td></tr>
<tr><td rowspan="2">억제제</td><td>진정
수면제</td><td>• 바르비탈제제 등
• 알콜과 남용시 치명적</td><td>• 생리기능 억제, 불안, 긴장, 불면 치료
• 의존성, 내성, 호흡곤란, 심기능 저하, 동작 · 사고 둔화, 기억력 장애</td><td></td></tr>
<tr><td>신경
안정제</td><td>• 알콜과 남용시 치명적</td><td>• 불안, 긴장 완화
• 의존성, 내성, 운동실조, 착란, 졸림</td><td></td></tr>
<tr><td rowspan="3">대마류</td><td colspan="2">대마초</td><td>• 연녹색, 황색, 갈색 잎
• THC(Tetra Hydro Canabinol) 성분이 도취 · 환각 유발</td><td rowspan="3">• 흥분과 억제 두 가지 작용, 초조, 풍족, 이완, 꿈꾸는 느낌, 공복감, 단 것 먹고 싶은 느낌, 감각 미묘 변화
• 공중에 뜨는 느낌, 빠른 감정변화, 변비, 환각, 심박증가, 공포, 불안, 사고 및 기억 단절, 집중력 상실, 자아상실감, 영상왜곡, flashback(중단 후 환각 재현)</td><td rowspan="3">온대, 열대(아시아, 아프리카, 미주)</td></tr>
<tr><td colspan="2">대마수지
(해시시)</td><td>• 대마초 300kg로 해시시 1kg 제조
• 갈색, 흑색의 수지
• THC 2~10% 함유</td></tr>
<tr><td colspan="2">대마오일
(해시시오일)</td><td>• 해시시 3~6kg로 해시시오일 1kg 제조
• 암록색, 흑색의 기름 형태
• THC 10~30% 함유</td></tr>
</table>

Theme

71 방첩의 과제와 전망

I 의의

① 방첩은 한마디로 자국의 안보와 국익에 위협이 되는 세력들에 대한 대응이다. 방첩의 목표는 적대국은 물론 테러집단, 국제범죄조직, 기타 자국에 해를 가하려는 세력들의 실체를 확인 · 평가하고, 이들의 기능이나 활동을 무력화 또는 역이용하는 일련의 노력들을 통해 국가안보와 국익을 수호하는 데 있다.

② 한편 오늘날 세계화, 정보화의 추세와 더불어 테러, 마약, 국제범죄, 사이버테러 등 새로운 안보위협이 부각되고 있으며, 첨단산업기술 획득을 위한 국가 간 첩보 전쟁이 치열하게 전개되고 있다. 과거의 적대세력은 국가로 한정되었지만 오늘날 테러집단, 국제범죄조직, 또는 개인에 이르기까지 다양한 행위자가 국가안보 또는 국익을 위협하는 세력으로 부상하고 있다.

II 변화된 안보환경에 따른 방첩의 변화와 개혁 필요성

변화된 안보환경에 따라 방첩의 개념, 목표 그리고 범위에 있어서 많은 변화가 나타나고 있는바, 국가안보와 국익을 보호하기 위한 방첩 본연의 임무를 성공적으로 수행하기 위해 방첩의 전략에 있어서 새로운 변화와 개혁이 요구되고 있다.

III 방첩의 개념 변화

1 의의

① 새로운 정보환경에 부응하여 방첩의 개념이 변화되어야 한다. 통상적으로 세계 대부분의 국가에서 보안을 방첩의 대부분으로 인식하는 경향을 보이고 있다. 보안은 방첩의 가장 중요한 출발점으로서 철저한 보안 없이 방첩임무를 효과적으로 수행할 수 없다. 그러나 방첩의 개념을 방어적이고 소극적인 보안으로 한정하면 방첩이 추구하는 목표를 성공적으로 달성할 수 없다.

② 예컨대 축구, 배구 등 스포츠 경기에서 공격 없이 수비에만 치중하는 소극적인 전략으로는 경기를 유리하게 끌고 갈 수 없다. 철저한 수비와 더불어 상대의 취약점을 파고들어 적극적으로 공격함으로써 원하는 바 승리를 쟁취할 수 있다. 마찬가지로 성공적인 방첩은 방어적인 차원의 보안과 더불어 보다 적극적으로 적대세력의 위협을 탐지, 파괴, 무력화, 역용하는 등의 공격적인 활동이 수반되어야 할 것이다.

2 적극적이고 공세적인 방첩 추구

① 구소련 당시 KGB는 소련 공산당(CPSU)의 '창과 방패'라는 명성을 얻었다. 방첩에 관해서도 KGB는 공격과 방어임무를 포괄하는 개념으로 인식했다. 9/11 이후 미국의 방첩전략도 소극적이고 수동적인 보안에 그치지 않고, 적대 세력 내부에 은밀히 침투하여 방첩 관련 첩보를 수집하고 적의 정보활동을 무력화 또는 조종(manipulation)하는 등의 방첩공작을 적극적으로 추구하고 있다.

② 2005년 클리브(National Counterintelligence Executive)는 "과거의 방첩은 적대세력의 공격을 기다리는 소극적인 정책이었다."고 평가하고, "이제 우리는 더 이상 적의 공격을 기다리지 않을 것이다."라고 선언했다.

③ 2009년 발표된 '미국의 방첩전략'에서 미국 정보공동체가 추진할 네 가지 방첩목표로서 내부위협 탐지, 외국 정보기구로의 침투, 사이버와 방첩의 융합, 외국 정보기관의 침투 차단 등을 제시하고 보다 공세적인 방첩전략의 추진 필요성을 강조했다.

④ 이처럼 미국을 비롯한 선진정보기관들은 과거의 수동적이고 소극적인 보안을 넘어서서 보다 적극적이고 공세적인 방첩을 추구하고 있다. 이러한 추세를 반영하여 향후 방첩의 개념이 수동적인 보안과 더불어 능동적인 방첩을 동시에 포괄하도록 변화되어야 할 것이다.

Ⅳ 방첩의 목표 변화

1 의의

① 새로운 안보위협들에 대응하기 위해 방첩의 목표도 변화되어야 한다. 냉전시대 동안 국가의 주요 안보위협 세력은 오로지 국가로 한정되었다. 그래서 미국을 비롯한 자유민주주의 국가들에게 '방첩=대공'이라는 등식이 성립되었고, 그들에게 방첩의 주요 목표는 공산주의 국가들이었다.

② 그러나 탈냉전과 함께 국가 간 산업스파이활동이 치열하게 전개되면서 방첩의 목표가 적대국가뿐만 아니라 우호적인 관계를 유지하고 있는 국가들로까지 확대되었다. 또한 테러, 마약, 국제조직범죄 등 초국가적 안보위협이 부상하면서 방첩의 목표가 외국 정부는 물론 조직, 개인 등 다양한 종류의 행위자들로까지 확대되었다.

2 새로운 목표에 대해 기존의 방식으로 대응할 때 발생하는 문제

(1) 의의

방첩의 목표가 바뀌면 대응방식도 변화되어야 한다. 새로운 목표에 대해 기존의 대응방식으로는 효과적인 결과를 얻을 수 없으며, 자칫 엄청난 재앙을 초래할 수 있다.

(2) 9/11 테러

① 그러한 방첩실패의 대표적인 사례로서 9/11 테러 사건을 들 수 있다. 탈냉전과 함께 새로운 방첩목표로서 부각된 테러리즘, 마약, 조직범죄 등 초국가안보위협은 냉전시대의 방식으로는 해결이 어렵다.

② 그럼에도 불구하고 미국의 정보공동체는 냉전시대의 조직구조, 운영체계 그리고 활동방식을 고수함으로써 새롭게 부상한 초국가안보위협에 효과적으로 대응하지 못했던 것으로 지적된다.

③ 9/11 테러가 임박한 상황에서 CIA를 비롯한 미국의 정보기관들은 대테러 관련 첩보수집활동을 효과적으로 수행하지 못했다. 당시 대테러 관련 미국의 유일한 첩보출처로서 신호정보(COMINT)는 테러범의 동향에 관한 중요한 첩보를 수집하기도 어려웠고, CIA의 인간정보(HUMINT) 수집 역량도 매우 미흡한 수준이었던 것으로 평가되었다.

④ 결국, 미국의 정보공동체는 새로운 안보위협으로 부각된 방첩목표로서 국제테러리즘에 단지 미온적인 대응에 그침으로써 9/11 테러를 사전에 막지 못하는 참담한 실패를 경험하게 된 것이다.

V 방첩의 범위 변화

1 의의

① 국가안보의 개념이 기존의 전통적 안보에서 포괄적 안보로 확대된 만큼 그에 대한 대응으로서 방첩의 범위도 확대되어야 할 것이다. 냉전시대까지 군사안보 개념이 주류를 이루었지만 오늘날에는 경제, 자원, 환경 등을 포함하는 신안보개념과 더불어 테러리즘, 마약, 국제조직범죄, 사이버테러 등을 포함하는 초국가안보개념으로까지 확대되었다.

② 이에 따라 경제방첩, 대테러, 국제범죄 대응, 사이버테러 대응 등 새로운 방첩의 과제들이 부상하였다. 전통적 방첩은 정치, 군사, 외교 등의 분야에서 암약하는 외국의 스파이를 색출하고 이들에 의한 정보활동을 견제 · 차단 · 무력화하는 데 중점을 두었다.

③ 오늘날 산업스파이, 테러조직, 국제적 마약 밀매단, 해커 조직 등 방첩의 새로운 영역에서 다양한 유형의 행위자들이 국가안보와 국익을 심각하게 위협하는 세력으로 부각되고 있는 바, 이들에 대한 대응으로서 방첩의 범위가 보다 확대되기에 이르렀다.

2 한정된 예산과 인력으로 확대된 방첩의 범위에 대응하는 문제

(1) 의의

여기서 문제는 한정된 예산과 인력으로 확대된 방첩의 범위에 대응하여 어떻게 하면 방첩임무를 효과적으로 달성할 수 있을까 하는 것이다.

(2) 우선순위의 설정

① 방첩임무를 효과적으로 달성할 수 있는 방법은 우선순위를 설정하는 것이다. 방첩목표 우선순위는 나라마다 그리고 각 나라가 처한 시기와 상황에 따라 각기 다를 수 있다.

② 예를 들어 냉전시대 미국의 방첩목표 최우선순위는 소련 KGB에게 주어졌지만, 오늘날에는 중국 또는 알 카에다 테러조직이 될 수 있다.

(3) 우리나라 방첩의 최우선 순위

① 우리나라의 경우 방첩의 최우선 순위는 북한의 대남 간첩행위에 대한 대응활동에 주어져야 할 것이다.

② 북한은 끊임없이 공작원을 남파하여 국가기밀의 탐지 · 수집은 물론 대남 심리전을 전개하여 우리 체제를 분열 · 약화시키고 궁극적으로 대한민국 자유민주주의 체제의 전복을 기도하고 있어 국가안보에 가장 큰 위협요인으로 작용하기 때문이다.

③ 또한 북한의 대남 선전 · 선동 활동에 동조하는 등의 이적행위를 자행하는 국내 친북 또는 종북 세력들도 대한민국 자유민주주의 체제에 대한 심각한 위협으로 작용하는 바 이들 세력이 부식 · 확산될 수 있는 터전을 발본색원하는 차원에서 이들에 대한 적극적인 방첩수사 활동이 강조된다.

④ 이 밖에도 중국, 일본, 러시아 등 주변국의 스파이 행위에 대한 대응 또는 테러리즘, 국제범죄조직, 산업스파이 등에 대한 대응 등도 방첩의 또 다른 중요한 목표가 될 수 있다.

⑤ 이처럼 방첩목표 우선순위의 설정은 국가안보에 가장 심각한 위협이 되는 요소에 집중하도록 유도함으로써 한정된 예산과 인력을 효율적으로 활용할 수 있는 방안으로 고려된다.

Ⅵ 방첩전략에 있어서의 조정과 변혁

1 의의

① 방첩의 개념, 목표 그리고 범위가 변화됨에 따라 방첩전략에 있어서도 과감한 조정과 변혁이 요구된다. 기존의 수동적이고 방어적인 보안으로는 변화된 방첩 환경에 효과적으로 대응할 수 없다. 앉아서 기다리는 식의 수동적 방첩을 초월하여 보다 적극적이고 공세적인 방첩전략을 추구해야 한다.

② 최근 IT 기술의 발전 및 급격한 정보화 사회로의 변화 등 정보의 디지털화를 가속시키는 추세에 부응하여 간첩, 산업기술 유출, 해킹, 사이버 테러 등 방첩 관련 범죄에 대한 증거수집 및 분석·수사를 위해 전문적인 '디지털 포렌식' 기술이 활용되고 있다.

③ 이처럼 컴퓨터, 인터넷 등 첨단 과학 장비와 기술을 활용하여 날로 지능화하는 적대 세력의 안보 위해 활동을 효과적으로 탐지·색출·차단·무력화하기 위해 방첩분야 첩보수집, 분석, 수사 그리고 공작 기법의 첨단화·과학화가 요구된다.

2 간첩들의 인터넷을 통한 첨단 암호화된 통신 프로그램 활용

① 한편 과거 간첩들은 주요 송·수신 수단으로서 1990년대까지 모스 부호나 메모리식 송신기 등을 사용했었다. 그런데 오늘날 간첩들은 인터넷을 통해 첨단 암호화된 통신 프로그램을 통신수단에 활용하기 때문에 이들의 활동을 탐지·색출하는 데 많은 어려움이 있다.

② 최근 '왕재산 사건'에서 드러났던바 이들 조직원들은 인터넷을 활용하여 첨단 암호화된 프로그램을 통해 중요 비밀이 담긴 대용량 파일을 수시로 북한에 전달했다.

③ 따라서 이러한 간첩 용의자들을 색출하려면 이들이 사용하는 암호체계를 타파하여 해독할 수 있도록 정보기관 스스로 고도의 전문화된 암호해독 역량을 갖추어야 할 것이다.

3 '다차원 안보위협' 현상의 등장

(1) 의의

① 오늘날 방첩 관련 국가안보위협의 새로운 양상으로 전통적 영역과 새로운 영역이 상호 밀접하게 연계되는 '다차원 안보위협' 현상이 나타나고 있다.

② 즉 전통적 안보위협으로서 적대 세력의 국가기밀 탐지·수집 및 침투·파괴·전복 등의 공작활동과 새로운 안보위협으로서 테러리즘과 국제범죄가 상호 밀접하게 연계되어 수행되는 양상으로 전개될 수 있다.

(2) 정보화와 세계화의 진전으로 인한 전장 환경의 급격한 변화

① 우선, 정보화에 따른 사이버 공간의 등장과 세계화의 진전으로 전장 환경이 급격히 변화하고 있다.

② 예를 들어 국제적 돈세탁, 무기 밀거래, 마약 밀거래, 불법이민 네트워크 등 국제범죄활동을 수행하는 조직이 사이버 공간을 활용하여 보다 값싸고, 쉽게, 신속하게 그리고 은밀하게 국가안보를 심각히 위협하는 범죄행위를 저지를 수 있다.

③ 혹은 북한의 특수전 요원들이 탈북자나 조선족으로 신분을 위장하여 안산 등 국내 외국인 이주자 밀집 지역에 잠입한 다음 인터넷을 활용하여 첨단 암호화된 프로그램을 통해 북한으로부터 지령을 받고 광화문 등지에서 폭탄 테러를 감행하게 될 경우를 가정해 볼 수도 있다.

④ 이처럼 전통적 영역의 안보위협 세력이 새로운 안보영역의 수단과 기법을 활용하여 테러, 마약, 사이버공격 등 범죄행위를 저지르게 될 경우 그로 인해 국가적으로 엄청난 피해가 발생할 수 있다.

(3) 방첩 관련 인원, 조직체계, 예산 그리고 전략의 대폭적인 변화와 혁신의 필요성

① 이러한 전통적 안보위협과 새로운 안보영역이 결합되어서 나타나는 '다차원 안보위협' 현상은 오늘날 단기적인 현상이 아니고 세계화·정보화의 진전과 함께 앞으로 장기적이고 지속적으로 발생할 수 있을 것으로 추정된다.

② 오늘날 방첩의 개념, 목표, 범위가 전반적으로 확대되는 추세를 보이고 있다. 더욱이 적대국을 비롯한 국가안보위협세력의 활동기법은 날로 첨단화·지능화되는 양상을 보이고 있다. 그렇다고 방첩분야의 인력과 예산을 대폭 확대시킬 수도 없는 상황이다.

③ 방첩 분야의 환경이 바뀌었으면 그에 따라 방첩활동의 기법이나 전략도 마땅히 변화해야 한다. 방첩의 개념, 목표, 범위, 영역이 확대된 만큼 이에 부응하여 방첩 관련 인원, 조직체계, 예산 그리고 전략의 대폭적인 변화와 혁신이 필요하다.

④ 무엇보다도, 한정된 인원과 예산으로 방첩효과를 극대화할 수 있는 획기적인 방안이 마련되어야 할 것이다. 그러한 변화와 혁신을 위한 노력이 신속히 그리고 지속적으로 이루어짐으로써 미국의 9/11 테러사건과 같은 참담한 방첩 실패를 사전에 철저히 차단하고, 궁극적으로 방첩 본연의 목표인 국가의 안전과 이익을 지킬 수 있을 것이다.

Theme

72 정보기관과 정보활동

I 정보기관

1 의의

① 오늘날 전 세계 거의 모든 국가들이 정보기관을 운용하고 있다. 정보기관은 첩보수집, 정보분석, 방첩, 비밀공작 등의 정보활동을 전문적으로 수행하는 조직이다.

② 정보기관은 정보활동을 수단으로 하여 궁극적으로 국가의 안전보장이라는 목표를 달성하고자 노력한다.

③ 정보기관이 제대로 된 정보활동을 수행하지 못할 경우 국가안보에 치명적인 손실을 초래할 수 있는 바, 정보기관은 국가의 안전보장과 번영을 달성하는 데 필요한 핵심적인 요소로 인정된다.

2 정보기관의 임무

(1) 정책결정의 제반과정에 필요한 정보 제공

① 정보기관의 기본적인 임무는 정책결정자가 정책을 수행하는 데 필요한 '사전 지식'으로서의 정보를 지원하는 데 있다.

② 즉 정보기관은 국가정책의 담당자에게 정책의 입안, 계획, 집행, 실행 결과에 대한 예측 등 정책결정의 제반과정에 필요한 정보를 제공해 준다.

③ 이를 위해 공개 또는 비밀 수단을 활용하여 입수하기 어려운 자료 또는 첩보를 수집하고, 그 진위 또는 타당성 여부를 면밀히 검증하는 정보분석의 과정을 거쳐 마침내 지식으로서의 정보가 생산된다.

④ 정보기관에서 최종적으로 생산된 정보는 정책결정자에게 제공되고, 그가 올바른 정책결정을 내릴 수 있도록 지원함으로써 궁극적으로 국가안보에 기여하게 된다.

(2) 미래의 안보위협에 대한 예측 · 경고

① 정보기관이 외부 상황에 대한 정확한 정보를 제공하지 못할 경우 국가의 안보와 이익에 치명적인 손실을 야기할 수 있다.

② 예를 들어 2001년 발생했던 9/11 테러 사건에서 드러났듯이 적시에 정확한 정보판단 또는 경고가 내려지지 않을 경우 적의 기습에 제대로 대처하지 못함으로써 국가적으로 엄청난 인명과 재산의 손실을 초래하게 된다.

③ 그러므로 정보기관의 가장 중요한 임무는 정확한 정보분석과 판단을 통해 현재의 상황을 올바로 판단하고 미래의 안보위협을 적시에 예측·경고하는 데 있다고 본다.

(3) 상대국 정보기관의 정보활동에 대응하는 방첩

① 정보기관은 상대국 정보기관의 첩보수집, 전복, 테러 및 파괴 행위 등 각종 정보활동에 대응하는 방첩 임무도 수행한다.

② 중요한 국가기밀이 적의 스파이에게 유출될 경우 국가안보에 심각한 위협이 야기될 수 있다. 또한 적의 기만이나 역정보를 제대로 파악하지 못하면 정책결정자에게 왜곡된 정보를 제공하게 됨으로써 정책결정자의 판단과 정책결정을 잘못된 방향으로 이끌 수 있다.

③ 이로 인해 국가의 안전과 이익에 치명적인 손실을 야기할 수 있다. 일반적으로 광의의 방첩으로 분류되는 바 적대국의 전복, 테러, 파괴행위 등 각종 공작을 사전에 파악하여 차단함으로써 국민의 생명과 재산을 보호하는 활동도 정보기관이 수행하는 중요한 임무이다.

(4) 비밀공작(covert action)

① 정보기관은 비밀공작(covert action) 임무를 수행한다. 비밀공작은 자국의 대외정책을 지원할 목적으로 수행되며, 외국의 정부, 정치, 경제, 군사, 사회 등 여러 분야에 은밀히 개입하여 자국에게 유리한 여건을 조성하기 위한 행위이다.

② 일반적으로 첩보수집, 정보분석 등 정보기관이 수행하는 대부분의 활동은 정책을 지원하는 데 있지만, 비밀공작은 정책을 집행하는 활동이라는 점에서 차이가 있다.

③ 비밀공작은 사실상 다른 나라에 대한 '은밀한 내정간섭(covert intervention)'이라는 점에서 유엔 헌장에 위배되며, 뇌물매수, 폭력, 납치, 살해 등 범죄수단이 동원되기 때문에 윤리적인 문제점을 내포한다.

④ 더욱이 비밀공작 행위의 사실이 노출될 경우 국제적인 비난여론은 물론 대상 국가와의 외교단절 사태도 초래할 수 있어 위험부담이 크다. 그럼에도 불구하고 미국, 러시아, 영국, 이스라엘 등 많은 국가들이 전담조직을 설립하여 그러한 비밀공작을 활발히 수행하고 있다.

Ⅱ 정보기관의 특성

1 의의

① 정보기관은 비록 정부조직의 일부로서 구성되지만 정보기관이 수행하는 업무영역, 기본임무, 활동방식, 조직의 속성 등 여러 가지 측면에서 일반 정부 부처 또는 여타 민간 기관과는 다른 모습을 보인다.

② 종종 정보기관의 조직 및 활동방향에 대한 개혁 노력이 바람직한 결과를 얻는 데 실패하는 근본적인 이유는 정보기관이 일반 부처와 다른 점을 충분히 고려하지 않고 일반 부처와 동일한 잣대로 정보조직을 개편하고 활동방향을 조정하려 시도했기 때문이다.

③ 그런 점에서 정보기관과 정부 부처 기관을 비롯한 여타 조직과의 차이점을 분명히 인식할 필요가 있다.

2 기본임무와 업무영역에 있어서의 특징

(1) 기본임무

① 정보기관은 기본임무와 업무영역에 있어서 일반 정부 부처 또는 여타 민간조직과 차이를 보인다.

② 정보기관은 정보활동을 수단으로 하여 국가 안보라는 목표를 달성하기 위해 설립된 조직이다. 정보기관은 기본적으로 대적활동을 목표로 하며, 그것을 통해 국가안보를 수호하는 데 있다. 정보기관의 활동목표는 일반 국민이 아닌 적을 대상으로 한다.

③ 첩보수집, 정보분석, 방첩, 비밀공작 등 정보기관이 수행하는 정보활동의 기본 목표는 적대세력의 위협으로부터 국가의 안전을 보전하는 데 있다. 즉 정보기관은 정보활동이라는 수단을 활용하여 국가안보라는 목표를 달성하고자 한다.

④ 그런 점에서 정보기관은 일반 국민들을 대상으로 대국민 서비스를 주요 임무로 하는 정부 부처 기관들 또는 이윤을 추구하는 민간 기업체와는 존재 이유와 목표가 분명히 다르다.

(2) 업무 영역

① 정보기관은 국가의 안전보장에 위협을 야기할 수 있는 모든 요소들에 관해 첩보를 수집하고 분석하는 임무를 수행하도록 책임이 부여되어 있다.

② 오늘날 국가안보의 의미가 '포괄적 안보' 개념으로 변화됨에 따라 국가안보 달성을 위해 수행되는 정보활동의 영역도 정치, 경제, 군사 환경, 사회, 테러리즘, 마약, 조직범죄 등 매우 광범위하게 확대되었다.

③ 정부 각 부처의 경우 외교, 국방, 교육, 내무, 환경, 통상 등 각각 담당하는 전문 영역이 명확히 설정되어 있지만, 정보기관의 경우 외교, 국방, 치안, 환경 등 국가안보와 관련되는 모든 분야에 걸쳐 첩보를 수집하고 분석하여 생산된 자료를 필요한 부처에 지원한다.

④ 그런 점에서 한 분야의 업무만을 전담하는 일반 정부부처에 비해 정보기관이 담당하는 업무의 영역은 매우 광범위하고 포괄적이다.

3 정책결정을 지원하는 것으로 그 임무가 제한된다는 특징

(1) 의의

① 정부 부처는 물론 민간의 어떤 조직이든 정책의 입안과 집행 등 정책결정과정을 주관하지만 정보기관은 정책결정을 지원하는 것으로 그 임무가 제한된다는 특징을 가진다.

② 일반 정부 부처의 경우 담당 업무에 관한 정책을 입안하고 최선의 정책을 결정하여 집행하는 등 일련의 정책결정과정에 전반적으로 관여한다. 즉 일반 부처의 경우 정책을 입안하고 집행할 권한과 책임을 갖고 있는 반면, 정보기관은 정책결정에 필요한 자료를 제공하는 데 있지 정책을 결정하고 집행하는 역할은 배제된다.

③ 정보기관은 정책결정에 직접적으로 관여하지 않는 것을 기본원칙으로 한다. 정보기관이 정책결정에 관여하게 될 경우 자칫 정보의 객관성이 훼손될 수 있을 뿐만 아니라 정보기관이 권력기관화될 수 있기 때문이다.

(2) 정보기관이 정책결정에 참여할 때 발생하는 문제

① 정보기관은 정보를 수집하고 분석한다. 정보는 곧 힘(권력)이다. 그러므로 정보가 잘못 이용될 경우 부작용을 초래할 수 있다.

② 정보기관의 고위관리는 자신의 의도나 목적을 달성하기 위해 정보 접근을 선별적으로 허용할 수 있다. 때로 정부 부처 내 정보기관에 협조적인 관리에게 중요한 정보를 제공해 주고, 그 반대급부로 그가 정보기관의 특권을 보호해 주기도 한다.

(3) 길(Peter Gill)의 '고어-텍스 국가'

① 길(Peter Gill)은 '고어-텍스 국가'라는 비유로 보안정보기관이 국내 사회로 깊숙이 침투하는 사례를 설명한다.

② 정보는 오직 한 방향, 즉 정보기관으로만 흐른다. 정보기관으로부터 국가나 사회로는 정보의 흐름이 차단되어 있다.

③ 정보기관은 국가의 통제로부터 벗어나 상당한 수준의 자치를 누리며 정보 독점권을 활용하여 국가의 정책에 영향을 미칠 수 있다.

④ 따라서 정보기관이 권력화될 소지를 차단하기 위해 정보기관이 정책결정에 직접적으로 관여하지 않는 것이 바람직하다.

⑤ 물론 예외적으로 비밀공작의 경우 정보기관이 계획을 수립하여 직접 실행하지만, 정보기관의 가장 중요한 임무는 정책결정자에게 필요한 정보를 제공함으로써 정책결정자가 적시에 최선의 정책결정을 내릴 수 있도록 지원하는 데 있다.

4 비밀성

(1) 의의

① 비밀성은 정보기관의 존재 이유로서 민간은 물론 정부 부처 어떤 조직에서도 찾아보기 어려운 특징적인 모습이다.

② 정보화시대에 들어서서 사회 모든 분야에서 정보의 공개성이 확대되는 추세를 보이고 있는 반면 정보기관의 활동방식은 기본적으로 비밀성에 바탕을 두고 수행된다.

③ 오늘날 신문, 라디오, TV, 인터넷 등 공개적인 출처를 활용하여 누구든 필요한 자료를 합법적으로 그리고 손쉽게 얻을 수 있다.

④ 외교관의 경우 공식적인 외교활동을 통해 합법적으로 관련 정보를 수집할 수 있으며, 일반 정부 부처의 경우 비밀자료가 일부 있지만 대부분 공개적으로 획득한 자료를 활용하여 업무를 수행한다.

⑤ 그러나 첩보수집, 분석, 방첩, 비밀공작 등 정보기관에서 수행하는 정보활동의 대부분은 철저하게 비밀을 유지하는 가운데 전개된다.

(2) 정보기관 고유의 조직 구조적 특성

① 정보기관은 차단의 원칙과 비밀성을 유지하려는 특성 때문에 외부의 변화에 대해 저항하고 폐쇄적인 태도를 보인다.

② 정보기관 고유의 조직 구조적 특성에서 비롯되어 비밀성을 중요시하고 폐쇄적이며 경직된 조직문화가 형성된다. 지시가 있을 때까지는 무조건 비밀을 유지하려는 정보기관의 조직문화는 매우 부정적인 결과를 초래한다.

③ 그러한 문화를 유지하고 있는 조직은 일반 사회와 단절되어 사회의 상식이나 변화에 관심이 없고 무감각하게 된다. 사회는 그러한 정보조직을 제대로 통제하지 못하고 있다고 느끼게 된다. 만일 조직이 실수를 하게 되면 일반 국민들은 정보조직이 통제 밖에 있다고 느끼기 때문에 실제보다 더 확대 해석하게 된다.

④ 또한 일반 국민들은 정보기관의 능력에 있어서 한계와 제약성을 제대로 이해하지 못하고 있기 때문에 정보기관에 대해서 비현실적인 기대감을 갖기도 한다.

5 정보혁명과 비밀성

(1) 의의

① 차단의 원칙과 비밀성을 유지하는 정보기관의 조직 형태는 오늘날의 정보화 사회에는 부적합하다.

② 비밀성은 정보의 자유로운 흐름을 통해 생산성과 창조성을 유도하는 정보혁명의 본질에 배치된다.

③ 공개성과 네트워크를 강조하는 정보혁명은 비밀성과 상반된다. 비밀성을 강조하는 정보기관의 조직문화에서 정보혁명의 장점이 전혀 발휘될 수 없다.

④ 비밀성과 차단의 원칙이 고수되는 한 정보의 자유로운 흐름과 네트워크 형성이 불가능하다.

(2) 정보화 시대의 정보기관

① 정보화는 시대적 추세이다. 비밀성을 생명으로 하는 정보기관이라고 할지라도 그러한 시대적 요구를 완전히 외면할 수는 없을 것이다. 정보화의 흐름에 맞추어 이제 정보기관도 비밀보안과 부인으로 일관하던 과거의 방식에서 벗어나야 한다.

② 정보기관 역시 정보화라는 시대적 요구에 부응해야 할 것이며, 이를 위해 비밀보안은 최소로 하고 보다 공개적이고 책임 있는 기관으로 탈바꿈하려는 노력이 요구된다.

③ 그렇다고 비밀성과 차단의 원칙을 완전히 버리라는 것은 아니다. 비밀성과 차단의 원칙을 완전히 버린다면 정보기관 고유의 임무를 수행할 수 없으며, 그에 따라 정보기관 스스로 존재할 이유가 없어지게 된다.

④ 따라서 정보기관의 기본 속성인 비밀성과 차단의 원칙은 고수하되, 정보화의 흐름을 반영하여 가급적 최소한의 수준에서 비밀성을 유지하는 가운데 본연의 임무를 수행할 수 있는 현명한 전략이 요구된다.

(3) 정보기관의 존재 이유

① 정보기관을 설립하게 된 기본적인 취지 또는 존재 이유는 비밀활동에 있다. 합법적이고 공개적인 활동을 통해 국가안보 목표를 충분히 달성할 수 있다면 굳이 정보기관이 존재할 필요가 없을 것이다.

② 공개출처정보를 통해 적의 동향을 얼마든지 파악할 수 있다면 정보기관의 스파이활동이 불필요할 것이다. 공식적인 외교활동을 통해서 외교 문제를 해결할 수 있다면 불법적이고 비윤리적인 행위가 수반되는 비밀공작을 추진할 필요가 없을 것이다. 정보기관은 정부의 여타 조직이 수행할 수 없는 고유의 임무들을 수행하기 때문에 존재 가치가 있다.

③ 정보기관은 비밀공작을 통해 국가의 외교정책적 목표 달성을 은밀히 지원하는 역할을 수행한다. 또한 정보기관은 상업적으로 별로 이익이 없기 때문에 민간부문에서 관심을 갖지 않는 사안, 기술적으로 어려워서 민간 부문에서 수집하지 않으려 하거나 수집할 수 없는 정보(information) 그리고 법적인 제약이나 위험성 때문에 민간 부문에서 수집할 수 없거나 수집하지 않으려 하는 정보(information) 등을 비밀리에 수집할 수 있다.

④ 어쨌든, 정보기관은 언론 매체나 민간 기업체 또는 정부 부처 어떤 기관도 제공하지 않거나 제공할 수 없는 중요한 정보(information)를 찾아내고 해석하는 일을 수행할 수 있다. 이처럼 정보활동은 공개적이고 합법적인 수단으로 해결이 불가능한 상황에서 국가안보를 위해 활용될 수 있는 유일한 수단이다. 그런 점에서, 정보기관의 역할과 중요성이 다시금 강조된다.

6 불법과 비윤리적인 행위의 수반

(1) 의의

① 정보활동은 불법과 비윤리적인 행위가 수반되며, 정보기관은 국가 내에서 그러한 행위가 허용되는 특별한 조직이다. 일반적으로 정보활동은 철저하게 마키아벨리적 또는 현실주의적 관점에 따라 수행되는 것으로 간주된다.

② 무엇보다도 정보활동은 일반적인 윤리 또는 도덕 기준을 초월한 분야로 인식된다. 정보요원들에게 일반적인 윤리 기준을 적용하여 정보활동을 수행하도록 요구한다면 대부분 수긍하기 어렵다는 입장을 보일 것이다.

③ 예를 들어 비밀첩보 수집활동을 수행하는 과정에서 필요한 정보를 얻기 위해 불가피하게 상대방을 협박하거나 뇌물을 주는 등 불법과 비윤리적 행위를 저지를 수 있다. 그렇다고 이를 엄격히 금한다면 정보활동을 효과적으로 수행하는 것이 거의 불가능하다.

④ 이처럼 정보의 세계에서는 일반적인 윤리 기준으로는 논할 수 없는 요소들이 존재한다. 어쨌든 정보활동을 수행하는 데 따른 불법적이고 비윤리적인 행위는 국가의 안보적 목적을 위해 수행된다는 전제하에서 정당화될 수 있다.

(2) 정보활동의 불법성과 비윤리성의 한계

① 그렇다고 정보활동의 불법과 비윤리적 행위가 모두에게 일반적으로 용인되는 것은 아니다. 지금으로부터 약 200년 전 철학자 칸트(Kant)는 "스파이활동은 다른 사람을 속이기 때문에 본질적으로 비열하고 야비하다."면서 비판적인 입장을 보였다. 암호해독의 권위자인 칸(David Kalm)은 정보활동은 간교한 짓, 타인을 염탐하기, 몰래 훔치기 등을 하는 것으로서 인간의 윤리에 어긋나는 행위라고 결론지었다.

② 윤리적 차원 이상으로 스파이 행위는 세계 어디서나 불법으로 간주된다. 그런데 정보요원은 국가로부터 스파이활동을 수행하도록 임무를 부여 받았다. 정보요원은 임무를 수행하는 과정에서 협조자를 금전이나 미인계 등으로 유혹하여 포섭하고 첩보를 제공하도록 그를 협박하는 등의 비윤리적인 행위를 저지르게 된다.

③ 정보기관의 공작관은 외국에서 협조자를 포섭하여 그에게 전화 도청, 비밀문서 절취, 허위선전 등의 스파이활동을 수행하는 데 필요한 불법 자금을 지원하기도 한다. 비록 불법적인 행동은 오직 해외에서만 허용되지만 해외와 국내의 구분이 모호하기 때문에 때로 국내에서도 유사한 불법행위가 자행될 수 있다는 데 문제가 있다. 이처럼 정보활동에 수반되는 불법과 비윤리성으로 인해 일반인들에게 정보기관에 대한 두려움과 함께 불신감이 존재한다.

7 민주주의와 정보기관

(1) 의의

① 한편 정보기관의 비밀주의 속성과 정보활동의 불법성 및 비윤리적인 행위 등으로 인해 종종 정보기관은 민주주의와 양립되기 어려운 조직으로 인식된다. 과연 민주주의와 정보활동이 양립할 수 있는가? 많은 사람들은 어렵다는 입장을 취한다.

② 그들의 사고에 따르면, 민주주의 정부에서는 정부에서 취하는 정책결정이나 활동에 대해 국민들이 통제력을 행사할 수 있어야 한다. 그런데 정보기관은 정보활동을 공개하지 않기 때문에 국민들이 정보활동에 대해 통제력을 행사할 수가 없다.

(2) 정보기관에 대한 민주적 통제장치

① 국민들이 정보활동에 대해 통제력을 행사하지 못한다면 민주주의의 기본 원칙에 모순되는 것으로 생각될 수 있다. 이러한 상황에서 민주주의와 정보기관이 조화를 이룰 수 있는 묘안으로서 마련된 것이 바로 정보기관에 대한 민주적 통제장치이다.

② 의회의 정보기관에 대한 감독제도는 정보기관의 비밀성을 어느 정도 보장하면서 정보기관의 권력남용이나 불법적인 정보활동을 감시 및 통제할 수 있는 효과적인 방안으로 고려된다.

③ 의회의 정보기관에 대한 감독은 완전 개방된 대중토론이나 민주적 의사결정으로 인해 정보활동의 비밀성이 훼손될 위협을 방지하면서 정보기관의 불법적인 활동을 억제할 수 있는 최선의 대안으로 인정된다. 그런 점에서 민주주의 국가에서 정보기관에 대한 감독 및 통제 제도는 반드시 필요하다고 본다.

Theme

73 정보기구의 유형

I 의의

오늘날 전 세계 대부분의 국가들이 정보기구를 두고 있지만, 정보기구의 조직체계, 수행 임무, 활동방향 등은 각각 다르다. 이는 국가마다 안보상황, 이데올로기, 정치문화, 국내정치 구조, 대외관계, 역사적인 경험 등이 각기 다른 데 기인한다. 세계 각국 정보기관들의 유형은 크게 통합형과 분리형, 국가정보기구 대 부문정보기구 등으로 분류될 수 있다.

Ⅱ 통합형과 분리형 정보기구

1 통합형 정보기구

① 정보기구는 첩보수집, 정보분석, 비밀공작, 방첩활동 등 모든 정보활동을 단일 정보기관에서 수행하는 통합형과 기능별로 한 가지 특정분야 임무를 수행하는 분리형으로 구분된다.

② 통합형 정보기구의 대표적인 사례로는 구소련의 KGB, 중국의 국가안전부 그리고 우리나라의 국가정보원 등을 들 수 있다.

2 분리형 정보기구

① 미국, 영국, 이스라엘 그리고 대부분의 유럽 국가들은 신호정보, 영상정보 등 기능별로 구분하여 단일 임무를 수행하는 분리형 정보기구를 운용하고 있다.

② 예를 들어 미국의 국가안보국(NSA), 영국의 정부통신본부(GCHQ)는 신호정보를 전문적으로 수행하며, 미국의 국가정찰국(NRO)은 영상정보 수집활동을 담당하는 정보기관이다.

Ⅲ 통합형과 분리형 정보기구의 장·단점

1 통합형 정보기구

(1) 장점

① 일반적으로 정보기관은 비밀주의와 차단의 원칙을 고수하기 때문에 정보기관들 간의 정보 공유 또는 협력이 매우 어렵다.

② 통합형 정보기구의 경우 정보활동에 대한 중앙집권적인 통제가 용이하여 보다 효율적으로 임무를 수행할 수 있다는 장점을 가진다.

(2) 단점

① 그러나 정보기관들 간의 경쟁이나 견제장치가 없기 때문에 권력집중이 심화됨으로써 정보기관이 막강한 권한을 행사하게 될 수 있다. 이는 민주주의적 견제와 균형의 원리에 역행하는 것이며, 자칫 정보기관이 권력의 도구로 악용될 소지도 있다.

② 또한 정보조직의 역동성이 떨어지고 조직이 관료화되어 전문성이나 경쟁력이 저하될 수 있다는 단점이 있다.

2 분리형 정보기구

(1) 장점

① 분리형 정보기구의 경우 한 가지 임무를 전문적으로 수행하기 때문에 그 분야 업무에 관한한 최고의 전문성을 발휘할 수 있다는 장점이 있다.

② 또한 정보기관들 간 경쟁하는 가운데 상호 견제가 이루어지기 때문에 특정 정보기관으로 권력이 집중되거나 권한의 남용을 막을 수 있다.

(2) 단점

① 반면에 정보기관의 배타적인 조직 속성으로 인해 정보기관들 간 정보의 공유 및 협력이 원활하게 이루어지지 않음으로써 정보활동의 효율성이 저하될 수 있다는 단점이 있다.

② 미국이 2001년 9/11 테러를 사전에 파악하지 못했던 결정적인 요인은 CIA, FBI, NSA 등을 비롯한 16개 정보기관들 간의 정보 공유 및 협력이 원활하게 이루어지지 않음으로써 종합적인 정보판단을 내리지 못했기 때문이었던 것으로 분석된다.

생각넓히기 | 수행 기능별 분류

(1) **통합형 정보기구**

국내정보와 해외정보를 총괄하여 단일기관이 임무를 수행하는 정보기구이다. 구소련의 KGB, 중국의 국가안전부(MSS)가 대표적이다. 한국의 국가정보원도 이에 속한다.

(2) **분리형 정보기구**

국내정보 분야와 해외정보 분야가 분리되어 있는 경우의 국가정보기구를 말한다. 미국 CIA는 해외, FBI는 국내정보를 담당하고, 영국 비밀정보부(MI6)는 해외, 보안부(MI5)는 국내정보를 담당한다. 러시아는 해외정보부(SVR)와 참모부 정보총국(GRU)이 해외정보를, 연방보안부(FSB)가 국내정보를 담당하고, 프랑스는 해외안보총국(DGSE)이 해외, 국내안보총국(DGSI)이 국내 정보를 담당한다. 독일은 연방정보부(BND)가 해외정보를 담당하고, 헌법보호청(BfV)이 국내정보를 담당하며, 이스라엘은 모사드(MOSSAD)가 해외정보를, 신베트(Shin Beth)가 국내정보를 담당한다. 인도는 조사분석청(RAW)이 해외정보를, 정보국(IB)이 국내정보를 담당한다.

생각넓히기 | 활동 방법별 분류

(1) **의의**

첩보수집의 주된 방법에 의한 분류이다. 통상적으로 국가정보 활동은 인적 요소와 물적 · 기술적 요소가 결합되어 이루어지지만, 맨 파워 즉 인적 요소를 정보활동의 주된 수단으로 하는 인간정보기구와, 정보수집에 있어 과학기술과 장비를 주로 이용하는 기술정보기구로 나눌 수 있다.

(2) **인간정보기구**

인적 자원을 정보활동의 주된 요소로 하는 정보기구이다. 오늘날 대다수의 국가중앙정보기구들은 인간정보활동과 과학기술정보 활동을 병행하여 국가정보활동을 하는 것이 보통이다. 과학기술의 발달은 오히려 휴민트의 요소 없이 과학 · 기술에 기초한 정보기구들을 다수 만들고 있다. CIA가 대표적인 인간정보기구이다. 미국은 다른 정보기구에 산재되어 있는 휴민트 업무를 CIA의 국가비밀공작국(NCS)이 총괄하여 미국 정보기구의 모든 스파이활동은, 소속은 다르지만 CIA가 조종 · 감독하고 있다. 오늘날 인간정보 활동의 중요성은 다시 강조되고 있는 추세이고, 국가정보가 상대세력의 의도와 능력을 파악하는 것을 본질적인 정보요소로 하는 이상 변할 수 없는 명제라고 할 수 있다.

(3) **과학기술정보기구**

과학기술정보기구에는 매우 다양한 내용들을 포함하지만 오늘날 대표적인 것은 신호정보기구와 영상정보기구가 있다. 미국의 국가안보국(NSA), 국가정찰국(NRO), 국가지형정보국(NGA), 영국의 정부통신본부(GCHQ), 일본의 초베츠(Chobetsu), 독일의 연방정보보호청(BSI)이 대표적인 과학기술정보기구이다.

생각넓히기 | 중앙집중형(Central and Converged) 정보체계

중앙집중형 정보체계의 특징은 중앙정보기관을 중심으로 부문정보기관들이 일사불란하게 조직되어 있기 때문에 강력한 정보통합을 통해 신속한 정보전달과 전파가 가능하다는 것이며 정보의 중복문제 없이 효율성을 기대할 수가 있다는 것이다. 이런 정보체계의 장점은 기본적으로 정보의 통합성과 신속성을 보장할 수 있다는 것이며 정보기관 간 중복현상이나 차단문제가 없어 정보의 효율성을 살릴 수 있다는 것이다. 우리나라의 경우가 이에 해당되며 대부분의 중동 이슬람국가들과 동유럽 국가들이 이런 유형의 정보체계를 지향하고 있다.

생각넓히기 | 분리조정형(Divided yet Coordinated) 정보체계

대부분의 서구 민주국가들은 "분리조정형 시스템"을 채택하고 있다. 영국의 경우에도 미국과 같은 국가정보장(DNI) 같은 직제 대신에 모든 정보기관의 관리와 업무협의를 위해 총리 산하 「합동정보위원회(JIC: Joint Intelligence Committee)」가 있어 중간에서 정보조정기능을 수행하고 있다. 프랑스의 경우에도 대외안보총국이 국방부산하에 편제되어 있어 국방부로 편향되어 있는 느낌이 있지만 해외정보와 국내정보가 분리된 상태에서 그 위에 합동정보위원회가 부처 정보기관들의 정보활동이 중복되지 않고 효율적으로 이루어지도록 조정 및 감독하는 역할을 수행하고 있다. 영국의 경우에는, MI6와 정부통신본부(GCHQ)가 외무부 산하이고 MI5가 내무부 산하이며 국방정보부(DI)가 국방부 산하에 편제되어 있으며 이들을 총리 산하의 합동정보위원회인 JIC가 업무조정을 하고 있다는 점에서 일종의 분리조정형(Dispersed yet coordinated) 체계에 가깝다.

생각넓히기 | 분산통합형(Dispersed yet Integrated) 체계

「분산통합형 체계」의 특징은 산하 정보기구들이 서로 다른 분야에서 정보활동을 수행하지만, 이들 정보기구들의 담당 분야가 명확하게 구분되지 않으며 각자 자신의 업무를 하되 최종적으로 정보공동체를 총괄하는 직제가 산하 정보기구들의 업무를 통합하고 관리하는 역할을 수행하는 것이다. 이 경우, 특히 일반정보활동과 국방정보활동 간에 그리고 해외 정보활동과 국내 정보활동 간에 경계가 명확하게 구분되지 않고 각자 자신의 업무와 관련되는 것으로 인식하고 수행하는 경우가 많은데 미국의 정보공동체가 대표적이다. 미국의 경우 이러한 정보활동과 범위의 불명확성은 상호 경쟁을 통해서 정보활동의 공간을 유연하게 보장하려는 정보기구들의 의도된 결과이지만 일반적인 정보활동을 수행하는 CIA와 국방 정보활동을 담당하는 DIA 간 그리고 해외 정보활동과 국내 정보활동을 각각 담당하게 되어 있는 CIA와 FBI 간 갈등의 원인으로 작용하기도 한다. 이런 분산통합형 체제의 장점은 방대한 정보공동체의 중첩적인 정보활동을 통해 정보공백을 차단하고 정보의 상호 검증체계가 가능하다는 것이다.

Ⅳ 국내 정보기구와 해외 정보기구

1 의의

통합형 정보기구는 해외와 국내 정보활동을 단일 정보기관에서 통합하여 수행하지만, 분리형 정보기구의 경우 해외정보와 국내보안정보활동을 구분하여 수행한다.

2 국내 정보기구

미국의 연방수사국(FBI), 영국의 보안부(SS), 독일의 헌법보호청(BfV), 프랑스의 국내안보총국(DGSI), 러시아의 연방보안부(FSB), 이스라엘의 신베트(Shin Beth) 등은 국내에서 보안 및 방첩활동을 전담하는 정보기관이다.

3 해외 정보기구

그리고 미국의 CIA, 영국의 SIS, 프랑스의 해외안보총국(DGSE), 독일의 BND, 이스라엘의 모사드(Mossad) 등은 해외정보활동을 담당한다.

V 국가정보기관과 부문정보기관

1 의의

정보기구를 국가수준의 정보활동을 수행하는 국가정보기관(national intelligence organization)과 행정부처에 소속되어 특정분야의 정보활동을 수행하는 부문정보기관(departmental intelligence organization)으로 구분해 볼 수 있다.

2 국가정보기관

국가정보기관은 국가차원의 정보활동을 효율적으로 수행하기 위해 부문정보기관을 조정 · 관리할 권한을 가진다.

3 부문정보기관

① 부문정보기관은 해당 부처의 업무 수행을 지원하기 위해 관련된 첩보를 수집하고 정보를 생산한다.

② 대표적인 국가정보기관으로는 미국의 CIA, 프랑스의 DGSE, 독일의 BND, 한국의 국가정보원 등을 들 수 있다. 미국의 국가안보국(NSA), 국가정찰국(NRO), 국가지형정보국(NGA) 등은 국방부 산하 정보기관이지만 국가 차원의 정보활동을 수행하고 있기 때문에 국가정보기관으로 분류된다.

③ 미국의 국방정보국(DIA), 러시아의 참모부 정보총국(GRU), 이스라엘의 아만, 한국의 국군방첩사령부와 정보사령부 등은 군사 부문의 정보활동을 수행하는 부문정보기관으로 분류된다.

생각넓히기 | 담당 수준별 분류

(1) 국가정보기구

특정부처에 대한 정보수요가 아닌 국가 전체의 정보수요에 대하여 서비스하는 정보기구를 말한다. 미국의 CIA, 국가안보국(NSA), 국가정찰국(NRO), 국가지형정보국(NGA), 일본의 내각정보조사실(CIRO), 러시아의 연방보안부(FSB), 해외정보부(SVR), 영국의 비밀정보부(SIS), 독일의 연방정보부(BND), 이스라엘의 모사드와 신베트, 국무원에 소속되어 있는 중국의 국가안전부(MSS) 그리고 한국의 국가정보원들처럼 독립 중앙정보기구이거나 대통령이나 수상 등 행정수반에 소속된 정보기구들은 특정부처에 대한 정보수요가 아니라 국가 전체의 정보수요에 책임을 부담한다.

(2) 부문정보기구

특정 행정부처에 소속되어 먼저 소속부처의 정보수요에 대처함을 원칙으로 하는 정보기구들을 말한다. 행정부처 소속 정보기구들은 대부분 부문 정보기구들이다. 그러나 오늘날은 국가정보수요와 특정한 행정부처 정보수요가 명백히 구분되는 것이 아닌 관계로, 소속은 특정부처이지만 국가정보기구로 기능하는 것도 적지 않다. 미국의 경우에는 국방부 소속이지만 명칭에 모두 '국가(National)'가 들어가 있는 국가안보국(NSA), 국가정찰국(NRO), 국가지형정보국(NGA)은 국가정보기구이다. 대표적인 부문 정보기구는 미국의 육군, 해군, 공군과 해병대 소속의 각 정보기구들과 법무부의 FBI를 비롯한 행정부처 소속 정보기구들이다.

Ⅵ 행정수반 직속 정보기관과 행정부처에 소속되어 있는 정보기관

1 의의

정보기관은 행정 부처 소속부서에 따라 분류될 수 있다. 행정수반 직속 정보기관이 있는 반면 각각의 행정부처에 소속되어 있는 정보기관이 있다.

2 행정수반 직속 정보기관

행정수반 직속 정보기관으로서 미국의 CIA, 러시아의 SVR와 FSB, 한국의 국가정보원 등은 대통령 직속이며, 일본의 내각정보조사실, 이스라엘의 모사드 등은 수상 직속이다.

3 행정 부처 소속 정보기관

① 행정 부처 소속 정보기관으로서 영국의 비밀정보부(SIS)와 정부통신본부(GCHQ)는 외무부 소속이며, 보안부(SS)는 내무부 소속이다.

② 독일의 연방정보부(BND)는 수상실 장관 직속이고 헌법보호청(BfV)은 내무부 소속이다.

③ 프랑스의 해외안보총국(DGSE)은 국가정보기관으로 분류되지만 소속은 국방부로 되어 있다.

④ 중국의 국가안전부는 국무원 산하기관으로 알려졌고, 미국의 FBI는 법무부 소속이다.

생각넓히기 | 소속별 분류

(1) 행정수반 직속 정보기구

대통령이나 수상처럼 행정부 수반에 직접 소속되어 있는 정보기구이다. 국무원 소속인 중국 국가안전부(MSS), 총리대신 산하의 일본 내각정보조사실(CIRO), 대통령 직속인 러시아 해외정보부(SVR), 총리 직속인 이스라엘 모사드(MOSSAD)와 신베트(Shin Beth), 총리 직속인 독일 연방정보부(BND), 수상 직속의 인도 조사분석청(RAW), 대통령 직속의 한국 국가정보원이 이에 속한다.

(2) 행정부처 소속 정보기구

① 개별 행정부처에 소속되어 소속부처의 정보수요에 대처함을 원칙으로 하는 정보기구이다. 미국은 중앙정보기구인 CIA와 ODNI를 제외한 나머지 16개 정보기구는 모두 행정부처 소속이다. 그래서 국방부에 9개, 국토안보부와 법무부에 각 2개 그리고 에너지부, 국무부, 재무부에 각 1개의 정보기구가 있다. 18개 정보기구 이외에도 정보공동체 정식 멤버가 아닌 정보기구들이 적지 않게 존재한다.

② 한편 영국도 국가의 모든 정보기구를 조종하고 감독하는 조율기구로서 합동 정보위원회(JIC)를 수상 직속의 내각에 설치하고, 모든 정보기구들은 행정부처 소속으로 하고 있다. 즉 비밀정보부(MI6)와 정부통신본부(GCHQ)는 외무부 소속이고, 보안부(MI5)는 내무부에 소속되어 있다. 이들과 함께 영국의 3대 정보기구를 구성하는 국방정보부(DI)는 국방부 소속이다. 한편 프랑스의 해외안보총국(DGSE)은 국방부에, 국내안보총국(DGSI)은 내무부에 포진하고 있다. 독일의 헌법보호청(BFV)은 내무부 소속, 이스라엘의 아만(AMAN)은 국방부 소속이다.

(3) 중앙정보기구

행정부 수반이나 어느 행정부처에 소속되지 않고 일반 행정부처와 병렬되거나 또는 상위에 위치하여 독자적으로 기능하며, 전 부처를 위하여 봉사하는 경우의 정보기구를 말한다. 미국의 중앙정보국(CIA)과 국가정보장실(ODNI)이 대표적이다.

Theme

74 민주주의 국가와 권위주의 국가의 정보기구

I 민주주의 국가의 정보기구

1 의의

① 미국이나 영국 등 민주주의가 발달한 선진국의 경우 국가정보기구의 가장 중요한 활동목표는 정책결정자가 국가안보정책을 수행하는 데 필요한 정보를 지원하는 데 있다.

② 적대국의 능력과 의도를 파악하고 미래에 발생할 위험을 적시에 파악하여 경고하는 등의 임무를 수행함으로써 국가안보를 지키는 데 기여한다.

2 민주주의 국가의 정보기구의 특징

(1) 군 정보기관의 정보활동

부문정보기구로서 군 정보기관의 정보활동은 적대국의 전략계획, 군사동향, 능력과 취약점 등 순수하게 군사 분야로 제한되며, 경찰조직과는 엄격히 분리되어 있다.

(2) 국내보안정보기구의 정보활동

국내보안정보기구 역시 고차원의 경찰 기능을 수행하지만 미국의 FBI, 영국의 SS(일명 MI5)처럼 경찰조직과 분리된 형태로 존재한다.

(3) 정보기관의 권력집중을 방지하기 위한 제도적 장치

선진정보기관의 경우 분리형 정보기구 유지, 행정부와 의회의 정보기관에 대한 통제 및 감독시스템의 제도화 등을 통해 정보기관의 권력집중을 방지하기 위한 제도적 장치가 마련되어 있다. 이로써 정보기관이 정권안보가 아닌 국가 안보라는 본연의 임무에 충실한 모습을 보여준다.

Ⅱ 권위주의 국가의 정보기구

1 의의

① 대부분의 권위주의 또는 독재정치 체제의 경우 군사정보기관과 경찰조직의 활동 영역이나 기능이 중첩되는 경향을 보인다.

② 권위주의 체제의 경우 민주적인 선거방식을 통해 수립된 정권이 아니기 때문에 국민들의 지지기반이 약하며, 국내 반체제 세력의 활동은 체제안보에 심각한 위협을 야기할 수 있다.

2 정권안보

① 권위주의 독재정권의 경우 정보활동의 가장 중요한 목표는 국가안보가 아닌 정권안보에 있다. 이들의 정보활동목표는 외국을 대상으로 하기보다는 정권을 위협하는 내부 반체제 세력의 동향을 감시하는 데 중점을 둔다.

② 따라서 국내보안정보기관을 활용하여 국민들의 동향을 감시하고 반체제 세력의 활동을 색출·무력화하는 데 모든 역량을 집중한다. 대표적인 사례로 구소련의 KGB를 들 수 있다.

3 해외정보 부문의 취약성

① 권위주의 국가체제하에서 정보체계의 해외정보 부문은 취약한 반면 방첩과 보안정보기관의 규모와 영향력은 막강하다. 이들 보안정보기관은 오직 집권자에게 충성함으로써 정권의 시녀 역할을 수행한다.

② 정보기관이 권력기관으로서 막강한 권한을 행사하는 반면 이들에 대한 입법부와 사법부의 통제와 감독의 손길은 거의 미치지 않는다.

Ⅲ 국가체제의 속성에 따른 국내보안정보기관의 유형

1 의의

① 길(Peter Gill)은 권위주의, 민주주의 등 국가체제의 속성에 따라 국내보안정보기관을 몇 가지 유형으로 분류하였다.

② 길에 따르면 정보기관이 보유하고 있는 권력의 정도, 외부의 정치적인 통제나 감독으로부터 자유로운 정도, 즉 자치권의 수준, 사회 내부 속으로 얼마나 깊숙이 침투하고 있는지의 세 가지 척도를 기준으로 정보기관을 '국내정보국형(Bureau of Domestic Intelligence)', '정치경찰형(Political Police)', '독립적 보안국가형(Independent Security State)'의 세 가지 유형으로 분류하였다.

2 국내정보국형

① '국내정보국형'은 영국의 MI5 등 민주주의 체제하의 보안정보기구에 해당된다. 이러한 유형의 보안정보기구는 헌법과 법률에 규정된 바에 따라 제한된 권한을 행사한다.

② 국가안보에 저촉되는 범죄행위에 관한 정보만을 수집하는 것으로 업무 영역이 제한되며, 자국민을 대상으로 비밀공작을 전개하지 않는다.

3 정치경찰형

① '정치경찰형'은 남미 또는 동남아시아 지역 내 대부분의 권위주의 정권에서 찾아 볼 수 있다. 이러한 유형의 보안정보기구는 민주적인 정책결정으로부터 벗어나 상당한 정도의 자치권을 가지며, '국내정보국형'에 비해 입법부와 사법부의 감시 감독을 거의 받지 않는다.

② 이러한 유형의 보안정보기구는 집권여당이나 정치지도자에게만 충성하며, 국가안보에 위협이 될 수 있는 방첩이나 범죄 등에 관한 정보활동보다는 국내 반정부세력을 정치적으로 탄압하는 데 대부분의 역량을 집중한다.

4 독립적 보안국가형

① '독립적 보안국가형'의 보안정보기관은 입법부와 사법부의 감시나 통제를 전혀 받지 않으면서 '정치경찰형'의 경우보다 훨씬 더 막강한 권한과 영향력을 행사한다.

② 이러한 유형의 보안정보기관으로서 데 클라크(de Klerk) 대통령 당시의 남아공화국, 차우세스쿠(Nicolae Ceaucescu) 치하의 루마니아 등을 들 수 있다.

③ 이러한 유형의 보안정보기관은 국내 사회로 깊숙이 침투하여 무소불위의 막강한 권력을 휘두른다.

Ⅳ 국가체제의 속성에 따른 군 정보기관과 민간 정보기관의 구분

1 의의

국가의 속성에 따라 군 정보기관과 민간 정보기관 간의 구분이 모호한 경우도 있다.

2 권위주의 국가

① 대부분의 권위주의 정권에서 군은 정보의 생산자이면서 최종 사용자로서 정보에 대한 독점권을 가진다.

② 남미 또는 동남아시아 지역 내 권위주의 군사정권의 경우 군 정보기관이 모든 정보를 독점적으로 장악하고 있으며, 군은 물론 민간 부문에 대해서도 국내 사회 깊숙이 침투하여 막강한 권한과 영향력을 행사한다.

3 민주주의 국가

① 반면에 민주주의가 발달한 선진 정보기관의 경우 군 정보기관과 민간 정보기관의 활동 영역이 엄격히 구분되는 경향을 보인다.

② 대체로 군 정보기관은 군사 부문의 정보를 담당하고 민간 정보기관은 전략정보와 방첩 임무를 수행하도록 각자의 영역이 명확히 구분되어 있다.

V 정치체제의 속성에 따라 국내정보와 해외정보의 활동 영역의 구분

1 의의

정치체제의 속성에 따라 국내정보와 해외정보의 활동 영역의 구분이 모호한 경우가 있으며, 국내와 해외 부문의 정보활동 역량에 있어서 뚜렷한 차이를 보이기도 한다.

2 권위주의 국가

권위주의 정권의 경우 종종 단일 정보기관이 국내 감청과 해외정보활동을 동시에 수행하는 모습을 보인다. 대표적인 사례로 구소련의 KGB와 중국의 국가안전부를 들 수 있다.

3 민주주의 국가

① 미국이나 영국 등 대부분의 민주주의 국가들은 각기 다른 독립된 정보기관이 국내정보와 해외정보의 영역을 담당한다.

② 예를 들어 미국의 FBI와 영국의 SS(일명 MI5)는 국내 방첩과 보안정보활동을 수행하고 있으며, CIA와 영국의 SIS(일명 MI6)는 해외에서의 방첩과 첩보수집활동을 담당하고 있다.

③ 프랑스, 독일 등 대부분의 유럽 국가들도 독립된 정보기관이 각각 국내 또는 해외정보활동을 수행하도록 영역이 구분되어 있다.

4 후진국이나 권위주의 정권의 해외정보활동의 취약성

① 후진국이나 권위주의 정권의 경우 주로 국내정보분야에 역점을 두고 정보활동을 수행하기 때문에 국내보안정보 역량은 막강하다. 그에 비해 해외정보 영역은 인력과 전문성이 매우 미흡한 수준으로 나타난다.

② 해외정보활동은 국내정보활동에 비해 많은 비용과 전문적인 정보활동 능력이 요구되는 반면, 저개발국이나 후진국의 경우 해외정보활동을 수행할 전문성도 부족하고 막대한 비용을 감당할 수 없기 때문이다.

Ⅵ 정보기관에 대한 통제 방식에 따른 정보기관의 구분

1 의의

① 정보기관에 대한 통제 방식에 있어서도 민주주의 국가와 권위주의 국가 간 차이를 보인다.

② 정보기관을 통제할 수 있는 일반적인 방법은 단일 정보기관이 정보의 생산과 사용을 독점하는 사례를 방지하기 위해 여러 개 정보기관으로 분리시키는 것이다.

2 분리형과 통합형에서의 통제

(1) 분리형 정보기구

분리형 정보기구의 경우 단일 정보기관으로 권력이 집중되지 않고 정보기관들 간 경쟁하는 가운데 상호 견제장치가 작동됨으로써 정보기관에 대한 민주적 통제가 용이하게 이루어질 수 있다는 장점이 있다.

(2) 통합형 정보기구

① 통합형 정보기구의 경우 권력집중이 심화되어 단일 정보기관이 막강한 권한을 갖게 된다.

② 정보기관들 간의 경쟁이나 견제장치가 거의 없기 때문에 민주주의적 견제와 균형의 원리에 입각한 민주적 통제가 불가능하다.

3 민주주의 국가에서의 정보기관에 대한 통제

대부분의 민주주의 국가에서 정보기관에 대해 의회는 물론 행정부, 사법부 그리고 언론 등에 의한 감시와 통제가 유지됨으로써 정보기관의 불법과 권력남용을 억제하는 제도적 장치가 마련되어 있다.

4 권위주의 국가에서의 정보기관에 대한 통제

반면에 권위주의 독재정권의 경우 정보기관이 국가의 최고 권력기구로서 입법, 행정, 사법 등 3권을 장악하고 막강한 권한을 휘두르고 있기 때문에 이들에 의한 민주주의적 통제 또는 감독 기능이 행사되지 못한다.

Theme

75 미국 정보기구의 기원과 발전

I 의의

① 미국의 정보기구는 다른 나라들에게 일종의 모델이자 경쟁 상대이다. 미국의 정보기구는 러시아와 더불어 전 세계에서 가장 큰 규모의 조직으로 구성되어 있으며, 아마도 가장 모범적이며 막강한 영향력을 미치는 것으로 여겨진다. 따라서 미국의 정보기구가 어떻게 형성되어 발전해 왔고, 어떤 조직구조와 운영체계를 갖추고 있으며, 현재 어떤 활동을 수행하고 있는지 등에 대해 보다 많은 이해가 필요하다.

② 영국, 프랑스, 독일, 러시아 등 유럽의 강대국들과 비교하여 미국의 정보활동의 역사는 매우 짧은 편이다. 영국은 엘리자베스 1세 당시인 16세기 후반부터 그리고 프랑스를 비롯한 대부분의 유럽 국가들은 17세기 초부터 비밀정보조직을 설립하여 정보활동을 수행했던 것으로 알려졌다.

Ⅱ 미국 정보기구의 기원

1 워싱턴 대통령

① 미국의 경우 영국과 독립전쟁(1775~1783년)을 수행하는 동안 영국군 관련 정보를 수집하는 등 정보활동을 활발히 전개했다.

② 특히 독립전쟁 당시 미국 대륙군(the Continental Army)의 사령관이었던 워싱턴(George Washington) 장군은 영국군의 이동 및 작전 상황을 파악하는 데 첩자들을 빈번히 활용했으며, 이를 통해 여러 번의 전투에서 승리할 수 있었다.

③ 독립전쟁이 종료된 이후 미국의 초대 대통령으로 취임한 워싱턴은 영수증 없이도 정보활동에 사용되는 비용을 지출할 수 있는 '비밀정보 활동비(the Secret Service Fund)'라는 명목의 예산 신설을 의회에 요청했고, 이를 의회가 승인해 주었다.

④ 동 예산은 신설 첫해 4만 달러 수준에서 2년 후 100만 달러 이상으로 증액되었는데, 이는 당시 연방정부 총 예산의 12%에 달하는 엄청난 액수였다. 워싱턴 대통령은 동 예산을 활용하여 비밀정보활동을 활발히 전개했고, 후임 대통령들도 그러한 선례를 따랐다.

2 비밀경호국(SS)

① 남북전쟁이 종료될 무렵인 1865년 링컨 대통령은 재무부 산하에 위조화폐 단속을 주요 임무로 하는 '비밀경호국(Secret Service, SS)'을 설립했다.

② 비밀경호국(SS)은 1894년 클리블랜드(Grover Cleveland) 대통령 암살 음모를 적발하는 데 공을 세웠고, 그것을 계기로 몇 년 후 대통령 경호 업무를 담당하는 기구로 탈바꿈했다.

③ 비밀경호국(SS)은 미국 최초의 연방 법집행기관으로 출범했지만, 사실 정보활동과는 관련성이 적었다. 이 무렵 군에서는 전투임무 수행을 지원하기 위해 또는 적에 관한 첩보수집을 목적으로 소규모 정보조직이 설립되기 시작했다.

3 해군정보처(ONI)와 군 첩보부대(MID)의 설립

1882년 외국의 함선 건조 기술을 습득할 목적으로 해군 항해국(Bureau of Navigation) 소속의 '해군정보처(Office of Naval Intelligence, ONI)'가 설립되었고, 이어서 1885년 육군에 '군 첩보부대(Military Information Division, MID)'가 설치되었다.

4 FBI의 설립

① 한편 주(州) 경계를 초월하여 각종 범죄들이 횡행함에 따라 연방정부 차원의 수사 기구 설립 필요성이 대두되었다. 이에 따라 1908년 시어도어 루스벨트 대통령 당시 보나파르트(Charles Bonaparte) 법무장관 주도로 '수사국(Bureau of Investigation, BI)'이 창설되었다.

② 창설 당시 수사국은 재무부의 '비밀경호국(SS)'에서 차출한 9명의 요원들로 구성되었다. 이후 수사국은 미국 내 암약하는 독일 첩보망을 일망타진하는 등의 수훈을 세웠고, 1935년 연방수사국(Federal Bureau of Investigation, FBI)으로 개칭되어 오늘에 이르고 있다.

5 2차 세계대전 이전의 미국 정보기구의 특징

① 미국의 경우 1776년 영국의 식민지로부터 독립한 이후로부터 1940년대에 이르기까지 영국, 프랑스, 독일 등 유럽 국가들에 비해 다소 소극적이고 미미한 수준에서 정보활동이 수행되었던 것으로 평가된다.

② 비록 19세기 말경 재무부 산하에 또는 육군 및 해군 산하에 정보조직이 설립되어 정보활동을 수행했지만 국가적인 차원에서 본격적인 정보활동을 전개하게 된 것은 제2차 세계대전 이후로 본다.

③ 유럽 국가들과 비교하여 미국이 오랫동안 대외 정보활동에 소극적이었던 이유는 지정학적 요인에서 비롯된다. 미국은 대서양을 사이에 두고 유럽대륙으로부터 멀리 떨어져 있었기 때문에 유럽 강대국들로부터 공격받을 위험성이 그다지 크지 않았다. 이처럼 심각한 안보위협이 부재한 상황에서 굳이 국가적 차원에서 정보활동을 수행할 필요성을 인식하지 못했던 듯하다.

④ 게다가 미국은 자유민주주의적 가치를 건국의 이념으로 신봉하는 전통에 따라 합법성과 공개성의 원칙이 강조되는 사회적 분위기에 젖어 있었다. 이에 따라 미국의 지도자들은 비밀주의와 비윤리적인 속성을 가진 정보활동에 대해서 대체로 부정적인 태도를 취했던 것으로 보인다. 예를 들어 후버 행정부의 스팀슨(Hemy L. Stimson) 국무 장관은 “신사는 남의 편지를 훔쳐보지 않는다(Gentlemen do not read each other's mail).”라는 유명한 말을 남기며 미국 내 최초로 암호전문을 감청하고 해독하는 등의 활동을 성공적으로 수행해왔던 ‘블랙 체임버(Black Chamber)’를 즉각 폐쇄하도록 명령했다.

Ⅲ 전략정보국(OSS)의 설립

1 정보협력관실(COI) 설립

① 1940년대에 이르러 미국의 정보활동은 새로운 국면을 맞이하게 되었다. 제2차 세계대전의 발발과 함께 행정부와 의회의 정책결정자들은 정보를 국가안보의 중요한 요소로 인식하게 되었다.

② 루스벨트(Franklin D. Roosevelt) 대통령은 1941년 7월 도노반(William J. Donovan)을 책임자로 하는 ‘정보협력관실(Office of Coordinator of Information, COI)’을 신설하였다. COI는 국무부와 전쟁부의 정보를 통합 · 조정하고 보다 종합적인 국가정보 생산을 목표로 하여 설립되었으나, 1941년 12월 7일 일본의 진주만 기습을 제때에 예측하지 못하는 등 문제점이 지적되었다.

2 전략정보국(OSS) 설립

① 이에 따라 루스벨트 대통령은 COI를 대체하여 1942년 6월 13일 ‘전략정보국(Office of Strategic Service, OSS)’을 설립하였다.

② OSS의 설립은 단일 정보기관이면서 복합적인 정보활동임무를 수행하는 미국 최초의 국가정보기구이면서 국가정보를 생산하는 데 민간 학자들을 활용했다는 점에서 미국 첩보사에서 혁명적인 사건으로 기록된다.

③ 공식적으로 CIA의 전신으로 알려진 OSS는 전쟁을 지원하는 데 목적을 두고 설립된 정보기구로서 제2차 세계대전 중 해외에 많은 요원을 파견하여 첩보수집과 파괴공작을 전개했으며, 중요한 전략정보를 생산하여 정책결정자에게 제공하는 등의 임무를 수행했다. OSS는 형식상으로는 군 합동참모본부(JCS)의 지시를 받도록 되어 있었지만 실제로는 대통령의 직접적인 통제하에 임무를 수행했다.

④ OSS는 제2차 세계대전이 종료되면서 전쟁 지원이라는 애초의 설립 목적이 소멸됨에 따라 트루먼 대통령의 지시로 1945년 10월 해체되었다. OSS가 맡았던 첩보수집 기능은 전쟁부 및 육군으로, 조사·분석 기능은 국무부로 이관되었다.

Ⅳ 중앙정보국(CIA)의 탄생

1 의의

① 1945년 이후 소련에 의한 위협이 부상하면서 이에 효과적으로 대응하기 위해 모종의 '중앙정보기구' 설립 필요성을 느끼게 되었다. 이에 따라 국무부, 전쟁부 등 정부 관료들을 중심으로 새로이 설립될 기구의 성격과 형태에 관해 다양한 아이디어들이 제시되었다.

② 반면에 트루먼(Hany Truman) 대통령을 포함하여 상당수의 정부 고위 관료들 그리고 상·하원 의원들의 대다수가 '중앙정보기구'를 설립하게 될 경우 정보독점, 권력 확대 그리고 중앙집권화 등으로 인한 경찰국가의 출현 위험성에 대해 심각한 우려를 표명하였다.

2 중앙정보단(CIG) 창설

① 새로이 출범할 중앙정보기구에 관해 미국 내 행정부, 의회, 여론 등에서 각기 상반되는 아이디어들이 제기되는 가운데 트루먼(Harry Truman) 대통령은 1946년 1월 과도기적 중앙정보기구로서 '중앙정보단(Central Intelligence Group, CIG)'을 창설하였다.

② CIG는 국무부, 전쟁부, 해군의 최고 수뇌들로 구성된 '국가정보국(National Intelligence Authority, NIA)'의 지휘를 받아 분산된 정보 기능을 통합·조정하는 역할을 수행하게 되었다.

3 중앙정보국(CIA)

(1) 의의

① 1947년 7월 「국가안보법(National Security Act)」이 의회에서 통과됨에 따라 CIG는 오늘날의 '중앙정보국(Central Intelligence Agency, CIA)'으로 재탄생하게 되었다.

② CIA는 대통령 직속기관이면서 국가안전보장회의(National Security Council, NSC)의 산하기관으로서 NSC의 지휘를 받게 되었다.

③ CIA 국장은 미국 정보공동체 내 각급 정보기관의 정보활동을 조정 · 통합하는 역할을 수행하는 '중앙정보장(Director of Central Intelligence, DCI)' 직위를 겸하게 되었다.

(2) CIA 설립 당시의 상황

① 트루먼 대통령은 훗날 CIA 창설을 후회했다. 그는 "자유롭고 민주적인 정부와 CIA의 비밀주의는 조화되기 어렵다."며, "막대한 예산을 쓰면서도 비밀이라는 이유로 그들이 무엇을 하는지 모르고, 따라서 감시와 통제 밖에 있는 CIA"를 강력하게 비판했다.

② 한편 CIA의 부문정보기관들에 대한 통합 · 조정 기능은 시작부터 한계에 부닥쳤다. 육군과 해군은 각각 기존의 정보기관을 유지하고 있었고, 공군은 산하에 새로운 정보기관을 창립하였다.

③ 국무부에는 해외정보 분석을 전담하는 '정보조사국(Bureau of Intelligence and Research, INR)'이 있었고, FBI도 독자적으로 정보활동을 수행하고 있었다. 이들 부문정보기관들은 CIA와의 정보 공유 또는 협력을 꺼려했기 때문에 CIA의 부문정보기관들에 대한 통합 · 조정 기능은 애초 기대와는 달리 제대로 이행되지 못했다.

④ 1952년에는 신호정보의 감청과 암호개발 및 해독을 전담하는 '국가안보국(National Security Agency, NSA)'이 창설되었다. 그리고 1961년 10월 국방부 산하 정보기관의 분석부서를 통합하여 '국방정보국(Defense Intelligence Agency, DIA)'이 설립되었다.

(3) 냉전시대의 CIA

냉전시대 동안 CIA를 비롯한 미국의 정보기관들은 정보활동을 활발히 전개하여 소련과 동유럽 사회주의 세력의 팽창을 저지하고 마침내 그들을 와해시키는 데 있어서 핵심적인 역할을 수행했다. 그런 점에서 냉전시대 미국의 정보활동은 매우 성공적이었던 것으로 인정된다.

(4) 냉전 이후의 CIA

① 소련의 붕괴와 함께 냉전이 종식되면서 대외 안보환경에 급격한 변화가 일어났다. 테러, 마약, 조직범죄, 핵무기 확산 등 새로운 안보위협이 부상하였다. 이러한 변화에 부응하여 미국의 정보공동체를 개혁해야 한다는 논의가 미 의회를 중심으로 활발히 진행되었다.

② 새로운 위협에 효과적으로 대응하려면 정보공동체의 정보활동목표와 방향을 새롭게 조정해야 했으며, 그에 따라 정보기관들의 조직과 운영체계의 대폭적인 개편이 요구되었다. 그러나 그러한 개혁이 전격적으로 실행되지 못하고 지연되는 와중에 2001년 9월 11일 테러 사건이 발생하게 되었다.

V 9/11 테러와 정보공동체의 개혁

1 의의

① 9/11 테러 사건은 미국 사회에 엄청난 충격을 주었다. 9/11 테러 이후 부시 대통령은 대테러 활동을 강화하는 데 중점을 두고 정보공동체의 조직과 운영 방향에 일대 개혁을 단행하게 된다.

② 우선 대테러 업무를 총괄하는 조직으로서 국토안보부(the Department of Homeland Security)를 창설하였을 뿐만 아니라 백악관 내 국가안전보장회의(NSC)와 유사한 형태의 '국토안보회의(the Homeland Security Council)'를 설립하였다.

③ 테러위협통합센터(Terrorist Threat Integration Center)'를 설립하여 국내외 테러문제를 종합적으로 분석하는 임무를 수행토록 하였다. 또한 FBI의 주요 활동목표를 테러 공격을 막는 데 두도록 기구와 운영 방향을 개혁하였다.

④ 그리고 미국 전역에 걸쳐 테러리스트들의 활동을 무력화시키기 위한 연방정부의 대응노력을 지원해 주고, 테러 행위를 예방하고 조사 · 공소하는 데 필요한 법적인 조치를 강화하는 내용을 골자로 하는 '애국법(USA PATRIOT Act)'을 제정하였다.

2 9/11 진상조사위원회의 제안

(1) 의의

의회는 2002년 11월 '9/11 진상조사위원회(National Commission on Terrorist Attacks upon the United States, 일명 9/11 Commission)'를 구성하여 테러 대응 실패의 원인을 규명하고 개선 방안을 모색하였다.

(2) 최종보고서

① 2004년 7월 발표된 9/11 최종보고서는 9/11 테러를 사전에 예방하지 못한 요인으로서 첫째, 납치한 '항공기 자체를 무기화'하리라고 예상치 못한 '상상력 결핍', 둘째, 각급 정보기관 간 정보 공유 미흡 및 정보 통합관리 능력의 부재, 셋째, 고위층에서부터 일선 근무자에 이르기까지 총체적인 대테러 마인드 부족 등을 지적했다.

② 동 보고서는 그러한 문제점을 해소하기 위해 정보기관들 상호 간 수평적인 정보 공유의 영역을 확대하고, 현재의 중앙정보장(DCI) 직을 '국가정보장(Director of National Intelligence, DNI)'으로 대체하여 정보공동체에 대한 통제권을 강화할 것 등을 제안하였다.

(3) 「정보개혁법(Intelligence Reform Act)」

① 9/11 최종보고서에서 제시한 권고안에 기초하여 의회는 2004년 12월 「정보개혁법(Intelligence Reform Act)」을 제정하였다.

② 「정보개혁법」에 따라 CIA, FBI 등 정보공동체 소속 14개 정보기관의 예산과 인력을 총괄 조정하는 권한을 가진 장관급의 국가정보장(Director of National Intelligence, DNI)' 직위가 신설되었다.

③ 이외에 「정보개혁법」에 근거하여 '합동정보공동체위원회(Joint Intelligence Community Council)'가 설립되어 정보공동체를 감독하는 기능을 수행하게 되었다.

Theme

76 미국의 정보공동체

I 의의

① 미국의 정보기구 또는 정보체계는 흔히 '정보공동체(intelligence community)'로 불리는데, 미국의 정보체계의 독특한 모습을 묘사하는 데 매우 적합한 용어로 생각된다.

② 미국에서 '정보공동체'란 각 분야에서 다양한 정보활동을 수행하고 있는 정보기관들의 집합체를 의미한다. 미국의 '정보공동체(community)'는 업무적으로 관련이 있거나 때로는 연합된 기관 및 부서들로 구성되며, 이들은 각기 다른 정보사용자들을 위해서 그리고 여러 계선조직의 명령 및 지휘체계하에서 활동한다.

③ 때로 정보공동체 내 정보기관들 간에 중복된 업무를 수행하는 등의 비효율성이 지적되곤 하는데, 이는 각각의 정보기관들이 어떤 종합적인 계획에 기초하여 창설된 것이 아니고 그때그때 요구되었던 여러 가지 다양한 정보수요들을 충족시키려는 목적에서 설립되었기 때문이다.

<table>
<tr><td colspan="6">대통령</td></tr>
<tr><td colspan="6">국가안보위원회(National Security Council, NSC)</td></tr>
<tr><td colspan="6">미국 정보공동체(Intelligence Community, IC)</td></tr>
<tr><td>조정 · 통제</td><td colspan="5">국가정보장(DNI)</td></tr>
<tr><td>독립기관</td><td colspan="5">국가정보장실(ODNI), 중앙정보국(CIA)</td></tr>
<tr><td>국무부</td><td colspan="5">정보조사국(INR)</td></tr>
<tr><td>법무부</td><td colspan="2">연방수사국(FBI)</td><td colspan="3">마약단속국 국가안보정보과(ONSI)</td></tr>
<tr><td>재무부</td><td colspan="5">정보분석실(OIA)</td></tr>
<tr><td>에너지부</td><td colspan="5">정보방첩실(OICI)</td></tr>
<tr><td>국토안보부</td><td colspan="2">정보분석국(I&A)</td><td colspan="3">해안경비대정보부(CGI)</td></tr>
<tr><td rowspan="2">국방부</td><td>국방정보국
(DIA)</td><td>국가안보국
(NSA)</td><td>국가지형정보국
(NGA)</td><td>국가정찰국
(NRO)</td><td rowspan="2">우주군 정보부대
(SFI)</td></tr>
<tr><td>공군 정보감시정찰대
(AFISR)</td><td>육군 정보부대
(Army MI)</td><td>해군정보실
(NIO)</td><td>해병 정보부대
(MCI)</td></tr>
</table>

핵심정리

1. 미국 정보공동체는 18개 정보기관으로 구성된다.
2. 독립기관(independent agencies)
   ① ODNI(the Office of the Director of National Intelligence)
   ② CIA(Central Intelligence Agency)
3. 국방부 산하 부문 정보기관
   (1) 국방 요소의 정보를 다루는 정보기관(Department of Defense elements)
      ① DIA(the Defense Intelligence Agency)
      ② NSA(the National Security Agency)
      ③ NGA(the National Geospatial-Intelligence Agency)
      ④ NRO(the National Reconnaissance Office)
   (2) 국방서비스의 정보요소를 다루는 정보기관(intelligence elements of the five DoD services)
      ① the Army Intelligence
      ② Navy Intelligence
      ③ Marine Corps Intelligence
      ④ Air Force Intelligence
      ⑤ Space Force Intelligence
4. 국방부 이외의 다른 행정부처 소속 부문 정보기관(elements of other departments and agencies)
   ① the Department of Energy's Office of Intelligence and Counter-Intelligence
   ② the Department of Homeland Security's Office of Intelligence and Analysis
   ③ the Department of Homeland Security's U.S. Coast Guard Intelligence
   ④ the Department of Justice's Federal Bureau of Investigation
   ⑤ the Department of Justice's the Drug Enforcement Agency's Office of National Security Intelligence
   ⑥ the Department of State's Bureau of Intelligence and Research
   ⑦ the Department of the Treasury's Office of Intelligence and Analysis

핵심정리 미국의 정보기구

1. 국가정보장(Director of National Intelligence, DNI)
   (1) 연혁과 특성
   국가정보장(DNI)은 미국 정보공동체(IC)를 통솔하는 수장으로 2004년 정보개혁법에 의거하여 탄생했다. 기존의 중앙정보장(DCI) 체제를 대체한 것으로 요체는 수하에 어떤 집행정보기구도 거느리지 못하게 한 것이다.
   (2) 권한과 임무
      ① 국가정보의 생산과 배포
      ② 국가안보 정보에 대한 총괄 접근권
      ③ 정보우선순위 결정권
      ④ 정보공동체 업무 조정 · 감독권
      ⑤ 정보기구 장(長) 임면에 대한 동의권과 예산배분권

2. 중앙정보국(Central Intelligence Agency, CIA)

① 2차 세계대전 당시의 군 전략정보국(OSS)의 후신으로 1947년 국가안보법에 의해 창설되었다.

② '회사(Company)' 또는 '기관(Agency)'으로 불린다. 정보요원에 대한 일반적인 비하적인 말로 '유령(Spook)', 그리고 CIA 요원들만을 지칭하는 용어로는 본부 소재지를 빗대 '버지니아 촌놈(Virginia farmboys)'이라고 호칭된다.

③ 국가정보장(DNI) 체제로 변하면서 CIA의 임무 범위와 역할이 상당히 축소되었다고 하지만, 여전히 인간정보활동(HUMINT)을 총괄하는 책임을 맡고 있다. 사안에 따라서는 DNI를 거치지 않고 대통령에게 직접보고 할 수 있다. 오늘날에도 CIA는 국가안보와 국가이익을 수호하는 세계 '비밀의 손'으로 통한다.

3. 국가안보국(National Security Agency, NSA)

① 국방부 산하의 신호정보 전문 정보기구로, 가장 방대한 조직과 예산을 사용한다.

② 획득정보를 자체적으로 활용하는 공작활동은 하지 않고, CIA나 FBI 등 다른 정보기구에 제공하는 지원역할을 한다.

③ 수년 동안 존재 자체가 비밀로 분류되어 있어 "그런 기관은 없다(No Such Agency)." 또는 "입에 담지 마라(Never Say Anything)"라고도 말해진다.

④ NSA는 지구 도처에서 발신되고 수신되는 신호정보를 지구상에서 현존하는 가장 강력한 슈퍼컴퓨터를 이용한 데이터마이닝 기법으로 정보를 생산한다.

⑤ NSA는 다양한 고객을 위하여 소비자 중심의 주문 제작형 정보를 제공한다. NSA는 미국의 국책연구기관으로 미국 미래의 초석이라는 평가를 받는다.

4. 국가지형정보국(National Geospatial-Intelligence Agency, NGA)

① 국가지형정보국(NGA)은 지구공간의 지질학적 정보를 생산하는 정보기구이다.

② 비전은 "지구를 알고, 길을 인도하라(Know the Earth, Show the Way)."로 '현재, 다음 그리고 다음의 다음(Now, Next and After Next)'에 대한 정보생산이 목표이다.

③ 지구 공간에 대한 '총괄적 정보생산자'이자 '정보매니저'로 평가된다.

5. 국가정찰국(National Reconnaissance Office, NRO)

① 영상정보기구이다. 신호정보기구인 국가안보국(NSA)이 '지구의 귀'라고 한다면 국가정찰국은 '지구의 눈'으로 평가된다.

② 국가정찰국이 수집한 자료는 '국가기술자산(National Technical Means, NTM)'으로 분류하여 국가비밀로 관리된다.

③ 국가정찰국은 인류 최초의 원자폭탄 개발계획인 맨해튼 프로젝트에 비견되는 차세대 정찰인공위성 프로젝트인 미래영상체계(Future Imagery Architecture)를 구축했다.

④ 국가정찰국이 운용하는 미래영상체계는 평시에는 위성자료를 통해 적대세력의 잠재적 군사 공격 가능성을 사전에 파악하고, 대량살상무기의 전개와 이동을 감시하며, 테러분자들의 활동을 추적한다. 군축합의와 국제조약에 따른 환경의무를 잘 이행하는지를 점검하고 인재(人災)와 천재(天災)의 영향을 측정 · 평가하는 역할도 담당한다고 한다.

6. 국방정보국(Defense Intelligence Agency, DIA)

① 군사정보를 생산하고 총체적으로 관리하는 국방부 산하 정보기구로 CIA, 국무부 정보조사국(INR)과 함께 3대 종합정보분석기구이다.

② 국방정보국은 러시아의 정보총국(GRU), 영국의 국방정보부(Defence Intelligence, DI), 이스라엘의 아만(Aman)에 비견된다.

③ 국방정보국의 산하에 석 · 박사과정을 운용하는 합동군사정보대학(Joint Military Intelligence College)이 있다.

7. 육군정보부대(Army Intelligence and Security Command)

① 육군정보부대는 전 세계의 미군 기지를 바탕으로 24시간 미국과 우방의 이익에 대한 위협을 추적하여 관련정보를 수집하고 분석하는 종합 정보기구이다.

② 생산되는 정보분석보고서가 '위협 평가보고서'로 국방정책결정자들은 물론이고 미국 정보공동체와 무기개발 및 전투체계 개발자에게도 제공된다.

③ 미국 정보공동체에서 육군정보부대의 중요성은 그 맨 파워에 있다. 즉 일반 민간부문 정보요원들은 활동하기 어려운 전투현장에서 전투에도 직접 참가하며 정보를 획득할 수 있다는 데에 필요성과 강점이 인정된다.

8. 해군정보실(Office of Naval Intelligence)

해군정보실(ONI)은 1882년 3월 23일 창설되어, 미국 정보기구 가운데 가장 오랜 정보역사를 가지고 있다. 국토가 광대한 바다로 싸인 자연적 조건으로, 해상에 대한 안전 확보가 국가존립의 당면한 과제였다. 해상전쟁 수행과 항해의 자유권을 확보하고 외국의 공격을 저지하는 것을 목적으로 하여 해양 관련 정보를 제공함을 기본임무로 한다.

9. 공군정보감시정찰대(Air Force Intelligence Surveillance & Reconnaissance)

① 공군정보감시정찰대(AFISR)는 공군의 독자적인 정보기구이면서도, 기능적 체제상 국가안보국(NSA) 내의 한 기구로 기능한다. 독립적 정보기구라는 성격과 함께 국가안보국(NSA)을 중심으로 정보협력체를 형성하는 이중적 지위를 가진다.

② 강점은 지구상에서 가장 빠르게 현장에 접근할 수 있는 정보기구로 단순한 참모부서가 아닌 8번째 공군력(Eighth Air Force)이라 불리는 실전형 전투부대이다.

10. 해병정보대(Marine Corps Intelligence Activity, MCIA)

① 미국 해병대는 육군, 공군, 해군, 해안경비대와 더불어 5대 정규군이다. 해병정보대는 해병대의 CIA로 '군대 내의 비밀의 손'으로 통한다. 해병정보대는 독립된 정보기구임에도 스스로를 '협력자(Corporate enterprise)'라고 부른다.

② 미국 정보공동체에서 해병정보대의 가치는 그 맨 파워(man－power)로 인해 능력을 인정받는다. 즉 과학 장비가 한계가 있는 영역에서 막강한 전투력을 갖춘 인적능력을 활용해 언제, 어떤 조건. 어떤 곳에서도 성공적으로 필요한 정보활동을 수행해 낼 수 있다고 평가받는다.

③ 그래서 해병정보대는 원정 · 탐험 정보부대라고도 불린다. 남들보다 먼저 투입되어 상황을 파악하여 전투에 사용할 정보를 획득하고, 위험을 무릅쓴 전투현장에서의 기동 활동과 정보활동을 병행 수행하는 것에서 붙여진 이름이다.

11. 에너지부 정보방첩실(Office of Intelligence & Counterintelligence, OICI)

① 에너지부 정보방첩실(OICI)은 약칭하여 에너지부 정보실(IN)로 불린다. 활동기원은 제2차 세계대전 후에 핵무기 개발 계획인 맨해튼 프로젝트의 진행과정에서 시작되었다.

② 정보실(IN)의 임무는 시대상황을 반영하여 1970년대 국제 에너지 위기상황에서는 에너지의 안정적 수급문제에 대한 정보수집과 분석에서 전문성을 발휘했다. 1990년대 핵무기 확산 문제가 국제적 이슈로 대두되면서 핵무기 확산방지와 핵무기 테러에 대한 방지에 임무의 방점이 옮겨가 있다.

③ 오늘날은 핵무기 개발문제, 핵확산 문제, 평화적인 원자력 이용 문제, 방사성 폐기물 및 에너지 확보분야에 대한 정부수집과 분석이 주된 임무이다.

12. 국무부 정보조사국(Bureau of Intelligence and Research, INR)

① 정보조사국(INR)은 제2차 세계대전 당시의 전략정보국(Office of Strategic)의 단위부서였던 조사분석실(R&A)을 바탕으로 1946년에 창설되었다.

② 국무부 소속 국 단위의 작은 기관이지만 정보분석 생산물은 정보공동체의 보고서 중에서 가장 권위 있는 것 중의 하나로 의회도 높이 평가한다.

③ 정보물이 권위를 인정받는 이유는 외교업무의 연장선에서 수시로 각국의 외교담당 고위 관계자, 심지어는 외국 최고통수권자의 의중을 직접 확인할 수 있다는 것이 여타의 다른 정보획득 기법으로는 수집할 수 없는 좋은 정보원천이 된다.

④ 매년 국내 · 외 공식회의를 개최하여 저명한 외부 전문가의 아이디어를 청취하는 기회를 가짐으로써 또 다른 중요한 정보획득의 기회도 갖는다.

13. 재무부 정보분석실(Office of Intelligence and Analysis, OIA)

① 재무부 정보분석실(OIA)은 테러그룹과 대량살상무기확산그룹 등에 대한 재정지원을 포함한 원조 네트워크에 대한 정보와 금융정보를 생산한다.

② 글로벌 정보기구인 금융활동특별조사단(FATF)과 유기적 협조를 맺으며, 소위 불량국가(Rogue Regimes)들에 대한 재정루트 차단과 경제제재 임무도 수행한다.

14. 마약단속국(Drug Enforcement Administration, DEA)

① 마약단속국(DEA)은 연방경찰 업무도 수행하는 법무부 산하의 법집행기관이다. 1973년 7월 1일 리처드 닉슨 대통령은 기존의 마약관련 부서를 모두 통합하고 마약에 대한 총괄적 대책기구로 법무부에 마약단속국(DEA)을 창설했다.

② 마약단속국은 2006년 16번째로 정보공동체의 정식 멤버에 편입했다. 이것은 그 동안 사회치안 문제로만 인식되어 오던 마약문제를 정보공동체의 정보협력으로 범국가적으로 대처하여야 할 국가안보 문제로 인식하였다는 것을 의미한다.

15. 연방수사국(Federal Bureau of Investigation, FBI)

① 1908년 7월 보나파르트 법무부 장관은 수사국(Bureau of Investigation)을 창설했다. 수사국(BI)이 1935년 후버(J. Edgar Hoover) 국장에 의해 연방수사국(FBI)으로 확대 · 개편되었다. 1924년 제 6대 수사국장으로 취임한 에드거 후버 국장은 FBI의 초대국장으로 취임하여 1972년 사망할 때까지 총 48년간 국장으로 재직했다.

② FBI는 첫 글자인 '충성(Fidelity), 용기(Bravery), 성실(Integrity)'을 복무방침으로 하여 연방범죄에 대한 최고 수사기구이자 방첩기구이다. 세계 각국은 수사 · 방첩정보기구를 구축함에 있어서 FBI를 본받으려고 노력해 왔다.

③ FBI는 56개의 국내 지역사무소와 50개 해외지부가 있는 기구로 엄밀하게는 국내정보와 해외정보를 모두 담당하는 종합정보기구이다. 국가안보실(National Security Branch, NSB)이 정보업무를 총괄한다. 주된 임무는 연방범죄 수사와 방첩임무이다.

④ 전통적으로 미국은 정보와 수사를 엄격히 구분했다. 그러나 9/11 위원회 조사에서 나타난 것처럼 현실은 정보와 수사의 유기적 융합을 통해서만 테러범죄에 효율적으로 대처할 수 있음이 드러났다.

⑤ 또한 현실적으로 기동화 · 조직화 · 국제화되어 가는 테러 등 국제 범죄에 대해서는, 정보와 수사의 공조 없이는 궁극적인 처벌로 연결시킬 수 없으므로 양자의 결합은 필연적이라고 할 수 있다.

⑥ 이에 법은 FBI에 수사업무와 법집행업무 담당자 사이에 유기적 관계를 구축할 수 있도록 했다. FBI 내에서의 정보와 수사의 장벽도 철폐했다. 정보와 수사 결합의 강화추세는 FBI 조직 내에서뿐만 아니라 국토안보부(DHS)와의 공조에도 이어졌다.

16. 국토안보부(Department of Homeland Security)의 2개 정보기구

① 국토안보부(DHS)는 2001년 9/11 테러 공격 이후 창설된 조직 이다. 국방부(DOD), 원호부(Department of Veterans Affairs)에 이어 미국의 행정부처 가운데 3번째로 큰 부처이다.

② 국토안보부 정보와 분석실(Office of Intelligence and Analysis)과 국토안보부 해안경비대정보실(Coast Guard Intelligence)의 2개 기구가 정보공동체의 멤버이다. 해안경비대정보실은 정보기능과 함께 법집행 기능도 수행한다.

17. 우주군 정보부대(Space Force Intelligence, SFI)

2021년 1월 우주군 정보부대(Space Force Intelligence, SFI)가 우주군을 대표하여 정보공동체의 18번째 구성원이 되었다.

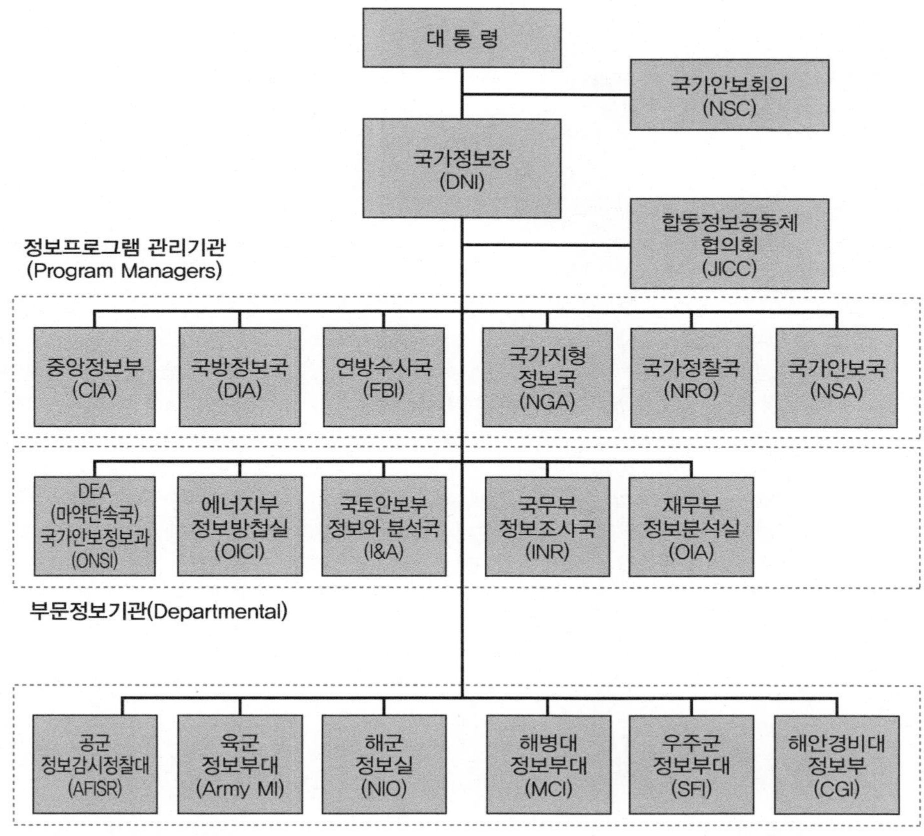

[미국 정보공동체 조직]

핵심정리

1. 의의

현재 미국의 정보공동체는 국가정보장(DNI)을 정점으로 18개의 기관으로 구성되어 있다. 이들 중 CIA와 ODNI는 독립적으로 운영되는 정보기관이고, 기타의 정보기관은 특정 행정 부처에 속해 있으면서 정보업무를 담당한다. FBI와 마약단속국(Drug Enforcement Administration, DEA)은 법무부, 정보와 분석국(Office of Intelligence & Analysis, I&A) 및 해안경비대(Coast Guard Intelligence, CGI)는 국토안보부, INR은 국무부, 정보방첩실(Office of Intelligence and Counterintelligence, OICI)는 에너지부, 정보분석실(Office of Intelligence and Analysis, OIA)은 재무부, DIA, NSA, NRO, 국가지형정보국(National Geospatial Intelligence Agency, NGA) 등은 국방부 소속이다. 이외에 육군, 해군, 공군, 해병, 우주군에도 각각의 정보업무를 담당하는 조직이 있다. 이들을 총괄하는 국가정보장실(ODNI)을 제외하면 현재 총 17개의 정보기관이 미국 정보공동체를 구성하고 있다고 할 수 있다.

2. 정보공동체의 구성원
정보공동체 구성원들은 ① 수행하는 정보활동의 성격에 따라 특정 담당분야에서 정보활동을 수행하면서, 관련 정보활동의 계획, 예산운영, 평가와 관련하여 DNI를 보조하는 역할을 수행하는 일종의 프로그램 운영자(program manager)의 역할을 수행하는 정보기관(정보프로그램 운영기관) ② 소속 행정 부처와 연계되어 각 부처에서 필요로 하는 정보활동을 수행하는 정보기관(부문정보기관) 그리고 ③ 군 조직의 일원으로 군관련 정보활동을 수행하는 정보기관(안보서비스기관)(CGI와 각군 정보부대)으로 구분될 수도 있다.

3. 정보프로그램 운영기관(intelligence Program Manager)
미국 정보공동체를 구성하는 정보기관 중에서 소속 행정 부처와 관련된 정보업무 이외에 여러 행정 부처와 관련된 국가차원의 정보업무를 수행하는 기관을 정보프로그램 운영기관(intelligence Program Manager)이라고 한다. 여기에는 외교 · 통상 · 에너지 · 국방 · 군축 · 핵 프로그램 등 다양한 해외정보를 수집 · 분석 · 공작하는 CIA, 방첩 · 테러 · 사이버범죄 · 국제범죄 · 마약 수사 등을 담당하는 FBI, 글로벌 군사전략 · 국방전략 · 대테러 전쟁 등의 업무를 담당하는 DIA, 각종 신호정보를 수집하고 정부차원의 통신보안 업무를 담당하는 NSA, 인공위성을 운영하면서 각종 영상첩보를 수집하는 NRO 그리고 인공위성이나 항공기 등을 통해 수집된 영상첩보를 기초로 지리공간정보를 분석 · 생산하는 NGA가 있다. NSA, NRO, NGA는 조직상 국방부 산하의 기관이며 최고책임자도 군 출신들이 주로 맡지만, 수행하는 업무의 성격상 이들의 활동은 국방관련 정보활동에 국한되지 않고 담당 기술 분야인 신호, 항공 및 우주 정찰 자료 그리고 지구 관련 정보를 생산하여 전체 정보공동체에 공급하는 역할을 담당한다. 이들 정보기관들은 각각 서로 다른 분야에서 정보활동을 수행하지만, 이들의 역할은 순수한 정보 관련 업무에 한정되며 정책 제안을 하지는 않는다는 점을 공통된 특징으로 한다.

Ⅱ 국가정보장(DNI)

1 중앙정보장(DCI)

① 미국의 정보공동체는 초기에는 단순한 협의체 개념에 의하여 운영되었으나 점차 조직의 성격과 목적이 규정되었다.

② 9/11 이전까지 정보공동체는 CIA 국장이 겸임하는 중앙정보장(Director of Central Intelligence, DCI)을 정점으로 하여 각 부문정보기관들이 협조하여 높은 수준의 종합적인 정보 생산을 목적으로 구성되었다.

2 국가정보장(DNI) 직위 신설

① 9/11 이후 기존의 DCI를 대체하여 정부 부처의 장관급에 해당되는 국가정보장(DNI) 직위가 신설되었다. DNI는 18개 정보기관들로 구성된 미국의 정보공동체를 관리하는 수장의 역할을 수행하게 된다.

② 과거 DCI와 비교하여 DNI는 정보공동체의 예산이나 인사에 대해 보다 강력하고도 실질적인 권한을 행사할 수 있도록 제도화되었다. DNI는 국가정보분야의 수석 참모로서 대통령과 NSC에 정보분야에 대해 조언을 담당하게 된다. 또한 국가대테러센터(National Counterterrorism Center, NCTC) 등 산하기구를 지휘 · 감독하는 책임도 맡고 있다.

Ⅲ 국가정보장실(ODNI)

1 의의

① ODNI는 9/11 이후 미국의 정보공동체(IC)의 전면적인 변화가 요구되었고 그 결과 2004년 의회는 「정보개혁 및 테러방지법(the Intelligence Reform and Terrorism Prevention Act, IRTPA)」을 통과시켜 미국의 핵심적인 17개의 정보기관을 통솔하기 위하여 창설되었다.

② ODNI는 미국 정보공동체의 역량을 통합하고 지원할 목적으로 다양한 정보공동체 출신 관료들로 구성되어 있고, 미국 정보공동체의 최고책임자이며 국가정보프로그램(National Intelligence Program, NIP)의 관리자인 국가정보장(DNI)의 업무를 담당하기 위해 설치된 정보기관이다.

핵심정리

미국은 18개의 상호 독립적인 정보기관들을 운영하는 분산형 정보체제를 갖추고 있으며, 현재 미국 정보공동체의 구성 및 운영상의 특징은 정보공동체의 통합 운영을 전담하는 DNI를 정점으로 정보활동을 수행한다는 측면에서 찾아 볼 수 있다. 정보공동체를 통합운영하는 역할은 ODNI가 창설되기 전부터 이미 DCI에 의해 수행되고 있었다. 현재의 DNI 중심의 정보공동체 운영이 이전의 DCI통제하의 정보공동체 운영과 다른 점은 정보공동체를 이끌어 가는 역할을 정보기관들 중 어느 한 기관을 이끌어 가는 사람에게 맡기기 보다는 어느 정보기관과도 직접 관련이 없는 내각 수준의 직위를 새로이 만들고 그 직위에 명목상의 권한이 아닌 실질적인 권한을 부여하고 있다는 점에서 찾아볼 수 있다. 과거 정보공동체를 이끌던 DCI는 독립 정보기관인 CIA의 책임자로서의 직위를 병행하고 있었던 반면, ODNI의 경우는 기존의 어떤 정보기관과도 직접적인 연관이 없는 부처 직원들로 구성된 독립된 내각 수준의 기관으로 창설되었다. 이와 함께 이전의 DCI에게 주어졌던 권한은 명목적인 권한의 성격이 강했던 반면, DNI에게는 실질적으로 정보공동체를 이끌어 갈 수 있는 권한이 주어졌다는 점도 이전의 DCI 중심의 정보공동체 운영과 차이가 나는 점이다. 예를 들면 이전의 DCI의 경우와는 달리, DNI에게는 해안경비대나 FBI와 같이 다른 행정 부처에 속해 있는 정보기관의 경우도 소속 행정 부처의 책임자를 통하지 않고 직접적으로 통제할 수 있는 권한이 부여되어 있다. 이러한 권한에 부분적인 예외가 존재하는 분야는 군사 정보활동과 관련된 분야이다. 정보기관들이 수행하는 정보활동은 기본적으로 DNI와 각 정보기관 또는 행정부처의 장 간에 협의하여 이루어지지만, 국방부 산하 정보기관들에 대해서는 국방장관의 직접 통제를 받는 정보담당 국방차관(Under Secretary of Defense for Intelligence)을 통해서 통제한다. 이러한 예외가 존재하는 이유는 DNI가 군사 작전의 실패에 대한 책임을 감안하면서 국방부 산하의 정보기관들이 수행하는 정보활동을 적극적으로 통제하려 할 가능성은 크지 않다는 측면에서 이해할 수 있다. ODNI를 탄생시킨 2004년 법안에서도 군 정보활동 관련 주된 정보활동 체계를 마련하는 것과 관련된 프로그램 운영 계획의 계발 및 시행은 국방부 장관과 공동으로 추진하도록 규정하고 있다.

2 권한

① ODNI는 국가안보와 관련된 정보공유와 전략증진, 재량권 통합 그리고 국가정보관리에 대해 전반적인 개혁을 추진하여 정보공동체에서 대테러 정보활동을 위한 컨트롤 타워로서 새롭게 태어났으며, 상당한 권한을 부여받게 되었다.

② 국가정보장(DNI)은 미국 정보공동체의 수장으로서 대통령과 국가안보회의 그리고 국토안보회의에 국가안보와 관련된 조언 및 보좌 등의 일정한 책무와 권한을 가지고 있다. 또한 국가정보프로그램을 실행하고 이와 관련된 예산을 집행하며 정보공동체 영역 내에서 효과적인 정보수집과 생산을 위한 통합 및 협조를 주도할 수 있다.

③ 국가정보장(DNI)은 의회 상원의 동의하에 대통령이 임명하며, 국가안보와 관련된 정보의 수집 · 분석 · 생산 · 배분에 대한 우선결정권을 보유하고 있으며 정보획득의 절차와 협조, 법적 · 행정적 지원에 대한 권한을 보유하는 등 정보공동체에 대한 전반적인 책임을 지고 있다.

핵심정리 2004년의 「정보개혁법」에 규정된 DNI의 권한과 역할

객관적인 정보의 시의 적절한 제공, 정보의 수집, 분석, 배포와 관련된 목표와 우선순위 설정, 정보공동체 내에서의 정보에 대한 접근성과 활용성 극대화, 효율적인 정보 예산의 편성과 집행, 외국 정부 및 국제기구와의 정보 및 안보협력 관계 감독, 정보기관들 간의 공동 정보활동 수행능력 증진과 정보공동체 운영기능 촉진을 위한 인사정책 및 프로그램 개발, 국가안보 증진과 관련된 모든 측면이 고려되는 정확한 정보분석 그리고 주된 정보활동 체계를 마련하는 데 있어서 비용, 진행계획, 수행목표 및 프로그램 관련 주요 이정표 설정 등을 포함하는 프로그램 운영계획의 개발 및 시행 등이다.

3 2004년 창설 당시 조직

(1) 조직

'국가정보장실(Office of Director of National Intelligence, ODNI)'은 국가정보장을 최고책임자로 하고, 그 휘하에 국가정보수석차장(Principal Deputy Director of National Intelligence), 분석담당 국가정보차장(Deputy Director of National Intelligence for Analysis), 수집담당 국가정보차장(Deputy Director of National Intelligence for Collection), 관리담당 국가정보차장(Deputy Director of National Intelligence for Management), 정보사용자 지원 담당 국가정보차장(Deputy Director of National Intelligence for Customer Outcome) 등 5명의 국가정보차장을 두고 있다.

(2) 구성

산하기관으로는 DCI 산하기관이었던 국가정보회의(National Intelligence Council, NIC), 국가방첩관실(Office of the National Counterintelligence Executive, ONCIX), 국가대테러센터(National Counterterrorism Center), 국가대확산센터(National Counterproliferation Center), 공개정보센터(Open Source Center), 정보공유위원회(Information Sharing Council) 등을 두고 있다.

4 2007년 조직 개편

(1) 조직

'국가정보장실(Office of Director of National Intelligence, ODNI)'은 국가정보장을 최고책임자로 하고, 그 휘하에 국가정보수석차장(Principal Deputy Director of National Intelligence), 최고 운영 책임자(Chief Operating Officer), 국방보좌관(Director's Adviser for Military Affairs), 임무 통합 국가정보차장(Deputy Director, Mission Integration), 정책 및 역량 국가정보차장(Deputy Director, Policy and Capabilities)을 두고 있다.

(2) 국가정보차장

① 임무 통합(Mission Integration, MI) 국가정보차장

② 정책 · 역량(Policy and Capabilities, P&C) 국가정보차장

(3) 임무 센터

① 국가대확산센터(National Counterproliferation Center, NCPC)

② 국가방첩 · 보안센터(National Counterintelligence and Security Center, NCSC)

③ 국가대테러센터(National Counterterrorism Center, NCTC)

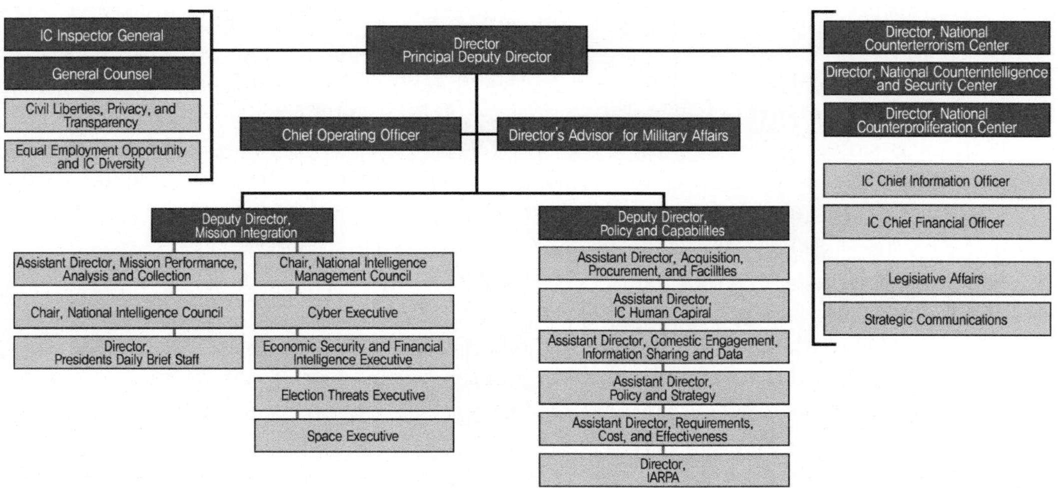

[ODNI 조직도]

핵심정리

1. 의의

이전의 DCI가 CIA라는 독립 정보기관을 운영하며 지원을 받는 가운데 정보공동체를 이끄는 역할을 수행했던 반면, 어느 정보기관도 직접 운영하지 않으면서 정보공동체의 통합적 운영을 통한 정보활동의 효율 증진을 책임지는 DNI의 역할을 지원하기 위해 ODNI는 산하에 아래와 같은 여섯 개의 조직을 두고 있다.

2. 국가정보회의(National Intelligence Council, NIC)

국가정보회의(National Intelligence Council, NIC)는 DNI가 정보공동체를 이끄는 일을 보좌하고, 정보공동체의 중장기 전략정보 활동계획 수립을 담당한다. 학계 및 민간 영역 전문가들의 견해를 참고하여 미국 정보공동체가 생산하는 가장 권위 있는 정보 생산물인 국가정보판단보고서(National Intelligence Estimates, NIE)를 작성한다.

3. 고급정보기술연구사업단(Intelligence Advanced Research Projects Activity, IARPA)

현재로서는 가능성이 크지 않고 개발하는 데에 비용이 많이 들지만 성공할 경우 미국에게 압도적인 정보 우위를 제공할 수 있는 연구사업을 수행한다. 직접적인 정보활동을 수행하지는 않는다. 산하에 핵심분석실(Office of Incisive Analysis), 안전공작실(Office of Safe & Secure Operations) 그리고 스마트수집실(Office of Smart Collection)을 두고 각각 정보분석, 비밀공작, 정보수집과 관련된 연구를 담당하도록 하고 있다.

4. 정보공유환경육성단(Information Sharing Environment, ISE)

정보공동체 구성기관 및 법 집행, 공공 안전, 국방, 외교 분야의 업무 담당자들에게 테러, 대량살상 무기 등 안보 관련 정보를 통합적으로 제공하고 이러한 정보가 이들 간에 성공적으로 공유될 수 있도록 하며, 이러한 환경을 지속적으로 증진시키는 작업을 수행한다. 민간 부문 협력자 및 우방들과 정보를 공유하는 업무도 담당한다.

5. 국가방첩 · 보안센터(National Counterintelligence and Security Center, NCSC)

(1) 의의

국가방첩관(NCIX)은 국가방첩 · 보안센터(National Counterintelligence and Security Center, NCSC)의 장을 겸임한다. NCSC는 국가방첩관실(ONCIX)을 보안평가센터, 특별보안센터 및 국가내부자위협태스크포스와 통합하여 방첩 및 보안 임무 영역을 효과적으로 조정하기 위해 설립되었다.

(2) 국가방첩관실(Office of the National Counterintelligence Executive, ONCIX)

방첩 활동과 관련하여 DNI를 보좌하고 정보공동체 내에서의 방첩활동이 통합적이고 효율적으로 이루어질 수 있도록 지휘한다. 국가방첩관(NCIX)은 국가방첩정책위원회(National Counterintelligence Policy Board)의 의장으로서 정보공동체의 방첩정책 및 절차를 개발하는 과정을 주관한다. 2010년 특별보안센터(Special Security Center, SSC)를 흡수 통합한 이후부터는, 정보공동체가 수집하고 공유하는 정보를 보호하는 역할과 관련하여 DNI를 보좌함은 물론, 보안관련 연구 및 교육을 담당하며, 보안정책을 마련하고 시행을 평가하여 DNI에 보고하는 역할도 수행한다.

6. 국가대테러센터(National Counterterrorism Center, NCTC)

국내외 테러 관련 모든 정보를 통합 분석 공유하는 주무 부서이다. 대통령과 DNI의 지휘하에 정부 부처들 및 정보기관들에서 충원된 전문가들이 공동으로 테러 관련 정보를 분석하고 테러 대응활동 계획을 세우고 수행하며, 이와 관련하여 정보공동체를 이끄는 역할을 수행한다. 정보공동체 구성기관 및 정부 부처와 군 관계자들이 항상 테러 관련 정보에 접근할 수 있도록 보안이 설정된 웹사이트(NCTC Online)를 운영한다. 산하에 기관간위협평가협력단(Interagency Threat Assessment and Coordination Group, ITACG)과 테러리스트신원정보자료원(Terrorist Identities Datamart Environment, TIDE)을 두고 있는데, ITACG는 정보기관들 간의 테러 관련 정보 공유를 원활하게 하는 역할을 수행하며, TIDE는 국제 테러리스트들의 신원 정보 보관소로서 정보요원들이 필요할 때 언제든지 관련 정보를 활용할 수 있도록 하는 역할을 수행한다.

7. 국가대량살상무기확산방지센터(National Counterproliferation Center, NCPC)

생화학 무기, 방사능 무기, 핵무기 등 대량살상무기의 확산과 관련하여 정보공동체가 수집 · 분석한 정보를 통합하고 이에 대한 해결책을 발전시키며, 대량살상 무기 확산으로 인해 제기되는 장기적인 위협을 파악하고 정보공동체가 이에 대처할 수 있도록 대책을 강구하는 업무를 담당한다.

Ⅳ 합동정보공동체위원회(JICC)

1 의의

합동정보공동체위원회(Joint Intelligence Community Council, JICC)는 2004년 「정보개혁법(Intelligence Reform and Terrorism Prevention Act of 2004)」에 의해 정보공동체의 집행감독기구로 설립된 국가정보 협의체이다.

2 국가정보 협의체

국가정보 협의체는 정보기관을 비롯하여 행정기관 및 법집행기관을 포함한 기관들의 협의체로서, 국가안보위협 평가 및 공유, 정보소비자들의 정보 요구 사항 협의, 국가정보활동(수집, 분석, 공작, 방첩)우선 순위 확정, 정보 예산의 규모, 적정성 및 사용처 등 협의 업무를 수행한다.

3 조직

(1) 의의

국가정보장(DNI)은 합동정보공동체위원회(JICC)의 의장이 되고, 감독기구의 다른 구성원을 포함한다.

(2) 구성원

① 국가정보장
② 국무장관
③ 재무장관
④ 국방부 장관
⑤ 법무장관
⑥ 에너지 장관
⑦ 국토안보부 장관
⑧ 기타 대통령이 지명하는 자

4 기능

(1) 의의

합동정보공동체위원회(JICC)는 국가안보를 위한 공동의 통일된 국가정보 노력을 개발하고 집행함에 있어서 국가정보장(DNI)을 보좌한다.

(2) 자문

정보요구, 예산, 재정, 정보의 활동성에 대한 감독과 평가에 대해 자문한다.

(3) 정책 및 지침의 적시 실행 보장과 감독

국가정보장에 의해 수립된 프로그램, 정책 및 지침의 적시 실행을 보장하고 감독한다.

5 회의

국가정보장이 적절하다고 판단하는 때에 합동정보공동체위원회를 소집하고 그 회의를 주재한다.

6 위원장 이외의 위원의 조언 및 의견

① 합동정보공동체위원회(JICC) 구성원(의장 제외)은 국가정보장(DNI)이 대통령이나 국가안보회의(NSC)에 제출한 조언에 더하여 이견을 포함한 조언이나 의견을 제출할 수 있다.

② 구성원이 그러한 조언이나 의견을 제출하는 경우, 의장은 경우에 따라 의장의 조언을 대통령 또는 국가안보회의(NSC)에 제시하는 동시에 해당 회원의 조언이나 의견을 제시하여야 한다.

③ 의장은 다른 구성원의 개별적인 조언이나 의견 제출로 인하여 의장의 대통령 또는 국가안보회의(NSC)에 대한 의견 제출이 부당하게 지연되지 않도록 절차를 수립하여야 한다.

7 의회에 대한 권고

합동정보공동체위원회(JICC)의 모든 구성원은 정보공동체와 관하여 의회에 권고할 수 있다.

V 정보공동체의 조직 체계

1 의의

9/11 이전까지 정보공동체는 총 14개의 정보기관들로 구성되어 있었다. 9/11 이후 정보공동체의 새로운 구성원으로서 국가정보장실(ODNI), 국토안보부(DHS) 정보와 분석국, 법무부 마약단속국(DEA), 우주군 정보부대정보부대(Space Force Intelligence, SFI)가 추가되어 현재 총 18개 정보기관들로 구성된다.

2 정보활동 수준에 따른 분류

(1) 의의

정보공동체 내 정보기관들은 정보활동의 수준에 따라서 국가정보기관과 부문정보기관으로 분류된다.

(2) 국가 정보기관

정부 부처에 소속되지 않은 독립적 정보기관인 중앙정보국(Central Intelligence Agency, CIA)과 조직체계상 국방부 산하기관으로 되어 있는 국가안보국(National Security Agency, NSA), 국가정찰국(National Reconnaissance Office, NRO), 국가지형정보국(National Geospatial Intelligence Agency, NGA) 등은 자신이 소속된 특정 부처가 아니라 국가 차원에서 정보활동을 수행한다는 점에서 국가 정보기관으로 분류된다.

(3) 부문 정보기관

부문 정보기관으로는 국방부 산하의 국방정보국(Defense Intelligence Agency, DIA), 육 · 해 · 공군 및 해병 정보국, 국무부 산하의 정보조사국(State Department's Bureau of Intelligence and Research, INR), 법무부 산하의 연방수사국(Federal Bureau of Investigation, FBI), 마약단속국(DEA), 에너지부 산하의 정보실(Office of Intelligence, IN), 재무부 산하의 정보지원실(Office of Intelligence Support, OIS), 국토안보부(DHS)산하의 해안경비대(Coast Guard)와 정보와 분석국(Intelligence and Analysis) 등이 있다.

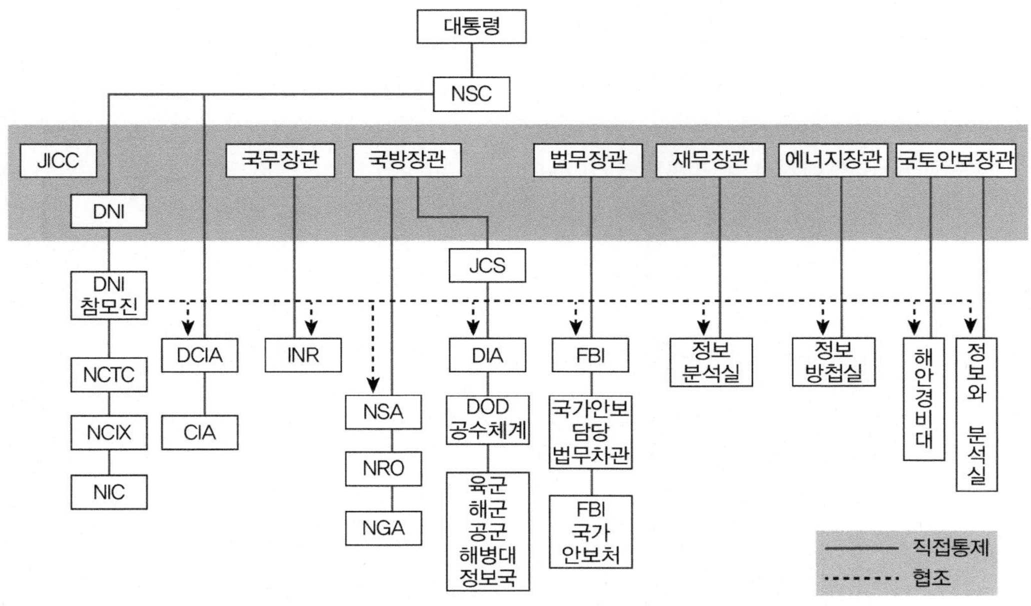

[미국정보공동체의 조직체계]

3 기능에 따른 분류

(1) 의의

미국 정보공동체는 기능에 따라 정보사용자(Clients), 정보관리자(Manager), 첩보수집 및 기획자(Collectors and Builders), 첩보수집자(Collectors), 분석 및 생산자(Analysis/Producers) 등으로 분류될 수 있다.

(2) 정보사용자와 정보관리자

대통령은 정보사용자이지만 정보관리자는 아니다. 국방부, 국무부, 재무부, 에너지부, 법무부, 국토안보부 등의 장관들은 모두 정보사용자이면서 동시에 정보관리자 기능도 수행한다.

(3) 첩보수집임무를 수행하는 정보조직

① NRO, 국방부 공수체계, DNI 산하 과학기술담당 차장, CIA 과학기술부 등은 첩보수집 기획자로서의 임무를 수행한다.

② 첩보수집임무를 수행하는 정보조직으로는 NGA, NSA, 국방부 내 공수체계(Defense Airborne System), DIA의 국방인간정보처(Defense Humint Service, NCS), DNI 산하 수집담당 국가정보차장, CIA '국가비밀공작처(National Clandestine Service, NCS)', 국무부의 대사관, FBI의 '국가안보처(National Security Branch, NSB)' 등이 있다.

(4) 정보분석 및 생산 기능을 수행하는 정보기관

① 완성된 정보를 생산하는 주요 기관으로서 CIA의 정보분석국(DI), DIA의 정보분석국(DI) 그리고 국무부의 정보조사국(INR) 등이 있다.

② 이 밖에 육 · 해 · 공군 · 해병대 및 우주군 정보기관들, 2005년 9월 신설된 FBI 산하 '국가안보처(National Security Branch, NSB)', 국토안보부 산하 '정보와 분석실(Intelligence and Analysis)', 에너지부의 '정보방첩실(Intelligence Office)', DNI 산하 국가정보회의(NIC), 국가테러방지센터 등에서도 정보분석 및 생산 기능을 수행한다.

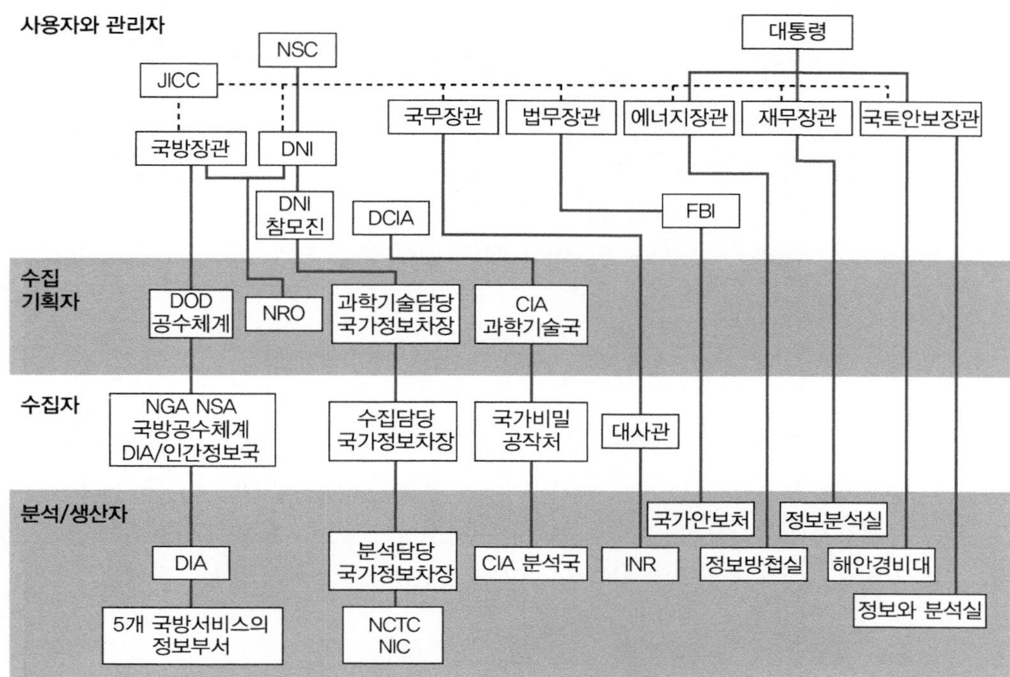

[미국정보공동체의 기능별 분류]

4 예산 출처에 따른 분류

(1) 의의

① 미국의 정보기관은 예산 출처에 따라 각각 국가정보 프로그램(National Intelligence Program, NIP), 합동군사정보프로그램(Joint Military Intelligence Program, JMIP), 전술정보프로그램(Tactical Intelligence and Related Activities, TIARA) 등으로 분류된다.

② 일반적으로 NIP는 국가적 차원에서 정보활동을 수행하는 프로그램을 의미하며, JMIP는 전략적 차원에서, TIARA는 전술적 차원에서 군사정보를 지원하는 임무를 수행하는 프로그램을 말한다.

(2) NIP에 관련되는 기능을 수행하는 정보조직

① NIP에 관련되는 기능을 수행하는 정보조직으로서 국가정보관실, CIA, INR, FBI, 에너지부 정보방첩실, NSA, NGA 등이 있으며, 이들이 사용하는 예산은 전체 정보공동체 예산의 절반 이상을 차지한다.

② DIA의 경우 NIP와 JMIP를 동시에 수행하고 있다.

(3) JMIP에 관련되는 기능을 수행하는 정보조직

JMIP는 주로 국방부 소속 정보조직이 담당하고 있으며, 정보공동체 예산의 대략 1/10을 차지하는 것으로 알려졌다.

(4) TIARA에 관련되는 기능을 수행하는 정보조직

TIARA는 육·해·공군·해병대 및 우주군 정보기관과 특수작전사령부(Special Operations Command, SOCOM)가 수행하고 있으며, 정보공동체 총 예산의 약 1/3을 차지한다.

(5) 미국 정보공동체의 예산 규모

① 미국은 9/11 테러 사건 이후 10여 년 동안 정보역량 개선에 약 5,000억 달러를 투입했던 것으로 알려졌다.

② 2013년 8월 29일 워싱턴포스트(WP)가 CIA 직원이었던 에드워드 스노든으로부터 입수한 미 정보기관의 '2013 회계연도 예산안' 기밀 자료에 따르면, 2013년도 미국 정보공동체의 17개 정보기관이 사용하는 총 예산은 526억 달러(약 58조 4,649억 원)로 밝혀졌다. 그리고 17개 정보기관에 종사하는 인력은 총 10만 7,035명으로 나타났다.

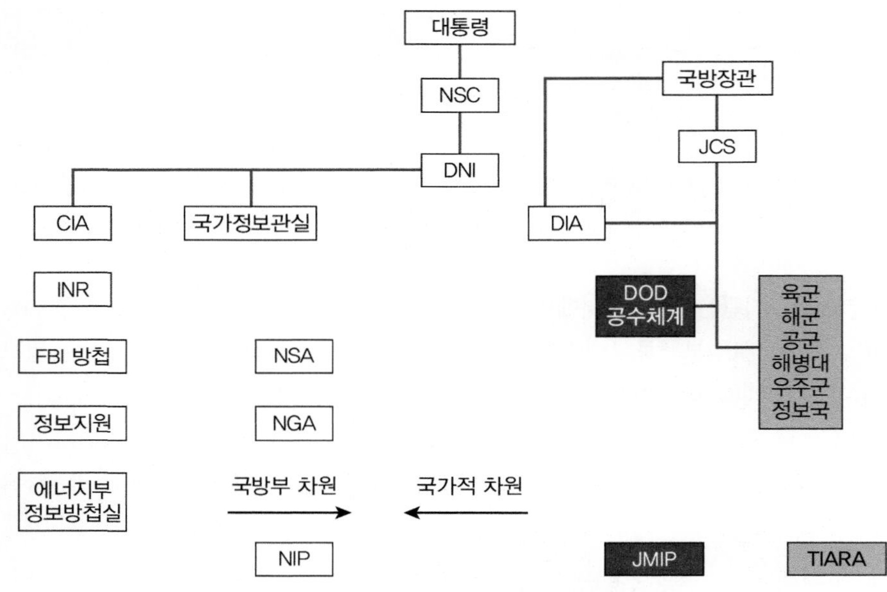

[미국 정보공동체의 예산의 출처에 따른 분류]

Theme

77 미국의 정보기관

I 중앙정보국(CIA)

1 의의

① 중앙정보국(Central Intelligence Agency, CIA)는 1947년 「국가안보법(National Security Act of 1947)」에 기초하여 설립되었으며, 1949년 「중앙정보국법(Central Intelligence Agency Act)」에 의해 더욱 확고한 법적 기반을 확보하게 되었다.

② 2001년 9/11 테러 사건이 발발하기 이전까지 CIA는 미국 정보공동체의 대표적인 정보기관으로서 국가안전보장회의(National Security Council, NSC)의 지시를 받아 첩보수집, 정보분석, 비밀공작 등의 임무를 수행했다.

③ CIA 국장이 이전에 겸임했던 중앙정보장(Director of Central Intelligence, DCI) 직위는 2004년 정보개혁법에 의해 국가정보장(Director of National Intelligence, DNI)이 대체하게 되었다. 이에 따라 CIA 국장은 CIA만을 지휘하게 되었고, DNI에게 보고하도록 됨으로써 그 위상이 다소 격하되었다.

④ CIA는 첩보수집과 정보분석의 업무를 수행함에 있어서 전체 정보공동체를 선도해 왔으며, 특히 인간정보에 기초한 비밀공작활동을 전담해 왔다.

생각넓히기 | 「국가안전보장법」과 「중앙정보국법」에 따른 CIA의 주요 임무

- 국외정보와 방첩정보의 수집 · 생산 · 배포
- 마약 생산 및 거래에 관한 외사정보의 수집 · 생산 · 배포
- 국외 방첩활동
- 여타 정보기관의 국외정보활동 조정
- 대통령이 승인한 비밀공작 수행
- NSC 지침에 의거한 정보공동체의 공통 업무 수행

2 조직

(1) 의의

CIA에는 국장(Director)과 1명의 차장(Deputy Director)이 있으며, 산하조직으로는 국가비밀공작처(National Clandestine Service, NCS), 분석국(Directorate of Intelligence, DI), 과학 기술국

(Directorate of Science and Technology, DS&T) 그리고 지원국(Directorate of Support, DS) 등이 있다.

(2) 국가비밀공작처

국가비밀공작국은 2004년 「정보개혁법」에 따라 CIA 산하의 공작국(Directorate of Operation, DO)을 확대 · 개편하여 신설된 조직으로서 CIA, FBI, 국방부와 육 · 해 · 공군 및 해병대 등 여러 정보기관에서 개별적으로 수행했던 비밀공작 기능을 통합하여 총괄 조정하는 권한을 가진다.

(3) 분석국(Directorate of Intelligence, DI)

분석국(Directorate of Intelligence, DI)은 공개출처 및 비밀활동을 통해 수집된 각종 첩보를 분석하여 정제된 정보를 생산하는 기능을 수행한다.

(4) 과학기술국

과학기술국은 기초 및 응용과학 연구개발, 기술정보 수집시스템의 설계 및 운용, 과학기술 정보의 최종생산 등을 담당한다.

(5) 지원국

지원국은 장비 및 비품 공급, 통신, 재정, 교육훈련, 의료, 인사관리, 기록물관리, 보안 등의 업무를 수행한다.

(6) 소재 및 인원예산

① CIA 본부는 워싱턴 DC의 남쪽 버지니아주 랭리(Langley)에 소재하고 있으며, 워싱턴 근교에 여러 지부들이 산재해 있는 것으로 알려졌다.

② CIA 재직 인원은 1994년 1만 7천여 명에서 2013년 8월 현재 2만 1,575명으로 드러났다.

(7) 예산

2013년도 CIA 예산은 미국 정보공동체 17개 정보기관들 가운데 가장 많은 147억 달러이며, 지난 10년 간 약 56%가 증가한 것으로 알려졌다.

Ⅱ 국가안보국(NSA)

1 의의

① 국가안보국(National Security Agency, NSA)은 신호정보(SIGINT)를 전담하는 국방부 산하의 기관으로서 1952년 트루먼 대통령에 의해 창설되었으나 그 존재조차 철저히 비밀에 부쳐 한동안 일반인들에게 전혀 알려지지 않은 조직이었다.

② NSA는 1957년 발행된 「정부조직 편람(U.S. Governmental Organization Manual)」에서 국가안보와 관련되는 극비의 기술정보활동을 수행하는 국방부 소속의 독립된 기관으로 등장하면서 비로소 그 존재가 공식적으로 알려졌다.

③ NSA는 각종 해외 신호정보(SIGINT)를 수집 · 분석하고, 미국의 정보시스템을 보호하는 역할을 수행하고 있다. NSA가 수행하는 신호정보활동의 범주에는 외국의 암호체계를 해독하고, 미국 정부기관이 사용하는 암호와 암호기를 제작하여 자국의 암호보안을 유지하는 기능이 포함된다.

생각넓히기 | **NSA 설립과 한국전쟁**

국회정보위원회의 위탁을 받아 국가안보전략연구원이 작성한 연구보고서는 NSA에 대해 다음과 같이 설명하고 있다. "제2차 세계대전 후 1949년 육해군 신호정보 조직이 통합되어 출범한 군안보청(AFSA)이 한국전쟁을 계기로 확대되어 1952년 11월 4일에 국가안보국(NSA)이 설립되었다."

2 조직

(1) 의의

① NSA의 장은 주로 육 · 해 · 공군의 3성 장군 중에서 지명되며, 상원 인준을 거쳐서 임명된다.

② NSA는 국방부장관의 지휘체계에 속하지만 부처를 초월하여 국가 차원에서 신호정보 기능을 수행하고 있기 때문에 국가정보기관으로 인정받고 있다.

③ NSA의 조직은 최근에 비로소 알려졌는데, 크게 2개의 핵심부서-신호정보국(Signal Intelligence Directorate), 정보보호국(Information Assurance Directorate)-와 여러 개의 부속 기구들로 구성되어 있다.

(2) 소재 및 인원

① NSA의 본부는 워싱턴 근교 메릴랜드 주 포트 조지 미드(Fort George G. Meade)에 소재하고 있으며, 3개의 건물에 약 3만~4만 명의 인원이 재직하고 있는 것으로 알려졌다.

② NSA는 휘하에 육 · 해 · 공군의 정보부대를 거느리고 있으며, 세계 각지에 통신감청소를 운영하고 있다. 해외에 근무하고 있는 인원을 포함한 전체 NSA 직원은 약 8만~12만 명에 이르는 것으로 추산되는데, 이는 미국 정보기관 중 최대 규모로 알려져 있다.

(3) 예산

① 예산은 2008년 당시 70억 달러로 추정되었으나, 2013년 현재 108억 달러로 대폭 증가된 것으로 밝혀졌다.

② 이는 미국 정보공동체 18개 정보기관들 중 CIA에 이어 두 번째로 많은 규모이며, 이 예산의 상당 부분은 암호해독을 위한 첨단 컴퓨터 설비의 구입 및 유지에 소요되는 것으로 알려졌다.

3 에셜론(ECHELON)

① NSA의 본부 지하실에는 초정밀 컴퓨터들이 있어 전 세계 첩보수집 기지에서 들어오는 엄청난 정보량을 처리한다. NSA가 보유하고 있는 전자장비들은 지구상에서 교신되는 모든 전화 · 전보 · 텔렉스 등을 언제든지 도청할 수 있는 것으로 알려졌다.

② 특히 NSA는 영국, 캐나다, 호주, 뉴질랜드 등 영연방 국가들과 함께 '에셜론(ECHELON)'이라는 비밀 감청조직을 결성하여 전 세계의 무선 통신, 위성 통신, 전화, 팩스, 이메일을 감청하고 있는 것으로 알려져 있다.

③ 그동안 NSA의 도 · 감청 활동에 대해 수차례에 걸쳐 많은 의혹이 제기되었음에도 불구하고 미국 정부는 공식적으로 그 실체를 인정한 적이 없었다.

4 스노든의 폭로

(1) 의의

① 2013년 6월 10일 CIA와 NSA에서 컴퓨터 기술자로 일했던 스노든(Edward Joseph Snowden)이 영국 일간지 가디언과 「워싱턴포스트」를 통해 미국 NSA를 필두로 하는 서방 정보기관들이 전 세계 일반인들의 통화 기록과 인터넷 사용정보 등의 개인정보를 무차별적으로 수집 · 사찰해 온 사실을 폭로했다.

② 스노든의 폭로로 미국 정부는 에셜론의 실체를 지목하지는 않았지만 사실상 도청 사실을 인정하기에 이르렀다. 제임스 클래퍼 미국 국가정보장(DNI)은 10월 29일 하원 청문회에 참석해 "외국 지도자들에 대한 감시는 전혀 새로운 것이 아니며, 이들에 대한 감시활동은 첩보의 기본"이라면서 "미국 동맹국들 역시 미국을 상대로 첩보활동을 한다."고 주장했다.

③ NSA의 도청 파문으로 국내외적으로 비난 여론이 고조하자 오바마 대통령은 미국 대통령으로서는 최초로 외국 정상들에 대한 도청 사실을 인정하고, NSA 첩보수집활동에 대한 재검토 작업에 착수했다고 밝혔다.

(2) 폭로의 파급효과

① NSA는 미국 정보공동체 18개 정보기관 가운데 보안이 가장 철저한 곳으로 알려졌는데, 스노든의 폭로 사건으로 인해 조직, 인력구성, 예산 그리고 활동 내용 등이 적나라하게 드러나고 말았다.

② 스노든이 언론에 유출한 기밀문서는 최대 20만 건에 달하는 것으로 알려졌다. '20만 건'이라는 기밀문서의 양은 지난 2007년 폭로 전문 웹사이트인 위키리크스가 공개한 미국 국무부와 국방부의 기밀문서 40만 건에 비해서는 적은 양이다.

③ 그러나 위키리크스가 공개한 문서에는 '2급 비밀(Secret)' 이상으로 분류된 자료가 없지만 스노든이 유출한 NSA 문서 중 많은 양이 '1급 비밀(Top Secret)' 또는 '특수정보(Special Intelligence)'로 분류되어 있어 파급력은 더 클 것으로 보인다.

(3) 스노든 사건의 발생원인

① 그동안 미국은 NSA의 조직을 통하여 테러조직 등 적대세력에 대한 감청활동을 성공적으로 수행해 왔다는 평가를 받아왔으며, 이들의 활동은 미국의 다른 여타 정보기관의 경우보다 더 중요한 비밀로서 보호받아왔다.

② 이처럼 철저하게 보안을 유지해 왔던 NSA에 어떻게 스노든 폭로사건과 같은 보안누설 사고가 발생하게 되었는가? 이는 아마도 NSA 조직이 지나치게 비대해진 데 기인한 것으로 분석된다.

③ 9/11 이후 테러 정보 수집의 양이 급증하자 미 정보기관들은 수학자, 언어학자, 엔지니어, 컨설턴트 등 다양한 분야의 민간인들을 대거 채용했다. 특히 NSA는 다루는 정보가 워낙 광범위해서 내부 직원만으로는 모든 작업을 처리할 수가 없어 부득이 민간인들을 대거 고용하게 되었다고 한다.

④ 스노든 역시 컨설팅 회사 부즈엘런해밀턴의 파견 직원 신분으로 NSA의 컴퓨터 시스템을 관리했다. 제대로 된 보안교육을 받지 않은 민간인이 1급 국가기밀을 쉽게 접하게 된 결과 그처럼 심각한 보안누설 사고가 발생하게 되었을 것으로 추정된다.

Ⅲ 국가정찰국(NRO)

1 의의

① 1960년 5월 미국의 첩보비행기 U-2기가 소련 상공에서 격추되었다. 이에 따라 미국은 소련 영토를 합법적으로 관찰할 새로운 방안을 모색하게 되었다.

② 1961년 9월 6일 당시 국가정찰국(National Reconnaissance Office, NRO)은 CIA와 공군 간 상호 정찰업무를 협조하기 위한 기구로 설립되었지만, 31년이 지난 1992년 처음으로 그 존재를 시인할 정도로 오랜 기간 동안 이름조차 공개되지 않았던 비밀조직이다.

③ NRO는 정찰위성 및 탐지기기의 연구개발 지원 · 감독, 우주 및 지상기지 건설, 발사장치 선별, 수집자료 전송 등 우주정찰 시스템을 관리 · 운용하는 임무를 수행하고 있다.

④ NRO는 국방 · 정보 · 우주통신 분야의 관련 조직과 협력관계를 유지하고 있으며, 특히 NSA, NGA, CIA, DIA 등의 정보기관과 군 우주사령부 등 여러 기관들과 밀접하게 연계되어 임무를 수행하고 있다.

 생각넓히기 | U-2기 격추 사건

U-2기 사건은 1960년 5월 1일 미국의 고성능 정찰기 록히드 U-2 기가 정보수집을 목적으로 최고도를 유지하며 소련 영공을 침범했다가 소련의 방공망에 걸려 우랄 산맥 스베르들롭스크(현재의 러시아 예카테린부르크) 상공 약 70,000 피트(21,336m) 지점에서 소련군의 S-75 미사일에 맞아 격추된 사건을 말한다. 조종사 프랜시스 개리 파워스는 낙하산으로 탈출했으며, 소련군에 생포되었다. 이 사건으로 1960년 5월은 미국 대통령 아이젠하워와 소련 공산당 서기장 후르시초프의 정상회담 취소되었다. 이에 따라 미국은 소련 영토를 합법적으로 관찰할 새로운 방안을 모색하게 되었다.

2 조직

① NRO는 과거 공군(A)과 해군(B), CIA(C) 그리고 공군과 CIA 합동(D) 등 4개 부서로 운영해 왔는데, 1992년 4월 '신호정보국(SIGINT Systems Acquisition and Operations Directorate)'과 '영상정보국(IMINT Systems Acquisition and Operations Directorate)' 그리고 '통신체계 조달 및 운용국(Communications Systems Acquisition and Operations Directorate)' 등 기능별 3개 부서로 개편됐다.

② 1997년 3월 '기술개발국(Advanced Systems and Technology Directorate)'이 추가되었고, 2006년 10월 15일 '시스템 엔지니어링 부국장실(the Office of the Deputy Director for Systems Engineering)'을 확대 개편하여 '시스템 통합 엔지니어링국(Directorate of Systems Integration and Engineering)'이 다섯 번째 부서로 추가되었다.

3 미래 영상 체계(Future Imagery Architecture)

① 2001년 3월 '미래 영상 체계(Future Imagery Architecture)'라는 NRO의 새로운 첩보위성 프로젝트가 보도되기도 했다.

② 이는 향후 20년 동안 250억 달러를 들여 탐지가 어려운 먼 우주나 지역을 탐지할 수 있는 위성을 만들기 위한 것이다.

③ 이 위성이 개발되면 강력한 망원경과 레이더로 야간이나 구름을 투과하여 세계 어느 곳에 있는 군사시설 사진도 촬영할 수 있게 되어 앞으로 수십 년 동안 미국 위성정보활동의 근간이 될 것으로 전망되었다.

4 예산

① NRO는 미국의 정보기관들 중에서 상당히 많은 예산을 쓰는 곳으로 알려졌다. 대부분의 NRO 예산은 첩보 위성을 개발하거나 타 업체에 위성제작을 의뢰하는 데 쓰인다.

② 1994년 당시 70억 달러 이상의 예산을 쓰고 있는 것으로 알려졌으며, 2008년 예산은 약 90억 달러로 추정되었다.

③ 2013년 현재 NRO의 예산은 103억 달러로 알려졌으며, 전체 재직 인원은 1997년 말 현재 2,753명으로 추정된다.

Ⅳ 국가지형정보국(NGA)

1 의의

1996년 10월에 제정된 「국가영상지도법(National Imagery Mapping act of 1996)」에 기초하여 '국가영상지도국(National Imagery and Mapping Agency, NIMA)'이 창설되었고, 2003년 '국가지형정보국(National Geospatial Intelligence Agency, NGA)'으로 확대 개편되었다.

2 NIMA

① NIMA는 CIA 소속의 '국가사진판독본부(National Photographic Interpretation Center, NPIC)', 국방부 산하의 '국방지도국(Defense Mapping Agency, DMA)', '중앙영상실(Central Imagery Office, CIO)', '국방보급계획국(Defense Dissemination Program Office, DDPO)' 등의 모든 기능을 포괄하여 설립되었다.

② NIMA는 창설 당시 영상정보 분석임무를 수행했던 2,000명의 요원과 7,000명의 국방지도국(DMA) 요원을 흡수하여 약 9,000명의 직원으로 구성되었다. 2003년 11월 24일 NIMA는 사진, 지도, 차트, 환경 등의 자료를 종합하여 '지형정보(geospatial intelligence)'를 생산하는 기능을 수행하고 있는 조직체의 특성을 고려하여 기관의 명칭을 '국가지형정보국(NGA)'으로 변경하게 되었다.

3 임무

(1) 의의

① NGA의 주요 임무는 지구상의 각종 영상자료를 분석 · 평가하여 국가정책결정자와 군에 적시에 정확한 정보를 제공하는 데 있다.

② 과거 영상정보는 거의 대부분 NRO를 통해 제공되었는데, 비밀로 분류되어 있어 생산 및 배포가 매우 제한적이었다.

(2) 상업용 위성을 통해 생산된 영상 정보의 활용

오늘날 상업용 위성의 발달로 고해상도의 영상정보를 공개적으로 획득할 수 있게 되었다. NGA는 이러한 상업용 위성들을 통해 생산되는 영상정보를 활용함으로써 영상정보 획득에 소요되는 비용을 대폭 절감하면서 필요한 기관에 유용한 영상정보를 제공하고 있다.

(3) 9/11 테러 이후 임무의 확대

① 9/11 테러 이후 NGA는 국토안보부는 물론 국내 보안시설에 관한 지도와 사진을 제공해 줌으로써 국토안보를 방어하는 데 중요한 역할을 담당하고 있다.

② 또한 NGA가 제공하는 영상정보는 미국은 물론 해외에서 허리케인, 쓰나미, 지진 등 자연재해 발생에 따른 재난구호활동에도 긴요하게 활용되고 있다.

4 소재, 인원, 예산

① NGA는 국방부 산하의 정보기관으로서 미국 메릴랜드 주 베데스타(Bethesda)에 본부를 두고 있는데, 2011년경 버지니아 주 포트 벨보이어(Fort Belvoir)로 이주할 계획으로 알려졌다.

② NGA는 한때 재직 인원을 9,000명에서 7,500명으로 감축할 계획이었으나 9/11 테러가 발발함에 따라 2008년 현재 9,000명 수준을 유지하고 있는 것으로 추정된다.

③ 2013년도 기준 NGA의 예산은 49억 달러로 미국 정보공동체 18개 정보기관 중 CIA, NSA, NRO에 이어 네 번째로 많은 액수이다.

V 연방수사국(FBI)

1 의의

① 연방수사국(Federal Bureau of Investigation, FBI)은 루즈벨트 대통령에 의해 1908년 법무부 산하 '수사과(Investigative Division)'로 창설되어 1909년 '수사국(Bureau of Investigation)'으로 바뀌었다가 1935년 현재의 명칭으로 개칭되어 오늘에 이르고 있다.

② FBI는 법무부 산하기관으로서 연방정부의 경찰인 동시에 미국 내 방첩업무를 담당한다. CIA와 DIA도 자체적인 방첩 기능을 갖고 있지만 방첩분야에 관한 한 FBI는 미국 정보공동체에서 최고의 권위를 인정받고 있다. 방첩활동의 일환으로 미국 내 활동하는 외국 스파이 혹은 외국 정보기관을 위해 일하는 미국인을 체포하는 임무를 수행한다.

③ FBI는 국내 방첩활동을 수행하는 외에 각급 정보기관의 방첩활동을 조정하는 권한도 갖고 있다. FBI는 연방정부의 경찰로서 모든 연방법률 위반행위에 대한 수사권을 가지고 있다.

2 후버(John Edger Hoover) 국장

① FBI의 성장과 발전은 전설적인 전임 국장 후버(John Edger Hoover)와 밀접하게 관련 된다. 후버 국장은 1924년 불과 29세의 나이에 FBI 국장에 취임해 1972년 5월 2일 사망할 때까지 48년간 재직했다.

② 후버는 국내 정치인들을 회유 · 협박하는 과정에서 자체 수집한 정보를 활용한 것으로 유명하다. 후버 국장은 자신이 모든 정보기관을 통제하는 것을 꿈꾸어 왔었고, 그러한 야망을 실현하고자 1930년대 이래 FBI의 업무 영역을 해외정보분야로까지 확장하기 위해서 노력했다.

③ 1939년 루즈벨트(Franklin D. Roosevelt) 대통령은 FBI에게 서반구 지역에서의 첩보수집활동 임무를 부여했고, FBI는 그러한 임무를 수행하는 조직으로서 산하에 '특수정보처(Special Intelligence Service, SIS)'를 설립했다.

④ 제2차 세계대전이 종료된 직후 후버 국장이 FBI의 영역을 더 확대하려는 계획을 제시했지만 1947년 CIA가 설립되면서 FBI의 활동 범위는 국내로 축소되었다. 그 결과 FBI는 라틴 아메리카 영역에 대한 관할권을 상실하였다.

3 해외정보 수집활동

① 이후에도 FBI는 해외로 업무 영역을 확장하려는 시도를 계속했으며, 이로 인해 해외정보 부문의 주무기관인 CIA와의 갈등이 지속되었다.

② 1970년까지 10여 개국의 미국 대사관에 FBI 요원을 파견하여 해외정보 수집활동 및 FBI 본부와의 연락업무를 수행했다. 1970년에는 해외 주재 미국 대사관에 파견되는 FBI 대표부가 20여 개국으로 확대되었으나 후버 국장이 사망하고 FBI의 전횡이 폭로되면서 해외로 업무 영역을 확장하려는 FBI의 계획이 종결되었으며, 해외주재 미국 대사관에 파견되는 FBI 대표부도 15개국으로 축소되었다.

③ FBI는 1996년 당시 23개국에 대표부를 두고 약 70명의 요원을 '법률 무관(legal attaches)'이라는 명칭으로 파견하고 있었으며, 이후 이를 확대하려는 계획을 지속적으로 추진해 왔다. 2004년 3월 현재 FBI는 46개국에 '법률무관실(Legal attache office, LEGAT)'이라는 명칭의 대표부를 두고 있으며, 여기에 119명의 특수 요원과 75명의 지원 요원이 근무하고 있다.

④ 과거 FBI는 워싱턴 주재 외국 대사관에 대해서 불법 도청과 무단 침입을 자행했던 일로 유명하다. FBI 요원들은 워싱턴 주재 모든 공산권 국가들의 대사관 전화를 일상적으로 도청했으며, 심지어 우방국이 미국과 협상을 진행 중이거나 국내적으로 특별한 상황이 발생했을 경우 우방국 대사관 전화조차 도청했던 것으로 알려졌다. 때때로 FBI는 암호 관련 자재 또는 외국의 정보활동 관련 자료들을 획득하고자 외국 대사관에 무단 침입하기도 하였다.

4 9/11 이후 내부 조직 개편

(1) 의의

① 9/11 이후 미국 정보공동체 정보기관들 중에서 FBI에 대해 가장 큰 폭의 내부 조직 개편이 단행되었다. 9/11 이후 2001년 10월 '반테러법'이 제정되어 FBI의 수사권이 법적으로 보다 확대되었다.

② FBI는 중점 업무 방향을 조직범죄 수사에서 테러대응으로 전환하고, 대테러활동 비중을 대폭 증가시켰다. 한편 WMD 위원회 보고서는 FBI의 정보 부문이 DNI의 지휘통제하에 놓여야 한다는 것을 주장하고, 이를 위해 FBI 내 가칭 '국가안보처(National Security Service)'의 창설을 권고하였다. 이에 따라 2005년 9월 12일 '국가안보처(National Security Branch, NSB)'가 창설되었다.

(2) 국가안보처(National Security Branch, NSB)

① NSB는 FBI 산하기관이면서도 DNI의 지휘 감독을 받게 된다는 특징을 갖고 있으며, 무엇보다도 미국의 오랜 전통이 되어 온 국내와 국외 정보활동의 장벽을 허물기 위한 목적으로 창설되었다는 데 큰 의미를 가진다.

② DNI는 NSB 내 모든 기구들의 활동에 대한 조정권과 예산에 대한 권한을 행사하게 된다. NSB의 장을 임명할 경우 반드시 DNI의 승인을 받아야 한다. NSB의 활동에 필요한 예산도 '국가정보프로그램(National Intelligence Program)'에 따라 배정받도록 하여 DNI의 NSB에 대한 예산통제권을 확립하였다. 또한 NSB의 경우 FBI 국장과 DNI에게 동시에 보고하도록 보고체계가 이원화되어 있다는 점도 특징적이다.

③ 그리고 DNI는 NSB를 통해 FBI 활동요원들, 지부 요원들(resident agencies) 그리고 NSB 요원들에 대해서 직접적으로 지시 · 감독할 수 있는 권한을 갖고 있다. 따라서 DNI의 FBI에 대한 통제권이 한층 강화된 것으로 보인다. 요컨대 과거 FBI에 대해서 거의 아무런 권한도 행사하지 못했던 DCI에 비해 DNI는 막강한 권한을 가지게 된 셈이다.

5 FBI 국장

FBI 국장은 임기 10년으로 대통령이 지명하고, 상원의 인준 절차를 거쳐서 임명된다.

6 조직

(1) 의의

FBI 본부는 Washington D.C.에 소재하고 있으며, 본부 산하에 56개 지부와 400개 출장소를 운용하고 있고 해외에도 46개 지부를 설치하여 운용하고 있는 것으로 알려졌다.

(2) 인원

① FBI에는 2002년 1월 당시 1만 1,000명의 사법요원(Special Agent)과 1만 6,000명의 지원인력이 근무하고 있는 것으로 알려져 있었는데, 2009년 9월 대테러 요원을 대폭 증원하면서 조직을 대폭 개편했다.

② 이에 따라 대테러 및 정보수집 업무에 종사하는 FBI 요원은 2,514명에서 5,419명으로, 합동대테러 테스크포스의 수는 35개에서 106개 그리고 합동 대테러 테스크포스의 요원은 912명에서 4,421명으로 증가시켰으며, 테러 정보분석관은 1,023명에서 2,511명으로 늘렸다.

③ 2013년 5월 31일 현재 FBI에는 특수요원(special agent) 13,785명과 전문 지원인력 22,117명을 포함, 총 35,902명이 재직하고 있다.

(3) 예산

2012년 기준 FBI의 예산은 대테러, 컴퓨터 해킹, 보안 등의 활동을 수행하기 위해 증액된 1억 1,920만 달러를 포함하여 총 81억 달러로 알려졌다.

Ⅵ 국방정보국(DIA)

1 의의

① 국방정보국(Defense Intelligence Agency, DIA)은 1950년대 후반 아이젠하워 행정부 시절부터 시작되어 케네디 행정부 시절에 최고조에 달했던 정보공동체의 중앙집중화(centralization) 추세를 반영하여 창설된 기관이다.

② 아이젠하워 대통령 당시인 1957년 소련이 세계 최초로 스푸트니크(Sputnik) 인공위성을 발사함으로써 미국 내 촉발된 '미사일 갭(missile gap) 논쟁'이 고조되는 가운데 미국의 육·해·공군 정보기관들은 무기 도입 등 예산 소요를 정당화하는 방향으로 소련의 미사일 전력과 개발능력에 대해 각기 상이한 평가를 내놓았다.

③ 이처럼 각 군 정보기관들 간의 경쟁적인 정보활동을 통합·조정할 필요성이 제기되었고, 이 문제를 검토하기 위해 1959년에 '합동연구팀(Joint Study Group)'이 구성되었다. 합동연구팀은 육·해·공군 소속 정보부대들 간의 경쟁적인 정보활동을 통합하여 군사 분야에 있어서 종합적인 정보수집·분석 업무를 수행할 기구의 설립을 제안했다. 이에 맥나마라(Robert S. McNamara) 국방장관의 지시로 1961년 10월 DIA가 창설되었다.

2 임무

① DIA는 해외 군사정보를 수집·분석하여 국방부장관, 합동참모본부, 그 밖의 국방부 예하 부대에 필요한 정보들을 제공하고 있다.

② 보다 구체적으로 외국군 및 외국 지형에 관한 기본정보의 수집 및 분석, 군사와 관련된 과학기술정보의 수집 및 전파 그리고 잠재적 적국 및 동맹국의 능력, 취약점, 의도에 관한 정보판단 등의 임무를 수행한다.

③ 이 밖에 DIA는 국방부 산하 정보기관들의 활동을 통합·조정하고 해외주재 무관을 관리하는 임무도 수행한다.

3 조직

2003년 2월 DIA는 조직 개편을 단행하여, 현재 '인간정보국(Directorate for Human Intelligence)', '징후계측 및 기술정보수집국(Directorate for MASINT and Technical Collection)', '분석국(Directorate for Analysis)' 등을 포함한 7개국으로 구성되어 있다.

4 소재

DIA 본부는 워싱턴 D.C. 근교의 볼링(Bolling) 공군기지 내 '국방정보분석센터(Defense Intelligence Analysis Center, DIAC)'에 소재하고 있다.

5 예산 및 인원

① 2005년 현재 육·해·공군에서 차출된 군인과 민간인을 포함하여 약 7,500명의 직원이 근무하고 있으며, 2013년도 현재 총 예산 44억 달러로 알려졌다.

② DIA 국장은 육·해·공군의 3성 장군이 번갈아 가며 맡으며 상원 인준을 거쳐 임명된다. DIA 국장은 국방부장관과 합참의장의 군사정보분야 수석 자문 임무를 수행한다.

Ⅶ 육·해·공·해병 등 각 군 정보부대 및 통합사령부 단위 정보부대

1 의의

① 영국, 캐나다의 경우 통합된 국방정보기관이 창설되면서 각 군 정보부대는 폐기되었다. 호주와 프랑스는 각 군 정보부대를 유지하되 그 임무를 엄격히 전술정보로 제한했다.

② 반면에 미국에서는 국방정보를 종합적으로 총괄하는 DIA가 설립되었음에도 불구하고 육·해·공·해병대 등 각 군별로 별도의 정보부대를 운용하고 있다. 이들 정보부대는 자신이 소속된 군의 특수한 정보수요에 부응하여 각각 독자적으로 정보활동 임무를 수행하고 있다.

③ 미국이 이처럼 각 군별 정보부대를 유지하게 된 배경에는 관료주의적인 요소와 더불어 미국군의 독특한 조직구조 및 임무수행 여건에서 비롯된 것으로 생각된다. 무엇보다도 미국은 전 세계를 무대로 광범위한 지역에서 군 병력을 배치해 두고 있다. 따라서 각 군별 조직체계와 지휘체계로부터 유리되지 않은 정보기관만이 자신이 속한 군의 특수한 정보수요를 충족시킬 수 있으리라는 점이 고려되었을 것이다.

2 냉전 종식된 이후 각 군 정보기관의 조직과 기능의 변화

① 냉전이 종식된 직후인 1990년대 초에 들어서서 각 군 정보기관의 조직과 기능에 있어서 상당한 변화를 경험하게 된다.

② 1990년경 미 상원 정보위원회의 한 보고서에서 각 군 정보기관들 간 업무의 중복성, 정보공유 및 협력의 부재 등을 지적하면서 비효율적인 요소의 개선 필요성을 제기했다. 이에 따라 각 군별 정보기관의 인력과 예산이 삭감되었으며, 중첩되거나 불필요한 기능이 통합되고 일부 비효율적인 정보활동에 대한 개선이 이루어졌다.

3 각 군별 정보부대의 명칭

① 각 군별 정보부대의 명칭은 각 군별 특징을 반영하여 약간의 차이가 있다. 현재 육군은 '육군정보부대(Army Military Intelligence, MI)', 해군은 '해군정보실(Naval Intelligence Office, NIO)', 공군은 '공군 정보감시정찰대(Air Force Intelligence, Surveillance and Reconnaissance resource, Air Force ISR resource)', 해병대는 '해병정보부대(Marine Corps Intelligence, MCI)'를 두고 있다. 이 중에서 1882년에 창설된 해군정보실이 가장 오랜 전통을 자랑한다. 공군은 가장 많은 첩보수집 시스템을 갖추고 있어 최대 규모의 정보부대를 운용하고 있다.

② 각 군별 정보부대의 기본임무는 군 지휘관이 필요로 하는 정보를 제공해 주는 것이다. 정보담당 장교는 중대 단위에서부터 합참의장에 이르기까지 각 지휘단계별로 배치되어 있으며, 미 육군의 경우 정보담당 최고위직은 중장급인 정보참모차장(Deputy Chief of Staff for Intelligence, DCSI)이다.

생각넓히기 | 우주군(United States Space Force, USSF) 창설

1. 의의

미국은 이미 우주를 활동무대로 하는 모든 군사, 첩보 활동 분야를 세분화하여 미군의 군사작전 능력을 외우주 영역까지 넓히고 있다. 대표적으로 북미항공우주방위사령부, 미합중국 우주사령부와 우주국가안전보장국, 군사위성통신 지휘부, 중앙 우주작전 센터, 미공군 우주전투 연구소 등이 있다.

2. 임무

비록 종류도 많고 소속도 저마다 다르지만 이들의 임무는 대부분 대동소이해서 우주 군사위성의 관리와 첩보 활동, 우주 군사 장비를 이용한 조기 경보 시스템을 운용, 적성국가의 미사일 무기 활동 감시 등을 맡고 있다. 이 중에 비교적 상위기관이라 할 수 있는 북미항공우주방위사령부는 북한의 미사일이나 인공위성 발사가 있을 때마다 언론의 주목을 받는다. 원래는 통합군 사령부(Unified Command)에 우주사령부가 따로 있을 정도로 위상이 높았지만, 냉전종식 이후 전략사령부(U.S. Strategic Command)에 통합되었다.

3. 연혁

① 2018년 6월 도널드 트럼프 미국 대통령은 미합중국 공군에서 미합중국 우주군을 분리·독립시켜 육군, 해군, 공군, 해안경비대, 해병대에 이어 제6군으로 독립시킬 것임을 발표했다. 2018년 8월 마이크 펜스 미국 부통령은 우주군을 창설하여 미국의 제6군으로 할 것임을 확정·발표했다.

② 우선 우주군 창설 준비를 위해 통합전투사령부에 미군 대장이 사령관을 맡는 우주사령부를 재창설하여 우주군 창설요원들을 각 군에서 전속 배치하여 2020년 정식으로 우주군을 창설하기로 확정되었다.

③ 2019년 8월 우주군 창설 준비를 위해 미합중국 우주사령부가 재창설되었고, 2019년 12월 20일 트럼프 대통령이 「국방수권법」에 서명하여 우주군 창설이 확정되었다.

4. 파병

2020년 9월 우주군으로는 처음으로 중동에 파병되었다. 한반도에도 우주군이 배치되어 운용 중인데, 현재 한반도에 배치된 우주군 장병은 항공, 우주, 사이버 작전을 관할하는 오산공군기지 내 제607항공작전센터(607th Air Operations Center)에서 근무하고 있다.

5. 미국정보공동체 가입

2021년 1월 우주군 정보부대(Space Force Intelligence, SFI)가 우주군을 대표하여 정보공동체의 18번째 구성원이 되었다.

4 통합군사령부(Unified Command)

① 미군은 각 군 단위 이외에도 육 · 해 · 공 · 해병대 등 각 군들이 통합적으로 구성되는 통합군사령부(Unified Command) 단위로도 정보부대들을 운영하고 있다.

② 현재 미국은 전 세계에 분산 배치된 미군을 지휘하기 위해 중부사령부(Central Command), 유럽사령부(European Command), 북부사령부(Northern Command), 태평양사령부(Pacific Command), 남부사령부(Southern Command), 아프리카사령부(Africa Command) 등 6개 지역에 통합군사령부를 두고 있다.

③ 이 밖에 지역 개념이 아닌 기능별 사령부로서 특수전사령부(U.S. Special Operations Command), 전략사령부(U.S. Strategic Command), 수송사령부(U.S. Transportation Command) 등을 두고 있다.

생각넓히기 | 노스콤(NORTHCOM)과 탈론(TALON)

1. 2001년 9/11 테러 공격은 정보 영역에서의 국 · 내외의 엄격한 임무분리가 정보 공유를 어렵게 하는 등 문제점이 많았음을 인식하게 함으로써 군 정보기관의 국내에서의 역할증대를 요청하는 분위기가 자연스럽게 형성되었다. 펜타곤은 이에 노스콤(NORTHCOM)이라고 명명된 북부 사령부를 신설하여 정보와 법집행 기능을 신속히 융합하여 국제조직범죄에 효율적으로 대처하는 역할을 수행하는 정보기관을 창설했다.
2. 노스콤은 다양한 경로로 수집한 총체적 국내정보를 국가안보국(NSA)이 보유하는 슈퍼컴퓨터를 이용하여 또 다른 다양한 경로로 획득한 법집행 데이터베이스와 결합하여 새로운 정보를 신속하게 전자적으로 추출하는 놀라운 데이터 마이닝 기술을 보유하고 있다. 이를 야전방첩활동이라고 부른다. 야전방첩활동 중의 하나가 "탈론(TALON)"이라고 불리는 요주의 인물이나 의심스러운 활동가들에 대한 "위협 · 현장목격 통지활동"이다. 용의자를 자동적으로 추출하여 지목하는 그 생생한 즉시성과 현장성으로 인하여 혹자는 이를 "마치 옆집에서 살펴보는 것 같다."고 묘사했다.
3. 국가안보를 위한 정보에는 국경과 경계가 없다는 정보의 자유 시장 원리에 따르면 군정보기구도 국가안보 문제를 위한 것에 기여의 한계가 있을 수 없다는 주장도 있을 수 있다. 하지만 그러한 확대 논리는 결국 헌법상의 문민통치의 정신을 훼손할 위험성으로 연결될 것이다. 역시 각국의 경우 문민 정보기구의 기획과 조종하에 활동의 근거와 방법을 지정하는 입법조치가 필요하다.

Ⅷ 국무부 정보조사국(INR)

1 의의

① 국무부 정보조사국(Bureau of Intelligence and Research, INR)은 국무부 산하 작은 규모의 조직으로서 주로 미국의 대외 정책에 필요한 정보분석 업무를 담당한다.

② 제2차 세계대전이 종결된 이후 전략정보국(Office of Strategic Service, OSS)이 해산됨에 따라 OSS의 조사·분석 기능이 국무부로 이관되면서 국무부가 정보 기능을 갖게 되었다. INR은 몇 차례 명칭 변경과 조직 개편을 거쳐서 1957년 오늘날과 유사한 형태의 조직으로 탄생하게 되었다.

2 임무

① INR은 비밀활동은 하지 않지만 해외 주재 대사관 요원들이 수집한 정보를 정상적인 외교경로를 통해 보고 받으며, 주로 공개 자료를 수집·활용하여 분석 업무를 수행한다.

② INR은 여타 정보기관들과 함께 국가정보판단보고서(NIEs)의 작성에 관여하며, '조간정보요약(Morning Intelligence Summary)' 등 각종 정보보고서를 생산하여 국무장관과 관련 부처에 제공한다.

3 조직

① INR의 장은 차관보급이며, 3명의 부차관보가 17개 부서를 나누어 관장하고 있다.

② INR의 전체 인력은 약 300명 수준이며, 그중 약 120명은 박사학위 소지자로 알려졌다. 비록 INR 내 분석관의 수는 다른 정보기관에 비해 적지만 정보판단은 정확한 것으로 정평이 나 있다.

③ 예를 들어 2002년의 「국가정보판단보고서」에서 정보공동체 내 대부분의 정보기관들은 이라크의 대량살상무기가 존재한다고 판단했는데 INR 보고서는 이와 다른 견해를 피력했었다.

④ 그래서 2004년 7월 미국 상원 정보위원회는 이라크 전쟁 이전 정보기관들의 보고서들이 대부분 잘못되었던 것으로 평가했던 반면 INR 보고서에 대해서는 그러한 평가를 유보했었다.

IX 국토안보부(DHS)

1 의의

① 국토안보부(Department of Homeland Security, DHS)는 2001년 9월 11일 발생한 테러사건 이후 미국 행정부 내의 각 부처에 분산된 대테러기능을 통합할 목적으로 설립되었다.

② 2002년 11월 25일 부시 대통령이 서명한 「국토안보법(Homeland Security Act of 2002)」에 근거하여 2003년 1월 24일 '국토안보부'가 공식 출범하게 되었다. 이는 1947년 전쟁부와 해군부를 통합해 국방부를 창설한 이후 가장 큰 규모의 정부조직 개편으로서 기존의 22개 정부 조직에서 17만 명을 흡수하였으며, 당시 연간 예산이 380억 달러에 달하는 공룡부서로 등장했다.

2 임무

(1) 의의

국토안보부는 국경 경비, 재난대비 활동, 화생방 공격대비 활동, 정보분석 등의 업무를 관할하며, 무엇보다도 미국 내 테러 공격 예방 및 취약성 보완, 테러 피해 최소화, 원활한 복구활동 지원 등 총체적인 테러 예방 및 대처 활동을 수행한다.

(2) 「국토안보부 신설법」 제1장 제101조

국토안보부는 정보분석과 기간시설 보호, 핵 · 생화학 공격 대응, 국경 및 교통 보안, 비상사태 대처 및 대응 조치, 연방 · 주 · 지방 정부기관 및 민간 부문과의 공조 등 분야에서 주도적 역할을 담당하게 된다.

(3) 테러와 관련된 광범위한 감시 권한

국토안보부는 통합된 22개 부서의 기존 업무 수행 권한을 지속 유지하는 가운데, 인터넷 도청, 인터넷 사용자 위치 추적 등 테러와 관련된 광범위한 감시 권한을 행사하고 있다.

(4) 테러 정보를 의무적으로 제공받을 권한

또한 사법 · 정보 · 행정기관들로부터 테러 위협이나 미국 내 테러 취약 부문 및 기간시설 등에 대한 테러 정보를 의무적으로 제공받을 권한도 보유하고 있다.

(5) 테러 위협과 관련된 정보에 대한 접근권, 비자발급 및 거부 권한

① 국토안보부의 가장 중요한 업무는 미국에 대한 테러공격의 예방과 국민 보호이며, 수장인 장관은 미국 안의 모든 테러 위협과 관련된 정보에 대한 접근권, 비자발급 및 거부 권한을 갖는다.

② 그러나 「국토안보부 신설법」에는 인권침해와 관련된 조항들이 많이 포함되어 있어 기본권을 위협한다는 국내외의 비난도 받고 있다.

3 조직

(1) 의의

① 국토안보부의 조직은 장관을 수장으로 하여 부장관 1명, 차관 5명, 차관보 6명, 감사관, 해안경비대장 등으로 구성된다(미국 「국토안보법」 제1장 제102조, 제103조).

② 그리고 장관과 부장관 산하에 차관을 책임자로 하는 정보분석 · 기간시설보호국, 과학 · 기술국, 국경 · 교통안전국, 비상사태대응국, 행정관리국 등 5국(局)을 두고 있다.

(2) 정보와 분석국(Intelligence and Analysis, IA)

① 정보와 분석국(Intelligence and Analysis, IA)은 CIA와 FBI의 협조를 바탕으로 국가안보를 위협하는 정보를 수집하고 분석하는 임무를 수행한다.

② 그리고 백악관, 연방청사, 의회 의사당, 원자력발전소 등과 같은 주요 사회기간시설이나 건물을 보호하는 일도 맡고 있다.

(3) 과학 · 기술국

과학 · 기술국은 화학, 생물, 방사능, 핵과 관련된 테러를 집중 연구하고 대처하는 임무를 수행한다.

(4) 국경 · 교통안전국

국경 · 교통안전국은 법무부의 이민국(INS), 재무부의 관세국, 교통부의 해안경비대, 교통보안청을 흡수해 국경과 해안 경비, 미 본토로 들어오고 나가는 모든 인적 · 물적 자원을 통제 · 관리한다.

(5) 비상사태대응국

비상사태대응국은 테러공격, 대규모 재난 등 긴급 상황에 대응하는 임무를 수행한다.

(6) 행정관리국

행정관리국은 예산, 인사, 조달, 시설 지원 등의 행정 업무를 수행한다.

(7) 국토안보부의 장관

① 국토안보부의 장관은 행정부 내 국방장관이나 법무장관 등과 같은 장관급 지위로 미국 내 테러 위협과 관련한 모든 정보에 접근할 수 있으며 막강한 권한을 부여받는다.

② 전쟁이나 기타 군사적 방어활동에 개입할 권한은 부여되지 않지만 미 본토의 안보와 관련해서는 그에 상응하는 지휘권을 행사할 수 있다.

③ 이 밖에 비자발급 업무를 관할하며, 전통적으로 국무장관의 권한이었던 외국인에 대한 비자발급을 거부할 수 있는 권한도 이양받았다.

X 에너지부의 정보방첩실(OICI)

1 의의

① 에너지부는 오래 전부터 정보 관련 업무를 수행해 왔다. 에너지부의 정보기능은 1946년으로 그 기원이 거슬러 올라간다.

② 당시 행정부는 '원자력위원회(Atomic Energy Commission, AEC)'에 해외에서 필요한 정보를 수집할 수 있는 기능을 부여했다. 이후 1977년 에너지부가 신설되면서 원자력위원회(AEC)의 정보 관련 활동은 에너지부로 이관되었다.

③ 에너지부 산하의 정보 관련 부서는 몇 차례의 조직개편과 명칭변경을 거쳤고, 마침내 2006년 '정보방첩실(Office of Intelligence and Counterintelligence, OICI)'이 설립되어 오늘에 이르고 있다.

2 조직

'정보방첩실'은 산하에 정보국(Intelligence Directorate)과 방첩국(Counterintelligence Directorate)을 두고 있다.

3 정보국

(1) 의의

정보국은 산하에 핵정보분석단(Nuclear Intelligence Analysis Division), 반테러단(Counterterrorism Division), 에너지 안보단(Energy Security Division), 과학기술단(Science & Technology Division) 등을 두고 있다.

(2) 핵정보분석단

① 핵정보분석단은 외국의 핵무기개발 프로그램을 감시 보고하는 것을 주 임무로 수행한다.

② 핵정보분석단은 1990년 걸프전쟁 당시 미 합참과 DIA에 이라크의 핵무기 프로그램에 대한 평가 보고서를 제출했다.

③ 또한 러시아 및 구소련 공화국들의 핵무기에 대한 지휘 · 통제 상황, 핵물질 확산 위험성 등을 감시하는 임무도 수행하고 있다.

(3) 에너지안보단

에너지안보단은 원유 등 미국의 전략 에너지 자원의 수급에 영향을 줄 수 있는 국제사회의 변화 동향을 파악하는 임무를 수행한다.

(4) 반테러단

반테러단은 러시아를 비롯한 핵시설 보유국들로부터 핵 또는 방사능 물질이 테러조직에게 유출될 위험성을 분석하고 감시하는 임무를 수행한다.

(5) 과학기술단

과학기술단은 국가 또는 집단이 핵무기를 생산하는 데 영향을 미칠 수 있는 과학기술의 발전 동향을 검토하는 임무를 수행한다.

4 방첩국

방첩국(counterintelligence Directorate)은 에너지부의 산업스파이 위험성 등 방첩 취약성에 대해 평가하는 기능을 수행한다.

XI 재무부의 정보분석실(OIA)

1 연혁

(1) 비밀경호국(SS)

① 남북전쟁이 종료될 무렵인 1865년 링컨 대통령은 재무부 산하에 '비밀경호국(Secret Service, SS)'을 설립하여 위조화폐를 단속하는 임무를 수행하도록 하였다.

② 비밀경호국(SS)은 1894년 클리블랜드(Grover Cleveland) 대통령 암살 음모를 적발하는 데 공을 세웠고, 그것을 계기로 몇 년 후 대통령 경호 업무를 담당하는 기구로 탈바꿈했다. 이후 비밀경호국은 대통령 경호 및 대통령과 행정부 내 고위 인사를 보호하기 위한 방첩 업무를 담당했었다.

③ 비밀경호국(SS)은 미국 최초의 연방 법집행기관으로 출범했지만, 사실 정보활동과는 관련성이 적었다. 이후 비밀경호국(SS)은 2003년 1월 24일 창설된 '국토안보부'에 흡수되었다. 이로서 재무부가 오랫동안 수행해 왔던 대통령 경호업무도 국토안보부로 이관되었다.

(2) 국가안보실(ONS)

① 재무부 산하 정보 업무를 전문적으로 수행했던 최초의 조직은 1961년에 설립된 '국가안보실(Office of National Security, ONS)'이었다.

② 1971년 당시 대통령 행정명령에 따라 미국 정보공동체가 구성되었고, 국가안보실(ONS)은 재무부를 대표하여 정보공동체의 일원이 되었다.

(3) 정보지원실(OIS)

① 국가안보실(ONS)은 1977년 재무부 산하에 설립된 '정보지원실(Office of Intelligence Support, OIS)'에 흡수되었다.

② 정보지원실(OIS)은 국무부와 협력하여 해외에서 경제, 금융, 통화에 관한 정보를 수집하는 임무를 수행했다.

(4) 정보분석실(OIA) 설립

정보지원실은 2004년 「정보수권법(Intelligence Authorization Act for Fiscal Year 2004)」에 의거하여 설립된 '정보분석실(Office of Intelligence and Analysis, OIA)'에 흡수되었다. 정보분석실(OIA)은 현재 재무부를 대표하는 정보기관으로서 정보공동체의 공식 구성원이다.

2 임무

① 재무부는 정보분야 업무를 담당하는 최고위직으로서 '테러 · 금융정보 담당 차관(Under Secretary of the Treasury for Terrorism and Financial Intelligence)'을 두고 있다.

② 테러 · 금융정보 담당 차관은 테러 · 금융정보실(Office of Terrorism and Financial Intelligence, OTFI)'의 장을 맡고 있고, 예하에 2명의 차관보를 두고 있는데 그중 1명은 정보분석실(OIA)의 장을 맡고 있다.

③ 정보분석실(OIA)은 재무부 소관 업무와 관련되는 해외정보와 해외방첩정보를 입수, 분석, 배포하는 임무를 수행한다.

④ 보다 구체적으로 테러, 무기확산 등 미국의 국가안보에 심각한 위협을 야기할 것으로 우려되는 개인이나 집단을 재정적 또는 물질적으로 지원하는 조직망(network)에 관한 정보분석임무를 수행한다.

XII 마약단속국(DEA)

1 의의

① 마약단속국(Drug Enforcement Administration intelligence, DEA)은 FBI와 더불어 법무부에 소속된 정보기관으로서 해외와 국내에서 마약단속 업무를 전담하며, 현재 정보공동체의 공식적인 구성원으로 되어 있다.

② 마약단속국은 기본적으로 경찰 조직에 가까우며 정보기관으로 인정되기 어려운 측면도 있다. 실제로 마약단속국은 카터 대통령과 레이건 대통령 당시 잠시 동안을 제외하고는 미국 정보공동체의 공식적인 구성원으로 인정받지 못했었다.

③ 1981년 레이건 대통령 「행정명령 제12333호」에서도 마약단속국의 위상이 정보와 경찰(law enforcement) 사이에서 모호하게 규정됨으로써 경찰 영역에 남아 있었다.

2 임무

① 사실 미국에서 CIA와 FBI는 물론 각 군 정보부대들도 주요 기능의 하나로서 마약 단속 업무를 수행하고 있다. 따라서 DEA의 마약단속 업무는 CIA, FBI의 업무 영역과 일부 중복된다.

② 물론 DEA는 오로지 마약단속 업무만을 전념한다는 점에서 CIA와 FBI처럼 여러 가지 기능 중의 일부로서 마약단속 업무를 수행하는 조직과는 차이가 있다.

3 조직

(1) 의의

DEA는 현재 전 세계 도처 63개국에 걸쳐 86개 해외지국에 약 680여 명의 분석관이 임무를 수행하고 있다.

(2) 마약정보단

① DEA 조직 내 정보 업무를 전담하는 부서는 '마약정보단(Intelligence Division)'이다.

② 마약정보단에는 '전략정보과(Office of Strategic Intelligence)', '수사정보과(Office of Investigative Intelligence)', '특수정보과(Office of Special Intelligence)' 등이 있다.

③ 2006년 초 설립된 '국가안보정보과(Office of National Security Intelligence)'는 전략정보과 산하 부서인데 현재 DEA를 대표하여 정보공동체의 구성원으로 활동하고 있다.

XIII 해안경비대

1 의의

① 해안경비대(Coast Guard Intelligence)는 1966년 10월 창설된 이래 교통부 소속 기관이었는데, 2001년 12월 국토안보부 소속으로 바뀌었다.

② 해안경비대는 해상에서의 불법 마약 거래, 밀입국, 불법 조업 등을 단속하고 항만의 안전 확보, 수색 및 구조 업무, 해양 자원 보호 등의 업무를 수행한다.

③ 해안경비대는 군사력을 갖춘 무장조직으로서 경찰 업무 및 정보활동을 병행하여 수행한다는 점이 특징적이다.

2 임무

해안경비대는 1920년대 무렵부터 해상 영역에서 정보활동을 수행했다. 특히 해안 경비대는 암호 해독 전문가 팀을 운영, 주류 밀수조직의 암호통신을 해독함으로써 밀수 조직을 와해시키는 등의 업적을 세웠다.

3 조직

① 오늘날 해안경비대에서 정보활동을 수행하는 부서로는 정보실(Office of Intelligence), 정보협력실(Intelligence Coordination Center, CGICC), 현장정보지원팀(Field Intelligence Support Team), 해상정보융합센터(Maritime Intelligence Fusion Centers, MIFCs) 등이 있으며, '정보 및 범죄수사 담당 사령관보(Assistant Commandant for Intelligence and Criminal Investigation)'가 이들 부서를 총괄한다.

② 해안경비대에서 정보활동을 수행하는 요원들의 숫자는 2002년 194명에서 2004년 437명으로 증원되었으며, 2005년 8월 현재 800명으로 알려졌다.

Theme

78 미국 정보기관의 최근 변화 동향

I 의의

① 냉전시대 동안 CIA를 비롯한 미국의 정보기관은 소련체제를 붕괴시키는 데 핵심적인 역할을 수행하는 등 대체로 성공적이었던 것으로 인정된다.

② 그러나 탈냉전기에 들어서서 미국의 정보기관은 9/11 테러 사건을 비롯하여 거듭된 실패를 경험하게 된다.

II 탈냉전기 미국 정보공동체의 실패

1 의의

① 냉전시대 성공적인 정보활동을 전개했던 미국의 정보기관들이 탈냉전기에 들어서서 실패를 거듭하고 있다.

② 이는 근본적으로 미국의 정보공동체가 탈냉전기 국제사회의 혁명적인 안보환경 변화에 제대로 부응하지 못한 데서 비롯된 것으로 보인다.

2 냉전시대의 방식 고수

① 특히 탈냉전과 함께 새롭게 부각되고 있는 WMD의 확산, 테러리즘 등 초국가안보위협은 냉전시대의 방식으로는 해결이 어렵다.

② 그럼에도 불구하고 미국의 정보공동체는 한동안 냉전시대의 조직구조, 운영체계 그리고 활동방식을 고수해 왔다.

③ 그로 인해 탈냉전기 새롭게 부상하고 있는 초국가안보위협에 효과적으로 대응하지 못했던 것으로 판단된다.

④ 그 결과 미국 정보기관은 9/11 테러를 사전에 막지 못했으며, 이라크의 WMD에 관한 정보를 잘못 판단하는 등의 치명적인 실책들을 저질렀다.

Ⅲ 9/11 테러 진상조사위원회 보고서

1 의의

① 9/11 테러 진상조사위원회 보고서는 미국 정보공동체의 문제점으로서 관료조직적인 상상력 부재, 미숙한 정책대응 그리고 정보기관들 간의 정보공유 부재 등을 언급하고, 그중에서도 정보공유 부재를 가장 심각한 문제라고 지적하였다.

② 그래서 미국의 정보공동체는 이러한 문제를 해결하기 위해 다각적인 방향에서 개혁들을 시도하였다.

2 미국 정보공동체의 개혁

① 2001년 9/11 테러사건 이후 DNI 직위 신설, 국토안보부(DHS)의 설립, 국가대테러센터(NCTC) 설치 등 정보공동체는 대대적인 조직개편을 단행했고, 테러리즘에 대응하기 위한 인력과 예산을 대폭 확대했다. 이러한 모든 노력에도 불구하고 미국의 정보공동체는 한동안 기대했던 만큼의 성과를 보여주지 못했다.

② 특히, 9/11 진상조사위원회보고서에서 정보공동체의 문제점으로 지적되었던 관료조직적인 상상력의 부재, 미숙한 정책 대응 그리고 정보기관들 간의 정보공유 부재 등이 여전히 개선되지 못했던 것으로 지적되었다.

Ⅳ 미국 정보공동체의 개혁의 성과

1 오사마 빈라덴 사살

① 한편 CIA를 비롯한 미국의 정보기관들은 지난 10여 년 동안 9/11 테러를 일으킨 오사마 빈라덴을 체포하고자 총력을 기울여왔다.

② 그리고 2011년 5월 2일 CIA 주도로 수행된 기습작전을 통해 마침내 파키스탄 지역에 은신해 있던 그를 색출하여 사살했다.

 생각넓히기 | 넵튠 스피어 작전(Operation Neptune Spear)

CIA가 작전을 주도했으며, 미 해군 대테러 특수부대 DEVGRU 대원 25명이 블랙호크 헬리콥터 4대에 탑승해 작전에 참여했다. 빈라덴의 CIA 암호명이 제로니모였다. 파키스탄 현지시각으로 2011년 5월 1일 새벽 1시, 대원 25명이 MH-60 페이브 호크 헬기 2대와 CH-47 치누크 헬기 2대에 분승하고 오사마 빈 라덴의 안전가옥을 기습 공격했다. 2011년 5월 2일 11시35분 오바마 대통령은 대국민 성명으로 오사마 빈라덴이 사살되었음이 공식 발표했다.

2 카다피 체포

① 또한 미국 CIA는 영국 MI6와 협력하여 리비아의 독재자 카다피의 은신처를 파악했고, 무인항공기 드론을 조종해 2011년 10월 20일 그곳을 정확히 조준 폭격했다.

② 카다피는 부상을 입은 채 도주하다가 NATO 연합군에게 생포되었다. 이러한 성과는 미국 정보공동체가 그동안 꾸준히 추진해 온 개혁의 결과로 분석된다.

V 미국의 정보공동체의 통합과 정보기관들 간의 협력의 문제점

1 의의

① 미국의 정보공동체의 통합과 정보기관들 간의 협력은 여전히 미흡한 수준에 머물러 있는 듯하다.

② DNI는 정보공동체 내 정보기관들에 대한 통제력을 충분히 행사하지 못하고 있다. 또한 정보기관들 간의 정보공유 및 협력도 기대했던 만큼 잘 이루어지지 않고 있다.

2 원인

① 대부분의 정보기관들이 자신들이 수집한 정보의 소유권을 주장하면서 다른 기관과 공유하는 것을 꺼려하는 경향이 있다.

② 2004년 「국가정보개혁법」에 따라 DNI는 정보공동체 내 정보의 유통과 공유를 촉진하는 임무를 부여 받았다. 그러나 정보공동체 내 정보기관들은 비밀보안을 생명으로 여기고 있어 자신의 조직 밖으로 정보가 유출되는 것을 두려워한다.

③ 어쨌든 미국의 정보공동체의 지속적인 노력에도 불구하고 정보기관들 간의 정보공유 및 협력은 여전히 쉽지 않은 과제로 남아 있다.

Theme

79 일본 정보기구의 기원과 발전

I 의의

① 막부(幕府)시대 오다 노부나가에 이어 일본 열도를 제패한 도요토미 히데요시(豊臣秀吉)는 1592년 임진왜란을 일으켜 조선을 침략했다.

② 당시 일본은 조선침략을 준비하기 위해 조선에 대한 정탐활동을 대대적으로 전개했다. 정탐꾼들을 미리 파견하여 조선군조차 모르는 한반도 샛길을 표시한 상세한 지도를 만들어 훗날 가토 기요마사(加藤清正), 고니시 유키나가(小西行長) 등이 이끄는 왜군은 불과 보름 만에 한양에 입성할 수 있었다.

③ 영화 또는 일본 사극에 자주 등장하는 닌자(忍子)는 도쿠가와 막부시대 사무라이 정신으로 첩보수집과 파괴공작을 수행했던 일종의 정보원이었다.

Ⅱ 메이지유신(明治維新)

1 의의

① 일본이 정보활동을 본격적으로 전개하기 시작한 것은 1876년의 메이지유신(明治維新) 이후로 본다.

② 메이지유신 이후 봉건제가 폐지됨에 따라 사무라이 계급의 특권이 박탈되었다. 당시 몰락한 사무라이들은 낭인(浪人)이 되어 만주, 중국, 조선에 진출하여 산업과 무역업계에 종사하였다.

2 민 · 산 · 정(民産政) 정보복합체의 형성

① 몰락한 사무라이 낭인(浪人)들은 현지 사정에 관한 정보를 수집하여 자신들의 무역업과 산업을 확장하는 데 활용했고, 다시 획득한 정보를 일본 정부에 제공해 주었다.

② 이때부터 첩보수집 및 공작활동에 민간 낭인, 정보 관료, 기업체, 군 정보관 등으로 구성된 일본 고유의 독특한 군 · 산 · 민(軍産民) 혹은 민 · 산 · 정(民産政) 정보복합체가 형성되기에 이른다.

3 무역대국이자 군사대국으로의 성장

① 메이지유신 이래 일본이 막강한 무역대국이자 군사대국으로 성장하게 된 배경에는 이러한 정보복합체의 역할이 중요하게 작용했을 것으로 추정된다.

② 메이지유신 이래 축적된 산업무역역량, 정보력 그리고 막강한 군사력에 바탕을 두고 일본군은 1894년 청일전쟁, 1904년 러일전쟁에서 승리할 수 있었다.

Ⅲ 제2차 세계대전

1 의의

제2차 세계대전을 치르면서 군부의 영향력이 강화됨에 따라 전시 군사 내각체제를 형성하게 되었으며, 정보활동도 군사정보에 중점을 두고 전개되었다.

2 대본영 정보참모부

① 당시 일본의 정보체계는 동경 소재 일본군 대본영 산하 육군 제2부인 정보참모부를 핵심으로 하여 구성되었다.

② 1936년에는 대본영 정보참모부에 만주, 러시아, 중국, 한국, 동남아, 태평양 지역에 대한 정보수집, 감청, 암호해독, 파괴공작 등을 담당하는 부서들이 설치되었다.

3 나가노 학교

당시 일본 군부는 '나가노 학교'라는 정보요원 양성학교를 설립하여 첩보수집, 비밀공작 등 정보활동에 필요한 우수한 재원을 육성하였다.

Ⅳ 제2차 세계대전에서 패전한 이후

1 의의

제2차 세계대전에서 패전한 이후 일본의 정보활동은 군사안보보다는 경제분야에 중점을 두고 전개되었다.

2 '경제우선주의'의 국가전략

① 일본은 국가안보 부문은 거의 전적으로 미국에 의존하면서 국가의 모든 노력을 경제재건 및 부흥에 총 집결시키는 '경제우선주의'의 국가전략을 추구했다.

② 이에 따라 국가안보와 관련된 전략정보는 자연히 미국이 주도하게 되었고, 일본은 경제적 번영을 위한 첩보수집 및 정보분석에 중점을 두게 되었다.

3 일본식 독특한 정보운용체계

(1) 의의

또한 태평양 전쟁 당시까지 공격적으로 구축했던 해외 군사정보수집체계는 전격적으로 해체되었고, 대사관 등 공식적인 기관이 전담하는 구조로 변화되었다.

(2) 독자적인 국가정보체계를 구축하기 어려운 상황

① 패전국 지위로 전락한 일본이 독자적인 국가정보체계를 구축하기 어려운 상황에 처하게 됨에 따라 부족한 해외 정보수요를 충족시킬 수 있는 방안으로서 일본만의 독특한 정보운용체계를 활용하게 되었다.

② 예를 들어 민간 기업에서 획득한 정보가 연구기관을 경유하여 혹은 직접 정계 실력자나 정부 부처에 비공식적으로 보고되어 활용되는 방식으로 해외정보 수요를 충족 · 보완하는 역할을 담당하였다.

③ 이처럼 정부는 물론 개인, 민간기업, 연구소 등 다양한 주체들이 정보를 수집하고 분석하는 역할을 수행하는 일본식 정보복합체가 제도화되었다.

V 일본식 정보복합체

1 만철조사부

① 사실 일본식 정보복합체는 일종의 국책연구기관인 '만철조사부'에 기원을 두고 있다. 만철조사부는 1907년 대련에 본사를 둔 '만주철도주식 회사(이하 만철)'의 산하기관으로 설립되었다.

② 만철조사부는 동경대학 출신 등 총 4,500여 명의 우수한 인력으로 구성되었으며, 만주, 중국, 나아가 동남아에 이르기까지 국제정세, 현지의 법, 문화, 관행 등에 관한 광범위한 조사활동을 전개했다.

③ 이후 만철조사부는 하얼빈, 길림, 북경 등에 지사를 두고 현지 사정에 대해 수집한 정보를 관동군에 보고하는 등 일본의 만주통치를 뒷받침하는 첩보활동을 수행했다.

④ 현재 일본의 노무라종합연구소(NRI), 미츠비시종합연구소 등 민간 대기업의 연구기관들이 해외 경제동향 및 정세분석의 중추 역할을 수행하게 된 것은 과거 만철조사부의 오랜 경험과 역량에 바탕을 둔 것으로 여겨진다.

2 제2차 세계대전 이후

(1) 종합상사

① 전후 일본은 국가정보기관의 역할이 축소된 반면 민간 연구기관과 현지에 파견되어 있는 종합상사의 상사원들이 수집한 경제 및 산업정보를 통산성(MITI)이나 자민당 의원 등 유력 정치인들에게 제공하는 비공식 정보 네트워크 체계를 발전시켰다.

② 미츠이 그룹을 비롯한 종합상사들은 전 지구적인 정보수집 네트워크를 갖고 산업정보 수집활동을 적극적으로 전개했다. 통산성 역시 막강한 인원을 동원하여 전 세계 도처에서 현지 무역실태, 상업제도, 해외시장 현황, 기술개발 동향 등 일본의 무역 및 산업 발전에 도움이 되는 정보를 닥치는 대로 수집했다.

(2) 통산성 중심의 비공식 정보 네트워크 체계

일본은 통산성을 중심으로 구축된 비공식 정보 네트워크 체계를 적절히 활용하여 경제 및 산업 관련 해외 고급정보 수요를 충족시킬 수 있었으며, 마침내 경제대국으로 부활할 수 있었다.

(3) 전수방위(專守防衛)를 표방한 안보전략

① 전후 일본은 전수방위(專守防衛)를 표방한 안보전략에 따라 공식적 정보기관들의 설립과 활동을 적극적으로 추진할 수 없었다.

② 1952년 7월 21일 공안조사청이 설치되었고, 같은 해 8월 총리부 설치령으로 내각 관방장관 산하에 내각조사실이 창설되었다. 내각조사실은 1957년 미국 CIA의 요청에 따라 공산권 국가들의 동향에 관한 정보를 중점적으로 수집했으며, 1986년 12월 내각정보조사실로 개칭되었다.

③ 그리고 일본 통합막료감부 직속기관인 정보본부는 각 자위대 정보기관의 분산된 기능을 통합하는 데 목적을 두고 1999년 초에 정식으로 발족되었다.

Theme

80 일본 정보기구의 구성과 기능

I 의의

1 공식적인 정보기관

① 일본의 공식적인 정보기관으로는 관방부 산하의 내각정보조사실, 법부성 외청인 공안조사청, 경찰청 경비국, 외무성 국제정보총괄관, 방위성의 정보본부 등이 있다.

② 그중 정보분야 업무를 전문적으로 수행하는 핵심적인 정보기관은 내각정보조사실, 공안조사청, 방위성 정보본부로, 이들 기관은 각각 해외정보, 국내보안정보, 군사 정보 등을 관장한다.

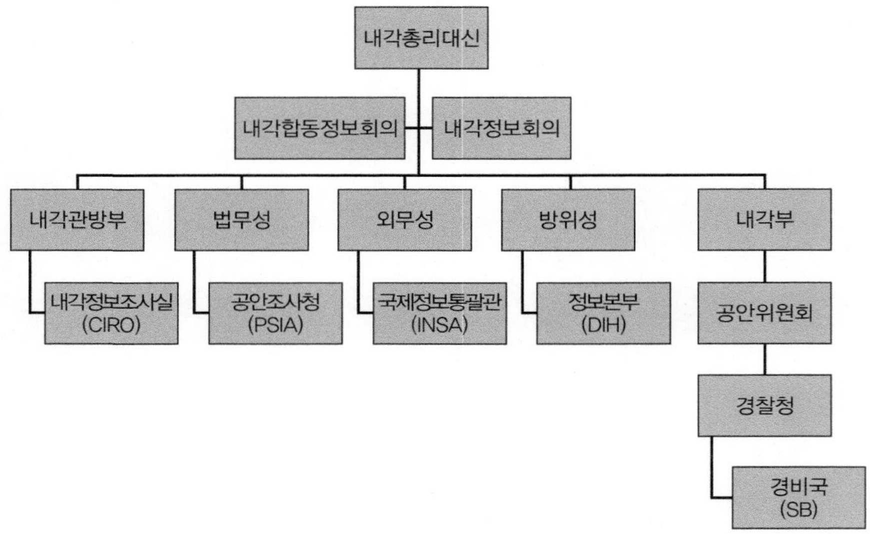

2 정보분야 업무를 관장하는 최고 회의체

(1) 의의

일본에서 정보분야 업무를 관장하는 최고 회의체로서 '내각정보회의'와 '내각합동정보회의'가 있다.

(2) 내각정보회의

① 내각정보회의는 각 정보 관계 기관의 연락조정을 통해 내각의 중요 정책에 관한 국내외 정보를 종합적으로 파악하기 위해 1998년 10월 내각에 설치되었다.

② 동 회의는 내각관방장관이 주재하는 관계부처 차관급 회의로서 연 2회 개최된다.

(3) 내각합동정보회의

① 내각합동정보회의는 일본 내 정보분야를 실질적으로 관장하는 최고 의결기구로서 1986년 7월에 내각에 설치되었다. 이 기구는 상설기관이 아니고 총리관저에서 부정기적으로 개최되는 협의체 회의이다.

② 동 회의는 내각정보조사실, 공안조사청, 방위성 정보본부, 외무성 국제정보총괄관실, 경찰청 경비국 등 각 정보기관의 책임자들로 구성되며, 내각 관방 부장관 주재하에 국내외 중요정책에 관한 정보를 공유 및 협력하는 역할을 수행한다.

Ⅱ 내각정보조사실(CIRO)

1 의의

① 내각정보조사실(Cabinet Intelligence and Research Office, CIRO)은 1952년 8월 「총리부 설치령」에 따라 내각관방소속의 내각조사실로 출범했으며, 1986년 12월 내각법에 따라 내각정보조사실(이하 내조실)로 명칭이 변경되어 오늘에 이르고 있다.

② 내각정보조사실은 일본총리의 비서실인 내각관방(Cabinet Secretary)에 소속되어 있으며, 내각의 중요 정책에 관련된 정보의 수집, 분석과 기타 조사업무를 담당한다.

③ 내각정보조사실은 일본 국가정보체계의 중추적인 기구로서 총리 직속의 공안위원회와 경찰청, 법무성 산하의 공안조사청 그리고 방위성 정보본부 등과 긴밀히 협의하여 정보조정임무를 담당한다.

2 조직

(1) 의의

내조실은 '내각정보관'을 수장으로 하여 차장, 총무부문, 국내부문, 국제부문, 경제부문, 내각정보집약센터, 내각정보분석관, 내각위성 정보센터, 국가방첩센터 등으로 구성되어 있다.

(2) 총무부

총무부는 외곽 정세연구회를 관리하고, 인사, 후생, 교육훈련, 연락 · 조정 등의 일반 행정 기능을 수행한다.

(3) 국내부

국내부는 내각의 중요 정책 수립을 위한 국내 정보의 수집 및 분석을 담당하며, 내각의 주요 정책에 대한 국민여론의 동향 조사와 신문, 방송, 잡지의 논조를 분석하는 업무도 수행한다.

(4) 국제부

국제부는 동남아조사회, 세계경제조사회 등 외곽단체들을 운용하여 해외정보를 수집 · 분석하는 임무를 수행한다.

(5) 경제부

경제부는 국내외 경제 관련 연구 및 조사 업무를 수행한다.

(6) 자료부

자료부는 민주주의연구회를 통하여 정보자료의 존안관리를 담당한다.

(7) 내각정보집약센터

내각정보집약센터는 대규모 재해 등 긴급사태에 관한 정보 수집을 담당한다.

(8) 내각정보분석관

내각정보분석관은 특정 지역 또는 분야에 관해 고도의 분석이 요구되는 업무를 수행한다.

(9) 내각위성정보센터

내각위성정보센터는 국가의 안보와 대규모 재해에 대응하기 위한 영상정보의 수집 및 분석 업무를 담당한다.

(10) 국가방첩센터

국가방첩센터는 방첩기능을 강화할 목적으로 2008년 4월 1일 내각정보관을 센터장으로 하여 설치되었다.

3 비공식 정보 네트워크 체계의 활용

(1) 의의

① 내조실은 영국, 미국 등 여타 국가들과 비교하여 매우 적은 200여 명 정도의 소수 인원으로 구성되어 있다.

② 그럼에도 불구하고 내조실은 일본 국내는 물론 전 세계에 걸쳐 다양한 분야의 정보를 광범위하게 수집 · 분석하는 임무를 원활히 수행해 오고 있는 것으로 인정받고 있다.

③ 그러한 배경에는 과거 만철조사부로부터 유래된 오랜 전통에 따라 민간 연구기관과 현지에 파견되어 있는 종합상사의 상사원들의 협조를 바탕으로 구축된 비공식 정보 네트워크 체계를 효과적으로 활용한 데서 비롯된 것으로 보인다.

(2) 외곽단체의 활용

실제로 내조실은 풍부한 자금력을 활용하여 약 25개에 달할 정도로 많은 외곽단체의 인건비, 사업비 등을 부담하고, 그 대가로 그들로부터 중요한 정보를 제공받고 있는 것으로 추정된다.

(3) 종합상사와 대사관의 활용

① 또한 일본의 미츠이, 미츠비시 등 민간 종합상사에서 전 세계로 파견한 상사원들이 현지 정보를 수집하여 내조실에 제공해 주기도 한다.

② 또한 일본 대사관은 신문사 및 방송사의 현지 특파원들과 고급 정세정보를 교환하는 등 긴밀한 협조체제를 유지하고 있는 것으로 알려졌다.

4 외국 정보기관들과의 정보협력

① 내조실은 외국 정보기관들과의 정보협력을 통해 부족한 정보력을 보완하기도 한다.

② 특히 일본은 1947년 맺어진 미 · 영 간 신호정보 공유협정(UKUSA Accord)에 제3자적 지위로 참여함으로써 신호정보를 지원 받고 있으며, CIA와의 정보교환을 통해 미국 측으로부터 중요한 정보를 제공받고 있는 것으로 알려졌다.

5 한계

(1) 외사 경찰의 영향

① 내조실은 왜소한 조직으로서 상대적으로 규모가 큰 조직인 경찰, 특히 외사 경찰이 이에 대해 막강한 영향력을 행사하고 있다.

② 내조실 전체 인원의 약 1/4은 경찰청 출신이 차지하고 있으며, 내조실의 수장은 전통적으로 경찰 서열 3~4위급 인사가 퇴직하면서 임명되어 왔다.

(2) 다양한 부서 출신들로 구성

① 내조실은 외무성, 공안조사청, 방위성, 경제산업성, 재무성 등 다양한 부서 출신들로 구성되어 있기 때문에 내조실이 일본 내각 내에서 독자적인 영향력을 발휘할 수 있는 여건에 놓여 있지 않다.

② 실제로 내조실은 부문정보기관과의 정례적인 회합을 주도하고 있지만 주요 정책결정은 내각회의에서 이루어지기 때문에 정보업무를 총괄 또는 주도적인 역할을 수행하는 데 한계가 있는 것으로 보인다.

Ⅲ 공안조사청(PSIA)

1 의의

① 공안조사청(Public Security Investigation Agency, PSIA)은 1952년 한국전쟁 중 일본 내 좌익단체의 활동을 통제하기 위한 목적으로 설립되었다.

② 이후 공안조사청의 임무는 소련, 중국, 북한 등 공산권의 대일본 공작, 일본 주재 외국 기관들의 동향에 관한 정보수집 등으로 확대되었다.

③ 오늘날 공안조사청은 경찰청과 더불어 국내보안, 방첩, 대테러 등의 업무를 중점적으로 수행하고 있다.

④ 공안조사청은 법무성의 외청으로서 약 1,500~2,000여 명 정도의 인원으로 구성되어 있는데 대부분 경찰요원이며 간부진은 검찰출신으로 구성되어 있다.

2 권한 및 조직

(1) 의의

① 공안조사청은 일본 정보기구로서는 특이하게 인간정보 수집 활동을 적극적으로 수행하고 있는 것으로 알려졌다. 공안조사청은 수사권이 없고 조사 권한만 갖는다.

② 공안조사청의 조직은 2001년 조직 통폐합에 의해 본청, 연수소, 8개 지방공안조사국, 14개 지방사무소, 9개 출장소 등으로 구성되어 있다.

(2) 본청

① 본청은 총무부, 조사 제1 · 2부, 국제참사관실 등으로 구성되어 있는데, 핵심부서는 조사 제1 · 2부이다.

② 조사 제1부는 국내 공안사건, 극좌과격파, 공산당, 극우, 오옴진리교 문제 등 국내정보를 총괄한다.

③ 조사 제2부는 한반도, 중국 및 아시아, 러시아 및 미국, 유럽지역 등 해외정보를 담당한다.

④ 그리고 2개의 국제참사관실은 국제테러리즘과 해외정보기관과의 정보협력 업무를 각각 분장하고 있다.

(3) 조직 및 임무

① 공안조사청의 조직은 장관, 차장, 총무부, 조사 1 · 2부 및 지방조사국, 조사사무소 등으로 구성되어 있는데, 세부 조직, 시설, 기능 등은 법률상 비밀로 분류되어 공개되지 않고 있다.

② 공안조사청은 「국가공무원법」 제100조 및 공안조사청 규정 제4조가 정한 범위 내에서 비밀정보활동을 수행한다.

③ 종래 국내정보 수집활동에 중점을 두었으나 해외정보 수집활동도 병행하여 수행하고 있는 것으로 알려졌다.

Ⅳ 방위성 정보본부(DIH)

1 의의

방위성 정보본부(Defense Intelligence Headquarters, DIH)는 일본 통합막료감부 산하 군사정보기관이다.

2 설립 배경

(1) 의의

① 과거 일본에는 통합된 군사정보기관이 없이 육상, 해상, 항공 자위대 등 각 부대와 통합막료회의 그리고 자위대 직속의 정보부대 등 각 부대별로 분산되어 정보활동을 수행했었다.

② 이처럼 각 부대별로 독자적으로 정보수집 및 분석활동을 수행했기 때문에 정보체계의 효율성이 매우 미흡했다.

(2) 각 자위대 정보기관의 분산된 기능 통합 필요성

① 이러한 문제점을 보완하기 위해 각 자위대 정보기관의 분산된 기능을 통합하자는 제안이 제기되었고, 1995년 12월 그러한 제안이 수용되어 1997년 11월 20일 방위청 내 새로 통합된 군사정보기관으로서 방위청 정보본부가 정식 발족되기에 이르렀다.

② 이후 정보본부는 2006년 3월부터 다시 방위청 장관의 직할기관으로 개편되어 방위청 내 중추적인 정보기관으로서의 역할과 지위를 갖게 되었다.

3 임무

① 방위성 내 첩보수집 업무를 담당하는 조직으로는 방위국 내의 조사과, 통합막료감부 산하의 사무국, 각 육 · 해 · 공 막료감부의 조사부 등이 있으며, 정보본부는 방위성 산하 모든 정보기구의 정보 업무를 통합 · 조정하는 중추적인 기관이다.

② 정보본부는 자체적으로 인간정보, 영상정보, 신호정보, 공개정보 등 다양한 출처로부터 정보를 수집하며, 이를 방위성 각 기관 및 타부서로부터 제공되는 정보들과 융합하여 방위성과 자위대가 필요로 하는 전략정보를 생산하는 데 중점을 둔다.

4 조직

(1) 의의

① 방위성 정보본부는 본부장 및 부본부장 산하에 총무부, 계획부, 분석부, 통합정보부, 화상 · 지리부, 전파부 등 6개 부서와 6개의 통신소로 구성되어 있으며, 약 2,300여 명의 인원이 활동하고 있는 것으로 알려졌다.

② 본부장은 현역 육 · 해 · 공군의 자위관이 임명되며, 부본부장에는 민간의 사무관이 방위성 내부부국의 심의관 겸무로 임명된다.

(2) 총무부

총무부는 정보본부 직원의 인사, 급여, 교육훈련, 후생복리 등의 업무와 경비, 회계, 보안 업무를 담당하고 있다.

(3) 계획부

계획부는 첩보 수집 및 정리에 관한 계획, 관계 부서와의 연락조정, 조직 및 정원, 경비 및 수입의 예결산, 행정재산의 취득, 업무계획, 정보관리에 관한 기획과 섭외에 관한 업무 등을 관장하고 있다.

(4) 분석부

분석부는 정보의 종합적인 분석, 정보의 수집정리 및 조사 · 연구, 통합방위계획과 통합경비계획의 작성에 필요한 정보 업무 등을 담당하고 있다.

(5) 통합정보부

통합정보부는 긴급으로 처리해야 하는 정보와 외국 군대의 동태에 관한 정보의 수집 · 정리, 통합막료감부에게 자위대의 운용에 필요한 정보의 제공 등과 관련된 업무를 담당하고 있다.

(6) 화상 · 지리부

화상 · 지리부는 영상 · 지리정보의 수집정리 및 조사에 관한 업무를 관장하고 있다.

(7) 전파부

마지막으로 전파부는 신호정보에 관한 업무를 수행하고 있다.

5 인원

① 정보본부는 2006년 6월 현재 37개의 재외공관에 48명의 방위주재관(defense attaches, 무관)을 파견하여 해외에서 군사분야의 정보를 수집하고 있다.

② 정보본부는 주로 공개정보와 인간정보 수단을 활용하여 방대한 양의 첩보수집활동을 전개하고 있는 반면, 불법적인 비밀공작활동은 수행하지 않고 있는 것으로 알려졌다.

V 기타 정보기관

1 의의

이 밖에 일본 내 정보 업무와 관련되는 조직으로서 경찰청 경비국, 외무성 국제정보통괄관 조직 등이 있다.

2 경찰청 경비국

(1) 경찰

① 일본의 경찰은 방대한 조직과 인원을 바탕으로 국내치안과 정보분야에서 주도적인 역할을 수행하고 있다.

② 일본 내 정보기관의 수장 및 핵심 보직의 상당수를 경찰 출신이 장악하고 있어 경찰은 사실상 일본의 정보기관들에 대해 가장 강력한 영향력을 행사하고 있다.

③ 경찰은 정보활동 중에서 주로 해외 각국의 스파이를 감시하는 방첩기관의 역할을 수행한다.

(2) 경찰청 산하의 정보기관

경찰청 산하의 정보기관으로서 경찰청의 경비국, 경시청의 공안부, 경찰서의 경비과 및 공안과 등이 있다.

(3) 경찰청 경비국

① 경찰청 경비국은 국가공안위원회의 특별기관인 경찰청 내부 부국의 하나로서 공안경찰의 사령탑 역할을 수행한다.

② 경비국은 전국의 공안경찰을 지휘해 국제테러 조직, 구공산권 등 외국 정보기관, 일본 공산당, 시민활동(반전운동, 노동운동 등), 컬트 단체(구 옴진리교 등), 우익단체, 극좌단체 등에 대한 사찰이나 협조자 관리를 주된 임무로 수행하고 있다.

3 국제정보통괄관

(1) 의의

국제정보통괄관은 외무성 산하조직으로서 정보의 분석 및 평가를 전문적으로 수행하는 기관이다.

(2) 임무

① 일본 외무성은 2004년 8월 정보수집 및 분석능력을 강화할 목적으로 이전의 국제정보국을

폐지하고 대신 '국제정보통괄관'을 신설했다.

② 동 조직은 시시각각 변화하는 국제정세에 기민하게 대응하고자 객관적이고 종합적인 관점에서 국제 정세를 분석 · 판단하는 임무를 수행한다.

③ 동 조직은 미국 국무부 산하 정보조사국(INR)과 유사한 성격의 기관으로서 첩보수집활동을 수행하지 않고, 주로 분석 · 평가 업무를 전담하고 있다.

(3) 조직

동 조직은 국제정보통괄관을 수장으로 하여 수하에 4명의 국제정보관, 사무관, 임기제 전문분석원 등을 두고 있으며, 총 인원은 대략 100명이다.

Ⅵ 일본의 신호정보(SIGINT) 기관

1 방위성 정보본부 전파부

(1) 연혁

① 일본의 정보기구는 형식적으로 내조실이 먼저 출범하였으나 정보다운 정보를 담당하는 부서로 탄생한 것은 잠재적 적국의 통신정보를 감청하는 신호정보기관이었다.

② 최초의 신호정보기관은 내조실과 깊은 관련을 맺으면서 육상자위대내에 설치되었고 육막(陸幕) 제2부 베시츠(別室)로 통칭 니베츠(二別)라 불렸다.

③ 니베츠는 1977년 육막 개편에 따라 조사부별실(調別, 초베츠), 1996년 정보본부 창설에 따라 전파부로 명칭이 바뀌었다.

생각넓히기 |

일본의 대표적인 신호정보수집기관인 방위성 정보본부 전파부는 그 탄생이 내조실의 업무적 필요성 때문에 설치된 조직이기 때문에 내조실과 깊은 관련을 맺고 있다. 초기 내각조사실 관계자들은 사이타마시 오이 통신소의 시설을 일부 빌려서 임무를 수행하기도 하였다. 그리고 이들은 경찰출신자들이 대부분이었다. 즉 일본의 신호정보와 관련해서는 경찰이 출범 초부터 깊은 관여를 하는 특색이 있는 것이다. 따라서 정보본부의 전파부장직은 대대로 경찰청에서 출발해 취임하고 있다. 극히 일본다운 조직 운영이라 할 수 있겠다.

(2) 조직

① 초기 니베츠의 활동에 대해서는 대부분의 방위관료와 자위대 간부들도 그 내용을 몰랐다. 당시 방위사무차관을 역임한 인사는 "타부서는 접근조차 어려운 별세계였다."라고 회상한다.

② 미소 냉전 중 니베츠는 조직을 대폭 확대하여 1970년대에는 정원이 약 1,000명을 초과하였으며 특히 일본열도의 남북에 걸쳐 9개소의 감청시설을 운영할 정도로 성장하였다.

③ 특히 소련, 중국, 북한의 군사 관련 전파를 감청하기 쉬운 장소에 통신소가 설치되었다. 이러한 일본의 신호정보 역량 강화 및 확대 현상은 사실 미군의 지도로 진행되었다.

(3) 임무

① 일본을 포함한 동아시아 지역 안보문제를 주도하는 미국은 일본의 군사 및 정보 관련 기지를 적극적으로 활용하여 적국들의 정보, 특히 군사정보를 획득하였던 것이다.

② 대표적인 일본 내 미군의 신호정보 기지로는 아오모리현 미사와 공군기지로 알려지고 있으며, 약 1,000단위의 분석 요원들이 활동하는 것으로 보인다.

③ 각종 정보를 장악하고 있는 최대의 정보기관인 정보본부 내에서도 가장 중요한 역할을 담당하고 있는 곳은 전파부와 영상지리부이다. 그중에서도 전파부의 역할과 기능이 압도적으로 중시되어 정보본부 전체 직원의 약 7할 정도가 전파부 또는 각 통신소에서 활동하고 있다.

④ 이러한 통신소 중 북한 및 한반도 관련 전파정보수집의 중요한 거점은 지리적으로 한반도와 인접한 니가타(新潟) 코부나토(小舟渡), 도토리(鳥取) 미호(美保), 후쿠오카(福岡) 타치아라이(大刀洗) 통신소이며 그 역사, 규모와 성능에서 가장 뛰어난 사이타마(埼玉) 오이(大井) 통신소도 중요한 역할을 수행할 것으로 보인다.

생각넓히기 |

일본의 정보본부는 미국의 신호정보 주체인 국가안보국(NSA)과 긴밀한 협조 관계를 유지하고 있는 것으로 보인다. 세계적인 통신 감청 시설인 Echelon을 운영하고 있는 NSA는 영국, 캐나다, 호주, 뉴질랜드 외에 제3국 지위를 갖는 일본을 포함하는 일군의 협력국들과 통신정보수집을 위해 협력관계를 갖고 있는 것으로 알려지고 있다. 일본은 감청을 위해 미국에게 시설을 제공하며, 때로는 독자적으로 수집한 데이터를 제공하는 것으로 보인다. 안보면에서의 미·일동맹이 정보 분야에 있어서도 그대로 적용되고 있는 것이다. 반면에 일본이 그 대가로 받을 미국이 수집한 고급정보는 일본의 국익에 매우 유용할 수 있다. 정보의 세계에서도 힘의 논리는 적용되며, 따라서 정보강국을 동맹국으로 보유하고 있는 것은 국가안보의 효과적인 대처 방법인 것이다. 1999년 3월 노도반도 근해 북한수상선박의 전파를 잡은 곳은 방위청 미호통신소(도토리현 사카이미나토시)와 고부나토통신소(니가타현 시바다시), 경찰청 야마 통신소, 미공군 미사와 기지 감청시설이었다.

(4) 주요 업적과 실패

① 방위성 정보본부 전파부의 주요한 업적은 소련의 아프가니스탄 침공(1979)을 사전에 탐지하여 이를 미국에 통지하고 미국이 이 사실을 공개하였고, 이후 일본은 소련의 사후 대항조치로 고전하였으며, 소련 전투기에 의한 대한항공기 격추(1983.9)시 조종사와 모스크바 간의 교신 내용을 홋카이도의 와카나이 통신소가 파악해 미국에 제공하였으며, 김일성 사

망 후 의사단의 묘향산 이동(1994.7)을 탐지한 바 있다.

② 반면에 일본 SIGINT의 대표적인 실패 사례로는 해막(海幕)의 정보기구가 북한의 미사일 발사와 관련해 실제상황 같이 파악해 보도했으나 사실은 지휘소 주관의 연습적 훈련이었다. 이는 훈련과 실제적 상황을 분간하지 못한 결과였다. 이러한 실수를 경험한 자위대는 귀(감청, 신호정보)만으로는 불충분하며, 영상정보가 절대적으로 필요함에 따라 정찰위성의 필수성을 강조하기에 나섰다.

2 경찰청 경비국 외사정보부 외사과

(1) 의의

① 북한에 의한 납치사건과 국제테러조직에 의한 테러 등의 외부위협에 대처하는 일본의 대표적인 치안기관은 경찰이다.

② 경찰은 외국 간첩, 국제적인 테러리스트를 적발하기 위해 고도의 정보수집과 분석을 하는 외사경찰 부문을 갖고 있다. 외사경찰은 경비국 하위에 외사정보부에서 업무를 맡는다.

③ 경비국장은 내각 합동정보회의에 참가하는 정식 구성원이기 때문에 외사경찰이 수집하는 중요한 정보가 일본의 중요한 외교·안보정책 과정에 자연스럽게 투영·반영되는 것이다.

④ 외사정보부는 외사과와 국제테러리즘대책과로 나뉘는데 북한과 상대적으로 관련이 많은 부서는 외사과라고 볼 수 있다.

(2) 조직

① 외사과는 납치문제대책실, 한반도담당, 중국담당, 러시아담당, 분석담당, 서무담당 등과 독립된 부서로 제2무선통신소(일명 야마)를 갖고 있다.

② 야마 통신소와 관련된 사항은 별로 알려져 있지 않으나 대체로 도쿄도 히노시에 본부를 두며 전국에 13개소의 지방통신소를 갖고 전파 감청을 하는 것으로 알려졌다.

(3) 감청 대상

① 외사경찰이 독자적인 감청활동을 하고 있는데, 그 대상은 북한발 통신전파, 단파방송의 감청 · 분석과 관동지역에 잠복하고 있는 북한공작원의 무선통신이다.

② 외사경찰의 감청 대상에서 알 수 있듯이 경찰은 일본 내의 통신을 주된 대상으로 하는 것 같다. 이에 비해 방위성 정보본부는 북한 내의 통신을 대상으로 하고 있어 장거리 탐지의 시설 및 장비를 갖추고 있다고 볼 수 있다.

③ 그러나 외사경찰은 북한공작선의 통신을 감청하기 위해 동해 연안은 더욱 엄중하게 커버하고 있을 것으로 보인다.

④ 과거에도 몇 차례 걸쳐 경찰이 공작선 발신 전파를 알아낸 사실이 이를 입증한다고 볼 수 있다.

Theme

81 일본 정보기구의 최근 동향과 전망

I 의의

1 전수방위 안보전략

① 일본은 제2차 세계대전 이후 반전(反戰), 반군(反軍), 평화 사상의 분위기 속에서 전수방위를 표방하는 안보전략을 추구했으며, 이에 따라 정보기구 및 활동도 대폭 축소되었다.

② 그런데 소련의 붕괴와 함께 냉전이 종식되면서 일본의 전수방위 안보전략도 일부 변화되는 모습을 보였다.

2 국제역할 확대론

(1) 의의

미국은 동아시아 지역에서 일본의 군사적 역할이 확대될 것을 요구했으며, 일본 정계 내에서도 국제역할 확대론의 압력이 점차 고조되는 분위기가 일어났다.

(2) 일본의 지역안보를 위한 역할 범위에 대한 노선대립

① 1990년대 이후 일본의 지역안보에 대한 역할 범위를 어디까지 확대해야 할 것인가를 두고 첨예한 노선대립이 있었다.

② 당시 오자와 이치로(小澤一郎) 등이 주축이 되어 주장했던 '국제공헌확대론'에 대해 후나바시를 대표로 하는 '시민평화세력(Civilian Global Power)'은 이에 반대하는 입장을 취했다.

③ 현재까지 군사안보 역할 강화라는 방향과 평화대국을 지향하는 노선 간의 충돌이 해소되지 않고 있는 상황이다.

Ⅱ 냉전체제 종식 이후 안보환경의 변화

1 의의

냉전체제의 종식과 함께 동서 간 극단적인 체제대결이 사라지면서 군사적 위협이 감소하는 양상을 보였다. 반면, 일본은 냉전 이후 대내외 안보환경상황을 자국에 심각한 군사위협으로 인식하게 되었고, 그것을 빌미로 군사력과 정보력을 강화하려는 움직임을 보여왔다.

2 북한과 중국의 위협

(1) 의의

일본이 정보 역량을 강화하려는 노력을 기울이게 된 중요한 외부적 요인으로서 북한과 중국을 들 수 있다.

(2) 북한의 위협

① 일본은 1998년 8월 북한이 발사한 대포동 미사일이 자국 상공을 넘어가자 이를 명분으로 정찰위성 등 첨단 군사장비를 개발 · 도입하며 군사력을 강화했다.

② 북한의 미사일 위협을 빌미로 1999년부터 정찰 위성 개발에 착수하여 2003년 2기의 정찰 위성을 성공적으로 쏘아 올렸다.

③ 어쨌든 북한의 핵과 미사일 문제는 일본 정부로 하여금 효과적인 대북 정보수집 및 분석이 일본의 국가안보에 중요하다는 인식을 갖게 되는 결정적인 계기가 되었다.

(3) 중국의 위협

또한 중국의 지속적인 경제 성장에 기초한 군사력 강화는 대중 정보역량의 대폭적인 향상 필요성을 증대시켰다.

3 9/11 테러

특히 2001년의 9/11 테러를 계기로 대테러전과 대량살상무기 확산 저지가 국제사회의 공통적인 안보현안으로 부상하면서 자연스럽게 일본이 국가정보 역량 확대를 추진할 수 있는 좋은 기회가 되었으며, 나아가 미 · 일 간의 긴밀한 정보 협력 및 공유 필요성도 증대되었다. 또한 대내적으로 태풍, 지진, 해일 등 각종 대규모 재난발생 빈도가 증가하면서 재난 대비 정보역량 강화 필요성도 제기되고 있다.

Ⅲ 일본 정부의 정보역량 강화 노력

1 의의

① 이처럼 대내외적으로 안보 불안이 증가하면서 일본 내 정보력 강화를 위한 국내적 관심과 요구가 보다 강렬해지고 있다.

② 이에 부응하여 일본 정부는 정보역량 강화 의지를 천명하고 그에 따른 노력을 계속하고 있다. 그동안 일본은 내각부관방장관 예하의 내각정보관에 의한 국가정보의 중앙조정 및 통제기능을 강화하는 조치를 취했다.

③ 또한 방위청을 방위성으로 승격시켜 위상을 높이고 정보본부를 방위성 장관 직할체제로 개편하여 군 정보기능의 집약 및 효율성 향상을 도모했다.

2 중앙정보기관의 설치 추진

(1) 의의

① 일본은 중앙정보기관의 설치를 모색하고 있다. 일본은 전후 정보기관을 둘러싼 여론의 반발로 인해 중앙정보기관이 설치되지 않고 현재까지 각 성 · 청 중심의 분산형 정보체계를 운용해 왔다.

② 1980년대 중반부터 중앙정보기관 설치의 필요성이 지속적으로 논의되어 왔으나 부정적인 여론으로 인해 적극적인 추진이 이루어지지 않았었다. 이러한 가운데 2007년 아베 신조 총리 재임 시 일본판 '국가안전보장회의(NSC)'와 '중앙정보기관(CIA)'의 창설이 추진되었다.

(2) 2007년 아베 신조 총리의 구상

① 당시 구상에 따르면 내조실을 중심으로 각 부서에 분산되어 있는 정보조직을 통합 · 확대하여 최종적으로 약 1,000명 이상의 새로운 정보기관을 창설하여 미국의 CIA나 이스라엘의 모사드와 같은 규모 있고 효율적인 조직으로 변모시키겠다는 것이었다.

② 2007년 NSC 창설안이 각료회의에서 통과되었으나, 후쿠다 야스오 총리가 취임하면서 각 부처 간 의견이 상충되는 가운데 특히 외무성과 방위성의 반대로 NSC 창설안은 폐지되고 말았다.

3 정보 · 위기관리체제 개편 재추진

(1) 의의

2012년 12월 아베 총리가 재집권하면서 정보 · 위기관리체제 개편이 재추진되었다. 아베 총리는 2013년 초 알제리에서 발생한 일본인 인질사건과 센카쿠(중국명 다오위 다오) 열도에서 중국 해군이 자위대 구축함에 사격용 레이더를 비춘 사건에 대응할 때 일본의 정보 수집 · 분석 역량이 충분하지 않았다면서 미국의 국가안전보장회의(NSC)를 모델로 한 일본판 NSC의 발족을 의욕적으로 추진해 왔다.

(2) 국가안전보장 회의(일본판 NSC)와 내각정보국 설립

① 2013년 8월 30일 아사히 신문에 따르면 아베 정권은 현재의 내각정보조사실을 확대해 '내각정보국'을 신설할 방침이라고 밝혔다. 이어서 2013년 11월 7일 일본 중의원에서 '국가안전보장회의' 설치 법안이 가결되었다.

② 내각정보국의 설립은 총리 관저의 정보 수집 능력을 높이고 2014년 1월 발족할 예정인 외교 · 안보정책의 사령탑인 국가안전보장회의와의 공조를 강화하기 위한 포석으로 보인다.

③ 신설되는 내각정보국에는 현재 내각정보조사실에 1명뿐인 내각정보관을 3명으로 늘려 국내, 대외, 방위 등 세 분야를 담당토록 하고 3명 가운데 1명을 '내각정보감'으로 임명할 예정이다. 내각정보국이 수집 · 분석한 정보는 국가안전보장회의의 외교 · 안보정책 판단 자료로 쓰이게 될 것이다.

생각넓히기 | 아베 내각의 신(新) 국가안전보장회의(NSC) 체제

1. 일본의 국가안전보장회의(NSC)

2013년 11월 27일 통과한 일본의 「국가안전보장회의 설치법」에 따르면 총리, 관방장관, 외상, 방위상으로 구성된 4대신 회의를 신설하여 주기적(1회/2주)으로 안전보장 문제를 토의하고 중요과제에 대한 정책과 기본방침 등을 신속하게 결정토록 하였으며, 주요 긴급사태에 관한 중요사항을 협의하기 위해 총리, 관방장관, 총리지정 대신들이 참여하는 긴급사태 대신회의를 별도로 신설하였다. 긴급사태 대신회의 관련 총리가 지정하는 각료는 긴급사태에 따라 달라진다. 영해침입이나 불법상륙 사태 시에는 법상 · 외상 · 국토교통상 · 방위상 · 국가공안위원장 등이 참석하며, 대량 피난민 사태 시에는 법상 · 외상 · 재무상 · 후생노동상 · 농수상 · 국토교통상 · 방위상 · 국가공안위원장 등이 참석토록 한다는 것이다. 신설된 국가안전보장 담당 내각총리보좌관은 정치인 상설직으로 총리를 직접 보좌하고 국회와의 업무조정 등을 담당하면서 NSC 회의에 참석하여 의견을 제시토록 하였다. 기존의 안전보장회의는 9대신회의로 전환하여 자위대 파견 및 방위계획대강 등 포괄적인 외교안보정책을 심의토록 하였다.

2. 국가안전보장국

NSC를 지원하기 위한 내각관방장관 예하 기존부서도 대폭 개편 보강하였다. NSC 사무국인 국가안전보장국을 내각관방에 신설하여 NSC의 제반사무와 회의에 필요한 자료와 정보 등을 통합관리토록 하였다. 설치법에 따르면 국가안전보장에 관한 외교 방위정책의 기본방침 등에 관한 사무, 회의사무, 이들 사무에 관련된 정보의 종합정리를 담당한다.

초대 국가안전보장국장은 아베 총리의 조언자로서 밀사의 역할을 담당하는 일도 있을 정도로 총리의 신뢰가 두터운 야치 쇼타로가 임명되었고 예하에 특별직 공무원으로 2명의 차장을 임명하여 위기관리와 외정업무를 각각 담당토록 하였다. 국가안전보장국의 조직은 총괄, 동맹 · 우호국, 중국 · 북한, 기타지역, 전략, 정보 등 6개 반으로 구분하여 자위대간부, 외무 및 경찰관료, 민간인 등이 참여하는 60여명 규모로 구성되어 외교 · 안보 · 테러 · 치안 등과 관련한 핵심 정보와 자료를 종합적으로 정리해서 NSC에 보고토록 하였다. 또한 동법에 따르면 외무성, 방위성, 자위대, 경찰청 등 각 관계 행정기관은 제반 자료와 정보를 적시에 NSC에 제공하고 각 회의체는 각 행정기관에 회의를 위한 자료 등을 요구할 수 있도록 의무화하였다.

3. 내각 정보국

기존의 정보조사실은 내각정보국으로 개편하여 정보관을 증편하여 정보수집 및 분석, 평가기능을 강화하였다. 일본정부 대변인인 스가 요시히데 관방장관은 2013년 11월 18일 "일본의 외교안보 사령탑이 될 국가안전보장회의를 지원할 대외정보 전문기관을 설립하는 방안을 검토하겠다."고 공식적으로 밝혔다. 미국의 중앙정보국(CIA)과 같은 정보조직을 만들겠다는 것이다. 스가 장관은 참의원 국가안보특별위원회에서 "NSC가 기능을 수행하는 데 있어 고급정보는 매우 중요하다. 전문적이고 조직적인 대외 및 인적정보 수집의 수단과 체제에 대한 연구를 심화시키고 있다."고 말했다. 이러한 정보조직은 NSC 산하 또는 총리 직속으로 정보를 전담하는 사무국에 설치될 것으로 알려지고 있고, 방위성, 경찰청, 외무성 등 각각의 정보는 안전보장국에서 통합될 것으로 보인다. NSC는 산하정보기관이 집약적으로 분석한 정보를 바탕으로 외교안보 분야를 중심으로 중장기 국가전략을 정하고 위기관리를 총괄할 것으로 보인다.

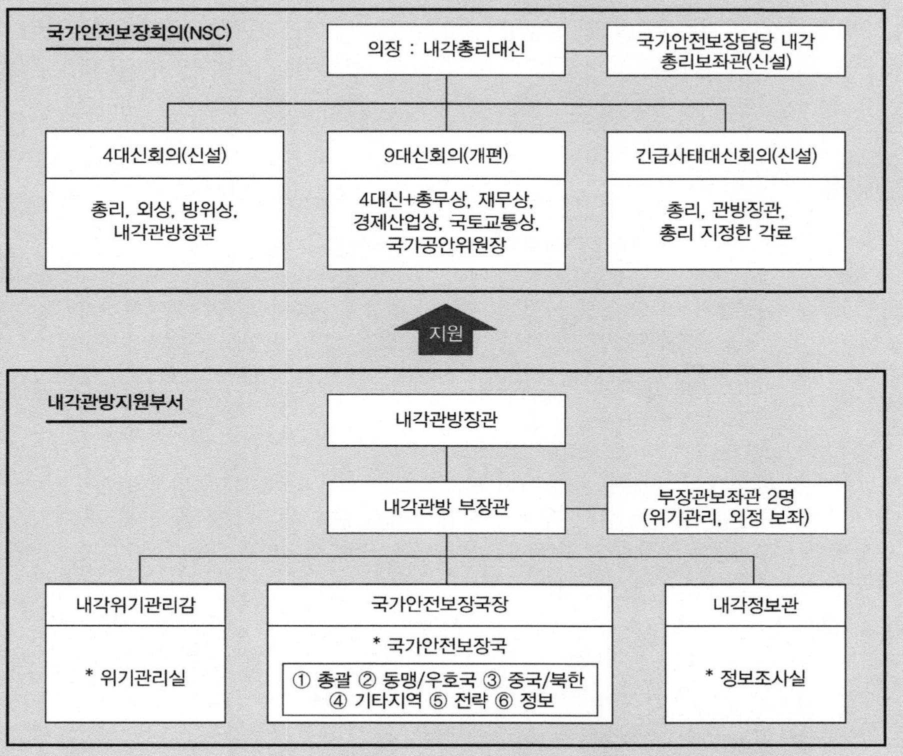

Ⅳ 전망

1 의의

① 한편 일본이 제2차 세계대전 이전의 과거처럼 강력한 정보체계를 구축하고 본격적인 정보활동을 전개해 나아갈 것인지 향후 그 귀추가 주목된다.

② 현재 추진하고 있는 일본판 NSC와 내각정보국의 설립은 기존의 성 · 청을 중심으로 구축되어 있는 일본의 정보체계에 있어 일대 혁명적인 변화를 가져올 것이다.

2 내각정보국에 대한 견제

① 내각정보국이 신설되는 것에 대해 일본 내 반대 여론도 있을 것이며, 경찰청과 방위성 내 기존 정보기관들의 상호 경쟁과 견제도 예상된다.

② 그래서 내각정보국이 대규모 인원과 막강한 영향력을 가진 경찰청과 방위성의 정보조직을 조정 · 통제하는 중앙정보기관으로서의 역할을 성공적으로 수행할 수 있을지도 주목된다.

③ 그리고 일본의 안보 및 정보체계가 중앙 집약적이고 강력한 권한을 갖게 됨에 따라 한반도를 비롯한 주변국의 안보에 어떤 영향을 미칠 수 있을 것인지도 주의 깊게 관찰해 보아야 할 것이다.

핵심정리 일본의 정보기구

1. 내각정보조사실(Cabinet Intelligence and Research office)
내조(內調)는 총리를 보좌하는 관방장관 산하에 소속되어, 총리에게 직접 보고하는 행정수반 직속 정보기구이다. 군 정보기관을 포함한 모든 정보기관들의 업무를 조종하고 조율하는 총괄기능을 수행한다. 내조는 내각소속이라는 권위와 막대한 자금력을 바탕으로 일본방송 협회, 세계정경조사회, 국제문제연구회 등 약 25개에 달하는 외곽 단체의 인건비와 사업비를 지원하면서 그들을 십분 활용하는 것으로 알려져 있다.

2. 공안조사청(Public Security Investigation Agency, PSIA)
법무성 소속의 현장 활동 정보기구이다. 1952년 7월 21일 제정된 「파괴활동방지법」과 「공안조사청법」에 근거하여 정부전복 활동에 대한 예방 · 조사와 통제를 임무로 한다. 국가 안보 문제와 관련한 국내 · 외 정보를 수집하고 극좌와 극우 그리고 공산당을 모두 대상으로 하는 방첩기능을 수행한다. 재일 조선인들과 조총련 활동에 대한 감시도 한다.

3. 외무성 정보분석실(Intelligence and Analysis Service)
해외정보 수집 및 분석업무를 담당한다. 외무성 정보분석실의 특기할 정보수집 활동 중의 하나가 세계 현지에 파견된 일본 특파원들을 적극 활용하여 정보수집을 한다는 점이다.

4. 방위성 정보본부(Defense Intelligence Headquarters)
1997년 1월부로 탄생했다. 미 국방부 국방정보국(DIA)의 일본판으로 불린다.

5. 초베츠(Chobetsu)

1958년에 설립된 신호정보 전문기관이다. 북한군 지휘관들의 음성도 식별한다고 한다. 감청 능력은 러시아 동쪽, 중국, 북한, 대만, 남아시아 그리고 남중국해까지 미친다.

6. 일본 자위대(SelhDefense Force) 각 군 정보기구

통합 · 집중형의 방위성 정보본부의 창설에도 불구하고 일본 자위대 각 군 부문정보기구는 고유한 주특기를 살려 전술정보의 수집과 분석에 탁월한 능력을 발휘한다. 일부에서는 방위성 정보본부에 이관된 정보업무 자체가 오히려 극히 일부에 지나지 않는다고 말한다.

7. 일본무역진흥회(Japan External Trade Organization, JETRO)

1958년 수출 증진을 위하여 창설된 독립법인이다. 그러나 미국은 기능상 일본의 주요한 정보기구로 간주하고 감시의 끈을 늦추지 않는다. 제트로(JETRO)도 FBI와 CIA의 그들에 대한 감시활동을 잘 알고 미국 법을 준수하며 주로 공개자료를 통해 경제정보를 획득하지만 비상수단의 정보수집 활동도 전개하는 것으로 알려져 있다.

Theme

82 중국 정보기구의 기원과 발전

Ⅰ 의의

① 대부분의 경우 국가가 수립되고 나서 당, 군대, 정보조직 등이 설립되는 반면, 중국은 특이하게도 1949년 국가가 수립되기 이전에 당과 군이 창설되었다.

② 1921년에 중국 공산당이 조직되었고, 1927년에 인민해방군이 창설되었다. 이에 따라 정보체계도 당, 군, 국가의 순서로 설립 · 운영되어 왔다.

③ 중국의 경우 국가 수립 이전까지 정보기관이 별도로 설립된 것이 아니고 당 또는 군의 산하 일부 조직에서 정보활동 임무를 수행하였다.

④ 정보조직은 비밀지하 조직으로 설립된 중국 공산당의 생존을 보장하기 위해 활용되었고, 무장혁명조직으로 창설된 인민해방군의 전투임무 수행을 지원했다.

Ⅱ 중국정보기관의 발전

1 의의

1949년 국가가 수립되고 나서 정보조직은 반혁명분자 색출 등 국가체제 유지에 필요한 핵심적인 도구로 활용되었다.

2 1920년대 정보활동

① 1920년대 중국의 정보활동은 중국 공산당 산하 기구에서 수행되었다. 1925년 말 중국 공산당 산하 기구로서 중앙군사부(中央軍事部), 1926년 당 중앙군사위원회, 1927년 11월 중앙특별공작위원회(中央特別工作委員會, 일명 中央特委) 산하 중앙특과(中央特科, 일명 '보위부') 등이 설립되었고, 이들 기구 내 정보조직이 설치되어 운영되었다.

② 정보활동은 당 업무의 일환으로 수행되었기 때문에 '당무(黨務)'와 정보업무(情報業務)의 구별이 없었다. 예를 들어 중앙특과의 주 임무는 "총무(總務), 정보(情報), 행동(行動) 및 통신(通信)"으로서 정보활동은 당 업무의 일환으로 수행되었다.

3 1930년대 말에서 1940년대 말까지의 정보활동

① 1930년대 말 기존의 특과(보위부)를 흡수하여 설립된 중앙사회부(中央社會部)는 중국 건국 이전까지 정보 업무를 총괄적으로 수행했다.

② 1930년대 말에서 1940년대 말까지 중국은 항일 투쟁 및 국민당 군과의 내전을 치렀던 시기로서 중앙사회부는 당 지도부의 대외정세 판단에 필요한 해외정보의 수집, 국민당의 내부 상황 및 군 정보 입수, 반당 및 변절자 처리 등 다양한 유형의 정보활동을 전개했다.

③ 당시 정보조직은 당내 군사조직, 특히 당 중앙군사회원회 내에 설치 · 운영되었기 때문에 '당통(黨統)'과 '군통(軍統)'의 구별 없이 당 · 군 지도부의 지휘통제를 받았다.

④ 정보조직에 대한 당과 군의 장악은 1949년 국가가 수립된 이후에도 관행으로 남아 있었다.

4 건국 직후

① 중국 건국 직후인 1950년대 초까지 정부(국무원)가 설립되지 않았기 때문에 정보 조직은 당과 군에만 존재하였다.

② 당내에는 내사 및 내부 안전을 담당하는 중앙조사부(中央調查部, 전 중앙사회부), 공산권 국가들 간의 정보협력을 담당하는 중앙대외연락부(中央對外聯絡部) 그리고 '책반' 및 국내외 침투활동 조직인 중앙통일전선공작부(中央統一戰線工作部, 약칭 統戰部)가 설치 · 운영되었다.

③ 군에는 총참모부 정보부와 중앙군사위원회 총정보부를 통합하여 총참모부 2부를 신설하였다. 중앙군사위원회 3국과 총참모부 기술부가 총참모부 3부로 통합되었으며, 총정치부 연락부가 설치되었다.

④ 그리고 1954년 9월 정부조직인 국무원이 정식 출범하게 됨에 따라 중국은 비로소 당 · 정 · 군 체계를 갖추게 되었으며, 정보조직도 당 · 정 · 군 모두에 설치 · 운영되었다.

5 문화혁명 기간(1966~1976년)

① 한편 문화혁명 기간(1966~1976년) 동안 대부분의 당 · 정 · 군 정보조직이 모택동의 부인 강청과 사인방(四人幇)에 의해 와해되었으며, 해외정보 업무도 대부분 마비되거나 중단되었다. 중앙조사부의 경우 조직이 완전히 해체되어 그 기능과 활동은 총참모부 2부로 이관되었다.

② 1971년 임표(林彪)의 사망 이후 주은래 총리가 중앙조사부, 총참 2부 및 총참 3부 등을 재건했으나 1970년대 전반기에는 극심한 국내 권력투쟁으로 인해 정보조직도 파벌 간 정쟁에 휩싸이게 되었다.

③ 1976년 모택동 사망 이후 화국봉(華國鐘) 등 모택동 추종파인 '범시파(凡是派)'는 당 중앙조사부의 역할 및 권한 증대를 통해 개인 및 파벌의 세력 확대를 추구하기도 하였다.

6 1970년대 후반 이후

① 1970년대 후반 등소평이 실권을 장악하고 1980년대 들어서서 개혁개방을 본격적으로 추진했다. 이에 따라 중국에 대한 외국의 정보활동이 증가했다.

② 대외개방에 따라 국내 체제유지에 많은 어려움이 야기되었고, 외국에 관해 보다 많은 정보가 요구되었다. 이러한 대내외 안보환경의 변화에 대응하기 위해 정보활동을 보다 강화할 필요성이 증가하였으며, 이에 부응하여 마침내 1983년 6월 국가안전부(國家安全部)가 신설되었다.

③ 국가안전부는 공안부의 기존 방첩단위(1~4국), 중앙조사부의 일부 기능 및 군 총참모부의 일부 인력을 통합하여 설립되었다.

Theme

83 중국 정보기구의 구성과 기능

I 의의

① 중국은 당(中國共産黨)이 통치하는 '당국가(party-state)'체제이며, 정보조직은 중국 내 공산당 1당 지배를 영속화시켜 주는 필수불가결한 수단으로서 의미를 가진다.

② 비록 국가조직으로 행정부 격인 국무원, 입법부에 해당되는 '전국인민대표회의(全國人民代表會議)', 사법기관으로 검찰조직인 '최고인민검찰원(最高人民檢察院)'과 재판기관인 '최고인민법원(最高人民法院)' 등이 있지만, 실질적으로는 중국공산당이 중국 내 모든 권력을 독점하고 있다.

③ 중국 공산당은 약 8,500만 명에 이르며, 이들 중 25~35명의 당 최고위급 지도자들이 당·정·군의 주요 직위를 겸임하고 있어 사실상 이들이 당무(黨務)를 포함, 입법·사법·행정 분야에 대해 막강한 권한을 행사하면서 중국을 통치하고 있다.

II 계통(系統)

1 의의

① 중국 내 방대한 공식적 관료·행정 조직이 존재하고 있지만, 실질적인 업무수행은 '계통(系統)'이라는 해당 업무에 관련된 공식 관료조직 또는 비공식 단위 조직 내에서 이루어진다.

② '계통'은 당무계통(黨務系統), 조직계통(組織系統), 선교계통(宣敎系統), 정법계통(政法系統), 재경계통(財經系統), 군사계통(軍事系統)등 6개 분야로 나뉘어져 있는데, 정보분야는 '정법계통'에 속한다.

2 정법계통(政法系統)

① 정법계통은 다른 계통과 유사하게 위로는 당 중앙정법위원회로부터 아래로는 향(鄕), 진(鎭) 등 하급 단위에 이르기까지 모두 포괄하고 있으며, 이러한 조직체계를 통해 공산당 1당 지배를 유지하는 핵심적인 기능을 수행하고 있다.

② 현재 중국의 정법계통에는 당의 대외연락부, 통일전선공작부, 국무원 산하의 국가안전부, 공공안전부(이를 줄여서 '공안부'로 통칭한다), 신화사 등이 포함되며, 각 성 · 시 · 자치구 내 당위원회 내에 정법위원회가 설치되어 있다.

3 군사계통(軍事系統)

군사계통의 경우 중앙군사위원회 아래 연합참모부, 정치공작부, 후근보장부, 장비발전부 등이 있고, 연합참모부 소속 2 · 3 · 4부와 정치공작부 소속 연락부가 정보업무를 수행한다. 그리고 각 군구 내 집단군과 사단 급까지 정법위원회가 설치되어 있다.

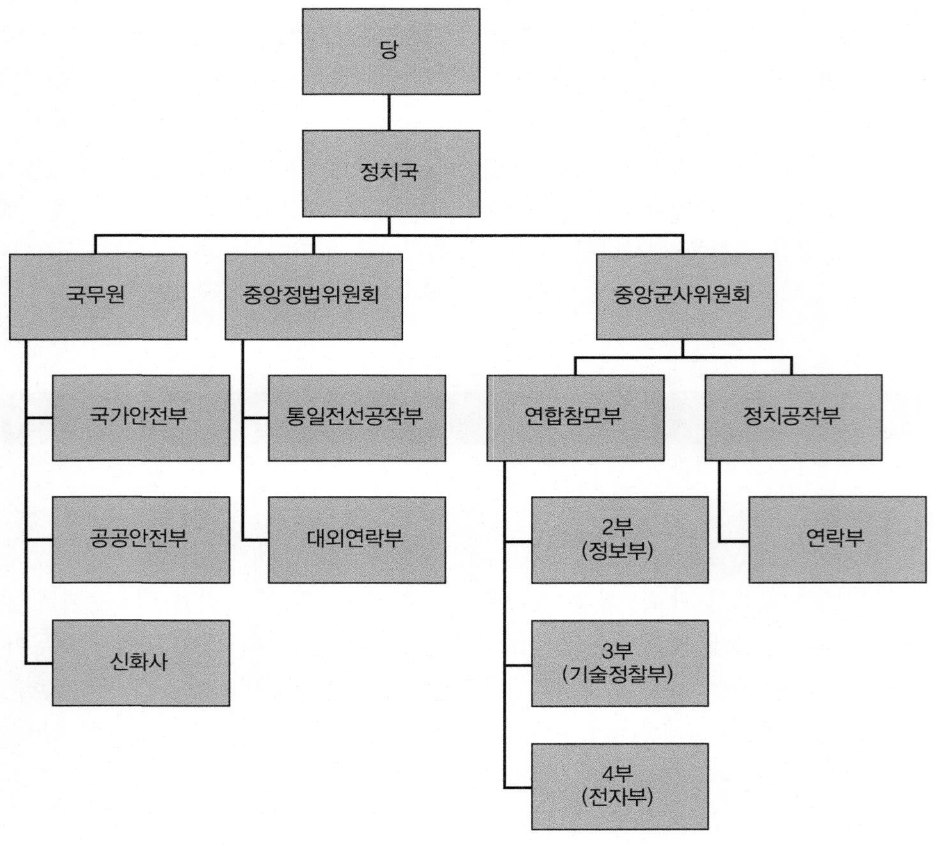

Ⅲ 중국 정보체계의 목표와 정보 순환 과정

1 목표

① 1949년 국가설립 이후 중국 정보체계의 일차적인 목표는 공산당 1당 지배를 유지하는 데 있으며, 이를 위해 체제안정을 저해하는 반혁명분자 색출, 자치구의 분리 · 독립 운동의 통제, 외국에 대한 정보수집 및 방첩활동 등의 임무를 중점적으로 수행한다.

② 또한 경제발전, 통일 및 외교안보 정책을 수행하는 데 필요한 정보를 제공해 준다. 경제발전은 개혁개방 이후 중국이 추구하는 최대의 국가목표로서 이를 위해 중국의 정보기관들은 외국의 경제 · 산업 동향, 첨단 과학기술 등에 관한 각종 정보를 수집한다.

③ 통일문제에 대응하기 위한 노력으로서 대만의 분리 독립 움직임을 감시 · 파악 · 통제하는 대(對)대만공작도 정보계통이 수행하는 주요 임무 중의 하나이다.

④ 그리고 미국, 러시아, 일본, 한국 등 주변국의 군사 및 외교안보 동향을 파악하여 중국의 대외정책 및 군사전략을 수립하는 데 필요한 정보를 제공해 주는 임무도 수행한다.

2 중국 내 정보가 생산되어 배포 및 순환되는 과정

① 중국 내 정보조직은 당 · 정 · 군 내에 모두 존재하며, 각 조직 내 하급단위에서 수집된 정보는 일반적으로 각 조직 최상급 단위의 판공실(廳)에서 취합된다.

② 각 조직의 판공실(廳)은 취합된 정보들에 대해 서로 간에 의견조율을 거쳐 당 중앙정법위원회에 보고하게 되며, 이를 당 정치국에서 최종 확정하는 것으로 추정된다.

Ⅳ 당 산하 정보기구

1 의의

당 산하 정보기구로서 당 중앙정법위원회, 당 중앙통일전선공작부, 당 중앙대외연락부 등이 있다.

2 당 중앙정법위원회

(1) 의의

당 중앙정법위원회의 전신은 중앙법제위 · 중앙정법영도소조 등이다. 문화혁명 종료 이후인 1980년 1월 24일 당 중앙정법위원회로 부활하였다.

(2) 조직

정법위원회는 서기 1명, 위원 6명, 비서장 1명 등으로 구성되어 있다. 위원은 국가안전부장, 공안부장, 사법부장, 최고 인민법원장, 최고인민검찰장, 총정치부 부주임, 중앙기율검사위원회 등이 포함되며, 위원의 숫자가 고정된 것은 아니다.

(3) 운영

① 당 중앙정법위원회는 매년 12월에 개최되는 '전국정법공작회의(全國政法工作會議)'를 통해 다음 해 정법활동의 주요 목표를 발표하며, 5년 단위로 정법목표를 추진한다. 예를 들어 1996~2000년 간 정법활동의 주요 목표는 정치 · 사회의 지속적 안정, 중대 형사사건 발생 증가의 억제 및 처리, 치안질서 확립, 사회주의 시장경제에 부응하는 법률 보장 및 지원 등이었다.

② 당 · 정 · 군의 각 조직 하급단위에서 수집된 첩보들이 취합되고 분석의 과정을 거쳐 생산된 정보들은 최종적으로 당 중앙정법위원회에 보고된다. 그런 점에서 당 중앙정법위원회가 당 · 군 · 정의 정보 및 보안 업무를 총괄 · 조정하는 최상위 기관으로서의 역할을 수행한다.

3 당 중앙통일전선공작부

① 당 중앙통일전선공작부(이하 통일전선부)는 중국의 통일전선공작을 담당하는 주무 부서로서 국가수립 이전인 1930년대부터 중국 공산당 내에 설치되어 운영되어 왔다.

② 통일전선부는 오랫동안 설치 · 운용되어 왔음에도 불구하고 극도의 보안이 유지되어 대외활동이 잘 드러나지 않는 조직이다. 통일전선부는 부장 1명, 부부장 5명, 비서장 1명 등이 포함되어 있다.

③ 통일전선부는 대(對)대만 통일전선공작을 주 임무로 하면서 홍콩, 마카오, 대만 등 중화권 국가들의 경제통합을 촉진하는 정보수집, 분석, 비밀공작 등의 활동도 수행하고 있다.

4 당 중앙대외연락부

(1) 의의

당 중앙대외연락부(이하 대외연락부)는 1930년대 중앙연락국(中央聯格局)으로 운영되었다가 국가수립 이후 현재의 명칭으로 개칭되었다.

(2) 임무

① 의의

대외연락부는 당의 대외관계를 담당하는 부서로서 냉전체제 동안 주로 사회주의 국가, 전 세계 공산당, 좌파 정당 및 단체와의 관계를 유지 · 발전시키는 데 목표를 두고 임무를 수행했다.

② 냉전체제 종식 이후

㉠ 그러나 구소련과 동유럽 등 사회주의 체제가 붕괴되고 국제공산주의 운동이 쇠퇴하면서 공산권과의 연대 활동은 과거에 비해 대폭 축소되었다.

㉡ 냉전체제 종식 이후 앙골라, 세네갈, 나이지리아를 비롯한 아프리카 국가들의 공산당, 사회당 또는 우당(friendly party)과의 연합전선을 통해 중국의 영향력을 확장하는 활동을 수행했다.

㉢ 최근에는 석유자원 확보에 중점을 두고 정보활동을 수행하고 있는 것으로 알려졌다.

(3) 조직

대외연락부는 전 세계를 8개 지역으로 나누어 각 지역에 관한 첩보수집임무를 수행하는 지역국을 두고 있는데, 구체적인 활동 내용은 외부에 잘 알려져 있지 않고 있다.

V 국무원 산하 정보기구

1 의의

국무원 산하 정보기구로서 국가안전부, 공안부, 신화사(新華社) 등이 있다.

2 국가안전부(國家安全部, MSS)

(1) 의의

국가안전부(國家安全部, MSS)는 중국의 대표적인 국가정보기관으로서 국내외 정보수집부서였던 공안부 산하 방첩 기구와 중국 공산당 중앙위원회 조사부의 일부 기능이 통합되어 1983년 6월에 설립되었다.

(2) 조직

① 국가안전부의 조직구조는 명확히 밝혀진 바 없으나 미국과학자협회(Federation of American Scientists)에서 1997년에 발표한 자료에서는 12개 국과 기타 5개 부서로 구성되어 있는 것으로 밝혀졌다.

② 그런데 2004년 타이완에서 발표한 자료에서는 17개 공작국과 기타 9개 부서로 구성되어 있는 것으로 알려졌다.

③ 이로 보아 국가안전부의 조직이 1990년대 12개 국에서 점차 확대된 것으로 추정된다.

(3) 임무

① 국가안전부는 공산당 체제유지, 방첩, 국내외 반혁명주의자 및 반체제 인물 감시, 해외 첩보수집 및 공작활동 등 다양한 임무를 수행한다.

② 국가안전부는 국내 보안 및 방첩활동, 해외정보의 수집 및 공작활동, 신호정보 수집, 국내외 정보분석 등 복합적인 업무를 한 개의 기관에서 수행한다는 점에서 구소련의 KGB와 유사한 통합형 정보기관으로 분류된다.

③ 특히, 국가안전부는 일반 경찰처럼 국가안보 위해 용의자에 대해서 체포 또는 구금할 수 있어 세계 어떤 정보기관과 비교하여도 그 권한이 막강하다.

④ 국가안전부의 재직 인원이나 예산에 대해서는 어떤 자료에서도 나타난 바가 없어 정확한 숫자나 규모는 알 수 없지만 아마도 엄청난 인원이 재직하고 있을 것으로 추정된다.

3 공안부(公安部, MPS)

(1) 의의

공안부(公安部, MPS)는 사회 공공치안을 담당하는 주무 부서로서 타국의 일반 경찰 기관과 유사한 임무와 기능을 수행한다.

(2) 임무

① 공안부는 국가 공안업무를 총괄하는 기관으로서 각급 공안기관의 소관 업무를 지휘 · 감독하는 역할을 수행한다.

② 또한 사회치안 유지, 경호 · 경비 업무, 국가 대테러 업무, 범죄 수사 및 예방활동, 보안활동, 교통 · 철도 · 소방업무, 특수업종 및 무기류 관리, 호적 · 국적 · 출입국 · 외국인 체류 · 여행 관련 업무 등을 수행하고 있다.

③ 이처럼 공안부는 일반적인 경찰업무 외에 잡다한 업무를 수행하고 있는데 이는 중국에서 '공공안전'의 의미를 확대 해석하고 있기 때문인 것으로 분석된다.

(3) 인민무장경찰(the Chinese People's Armed Police Force)

① 1983년 4월에 설립되어 각종 소요진압 및 치안유지를 담당하는 '인민무장경찰(the Chinese People's Armed Police Force)'도 공안부 소속이다.

② 1989년 천안문 사태를 진압하는 데 인민무장경찰이 동원되었던 것으로 알려졌으며, 그 숫자는 110만 명 이상으로 추정된다.

③ 2017년까지는 평시에는 공안부의 통제하에 사회치안, 경호, 국토건설 등의 임무를, 전시에는 중앙군사위원회의 지휘하에 전투지역 방호(security), 해안경비, 대침투방어(anti－infiltration) 등의 활동을 수행했으나 2018년 개혁으로 중앙군사위원회 소속으로 변경되었다.

4 신화사

(1) 의의

신화사는 중국 내 또는 전 세계로 뉴스를 보도하는 통신사 기능을 수행하면서 동시에 중국 지도부에 정보를 제공하는 임무를 수행한다.

(2) 임무

① 신화사는 전 세계로부터 수집된 뉴스를 번역, 요약, 분석하여 중국 내 독자들에게 제공해 주는 등 일반적인 신문사와 유사한 기능을 수행한다.

② 신화사는 국가안전부 등 정보기관 요원의 대외파견 시 신분을 위장하는 수단으로 활용되기도 한다. 실제로 국가안전부 소속으로서 홍콩 지부에 파견된 일부 비밀요원은 신화사 소속으로 신분을 가장하여 '비밀 부서(covert section)'에서 근무하기도 한다.

(3) 조직

① 신화사는 당 중앙선전부의 지휘·감독하에 국내 31개 지부, 국외 140개 지국을 운영하고 있으며, 고용 인원은 1만 명이 넘는 것으로 알려졌다.

② 신화사 사장은 '인민일보(人民日報)' 사장과 마찬가지로 국무원 부장(장관)급에 해당되는 대우를 받고 있다.

Ⅵ 군 산하 정보기구

1 의의

군 산하 정보기구로서 군 연합참모부 2부, 3부, 4부가 있고, 군 정치공작부 소속의 연락부가 있다.

생각넓히기 | 중앙보안부대(Central Security Regiment, 8341부대)

8341부대는 최고실권자를 경호하기 위한 목적으로 군 정예요원으로 구성된 특수경호 및 정보부대이다. 북경에 소재하면서 인민해방군의 법집행도 담당하는 방첩부대로, 8341부대 또는 북경 보안부대로 호칭된다. 수년간 마오쩌뚱을 포함한 최고 정치지도자들의 경호업무를 담당했으며, 공산당 수뇌부에 대한 음모와 변란을 초기부터 차단하기 위하여 전국적 정보망을 구축하고 있다. 8341부대는 마오쩌뚱의 지시에 따라서 정적들에 대한 도청 등 전자 감시활동, 임의 가택 및 사무실 수색 등 무소불위의 비밀감시 활동을 수행하였다. 그러나 역설적으로 1976년 마오쩌뚱의 미망인 강청 등 4인방의 체포에 8341부대가 동원되었다.

2 연합참모부 2부

(1) 의의

연합참모부 2부는 군 정보활동의 총괄부서로서 '군사정보부' 또는 '군정보부'로 불리기도 한다.

(2) 임무

① 중국의 가상적국 및 주변국을 중심으로 전 세계 주요 국가들의 군사전략, 군사동향, 병력 규모, 무기체계, 주요 군 인사 등 군사정보를 수집하고 나아가 군사분야의 대간첩활동을 총괄 지휘하는 임무를 수행하고 있다.

② 군사정보활동을 위해 외국으로 몰래 흑색요원을 잠입시키기도 하고 해외 주재 중국대사관에 무관들을 파견하기도 한다.

④ 주로 인간정보 수단을 활용한 군사정보 수집활동에 중점을 두지만, 인간정보, 신호정보, 영상정보 등 비밀출처와 공개출처를 융합하여 최종적으로 정보분석보고서를 생산하고 이를 중국군 사령부 등 관련 부서에 배포하기도 한다.

3 연합참모부 3부

(1) 의의

연합참모부 3부는 '통신정보부' 또는 '기술정찰부'라고 불리며, 신호정보 수집, 암호 해독, 위성정찰 사진 판독 등의 임무를 중점적으로 수행하고 있다.

(2) 임무

① 연합참모부 3부는 중국 주재 외국 공관에 대한 통신감청 업무도 수행하고 있다.

② 또한 중국의 각 지역 및 부대 단위에 지상 기지국, 선박, 항공기 등 다양한 유형의 신호정보 수집시설을 설치 · 운용하고 있다.

③ 동 부서에는 약 2만여 명의 요원이 근무하고 있는 것으로 알려졌다.

4 연합참모부 4부

(1) 의의

연합참모부 4부는 전자부라고도 하며, 1993년에 설립되어 국내의 전자산업, 전자전을 담당하는 부서로서 중국의 전자정보 관리를 담당한다.

(2) 임무

대전자 대책을 포함한 전자전 관련 연구, 전자정보 수집 및 분석, 대레이더 교란, 대적외선 교란 및 대적 기만작전 설계 등의 임무를 담당하면서 국내 전자산업 및 전자정보(ELINT)도 관리한다.

5 정치공작부

(1) 의의

정치공작부는 중국 군대의 최상부에서부터 최하위 단위에 이르기까지 모든 조직에 편성되어 중국 군부의 내부 동향을 감시하고, 군인들에게 공산주의 사상을 세뇌 · 교화 시키는 등의 임무를 수행하고 있다.

(2) 정치공작부 소속의 연락부

① 의의

정치공작부 연락부는 과거 국민당 군내 '침투 · 모반 · 책동 및 심리전'을 담당했던 '백군공작부(白軍工作部)'에 뿌리를 두고 있으며, 한 때 '대적공작부(對敵工作部, 줄여서 敵工部)'라는 명칭을 사용했었다.

② 조직

㉠ 정치공작부 연락부는 '연락국', '조사연구국', '변방국', '대외선전국' 등 4개 국과 상해 및 광주에 분국을 운영하고 있다.

㉡ 연락국은 대만의 정세파악, 대만 군에 대한 심리전 그리고 요원의 대만 파견 등의 활동을 수행한다.

㉢ 조사연구국은 '중국인민대외국제우호연락회(中國人民對外國際友好聯格會)'라는 위장명칭을 사용하면서 중국 주재 외국대사관을 주요 공작대상으로 하여 첩보수집활동을 전개한다.

㉣ 변방국은 베트남에 대한 침투공작, 대외선전국은 군의 선전활동을 주관하고 있는 것으로 알려졌다.

Theme

84 중국 정보기구의 과제와 전망

I 의의

① 중국은 '주권수호, 현대화 달성, 안정유지'라는 개혁 · 개방기의 국가안보 목표를 지속적으로 추진하고 있으며, 당 · 정 · 군 내 설치된 정보조직들이 이를 뒷받침하는 역할을 충실히 수행하고 있다.

② 지금까지 중국 정보기관은 국내 안정을 위한 치안 · 방첩활동과 더불어 경제발전을 지원하는 역할을 효과적으로 수행해 왔으며, 앞으로도 그러한 활동이 중국 정보기관의 중요한 정보 목표가 될 것으로 예상된다.

③ 이와 더불어 중국 정보기관은 향후 외교 · 안보 정책을 지원하는 역할을 보다 확대해 나아갈 것으로 보인다.

Ⅱ 주권수호

1 내부 반체제 세력의 동향 감시

① 무엇보다도 중국은 당(中國共産黨)이 통치하는 '당-국가(party-state)' 체제이며, 정보 조직은 중국 내 공산당 1당 지배를 영속화시켜 주는 수단으로서의 의미를 가진다.

② 따라서 이들의 정보활동목표는 외국을 대상으로 하기보다는 사회주의 국가체제를 위협하는 내부 반체제 세력의 동향을 감시하는 데 중점을 두고 있다.

2 국내 안정유지

1949년 국가가 설립된 이래 중국 정보기구들은 국내 안정유지, 즉 치안, 보안, 방첩 이외에 자치구의 분리 · 독립 운동, 민주화 활동, 반사회 조직 등을 관리하는 데 중점을 두었다.

3 당의 국가·사회 통제

특히 1970년대 말 개혁·개방 정책을 채택한 이후 외국인들과의 접촉이 빈번해지고 사회체계의 다원화·분권화로 인해 체제 불안을 야기하는 요인이 많았음에도 불구하고 국가안전부를 비롯한 중국의 정보기관은 당의 국가·사회 통제를 효과적으로 지원함으로써 내부 체제안정을 유지하는 데 핵심적인 역할을 수행해 왔다.

Ⅲ '현대화' 달성

1 경제발전 지원 업무

(1) 의의

'현대화' 달성이라는 목표에 따라 경제발전 지원 업무 역시 중국 정보기관이 수행하는 중요한 업무이다.

(2) 첨단기술 개발과 국방무기의 현대화

2005년 3월 전국인민대표대회에서 원자바오 총리는 첨단기술 개발과 국방무기의 현대화를 위한 노력을 강화하겠다고 천명했다.

(3) 과학기술발전을 통한 경제사회발전 추진

그리고 11차 5개년계획에 이어 12차 5개년계획에서도 전면적인 과학기술발전을 이루어 경제사회발전을 추진한다는 계획을 발표하였다.

(4) 첨단 과학기술 습득을 위한 중국의 정보기관의 산업스파이활동

이러한 경제사회발전 목표를 위해 미국을 비롯한 서방국가들로부터 첨단 과학기술 습득을 위한 중국 정보기관의 산업스파이활동이 보다 강화될 것으로 예상된다.

2 산업스파이활동

(1) 의의

최근 뉴스 보도에 따르면 미국 내 산업스파이 사건의 85%가 중국과 관련되어 있는 것으로 드러났다.

(2) 인간정보활동

① 의의

중국의 산업스파이활동은 미국의 첨단과학기술과 군사기술에 집중되어 있으며, 중국계 미국인, 학자, 유학생, 기업인, 기자 등 다양한 요원을 첩보수집수단으로 활용하고 있는 것으로 알려졌다.

② 외교관

미국 정보공동체 발표에 따르면 현재 미국에는 2,600명 이상의 외교관이 70여 개의 사무실에서 각종 명목으로 중국을 위한 정보활동을 수행하고 있는 것으로 알려졌다.

③ 유학생

㉠ 또한 약 4만여 명의 중국 학생들이 미국에 유학 중에 있고, 연간 10만여 명이 미국을 방문한다.

㉡ 이들 중 일부는 공산당원으로서 잠재적으로 정보활동을 수행할 수 있는 요원으로 볼 수 있다.

④ 기업

한편 중국 정보기관은 자체적으로 운영하는 기업이나 중국계 민간 기업들을 앞세워 합작, 기업인수 등의 방식으로 기술을 획득하기도 한다.

⑤ 학자

㉠ 때로 재미 중국계 과학자를 포섭하거나 각종 학술회의에 중국 과학자들을 참석시켜 첨단 과학기술을 습득하고 있다.

㉡ 미국 국립 연구원(National Laboratory)에서 과학자로 근무하던 대만계 중국인 피터 리(Peter Lee)는 1985년과 1997년 2차에 걸쳐 중국 정보요원에게 소형 핵탄두 실험정보와 잠수함 전술에 관한 극비자료를 넘긴 혐의로 구속되었다.

㉢ 또한 1999년 로스 알라 모스 연구소에 근무 중이던 웬호 리(Wen Ho Lee)는 중국 정보요원에게 포섭되어 핵탄두와 미사일 설계도를 불법적으로 유출시킨 혐의로 구속되었다.

⑥ 소결

요컨대 해외 주재 중국 화교, 전 세계에 퍼져 활동하는 기업인, 외교관, 유학생, 학자, 여행자 등은 어떠한 방식으로든 중국 정보기관과 연계된 잠재적 정보요원으로 보아야 할 것이다.

(3) 사이버정보활동

① 최근 중국은 인간정보에서 한 단계 더 나아가 사이버 정보활동을 펼치고 있다. 상대국의 정보망에 은밀히 침투하여 중요한 정보를 빼내거나 전산망을 마비시키는 등 사이버전쟁(cyber war)을 적극적으로 전개하고 있다.

② 미 국방부에 따르면 2008년 중국이 주도한 해킹이 54,640건에 달했고, 2009년에는 전년도에 비해 60%나 증가했다고 발표했다.

③ 중국이 스파이활동을 통해 획득한 첨단 산업기술이 중국의 경제발전 또는 군사무기 개발에 얼마만큼 기여했는지는 알 수 없으나 중국 정보기관이 지속적으로 개입해 온 점을 감안했을 때 적어도 상당한 정도의 성과를 얻었을 것으로 판단된다.

④ 특히 정보기술을 포함한 첨단 과학기술이 민간경제 및 방위산업에서 차지하는 비중을 고려할 때 앞으로도 이 부분에 대해 중국 정보기관이 집중적인 노력을 기울일 것으로 보인다.

Ⅳ 국제질서의 재건축

1 의의

① 오늘날 중국은 막강한 경제력을 바탕으로 미국과 함께 G2 국가로 부상했으며, 이에 따라 향후 중국은 미국과 국제질서의 재건축에 적극 관여할 태도를 보이고 있다.

② 특히 동아시아 지역에서 미국과의 패권경쟁이 심화될 조짐을 보이고 있는 가운데 북핵 문제, 센카쿠 열도 관련 일본과의 갈등, 남중국해 문제 등 주변 국가들과 복잡하고 어려운 외교·안보 현안들을 해결해 나가야 하는 입장에 처해 있다.

③ 이러한 상황에서 중국 지도부는 동아시아 주변국들의 정치, 경제, 군사, 안보 동향에 관한 올바른 평가가 중국의 안보와 직결된 사안임을 인식하고 있다.

④ 최근 중국이 미국의 국가안전보장회의(NSC)를 본뜬 조직을 신설하기로 결정한 것도 이러한 안보 과제를 효과적으로 해결해 보려는 시도에서 비롯된 것으로 분석된다.

2 '국가안전위원회'의 설립

(1) 의의

① 중국은 2013년 11월 12일 폐막한 중국 공산당 제18기 중앙위원회 제3차 전체회의(3중전회)에서 중국판 NSC인 '국가안전위원회'의 설립을 결정했다.

② 관영 인민일보는 11월 13일 "대국은 기본 하드웨어로 항공모함과 핵잠수함, 차세대 전투기가 있어야 하듯 기본 소프트웨어로 국가안전위원회가 필요하다."고 주장했다.

③ 중국으로서는 센 카쿠 열도 영유권 분쟁 또는 북한 급변사태 등 군사적 충돌이나 긴급한 외교현안이 발생할 때 신속하고 체계적으로 대응하기 위해 외교안보 사령탑이 필요했을 것이다.

(2) 중앙집권화 된 새로운 정보기관의 출현

① 국가안전위원회는 내치와 외치를 모두 아우르는 막강한 권력기구가 될 것으로 분석된다.

② 미국 CIA가 NSC의 핵심기구로서 역할을 수행하는 것처럼 국가안전위원회의 창설과 함께 이를 지원하는 핵심조직으로서 중앙집권화된 새로운 정보기관의 출현도 예상된다.

③ 아마도 새로운 정보기관은 확대된 안보개념에 기초하여 외교, 국방, 군사 영역은 물론 경제, 금융, 에너지, 과학기술 등의 영역에 관해 정보를 수집 · 분석하여 생산된 자료를 국가안전위원회에 지원하는 역할을 수행하게 될 것이다.

V 결론

1 의의

① 향후 중국은 개혁 · 개방 정책을 지속적으로 추진할 것으로 보인다. 이에 따라 중국의 정보기관은 국내 안정을 위한 치안 · 방첩 활동과 더불어 경제발전 및 외교 · 안보정책을 지원하는 데 활용될 것이다.

② 중국 정보기구는 미국과 러시아와 같은 주요국과 비중이 높아지고 있는 동아시아 주변국들 그리고 대만에 대한 정보 및 공작활동도 지속적으로 전개될 것으로 예상된다.

2 중국의 외교 · 안보 현안

(1) 의의

최근 중국은 민주화에 따른 반체제 활동의 증가, 소수민족의 분리 독립 운동, 대만 문제, 미중 패권경쟁, 북핵문제, 일본 및 남중국해 영토분쟁 등 산적한 외교 · 안보 현안 과제들을 해결해 나아가야 하는 입장에 처해 있다.

(2) 국가안전위원회 설립

① 이처럼 당면한 국내외 도전과 안보위협을 극복하기 위한 대안으로 국가안전위원회가 만들어졌으며, 이를 지원하기 위한 새로운 정보기구의 출현이 예상된다.

② 새롭게 출범하는 정보기관이 향후 어떤 조직체계와 인원을 갖추고, 산적한 외교 · 안보 관련 분야의 난제들을 해결하기 위해 어떤 임무와 역할을 수행하게 될 것인지 그 귀추가 주목된다.

③ 또한 중국이 새로운 안보기구를 설립하고 적극적인 정보활동을 전개하는 것이 한반도와 동북아 지역의 안보에 어떤 파급효과를 가져올 것인지도 관찰해 보아야 할 대목이다.

핵심정리 중국의 정보기구

1. 국가안전부(Ministry of State Security, MSS)

국가안전부(MSS)는 중국에서 가장 크고 활발한 활동을 하는 국가중앙정보기구이다. 다른 정보기구들을 기획·조정하며 국내정보와 해외 정보를 모두 담당하는 종합정보기구이다. 정치 불만세력에 대한 감시활동도 병행하여 중국의 비밀경찰로 지칭된다. 1997년 조직 책임자 조우 지하우(Zou Jiahua)는 "전방에서의 특별한 임무에 대하여 경의를 표하며"라는 제하의 연설에서 "수만 명의 이름 없는 영웅들이 어려운 환경의 전 세계 170여개 특별한 위치에서 조용히 일하고 있다(Tens of Thousands of Them Scattered Over 1700 Cities Worldwide)."라고 격려하여 인해전술의 규모를 짐작케 한 바가 있다.

2. 공안부(Ministry of Public Security, MPS)

공안부(MPS)는 국가경찰조직이자 국내보안 기구이다. 인민의 생활영역에 관여함으로써 서구의 경찰보다 광범위한 책무를 가지고 있다. 수사, 체포, 심문은 물론이고, 인민의 출생, 사망, 결혼, 이혼관계를 조사하며 가구에 대한 불시 방문도 실시한다. 숙박시설 통제권과 운송수단과 총기에 대한 규제업무를 실시한다. 인민이 대도시로 이주하는 경우에 주거지 변경 통제 임무와 인터넷 사용자에 대한 등록제, 속칭 인터넷 검열제도 담당한다.

3. 신화사(New China News Agency, NCNA)

신화사(NCNA)는 외국의 최신정보를 제공하는 정보기능을 수행한다. 국무원 산하 기구로 세계에서 가장 큰 선전 방송사이자, 중국의 가장 큰 정보수집기구이다. 중국 공산당의 선전을 여과 없이 바로 국내·외에 전달하고 전 세계 지부를 통해 각국의 정보를 직접 수집하고 각국에 중국의 공식 정보를 배포하는 일을 담당한다. '참고자료'라는 이름의 일일 발간물과 신화사 통신 국제부가 일주일에 두 번씩 전 세계에 걸친 내용으로 '국제 정세에 대한 국내참고'라는 이름의 정보문건을 생산하는 것으로 알려져 있다.

4. 군정보기구

(1) 중앙보안부대(Central Security Regiment, 8341부대)

8341부대는 최고실권자를 경호하기 위한 목적으로 군 정예요원으로 구성된, 특수경호 및 정보부대이다. 북경 보안부대로도 호칭된다.

(2) 총참모부(General Staff Department) 산하 군 정보기구

2000년 사이버공격 및 정보교란 모의훈련을 임무로 하는 전자전 부대인 'NET Force'를 창설했으며 '홍커(red hacker)'라고 불리는 약 100만 명의 해커들이 활동하고 있다.

(3) 총정치부 산하 군 정보기구

중국 인민해방군 총정치부 산하의 군정보기구로는 국제연락부(International Liaison Department)가 있다. 중국 국제우호협회(China Association for International Friendly Contacts)라고도 알려져 있다.

Theme

85 러시아 정보기구의 기원과 발전

I 의의

러시아의 정보기관으로는 대통령 직속의 해외정보부(SVR), 연방보안부(FSB), 러시아 연방 국방부 참모본부 소속의 정보총국(GRU), 연방경호부(FSO), 연방경호부(FSO)에 흡수 통합된 '특수통신정보국(Spetsviaz) 등이 있다.

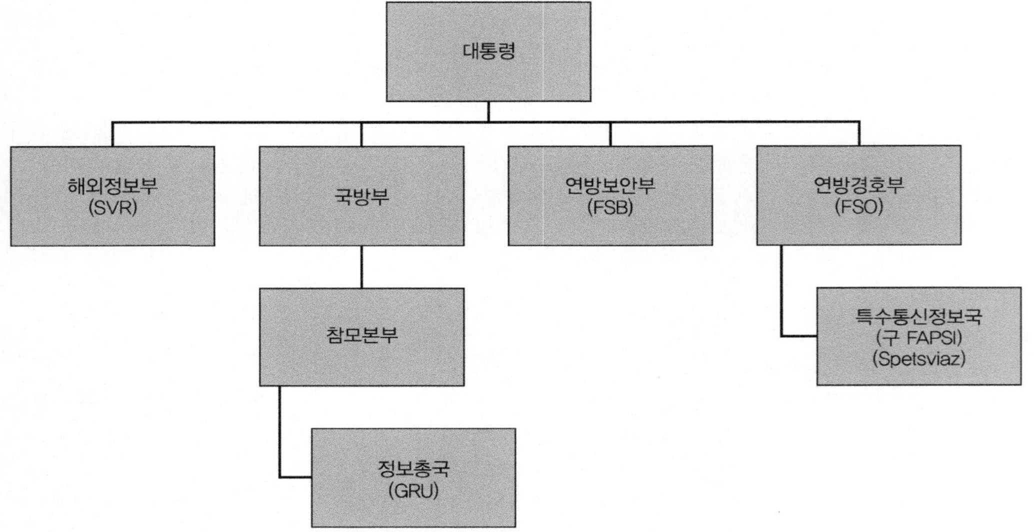

Ⅱ 러시아 정보기구의 기원

1 오프리치니나(Oprichnina)

(1) 의의

러시아 정보기관은 폭군으로 알려진 모스크바 대공국의 이반 황제(Tsar Ivan IV)가 1565년에 설립한 '오프리치니나(Oprichnina)'에 뿌리를 두고 있다.

(2) 활동

① 그러나 오프리치니나는 엄격한 기준으로 보면 정보기관이라기보다는 비밀경찰 조직에 가깝다. 짜르의 직속기관으로서 오프리치니나는 1572년 해체될 때까지 주로 반역자 색출 임무를 수행했다.

② 무려 6,000여 명에 달하는 오프리치니나의 요원들은 무고한 사람들을 반역자로 몰아 집단 살상하는 등 악명을 떨쳤다.

2 프리오브라젠스키 프리카즈(Preobrazhensky Prikaz)

이후 17세기 말 피터 대제(Peter the Great)에 의해 설립된 '프리오브라젠스키 프리카즈(Preobrazhensky Prikaz)' 역시 일종의 비밀경찰 조직으로 오프리치니나보다 규모는 작았지만 국가 봉사를 회피하는 귀족이나 술에 취해 짜르에 대해 농담하는 주정꾼까지 처벌했다. '프리오브라젠스키 프리카즈(Preobrazhensky Prikaz)'는 피터 대제가 죽기 직전 해체되었다.

3 러시아 재판소 제3분과

(1) 의의

이후 1825년 12월 러시아 최초로 반체제 운동인 '데카브리스트(Decembrist) 봉기'가 발발하자 니콜라이(Nikolai) 1세는 반정부 운동을 억압하기 위해 1826년 '러시아 재판소 제3분과(the Russian Third Section of the Imperial Chancery)'라는 비밀경찰조직을 설립했다.

(2) 세계 최초의 비밀경찰조직

제3분과는 아마도 세계 최초의 비밀경찰조직이었을 것으로 추정되는데, 반체제 인사들을 감시하고 여론 동향을 파악하는 등의 임무를 수행했다.

4 오흐라나(Okhrana)

(1) 의의

이후 19세기 후반에 들어서서 반정부활동이 고조됨에 따라 이에 대처하기 위해 알렉산더 2세(Tsar Alexander II) 당시 '오흐라나(Okhrana)'라는 비밀정보조직이 설립되었다.

(2) 활동

① 오흐라나는 1881년 설립되어 1900년경 요원이 약 10만 명에 달할 정도로 조직이 대폭 확대되었다. 오흐라나는 반역자 색출을 통한 왕권보호 등 국내 보안정보활동에 역점을 두었지만, 종종 런던, 베를린, 로마 등지에 요원들을 파견하여 국외 정보수집활동을 전개하기도 하였다.

② 이들은 때때로 외교정책을 지원하기 위한 비밀공작활동을 수행하기도 했으며, 무선감청, 암호해독 등 신호정보활동을 매우 효과적으로 전개했던 것으로 알려졌다.

(3) 특징

① 오흐라나는 국가 주도로 설립되어 일정한 조직체를 갖추고 비밀첩보 수집활동을 수행했다는 점에서 오늘날의 정보기관들과 유사한 면이 없지 않다.

② 그러나 애초 국내정치적 목적에서 설립되어 주로 정권안보적 차원의 왕권수호에 치중했다는 점에서 국가적 차원의 안보목표 달성에 목적을 둔 오늘날의 국가정보기관과는 다소 차이가 있다.

Ⅲ 러시아 혁명 발발 직후의 정보기구

1 비상위원회(VChK)

① 러시아 혁명 발발 직후인 1917년 12월 20일 KGB의 원조격인 '비상위원회(VChK 러시아어 약자로서 흔히 베체카 또는 체카로 불린다)'가 창설되었다.

② 초대 위원장으로 레닌의 절친한 친구였던 제르진스키(Feliks Dzerzhinsky)가 임명되었으며, 1922년 해체될 때까지 즉결심판권 등 초법적인 권한을 갖고 반혁명분자를 색출하는 과정에서 수많은 인명을 살상했다.

2 통합국가정치국(OGPU)

체카가 해체된 이후 그 기능이 '국가정치부(GPU)'로 이전되었다가 소련 정권이 설립되면서 GPU는 '인민위원회(Council of People's Commissars)' 산하의 '통합국가정치국(OGPU)'으로 개편되었다.

3 국가내무위원회(NKVD)

이후 1934년 OGPU는 '국가안보국(GUGB)'으로 개편되었다가 '국가내무위원회(NKVD)'에 통합되었다. NKVD는 사회적 불순분자를 처결할 수 있는 초법적 권한을 갖고 1930년대 스탈린 대숙청의 주요 도구로 활용됨으로써 악명을 떨쳤다.

Ⅳ 국가보안위원회(KGB)

1 창설

스탈린이 사망한 이후 1954년 'KGB(Komitet Gosudarstvennoy Bezopanosti)'가 창설되었다.

2 역사

(1) 흐루시초프의 KGB 개혁 실패

흐루시초프는 KGB의 힘을 약화시키는 방향으로 개혁을 시도했으나 KGB 내부로부터 상당한 반감을 일으켰고, 그로 인해 그가 실각하였다.

(2) KGB의 위상 강화

① 흐루시초프의 실각에서 교훈을 얻은 브레즈네프는 KGB의 위상을 강화시키고 정치적 반대세력을 탄압하기 위한 도구로 활용했다.

② 브레즈네프 시대 동안 KGB가 공산당보다 우위에서 당을 압도한 것은 아니었지만 막강한 조직과 권한을 갖고 소련 사회 전반에 걸쳐 광범위한 권력을 행사했다.

3 활동

① KGB는 방첩 및 해외정보의 수집 · 분석 등과 같은 보편적 정보 업무뿐만 아니라 군사보안, 국경 방위와 같은 특수 보안 업무 및 국가원수 경호의 기능도 수행했다.

② 무엇보다도 KGB는 정권안보의 수단으로 활용되어 소련 사회 내 체제에 불만을 가진 수많은 주민들을 감시 · 색출하고 숙청했던 것으로 악명을 떨쳤다.

③ 이를 위해 KGB는 정부 각 부처는 물론 국영기업에도 1인 이상의 KGB 요원들로 구성된 부서를 두어 정부 관리나 고용인들에 대해 정치적 감시 활동을 전개했다.

4 규모

① 구소련 당시 KGB는 인원과 규모 면에서 세계 최대의 정보기관으로 인정되지만, 정확한 인력이나 예산은 공개되지 않았기 때문에 알 수 없다.

② 다만 70년대 중반 경 약 70만 명, 1980년대에는 약 40만 명의 인력이 KGB에 근무했던 것으로 추정되고 있다.

③ 소련 예산회계제도의 특수성과 철저한 보안조치 때문에 KGB 예산이 어느 정도인지 대략적인 추정조차 불가능하다. 다만, 1960년대 중반 미국 FBI의 후버 국장이 미 하원에서 증언한 내용에 따르면 당시 소련의 해외정보활동비가 15억 달러 이상이라고 하였다.

④ 그리고 미국 CIA는 1975년 당시 KGB 총 예산 중 해외공작 예산만 연간 50억 달러로 추산했다.

5 조직

내부 조직 역시 잘 알려지지 않았으나 1980년대 후반 경 4개의 '주무국(chief directorate)'과 그보다 규모가 작은 10여 개의 부서(directorate) 및 다양한 행정 및 기술지원과(department)들이 있었던 것으로 전해진다.

6 해체

(1) 의의

① 구소련이 붕괴됨에 따라 구소련 사회주의 체제를 지탱하는 핵심 역할을 수행해 왔던 KGB가 1991년 12월 공식적으로 폐기되었다.

② KGB의 조직과 인력은 러시아 공화국 관할로 이관되었다. 이에 앞서 1991년 8월 러시아의 초대 대통령에 당선된 옐친은 정보기관의 권력 집중에 따른 폐해를 차단하고자 KGB를 몇 개의 조직으로 분리시키는 구상을 추진했다.

생각넓히기 | 국가보안위원회(KGB)의 쿠데타

KGB 내부에서는 개방정책을 반대하는 기류가 형성되었다. 서열 2위의 리가초프 등 내부 불만의 목소리는 높아졌다. KGB는 1991년 8월 21일 알파(Alpha)부대를 동원하여 고르바초프 대통령을 가택연금하고 러시아 의사당을 포위하여 독립운동 주동자인 옐친 러시아 대통령의 검거에 나서는 소위 "KGB 쿠데타"를 단행했다. 그러나 민중의 편에 선 KGB 일부 책임자들과 일선 알파부대 지휘관들의 명령 불복종으로 KGB 쿠데타는 실패했다. 1991년 10월 24일 고르바초프는 KGB를 폐지하는 공식 문건에 서명했다. KGB의 후계자는 해외정보 임무를 인수한 해외정보부(SVR)와 보안기능을 인수한 연방보안부(FSB)이다.

(2) 해외정보부(SVR)의 분리 · 독립

과거 KGB 내 해외 업무를 전담하던 제1총국은 1991년 10월 해외정보부(Foreign Intelligence Service, SVR)로 분리 · 독립되었다.

(3) 보안부(MB) 설립

이어서 1992년 1월 KGB의 제2총국을 비롯한 국내 담당부서들을 통합하여 '보안부(Ministry of Security, MB)'가 설립되었다.

(4) 연방정보통신국(FAPSI) 창설

1993년 2월 보안부 내 구 KGB의 제8총국과 제16총국을 기반으로 미국의 NSA와 유사하게 신호정보 기능을 수행하는 '연방정보통신국(Federal Agency for Government Communication and Information, FAPSI)'이 창설되었다.

(5) 연방방첩부(FSK) 신설과 연방국경수비대(Federal Border Service)의 분리 · 독립

① 1993년 12월 옐친은 보안부를 해체하고 대신 권한이 훨씬 축소된 연방방첩부(Federal Counterintelligence Service, FSK)를 신설했다.

② 이때 보안부 산하에 있던 국경수비대(Border Guards)는 연방국경수비대(Federal Border Service)로 분리 · 독립시켰다.

(6) 연방보안부(FSB) 설립

① 이후 1995년 4월 연방방첩부(FSK)를 확대 · 개편하여 연방보안부(Federal Security Service, FSB)가 설립되었다. 보안부에서 FSK로 재편 시에는 기구의 축소와 권한의 약화를 목적으로 하였으나 FSB로 개편되면서 그 권한이 대폭 강화되었다.

② 2003년 3월 FSB는 연방국경수비대에 이어 FAPSI까지 흡수 통합함으로써 구소련 당시 KGB가 보유했던 수준에 버금가는 막강한 조직과 권한을 보유하게 되었다.

Theme 86

러시아 정보기구의 구성과 기능

I 해외정보부(SVR)

1 의의

① 해외정보부(Foreign Intelligence Service, SVR)는 1991년 10월 구 KGB의 해외정보 담당 부서인 제1총국을 기반으로 창설되었다.

② SVR은 대통령 직속의 국가정보기관으로서 해외정보의 수집 및 분석을 담당하며, 대통령으로부터 직접 지시를 받고 보고한다.

2 조직

해외정보부의 조직은 PR국, S국, X국, KR국 등 총 8개국으로 구성되어 있다.

3 업무

(1) 의의

① SVR은 세계 각국의 군사, 정치, 경제, 과학기술 등 일반적인 정보목표는 물론 대량살상무기의 확산, 불법 무기거래, 마약 거래, 조직범죄 등 다양한 유형의 초국가적 안보위협 요소들에 관한 첩보수집 및 정보분석 업무를 수행하고 있다.

② SVR은 미국의 CIA와 유사하게 해외 비밀공작활동을 수행하는데, 미국과는 달리 러시아 대통령은 러시아 의회의 승인이나 통제 없이 언제든 비밀공작임무를 지시할 수 있다.

③ SVR은 대테러활동 등 세계 도처의 각국 정보기관들과 정보협력을 담당하는 창구로서의 역할을 수행하기도 한다. 또한 해외주재 러시아 공관과 해외여행 중인 러시아 시민들을 보호하는 임무도 수행한다.

(2) 인간정보활동

① 의의

㉠ SVR은 전 세계 각국 주재 러시아 공관에 사무소와 요원을 두고 있으며, 약 1만 2천여 명의 요원이 활동하고 있는 것으로 추정되고 있다.

㉡ 구소련 당시 KGB를 비롯한 여타 정보기관들과 마찬가지로 SVR도 외교관, 무역대표부 직원, 특파원, 상사원 등으로 신분을 위장하여 해외정보활동을 수행한다.

② 아에로플로트(Aeroflot)

㉠ 최근 SVR은 해외에 진출한 거의 모든 러시아 기업들을 자신들의 해외정보활동을 지원하는 일종의 전위조직으로 활용하고 있는 것으로 알려졌다.

㉡ 그 대표적인 사례로 아에로플로트(Aeroflot)라는 기업을 들 수 있다. 이 기업은 과거 외국으로부터 소련시민을 압송하는 일을 수행했었다. 그런데 이 회사 전체 직원 약 14,000명 중 대략 3,000여 명이 SVR, FSB, GRU 요원이라고 한다.

4 외교정책에서 주도권 행사

(1) 의의

일반적으로 대부분의 나라에서 외교정책은 외교부가 주도하지만, 러시아의 경우는 특이하게도 외교부보다는 SVR이 주도권을 행사한다.

(2) 프리마코프(Yevgeni Primokov)

① 옐친 대통령 집권 당시 SVR은 러시아 외교부와 외교정책의 주도권을 놓고 다툼을 벌였던 것으로 알려졌다.

② 당시 SVR 부장으로 재직 중이었던 프리마코프(Yevgeni Primokov)는 구소련의 군소 공화국들을 러시아 연방으로 통합시키는 일에 서방이 개입하는 것을 경고하고, 서방의 NATO 확장이 러시아 안보에 위협이 된다면서 비난했다. 반면에 당시 러시아 외교부장관 코즈레프(Andrey Kozyrev)는 이와 상반되는 입장을 취했다.

③ 그런데 1996년 1월 코즈레프가 사임하고 나서 프리마코프가 후임 외교부장관으로 임명되었으며, 다수의 SVR 요원들이 외무부로 영입되면서 SVR이 외교문제에 관한 주도권을 갖게 되었다. 그리고 1999년 9월 옐친은 러시아 외교정책을 수행함에 있어서 SVR의 주도권을 공식적으로 인정해 주었다.

(3) 주요 외교 현안에 관한 러시아의 입장 결정

실제로 이란으로의 핵기술 이전, NATO의 동진에 대한 러시아의 대응, ABM 조약의 수정 문제 등 주요 외교 현안에 관한 러시아의 입장을 결정함에 있어 SVR이 주도권을 행사했던 것으로 알려졌다.

(4) 외교 정책에 관한 정책대안 제시

① SVR은 러시아 대통령에게 미국 CIA와 유사한 형태의 대통령 일일브리핑을 생산해서 보고하는데, CIA와는 달리 외교 정책에 관련하여 바람직한 정책대안을 제시한다.

② 그러한 정책대안이 러시아 외교정책에 반영되는 만큼 러시아의 외교정책 결정에 있어서 SVR의 영향력이 증가하게 될 것이다.

Ⅱ 연방보안부(FSB)

1 의의

① 구소련의 붕괴와 함께 KGB가 해체되는 과정에서 해외담당 부서는 SVR로 독립되었고, 국내 보안 및 방첩 담당부서들을 통합하여 '보안부(Ministry of Security, MB)'가 설립되었다.

② 보안부는 1993년 12월 권한이 훨씬 축소된 연방방첩부(Federal Counterintelligence Service, FSK)로 개편되었다. FSK는 1995년 4월 연방보안부(Federal Security Service, FSB)로 확대 · 개편되었으며, 이후 그 권한과 위상이 점차적으로 강화되었다.

③ 2000년 러시아 연방 대통령에 당선된 푸틴은 FSB를 대통령 직속으로 두어 정보기관에 대한 대통령의 장악력을 강화시켰다.

④ 2003년 3월 FSB는 연방국경수비대에 이어 FAPSI까지 흡수 통합함으로써 구소련 당시 KGB가 보유했던 수준에 버금가는 막강한 조직과 권한을 보유하게 되었다.

2 조직

FSB의 조직은 방첩국, 헌법체제 보호 및 대테러국, 연방경호국, 경제보안국, 국경경비 등 10개 국으로 구성되어 있다.

3 권한

(1) 의의

① FSB는 KGB의 주요 계승자로서 러시아의 국내 보안정보활동을 주관하는 정보기관이다.

② FSB는 방첩, 대테러, 마약 및 조직범죄 대응 등 일반적인 국내 보안정보활동 외에 부패사범, 불법자금 세탁, 불법이민, 불법 무기 거래 등의 문제에 대응하는 임무도 수행한다.

③ 또한 러시아 연방 내 하천, 연안 및 대륙붕 지역 등의 수자원 보호, 개인 및 화물, 상품 및 동식물 등의 러시아 국경 통과 관련 업무도 FSB의 업무 범위에 포함된다.

④ 이 밖에 국가안전보장과 관련된 과학기술정책을 수립하여 추진하는 업무도 수행한다.

⑤ 테러 문제와 관련하여 단순히 첩보 수집이나 대책 수립의 범위를 넘어서 자체적으로 대테러 특수부대인 '알파'를 운영하고 있는 점도 특징적이다.

(2) 러시아 연방 내 최고 정보기관

① FSB는 필요시 러시아에 있는 모든 법집행기관과 정보기관들에 대한 지휘 · 통제권을 행사할 수 있어 러시아 연방 내 최고 정보기관으로서의 위상을 과시한다.

② FSB는 미국의 FBI, 관세청(Immigration and Custom Enforcement, ICE), 경호실(the Secret Service), 연방보호국(the Federal Protective Service), NSA, 해안경비대(United States Coast Guard), DEA 등을 합친 것에 버금가는 수준의 권한과 기능을 갖고 있는 것으로 평가된다.

③ FSB는 독자적인 감옥체계를 운영하며, 법원의 재가하에 일반 서신을 검열하고 전화를 도청할 수 있는 권한을 가진다. 또한 경우에 따라 영장 없이 수색할 수 있는 권한도 갖고 있다. 이처럼 막강한 권한을 갖고 있는데 반해 검찰이나 의회의 감독이나 통제력은 매우 미미한 수준에 그치고 있다.

4 규모

① FSB의 인력은 77,640명으로 법률에 의해 제한되어 있으나 최대 13만 명의 보조 인력까지 포함하면 총 인력은 20만 명이 넘을 것으로 추정된다.

② 이는 러시아 국민 약 700명 당 1인의 FSB 요원을 두고 있는 것으로서 이처럼 막강한 조직과 권한이 악용될 경우 자칫 정권의 도구로 전락되거나 공권력의 남용에 따른 사생활과 인권침해의 가능성이 증대될 것으로 우려된다.

5 2000년 FSB 출신의 푸틴 대통령이 취임

① 실제로 2000년 FSB 출신의 푸틴 대통령이 취임한 이래 상당수의 FSB 출신 인사들이 정부 요직에 등용되었으며, 이들이 러시아 정계는 물론 재계 등 러시아 사회 전반을 장악하고 막강한 영향력을 발휘하고 있는 것으로 알려졌다.

② 과거 KGB나 FSB에 재직했던 전직 요원들의 증언에 따르면 FSB를 포함한 러시아 정보기관의 고위 관리들이 정보기관을 자신들의 사적인 또는 정치적인 목적을 위하여 악용하는 경우가 빈번하며, 심지어 FSB 조직 자체가 청부살인이나 인질, 테러 등의 범법행위에 깊이 연루된 것으로 추정된다.

Ⅲ 참모본부 정보총국(GRU)

1 의의

① 'RU(Registration Department, Registrupravlenie)'는 러시아 혁명 이듬해인 1918년 10월 21일 레닌의 특별지시에 의해 트로츠키가 군의 작전 수행을 지원하고 군사정보를 수집하기 위해 창설한 조직이다.

② RU는 1920년경 소련군 참모부(Red Army Staff) 소속의 '제2국(정보총국)'으로 개편되었고, 이 조직이 나중에 참모본부 정보총국(Chief Intelligence Directorate of the General Staff, GRU)이 되었다.

③ 소련 연방이 사라지면서 KGB가 해체되어 SVR, FSB 등 여러 정보기관으로 분리 · 개편되었지만 GRU는 그대로 존속되었다.

④ 1992년 4월 러시아 연방의 국방부가 창설된 이후 GRU는 참모본부 소속의 '정보총국(Chief Intelligence Directorate)'으로 개편되어 오늘에 이르고 있다.

2 임무

(1) 의의

① GRU는 전략 · 전술적인 군사기밀과 군사과학 기술에 관한 정보수집을 주 임무로 하지만, 때로 해외에서 산업스파이활동이나 게릴라전에 관여하기도 했다.

② 창설 초기에는 해외에서의 군사정보 수집에 역점을 두었기 때문에 국내문제에는 관여하지 않았다.

③ 그러나 1930년대 스탈린은 GRU를 국내 보안정보기관과 경쟁시키고 그들을 숙청하는 데 이용하기도 하였다. 당시 GRU는 군 내 반정부 세력을 체포 · 처형하는 임무도 수행 했다.

④ 이후 GRU는 군의 보안업무를 담당하지 않고 국내 문제에도 개입하지 않는 등 정치권력과 일정한 거리를 두었다. 그 결과 GRU는 소련 연방이 해체된 이후에도 존속될 수 있었던 것으로 추측된다.

(2) 독립적인 군사정보기구

① GRU는 독립적인 군사정보기구로서 군 지휘계통을 통해 당 정치국에 직접 보고하고 지시를 받는다.

② 또한 GRU는 미국의 그린베레(Green Beret), 델타포스(Delta Forces) 및 네이비실(Navy Seal) 등과 유사한 종류의 특수부대인 스페츠나즈(SPETSNEZ)를 보유 하고 있다.

③ GRU는 해외 주재 러시아 대사관에 별도의 무관 사무실을 두고 독자적인 정보활동을 수행한다.

(3) FSB의 조정

그러나 GRU는 구소련 당시에는 KGB 그리고 현재는 FSB의 조정을 받고 있는 것으로 알려져 있다. 이 때문에 GRU를 독립된 비밀정보기관으로 인정하기가 어려운 측면이 있다.

(4) 해외정보활동

① GRU는 해외정보활동에 있어서 SVR에 버금가는 수준의 자원과 활동력을 갖고 있는 것으로 평가되고 있다.

② 특히 1997년 당시에는 SVR보다 6배나 많은 스파이를 해외에 배치해두고 정보활동을 수행했던 것으로 알려져 있다. 오늘날 해외 주재 러시아 대사관에 근무하는 무관들의 대부분은 GRU 소속이다.

③ GRU 요원은 때로 러시아 국영 항공사, 해운회사 또는 기타 기업체 평사원 등으로 신분을 가장하여 대상 국가에 파견되기도 한다.

3 규모

① GRU 조직의 규모와 인원은 아직껏 잘 알려져 있지 않다. 다만, 1980년대 말경에는 본부 요원 2,000명과 해외 파견요원 3,000명 그리고 기타 요원을 합쳐 약 6,500명 정도로 추정했다.

② 그리고 2000년대 초 GRU 소속 직원이 약 2만여 명에 이르는 것으로 추정되고 있으나 사실 여부는 여전히 불투명하다.

③ 일본에서 활약했던 전설적인 소련의 스파이 조르게(Richard Sorge)는 바로 GRU 소속의 공작관이었다.

④ 1958년 KGB가 미국 CIA의 스파이로 적발한 포포프(Yuri Popov) 중령, 1962년 영국 MI6와 미 CIA를 위해 스파이 행위를 했던 사실이 노출되어 처형된 펜코프스키(Oleg Penkovsky) 대령 등도 GRU 소속 요원이었다.

Ⅳ 연방정보통신국(FAPSI)

1 의의

① 소련 연방이 해체됨에 따라 1991년 12월 24일 KGB의 제8총국(정부통신, Government Communications)과 제16총국(전자정보)의 핵심부서가 대통령 비서실의 정보국(Administration of Information Resources)으로 편입되었다.

② 이 조직은 1994년 2월 러시아 대통령 직속의 연방정보통신청(Federal Agency of Government Communications and Information, FAPSI)으로 대체되었다.

③ 한때 '경호국(Main Guard Directorate, GUO)'과 FSK(이후 FSB)는 FAPSI의 기능을 자신들의 관할로 흡수하려고 경합을 벌였었다. 그 결과 FAPSI 기능 중 일부가 독립되어 GUO 관할하에 이른바 대통령통신시스템(Presidential Communications System)이 설립되기도 하였다.

④ 2003년 3월 11일 FAPSI는 FSB 산하의 '특수통신정보국(Service of Special Communications and Information, Spetsviaz)'으로 개편되었다.

⑤ 그리고 2004년 8월 7일 특수통신정보국(Spetsviaz)은 연방경호부(Federal Protective, Service, FSO)에 흡수 통합되었다.

2 신호정보활동 수행 기구

① FAPSI는 미국의 NSA와 유사하게 신호정보활동을 수행하는 기구이다. 보다 구체적으로 러시아 정부통신 시스템과 텔레커뮤니케이션 라인을 유지 · 관리하고, 암호해독을 전담했었다.

② 전 세계를 대상으로 전자정보(Electronic Intelligence, ELINT)활동을 수행했으며, 러시아 정부의 인터넷 네트워크 관리도 담당했다.

③ 또한 FAPSI는 정보통신 산업분야에 대한 국가규제 업무도 수행했다. 최근 급증하고 있는 전자금융 및 증권거래 그리고 전자암호체계(encryption system) 등을 관리하는 업무도 담당했다.

④ FAPSI는 러시아의 보안기구들 중에서 가장 은밀한 기구였으며, 그 인원이 FSB와 SVR의 요원을 합친 숫자를 초과할 만큼(약 10만여 명 이상) 러시아의 여타 정보기관들 중에서 규모가 가장 컸었던 것으로 알려졌다.

V 연방경호부(FSO)

1 경호국(GUO) 설립

(1) 의의

소련 연방이 붕괴된 이후 KGB의 제9총국을 기반으로 '경호국(Main Guard Directorate, GUO)'이 설립되었다.

(2) 권한 및 구성

① 당시 GUO는 KGB의 제9총국의 규모를 넘어서는 강력한 부서로 성장했었고, FAPSI로부터 대통령의 정보통신에 관한 기능을 인수받기도 하였다.

② 한 때 GUO는 독자적으로 첩보수집 임무를 수행하는 조직은 물론 과거 제7총국의 알파부대를 포함하여 2만 5천여 명의 특수부대 요원들로 구성되었었다.

2 연방경호부(FSO) 설립

① 1993년 말 GUO로부터 대통령 경호 기능이 분리되어 독립적인 대통령 경호실(Presidential Security Service, PSB)이 창설되었지만, 1996년 1월 다시 GUO로 예속되었다.

② 1996년 5월 27일 GUO가 확대 · 개편되어 연방경호부(Federal Protective Service, FSO)가 설립되었다.

3 업무

FSO는 핵전쟁 발발 시 사용되는 '핵가방(Black Box)'을 관리하는 업무도 담당하고 있다. 또한 정부 요인 경호 및 주요 건물들에 대한 방호 업무를 수행하며, 러시아의 무기수출회사(Rosvooruzhenie) 등 주요 시설물에 대한 경비 업무도 전담하고 있다.

4 규모 및 권한

① 2008년 5월 현재 FSO는 2~3만여 명의 특수부대 요원과 수천 명의 민간인들로 구성되어 있다.

② FSO는 영장 없이 수색, 미행 감시, 체포할 권한을 가질 뿐만 아니라 여타 정부 부처에 명령을 내릴 수 있는 등 막강한 권한을 가진 권력기관으로 알려져 있다.

Theme

87 러시아 정보기구의 전망과 과제

I 의의

제정 러시아 시대로부터 현재에 이르기까지 러시아의 정보기관은 국가안보 수호라는 정보기관 본연의 기능보다는 주로 집권 세력의 정권 유지를 위한 도구로서 활용되었다.

Ⅱ 제정 러시아 시대

1 오프리치니나로부터 러시아 재판소 제3분과에 이르기까지

오프리치니나로부터 러시아 재판소 제3분과에 이르기까지 러시아의 정보기구들은 오늘날의 엄격한 기준에 따르면 정보기관이라기보다는 일종의 비밀경찰조직으로서 러시아 황제의 정권유지를 위한 도구에 불과했다.

2 오흐라나(Okhrana)

① 1881년 설립된 오흐라나는 국가 주도로 설립되어 일정한 조직체를 갖추고 비밀첩보 수집활동을 수행했다는 점에서 오늘날의 정보기관들과 유사한 면이 없지 않다.

② 그러나 오흐라나 역시 정권안보 차원의 왕권수호에 치중했다는 점에서 국가적 차원의 안보 목표 달성에 목적을 둔 오늘날의 국가정보기관과는 다소 차이가 있다고 본다.

Ⅲ 러시아 공산혁명 이후

1 의의

집권세력의 정권유지를 위한 사회통제 기능에 중점을 두는 러시아 정보기관의 잘못된 전통은 1917년 러시아 공산혁명 이후 설립된 정보기관들에서도 그대로 계승되었다.

2 레닌과 스탈린 치하

레닌과 스탈린 치하에서 정보기관은 초법적인 권한을 갖고 혁명정권의 건설과 강압적인 전체주의 독재체제를 유지하는 핵심적인 버팀목으로서의 역할을 담당했다.

3 브레즈네프 집권기간

스탈린 사후 집권한 브레즈네프 역시 집권기간 내내 KGB를 정권유지를 위한 수단으로 활용하여 소련 사회 내 체제에 불만을 가진 수많은 주민들을 감시 · 색출하고 숙청하는 행위를 지속함으로서 악명을 떨쳤다.

Ⅳ 구소련의 붕괴 이후

1 옐친 대통령의 집권 기간

① 구소련의 붕괴 이후 1991년에 집권한 옐친 대통령은 KGB를 해외정보, 국내방첩, 신호정보, 경호기관 등으로 분리시킴으로써 러시아 역사상 최초로 정보기구의 민주화 및 비정치화를 추구했다.

② 그러나 집권 후반기로 접어들면서 옐친 대통령도 정보기관의 권한을 강화시키고 조직을 확대 개편하는 등 민주화 추세에 역행하는 조치를 취했다.

2 푸틴 치하

① 이어서 집권한 푸틴 대통령 역시 자신의 정권적 이익 추구를 위한 수단으로 정보기관을 활용하고 있다는 점에서 과거와 전혀 다를 바가 없다.

② 푸틴 치하의 정보기관은 사회통제의 측면에서 이전처럼 직접적이지는 않지만 공작정치 등을 통해 간접적으로 은밀하게 정치지도부의 이익과 목적을 실현시키는 핵심적인 도구로서 활용되고 있다.

V 정보기관에 대한 통제 부재

1 의의

① 소련체제가 무너지고 나서 러시아 사회의 민주화에 부응하여 FSB과 SVR 등 정보기관에 대한 의회의 통제가 제도화되는 등 일부 발전이 이루어지기도 했다.

② 그러나 정보기관에 대한 의회의 통제는 형식적으로만 이루어지고 있을 뿐이고 실질적으로는 거의 행사되지 못하고 있는 것으로 보인다.

2 FSB

(1) 의의

과거 KGB 요원의 숫자는 시민 428명당 1명 수준이었으나 FSB 요원의 숫자는 시민 297명당 1명이라는 통계에서 드러나듯이 FSB는 KGB보다 더 강력한 사회통제 능력을 갖추었다는 평가도 있다.

(2) 사회통제기구

① 실제로 FSB는 주민들에 대한 감청, 정치단체들에 대한 통제, 정부기관들에 대한 감시, 위장기업의 설립 등 러시아 사회 전반에 걸쳐 막강한 통제력을 행사하고 있다.

② FSB는 수사권을 가지며 수색영장 없이도 가택과 기업체 사무실로 진입할 권한을 행사할 수 있는 것으로 알려졌다.

③ 일부 학자는 과거 KGB가 공산당에 의해 적절히 통제되었던 반면 KGB를 계승한 FSB의 경우 공산당처럼 견제해 줄 기구가 존재하지 않는다는 점에서 사실상 KGB보다 더 강력한 정치사찰 기구라고 주장하기도 한다.

VI 대통령의 권한 강화

1 의의

① 범세계적인 민주화 추세에 역행하여 러시아는 대통령을 중심으로 권력이 보다 강화되는 양상을 보이고 있다.

② 특히 러시아의 정보기구는 막강한 권한을 갖고 러시아 사회 전반에 걸쳐 강력한 통제력을 행사하고 있는 것으로 나타난다.

2 정보기구의 전·현직 요원들의 사회 전반 장악

① 또한 오늘날 러시아 정보기구의 전·현직 요원들이 정계 및 재계는 물론 심지어 문화계에 이르기까지 러시아 사회 전반을 장악하고 있으며, 이로 인한 부정부패의 심각성이 빈번히 지적되고 있다.

② 그동안 수차례에 걸쳐 러시아 나름대로 정보기구를 개혁하려는 노력이 있었지만 러시아 정보기구의 막강한 권한과 불합리한 관행은 그다지 개선되지 않고 있는 듯하다.

③ 향후 러시아 정보기구 스스로 탈권력화, 탈정치화 그리고 부정부패 일소 등 모종의 긍정적인 변화를 위해 부단히 노력하고, 그 결과 정보활동의 효율성 회복과 함께 국가안보라는 본연의 임무에 충실할 수 있을지 주목해 보아야 할 대목이다.

핵심정리 러시아의 정보기구

1. 해외정보부(Foreign Intelligence Service, SVR)
해외정보부는 '역사 문제와 세계에서 가장 강력한 비밀정보에 대한 전문가적인 견해를 제공한다." 라고 선포하여 정보기구임과 동시에 국책연구기구를 지향한다. 비밀공작, 경제간첩, 정부요인 경호, 전자감시 활동, 변절자 암살공작도 전개한다. 여행사, 금융기관, 언론사, 무역회사 등 다수의 물적 자산을 운용한다. 에어로 플롯(Aeroflot)이 대표적이다.

2. 연방보안부(Federal Security Service, FSB)
① 국내 보안·수사기관이다. 법적 근거는 1995년 4월 3일 제정된 "러시아 내의 연방보안기구에 대한 법률"이다. 방첩, 대테러, 조직범죄, 밀수, 부패사범, 불법자금세탁, 불법이민, 불법무기, 마약유통, 무장폭동에 대한 정보수집 및 방첩활동을 수행한다.
② 미국 연방수사국(FBI), 국가안보국(NSA), 국토안보부의 세관 및 국경경비대, 마약수사국(DEA) 업무를 총괄한 것과 같은 대규모 정보·수사 조직이다. 산하에 특수부대를 설치하고 부장에게는 육군소장 계급을 부여한다.
③ 원칙적으로 러시아의 국내보안기구이지만 해외 전자감시 업무도 수행하며, 과거 소비에트 연방 영역은 자유롭게 출입할 수 있다. 이에 순수한 국내정보기구는 아니다. 연방보안부장 출신의 푸틴 대통령은 연방보안부를 초강력 종합 행정집행기구화했다.
④ 소련 붕괴 후 신흥귀족으로 부상한 독점재벌 세력인 올리가르히(Oligarchy)는 연방보안부의 비호를 받으며 마피아의 재정적 후원자 겸 실질적 몸통으로, 대통령 선거에도 영향력을 행사하며 국가경제를 장악하고 있다고 한다.
⑤ 연방보안부는 전위조직인 펠이나 비밀후원조직인 크리샤(Krysha)를 이용하여 신흥 올리가르히 귀족 집단의 뒤를 돌보아 주고 있다.

3. 참모부 정보총국(Organization of the Main Intelligence Administration, GRU)
① 참모부 정보총국(GRU)은 러시아 정보공동체 중에서 가장 규모가 큰 정보기구이다. 미 육군의 델타포스(Delta Force)나 해군의 네이비실(Navy Seal)과 유사한 특수부대인 스페츠나즈(Spetsnaz)를 운영한다.
② KGB와 달리 창설 후, 한 번도 분리되지 않고 유구한 전문성을 이어가는 강력한 정보기구이다. 국내 군사정보는 물론이고, 해외정보를 수집하고, 비밀공작 임무도 수행하며 해외 거주 러시아 사람들을 대상으로 정보활동을 한다.
③ 쿠바 로우르데스(Lourdes) 기지국과 중국에 대한 정탐활동을 한 베트남 캄란 기지(Cam Rahn Bay) 등 세계에 막강한 신호정보 기지국을 설치하여 미국과 서유럽에 대한 광범위한 신호정보 수집활동을 한다고 한다.

Theme

88 영국 정보기구의 기원과 발전

I 월싱햄의 비밀조직

1 의의

영국 정보기구의 기원은 엘리자베스 1세 당시인 1573년 월싱햄 경(Fransis Walsingham, 1537~1590)이 설립한 비밀조직에서 찾을 수 있다.

2 활동

① 월싱햄 공작은 옥스퍼드와 케임브리지 대학 출신의 우수한 인력들을 선발하여 이들에게 암호학과 첩보기술을 훈련시켰다.

② 엄격한 훈련과 전문성을 갖춘 엘리트 요원으로 구성된 월싱햄의 비밀조직은 국내외로부터 여왕 암살음모를 적발하여 왕권을 보호하고 주요국에 관한 정보를 수집하는 등의 임무를 성공적으로 수행했다.

③ 특히 월싱햄은 비밀공작 활동을 효과적으로 전개하여 1588년 스페인 왕 펠리페 2세의 무적함대를 격파하는 데 결정적인 역할을 수행했던 것으로 평가된다.

3 특징

① 과거 어떤 비밀조직보다도 정보활동을 체계적이고 효과적으로 수행했다는 점에서 세계 역사상 최초로 등장한 근대적인 형태의 정보기관으로 인정받기도 한다.

② 당시 프랑스, 독일, 러시아 등 대부분의 유럽 국가들에서 단순히 왕권보호를 위해 비밀조직을 설치 · 운용했던 반면, 월싱햄의 비밀조직은 최초 왕권보호를 목적으로 설립되었지만 점차 국가적 차원의 안보를 위한 정보활동을 활발히 전개했다는 점에서 분명한 차이를 보였다.

③ 무엇보다도 월싱햄의 비밀조직은 이후 영국의 정보기구가 지향해야 할 하나의 롤 모델이 되었다는 점에서 중요한 의미를 가진다.

Ⅱ 19세기 후반 정보기구

1 의의

① 19세기 후반 무렵 유럽 대륙에서 육·해군 무기체계의 급속한 발전이 있었고, 이로 인해 전쟁 양상이 획기적으로 변화했다.

② 예전보다 대규모 병력이 광범위한 지역에서 전투를 수행하게 됨으로써 기동성과 집중력을 동원한 전격적인 기습작전이 보다 빈번하게 전개되었으며, 이로 인해 전투 지휘 및 통제가 보다 복잡해졌다.

③ 이러한 변화에 대처하기 위해서는 전투를 지휘하는 야전사령관에게 부대의 이동, 전쟁 계획 등을 지원해 주는 참모조직이 필요했다.

2 지형통계국(War Office Topographical and Statical Department)

영국의 경우 크림전쟁 이후 전쟁성 산하 '지형통계국(War Office Topographical and Statical Department)'이 창설되었지만 활동은 미약했다.

3 전쟁성의 '정보국(War Office Intelligence Branch)' 창설

① 영국에서 군사정보분야의 활동이 본격화된 것은 1873년 전쟁성의 '정보국(War Office Intelligence Branch)'이 창설되면서부터이다.

② 1878년 전쟁성 정보국 산하에 설립된 '인도 지부'(Indian Intelligence Branch)와 1882년 해군에 설립된 '대외정보위원회(Foreign Intelligence Committee)' 등은 군사정보활동을 전문적으로 수행하는 정보조직이었다.

Ⅲ 비밀정보국

1 의의

1909년 주로 영국 본토 내 암약하는 독일 간첩들을 색출할 목적으로 '비밀정보국(Secret Service Bureau)'이 설립되었는데, 아마도 이것이 영국 최초 국가적 수준의 정보기관으로 인정된다.

2 '국내과(Home Section)'와 '해외과(Foreign Section)'

(1) 의의

초기 비밀정보국은 육군과 해군으로 분리되었다가 1년도 지나지 않아 '국내과(Home Section)'와 '해외과(Foreign Section)'로 재편되었다.

(2) 조직 및 활동

국내과는 육군성 소속하에 영국 연방 및 본토 내에서의 방첩 및 수사활동 임무를 수행했으며, 국외과는 해군성의 관할권하에 유럽 국가들에 공작관들을 파견하여 군사동향에 관한 첩보수집활동을 전개했다.

3 'MI5'와 'MI6'

① 1916년 국내과와 국외과는 '군사정보국(Directorate of Military Intelligence)'의 일부로 편입되면서 각각 'MI5'와 'MI6'라는 명칭을 부여받았다.

② 1921년 MI6의 업무가 외무부로 이전된 다음 '비밀정보부(Secret Intelligence Service, SIS)'로 개명되었으며, MI5는 1931년 내무부 관할의 '보안부(Security Service, SS)'로 개명되었다.

Ⅳ 정부통신본부(GCHQ)

1 MI8과 Room40

① 제1차 세계대전 당시 유럽에서 무선감청은 주로 육군이나 해군에서 수행되었다. 영국의 경우 육군은 'MI8', 해군은 'Room40'이라는 암호부대를 운용하고 있었다.

② 해군의 Room40는 '짐머만의 전보(Zimmerman's Telegram)'를 해독함으로써 제1차 세계 대전에서 미국의 참전을 유도하는 데 결정적인 역할을 하였다.

2 암호학교(GCCS)

① 1919년 Room40과 MI8의 일부 인원이 브레츨리 파크(Bletchley Park) 소재 '정부 암호학교(Government Code and Cypher School, GCCS)'에 통합되었다.

② GCCS는 제2차 세계대전 동안 독일의 에니그마(Enigma) 암호체계를 해독하기 위한 '울트라 작전(Ultra Project)'을 비밀리에 추진했고, 마침내 암호해독에 성공함으로써 제2차 세계대전에서 연합군이 승리하는 데 결정적으로 기여했다.

3 정부통신본부(GCHQ)

GCCS는 1946년 '정부통신본부(Government Communication Headquarters, GCHQ)'로 개편되어 오늘날까지 존속되고 있다.

V 합동정보위원회(JIC) 설립

1 의의

제1차 세계대전의 경험을 통해 영국은 전쟁을 수행함에 있어서 국가적 차원의 정보분석기구가 필요하다는 인식이 생기게 되었다. 특히, 1930년대부터 적대국인 독일의 군사력이나 전쟁 계획 등에 대한 종합적인 분석의 필요성이 증대되었다.

2 종합적인 분석 기능을 수행하는 정보기구

① 당시 영국에 부문정보기구들이 있었지만 이들의 능력으로는 종합적인 분석 임무를 적절히 수행할 수 없다고 판단했다.

② 그래서 1939년 부문정보기관에서 제공되는 단편적인 정보를 종합하는 기능을 수행하는 정보기구로서 '합동정보위원회(British Joint Intelligence Committee, JIC)'가 설립되었다.

③ JIC는 제2차 세계대전 중 전쟁 임무를 효과적으로 수행하여 명성을 얻었다. 이 기구를 통해 영국은 제2차 세계대전 동안 적의 육군, 해군, 공군, 정치, 경제 등 모든 요소들을 종합적으로 분석하는 '국가평가(national assessment)'가 가능했다.

VI 결론

① 월싱햄의 비밀조직에서 시작된 영국 정보기구의 발전과정은 세계 첩보사에서 중요한 의미를 가진다. 최초 왕권보호 차원에서 설립된 영국의 정보기구는 점차 국가안보를 위한 목적에 부응하는 방향으로 발전하였다.

② 제1, 2차 세계대전을 거치면서 SS, SIS, GCHQ 등 영국의 정보기관들은 전쟁에서 승리하는 데 결정적인 역할을 수행했다.

③ 또한 독일의 게슈타포처럼 정보기관이 정권안보의 수단으로 전락되지 않도록 정보기관의 권력집중을 통제하는 방향으로 '분리형 정보체계'를 발전시켰다. 영국 정보체계의 조직, 임무, 기능, 활동 등은 미국은 물론 여타 국가들의 정보기구 형성 및 발전에 긍정적인 영향을 끼쳤다.

Theme

89 영국 정보기구의 구성과 기능

Ⅰ 영국정보기구의 구성

영국의 정보기관으로는 보안부(SS, MI5), 비밀정보부(SIS, MI6), 정부통신본부(GCHQ), 합동정보위원회(JIC), 런던 경찰국(MPS), 국방정보부(Defense Intelligence) 등이 있다.

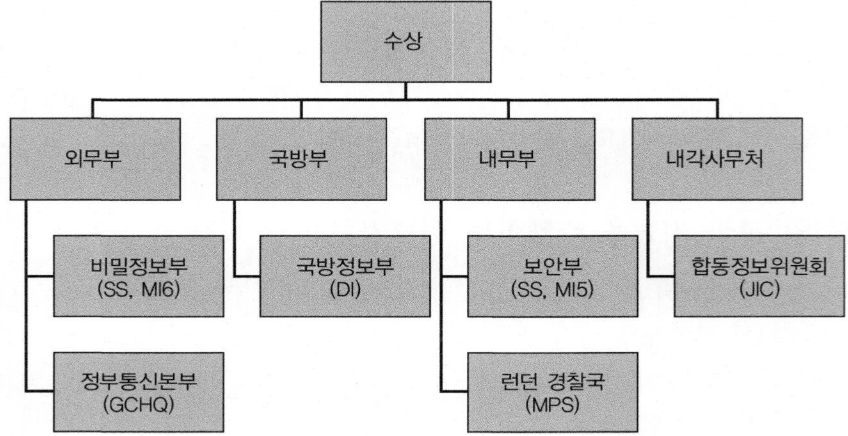

Ⅱ 국가안전보장회의(NSC)

1 의의

국가안전보장회의(National Security Council, NSC)는 2010년 5월 캐메론(David Cameron) 총리에 의해 설립되었다.

2 기능

① NSC가 설립됨에 따라 영국은 국가안보와 외교정책에 대해 보다 공식적으로 결정할 수 있게 되었다.

② NSC를 통해 국가안보와 외교정책에 관한 수상의 권한은 강화되었고 내각의 최고위급 관료들은 최고 수준의 정보에 보다 쉽게 접근할 수 있게 되었다.

3 조직 및 권한

(1) NSC 장관

국가안보보좌관(NSA)은 NSC 장관이다.

(2) 구성

① NSC는 수상의 자문기관으로서 국가안보와 외교정책에 관련된 임무를 수행하는 행정부의 최고위급 각료들로 구성된다.

② NSC는 수상을 의장으로 하고 국무부장관, 재무부장관, 국방부장관, 내무부장관, 법무부장관, 내각부 장관 등을 구성원으로 한다.

③ 그 외의 내각 장관들은 NSC의 의제에 따라 참석한다. 국방참모총장, 정보기관의 장, 야당 지도자 등도 필요에 따라 NSC에 참석할 수 있다.

(3) 권한

NSC는 정보공동체의 정보기관들로부터 정보활동이나 정책에 관해 보고를 받고 지휘 · 감독하는 권한 갖는다.

생각넓히기 | 소위원회

핵억지 및 안보분과 소위원회(Nuclear Deterrence and Security Sub-Committee)는 수상은 물론 재무장관, 국무장관, 국토안보장관, 내각부장관들도 이 소위원회의 의장이 될 수 있다.

Ⅲ 국가안보사무국

1 의의

국가안보사무국(National Security Secretariat)은 정부 전반에 걸쳐 전략적으로 중요한 안보와 정보 문제에 대한 업무를 조정하고, NSC와 JIC에 대한 자문 임무를 수행한다.

2 국가안보사무국 장관

국가안보보좌관(NSA)은 국가안보사무국 장관을 겸임한다.

3 임무

① NSC에 전략적 수준의 국가 안보에 대한 정책 자문 제공
② 정부 전반에 걸친 외교 및 방위 정책 조정 및 개발
③ 정부를 위한 효과적인 보안 정책 및 기능 개발
④ 비상사태에 대한 대응과 회복 탄력성 향상
⑤ 위기에 대한 정부 대응의 효과적인 조정을 위한 시설 유지
⑥ 국가 사이버 보안 전략에 따라 전략적 리더십 제공
⑦ 정보공동체 전체의 자금 및 우선순위 관리
⑧ 정보공동체 전체의 정책, 윤리 및 법적 문제의 조정

Ⅳ 합동정보분석기구(JIO)

1 의의

합동정보분석기구(the Joint Intelligence Organisation, JIO)는 국가안보사무국과는 별도로 국가 안보와 외교 정책의 중요성에 대해 독립적으로 모든 정보의 출처 평가를 수행하여 자문 임무를 수행한다.

2 장관급 합동정보분석기구의 장

장관급 합동정보분석기구의 장(Secretary The Permanant level Head of the JIO)은 합동정보위원회(JIC)의 위원장을 겸임한다.

3 정보 평가 및 개발

(1) 의의

정보기관의 분석 역량에 대한 정보 평가 및 개발을 주도하여 JIC와 NSC의 업무를 지원한다.

(2) 모든 정보에 대한 출처 평가

정보공동체가 제공하는 모든 정보에 대한 권위 있는 출처 평가를 통해 수상, NSC 및 고위 정책 입안자에게 국가 안보 및 외교 정책 우선순위에 대한 의사 결정을 지원한다.

(3) 정보 평가

정보 평가는 정보 분석에 판단 계층을 추가하여 정보공동체가 제공하는 정보를 정보소비자가 보다 명확하면서도 전체적으로 이해하고 의사를 결정할 수 있도록 지원한다.

(4) 전문가 네트워크 활용

정보기관의 비밀정보는 물론 외교 서비스, 학계 등 전문가 네트워크를 통한 공개정보를 활용한다.

(5) 새로운 안보위협에 대응

군사안보와 같은 전통적 안보는 물론 첨단 기술, 경제 및 건강 안보, 기후 변화 등 새로운 안보위협에 대응한다.

4 의회의 감독

합동정보분석기구(JIO)는 의회 '정보 및 보안위원회'의 감독을 받는다.

V 국가안보보좌관(NSA)

1 의의

국가안보보좌관(the National Security Adviser, NSA)은 안보, 정보, 국방 및 외교 정책에 관한 총리 및 내각의 중앙 조정관이자 고문이다.

2 조직

① 내각 사무처(Cabinet Office) 소속으로 정부의 우선순위에 맞는 일관된 국가 안보 전략을 수립하기 위해 관련 부처와 협의한다.

② NSA에게 전문 지식을 제공하는 2~3명의 특별보좌관을 둘 수 있다.

③ NSA는 NSC 장관이며 국가안보사무국(NSS)을 이끌고 있다.

3 연혁

① NSA의 직위는 국가 안보에 관한 조정 능력을 강화하기 위해 2010년 NSC와 함께 설립되었다.

② NSA는 기존의 자문 및 조정 기능을 결합한 안보 자문 기구이다. 이전의 외교 정책 보좌관, 해외 및 국방 정책 사무국 국장, 정보 코디네이터, 내각 장관들과 JIC 위원장의 감독 기능 중 일부가 포함되었다.

4 임무

① 국가안보, 외교정책, 국방, 국제관계개발, 탄력성, 에너지, 자원안보를 포함한 부서 간 정책결정을 조율한다.

② 총리와 긴밀히 협력하여 국가 안보 정책에 대한 일관된 접근 방식과 주요 위기에 대한 정부의 대응에 대해 자문의 임무를 수행한다.

Ⅵ 보안부(SS, MI5)

1 의의

① 보안부(Security Service. SS, 일명 MI5)는 내무부 소속으로서 대간첩, 대테러 등 국내 방첩 및 보안 업무를 총괄하여 수행하는 국내 보안정보기구이다.

② MI5는 1909년 비밀정보국에 기반을 두고 창설되었지만, 이후 거의 80년이 지나도록 법적 지위는 물론 그 존재 자체가 인정되지 않았었다. 1989년「보안부법(Security Service Act 1989)」이 제정됨으로써 비로소 법적인 기반을 갖추게 되었다.

③ 이 법에 따르면 MI5의 주요 임무는 국가안전의 보호에 있으며, 구체적으로 간첩행위 · 테러 · 사보타주 등의 위협으로부터 보호, 정치적 · 산업적 또는 폭력적 수단으로 의회민주주의를 전복 또는 음해할 의도를 가진 행위로부터 국익보호 그리고 테러리스트를 지원하는 해외범죄조직에 대한 감시 등의 임무를 수행한다.

2 임무

① MI5는 오랫동안 주로 적성 국가들의 스파이활동에 대응하는 방첩에 역량을 집중해 왔지만, 최근 들어 테러, 마약, 불법이민, 조직범죄 등 과거 경찰이 담당해 왔던 영역으로까지 활동의 폭을 넓히고 있는 추세를 보인다. 그중에서 MI5 정보역량의 약 2/3 이상이 대테러 업무에 투입되는 것으로 알려졌다.

② 이 밖에 MI5는 북아일랜드 문제는 물론 웨일즈나 스코틀랜드의 극단적 민족주의자들에 대한 정보활동도 활발하게 수행하고 있는 것으로 알려졌다.

3 국내정보활동과 사법활동(law enforcement)이 제도적 구분

(1) 의의

영국의 경우 국내정보활동과 사법활동(law enforcement)이 제도적으로 구분되어 있다. 즉 MI5는 국내보안 정보활동만을 담당하고, 사법활동은 경찰의 영역으로 제한된다.

(2) 권한

① 이에 따라 MI5는 국내보안 정보기구로서 미국의 FBI와 유사한 기능을 수행하지만 경찰이 가진 체포권이 없으며, 집주인의 승낙 없이는 가택 수색조차 할 수 없다. 이처럼 MI5 요원들은 일반인들처럼 아무런 특권이 없다.

② 따라서 MI5의 경우 여타 국가들의 국내보안 정보기구들과 비교하여 권력남용의 위험도 비교적 적을 것으로 추정된다.

4 조직

① MI5는 부장(Director General)을 수장으로 하여 각각 1명의 차장, 차장보 그리고 법률 자문 등을 두고 있다.

② 차장 산하에는 대테러국, 사이버 · 대간첩 · 반확산국, 북아일랜드국, 기술공작 · 분석 · 감청국, 감찰실(Ethics and Review) 등 5개 국이 있고, 차장보 산하에는 재정 및 기획국, 인사 및 보안국, 기술개발국 등 3개 국을 두고 있다.

③ 1998~1999년 회계연도 당시 MI5의 총 인원은 약 1,900여 명이었고, 예산은 약 2억 달러 규모로 알려졌다. 최근 재직 인원이 확대되어 약 3,800여 명이 근무하고 있는 것으로 알려졌다.

Ⅶ 비밀정보부(SIS, MI6)

1 의의

① 비밀정보부(Secret Intelligence Service, SIS, 일명 MI6)는 많은 사람들에게 007 제임스 본드의 영화 시리즈 속에 등장하는 MI6로 더 많이 알려져 있다.

② MI6는 MI5보다도 더 철저히 비밀에 싸인 정보기관으로서 오랫동안 법적인 기반은 물론 공식적으로 그 존재조차 인정되지 않았었다.

③ 그런데 1992년 5월 6일 영국 하원(House of Commons)에 의해 최초로 SIS의 존재가 공식적으로 인정되었으며, 1994년 「정보부법(Intelligence Services Act of 1994)」이 발효됨에 따라 비로소 법적인 기반을 갖추게 되었다.

④ 2010년 10월 28일 SIS 부장이 대중들 앞에 나타나 정보기관의 비밀성과 보안 유지 문제에 관한 주제로 연설을 했는데, 이는 SIS 창설 101년 만에 최초로 기록될 만큼 철저한 보안유지를 전통으로 하는 SIS로서 매우 이례적인 사건이었다.

2 임무

(1) 의의

① 영국 외무부 소속의 해외정보기관으로서 SIS의 주 임무는 영국 정부의 안보 · 국방 · 외교 · 경제 정책을 수행하는 데 필요한 비밀정보를 제공해 주는 데 있다.

② 또한 SIS는 미국의 CIA와 유사하게 비밀공작활동을 주도적으로 수행해 왔다. 예를 들어 SIS는 1917년 러시아 혁명과 함께 소련이 공산화되면서 러시아에서 볼셰비키 세력의 권력 장악을 막기 위해 멘셰비키를 지원하는 비밀공작을 수행하기도 하였다.

③ 또한 SIS는 1950년대와 1960년대 동안 이란, 이라크, 예멘 등 중동지역에서 선전공작, 쿠데타 공작 등 다양한 유형의 비밀공작을 수행했던 것으로 드러났다.

(2) 정보활동 영역의 변화

① 냉전시대 동안 SIS는 소련을 주요 목표로 하여 첩보수집 및 비밀공작 활동을 수행했다. 그러나 냉전의 종식과 함께 적대국이었던 소련으로부터의 위협이 사라지면서 구소련 지역에 대한 SIS의 정보활동은 대폭 축소되었다.

② 대신 SIS의 정보목표는 유럽연합의 확대로 인한 유럽지역에 관한 정보수집 그리고 경제안보의 중요성이 강조됨에 따른 경제정보수집 등으로 활동 영역이 변화되는 모습을 보여주고 있다.

③ 또한 9/11 테러 이후 SIS는 대테러 업무에 따른 국제적 공조에 보다 역점을 두고 정보활동을 수행하고 있다.

④ 이 밖에도 SIS의 정보활동 영역은 대량살상무기의 확산, 사이버 테러, 국제조직범죄 등 초국가적 안보 이슈들에 이르기까지 확대되는 양상으로 전개되고 있다.

3 조직

① SIS는 내각의 승인을 받고 합동정보위원회(Joint Intelligence Committee, JIC)의 지휘 · 감독하에 해외에서의 첩보수집 및 비밀공작 임무를 수행한다.

② SIS는 조직의 수장인 부장 아래 본부장을 두고 있으며, 본부장 산하에는 인사 · 행정처, 특수지원처, 방첩 · 보안처, 정보요소 · 생산처 등 4개의 처와 해외공작을 통제하는 '통제단'이 있다.

③ SIS의 해외공작 부서는 영국, 유럽, 러시아, 서반구, 아프리카, 중동, 극동 등 7개 지역으로 구분되며 각 지역별로 1명의 '통제관'을 두어 관할 지역을 관리 · 감독한다.

④ 1990년대 말 당시 SIS의 재직 인원은 약 2천여 명 수준으로 알려졌다.

Ⅷ 정부통신본부(GCHQ)

1 의의

① 정부통신본부(Government Communication Headquarters, GCHQ)는 영국 외무부 소속으로서 합동정보위원회(JIC)의 지휘 · 감독하에 영국 정부 부처와 군에 신호정보와 정보보호(information assurance)를 제공해 주는 임무를 수행한다.

② 좀 더 구체적으로 "GCHQ는 영국에 있는 모든 외국 대사관의 메시지(message)와 국가기관과 이해관계를 갖고 있는 개인 및 상사들의 모든 무선통신, 텔렉스 및 전보통신을 감청하고 해독"하는 임무를 담당한다.

③ 또한 영국 정부의 통신을 보호하는 암호 체계를 개발하고 해독하는 임무도 수행한다.

2 임무

(1) 의의

① GCHQ의 조직과 활동은 오랫동안 대중들에게 거의 알려지지 않았는데, 1983년 GCHQ의 소속 요원이면서 KGB의 첩자로 암약하다 체포된 프라임(Geoffrey Prime)에 대한 재판이 대중매체에 공개되면서 비로소 일반인들에게 알려지게 되었다.

② GCHQ의 산하 기구인 '통신전자보안단(Communications-Electronics Security Group, CESG)'은 영국 정부의 정보통신망과 핵심기반시설에 대한 통신보안 임무를 담당하며, '합동기술언어국(Joint Technical Language Service, JTLS)'은 통신정보 감청 결과 획득된 음성대화 내용을 번역하여 정부 각 부처에 제공해 주는 임무를 수행하고 있다.

(2) 신호정보활동

① GCHQ는 1989년부터 독자적인 인공위성을 확보하여 신호정보활동을 수행하고 있다.

② GCHQ는 육 · 해 · 공군이 운영하고 있는 각 군 통신감청부대를 지휘하고, 영국 각 지역, 아일랜드, 독일, 지브롤타, 포클랜드, 아프리카 및 아시아 지역 등 세계 각지에 감청기지를 운영하고 있다.

③ GCHQ는 제2차 세계대전이 발발하면서 현재까지 미국 NSA와 긴밀한 정보협력을 유지해 오고 있다.

④ 또한 캐나다, 호주, 뉴질랜드 등 영연방 국가들과 협력하여 미국 NSA 주도로 운용되고 있는 에셜론 체제(Echelon Surveillance System)의 핵심 구성원으로서 전 세계에 걸쳐 감청활동을 적극적으로 수행하고 있다.

3 감독 및 예산 등

① GCHQ의 정보활동은 1994년 「정보부법」이 발효됨에 따라 의회 '정보안보위원회(Parliament's Intelligence and Security Committee)'의 감독을 받고 있다.

② 냉전 말기 GCHQ의 인원은 약 6,000명 수준이었는데 1997년 4,500명으로 축소되었으며, 당시 예산은 약 7억 달러 정도로 알려졌다. 2012년 현재 약 5,500명의 인원이 재직하고 있는 것으로 알려졌다.

Ⅸ 합동정보위원회(JIC)

1 의의

① 합동정보위원회(Joint Intelligence Committee, JIC)는 1936년 '대영제국 국방위원회(Committee of Imperial Defense)'의 분과로 출범했으며, 1939년 영국 '합동정보위원회(British Joint Intelligence Committee, JIC)'라는 명칭으로 개편되었다.

② JIC는 제2차 세계대전 중 부문정보기관에서 제공되는 단편적인 정보를 종합하는 기능을 수행함으로써 전쟁을 승리로 이끄는 데 결정적으로 기여했다는 평가를 받았다.

③ 1957년 '내각사무처(Cabinet Office)' 소속으로 이전되어 현재까지 존속하고 있다.

2 임무

(1) 의의

JIC는 현재 영국 내각사무처(Cabinet Office)의 구성원으로서 내각에 안보, 국방, 외교 문제 등에 관해 자문을 제공하고 영국 내 정보기관들을 총괄 · 조정 · 지휘하는 기능을 수행하고 있다.

(2) 첩보수집과 정보분석활동에 대한 지휘 · 감독

좀 더 구체적으로 영국 수상과 내각 장관들에게 국가정보목표 우선순위에 따른 정보수집 및 분석에 관해 자문을 제공하고, SIS · GCHQ · SS · 국방부 등에서 수행하는 첩보수집과 정보분석활동을 지휘 · 감독하는 임무를 담당한다.

(3) 각종 보고서 생산

① 그리고 미국의 국가정보위원회(National Intelligence Council)와 유사하게 영국 정보공동체 정보기관들의 견해를 종합한 국가정보판단보고서를 생산한다.

② 또한 영국의 각 정보기관에서 작성한 내용을 토대로 '일일정보보고서', '장기정세보고서', '주간정보 평가보고서' 등을 작성하여 총리 및 내각에 배포한다.

(4) 위기에 대한 조기경보

그리고 각종 위험과 위협을 평가하여 위기에 대한 조기경보를 발령한다.

3 조직

(1) 의의

JIC의 구성원(membership)은 SIS, SS, GCHQ 등 3개 수집부서의 장, '국방정보국장(Chief of Defense Intelligence)', '국방정보참모차장(Deputy Chief of Defense Intelligence Staff)', '평가실장(Chief of the Assessment Staff)', 국방부 대표, 외무부 대표, 그 외 정부 각 부처 대표, 수상의 국가안보보좌관(the National Security Adviser) 등으로 구성된다.

(2) JIC 주간 회의

특이하게도 JIC 주간 회의에 미국 CIA의 런던 거점장이 정례적으로 참석하며, 때로 호주, 캐나다, 뉴질랜드 등 영연방 국가의 정보기관에서 파견한 영국 주재 거점장이 참석하기도 한다.

(3) JIC 사무국

① JIC 사무국에는 1명의 상임위원장과 '고위직 공무원단(Senior Civil Service)'이 재직하고 있다.

② 고위직 공무원단은 '정보안보 사무국(Intelligence and Security Secretariat)' 직원과 '평가참모들(Assessment Staff)'로부터 지원을 받고 있다.

③ 평가참모들은 종합분석(all-source analysis) 업무를 수행한 경험이 풍부한 전문 분석관들로서 군과 정부 각 부처에서 차출된다.

X 런던 경찰국(MPS, Scotland Yard)

1 의의

① 런던 경찰국((Metropolitan Police Service, MPS, 일명 Scotland Yard))은 영국의 경찰대 중 가장 크고 유일한 국가경찰로서 런던 중심으로부터 15마일 반경 외곽 지역 및 그 주변지대에 대한 경찰 업무를 담당하고 있다.

② MPS는 영국 내 반테러활동을 주도하는 기관이면서 영국 왕실 및 정부 요인 경호임무도 담당하고 있다.

③ MPS는 1829년에 창설되었는데, 창설 당시 경찰국의 위치가 런던 소재 옛 스코틀랜드 국왕의 궁전 터에 위치했기 때문에 '스코틀랜드 야드(Scotland Yard)'라는 별칭을 갖게 되었다고 한다.

2 조직

(1) 특수지부(Special Branch)

① MPS에서 정보 및 보안 관련 업무를 담당하고 있는 부서는 '범죄수사부(Criminal Investigation Department)' 산하 '특수지부(Special Branch)'이다. 특수지부는 1883년 런던에서 '페니어 결사 비밀회원(Fenian)'의 폭탄 테러에 대응할 목적으로 설립되었다.

② 이후 특수지부는 반영(反英) 지하조직인 '아일랜드 공화국군(Irish Republican Army, IRA)'에 대응하는 임무를 선도했었는데, 1992년 MI5에 그 주도권을 넘기게 되었다.

③ 특수지부는 첩보수집 역량과 체포권을 활용하여 테러 및 조직범죄 대응임무를 주도적으로 수행해 왔었는데, 2006년 '대테러사령부(Counter Terrorism Command)'로 흡수 통합되었다.

(2) 대테러사령부(CTC, SO15)

① '대테러사령부(Counter Terrorism Command, CTC, 일명 SO15)'는 MPS 산하부서로서 '전문공작(Specialist Operations)'임무를 수행한다.

② CTC는 통합된 반테러 수사기관이 필요하다는 인식하에 2006년 '반테러지부(Anti-Terrorist Branch, 또는 SO13)'와 '특수지부(Special Branch)'를 통합하여 설립되었다.

③ CTC는 약 1,500명의 경찰인력을 보유하고 있으며, 해외 지부에도 수많은 수사요원들이 활동하고 있는 것으로 알려졌다.

3 규모

2013년 11월 현재 MPS 인력은 경찰인력 13,000명을 포함하여 약 31,000명이며, 2011년 10월 현재 연간 예산은 41억 파운드로 알려져 있다.

XI 국방정보부

1 의의

'국방정보부(Defense Intelligence)'는 영국 정보공동체의 구성원이지만 SIS, SS, GCHQ 등 독립성을 갖춘 정보기관과는 달리 국방부의 한 부서로서 존속한다.

2 합동정보국

① '국방정보부(Defense Intelligence)'는 1946년에 설립된 '합동정보국(Joint Intelligence Bureau)'에 뿌리를 두고 있다.

② 합동정보국은 1964년 각 군의 정보조직을 흡수하여 '국방정보참모부(Defense Intelligence Staff, DIS)'로 확대 · 개편되었다가 2010년 초 현재의 명칭으로 바뀌었다.

3 임무

① DI의 주 임무는 군 관련 각종 공개 또는 비공개첩보를 수집하고, 국방정책의 수립 또는 군사작전의 수행 시 요구되는 군사정보를 종합적으로 분석하여 필요한 부처에 배포하는 데 있다.

② 영국의 국익에 사활적인 영향을 미칠 수 있는 국내외 정치, 군사, 과학기술 분야의 변화 동향에 관해 적시에 전략적인 경고를 내리는 임무도 수행한다.

③ DI에서 생산한 보고서는 국방부는 물론 영국 합동정보위원회(JIC), 영국 내각의 각 부처 그리고 NATO와 EU에서도 활용되고 있다.

4 규모

DI의 재직 인원은 2000년대 초 약 4,600명으로 추정되었는데 그중 60%가 군인이고 나머지는 민간인 신분인 것으로 알려졌다.

Theme

90 영국 정보기구의 최근 동향과 전망

I 의의

① 최근 영국의 정보기구들은 국내외적 안보환경 변화에 부응하려는 노력 속에서 조직구조, 및 활동방향에 있어 모종의 혁신을 시도하고 있다.

② 9/11 테러 이후 영국 사회 일각에서는 영국 정보체계의 효율성을 증진시키기 위해 SS, SIS, GCHQ 등 영국의 중추적 정보기관들을 하나로 통합시켜야 한다는 주장도 제기되었다.

③ 2002년 당시 SIS를 비롯한 영국의 정보기관은 이라크 대량살상무기 보유에 대해 오판했던 것으로 드러났다. 이로 인해 영국 정보체계의 문제점들에 대해 신랄한 비판들이 제기되었고, 이에 부응하여 새롭게 출범한 내각마다 다양한 유형의 정보공동체 개혁안을 추진하게 되었다.

Ⅱ 영국 정보공동체 개혁안의 추진방향

1 의의

① 그동안 영국 정보공동체 개혁안의 추진방향은 9/11 테러 사건의 교훈에서 비롯되는 바 분산되어 있는 정보기구의 역량을 통합하는 데 중점을 두었다.

② 특히 영국 정보공동체 내 각급 정보기관들의 정보활동에 대한 조정 · 통합 · 지휘 기능을 수행해 왔던 JIC의 역량을 향상시키는 방향으로 개혁 조치를 추진했다.

③ 실제로 블레어 내각에서부터 시작되어 브라운(Gordon Brown) 수상을 거쳐 2010년 집권한 캐머론(David Cameron) 수상에 이르기까지 각 내각마다 영국 정보체계의 효율성을 증진시킨다는 기치를 내걸고 새로운 정보기구를 설치하고 기존의 정보조직을 개편하는 등 다양한 유형의 개혁 조치를 취했었다.

2 각 내각에서 추진했던 정보조직 개편에 대한 비판

(1) 의의

그러나 일각에서는 그동안 각 내각에서 추진했던 정보조직 개편의 결과가 개선이 아니고 오히려 개악을 초래했다고 주장하기도 한다.

(2) 블레어 내각의 개혁

① 블레어 수상의 경우 자신의 최측근으로 알려진 스칼렛(John Scarlett)을 SIS 수장으로 임명함으로써 정보기관을 정치적으로 활용하려는 의도를 가졌다는 비판에 직면했다.

② 더욱이 블레어 수상은 종합적 정보분석 역량을 강화하기 위해 '합동정보분석기구(Joint Intelligence Organization)'를 설립하는 등 일부 정보기구들에 대한 개편을 단행했다.

③ 그런데 블레어 수상이 추진했던 정보기구 개혁은 복잡하고 빠르게 변화되는 정보환경에 신속하고 유연하게 대응할 수 없는 수직적이고 관료주의적인 유형의 조직으로 개편됨으로써 효율성이 오히려 저하되었다는 지적을 받았다.

(3) 브라운 내각과 캐머론 내각의 개혁

이후 브라운 내각과 캐머론 수상도 각각 정보체계에 대한 일련의 개혁조치들을 단행했지만 기대했던 만큼 효율성이 개선되었다는 평가를 얻지는 못했다.

Ⅲ 합동정보위원회(JIC)에 대한 평가 및 전망

1 의의

① 사실 영국의 JIC는 1939년 설립된 이래 70여 년의 세월이 흐르는 동안 미국을 비롯한 여타 선진 정보기관들조차도 부러워할 만큼 영국 정보공동체 내 각급 정보기관들에 대한 조정 · 통합 · 지휘 기능을 매우 성공적으로 수행했다는 평가를 받아왔다.

② 그런데 9/11 테러 사건 이후 영국 정보공동체에 대한 조직 개편과 개혁 조치는 기대했던 만큼 성공적이지 못했던 것으로 보인다. 분명 이라크 대량살상무기 보유에 대해 오판 등 정보실패가 또다시 발생하지 않도록 영국 정보공동체의 역량 강화를 위해 모종의 개혁 조치가 요구된다.

2 과제 및 전망

① 어떤 방식의 개혁 조치가 단행되어야 할지는 과거의 경험과 교훈 그리고 기존의 정보체계에 대한 냉철한 분석에 바탕을 두어야 할 것이다.

② 어쨌든 급변하는 대내외 안보환경에 효율적이고 능동적으로 대처하기 위해 영국 정보공동체 스스로 어떤 방향의 조직개편과 개혁 방향을 추구해야 할 것인지 심각히 고민해야 할 과제를 안고 있다.

핵심정리 영국의 정보기구

1. 보안부(Security Service, SS 또는 MI5)
   「보안서비스법(Security Service Act 1989)」이 근거법으로 내무부 장관 소속이다. 과거 중앙정보부가 '남산'으로 호칭했던 것처럼 사서함 주소를 따라서 'BOX 500' 또는 단순히 'Five'라고 지칭된다. 개정「보안서비스법」은 법집행기구들을 지원하도록 보안부의 역할을 확대했다. 중대범죄, 분리운동, 테러리즘, 간첩활동에 대한 대처가 주된 임무이다.
2. 비밀정보부(Secret Intelligence Service, SIS 또는 MI6)
   「정보서비스법」에 근거한 외무부 장관 소속의 해외정보기구이다. 창설자인 스미스 커밍 경에서 연원하여 '커밍부'나 '코드명 C'로도 불린다. 소재지 우편함 번호를 따서 '박스 850'라고도 한다. CIA가 회사 또는 집단을 의미하는 '컴퍼니(Company)'로 호칭되는 반면에 비밀정보부(SIS)는 기업을 뜻하는 "Firm' 으로 불리고, 다른 정보기관들에게는 '친구(Friends)'로 호칭된다. 정보서비스법은 비밀정보부의 목적이 국가안보이익, 경제복지이익, 중대범죄의 적발 또는 예방을 지원하기 위함이라고 규정하고 있다.
3. 정부통신본부(Government Communications Headquarters, GCHQ)
   비밀정보부(SIS)와 함께 외무부 장관 산하의 정보기구이다. 전신은 1919년 창설된 정부암호학교(Government Code and Cipher School)이다. 정부암호학교는 제2차 세계대전 중 독일의 극비 암호체계인 에니그마(ENIGMA)를 해독하여 전쟁 상황을 연합국에 유리하게 이끄는 데에 지대한 공로를 세웠다. 전쟁종료 후인 1946년 정부통신본부로 확대 개편되었다. 2003년 도넛(Doughnut) 형태의 최신 건물로 이전하여 애칭이 '도넛(Doughnut)'이다. 지구상 최대의 전자 감시 장치인 에셜론(ECHELON) 운용의 영국 담당이다.
4. 합동테러분석센터(Joint Terrorism Analysis Centre)
   보안부(MI5) 산하에 테러방지 임무를 수행하며 국가 모든 테러관련 정보에 접근 가능한 합동테러분석센터(JTAC)가 있다. 합동테러분석센터는 보안부와 별도로 정보공동체의 공식구성원으로 독립 정보기구로 평가 받는다.
5. 국방정보부(Defence Intelligence, DI)
   군사정보 이외에도 지구상의 정치적 분쟁문제, 테러관련정보, 대량살상무기 관련정보를 수집한다. 생산한 정보를 국방부는 물론이고 국무부, 내각의 유관부서, 북대서양방위기구(NATO), 유럽 연합(EU) 그리고 영연방국가에도 제공한다.
6. 특별수사대(Special Branch)
   영국 경찰의 특별조직이다. 2005년 스코틀랜드 야드(Scotland Yard)라고 불리는 런던 경시청 특별수사대는 '대테러사령부(Counter Terrorism Command)'로 재창설되었다. 재창설의 중요한 이유는 '요원의 현장화'였다.

Theme

91 프랑스 정보기구의 기원과 발전

I 프랑스 정보기구의 역사

1 샹브르 누아(Cabinet Noir)

(1) 설립

프랑스 정보기구는 루이 13세(1601～1643) 당시인 1620년경 리슐리외(Richelieu) 추기경이 설립한 '샹브르 누아(Cabinet Noir)'에 뿌리를 두고 있다.

(2) 배경

① 과거 부르봉 왕조를 설립한 앙리 4세와 그의 선왕 앙리 3세가 암살되었기 때문에 리슐리외 추기경은 국가의 안전보다는 왕권보호의 필요성에 보다 역점을 두고 정보기관 설립을 추진하게 되었다.

② 그 결과 정보활동의 방향도 국내 귀족들의 동향을 감시하면서 서신 검열을 하는 등 주로 왕권수호 임무에 치중했던 것으로 알려졌다.

(3) 기능

샹브르 누아는 1642년 리슐리외 추기경의 사망과 루이 14세가 즉위하면서 그 위상이 다소 약화되었지만, 이후 오랜 기간에 걸쳐 프랑스 절대왕정을 수호하는 핵심적인 통치수단으로 활용되었다.

(4) 폐쇄

1789년 프랑스 혁명이 발발한 뒤 샹브르 누아는 시민의 권익보다는 왕권수호를 위해 어두운 음모와 공작을 일삼는 조직이라는 비난이 거세게 일어나면서 한동안 폐쇄되었다.

(5) 부활

① 그러나 나폴레옹이 집권하면서 샹브르 누아는 이름만 바뀐 채 부활되었으며, 나폴레옹 3세 당시에는 외부의 적들에 대응하기보다는 정권안보에 위협이 되는 내부의 정적들을 감시하는 비밀경찰 활동을 중점적으로 수행했다.

② 1855년 나폴레옹 3세는 '군복을 입고 군사훈련을 받은' 경찰조직을 설립하여 독일, 러시아 등 적대국을 대상으로 정보활동을 수행하도록 임무를 부여했지만, 보불전쟁(1870～1871)에서 프로이센에 대해 제대로 된 정보활동을 수행하지 못했고 결국 프랑스는 참담한 패배를 경험하게 되었다.

Ⅱ 보불전쟁과 정보기구

1 통계 및 군사정찰과

① 보불전쟁이 끝날 무렵 프랑스에 '통계 및 군사정찰과(Statistical and Military Reconnaissance Section)'가 창설되어 알사스-로렌(Alsace-Lorraine)을 점령하고 있는 독일군에 관한 첩보수집 임무를 수행했다.

② '통계 및 군사정찰과'는 이후 조직과 기능이 확장되어 '첩보국(Service de Renseignement, SR)' 또는 '특수국(Special Service)'으로 발전하게 되었다.

2 첩보국(SR)

(1) 의의

첩보국(Service de Renseignement, SR)은 프로이센을 비롯한 적대국들의 군사동향에 관한 첩보를 수집하고, 내부 스파이들을 적발하는 등 방첩활동을 성공적으로 수행함으로써 명성을 떨쳤다.

(2) 드레퓌스 사건

① 그러나 '드레퓌스 사건'으로 인해 첩보국의 위상은 하루아침에 추락하고 말았다. 드레퓌스(Alfred Dreyfos) 대위가 1894년 간첩 누명을 쓰고 체포될 당시 근무했던 곳이 바로 첩보국이었다.

② 당시 첩보국은 무고한 드레퓌스에게 간첩 혐의를 씌웠을 뿐만 아니라 그의 결백이 밝혀진 뒤에도 사건을 조직적으로 은폐·조작하려 기도했던 사실이 드러남으로써 프랑스 정보기관에 대한 대내외 신뢰도가 심각히 손상되었다.

Ⅲ 첩보국 폐지 이후

1 제2국(DB)

① 드레퓌스 사건의 결과로 1899년 첩보국이 해체되었다. 첩보국의 방첩기능은 내무부의 '치안국(Surete Generale)'에 할당되었고, 정보기능은 축소되어 육군 참모부(Army General Staff)의 '제2국(Deuxibme Bureau, DB)'에 배정되었다.

② 제2국은 독일, 이태리, 오스트리아 등 주변국들의 군사동향에 관한 첩보수집 및 방첩활동을 성공적으로 수행함으로써, 이후 프랑스 정보기관의 대명사로 인정받았다.

2 서신검열소

프랑스는 '제2국' 외에 1880년 경 외무부 산하에 '서신검열소(Cabinet Noir)'를 설치하여 독일, 영국, 이탈리아 등으로부터 오는 외교 전문을 몰래 검열하는 활동도 수행했다.

3 암호공동위원회

또한 전쟁 발발 시 독일 육군의 무선통신을 도청하고 암호를 해독할 목적으로 1909년 육군성, 해군성, 내무부 등 여러 부처들이 합동으로 '암호공동위원회(Commission Interministeriel de Cryptographie)'를 창설하여 운용했다.

Ⅳ 제1차 세계대전 종전 직후

1 첩보국(SR)

1936년 첩보국(SR)이 제2국에서 분리되어 독일, 이탈리아, 스페인, 러시아 등 주요국들을 대상으로 첩보를 수집하고, 해외 각국으로부터 발송된 암호전문을 해독하는 등의 임무를 수행했다.

2 국토감시국(DST)

1937년 내무부 산하에 '국토감시국(Direction de la Securite du Temtoire, DST)'이 설립되어 프랑스 내 외국 스파이들을 색출하는 방첩임무를 수행했다.

3 육군성 산하 제2국

그 무렵 공군성 및 해군성 산하에 각각 정보부를 두고 있었지만 1938년까지 사실상 모든 정보기능은 육군성(War Ministry)에 집중되어 있었고, 육군성 산하 제2국이 군사정보를 수집하고 분석하여 종합된 정보보고서를 작성·배포하는 책임을 담당했다.

V 제2차 세계대전 중

1 중앙정보 활동국(BCRA)

제2차 세계대전의 발발과 함께 1942년 독일이 프랑스를 점령하게 되자 프랑스 망명정부는 독일에 대항하는 데 필요한 특수 정보활동임무 수행을 목적으로 '중앙정보활동국(Bureau Central de Rensegnements et d'Ation, BCRA)'을 설립했고, 이것이 해외안보총국(DGSE)의 전신인 '해외정보 및 방첩국(Service de Documentation Euterieure dt de Contre-Espionage, SDECE)'의 모태가 된다.

2 연구조사총국(DGER)

① 제2차 세계대전 중 BCRA는 제2국의 첩보국과 병합하여 '총특무국(Direction Generale des Services Speciaux, DGSS)'이 되었다가 얼마 되지 않아 '연구조사총국(Direction Generale de Eudeset Recherches, DGER)'으로 명칭이 바뀌었다.

② DGER은 1946년 해체되었다가 이듬해 '해외정보 및 방첩국(Service de Documentation Euterieure dt de Contre-Espionage, SDECE)'이라는 명칭으로 새로이 창설되었다.

VI 제2차 세계대전 종전 직후

1 해외정보 및 방첩국(SDECE)

(1) 조직

① 1947년 설립 당시 SDECE의 편제는 총무본부(행정, 인사, 재무, 보안 등), 정보수집본부(아프리카, 동구, 아시아, 미주 등 지역별로 '과'가 있었음), 방첩본부, 암호해독부, 파일부, 연구부, 기술부 등이 있었으며, 당시 SDECE의 총 근무 인원은 약 2천 명(그중 민간인 55%, 군인 45%) 정도였다.

② 이후 얼마 되지 않아 제7부와 공작부가 증설되었다. SDECE 산하 공작부는 유괴, 암살, 파괴공작 등 공작활동을 전문적으로 수행하는 기관으로서 명성을 떨쳤는데 제11공수사단에서 선발된 장병으로 편성되었다.

③ 1980년경 SDECE의 총 인원은 3천 명으로 증원되었는데, 무관이 과반수를 차지했었다. 제7부는 전성기에는 1일 평균 20~27개의 외교행낭을 비밀리에 개봉했었으며, 중요 서류의 개봉, 첩보수집 등의 임무를 수행했다.

(2) 활동 영역

① 프랑스 정부는 그동안 국내 정보활동은 내무부의 기관, 즉 치안경찰, RG, DST 등이 담당하고, SDECE는 외국을 담당한다고 주장해 왔다.

② 그러나 추적권 행사의 필요에 따라 외국공관, 국제공항, 외국인 숙박호텔, 국제항만 등은 SDECE의 활동 영역으로 인정되고 있다.

2 해외안보총국(DGSE)

① SDECE는 당초 수상 직속기구였는데, 1965년 국방부 산하조직으로 소속이 변경되었다.

② SDECE는 1982년 4월 4일 '해외안보총국(La Direction General de la Securite Exterieure, DGSE)'으로 명칭을 변경하여 오늘에 이르고 있다.

3 국내안보총국(DGSI)

(1) 사법조사 관리총국

① 국토감시국(DST)은 1899년 5월에 창설된 내무부 소속의 '사법조사 관리총국'에 뿌리는 두고 있다.

② 사법조사 관리총국은 제1차 세계대전이 발발하기까지 방첩업무를 관장했던 것으로 알려졌다.

(2) 국토감시국(DST)

① DST는 1937년 내무부 산하기관으로 창설되었으며, 1942년 프랑스가 독일에 점령되자 독일군에 의해 해체되었다.

② 이후 독일군이 물러가고 프랑스가 해방되면서 재창설되어 1944년에 오늘날의 명칭인 국토감시국(DST)으로 개칭되었다.

(3) 국내중앙정보국(DCRI)

국토감시국(DST)은 2008년 7월 1일 프랑스 경찰청 산하의 일반중앙정보국(Direction centrale des Renseignements generaux, RG)와 함께 통폐합되어 국내중앙정보국(Direction Centrale du Renseignement Interieur, DCRI)에 흡수되었다.

(4) 국내안보총국(DGSI)

그리고 2014년 5월 12일 DCRI의 조직과 기능을 확대 · 개편하여 내무부 장관 직속의 국내정보기구로서 '국내안보총국(Direction Generale de la Securite Interieure, DGSI)'이 설립되었다.

Theme

92 프랑스 정보기구의 구성과 기능

I 프랑스 정보기구의 구성

프랑스 정보기구로는 해외안보총국(DGSE), 국내안보총국(DGSI), 군사정보부(DRM), 국방정보안보국(DRSD) 등이 있다.

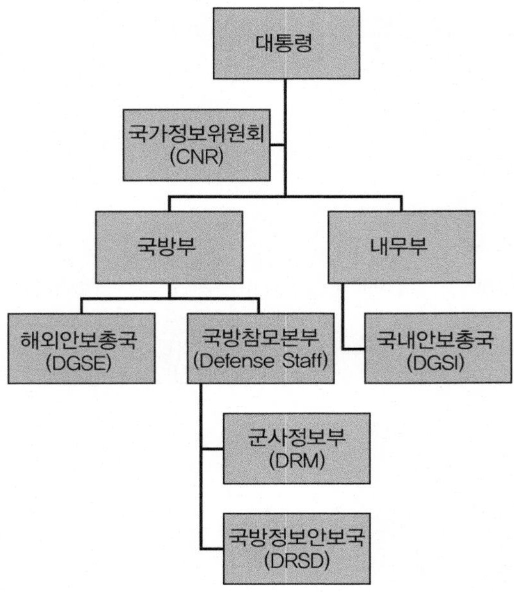

II 국방 및 국가안전보장회의(CDSN)

1 의의

국방 및 국가안전보장회의(Defense and National Security Council)는 군사정책, 억지력, 외부 작전 수행, 주요 위기에 대한 대응 계획, 정보, 경제 및 에너지 안보, 국가 안보에 기여하는 내부 보안 프로그램 및 테러와의 싸움에 대한 지침과 우선순위를 설정한다.

2 구성

① 국방 및 국가안전보장회의는 대통령, 총리, 국방부장관, 내무부장관, 경제담당장관, 예산장관, 외교부장관과 대통령이 지명하는 위원으로 구성한다.

② 대통령은 국방 및 국가안전보장회의 의장이 된다.

3 회의

① 국방 및 국가안전보장회의는 의안에 따라 대통령이 정한 구성으로 소집할 수 있고, 전문가를 출석시켜 발언하게 할 수 있다.

② 국방 및 국가안전보장회의 의장은 본회의, 전문화된 또는 제한된 구성으로 회의를 소집할 수 있다.

4 국방 및 안전보장회의 사무국(CSDNS)

국방 및 안전보장회의 사무국(the Secretariat of the National Defense and Security Council)은 국방 및 안보 보좌관(the Secretary General of Defense and National Security)에 의해 전문적이고 제한된 조직으로 구성된다.

5 국가정보위원회(CNR)

(1) 의의

① 국가정보위원회(The National Intelligence Council, CNR)는 국방 및 안전보장회의의 전문기구이다.

② 국가정보위원회는 전략적 방향과 정보 우선순위를 설정하고, 전문 정보 서비스의 인적 · 기술적 자원의 계획을 수립한다.

(2) 구성

① 국가정보위원회는 대통령, 총리, 장관으로 구성하고, 의안에 따라 전문정보기관의 장, 국가정보조정관(the National Intelligence Coordinator)이 위원이 될 수 있다.

② 대통령은 국가정보위원회의 의장이 된다.

6 국가정보 및 대테러조정관

(1) 의의

법령에 의해 각료 회의에서 임명된 국가정보조정관은 정보와 테러와의 전쟁(the Fight against Terrorism) 분야에 대해 대통령의 자문에 응한다.

(2) 국방 및 국가안전보장회의(CSDN)와 국가정보위원(CNR)에 보고

국가정보 및 대테러조정관(the National Intelligence and counter−Terrorism Coordinator)은 국방 및 안보 보좌관(the Secretary General of Defense and National Security)과 협의하여 국방 및 국가안전보장회에서 결정한 사항의 이행을 준비하고 이행상황을 점검하여 국방 및 국가안전보장회의와 국가정보위원회에 보고한다.

(3) 국가정보위원회(CNR) 소집 준비

국가정보 및 대테러조정관은 국가정보위원회의 의안의 상정 및 심의에 관한 사항 등 회의 소집에 필요한 제반 사항을 준비한다.

(4) 정보기관들의 업무 조정

국가정보 및 대테러조정관은 정보기관들의 업무를 조정하고, 정보공동체의 공동이익을 추구하는 임무를 수행한다. 다만 필요한 경우 정보 및 테러와의 전쟁을 유일 목적으로 정보기관들의 업무를 조정할 수 있다.

(5) 대통령의 지시 사항 전달 등

국가정보 및 대테러조정관은 정보기관의 장들에게 대통령의 지시를 전달하고 정보기관의 장들은 대통령과 총리가 관심을 가질 수 있는 정보와 활동 상황에 대해 국가정보 및 대테러조정관에게 전달한다.

(6) 의회 정보 대표단의 의견 청취

국가정보 및 대테러조정관은 의회 정보 대표단의 의견을 들을 수 있다.

7 국가대테러센터(CNCT)

(1) 의의

① 국가대테러센터(National Counter−Terrorism Centre, CNCT)는 테러 위협 분석 및 대테러 전략을 담당하고, 국가정보 및 대테러 조정권(CNRLT)에 근거하여 설립되었다.

② 국가정보 및 대테러 조정권은 국가정보 및 대테러 조정관(the National Intelligence and Counter−Terrorism Coordinator)의 권한이다.

③ 국가대테러센터의 책임자는 국가정보 및 대테러조정관이다.

(2) 국가정보 및 대테러 조정관의 임무

① 국가정보 및 대테러 조정관은 테러와 활동을 위해 정보공동체의 정보 공유와 협력을 촉진한다.

② 국가정보 및 대테러 조정관은 정보기관 내부 정보의 효과적인 교환과 조정을 위한 절차를 확립하고, 이를 위해 조직되는 회의에 참석한다.

③ 대테러 활동에서 각 정보기관이 보유하는 내부 보안 코드 등 정보자산 통합 및 공동 사용을 촉진하고 그러한 방법을 모색하여 대통령과 총리에게 보고한다.

(3) 대테러 전문기관의 장의 임무

① 대테러 전문기관의 장과 필요한 경우 다른 정보기관의 장은 대통령과 총리가 관심을 가질 수 있는 정보와 활동 상황에 대해 국가정보 및 대테러 조정관에게 보고하여야 한다.

② 안보위협이 국제 안보, 국제 정치 경제에 미치는 영향을 분석하고, 정보와 대테러 활동의 방향, 대테러 활동을 위한 조정된 활동의 우선순위에 대해 대통령에게 제안한다.

③ 관련 부처와 함께 정보와 대테러 활동에 관한 유럽과 국제협력 분야에서 프랑스가 주도할 수 있는 계획을 조정하고 발전된 방안 모색한다.

8 핵무기위원회

① 핵무기위원회(The Nuclear Weapons Council)는 국방 및 안전보장회의 전문 회의이다.

② 핵무기위원회는 전략적 방향을 설정하고 핵 억지 프로그램의 진전을 보장한다.

9 핵군비위원회

① 대통령, 총리, 국방부 장관, 합동참모총장, 군비 총대표(the General Delegate for Armaments), 원자력 위원회의 군사적 사용 책임자(the Director of Military Applications of the Atomic Energy Commission)는 핵군비위원회(the Nuclear Armaments Council)에 참석한다.

② 대통령은 핵군비위원회의 의장이 된다.

Ⅲ 해외안보총국(DGSE)

1 의의

① 해외안보총국(Direction Generalede la Securite Exterieure, DGSE)은 프랑스의 대표적인 국가 정보기관이면서도 대통령 직속이 아닌 국방부 소속으로 되어 있다.

② 해외안보총국(DGSE)은 해외에서의 첩보수집 및 비밀공작을 담당하며, 수집된 첩보를 종합하여 분석하는 기능도 수행하고 있다.

③ 여타 정보기관과 다른 점으로서 해외안보총국(DGSE)은 국가안보에 위협이 되는 간첩, 반국가사범 그리고 테러범에 대한 "수사권"을 가지고 있으며, 소속 직원들의 범죄에 대한 수사도 담당한다.

④ 기본적으로 해외 부문은 해외안보총국(DGSE)이 담당하고, 국내정보 및 수사권은 내무부 산하의 국내안보총국(DGSI)이 가지고 있다. 그러나 추적권의 필요성이 고려되어 국내 소재 외국공관, 국제공항, 외국인 숙박 호텔, 국제항만 등은 해외안보총국(DGSE)의 활동 영역으로 인정되고 있다.

2 조직과 규모

(1) 조직

① 해외안보총국(DGSE)의 조직과 정원은 국방비밀로 규정되어 있으나 지금까지 알려진 바에 따르면, 전략국(Directorate of Operations), 정보분석국(Directorate of Intelligence), 기술정보수집국(Technical Directorate), 행정지원국(Directorate of Administration), 공작국(Directorate of Operations) 등 5개 국으로 구성되어 있다.

② 그중 전략국은 정보사용자를 위해 필요한 정보를 생산하는 기능을 담당한다. 또한 공작국 산하에 비밀공작임무를 계획하고 수행하는 조직으로 '공작처(Action Division)'가 있다.

(2) 규모

① 2009년 현재 해외안보총국(DGSE)의 예산은 총 5억 4천 380만 유로이며 여기에 별도의 특별기금으로 4천 890만 유로를 운용하고 있는 것으로 알려졌다.

② 2007년 현재 총 4,620명의 요원이 근무하고 있는 것으로 알려졌다.

Ⅳ 국내안보총국(DGSI)

1 의의

① 2008년 7월 1일 프랑스 경찰청 중앙정보총국(Direction centrale des Renseignements generaux, RG)과 국토감시국(DST)을 통폐합하여 국내중앙정보국(Direction Centrale du Renseignement Interieur, DCRI)이 창설되었다.

② 2014년 5월 12일 국내중앙정보국(DCRI)의 조직과 기능을 확대·개편하여 내무부 장관 직속의 국내정보기구로서 국내안보총국(DGSI)이 설립되었다.

2 조직 및 규모

① 국내안보총국(Direction Generale de la Securite Interieure, DGSI)의 조직은 경제보호국, 대테러국, 정보기술국, 대전복국, 대간첩국, 국제국 등 8개 국으로 구성되어 있으며, 대간첩, 대테러, 사이버테러 대응 등의 임무를 수행하고 있다.

② 2013년 현재 3,300여 명이 근무하고 있으며, 예산 규모는 약 4천 1백만 프랑으로 알려져 있다.

3 임무

국내안보총국(DGSI)은 국토감시국(DST)과 경찰청 중앙정보총국(RG)을 통폐합하여 설립되었기 때문에 과거 국토감시국(DST)과 경찰청 중앙정보총국(RG)의 모습이나 행적을 살펴봄으로써 국내안보총국(DGSI)의 임무 및 기능을 개략적으로 파악할 수 있다.

Ⅴ 국토감시국(DST)

1 의의

① 국토감시국(Direction de la Securite du Territoire, DST)은 내무부 산하 정보기관으로서 국내보안 및 방첩활동을 담당하고 있다.

② 보다 구체적으로 대간첩, 반테러 그리고 산업보안활동을 주관하고 있으며, 프랑스 내 반확산과 조직범죄에 대한 대응활동도 수행하고 있다.

③ 1982년 12월 22일자 법령에 따르면 국토감시국(DST)이 담당하는 공식 업무는 “국가안보에 위협이 되는 외부 세력의 교사, 기도, 지원에 의해 자행되는 공작활동이 프랑스의 영토 내에서 전개되는 것에 대해 조사, 예방, 진압하는 것”으로 명시되어 있다.

2 냉전시대

(1) 의의

① 냉전시대 국토감시국(DST)은 프랑스 영토 내에서 활동하는 구소련 및 동구 공산권 국가들의 정보활동에 대응하는 데 역점을 두었다.

② 1978~1985년 기간 동안 프랑스에서 간첩활동을 하다가 적발되어 재판에 회부된 사건이 29건이 있었는데 그중 27건은 바르샤바 조약국들이 관련되었고, 2건은 알제리와 중국이 관련되었던 것으로 알려졌다.

(2) KGB의 정보활동에 대한 방첩

① 의의

㉠ 특히 구소련의 KGB는 프랑스에 가장 많은 거점을 확보하여 스파이활동을 전개했던 것으로 알려졌는데, 소련 대사관의 지휘 · 감독하에 한때 약 700명의 요원이 활동하였다고 한다.

㉡ 당시 국토감시국(DST)도 구소련의 KGB 내부에 첩자를 두고 KGB의 간첩활동 전모를 파악하는 등 방첩공작을 성공적으로 수행했던 것으로 알려졌다.

② Farewell

㉠ 국토감시국(DST)은 구소련 KGB의 과학 기술정보 수집부서인 T국 요원을 포섭하여 'Farewell'이라는 암호를 부여하고, 그를 통해 KGB가 서구의 과학기술을 훔치려는 계획과 실제 수행된 간첩활동에 관련된 서류 4,000건을 입수했다.

㉡ 1983년 Farewell이 제공한 자료에 기초하여 국토감시국(DST)은 40명의 외교관, 5명의 무역대표부 직원, 2명의 타스통신 기자를 포함 47명의 소련 외교관을 간첩행위를 했다는 혐의로 추방하는 등의 성과를 올렸다.

3 냉전시대 이후

(1) 의의

냉전 이후 국토감시국(DST)의 정보활동은 산업보안과 대테러에 중점을 두는 방향으로 변화되었다.

(2) 첨단기술을 보호하는 임무

국토감시국(DST) 산하 부서 중에서 '경제보안과 국가기술보호국(Economic Security and Protection of National Assets department)'은 프랑스의 방위산업, 의약, 통신, 자동차 등 제조업분야의 첨단기술을 보호하는 임무를 수행했으며, 프랑스 내 22개 지역에 지부를 20년 넘게 설치 · 운용했었다.

(3) 테러리즘에 대응하는 활동

국토감시국(DST) 예산의 약 1/4이 프랑스 내 테러리즘에 대응하는 활동에 사용되었던 것으로 알려졌다. 국토감시국(DST)은 한때 재직 인원이 5천 명 수준에 달했던 적이 있었으나 2000년경에는 약 1,500명이 재직하고 있었던 것으로 알려져 있다.

Ⅵ 경찰청 중앙정보총국(RG)

1 의의

경찰청 중앙정보총국(RG)의 공식명칭은 'Direction Centrale des Renseignements Generaux(Central Directorate of General Intelligence)'이다. 프랑스 내무부 장관의 지휘를 받고 있는 경찰청 산하 정보 업무를 담당하는 한 부서로 존재했었는데, 2008년 7월 1일 국토감시국(DST)과 함께 국내중앙정보국(DCRI)에 통합되었다.

2 조직 및 권한

(1) 의의

경찰청 중앙정보총국(RG)은 연구실(Research), 사회문제 분석실(Analysis, prospective and Society facts), 행정 지원실(Resources and methods) 그리고 카지노 및 도박 담당실(Games and casinos) 등의 부서를 두고 있었다.

(2) 권한

① 경찰청 중앙정보총국(RG)에는 총 3,850명의 경찰 인력이 근무하고 있었는데, 도박 및 카지노 업무 담당요원을 제외하고는 수사권을 갖지 못했다.

② 연구실은 테러조직의 동향을 지속적으로 감시하고 테러에 관한 정보수집 및 분석업무를 담당했다.

(3) 사회문제 분석실

사회문제 분석실은 각종 사회단체 및 금융기관들로부터 수집된 첩보를 분석하고 융합하는 임무를 담당했다.

(4) 행정지원실

행정지원실은 신규직원 모집 및 교육훈련, 군수품 지원 등의 업무를 수행했다.

(5) 카지노 및 도박 담당실

카지노 및 도박 담당실은 경마 등 게임 산업 전반에 대한 감시활동 업무를 담당했다.

Ⅶ 군 정보기관

1 의의

프랑스의 대표적인 군 정보기관으로서 '군사정보부(DRM)'와 '국방보안국(DPSD)'을 들 수 있다.

2 군사정보부(DRM)

(1) 의의

군사정보부(Direction du Renseignement Militaire, DRM)는 1992년 6월에 창설된 군 정보기관으로서 군 참모총장의 지휘감독을 받는다.

(2) 기능

① 미국의 군 정보기관인 DIA(국방정보국)와 유사하게 군사정보를 종합적으로 분석하여 보고서를 생산하는 기능을 담당한다.

② 생산된 정보보고서는 국방장관, 합참의장, 각 군 사령관 등 국방 관련 부서에 제공된다. DRM은 1993년 9월에 설립된 '정보 및 전자전 여단(Brigade de Renseignements et de Guerre Electronique, BRGE)'의 지원을 받고 있다.

(3) 규모

2000년 무렵 1,700명의 요원들이 재직하고 있었으며, 봉급이나 수당을 제외하고 순수 운영예산(operation budget)은 550만 달러로 알려져 있다.

3 국방보안국(DPSD)

(1) 의의

① 국방보안국(Direction de la Protection et de la Securite de la Defense, DPSD)은 DGSE와 더불어 국방부 산하기관으로서 국방부장관에게 직접 보고한다.

② 국방보안국(DPSD)은 국방부의 최고국방위원회(the Supreme Council of Defense) 산하 국방참모부(Defense Staff) 소속 정보기관이다.

③ 1981년까지 Military Security(Securite Militaire, SM)라는 명칭으로 알려진 군 보안기관에 뿌리를 두고 설립되어 오늘에 이르고 있다.

(2) 기능

① 국방보안국(DPSD)은 한국의 국군방첩사령부와 유사한 군 보안기관으로서, 군 방첩활동 및 군내 정치동향 감시, 군의 정치적 중립성 등에 대한 감시활동을 담당한다.

② 또한 국방보안국(DPSD)은 "군사 시설 및 방위산업 시설을 포함하여 국가안보에 중요한 인원, 문서, 자재, 시설에 대한 보호"를 담당한다.

(3) 규모

① 2000년 무렵 재직 인원이 1,600명이었는데 매년 인력이 감축되어, 2009년 현재 1,279명이 재직하고 있다.

② 2006년 전체 예산은 8,990만 유로로 편성되었는데, 그중 직원 인건비가 7,800만 유로이며 운영비(operating expense)는 770만 유로로 알려졌다.

Ⅷ 합동정보위원회(CIR)

① '합동정보위원회(Comite Interministeriel de Renseignement, CIR)'는 정보공동체 간 업무 조정 역할을 담당하고 있다. 대통령, 총리 그리고 관련 부처 장관들에게 필요한 정보를 제공해 주기도 한다.

② 합동정보위원회(CIR)는 총리를 최고책임자로 하며, 군 참모총장, 외교단장(the chief of the diplomatic corps), 대통령실장(the presidential cabinet director), 경찰청장, DGSE 국장, 국방장관 등이 구성원으로 참여한다.

Theme

93 프랑스 정보기구의 최근 동향과 전망

I 의의

① 프랑스의 정보기구는 최초 설립 당시부터 국가안보보다는 정권안보를 위한 수단으로 활용되어 반란을 감시하고 암살음모를 사전에 탐지 · 색출하는 데 주목적이 있었고, 심지어 정적 탄압의 도구로 악용되기도 하였다.

② 초기 프랑스 정보기구의 이러한 전통과 경험은 이후 프랑스 정보기구가 정권안보 차원을 넘어 국가안보 차원의 정보기구로 발전하는 데 상당한 장애요인으로 작용했을 것으로 추정된다.

③ 한편 1871년 보불전쟁에서 프랑스가 프로이센에 패배한 뒤 군 정보기관을 설립하여 전쟁임무 수행을 지원하는 등 국가적 차원의 정보기구로 발돋움하려는 모습을 보였다. 그러나 드레퓌스 사건으로 인해 프랑스의 국가정보기관에 대한 신뢰도가 또다시 추락하고 말았다. 이 사건을 계기로 실추된 프랑스 정보기관에 대한 명예가 오랜 기간 회복되지 못했었다.

Ⅱ 제1, 2차 세계대전

① 프랑스는 제1, 2차 세계대전을 거치면서 오늘날과 같은 정보기구로 발전하였다.

② 프랑스의 군 정보기관들은 주변국들에 관한 군사동향 수집 및 방첩활동을 성공적으로 수행해 왔다.

③ 또한 독일, 이탈리아, 러시아 등 해외 각국으로부터 발송되는 무선통신을 감청하고 암호전문을 성공적으로 해독하는 등의 활동을 통해 전쟁 임무 수행에 긍정적으로 기여했다.

Ⅲ 냉전시대

냉전시대 동안 국토감시국(DST)은 프랑스 내에서 암약해 온 구소련과 동구 유럽 공산국가들의 스파이들을 색출하는 데 많은 성과를 올림으로써 프랑스의 국가안보 체제를 유지하는 데 핵심적인 역할을 수행했다.

Ⅳ 해외안보총국(DGSE)의 과제

1 의의

최근 해외안보총국(DGSE)은 대테러와 반확산을 주요 과제로 설정하고, 이 문제를 해결하기 위해 적극적인 노력을 기울이고 있다.

2 대테러

해외안보총국(DGSE)은 지하드 등 테러조직의 테러활동이 다차원적이고 광범위한 네트워크를 활용하여 변화무쌍하게 전개되고 있는 점을 감안하여 이에 대한 대응 능력을 강화하는 방안을 지속적으로 강구하고 있다.

3 반확산

① 또한 대량살상무기의 확산은 국제사회의 안보를 위협하는 주요 요인으로서 해외안보총국(DGSE) 역시 적극적인 해결 노력을 기울여야 할 과제로 인식하고 있다.

② 이를 위해 해외안보총국(DGSE)은 대량살상무기의 확산 우려가 있는 국가들의 동향을 면밀히 감시하고, 이들 국가들에게 민감한 기술이나 물질이 공급되지 않도록 차단하는 등의 활동도 수행하고 있다.

4 북아프리카 지역의 이슬람 국가들에 대한 영향력 강화

(1) 의의

① 최근 프랑스는 북아프리카 지역의 이슬람 국가들에 대한 영향력을 유지·확대하고자 부심하고 있다.

② 프랑스는 최근 이 지역에서 군사개입을 지속적으로 확대해 왔으며, 이를 위해 정보역량을 보다 강화하려는 노력을 기울여 왔다.

(2) 바졸렛(Bernard Bajolet)의 DGSE 국장 임명과 외교관 영입

① 2013년 4월 9일 올랑드(Francis Hollande) 프랑스 대통령은 신임 해외안보총국(DGSE) 국장 후보로서 바졸렛(Bernard Bajolet)을 지명했는데, 이는 아프리카 지역의 이슬람 국가에 대한 프랑스의 영향력 확대를 위한 포석으로 추정된다.

② 해외안보총국(DGSE)은 냉전시대 동안 소련과 동구권 국가들을 정보목표로 하였으나 냉전 이후 정보목표는 북아프리카 지역의 비국가행위자들에 보다 역점을 두는 방향으로 변화되었다.

③ 이에 따라 북아프리카 지역 상황을 잘 알고 있는 외교관들이 대거 DGSE에 영입되어 과거 군인들이 맡았던 직위를 대체하게 되었다.

5 빈번한 정권 교체로 인한 해외안보총국(DGSE)의 정보수집 역량 약화

① 한편 2001년 이후 잦은 정권 교체로 인해 해외안보총국(DGSE)의 정보수집 역량이 약화되었다는 평가를 받고 있다.

② 해외안보총국(DGSE) 고위직 요원들의 상당수가 정치적으로 임명되곤 했으며, 해외안보총국(DGSE)이 정쟁에 휘말리는 사례가 빈번히 발생했던 것으로 지적된다. 이러한 상황이 개선되지 않을 경우 해외안보총국(DGSE)의 정보 역량이 약화될 것으로 우려된다.

③ 향후 해외안보총국(DGSE)이 프랑스의 대표적인 국가정보기관으로서 자신의 역량을 충분히 발휘하자면 무엇보다도 정쟁에 휘말리지 않고 정보기관 본연의 임무에 충실할 수 있도록 중립성이 보장되어야 할 것이며, 이를 위한 제도적 개선이 이루어져야 할 것이다.

핵심정리 **프랑스의 정보기구**

1. 해외안보총국(General Directorate of External Security, DGSE)
   ① 해외안보총국(DGSE)은 국방부 소속의 해외정보기구로 모토는 "필요성이 있는 모든 곳에 우리가 있다(In every place where necessity makes law)"이다.
   ② 군사전략정보, 전자감시, 국외에서의 방첩공작 임무, 국가이익에 반하는 활동을 하는 사람들에 대한 물리적 저지(action homo, 암살)를 포함한 비밀공작업무를 수행한다.
   ③ 해외안보총국의 암호명은 "CAT"로 본부는 파리에 위치한다. 인근에 프랑스 수영협회가 있는 관계로 대외적으로는 '수영장'이라고 불린다. 소위 '그럴듯한 부인'의 전범(典範)으로 여겨지는 레인보우 워리어, 일명 "마왕(魔王)의 작전(Operation Satanic)"이 해외안보총국의 작품이었다.
2. 국내안보총국(General Directorate of Internal Security, DGSI)
   ① 2014년 5월 12일 DCRI의 조직과 기능을 확대 · 개편하여 내무부 장관 직속의 국내정보기구로서 국내안보총국(DGSI)이 설립되었다.
   ② 국내중앙정보국(DCRI)은 기존의 국가경찰조직 중앙정보총국(RG)을 국토감시국(DST)에 흡수 통합하여 2008년 7월 1일 창설된 국내정보기구이다. 대간첩, 대테러, 사이버범죄와 제반 잠재적 위협세력에 대한 감시활동이 주된 임무이다.
   ③ 중앙정보총국(RG)은 나치 독일의 괴뢰국이었던 비시 정부(Vichy France)에서 탄생한 경찰조직으로 폐지하고 일반 경찰화하거나 국토감시국(DST)에 통합시키자는 주장이 끊이지 않고 제기되어 왔었다.
   ④ 국내중앙정보국(DCRI)의 전신인 국토감시국(DST)은 국내 보안 · 방첩공작기구로 1944년도에 창설되어 대표적인 경제정보기구로 활약했다. 커다란 성공의 하나가 암호명 '페어웰(Farewell)'로 잘 알려진 KGB 요원 블라디미르 페트로프의 전향공작이었다. 그동안 국토감시국은 미국 · 소련과 중국을 포함한 주요 국가의 정보기관 중에서 유일하게 외부침투를 당하지 않은 정보기관으로도 알려져 있다.

3. 군사정보부(DRM)

군사정보부(DRM)는 1992년 6월에 창설된 군 정보기관으로서 군 참모총장의 지휘감독을 받는다. 미국의 군 정보기관인 DIA(국방정보국)와 유사하게 군사정보를 종합적으로 분석하여 보고서를 생산하는 기능을 담당한다.

4. 국방보안국(DPSD)

국방보안국(DPSD)은 DGSE와 더불어 국방부 산하기관으로서 국방부장관에게 직접 보고한다. DPSD는 한국의 국군방첩사령부와 유사한 군 보안기관으로서, 군 방첩활동 및 군내 정치동향 감시, 군의 정치적 중립성 등에 대한 감시활동을 담당한다.

Theme

94 독일 정보기구의 기원과 발전

I 의의

① 독일의 정보기구는 1815년부터 점진적으로 도입되기 시작한 프로이센의 참모조직에 뿌리를 두고 발전했다.

② 1866년 3월 그러한 참모조직의 한 유형으로서 독일 육군 총참모부 산하에 '정보국(Intelligence Bureau)'이 설립되었다.

③ 1866년과 1870년 프로이센이 오스트리아와 프랑스와의 전쟁에서 승리를 거두면서 프로이센의 참모조직이 새삼 명성을 얻게 되었다.

④ 적정에 관한 정보를 수집하는 일이 프로이센 참모조직의 중요한 임무였으며, 그것이 정보기구로 발전되는 중요한 전기를 이루었던 것이다.

Ⅱ 제1차 세계대전

① 제1차 세계대전이 발발하면서 독일 육·해군 내 설립된 정보기구들의 정보활동이 보다 활발하게 전개되었다.

② 이들은 전시 통신첩보의 수집, 암호해독, 항공정찰 등은 물론 수집된 첩보의 종합분석과 해외공작에 이르기까지 다양한 유형의 정보활동임무를 수행했던 것으로 드러났다.

③ 그러나 제1차 세계대전에 패배하면서 독일은 군사력이 크게 제한되었으며, 정보기구와 그들의 활동도 현저하게 위축되기에 이르렀다.

Ⅲ 히틀러 집권

1 의의

① 히틀러가 집권하면서 독일의 군사력이 급격히 증강되었다. 이와 함께 육 · 해 · 공군은 물론 외무부, 경제 부처 등 민간 부문에 이르기까지 다양한 유형의 정보기구들이 설립되었으며, 그들이 수행하는 정보활동의 임무와 범위도 광범위하게 확대되었다.

② 히틀러 집권 당시 대표적인 정보기구로서 '독일제국 치안본부(RSHA)'와 '압베르(Abwehr)'를 들 수 있다.

2 독일제국 치안본부(RSHA)

① RSHA는 1939년 9월 27일 나치당과 정보, 보안 및 비밀경찰기구들이 연합하여 설립된 정보기관이다.

② RSHA는 첩보수집, 범죄수사, 외국인 감시, 여론동향 파악, 나치당 이념 선전 및 세뇌 등의 임무를 수행했다.

③ RSHA는 7개부로 구성되었는데 그중 제4부는 유태인 대학살을 주도한 게슈타포(Gestapo)로서 악명을 떨쳤다.

3 압베르(Abwehr)

(1) 의의

① 압베르(Abwehr)는 1921년 독일 국방부 산하 정보기관으로 창설되었다. 설립 당시에는 10명의 정보관(현역 3명, 예비역 7명)과 몇 명의 행정요원으로 구성된 소규모 조직이었는데 1928년 해군정보부를 병합하여 조직이 다소 확대되었다.

② '압베르'란 명칭은 방첩기관이라는 의미를 갖고 있으며, 주로 인간정보 수단을 활용하여 군사정보를 수집하는 임무를 수행했다.

(2) 제2차 세계대전

① 제2차 세계대전이 발발하자 빌헬름 카나리스(Wilhelm Canaris) 제독의 지휘 아래 압베르는 군사정보의 수집, 방첩 그리고 독일군에 대한 사보타주 대응 등의 활동을 수행했다.

② 제2차 세계대전이 끝날 무렵 독일 육군의 동부군사령부 소속 겔렌(Reinhard Gehlen) 중령은 소련 관련 정보를 전문적으로 다루어 명성을 떨쳤었는데, 1944년 말부터 1945년 초까지 소련에 관한 방대한 정보를 마이크로필름에 담아 은밀한 장소에 보관하고 있었다.

Ⅳ 겔렌 조직

1 설립

① 1945년 4월 미군에게 투항한 겔렌은 자신이 보관해 둔 자료를 협상카드로 제시하여 자신의 지휘하에 소련을 대상으로 첩보수집활동을 수행할 독자적인 정보기구의 설립을 허가해 달라고 요청했다.

② 1946년 7월 겔렌은 독일로 돌아와서 미국 정보기관과의 협약에 따라 '겔렌 조직(Gehlen Organization)'을 설립하였다.

2 조직 구성의 문제점

① 겔렌 조직의 요원들은 대부분 압베르 출신들로 충원되었지만, 간혹 나치 친위대(SS)의 게슈타포로 활동했던 경력을 가진 인물들이 채용되는 경우도 있었다.

② 이들은 히틀러 치하에서 잔혹한 행동을 자행했던 경력이 드러나면서 독일 내 많은 논란을 일으켰다.

3 활동

① 겔렌 조직은 1950년대 자체 정보망을 활용하여 소련과 동구권 국가들의 동향에 관한 정보를 미국 CIA에게 제공했다.

② CIA는 겔렌 조직에게 정보활동을 수행하는 데 필요한 예산과 더불어 자동차, 가솔린, 자재, 장비 등을 지원해 주었다.

Ⅴ 연방정보부(BND)

1956년 4월 1일 겔렌 조직에 기초하여 서독 내 연방정보부(Budesnachrichtendienst, BND)가 창설되었고, 초대 국장으로 겔렌이 임명되었다.

Ⅵ 헌법보호청(BfV)

1 의의

한편 독일 연방공화국 기본법 초안을 마련하는 과정에서 연합군의 군사정부는 1949년 4월 14일자 "치안서신(Police Letter)"을 통해 독일 내 연방경찰과 정보기관의 설립 구상을 인가했다.

2 권한

새로 설립되는 정보기구는 헌법보호청((Budcsamt fur Vergassungsschutz, BfV)으로 명명되었으며, 영국 MI5를 모델로 하여 경찰로부터 완전히 분리되고 체포권, 가택 수색권 등의 권한은 갖지 못하도록 하였다.

3 임무

① 1950년 9월에 제정된 법에 따르면 하원은 새로 설립될 헌법보호청(BfV)의 임무를 "연방공화국 또는 어떤 지역의 헌법 질서를 정지, 변경 및 혼란시키려는 동향에 관한 첩보를 수집하고 평가하는 데 있다."고 정의했다.

② 1950년 11월 7일 마침내 헌법보호청(BfV)이 설립되었다. 초기 헌법보호청(BfV)은 공산주의자 또는 극우집단들의 동향을 감시하는 데 역점을 두고 임무를 수행했으며, 이후 방첩임무가 추가되었다.

Theme

95 독일 정보기구의 구성과 기능

I 독일 정보기구의 구성

독일 정보기구로는 연방정보부(BND), 헌법보호청(BfV), 연방범죄수사청(BKA), 군 정보부(MAD), 사이버 및 정보 사령부(Kdo CIR), 정보 기술 사령부(KdoITBw), 전략 정찰 사령부(KSA), 지리 정보 센터(ZGeoBw) 등이 있다.

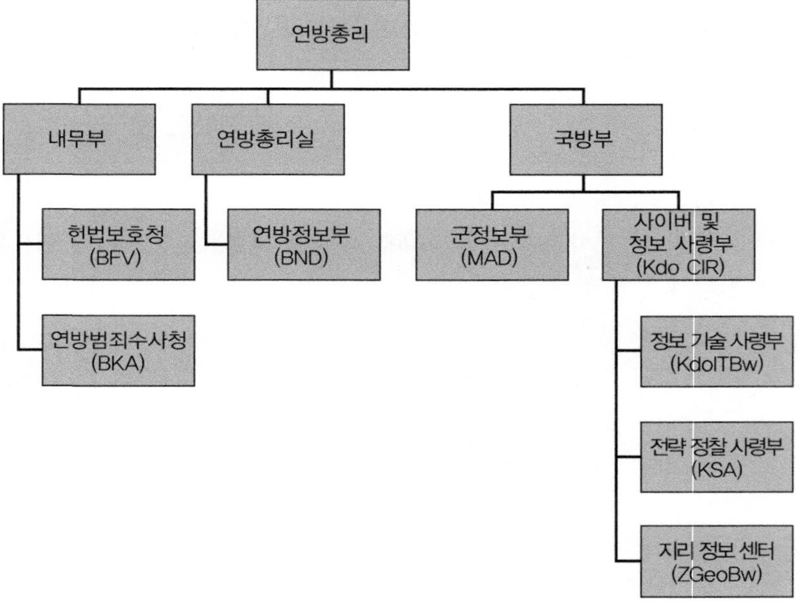

II 연방정보부(BND)

1 의의

연방정보부(Bundesnachrichtendienst, BND)는 수상 직속기구로서 해외정보활동을 수행하는 독일의 대표적인 국가정보기관이다. 연방정보부(BND)는 해외정보활동을 수행하면서 민간 부문은 물론 군사 분야의 첩보들도 수집하고 있다.

2 임무

(1) 의의

연방정보부(BND)는 독일 국내와 해외에 300여 개 지부를 두고 전 세계를 대상으로 첩보수집 활동을 전개하고 있다.

(2) 독일 「연방정보부법」 제1조

독일 「연방정보부법」 제1조에 규정된 바에 따르면 연방정보부(BND)의 임무는 "독일의 대외 및 안보정책에 중요한 의미가 있는 해외정보를 획득하는 데 요구되는 첩보를 수집 및 분석한다."고 규정되어 있다.

(3) 정보활동

① 보다 구체적으로 연방정보부(BND)는 해외에서의 정보수집, 연방정부의 해외 특수임무 수행(인질구출 등), 대간첩 업무, 산업정보수집 등의 임무를 담당하고 있다.

② 또한 국제 테러리즘, WMD 확산, 첨단기술의 불법 유출, 조직범죄, 불법무기 및 마약 거래, 자금세탁, 불법 이민, 정보전 등 다양한 문제들에 대해 대응하는 임무도 수행하고 있다.

③ 독일이 통일된 이후에는 구동독 정보기관인 슈타지(Stasi) 청산 업무를 수행했다.

3 냉전시대

(1) 의의

① 히틀러 집권 당시 나치 치하에서 게슈타포의 감시와 통제에 시달렸던 경험 때문에 대부분의 서독 국민들은 스파이활동 자체에 대해서 부정적인 인식을 가지고 있었다.

② 이에 따라 초기 연방정보부(BND)의 정보활동은 주로 소련과 폴란드, 체코슬로바키아, 헝가리, 유고슬라비아 등 동유럽 국가들을 주요 목표로 제한하여 임무를 수행하였다.

(2) 소련과 동유럽 국가들에 대한 임무 수행

① 연방정보부(BND)는 독일군의 협조를 얻어 동유럽 지역 내 소련과 동구 공산국가들에 관해 신뢰성 있는 정보를 제공해 주었다.

② 당시 연방정보부(BND)가 제공해 준 정보는 NATO에 대한 소련군의 군사작전에 대응하는 데 요구되는 경보체계(warning system)를 구체화하는 데 중요한 역할을 담당했다.

(3) 성과

① 초대 국장으로 재직했던 겔렌 장군이 사임할 무렵 조직의 효율성이 다소 약화되었다는 지적이 있지만, 그동안 연방정보부(BND)는 여러 가지 어려운 여건 속에서도 많은 성과를 거두었다.

② 예를 들어 연방정보부(BND)는 냉전시절 NATO에 제공된 바르샤바 조약기구에 관한 정보 중 약 70%를 기여했다고 한다.

③ 또한 연방정보부(BND)는 1962년 소련이 쿠바에 소련제 미사일을 배치하고 있다는 사실을 알아내서 미국에게 통보해 주었던 것으로 알려졌다.

④ 중동지역에서 '6일 전쟁'이 발발하기 직전 이스라엘이 이집트를 공격할 날짜와 시간을 정확히 파악하여 미국에게 제보해 주기도 하였다.

⑤ 1968년 소련의 체코 침공에 대해 CIA는 미처 파악하지 못하고 있었던 반면 연방정보부(BND)는 사전에 정확히 알고 있었던 것으로 밝혀졌다.

(4) 대테러 역량 강화

1972년 뮌헨 올림픽에서 이스라엘 선수들이 테러범들에게 납치되어 살해되는 사건이 발생하게 되었는데, 이를 계기로 연방정보부(BND)는 대테러 역량을 대폭 강화하였다.

4 조직 개편

(1) 의의

2009년 조직 개편과 함께 연방정보부(BND)는 산하에 상황실(Situation Center, GL), 첩보지원국(Specialized Supporting Services, UF), 신호정보국(Signal Intelligence, TA), 정보협력국(Areas of Operation and Foreign Relations, EA), 테러 및 국제범죄대응국(Terrorism and International Organized Crime, TE), 반확산국(Proliferation, TW), 보안국(Security, SI) 등 12개국을 두고 있다.

(2) 상황실(GL)

상황실은 각종 보고서들을 최종 편집 · 발간하여 관련부서에 배포하는 임무를 담당한다.

(3) 첩보지원국(UF)과 신호정보국(TA)

첩보지원국은 영상정보(IMINT), 지구공간정보(Geospatial Intelligence), 공개출처정보(OSINT) 등을 수집하는 임무를 수행하며, 신호정보국은 신호정보수집을 담당한다.

(4) 정보협력국(EA)과 반확산국(TW)

정보협력국은 NATO 국가들을 포함하여 외국 정보기관들과의 정보협력 업무를 수행하며, 반확산국은 핵무기, 화학무기, 생물무기의 확산 방지 업무를 수행한다.

5 소재 및 규모

(1) 소재

① 냉전시대 동안 서독 연방정보부(BND)의 본부는 뮌헨(Munich) 인근 풀라츠(Pullach)에 소재하고 있었다.

② 통일 이후 연방정보부(BND) 본부가 풀라츠(Pullach)와 베를린으로 분산되었는데, 2016년 경 베를린으로 통합될 계획이라고 한다.

(2) 규모

① 연방정보부(BND)는 독일과 해외에 약 300여 개의 지부를 운용하고 있으며, 2005년 당시 6,050명의 요원이 재직하고 있었다.

② 2013년 당시 직원 수는 6,500명이며, 예산은 5억 3,100만 유로인 것으로 알려졌다.

Ⅲ 연방헌법보호청(BfV)

1 의의

독일 연방헌법보호청((Bundesamt fur Vergassungsschutz, BfV)은 독일 내무부 산하 국내 보안정보를 담당하는 기관이다.

2 임무

(1) 독일 「연방헌법보호청법」

독일의 「연방헌법보호청법」에 따르면 연방헌법보호청(BfV)의 기능은 "첫째, 자유와 민주주의 기본질서 또는 연방정부의 존립에 위협을 가하는 행위와 연방헌법보호청(BfV)의 기능을 불법적으로 약화시키려는 행위," "둘째, 독일의 안보를 위태롭게 하는 행동 및 스파이활동 등의 이적행위," "셋째, 독일의 국제적 이익을 위태롭게 할 수 있는 폭력행위 또는 폭력행사를 위한 준비활동 등"에 대한 첩보의 수집 및 평가라고 규정되어 있다.

(2) 1972년 뮌헨 올림픽 테러사건

1972년 뮌헨 올림픽 테러사건을 계기로 「연방헌법보호청법」을 확대 · 개정하였으며, 외국인 과격단체에 대한 동향 파악 및 감시임무가 추가되었다.

(3) 핵심 요약

요컨대 연방헌법보호청(BfV)은 간첩행위 및 반국가활동 등 자유민주주의 질서를 파괴하는 세력들에 대한 감시 및 사찰을 통해 국가안보 위해 요인을 조기에 탐지 · 예방하고 헌법질서를 수호하는 임무를 수행하고 있다.

3 냉전시대 이후

(1) 의의

① 냉전시대 동안 연방헌법보호청(BfV)의 주요 임무는 서독 내에서 암약하던 동독 스파이들을 추적하고 색출하는 데 역점을 두었다.

② 그러나 동독과 구소련이 해체되면서 연방헌법보호청(BfV)의 정보활동 대상 또는 목표에 커다란 변화가 일어나게 되었다.

(2) 독일 내 극좌 또는 극우 급진주의자들의 활동 감시

① 냉전 이후 동독이나 소련을 포함한 동구권 국가들은 연방헌법보호청(BfV) 정보활동의 주요 관심사에서 벗어나게 되었다.

② 대신 독일 내 극좌 또는 극우 급진주의자들의 활동이 주요 대상으로 부각되었다. 이에 따라 헌법보호청은 극좌 공산주의자, 신나치주의 극우파들, 이슬람 극단주의자들, 테러단체, 조직범죄 등의 동향을 파악하고 그들의 헌법질서 파괴 행동에 대응하는 데 많은 노력을 기울이고 있다.

③ 연방헌법보호청(BfV)은 독일 내 암약하는 극단주의자들의 조직구조, 자금출처, 보유 무기, 행동계획 등을 파악하기 위한 감시활동은 물론 조직 내부에 협조자를 침투시키기도 한다.

4 헌법 수호 기능

(1) 의의

① 한편 독일 내 좌익성향의 시민운동 세력들은 간헐적으로 연방헌법보호청(BfV)의 활동에 대해 비판적인 입장에서 연방헌법보호청(BfV)의 존재 이유에 대해 의문을 제기하고 연방헌법보호청(BfV)의 폐지를 주장하기도 한다.

② 그러나 연방헌법보호청(BfV)은 독일 자유민주주의체제 수호의 핵심적인 기반으로서 결코 폐지의 대상이 될 수 없다.

③ 독일의 「헌법」에 해당되는 「기본법(Basic Law)」에 따르면 「헌법」의 수호는 곧 민주주의의 보호를 의미한다.

(2) 헌법 수호 활동

① 연방헌법보호청(BfV)은 「헌법」을 효과적으로 수호하기 위해 독일 내 급진 과격분자들의 활동과 국가안보에 위협이 되는 요소들에 관한 정보를 수집 · 분석 · 평가하여 국가의 안보정책 수립에 필요한 참고자료로 활용하도록 지원하는 역할을 수행한다.

② 또한 연방헌법보호청(BfV)은 국민들의 안보위협에 관한 경각심을 고취시킬 목적으로 헌법질서를 파괴하려는 세력들의 동태에 관한 내용의 연례보고서를 매년 발행하고 있으며, 종종 공개 학술세미나를 개최하여 국민들의 안보의식을 계도하는 활동도 수행한다.

③ 그런 점에서 독일의 연방헌법보호청(BfV)은 이른바 독일 자유민주주의체제 수호를 위한 일종의 조기경보체계라고 할 수 있다.

5 권한

① 연방헌법보호청(BfV)은 일반 경찰과는 달리 체포·수색·신문 등의 사법 경찰권(수사권)이 없다.

② 그래서 연방헌법보호청(BfV)은 영국의 MI5와 마찬가지로 혐의자를 체포하거나 신문할 수 없으며, 가택수색이나 압수 등의 권한도 없다.

③ 수사권이 없기 때문에 혐의자의 범죄행위를 입증할 수 있는 증거 수집에 역점을 두고 임무를 수행한다. 그리고 혐의자에 대한 경찰수사권 발동이 가능하다고 판단될 만큼 충분한 증거가 포착되면 동 사건을 검찰이나 범죄수사청에 이관한다.

④ 연방헌법보호청(BfV)이 수집한 정보는 연방 정부와 주 정부의 다른 기관에 제공되며 법정에서 중요한 증거로 활용될 수 있다.

6 주헌법보호청(LfV)과의 관계

① 독일 연방은 16개 주로 구성돼 있으며, 주 정부는 「주헌법보호법」에 따라 주 내무부 산하에 주헌법보호청(LfV)을 설치·운영하고 있다.

② 주헌법보호청(LfV)은 주 수준에서 각자 개별적인 관할과 책임을 가지고 있고, 연방헌법보호청(BfV)과 협조관계를 유지하지만 종속되어 있는 것은 아니다.

③ 연방헌법보호청(BfV)은 16개 주헌법보호청(LfV)에 대해 명령 또는 지시할 권한은 없으나, 그들의 활동을 조정하는 역할을 담당한다.

7 조직 및 규모

① 연방헌법보호청(BfV)은 산하에 총무과, 정보기술과, 좌익 급진주의자 대응과, 우익 급진주의자 대응과, 대간첩 및 예방보안과, 이슬람 극단주의 및 테러 대응과 등 총 8개의 과(departments)로 편성되어 있다.

② 2012년 현재 전체 직원은 2,700명이고, 예산은 2억 1천만 유로로 알려졌다.

Ⅲ 군 정보기구

1 군 정보부(MAD)

(1) 의의

① 독일의 경우 정보기구의 담당 영역을 해외 부문과 국내 부문으로 엄격히 구분하고 있으며, 민간 부문과 군 부문도 구분되어 있다.

② 군 부문의 정보기구로서 '군 정보부(Militarischer Abschirmdienst, Military Counterintelligence Service, MAD)'가 있다.

③ 군 정보부(MAD)는 연방 국방부와 육 · 해 · 공군 등 각 군 정보기관의 협력을 얻어 군사부문 정보활동을 수행하고 있다.

(2) 임무

① 독일 연방 국방부 산하의 군 방첩기구인 군 정보부(MAD)는 연합군과 독일 정부 간 연락사무소에 뿌리를 두고 1956년 창설되었다.

② 1986년까지는 연방군 보안국(Amt fur Sicherheit der Bundeswehr, ASBw)으로 알려졌었는데, 1990년 군 정보부(MAD)로 개칭하고 활동 영역도 확장하였다.

③ 군 정보부(MAD)는 외국 스파이 및 국내 안보 위해 극단주의(주로 좌익) 세력의 연방군에 대한 침투 공격을 차단하고, 군사분야 활동 요원들에 대한 보안감사 및 감찰활동 등을 주요 임무로 수행하고 있다.

(3) 규모

2009년 현재 군 정보부(MAD)의 요원 수는 현역 군인과 군무원을 합쳐 1,213명이며, 예산은 약 7천 300만 유로로 알려졌다.

2 사이버 · 정보군(CIR)

(1) 의의

독일연방군의 사이버 · 정보군(CIR)은 각 군의 사이버 및 정보 영역을 통합하여 육 · 해 · 공군과는 독립적인 군사 조직으로 설립하였다.

(2) 사이버 · 정보 사령부(Kdo CIR)

① 사이버 · 정보 사령부는 가장 최근에 설립된 사령부로 사이버 · 정보군의 발전과 교육에 관한 모든 부문을 담당한다.

② 사이버 · 정보 사령부는 독일연방군의 사이버 · 정보군의 본부로서 정보 기술 사령부(KdoITBw), 전략 정찰 사령부(KSA), 지리 정보 센터(ZGeoBw)를 지휘하고 사이버 · 정보군(CIR) 통합 상황실(Joint Situation Centre)을 운영한다.

(3) 정보 기술 사령부(KdoITBw)

① 정보 기술 사령부는 독일 제1 나토 신호 대대, IT 시스템 운영 센터(BITS), 기술 정보 대대, 사이버 보안 센터, 소프트웨어 역량 센터를 운영한다.

② 위성 통신, 네트워크 기술, 서버 기술 등 IT 정보 기술 시스템 구축은 물론 IT 정보 기술 교육과 IT 정보 기술 보안을 담당한다.

(4) 전략 정찰 사령부(KSA)

① 전략 정찰 사령부는 통신정보(COMINT), 전자정보(Electronic ELINT), 원격측정정보(TELINT) 등 신호정보, 영상정보(IMINT), 징후계측정보(MASINT)를 수집한다.

② 전자전 평가 센터, 전자전 대대, 영상 정찰 센터, 사이버 작전 센터, 커뮤니케이션 작전 센터, 기술 정찰 조사 센터 등을 운영한다.

(5) 지리 정보 센터(ZGeoBw)

군사 관련 지리공간정보의 수집 · 생산 · 지원 · 연구개발 및 전구(戰區) 작전지원 업무를 관장한다.

Ⅳ 연방범죄수사청(BKA)

1 의의

① 연방범죄수사청(Bundeskriminalamt, BKA)은 「연방범죄수사청법(BKAG)」에 따라 1951년 3월 15일 연방 내무부 산하기관으로 창설되었다.

② 범죄수사 외에도 국빈 경호, 증인 보호, 아동 성 착취 희생자의 신원 확인 및 이미지 · 정보의 목록화의 임무도 수행한다.

③ 연방범죄수사청(BKA)은 통상 미국의 FBI에 비교되며, 연방범죄수사청(BKA)과 별도로 16개 주에는 주범죄수사청(LKA)이 있는데, 연방과 주의 범죄수사청은 서로 독립적 협력관계에 있다.

④ 연방범죄수사청(BKA)은 2016년 1월 현재 전국에 5,500여명 이상의 직원을 보유하고 있다.

2 연방범죄수사청(BKA)의 권한

① 연방범죄수사청(BKA)은 연방검찰 그리고 주범죄수사청(LKA)은 주검찰의 수사지휘를 각각 받는다.

② 연방범죄수사청(BKA)은 경찰수사기관으로 기본적인 경찰업무는 주범죄수사청(LKA)에서 담당하고, 연방범죄수사청(BKA)은 독일 기본법(Grundgesetz)에 규정된 국가안보 관련 특정분야의 업무만 수행한다.

③ 테러 · 간첩사건의 경우에는 연방 검찰의 수사지휘를 받아 연방범죄수사청(BKA)이 전담하고, 주범죄수사청(LKA)은 예외적인 경우에 한해 연방검찰의 수사지휘를 받아 수사에 참여한다.

④ 구체적인 범죄사건이 아니라 시위 · 데모 등 예상되는 위협에 대한 대처활동은 전적으로 경찰의 업무소관으로 검찰의 수사지휘를 받지 않는다.

⑤ 연방범죄수사청(BKA) 내 중앙형사경찰국은 효과적인 정보처리 및 감식 · 과학수사를 위해 전자수배 정보시스템(Informationssystem der Polizei, INPOL)을 운영하고 있다.

3 연방범죄수사청(BKA)의 임무

(1) 의의

각 주에서 벌어지는 범죄정보를 종합 · 분석하여 해당 주범죄수사청(LKA)에 보내는 종합 정보센터로서의 기능을 수행한다.

(2) 국제범죄 관련 업무(인터폴, 쉥겐협정국, 유로폴 관련 업무)

쉥겐협정(Schengen Agreement) 가입 국가의 증가로 유럽 내 국경통제가 사라짐에 따라 컴퓨터시스템을 구축, 국제범죄 등에 공동대처한다.

(3) 연방 · 주범죄수사청의 관련 자료 전산처리

필요한 범위 내에서 공공기관 및 민간기관으로부터 데이터 수집 및 이들 기관에 대한 정보제공 요청의 권한을 확보한다.

(4) 국제범죄와 관련 주범죄수사청(LKA) 지원

항공기 관련 범죄 시 연방범죄수사청(BKA)의 항공기 전문가를 주범죄수사청(LKA)에 지원한다.

(5) 연방범죄수사청(BKA)의 독자적 수사기능 수행

① 마약 · 무기밀매 · 위폐 · 테러 등 법률에 연방범죄수사청(BKA)가 관여하도록 되어 있는 범죄 수사

② 외국테러단체 추종자에 대한 수사, 데이터 네트워크와 관련된 중범죄 수사, 내부안전을 목적으로 한 기술적 수단의 투입 등

③ 연방검찰 · 주검찰에서 위임한 사건 수사

④ 주경찰이 위임한 사건 수사

⑤ 여러 주에 걸쳐 테러위험이 존재하는 경우, 어느 주경찰청이 수사권을 갖는지 확인하기 어려운 경우, 주경찰청에서 업무의 인수를 요청한 경우 테러위험 방어조치 실시

Theme

96 독일의 정보기관에 대한 통제

I 정보기관 근거 법률에서의 통제

1 연방정보부(BND) 내의 독립위원회

(1) 의의

연방정부는 연방정보부(BND) 내에 연방재판관과 연방검사로 구성되는 '독립위원회(the Independent Control Council)'를 두고, 활동상황을 의회통제위원회에 통보하여야 한다.

(2) 구성

연방정부는 연방정보부(BND) 내에 '독립위원회'를 설치하고 6년의 임기로 연방대법원장의 제안에 따라 연방대법원의 재판관을 독립위원회 위원장 및 1명의 간사와 2명의 대리인으로 임명하고, 연방검찰총장의 제안에 따라 연방대법원의 연방검사를 1명의 간사와 1명의 대리인으로 임명한다(「연방정보부법(BNDG)」 제16조).

(3) 권한

① 독립위원회는 직무수행에 필요한 인원 및 장비를 제공받아야 하고, 사무실은 연방대법원에 설치된다.

② 독립위원회의 구성원과 대리인들은 그 직무 수행에 있어서 독립적이며 지시에 예속되지 않는다.

[독일 연방정보부 내의 독립위원회]

구분	연방정부	
구성원	위원장 및 1명의 간사와 2명의 대리인	연방대법원장의 제안에 따라 연방대법원의 재판관
	1명의 간사와 1명의 대리인	연방검찰총장의 제안에 따라 연방대법원의 연방 검사
활동통보대상	의회통제위원회	

(4) 회의 소집

① 독립위원회는 적어도 3개월마다 회의를 소집하며 과반수 득표로 결정한다.

② 독립위원회의 회의는 비밀이고, 독립위원회의 구성원과 대리인 및 직원들은 직무수행 중 그리고 직무 완료 이후에도 비밀유지의무를 진다.

(5) 의회통제위원회에 활동상황 통보

독립위원회는 활동상황을 의회통제위원회에 6개월을 초과하지 않는 간격으로 통보한다.

2 보고의무 부과를 통한 통제

(1) 의의

연방정보부(BND)는 연방수상청에 자신의 활동에 대해 보고하고 나아가 연방정보부(BND)는 자신의 업무결과에 대한 책임범위 내에서 연방부처에 직접 통보한다. 이 경우 개인정보의 전송도 허용된다.

(2) 정보 공개

① 연방정보부(BND)는 제1조 제2항에 따른 자신의 업무영역에서 그리고 자신의 업무 처리 과정에서 획득한 정보를 대중에게 알릴 수 있다.

② '맥락의 이해 또는 조직이나 비조직화된 모임의 대표성을 이해하기 위하여 필요한 경우'와 '공공의 이익이 관련 인물의 보호받아야 할 이익을 능가하는 경우'에는 개인정보의 공개가 허용된다(「연방정보부법(BNDG)」 제33조).

3 일반법규에 구속되는 연방헌법보호청(BfV) 및 군 정보부(MAD)

(1) 「연방헌법보호법」 제3조 제3항

① 「연방헌법보호법」 제3조 제3항은 "연방헌법보호청(BfV)과 주헌법보호청(LfV)들이 일반적인 법규에 구속된다."고 명시하면서 「기본법」 제20조를 적시하고 있다.

② 「기본법」 제20조는 모든 국가권력이 국민으로부터 나온다는 국민주권주의를 천명하고, 입법은 헌법질서에, 행정 및 사법은 법과 법률에 구속된다는 법치주의를 규정한 것으로 헌법보호를 위한 연방헌법보호청(BfV)과 주헌법보호청(LfV)도 일반적인 법규에 구속되는 국가기관의 하나임을 「연방헌법보호법」에서 확인하고 있다.

(2) 「군 정보부법」 제2조 제5항

① 「군 정보부법」 제2조 제5항에서도 "군 정보부는 일반적인 법규정에 구속된다."라고 「연방헌법보호법」과 동일한 취지의 규정을 하고 있다.

② 그 외에도 동법 제14조 제7항에서 "연방정부는 군 정보부의 해외파병 전에 의회통제위원회에 통지한다."라고 규정하고 있다.

Ⅱ 행정부에 의한 통제

1 의의

① 독일 정보기관은 독립적인 기구가 아니며 연방정보부(BND)는 연방수상청, 연방헌법보호청(BfV)은 내무장관, 군 정보부(MAD)는 국방장관 관할·통제하에 있으면서 정보활동에 관한 모든 사항을 보고해야 하는 의무를 갖고 있다.

② 독일 정보기관들은 연방 감사원으로부터 회계감사를 받으며, 연방 개인정보담당관실로부터 개인비밀보호와 관련된 업무에 대해 통제를 받는다.

2 연방수사청에 의한 통제

(1) 의의

연방정보부(BND)는 상급관청인 연방수상청에 의한 업무감시를 받는다. 연방수상청 제6국은 연방정보부(BND)가 업무수행에 있어 법규를 준수하는지를 감독하고 합목적성 통제를 행사한다.

(2) 정보조정위원회

① 의의

'정보조정위원회'는 정보업무를 총괄하는 연방수상청 차관을 위원장으로 하여 연방정보부(BND), 연방헌법보호청(BfV), 군 정보부(MAD)의 업무 간 협조 및 조정 업무를 수행한다.

② 권한

연방범죄수사청(BKA) 차관은 정보기관 간 업무조정을 위해 "연방정보기관 등에 대해 업무방법, 정보, 조직·인사·예산 등에 대한 정보요구권, 정보기관 관련 법률 및 규정 제정 업무 참여권, 정보기관장 등과의 면담 및 토의권" 등을 가진다.

③ 구성

'정보조정위원회'에는 '정보보안업무조정통제규정'에 의거 내무차관, 국방차관, 연방정보부(BND)의 장, 연방헌법보호청(BfV)의 장 등이 참석하며 정보기관 활동을 조정·통제한다.

3 연방회계감사원에 의한 통제

① 연방정보부(BND)의 예산 및 재정관리는 연방회계감사원의 심사를 받는다.

② 예산심사는 「예산회계감사원법(BRHG)」 제9조에서 규정하는 소위 3인 위원회에서 주관하는데, 3인 위원회는 원장이나 부원장이 2인 위원회(소관과장과 소관국장으로 구성)에 추가로 참석하는 것을 말한다(동법 제9조).

③ 예산심사결과는 연방회계감사원이 신임위원회, 의회통제위원회, 연방수상청, 연방재무부에 통보한다.

4 정보보호 및 정보자유 담당관에 의한 통제

정보보호 및 정보자유 담당관(the Federal Commissioner for Data Protection and Freedom of Information, BfDI)은 연방정보부(BND)가 「연방정보보호법」과 기타 정보보호관련 규정을 준수하는지를 통제한다.

Ⅲ 의회에 의한 통제

1 의회통제위원회(PKGr)

(1) 의의

의회통제위원회(The Parliamentary Control Panel, PKGr)는 연방정보부(BND), 연방헌법보호청(BfV), 군 정보부(MAD)를 감독함으로써 연방 정보 서비스의 활동과 관련하여 연방정부를 통제한다.

(2) 연혁

① 2009년 의회통제기구(the Parliamentary Control Body)가 설치되었다. 「통제위원회법(The Control Panel Act, PKGrG)」은 위원회에 대한 서류 조사, 자문 및 액세스 권한을 부여하고, 연방 정부의 정보 제공 의무를 명확히 했다. 개별적인 경우, 위원의 2/3의 찬성으로 통제 업무를 수행하기 위해 전문가에게 조사를 지시할 수 있었다.

② 의회통제기구(the Parliamentary Control Body)로는 체계적이고 구조화된 통제를 하는 데 한계가 있어서 의회통제기구에 의한 통제권을 보다 집중적으로 행사할 수 있도록 2016년 「의회의 연방정보기관 통제권 강화에 관한 법률」을 제정하였다.

(3) 의회통제위원회 상설 전권위원 사무국

의회통제위원회(PKGr)에 의한 연방 정보기관의 구조적 통제를 확대하기 위해 의회통제위원회 상설 전권위원 사무국(the office of a Permanent Plenipotentiary of the Parliamentary Control Committee)이 신설되었다.

(4) 연방정부의 보고의무

① 연방정부는 의회통제위원회(PKGr)에 연방정보부(BND), 연방헌법보호청(BfV), 군 정보부(MAD)의 일반적 활동과 특별히 중요한 사건에 대하여 종합적인 보고를 하여야 한다.

② 특별히 중요한 사건에는 국내외 안보상황의 중요한 변화, 임무수행에 상당한 영향을 미치는 국내사건, 정치적 논의나 일반보도의 대상이 되는 개별 사건 등이 포함된다.

(5) 권한

① 의회통제위원회(PKGr)는 연방정부와 연방정보부(BND), 연방헌법보호청(BfV), 군 정보부(MAD) 3개의 국가정보기관에 대하여 정보, 기관출입, 질의 또는 서면 답변을 요구할 수 있고 연방정부는 지체 없이 응답하여야 하고 법원과 해당기관도 협조의무를 진다.

② 의회통제위원회(PKGr)는 정보기관의 장들과 매년 공청회를 개최하고, 정보기관의 경제 계획에 대한 연례 협의에 참여한다.

(6) 다른 정보통제 당국과의 협력

의회의 연방정보기관 통제권을 강화하기 위해 「기본법」 제10조 위원회, 독립 통제위원회, 정보보호 및 정보자유 담당관 등 다른 정보통제 당국과 의회통제위원회(PKGr)의 정보 교환 및 협력을 보장하는 「연방정보부(BND) 수정법」이 제정되었다.

2 신임위원회에 의한 통제

(1) 의의

① 국가정보기관의 경비지출에 관한 통제는 의회 신임위원회에서 담당한다.

② 「연방예산법」 제10a조 제2항에 따라 독일연방의회는 비밀유지의 대상이 되는 경비의 지출에 관하여 예산분과위원회와 신임위원회에 위임할 수 있다.

(2) 연방정보부(BND)의 재정계획

① 연방정보부(BND)의 재정계획은 다른 독일정보기관의 예산과 마찬가지로 비밀이 보장된다. 그러나 연례예산절차의 과정에서 신임위원회는 연방정보부(BND)의 재정계획을 결정하고 집행연도의 준수 여부를 심사한다.

② 신임위원회의 위원은 연방의회 예산위원회의 위원 중에서 선임한다.

3 「기본법」 제10조 위원회에 의한 통제

(1) 「기본법」 제10조

독일 「기본법」 제10조는 “서신 우편 통신의 비밀은 침해되지 아니한다. 이에 대한 제한은 오직 법률에 근거하여 규정될 수 있다. 그 제한이 자유민주주의적 기본질서의 보호 또는 연방이나 주(州)의 존립이나 안전에 기여하는 경우에는 법률은 이 제한을 관계자에게 통지하지 않는 것과 쟁송기관을 갈음하여 의회가 임명하는 기관이나 보조기관이 심사하도록 정할 수 있다.”고 규정하고 있다.

(2) 근거법률

「서신, 우편 및 전기통신 비밀의 제한에 관한 법률」에 따라 연방의회가 임명한 ‘기본법 제10조 위원회’(G-10 Kommission)는 의회의 회기 동안 임무를 수행한다.

(3) 권한

① ‘기본법 제10조 위원회‘는 비밀회의에서 서신 우편 전기통신의 비밀유지와 관련하여 비밀유지의 필요성과 「기본법」 제10조의 침해여부 등에 관해 결정한다.

② ‘기본법 제10조 위원회‘는 개인 관련 정보처리와 관련한 조치에 대한 통제를 실시한다.

[독일 국가정보기관에 대한 의회 내 통제기구]

구분	근거 법률	직무
의회통제위원회	「의회통제위원회법」	국가정보기관 업무 전반을 감시 통제
신임위원회	「연방예산법」	국가정보기관의 경비지출에 관한 통제
기본법 제10조 위원회	「기본법 제10조 위원회법」	비밀회의에서 서신, 우편, 전기통신의 비밀유지에 관한 통제

Theme

97 독일 정보기구의 최근 동향과 전망

I 의의

① 독일은 NATO와 EU의 핵심 회원국으로서 국제경제, 정보(intelligence) 및 안보문제에 관련하여 미국 또는 이웃 유럽 국가들과 긴밀한 협력관계를 유지해 오고 있다.

② 그러나 독일은 과거 이웃 국가들을 침략하여 무자비한 폭력과 잔인한 행동을 저질렀던 경력을 갖고 있다. 오늘날 독일은 국제사회를 이끄는 모범적인 민주주의 국가로 탈바꿈했지만, 제1, 2차 세계대전을 일으켜 엄청난 인명을 잔혹하게 살상했으며, 나치 치하의 유태인 대학살(Holocaust)이라는 반인륜적 범죄를 저질렀다.

③ 또한 히틀러의 친위대로서 게슈타포는 무고한 시민을 체포, 구금, 고문, 강제추방 등 갖은 악랄한 수단을 동원하여 탄압함으로써 악명을 떨쳤다.

④ 또한 동독 공산주의 독재체제하에서 대다수의 동독 국민들이 슈타지(STASI) 등 정보기관의 무자비한 감시와 탄압으로 인해 이루 말할 수 없는 고통을 겪었다.

II 최근 동향

1 의의

동서독 통일과 함께 독일 연방의 정부 지도자들은 과거 히틀러 치하의 게슈타포 등 독일 정보 및 보안기관들의 부정적인 이미지를 씻어내고 자유민주주의체제에 부합하는 바람직한 정보기관상(象)을 정립하고자 부심하고 있다.

2 정보기관들의 기능과 권한의 분산

① 과거 나치 치하에서 게슈타포의 악행을 경험한 독일 국민들은 정보기관에 대해 생리적인 거부감을 갖고 있다.

② 따라서 1949년 서독 정부 수립 당시 정보기관의 권력 비대화를 방지하는 것이 무엇보다도 중요한 일로 여겨짐에 따라 정보기관들의 기능과 권한을 분산시켰다.

③ 그 결과 해외정보 업무는 연방정보부(BND)가, 국내보안 및 방첩 업무는 연방헌법보호청(BfV)이 그리고 군 방첩 업무는 군 정보부(MAD)가 각각 담당하게 되었다. 이로써 독일은 정보기관의 권력 집중화를 방지할 수 있었다.

3 독일 통일

1990년 독일의 통일과 함께 동독 정보기관 슈타지의 청산, 통일 이후 내부적 갈등 등 다양한 도전들에 직면했다. 연방정보부(BND)를 비롯한 독일 정보기구는 그러한 과제들을 해결하는 데 긍정적인 역할을 수행했다.

4 냉전 종식과 안보환경의 변화

① 한편 냉전의 종식과 함께 소련과 동구권 국가들로부터의 안보위협이 사라진 반면, 테러리즘, WMD 확산, 국제조직범죄, 마약밀매 등 새로운 안보위협이 부각되기에 이르렀다.

② 유럽연합(EU)의 맹주로서 독일은 테러리즘, WMD 확산 등 유럽 지역의 안보위협에 공동으로 대처할 필요성이 증대됨에 따라 유럽 국가들과의 정보협력을 적극적으로 추진하는 모습을 보이고 있다.

③ 실제로 연방정보부(BND)를 비롯한 독일의 정보기구는 이러한 다양한 문제들에 대처하기 위해 NATO와 서유럽동맹(WEU)의 국가들과 긴밀한 협조체제를 구축하여 인적 정보는 물론 기술정보분야에서도 협력관계를 돈독히 유지하고 있다.

Ⅲ 전망

① 독일은 국내적으로는 극우 또는 극좌 과격주의자들의 준동으로부터 자유민주주의적 헌법질서를 확고히 유지하고, 대외적으로는 테러리즘, WMD 확산 등 새로운 안보위협에 효과적으로 대응하기 위해 유럽 국가들의 적극적인 협력을 이끌어 내야 하는 과제를 안고 있다.

② 향후 독일 정보기구들이 이러한 대내외적 도전을 극복하고 독일의 국익을 증진시키는 데 어떠한 역할을 수행할 수 있을지 주목된다.

핵심정리 독일의 정보기구

1. 슈타지(STASI)

동독의 비밀경찰 겸 정보·보안기구로 복무 방침은 '당의 방패와 창(Shield and Sword of the Party)'이었다. 즉 목적 자체가 공산당에 대한 충성이었다. 슈타지는 1989년을 기준으로 주민 50명당 1명의 요원이 존재했다. 이러한 수치는 역사상 최고 수준의 주민 감시 체제라는 평가를 받았다. 동독 멸망이 임박하여 1989년과 1990년 사이에 슈타지는 상당한 비밀서류들을 파쇄했지만 CIA는 이미 뒷거래와 절취 등으로 슈타지의 상당한 비밀서류를 확보했던 것으로 알려졌다. 그것은 CIA가 독일 여러 지도자의 신상 비밀 그리고 동독이 서독에 대하여 파악하고 있는 정치·경제·사회·문화의 제반 분야에 대해서 어느 나라도 알지 못하는 비밀자료를 확보하고 있다는 것을 의미한다.

2. 헌법보호청(Protection of the Constitution, BfV)

① 독일은 역사적 경험으로 헌법질서 파괴는 그 자체가 국가파괴로 연결되고 헌법수호에 관한 노력은 많으면 많을수록 국가발전에 이로우며, 다수의 기관에 의한 헌법수호 노력은 더 이상 독일을 인류 참상의 현장으로 내몰지 않을 것이라는 것을 깨달았다. 연방헌법보호청과 16개의 주헌법보호청이 있다.

② 방첩정보기구인 헌법보호청은 1993년까지 377개의 반체제와 이적단체, 극렬분자 단체를 찾아내 이들 조직을 해체하고 재산을 모두 몰수했다. 또 1986년까지 공무원이 되려는 사람 350여만 명에 대해 '헌법 충성도'를 심사하여 2250명을 탈락시켰다. 현직 공무원과 교사에 대해서도 '헌법 충성도'를 조사해 2000여 명을 중징계하고 256명을 파면시켰다. 독일이 이렇게 반체제자들을 가혹하게 탄압하는 이유는 헌법체제 자체를 부정하는 이들은 사회적 통합의 대상이 아니라고 판단하는 것이다.

3. 연방정보부(Federal Intelligence Service, BND)

연방수상청 직속으로 해외정보기구이다. 연방정보부의 전신은 겔렌(Gehlen) 장군이 이끌었던 동부군 정보국(German eastern military intelligence agency)이다. 미국에 의해 전범에서 사면을 받은 겔렌은 미국의 후원하에 1946년 7월 '겔렌조직(Gehlen Organization)'이라는 비밀정보조직을 창설했다. 겔렌조직은 미국 정보공동체의 하부조직으로서 냉전시대 소비에트 블록에 대한 지상의 눈과 귀로 소련에 대한 수많은 정보를 미국과 나토에 제공했다. 이 겔렌 조직이 1956년 연방정보부(BND)로 탄생했다. 겔렌은 1968년까지 연방정보부의 초대 부장을 역임했다.

4. 군 정보부(Military Protective Service, MAD)

독일군 정보부(MAD)는 1956년 창설된 군정보기구로, 헌법보호청, 연방정보부와 함께 독일의 3대 정보기구이다. 군 방첩 활동, 군 관련 정보수집과 분석, 군대 내에서의 반 헌법적 활동과 적대국에 대한 비밀정보 활동 그리고 독일과 동맹국의 안보상황에 대한 정보업무를 수행한다. 연방헌법보호청의 군대 내 조직으로 비유된다.

5. 연방정보보호청(Federal Office for Information Security, BSI)

컴퓨터와 통신보안에 대한 주무 정보기구이다. 미국의 국가안보국(NSA)과 영국의 정부통신본부(GCHQ)와 유사한 임무를 수행한다.

Theme

98 이스라엘 정보기구의 기원과 발전

I 구약성서

1 의의

① 이스라엘은 오랜 옛날부터 정보활동을 수행해 왔다. 구약성서 민수기 13장에 보면 기원전 1,400년경 모세가 이스라엘 백성을 이집트에서 탈출시킨 다음 가나안 땅을 정복하기 위해 12명의 정탐꾼을 보내는 내용이 있다.

② 이 밖에도 여리고성을 정복하기에 앞서 정탐꾼을 보내는 등 구약성서의 여러 곳에서 정탐활동을 수행하는 내용들이 나온다.

2 스파이활동의 종교적 · 윤리적 정당화

① 이스라엘 사람들은 주로 자신들의 적대세력에 대해 스파이들을 활용했는데, 때로는 자신들의 종족 간에도 정탐행위가 빈번했던 것으로 나타난다.

② 특히 이스라엘 사람들의 의식 속에 스파이활동은 자신들의 신이 인정하는 행위로서 윤리적으로 정당화되었다.

③ 아마도 그러한 이스라엘 사람들의 의식 또는 전통에 뿌리를 두고 오늘날의 모사드 등 세계적으로 명성을 날리는 정보기관들이 탄생하게 되었을 것이다.

II 시오니즘(Zionism)

1 의의

① 오늘날의 이스라엘 정보기구가 창설되는 계기는 유태인들의 '시오니즘(Zionism)'과 밀접히 관련된다.

② '시온(Zion)'은 유대교의 신전이 있는 예루살렘 동쪽에 위치한 '오펠(Opel)' 언덕을 말한다. 그러므로 '시오니즘'이란 '시온 언덕으로 돌아가자.'는 사상이며 운동을 의미한다.

2 시오니즘 탄생의 결정적인 계기

① AD 70년 이스라엘이 로마에 의해 멸망한 이후 유태인들은 세계 각지로 흩어져 거의 2천년 동안 박해와 고난을 받아 왔다.

② 시오니즘이 탄생하게 된 결정적인 계기는 1882년 러시아에서의 조직적인 유태인 학살에서 찾을 수 있다.

③ 당시 유대인들 간에 자신들의 생명과 재산을 보호해 줄 수 있는 국가건설이 필요하다는 인식이 싹트게 되었고 그것이 시오니즘 사상으로 발전하게 되었다.

3 발포어 선언(Balfouer Declaration)

① 시오니즘은 한동안 이상 또는 사상에 불과했으나, 1917년 11월 영국 발포어 수상이 '발포어 선언(Balfouer Declaration)'을 통해 팔레스타인 지역에 유태인 민족국가 건설을 약속함으로써 현실적인 운동으로 촉발되기에 이르렀다.

② '발포어(Balfouer) 선언'에 따라 팔레스타인 지역으로 유태인들의 이주가 시작되었고, 얼마 지나지 않아 팔레스티나 지역에 거주하던 유대인들이 아랍인들의 공격을 받게 되었다.

생각넓히기 | 팔레스타인 해방기구

1. 의의

팔레스타인 해방 기구(Palestine Liberation Organization, PLO)는 1964년 독립국 팔레스타인을 수립하기 위해 세워진 기구로 유엔과 100개 이상의 국가로부터 "팔레스타인을 대표하는 유일한 법적 조직"으로 인정되고 있다. 1974년 유엔의 참관국이 되었다. 미국과 이스라엘은 팔레스타인 해방 기구를 국제 테러 조직으로 지정한 바 있으나 1991년 마드리드 조약 이후 해제하였다. 1993년 팔레스타인 해방기구와 이스라엘은 유엔 안전 보장 이사회의 결의문 제242호와 결의문 제338호를 상호 수용하였으며, 이로써 팔레스타인 해방 기구는 이스라엘의 존립권을 인정하고 이스라엘은 팔레스타인 해방 기구를 팔레스타인을 대표하는 유일한 기구로서 인정하였다.

2. 설립

1964년 카이로 아랍 연맹 정상 회담에 모인 아랍 정상들은 게릴라전을 동반한 무장 투쟁으로 "팔레스타인 해방"을 이룰 것을 결의하였고, 이를 위한 조직으로 팔레스타인 해방 기구를 설립하였다. 팔레스타인 해방 기구는 1964년 5월 28일 헌장을 발표하여 "팔레스타인의 영토는 영국 위임통치령 팔레스타인에 준하며 이 지역 내에서 시오니즘을 표방하는 활동을 할 수 없다."고 선포하였다. 설립 당시 팔레스타인 해방 기구는 팔레스타인인에게 민족 자결권과 회복권이 있음을 선포하였지만, 팔레스타인 독립 선언은 1974년에 이루어졌다.

3. 조직

팔레스타인 해방 기구의 명목상 법적 최고 조직은 팔레스타인 민족회의이지만, 실질적인 의사 결정은 팔레스타인 민족회의에서 선출된 18인으로 구성된 팔레스타인 해방 기구 집행위원회에서 이루어지고 있다. 팔레스타인 해방 기구는 팔레스타인의 독립을 위해 활동하는 다양한 이데올로기들을 포괄하는 비종교적 정치 조직이다. 팔레스타인 해방 기구는 현재 아랍 연맹과 유엔의 참관국이다.

4. 정당 및 단체

(1) 의의

팔레스타인 해방 기구는 중앙집권적 정치 조직이 아니라 여러 정당 및 단체의 연대 조직이다. 이 때문에 팔레스타인 해방 기구는 산하 단체를 직접적으로 지도할 수는 없지만, 가입 조직들은 팔레스타인 민족회의에 참여하고 여기서 선출된 집행위원회의 결정을 존중한다.

(2) 팔레스타인 입법부 내 정당

① 파타

파타(팔레스타인 민족 해방 운동)는 1957년 조직되어 야세르 아라파트의 지도로 팔레스타인 독립국가 건설을 위해 활동하였고, 2005년 총선에서 하마스에게 패하기 전까지 팔레스타인 해방 기구 내의 여당이었다. 비폭력적인 독립운동 단체이다.

② 하마스

정당이자 준군사단체로서 이스라엘과의 평화적인 협상이 아닌 무장 투쟁을 통한 팔레스타인 해방을 목표로 한다. 2006년 2월에 있었던 팔레스타인 자치 정부 총선거에서 유권자의 지지를 받아 팔레스타인 해방 기구의 여당이 되었다. 팔레스타인 인민해방전선과는 달리 급진 이슬람 원리주의를 추구한다.

③ 팔레스타인 인민해방전선

1967년 하반기에 아랍 민족주의자들을 중심으로 건립된 팔레스타인 인민해방전선은 1970년대에 들어서 마르크스-레닌주의를 표방하였고, 세속주의적, 탈이슬람적 색깔로 바뀌었다.

Ⅲ 1920~1948년

1 하쇼메(Hashomer)

유대인의 증가는 팔레스타인 아랍 원주민들과 대립을 불가피하게 만들었고 아랍인들은 새로운 침입자들에 대하여 테러와 습격을 감행했다. 이 결과 유태인들 역시 1909년부터는 집단농장의 경비부대인 하쇼메(Hashomer)란 자위기구를 발족하였다.

2 하가나(Hagana)

① 유태인들 스스로 아랍인들과의 무력충돌에 대비하여 촌락별로 자체 방위대를 조직하였는데, 이것이 후일 이스라엘 군의 기초를 이루는 '하가나(Hagana)'이다.

② 하가나는 Hashomer(지키는 사람)에서 비롯되었다. Hashomer는 의용심으로 자기 자신들과 유태인부락과 농장을 방어한다는 뜻을 내포하고 있다. 제1차 세계대전을 전후하여 유태인이 아랍인으로부터 공격을 받게 되자 Hashomer의 개념은 Haganah(방위)의미로 전환하였다.

3 쉐이(SHAI)

하가나는 그 휘하에 '쉐이(SHAI)'라는 정보조직을 갖고 있었는데, 이것이 오늘날의 이스라엘 정보기관으로 발전하게 되었다.

4 히틀러의 유태인 박해

한편 독일에서 히틀러 정권이 출범하고 나서 1933년 이후 그의 지배가 유럽 전 지역으로 확대됨에 따라 각지에서 유태인에 대한 박해가 심해졌다. 이에 따라 유대인들의 민족국가 건설을 의미하는 '시오니즘(Zionism) 운동'이 더욱 본격적으로 전개되기 시작했다.

5 모사드 르 알리야 베트(Mossad le Aliyah Bet)

(1) 의의

① 팔레스타인 지역으로 이주하는 유태인들의 수가 늘어나고 그들의 토지 매입이 확대되면서 아랍인들과의 마찰이 증가하였고, 그것이 점차 무력충돌로 발전하게 되었다.

② 당시 하가나는 유태인들을 소부대로 편성하여 그들을 훈련시키고 아랍인들의 공격에 대응하도록 하였으며, 전투에 필요한 무기를 외국으로부터 밀수입하는 활동도 수행했다.

(2) 이민협회 B(Institute of Immigration B)

① 한편 제2차 세계대전 중 팔레스티나 지역을 위임 통치했던 영국은 아랍세계를 자신들의 지지 세력으로 확보하기 위해 유태인들의 팔레스타인 귀환운동(이민사업)을 극도로 억제하는 정책을 추진했다.

② 이를 타개하고자 하가나는 1937년 '모사드 르 알리야 베트(Mossad le Aliyah Bet)', 즉 '이민협회 B(Institute of Immigration B)'를 조직하여 유대인들을 팔레스타인으로 이주하는 비합법적인 이민 사업을 전개했다.

6 팔마(Palmach)

(1) 의의

① 제2차 세계대전이 격화된 1941년 5월 하가나는 '팔마(Palmach)'라는 군대조직을 설립하였다.

② 팔마는 팔레스타인 거주 유태인들이 자위의 수단으로 자기들 스스로가 조직한 이스라엘 최초의 군대였으며, 그 간부들은 오늘날 이스라엘 군의 주축이 되었다. 팔마의 아랍과(課)에서는 유태인 젊은이들이 아랍사회 속에서 아랍인처럼 생활하고 활동할 수 있도록 그들을 훈련시켰다.

(2) 팔리암(Palyam)

팔마의 해상파견대 '팔리암(Palyam)'에서는 팔마 요원들을 불법 이민선의 항해사로 배치하여 선장을 감시하고 배신자가 생기지 않도록 조치를 취하는 등의 임무를 수행했다. 후일 팔리암은 이스라엘 해군 정보부대의 기초를 이루었다.

Ⅳ 이스라엘 건국 후

1 군사, 국내, 해외 정보기관 설립

(1) 의의

1948년 5월 14일 이스라엘은 독립국가가 되었다. 그해 6월 당시 수상이었던 벤 구리온(David Ben-Gurion)은 하가나 산하 정보조직이었던 쉐이를 해체하고 군사, 국내 그리고 해외 등 각각의 영역을 담당하는 3개의 정보기관을 설립하였다.

(2) 군 정보부(MI)와 신베트(Shin Beth)

이스라엘군(Israel Defense Force, IDF) 총참모부 산하에 '군 정보부(Military Intelligence, MI)'가 창설되었으며, 국내보안 업무를 담당하는 '신베트(Shin Beth)'가 설립되었다.

(3) 정치국(Political Department)

해외정보를 담당하는 기관으로 외무부 산하에 정치국(Political Department)이 설치되었다.

2 정보기관장위원회(VARASH) 설립

1949년 4월 영국의 합동정보위원회(Joint Intelligence Committee)를 모방하여 이스라엘 정보공동체 내 정보기관들에 대한 통합·조정 업무를 담당하는 기구로서 가칭 '정보기관장위원회(Va'adat Rasei Hasherutim, VARASH)'를 설립하였다.

3 모사드(Mossad) 설립

(1) 의의

1949년 12월 13일 벤 구리온 수상은 외교부 정치국을 감독하고, 보안부와 군 정보기구들을 조정할 기구로서 '정보조정연구소(Mossad, Institute for Co-ordination)'의 설립을 지시했고, 1951년 동 기구를 재편하여 해외정보활동을 전담하는 독립적이고 중앙집권화된 조직체로서 오늘날의 모사드(Mossad)가 탄생하게 되었다.

(2) 실로아(Reuven Sjhiloah)

① 모사드는 외교부 산하에서 떨어져 나와 수상 직속기구가 되었으며, 초대 부장에 실로아(Reuven Sjhiloah)가 임명되었다.

② 그런데 1952년 5월 바그다드에 있는 모사드 첩보망이 이라크 보안당국에 의해 일망타진되고, 로마에 있는 모사드 첩자가 이집트의 이중첩자라는 사실이 밝혀져 실로아는 부장직을 사임하게 되었다.

(3) 이써 하렐(Isser Harel)

① 그 후임으로 신베트 부장으로 재직 중이었던 이써 하렐(Isser Harel)이 제2대 모사드 부장으로 취임하였다.

② 모사드는 하렐의 탁월한 지휘하에 기반을 마련하고 세계적인 명성을 떨치게 되었다.

4 아만(AMAN)

1948년 이스라엘 군 총참모부 산하의 한 부서로 설립되었던 군 정보부(MI)는 1953년 그 위상이 군의 해군, 공군 등과 같은 급의 독립적인 기구로 격상되었고, 그 기능이 확대되어 오늘날의 아만(AMAN)이 되었다.

5 라캄(LAKAM)과 정치연구센터

(1) 의의

이 밖에 이스라엘의 정보기관으로서 라캄(LAKAM)과 정치연구센터(center of Political Research)가 있다.

(2) 라캄(LAKAM)

라캄(LAKAM)은 1957년 국방부 산하기관으로 창설되어 공개 및 비밀출처를 통해 과학기술정보 수집임무를 담당했다.

(3) 정치연구센터

① 정치연구센터는 1948년 6월 외무부 산하에 설치된 정치국(Political Department)에 기반을 두고 있다.

② 정치국은 1951년 모사드가 설치되면서 해외정보수집 기능이 박탈되어 '연구국'으로 축소되었다가 1973년 10월 욤 키푸르 전쟁에서의 정보실패를 조사하기 위해 구성된 아가니트 위원회(Arganat Commission)의 건의에 따라 외교부 산하 정치연구센터(Center for Political Research)로 확대 · 개편되어 오늘에 이르고 있다.

Theme

99 이스라엘 정보기구의 조직과 운영체계

I 이스라엘 정보공동체

① 이스라엘 정보공동체는 해외정보를 담당하고 있는 모사드, 국내보안을 담당하고 있는 신베트, 군사정보를 담당하고 있는 아만, 외무부 산하의 정치연구센터(Center for Political Research), 내무부 산하의 경찰청 등으로 구성되어 있다.

② 1957년에 설립되어 과학기술 정보수집을 담당했던 라캄(LAKAM)이라는 조직도 한때 이스라엘 정보공동체의 일원이었으나 1986년 해체되었다.

③ 영국의 합동정보위원회(Joint Intelligence Committee)를 모델로 1949년 4월에 설립된 '정보기관장위원회(Va'adat Rasei Hasherutim, VARASH)'는 이스라엘 정보기관들에 대한 통합 · 조정 업무를 담당한다. 동 위원회에는 모사드, 신베트, 아만 등 각 정보기관의 책임자와 수상의 정보 · 군사 · 정치 · 대테러 대책 고문이 참석하며, 의장은 모사드 부장이 맡고 있다.

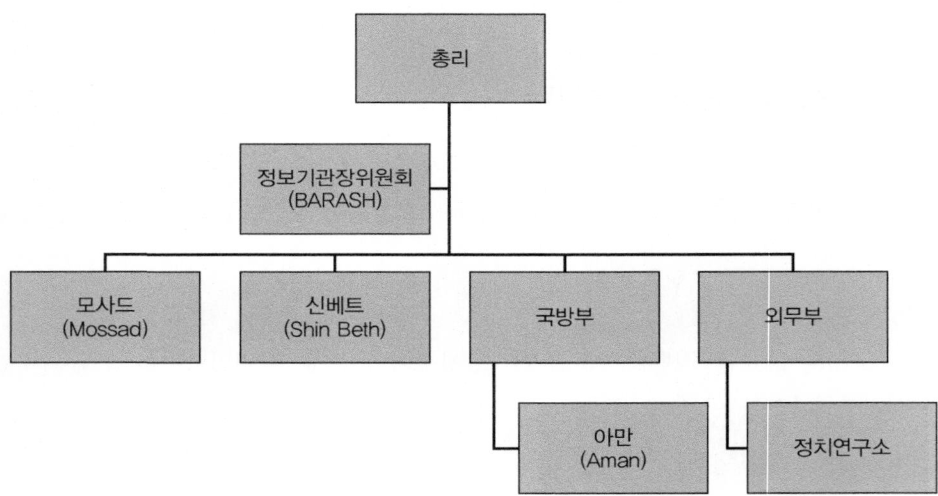

Ⅱ 모사드(Mossad)

1 의의

① 모사드는 이스라엘 내 최고 정보기관의 위상을 가진다. 모사드의 공식명칭은 'ha Mossad le Modiin ule Tafkidim Meyuhadim'으로서 이를 해석하면 '정보 및 특수임무 연구소(the Institute for Intelligence and Special Tasks)'라는 의미를 가진다.

② 모사드는 주로 인간정보 수단을 활용하여 해외에서의 첩보수집 및 비밀공작임무를 담당한다. 모사드가 주로 관심을 갖고 수집하는 핵심적인 첩보수집 목표는 아랍국들의 군사력 배치, 군기 및 사기, 군수, 지휘체계 등이다. 또한 아랍국들의 국내정치 동향, 아랍국 지도자들 간의 관계, 아랍국들의 외교활동 동향 등에 관한 첩보도 중요한 관심사 중의 하나이다.

2 프로미스(PROMIS)

① 모사드는 과학기술정보 특히 전자기술분야에서 세계 최고의 수준을 자랑한다. 그 대표적인 사례로서 모사드는 '프로미스(PROMIS)'로 널리 알려진 초강력 컴퓨터 데이터베이스를 개발했다.

② '프로미스(PROMIS)'를 이용하면 엄청난 분량의 자료를 저장 · 처리할 수 있어서 외국의 몇몇 정보기관들도 이 프로그램을 구입하여 활용하고 있다.

3 임무

① 모사드는 오랫동안 적대국가들 내 거주하고 있는 유태인 난민들을 구출하는 일, 팔레스타인 민족운동 단체로 침투하여 사보타주를 행하는 활동, 방첩활동 등의 임무를 수행해 왔다.

② 그리고 지난 수십 년에 걸쳐 모사드는 자신들의 업무 영역을 점차적으로 확장했다. 모사드의 확장된 업무영역으로는 이스라엘 국경 밖 지역에 관한 첩보수집, 특별한 국가와의 외교 관계를 발전 · 유지하기, 적대국가의 비재래식 무기 개발 및 구입 저지, 해외에서 이스라엘 사람이나 시설에 대한 테러 행위 저지, 이스라엘 국경 밖 특수임무 수행 등이다.

4 조직

(1) 의의

모사드는 산하에 8개 '과(department)'를 두고 있다.

(2) 수집과(Collection Department)

① 수집과(Collection Department)는 모사드 내 규모가 가장 큰 부서이며, 전 세계적으로 광범위한 인간정보 네트워크를 갖고 있는 것으로 알려졌다.

② 수집과의 요원들은 해외 공관에서 공직 또는 비공직 가장 정보관 신분으로 근무하면서 첩보수집임무를 수행한다.

③ 수집과의 본부에는 세계 각 지역을 담당하는 데스크들이 있는데 이들은 세계 도처 거점(station)에서 활동 중인 공작관(case officer)에게 필요한 지시를 내린다. 또한 데스크는 첩보를 제공해 주는 협조자들에 대한 관리도 담당하고 있다.

④ 2000년부터 모사드는 신문 등 대중매체에 수집관 모집광고를 하고 있다.

(3) 정치 및 정보협력과(Political Action and Liaison Department)

정치 및 정보협력과(Political Action and Liaison Department)는 해외 주재 이스라엘 대사관에 사무실을 두고 모사드와 외국 정보기관들과의 정보협력 업무를 담당한다.

(4) 연구과(Research Department)

① 연구과(Research Department)는 모사드에서 세 번째로 큰 부서로서 모사드의 수집관들이 수집한 첩보자료들을 처리하는 임무를 담당한다.

② 연구과 소속 연구원들은 주로 공개출처정보를 활용하여 상세한 보고서를 작성하며, 이를 모사드 공작관, 또는 군과 정부기관에 배포한다.

③ 연구과가 생산하는 보고서로는 일일상황보고서, 주간요약보고서, 월간상세보고서 등이 있다.

④ 연구과는 전 세계를 지리적으로 구분하여 각각 15개의 지역을 담당하는 사무실을 두고 있다.

⑤ 그리고 연구과에는 특별히 반확산 문제를 전담하는 부서도 두고 있다.

(5) 기술과(Technology Department)

① 기술과(Technology Department)는 모사드의 공작임무 수행에 필요한 첨단과학기술 장비의 개발을 담당한다.

② 2001년 모사드는 이스라엘 신문에 모사드의 기술과에 근무할 전기기술자와 컴퓨터 과학자를 구한다는 광고를 게재하기도 하였다.

(6) 메사다(Metsada)

① 메사다(Metsada)라는 이름으로 알려진 모사드의 특수공작부서(Special Operations Division)에 대해서는 공개적으로 밝혀진 것이 거의 없다.

② 이 조직은 이스라엘 정부의 묵시적인 승인하에 이스라엘의 안보를 위협하는 세력을 대상으로 암살 또는 사보타주, 준군사공작, 심리전 등 매우 위험하고 민감한 임무들을 수행한다.

③ 메사다 휘하에는 암살을 전문적으로 수행하는 키돈(Kidon)과가 활동하고 있다.

(7) 심리전국(LAP)

메사다(Metsada)와 유사한 활동을 하는 조직으로서 '심리전국(Lohamah Psichologit, LAP)'은 전 세계적으로 언론 접촉망을 운영하면서 심리전, 선전공작, 기만공작 등의 임무를 수행하는 것으로 알려져 있다.

5 규모

(1) 의의

① 모사드가 전 세계 도처에서 비밀공작을 활발하게 전개하고 있는 점을 감안했을 때 모사드 요원의 숫자가 많을 것으로 생각되지만 실제는 예상보다 많지 않다.

② 1980년대 모사드 소속 요원은 1,500~2,000명이었는데, 그 숫자가 다소 줄어 최근 1,200명으로 추정된다.

(2) 사야님(sayanim)

① 모사드가 소수의 요원으로 전 세계를 누비며 비밀공작을 성공적으로 수행할 수 있는 것은 세계 곳곳에 산재해 있으면서 모사드 현장 요원들을 지원하는 자발적 유대인 협조자망, 즉 사야님(sayanim)을 운용하고 있기 때문이다.

② 이들은 이스라엘을 위한 충성심에서 비롯되어 모사드 현장 요원이 요청 시 숙소제공, 차량지원, 자금융통, 의료서비스, 정보제공 등을 자발적으로 협조해 주고 있다.

생각넓히기 | 엘리 코헨(Elie Cohen)

시리아 고위층과의 교류를 통하여 코헨은 막대한 정보를 입수할 수 있었다. 코헨이 획득한 정보에는 소련 고문단이 작성한 이스라엘 공격계획, 또한 골란고원의 시리아군 배치도, 그리고 소련이 시리아에 제공한 무기들의 사진, 이스라엘의 물 공급을 단절하려는 시라아의 단수계획 등이었다. 이 중에서도 골란고원의 시리아군 배치도는 1967년 6일 전쟁에서 이스라엘군이 승리하는 데 커다란 기여를 하였다. 코헨은 수집한 정보를 초단파를 통하여 모사드에 보고하였다. 하지만 코헨이 사용한 초단파는 인도 대사관의 무선통신을 방해하게 되었고, 인도 대사관은 이에 대해 시리아 정부에게 항의를 하였다. 시리아 방첩부대는 처음에는 그 원인을 알 수 없었으나, 소련으로부터 공여받은 탐지기를 통하여 전파의 발신지를 추적하여, 1965년 1월 코헨을 체포하였다. 이스라엘 정부의 구명노력에도 불구하고 코헨은 5월 18일 다머스커스의 순교자 광장에서 교수형에 처해졌다.

생각넓히기 | 볼프강 로츠(Wolfgang Lotz)

로츠가 획득한 정보에는 이집트의 미사일 개발에 참여하고 있는 독일과학자들의 명단, 주소, 가족상황 그리고 미사일 전자통제시스템에 대한 정보 등이 포함되었다. 또한 로츠는 오즈만 장군의 안내로 이집트의 지대공 미사일 기지와 시나이 반도에 설치되어 있는 미사일 발사대를 볼 수 있어 여기에 대한 첩보도 모사드로 보고할 수 있었다. 로츠는 목욕탕에 설치된 송신기로 수집한 첩보들을 모사드에 보고해 왔다. 이집트 방첩부대는 그 전파를 탐지하게 되었고 1965년 2월에 로츠를 체포할 수 있었다. 하지만 이집트 방첩당국은 로츠를 자발적인 이스라엘 협조자로 잘못 파악했기 때문에 로츠는 사형을 면할 수 있었다. 종신형으로 수감 중이던 로츠는 6일전쟁 후에 500명의 이집트 포로와 교환되었다.

생각넓히기 | 슐라 코헨(Shula Cohen)

모사드의 여성 정보요원으로는 "중동의 마타하리"(Mata Hari of the Middle East)라고 불린 슐라미트 키사크–코헨(Shulamit Kishak–Cohen)을 들 수 있다. 슐라 코헨으로도 알려진 이 여인은 베이루트에 사는 일곱 명의 자녀를 가진 유태인 주부였다. 이미 1940년대부터 코헨은 상인이었던 남편의 반대를 무릅쓰고 많은 유태인 난민을 팔레스타인으로 이송하는 일을 해왔다. 1950년대 초반에 코헨은 모사드요원이 되었고 암호명 '진주'(Pearl)로 활동하기 시작하였다. 대가족을 부양하면서 코헨은 사교활동을 통해 레바논과 시리아로부터 획득한 정부 및 정치 관련 문서를 모사드에 제공하였다. 코헨이 제공한 정보는 매우 유용했고 모사드는 그녀에게 많은 활동자금을 지원했다. 그러나 코헨의 첩보망은 유능한 레바논 정보장교에 의해 침투받기 시작했고, 결국 코헨을 포함한 첩자들이 모두 체포되었다. 코헨은 유죄판결을 받고 교수형을 선고받았으나, 7년형으로 감형되었다. 1967년 6일 전쟁 이후 레바논 포로들과 코헨과 그 가족들은 교환되었다.

Ⅲ 신베트(Shin Beth)

1 의의

① 사바크(Shabak) 또는 신베트(Shin Beth)는 이스라엘 수상 직속 정보기관으로서 방첩 및 국내 보안 정보임무를 수행한다.

② 신베트의 활동영역은 기본적으로 국내 지역으로 한정되지만 인적 네트워크는 전 세계에 퍼져 있을 정도로 광범위하다.

2 조직

(1) 의의

신베트는 산하에 공작(operation)임무를 수행하는 3개의 과(department)를 두고 있다.

(2) 아랍과(Arab Affair Department)

① 아랍과(Arab Affair Department)는 아랍 테러조직의 네트워크에 관한 정보를 수집하고 반테러 공작 임무를 수행한다.

② 아랍과 소속 공작관들은 '미스타라빔(Mist'aravim)'이라는 이름으로 알려진 아만 소속 비공개 요원들과 협력하여 대정부전복활동 임무도 수행한다.

③ 또한 하마스의 군부 세력에 대응하는 활동도 적극적으로 전개하고 있다.

(3) 비아랍과(NonArab Affairs Department)

① 비아랍과(NonArab Affairs Department)는 아랍권 외 지역문제를 담당하며 공산권과 비공산권 분과로 나누어져 있는데 동구권과 러시아 지역에 보다 역점을 두고 정보수집활동을 수행하고 있다.

② 이들은 이스라엘 주재 외국 정보기관이나 상대국의 외교부 조직 내부에 침투하여 필요한 정보를 수집하는 임무도 수행한다.

③ 또한 구소련과 동구권 국가들로부터 이주해 온 유태인들을 심문하는 일도 이들이 수행하는 임무 중의 하나이다.

(4) 방호보안과(Protective Security Department)

방호보안과(Protective Security Department)는 이스라엘의 정부 건물, 대사관, 방위산업체, 과학기술 장비 및 시설, 민간 산업시설, 국영 항공사 등을 보호하는 임무를 수행하고 있다.

3 국내 정치공작임무

(1) 의의

신베트는 이스라엘 국내에서 정치공작임무를 수행하는 기관(political espionage agency)으로 알려져 있다.

(2) 특수한 안보환경

미국을 비롯한 대부분의 자유민주주의 국가의 경우 국내에서의 비밀공작 활동은 엄격히 금지되고 있지만, 이스라엘은 국내적으로 테러분자들은 물론 극단주의 세력이 준동하고 있는 등 특수한 여건에 놓여 있기 때문에 국내에서의 비밀공작활동이 허용되고 있는 듯하다.

(3) 활동

① 신베트는 이스라엘 내부의 극우세력이나 정부 전복 활동을 전개하는 좌파운동 단체 등 극단주의 정치집단 내부에 공작원을 침투시켜 이들의 활동을 감시하는 임무를 수행한다.

② 실제로 신베트는 이스라엘 내 극좌 성향 정당의 내부 조직에 공작원을 성공적으로 침투시키기도 했으며, 주변 아랍국이나 소련을 위해 스파이활동을 수행했던 여러 명의 외국인 기술자를 색출해 내기도 하였다.

4 이스라엘의 안보환경과 신베트의 중요성

(1) 의의

이스라엘이 처한 특수한 안보환경을 고려했을 때 신베트의 임무는 매우 중요하다. 이스라엘은 주변의 적대적인 아랍국들에게 포위되어 있는 가운데 아랍 테러분자들로부터 테러 위협을 받고 있기 때문에 국내치안과 방첩은 곧 이스라엘의 생존과도 직결되는 결정적인 요소이다.

(2) 특수한 안보 환경

① 이스라엘 건국 이래 많은 사람들이 귀국했는데 그들 중에 적의 스파이가 잠입해 있지 않다고 단정할 수 없다.

② 게다가 이스라엘 국적을 갖고 이스라엘에 동화된 30만 명의 아랍인들은 언제든 이스라엘을 배반할 소지가 있는 '트로이의 목마'와 같은 존재들이다.

(3) 이스라엘에 동화된 아랍인들의 지위

① 이스라엘은 나름대로 명예를 중시하는 입장에서 이스라엘 내 아랍인들에 대해 대대적인 숙청작업이나 마녀사냥 같은 행동을 취하지는 않고 있다.

② 1967년 6일 전쟁을 전후로 몇 개월 간 이스라엘 내 아랍인들의 활동에 대해 일부 제한하는 일이 있었지만 그 이후로는 그러한 일이 없었다.

③ 이스라엘 치하 아랍인들은 이스라엘 국민들과 완전히 동등하지는 않더라도 큰 차별이 없는 대우를 받고 있는 것으로 보인다.

5 권한

(1) 의의

신베트는 반정부활동 혐의가 있는 인물을 체포 또는 구금할 권한이 있다.

(2) 고문 등 위법행위에 대한 비판

① 이스라엘 정부는 신베트의 활동이 대중 여론에 노출되는 것을 적절히 통제해 왔지만, 1980년대 신베트의 잔혹행위가 잇따라 노출되면서 곤혹스러운 입장에 처하기도 하였다.

② 당시 협박, 고문, 법정에서의 거짓증언 등 신베트의 잘못된 행위들에 대해 여론의 비난이 쏟아졌다.

③ 그럼에도 불구하고 이스라엘 정부는 신베트가 이스라엘의 생존과 안보를 위해 긴급히 정보를 수집하는 과정에서 수행된 가혹행위에 대해 묵시적으로 용인하는 입장을 취했다.

생각넓히기 | 커트 시트(Kirt Sitte) 교수 사건

시트 교수는 핵물리학자이며 하이파(Haifa)의 과학기술연구소에서 근무하였다. 1954년 하이파 연구소에 근무하기 전에 체코 정보부의 첩자가 되었다. 시트 교수는 체코와 소련에 정보제공을 해오다가, 1961년 체포되어 5년형을 선고받았다.

생각넓히기 | 아론 코헨(Aharon Cohen)

아론 코헨(Aharon Cohen)은 좌파적인 마팜(Mapam)당의 중동전문가로 일해 왔다. 코헨은 14개월간 간첩행위를 했다는 죄목으로 1962년 체포되어 5년형을 선고받았다.

생각넓히기 | 이스라엘 비어(Israel Beer) 사건

비어는 아만의 차장과 국방부의 정보연락장교로 근무하였고, 벤-구리온 총리와도 각별한 사이였다. 이스라엘 보안당국은 비어를 소련의 스파이로 의심하고 있었으나 확실한 물증이 없는 상태에서 총리와 절친한 인물을 체포할 수는 없었다. 그러나 1959년에 KGB요원이던 미하일 골레니우스키(Mikhhail Goleniewski)가 서방으로 망명와서 소련 KGB 스파이망에 대한 많은 정보를 제공했다. 골레니우스키는 비어가 소련 스파이임을 증명하는 많은 단서를 제공했다. 또한 비어가 베를린을 방문했을 때 보고 없이 동베를린에 잠입했던 사실을 서독의 BND가 이스라엘 제공했다. 결국 1962년 3월 비어는 소련 외교관에 비밀문서를 제공했다는 혐의로 체포되었다. 비어는 10년형을 선고받고 복역하다 1966년에 사망했다. 하지만 비어의 진짜 신분에 대해서는 확실히 밝혀지지 않았다. 비어는 자신의 경력을 오스트리아 출신의 유태인 사회주의자로 스페인 내전에 국제여단의 일원으로 참전하였고, 히틀러의 박해를 피해 팔레스타인으로 이주한 것으로 꾸몄다. 하지만 조사결과 이 사실은 모두 거짓인 것으로 드러났다. 이스라엘은 비어를 1938년 스페인 내전에서 실종된 진짜 비어의 신원을 도용한 소련의 비밀침투요원(mole)이라고 간주하였지만 비어가 침묵을 지켰기 때문에 영원히 미제로 남게 되었다.

 생각넓히기 | 피터 풀만(Peter Fulman)

1972년 11월에는 이스라엘로 이주해 온 독일전자공학자인 피터 풀만(Peter Fulman)이 레바논을 위한 첩보 활동 죄목으로 체포되었다.

IV 아만(Aman)

1 의의

① 아만은 이스라엘 군에 소속된 군 정보기관으로서 육·해·공군과 동등한 위상을 가지며, 산하에 상당히 많은 수의 단위 부서들이 전술정보임무를 수행하고 있다.

② 모사드와 신베트는 수상으로부터 직접 지시를 받고 보고하도록 되어있는 반면, 아만은 국방부 산하기관으로서 국방부장관의 지휘·감독하에 군사정보를 처리·작성·배포하며, 통신감청을 통해 인근 국가들의 동향을 면밀히 파악하는 등의 업무를 수행한다.

2 임무

① 아만은 국가정보판단보고서를 생산하여 수상과 내각에 제공하며, 이 밖에도 일일정보보고서와 전쟁위험평가보고서도 생산한다.

② 또한 아만은 군과 정부 간 업무 협력을 담당하고 있으며, 민간 정보기관과 군 정보기관들 간 정보의 흐름을 조정하는 역할도 수행한다.

③ 아만에는 약 7,000명의 요원이 근무하고 있으며, 이들이 수행하는 가장 핵심적인 임무는 주변 적대국들로부터의 전쟁 위협을 판단하는 것이다.

3 공작임무

(1) 의의

아만 산하에는 공작임무를 지원하는 2개의 분과(sub-deparlment)가 있다.

(2) 대외관계과(Foreign Relations Department)

대외관계과(Foreign Relations Department)는 외국 군 정보기관과의 정보협력 및 해외 주재 이스라엘 무관들의 활동 조정 등의 임무를 담당하고 있다.

(3) 사이렛 매트칼(Sayeret Matkal)

1976년 7월 엔테베 작전에 투입된 특공부대로 널리 알려진 '사이렛 매트칼(Sayeret Matkal)'은 총참모부 소속 수색정찰부대(Deep Reconnaissance Unit)로서 반테러 공작임무를 중점적으로 수행하고 있다.

4 이스라엘의 군 정보기관

① 이스라엘은 각 군마다 정보기관을 두고 있다. 공군정보국(Air Intelligence Directorate)은 이스라엘 공군 정보부대이며, 해군정보과(Naval Intelligence Department)는 이스라엘 해군 정보부대이다.

② 이들은 아만에 소속되어 있지만, 독립성을 어느 정도 인정받고 있는 준자치 부서(semi-autonomous branch)이다.

③ 그리고 이스라엘 군은 중앙, 북부, 남부, 본부 등 4개의 지역 사령부를 두고 있는데, 각 사령부마다 예하에 정보부대를 두고 있다.

5 서방 군 정보기관들과 구별되는 아만의 특징

(1) 의의

이스라엘은 건국 초기부터 주변 아랍국들로부터의 군사적 위협으로 인해 국가적 존망이 걸린 절체절명의 위급한 상황을 빈번히 겪었기 때문에 군사정보를 담당하는 아만의 역할이 상대적으로 매우 중요했다.

(2) 민간 정보 업무 수행

① 그러한 역사적 경험에 기인하여 아만은 군사 정보와 민간 정보의 영역이 구분되어 있는 서방 정보기관들과는 달리 군사정보는 물론 정치정보 등 민간 정보기관들이 담당하는 영역까지 침범하여 정보 업무를 수행해 왔다.

② 그래서 아만이 수행하는 비군사적 또는 정치적 분야의 정보 업무는 민간 정보기관들에게 이양하는 등 이스라엘 정보공동체 내 정보기관들 간의 업무조정 작업이 필요하다는 주장이 종종 제기되어 왔다. 그럼에도 불구하고 아만은 여전히 이스라엘 안보의 핵심적인 역할을 지속적으로 담당하게 될 것으로 보인다.

6 이스라엘 정보공동체에서 아만이 차지하는 비중과 중요성

(1) 의의

모사드 또는 신베트와 비교하여 아만은 몇 가지 유리한 정보활동 여건을 가지고 있다.

(2) 적의 실정을 잘 파악할 수 있는 여건

아만은 적과 대치하고 있기 때문에 적의 동향을 늘 관찰하고 있으며, 많은 포로들을 통해 적의 실정을 잘 파악할 수 있다.

(3) 뛰어난 정보수집 역량

① 인간정보 수단과 더불어 최첨단 기술정보 수집수단을 갖추고 있어 뛰어난 정보수집 역량을 갖추었다.

② 아만은 그러한 이점을 충분히 활용하여 이스라엘 생존을 좌우하는 아랍국들의 군사동향, 전투력, 전술 등에 관한 정보를 효과적으로 수집 · 분석하여 전쟁 위험성을 사전에 경고하는 역할을 수행한다.

③ 그런 점에서 이스라엘 정보공동체에서 아만이 차지하는 비중과 중요성은 여전히 강조되고 있다.

7 욤 키푸르(Yom Kippur) 전쟁

① 아만은 1973년 10월 발발한 욤 키푸르(Yom Kippur) 전쟁 당시 이집트 군과 시리아 군의 이스라엘에 대한 기습공격을 사전에 파악하지 못했다.

② 그로 인해 적시에 경고를 발하지 못한 것은 전적으로 아만의 실책이었다. 당시 이집트가 이스라엘에 대해 공격을 개시할 여러 가지 징후들이 드러났음에도 불구하고 아만 지휘부는 그 심각성을 인식하지 못하고 이를 무시했다.

③ 결국 이스라엘 군은 아무런 대비가 없는 상태에서 이집트 군의 공격을 받고 엄청난 피해를 입게 되었다.

8 조직체계의 변화

(1) 의의

① 1973년의 욤 키푸르(Yom Kippur) 전쟁 이후 아만의 조직체계에 상당한 변화가 일어나게 된다.

② 가장 중요한 변화는 아만 내 연구부서의 위상이 기존의 '과(department)'에서 '처(division)'로 한 단계 상승된 점이다.

(2) 사이먼-토브 절차(Siman-Tov Procedure)

① '사이먼-토브 절차(Siman-Tov Procedure)'로 널리 알려졌던바 조직 운용에 있어서도 획기적인 변화가 있었다.

② 즉 직속상관이 자신의 견해를 수용하지 않으려 할 경우 그가 비록 하위직 정보관일지라도 그의 직속상관보다 더 높은 직위의 정보관에게 자신들의 관점이나 판단을 호소할 수 있도록 제도적으로 보장해 주는 것이다.

(3) 통제단(Control Unit) 편성

① 아만 조직 내 '통제단(Control Unit)'이 새로 편성되었는데 이들의 임무는 소위 '악마의 변론(Devil's Advocacy)' 역할을 수행하는 것이었다.

② 이 조직의 요원들은 아만 부장의 직할 부서로서 필요시 언제든 부장에게 직접 보고하는 것이 허용되었다.

(4) 기술정보 수단 활용 증가

① 의의

㉠ 1973년 이전까지 아랍국들을 대상으로 한 이스라엘의 정보활동에 기술정보 수단이 많이 활용되었지만 인간정보 수단에 보다 역점을 두었다.

㉡ 그런데 1973년 욤 키푸르 전쟁 이후에는 인간정보보다는 신호정보를 비롯한 기술정보 수단을 보다 많이 활용하게 되었다.

② 8200단(Unit 8200)

㉠ 특히 8200단(Unit 8200)은 예산과 인력은 소규모였지만 전 세계를 통틀어 미국과 대등할 정도로 최고 수준의 신호정보활동을 수행하는 것으로 명성을 떨쳤다.

㉡ 사실 첩보 위성을 수단으로 하는 영상정보활동은 워낙 많은 비용과 기술이 요구되기 때문에 미국이나 러시아 등 초강대국들이 거의 독점적인 역량을 갖추고 있다.

㉢ 이스라엘은 예산과 인력 면에서 극히 작은 나라임에도 불구하고 첩보 위성을 개발하여 쏘아 올리는 등 영상정보분야에서도 세계를 선도하는 역량을 과시하고 있다.

V 라캄(LAKAM)

1 의의

① 라캄은 1957년 당시 핵개발을 목적으로 설립되었는데, 이후 군사 부문의 과학기술 정보를 수집하는 활동을 담당하게 되었다.

② 해외에서의 과학기술 정보수집을 위해 미국과 유럽의 대사관과 영사관에 '과학담당관(Science Attaches)'을 두었으며, 때로 위장 업체를 설립하여 정보수집활동을 전개하기도 하였다.

③ 라캄은 1967년 6일 전쟁 직후 프랑스 미라주 폭격기의 중요 부분에 관한 설계도를 획득하는데 성공하는 등의 성과를 올리기도 하였다.

④ 1985년 당시 미국의 뉴욕, 보스턴, 로스앤젤레스 등지의 이스라엘 영사관에 라캄의 사무실이 설치되어 있었으며, 그 곳에서 군사과학기술분야의 정보수집활동을 매우 활발하게 수행했던 것으로 알려졌다.

생각넓히기 | 블룸버그(Binyamin Blumberg)와 라피 아이탄(Rafi Eitan)

라캄은 초대 책임자 블룸버그(Binyamin Blumberg)의 지도 아래 프랑스 미라지(Mirage) 전투기에 대한 기술 습득 성공 등 탄탄한 기초를 만들고 1981년 그 책임을 라피 아이탄(Rafi Eitan)에게 넘겨 주었다. 아이탄은 화력위주의 라캄의 경제정보 분야가 다른 분야처럼 세련되지 못하다고 판단하고 전문성 제고와 업무의 체계화를 위해 일대 개혁을 단행했다. 아이탄은 일선에서의 세련된 경제공작 활동의 중요성을 극히 강조했다. 더 많은 고급두뇌의 경제 · 과학 전문가를 채용하고 활동을 집약하며 세련된 경제공작 활동을 전개하여 1986년 라캄이 공식적으로 해산될 때까지 재직하면서 라캄의 경제스파이 역량을 질적인 측면에서 10배 이상 증진시켰다는 평가를 받았다. 아이탄의 성공전략 중의 하나가 보안과 방첩의 측면에서 소위 "강성 타깃(hard target)"인 미국 위주에서 "연성 타깃(soft target)"인 유럽 등으로 다변화한 것에 있었다.

생각넓히기 | 이스라엘 전투기 사업의 개발과 발전

라캄이 초기에 거둔 가장 커다란 성과는 미국이 아닌 스위스에서 이루어졌다. 라캄은 스위스에 소재하는 프랑스 미라지(Mirage) 전투기의 엔진제조 회사에 침투했다. 6일 전쟁 후 프랑스는 이스라엘의 선제 침공을 비난하며 프랑스의 이스라엘에 대한 모든 무기에 대한 금수조치를 단행했다. 이에 이스라엘은 자주국방을 기치로 내걸고 자체 전투기 개발에 착수했으며, 대상을 프랑스 미라지기의 전투기 기술 획득으로 삼았다. 라캄은 스위스 핵심 엔지니어인 알프레드 프라우엔크네흐트(Alfred Frauenknecht)의 포섭에 성공하고 미라지(Mirage) 전투기에 대한 청사진과 엔진 설계도면 등 다량의 서류를 건네받았다. 프라우엔크네흐트는 1971년 4월 23일 체포되었으나 6개월 후 이스라엘 최초의 전투기 네셔(Nesher), 1975년에는 주력 전투기인 크필(Kfir), 1982년에는 주력기인 라비(Lavi)의 개발에 성공하였다.

2 라캄의 해체

(1) 의의

라캄은 폴라드(Jonathan J. Pollad) 사건으로 인해 돌연 해체되었다.

(2) 폴라드(Jonathan J. Pollad) 사건

① 폴라드는 미 해군 정보국 소속의 정보요원이었다. 그는 워싱턴 소재 미 해군 반테러경보센터(Naval Anti Terrorist Alert Center)에 근무하면서 워싱턴 소재 이스라엘 대사관에서 활동 중이던 라캄 소속 공작원에게 꽤 많은 분량의 군사과학기술 관련 기밀문서들을 전달했다. 그리고 그 대가로 상당한 수준의 금전적 보상을 제공받았다.

② 1986년 미 정보기관의 추적으로 그의 스파이행위가 밝혀졌고, 그는 체포되어 종신형을 선고받았다. 이와 관련하여 이스라엘 정부는 미국에서는 스파이활동을 하지 않는 것을 기본 원칙으로 삼고 있다고 강조하면서, 이 사건은 정부 공식적인 방침을 무시한 개인들의 빗나간 행동이라고 주장했다.

③ 이후 이스라엘 정부는 이 사건에 전혀 개입하지 않았음을 일관되게 주장했지만, 그러한 의혹이 완전하게 해소되지 못했던 듯하다. 결국 그 사건으로 인해 1986년 라캄이 해체되었고, 그 임무와 기능이 과학기술국과 국방부로 이관되었다.

Ⅵ 정치연구소(the Center for Political Research)

1 조직

외무부 산하의 '정치연구소(the Center for Political Research)'는 미국 국무부의 정보조사국(INR)과 유사한 기능을 수행하며, 산하에 10개의 과(departments)를 두고 있다.

2 임무

① 이스라엘이 처한 특수한 안보상황에서 정치연구소는 중동의 정치 동향을 파악하는 임무를 중점적으로 수행한다.

② 구체적으로 인접 중동 국가 지도자들의 정치적 성향, 정당 등 주요 정치집단들의 활동 상황, 국민여론 동향 등에 관한 첩보를 수집하고 분석하는 임무를 수행한다.

Theme

100 이스라엘 정보기구의 전망과 과제

I 의의

① 모사드, 신베트, 아만을 주축으로 한 이스라엘 정보 · 보안체계는 세계에서 가장 전문적이고 효과적이라는 평가를 받고 있다.

② 이들 정보기관들은 이스라엘이 주변의 적대적인 아랍 국가들과의 전쟁 등 어려운 안보상황을 성공적으로 극복함에 있어서 핵심적인 역할을 수행해 왔던 것으로 인정받고 있다. 특히 모사드는 아이히만 납치공작, 엔테베 작전, 미그 21기 탈취공작 등 불가능할 것으로 생각되는 비밀공작을 잇따라 성공시킴으로써 세계적인 명성을 떨치게 되었다.

Ⅱ 이스라엘 정보체계의 정보실패와 공작실패

1 의의

① 그러나 1990년대에 들어서서 이스라엘 정보체계는 라빈 총리 암살, 암만에서의 암살공작 실패, 스위스 도청 스캔들 등 잇따른 정보실패와 공작실패를 경험하게 된다.

② 이와 더불어 신베트는 1996년에 발생한 2건의 폭탄테러 사건을 막지 못했다. 이와 같은 신베트의 잇따른 대테러 보안활동의 실패와 관련하여 책임소재와 대처방안을 둘러싸고 신베트와 아만 간에 공개적인 비난전이 벌어지기도 하였다.

2 욤 키푸르 전쟁 당시 상황

(1) 의의

사실 이스라엘 정보 · 보안체계의 문제점은 1973년 욤 키푸르 전쟁 당시 상황으로 거슬러 올라간다.

(2) 정보판단의 실패

① 당시 이스라엘은 이집트와 시리아의 기습을 예상하지 못했는데, 그 결정적인 요인은 첩보수집의 실패가 아니고 수집된 첩보에 대한 정보판단의 실패에서 비롯된 것이었다.

② 즉 수집된 첩보의 해석을 둘러싸고 아만과 모사드가 대립하였고, 이를 적절히 조정하지 못함으로써 정보판단상의 치명적인 오류를 범하고 말았다.

3 욤 키푸르 전쟁 이후

(1) 의의

전쟁이 종결된 이후 당시 제기된 문제점들을 파악하고 개선을 위한 노력을 기울였지만 이후에도 여러 차례에 걸쳐 정보 또는 공작실패를 경험하게 된다.

(2) 정치지도자들의 불신과 정보기관의 도전

이스라엘 수상을 비롯한 정치지도자들은 종종 정보기관의 정보판단을 불신했으며, 역으로 정보기관들은 수상을 비롯한 정치지도자의 정책에 도전하는 태도를 보이기도 했다.

(3) 정보기관 간의 과도한 경쟁

또한 모사드, 신베트, 아만 등 주요 정보기관들 간의 과도한 경쟁의식과 비협조로 인해 정보활동의 효율성이 저하되는 문제도 지적되었다.

4 이스라엘 정보공동체의 개혁 조치

(1) 의의

이러한 문제점을 극복하기 위해 이스라엘 정보공동체는 여러 가지 개혁 조치들을 단행했다.

(2) 공개성을 강화

① 우선 지나친 비밀주의로 인한 비효율성을 개선하기 위해 공개성을 강화하려는 모습을 보였다.

② 예를 들어 모사드와 신베트 등 정보기관의 존재 자체에 대해서 공식적으로 부인하고 철저히 비밀을 유지했던 기존의 관례를 깨고 모사드와 신베트 부장의 임명 사실을 언론에 공개하기 시작했다.

(3) 공개채용 방식 채택

① 정보요원 채용에 있어서도 기존의 비밀주의 관례에서 벗어나 공개채용 방식을 채택하였다.

② 모사드는 2000년 7월 30일 창설 이래 처음으로 언론에 신입직원 채용을 위한 공채 광고를 내었다.

(4) 기술정보 수집능력 강화

① 또한 과거 인간정보 수단에 편중된 정보활동방향에서 벗어나 기술정보 수집능력을 강화하려는 노력도 기울였다.

② 이스라엘은 1988년 최초로 '오펙(Ofeq) I' 위성을 발사한 이래 후속 위성 발사를 지속적으로 성공함으로써 마침내 독자적인 영상정보 수집능력을 확보했다.

Ⅲ 이스라엘의 안보상황

1 의의

① 이스라엘은 절대적으로 열악한 환경의 자원과 인력으로 주변의 호전적인 적대국들을 상대해야 하는 작은 나라이다.

② 이스라엘 군의 주축은 현역이 아니라 대부분 예비역으로 구성되어 있다. 650만 명에 불과한 소규모 인구에서 현역병을 대거 차출하여 장기간 군복무에 종사시키게 될 경우 민간 부문 경제는 치명적인 타격을 입게 될 것이다.

③ 그래서 대부분의 국민들은 평상시 예비역으로 편성되어 있다가 전쟁이 발발하게 되면 군에 소집되어 전투에 투입된다.

2 조기경보의 필요성

(1) 의의

① 이스라엘 정보기관은 적의 공격 징후를 사전에 파악하고 전쟁이 임박하게 되면 조기경보를 발하는 역할을 수행한다.

② 전쟁 발발하기 최소한 48~72시간 전에 조기경보가 발령되어야만 예비군 동원에 필요한 시간을 확보할 수 있을 것이다.

(2) 정보기관의 조기경보 역할

이처럼 이스라엘이 처한 특수한 안보상황에서 정보기관의 조기경보 역할은 이스라엘의 생존과 번영을 유지하는 핵심적인 요소로 자리매김하고 있다.

3 변화된 안보환경

오늘날 이스라엘은 대내외적으로 여전히 어려운 안보상황에 처해 있다.

(1) 테러리스트의 위협과 이란, 북한 등 핵개발 계획 추진

테러리스트의 위협이 전 세계적으로 그 영역을 확대하고 있으며, 이란, 북한 등 세계 도처에서 비밀리에 핵개발 계획이 추진되고 있다.

(2) 생화학무기 및 미사일 등 비재래식 무기의 확산

생화학무기 및 미사일 등 비재래식 무기의 확산 역시 이스라엘의 안보에 심각한 위협이 되고 있다.

(3) 군사적 위협의 복잡한 양상

더욱이 테러 및 주변국들로부터의 군사적 위협이 이전과는 달리 보다 복잡한 양상으로 전개되고 있다.

4 대테러 전쟁

(1) 의의

① 과거의 전쟁은 일정한 시간과 장소에서 전개되었으며, 적은 중앙집권적인 정부 형태와 군대조직을 갖추고 전쟁임무를 수행했다.

② 그러나 대테러 전쟁을 비롯한 최근의 전쟁 양상은 기존의 전쟁과는 상당한 다른 모습으로 전개되고 있다.

(2) 기존의 전쟁과 구별되는 대테러 전쟁의 특징

① 종종 사회구성원 전체가 전투에 참여하게 되며, 적의 정책결정과정은 애매모호하고 그들의 전략은 철저히 비밀에 싸여 쉽게 알 수가 없다.

② 또한 정보통신 관련 보안장비의 급속한 발전으로 인해 적의 통화 내용을 감청하여 필요한 정보를 획득하는 일이 과거에 비해 훨씬 어려워졌다.

③ 또한 인터넷의 발달로 인해 적대세력들은 각종 소셜 미디어를 이용하여 대중들을 선동하고 지지를 호소하는 등의 심리전을 전개하기도 한다.

5 이스라엘 정보기관의 개혁 추진

(1) 의의

변화된 안보환경에 직면하여 이스라엘 정보기관의 지도자들은 기존의 정보활동 방식으로 대응하는 데 한계가 있음을 새롭게 인식하게 되었고, 이에 따라 국가 정보에 대한 기본 개념, 인식, 활동방향 등에 있어서 대폭적인 개혁을 추진하게 되었다.

(2) 이스라엘 정보 네트워크 실태 조사를 위한 위원회 구성

① 이와 관련하여 이라크 전쟁 직후인 2003년경 이스라엘 정보 네트워크의 실태를 조사하기 위해 위원회가 구성되었다.

② 위원회는 과거 이스라엘 건국 당시의 상황을 반영하여 부여된 정보기관의 임무와 역할이 수십 년이 지나도록 그대로 유지됨으로써 현재의 변화된 안보환경에 부적합하다는 결론에 도달했다.

③ 이에 따라 이스라엘 정보공동체 내 각급 정보기관의 임무와 기능을 새로운 안보환경에 부합되도록 재조정할 필요성이 제기되었다.

④ 위원회는 현재의 이스라엘 정보공동체 구조를 '국가안전보장회의(National Security Council)'를 컨트롤 타워로 하여 모사드, 신베트, 아만 등 3~4개의 독립된 정보기관을 운용하되 각각의 업무 영역을 명확히 구분하도록 권고안을 제시하였다.

(3) 정보협력소위원회(the Intelligence Subcommittee) 구성

① 한편 모사드, 신베트, 아만 등 정보기관들 간에는 지리적인 기준에 따라 업무 영역이 구분되어 있다. 그렇지만 종종 정보기관들 간 업무가 중복되어 임무를 수행하던 중에 상호 충돌하는 경우도 있다.

② 이를 위해 정보기관의 수장들 간에 정보협력을 위한 모종의 합의문에 서명하는 등 정보기관들 간의 정보공유 및 협력을 유지하기 위해 지속적인 노력을 기울이고 있다.

③ 때로 '정보협력소위원회(the Intelligence Subcommittee)'를 구성하여 정보기관들 간의 업무 중복 또는 충돌을 조정하기 위한 제도적 장치로 활용하기도 한다.

(4) 체계적 사고(Systemic Thinking)라는 개념 도입

① 이 밖에도 이스라엘 정보공동체는 정보활동의 효율성을 향상시키고 정보분석의 오류를 감소시키기 위해 다양한 노력을 기울여왔다.

② 예를 들어 아만은 분석의 효율성을 향상시키기 위해 새로운 분석의 도구(tool)로서 '체계적 사고(Systemic Thinking)'라는 개념을 도입했다.

③ '체계적 사고'는 분석관으로 하여금 복잡한 현상에 대해 개괄적이면서도 총체적인 정보판단을 내릴 수 있도록 유도해 주는 장점을 가진다.

④ 따라서 분석관이 오늘날 전개되는 전쟁 양상처럼 복잡한 분야의 문제들을 분석 · 평가하는 데 이러한 분석도구가 유용하게 활용될 수 있을 것으로 기대되었고, 실제로 아만에서 이를 도입하여 활용했다.

6 아만의 분석조직 전면 개편

(1) 의의

① 아만은 '체계적 사고' 개념의 연장선상에서 분석 조직을 9개의 팀으로 전면 개편했다. 기존의 분석팀은 국가 또는 지역에 기초하여 구성되었으나 새롭게 설립된 분석팀은 소위 '체계(Systems)'에 기반을 두고 있다.

② 이에 따라 분석의 관점이 시리아의 정책이나 전투력 또는 레바논의 정치집단에 있는 것이 아니고, 이스라엘의 안보에 영향을 주는 모든 요소들, 즉 이란의 영향력, 국제적인 압력, 문화적인 관점, 미디어 등을 종합적으로 고려하여 전체적인 '체계(system)'를 파악하는 데 있다. 이러한 방법을 활용하여 분석관은 지엽적인 요소에 초점을 두는 시각을 탈피하여 주어진 분야의 갈등이나 긴장 상태를 총체적으로 이해하고 파악할 수 있다.

(2) 정보체계장(Head of Intelligence System)

① 아만은 각 체계마다 '정보체계장(Head of Intelligence System)'을 두고 있으며, 그는 체계와 관련된 보고서의 생산 및 배포, 업무 분장 그리고 첩보수집의 방향 설정 등을 담당한다.

② 특히 '정보체계장'은 수집과 공작을 총괄하는 권한을 가지고 있기 때문에 수집관과 분석관 간의 협업을 조율할 수 있으며, 이를 통해 중요한 첩보나 이슈가 간과될 위험을 최소화할 수 있을 것으로 기대된다.

(3) 소결

① 아만의 개혁 사례에서 나타나는 바 이스라엘 정보기관이 가지는 한 가지 장점은 정보실패에서 끝나지 않고 이를 거울삼아 끊임없이 문제점들을 개선하고자 노력하는 모습이다.

② 바로 그러한 장점이 이스라엘이 처한 어려운 안보상황을 극복해 낼 수 있는 원동력이 되었으며, 앞으로도 그럴 것이다. 그러한 노력의 결과 오늘날 이스라엘 정보기구가 세계 최고라는 명성을 얻게 되었던 것으로 짐작된다.

7 이스라엘 정보공동체의 평가 및 전망

(1) 의의

① 이스라엘 정보공동체 역시 과거 수많은 정보실패를 경험했다. 오늘날에도 이스라엘은 결코 방심할 수 없는 극히 어려운 안보상황에 처해 있다.

② 이스라엘은 주변 아랍 적대국들부터의 전쟁 위협이 지속되는 가운데 테러, WMD 확산 등 새로운 양상의 안보위협에도 대처해야 한다. 특히 대테러 전쟁을 비롯한 오늘날의 전투 양상은 과거와는 달리 매우 복잡한 양상으로 전개된다.

(2) 개혁의 성과

① 물론 지금까지 이스라엘 정보공동체가 어려운 상황을 매우 성공적으로 극복해 왔다. 특히 21세기에 들어서서 이스라엘에서는 그다지 큰 정보실패가 발생하지 않았다.

② 그런 점에서 모사드, 신베트, 아만 등 이스라엘의 정보기관들의 정보활동은 매우 성공적으로 수행되었다는 평가를 받고 있다.

③ 이들은 아랍국들의 군사력 규모와 동향을 파악하고 국내 및 해외에서 아랍인들에 의한 테러행위를 차단하는 등의 활동을 매우 효과적으로 수행해 왔다.

④ 이는 이스라엘 정보기관들 스스로 과거의 정보실패 경험을 통해 문제점들을 도출하고 이를 개선하기 위해 지속적인 노력을 기울였던 결과로 생각된다.

(3) 전망

미래 이스라엘의 안보상황은 더욱 불안정하고 불투명하며 불확실할 것으로 예상된다. 이처럼 이스라엘이 처한 다양한 유형의 안보위협과 도전들에 대해 향후 이스라엘 정보공동체가 어떻게 대응할지 주목된다.

핵심정리 이스라엘의 정보기구

1. 모사드(The Institute for Intelligence and Special Tasks, Mossad)
   총리 직속의 해외정보기구이다. 모사드(Mossad)는 히브리어로 '조직(Institute)'이라는 뜻으로 미국 CIA, 영국 MI6 등과 비견된다. 군 정보기관인 아만, 국내 보안기구인 샤박과 함께 이스라엘의 3대 정보기구이다. 부훈(部訓)은 '조언자가 없으면 멸망한다. 그러나 다수의 조언자가 있으면 안전하다.'이다. 모사드는 암살을 포함하여 특별한 비밀공작활동도 전개하고 해외의 유대인을 본국으로 안내하여 정착하는 업무도 담당한다.

2. 샤박 또는 신베트(Security Service, Shabak, 또는 Shin Bet)
   샤박은 방첩공작 임무를 수행하는 국내 보안기구로 이스라엘의 FBI로 불린다. 모사드와 함께 총리실 산하에 있다. 샤박의 모토는 '눈에 보이지 않는 수호자'이다. 방첩공작, 극우 · 극좌세력의 정부전복활동과 사보타주, 대(對)테러를 담당한다. 이스라엘을 주기적으로 방문하는 요주의 방문객과 그들과 접촉하는 내 · 외국인들은 샤박의 조사를 받을 수 있다.

3. 아만(Military Intelligence, Aman)
   아만은 군정보기구이다. 이스라엘 군 자체와 동격의 독립적인 전투형 군정보기구로서 전쟁에서 이스라엘의 존립을 지켜낸 정보기구이다. 산하에 신호정보 8200부대가 있다.

4. 외무부 정치연구센터(Center for Political Research of Ministry of Foreign Affairs)
   각국의 정치정보를 수집 · 분석하고 평가하며 전 세계에 이스라엘의 미션에 대한 설명 및 안내를 한다. 해외 유대인 거주지인 '다이아스포라 공동체(Diaspora communities)'와 관계를 증진하며 해외 이스라엘 국민들의 권익보호에도 책임이 있다.

Theme

101 한국 정보기구의 기원

I 삼국시대

1 의의

① 우리나라에서 기록에 나타난 정보활동은 기원 전후 고구려, 백제, 신라 등 삼국이 역사 무대에 등장하면서부터 시작된 것으로 보인다.

② 삼국시대는 우리나라 역사상 가장 전쟁이 많았던 시기였다. 기록에 따르면 삼국시대 700여 년 동안 총 460회의 전쟁이 발발했던 것으로 나타난다.

③ 특히 589년 수나라가 중국을 통일한 이후 동아시아 국제 질서가 재편됨에 따라 전쟁의 양상이 국제전으로 변모하면서 전쟁의 횟수가 급격하게 늘어났고 전쟁의 규모도 커졌다.

④ 이러한 상황에서 고구려, 백제, 신라 등 삼국은 당시 급변하는 동아시아 지역의 국제정세를 보다 정확하게 파악하고 자국의 생존을 확보하기 위해 정보활동을 활발하게 전개했다.

2 고구려

(1) 의의

① 특히 고구려는 백제와 신라와 비교하여 상당히 이른 시기인 기원전부터 첩자를 활용하여 정보활동을 매우 활발하게 수행했던 것으로 보인다.

② 고구려는 중원 왕조나 북방민족과 국경을 접하고 있었기 때문에 첩보 대상국이 신라나 백제에 비해 많았다.

③ 고구려의 경우 백제와 신라 외에 중원 왕조인 수나라, 당나라, 북방 정권인 북위, 북연, 선비, 돌궐, 말갈 등 다양한 나라들을 대상으로 첩보활동을 수행했던 것으로 보인다.

(2) 호동왕자와 낙랑공주

삼국사기 고구려 본기 '대무신왕' 15년 조의 기록에 나오는 호동왕자와 낙랑공주의 이야기는 사실성은 떨어지지만 고구려가 일찍부터 첩자와 그 활용의 중요성을 인지하고 있었음을 적나라하게 보여준다.

(3) 승려 도림

고구려는 장수왕 당시 승려 도림을 백제에 은밀히 첩자로 침투시켜 개로왕과 백제를 파탄지경에 빠뜨리는 첩보전을 전개하기도 하였다.

(4) 을지문덕

① 삼국시대에는 고구려의 을지문덕과 연개소문, 신라의 김유신과 김춘추 등 첩보전의 대가들이 많았다.

② 특히 을지문덕 장군은 고구려를 침략한 수나라의 군대에 포로로 잡혀 적정을 염탐하고 돌아와 다양한 유형의 심리전과 교란작전을 펼쳐 30만 명에 이르는 수나라 군대를 몰살시켰다.

③ 살수대첩으로 널리 알려진 이 전쟁에서 을지문덕 장군은 첩보전과 능수능란한 용병술을 효과적으로 펼쳐 동아시아 지역 패권다툼에서 중국의 수나라에 완승을 거둘 수 있었다.

Ⅱ 통일 신라 시대

1 의의

① 그러나 삼국시대 이후 우리나라 역사에서 첩보활동은 거의 자취를 감춘 것처럼 보인다. 삼국을 통일한 신라는 더 이상 외부의 적을 대상으로 첩보활동을 수행하지 않았다. 당시 통일 신라가 당나라 또는 발해를 대상으로 첩보활동을 전개했다는 기록이 별로 없다.

② 신라 말기로 접어들면서 귀족세력들은 사병조직을 확대했고, 지방 세력도 독자적으로 힘을 길러 중앙 정부에 맞서는 모습을 보였다.

2 첩자의 이미지와 위상의 변화

(1) 의의

종래 외부의 적을 겨냥했던 첩자와 그 조직이 내부 정적들 간의 세력 다툼에 빈번히 활용되었다. 이로 인해 과거 국가와 민족의 생존과 번영에 기여한 애국자로 추앙받았던 첩자의 이미지와 위상이 차츰 부정적으로 변화되기 시작했다.

(2) 삼국시대 첩자에 대한 인식

삼국시대에는 첩자의 개념이 국가의 생존을 위한 군사행위의 일환으로서 인식되었다. 그래서 고대의 첩자는 긍정도 부정도 아닌 대체로 '중성(中性)'적으로 인식되었으며, 결코 부정적인 이미지만을 갖는 것은 아니었다. 그런데 삼국시대 이후 첩자의 이미지가 부정적으로 바뀌게 된다.

(3) 삼국시대 이후의 첩자에 대한 인식

① 일부 첩자들이 정권을 장악하려는 귀족세력들 간의 내부 권력다툼에 이용되면서 첩자들의 이미지는 비열하고 탐욕스러운 존재로 전락하게 되었다. 이로 인해 국가의 생존과 안위를 지키는 데 활용되었던 첩자들의 애국적인 모습은 사라지게 되었다.

② 점차 첩자(간첩)는 국가와 민족을 이간시키는 비열한 인물 또는 추악한 탐욕에 사로잡혀 조국을 배반하는 행동을 서슴지 않는 극악무도한 존재들로 낙인이 찍히게 되었다.

③ 삼국시대 이후 이러한 역사적·사회적 배경으로 인해 우리 사회에서 첩자들이 부정적인 이미지를 갖게 되었던 것이다.

Ⅲ 후삼국시대

1 의의

① 후삼국시대에 들어서서 후백제, 신라, 고려 등 상호 간에 전쟁을 수행하는 과정에서 중국 정권들과의 대외관계가 필요했기 때문에 첩보활동이 다시 빈번하게 수행되었을 것으로 추측된다.

② 그러나 불행하게도 그에 관한 기록이 별로 없어 정확한 내용을 파악하기 어렵다.

Ⅳ 고려시대

1 의의

① 고려시대 역시 외부의 적들에 대한 첩보활동보다는 주로 왕권유지 및 귀족들 간의 세력다툼을 위해 첩자들이 활용된 듯하다.

② 당시 중국 대륙의 송나라 또는 북방 지역의 거란족, 여진족, 몽고족 등을 대상으로 첩보활동이 적극적으로 수행되었다는 기록은 별로 없다.

2 지배계층의 무책임하고 안이한 안보의식

① 고려는 후삼국을 통일하고 나서 얼마 지나지 않아 북진정책을 포기했으며, 심지어 거란의 1차 고려침략(993년)이 있기 불과 6년 전인 987년 성종은 무책임하게도 태평성대를 외치며 전국의 병기를 거두어 농기구를 만들었다고 한다.

② 당시 고려의 지배계층은 왕권을 보호하고 자신들의 기득권을 유지하는 데에만 관심이 있었을 뿐 첩보활동에 소홀함으로써 외부 적들의 동향을 전혀 파악하지 못했다.

③ 이처럼 지배계층의 무책임하고 안이한 안보의식의 결과로서 고려는 거란족, 여진족, 몽고족의 잇따른 침략에 국토가 유린되고 수많은 백성들이 무참하게 희생되는 등 속수무책으로 당했던 것이다.

V 조선시대

1 의의

① 이성계의 위화도 회군으로 건국된 조선은 '친명사대주의'를 표방하고 한반도에 안주함으로써 스스로 약소민족국가로 전락하고 말았다.

② 당시 명나라와 일본이 바다 멀리 남아시아와 동아프리카로 진출하는 진취적인 모습을 보였던 것과는 여러모로 대비된다.

2 조선 사회는 유교식 사고방식

① 조선의 임금과 지배계층은 사대주의에 안주한 채 넓은 세상을 보려 하지 않았던 우물 안 개구리식 의식에서 탈피하지 못했다. 안타깝게도 그들은 국가의 생존과 번영에 첩보활동이 얼마나 중요한 요소인지를 전혀 인식하지 못했다.

② 무엇보다도 사대부들이 지배계층을 형성하고 있었던 조선 사회는 유교식 사고방식에 젖어 첩자행위 자체를 깔보는 분위기가 팽배했다.

③ 이러한 사회적 분위기 속에서 첩자는 애국자와는 전혀 거리가 먼 지배계층의 권력욕에 악용되는 비열하고 탐욕스러운 존재로 추락하고 말았다.

3 이이의 '징병 10만 양성'

① 건국 이후 200년간 외침이 없었던 조선은 무사안일에 빠져 버렸다. 지배계층은 당파싸움만을 일삼았고 외부 적들의 동향에 대해서 전혀 관심을 갖지 않았다.

② 이러한 가운데 선각자 이이가 임진왜란 10년 전인 1582년(선조 15년)에 북의 여진(만주족)과 남쪽의 왜구에 대비하기 위해 '징병 10만 양성'을 선조에게 건의했다. 그러나 조정의 대신들은 '평화시대에 국가 재정 소모라니 웬 말이냐."며 반대했다. 조선 사대부들의 안보불감증이 얼마나 심각한 수준이었는지를 보여주는 대표적인 사례이다.

③ 외부 적들의 동향에 대한 정보활동이 제대로 수행되지 않아 남쪽의 왜와 북방 청나라로부터의 침략이 임박한 극도의 위험한 상황 속에 있었음에도 불구하고 조정에서는 이를 전혀 파악하지 못하고 있었다. 그래서 조선은 정보력 부재로 인해 망했다는 혹자의 주장이 설득력 있게 받아들여진다.

4 임진왜란

(1) 김성일과 황윤길의 정보보고

① 일본에 1년간이나 체류하면서 일본의 조선침략 의도를 관찰한 조선통신사 김성일과 황윤길의 엇갈린 정보보고는 조선 지배층의 당쟁이 얼마나 심각한 수준이었는가를 짐작케 한다.

② 당파싸움과 무사안일에 젖은 조정의 관료들은 전쟁이 임박한 상황에서 제대로 된 경고조차 애써 무시했다. 평화와 요행을 바라던 선조는 황윤길의 의견을 "실세한 서인이 인심을 어지럽히려 한다."며 배척하고 김성일의 의견을 받아들였다.

③ 선조와 지배층이 스스로 "침략은 없을 것이다."라는 최면에 빠져 안보 도박을 저지르게 된 결과는 참혹했다.

(2) 전쟁의 참상

① 전쟁에 참여했던 조선군뿐만 아니라 무고한 백성들마저 일본군에 의해 무참히 학살되었다. 정확한 숫자는 알 수 없으나 임진왜란 동안 18만~1백만 명의 인명이 살상되었고, 경작지의 2/3이 파괴되었던 것으로 추정된다.

② 문화재 손실도 막심하여 경복궁을 위시한 건축물과 문화사적으로 귀중한 가치를 지닌 서적, 미술품, 도자기 등이 대거 파괴되거나 소실되었다.

5 비변사(備邊司)

(1) 의의

① 그토록 참혹한 전란을 겪었음에도 불구하고 조선의 지배계층은 충분히 반성하지 못했다. 지배계층은 권력 쟁취를 위한 당파싸움을 지속하는 가운데 무사안일에 빠져 외부 적들의 동향 파악을 위한 첩보활동에 여전히 무관심했다.

② 물론 조선시대 국경 밖 외적들의 동향에 관한 정보를 수집하기 위한 노력이 전혀 없었던 것은 아니다. 성종 이후 소규모의 왜구와 여진의 침입이 끊이지 않자 병조판서, 병조참판, 국경 지방의 관찰사와 절도사를 지낸 인물을 참여시켜 군사대책을 협의했다.

(2) 비변사의 변천

① 이후 1517년(중종 12년) 변방지대 왜구와 여진의 침입 등 비상사태 발생 시 군사적 대응책을 협의하기 위한 비상설기구로 비변사(備邊司)가 설치되었다. 1555년(명종 10년)에 발생한 을묘왜변을 계기로 비변사는 상설기구로 발전하였다.

② 1592년 임진왜란이 일어나자 비변사는 전쟁수행을 위한 최고기관이 되어 국정전반을 총괄하였으며, 이후 그 기능과 권한이 점차 강화되어 의정부를 제치고 최고의 정치 · 군사기관이 되었다.

③ 비변사의 권한이 강화되면서 의정부와 육조는 실권을 잃게 되었다. 그런데 이후 비변사는 의정부와 육조를 주축으로 하는 국가행정체제를 문란하게 하였을 뿐 정작 중요한 임무인 국가안보와 위기관리 업무에 있어서는 제대로 된 역할을 수행하지 못했다.

④ 즉 외부의 적대국 동향에 관한 정보수집활동 등을 통한 국방력 강화와 사회 혼란의 타개에 비변사가 전혀 도움이 되지 못했던 것으로 평가된다.

(3) 낭청(郎廳)

① 때로 비변사는 조직 내 '낭청(郎廳)'이라는 하급관료를 변경지역에 파견하여 외적의 동향에 관한 정보를 수집하는 임무를 수행하였다. 그러나 이는 비변사 기능의 극히 일부에 지나지 않았으며, 사실상 제대로 된 정보활동은 수행되지 못했다.

② 낭청은 그 신분과 담당 업무가 공개되어 있었기 때문에 철저하게 신분을 위장하고 비밀리에 정보활동을 수행하는 오늘날의 정보요원들과는 판이하게 다르다.

③ 그런 점에서 조선시대 비변사는 오늘날 기준에서 정보기구로 볼 수 없다. 이처럼 조선은 정보활동에 소홀함으로써 외부 적대세력의 동향을 파악하는 데 실패했으며, 그 결과 임진왜란과 병자호란에 이어 구한말 일본의 침략으로 인해 끝내 망하고 말았다.

Theme

102 근대 한국의 정보기구

I 의의

① 쇄국정책을 고수해 왔던 조선은 1876년 일본의 강압으로 강화도조약을 맺고 마침내 개항을 하게 되었다. 개항과 함께 서구 문물이 물밀듯이 들어오면서 조선의 근대화가 시작되었다.

② 개항 이후 당시 집권세력은 청의 양무운동의 경험을 받아들여 기존의 지배질서를 온존시키는 가운데 서양의 발전된 기술문명을 수용한다는 '동도서기론(東道西器論)'에 입각한 근대화 정책을 추진했다.

③ 그러나 조선은 자주적 근대화에 실패하고 제국주의 침탈로 인해 험난한 길을 걷게 되었으며, 종국에는 일제에 의해 국권을 강탈당하고 말았다.

Ⅱ 구한말 정보활동의 양상

1 의의

구한말 정보활동은 대체로 외세의 침탈을 막아 국권을 수호하는 데 초점을 두고 수행되었고, 국권을 침탈당한 일제시기에는 국내외에서 항일단체가 조직되어 일제의 통치에 저항했으며, 이러한 독립운동의 일환으로 일제의 동향에 관한 정보수집, 선전활동, 비밀단체 결성, 일제의 주요 시설 파괴, 요인암살 등 다양한 유형의 비밀정보활동이 전개되었다.

2 구한말 개항 이후

(1) 의의

① 구한말 개항 이후 근대화가 진행되는 가운데 정보활동의 양상에 있어서도 획기적인 변화가 일어났다.

② 그러한 변화는 서양식 외교제도의 도입과 교통·통신의 발전 등 크게 두 가지 요인에서 비롯된다.

(2) 서양식 외교제도의 도입

① 개항 이후 조선에 서양식 외교제도가 도입되면서 국가적 정보활동의 기본 틀이 변화되었다.

② 과거 전통적인 외교방식은 대상국에 사신이나 통신사 등 사절단을 파견하는 방문외교 형식으로 이루어졌다.

③ 그런데 개항 이후 세계 각국들과 조약을 체결하여 외교관계를 맺음에 따라 조선 내 일본, 영국, 중국, 미국, 독일, 러시아, 프랑스 등 각국 공관들이 설치되었다.

④ 조선 내 외국 열강의 공식적인 외교활동이 수행되었을 뿐만 아니라 자국의 이익을 확보하기 위한 정보활동도 치열하게 전개되었다.

⑤ 조선 정부 역시 세계 각국에 상주공관을 설치하여 외교활동과 더불어 정보활동을 전개했다.

(3) 교통 및 통신의 발달

① 구한말 서양의 발전된 과학기술이 도입되면서 경인선, 경부선 등 철도가 부설되었고, 우편, 전신, 전화 등 통신시설이 가설되었다.

② 교통 및 통신의 획기적 발달은 정보활동의 공간을 국내 또는 중국, 일본 등 주변국에 그치지 않고 미국, 영국, 러시아 등 서구 제국으로 크게 확대시켰다.

③ 통신수단의 획기적인 발달로 정보가 신속히 대량으로 유통되었고, 그러한 정보의 유통 과정에서 필요한 정보를 수집하고 감시하기 위해 비밀정보활동의 필요성이 증가하였다.

Ⅲ 제국익문사

1 의의

① 구한말 외국 열강의 침탈과 국내 지도자들의 내분으로 국가가 존망의 위기에 처해 있었다.

② 19세기 말에서부터 20세기가 시작되는 무렵 일본은 갖은 수단을 동원하여 한반도를 강탈하려는 가운데 정부의 고위관리들은 친일파 또는 친러파 등으로 분열되어 국가기밀을 팔아먹었다.

③ 특히 고종황제의 어전회의에서 비밀리에 논의된 중요한 정보가 일본 공관에 곧바로 유출되는 사례가 빈번히 발생했다고 한다.

2 우리나라 최초 근대적 형태의 비밀정보기관

(1) 의의

① 기밀유출을 막는 방첩활동과 함께 국권수호를 위한 정보활동을 전담할 전문 정보기관이 필요하였고, 이에 부응하여 1902년 6월 고종의 지시로 '제국익문사'가 설립되었다.

② 제국익문사는 우리나라 최초 근대적 형태의 비밀정보기관으로 여겨진다.

(2) 비밀정보기관

제국익문사는 비밀정보기관이라는 사실을 은폐하고자 대외적으로는 매일 사보(社報)를 발간해 일반 국민들에게 배포하고 때때로 국가에 긴요한 서적을 인쇄하는 등 현대판 통신사 기능을 담당했다.

3 임무

(1) 의의

제국익문사는 고종 황제 직속의 비밀정보기관으로서 외국과 유착된 정부 고위관리들을 찾아내어 단속하고 외국인들의 국내 체류 동향과 출입국 내용을 파악하는 등의 임무를 수행했다.

(2) 한국정미정변사(韓國丁未政變史)

① 1907년 고종 황제 강제 퇴위 사건을 다룬 나라사키 게이엔의 「한국정미정변사(韓國丁未政變史)」에서 "고종 황제가 평소 내각의 친일 대신들을 의심해서 3~4인의 밀정을 붙여 모든 기밀을 탐지하게 했고, 많은 일들이 이 밀정에 의해 결정되었다."고 비판하는 내용이 기록되어 있다.

② 이로 미루어 보아 제국익문사가 오늘날 각국의 정보기관과 유사한 종류의 방첩활동을 은밀히 수행했던 것으로 추정된다.

(3) 제국익문사비보장정(帝國益聞社秘報章程)

① 그동안 제국익문사의 실체에 대해서 거의 알려진 바가 없었으나 1996년 11월 '제국익문사비보장정(帝國益聞社秘報章程)'이 발견되면서 비로소 제국익문사의 조직체계와 임무에 관한 자세한 사항이 알려지게 되었다.

② 그 외 총23개 조로 구성된 '비보장정'에는 제국익문사의 조직과 기능, 활동범위 등을 자세하게 기록하고 있다. 동 책자에 따르면 제국익문사의 설립목적을 "황제가 국가를 경영하는 데 필요한 정보를 제때에 정확하고도 완전하게 공급하는 데 있다."고 기술하고 주 임무는 "매일 비밀보고서를 작성해 오로지 황제에게 보고함으로써 황제의 총기(聰氣)를 보필하는 데 있다."고 규정하였다.

4 조직

(1) 의의

제국익문사의 조직 역시 규모는 작지만 오늘날의 정보조직과 유사한 체계를 갖추고 있었던 것으로 보인다.

(2) 독리(督理)와 임원

오늘날의 정보기관 수장에 해당되는 총책임자로서 '독리(督理)'를 두었고, 그 밑에 '사무(司務)', '사기(司記), '사신(司信)' 등 3명의 임원을 두었다.

(3) 통신원

① 그리고 독리와 임원의 지휘하에 '통신원'이라는 명칭의 활동요원을 두었다. 이들은 각 분야 및 요소에 따라 '상임통신원', '보통통신원', '특별통신원', '외국통신원' 그리고 '임시통신원' 등으로 구분되었으며, 총 인원은 61명이었다.

② 한편 '비보장정'에는 각 통신원들이 수집해야 할 과제들이 매우 구체적으로 명시되어 있었는데, 그중에서도 일본 정부와 일본인들의 동향을 파악하는 사항이 가장 많은 부분을 차지하고 있었다.

③ 이와 함께 각 통신원들은 정부 고위관리들이 외국과 내통하는지 여부, 국가전복을 기도하는 자들의 움직임, 외국 정부의 정치 및 군사 동향, 국내 외국인들의 특이 행동 등 다양한 과제들을 대상으로 수집활동을 전개했던 것으로 추정된다.

5 보안

① 당시 제국익문사 요원들은 통신원, 밀정, 밀사 등 다양한 신분으로 위장하여 철저히 보안을 유지하는 가운데 비밀임무를 수행했던 것으로 보인다.

② 예를 들어 중요한 자료를 황제에게 보고할 때는 '화학비사법(化學秘寫法)'으로 보고서를 작성토록 제한함으로써 황제 외에 다른 사람이 알아보지 못하도록 하였다.

③ 또한 비밀보고서를 넣은 봉투에 '성총보좌(聖聰補佐)'라는 문양을 새겨 넣어 황제 외에 다른 사람이 보지 못하도록 일종의 보안관리 조치도 취하였다.

6 활동

제국익문사의 요원들은 일본의 삼엄한 감시를 받던 상황에서도 미국, 영국, 러시아, 프랑스, 독일 등 각국에 을사조약이 무효임을 선언하는 고종 황제의 친서를 전달하고, 나아가 이에 대해 세계 각국의 여론에 호소하는 활동을 막후에서 지원하기도 하였다.

7 해체

그러나 국권회복을 위한 요원들의 모든 노력이 수포로 돌아갔고, 제국익문사는 1907년 고종이 퇴위하면서 결국 해체되고 말았다.

Theme

103 일제시대 한국의 정보기구

I 의의

① 1910년 한일합방과 함께 일제는 헌병, 경찰, 행정기관, 밀정 등 모든 수단을 동원하여 국내외 항일운동 세력을 색출하고 이들의 활동을 무력화시키는 조치들을 취했다. 이로 인해 한반도에서는 일제의 삼엄한 감시를 피하여 비밀결사 형태의 항일운동이 전개되었다.

② 그러나 일제의 무단통치로 인해 한반도에서의 항일운동이 점점 어려워지자 많은 독립 운동가들이 연해주, 북간도, 미주 지역 등 해외로 이주했고 이들을 중심으로 항일민족단체들이 결성되어 독립운동을 전개하기 시작했다.

Ⅱ 임시정부

1 의의

① 1919년 4월 중국 상해에서 임시정부가 창설되었다. 임시정부는 민족의 대표기구이자 독립운동을 지휘할 최고기구로서의 위상과 역할을 인정받기 위해 무엇보다도 국민적 지지기반을 확보해야 했다.

② 이를 위해 임시정부는 '연통제', '교통국', '특파원', '지방선전부' 등 여러 가지 유형의 기구를 조직하여 국내와 연계된 활동을 수행했다.

2 연통제

'연통제'는 1919년 7월 임시정부의 내무부 주관하에 도(道)－부(附)－군(郡)－면(面)에 책임자를 임명하여 설치된 비밀행정체계였다.

3 교통국

'교통국'은 1919년 8월 교통부 관할하에 국내와의 통신연락을 위해 설치된 기구였다. 임시정부는 이러한 행정조직을 활용하여 국내의 실정을 조사·보고하도록 하였다.

4 특파원

'특파원'은 특수임무를 띠고 국내로 파견되는 요원을 뜻한다.

5 지방선전부

1920년 3월에 조직된 '지방선전부'는 기존의 연통제, 교통국, 특파원 등을 통해 이루어지고 있던 비밀정보활동을 총괄하는 임시정부의 정보기구라고 할 수 있다.

Ⅲ 선전대

1 의의

① 임시정부 내 '지방선전부'가 조직되고 산하에 행동기구로서 '선전대'가 설치되면서 1920년 6월부터 선전대원들이 국내로 파견되었다.

② 일종의 정보요원으로서 선전대원들은 '총독부의 정책 및 관리', '국민의 민심 상태', '국내의 독립운동 상황' 등을 조사 · 보고하는 임무가 주어졌고, 진충보국(盡忠報國)한다는 자세와 상관의 지휘명령을 반드시 수행해야 한다는 등 엄격한 행동규정이 요구되었다.

2 임무

① 이 밖에도 선전대원들은 유력인물의 국외탈출, 국내 독립운동 단체의 결성, 독립시위운동 유도, 독립자금 전달, 일제 통치시설 파괴, 요인 암살 등 다양한 유형의 정보활동을 비밀리에 수행했다.

② 또한 일종의 선전공작으로서 「독립신문」, 「임시정부 공보(公報)」, 「신한청년(新韓青年)」, 「신대한(新大韓)」등의 신문 · 잡지 그리고 임시정부에서 발표하는 각종 포고문 등의 선전물들을 발간하여 국내외에 배포하기도 하였다.

Ⅳ 의열단과 한인애국단

1 의의

① 일제시대 동안 임시정부와 더불어 항일 무장투쟁을 전개했던 대표적인 독립운동 단체로서 '의열단'과 '한인애국단'을 들 수 있겠다.

② 이들은 항일 독립운동의 일환으로 첩보수집 및 비밀공작 등 정보활동 임무를 수행했다.

2 의열단

① '의열단'은 1919년 11월 만주 길림에서 김원봉 등이 결성한 단체로서 일본인과 친일 매국노 암살, 일제 시설 파괴, 폭동 등 일제의 통치에 항거하는 활동을 벌였다.

② 의열단이 주도했던 부산경찰서 폭탄투척(1920년 9월 14일), 밀양경찰서 폭탄투척(1920년 12월 27일), 조선총독부 폭탄투척(1921년 9월 21일), 상해 황포탄 부두에서의 일본 대장 다나까 기이치 암살시도(1922년 3월 28일), 동양척식주식회사 폭탄투척(1926년 12월 28일) 등은 오늘날 정보기관에서 수행하는 준군사공작과 흡사하다.

3 한인애국단

(1) 의의

① '한인애국단'은 1931년 10월 임시정부 국무령이었던 김구의 책임하에 특무공작임무를 수행하기 위해 설립된 항일독립운동 단체이다.

② 김구는 「백범일지」에서 "나는 정부 국무회의에서 '한인애국단'을 조직해 암살, 파괴 등의 공작을 실행하게 되었다."고 기술했다.

(2) 특무공작기관

① 임시정부를 국가기관으로 보고 애국단을 '특무공작기관'으로 보았을 때 애국단의 이러한 활동은 비밀공작의 한 유형인 준군사공작에 해당된다.

② 임시정부가 애국단을 조직하여 비밀공작이라는 항일투쟁 방식을 선택하게 된 것은 최소의 비용으로 효과를 극대화하려는 전략에서 비롯된 것으로 보인다.

(3) 규모

① 비밀활동을 위해 요원들의 신분을 철저히 위장했기 때문에 애국단의 정확한 규모는 알 수 없다.

② 다만 당시 일제 정보기관이 파악하여 기록한 바에 따르면 안공근, 엄항섭, 김동우, 이수봉 등 10여 명을 핵심단원으로 하여 총 인원은 약 80여 명으로 추정된다.

(4) 활동

애국단은 이봉창의 일본천황 폭탄투척(1932년 1월), 윤봉길의 상해 홍구공원 폭탄투척(1932년 4월) 등의 항일투쟁을 전개하여 한국인의 독립의지를 전 세계에 알리는 데 크게 기여했다.

V 광복군

1 의의

1940년 9월 17일 임시정부는 광복군을 창설하여 무장 세력을 갖추고 항일 독립운동을 전개했다.

생각넓히기 | 광복군 창설 준비

1936년에 장제스의 제안으로 임시정부는 중국에 있는 전 조선인 무장세력을 규합하여 광복군 조직을 추진하고 있었다. 광복군은 1939년 1월 8일 창립된 임시정부의 여당 한국독립당 당군(黨軍)을 모태로 하였다. 이후 기타 독립군 및 지청천, 이범석 등이 이끌고 온 만주 독립군과 연합하여 1940년 9월 성립전례식을 준비·계획하였다.1940년 5월 임시정부 측은 중국 국민정부 장제스에게 한국광복군의 활동을 승인해 줄 것을 교섭하였고, 중국 국민당군의 지휘하에 둔다는 조건으로 광복군 창립을 승인받았다. 광복군의 지휘권은 중국의 국민당 정부가 통제하고 있었으나 1944년 8월 임시정부로 통수권이 넘겨졌다.

2 대적선전공작 임무 수행

① 광복군은 대원들 중에서 일부 인원을 선발하여 영국군과 공동으로 대적선전공작 임무를 수행하기도 하였다.

② 이들은 인도에서 일본과 접전을 벌이고 있는 영국군의 최전선에 투입되어 일본군에 대한 대적방송, 적문서 번역, 전단 제작 및 살포 그리고 포로 심문 등을 담당했다.

3 국내 진입작전 추진

(1) 의의

① 광복군은 미국의 전략첩보기구인 OSS(Office of Strategic Services)와 합작하여 국내 진입작전을 추진했다.

② OSS는 한반도에 대한 전략적 가치를 중요시하면서 이 지역에서의 첩보활동에 한국인들을 이용하려 했다.

(2) 독수리계획(Eagle Project)

① OSS의 비밀정보국은 광복군 대원들을 국내로 진입시켜 적(일본군)의 후방에서 비밀공작을 전개하는 일명 '독수리계획(Eagle Project)'을 입안했다.

② 동 계획은 1945년 4월 3일 김구 주석과 광복군 총사령관 지청천의 최종 승인을 얻어 실행되기에 이르렀다.

③ 광복군 대원들은 1945년 5월부터 3개월간 OSS의 훈련을 마치고 8월 중 국내에 진입하여 비밀공작을 전개하려 계획했다.

④ 그러나 8월 10일 저녁 일본이 포츠담선언에서 요구한 무조건 투항을 받아들였다는 소식과 함께 일제의 항복 소식이 전해지면서 안타깝게도 광복군의 국내 진입작전은 실행에 옮겨지지 못했다.

Theme

104 광복 직후 한국의 정보기구

I 의의

1 미 제24군단

1945년 8월 15일 해방과 함께 남북이 분단되어 미 · 소 양군이 각각 진주하게 되었다. 1945년 9월 9일 미 제24군단이 한국에 진입하여 미군정이 실시되었다.

2 G-2와 CIC(Counter Intelligence Corps)

(1) 의의

주한 미 24군단 예하에는 두 그룹이 정보활동임무를 수행했다. 하나는 7개의 일반참모부 중의 하나인 G-2(정보참모부)였고, 다른 하나는 CIC(Counter Intelligence Corps)로 일컫는 방첩대였다.

(2) G-2

G-2는 주로 군사분야의 정보를 수집하는 데 중점을 두었다.

(3) CIC

① CIC는 본래 임무인 방첩업무 외에 미군정체제 운영에 필요한 정보수집, 북한 정보수집 그리고 대북공작업무까지 수행했다.

② '민간정보통신대(Civil Communications Intelligence Group)'를 운영하면서 통신감청 및 우편물 검열 등의 임무도 수행했다.

Ⅱ 육군본부 정보국

1 의의

(1) 국방사령부

대한민국 정보기구의 뿌리는 미군정 시절로 거슬러 올라간다. 미군정 당시인 1945년 11월 중순 미 군정법령 제28호에 의거 '국방사령부'가 설치되었다.

(2) 조선경비대 총사령부 정보국

1946년 1월 군정청 국방사령부 산하에 정보과가 발족되었고, 그것이 1946년 8월 조선경비대 총사령부 정보국으로 개편되었다가 1948년 8월 15일 대한민국 정부 수립 이후 육군본부 정보국 소속으로 개편되었다.

(3) 육본 정보국

① 1948년 8월 대한민국 정부수립과 함께 주한 미 CIC가 수행했던 업무의 대부분은 육군본부 정보국이 인수하였다. 육본 정보국은 정부수립부터 중앙정보부가 설립되기까지 한국의 중추적인 정보기구로서의 임무를 수행했다.

② 당시 육본 정보국은 방첩대(CIC)와 첩보대(HID)를 직접 지휘했고, 대한민국 정보비 전체 예산의 절반 이상을 사용했던 것으로 알려졌다.

생각넓히기 | **대한관찰부**

1. 원래 미국 방첩부대(CIC)의 한국 이승만 정부에 대한 이양은 군부문과 함께 민간부문에 의하여서도 동시에 추진됐었다. 그래서 이승만 대통령은 1948년 7월 대통령령 제61호로 민간부문에서 대한관찰부(Korea Research Bureau)라는 정보기구를 창설했다.
2. 대한관찰부는 국무총리 이범석의 주도로 창설된 남한 최초의 비밀 민간부문 공작 기관이었다. 당시 정부조직법상 "부(部)"를 사용할 수 없다는 지적에 따라서 1949년 1월부터 사정국(司正局)이라는 명칭으로 개칭했다.
3. 사정국은 군경을 동원할 수도 있었다. 그러나 사정국은 이승만 대통령 암살을 위장한 수원청년단 사건을 조작하여 민간인 100여 명을 체포 · 고문하는 등의 극심한 권력남용이 문제되어 국회에서 이승만 대통령의 정치적 목적을 위한 도구로 악용될 가능성이 많다는 비판을 받고 예산 배정이 거부되어 1949년 10월 해체됐다. 결과적으로 육군본부 정보국이 모든 국가정보를 관장하게 되었다.

2 조직

(1) 의의

육본 정보국은 1949년 6월 1일 당시 1과(전투정보과), 2과(첩보과), 3과(방첩과) 등 3개 과로 구성되어 있었는데 한국전쟁이 발발하자 1과(전투정보과), 2과(방첩과), 3과(첩보과) 등으로 개편되었다.

(2) 1과(전투정보과)

① 1과(전투정보과)의 주 임무는 남북한 상황을 정확히 분석하고 예측하는 것이었다.

② 1과 출신으로서 박정희, 이후락, 김종필, 박종규(전 경호실장) 등이 있었고, 나중에 이들 중 상당수가 5.16 주도세력이 되었다.

(3) 2과(방첩과)

2과(방첩과)는 최초 '특별조사과'로 불리다가 특무과, 특별조사대, 방첩대 등으로 명칭을 바꿨으며, 간첩과 이적분자들을 수사하는 것을 주 임무로 하였다.

(4) 3과(첩보과)

3과(첩보과)는 대북공작 및 심리전 활동을 담당했으며, 한국전쟁 발발 후 1951년 3월 25일 육본 직할부대인 첩보부대(HID)로 독립했다.

(5) 정보참모부로 개편

육군 정보국은 1959년 1월 1일 육군본부에 일반참모부장 제도가 도입되면서 일반참모부 산하 정보참모부로 개편되었다.

3 한국의 근대적인 정보·보안체계의 기원

(1) 의의

① 육군 정보국은 한국의 근대적인 정보·보안체계의 기원을 이루는 것으로 인정되고 있다. 육군 정보국은 한국군 정보체계의 근간을 형성하고 있을 뿐만 아니라 이후 민간 정보기관으로 설립된 중앙정보부의 핵심인력이 이곳 출신들이다.

② 당시 해·공군도 존재했지만 군의 주력이 육군이라는 점에서 육군 정보국이 군 정보체계의 중추적 역할을 수행했다. 박정희, 김종필, 이후락, 박종규 등 1961년 5.16 군사정변과 이후 창설된 중앙정보부의 중추세력이 대부분 육군 정보국 출신들이었던 것으로 나타난다.

(2) 숙군작업

① 육군 정보국은 1948년 10월 19일 발생한 여순반란사건을 계기로 시작된 숙군작업을 벌여 군 내 좌익세력을 제거함으로써 대한민국 국가체제의 안정화를 유지하는 데 결정적으로 기여했다.

② 육군 정보국은 군사정보는 물론 민간 부문에까지 광범위하게 정보활동을 전개함으로써 정부수립 초기 가장 강력한 정보기관으로서의 위상을 가졌다.

Ⅲ 제1공화국 중앙정보부

1 의의

① 냉전이 극단으로 치닫던 1950년대 중반 미 CIA는 한국과 협력하여 소련의 대외팽창을 저지하는 임무를 수행하고자 하였고, 이를 위해 이승만 대통령에게 중앙정보기구의 창설을 요청했다.

② 이승만 대통령이 이를 수용하여 1959년 1월 이후락을 책임자로 하여 육 · 해 · 공군에서 선발된 40여 명의 장교와 사병들로 구성된 '중앙정보부'를 설립하였다.

2 임무

① 국방장관 직속기관으로서 명칭은 '중앙정보부'였지만 사실상 수행하는 임무는 CIA와의 정보협력 창구에 불과했던 것으로 추정된다.

② 중앙정보부의 주요 임무는 각 군 정보부대서 올라오는 정보를 정리하는 일과 CIA에서 제공해 주는 정보를 정리해 매일 국방장관에게 보고하는 것이었다.

③ 그리고 미 CIA의 정보제공에 상응하여 CIA측에 우리가 수집한 북한정보를 제공해 주었다. 중앙정보부는 이승만 정부의 몰락과 함께 해체되었다.

Ⅳ 중앙정보연구위원회

1 의의

① 1960년 4.19 혁명으로 장면 총리가 집권하자 당시 CIA의 한국 지부장이었던 실버(Peer de Silva)가 장면 총리에게 중앙정보기구의 설립을 강력히 요청했다.

② 이에 장면 정부는 1961년 1월 '중앙정보연구위원회'라는 이름의 기관을 설립하고 총 책임자인 '중앙정보연구실장' 직위에 이후락을 임명했다.

2 조직

① 중앙정보연구위원회는 총리 직속 기구로서 소수의 대령급 정보장교와 서울대를 졸업한 20여 명의 요원들로 구성되었다.

② 제1공화국 중앙정보부가 국방장관 산하조직이었던데 비해 중앙정보연구위원회는 총리 직속으로 격상되었지만 중앙정보기구로서의 위상이나 기능을 전혀 부여받지 못했다.

③ 특히 국회의 견제로 인해 법적 근거를 마련하지 못했으며, 공식적으로 편성된 예산조차 없어서 총리실로부터 예산을 지원받았다.

3 임무

① 매주 1회 정도 총리에게 해외정보를 보고하는 외에 제대로 된 정보활동이나 기능을 수행하지 못했다.

② 이후 중앙정보연구위원회는 1961년 5.16 군사정변 이후 중앙정보부가 설립되면서 중앙정보부 산하 해외담당 부서로 흡수되었다.

Theme

105 중앙정보부의 창설과 변천

I 중앙정보부 창설

1 5월 16일 군사정변

1961년 5월 16일 군사정변이 일어난 지 채 한 달이 지나지 않은 6월 10일 '중앙정보부법'이 공포됨과 함께 중앙정보부가 창설되었다.

2 중앙정보부 창설의 주역

① 박정희, 김종필, 박종규 등 5.16 군사정변의 주체세력은 대부분 육본 정보국 출신들로서 일찍이 국가체제의 운영에 있어서 정보의 중요성을 인식하였던 듯하다.

② 특히 중앙정보부 창설의 주역인 김종필은 5.16 이전부터 정보기구의 설립을 계획했었던 것으로 알려졌다.

③ 이에 따라 5.16 직후 혁명 사업을 이행할 전위조직으로서 중앙정보부를 설립하게 되었던 것이다.

3 설치 근거 및 권한

① 중앙정보부 설치 근거는 「국가재건최고회의법」 제18조에 명시되어 있는 바, "공산세력의 간접 침략과 혁명과업 수행의 장애를 제거하기 위해 국가재건최고회의에 중앙정보부를 둔다." 라고 밝히고 있다.

② 이에 따라 중앙정보부에는 순수한 정보 업무 외에 수사기능도 부여되는 등 막강한 권한을 부여받았다. 1961년 6월 10일 공포된 「중앙정보부법」 제4조에 따르면 중앙정보부장이 정보수사에 관해 국가의 타 기관 소속 직원을 지휘 · 감독하도록 규정되어 있는 바, 중앙정보부장에게 군 정보수사기관 및 검 · 경에 관한 지휘 · 감독 권한까지 부여되었던 것이다.

Ⅱ 우리나라 최초 국가적 차원의 정보기관

1 의의

① 1961년 중앙정보부의 창설은 우리나라 역사상 최초로 국가적 차원의 정보기관이 등장하게 되었다는 점에서 큰 의미를 가진다.

② 삼국시대 고구려를 비롯하여 백제와 신라 등은 우리 역사에서 가장 활발하게 정보활동을 수행했지만 오늘날처럼 국가적 차원에서 상설화된 정보기관을 설립하여 정보활동을 전개했던 것은 아니었다.

③ 광복 이후 군과 경찰을 중심으로 운영되어 온 정보기관들 역시 전술적 차원 혹은 부문정보기관의 수준을 벗어나지 못했다.

④ 육본 정보국이 군사정보는 물론 민간 부문에까지 광범위하게 정보활동을 전개했지만 국방부에 소속되어 있어 국가적 차원의 전략정보 기능을 수행하는 데는 한계가 있었다.

2 국가정보기구

(1) 의의

① 「중앙정보부법」 제1조 규정에 따라 중앙정보부는 정보수사기관에 대한 조정 및 감독 권한을 가짐으로써 법적으로 국가정보기구로서의 위상을 부여 받았다.

② 법적인 권한과 더불어 중앙정보부는 군은 물론 경찰과 검찰에 이르기까지 정보수사활동을 실질적으로 조정 및 감독하는 역할을 수행함으로써 명실상부하게 국가정보기구로서 발돋움하게 되었다.

(2) 창설 멤버

중앙정보부는 초대 부장으로 취임한 김종필을 위시하여 육사 8기 출신 장교들이 주축이 되어 창설되었고, 육군 정보국, 방첩부대, 첩보부대, 헌병대, 경찰 등 여러 기관에서 뽑아온 요원들이 창설 멤버로 합류했다.

(3) 「중앙정보부법」의 일부 개정

① 1963년 10월 군정을 종식하고 민정으로 이양하기 위한 대통령 선거를 앞두고 5.16 주체세력은 민심수습 차원에서 「중앙정보부법」의 일부 개정을 선거공약으로 제시하였다.

② 이에 따라 1963년 12월 14일 공포된 개정법은 중앙정보부의 정치 개입 시비를 개선하는 방향으로 직무 범위를 보다 명확하게 규정하였다.

③ 예를 들어 국내정보의 범위를 국내보안정보(대공 및 대정부전복)로 좁혔으며, 범죄수사의 범위도 「형법」 중 내란 · 외환의 죄, 「국가보안법」 및 「반공법」에 규정된 범죄의 수사 등으로 구체화했다.

④ 또한 '정치활동 금지' 조항을 신설해 중앙정보부의 "부장, 차장 및 기획조정관은 정당에 가입하거나 정치활동에 관여할 수 없다."고 규정했다.

Ⅲ 10.26 사건과 국가안전기획부

1 의의

① 박정희 대통령의 집권기간 동안 중앙정보부는 정보기관으로서의 기능을 넘어서 정권을 지탱하는 중추적인 역할을 수행했다.

② 그러나 1979년 10월 26일 김재규 중앙정보부장의 박대통령 시해사건을 계기로 중앙정보부는 급격한 변동을 겪게 된다.

2 합동수사본부

① 1979년 10월 27일 새벽 계엄이 선포되고 계엄사령부 내에 합동수사본부가 설치되었다. 합동수사본부는 중앙정보부를 대체하여 검찰, 경찰 등 모든 정보수사기관에 대한 조정 · 감독 권한을 행사하게 되었다.

② 합동수사본부장은 전두환 보안사령관이 겸임하였다. 결국 보안사령부가 대통령 및 중앙정보부장이 공석이 된 비상시국에 합수본부를 만들어 모든 정보수사기관을 장악했다. 현역 군인이 중앙정보부장을 맡을 수 없다는 법적 제한에도 불구하고 1980년 4월 14일 전두환 보안사령관이 중앙정보부장 서리로 취임했다.

3 「국가안전기획부법」 제정

① 전두환과 노태우 등의 하나회가 중심이 된 신군부세력이 집권하면서 1980년 12월 19일 중앙정보부의 명칭이 국가안전기획부로 바뀌었고, 이어서 12월 31일 「국가안전기획부법」이 제정되었다.

② 새로 제정된 「국가안전기획부법」에 따르면 과거 중앙정보부의 '정보 및 보안업무의 조정 · 감독' 조항이 '정보 및 보안업무의 기획 · 조정'으로 바뀌었다. 이에 따라 국가안전기획부는 종래 중앙정보부가 수행했던 정보수사기관에 대한 감독권한이 배제되었다.

4 보안사

(1) 의의

① 보안사는 정권 창출기관이라는 배경으로 군내의 보안뿐만 아니라 정치에도 깊숙이 개입하였다.

② 10.26 박대통령 시해사건을 통해 보안사는 중앙정보부를 접수했다. 전두환 보안사령관은 합동수사본부장을 겸임하면서 검찰 및 경찰을 포함하여 모든 정보수사기관을 장악함으로써 정권 탈취를 위한 유리한 기반을 확보했다.

③ 보안사는 12.12 신군부 쿠데타를 통해 권력을 장악한 전두환 보안사령관이 대통령이 되기까지의 과정에서 충실한 수족 역할을 했다.

(2) 윤석양 이병의 보안사 민간인 사찰 폭로

① 보안사는 간첩사건은 물론 시국사건까지 수사하는 등 막강한 권력을 휘둘렀다. 그러나 1987년 민주화 이후 보안사는 그 역할을 축소하도록 국내 여론의 압력을 받았다.

② 특히 1990년 10월 4일 윤석양 이병이 보안사의 민간인 사찰을 폭로함으로써 보안사의 기능 축소가 불가피하게 되었다.

③ 이 사건을 계기로 보안사는 국군기무사령부로 명칭을 바꾸고 국내 정치에 더 이상 개입하지 못하게 되었다.

5 국가안전기획부의 권한 강화

(1) 의의

① 1979년 10.26 사건 이후 보안사에 접수되어 보안사의 강력한 통제하에 있었던 국가안전기획부는 1984년부터 그 기능을 상당부분 회복한 것으로 알려져 있다.

② 국가안전기획부의 권한이 강화되면서 또다시 불법적인 정치개입과 권한남용 등 여러 가지 문제들에 대한 비판이 제기되기에 이르렀다.

(2) 국가안전기획부에 대한 비판

① 국가정보기관이 국가정책을 지원하는 수준에 머무르지 않고 직접 정책집행에 관여하였다.

② 중앙정보부 시절부터 지속되어 온 고문, 불법 도감청 등 인권을 침해하였다.

③ 불법적으로 선거에 영향력 행사하거나 정치사찰을 통해 정치에 개입하였다.

6 김영삼 대통령의 「국가안전기획부법」 개정

(1) 의의

1993년 2월 취임한 김영삼 대통령은 국가안전기획부에 대한 여러 가지 비판들을 수용하여 국가안전기획부 기능을 조정하는 작업을 진행했고, 마침내 1994년 1월 개정된 「국가안전기획부법」이 탄생했다.

(2) 정치개입 금지 규정 확대

정무직에 국한되었던 정치개입 금지 규정을 전 직원으로 확대했다.

(3) 직권남용행위의 구체적 적시

직권남용행위를 구체적으로 적시하고 이를 위반할 경우 형사 처벌할 수 있는 근거를 두었다.

(4) '정보조정협의회' 규정 삭제

① 「국가안전기획부법」의 '정보조정협의회' 규정을 삭제했다. 이로써 국가안전기획부가 국가 주요 정책에 관련해 여타 부처 관계자를 소집할 수 있는 법적 근거가 사라졌다.

② 국가안전기획부가 국가정책에 직접적으로 관여할 수 있는 여지를 없애 버린 것이다.

(5) 행정부처에 대한 보안감사 제도 폐지

행정부처에 대한 보안감사 제도를 폐지함으로써 행정 부처들의 업무에 국가안전기획부가 개입할 수 없도록 하였다.

(6) 국회 정보위원회 설치

국회에 '정보위원회'가 설치되어 국가안전기획부의 정보활동을 합법적으로 감시하고 통제할 수 있는 법적 기반도 마련되었다.

관련법조항 「국회법」 정보위원회 관련 규정

제37조(상임위원회와 그 소관)

① 상임위원회의 종류와 소관 사항은 다음과 같다.

16. 정보위원회

가. 국가정보원 소관에 속하는 사항

나. 「국가정보원법」 제4조 제1항 제5호에 따른 정보 및 보안 업무의 기획·조정 대상 부처 소관의 정보 예산안과 결산 심사에 관한 사항

제38조(상임위원회의 위원 정수)

상임위원회의 위원 정수(定數)는 국회규칙으로 정한다. 다만, 정보위원회의 위원 정수는 12명으로 한다.

제48조(위원의 선임 및 개선)

① 상임위원은 교섭단체 소속 의원 수의 비율에 따라 각 교섭단체 대표의원의 요청으로 의장이 선임하거나 개선한다. 이 경우 각 교섭단체 대표의원은 국회의원 총선거 후 첫 임시회의 집회일부터 2일 이내에 의장에게 상임위원 선임을 요청하여야 하고, 처음 선임된 상임위원의 임기가 만료되는 경우에는

그 임기만료일 3일 전까지 의장에게 상임위원 선임을 요청하여야 하며, 이 기한까지 요청이 없을 때에는 의장이 상임위원을 선임할 수 있다.
② 어느 교섭단체에도 속하지 아니하는 의원의 상임위원 선임은 의장이 한다.
③ 정보위원회의 위원은 의장이 각 교섭단체 대표의원으로부터 해당 교섭단체 소속 의원 중에서 후보를 추천받아 부의장 및 각 교섭단체 대표의원과 협의하여 선임하거나 개선한다. 다만, 각 교섭단체 대표의원은 정보위원회의 위원이 된다.
④ 특별위원회의 위원은 제1항과 제2항에 따라 의장이 상임위원 중에서 선임한다. 이 경우 그 선임은 특별위원회 구성결의안이 본회의에서 의결된 날부터 5일 이내에 하여야 한다.
⑤ 위원을 선임한 후 교섭단체 소속 의원 수가 변동되었을 때에는 의장은 위원회의 교섭단체별 할당 수를 변경하여 위원을 개선할 수 있다.
⑥ 제1항부터 제4항까지에 따라 위원을 개선할 때 임시회의 경우에는 회기 중에 개선될 수 없고, 정기회의 경우에는 선임 또는 개선 후 30일 이내에는 개선될 수 없다. 다만, 위원이 질병 등 부득이한 사유로 의장의 허가를 받은 경우에는 그러하지 아니하다.

제49조의2(위원회 의사일정의 작성기준)
① 위원장(소위원회의 위원장을 포함한다)은 예측 가능한 국회운영을 위하여 특별한 사정이 없으면 다음 각 호의 기준에 따라 제49조 제2항의 의사일정 및 개회일시를 정한다.
1. 위원회 개회일시: 매주 월요일 · 화요일 오후 2시
2. 소위원회 개회일시: 매주 수요일 · 목요일 오전 10시
② 위원회(소위원회는 제외한다)는 매월 2회 이상 개회한다. 다만, 다음 각 호의 어느 하나에 해당하는 경우에는 그러하지 아니하다.
1. 해당 위원회의 국정감사 또는 국정조사 실시기간
2. 그 밖에 회의를 개회하기 어렵다고 의장이 인정하는 기간
③ 제2항에도 불구하고 국회운영위원회, 정보위원회, 여성가족위원회, 특별위원회 및 예산결산특별위원회의 경우에는 위원장이 개회 횟수를 달리 정할 수 있다.

제54조의2(정보위원회에 대한 특례)
① 정보위원회의 회의는 공개하지 아니한다. 다만, 공청회 또는 제65조의2에 따른 인사청문회를 실시하는 경우에는 위원회의 의결로 이를 공개할 수 있다.
② 정보위원회의 위원 및 소속 공무원(의원 보좌직원을 포함한다. 이하 이 조에서 같다)은 직무수행상 알게 된 국가기밀에 속하는 사항을 공개하거나 타인에게 누설해서는 아니 된다.
③ 정보위원회의 활동을 보좌하는 소속 공무원에 대해서는 국가정보원장에게 신원조사를 의뢰하여야 한다.
④ 이 법에서 정한 사항 외에 정보위원회의 구성과 운영 등에 필요한 사항은 국회규칙으로 정한다.

제57조(소위원회)
① 위원회는 소관 사항을 분담 · 심사하기 위하여 상설소위원회를 둘 수 있고, 필요한 경우 특정한 안건의 심사를 위하여 소위원회를 둘 수 있다. 이 경우 소위원회에 대하여 국회규칙으로 정하는 바에 따라 필요한 인원 및 예산 등을 지원할 수 있다.
② 상임위원회는 소관 법률안의 심사를 분담하는 둘 이상의 소위원회를 둘 수 있다.
③ 소위원회의 위원장은 위원회에서 소위원회의 위원 중에서 선출하고 이를 본회의에 보고하며, 소위원회의 위원장이 사고가 있을 때에는 소위원회의 위원장이 소위원회의 위원 중에서 지정하는 위원이 그 직무를 대리한다.
④ 소위원회의 활동은 위원회가 의결로 정하는 범위에 한정한다.
⑤ 소위원회의 회의는 공개한다. 다만, 소위원회의 의결로 공개하지 아니할 수 있다.

⑥ 소위원회는 폐회 중에도 활동할 수 있으며, 법률안을 심사하는 소위원회는 매월 3회 이상 개회한다. 다만, 국회운영위원회, 정보위원회 및 여성가족위원회의 법률안을 심사하는 소위원회의 경우에는 소위원장이 개회 횟수를 달리 정할 수 있다.
⑦ 소위원회는 그 의결로 의안 심사와 직접 관련된 보고 또는 서류 및 해당 기관이 보유한 사진·영상물의 제출을 정부·행정기관 등에 요구할 수 있고, 증인·감정인·참고인의 출석을 요구할 수 있다. 이 경우 그 요구는 위원장의 명의로 한다.
⑧ 소위원회에 관하여는 이 법에서 다르게 정하거나 성질에 반하지 아니하는 한 위원회에 관한 규정을 적용한다. 다만, 소위원회는 축조심사(逐條審査)를 생략해서는 아니 된다.
⑨ 예산결산특별위원회는 제1항의 소위원회 외에 심사를 위하여 필요한 경우에는 이를 여러 개의 분과위원회로 나눌 수 있다.

제84조(예산안·결산의 회부 및 심사)
① 예산안과 결산은 소관 상임위원회에 회부하고, 소관 상임위원회는 예비심사를 하여 그 결과를 의장에게 보고한다. 이 경우 예산안에 대해서는 본회의에서 정부의 시정연설을 듣는다.
② 의장은 예산안과 결산에 제1항의 보고서를 첨부하여 이를 예산결산특별위원회에 회부하고 그 심사가 끝난 후 본회의에 부의한다. 결산의 심사 결과 위법하거나 부당한 사항이 있는 경우에 국회는 본회의 의결 후 정부 또는 해당 기관에 변상 및 징계조치 등 그 시정을 요구하고, 정부 또는 해당 기관은 시정 요구를 받은 사항을 지체 없이 처리하여 그 결과를 국회에 보고하여야 한다.
③ 예산결산특별위원회의 예산안 및 결산 심사는 제안 설명과 전문위원의 검토보고를 듣고 종합정책질의, 부별 심사 또는 분과위원회 심사 및 찬반토론을 거쳐 표결한다. 이 경우 위원장은 종합정책질의를 할 때 간사와 협의하여 각 교섭단체별 대표질의 또는 교섭단체별 질의시간 할당 등의 방법으로 그 기간을 정한다.
④ 정보위원회는 제1항과 제2항에도 불구하고 국가정보원 소관 예산안과 결산, 「국가정보원법」 제4조 제1항 제5호에 따른 정보 및 보안 업무의 기획·조정 대상 부처 소관의 정보 예산안과 결산에 대한 심사를 하여 그 결과를 해당 부처별 총액으로 하여 의장에게 보고하고, 의장은 정보위원회에서 심사한 예산안과 결산에 대하여 총액으로 예산결산특별위원회에 통보한다. 이 경우 정보위원회의 심사는 예산결산특별위원회의 심사로 본다.
⑤ 예산결산특별위원회는 소관 상임위원회의 예비심사 내용을 존중하여야 하며, 소관 상임위원회에서 삭감한 세출예산 각 항의 금액을 증가하게 하거나 새 비목(費目)을 설치할 경우에는 소관 상임위원회의 동의를 받아야 한다. 다만, 새 비목의 설치에 대한 동의 요청이 소관 상임위원회에 회부되어 회부된 때부터 72시간 이내에 동의 여부가 예산결산특별위원회에 통지되지 아니한 경우에는 소관 상임위원회의 동의가 있는 것으로 본다.
⑥ 의장은 예산안과 결산을 소관 상임위원회에 회부할 때에는 심사기간을 정할 수 있으며, 상임위원회가 이유 없이 그 기간 내에 심사를 마치지 아니한 때에는 이를 바로 예산결산특별위원회에 회부할 수 있다.
⑦ 위원회는 세목 또는 세율과 관계있는 법률의 제정 또는 개정을 전제로 하여 미리 제출된 세입예산안은 이를 심사할 수 없다.

관련법조항 **「국가정보원법」 정보위원회 관련 규정**

제4조(직무)
② 원장은 제1항의 직무와 관련하여 직무수행의 원칙·범위·절차 등이 규정된 정보활동기본지침을 정하여 국회 정보위원회에 이를 보고하여야 한다. 정보활동기본지침을 개정한 때에도 또한 같다.
③ 국회 정보위원회는 정보활동기본지침에 위법하거나 부당한 사항이 있다고 인정되면 재적위원 3분의 2 이상의 찬성으로 시정이나 보완을 요구할 수 있으며, 원장은 특별한 사유가 없으면 그 요구에 따라야 한다.

제9조(원장 · 차장 · 기획조정실장)

① 원장은 국회의 인사청문을 거쳐 대통령이 임명하며, 차장 및 기획조정실장은 원장의 제청으로 대통령이 임명한다.

② 원장은 정무직으로 하며, 국정원의 업무를 총괄하고 소속 직원을 지휘 · 감독한다.

③ 차장과 기획조정실장은 정무직으로 하고 원장을 보좌하며, 원장이 부득이한 사유로 직무를 수행할 수 없을 때에는 그 직무를 대행한다.

④ 원장 · 차장 및 기획조정실장 외의 직원 인사에 관한 사항은 따로 법률로 정한다.

제15조(국회에의 보고 등)

① 원장은 국가 안전보장에 중대한 영향을 미치는 상황이 발생할 경우 지체 없이 대통령 및 국회 정보위원회에 보고하여야 한다.

② 원장은 국회 정보위원회가 재적위원 3분의 2 이상의 찬성으로 특정사안에 대하여 보고를 요구한 경우 해당 내용을 지체 없이 보고하여야 한다.

제16조(예산회계)

① 국정원은 「국가재정법」 제40조에 따른 독립기관으로 한다.

② 국정원은 세입, 세출예산을 요구할 때에 「국가재정법」 제21조의 구분에 따라 총액으로 기획재정부장관에게 제출하며, 그 산출내역과 같은 법 제34조에 따른 예산안의 첨부 서류는 제출하지 아니할 수 있다.

③ 국정원의 예산 중 미리 기획하거나 예견할 수 없는 비밀활동비는 총액으로 다른 기관의 예산에 계상할 수 있으며, 그 편성과 집행결산에 대하여는 국회 정보위원회에서 심사한다.

④ 국정원은 제2항 및 제3항에도 불구하고 국회 정보위원회에 국정원의 모든 예산(제3항에 따라 다른 기관에 계상된 예산을 포함한다)에 관하여 실질심사에 필요한 세부 자료를 제출하여야 한다.

⑤ 국정원은 모든 예산을 집행함에 있어 지출의 사실을 증명할 수 있는 증빙서류를 첨부하여야 한다. 다만, 국가안전보장을 위해 기밀이 요구되는 경우에는 예외로 한다.

⑥ 원장은 국정원의 예산집행 현황을 분기별로 국회 정보위원회에 보고하여야 한다.

⑦ 국회 정보위원회는 국정원의 예산심사를 비공개로 하며, 국회 정보위원회의 위원은 국정원의 예산 내역을 공개하거나 누설하여서는 아니 된다.

제17조(국회에서의 증언 등)

① 원장은 국회 예산결산 심사 및 안건 심사와 감사원의 감사가 있을 때에 성실하게 자료를 제출하고 답변하여야 한다. 다만, 국가의 안전보장에 중대한 영향을 미치는 국가 기밀 사항에 대하여는 그 사유를 밝히고 자료의 제출 또는 답변을 거부할 수 있다.

② 원장은 제1항에도 불구하고 국회 정보위원회에서 자료의 제출, 증언 또는 답변을 요구받은 경우와 「국회에서의 증언 · 감정 등에 관한 법률」에 따라 자료의 제출 또는 증언을 요구받은 경우에는 군사 · 외교 · 대북관계의 국가 기밀에 관한 사항으로서 그 발표로 인하여 국가 안위(安危)에 중대한 영향을 미치는 사항에 대하여는 그 사유를 밝히고 자료의 제출, 증언 또는 답변을 거부할 수 있다. 이 경우 국회 정보위원회 등은 그 의결로써 국무총리의 소명을 요구할 수 있으며, 소명을 요구받은 날부터 7일 이내에 국무총리의 소명이 없는 경우에는 자료의 제출, 증언 또는 답변을 거부할 수 없다.

③ 원장은 국가 기밀에 속하는 사항에 관한 자료와 증언 또는 답변에 대하여 이를 공개하지 아니할 것을 요청할 수 있다.

제18조(회계검사 및 직무감찰의 보고)

원장은 그 책임 하에 소관 예산에 대한 회계검사와 직원의 직무 수행에 대한 감찰을 하고, 그 결과를 대통령과 국회 정보위원회에 보고하여야 한다.

Ⅳ 국가정보원

1 의의

1997년 대통령 선거에서 국가안전기획부는 북풍공작사건의 배후로 지목되어 다시금 개혁의 도마 위에 오르게 되었다.

2 김대중 대통령

(1) 의의

① 김대중 정부의 출범과 함께 국가안전기획부의 명칭을 '국가정보원(National Intelligence Service, NIS)'으로 변경하고, 중앙정보부 시절부터 써 온 "음지에서 일하고 양지를 지향한다."는 부훈(部訓)도 "정보는 국력이다."라는 원훈(院訓)으로 바꾸었다.

② 김대중 전 대통령은 "정치사찰을 하지 말라."며 정치개입 중단을 지시하기도 하였다. 또한 모든 예산집행 시 근거자료를 남기는 등 조직의 투명성도 일부 제고되었다.

(2) 국회의원 사찰 의혹

하지만 김대중 정부는 출범한 지 채 1년도 되지 않은 1998년 12월 31일 야당인 한나라당 의원들이 국정원이 국회에 비밀사무실을 두고 국회의원들을 사찰했다는 의혹을 제기함으로써 곤란한 입장에 처했다.

(3) 불법감청

더욱이 김대중 정부의 임동원, 신건 국정원장은 휴대폰 불법 감청으로 법정에서 유죄 판결을 받게 되었다.

3 노무현 대통령

(1) 의의

① 노무현 정부에 들어서서도 국정원에 대한 개혁 논의는 지속되었다. 2003년 4월 25일 고영구 원장은 청와대에서 노무현 대통령으로부터 임명장을 받은 직후 '탈정치화, 탈권력화를 통한 국정원의 정상화'를 강조했다.

② 노무현 전 대통령은 국정원으로부터 국내 정치 관련 보고를 받지 않았던 것으로 알려졌다. 또한 노무현 전 대통령은 국정원 직원이 그동안 정당이나 정부 부처, 언론사 등을 출입하면서 정보를 수집하던 관행도 금지할 방침임을 밝힌 바 있다. 즉 '정치사찰' 시비를 야기할 수 있는 활동을 금지시킴으로써 국정원의 정치적 중립성을 확고히 하겠다는 의지를 보였던 것이었다.

(2) 국가안전보장회의(NSC)의 위상 및 기능 강화

① 노무현 정부는 대통령 자문기구인 국가안전보장회의(NSC)의 위상 및 기능을 강화하여 NSC를 명실상부한 국가안보 위기관리 사령탑 역할을 수행하도록 개편했다.

② NSC는 외교안보분야의 실질적인 정책조정 기구로서 기능을 수행하게 되었고, 국정원의 대북 및 해외정보 등 외교안보 관련 정보도 NSC를 통해 대통령에게 보고하도록 하였다.

③ NSC 활성화는 국정원이 NSC에 보고하는 외교안보 관련 정보를 NSC 차원에서 점검할 수 있게 됨으로써 국정원의 활동을 간접적으로 통제하는 효과를 가져왔던 것으로 평가된다.

관련법조항 「헌법」

제91조
① 국가안전보장에 관련되는 대외정책·군사정책과 국내정책의 수립에 관하여 국무회의의 심의에 앞서 대통령의 자문에 응하기 위하여 국가안전보장회의를 둔다.
② 국가안전보장회의는 대통령이 주재한다.
③ 국가안전보장회의의 조직·직무범위 기타 필요한 사항은 법률로 정한다.

관련법조항 「국가안전보장회의법」

제1조(목적)
이 법은 「대한민국헌법」 제91조에 따라 국가안전보장회의의 구성과 직무 범위, 그 밖에 필요한 사항을 규정함을 목적으로 한다.

제2조(구성)
① 국가안전보장회의(이하 "회의"라 한다)는 대통령, 국무총리, 외교부장관, 통일부장관, 국방부장관 및 국가정보원장과 대통령령으로 정하는 위원으로 구성한다.

제3조(기능)
회의는 국가안전보장에 관련되는 대외정책, 군사정책 및 국내정책의 수립에 관하여 대통령의 자문에 응한다.

제4조(의장의 직무)
① 의장은 회의를 소집하고 주재(主宰)한다.
② 의장은 국무총리로 하여금 그 직무를 대행하게 할 수 있다.

제6조(출석 및 발언)
의장은 필요하다고 인정하는 경우에는 관계 부처의 장, 합동참모회의(合同參謀會議) 의장 또는 그 밖의 관계자를 회의에 출석시켜 발언하게 할 수 있다.

제7조의2(상임위원회)
① 회의에서 위임한 사항을 처리하기 위하여 상임위원회를 둔다.
② 상임위원회는 위원 중에서 대통령령으로 정하는 자로 구성한다.
③ 상임위원회의 구성과 운영, 그 밖에 필요한 사항은 대통령령으로 정한다.

제8조(사무기구)
① 회의의 회의운영지원 등의 사무를 처리하기 위하여 국가안전보장회의사무처(이하 이 조에서 "사무처"라 한다)를 둔다.

② 사무처에 사무처장 1명과 필요한 공무원을 두되, 사무처장은 정무직으로 한다.
③ 사무처의 조직과 직무범위, 사무처에 두는 공무원의 종류와 정원, 그 밖에 필요한 사항은 대통령령으로 정한다.

제9조(관계 부처의 협조)
회의는 관계 부처에 자료의 제출과 그 밖에 필요한 사항에 관하여 협조를 요구할 수 있다.

제10조(국가정보원과의 관계)
국가정보원장은 국가안전보장에 관련된 국내외 정보를 수집·평가하여 회의에 보고함으로써 심의에 협조하여야 한다.

관련법조항 「국가안전보장회의 운영 등에 관한 규정」

제1조(목적)
이 영은 「국가안전보장회의법」에서 위임된 사항과 그 시행에 필요한 사항을 규정함을 목적으로 한다.

제2조(위원)
「국가안전보장회의법」(이하 "법"이라 한다) 제2조제1항에 따라 행정안전부장관, 대통령비서실장, 국가안보실장, 국가안전보장회의사무처장(이하 "사무처장"이라 한다), 국가안보실의 제2차장 및 제3차장은 국가안전보장회의(이하 "안보회의"라 한다)의 위원이 된다.

제3조(회의 운영)
① 안보회의는 필요에 따라 안보회의의 의장이 소집한다.
② 안보회의는 공개하지 아니한다. 다만, 의결로써 공개할 수 있다.
③ 안보회의의 위원이 안보회의에 참여하지 못할 불가피한 사유가 있는 때에는 위원이 속한 기관의 차관급 공무원이 안보회의에 대리로 출석하여 그 직무를 대행할 수 있다.

제4조(의안)
① 의안(議案)은 심의사항과 보고사항으로 구분한다.
② 심의사항은 대통령이 자문한 사항과 위원이 특히 필요하다고 인정하여 제안하는 사항으로 한다.
③ 보고사항은 위원이 안보회의의 심의에 참고하기 위하여 필요하다고 인정하여 보고하는 사항으로 한다.
④ 의안은 안보회의 개최일 5일 전까지 사무처장에게 제출하여야 한다. 다만, 긴급한 의안은 그러하지 아니하다.
⑤ 사무처장은 의안을 의사(議事) 일정과 함께 안보회의 개최일 3일 전까지 위원과 법 제6조에 따라 안보회의에 출석·발언하는 사람에게 배부하여야 한다. 다만, 긴급한 의안은 그러하지 아니하다.

제5조(의사정족수 및 의결정족수)
안보회의는 재적위원 3분의 2 이상의 출석으로 개의(開議)하고, 출석위원 과반수의 찬성으로 의결한다.

제6조(회의록)
① 사무처장은 안보회의의 회의록을 작성하여 갖추어 두어야 한다.
② 안보회의의 회의록에는 사무처장이 서명·날인하여야 한다.

제7조(회의 결과의 보고)
사무처장은 안보회의에서 의결된 사항과 소수의견을 안보회의의 회의록에 첨부하여 대통령에게 문서로 보고하고 그 부본(副本)을 위원에게 배부하여야 한다.

제8조(상임위원회의 구성 등)
① 법 제7조의2에 따라 상임위원회는 위원장 1명과 8명의 위원으로 구성한다.
② 상임위원회의 위원장은 국가안보실장이 된다.
③ 상임위원회의 위원은 외교부장관, 통일부장관, 국방부장관, 국가정보원장, 대통령비서실장, 사무처장, 국가안보실의 제2차장 및 제3차장이 된다.
④ 국무조정실장은 상임위원회에 출석하여 발언할 수 있다.

제9조(상임위원회의 기능)
상임위원회는 안보회의의 위임에 의하여 국가안전보장에 관련되는 대외정책·군사정책 및 국내정책에 관한 사항을 협의한다.

제10조(상임위원회의 운영)
① 상임위원회의 위원장은 회의를 소집한다.
② 상임위원회의 위원장은 필요하다고 인정되는 경우에는 관계 부처의 장 및 그 밖의 관계자를 회의에 출석하게 하여 그 의견을 들을 수 있다.
③ 상임위원회의 회의록의 작성 및 회의결과 보고 등에 관하여는 제6조 및 제7조를 준용한다.
④ 제1항부터 제3항까지에서 규정한 사항 외에 상임위원회의 운영에 필요한 사항은 상임위원회의 의결을 거쳐 상임위원회의 위원장이 정한다.

제11조(실무조정회의)
① 상임위원회의 운영을 효율적으로 지원하기 위하여 상임위원회에 실무조정회의를 둔다.
② 실무조정회의는 다음 각 호의 사항을 협의·조정한다.
 1. 상임위원회의 협의 안건에 대한 사전 실무 협의·조정에 관한 사항
 2. 상임위원회의 안건과 관련하여 상임위원회가 위임한 사항
 3. 그 밖에 상임위원회의 위원장이 실무 협의를 요구하는 사항
③ 실무조정회의의 의장은 사무처장이 되며, 위원은 협의 안건과 관련되는 행정기관의 차관급 공무원이 된다.
④ 제3항의 위원이 부득이한 사유로 실무조정회의에 출석하기 어려운 경우에는 해당 기관의 협의 안건과 관련한 차관보급 공무원이 출석할 수 있다.

제12조(국가안전보장회의사무처의 직무)
국가안전보장회의사무처(이하 "사무처"라 한다)는 안보회의의 운영과 관련된 다음 각 호의 직무를 수행한다.
 1. 의안의 상정 및 심의에 관한 사항
 2. 안보회의의 심의사항에 대한 이행상황의 점검
 3. 의안의 심의 관련 조사·연구에 관한 사항
 4. 그 밖에 안보회의, 상임위원회 및 실무조정회의의 운영에 관한 사항

제13조(사무처장·사무차장)
① 사무처장은 국가안보실 제1차장이 겸임한다.
② 사무처장은 안보회의 의장의 명을 받아 안보회의의 운영과 관련된 사무를 수행하며, 소속 공무원을 지휘·감독한다.
③ 사무처장을 보좌하기 위하여 사무차장 1명을 두며, 사무차장은 국가안보실장이 지정하는 국가안보실의 비서관이 겸임한다.

제14조(하부조직)
사무처에 두는 하부조직과 그 분장사무는 사무처장이 정한다.

제15조(정원)
사무처에 두는 공무원의 정원은 별표와 같다.

제16조(운영 세칙)
이 영에서 규정한 사항 외에 안보회의 운영에 필요한 사항은 안보회의의 의결을 거쳐 의장이 정한다.

4 이명박 대통령

(1) 의의

① 이명박 정부 역시 정권 출범과 함께 국정원의 대대적인 조직 및 인적 쇄신 등 개혁 의지를 보였다.

② 정권 출범 전인 대통령직 인수위 시절 지난 10년 간 국정원의 대공수사권이 극도로 위축된 반면 남북대화 및 교류협력 지원 업무가 비대해졌다는 비판이 제기되었다.

③ 국정원이 매번 정치판의 소용돌이에 휘말렸다는 지적에 부응하여 국정원의 탈정치화를 제도화하는 방안을 마련하고자 부심하였다.

(2) 정치 관여 글 게시를 통한 선거 개입

① 그러나 이명박 정부의 임기가 끝나면서 국정원은 또다시 정치개입 논란에 휘말리게 되었다.

② 원세훈 전 원장은 2012년 대통령 선거를 앞두고 국정원 직원들을 동원해 인터넷 커뮤니티와 포털 사이트, 트위터 등에 정치 관여 글을 게시하여 선거에 개입했다는 혐의로 2013년 7월 3일 검찰에 불구속 기소되었다.

③ 이어서 그는 2013년 7월 10일 건설업자로부터 억대의 금품을 받은 혐의로 구속되어 서울구치소에 수감되었다.

5 박근혜 대통령

(1) 의의

① 박근혜 정부에 들어서서 국정원은 정치개입 의혹을 해소하고 탈정치를 제도화하기 위한 자체 개혁 작업에 착수했다.

② 국정원은 2013년 7월 10일 박근혜 대통령이 주문한 자체 개혁방향과 관련해 테스크포스(TF)를 만들어 방첩과 대테러 부문을 강화하고 정치개입 소지를 없애는 것을 골자로 한 '제2의 개혁작업'에 착수하였다.

(2) 국정원 여론 조작 사건 등

박근혜 정부에서도 국정원 여론조작 사건, 정상회담록 무단공개, 국정원 간첩 조작 사건, 카카오톡 사찰 논란, 진보성향 민간인사 비하 등 불미스러운 사건이 연달아 발생하였다.

관련법조항 「국가정보원법」 정치 관여 금지 관련 규정

제11조(정치 관여 금지)

① 원장 · 차장 및 기획조정실장과 그 밖의 직원은 정당이나 정치단체에 가입하거나 정치활동에 관여하는 행위를 하여서는 아니 된다.

② 제1항에서 정치활동에 관여하는 행위란 다음 각 호의 어느 하나에 해당하는 행위를 말한다.

1. 정당이나 정치단체의 결성 또는 가입을 지원하거나 방해하는 행위
2. 그 직위를 이용하여 특정 정당이나 특정 정치인에 대하여 지지 또는 반대 의견을 유포하거나, 그러한 여론을 조성할 목적으로 특정 정당이나 특정 정치인에 대하여 찬양하거나 비방하는 내용의 의견 또는 사실을 유포하는 행위
3. 특정 정당이나 특정 정치인, 특정 정치단체를 위하여 기부금 모집을 지원하거나 방해하는 행위 또는 기업의 자금, 국가 · 지방자치단체 및 「공공기관의 운영에 관한 법률」에 따른 공공기관의 자금을 이용하거나 지원하게 하는 행위
4. 특정 정당이나 특정인의 선거운동을 하거나 선거 관련 대책회의에 관여하는 행위
5. 특정 정당 · 정치단체나 특정 정치인을 위하여 집회를 주최 · 참석 · 지원하도록 다른 사람을 사주 · 유도 · 권유 · 회유 또는 협박하는 행위
6. 「정보통신망 이용촉진 및 정보보호 등에 관한 법률」에 따른 정보통신망을 이용한 제1호부터 제5호까지에 해당하는 행위
7. 소속 직원이나 다른 공무원에 대하여 제1호부터 제6호까지의 행위를 하도록 요구하거나 그 행위와 관련한 보상 또는 보복으로서 이익 또는 불이익을 주거나 이를 약속 또는 고지(告知)하는 행위

③ 직원은 원장, 차장 · 기획조정실장과 그 밖의 다른 직원으로부터 제2항에 해당하는 행위의 집행을 지시 받은 경우 내부 절차에 따라 이의를 제기할 수 있으며, 시정되지 않을 경우 그 직무의 집행을 거부할 수 있다.

④ 직원이 제3항의 규정에 따라 이의제기 절차를 거친 후에도 시정되지 않을 경우, 오로지 공익을 목적으로 제2항에 해당하는 행위의 집행을 지시 받은 사실을 수사기관에 신고하는 경우 「국가정보원직원법」 제17조의 규정은 적용하지 아니한다.

⑤ 직원이 제4항에 따라 수사기관에 신고하는 경우 원장은 해당 내용을 지체 없이 국회 정보위원회에 보고하여야 한다.

⑥ 누구든지 제4항의 신고자에게는 그 신고를 이유로 불이익조치(「공익신고자 보호법」 제2조제6호에 따른 불이익조치를 말한다)를 하여서는 아니 된다.

Theme

106 국가정보원의 기획 조정 권한 변천

Ⅰ 의의

① 오늘날 우리나라의 정보 · 보안체계는 국가정보기구로서 국가정보원이 있고, 부문 정보기관으로서 군에는 국군방첩사령부, 국군정보사령부, 국방정보본부 등이 있으며, 민간 정부부처에는 통일부 정세분석국, 외교부의 외교정책실, 행정안전부의 경찰청 등이 있다.

② 국가정보기관과 부문정보기관의 관계를 비롯한 우리나라 정보 · 보안체계의 운용은 정권 변동과 시대적 상황을 반영하여 변화되어 왔다.

Ⅱ 중앙정보부

1 의의

1961년 중앙정보부가 창설됨에 따라 중앙정보부가 국가정보기구의 역할을 수행하면서 부문정보기관인 군, 검찰, 경찰, 행정 부처의 정보 관련 부서를 기획 · 조정 · 감독하는 방식으로 운용해 왔다.

2 정보위원회

① 「중앙정보부법」 제5조(협의기관)에 따라 중앙정보부 산하에 '정보위원회'를 구성하여 군, 경찰, 행정 부처 정보 관련 부서를 조정 · 감독하는 기능을 수행했다.

② 1973년 3월 대통령령으로 발표된 '정보 및 보안업무조정 · 감독 규정'은 중앙정보부의 조정 · 감독 권한의 범위와 군, 검찰, 경찰, 행정 부처의 정보관련 부서들이 수행해야 할 정보 · 보안 관련 업무의 내용을 구체적으로 규정하고 있다.

③ 중앙정보부장은 한국 정보 · 보안체계의 최고 수장으로서 부문정보기관들에 대해 실질적인 조정 및 감독 기능을 행사했다.

Ⅲ 국가안전기획부

1 의의

① 1980년 12월 19일 중앙정보부 명칭을 국가안전기획부로 바꾸고 그해 12월 31일 「국가안전기획부법」이 제정되면서 정보 · 보안기관에 대한 중앙정보부의 감독 권한이 배제되었다.

② 종래 중앙정보부가 정보 · 보안기관을 통제해 오던 법적 근거였던 '정보 및 보안업무의 조정 · 감독' 직무조항이 「국가안전기획부법」에서는 '정보 및 보안업무의 기획 · 조정' 기능으로 바뀌었다.

2 배경

① 그동안 중앙정보부가 정보 · 보안기관에 대한 '조정 · 감독' 기능을 독점하는 것에 대해 군 · 경 등 부문정보기관의 불만들이 많았던 것으로 보인다.

② 특히 보안사는 1978년 김재규 중앙정보부장이 박정희 대통령에게 건의해 보안사의 민간 대상 정보활동을 금지시킨 조치에 대해 크게 반발했었다.

③ 그러한 와중에 1980년 보안사 출신을 주축으로 하는 신군부가 권력을 장악하면서 중앙정보부의 부문정보 기관에 대한 감독 기능을 배제시켰던 것이다.

3 정보조정협의회

(1) 의의

신군부는 1개 기관이 정보 · 보안기관에 대한 조정 · 감독 기능을 수행하는 대신 정보 · 보안기관이 함께 모여 국가정보정책을 논의하는 일종의 협의체 방식으로서 '정보조정협의회' 제도를 도입했다.

(2) 정보위원회와의 비교

① 정보조정협의회는 중앙정보부 시절에 운용되었던 '정보위원회'의 기능과 거의 유사하지만 구성원에서 다소 차이가 있다.

② 정보위원회의 경우 중앙정보부장을 위원장으로 하고 군 · 검 · 경 등 부문정보기관의 국/실장들이 위원으로 참석했던 반면, 정보조정협의회의 경우 국가안전기획부장이 위원장이 되고 외무 · 내무 · 법무 · 국방 · 문공부 장관 등 장관들이 위원으로 참석했다.

(3) 평가

① 정보조정협의회는 제5공화국 시기 동안 존속하면서 국가안보에 중요한 영향을 미칠 수 있는 주요 정보정책을 기획 · 조정하는 데 긍정적으로 기여했던 것으로 평가된다.

② 그러나 국가안전기획부가 행정 부처 업무에 대해 지나치게 개입한다는 비판 여론이 제기되기도 하였다.

4 「국가안전기획부법」 개정

(1) 의의

김영삼 대통령이 집권하면서 1994년 1월 「국가안전기획부법」을 개정했다. 그동안 국가안전기획부가 행정부처 업무에 지나치게 개입하는 등 권한을 남용한다는 비판이 제기되었고, 이를 반영하여 개정된 「국가안전기획부법」에서는 '정보조정협의회' 규정이 삭제되었다.

(2) 문제점

① 정보조정협의회는 국가위기 발생 시 관계부처 책임자들이 신속히 모여 수집된 정보를 놓고 대응책을 마련하는 등 나름대로 순기능적인 역할을 담당하기도 했었다.

② 그러나 그것을 대체할 다른 수단을 마련하지 않고 없애 버림으로써 이후 국가위기 발생 시 적절히 대응하는 데 어려움이 있었다.

③ 2003년 화물차 전국 동시 파업으로 물류대란이 발생하자 국무회의를 주재하던 노무현 대통령이 "과거엔 국가적인 위기 대처를 국가안전기획부가 했는데, 그 기능이 없어지고 새 방식조차 없어 문제"라고 지적했었다.

(3) 안전기획본부

그래서 노무현 정부 당시 과거 정보조정협의회와 유사하게 국가위기 관리기능을 전담하는 가칭 '안전기획본부'를 국무총리 또는 행정자치부 장관 직속으로 신설하는 방안을 추진했으나 검토 단계에서 다른 부처와의 업무 중복 등 부정적 여론에 부딪혀 결국 성사되지 못했다.

Ⅳ 국가정보원

① 오늘날 국정원은 국가정보기관으로서 부문정보기관에 대한 정보 및 보안업무의 기획 및 조정 권한을 가진다.

② 「정보 및 보안업무기획 · 조정규정」은 "국정원장은 국가정보 및 보안업무에 관한 정책의 수립 등 기획업무를 수행하며, 동 정보 및 보안업무의 통합기능 수행을 위하여 각 정보수사기관의 업무와 행정기관의 정보 및 보안업무를 조정한다."고 규정하고 있다.

③ 그러나 국정원의 부문정보기관에 대한 감독 권한이 배제됨에 따라 현실적으로 국정원의 부문정보기관들에 대한 조정 기능은 매우 제한적이다.

Theme

107 국가정보원의 임무와 기능

I 의의

① 국가정보원은 우리나라의 대표적인 국가정보기관으로서 대통령 소속하에 두며 대통령의 지시 · 감독을 받는다.

② 또한 국가정보원장은 대통령이 주재하는 국가안전보장 회의에 국내외 정보를 수집 · 평가하여 보고하도록 규정하고 있다.

③ 이로써 국가정보원은 대통령의 안보정책을 지원하는 중추기관으로서의 역할을 담당하도록 제도화되어 있다.

관련법조항 「국가정보원법」 원장·차장·기획조정실장 관련 규정

제9조(원장 · 차장 · 기획조정실장)
① 원장은 국회의 인사청문을 거쳐 대통령이 임명하며, 차장 및 기획조정실장은 원장의 제청으로 대통령이 임명한다.
② 원장은 정무직으로 하며, 국정원의 업무를 총괄하고 소속 직원을 지휘 · 감독한다.
③ 차장과 기획조정실장은 정무직으로 하고 원장을 보좌하며, 원장이 부득이한 사유로 직무를 수행할 수 없을 때에는 그 직무를 대행한다.
④ 원장 · 차장 및 기획조정실장 외의 직원 인사에 관한 사항은 따로 법률로 정한다.

관련법조항 「국가정보원직원법」

제2조(계급 구분 등)
① 국가정보원직원(이하 "직원"이라 한다)은 1급부터 9급까지의 특정직직원과 일반직직원으로 구분한다. 다만, 일반직직원은 「국가공무원법」 제2조제2항제1호에 따른 일반직공무원으로 본다.
② 특별한 전문지식과 경험이 필요한 분야에 근무하는 직원(이하 "전문관"이라 한다)에 대하여는 제1항에 따른 계급 구분을 적용하지 아니할 수 있다.
③ 제1항의 각 계급의 직무 종류별 명칭과 제2항의 전문관의 직무 분야, 대우 등에 관하여는 대통령령으로 정한다.

제3조(임기제직원)
① 국가정보원의 직무의 내용과 특수성 등을 고려하여 필요한 경우에는 임기제직원을 둘 수 있다.
② 임기제직원은 「국가공무원법」 제26조의5제1항에 따른 임기제공무원으로 본다. 다만, 임용 요건, 임용 절차, 근무상한연령 및 그 밖에 필요한 사항은 대통령령으로 정한다.

Ⅱ 직무와 역할

1 의의

국가정보원의 직무와 역할은 「정부조직법」과 「국가정보원법」에 명시되어 있다.

2 「정부조직법」 제17조

① 개정 전 「정부조직법」 제17조에 따르면 "국가안전보장에 관련되는 정보 · 보안 및 범죄수사에 관한 사무를 관장하기 위해 대통령 소속으로 국가정보원을 둔다."고 규정되어 있었다.

② 그러나 개정 「정부조직법」 제17조에 따르면 "국가안전보장에 관련되는 정보 및 보안에 관한 사무를 담당하기 위하여 대통령 소속으로 국가정보원을 둔다."고 규정하고 있어서 국정원이 수행하는 정보활동의 범위에서 범죄수사가 제외되었음을 알 수 있다.

관련법조항 「정부조직법」 제17조 개정

개정 전 「정부조직법」

제17조(국가정보원)
① 국가안전보장에 관련되는 정보 · 보안 및 범죄수사에 관한 사무를 담당하기 위하여 대통령 소속으로 국가정보원을 둔다.
② 국가정보원의 조직 · 직무범위 그 밖에 필요한 사항은 따로 법률로 정한다.

개정 「정부조직법」

제17조(국가정보원)
① 국가안전보장에 관련되는 정보 및 보안에 관한 사무를 담당하기 위하여 대통령 소속으로 국가정보원을 둔다.
② 국가정보원의 조직 · 직무범위 그 밖에 필요한 사항은 따로 법률로 정한다.

3 「국가정보원법」 제4조

① 국정원이 수행하는 직무와 기능은 「국가정보원법」에 보다 자세히 규정되어 있는데, 개정 전 「국가정보원법」 제3조는 제1호 '국외 정보 및 국내 보안정보(대공, 대정부전복, 방첩, 대테러 및 국제범죄조직)의 수집 · 작성 및 배포', 제2호 '국가기밀에 속하는 문서 · 자재 · 시설 및 지역에 대한 보안 업무', 제3호 '「형법」 중 내란의 죄, 외환의 죄, 「군형법」 중 반란의 죄, 암호부정사용의 죄, 「군사기밀보호법」에 규정된 죄, 「국가보안법」에 규정된 죄에 대한 수사', 제4호 '국정원 직원의 직무와 관련된 범죄에 관한 수사', 제5호 '정보 및 보안 업무의 기획 · 조정'을 국정원의 직무로 규정하고 있었다.

② 개정 「국가정보원법」 제4조 제1호는 가목 '국외 및 북한에 관한 정보, 방첩(산업경제정보 유출, 해외연계 경제질서 교란 및 방위산업침해에 대한 방첩을 포함한다)', 나목 '대테러, 국제범죄조직에 관한 정보', 다목 '「형법」 중 내란의 죄, 외환의 죄, 「군형법」 중 반란의 죄, 암호 부정사용의 죄, 「군사기밀 보호법」에 규정된 죄에 관한 정보', 라목 '「국가보안법」에 규정된 죄와 관련되고 반국가단체와 연계되거나 연계가 의심되는 안보침해행위에 관한 정보', 마목 '국제 및 국가배후 해킹조직 등 사이버안보 및 위성자산 등 안보 관련 우주 정보'에 해당하는 정보의 수집·작성·배포라고만 규정하고 있어서 '「형법」 중 내란의 죄', '외환의 죄', '「군형법」 중 반란의 죄', '암호부정사용의 죄', '「군사기밀보호법」에 규정된 죄', '「국가보안법」에 규정된 죄에 대한 수사', '국정원 직원의 직무와 관련된 범죄'에 관한 수사권을 국정원의 직무에서 제외하였다.

관련법조항 「국가정보원법」

개정 전 「국가정보원법」

제3조(직무)

① 국정원은 다음 각 호의 직무를 수행한다.

1. 국외 정보 및 국내 보안정보[대공(對共), 대정부전복(對政府顚覆), 방첩(防諜), 대테러 및 국제범죄조직]의 수집·작성 및 배포
2. 국가 기밀에 속하는 문서·자재·시설 및 지역에 대한 보안 업무. 다만, 각급 기관에 대한 보안감사는 제외한다.
3. 「형법」 중 내란(內亂)의 죄, 외환(外患)의 죄, 「군형법」 중 반란의 죄, 암호 부정사용의 죄, 「군사기밀 보호법」에 규정된 죄, 「국가보안법」에 규정된 죄에 대한 수사
4. 국정원 직원의 직무와 관련된 범죄에 대한 수사
5. 정보 및 보안 업무의 기획·조정

② 제1항 제1호 및 제2호의 직무 수행을 위하여 필요한 사항과 같은 항 제5호에 따른 기획·조정의 범위와 대상 기관 및 절차 등에 관한 사항은 대통령령으로 정한다.

개정 「국가정보원법」

제4조(직무)

① 국정원은 다음 각 호의 직무를 수행한다.

1. 다음 각 목에 해당하는 정보의 수집·작성·배포
   가. 국외 및 북한에 관한 정보
   나. 방첩(산업경제정보 유출, 해외연계 경제질서 교란 및 방위산업침해에 대한 방첩을 포함한다), 대테러, 국제범죄조직에 관한 정보
   다. 「형법」 중 내란의 죄, 외환의 죄, 「군형법」 중 반란의 죄, 암호 부정사용의 죄, 「군사기밀 보호법」에 규정된 죄에 관한 정보
   라. 「국가보안법」에 규정된 죄와 관련되고 반국가단체와 연계되거나 연계가 의심되는 안보침해행위에 관한 정보
   마. 국제 및 국가배후 해킹조직 등 사이버안보 및 위성자산 등 안보 관련 우주 정보
2. 국가 기밀(국가의 안전에 대한 중대한 불이익을 피하기 위하여 한정된 인원만이 알 수 있도록 허용되고 다른 국가 또는 집단에 대하여 비밀로 할 사실·물건 또는 지식으로서 국가 기밀로 분류된 사항만을 말한다. 이하 같다)에 속하는 문서·자재·시설·지역 및 국가안전보장에 한정된 국가 기밀을 취급하는 인원에 대한 보안 업무. 다만, 각급 기관에 대한 보안감사는 제외한다.

3. 제1호 및 제2호의 직무수행에 관련된 조치로서 국가안보와 국익에 반하는 북한, 외국 및 외국인·외국단체·초국가행위자 또는 이와 연계된 내국인의 활동을 확인·견제·차단하고, 국민의 안전을 보호하기 위하여 취하는 대응조치
4. 다음 각 목의 기관 대상 사이버공격 및 위협에 대한 예방 및 대응
   가. 중앙행정기관(대통령 소속기관과 국무총리 소속기관을 포함한다) 및 그 소속기관과 국가인권위원회, 고위공직자범죄수사처 및 「행정기관 소속 위원회의 설치·운영에 관한 법률」에 따른 위원회
   나. 지방자치단체와 그 소속기관
   다. 그 밖에 대통령령으로 정하는 공공기관
5. 정보 및 보안 업무의 기획·조정
6. 그 밖에 다른 법률에 따라 국정원의 직무로 규정된 사항

② 원장은 제1항의 직무와 관련하여 직무수행의 원칙·범위·절차 등이 규정된 정보활동기본지침을 정하여 국회 정보위원회에 이를 보고하여야 한다. 정보활동기본지침을 개정한 때에도 또한 같다.

③ 국회 정보위원회는 정보활동기본지침에 위법하거나 부당한 사항이 있다고 인정되면 재적위원 3분의 2 이상의 찬성으로 시정이나 보완을 요구할 수 있으며, 원장은 특별한 사유가 없으면 그 요구에 따라야 한다.

④ 제1항 제1호부터 제4호까지의 직무 수행을 위하여 필요한 사항과 같은 항 제5호에 따른 기획·조정의 범위와 대상 기관 및 절차 등에 관한 사항은 대통령령으로 정한다.

4 「국가정보원법」 부칙 제3조

「국가정보원법」 부칙 제3조(수사권에 관한 경과조치)는 '2023년 12월 31일까지는 종전의 「국가정보원법」 제3조 제1항 제3호 및 제4호, 제11조 제2항, 제16조, 제19조 제2항을 계속 적용한다.' 고 규정하고 있어서 2023년 12월 31일까지 국정원은 개정전 「국가정보원법」 제3조 제1항 제3호 "「형법」 중 내란(內亂)의 죄, 외환(外患)의 죄, 「군형법」 중 반란의 죄, 암호 부정사용의 죄, 「군사기밀 보호법」에 규정된 죄, 「국가정보원법」에 규정된 죄"와 개정전 「국가정보원법」 제3조 제1항 제4호 "국정원 직원의 직무와 관련된 범죄"에 대해 수사할 수 있다.

5 임무

(1) 의의

① 국가정보원은 중앙정보부 창설부터 현재에 이르기까지 정보활동을 통해 대한민국의 국가안보를 수호하는 핵심적인 역할을 담당해 왔다.

② 우선 국내외 정치, 경제, 군사 동향 등 다양한 요소 및 분야들에 대한 정보를 수집·분석하여 국가안보위협을 사전에 예측하고 대비할 수 있도록 지원하는 임무를 수행해 왔다.

③ 또한 국가정보원은 여타 정보기관들과는 달리 개정 전 「국가정보원법」에 근거하여 국가의 안전보장을 위태롭게 하는 범죄에 대한 수사권을 보유하고 있었으나 「국가정보원법」이 개정되면서 수사권이 권한에서 제외되었다.

(2) 정보의 수집 · 작성 · 배포

① 국외 및 북한에 관한 정보

② 방첩(산업경제정보 유출, 해외연계 경제질서 교란 및 방위산업침해에 대한 방첩을 포함한다), 대테러, 국제범죄조직에 관한 정보

③ 「형법」 중 내란의 죄, 외환의 죄, 「군형법」 중 반란의 죄, 암호 부정사용의 죄, 「군사기밀보호법」에 규정된 죄에 관한 정보

관련법조항 「형법」 관련 조문

제2편 각칙

제1장 내란의 죄

제87조(내란)

대한민국 영토의 전부 또는 일부에서 국가권력을 배제하거나 국헌을 문란하게 할 목적으로 폭동을 일으킨 자는 다음 각 호의 구분에 따라 처벌한다.

1. 우두머리는 사형, 무기징역 또는 무기금고에 처한다.
2. 모의에 참여하거나 지휘하거나 그 밖의 중요한 임무에 종사한 자는 사형, 무기 또는 5년 이상의 징역이나 금고에 처한다. 살상, 파괴 또는 약탈 행위를 실행한 자도 같다.
3. 부화수행(附和隨行)하거나 단순히 폭동에만 관여한 자는 5년 이하의 징역이나 금고에 처한다.

제88조(내란목적의 살인)

대한민국 영토의 전부 또는 일부에서 국가권력을 배제하거나 국헌을 문란하게 할 목적으로 사람을 살해한 자는 사형, 무기징역 또는 무기금고에 처한다.

제89조(미수범)

전2조의 미수범은 처벌한다.

제90조(예비, 음모, 선동, 선전)

① 제87조 또는 제88조의 죄를 범할 목적으로 예비 또는 음모한 자는 3년 이상의 유기징역이나 유기금고에 처한다. 단, 그 목적한 죄의 실행에 이르기 전에 자수한 때에는 그 형을 감경 또는 면제한다.

② 제87조 또는 제88조의 죄를 범할 것을 선동 또는 선전한 자도 전항의 형과 같다.

제91조(국헌문란의 정의)

본장에서 국헌을 문란할 목적이라 함은 다음 각호의 1에 해당함을 말한다.

1. 헌법 또는 법률에 정한 절차에 의하지 아니하고 헌법 또는 법률의 기능을 소멸시키는 것
2. 헌법에 의하여 설치된 국가기관을 강압에 의하여 전복 또는 그 권능행사를 불가능하게 하는 것

제2장 외환의 죄

제92조(외환유치)

외국과 통모하여 대한민국에 대하여 전단을 열게 하거나 외국인과 통모하여 대한민국에 항적한 자는 사형 또는 무기징역에 처한다.

제93조(여적)

적국과 합세하여 대한민국에 항적한 자는 사형에 처한다.

제94조(모병이적)

① 적국을 위하여 모병한 자는 사형 또는 무기징역에 처한다.

② 전항의 모병에 응한 자는 무기 또는 5년 이상의 징역에 처한다.

제95조(시설제공이적)

① 군대, 요새, 진영 또는 군용에 공하는 선박이나 항공기 기타 장소, 설비 또는 건조물을 적국에 제공한 자는 사형 또는 무기징역에 처한다.

② 병기 또는 탄약 기타 군용에 공하는 물건을 적국에 제공한 자도 전항의 형과 같다.

제96조(시설파괴이적)

적국을 위하여 전조에 기재한 군용시설 기타 물건을 파괴하거나 사용할 수 없게 한 자는 사형 또는 무기징역에 처한다.

제97조(물건제공이적)

군용에 공하지 아니하는 병기, 탄약 또는 전투용에 공할 수 있는 물건을 적국에 제공한 자는 무기 또는 5년 이상의 징역에 처한다.

제98조(간첩)

① 적국을 위하여 간첩하거나 적국의 간첩을 방조한 자는 사형, 무기 또는 7년 이상의 징역에 처한다.

② 군사상의 기밀을 적국에 누설한 자도 전항의 형과 같다.

제99조(일반이적)

전7조에 기재한 이외에 대한민국의 군사상 이익을 해하거나 적국에 군사상 이익을 공여한 자는 무기 또는 3년 이상의 징역에 처한다.

제100조(미수범)

전8조의 미수범은 처벌한다.

제101조(예비, 음모, 선동, 선전)

① 제92조 내지 제99조의 죄를 범할 목적으로 예비 또는 음모한 자는 2년 이상의 유기징역에 처한다. 단 그 목적한 죄의 실행에 이르기 전에 자수한 때에는 그 형을 감경 또는 면제한다.

② 제92조 내지 제99조의 죄를 선동 또는 선전한 자도 전항의 형과 같다.

제102조(준적국)

제93조 내지 전조의 죄에 있어서는 대한민국에 적대하는 외국 또는 외국인의 단체는 적국으로 간주한다.

제103조(전시군수계약불이행)

① 전쟁 또는 사변에 있어서 정당한 이유없이 정부에 대한 군수품 또는 군용공작물에 관한 계약을 이행하지 아니한 자는 10년 이하의 징역에 처한다.

② 전항의 계약이행을 방해한 자도 전항의 형과 같다.

제104조(동맹국)

본장의 규정은 동맹국에 대한 행위에 적용한다.

관련법조항 「군형법」 관련 조문

제5조(반란)
작당(作黨)하여 병기를 휴대하고 반란을 일으킨 사람은 다음 각 호의 구분에 따라 처벌한다.
1. 수괴(首魁): 사형
2. 반란 모의에 참여하거나 반란을 지휘하거나 그 밖에 반란에서 중요한 임무에 종사한 사람과 반란 시 살상, 파괴 또는 약탈 행위를 한 사람: 사형, 무기 또는 7년 이상의 징역이나 금고
3. 반란에 부화뇌동(附和雷同)하거나 단순히 폭동에만 관여한 사람: 7년 이하의 징역이나 금고

제6조(반란 목적의 군용물 탈취)
반란을 목적으로 작당하여 병기, 탄약 또는 그 밖에 군용에 공(供)하는 물건을 탈취한 사람은 제5조의 예에 따라 처벌한다.

제7조(미수범)
제5조와 제6조의 미수범은 처벌한다.

제8조(예비, 음모, 선동, 선전)
① 제5조 또는 제6조의 죄를 범할 목적으로 예비 또는 음모를 한 사람은 5년 이상의 유기징역이나 유기금고에 처한다. 다만, 그 목적한 죄의 실행에 이르기 전에 자수한 경우에는 그 형을 감경하거나 면제한다.
② 제5조 또는 제6조의 죄를 범할 것을 선동하거나 선전한 사람도 제1항의 형에 처한다.

제9조(반란 불보고)
① 반란을 알고도 이를 상관 또는 그 밖의 관계관에게 지체 없이 보고하지 아니한 사람은 2년 이하의 징역이나 금고에 처한다.
② 제1항의 경우에 적을 이롭게 할 목적으로 보고하지 아니한 사람은 7년 이하의 징역이나 금고에 처한다.

제10조(동맹국에 대한 행위)
이 장의 규정은 대한민국의 동맹국에 대한 행위에도 적용한다.

제81조(암호 부정사용)
다음 각 호의 어느 하나에 해당하는 사람은 2년 이상의 유기징역이나 유기금고에 처한다.
1. 암호를 허가 없이 발신한 사람
2. 암호를 수신(受信)할 자격이 없는 사람에게 수신하게 한 사람
3. 자기가 수신한 암호를 전달하지 아니하거나 거짓으로 전달한 사람

④ 「국가보안법」에 규정된 죄와 관련되고 반국가단체와 연계되거나 연계가 의심되는 안보침해행위에 관한 정보

관련법조항 「국가보안법」 관련 조문

제1조(목적등)
① 이 법은 국가의 안전을 위태롭게 하는 반국가활동을 규제함으로써 국가의 안전과 국민의 생존 및 자유를 확보함을 목적으로 한다.
② 이 법을 해석적용함에 있어서는 제1항의 목적달성을 위하여 필요한 최소한도에 그쳐야 하며, 이를 확대해석하거나 헌법상 보장된 국민의 기본적 인권을 부당하게 제한하는 일이 있어서는 아니 된다.

제2조(정의)

① 이 법에서 "반국가단체"라 함은 정부를 참칭하거나 국가를 변란할 것을 목적으로 하는 국내외의 결사 또는 집단으로서 지휘통솔체제를 갖춘 단체를 말한다.

제3조(반국가단체의 구성등)

① 반국가단체를 구성하거나 이에 가입한 자는 다음의 구별에 따라 처벌한다.

1. 수괴의 임무에 종사한 자는 사형 또는 무기징역에 처한다.
2. 간부 기타 지도적 임무에 종사한 자는 사형·무기 또는 5년 이상의 징역에 처한다.
3. 그 이외의 자는 2년 이상의 유기징역에 처한다.

② 타인에게 반국가단체에 가입할 것을 권유한 자는 2년 이상의 유기징역에 처한다.

③ 제1항 및 제2항의 미수범은 처벌한다.

④ 제1항 제1호 및 제2호의 죄를 범할 목적으로 예비 또는 음모한 자는 2년 이상의 유기징역에 처한다.

⑤ 제1항 제3호의 죄를 범할 목적으로 예비 또는 음모한 자는 10년 이하의 징역에 처한다.

제4조(목적수행)

① 반국가단체의 구성원 또는 그 지령을 받은 자가 그 목적수행을 위한 행위를 한 때에는 다음의 구별에 따라 처벌한다.

1. 「형법」 제92조 내지 제97조·제99조·제250조 제2항·제338조 또는 제340조 제3항에 규정된 행위를 한 때에는 그 각조에 정한 형에 처한다.
2. 「형법」 제98조에 규정된 행위를 하거나 국가기밀을 탐지·수집·누설·전달하거나 중개한 때에는 다음의 구별에 따라 처벌한다.
   가. 군사상 기밀 또는 국가기밀이 국가안전에 대한 중대한 불이익을 회피하기 위하여 한정된 사람에게만 지득이 허용되고 적국 또는 반국가단체에 비밀로 하여야 할 사실, 물건 또는 지식인 경우에는 사형 또는 무기징역에 처한다.
   나. 가목외의 군사상 기밀 또는 국가기밀의 경우에는 사형·무기 또는 7년 이상의 징역에 처한다.
3. 「형법」 제115조·제119조 제1항·제147조·제148조·제164조 내지 제169조·제177조 내지 제180조·제192조 내지 제195조·제207조·제208조·제210조·제250조 제1항·제252조·제253조·제333조 내지 제337조·제339조 또는 제340조 제1항 및 제2항에 규정된 행위를 한 때에는 사형·무기 또는 10년 이상의 징역에 처한다.
4. 교통·통신, 국가 또는 공공단체가 사용하는 건조물 기타 중요시설을 파괴하거나 사람을 약취·유인하거나 함선·항공기·자동차·무기 기타 물건을 이동·취거한 때에는 사형·무기 또는 5년 이상의 징역에 처한다.
5. 「형법」 제214조 내지 제217조·제257조 내지 제259조 또는 제262조에 규정된 행위를 하거나 국가기밀에 속하는 서류 또는 물품을 손괴·은닉·위조·변조한 때에는 3년 이상의 유기징역에 처한다.
6. 제1호 내지 제5호의 행위를 선동·선전하거나 사회질서의 혼란을 조성할 우려가 있는 사항에 관하여 허위사실을 날조하거나 유포한 때에는 2년 이상의 유기징역에 처한다.

② 제1항의 미수범은 처벌한다.

③ 제1항 제1호 내지 제4호의 죄를 범할 목적으로 예비 또는 음모한 자는 2년 이상의 유기징역에 처한다.

④ 제1항 제5호 및 제6호의 죄를 범할 목적으로 예비 또는 음모한 자는 10년 이하의 징역에 처한다.

제5조(자진지원·금품수수)

① 반국가단체나 그 구성원 또는 그 지령을 받은 자를 지원할 목적으로 자진하여 제4조 제1항 각호에 규정된 행위를 한 자는 제4조 제1항의 예에 의하여 처벌한다.

② 국가의 존립 · 안전이나 자유민주적 기본질서를 위태롭게 한다는 정을 알면서 반국가단체의 구성원 또는 그 지령을 받은 자로부터 금품을 수수한 자는 7년 이하의 징역에 처한다.
③ 제1항 및 제2항의 미수범은 처벌한다.
④ 제1항의 죄를 범할 목적으로 예비 또는 음모한 자는 10년 이하의 징역에 처한다.

제6조(잠입 · 탈출)
① 국가의 존립 · 안전이나 자유민주적 기본질서를 위태롭게 한다는 정을 알면서 반국가단체의 지배하에 있는 지역으로부터 잠입하거나 그 지역으로 탈출한 자는 10년 이하의 징역에 처한다.
② 반국가단체나 그 구성원의 지령을 받거나 받기 위하여 또는 그 목적수행을 협의하거나 협의하기 위하여 잠입하거나 탈출한 자는 사형 · 무기 또는 5년 이상의 징역에 처한다.
④ 제1항 및 제2항의 미수범은 처벌한다.
⑤ 제1항의 죄를 범할 목적으로 예비 또는 음모한 자는 7년 이하의 징역에 처한다.
⑥ 제2항의 죄를 범할 목적으로 예비 또는 음모한 자는 2년 이상의 유기징역에 처한다.

제7조(찬양 · 고무등)
① 국가의 존립 · 안전이나 자유민주적 기본질서를 위태롭게 한다는 정을 알면서 반국가단체나 그 구성원 또는 그 지령을 받은 자의 활동을 찬양 · 고무 · 선전 또는 이에 동조하거나 국가변란을 선전 · 선동한 자는 7년 이하의 징역에 처한다.
③ 제1항의 행위를 목적으로 하는 단체를 구성하거나 이에 가입한 자는 1년 이상의 유기징역에 처한다.
④ 제3항에 규정된 단체의 구성원으로서 사회질서의 혼란을 조성할 우려가 있는 사항에 관하여 허위사실을 날조하거나 유포한 자는 2년 이상의 유기징역에 처한다.
⑤ 제1항 · 제3항 또는 제4항의 행위를 할 목적으로 문서 · 도화 기타의 표현물을 제작 · 수입 · 복사 · 소지 · 운반 · 반포 · 판매 또는 취득한 자는 그 각항에 정한 형에 처한다.
⑥ 제1항 또는 제3항 내지 제5항의 미수범은 처벌한다.
⑦ 제3항의 죄를 범할 목적으로 예비 또는 음모한 자는 5년 이하의 징역에 처한다.

제8조(회합 · 통신등)
① 국가의 존립 · 안전이나 자유민주적 기본질서를 위태롭게 한다는 정을 알면서 반국가단체의 구성원 또는 그 지령을 받은 자와 회합 · 통신 기타의 방법으로 연락을 한 자는 10년 이하의 징역에 처한다.
③ 제1항의 미수범은 처벌한다.

제9조(편의제공)
① 이 법 제3조 내지 제8조의 죄를 범하거나 범하려는 자라는 정을 알면서 총포 · 탄약 · 화약 기타 무기를 제공한 자는 5년 이상의 유기징역에 처한다.
② 이 법 제3조 내지 제8조의 죄를 범하거나 범하려는 자라는 정을 알면서 금품 기타 재산상의 이익을 제공하거나 잠복 · 회합 · 통신 · 연락을 위한 장소를 제공하거나 기타의 방법으로 편의를 제공한 자는 10년 이하의 징역에 처한다. 다만, 본범과 친족관계가 있는 때에는 그 형을 감경 또는 면제할 수 있다.
③ 제1항 및 제2항의 미수범은 처벌한다.
④ 제1항의 죄를 범할 목적으로 예비 또는 음모한 자는 1년 이상의 유기징역에 처한다.

제10조(불고지)
제3조, 제4조, 제5조 제1항 · 제3항(第1項의 未遂犯에 한한다) · 제4항의 죄를 범한 자라는 정을 알면서 수사기관 또는 정보기관에 고지하지 아니한 자는 5년 이하의 징역 또는 200만원 이하의 벌금에 처한다. 다만, 본범과 친족관계가 있는 때에는 그 형을 감경 또는 면제한다.

⑤ 국제 및 국가배후 해킹조직 등 사이버안보 및 위성자산 등 안보 관련 우주 정보

(3) 보안 업무

① 국가 기밀에 속하는 문서 · 자재 · 시설 · 지역 및 국가안전보장에 한정된 국가 기밀을 취급하는 인원에 대한 보안 업무

② 여기서 국가기밀이란 국가의 안전에 대한 중대한 불이익을 피하기 위하여 한정된 인원만이 알 수 있도록 허용되고 다른 국가 또는 집단에 대하여 비밀로 할 사실 · 물건 또는 지식으로서 국가 기밀로 분류된 사항만을 말한다.

③ 각급 기관에 대한 보안감사는 제외한다.

(4) 정보의 수집 · 작성 · 배포 및 보안업무에 관련된 조치

정보의 수집 · 작성 · 배포 및 보안업무에 관련된 조치로서 국가안보와 국익에 반하는 북한, 외국 및 외국인 · 외국단체 · 초국가행위자 또는 이와 연계된 내국인의 활동을 확인 · 견제 · 차단하고, 국민의 안전을 보호하기 위하여 취하는 대응조치

(5) 중앙행정기관 등에 대한 사이버공격 및 위협의 예방 및 대응

① 중앙행정기관(대통령 소속기관과 국무총리 소속기관을 포함한다) 및 그 소속기관과 국가인권위원회, 고위공직자범죄수사처 및 「행정기관 소속 위원회의 설치 · 운영에 관한 법률」에 따른 위원회

② 지방자치단체와 그 소속기관

③ 한국은행, 국립 · 공립 학교 등 대통령령으로 정하는 공공기관

(6) 정보 및 보안 업무의 기획 · 조정

① 국정원장은 국가정보 및 보안업무에 관한 정책의 수립 등 기획업무를 수행한다.

② 국가정보 및 보안업무의 통합기능수행을 위하여 필요한 합리적 범위 내에서 각 정보수사기관의 업무와 행정기관의 정보 및 보안업무를 조정한다.

관련법조항 **「정보 및 보안업무 기획 · 조정규정」**

제1조(목적)

이 영은 「국가정보원법」 제3조 제2항의 규정에 의하여 정보 및 보안업무의 기획 · 조정에 관하여 필요한 사항을 규정함을 목적으로 한다.

제2조(정의)

이 영에서 사용하는 용어의 정의는 다음과 같다.

1. "국외정보"라 함은 외국의 정치 · 경제 · 사회 · 문화 · 군사 · 과학 및 지지 등 각 부문에 관한 정보를 말한다.
2. "국내보안정보"라 함은 간첩 기타 반국가활동세력과 그 추종분자의 국가에 대한 위해 행위로부터 국가의 안전을 보장하기 위하여 취급되는 정보를 말한다.
3. "통신정보"라 함은 전기통신수단에 의하여 발신되는 통신을 수신 · 분석하여 산출하는 정보를 말한다.
4. "통신보안"이라 함은 통신수단에 의하여 비밀이 직접 또는 간접으로 누설되는 것을 미리 방지하거나 지연시키기 위한 방책을 말한다.

5. "정보사범 등"이라 함은 「형법」 제2편제1장 및 제2장의 죄, 「군형법」 제2편제1장 및 제2장의 죄, 동법 제80조 및 제81조의 죄, 「군사기밀보호법」 및 「국가보안법」에 규정된 죄를 범한 자와 그 혐의를 받는 자를 말한다.
6. "정보 · 수사기관"이란 다음 각 목의 국가기관을 말한다.
   가. 국가정보원
   나. 검찰청
   다. 경찰청
   라. 해양경찰청
   마. 국군방첩사령부
   바. 그 밖에 정보 및 보안 업무를 수행하는 국가기관 중 국가정보원장(이하 "국정원장"이라 한다)이 지정하는 국가기관

제3조(정보 및 보안업무의 기획 · 조정)

국가정보원장(이하 "국정원장"이라 한다)은 국가정보 및 보안업무에 관한 정책의 수립등 기획업무를 수행하며, 동 정보 및 보안업무의 통합기능수행을 위하여 필요한 합리적 범위내에서 각 정보수사기관의 업무와 행정기관의 정보 및 보안업무를 조정한다.

제4조(기획업무의 범위)

국정원장이 정보 및 보안업무에 관하여 행하는 기획업무의 범위는 다음과 같다.

1. 국가 기본정보정책의 수립
2. 국가 정보의 중 · 장기 판단
3. 국가 정보목표 우선순위의 작성
4. 국가 보안방책의 수립
5. 정보예산의 편성

제5조(조정업무의 범위)

국정원장이 정보 및 보안업무에 관하여 행하는 조정 대상기관과 업무의 범위는 다음과 같다.

1. 과학기술정보통신부
   가. 우편검열 및 정보자료의 수집에 관한 사항
   나. 북한 및 외국의 과학기술 정보 및 자료의 수집관리와 활용에 관한 사항
   다. 전파감시에 관한 사항
2. 외교부
   가. 국외정보의 수집에 관한 사항
   나. 출입국자의 보안에 관한 사항
   다. 재외국민의 실태에 관한 사항
   라. 통신보안에 관한 사항
3. 통일부
   가. 통일에 관한 국내외 정세의 조사 · 분석 및 평가에 관한 사항
   나. 남북대화에 관한 사항
   다. 이북5도의 실정에 관한 조사 · 분석 및 평가에 관한 사항
   라. 통일교육에 관한 사항
4. 법무부
   가. 국내 보안정보의 수집 · 작성에 관한 사항
   나. 정보사범 등에 대한 검찰정보의 처리에 관한 사항

다. 공소보류된 자의 신병처리에 관한 사항
라. 적성압수금품등의 처리에 관한 사항
마. 정보사범 등의 보도 및 교도에 관한 사항
바. 출입국자의 보안에 관한 사항
사. 통신보안에 관한 사항

5. 국방부
가. 국외정보 · 국내보안정보 · 통신정보 및 통신보안업무에 관한 사항
나. 제4호 나목부터 마목까지에 규정된 사항
다. 군인 및 군무원의 신원조사업무지침에 관한 사항
라. 정보사범 등의 내사 · 수사 및 시찰에 관한 사항

6. 행정안전부
가. 국내 보안정보(외사정보 포함)의 수집 · 작성에 관한 사항
나. 정보사범 등의 내사 · 수사 및 시찰에 관한 사항
다. 신원조사업무에 관한 사항
라. 통신정보 및 통신보안 업무에 관한 사항

7. 문화체육관광부
가. 공연물 및 영화의 검열 · 조사 · 분석 및 평가에 관한 사항
나. 신문 · 통신 그 밖의 정기간행물과 방송 등 대중전달매체의 활동 조사 · 분석 및 평가에 관한 사항
다. 대공심리전에 관한 사항
라. 대공민간활동에 관한 사항

8. 산업통상자원부
국외정보의 수집에 관한 사항

9. 국토교통부
국내 보안정보(외사정보 포함)의 수집 · 작성에 관한 사항

10. 해양수산부
국내 보안정보(외사정보 포함)의 수집 · 작성에 관한 사항

12. 방송통신위원회
가. 전파감시에 관한 사항
나. 그 밖에 통신정보 및 통신보안 업무에 관한 사항

13. 그 밖의 정보 및 보안 업무 관련 기관

제6조(조정의 절차)
국정원장은 제5조의 조정을 행함에 있어 국가안보에 중대한 영향을 미치는 주요사안에 관하여는 직접 조정하고, 기타 사안에 관하여는 일반지침에 의하여 조정한다.

제7조(정보사범 등의 내사등)
① 정보수사기관이 정보사범 등의 내사 · 수사에 착수하거나 이를 검거한 때와 관할 검찰기관(군검찰기관을 포함한다. 이하 같다)에 송치한 때에는 즉시 이를 국정원장에게 통보하여야 한다.
② 관할 검찰기관의 장은 정보사범 등에 대하여 검사의 처분이 있을 때에는 즉시 이를 국정원장에게 통보하여야 한다.
③ 관할 검찰기관의 장은 정보사범 등의 재판에 대하여 각 심급별로 그 재판결과를 국정원장에게 통보하여야 한다.

제8조(정보사범 등의 신병처리 등)

① 정보수사기관의 장은 주요 정보사범 등의 신병처리에 대하여 국정원장의 조정을 받아야 한다.

② 정보수사기관이 주요 정보사범 등 · 귀순자 · 불온문건 투입자 · 납북귀환자 · 망명자 및 피난사민에 대하여 신문등을 하고자 할 때에는 국정원장의 조정을 받아야 한다.

제9조(공소보류 등)

① 정보수사기관(검사를 제외한다)의 장이 주요 정보사범 등에 대하여 공소보류 의견을 붙일 필요가 있다고 인정할 때에는 국정원장에게 통보하여 조정을 받아야 한다.

② 검사는 주요 정보사범 등에 대하여 공소보류 또는 불기소 의견으로 송치된 사건을 소추하거나 기소의견으로 송치된 사건을 공소보류 또는 불기소 처분할 때에는 국정원장과 협의하여야 한다.

제10조(적성압수금품 등의 처리)

정보수사기관이 주요 적성장비 또는 불온문건 기타 금품을 압수하거나 취득한 때에는 즉시 이를 국정원장에게 통보하고 정보수집에 필요한 조정을 받아야 한다.

제11조(정보사업 · 예산 및 보안업무의 감사)

① 국정원장은 제5조에 규정된 각급기관에 대하여 연1회 이상 정보사업 및 그에 따른 예산과 보안업무 감사를 실시한다. 다만, 보안업무 감사는 중앙단위 기관에 한한다.

② 국정원장은 제1항의 감사를 실시함에 있어서 정책자료 발굴에 중점을 둔다.

③ 국정원장은 제1항의 규정에 의한 감사 결과를 대통령에게 보고하고 피감사기관에 통보한다.

④ 제3항의 규정에 의하여 감사결과를 통보받은 피감사기관의 장은 감사결과에 대하여 필요한 조치를 강구하여야 한다.

제12조(시행규칙)

이 영 시행에 관하여 필요한 규칙은 국정원장이 정한다.

관련법조항 「국가정보자료관리규정」

제1조 (목적)

이 영은 국가정보정책의 수립 및 시행의 효율성을 높이기 위한 국가정보자료의 효율적인 관리 및 공동활용체제의 확립에 관하여 필요한 사항을 규정함을 목적으로 한다.

제2조 (정의)

이 영에서 사용하는 용어의 정의는 다음과 같다.

1. "국가정보자료"라 함은 국가정보정책의 수립에 기여할 수 있는 국내외 정치 · 경제 · 사회 · 문화 · 군사 · 과학 · 지지 · 통신등 각 분야별 기본정보와 각 분야에 영향을 미칠 수 있는 인적 · 물적 정보등의 내용이 수록된 자료를 말한다.
2. "전담관리기관"이라 함은 국가정보자료중 특정분야의 자료를 종합관리하는 기관을 말한다.
3. "각급기관"이라 함은 정부조직법 제2조의 규정에 의한 중앙행정기관(대통령 직속기관을 포함한다)을 말한다.

제3조 (국가정보자료관리협의회)

① 국가정보자료의 효율적인 관리와 공동활용에 관하여 필요한 사항을 심의하기 위하여 국가정보원(이하 "국정원"이라 한다)에 국가정보자료관리협의회(이하 "협의회"라 한다)를 둔다.

② 협의회는 다음 사항을 심의한다.
1. 국가정보자료 관리체제의 개선
2. 전담관리기관의 선정 또는 변경
3. 전담관리기관의 관리대상 국가정보자료의 범위획정
4. 국가정보자료의 공동활용
5. 기타 각급기관간의 협조사항

③ 협의회는 위원장 1인을 포함한 25인이내의 위원으로 구성하되, 위원장은 국정원 기획조정실장이 되고, 위원은 국정원직원과 국가정보원장(이하 "국정원장"이라 한다)이 지정하는 각급기관의 국장급이상 공무원중 당해기관의 장의 추천으로 국정원장이 임명 또는 위촉하는 자 각 1인이 된다. 다만, 국정원장이 필요하다고 인정하는 기관에 대하여는 위원을 2인까지 위촉할 수 있다.

④ 위원장은 협의회의 회의를 소집하고 그 의장이 되며, 회무를 통할한다.

⑤ 협의회의 회의는 위원장이 필요하다고 인정하거나 위원의 요구가 있을 때에 이를 소집한다.

⑥ 협의회의 회의는 재적위원3분의2이상의 출석으로 개의하고, 출석위원 과반수의 찬성으로 의결하되, 가부동수인 경우에는 의장이 결정권을 가진다.

⑦ 의회에 간사 1인을 두되, 간사는 국정원 과장중에서 위원장이 지명한다.

⑧ 간사는 위원장의 명을 받아 다음 사항을 처리한다.
1. 의안의 작성
2. 회의진행에 필요한 준비
3. 회의록의 작성 및 보관
4. 기타 협의회의 서무

6 국가정보원의 대공수사권 경찰청 이관

(1) 의의

① 개정 전 「국가정보원법」 제16조(사법경찰권)는 "국가정보원 직원으로서 원장이 지명하는 사람은 제3조에 규정된 죄에 관하여 「사법경찰관리의 직무를 수행할 자와 그 직무범위에 관한 법률」 및 「군사법원법」의 규정에 따라 사법경찰관리와 군사법경찰관리의 직무를 수행한다."고 규정하고 있었다.

② 개정 「국가정보원법」은 제4조에서 국정원의 직무를 조정하면서 개정 전 「국가정보원법」 제16조를 삭제하였다.

(2) 문제점

① 법적 테두리 안에서 노출되어 있는 경찰이 눈에 보이지 않는 적국의 스파이를 어떻게 파악하고 검거할 있는지 그 실효성에 대해서 의문이 제기된다.

② 국가정보원을 미국의 CIA 모델이 아닌 FBI 모델로 가는 것이 우리의 현실에서 바람직하다고 주장하기도 한다.

③ FBI는 1908년 범죄수사와 정보수집을 목적으로 설립되어 미국 연방법 위반수사 및 공안정보를 수집하고 있으며 현재 국외 56개 지국과 500여 개의 출장소를 갖추고 있고, 수사활

동 및 인사에 관해서 대통령이나 의회 등 그 누구도 개입할 수 없으며 소속 직원은 2만여 명 정도로 알려져 있다.

생각넓히기 | FBI의 수사권 범위

미국 FBI의 수사권 범위는 내란 · 간첩 · 태업(怠業)이나 군대에 대한 방해 행위 등 국가안보에 관한 범죄, 약취유괴죄(略取誘拐罪), 은행강도 · 절도죄 및 은행 임직원의 횡령부정사건, 2개 주(States)에 걸친 자동차 절도 및 강도범죄, 연방공무원이 관련된 증수뢰범죄(贈收賂犯罪), 도난품의 주간운반죄(州間運搬罪), 수표 위조 및 행사범죄, 항공기 및 여객용 자동차에 대한 파괴범죄, 중요 도망범죄자의 수사, 연방정부에 대한 사기범죄 및 민사사건 등이다.

생각넓히기 | 개정 전 「국가정보원법」에 따른 국가정보원의 수사범위

- 국가정보원의 수사범위는 국가안보를 위태롭게 하는 여섯 가지 범죄 유형, 즉 「형법」 중 내란의 죄 및 외환의 죄, 「군형법」 중 반란의 죄와 암호부정사용죄, 「군사기밀보호법」에 규정된 죄, 「국가보안법」에 규정된 죄 등이다.
- 따라서 국가정보원은 정보 및 보안 업무와 더불어 '정보사범' 등에 대한 수사 업무를 동시에 취급하는 '정보수사기관'으로서의 지위를 가진다.
- 물론 국가의 안전보장을 위태롭게 하는 정보사범 등에 대한 수사권을 국가정보원이 독점하고 있는 것은 아니고, 검찰과 일반사법경찰관리(경찰), 군검찰과 군사법경찰관리(국군방첩사령부 요원) 등도 관련 법령에 근거하여 정보사범에 대한 수사권을 가진다. 따라서 이들 기관도 그 범위 내에서 정보수사기관으로서의 지위를 가진다.

관련법조항 「검찰청법」 검사의 직무

제4조(검사의 직무)

① 검사는 공익의 대표자로서 다음 각 호의 직무와 권한이 있다.
  1. 범죄수사, 공소의 제기 및 그 유지에 필요한 사항. 다만, 검사가 수사를 개시할 수 있는 범죄의 범위는 다음 각 목과 같다.
    가. 부패범죄, 경제범죄 등 대통령령으로 정하는 중요 범죄
    나. 경찰공무원(다른 법률에 따라 사법경찰관리의 직무를 행하는 자를 포함한다) 및 고위공직자범죄수사처 소속 공무원(「고위공직자범죄수사처 설치 및 운영에 관한 법률」에 따른 파견공무원을 포함한다)이 범한 범죄
    다. 가목 · 나목의 범죄 및 사법경찰관이 송치한 범죄와 관련하여 인지한 각 해당 범죄와 직접 관련성이 있는 범죄
  2. 범죄수사에 관한 특별사법경찰관리 지휘 · 감독
  3. 법원에 대한 법령의 정당한 적용 청구
  4. 재판 집행 지휘 · 감독
  5. 국가를 당사자 또는 참가인으로 하는 소송과 행정소송 수행 또는 그 수행에 관한 지휘 · 감독
  6. 다른 법령에 따라 그 권한에 속하는 사항

② 검사는 자신이 수사개시한 범죄에 대하여는 공소를 제기할 수 없다. 다만, 사법경찰관이 송치한 범죄에 대하여는 그러하지 아니하다.

③ 검사는 그 직무를 수행할 때 국민 전체에 대한 봉사자로서 헌법과 법률에 따라 국민의 인권을 보호하고 적법절차를 준수하며, 정치적 중립을 지켜야 하고 주어진 권한을 남용하여서는 아니 된다.

생각넓히기 | 국가정보원 직무범위에 대한 학설

1. 의의

「국가정보원법」에 의한 임무로 한정하는 경우에도 자체 근거법상의 임무는 '단순히 그것을 예시한 것에 지나지 않는가?' 아니면 아무리 필요하고 근거법 범위 내의 해석이라고 해도 '한정적으로 열거된 것으로 더 이상의 임무가 확대될 수는 없는가?'라는 문제가 있다.

2. 대표적 예시설

근거 법인 「국가정보원법」에 국가정보기구의 임무를 서술한 것은 국가정보기구의 여러 가지 임무 중에서 일부를 특별히 나열한 것에 지나지 않은 것으로서 국가정보기구의 임무가 법에 나열된 것에 한정되는 것은 아니라는 견해이다. 그러므로 「국가정보원법」에 나열되어 있는 것은 대표적인 임무가 일부 예시되어 있는 것이라고 보는 것이다. 이러한 견해는 특히 소위 "기타" 포괄조항이 없는 법 형식의 경우에 그 현실적인 필요성으로 인하여 제기되는 주장이기도 하다.

3. 한정적 열거설

국가정보기구의 임무는 근거법에 열거(列擧)된 내용으로 명백하게 국한된다는 주장이다. 국가정보기구는 국민들의 세금으로 운영되는 기관이고 또한 국민들의 권리와 의무와 직결되는 일을 하는 이상 근거법에 열거되어 있지 않은 내용은 아무리 그 목적이 타당하고 필요하다고 해도 이미 국가정보기구의 임무는 아니라는 것이다.

4. 검토

① 과거 여러 나라에서 국가정보기구가 그 임무를 확대하여 법에 근거 없는 일에 업무범위를 넓혀 가는 소위 미션 크립(mission creep)의 남용에 이르렀던 경험에 비추어 보아도 한정적 열거설이 타당하다. 그 이유는 법치행정의 원칙상 국민의 권리 및 의무와 직접 연결된 임무를 수행하는 국가정보기구의 경우 임무는 법에 당연히 근거해야 한다는 법치주의의 가장 기본적인 이념이 국가정보기구의 임무범위에 대한 논의에서도 인식되어야 하기 때문이다. 역사적으로 보면 국가정보기구는 포괄성과 추정성이라는 업무의 성격상 임무를 아무리 한정적으로 열거했다고 해도 의도적 또는 무의식적으로 임무가 확대되어 나가는 권한 남용의 사례를 허다하게 경험하였다. 정보기관 임무의 대전제로서의 국가안보와 국가이익이라는 개념이 시대상황, 국제관계, 경제발전, 그리고 과학 기술문명 발전과도 맞물려 해석되는 가변성을 가진 가치개념이기 때문이다.

② 한정적 열거설의 당연한 귀결로서 국제관계와 제반 시대상황의 변천에 따라 국가정보기구에 대한 새로운 임무가 필요하다면 국민의 대표기관인 국회에서 새롭게 법을 제·개정하여 임무가 다시 부여되어야 하며, 그러하지 않은 임무 수행은 결국 법의 근거가 결여된 것으로서 아무리 목적이 긍정적이라고 하더라도 불법적 업무수행이라고 하지 않을 수 없게 된다. 인질로 억류되어 있는 자국민의 구출을 위하여 전개되었던 이란-콘트라 사건이 치명적인 불법성은 정보역사에서 좋은 경험을 보여 준 사례로 평가된다.

Ⅲ 북한의 안보위협

1 의의

남북대치가 지속되고 있는 가운데 북한 공산집단은 끊임없이 공작원을 남파하여 국가기밀의 탐지·수집은 물론 한민전 등 대남방송을 통해 국내에 산재하고 있는 자생적 공산주의자, 좌익용공세력 등을 선동하여 국론을 분열시키고 대한민국의 자유민주주의체제를 무너뜨리고자 기도하고 있다.

2 북한의 도발

① 북한은 1950년 6.25 남침도발사건을 일으켜 대한민국을 적화통일하려 했을 뿐만 아니라 이후 1968년의 통혁당 사건, 1979년의 남민전 사건, 1983년의 미얀마 아웅산 묘소 암살폭파사건, 1987년의 대한항공 공중폭파 사건, 1992년 조선노동당 중부지역당 사건, 1998년 민족민주혁명당 사건 등 간첩 남파 및 각종 도발 행위들을 저질렀다.

② 2006년과 2007년의 일심회 사건, 2011년에 적발된 왕재산 사건 등 2000년대에 들어서서도 북한은 대남적화통일 노선을 결코 포기하지 않은 것으로 나타난다.

핵심정리 북한 대남 도발

1. 121 사태
   1968년 1월 21일 북한 민족보위성 정찰국 소속 공작원(124부대) 31명이 청와대를 습격하여 박정희 대통령을 암살하기 위하여 청와대로부터 300m 떨어져있는 종로구 세검정 고개까지 침투하였던 사건이다. 총 침투한 31명 중 사살 29명, 미확인 1명, 투항 1명(김신조 소위)의 전과를 올렸다. 유일한 생존자인 김신조의 이름을 따서 이 사건을 일명 '김신조 사건'이라고도 한다.

2. 푸에블로호 피랍사건
   미 해군의 정보수집함(AGER－2) USS 푸에블로가 1968년 1월 23일 동해상 원산 앞바다에서 조선인민군 해군 근위 제2 해군전대의 공격을 받고 강제 나포당한 사건이다. 승조원 83명 중에서 나포 도중 총격으로 1명이 사망하였으며, 나머지 82명이 북한에 억류되었다가, 훗날 미국으로 송환되었다.

3. 대한항공 YS－11기 납북 사건
   1969년 12월 11일 강릉을 출발해 서울로 향하던 대한항공 NAMC YS－11기 국내선 여객기가 강원도 평창 대관령 일대 상공에서 승객으로 위장해 있던 북한 공작원 조창희에 의해 함경남도 선덕비행장에 강제 착륙된 사건이다. 비행기 납북 후 전체 51명 중 공작원 1명 제외하고 승객/승무원 50명 중 납북 66일 만에 승객 39명은 귀환 조치되었으나, 기장(유병하), 부기장(최석만), 승무원 2명(성경희, 정경숙)과 승객 7명 등 11명은 돌아오지 못하고 북한에 억류됐다.

4. 육영수 여사 저격 사건
   1974년 8월 15일 서울 장충동 국립중앙극장에서 진행된 제29회 광복절 기념식에서 대통령 박정희가 경축사를 하던 도중에 청중석에 있던 재일 한국인 문세광이 쏜 총에 의해 영부인 육영수여사가 맞아 사망한 사건이다.

5. 휴전선 남침용 땅굴 발견 사건

1974년 11월 5일 대한민국 육군 제25보병사단 담당 구역인 연천군 고랑포에서 동북방 8km 지점 비무장지대 안에서 발견된 이 첫 번째 땅굴은 너비 90cm에 높이 1.2m, 깊이는 잔디가 죽지 않을 정도인 250cm에서 450cm, 길이 약 3.5km에 달하는 콘크리트 구조물로, 이 땅굴의 위치는 서울에서 불과 65km 거리에 위치해, 1시간에 1개 연대 이상의 무장병력이 통과할 수 있고 궤도차를 이용하면 중화기와 포신(砲身)도 운반할 수 있는 규모의 땅굴이다.

6. 판문점 도끼 만행 사건

1976년 8월 18일 판문점에서 미루나무 벌목 작업을 지도하던 미국인 UN군 장교 2명이 조선인민군 병력에 의해 살해당한 사건이다.

7. 아웅산 묘소 폭탄 테러 사건

1983년 10월 9일 미얀마 사회주의 연방 공화국을 방문 중이던 당시 대통령이었던 전두환의 암살을 시도한 북한의 폭탄테러이다.

8. 대한항공 858편 폭파 사건

1987년 11월 29일 이라크 바그다드에서 출항한 대한항공 보잉 707 여객기가 인도양 상공에서 실종된 사건이다. 대한민국 정부는 '북한 지령에 의한 공중폭발'로 결론을 지었으며, 조사 결과 북한 정권의 지령을 받고 일본인으로 위장한 특수공작원 김승일, 김현희 2인조가 액체 시한 폭탄으로 비행기를 폭파했다는 것이 드러났다.

9. 북한의 1차 핵실험

2006년 10월 9일 오전 10시 35분 함경북도 길주군 풍계리에서 실행된 북한의 첫번째 핵실험이다.

10. 천안함 피격 사건

2010년 3월 26일 밤 9시 22분, 대한민국 백령도 남서쪽 약 1km 지점에서 포항급 초계함인 PCC-772 천안함이 초계임무 수행도중 북한 해군 잠수정의 어뢰에 공격당해 선체가 반파되며 침몰한 사건이다.

11. 연평도 포격전

2010년 11월 23일 오후 2시 34분부터 한반도의 서해 5도 중 하나인 대한민국령 연평도를 북한군이 선전포고 없이 포격한 사건. 또한 정전 협정 이래 최초로 발생한 민간 거주구역에 대한 공격이다.

3 국정원의 정보수집과 대간첩활동

① 이처럼 북한 공산집단의 대남적화통일전략과 우리가 처한 안보현실에서 안보위협 세력들에 관한 정보수집과 대간첩활동은 국가정보원에서 수행해야 할 가장 중요한 임무가 되어왔다.

② 실제로 국정원은 1990년 이후부터 2007년까지 전체 간첩 123명 중 89%인 109명(경찰 12명, 방첩 2명)을 검거했던 것으로 알려졌다.

4 안보수사의 요구 조건

(1) 첨단 과학 장비와 전문성을 갖춘 수사관

① 2011년의 왕재산 간첩사건에서 보았듯이 관련자들의 철저한 묵비일관, 범죄수법의 첨단·지능화에 따른 범증 수집 곤란 등으로 인해 범죄 사실을 입증해내는 데 상당한 어려움이 있었던 것으로 알려졌다.

② 이처럼 북한 공산집단과 그들을 추종하는 안보위협세력들의 범죄 수법이 날로 지능화하는 양상을 보이고 있는 바, 그러한 추세에 효과적으로 대처하기 위해 첨단 과학 장비와 더불어 최고의 전문성을 갖춘 수사관이 요구되고 있다.

(2) 고도의 보안

또한 고도의 보안이 요구되는 안보수사 업무의 특성을 감안할 때 일반 수사기관에서 이를 취급할 경우 중요한 국가기밀이 누설될 우려가 있다.

(3) 첩보자료를 체계적으로 수집 · 분석할 수 있는 정보수사기관

① 무엇보다도 북한 공작 조직 등 안보위협 세력의 공세에 효율적으로 대처하기 위해 정보사범 등에 대한 수사를 통해 획득한 첩보자료를 체계적으로 수집 · 분석할 수 있는 능력을 갖춘 정보수사기관이 반드시 필요하다.

② 어쨌든 최고의 정보력, 고도의 보안성 그리고 전문적인 수사 역량 등을 겸비한 조직만이 안보수사분야에서 최적의 역량을 발휘할 수 있을 것이다.

③ 그런 점에서 안보수사 분야의 업무는 일반 경찰이나 검찰조직보다는 그러한 역량을 갖추고 있는 정보기관이 수행하는 것이 바람직하다고 본다.

Ⅳ 새로운 안보위협

1 의의

① 국정원은 대북정보를 수집 · 분석하고, 간첩을 색출하는 등의 전통적인 정보활동을 수행하는 외에 테러, 마약, 국제조직범죄, 산업보안 등 새로운 안보위협에도 적극 대응하는 노력을 기울여 왔다.

② 우선 국정원은 2005년 4월부터 '테러정보통합센터'를 신설하여 테러정보의 효율적 수집 · 전파체제를 구축하는 등 국가차원의 테러위협 대응테세를 확립하고, 대테러활동을 효과적으로 전개해 왔다.

③ 또한 국정원은 국제범죄, 사이버테러, 산업기밀 유출 등 새로운 안보위협에 대응하기 위해 산하에 '국제범죄정보센터', '국가사이버안보센터', '산업기밀보호센터' '방첩정보공유센터' 등을 두고 있다.

2 국가사이버안보센터

(1) 의의

① 해킹, DDoS 공격 등 사이버 위협으로부터 국가기밀 유출을 방지하고 국가정보통신망을 보호하는 것을 목적으로 한다.

② 사이버 공격의 탐지 · 예방, 해킹 사고 발생 시 사고조사 및 복구지원, 국가사이버정책 총괄 등의 업무를 관장하고 있다.

(2) 연혁

2004년 2월 국가사이버안전센터로 설립되고, 2020년 12월 국가사이버안보센터로 명칭을 변경하였다.

(3) 임무

① '국제 · 국가배후 해킹조직 등 사이버안보에 관한 정보의 수집 · 작성 · 배포 업무'와 같은 정보 업무를 수행한다.

② '국가안보와 국익에 반하는 북한, 외국 및 외국인 · 외국단체 · 초국가행위자 또는 이와 연계된 내국인의 활동을 확인 · 견제 · 차단'하기 위한 대응조치 및 현장조사 등도 병행한다.

③ 중앙행정기관 등을 대상으로 발생한 사이버공격 · 위협에 직 · 간접적으로 대응하거나 사전 예방조치를 취하는 등의 방어적 업무도 수행하고 있습니다.

핵심정리 **국가사이버안보센터의 기능**

(1) 정책수립 · 컨설팅
  ① 사이버안보 정책 · 전략 및 가이드라인 수립
  ② 정보통신망 보안진단 및 컨설팅

(2) 정보공유 · 협력
  ① 국내외 사이버 위협 및 대응 정보 공유
  ② 대국민 인식제고 및 국내외 협력채널 구축

(3) 위협 탐지 · 대응
  ① 주요 정보통신망 상시 보안 관제
  ② 사이버위협 실시간 탐지 및 위기경보 발령

(4) 사고조사 · 피해최소화
  ① 침해사고 원인분석 및 공격주체 규명
  ② 피해복구 및 재발방지 대책 지원

(5) 교육훈련
  ① 국가 · 공공기관 대상 사이버보안 교육 운영
  ② 공공기관 · 기반시설 대상 사이버공격 대응 훈련 실시

3 방첩정보공유센터

(1) 설립배경

① 각국은 자국의 이익을 위해 군사 · 외교 · 경제정보를 수집하고 있으며, 그 대상도 우방국과 적대국을 가리지 않는다.

② 이러한 외국 · 외국단체 및 초국가행위자 등의 정보활동에 효과적으로 대응하기 위해 국가정보원은 법무부 · 관세청 · 경찰청 · 해양경찰청 · 국군방첩사령부 등 방첩업무를 수행하는 기관들과 합동으로 2020년 12월 「방첩정보공유센터」를 설립하였다.

③ 「방첩정보공유센터」는 다양한 방첩 관련 정보를 공유하고, 중요한 사안에 대해서는 유관기관이 협업하여 외국 등의 정보활동을 예방하고 차단한다.

(2) 주요 임무

① 외국 · 외국단체 · 초국가행위자 등의 국내 정보활동 탐지

② 외국인 접촉 특이사항 신고 및 외국 스파이 관련 상담

③ 방첩 관련 교육 지원 및 홍보 활동

④ 기관별 보유한 방첩 관련 정보의 종합 및 공유

⑤ 정부부처 · 공공기관 등 대상 방첩 상황전파

⑥ 방첩 상황 등 발생 시 유관기관 합동대응 지원

관련법조항 **「방첩업무규정」**

제1조(목적)
이 영은 「국가정보원법」 제4조에 따라 국가정보원의 직무 중 방첩(防諜)에 관한 업무의 수행과 이를 위한 기관 간 협조 등에 관한 사항을 규정하여 국가안보에 이바지함을 목적으로 한다.

제2조(정의)
이 영에서 사용하는 용어의 뜻은 다음과 같다.

1. "방첩"이란 국가안보와 국익에 반하는 외국 및 외국인 · 외국단체 · 초국가행위자 또는 이와 연계된 내국인(이하 "외국등"이라 한다)의 정보활동을 찾아내고 그 정보활동을 확인 · 견제 · 차단하기 위하여 하는 정보의 수집 · 작성 및 배포 등을 포함한 모든 대응활동을 말한다.
2. "외국등의 정보활동"이란 외국등의 정보 수집활동과 그 밖의 활동으로서 대한민국의 국가안보와 국익에 영향을 미칠 수 있는 모든 활동을 말한다.
3. "방첩기관"이란 방첩에 관한 업무를 수행하는 다음 각 목의 기관을 말한다.
   가. 국가정보원
   나. 법무부
   다. 관세청
   라. 경찰청
   마. 특허청
   바. 해양경찰청
   사. 국군방첩사령부

4. "관계기관"이란 방첩기관 외의 기관으로서 다음 각 목의 기관을 말한다.
   가. 「정부조직법」 또는 그 밖의 법령에 따라 설치된 국가기관
   나. 지방자치단체 중 국가정보원장이 제10조에 따른 국가방첩전략회의의 심의를 거쳐 지정하는 지방자치단체
   다. 「공공기관의 운영에 관한 법률」 제4조에 따른 공공기관 중 국가정보원장이 제10조에 따른 국가방첩전략회의의 심의를 거쳐 지정하는 기관

제3조(방첩업무의 범위)

이 영에 따라 방첩기관이 수행하는 업무(이하 "방첩업무"라 한다)의 범위는 다음 각 호와 같다.

1. 외국등의 정보활동에 대한 정보 수집 · 작성 및 배포
2. 외국등의 정보활동에 대한 확인 · 견제 및 차단

2의2. 외국등의 정보활동 관련 국민의 안전을 보호하기 위하여 취하는 대응조치

3. 방첩 관련 기법 개발 및 제도 개선
4. 다른 방첩기관 및 관계기관에 대한 방첩 관련 정보 제공
5. 제1호, 제2호, 제2호의2, 제3호 및 제4호의 업무와 관련한 국가안보 및 국익을 지키기 위한 활동

제4조(기관 간 협조)

① 방첩기관의 장은 방첩업무 수행을 위하여 필요한 경우 다른 방첩기관의 장이나 관계기관의 장에게 협조를 요청할 수 있다.

② 제1항에 따라 협조 요청을 받은 기관의 장은 협조 요청에 따르지 못할 특별한 사유가 있는 경우를 제외하고는 협조하여야 한다.

제4조의2(방첩정보공유센터)

① 방첩기관 간 또는 방첩기관과 관계기관 간 방첩 관련 정보의 원활한 공유와 제3조에 따른 방첩업무의 효율적인 수행을 위하여 국가정보원장 소속으로 방첩정보공유센터를 둔다.

② 제1항에 따른 방첩정보공유센터는 다음 각 호의 업무를 수행한다.

1. 방첩기관 간 또는 방첩기관과 관계기관 간 방첩 관련 정보의 원활한 공유를 위한 플랫폼의 구축 · 운영
2. 방첩 관련 정보의 분석 · 평가 및 방첩기관의 외국등의 정보활동에 대한 대응 지원
3. 방첩 관련 신고 · 제보 등의 분석 · 처리
4. 그 밖에 국가정보원장이 방첩업무의 수행을 위하여 필요하다고 인정하는 업무

③ 제1항에 따른 방첩정보공유센터의 조직 및 운영에 관한 사항은 제6조에 따른 기본지침으로 정할 수 있다.

④ 국가정보원장은 제1항에 따른 방첩정보공유센터의 운영을 위하여 필요한 경우 방첩기관 및 관계기관(이하 "방첩기관등"이라 한다)의 장에게 다음 각 호의 사항에 대한 협조를 요청할 수 있다.

1. 소속 공무원의 파견 등 인력 지원
2. 다음 각 목의 정보 공유
   가. 외국등의 정보활동에 관여된 인물 · 단체에 대한 정보
   나. 외국등의 정보활동을 사전에 탐지 · 차단하기 위한 정보
   다. 그 밖에 방첩기관등 간 합동 대응에 필요한 정보

제5조(방첩업무의 기획 · 조정)

① 국가정보원장은 방첩업무에 관한 정책을 기획하고, 방첩업무를 통합적으로 수행하기 위하여 필요한 경우 이 영 및 관계 법령으로 정한 범위에서 방첩기관등의 방첩업무를 합리적으로 조정한다.

② 국가정보원장은 제1항에 따라 방첩업무를 조정하는 경우에 국가안보에 중대한 영향을 미치는 주요 사안에 대해서는 직접 조정하고, 그 밖의 사안에 대해서는 제6조에 따른 지침으로 정하는 바에 따라 조정한다.

제6조(국가방첩업무 지침의 수립 등)

① 국가정보원장은 국가의 방첩업무를 효율적으로 수행하기 위하여 국가방첩업무 기본지침(이하 "기본지침"이라 한다)을 수립하여 방첩기관등의 장에게 송부하여야 한다.

② 기본지침에는 다음 각 호의 사항이 포함되어야 한다.

1. 방첩업무의 기본 목표 및 전략에 관한 사항
2. 방첩기관등의 방첩업무 협조에 관한 사항
3. 그 밖에 국가 방첩업무의 원활한 수행을 위하여 필요한 사항

③ 국가정보원장은 기본지침에 따라 다음 연도의 방첩업무 수행에 관한 시행계획(이하 "연도별계획"이라 한다)을 매년 수립하여 방첩기관등의 장에게 송부해야 한다.

④ 제3항에 따라 국가정보원장으로부터 연도별계획을 받은 방첩기관등의 장은 연도별계획에 따라 그 기관의 해당 연도 방첩업무계획을 수립 · 시행해야 한다.

⑤ 방첩기관등의 장은 제4항에 따른 방첩업무계획에 따라 해당 기관의 방첩업무를 시행한 결과를 매년 11월 30일까지 국가정보원장에게 송부해야 한다.

제7조(외국인 접촉 시 국가기밀등의 보호)

① 방첩기관등의 구성원은 외국을 방문하거나 외국인을 접촉할 때에는 국가기밀, 산업기술 또는 국가안보 · 국익 관련 중요 정책사항(이하 "국가기밀등"이라 한다)이 유출되지 않도록 유의하여야 한다.

② 방첩기관등의 장은 그 기관의 업무 성격을 고려하여 소속 구성원이 외국인을 접촉하는 경우에 발생할 수 있는 국가기밀등의 유출 위험을 방지하기 위하여 필요한 사항에 관한 규정을 마련 · 시행하여야 한다.

③ 방첩기관등의 장은 소속 구성원 중에서 제1항 및 제2항에 따른 업무를 전담하는 직원을 지정할 수 있다.

제8조(외국인 접촉 시 특이사항의 신고 등)

① 방첩기관등의 구성원(방첩기관등에 소속된 위원회의 민간위원을 포함한다. 이하 이 조에서 같다)이 외국인(제9조에 따른 외국 정보 · 수사기관이 정보활동에 이용하는 내국인을 포함한다. 이하 이 조에서 같다)을 접촉한 경우에 그 외국인이 다음 각 호의 어느 하나에 해당한다고 의심할 만한 상당한 이유가 있을 경우에는 지체 없이 그 사실을 소속 방첩기관등의 장에게 신고하여야 하며, 해당 방첩기관등의 장은 그 신고 내용을 국가정보원장에게 통보하여야 한다.

1. 접촉한 외국인이 국가기밀등이나 그 밖의 국가안보 및 국익 관련 정보를 탐지 · 수집하려고 하는 경우
2. 접촉한 외국인이 방첩기관등의 구성원을 정보활동에 이용하려고 하는 경우
3. 접촉한 외국인이 그 밖의 국가안보 또는 국익을 침해하는 활동을 하는 사람인 경우

② 제1항에도 불구하고 방첩기관의 장은 법령에 따른 직무 수행과 관련하여 필요하다고 판단하는 경우에는 통보하지 아니할 수 있다.

③ 제1항에 따른 통보를 받은 국가정보원장은 효율적인 방첩업무 수행을 위하여 필요하다고 인정하는 경우에는 통보받은 사실이나 관련 분석 자료를 작성하여 방첩기관등의 장에게 배포하여야 한다.

④ 국가정보원장은 제1항에 따른 신고 내용이 국가안보와 방첩업무에 이바지하였다고 인정되는 경우에는 신고자에 대하여 「정부 표창 규정」 등에 따라 포상하거나 국가정보원장이 정하는 바에 따라 포상금을 지급할 수 있다.

제9조(외국 정보 · 수사기관 구성원 접촉 절차)

① 방첩기관등의 구성원은 법령에 따른 직무 수행 외의 목적으로 외국 정보 · 수사기관(특정국가가 다른 국가에서 정보활동 · 수사를 주된 목적으로 하여 설치한 그 국가의 기관을 말한다. 이하 같다)의 구성원을 접촉하려는 경우 소속 방첩기관등의 장에게 미리 보고해야 하며, 해당 방첩기관등의 장은 그 내용을 국가정보원장에게 통보해야 한다.

② 제1항에도 불구하고 방첩기관등의 구성원은 부득이한 사유로 미리 보고하지 않은 경우에는 외국의 정보·수사기관의 구성원과 접촉한 후 즉시 소속 방첩기관등의 장에게 보고해야 하고, 해당 방첩기관등의 장은 그 내용을 국가정보원장에게 통보해야 한다.
③ 방첩기관등의 장은 구성원이 제1항 및 제2항에 따른 보고 의무를 이행하지 않은 경우에는 필요한 처분이나 조치를 명하기 위한 세부 사항을 정할 수 있다.

제9조의2(외국 정보·수사기관과 교류·협력)

방첩기관은 방첩업무의 수행을 위하여 외국 정보·수사기관과 교류·협력할 수 있다.

제10조(국가방첩전략회의의 설치 및 운영 등)

① 국가방첩전략의 수립 등 국가 방첩업무에 관한 중요 사항을 심의하기 위하여 국가정보원장 소속으로 국가방첩전략회의(이하 "전략회의"라 한다)를 둔다.
② 전략회의는 의장 1명을 포함한 25명 이내의 위원으로 구성한다.
③ 전략회의의 의장은 국가정보원장이 되고, 위원은 다음 각 호의 공무원이 된다.
1. 기획재정부, 교육부, 과학기술정보통신부, 외교부, 통일부, 법무부, 행정안전부, 산업통상자원부, 중소벤처기업부, 국가안보실 및 국무조정실의 차관급 공무원(차관급 공무원이 2명 이상인 경우 해당 기관의 장이 지정하는 차관급 공무원을 말한다)
1의2. 서울특별시 행정부시장 중 서울특별시장이 지정하는 행정부시장
2. 인사혁신처, 관세청, 방위사업청, 경찰청, 특허청 및 해양경찰청의 차장
3. 국방정보본부의 본부장 및 국군방첩사령부의 사령관
4. 전략회의의 의장이 지명하는 국가정보원 소속 공무원
5. 전략회의의 의장이 관계기관의 장과 협의하여 지명하는 관계기관 소속 공무원
④ 전략회의의 의장은 회의를 소집하고 그 회의를 주재한다.
⑤ 전략회의의 회의는 재적위원 과반수의 출석과 출석위원 과반수의 찬성으로 의결한다.
⑥ 전략회의는 안건을 효율적으로 검토하기 위하여 필요한 경우 소회의를 둘 수 있다.
⑦ 제1항부터 제6항까지에서 규정한 사항 외에 전략회의의 운영에 필요한 사항은 국가정보원장이 정한다.

제11조(국가방첩전략실무회의의 설치 및 운영 등)

① 전략회의를 효율적으로 운영하기 위하여 전략회의에 국가방첩전략실무회의(이하 "실무회의"라 한다)를 둔다.
② 실무회의는 의장 1명을 포함한 25명 이내의 위원으로 구성한다.
③ 실무회의의 의장은 국가정보원의 방첩업무를 담당하는 실장급 또는 국장급 부서의 장이 되고, 위원은 전략회의의 위원이 소속된 기관의 고위공무원단에 속하는 공무원 또는 이에 상당하는 공무원이 된다.
④ 실무회의는 전략회의에서 심의할 의안(議案)을 미리 검토·조정하고, 다음 각 호의 사항을 심의하여 그 결과를 전략회의에 보고할 수 있다.
1. 국가 방첩업무 현안에 대한 대책의 수립 및 시행에 관한 사항
2. 전략회의의 심의·의결을 거쳐 정해진 정책 등에 대한 시행 방안
3. 전략회의로부터 위임받은 심의사항
4. 그 밖에 실무회의의 의장이 회의에 부치는 방첩업무에 관한 사항
⑤ 제1항부터 제4항까지에서 규정한 사항 외에 실무회의의 운영에 필요한 사항은 국가정보원장이 정한다.

제12조(지역방첩협의회의 설치 및 운영 등)

① 국가정보원장은 필요한 경우 방첩기관의 장과 협의하여 특별시·광역시·특별자치시·도 또는 특별자치도별로 방첩업무를 협의하기 위한 지역방첩협의회를 구성·운영할 수 있다.
② 제1항에 따른 지역방첩협의회의 운영 등에 필요한 사항은 국가정보원장이 지역방첩협의회의 심의·의결을 거쳐 정한다.

제13조(방첩교육)

① 방첩기관등의 장은 해당 기관의 업무 수행과 관련하여 그 기관 소속 구성원이 외국등의 정보활동에 효율적으로 대응하기 위하여 필요한 자체 방첩교육에 관한 계획을 수립하여 시행해야 한다.

② 방첩기관등의 장은 필요한 경우 제1항에 따른 소속 구성원에 대한 방첩교육을 국가정보원장에게 위탁하여 실시할 수 있다.

제14조(외국인 접촉의 부당한 제한 금지)

방첩기관등의 장은 이 영의 목적이 외국등의 정보활동으로부터 대한민국의 국가안보와 국익을 보호하기 위한 것임을 고려하여 소속 구성원의 외국인과의 접촉을 부당하게 제한해서는 안 된다.

제15조(홍보)

방첩기관의 장은 홍보를 통하여 소관 방첩업무에 대한 국민의 이해를 증진시키기 위하여 노력하여야 한다.

제15조의2(신고 및 포상)

국가정보원장은 방첩업무 수행에 도움이 되는 제보 또는 신고 등을 한 자에게 포상금(물품을 포함한다)을 지급하거나 표창을 수여할 수 있다.

제16조(민감정보 등의 처리)

① 국가정보원장은 다음 각 호의 업무를 수행하기 위하여 불가피한 경우에는 「개인정보 보호법」 제23조에 따른 민감정보, 같은 법 제24조에 따른 고유식별정보, 같은 법 제25조에 따른 고정형 영상정보처리기기에 촬영된 개인정보 및 같은 법 제25조의2에 따른 이동형 영상정보처리기기에 촬영된 개인정보(이하 "민감정보등"이라 한다)를 처리할 수 있다.

1. 「국가정보원법」 제5조제2항에 따른 방첩 관련 정보의 수집 · 작성 · 배포 업무 수행을 위한 조사 업무
2. 제3조제1호, 제2호, 제2호의2, 제4호 및 제5호(제3호와 관련된 방첩업무는 제외한다)의 방첩업무
3. 제4조의2제1항에 따른 방첩정보공유센터의 운영 업무

② 국가정보원을 제외한 방첩기관의 장은 제3조제1호, 제2호, 제2호의2, 제4호 및 제5호(제3호와 관련된 방첩업무는 제외한다)의 업무를 수행하기 위하여 불가피한 경우에는 민감정보등을 처리할 수 있다.

③ 방첩기관의 장은 다음 각 호의 구분에 따른 업무를 수행하기 위하여 불가피한 경우에는 국가기관, 지방자치단체, 공공기관, 법인 · 단체 또는 개인으로서 민감정보등을 처리하는 자에 대하여 민감정보등의 제공을 요청할 수 있다.

1. 국가정보원장: 제1항 각 호의 업무
2. 국가정보원을 제외한 방첩기관의 장: 제3조제1호, 제2호, 제2호의2, 제4호 및 제5호(제3호와 관련된 방첩업무는 제외한다)의 업무

4 산업기밀보호센터

(1) 의의

① 산업기밀보호센터는 2003년 10월에 설립되어 우리나라의 첨단기술을 보호하고 안전한 기업활동을 지원하는 등 산업보안활동 업무를 수행하고 있다.

② 동 기구는 설립된 이래 우리 기업이 보유한 첨단산업기술을 해외로 불법 유출하려는 산업스파이를 적발함으로써 국부유출을 차단하는 활동을 효과적으로 전개해 왔다.

(2) 첨단기술 해외유출 차단활동

① 첨단기술과 기업의 영업비밀 등을 해외로 불법 유출하려는 산업스파이를 적발함으로써 국부유출을 차단하고 있다.

② 기술유출과 관련된 정보를 사안에 따라 해당업체 또는 검찰/경찰 등 수사기관에 지원하고 있다.

(3) 방산기술 · 전략물자 불법 수출 차단활동

산업부 · 방사청 등 유관기관과 협조, 전략물자의 불법 수출과 방산 · 군사기술의 해외 유출 차단활동 등 새로운 경제안보침해행위에 대한 예방 · 색출활동도 강화하고 있다.

(4) 외국의 경제질서 교란 차단활동

외국과 연계된 투기자본 등에 의한 경제안보 침해행위와 인수합병(M&A)을 가장한 기술유출 등 위법행위에 대한 정보활동에도 주력하고 있다.

(5) 산업보안 교육/컨설팅 및 설명회 개최

기업 · 연구소 등을 대상으로 산업보안 교육 및 진단을 실시하고 있으며, 중기청 · 특허청 등 유관기관 합동으로 기업체 대상 「산업보안 설명회」를 개최하는 등 기업체의 보안의식 확산과 자율보안시스템 구축을 지원하는 데 주력하고 있다.

(6) 지식재산권 침해 관련 대응 활동

해외 현지에서 특허 · 상표 · 디자인 · 저작권 등 지식재산권 피해 발생 시, 특허청 · KOTRA 해외지식재산센터(IP-desk) · 외교부 · 문화부(해외저작권센터) 등과 공조, 대응활동을 지원하고 있다.

(7) 산업스파이 신고상담소 운영

전화(국번없이 111번), 홈페이지(111 신고하기) 및 모바일 홈페이지를 통해 24시간 신고 · 상담을 받고 있으며 신고자의 신원은 어떠한 경우에도 철저히 보호된다.

5 국제범죄정보센터

(1) 의의

① 오늘날 국제범죄조직들은 국가 간 커넥션을 통해 국경을 넘나들며 마약 · 위폐 · 금융사기 등 조직범죄를 자행함으로써 국가안보를 심각히 위협하고 있다.

② 이러한 상황에 대처하고자 1994년 1월 국제범죄정보센터가 설치되었으며, 주요 업무로서 국제범죄조직에 관한 정보수집, 해외정보 · 수사기관과의 협력체제 유지, 대국민 국제범죄 피해 예방활동 등을 수행하고 있다.

(2) 주요 업무

① 국제범죄에 관한 정보를 수집 · 분석하여 국내 침투 및 확산을 차단한다.

② 세계 각국의 국제범죄 대응실태 및 국내 위해 요소 등을 분석하여 정부의 국제범죄 대응 정책 수립을 뒷받침한다.

③ 국제기구 및 해외 정보 · 수사기관과 국제범죄 색출 · 차단 및 대응정책 수립을 위한 협력을 실시하고 있다.

④ 민 · 관 등 외부기관의 요청에 따라 마약 · 위폐 등 국제범죄 대응교육을 실시하고 있다.

⑤ 전화(국번없이 111번), 홈페이지(111 신고하기) 및 모바일 홈페이지를 통해 24시간 국제범죄 관련 신고 · 상담을 받고 있으며 다양한 매체를 통한 대국민 국제범죄 피해예방 활동을 하고 있다.

6 테러정보통합센터

(1) 설립배경

① 국제화로 국가 간 경계가 허물어지면서 테러위협이 확산되고 있다.

② 테러정보통합센터는 국내외 유관기관과 긴밀 협력하여 국민의 생명과 재산을 보호한다.

(2) 주요업무

① 국내외 테러 관련 정보의 수집 · 분석 · 작성 및 배포

② 국내외 테러 관련 정보 통합관리 및 24시간 상황 처리체제의 유지

③ 국내침투 테러분자 · 조직 및 국제테러조직 색출

④ 대테러센터, 軍 · 警 특공대 등 대테러 관계기관 협력 · 지원

⑤ 외국 정보수사기관과의 정보협력

⑥ 주요 국제행사 대테러 · 안전대책 수립 지원

Theme

108 한국의 군 정보기관

I 국방정보본부

1 의의

① 국방정보본부는 국방부 및 합동참모본부 산하 군 정보기관으로서 군사정보 및 군사보안에 관한 업무를 총괄한다.

② 국방정보본부는 1981년 10월 12일 합동참모본부의 제2국(J-2)을 모체로 창설되었다. 국방정보본부의 창설로 한국군은 군사정보 및 보안업무에 대한 효율적인 관리와 체계적인 발전의 기반을 마련하게 되었다.

2 위상의 변화

(1) 의의

창설 당시 합동참모본부는 군령권을 가진 기관이 아니고 단순히 자문기관이었기 때문에 군사정보를 총괄할 정도의 권한이나 위상을 가지지는 못했다. 오히려 육군 정보국을 비롯한 각 군 본부의 정보국이 실질적으로 군사정보를 관장했던 것으로 보인다.

(2) 「국군조직법」 개정

① 그런데 1990년 7월 「국군조직법」이 개정되어 국군이 합동군제로 개편되면서 합동참모본부가 군령권을 갖게 되었고, 이에 따라 정보본부의 위상도 격상되었다.

② 그리고 1993년 발생한 시노하라 사건을 계기로 국방정보본부의 권한이 한층 강화되어, 정보사령부, 제7235부대(일명 777부대), 국군기무사령부에 대한 조정 · 통제권을 보유하게 되었다.

3 임무

① 국방정보본부는 군사전략정보를 수집 · 분석 · 생산 · 전파하는 업무를 기본 임무로 수행하고 있다.

② 또한 합참본부, 각 군 본부 및 작전사령부급 이하 부대의 특수 군사정보 예산의 편성 및 조정 업무를 담당한다.

관련법조항 「국군조직법」

제1장 총칙

제1조(목적)

이 법은 국방의 의무를 수행하기 위한 국군의 조직과 편성의 대강(大綱)을 규정함을 목적으로 한다.

제2조(국군의 조직)

① 국군은 육군, 해군 및 공군(이하 "각군"이라 한다)으로 조직하며, 해군에 해병대를 둔다.

② 각군의 전투를 주임무로 하는 작전부대에 대한 작전지휘·감독 및 합동작전·연합작전을 수행하기 위하여 국방부에 합동참모본부를 둔다.

③ 군사상 필요할 때에는 대통령령으로 정하는 바에 따라 국방부장관의 지휘·감독하에 합동부대와 그 밖에 필요한 기관을 둘 수 있다.

제3조(각군의 주임무 등)

① 육군은 지상작전을 주임무로 하고 이를 위하여 편성되고 장비를 갖추며 필요한 교육·훈련을 한다.

② 해군은 상륙작전을 포함한 해상작전을, 해병대는 상륙작전을 주임무로 하고 이를 위하여 편성되고 장비를 갖추며 필요한 교육·훈련을 한다.

④ 공군은 항공작전을 주임무로 하고 이를 위하여 편성되고 장비를 갖추며 필요한 교육·훈련을 한다.

제4조(군인의 신분 등)

① "군인"이란 전시와 평시를 막론하고 군에 복무하는 사람을 말한다.

② 군인의 인사, 병역 복무 및 신분에 관한 사항은 따로 법률로 정한다.

제5조(군기)

① 국군은 군기(軍旗)를 사용한다.

② 군기의 종류와 규격 및 그 밖에 필요한 사항은 대통령령으로 정한다.

제2장 군사권한

제6조(대통령의 지위와 권한)

대통령은 헌법, 이 법 및 그 밖의 법률에서 정하는 바에 따라 국군을 통수한다.

제8조(국방부장관의 권한)

국방부장관은 대통령의 명을 받아 군사에 관한 사항을 관장하고 합동참모의장과 각군 참모총장을 지휘·감독한다.

제9조(합동참모의장의 권한)

① 합동참모본부에 합동참모의장을 둔다.

② 합동참모의장은 군령(軍令)에 관하여 국방부장관을 보좌하며, 국방부장관의 명을 받아 전투를 주임무로 하는 각군의 작전부대를 작전지휘·감독하고, 합동작전 수행을 위하여 설치된 합동부대를 지휘·감독한다. 다만, 평시 독립전투여단급(獨立戰鬪旅團級) 이상의 부대이동 등 주요 군사사항은 국방부장관의 사전승인을 받아야 한다.

③ 제2항에 따른 전투를 주임무로 하는 각군의 작전부대 및 합동부대의 범위와 작전지휘·감독권의 범위는 대통령령으로 정한다.

제10조(각군 참모총장의 권한 등)

① 육군에 육군참모총장, 해군에 해군참모총장, 공군에 공군참모총장을 둔다.

② 각군 참모총장은 국방부장관의 명을 받아 각각 해당 군을 지휘·감독한다. 다만, 전투를 주임무로 하는 작전부대에 대한 작전지휘·감독은 제외한다.

③ 해병대에 해병대사령관을 두며, 해병대사령관은 해군참모총장의 명을 받아 해병대를 지휘·감독한다.

제11조(소속 부서의 장의 권한)
각군의 부대 또는 기관의 장은 편제(編制) 또는 작전지휘 · 감독 계통상의 상급부대 또는 상급기관의 장의 명을 받아 그 소속 부대 또는 소관 기관을 지휘 · 감독한다.

제3장 합동참모본부

제12조(합동참모본부)
① 합동참모본부에 합동참모의장 외에 소속 군이 다른 3명 이내의 합동참모차장과 필요한 참모 부서를 둔다.
② 합동참모차장은 합동참모의장을 보좌하며, 합동참모의장이 부득이한 사유로 직무를 수행할 수 없을 때에는 서열 순으로 그 직무를 대행한다.
③ 합동참모본부의 직제는 대통령령으로 정하되, 각군의 균형 발전과 합동작전 수행을 보장할 수 있도록 하여야 한다.

제13조(합동참모회의)
① 군령에 관하여 국방부장관을 보좌하며, 주요 군사사항과 그 밖에 법령에서 정하는 사항을 심의하기 위하여 합동참모본부에 합동참모회의를 둔다.
② 합동참모회의는 합동참모의장과 각군 참모총장으로 구성하며, 합동참모의장이 그 의장이 된다. 다만, 해병대와 관련된 사항을 심의할 때에는 해병대사령관도 구성원으로 한다.
③ 합동참모회의는 특정 작전부대와 관련된 사항을 심의할 때에는 해당 작전사령관을 배석시킬 수 있다.
④ 합동참모회의는 월 1회 이상 정례화하며 합동참모회의의 운영에 필요한 사항은 국방부장관이 정한다.

제4장 육군 · 해군 · 공군

제14조(각군본부 등의 설치 등)
① 육군에 육군본부, 해군에 해군본부, 공군에 공군본부를 두고, 해병대에 해병대사령부를 둔다.
② 각군본부에 참모총장 외에 참모차장 1명과 필요한 참모 부서를 두고, 해병대사령부에 사령관 외에 부사령관 1명과 필요한 참모 부서를 둔다.
③ 각군 참모차장은 해당 군 참모총장을, 해병대부사령관은 해병대사령관을 각각 보좌하며, 해당 군 참모총장 또는 해병대사령관이 부득이한 사유로 직무를 수행할 수 없을 때에는 그 직무를 대행한다.
⑤ 각군본부 및 해병대사령부의 직제와 그 밖에 필요한 사항은 대통령령으로 정한다.

제15조(각군 부대와 기관의 설치)
① 각군의 소속으로 필요한 부대와 기관을 설치할 수 있다.
② 제1항에 따른 부대와 기관의 설치에 필요한 사항은 법률이나 대통령령으로 정한다. 다만, 대통령령으로 정하는 단위 이하의 부대 또는 기관의 설치에 필요한 사항은 국방부장관이 정하되, 국방부장관은 그 권한의 일부를 대통령령으로 정하는 바에 따라 각군 참모총장에게 위임할 수 있다.
③ 제2항 단서에 따라 해군참모총장에게 위임된 사항 중 해병대에 관하여는 해병대사령관에게 권한을 재위임할 수 있다.

제5장 기타

제16조(군무원)
① 국군에 군인 외에 군무원을 둔다.
② 제1항에 따른 군무원의 자격, 임면(任免), 복무, 그 밖에 신분에 관한 사항은 따로 법률로 정한다.

제17조(공표의 보류)
이 법에 따라 제정되는 명령으로서 군 기밀상 필요하다고 인정하는 것은 공표하지 아니할 수 있다.

관련법조항 「국방정보본부령」

제1조(설치)
군사정보 및 군사보안에 관한 사항과 군사정보전력의 구축에 관한 사항을 관장하기 위하여 국방부장관 소속으로 국방정보본부를 둔다.

제1조의2(업무)
국방정보본부(이하 "정보본부"라 한다)는 다음 각 호의 업무를 수행한다.

1. 국방정보정책 및 기획의 통합 · 조정 업무
2. 국제정세 판단 및 해외 군사정보의 수집 · 분석 · 생산 · 전파 업무
3. 군사전략정보의 수집 · 분석 · 생산 · 전파 업무
4. 군사외교 및 방위산업에 필요한 정보지원 업무
5. 재외공관 주재무관의 파견 및 운영 업무
6. 주한 외국무관과의 협조 및 외국과의 정보교류 업무
7. 합동참모본부, 각 군 본부 및 작전사령부급 이하 부대의 특수 군사정보 예산의 편성 및 조정 업무
8. 사이버 보안을 포함한 군사보안 및 방위산업 보안정책에 관한 업무
9. 군사정보전력의 구축에 관한 업무
10. 군사기술정보에 관한 업무
11. 군사 관련 지리공간정보에 관한 업무
12. 그 밖에 군사정보와 관련된 업무

제2조(본부장의 임명)
정보본부에 본부장 1명을 두고, 장성급(將星級) 장교로 보한다.

제3조(본부장의 직무 등)
① 본부장은 국방부장관의 명을 받아 정보본부의 업무를 총괄하고, 정보본부에 예속 또는 배속된 부대를 지휘 · 감독한다.
② 본부장은 군사정보 · 전략정보 업무에 관하여 합동참모의장을 보좌하고, 합동참모본부의 군령 업무 수행을 위한 정보 업무를 지원한다.
③ 본부장이 부득이한 사유로 직무를 수행할 수 없는 경우에는 제4조제1항에 따라 정보본부에 두는 참모부서의 장 중 선임자가 그 직무를 대행한다.

제4조(부서와 부대의 설치)
① 정보본부에 필요한 참모부서를 두되, 그 조직과 사무분장에 관한 사항은 국방부장관이 정한다.
② 정보본부 예하에 다음 각 호의 부대를 둔다.

1. 군사 관련 영상 · 지리공간 · 인간 · 기술 · 계측 · 기호 등의 정보(이하 "영상정보등"이라 한다)의 수집 · 지원 및 연구에 관한 업무와 적의 영상정보등의 수집에 대한 방어 대책으로서의 대정보(對情報)에 관한 업무를 관장하기 위한 정보사령부
2. 각종 신호정보의 수집 · 지원 및 연구에 관한 사항을 관장하기 위한 777사령부

③ 제2항 각 호에 따른 부대의 조직과 사무분장에 관한 사항은 국방부장관이 정한다.

제5조(정원)
정보본부에 군인과 군무원을 두되, 그 정원은 국방부장관이 정한다.

③ 또한 사이버 보안을 포함한 군사보안 및 방위산업 보안정책에 관한 업무, 군사 관련 지리공간정보에 관한 업무 그리고 군사정보전력의 구축에 관한 업무도 관장한다.

④ 이 밖에 재외 공관 주재 무관의 파견 및 운영 업무, 주한 외국 무관과의 협조 및 외국과의 군사정보 교류 등의 업무도 국방정보본부가 주도적으로 수행하고 있다.

4 조직

① 국방정보본부 예하에는 군사관련 인간 · 영상 · 징후계측 정보를 담당하는 정보사령부, 신호정보를 관장하는 777사령부 그리고 군사 관련 지리공간정보를 수집 · 생산하여 지원하는 임무를 수행하는 국방지형정보단 등을 두고 있다.

② 또한 국방정보본부는 최근 국방부의 직할부대로 독립한 '국군사이버사령부'와 긴밀한 관계를 유지하는 가운데 적의 인터넷 공격을 예방하고 필요시 복구 및 대응하는 업무도 간접적으로 관여하고 있다.

Ⅱ 정보사령부

1 의의

정보사령부는 국방부의 직할부대인 국방정보본부의 예하부대로서 주로 군사 관련 첩보수집임무를 수행하는 군 정보기관이다.

2 연혁

(1) 육군 정보국 내 2과(첩보과)

정보사령부는 육군 정보국 내 군 관련 첩보 수집 임무를 담당했던 2과(첩보과, 1949년 6월 1일 설립)에 뿌리를 두고 있다.

(2) HID(Headquarters of Intelligence Detachment)

육군 정보국 2과는 1950년 한국전쟁이 발발 직후 육군 정보국 3과(첩보과)로 개편되었다가 1951년 3월 25일 육군본부 직할부대인 HID(Headquarters of Intelligence Detachment)로 독립했다.

(3) 육군 정보사(AIC)

당시 HID는 주로 북파공작원을 양성해 북한군 지역으로 침투시키는 일을 수행했다. 1961년 AIU(Army Intelligence Unit)로 명칭을 바꾸었다가 1972년 육군 정보사(Army Intelligence Command, AIC)로 확대 개편되었다.

(4) 국군정보사령부

1990년 11월 육 · 해 · 공군 첩보부대, 즉 육군 정보사와 해군의 UDU 그리고 공군의 20특무전대 등을 통합하여 국군정보사령부가 창설되어 오늘에 이른다.

3 임무

(1) 의의

① 정보사령부는 군 조직 중에서 가장 보안이 철저하여 조직의 존재 여부를 포함하여 수행하는 임무에 대해서조차도 일반에게 잘 알려지지 않았다.

② 다만 과거 HID를 모체로 대북공작 및 첩보수집 활동을 수행하는 첩보부대로 추정되었다.

(2) 북파공작원 명단 공개

그런데 2000년 10월 2일 당시 국회 통일외교통상위원회 소속 김성호 의원이 북파공작원 366명을 명단을 공개하면서 이 명단을 국군정보사령부가 작성 · 보관해 왔다고 진술함으로써 이 기관이 대북공작과 관련된 업무를 수행하는 군 정보기관으로 알려지게 되었다.

(3) 업무 영역의 확장

① 정보사령부는 설립된 이래 주로 군사 관련 인간정보수집 및 대북공작임무를 담당해 왔었는데 최근 영상 및 징후계측 정보의 수집 등으로 그 업무 영역을 대폭 확장하였다.

② 정보사령부는 군사관련 영상 · 인간 · 기술 · 계측 · 기호 등의 정보를 수집 · 지원 및 연구하는 업무를 수행한다.

③ 또한 적의 영상정보 등 정보수집활동에 대한 방어대책으로서의 대정보(對情報)에 관한 업무도 담당하고 있다.

핵심정리 정보사령부

(1) 신호정보를 제외한 모든 군사 관련 정보의 수집 · 지원 및 연구를 관장하는 군 정보기관이다.
(2) 탈북자, 중국인 등을 통해 인간정보(HUMINT)를 수집한다.
(3) 금강정찰기, 글로벌호크 등 수집자산을 이용하여 영상정보(IMINT)를 수집 · 분석한다.
(4) TV, 통신사, 인터넷 등을 통해 공개정보(OSINT)를 수집 · 분석한다.
(5) 적의 공격징후 감시, 전략미사일 발사 조기 경보, 핵폭발 실험 감시 등 징후계측정보(MASINT)를 수집 · 분석한다.
(6) 적의 영상정보 등 정보수집활동에 대한 방어대책으로서의 대정보(對情報)에 관한 업무도 담당하고 있다.
(7) 제935정보부대를 통해 지형정보와 영상정보가 융합된 GEOINT의 구현과 합동작전에 소요되는 지형정보를 제공한다.
(8) 미 국방정보국(DIA) 등 미국 군 정보기관과 정보 협조체제를 유지하고 있다.

4 국방지형정보단

(1) 의의

① 국방지형정보단은 2011년 7월 1일 국방정보본부 산하 부대로 창설되었다.

② 육군본부 직할부대인 육군지형정보단의 조직과 인원을 바탕으로 해 · 공군과 해병대 전문 인력을 추가로 충원하여 운영 중이다.

③ 국방지형정보단은 군사 관련 지리공간정보의 수집 · 생산 · 지원 · 연구개발 및 전구(戰區) 작전지원 업무를 관장한다.

(2) 국방개혁 기본계획(2014~2030)

① 국군정보사령부 제3여단의 영상정보업무와 중첩되는 문제가 있었고, 제3여단의 업무를 국군지형정보단으로 이관하여 국군지리공간정보사령부로 재편성하는 계획을 국방개혁 기본계획(2014~2030)에 도입하였다.

② 2017년 6월 18일, 국방부는 조선인민군 지휘부와 유도탄 시설에 대한 타격과 2020년 초반까지 구축될 킬 체인(적의 미사일을 실시간으로 탐지하고 공격으로 잇는 일련의 공격형 방위시스템)을 위해, 국군정보사령부 예하 영상정보단과 국방지형정보단을 통합하여 국군지리공간정보사령부를 창설할 계획을 세웠다고 발표하였다.

(3) 제935정보부대로 대체

문재인 정부에 와서 2차례에 걸쳐 보류되다가 결국 정보사령부 제3여단이 지리공간 업무를 맡는 방향으로 결정되어 2018년 12월 4일, 국방지형정보단은 해단하고, 제935정보부대로 대체되었다.

(4) 지리공간정보(Geospatial Intelligence, GEOINT)

국방지형정보단의 핵심 업무 영역인 지리공간정보(Geospatial Intelligence, GEOINT)는 지형과 시설물 그리고 이와 연계된 활동을 영상과 공간정보에 바탕을 두고 시각적으로 통합해 쉽게 활용할 수 있도록 하는 업무로서 정보분야에서 2000년대 이후 가장 주목받고 있는 영역 중의 하나이다.

(5) 임무

① 국방지형정보단은 지형정보와 영상정보가 융합된 GEOINT의 구현과 합동작전에 소요되는 지형정보를 제공하는 것을 주 임무로 한다.

② 또한 국방분야 지형정보와 관련된 국내외 협력 업무와 연구개발임무를 수행해 우리 군의 통합 지리공간정보센터 역할을 수행하고 있다.

(6) 평가

① 첨단 입체디지털 지형정보 관리체계 구축

국방지형정보단의 창설은 우리 군의 지형정보체계가 단순한 군사지도 제작 수준을 넘어 첨단 입체디지털 지형정보 관리체계를 구축하는 단계로 발전하는 모습을 보여주었다는 점에서 큰 의미를 가진다.

② 육 · 해 · 공 전군 동시 지원을 통한 합동성 강화

또한 육군 위주 지원에서 육 · 해 · 공 전군 동시 지원으로 합동성을 강화하는 데 기여하고 있다는 점도 긍정적으로 평가된다.

Ⅲ 777사령부

1 의의

각종 신호정보의 수집 · 지원 및 연구에 관한 사항을 관장하는 군 정보기관이다.

2 연혁

① 1956년 1월 10일, 한국과 미국은 한미정보공유협정을 체결하고 3월 27일에 서울 종로구 삼청동에 777부대를 창설했다.

② 당시 규모는 200명의 부대원에 불과했다. 1959년 용산구 이태원으로 본부를 이전한 후 1979년 경기도 성남시로 본부를 다시 이전하여 현재에 이르고 있다.

④ 2014년 한국군은 272억원을 투자해 777사령부에 슈퍼컴퓨터를 도입했다. 이로써 북한의 미사일 탐지 능력이 더 향상됐다.

3 미국 국가안보국(NSA)의 한국 지부와의 정보 공유

미국 국가안보국(NSA)은 한국에 SUSLAK(Special U.S. Liaison Advisor-Korea)으로 알려진 거점을 마련하고 777사령부와 정보를 공유한다.

4 임무

① 백두정찰기와 지상 감청 기지를 운영하여, 신호정보(SIGINT)를 수집 · 분석하고, 암호체계를 해독하여 각급 부대를 지원한다.

② 미국 국가안보국(NSA)과 정보를 공유하고, 신호정보 수집 체계 및 분석 방법은 물론 암호체계에 관한 연구를 진행한다.

5 조직

777사령부 본부 및 예하 부대의 정확한 위치와 세부적인 편제사항, 부대 내의 시설, 병력현황 등에 대한 모든 내용은 특수 군사 II급비밀로 분류되어 있다.

Ⅳ 사이버작전사령부

1 의의

사이버작전사령부는 국방부의 직할부대로서 국방 사이버공간에서의 사이버작전 시행 및 그 지원에 관한 업무를 관장하는 군 정보기관이다.

2 연혁

(1) 사이버사령부

사이버작전사령부는 2010년 1월 국방정보본부 예하의 '사이버사령부'를 모체로 발전하였다.

(2) 국군사이버사령부

2011년 9월 국방부의 직할부대인 '국군사이버사령부'로 독립하였고, 2019년 2월 사이버작전사령부로 명칭이 변경되었다.

(3) 사이버작전사령부

사이버작전사령부는 국방부 직할부대이자 합동참모본부 통제하의 합동부대가 되었다.

3 임무

① 사이버작전의 계획 및 시행

② 사이버작전과 관련된 사이버보안 활동

③ 사이버작전에 필요한 체계 개발 및 구축

④ 사이버작전에 필요한 전문인력의 육성 및 교육훈련

⑤ 사이버작전 유관기관 사이의 정보 공유 및 협조체계 구축

⑥ 사이버작전과 관련된 위협 정보의 수집·분석 및 활용

⑦ 그 밖에 사이버작전과 관련된 사항

4 조직

① 사령부에 사령관 1명과 부사령관 1명을 두며, 사령관은 장성급(將星級) 장교로, 부사령관은 2급 군무원으로 보한다.

② 사령관은 합동참모의장의 명을 받아 사령부의 업무를 총괄하고, 예하 부대를 지휘·감독한다.

③ 부사령관은 사령관을 보좌하며, 사령관이 부득이한 사유로 직무를 수행할 수 없을 때에는 부사령관이 그 직무를 대행한다.

④ 사령부에 필요한 참모부서와 부대를 둔다.

⑤ 참모부서의 설치와 사무분장에 관한 사항은 합동참모의장이 정하고, 부대의 설치·임무 및 조직에 관한 사항은 국방부장관이 정한다.

⑥ 사령부에 군인과 군무원을 두되, 그 정원은 국방부장관이 정한다.

5 정치적 중립 의무

① 사령부 소속의 모든 군인 및 군무원은 정당이나 그 밖의 정치단체에 가입하거나 정치활동에 관여하는 행위를 해서는 안 된다.

② 사령부 소속의 모든 군인 및 군무원은 상관 또는 사령부 소속의 다른 군인 및 군무원으로부터 정치적 중립 의무에 위배되는 행위를 하도록 지시 또는 요구를 받은 경우 사령관이 정한 절차에 따라 이의를 제기할 수 있다. 이 경우 지시 또는 요구가 시정되지 않으면 그 직무의 집행을 거부할 수 있다.

6 사이버작전상 긴급조치

① 사령관은 사이버작전상 긴급한 조치가 필요한 경우에는 예하 부대가 아닌 다른 부대를 일시적으로 지휘·감독할 수 있다.

② 예하 부대가 아닌 다른 부대를 일시적으로 지휘 · 감독 경우에 사령관은 그 경위를 지체 없이 국방부장관 및 합동참모의장에게 보고하고, 해당 부대의 상급부대 지휘관에게 통보해야 한다.

관련법조항 「사이버작전사령부령」

제1조(설치)
국방 사이버공간에서의 사이버작전 시행 및 그 지원에 관한 업무를 관장하기 위하여 국방부장관 소속으로 사이버작전사령부를 둔다.

제2조(임무)
사이버작전사령부(이하 "사령부"라 한다)는 다음 각 호의 임무를 수행한다.

1. 사이버작전의 계획 및 시행
2. 사이버작전과 관련된 사이버보안 활동
3. 사이버작전에 필요한 체계 개발 및 구축
4. 사이버작전에 필요한 전문인력의 육성 및 교육훈련
5. 사이버작전 유관기관 사이의 정보 공유 및 협조체계 구축
6. 사이버작전과 관련된 위협 정보의 수집 · 분석 및 활용
7. 그 밖에 사이버작전과 관련된 사항

제3조(사령관 등의 임명)
사령부에 사령관 1명과 부사령관 1명을 두며, 사령관은 장성급(將星級) 장교로, 부사령관은 2급 군무원으로 보한다.

제4조(사령관의 직무 등)
① 사령관은 합동참모의장의 명을 받아 사령부의 업무를 총괄하고, 예하 부대를 지휘 · 감독한다.
② 부사령관은 사령관을 보좌하며, 사령관이 부득이한 사유로 직무를 수행할 수 없을 때에는 부사령관이 그 직무를 대행한다.

제5조(부서와 부대의 설치)
① 사령부에 필요한 참모부서와 부대를 둔다.
② 제1항에 따른 참모부서의 설치와 사무분장에 관한 사항은 합동참모의장이 정하고, 부대의 설치 · 임무 및 조직에 관한 사항은 국방부장관이 정한다.

제6조(정원)
사령부에 군인과 군무원을 두되, 그 정원은 국방부장관이 정한다.

제7조(정치적 중립 의무 준수)
① 사령부 소속의 모든 군인 및 군무원은 정당이나 그 밖의 정치단체에 가입하거나 정치활동에 관여하는 행위를 해서는 안 된다.
② 사령부 소속의 모든 군인 및 군무원은 상관 또는 사령부 소속의 다른 군인 및 군무원으로부터 제1항에 위배되는 행위를 하도록 지시 또는 요구를 받은 경우 사령관이 정한 절차에 따라 이의를 제기할 수 있다. 이 경우 지시 또는 요구가 시정되지 않으면 그 직무의 집행을 거부할 수 있다.

제8조(사이버작전상 긴급조치)
① 사령관은 사이버작전상 긴급한 조치가 필요한 경우에는 예하 부대가 아닌 다른 부대를 일시적으로 지휘 · 감독할 수 있다.
② 제1항의 경우에 사령관은 그 경위를 지체 없이 국방부장관 및 합동참모의장에게 보고하고, 해당 부대의 상급부대 지휘관에게 통보해야 한다.

V 국군방첩사령부

1 의의

국군방첩사령부는 국방부의 직할부대로서 대한민국 국군 내 군사보안 및 방첩, 범죄수사를 담당하는 군 정보기관이다.

2 연혁

(1) 조선경비대 정보처 특별조사과

국군방첩사령부는 1948년 5월 조선경비대 정보처 내에 설치된 '특별조사과'를 모체로 하여 발전되었다.

(2) 육군본부 정보국 특무대

특별조사과는 1948년 11월 '특별조사대'로 개칭되었으며, 1949년 10월 육군본부 정보국 특무대로 개편되면서 간첩 및 부정부패자 색출 업무를 담당했다.

(3) 육군 특무부대

한국전쟁 발발 이후 대공전담 부서의 확대 필요성이 제기됨에 따라 1950년 10월 21일 육군본부 직할부대로서 육군 특무부대로 개편되었다.

(4) 해군 방첩대와 공군 특별수사대 창설

그리고 1953년에 해군 방첩대, 1954년에 공군 특별수사대가 창설됨으로써 육 · 해 · 공 3군이 각각 방첩부대를 보유하게 되었다.

(5) 육군 보안사령부와 해 · 공군 보안부대

1968년 1.21 사태를 계기로 육군 방첩부대에서 육군 보안사령부로, 해 · 공군 방첩부대가 해 · 공군 보안부대로 개칭되었다.

(6) 국군보안사령부

1977년 10월 주한미군 철수 문제 등 국내외 안보환경의 불확실성이 증가하고 각 군 간 유기적 협력체제 강화 필요성에 따라 육 · 해 · 공 3군의 보안부대를 통합하여 국군보안사령부로 출범, 대공활동과 군내 비리척결임무를 수행했다.

(7) 기무사령부

그리고 1990년 윤석양 이병이 민간인 불법사찰을 폭로하는 사건을 계기로 부대명칭을 '기무사령부'로 개칭하는 한편 부대규모를 축소하고 군내 방첩 업무에만 주력하게 되었다.

(8) 안보지원사령부

① 2018년 8월 국군기무사령부 계엄령 준비 사건 및 세월호 사건 민간인 사찰과 관련하여, 국군기무사령부의 폐지가 결정되었고, 이를 대체하기 위한 새 조직의 설립이 2018년 8월 6일 관보를 통해 공고되었다.

② 기존의 국군기무사령부(기무사)가 해편되면서 2018년 9월 1일 공식 출범한 군 보안·방첩 전문기관이다.

③ 과거 국군보안사령부(보안사)에서 기무사로 전환 당시에는 부대령을 개정하는 형태였기 때문에 부대 역사가 이어졌지만, 군사안보지원사령부(안보지원사)의 경우 기존 부대령을 폐기하고 새롭게 만들었기 때문에 부대 역사는 새롭게 시작된다.

④ 안보지원사는 장성 수(9명 → 6명), 인력(4200여 명 → 2900여 명), 예하부대(50여 개 → 30여 개) 등 기존 기무사보다 규모를 축소했다. 이를 위해 사단급 지원 부대 및 광역 시·도 11곳에 설치된 '60단위' 지역부대를 해체했으며, 연대급 부대에 있던 '기무반'도 모두 폐지했다. 여기에 방첩·보안 업무 강화를 위해 보안처와 방첩처 등 2처는 각각 3개 실에서 4개 실로 확대한 반면 정치 개입 논란 부서인 융합정보실과 예비역지원과는 폐지했다.

3 권한

(1) 의의

① 국군방첩사령부는 창설 당시부터 지금까지 한국군 내부에서 막강한 영향력을 가졌으며, 1960~1980년대로 이어지는 군사정권 시기에는 군 외부에 대한 영향력도 상당했다.

② 이는 본래 군 내부 및 군 관련 사항에 엄격히 제한하여 적용되어야 할 수사권을 포괄적으로 적용한 결과였다.

(2) 군사정권 시절

① 군사정권 시절 보안사령관은 정기적으로 대통령과 독대, 직접 보고를 하였던 것으로 알려졌다.

② 더욱이 1979년 10.26 사건 직후 전두환 보안사령관이 중앙정보부장 서리까지 겸임하면서 보안사는 국내의 모든 정보를 통제하게 되었다.

③ 1980년대 이후 보안사는 야당 정치인사, 재야인사, 학생운동, 노동운동 등에 대한 민간인 사찰을 계속해 왔던 것으로 알려졌다.

4 조직

(1) 의의

① 국군방첩사령부는 국방부장관 소속이지만 대적(對敵) 군사정보와 보안 업무에 관해서는 국방정보본부의 조정을 받는다.

② 국군방첩사령부의 조직과 인원에 관한 사항은 극비로 간주되고 있어 일반에게 잘 알려지지 않았다.

(2) 국군방첩사령부의 조직

① 「국군방첩사령부령」 제6조에 따라 사령부의 업무를 총괄하고 소속 부대 및 기관을 지휘·감독하는 사령관(장성급) 1명, 사령관을 보좌하고 참모 업무를 조정·통제하며 유사시에 사령관의 직무를 대행하는 참모장(장성급) 1명, 감찰실장(2급 이상 군무원, 검사 또는 고위 감사공무원) 1명을 둔다. 감찰실장은 사령부 소속 군인 등에 대하여 감사·검열 및 직무감찰, 비위 사항의 조사·처리, 민원 및 진정 사건의 처리 등의 업무를 수행한다.

② 사령관 소속의 부대 및 기관으로는 국방부 본부 및 국방부 직할부대·기관의 군사안보지원부대, 합동참모본부 및 각 군 본부의 군사안보지원부대, 국방부 장관이 정하는 부대의 군사안보지원부대, 정보보호부대, 군사안보지원학교, 방위사업청의 군사안보지원부대, 국방보안연구소 등이 있다.

(3) 국군방첩사령부 요원

① 국군방첩사령부 요원들은 엄격한 테스트를 거쳐 선발된다. 장교의 경우 임관 후 4~6년차 장기복무자들 중에서 교육성적과 근무성적이 우수한 이들에게 응시자격이 주어지며 필기 및 면접시험 등 엄격한 과정을 거쳐 선발된다.

② 병사들은 육군훈련소에서 전산 추첨과 철저한 신원조사를 거쳐 선발되며, 국군방첩사령부 부대에서 행정병과 특기병으로 근무하게 된다.

5 임무

(1) 의의

국군방첩사령부는 크게 군사보안 지원, 군 방첩, 군 및 군 관련 첩보수집 처리, 특정범죄 수사 등 네 가지 업무를 수행한다.

(2) 군사보안

① 군사보안에 관련하여 국군방첩사령부는 군을 대상으로 군사기밀에 대한 보안지원 업무를 수행함으로써 군사기밀을 보호하고 보안사고 예방 대책을 마련하는 데 주력하고 있다.

② 또한 「정보통신기반보호법」 제8조 제1항 및 동법 시행령 제12조 제1항에 의거 군 주요 정보통신기반시설에 대한 보호대책, 침해사고 예방 및 복구 등의 기술지원 업무도 수행하고 있다.

관련법조항 **「정보통신기반 보호법」과 「정보통신기반 보호법 시행령」 관련 조문**

「정보통신기반 보호법」

제8조(주요정보통신기반시설의 지정 등)

① 중앙행정기관의 장은 소관분야의 정보통신기반시설중 다음 각호의 사항을 고려하여 전자적 침해행위로부터의 보호가 필요하다고 인정되는 정보통신기반시설을 주요정보통신기반시설로 지정할 수 있다.

1. 해당 정보통신기반시설을 관리하는 기관이 수행하는 업무의 국가사회적 중요성
2. 제1호에 따른 기관이 수행하는 업무의 정보통신기반시설에 대한 의존도
3. 다른 정보통신기반시설과의 상호연계성
4. 침해사고가 발생할 경우 국가안전보장과 경제사회에 미치는 피해규모 및 범위
5. 침해사고의 발생가능성 또는 그 복구의 용이성

「정보통신기반 보호법 시행령」

제12조(주요정보통신기반시설 보호지원기관의 범위)

법 제7조 제1항 각 호 외의 부분에서 "대통령령이 정하는 전문기관"이란 다음 각 호의 기관을 말한다.

1. 정보통신망 이용촉진 및 정보보호 등에 관한 법률 제52조에 따라 설립된 한국인터넷진흥원
2. 법 제9조 제3항 제2호에 따른 정보공유 · 분석센터
3. 「정보보호산업의 진흥에 관한 법률」 제23조 제1항 제1호 및 제2호에 따라 지정된 정보보호 전문서비스 기업
4. 과학기술분야 정부출연연구기관 등의 설립 · 운영 및 육성에 관한 법률 제8조에 따라 설립된 한국전자통신연구원의 국가보안기술 연구 · 개발을 전담하는 부설연구소

(3) 군 방첩

군 방첩에 관해서 국군방첩사령부는 안보위해 사범 검거, 대간첩 작전, 대테러 작전, 심리전 지원 등을 통해 외부의 각종 위협으로부터 대응하는 임무를 수행한다.

(4) 군 및 군 관련 첩보수집 처리

또한 군 및 군 관련 첩보수집을 통해 군 전투력 저해요인을 조기에 파악하여 조치함으로써 군이 최상의 전투력을 유지할 수 있도록 지원하는 업무도 담당하고 있다.

(5) 특정 범죄 수사

국군방첩사령부가 수행하는 특정범죄 수사의 범위는 군인 및 군무원에 대해서는 「형법」상 내란 · 외환의 죄, 「군형법」상 반란 · 이적의 죄, 「군형법」상 군사기밀누설죄 및 암호부정사용죄, 「국가보안법」 위반죄, 군사기밀보호법위반죄 등을 대상으로 하고, 민간인에 대해서는 대적(對敵) 군사기밀누설죄, 군사지역 내 간첩죄, 「군사기밀보호법」 위반죄 등에 대한 수사를 관장하고 있다.

 생각넓히기 | 군사상의 기밀과 군사기밀

1. 군사상의 기밀

대법원은 군사상의 기밀에 대해서 다음과 같이 판시하고 있다. "군사상의 기밀은 반드시 법령에 의하여 기밀사항으로 규정되었거나 기밀로 분류 명시된 사항에 한하지 아니하고, 군사상의 필요에 따라 기밀로 된 사항은 물론이고 객관적 · 일반적으로 보아 외부에 알려지지 아니하는 것에 상당한 이익이 있는 사항도 포함하며, 외부로 알려지지 아니하는 것에 상당한 이익이 있는지 여부는 자료의 작성 경위 및 과정, 누설된 자료의 구체적인 내용, 자료가 외부에 알려질 경우 군사목적상 위해한 결과를 초래할 가능성, 자료가 실무적으로 활용되고 있는 현황, 자료가 외부에 공개된 정도, 국민의 알권리와의 관계 등을 종합적으로 고려하여 판단하여야 한다(92도 230)."

2. 군사기밀

(1) 정의

「군사기밀보호법」 제2조 제1호는 '군사기밀이란 일반인에게 알려지지 아니한 것으로서 그 내용이 누설되면 국가안전보장에 명백한 위험을 초래할 우려가 있는 군(軍) 관련 문서, 도화(圖畵), 전자기록 등 특수매체기록 또는 물건으로서 군사기밀이라는 뜻이 표시 또는 고지되거나 보호에 필요한 조치가 이루어진 것과 그 내용을 말한다.'고 규정하고 있다.

(2) 구분

「군사기밀보호법」 제3조 제1항은 '군사기밀은 그 내용이 누설되는 경우 국가안전보장에 미치는 영향의 정도에 따라 Ⅰ급비밀, Ⅱ급비밀, Ⅲ급비밀로 등급을 구분한다.'고 규정하고 있다.

관련법조항 「국군방첩사령부령」

제1조(목적)

이 영은 「국군조직법」 제2조제3항에 따라 군사보안, 군 방첩(防諜) 및 군에 관한 정보의 수집 · 처리 등에 관한 업무를 수행하기 위하여 국군방첩사령부를 설치하고, 그 조직 · 운영 및 직무 범위에 관한 사항을 규정함을 목적으로 한다.

제2조(설치)

국군방첩사령부(이하 "사령부"라 한다)는 국방부장관 소속으로 설치한다.

제3조(기본원칙)

① 사령부 소속의 모든 군인 및 군무원 등(이하 "군인등"이라 한다)은 직무를 수행할 때 국민 전체에 대한 봉사자로서 관련 법령 및 정치적 중립을 지켜야 한다.

② 사령부 소속의 모든 군인등은 직무를 수행할 때 다음 각 호의 행위를 해서는 아니 된다.

1. 정당 또는 정치단체에 가입하거나 정치활동에 관여하는 모든 행위
2. 이 영에서 정하는 직무 범위를 벗어나서 하는 민간인에 대한 정보 수집 및 수사, 기관 출입 등의 모든 행위
3. 군인등에 대하여 직무 수행을 이유로 권한을 오용 · 남용하는 모든 행위
4. 이 영에 따른 권한을 부당하게 확대 해석 · 적용하거나 헌법상 보장된 국민(군인 및 군무원을 포함한다)의 기본적 인권을 부당하게 침해하는 모든 행위

제4조(직무)

① 사령부는 다음 각 호의 직무를 수행한다.

1. 다음 각 목에 따른 군 보안 업무
   가. 「보안업무규정」 제45조제1항에 따라 국방부장관에게 위탁되는 군사보안에 관련된 인원의 신원조사
   나. 「보안업무규정」 제45조제2항 단서에 따라 국방부장관에게 위탁되는 군사보안대상의 보안측정 및 보안사고 조사
   다. 군 보안대책 및 군 관련 보안대책의 수립 · 개선 지원
   라. 그 밖에 국방부장관이 정하는 군인 · 군무원, 시설, 문서 및 정보통신 등에 대한 보안 업무
2. 다음 각 목에 따른 군 방첩 업무
   가. 「방첩업무 규정」 중 군 관련 방첩업무
   나. 군 및 「방위사업법」에 따른 방위산업체 등을 대상으로 한 외국 · 북한의 정보활동 대응 및 군사기밀 유출 방지
   다. 군 방첩대책 및 군 관련 방첩대책의 수립 · 개선 지원
3. 다음 각 목에 따른 군 관련 정보의 수집 · 작성 및 처리 업무
   가. 국내외의 군사 및 방위산업에 관한 정보
   나. 대(對)국가전복, 대테러 및 대간첩 작전에 관한 정보
   다. 다음에 해당되는 기관 및 단체에 관한 정보
      1) 「정부조직법」 제33조에 따른 국방부 · 방위사업청 · 병무청
      2) 「국군조직법」 제2조에 따른 각군 · 합동참모본부 · 합동부대 · 기관
      3) 「국방과학연구소법」에 따른 국방과학연구소, 「한국국방연구원법」에 따른 한국국방연구원 및 「방위사업법」에 따른 국방기술품질원 · 방위산업체 · 전문연구기관
      4) 그 밖에 국방부장관의 조정 · 감독을 받는 기관 및 단체
   라. 다음에 해당되는 사람에 관한 군 관련 불법 · 비리 정보
      1) 군인 및 군무원
      2) 「군인사법」에 따른 장교 · 준사관 · 부사관 임용예정자
      3) 「군무원인사법」에 따른 군무원 임용예정자
      4) 그 밖에 다목에 따른 기관 및 단체(「방위사업법」에 따른 방위산업체 · 전문연구기관 및 「민법」 제32조에 따라 설립된 비영리법인은 제외한다)에서 방위사업 분야에 종사하는 사람
   마. 「공공기관의 정보공개에 관한 법률」 제2조제3호에 따른 공공기관의 장이 법령에 근거하여 요청한 사실의 확인을 위한 군 관련 정보(다목에 따른 기관 및 단체에서 복무 중이거나 복무할 당시의 사람에 관한 정보로 한정한다)
4. 「군사법원법」 제44조제2호에 따른 범죄의 수사에 관한 사항
5. 다음 각 목에 따른 지원 업무
   가. 사이버 방호태세 및 정보전(情報戰) 지원
   나. 「정보통신기반 보호법」 제8조에 따라 지정된 주요정보통신 기반시설 중 국방 분야 주요정보통신기반시설의 보호 지원
   다. 방위사업청에 대한 방위사업 관련 군사보안 업무 지원
   라. 군사보안에 관한 연구 · 지원
   마. 대테러 · 대간첩 작전 지원

② 제1항제5호다목에 따른 방위사업 관련 군사보안 업무 지원의 범위 및 절차는 국방부장관이 국가정보원장 또는 방위사업청장과 협의하여 정한다.

③ 제1항제5호라목에 따른 군사보안에 관한 연구 · 지원의 범위는 국방부장관이 국가정보원장과 협의하여 정한다.

제5조(직무 수행 시 이의제기 등)

사령부 소속의 모든 군인등은 상관 또는 사령부 소속의 다른 군인등으로부터 제3조제2항 각 호에 해당하는 행위를 하도록 지시 또는 요구를 받은 경우 국방부장관이 정하는 절차에 따라 이의를 제기할 수 있다. 이 경우 지시 또는 요구가 시정되지 아니하면 그 직무의 집행을 거부할 수 있다.

제5조의2(자료의 제출 요청)

사령관(제6조제2항제1호부터 제4호까지 및 제6호에 따른 소속 부대장을 포함한다)은 제4조의 직무 범위 내에서 직무 수행에 필요한 자료의 제출을 같은 조 제1항제3호다목에 따른 기관 및 단체에 요청할 수 있다.

제6조(조직)

① 사령부에 사령관 1명, 참모장 1명 및 감찰실장 1명을 둔다.

② 사령부에 사령관의 업무를 보좌하기 위하여 참모부서를 두고, 사령관 소속으로 다음 각 호의 부대 및 기관을 둔다.

1. 국방부 본부 및 국방부 직할부대 · 기관의 국군방첩부대
2. 합동참모본부 및 각 군 본부의 국군방첩부대
3. 국방부장관이 정하는 부대의 국군방첩부대. 다만, 지방 행정조직 단위로 별도의 국군방첩부대를 둘 수 없다.
4. 정보보호부대
5. 국군방첩학교
6. 방위사업청의 국군방첩부대
7. 국방보안연구소

③ 제2항에 따른 참모부서, 소속 부대 및 기관의 조직과 업무 분장에 관한 사항은 국방부장관이 정한다.

제7조(사령관 등의 임명)

① 사령관 및 참모장은 장성급(將星級) 장교로 보(補)한다.

② 감찰실장은 2급 이상 군무원, 검사 또는 고위감사공무원으로 보한다.

③ 국방부장관은 감찰실의 업무를 수행하게 하기 위하여 법무부장관 또는 감사원장에게 공무원의 파견을 요청할 수 있다.

제8조(사령관 등의 임무)

① 사령관은 국방부장관의 명을 받아 사령부의 업무를 총괄하고, 소속 부대 및 기관을 지휘 · 감독한다.

② 참모장은 사령관을 보좌하고, 참모 업무를 조정 · 통제하며, 사령관이 부득이한 사유로 직무를 수행할 수 없을 때에는 그 직무를 대행한다.

③ 감찰실장은 사령부 소속 군인등에 대한 다음 각 호의 업무를 분장한다.

1. 감사 · 검열 및 직무감찰
2. 비위사항의 조사 · 처리
3. 민원 및 진정사건의 처리

④ 사령부 소속 부대장 및 기관장은 사령관의 명을 받아 소관 업무를 처리하며, 소속 부대원 및 기관원을 지휘 · 감독한다.

제9조(정원)

사령부에 두는 군인과 군무원의 정원은 국방부장관이 정한다.

제10조(무기 휴대 및 사용)
① 사령관은 소속 부대원 및 기관원에게 직무 수행을 할 때 필요한 무기를 휴대하게 할 수 있다.
② 제1항에 따라 무기를 휴대하는 사람의 무기 사용에 대해서는 「군사경찰의 직무수행에 관한 법률」의 무기 사용 관련 규정을 따른다.

제11조(위장 명칭의 사용 금지)
제6조에 따른 사령부 소속 부대 및 기관은 위장 명칭을 사용할 수 없다.

관련법조항 「군사법원법」

제43조(군사법경찰관)
다음 각 호의 어느 하나에 해당하는 사람은 군사법경찰관으로서 범죄를 수사한다.
1. 「군인사법」 제5조제2항에 따른 기본병과 중 수사 및 교정업무 등을 주로 담당하는 병과(이하 "군사경찰과"라 한다)의 장교, 준사관 및 부사관과 법령에 따라 범죄수사업무를 관장하는 부대에 소속된 군무원 중 국방부장관 또는 각 군 참모총장이 군사법경찰관으로 임명하는 사람
2. 「국군조직법」 제2조제3항에 따라 설치된 부대 중 군사보안 업무 등을 수행하는 부대로서 국군조직 관련 법령으로 정하는 부대(이하 "군사안보지원부대"라 한다)에 소속된 장교, 준사관 및 부사관과 군무원 중 국방부장관이 군사법경찰관으로 임명하는 사람
4. 검찰수사관

제44조(군사법경찰관의 직무범위)
군사법경찰관은 군사법원 관할사건을 다음 각 호의 구분에 따라 수사한다.
1. 제43조제1호에 규정된 사람: 제2호 및 제3호에 규정하는 죄 외의 죄
2. 제43조제2호에 규정된 사람: 「형법」 제2편제1장 및 제2장의 죄, 「군형법」 제2편제1장 및 제2장의 죄, 「군형법」 제80조 및 제81조의 죄와 「국가보안법」, 「군사기밀보호법」, 「남북교류협력에 관한 법률」 및 「집회 및 시위에 관한 법률」(「국가보안법」에 규정된 죄를 범한 사람이 「집회 및 시위에 관한 법률」에 규정된 죄를 범한 경우만 해당된다)에 규정된 죄

관련법조항 「군형법」

제5조(반란)
작당(作黨)하여 병기를 휴대하고 반란을 일으킨 사람은 다음 각 호의 구분에 따라 처벌한다.
1. 수괴(首魁): 사형
2. 반란 모의에 참여하거나 반란을 지휘하거나 그 밖에 반란에서 중요한 임무에 종사한 사람과 반란 시 살상, 파괴 또는 약탈 행위를 한 사람: 사형, 무기 또는 7년 이상의 징역이나 금고
3. 반란에 부화뇌동(附和雷同)하거나 단순히 폭동에만 관여한 사람: 7년 이하의 징역이나 금고

제6조(반란 목적의 군용물 탈취)
반란을 목적으로 작당하여 병기, 탄약 또는 그 밖에 군용에 공(供)하는 물건을 탈취한 사람은 제5조의 예에 따라 처벌한다.

제7조(미수범)
제5조와 제6조의 미수범은 처벌한다.

제8조(예비, 음모, 선동, 선전)

① 제5조 또는 제6조의 죄를 범할 목적으로 예비 또는 음모를 한 사람은 5년 이상의 유기징역이나 유기금고에 처한다. 다만, 그 목적한 죄의 실행에 이르기 전에 자수한 경우에는 그 형을 감경하거나 면제한다.

② 제5조 또는 제6조의 죄를 범할 것을 선동하거나 선전한 사람도 제1항의 형에 처한다.

제9조(반란 불보고)

① 반란을 알고도 이를 상관 또는 그 밖의 관계관에게 지체 없이 보고하지 아니한 사람은 2년 이하의 징역이나 금고에 처한다.

② 제1항의 경우에 적을 이롭게 할 목적으로 보고하지 아니한 사람은 7년 이하의 징역이나 금고에 처한다.

제10조(동맹국에 대한 행위)

이 장의 규정은 대한민국의 동맹국에 대한 행위에도 적용한다.

제11조(군대 및 군용시설 제공)

① 군대 요새(要塞), 진영(陣營) 또는 군용에 공하는 함선이나 항공기 또는 그 밖의 장소, 설비 또는 건조물을 적에게 제공한 사람은 사형에 처한다.

② 병기, 탄약 또는 그 밖에 군용에 공하는 물건을 적에게 제공한 사람도 제1항의 형에 처한다.

제12조(군용시설 등 파괴)

적을 위하여 제11조에 규정된 군용시설 또는 그 밖의 물건을 파괴하거나 사용할 수 없게 한 사람은 사형에 처한다.

제13조(간첩)

① 적을 위하여 간첩행위를 한 사람은 사형에 처하고, 적의 간첩을 방조한 사람은 사형 또는 무기징역에 처한다.

② 군사상 기밀을 적에게 누설한 사람도 제1항의 형에 처한다.

③ 다음 각 호의 어느 하나에 해당하는 지역 또는 기관에서 제1항 및 제2항의 죄를 범한 사람도 제1항의 형에 처한다.

1. 부대 · 기지 · 군항(軍港)지역 또는 그 밖에 군사시설 보호를 위한 법령에 따라 고시되거나 공고된 지역
2. 부대이동지역 · 부대훈련지역 · 대간첩작전지역 또는 그 밖에 군이 특수작전을 수행하는 지역
3. 「방위사업법」에 따라 지정되거나 위촉된 방위산업체와 연구기관

제14조(일반이적)

제11조부터 제13조까지의 행위 외에 다음 각 호의 어느 하나에 해당하는 행위를 한 사람은 사형, 무기 또는 5년 이상의 징역에 처한다.

1. 적을 위하여 진로를 인도하거나 지리를 알려준 사람
2. 적에게 항복하게 하기 위하여 지휘관에게 이를 강요한 사람
3. 적을 숨기거나 비호(庇護)한 사람
4. 적을 위하여 통로, 교량, 등대, 표지 또는 그 밖의 교통시설을 손괴하거나 불통하게 하거나 그 밖의 방법으로 부대 또는 군용에 공하는 함선, 항공기 또는 차량의 왕래를 방해한 사람
5. 적을 위하여 암호 또는 신호를 사용하거나 명령, 통보 또는 보고의 내용을 고쳐서 전달하거나 전달을 게을리하거나 거짓 명령, 통보나 보고를 한 사람
6. 적을 위하여 부대, 함대(艦隊), 편대(編隊) 또는 대원을 해산시키거나 혼란을 일으키게 하거나 그 연락이나 집합을 방해한 사람
7. 군용에 공하지 아니하는 병기, 탄약 또는 전투용에 공할 수 있는 물건을 적에게 제공한 사람
8. 그 밖에 대한민국의 군사상 이익을 해하거나 적에게 군사상 이익을 제공한 사람

제15조(미수범)
제11조부터 제14조까지의 미수범은 처벌한다.

제16조(예비, 음모, 선동, 선전)
① 제11조부터 제14조까지의 죄를 범할 목적으로 예비 또는 음모를 한 사람은 3년 이상의 유기징역에 처한다. 다만, 그 목적한 죄의 실행에 이르기 전에 자수한 경우에는 그 형을 감경하거나 면제한다.
② 제11조부터 제14조까지의 죄를 범할 것을 선동하거나 선전한 사람도 제1항의 형에 처한다.

제17조(동맹국에 대한 행위)
이 장의 규정은 대한민국의 동맹국에 대한 행위에도 적용한다.

제80조(군사기밀 누설)
① 군사상 기밀을 누설한 사람은 10년 이하의 징역이나 금고에 처한다.
② 업무상 과실 또는 중대한 과실로 인하여 제1항의 죄를 범한 경우에는 3년 이하의 징역이나 금고 또는 700만원 이하의 벌금에 처한다.

제81조(암호 부정사용)
다음 각 호의 어느 하나에 해당하는 사람은 2년 이상의 유기징역이나 유기금고에 처한다.
1. 암호를 허가 없이 발신한 사람
2. 암호를 수신(受信)할 자격이 없는 사람에게 수신하게 한 사람
3. 자기가 수신한 암호를 전달하지 아니하거나 거짓으로 전달한 사람

관련법조항 「군사기밀보호법」

제1조(목적)
이 법은 군사기밀을 보호하여 국가안전보장에 이바지함을 목적으로 한다.

제2조(정의)
이 법에서 사용하는 용어의 뜻은 다음과 같다.
1. "군사기밀"이란 일반인에게 알려지지 아니한 것으로서 그 내용이 누설되면 국가안전보장에 명백한 위험을 초래할 우려가 있는 군(軍) 관련 문서, 도화(圖畵), 전자기록 등 특수매체기록 또는 물건으로서 군사기밀이라는 뜻이 표시 또는 고지되거나 보호에 필요한 조치가 이루어진 것과 그 내용을 말한다.
2. "군사기밀의 공개"란 군사기밀 내용을 적법한 절차에 따라 공개할 것을 결정하여 비밀 취급이 인가되지 아니한 일반인에게 성명(聲明) · 언론 · 집회 등을 통하여 공표하는 것을 말한다.
3. "군사기밀의 제공 또는 설명"이란 제8조에 따라 군사기밀의 제공 또는 설명의 요구를 받았을 때에 그 요청자 등에게 적법한 절차에 따라 군사기밀을 인도(전자적 수단에 의한 송부를 포함한다) 또는 열람하게 하거나 군사기밀의 내용을 말로 전달하는 것을 말한다.

제3조(군사기밀의 구분)
① 군사기밀은 그 내용이 누설되는 경우 국가안전보장에 미치는 영향의 정도에 따라 Ⅰ급비밀, Ⅱ급비밀, Ⅲ급비밀로 등급을 구분한다.
② 제1항에 따른 군사기밀의 등급 구분에 관한 세부 기준은 대통령령으로 정한다.

제4조(군사기밀의 지정 원칙 및 지정권자)
① 군사기밀은 그 내용과 가치의 정도에 따라 적절히 보호할 수 있는 최저등급으로 지정하여야 한다.
② 군사기밀의 등급별 지정권자는 대통령령으로 정한다.

제5조(군사기밀의 보호조치 등)

① 군사기밀을 취급하는 자는 제4조에 따라 지정된 군사기밀에 대하여 군사기밀이라는 뜻을 표시하거나 고지하여야 한다. 다만, 군사기밀의 표시 또는 고지가 불가능하거나 부적당한 것은 그 군사기밀에 대한 접근을 방지하거나 그 군사기밀이 있는 곳을 은폐하는 등 군사기밀의 보호에 필요한 조치를 하여야 한다.

② 군사기밀을 관리하거나 취급하는 부대 또는 기관의 장은 군사기밀의 보호를 위하여 군사보호구역을 설정할 수 있다.

③ 군사기밀의 관리 · 취급 · 표시 · 고지, 그 밖에 군사기밀의 보호조치와 군사보호구역의 설정 등에 필요한 사항은 대통령령으로 정한다.

제6조(군사기밀의 해제)

군사기밀을 지정한 자는 군사기밀로 지정된 사항이 군사기밀로서 계속 보호할 필요가 없어졌을 때에는 지체 없이 그 지정을 해제하여야 한다.

제7조(군사기밀의 공개)

국방부장관 또는 방위사업청장은 다음 각 호의 어느 하나에 해당하는 사유가 있을 때에는 대통령령으로 정하는 바에 따라 군사기밀을 공개할 수 있다.

1. 국민에게 알릴 필요가 있을 때
2. 공개함으로써 국가안전보장에 현저한 이익이 있다고 판단될 때

제8조(군사기밀의 제공 및 설명)

국방부장관 또는 방위사업청장은 다음 각 호의 어느 하나에 해당하는 사유가 있을 때에는 대통령령으로 정하는 바에 따라 군사기밀을 제공하거나 설명할 수 있다.

1. 법률에 따라 군사기밀의 제출 또는 설명을 요구받았을 때
2. 군사외교상 필요할 때
3. 군사에 관한 조약이나 그 밖의 국제협정에 따라 외국 또는 국제기구의 요청을 받았을 때
4. 기술개발, 학문연구 등을 목적으로 연구기관 등이 요청할 때

제9조(공개 요청)

① 모든 국민은 군사기밀의 공개를 국방부장관 또는 방위사업청장에게 문서로써 요청할 수 있다.

② 제1항의 공개 요청에 따른 군사기밀의 공개에 관하여는 제7조를 준용한다.

③ 제1항에 따른 군사기밀의 공개 요청 및 처리의 절차 등에 관하여 필요한 사항은 대통령령으로 정한다.

제10조(군사기밀 보호조치의 불이행 등)

① 군사기밀을 취급하는 사람이 정당한 사유 없이 제5조 제1항에 따른 표시, 고지나 그 밖에 군사기밀 보호에 필요한 조치를 하지 아니한 경우에는 2년 이하의 징역에 처한다.

② 군사기밀을 취급하는 사람이 정당한 사유 없이 군사기밀을 손괴 · 은닉하거나 그 밖의 방법으로 그 효용을 해친 경우에는 1년 이상의 유기징역에 처한다.

제11조(탐지 · 수집)

군사기밀을 적법한 절차에 의하지 아니한 방법으로 탐지하거나 수집한 사람은 10년 이하의 징역에 처한다.

제11조의2(비인가자의 군사기밀 점유)

업무상 군사기밀을 취급하였던 사람이 그 취급 인가가 해제된 이후에도 군사기밀을 점유하고 있는 경우에는 2년 이하의 징역 또는 2천만원 이하의 벌금에 처한다.

제12조(누설)

① 군사기밀을 탐지하거나 수집한 사람이 이를 타인에게 누설한 경우에는 1년 이상의 유기징역에 처한다.

② 우연히 군사기밀을 알게 되거나 점유한 사람이 군사기밀임을 알면서도 이를 타인에게 누설한 경우에는 5년 이하의 징역 또는 5천만원 이하의 벌금에 처한다.

제13조(업무상 군사기밀 누설)

① 업무상 군사기밀을 취급하는 사람 또는 취급하였던 사람이 그 업무상 알게 되거나 점유한 군사기밀을 타인에게 누설한 경우에는 3년 이상의 유기징역에 처한다.

② 제1항에 따른 사람 외의 사람이 업무상 알게 되거나 점유한 군사기밀을 타인에게 누설한 경우에는 7년 이하의 징역에 처한다.

제13조의2(군사기밀 불법 거래에 관한 가중처벌)

① 제11조부터 제13조까지에 따른 죄를 범한 자가 금품이나 이익을 수수, 요구, 약속 또는 공여한 경우 그 죄에 해당하는 형의 2분의 1까지 가중처벌한다.

제14조(과실로 인한 군사기밀 누설)

과실로 제13조 제1항의 죄를 범한 사람은 2년 이하의 징역 또는 2천만원 이하의 벌금에 처한다.

제15조(외국 또는 외국인을 위한 죄에 관한 가중처벌)

외국 또는 외국인(외국단체를 포함한다)을 위하여 제11조부터 제13조까지에 규정된 죄를 범한 경우에는 그 죄에 해당하는 형의 2분의 1까지 가중처벌한다.

제16조(신고 · 제출 · 삭제의 불이행)

① 군사기밀을 보관하는 사람이 이를 분실하거나 도난당한 경우에 지체 없이 그 사실을 소속 기관 또는 감독 기관의 장에게 신고하지 아니한 경우에는 3년 이하의 징역 또는 3천만원 이하의 벌금에 처한다.

② 군사기밀을 습득하거나 타인으로부터 제공받아 점유한 사람이 수사기관이나 군부대로부터 제출요구를 받고 즉시 이를 제출하지 아니한 경우 2년 이하의 징역 또는 2천만원 이하의 벌금에 처한다.

③ 압수의 목적물인 군사기밀이 「형사소송법」 제106조 제3항 또는 같은 법 제219조에 따라 출력이나 복제의 방법으로 제출된 경우 그 점유자가 검사(군검찰관을 포함한다) 또는 그 지휘를 받은 사법경찰관(군사법경찰관을 포함한다)으로부터 컴퓨터용디스크, 그 밖에 이와 비슷한 정보저장매체에 남아 있는 군사기밀의 삭제 요구를 받고 즉시 이를 삭제하지 아니한 때에는 2년 이하의 징역 또는 2천만원 이하의 벌금에 처한다.

제17조(군사보호구역 침입 등)

① 군사보호구역을 침입한 사람은 2년 이하의 징역 또는 2천만원 이하의 벌금에 처한다.

② 군사보호구역을 침입하여 군사기밀을 훔친 사람 또는 군사기밀을 손괴 · 은닉하거나 그 밖의 방법으로 그 효용을 해친 사람은 1년 이상의 유기징역에 처한다.

제18조(미수범)

제11조부터 제13조까지, 제15조 및 제17조의 미수범은 처벌한다.

제19조(자수 감면)

이 법에 규정된 죄를 범한 사람이 자수하였을 때에는 그 형을 감경하거나 면제한다.

제20조(자격정지)

이 법에 규정된 죄에 관하여 징역형을 선고할 때에는 그 형의 장기 이하의 자격정지를 병과(倂科)할 수 있다.

제20조의2(몰수 및 추징 등)

① 이 법에 따른 죄를 범한 자 또는 그 정을 아는 제3자가 받은 해당 재산이나 이익은 몰수한다. 다만, 몰수가 불가능한 때에는 그 가액을 추징한다.

② 검사 또는 군검찰관은 이 법에 따른 죄를 범한 자에 대하여 소추를 하지 아니할 때에는 압수물 중 군사기밀에 해당하는 부분의 삭제나 폐기 또는 국고귀속을 명할 수 있다.

제21조(국제연합군 및 외국에서 제공받은 기밀 등에 대한 적용)
이 법은 우리나라에 주둔하고 있는 국제연합군의 기밀, 국군과 연합작전을 수행하고 있는 외국군의 기밀 및 군사에 관한 조약이나 그 밖의 국제협정 등에 따라 외국으로부터 제공받은 기밀로서 군사기밀에 해당하는 것에 대하여도 적용한다.

제22조(검사의 수사 지휘 등)
① 「군사법원법」 제43조 제2호 및 제46조 제2호에 따른 군사법경찰관리는 이 법에 규정된 범죄에 관하여 「사법경찰관리의 직무를 수행할 자와 그 직무범위에 관한 법률」에서 정하는 바에 따라 사법경찰관리의 직무를 수행한다.
② 제1항에 따라 사법경찰관리의 직무를 수행하는 사람은 「군형법」의 적용을 받지 아니하는 피의자(이하 "피의자"라 한다)의 범죄를 수사할 때에는 미리 검사의 지휘를 받아야 하며, 검사가 직무상 내린 명령에 복종하여야 한다. 다만, 현행범인 경우와 긴급하여 미리 검사의 지휘를 받을 수 없는 경우에는 사후에 지체 없이 그 지휘를 받아야 한다.
③ 지방검찰청 검사장 또는 지청장은 피의자에 대한 불법구속 여부를 조사하기 위하여 필요하다고 인정할 때에는 소속 검사에게 관할구역 내에 위치한 군 수사기관의 피의자 구속장소를 감찰하게 하며, 감찰하는 검사는 피의자를 자세히 신문(訊問)하고 구속에 관한 서류를 조사할 수 있다.
④ 검사는 피의자가 불법으로 구속된 것이라고 의심할 만한 상당한 이유가 있으면 즉시 피의자에 관한 사건을 검찰에 송치할 것을 명하여야 한다.

(6) 국군기무사령부와의 차이점

사령부에 소속된 모든 군인 및 군무원 등은 정치적 중립을 지켜야 하고, 정당 또는 정치단체 가입이나 정치활동에 관여하는 모든 행위를 금지하며, 직무 범위를 벗어나 민간인에 대한 정보 수집 및 수사, 기관 출입 등의 모든 행위도 금지한다. 또한 상급자로부터 정치활동에 관여하는 행위 등을 지시 또는 요구받은 경우에 이의를 제기하고 집행을 거부할 수 있도록 하였다.

Theme

109 경찰청과 통일부의 정보기구

I 경찰청 정보국 및 보안국

1 정보경찰의 조직체계

① 우리나라 정보경찰의 조직체계를 보면 경찰청에 전국 정보경찰을 총괄 지휘, 감독, 관리 운영하는 정보국이 있고, 지방경찰청과 일선 경찰서에 정보과와 정보계가 설치·운영되고 있다.

② 2010년 9월 기준으로 정보경찰의 인력은 본청과 지방을 합쳐 총 3,577명으로 구성되어 있는 것으로 알려졌다.

2 경찰청 내 정보 및 보안을 담당하는 부서

(1) 의의

경찰청 내 정보 및 보안을 담당하는 부서로서 각각 정보국과 보안국을 두고 있으며, 외사방첩 관련 문제를 담당하는 외사국이 있다.

(2) 정보국과 보안국

정보국은 정보 1~4과로 편성되어 있고, 보안국은 보안 1~3과로 구성되어 있다.

(3) 외사국

외사국은 외사기획과, 외사정보과 및 외사수사과를 두고 있다.

3 지방경찰청과 각급 경찰서

지방경찰청에도 정보관리과와 보안부를 두고 있으며, 보안부는 보안 1~2과와 외사과로 구성된다. 또한 각급 경찰서에도 정보과, 보안과 또는 정보보안과가 설치되어 있다.

4 임무

(1) 정보국

경찰청 정보국은 치안정보에 관한 업무, 정치·경제·노동·사회·학원·종교·문화 등 제 분야에 관한 치안정보의 수집·작성 및 배포, 정책정보의 수집·분석·작성 및 배포, 집회·

시위 등 집단사태의 관리, 신원조사 및 기록관리 등의 업무를 수행한다(「경찰청과 그 소속기관 직제」 규정 제14조).

(2) 보안국

경찰청 보안국은 보안경찰 업무에 관한 기획 및 교육, 북한이탈 주민관리 및 경호안전대책, 간첩 및 보안사범에 대한 수사의 지도 · 조정, 보안 관련 정보의 수집 및 분석, 남북교류와 관련되는 보안경찰 업무, 간첩 등 중요 방첩수사에 관한 업무, 중요 좌익사범의 수사 등을 담당하고 있다.

(3) 외사국

이 밖에 외사국은 외국 경찰기관과의 교류 · 협력, 외사정보의 수집 · 분석 및 관리, 외국인 또는 외국인과 관련된 간첩의 검거 및 범죄의 수사지도, 외사보안 업무의 지도 · 조정, 국제공항 및 국제해항 보안활동에 관한 계획 및 지도 등의 업무를 담당하고 있다.

생각넓히기 | 국가수사본부

1. 의의

국가수사본부(National Office of Investigation, NOI)는 대한민국 경찰청의 하부조직으로 경찰 개혁의 결과로 만들어졌다. 수사의 독립성과 전문성을 제고하기 위해 일반경찰과 수사경찰을 분리한 기관이다. 「경찰청과 그 소속기관 직제」 제16조 제1항에 따라 경찰수사 관련 정책의 수립 · 총괄 · 조정, 경찰수사 및 수사 지휘 · 감독 기능을 수행한다.

2. 연혁

① 국가수사본부 창설은 검경 수사권 조정 논의에서부터 시작됐다. 경찰은 수사할 때 검찰의 지휘를 받아야 하며 자체적으로 수사를 종결할 권한과 영장을 청구할 권한이 없다. 따라서 경찰은 수사할 때 검찰의 통제와 견제를 받지만 정작 검찰을 통제할 방법은 없었고 이는 오랫동안 문제시되어 왔다.

② 여러 정부에서 검경 간 수사권 조정을 시도했지만 큰 의미는 없었다. 2017년 출범한 문재인 정부는 대선 유세 때부터 검찰 개혁을 주장했다. 이는 검찰의 수사권과 기소권을 분리해 일반적 수사권은 경찰에 이관해 검찰의 수사권을 축소하고 권력형 비리 수사는 고위공직자범죄수사처를 신설해 담당하는 것을 골자로 검찰의 역할은 기소와 공소 유지에 집중하고 이를 위한 보충적 수사권만 인정하는 것을 목표로 했다.

③ 또한 1차 수사권을 경찰에 넘기고 검찰은 보충적 2차 수사권만 인정하도록 하여 견제와 균형의 원리를 지키는 것에 방점을 두되 중앙집권적인 경찰을 자치경찰로 쪼개는 작업을 선행하기로 했다. 경찰의 수사권 남용 우려와 부족한 인권 의식은 경찰의 수사권 독립을 가로막는 장애물이었다. 박범계 국정기획자문위원회 정치 · 행정분과위원장은 "국민의 우려를 불식시키지 못한다면 권한의 수평적 이동을 통해서 또 다른 권력기관을 만들겠다는 것과 진배없다."라며 경찰이 인권옹호기관으로 거듭나야 한다고 강조했다.

④ 2020년 7월 당정청은 권력기관 개혁 방안을 논의해 국가수사본부를 설치하여 수사경찰 사무를 맡기도록 했다. 하지만 함께 논의된 자치경찰 도입과 관련하여 국가 · 자치경찰 조직을 일원화했고 경찰청장은 국수본에 구체적이지 않은 일반적 수사 지휘는 가능하도록 하면서 경찰의 권력 분산 취지가 후퇴했다는 비판이 나왔다. 현행 경찰 체계를 유지하면서 국가 · 수사 · 자치 사무만 분장하는 혼합 형태가 되면서 현장의 혼란이 커질 우려가 생겼다는 비판도 나왔다. 실제 현장에서의 업무 분장은 굉장히 모호한데 이를 명확하게 구분하기 힘들 것이라는 얘기다.

⑤ 국정원의 대공 수사권을 이전받으면서 이를 담당할 안보수사국을 설치하기로 하고 수사·생활안전·교통·보안 등 여러 부서에 흩어져 있는 수사 기능도 통합하여 국수본이 경찰 수사 컨트롤타워 역할을 수행하게 했는데 이는 경찰의 권한이 커지면서도 견제 장치가 제대로 마련되지 못했다는 비판도 불렀다. 여러 논란이 있었지만 12월 「국가경찰과 자치경찰의 조직 및 운영에 관한 법률」이 국회를 통과하고 다음 달인 2021년 1월 국수본이 정식으로 출범했다.

3. 조직

기존의 수사국, 사이버안전국, 보안국을 바탕으로 국수본 조직을 만들었다. 현재는 산하에 수사기획조정관 1명, 국장 3명을 두는데 치안감 또는 경무관으로 보한다. 그 산하에는 담당관과 과장을 두는데 이들은 총경으로 보한다.

4. 본부장

① 본부장의 계급은 치안정감으로 보한다. 임기는 2년이고 중임할 수 없으며 임기 후에는 법에 따라 당연퇴직해야 한다. 본부장이 공석일 경우, 경찰청장은 경찰청 차장과 국수본 산하 국장 중에서 본부장 직무대리를 지명할 수 있다.

② 본부장은 경찰청 외부 인사로 충원할 수 있다. 이때 갖추어야 할 자격이 있는데 10년 이상 수사 업무에 종사한 고위공무원단에 속하는 공무원, 3급 이상 공무원 또는 총경 이상 경찰공무원으로 재직한 경력이 있는 사람, 판사·검사·변호사로 10년 이상 있었던 사람, 변호사 자격이 있으면서 공공기관에서 법률에 관한 사무에 10년 이상 종사한 사람, 대학을 비롯한 공인 연구기관에서 법률학·경찰학 분야에서 조교수 이상에 상당하는 직에 10년 이상 있었던 사람, 이상의 경력 기간의 합산이 15년 이상인 사람으로 한다.

관련법조항 국가수사본부 관련 규정

1. 「경찰청과 그 소속기관 직제」

제16조(국가수사본부)

① 국가수사본부는 경찰수사 관련 정책의 수립·총괄·조정, 경찰수사 및 수사 지휘·감독 기능을 수행한다.

② 국가수사본부에 수사국, 형사국 및 안보수사국을 둔다.

③ 국가수사본부장 밑에 수사기획조정관 1명을 둔다.

제19조(수사국)

① 수사국에 국장 1명을 두고, 국장 밑에 정책관등 1명을 둔다.

② 국장은 치안감 또는 경무관으로 보하고, 정책관등 1명은 경무관으로 보한다.

③ 국장은 다음 사항을 분장한다.

1. 부패범죄, 공공범죄, 경제범죄 및 금융범죄에 관한 수사 지휘·감독
2. 제1호의 범죄 수사에 관한 기획, 정책·수사지침 수립·연구·분석 및 수사기법 개발
3. 제1호의 범죄에 대한 통계 및 수사자료 분석
4. 국가수사본부장이 지정하는 중요 범죄에 대한 정보수집 및 수사
5. 중요 범죄정보의 수집 및 분석에 관한 사항
6. 사이버공간에서의 범죄(이하 "사이버범죄"라 한다) 정보의 수집·분석
7. 사이버범죄 신고·상담
8. 사이버범죄 예방에 관한 사항
9. 사이버범죄 수사에 관한 사항

10. 사이버수사에 관한 기법 연구
11. 사이버수사 관련 국제공조에 관한 사항
12. 디지털포렌식에 관한 사항

제20조(형사국)

① 형사국에 국장 1명을 두고, 국장 밑에 정책관등 1명을 둔다.
② 국장은 치안감 또는 경무관으로 보하고, 정책관등 1명은 경무관으로 보한다.
③ 국장은 다음 사항을 분장한다.
1. 강력범죄, 폭력범죄 및 교통사고·교통범죄에 관한 수사 지휘·감독
2. 마약류 범죄 및 조직범죄에 관한 수사 지휘·감독
3. 성폭력범죄, 아동·청소년 대상 성매매, 가정폭력, 아동학대, 학교폭력 및 실종사건에 관한 수사 지휘·감독 및 아동·청소년 대상 성매매 단속
4. 제1호부터 제3호까지의 규정에서 정한 범죄 및 외국인 관련 범죄 수사에 관한 기획, 정책·수사지침 수립·연구·분석 및 수사기법 개발
5. 제1호부터 제3호까지의 규정에서 정한 범죄 및 외국인 관련 범죄에 대한 통계 및 수사자료 분석
6. 과학수사의 기획 및 지도
7. 범죄감식 및 증거분석
8. 범죄기록 및 주민등록지문의 수집·관리

제22조(안보수사국)

① 안보수사국에 국장 1명을 두고, 국장 밑에 정책관등 1명을 둔다.
② 국장은 치안감 또는 경무관으로 보하고, 정책관등 1명은 경무관으로 보한다.
③ 국장은 다음 사항을 분장한다.
1. 안보수사경찰업무에 관한 기획 및 교육
2. 보안관찰 및 경호안전대책 업무에 관한 사항
3. 북한이탈주민 신변보호
4. 국가안보와 국익에 반하는 범죄에 대한 수사의 지휘·감독
5. 안보범죄정보 및 보안정보의 수집·분석 및 관리
6. 국내외 유관기관과의 안보범죄정보 협력에 관한 사항
7. 남북교류와 관련되는 안보수사경찰업무
8. 국가안보와 국익에 반하는 중요 범죄에 대한 수사
9. 외사보안업무의 지도·조정
10. 공항 및 항만의 안보활동에 관한 계획 및 지도

2. 「국가경찰과 자치경찰의 조직 및 운영에 관한 법률」

제14조(경찰청장)

① 경찰청에 경찰청장을 두며, 경찰청장은 치안총감(治安總監)으로 보한다.
② 경찰청장은 국가경찰위원회의 동의를 받아 행정안전부장관의 제청으로 국무총리를 거쳐 대통령이 임명한다. 이 경우 국회의 인사청문을 거쳐야 한다.
③ 경찰청장은 국가경찰사무를 총괄하고 경찰청 업무를 관장하며 소속 공무원 및 각급 경찰기관의 장을 지휘·감독한다.
④ 경찰청장의 임기는 2년으로 하고, 중임(重任)할 수 없다.
⑤ 경찰청장이 직무를 집행하면서 헌법이나 법률을 위배하였을 때에는 국회는 탄핵 소추를 의결할 수 있다.

⑥ 경찰청장은 경찰의 수사에 관한 사무의 경우에는 개별 사건의 수사에 대하여 구체적으로 지휘 · 감독할 수 없다. 다만, 국민의 생명 · 신체 · 재산 또는 공공의 안전 등에 중대한 위험을 초래하는 긴급하고 중요한 사건의 수사에 있어서 경찰의 자원을 대규모로 동원하는 등 통합적으로 현장 대응할 필요가 있다고 판단할 만한 상당한 이유가 있는 때에는 제16조에 따른 국가수사본부장을 통하여 개별 사건의 수사에 대하여 구체적으로 지휘 · 감독할 수 있다.

⑦ 경찰청장은 제6항 단서에 따라 개별 사건의 수사에 대한 구체적 지휘 · 감독을 개시한 때에는 이를 국가경찰위원회에 보고하여야 한다.

⑧ 경찰청장은 제6항 단서의 사유가 해소된 경우에는 개별 사건의 수사에 대한 구체적 지휘 · 감독을 중단하여야 한다.

⑨ 경찰청장은 제16조에 따른 국가수사본부장이 제6항 단서의 사유가 해소되었다고 판단하여 개별 사건의 수사에 대한 구체적 지휘 · 감독의 중단을 건의하는 경우 특별한 이유가 없으면 이를 승인하여야 한다.

⑩ 제6항 단서에서 규정하는 긴급하고 중요한 사건의 범위 등 필요한 사항은 대통령령으로 정한다.

제16조(국가수사본부장)

① 경찰청에 국가수사본부를 두며, 국가수사본부장은 치안정감으로 보한다.

② 국가수사본부장은 「형사소송법」에 따른 경찰의 수사에 관하여 각 시 · 도경찰청장과 경찰서장 및 수사부서 소속 공무원을 지휘 · 감독한다.

③ 국가수사본부장의 임기는 2년으로 하며, 중임할 수 없다.

④ 국가수사본부장은 임기가 끝나면 당연히 퇴직한다.

⑤ 국가수사본부장이 직무를 집행하면서 헌법이나 법률을 위배하였을 때에는 국회는 탄핵 소추를 의결할 수 있다.

⑥ 국가수사본부장을 경찰청 외부를 대상으로 모집하여 임용할 필요가 있는 때에는 다음 각 호의 자격을 갖춘 사람 중에서 임용한다.

1. 10년 이상 수사업무에 종사한 사람 중에서 「국가공무원법」 제2조의2에 따른 고위공무원단에 속하는 공무원, 3급 이상 공무원 또는 총경 이상 경찰공무원으로 재직한 경력이 있는 사람
2. 판사 · 검사 또는 변호사의 직에 10년 이상 있었던 사람
3. 변호사 자격이 있는 사람으로서 국가기관, 지방자치단체, 「공공기관의 운영에 관한 법률」 제4조에 따른 공공기관(이하 "국가기관 등"이라 한다)에서 법률에 관한 사무에 10년 이상 종사한 경력이 있는 사람
4. 대학이나 공인된 연구기관에서 법률학 · 경찰학 분야에서 조교수 이상의 직이나 이에 상당하는 직에 10년 이상 있었던 사람
5. 제1호부터 제4호까지의 경력 기간의 합산이 15년 이상인 사람

⑦ 국가수사본부장을 경찰청 외부를 대상으로 모집하여 임용하는 경우 다음 각 호의 어느 하나에 해당하는 사람은 국가수사본부장이 될 수 없다.

1. 「경찰공무원법」 제8조 제2항 각 호의 결격사유에 해당하는 사람
2. 정당의 당원이거나 당적을 이탈한 날부터 3년이 지나지 아니한 사람
3. 선거에 의하여 취임하는 공직에 있거나 그 공직에서 퇴직한 날부터 3년이 지나지 아니한 사람
4. 제6항 제1호에 해당하는 공무원 또는 제6항 제2호의 판사 · 검사의 직에서 퇴직한 날로부터 1년이 지나지 아니한 사람
5. 제6항 제3호에 해당하는 사람으로서 국가기관 등에서 퇴직한 날로부터 1년이 지나지 아니한 사람

제17조(하부조직)

① 경찰청의 하부조직은 본부 · 국 · 부 또는 과로 한다.

② 경찰청장 · 차장 · 국가수사본부장 · 국장 또는 부장 밑에 정책의 기획이나 계획의 입안 및 연구 · 조사를 통하여 그를 직접 보좌하는 담당관을 둘 수 있다.

③ 경찰청의 하부조직의 명칭 및 분장 사무와 공무원의 정원은 「정부조직법」 제2조 제4항 및 제5항을 준용하여 대통령령 또는 행정안전부령으로 정한다.

제28조(시 · 도경찰청장)

① 시 · 도경찰청에 시 · 도경찰청장을 두며, 시 · 도경찰청장은 치안정감 · 치안감(治安監) 또는 경무관(警務官)으로 보한다.

② 「경찰공무원법」 제7조에도 불구하고 시 · 도경찰청장은 경찰청장이 시 · 도자치경찰위원회와 협의하여 추천한 사람 중에서 행정안전부장관의 제청으로 국무총리를 거쳐 대통령이 임용한다.

③ 시 · 도경찰청장은 국가경찰사무에 대해서는 경찰청장의 지휘 · 감독을, 자치경찰사무에 대해서는 시 · 도자치경찰위원회의 지휘 · 감독을 받아 관할구역의 소관 사무를 관장하고 소속 공무원 및 소속 경찰기관의 장을 지휘 · 감독한다. 다만, 수사에 관한 사무에 대해서는 국가수사본부장의 지휘 · 감독을 받아 관할구역의 소관 사무를 관장하고 소속 공무원 및 소속 경찰기관의 장을 지휘 · 감독한다.

④ 제3항 본문의 경우 시 · 도자치경찰위원회는 자치경찰사무에 대해 심의 · 의결을 통하여 시 · 도경찰청장을 지휘 · 감독한다. 다만, 시 · 도자치경찰위원회가 심의 · 의결할 시간적 여유가 없거나 심의 · 의결이 곤란한 경우 대통령령으로 정하는 바에 따라 시 · 도자치경찰위원회의 지휘 · 감독권을 시 · 도경찰청장에게 위임한 것으로 본다.

Ⅱ 통일부 정세분석국

1 의의

① 통일부는 통일 및 남북대화 · 교류 · 협력에 관한 정책을 수립하고, 남북대화 및 통일교육 등의 업무를 담당하는 정부 부처이다.

② 이처럼 북한 및 통일 관련 정책을 수립 · 총괄하는 임무를 수행하려면 북한의 정치 · 군사 · 경제 · 사회문화 등 제 요소에 대한 많은 정보를 필요로 하며, 이를 위해 일찍부터 정보분석업무를 담당하는 부서를 설치 · 운용해 왔다.

2 조직 개편

① 2008년 초 이명박 정부가 출범하면서 한때 통일부는 존폐위기에 놓였으며, 2008년 2월 정부조직 개편 때 정보분석국이 폐지되었다.

② 이후 2009년 5월 12일 통일부 조직은 기존의 1실(기획조정실)-3국(통일정책국, 남북교류협력국, 인도협력국) 체제에서 2실(기획조정실, 통일정책실)-2국(남북교류협력국, 정세분석국)체제로 개편되었다.

③ 새로 개편된 조직에 정세분석국이 신설되었는데 명칭만 바뀌었고 사실상 기존 정보분석국의 기능이 부활된 셈이다.

3 임무

① 정세분석국은 정세분석총괄과, 정치군사분석과, 경제사회분석과, 정보관리과 등으로 구성된다.

② 정세분석국은 국내외 방송 · 통신의 청취를 통한 북한의 정세 및 동향 파악, 통일 관련 자료의 조사 · 수집 · 분류 · 정리 및 보존, 북한의 정치 · 외교 · 군사 · 경제 · 사회문화 등 각 분야 및 주변정세에 관한 실태 파악, 북한의 정세와 동향에 관한 종합평가 및 전망, 통일정책의 분석 및 평가 등을 담당하고 있다.

③ 이 밖에도 북한자료센터의 운영, 북한정세분석 관련 국내외 관계 기관과의 협조, 북한 주요 인물 DB 관리 등의 업무도 정세분석국에서 수행하고 있다.

Theme

110 대내외 안보환경 변화와 국가정보의 과제

I 의의

1 국가정보원

① 국가정보원은 1961년 중앙정보부로 창설되어 국가안전기획부를 거쳐 현재에 이르기까지 정보활동을 통해 대한민국의 국가안보를 수호하는 중추적인 역할을 담당해 왔다.

② 한국 최고의 국가정보기관으로서 국가정보원은 군의 정보사, 국군방첩사령부 그리고 경찰청 정보국 등 부문정보기관들과 협조체제를 유지하는 가운데 대한민국의 자유민주주의체제를 유지하는 데 기여해 왔다.

Ⅱ 국가정보의 과제

1 국가정보의 중립성 확보

(1) 의의

① 한국의 정보기관이 선진정보기관으로 도약하는 데 필요한 최우선 과제로서 국가정보의 중립성 확보 문제가 대두된다.

② 과거 중앙정보부로부터 국가안전기획부에 이르기까지 권력남용과 인권침해 등으로 인해 국민들은 정보기관에 대해 부정적인 이미지를 갖게 되었다.

(2) 역대 정부의 노력

① 김영삼 정부 들어서서 「국가안전기획부법」 개정을 통해 국가안전기획부의 보안감사권을 폐기하고 정보의 공개화를 추진하는 등 과감한 개혁을 추진함으로써 정보기관의 권력남용과 인권침해를 막기 위한 제도적 개선이 이루어졌다.

② 김대중 정부에 들어서서 국가정보원으로 명칭을 바꾸고 정치적 중립 유지 및 권력남용을 방지하기 위한 노력이 있었다.

③ 이후 노무현 정부를 거쳐 이명박 정부에 이르기까지 정권마다 그러한 의지를 강력히 천명했다.

(3) 외국의 사례

① 미국처럼 민주주의가 발전한 국가에서도 정보기관이 정치에 개입하는 사례가 발생하기도 하였다.

② 예를 들어 후버 국장 재임 시 FBI는 부당하게 선거에 개입하고 불법적인 도청을 하였으며, 온갖 월권행위를 저질렀던 것으로 드러났다.

③ 이후 미국은 휴즈-라이언법의 도입 등 여러 가지 제도적인 장치를 마련하여 정보기관에 대한 의회의 통제를 강화함으로써 정보기관의 불법이나 월권행위를 엄격히 차단할 수 있었다.

2 대북정보수집과 대간첩활동 역량 강화

(1) 의의

① 남북대치가 지속되고 있는 상황에서 대북정보수집과 대간첩활동은 우리 정보기관이 수행해야 할 가장 중요한 임무로 남아 있다.

② 천안함 폭침이나 연평도 포격처럼 북한은 전면남침보다는 국지적이고 기습적인 방법으로 도발을 강행할 가능성이 높다.

③ 앞으로도 북한은 농협 전산망 마비나 디도스(DDoS) 공격 등의 사이버테러뿐만 아니라 무장공비 파견, 납치, 테러, 폭파 등 다양한 방법으로 도발을 감행할 것으로 예상된다.

(2) 대북 정보수집 역량 강화

① 권력세습 또는 경제정책의 실패 등으로 인해 북한에 급변사태가 발생할 가능성이 있어 북한체제의 내부 동향을 정확히 파악해야 할 것이다.

② 이처럼 북한의 도발 징후 및 북한체제의 변화 조짐들을 사전에 포착하여 철저히 대비할 수 있도록 대북 정보수집 역량이 대폭적으로 강화되어야 할 것이다.

(3) 대북심리전 활동의 적극적 전개

북한의 대남공작활동에 대응하여 우리 정보기관도 북한 주민들을 대상으로 북한체제의 모순을 알리고 자유민주주의 사상을 전파하는 등 대북심리전 활동을 보다 적극적으로 전개해야 할 것이다.

(4) 안보수사 역량 강화

① 국내 안보위협 세력 대부분이 지하조직을 구성하여 비밀리에 활동하고 있으며, 이들의 반국가적 범죄수법이 매우 지능적이기 때문에 이들이 자행하는 반국가적 범죄행위의 실체를 규명하는 데 상당한 어려움이 있다.

② 이러한 국내 안보위협 세력의 실체를 면밀히 파악하고 이들이 저지르는 반국가적 범죄행위를 철저히 색출 · 차단하기 위해 우리 정보기관의 안보수사 역량이 대폭 향상되어야 할 것이다.

3 새로운 안보위협 대한 대응 노력

(1) 의의

오늘날 세계화, 정보화의 큰 흐름에 따라 안보환경에 있어서도 상당한 변화를 보이고 있으며, 이러한 추세에 부응하여 우리 정보기관들 스스로 적극적인 대응 노력을 기울여야 할 것이다.

(2) 세계화의 진전

세계화의 진전에 따라 대량살상무기, 사이버범죄, 테러리즘, 마약밀매, 환경파괴, 전염병 확산 등 초국가적 안보위협이 점차 심화되고 있는 바 이러한 안보위협 요소들에 대해 첩보수집 목표를 새롭게 설정하고 이들의 실상을 철저히 파악하여 대처해야 할 것이다.

(3) 정보화의 진전

① 오늘날 정보화의 진전과 더불어 세계 각국의 정보기관들이 각종 첨단정보통신 장비를 활용하여 첩보수집 및 방첩활동을 전개하고 있는 바, 이러한 추세에 뒤떨어지지 않도록 정보활동에 필요한 첨단 과학 장비의 연구개발을 위해 지속적인 투자가 이루어져야 할 것이다.

② 더불어 정보화의 부작용으로 대두되고 있는 사이버테러 및 해킹 피해가 발생하지 않도록 철저한 대응 노력이 요구된다.

4 대국민 정보서비스를 확대하는 방안 모색

① 민주화의 진전과 더불어 국민들은 알 권리를 내세우며 정보활동의 공개성과 책임성을 요구하고 있다.

② 이에 따라 기본적으로 비밀보안을 유지하되 보안에 저촉되지 않는 범위 내에서 공개할 수 있는 부분은 국민들에게 과감히 공개하는 방식으로 대국민 정보서비스를 보다 확대하는 방안을 고려해 보아야 한다.

③ 또한 민주화에 따라 우리 정보기관 스스로 통제와 감독으로 인한 제약을 받으면서도 정보활동을 효과적으로 수행할 수 있는 방안도 모색해 보아야 할 것이다.

5 정보활동을 원활히 수행할 수 있는 법과 제도 마련

(1) 의의

① 국가정보원 등 우리 정보기관들이 정보활동을 원활히 수행할 수 있도록 법과 제도의 마련이 요구된다.

② 오늘날 대내외 안보환경이 급변하는 가운데 테러리즘, 해킹, 사이버범죄 등 새로운 안보위협이 부각되고 있지만 이에 대응하기 위한 우리의 법체계는 과거의 틀을 벗어나지 못하고 있다.

③ 그동안 새로운 안보위협에 대처하기 위해 관련 법률의 개정을 시도했지만 정치적 이해관계 때문에 번번이 무산되고 말았다.

(2) 비밀공작(covert action)의 법적 근거 마련 필요성

① 우선 정보기관이 수행하는 중요한 업무 중의 하나인 비밀공작(covert action)이 사실상 법적 근거 없이 수행되고 있다.

② 미국의 경우 「국가안보법」 제503조에 비밀공작 관련 규정을 명시하고 있는 데 반해, 국정원의 직무를 규정한 「국가정보원법」 제4조 어디에도 비밀공작에 대해 규정하지 않고 있다.

(3) 형법상 간첩죄의 구성요건 규정 개정의 필요성

① 또한 우리 형법상 간첩죄의 구성요건이 '적국을 위하여'라고 규정되어 있어 적국이 아닌 나라를 위해 간첩행위를 한 경우 처벌할 법적 근거가 없다.

② 이에 대해 일찍부터 학계 등에서 문제제기를 해 왔지만 아직 법률개정이 이루어지고 있지 않다.

Theme

111 북한 정보기구의 기원과 변화

I 북한 정보기구의 기원

1 보안국 창설과 변화

(1) 의의

북한 정보기구의 역사는 소련 군정 시절로부터 시작하여 북한의 정권 수립과 함께 변화하여 현재에 이르고 있다. 북한의 정보기구는 해방 직후 북한에 진주한 소련군이 창설한 보안국에 기원을 두고 있다.

(2) 북조선 5도 행정국 창설

소련군은 1945년 10월 28일 '북조선 5도 행정국'을 창설했으며, 북조선 5도 행정국은 교육국, 교통국, 농림국, 보건국, 보안국, 사법국, 산업국, 상업국, 재정국, 체신국 등 10국으로 구성되었다.

(3) 보안국의 업무

① 당시 정보기구 역할을 담당했던 부서는 보안국으로 치안업무 이외에도 정보업무, 국방경비 업무, 대남공작 업무 등을 수행하였다.

② 보안국의 정보처에서 정보업무를 수행하였으며, 보안국 산하의 정보공작대에서 군 관련 정찰과 정보업무를 수행했다.

(4) 기능 변화

① 보안국은 '북조선 임시인민위원회'가 1946년 2월 8일 출범하면서 기능 변화를 겪게 된다.

② 당시 북조선 임시인민위원회 산하의 보안국은 치안 및 국경경비 업무를 담당하였으며, 그 산하에 경비, 감찰, 호안(경호), 소방 등의 조직과 대남공작 · 정보를 담당하는 정치보위부를 두었다.

③ 북한은 정치보위부 구성 이후 1946년 5월 11일 보안국에 무장조직인 보안독립여단을 신설하였다.

2 내무국과 민족보위국

(1) 내무국 신설

북한은 1947년 2월 27일 '북조선인민위원회'를 출범시키면서 보안국을 내무국으로 개칭하였다.

(2) 민족보위국 신설과 내무국 기능의 축소

그러나 국방업무를 담당하는 민족보위국이 1948년 2월 7일 신설되면서, 내무국은 경찰과 비밀경찰 업무를 그리고 민족보위국은 국방과 군 관련 정보업무를 담당하는 업무분장을 하게 된다.

3 내무성과 민족보위성

(1) 의의

① 북한은 1948년 9월 정권 수립과 함께 국가정보기구를 창설하였다. 북한 정권 수립 이전에 정보기구 역할을 했던 북조선인민위원회 내무국은 내각의 내무성으로 흡수되었다.

② 북한 정권 수립 이후 등장한 내무성이 현재적 의미에서 볼 때 북한 최초의 경찰조직이자 정보기관이라고 할 수 있다. 또한 군 관련 정보업무를 담당했던 민족보위국은 민족보위성으로 흡수되었다.

(2) 내무성 정치보위국과 민족보위성 정찰국

① 초창기 북한의 국가정보활동은 북조선노동당 조직부의 지도하에 내무성 정치보위국과 민족보위성 정찰국이 담당하였다.

② 내무성 정치보위국은 산하에 38보위부, 해주 · 철원 · 양양지구 보위부, 대외정보부 등을 두고 있었다.

③ 민족보위성 정찰국은 대남 첩보기구를 두었으며, 이 기구는 평양 시내에 수 개소의 밀봉 아지트를 설치하고 남북 간을 왕래하는 공작원들을 수용 · 교육시켰다.

Ⅱ 한국전쟁과 정보기구의 변화

1 사회안전성

(1) 출범

① 북한의 정보기구는 한국전쟁을 거치면서 개편 과정을 겪게 된다. 북한은 한국전쟁이 진행 중이던 1951년 3월 내무성의 정치보위국과 기타 부문 조직을 통합하여 사회안전성을 출범시켰다.

② 사회안전성이라는 독립적인 정보기구의 신설은 한국전쟁 기간 중 반체제 세력들을 효율적으로 통제하고, 전시의 치안 업무를 효율적으로 추진하려는 의도였다.

(2) 업무 및 조직

사회안전성은 반국가행위 · 반혁명행위 감시, 신원조사 · 외국인 방문객 감시, 지방 치안유지 · 범죄단속, 국가기관 · 지역 경비, 교통질서 · 소방업무, 인구조사, 신분등록소 운영, 기밀문서 보관 · 관리, 교화소 · 강제노동 수용소 관리, 철도 경비, 국유 · 사유재산 보호, 선박 출입 관리, 반항공조직 운영 등 다양한 임무를 수행하였으며, 이러한 임무 수행을 위해 사회안전국, 보안국, 예심국, 반항공국, 교화국, 정부호위국, 철도안전국, 경비국, 산림국, 후방국, 정치국, 통신처 등을 두었다.

(3) 내무성으로의 흡수 통합

① 사회안전성은 내무성에서 분리 · 독립된 지 1년 7개월 후인 1952년 10월 9일 내무성으로 다시 흡수 · 통합되었으며, 내무성 사회안전국이 사회안전성의 역할을 대신하게 되었다.

② 사회안전성의 내무성으로 통합이유는 사회안전성의 업무 복잡화로 인한 능률성 저하와 내무성과의 대립으로 인한 치안업무의 혼란으로 볼 수 있다.

③ 그러나 그 배경에는 당시 방학세 사회안전상이 내무상으로 내정된 상태에서 사회안전성 조직을 자신의 영향력 아래에 두기 위해 내무성으로의 통합을 추진하였기 때문이다.

2 대남 정보기구의 개편

(1) 의의

대남 정보기구 역시 한국전쟁을 거치면서 개편 과정을 겪게 된다. 당시 대남 정보기구 개편의 핵심은 대남 정보활동의 지휘부서인 노동당 조직부 내의 연락부를 독립된 부서로 분리시키는 것이었다.

(2) 조직

① 연락부 산하에는 기요과, 연락과, 정보과, 유격지도과, 선전교양과, 조직지도과를 두었으며, 직속부대로 '526군부대'와 공작원 양성을 위한 '금강정치학원'을 두었다.

② 노동당 연락부의 독립부서로의 승격은 전쟁 후반기에 접어들면서 게릴라 부대와 지하당 공작을 배합시키는 북한의 전술 변화에 따른 것으로 볼 수 있다.

Ⅲ 한국전쟁 이후 정보기구의 변화

1 내무성의 편제 확장

(1) 의의

① 한국전쟁 이후인 1956년 북한은 내무성의 편제를 대폭 확장하였으며, 방학세 내무상 아래에 5명의 부상을 두고 조직으로는 9개 국 7개 처를 두었다.

② 내무성 9개 국은 사회안전국, 감찰국, 보안국, 정치국, 총무국, 후방국, 교화국, 경비국, 경위국(호위업무)이며, 7개 처는 간부처, 경비처, 반정찰처, 통신처, 반항공처, 경제안전처 등이다.

(2) 사회안전국

이 중 사회안전국은 이전 내무성 정치보위국 업무 중 대남 · 대외정보를 제외한 업무를 수행하였으며, 구체적으로는 주민 감시, 인민군 정치사찰, 정부기관 주요인사 감시, 반체제인사 감시 · 예심, 정당 · 사회단체 · 언론 · 출판 · 종교계 사찰, 대외정보 수집, 한국정부 참여인사에 대한 수사 · 감시, 방첩 사업, 각 시 · 도 내무부 지도사업 등을 담당했다.

(3) 반정찰처

반정찰처가 대남 · 대외공작을 전담하였으며, 산하부서로 대남부, 일본부, 극동부, 경리부, 통신부, 공작부, 구라파부 등을 두었다.

2 사회안전성 신설

① 북한은 1962년 10월 23일 사회안전성을 신설하고 내무성의 치안업무를 이관하였다. 그 결과 내무성은 강 · 하천, 도로, 토지, 산림, 영해, 호수, 항만 등 국토 및 자원 관련 관리 업무로 한정되었으며, 1964년 12월 4일 '국토관리성'으로 명칭을 변경하였다.

② 한편 북한은 1968년 조선인민군 내에 정치안전국을 신설하면서 군 내부의 정보활동을 전담시켰다.

3 대남 정보기구의 변화

(1) 의의

1960년대에 들어서면서 북한의 대남 정보기구는 크게 세 차례의 변화를 겪게 된다.

(2) 대남 정보활동을 강화

① 북한은 4 · 19 혁명을 기점으로 대남 정보활동을 강화하였으며, 1961년 제4차 당대회를 통해 지하당 조직 확대와 반미 통일전선 형성 및 남북의 통일전선 결합을 통한 공산화 통일 방침을 결정하였다.

② 이러한 대남 전술의 변화에 따라 정보기구의 개편을 추진하였으며, 내무성과 민족보위성의 정보기구들을 노동당 연락국으로 통합시켰다.

(3) 3대 혁명역량 강화

① 1964년 2월 27일에 개최된 당중앙위원회 제4기 8차 전원회의에서 '3대 혁명역량 강화'의 제시와 함께 정보기구를 개편하였다.

② 북한의 3대 혁명역량 강화는 북한 사회주의 혁명역량 강화, 남한 혁명역량 강화, 국제 혁명역량과의 단결 강화 노선이다.

③ 3대 혁명역량 강화는 김일성이 1965년 4월 14일에 인도네시아의 알리아르함 사회과학원에서 행한 연설인 '조선민주주의인민공화국에 있어서의 사회주의 건설과 남조선혁명에 대하여'를 통해 대외적으로 알려졌다.

④ 북한은 3대 혁명역량 강화를 위해 대남 정보활동을 지휘하고 있던 노동당 연락국을 대남사업총국으로 개칭하고 그 규모를 확대하는 한편 정보활동의 활성화를 위해 정보요원들을 대폭 증원시켰다.

(4) 군사도발 공작 중심으로 정보활동 재편

① 1964년 9월 한국군의 월남 파병을 계기로 북한의 정보활동은 군사도발 공작을 중심으로 이루어졌으며 인민무력부가 주도하였다.

② 인민무력부는 작전국 산하 적공국을 내세워 대남공작, 대남침투, 대남도발, 대남심리전 등을 주관하였다. 그러나 1967년 283부대의 게릴라 활동 및 1968년 1월 124부대의 청와대 기습사건과 11월 삼척 · 울진의 무장간첩 남파사건이 실패로 돌아가자 책임자였던 허봉학 등 군사파를 숙청하고 정보기구의 개편을 단행하였다.

③ 북한은 당시 정보활동을 총괄하고 있던 대남사업총국을 폐지하고, 당 중앙위원회 비서국이 관장하게 하였다. 비서국은 산하에 연락부, 문화부, 조사부를 두었으며, 인민무력부 정찰국 업무와 조선총련 공작사업 등 대남 정보활동을 통제하였다.

④ 또한 대남 군사공작을 담당했던 124부대와 283부대를 제8군단이라는 특수군단으로 통합시켰다.

Ⅳ 국가정치보위부의 신설과 '통합형'에서 '분리형' 정보기구로의 변환

1 의의

북한은 1972년 12월 27일 새로운 「사회주의 헌법」 채택과 함께 내각을 정무원으로 개편하면서 사회안전성을 사회안전부로 개칭하였다.

2 국가정치보위부 신설

① 그리고 1973년 5월에는 김일성이 사회안전 업무와 정치보위 업무를 분리하라는 지시를 내림에 따라 사회안전부 소속의 정치보위국을 독립시켜 국가정치보위부를 신설하였다.

② 그 결과 사회안전부는 치안질서 유지 등의 경찰업무를 담당하였으며, 국가정치보위부는 북한 주민과 국가기관에 대한 반혁명·반국가범죄, 방첩, 정치사찰, 대내외 정보업무, 관리소(정치범 수용소) 운영 등의 비밀경찰 업무를 담당하는 역할 구분이 발생했다.

3 사회안전부의 기능 축소

1982년 초에는 당시 사회안전부장이었던 이진수가 국가정치보위부장으로 이동하면서, 그동안 사회안전부가 담당해 오던 해안 및 국경 경비 업무를 국가정치보위부로 이관하여 사회안전부의 기능이 대폭 축소되었다.

4 당을 중심으로 대남정책 결정과 집행의 개편

(1) 의의

한편 1970년대에 접어들면서 북한은 김일성의 권력 공고화와 함께 통일방안으로 「고려연방제」를 제시하였다. 북한은 고려연방제 제시와 함께 대남정책의 결정권을 인민무력성에서 노동당으로 이전시켰다.

(2) 통일전선부 신설

① 특히 김정일이 노동당 조직비서 사업을 시작하면서 당을 중심으로 대남정책의 결정과 집행이 이루어졌다.

② 정보기구의 개편 역시 대남부서들을 각자 업무 특성에 따라 대남침투, 인물포섭, 정보수집, 대남심리전, 교란, 파괴 등으로 세분화하는 방향으로 진행되었다.

③ 이러한 과정에서 1977년 10월 통일전선부가 신설되었으며, 노동당의 정보활동은 대외조사부, 사회문화부, 작전부, 통일전선부로 구분되었다.

(3) '통합형 정보기구'에서 '분리형 정보기구'로의 전환

① 북한의 정보기구는 1970년대에 들어오면서 국가정치보위부(비밀경찰), 사회안전부(경찰), 조선인민군 정치안전국(군 정보기구), 대남 정보기구 등으로 구분되었다.

② 1948년 9월의 북한 정권 수립과 동시에 출발한 '통합형 정보기구'에서 '분리형 정보기구'로 전환한 것이다. '통합형 정보기구'는 첩보수집, 정보분석, 비밀공작, 방첩활동 등 모든 정보활동을 단일 정보기관에서 수행하는 것을 의미하며, 반면 '분리형 정보기구'는 기능별로 한 가지 특정분야 임무를 수행하는 것을 의미한다.

③ 이러한 북한정보기구체계는 약간의 변화에도 불구하고 현재까지 기본골격이 유지되고 있다.

Theme

112 김정은 시대 북한의 정보기구 체계

I 정찰총국의 창설

1 의의

① 북한은 김정은 후계체제 구축 기간인 2009년 초반에 정찰총국 신설과 함께 정보기구에 대한 개편을 단행했다.

② 1948년 정권 수립 이후 북한은 노동당, 내각의 내무성, 군의 민족보위성을 중심으로 정보활동을 전개하여 왔다. 그리고 여러 번의 정보기구 개편을 통해 국내 정보활동은 국가안전보위성(현 국가보위성), 인민보안성(현 사회안전성), 군 보위사령부(현 보위국)가 담당하였으며, 대남 · 해외 정보활동은 노동당의 통일전선부, 대외연락부(현 문화교류국), 작전부, 35호실과 군의 정찰국이 담당하는 체계를 확립했다.

③ 그러나 북한은 2008년 김정일의 와병 이후 김정은으로 권력세습을 진행하면서 정보기구 역시 김정은 시대를 대비하기 위한 조직 개편에 착수했다.

2 당과 군에 흩어져 있던 대남 · 해외 정보기관들의 통 · 폐합

(1) 의의

① 북한의 정보기구 개편은 국방위원회 산하에 정찰총국을 신설하고 당과 군에 흩어져 있던 대남 · 해외 정보기관들을 통 · 폐합하는 방향으로 나타났다.

② 노동당의 작전부와 35호실, 군 참모부의 정찰국과 총정치국의 6 · 15국을 통합하여 정찰총국을 신설하였으며, 노동당의 대외연락부는 내각의 225국으로 이전하였다.

(2) 정찰총국의 조직

① 정찰총국은 군의 정찰국과 6 · 15국 및 노동당의 35호실과 작전부 등 기존의 4개 부서를 통합한 대남 · 해외 정보기구이다.

② 북한은 1961년에 노동당 연락부, 민족보위성 정찰국, 내무성 반탐처 등 대남 · 해외 정보기관들을 통합하여 노동당 연락국을 설립하였으며, 1964년 2월에는 노동당 조사부를 포함시켜 대남사업총국으로 확대 · 개편한 적이 있었다.

③ 정찰총국은 과거 대남 · 해외 정보활동을 총괄 · 지도하기 위해 설립된 대남사업총국과 유사한 기구라고 볼 수 있다.

(3) 정찰총국 신설의 목적

① 정찰총국의 신설에 따른 북한의 대남 · 해외 정보기구 개편은 업무의 효율성 추구와 역할 및 기능의 재조정을 통해 대남 · 해외 공작과 정보수집 업무를 강화하려는 의도로 볼 수 있다.

② 그동안 업무가 겹쳤던 각 기관의 영역을 조정함으로써 효율성과 능률성을 높이려는 의도로 볼 수 있으며, 테러, 납치, 암살 등으로 악명 높았던 기관들을 '당'에서 '군'으로 이동시킴으로써 국제사회에서 노동당의 이미지 개선 효과를 가져 오려는 의도도 포함되어 있다.

③ 그러나 북한의 정보기구 개편의 최우선 목적은 김정은 후계체제 구축을 안정적으로 추진하려는 데 있었다.

(4) 김정일 후계 구축과의 비교

① 북한은 1974년 2월 당 중앙위원회 제5기 8차 전원회의를 통해 김정일이 후계자로 결정된 이후 1975년 6월부터 대남사업부서 개편을 시작하였다.

② 당시 북한은 김중린이 맡고 있던 대남사업담당 비서직을 폐지하고 김일성이 직접 대남사업부서들을 지도하는 체계로 개편했다. 이 과정을 통해 김정일은 대남사업부서들을 완전히 장악할 수 있었다.

③ 김정일 후계구축 시기에 이루어졌던 북한의 정보기구 개편을 돌이켜 볼 때, 정찰총국의 창설 역시 후계자 김정은의 정보기구에 대한 장악을 용이하게 하려는 조치라고 볼 수 있다.

(5) 국방위원회의 위상과 권능 강화

① 북한은 정찰총국 창설 시기인 2009년 4월 헌법 개정을 통해 국방위원회를 국가의 최고 지도기관으로 격상시키고 그 위상과 권능을 강화하였다.

② 그리고 당 · 정 · 군의 핵심 간부들을 국방위원회에 포진시킴으로써 국방위원회를 중심으로 한 효율적인 통치 체계를 만들었으며, 이러한 체계를 김정은 후계체제의 안정적 구축을 위한 수단으로 활용하였다. 이러한 차원에서 대남 · 해외 정보활동을 통합적으로 수행하는 정찰총국의 창설 역시 김정은이 정보기구들을 신속하게 장악하고 효율적으로 통제할 수 있도록 한 조치라고 볼 수 있다.

③ 결국 김정일은 과거 자신의 권력승계 경험을 통해 후계자 수업 기간이 짧은 김정은이 북한의 정보기관들을 신속하게 안정적으로 장악 · 통제할 수 있도록 하는 시스템을 구축한 것이다.

(6) 통일전선부의 세력 약화

① 북한의 정찰총국 신설로 대남 · 해외 정보활동의 주도권이 당에서 군으로 넘어갔다고 평가할 수 있다.

② 과거 대남 정보활동을 주도했던 통일전선부는 작전부와 35호실을 정찰총국에 넘겨주고, 대외연락부는 내각의 225국으로 이전함으로써 세력이 약화되었다.

③ 통일전선부는 대남정책의 수립과 남북대화와 경협사업 등 공개적인 역할에 주력하고 있으며, 반면 정찰총국은 대남 정보활동의 핵심부서로 등장하게 되었다.

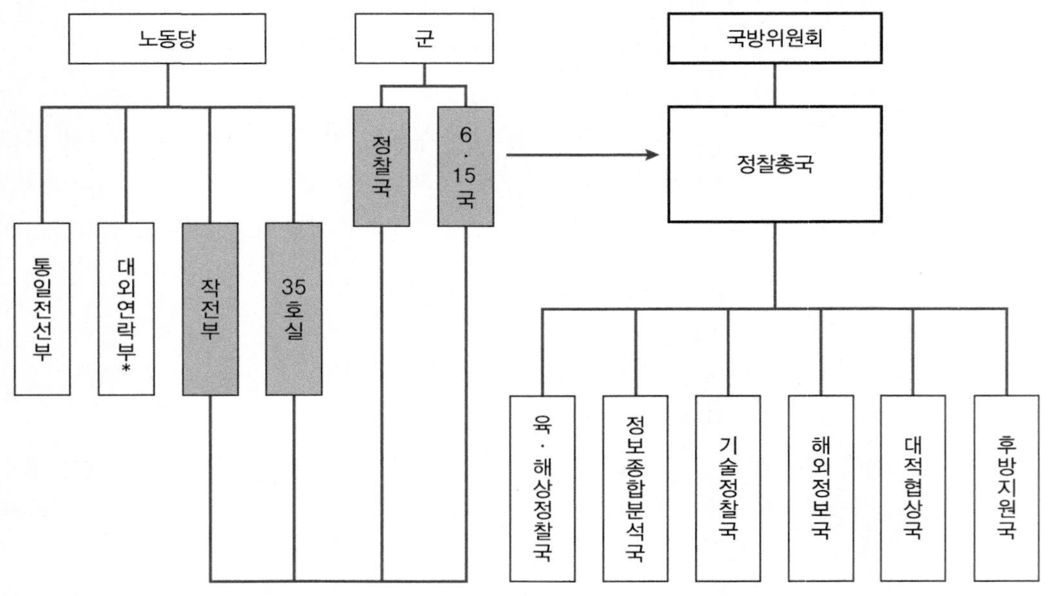

*대외연락부는 내각으로 이동하여 225국으로 명칭을 변경.

[북한의 2009년 정보기구 개편]

Ⅱ 225국의 통전부로의 이동과 정보기관의 명칭 변경

1 의의

김정은 시대에도 북한은 정보기구의 개편을 지속적으로 추진했다. 북한은 2012년 말 대남공작 전문부서인 225국을 내각에서 노동당 통일전선부 산하로 다시 재편입하였으며, 정찰총국의 정보활동 영역을 사이버 공간으로 확대하였다. 그리고 2015년에는 노동당 통일전선부의 225국을 문화교류국으로 명칭을 변경하였다.

2 국무위원회 신설과 정보기관의 명칭 변경

① 북한의 정보기구에 대한 명칭 변경은 최근에 들어서서 두드러지게 나타나고 있다. 북한은 2016년 6월 최고인민회의 제13기 4차 회의에서 국방위원회를 폐지하고 국무위원회를 신설하였다. 이에 따라 국가안전보위부는 국가보위성으로, 인민보안부는 인민보안성으로 명칭을 변경하였다.

② 국무위원회 신설 이후 북한은 우리의 경찰기구격인 인민보안성을 2020년 5월 사회안전성으로 명칭을 변경하였다. 인민보안성의 사회안전성으로 명칭 변경은 당 중앙군사위 제7기 4차 확대회의에서 이루어진 것으로 보인다. 북한은 이 회의에서 "안전기관의 사명과 임무에 맞게 군사지휘체계를 개편할데 대한 명령서"를 채택하였다고 밝혔다.

③ 인민보안성의 사회안전성으로 명칭 변경에 따라 인민내무군 역시 사회안전군으로 명칭을 변경하였을 것으로 보인다. 한편 군 정보기관인 보위사령부 역시 2016년에 보위국으로 명칭을 변경하였다. 북한의 「조선중앙통신」은 김정은의 인민군 상륙과 반상륙방어훈련 연습지도와 관련한 보도를 내보내면서 보위사령관 조경철 대장의 직책을 보위국장으로 호칭했다.

3 북한의 정보기구 체계

(1) 의의

① 북한의 정보기구에 대한 명칭 변경에도 불구하고 개별 정보기구의 위상과 역할 및 기능에는 큰 변화가 없는 것으로 보인다.

② 이러한 명칭 변경은 북한이 김정일 시대의 '군' 중심에서 김정은 시대의 '당' 중심으로 변화하면서 노동당을 중심으로 하는 통치체제를 구축하기 위한 조직 개편의 연장선상으로 볼 수 있다.

③ 그리고 변경된 명칭들이 과거 김일성 시대에 사용했던 명칭들임을 고려할 때, 김정은의 '김일성 따라하기'의 일환으로도 볼 수 있다.

(2) 김정은 시대 북한의 정보기구 체계

① 현재 북한의 정보기구 체계는 노동당의 통일전선부와 문화교류국, 국무위원회의 국가보위성, 사회안전성, 정찰총국, 조선인민군 보위국으로 이루어져 있다.

② 그리고 국내 정보기구는 국가보위성, 사회안전성, 군보위국으로, 대남 · 해외 정보기구는 정찰총국, 통일전선부, 문화교류국으로 구분할 수 있다.

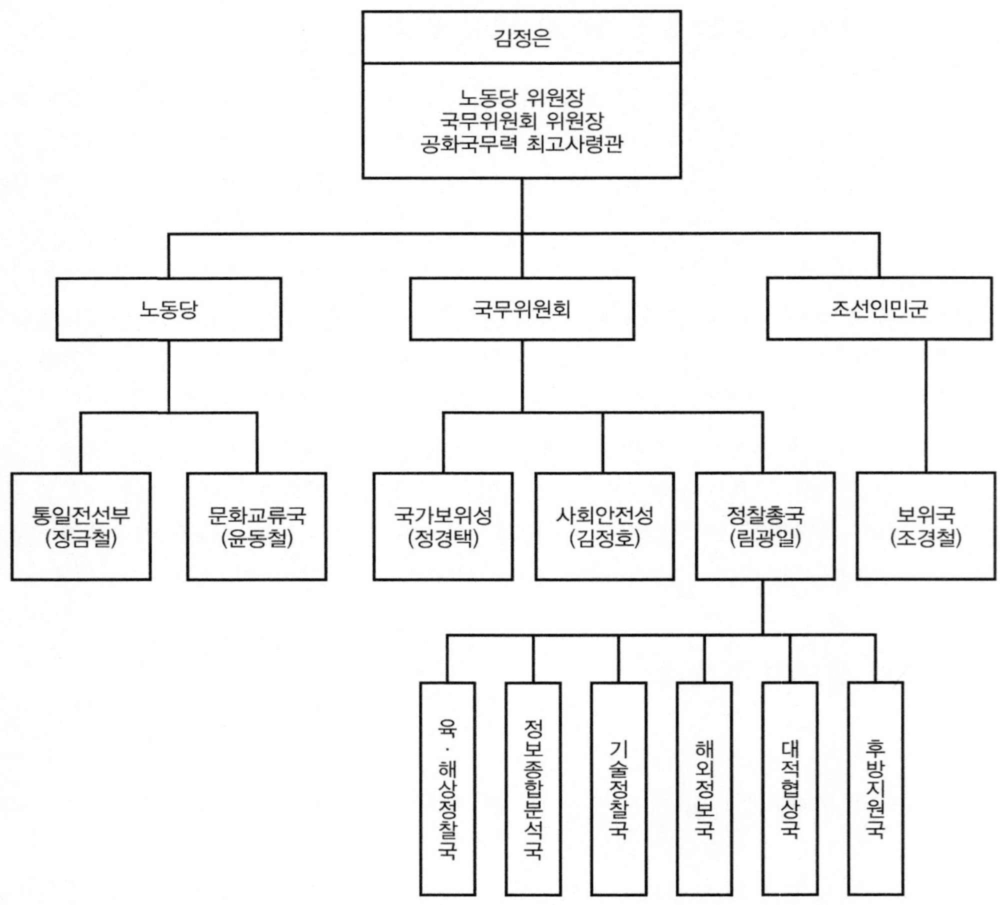

[김정은 시대 북한의 정보기구 체계]

Theme

113 국가보위성

I 의의

① 국가보위성은 북한의 대내외 정보업무를 통합적으로 수행하는 기관으로 우리의 국가정보원과 유사한 기능을 수행한다.

② 국가보위성은 북한의 최고 정보사찰기관으로서 과거 소련의 KGB 운용 시스템을 모델로 하고 있다.

II 연혁

1 내무성 정치보위국과 사회안전부 정치보위국

국가보위성은 1952년 내무성 정치보위국으로 출발하였으며, 1962~1973년 4월까지는 사회안전부 정치보위국으로 운영되었다.

2 국가정치보위부 신설

① 북한은 1973년 5월 사회안전부로부터 정치보위 기능을 독립시켜 국가정치보위부를 신설하였으며, 이때부터 국가보위성이 독자적인 정보기관으로 활동을 시작하였다.

② 국가정치보위부의 설립 배경은 1967년 갑산파 사건 이후 전문 감찰기구의 필요성 증대에 따른 조치라고 볼 수 있으며, 김정일로의 권력세습이 가시화되는 시대적 배경과도 연결되어 있다. 국가정치보위부는 출범 이후 김정일 후계체제 구축을 위협하는 장애요인들을 적발 · 색출 · 제거하는 데 앞장섰다.

3 국가안전보위부로 명칭 변경

국가정치보위부는 1982년 정무원 산하에서 독립하면서 국가보위부로 개칭되었으며, 1993년부터 국가안전보위부로 명칭이 다시 바뀌었다.

4 국가 보위성으로 개칭

그리고 그 이후 국가안전보위성(1996)→국가안전보위부(2010)→국가 보위성(2016)으로 개칭되어 오늘에 이르고 있다.

Ⅲ 임무

1 의의

① 국가보위성은 김일성이 남포의 보안 간부 훈련소를 현지 지도했던 1945년 11월 19일을 창립일로 하고 있다.

② 국가보위성은 북한의 최고지도자인 김정은과 노동당 및 국가의 제도 보위를 최우선 임무로 삼고 있다. 국가보위성은 북한 정권과 사회주의 체제 유지의 첨병으로서 국무위원장인 김정은의 직접적인 지시를 받아 사업을 진행하고 있다.

③ 그리고 이를 위해 주민들의 사상동향 감시, 반체제 인물색출, 정치범수용소(농장) 관리, 반탐, 해외정보수집 · 공작, 국경경비 · 출입국 관리 등의 임무를 수행하고 있다.

2 정권과 체제 보위

① 김일성은 국가정치보위부 설립 당시 "국가정치보위부는 당의 한 개 부서이며 나에게 직접 복종한다."고 선언하면서, "종파분자와 계급의 원쑤는 그가 누구이건 3대에 걸쳐 씨를 없애야 한다."고 지시했다.

② 김일성의 언급은 국가보위성이 정권과 체제 보위를 위해 설립되었다는 것을 증명하고 있다. 이러한 차원에서 본다면 김정은 정권 출범 이후 권력세습의 안정과 공고화를 위한 국가보위성의 기능과 역할 강화는 필연적이었다고 볼 수 있다.

3 정치사찰

① 국가보위성은 정치사찰을 주요 업무로 하고 있으며, 원활한 업무수행을 위해 정치 사상범에 대한 체포 · 구금 · 처형 등을 법적 절차를 거치지 않고 임의대로 결정하는 권한을 가지고 있다.

② 북한의 「형사소송법」 제46조는 "반국가 및 반민족적 범죄 사건의 수사는 안전보위기관의 수사원이 한다."고 명시하고 있다. 즉 북한에서 치안유지와 관련된 일반범죄는 사회안전성에서 관할하고 있지만, 북한 체제와 결부된 국가안보 사안은 국가보위성이 담당하고 있다.

4 김정은의 취약한 정치적 안정성을 확보하기 위한 수단으로 활용

① 김정은 정권 출범 이후 국가보위성이 적발한 반국가사범의 경우에는 형사소송 절차를 거치지 않고 즉결 처형 또는 관리소 처리로 결정 · 집행하는 사례가 자주 발생하였다.

② 특히 김원홍이 2012년 4월 국가안전보위 부장으로 임명된 이후 국가안전보위부의 재량이 확대되고, 중앙당의 고위층 인사들로까지 수사가 확대되면서 형사소송 절차를 거치지 않는 결정 · 집행 사례가 증가하였다.

③ 김정일의 급사로 인해 충분한 후계수업을 받지 못한 김정은이 취약한 정치적 안정성을 확보하는 수단으로 국가보위성을 동원한 결과이다.

5 업무영역을 노동당 본부와 군 핵심 인물들에게까지 확대

① 국가보위성은 사건 수사에 필요하다고 판단되는 경우 김정은의 특별지시를 받아 업무영역을 노동당 본부와 군 핵심 인물들에게까지 확대하고 있다.

② 국가보위성은 김정은의 수령과 정권에 대한 보위강화 지시를 빌미로 군부를 포함한 고위층에 대한 휴대전화 도청과 감청을 시행하고 있다.

③ 그리고 군 보위국에 대해서도 주요 사건의 경우 국가보위성에 보고하도록 함으로써 군부와 보위국에서 불만을 토로하고 있다. 반면 국가보위성의 해외정보수집 및 공작업무는 정찰총국의 업무와 일부 중복된다고 볼 수 있다.

④ 그러나 국가보위성의 해외 활동은 주로 해외 방첩 및 체제 보위와 관련된 정보수집 및 공작 기능에 주력하고 있어 정찰총국의 해외정보국 기능과는 구분된다.

6 대남공작 활동의 증가

① 김정은 시대 들어 국가보위성의 대남공작 활동이 증가하고 있으며, 이는 대부분 탈북자와 관련되어 있다. 먼저 국가보위성의 대남공작은 최근 탈북자로 가장하고 우리사회에 잠입하는 위장간첩의 형태로 나타나고 있다.

② 2008년 원정화, 2010년 김미화, 2012년 이경애가 탈북자로 위장한 국가보위성 소속의 공작원으로 드러났다. 2003년부터 2013년 간 체포된 간첩 49명 중 약 40%가 탈북자로 위장 침투했다는 연구가 있으며, 이를 통해 정찰총국은 물론 국가보위성도 탈북자 공작에 적극적으로 참여하는 것을 알 수 있다.

③ 또한 국가보위성은 중국에 숨어 있는 탈북자에 대한 첩보 수집 및 송환 활동도 주요 업무로 다루고 있다. 국가보위성의 대남정보 활동은 방첩활동의 기초인 수비를 넘어서는 적극적 또는 공세적 방첩으로 볼 수 있다.

7 김정은 정권의 국가보위상

(1) 국가안전보위부장

① 김정은 정권 초기에 북한은 국가안전보위부장 자리를 공석으로 둔 채 우동측 제1부부장으로 하여금 국가안전보위부를 책임지도록 하였다.

② 그리고 2012년 4월부터 당시 군 총정치국 조직부국장이었던 김원홍 대장이 부장을 맡도록 하였다.

(2) 김원홍 국가안전보위부장

① 국가안전보위부장이었던 이진수가 1986년 사망한 이후부터 2012년 4월 김원홍 부임 이전까지 국가안전보위부장은 공석으로 존재했었다.

② 김원홍은 국가안전보위부장에 임명된 후 김정은 정권의 안정화를 위한 선봉에 서 있었다. 특히 그는 2013년 12월에 이루어진 장성택의 체포 · 처형을 주도함으로써 김정은의 신임을 독차지하였다.

③ 김원홍은 2017년 국가보위상에서 총정치국 제1부국장으로 이동하였으며, 2017년 말 황병서와 함께 권력의 중심에서 밀려난 것으로 알려져 있다.

(3) 정경택 국가보위상

① 현재 국가보위상은 정경택이 맡고 있다. 정경택은 국가보위성 정치국 조직부국장을 거쳐 2017년 김원홍의 후임으로 임명되었다.

② 2020년 5월 개최된 당 중앙군사위원회 제7기 4차 확대회의에서 상장에서 대장으로 승진하였으며, 현재 국가보위상과 함께 당 정치국 위원, 당 중앙군사위원회 위원, 국무위원회 위원을 맡고 있다.

Ⅳ 조직

1 의의

① 국가보위성은 국무위원회 직속 기관으로 국무위원장인 김정은이 직접 관장하고 있고, 국가보위성을 지도 · 감독하는 노동당 조직지도부는 8과를 통해 당 생활 장악 · 통제를, 검열2과를 통해 검열을 진행하고 있다.

② 국가보위성은 대외적 노출을 최소화하기 위해 군부대 명칭을 사용하고 있다. 국가보위성의 군부대 명칭은 첫 숫자를 '1'로 시작하고 있으며, 북한의 언론매체에 등장하는 '조선인민군 제10215군부대'는 국가보위성의 본부를 의미한다.

2 편제 및 규모

① 국가보위성은 정경택 국가보위상 아래 리정록, 리용암 등 6명의 부상(副相)이 있으며, 본부는 평양시 대성구역 룡흥동에 위치하고 있다.

② 국가보위성 본부는 정치국과 행정부서로 구성되어 있으며, 행정부서는 35개 국, 13개 지역보위국, 국가보위성 정치대학으로 이루어져 있다.

③ 국가보위성의 전체 인원은 4~5만 명 정도이며, 보위성 본부에 4,000~5,000명 그리고 지역보위국은 각각 1,500~2,000명의 인원이 활동하고 있다.

3 정치국

(1) 의의

국가보위성 정치국은 당 생활지도, 조직, 인사 등의 기능을 수행하고 있으며, 조직부, 선전부, 간부부, 총무부, 근로단체부, 청년부 등으로 구성되어 있다.

(2) 조직부

조직부는 국가보위성 인원들에 대한 당 조직생활을 지도·통제하는 핵심부서이며, 보위성원들의 혁명화 처벌 권한과 보위성 군인들의 노동당 입당 허가 권한 등을 보유하고 있다.

(3) 선전부

선전부는 사상교양 사업과 학습총화 등 당 사상생활 지도 권한을 보유하고 있으며, 본부와 지역 보위부들에 산재해 있는 김일성·김정일 연구실 및 동상들을 관리한다.

(4) 간부부

간부부는 신규 보위원 채용 및 승진과 보위원 후보생 선발 등을 주관하며, 보위원에 대한 인사와 표창 상신 업무 등을 총괄하고 있다.

(5) 총무부

한편 총무부는 보위성의 보안서류를 취급·관리하는 기능을 담당한다.

4 행정부서

(1) 의의

① 행정부서 35개 국은 정보부문, 기술정보부문, 후방부문으로 분류할 수 있다.

② 국가보위성 행정부서 35개 국 중 반탐, 수사, 통신국 등이 핵심부서라고 할 수 있다.

(2) 정보부문

정보부문은 작전종합지도국, 반탐정국, 수사국, 검찰국, 예심국, 중앙기관보위국, 보안기관보위국, 원자력총국보위국, 북남대화보위국, 해외대열보위국, 철도보위국, 농장관리국(정치범수용소 관리) 등이다.

(3) 기술정보부문

기술정보부문은 화학국(도청국), 미행감시국, 무선반탐정국, 자료조사국, 정보기술연구국, 문서검열국 등으로 구성되어 있다.

(4) 후방부문

후방부문은 통신국, 후방국, 무역관리국, 차량관리국 등으로 구성되어 있다. 그리고 승용차관리소, 미술창작사, 문예창작사 등 10여 개의 직속 단위가 있다.

5 지역보위국

(1) 의의

① 지역보위국은 도 단위에 설치되어 있으며, 평양직할시, 남포·개성·나선 특별시, 9개 도 등 13개 지역에 설치·운영되고 있다.

② 13개 지역보위국 역시 본부의 조직구조처럼 정치부와 행정부서로 구성되어 있으며, 행정부서는 7~10개의 처와 시·군·구역 보위부로 구성되어 있다.

(2) 시·군·구역 보위부

① 시·군·구역 보위부는 3~5개의 과로 구성되어 있으며, 부장, 부부장 2~3명, 과장 3~5명, 부원 30~40명 정도로 구성되어 있다.

② 그리고 최말단인 농촌의 리 단위와 인민반에까지 보위부 요원을 파견하여 감시업무를 수행하고 있다.

③ 한편 기관 및 기업소의 경우 중요도에 따라 보위부 조직의 설치여부가 결정된다. 중요 기관의 경우 보위부 조직과 함께 15~40명 정도가 근무하며, 보위부 조직이 없는 경우 1~3명의 담당 보위원을 파견한다.

6 김정은 시대 국가보위성 조직의 변화

(1) 의의

김정은 시대 들어 국가보위성은 조직 측면에서 몇 가지 변화를 가져온다.

(2) 국가보위성 특별군사재판소 신설

① 김정은 정권 출범 이후 장성택 처형과 관련하여 '국가보위성 특별군사재판소'라는 조직이 새로 등장하였다.

② 특별군사재판소는 국가 보위성이 장성택 사건에 대해 형사적 절차를 거치지 않고 조기에 처리하려는 의도에서 임시조직(특별조직)으로 설립한 것으로 볼 수 있다.

③ 이미 국가보위성에는 반국가사범을 판결하는 재판국이 존재하고 있기 때문이다. 국가보위성 특별군사재판소의 설립 일자는 정확히 알려지지 않았지만, 장성택 재판 직전인 2013년 12월경으로 추측할 수 있다.

(3) 국경경비총국 흡수

국가보위성은 김정은 시대 들어 국경경비총국을 예하 부대로 흡수하였다. 국가보위성은 2012년 4월 대량 탈북 문제를 해결하기 위해 인민무력성 소속이었던 국경경비총국을 이관받았으며, 그 결과 국경경비와 탈북자 단속은 이전보다 훨씬 더 강화되었다.

(4) 해외대열보위국의 탈북자 관련 정보활동 증가

① 해외대열보위국을 중심으로 탈북자 관련 정보활동이 증가하였다. 과거 해외대열보위국은 대남 관련 업무에 대해서는 통전부나 작전부의 지시에 따라 움직일 뿐 독자적인 작전권을 보유하지 않았다.

② 그러나 김정은 시대 들어 해외대열보위국 중국처를 중심으로 탈북자 색출 · 송환, 위장 탈북자 양성, 한국인 대상 정보수집 · 포섭, 탈북자를 활용한 한국 내 반북인사 테러 등의 업무를 수행하고 있다. 이러한 차원에서 김창환 선교사 암살, 김정욱 선교사 억류, 김국기 · 최춘길 유인납치, 한충렬 목사(중국 국적 조선족 목사) 암살 등을 실행한 것으로 알려져 있다.

③ 해외대열보위국은 해외방첩을 주요 임무로 하고 있어 대남 정보활동에 직접 개입하기보다는 방첩 차원에서 탈북자와 직접 연관된 활동에만 개입하고 있다.

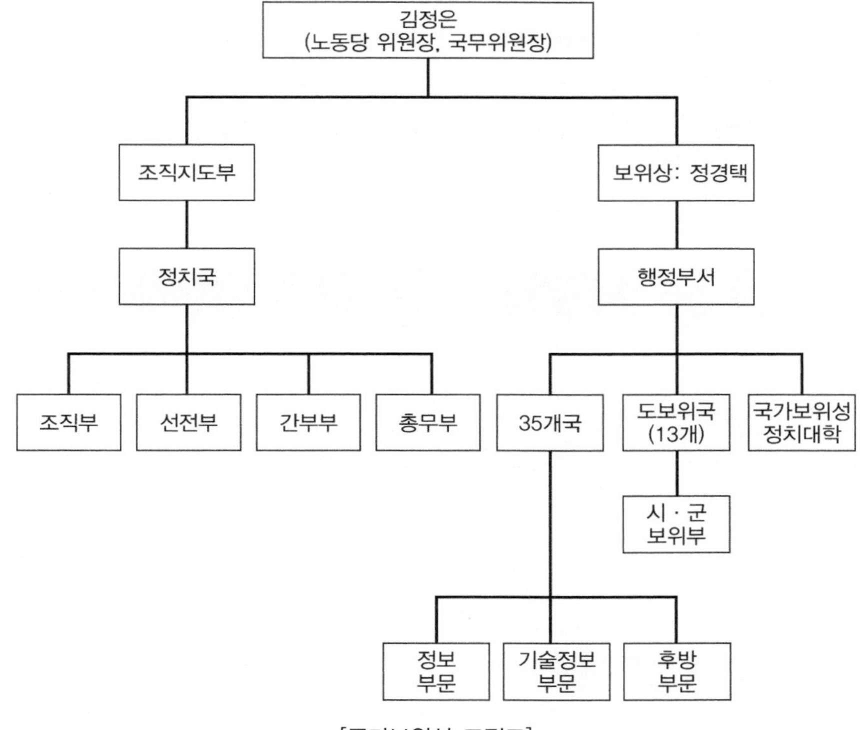

[국가보위성 조직도]

Theme

114 사회안전성

I 의의

1 기관의 성격

① 사회안전성은 우리의 경찰청에 해당하는 기관으로 김정은 정권을 옹호 · 보호하기 위해 주민들을 사찰하는 정보기관이자 치안유지 기관이다.

② 정권과 체제수호를 위해 국가보위성이 비밀경찰로서 은밀히 활동한다면, 사회안전성은 주민을 대상으로 하는 감시 사업의 최일선에서 활동하는 일반경찰 조직이다.

2 구체적 활동

① 사회안전성의 구체적 임무는 수령 옹호 보위, 당과 정권 보안사업의 옹호보위, 인민의 생명 · 재산 보호, 사회질서 유지 등이라고 할 수 있다.

② 또한 이러한 임무 이외에도 일반 경찰의 업무라고 보기 어려운 당의 정치사업, 소방사업, 지진관리, 철도 · 지하철 운영관리, 교화사업, 외화벌이 사업 등의 업무를 수행하고 있다.

II 연혁

1 내무성

사회안전성은 소련 군정 시절인 북조선 5도 행정국 산하의 보안국에 기원을 두고 있으며, 공식적인 경찰조직의 탄생은 1948년 정권 수립과 함께 출범한 내무성으로 볼 수 있다.

2 명칭의 변경

이후 내무성은 사회안전성(1951.3) → 내무성(1952.10) → 사회안전성(1962.10) → 사회안전부(1972.12) → 사회안전성(1998.9) → 인민보안성(2000.4) → 인민보안부(2010.4) → 인민보안성(2016.6) → 사회안전성(2020.5)으로 명칭을 변경하면서 오늘에 이르고 있다.

Ⅲ 대국민 사찰 전문 기관

1 의의

① 사회안전성은 김정은 정권과 사회주의 체제를 유지하기 위한 대국민 사찰을 전문으로 하고 있다.

② 사회안전성의 주민 사찰 방법은 감시자와 감시대상자 및 통제하는 자와 통제받는 자의 수직적 관계와 모든 주민이 상호 감시 견제하는 수평적 관계가 복합적으로 작용하는 그물망식 체제이다.

③ 사회안전성은 주민에 대한 사찰과 함께 감시 · 통제 · 처벌 업무를 동시에 수행하고 있다.

2 시장 확산과 통제의 필요성 증가에 따른 역할의 확대

① 특히 김정은 시대의 시장 확산과 함께 통제의 필요성이 증가하면서 사회안전성의 위상 상승과 역할 확대가 나타났다.

② 그러나 북한의 경제난이 가속화되면서 사회안전원 역시 생존문제에 직면하게 되고, 시장을 매개로 사회안전원과 주민 간 부패를 연계로 하는 공생관계가 진행되면서 사회통제가 느슨해지고 있다.

3 김정은 시대 사회안전상과 사회안전성 요원

(1) 최부일

김정은 시대 사회안전상은 2013년 2월 리명수에서 교체된 최부일이 최근까지 맡아왔다. 최부일은 북한군의 요직인 총참모부 작전국장 출신으로 북한군 대장, 당 중앙위원, 당 정치국 후보위원, 국무위원회 위원, 최고인민회의 대의원 등을 겸임하고 있으며, 2013년 3월경 인민보안부장으로 임명되었다.

(2) 김정호

그러나 2019년 12월 개최된 당 제7기 5차 전원회의에서 최부일이 노동당 군정지도부장으로 이동하면서 후임으로 김정호 상장이 임명되었다. 김정호는 사회안전상으로 임명되기 이전 사회안전성 부상의 직책을 수행하였으며, 현재는 국무위원회 위원, 최고인민회의 법제위원장, 당중앙위원회 위원 등을 겸임하고 있다.

(3) 사회안전성 요원

사회안전성 요원들의 충원은 당에 대한 충성심과 출신성분에 기준을 두고 있다. 사회안전성 요원들은 대부분 김정일인민보안대학 졸업생들로서 출신성분 및 사회성분 검증을 위한 신원조회 이후 안전원으로 활동할 수 있다.

Ⅳ 조직

1 의의

① 사회안전성은 국가보위성 및 인민무력성과 함께 국무위원회 직속 기관으로 김정은 국무위원장의 직접 통제를 받고 있다.

② 김정은 정권 출범 초기에 사회안전성은 국방위원회 소속이었으나 장성택이 맡고 있던 노동당 행정부가 생활지도를 넘어 정책지도까지 담당하였다.

③ 장성택 숙청과 행정부의 폐지 이후에는 조직지도부가 사회안전성을 지도 · 감독하고 있다.

2 편제

① 사회안전성 본부는 평양시 서성구역 연못동에 있으며, 노동당 조직인 정치국, 국가보위성 파견조직인 보위부, 행정부서로 구성되어 있다.

② 행정부서는 본부의 20여 개의 국, 13개 지역의 보안국, 김정일인민보안대학으로 이루어져 있다.

③ 사회안전성은 김정호 사회안전상, 리태철 제1부상, 보안 · 감찰 · 내부 등을 담당하는 부상들로 구성되어 있다.

3 정치국

(1) 의의

정치국은 사회안전성의 당 사업을 지도 · 감독하는 정치사업조직으로 조직지도부의 통제를 받고 있다.

(2) 조직

정치국은 정치국장, 조직 · 선전 담당 부국장 2명, 조직부, 선전부, 간부부, 총무부, 근로단체 사업부, 청년부, 문예창작사, 미술창작사, 출판사 등으로 이루어져 있다.

(3) 업무

정치국은 이러한 부서들을 통해 보안원의 당생활 지도 · 감독, 사회안전성의 직무수행 감시 · 감독, 사회안전성 요원들의 해임 · 승진 · 표창 등 인사업무, 보안국 · 보안서 및 직속기관 정치국(부)의 사업 지도 · 감독 등의 업무를 수행한다.

(4) 권한

정치국은 사회안전성에 대한 업무감독권과 인사권을 보유하고 있어 사회안전성에서 가장 강력한 부서라고 할 수 있다.

4 보위부

① 보위부는 국가보위성에서 사회안전성에 파견한 요원들로 구성되는 상주부서로서 국가보위성 본부의 하나의 국 역할을 수행한다.

② 보위부는 사회안전성과 산하기관 및 보안원에 대한 보위사업을 수행한다. 노동당 조직지도부가 정치국을 통해 사회안전성의 당 사업 · 생활에 관한 감독을 한다면, 국가보위성은 보위부를 통해 구성원들의 동향에 대한 감시와 통제를 수행한다고 볼 수 있다.

5 행정부서

(1) 의의

① 행정부서는 종합지휘국, 감찰국, 수사국, 예심국, 호안국, 교통국, 반항공국, 경비훈련국, 병기국, 기요변신국, 증명서발급국, 공민등록국, 신분등록국, 통신국, 재정경리후방국, 철도보안국, 교화국, 7총국, 8총국, 지하철도운영관리국 등이 있다.

② 사회안전성의 지방조직으로는 특별시 · 직할시 · 도 보안국, 시 · 군 · 구역 보안서, 동 · 리의 보안소(분주소) 등이 있다.

(2) 보안국

① 보안국은 13개 지역에 조직되어 있으며 우리의 지방경찰청으로 볼 수 있다. 보안국은 보통 10여개 정도의 처와 25개 정도의 시(군) 보안서로 구성되며, 군(구역) 보안서는 5개의 과와 5~10개의 리(동) 보안소로 구성된다.

② 보안국은 국장, 참모장, 부국장 4명, 정치부장을 두고 있으며, 행정부서로 종합지휘처, 감찰처, 수사처, 예심처, 호안처, 교통처, 반항공처, 경비훈련처, 기요변신처, 증명서발급처, 공민등록처, 신분등록처, 통신처, 재정경리후방처 등이 있다. 그리고 산하조직으로 특별기동대, 정치학교, 화학대, 기요연락대, 여행자단속집결소, 비법월경집결소, 무선통신결속소 등을 가지고 있다.

(3) 보안서

보안서는 우리의 경찰서에 해당하며 시 · 군 · 구역에 200여 개가 있다.

(4) 보안소

그리고 보안소는 우리의 파출소로 볼 수 있으며 전국 리 · 동 단위와 공장기업소에 4,000여 개가 있다.

(5) 분주소

① 분주소는 20～30여 명의 인원이 근무하며 소장, 부소장 2명, 담당보안원과 주민등록 담당 등 7～10명의 보안원으로 구성되어 있다.

② 원칙적으로는 모든 리 · 동에 보안소 설립을 원칙으로 하고 있으나, 주민 규모에 따라 2개 동에 하나의 보안소가 설립되어 있기도 하다.

(6) 기관 · 기업소 보안부

① 기관 · 기업소 보안부는 공장 종업원의 출퇴근 사항 파악과 공장 내 범죄행위 및 사건 · 사고를 담당하고 있다. 기관 · 기업소 보안부는 기관과 기업소의 중요성과 인원 규모에 따라 보안원 2～3명이 맡고 있거나 별도의 보안부 기구가 설치되기도 한다.

② 보안부 기구를 설치할 때는 구역보안서의 기구체계 및 인원 규모와 유사한 형태를 취한다.

6 사회안전성 요원의 인원 규모

① 사회안전성 요원의 인원 규모는 북한의 폐쇄성으로 인해 정확히 파악할 수는 없지만, 대략 18만여 명으로 추정된다.

② 사회안전원 8만여 명, 사회안전군 소속인 7총국 · 8총국의 공병요원 8만여 명과 경비훈련국 경비요원 2만여 명 등이다.

③ 특히 사회안전원은 아니지만 사회안전성과 산하조직에서 근무하는 사민(노동자)이 12만여 명으로 이를 포함하면 실제 총인원 규모는 30여만 명으로 추정된다.

V 김정은 시대 사회안전성의 조직 변화

1 의의

김정은 시대 북한은 사회안전성의 조직과 관련하여 몇 가지 변화를 보여주고 있다.

2 인민보안대학의 김정일인민보안대학으로의 명칭 변경

① 사회안전성 요원을 양성하는 우리의 경찰대학과 유사한 인민보안대학을 2012년 10월 5일 김정일인민보안대학으로 명칭을 변경하였다.

② 김정은 집권 이후 김정일 이름이 들어간 최초의 대학이며, 1990년대 대남 공작원 양성교육기관인 김정일정치대학에 이은 두 번째 사례이다.

③ 대학 명칭으로 김정일의 이름을 사용하였다는 점은 김정일 시대에 인민보안부를 신임하였다는 것을 알 수 있으며, 김정은 역시 사회통제를 위해 인민보안부를 적극적으로 활용하겠다는 의미가 내포되어 있다고 볼 수 있다.

3 인민보안성의 보안부부장 직제의 폐지 및 참모장 직제 재도입

① 북한은 2012년 초 인민보안성의 보안부부장 직제를 폐지하고 참모장 직제를 재도입하였다. 참모장은 1990년대 초반 사회주의권의 붕괴와 김일성 사망 등으로 체제 위기가 증가하자 사회안전부를 전시체제로 전환하면서 도입한 직제이다.

② 그러나 북한은 참모장 직제를 2000년에 4월 사회안전성을 인민보안성으로 명칭을 변경하면서 폐지하고 보안부부장 직제로 대체하였다.

③ 그 후 내각 소속이었던 인민보안성은 2010년 4월 국방위원회 산하 기구로 이동하면서 인민보안부로 명칭을 변경하였으며, 인민보안성에 군율 제도를 수립하려는 김정일의 의지에 따라 참모장 제도를 재도입하였다고 볼 수 있다.

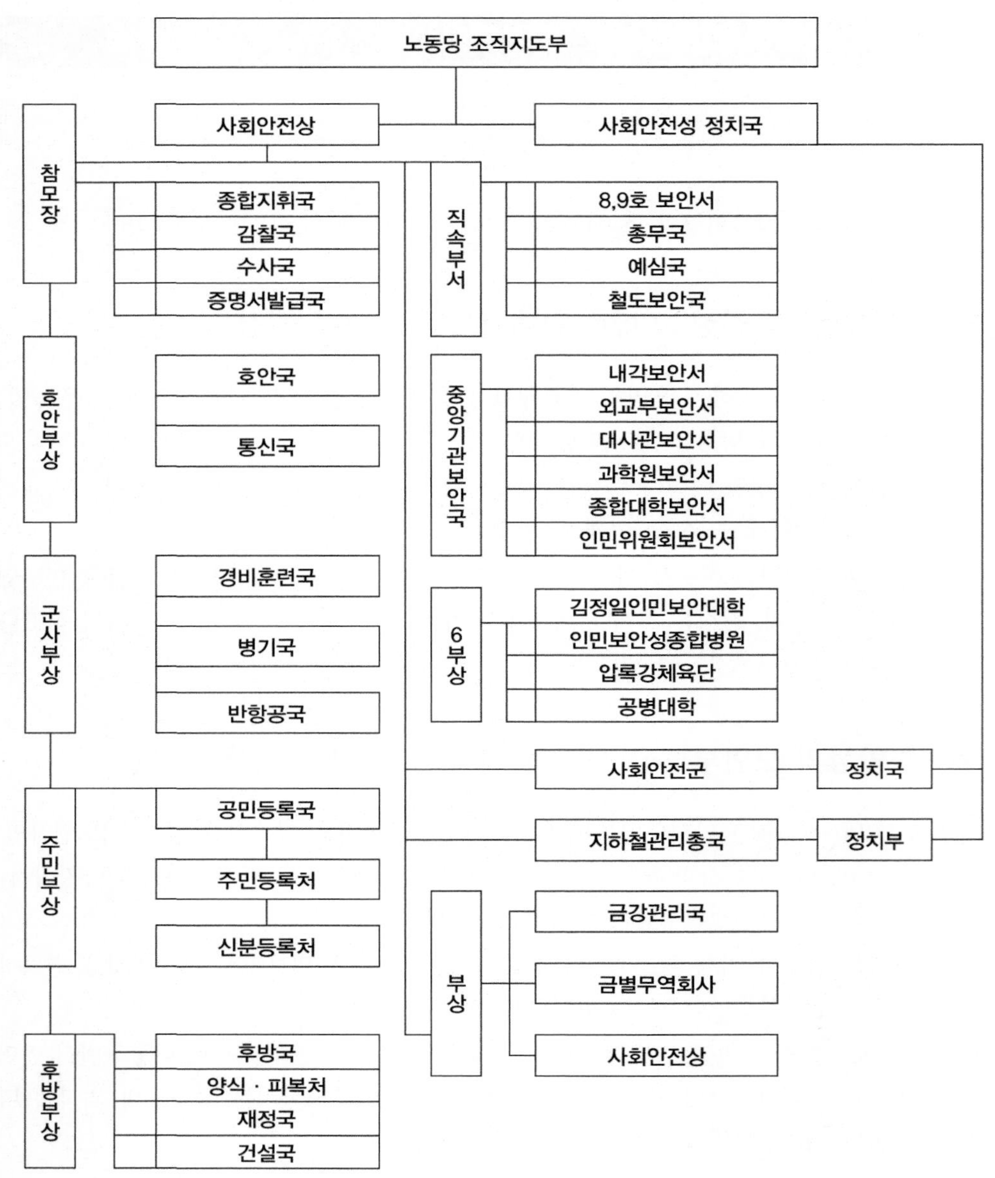
노동당 조직지도부
사회안전상
사회안전성 정치국
참모장
종합지휘국
감찰국
수사국
증명서발급국
직속부서
8,9호 보안서
총무국
예심국
철도보안국
호안부상
호안국
통신국
중앙기관보안국
내각보안서
외교부보안서
대사관보안서
과학원보안서
종합대학보안서
인민위원회보안서
군사부상
경비훈련국
병기국
반항공국
6부상
김정일인민보안대학
인민보안성종합병원
압록강체육단
공병대학
사회안전군
정치국
주민부상
공민등록국
주민등록처
신분등록처
지하철관리총국
정치부
부상
금강관리국
금별무역회사
사회안전상
후방부상
후방국
양식 · 피복처
재정국
건설국
[사회안전성 조직도]

Theme

115 보위국

I 의의

1 기관의 성격

보위국은 군대 내 간첩, 불순분자, 사상적 동요자 색출뿐만 아니라 살인, 절도, 무단 탈영, 성폭행 등 모든 군사 범죄에 대한 수사 · 예심 · 처벌을 집행하는 북한군의 정보기관으로서 우리의 국군방첩사령부와 유사한 기능을 수행하고 있다.

2 구체적 임무

보위국의 구체적 임무는 군부대 내 반당 · 반혁명 · 반국가 행위자들의 색출 · 검거, 능동적 · 독자적 방첩임무, 최고지도자의 군부대 현지지도 시 경호, 군대의 주민등록 사업, 일반 범죄자들의 색출 · 처리 등이다.

Ⅱ 연혁

1 안전기관

① 보위국은 1948년 2월 8일 인민군 창설 초기 반탐조직으로 만들어진 안전기관에 기원을 두고 있다. 당시 북한은 이 기관에 내무성 특수정보처 요원들로 안전군관(장교)을 파견하고 정치국(당시 문화부)의 소속으로 배속시켜 정치사찰 및 반탐업무를 수행하게 하였다.

② 한국전쟁 기간에는 인민군 내의 간첩과 반당 · 반혁명 분자 색출업무를 담당하였으며, 전쟁 이후에는 군대 내에 정치안전군관을 대폭 증원하면서 그 기능과 역할을 강화하여 갔다.

2 정치안전국

① 보위국이 현재와 같은 독립부서로 등장한 것은 1968년 정치안전국의 출범으로 볼 수 있다.

② 정치안전국의 출범은 1956년과 1968년의 군사쿠데타 적발로 인한 김창봉 · 허봉학 등의 숙청에 대한 공로와 연관되어 있으며, 김정일의 후계체제를 군부 내에서 실현시키려는 의도도 포함되어 있었다.

3 보위사령부로 확대 · 개편

이후 정치안전국은 1970년대 초에 보위국으로 명칭을 변경하였으며, 1995년 10월에는 국방위원회 직속 기관인 보위사령부로 확대 · 개편되었다.

Ⅲ 김정은 시대의 보위국

1 의의

김정은 시대에 들어서면서 북한은 2016년에 보위사령부를 보위국으로 다시 명칭을 변경하였다.

2 배경

① 북한이 보위사령부를 보위국으로 명칭을 변경한 것은 김정일 시대의 '선군정치'에서 김정은 시대의 '선당정치'로 변화하는 과정과 연결되어 있다고 볼 수 있다.

② 김정은 시대 북한은 노동당 중심의 통치체제를 구축하고 있으며, 당-국가체제를 지향하는 사회주의 정상국가화를 추구하고 있기 때문이다.

③ 따라서 보위사령부의 보위국으로의 명칭 변경은 위상 하락보다는 군부의 조직 개편 차원에서 이루어진 것으로 볼 수 있다.

3 김정일 시대의 보위사령부

① 과거 보위사령부는 김정일 시대에 선군정치와 맞물려 권한 강화가 이루어졌으며, 군인뿐만 아니라 민간인들까지 감시와 통제의 영역을 확대하였다.

② 그리고 국가보위성과 인민보안성 등 다른 정보기관의 활동까지 감시하는 역할을 수행하기도 하였다.

③ 김정은이 후계자로 등장한 이후인 2011년 5월경에는 노동당 39호실과 김정일 직속의 능라 888 무역회사를 감찰하였으며, 당시 군 기관이 당의 외화벌이 부서들을 감찰하는 현상은 매우 이례적인 일이었다.

4 김정은 집권 이후 보위국

① 김정은 집권 이후에도 보위국은 인민무력상, 총정치국장, 총참모장 등 군부 내 주요 간부와 군사지휘관 및 정치 군인들의 동향을 수시로 파악하며 전화 도청·감청, 미행 등을 시행하였다.

② 김정은 시대의 보위국장은 2003년부터 2010년까지 김원홍이 보위사령관직을 수행하였으며, 2010년 9월에 그 후임으로 조경철 대장이 임명되어 현재까지 직책을 수행하고 있다.

Ⅳ 조직

1 의의

① 보위국은 정치부와 행정부서로 이루어져 있으며, 행정부서는 11개 정도의 부서와 교육과, 자료실로 구성되어 있다.

② 그리고 군단에는 보위부와 보위 중대, 사단에는 보위부와 보위 소대가 있으며, 연대와 대대는 각각 보위부장과 보위 지도원이 비밀정보원과 함께 군대 내 보위사업을 진행하고 있다.

2 편제

보위국은 국장으로 대장 1명, 부국장으로 상장 4명, 각 처장으로 중장들이 있다. 그리고 보위국 정치부장은 상장 계급으로 보위 국장과 대등한 권한을 행사하고 있다.

3 정치부

① 정치부는 보위국 안에 있는 행정부서들, 간부처 부서들, 보위사령부 직속부대들에 대한 당 조직·사상생활을 지도·관리한다.

② 군대 내에서 총정치국은 정치군관과 당 일꾼 등을 통해 공개적이고 공식적인 감시·통제를 담당하는 반면, 보위국은 비공개적으로 비밀정보적 차원에서 감시와 통제를 담당하고 있다.

4 행정부서

(1) 의의

행정부서는 종합처, 수사처, 예심처, 미행처, 사건종합처 등 11개 정도의 부서가 있다.

(2) 종합처

① 종합처는 보위사령부 계획작성, 총화사업, 군사훈련 조직 등과 함께 행정업무 전반을 지도·통제하고 있다.

② 그리고 군단 보위부를 지휘통제하고 있으며, 각 군단에서 발생하는 모든 사건·사고에 대한 일차적 보고를 접수·종합하여 필요한 경우에는 예심부 등 다른 부서에 인계한다.

(3) 수사처

수사처는 간첩, 반당·반혁명 분자들을 비롯한 사상범과 정치범들에 대한 수사를 담당한다.

(4) 예심처

예심처는 범죄자들에 대한 심문을 전담하고, 감찰처는 탈영, 살인, 국가·군수물자의 절취·횡령 등과 관련된 사건을 다룬다.

(5) 사건종합처

사건종합처는 수사처, 예심처, 감찰처, 미행처 등에서 제기된 사건을 분석·평가한다.

(6) 미행처

미행처는 범죄자들을 비밀리에 감시하면서 추적과 잠복 등의 방법으로 조사한다.

(7) 기술처

기술처는 소장급 이상 장성들의 사무실과 자택에 설치된 전화를 도청하며, 외국 군사대표단원들이 숙박하는 초대소 및 호텔 방에 대한 도청도 시행한다.

(8) 공장담당부·특수기관 담당처

공장담당부·특수기관 담당처는 인민무력성 소속의 공장들과 특수기관을 담당하며, 주민등록처는 군관과 가족들에 대한 주민등록을 담당하고 있다.

(9) 해외담당처

해외담당처는 대외관계를 담당하는 부서이며 외국인들을 상대하는 인민군 기관의 장교와 장성들을 감시·사찰한다.

(10) 교육과

교육과는 보위장교들을 교육·양성하는 업무를 담당하며, 자료실은 외부에서 반입된 서적과 자료 그리고 보위국 내부문서들을 보관·열람하는 업무를 수행한다.

Theme

116 정찰총국

I 의의

1 기관의 성격

정찰총국은 대남 · 해외 정보기관으로 군사첩보 수집, 요인암살, 테러, 무장간첩 남파, 중요 전략 시설물 파괴 등을 주요 임무로 하고 있으며 미국의 CIA와 유사하다.

2 구체적 활동

① 정찰총국은 무기 수출, 마약 제조 및 거래, 위조지폐 등 불법행위도 수행하는 것으로 알려져 있다.

② 최근에는 우리의 주요 국가기반시설에 대한 디도스(DDos) 공격과 함께 주요 산업시설의 전산망을 해킹하는 등 사이버공격을 주도하고 있다.

Ⅱ 연혁

1 신설

북한은 2009년 2월 국방위원회 산하에 정찰총국을 신설하고 노동당의 작전부와 35호실, 군 총참모부의 정찰국과 총정치국의 6 · 15국을 통합하였다.

2 편제

정찰총국은 총참모부 소속으로 편제되어 있으나 총참모장이 아닌 국무위원장 김정은의 직접 지휘를 받는 독립부서로 볼 수 있다.

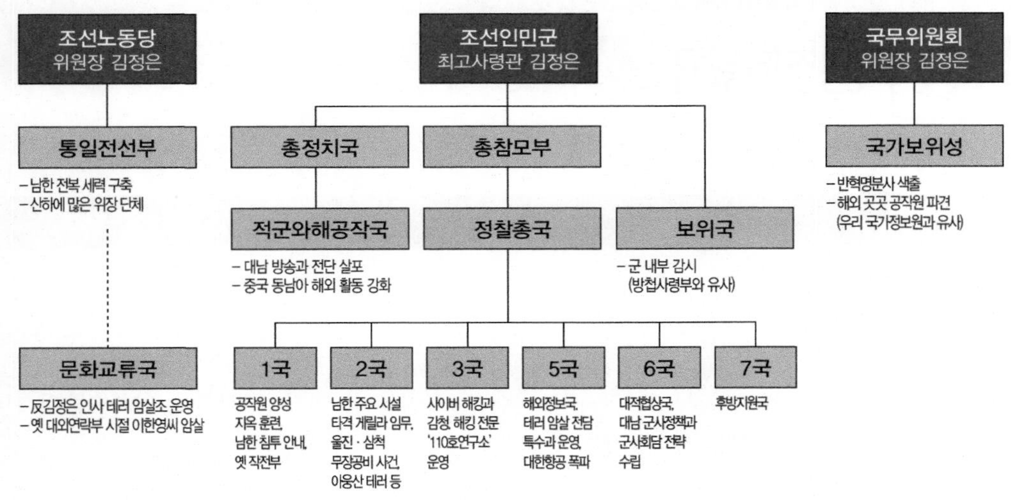

[북한 공작기관 현황과 역할]

3 업무

통일전선부가 대화와 협상 등 정치공작을 위주로 하는 대남 · 해외사업 부서라면 정찰총국은 물리력을 기반으로 하는 대남 · 해외 공작업무를 담당하고 있다.

4 정찰총국이 주도한 대남 도발

정찰총국은 설립 이후 천안함 폭침(2010.3), 연평도 포격(2010.11), 디도스 공격(2009.7, 2011.3), 황장엽 암살 시도(2010.4, 10), 농협 전산망 해킹(2011.4), GPS 교란(2012.4~5.13) 등 크고 작은 대남도발을 주도하였으며, 2017년 2월 말레이시아에서 발생한 김정남 암살사건 역시 정찰총국의 소행으로 볼 수 있다.

생각넓히기 | 국가정보원의 '김정남 테러의 재구성'

1월 김정남 살해 임무를 받은 두 개 팀이 해외에 파견됐다. 국정원에 따르면 1조는 보위성 소속 리재남(57), 외무성 소속 리지현(33)으로 구성돼 베트남 여성 도안티흐엉(29)을 포섭했고, 2조는 보위성 오정길(55)과 외무성 홍성학(34)으로 구성돼 인도네시아 여성 시티 아이샤(25)를 포섭했다. 외무성 소속으로 외국어에 능숙한 리지현과 홍성학은 외국인 여성을 끌어들이는 역할을 맡았을 것으로 보인다. 2개 조는 2월 초 살수(殺手)로 포섭한 외국인 여성 2명을 데리고 말레이시아에서 합류했다. 국정원은 "주말레이시아 북한대사관 보위성 주재관인 현광성 등 4명으로 구성된 지원조가 암살조의 이동과 김정남 동향 추적에 기여한 것으로 보인다."고 설명했다. 말레이시아 당국에 체포된 리정철(47)도 보위성 소속의 해외 파견 요원으로 보인다. 결국 이 사건은 보위성 4명, 외무성 2명 외에 고려항공과 내각 직속 신광무역 소속 직원들이 협력해 저질렀다는 게 국정원의 결론이다.

5 정찰총국장

① 정찰총국장은 초대 김영철(2009~2015)에 이어 장길성(2016~2019) 그리고 현재는 2015년 8월 목함지뢰 도발을 주도한 것으로 알려진 림광일 중장이 맡고 있다.

② 림광일은 지난 2016년 1월 총참모부 제1부총참모장 겸 작전총국장을 맡았던 인물로 2019년 12월 개최된 노동당 제7기 5차 전원회의를 계기로 상장 진급과 함께 당중앙위원회 위원으로 승진했다.

Ⅲ 조직

1 의의

① 정찰총국은 북한의 대남 · 해외 정보활동의 핵심 기관으로 본부는 평양시 형제산 구역에 있으며, 예하 부대는 북한 전역에 산재해 있다.

② 정찰총국은 간첩침투와 양성교육기관을 운영하는 육 · 해상정찰국(1국), 테러, 납치, 폭파 등 공작업무를 담당하는 정보종합분석국(2국), 사이버테러와 공작 장비 개발을 담당하는 기술정찰국(3국), 대남 · 해외정보를 수집하는 해외정보국(5국), 대남 군사회담을 담당하는 대적협상국(6국), 보급지원을 담당하는 후방지원국(7국) 등 모두 6개국으로 구성되어 있다.

③ 정찰총국 산하 부서들의 구체적 임무와 조직 및 역할 등에 대해서는 아직까지 자세히 알려지지 않고 있다. 그럼에도 불구하고 주요 핵심부서들은 과거 부서인 작전부, 35호실, 정찰국, 6 · 15국의 정보활동 임무 및 역할과 유사할 것으로 보인다.

2 육 · 해상 정찰국

(1) 의의

① 육 · 해상 정찰국(구 작전부)은 공작원들에 대한 기본 교육훈련, 침투공작원 호송 · 안내 · 복귀, 대남 테러공작 및 대남 침투루트 개척 등을 주요 임무로 하고 있다. 그리고 남한의 주요 군사기지와 산업시설을 파괴하는 전투적 임무도 필요에 따라 부여되고 있다.

② 육 · 해상 정찰국 인원은 5천여 명으로 추정되며, 육상처, 해상처, 지원본부 등 3개 부서로 편제돼 있다.

③ 1990년대 경제난이 악화된 이후로는 공작자금 마련을 위해 무기거래, 위조화폐, 마약거래 등을 통해 '외화벌이'에 적극적으로 개입하였다.

(2) 연혁

① 북한은 1960년대 초 노동당 조사부를 설립 · 운영하였으며, 1980년대 조사부를 대외정보조사부와 작전부로 분리하였고, 작전부는 2009년 2월 정찰총국으로 통합되었다.

② 노동당의 작전부는 오극렬 국방위원회 부위원장이 1989년 이후 20여 년 동안 부장으로 재직하면서 대남공작 활동을 총괄해 왔다.

(3) 김정일정치군사대학

육 · 해상정찰국은 남파 공작원과 전투원(간첩안내원 및 공작선요원) 양성소로 '김정일정치군사대학'을 설치 · 운영하고 있으며, 남파 공작원과 호송 전투원들에 대한 기본교육 훈련과정을 담당하고 있다.

(4) 남파 공작원 파견기지

① 그리고 남파 공작원 파견기지로서 2개의 육상 연락소(개성, 사리원)와 4개의 해상 연락소(남포, 해주, 청진, 원산)를 운영하고 있다.

② 개성연락소는 중부와 서부지역, 사리원연락소는 중부와 동부지역을 담당하고 있다. 남포연락소는 목포해역과 거제~제주해역, 해주연락소는 서해 군사분계선과 목포 이북해역, 청진연락소는 일본, 원산연락소는 동해와 군사분계선 이남 및 남해의 가덕도 해안을 담당하고 있다.

(5) 지원본부

① 지원본부에는 공작원, 전투원들과의 교신을 담당한 통신 연락소가 있으며 이를 위해 전국 50여 곳에 고정식 및 이동식 송수신소가 배치돼 있다.

② 우리의 암호해독을 위한 전문연구실도 있으며, 해상침투 수단으로는 유고급 잠수함, 반잠수정, 상어급 잠수함을 사용하며 때로는 어선으로 가장한 선박이 이용하기도 한다.

(6) 임무

육 · 해상정찰국은 공작원을 비무장지대(DMZ)나 해안선을 통해 남한으로 직접 침투시키는 임무를 맡고 있어 북한의 여러 정보기관 중에서도 가장 위험한 임무를 맡고 있는 부서라고 볼 수 있다.

(7) 주요 활동

육 · 해상정찰국의 과거 주요활동은 속초 잠수정 침투(1998.6), 동해시 해안 무장간첩 사체(1998.7), 여수 해안 반잠수정 침투(1998.12) 등을 들 수 있다. 그리고 1987년 대한항공(KAL) 858기 폭파사건을 일으킨 김현희를 비롯한 많은 공작원이 육 · 해상정찰국 소속 김정일정치군사대학에서 교육을 받은 것으로 알려져 있다.

3 정보종합분석국

(1) 의의

① 정보종합분석국(구 정찰국)은 무장공비 양성 · 남파, 요인암살, 파괴 · 납치, 게릴라 활동, 군사정찰 등을 주요 임무로 하고 있다.

② 과거 정찰국은 총참모부 소속이나 김정일 국방위원장의 직접적인 관장하에 거의 독자적으로 남한의 군사정보 수집과 정찰활동을 담당해 왔으며, 남한 정부 내 요인암살 및 주요 군사기지와 산업시설을 파괴하는 임무도 수행하였다.

(2) 조직 및 규모

① 정보종합분석국은 7개의 정찰대대와 정치부, 계획부, 특수정찰부, 통신부 등을 두고 있으며, 4,500여 명의 인원이 근무하고 있다.

② 그리고 전방과 동 · 서해안에 3개의 파견기지, 22전대, 첩보수집을 목적으로 하는 198연락소, 간첩들에 대한 이남화 교육을 맡은 907부대, 게릴라 전투원을 양성하는 마동희군사대학(전신 압록강대학) 등도 운영하고 있다.

③ 각 군단과 사단들에도 정찰임무를 수행하고 있는 정찰대대들이 있으며, 이들은 휴전선 지역의 군사동향 및 남한 후방의 산업시설, 비행장, 항만 등 전략목표들에 대한 정찰자료, 군사정보 수집을 담당하고 있다.

④ 또한 우리의 대간첩 작전능력과 통신체계의 취약점 관련 정보도 수집하고 있다. 이외에도 필요시 무장공비 남파, 요인암살, 납치, 폭파, 테러임무도 수행하고 있으며 이를 위한 연락소들을 운영하고 있다.

(3) 주요 대남 공작활동은

① 정보종합분석국의 과거 주요 대남 공작활동은 124 군부대 청와대 기습사건(1968.1), 울진-삼척지역에서의 무장 게릴라 침투사건(1968.10), 미얀마(버마) 아웅산 묘소 폭파사건(1983.10), 강릉 잠수함 무장공비 침투사건(1996.9) 등을 들 수 있다.

② 또한 2010년 탈북자로 위장하여 황장엽 암살지령을 수행하기 위해 탈북자로 위장해 잠입한 공작원도 이 부서 소속이다.

4 기술정찰국

(1) 의의

① 기술정찰국은 사이버테러, 해커양성, 암호통신 분석, 통신감청, 침투 장비 및 기술개발 등을 담당하고 있다.

② 기술정찰국은 산하에 해킹을 전담하는 '110연구소'를 두고 있으며, 31소(해킹 프로그램 개발), 32소(군 관련 프로그램 개발), 56소(지휘통신프로그램 개발) 등을 운영하고 있다.

(2) 110연구소

'110연구소'는 121소(일명 기술정찰조)와 100연구소가 통합된 부서로서, 사이버 공간을 활용하여 한국, 미국 등에 대한 전략정보 수집, 댓글 공작 등 사이버심리전, 디도스 공격, 사이버테러 등을 전담하고 있다.

(3) 북한의 주요 해킹조직

북한의 주요 해킹조직들은 기술정찰국 소속으로 알려져 있다. 미국 재무부 해외자산통제국(OFAC)은 '라자루스 그룹(Lazarus Group)', '블루노로프(Bluenoroff)', '안다리엘(Andariel)'로 칭해온 북한의 3개 해킹그룹을 제재하면서, "이들은 미국과 유엔의 제재대상이자 북한의 중요 정보당국인 정찰총국의 통제를 받고 있다."고 밝혔다.

(4) 기술국 요원

기술국 요원들은 사이버공작 전문양성기관인 김일성군사종합대학, 지휘자동화대학(일명 미림대학, 현 김일정치군사대학), 모란봉대학 등을 졸업하고 사이버 전사로 활동하게 된다.

(5) 대남 사이버공격 활동

① 기술정찰국에 의한 대남 사이버공격 활동은 2009년 7월 7일의 디도스(DDos) 공격을 시작으로 디도스 공격(2011), 농협 전산망 해킹(2011), 선거관리위원회 디도스 공격(2011), 중앙일보 전산망 해킹(2012), 2012년 3월과 2013년 3월~6월에 이어진 사이버공격 등이 있다.

② 그리고 2014년 11월의 미국 소니픽쳐스사에 대한 사이버공격과 12월의 한국수력원자력(주) 원자력발전소 설계도 유출 해킹사건도 기술정찰국에 의해 이루어진 것으로 볼 수 있다.

5 해외정보국

(1) 의의

① 해외정보국(구 35호실)은 주로 해외에서 주재국의 대남 관련 정보수집과 남한에 대한 우회 침투와 요인 납치 및 테러 등의 특수임무를 수행하는 북한의 해외정보기관이다.

② 이 기관의 요원들은 해외에서 대사관 직원이나 태권도 사범, 무역상사원, 학술교류 요원 등의 신분으로 위장하고 있으며, 주재국의 대남 관련 정보를 수집하면서 남한에 대한 우회 침투와 테러공작을 담당하고 있다.

③ 이러한 업무 특성 때문에 35호실은 2009년 정찰총국으로 이관되기 전까지는 통일전선부 · 작전부 · 대외연락부 등 3개의 노동당 대남공작부서가 모여 있던 3호 청사 내에 있지 않고 노동당 본부 청사에 사무실을 두고 있었다.

(2) 연혁

① 1960년대 초 노동당 조사부로 출발한 35호실은 1980년대 들어 대외 정보조사부와 작전부로 분리되었고 그 후 대외정보조사부는 다시 35호실로 개칭되었다.

② 그리고 2009년 2월 정찰총국 신설과 함께 흡수되어 해외정보국으로 개칭되었다.

③ 노동당 35호실은 조사부라는 명칭에서 나타나듯이 대외 · 대남사업 부서이지만 노동당 조직지도부의 직접지도를 받는 기구로서 과거 노동당 대남부서들의 사업을 검증 · 감독하는 역할도 수행했다.

(3) 편제

① 현재까지 해외정보국의 기구 편제는 정확히 알려지지는 않고 있으나, 부서로서는 남조선과, 미국과, 일본과, 아시아과, 작전과 등 7개 과가 있는 것으로 알려지고 있다.

② 주요활동 거점은 일본의 도쿄와 오사카, 마카오, 홍콩, 중국의 선양 · 옌지 · 상하이와 태국 방콕 등이다.

③ 해외정보국은 유럽의 프랑스 파리와 오스트리아 빈에서도 정보활동을 진행하고 있으며, 아프리카의 나이지리아, 탄자니아, 에티오피아에도 진출하고 있다.

④ 그리고 대미 정보활동을 위해 라틴 아메리카에 해외정보국 요원들을 파견하고 있다.

(4) 활동

① 해외정보국의 활동으로는 1978년 최은희 · 신상옥 납치, 1987년 8월 KAL 858기 공중 폭파, 1996년 7월 방글라데시 → 태국 → 필리핀인 등으로 국적세탁을 하며 입국했다가 체포된 '무하마드 깐수'로 유명한 간첩 정경학(정수일), 2009년 적발된 간첩 이병진 등이 있다.

② 특히 2017년 2월 말레이시아에서 발생한 김정남 암살사건도 해외정보국이 개입했을 가능성이 크다.

6 대적협상국

① 대적협상국(구 6 · 15국)은 2000년 6 · 15 선언 이후 남북 군사회담에 대비해 만든 총정치국 산하 '6 · 15국'을 흡수 · 통합한 조직이다.

② 6 · 15국은 대남 군사정책 및 군사회담과 관련한 전략을 수립하였으며, 대남 군사 관련 담화 및 성명서를 발표할 때는 '국방위원회 정책국' 명의를 활용하였다.

③ 현재 대적협상국은 남북 군사 대화 관련 협상 기술개발 및 회의 조정 등의 역할을 수행하고 있다.

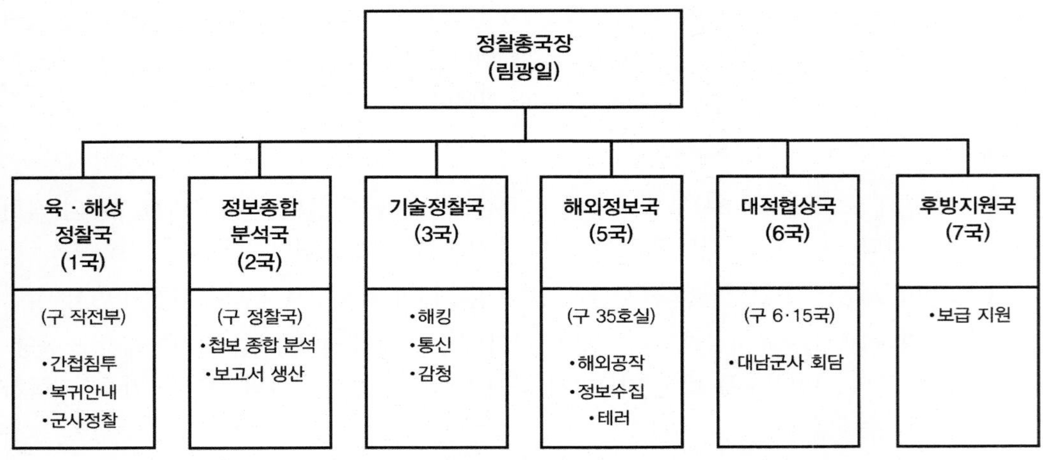

[정찰총국 조직도]

Theme

117 통일전선부

I 의의

통일전선부는 남북회담, 해외교포 공작사업, 대남심리전 및 통일전선 사업 등 대남전략 및 전술 업무를 총괄하고 있는 대남부서이자, 대외적으로는 통일외교기관의 역할을 하는 노동당의 대남·해외 정보기관이다.

II 연혁

1 문화부

(1) 의의

통일전선부는 1956년 문화부로 출범한 이후 문화연락부(1974.5) → 문화부(1974.10) → 문화부 폐지(1975.11)를 거쳐 1977년 10월에 등장하였다.

(2) 임무

① 통일전선부의 모태인 문화부는 1956년 대남 선전·선동 업무를 수행하기 위해 노동당의 부서로 신설되었다.

② 문화부는 대남심리전을 전개하기 위해 방송·전단 등의 제작·살포, 재일조선인총연합회에 대한 지도, 남한정세 분석과 대책 수립 등에 대한 임무를 수행하였다.

③ 당시 북한 내부에서는 부서 명칭과 관련하여 문화부와 대남선전부를 놓고 경합이 있었으나 김일성이 문화부로 결정했다.

④ 출범 초기 문화부는 남조선연구소, 대남방송총국, 재북평화통일촉진협의회, 방송대학 등 대남 연구기관들과 선전기구들을 보유하고 있었다.

2 문화부 폐지

(1) 의의

북한은 1974년 5월에 문화부와 연락부를 통합하여 문화연락부를 신설하였다. 그러나 당시 대남사업담당 비서였던 김중린 문화연락부장의 독선적 업무처리로 인해 동년 10월 다시 문화부와 연락부로 분리되었다. 그러나 이후 김정일의 후계구축과정에서 문화부는 폐지의 길을 걷게 된다.

(2) 김정일 후계체제 구축

① 김정일 후계체제 구축의 일환으로 북한은 1975년 6월부터 약 6개월 동안 대남부서에 대한 검열을 실시하였다. 검열 결과 동년 11월 노동당의 대남조직과 지도체계를 개편하고 대남부서 책임자들을 김정일 측근으로 교체하면서 문화부를 폐지하고 연구소로 전환시켰다.

② 김정일은 문화부의 대남 연구사업 분야는 따로 분리하여 남조선연구소의 명칭을 달아 업무를 전환시켰으며, 기존의 남조선연구소는 강남문화사로 이름을 변경하였다.

③ 문화부에서 관장하던 조총련 및 해외동포들과의 사업 부분은 국제부로 이관하였으며, 남북대화 등의 업무는 외교부가 그리고 우회공작 등 대남공작과 관련된 일부 업무는 연락부가 담당하였다.

3 통일전선부 신설

(1) 의의

① 북한의 정보기구에서 사라졌던 문화부가 통일전선부의 명칭으로 다시 부활한 시점은 1977년 10월이다.

② 김정일은 이 시점에 남북회담 및 통일 전선 공작 임무를 담당하는 통일전선부를 신설하였으며, 과거 문화부를 해체할 때 노동당 국제부와 연락부에 이관했던 업무를 다시 복원시켰다.

③ 그리고 남조선연구소의 기능을 통일전선부에서 다시 흡수하도록 하고 기존에 남조선연구소였다가 강남문화사로 개칭했던 것을 다시 남조선연구소 명칭으로 환원시켰다.

(2) 특징

① 통일전선부는 2000년 남북정상회담 이후 남북대화·교류가 확대되면서 공개적인 대남사업을 진행하는 부서의 특성으로 다른 대남기관들에 비해 역할이 강화되었다.

② 그러나 2009년 정보기구 개편과 더불어 국방 위원회의 정찰총국 신설로 대남 정보기구가 통폐합되면서 그 위상과 역할이 약화·축소되었다고 볼 수 있다.

(3) 통일전선부 부장 및 요원

① 김정은 시대의 첫 통일전선부 부장은 김양건으로 2006년 임동옥 사망 이후 부장에 임명되었으며, 2015년 말 의문의 교통사고로 사망하였다.

② 그 후임으로는 당시 정찰총국장이던 김영철이 통일전선부 부장 겸 노동당 부위원장으로 임명되었다. 김영철은 2016년부터 2019년까지 통일전선부 부장을 역임했으며, 그 후임인 장금철이 현재 통일전선부 부장으로 있다.

③ 북한의 대남 정보기관 중에서 통일전선부 요원들만이 다른 기관의 요원들과는 달리 신분을 공개적으로 드러내어 활동하고 있다.

④ 통일전선부장을 포함하여 과거 남북대화 · 교류 협력에 자주 등장한 김용순, 박영수, 원동연, 전금철(본명: 전금진), 안병수(본명: 안경호), 이종혁 등이 통일전선부 간부로 우리에게 알려져 있다.

Ⅲ 조직

1 의의

통일전선부는 노동당 중앙위원회 19개 전문부서 중 하나로, 통일전선 공작과 남북대화 · 교류 사업을 실질적으로 주관하는 기관이다.

2 편제

(1) 의의

① 통일전선부 청사는 평양시 모란봉구역 전승동에 있다. 통일전선부는 부장 밑에 정책, 교류, 회담, 연고자, 조총련, 조직 등의 담당부서와 부부장을 두고 있다.

② 통일전선부 부장은 장금철, 부부장으로는 김인삼, 리택건, 맹경일, 원동연, 정송준, 한희철 등이 알려져 있다.

(2) 통일전선부 산하 부서

통일전선부 산하 부서들로는 대남정책을 생산 · 기획하는 정책과 · 대남과, 남북 · 해외 교류를 지도 · 관리하는 교류 1 · 2과, 남북 당국 및 민간대화를 담당하는 회담 1 · 2과, 남한 · 해외교포 중에서 북한에 연고가 있는 대상들을 포섭하는 연고자과, 일본과 중국의 총련 등을 담당하는 재일총련과 · 재중총련과, 조직지도부의 통제하에 통일전선부 각종 조직을 지도 · 관리하는 간부과 · 조직과 등이 있다.

3 조국평화통일서기국

(1) 의의

통일전선부의 조국평화통일서기국(이하 조평통서기국)은 2016년 6월 29일 개최된 최고인민회의 제13기 제4차 회의를 통해 조국평화통일위원회(이하 조평통위원회)가 국가기구가 되면서 노동당에서 내각으로 이동한 것으로 보인다.

(2) 업무 및 조직

① 조평통서기국은 통전부의 모든 기능과 역할을 함축시켜 일명 '어머니 연락소'로 불렸으며, 주로 남북회담과 관련한 연구 및 실행, 정보수집, 인물포섭 등을 전담하였다.

② 조평통서기국은 정치 · 경제 · 사회 · 군사 · 국제 담당 연구부서와 회담과 · 회담분석과 · 교류과 · 대남정책과 · 대남심리전과 · 관리과 · 기밀실 · 기요실 · 간부과 · 조직과 등이 있으며, 별도의 통일전선부 직속 참사실도 보유하였다.

4 조평통위원회

(1) 의의

① 조평통위원회는 1961년 5월 13일 결성된 노동당의 외곽단체로 당의 통일 · 대화노선 관철과 정책수행 및 통일전선 형성 임무를 맡고 있다.

② 북한은 4 · 19혁명 직후 우리사회에서 통일논의가 분출되자 이를 대남혁명전략에 활용하고자 하였다.

③ 북한은 내부의 정당 · 사회단체와 각계 인사들을 망라하여 조평통위원회를 설립하고 '평화통일과 남북교류'를 표방하였다.

④ 조평통위원회는 국내인사와 해외동포 대상의 통일전선 형성, 우리사회 내부의 친북여론 조성을 위한 선전공세 등을 주요 임무로 하고 있으며, 우리의 주요 사건 · 사고와 대북정책에 대한 북한의 입장을 대변하는 역할을 수행해 왔다.

(2) 국가기구로 승격

① 국가기구 이전의 조평통위원회는 산하 부서가 존재하지 않는 조직으로, 실질적으로는 통일전선부의 통제하에 있었다.

② 그러나 조평통위원회가 통일전선부 산하의 당 외곽단체에서 국가기구로 승격되면서 조평통 서기국을 흡수하는 모양새를 갖추었으나, 실질적으로는 조평통서기국의 이전으로 볼 수 있다.

③ 조평통위원회의 국가기구 승격은 과거 장관급 회담이 '격' 문제로 이루어지지 않은 것에서 기인한 것으로 볼 수 있다.

④ 조평통위원회는 국가기구 승격에도 불구하고 통일전선부의 지도와 감독을 받는 것으로 보는 것이 타당하다.

5 통일전선부 산하단체 및 외곽 단체

(1) 의의

① 통일전선부는 산하에 조국통일연구원(남조선연구소)과 해외동포영접총국을 두고 있으며, 공개적인 대남사업을 위한 외곽단체로 조국통일민주주의전선(조국전선), 반제민족민주전선(반제민전), 조선아시아태평양평화위원회(아 · 태평화위), 민족화해협의회 등을 두고 있다.

② 그리고 2005년 '우리민족끼리'가 통일전선부 소속으로 밝혀졌으며, 2008년 최종화씨는 국제태권도연맹(ITF)이 통일전선부의 전위조직이라고 밝히는 등 통일전선부의 산하조직들이 새롭게 드러났다.

(2) 조국통일연구원

① 조국통일연구원은 1959년 12월 노동당 문화부 산하 남조선연구소로 신설되었다. 그리고 1978년 1월경 통일전선부 산하기관으로 흡수되었으며, 1989년에 조국통일연구원으로 명칭을 변경하였다.

② 원장과 부원장 산하에 종합정세연구실과 종합편집실을 두고 있으며, 남한의 정치, 군사, 경제, 사회 등과 관련한 대남자료를 작성하고 있다.

③ 그리고 남한 주요 인물들에 대한 분석과 평가도 수행하고 있다. 미국과 일본을 비롯한 한반도 주변국에 대한 정책분석 업무를 수행하고 있으며, 해외교포들을 대상으로 격주간지인 「남조선문제 연구」를 발행하고 있다.

④ 조국통일연구원은 대남정책 연구를 위해 북한에서 가장 큰 남한 자료 도서관을 보유하고 있다.

(3) 조국통일민주주의전선

① 조국통일민주주의전선(약칭 조국전선)은 노동당의 통일노선과 정책을 옹호 · 관철하는 당의 전위기구이며, 1949년 6월 25일 남북정당 · 사회단체 연석회의에서 72개 정당 · 사회단체를 망라하여 결성되었다.

② 북한은 이 기구의 성격을 "로농동맹에 기초하여 통일을 지향하는 모든 애국적 민주주의 력량을 묶어 세운 정치조직체"로 규정하고 있으며, 북한의 정당과 사회단체들이 참여하고 있다.

③ 조국전선은 남한에서 주요 사건이 발생할 때마다 성명 · 담화 · 기자회견 형식 등을 빌려 대남선전을 전개하고 있으며, 남한 내 각계각층과의 통일전선을 형성하는 기능도 수행하고 있다.

(4) 반제민족전선

① 반제민족전선(약칭 반제민전)은 과거 우리사회 내부에 조직되어 있는 것처럼 위장한 통일혁명당(1969.8.25 창당)의 후신이다.

② 북한은 통일혁명당의 명칭을 한국민족민주전선(한민전, 1985.7.27)을 변경하였으며, 통혁당의 목소리방송 역시 구국의 소리방송(1985.8.8.)으로 명칭을 변경하였다. 그리고 2005년 3월에는 한민전을 다시 반제민전으로 명칭을 변경하였다.

③ 반제민전은 구국의 소리방송을 활용하여 우리사회 내부의 좌익세력을 지도해왔으며, 우리사회의 주요사건과 남북관계 현안 발생 시 담화 · 선언문 · 기자회견 등의 형식을 통해 북한의 입장을 대변하였다.

④ 한편 북한은 2013년 8월 15일부터 구국의 소리방송을 대신하는 조선중앙방송을 중계하고 있으며, 홈페이지 구국전선을 통해 대남 선전 · 선동을 지속하고 있다.

(5) 조선아시아태평양평화위원회

① 조선아시아태평양평화위원회(약칭 아 · 태평화위)는 북한이 아 · 태지역 미수교 국가들과의 정치 · 경제 · 문화교류의 확대 · 강화를 추진하기 위해 만든 조직으로, 1994년 5월 노동당 통일전선부 산하에 설립되었다.

② 아 · 태평화위는 위원장, 부위원장, 서기장을 두고 있으며, 산하에 정치, 경제, 문화, 관광, 종교 등의 부문별 부서와 연구소들을 두고 있다.

③ 아 · 태평화위는 민간차원에서 미 · 일 등과의 창구기능과 저명한 외국 인사의 방북 및 해외 학술회의 참가 등을 추진하였다. 2000년 남북정상회담 이후로는 남북간의 각종 민간교류를 담당하는 집행기관의 역할을 담당하고 있다.

(6) 민족화해협의회

① 민족화해협의회(약칭 민화협)는 1998년 6월 8일 북한이 '정당 · 단체 대표자회의'를 개최하면서 정계, 사회 · 문화계, 종교계 등 각계 단체들과 인사들로 구성한 대남 통일전선 단체의 하나이다.

② 민화협은 대남 접촉 대화를 추진하기 위한 실무기구로서의 역할을 수행하고 있으며, 회장과 부회장, 실장, 소장 등으로 구성되어 있다.

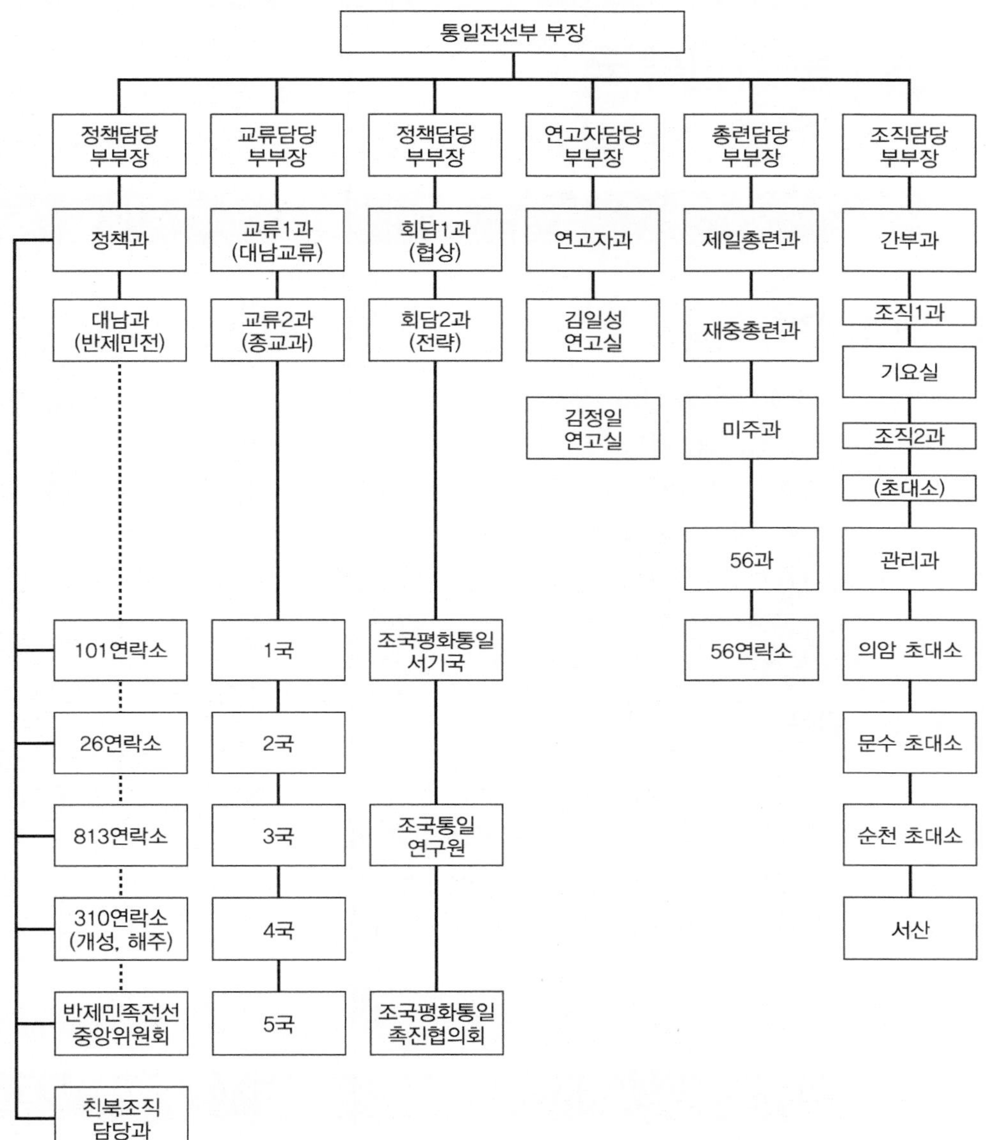
통일전선부 부장
정책담당 부부장
교류담당 부부장
정책담당 부부장
연고자담당 부부장
총련담당 부부장
조직담당 부부장
정책과
대남과 (반제민전)
101연락소
26연락소
813연락소
310연락소 (개성, 해주)
반제민족전선 중앙위원회
친북조직 담당과
교류1과 (대남교류)
교류2과 (종교과)
1국
2국
3국
4국
5국
회담1과 (협상)
회담2과 (전략)
조국평화통일 서기국
조국통일 연구원
조국평화통일 촉진협의회
연고자과
김일성 연고실
김정일 연고실
제일총련과
재중총련과
미주과
56과
56연락소
간부과
조직1과
기요실
조직2과
(초대소)
관리과
의암 초대소
문수 초대소
순천 초대소
서산
[통일전선부 조직도]

Theme

118 문화교류국

I 의의

1 기관의 성격

① 문화교류국은 간첩(공작원) 남파, 공작원 밀봉교육, 한국 내 고정간첩 관리, 지하당 구축 공작, 해외공작 등 정통적인 정보 · 공작업무를 담당하는 정보기관이다.

② 문화교류국은 노동당 연락부의 후신으로 북한 내에 존재하는 대남 정보기구 가운데 가장 역사가 오래된 부서이며 원조라고 할 수 있는 기관이다.

③ 통일전선부가 노동당의 선전선동부에 해당한다면 문화교류국은 조직지도부에 해당한다고 볼 수 있을 정도로 중요한 기관이다.

2 구체적 임무

① 문화교류국은 공작원을 남파시켜 남한에 지하당을 만든 뒤 혁명의 결정적 시기에 지하당을 매개로 남한 체제를 전복하는 것을 활동목표로 삼고 있다.

② 문화교류국은 전투원이 아닌 대남간첩 교육 및 파견을 담당하고 있으며, 재일본조선인총연합회(조총련)가 보내는 자금도 관리하고 있다.

Ⅱ 연혁

1 명칭의 변경

1946년 북로당 산하 '서울공작위원회'가 모태가 되어 1947년 북조선 노동당 5과로 출발한 문화교류국은 이후 연락부(1975.9)→사회문화부(1988.11)→대외연락부(1998.1)로 변화해 왔으며, 2009년 2월 대남정보기구 개편과 함께 내각으로 이동하면서 225국으로 개칭되었다.

2 김정은 시대의 문화교류국

(1) 의의

2012년 말에 통일전선부로 통합되었으며, 김정은 시대에 들어 2016년 4월 문화교류국으로 개칭하였다.

(2) 독립적으로 활동

① 내각 산하였던 225국은 대외연락부의 대남공작 및 조총련 업무를 전부 그대로 관장한 채 내각으로부터 독립적으로 활동하였다.

② 문화교류국 역시 통일전선부 산하에 있으나 독립적 활동을 전개하는 것으로 알려져 있다.

3 주요 활동

① 문화교류국의 활동으로는 1968년 7월의 통일혁명당 사건과 1990년대 이후 지하당 사건인 조선노동당 중부지역당(1992), 민족민주혁명당(1999), 일심회 간첩단(2006) 등을 들 수 있다.

② 그리고 2011년에 적발된 북한 지하당 조직 왕재산도 문화교류국의 정보활동에 따라 우리 정치권과 사회단체의 동향과 군사 자료 등을 수집 · 보고하였다.

Ⅲ 조직

1 의의

① 문화교류국은 공작원들에게 남한정세와 정보수집 및 포섭공작 활동에 관해 장기간에 걸쳐 교육하고 있으며, 공작원들을 남파시킨 후 남한 내 활동을 지도하고 있다.

② 이러한 임무 수행을 위해 문화교류국은 공작원 교육을 위한 초대소와 공작원들의 파견과 귀환을 위한 연락소를 운영하고 있다.

2 산하조직

(1) 의의

① 문화교류국 산하조직으로는 공작원 양성을 전담하는 봉화정치학원과 함께 남한 자료 연구와 위조신분증 제작 등 공작 장비 연구 · 조달 등을 담당하는 314 연락소가 있다.

② 또한 평양시 교외에 남파 공작원이나 침투 요원들에게 남한 실상을 알려주기 위해 터널을 뚫고 그 내부에 남한의 거리와 시설물 등을 실물처럼 만들어 놓은 남조선환경관 역시 문화교류국이 관장한다.

③ 이와 함께 문화교류국은 공작원 및 무역 전문 요원들을 내세워 공작자금 조달 및 외화벌이 목적의 무역상사도 운영하고 있다.

(2) '신사'와 류경상점

① 문화교류국은 북한에 유럽의 명품과 사치품을 대고 있는 싱가포르 회사 '신사'를 운영하고 있으며, 신사를 통해 노동당 39호실이 운영하는 평양의 북새상점과 류경상점에 사치품을 공급하고 있다.

② 사치품 판매 이익은 39호실 몫이지만, 문화교류국도 싱가포르 '신사'의 사치품 수출대금 일부를 받고 있다.

③ 지난 10년간 '신사'를 관리하며 북한 고위층에게 사치품을 공급한 문화교류국 출신의 리혁은 이 공로로 공화국 영웅 칭호를 받았다.

3 국장과 공작원

① 문화교류국의 전신인 대외연락부의 부장은 강관주(일명 강주일)였다. 강관주는 1997년부터 대외연락부의 부장으로 활동해 왔으며, 내각 산하의 225국으로 변경된 이후에도 유임되었다.

② 현재 문화교류국장은 오랫동안 문화교류국에서 대남 정보활동에 종사해온 윤동철이며, 2016년 4월 225국에서 문화교류국으로 개칭하면서 임명된 것으로 알려져 있다.

③ 한편 북한에서 '선생'이라는 호칭을 듣는 문화교류국 공작원들은 남한의 정치 · 경제 · 국제 · 문화에 해박하고 '뼛속'까지 공산주의 이념으로 무장된 공작원 중에서 선발하고 있다.

Theme

119 김정은 시대 북한 정보기구의 특징

I 김정은 직할 체제를 통한 정보기구 운용

1 의의

① 김정은은 조선노동당 위원장(당), 국무위원회 위원장(정), 공화국무력 최고사령관(군) 직책을 통해 당 · 정 · 군의 정보기관들을 직접 통제 · 운영하고 있다.

② 북한은 국내 정보기구로서 국가보위성, 사회안전성, 군 보위국을 두고 있으며, 대남 · 해외 정보기구로는 정찰총국, 통일전선부, 문화교류국을 두고 있다.

④ 이 중 통일전선부와 문화교류국은 노동당 소속, 국가보위성, 사회안전성, 정찰총국은 국무위원회 소속, 보위국은 조선인민군 소속으로 각각 배치되어 있다.

④ 김정은은 북한의 정보기관들에 대한 직할 체제 구축을 통해 상호 간 충성경쟁을 유도하고 있으며, 이들 기관은 김정은에게 직접 보고하는 '1호 보고 단위'이다.

2 김정은 시대 북한 정보기구의 운용

(1) 의의

① 김정은 시대 북한의 정보기구 운용은 정보의 사용자, 즉 최고 통치권자인 김정은이 정보기구의 조직과 활동을 직접 관장하고 있다.

② 유일지배체제라는 특수성에 기반하여 북한의 정보기관들은 김정은에 대한 직보 체제를 유지하고 있다.

(2) 각각의 정보기관들을 통제하는 중간기구

물론 북한이 표면적으로 각각의 정보기관들을 통제하는 중간기구를 둔 적도 있었다. 북한은 1960년대 중반의 '대남사업총국'과 1960년대에서 1970년대 초반까지 '대남사업담당 비서'를 노동당에 두고 대남 정보활동을 총괄 · 관장하였다. 현재도 노동당 정무국 부위원장으로 김영철이 대남 · 해외 사업을 담당하고 있다.

(3) 최고통치자의 지도와 통제 속에 상호 검열 · 감시하는 체제

① 그러나 실질적으로는 각 정보기관의 수장들이 최고 통치자에게 직접 보고하고 지시를 받아 집행하는 업무행태를 보이고 있다.

② 또한 북한의 정보기관들은 최고통치자의 지도와 통제 속에 상호 검열 · 감시하는 권한을 가지고 있는 체제이기 때문에 하나의 정보기관이 절대권력을 갖기에는 구조적으로 한계가 있다. 과거 김일성 · 김정일은 북한의 정보기관들에 대해 신뢰와 질타를 통해 상호 충성경쟁을 유도했으며, 정보기관들의 과도한 충성경쟁은 숙청과 처벌로 이어졌다.

③ 그러나 북한의 정보기관들은 기관 본위주의라는 특수성으로 인해 충성경쟁을 지속해 왔으며, 최고지도자로부터 '믿어주는 일꾼', '믿어주는 기관'으로 인정받기 위해 무리한 사찰을 통해 간부 · 주민들과의 갈등을 초래하기도 하였다.

④ 그동안 북한의 최고지도자들은 관심 사항에 따라 개별 정보기관별로 힘을 실어주었으며, 이는 최고지도자가 어느 부문에 관심이 있는지를 알 수 있는 척도로 작용했다.

Ⅱ 김여정과 조직지도부를 통한 정보기구 감시·통제

1 의의

① 북한의 노동당은 정책지도 기능과 생활지도(조직 · 사상) 기능을 통해 북한 사회에 대한 '당의 영도기능'을 수행하고 있다.

② 노동당 정책의 수립 · 결정은 당 정치국과 당 중앙군사위원회가 시행하며, 정책의 집행 · 감독은 당 정무국 산하 전문부서들이 담당하고 있다.

③ 반면 조직생활 지도는 당 정무국 산하 조직지도부가 시행하고 있으며, 당 사상생활 지도는 선전선동부가 담당하고 있다.

2 조직지도부

(1) 의의

① 북한은 당 · 정 · 군에 산재하여 있는 정보기구를 통합적으로 감시 · 감독하고 통제하는 기능을 노동당 조직지도부에 부여하고 있다.

② 조직지도부는 각각의 정보기관들에 독립부서인 정치국을 두고 있으며, 정치국에 조직지도부의 정치 요원들을 파견하여 당의 정책지도 기능으로 개별 정보기관들을 감시 · 통제하고 있다.

③ 개별 정보기관들의 정치국장은 정보기구의 장들과 대부분 같은 직급이나 정보업무 이외의 권한은 정보기관의 장보다 우위에 있다고 볼 수 있다.

(2) 정치국의 위상

① 북한의 인민군 총정치국, 국가보위성 정치국, 사회안전성 정치국 등은 도(직할시) 당 위원회와 동급의 위상과 기능을 부여받고 있다.

② 반면 최고인민회의 상임위원회, 내각 사무국, 외무성 등 국가 · 정부기관 당 위원회는 기관이 소재한 지역당 위원회에 소속된 초급당위원회 형태로 운영되고 있다.

(3) 편제

① 북한은 1990년대까지 조직지도부에 여러 명의 제1부부장을 두고 있었으며, 이들은 종합, 당 생활지도, 검열, 간부(인사), 행정(사법 · 검찰), 본부당 등을 분담하였다.

② 그러나 김정일 시대에 들어와 선군정치를 표방하면서 2000년대 초부터 제1부부장을 4~5명에서 2명으로 축소하였으며, 제1부부장의 업무 분담도 사회 담당과 군 담당으로 이분화하였다.

③ 사회담당 제1부부장은 부부장 여러 명을 두고, 국가, 정부기관, 지방행정기관, 공안 · 사법 · 검찰, 과학 · 교육, 문화 · 예술, 출판 · 보도, 해외공관 등의 당 위원회와 창광보안서 등을 담당하였다.

④ 군 담당 제1부부장은 조선인민군 총정치국을 담당하고 있으며, 각 군종 · 병종 · 군부대 등의 당 위원회도 담당하고 있다.

3 북한의 정보기구에 대한 감시 · 통제

(1) 의의

북한의 정보기구에 대한 감시 · 통제는 노동당 조직지도부와 행정부에서 담당하여 왔다.

(2) 노동당 행정부의 해체

① 북한은 1980년대 말 노동당 행정부를 사법 · 검찰 · 공안 부문에 대한 정책지도를 담당하는 정책부서로 신설하였다.

② 그러나 1990년대 초 사회안전부(현 사회안전성) 비리 사건에 대한 조사를 놓고 조직지도부와 마찰을 빚은 후 해체되었다.

③ 당시 행정부장을 맡고 있던 김시학은 좌천되었으며, 행정부의 모든 기능은 조직지도부로 흡수되었다.

④ 그리고 조직지도부에 행정부문 담당 제1부부장 직제를 만들고 장성택을 임명하였다. 당시 조직지도부 행정부문은 사법 · 검찰 · 사회안전 부문에 대한 정책지도뿐만 아니라 생활지도까지 담당한 무소불위의 권력부서였다.

(3) 장성택과 노동당 행정부의 부활

① 1990년대 초반 해체되었던 노동당 행정부는 2007년에 재등장하였다. 당시 북한은 조직지도부의 행정부문 기능을 독립시켜 행정부를 부활시키고 장성택을 행정부장에 임명하였다.

② 행정부는 조직지도부가 가지고 있던 사법 · 검찰 · 공안 부문에 대한 당 생활지도 기능과 정책지도 기능을 모두 장악하였다. 장성택은 행정부를 기반으로 2008년 김정일의 건강 악화상황에서 김정은의 후견인으로서 위상과 권력을 보여주었다.

③ 그러나 장성택이 2013년 12월 당 정치국 확대회의에서 '반당 · 반혁명 종파행위'와 횡령 · 부패 등의 혐의로 출당 · 해임되고, 4일 후에 국가안전보위부 특별군사재판에서 '국가전복음모죄'로 사형판결을 받은 이후 행정부는 해체되고 그 기능은 조직지도부에 흡수되었다.

④ 조직지도부의 7과는 기존 행정부의 업무였던 사법 · 검찰 · 사회안전성에 대한 당 생활지도를 주관하고 있으며, 8과는 국가보위성, 11과는 대남 · 해외 정보기구를 담당하는 것으로 알려지고 있다.

(4) 김여정과 조직지도부

① 현재 북한 정보기구에 대한 조직지도부의 감시 · 통제는 김여정 제1부부장을 통해 이루어지는 것으로 보인다. 과거 조직지도부의 행정부문을 장성택 제1부부장이 맡았던 것처럼 김여정 제1부부장이 사법 · 검찰 · 공안 부문에 당의 정책지도와 생활지도를 맡고 있을 가능성이 크다.

② 최근 북한은 '대남사업총화회의' 개최를 알리면서 당중앙위원회 대남사업 부위원장인 김영철과 김여정 제1부부장을 동시에 회의주관자로 명기하였다. 또한 김여정 제1부부장 단독으로 대남 · 대미 담화를 발표한 것으로 보아 김여정 제1부부장이 대남 · 대미 부문을 총괄하는 것으로 보인다.

③ 현재 북한의 조직지도부 제1부부장은 사회담당(조용원), 군담당(김조국), 사법 · 검찰 · 공안 담당(김여정) 등으로 이루어진 것으로 보인다. 이는 김정일 시대의 제1부부장 2인 체제에서 1990년대 이전 김일성 시대의 다수의 제1부부장 체제로 환원한 것으로 볼 수 있다.

Ⅲ 정보기구의 사이버공격 증가

1 의의

북한은 김정은 시대 들어 대남 · 해외 정보활동을 선진화 · 고급화하기 위한 노력을 기울여 왔다. 김정은 시대 들어 북한은 정찰총국의 기술정찰국을 중심으로 사이버 분야의 역량을 강화하였다.

2 북한의 사이버공격에 대한 인식

① 북한은 사이버공간을 "제도적 기반과 정규군을 가진 일본군과 맞서 싸우던 항일빨치산의 투쟁무대"와 동일시하면서 "북한군의 정보 모략전, 해킹, 사이버심리전, 대남공작은 북한이 아닌

제3국에서 벌어지기 때문에 적에게 노출될 위험이 적고, 반면에 적대국은 인터넷이 제도화되고 공개되어 있기 때문에 드러난 공격위험을 가지고 있는 더없이 유리한 작전 공간"으로 인식하고 있다.

② 북한은 사이버공격을 비대칭 역량차원에서 강화하고 있으며, 특히 사이버공간의 특성상 행위주체를 특정할 수 없어 위장부인(plausible deniability) 가능성이 크다는 전술적 측면도 고려한 것으로 보인다. 김정은은 사이버공간에 대한 중요성을 인식하고 사이버공격에 대한 중요성을 지속적으로 강조해 왔다.

3 북한 사이버 공격의 유형

(1) 의의

북한의 사이버공격은 크게 사이버 정보수집, 사이버심리전, 사이버테러, 사이버범죄 분야 등에서 이루어져 왔다.

(2) 사이버 정보수집

대표적인 사이버 정보수집은 국방과학연구소(ADD)의 컴퓨터 3,000여 대 해킹(2014)과 작계 5027 유출(2016) 사건이 있으며, 북한은 정보수집을 위해 우리의 청와대와 국회를 비롯한 정부 부처와 주요 연구소 및 언론사들에 대한 해킹을 지속하고 있다.

(3) 사이버심리전

① 사이버심리전은 대남심리전 차원에서 북한이 운영하는 직영사이트와 해외 친북 사이트를 활용하여 허위정보 및 역정보 등을 확산시키는 방식으로 진행하고 있다. 대남 사이버심리전은 통일전선부에서 주도하고 있으며, 심리전 인터넷 사이트는 우리민족끼리(조평통 홈페이지), 구국전선(반제민전 홈페이지), 조선중앙통신, 조선인포뱅크, 류경, 백두넷, 김일성방송대학 등 140여 개에 달하며, 직영사이트는 노동신문 등 12개가 있다.

② 현재 북한은 인터넷뿐만 아니라 트위터, 페이스북, 유튜브 등 SNS를 활용한 대남심리전을 지속하고 있다.

③ 특히 통일전선부는 이른바 '댓글팀'을 운용하며 우리사회 내부에 조작된 정보와 여론을 확산시켜 국론분열과 사회 교란을 시도하고 있다. 또한 공개 게시판과 토론방 등에 정부기관과 주요인사 등에 관한 악성루머를 유포하여 곤경에 빠뜨리는 'Flame 기법'도 활용하고 있다.

(4) 사이버테러

① 북한의 사이버테러는 디도스(DDos) 공격과 해킹 등을 통해 이루어지고 있다. 북한은 2009년 '7·7 디도스 공격을 시작으로 농협 전산망 마비(2011), 6·25 사이버 공격 및 3·20 사이버테러(2013), 한국수력원자력 해킹 및 청와대 사이버 공격(2014), 소니 픽쳐스 해킹(2014), 서울 메트로 해킹사건(2015) 등 사이버테러를 지속하고 있다.

② 북한은 금융기관 전산망 해킹 및 공공망에 대한 디도스 공격과 주요 기반시설에 대한 사이버테러를 통해 우리 사회에 혼란을 시도하고 있다.

(5) 사이버범죄

① 북한은 금전탈취 목적의 사이버범죄 역시 시도하고 있다. 「유엔안보리전문가 패널 전문가 보고서(2019.8.5)」는 북한이 2015년 12월부터 2019년 5월까지 최소 17개국의 금융기관과 가상화폐 거래소를 대상으로 35차례에 걸친 사이버 공격을 통해 최대 20억 달러(약 2조 4천억 원)를 탈취한 혐의가 있다고 밝혔다.

② 그리고 최근에는 가상화폐 거래소를 노린 공격이 두드러지고 있으며, 2017년 이후로만 북한 소행으로 추정되는 15건의 가상화폐 거래소 공격이 있었고, 이 가운데 10건은 한국의 거래소를 노린 것으로 알려지고 있다.

4 사이버공격 시행 주체 및 배경

(1) 의의

① 북한은 사이버공격을 시행하는 조직들을 당 · 정 · 군 산하의 정보기관에 두고 있다. 북한의 주요 사이버 공격기구들은 총참모부, 정찰총국, 통일전선부와 문화교류국에 소속되어 있다.

② 북한이 사이버공격을 선호하는 배경에는 사이버 공격이 '저비용 · 고효율'의 대남공작 수단이며 남북한 간에 있어 비대칭성을 갖기 때문이다.

(2) 북한 사이버공간의 특징

① 북한은 대내적으로는 인트라넷을 그리고 대외적으로는 인터넷을 사용함으로써 사이버공간의 분리와 폐쇄성을 보여주고 있다.

② 따라서 북한의 사이버공간 낙후성이 오히려 사이버공격에 대한 방어 측면에서는 매우 유리한 전략적 입지를 제공하고 있으며, 공격에 유리한 환경을 제공하는 역설적 현상을 보여주고 있다.

Ⅳ 정보기구의 조직 변화

1 의의

북한은 김정은 시대에 들어서면서 정보기구의 조직과 기능에 변화를 보여주기 시작하였다.

2 정찰총국의 신설

① 대남 · 해외정보 기관으로서 정찰총국의 신설이다. 김정은 후계체제 구축과정에서 이루어진 정찰총국의 신설은 대남 · 해외 정보활동을 기존의 '당' 중심에서 '군' 중심으로 전환시켰다고 할 수 있다.

② 정찰총국 창설 이후 북한은 지하당 구축, 테러, 무력도발을 병행하는 강경 위주의 공세적 정보활동을 추진하였다.

3 정보기구의 명칭 변경

① 정보기구의 명칭 변경이다. 김정은 시대 들어 북한은 국가안전보위부를 '국가보위성'으로, 군보위사령부를 '보위국'으로, 인민보안부는 '인민보안성'을 거쳐 '사회안전성'으로 변경하였다.

② 이러한 명칭 변경은 북한이 김정은 시대에 들어서면서 당-국가체제라는 사회주의 정상국가화를 지향하면서 추진한 조직 개편의 일환으로 보인다.

③ 그리고 김정은의 '김일성 따라하기'의 일환으로 김일성 시대에 사용했던 명칭들을 재사용하는 것으로 볼 수 있다.

4 조국평화통일위원회의 국가기구 승격

① 통일전선부 산하의 조국평화통일위원회를 국가기구로 승격시켰다. 북한은 2016년 6월 29일 최고인민회의에서 조국평화통일위원회를 노동당의 통일전선부에서 국가기구로 이전하는 조치를 취하였다.

② 향후 남북관계가 활성화될 경우 남북장관급회담에서 '격'과 관련한 충돌 요소를 제거하기 위한 조치로 볼 수 있다. 아마도 현재 조국평화통일위원회는 종교단체(그리스도연맹중앙위원회, 불교도연맹중앙위원회, 가톨릭중앙위원회), 천도교청우당, 사회민주당 등 대남 전문기관들에 대한 통합적 지휘를 하는 것으로 보인다.

5 내각의 225국을 통일전선부 산하 문화교류국으로 명칭 변경

① 내각의 225국을 노동당의 통일전선부로 환원하면서 문화교류국으로 명칭을 변경하였다.

② 225국은 2009년 2월 내각 기구로 편입되었으나 2012년 말경 형식상 통일전선부 기구에 속하는 모양새를 취하고 있었다.

③ 225국은 내각에 소속되어 있을 때도 내각의 지휘를 받지 않고 노동당의 통제 속에 김정은에게 직보하는 체제를 갖추고 있었다.

④ 현재에도 통일전선부에 속해 있지만, 주요 정보활동에 대해서는 김정은에게 직보하는 체제를 갖추고 있을 것으로 보인다.

6 국가보위성의 '특별군사재판소' 설치

① 국가보위성의 '특별군사재판소' 설치이다. 북한은 2013년 12월 장성택을 처형하면서 국가보위성에 특별군사재판소를 설치했다.

② 특별군사재판소의 설치는 체제전복 사건 등 반국가사범에 대해 신속한 재판과 처벌을 집행하려는 의도에서 설립된 것으로 볼 수 있다.

③ 특별군사재판소는 상설조직이라기보다는 비상설조직으로 국가보위성의 사건에 해당하는 반국가·반체제 범죄에 적용된다고 볼 수 있다.

V 국가보위성의 대남 정보활동 강화

1 의의

① 김정은 시대에 들어오면서 북한은 국가보위성을 활용한 대남 정보활동을 강화하고 있다.

② 국가보위성은 과거에는 국내 정보활동과 해외 정보활동에 특화된 기구였다. 그리고 북한의 대남 정보활동은 주로 정찰총국과 당의 통일전선부 및 문화교류국이 담당하고 있었다.

③ 그러나 김정은 시대에 들어오면서 국가보위성은 반탐정국, 해외반탐국, 북남대화보위국 등을 활용하여 대남 정보활동을 강화하고 있다.

2 탈북자 문제

(1) 의의

① 김정은이 후계자로 등장한 이후인 2009년 초경부터 '비법월경자'와 '행불자' 문제가 심각한 정치적 현안으로 드러났다.

② 북한은 국가안전보위부를 중심으로 인민보안부와 기타 관계 기관들이 협조하여 탈북자 문제를 해결하도록 하였다.

(2) 국경경비 업무를 국가안전보위부로 이관

① 북한은 탈북자 문제의 해결을 위해 군 보위사령관 출신인 김원홍을 국가안전보위부장에 임명함과 동시에 군부에서 담당하던 국경경비 업무를 국가안전보위부로 이관시켰다.

② 2010년경 군부 예하인 국경경비총국과 세관 통행 등의 관리를 국가안전보위부가 전담하였다.

③ 그 결과 과거 변경지역에서 밀수범과 월경자 등을 정보원으로 활용하여 중국 내 탈북자 체포와 신상 확인에 국한되던 국가안전보위부(현 국가보위성)의 정보활동이 대남 정보활동 영역으로 확대되었다.

(3) 탈북자와 국가보위성의 대남 정보활동

① 국가보위성의 대남 정보활동은 탈북자와 직접적인 연관성을 지니고 있다. 국가보위성의 탈북자 관련 정보활동은 위장 탈북 및 국내 정착 북한이탈주민들에 대한 재입북 공작으로 이루어지고 있다.

② 또한 중국에 거주하고 있는 탈북자에 대한 첩보 수집 및 송환 업무도 동시에 수행하고 있다. 이는 국가보위성의 방첩활동이 소극적 방첩활동에서 적극적 방첩활동으로 전환한 것으로 볼 수 있다.

(4) 해외공관 안전대표부의 인원을 확대

한편 국가보위성은 김정은 시대에 들어와서 해외공관 및 파견근로자들에 대한 감시와 탈북을 방지하기 위해 해외공관 안전대표부의 인원을 확대하였다. 이는 김정은 시대에 증가하고 있는 해외 주재 외교관과 무역대표부 인원들의 탈북을 막기 위한 조치라고 볼 수 있다.

(5) 탈북자 관련 정보활동

① 현재 북한의 탈북자 관련 정보활동은 대내적으로는 국가보위성의 주관하에 사회안전성과 정찰총국 등 유관 정보기관들이 협조하는 체제이다.

② 반면 중국을 비롯한 해외에서는 탈북자 관련 기본 업무는 국가보위성이 전담하며, 한국·해외에서의 정보수집과 확인 등의 영역은 대남 정보기관들이 협조하는 방식으로 업무를 세분화하고 있다.

(6) 대남사업 부문에 대한 감시·통제

① 국가보위성 북남대화보위국은 대남사업 부문에 대한 감시·통제를 전문으로 하고 있으며, 대남사업과 관련된 대화 및 접촉에 참여하는 북한 인원들에 대한 대열보위사업을 진행하고 있다.

② 북남대화보위국은 남북 행사 현장에서 북한 인원들에 대한 감시·장악·통제역할을 진행하는 동시에 북한 인원과 접촉하는 남한사람들을 통하여 우리 정부의 대북정책과 관련한 내부동향을 파악하는 업무를 담당하고 있으며, 산하기관으로는 금강산관광 보위부와 개성공단 보위부가 있다.

Theme

120 국가안보와 국가이익

I 국가안보

1 의의

① 안보는 안전보장의 줄임말로 영어로는 "security"이다. 영어 security는 안보 또는 보안이라는 의미를 가진다. 안보 또는 보안은 어떤 위험과 손해로부터 보호되는 상태를 말하며, 안심 또는 안전(safety)과 동일한 개념으로도 사용된다.

② 그러나 안보와 안전 양자 간에는 미묘한 함축적 차이가 있다. 안보 또는 보안이 외부 위험으로부터 보호되는 외부지향성을 가진 반면에 안전은 자족적인 내면지향성이 강조되는 측면이 강하다고 할 수 있다. 이러한 안보개념의 연장선에서 국가안전보장(National Security)이란 어느 한 국가가 외부의 침략이나 위협 또는 그로 인한 공포와 불안 및 근심걱정에서 벗어나 평온한 상태를 유지하는 것이라고 정의할 수 있다.

2 전통적 협의의 안보

이러한 개념정의는 민족국가의 출현과 함께 국가존립 우선의 현실주의자들에 의하여 규정된 개념으로, 국가안보 위협이 외부에서 오는 것으로만 전제한 것이라는 비판이 있기도 하다. 그러나 국가안보의 전통적인 개념은 외부의 위협에 대한 국방안보였던 것으로 이것을 전통적 협의의 안보개념이라고 지칭하기도 한다. 따라서 전통적 협의의 안보개념은 한 국가의 힘을 극대화하기 위한 군사력 중심의 안보개념으로 정의되고 있다.

생각넓히기 | 국력방정식

국력에 관한 분석방법 중에서 대표적인 것으로는 레이 클라인(Ray S. Cline) 박사의 국력 계산 방정식[P=(C+E+M)×(S+W)] 이 유명하다. P는 국력(Power)을 상징하고, C는 임계량(Critical Mass), 즉 국토 면적, 인구규모 등 고정변수로서의 국가의 자연적 조건을 말한다. E는 경제력을 M은 군사력을 의미한다. S는 정치 지도자의 전략, 그리고 W는 국민의 의지를 표시 한다. 클라인의 국력방정식에서 알 수 있듯이 국력 도출에 있어서 결정적으로 중요한 부분은 국민의 의지(W)와 정치지도자의 전략(S) 항목이다. 만약 이 부분이 0이 되면 전체 국력이 영(zero)이 될 수 있다. 국력방정식으로 초강대국 미국이 베트남에게 질 수도 있다는 사실이 설명된다. 베트남을 향한 미국의 의지와 전략은 거의 0에 가까웠다. 하지만 독립을 이루겠다는 베트남 사람들의 투지와 전략은 놀랄 만큼 강건했던 것이다. 클라인 박사의 국력방정식에 의하면 아무리 경제력, 군사력이 막강해도 결국 국가 정치 지도자의 전략이나 국민들의 단합된 힘이 없으면 국력은 미약할 수밖에 없음을 잘 설명해 준다.

3 아놀드 월포스(Arnold Wolfers)

그러나 아놀드 월포스(Arnold Wolfers)가 말한 바와 같이 역사적으로 주권 국가 상호간의 상관관계에서 연유되는 국가안보의 개념은 절대적일 수 없다. 왜냐하면 국가안보는 국가이익을 위한 것으로서 무엇을 최선의 국가이익으로 추구할 것인가는 시대상황과 주변 환경에 따라 변할 수밖에 없고 그만큼 개념정의가 쉽지 않다. 그럼에도 불구하고 국가안보는 주권국가의 존립이유이자 목적이 되는 그 중요성 때문에 국가안보에 대한 개념정의는 현실적인 필요성이 있다. 또한 정보학의 관점에서는 국가안보의 개념정의에 따라 국가정보의 업무범위가 결정된다고 하는 실천적인 이유도 있다. 이러한 관점에서 오늘날의 국가안보는 통상적으로 "어떤 외부위협으로부터 국가의 안전이 보호되는 상태"라고 정의할 수 있다. 사전적 정의로는 "국가를 방위하기 위한 수단 또는 대외관계"라고 하거나 "영토의 순수성이나 주권 그리고 국가 활동의 국제적인 자유"를 말한다.

4 로버트 맨델(Robert Mandel)

로버트 맨델(Robert Mandel)은 탈냉전시대에 국가안보를 새롭게 정의하여 "국가의 책임으로서 국가 및 시민의 핵심적 가치가 대·내외로부터 위협받는 상황을 방지하여 심리적, 그리고 물리적인 안정을 확보하는 것"이라고 서술했다. 맨델이 말하는 국가와 국민의 핵심적인 가치가 무엇인가에 대해서도 여러 가지 의견이 있을 수 있으나 국가적 차원에서는 국가이익을 구성하는 생존(survival)과 번영(prosperity) 및 국가위신(prestige), 그리고 국민의 생명과 재산이 대표적인 국가의 핵심 가치라고 할 수 있다. 국가안보에 대한 맨델의 정의의 강점은 시대상황과 환경변화에 무관하게 통용될 수 있다는 점이다.

5 「UN 헌장」 제2조 제4호

한편 2007년 현재 192개국이 서명한 대표적인 국제조약으로 국제법의 기둥을 형성하고 있는 「UN 헌장」 제2조 제4호는, 회원국 모두는 국제관계에서 영토의 순수성과 정치체제의 독립성으로부터 외국의 협박과 무력사용의 위협을 받지 않을 것임을 천명하고 있다. 그러므로 국제법적으로는 국가안전보장은 주권국가가 다른 국가로부터 어떠한 협박도 받지 않으며, 무력사용으로부터 안전한 것을 의미한다고 할 수 있다. 결론적으로 국가안보란 "국가가 물리적 심리적 공포로부터의 완전한 해방감 또는 안전감을 확보하고 국가이익을 추구할 수 있는 조건을 확보한 것"이라고 할 수 있다.

생각넓히기 | 국가비밀특권(state Secrets Privilege)

1. 의의

① 국가비밀특권은 국가가 국가안보를 위하여 비밀 분류된 민감한 정보를 일반 공중에 대한 공개에서 배제할 수 있는 권한 즉 공개를 거부할 수 있는 권한을 말한다. 국가정보 보안정책(security of information policy, SOI)이라고도 한다. 국가비밀특권은 재판을 통하여 증거법상의 규칙으로 발전한 개념이다.

② 국가안보 문제가 개재된 사안에 대해서는 일반 공개증거심리주의를 제한하는 것이 주된 내용이다. 따라서 국가안보와 관련한 비밀특권에 기하여 국가안보를 위태롭게 할 수 있는 민감한 정보가 포함된 사건에 대하여, 국가는 절차 비공개를 요구하는 진술서(affidavit)를 법원에 제출하여 증거법상의 일반원칙을 배제하여 심리해 줄 것을 요구할 수 있다. 국가비밀특권 주장이 법원에 의해 받아들여지면 판사의 집무실에서 증거심리가 이루어지고, 경우에 따라서는 증거조사 없이 전술한 진술서에 기초하여 구두변론만으로 심리는 종결될 수 있다.

2. 레이놀즈 사건

① 미국 연방 대법원은 1953년 레이놀즈 사건에서 국가비밀특권을 인정했다. 레이놀즈 사건은 대통령에게 국가비밀특권을 인정한 기념비적인 판결로 인정된다. 그러나 국가비밀특권이라는 용어는 헌법상의 용어는 아니고 사법부에 의해 대통령의 권한이 확장되어 인식된 결과이다.

② 1948년 군인과 일반인을 탑승시키고 소련 영공에서 비밀 정탐활동을 수행하던, '하늘의 요새'로 불리던 B-29기가 추락했다. 이에 조종사의 미망인과 유족 등 민간인 3명은 국가를 상대로 거액의 손해배상 청구소송을 제기했다. 계속된 소송에서 정확한 사고원인 규명을 위해 유족들은 사고 비행기의 운항기록지를 증거로 제출해 줄 것을 요구했다. 그러나 국가는, 사고기록지에는 B-29 폭격기의 최고 기밀 임무가 포함되어 있어서 공개 시 국가안보를 위협하게 된다고 주장하며 공개를 거부하고 소송기각 판결을 구했다. 여기에서의 국가안보를 이유로 한 정보공개 거부가 바로 국가비밀특권인 것이다. 즉 법원의 증거 공개심리주의에 대한 제한을 요청한 것이었다.

생각넓히기 | 국가안보와 시민의 자유와 권리

1. 국가안보와 국가이익은 국가존립의 핵심과제로서 역사적으로 보면 그 현실적인 필요성 때문에 중요성이 자족적으로 형성되기도 했다. 그러나 비록 국가안보가 사회를 방위하고 국가를 외부위협으로부터 보호함으로써 궁극적으로는 국민의 안녕과 평화를 위한 것이지만, 국가안보를 유지하기 위한 제반 조치나 수단은 역설적으로 개인의 자유와 권리를 제한한다.
2. 국가정보는 국가안보를 확립하고 국가이익을 달성하기 위한 필수요소이다. 그러나 국가안보와 국가이익을 위한 국가 정보기구의 정보활동도 국민을 위한 정부, 법의 지배(rule of law), 권력분립의 원리 등 민주주의의 원리에 기속된다.
3. 미국 연방대법원은 1968년 로벨사건에서 이 점을 분명히 하였다. "국가방위는 그 자체가 완결적 목적이라고 할 수는 없다. 국가안보는 국민을 보호하기 위한 것이다. 그러므로 만약 국가안보라는 이름으로 국민의 자유를 억압한다면 그것은 아이러니라고 하지 않을 수 없다. 그러한 국가방위는 아무런 가치도 없는 것이다."

Ⅱ 국가이익

1 의의

국가이익(National Interests, NI)은 국가의 보존과 번영 · 발전, 국위선양 및 국민이 소중히 여기는 국가가치(national values), 그리고 국가체제의 순수성 유지와 신장을 추구하여 국제적으로 내세우는, 각국이 지향하는 이념 및 가치를 의미한다. 국가이익은 국가를 유지하고 강화하기 위해 지켜야 할 행동기준이나 국가이성 또는 존재이유를 지칭하는 프랑스 용어 레종 데타(Raison d'etat)에서 유래한 말로 국가목표, 국가야망 또는 약칭하여 국익이라고도 불려진다.

2 레종 데타

① 레종 데타, 즉 국익은 원래 경쟁적 국가이익의 추구의 각축장인 국제무대에서 식민지 확보 경쟁의 정당성을 부여하는 중요성을 가졌었다. 그것은 시원적인 국가이익의 개념이 국제무대에서 현실적인 경쟁가치를 내포한다는 것을 의미한다. 이 같은 국가이익은 주권국가의 대외정책의 중심개념으로 역사, 문화, 전통, 규범 및 시대상황에 따라 변할 수 있다. 국가통치의 요체로서 국가이익은 국가의 최고정책결정 과정을 통해 표명되는 것으로, 민주국가에서는 통상 국민들의 정치, 경제 및 문화적 욕구와 갈망이 충분히 반영된 것으로 이해될 수 있다.

② 이 경우 국가안보는 국가의 핵심가치인 국가이익을 수호하기 위한 것이다. 역으로 국가안보를 지켜내는 것은 가장 중요한 국가이익의 하나이다. 역사적으로 보면 국가이익이 외교정책상의 중심개념으로 사용된 것은 주권국가가 등장한 16세기 이후의 일이며, 체계적인 연구대상에 오르게 된 것은 20세기에 들어와서이다. 인류역사 초기에는 국가이익의 문제는 종교나 도덕 등 정신적 · 이념적 문제에 치중했다. 물질적인 것은 그에 뒤이은 부차적인 것으로 여겨지기도 했었다.

3 국가이익의 분류

(1) 의의

① 국가이익은 이처럼 국가의 위신, 명예, 자존과 연결된 것으로 포괄적이고 추상적인 개념이지만, 현실적으로 구체적으로 지켜지고 보호되며 확보되어야 할 명제이다. 따라서 국가이익에 대한 이해를 높이고 구체적 실현성을 확보하기 위해 국가이익을 상정할 수 있는 주요 분야별로 설명되어 왔다. 예컨대 정치적 안정, 영토적 독립성, 그리고 안정적 국제관계 유지는 모든 국가들에게 보편적으로 적용되는 국가이익의 핵심요소라고 할 수 있다.

② 또한 경제발전과 안보 확립 및 국위선양이 모든 국가들의 기본적인 국가이익을 보여 주는 징표라는 점에 대해서도 이의가 없다. 경제 · 안보 · 국위선양은 각각 국가이익의 경제적 측면, 정치 · 군사적 측면, 그리고 외교적 측면을 대표하는 것으로서 한 국가가 고려할 수 있는 이익을 망라하는 것이기 때문이 다.

(2) 국가이익의 학문적 분류

국가이익을 연구한 도날드 네털라인(Donald Nuechterlein)은 국가이익을 중요도에 따라, 국가의 존립 자체가 걸려 있는 존망의 이익(survival interests), 결정적 이익(vital interests), 중요한 이익(major interests), 그리고 국가가 직접적으로 영향받는 것은 아니지만 외국에 거주하는 국민이나 기업에 나쁜 영향이 미칠 수 있는 지엽적 이익(peripheral interests)으로 분류했다.

생각넓히기 | 한국의 국가이익

사활적 이익이란 국가의 존립을 위협하는 사태와 관련된 것으로서 일반적으로 국가 간 전쟁과 같은 상황이 여기에 해당된다. 사활적 이익과 관련된 상황에서는 대통령의 깊은 주의와 결단 및 신속한 조치가 필요하다. 핵심적 이익은 국가의 안전보장과 안녕질서, 경제적 기반 등에 치명적 손실을 초래할 우려가 있는 상황과 관련된 것으로서, 대통령의 깊은 관심과 주의에 입각하여 행정부가 단시일 내에 강력한 대응방안을 강구하여야 한다. 중요한 국가이익은 적절하게 대응하지 않고 방치할 경우 심각한 손실이 예상되는 것으로서 정부의 지속적이고 광범위한 대책강구가 필요하다. 마지막으로 지엽적 이익은 방치하더라도 비교적 적은 손실만이 예상되는 경우로서 주의 깊게 관망하는 자세가 요구된다.

(3) 국가이익의 실천적 이해

① 국가이익에 대한 실천적 연구와 적용은 미국의 국익검토위원회(The Commission on America's National Interests)의 분류를 들 수 있다. 국가안보 분야의 저명한 학자들로 구성된 국익검토위원회는 "미국의 국가이익"이라는 국가 보고서에서 국가이익 분류에 대한 체계적인 접근을 하고 있다. 이 보고서는 기존의 학문적 연구와 달리 국가이익의 중요도별로 세부적인 현안을 구체적으로 제시함으로써 국가이익의 당면한 현실성을 인식할 수 있게 했다.

② 국익검토위원회는 국가이익을 중요도에 따라 서열 분류하여 결정적 이익(vital interests), 핵심적 이익(extremely important interests), 중요한 이익(important interests) 그리고 부차적 이익 (secondary interests)의 4가지로 구분했다.

③ 결정적 국가이익은 국가의 존립과 관계된 것으로, 자유롭고 안전한 국가로 확보해 주고 자국민들의 생활을 보장하고 증진하는 데 반드시 필요한 것으로 정의하고 있다. 미국은 결정적 이익을 지키기 위해서 국제무대에서의 미국의 외교력과 군사력 및 신뢰성을 증진해야 한다고 강조한다.

④ 핵심적 이익은 양보할 경우 미국을 자유롭고 안전한 국가로 만들어 국민들의 생활을 보장하고 증진하는 미국의 능력을 심각히 손상시키지만 아주 위태롭게 하지는 않는 것들이다. 전 세계적으로 대량파괴무기의 사용 방지와 사용 위협의 억제, 분쟁의 평화적 해결을 위한 국제규범 강화, 그리고 동맹국에 대한 침략방지를 예로 들고 있다. 핵심적 이익을 보존하기 위해서 유럽 및 일본과 강력한 전략적 제휴관계를 구축해야 한다고 강조한다.

⑤ 중요한 이익은 미국의 존립이나 번영과 무관하지는 않으나 핵심적이지는 않은 것을 지칭한다. 그러나 중요한 이익을 양보할 경우 자유롭고 안전한 국가에서 미국 국민의 생활을 보장하고 증진하는 데 부정적인 결과를 초래할 수 있다고 평가했다. 대규모 인권위반 사례의 발생 방지, 전략적으로 중요한 지역에서 자유 민주주의 고양, 그리고 국제테러조직으로부터 미국 국민 보호를 중요한 이익의 예로 들었다. 중요한 이익을 지키기 위해서 미국은 UN과 지역적 혹은 기능적 차원의 협력 장치를 유지해야 한다고 주창한다.

⑥ 마지막으로, 부차적 이익은 본질적으로 바람직하지만 자유롭고 안전한 국가에서 미국 국민들의 생활을 보장하고 증진하는 국가의 능력에 중요한 영향을 미치지는 않는 것이라고 정의했다. 무역역조의 시정과 범세계적 민주주의 확산을 예로 들고 있다. 미국은 이러한 기본적인 분류 위에서 매년 미국의 국가이익의 우선순위를 설정하고 있다.

Theme

121 국가정보와 국가안보의 연계

I 국가정보

1 국가정보의 궁극적인 목표

① 지식, 활동, 조직으로서의 국가정보의 궁극적인 목표는 국가안보에 있다. 즉 국가정보의 모든 조직, 활동 그리고 그것을 통한 지식의 생산은 국가안보적 이익을 증진시킴에 있다는 것이다.

② 최초로 정보에 관한 이론을 정립한 셔먼 켄트(Sherman Kent)는 국가정보는 "국가존립에 절대 불가결한 지식"이라고 했던바, 여기서 말하는 지식이란 국가안보정책 수립의 토대가 되는 지식으로서 군사정보는 물론 외교, 경제, 자원 · 환경 등 다양한 분야에 관한 지식이 포함된다.

2 국가안보 목표 달성에 필요한 수단

(1) 의의

다른 관점에서 국가정보는 국가안보 목표 달성에 필요한 여러 가지 수단들—예컨대 경제, 과학기술, 경찰, 외교, 군사력 등—중의 하나라고 할 수 있다.

(2) 국가안전보장과 관련되는 정책의 수립과 집행에 필요한 수단

① 국가정보는 국가안전보장과 관련되는 외교, 국방, 경제 등 정책의 수립과 집행에 필요하거나 대내외 국가적 안보위협으로부터 국가이익을 수호하는 데 요구되는 수단이라고 할 수 있다.

② 국가정보는 "국가안보 목표를 달성하기 위한 중요한 수단이자 투입변수"로서 국가안보에 종속된다.

③ 국가정보기관의 존재 이유는 국가안보목표의 달성에 있으며, 국가의 안보목표가 변화되면 정보활동의 성격과 범위도 수정되어야 할 것이다.

Ⅱ 국가안보

1 의의

① 그러나 문제는 국가안보라는 개념 자체가 모호하여 국가정보의 범위와 성격도 쉽게 규정하기 어려운 점이다.

② 국가적 생존에 관한 것으로서 국가안보에 대한 관심은 오랫동안 국제정치학자들의 관심 영역이 되어 연구되어 왔으나, 이에 대해 명확히 정립된 개념은 없다.

③ 그 주요한 이유는 월퍼스(Arnold Wolfers)가 지적하듯이 안보의 개념 자체는 절대적일 수 없고 그 국가가 처한 시대와 상황에 따라서 변화되기 때문이다.

2 로버트 맨델(Robert Mandel)

(1) 의의

로버트 맨델(Robert Mandel)은 학계 연구들에 대한 검토를 바탕으로 국가안보를 "일반적으로 국가정부의 책임으로서 국가 및 시민의 핵심적 가치가 대내외로부터 위협받는 상황을 방지하여 심리적(psychological)으로 뿐만 아니라 물리적인 안정(physical safety)을 추구하는 것"이라고 정의했다.

(2) 핵심적 가치

여기서 '핵심적 가치'는 다양하게 해석될 수 있으나, 일반적으로 국민차원에서는 개인의 생명과 재산 그리고 국가적 차원에서는 생존, 번영, 국가적 위신 등이 될 수 있다.

(3) 심리적인 차원

심리적인 차원에서의 안보는 다분히 주관적 판단에 의존할 수밖에 없다.

Ⅲ 국가안보와 국가정보의 관계

1 의의

① 국가안보의 핵심적인 구성요소는 국력, 즉 국가의 능력이라고 볼 수 있다. 국가의 능력, 즉 월등한 수준의 군사력, 경제력 그리고 과학기술력 등은 국가안보를 유지함에 있어서 결정적인 요소라고 할 수 있다.

② 그러나 국가안보는 자국 스스로의 능력만으로는 불가능하다. 특히 약소국의 경우 주변 환경에 많은 영향을 받을 수 있는 바, 이를 크게 둘로 나누어 부정적인 요소로서 적대 국가를 비롯한 외부로부터의 군사, 경제, 자원 · 환경 등에서의 위협들을 들 수 있고, 긍정적인 요소로서 외부와의 군사동맹 또는 경제, 자원 · 환경 분야 등에서의 협력관계를 들 수 있다.

③ 그리고 여기서 국가안보에 중요한 영향을 미치는 요인으로서 국가안보정책결정권자 또는 국가안보기관의 인식작용 또는 지각력(perception filter)과 정보력(information filter) 등을 들 수 있다.

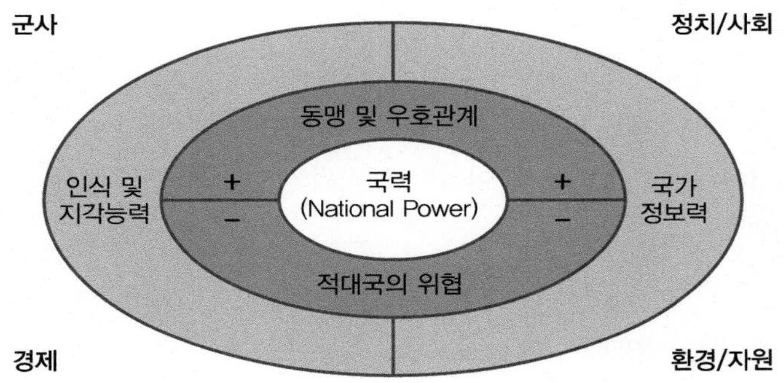

2 인식력(perception filter)

① 인식력(perception filter)은 외부 상황을 보는 일종의 시각을 의미한다. 즉 안보정책결정자가 안보문제를 결정하기 위해 상황판단을 해야 하는데, 인식력은 상황판단에 앞서 외부 현상을 보는 일종의 눈(eye)이라고 할 수 있다. 다른 말로 표현하자면 외부 상황을 정확히 파악할 수 있는 능력이라고 볼 수 있다.

② 전쟁 또는 위기 상황에서 정책결정자들이 종종 사태를 오판하여 잘못된 정책결정을 내리고 그로 인하여 상황을 악화시키는 사례들을 역사의 경험 속에서 볼 수 있다. 예컨대 적대국가의 군사력 또는 공격기도에 대한 과대 또는 과소평가, 전쟁에 대한 제3국의 개입 가능성에 대한 오판, 전쟁이 불가피하다는 그릇된 상황 인식 등을 들 수 있다.

③ 제1차 세계대전, 한국전쟁에서 제3국인 중국의 개입, 1965년 인도와 파키스탄의 카슈미르 분쟁(the Kashmir war), 1967년의 중동전쟁 그리고 이라크의 쿠웨이트 침공에 따른 걸프 전쟁 등은 그러한 대표적인 사례들이다.

3 국가정보의 역할

(1) 의의

① 어쨌든 이러한 왜곡된 인식, 즉 오인(misperception)은 정책결정자가 외부 현상에 대한 인식(perception)이 실제 현실과 다를 때 발생한다. 그런데 그 결과는 국가 안보적 이익에 치명적인 손실을 가져온다.

② 이와 같은 오인이 발생하는 원인들로서는 정책결정자의 성장배경, 가치관, 성격 등 다양하지만, 이러한 오인의 소지를 최소화할 수 있는 방법이 곧 정보력이다. 즉 국가정보는 정책결정권자의 선입견, 편견, 이데올로기적 독선을 해소시켜 주는 역할을 한다.

(2) 정책결정자들의 판단을 왜곡시킬 수 있는 원인

① 오늘날 각종 신문, 잡지, 방송 등 다양한 정보 매체들을 통해 첩보와 정보의 홍수를 이루고 있는 정보화 시대에 있어서 과다한 정보가 오히려 정책결정자들의 판단을 왜곡할 수 있다.

② 반대로 어떤 특정 상황에 대해서는 정작 꼭 필요한 정보가 부재하여 올바른 정책판단을 내릴 수 없는 경우도 있다. 이 경우 국가의 정보력, 즉 국가정보는 공개 자료 수집 또는 비밀공작 등 다양한 방법을 통해 쉽게 입수하기 어려운 정보를 수집하여 제공해 줌으로써 정책 판단에 유용하게 활용될 수 있다.

(3) 국가정보의 기능

① 또한 왜곡된 첩보들 또는 상호 모순된 과다한 첩보들의 내용을 분석 평가하여 정확하고 타당성 있는 정보를 생산, 이를 정보사용자, 즉 정책결정자에게 제공함으로써 정책결정자가 상황을 올바로 인식·판단하도록 도와준다.

② 국가안보의 최종적인 책임자는 최고정책결정권자이고, 국가정보는 최고 정책결정권자의 올바른 정책결정에 요구되는 정보 자료를 제공해 줌으로써 국가안보에 핵심적인 기능을 한다고 볼 수 있겠다.

③ 즉 '사용자를 위한 사전지식'으로서 국가정보는 국가정책의 담당자에게 정책의 입안, 계획, 집행, 실행결과에 대한 예측 등 정책결정의 제반과정에 필요한 정보를 제공함으로써 국가안보에 기여한다.

4 국가안보와 국가정보의 관계

(1) 의의

① 정보를 제공받음으로써 정책결정자는 올바른 선택과 판단을 내릴 수 있는 것이다. 물론 제공된 정보의 질이 높다고 해서 정책의 선택도 반드시 최선이 되는 것은 아니다.

② 그러나 훌륭한 정보가 제공되지 않는다면 국가정책의 결정은 실제 상황에 제대로 대응하지 못한다. 따라서 최상의 국가이익을 반영할 수도 없고 국가안전보장 목표를 효율적으로 달성할 수도 없게 되는 것이다.

(2) 국가의 능력과 국가정보의 관계

① 국가가 막강한 자원, 경제력, 군사력을 보유하고 대외적으로 강대국과 동맹 또는 우호적인 협력관계를 유지하여 외부적 위협을 통제할 능력이 있으면 국가안보 목표를 달성함에 있어서 매우 유리한 여건에 놓여 있다고 볼 수 있다.

② 그러나 국가정보 기능이 제대로 유지되지 않아 외부 상황에 대한 정확한 분석과 평가를 내리지 못하면 자원, 경제력, 군사력이 효율적으로 운용될 수 없어 무용지물이 되고 말 것이다.

5 국가정보와 심리적 안정감

(1) 의의

국가안보는 물리적 안정감뿐만 아니라 심리적 안정감까지 포함한다. 국가정보는 국가적 차원에서의 물리적인 안정감을 유지함에 기여할 수 있을 뿐만 아니라 심리적 차원에서의 안보유지에 기여할 수 있다.

(2) 정책결정자나 국민에게 심리적 안정감 부여

① 정책결정자나 일반 국민이 외부 상황에 대한 정확한 정보가 없다면 위기가 아닌 상황을 위기로 인식하여 과민 반응을 보이며 심리적 불안정이 유발될 수 있을 것이다. 그러나 신뢰할 수 있는 국가정보는 정책결정자나 국민에게 심리적 안정감을 부여함으로써 국가안보에 기여할 수 있을 것이다.

② 반대로 국가정보력의 부재 또는 국가정보에 대한 불신감의 증가 등 여러 요인으로 인하여 국가정보가 제 기능을 수행하지 못할 경우 위기가 닥쳐오고 있음에도 불구하고 이를 위기로 인식하지 못하는 '안보 불감증'이 생기고, 이로 인해 국민 또는 엘리트의 안보태세가 해이해져 국가안보에 치명적인 손실을 초래할 수 있을 것이다.

Ⅳ 결론

1 의의

국가정보는 국가안보의 핵심 요소들로서 자원, 군사력, 경제력 등을 적절히 활용하여 우호국과의 동맹 또는 외교 협력관계를 구축·유지하고, 적대관계에 있는 국가의 상황을 올바로 파악하여 시의 적절하게 대응하도록 유도하며, 나아가 국민들에게 심리적 안정감을 부여해 주는 등의 역할을 수행함으로써 국가안보 목표 달성에 요구되는 핵심적인 기능을 수행한다고 할 수 있다.

2 국가안보 개념 변화에 따른 국가정보의 변화

(1) 의의

국가안보는 냉전시대 동안 가장 핵심적인 요인이었던 군사분야는 물론 경제, 자원·환경, 사회 등 다양한 분야를 포함하고 있다.

(2) 냉전시대의 국가안보

냉전시대 동안 국가안보의 개념은 타국으로부터 가해오는 군사적 침략이나 위협에 대응하기 위한 정책적 노력을 의미하는 것으로서 국가방위(national defense)라는 개념과 동일시되었다.

(3) 국가안보 개념의 변화

그러나 근래 에너지 파동, 무역마찰, 식량위기, 환경 파괴 등 비군사적 위협들이 안보상의 위기를 초래한다는 인식이 새롭게 싹트면서 안보의 개념이 기존의 군사안보 개념으로 일원화·집중화되는 것에서 탈피하여 다양화·분산화되는 경향을 보이고 있다.

(4) 국가정보 개념의 변화

이와 같은 안보 개념의 변화는 탈냉전기 국제질서의 근본적 재편과정에서 비롯된 안보환경의 변화와 맥을 같이 한다. 그런데 이러한 안보환경이 변화됨에 따라 국가안보를 증진시키는 수단으로서 국가정보의 성격, 범위 및 역할도 불가피하게 변화될 수밖에 없다.

Theme

122 탈냉전기 대외 환경의 변화

I 대외 안보 환경의 변화

1 의의

냉전 이후 국제질서의 근본적인 재편이 이루어지면서 주변 안보환경이 급변하고 있다. 안보환경의 변화는 불가피하게 안보의 개념 및 목표의 변화를 수반하고 있다.

2 냉전기의 안보개념

① 냉전기의 안보개념은 국가방위(national defense)와 유사한 의미로서 군사적 차원에서의 외부적 위협에 대응한 국가적 노력을 국가안보로 총칭했다.

② 이에 따라서 국가정보도 적대국의 군사력 현황, 전쟁 징후의 조기 포착, 주변 안보환경의 변화 등에 관한 첩보를 수집하고 이를 분석 · 평가함에 역점을 두었다.

3 탈냉전기의 국가안보

① 탈냉전기에 들어서서 국가안보 개념은 군사전략적 측면에서의 안보 개념에 추가하여 경제, 자원, 환경, 사회 문제 등 비군사적인 요소들을 포괄하는 개념으로 변화했다.

② 대외 안보현안이 광범위해짐에 따라 국가정보의 범위도 적대국의 군사현황에 대한 첩보수집에 추가하여 국가들의 무역 및 경제 동향, 국제 에너지문제, 식량위기, 마약, 테러, 국제범죄, 환경문제 등 다양한 분야들에 대한 정보활동으로 확대되었다.

Ⅱ 탈냉전기 안보환경

1 의의

탈냉전기 안보환경의 변화는 단순히 안보 이슈의 다양화만을 의미하지 않는다. 즉 국가안보 능력의 상대적 약화, 국가안보 영역의 확대, 국가안보 대상국의 확대 등 다양한 변화를 수반하고 있다.

2 국가 안보능력의 상대적 약화

(1) 의의

국제사회가 점차 지구촌화되면서 자국의 영토에 대한 통제력을 기준으로 평가했을 때 국가의 안보능력은 상대적으로 약화되는 경향을 보이고 있다.

(2) 정보화

정보화 시대에 접어들면서 교통과 통신의 급속한 발달, 국경을 초월한 다국적기업의 활동, 국제기구의 역할 증대 등으로 국경의 의미가 점차 상실되어가고 있다.

(3) 초국적 행위자들의 역할 증대

국경을 초월하여 활동하는 행위자들(actors) -개인, 다국적기업, 국제기구- 의 수적 증가와 이들의 역할이 증대되는 만큼 상대적으로 이들에 대한 국가의 통제력(또는 집중력)이 약화될 것이며 국가의 영토 내 영향력 또한 감소할 것이다. 이는 곧 궁극적으로 국가의 안보능력을 감소시키는 결과를 초래하고 있다.

3 국가안보의 관심 영역 확대

(1) 의의

국제사회에서 국가 간의 상호 의존성이 증대되면서 국가안보의 관심 영역이 확대되는 결과를 초래했다.

(2) 국내 정책과 대외 정책의 관련성 증대

① 국가 간 상호 의존성의 증가는 한 국가의 국내 정책이 직접적으로 대외적인 파급효과를 가져오기 때문에 국내 정책과 대외 정책의 구분이 모호해졌다.

② 이는 곧 국가안보의 관심 대상이 상대국의 외교분야에만 국한되는 것이 아니라 국내 정치 · 경제 · 사회 · 문화 등 모든 영역에까지 확대됨을 의미한다.

③ 이에 따라 자국의 경우에 있어서도 대외문제와 국내 상황이 어떻게 연계되는지를 파악해야 하기 때문에 과거에 비해 안보문제를 다루기가 훨씬 복잡하고 어려워졌다고 볼 수 있다.

생각넓히기 | 탈냉전기 국가안보의 다원적 구조

1. 군사안보

군사안보는 주권국가의 가장 우선적인 가치라 할 수 있는 생존에 목표를 둔다. 생존은 바로 영토와 주권의 보존에서 가능해진다. 물론 탈냉전시대에 군사안보의 중요성이 많이 약화되긴 했지만 아직도 '약육강식'의 현실주의 논리가 국제질서의 기본을 구성하고 있다고 할 수 있다. 특히 국제체제에 있어 불가침의 원칙에 기초한 베스트팔렌 체제의 주권 개념이 약화되는 반면에 경험적 주권(empirical sovereignty)이라는 강자의 논리가 지배하는 주권 개념이 확산되면서 군사안보의 필요성이 또 다시 크게 대두되고 있다. 군사안보는 기본적으로 주변의 안보환경과 장차전의 양상에 대비하여 전략·전술을 수립하고 전력구조, 무기체계, 군사배치를 효과적으로 기획하는 동시에 이에 필요한 군사력을 확보할 때 가능해진다. 따라서 전통적 의미의 군사안보에 있어서는 국력의 신장, 신축성 있는 안보전략의 구축, 그리고 신뢰할 수 있는 동맹체제의 확보 등이 필수적이며 경제, 외교정책도 군사안보정책의 일부로 파악하는 경향이 있다.

2. 경제안보

전통적인 국가안보 문헌에서는 경제 안보를 군사안보의 하위개념으로 다루고 있다. 특히 국력을 군사력으로 파악하고, 군사력은 경제력과 과학기술력의 총합으로 이해하는 것이 전통적 국가안보와 국력의 시각이었다. 그러나 탈냉전, 세계화의 국제질서 등장과 더불어 경제안보는 군사안보 못지않게 중요한 국가안보 목표로 등장하고 있다. 왜냐하면 핵전쟁과 같은 명시적 군사위협이 사라지면서 나라마다 번영, 복지, 경제적 안정이란 비군사목표에 더 큰 역점을 두고 있기 때문이다. 사실 1980년대 중반 이후 국제정치의 지형은 심오하게 변해 왔다. 세계화와 자유무역 질서가 공고화됨에 따라 국가 간의 경쟁이 첨예화되고, 무한경쟁의 세계화 추세하에서 자국의 경제적 번영과 복지, 고용, 그리고 안정을 확보하는 것이 새로운 시대적 소명으로 등장했다. 여기에서 핵심적인 것은 바로 국제경쟁력이다. 국제경쟁력이 있는 국가만이 경제적으로 존속할 수 있기 때문에 과학기술력의 확보는 필수적이다. 버클리 국제경제라운드 테이블(BRIE)만큼 이를 예리하게 간파한 그룹도 없을 것이다. BRIE는 21세기 국가안보는 경제변수, 특히 과학기술력에 의해 좌우될 것이라 강조하면서 미래의 국가안보는 군사안보에서 경제안보로 급속히 전이될 것으로 예측한 바 있다. Lester Thurow 역시 Head to Head라는 그의 저서에서 세계경제질서는 미국, 유럽, 일본 3개 영향권으로 재구성되어가고 있으며 이들 간의 대립과 갈등이 새로운 국제분쟁을 야기시킬 것으로 전망하고 있다. 이와 같이 국제경쟁력 확보를 둘러싼 경제안보가 21세기 국가안보의 주요 화두로 자리 잡고 있는 것이다. 사실 1997년 외환위기를 겪은 한국으로서는 경제안보의 중요성을 아무리 강조해도 지나침이 없을 것이다.

3. 생태안보

생태안보란 국가의 기본 구성단위인 국민(national population)을 하나의 유기체(有機體)로 보고, 주어진 영토와 자원의 제약하에서 국민들이 얼마나 안정된 삶을 영위할 수 있는가를 의미한다. 이 국민의 유기체적 보존과 번성을 목적으로 하는 생태안보는 인구, 자원, 소비라는 세 가지 변수군에 의해 좌우된다. 제한된 자원에 인구와 소비가 증가할 때 생태안보는 심각히 위협받게 된다. 이러한 위협의 정도를 North와 Choucir는 편무적 압력(lateral pressure)이란 용어로 표현하고 있는데 바로 이러한 압력이 18세기 이후 서구라파 식민주의 팽창의 원인이 되었다고 파악하고 있는 것이다. 이러한 편무적 압력을 대외적 적응을 통해 극복하지 못할 때 실패한 국가(failed state)들이 발생한다는 것이다. 사실, 토인비, 슈펭글러, 맥닐같은 역사가들은 한 국가나 제국의 흥망이 외부 위협이나 경제 관리의 실패보다는 기후 변화, 전염병, 그리고 기근 등 생태적 조건에 의해 크게 좌우되어 왔다고 설파한 바 있다. 최근 지속적 가뭄 등 생태계 변화에 따른 사하라 남부 지역 국가들의 국가해체 및 생태난민의 등장은 이를 단적으로 보여주고 있다. 그러나 생태안보는 자원문제에 국한되지 않는다. 오존층 파괴나 온실효과와 같은 환경위기, 그리고 아프리카를 포함한 제3세계에 창궐하고 있는 AIDS 등 전염병은 생태안보의 중요성을 다시 한 번 일깨워주고 있다. 엄격한 의미에서 북한의 식량 및 에너지 위기도 생태안보의 적실성을 단적으로 보여주는 사례라 하겠다.

4. 사회안보

사회안보란 대내외적 위협으로부터 사회적 안정과 총화를 구축하고 이를 바탕으로 총체적인 국가안보를 강화하는 것이라 정의 내릴 수 있다. 전통적으로 사회안보는 국내치안의 영역에 속해 왔다. 그러나 세계화의 심화와 더불어 사회안보의 위협요소들이 국내와 해외의 경계를 모호하게 만들면서 국가안보에 대한 치명적 위협으로 등장하기 시작했다. 특히 대부분의 사회안보에 대한 위협들이 초국가적 세력들과 국내세력 간의 교묘한 연계를 통해 가시화되고 있다는 점을 감안할 때 단순한 국내 관리영역을 벗어나고 있는 것이다. 이미 미국을 중심으로 한 대다수의 국가들은 국제 마약조직과의 전쟁을 선포했고, 국제 마약사범을 국가 정보기관에서 우선적으로 다루고 있는 실정이다. 특히 대부분의 국제마약조직이 국제테러와 연계되면서 국가안보수준의 주목을 받고 있다. 이미 러시아를 포함하여 동구권 국가들과 일부 아시아 국가들에서 나타나고 있듯이 국제조직범죄 역시 단순한 국내 치안의 영역을 벗어나고 있다. 9/11사태를 계기로 가장 첨예화된 국가안보 사안은 바로 국제테러리즘이다. 미국 같은 경우, 대량 살상무기의 확산과 더불어 국제테러리즘은 가장 사활적인 국가안보 사안으로 등장했다. 한국도 월드컵 및 아시아 게임과 관련하여 국정원 중심으로 테러리즘 방지법을 재정비하는 등 이 분야에 대한 국가안보 차원의 노력을 보이고 있다.

5. 사이버안보

정보화 혁명은 국제관계뿐만 아니라, 국가안보에도 심오한 변화를 가져왔다. 왜냐하면 정보전(information warfare)이 국가안보에 대한 새로운 위협으로 등장하고 있기 때문이다. 사이버안보는 적의 정보, 정보처리과정, 정보체계, 그리고 컴퓨터 네트워크를 교란함으로써 정보의 우위를 확보하는 것을 의미한다. 그러나 정보전의 파괴력은 적의 지휘, 통제, 통신, 정찰, 감시 체계를 교란하고 적의 사이버 공간에 침투하여 컴퓨터 체계를 파괴하는 군사부문에만 국한되지 않는다. 경제, 사회, 문화, 과학기술 등 거의 모든 분야가 디지털화되어 있는 현실에 비추어 컴퓨터 해킹이나 컴퓨터 바이러스 또는 웜의 확산은 한 국가의 운영체계나 생활공간을 일격에 마비시킬 수 있는 것이다. 특히 국가사회의 작동원리를 마비시킴으로써 엄청난 혼란과 불안정을 초래할 수 있다.

4 국가안보에 영향을 줄 수 있는 관련 대상국 범위의 확대

(1) 의의

① 냉전시대 동안에는 적대국과 우호국의 구분이 명확하였으나, 냉전적 이념 대립이 소멸하고 국가 간의 교류 영역이 확대되면서 적과 우군의 구분이 모호해짐으로 인해서 국가안보에 영향을 줄 수 있는 관련 대상국의 범위가 확대되었다.

② 예컨대 미국과 일본의 경우 미·일 안보동맹을 기반으로 군사적으로는 우호적이지만, 무역 및 경제 분야에 대해서는 경쟁 또는 대립적인 관계에 놓여 있다. 비슷하게 한·중 관계도 경제적인 교류와 협력이 증진되면서 경제적으로는 비교적 우호적인 반면 사회주의와 자본주의 체제 간의 이념적인 대립이 지속됨으로써 정치·군사적으로는 다소 껄끄러운 관계에 놓여 있음을 볼 수 있다.

Ⅲ 국가정보 활동의 성격 및 역할 변화

1 의의

안보환경의 변화에 따라서 국가정보 활동의 성격 및 역할 범위도 변화될 수밖에 없다.

2 국가정보수집 목표의 확대

① 국가안보 개념의 확대와 더불어 국가정보수집 목표도 과거의 군사적 요소 외에 비군사적인 요소들을 추가한 다양한 분야로 확대된다.

② 이와 관련하여 분야별 다양한 정보들이 상호 복잡하게 연계되기 때문에 이를 체계적으로 파악하기 위한 종합적 정보체계의 확립이 요구된다.

Ⅳ 전략정보

1 의의

셔먼 켄트(Sherman Kent)는 국가정보는 전통적인 개념의 '운용정보(operational intelligence 또는 tactical intelligence)'를 초월한 '전략정보(strategic intelligence)'가 되어야 한다고 했다.

2 종합적 · 포괄적 정보

① 전략정보는 경제, 정치, 사회, 과학기술 등 제반 분야에 대한 연구분석을 종합한 체계적이고도 포괄적인 정보를 의미하는 것으로서, 정책담당자에게 장차 발생할 미래에 대한 '큰 그림(big picture)'을 그려주는 장기 예측정보 같은 것이라고 볼 수 있다.

② 국가안보의 개념이 다양한 분야로 확대된 만큼 국가정보 역시 특정분야에 한정된 정보가 아닌 국방, 경제, 외교 등 모든 분야를 총괄하여 종합적으로 작성된 정보가 되어야 한다.

③ 그러므로 국가정보활동 역시 특정 부처의 권한이나 이익을 넘어서는 보다 높은 수준, 즉 국가안전보장과 국가이익이라는 대국적 차원에서 수행되어야 할 것이다.

3 관련국에 대한 국제문제와 국내문제를 포함한 모든 정보

① 국가 간 상호 의존성이 증대하면서 한 나라의 국내 정치, 국방, 경제, 사회복지 정책 등 국내 문제가 타국의 국가안보적 이익에 직접적인 영향을 주고 있는 바, 관련국의 외교정책 이외에 국내 문제들로서 국내 정치 동향, 군사력 현황, 경제활동 등 모든 요소로 확대하여 정보를 수집 · 분석해야 할 것이다.

② 예를 들어 관련국의 국내 문제에 대한 정보실패 사례로서 1978년 이란 팔레비 국왕의 정치적 곤경과 그의 통치에 반대하는 저항세력들을 미국이 과소평가함으로써 이후 미국이 이란 사태로 인해 곤혹을 치러야 했던 것을 들 수 있다.

③ 비슷하게 1973년 '오일쇼크(Oil Shock)'에서처럼 경제상황의 갑작스러운 변화를 예측하지 못한 것도 사우디아라비아와 OPEC 회원국 정부의 내부 정치 · 경제 동향에 대한 정보가 미흡했기 때문인 것으로 지적된다.

4 자국의 국내 부문과 국외 부문과의 연계부문에 대한 정보

국내 불법적인 반체제, 반정부활동은 물론이고 마약, 국제테러범죄, 국제 조직범죄 등은 국외조직과 연계하여 수행되는 점을 감안하여 자국의 국내 부문과 국외 부문과의 연계부문에 대한 정보활동이 보다 강화되어야 하겠다.

생각넓히기 | **슐스키**

- 사실 국제조직 범죄는 얼핏 보기에 국내 사법기관들이 간여할 문제 같지만, 이에 대해 슐스키는 세 가지 이유를 들어 정보기관에서 다루어야 한다고 지적하고 있다.
- 이러한 범죄들은 국외에서 범죄가 이루어지는 경우가 많은데 이 경우 국내의 사법기관들로서는 관할권이 없음은 물론 필요한 정보의 입수도 여의치 않다.
- 사법기관들은 구체적 범죄가 실행되려는 시점이나 실행된 이후에야 사건 해결에 착수하는 경향이 있는데 이러한 문제들은 비행기 폭파사고에서 보듯 그 광범위한 파장효과로 볼 때 해결보다는 예방이 중요하다. 특히 마약범죄와 같이 국제적 조직이 연루되어 있을 경우 개별적 사건의 해결은 큰 의미가 없다.
- 마지막으로 구체적 사건의 해결 역시 관련 조직에 대한 상세한 정보가 없으면 그 해결 또한 불가능하기 때문이다.

5 경제 및 무역 등에서의 경쟁국에 대한 정보

(1) 의의

국제사회 내 다국적기업은 물론 테러 및 범죄조직에 이르기까지 다양한 행위자들이 국경을 초월하여 활동하고 있으며, 이들이 국가안보와 국익에 미치는 파장이 크기 때문에 국가의 정보활동도 타국의 국내 문제는 물론 국내 문제와 해외 부문이 연계되는 영역에 이르기까지 확대되어야 할 것이다.

(2) 적과 우군의 구분이 명백하지 않은 상황

① 적과 우군의 구분이 명백했던 냉전시대에는 소수의 적에 대해서 집중적으로 정보활동을 펼 수 있었으나, 이제 적과 우군의 구분이 명백하지 않은 상황에서 군사적 적대국은 물론 군사적으로는 우호적이지만 경제 및 무역 등 다른 분야에 있어서는 경쟁관계에 놓인 국가들에 대해서까지 정보활동의 범위를 확대해야 할 것이다.

② 예컨대 한국의 경우 냉전시대 동안에는 군사안보에 치중하여 우리의 군사적 적대국으로서 북한, 중국, 소련 등 소수의 국가에 대해서만 정보활동을 집중하면 되었다. 그러나 이제 군사적으로 동맹관계 또는 우호적 관계를 유지하고 있지만 경제 및 무역 부문에서는 경쟁관계에 놓여 있는 일본, 미국을 비롯한 여타 서방 선진국들과도 정보전쟁을 치러야 한다.

(3) 우방관계를 희생하면서까지 경제적 첩보전을 수행해야 하는가의 문제

① 군사적으로 적대국이 아닌 이상 우방관계를 희생하면서까지 경제적 첩보전을 수행해야 하는가 하는 회의가 있을 수 있다. 그러나 군사안보 이상으로 경제문제가 국가안보에 지대한 영향을 미치는 현실을 감안했을 때 경제 및 무역에 관련된 정보활동 역시 결코 소홀히 생각할 수 없는 영역이다.

② 실제로 경제적 이익을 최우선으로 한 무한 경쟁의 시대 속에서 적과 우군의 구별 없이 국가 간 산업 스파이활동이 전개되고 있으며, 무역협상에서 빈번히 도청장치를 동원하여 상대방의 협상전략을 간파하고 그것에 대응하기 위한 정보활동이 치열하게 전개되고 있는 것이 오늘의 현실이다.

③ 어쨌든 적과 우군의 구분이 모호해짐으로 인하여 국가정보활동 대상국의 숫자가 증가된 만큼 소수의 국가에 집중했던 국가의 정보력이 분산화될 수밖에 없을 것이다.

Theme

123 민주화의 확산

I 의의

안보환경의 변화 외에 국내정치 분야에 있어서 민주화의 진전도 국가안보 정책을 수행함에 중요한 영향을 가져온다.

Ⅱ 냉전의 붕괴와 범세계적인 민주화의 진행

냉전의 붕괴와 함께 세계 도처에서 민주화가 진행되고 있다. 과거 사회주의 종주국으로서 전체주의 독재체제였던 소련과 동구권이 붕괴하고 나서 자본주의적 시장경제체제의 도입과 함께 민주화가 진행되고 있다. 러시아가 민주화 과정을 진행하고 있고, 폴란드, 체코, 헝가리 등 동구권 사회주의 국가들도 민주주의 체제로 변화되어 가고 있다. 한국, 대만, 중남미 국가들도 과거 권위주의 정권이 몰락하고 민주화가 착실히 진행되는 와중에 있다.

Ⅲ 국민 여론의 영향력 증가

1 의의

① 이러한 국내정치 민주화 움직임이 국가안보에 미치는 영향만큼 정보기관의 기능 및 활동에도 변화가 요구되고 있다.

② 과거 독재정권 또는 권위주의 정권은 비밀유지를 명분으로 하여 대중이나 이익집단의 제약 없이 안보정책을 자유재량으로 추진할 수 있었다.

③ 그러나 민주화가 진행되면서 안보와 관련한 외교정책 수행에 있어서 정책결정자는 의회와 대중의 반응을 무시할 수 없게 되었다.

2 정책결정권자의 재량권 축소

① 민주화된 정권에서는 여론과 이익 집단이 정책결정과정에 개입하기 때문에 정책결정권자의 재량권이 축소되어 정책의 일관성과 효율성이 저하되는 경향이 있다.

② 민주주의 체제에서는 여론이 알 권리를 내세워 정책의 공개성과 책임성을 요구하고 있다. 하지만 안보정책 분야는 주도면밀한 계획, 전문적인 지식, 비밀보안이 요구되기 때문에 정책결정과 집행에 있어서 효율성이 떨어지는 문제가 발생할 수 있다.

3 대중 매체의 영향력이 증가

(1) 의의

① 민주화가 안보정책의 효율성을 저하시키는 요인이 될 수 있지만 민주화의 진행은 범세계적 추세이며, 이와 함께 안보정책에 대한 견제와 통제가 강화되는 추세에 있다.

② 이미 미국을 비롯한 여타 민주주의 국가들에서는 정부의 비밀성에 대한 회의감으로 말미암아 일찍부터 의회가 일부 정부기관들에 대한 감독활동을 수행해 왔다.

③ 그리고 대중 매체의 영향력이 증가하면서 안보정책결정에 대한 일반 국민 여론의 영향력도 함께 증가하는 현상을 보이고 있다.

(2) 대중매체의 여론 주도

① 과거에는 극소수의 대중만이 안보정책에 관심을 갖고 있었기 때문에 정부가 이를 무시할 수 있었다. 또한 정부는 대국민 홍보활동을 통해 얼마든지 정부의 안보정책에 대해 국민이 지지하도록 유도할 수 있었다.

② 그러나 대중매체가 발전하면서 정부의 대국민 홍보활동의 효과가 감소하는 반면, 대중매체가 오히려 여론 형성에 주도적인 역할을 수행하는 양상으로 변화되면서 일반 대중들의 안보정책에 대한 관심과 이해력이 증가하고 있다.

③ 이에 따라 이제 정부도 외교 및 국방정책의 실패에 대한 국민 여론의 비판을 무시할 수 없는 상황에 처하게 되었다. 어쨌든 외교, 국방 등 안보정책결정에 관련되는 기관들의 활동에 대해 여론의 개입과 감시가 강화되고 있으며, 정보기관도 여기서 예외가 될 수 없다.

(3) 정보활동 여건의 악화

① 민주화에 따라 정보기관에 대한 의회, 대중매체, 국민의 감시활동 증가는 곧 정보활동 여건이 악화되었음을 의미하며, 이로 인해 정보기관의 존립마저 위협받고 있다.

② 소련이 붕괴하고 러시아가 민주화를 진행하면서 과거 불법적인 비밀정보활동으로 악명을 떨쳤던 KGB가 해체된 것이 그 구체적인 사례가 될 수 있다.

Ⅳ 미국의 사례

1 의의

① 미국의 경우 적대국인 소련이 소멸되고 냉전이 종식됨에 따라 CIA와 FBI를 비롯한 정보기관에 대한 의회 및 대중의 정보감독이 점차 강화되는 양상을 보였다.

② 물론 미국에서 정보감독이 강화되는 것은 민주화보다는 안보상황의 변화, 즉 적대국의 소멸과 그로 인해 극단적인 안보위협이 감소되었기 때문이다.

③ 그리고 일단 안보상황이 개선되자 안보문제에 밀려 있었던 차선의 중요한 가치로서 민주성을 회복하는 차원에서 정보기관에 대한 감독활동이 새롭게 강조된 것이라고 볼 수 있다.

2 워터게이트 사건

(1) 의의

미국의 경우 일반 정부기관들에 대해서는 일찍부터 의회의 감시활동이 있어 왔다. 그러나 냉전시기의 극단적인 안보위협에 대응하는 조직으로서 정보기관의 특수성을 인정하여 이들의 비밀활동에 대해서는 감시활동을 유보하는 태도를 취해 왔었다.

(2) 휴즈-라이언 법안과 정보자유법 제정

① 그러나 닉슨 대통령 당시 워터게이트 사건이 발생하면서 정보기관의 도덕성에 상당한 의문이 일게 되었고, 이로 인해 미 의회 상·하 양원 특별위원회가 구성되어 대외원조에 관한 두 가지 법안들로서 1974년에 '휴즈-라이언 법안(the Hughes-Ryan Amendment)'과 '정보자유법(the Freedom of Information Act)'이 제정되었다.

② 여기서 휴즈-라이언 법안은 미국 정보기관의 활동에 대한 의회의 감시를 노골적으로 요구한 최초의 법안이 되었으며, 이로 인해 미국의 정보기관은 결과적으로 비밀활동을 수행함에 있어서 상당한 제한을 받게 되었다.

3 상·하 양원의 정보위원회

① 미국에서는 1970년대 중반부터 의회 상·하 양원에 각각의 정보위원회가 설립되어 정보기관들에 대한 감독 업무를 시행해 왔다.

② 동위원회는 정보활동 예산에 관한 통제권을 행사하는 가운데 미국 정보공동체 정보기관들이 수행하는 정보활동의 내용을 파악할 수 있었다.

생각넓히기 | 전 CIA 부국장 로버트 게이츠(Robert M. Gates)

전 CIA 부국장 로버트 게이츠(Robert M. Gates)는 "의회에 의한 정보감독제도로서 상·하원정보위원회는 CIA나 여타 정보기관의 예산지출 및 정보우선순위에 대해 행정부 내 누구보다도 더 많은 지식과 영향력을 갖고 있다."고 언급한 바 있다.

4 이란-콘트라 스캔들

① 의회의 감독활동이 지나치게 강화됨에 따라서 정보기관이 순수하게 국가안보를 위한 목적의 비밀활동조차 효과적으로 수행하지 못하게 됨으로써 결국 미국의 정보역량이 심각하게 약화되고 있다는 비판도 있었다.

② 이에 부응하여 정보기관에 대한 의회의 감독을 다소 완화하려는 시도들이 있었지만, 이후 정보기관들에 대한 의회의 감독기능은 점차 강화되었다. 특히 레이건 대통령 당시 이란-콘트라 스캔들이 밝혀지면서 정보기관의 비밀활동에 대한 의회의 감독에 문제가 있었던 것으로 지적되었고, 이후 미 의회 상·하 양원 정보위원회의 정보기관들에 대한 통제 및 감독 기능이 보다 강화되었다.

핵심정리 이란-콘트라 사건

1. 의의
   ① 1986년 11월 3일 레바논의 수도 베이루트의 일간지인 알 쉬이라(Al-Shiraa)는 레바논에 억류 중이던 미국인 인질 석방을 위해 미국이 이스라엘을 중개자로 내세워 비밀리에 적대관계에 있던 이란에 무기를 판매했다고 보도했다.
   ② 국가안보 보좌관 맥팔레인(Robert McFarlane), 해군장군 포인덱스터(John Poindexter), 실무 총책임자 올리버 노스 중령(Oliver North) 그리고 CIA가 주축이 되어 적대국으로 지정되어 있던 이란에 무기를 판매해 불법 공작자금을 조성하고, 무기판매대금 등은 니카라과 산디니스타(Sandinista) 정부를 전복하려는 니카라과 반군(Contra)에게 운용자금으로 지원한 이중의 비밀공작이다.
2. 타워위원회(Tower commission)
   이란-콘트라 사건이 언론에 보도된 즉시 법무부에 의한 조사가 진행되어 일부 사실을 바로 밝혀냈지만, 사건의 추가 조사를 위해 레이건 대통령은 행정부 자체적으로 전 상원의원 타워(John Tower)를 위원장으로 한 타워위원회(Tower commission)를 구성해 진상을 조사토록 했고, 1987년 1월 6일 미국 의회는 상·하원 합동으로 조사위원회를 구성했다.
3. 조사 및 판단
   이란-콘트라 사건에 대한 행정부와 의회 양 조사위원회의 판단은 기본적으로 동일했다. 즉 이 사건은 적어도 국가안보체계에 대한 법적·제도적 장치의 문제 때문은 아니라는 것이다. 타워 위원회(Tower Commission)는 대통령의 정보공동체 관리 방식을 비판하면서 비록 국가 정보운용 시스템상의 문제점도 일부 발견되었지만, 이것이 어떤 국가안보위원회(NSC) 시스템 개혁으로 해결될 문제는 아니고 문제의 핵심은 인간실패라고 결론지었다.

4. 「CIA 감사실장법」(CIA Inspector General ACT) 제정

① 1989년에는 「CIA 감사실장법」(CIA Inspector General Act)을 제정하여 CIA로부터 독립적인 위상의 CIA 감사실장 직위를 신설하였다.

② CIA 감사실장은 CIA의 정보활동을 감시하고, 감찰활동 내용을 정례적으로 의회에 직접 보고하도록 의무화하였다.

③ CIA 감사실장은 CIA 조직 내부에 있으면서 CIA 조직으로부터 독립적인 지위를 보장받고 있기 때문에 CIA의 정보활동을 보다 면밀히 파악하여 의회에 보고할 수 있다는 장점을 가진다.

5 의회를 통한 정보감독제도의 확산

① 한편 1970년대 중반 미국이 의회를 통한 정보감독제도를 창안하자 여타 민주주의 국가에서도 비슷한 유형으로 정보활동에 대한 감독제도를 창설했다.

② 예컨대 캐나다 의회는 보안정보검토위원회(SIRC)를 창설하여 캐나다의 국내정보기구 감독을 담당했고, 민간 기구로서 캐나다 보안정보국을 설립한 바 있다.

③ 한국의 경우에도 김영삼 문민정부가 출범한 이후 국회에 상임위원회로서 정보위원회가 설립되어 국가안전기획부를 비롯한 정보기관의 정보활동 예산에 대한 권한을 통해 의회가 정보기관에 대한 감독권을 행사하게 되었다.

V 의회의 정보기관 감독제도

1 의의

① 의회의 정보기관 감독제도는 정보기관의 비밀성을 어느 정도 보장하면서 대중의 정보기관에 대한 여론을 반영하기 위한 것이라고 볼 수 있다.

② 즉 의회의 정보기관에 대한 감독은 완전 개방된 대중토론이나 민주적 의사결정으로 인한 비밀성 파괴의 위협을 방지하면서 정보기관의 불법적인 활동을 방지할 수 있는 최선의 대안으로 인정된다.

2 정보활동의 비밀성을 보장하면서 통제를 수행할 수 있는 수단

① 정보기관으로서는 대중의 정보에 대한 공개성과 책임성 요구에 부응하여 자신들의 정보활동이 대중 여론이 규탄하는 수단이나 목적을 추구하지 않음을 보여주어야 한다. 이로 인해 정보기관이 생명처럼 중요하게 보호하고자 하는 비밀성이 크게 제한될 수밖에 없는 처지에 놓여 있다.

② 의회 및 대중의 정보활동 감독이 강화될수록 정보활동의 자율성이 제한되고 비밀 · 보안을 유지하기 어려워 효율적인 정보활동이 위협받게 될 것이다. 이러한 상황에서 정보활동의 비밀성과 효율성을 크게 훼손하지 않으면서 정보기관에 대해 통제 및 감독을 효과적으로 수행하기 위한 방안으로서 의회의 정보감독제도가 도입된 것이다.

Ⅵ 정보기관의 목적과 민주주의

1 정보기관의 목적과 민주주의

① 사실 민주주의와 정보기관은 양립하기 어려운 점이 있다. 정보기관은 비밀과 보안을 생명으로 하는 반면 민주주의는 정보기관의 비밀성을 용납하지 않기 때문이다.

② 또 다른 차이점은 민주주의는 비밀활동의 방법 또는 수단에 문제가 있음을 강조하고, 정보기관은 비밀활동의 목적이 국가안보에 있음을 강조하는 데 있다.

③ 정보기관은 국가의 안보적 이익을 위해 세부 공작사항에 대해 비밀을 유지해야 한다는 필요성을 구실로 자칫 불법행위(unauthorized action)마저 은폐함으로써 민주주의의 가치를 위협할 가능성이 있다.

2 정권적 이익을 위한 정보기관의 악용

(1) 의의

정보기관의 비밀활동이 국가안보가 아닌 특정인의 정권적 이익, 즉 정권안보에 악용될 소지가 있다는 데 있다. 물론 이러한 사례는 일반적으로 권위주의 독재정권에서 빈번히 나타나지만, 민주주의 정부에서도 정도는 약하지만 비슷한 사례가 많이 있다.

(2) 정보기관의 보고서 내용의 과장

미국의 경우에도 대통령이 단순히 자신의 정권적 이익을 목적으로 정보기관의 보고서 내용을 국민들에게 과장하여 발표하는 경우가 종종 있다고 지적된다.

3 정보출처 공개의 필요성 및 위험성

(1) 의의

① 정보기관에 대한 국민의 불신을 해소하고 정책에 대한 국민적 신뢰와 지지를 얻기 위해 국가정보의 공개화와 책임성이 강조되는 반면 이로 인해 정보활동의 효율성이 감소할 수밖에 없는 딜레마에 빠진다.

② 민주주의 정부의 경우 자신들의 정책이 합리적이라는 사실을 대중에게 설득하기 위해서 세부적인 정보를 공개하도록 압력을 받게 된다. 그로 인해 부득이 정보출처를 공개했을 경우 어렵게 확보된 정보 자료를 잃어버리게 됨으로써 막대한 손실을 감수해야 된다.

(2) 미국의 레이건 대통령의 암호해독 능력 공개

① 1986년 미국의 레이건 대통령이 리비아 폭격을 정당화시키기 위해서 미국의 첨단 암호해독 능력을 공개했던 경우가 있다.

② 그로 인해 미국은 암호화된 메시지를 통한 정보획득 기회를 완전히 상실하게 되었다.

생각넓히기 | 레이건 대통령의 첨단 암호해독 능력 공개

레이건 대통령과 그의 최고위 참모들은 리비아의 서베를린 나이트클럽의 폭파에 대한 직접적인 책임을 증명하기 위해 민감한 정보를 예외적으로 공개했다. 대통령에 의해 인용된 세부사항들은 미국이 리비아의 민감한 외교적 통신을 가로채서 해독할 수 있는 능력이 있음을 분명히 했다. 결국 미국은 암호해독에 관한 정보를 공개함으로써 오랜 기간에 걸쳐 막대한 인력과 장비를 들여 어렵게 구축한 정보출처를 상실하고 말았다.

-「워싱턴 포스트」-

Ⅶ 결론

① 지금까지 살펴본바, 민주주의가 다소간에 국가정보의 효율성을 저해할 수 있는 것으로 판단된다. 분명히 민주화가 진행되면서 여론은 정보의 공개성과 책임성을 요구하고 있으며, 이는 곧 국가정보활동 여건을 악화시키는 결과를 초래하고 있다.

② 그러나 비록 정보기관의 효율성이 저해되는 한이 있더라도 민주주의적 가치는 절대적으로 존중되어야 한다. 즉 국가정보와 민주주의 간에 양립할 수 없는 어려움이 있지만, 국가정보활동은 민주적인 가치를 최대한 존중하는 가운데 이루어져야 할 것이다. 범세계적인 민주화 추세는 역행할 수 없다.

③ 이제 민주사회에서 국민적 신뢰와 지지 기반 없이 국가정보기관은 존립할 수 없을 것이다. 그러므로 민주화 추세에 부응하여 정보기관 스스로 민주주의적 가치와 정보기관의 비밀성이 조화를 이루는 가운데 정보활동을 효율적으로 수행할 수 있는 획기적인 방안을 모색해 보아야 할 것이다.

Theme

124 국가정보의 도전과 극복

I 의의

손자병법에 따르면 "총명한 군주와 현명한 장수가 움직이기만 하면 적을 이기고 출중하게 공을 세우는 것은 먼저 적정을 알고 있기 때문"이라고 하여 일찍부터 정보의 중요성을 강조한 바 있다.

Ⅱ 국가정보의 중요성

1 의의

탈냉전기에 들어서서 안보의 개념이 다소 변화했지만 국가안보의 핵심개념은 여전히 군사안보이며, 손자가 말한 대로 국가안보를 지킬 수 있는 결정적인 요소는 정보활동이다.

2 탈냉전기 안보환경에서의 중요성

① 손자의 견해에 따르면 적에 관한 전술을 알아내는 것, 즉 정보활동이 적을 직접 공격해서 패배시키는 것보다도 중요하다고 했다. 이는 일반적으로 무력을 사용하는 전쟁에 적용되겠지만, 경제전쟁 또는 무역전쟁이라고 표현되는 오늘날의 상황에서도 응용될 수 있는 개념이다.

② 전쟁은 물론 군축회담, 외교협상, 무역협상 등에서 상대방에 대한 정보 없이 바람직한 결과를 가져올 수 없기 때문에 국가들 간에 정보전이 치열하게 전개되고 있는 것이 오늘의 현실이다.

③ 어쨌든 정보활동이라는 것은 무장된 적의 병력과 전투를 벌이는 것만큼이나 치열한 것이며, 국가안보를 유지함에 절대적인 요소이다.

Ⅲ 안보환경 변화와 민주화의 진행 속의 국가정보

1 의의

① 탈냉전기 안보환경의 변화와 국내 민주화의 진행은 우리 국가정보체계에 도전이면서 일종의 기회를 제공하고 있다.

② 국가안보 개념의 확대와 더불어 안보환경이 복잡하게 변화되면서 안보목표 달성을 위한 수단으로서 국가정보의 중요성이 증가했으며, 그 기능, 역할, 범위도 확대되었다.

2 정보활동 여건의 악화

① 정보기관은 한정된 예산과 인원으로 확대된 기능과 활동을 수행해야 하기 때문에 부득이 국가의 정보 능력이 분산될 수밖에 없는 상황에 처해 있다.

② 또한 민주화가 진행되면서 대중 여론은 정보활동의 공개성과 책임성 요구를 강화하고 있고, 이로 인해 국가정보가 생명으로 하는 비밀성마저 위협받고 있다.

3 서방 정보기관들의 노력

① 미국의 CIA, 프랑스의 DGSE, 독일의 BND 등 서방 정보기관들도 냉전의 종식과 함께 과거 적대 국가를 겨냥해 수행해 왔던 정보활동목표를 상실하게 되는 상황에서 국제테러리즘, 조직범죄, WMD의 확산 등 새로운 안보위협들을 정보활동목표로 설정하여 적극적인 대응 노력을 기울이고 있다.

② 또한 탈냉전기 민주화 및 정보화 조류에 적응하고자 조직, 기능 및 활동의 대폭적인 개혁을 시도하고 있다. 특히 국가정보기관이 정부조직의 일부라는 기존의 관념에서 탈피, 점차 국가정책 수립기능과 함께 미래 정보화 사회를 선도하는 역할로 탈바꿈하고자 부심하고 있다.

4 우리나라 정보기관이 처한 상황과 대응 노력

(1) 의의

① 서방 정보기관에 비하여 우리 정보기관은 일종의 이중 부담을 안고 있다. 즉 냉전이 종식되었음에도 불구하고 우리 정보기관은 북한이라는 적대세력으로부터의 군사적 위협에 대응해야 할 뿐만 아니라, 세계 각국 정보기관들의 경제 및 산업첩보 수집활동이 강화되고 있어 이에 대처해야 하는 과제를 안고 있다.

② 여기에 국내정치의 민주화로 인한 예산 및 인원의 감축, 정보활동의 공개성 요구 등에 부응하여 정보활동이 위축되는 등 어려움에 처해 있다.

(2) 과제

① 새로운 안보위협들과 정보환경의 변화라는 도전에 직면하여 우리 국가정보체계의 과감한 개혁이 요구된다.

② 국가안보 목표의 변화에 따른 국가정보목표우선순위(PNIO)의 조정, 수집수단의 과학화, 분석방법의 체계화, 정보활동의 공개성, 효율적인 인력과 조직관리 등 다양한 부문에서 획기적인 발상의 전환이 요구된다.

Theme

125 정보실패의 개념

I 의의

① 요즈음 미국 학계의 정치학 분야에서 '정보실패(intelligence failure)'라는 용어는 '정부의 실패(government failure)'나 '시장의 실패(market failure)'라는 용어처럼 일반적으로 많이 사용되고 있다.

② 정보실패는 국가안보와 이익에 치명적인 영향을 미칠 수 있다는 관점에서 현실 정치에서는 물론 학계에서도 많은 연구들이 나와 있다. 그런데 대부분의 연구들이 정보실패의 역사적 사례들을 중심으로 내용을 전개하고 있으며, 아쉽게도 그 개념이나 이론적 논의는 대체로 미흡한 상황이다.

II 구별 개념

1 의의

아직까지 정보실패의 개념에 대해 학계에서 일반적으로 인정되는 정의가 제시되지 않고 있고, 개념적인 모호성으로 인해 몇 가지 문제점들이 발생하고 있다.

2 정책실패

① 정보실패의 책임 소재가 정보기관의 실책에서 비롯된 것으로 알려졌지만 사실은 정책결정권자의 편견이나 왜곡된 판단에서 비롯된 경우가 많다.

② 정보기관에서 적시에 제대로 된 정보를 제공했음에도 불구하고 최고정책결정권자가 이를 무시하거나 왜곡되게 해석하여 낭패를 보게 될 수 있다. 엄밀히 말해서 이는 정보실패라기보다는 정책실패(policy failure)로 보는 것이 타당하다.

③ 때로 최고정책결정권자가 자신의 오판이나 실수로 인한 정책실패를 정보실패로 규정하여 그 책임을 정보기관에 전가하는 경우도 있을 수 있다.

3 정보의 정치화

또는 최고정책결정권자가 자신의 정치적 목적에 활용하고자 정보기관의 정보판단을 의도적으로 왜곡할 수도 있는데 흔히 이를 정보의 정치화라고 한다.

4 개념 구별의 필요성

(1) 의의

책임 소재가 정보기관에 있든 최고정책결정권자에게 있든지 간에 이를 모두 정보실패로 통칭하는 경향이 있다.

(2) 정보실패

① 부정확한 첩보자료, 잘못된 정보분석 등 정보기관의 잘못이나 실책만을 '정보실패'로 규정하는 것이 타당하다.

② 정보실패의 사례들은 한 가지 요인에서 비롯되기보다는 여러 가지 요인들이 복합적으로 작용하여 발생했던 것으로 나타난다.

③ 그럼에도 불구하고 정보실패에 이르게 된 주요 원인과 책임 소재가 어디에 있는가에 따라서 '정보실패', '정책실패' 또는 '정보의 정치화' 등으로 보다 엄밀한 개념적 구분이 필요하다고 본다.

생각넓히기 | **정보조작**

1. 정보조작(Intelligence manipulation)은 정책결정권자를 잘못된 판단에 이르게 하거나 특정한 행동을 유도할 목적으로, 또는 정책결정권자의 정치적 선호도 등에 부응하기 위하여 기만된 정보를 생산하고 그를 전달하는 것을 말한다. 정보조작은 진실한 정보를 공개하지 않는 부작위에 의하거나, 의도적으로 거짓정보를 생산하고 제공하는 작위적 방법에 의해 할 수 있다. 정보조작 연구의 선구자 맥코넥(McCornack)은 정보조작을, 협력적 방식으로 일하고 있다는 믿음을 위반하여 상대방을 잘못으로 인도하는 행위라고 했다.
2. 맥코넥은 정보조작을 대화의 상대자들 간의 정보전달에 관한 일련의 합리적 기대에 대한 위반이라고 정의했다. 일반적으로 커뮤니케이션에서 상대방은 전달받는 메시지가 진실하며(truthful), 정보가치가 충분하고(informative), 관련이 있으며(relevant), 그리고 명료(clear)하다고 생각하는데 타방은 이러한 신뢰를 위반하여 정보의 양적 · 질적 연관성, 그리고 명료성의 각 차원에서 교묘하게 특정한 방법을 사용하여 정보의 내용을 변형하고 왜곡하는 것이라는 것이다. 정보조작은 궁극적으로는 정부와 국민 간의 커뮤니케이션으로 나타난다. 또한 그 전 단계로 정보공동체와 정책공동체 간의 의사소통 과정에서 나타날 수 있음도 물론이다.

생각넓히기 | 정보조작의 유형

1. 의의
   CIA 전 국장 터너(Turner)는 정보조작을 왜곡과 은폐로 나누고, 구체적인 형태로 거짓말, 과장, 반 진실, 비밀유지, 그리고 양동(兩動)반응으로 구분했다. 한편 호퍼와 벨(Hopper & Bell)은 정보조작을, 방법을 중심으로 날조, 연극, 거짓말, 범죄, 그리고 가장(masks)의 5가지로 분류했다. 기술적인 측면에서 보면 정보조작은 정보의 양을 조절하거나 정보전달의 순서를 바꾸는 등으로 쟁점과의 관계성을 혼란스럽게 하거나, 진실한 정보라고 할지라도 모호한 표현을 사용하여 명료성을 흐리게 하는 등의 직접적인 방법으로 조작할 수도 있고, 또한 정보전달에 관한 시기를 조절함으로써 정보조작의 효과를 보강하는 간접적인 방법으로도 조작할 수 있다. 메츠(Metts)는 정보조작을 정보위작, 정보왜곡 그리고 정보누락으로 구분하고 있다.
2. 정보위작(falsification)
   전혀 진실에 반하는 허위내용의 정보를 만들어내는 것이다.
3. 정보왜곡(distortion)
   정보를 과장하거나 최소화하거나 또는 내용을 모호화하는 등의 방법으로 정보를 받아들이는 사람이 진실을 아는 것을 어렵게 하거나 논리적으로 잘못 해석하게 하는 방법으로 정보내용을 변질시키는 것이다.
4. 정보누락(omission)
   관련된 정보의 일부를 빠뜨리고 근거나 참고자료의 공개나 전달을 보류하는 방법으로 전체적인 상황에 대한 진실성 판단을 힘들게 만드는 것이다.

Ⅲ 학설

1 의의

흔히 '정보실패'는 "기습(surprise)을 제 때에 정확히 예측하지 못하게 되어 발생하는 것"으로 여겨진다.

2 라쿠어(Walter Laqueur)

라쿠어(Walter Laqueur)는 정보실패를 야기하는 기습의 종류로서 적의 '군사적 기습(Strategic Military Surprise)', '정치적 기습(Political Surprise)', '경제 · 과학기술적 기습(Economic and Scientific-Technological Surprise)' 등으로 구분했다.

3 로웬탈(Mark M. Lowenthal)

로웬탈(Mark M. Lowenthal) 역시 정보기관의 가장 중요한 임무는 기습에 대비하는 데 있다고 언급했다.

4 슐스키(Abram N. Shulsky)

슐스키(Abram N. Shulsky)는 정보실패란 기본적으로 상황에 대한 오판(misunderstanding)이라고 정의하고, 그 때문에 정부 또는 군대가 그 자신의 이익에 반하거나 부적절한 행동을 취하게 되는 것이라고 기술했다.

5 결론

정보실패는 기습에 제대로 대비하지 못한 상황을 의미하는 것으로 생각되며, 이를 개략적으로 정의하자면 "국가이익이나 안보에 치명적인 영향을 끼칠 수 있는 현상을 제대로 예측하거나 판단하지 못함으로써 국가적으로 상당한 손실이 발생하게 되는 상황을 의미하는 것"이라고 할 수 있다.

Ⅳ 정보실패의 책임 소재 또는 주체에 따른 구분

1 의의

정보실패의 책임 소재 또는 주체가 정보기관만을 의미하는가 아니면 정책결정권자까지 포함하는 것인가 하는 논란이 있을 수 있다.

2 협의의 정보실패

물론 엄밀한 의미로 정보실패는 정보기관만의 실책을 의미하는 것이어야 되겠지만, 대부분의 경우 정보기관만의 실책보다는 정책결정권자들의 오판이나 의도적 왜곡 등 여러 가지 다양한 요소들이 복합적으로 작용하여 정보실패가 발생한다.

3 광의의 정보실패

일반적으로 통용되는 정보실패는 정보기관의 실책은 물론 정책결정권자와 관료들의 정책적 실책 또는 정보를 정치적 목적에 악용하는 '정보의 정치화'까지 포함하는 보다 넓은 의미로 해석한다.

V 경고실패와 정보오판

1 의의

① 정보실패 중에서 가장 많이 알려진 용어로서 기습공격을 제때에 알아차리지 못해서 발생하는 '경고실패(warning failure)'가 있다.

② 그리고 적의 능력을 과대 또는 과소평가하거나 동향을 잘못 파악하는 '정보오판(intelligence misjudgement)'이 있는데 정보오판은 넓은 의미의 정보실패에 포함된다.

2 경고실패의 사례

① 경고실패의 대표적인 사례들로서는 1941년 제2차 세계대전 당시 일본의 진주만 기습사건, 1941년 독일의 러시아 침공사건, 1950년 6월 북한의 남침도발에 의한 한국전쟁의 발발, 1951년 중국의 한국전쟁 개입, 1962년 중국의 인도 공격, 1968년 8월의 체코슬로바키아 사태, 1973년 욤 키푸르(Yom Kippur) 전쟁, 1979년 중국의 베트남 침공, 1982년 아르헨티나의 포클랜드(Falklands) 침공, 1990년 이라크의 쿠웨이트 침공, 2001년 9월 11일 미국에서 발생한 알카에다에 의한 테러사건 등이 있다.

② 이 모든 사례들의 경우 전문성을 갖춘 정보기관이 적의 기습에 무방비 상태로 있다가 꼼짝없이 당했던 것으로 평가된다.

3 정보오판의 사례

(1) 의의

① 역사적으로 정보왜곡, 즉 상대방의 능력이나 취약점 또는 동향을 잘못 판단하여 낭패를 보았던 사례들이 무수하게 많이 나타난다.

② 한 예로 1979년 이란에서 샤(Shah) 정권의 몰락 등 정치적인 변화나 쿠데타 발생을 미리 예측하는 데 실패하는 경우를 들 수 있다.

③ 정보실패의 범위를 조금 더 넓힌다면 1973년부터 1974년에 걸쳐 OPEC가 석유를 무기화할 것에 대해 예측하지 못한 것도 포함될 수 있다.

(2) '미사일 갭'(missile gap) 논쟁

① 냉전시기 동안 미국 정보공동체는 종종 미 의회의 여야 양쪽으로부터 소련의 의도와 군사적 능력에 대해서 잘못 평가했다는 비난을 받아왔다.

② 미국은 소련의 전략적인 능력에 대해 때로는 과소 또는 과대평가했는데, 그중에서 1950년대 말 소련의 ICBM 위협을 과대평가함으로써 그 유명한 '미사일 갭'(missile gap) 논쟁을 야기했던 일도 있다.

(3) 소련 경제체제의 붕괴

무엇보다도 미국의 정보기관은 1990년대 초 소련 경제체제의 붕괴와 소련체제가 군소국가로 분할되는 사태를 예측하지 못했던 일로 비난받기도 하였으며, 그로 인해 미 의회에서 CIA를 해체해야 한다는 주장이 제기되기도 하였다.

Theme

126 정보실패의 실제

I 실패에 주목하는 경향

1 의의

정보기관의 입장에서 볼 때 정보실패에 관한 한 억울한 측면이 없지 않다. 사실 사람들은 성공보다는 실패에 대해 더 많은 관심을 갖는 경향이 있다.

2 정보 실패

일반적으로 정보 실패의 사례들은 방송매체에 쉽게 노출되어 잘못한 것에 대해 공식적인 조사가 이루어진다.

3 정보 성공

① 그러나 성공 사례들은 보안 때문에 상당 기간 동안 비밀 속에 가려져 알려지지 않게 된다.

② 제2차 세계대전 당시 성공적인 정보활동 사례들이 많지만 보안 때문에 수십 년 이상을 숨겨진 채 드러나지 않았다.

③ 또한 국가적으로 위험한 상황을 피하는 데 정보활동이 결정적인 역할을 수행했음에도 불구하고 일단 위험 상황이 지나고 나면 정보활동이 기여한 바는 잊혀지는 경향이 있다.

4 사례

① 예를 들어 1990년 Gulf전 당시 이라크의 쿠웨이트 침공에 대해 정보기관의 경고 실패를 문제 삼는 반면 1961년 이라크의 쿠웨이트 침공에 대해 영국의 정보기관이 미리 알아채고 선제공격을 취함으로써 사태를 성공적으로 마무리했던 일은 사람들에게 별로 기억되지 않고 있다.

② 또한 1968년 8월 WTO 조약국들이 체코를 침공하려고 미리 군대를 준비시켰는지를 판단하는 데 실패한 것에 대해서는 주목을 끌었지만, 1980년부터 1981년까지 미국이 서방 정보기관을 활용하여 폴란드 사태를 진압하려는 소련의 군사준비태세에 효과적으로 대응했던 사례는 별로 알려지지 않았다.

Ⅱ 정보활동에 대한 평가의 어려움

1 의의

사실 실패와 성공은 혼합되어 있다. 베츠(Richard K. Betts)가 말한 것처럼 유리병에 물이 반쯤 있을 때 보는 관점에 따라 반이나 찼다고 볼 수도 있고, 반밖에 없다고 보기도 한다. 즉 같은 사례를 두고 보는 관점에 따라 실패로 평가할 수도 있고 성공으로 볼 수도 있다는 것이다.

2 1962년의 쿠바 미사일 위기

① 1962년의 쿠바 미사일 위기는 부분적으로는 정보실패였다. 왜냐하면 미국의 정보기관은 애초부터 소련의 지대지 미사일이 그 섬에 배치될 가능성이 적을 것으로 평가했기 때문이다.

② 그러나 U-2기가 찍은 영상물로 당시 상황을 탐지할 수 있었던 것은 정보의 승리라고 볼 수 있다.

3 1982년 아르헨티나의 포클랜드 침공(Falkland invasion)

① 이와 유사하게 1982년 아르헨티나의 포클랜드 침공(Falkland invasion)을 알지 못한 것은 영국 정보기관의 실패로 여겨진다.

② 그러나 아르헨티나의 군대가 포클랜드에 상륙하기 2~3일 전에 영국 정보기관이 그러한 상황을 경고해 줌으로써 영국이 즉각적으로 반응할 수 있도록 준비태세를 갖추고 미국이 외교적으로 영국을 지지해 주도록 유도하는 데 결정적으로 기여했다. 그런데 이러한 영국 정보기관의 긍정적인 역할은 제대로 평가받지 못했다.

Ⅲ 비정보적 요소들(non-intelligence elements)

1 의의

한편 외견상 정보실패로 보이지만 실상을 깊이 따져보면 그렇지 않는 경우도 많다. 정보기관의 잘못이라기보다는 비정보적 요소들(non-intelligence elements) 때문에 실패하게 되는 경우도 있다.

2 지휘통제 시스템

일본의 진주만 기습 당시 워싱턴에서 경고 전문 발송이 지체되어 일본이 공격할 바로 그 무렵 진주만에 겨우 상업용 전보가 도착했는데 이는 정보의 실패라기보다는 지휘통제 시스템의 문제라고 볼 수 있다.

3 정책결정권자

(1) 의의

① 때로 정보가 정책을 만나는 지점에서 정책결정권자가 적절하게 반응하지 못함으로써 정보실패를 야기하기도 한다.

② 즉 정책결정권자가 정보기관의 경고를 중요하지 않은 것으로 생각하여 무시하거나 의도적으로 결정을 지연시키는 등의 경우가 여기에 해당된다.

(2) 존슨 행정부

① 존슨 행정부는 당시 베트남 상황에 대한 CIA의 평가를 무시하고 베트남 전쟁에 지나치게 깊이 빠져들게 되어 낭패를 보게 되었던 것으로 나타난다.

② 물론 정보기관은 정보경고(intelligence warning)에 대해 정책결정권자들이 관심을 갖도록 해야 할 의무가 있다. 그렇지만 이 경우에도 엄밀히 따지자면 경고조치를 취한 정보기관에게 책임을 묻기보다는 경고에 대해서 적절하게 반응하지 못한 정책결정권자들에게 책임이 있다고 본다.

(3) 독일의 소련 침공

① 1941년 독일의 소련 침공에 대해서 스탈린은 84개의 경고를 받았음에도 불구하고 이를 무시했던 것으로 나타난다.

② 따라서 1941년 독일 침공에 대해 스탈린이 오판하게 된 것은 정보실패라기보다는 그가 독재자였기 때문이라는 지적이 타당하다고 본다.

(4) 결론

① 물론 정보기관의 책임자가 사용자가 신뢰할 수 있도록 사용자와 밀접한 관계를 유지하지 못했거나 작성된 정보보고서의 중요성에 대해 충분할 정도로 사용자의 주의를 끌지 못했던 점은 분명히 정보의 실패라고 볼 수 있다.

② 그러나 모든 책임이 정보기관에게만 있다는 것이 아니라면 정보실패의 많은 부분이 정책결정권자의 정책적인 대응이 미흡했던 데서 비롯된 것으로 생각된다.

Ⅳ 정보 판단의 어려움

1 의의

① 비록 잘못된 결론을 내렸더라도 정보가 항상 올바르게 판단할 수 없는 부분이 있다는 점을 어느 정도 인정해 주어야 한다.

② 사실 자국의 행동도 예측할 수 없는데 타국의 행동을 예측하는 것은 더욱 어려울 것이다. 때로 사회과학에서 '반사예측'이라 하여 예측했기 때문에 예측한대로 상황이 발생하기도 하고 아니면 그 반대로 상황이 전개되기도 한다.

③ 무엇보다도 비밀에 싸인 독재자의 머릿속에 있는 생각을 파악한다는 것은 거의 불가능하다고 본다.

2 정보판단이 어려움

(1) 의의

월스테터(R. Wohlstetter)는 진주만 기습사건을 예로 들어 예측이 어렵다는 점을 적절히 설명하고 있다.

(2) 진주만의 기습사건

① 진주만의 기습사건은 개인이든 집단적인 차원에서든 당시 책임자들의 잘못이라고 볼 수 없다. 그것은 음모도 아니고 사람들이 부주의해서도 또는 우매했기 때문에 발생한 것도 아니었다.

② 이는 단지 적의 행동에 대해 지금까지 예측했던 내용에서 벗어나지 않는 징후들에만 귀를 기울이게 되는 인간의 속성에서 비롯되었다고 본다.

③ 공격할 것으로 전혀 상상조차 할 수 없는 목표에 대해 전혀 귀를 기울이고 있지 않는 상태에서 그 상황이 발생할 것을 포착해 낸다는 것은 거의 어렵다고 본다.

3 장기 정보판단의 어려움

모든 예측이 그러하듯이 가까운 장래에 일어날 일에 대해서는 어느 정도 예측하는 것이 가능하지만 먼 장래에 일어날 장기적인 상황에 대한 예측은 사실상 거의 어렵다고 본다.

생각넓히기 | 장기 정보판단(longer-term assessment)

과학에 있어서처럼 정치학 분야에 있어서도 올바르게 판단하는 사람들이 잘못 판단하는 사람들과 거의 구분될 정도로 정보판단에 있어서 특별히 우수한 능력을 갖고 있다고 생각되지는 않는다.... 단지 제대로 판단하는 사람들의 예측이나 평가가 잘못 판단하는 사람들보다는 상황을 좀 더 현실에 유사하게 묘사했다는 것뿐이다.
- 저비스(Robert Jervis) -

4 결론

① 요컨대 예측이나 판단이 어렵다는 점을 어느 정도 감안한다면 베츠(Richard K. Betts)가 주장하듯이 정보실패는 피하기 어려운 것이며 자연스러운 것이라고 볼 수 있다.

② 그런 점에서 분석관의 실수에 대해서 다소 관용적일 필요가 있다. 그렇다고 정보실패가 전혀 없다는 것은 결코 아니다.

③ 역사상 수많은 정보실패의 사례들이 있었고, 각 사례마다 다양한 유형의 정보실패 요인들이 작용했던 것으로 나타난다.

④ 최근 9/11 테러 진상조사위원회(National Commission on Terrorist Attacks Upon the United States)에서 발표한 「9/11 테러 최종보고서」에서 지적했던 것처럼 분석관들의 경직된 사고로 인한 상상력 부재로부터 정보기관들 간의 정보공유 미흡 등 다양한 유형의 정보실패 요인들이 제기된다.

Theme

127 정보실패의 요인

Ⅰ 의의

① 정보는 기본적으로 상대국이 비밀로 유지하려고 하는 사항과 상황에 대해 그 의도와 능력을 파악하여 미래의 사태 진전과 상대세력의 미래행동을 예측하는, 일련의 적극적이고 고도의 위험성이 수반되는 행위 결과물이기 때문에 본질적으로 정확한 정보파악에는 어려움이 있을 수밖에 없다.

② 따라서 정보실패 가능성은 정보활동의 내재적 속성이라고 할 수 있다. 그러나 그러한 내재적 속성 이외에도 정보실패에는 여러 가지 이유가 있다.

Ⅱ 정보속성에 기인한 구분

① 정보실패의 요인은 정보속성에 기인한 내적요인과 외적요인으로 구분할 수 있다. 물론 실제 정보실패는 그러한 내·외적 요인의 복합적인 상호작용으로 발생하는 경우가 대부분이다.

② 특히 소신 없는 정보책임자가 정책결정권자에게 지나치게 복종적 관계를 지향하는 경우에 정보실패의 내·외적 요소는 상호 복합적으로 작용하여 나타나기 쉽다.

Ⅲ 정보의 내적 요인

1 정보공동체 수집능력상의 한계

정보실패는 먼저 정보자료, 즉 첩보수집의 실패에서 연유된다.

2 정보공동체 분석능력상의 문제

(1) 의의

정보실패는 정보분석의 잘못에 기인하는 바가 가장 크다. 이 경우 정보실패의 요인인 정보분석상의 문제점에는 정보분석관의 분석능력이 원초적으로 불충분하고 미진한 경우와 정보분석관이 비록 유능한 능력을 가졌다 하더라도 나타날 수 있는 정보분석관의 내적 또는 심리적인 문제로 나누어 볼 수 있다.

(2) 정보분석상의 오류

① 정보분석관은 수집된 증거를 바탕으로 상대세력의 의도와 능력을 파악하는 지적활동을 전개하게 된다.

② 그러나 상대세력의 의도와 능력은 자신의 그것과 상호 의존적이면서도, 경우에 따라서는 개별적으로 작용하여 정보환경에 따라 수시로 바뀔 수 있는 가변적이라는 특성이 있다. 이러한 정보 성질상의 문제가 정보분석상의 오류를 유발할 수 있다.

(3) 정보분석관의 내적 문제

① 정보분석 실패의 내적 문제는 정보분석관의 인지적 오류(cognitive failure)와 분석관의 능력부족(capability failure)의 2가지로 대별해 볼 수 있다.

② 인지적 오류는 출중한 능력과 경험을 갖춘 정보분석관의 경우에도 여러 가지 이유로 지적·정신적 분석 활동상의 장애가 초래되어 정상적인 정보분석과 판단을 하지 못하고 정보실패를 초래한 경우를 말한다.

Ⅳ 정보외적 요인

1 정보의 정치화

정보의 정치화는 정보가 다양한 경로를 통해 정책결정권자의 선호에 맞게 각색되어 분석·생산되는 것을 말한다.

2 관료주의적 경직성

① 관료주의는 비능률 · 보수주의 · 책임전가 · 비밀주의 그리고 파벌주의로 표현된다. 이러한 관료주의 현상은 공조직이나 민간조직을 불문하고 조직이 대규모화할수록 확대 심화하는 경향이 있다.

② 관료주의가 정보기구에 투영되면 상호 경쟁심에 의해 정보공유를 하지 않는 것은 기본이고, 정보를 원래의 목적으로 사용하기보다는 부단한 조직 확대 및 권한강화의 지속적 추구, 또는 최소한 현상유지의 방어책으로 활용하는 정보왜곡 현상이 나타나고, 이것은 곧 정보실패로 연결될 수 있다.

3 정보공동체 정보공유상의 문제

① 정보기관들은 정보에 대한 비밀보안을 생명으로 한다. 다른 기관과의 정보 공유는 말할 것도 없고 조직내부에서조차 소위 "차단의 원칙"이라는 이름하에 유관부서 간에도 정보유통이 이루어지지 않는 경우는 허다하다.

② 중요한 정보를 독점함으로써 자신의 존재가치를 부각하고 중요성을 인식시킬 수 있기 때문에 경쟁관계에 있는 다른 정보기관들과 정보를 공유하는 것을 꺼려하는 내재적 속성도 있다.

4 정보배포상의 문제

① 적시에 적절한 정보분석과 판단이 이루어졌음에도 불구하고 정보를 필요로 하는 부서에 배포가 지연되어 적절히 대응하지 못함으로 인해 정보실패를 초래한 경우도 역사적으로 적지 않았다.

② 한편 새로운 증거자료를 수집하고 내부적으로 재분배받고 이를 다시 분석 · 평가하는 데 적지 않은 시간이 소요되며, 특히 결론이 모순되는 상황에서 정확한 정보생산물을 산출하고, 이를 다시 사용자에게 설득하는 일련의 정보과정에서 많은 시간과 절차가 소요됨으로써 적시에 경고발령을 하지 못하는 사태가 발생할 수 있음도 물론이다.

Theme

128 첩보수집수단 및 자료의 신빙성

I 의의

일반적으로 정보실패의 주요 요인은 분석에 있는 것으로 여겨진다.

II 학설

1 레빗(A. Levite)

① 레빗(A. Levite)은 정보실패의 주요 요인은 분석보다도 첩보수집에 있다고 주장했다.

② 그는 진주만 기습사건과 미드웨이 해전을 비교하고 나서 분석은 증거자료의 질에 달려 있다고 결론지었다.

③ 즉 미국은 진주만 기습 당시에는 암호해독을 완벽하게 할 수 없었지만 미드웨이해전에서는 일본 해군의 암호 메시지를 해독할 수 있었기 때문에 미국이 승리할 수 있었다고 주장했다.

2 크노르(K. Knorr)

크노르(K. Knorr)는 진주만 기습은 미국이 오늘날과 같은 성능을 가진 해양감시 위성을 보유했더라면 일어나지 않았을 것이라고 지적했다.

3 허만(Michael Herman)

① 허만(Michael Herman)은 영국 정보기관이 아르헨티나의 포클랜드 침공계획을 사전에 알지 못했던 원인은 부분적으로 수집이 충분치 못했기 때문이라고 분석한다.

② 즉 아르헨티나는 영국의 정보 목표로서 우선순위가 낮았기 때문에 충분한 수집활동을 수행하지 않았다는 것이다.

Ⅲ 소련의 체코슬로바키아와 아프가니스탄 침공

1 의의

1980년대 이후 가능해진 전천후에다가 실시간으로 전송되는 위성사진 기술이 있었더라면 체코슬로바키아나 아프가니스탄을 침공하기 전 소련의 군사행동에 대한 미국의 평가보고서 내용이 완전히 달랐을 것이라는 주장도 제기된다.

2 열악한 위성 기술

① 당시 위성기술이 워낙 열악하여 구름에 가려지면 제대로 된 영상을 확보할 수가 없었고, 필름을 현상하는 방법으로 위성사진을 얻어야 했기 때문에 제대로 된 영상을 확보하기까지 시간이 꽤나 많이 걸렸을 것이다.

② 그래서 소련의 군사행동을 적시에 정확히 판단하기가 어려웠다는 것이다. 이처럼 첩보수집수단이 미흡했기 때문에 상황을 제대로 분석할 수 없었고, 그로 인해 적시에 제대로 된 정보판단이 나올 수가 없었다는 것이다.

Ⅳ 첩보수집수단의 종류에 따른 장·단점

1 의의

한편 첩보수집수단의 종류에 따라 장점과 단점이 있으며, 그러한 장단점을 어떻게 활용하는가에 따라서 정보의 성공 또는 실패라는 결과로 나타난다.

2 현상정보(observational intelligence)

주로 항공기나 위성정찰을 통해 획득되는 '현상정보(observational intelligence)'는 군대가 훈련하는 것인지, 정치적인 목적을 위해 동원되는 것인지, 아니면 정말로 공격하기 위한 목적인지를 구분할 수 없다.

3 의미정보(message-like intelligence)

'의미정보(message-like intelligence)' 수집수단은 군사비밀문서나 암호 메시지 내용을 파악하는 데 적합하지만 사실상 수집하기가 매우 어렵다는 단점이 있다.

V 1962년 쿠바 미사일 위기에서의 올바른 정보 판단

1 의의

① 두 가지 첩보수단, 즉 현상정보와 의미정보의 장단점을 정보분석 과정에 적절히 활용함으로써 올바른 정보판단이 가능하다.

② 냉전시대 미국의 위성영상정보는 소련에 군사시설과 같은 물리적 시설에 대해서는 신뢰성 있는 정보를 제공해 주지만, 소련의 의도나 계획을 알아내기 위해서는 통화내용의 감청이나 암호화된 전문을 해독해서 얻은 의미 정보가 필요하다.

2 쿠바 미사일 위기

① 1962년 10월 쿠바 미사일 위기 당시 미국 정부는 쿠바 영공에 대한 U-2기 정찰을 통해 쿠바에 소련 미사일 기지가 건설되고 있다는 것을 탐지했으며, 사진 판독을 통해 소련 본토에 건설된 미사일 기지의 초기 영상사진과 비교해 본 결과 쿠바에 배치된 소련제 미사일의 종류를 알아낼 수 있었다.

② 이처럼 현상정보와 의미정보를 적절히 취합하여 소련의 의도를 정확히 파악할 수 있었고, 이를 바탕으로 미국은 소련에 대해 적절한 조치를 취할 수 있었던 것이다.

Ⅵ 1960년대 소련의 미사일 무기 증강에 대한 정보실패

1 의의

현상정보나 의미정보 중 한 가지에만 지나치게 의존하게 될 경우 정보실패 또는 왜곡을 야기하게 된다.

2 영상정보에만 의존하는 경우

(1) 의의

영상정보는 보이는 것만을 볼 수 있고 숨기거나 외형적으로 존재하지 않는 것은 보여주지 않는다.

(2) 소련의 미사일 무기 증강

① 즉 영상정보는 소련의 ICBM 기지나 비행기 격납고와 같이 노출된 물체를 탐색하는 데는 탁월한 능력을 발휘하며 그것을 통해 때로 중요한 단서를 찾아낼 수도 있다.

② 그러나 영상정보만으로는 소련의 미사일계획처럼 눈으로 볼 수 없는 것에 대해서는 전혀 능력을 발휘할 수 없다. 또한 영상정보에 나타난 비행기 격납고에 무엇이 들어 있는지 그리고 설계자가 어떤 생각을 하고 있는지에 대해서는 전혀 알 수가 없다.

③ 미국이 1960년대 소련의 미사일 무기 증강에 대해서 과소평가하는 실수를 범하게 된 것도 정보판단을 영상정보에만 지나치게 의존한 데서 비롯된 것으로 여겨진다.

Theme

129 분석관의 오류와 자질

I 의의

효과적인 수집수단의 부재 외에도 정보실패에는 정보와 사용자 간의 관계, 조직의 경직성, 분석관의 인지적 오류, 효과적인 비밀보안의 여부 등 무수히 많은 요인들이 작용하는 것으로 지적된다.

Ⅱ 정보분석의 실패

1 의의

어떤 학자의 연구에 따르면 노르망디 상륙작전에서 독일이 실패하게 된 원인으로 10개의 오판(misperception)과 50개의 기타 사소한 실수들이 복합적으로 작용했다고 설명한다. 그런데 그중에서도 정보실패를 야기하는 가장 결정적인 요인은 결국은 정보분석에 있다고 본다.

2 분석관

① 학계의 연구들은 정보실패에는 여러 가지 요인들이 복합적으로 작용한다는 점을 대체로 인정하지만, 분석관의 오류 등 인지적 차원의 문제점들을 특히 강조하는 경향이다. 즉 정보분석의 실패는 1차적으로 분석관에서 비롯되는 것으로 생각된다.

② 분석관이 올바른 정보판단에 실패하는 요인은 인지적 오류(cognitive failure)와 분석관의 자질 부족(capability failure) 등 크게 두 가지로 구분된다.

Ⅲ 분석관의 인지적 오류

1 의의

인지적 오류는 거울이미지(mirror image), 집단사고(group think), 분석상의 편견 등을 들 수 있다.

2 거울이미지

① 거울이미지란 상대방의 동기나 가치를 자신과 동일한 것으로 착각하는 것을 의미한다.

② 그 대표적인 사례가 냉전 당시 미국의 학계나 정보분석관들이 미국사회의 기준을 그대로 적용하여 소련의 권력 엘리트를 강경파와 온건파로 구분하고 이들 간의 대립과 갈등하는 구조로 파악한 점이다.

3 거울이미지와 유사한 인지적 오류들

(1) 의의

① 이 밖에도 분석관들이 흔히 범하기 쉬운 인지적 오류들로서 최초 개념으로 정립시킨 것을 고수하기, 자신의 생각과 모순되는 정보를 회피하기, 기대하는 바를 반영하려는 것, 편견과 사고의 경직성, 인식론적 조화를 유지하려는 속성, 결론에 도달하는 과정의 문제점들, 집단 내 개인들의 견해가 무시되는 점 등이 지적된다. 물론 이러한 오류는 분석관에게만 있는 것은 아니다.

② 특히 편견이나 고정관념은 모든 사람들이 일반적으로 갖고 있는 현상이다.

(2) 정보요원들이 편견과 고정관념을 가질 때의 문제점

① 그러나 정보요원들이 그러한 오류에 빠졌을 때 그 결과는 치명적이다. 제2차 세계대전 당시 독일 보안당국은 에니그마(enigma) 암호체계를 적국이 절대로 해독할 수 없을 것이라는 고정관념에 빠졌다.

② 결국 그러한 고정관념을 떨치지 못한 것이 독일이 패전하는 치명적인 요인으로 작용했다고 본다.

③ 독일 보안당국이 그러한 고정관념에서 탈피하여 연합군 측이 에니그마 암호체계를 해독할 수도 있으리라고 생각하고 그에 대한 보안대책을 강구했더라면 아마도 제2차 세계대전의 양상이 다르게 전개되었을지도 모른다.

4 인식론적 경직성

(1) 의의

① 분석관뿐만 아니라 대체로 사람들은 동일한 자료들에 대해서 각기 자신만의 방식으로 해석하려는 '인식론적 경직성'을 갖고 있다.

② 그런데 이러한 인식론적 경직성은 정보와 사용자 간의 관계 또는 정보공동체 자체의 집단사고(group think)와 결합되어 왜곡된 결과를 더욱 심화시킬 수 있다.

(2) 정보사용자와 분석관과의 관계

① 정보사용자와 분석관과의 관계가 너무 소원할 경우 정보사용자가 분석보고서를 제대로 이해하지 못하여 분석결과를 더욱 왜곡하여 해석할 수 있다.

② 그래서 미 CIA 국장을 역임했던 게이츠(Gates)는 정보분석관들에게 정책결정권자의 입장에서 분석 · 판단할 것을 요구하면서 정책결정권자와 보다 밀접한 관계를 유지하도록 노력하라고 당부하기도 하였다.

③ 반대로 분석관과 사용자와의 관계가 지나치게 밀착되면 '정보분석의 정치화' 현상을 초래할 수 있다.

5 집단사고

(1) 의의

집단사고란 해당 정보기관의 조직적 특성 때문에 분석관 개인의 개별적 의견이나 판단이 허용되지 않고 집단적으로 사고하는 경향을 의미한다.

(2) 1961년의 피그만 사건

집단사고의 대표적인 사례로는 1961년의 피그만 사건을 들고 있다. 당시 CIA에서 훈련시킨 쿠바 망명객들을 동원하여 카스토르 정권을 무너뜨리기 위해 감행한 피그만 침공은 무리한 작전이었음에도 불구하고 집단적 분위기에 압도되어 아무도 반대 의견을 개진하지 못했던 것으로 알려 졌다.

(3) 냉전 당시 미국 정보기관 분석관들의 소련에 대한 입장

냉전 당시 미국 정보기관의 분석관들 소련에 대해 대체로 강경한 입장을 취했는데 이는 일종의 집단사고로서 온건한 입장을 취할 경우 동료들로부터 따돌림을 당할 수 있을 정도로 당시 미국의 관료집단이 반공 이데올로기에 압도되어 있었기 때문이다.

생각넓히기 | 1980년대 정보판단국장(Director of Net Assessment)의 진술

미국에서 당시 정보는 주로 적(敵) 군사력의 강점에만 초점을 맞추었고 취약성에 대해서는 별로 관심을 갖지 않았다. 정보공동체의 구성원들에게 적의 군사력에 대해 질문하게 될 경우 적의 강점은 길게 설명할 수 있었겠지만 적의 취약점에 대해서는 아주 단편적인 내용 외에는 답변을 제대로 못할 정도였다.

6 늑대소년효과(crying wolf effect)

(1) 의의

① '늑대소년효과(crying wolf effect)'는 평소 사소한 것에 지나치게 많이 경고하다가 정작 결정적인 순간에 발한 경고를 무감각하게 받아들임으로써 적절한 대응을 못하게 되는 경우이다.

② 매일매일 점진적으로 변화하는 상황에 빠져 전반적인 추세를 놓치는 것이다.

(2) 지속적인 경고에 무감각해진 것(alert fatigue)

① 늑대소년효과(crying wolf effect)는 지속적인 경고에 무감각해진 것(alert fatigue)으로 인한 정보판단의 실패이다.

② 대표적인 사례로서 1968년 소련의 체코슬로바키아 침공과 1973년 욤 키푸르(Yom Kippur) 기습의 경우 위협 상황이 너무 오래 지속되는 바람에 정작 기습을 정확히 판단하지 못했던 것이다.

핵심정리 늑대소년효과(crying wolf effect)

1. 한희원

늑대소년효과(crying wolf effect)에 대해서는 '늑대 소년 효과란, 전문적인 판단지식을 갖춘 정보분석관이 경고적 분석결과를 도출하여 그때마다 경고발령을 했으나 실제로는 경고적 상황이 초래되지 않아 정책담당자나 일반인 모두에게 경고 효과를 저감시키고, 따라서 정작 결정적인 순간의 경고마저 무감각하게 받아들이게 만듦으로써 적절한 대응을 하지 못하게 하여 정보실패에 이르는 것을 말한다.

2. 전웅

① 늑대소년효과(crying wolf effect)는 지속적인 경고에 무감각해진 것(alert fetigue)으로 인한 정보판단의 실패이다.

② 늑대소년효과(crying wolf effect)는 평소 사소한 것에 지나치게 많이 경고하다가 정작 결정적인 순간에 발한 경고를 무감각하게 받아들임으로써 적절한 대응을 못하게 되는 경우이다. 매일매일 점진적으로 변화하는 상황에 빠져 전반적인 추세를 놓치는 것이다.

③ 대표적인 사례로서 1968년 소련의 체코슬로바키아 침공과 1973년 욤 키푸르(Yom Kippur) 기습의 경우 위협 상황이 너무 오래 지속되는 바람에 정작 기습을 정확히 판단하지 못했던 것이다.

3. 결론

한희원은 늑대소년효과는 인지적 오류에 포함되지 않는다고 보는 데 반해 전웅은 늑대소년효과도 인지적 오류에 포함된다고 본다.

7 NIH 증후군(Not invented here syndrome)

NIH 증후군(Not invented here syndrome)은 말 그대로 '여기서 개발한 것이 아니다(Not invented here).'라는 의미로, 제3자가 개발한 기술이나 연구 성과는 인정하지 않는 배타적 조직 문화 또는 그러한 태도를 말한다. 따라서 주어진 문제에 대한 해법을 자신 또는 조직 내부의 역량만을 고집하여 해결하려는 배타적인 현상이 나타난다. NIH 증후군은 타인이나 다른 조직에서 나온 기술이나 아이디어는 무시하거나 수용하지 않으려 한다는 점에서 소통과 협업을 어렵게 만드는 장애 요인으로 작용한다.

8 정설이론(Received Opinion)

기왕에 정설로 굳어진 내용에 대해서는 비록 새롭게 의심스러운 상황이 엿보이는 경우에도 기존의 정설을 뒤집고 과감하게 새로운 정보분석과 판단을 시도하지 못하고 기존의 정보분석에 맞추려는 경향이 있는 정보분석관의 심리를 말한다.

9 후광 효과(Halo Effect)

후광 효과란 일반적으로 어떤 사물이나 사람에 대해 평가를 할 때 그 일부의 긍정적, 부정적 특성에 주목해 전체적인 평가에 영향을 주어 대상에 대한 비객관적인 판단을 하게 되는 인간의 심리적 특성을 말한다. 후광 효과는 "Halo Effect"라고도 불리며 이는 일종의 사회적 지각의 오류라고 할 수 있는 현상이다.

생각넓히기 | 분석관의 3가지 오류

1. 경상 이미지 오류
   ① 경상 이미지 오류는 상대방도 내 마음이나 태도와 같을 것이라는 관점에서 소위 거울에 반사되는 것과 같은 당연한 마음가짐(behaviors of mirror imaging)에서 생각함으로 나타나는 분석상의 잘못이다. 즉 전문가들인 정보분 석관들이 상대세력의 지도자들이나 집단도 자신과 같은 사고와 행동 그리고 동기와 목적을 가진 것으로 생각하고 분석업무에 임함으로써 발생하는 정보분 석상의 잘못을 말한다. 보통 분석관들은 그러한 상황에서는 상대방도 나와 같은 생각이나 마음일 것이라는 것을 의식적 · 무의식적으로 당연히 전제하고 분석업무에 임할 수 있는 위험성이 있다. 그러나 이러한 경상 이미지에 기초한 정보분석은 결정적인 정보실패를 초래할 수 있다.
   ② 전형적인 예로, 미 정보당국의 1941년 일본의 진주만 공격 정보분석 실패가 회자된다. 미국 정보기관들은 당시 일본 공군과 해군 그리고 증가되는 교신회수 등의 사전파악으로 일본군이 분명하게 어딘가를 공격하려 한다는 사실을 사전에 짐작했다. 그러나 정보분석관들은 미국이 일본의 입장이라면 강력한 국가, 즉 미국을 상대로 도발을 한다는 일은 패망을 자초하는 것이라는 안이한 생각에서 일본의 예상 공격대상에서 미국을 제외했다. 하지만 일본은 미국 정보당국의 경상의 마음가짐에서 유래된 안이한 분석과는 정반대로 최강국 미 국에 대한 공격을 실행했다.
   ③ 다른 예로, 냉전시대 미국의 정보 · 정책당국자들은 소련 고위직 인사들을 온건인물들인 비둘기파와 강경인물들인 매파로 분류하느라 바빴다. 그러나 그 것은 미국인 자신들에 의한 분류일 뿐 당시 소련인사들을 강경파와 온건파로 분류할 만한 어떠한 경험적인 근거나 사실도 없었다. 미국의 기대와는 달리 냉전시대에 소련 크렘린에는 비둘기파는 없고, 오로지 강경파인 매파와 초강경파인 독수리파만 있었다.

④ 또한 1980년대 미국은 이란 고위인사들을 극단주의(extremists)와 온건주의(moderates)로 분류했다. 그러한 사고의 저변에는 개념적으로 극단주의자가 있으면 온건주의자가 있는 것이 보통이라는 사고의 경상(mirror imaging)에서 기인했다. 그러나 후일 자료에 의하면 팔레비 정권 붕괴 후 호메이니 체제에서는 극단주의자와 초극단주의자(ultra−extremists)만 있었지 미국과의 관계 개선 등 국제 협조를 주창하는 온건론자는 존재하지 않았다.

2. 고객 과신주의(clientism)의 오류

① 정보분석관들이 경계해야 할 또 다른 한 가지 중요한 문제 중의 하나로 고객 과신주의(clientism)가 있다. 클라이언티즘, 즉 고객 과신주의는 믿을 만한 첩보출처에 대한 일종의 안심과 신뢰에 따라 나타나는 맹목적인 순응과 기존에 처리한 경험이 있거나 유사한 분석 주제에 대한 과잉 신뢰이다. 정보분석관들이 출처와 경험에 대한 과신으로 어떤 주제에 대해 비판적인 시각으로 새롭게 접근하는 것을 소홀히 함으로써 나타나는 현상이다.

② 미국 국무부는 고객 과신주의(Clientism)를 정보분석관들의 일종의 순진한 생각이라는 의미에서 사대주의(clientitis)의 일종이라고 설명한다. 첩보출처와 경험이라고 하는 양대 고객에 대한 과신은 정보분석관들로 하여금 당연히 그들의 분석을 거쳐야 할 내용을 분석하지 않고 전제사실로 간주하여 정보분석 업무에 임할 위험성이 있을 수 있다.

③ 게다가 지금까지 매우 높은 신뢰도를 보여준 고정적 소스, 즉 원천에 대해서는 당연히 신뢰성을 전제하고 의심 없이 분석업무가 이루어질 수 있다. 예를 들어 청와대 보고서이기 때문에, 국방부 문서이기 때문에 더 나아가 미국 국가 보고서이기 때문에 의심 없이 분석의 전제사실로 삼아 업무에 임하는 것이 좋은 예이다. 그러나 정보의 세계에서 이는 고객 과신주의, 즉 사대주의의 하나라는 비판을 면할 수 없고, 정보의 실패로 귀납될 위험성을 내재하고 있다.

④ 2003년 이라크 전쟁에서 미국 정보당국은 이라크 국가의회(Iraqi National Congress)의 정보를 의심 없이 받아들였다. 그러나 추후 상원특별위원회의 2006년 9월 8일 조사보고서에 의하면, 이라크 국가의회(INC)는 당시 수단과 방법을 가리지 않고 이라크 후세인 정권 축출을 위해 어떻게 해서든지 미국의 직접적인 군사 개입을 유도하려고 했다. 그래서 후세인 정권이 대량살상무기를 개발해 다량 보유하고 있다고 거짓 자백하는, 이라크 정보기관 내의 다수의 변절자를 미국 정보당국에 제공하는 등 대량의 허위정보를 제공했던 것으로 판명되었다. 결국 미국 정보기관은 이라크 국가의회라는 고객에 대한 과신주의에 따라서 이라크 정보기관원들이 제공하는 정보와 이라크 국가의회(INC)가 제공하는 정보를 면밀한 분석 없이 의심 없이 받아들였다. 결국 이라크의 대량 살상무기 보유를 당연한 사실로 전제하고, 이라크에서 계속 입수되는 추가 정보들도 그와 같은 전제사실을 뒷받침하게 됨으로써(후술하는 겹층 쌓기의 오류), 이라크의 대량 살상무기 보유는 회피할 수 없는 자명한 사실이 되었다.

3. 겹층 쌓기의 오류(layering)

① 겹층 쌓기 또는 겹쳐 입기의 오류는 일단 잘못된 정보분석을 진실한 것으로 믿은 후에는, 후속되는 정보분석이 아무리 반대되는 징후를 보여도 전제되는 분석 결과를 뒷받침하는 방향으로만 분석 업무를 하는 잘못을 말한다. 자기 오류를 인정하지 않으려는 인간본성에서 유래된다고 할 수 있다. 최초의 정보분석오류는 경상 이미지나 고객 과신주의 등에서 발단되는 것이 통상적이다.

② 이라크 전쟁준비에 대한 정보실패는 고객 과신주의의 예도 되지만 겹쳐 입기의 실패사례도 된다. 2003년 3월 20일 미국이 이라크 전쟁을 일으킨 정당성의 하나로 이라크 내에 대량살상무기가 존재한다는 사실을 내세웠다. 그 정보는 미국 정보공동체의 정보분석 결과였다. 그 결과 이라크 대량살상무기의 존재는 당연한 명백한 전제사실로 가정했다. 단지 무기의 양에 대한 판단이 문제라고 생각하였고 계속적인 정보분석은 그러한 전제사실을 확인하고 재확인하는 방향으로 진행되었기 때문에 이라크 내에 대량 살상무기가 존재한다는 것은 움직일 수 없는 진실이 되어 버렸다. 결국 2003년 이라크 전쟁은 후세인뿐만 아니라 전쟁을 반대한 이라크 국민들에게는 고객 과신주의에 겹치기 분석의 오류가 더해진 정보분석의 재앙이었다.

생각넓히기 | 정보분석의 협업과정에서 발생하는 오류

1. 집단사고(Group-think)
   집단사고란 해당 정보기관의 조직적 특성 때문에 분석관 개인의 개별적 의견이나 판단이 허용되지 않고 집단적으로 사고하는 경향을 의미한다.
2. 겹층 쌓기의 오류(layering)
   겹층 쌓기 또는 겹쳐 입기의 오류는 일단 잘못된 정보분석을 진실한 것으로 믿은 후에는, 후속되는 정보분석이 아무리 반대되는 징후를 보여도 전제되는 분석 결과를 뒷받침하는 방향으로만 분석 업무를 하는 잘못을 말한다. 자기 오류를 인정하지 않으려는 인간본성에서 유래된다고 할 수 있다. 최초의 정보분석오류는 경상 이미지나 고객 과신주의 등에서 발단되는 것이 통상적이다.
3. Swarm Ball
   여러 정보기관이 본래의 임무와 우선순위를 무시하면서 정책결정자의 주요 관심 분야나 선호하는 정책에 필요한 정보를 제공하기 위하여 경쟁적으로 첩보수집 수단을 집중하는 현상이다.
4. 주석 달기 경쟁(Footnote wars)
   정보공동체 구성원들 간에 어떤 이슈를 두고 도저히 이견을 조정할 수 없는 상황에 처하게 될 수도 있다. 이 경우 각각의 정보기관이 주석을 달아 이견을 제시한다. 때로 어떤 이슈에 대해서는 여러 정보기관이 주석을 달아 이견을 표출하기도 한다. 어떤 기관의 견해가 본문에 들어가고 어떤 기관의 주장은 주석을 달아서 이견을 표출하게 될 것인지를 두고도 정보기관들 간에 치열하게 경쟁한다.
5. 정설이론(Received Opinion)
   기왕에 정설로 굳어진 내용에 대해서는 비록 새롭게 의심스러운 상황이 엿보이는 경우에도 기존의 정설을 뒤집고 과감하게 새로운 정보분석과 판단을 시도하지 못하고 기존의 정보분석에 맞추려는 경향이 있는 정보분석관의 심리를 말한다.

Ⅳ 분석관의 자질 부족(capability failure)

1 의의

① 분석관의 인지적 오류뿐만 아니라 분석관의 능력 또는 자질도 정보실패를 야기하는 중요한 요인이다.

② 정보분석을 하는 데 있어서 분석관이 분석기법을 제대로 활용하지 못하거나 첩보자료들을 효과적으로 처리하지 못하는 등 전문성이 떨어지면 심각한 정보실패를 초래할 수 있다.

2 전문성이 부족

(1) 의의

1970년대 말 카터 대통령 당시 소련의 에너지 상황에 대한 정보분석은 분석기법상의 하자로 인해 정보실패가 발생했던 대표적 사례로 지적된다.

(2) 첩보 처리 능력의 부족

① 수집된 모든 첩보들이 정보분석에 활용되는 것은 아니지만 일단 분석을 위해 요약, 분류, 번역, 암호 해독 등 일련의 처리과정을 거쳐야 한다.

② 그런데 전문성이 부족한 분석관의 경우 적시에 필요한 내용을 요약, 분류, 번역하는 작업을 제대로 수행할 수 없다.

(3) 첩보 선별 능력의 부족

① 또한 분석관은 첩보의 홍수 속에서 시달린다. 오늘날 컴퓨터가 발달되어 정보의 처리가 과거에 비해 훨씬 쉬워졌지만, 엄청난 양의 첩보들 중에서 옥석을 가리는 것은 여전히 쉬운 일이 아니다.

② 예를 들어 한국전쟁 중 중국이 개입할 것을 예측하지 못한 것은 첩보의 홍수 속에 필요한 정보를 추려내지 못한 데 있다는 주장도 있다.

(4) 결론

이처럼 분석관의 언어적 능력, 직관력 그리고 분석 업무에 관한 전문성이 부족하여 정보실패가 발생하고 이로 인해 국가안보에 치명적인 결과를 초래할 수 있다.

Theme

130 정보의 정치화

I 의의

① 분석관의 자질이나 인지적 오류에서 비롯된 정보실패 이상으로 심각한 문제는 '정보분석의 정치화' 현상이다.

② '정보분석의 정치화'란 정보의 생산자와 사용자 간의 관계에서 종종 발생하는 일로서 정책결정권자의 선호에 맞게 분석보고서를 작성하는 것을 말한다.

II 분석보고서의 정치적 편향

1 1991년 미 상원 정보위원회 청문회의 게이츠 인준

(1) 의의

1991년 미 상원 정보위원회 청문회에서 게이츠(Robert M. Gates)를 DCI(미국 정보공동체 의장)로 인준하는 과정에서 이 문제가 큰 쟁점으로 부각되었다.

(2) 게이츠의 레이건 행정부의 반소정책을 지지하는 성향의 보고서 작성

① 게이츠는 CIA 분석부서를 관장하는 부국장 경력을 가졌었는데, 분석관으로서 게이츠가 레이건 행정부의 반소정책을 지지하는 성향의 보고서를 작성했다는 비판이 제기되었다.

② 사실 정치적으로 민감한 문제에 대해서 분석관이 정치적인 중립을 유지하는 것이 매우 어렵다. 그래서 어쩔 수 없이 집권 여당에게 기울어진 내용의 분석보고서가 작성되는 일이 많다.

2 1981년 미 상원 외교관계 위원회에서 CIA의 중남미 지역 브리핑

① 1981년 미 상원 외교관계 위원회에서 CIA가 중남미 지역에 대한 보고서를 작성하여 브리핑을 실시했는데 민주당 출신 상원의원들은 보고서 내용이 객관적이지 않다면서 불만을 표했고, 한 상원의원은 아예 자리를 박차고 나갔다고 한다.

② 반면에 공화당 출신 상원의원인 헬름스(Jesse Helms)는 최고로 훌륭한 발표라면서 극찬했다고 한다.

Ⅲ 미국의 대(對) 이라크 전쟁

1 의의

미국이 대(對) 이라크 전쟁의 명분으로 내세웠던 대량살상무기의 존재 여부가 조지 부시 공화당 대통령 후보와 존 케리 민주당 대통령 후보 간에 대결했던 2004년도 미국 대선의 최대 쟁점으로 부각된 바 있다.

2 CIA의 왜곡된 정보판단과 미국의 대(對) 이라크 전쟁

① 문제는 미 CIA가 이라크의 대량살상무기에 관해 왜곡된 정보판단을 내렸고, 그것이 미국이 이라크 전쟁을 단행하게 된 중요한 요인으로 작용하였다는 데 있다.

② CIA는 2002년 말 발간된 보고서에서 이라크가 유엔 결의와 기타 규제를 위반하면서 대량살상무기 프로그램을 은밀히 추진하고 있다고 결론지었다.

3 미국의 대(對) 이라크 전쟁의 정보실패에 대한 연구

(1) 의의

이라크에 대량살상무기가 존재하지 않았고, 따라서 이라크 전쟁은 잘못된 정보에 근거해서 시작되었음을 지적하는 연구결과들이 속속 제시되고 있다.

(2) 영 · 미 안보정보위원회가 발간한 보고서

우선 '영 · 미 안보정보위원회(British American Security Information Council)'가 발간한 보고서는 이라크전쟁 직전 미국과 영국 정보기관이 사담 후세인이 대량살상무기를 보유하고 있다는 결론을 내렸지만 이라크에 대량살상무기가 없다는 사실은 피할 수 없는 결론이라고 단정지었다.

(3) 2004년 카네기 국제평화재단의 보고서

또한 미국의 싱크 탱크인 카네기 국제평화재단(Carnegie Endowment for International Peace)도 2004년 1월 8일 보고서를 통해 "이라크가 대량살상무기(WMD)를 폐기 또는 이동하거나 은닉했을 가능성은 없다."고 주장하면서 "부시행정부가 이라크의 WMD 위협을 조직적으로 왜곡했다."고 평가했다.

(4) '이라크 서베이그룹(ISG)'이 미국 의회에 제출한 보고서

① 이라크의 대량살상무기 존재 여부에 관한 가장 결정적인 내용은 2004년 10월 6일 '이라크 서베이그룹(ISG)'이 미국 의회에 제출한 918쪽 분량의 보고서에서 발표되었다.

② 찰스 듀얼퍼(Charles Duelfer)를 단장으로 하여 이라크의 대량살상무기 개발 의혹을 조사해 왔던 이라크 서베이그룹(ISG)은 보고서에서 이라크의 대량살상무기 프로그램은 1991년 걸프전 직후 폐기됐다고 밝혔다.

③ 또한 보고서에서는 미국이 공격할 당시 이라크는 생화학무기를 보유하지 않았고, 핵무기 프로그램 재건도 추구하지 않았을 뿐만 아니라 이 같은 능력을 확보하려는 노력도 하지 않고 있었다고 기술했다.

④ 결국 이라크의 대량살상무기에 관한 2002년의 CIA 보고서는 실상을 완전히 오판한 것으로 판단된다.

Ⅳ 정보의 정치화가 여론의 비난을 받는 경우 정보기관의 운명

1 의의

정치가들은 '정보의 정치화'가 드러나서 정치적으로 쟁점화되거나 여론의 비난을 받게 될 경우 종종 정보기관을 희생양으로 삼아 책임을 모면하고자 한다.

2 조지 테닛 미 CIA 국장의 사임

(1) 의의

① 2004년 6월 2일 조지 테닛 미 CIA 국장은 '개인적인 이유'로 사임한다고 발표했다. 그러나 사실은 이라크 대량살상무기 소재에 대한 정보판단 실수와 9/11 테러 발생 전 알 카에다의 위협에 대한 정보를 제대로 파악하지 못한 데 대한 책임을 지고 사임한 것으로 볼 수 있다.

② 테닛 국장이 부시 행정부의 정보실책에 대한 책임을 지고 사임했지만, 그 정보실책이 과연 CIA만의 실책이냐에 대해서는 논란이 제기된다.

(2) 부시 대통령과 럼스펠드 국방장관의 곤란한 입장

① 부시로서는 테닛의 사임을 통해 자신에 대한 여론의 비난을 잠재우고 특히 도널드 럼즈펠드 국방장관에 대한 사임 압력을 희석시킬 수 있으리라는 계산을 했을 수도 있다.

② 이라크에 WMD가 부재한 것으로 밝혀짐에 따라 이라크 공격을 주도했던 부시 대통령과 럼스펠드 국방장관은 여론의 거센 비난을 받는 등 매우 곤란한 입장에 처하게 되었다.

③ 아마도 테닛은 이라크전쟁 관련 부시와 럼즈펠드의 정책실패에 대한 여론의 비난을 무마하기 위한 정권의 희생양이 되었을 것으로 추정된다.

V 정보분석의 정치화에 대한 책임 주체

1 의의

① '정보분석의 정치화' 사례는 과거로부터 지금까지 무수히 많았으며, 정보가 사용자와 밀접한 관계를 유지하고 있는 한 앞으로도 지속적으로 존재할 것이다.

② 정보기관도 정부조직의 일부로서 정부를 지원한다. 그래서 정보기관이 정부와 밀접한 관계를 유지할수록 의식적이든 무의식적이든지 간에 정보보고서의 내용이 정권의 요구에 맞게 왜곡될 위험성이 증가한다.

2 분석관들에게 전가되는 책임

(1) 의의

문제는 정보의 정치화로 인해 정보의 왜곡이 드러났을 때 그 책임이 상당 부분 정치가들에게 있음에도 불구하고 분석관들에게만 비난의 화살이 집중된다는 점이다.

(2) 정보분석의 정치화에 대한 분석관들의 책임

① 사실 분석관들은 사건이나 추세를 객관적으로 관찰하는 것에 그치는 것이 아니고 더 나아가 정책에 봉사하는 사람들이다.

② 단순히 정책에 봉사한다는 이유만으로 분석관이 비난받아서는 안 된다. 그런 점에서 정보분석의 정치화로 인한 책임을 전적으로 분석관에게 전가하는 것은 불합리하다고 본다.

Theme

131 정보조직체계와 관료주의적 경직성

I 의의

① 정보체계의 조직구조나 절차상의 결점 때문에 정보실패 또는 왜곡을 야기하는 경우도 많이 발생한다.

② 미국이 일본의 진주만 공격을 사전에 예측하는 데 실패한 가장 결정적인 요인은 당시 미국의 정보기관이 여섯 분야로 세분화된 데다 서로 정보를 공유하지 않았기 때문인 것으로 평가된다.

Ⅱ 미 의회 9/11 진상조사위원회 최종보고서

1 의의

① 1947년 CIA의 창설 배경에는 바로 정보체계의 조직구조나 절차상의 문제점을 해소하기 위해서였다.

② 그럼에도 불구하고 미국에서 정보기관들 간의 정보공유는 여전히 해소되지 않는 문제로 남아 있다. 9/11 테러 사건 역시 정보기관들 간의 정보공유가 미흡하여 테러를 저지할 수 있는 여러 번의 기회를 놓치게 되었던 것으로 드러났다.

2 정보통합관리의 실패

(1) 의의

최근 발표된 미 의회 9/11 진상조사위원회(National Commission on Terrorist Attacks upon the United States, 일명 9/11 Commission) 최종보고서에 따르면 미국은 정보통합관리의 실패로 9/11 테러를 무산시킬 수 있었던 10번의 기회를 놓치게 된 것으로 분석되었다.

(2) 통합된 정보공유체제의 부재

① 동 보고서에 따르면 미 NSA는 2000년 1월 사전에 항로를 답사하기 위해 쿠알라 룸푸르를 방문한 테러분자 세 명의 통화를 감청하여 이들이 불순인물이라는 사실을 알았음에도 불구하고 유관기관에 이를 전파하지 않았던 것으로 드러났다.

② 또한 CIA는 2001년 3월 태국 당국으로부터 테러범 중 1명이 LA행 UA편에 탑승했다는 정보를 입수하고도 이를 FBI와 공유하지 않음으로써 이들의 미국 내 행동을 사전에 포착할 중요한 기회를 상실한 것으로 지적되었다.

③ 그리고 FBI 본부는 미니애폴리스 지부에서 체포한 이슬람인 비행 훈련생을 CIA의 알 카에다 관련 정보와 연계시키지 않고 단순히 추방시키는 조치만 취함으로써 용의자 심문을 통해 얻을 수 있는 중요한 단서를 놓치게 된 것으로 드러났다.

④ 요컨대 미국 내 CIA, FBI, 국무부, 군, 국토안보 관련 부처 등 관련 조직들 간에 통합된 정보공유체제가 부재한 결과가 9/11 테러를 막지 못한 결정적인 요인인 것으로 지적되었다.

3 정보와 관련된 관료조직의 경직성

(1) 의의

정보조직체계의 결함뿐만 아니라 정보와 관련된 관료조직의 경직성 역시 정보실패 또는 왜곡을 야기하는 중요한 요인으로 생각된다.

(2) 정부 부처 관료들의 '상상력의 부재'

① 9/11 최종보고서에서 9/11 테러를 막지 못한 요인을 창의력, 정책, 대응능력, 관리 등 네 가지로 지적했는데 그 첫 번째 요인을 정부 부처 관료들의 '상상력의 부재'에서 찾는 것이 주목된다.

② 보고서에 따르면 미국의 정보공동체나 항공보안전문가 등 그 어떤 관료도 피랍 항공기를 이용한 자살테러 가능성에 대한 체계적인 분석을 하지 않았던 것으로 나타났다. 특히 미 정보공동체에서 테러 문제를 전담하는 대테러센터는 자살테러가 중동 테러 분자들의 주요 전술임에도 불구하고 테러 분자의 시각에서 분석을 시도하지 않았다는 점이 지적되었다.

③ 결국 정보공동체 내 관료들의 경직된 사고와 상상력의 부재로 인해 테러 가능성을 과소평가했고, 그로 인해 9/11 테러에 대한 적절한 대응책을 마련하지 못하게 되었던 것으로 분석된다.

Ⅲ 냉전시대 소련의 군사력에 대한 왜곡된 평가

1 의의

① 정부 부처 간 경쟁, 지나친 부처 이기주의, 관료들의 타성이나 경직된 사고 등 관료정치로 인한 정보 왜곡은 과거로부터 지속된 문제였다. 냉전시대 소련의 군사력에 대한 왜곡된 평가는 관료정치적인 폐단에서 비롯된 것으로 여겨진다.

② 관료들은 사후 책임을 모면하기 위해서 때로는 최악의 시나리오를 기초로 보고서를 작성하기도 하고, 종종 자국의 국방 예산을 증액시키기 위해서 의도적으로 상대국의 군사력을 과장하기도 했다.

③ 냉전기간 동안 미국의 정보기관은 소련의 전략무기체계에 대해 과소 또는 과대평가하는 등의 실수를 저질렀다.

생각넓히기 | 냉전기간 미국 정보기관의 소련 전략무기체계에 대한 평가

미국 정보기관은 1960년대 말 소련의 ICBM 증강 속도와 1970년대 소련 SLBM 증강에 대해 과소평가했다. 또한 미국은 1970년대 말 소련 미사일의 정확도, 소련의 방위비 지출에 대해서도 낮게 평가했다. 반면 미국은 1950년대 소련의 전략폭격기 능력과 ICBM 배치 상태를 과대평가했다. 전략폭격기 능력에 대한 왜곡된 평가는 3년 동안 지속되었고, ICBM 배치상태에 대한 과장된 평가로 인한 미사일 갭(논쟁)은 5년간 지속되었다. 미국은 1967년부터 1972년의 기간 동안만 소련의 미사일 배치 속도에 대해 실제보다 낮게 평가했다. 반면 같은 시기 동안 소련의 다탄두 각개목표설정 재돌입 비행체(Multiple reentry vehicle, MRV) 능력, 이동식 ICBM의 배치, 전략폭격기, 국방물자 조달 상태 등에 대해서는 과대평가하는 실수를 범했다.

2 소련 군사력에 대한 과대 평가와 군비 경쟁

(1) 소련의 전략핵무기 능력에 대한 과대평가

① 전반적으로 보아 미국 정보기관은 소련의 전략핵무기 능력에 대해서 과대평가했던 것으로 나타난다.

② 1950년대 말 소련의 전략핵무기 능력에 대한 미국의 과대평가로 인해 거의 30여 년간에 걸쳐 미국과 소련 간에 군비경쟁이 지속되었던 것이다.

(2) 소련 사단의 편제에 대한 과대평가

1940년대 말부터 1960년대 초까지 소련은 175개 사단이 완전편제(full-strength)인 것으로 평가되었는데, 이는 지나치게 과장된 것으로서 정확히 평가하자면 약 1/3 정도만 완전편제(foil-strength)이고, 1/3은 부분편성(partial strength), 나머지 1/3은 기간편성(cadre formation)이었던 것으로 밝혀졌다.

(3) 소련의 전략미사일 능력에 대해 과대평가

① 1940년대 후반기 소련 군사력에 대한 왜곡된 평가가 이후 10여 년간 그대로 지속되어 미국은 소련의 전략미사일 능력에 대해 과대평가했고, 그로 인해 미국 내에서 '미사일 갭'(missile gap) 논란을 불러일으켰다.

② 미국에서는 '미사일 갭'(missile gap)의 여파로 ICBM 증강에 더욱 박차를 가했고, 소련 역시 이에 대응하여 미사일 생산을 증강시키는 등 미국과 소련 간에 전략무기경쟁이 본격화되었던 것이다.

Ⅳ 냉전시대 소련 군사력에 대해 왜곡된 평가를 내리게 된 요인

1 의의

냉전시대 소련의 군사력에 대해 왜곡된 평가를 내리게 된 데는 여러 가지 요인들이 작용했을 것으로 추정된다.

2 소련 군사력에 대해 객관적으로 관찰할 수 있는 방법의 부재

(1) 의의

① 우선 기본적으로 1945년 이후 소련 군사력에 대해 객관적으로 관찰할 수 있는 방법이 없었기 때문이다.

② 특히 소련처럼 폐쇄적이고 통제된 사회체제에서 소련군대의 능력, 취약점, 의도, 계획 그리고 동향 등과 같은 의미정보(message-like intelligence)를 얻기가 매우 어려웠을 것이다.

③ 이러한 상황에서 실수를 줄이기 위해서 분석관들은 최악의 시나리오를 가정하게 되었고, 그것에 바탕을 두고 정보판단을 내리게 됨으로써 정보가 왜곡되는 결과를 초래했다.

④ 사실 군사적인 위협의 정도를 정확히 파악할 수 없는 상황에 처했을 때 적에 대해 과소평가하는 것보다는 과대평가하는 것이 나중에 용서받기 쉽다. 그래서 분석관은 사후 책임을 회피할 목적으로 가급적 적의 능력을 과대평가하려는 경향이 있다. 이처럼 관료적 책임회피 또는 무사 안일한 태도가 정보의 왜곡을 야기할 수 있다는 것이다.

3 국방 관련 부서들의 관료주의적 집단 이기주의

(1) 의의

① 적의 위협이나 군사력에 대한 평가가 왜곡되는 가장 결정적인 요인은 국방 관련 부서들의 관료주의적 집단 이기주의 때문이기도 하다.

② 정부의 어떤 부처도 적의 위협을 과장한다고 부처의 크기나 예산이 늘어나지 않는다. 그러나 평화 시 적의 위협을 과장할 경우 국방부는 인원과 예산을 늘릴 수 있다.

③ 특히 군대는 정보의 사용자이자 생산자이기 때문에 적의 능력이나 위협을 과장하여 국방비를 증액시키고자 하는 유혹에 빠질 위험성이 크다.

(2) 1998년에 발표된 럼스펠드 보고서

1998년에 발표된 럼스펠드 보고서는 북한이 향후 5년 내에 미국 본토까지 도달할 수 있는 미사일을 개발하게 될 것으로 판단했다. 그러나 이는 당시 미국 내 논란을 빚고 있었던 미사일 방어계획(MD)을 추진하기 위한 명분으로 활용코자 지나치게 과장된 것으로 드러났다.

(3) 1950년대 말 '미사일 갭' 논쟁

① 1950년대 말 '미사일 갭' 논쟁 당시 CIA를 비롯한 정보기관은 소련 영공 위로 U-2기 정찰활동을 수행하여 소련의 미사일 능력이 과장되었다는 사실을 알고 있었던 것으로 추측된다.

② 그럼에도 불구하고 소련의 미사일 능력에 대해서 명확한 정보판단을 유보한 것은 미사일 개발을 명분으로 국방비를 증액시키고자 하는 국방부와 군산복합체의 의도를 반영한 것으로 생각된다.

Theme

132 정보배포와 조직 운영체계의 문제점

I 의의

① 작성된 정보의 배포과정에서 정보의 실패를 야기하기도 하고, 사용자를 설득하는 데 시간이 지체되어 적시에 대응조치를 취하지 못하게 됨으로써 낭패를 보게 되는 경우도 있다.

② 일본의 진주만 기습 당시 워싱턴에서 보낸 경고 전문이 늦게 도착하는 바람에 일본의 기습에 꼼짝없이 당했던 것으로 나타나는데 이는 정보분석의 실패라기보다는 배포과정의 실패로 여겨진다.

II 정보조직이나 절차상의 문제

1 의의

① 전직 정보분석관들의 회고담에 따르면 경고실패가 지속적으로 발생하게 되는 원인은 정보조직이나 절차상의 문제에서 비롯될 수 있다는 것이다.

② 즉 새로운 증거자료들을 분배하고 평가하는 데는 많은 시간이 소요되며, 특히 모순되는 결론들에 대해 초안을 작성하고 이에 대해 사용자를 설득하는 등 일련의 과정에서 많은 시간이 지체됨으로써 적시에 경고정보를 발하지 못하는 사태가 발생할 수 있다는 것이다. 또한 정부조직이 지나치게 세분화됨으로써 정보실패가 발생하는 경우도 있다.

2 영국 정보기관의 실패에 관한 조사 결과

(1) 영국 정보공동체의 특징

특히 미국에 비해 영국의 경우 정보공동체가 통합되지 않고 합동정보위원회(JIC)로 운영되기 때문에 정보의 생산에서 배포에 이르는 시간이 더욱 지체될 것으로 보인다.

(2) 포클랜드 전쟁

영국 정보기관의 실패에 관한 조사 결과에 따르면 1982년 초 아르헨티나의 태도가 점차 강경해지는 것에 관한 보고서가 영국 '내각사무처(Cabinet Office)'에 배포되지 않음으로써 포클랜드에서 위협이 고조되는 상황을 파악하는 데 실패했던 것으로 밝혀졌다.

(3) 히틀러 정권 초기 독일 재무장

영국이 히틀러 정권 초기에 독일의 재무장을 알아차리는 데 실패한 원인은 당시 '산업 정보 센터(Industrial Intelligence Centre)'에서 관련 보고서를 제때에 배포하지 못했기 때문인 것으로 나타났다.

Ⅲ 분석관의 개인적인 실책

① 조직적인 차원에서뿐만 아니라 분석관의 개인적인 실책도 경고 실패를 야기하는 요인으로 작용할 수 있다.

② 예컨대 불확실한 상황을 보고하느니 확실하게 설명할 수 있을 정도로 상황이 명확해질 때까지 기다리다가 보고할 시기를 놓치게 되는 경우도 있을 것이다.

Ⅳ 정보공동체의 인사관리

1 의의

정보공동체의 인사관리가 정보왜곡이나 실패에 영향을 주는 요인으로 작용하기도 한다. 국방정보분야 분석관들의 경우 민간 주도의 정보기관에서 근무하는 분석관들에 비해 전문성이나 자질이 다소 떨어지는 것으로 나타나는데 이는 인사관리에 문제가 있기 때문이다.

2 국방정보분야 분석관들의 전문성이 부족한 이유

(1) 의의

① 영국이나 미국의 정보기관들은 어느 정도 독자성을 유지하면서 민간 주도로 운영되지만 국방정보분야는 핵심 직책에 대부분 군인들로 구성되어 있다.

② 그런데 국방정보분야는 적을 직접적으로 방어하고 대응하는 야전 군사활동에 비해 중요하게 여겨지지 않는다.

(2) 유능한 군인들의 국방정보분야 근무 회피

전투조종사에게 국방정보분야는 매력적인 분야가 아니다. 따라서 승진이나 경력관리에 민감한 유능한 군인들은 국방정보분야의 근무를 회피한다.

3 보직 순환으로 인한 전문성 부족

(1) 의의

군 출신 정보전문가들은 잦은 보직 이동으로 인해 한 분야에서 전문성을 심화시키는 민간 출신 정보분석관들에 비해 전문성이 떨어질 수밖에 없다.

(2) 영국

영국의 경우 군 출신 정보전문가가 거의 없으며, 국방정보분야의 요원들은 대부분 군 복무기간 중 한 차례 정도 맡게 되는 보직으로서 단지 잠시 동안 근무하는 경향이 있다.

(3) 미국

① 미국에서는 군대의 규모가 워낙 커서 정보분야 업무의 전문화가 대체로 용이하지만, 정보 업무에 근무하는 기간이 짧아 정보 업무의 일관성이나 전문성이 떨어지는 점이 여전히 문제로 남아 있다.

② 특히 보직 순환이 잦아서 오랫동안 정보분야에서 근무하는 일이 드물기 때문에 국방정보분석의 전문성이 다소 미흡하다는 평가를 받고 있다.

4 군 출신 정보분석관의 출신 부대의 이익 고려

① 또한 각기 다른 부대로부터 차출되어 정보분야의 보직에 근무하는 관계로 자신의 출신 부대 이익을 고려하지 않을 수 없다.

② 따라서 이들이 신뢰성 있고 독자적인 정보판단을 내릴 수 있을 것으로 기대하기 어렵다.

5 민간 출신 정보분석관의 야전 군사분야에 대한 경험 부족

① 국방정보 부서에 고용된 민간인들은 보다 객관적인 정보판단을 내릴 수 있을 것으로 기대되지만, 그들 역시 야전 군사분야에 대한 경험이 부족하다는 점에서 한계가 있다.

② 영국의 국방참모장(Chief of the Defense Staff)을 역임했던 어떤 장군은 "민간인들은 야전훈련을 해보지도 않았고, 대포(Tornado)의 성능이나 위력을 실감하지도 못하며, SSBN과 같은 장비가 어떻게 작동하는지 알지 못한다."고 지적했다.

6 결론

어쨌든 국방정보분야에서 정보판단 실패가 발생하는 중요한 요인은 보직 또는 인사관리상의 문제점에서 비롯되는 바 전문성 있는 분석관을 확보하기가 어려운 데 있다고 본다.

Theme

133 정보실패의 극복방안

I 의의

① 냉전시대 동안 미국의 정보공동체가 소련의 군사력에 대해 전반적으로 과대평가함으로써 군비 증강을 유도했던 것처럼 왜곡된 정보는 정책결정자로 하여금 그릇된 정책결정을 내리게 한다.

② 9/11 테러 사건에서 보았듯이 적시에 정확한 정보판단 또는 경고가 내려지지 않을 경우 적의 기습에 제대로 대처하지 못함으로써 국가적으로 엄청난 인명과 재산의 손실을 초래한다.

③ 이처럼 정보의 왜곡이나 실패는 국가의 안보와 이익에 치명적인 결과를 초래한다. 그런 점에서 정보실패 또는 왜곡의 가능성을 최소화시키기 위해 분석의 객관성과 정확성을 향상시키려는 노력이 요구 된다.

Ⅱ 분석관의 자질향상

1 의의

① 정보분석의 객관성과 정확성을 향상시키는 가장 결정적인 대안은 무엇보다도 분석관의 자질 향상에 있다고 본다.

② 오늘날 위성정찰, 신호정보 등 첩보수집수단이 고도로 발전하여 정보분석에 활용되고 있지만, 여전히 최종적인 정보판단은 기계가 아닌 인간이 하는 것이다.

2 라쿠어(Walter Laqueur)

① 라쿠어(Walter Laqueur)는 "과거뿐만 아니라 앞으로도 분석관의 자질은 결정적인 요소"라고 결론짓는다.

② 라쿠어는 "천재적인 정보분석관은 태어나는 것이 아니라 만들어지는 것이다."라면서, "분석관의 능력을 향상시킬 수 있는 확실한 방법은 그 분야에 유능한 전문 인력을 채용하고 그들을 잘 훈련시키는 데 있다."라고 주장한다.

③ 또한 라쿠어는 “천재적인 정보요원은 소수로 족하며, 교육을 통해 최소한 일정한 수준까지 분석관의 정치적인 판단이나 이해력을 올릴 수 있다.”고 언급했던 바, 분석관 교육의 중요성을 강조한 점이 주목된다.

Ⅲ 정보의 정치화 현상 개선

1 의의

① 정보의 정치화 현상을 개선하는 방안으로서 정보분석관과 사용자 간의 관계를 새롭게 설정 또는 개선해 볼 필요가 있다.

② 정보분석관과 사용자 간의 관계에 대해서는 두 가지 상반된 접근법이 제시된다.

2 갓슨(Roy Godson)

갓슨(Roy Godson)은 기회분석기법(opportunity-oriented analysis)에 입각해서 분석관은 정책결정자와 밀접한 관계를 유지함으로써 정책결정자들의 선호도에 맞는 분석 자료를 제공해 주는 것이 바람직하다고 주장한다.

3 베츠(Richard Betts)

① 이와 대조적으로 베츠(Richard Betts)는 소속기관의 입장이나 정보공동체의 합의에 구애되지 않고 분석관에게 최대한 자율성을 보장해 주는 것이 바람직하다는 입장이다.

② 분석의 영역에서 자율성이 확보되어야만 분석관이 적대국의 능력이나 취약점을 가감 없이 평가하고 그것에 바탕을 두고 보다 객관적인 중장기 정보판단을 제시할 수 있으리라는 것이다.

③ 특히 베츠(Richard Betts)는 분석관들이 보다 포괄적이며 창의적인 특징을 가진 국가정보판단 보고서(National Intelligence Estimates, NIE)를 작성함에 있어서 특정 정보기관의 견해와는 다른 독창적인 견해가 제시될 수 있도록 보다 자유로운 분위기를 조성해 주는 것이 요구된다고 주장한다.

4 결론

(1) 의의

① 이처럼 분석관과 사용자와의 관계에 대해서 서로 상반된 대안을 제시하고 있어 도대체 어떤 입장을 취하는 것이 바람직한지를 판단하기가 매우 어렵다. 이에 대해서 안타깝게도 뾰족한 해결책이 없다고 본다.

② 다만 현명한 분석관이라면 두 가지 모순된 대안을 절충하여 필요와 상황에 따라서 적절히 대처할 수 있을 것으로 생각된다.

③ 사실 상호 충돌하는 모순적인 주제에 관한 보고서를 작성하게 될 때 한쪽에 다소 치우친 편파적인 입장을 취하게 되는 것은 어쩔 수 없는 일이다.

(2) 객관성 유지를 위한 노력

① 그럼에도 불구하고 분석관은 가급적 객관성을 유지하도록 노력해야 한다. 물론 그렇다고 정보가 정책에 반영되는 것조차 회피될 정도로 지나치게 순수해야 한다거나 무조건 엄정한 객관성을 유지하는 것도 바람직하지 않다.

② 분석관들은 대체로 추구되고 있는 정책과 부합되게 보고서를 작성해야 한다. 따라서 정책에 봉사한다는 이유로 인해 분석관이 비난받거나 혹은 분석관들이 그러한 비난에 대해 지나치게 두려워하지 않도록 보다 자율적인 분위기를 조성해 주어야 할 것이다.

Ⅳ 집단사고 등 인지적 오류를 막을 수 있는 방안

1 의의

분석관 또는 정책결정권자의 편견이나 집단사고 등 인간의 취약한 인식과 판단에서 비롯되는 인지적 오류를 막을 수 있는 방안으로서 분석분야 업무에 비전문가의 활용, 정책결정권자와 전문가 간의 빈번한 접촉 등 다양한 방안들이 제시된다.

2 베츠(Richard K. Betts)

베츠(Richard K. Betts)는 일반적인 상식이나 고정관념을 타파하기 위해 분석 부서에서 비전문가를 활용하는 방안을 제안한다. 특히 적국의 상대적인 능력에 대해서 오판할 가능성을 최소화하는 데 이 방법이 매우 효과적일 것으로 생각된다.

3 헨델(M.I. Handel)

헨델(M.I. Handel)은 관료조직의 '계층질서효과(the effects of hierarchy)'로 인해 정책결정권자가 하위직 정보분석관의 정보판단보고서를 왜곡되게 해석할 가능성을 최소화하기 위해 고위직 정책결정권자와 하위직 전문가와의 접촉이 빈번하게 이루어지는 것이 바람직하다고 주장했다.

4 결론

분석관이나 정책결정권자 모두 한계를 가진 인간으로서 인지적 오류를 교정하는 완벽한 해결책은 없다고 생각된다.

V 정보기관들의 조직 개편

1 의의

① 정보판단의 왜곡이나 실패에 명백히 책임이 있는 정보기관들의 조직을 개편하는 방법도 고려해 볼 수 있다.

② 실제로 미국의 경우 정보실패가 명백히 드러날 경우 정보기관의 수장이 사임하거나 부서 개편을 단행하는 일이 종종 있다.

2 미국의 사례

(1) 조지 테닛 CIA 국장의 사임

2004년 6월 조지 테닛 CIA 국장이 이라크 대량살상무기 존재 여부에 관한 정보판단 실수와 9/11 테러 위협에 대한 정보를 제대로 파악하지 못한 것에 대해 책임을 지고 사임하였던 것으로 알려졌다.

(2) CIA 창설

1941년 진주만 기습을 계기로 세분화된 정보기관을 통합하고 정보공유를 확대하기 위해 CIA라는 중앙집권적 정보기관이 새로 창설되었다.

(3) 국토안보부(DHS) 창설

9/11 테러를 계기로 미국은 국토안보부(DHS)라는 새로운 조직을 창설했다.

(4) 9/11 진상조사위원회 최종보고서의 제안

그리고 9/11 진상조사위원회 최종보고서에서 냉전이 종식되었음에도 불구하고 미국의 국가안보 체제는 여전히 냉전체제의 위협에 대응하는 모델로 조직되어 있다고 지적하고, 국제테러리즘과 같은 새로운 위협에 대응하기 위해 정부조직의 전면적인 개편과 정보활동방향의 변화를 제안했다.

3 조직 개편에 대한 상반된 시각

(1) 의의

정보실패에 대한 해결책으로서 조직 개편에 대해서는 상반된 시각이 있다.

(2) 헨델(M.I. Handel)과 베츠(Richard Betts)

① 헨델(M.I. Handel)과 베츠(Richard Betts)는 조직 개편에 대해서 비판적인 입장을 취한다.

② 헨델은 정보판단의 실패를 교정하는 데 조직을 개혁하는 것은 별로 관련성이 없으며, 어떤 방법도 별로 효과가 없다고 본다고 주장했다.

③ 베츠도 미국은 정보실패를 해결하는 방안으로서 조직 개편을 통해 별로 좋은 결과를 얻지 못했다고 주장했다.

④ 베츠에 따르면 장기 예측판단을 위해 조직 개편을 단행할 경우 정보자료의 생산에 있어서 약간의 개선은 가능하지만 혁신적으로 개선되지는 않는다고 주장하면서 정보 조직의 개편에 대해 비관적인 입장을 취했다.

(3) 코드 빌라(A. Codevilla)

물론 이와 반대되는 의견도 있다. 코드 빌라(A. Codevilla)는 정보조직 개편의 효과가 미흡할지라도 특정한 시기에 부합되는 특정한 조직이 요구되는 조직 개편이 필요하다고 주장한다.

(4) 소결

이처럼 상반된 입장에서 어떤 주장이 맞는지 쉽게 결론을 내기가 어렵다. 다만 정보조직을 변화시키는 것으로부터 지나치게 많은 것을 기대하지는 말아야 하며, 정보분야의 개혁을 추진함에 있어서 중요한 것은 단순히 시스템이나 조직의 전면적인 개편보다는 점진적인 개선에 목표를 두는 것이 바람직할 것으로 사료된다.

Ⅵ 경고정보 업무만을 전담하는 기구의 설치

1 의의

적시에 경고정보를 발하지 못해서 발생하는 경고실패(warning failure)를 개선하기 위해 경고정보 업무만을 전담하는 기구를 설치하는 것이 제안되었다.

2 미국

미국의 경우 1950년부터 25년 동안 정보공동체 내에서 경고 업무를 전담하여 수행하는 기관으로서 '워치위원회와 국가지수센터(Watch Committee and National Indications Center)'가 있었으며, 1970년대에 들어서서 '국가정보관(National Intelligence Officer, NIO)'이 그 역할을 이어 받았다.

3 영국

영국은 포클랜드 사태 이후 '판단국(Assessment Staff)'의 고위직 요원들에게 경고임무를 부여하고 있다.

4 경고 업무를 담당하는 특별 기구 설치의 효과

(1) 의의

경고 업무를 담당하는 특별 기구들이 설치된다고 해서 경고실패를 완전히 방지할 수는 없지만 그러한 기구들 나름대로 장점이 있다.

(2) 장점

① 경고기구는 경고 목표에 대한 수집 방향을 제시해 줌으로써 잠재적인 목표에 대한 첩보수집활동을 효율적으로 수행하는 데 기여할 수 있다.

② 경고를 전담하는 특별기구가 설치되었을 경우 정보공동체 내 정보기관들의 협력을 얻을 수 있기 때문에 모든 출처로부터 수집된 첩보들을 종합하여 경고정보 보고서를 효과적으로 작성할 수 있다.

③ 이 경우 관련되는 모든 첩보자료들이 검토되고 서로 모순되는 자료들도 적절하게 평가됨으로써 경고정보 판단에 있어서 정확성이 향상될 수 있을 것이다.

Ⅶ 결론

1 의의

① 지금까지 정보실패 또는 왜곡을 개선할 수 있는 방안들을 살펴보았다. 앞서 언급했던 모든 방안들이 제대로 실행된다면 아마도 정보분석의 질적 수준이 상당히 높아질 수 있을 것이다.

② 그러나 모든 개선 방안을 그대로 실행한다는 것이 현실적으로 불가능하며, 설사 모든 개선 방안이 실행되었다고 할지라도 정보실패 또는 왜곡 현상을 완벽하게 해결할 수는 없다.

2 저비스(R. Jervis)

① 저비스(R. Jervis)는 "정보조직상의 결함이나 정보의 정치화와 같은 문제가 없을지라도, 세상의 현상을 이해하는 데 장애요소들이 너무 많아서 정보는 종종 부정확하게 결론을 내린다."고 지적했다.

② 분명히 중장기 예측이나 정보판단은 인간의 능력으로서 한계가 있다. 결론적으로 정부의 정책결정권자들은 정보실패나 왜곡의 위험부담을 어느 정도 감수(또는 인정)해야 하며, 이러한 점을 충분히 고려하여 신중하게 정책결정을 내려야 할 것이다.

Theme

134 정보통제의 개념과 기원

I 'intelligence oversight'와 'intelligence control'

1 의의

① 국가정보학을 연구하는 영미 학자들 간에 '정보통제'를 의미하는 용어로 'intelligence oversight' 또는 'intelligence control'이 사용된다.

② 영미 학계에서 매우 드물게 일부 학자들이 'intelligence control'이라는 용어를 사용하고 있지만 'intelligence oversight'라는 용어가 보다 일반적으로 통용되는 듯하다.

③ 엄밀히 구분하자면 'control'과 'oversight' 간에는 다소 다른 의미를 포함하고 있다. 예컨대 'control'은 '통제' 또는 '관리'라는 의미를 가지는 것으로 생각되는 반면 'oversight'는 '감독' 또는 '감시'라는 뜻으로 해석된다.

2 intelligence control

대체로 'intelligence control'은 정보기관에 대한 대통령이나 행정부의 역할에 초점을 둔 용어로 보인다. 즉 대통령이나 행정부가 산하기관인 정보기관이나 그것이 수행하는 정보활동을 관리, 조정, 또는 통제한다는 의미를 가지는 것으로 해석된다.

3 intelligence oversight

이와 대조하여 'intelligence oversight'는 주로 의회의 역할에 주목하여 의회가 정보기관이나 그들이 수행하는 정보활동을 감시 또는 감독하는 활동을 의미하는 것으로 해석된다.

Ⅱ 정보통제의 기원

1 정부기관에 대한 통제 또는 감독

(1) 군주 또는 행정수반의 정부기관들에 대한 '통제(control)'

오래 전 국가가 시작되면서부터 군주 또는 행정수반은 정권 또는 국가체제를 유지할 목적으로 정부기관들에 대한 '통제(control)'를 행사해 왔다.

(2) 의회의 정부기관에 대한 '감독(oversight)'

① 민주주의 국가의 등장과 함께 삼권분립의 원칙에 따른 견제와 균형의 원리가 적용되면서 의회의 주요 역할로서 정부기관에 대한 '감독(oversight)' 임무가 주어지게 되었다.

② 의회의 '감독(oversight)'이란 정부기관의 조직, 활동, 계획, 정책 이행 실태 등을 검토(review), 감시(monitoring), 감독(supervision)하는 것을 의미한다.

③ 영국의 철학자 밀(Jota Stuart Mill)은 "국민을 대표하는 대의기관으로서 의회에게 주어진 역할은 정부를 감시하고 통제하는 것이다."라면서 감독(oversight)은 의회가 수행하는 가장 의미 있는 활동이라고 주장했다.

④ 이와 유사한 관점에서 윌슨(Woodrow Wilson) 대통령도 "대의기관인 의회가 수행해야 하는 가장 바람직한 임무는 행정부가 하는 일을 부지런히 감시하고 그것에 대해 국민들에게 가급적 많이 얘기해 주는 것이다."라고 언급하면서 행정부에 대한 의회의 감독 기능이 중요함을 강조했다.

2 정보기관에 대한 대통령과 행정부의 독점적 통제 및 관할

(1) 의의

① 정부의 일반 부처 또는 기관들에 대한 의회의 감독 필요성이 인식되면서 오래 전부터 이미 실질적인 감독활동이 시행되어 왔다.

② 그러나 정보기관은 조직과 활동의 비밀보안이 유지되지 않으면 주어진 임무를 효과적으로 수행할 수 없다는 점이 인정되어 의회의 감독 대상에서 예외적인 영역으로 남아 있었다.

(2) 의회의 감독 대상에서 예외적인 영역

① 미국, 영국, 프랑스 등 민주주의가 고도로 발달한 선진국에서도 오랫동안 정보기관에 대해서는 대통령과 행정부가 독점적으로 통제 및 관할하는 것을 당연하게 여겼다.

② 대통령이나 수상 등 행정수반이 제안한 정보활동 내용에 대해 의회는 거의 아무런 제약을 가하지 않았다. 일반 국민 여론도 그러한 분위기를 자연스럽게 받아들였다.

(3) 영국, 프랑스 등 유럽 국가

① 근대 이후 영국, 프랑스 등 유럽 국가들에서 초보적인 형태의 정보기관이 등장했다.

② 그리고 20세기 초에 들어서서 영국, 프랑스, 독일 등 세계의 주요 강대국들이 국가 차원의 정보기관을 설립하여 정보활동을 본격적으로 전개했다.

③ 그러나 정보기관은 의회의 감독 대상에서 예외적인 영역으로 인정되어 그들의 조직이나 정보활동에 대해 제대로 된 통제나 감독이 이행되지 않았다.

Ⅲ 정보기관에 대한 의회의 감독 필요성 제기

1 워터게이트 사건과 CIA 비밀공작의 불법성과 비윤리성

① 그런데 미국에서 정보기관을 더 이상 대통령이나 행정수반의 독점적 관할하에 두는 것을 용납할 수 없는 일련의 사건이 발생하게 되었다.

② 1970년대 들어서서 미국에서 워터게이트 사건이 폭로되고 제3세계 도처에서 CIA 비밀공작의 불법성과 비윤리적인 문제가 알려지기 시작했다.

③ 미국 여론은 정보기관을 "보이지 않은 정부(invisible government)" 또는 "통제 불능의 광포한 코끼리(rogue elephant out of control)"라고 비판하기도 하였다. 당시 정보활동에 대해 조사했던 내용이 TV 또는 신문에 대대적으로 보도되기도 하였다.

2 여론

① 비록 여론의 호된 비판이 제기되었지만 대부분의 미국 국민들은 정보활동이 여전히 국가안보를 위해 중요한 요소임을 인정했다.

② 미국 국민들은 국가안보를 위해 때로 불가피하게 외국의 법을 위반하면서 스파이활동을 전개할 수 있다는 점을 충분히 이해했다. 그렇지만 정보기관이 미국의 법까지 위반하는 것은 용인할 수 없다는 입장을 취했다.

③ 그래서 행정부만의 독점적인 통제를 용인할 수 없고, 미국 헌법에 따른 권력분립의 원리를 적용하여 입법부의 감독이 필요하다는 견해가 제기되었다.

3 정보활동의 비밀성을 보장하면서 감독할 수 있는 방안

① 문제는 정보활동의 비밀성을 유지하면서 정보기관을 효과적으로 감독할 수 있는 방법을 찾아내는 것이었다. 이후 미국은 수년 동안 정보활동의 비밀성을 최대한 보장하면서 정보기관을 효과적으로 감독할 수 있는 방안을 찾아내고자 많은 시행착오를 거쳤다.

② 마침내 미국은 세계 최초로 의회가 정보기관을 감독 또는 통제할 수 있는 권한을 갖게 되는 법률안을 마련하게 되었다.

③ 동 법률안에 기초하여 의회의 상원과 하원에 정보위원회를 설치하여 정보기관의 조직과 정보활동을 실질적으로 감독하는 제도적 장치도 마련하였다.

4 미국식 모델의 확산

(1) 의의

이러한 미국의 경험은 비슷한 문제로 고심하던 여타 민주주의 국가들에게 귀중한 교훈이 되었고, 상당수의 국가들이 미국식 모델을 자국의 실정에 맞게 적용하여 다양한 형태의 정보감독 관련 규정과 제도를 마련하게 되었다.

(2) 호주와 캐나다

미국을 시초로 호주, 캐나다가 각각 1979년과 1984년에 정보기관을 통제하기 위한 법률을 제정했다.

(3) 유럽

유럽에서도 영국을 시작으로 하여 1988년 덴마크, 1991년 오스트리아, 1993년 루마니아, 1994년 그리스, 1996년 노르웨이, 1997년 이탈리아 등이 정보기관을 통제하기 위한 개혁 조치들을 시행하였다.

(4) 기타 지역

미주와 유럽 지역 외의 여타 지역에서는 아르헨티나와 남아프리카 공화국을 제외하고 그러한 정보감독 노력이 그다지 적극적으로 전개되지 않고 있는 것으로 보인다.

Ⅳ 결론

1 의의

① 정보기관은 오래전에 설립되었지만 정보감독 또는 정보통제라는 용어는 비교적 최근에 등장한 개념이다.

② 1970년대 들어서서 비로소 미국의 정치인들 또는 학계에서 '의회의 정보감독(congressional intelligence oversight)' 또는 '정보감독(intelligence oversight)'이라는 용어가 본격적으로 거론되기 시작했다.

③ 일부 학자들 간에 'intelligence control'이라는 용어가 사용되기도 했지만, 대부분의 학자들은 의회가 정보기관에 대한 통제를 주도해야 한다는 인식에 따라 'intelligence oversight'라는 용어를 보다 빈번히 사용했다. 따라서 'intelligence control'보다는 'intelligence oversight' 개념이 보다 적절한 용어로 판단된다.

2 정보감독, 정보통제, 정보감시

① 여기서 'intelligence oversight'는 직역하면 '정보감독' 또는 '정보감시'에 가깝지만, 국내 학계에서는 이를 '정보통제'라는 용어로 번역하여 사용해 왔다.

② 엄밀히 말하자면 의회의 '정보감독(intelligence oversight)', 행정부의 '정보통제(intelligence control)' 그리고 언론의 '정보감시(intelligence monitoring)' 등이 보다 정확한 번역이 되겠지만 국내 학계에서는 대체로 이를 구분하지 않고 '정보통제'로 통칭하고 있다.

3 협의의 정보통제와 광의의 정보통제

협의의 '정보통제'는 행정부의 정보기관에 대한 관리와 감독을 뜻한다. 그리고 광의의 '정보통제'는 입법부, 행정부, 사법부, 언론 등 모든 기관의 감시감독을 의미한다. 본래 정보통제는 입법부가 주도적인 역할을 수행하는 것으로 인식되지만, 행정부, 사법부 그리고 언론도 정보기관에 대해 실질적인 감시감독 또는 통제활동을 수행한다.

Theme

135 정보통제에 대한 이론적 논의

I 학설

1 의의

① 정보통제의 의미에 대해 학자들마다 다양한 견해를 피력하고 있다. 랜섬(Harry Ransom)은 정보통제의 의미를 한마디로 "정보정책에 관한 주도권을 차지하기 위해 의회와 대통령 간의 밀고 당기는 게임"으로 묘사하고, 의회와 대통령 간에 어떤 관계를 형성하고 있는가에 따라 정보통제의 양상이 각기 다르게 전개될 수 있다면서 "어떤 경우에는 정보통제가 거의 불가능할 수도 있다."고 주장했다.

② 정보통제에 관한 학계의 논의는 접근방법, 필요성, 효과적인 방법 등에 관해 각기 다양하며 때로 상반된 견해들이 제시되기도 한다.

2 정보통제의 접근방법

(1) 의의

학자들이 제시하는 바 정보통제의 접근방법은 크게 두 가지로 요약된다.

(2) 공식적 · 법적인 접근방법

'공식적 · 법적인 접근방법'으로서 정보규제법, 엄격한 예산감독, 행정명령, 조직개편, 특정 정보활동에 대한 의회의 금지조치 등을 통해 정보활동을 규제하고자 노력하는 것을 의미한다.

(3) 정보요원의 가치관 변화에 중점을 둔 접근방법

① '정보요원의 가치관 변화에 중점을 둔 접근방법'으로서 관료조직으로서 정보기관 내 정보요원들의 일상 행동을 지배하는 비공식적인 규범이나 가치 기준을 변화시키는 데 초점을 둔다.

② 이들은 공식적 법적인 통제는 예방보다는 사후조치에 불과하며, 정보업무의 비밀성과 자유재량권을 인정해 주지 않기 때문에 효과적이지 못한 방식이라고 주장한다.

③ 이들은 정보요원들이 자신의 업무에 임하는 태도에 따라서 직권남용이나 초법적인 행위를 예방할 수 있다는 입장을 취한다.

(4) 비판

그러나 국내외 학계에서 논의되는 바 정보통제는 대체로 공식적 · 법적 접근방법을 의미하며, 정보요원의 가치관 변화에 중점을 둔 접근방법은 정보통제의 영역이라기보다는 정보활동의 윤리성에 관한 문제로서 다루는 경향을 보인다.

3 공식적 · 법적 접근방법에 대한 논의

(1) 의의

① 공식적 · 법적 접근방법에 따른 정보통제의 필요성을 두고 학자들 간의 입장은 찬반이 엇갈린다.

② 정보기관에 대한 통제와 감독을 옹호하는 학자들은 정보기관에 대한 통제를 강화함으로써 정보활동의 불법과 비윤리성을 근절해야 한다고 주장한다.

③ 이와 반대로 정보통제를 반대하는 학자들은 정보기관에 대한 지나친 통제는 국가안보에 위협을 야기할 수 있다는 입장을 취한다.

(2) 앤드류(Christopher Andrew)

대표적인 정보통제 옹호론자로서 앤드류(Christopher Andrew)는 "민주사회에서 정보체계(intelligence system)는 정부 주도가 아니고 아무도 인식하지 못하는 가운데 성장했다."고 주장하고, 정보기관을 통제하는 것은 "정책결정자의 무관심과 무지를 극복하는 과정"이라면서 정보통제의 필요성을 강조했다.

(3) 코드빌라(Angelo Codevilla)

이와 반대되는 견해를 주장하는 대표적인 학자로서 코드빌라(Angelo Codevilla)는 "호전적인 적대국들에게 둘러싸여 있는 국제사회의 냉혹한 현실에서 정보기관을 통제하는 것이 반드시 바람직한 것은 아니다."라고 주장하고, 정보기관이 가진 능력을 십분 발휘할 수 있도록 정보활동에 대한 통제장치를 풀어주는 방안도 고려해 볼 필요가 있다고 제언했다.

4 의회의 정보감독(intelligence oversight) 역할에 대한 논의

(1) 의의

정보감독(intelligence oversight)에 대한 의회의 역할에 대해서도 두 가지 상반된 입장이 제기된다.

(2) 올스테드(Kathryn Olmsted)

① 올스테드(Kathryn Olmsted)는 의회의 정보감독은 필요하나 제대로 수행되지 못했다고 지적하고, 처치위원회(Church Committee) 보고서, 파이크위원회(Otis Pike Committee) 보고서, 록펠러(Rockefeller) 보고서 등에서 정보통제에 관한 개혁안을 제시했으나 정보조직은 거의 개선된 것이 없다고 주장했다.

② 또한 그는 의회가 정보감독 기능을 제대로 수행하지 못하는 결정적인 요인은 의회 스스로 정보기구에 대한 감독활동 수행을 부담스럽게 여기는 데서 비롯된 것으로 결론지었다.

(3) 노트(Steven F. Knott)

① 이와 반대로 노트(Steven F. Knott)는 의회의 정보감독은 불필요하다는 입장을 강력히 피력한다.

② 그에 따르면 미국의 건국 역사에서 워싱턴, 제퍼슨, 링컨 등 역대 대통령들이 의회의 감독 없이 비밀공작을 효과적으로 수행했었다고 언급하고, "정보활동은 비밀성, 시의성, 융통성, 효율성이 보장되어야만 성공할 수 있는 민감한 사안으로서 의회가 개입하면 실패할 위험이 있다."고 주장했다.

③ 그래서 그는 1947~1974년의 시스템으로 되돌려서 정보활동에 대한 의회의 감독과 통제를 해제하는 것이 바람직하다고 주장했다.

Ⅱ 민주주의와 정보통제

1 의의

① 공적인 업무 또는 활동을 수행함에 있어서 투명하고 정직하며 책임지는 정부는 민주주의 체제를 유지하는 핵심적인 기반이다. 이를 위해 정부기관의 활동에 대해 철저한 감시감독이 요구된다.

② 대부분의 민주주의 국가에서 행정부 각급 기관들에 대한 감시감독은 감사기관의 감사활동, 의회의 국정감사제도 등 다양한 방법을 동원하여 이행된다. 그러나 정보기관은 행정부에 소속된 기관이면서도 비밀주의 속성으로 인하여 감시감독에 있어서는 예외적인 영역으로 남아 있다.

③ 정보기관은 비밀보안을 생명으로 하기 때문에 자신들의 활동에 대해 무한정 공개할 수 없다. 정보기관의 특성상 조직과 활동이 노출된 상태에서는 정보활동을 효율적으로 수행할 수 없기 때문이다.

2 정보기관과 민주주의

(1) 의의

① 한편 민주주의 체제에서는 정부에서 취하는 정책결정이나 활동에 대해 국민들이 통제력을 행사할 수 있어야 한다.

② 그런데 정보기관은 정보활동을 공개하지 않기 때문에 국민들이 정보활동에 대해 통제력을 행사하기 어렵다. 정보활동에 대해 통제력을 행사하지 못한다면 민주주의의 기본원칙에 모순되는 것으로 생각된다.

(2) 정보기관의 비밀성과 민주주의의 공개성과 책임성

① 민주주의는 공개성을 요하는 반면 정보기관은 비밀 보안을 생명으로 한다는 점에서 대비된다. 또한 민주주의는 행위에 대한 책임성(accountability)을 요구하는 반면 정보기관은 행위사실이나 그 배후를 그럴듯하게 부인 또는 은폐하려는 속성을 보인다. 그런 점에서 정보기관은 민주주의와 양립하기 어려울 것으로 여겨진다.

② 정보기관의 비밀성과 책임회피 행위는 분명 공개성과 책임성을 요구하는 민주주의의 기본원칙에 모순된다. 물론 그러한 모순이 정보기관에만 해당되는 것은 아니다. 민주국가에서도 종종 정부에서 취하는 중요한 정책결정이나 활동에 대해서 엄격히 비밀을 유지한다. 예를 들어 부동산정책, 금융통화정책 그리고 협상전략 등이 공개될 경우 특정 단체나 국가에 치명적인 손실을 야기할 수 있다.

③ 따라서 민주주의 정부라 할지라도 정부가 추진하는 모든 정책을 공개할 수는 없고, 사안에 따라 엄격히 비밀을 유지해야만 추구하는 정책 목표를 효과적으로 달성할 수 있다. 정보기관의 경우에도 조직이나 활동이 공개될 경우 국가안보를 위한 정보활동을 효과적으로 수행할 수 없다. 따라서 민주국가에서도 정보기관의 조직이나 활동에 대한 비밀 유지는 어느 정도 정당한 것으로 인식된다.

핵심정리 **국가정보활동과 민주주의**

1. 의의

대부분의 현대 국가는 국가안보와 국가이익을 위해 활동하는 국가정보기구를 설치하여 운용하고 있다. 오늘날 민주주의 국가에서는 대부분의 시민들이 국가안보와 국가이익을 위해서는 국가정보기구의 정보활동이 필요하다는 것에 동감하고 있다. 그러나 정보활동과 민주주의 사이에는 긴장관계가 존재한다. 정보활동을 규율하는 기본 원리와 민주주의 원칙이 서로 충돌하기 때문이다.

2. 투명성과 비밀성

민주주의와 정보활동 간에는 투명성과 비밀성이 충돌하는 경우가 있다. 민주주의는 국가의 리더십과 광의의 정책 방향에 대해 합리적 선택을 할 수 있도록 정보에 밝은 유권자의 존재를 상정한다. 이를 위해서는 대중매체의 자유로운 활동, 정부의 활동과 정책결정과정에 있어서의 높은 투명성 그리고 정보와 사상의 자유로운 흐름 등이 필요하다. 그러나 정보활동은 비밀성이 요구될 뿐만 아니라 비밀의 수준에 따라 접근이 제한된다.

3. 분산과 집중

민주주의와 정보활동은 분산과 집중의 원리로 서로 충돌한다. 민주주의는 전형적으로 권력이 집중되는 것을 의심의 눈초리로 바라보기 때문에 권력을 분산시키려는 경향성을 보인다. 그러나 정보기구들은 비밀에 대한 권한과 접근 모두를 한곳으로 집중시킨다.

4. 법의 지배

민주주의와 정보활동은 법의 지배 원리 문제로 서로 충돌한다. 민주주의는 개인이 아니라 법의 지배에 근거하고 있으며, 근거가 되고 있는 법은 사회 구성원 대다수가 갖고 있는 가치에 기반하고 있다. 반면에 정보활동은 때에 따라 국내법의 적용을 배제시킬 것이 요구되며, 때로 다른 나라의 법률을 위반하는 경우도 발생한다.

5. 사생활 보호

민주주의와 정보활동은 사생활 보호 문제로 서로 충돌한다. 민주주의는 사생활의 비밀을 인간의 기본권에 속하는 사항으로 간주하고 보호한다. 그러나 정보활동에 종사하는 인사들의 사생활은 상당 부분 보호되지 않는다. 정보기구에 충원될 때에도 개인적 행동이나 태도 등 사생활에 대한 전면적인 조사가 이루어지며, 근무 기간 중에도 조사 대상이 될 경우에서는 수시로 거짓말 탐지기에 의한 조사나 개인 생활에 대한 전방위적 조사가 이루어진다.

6. 신뢰의 문제

민주주의와 정보활동 간에는 신뢰의 문제로 서로 충돌한다. 민주주의는 근본적으로 시민 간에, 그리고 시민과 정부 간에 어느 정도의 상호 신뢰가 요구된다. 그러나 정보활동의 세계에서는 항상 경계 태세를 유지하는 것이 중요하다. 정보기구에서 같이 종사하고 있는 인사에 대해서도 끊임없이 경계하고 감시하는 것이 요구된다.

7. 결론

민주주의와 정보활동 간에는 이러한 상충관계가 존재하기 때문에 국가정보기구의 정보활동은 민주주의의 근본규범, 과정 그리고 제도를 제약할 위험성을 내포하고 있는 것이다. 따라서 민주주의 체제하에서의 정보활동의 근본 과제는 정보활동을 효과적으로 수행하면서도 어떻게 민주주의의 근본규범, 그리고 민주적 과정과 제도를 훼손하지 않고 유지 · 발전시킬 수 있는가 하는 것이다.

3 미국의 건국 초기와 냉전시대

(1) 건국 초기

미국의 초대 대통령을 역임했던 조지 워싱턴은 제대로 된 정보활동이 필요하다는 것은 굳이 강조할 필요조차 없는 분명한 사실이라고 언급하고, 국가정책을 수행함에 있어서 중요한 정책결정에 관련한 내용은 엄격히 비밀을 유지해야 한다고 주장했다.

(2) 냉전시대

① 냉전시대 동안 미국에서 정보활동은 국가안보를 유지하기 위한 핵심적인 수단으로 부각되었으며, 그것에 대해 대통령과 행정부가 독점적으로 통제 및 관할하는 것을 당연한 것으로 여겼다.

② 대통령이 필요하다고 제안한 정보활동 내용에 대해 의회는 거의 아무런 제약을 가하지 않았다. 양식 있는 상원의원들은 대부분 비밀스러운 정보활동 내용에 대해 알려고 하지도 않았고, 그것에 대해 책임을 지려하지도 않았다.

③ 일반 국민 여론도 그러한 분위기를 자연스럽게 받아들였다. 요컨대 민주국가에서도 정치 지도자들은 물론 일반 국민들 간에 정보기관과 비밀정보활동의 필요성에 대해서는 대체로 공감하는 태도를 보인다.

4 민주주의와 정보기관의 관계

(1) 의의

① 과거는 물론 오늘날에도 정보기관과 비밀정보활동은 국가안보를 유지하기 위한 핵심적인 요소로 간주된다.

② 그러한 필요에 따라 전 세계 거의 모든 국가들이 정보기관을 운용하고 있다. 민주주의 국가에서도 정보기관은 분명히 존재한다. 그런 점에서 민주주의와 정보기관은 양립할 수 있다고 본다.

③ 즉 민주주의적 요구에 따라 정보기관에 대한 통제력이 행사되면서 동시에 정보기관의 조직이나 활동에 대한 비밀보안이 유지될 수 있다는 것이다. 물론 그것이 생각처럼 쉽지는 않다. 미국, 캐나다, 영국 등 정보 선진국들은 일찍부터 정보기관에 대한 통제활동을 효과적으로 수행하는 데 필요한 제도적 장치들을 도입하여 시행해 왔다.

(2) 민주주의와 정보활동의 상호 교환적인 관계(trade off)

① 그러나 정보기관에 대한 통제활동은 기대한 만큼 효과적이지 않았던 것으로 나타난다. 민주주의와 정보활동은 상호 교환적인 관계(trade off)이기 때문이다. 즉 한쪽이 강화되면 다른 한쪽은 약화되는 속성을 보여준다.

② 민주주의적 가치에 중점을 두고 정보활동의 공개성과 책임성을 강조하면서 정보기관에 대한 통제를 강화하면 비밀정보활동이 위축될 수 있다. 반대로 정보기관에 대한 감시감독을 소홀히 할 경우 정보기관의 재량권이 확대됨으로써 비밀정보활동이 보다 활발하게 전개되는 양상을 보인다. 요컨대 민주주의와 정보활동은 양립할 수는 있지만 상호 교환적인 관계이기 때문에 한쪽이 강화되면 다른 한쪽은 약화된다.

5 정보기관에 대한 통제의 수준

(1) 의의

국가가 정보활동을 통해 달성하고자 하는 궁극적인 목표는 국가안보이다. 즉 국가정보는 국가의 안보 목표를 달성하는 데 필요한 하나의 수단이다.

(2) 시대적 상황에 따른 정보기관에 대한 통제 수준의 차이

① 따라서 어떤 국가가 심각한 안보위협에 처하게 될 경우 안보위협에 효과적으로 대응하기 위한 수단으로서 정보활동을 강화한다. 그런데 정보기관에 대한 통제가 지나칠 정도로 철저하면 정보활동을 활발하게 전개하기가 어려워진다.

② 그와 반대로 국가적으로 안보위협이 그다지 심각하지 않을 경우 대부분의 민주주의 국가에서는 민주주의적 절차를 강조하면서 정보기관에 대한 통제력을 강화하는 경향을 보인다.

③ 이처럼 정보기관에 대한 통제의 수준은 민주주의와 국가안보라는 두 가지 가치 중에서 무엇을 중요하게 고려하고 어디에 우선순위를 두는가에 따라 결정될 것이다. 즉 국가가 처한 시대적 상황에 따라 정보기관에 대한 통제의 수준이 다를 수 있다.

6 결론

① 정보기관에 대한 통제의 수준은 국가가 처한 시대적 상황에 따라 다소 차이가 있을 수 있지만 정보기관에 대한 적정 수준의 통제가 필요하다는 점은 누구나 공감한다. 또한 국가안보를 지키기 위해 정보활동이 반드시 필요하다. 그렇다고 정보활동의 효율성을 극대화하기 위해 민주주의를 희생시켜 정보기관에 대한 통제를 소홀히 하는 것은 바람직하지 않다.

② 민주주의는 국가안보 이상으로 중요한 가치이기 때문이다. 민주주의 국가에서 정보기관에 대한 통제는 반드시 필요하며 결코 예외가 있을 수 없다. 정보기관에 대한 통제를 소홀히 할 경우 정보기관이 자칫 정권안보의 수단으로 이용될 수도 있고, 비효율적인 정보활동을 방치함으로 인해 소중한 국가예산이 낭비되는 사태가 초래될 수도 있기 때문이다. 반대로 정보기관에 대한 통제가 지나치면 정보활동이 위축되어 국가적 안보위협에 제대로 대응하지 못할 수 있다. 따라서 정보활동을 지나치게 위축시키지 않으면서 동시에 정보기관에 대한 통제활동을 효과적으로 이행할 수 있는 방안이 모색되어야 할 것이다.

③ 한편 정보기관이나 정보활동에 관한 자료 접근이 매우 제한적인 것처럼 정보의 통제에 관한 자료도 충분치 않다. 미국의 경우 정보기관에 대한 통제를 매우 중요한 이슈로 다루고 있고 학계에서도 많은 연구가 이루어지고 있다. 미국만큼은 아니지만 영국의 경우에도 정보기관에 대한 통제 실태를 어느 정도 알 수 있을 정도의 연구물이 나와 있다. 그러나 두 국가를 제외하고 여타 국가의 경우 자료 접근이 매우 제한되어 있어 정보기관에 대한 통제 실태를 파악하기가 쉽지 않다.

Ⅲ 정보통제의 필요성

1 의의

① 민주국가든 독재국가든 정보기관에 대한 통제와 감시감독은 반드시 필요하다.

② 정보기관은 첩보수집, 감시, 도청, 파괴, 테러, 전복공작 등 다양한 유형의 정보활동을 수행한다.

③ 그러한 정보활동을 수행하는 과정에서 정보기관이 비합법적이고 반윤리적인 문제를 야기하는 행위를 자행할 수 있으며, 종종 정보기관의 비능률과 부정한 행위에 대해서 통제력이 행사되지 못하는 상황이 발생할 수 있다.

2 필요성

① 특히 정보활동은 비밀보안을 철저히 유지하면서 수행되기 때문에 현실적으로 이를 감독 또는 통제하기가 쉽지 않다.

② 그러나 막강한 능력을 가진 정보기관을 제대로 통제하지 않으면 정권 또는 국가 체제에 심각한 위협을 야기할 수 있다. 따라서 정보기관을 효과적으로 감독 또는 통제하는 것은 정권유지 차원에서는 물론 국가체제를 운영함에 있어서 매우 중요한 요소로 인식된다.

3 민주주의 국가에서 정보통제의 기본 목표

① 민주주의 국가에서 정보통제의 기본 목표는 정보기관이나 그 활동의 비밀성을 유지하면서 동시에 시민의 알 권리와 인권을 보호해 주는 데 있다.

② 물론 2개의 상반된 가치를 동시에 추구하면서 균형을 이루는 것이 쉽지는 않지만, 민주주의 국가에서 어느 한편의 희생이나 포기는 결코 허용될 수 없다.

③ 다시 말해서 민주국가에서 정보통제는 국가의 안보위협에 효과적으로 대응하기 위해 정보활동의 비밀성을 최대한 보장하면서 동시에 민주주의 체제의 핵심 가치인 '기본권(civil liberties)', '투명성(transparency)', '책임성(accountability)'을 보호하는 역할을 수행한다.

4 국민의 기본권 보호

(1) 의의

① 정보통제는 민주주의의 핵심적 가치로서 국민의 '기본권'을 보호하는 역할을 수행한다. 대부분의 민주국가에서 헌법에 국민들의 '기본권'을 보장하는 조항을 포함하고 있다.

② 일반적으로 기본권이란 정부가 법적인 절차를 거치지 않고 개인의 생명, 자유, 재산을 박탈할 수 없다는 것을 의미한다.

(2) 정보활동 수행 과정에서의 기본권 침해

① 정보활동을 수행하는 과정에서 종종 국민들의 기본권이 침해되는 사례가 발생한다.

② 정보기관은 전쟁, 테러, 마약 등 각종 안보위협에 대응하기 위해 첩보수집 또는 방첩활동을 적극적으로 수행할 의무가 부여되어 있는 반면, 이를 수행하는 과정에서 불가피하게 개인의 사생활권(privacy rights)이 침해될 수 있다.

③ 과거 미국에서도 CIA, FBI 등 정보기관이 법원의 영장청구 등 합법적인 절차를 거치지 않고 자국민들을 대상으로 감청이나 미행감시 활동을 전개했었다.

④ 이는 명백히 개인의 사생활권을 침해하는 불법적이고 비윤리적인 행위로서 의회의 정보감독 또는 사법부의 판결 등을 통해 적절히 통제될 필요가 있다.

5 정보활동의 투명성 보장

(1) 의의

정보통제는 조직으로서 정보기관이나 그들이 수행하는 정보활동의 투명성을 보장해 줌으로써 민주주의적 가치를 보호하는 역할을 수행한다.

(2) 투명성

① '투명성' 역시 결코 포기하거나 희생될 수 없는 민주주의의 핵심적인 가치이다. 투명성이 보장되지 않는 사회는 민주주의로 인정될 수 없으며 민주주의 체제를 유지할 수도 없다.

② 일반적으로 민주주의 국가는 투명성의 원칙에 따라 정부기관의 조직, 계획 그리고 활동을 가급적 투명하게 공개할 의무가 있다.

(3) 투명성의 예외

민주주의 국가라고 할지라도 모든 것을 투명하게 공개해야 한다는 것은 아니다. 예컨대 국가안보에 중대한 피해를 초래할 수 있는 정보는 국가비밀로 분류하여 공개하지 않을 수 있고, 국가의 중요한 정책을 계획 또는 집행하는 과정에서 효율성이나 성과를 높이기 위해 불가피하게 비밀을 유지할 수 있다.

(4) 공개를 의무화하는 통제장치의 필요성

① 비밀정보 또는 그것을 수집하는 행위가 국가안보 또는 공적인 이익을 위한 조치라면 문제가 없지만 때로 특정 정당이나 정치지도자의 사적 이익을 위해 악용될 수도 있다.

② 결국 정보기관이 국가안보가 아니라 정권안보 또는 개인의 권력유지를 위한 수단으로 전락하는 불행한 사태가 초래될 수 있다. 그 외 특히 정보기관은 비밀보안을 구실로 조직이나 활동을 공개하지 않는다.

③ 따라서 특정 정당이나 정치지도자가 정권적 이익을 목적으로 정보기관을 활용하여 불법적인 행위를 저질러도 그 사실이 외부로 드러나지 않을 수 있다. 그러한 불법적이고 비윤리적인 행위가 자행되지 않도록 비밀성을 크게 훼손하지 않는 범위에서 정보기관이나 그들의 활동에 대한 적정 수준의 공개를 의무화하는 통제장치가 필요하다.

6 정보기관이 내린 정책결정이나 수행한 행위에 대한 책임성 요구

(1) 의의

정보통제는 정보기관이 내린 정책결정이나 수행한 행위에 대해 책임성을 요구함으로써 정보기관의 잘못된 행위나 정책결정이 반복 또는 지속되는 것을 방지한다.

(2) 책임성

① 민주주의는 정부가 수행한 정책결정이나 행위에 대한 책임성(accountability)을 요구한다.

② 국민의 기본권이 침해되었거나 공적 자금이 비효율적으로 낭비되었을 경우 누군가 책임을 져야한다.

③ 그러나 불법적인 활동이나 잘못된 행위에 대해 책임을 묻지 않고 방치하면 그러한 사태가 지속되거나 또는 반복적으로 발생할 수 있다.

(3) 정보기관의 책임 회피 경향

① 정보기관의 경우 조직이나 활동에 대해 공개하지 않는 것을 원칙으로 하기 때문에 그들이 수행한 행위 사실은 물론 그것을 배후에서 지원한 책임자를 파악하기도 쉽지 않다.

② 종종 잘못된 행위가 드러나도 정보기관은 자신이 배후세력으로서 은밀히 활동했다는 사실을 그럴듯하게 부인하여 책임을 회피하려는 태도를 보인다.

(4) 책임 소재 파악의 필요성

① 정보기관이 수행한 잘못된 행위를 밝혀내고 책임자를 처벌함으로써 국민의 기본권이나 국가 이익이 침해되는 일이 반복 또는 지속되는 사태를 방지할 수 있다. 정책결정 또는 행위에 대해 책임지는 정부는 국민의 존경과 신뢰를 얻을 수 있다.

② 민주주의의 핵심적 가치를 보호하기 위해 그리고 국민의 존경과 신뢰를 획득하기 위해 정보기관의 정책결정이나 행위에 대해 책임 소재를 분명히 할 수 있도록 적정 수준의 통제장치가 요구된다.

7 정보기관이 수행한 정보활동에 대한 정당성(validity) 보장

(1) 의의

① 정보기관에 대한 통제는 정보기관이 수행한 정보활동에 대해 정당성(validity)을 보장해 준다.

② 국민의 대표기관인 의회가 정보기관의 계획이나 활동 사항을 사전에 알고 있거나 승인했다면 정보기관은 자신의 정책결정 또는 행위로 인해 초래될 수 있는 책임을 모면할 수 있다.

(2) 국민들의 지지

① 의회가 정보기관의 활동을 빈틈없이 그리고 효과적으로 관리감독하고 있다고 인식하게 되면 국민들은 정보기관이 수행하는 건전한 정보활동을 적극 지지하게 될 것이다.

② 이와 반대로 정보기관에 대한 의회의 통제가 미흡하다고 인식되면 국민들은 정당성 여부가 불확실한 정보활동에 막대한 예산이 지출되는 것을 그다지 달가워하지 않을 것이다.

(3) 부당한 압력으로부터 정보기관이나 정보요원을 보호

① 정보기관에 대한 통제가 효과적으로 이루어지면 행정수반이나 정보기관의 수장이 정보관들을 자신들의 사적인 목적을 위해 악용하는 사태를 미연에 방지할 수도 있다. 정보기관에 대한 통제는 행정수반 또는 정보기관 수장의 불합리한 요구로부터 정보기관이나 정보요원을 보호해 줄 수 있다.

② 이처럼 적정 수준의 정보통제를 통해 정보활동의 정당성이 인정됨으로써 정보기관은 국민들로부터 신뢰와 지지를 받을 수 있을 것이다.

Ⅳ 결론

1 의의

① 정보기관의 입장에서 감시감독과 통제를 받는 것이 부담스럽고 불편할 수 있다. 때로 정보통제가 지나칠 정도로 강화되면 정보활동의 효율성이 감소되어 궁극적으로 안보위협에 효과적으로 대응하지 못하는 사태를 초래하게 될 수 있다.

② 그렇다고 민주적 절차와 가치를 배제하거나 결코 희생시킬 수 없다. 법이 정한 민주적 절차와 원칙은 반드시 준수되어야 한다. 그것이 무너지면 민주주의 국가로서의 기반이 뿌리째 흔들릴 수 있기 때문이다. 따라서 정보기관의 비밀성과 효율성을 유지하면서 동시에 효과적으로 통제할 수 있는 방안이 모색되어야 한다.

2 입법부의 정보통제

① 민주주의 국가의 경우 입법부의 정보통제는 국가의 정보자산(intelligence resource)을 함부로 남용하거나 비효율적으로 사용하지 않도록 행정부를 견제하는 역할을 수행한다는 데서 중요한 의미를 가진다.

② 정보통제는 기본적으로 정보기관의 정책, 예산, 활동 등을 검토하는 데 중점을 둔다. 정보통제는 대통령이나 정보기관의 수장이 비윤리적인 인권 침해 또는 불법행위를 저지르지 않도록 감독하는 데 있으며, 이를 통해 민주주의의 핵심가치인 기본권을 보호한다는 점에서 반드시 필요한 행위로 인정된다.

③ 또한 정보기관의 비정상적인 조직구조, 예산 낭비, 비효율적인 정보활동 등을 방지하는 역할도 수행한다. 무엇보다도 정보통제가 효과적으로 이루어지면 국민들로부터 정보활동에 대해 정당성 또는 합법성을 인정받게 되며, 정보기관에 대한 국민들의 신뢰와 지지를 얻을 수 있을 것이다.

④ 그런 점에서 정보통제가 정보기관에게 반드시 부정적인 것은 아니며, 장기적인 관점에서 오히려 유리하고 긍정적인 결과를 가져올 수 있을 것으로 판단된다.

핵심정리 **정보자산 운용과 관련한 법률문제**

1. 의의
   ① 어느 나라 정보기구나 넓은 활동 반경과 비밀성 확보, 그리고 기동성과 탄력성을 필요로 하는 국가 정보활동을 위하여 소위 사적 비밀공간을 갖추고 있고, 그 필요성도 있다고 할 수 있다.
   ② 정식적인 국가예산의 결산과 감사체계에서 벗어난 정보기구 자체의 사적 소유로서의 자산운용은 원활한 정보활동을 위한 그 필요성에도 불구하고 많은 법적 문제점을 야기한다.

2. 정보기구의 물적 자산
   ① 「예산회계법」상 정보기구 자체의 사적 소유를 인정할 근거가 없을 뿐 아니라 국가의 감독을 벗어난 소위 비밀금고로 자의적으로 사용할 수 있어 책임예산의 원칙에 크게 벗어난다.
   ② 그럼에도 불구하고 CIA는 창설 이후 지속적으로 다양한 정보활동과 특히 비밀공작 수행을 위해 자체적인 비밀기업이나 준 정부기업을 설립해 온 것으로 밝혀졌다. 그들 사업체는 외국에 지부나 지사를 적법하게 설립하여 정보요원들이 직원으로 가장하여 취업함으로써 해당 국가에 의심을 받지 않고 진출하여 활동 거점을 확보한 후에 다양한 정보수집 활동을 전개했다.
   ③ 또한 해당 국가에 진출한 정보기관 소유의 은행과 보험회사 같은 서비스 기관은 그 자체로 그들과 거래하는 사회 지도층에 대한 제반 기초 정보를 파악할 수 있는 좋은 창구가 된다.
   ④ 비밀공작 활동 시에는 정보기관 소유의 비행기를 운송수단으로 확보하여 쉽게 비밀성을 확보하고 신속한 작전을 전개할 수 있으며, 정보기관 소유의 방송사 예를 들어 CIA의 대표적인 방송사인 Radio Free Europe과 Radio Liberty 등을 통해서는 선전공작 활동을 지속적으로 전개할 수도 있다.
   ⑤ 또한 결과적으로 사적 기업은 정보요원들이 퇴직한 후에 취업의 문으로도 활용되어 정보요원들의 능력을 활용할 수도 있고 요원들의 복지문제의 해결 방안도 된다.
   ⑥ 알려진 바에 의하면 동남아시아에 취항하는 상업 여객기인 에어 아메리카(Air America)가 CIA가 운용하는 항공회사라고 한다. 한편 에어 아메리카는 라오스와 태국으로부터의 마약운송으로 상당한 거금의 운송이득을 남기기도 했다.

3. 정보기구의 물적 자산에 대한 통제
   현재 미국에서의 법적 논의는 일정한 범위의 정보기구 자체의 물적 자산은 인정한다. 다만 그러한 물적 자산에서 취득한 영업이득은 합리적인 조직운영 비용으로 사용하는 이외에는 반드시 의회의 예산통제를 거쳐야 하는 것으로 비밀공작금의 조달창구로 활용할 수 없다. 그것은 의회의 입법권과 예산권을 무력화하고 비밀공작에 대한 의회통제를 정면으로 회피하는 것이기 때문이다. 최소한 대통령 명령 등에 의한 규범 통제는 마련되어야 할 것이다.

Theme

136 행정부의 정보통제

I 의의

1 정보기관의 통제

① 1970년대 들어서서 미국에서 의회를 통한 정보통제제도가 새롭게 도입되기까지 행정부가 독점적으로 정보기관에 대한 통제력을 행사했다. 오랫동안 정보통제는 행정부의 고유권한으로 인식되었으며, 행정부 외에 어떤 기관도 정보기관에 대한 영향력을 행사하지 못했다.

② 그런데 오늘날 대부분의 민주주의 국가에서 삼권분립의 원칙에 따라 의회가 정보기관에 대한 감독임무를 수행하도록 법적인 권한을 부여받고 그에 따른 권한을 행사하고 있다.

③ 이러한 의회의 정보감독과는 별도로 여전히 행정부 차원에서 소관 부처인 정보기관에 대한 통제가 수행되고 있다. 무엇보다도 행정부의 정보통제는 의회가 부여받지 못한 권한이나 역할을 행사할 수 있기 때문에 의회의 정보감독 기능을 보완할 수 있다는 점에서 그 필요성이 인정된다.

2 정보기관

① 정보기관은 첩보수집, 감시, 도청, 파괴, 테러, 전복공작 등 행정부의 다른 어떤 기관도 수행할 수 없는 특별한 활동을 수행한다.

② 그러한 정보활동을 수행하는 과정에서 정보기관이 비합법적이고 윤리적인 문제를 야기하는 행위를 자행할 수 있다.

③ 또한 정보기관의 조직은 철저히 비밀에 싸여 있다. 이에 따라 조직구조의 비효율성이 심화될 위험도 있다. 이처럼 정보기관의 무능, 부패, 비효율성 등 조직구조를 개선하지 않으면 정보활동을 효과적으로 수행할 수 없을 뿐만 아니라 국가 예산을 불필요한 일에 낭비하게 되는 결과를 초래할 수 있다.

Ⅱ 행정부의 정보기관 통제

1 의의

① 행정부가 막강한 능력을 가진 정보기관을 제대로 통제하지 않으면 정권 유지에 크나큰 부담이 될 수 있으며, 정보기관의 무능력과 비효율성으로 인해 국가체제에 심각한 위협을 야기할 수 있다.

② 그러므로 행정부 차원에서 정보기관을 효과적으로 감독 또는 통제하는 것은 정권유지 차원에서는 물론 국가체제를 안정적으로 운영함에 있어서 매우 중요한 요소로 인식된다.

2 행정수반의 행정부 산하기관들에 대한 통제

① 대통령과 수상 등 행정수반은 행정부 산하기관들에 대해 통제할 권한과 의무를 가진다. 정보기관도 행정부의 산하기관으로서 마땅히 대통령이나 수상 등 행정수반의 감독 또는 통제를 받게 된다.

② 대통령이나 수상 등 행정수반은 인사권, 조직개편, 행정명령권 등 다양한 제도와 수단을 활용하여 정보기관에 대한 통제력을 행사하고 있다.

Ⅲ 최고정책결정자의 통제 수단들

1 인사권

(1) 의의

① 일반적으로 대통령이나 수상 등 행정부의 수반이 관료조직을 장악할 수 있는 가장 중요한 수단은 인사권이다.

② 대통령이나 수상 등 행정수반은 장·차관을 비롯한 행정부의 주요 보직에 대한 인사권을 행사함으로써 통제력을 유지한다. 대통령이나 수상은 정보기관의 장에 대한 임명 및 해임권을 갖고 있으며, 이를 통해 정보기관의 조직을 통제한다.

(2) 정보기관의 수장에 대한 인사

① 정보기관의 수장에 대한 인사는 일반 행정 부처의 장관들보다 신중하게 고려된다. 정보기관의 경우 막강한 능력과 권한을 갖고 있는 반면 조직과 활동 내용은 철저히 비밀에 싸여 있기 때문이다.

② 그래서 일반적으로 정보기관의 수장은 대통령이나 수상 등 행정수반이 가장 신뢰할 수 있는 측근으로 임명하는 경향을 보인다. 예를 들어 미국의 카터 대통령은 자신의 고향 친구인 터너(Stansfield Turner, 1977～1981) 제독을 CIA 국장으로 임명했으며, 레이건 대통령도 자신의 절친한 친구인 케이시(William J. Casey)를 CIA 국장으로 임명하여 그에게 소련을 와해시키는 비밀공작을 주도하는 임무를 부여했다.

(3) 미국 FBI 후버 국장

① 때로 정보기관이 수행한 불법적인 활동이나 비윤리적인 행위 사실을 최고정책결정자가 전혀 알지 못하거나 알고 있으면서도 통제하지 못하는 경우도 있다. 예를 들어 미국의 FBI는 후버 국장 재임시절 후버 국장이 선호하는 대통령 후보를 지원하는 등 선거에 불법적으로 개입했으며, 무고한 시민들을 대상으로 불법 도청이나 미행감시 등 비윤리적인 활동을 저질렀다.

② 트루먼과 케네디 대통령을 비롯한 여러 대통령들이 그의 비리 사실을 알고 그를 해임시키려 시도했던 것으로 알려졌다. 그러나 역대 대통령들은 그가 자신들의 약점을 폭로하거나 정치적으로 보복할 것을 우려하여 아무도 그를 해임시키지 못했다.

③ 후버는 47년간을 FBI 국장으로 군림하면서 온갖 불법을 자행했지만 해임되지 않은 채 사망할 때까지 재임했다. 이처럼 정보기관의 수장은 무소불위의 막강한 권한을 행사할 수 있기 때문에 잘못된 인물을 임명하게 될 경우 정권 유지는 물론 체제 안위에 심각한 위협을 야기할 수 있다. 따라서 일반 부처의 장·차관과는 달리 정보기관의 수장을 임명함에 있어서 보다 신중한 선택이 요구된다.

2 조직개편

(1) 의의

① 대통령이나 수상은 행정부의 수장으로서 정부조직을 새롭게 만들거나 해체할 수 있는 권한을 가진다. 정보기관에 대해서도 업무의 효율성을 제고하고 통치권자로서 조직에 대한 장악력을 높이기 위해 불필요한 조직을 해체하고 새로운 조직을 신설하는 등 조직 개편을 단행할 수 있다.

② 때로 통치권자가 자신을 대신하여 행정부 내에 정보기관을 통제할 별도의 새로운 기구를 설립하기도 한다. 정보기관들에 대해 견제 또는 감독하는 임무를 효과적으로 수행하기 위해 동 기구는 대체로 통치권자의 직속기구이면서 여타 정보기관들로부터 독립된 조직 형태를 보인다.

(2) 1947년 CIA 설립

① 미국의 경우 종종 참담한 정보실패를 경험했으며, 그때마다 정보공동체에 대한 개편을 단행했던 것으로 나타난다.

② 예를 들어 미국의 CIA는 1941년 '진주만 기습'의 실패를 경험하고 나서 창설되었다. 당시 기습을 사전에 파악하는 데 실패하게 된 경위를 조사하는 가운데 군 정보기관들의 불충분한 정보공유와 지나친 경쟁으로 인해 적시에 적의 기습을 파악하지 못했던 것으로 평가되었다.

③ 이에 따라 국가적 차원에서 종합적으로 정보를 분석할 새로운 정보기구가 필요하다는 공감대가 확산되었고, 마침내 1947년 CIA를 설립하게 되었다.

(3) 국토안보부(DHS)와 국가정보장(DNI) 신설

미국은 2001년 9/11 테러 사건 이후 테러 업무를 전담할 국토안보부(Department of Homeland Security, DHS)를 신설했고, 16개 정보기관들에 대해 강력한 통제력을 행사하는 권한을 가진 장관급 직위의 국가정보장(Director of National Intelligence, DNI)을 신설했다.

(4) NSC(국가안전 보장회의), 해외정보자문위원회, 정보감독위원회 설립

이 밖에 대통령을 대신하여 정보공동체의 정보활동을 통제 또는 감독하는 기구로서 1947년 「국가안보법」에 따라 설립된 NSC(국가안전 보장회의), 1956년 아이젠하워 대통령 당시 설립된 해외정보자문위원회(Board of Consultant on Foreign Intelligence Activities) 그리고 1976년 포드 대통령이 설립한 정보감독위원회(Intelligence Oversight Board, IOB) 등이 있다.

(5) 조직구조 개편의 필요성

① 일반적으로 정보기관은 비밀보안을 생명으로 하기 때문에 조직구조에 대해 철저히 비밀을 유지한다.

② 조직구조의 비밀성은 한편으로는 효과적인 정보활동을 수행하는 데 필요한 핵심적인 요소이지만 다른 한편으로는 외부와 차단되어 상대적으로 경쟁이 적기 때문에 조직구조의 비효율성이 심화될 수 있는 위험도 있다. 예를 들어 정보기관이 관료 조직화되어 행정지원 부서가 지나치게 비대화되면 수집, 분석, 비밀공작, 방첩 등 본연의 정보활동은 상대적으로 위축될 수 있다.

③ 이처럼 비정상적인 조직구조를 보다 효율적인 조직구조로 개편함으로써 정보활동의 효율성과 생산성을 제고할 수 있을 것이다.

(6) 결론

정보기관에 대한 조직 개편은 정보조직의 경쟁력을 향상시키고 나아가 통치권자의 통제력을 강화시킬 수 있는 효과적인 방안으로 활용된다.

3 행정명령권

(1) 의의

① 대통령이나 수상 등 행정수반이 정보기관을 통제할 수 있는 또 하나의 중요한 수단으로서 행정명령권이 있다.

② 법률을 제정할 수 있는 권한은 의회가 갖고 있지만 대통령은 행정명령을 통해 입법부와 유사한 형태의 입법권을 갖는다. 행정명령은 입법부가 제정한 법률에 비해 영구적이지 못하고 강제력이 떨어지는 단점이 있다. 또한 행정명령은 법률이 아니기 때문에 강력히 집행되기 어려우며, 입법부의 권한을 약화시킬 수 있다는 문제점이 제기된다.

③ 그러나 행정명령은 통치권자가 의회의 승인을 받지 않고 신속히 자신이 원하는 업무나 활동을 추진할 수 있기 때문에 정보기관을 통제하는 수단으로서 유용하게 활용된다.

(2) 미국 대통령의 행정명령권

① 미국 대통령의 행정명령권은 헌법에 구체적으로 명시되지는 않았지만 미국 헌법 제2조 제1절 제1항의 규정에 근거하여 합법적인 것으로 인정된다.

② 미국의 경우 역사상 4명의 대통령(1976년 포드, 1978년 카터, 1981년 레이건, 2004년 부시 등)이 국가정보와 관련하여 광범위한 문제를 포괄하는 행정명령(executive order)을 내렸던 것으로 나타난다.

③ 대부분의 행정명령은 정보기관이 수행하는 특정한 유형의 정보활동을 억제 또는 촉진 할 목적으로 발동시킬 수 있다. 예를 들어 카터 대통령이 재임 중이던 1978년 1월 24일의 「행정명령 제12036호」는 과거 CIA를 비롯한 정보기관이 수행해 왔던 다양한 유형의 국내정보 활동을 대폭 제한 또는 금지하는 내용을 포함하고 있다.

④ 때로 대통령이나 수상이 직접 정보기관을 통제하기가 어렵기 때문에 정보기관을 간접적으로 통제할 기구를 행정부 내에 설립하기 위해 행정명령이 내려지기도 했다. 미국의 아이젠하워 대통령은 1956년 2월 6일의 「행정명령 제10656호」를 통해 대통령국외정보자문위원회(President's Foreign Intelligence Advisory Board, PFIAB)의 전신인 '해외정보자문위원회(Board of Consultant on Foreign Intelligence Activities)'를 설치했다. 또한 포드 대통령은 1976년 2월 18일 「행정명령 제11905호」를 통해 정보감독위원회(Intelligence Oversight Board, IOB)를 설치했다.

Theme

137 행정부의 정보통제기구

I 의의

① 정보기관은 외부와 단절되어 경쟁이 적기 때문에 조직구조의 비효율성이 심화될 수 있다. 때로 막강한 권한을 남용하여 불법과 비윤리적 행동을 저지를 수도 있다. 더욱이 철저히 비밀보안을 유지하고 있어 통치권자조차도 정보기관의 잘못된 행동을 전혀 파악하지 못할 수 있다.

② 사실 대통령이나 수상 등 행정수반은 시간도 없고 전문성도 부족하여 정보기관에 대해 직접적인 통제력을 행사하기가 어렵다. 따라서 대통령이나 수상 등 행정수반을 대신하여 정보기관을 통제할 기구가 필요하다.

③ 정보기관들에 대한 견제 또는 감독하는 임무를 효과적으로 수행하기 위해 동 기구는 대체로 대통령이나 수상 직속으로 설치되며 여타 정보기관들로부터 독립된 위상을 유지한다.

Ⅱ NSC

1 의의

NSC(National Security Council)는 1947년 제정된 「국가안보법(National Security Act of 1947)」에 따라 설치되었다.

2 구성

① NSC는 대통령 자문기구로서 국가안보와 외교정책에 관련된 임무를 수행하는 행정부의 최고위급 각료들로 구성된다.

② NSC는 대통령을 의장으로 하고 부통령, 국무부장관, 재무부장관, 국방부장관, 국가안보보좌관 등을 구성원으로 한다. 합참의장은 군사분야 자문위원으로, 국가정보장(Director of National Intelligence, DNI)은 정보분야 자문위원으로 참석한다.

3 권한

NSC는 정보공동체의 정보기관들로부터 정보활동이나 정책에 관해 보고를 받고 지휘 · 감독하는 권한을 갖는다.

4 정보기획실(OIP)

① NSC 산하에 '정보기획실(Office of Intelligence Programs, OIP)'은 오랫동안 행정부 내 정보활동을 감독하는 최고위급 기관으로서 임무를 수행해 왔다.

② 그런데 2004년 「정보개혁법」에 따라 '합동정보공동체위원회(JICC)'가 설립되어 정보공동체를 감독하는 기능을 수행하게 되었다.

5 합동정보공동체위원회(JICC)

(1) 구성

합동정보공동체위원회(Joint Intelligence Community Council, JICC)는 DNI를 의장으로 하고, 국무부장관, 재무부장관, 국방부장관, 에너지부장관, 국토안보부장관, 검찰총장 등을 구성원으로 한다.

(2) 역할

JICC는 정보요구, 예산, 정보기관의 활동성과 등에 관해 DNI에게 자문하는 역할을 수행한다.

(3) 권한

JICC 위원 중에 누구든지 DNI가 제공한 정보와 상반되는 내용을 대통령에게 보고할 수 있는 권한을 가진다.

(4) 기대

DNI보다 서열이 높은 장관들이 정보 업무에 관해 대통령에게 직접 보고할 수 있는 권한을 갖고 있기 때문에 DNI에 대한 견제 수단으로서의 역할을 충분히 수행할 수 있을 것으로 기대되었다.

(5) 평가

① 그러나 DNI를 제외하고 대부분의 JICC 위원들이 정보공동체 내 정보기관들을 관리 및 운영하는 데 매진할 시간이 거의 없고, 정보 업무에 관한 전문성도 부족하다는 데 문제가 있다.

② 그래서 기대와는 달리 JICC가 실질적으로 정보기관들을 감독하는 데 한계가 있다는 지적이 있다.

Ⅲ 대통령 정보자문위원회(PIAB)

1 의의

대통령 정보자문위원회(President's Intelligence Advisory Board, PIAB)는 다른 나라에는 찾아보기 어려운 미국 고유의 독특한 기구이다.

2 연혁

① 1956년 2월 6일 아이젠하워 대통령이 「행정명령 제10656호」를 통해 '해외정보자문위원회(Board of Consultant of Foreign Intelligence Activities)'를 설치했다.

② 케네디 대통령은 피그만 사건 이후 이를 대통령해외정보자문위원회(President's Foreign Intelligence Advisory Board, PFIAB)로 개칭하고 적극적으로 활용했다.

③ 그러나 닉슨 대통령 재임 중이던 1972년 이후 점차 활동이 위축되었고, 카터 대통령 시기에는 아예 폐기되는 운명에 처했다.

④ 이후 레이건 대통령 시기에는 위원회의 구성원을 확대하면서 부활했다. 그리고 1993년 빌 클린턴 대통령의 「행정명령 제12863호」에 의거 IOB가 PFIAB 소속의 분과위원회로 흡수되었다.

⑤ 이후 부시(George W. Bush) 대통령 당시인 2008년 2월 29일 PFIAB는 PIAB(President's Intelligence Advisory Board)로 개칭되어 현재에 이르고 있다.

3 NSC 정보기획실과의 비교

① 아이젠하워 행정부(1953~1961) 이래 역대 대통령들은 국외정보활동 자문 관련 NSC 정보기획실(Office of Intelligence Program, OIP)보다는 PFIAB에 더 많이 의존했던 것으로 나타난다.

② NSC 정보기획실과 비교하여 PFIAB는 고위직 관료들로 구성되었고, 보다 객관적인 자문활동을 수행했던 것으로 인정되었다.

4 구성

① PIAB 위원들은 대통령이 임명하며, 대부분의 위원들은 전직 정보관들과 정보와 관련된 업무 경험을 가진 민간인들로 구성된다.

② 위원회 구성원의 숫자는 5명에서 24명에 이르기까지 역대 대통령들의 성향에 따라 각기 달랐다.

5 임무

(1) 의의

PIAB의 주요 임무는 CIA가 수행하는 정보활동의 성과와 효율성을 평가 · 감독하고 이를 향상시킬 수 있는 방안에 대해 대통령에게 조언하는 것이다.

(2) 사례

① PFIAB는 피그만 침공 실패 이후 케네디 대통령에게 DIA(Defense Intelligence Agency) 창설을 권고했다.

② 또한 1976년 소련의 전략적인 능력과 의도를 분석할 기법으로서 A팀 대 B팀의 경쟁분석을 제안하기도 했었다.

6 권한

① 정보공동체에 대한 공식적인 감독권은 의회가 갖고 있으며, PFIAB는 정보기관을 감독 또는 관리할 법적인 권한은 없다.

② 그럼에도 불구하고 PFIAB는 간혹 비공식적으로 정보기관의 활동에 대해 조사 · 평가 · 감독하는 역할을 수행하기도 했다.

③ PFIAB는 정보기관에 대해서는 독립적인 위치에서 객관적이고 공정한 조사 · 평가를 내릴 수 있지만, 대통령 직속 자문기구로서 대통령이 임명하기 때문에 대통령의 정치적 입장을 배려하는 권고사항을 제시하는 등 정치중립적인 성향을 유지하기가 어렵다.

Ⅳ 정보감독위원회(IOB)

1 의의

① 1973년 칠레의 아옌데(Salvador Allende) 정권이 붕괴되었다. 그 후 미국 CIA가 비밀공작을 통해 아옌데 정권을 붕괴시키기 위해 불법적으로 개입했던 사실이 드러났다.

② CIA는 비밀공작을 수행하는 과정에서 온갖 불법과 비윤리적인 행위를 자행했던 것으로 의심되었다.

2 연혁

① 포드 대통령은 행정부에 정보기관이 수행하는 정보활동의 합법성 여부를 조사·평가하는 정보감독기구를 설립하도록 지시하였다.

② 마침내 포드 대통령 재임 중이던 1976년 2월 18일 「행정명령 제11905호」에 의거 정보감독위원회(Intelligence Oversight Board, IOB)가 설치되었다.

③ IOB는 클린턴 대통령 당시 「행정명령 제12863호」에 따라 PFIAB 소속의 분과위원회로 편입되었고, 부시 대통령(George W. Bush) 당시 「행정명령 제13462호」에 의거 PFIAB가 PIAB로 개칭됨에 따라 PIAB 소속 위원회로 편입되었다.

3 조직

① IOB는 현재 PIAB의 부속기관으로서 IOB의 위원은 PIAB의 위원이 된다.

② IOB는 대통령이 임명하는 5명 이하의 위원으로 구성되는데 행정부 부처나 정보기관에 소속되지 않으면서 이 분야 관련 전문성을 갖출 것을 자격조건으로 한다.

4 권한

① IOB는 정보기관의 감사관(Inspector General)과 법률고문(General Counsels)으로부터 정기적으로 보고를 받으며, 그들을 지휘·감독할 권한을 갖고 있다.

② IOB는 정보활동의 위법성 여부에 대해 조사하는 권한을 갖고 있지만, 사건을 추적하거나 소환할 수 있는 권한은 없다.

③ IOB는 정보기관의 불법적인 정보활동 내용을 발견하게 되는 즉시 대통령과 검찰총장(Attorney General)에게 통지하는 임무를 맡고 있다.

V 국방부의 정보감독단(IOP)

① IOB와 유사한 기능을 수행하는 행정부처 차원의 감독기구로서 국방부의 '정보감독단(Intelligence Oversight Program, IOP)'을 들 수 있다.

② IOP는 국방부에서 자체적으로 설립하여 정보감독임무를 수행하는 기구이다. IOP는 미국 국민의 기본권을 침해하지 않으면서 국방부가 정보 및 방첩 활동을 제대로 수행하고 있는지를 검토·평가하는 임무를 수행한다.

Ⅵ 감사관실(Office of the Inspector General)

1 의의

미국의 경우 행정부의 각 부처와 각 정보기관들의 내부에 ‘감사관실(Office of the Inspector General)’이 있으며, 동 기구의 최고위직에 감사관(Inspector General)을 두고 있다.

2 조직

① 감사관실은 1978년에 제정된 감사관법(Inspector General Act of 1978)에 따라 독립적인 위상을 유지하고 있다.

② 미국 정보공동체에는 정보기관들을 감독하는 12명의 감사관을 두고 있으며, 모두 정보기관에 소속된 것이 아니고 독립성을 가진 기구이다.

③ CIA와 국방부를 담당하는 감사관은 의회에서 제정된 법에 근거하여 설치되었고, 나머지 DIA, NRO 등을 담당하는 감사관은 국방부에서 설치했다. 이들 감사관은 행정부처는 물론 의회에 보고하기도 한다.

3 임무

① 일반적으로 감사관은 철저한 비밀보안을 원칙으로 하여 임무를 수행한다.

② 감사관은 주로 행정부에 대한 정보기관의 책임성을 강화시키려는 데 목적을 둔다.

③ 감사관은 정보기관 내부에 대한 감찰임무를 수행하며, 이를 위해 비밀 자료에 무제한 접근할 수 있도록 법으로 규정하고 있다.

④ 감사관은 정보기관의 활동에 대한 평가, 불만 조사, 회계감사 등의 임무를 수행한다.

⑤ 감사관은 IOB에 활동 내용을 보고할 의무가 있으며, 행정부의 고위 담당자에게도 정기적으로 보고하도록 되어 있다.

4 CIA의 내부 감독 기관

(1) 의의

① CIA의 경우 내부 감독 업무를 수행하는 기관으로 감사관실과 법률고문실(Office of the General Counsel)을 두고 있다.

② CIA 감사관과 법률고문(General Counsel)은 대통령이 지명하고, 상원 정보위원회의 인준을 받는다.

(2) CIA 감사관의 권한

① CIA 감사관은 의회와 행정부로부터 정보기관에 대한 감독권을 행사하도록 법적인 권한과 책임을 부여받았다.

② CIA 감사관은 CIA 국장에게 직접 보고할 권한과 의무를 가진다. 또한 CIA 감사관은 상원 정보위원회의 지시에 따라 감찰 및 조사 활동을 수행하고 그 결과를 보고하기도 한다.

(3) CIA 감사관과 법률고문의 임무

① 따라서 CIA의 감사관은 독립적인 위상을 유지하는 가운데 보다 객관적이고 공정하게 조사·평가 임무를 수행한다.

② CIA 법률고문은 CIA 국장에게 CIA의 정보활동 관련 모든 법적인 문제에 대해 자문하는 역할을 담당한다.

Ⅶ 내부 감찰기구

1 의의

대부분의 정보기관은 내부에 자체적으로 감사 또는 감찰 업무를 담당하는 부서를 두고 있다.

2 업무

① 감찰부서는 주로 정보활동의 비효율성이나 불합리한 관행을 조사·평가하는 업무를 담당한다.

② 이와 더불어 정보기관 내 요원들의 직권남용, 불법 활동, 비윤리적인 행위 등을 감시·조사하여 처벌하는 등의 임무도 수행한다.

3 장점과 한계

(1) 장점

정보기관의 내부 감찰기구는 정보기관 내부에서 발생하는 비리와 문제점들을 가장 구체적으로 정확히 파악할 수 있다는 장점이 있다.

(2) 한계

① 그러나 정보기관 내부에 소재하고 있기 때문에 조사 내용의 공정성이나 객관성이 떨어질 수도 있다.

② 특히 정보기관 스스로 조직 보호를 위해 혹은 동료애에 사로잡혀 내부 비리를 외부에 가급적 표출하지 않으려는 경향을 보일 수 있다.

③ 또한 정보기관 내부의 감찰기구는 외부와 차단되어 있기 때문에 내부의 비효율성이나 잘못된 관행을 제대로 적시하지 못할 수도 있다.

Theme

138 정보기관에 대한 행정부 통제의 장점과 한계

I 정보기관에 대한 행정부 수반의 고유권한

1 직접적 통제 권한

정보기관에 대한 행정부의 통제는 통치권자의 고유권한이다. 대통령이나 수상은 행정부의 수반으로서 인사, 조직 개편 그리고 행정명령을 통해서 정보기관에 대해 직접적으로 통제력을 행사할 수 있다.

2 간접적 통제 권한

또한 행정수반은 정보기관과 그들의 활동을 감독하는 기구를 설치하여 간접적으로 통제력을 행사하기도 한다. 이처럼 행정부는 직접적인 방식과 간접적인 방식을 적절히 활용하여 정보기관을 효과적으로 통제할 수 있다.

3 정보에 관한 정책 입안 및 정보기관으로부터 보고를 받을 권한

① 무엇보다도 행정부의 수반은 정보에 관한 정책을 입안할 책임과 더불어 정보기관으로부터 보고 받을 권한을 가진다. 역으로 정보기관은 행정부의 지시사항을 이행할 책임을 갖고 있으며, 비밀공작 등 정보 관련 중요한 사안에 대해서 행정부에 보고할 의무가 있다.

② 행정부는 정보정책을 입안하고 정보활동목표우선순위(Priorities of National Intelligence Objective, PNIO)를 설정하며, 예산의 승인과 회계감사 과정에 참여한다. 이처럼 정보기관과 행정부 수반 간의 권한과 책임의 교환을 통해 정보기관에 대해 적절한 통제가 유지된다.

Ⅱ 정보기관에 대한 행정부 통제의 장점

1 의의

① 행정부는 정보기관을 효과적으로 통제하는 데 필요한 전문성을 갖추고 있다.

② 행정부는 정보기관에 대한 감독활동을 수행한 경험이 있는 관료, 정보활동을 직접 수행했던 전직 정보관, 정보분야 관련 식견을 가진 학자 등 전문 인력을 충분히 활용할 수 있다.

2 의회의 정보기관 감독과의 비교

① 행정부에 비해 의회는 전문성이 부족하기 때문에 행정부의 도움 없이 독자적으로 정보기관에 대한 감독기능을 효과적으로 수행할 수 없는 것으로 평가된다.

② 혹자는 의회의 감독 기능은 행정부가 정보기관을 얼마나 효과적으로 장악하고 통제하는가에 달려 있다고 주장한다.

3 결론

어쨌든 행정부는 전문성과 경험을 갖춘 인력을 활용하여 정보기관을 효과적으로 통제할 수 있다는 장점을 가진다.

Ⅲ 정보기관에 대한 행정부 통제의 한계

1 의의

① 행정부가 정보통제에 관해 전문성과 풍부한 경험을 갖추고 있음에도 불구하고 행정부의 정보기관에 대한 통제력 역시 종종 한계에 직면한다.

② 이는 비밀보안을 생명으로 하는 정보기관의 속성에서 비롯되는 바 비밀리에 수행되는 정보활동에 대한 완벽한 통제는 사실상 매우 어렵다.

2 카터 대통령

① 실제로 미국에서 행정부의 최고정책결정자인 대통령조차 모르는 가운데 불법적인 정보활동이 자행되는 사태가 발생했었다.

② 1977년 2월 18일 「워싱턴 포스트」지는 카터 대통령에게 CIA가 요르단의 후세인 왕에게 수백만 달러의 불법자금을 제공해 왔다는 사실을 알고 있는지 질문했다.

③ 이는 대통령이 알고 있어야 할 매우 중요한 사안임에도 불구하고 당시 카터 대통령은 전혀 알지 못했었다고 답변했다.

3 레이건 대통령

① 이란-콘트라 사건에 대한 미 의회의 조사 결과에서 밝혀졌던바 당시 레이건 대통령과 부시 부통령이 사건의 진행경과를 제대로 파악하지 못했던 것으로 알려졌다.

② 이처럼 행정부의 최고정책결정자조차도 핵심적인 정보를 파악하지 못할 정도로 정보기관에 대한 행정부의 통제력이 미치지 못하는 상황이 종종 발생한다.

Ⅳ 행정부 정보통제의 양면성

1 의의

① 한편 행정부의 정보통제는 양면성을 지닌다. 대통령이나 수상 등 행정수반이 산하조직인 정보기관을 확고하게 장악하고 있으면 정보기관의 일탈행위를 방지하는 긍정적 효과를 기대할 수 있는 반면 이들이 정보기관을 정권적 또는 사적인 목적에 악용할 소지도 있다.

② 실제로 권위주의 정권이나 독재체제하에서 정보기관이 국가안보보다는 독재자의 정권유지를 위한 도구로 전락하는 사례들이 빈번하다.

2 구소련의 KGB

구소련의 KGB는 정상적인 정보활동보다는 스탈린이나 브레즈네프 등 사회주의 독재자의 정권유지를 위해 주민들의 동향을 감시하고 반체제 인사들을 탄압하는 데 더 많은 노력을 기울였던 것으로 알려졌다.

3 이라크전쟁

(1) 의의

간혹 민주주의 국가에서도 정보기관이 정책결정자의 정권적 또는 사적인 목적에 이용하기도 한다.

(2) 부시 대통령

① 이라크전쟁에 이르는 과정에서 부시 대통령과 핵심 관료들은 이라크 대량살상무기에 관한 정보들 가운데 자신들의 정치적 목적을 달성하는 데 유리한 정보만을 선별적으로 활용했던 것으로 나타났다.

② 아마도 부시 대통령은 이라크 공격의 구실로 삼고자 이라크 대량살상무기 관련 정보를 의도적으로 조작 또는 왜곡했을 것으로 추정된다.

(3) 블레어 수상

① 영국의 BBC 방송은 2005년 3월 20일자 보도에서 블레어 수상이 이끄는 영국 정부가 이라크전쟁을 앞두고 이라크 대량살상무기 관련 정보를 의도적으로 조작했다고 폭로했다.

② 물론 영국의 정보기관이 적극적으로 앞장서서 정보를 왜곡한 것은 아니다. 그렇지만 정책결정자의 의도를 파악하고 정보 왜곡을 묵인하는 태도를 취했다는 점에서 '정보의 정치화' 현상이 발생했던 것으로 판단된다.

③ 그래서 리(Ian Leigh)는 정책결정자가 정보기관과 지나치게 밀착하게 될 경우 정보의 정치화가 발생할 위험이 있다고 경고한다.

V 결론

① 분명히 행정부는 여타 기관보다도 정보기관을 보다 효과적으로 통제할 능력이 있다. 그렇지만 정보기관을 행정부의 통제와 감독에만 맡겨 두는 것은 충분치 못하다.

② 정보기관이 최고정책결정자와 밀착하게 될 경우 정권적 목적에 악용되거나 정보의 정치화가 발생할 수 있기 때문이다.

③ 이러한 문제를 개선하는 방안으로서 행정부의 정보통제와 더불어 의회를 통한 견제와 감독이 병행될 것이 요구된다.

Theme

139 정보기관에 대한 행정부 통제의 과제

I 의의

1 행정부의 정보통제

① 행정부의 정보통제는 최고 정책결정자의 고유권한이다. 최고 정책결정자는 인사, 조직 개편, 행정명령 등의 수단을 적절히 활용하여 정보기관에 대한 통제력을 유지한다.

② 그런데 최고정책결정자는 정보기관을 통제 또는 감독하는 데 요구되는 시간도 없고 전문성도 부족하다.

③ 그래서 미국의 경우 최고정책결정자를 대신하여 행정부 내에 정보기관을 감독할 독립적인 기구들을 설치 · 운용하고 있다.

2 행정부의 정보통제의 한계

① 다양한 제도적 장치와 수단들을 활용함에도 불구하고 행정부의 정보기관에 대한 통제는 결코 완벽하지 못하다.

② 최고정책결정자 또는 정보기관의 수장조차도 정보기관의 불법적인 행위에 대해 제대로 파악하지 못하고 있는 경우가 있고, 반대로 정책결정자와 정보기관이 지나치게 밀착하여 정권에 악용되는 사례도 빈번하다. 따라서 행정부의 불완전한 정보통제를 보완할 수 있도록 다양한 방안들이 강구되어야 할 것이다.

Ⅱ 정보기관에 대한 '통제'와 '조직운영'의 분리

1 의의

우선 정보기관이 정책결정자와 지나치게 밀착함으로 인해 초래될 문제점을 개선할 수 있는 한 가지 방안으로서 정보기관에 대한 '통제'와 '조직운영'을 분리시키는 것을 고려해 볼 수 있다.

2 행정부의 수반과 정보기관 수장의 역할 분담

(1) 의의

① 행정부의 수반과 정보기관의 수장은 각기 다른 임무와 역할을 수행해야 한다. 즉 정보기관에 대한 '통제' 및 '조직운영'에 있어서 정책결정자와 정보기관 수장의 역할분담이 필요하다.

② 대체로 정책결정자는 정보기관의 활동에 대한 '통제' 기능을 수행하고, 정보기관의 수장은 조직을 장악하여 '운영'하는 역할을 맡는 것이 바람직하다.

(2) 정책결정자가 조직 운영에 지나치게 관여하는 경우의 문제점

정책결정자가 정보기관의 조직 개편이나 인사에 지나치게 관여하게 되면 정보기관의 수장이 정보기관조직에 대한 장악력을 유지하기 어렵다.

(3) 정보기관의 수장이 정보기관의 활동에 대한 '통제' 기능을 수행한 경우의 문제점

반대로 정보기관의 수장이 정보기관의 활동에 대해 지나치게 통제 또는 감독하는 역할을 수행하게 되면 정보활동을 효과적으로 수행할 수 없을 것이다.

(4) 카터 대통령 당시 터너 제독의 CIA의 비밀공작 통제

① 카터 대통령 당시 CIA 비밀공작의 불법성과 비윤리성이 미국 사회에서 심각한 문제로 부각됨에 따라 CIA 국장으로 재임했던 터너 제독은 CIA의 비밀공작을 통제하는 데 역점을 두고 CIA의 베테랑 공작관들을 대폭 해임하는 등의 조직 개편을 단행했다.

② 그 결과 인간정보활동 수행에 필요한 CIA의 공작망이 일시에 와해되었다. 그로 인해 CIA의 첩보수집 능력이 현격히 저하되었고, 결국 그것이 2001년 9/11 테러를 막지 못한 중요한 요인으로 작용했을 것으로 추정된다.

Ⅲ 정치중립적인 정보활동을 수행하기 위한 제도적 보완장치

1 의의

① 정보기관이 정권에 악용되지 않고 정치중립적인 정보활동을 수행하기 위한 제도적 보완장치로서 정보기관의 수장에 대한 임기제, 정보기관의 관료에게 상부의 비합리적인 지시사항을 거부할 법적인 권리 부여, 내부고발행위(whistle blowing) 등을 고려해 볼 수 있다.

② 이러한 제도적 장치들은 정보기관의 정치적 중립성을 개선시킬 수 있는 매우 이상적인 제안이지만 현실적으로 최고정책결정자 또는 정보기관의 입장에서 수용하기 어려운 부분이 있다.

2 정보기관의 수장에 대한 임기제

정보기관의 수장에 대한 임기제를 보장할 경우 최고정책결정자의 통제권이 약화될 수 있다.

3 정보관에게 비합리적인 지시사항을 거부할 수 있는 권리의 부여

정보관에게 상부의 비합리적인 지시사항을 거부할 법적인 권리를 부여할 경우 자칫 조직으로서 정보기관의 위계질서가 손상될 수 있다.

4 내부고발행위 허용

내부고발행위를 허용할 경우 정보기관의 비밀보안 유지가 어려워지기 때문에 정보기관 입장에서 수용하기가 쉽지 않을 것이다.

5 결론

이러한 부작용 또는 문제점을 최소화하면서 정보기관의 정치적 중립성 효과를 극대화할 수 있도록 세부적인 시행규칙이나 법률이 마련되어야 할 것이다.

Ⅳ 정보활동 관련 지시사항의 문서 작성 의무화

1 의의

① 일부 정보기관의 경우 불법적인 행위를 자행하고도 이를 은폐 또는 부인하는 태도를 보인다.

② 미국 CIA에서 수행했던 비밀공작의 경우 행위 사실은 분명히 드러나지만 그 배후를 철저히 숨기는 것을 원칙으로 한다.

③ 그래서 파괴, 테러, 암살 등 정보기관의 불법행위로 인해 국가적으로 막대한 피해가 발생했음에도 책임 소재를 밝힐 수가 없다.

④ 정보기관에 있는 아무도 책임지지 않으려 한다. 이는 정보기관의 비밀주의 속성에서 비롯된 것으로서 반드시 개선되어야 한다.

2 "그럴듯한 부인" 금지

① 이를 개선할 수 있는 한 가지 방안으로서 비밀공작 등 정보활동 관련 지시사항을 반드시 문서로 작성하도록 의무화하는 것을 고려해 볼 수 있다.

② 지시사항이 문서로 남겨짐으로써 책임소재를 명백히 하고 나중에 "그럴듯한 부인"을 하지 못하도록 제도화하는 방안이다.

③ 실제로 미국, 캐나다, 헝가리의 경우 이를 법으로 규정하여 실행하고 있으며, 캐나다와 호주는 행정부 고위정책결정자의 정보 관련 지시사항을 정보기관의 외부에 공개하도록 규정하고 있다.

3 효과

이러한 방안이 정착되면 부수적인 효과도 기대해 볼 수 있다. 즉 불법행위를 지시한 자는 나중에 그에 대해 처벌받을 수 있기 때문에 삼가하거나 심사숙고하여 결정하게 될 것이다. 이로써 정보기관이 불법적인 정보활동을 자제 또는 억제하게 될 것이다.

V 정보기관 외부에 독립적 감독기구 설치

1 의의

① 정보기관에 대해 행정부가 통제력을 행사함에 있어서 정보기관 외부에 설치된 독립적인 감독기구의 역할이 매우 중요하다.

② 미국의 경우 대통령 직속 정보감독위원회(IOB)와 감사관실(Office of Inspector Generals)이 그러한 역할을 수행하고 있다.

2 독립적 감독기구를 통한 통제의 장점

① 이들은 정보기관에 대한 통제를 목적으로 설치되었기 때문에 이에 관한 한 의회 또는 행정부의 어떤 기관보다도 전문적인 능력을 갖추고 있다.

② 또한 정보기관에 소속된 부서가 아니고 독립적인 위상을 갖춘 기구로 설치되었기 때문에 정보기관의 잘못된 행위를 보다 객관적이고 공정하게 조사 · 평가할 수 있다.

3 정보감독기구가 성공적으로 임무를 수행하기 위한 조건

① 행정부의 정보감독기구가 성공적으로 임무를 수행하기 위해서는 동 기구의 사법적 판단, 독립성, 권한을 법적으로 보장해 주는 것이 무엇보다도 중요하다.

② 또한 객관적이고 효율적인 평가 작업을 진행하기 위해 비밀 자료에의 접근이 허용되어야 하며, 조사에 필요한 사람을 언제든 접촉할 수 있어야 한다.

Ⅵ 결론

① 모든 방안을 활용한다 할지라도 정보기관을 완벽하게 통제하기는 어렵다. 행정부의 정보통제는 부분적이고 한계가 있기 때문이다.

② 이를 보완하기 위해 의회의 정보감독이 반드시 필요하다. 사실 의회는 전문성이 부족하기 때문에 행정부의 도움 없이 독자적으로 정보기관에 대한 감독 기능을 수행하기가 어렵다.

③ 효과적인 의회의 감독 기능은 행정부가 정보기관을 얼마나 효과적으로 장악하고 통제하는가에 달려 있다.

④ 그런 점에서 행정부의 정보통제는 의회의 정보감독 기능 이상으로 중요한 의미를 가진다. 따라서 정보기관에 대한 행정부의 통제와 입법부의 감독 기능은 상호 충돌하기보다는 보완적인 방향으로 활용되어야 할 것이다.

Theme

140 입법부의 정보통제

I 의의

1 행정국가화 현상

① 20세기에 들어서서 행정부는 양적으로 엄청나게 팽창했고, 그에 따라 막강한 권력을 휘두르게 되었다. 행정부의 막강한 권력을 적절히 견제하지 않으면 헌법에 보장된 국민의 기본권이 침해될 수 있다.

② 미국의 한 저명한 전직 의원은 "국가적 현안을 다루는 것도 중요하지만 의회의 가장 근본적인 임무는 미국 국민의 자유를 보호하기 위해 최고정책결정자의 권력을 견제하는 데 있다."고 주장했다.

2 입법부의 행정부 견제

① 실제로 민주주의 체제에서 삼권분립의 정신에 따라 입법부는 행정부를 견제하는 역할을 수행하게 된다.

② 국민을 대표하는 대의기관으로서 의회는 국가의 자원을 적절히 그리고 효율적으로 사용하는지를 감독해야 할 책임을 가진다.

③ 의회의 행정부에 대한 통제활동은 두 가지 목적, 국민의 기본권 보호와 국가자원의 효율적인 사용 유도를 위해 민주주의 국가체제에서 반드시 필요한 요소이다.

II 입법부의 정보기관 통제

1 의의

① 삼권분립 원칙에 따라 대부분의 민주주의 국가에서 입법부의 행정부에 대한 통제가 일반화되었지만 정보기관은 예외적인 영역으로 남아 있었다.

② 철저한 비밀보안을 생명으로 하는 정보기관의 특성을 고려하여 한동안 정보기관은 의회의 통제대상에서 예외로 인정되었다.

2 미국의 정보기관에 대한 의회 통제제도 도입

① 1970년대에 들어서서 미국에서 세계 최초로 정보기관에 대한 의회의 통제제도를 도입하게 되었으며, 그 이전에는 미국을 비롯한 대부분의 국가에서 행정부가 독점적으로 정보기관에 대한 통제력을 행사했다.

② 오랫동안 정보기관에 대한 통제 또는 감독활동은 행정부의 고유권한으로 인식되었으며, 행정부 외에 어떤 기관도 정보기관에 대한 영향력을 행사하지 못했었다.

3 입법부의 정보기관 통제의 헌법적 근거

(1) 의의

① 오늘날 민주주의 국가에서 삼권분립의 원칙에 따라 의회가 정보기관에 대한 통제 또는 감독활동을 수행하도록 법적인 권한을 부여하고 있으며, 그에 따른 통제력을 행사하고 있다.

② 대부분의 국가에서 의회의 정보기관에 대한 감독 기능이 헌법에 명시되어 있지는 않다. 그러나 헌법의 취지를 광의적으로 해석했을 때 의회가 행정부에 대해 통제 또는 감독 권한을 가지는 것으로 인정되며, 행정부의 산하조직인 정보기관도 예외가 될 수 없다는 입장이다.

(2) 슐레진저(Arthur M. Schlesinger, Jr.)

슐레진저(Arthur M. Schlesinger, Jr.)는 의회의 감독 기능은 굳이 명시될 필요가 없다고 주장했는데, 그 이유를 "법을 만들 권한은 법이 성실하게 집행되었는지를 감독할 권한까지 포함하기 때문이다."라고 설명했다.

(3) 미국의 사법부

미국의 사법부는 "헌법을 보다 광범위에서 해석했을 때 행정부에 대한 감독 기능은 의회에 부여된 책임"으로 인정해 왔다. 그리고 1946년에 제정된 '입법부 재편법(Legislative Reorganization Act of 1946)'에 따라 미국 의회 스스로 정부 각 기관들의 행정집행에 대한 감독활동을 지속적으로 수행하도록 의회 위원회에 법적인 권한이 위임되었음을 인정했다.

(4) 결론

대부분의 국가에서 의회는 헌법과 법률에 따라 정보기관을 통제 또는 감독할 법적인 권한과 책임을 가지는 것으로 인정된다.

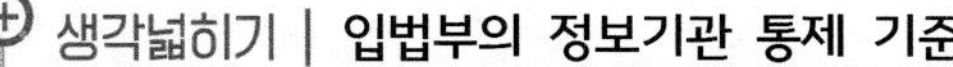

1. 적절성
   정책의 타당성과 적합성에 따라 정보기관의 목적과 활동이 법률과 윤리적 기준에 부합하고 있는지를 심사한다.
2. 효율성
   정보기관이 국가의 자원을 적절히 그리고 효율적으로 사용하는지를 감독한다.
3. 합법성
   정보기관의 정보 수집 방법이나 과정에 불법이 개입하여 국민의 기본권이 침해되는 것을 방지하여, 정보활동의 정당성을 확보할 수 있도록 감독한다.

Ⅲ 의회의 국민과 정보기관 사이의 가교 역할

1 의의

① 정보기관은 비밀보안을 유지해야 하기 때문에 국민들과의 직접적인 접촉이 어려운 입장이다.

② 이러한 상황에서 의회는 국민들과 정보기관들 간 일종의 가교 역할을 수행한다. 즉 의회는 정보기관에 대한 통제활동을 통해 한편으로는 정보기관에게 정보활동 관련 국민들의 시각을 제시해 주고, 다른 한편으로는 국가안보와 관련된 정보활동의 내용을 국민들에게 알려준다.

2 정보기관에 "제2의 견해" 제시

국민을 대표하는 대의기관으로서 의회는 정보기관들에게 국민들이 허용하는 것과 허용하지 않는 것이 무엇인지를 알려주는 역할을 수행한다. 이와 같이 의회가 "제2의 견해"를 제시해 줌으로써 정보기관은 자신들의 정보활동에 대한 외부의 시각을 알 수 있고, 나아가 자신들의 정보활동이 국민들이 허용하는 기준에서 벗어나지 않았음을 확신할 수 있을 것이다. 이로써 정보기관이 보다 책임성 있는 정보활동을 수행하게 될 것이다.

3 정보활동의 내용에 대한 국민들의 관심과 이해를 증진

① 또한 의회 정보위원회는 청문회 또는 토론회 개최, 각종 보고서 발간 등을 통해 국가안보와 관련된 정보활동의 내용에 대한 국민들의 관심과 이해를 증진시키는 역할을 담당한다.

② 이처럼 의회가 국민들과 정보기관들 간의 가교 역할을 효과적으로 수행하게 될 때 궁극적으로 정보기관이나 정보활동에 대한 국민들의 신뢰가 증진될 수 있을 것이다.

Theme

141 입법부의 정보통제 수단

I 의의

① 대부분의 민주주의 국가에서 의회는 입법 또는 조사활동을 통해 정보기관에 대한 감독 기능을 수행하고 있다.

② 입법 기능은 의회 감독의 핵심적인 부분이다. 의회의 의원 전체 또는 정보위원회가 각 정보기관들의 책임과 권한, 정보기관들 간 협력의 방식, 예산의 편성과 승인 절차 등에 관한 법률 초안을 제시하고 협상을 통해 법률안을 확정한다.

③ 또한 의회는 조사활동을 통해 정보기관이 국민의 기본권에 관한 법과 규범을 지키는지 그리고 국가적인 필요와 목적에 부합되도록 예산을 적절히 활용하여 정보활동을 효과적으로 수행하고 있는지 등을 평가한다.

Ⅱ 입법권

1 의의

① 입법권은 의회 본연의 임무로서 행정부를 합법적으로 견제할 수 있는 가장 강력한 수단이다.

② 입법부는 자신에게 필요한 권한을 스스로 법제화할 수 있다. 정보기관에 대해 적절한 통제수단이 필요하다고 판단될 경우 법률을 제정하여 통제 또는 감독 권한을 행사할 수 있다.

③ 입법권을 통해 행정부를 감독할 권한은 삼권분립을 원칙으로 하는 대부분의 민주주의 국가에서 보장되어 있다.

④ 미국 헌법 제1조 제8절 제18항은 "의회는 앞서 말한 권한과 이 헌법에 따라 미국 정부와 그 부처 혹은 관료에게 부여된 기타 모든 권한을 실행시키기 위해 필요하고 적절한 모든 법률을 제정할 권한을 가진다."라고 규정함으로써, 명문으로 의회의 입법권을 통한 행정부 감독권한을 부여하고 있다.

2 입법권을 통한 정보기관에 대한 감독 제도의 도입

(1) 의의

① 비록 의회의 입법권은 오래전부터 헌법에 보장된 권한이지만 그것이 행정부를 감독하는 데 실질적으로 사용된 것은 비교적 최근의 일이다.

② 의회가 입법권을 활용하여 정보기관에 대한 감시 및 통제력을 행사하려는 시도는 1970년대 미국에서 세계 최초로 전개되었다.

(2) 워터게이트 사건과 아옌데 대통령 살해 개입

① 1974년 8월 워터게이트 사건이 폭로되었고, 같은 해 9월 미국 CIA가 불법적이고 비윤리적인 비밀공작을 통해 칠레 아옌데 대통령을 살해하는 데 개입했다는 사실이 알려졌다.

② 이에 따라 미국에서 정보기관에 대한 통제가 필요하다는 여론이 비등했으며, 이에 부응하여 마침내 미 의회에서 휴즈-라이언법(Hughes-Ryan Act)을 제정하게 되었다.

(3) 휴즈-라이언법(Hughes-Ryan Act)

① 휴즈-라이언법은 정보기관이 비밀공작을 수행하기 전에 대통령의 승인을 거치도록 했고, '적절한 시기'에 의회의 관련 위원회들에 보고하도록 규정해 놓았다.

② 휴즈-라이언법은 불이행 시 처벌 조항이 구체적으로 제시되지 않는 등 정보기관에 대한 통제력을 행사하는 데 필요한 내용을 완벽히 구비하고 있지는 않지만, 세계 최초로 정보기관에 대한 의회의 감독 및 통제 기능을 법률적으로 공식화하고자 하는 시도였다는 점에서 의미를 가진다.

③ 이후 미국 의회는 정보기관에 대한 감시 및 통제를 강화하는 내용의 법제화 작업을 계속하였다.

3 미국 의회의 정보통제에 대한 법제화 작업

(1) 해외정보감시법(Foreign Intelligence Surveillance Act, FISA)

미 의회는 1978년 감청 등 기타 감시활동에 대해 영장심사를 의무화함으로써 부적절한 국내 정보활동을 금지하는 해외정보감시법(Foreign Intelligence Surveillance Act, FISA)을 통과시켰다.

(2) 정보감독법(Intelligence Oversight Act)

① 1980년 휴즈-라이언 법률을 수정한 정보감독법(Intelligence Oversight Act)을 제정하여 정보기관에 대한 감독권한을 보다 강화시켰다.

② 동 법률에 따라 비밀공작을 포함하여 정보기관의 정보활동 전반을 소위 '8인방(Gang of Eight)'이라고 불리는 의회의 주요 인사들에게 보고하도록 규정했다.

③ 동 법률에 따라 비밀공작에 대한 사전 통보가 어려운 비상시에는 대통령이 선 진행 후 반드시 의회에 보고하는 것을 의무화하였다.

(3) 정보신원법(Intelligence Identities Act)

1982년 정보기관에서 활동하는 비밀요원의 신원공개를 금지하는 정보신원법(Intelligence Identities Act)을 제정했다.

(4) CIA 감사실장법(CIA Inspector General Act)

① 1989년에는 'CIA 감사실장법(CIA Inspector General Act)'을 제정하여 CIA로부터 독립적인 위상의 CIA 감사실장 직위를 신설하였다.

② CIA 감사실장은 CIA의 정보활동을 감시하고, 감찰활동 내용을 정례적으로 의회에 직접 보고하도록 의무화하였다.

③ CIA 감사실장은 CIA 조직 내부에 있으면서 CIA 조직으로부터 독립적인 지위를 보장받고 있기 때문에 CIA의 정보활동을 보다 면밀히 파악하여 의회에 보고할 수 있다는 장점을 가진다.

(5) 정보수권법(Intelligence Authorization Act of 1991)

① '1991년의 정보수권법(Intelligence Authorization Act of 1991)'은 그동안 모호하게 규정되었던 비밀공작의 개념을 보다 구체적으로 명료하게 규정하고, 비밀공작 추진 시 의회에 사전 보고하는 것을 의무화하였다.

② 이로써 정보기관이 비밀공작을 은밀히 추진하고도 이에 대해 의회에 보고하는 것을 의도적으로 회피하려는 기도를 봉쇄하고자 하였다.

(6) 미국 애국법(USA PATRIOT Act)

① 2001년 9/11 테러 이후 발효된 미국 애국법(USA PATRIOT Act)은 의회의 정보기관에 대한 통제활동을 완화시키려는 취지에서 제정되었다.

② 그동안 의회의 지나친 정보 감독과 통제로 인해 국내 전복세력에 대한 감청 등 정상적인 정보활동조차 제대로 수행되지 못했고, 그로 인해 9/11 테러 용의자를 사전에 색출하는 데 실패했다는 지적이 있었다.

③ 이러한 지적에 따라 미국 애국법은 국내 전복세력을 대상으로 정보수집활동을 강화시키려는 취지에서 감청 등 기타 감시활동에 대한 FISA 재판부의 영장심사 의무를 한시적으로 완화하는 내용을 포함하고 있다.

핵심정리 정보공동체에 대한 각종 통제입법

1. 휴즈—라이언 수정법(Hughes-Ryan Amendment)
2. 정보감독법(Intelligence Oversight Act of 1980)
3. 정보자유법(Freedom of Information Act, FOIA)
4. 프라이버시법(Privacy Act, PA)
5. 해외정보감시법(Foreign Intelligence Surveillance Act, FISA)
6. 1999년 개정 정보수권법(Intelligence Authorization Act)

핵심정리 1999년 개정 「정보수권법」

정보기구 비리에 대한 내부 고발제도를 활성화하여 정보기관의 일반 직원은 감찰감을 통하여 의회 정보위원회에 정보기구 내부의 문제점에 대해 고발을 하는 절차를 규정하고 내부고발자를 보호하는 법안이다. 이 법안은 의회가 미국 정보공동체 내부에 직접 들어가기 위한 현관문(Front Door)이라고도 불린다.

핵심정리 미국 의회의 정보기관 통제

1. 의의

정보기관을 견제하기 위한 의회의 조치가 본격화되고, 의회의 입법권이 활발히 작동하기 시작한 것은 1973년 칠레의 아옌데(Allende) 정권에 대한 CIA의 개입과 1974년 8월의 워터게이트 사건이 발생한 직후이다. 다소 예외적으로 취급되던 정보기관에 대해서도 '견제와 균형'의 원칙을 적용하려는 조짐을 보이기 시작한 것이다.

2. 의회의 법제화 작업

① 정보기관과 관련하여 가장 대표적인 내용으로 지적되는 법안은 1974년에 제정된 「휴즈－라이언 수정법」이다. 미 의회는 「휴즈－라이언 수정법」을 통해 정보기관은 비밀작전을 수행하기 전에 대통령의 확인을 거치도록 했고, '적절한 시기'에 의회의 관련 위원회들에게 관련 사실들을 보고하도록 규정해 놓았다. 정보기관에 대한 의회의 감시와 관리가 법률적으로 공식화된 것이다. 「휴즈－라이언 수정법」이 CIA의 활동에 영향을 준 것은 사실이다.

② 그러나 1974년의 법률안도 완벽하지는 못했다. 우선, '적절한 시기'의 규정이 다소 모호했기 때문에 정확한 시기를 규정하기가 힘들었다. 또한 과연 어느 정도까지 보고해야 하는가 하는 문제가 해결되지 못했다. 그리고 만약 보고하지 않았을 경우에 대한 처벌이나 대응이 미약하다는 것이다. 물론 예산안 삭감 등의 형태로 정보기관에 대응할 수는 있지만, 여전히 구체적 내용이 결여되어 있었던 것은 사실이다. 결국 「휴즈－라이언 수정법」이 통과한 이후에도 CIA가 국내 사찰을 진행하고 있다는 사실이 「New York Times」를 통해 폭로되었고, 정보기관을 감시하기 위한 법제화작업은 이후에도 계속된다.

③ 1978년에는 의회에게 더 많은 권한을 스스로 부여하도록 규정한 '해외정보감시법'(the Foreign Intelligence Surveillance Act)을 제정했고, 미국 정보기관이 암살행위를 진행하는 것을 금지한 National Intelligence Reorganization and Reform Act의 입법을 시도하기도 했다. 그리고 1980년에는 '정보감독법'(the Intelligence Oversight Act)을 개정하여 비밀공작을 포함하여 정보기관의 활동 전반을 소위 '8인방(Gang of Eight)이라고 불리는 의회의 주요 인사들에게 보고하도록 규정했다. 만약 사전에 충분히 통지하지 못할 경우에는, 그 이유를 알려도록 명시해 놓고 있다.

④ 1984년에는 '중앙정보국정보법'(the Central Intelligence Agency Information Act)을 통과시켰다. 그러나 이러한 많은 법률 제정에도 불구하고, 1986년 이란－콘트라 사건이 터지자 보다 확고한 통제수단이 필요하다는 점을 인식하게 된다. 결국 1991년 '정보수권법'을 제정하여, CIA 요원들의 의 회 보고를 구두보고가 아니라, 서면보고하도록 명문화시킴으로써, 정보기관에 대한 의회의 감시를 보다 강화시켜 나가게 된다.

[미국 의회에서 법제화되었던 정보감독 관련 주요 법률들]

법안	연도	핵심 내용
국가안보법 (National Security Act)	1947	CIA 창설과 업무, 활동에 관해 규정하고 있으나, 정보기관과 의회 관계가 모호한 상태
휴즈-라이언법 (Hughes-Ryan Act)	1974	비밀공작에 대해 대통령의 승인과 적절한 시점(2일내)에 의회에 보고 의무화 규정
해외정보감시법 (Foreign Intelligence Surveillance Act/RSA)	1978	감청 등 기타 감시활동에 대해 FISA 재판부의 영장심사를 의무화함으로써 부적절한 국내 정보 활동 금지
정보감독법 (Intelligence Oversight Act)	1980	비밀공작을 포함한 모든 정보활동에 대해 의회에 사전보고를 의무화
정보신원법 (Intelligence Identities Act)	1982	정보기관에서 활동하는 비밀요원의 신원공개 금지
CIA 감사실장법 (CIA Inspector General ACT)	1989	CIA로부터 독립적인 위상의 CIA 감찰실장 직위를 신설하여 CIA의 정보활동을 감시하고, 활동 내용을 정례적으로 의회에 보고하도록 의무화
정보수권법 (Intelligence Authorization Act)	1991	비밀공작의 개념을 보다 구체적으로 명료하게 규정하고, 대부분의 경우 대통령이 의회에 구두가 아니고 서면으로 사전 보고하도록 의무화했음. 긴급한 경우에만 대통령의 보고 유보기간(2일) 기회 부여
미국애국법 (USA PATRIOTt Act)	2001	정보공유 증진과 국내 전복세력을 대상으로 정보수집 활동 강화를 위해 감청 등 기타 감시활동에 대한 FISA 재판부의 영장심사 의무를 한시적으로 완화
정보개혁 및 테러방지법 (Intelligence Reform and Terrorism Prevention Act)	2004	16개 정보기관들을 통합 · 관리할 강력한 조직으로서 DNI를 창설하고, 반테러활동으로 인해 사생활 및 인권 침해를 감독하는 임무를 수행하는 '사생활 및 기본권 감시위원회'를 행정부 산하 독립기구로 설립

Ⅲ 예산안 심의권

1 의의

① 행정부의 예산안에 대한 의회의 심의권은 입법부가 행정부를 견제할 수 있는 매우 유용한 수단이다.

② 정부가 편성한 예산안은 반드시 의회의 심의 및 승인을 받아야 한다. 의회는 예산안 심의를 통해 정보기관이 수행하는 정보활동의 합법성을 유도하고 효율성을 향상시키는 데 중요한 역할을 수행할 수 있다.

③ 정보기관이 비밀보안을 구실로 예산안 심의를 받지 않는다면 불법적인 정보활동을 수행할 위험성이 커진다.

④ 그러나 정보활동에 대한 예산안 심의 절차를 거치도록 의무화하면 정보기관 스스로 불법적이거나 비합법적인 정보활동을 자제하게 될 것이다. 특히 정보기관에 배정된 예산을 어떻게 집행했는지를 의회에 보고해야 하기 때문에 불법적인 활동에 예산을 지출하거나 낭비할 수 없을 것이다.

2 예산안 심의를 통한 정보활동의 방향의 조정 및 통제

(1) 의의

① 의회는 예산안 심의를 통해 정보활동의 방향을 조정 및 통제하는 역할을 수행할 수 있다.

② 의회는 예산 통제를 통해 어떤 종류의 첩보 위성을 얼마나 많이 제작하여 배치하는 것이 바람직한지 또는 정보기관 내 비밀공작이나 첩보수집 담당 전문 요원의 정원을 몇 명 증원 또는 감축하는 것이 적합한지 등을 결정하는 데 중요한 영향을 미치게 된다.

(2) 정보활동의 방향 조정 및 효율성 향상

① 첩보수집수단으로서 기술정보(TECHINT)보다 인간정보(HUMINT)를 강화시켜야 한다는 여론이 우세한 상황일 경우 의회는 기술정보에 소요되는 예산을 삭감하고 대신 인간정보활동에 소요되는 예산을 증액하도록 요구할 수 있다.

② 또는 비밀공작의 불법성과 비윤리성이 부각되는 상황에서는 비밀공작에 소요되는 예산이 의회의 심의과정에서 삭감될 수 있을 것이다.

③ 배정된 예산을 어떻게 사용했는지를 의회에 보고해야 하기 때문에 정보기관 스스로 불필요한 활동에 과도한 예산 지출을 자제하고 성과를 극대화하려는 노력을 기울이게 될 것이다.

④ 이처럼 예산 통제를 통해 정보활동의 방향이 조정되고 그로서 효율성이 향상될 수 있을 것으로 기대된다.

Ⅳ 청문회

1 의의

청문회는 책임 있는 정부 관료에게 필요한 정보를 요구하고 외부 전문가들로부터 대안적인 견해를 청취하는 등 정보기관에 대한 감독 기능을 수행하는 데 필요한 핵심적인 수단으로 활용되고 있다.

2 정보위원회 청문회의 비공개

청문회는 논의 주제에 따라 대중에 공개될 수도 있고 그렇지 않을 수도 있는데, 정보위원회 청문회는 보안유지의 필요성 때문에 대부분 비공개로 진행된다.

3 행정부의 청문회 활용

① 청문회는 반대파를 공격하는 입장에서 진행되기 때문에 객관성이 떨어질 수 있다.

② 행정부는 청문회를 행정부의 정책방향을 제시하고 의회와 국민들에게 정책을 선전하는 토론회(forum)로 활용하려는 경향을 보인다.

4 의회의 청문회 활용

① 반면에 의회는 행정부가 청문회를 그러한 목적으로 활용하려는 의도를 잘 알고 있기 때문에 청문회를 통해서 제공되는 정보에 대해 의심하는 입장을 보인다.

② 따라서 청문회가 행정부의 정책에 대한 객관적인 검증이라는 본래의 취지에 부합되도록 진행되기가 사실상 어려운 상황이다.

5 정보기관의 조직과 활동에 관한 구체적인 내용 검증

(1) 의의

① 청문회는 의회가 정보기관을 감독 또는 통제하는 데 활용될 수 있는 매우 효과적인 수단이다.

② 정보위원회 청문회는 대부분 비공개로 진행되기 때문에 외부에 노출될 우려 없이 정보기관의 조직과 활동에 관한 구체적인 내용을 검증할 수 있다.

(2) 구체적인 내용을 검증

① 즉 청문회를 통해 정보기관이 수행한 정보활동이 어떤 성과를 얻었는지, 정보공동체 조직과 인원의 비효율적인 배치는 없었는지, 불필요한 예산 낭비는 없었는지 등 다양한 내용들이 밝혀질 수 있다.

② 청문회를 통해 비밀보안을 핑계로 정보기관이 은폐할 수 있는 불법적인 정보활동의 내역이 밝혀질 수 있다.

③ 역으로 정보기관은 청문회에 대비하여 불법이나 비윤리적인 정보활동을 스스로 자제하려는 태도를 취한다. 그래서 청문회는 정보기관의 정보활동을 통제하는 기능을 수행하게 된다.

V 임명 동의

1 의의

올바른 정보활동은 국가안보 목표를 달성하는 데 필요한 핵심적인 수단이다. 그러나 때로 정보기관은 집권세력의 정치적인 목적에 영합하는 정권안보활동을 수행하면서도 비밀보안을 구실로 이를 철저히 은폐할 소지가 있다.

2 정보기관의 수장에 대한 임명 동의

① 정보기관의 수장은 조직으로서의 정보기관을 장악하고 국가안보에 중대한 영향을 미칠 수 있는 다양한 유형의 정보활동을 지휘한다.

② 정보기관의 수장은 국가안보에 치명적인 영향을 미칠 수 있는 임무를 수행하는 동시에 막강한 권한을 보유하는 지위로 알려져 있다.

③ 그래서 대부분의 민주주의 국가에서 정보기관의 수장은 행정부의 수반이 임명하되 의회의 임명동의를 필요로 한다.

④ 의회는 정보기관의 수장으로 지명된 후보에 대해 그의 지명(nomination)을 확정 또는 거부할 권한을 가진다.

3 미국

(1) 의의

미국의 경우 상원에서 정보기관의 수장에 대한 임명동의 권한을 가진다. 그동안 대통령이 지명한 정보기관의 수장에 대한 임명동의는 대부분 승인되었다.

(2) 카터 대통령 당시 소렌슨(Theodore Sorenson)

① 그런데 1977년 카터 대통령 당시 중앙정보장(DCI)으로 지명되었던 소렌슨(Theodore Sorenson)이 상원 정보위원회에 출석하여 그의 자격에 대해 제기된 여러 가지 문제점들에 대해 답변한 후 대통령 스스로 그의 지명을 철회했다.

② 소렌슨의 지명 철회는 이전에는 없었던 최초의 사례로 기록된다. 당시 소렌슨은 제2차 세계대전 당시 양심적 병역거부자로서 병역을 회피했었는데 이러한 경력을 가진 자가 과연 비밀공작을 수행할 의지가 있을지에 대한 의문이 제기되었다.

③ 또한 그는 비밀문서인 펜타곤 보고서(베트남전에 대한 국방부의 연구)를 언론에 누설한 혐의로 기소된 엘스버그(Daniel Elsberg)를 변호했었는데, 이러한 경력을 가진 자가 과연 비밀정보의 출처와 방법을 보호할 능력이나 의지가 있는가에 대해 의문이 제기되었다.

(3) 1977년 이후 상원 인사청문회

① 1977년 이래 상원 인사청문회에서 몇 명의 중앙정보장(Director of Central Intelligence, DCI) 지명자에 대한 임명동의가 거부되었다.

② 1987년 게이츠(Robert M. Gates)는 이란-콘트라 사건과 관련하여 첫 번째 지명이 철회되었었다.

③ 1997년 클린턴 대통령 당시 DCI로 지명되었던 레이크(Anthony Lake)는 청문회가 매우 엄격하게 진행되어 통과가 어려울 것으로 예상되자 자진 사퇴했다.

핵심정리 미국 주요 정보기관의 장의 임명 절차

정보기관	임명권자	상원의 동의	제청권자
ODNI	대통령	○	–
CIA	대통령	○	DNI
DIA	대통령	○	국방장관, DNI
NSA	대통령	○	국방장관, DNI
NGA	대통령	○	DNI
NRO	대통령	○	DNI
FBI	대통령	○	법무부 장관
OICI	에너지부 장관	×	–
INR	국무부 장관	×	–
OIA	재무부 장관	×	–

4 한국

(1) 의의

한국의 경우 국정원장 지명자에 대해 국회에서 인사청문회가 개최되지만 의회의 승인 여부에 관계없이 대통령이 임명을 강행할 수 있다.

(2) 노무현 대통령 당시 고영구 국정원장

① 노무현 대통령 당시 고영구 국정원장의 임명을 들 수 있다. 2003년 4월 국회 정보위원회는 노무현 대통령이 국정원장으로 임명한 고영구 변호사가 민변 출신으로서 이념적 편향성을 가졌다는 등을 이유로 '부적절하다'는 내용의 청문경과 보고서를 채택했다.

② 그러나 청와대는 인사위원회를 열어 고영구 국정원장 임명을 강행했다.

5 인사청문회의 기능

(1) 의의

① 인사청문회를 통한 임명동의는 지명자가 해당 직위를 수행하는 데 필요한 경력이나 업무 능력을 갖추었는지를 검증하는 데 중점을 두어야 한다.

② 그러나 실제로는 지명자의 전문성이나 직무수행 능력과는 무관한 개인적인 비리 또는 사생활을 들추어 내어 그를 낙마시킴으로써 그를 임명한 행정부의 수반 또는 여당에 정치적인 타격을 주려는 목적으로 악용되는 사례가 빈번히 발생한다.

(2) 직무수행에 필요한 능력과 자격 검증

① 의회의 인사청문회는 지명자가 직무수행에 필요한 능력과 자격을 갖춘 적격자인지를 검증할 유일한 수단이라는 점에서 의미가 있다.

② 비록 지나치게 까다로운 절차와 정치적인 목적에 악용되는 문제점이 있지만 그러한 절차는 반드시 필요하다.

③ 적어도 그러한 지명절차가 있음으로 인해 임명권자는 국가적으로 막강한 영향력을 가진 중요한 직위에 부합되는 능력과 자격을 갖춘 자를 신중히 선별하여 임명하게 될 것이다.

관련법조항 「국회법」 인사청문회 관련 규정

제46조의3(인사청문특별위원회)

① 국회는 다음 각 호의 임명동의안 또는 의장이 각 교섭단체 대표의원과 협의하여 제출한 선출안 등을 심사하기 위하여 인사청문특별위원회를 둔다. 다만, 「대통령직 인수에 관한 법률」 제5조제2항에 따라 대통령당선인이 국무총리 후보자에 대한 인사청문의 실시를 요청하는 경우에 의장은 각 교섭단체 대표의원과 협의하여 그 인사청문을 실시하기 위한 인사청문특별위원회를 둔다.

1. 헌법에 따라 그 임명에 국회의 동의가 필요한 대법원장 · 헌법재판소장 · 국무총리 · 감사원장 및 대법관에 대한 임명동의안
2. 헌법에 따라 국회에서 선출하는 헌법재판소 재판관 및 중앙선거관리위원회 위원에 대한 선출안

② 인사청문특별위원회의 구성과 운영에 필요한 사항은 따로 법률로 정한다.

제65조의2(인사청문회)

① 제46조의3에 따른 심사 또는 인사청문을 위하여 인사에 관한 청문회(이하 "인사청문회"라 한다)를 연다.

② 상임위원회는 다른 법률에 따라 다음 각 호의 어느 하나에 해당하는 공직후보자에 대한 인사청문 요청이 있는 경우 인사청문을 실시하기 위하여 각각 인사청문회를 연다.

1. 대통령이 임명하는 헌법재판소 재판관, 중앙선거관리위원회 위원, 국무위원, 방송통신위원회 위원장, 국가정보원장, 공정거래위원회 위원장, 금융위원회 위원장, 국가인권위원회 위원장, 고위공직자범죄수사처장, 국세청장, 검찰총장, 경찰청장, 합동참모의장, 한국은행 총재, 특별감찰관 또는 한국방송공사 사장의 후보자
2. 대통령당선인이 「대통령직 인수에 관한 법률」 제5조 제1항에 따라 지명하는 국무위원 후보자
3. 대법원장이 지명하는 헌법재판소 재판관 또는 중앙선거관리위원회 위원의 후보자

Ⅵ 정보자료 요구

1 의의

① 행정부는 대체로 자신들의 입장이나 정책을 지지하는 자료만을 선별적으로 제공 또는 보고하려는 태도를 취한다.

② 그런데 행정부의 정책이나 활동에 대해 보다 객관적이고 공정한 판단을 내리려면 행정부가 자체적으로 제공하는 정보나 자료만으로는 충분치 않다. 특히 정보기관에 대한 감독임무를 충실히 수행하려면 필요한 정보에의 접근을 무제한적으로 허용해 주어야 할 것이다.

③ 이에 따라 대부분의 민주주의 국가에서 의회는 정보기관의 조직과 활동 내용에 관한 정보 또는 자료들을 요구할 수 있도록 법제화하였다.

2 미국

(1) 의의

① 미국의 경우 대통령은 비밀공작을 포함한 불법적인 정보활동의 내용에 대해 의회 정보위원회에 즉시 보고할 의무를 가진다.

② 그리고 의회 정보위원회에서 정책이나 정보활동의 내용에 관련된 정보 및 자료를 요청할 경우 협조해야 할 의무가 있다.

(2) 의회 정보감독기구의 권한

의회의 정보감독기구가 증인을 소환하거나 청문회 개최를 요구할 권한을 가질 경우 정보 또는 자료의 공개를 보다 강력히 추진할 수 있을 것이다.

(3) 민감한 정보 또는 자료의 제공

정보의 공개성보다도 국가안보를 위해 비밀유지의 필요성을 보다 중요시될 경우 예외적으로 일부 민감한 정보는 제공하지 않을 수도 있다.

3 호주

호주의 경우 의회 정보위원회(Parliamentary Committee)는 비밀공작 등 공개될 경우 국가안보에 부정적인 영향을 줄 수 있는 민감한 정보에 대해서는 공개요구를 할 수 없도록 법제화되어 있다.

4 의회 정보위원회 위원의 정보 공개 금지 의무

(1) 의의

① 의회 정보위원회 위원들이 민감한 정보를 외부에 공개하게 될 경우 국가안보에 부정적인 영향을 미치게 될 수 있다.

② 이로 인해 의회와 행정부 간 또는 의회와 정보기관 간의 신뢰가 깨지게 되고, 그로 인해 정보공개와 관련하여 그들 간에 원만한 협력 관계를 유지하기가 어려워질 수 있다.

(2) 의회 정보위원회 위원의 정보 유출 또는 공개 금지 의무

① 이러한 사태를 방지하기 위해 미국, 노르웨이 등 대부분의 국가에서는 의회 정보위원회 위원이 당국의 허가 없이 무분별하게 비밀정보를 공개하지 못하도록 의무화하고 있다.

② 의회 정보위원회는 대통령이나 정보기관에게 정보활동에 관한 정보 및 자료의 공개를 요구할 권한을 가지고 있는 반면 권한에 따른 의무사항으로서 외부에 무분별한 정보 유출이나 공개를 하지 않을 책임이 수반된다.

Ⅶ 조사와 보고

1 의의

① 대부분의 민주주의 국가에서 의회는 행정부의 정책이나 활동에 대해 조사하고 그 결과를 보고할 권한을 가진다.

② 의회의 정보감독과 관련하여 의회는 종종 특별한 종류의 위원회를 구성하여 정보활동의 효율성, 합법성 또는 인권 남용 여부 등을 검증하기 위한 조사활동을 수행한다.

③ 의회 위원회는 조사를 통해 정보기관이 수행한 정보활동에 관해 새롭게 발견한 실태와 문제점들을 요약하고 그러한 문제점들을 개선 또는 극복할 방안들을 권고안으로 제시하는 보고서를 내놓곤 한다.

2 CIA의 칠레 아옌데 정권에 대한 불법 개입

(1) 의의

미 CIA가 1960년대부터 1970년대 초까지 칠레 아옌데 정권에 대해 불법적으로 개입한 사건이 1974년 New York Times지에 기사화되어 폭로되면서 미 의회의 상원과 하원에 각각 조사위원회가 설치되었다.

(2) 처치위원회와 파이크위원회

① 1976년 4월 미 상원에서는 처치(Frank Church) 의원을 위원장으로 하는 처치위원회(Church Committee)가 출범하게 되었으며, 이후 하원에는 파이크(Otis Pike) 의원을 위원장으로 하는 파이크위원회(Pike Panel)가 설치되었다.

② 처치위원회는 15개월간의 조사를 진행하였고, 결과보고서에서 정보기관을 상시적으로 감시 감독할 수 있는 기구의 설치를 제안했다. 하원에 설립된 파이크위원회의 결과보고서에서도 동일한 내용을 제안했다.

3 이란-콘트라 사건

1986년 이란-콘트라 사건이 발발하자 의회는 상·하원 합동조사위원회로서 이노우에-해밀턴위원회(the Inouye-Hamilton Committee)를 구성했고, 여기서 NSC 참모와 몇몇 CIA 직원이 불법적인 정보활동을 저지른 사실을 밝혀냈다.

4 9/11 테러 사건

2001년 발생한 9/11 테러 사건 이후 2002년 11월 미 의회에서는 공화당과 민주당 양당 동수로 추천한 전문위원 10명으로 '9/11 진상조사위원회(National Commission on Terrorist Attacks upon the United States, 일명 9/11 Commission)'를 구성하여 1년 8개월 동안 조사활동을 전개하여 마침내 '9/11 Report'를 발간했다.

5 이라크 전쟁

(1) 의의

2004년 미국의 대통령 선거 당시 부시 대통령과 행정부 고위관리들이 이라크를 공격하기 위해 이라크의 대량살상무기(WMD)에 관한 정보를 의도적으로 조작했을 것이라는 여론의 비난이 일었다.

(2) 특별조사위원회

① 부시 대통령은 그러한 비난을 잠재우고자 2004년 2월 6일 이라크 WMD 정보오류를 포함한 미국의 정보능력을 조사할 '특별조사위원회(The Commission on the Intelligence Capabilities of the United States Regarding Weapons of Mass Destruction)'를 구성했다.

② 위원회는 2005년 3월 31일 총 692쪽에 달하는 최종보고서를 발표했는데, 여기서 미 정보공동체의 이라크에 대한 WMD 정보판단은 '치명적인 실패'라고 규정했다.

6 의회 보고서의 한계

① 이러한 의회의 조사활동은 마땅히 공정하고 객관적으로 수행되어야 하지만 실제로는 그렇지 못한 것으로 지적된다. 행정부에서 생산되는 보고서는 수직적이고 계층적인 관료체계하에서 대통령이나 수상의 입장을 전폭적으로 지지하는 방향으로 일사불란하게 작성된다.

② 그런데 의회는 기본적으로 대통령을 지지하는 여당과 그에 대해 반대하는 야당으로 구성되어 있다. 따라서 의회에서 보고서가 생산되는 과정에서 동일한 이슈를 두고 여당과 야당 간에 각기 상반된 견해를 제시하면서 충돌하는 경우가 빈번하게 발생한다. 이처럼 의회의 당파성으로 인해 객관적이고 공정한 조사결과를 기대하기가 어려운 현실이다.

Theme

142 정보위원회

I 의의

1 의회의 정보기관 통제의 어려움

① 의회는 입법권을 비롯하여 다양한 수단들을 활용하여 정보기관에 대해 감독 및 통제하는 활동을 수행한다.

② 사실 정보기관을 감독 또는 통제하는 것은 쉬운 일이 아니다. 정보기관은 비밀보안을 철저히 유지하고 있기 때문에 직접적인 통제 권한을 가진 통치권자조차도 조직 내부의 문제점이나 비리를 전혀 파악하지 못할 수 있다.

③ 이러한 정보기관을 제대로 감독하자면 고도의 전문성이 요구되며 적지 않은 시간과 노력이 소요된다.

2 정보위원회 설치의 필요성

① 따라서 의원 개개인이 독자적으로 정보감독활동을 수행하는 것은 불가능하다. 그래서 대부분의 민주주의 국가에서는 의회에 정보감독 기능을 수행하는 위원회를 두고 있다. 미국은 세계 역사상 최초로 상원과 하원에 각각 정보기관에 대한 감독 기능을 수행하는 위원회를 설치하였으며, 이후 대부분의 민주주의 국가들도 미국과 유사한 형태의 위원회를 설치하여 운영하고 있다.

② 물론 그러한 위원회의 구성, 역할, 운영, 권한 등은 각 국가마다 다소 차이가 있다. 미국 상·하원에 설치된 정보위원회는 세계 최초이자 정보감독 기능을 효과적으로 수행하고 있는 가장 대표적인 모델로 인정되고 있다.

Ⅱ 연혁

1 1970년대 이전

① 1970년대 초까지 미국에서 정보활동에 대해 대통령과 행정부가 독점적으로 통제 및 관할하는 것을 당연한 것으로 여기는 분위기였다. 일반적으로 대통령이 필요하다고 제안한 정보활동 내용에 대해 의회는 거의 아무런 제약을 가하지 않았다.

② 대부분의 의원들은 정보활동의 특수성을 인정해주는 입장을 취했다. 의원들은 대체로 정보활동의 은밀하고 비밀스러운 부분까지 권력분립의 원칙을 적용하여 통제 또는 감독하는 것에 대해 그다지 적극적인 태도를 보이지 않았다.

2 워터게이트 사건과 CIA 비밀공작의 불법성

(1) 의의

① 그런데 1970년대에 들어서서 워터게이트 사건이 폭로되고 제3세계 도처에서 CIA 비밀공작의 불법성과 비윤리적인 활동이 알려지면서 그러한 분위기가 반전되었다.

② 미국 여론은 정보기관을 '보이지 않는 정부(invisible government)' 또는 '통제불능의 광포한 코끼리(rogue elephant out of control)'라고 비판하였다.

(2) 1974년의 언론 보도

① 1974년 「뉴욕 타임즈」는 CIA에 관한 기사를 6월부터 12월까지 거의 200일 내내 게재했다.

② 당시 「뉴욕 타임즈」의 허쉬(Seymour Hersh) 기자는 CIA가 베트남 전쟁기간 중 미국 내 반전인사 및 단체들을 대상으로 불법적인 내사활동을 벌였고, 민주적이고 합법적으로 선출된 칠레의 아옌데 정권에 대한 전복공작을 전개했다는 사실을 폭로했다.

③ 1974년 12월 「타임」에 C1A에 관해 9건의 기사들이 커버스토리로 나왔던 이례적인 일도 있었다.

(3) 미국 의회의 태도

미국 의회는 칠레 아옌데 정권 전복공작은 소련의 개발도상국 개입에 대응하기 위해 냉전의 일환으로 수행되는 필요한 조치로서 일부 인정하는 입장을 취했던 반면에 베트남 전쟁에 반대하는 미국 시민을 대상으로 내사활동을 전개했다는 사실은 도저히 용인할 수 없다는 태도를 보였다.

3 휴즈-라이언법(Hughes-Ryan Act)

① CIA를 비롯한 정보기관의 불법적이고 비윤리적인 정보활동 내용이 적나라하게 드러나면서 마침내 미국 하원에서 1974년 말 세계 최초로 정보기관에 대한 의회의 감독을 규정하는 휴즈-라이언 수정법(Hughes-Ryan Amendment)이 통과되었다.

② 휴즈-라이언법은 세계 최초로 정보기관에 대한 의회의 감독 및 통제 기능을 법률적으로 공식화하고자 하는 시도였다는 점에서 의미를 가진다. 이후 미국 의회는 정보기관에 대한 감시 및 통제를 강화하는 내용의 법제화 작업을 계속하였다.

4 정보위원회가 설치

① 한편 1975년은 '정보의 해(Year of Intelligence)'라고 불릴 정도로 정보기관과 정보활동에 관한 뉴스가 미국 내 신문과 방송 등 대중 미디어의 최대 이슈가 되었다.

② 이에 따라 1975년 상·하원이 각각 특별조사위원회를 구성하여 정보기관의 활동에 대해 광범위한 조사활동을 전개했다.

③ 또한 상·하원 청문회를 통해 그동안 알려지지 않았던 정보활동 관련 각종 비리와 의혹들이 속속들이 밝혀지게 되었다.

④ 그 결과 행정부 차원이 아닌 의회 차원에서 독립적으로 정보기관에 대해 감시 또는 통제할 필요성이 제기되었다. 이에 따라 1976년 5월과 1977년 7월 각각 상원과 하원에 정보위원회가 설치되기에 이르렀다.

Ⅲ 구성

1 의의

① 미국의 정보위원회는 상원과 하원에 특별위원회(select committee)로 설치되어 있다. 특별위원회는 일반적으로 특정 안건을 다루기 위해 일시적으로 구성된다.

② 그런데 미국의 상원과 하원에 설치된 '정보위원회(Permanent Select Committee on Intelligence)'라는 명칭은 '특별위원회'이지만 상임위원회와 마찬가지로 상시 가동되는 위원회이다.

③ 정보위원회가 '특별위원회'라는 명칭을 갖게 된 이유는 양당 원내총무 등 의회의 지도부와 정보 업무와 관련되는 다른 상임위원회를 대표하는 의원들을 선발하여(select) 구성하고 있기 때문이다.

2 상원 정보위원회

(1) 인원 배정

① 일반적으로 미국 의회 내 각종 위원회에 소속되는 양당 위원들의 구성은 전체 의석수에 비례하여 배정된다.

② 그러나 상원 정보위원회의 구성은 특별하다. 상원 정보위원회는 다수당이 소수당에 비해 1명 더 많은 인원을 배정받게 되며, 다수당의 선임자가 위원장 그리고 소수당의 선임자는 부위원장이 된다.

③ 1976년 상원 정보위원회 설립 당시 위원회의 당파성을 우려하려 그러한 규정을 두었던 것으로 판단된다.

(2) 위원 선출 및 구성

① 각 위원들은 소속 정당의 의원총회에서 선출되고, 정보위원장은 다수당 위원 중에서 상원의장이 임명한다.

② 그리고 양당 원내 총무는 당연직 위원으로 추가되나 표결권은 갖지 않고 의사정족수에도 산입되지 않는다.

③ 정보위원 중에는 각 정당별로 세출위원회, 군사위원회, 외교위원회 및 법사위원회 소속 의원이 최소한 1명씩 포함되어야 한다.

(3) 임기

정보위원회 위원의 임기는 2년이며, 연임은 가능하나 8년 이상을 계속하여 위원으로 재직할 수 없도록 규정하고 있다.

(4) 전문위원과 행정요원

정보위원회에는 총 30명의 전문위원(staff)과 행정요원을 두어 의원들의 활동을 보좌하고 있다.

3 하원 정보위원회

(1) 인원 배정

① 하원 정보위원회는 상원의 경우와는 다르게 양당의 의석 분포에 비례하여 위원을 구성하고 있다.

② 하원 정보위원회 위원은 상원과는 달리 각 당 원내총무의 추천에 의해 하원의장이 임명하며, 정보위원장도 하원의장이 지명한다.

③ 상원과 마찬가지로 양당 원내 총무는 당연직 위원으로 추가되나 표결권은 갖지 않고 의사정족수에도 산입되지 않는다.

(2) 구성

또한 정보위원은 소속 정당과는 상관없이 세출위원회, 군사위원회, 외교 위원회 및 법사위원회 소속 의원이 최소한 1명 이상씩 포함되어야 한다.

(3) 소위원회

하원 정보위원회는 상원과는 달리 감독소위원회, 입법소위원회, 평가소위원회, 프로그램 및 예산수권 소위원회 등 4개의 소위원회를 두어 전문분야별로 안건을 심의한다.

(4) 임기

하원 정보위원회 위원의 임기는 2년이며, 연임은 가능하나 8년 이상을 계속하여 위원으로 재직할 수 없도록 규정하고 있다.

(5) 전문위원과 행정 · 지원 요원

하원 정보위원회에는 총 19명의 전문위원(staff)과 7명의 행정 · 지원 요원을 두어 의원들의 활동을 보좌하고 있다.

Ⅳ 정보위원회의 위상과 의원들의 선호도

1 의의

정보위원회 위원의 구성, 임기 및 활동 등은 의회 내 여타 상임위원회와 비교하여 다소 상이한 양상을 보여주고 있다.

2 의원들이 정보위원회 활동을 꺼리는 요인

(1) 의원들의 전문성 부족

① 대부분의 의원들은 정보분야 업무에 대해 전문성이 거의 없는 문외한이다.

② 따라서 소관 업무를 파악하는 데 어려움이 있고 이를 극복하기 위해 상당한 시간과 노력이 소요될 것을 각오해야 한다.

(2) 지역구 유권자들의 경제적 이익이나 복지와 무관

① 게다가 지역구 유권자들은 환경, 위생, 복지 등의 분야에 관심이 있는 반면 정보분야에 대해서는 별로 관심을 갖지 않는 성향을 보인다.

② 물론 CIA를 비롯한 정보기관들이 집중적으로 소재하고 있는 워싱턴 D.C.의 유권자들은 정보 분야에 어느 정도 관심을 가질 수 있다. 그러나 대체로 정보분야는 지역구 유권자들의 경제적 이익이나 복지에 전혀 도움이 되지 않기 때문에 대부분의 지역구에서 유권자들의 지지나 관심을 얻기가 어렵다.

(3) 비밀유지 의무 부담

① 무엇보다도 여타 분야와는 달리 정보활동에 관한 내용은 엄격한 비밀유지를 요한다. 위원들은 위원회에서 보고 들은 내용에 대해 엄격히 비밀을 유지해야 할 의무를 부과받는다.

② 의원들은 비밀로 분류된 내용을 고의로 또는 실수로 누설했을 경우 그에 상응한 처벌을 각오해야 한다. 이러한 여러 가지 이유로 인해 의원들은 정보위원회에 소속되는 것을 그다지 선호하지 않는 입장을 취한다.

3 정보위원회 소속 의원들이 가질 수 있는 특권

① 정보위원회에서 다루는 정보는 엄격히 비밀이 유지되는 가운데 소속 위원들에게만 공개되기 때문에 소속 위원들은 국가적으로 중요한 비밀정보를 취득할 수 있는 특권을 가진다.

② 위원들은 국가안보에 직접적인 영향을 미치는 중요한 업무를 수행하는 만큼 여타 위원회 소속 의원들에 비해 상대적으로 높은 위상을 인정받을 수 있으며, 그 결과 자신들의 경력관리에 긍정적인 효과를 얻을 수 있다.

③ 일반적으로 정보정책은 국가적 관심사로서 방송과 신문 등 전국적인 대중 매체에 출연하여 발표 또는 토론할 기회가 많아지기 때문에 대중적 지명도를 높일 수 있으며, 이는 곧 선거에서 당선 가능성을 높일 수 있는 중요한 요인으로 기대된다.

V 위원의 임기 제한

1 의의

① 의회 내 여타 위원회와는 달리 하원과 상원 정보위원회 소속 위원들의 임기는 2년이며, 연임은 가능하나 8년 이상을 계속하여 위원으로 재직할 수 없도록 규정하고 있다.

② 2004년 로버트(Pat Robert, 캔사스 주 공화당 상원의원) 상원정보위원회 의장과 록펠러(John D Rockefeller IV, 웨스트 버지니아 주 민주당 상원의원)가 임기 제한 규정을 바꾸자고 제안했으나 상원 토의에서 거부되었다.

2 임기 제한 규정의 장·단점

(1) 장점

① 임기 제한을 둘 경우 감독자와 피감독자 간 다소 거리를 둘 수 있어 위원들과 정보기관들 간의 유착관계를 막을 수 있다는 장점이 있다.

② 또한 소속 위원들의 임기가 짧은 만큼 보다 많은 의원들이 정보위원회 활동을 경험해 볼 수 있다는 장점도 있다.

(2) 단점

① 반면에 지식이나 경험이 생소한 정보분야를 이해하는 데 많은 시간과 노력이 소요되는 데 비해 임기 제한으로 인해 어렵게 습득한 지식이나 경험을 활용하여 전문성을 발휘할 기회가 상실된다는 문제가 있다.

② 또한 임기 제한 제도로 인해 위원회에서 오래 재직하고 있다가 자신이 연장자가 되면 위원장이 될 수 있는 기회가 사라지게 된다. 이 때문에 의원들이 정보위원회 위원을 선호하지 않게 될 수도 있다는 단점이 있다.

Ⅵ 주요 역할과 운영실태

1 의의

① 상·하원 정보위원회는 기본적으로 정보기관과 그들의 정보활동이 합법적으로 그리고 효율적으로 수행되었는지를 감독하는 역할을 수행한다.

② 그러한 역할을 수행하기 위한 수단으로서 의회는 입법권, 예산심의권, 청문회, 임명동의, 정보자료 요구, 조사와 보고 등의 권한을 가진다.

③ 한마디로 정보위원회는 그러한 다양한 수단들을 활용하여 정보기관의 권력남용 또는 불법적이고 비윤리적인 정보활동을 감시하며, 나아가 정보활동의 효율성을 제고하도록 유도하는 등의 역할을 수행한다.

2 정보위원회의 초당적 운영의 어려움

① 정보기관에 의해 수행되는 정보활동은 대부분 국가의 안보와 관련된 사안이다. 따라서 정보위원회의 정보감독활동은 여야 당파를 떠나서 공정하고 객관적으로 수행되어야 할 것이다.

② 그런데 실제로는 정보위원회가 당파성을 극복하지 못하고 여야 간에 각기 상반된 견해를 제시하면서 충돌하는 경우가 빈번하게 발생한다.

③ 대체로 상원이 초당적으로 정보위원회를 운영하고 있는 데 반해 하원은 당파성이 강한 것으로 알려졌다.

④ 특히 108대 하원(2003~2005)과 109대 하원(2005~2007)은 당파적인 분열이 매우 심했던 것으로 나타난다.

3 정보공동체에 관한 정보의 엄격한 통제

(1) 의의

① 의회 정보위원회를 제외한 다른 위원회들은 서로 간에 필요한 정보를 얼마든지 공유할 수 있다.

② 그러나 정보공동체에 관한 정보는 정보위원회에만 배포되고 엄격히 통제된다.

(2) 행정부로부터 정보위원회에 제공되는 정보

① 정보위원회는 행정부로부터 엄청난 양의 정보를 제공받고 있다.

② 1995년 한 해 동안 the National Intelligence Daily(국가일일정보), the Military Intelligence Digest(군사정보요약), National Intelligence Estimates(국가정보판단보고서) 등 약 5,000건의 출판물이 각 정보위원회에 배포되었던 것으로 알려졌다.

(3) 극도의 비밀보안을 요하는 정보의 배포선

① 극도의 비밀보안을 요하는 정보는 정보위원회 소속 의원들에게조차도 배포되지 않는다. 대통령은 비밀공작을 시행하기 전에 의회에 사전 통보하도록 되어 있지만, 법률에 정해져 있는 바 그 배포선은 정보위원회 의장, 상·하 양원의 다수당 및 소수당 대표 등을 포함한 '8인방(Gang of Eight)'으로 제한된다.

② 대통령은 헌법에 규정된바 국가안보를 위해 필요하다면 정보를 공개하지 않을 수 있음을 주장해 왔다. 과거 부시 대통령과 오바마 대통령은 정보 배포선을 '8인방'으로 제한하지 말고 모든 정보위원회 소속 의원들에게 공개하는 것을 내용으로 하는 개정 법률안에 대해 거부권을 행사하겠다고 선언했었다.

4 정보위원회 소속 의원들의 비밀 엄수 의무

(1) 의의

정보위원회의 회의는 대체로 비공개를 원칙으로 하며, 위원들은 위원회에서 보고 또는 논의된 내용에 대해서 비밀을 엄수해야 한다.

(2) 위원회에서 보고 또는 논의된 내용의 대외적 발표 절차

① 위원회에서 보고 또는 논의된 내용을 대외적으로 발표하고자 할 경우 위원회 결의를 거친 후 해당 정보기관의 동의를 얻어 위원장이 발표하게 된다.

② 각 위원의 개별적인 발표는 허용되지 않는다. 정보위원회의 결의에도 불구하고 정보기관이 대외발표에 동의하지 않을 경우 정보위원회가 대통령에게 공개를 요청할 수 있다.

③ 대통령도 거부할 경우 의회는 본회의의 결의를 통해 공개 여부를 최종결정하게 된다. 그러나 지금까지 그러한 사례는 한 번도 없었던 것으로 알려졌다.

Ⅶ 결론

① 정보위원회의 정보감독활동은 여야 당파를 초월하여 공정하고 객관적으로 그리고 효과적으로 이루어져야 한다.

② 이는 곧 정보기관의 정보활동이 보다 효율적이고 합법적으로 수행되도록 유도하는 데 긍정적으로 기여할 수 있다.

③ 또한 위원회는 정보감독을 통해 정보기관이 비밀보안을 구실로 불법적이고 비윤리적인 정보활동을 수행할 것에 대한 국민들의 우려를 불식시키도록 노력해야 할 것이다.

④ 정보위원회의 정보감독이 효율적으로 수행되는 만큼 국민들은 정보기관에 대해 보다 많은 신뢰와 지지를 보내게 될 것이다.

Theme

143 정보기관에 대한 입법부 통제의 장점과 한계

I 정보기관에 대한 입법부 통제의 장점

1 행정부의 정보기관 통제

(1) 의의

정보기관은 행정부의 산하기관이다. 따라서 행정부는 여타 기관보다도 정보기관을 보다 효과적으로 통제할 능력이 있다.

(2) 행정부 수반의 통제 수단

실제로 행정부는 다양한 수단과 제도들을 활용하여 정보기관에 대한 통제력을 행사한다. 일반적으로 행정부의 수반인 최고정책결정자는 정보기관에 대해 인사권, 조직개편 그리고 행정명령권 등을 통해 정보기관의 조직과 활동을 통제한다.

(3) 행정부의 정보통제 기구

미국의 경우 NSC 정보기획실(OIP), 합동정보공동체위원회(JICC), 대통령 정보자문위원회(PIAB), 정보감독위원회(IOB), 감사관실(Office of the Inspector General) 등의 기구들을 활용하여 정보기관을 적절히 통제하고 있다.

(4) 정보기관에 대한 행정부 통제의 한계

① 대통령이나 수상 등 행정수반이 산하조직인 정보기관을 확고하게 장악하고 있으면 정보기관의 일탈행위를 효과적으로 저지할 수 있을 것이다.

② 그렇지만 정보기관을 행정부의 통제와 감독에만 맡겨 두는 것은 충분치 못하다. 정보기관이 최고정책결정자와 밀착될 경우 정권적 목적에 악용되거나 정보의 정치화가 발생할 수 있기 때문이다.

③ 이러한 문제를 개선하는 방안으로서 행정부의 정보통제와 더불어 의회를 통한 견제와 감독이 요구된다.

2 정보기관에 대한 입법부 통제의 기능

(1) 의의

① 행정부의 산하기관인 정보기관에 대한 의회의 통제 및 감독은 민주주의 기본원리인 삼권분립의 원칙에 부합된다.

② 오늘날 대부분의 국가에서 행정부는 양적인 팽창과 함께 막강한 권력을 휘두르고 있다.

(2) 국민의 기본권 보장

① 정보기관의 조직과 활동은 비밀보안이 유지되기 때문에 자칫 대통령이나 수상 등 행정부 수반이 정보기관을 자신들의 정권적 이익에 악용하더라도 철저히 은폐될 수 있다.

② 따라서 정보기관에 대한 적절한 감독이나 통제가 없으면 행정부의 막강한 권력을 견제하지 못함으로써 민주주의 기본원리가 훼손될 뿐만 아니라 헌법에 보장된 국민의 기본권이 침해될 수 있다.

(3) 국가자원의 낭비 방지와 예산의 효율적 사용 유도

① 또한 정보기관의 조직, 예산, 활동 등은 철저히 비밀보안을 유지하기 때문에 그것이 비효율적으로 운용되더라도 그러한 사실이 전혀 드러나지 않음으로써 국가자원의 낭비를 초래할 수 있다.

② 따라서 행정부 소속기관인 정보기관의 조직과 활동에 대한 의회의 감독은 국가자원의 낭비를 막고 나아가 예산의 효율적인 사용을 유도할 수 있다.

(4) 결론

이처럼 정보기관에 대한 의회의 감독활동은 국민의 기본권을 보호하고 나아가 국가자원의 효율적인 사용을 유도하는 데 긍정적으로 기여할 수 있다.

3 의회의 정보기관 통제 권한

(1) 의의

의회는 입법권, 예산안 심의권, 청문회, 임명동의권 등 행정부가 갖지 않은 여러 가지 수단들을 활용하여 정보기관에 대한 통제 및 감독활동을 수행할 수 있다.

(2) 입법권

① 행정부의 행정명령은 입법부가 제정한 법률에 비해 영구적이지 못하고 강제력이 떨어지는 단점이 있다.

② 행정명령은 법률이 아니기 때문에 강력히 집행되기도 어렵다. 이에 비해 의회의 입법권은 일단 법이 통과되면 폐지될 때까지 정보기관의 조직과 활동에 대해 지속적으로 강력한 통제력을 행사할 수 있다는 장점이 있다.

(3) 입법부의 다양한 통제 권한

입법권 외에도 예산안 심의권, 청문회 임명동의권 등은 의회가 행정부를 견제할 수 있는 강력한 통제수단으로서 활용될 수 있다.

(4) 공정하고 객관적인 감독활동의 수행

① 사실 행정부는 정보기관의 관료들과 긴밀한 유대관계를 갖기 때문에 정보기관과의 유착관계가 형성됨으로써 객관적이고 엄중한 통제가 사실상 어려울 수 있다.

② 반면에 의회 의원들은 정보기관 관료들과의 유대관계가 그다지 긴밀하지 않기 때문에 의회가 가지는 여러 가지 가용한 수단들을 활용하여 보다 공정하고 객관적으로 정보기관에 대한 감독활동을 수행할 수 있을 것으로 기대된다.

Ⅱ 정보기관에 대한 입법부 통제의 한계

1 의의

① 미국 의회는 세계에서 최초로 정보위원회를 설립하여 정보기관과 정보활동에 대한 감독 기능을 수행해 왔다. 미국 의회의 정보감독활동은 여타 국가들이 따르고자 하는 일종의 모델로 알려져 있다.

② 그럼에도 불구하고 당파성, 의원들의 전문성 부족 그리고 소극적인 태도 등으로 인해 의회의 정보감독 기능이 기대하는 만큼 효과적이지 못한 것으로 판단된다. 이러한 문제점은 미국을 포함하여 의회민주주의 체제를 유지하고 있는 대부분의 국가들에서 공통적으로 나타나는 현상으로 이해된다.

2 문제점

(1) 당파성 문제

① 의회의 정보감독활동은 기본적으로 여야 당파를 떠나 공정하고 객관적으로 수행되어야 한다. 그러나 실제로는 의회가 당파성을 극복하지 못하고 여야 간에 각기 상반된 견해를 제시하면서 충돌하는 경우가 빈번하게 발생한다.

② 미국의 경우 상원은 비교적 초당적으로 정보위원회를 운영하고 있는 데 반해 하원은 당파성이 강한 것으로 나타난다. 이처럼 당파성이 강하게 표출될 경우 정보공동체에 대한 감독활동에 있어서 일관성이 떨어져 정보활동의 효율성이 저해될 수 있다.

③ 예를 들어 레이건 행정부 당시 민주당이 장악하고 있던 하원은 행정부의 정보공동체 예산 증액 요구에 반대하는 입장을 취했다. 반면에 클린턴 행정부 당시인 1995년 공화당이 다수당이 되자 행정부에서 요청한 정보공동체 예산보다 더 많은 금액을 지원해 주려 했다.

④ 이처럼 의회의 당파성으로 인해 정보감독의 일관성이 떨어지면 정보활동의 효율성을 저해하는 요인이 될 수 있으며, 궁극적으로 국가안보에 심각한 손실이 야기될 수 있다.

(2) 의원들의 전문성 부족

① 일반적으로 행정부와 비교하여 의회는 정보기관을 효과적으로 통제하는 데 필요한 전문성이 미흡하다.

② 행정부는 정보기관에 대한 감독활동을 수행한 경험이 있는 관료, 정보활동을 직접 수행했던 전직 정보관, 정보 분야 관련 식견을 가진 학자 등 전문 인력을 충분히 활용할 수 있다.

③ 반면에 의회 의원들은 그러한 전문 인력을 영입하여 활용할 수 있는 예산이나 인력이 충분하지 않은 여건이다. 또한 선거에 의해 선출되는 의원들은 임기가 제한되어 있기 때문에 정보분야에 관한 전문성을 배양할 수 있는 시간이 충분하지 않다.

④ 더욱이 정보감독 기능을 전문적으로 수행하는 정보위원회 위원들의 임기가 제한될 경우 전문성을 습득하여 유지하기가 매우 어려운 여건에 놓이게 된다.

⑤ 미국의 경우 의회 내 여타 위원회와는 달리 하원과 상원 정보위원회 소속 위원들의 임기를 제한하고 있다. 지식이나 경험이 생소한 정보분야를 이해하는 데 많은 시간이 노력이 소요되는 데 비해 임기 제한으로 인해 어렵게 습득한 지식이나 경험을 활용하여 전문성을 발휘할 기회가 상실된다는 문제가 있다.

⑥ 어쨌든 행정부에 비해 의회는 전문성이 부족하기 때문에 행정부의 도움 없이 독자적으로 정보기관에 대한 감독 기능을 수행하는 데 한계가 있는 것으로 평가된다.

(3) 의원들의 무관심과 소극적 감독활동

① 랜섬(Harry H. Ransom)은 미국 의회의 정보기관에 대한 감독활동이 "간헐적이고 일회적이며 기본적으로 비판적인 성향이 미흡하다."고 지적한다.

② 의원들은 본질적으로 유권자들의 표를 의식하여 행동하는 성향을 보인다. 그런데 의회의 정보감독활동은 유권자들의 표를 얻는 데 그다지 도움이 되지 않기 때문에 의회 의원들이 정보기관에 대한 감독활동에 대해 적극적인 관심을 갖지 않는다는 것이다.

③ 실제로 대부분의 의원들은 지루하게 행정부의 사업계획을 검토하는 것보다는 선거자금을 모으는 데 더 많은 관심과 시간을 할애하고 싶어하는 성향을 보인다.

④ 특히 비밀정보기관이나 정보활동에 관한 검토는 일반인들에게 알려지지 않도록 비공개로 수행된다. 일반 국민들에게 알려지지 않기 때문에 유권자들의 표를 얻는 데 전혀 도움이 되지 않는다. 따라서 의원들이 선거에 도움이 되지 않는 정보기관이나 정보활동에 대해 굳이 관심을 가질 이유가 없다.

3 맥케인(John McCain) 상원의원과 펠로시(Nancy Pelosi) 하원의장

(1) 의의

미국의 경우 의회의 의원들조차 스스로 의회의 정보감독활동이 미흡하다는 데 동의하는 입장을 표한다.

(2) 맥케인(John McCain) 상원의원

맥케인(John McCain, 공화당 아리조나 주 상원의원)은 "우리는 아직도 정보기관에 대해 효과적인 감독 기능을 수행하지 못하고 있다."고 지적했다.

(3) 펠로시(Nancy Pelosi) 하원의장

NSA가 영장 없이 감청활동을 전개했던 사실에 상당한 충격을 받고 나서 펠로시(Nancy Pelosi) 하원의장은 하원에 정보감독 기능을 개선하기 위한 초당적 기구를 만들자고 제안했다.

4 학설

(1) 의의

① 존슨(Loch K. Johnson)을 비롯하여 많은 학자들이 의회의 정보감독활동이 효과적이지 못하다고 비판해 왔다.

② 2004년 9/11 위원회는 "의회의 감독활동은 제대로 된 기능을 수행하지 못했으며, 이러한 문제점을 개선할 필요성이 앞으로 해야 할 가장 중요하면서도 가장 어려운 일 중의 하나가 되었다."라고 결론지었다.

(2) 맥큐빈과 슈왈츠(M.D. McCubbins and T. Schwartz)

① 맥큐빈과 슈왈츠(M.D. McCubbins and T. Schwartz)는 의회의 정보감독활동을 경찰의 '순찰활동(police patrolling)'과 소방관의 '화재진압(fire fighting)' 작업에 비유하여 설명한다.

② 그들의 연구에 따르면 순찰자로서 의회의 의원들은 경찰이 거리를 순회하면서 상점 문단속을 점검하고 어둡고 구석진 곳에 손전등을 비춰 보는 등 순찰활동을 수행하는 것과 유사하게 행정부의 각종 활동이나 사업들을 검토하는 역할을 수행하게 된다. 이러한 모든 활동은 범죄를 사전에 예방하는 조치라고 볼 수 있다.

③ 소방관들은 화재가 발생하고 경보가 울려야 행동에 들어간다. 이와 유사하게 의원들도 행정부에 대해 의례적인 감독활동을 수행하다가 불법을 저지르거나 사회적으로 비난받을 사건이 터지면 그때서야 비로소 행동을 취하는 모습을 보인다.

(3) 존슨(Loch K. Johnson)

① 존슨(Loch K. Johnson)은 1975년부터 2006년의 기간 동안 미국 의회의 정보감독활동에 대해 심층적으로 분석한 결과 의회의 정보감독활동이 경찰관의 '순찰활동(police patrolling)'과 소방관의 '화재진압(fire fighting)' 작업을 지속적으로 반복하는 일종의 패턴을 보여주고 있다고 설명한다.

② 즉 정보실패 또는 정보기관의 비리 등 일종의 충격적 사건이 발생하게 되면 의회의 정보감독활동은 평상시 마지못해 수행하던 소극적 정보감독활동에서 집중적인 화재진압활동으로 변화된다.

③ 이후 의원들은 한동안 부적절한 정보활동을 규제할 목적으로 수정안이나 개선책들을 마련하는 등 강력한 순찰활동을 전개하게 된다. 이처럼 강화된 순찰활동은 수개월 동안 지속될 수 있으며, 심한 충격을 받았을 경우에는 수년 동안 지속될 수도 있다. 그러나 일단 사건이 어느 정도 진정되고 개혁이 시행되면 의원들은 본래의 모습으로 되돌아가 또다시 정보 분야의 문제에 대해서 무관심한 태도를 보이게 된다.

Theme

144 정보기관에 대한 입법부 통제의 과제

I 의의

① 오늘날 대부분의 민주국가에서 의회는 입법권, 예산안 심의권, 청문회, 임명동의권 등 행정부가 갖지 않은 여러 가지 수단들을 활용하여 정보기관에 대한 통제 및 감독활동을 수행한다.

② 의회는 지나친 당파성, 전문성 부족 그리고 소극적인 태도 등으로 인해 정보감독 기능을 기대한 만큼 효과적으로 수행하지 못하고 있는 것으로 판단된다.

③ 이러한 문제점은 미국을 포함하여 의회민주주의 체제를 유지하고 있는 대부분의 국가들에서 공통적으로 나타나는 현상으로 이해된다.

Ⅱ 정보기관에 대한 입법부 통제에서 발생하는 문제점 개선 방안

① 정보기관에 대한 의회의 감독활동은 민주주의 체제를 유지하고 나아가 국가안보를 지키는데 필요한 핵심적인 요소이다.

② 그런 점에서 의회의 정보기관에 대한 감독이 효과적으로 이루어질 것이 요구된다. 이를 위해 의회의 지나친 당파성, 전문성 부족 그리고 소극적인 태도 등이 개선되어야 할 것이다.

Ⅲ 의원들의 전문성 제고 및 정보감독활동 수행 여건 조성

1 의의

의원들 스스로 정보 업무 분야에 대한 전문성을 제고하고자 노력해야 할 것이며, 정보감독활동을 보다 적극적으로 수행할 여건이 조성되어야 할 것이다.

2 개선 방안

① 정보감독활동을 적극적으로 수행하여 공로가 많은 의원에게 의회 의장이나 시민단체가 영예의 상을 수여하는 방법, 의장 직권으로 특전을 주는 방안 또는 지역 또는 전국 신문에 정보감독활동을 성공적으로 수행한 의원들의 이름을 보도하는 방안도 고려해 볼 수 있다.

② 즉 정보감독활동에 공로가 많은 의원들에게 그러한 특혜 또는 상을 수여함으로써 유권자들에게 정보감독활동의 중요성을 인식시키고, 그러한 활동을 적극적으로 수행하는 의원들이 선거에서 보상받을 수 있도록 여건을 조성해 주는 것이다.

Ⅳ 행정부의 협조

1 의의

① 의원들에게 동기 부여를 통해 전문성이 제고되고 의원들 스스로 정보감독활동을 적극적으로 수행하게 된다면 상당한 성과를 이룬 것으로 인정된다. 그렇지만 이는 단지 절반의 성공에 불과한 것으로 생각되며, 궁극적으로 행정부의 협조가 없으면 정보기관에 대한 감독이나 통제가 성공적으로 수행되기 어렵다고 본다.

② 그런데 미국의 경우는 물론 여타 국가에서도 행정부가 의회의 정보감독활동에 대해 부정적이거나 소극적 태도를 보이고 있어 실질적으로 의회의 정보감독이 효과적으로 수행되지 못하고 있는 실정이다.

2 전문 정보요원이나 백악관 관료의 의회의 정보감독활동에 대한 태도

(1) 의의

일반적으로 전문 정보요원이나 백악관 관료들은 상·하원 정보위원회에 소속된 의원들을 민감한 정보활동에 쓸데없이 개입하는 "소견 좁은 관리자(micro-managers)"라면서 비웃는 등 부정적인 태도를 취한다.

(2) 의회의 정보감독활동에 대한 부정적 태도

① 부시 대통령(George H.W. Bush)은 처치위원회(Church Committee)와 파이크위원회(Pike Committees)의 진상조사활동이 끝날 무렵 중앙정보장(DCI)으로 재직했었는데, 그 위원회의 구성원들을 "얼간이 바보들(untutored little jerks)"이라고 비난했었다.

② 공화당을 지지하는 민간단체인 '공화당 국가위원회(the Republican National Committee)' 의장이 2006년 2월경 처치와 파이크위원회(Church and Pike Committees) 때문에 9/11 테러 사건이 발생했다고 비난했던 일도 있었다.

③ 이들은 시계 바늘을 1975년 이전으로 되돌려서 정보기관들이 의회의 지나친 감독활동에서 벗어나 보다 자유롭게 정보활동을 수행하는 것이 바람직하다는 입장을 취한다. 의회가 9/11 테러에 관한 진상조사를 수행하는 과정에서 백악관, DCI 그리고 정보기관의 관리들이 의도적으로 자료 제공을 지연시키는 등 비협조적인 태도를 취했던 것으로 드러났다.

(3) 문제점 및 과제

① 행정부가 의회의 정보감독활동에 대해 부정적이고 비협조적인 태도를 고수하게 되면 의원들은 정보가 차단되어 정보기관에 대한 감독활동을 효과적으로 수행할 수가 없다.

② 그 결과 정보공동체가 외부로부터 견제 또는 통제를 받지 않게 되어 보다 심각한 정보실책이나 스캔들이 발생할 가능성이 커지게 된다.

③ 따라서 행정부는 이제 그러한 태도에서 벗어나 의회의 정보감독활동에 적극 협조해야 할 것이다. 무엇보다도 의회 정보감독활동에 대한 행정부의 부정적 태도가 개선되고 보다 적극적인 협력을 이끌어내기 위한 여건 또는 제도적인 장치가 마련되어야 할 것이다.

Theme

145 언론의 정보통제

I 언론

1 의의

① 언론은 기본적으로 국내외에서 일어나고 있는 다양한 사실을 보도함으로써 국민들의 알 권리를 충족시키는 역할을 수행한다.

② 이러한 언론의 보도 권한은 표현의 자유에 해당되는 것으로서 민주주의 체제에서 헌법과 법률을 통해 최대한 보장되고 있다. 언론은 이러한 표현의 자유를 활용하여 행정부, 입법부, 사법부 등 국가기관이 하는 일을 부지런히 감시하고 그것에 대해 국민들에게 가급적 많이 알려주는 역할을 수행한다.

③ 그래서 언론은 민주주의 국가에서 행정부, 입법부, 사법부에 이어 "제4의 권부"라고 칭할 만큼 막강한 권한을 가진다. 이러한 역할을 수행함으로써 언론은 민주주의 체제를 유지하는 데 필요한 핵심적인 근간을 이룬다.

2 미국 수정 헌법 제1조

① 미국의 경우 '헌법 제정자들(The Founding Father)'은 삼권분립의 원리를 적용하여 연방정부와 입법부, 사법부 간 견제와 균형을 유지하는 긴장관계를 조성하고자 부심했던 것으로 나타난다.

② 이와 함께 수정헌법 제1조를 통해 행정부와 언론 간에도 견제와 협력의 긴장관계가 유지되도록 의도했던 것으로 보인다. 미국 수정헌법 제1조는 "의회는 언론과 출판의 자유를 제한하는 어떤 법도 제정하지 말아야 한다."고 규정되어 있다.

③ 이처럼 미국에서 표현의 자유는 미국 헌법과 대법원 결정에 따라 광범위하면서도 무제한으로 보장된다. 물론 그러한 권한과 함께 언론은 국가안보에 관해 합리적인 질의를 조심스럽게 제기하고 행정부와 그들이 수행하는 비밀활동을 지켜보는 감시견(watchdog)의 역할을 수행해야 할 의무를 가지게 되었다.

Ⅱ 언론의 역할

1 의의

① 민주주의 체제에서는 정부에서 취하는 정책결정이나 활동에 대해 국민들이 통제력을 행사할 수 있어야 한다.

② 그런데 정보기관은 정보활동을 공개하지 않기 때문에 국민들이 정보활동에 대해 알 수가 없으며, 그로 인해 정보기관이나 정보활동에 대해 적절한 통제력을 행사하기가 어렵다.

2 국민의 알 권리 충족

(1) 의의

언론은 국민들에게 정부에서 취하는 정책결정이나 활동에 대해 국민들에게 알려주는 역할을 수행한다.

(2) 정보기관의 특수성

① 물론 정보기관은 비밀보안을 생명으로 하기 때문에 자신들의 활동에 대해 무한정 공개할 수 없다. 정보기관의 특성상 조직과 활동이 노출된 상태에서는 정보활동을 효율적으로 수행할 수 없기 때문이다.

② 이러한 정보기관의 특수성을 인정하여 일부 내용에 대해서는 보도 제한을 두고 있지만 보안에 저촉되지 않는 범위에서 정보기관이나 그들이 수행하는 비밀정보활동의 내용에 대해 언론기관은 얼마든지 보도할 권한을 가진다.

(3) 언론의 감시 · 통제 권한의 헌법적 근거

① 물론 정보기관에 대한 언론의 감시와 통제 권한이 헌법이나 법률에 직접적으로 명시되어 있지는 않다.

② 그럼에도 불구하고 민주주의 체제에서 언론과 표현의 자유가 헌법에 보장되어 있는 점을 감안했을 때 언론의 정보기관에 대한 감시와 통제 권한은 간접적으로나마 분명히 인정된 것으로 간주된다.

Ⅲ 언론과 정보기관의 속성

1 의의

① 언론과 정보기관은 사실상 양립하기가 어렵다. 언론은 공개성을 요구하는 반면 정보기관은 비밀보안을 생명으로 한다는 점에서 대비된다.

② 또한 언론은 정보기관의 행위에 대한 책임성(accountability)을 요하는 반면 정보기관은 행위 사실이나 그 배후를 그럴듯하게 부인 또는 은폐하려는 속성을 보인다.

2 언론과 정보활동의 상호 교환적인(trade off) 관계

① 정보기관의 비밀성과 책임회피 행위는 분명 공개성과 책임성을 요구하는 언론의 속성과 모순된다. 어떤 면에서 언론과 정보활동은 상호 교환적인(trade off) 관계라고 볼 수 있다.

② 즉 한쪽이 강화되면 다른 한쪽은 약화되는 속성을 보여준다. 정보기관이나 정보활동에 대한 언론보도가 지나치면 정보기관의 비밀정보활동이 위축될 수 있다. 반대로 정보기관에 대한 언론의 감시가 소홀해질 경우 정보기관의 재량권이 확대됨으로써 비밀정보활동이 보다 활발하게 전개될 수 있다.

Ⅳ 정보기관에 대한 언론보도의 수준

1 의의

① 국가가 정보활동을 통해 달성하고자 하는 궁극적인 목표는 국가안보이다. 즉 국가정보는 국가의 안보 목표를 달성하는 데 필요한 하나의 수단이다.

② 따라서 국가가 심각한 안보위협에 처하게 될 경우 안보위협에 효과적으로 대응하기 위한 수단으로서 비밀정보활동을 강화하게 된다.

③ 그런데 언론의 감시가 지나쳐 비밀정보활동에 대해 무차별 보도하게 되면 국가안보에 치명적인 손실을 초래할 수 있다. 그와 반대로 국가적으로 안보위협이 그다지 심각하지 않을 경우 대부분의 민주주의 국가에서는 표현의 자유를 강조하면서 정보기관에 대한 언론의 감시 역할을 최대한 허용하는 경향을 보인다.

2 언론 보도 수준의 결정 기준

(1) 의의

① 국가안보와 표현의 자유라는 두 가지 가치 중에서 무엇을 중요하게 고려하고 어디에 우선 순위를 두는가는 국가가 처한 시대적 상황에 따라 결정될 수 있을 것이다.

② 정보기관에 대한 언론보도의 수준은 국가가 처한 시대적 상황에 따라 다소 차이가 있을 수 있다.

(2) 국가가 처한 시대적 상황

국가안보가 심각한 위협에 놓여 있다면 표현의 자유가 일부 제한될 수 있을 것이다. 반대로 국가안보 상황이 그렇게 심각한 상황이 아니라면 보안에 저촉되지 않는 범위에서 정보활동에 대한 언론보도가 최대한 허용되어야 한다.

V 국가안보와 민주주의

1 의의

비록 국가안보는 국가가 추구하는 최고의 목표이자 가장 중요한 가치이지만 민주주의 역시 결코 포기할 수 없는 중요한 가치이다.

2 정보활동에 대한 언론 감시의 필요성

① 정보기관이나 그들이 수행하는 정보활동에 대한 언론의 감시는 반드시 필요하다. 언론은 정보기관의 권력남용으로 인해 국민의 기본권이 침해되는 것을 감시하고 나아가 정보기관이 자칫 정권안보의 수단으로 악용될 가능성을 차단하는 데 기여할 수 있다.

② 또한 비효율적인 정보활동에 대한 언론보도는 소중한 국가예산이 낭비되는 사태를 예방하는 등의 긍정적인 효과를 기대할 수 있다.

3 언론 보도가 국가안보에 치명적인 손실을 초래할 위험

① 반대로 정보기관에 대한 언론보도가 지나치면 비밀정보활동이 위축되고 그로 인해 국가안보에 치명적인 손실을 초래할 수도 있다.

② 따라서 국가안보에 미치는 손실을 최소화하면서 동시에 정보기관에 대한 언론의 감시활동을 효과적으로 이행할 수 있는 방안이 모색되어야 할 것이다.

Theme

146 언론의 정보통제 수단

I 의의

① 민주주의 국가에서는 삼권분립의 원리에 따라 입법부와 사법부가 대통령과 행정부를 견제하는 역할을 수행한다. 그런데 대통령이나 행정부의 정책결정에 대해 입법부와 사법부의 견제가 효과적으로 적용되지 않는 분야가 있다. 예를 들어 국방이나 외교 정책 분야는 대통령이 막강한 권한을 가지는 반면 입법부나 사법부의 견제가 상대적으로 미약하다. 이러한 상황에서 언론의 역할이 상대적으로 중요하게 부각된다.

② 물론 언론은 대통령이나 행정부를 견제할 수 있는 공식적인 권한이 없다. 그럼에도 불구하고 언론은 사려 분별 있고 건전한 여론을 형성하여 행정부의 정책결정이나 행동을 효과적으로 견제하는 역할을 수행한다.

생각넓히기 | **1971년 6월 '뉴욕 타임즈 대 미국 정부 소송'**

당시 제기된 소송에서 대법원은 닉슨 행정부가 베트남에서 미국의 개입에 관한 국방부 문서를 공개하지 않으려는 소청을 기각했다. 스튜어트(Potter Stewart) 판사는 판결문에서 미국 헌법은 대통령에게 "국방과 국제관계 등 2개의 분야에 관해 엄청난 권한을 주었다."면서 "이러한 권한은 입법부와 사법부에 의해 거의 견제받지 않고 있다."고 지적했다. 그는 "이러한 상황에서 대통령의 권한을 효과적으로 제한할 수 있는 방안은 현명한 사리판단을 가진 시민들에게 달려 있다."고 주장하고, "언론은 시민들에게 정확한 정보를 제공하여 그들을 일깨우고 건전한 여론 형성을 유도함으로써 민주주의 정부의 가치를 보호하는 데 기여한다."고 언급했다.

II 언론의 정보기관에 대한 감시활동

1 의의

① 정보기관에 대한 공식적인 통제 역할은 행정부와 의회가 수행한다. 행정부와 의회는 정보기관에 대해 통제력을 행사할 수 있는 법적인 권한을 갖고 있으며, 다양한 수단들을 활용하여 정보기관에 대한 감독 기능을 수행한다.

② 행정부와 의회의 정보기관에 대한 감독 및 통제 기능은 법률에 따라서 합법적으로 부여된 권한을 행사한다는 차원에서 공식적이고 직접적인 활동이라고 할 수 있다.

③ 반면에 정보기관에 대한 언론의 감시활동은 법률에 구체적으로 명시되어 있지 않다. 따라서 언론의 정보기관에 대한 감시활동은 비공식적이고 간접적인 방식으로 수행된다.

2 언론의 비공식적이고 간접적인 정보기관에 대한 감시활동

① 오늘날 정보기관이 여전히 비밀의 영역 속에 싸여 있지만 다양한 출처로부터 정보기관과 그들의 비밀활동에 관한 정보가 유출된다.

② 언론매체들은 여러 가지 채널을 통해 정보기관의 비밀정보활동 내용에 대해 알게 되며, 보도할 가치가 있을 때 이를 공개함으로써 국민들의 여론을 형성하는 데 기여한다. 이러한 활동을 통해 언론은 간접적으로 정보기관을 통제하는 역할을 수행하게 된다.

Ⅲ 언론과 정보기관의 관계

1 의의

언론과 정보기관은 한편으로는 갈등하면서 다른 한편으로는 협력하는 모순적인 관계를 가진다. 우선 언론과 정보기관은 '비밀'에 대해 상반된 입장에서 서로 갈등하는 관계를 가진다.

2 정보기관과 언론의 속성

① 정보기관은 비밀성을 추구하는 반면 언론인들은 공개성을 추구한다.

② 정보기관은 비밀을 취급하는 가운데 그것이 대중에게 공개되는 것을 극도로 꺼리는 입장이다.

③ 물론 언론인들도 국가안보 등 불가피하게 비밀유지의 필요성을 인정한다. 그러나 그들은 본능적으로 비밀을 공개하고자 하는 속성을 갖고 있다.

3 정보기관과 언론의 갈등 관계

① 정보기관의 요원들은 자신들의 비밀정보활동을 숨기려 하고, 언론인들은 어떻게든 그것을 밝혀내서 대중들에게 공개하고자 한다.

② 이처럼 정보기관의 요원들과 언론인들 간에는 비밀의 공개를 놓고 끊임없이 갈등하는 입장을 취한다.

4 정보기관과 언론의 협조 관계

① 이와 동시에 언론과 정보기관은 공생 또는 협조 관계를 유지한다. 언론과 정보기관은 서로 상대를 중요한 첩보의 출처로 활용하고자 부심한다.

② 정보관이 타국의 정부 부처 관료를 첩보를 제공하는 협조자로 포섭하듯이 훌륭한 기자는 정보기관에 협조자를 두고 그들로부터 중요한 첩보를 얻고자 노력한다.

③ 때때로 정보기관은 기자들을 포섭하여 자신들이 원하는 것만을 보도하고 원하지 않는 내용은 보도하지 않도록 회유하기도 한다.

Ⅳ 언론이 정보기관을 견제 또는 통제하는 두 가지 방식

1 의의

대체로 언론은 두 가지 방식으로 정보기관을 견제 또는 통제한다.

2 비밀정보활동의 보도

(1) 의의

① 정보기관이나 그들의 비밀정보활동 내용을 보도하는 것이다. 언론매체는 정보기관을 감독할 공식적인 권한이 없기 때문에 불법적인 정보활동에 대해 직접적인 조치를 취할 수 없다.

② 언론매체가 할 수 있는 유일한 수단은 정보활동의 실책이나 문제점에 대해 부단히 보도하는 것이다.

(2) 여론 형성을 통한 정보기관의 비밀정보활동에 대한 간접적 견제

① 언론기관이 앞으로 추진할 예정인 불법적인 비밀공작의 내용을 미리 보도하게 되면 아마도 정보기관은 부득불 그것을 중단하지 않을 수 없을 것이다.

② 또한 정보기관이 추진할 비밀정보활동 내용을 보도함으로써 이에 대한 시민들의 이해를 증진시킬 수 있을 것이다.

③ 이는 곧 시민들의 건전한 여론 형성을 유도할 것이며, 그것을 통해 정보기관의 비밀정보활동을 간접적으로 견제할 수 있을 것이다.

3 의회 정보위원회를 활용한 정보기관 통제

(1) 의의

① 언론은 의회 정보위원회와 상호 밀접한 관계를 유지하고 있으며, 그것을 활용하여 정보기관을 통제할 수 있다.

② 스미스트(Frank J. Smist, Jr.)에 따르면, 「뉴욕 타임즈」나 「워싱턴 포스트」와 같은 출판 미디어는 의회 상·하원 정보위원회에서 다룰 의제를 설정하는 데 결정적인 역할을 가진다고 주장했다.

③ 실제로 당일 아침 신문의 헤드라인 기사는 백악관을 비롯한 워싱턴 정가의 관심을 끌게 되며 의회의 의제 설정에 중대한 영향을 미친다.

(2) 행정부와 의회의 위원회 구성의 결정적 계기

① 예를 들어 1974년 12월 22일 「뉴욕 타임즈」에 과거 CIA의 불법적인 정보활동에 관한 기사가 실렸는데, 단 한 편의 기사가 워싱턴 정가에 미친 파장은 실로 엄청났다.

② 그 기사가 나온 이후 포드 대통령의 지시로 과거 CIA의 국내 정보활동에 대해 조사할 록펠러위원회를 구성하게 되었다.

③ 의회에서도 CIA의 불법적인 국내정보활동의 진상을 보다 철저하게 규명하고자 하는 취지에서 상원과 하원에 각각 처치위원회와 파이크위원회가 설치되었다. 이후 두 개의 위원회는 상·하원 정보위원회의 모태가 되었던 것이다.

V 언론과 정보위원회의 밀접한 관계

1 의의

① 미국의 사례에서 보았듯이 불법적인 정보활동에 관한 언론매체의 보도가 의회에 정보기관을 영구적으로 감독할 정보위원회를 설치하게 되는 결정적인 계기가 되었던 것이다.

② 오늘날 언론은 정보위원회와 밀접한 관계를 유지하고 있으며, 이를 활용하여 정보기관을 감시하고 견제하는 역할을 수행한다.

2 의회 정보위원회의 자료 요구권

① 의회 정보위원회는 정보기관에게 필요한 자료를 공식적으로 요구할 권한이 있으며, 이를 통해 언론매체들이 얻기 어려운 자료들을 취득할 수 있다.

② 종종 의회 정보위원회는 자신들이 취득한 자료들을 언론매체에 은밀히 제공하여 보도하도록 유도함으로써 정보기관을 간접적으로 견제할 수 있다.

3 언론매체가 입수한 자료를 의회 정보위원회에 제공

① 그 반대로 언론매체가 입수한 자료를 의회 정보위원회에 제공함으로써 의회 내 진상조사위원회가 구성되어 심층 조사가 이루어지도록 하는 경우도 있다.

② CIA가 니카라과의 콘트라 반군을 지원하기 위해 '게릴라전에서의 심리공작(Psychological Operation in Guerrilla Warfare)'이라는 책자를 제공해 주었는데 이를 AP통신(Associated Press)이 입수하여 하원 정보위원회에 제공했었다.

③ 그 책자는 AP통신에게는 좋은 기사거리가 되었고, 의회 정보위원회는 진상조사를 할 수 있는 계기를 마련할 수 있었다. 이처럼 언론매체와 의회 정보위원회 간 상호 밀접히 협조하는 가운데 정보기관을 견제하는 역할을 수행할 수 있다.

Theme

147 정보기관에 대한 언론 통제의 한계와 과제

I 의의

① 행정부와 의회는 공식적으로 정보기관을 감독 또는 통제할 권한과 의무를 가지며, 실제로 다양한 수단을 활용하여 정보기관과 그들의 비밀정보활동을 통제할 수 있다.

② 그러나 언론은 정보기관을 통제할 수 있는 공식적인 권한이나 수단이 없기 때문에 정보기관을 감시하는 것이 사실상 매우 어렵다.

③ 이 밖에 여러 가지 제약으로 인해 언론은 행정부와 의회와 비교하여 정보기관을 감시하고 통제하는 데 있어서 매우 불리한 입장이다.

Ⅱ 언론 통제의 대표적 사례

1 의의

언론매체는 정보기관을 감시 또는 견제할 직접적인 또는 공식적인 권한이 없다. 언론매체가 정보기관을 견제할 유일한 수단은 정보기관이 수행했던 잘못된 정보활동에 관한 사실을 보도하는 것뿐이다.

2 1974년 「뉴욕 타임즈」

① 정보활동에 관한 사건이 국가적으로 경보를 울리거나 충격을 야기하려면 정보기관의 스캔들이나 정보실책에 관한 내용이 주요 신문의 헤드라인으로 몇 주 동안 지속적으로 게재되는 일이 있어야 한다.

② 1974년 「뉴욕 타임즈」는 CIA에 관한 기사를 6월부터 12월까지 거의 200일 내내 게재했다.

③ 1974년 12월 「뉴욕 타임즈」에 CIA에 관해 9건의 기사들이 커버스토리로 나왔던 이례적인 일도 있었다. 그 결과 정보기관을 상시적으로 감독할 공식적인 기구로서 상 · 하원에 정보위원회가 설치되었다.

3 1986년 「타임」

「타임」은 1986년 10월과 11월 중에 니카라과에서 CIA가 비밀공작을 수행하는 과정에서 저지른 비리에 관한 11건의 주요 기사들을 내보냈으며, 1986년 12월에는 무려 18건의 주요 기사들을 게재함으로써 1987년 의회 합동청문회가 개최되는 데 결정적인 요인으로 작용했다.

Ⅲ 언론 통제의 한계

1 의의

이처럼 정보기관이 수행했던 잘못된 정보활동을 국가적인 문제로 부각시키고 그에 따라 의회 또는 행정부 차원의 본격적인 조사가 진행되도록 유도하기 위해서는 언론매체의 단호한 의지와 지속적인 노력이 요구된다.

2 언론매체가 정보기관을 지속적으로 감시하기 어려운 이유

① 그런데 언론매체가 단호한 의지를 갖고 정보기관을 지속적으로 감시하는 일이 실제로는 거의 불가능하다.

② 언론매체 역시 사기업으로서 이윤추구가 가장 중요한 목적이기 때문이다. 비밀정보활동에 대한 보도가 대중들로부터 호응을 받고 상업적인 이익을 취하는 데 도움이 된다면 그러한 역할을 수행하겠지만 그렇지 않을 경우 정보기관에 대한 감시활동을 지속할 수 없을 것이다.

③ 더욱이 행정부 또는 정보기관이 국가안보에 심각한 손실을 초래할 수 있다는 것을 구실로 언론매체에게 정보기관의 스캔들이나 정보실책에 관한 내용에 대한 보도를 자제하도록 압력을 행사할 수도 있다.

④ 따라서 언론매체의 단호한 의지가 없다면 행정부나 정보기관의 보도 자제 또는 중단 압력을 무시하고 이를 지속적으로 보도하기가 현실적으로 쉽지 않을 것이다.

3 언론 보도에 대한 정치권의 정파적 이해관계에 따른 대응

(1) 의의

① 언론매체가 정보활동의 실책에 대해 지속적으로 보도해도 정파적 이익 때문에 간단히 무시되는 경우도 있다.

② 즉 의회 여야 의석분포, 의회 정보위원회 위원장의 정치적 입장 그리고 위원들의 개별적인 성향 등 다양한 요인에 따라서 정보기관에 대한 감독활동이 강화 또는 약화될 수 있다.

(2) 2006년 초 부시 대통령의 FISA(Foreign Intelligence Surveillance Act) 위반

① 예를 들어 2006년 초 부시 대통령이 FISA(Foreign Intelligence Surveillance Act)를 위반했으리라는 추측기사들이 대중매체에 광범위하게 보도되었다.

② 물론 1974년 CIA의 국내 스파이활동 사건이나 1987년 이란-콘트라 사건에 비해 정도는 다소 약했다. 그런데 당시 공화당이 백악관과 하원을 장악하고 있었기 때문에 공화당 의원들은 여러 가지 제기된 주장에 대해서 심도 있게 조사해 보자는 민주당 측의 요구를 거부했다.

③ 이처럼 정파적 이익으로 인해 비밀정보활동과 관련하여 국가적으로 중요한 파장을 야기할 수 있는 사건에 대해 제대로 된 조사가 진전되지 못하게 되는 경우도 있다.

4 이미 발생한 문제점을 지적하는 데 한정되고 예방적 감시가 어렵다는 점

(1) 의의

언론매체의 정보기관에 대한 감시 역할에 있어서 또 다른 제한점은 대부분의 언론 보도가 문제가 발생할 것을 사전에 예방하기보다는 이미 발생한 문제점을 지적하는 데 한정된다는 것이다.

(2) 사전 보도의 현실적 어려움

① 화재가 이미 발생하고 나서 진압하는 것보다는 그것이 발생하기 전에 예방하는 것이 보다 중요하다. 그렇지만 앞으로 발생할 가능성이 있다는 것을 전제로 정보기관이 추진 중인 비밀정보활동의 내용을 사전에 보도하는 것은 현실적으로 어렵다.

② 물론 언론매체의 그러한 보도가 정보기관이 추진하려던 잘못된 정보활동을 사전에 차단하는 효과를 얻을 수 있다. 그러나 그러한 보도가 나오고 나서 정보기관이 추진하려던 계획을 중단하게 되면 결과적으로 허위보도를 한 것으로 인식됨으로써 언론매체는 매우 곤란한 입장에 처하게 될 것이다.

③ 따라서 정보기관의 실책이 어느 정도 가시화되었거나 향후 잘못된 계획을 추진할 가능성이 크다 할지라도 언론매체는 이를 보도하는 데 매우 신중한 태도를 보일 것이다.

(3) 언론 기관이 사전 보도할 동기가 부족하다는 점

무엇보다도 아직 가시화되지 않았거나 가능성 단계에 있는 정보활동의 문제는 사람들의 주목을 끌기 어렵기 때문에 언론매체 스스로 보도할 만한 동기가 충분치 않다. 어쨌든 이러한 제한 요인들 때문에 정보기관에 대한 언론매체의 감시 기능이 효과적으로 수행되기 어렵다.

5 기자들의 취재가 공개적이고 합법적인 영역에 한정된다는 점

(1) 의의

① 언론 기자들의 취재는 공개적이고 합법적인 영역에 한정되기 때문에 비밀의 영역에서 수행되는 정보기관의 활동을 감시 또는 통제하기가 쉽지 않다.

② 정보기관에 의해 수행된 비밀정보활동의 내용이 대외적으로 공개될 경우 국가안보에 치명적인 손실을 야기할 수 있다. 따라서 언론이 정보기관이나 정보활동에 관해 보도할 가치가 있는 내용을 사전에 알고 있더라도 그것을 허가 없이 무단으로 공개할 수 없다.

(2) 구체적인 사안에서의 비밀 유지 필요성에 대한 객관적 기준 부재

① 국가마다 비밀을 분류하는 기준이 마련되어 있고 그에 따라 비밀등급을 설정해 두고 있으므로 그러한 기준에 따라 공개 여부를 판단할 수도 있다. 그러나 구체적인 사안에 관련될 경우 과연 그것이 비밀로 유지되어야 하는가를 결정할 수 있는 객관적인 기준이 없다.

② 이 때문에 행정부나 정보기관은 국가안보에 치명적인 손실을 야기할 수 있다면서 비밀유지의 필요성을 강조하지만 언론매체는 그러한 필요성을 과소평가하면서 보도하려는 입장을 취한다.

Ⅳ 결론

① 국가안보의 필요성에 따라 언론보도를 통제하는 것도 중요하지만 지나친 보도 통제는 정보기관의 실책이나 잘못된 관행을 개선할 기회마저 차단함으로써 궁극적으로 국민의 기본권이 침해되거나 정보활동의 효율성을 저하시키는 등의 부정적인 결과를 초래할 수 있다.

② 반대로 절대적으로 비밀이 요구되는 상황에서 언론매체의 무책임한 보도는 비밀정보활동을 위축시키고 나아가 국가안보에 치명적인 위협을 야기할 수 있다. 극단적인 경우 익명으로 비밀리에 활동하는 정보요원의 신원이 노출되어 생명을 잃게 되는 사태를 초래할 수 있다.

③ 요컨대 정보활동 관련 비밀유지와 공개 간 적절한 균형 유지가 필요한 반면 기본적으로 정보활동분야의 비밀주의 속성으로 인해 언론매체의 정보기관에 대한 감시가 제한적일 수밖에 없다.

Theme

148 사법부의 정보통제

I 의의

1 미국의 연방 판사

① 일반적으로 정보기관과 그들이 수행하는 정보활동은 법이나 사법부 판사의 권위가 미치지 못하는 영역으로 생각되어 왔다. 그래서 대부분의 사람들은 TV 드라마, 영화, 소설 등에서 음흉한 인상의 정보요원이 초법적인 행동을 벌이는 내용들을 일반적인 현상으로 받아들이는 경향을 보인다.

② 그러나 실상은 이와 다르다. 오늘날 미국의 경우 연방 판사들은 헌법과 법률에 따라 다양한 유형의 정보활동에 대해 검토 및 조사 활동을 수행해 오고 있다.

③ 연방 판사들은 비밀취급인가권자이기 때문에 자동적으로 비밀자료에의 접근이 허용되며, 정보활동 관련 소송이 제기될 경우 사법적인 판단을 내리게 된다. 판사들은 행정부의 정보 관련 전문성을 존중하면서도 법률적인 판단을 요할 경우 엄중한 심판자로서의 역할을 수행한다.

2 정보기관의 비밀주의 속성과 민주주의의 공개성

(1) 의의

① 정보기관과 그들이 수행하는 정보활동에 대한 감독 기능을 수행함에 있어서 부딪히는 딜레마는 기본적으로 정보기관의 비밀주의 속성과 민주주의의 중요한 가치인 공개성이 충돌하는 데서 비롯된다.

② 정보활동이 효율적으로 수행되려면 비밀유지가 필요하지만 지나친 비밀보안은 결코 바람직하지 않다. 정부가 지나치게 많은 비밀을 갖게 되면 공무원이나 정치인들이 책임 회피 수단으로 악용할 수 있으며, 시민의 기본권이 훼손되는 상황이 은폐될 수도 있다.

③ 민주적 정보통제는 바로 그러한 딜레마를 해결하기 위한 방안으로서 고려된다. 의회와 유사하게 사법부의 정보통제도 정보기관이나 그 활동의 비밀성을 최대한 보장하면서 동시에 시민의 알 권리와 인권을 보호해 주는 데 있다.

(2) 정보 감독에 있어서 사법부의 역할

① 정부의 비밀보호와 신속한 행정 조치 필요성으로 인해 개인의 기본권이 침해되는 경우에 정보활동에 대한 사법적인 해석이나 검토가 요구된다.

② 그러한 기본권에 해당되는 사례로서 고소인이 공정하게 형사재판을 받을 권리, 부당하게 체포 및 구금되지 않을 권리, 사생활 보호권, 언론·출판의 자유 등이 있다.

③ 일반적으로 고소인으로서 시민이 비밀정보활동에 대한 사법적인 검토를 요구하게 될 경우에 판사들이 개입하게 된다. 대체로 법원의 판사들은 정부가 지나치게 많은 비밀을 갖지 못하도록 견제하는 역할을 수행한다. 그리고 정부의 비밀보호와 시민의 인권에 관련된 문제가 상충될 경우 법원의 판사들은 중재자의 역할을 수행한다.

3 소결

요컨대 사법부의 정보감독은 헌법을 현명하게 해석하여 외국의 침략으로부터 국가를 방어하고 질서를 유지하는 것과 행정부의 지나친 비밀보호와 정보활동으로 인해 개인의 인권이 침해되는 것을 적절히 조화시키는 데 중점을 둔다.

Ⅱ 미국의 사례

1 연혁

(1) 의의

① 오늘날 정보감독은 어느 한 부처의 전유물이 아니고 입법부, 행정부, 사법부에게 공통으로 부여된 기능이다. 민주주의가 고도로 발달한 국가에서조차 오랫동안 정보기관에 대한 통제 또는 감독활동은 행정부의 고유권한으로 인식되었으며, 행정부 외에 어떤 기관도 정보기관에 대한 영향력을 행사하지 못했었다.

② 1970년대 초까지 의회는 대통령이 필요하다고 제안한 정보활동 내용에 대해 거의 아무런 제약을 가하지 않았다. 대부분의 의원들은 비밀정보활동의 특수성을 인정하여 정보기관에 대해 통제 또는 감독하는 것에 대해 그다지 적극적인 태도를 보이지 않았다. 의회 의원들과 유사하게 당시 법원의 판사들도 1970년대 초반까지 정보분야에 대해서 거의 아무런 개입도 하지 않았다.

③ 정보활동은 주로 외교 문제와 관련되기 때문에 판사들은 정보활동과 관련하여 정치적으로 문제를 야기할 수 있는 민감한 문제에 대해 개입하기를 꺼렸다. 대부분의 경우 판사들은 사법부의 판단을 유보하고 의회 내 여야가 타협하여 처리하도록 방관하는 등 수동적인 자세를 취했다. 당시 미국의 연방법원은 사법적인 권한이 매우 제한적이었기 때문에 외교정책의 경우처럼 구체적인 사례나 증거 자료가 없는 추상적인 사안에 대해서는 심리하지 않으려는 입장을 고수했다.

(2) 정보기관과 법집행기관의 차이

① 다소 모호한 부분이 없지 않지만 정보기관과 법집행기관은 수행하는 기능이 각기 다르다.

② 일반적으로 정보기관은 정보활동을 중점적으로 수행하는 반면 법집행기관은 주로 경찰활동을 수행한다. 경찰활동은 일반시민들에게 직접적이고 즉각적인 영향을 미치지만 정보활동은 그렇지 않기 때문에 법원의 심리를 받을 이유가 없다. 특히 정보활동은 국가안보를 위해 수행되는 활동으로서 국내법의 영역을 벗어나 국가의 생존과 주권이라는 고차원의 법률에서 다룰 수 있는 문제로 인식된다.

③ 그래서 미국의 경우 연방법원 판사들은 비밀정보기관의 활동은 국가안보라는 초법적인 영역의 임무를 수행하고 있다고 인식하여 가급적 사법적인 판단을 회피하려는 태도를 취해 왔다.

(3) 사법부의 태도 변화

① 그런데 1970년대 들어서서 사법부의 소극적이고 회피적인 태도에 다소 변화가 일기 시작했다.

② 당시 워터게이트 사건과 함께 칠레를 비롯하여 중남미 지역에서 CIA가 수행했던 비윤리적인 정보활동의 내용이 드러나면서 의회에서 관심을 갖고 진상을 조사하기 시작했다. 의회 상 · 하원에 각각 처치위원회와 파이크위원회가 구성되어 CIA의 정보활동에 대한 진상조사 활동을 전개했다.

③ 이 무렵 사법부에서도 정보기관에 대한 통제와 관련하여 상당한 변화가 일어났다. 1960년대 들어서서 일기 시작한 사법적 행동주의가 확산되면서 행정부활동에 대해 사법부가 관여할 여건이 점차 성숙되어 가고 있었다.

④ 국제적인 문제를 법적인 테두리에서 통제하려는 움직임도 보다 가시화되기 시작했다. 더욱이 미국의 정보기관들이 법집행기관의 활동 영역에 속하는 대테러, 마약퇴치, 비확산 등의 문제에 관여하게 되면서 사법부의 개입 여지가 보다 확대되기에 이르렀다

(4) 일련의 정보기관 통제 법률 제정과 사법부의 법률 판단 필요성 증가

① 한편 미 의회에서 정보기관의 활동을 통제하는 여러 가지 법률들을 제정하였다. 그러한 법률이 많아질수록 사법부의 법률적 판단 필요성이 증가하게 된다. 1974년의 휴즈-라이언법(Hughes-Ryan Act), 1978년의 해외정보감시법(Foreign Intelligence Surveillance Act, FISA), 1980년의 정보감독법(Intelligence Oversight Act), 1982년의 정보신원법(Intelligence Identities Act) 등을 들 수 있다. 이후 동 법률들에 근거하여 정보기관과 그들이 수행했던 정보활동에 관련하여 여러 가지 소송들이 제기되었으며, 사법부에서는 제기된 소송들을 심의하는 과정에서 비밀정보활동에 관련된 문제에 대한 사법적 판단과 조사활동을 수행했다.

② 이러한 일련의 과정을 거쳐서 오늘날 미국에서 정보활동에 대한 사법적인 감독체계가 구축된 것이다. 1980년 당시 검찰총장이었던 시빌레티(Benjamin Civiletti)는 “비록 개개의 사건을 어떻게 법률적으로 적용하여 판단하는가에 대해서는 이견이 있지만, 정보활동이 법률적인 판단의 영역에 속한다는 데에 대해서는 아무도 의심하지 않는다.”고 기술했다.

③ 사법부의 정보감독활동은 헌법과 법률에 의해 제한되기 때문에 의회의 정보감독처럼 포괄적으로 수행될 수는 없다. 비록 사법부의 정보감독 기능이 제한적으로 수행될지라도 이제 정보활동은 분명히 사법적 판단의 영역에 속하는 것으로서 법원의 심리를 피할 수 없게 되었다.

Ⅲ 주요 법률들과 사법부의 역할

1 의의

① 미국의 경우 민사 또는 형사 소송에서 정보활동과 관련되는 사안이라 할지라도 일반적인 소송절차와 그다지 차이가 없다. 다만 정보활동의 특성에서 비롯되는 바 소송을 진행하는 과정에서 비밀보안이 유지되도록 요구하는 점이 다르다.

② 이처럼 소송에서 비밀성이 문제가 되는 경우에 사법적인 판단이나 개입이 필요하게 된다. 연방법원 판사들은 행정부의 지나친 비밀보호가 문제를 야기하여 민주주의적 가치와 충돌하는 사안에 대해 검토하고 심리하게 된다.

③ 판사들은 정보활동의 속성에 따른 비밀보호의 필요성을 인정하면서도 공정한 재판을 위해 필요하다고 판단될 경우 정보기관에게 비밀 자료를 제출하도록 요구할 수 있다. 판사들은 공정한 재판과 비밀보호 간의 조화를 이루고자 하는 취지에서 비밀 자료의 공개 여부를 신중히 검토하고 그에 따라 재판의 형식을 공개 또는 비공개로 할 것인지 등을 심리하게 된다.

2 「비밀정보 처리절차법(CIPA)」

① 1980년 「비밀정보 처리절차법(Classified Information Procedures Act, CIPA)」이 통과되어 형사소송 법정에서 비밀정보를 특별한 절차와 규정 없이 임시로 취급했던 종래의 관행을 탈피하여 세부적인 절차가 마련되었다.

② 동 법률에 따라 공정한 재판에 필요하다고 인정되는 범위에서 피의자가 비밀정보를 증거 자료로 제출하는 것이 허용되고 있다. 또한 정부 측에서 민감한 문건을 대체할 수 있는 자료 또는 비밀 해제된 자료의 요약분을 제공하는 등의 방법을 활용하도록 허용함으로써 비밀정보의 공개에 따른 정부 측의 손실을 최소화할 수 있도록 배려해 주고 있다.

③ 동 법률은 판사들에게 정부 측의 비밀을 보호해 주면서 공정한 재판이 진행될 수 있도록 균형적인 입장을 취하도록 요구하고 있다. 정보를 공개하지 않으면 피의자가 공정한 재판을 받을 수 없다는 점을 호소하게 될 경우 판사들이 동 법률안에 따라 비밀 자료를 검토한 후 구형(prosecution)을 철회하거나 대폭 감소시킬 수 있다.

3 사법부의 정보감독이 가장 활발하게 수행되는 분야

(1) 의의

① 사법부의 정보감독이 가장 활발하게 수행되는 분야는 국내정보활동에 관한 사안이다. 국내정보활동이 문제가 되는 것은 우선 해외정보활동과 구분이 모호한 데서 비롯된다.

② 정보기관이 수행하는 감청이나 인터넷 감시 등은 해외와 국내의 구분 없이 모두 이루어질 수 있다. 그래서 해외에서만 허용된 정보수집활동을 국내에서 자국민을 대상으로 수행하게 되는 경우가 종종 발생한다.

(2) 국내 정보활동 금지 원칙

① 자국민을 대상으로 감청이나 인터넷 감시 등이 수행될 경우 헌법에서 보장하고 있는 개인의 기본권으로서 사생활 보호권이 침해를 받을 수 있다.

② 미국은 개인의 사생활 보호권을 보장하기 위해 외국이나 테러단체를 위한 정보활동이나 심각한 범죄활동에 관련된 경우를 제외하고 원칙적으로 자국민들 대상으로 하는 정보활동을 금지하고 있다.

(3) 국내 정보활동 금지 원칙 위반 사례

① 그러한 원칙을 벗어난 대표적인 사례로서 1970년대 초 닉슨(Richard Nixon) 대통령과 관련된 워터게이트 스캔들을 들 수 있다.

② 또한 미국의 FBI가 1956년부터 1971년까지 자국 내 각종 극단주의 단체들을 대상으로 코인텔프로(Counter Intelligence Program, Cointelpro)라고 불리는 정보활동을 수행했던 일도 있다.

③ 그리고 1970년대 중반 CIA의 혼돈작전(Operation Chaos)과 NSA의 샴록작전(Operation Shamlock) 등도 자국민을 대상으로 수행된 불법적인 정보활동이었다.

생각넓히기 | 카오스 공작활동(Operation Chaos)

1. 카오스 공작활동은 대통령 존슨(Johnson)이 미국 정부의 베트남 정책을 반대하는 월남전 반대 비판가들을 지원하거나 영향을 주는 외국과 정치단체를 파악하라는 지시에 따라 실행된 CIA의 정보수집 활동이었다. 카오스 공작은 헬름 국장에 의해 실행되었는데 성격상 필연적으로 국내정보 활동으로 이어졌다. 미국 내에서의 공작정보 수집활동은 다양한 형태로 전개되었다.

2. 예컨대 미국과 소련 간에 교류되는 우편물에 대한 무작위 개봉과 CIA 요주의 명단에 오른 개인과 단체의 서신 사전검열을 무제한으로 실시했다. 프로젝트 레지스탕스(RESISTANCE)라는 이름으로 전개된 활동으로는 전쟁을 반대하는 시민들의 활동 중심지에 거점 사무실을 확보한 후에 도청과 영상촬영으로 현장 정보수집활동을 전개했다. 더 나아가 프로젝트 II로 명명된 활동으로 동조자나 응원세력인 것처럼 가장한 CIA 요원들이 월남전을 반대하는 시민단체에 조직적으로 침투하여 정보를 수집했다.
3. 이러한 활동은 정기적으로 FBI로부터 반전 활동에 대한 정보를 전달받거나 합동작전으로 실시하기도 했다. 한편 CIA와 FBI는 고도의 감청장비를 가진 국가안보국(NSA)에게도 신호정보 수집을 의뢰하여 반전단체 요주의 인물들에 대한 국제전화와 전신, 그리고 라디오 전송을 감청하는 등 광범위한 국제통신 전자감시 활동을 병행했다.

핵심정리 FBI의 불법활동(코인텔프로)

1. 의의

① 국내정보 수집에 대한 적법한 권한을 가진 정보기구의 국내정보 수집활동 중에도 불법적인 사례가 적지 않았다. 대표적인 것이 FBI가 방첩공작 전략의 일환으로 수행했던 코인텔프로(COINTELPRO)였다. 코인텔프로는 연방수사국(FBI)의 방첩공작 프로그램(Counter Intelligence Program)의 철자 약어이다. 코인텔프로는 미국 국내의 반체제 정치적 단체에 대한 조사와 붕괴를 목적으로 FBI가 1956년부터 1971년 사이에 전개한 적극적 정보활동이었다.

② FBI는 미국 정부의 전복을 목적으로 정부건물 폭파 등 공격적인 활동을 전개하는 급진 좌경세력들의 단체인 웨더맨(Weatherman), 마틴 루터 킹(Martin Luther King Jr.) 목사에 의해 주도된 남부기독교지도자회의(Southern Christian Leader－ship Conference), 백인 우월 폭력단체인 KKK단(Ku Klux Klan) 그리고 미국 나치당(American Nazi Party) 등을 목표로 무력화와 붕괴 공작 활동을 전개했다.

2. 처치 위원회의 조사

① FBI의 코인텔프로에 대해서도 상원의 처치 위원회와 하원의 파이크 위원회의 조사가 이어졌다. 사실 FBI 코인텔프로는 미국의 정보학계에서는 국내정보 수집에 있어서 정보기관에 의한 대표적인 인권유린 사례로 전해 내려온다. 코인텔프로 활동은 1950년대의 반공산주의 방첩공작 활동의 경험을 바탕으로 했던 것으로 1차적인 목표는 공산주의 집단과 사회주의 집단이었다. 이 작전은 미국 전역에서 전개되었던 바, FBI가 가장 강력하게 타격을 가한 집단은 블랙 팬서(Black Panthers)와 미국 인디아 운동(American Indian Movement) 조직이었다. 코인텔프로 작전은 어떤 수단과 방법을 동원하여서라도 조직의 저항적 활동을 분쇄함에 있었다.

② 물론 주의할 점은 있다. 처치 위원회 보고서의 내용은 불법적인 내용을 적시한 것으로 유사한 방법을 동원한 다른 사례에서는 적법성이 인정될 수도 있다는 점이다. 즉 사용된 방법이 문제가 아니라 의도된 목적이 문제라는 것이다. 형법상 위법성 조각사유로 정당한 살해행위가 죄가 되지 않을 수 있듯이 국가안보를 위한 방법에는 제한이 있을 수는 없다. 그러나 코인텔프로에서의 문제는 처음부터 잘못된 의도였던 것으로 FBI의 코인텔프로 작전이 주는 교훈은 아무리 통제와 감독이 철저한 민주주의 국가의 경우에도 국가 권력은 예측 불허의 방향으로 남용될 수 있다는 것이다.

3. 코인텔프로에 사용된 작전의 종류와 내용

(1) 감시활동

먼저 대상 단체와 조직에 대한 철저한 감시활동으로 시작된다. 도청은 물론이고 전화 감청, 우편물 검열, 사진 촬영과 주거와 건조물 · 자동차 수색 같은 물리적 방법을 총동원하여 조직에 대한 정보를 수집했다.

(2) 위장침입 · 밀고자와 협조자 활용

인간정보 활동의 일환인 위장침입 · 밀고자와 협조자 활용은 코인텔프로그램의 핵심적인 내용이다. 가족관계나 추문 같은 약점을 잡아 협박을 하거나 금전으로 매수하여 조직원 중에서 협조자를 확보하고, 이들을 다시 조직으로 침투시켜 활용한다.

(3) 불법 수색공작(black bag jobs)

불법 수색공작은 조직원들의 가택이나 건조물과 사무실, 그리고 자동차 등 점유물에 무단으로 침입하여 수색하고 사진 촬영 등으로 증거를 확보하는 활동이다.

(4) 혐의조작 공작(Bad-jacket, snitch-jacket)

① 고도의 상황조작 전략이다. 상황조작 즉 거짓 옷을 입히는 과정은 다음과 같다. 먼저 정보기관은 목표로 삼은 조직의 중추적인 구성원을 절도용의자나 강간혐의자 등의 범죄용의자로 지목한다. 그러면 조직에 침투된 밀고자는 "사실은 우리 리더가 강간혐의자로 수배를 받고 있다더라." 등으로 소문을 퍼뜨리고 조작된 증거를 조직 내부에 남긴다.

② 그러한 거짓 옷을 입힌 상황조작이 끝나면 경찰이 투입되어 지목된 중추적인 구성원에 대한 검거 작전에 돌입한다. 목표로 삼은 조직 중추 구성원 등과 내부 협조자도 공범으로 함께 연행한다. 작전은 그 후에도 계속 진행된다. 함께 연행되었던 다른 공범들은 계속 구속시키면서도, 오히려 처음에 목표로 삼았던 조직 중추원은 혐의는 명백하고 증거는 충분했다는 소문과 함께 일부러 석방해 준다. 즉 FBI와 모종의 타협을 했다는 혐의를 씌워놓는 것이다. 영문을 모르는 그는 조직으로 돌아와 조직을 이끌려고 하여도 이미 조직의 중추로서의 신뢰를 상실하여 조직을 리드할 수 없게 된다.

(5) 거짓 통신(False communications)

허위내용의 각종 소문, 예컨대 조직 간부와 여성구성원들 간에 성적 추문이 있었다거나, 우두머리가 조직원 중의 누구를 마땅치 않게 생각하여 살해할 의도가 있다든가 같은 거짓 협박 유언비어를 조직 내부에 퍼뜨려 서로가 불신하게 만들고, 오히려 선수를 쳐 상대방을 살해하게 하는 등 조직 내의 극도의 분열을 유도하는 공작활동이다. 또한 외부에서 익명으로 허위내용, 그리고 누구나 볼 수 있는 카드우편 또는 포스터를 이용하여 거짓소문과 조작된 사진을 유포하기도 한다.

(6) 언론공작(Media disinformation)

정보기관에 우호적인 언론매체의 협조를 받아 조직의 활동에 대한 거짓선전을 보도하는 것이다. 예컨대 해당 조직을 급진 · 좌경, 비정상적 테러조직으로 그 성격을 호도하여 방송함으로써 일반 국민들의 분노를 불러일으키고 조직 내부에도 의심을 야기하며 신규 회원들의 영입을 저지하는 공작전략이다.

(7) 치명적 타격(Lethal force)

암살 공작이다. 핵심조직원을 기습, 검거작전 중에 고의적으로 살해하는 것이다. 검거하여 법적 절차를 거치는 등으로 후환을 남기는 것보다는 의도된 정당방위 상황을 만들어 현장에서 살해하는 작전이다. 1950년대에 60 내지 70명이 살해된 것으로 처치 위원회 보고서는 적시했다.

(8) 준 군사작전(Assisting Paramilitary Death Squads)

전술한 개별 살해 공작범위를 훨씬 넘어서서 상황을 극도로 악화시킨 후 대규모 폭동진압 명목으로 특수부대의 지원을 받아 사회치안을 넘어 국가안보 문제 등 대규모의 정당방위 상황의 형식을 취하며, 살상을 포함한 적극 공격을 하는 것이다.

4. 법적 문제점 및 비판

법집행기관이자 국내정보 수집기관인 FBI의 위와 같은 코인텔프로그램 활동이 불법적인 것이라고 하는 데는 이론이 없었다. 이에 따라 1976년 일부 시민들은 FBI의 코인텔프로그램 작전에 대한 위법성을 근거로, FBI를 상대로 헌법상의 기본권 침해를 이유로 다수의 소송을 제기했다. 법원은 여러 사건에서 적법한 조직을 분열하고 파괴하려는 의도 또는 조직원들을 이탈시키려는 의도 아래에서 행하여진 공권력 행사는 헌법위반이라고 판결했다.

4 국내 정보활동 규제 법률

(1) 의의

미국에서 정보수집을 목적으로 수행되는 국내 정보활동을 규제하는 법률로서 「범죄 단속 및 안전한 거리 조성을 위한 포괄적인 법(the Omnibus Crime Control and Safe Streets Acts of 1968)」 제3장(Title Ⅲ)과 「해외정보감시법(Foreign Intelligence Surveillance Act of 1978, FISA)」의 두 가지가 있다.

(2) 「범죄 단속 및 안전한 거리 조성을 위한 포괄적인 법」

「범죄 단속 및 안전한 거리 조성을 위한 포괄적인 법(the Omnibus Crime Contril and Safe Streets Acts of 1968)」 제3장(Title Ⅲ)은 심각한 범죄활동에 연루된 미국인들을 대상으로 한 정보수집을 허용하되, 이에 대해 반드시 의회에 보고하도록 규정되어 있다.

(3) 「해외정보감시법(Foreign Intelligence Surveillance Act of 1978, FISA)」

① 「해외정보감시법」은 미국에서 활동하는 외국 정보요원에 대해 전자감청을 수행하는 데 필요한 영장을 전담하여 발부해 주는 법원을 설립하기 위한 목적으로 제정되었다.

② 「해외정보감시법」은 전자감청 승인 명령을 신청할 때 감청 대상자와 감청방법에 관해 상세한 내용을 보고하도록 규정하고 있다.

(4) 해외정보감시법원(Foreign Intelligence Surveillance Court)

「해외정보감시법」에 의해 설립된 '해외정보감시법원(Foreign Intelligence Surveillance Court)'이라고 불리는 특별법원은 대법원장이 임명하는 11명의 연방판사로 구성되어 비공개로 운영되며, FBI, NSA 등의 정보기관들이 테러나 간첩활동이 의심되는 미국인들에 대해 신청한 감청 및 미행감시 활동을 심의하고 승인 여부를 결정한다.

5 미국의 감청활동

(1) 의의

① 미국에서 전자감청활동은 1968년 당시 연간 200회 수준에서 매년 꾸준히 증가하여 1992년경 1,000회를 넘어섰고, 2006년경에는 거의 1,800회 이상 수준에 도달한 것으로 나타난다.

② 「해외정보감시법」에 따라 감청활동을 수행하려면 영장을 청구해야 한다. 그런데 1995년부터 2006년 사이의 12년 동안 전자 감시활동에 대한 승인이 신청된 32,702건 중 기각된 사례는 단 5건뿐이었던 것으로 알려졌다.

③ 이는 법원이 감청행위 자체에 대해 그다지 부정적인 인식을 갖고 있지 않음을 반증한다. 심지어 미국 의회는 감청활동을 적극 지지하는 입장을 취하는 것으로 나타난다.

(2) 감청 규제 법률

① 1994년 의회에서 통과된 「법 집행을 위한 통신지원법(Communications Assistance for Law Enforcement Act, CALEA)」은 바로 그러한 입장을 반영하고 있다. 「법 집행을 위한 통신지원법」은 감청이 보다 용이하게 이루어질 수 있도록 미국의 통신회사들에게 기술적 조치를 취하도록 요구하는 것을 내용으로 하고 있다.

② 한 걸음 더 나아가 미국 의회는 2007년 비록 한시적이기는 하지만 해외의 의심되는 대상과 관련된 통신을 사전 영장 없이 감청할 수 있는 법안을 통과시켰다. 동 법안에 따라서 정보기관들은 국가정보장(DNI)이 그리고 FBI의 경우는 검찰총장이 외국과 연결되는 감청활동을 실질적으로 지휘하는 권한을 갖게 되었으며, 해외정보감시법원은 이들에 의해 이루어지는 감청활동의 적합성을 사후 심사하는 역할만 수행하게 되었다.

③ 이로써 미국의 의회와 사법부는 정보기관이 합법적으로 수행하는 감청의 필요성을 인정하고 그것을 용인하거나 또는 적극적으로 지원하는 입장을 취하는 것으로 나타난다.

(3) 소결

① 한 여론조사에 따르면 다수의 미국인들이 영장 없이 감청이 이루어지는 것은 반대하지만 그것이 테러 방지를 목적으로 수행된다면 용인될 수 있다는 입장을 보였다.

② 어쨌든 미국의 의회, 사법부 그리고 다수의 미국인들은 합법적으로 이루어지는 감청에 대해서는 대체로 긍정적인 반응을 보이는 것으로 판단된다.

③ 이로써 사법부는 테러방지 등 국가안보를 위한 감청활동의 필요성을 인정하지만 그로 인해 시민들의 기본권으로서 사생활이 침해되는 것에 대해서는 통제하는 입장을 취한다.

④ 요컨대 사법부의 정보 감독은 정보기관들이 합법적으로 수행하는 감청이나 감시활동을 긍정적으로 용인하되 그로 인해 미국 수정헌법 제4조에서 규정하고 있는 시민의 기본권이 침해되는 것을 통제하는 데 중점을 두고 수행되고 있다.

Ⅳ 사법부 통제의 장점과 한계

1 의의

① 사법부는 삼권분립의 원칙에 따라 행정부의 산하기관인 정보기관과 그들의 정보활동에 대해 객관적이고 독립적인 입장에서 감시 및 통제 역할을 수행할 수 있다.

② 행정부의 경우 정보기관이 최고정책결정자와 지나치게 밀착되어 정권적 목적에 악용되거나 정보의 정치화가 발생할 수 있다.

③ 의회의 경우에는 여야 간 당파성을 극복하지 못하여 공정하고 객관적인 정보감독이 이루어지기 어려울 수 있다.

2 장점

그러나 사법부의 경우 여야 간의 당파성을 초월하여 공정한 재판을 통해 정보활동에 대한 감독 기능을 수행한다. 특히 사법부의 정보감독은 정보기관이 정보활동을 수행하는 과정에서 개인의 인권을 침해하는 사례에 대응할 수 있는 매우 효과적인 수단이다.

3 의회 감독과의 비교

(1) 의의

정보활동에 대한 사법부의 감독은 의회와 비교해 보았을 때 매우 제한적이다. 의회의 경우 입법권, 예산안 심의권, 청문회, 임명동의 등 다양한 수단을 활용하여 매우 포괄적으로 정보감독 기능을 수행한다.

(2) 정보활동 관련 소송이 제기될 경우에 한해 개입 가능

① 사법부의 경우 정보활동 관련 소송이 제기될 경우에 한해 판사의 사법적 판단을 통해 정보기관이 수행한 행위에 대해 개입할 수 있다. 소송이 제기되지 않는 경우 사법부가 정보기관의 조직이나 정보활동에 대해 감시 또는 통제하는 역할을 수행할 수 없다.

② 의회의 경우 정책성향을 띠고 정보기관의 조직이나 활동방향에 대한 문제점을 지적하고 개선 방향을 제시하는 등 광범위하게 정보감독 기능을 수행한다. 그러한 의회의 정보감독과 비교하여 사법부의 경우 제기된 소송과 관련하여 단순히 법리적 해석을 내리는 데 중점을 두기 때문에 그 역할이 매우 제한적이다.

4 국가안보 관련 소송을 진행하게 될 경우의 문제점

(1) 의의

사법부가 국가안보 관련 소송을 진행하게 될 경우 몇 가지 문제점이 야기된다. 무엇보다도 사법부의 정보감독은 국가안보적으로 중요한 사안에 대한 비밀보호에 있어서 취약점이 있다.

(2) 기밀 공개의 위험성

① 공개재판이 아닌 비공개로 재판이 진행되더라도 최소한 판사, 변호사, 법원 사무원 등에게 국가안보와 관련된 민감한 자료들이 노출될 수 있다.

② 이처럼 소송이 진행되는 과정에서 공개되지 말아야 할 중요한 기밀이 공개됨으로 인해 국가안보적으로 치명적인 손실이 야기될 수 있다.

5 권력분립의 원칙 약화 및 사법부의 정치화 위험성

(1) 의의

또한 사법부에서 국가안보를 전문영역으로 하는 행정부의 업무에 지나치게 개입하게 될 경우 권력분립의 원칙이 약화될 수도 있다.

(2) 사법부의 정치화 위험성

때로 판사들이 안보영역에 대해 사법적인 판단을 내리게 됨에 따라 그들 스스로 정치화에 빠져들 위험도 있다.

(3) 재판의 공정성 훼손의 위험성

국가안보 관련 소송이 제기되어 불가피하게 판결을 내려야 할 경우 사법부는 행정부의 정책결정에 대해 대체로 존중하는 입장을 취한다. 이로 인해 재판의 공정성이 훼손될 수 있다.

6 소결

이러한 문제점들을 고려하여 사법부의 정보감독 권한은 국가안보에 관련한 사안은 가급적 배제하고, 개인의 사적인 권한이 침해되는 경우로 한정하는 것이 바람직할 것으로 판단된다.

Theme

149 정보통제의 과제

I 의의

① 오늘날 대부분의 민주주의 국가에서 정보기관에 대한 통제가 일반화되었지만 국가마다 정치체제와 안보상황이 상이하기 때문에 정보감독의 방식, 유형 그리고 효율성도 각기 다양하다.
② 대통령 중심제를 채택하고 있는 정치체제는 내각책임제 국가와는 다른 방식으로 정보기관에 대한 통제력을 행사하게 될 것이다.
③ 또한 심각한 안보위협에 처해 있는 국가와 그렇지 않은 국가 간에 정보기관에 대한 통제의 정도에 차이가 있을 것이다.
④ 그러한 차이점에도 불구하고 공통적인 현상은 정보기관에 대한 통제가 현실적으로 쉽지 않다는 것이다. 이는 기본적으로 정보기관이 비밀보안을 생명처럼 여기는 조직이고, 그들이 수행하는 정보활동은 엄격히 비밀에 싸여 있기 때문이다.

Ⅱ 정부형태에 따른 정보감독의 유형

1 의의

① 정보기관과 그들이 수행하는 정보활동에 대한 통제 또는 감독 기능은 어느 한 권력기관의 전유물이 아니고 행정부, 입법부, 사법부 등 모두에게 공통으로 부여된 책임이다.
② 물론 어떤 권력기관이 정보감독의 주도권을 갖고 어떤 방식으로 감독활동을 수행하는지, 즉 정보감독의 유형은 국가마다 다양하다.

2 미국과 영국

① 미국의 경우 입법부, 사법부, 행정부 등 삼권분립의 원칙이 엄격히 유지되기 때문에 의회가 행정부 산하의 정보기관들에 대해 신랄하게 비판하고 감독하는 모습을 보인다.
② 그러나 의원내각제를 채택하고 있는 국가의 경우 삼권분립이 다소 모호하기 때문에 정보기관에 대해서도 엄격한 견제와 균형이 유지되기 어렵다. 의원내각제를 채택하고 있는 영국의 경우 의회 정보위원회 위원들은 자신들의 관리통제하에 있는 장관이나 정보기관을 비판하는 데 부담스러운 입장일 것이다.

3 사법부의 정보기관 통제

① 대부분의 민주주의 국가에서는 삼권분립 원칙에 따라 사법부가 행정부에 대한 견제 기능을 담당한다.

② 그런데 일부 민주주의 국가에서는 삼권 분립 원칙이 다소 모호하여 사법부의 엄격한 독립성이 유지되지 않기 때문에 사법부가 정보기관의 활동에 대해 감독 또는 판단하는 역할을 수행하는 데 부담을 가지기도 한다.

③ 이 경우 법원은 전통적으로 정보활동분야에 관해서는 행정부의 입장을 존중하는 태도를 보인다.

Ⅲ 국가안보의 우선순위 설정과 정보활동에 대한 민주적 통제의 방향

1 의의

① 국가이익과 국가안보의 우선순위가 어떻게 설정되는가에 따라서 정보활동과 그것에 대한 민주적 통제의 방향이 다르게 전개될 수 있다.

② 국가의 안보가 심각하게 위협받는 상황에 처하게 될 경우 정보활동에 대한 통제가 완화되는 경향을 보인다.

2 「미국 애국법(USA PATRIOT Act)」

① 2001년 9/11 테러 이후 발효된 「미국 애국법(USA PATRIOT Act)」은 의회의 정보기관에 대한 통제활동을 완화하려는 취지에서 제정되었다. 그동안 의회의 지나친 정보 감독과 통제로 인해 국내 전복세력에 대한 감청 등 정상적인 정보활동조차 제대로 수행되지 못했고, 그로 인해 9/11 테러 용의자를 사전에 색출하는 데 실패했다는 지적이 있었다.

② 이러한 지적에 따라 「미국 애국법(USA PATRIOT Act)」은 국내 전복세력을 대상으로 정보수집 활동을 강화하려는 취지에서 감청 등 기타 감시활동에 대한 해외정보감시법원의 영장심사 의무를 한시적으로 완화하는 내용을 포함하고 있다.

③ 이처럼 국가안보에 우선순위를 둘 경우 정보기관에 대한 의회의 통제가 완화됨으로써 정보활동이 보다 활발하게 수행될 수 있을 것이다.

3 국가안보와 정보통제의 상호 모순적 관계

(1) 의의

① 정보기관이 행정부 또는 의회로부터 통제를 덜 받게 되면 권력을 남용할 소지가 있고, 그로 인해 개인의 기본권에 대한 침해가 발생할 우려가 있다.

② 역으로 국가적으로 안보위협이 그다지 심각하지 않을 경우 정보기관에 대한 통제력이 강화됨으로써 인권, 언론자유, 준법, 견제와 균형 등 사회의 기본적 가치가 유지될 수 있을 것이다.

(2) 국가안보와 정보통제의 관계

① 지나친 정보감독과 통제로 인해 정상적인 정보활동조차 제대로 수행되기 어려운 여건에 처하게 됨으로써 궁극적으로 국가안보에 심각한 손실을 초래할 수 있다. 이처럼 국가안보와 정보통제는 상호 모순적이어서 한 편에 지나치게 편중되면 다른 한 편에 심각한 문제가 야기될 수 있다.

② 즉 국가안보에 우선순위를 두면 정보통제가 완화됨으로써 개인의 기본권이 침해되고, 정보통제에 우선순위를 두면 정보활동이 위축되어 국가안보에 심각한 손실이 발생하게 되는 것이다.

③ 물론 양자 간의 적절한 조화와 균형을 이루는 것이 가장 바람직하겠지만 그것이 실현되기가 매우 어렵다는 것이다.

Ⅳ 정보기관에 대한 통제의 어려움

① 미국을 비롯하여 대부분의 민주주의 국가에서 정보기관에 대한 통제가 기대한 만큼 만족스럽게 수행되고 있지는 않는 듯하다.

② 미국은 일찍이 의회의 정보감독 시스템을 도입하여 아마도 가장 모범적으로 정보기관에 대한 감독활동을 수행하고 있는 나라로 인정받고 있다. 그럼에도 불구하고 미국에서도 정보기관에 대한 의회의 감독활동이 여러 가지 한계에 부딪혀 그다지 효과적이지 않은 것으로 평가되고 있다.

③ 행정부의 경우 산하기관인 정보기관에 대해 직접적인 관리감독 권한을 가지고 있음에도 불구하고 현실적으로 통제력을 행사하는 데 한계가 있다. 행정부의 최고정책결정자는 정보활동이 잘못되었을 경우 그에 대한 자신의 책임을 모면하기 어렵기 때문에 정보기관에 지나치게 밀착하는 것을 원치 않을 수 있다. 그 때문에 행정부의 최고정책결정자조차도 정보기관에 대한 통제에 대해서 적극적인 태도를 갖지 않는 경향을 보이기도 한다.

V 정보활동의 비밀성 보장과 정보통제의 조화

1 의의

① 정보기관에 대한 통제가 어려운 결정적인 요인은 일반 행정부처와 다르게 정보기관은 비밀리에 업무를 수행하기 때문이다.

② 정보기관의 조직과 활동의 비밀성이 보장되지 않으면 정보활동을 효과적으로 수행할 수 없으며, 그로 인해 국가안보 목표를 성공적으로 달성할 수 없다.

③ 따라서 정보활동의 비밀성을 보장하면서 정보기관에 대한 통제력을 효과적으로 행사할 수 있는 방안이 마련되어야 할 것이다.

2 정보활동의 비밀성을 보장하면서 통제할 수 있는 방안

(1) 행정부

① 행정부는 정보기관에 대해 직접적인 관리감독 권한을 가지고 있을 뿐만 아니라 고도의 전문성을 갖추었기 때문에 가장 효과적으로 통제력을 행사할 수 있을 것으로 기대된다.

② 그러나 종종 행정부의 최고정책결정자가 정보기관과 지나치게 밀착됨으로써 객관적인 정보통제에 어려움이 있다.

(2) 의회

① 행정부의 정보통제의 문제점을 극복할 수 있는 방안으로서 의회를 통한 정보감독제도가 도입되었던 것이다. 실제로 대부분의 민주주의 국가에서 의회가 정보기관에 대한 감시감독활동을 수행하도록 법적으로 제도화되어 있다.

② 의회는 행정부와 비교하여 정보기관에 대한 감독 기능을 수행하는 데 필요한 전문성이 부족하다.

(3) 사법부

① 사법부의 경우 재판을 통해 사법적 판단을 내릴 수 있기 때문에 비밀정보활동으로 인해 침해될 수 있는 개인의 기본권을 보호하는 데 효과적으로 대응할 수 있다는 장점이 있다.

② 그러나 사법부의 정보통제는 정보활동과 관련하여 제기된 소송에서 판사가 법리적 해석을 내리는 것으로 제한되기 때문에 그 역할이 매우 협소하다.

(4) 언론

① 언론은 비윤리적이고 불법적인 정보활동의 실태를 공개함으로써 국민들의 알 권리를 충족시키고 나아가 올바른 방향으로 정보활동이 수행되도록 정보기관을 감시하는 역할을 수행한다.

② 그러나 언론은 잘못된 정보활동에 대해 보도하는 방법 외에 다른 직접적이고 공식적인 수단이 없어 정보기관을 통제하는 데 한계가 있다.

3 결론

① 이처럼 정보통제와 관련하여 행정부, 입법부, 사법부, 언론 등은 각각 장단점을 가지고 있는 반면 일괄적으로 어떤 기관이 어떤 방식의 통제 활동을 수행하는 것이 효과적이라고 단정 짓기는 어렵다.

② 정보기관과 그들이 수행하는 정보활동에 대해 적정 수준의 통제가 분명히 요구되는 반면 어떤 수단 또는 방식이 효과적인지는 국가체제의 특성 또는 국가가 처한 안보상황에 따라 각각 다를 수 있다.

③ 다만 대부분의 민주주의 국가에서 의회는 법률에 의해 정보기관에 대한 감독활동을 수행하는 공식적인 기구로 인정된다. 그런 점에서 의회가 주축을 이루면서 행정부, 사법부, 언론 등 관련 부처들이 서로 협력하여 정보기관을 통제하는 방안이 고려된다.

④ 의회가 다양하면서도 강력한 권한을 활용하여 정보감독활동을 주도하는 가운데 행정부의 전문성, 사법부의 공정한 재판 그리고 언론의 적극적인 공개 등이 결합될 때보다 효과적인 통제가 이루어질 수 있을 것이다.

⑤ 요컨대 정보기관에 대한 통제활동을 어느 한 부처의 소관업무로 맡겨 두기보다는 모든 관련 부처들이 서로 협력할 때보다 성공적인 결과를 얻을 수 있을 것으로 기대된다.

Theme

150 정보환경의 변화

I 의의

① 탈냉전, 세계화 또는 정보화로 표현되는 오늘의 세계는 하루가 다르게 급변하고 있다. 컴퓨터와 통신 네트워크의 비약적인 발전에 따른 정보화 혁명은 인간의 모든 삶을 획기적으로 변화시키고 있다.

② 오늘날 인터넷과 위성통신 등 초국가적 정보통신망의 등장으로 개인, 시민집단, 기업, 국가, 초국가적 기구 등 다양한 행위자들이 서로 직접 연결되고 있다. 이에 따라 이들 행위자들 간의 교류양식이 근본적으로 변화되고 있으며, 이러한 변화가 개개인의 생활양식을 비롯하여 국내 및 국제사회의 정치, 경제, 사회, 문화 등 제반 영역에 엄청난 영향을 미치고 있다.

Ⅱ 새로운 안보 환경

1 초국가 행위자들의 역할 강화

(1) 의의

① 인터넷을 비롯한 정보통신수단의 혁명적인 발전에 힘입어 국경을 초월한 가상적 세계(virtual community)에서 다양한 활동이 전개되고 있다.

② 이에 따라 국가의 전통적인 영역인 영토와 주권이 약화되는 반면 개인, 다국적기업, NGO 등 초국가 행위자들의 역할이 강화되고 있다.

(2) 다양한 유형의 정보전

① 특히 가상공간은 국경 없는 공간이기 때문에 해커들의 침입에 무방비 상태로 노출되어 있으며, 여기서 국가들 간 또는 국가와 비국가행위자들 간 다양한 유형의 정보전이 치열하게 전개되고 있다.

② 정보화는 전쟁의 양상까지 변화시키고 있다. 과거 산업화 시대의 전쟁은 파괴력을 가진 무기를 얼마나 보유하고 있는가에 따라서 승패가 결정되었다. 특히 지난 20세기는 핵무기를 보유한 국가가 군사강국으로 부상했다. 그러나 정보화가 심화되는 미래의 전쟁은 정보전이 될 것이며 정보력이 우세한 군대가 승리하게 될 것이다.

2 국제테러리즘

(1) 의의

2001년 9/11 테러 사건이 발생하면서 국제테러리즘은 국제사회의 평화와 안정을 심각하게 위협하는 요인으로 부각되었다.

(2) 전통적인 군사력 중심의 안보질서 부활

① 미국은 9/11 테러 사건을 계기로 국제 사회에서 소위 팍스 아메리카나(Pax Americana)를 더욱 강력히 구축하고자 시도하고 있다. 세계적으로 압도적인 군사력을 유지하고 있던 미국의 군사력은 9/11을 기점으로 더욱 증강되었다.

② 9/11 이후 부시 행정부의 일방주의적 패권추구는 국제사회의 또 다른 불안정 요인으로 지목되기도 했다. 이에 따라 21세기 정보화·세계화의 시대적 조류와는 상반되게 전통적인 군사력 중심의 안보질서가 다시 부활하는 조짐도 보였었다.

Ⅲ 안보환경의 변화가 국가정보환경에 미치는 영향

1 의의

① 21세기 정보화와 세계화의 조류가 확산될수록 전통적인 군사력에 바탕을 둔 안보개념은 점차 퇴색하게 될 것으로 보인다.

② 정보화·세계화의 진전에 따라 안보 환경과 개념이 획기적으로 변화할 것이다. 무엇보다도 국제사회의 실상은 단순히 국가 간 갈등과 투쟁의 연속만으로 볼 수 없을 만큼 매우 복잡하게 변화되었다.

2 국가 간 상호 협력의 필요성 증대

① 국가 간 무역과 교류가 획기적으로 증가하고 있는 상황에서 상호 협력의 필요성이 증대하게 되었다.

② 또한 환경오염으로 인한 오존층 파괴, 자원의 급속한 고갈, 전 세계적 식량위기 등의 문제는 국가 단독으로 해결될 수 없고 여러 국가들의 상호 협력을 통해서만 해결이 가능한 문제이다.

③ 이처럼 새롭게 변화된 안보환경에서 전통적인 방식으로는 안보위협에 적절히 대응할 수 없다. 따라서 이를 극복하기 위한 새로운 대응방안이 요구된다.

3 국가정보체계에 영향을 미칠 수 있는 환경변수

① 국가정보는 국가안보 목표를 달성하기 위한 수단이다. 국가안보의 목표를 충실히 달성하기 위해 국가정보체계는 새롭게 부각되는 안보위협 등 대내외 안보환경의 변화에 신축성 있게 부응해야 할 것이다.

② 21세기 국가정보체계에 영향을 미칠 수 있는 환경변수로써 세계화, 정보화, 민주화 등을 들 수 있다.

Ⅳ 초국가적 안보위협의 주체

1 의의

① 안보적 차원에서 세계화는 대량살상무기, 사이버 범죄, 종족분규, 테러리즘, 마약밀매, 환경파괴, 전염병의 확산 등 초국가적 위협의 범위와 유형을 확대시키고 나아가 심화시키고 있다는 점이 지적된다.

② 초국가적 안보위협들은 개인, 국가 내 다양한 이익집단, 다국적 기업, 국제조직, 테러리스트 등 주로 비국가행위자들(non-state actors)에 의해 주도되고 있다. 이러한 비국가행위자들이 국경을 초월하여 활동함에 따라 이들이 국제사회에서 차지하는 비중과 역할이 증대하게 되었다.

2 주체의 확대

① 안보의 논의 대상이 국가 중심적인 사고를 벗어나게 되었으며, 안보위협의 영역 또한 국가의 영토에 한정되는 것이 아니고 전 지구적 차원으로 확대되었다.

② 무엇보다도 각종 국제기구, 인종 및 문화에 근거한 집단, 테러 집단, 심지어 범죄조직에 이르기까지 비국가적 행위자들은 때때로 국가를 능가하는 수준의 무력을 갖추고 있어 국제사회에서 국가 이상의 심각한 안보위협 요인으로 부각되기도 한다.

V 초국가적 안보위협의 양상

1 의의

① 세계화의 추세와 더불어 국제사회의 쟁점 현안으로 부각되고 있는 초국가적 안보위협들은 위협의 주체, 대상과 범위, 대응방식 등 여러 가지 측면에서 전통적인 국가 중심의 안보위협과는 다른 양상을 보여준다.

② 그런 점에서 새로운 초국가적 안보위협에 대한 국가정보체계의 대응방식도 변화될 것을 요구받고 있다.

2 초국가적 안보위협의 주체와 정보활동의 대상

① 과거에는 주로 국가 중심으로 정보활동이 이루어졌지만, 이제는 개인, 국가 내 다양한 이익집단, 다국적 기업, 테러리스트 등 비국가행위자들에 대해 정보를 수집하고 분석해야 할 임무가 추가되었다.

② 이는 곧 정보수집과 분석의 대상이 그만큼 넓어졌다는 것을 의미하며, 역으로 정보역량이 분산화됨에 따라 정보 생산활동의 효율성이 저하될 수도 있다.

3 초국가적 안보위협 주체의 확대에 따른 대응 방식의 변화

(1) 의의

① 한편 초국가적 안보 쟁점 또는 위협은 대응방식에 있어서도 전통적인 안보위협과는 다르다. 전쟁이나 군사적 위협 등 전통적인 안보위협에 대해서는 국가들 간의 동맹관계, 세력균형, 집단안보 조치 등에 초점을 두는 현실주의적 접근방법으로 어느 정도 해결이 가능했다.

② 그러나 국제범죄, 마약, 테러리즘, 환경오염 등 초국가적 안보 쟁점들은 현실주의적 인식틀을 크게 벗어나 있다. 초국가적 안보 쟁점들은 대부분 국제관계 행위자들 간의 상호 의존성 확대 및 심화로 인해 발생하는 문제들인 만큼 그 해결책도 행위자들 간의 긴밀한 협조에 바탕을 두어야 한다.

(2) 전통적 안보위협에 대한 대응책의 특징

① 세력균형, 군비증강, 동맹 등 전통적인 안보위협에 대한 대응책들은 대체로 '안전보장 딜레마'를 야기하기 때문에 행위자들 간의 협력이 매우 어렵다.

② 사실 군사안보와 같은 전통적인 안보위협에 대해서는 인간정보(HUMINT), 기술정보(TECHINT) 등 모든 수단을 동원하여 국가들 간의 치열한 첩보전쟁이 전개되고 있어 정보협력이 불가능하다.

(3) 초국가적 안보위협에 대한 대응책의 특징

① 그러나 전염병의 확산, 환경파괴, 국제테러리즘, 마약밀매 등 초국가적 쟁점들은 문제 해결을 시도하는 행위자들 간에 이해의 공감대가 쉽게 형성될 수 있기 때문에 반드시 안보딜레마를 야기하지는 않는다.

② 행위자들 간의 상호 이해와 협력을 바탕으로 하는 공동안보 또는 협력안보와 같은 접근방법을 활용하게 될 경우 보다 효과적으로 해결될 수 있다는 특징을 가진다.

③ 국제범죄, 마약, 테러리즘, 환경오염 등 초국가적 안보위협의 경우 안보딜레마가 발생할 가능성이 낮기 때문에 국가들 간의 정보협력이 비교적 원활하게 이루어질 수 있다.

Ⅵ 초국가적 안보위협의 범위 확대

1 의의

세계화의 진전에 따라 위협의 대상과 범위가 전통적인 군사적 영역뿐만 아니라 비군사적 영역으로까지 확대되었다.

2 경제위기

① 세계화는 때로 전 세계의 국가들에게 심각한 경제적인 위기와 충격을 야기함으로써 경제안보를 위협하는 요인으로 여겨진다.

② 1995년에 발생한 멕시코의 금융위기나 1997년에 발생한 한국 · 태국 · 인도네시아 등 동아시아 여러 나라의 금융위기도 자본주의 경제의 세계화 확대에 따라 발생된 현상으로 보아야 할 것이다.

3 환경오염

이 밖에 환경오염으로 인한 오존층 파괴, 자원의 급속한 고갈, 전 세계적인 식량 위기 등은 단순히 국가 차원의 문제를 넘어서 지구촌에 거주하는 모든 인류를 위협하는 요인으로써 쟁점화되기에 이르렀다.

핵심정리 주요 국제환경협약

1. 스톡홀름 선언(Stockholm Declaration)

   1972년 UN 인간환경회의는 스웨덴의 제안에 따라서 국제환경 문제에 효과적으로 대처하기 위한 새로운 국제 환경법 질서를 구축하기 위해, 113개 국가와 13개 국제기구가 참석하여 전 세계적인 협력을 약속하는 「스톡홀름 선언」을 채택했다. 스톡홀름 선언은 환경이 인류의 복지와 기본적 인권 그리고 생존권의 향유를 위해 필요 불가결한 것이며 인간환경의 보호와 개선은 인류의 복지와 경제적 발전에 영향을 미치는 중요한 과제로서 이를 추구하는 것이 인류의 지상목표인 동시에 국가의 의무라는 점을 지적했다. 더불어서 현재의 개발이 현 세대와 미래 세대의 필요를 공평하게 충족시켜야 한다는 지속가능개발 개념이 공식적으로, UN 차원의 목표로 천명되었다.

2. 리우 선언(Rio Declaration)

   리우 선언은 1992년 6월 3일부터 14일까지 브라질의 수도 리우데자네이루에서 "지구를 건강하게, 미래를 풍요롭게"라는 슬로건 아래 환경과 개발에 관한 기본원칙을 담아 채택된 국제 선언문이다. 리우 선언은 국제협약으로 추진했던 것이나, 개발도상국의 반대로 헌장으로 채택되지는 못한 채 선언으로 조정된 것이다. 선언으로서 국제법적 구속력은 없으나 환경보전과 관련된 국제적 합의나 협약 그리고 국제 환경 분쟁 해석에 있어서 기본 지침이 된다.

3. 바젤 협약(Basel Convention)

   1989년 스위스 바젤에서 병원성 폐기물을 포함한 유해 폐기물의 국가 간 이동 및 처리에 관한 규제를 다루어 규제대상으로 지정된 폭발성, 인화성, 독성 등 13가지 특성을 갖고 있는 폐기물 47종은 국가 간의 이동을 금지하고, 자국 영토에서 처리하도록 의무화했다. 이것이 「바젤 협약」이다. 국가 간의 폐기물 이동을 제약하는 바젤협약이 체결됨으로써 환경문제는 국제무역과 거래에 있어서도 중요한 직접적인 규제와 장벽으로 작용했다.

4. 그린라운드(Green Round)

   그린라운드(Green Round)는 각국이 환경규제 기준을 제정하고 기준에 위반한 제품은 수입을 금지하며, 국제 환경 협약을 이행하지 않았을 경우에는 무역 제재를 가하는 것을 골자로 하는 국제협약이다. 과거에는 국제무역에서 가장 무서운 장벽은 관세였다. 그러나 향후 더욱 그린라운드가 가장 강력한 비관세 무역장벽이 될 것으로 전망된다. 그린라운드는 제품의 생산, 판매, 소비 그리고 폐기 등 전 과정에서 오염물질의 배출을 금지하고 있어 산업 전반에 미치는 영향이 절대적으로 크기 때문이다.

핵심정리 기타 주요 감시대상 국제 환경 협약

1. 물새서식지로서 국제적으로 중요한 습지에 관한 협약인 「람사르 협약」
2. 「멸종위기에 처한 야생동식물종의 국제 거래에 관한 협약」
3. 「사막화방지협약」
4. 해양오염 방지조약인 「런던 협약(London Dumping Convention)」
5. 1985년의 「오존층 보호를 위한 비엔나 협약」
6. 1992년 5월 9일의 「유엔기후변화 협약」
7. 1992년 리우 선언에서 함께 채택된 「생물다양성보전협약」
8. 프레온가스(CFCs)나 할론 등 지구대기권 오존층을 파괴하는 물질에 대한 사용금지 및 규제를 통해 오존층파괴로부터 초래되는 인체 및 동식물에 대한 피해를 최소화하기 위한 목적으로 1987년 9월 채택되어 1989년 1월 발효된 「오존층 파괴물질에 관한 몬트리올 의정서 '(Montreal Protocol on Substances that Delete the Ozone Layer)」

4 안보의 범위 확대

(1) 의의

① 안보의 범위가 군사적 요소에서 경제, 자원, 환경 · 생태 등을 포함하는 비군사적 요소들로 확대되었다.

② 또한 오늘날 컴퓨터와 통신 네트워크가 전 세계적으로 확산됨에 따라서 컴퓨터 해킹이나 바이러스 유포 등을 비롯한 사이버 범죄도 새로운 종류의 안보위협 요인으로 부각되고 있다.

(2) 국가정보의 수집 목표 및 활동의 확대

① 안보위협의 영역이 전통적인 군사안보뿐만 아니라 경제, 자원, 환경 · 생태 등 비군사적 요소로까지 확대되는 만큼 국가정보의 수집 목표 및 활동이 확대되는 결과를 초래하였다. 이처럼 수집 목표가 다양해지고 다양한 분야의 첩보들이 상호 복잡하게 연계되기 때문에 이를 체계적으로 파악하기 위해서는 종합적 정보체계의 확립이 요구된다.

② 어쨌든 안보의 위협이 다양한 분야로 확대된 만큼 국가정보 역시 특정분야에 한정된 정보가 아닌 국방, 경제, 환경, 외교 등 모든 분야를 통괄하여 종합적인 시각에서 작성된 정보가 되어야 한다. 이에 따라 국가정보활동은 특정 부처에 제한된 좁은 범위를 벗어나 보다 높은 수준, 즉 국가안전보장과 국가이익이라는 대국적 차원에서 수행되어야 할 것이다.

Ⅶ '정보전(cyberwar 또는 information warfare)'의 부각

1 의의

① 정보화시대에 들어서서 새로운 안보위협으로서 컴퓨터와 통신망을 활용한 가상세계에서 벌어지는 '정보전(cyberwar 또는 information warfare)'이 부각됨에 따라 이에 대한 국가정보체계의 적극적인 대응노력이 요구되고 있다.

② 정보전이란 "해커, 범죄 조직, 또는 적국(敵國)의 물리적 및 논리적인 공격으로부터 자국의 주요 정보통신 기반 구조를 보호하는 한편 필요시 적국의 주요 기반구조를 공격하여 상대적 우위를 선점하기 위한 방어 및 공격 행동을 의미하는 것"으로 본다.

③ 이미 미국을 비롯하여 세계 각국에서 정보전으로 인한 피해사례가 속속들이 발견되고 있으며, 이에 대응하기 위해 국가들이 각고의 노력을 기울이고 있다.

2 새로운 유형의 전쟁

(1) 의의

정보전은 선전포고도 총성도 전선도 따로 없는 새로운 유형의 전쟁이다. 그것은 크루즈 미사일이나 전투기를 동원하는 재래식 전쟁과는 달리 전 세계를 거미줄처럼 연결하고 있는 컴퓨터 통신망의 가상공간에서 이루어지는 전쟁이다. 정보전은 인명살상이나 물리적 파괴뿐만 아니라 컴퓨터망 교란, 전자폭탄 등을 이용하여 국가 주요 기반구조를 무력화 또는 파괴시켜 국가 경제에 막대한 손실을 초래하는 활동을 포함한다.

(2) 전투지역의 광역화와 사전예측의 불가능

정보전은 재래식 전쟁과는 달리 별도의 전투지역이 없고 통신망이 깔려 있는 곳이면 어디서든 공격이 가능하며, 은밀한 공간에서 단순히 컴퓨터 조작만으로 공격이 가능하기 때문에 사전 예측이 불가능하다는 특징이 있다.

(3) 피해규모의 대형화

① 정보전은 컴퓨터 단말기 조작으로 간단하게 공격할 수 있기 때문에 최소의 노력과 금전적 투자로 테러 효과를 극대화할 수 있다.

② 이처럼 전투지역의 광역화, 사전예측 불가, 피해규모의 대형화 등의 특성을 가진 정보전은 재래식 전쟁의 양상과는 판이하게 다른 형태로 전개되기 때문에 재래식 전쟁의 방식으로는 적절히 대응할 수 없다.

(4) 국가적 차원의 대응 노력의 필요성

① 정보전은 이제 현실이며, 자칫 대응노력을 게을리 할 경우 국가 정보기간망 파괴로 인한 경제적 손실은 물론 국가 전체의 안전보장에 엄청난 피해를 가져오게 된다.

② 향후 국가들 간에 정보전(information warfare)이 치열하게 전개될 것이며, 이에 대한 국가적 차원의 대응 노력이 요구된다.

③ 또한 해킹, 컴퓨터 바이러스 유포 등 사이버 범죄를 차단하는 노력도 함께 기울여야 할 것이다.

Ⅷ 정보혁명을 통한 비밀의 생산과 정보소비자의 태도 변화

1 의의

① 정보혁명은 국가정보기관의 고유 업무인 '비밀'의 생산과 정보소비자의 태도에 중대한 변화를 초래하고 있다.

② 국가정보기관은 일반 부처와는 달리 비밀 자료를 수집 · 생산 · 배포하는 활동을 수행한다. 그러나 정보화가 진전되면서 인터넷을 비롯한 비밀 자료보다는 공개 자료를 통해서도 얼마든지 유용한 정보를 획득할 수 있게 되었다.

2 비밀리에 첩보수집활동을 수행할 필요성 감소

① 이에 따라 비밀리에 첩보수집활동을 수행할 필요성이 점차 감소되고 있다. 이미 인터넷을 비롯한 공개출처 첩보자료로 나와 있는 것을 알지 못하고 많은 시간과 노력을 들여서 비밀리에 수집하고자 애쓰는 어리석음을 범하기도 한다.

② 때로 상업용 정보, 언론 보도, 학술단체의 논문들, 연구소의 연구보고서 등이 정보기관의 자료보다도 더 신빙성 있고 유용하게 활용될 수 있다는 주장도 제기된다. 실제로 랜드셋(LANDSAT)이나 스팟(SPOT)과 같은 상업용 위성이 주요 첩보출처로서 정보분석에 활용되고 있다.

③ 또한 중장기 경제정보 판단의 경우 정보기관보다는 민간의 경제연구소들이 훨씬 더 전문성을 갖고 있으며, 이들의 판단이 보다 신빙성이 있는 것으로 인정된다.

④ 물론 정보기관이라고 모든 분야에 경쟁력을 갖출 필요는 없다고 본다. 따라서 경제를 비롯하여 전문성이 미흡한 분야에 대해서는 전문성을 갖춘 학자 또는 연구소에서 나온 공개첩보를 활용하는 것이 보다 경제적일 것으로 판단된다.

3 정보의 생산 및 배포체계에 있어서의 변화

(1) 의의

① 정보혁명은 정보의 생산 및 배포체계에 있어서 일대 변화를 야기하였고, 이에 따라 정보소비자의 태도에 획기적인 변화가 나타나고 있다.

② 과거에는 정보기관을 비롯하여 정부의 일부 기관들이 정보를 독점하는 경향이 많았다. 정보의 흐름이 정부의 일부 기관들에게만 집중됨에 따라 일반 국민들은 고급 정보를 접하기가 매우 어려웠다.

③ 그러나 오늘날 컴퓨터와 인터넷의 보급이 확산됨에 따라 개인들도 필요한 정보를 얼마든지 얻을 수 있고, 때로 중요한 정보를 인터넷을 통해 배포함으로써 정부의 일부 기관에게 집중되었던 정보의 독점체계가 무너지고 정보공유가 과거 어느 때보다도 활성화되고 있다.

(2) 정보공유의 활성화를 통한 정보소비자의 태도 변화

① 그리고 정보공유가 활성화됨에 따라 정보소비자의 태도에 있어서도 상당한 변화가 나타났다.

② 민간 부문의 정보소비자들은 과거 정보 흐름에 수동적인 태도를 보였다. 그러나 이제는 정보의 흐름에 보다 적극적으로 개입할 수 있는 능력과 여건을 갖추었다.

③ 과거에 민간 부문의 정보소비자들은 정부기관에서 배포하는 정보들을 일방적으로 수용하는 데 그쳤으나, 이제는 배포된 정보의 신뢰성과 타당성을 판단하고 때로 비판적인 입장을 취하기도 한다.

④ 타당성이 떨어지거나 유용하지 않은 정보는 정보소비자들의 관심을 끌기 어려우며, 때로 정보소비자들로부터 호된 비판을 받게 될 수도 있다는 점에 유의해야 한다.

⑤ 과거의 관성에 따른 상투적인 정보수집 · 분석 · 배포만으로는 까다로워진 정보소비자의 구미를 만족시킬 수 없다는 점이 강조된다. 따라서 정보기관은 보다 전문화되고 신뢰성 있는 정보생산을 위해 노력해야 할 것이다.

Ⅸ 탈냉전기 민주화의 진전이 국가정보체계에 미치는 영향

1 의의

① 탈냉전기 민주화의 진전도 국가정보체계에 중요한 영향을 미치게 될 것으로 보인다. 냉전의 붕괴와 함께 세계 도처에서 민주화가 진행되고 있다. 과거 사회주의 종주국으로서 전체주의 독재체제였던 소련과 동구권이 붕괴하고 나서 자본주의적 시장경제체제의 도입과 함께 전 세계적으로 민주화가 진행되고 있다.

② 러시아가 꾸준히 민주화 과정을 진행하고 있고, 폴란드, 체코, 헝가리 등 동구권 사회주의 국가들도 민주체제로 변화되어 가고 있다. 한국, 대만, 중남미 국가들도 과거 권위주의 정권이 몰락하고 민주화가 착실히 진행되는 와중에 있다.

2 민주화에 따른 정보기관의 기능 및 활동의 변화

(1) 의의

① 민주화 움직임은 정보기관의 기능 및 활동에도 변화를 요구하고 있다. 과거 독재정권 또는 권위주의 정권하에서 정보기관은 정보를 독점하고 막강한 권한을 행사했다.

② 그러나 민주화가 진전되면서 국민들이 알 권리를 내세우며 정책의 공개성과 책임성을 요구하고 있다.

(2) 정보기관에 대한 견제와 통제의 강화

① 민주화의 진행은 범세계적 추세이며, 이와 함께 정보기관에 대한 견제와 통제가 강화되는 추세에 있다. 이미 미국을 비롯한 여타 민주주의 국가들에서는 정부의 비밀성에 대한 회의감으로 말미암아 일찍부터 의회가 정보기관들에 대한 통제권을 강화하는 조치들을 취해 왔다.

② 민주화의 흐름에 따라 정보기관에 대한 의회, 대중매체, 국민의 감시활동 증가는 곧 비밀정보활동의 여건이 악화되었음을 의미 한다. 여기서 비록 정보기관의 효율성이 저해되는 한이 있더라도 민주주의적 가치는 절대적으로 존중되어야 한다.

③ 어떤 면에서 국가정보와 민주주의 간에 양립할 수 없는 어려움이 있지만, 국가정보활동은 민주적인 가치를 최대한 존중하는 가운데 이루어져야 할 것이다. 따라서 정보기관은 민주화에 따른 감독과 통제에 따른 제약을 받으면서도 비밀정보활동을 효과적으로 수행할 수 있는 방안을 모색해 보아야 할 것이다.

Theme

151 정보활동의 변화와 국가 간 정보협력

I 글로벌 정보기구(Global Intelligence Agencies)

1 의의

① 오늘날의 국제정보환경은 개별국가의 국가정보기구가 아무리 막강한 능력을 가졌다고 해도 독자적인 힘만으로는 부족한 부분이 발생하는 상황이 되었다. 이러한 정보의 새로운 환경에 대처하기 위하여 국가 사이의 합의에 의해 탄생한 것이 글로벌 정보기구이다.

② 글로벌 정보기구는 특정국가의 전속 정보기구가 아니라, 가입국가가 협조적으로 운용하는 회원국 공동의 세계 정보기구이다. 글로벌 정보기구로 경제협력개발기구의 자금 세탁에 대한 금융활동 태스크포스와 국제형사경찰기구(인터폴) 그리고 북대서양조약기구(NATO) 산하 정보기구의 3가지가 거론된다. 그 이외에도 EU의 27개 회원국으로 구성된 EU의 유로폴(European Police Office)도 있다.

2 금융활동태스크포스(FATF)

① 금융활동태스크포스(Financial Action Task Force, FATF)는 국제 자금세탁과 국제테러 조직의 자금조달 문제에 대비하기 위하여 1989년 창설된 국제경제협력개발기구(OECD)산하의 국가 간 조직이다. 본부는 OECD 본부가 있는 프랑스 파리에 있다.

② 금융활동태스크포스의 정보수집 방법을 '피닌트(FININT)'라고 한다. 금융정보인 피닌트는 FINancial INTelligence의 철자약어이다.

3 인터폴(INTERPOL, ICPO)

(1) 의의

① 국제형사경찰기구(International Criminal Police Organization, ICPO)는 국제범죄의 신속한 해결과 각국 경찰의 기술협력을 목적으로 1923년 설립된 국제정보기구이다. 전신약호(電信略號)로 인터폴(INTERPOL)이라고 한다. 세계 최대의 범죄 대응 정보조직이다.

② 그러나 인터폴은 직접수사와 압수 · 수색이나 체포권 등 강제 수사권을 행사하는 기구는 아니다. 정보자료를 국가에게 넘겨주어 범죄인 체류국가와의 협조를 유도하는 것으로서 법집행기관이 아닌 정보기구로 평가된다.

③ 인터폴의 데이터베이스에는 수백만 건의 용의자에 대한 이름과 범죄수법을 포함한 범죄기록 데이터, DNA 프로필, 지문자료, 분실 여권 및 신분증 현황 등이 망라되어 있다. 또한 최신 수사·정보 장비와 수사기법에 대한 정보를 회원국에 제공한다.

④ 인터폴은 연중무휴 가동체제를 갖추고 기술 저개발국가에 대해서는 기능적 활동지원을 한다.

(2) 기능

① 세계 의사소통 서비스 확보

② 데이터 제공 서비스 및 데이터베이스 구축

③ 회원국 경찰지원 서비스

(3) 임무 영역

인터폴은 정치적, 군사적, 종교적 또는 인종적 성격의 문제에 대한 개입을 금지하고 어느 한 국가에 한정된 범죄에도 관여하지 않는다. 주요 대상범죄는 테러범죄, 조직범죄, 전쟁범죄, 마약생산 및 밀거래, 무기밀반입 등 무기거래, 인신매매, 자금세탁, 아동에 대한 성학대, 화이트칼라 범죄, 컴퓨터 범죄, 지적재산권 관련 범죄, 부정부패 범죄이다.

(4) 인터폴 지명수배(INTERPOL Notice)

국제 지명수배라고도 하는데 인터폴이 회원국들의 요구사항이나 또는 인터폴의 자체 요구사항, 또는 확보한 정보를 회원국들에 전파하는 것이다. 수배등급 가운데 최고수준인 적색 수배(Red Notice)는 국제 체포, 청색 수배(Blue Notice)는 신원 확인·소재 확인, 황색 수배(Yellow Notice)는 실종자·신원 미상자 신원 확인이다. UN 안전보장이사회 요청의 제재 대상 특별수배도 있다.

Ⅱ 국가 간 정보공유

① 무수한 정보가 상상을 불허할 속도로 창출되는 오늘날 아무리 뛰어난 정보수집 능력을 가졌다고 하더라도 어느 한 국가가 그것을 모두 수집하여 유용한 국가정보로 활용하는 데에는 한계가 있다. 즉 개별 국가가 국가안보를 다지기 위해 필요로 하는 모든 정보를 자급자족한다는 것은 정보의 홍수시대, 그리고 급변하는 신정보환경 속에서 여간 어려운 일이 아니기 때문에 국가 간 정보공유는 서로 간의 부족한 정보부분을 메워 줄 수 있는 좋은 방책이다.

② 또한 국가 간의 정보공유는 어느 나라가 자체적으로 생산한 정보 생산물에 대한 공조국가의 시각을 통해 객관적인 평가와 이해를 보완해 주는 역할도 하게 된다. 그러한 연유로 오늘날 질적으로나 양적으로 가장 최첨단으로 무장되었다고 하는 미국 정보공동체의 경우에도 수집하는 정보의 상당한 부분을 다양한 국가와의 정보교류, 즉 정보공유에 의해 확보하고 있다.

③ 일찍이 캐스퍼 와인버거(Caspar Weinberger) 국방장관은 "미국은 우리가 필요로 하는 모든 정보를 자체적으로 조달할 방법이나 기회를 가지고 있지 못하다. 우리는 전 세계의 여러 나라와 다양한 정보공유를 통하여 그것을 보충하고 있다."라고 언급한 것에서도 정보공유의 필요성과 타당성을 잘 알 수 있다. 그것은 또한 범람하는 정보의 양이 방대하다는 이유 때문이기도 하지만 특정국가에 대한 정보는 지정학적으로 그 특정국가에 인접하거나 교류가 활발한 나라를 통할 때에 필요한 가장 좋은 정보를 얻을 수 있다는 지정학적 문제와, 어떤 정보는 특정국가에서 주로 문제되기 때문에 그 나라가 특히 전문성을 가질 수 있다는 정보수집의 특성의 문제에서 비롯되기도 한다.

④ 예컨대 어느 국가는 첨단과학 기술을 활용한 기술정보 수집방법(TECHINT)에 능하고 다른 나라는 인간정보 수집기법에 능한 경우에 상호 간 우수한 내용을 서로 보완하는 방안으로 정보공유가 이루어질 수 있게 된다. 더불어 오늘날은 국제테러나 국제마약, 국제조직범죄들에 대하여는 어느 한 국가의 안보에 대한 위협의 문제가 아니라 세계의 평화와 안전 및 반인륜범죄가 될 수 있다는 관점에서, 먼저 정보를 입수한 나라는 이념을 불문하고 타겟 국가 등 위험성에 노출될 나라에 해당 정보를 통보할 필요성이 증대된다.

Ⅲ 정보교류의 형태

1 정보의 교환

정보의 교환이란 수집한 첩보자료를 바로 교환하거나 첩보자료를 가공하여 분석한 최종 정보생산물에 대한 정보를 교환하는 것으로 첩보교환이라고도 한다. 현재 교환할 정보가 없는 경우에도 상대국은 정보를 제공할 수 있으나 그 경우에는 제공되는 정보가 한정적인 내용에 국한될 수 있고 또한 추후 보상적인 차원에서 제공국이 요구하는 정보를 수집하여 제공함으로써 정보공유를 위한 계속적인 신뢰관계를 구축하게 된다.

2 수집활동의 분담

(1) 의의

미국의 국방 총수가 고백했듯이 세계 최고의 시설과 장비를 구축하고 있는 미국의 정보공동체도 필요한 정보를 모두 수집하지는 못한다. 오늘날 어느 한 국가가 자국이 필요로 하는 정보를 혼자서 모두 충족시킨다는 것은 불가능에 가깝다고 할 수 있다. 이러한 경우에 보완성이 있는 국가들이 수집활동을 역할 분담할 수 있다. 수집활동의 분담에는 지역 분담과 목표 분담의 2가지가 있다.

(2) 지역 분담

국가 서로 간에 정보활동의 영역을 지정학적인 위치를 고려하여 지역으로 나누어 정보활동을 전개하는 것이다. 오늘날 전 세계적인 감청시스템인 에셜론(ECHELON)이 미국과 영연방 5개 국가가 국가별 위치를 기준으로 정보수집 활동과 분석에 책임을 공유하는 것이 대표적인 예이다.

(3) 목표 분담

예컨대 미국과 이스라엘이 정보공유를 약속하고 미국은 중동 해역에서의 이슬람 국가들의 동태를 관찰하고, 이스라엘은 국경접경 지역에서 이슬람 국가의 동정을 파악하기로 역할을 분담하여 정보수집을 하는 경우와 같이, 동일한 지역을 목표로 하는 경우에도 바다에서 또는 육지에서와 같이 정보활동 목표물을 분담하는 것이다.

3 지역 수집기지의 활용

지역 수집기지의 활용에는 정보 연락사무소인 리에종(Liaison) 관계를 맺고 정보를 공유하는 방법과, 직접 상대국가에 자국의 정보수집 기지를 임대해 주고 그 시설에서 수집된 정보를 함께 공유하는 방법이 있다. 후자의 대표적인 예가 쿠바에 있는 신호기지로 러시아와 중국의 정보 전초기지로 사용되는 로우르데스 기지이다.

4 기타

① 정보공유는 관계 당사국을 기준으로 보면 두 나라 사이의 정보공유가 일반적이라고 할 수 있지만, 다수 국가가 참여하는 복수국가의 정보공유도 있다. 예컨대 미국, 영국, 캐나다, 호주 그리고 뉴질랜드 등 영어사용권 국가들의 전 세계 감시망이라고 할 수 있는 에셜론이 대표적인 예이다.

② 한편 이러한 국가 간 정보공유 사례는 잘 알려지지 않는 부분으로, 더욱이 우리나라의 경우에는 해당 자료를 거의 찾아볼 수 없는 실정이다.

③ 일찍이 토머스 제퍼슨은, "정보란 소유되는 것이 아니라 공유되는 것이다. 정보는 불씨를 무한히 나누어 가질 수 있는 촛불과 같은 것"이라고 말한 바 있다. 정보공유의 효용성을 잘 표현해 주고 있는 말이다. 여하튼 정보공유는 우리나라가 세계 속에서 군사적 · 외교적 · 경제적으로 차지하는 비중이 높아질수록 오히려 그 필요성이 증대된다는 점과, 경우에 따라서는 특정부분에 대한 정보자산을 상당히 절약하고 다른 부분에 절약분을 활용할 수 있다는 점에서도 매우 값어치가 있는 일이라고 할 것이다.

생각넓히기 | 신냉전 체제의 국제협의체

1. 쿼드(QUAD)

4자 안보 대화 또는 4개국 안보 회담(Quadrilateral Security Dialogue), 약칭 쿼드(Quad)는 미국과 미국의 인도－태평양 지역 핵심동맹국인 일본과 호주, 미국의 동맹국은 아니지만 일부 안보 사안에서 협력하는 인도를 합한 4개국이 국제 안보를 주제로 가지는 정기적 정상 회담, 또는 그러한 회담을 통해 구현되는 체제를 말한다. 쿼드는 미국이 주도하는 '자유롭고 열린 인도－태평양(Free and Open Indo－Pacific, FOIP)' 전략의 일환으로, 사실상 '일대일로(一帶一路)'로 대표되는 중국의 국제전략을 견제하기 위한 것이다.

2. AUKUS

호주, 영국, 미국(Australia, United Kingdom, United States)의 삼각동맹이다. 2021년 9월 15일, 조 바이든 미국 대통령이 백악관에서 미국과 영국이 호주의 핵잠수함 건조를 지원한다면서, 오커스의 창설을 발표했다. 이번 오커스 창설로, 미국은 호주에 고농축 우라늄을 핵잠수함 핵연료로 공급할 것이다. 호주는 핵무기는 탑재하지 않은 핵추진 잠수함 8척을 호주 애들레이드의 호주잠수함공사(ASC) 조선소(ASC Pty Ltd)에서 건조할 계획이다.

3. 환태평양경제동반자협정(TPP)

환태평양 경제 동반자 협정(Trans－Pacific Strategic Economic Partnership, TPP)은 아시아－태평양 지역 경제의 통합을 목표로 공산품, 농업 제품을 포함 모든 품목의 관세를 철폐하고, 정부 조달, 지적 재산권, 노동 규제, 금융, 의료 서비스 등의 모든 비관세 장벽을 철폐하고 자유화하는 협정으로 2005년 6월에 뉴질랜드, 싱가포르, 칠레, 브루나이 4개국 체제로 출범하였다. TPP는 투자자 국가 분쟁 해결 방법을 만들고, 관세 같은 무역 장벽을 낮추는 역할도 한다. 2015년 10월 7일, 미국, 일본, 오스트레일리아, 캐나다, 페루, 베트남, 말레이시아, 뉴질랜드, 브루나이, 싱가포르, 멕시코, 칠레가 TPP 협정을 타결시켰다. TPP는 창설 초기 그다지 영향력이 크지 않은 다자간 자유무역협정이었으나 미국이 적극적으로 참여를 선언하면서 주목 받기 시작하였다. 버락 오바마 대통령은 TPP가 아시아 · 태평양 지역 경제 통합에 있어 가장 강력한 수단이며, 세계에서 가장 빠르게 성장하는 지역과 미국을 연결해 주는 고리라고 평가한 바 있다. 미국이 적극적으로 협정 가입을 추진하고, 아시아 국가들의 동참을 유도하고 있는 것은 눈부신 성장을 이루고 있는 중국을 견제하려는 의도가 크게 작용한 때문이라고 알려져 있다. 하지만 미국은 2017년 1월 23일 탈퇴하였다.

4. 역내포괄적경제동반자협정(RCEP)

역내 포괄적 경제 동반자 협정(Regional Comprehensive Economic Partnership, RCEP)은 동남아시아 국가연합 회원국 10개국과 동남아시아 국가 연합과 자유무역협정을 체결한 대한민국, 중화인민공화국, 일본, 오스트레일리아, 뉴질랜드가 참여하는 자유 무역 협정이다. RCEP은 중국과 인도가 제외되었던 환태평양 경제 동반자 협정의 대안으로 중국은 미국 견제를 위해 참여하였다.

5. 인도 · 태평양 경제프레임워크(IPEF)

미국 바이든 행정부의 주도로 탄생한 인도－태평양 지역의 경제 안보 플랫폼 및 국제기구다. IPEF는 관세 인하, 부분적인 규제 철폐에 방점을 두었던 다자/양자 FTA보다 더 범위가 넓은 경제협력체를 지향하고 있다. 우선 미국은 현재 IPEF를 통해서 무역 촉진, 디지털 경제와 기술 표준 정립, 공급망 회복력 달성, 탈 탄소화와 청정 에너지 발전, 인프라 구축, 노동 표준화 등 6가지 주요 분야에서 합의안을 만들어내고자 한다. 이는 궁극적으로 인도－태평양 지역 내 파트너 국가들과 미래 산업과 산업 정책의 국제 표준까지 정립하겠다는 것으로, 바이든 행정부는 인도－태평양 지역을 일종의 거대한 경제 플랫폼으로 묶어낸다는 구상을 배경으로 놓고 IPEF를 추진 중에 있는 것으로 알려지고 있다. 또한 IPEF는 공급망 재편, '더 나은 세계 재건' 구상 등 산재돼 있던 바이든 정부의 대중국 견제를 위한 구상들을 구체화하는 결과물이 될 것으로 예측되고 있으며, 결과적으로 인도－태평양 지역에서 경제적 연대를 통해 중국의 역내 영향력 확장을 차단하고 견제하기 위한 목적으로 구상되고 있는 것으로 분석된다.

6. 반도체 4국 동맹(CHIP4)

CHIP4 동맹은 미국의 주도에 의해 결성을 추진 중인 반도체 동맹을 말한다. 반도체 개발과 생산 분야에서 선도적인 위치에 있는 한국(메모리 분야), 미국(원천 기술), 대만(비메모리 분야), 일본(장비 공급) 등 4개국이 각각 자국의 전문성이 강한 분야를 중심으로 협력 관계를 맺어 동맹 국가 간 안정적으로 반도체의 생산과 공급이 가능하도록 하는 것을 목적으로 한다.

Theme

152 한국 국가정보체계의 발전방향

I 의의

① 탈냉전기 정보화 · 세계화의 추세와 함께 김영삼 정부가 출범하면서 국민들의 민주화 요구가 거세게 일어났다.

② 국가정보체계에 대해서도 국민 여론은 정보활동의 효율성 제고, 정보의 공개화, 정보 예산 및 인원의 감축, 수사권 및 보안감사권 폐기 등 많은 요구사항들을 제기하였다.

③ 이러한 국민적 요구에 부응하여 국가안전기획부에 이어 국가정보원에서는 자체적으로 국가정보체계의 여러 가지 문제점들을 색출하고 이를 개선하기 위한 노력들을 기울여 왔다.

Ⅱ 한국의 국가정보체계 개선 노력

1 의의

① 김영삼 정부 당시 국가안전기획부는 탈냉전기 새로운 안보개념의 변화에 부응하여 이미 국가정보목표우선순위(priorities of national intelligence objectives, PNIO)를 재조정했으며, 영상 및 기술정보수집에 투자를 확대하고자 노력해 왔다.

② 또한 대학졸업자 가운데 우수한 인력들이 대거 정보요원이 되고자 지원하였고, 박사 및 석사 등 전문성을 지닌 우수한 인력들을 채용하여 인적 자원이 점차 향상되는 모습을 보이고 있다.

③ 또한 김영삼 정부 출범 이후 「국가안전기획부법」 개정과 보안감사 기능의 철폐를 통해 안전기획부의 권력남용을 막기 위한 제도적 개선이 이루어졌다. 그리고 탈냉전기 국가 안보 목표의 정보수집 대상의 다변화도 PNIO의 재조정과 함께 이루어져 정보수집 범위가 대북한 방첩 및 수집활동은 물론 경제, 환경, 사회문화, 과학기술 등 다양한 분야까지 확대되었고, 국제조직범죄, 마약, 테러리즘 등의 문제에 대응코자 외사방첩 관련 부서를 새로이 설립하여 운용하고 있다.

2 남북분단이라는 특수한 여건

① 한국은 남북분단이라는 특수한 여건에 처해 있기 때문에 정보화·세계화의 추세에 따른 안보환경의 변화, 즉 초국가적인 안보위협들이나 비군사적 안보위협들에 제대로 대응하기 어려운 상황이다.

② 사실 한국은 탈냉전에도 불구하고 여전히 북한과 군사적으로 대치하고 있어 냉전시대와 다를 바가 없다. 이러한 상황에서 우리 정보수집 및 활동은 대북분야에 대한 첩보수집 및 방첩활동에 치중할 수밖에 없다.

③ 현재 CIA를 비롯한 선진 정보기관의 경우 군사부문 이상으로 비군사적인 부문, 즉 산업기술, 경제, 환경, 마약, 국제조직범죄, 테러리즘 등에 많은 정보활동을 수행하고 있지만, 한국의 경우 제한된 인원과 예산을 고려하여 한정된 부문 특히 대북분야에 대한 정보활동에 우선순위를 두어야 하는 실정이다.

3 국가정보의 공개화

① 국가정보의 공개화 역시 국민적 공감대 형성을 위해 장기적으로 추진해야 할 중요한 과제로서 국가정보원을 비롯한 정부기관들이 나름대로의 노력을 기울이고는 있지만, 현재 한국이 처한 특수한 여건에서 실행상의 어려움이 많다. 특히, 남북이 이념적으로뿐만 아니라 군사적으로 대결하고 있는 현재 한국의 여건에서 정보의 선택적 공개마저 사실상 쉽지 않을 것이다.

② 그럼에도 불구하고 국민은 납세자로서 국가정보기관의 활동에 대해 알 권리를 갖고 있으며, 국가정보기관 역시 원칙적으로 국가안보에 위배되지 않는 한 국민의 알 권리를 선택적으로 충족시킬 수 있도록 대국민 정보서비스를 보다 확대·실행토록 노력해야 할 것이다.

Ⅲ 국가정보체계의 향후 개선 방향

1 의의

① 국가정보체계의 향후 개선 방향은 크게 두 가지, 즉 국가정보체계의 '효율성'과 '민주화' 제고로 집약된다.

② 이는 세계화·정보화 추세와 국내정치 민주화에 대한 대응방안이면서, 향후 국가정보체계가 지향해 나아가야 할 목표라고 할 수 있겠다.

2 국가정보체계의 효율성을 제고하는 방안

국가정보체계의 효율성을 제고하는 방안으로서는 국가정보원과 같은 국가정보기관에 복잡 다양한 부문정보를 통합 · 조정하는 기능이 부여되어야 하며, 한정된 인원과 예산으로 과도한 정보요구를 충족시키기 위해서는 국가정보목표우선순위(PNIO)를 재조정하여, 국가안보에 긴요한 분야에 정보력을 집중하고, 예산 및 인력관리를 효율화할 필요성이 제기된다.

3 국가정보체계의 민주화 실천 방안

그리고 국가정보체계의 민주화를 실천하기 위해서는 정보의 비밀성을 최대한 보장하는 범위에서 의회와 여론의 정보활동에 대한 감시기능을 유지하고, 국민들의 정보 욕구를 충족시키는 방향으로 대국민 정보서비스를 확대하며, 민간 부문의 정보연구활동을 장려하는 방안 등을 고려해 볼 수 있다.

Ⅳ 국가정보체계의 개선 시 기대되는 효과

1 의의

① 국가정보체계의 효율성 향상을 통해 국가정보력이 증강되고, 국가정보에 대한 국민적 신뢰감이 증진될 수 있다. 또한 국가정보의 민주화가 이루어지면 정보기관에 대한 국민적 지지와 존경을 획득할 수 있을 것이다.

② 국가정보력의 증강은 물리적 측면에서의 국가 안보능력 향상을 의미한다. 그리고 국민적 신뢰감, 지지 및 존경 획득은 심리적 측면에서의 국민적 안정감을 확보해 줌으로써 전체적으로 국가 안보 역량의 향상을 가져올 것으로 기대된다.

2 정보의 '민주화'와 '효율성'의 모순 관계

(1) 의의

① 문제는 정보의 '민주화'와 '효율성'이 현실적으로 양립하기 어렵다는 점이다. 정보의 민주화는 정보의 공개성과 책임성을 요구하는 반면 정보활동은 비밀 · 보안을 통해 효율성을 극대화할 수 있기 때문이다.

② 이러한 모순은 미국의 CIA를 비롯한 선진 정보기관들조차 해결하지 못하고 있는 문제로서 아직까지 완전한 해결책은 없다.

(2) 한국이 직면한 현실 여건

① 북한과의 냉전적 군사대결을 지속하고 있는 한국의 현실 여건에서 정보의 민주화 요구에 부응하여 의회 및 여론의 지나친 정보 감시활동은 자칫 비밀성에 바탕을 둔 정보활동의 효율성을 크게 저해할 수 있다.

② 역으로 정보기구에 대한 의회와 대중 여론의 감시활동이 제대로 이루어지지 않으면 정보기구 스스로 또다시 국가안보가 아닌 정권적 이익에 악용되는 과거의 전철을 되풀이하게 될 위험이 있다. 이 경우 정보기관에 대한 국민적 불신이 증가되는 악순환을 거듭하게 될 것이다. 어쨌든 현재로서 정보의 민주화와 효율성을 동시에 만족시킬 수 있는 뾰족한 해결책이 아직은 없으며, 이 문제에 대해서는 향후 지속적인 연구가 요청된다.

V 한국의 국가정보가 처한 상황

1 의의

현재 한국의 국가정보는 매우 어려운 여건에 놓여 있다고 볼 수 있다. 탈냉전, 세계화 그리고 정보화의 흐름과 더불어 정보수집 대상 및 범위가 확대된 반면 정보기관의 인원과 예산을 확대할 수 없는 상황에 처해 있다.

2 제한된 예산과 인원을 효율적으로 활용 관리하는 방안 마련

① 제한된 예산과 인원을 효율적으로 활용 관리하는 방안이 마련되어야 한다. 콜비(William E. Colby) 전 CIA 국장은 정보요원은 많을 필요가 없고, 소수 정예화하는 것이 더 중요하다고 주장했던바, 이는 곧 정보요원의 전문성 향상을 의미한다.

② 그러나 예산에 관한 한 다른 견해가 있다. 「손자병법」에서 손자는 "지기(知己)는 비교적 용이하나 지피(知彼)는 비용을 물 쓰듯 해도 좋다."고 했다. 그만큼 정보활동에 충분한 예산이 지원되어야 한다는 점을 강조하고 있다.

③ 어쨌든 충분한 예산의 뒷받침 없이 정보활동이 효과적으로 이루어질 수 없다는 점을 감안하여 정부와 국회는 정보기관의 예산에 관한 한 국가안보 차원에서 적극적인 지원이 요청된다.

3 국가정보목표우선순위(PNIO)의 재조정

① 한정된 인원과 예산으로 국가정보 목표를 효과적으로 달성하기 위해서는 국가정보목표우선순위(PNIO)의 재조정이 요구된다.

② 셔먼 켄트(Sherman Kent)에 따르면 "무엇이 국가적 현안문제이고, 그것이 닥쳐올 다른 문제와 밀접히 연결되어 있는지를 기준으로 설정하여 우선순위를 결정해야 한다."고 했다.

③ 우리의 경우 북한 정권이 존재하는 한 대북 군사정보가 가장 긴요한 현안으로 생각되는 바, 여기에 인원과 예산을 집중해야 할 것이며, 나머지 현안들 역시 중점을 두어야 할 국가안보 우선순위에 바탕을 두고 인원과 예산을 배분함으로써 최선의 효과를 가져올 수 있을 것이다.

4 국가정보의 종합적인 분석 기능 강화

(1) 의의

① 국가정보의 종합적인 분석 기능을 강화하는 것 역시 예산을 절감하면서 국가안보 목표를 효과적으로 달성할 수 있는 방안으로 고려될 수 있다.

② 전형적으로 미국이 일본의 진주만 기습을 예상하지 못했던 것은 모든 관련 정보를 총괄적으로 분석할 권한과 정보출처를 가진 중앙 집중화된 분석부서가 없었기 때문인 것으로 지적된다. 그런데 이 문제는 여전히 해소되지 않고 있었던 것으로 나타났다.

(2) 미국의 정보통합관리의 실패

① 미 의회 9/11 진상조사위원회(National Commission on Terrorist Attacks upon the United States, 일명 9/11 Commission) 최종보고서에 따르면 미국은 정보통합관리의 실패로 9/11 테러를 무산시킬 수 있었던 10번의 기회를 놓치게 된 것으로 평가되었다.

② 미국 내 CIA, FBI, 국무부, 군, 국토안보 관련부처 등 관련 조직들 간에 통합된 정보 공유 체제가 부재한 결과가 9/11 테러를 막지 못한 결정적인 요인인 것으로 지적되었던바, 정보의 종합분석 기능이 그만큼 중요하다고 볼 수 있다.

(3) 국가정보원의 부문정보 통합 · 조정 기능

① 우리나라의 경우 국가정보체계는 국가정보원 이외에도 국방정보본부, 정보사, 방첩사, 경찰, 외무부, 통일부 등의 기관들로 구성되어 있다.

② 여기서 국가정보원이 법적으로 부문정보의 통합 · 조정 기능을 갖고 있다고는 하지만, 부문정보기관들 간의 관료적 경합, 대립, 알력 등으로 인하여 사실상 정보교류가 원활히 이루어지지 않고 있으며, 국가정보원의 부문정보 통합 · 조정 기능도 다소 미흡한 실정이다.

③ 이로 인하여 엄청난 재원과 인력 그리고 정보의 낭비를 초래하고 있다. 따라서 국가정보기관으로서 국가정보원이 부문정보를 실질적으로 통합 · 조정하는 기능을 가질 수 있도록 법적 · 제도적 장치의 보완이 요청된다.

④ 요컨대 국가정보기관이 한정된 예산과 인력으로 국가안보 목표를 효율적으로 수행하고, 국민들의 정보 욕구를 최대한 충족시켜 신뢰감과 책임성을 가진 국민의 정보기관으로 발돋움하기 위해 효율적이고 신축성 있는 국가정보체계의 운용이 절실히 요구된다.

5 국가정보에 대한 민간 부문 연구의 활성화

(1) 의의

① 국가정보체계의 발전을 위한 한 가지 대안으로서 '국가정보에 대한 민간 부문 연구'의 활성화를 제언하고 싶다. 이는 '효율성'과 '민주화'라는 두 가지 양립할 수 없는 목표를 동시에 달성할 수 있는 방법으로서 나름대로 의미를 지닌다.

② 정보는 이제 음모적 활동이 퇴색되고 사회과학의 한 분야로서의 성격이 강해지고 있다고 한다.

(2) 셔먼 켄트(Sherman Kent)

셔먼 켄트(Sherman Kent)는 정보는 모든 형태의 정치, 경제, 사회, 군사문제를 이해하고, 궁극적으로 예측하는 일반사회과학이 되어야 한다고 주장한 바 있다.

(3) 콜비(William E. Colby)

콜비(William E. Colby) 전 CIA 국장은 정보가 더욱 발전하여 과학적이고도 체계적인 사회과학적 접근에 바탕을 두게 되면, 정보는 비밀에 덜 의존하게 되고 보다 공개화될 수 있다고 주장하면서, 정보분석을 위해 새로운 학문분야를 구성해보자고 제안하기도 했다.

(4) 미국

① 미국의 경우 민간 학계와 정보기관들 간의 연구 및 정보 교류가 활발히 이루어지고 있으며, 이를 통해 정보체계의 발전에 상당히 기여하고 있는 것으로 알려졌다.

② 특히 미국 내 정치학자, 역사학자, 사회학자, 국제법 및 헌법 학자 등 다양한 분야의 전문가들로 구성되어 1979년에 설립된 '국가정보연구회(Consortium for the Study of Intelligence, CSI)'는 80년대 동안 총 6권에 달하는 「80년대의 정보 요구」에 이어 「90년대의 정보 요구」라는 책을 펴내는 등 국가정보체계 발전을 위한 연구를 활발히 진행했었다.

③ 또한 미국 정보체계의 개혁을 위한 '실무 연구팀(The Working Group for Intelligence Reform)'을 구성하여 정보기관 및 대통령에게 정보기관의 개혁방향을 제시하기도 했다.

④ 이 밖에도 미국에서는 약 100개 이상의 대학에 국가정보에 관련된 과목이 개설되어 이 분야에 대한 연구 및 강의가 활발히 진행되고 있다.

(5) 국내 학계

① 국내 학계에서도 국가정보에 대한 관심과 연구가 증대하고 있다. 1995년경 국가 정보에 관심을 가진 인사들을 중심으로 '국가정보연구회'가 설립되어 국가정보에 대한 연구가 최초로 시작되었다.

② 2000년대에 들어서서 국가정보에 관한 국내 학계의 관심이 증가되었고, 국가정보학을 학문적으로 체계화하여 연구할 필요성이 제기되었다. 이러한 국내 학계의 분위기가 무르익는 가운데 마침내 2007년 '한국국가정보학회'가 창립되었고, 이를 계기로 국가정보에 대한 본격적인 연구가 진행되었다. 한편 일부 대학에서도 학문의 한 분야로서 '국가정보학'에 대한 강좌가 개설되고 있는 바 이는 매우 바람직한 현상이라고 볼 수 있다.

③ 이러한 민간 학계의 연구 및 학술 교류가 활성화되면 정보의 비밀성이 제거됨으로써 국가정보의 '민주화' 요구를 충족시키는 데 기여할 수 있을 것이다. 또한 민간 부문의 국가정보분야 연구가 활성화되어 새로운 분석기법의 개발이 이루어지면 정보분석의 과학화를 촉진시켜 국가정보의 효율성이 제고될 수 있다.

④ 마지막으로 비판 없이는 발전도 없다는 견지에서 민간 부문의 정보활동에 대한 비판적 견해를 정보기관이 겸허히 수용함으로써 국가정보체계의 발전을 기할 수 있다. 이러한 관점에서 민간 부문의 국가정보에 대한 연구를 정부 차원에서 적극적으로 지원해 줄 필요성이 있다.

Theme

153 국가정보학의 향후 연구방향

I 의의

① 국가정보학은 정치학은 물론 행정학, 정책학, 역사학, 전쟁사, 군사학, 전략론, 협상론 등 다양한 학문 분야들과 연계를 가진다. 그중에서도 특히 외교사 또는 국제정치학과 가장 밀접하게 관련된다.

② 그렇지만 국제정치학분야에서조차 정보를 주제로 하는 연구는 충분히 이루어지지 않고 있다. 그래서 데리안(James Der Derian)은 국제정치학에서 정보학은 "최소로 이해되고 가장 이론화가 이루어지지 않고 있다."고 지적했다.

II 국가정보학의 학문적 체계

1 의의

국가정보학에 관한 학계의 관심이 미흡한 상황에서 국가정보학분야 연구자들은 국가정보학과 인접 학문과의 연계성을 집중적으로 추적하여 공통점을 도출함으로써 바람직한 연구방향을 모색하고 이론체계를 구축하여 학문적 체계를 정립하는 데 기여할 수 있다.

2 학설

(1) 프라이(Michael Fry)와 호크슈타인(Miles Hochstein)

프라이(Michael Fry)와 호크슈타인(Miles Hochstein)은 국제정치학과 국가정보학은 학문적 연구의 공통점을 찾을 수 있으며 이를 통해 바람직한 연구 성과를 얻을 수 있을 것으로 낙관했다.

(2) 버코위즈와 굿맨(Berkowitz and Goodman)

① 버코위즈와 굿맨(Berkowitz and Goodman)의 저서, 「The Best Truth」는 탈근대적(post-modem) 이론에 정보활동을 적용시켜 분석을 시도한 연구로서 국제정치와 국가정보를 성공적으로 접목시킨 대표적인 사례로 인정된다.

② 버코위츠와 굿맨은 탈냉전기 미국 정보환경의 변화를 안보환경의 변화, 정보혁명, 미국 국내정치의 변화 등 세 가지 요인들로 집약하고, 이러한 변화들에 적응하기 위해서 정보기관은 정보기획 및 순환과정, 인력관리체계, 조직구조 등을 혁신적으로 변화시켜야 한다고 주장했다.

③ 버코위츠와 굿맨은 정보기관이 정보화시대의 변화 요구를 거부하고 저항하게 될 때 정보기관은 자체 붕괴하거나 국가적으로 치명적인 손실을 가져오게 될 것이라고 지적했다.

(3) 라트멜(Andrew Rathmell)

① 라트멜(Andrew Rathmell)은 오늘날의 사회가 정보화시대의 도래와 함께 자본집약적인 대량생산의 시대에서 디지털 테크놀로지와 세계통신망(world-wide web)으로 표현되는 '지식집약적이고 분산화된 세계화체계(knowledge intensive, dispersed globalized systems)'로 변화되었다고 설명했다.

② 이에 따라 오늘날 안보위협의 특성을 라트멜은 '위협의 파편화(fragmentation of threat)'로 표현하고, 정보기관이 이처럼 변화된 안보위협의 본질을 제대로 파악하고 대응해야 한다고 주장했다.

③ 버코위츠와 굿맨 그리고 라트멜 공히 정보화시대의 변화에 부응하기 위해 정보공동체의 관료주의적 특성인 '수직적 계층구조' 타파 및 공개출처 첩보의 비중과 중요성의 확대를 주장했다.

④ 요컨대 이들의 연구는 탈근대 이론에 정보활동을 적용시켜 분석해 봄으로써 정보활동의 방향을 새롭게 정립시키는 동시에 국가정보학이 학문의 한 분야로서 국제관계 연구의 발전에 기여할 수 있음을 실증적으로 보여주었다.

Ⅲ 국가정보학에서 중점적으로 연구해야 할 주제

1 의의

① 국가정보학은 여러 가지 인접 학문분야의 이론들을 적용하여 분석해 볼 필요가 있으며, 그러한 과정에서 개념 또는 연구 영역을 보다 넓힐 수 있을 것이다.

② 국가정보학에서 인접 학문분야의 이론들을 적용하여 중점적으로 연구해야 할 주제로서 정보의 정치화, 비밀공작, 정보활동의 윤리성, 정보기관에 대한 감독 및 통제, 정보기관의 국내정치에 대한 영향력, 세계 정보기관들에 관한 비교 연구, 탈냉전기 새로운 안보위협에 대한 정보기관의 역할 등을 들 수 있다.

2 정보의 정치화

(1) 의의

① '정보의 정치화'란 정보가 정치권력에 이용되는 것을 의미한다. 많은 학자들이 이 문제에 관심을 갖고 연구해 왔다.

② 일반적으로 독재정권이나 권위주의 정부에서 정권유지를 위해 정보를 정치적으로 악용하는 사례들이 많다. 그러나 민주주의 정부에서도 그러한 일이 종종 발생한다.

(2) 이라크 전쟁

① 영국의 블레어 정부와 미국의 부시 행정부가 이라크 대량살상무기에 관한 정보를 의도적으로 왜곡하여 활용했다는 의혹을 받았는데, 그것이 사실이라면 정보를 정치적 목적에 활용한 대표적인 사례가 될 것이다.

② 만일 부시 행정부가 의도적으로 정보를 왜곡하여 이라크를 공격했던 것으로 나타나게 될 경우 불필요한 전쟁에 빠져들어 국가적 위신의 추락은 물론 수많은 인명을 값없이 희생시키는 결과를 초래하게 된 것이다. 이처럼 정치가들이 정보를 의도적으로 왜곡하여 정권적인 목적에 활용할 경우 단순히 정보의 신뢰성이 저하되는 차원을 넘어 국가의 생존과 이익에 치명적인 손실을 야기할 수 있다.

③ 그런 점에서 '정보의 정치화'에 대해 학술적인 차원에서 체계적이고 보다 심도 깊은 연구와 논의가 필요하다. 이러한 논의를 통해 정보와 정치권력 간의 관계에 관한 새로운 이론이나 지식을 얻을 수 있을 것으로 기대 한다.

3 비밀공작

(1) 의의

① 스캇과 잭슨은 "지금까지 학계에서 정보활동의 어두운 측면으로서 비밀공작에 대한 연구를 회피하였지만, 냉전 종식과 함께 연구 여건이 개선되었으므로 이 분야에 대한 학계의 연구가 보다 활성화될 것"이라고 전망하였다.

② 과거 지난 반세기 동안 CIA를 비롯한 서방 정보기관들은 비밀공작을 수행함으로써 국내 또는 국제사회의 비난을 받아왔으며, 그러한 활동에 관한 자료를 엄격히 비밀로 분류하여 공개하지 않으려 했다.

(2) 비밀정보 활동 관련 자료들에 대한 비밀 유지

① 물론 미국은 과거 수행했던 비밀정보활동 관련 자료를 전 세계를 통틀어 가장 많이 공개하고 있는 것으로 인정된다. 그럼에도 불구하고 상당히 많은 양의 비밀정보 활동 관련 자료들에 대해서 엄격히 비밀을 유지하고 있다. 때로 제1차 세계대전 이전의 아주 오래된 자료임에도 불구하고 공개하지 않는 경우도 있다. 이에 대해 일부 학자들은 미국 정부가 비밀을 과도하게 분류하는 성향이 있다고 지적하기도 한다.

② 그러나 수백 년 전의 아주 오래된 사건이라고 할지라도 미국에 협조하여 비밀공작활동을 수행했다는 사실이 드러날 경우 당사국의 국가적 위신이나 명예에 치명적인 손상을 가져올 수 있기 때문에 불가피하게 관련 자료를 공개하지 못하는 경우도 있다.

③ 특정 자료를 비밀로 분류하고 공개를 거부하는 보다 중요한 이유는 첩보자료의 "출처와 수단을 보호하기 위해서"라고 생각된다. 요컨대 첩보자료를 공개하게 될 경우 그러한 첩보를 수집한 사람과 그것을 수집하기 위해서 사용한 기법이 노출될 수 있기 때문에 자료의 공개를 꺼리게 되는 것이다. 어쨌든 자료의 접근성이 크게 제한됨에 따라 비밀공작에 대한 학계의 연구가 매우 미흡했었다.

(3) 정보기관의 정보활동에 비밀공작을 포함시킬 수 없다는 관점

① 일부 학자들은 정보기관의 정보활동에 비밀공작을 포함시킬 수 없다는 관점에서 이에 대한 연구를 회피했다.

② 켄트(Sherman Kent)는 정보기관이 수행하는 모든 활동은 정보라고 주장했다. 하지만 정보를 수집하는 것과 타국의 국내문제에 개입하는 것을 구분하는 것은 사실상 어렵고 무의미하다. 마찬가지로 국가정보는 정책을 지원하는 역할을 수행하면서 동시에 정책의 도구로서의 기능을 수행한다.

③ 그러므로 첩보수집만을 정보활동에 포함하고 비밀공작을 정보활동이 아닌 것으로 제외하는 것은 무의미하다고 본다. 특히 인간정보(HUMINT)의 경우 첩보수집활동과 비밀공작 활동을 분리하는 것이 사실상 어렵다. 그런 점에서 비밀공작은 정보활동의 일부로서 연구될 필요성이 있다고 본다.

(4) 냉전시대 동안 미국에서 수행한 비밀공작에 관한 비밀 자료들의 공개

① 최근 미국에서는 냉전시대 동안 미국에서 수행한 비밀공작에 관한 비밀 자료들이 공개되면서 이 분야에 대한 연구가 활발히 전개되고 있다. 특히 비밀공작 사례 연구들을 통해 냉전의 기원과 변화에 대해 새로운 사실이 규명되고 있다.

② 이에 따라 냉전시대의 역사와 정치적 상황을 다시 써야 한다는 주장도 제기될 정도로 비밀공작은 국제관계사 연구에 중요한 의미를 가진다고 본다. 그런 점에서 비밀공작활동에 대한 학계의 보다 많은 관심과 연구가 요구된다.

4 정보활동의 윤리성

(1) 의의

정보활동의 윤리성은 중요한 주제이면서도 학계의 연구가 매우 미흡한 분야로 지적된다.

(2) 슐스키

슐스키에 따르면 기원전 6세기에 중국의 손자가 정보활동을 수행함에 있어서 윤리성을 언급했다고 기술했다. 그러나 이후 정보활동의 윤리성에 대한 학계의 논의는 거의 없었다.

(3) 갓프레이(E. Drexel Godfrey)

갓프레이(E. Drexel Godfrey)가 1978년 「Foreign Affairs」에 '윤리와 정보'라는 논문을 발표하였고, 이후 일부 학자들이 몇 편의 논문들을 발표하였지만 아직까지도 이 분야의 연구가 활발하지는 않은 듯하다.

(4) 골드맨(Jan Goldman)

비교적 최근인 2006년에 출간된 「Ethics of Spying: A Reader for the Intelligence Professional」은 골드맨(Jan Goldman)이 정보활동의 윤리성문제를 다룬 논문들을 모아서 편찬한 단행본으로서 이 분야 연구에 매우 유용한 참고 자료로 활용될 수 있다.

(5) 허만(Michael Herman)

① 허만(Michael Herman)은 정보의 윤리성을 다룬 최근의 논문에서 "일반적인 정책결정 시 윤리성이 고려되는 것처럼 정보정책을 결정함에 있어서도 윤리성을 중요한 요소로서 고려해야 한다."고 언급했다.

② 또한 그는 무력의 사용과 마찬가지로 정보활동과 관련해서도 일종의 '윤리적인 기준'이 마련되어야 한다고 주장했다. 그러한 윤리 기준이 마련되기 위해서라도 정보활동의 윤리성에 대한 학계의 논의가 보다 활성화될 필요가 있다.

(6) 정보기관 내부의 윤리성

정보기관이 외부적으로 수행하는 정보활동뿐만 아니라 정보기관 내부의 윤리성도 중요한 문제로 고려된다. 즉 정보기관과 정보요원들이 자신이 활용하고 있는 공작원이나 일반인에 대한 책임과 정보기관이 자신들이 활용하고 있는 공작원 등 첩보출처를 보호하기 위한 노력에 대해서 아직 충분한 연구가 이루어지지 않고 있다.

(7) 암살행위의 필요성

미국에서는 암살행위가 국가 운영(statecraft)을 위해 반드시 필요한가를 두고 일반인들 간에 논쟁이 격화되었다.

(8) 소결

① 정보활동은 윤리성에 저촉될 가능성이 많다는 점에서 국가정보학 연구자들은 이 분야에 대한 연구에 보다 많은 관심을 가져야 할 것이다.

② '정보가 어떤 목적으로 활용될 경우 윤리적으로 문제가 되는가?', '첩보활동 수단이 누구에게 어떻게 활용될 때 윤리적으로 문제가 되는가?' 등의 윤리적 문제에 대해서 정보학계에서 보다 많은 연구와 논의가 이루어져야 할 것이다.

5 정보기관에 대한 감독 및 통제 활동

(1) 의의

① 정보기관에 대한 감독 및 통제 활동 역시 매우 중요한 주제임에도 불구하고 학계의 연구가 미흡한 분야로 생각된다.

② 정보활동의 불법성과 윤리성에 관한 문제는 1970년대 워터게이트 사건과 CIA 비밀공작의 불법성과 비윤리성에 대한 논란이 제기되면서 학계에서 지속적인 관심을 보여 왔다.

③ 1970년대 미 의회에서는 몇 개의 특별위원회가 설치되어 CIA 정보활동의 비윤리성, 불법성 그리고 감독 및 통제 활동에 대한 대안을 마련하고자 노력하였다.

(2) 미 의회의 법률 제정

실제로 미 의회는 정보기관을 감시하고 통제하기 위해 1974년 「휴즈-라이언법」, 1978년의 「해외정보감시법(Foreign Intelligence Surveillance Act)」 그리고 1980년 「정보감독법(Intelligence Oversight Act)」 등을 제정했다.

(3) 해스테드(Glenn P. Hastedt)

① 그런데 1990년대 이후 들어서서 정보기관에 대한 감독 및 통제를 주제로 상당히 많은 논문들이 발표됨으로써 국가정보학의 여타 분야들보다도 특별히 이 분야 연구가 매우 활성화된 것으로 나타난다.

② 1990년대를 전후하여 발표된 몇 편의 논문 및 저서들 중에서 1991년에 출간된 해스테드(Glenn P. Hastedt)의 저서, 「Controlling Intelligence」가 주목된다. 해스테드는 정보활동에 대한 의회, 언론, 여론 등의 감독활동 양상을 논의하고, 정보분석, 비밀공작, 방첩 등 정보활동 단계별로 감독·통제에 대해서 심층적으로 기술하였다.

③ 무엇보다도 해스테드의 저서에서 미국의 정보통제 실태를 캐나다의 경우와 비교하여 분석한 점은 특별한 의미를 갖는다. 즉 정보기관에 대한 세계 각국의 통제 실태를 비교해봄으로써 효과적인 정보통제의 방안을 도출해 볼 수 있을 것이다.

④ 효과적인 정보감독 및 통제는 정보기관이 윤리성과 책임성을 갖고 정보활동을 수행하도록 유도하게 될 것이다. 그런 점에서 각국의 정보통제 실태를 비교하는 연구가 보다 활성화될 필요가 있다.

6 정보기관의 국내정치적 역할 또는 영향력에 관한 주제

(1) 의의

① 정보기관의 국내정치적 역할 또는 영향력에 관한 주제에 대해 학계의 보다 많은 논의와 연구가 요구된다.

② 일반적으로 민주주의 정치체제에서 정보기관이 국내정치에 관여하는 것을 엄격히 금지하고 있다. 그러나 민주주의 체제라 할지라도 '정보의 정치화' 사례에서 나타나는 바 때때로 정보기관이 국내정치적 목적을 위해 이용되기도 한다.

(2) 앤드류

① 정보기관의 국내정치적 역할은 주로 권위주의 독재체제에서 많이 나타난다. 앤드류에 따르면 정보기관은 권위주의 독재체제에서 두 가지 역할을 수행한다.

② 우선 정보기관은 일당 독재국가에서 핵심적인 권력기관이며, 독재자의 권위에 도전하는 모든 사회집단을 억압하고 통제하는 역할을 수행한다. 또한 정보기관은 외부세계에 대해 왜곡된 인식을 확대 재생산하는 기능을 수행한다.

③ 예를 들어 구소련의 스탈린, 북한의 김정은, 이라크의 사담 후세인 등은 모두 독재자로서 정보기관을 자신들의 독재 정권을 유지할 목적에 활용하였다.

④ 이처럼 정보기관이 권위주의 독재정권하의 국내정치에서 막강한 영향력을 행사하고 있음에도 불구하고 이에 대한 학계의 연구가 거의 없는 실정이다. 정보기관의 국내정치적 역할에 대해 세계 각 국가들의 실태를 비교해 보면 흥미로운 결과를 얻을 수 있을 것이다.

7 세계 정보기관들에 관한 비교연구

(1) 의의

① 세계 정보기관들에 관한 비교연구도 중요한 주제이면서 학계의 연구가 미흡한 분야이다.

② 정보기관 조직의 내부 구조 또는 운영 실태는 극도의 보안을 유지하고 있기 때문에 자료의 접근이 거의 불가능하다. 전직 정보요원들의 회고록에서도 이에 대해서는 거의 언급하지 않는 경향을 보인다.

③ 따라서 이에 대한 학자들의 연구가 쉽지 않았을 것으로 판단된다. 물론 미국의 경우 비교적 정보 자료들을 많이 공개하고 있으며, CIA나 미국 정보공동체의 조직구조나 운영에 대해서 많은 논문 및 저서들이 나와 있다.

④ 일부 소수의 학자들이 미국 정보기관 외에 영국, 소련, 이스라엘 정보기관에 대한 연구를 수행했다. 그러나 그 외 국가들의 정보기관의 조직구조 및 운영 실태, 정보활동 등에 관한 연구는 손꼽을 정도로 많지 않다. 이러한 상황에서 세계 각국 정보기관의 조직구조와 운영체계를 비교하는 연구도 거의 수행되지 않고 있다.

(2) 갓슨

① 불과 몇 편 안되는 비교연구 유형의 저술 중에서 갓슨이 편 · 저술한 「Comparing Foreign Intelligence: The U.S., the USSR, the U.K. & the Third World」는 영국, 미국, 독일, 오스트레일리아 등 주요 국가들의 국가정보 분석체계를 소개 및 비교하는 내용이 수록 되어 있다.

② 그러나 비교연구라는 제목에도 불구하고 비교의 기준조차 제대로 제시되지 않았으며, 단순히 국가별 국가정보 분석체계를 소개하는 내용에 불과하다. 따라서 갓슨의 저술도 엄밀한 의미에서 비교연구로 인정되지 않는다.

(3) 국가별 정보기관에 대한 비교연구의 중요성과 필요성

① 향후 학문적으로 인정되는 비교연구 방법론을 적용하여 세계 각국 정보기관의 조직구조, 운영체계 그리고 활동기법 등에 관해 보다 많은 연구가 수행될 것을 기대해 본다.

② 이러한 비교연구를 통해 정보활동을 효과적으로 수행할 수 있는 정보조직체의 모형이 구축될 수 있을 것이다. 이러한 모형은 향후 정보기관의 개혁방향을 설정하는 데 중요한 참고가 될 수 있다.

③ 요컨대 정보기관들에 대한 비교연구를 통해서 정보기관의 개혁방향과 효과적인 정보활동을 위한 방안이 마련될 수 있을 것이다. 그런 점에서 국가별 정보기관에 대한 비교연구의 중요성과 필요성이 강조된다.

8 탈냉전기 새로운 안보위협에 대한 정보기관의 역할

(1) 의의

① 탈냉전의 도래와 함께 전통적인 안보위협과는 다른 유형의 새로운 안보위협이 부각되고 있는 바 이에 대한 정보활동의 역할이나 방향에 대한 연구가 필요하다.

② 종래 학계의 국가정보학 연구의 주류는 전략적 기습과 정보실패에 관한 것이었다. 진주만 기습을 필두로 욤 키푸르 전쟁(Yom Kippur War), 포클랜드(Falklands) 전쟁, 이라크의 쿠웨이트 침공 등 여러 가지 형태의 기습 또는 정보실패 사례들에 대해 학계에서 많은 연구가 수행되었다.

③ 그런데 탈냉전과 함께 안보의 개념이 군사안보 중심에서 경제, 자원, 환경 등 군사외적 요소까지 포함하도록 확대되었다. 또한 종래 안보위협의 주체는 주로 국가로부터 왔으나, 이제 테러, 마약, 국제범죄 조직 등 초국가적 집단들이 국가의 안보에 심각한 위협을 야기하는 요인으로 부각되기에 이르렀다. 2001년 9/11 테러 사건 이후 미국은 국제테러리즘을 최대의 안보위협으로 고려하여 한동안 모든 정보역량을 여기에 집중시켜 왔다.

④ 이처럼 변화된 안보환경에 부응하여 정보활동의 목표나 방향도 변화되었으며, 이에 따라 국가정보학 연구의 방향도 전략적 기습 등 군사문제 중심에서 경제, 자원, 환경, 테러 위협 등 다양한 주제로 확대되는 경향을 보이고 있다.

(2) 마크라키스(Kirstie Macrakis)

① 마크라키스(Kirstie Macrakis)의 논문은 동독 정보기관(East German Ministry for State Security, MfS or Stasi)의 산업스파이활동을 사례로 연구한 내용으로서 정보기관에 의해 수행된 산업정보활동이 국가의 경제와 과학기술의 발전에 기여할 수 있는가를 평가했다. 냉전 종식과 함께 미국 CIA를 비롯한 정보기관들이 경제정보활동을 위해 노력하고 있는 현재의 상황을 감안했을 때 중요한 시사점을 얻을 수 있는 의미 있는 연구로 평가된다.

② 동독의 산업스파이활동은 슈타지에서도 가장 성공적으로 산업스파이활동을 수행했던 부서로 알려진 HVA의 '과학 · 기술국(HVA's Sector for Science and Technology)'에서 주로 수행했다. 마크라키스는 사례연구를 통해 동독이 냉전시대 동안 산업스파이활동을 매우 효과적으로 수행했지만, 그것을 통해 국가의 과학기술과 경제발전을 성취하지 못했던 것으로 결론지었다. 역설적으로 동독이 서방국가로부터 몰래 입수한 문서들은 오히려 동독의 과학기술 혁신을 약화시키고, 서방국가에 대한 기술 종속성을 증가시켰던 것으로 나타난다.

③ 요컨대 마크라키스의 연구는 산업스파이활동이 경제안보적 차원에서 얼마나 도움이 되는가에 대해 평가해 봄으로써 경제정보 활동의 의미와 역할을 새롭게 재정립하는 데 참고가 될 수 있을 것이다. 이와 유사하게 자원, 환경, 테러, 마약, 조직범죄 등 새로운 안보위협 요인들에 대한 정보활동의 기법이나 방향에 대한 학계의 보다 많은 관심과 연구들이 요구된다.

Ⅳ 국가정보학의 학문적 발전을 도모하는 데 있어서 정부의 역할

1 의의

① 정보활동은 국가의 생존과 번영에 핵심적인 요인으로 인정되고 있다. 그럼에도 불구하고 냉전시대까지 정보활동에 관한 학문적 연구는 대체로 미흡했던 것으로 나타난다.

② 학문의 한 분야로서 국가정보학의 연구가 미흡하게 이루어진 주요 요인은 국가들이 정보활동에 대해 엄격히 비밀을 유지함으로써 자료의 접근성이 극히 제한되었기 때문이다.

2 정부의 공식기록문서에 대한 자료 접근성의 완화 필요성

① 그런데 냉전의 종식과 더불어 과거 비밀로 분류되었던 자료들이 대거 일반인들에게 공개되면서 국가정보학 연구가 보다 활성화되는 추세를 보이고 있다.

② 국가정보학에 대한 학계의 관심과 연구가 지속적으로 활성화되기 위해서는 정부의 공식기록문서에 대한 자료 접근성이 더욱 완화되어야 할 것이며, 정부 차원에서 국가정보학분야 학계의 연구를 장려하고 지원해 주는 노력이 요구된다.

3 정부와 국가정보분야 학계의 관계

(1) 의의

① 무엇보다도 국가정보학의 학문적 발전을 도모하는 데 있어서 정부의 역할이 매우 중요하게 작용한다.

② 정부와 학계가 어떤 관계를 유지하는가에 따라서 학자들의 연구가 활성화될 수 있고 반대로 학자들이 이 분야에 대한 연구에 소극적인 태도를 보이게 될 수도 있다. 정부와 학계의 관계에 있어서 매우 대비되는 사례로서 영국과 미국을 들 수 있다.

(2) 미국

① 미국에서는 학계와 정부의 관계가 매우 밀접한 것으로 나타난다. 제2차 세계대전 당시 미국 역사상 최초의 중앙집권적 정보기관인 전략정보국(OSS)이 설립된 이래 학계는 미국의 정보정책을 형성 및 발전시키는 데 있어서 중요한 역할을 수행했다.

② CIA는 학계의 정보학 연구를 적극 장려했으며, 때로 전문 교육을 받은 역사학자들을 팀원으로 채용했다. 그리고 학자들을 초빙하여 일정 기간 동안 정보기관에서 연구활동을 수행하도록 지원했다.

(3) 영국

① 이와 반대로 영국을 포함한 유럽 국가들 대부분은 학계와 정보활동 간에 상당한 거리를 두었던 것으로 나타난다.

② 근래 영국은 SS(MI-5)에 관련된 자료를 포함하여 정보의 공개성을 확대하려는 모습을 보이고 있다. 그럼에도 불구하고 공식 문서에 대해서는 아직도 엄격히 통제하는 정책을 보이고 있다.

③ 영국과 미국 정부 간 정보 자료 공개 정책의 상이성이 궁극적으로 이 분야에 대한 학계의 연구발전에 있어서 차이를 초래한 결정적인 요인이 되었던 것으로 나타난다.

V 한국의 국가정보학 연구와 교육

1 의의

① 한국의 경우 국가정보학에 대한 학계의 연구와 교육은 지극히 부진한 실정이다. 이는 무엇보다도 정보활동에 대한 자료 접근성의 제약이 여타 국가들보다 많았기 때문이다.

② 더불어 과거 권위주의 정부하에서 국가정보기관에 대한 왜곡된 이미지가 학자들 간에 뿌리 깊이 고착되어 국가정보학을 학문적으로 연구할 가치가 있는 분야로 인정하지 않았기 때문이다.

③ 지금까지 국내 저명 학술지에 게재된 논문은 고작 10편 내외에 불과하며, 모두 10여 권의 교과서가 시중에 발간되었지만 그중 일부는 기대에 미치지 못하는 수준으로 평가되고 있다. 정보활동 관련 번역서조차도 충분히 나와 있지 않으며, 학술적 가치가 미흡한 저널리즘적 저서 몇 권이 발간되었을 뿐이다.

2 한국의 연구와 교육 여건

① 1995년경 국내에서도 '국가정보연구회'가 설립되어 학계 및 민간 부문에서 국가정보체계에 대한 연구가 시작되었으며, 2007년 '한국국가정보학회'가 창설되어 국가정보학에 대한 연구가 보다 활성화되었다.

② 그리고 국내 일부 대학 학부 또는 대학원 석사과정에서 학문의 한 분야로서 '국가정보학'에 대한 강좌가 개설되어 강의가 진행되고 있다. 그러나 국내 국가정보학분야를 전공으로 하여 연구하는 학자는 손꼽을 정도로 많지 않다.

③ 대학의 학부 또는 대학원에서 국가정보학을 전문적으로 강의할 강사 인력도 충분치 않은 실정이다. 이처럼 열악한 상황에서 국가정보학의 학문적 발전을 기대하기 어렵다.

3 국가정보학의 학문적 발전의 필요성

① 국가정보학의 학문적 발전은 새로운 이론이나 기법의 개발을 통해 국가정보 업무의 효율성을 향상시키는 데 기여할 수 있다.

② 또한 국가정보학은 올바른 정보활동의 방향을 제시해 주고 국민들에게 국가정보의 중요성을 인식시켜 주는 등 긍정적인 역할을 수행할 수 있다.

③ 이러한 관점에서 민간 학계의 국가정보학에 관한 연구와 교육을 보다 활성화시킬 필요가 있으며, 이에 대한 정부의 적극적인 지원 노력이 요구된다.

Ⅵ 결론

① 요컨대 21세기에 들어서서 국가정보는 국가의 생존과 번영의 핵심적인 요소로 부각되었으며, 이에 대한 학계의 연구와 관심이 증대되고 있다. 그런데 지금까지 국가정보학은 학계의 관심 부족과 자료 접근의 제약성으로 인해 학문적으로 저발전된 상태에 놓여 있다.

② 이제 정보활동의 중요성이 부각되는 만큼 학계의 보다 많은 관심과 연구가 요구되며, 국가정보학의 학문적 발전을 위해 정부 차원에서의 지원이 절대적으로 필요하다. 이를 위해 국가정보학의 발전을 가로막는 자료의 접근성 제한이 대폭 완화되어야 할 것이며, 정부와 학계 간의 협력이 더욱 강화되어야 할 것이다.

③ 보다 많은 정보활동 관련 자료가 일반인들에게 공개되고 학계의 연구가 활성화될수록 국가안보 또는 정부의 정책결정과정에서 국가정보가 수행하는 역할에 대한 학계 또는 일반인들의 이해가 증진될 수 있을 것이다. 역으로 이는 올바른 정보활동과 정보정책의 수행을 지탱하는 튼튼한 기반이 될 것이다.